beibl.net

Argaffwaith a chysodi gan Bible Society Resources Ltd,
Is-gwmni sy'n berchen i Gymdeithas y Beibl
Trefnwyd y cynhyrchiad gan Bible Society Resources Ltd

Dyluniad clawr gan Mike Leach Creative

ISBN 978-0-564-03327-0
Ewch i: cymdeithasybeibl.org.uk
www.beibl.net
biblesociety.org.uk/beibl.net

BNET/053/2015/3M
Argraffwyd yn Tsieina
FT620601

Cynnwys

Llyfrau'r Beibl yn nhrefn yr Wyddor ... iv
Rhagair ... v
Darllen y Beibl: Ble mae dechrau? ... vi
Ble i droi am help ... viii

Yr Hen Destament

Genesis ... 1
Exodus ... 55
Lefiticus ... 100
Numeri ... 130
Deuteronomium ... 174
Josua ... 215
Barnwyr ... 241
Ruth ... 268
1 Samuel ... 272
2 Samuel ... 306
1 Brenhinoedd ... 337
2 Brenhinoedd ... 370
1 Cronicl ... 404
2 Cronicl ... 438
Esra ... 475
Nehemeia ... 487
Esther ... 505
Job ... 513
Salmau ... 563
Diarhebion ... 700
Pregethwr ... 745
Caniad Solomon ... 758
Eseia ... 769
Jeremeia ... 877
Galarnad ... 974
Eseciel ... 986
Daniel ... 1044
Hosea ... 1064
Joel ... 1081
Amos ... 1088
Obadeia ... 1102
Jona ... 1105
Micha ... 1108
Nahum ... 1119
Habacuc ... 1124
Seffaneia ... 1129
Haggai ... 1135
Sechareia ... 1138
Malachi ... 1151

Yr Testament Newydd

Mathew ... 1159
Marc ... 1205
Luc ... 1234
Ioan ... 1282
Actau ... 1316
Rhufeiniaid ... 1357
1 Corinthiaid ... 1376
2 Corinthiaid ... 1393
Galatiaid ... 1404
Effesiaid ... 1411
Philipiaid ... 1417
Colosiaid ... 1422
1 Thesaloniaid ... 1426
2 Thesaloniaid ... 1430
1 Timotheus ... 1433
2 Timotheus ... 1438
Titus ... 1442
Philemon ... 1445
Hebreaid ... 1446
Iago ... 1461
1 Pedr ... 1466
2 Pedr ... 1472
1 Ioan ... 1475
2 Ioan ... 1480
3 Ioan ... 1481
Jwdas ... 1482
Datguddiad ... 1484

Geirfa ... 1507
Amserlin y Beibl ... 1514
Gwyliau Israel ... 1516
Y Calendr Hebreig ... 1518
Y Calendr Amaethyddol ... 1519
Aberthau ac Offrymau ... 1520
Mynegair ... 1521
Mapiau ... 1545

Llyfrau'r Beibl yn nhrefn yr Wyddor

Actau 1316
Amos 1088
Barnwyr 241
Brenhinoedd 1 337
Brenhinoedd 2 370
Caniad Solomon 758
Colosiaid 1422
Corinthiaid 1 1376
Corinthiaid 2 1393
Cronicl 1 404
Cronicl 2 438
Daniel 1044
Datguddiad 1484
Deuteronomium 174
Diarhebion 700
Effesiaid 1411
Eseciel 986
Eseia 769
Esra 475
Esther 505
Exodus 55
Galarnad 974
Galatiaid 1404
Genesis 1
Habacuc 1124
Haggai 1135
Hebreaid 1446
Hosea 1064
Iago 1461
Ioan 1282
Ioan 1 1475
Ioan 2 1480
Ioan 3 1481
Jeremeia 877
Job 513
Joel 1081
Jona 1105
Josua 215
Jwdas 1482
Lefiticus 100
Luc 1234
Malachi 1151
Marc 1205
Mathew 1159
Micha 1108
Nahum 1119
Nehemeia 487
Numeri 130
Obadeia 1102
Pedr 1 1466
Pedr 2 1472
Philemon 1445
Philipiaid 1417
Pregethwr 745
Rhufeiniaid 1357
Ruth 268
Salmau 563
Samuel 1 272
Samuel 2 306
Sechareia 1138
Seffaneia 1129
Thesaloniaid 1 1426
Thesaloniaid 2 1430
Timotheus 1 1433
Timotheus 2 1438
Titus 1442

Rhagair

Ers lansio'r Testament Newydd ar y We ar Ddydd Gŵyl Dewi 2002, mae **beibl.net** wedi helpu llu o bobl ifanc, a rhai sy'n hŷn, i ddarllen a phrofi'r Beibl mewn iaith maen nhw'n ei chael yn haws i'w deall.

Ymgais ydy **beibl.net** i gyflwyno neges y Beibl mewn Cymraeg llafar syml. Y bwriad oedd helpu pobl i ddeall ei gynnwys yn well – pobl sydd yn gyfarwydd â'r Beibl ac eraill sydd efallai erioed wedi ei ddarllen o'r blaen. Fwriadwyd erioed iddo fod yn llenyddiaeth safonol. Fydd yr iaith ynddo ddim at ddant pawb, a falle y bydd rhai yn anghytuno â'r arddull, yr eirfa a'r ramadeg ddefnyddir ynddo. Er hynny, dros y blynyddoedd y bu ar wefan www.beibl.net, mae llawer wedi tystio iddo eu helpu i ddeall neges y Beibl yn well, a bu galw cyson am ei gyhoeddi fel llyfr.

Mae **beibl.net** yn gyfieithiad o'r ieithoedd gwreiddiol, sef Groeg y Testament Newydd, a Hebraeg (yn bennaf) yn yr Hen Destament. Dydy e ddim yn seiliedig ar, nac yn addasiad o, unrhyw fersiwn arall yn y Gymraeg na'r Saesneg. Mae nifer fawr o bobl wedi cyfrannu tuag at ei wneud yr hyn ydy e – darllenwyd drafftiau gan bobl ifanc, dysgwyr, a rhai Cymry sydd ag arbenigedd naill ai yn y Gymraeg fel ail iaith neu yn y testun Beiblaidd. Mae llawer o bobl eraill o wahanol rannau o'r byd wedi gadael eu hôl ar y gwaith hefyd – nifer o arbenigwyr a phobl sy'n cyfieithu'r Beibl i wahanol ieithoedd – drwy gyfrwng y rhaglen gyfrifiadurol Paratext, ysgrifau, blogiau a thrafodaethau ar y We Fyd-eang, yn ogystal ag esboniadau ac erthyglau o bob math.

Mae cyfieithu yn ei hanfod yn galw am ddehongli. Rhaid ceisio deall yr hyn sy'n cael ei ddweud yn yr iaith wreiddiol a mynegi'r ystyr mor glir â phosib yn yr iaith dych chi'n cyfieithu iddi. Er bod **beibl.net** yn aml yn gyfieithiad eithaf llythrennol o'r gwreiddiol, mae'r prif bwyslais wedi bod ar geisio ei gadw yn ddealladwy. Felly, ceisiwyd canolbwyntio ar ystyr brawddeg neu baragraff yn hytrach na chyfieithu'r testun gwreiddiol air am air. Yn hynny o beth, mae **beibl.net** yn ddyledus i lawer iawn o ysgolheigion Beiblaidd, sy'n rhy niferus i'w henwi yma.

O bryd i'w gilydd mae'r testunau gwreiddiol yn gallu bod yn amwys. Yn hytrach na cheisio cadw'r amwysedd hwnnw, dewiswyd yr ystyr mwyaf tebygol ym marn y cyfieithydd. Mewn rhai mannau mae'r testun yn dywyll, ac mae ansicrwydd ac anghytundeb mawr ynglŷn â'r cyd-destun gwreiddiol a'r ystyr. Eto, yn yr achosion hyn, dewiswyd dilyn yr ystyr mwyaf tebygol ym marn y cyfieithydd. Cydnabyddir mai dyna wnaethpwyd, a derbynnir pob cyfrifoldeb am unrhyw wendidau yn y gwaith o ganlyniad i hynny.

Fel mae'r enw yn awgrymu, adnodd wedi ei fwriadu ar gyfer y We oedd **beibl.net** yn wreiddiol, a doedd dim bwriad i'w argraffu. Roedd dau brif grŵp o ddarllenwyr mewn golwg – pobl ifanc a dysgwyr y Gymraeg. Penderfynwyd, yn bennaf, cadw at ffurfiau llafar a ddefnyddir ar gyrsiau Wlpan. Ceisiwyd hefyd ddilyn y canllawiau a welir yn y llawlyfr "Ffurfiau Ysgrifenedig Cymraeg Llafar" (CBAC, 1991).

Anogir pobl i'w ddarllen gan ynganu'r ffurfiau llafar yn y ffordd fwyaf naturiol iddyn nhw yn eu hardal – e.e. dŷn ni fel dan ni neu den ni neu yn ni; dych chi fel dach chi neu dech chi neu ych chi; gellir cyfnewid mae e am mae o, nawr am rŵan, i fyny am lan ayyb. Tra'n cydnabod bod hynny'n haws i'w wneud wrth lawrlwytho pennod o'r We a'i golygu rywfaint, bydden ni am annog y darllenwr i feithrin yr arferiad o addasu'r iaith i'r hyn sydd fwyaf naturiol iddo fe neu hi.

Ceisiwyd defnyddio 'iaith bob dydd' yn **beibl.net**, ac felly mae llawer o eiriau a phriod-ddulliau sy'n gyfarwydd i bobl sy'n mynychu capel ac eglwys wedi diflannu. Mae rhai eithriadau, a hynny'n bennaf am na fyddai defnyddio geiriau gwahanol yn helpu'r darllenydd ryw lawer e.e. dewiswyd cadw 'Meseia' a 'Crist' yn hytrach na son am 'Iesu yr Eneiniog' neu eiriad tebyg.

Un o nodweddion eraill **beibl.net** ydy'r ffaith ei fod wedi newid sillafiad llawer o'r enwau priod – enwau pobl a lleoedd llai cyfarwydd. Mae'r enwau cyfarwydd wedi eu cadw fel y maent yn y Beibl Cymraeg Newydd, ond dewiswyd sillafu eraill mewn ffordd sy'n agosach at yr ynganiad Hebraeg gwreiddiol e.e. drwy adfer y sain 'ch' yn lle llawer i 'h', ychwanegu 'sh' lle mae'n wahanol i 's', defnyddio'r sain 'w' yn lle 'u' a gosod 'i' yn lle 'j' ar ddechrau llawer o enwau. Y gobaith yw y bydd yr enwau 'anodd' Hebraeg yn haws i'w hynganu yn ffonetig yn y Gymraeg.

Mae'r Rhagarweiniad Cyffredinol i'r Beibl Cymraeg Newydd (Argraffiad Diwygiedig 2004) yn sôn am "...yr angen dybryd am fersiwn o'r Beibl â'i iaith a'i arddull yn nes at yr hyn a arferir ar lafar, ac a fyddai felly'n fwy rhydd a phoblogaidd ei naws...". Ein gobaith ydy fod **beibl.net** yn un ateb i'r angen yna, ac y bydd yn bont i lawer elwa maes o law ar gyfoeth y cyfieithiadau clasurol Cymraeg, sef y Beibl Cyssegr-Lân ('Beibl William Morgan' ar lafar), a'r Beibl Cymraeg Newydd (Argraffiad Diwygiedig).

Mae Pwyllgor gig (Gobaith i Gymru) am ddiolch i bawb sydd wedi cyfrannu mewn unrhyw fodd at wireddu'r prosiect hwn. Mae'n diolch i Gymdeithas y Beibl am bob anogaeth dros y blynyddoedd ac am y gwaith cysodi manwl, a diolch hefyd i ddarllenwyr y proflenni. Carem ddiolch yn arbennig i'r bobl hynny sydd wedi'n cefnogi ac wedi gweddïo'n gyson dros y gwaith ar hyd y blynyddoedd. Ond mae'n diolch pennaf i Dduw am ei ddaioni a'i ffyddlondeb, a'n gweddi yw, y bydd **beibl.net** yn un cyfrwng bach arall i alluogi'n cyd-Gymry i ddod i'w nabod yn well, ei anrhydeddu a'i foli am ei gariad tuag aton ni yn Iesu Grist.

Darllen y Beibl: Ble mae dechrau?

Mae'r Beibl yn debycach i lyfrgell nac i lyfr – 66 o ddogfennau gwahanol (rhai'n hir, eraill yn fyr) wedi eu hysgrifennu gan o leia 40 o awduron. Felly fyddai pobl fel arfer ddim yn dechrau ar y dudalen gyntaf a cheisio'i ddarllen o glawr i glawr.

Y peth gorau i'w wneud ydy dechrau gydag un o'r Efengylau (Mathew, Marc, Luc neu Ioan). Dyna lle rydyn ni'n cyfarfod Iesu, y Meseia. Hanes ei fywyd, ei farwolaeth a'i atgyfodiad e ydy ffocws a chanolbwynt y Beibl. Mae gweddill y Beibl yn haws i'w ddeall ac yn gwneud mwy o sens ar ôl darllen a deall pwy oedd Iesu a beth wnaeth e.

Yr Hen Destament

Mae darllen y Salmau yn boblogaidd iawn. Casgliad o farddoniaeth Iddewig ydy'r Salmau, lle mae awdur y Salm yn addoli Duw, yn cyffesu ei fod wedi gwneud rhywbeth o'i le, neu'n stryglo'n ysbrydol ac yn dweud hynny'n blaen wrth Dduw.

Wrth gwrs, mae yna lawer mwy yn yr Hen Destament. Mae'n dechrau gyda hanes y berthynas rhwng Duw a'r ddynoliaeth – yna'n mynd ymlaen i adrodd hanes y bobl hynny wnaeth Duw eu galw i fod yn bobl sbesial iddo'i hun. Mae'n dweud wrthyn nhw sut ddylen nhw fyw a sut ddylen nhw ei addoli e. Mae'n adrodd hanes beth ddigwyddodd iddyn nhw dros y canrifoedd – y drwg a'r da. Wedyn mae llyfrau'r proffwydi (Eseia i Malachi) yn eu helpu nhw i ddeall ble aethon nhw o'i le, a sut fydd Duw yn gwneud pethau'n iawn yn y diwedd. Mae yna hefyd lyfrau sy'n rhannu doethineb, egwyddorion a chyngor am brofiadau bywyd bob dydd (Job i Ganiad Solomon).

Beth am weddill y Testament Newydd?

Ar ôl y pedair efengyl cawn Lyfr yr Actau, sef ail gyfrol Luc. Roedd wedi ysgrifennu hanes bywyd a dysgeidiaeth Iesu (Efengyl Luc), ac yma mae'n mynd ymlaen i ddweud beth ddigwyddodd wedyn. Mae'n son am ddilynwyr Iesu yn cael eu llenwi â'r Ysbryd Glân ac yn mynd allan i rannu'r newyddion da gyda phobl o genhedloedd eraill.

Yna mae yna 21 o lythyrau yn y Testament Newydd – llythyrau wedi eu hysgrifennu at grwpiau lleol o Gristnogion ydyn nhw'n bennaf, i'w helpu i ddeall eu perthynas gyda Duw yn well a gwybod sut ddylen nhw ymddwyn, addoli a rhannu eu gobaith gydag eraill.

Yn olaf cawn Lyfr y Datguddiad, sy'n anogaeth i Gristnogion ar ddiwedd y ganrif gyntaf oedd yn cael eu cam-drin. Mae'n eu helpu nhw i weld nad ydy Duw wedi eu gadael, ac y bydd yn delio gyda'r drwg. Mae Datguddiad yn llyfr sy'n rhoi gobaith sicr am y dyfodol gwell sydd gan Dduw ar ein cyfer – nefoedd newydd a daear newydd.

Nabod Duw a deall bywyd

Ydy, mae'r Beibl yn llawn cyffro. Mae'n adrodd hanes pobl ar eu gorau ac ar eu gwaethaf – arwyr a phobl ddrwg; mae ynddo emynau a chaneuon serch, llofruddiaethau, hanes brenhinoedd pwerus a phobl dlawd anghenus. Mae'n trafod cwestiynau mawr bywyd – cyfiawnder, tegwch, heddwch, gobaith a chariad. Mae'n ein herio, ac yn gallu dangos ein gwendidau a'n camgymeriadau ein hunain i ni hefyd. A thrwy'r cwbl (a dyma'r neges ganolog) mae'n ein dysgu am Dduw (wnaeth ein creu ac sy'n ein caru), ac am Iesu (sy'n cynnig bywyd newydd i ni).

Mae'r Beibl yn dangos mai'r ffaith fod y ddynoliaeth wedi troi cefn ar Dduw sydd tu ôl i broblemau'r byd, a'r dryswch sydd yn ein calonnau ni. Gair y Beibl am hyn ydy 'pechod'. Ond wnaeth Duw ddim troi ei gefn ar ei fyd. Yn ei gariad daeth i'r byd, yn berson o gig a gwaed – Iesu o Nasareth. Dysgodd a dangosodd Iesu ffordd wahanol (ffordd cariad), ac aberthu ei hun yn ein lle. Cymerodd y bai am bechod y ddynoliaeth. A'r cwbl mae'n ei ofyn gynnon ni ydy i ni gredu. Mae'r rhai sy'n ei drystio yn derbyn maddeuant a nerth yr Ysbryd Glân i'w galluogi i fyw'r bywyd newydd.

Deall y Beibl

Mae'r Beibl yn aml yn cael ei alw yn Air Duw (neu neges Duw i ni). Ond dydy hynny ddim yn golygu y gall rhywun ei agor ar hap, darllen y geiriau cyntaf sy'n taro'r llygad, a disgwyl i Dduw ddweud rhywbeth trwyddo. Mae'n bwysig darllen y Beibl yn ddeallus – ceisio deall popeth sy'n cael ei ddweud gan ystyried y cyd-destun. Dylid gofyn cwestiynau fel, "Beth ydy'r cefndir?", "Sut fath o lenyddiaeth ydy'r adran yma?" ac yn y blaen.

Mae'n bwysig, wrth ddarllen y Beibl, ein bod yn agored i glywed Duw yn siarad gyda ni. Mae Paul yn dweud yn ei ail lythyr at Timotheus, "Duw sydd wedi ysbrydoli'r ysgrifau sanctaidd hynny i gyd, ac maen nhw'n dysgu beth sy'n wir i ni, yn cywiro syniadau anghywir, yn dangos beth dŷn ni'n ei wneud o'i le, a'n dysgu ni i fyw yn iawn. Felly mae gan bobl Dduw bopeth sydd ei angen iddyn nhw wneud pob math o bethau da" (2 Timotheus 3:16-17).

Ble i droi am help...

Y peth cyntaf i'w wneud bob amser ydy troi at Dduw, a siarad gydag e. Ond dydy gweddïo ddim bob amser yn hawdd. Mae darllen adnodau o'r Beibl yn help i ti weld nad wyt ti ar dy ben dy hun. Mae pobl eraill wedi cael yr un profiadau, ac (yn bwysicach na dim) mae Duw yn deall ac eisiau dy helpu.

Dyma rai profiadau, pynciau a theimladau all fod yn dy boeni. Darllenna rhai o'r adnodau i weld beth sydd gan y Beibl i'w ddweud.

Amheuaeth

Diarhebion 3:5-6; Barnwyr 6:36-40; Salm 23:13-14; Jeremeia 29:11-13; Mathew 8:23-27; Marc 9:23-24; Ioan 20:24-29; Iago 1:6; Jwdas 1:21-22

Amser caled

Exodus 18:17-23; Numeri 11:10-23; 1 Brenhinoedd 19:1-9; 1 Samuel 30:6; Job 19:1-27; Salm 43:1-4; 139; Eseia 43:1-4; Mathew 5:4; 10:29-30; 11:28-30; Rhufeiniaid 8:29-39; Galatiaid 6:9-10; Hebreaid 12:1-13

Angen amddiffyn

Numeri 6:24-26; Salm 27:1-6,14; 34:19; 56:8-13; 91:1-16; Nahum 1:7; Malachi 3:17-18; 2 Thesaloniaid 3:3

Angen arweiniad

Jeremeia 29:11; 1 Cronicl 16:11; Salm 25:9; 32:8; 37:4,7; Diarhebion 2:6-9; 3:5-6; Mathew 16:24; Ioan 16:12-13; Effesiaid 5:1-2; Iago 1:5-6

Angen amynedd

Diarhebion 14:29; 19:11; Rhufeiniaid 12:12; 1 Corinthiaid 13:4; Galatiaid 5:22-23; Colosiaid 3:12-14; Hebreaid 10:36-39; Iago 5:7-11

Angen bod yn ddewr

Josua 1:6-9; Salm 27:14; Actau 4:13-31; Effesiaid 6:10-20; Philipiaid 4:13; 2 Timotheus 1:7

Angen heddwch

Eseia 26:3; Luc 1:78-79; Ioan 14:27; Rhufeiniaid 5:1-5; Philipiaid 4:4-7; Colosiaid 3:15

Angen sicrwydd

Ioan 15:9-17; Rhufeiniaid 8:16,38-39; 1 Ioan 3:19-24; 5:12-13; Jwdas 1:24

Annhegwch

Salm 37:1-40; Mathew 5:38-48; Iago 1:2-4

Arwain eraill

Mathew 20:25-28; Ioan 13:12-15; 1 Timotheus 3:1-7; 4:12; 2 Timotheus 2:14-26; Titus 1:5-9

Balchder

Diarhebion 27:2; 29:23; Jeremeia 9:23; Luc 18:9-14; Philipiaid 2:3-11; Iago 4:6

Blaenoriaethau

Diarhebion 12:11; 28:19; Pregethwr 3:1-8; Haggai 1:5-9; Mathew 6:19-21,33; Luc 12:22-34; 21:24-26; Titus 3:14

Blinder

Eseia 40:28; Mathew 11:28-30; 2 Corinthiaid 4:16-18

Cariad

Ioan 13:34-35; 1 Corinthiaid 13:1-13; 1 Ioan 4:7-21

Casáu fy hun

Salm 139; 1 Samuel 16:7; Jeremeia 1:4-10; Rhufeiniaid 8:31-39; 1 Corinthiaid 1:26-31; 12:12-27; Colosiaid 3:12; 1 Pedr 2:9

Casineb

Diarhebion 10:12; Mathew 5:43-48; Ioan 15:18-25; 1 Ioan 2:9; 4:20

Cywilydd

Salm 32; 51; Eseia 55:7-13; Micha 7:18; Actau 13:38-39; 1 Ioan 1:9

Chwant

Mathew 5:28; Luc 12:13-21; Galatiaid 5:16; 1 Thesaloniaid 4:3-5; 1 Timotheus 6:6-10

Chwerwder

Salm 37; Diarhebion 3:11-12; Mathew 18:21-22; Rhufeiniaid 2:1-4; Effesiaid 4:31-32; Hebreaid 12:14-15; Iago 3:13-18

Cyfoeth ac arian

Mathew 6:19-24; Marc 10:17-31; Luc 18:22-26; 1 Timotheus 6:10,17-19; Iago 5:1-5

Dan ymosodiad

Mathew 7:1-5,12; 20:1-16; Galatiaid 3:26-29; Effesiaid 2:11-22; Colosiaid 3:11; Iago 2:1-13

Delwedd (Sut wyt ti'n gweld dy hun)

Salm 139:1-24; Jeremeia 1:4-5; 9:23-24; Rhufeiniaid 8:38-39; 12:3; 2 Corinthiaid 5:17; Effesiaid 1:3-8; 2:10

Dial

Diarhebion 24:29; Mathew 5:38-42; Rhufeiniaid 12:17-21; 1 Thesaloniaid 5:15; 1 Pedr 3:9

Digalon

Genesis 15:1-6; Salm 23; 34:18; 41:5-11; 55:22; Mathew 5:11-12; 2 Corinthiaid 4:8-18; Philipiaid 4:4-7

Dilyn Iesu

Mathew 16:24-26; 28:16-20; Rhufeiniaid 12:1-16; 1 Corinthiaid 11:1-2; Colosiaid 3:1-10

Dioddef

Salm 102; Galarnad 3:21-24; 2 Corinthiaid 12:9-10; Colosiaid 1:24-2:5; 1 Pedr 4:12-13,19

Diolch

Salm 100; 118:27-29; 136; Luc 17:11-19; Philipiaid 4:6; Colosiaid 3:16-17; 1 Thesaloniaid 5:16-18

Dryslyd

Salm 25:4-5; 32:8-9; Diarhebion 3:1-6; Eseia 42:16; Ioan 14:1-14; Effesiaid 5:6-16

Duw yn bell

Luc 15:11-24; Actau 17:22-30

Ffydd yn wan

Mathew 17:20; Luc 12:22-31; Hebreaid 11

Galaru

Salm 23; Mathew 5:4; 11:28-30; 1 Corinthiaid 15:51-57; 1 Thesaloniaid 4:13-18; Datguddiad 21:4

Gobaith

Jeremeia 29:11; Rhufeiniaid 15:13; 1 Pedr 1:3-9; 1 Ioan 3:1-3

Gonestrwydd

Diarhebion 12:22; Effesiaid 4:25; Philipiaid 4:8-9; Colosiaid 3:8-10

Gweddïo

Luc 11:1-13; Ioan 14:12-14; Rhufeiniaid 8:26; Philipiaid 4:6; 1 Thesaloniaid 5:17; 1 Timotheus 2:1-4

Gwylltio

Mathew 5:22; Effesiaid 4:25-32; 1 Timotheus 2:8; Iago 1:19-20; 3:1-18

Isel dy ysbryd

Salm 30; 34; Eseia 35; Mathew 11:28; Rhufeiniaid 8:28-39; 1 Pedr 5:7

Marwolaeth

Ioan 11:17-44; 1 Corinthiaid 15:51-57; 1 Thesaloniaid 4:13-18; Datguddiad 21:4

Methiant

Salm 73:25-26; Jeremeia 30:18-22; Rhufeiniaid 3:23-24; 8:31-39; 2 Corinthiaid 12:9; Effesiaid 2:8-9; Hebreaid 4:14-16; Jwdas 1:24-25

Ofn

Salm 27; 34:4-6; Eseia 12:1-2; Mathew 10:26-31; Philipiaid 4:4-7; 1 Pedr 3:13-14

Pechod

Luc 7:36-50; 1 Ioan 1:8-10; Hebreaid 4:16; 1 Ioan 2:1-2

Perygl

Diarhebion 22:3; Marc 4:37-41; Rhufeiniaid 8:31-39; Hebreaid 13:6

Poeni

Salm 46; 94:18-19; Mathew 6:19-34; Ioan 14:1-4,27; Philipiaid 4:6; 1 Pedr 5:6-7

Poeni am arian

Pregethwr 5:10-20; Mathew 6:24-34; Marc 10:17-30; Luc 12:13-21; 1 Timotheus 6:6-10

Poeni am waith

Diarhebion 11:3; Pregethwr 10:4; Rhufeiniaid 12:3-11; 1 Thesaloniaid 4:11-12; 5:12-18; 2 Thesaloniaid 3:6-13; Iago 4:13-15

Priodas

Genesis 2:24; Mathew 19:4-6; Marc 10:1-12; 1 Corinthiaid 7:1-40; Effesiaid 5:21-33; Hebreaid 13:4

Rhieni

Diarhebion 22:6; 29:17; Mathew 15:3-9; Effesiaid 6:1-4

Rhyw a pherthynas

Caniad Solomon, Diarhebion 5:18-19, 2 Timotheus 2:22; Mathew 5:27-28; 1 Corinthiaid 6:18-7:5,9; 1 Thesaloniaid 4:3-7; Hebreaid 13:4

Sâl

Diarhebion 18:14; Mathew 14:34-36; Marc 5:21-43; 7:31-37; Luc 7:1-10; Actau 3:1-10; 2 Corinthiaid 12:9-10; Iago 5:14-15; Datguddiad 21:4

Siom

Mathew 18:21-25; Luc 17:3-4; Rhufeiniaid 12:14-21; Philipiaid 4:6-7

Teimlo'n annigonol

2 Corinthiaid 12:9-10; Philipiaid 4:12-13

Temtasiwn

Salm 1; 139:23-24; Mathew 26:41; 1 Corinthiaid 10:12-13; Hebreaid 2:14-18; Iago 1:12-16; 4:7; 2 Pedr 3:17-18

Tlodi

Lefiticus 25:35; Diarhebion 31:8-9; Eseia 58:7; 61:1-9; Amos 5:4,11-12,21-24; Micha 6:6-8; Mathew 22:39; Luc 6:2-21

Trist

Pregethwr 3:1-13; Eseia 53:1-10; 61:1-7; Jeremeia 31:16-17; Mathew 5:4; 2 Corinthiaid 1:3-11; Datguddiad 21:1-5

Unig

Salm 22; 23; 40:1-3; 68:5-6; Mathew 28:20; Ioan 14:15-21; Hebreaid 13:5-6; Datguddiad 3:20

Wedi fy ngwrthod

Deuteronomium 31:6; Salm 27:10; 86; Ioan 15:18; Actau 4:11-12; Rhufeiniaid 8:28,31-39; Hebreaid 13:5-6; 1 Pedr 2:4

Genesis

Hanes Creu y Byd

1 Ar y dechrau cyntaf, dyma Duw yn creu y bydysawd a'r ddaear. 2Roedd y ddaear yn anhrefn
gwag, ac roedd hi'n hollol dywyll dros y dŵr dwfn. Ond roedd Ysbryd Duw yn hofran dros
wyneb y dŵr. 3A dwedodd Duw, "Dw i eisiau golau!" a daeth golau i fod. 4Roedd Duw yn gweld
bod hyn yn dda, a dyma Duw yn gwahanu'r golau oddi wrth y tywyllwch. 5Rhoddodd Duw yr enw
'dydd' i'r golau a'r enw 'nos' i'r tywyllwch, ac roedd nos a dydd ar y diwrnod cyntaf.

6Wedyn dwedodd Duw, "Dw i eisiau cromen o aer rhwng y dyfroedd, i wahanu'r dŵr yn
ddau." 7A dyna ddigwyddodd. Gwnaeth Duw gromen o aer, ac roedd yn gwahanu'r dŵr oddi
tani oddi wrth y dŵr uwch ei phen. 8Rhoddodd Duw yr enw 'awyr' iddi, ac roedd nos a dydd
ar yr ail ddiwrnod.

9Dwedodd Duw, "Dw i eisiau i'r dŵr sydd dan yr awyr gasglu i un lle, er mwyn i ddaear sych
ddod i'r golwg." A dyna ddigwyddodd. 10Rhoddodd Duw yr enw 'tir' i'r ddaear, a 'moroedd'
i'r dŵr. Roedd Duw yn gweld bod hyn yn dda.
11Yna dwedodd Duw, "Dw i eisiau i laswellt dyfu o'r tir, a phob math o blanhigion sydd
â hadau ynddyn nhw, a choed ffrwythau. Bydd yr hadau ynddyn nhw yn gwneud i fwy a mwy
o'r planhigion gwahanol hynny dyfu." A dyna ddigwyddodd. 12Roedd y tir wedi'i orchuddio
â glaswellt a phlanhigion a choed o bob math, a'u hadau eu hunain ynddyn nhw. Roedd Duw
yn gweld bod hyn yn dda, 13ac roedd nos a dydd ar y trydydd diwrnod.

14Dwedodd Duw, "Dw i eisiau goleuadau yn yr awyr i wahanu'r dydd a'r nos. Byddan nhw
hefyd yn arwyddion i fesur y tymhorau, y dyddiau a'r blynyddoedd. 15Byddan nhw'n goleuo'r
ddaear o'r awyr." A dyna ddigwyddodd. 16Gwnaeth Duw ddau olau mawr – yr haul a'r lleuad.
Roedd yr un mwya disglair, sef yr haul, i reoli'r dydd, a'r golau lleia, sef y lleuad, i reoli'r nos.
Gwnaeth Duw y sêr hefyd. 17Gosododd nhw i gyd yn yr awyr i oleuo'r ddaear, 18i reoli dydd
a nos, ac i wahanu'r golau oddi wrth y tywyllwch. Roedd Duw yn gweld bod hyn yn dda, 19ac
roedd nos a dydd ar y pedwerydd diwrnod.

20Dwedodd Duw, "Dw i eisiau i'r dyfroedd fod yn orlawn o bysgod a chreaduriaid byw eraill,
a dw i eisiau i adar hedfan yn ôl ac ymlaen yn yr awyr uwchben y ddaear." 21Felly dyma Duw yn
creu y creaduriaid enfawr sydd yn y môr, a'r holl bethau byw eraill sydd ynddo, a'r holl wahanol
fathau o adar hefyd. Roedd Duw yn gweld bod hyn yn dda. 22A dyma Duw yn eu bendithio
nhw, a dweud, "Dw i eisiau i chi gael haid o rai bach, nes eich bod chi'n llenwi'r dŵr sydd yn
y môr, a dw i eisiau llawer o adar ar y ddaear." 23Ac roedd nos a dydd ar y pumed diwrnod.

24Dwedodd Duw, "Dw i eisiau i greaduriaid byw o bob math lenwi'r ddaear: anifeiliaid,
ymlusgiaid a phryfed, a bywyd gwyllt o bob math." A dyna ddigwyddodd. 25Gwnaeth Duw
bob math o greaduriaid gwyllt, pob math o anifeiliaid, ac ymlusgiaid a phryfed gwahanol
i fyw ar y ddaear. Roedd Duw yn gweld bod hyn yn dda.

26Yna dwedodd Duw, "Gadewch i ni wneud pobl yn ddelw ohonon ni'n hunain, i fod yn
debyg i ni; i fod yn feistri sy'n gofalu am bopeth – y pysgod yn y môr, yr adar yn yr awyr, yr
anifeiliaid, y ddaear gyfan a'r holl greaduriaid a phryfed sy'n byw arni."

27 Felly dyma Duw yn creu pobl ar ei ddelw ei hun.
Yn ddelw ohono'i hun y creodd nhw.
Creodd nhw yn wryw ac yn fenyw.

28A dyma Duw yn eu bendithio nhw, a dweud wrthyn nhw, "Dw i eisiau i chi gael plant, fel
bod mwy a mwy ohonoch chi. Llanwch y ddaear a defnyddiwch ei photensial hi; a bod yn feistr

i ofalu am y pysgod sydd yn y môr, yr adar sy'n hedfan yn yr awyr, a'r holl greaduriaid sy'n
byw ar y ddaear." [29]Dwedodd Duw, "Edrychwch. Dw i wedi rhoi'r planhigion sydd â hadau a'r
ffrwythau ar y coed i gyd, i fod yn fwyd i chi. [30]A dw i wedi rhoi'r holl blanhigion yn fwyd i'r
bywyd gwyllt a'r adar a'r holl greaduriaid bach eraill sydd ar y ddaear – ie, pob un creadur
byw." A dyna ddigwyddodd. [31]Edrychodd Duw ar bopeth roedd wedi'i wneud, a gweld fod
y cwbl yn dda iawn. Ac roedd nos a dydd ar y chweched diwrnod.

Duw yn gorffwys ar y seithfed diwrnod

2 Felly gorffennodd Duw y gwaith o greu y bydysawd a phopeth sydd ynddo.
[2]Ar y seithfed diwrnod dyma Duw yn gorffwys, am ei fod wedi gorffen ei holl waith.
[3]Bendithiodd Duw y seithfed diwrnod a'i wneud yn ddiwrnod arbennig, am mai dyna'r diwrnod
roedd e wedi gorffwys ar ôl gorffen y gwaith o greu.

Gardd Eden

[4]Dyma hanes y bydysawd yn cael ei greu:

Pan wnaeth Duw y bydysawd, [5]doedd dim planhigion gwyllt na llysiau yn tyfu ar y tir.
Doedd Duw ddim eto wedi gwneud iddi lawio, a doedd neb chwaith i weithio ar y tir. [6]Ond
roedd dŵr yn codi o'r ddaear ac yn dyfrio wyneb y tir.

[7]Dyma'r ARGLWYDD Dduw yn siapio dyn o'r pridd. Wedyn chwythodd i'w ffroenau yr anadl
sy'n rhoi bywyd, a daeth y dyn yn berson byw. [8]Yna dyma'r ARGLWYDD Dduw yn plannu gardd
tua'r dwyrain, yn Eden, a rhoi'r dyn roedd wedi'i siapio yno. [9]Wedyn gwnaeth yr ARGLWYDD
Dduw i goed o bob math dyfu o'r tir – coed hardd gyda ffrwythau arnyn nhw oedd yn dda
i'w bwyta.

Yng nghanol yr ardd roedd y goeden sy'n rhoi bywyd a'r goeden sy'n rhoi gwybodaeth
am bopeth – da a drwg.

[10]Roedd afon yn tarddu yn Eden ac yn dyfrio'r ardd. Wedyn roedd yn rhannu'n bedair
cangen. [11]Pison ydy enw un. Mae hi'n llifo o gwmpas gwlad Hafila, lle mae aur [12]– aur pur
iawn, ac mae perlau ac onics yno hefyd. [13]Gihon ydy enw'r ail afon. Mae hi yn llifo o gwmpas
gwlad Cwsh. [14]Tigris ydy enw'r drydedd afon. Mae hi'n llifo i'r dwyrain o ddinas Ashŵr. Ac
Ewffrates ydy enw'r bedwaredd afon.

[15]Dyma'r ARGLWYDD Dduw yn cymryd y dyn a'i osod yn yr ardd yn Eden, i'w thrin hi a gofalu
amdani. [16]A dyma fe'n rhoi gorchymyn i'r dyn: "Cei fwyta ffrwyth unrhyw goeden yn yr ardd,
[17]ond paid bwyta ffrwyth y goeden sy'n rhoi gwybodaeth am bopeth – da a drwg. Pan wnei
di hynny byddi'n siŵr o farw."

[18]Dwedodd yr ARGLWYDD Dduw wedyn, "Dydy e ddim yn beth da i'r dyn fod ar ei ben ei hun.
Dw i'n mynd i wneud cymar iddo i'w gynnal." [19]A dyma'r ARGLWYDD Dduw yn siapio pob math
o anifeiliaid ac adar o'r pridd, ac yn gwneud iddyn nhw ddod at y dyn i weld beth fyddai'n
eu galw nhw. Y dyn oedd yn rhoi enw i bob un. [20]Rhoddodd enwau i'r anifeiliaid, i'r adar,
ac i'r bywyd gwyllt i gyd, ond doedd run ohonyn nhw yn gwneud cymar iddo i'w gynnal.

[21]Felly dyma'r ARGLWYDD Dduw yn gwneud i'r dyn gysgu'n drwm. Cymerodd ddarn o ochr
y dyn, a rhoi cnawd yn ei le. [22]Wedyn dyma'r ARGLWYDD Dduw yn ffurfio dynes allan o'r darn
oedd wedi'i gymryd o'r dyn, a dod â hi at y dyn. [23]A dyma'r dyn yn dweud,

"O'r diwedd! Un sydd yr un fath â fi!
Asgwrn o'm hesgyrn, a chnawd o'm cnawd.
'Dynes' fydd yr enw arni,
am ei bod wedi'i chymryd allan o ddyn."

[24]Dyna pam mae dyn yn gadael ei dad a'i fam ac yn cael ei uno â'i wraig. Byddan nhw'n
dod yn uned deuluol newydd.

[25]Roedd y dyn a'i wraig yn hollol noeth, a doedd ganddyn nhw ddim cywilydd.

Y dyn a'i wraig yn pechu

3 Roedd y neidr yn fwy cyfrwys na phob anifail gwyllt arall roedd yr ARGLWYDD Dduw wedi'u
creu. A dyma'r neidr yn dweud wrth y wraig, "Ydy Duw wir wedi dweud, 'Peidiwch bwyta
ffrwyth unrhyw goeden yn yr ardd'?" 2"Na," meddai'r wraig, "dŷn ni'n cael bwyta ffrwyth
unrhyw goeden yn yr ardd. 3Dim ond am ffrwyth y goeden yng nghanol yr ardd y dwedodd
Duw, 'Peidiwch bwyta ei ffrwyth hi a pheidiwch ei chyffwrdd hi, rhag i chi farw.' " 4Ond
dyma'r neidr yn dweud wrth y wraig, "Na! Fyddwch chi ddim yn marw. 5Mae Duw yn gwybod
y byddwch chi'n gweld popeth yn glir pan wnewch chi fwyta ohoni. Byddwch chi'n gwybod
am bopeth – da a drwg – fel Duw ei hun."
6Gwelodd y wraig fod ffrwyth y goeden yn edrych yn dda i'w fwyta. Roedd cael ei gwneud
yn ddoeth yn apelio ati, felly dyma hi'n cymryd peth o'i ffrwyth ac yn ei fwyta. Yna rhoddodd
beth i'w gŵr oedd gyda hi, a dyma fe'n bwyta hefyd. 7Yn sydyn roedden nhw'n gweld popeth
yn glir, ac yn sylweddoli eu bod nhw'n noeth. Felly dyma nhw'n rhwymo dail coeden ffigys
at ei gilydd a gwneud sgertiau iddyn nhw'u hunain.
8Yna dyma nhw'n clywed sŵn yr ARGLWYDD Dduw yn mynd drwy'r ardd pan oedd
gwynt yn dechrau codi. A dyma'r dyn a'i wraig yn mynd i guddio o olwg yr ARGLWYDD
Dduw, i ganol y coed yn yr ardd. 9Ond galwodd yr ARGLWYDD Dduw ar y dyn, a gofyn
iddo, "Ble wyt ti?" 10Atebodd y dyn, "Rôn i'n clywed dy sŵn di yn yr ardd, ac roedd
arna i ofn am fy mod i'n noeth. Felly dyma fi'n cuddio." 11"Pwy ddwedodd wrthot ti dy
fod di'n noeth?" meddai Duw. "Wyt ti wedi bwyta ffrwyth y goeden ddwedais i wrthot
ti am beidio ei fwyta?" 12Ac meddai'r dyn, "Y wraig wnest ti ei rhoi i mi – hi roddodd
y ffrwyth i mi, a dyma fi'n ei fwyta." 13Yna gofynnodd yr ARGLWYDD Dduw i'r wraig, "Be
ti'n feddwl ti'n wneud?" A dyma'r wraig yn ateb, "Y neidr wnaeth fy nhwyllo i. Dyna
pam wnes i ei fwyta."

Duw yn cyhoeddi'r farn

14Dyma'r ARGLWYDD Dduw yn dweud wrth y neidr:

"Melltith arnat ti am wneud hyn!
Ti fydd yr unig anifail dof neu wyllt sydd wedi dy felltithio.
Byddi'n llusgo o gwmpas ar dy fol
ac yn llyfu'r llwch drwy dy fywyd.
15 Byddi di a'r wraig yn elynion.
Bydd dy had di a'i had hi bob amser yn elynion.
Bydd e'n sathru dy ben di,
a byddi di'n taro ei sawdl e."

16Yna dyma fe'n dweud wrth y wraig:

"Bydd cael plant yn waith llawer anoddach i ti;
byddi'n diodde poenau ofnadwy wrth eni plentyn.
Byddi di eisiau dy ŵr,
ond bydd e fel meistr arnat ti."

17Wedyn dyma fe'n dweud wrth Adda:

"Rwyt ti wedi gwrando ar dy wraig
a bwyta ffrwyth y goeden rôn i wedi dweud amdani,
'Paid bwyta ei ffrwyth hi.'
Felly mae'r ddaear wedi'i melltithio o dy achos di.
Bydd rhaid i ti weithio'n galed i gael bwyd bob amser.
18 Bydd drain ac ysgall yn tyfu ar y tir,
a byddi'n bwyta'r cnydau sy'n tyfu yn y caeau.

19 Bydd rhaid i ti weithio'n galed a chwysu i gael bwyd i fyw,
hyd nes i ti farw a mynd yn ôl i'r pridd.
Dyna o lle y daethost ti.
Pridd wyt ti, a byddi'n mynd yn ôl i'r pridd."

20 Dyma'r dyn yn rhoi'r enw Efa[a] i'w wraig, am mai hi fyddai mam pob person byw.
21 Wedyn dyma'r ARGLWYDD Dduw yn gwneud dillad o grwyn anifeiliaid i Adda a'i wraig
eu gwisgo.
22 A dyma'r ARGLWYDD Dduw yn dweud, "Mae dyn bellach yr un fath â ni, yn gwybod am
bopeth – da a drwg. Rhaid peidio gadael iddo gymryd ffrwyth y goeden sy'n rhoi bywyd,
neu bydd yn ei fwyta ac yn byw am byth." 23 Felly dyma'r ARGLWYDD Dduw yn ei anfon allan
o'r ardd yn Eden i drin y pridd y cafodd ei wneud ohono. 24 Pan gafodd y dyn ei daflu allan
o'r ardd, gosododd Duw gerwbiaid ar ochr ddwyreiniol yr ardd yn Eden, a chleddyf tân yn
chwyrlïo, i rwystro unrhyw un rhag mynd at y goeden sy'n rhoi bywyd.

Cain yn lladd Abel

4 Cysgodd Adda gyda'i wraig Efa, a dyma hi'n beichiogi. Cafodd blentyn, sef Cain, ac
meddai, "Dw i wedi cael plentyn, gyda help yr ARGLWYDD." 2 Wedyn cafodd blentyn arall,
brawd i Cain, sef Abel.
Tyfodd Abel i fod yn fugail, ond roedd Cain yn trin y tir. 3 Adeg y cynhaeaf daeth Cain â pheth
o gynnyrch y tir i'w roi yn offrwm i'r ARGLWYDD. 4 Daeth Abel â rhai o ŵyn cyntaf y praidd, a rhoi'r
rhai gorau yn offrwm i Dduw. Roedd Abel a'i offrwm yn plesio'r ARGLWYDD, 5 ond wnaeth e ddim
cymryd sylw o Cain a'i offrwm e. Roedd Cain wedi gwylltio'n lân. Roedd i'w weld ar ei wyneb!
6 Dyma'r ARGLWYDD yn gofyn i Cain, "Ydy'n iawn i ti wylltio fel yma? Pam wyt ti mor ddig? 7 Os
gwnei di beth sy'n iawn bydd pethau'n gwella. Ond os na wnei di beth sy'n iawn, mae pechod
fel anifail yn llechu wrth y drws. Mae am dy gael di, ond rhaid i ti ei reoli."
8 Dwedodd Cain wrth ei frawd, "Gad i ni fynd allan i gefn gwlad."[b] Yna pan oedden nhw
allan yng nghefn gwlad dyma Cain yn ymosod ar ei frawd Abel a'i ladd. 9 Dyma'r ARGLWYDD
yn dweud wrth Cain, "Ble mae Abel, dy frawd di?" Atebodd Cain, "Dw i ddim yn gwybod.
Ai fi sydd i fod i ofalu am fy mrawd?" 10 A dyma'r ARGLWYDD yn dweud, "Beth yn y byd wyt ti
wedi'i wneud? Gwranda! Mae gwaed dy frawd yn gweiddi arna i o'r pridd. 11 Melltith arnat
ti. Rhaid i ti adael y tir yma lyncodd waed dy frawd pan wnest ti ei ladd. 12 Byddi'n ceisio trin
y tir ond yn methu cael cnwd da ohono. Byddi'n crwydro o gwmpas yn ddigyfeiriad."
13 Ac meddai Cain wrth yr ARGLWYDD, "Mae'r gosb yn ormod i mi ei chymryd! 14 Ti wedi fy
ngyrru i ffwrdd o'r tir, a bydda i wedi fy nhorri i ffwrdd oddi wrthot ti. Bydda i'n crwydro
o gwmpas yn ddigyfeiriad, a bydd pwy bynnag sy'n dod o hyd i mi yn fy lladd."
15 Ond dyma'r ARGLWYDD yn dweud wrtho, "Na. Bydd pwy bynnag sy'n lladd Cain yn cael ei
gosbi saith gwaith drosodd." A dyma'r ARGLWYDD yn marcio Cain i ddangos iddo na fyddai'n
cael ei ladd gan bwy bynnag fyddai'n dod o hyd iddo. 16 Felly aeth Cain i ffwrdd oddi wrth
yr ARGLWYDD a mynd i fyw i wlad Nod[c] i'r dwyrain o Eden.

Disgynyddion Cain

17 Cysgodd Cain gyda'i wraig, a dyma hi'n beichiogi. Cafodd blentyn, sef Enoch. Roedd
Cain yn adeiladu pentref gyda wal i'w amddiffyn, a galwodd y pentref yn 'Enoch' ar ôl ei
fab. 18 Roedd Enoch yn dad i Irad, Irad yn dad i Mechwiael, Mechwiael yn dad i Methwshael,
a Methwshael yn dad i Lamech.
19 Dyma Lamech yn cymryd dwy wraig iddo'i hun – Ada oedd enw un a Sila oedd y llall.
20 Cafodd Ada blentyn, sef Iabal. Iabal oedd y cyntaf i fyw mewn pebyll a chadw anifeiliaid.

---

a 3:20 Ystyr *Efa* yn Hebraeg ydy 'yr un fyw' neu 'yr un sy'n rhoi bywyd'. b 4:8 Yn ôl y Fersiynau. Hebraeg heb "Gad ... gwlad." c 4:16 *Nod* Enw Hebraeg sy'n golygu 'crwydro'.

21 Roedd ganddo frawd o'r enw Iwbal. Iwbal oedd y cyntaf i ganu'r delyn a'r ffliwt. 22 Dyma Sila,
y wraig arall, yn cael plentyn hefyd, sef Twbal-cain. Fe oedd y cyntaf i weithio gyda metelau,
a gwneud offer pres a haearn. Roedd gan Twbal-cain chwaer o'r enw Naamâ.
23 Dyma Lamech yn dweud wrth ei wragedd:

"Ada a Sila, gwrandwch arna i!
Wragedd Lamech, sylwch beth dw i'n ddweud:
Byddwn i'n lladd dyn am fy anafu i,
neu blentyn am fy nharo i.
24 Os bydd y dial am Cain saith gwaith gwaeth,
bydd y dial am Lamech saith deg saith gwaith!"

25 Cysgodd Adda gyda'i wraig eto, a chafodd hi fab arall. Galwodd hwn yn Seth, "am fod
Duw wedi rhoi[ch] plentyn i mi yn lle Abel, ar ôl i Cain ei ladd."
26 Cafodd Seth fab, a'i alw yn Enosh. Dyna pryd y dechreuodd pobl addoli'r ARGLWYDD.

O Adda i Noa

(1 Cronicl 1:1-4)

5 Dyma restr deuluol Adda:

Pan greodd Duw bobl, gwnaeth nhw i fod yn ddelw ohono'i hun. 2 Creodd nhw yn wryw
ac yn fenyw, bendithiodd nhw, a rhoi'r enw 'dynoliaeth' iddyn nhw.
3 Pan oedd Adda yn 130 oed, cafodd fab a'i alw'n Seth. Roedd Seth yr un ffunud
â'i dad. 4 Buodd Adda fyw am 800 mlynedd ar ôl i Seth gael ei eni, a chafodd blant
eraill. 5 Felly roedd Adda yn 930 oed yn marw.
6 Pan oedd Seth yn 105 oed cafodd ei fab Enosh ei eni. 7 Buodd Seth fyw am 807
o flynyddoedd ar ôl i Enosh gael ei eni, a chafodd blant eraill. 8 Felly roedd Seth yn
912 oed yn marw.
9 Pan oedd Enosh yn 90 oed cafodd ei fab Cenan ei eni. 10 Buodd Enosh fyw am 815
mlynedd ar ôl i Cenan gael ei eni, a chafodd blant eraill. 11 Felly roedd Enosh yn
905 oed yn marw.
12 Pan oedd Cenan yn 70 oed cafodd ei fab Mahalal-el ei eni. 13 Buodd Cenan fyw am
840 mlynedd ar ôl i Mahalal-el gael ei eni, a chafodd blant eraill. 14 Felly roedd
Cenan yn 910 oed yn marw.
15 Pan oedd Mahalal-el yn 65 oed cafodd ei fab Iered ei eni. 16 Buodd Mahalal-el fyw
am 830 mlynedd ar ôl i Iered gael ei eni, a chafodd blant eraill. 17 Felly roedd
Mahalal-el yn 895 oed yn marw.
18 Pan oedd Iered yn 162 oed cafodd ei fab Enoch ei eni. 19 Buodd Iered fyw am 800
mlynedd ar ôl i Enoch gael ei eni, a chafodd blant eraill. 20 Felly roedd Iered yn 962
oed yn marw.
21 Pan oedd Enoch yn 65 oed cafodd ei fab Methwsela ei eni. 22 Roedd gan Enoch berthynas
agos gyda Duw, a buodd fyw am 300 mlynedd ar ôl i Methwsela gael ei eni, a chafodd
blant eraill. 23 Felly dyma Enoch yn byw i fod yn 365 oed. 24 Roedd ganddo berthynas
agos gyda Duw, ond yn sydyn doedd e ddim yna. Roedd Duw wedi'i gymryd i ffwrdd.
25 Pan oedd Methwsela yn 187 oed cafodd ei fab Lamech ei eni. 26 Buodd Methwsela
fyw am 782 o flynyddoedd ar ôl i Lamech gael ei eni, a chafodd blant eraill. 27 Felly
roedd Methwsela yn 969 oed yn marw.
28 Pan oedd Lamech yn 182 oed cafodd fab, 29 a'i alw yn Noa.[d] Dwedodd, "Bydd hwn
yn rhoi gorffwys i ni o'r gwaith caled o drin y tir mae'r ARGLWYDD wedi'i felltithio."

---

ch 4:25 Mae'r gair Hebraeg am 'rhoi' yn debyg i'r enw *Seth*. d 5:29 Mae'r enw *Noa* yn debyg i'r gair Hebraeg am 'gorffwys' neu 'cysur'.

30Buodd Lamech fyw am 595 mlynedd ar ôl i Noa gael ei eni, a chafodd blant
eraill. 31Felly roedd Lamech yn 777 oed yn marw.
32Pan oedd Noa yn 500 mlwydd oed roedd ganddo dri mab – Shem, Cham a Jaffeth.

Drygioni'r ddynoliaeth

6 Wrth i boblogaeth y byd dyfu ac i ferched gael eu geni, 2dyma'r bodau nefol yn gweld
fod merched dynol yn hardd. A dyma nhw'n cymryd y rhai roedden nhw'n eu ffansïo i fod
yn wragedd iddyn nhw'u hunain. 3Yna dyma'r ARGLWYDD yn dweud, "Alla i ddim gadael i bobl
fyw am byth. Maen nhw'n greaduriaid sy'n mynd i farw, ac o hyn ymlaen fyddan nhw ddim
yn byw fwy na 120 mlynedd." 4Roedd cewri yn byw ar y ddaear bryd hynny (ac wedyn hefyd).
Nhw oedd y plant gafodd eu geni ar ôl i'r bodau nefol gael rhyw gyda merched dynol. Dyma
arwyr enwog yr hen fyd.
5Roedd yr ARGLWYDD yn gweld bod y ddynoliaeth bellach yn ofnadwy o ddrwg. Doedden
nhw'n meddwl am ddim byd ond gwneud drwg drwy'r amser. 6Roedd yr ARGLWYDD yn sori ei
fod e wedi creu'r ddynoliaeth. Roedd wedi'i frifo a'i ddigio. 7Felly dyma fe'n dweud, "Dw
i'n mynd i gael gwared â'r ddynoliaeth yma dw i wedi'i chreu. Ydw, a'r anifeiliaid, yr holl
ymlusgiaid a phryfed a'r adar hefyd. Dw i'n sori mod i wedi'u creu nhw yn y lle cyntaf."
8Ond roedd Noa wedi plesio'r ARGLWYDD.

Noa

9Dyma hanes Noa a'i deulu:

Roedd Noa yn ddyn da – yr unig un bryd hynny oedd yn gwneud beth roedd Duw eisiau.
Roedd ganddo berthynas agos gyda Duw. 10Roedd ganddo dri mab, sef Shem, Cham a Jaffeth.
11Roedd y byd wedi'i sbwylio yng ngolwg Duw. Roedd trais a chreulondeb ym mhobman.
12Gwelodd Duw fod y byd wedi'i sbwylio go iawn. Roedd pawb yn gwneud drwg. 13Felly dyma
Duw yn dweud wrth Noa, "Dw i wedi penderfynu bod rhaid i bawb gael eu dinistrio. Mae trais
a chreulondeb ym mhobman, felly dw i'n mynd i'w dinistrio nhw, a'r byd hefo nhw. 14Dw i am
i ti adeiladu arch, sef cwch mawr, wedi'i gwneud o goed goffer. Rhanna hi yn ystafelloedd
a'i selio hi y tu mewn a'r tu allan â phyg. 15Gwna hi'n 130 metr o hyd, 22 metr o led ac 13
metr o uchder. 16Rho do ar yr arch, ond gad fwlch o 45 centimetr rhwng y to ac ochrau'r arch.
Rho ddrws ar ochr yr arch, ac adeilada dri llawr ynddi – yr isaf, y canol a'r uchaf. 17Dw i'n
mynd i ddod â llifogydd ar y ddaear a boddi popeth sy'n anadlu. Bydd popeth byw yn marw.
18Ond bydda i'n gwneud ymrwymiad i ti. Byddi di'n mynd i mewn i'r arch – ti a dy feibion,
dy wraig di a'u gwragedd nhw.
19"Dw i am i ti fynd â dau o bob math o anifail i'r arch hefo ti i'w cadw'n fyw, sef un gwryw
ac un benyw. 20Dau o bob math o adar, pob math o anifeiliaid a phob math o ymlusgiaid –
bydd dau o bopeth yn dod atat ti i'w cadw'n fyw. 21Dos â bwyd o bob math gyda ti hefyd,
a'i storio. Digon o fwyd i chi ac i'r anifeiliaid."
22A dyma Noa yn gwneud yn union fel roedd Duw wedi dweud wrtho.

Y Dilyw

7 Dyma'r ARGLWYDD yn dweud wrth Noa, "Dos i mewn i'r arch gyda dy deulu. Ti ydy'r
unig un sy'n gwneud beth dw i eisiau. 2Dos â saith pâr o bob anifail sy'n iawn
i'w fwyta a'i aberthu, ac un pâr o bob anifail arall. Un gwryw ac un fenyw ym mhob
pâr. 3Dos â saith pâr o bob aderyn gyda ti hefyd. Dw i eisiau i'r amrywiaeth o anifeiliaid
ac adar oroesi ar y ddaear. 4Wythnos i heddiw bydda i'n gwneud iddi lawio. Bydd hi'n
glawio nos a dydd am bedwar deg diwrnod. Dw i'n mynd i gael gwared â phopeth byw
dw i wedi'i greu oddi ar wyneb y ddaear." 5A dyma Noa yn gwneud yn union fel roedd yr
ARGLWYDD wedi dweud wrtho.

[6]Roedd Noa yn 600 oed pan ddaeth y llifogydd a boddi'r ddaear. [7]Aeth Noa a'i wraig, ei
feibion a'u gwragedd i mewn i'r arch i ddianc rhag y llifogydd. [8]Dyma'r anifeiliaid gwahanol
(y rhai oedd yn iawn i'w bwyta a'u haberthu, a'r lleill hefyd), a'r gwahanol fathau o adar
a chreaduriaid bach eraill, [9]yn dod at Noa i'r arch bob yn bâr – gwryw a benyw. Digwyddodd
hyn yn union fel roedd Duw wedi dweud wrth Noa.
[10]Wythnos union wedyn dyma'r llifogydd yn dod ac yn boddi'r ddaear. [11]Pan oedd Noa yn
600 mlwydd oed, ar yr ail ar bymtheg o'r ail fis,

> byrstiodd y ffynhonnau dŵr tanddaearol,
> ac agorodd llifddorau'r awyr.

[12]Buodd hi'n bwrw glaw yn drwm, ddydd a nos, am bedwar deg diwrnod.
[13]Ar y diwrnod y dechreuodd hi lawio, aeth Noa i'r arch gyda'i wraig, ei feibion, Shem, Cham
a Jaffeth, a'u gwragedd nhw. [14]Gyda nhw roedd y gwahanol fathau o anifeiliaid gwyllt a dof,
yr ymlusgiaid, ac adar a phryfed – popeth oedd yn gallu hedfan. [15]Aeth y creaduriaid byw
i gyd at Noa i'r arch bob yn ddau – [16]gwryw a benyw, yn union fel roedd Duw wedi dweud
wrth Noa. A dyma'r Arglwydd yn eu cau nhw i mewn.
[17]Dyma'r dilyw yn para am bedwar deg diwrnod. Roedd y llifogydd yn mynd yn waeth,
nes i'r arch gael ei chodi ar wyneb y dŵr. [18]Roedd y dŵr yn codi'n uwch ac yn uwch, a'r arch
yn nofio ar yr wyneb. [19]Roedd cymaint o ddŵr nes bod hyd yn oed y mynyddoedd o'r golwg.
[20]Daliodd i godi nes bod y dŵr dros saith metr yn uwch na'r mynyddoedd uchaf. [21]Cafodd
popeth byw ei foddi – adar, anifeiliaid dof a gwyllt, yr holl greaduriaid sy'n heidio ar y ddaear,
a phob person byw. [22]Roedd pob creadur oedd yn anadlu ac yn byw ar dir sych wedi marw.
[23]Dyma Duw yn cael gwared â nhw i gyd – pobl, anifeiliaid, ymlusgiaid a phryfed, ac adar.
Cafodd wared â'r cwbl. Dim ond Noa a'r rhai oedd yn yr arch oedd ar ôl.
[24]Wnaeth y dŵr ddim dechrau gostwng am bum mis.

Y dŵr yn gostwng

8 Ond doedd Duw ddim wedi anghofio am Noa a'r holl anifeiliaid gwyllt a dof oedd
gydag e yn yr arch. Felly gwnaeth i wynt chwythu, a dyma lefel y dŵr yn dechrau mynd
i lawr. [2]Dyma'r ffynhonnau dŵr tanddaearol a'r llifddorau yn yr awyr yn cael eu cau, a dyma
hi'n stopio glawio. [3]Dechreuodd y dŵr fynd i lawr. [4]Bum mis union ar ôl i'r dilyw ddechrau,[dd]
glaniodd yr arch ar fynyddoedd Ararat. [5]Ddau fis a hanner wedyn, wrth i'r dŵr ddal i fynd
i lawr o dipyn i beth, daeth rhai o'r mynyddoedd eraill i'r golwg.
[6]Pedwar deg diwrnod ar ôl i'r arch lanio, dyma Noa yn agor ffenest [7]ac yn anfon cigfran
allan. Roedd hi'n hedfan i ffwrdd ac yn dod yn ôl nes oedd y dŵr wedi sychu oddi ar wyneb
y ddaear. [8]Wedyn dyma Noa yn anfon colomen allan, i weld a oedd y dŵr wedi mynd. [9]Ond
roedd y golomen yn methu dod o hyd i le i glwydo, a daeth yn ôl i'r arch. Roedd y dŵr yn dal
i orchuddio'r ddaear. Estynnodd Noa ei law ati a dod â hi yn ôl i mewn i'r arch. [10]Arhosodd
am wythnos cyn danfon y golomen allan eto. [11]Y tro yma, pan oedd hi'n dechrau nosi, dyma'r
golomen yn dod yn ôl gyda deilen olewydd ffres yn ei phig. Felly roedd Noa'n gwybod bod
y dŵr bron wedi mynd. [12]Yna arhosodd am wythnos arall cyn anfon y golomen allan eto, a'r
tro yma ddaeth hi ddim yn ôl.
[13]Pan oedd Noa yn 601 oed, ar ddiwrnod cynta'r flwyddyn roedd y llifogydd wedi mynd.
Dyma Noa yn symud rhan o'r gorchudd oedd ar do'r arch, a gwelodd fod y ddaear bron wedi
sychu. [14]Erbyn y seithfed ar hugain o'r ail fis roedd y ddaear yn sych.
[15]A dyma Duw yn dweud wrth Noa, [16]"Dos allan o'r arch, ti a dy deulu. [17]Tyrd â phopeth
allan – yr adar a'r anifeiliaid, a phob creadur bach arall – dw i eisiau iddyn nhw gael haid
o rai bach, drwy'r ddaear i gyd." [18]Felly dyma Noa a'i wraig, a'i feibion a'u gwragedd nhw, yn
mynd allan o'r arch. [19]A daeth yr anifeiliaid i gyd, a'r ymlusgiaid, a'r adar allan yn eu grwpiau.

---

dd 8:4 *Bum mis ... ddechrau* Hebraeg, "ar yr ail ar bymtheg o'r seithfed mis" gw. 7:11.

Noa yn aberthu i'r ARGLWYDD

[20]Yna cododd Noa allor i'r ARGLWYDD ac aberthu rhai o'r gwahanol fathau o anifeiliaid ac
adar oedd yn dderbyniol fel offrwm i'w losgi. [21]Roedd yr aberth yn arogli'n hyfryd i'r ARGLWYDD,
ac meddai wrtho'i hun, "Dw i byth yn mynd i felltithio'r ddaear eto o achos y ddynoliaeth, er
fod pobl yn dal i feddwl am ddim byd ond gwneud drwg hyd yn oed pan maen nhw'n blant
ifanc. Wna i byth eto ddinistrio popeth byw fel dw i newydd wneud.

[22] Tra mae'r byd yn bod,
bydd amser i blannu a chasglu'r cynhaeaf;
bydd tywydd oer a thywydd poeth,
haf a gaeaf, nos a dydd."

Ymrwymiad Duw a Noa

9 Dyma Duw yn bendithio Noa a'i feibion, a dweud wrthyn nhw: "Dw i eisiau i chi gael
plant, fel bod mwy a mwy ohonoch chi. Llanwch y ddaear. [2]Bydd gan yr anifeiliaid, yr
adar, pob creadur bach arall a'r pysgod eich ofn chi. Byddwch yn eu rheoli nhw. [3]Bellach
cewch fwyta unrhyw greadur byw, nid dim ond planhigion fel o'r blaen. [4]Ond rhaid i chi beidio
bwyta cig sydd â bywyd yn dal ynddo (sef y gwaed). [5]Mae tywallt gwaed dynol yn rhywbeth
sy'n rhaid ei gosbi. Rhaid lladd unrhyw anifail gwyllt sy'n gwneud hynny. A rhaid i berson
sy'n lladd rhywun arall farw hefyd, am fod pobl yn frodyr a chwiorydd i'w gilydd.

[6] Mae rhywun sy'n lladd person arall
yn haeddu cael ei ladd ei hun,
am fod Duw wedi creu'r ddynoliaeth
yn ddelw ohono'i hun.

[7]Dw i eisiau i chi gael plant, fel bod mwy a mwy ohonoch chi drwy'r byd i gyd."
[8]A dyma Duw yn dweud wrth Noa a'i feibion, [9]"Dw i am wneud ymrwymiad i chi a'ch
disgynyddion, [10]a hefyd gyda phob creadur byw – adar, anifeiliaid dof a phob creadur arall
ddaeth allan o'r arch. [11]Dw i'n addo na fydda i byth yn anfon dilyw eto i gael gwared
â phopeth byw ac i ddinistrio'r ddaear. [12]A dw i'n mynd i roi arwydd i chi i ddangos fod yr
ymrwymiad dw i'n ei wneud yn mynd i bara am byth: [13]Dw i'n rhoi fy enfys yn y cymylau,
a bydd yn arwydd o'r ymrwymiad dw i wedi'i wneud gyda'r ddaear. [14]Pan fydd cymylau yn yr
awyr, ac enfys i'w gweld yn y cymylau, [15]bydda i'n cofio'r ymrwymiad dw i wedi'i wneud i chi
a phob creadur byw. Fydd llifogydd ddim yn dod i ddinistrio popeth byw byth eto. [16]Pan fydd
enfys yn y cymylau bydda i'n cofio'r ymrwymiad dw i wedi'i wneud gyda phob creadur byw
sydd ar y ddaear." [17]A dyma Duw yn dweud wrth Noa, "Dyma'r arwydd sy'n dangos y bydda
i'n cadw'r ymrwymiad dw i wedi'i wneud gyda phopeth byw ar y ddaear."

Noa a'i feibion

[18]Shem, Cham a Jaffeth oedd enwau meibion Noa ddaeth allan o'r arch. (Cham oedd
tad Canaan.) [19]Roedd y tri ohonyn nhw yn feibion i Noa, ac mae holl bobloedd y byd yn
ddisgynyddion iddyn nhw.
[20]Roedd Noa yn ffermwr. Fe oedd y cyntaf un i blannu gwinllan. [21]Yfodd Noa beth o'r gwin,
a meddwi. Tynnodd ei ddillad a gorwedd yn noeth yn ei babell. [22]Dyma Cham, tad Canaan,
yn edrych ar ei dad yn noeth ac yna'n mynd allan i ddweud wrth ei frodyr. [23]Ond dyma Shem
a Jaffeth yn cymryd clogyn a'i osod ar eu hysgwyddau. Wedyn dyma nhw'n cerdded at yn
ôl i mewn i'r babell a gorchuddio corff noeth eu tad. Roedden nhw'n edrych i ffwrdd wrth
wneud hyn, felly wnaethon nhw ddim gweld eu tad yn noeth.
[24]Ar ôl i Noa ddeffro a sobri, clywodd beth roedd ei fab ifancaf wedi'i wneud, [25]ac
meddai,

"Melltith ar Canaan!
Bydd fel caethwas dibwys i'w frodyr."

26 Wedyn dwedodd Noa,

"Bendith yr ARGLWYDD Dduw ar Shem!
Bydd Canaan yn gaethwas iddo.
27 Boed i Dduw roi digonedd o le[e] i Jaffeth,
a gwneud iddo gyd-fyw'n heddychlon gyda Shem.
A bydd Canaan yn gaethwas iddo yntau hefyd."

28 Buodd Noa fyw 350 mlynedd ar ôl y dilyw. 29 Felly roedd Noa yn 950 oed yn marw.

Rhestr o'r cenhedloedd gwahanol

(1 Cronicl 1:5-23)

10 Dyma hanes teuluoedd meibion Noa – Shem, Cham a Jaffeth. (Ar ôl y dilyw cafodd
y tri ohonyn nhw blant):

Disgynyddion Jaffeth

2 Meibion Jaffeth: Gomer, Magog, Madai, Iafan, Twbal, Meshech, a Tiras.
3 Disgynyddion Gomer oedd pobl Ashcenas, Riffath, a Togarma.
4 Disgynyddion Iafan oedd pobl Elisha, Tarshish, Cittim, a Dodanîm, 5 sef pobloedd yr
arfordir a'r ynysoedd. Rhannodd y rhain yn genhedloedd gwahanol gyda'u tiroedd, a phob grŵp ethnig gyda'i iaith ei hun.

Disgynyddion Cham

6 Meibion Cham: Cwsh, Mitsraïm, Pwt, a Canaan.
7 Disgynyddion Cwsh oedd pobl Seba, Hafila, Sabta, Raama, a Sabtecha. Disgynyddion Raama oedd pobl Sheba a Dedan.
8 Cafodd Cwsh fab arall o'r enw Nimrod. Nimrod oedd y concwerwr cyntaf. 9 Fe oedd yr
heliwr gorau yn y byd i gyd. Dyna pam mae'r hen ddywediad yn dweud, "Mae fel Nimrod,
yr heliwr gorau welodd yr ARGLWYDD." 10 Dechreuodd ei ymerodraeth gyda dinasoedd Babel,
Erech, Accad a Calne yng ngwlad Babilonia.[f] 11 Wedyn lledodd ei ymerodraeth i Asyria, ac
adeiladodd ddinasoedd Ninefe, Rehoboth-ir, Cala, 12 a Resen (sydd rhwng Ninefe a dinas
fawr Cala).
13 Disgynyddion Mitsraïm oedd y Lydiaid, Anamiaid, Lehabiaid (pobl Libia),
Nafftwiaid, 14 Pathrwsiaid, Caslwchiaid (y daeth y Philistiaid ohonyn nhw), a'r Cafftoriaid.
15 Disgynyddion Canaan oedd pobl Sidon (o'i fab hynaf), yr Hethiaid, 16 y Jebwsiaid,
Amoriaid, Girgasiaid, 17 Hefiaid, Arciaid, Siniaid, 18 Arfadiaid, Semariaid, a phobl
Chamath. Cafodd llwythau'r Canaaneaid eu gwasgaru 19 nes bod eu ffiniau nhw yn
estyn o Sidon yr holl ffordd i Gerar ac i fyny i Gasa, ac wedyn yr holl ffordd i Sodom, Gomorra, Adma, a Seboïm, mor bell â Lesha.
20 Felly dyna ddisgynyddion Cham yn ôl eu llwythau, ieithoedd, tiroedd a chenhedloedd.

Disgynyddion Shem

21 Cafodd Shem, brawd hynaf Jaffeth, feibion hefyd. Shem oedd tad disgynyddion Eber i gyd.
22 Meibion Shem: Elam, Ashŵr, Arffacsad, Lwd, ac Aram.
23 Disgynyddion Aram oedd pobl Us, Chwl, Gether, a Mash.

---

e 9:27 *digonedd o le* Hebraeg, *iafft* sy'n debyg i'r enw *Jaffeth*. f 10:10 Hebraeg, *Shinar* sy'n hen enw am wlad Babilon.

24 Arffacsad oedd tad Shelach, a Shelach oedd tad Eber. 25 Roedd gan Eber ddau
fab – cafodd un ei alw'n Peleg, am mai dyna pryd y cafodd ieithoedd y byd
eu rhannu.[ff] Yna enw ei frawd oedd Ioctan. 26 Disgynyddion Ioctan oedd pobl
Almodad, Sheleff, Chatsar-mafeth, Ierach, 27 Hadoram, Wsal, Dicla, 28 Obal,
Abima-el, Sheba, 29 Offir, Hafila, a Iobab. Roedd y rhain i gyd yn ddisgynyddion
i Ioctan. 30 Roedden nhw'n byw ar y tir rhwng Mesha a bryniau Seffar yn
y dwyrain.
31 Felly dyna ddisgynyddion Shem, yn ôl eu llwythau, ieithoedd, tiroedd a chenhedloedd.
32 Dyna'r llwythau ddaeth o feibion Noa, wedi'u rhestru yn eu cenhedloedd yn ôl eu hachau.
Ar ôl y dilyw dyma nhw'n rhannu i wneud gwahanol genhedloedd yn y byd.

Tŵr Babel

11 Ar un adeg, un iaith oedd drwy'r byd i gyd. Roedd pawb yn defnyddio'r un geiriau.
2 Pan oedd y bobl yn symud o le i le yn y dwyrain, dyma nhw'n dod i dir gwastad
yn Babilonia[g] ac yn setlo yno. 3 Ac medden nhw, "Gadewch i ni wneud brics wedi'u tanio'n
galed i'w defnyddio i adeiladu." (Roedden nhw'n defnyddio brics yn lle cerrig, a tar yn lle
morter.) 4 "Dewch," medden nhw, "gadewch i ni adeiladu dinas fawr i ni'n hunain, gyda thŵr
uchel yn estyn i fyny i'r nefoedd. Byddwn ni'n enwog, a fydd dim rhaid i ni gael ein gwasgaru
drwy'r byd i gyd."
5 A dyma'r ARGLWYDD yn dod i lawr i edrych ar y ddinas a'r tŵr roedd y bobl yn eu hadeiladu.
6 Ac meddai, "Maen nhw wedi dechrau gwneud hyn am eu bod nhw'n un bobl sy'n siarad
yr un iaith. Does dim byd yn eu rhwystro nhw rhag gwneud beth bynnag maen nhw eisiau.
7 Dewch, gadewch i ni fynd i lawr a chymysgu eu hiaith nhw, fel na fyddan nhw'n deall ei
gilydd yn siarad." 8 Felly dyma'r ARGLWYDD yn eu gwasgaru nhw drwy'r byd i gyd, a dyma nhw'n
stopio adeiladu'r ddinas. 9 Roedd y ddinas yn cael ei galw yn Babel am mai dyna ble wnaeth
yr ARGLWYDD gymysgu[ng] ieithoedd pobl, a'u gwasgaru drwy'r byd.

O Shem i Abram

(1 Cronicl 1:24-27)

10 Dyma hanes teulu Shem:

Pan oedd Shem yn gant oed, cafodd ei fab Arffacsad ei eni. (Roedd hyn ddwy flynedd
ar ôl y dilyw.) 11 Buodd Shem fyw am 500 mlynedd ar ôl i Arffacsad gael ei eni,
a chafodd blant eraill.
12 Pan oedd Arffacsad yn 35 oed, cafodd ei fab Shelach ei eni. 13 Buodd Arffacsad fyw
am 403 o flynyddoedd ar ôl i Shelach gael ei eni, a chafodd blant eraill.
14 Pan oedd Shelach yn 30 oed, cafodd ei fab Eber ei eni. 15 Buodd Shelach fyw am 403
o flynyddoedd ar ôl i Eber gael ei eni, a chafodd blant eraill.
16 Pan oedd Eber yn 34 oed, cafodd ei fab Peleg ei eni. 17 Buodd Eber fyw am 430
mlynedd ar ôl i Peleg gael ei eni, a chafodd blant eraill.
18 Pan oedd Peleg yn 30 oed, cafodd ei fab Reu ei eni. 19 Buodd Peleg fyw am 209
o flynyddoedd ar ôl i Reu gael ei eni, a chafodd blant eraill.
20 Pan oedd Reu yn 32 oed, cafodd ei fab Serwg ei eni. 21 Buodd Reu fyw am 207
o flynyddoedd ar ôl i Serwg gael ei eni, a chafodd blant eraill.
22 Pan oedd Serwg yn 30 oed, cafodd ei fab Nachor ei eni. 23 Buodd Serwg fyw am 200
mlynedd ar ôl i Nachor gael ei eni, a chafodd blant eraill.
24 Pan oedd Nachor yn 29 oed, cafodd ei fab Tera ei eni. 25 Buodd Nachor fyw am 119
mlynedd ar ôl i Tera gael ei eni, a chafodd blant eraill.
26 Pan oedd Tera yn 70 oed, roedd ganddo dri mab – Abram, Nachor a Haran.

---

ff 10:25 Hebraeg, *palag.* g 11:2 Hebraeg, *Shinar* sy'n hen enw am wlad Babilon. ng 11:9 Hebraeg, *balal.*

Teulu Tera

27 Dyma hanes teulu Tera:

Tera oedd tad Abram, Nachor a Haran. Haran oedd tad Lot. 28 Pan fuodd Haran farw yn Ur
yn Babilonia,[h] lle cafodd ei eni, roedd ei dad Tera yn dal yn fyw. 29 Priododd y ddau frawd arall.
Sarai oedd enw gwraig Abram, a Milca oedd enw gwraig Nachor (Roedd hi'n un o ferched
Haran, ac enw ei chwaer oedd Isca). 30 Roedd Sarai yn methu cael plant.
31 Dyma Tera yn gadael Ur yn Babilonia gyda'r bwriad o symud i wlad Canaan. Aeth ag
Abram ei fab gydag e, Sarai ei ferch-yng-nghyfraith a hefyd Lot ei ŵyr (sef mab Haran). Ond
ar ôl cyrraedd Haran dyma nhw'n setlo yno. 32 Yn Haran y buodd Tera farw, yn 205 oed.

Duw yn galw Abram

12 Dyma'r ARGLWYDD yn dweud wrth Abram, "Dw i am i ti adael dy wlad, dy bobl a dy
deulu, a mynd i ble dw i'n ei ddangos i ti. 2 Bydda i'n dy wneud di yn genedl fawr,
ac yn dy fendithio di, a byddi'n enwog. Dw i eisiau i ti fod yn fendith i eraill. 3 Bydda i'n
bendithio'r rhai sy'n dy fendithio di ac yn melltithio unrhyw un sy'n dy fychanu di. A bydd
pobloedd y byd i gyd yn cael eu bendithio trwot ti."[i]
4 Felly dyma Abram yn mynd, fel roedd yr ARGLWYDD wedi dweud wrtho. A dyma Lot yn mynd
gydag e. (Roedd Abram yn 75 mlwydd oed pan adawodd Haran.) 5 Aeth Abram â'i wraig
Sarai gydag e, a Lot ei nai. Aeth â'i eiddo i gyd, a'r gweithwyr roedd wedi'u cymryd ato yn
Haran, a mynd i wlad Canaan. Pan gyrhaeddon nhw yno 6 dyma Abram yn teithio drwy'r
wlad ac yn cyrraedd derwen More, oedd yn lle addoli yn Sichem. (Y Canaaneaid oedd yn byw
yn y wlad bryd hynny.)
7 Dyma'r ARGLWYDD yn ymddangos i Abram, ac yn dweud, "Dw i'n mynd i roi'r wlad yma i dy
ddisgynyddion di." Felly cododd Abram allor i'r ARGLWYDD oedd wedi dod ato.

8 Wedyn symudodd Abram yn ei flaen tua'r de, a gwersylla yn y bryniau sydd i'r dwyrain
o Bethel. Roedd Bethel i'r gorllewin iddo, ac Ai tua'r dwyrain. Cododd allor yno hefyd, ac
addoli'r ARGLWYDD.
9 Yna teithiodd Abram yn ei flaen bob yn dipyn i gyfeiriad y Negef yn y de.

Abram a Sarai yn mynd i'r Aifft

10 Roedd newyn difrifol yn y wlad. Felly dyma Abram yn mynd i lawr i'r Aifft i grwydro yno.
11 Pan oedd bron cyrraedd yr Aifft, dwedodd wrth ei wraig Sarai, "Ti'n ddynes hardd iawn.
12 Pan fydd yr Eifftiaid yn dy weld di byddan nhw'n dweud, 'Ei wraig e ydy hi', a byddan nhw
yn fy lladd i er mwyn dy gael di. 13 Dwed wrthyn nhw mai fy chwaer i wyt ti. Byddan nhw'n
garedig ata i wedyn am eu bod nhw'n dy hoffi di, a bydda i'n saff."
14 Pan gyrhaeddodd Abram yr Aifft, roedd yr Eifftiaid yn gweld fod Sarai yn ddynes
hardd iawn. 15 Gwelodd swyddogion y Pharo hi, a mynd i ddweud wrtho mor hardd oedd
hi. Felly cymerodd y Pharo hi i fod yn un o'i harîm. 16 Roedd y Pharo'n garedig iawn at
Abram o'i hachos hi. Rhoddodd ddefaid a gwartheg, asennod, caethweision a chaethferched,
a chamelod iddo.
17 Ond am fod y Pharo wedi cymryd Sarai, gwraig Abram, iddo'i hun, dyma'r ARGLWYDD
yn anfon afiechydon ofnadwy arno fe a phawb yn ei balas. 18 Galwodd y Pharo am Abram,
a dweud wrtho, "Pam wyt ti wedi gwneud hyn i mi? Pam wnest ti ddim dweud mai dy wraig
di oedd hi? 19 Pam dweud 'Fy chwaer i ydy hi', a gadael i mi ei chymryd hi'n wraig i mi fy hun?
Felly dyma hi, dy wraig, yn ôl i ti. Cymer hi a dos o ngolwg i!" 20 Rhoddodd y Pharo orchymyn
i'w filwyr yrru Abram a'i wraig a phopeth oedd ganddo, allan o'r wlad.

---

h 11:28 *Ur* Roedd Ur ar y prif lwybr masnach rhwng Mesopotamia a Môr y Canoldir; *yn Babilonia* Hebraeg, "y Caldeaid" sy'n hen enw ar bobl gwlad Babilon. i 12:3 Neu *yn defnyddio dy enw di i fendithio ei gilydd*.

Abram a Lot yn gwahanu

13 Felly dyma Abram yn gadael yr Aifft, gyda'i wraig a phopeth oedd ganddo a Lot.
Aethon nhw yn ôl i'r Negef yn ne Canaan. 2 Roedd Abram yn gyfoethog iawn – roedd
ganddo lawer iawn o anifeiliaid ac arian ac aur. 3 Teithiodd yn ei flaen bob yn dipyn drwy'r
Negef ac yn ôl i fyny i Bethel. Aeth i'r man lle roedd wedi gwersylla gyntaf, rhwng Bethel ac
Ai. 4 Dyna ble roedd wedi codi allor bryd hynny; ac addolodd yr ARGLWYDD yno eto.
5 Roedd gan Lot, oedd yn teithio gydag Abram, ddefaid a gwartheg a phebyll hefyd. 6 Doedd
dim digon o borfa a dŵr iddyn nhw fyw gyda'i gilydd, am fod gan y ddau gymaint o anifeiliaid.
7 Ac roedd gweision Abram a gweision Lot yn cweryla drwy'r adeg. (Y Canaaneaid a'r Peresiaid
oedd yn byw yn y wlad bryd hynny.)
8 Felly dyma Abram yn dweud wrth Lot, "Da ti, gad i ni a'n gweision beidio ffraeo! Dŷn ni'n
perthyn i'r un teulu! 9 Edrych, mae'r wlad i gyd o dy flaen di. Beth am i ni wahanu? Dewis
di ble wyt ti am fynd i fyw, a gwna i fynd i'r cyfeiriad arall." 10 Edrychodd Lot o'i gwmpas,
a gwelodd fod dyffryn Iorddonen i fyny at Soar yn dir da gyda digon o ddŵr. Roedd yn
ffrwythlon fel gardd yr ARGLWYDD yn Eden, neu wlad yr Aifft. (Roedd hyn cyn i'r ARGLWYDD
ddinistrio trefi Sodom a Gomorra.) 11 Felly dyma Lot yn dewis dyffryn Iorddonen, a mynd
i gyfeiriad y dwyrain. A dyma'r teulu'n gwahanu. 12 Setlodd Abram yng ngwlad Canaan, ac
aeth Lot i fyw wrth y trefi yn y dyffryn, a gwersylla wrth ymyl Sodom.
13 Roedd pobl Sodom yn ddrwg iawn, ac yn pechu'n fawr yn erbyn yr ARGLWYDD.

Abram yn symud i Hebron

14 Ar ôl i Lot ei adael, dyma'r ARGLWYDD yn dweud wrth Abram, "Edrych o dy gwmpas i bob
cyfeiriad. 15 Dw i'n mynd i roi'r wlad yma i gyd i ti a dy ddisgynyddion, am byth. 16 Bydd gen
ti gymaint o ddisgynyddion fydd dim posib eu cyfri nhw. Byddan nhw fel llwch ar y ddaear!
17 Dos i deithio o gwmpas y wlad. Bydda i'n rhoi'r cwbl i ti."
18 Felly dyma Abram yn mynd, ac yn setlo i lawr wrth goed derw Mamre, oedd yn fan addoli
yn Hebron. A dyma fe'n codi allor i'r ARGLWYDD yno.

Abram yn achub Lot

14 Bryd hynny roedd Amraffel brenin Babilonia,[I] Arioch brenin Elasar, Cedorlaomer brenin
Elam, a Tidal brenin Goïm, 2 yn rhyfela yn erbyn Bera brenin Sodom, Birsha brenin
Gomorra, Shinab brenin Adma, Shemeber brenin Seboïm, a brenin Bela (sef Soar). 3 Roedd
brenhinoedd Sodom, Gomorra, Adma, Seboïm a Bela wedi ffurfio cynghrair, a dod at ei gilydd
yn nyffryn Sidim (lle mae'r Môr Marw[II]). 4 Roedden nhw wedi bod dan reolaeth Cedorlaomer
am ddeuddeg mlynedd, ond y flwyddyn wedyn dyma nhw'n gwrthryfela yn ei erbyn.
5 Flwyddyn ar ôl hynny daeth Cedorlaomer a'r brenhinoedd oedd ar ei ochr e, a choncro
y Reffaiaid yn Ashteroth-carnaïm, y Swsiaid yn Ham, yr Emiaid yn Safe-Ciriathaim, 6 a'r Horiaid
ym mryniau Seir, yr holl ffordd i El-paran sydd wrth ymyl yr anialwch. 7 Wedyn dyma nhw yn troi
yn ôl ac yn ymosod ar En-mishpat (sef Cadesh), a gorchfygu gwlad yr Amaleciaid i gyd, a hefyd
yr Amoriaid oedd yn byw yn Chatsason-tamar. 8 Felly dyma frenhinoedd Sodom, Gomorra, Adma,
Seboïm a Bela (sef Soar) yn mynd i ddyffryn Sidim, a pharatoi i ymladd 9 yn erbyn Cedorlaomer
brenin Elam, a brenhinoedd Goïm, Babilonia ac Elasar – pedwar brenin yn erbyn pump.
10 Roedd Dyffryn Sidim yn llawn o byllau tar. Wrth i fyddinoedd Sodom a Gomorra
ddianc oddi wrth y gelyn, dyma rai ohonyn nhw yn llithro i mewn i'r pyllau, ond llwyddodd
y gweddill i ddianc i'r bryniau. 11 Dyma'r byddinoedd oedd yn fuddugol yn cymryd eiddo
Sodom a Gomorra, a'r bwyd oedd yno, cyn mynd i ffwrdd. 12 Wrth adael, dyma nhw'n cymryd
Lot, nai Abram, a'i eiddo fe i gyd hefyd, gan fod Lot yn byw yn Sodom. 13 Ond dyma un oedd
wedi llwyddo i ddianc yn mynd i ddweud wrth Abram yr Hebread beth oedd wedi digwydd.

I 14:1 Hebraeg, *Shinar* sy'n hen enw am wlad Babilon. II 14:3 Hebraeg, "Môr Halen".

(Roedd Abram yn byw wrth goed derw Mamre yr Amoriad, ac roedd Mamre a'i frodyr, Eshcol
ac Aner, wedi ffurfio cynghrair gydag Abram.) [14]Felly pan glywodd Abram fod ei nai wedi cael
ei gymryd yn gaeth, casglodd ei filwyr, sef 318 o ddynion oedd wedi'u geni gyda'r clan. Aeth
ar ôl y gelyn mor bell â Dan yn y gogledd. [15]Yn ystod y nos dyma Abram yn rhannu ei fyddin
ac yn ymosod ar y gelyn. Aeth ar eu holau mor bell â Choba, sydd i'r gogledd o Damascus.
[16]Cafodd bopeth roedden nhw wedi'i ddwyn yn ôl. Daeth â'i nai Lot a'i eiddo yn ôl hefyd,
a'r gwragedd a gweddill y bobl oedd wedi cael eu dal.

Melchisedec yn bendithio Abram

[17]Ar ôl ennill y frwydr yn erbyn Cedorlaomer a'r brenhinoedd eraill, dyma Abram yn mynd
adre. Aeth brenin Sodom i'w groesawu yn Nyffryn Shafe (sef Dyffryn y Brenin). [18]A dyma
Melchisedec, brenin Salem, yn mynd â bwyd a gwin iddo. Roedd Melchisedec yn offeiriad i'r
Duw Goruchaf, [19]a dyma fe'n bendithio Abram fel hyn:

"Boed i'r Duw Goruchaf,
sydd wedi creu y nefoedd a'r ddaear,
dy fendithio Abram.
20 A boed i'r Duw Goruchaf gael ei foli,
am ei fod wedi gwneud i ti goncro dy elynion!"

Yna dyma Abram yn rhoi iddo un rhan o ddeg o'r cwbl oedd ganddo.
[21]Wedyn dyma frenin Sodom yn dweud wrth Abram, "Rho'r bobl yn ôl i mi, ond cadw bopeth
arall i ti dy hun." [22]Ond atebodd Abram, "Na, dw i wedi cymryd llw, ac addo i'r ARGLWYDD,
y Duw Goruchaf sydd wedi creu y nefoedd a'r ddaear, [23]na fydda i'n cymryd dim byd gen
ti – y mymryn lleiaf[m] hyd yn oed. Dw i ddim am i ti ddweud, 'Fi sydd wedi gwneud Abram yn
gyfoethog.' [24]Does gen i eisiau dim byd ond beth mae'r milwyr ifanc yma wedi'i fwyta. Ond
dylai Aner, Eshcol a Mamre, aeth i ymladd gyda mi, gael eu siâr nhw."

Ymrwymiad Duw ag Abram

15 Rywbryd wedyn, dyma'r ARGLWYDD yn siarad ag Abram mewn gweledigaeth, "Paid bod
ag ofn Abram. Fi ydy dy darian di. Byddi'n derbyn gwobr fawr." [2]Ond meddai Abram,
"O Feistr, ARGLWYDD, beth ydy'r pwynt os bydda i'n marw heb gael mab? Elieser o Ddamascus[n]
fydd yn cael popeth sydd gen i! [3]Dwyt ti ddim wedi rhoi plant i mi, felly caethwas sydd wedi
bod gyda mi ers iddo gael ei eni fydd yn etifeddu'r cwbl!" [4]Ond dyma'r ARGLWYDD yn ei ateb,
"Na, dim hwn fydd yn cael dy eiddo di. Dy fab naturiol di dy hun fydd yn etifeddu dy eiddo di."
[5]A dyma'r ARGLWYDD yn mynd ag Abram allan, a dweud wrtho, "Edrych i fyny i'r awyr. Cyfra
faint o sêr sydd yna, os fedri di! Fel yna fydd dy ddisgynyddion di – yn gwbl amhosib i'w cyfri."
[6]Credodd Abram yr ARGLWYDD, a chafodd ei dderbyn i berthynas iawn gydag e.
[7]Wedyn dwedodd yr ARGLWYDD wrtho, "Fi ydy'r ARGLWYDD sydd wedi dod â ti yma o Ur yn
Babilonia. Dw i'n mynd i roi'r wlad yma i ti." [8]Ond dyma Abram yn gofyn, "O Feistr, ARGLWYDD,
sut alla i fod yn siŵr dy fod ti'n mynd i'w rhoi i mi?" [9]Yna dwedodd yr ARGLWYDD wrtho,
"Tyrd â heffer, gafr a hwrdd yma – pob un ohonyn nhw'n dair blwydd oed – a hefyd turtur
a cholomen ifanc." [10]Dyma Abram yn dod â'r tri anifail, yn eu hollti nhw ar eu hyd, a yn gosod
y ddau ddarn gyferbyn â'i gilydd. Ond wnaeth e ddim hollti'r adar yn eu hanner. [11]Pan oedd
fwlturiaid yn dod i lawr ar y cyrff roedd Abram yn eu hel nhw i ffwrdd.
[12]Ond gyda'r nos, pan oedd hi'n machlud, dyma Abram yn syrthio i gysgu'n drwm. A daeth
tywyllwch a dychryn ofnadwy drosto. [13]Dyma'r ARGLWYDD yn dweud wrtho, "Dw i eisiau i ti
ddeall y bydd dy ddisgynyddion yn cael eu hunain yn byw fel ffoaduriaid mewn gwlad ddieithr.
Byddan nhw'n cael eu gwneud yn gaethweision, ac yn cael eu cam-drin am bedwar can
mlynedd. [14]Ond bydda i'n cosbi'r genedl fydd wedi'u gwneud nhw'n gaethweision, ac wedyn

m 14:23 Hebraeg, "darn o edau neu garrai oddi ar un sandal". n 15:2 Hebraeg yn ansicr.

byddan nhw'n gadael y wlad honno gyda lot fawr o eiddo. 15 (Ond byddi di dy hun yn cael
bywyd hir, braf cyn i ti farw a chael dy gladdu.) 16 Bydd dy ddisgynyddion yn dod yn ôl yma wedi
pedair cenhedlaeth. Dydy'r holl ddrwg mae'r Amoriaid yn ei wneud ddim ar ei waethaf eto."
17 Pan oedd yr haul wedi machlud a hithau'n dywyll, dyma grochan tân oedd yn mygu a ffagl
oedd yn llosgi yn pasio rhwng y darnau o'r anifeiliaid. 18 Y diwrnod hwnnw dyma'r ARGLWYDD yn
gwneud ymrwymiad gydag Abram: "Dw i'n mynd i roi'r wlad yma i dy ddisgynyddion di – y tir
i gyd o afon yr Aifft i afon fawr Ewffrates. 19 Tir y Ceneaid, Cenesiaid, Cadmoniaid, 20 Hethiaid,
Peresiaid, Reffaiaid, 21 Amoriaid, Canaaneaid, Girgasiaid, a'r Jebwsiaid."

Ishmael yn cael ei eni

16 Doedd Sarai, gwraig Abram, ddim yn gallu cael plant. Ond roedd ganddi forwyn o'r
enw Hagar, o wlad yr Aifft. 2 A dyma Sarai yn dweud wrth Abram, "Dydy'r ARGLWYDD
ddim wedi gadael i mi gael plant, felly dw i am i ti gysgu gyda fy morwyn i. Falle y ca i blant
drwyddi hi." A dyma Abram yn gwneud beth ddwedodd Sarai wrtho. 3 Felly dyma Sarai, gwraig
Abram, yn rhoi Hagar, ei morwyn Eifftaidd, yn wraig i Abram. Roedd hyn ddeg mlynedd ar
ôl i Abram symud i fyw i Canaan.
4 Ar ôl i Abram gysgu gyda Hagar dyma hi'n beichiogi. Pan sylweddolodd hi ei bod hi'n
disgwyl babi dechreuodd Hagar edrych i lawr ar ei meistres. 5 Dyma Sarai'n dweud wrth Abram,
"Arnat ti mae'r bai mod i'n cael fy ngham-drin fel yma! Gwnes i adael i ti gysgu gyda hi, ond pan
welodd hi ei bod hi'n disgwyl babi dyma hi'n dechrau edrych i lawr arna i. Boed i'r ARGLWYDD
ddangos pwy sydd ar fai!" 6 Ond atebodd Abram, "Gan mai dy forwyn di ydy hi, gwna di beth wyt
ti eisiau gyda hi." Felly dyma Sarai yn dechrau ei cham-drin hi, a dyma Hagar yn rhedeg i ffwrdd.
7 Daeth angel yr ARGLWYDD o hyd iddi wrth ymyl ffynnon yn yr anialwch, sef y ffynnon sydd ar
y ffordd i Shwr. 8 "Hagar, forwyn Sarai," meddai wrthi, "o ble wyt ti wedi dod? I ble ti'n mynd?"
A dyma Hagar yn ateb, "Dw i wedi rhedeg i ffwrdd oddi wrth Sarai, fy meistres." 9 Yna dyma
angel yr ARGLWYDD yn dweud wrthi, "Dos adre at dy feistres, a bydd yn ufudd iddi." 10 Wedyn
aeth ymlaen i ddweud, "Fydd hi ddim yn bosib cyfri dy ddisgynyddion di; bydd cymaint ohonyn
nhw." 11 A dyma'r angel yn dweud wrthi:

"Ti'n feichiog, ac yn mynd i gael mab.
Rwyt i roi'r enw Ishmael[o] iddo,
am fod yr ARGLWYDD wedi gweld beth wyt ti wedi'i ddiodde.
12 Ond bydd dy fab yn ymddwyn fel asyn gwyllt.
Bydd yn erbyn pawb, a bydd pawb yn ei erbyn e.
Bydd hyd yn oed yn tynnu'n groes i'w deulu ei hun."

13 Dyma Hagar yn galw'r ARGLWYDD oedd wedi siarad â hi yn El-roi (sef 'y Duw sy'n edrych
arna i'). "Ydw i wir wedi gweld y Duw sy'n edrych ar fy ôl i?" meddai. (14 A dyna pam y cafodd
y ffynnon ei galw yn Beër-lachai-roi.[p] Mae hi rhwng Cadesh a Bered.)
15 Cafodd Hagar ei babi – mab i Abram. A dyma Abram yn ei alw yn Ishmael. 16 (Roedd
Abram yn 86 oed pan gafodd Ishmael ei eni.)

Arwydd o'r ymrwymiad

17 Pan oedd Abram yn 99 mlwydd oed, dyma'r ARGLWYDD yn ymddangos iddo, ac yn
dweud, "Fi ydy'r Duw sy'n rheoli popeth.[ph] Dw i am i ti fyw mewn perthynas â mi,
a gwneud beth dw i eisiau. 2 Bydda i'n gwneud ymrwymiad rhyngon ni'n dau, ac yn rhoi
llawer iawn o ddisgynyddion i ti." 3 Plygodd Abram â'i wyneb ar lawr. Ac meddai Duw wrtho,
4 "Dyma'r ymrwymiad dw i'n ei wneud i ti: byddi di'n dad i lawer iawn o bobloedd gwahanol.
5 A dw i am newid dy enw di o Abram[r] i Abraham,[rh] am fy mod i wedi dy wneud di yn dad

o 16:11 h.y. *mae Duw yn clywed.* p 16:14 h.y. *Ffynnon yr Un byw sy'n fy ngweld i.* ph 17:1 Hebraeg, *El Shadai.* r 17:5 h.y. *tad pwysig.* rh 17:5 h.y. *tad llawer iawn.*

llawer o bobloedd gwahanol. 6Bydd gen ti filiynau o ddisgynyddion. Bydd cenhedloedd cyfan
yn dod ohonot ti, a bydd rhai o dy ddisgynyddion di yn frenhinoedd. 7Bydda i'n cadarnhau fy
ymrwymiad i ti ac i dy ddisgynyddion ar dy ôl di. Bydd yr ymrwymiad yn para am byth, ar hyd
y cenedlaethau. Dw i'n addo bod yn Dduw i ti ac i dy ddisgynyddion di. 8A dw i'n mynd i roi'r
wlad lle rwyt ti'n crwydro, gwlad Canaan, i ti a dy ddisgynyddion am byth. Fi fydd eu Duw nhw."
9Yna dyma Duw yn dweud wrth Abraham, "Rhaid i ti gadw gofynion yr ymrwymiad – ti, a dy
ddisgynyddion ar dy ôl di, ar hyd y cenedlaethau. 10Dyma mae'n rhaid i chi ei wneud: Rhaid
i bob gwryw fynd drwy ddefod enwaediad. 11Byddwch yn torri'r blaengroen fel arwydd o'r
ymrwymiad rhyngon ni. 12I lawr y cenedlaethau bydd rhaid i bob bachgen gael ei enwaedu pan
mae'n wythnos oed. Mae hyn i gynnwys y bechgyn sy'n perthyn i'r teulu, a'ch caethweision
a'u plant. 13Bydd rhaid i'r caethweision gafodd eu prynu gynnoch chi, a'u plant nhw, fynd
drwy ddefod enwaediad hefyd. Bydd arwydd yr ymrwymiad rhyngon ni i'w weld ar y corff
am byth. 14Bydd unrhyw wryw sydd heb fynd drwy ddefod enwaediad yn cael ei dorri allan
o'r gymuned, am ei fod heb gadw gofynion yr ymrwymiad."
15Wedyn dyma Duw yn dweud wrth Abraham, "I droi at Sarai, dy wraig. Ti ddim i'w galw
hi'n Sarai o hyn ymlaen, ond Sara. 16Dw i'n mynd i'w bendithio hi, a rhoi mab i ti ohoni hi.
Dw i'n mynd i'w bendithio hi, a bydd hi yn fam i lawer o genhedloedd. Bydd brenhinoedd
gwahanol bobloedd yn dod ohoni." 17Aeth Abraham ar ei wyneb ar lawr eto, ond yna chwerthin
iddo'i hun, a meddwl, "Sut all dyn sy'n gant oed gael plentyn? Ydy Sara, sy'n naw deg
oed, yn gallu cael babi?" 18Yna dyma Abraham yn dweud wrth Dduw, "Pam wnei di ddim
gadael i Ishmael dderbyn y bendithion yna?" 19"Na," meddai Duw, "mae dy wraig Sara yn
mynd i gael mab i ti. Rwyt i'w alw yn Isaac.[s] Bydda i'n cadarnhau iddo fe yr ymrwymiad dw
i wedi'i wneud – ei fod yn ymrwymiad fydd yn para am byth, ac i'w ddisgynyddion ar ei ôl.
20Ond dw i wedi clywed beth ti'n ei ofyn am Ishmael hefyd. Bydda i'n ei fendithio ac yn rhoi
lot fawr o ddisgynyddion iddo. Bydd yn dad i un deg dau o benaethiaid llwythau, a bydda
i'n ei wneud yn genedl fawr. 21Ond gydag Isaac y bydda i'n cadarnhau'r ymrwymiad dw
i wedi'i wneud. Bydd yn cael ei eni i Sara yr adeg yma'r flwyddyn nesa." 22Ar ôl dweud hyn
i gyd, dyma Duw yn gadael Abraham.
23Felly'r diwrnod hwnnw dyma Abraham yn enwaedu ei fab Ishmael, a'i weision i gyd (y rhai
oedd gydag e ers iddyn nhw gael eu geni a'r rhai roedd wedi'u prynu) – pob un gwryw, yn
union fel roedd Duw wedi dweud wrtho.
24Roedd Abraham yn 99 mlwydd oed pan gafodd ei enwaedu, 25ac Ishmael yn 13 pan
gafodd e ei enwaedu. 26Cafodd y ddau ohonyn nhw eu henwaedu yr un diwrnod. 27A chafodd
pob un o'r dynion a'r bechgyn eraill oedd gydag e eu henwaedu hefyd (y gweision oedd
gydag e ers iddyn nhw gael eu geni a'r rhai roedd wedi'u prynu).

Duw yn addo mab i Abraham a Sara

18 Dyma'r ARGLWYDD yn ymddangos i Abraham wrth goed derw Mamre. Roedd yr haul
yn boeth ganol dydd, ac roedd yn eistedd wrth y fynedfa i'w babell. 2Gwelodd dri
dyn yn sefyll gyferbyn ag e. Rhedodd draw atyn nhw ac ymgrymu yn isel o'u blaenau. 3"Fy
meistr," meddai, "Plîs peidiwch â mynd. Byddai'n fraint i'ch gwahodd chi i aros yma am
ychydig. 4Cewch ddŵr i olchi eich traed, a chyfle i orffwys dan y goeden yma. 5Af i nôl ychydig
o fwyd i'ch cadw chi i fynd. Cewch fynd ymlaen ar eich taith wedyn. Mae'n bleser gen i eich
bod wedi dod heibio cartre'ch gwas." A dyma nhw'n ateb, "Iawn, gwna di hynny."
6Brysiodd Abraham i mewn i'r babell at Sara, a dweud, "Brysia, cymer sachaid[t] o flawd mân
i wneud bara." 7Wedyn dyma Abraham yn rhuthro allan at y gwartheg, ac yn dewis llo ifanc.
Rhoddodd y llo i'w was i'w baratoi ar frys. 8Pan oedd y bwyd yn barod, cymerodd Abraham
gaws colfran a llaeth a'r cig wedi'i rostio a'u gosod o'u blaenau. A safodd wrth eu hymyl
dan y goeden tra oedden nhw'n bwyta.

---

s 17:19 h.y. *mae e'n chwerthin.* t 18:6 Hebraeg, "tri seah".

9"Ble mae dy wraig, Sara?" medden nhw wrth Abraham. "Fan yna, yn y babell," atebodd
yntau. 10A dyma un ohonyn nhw'n dweud, "Dw i'n mynd i ddod yn ôl yr adeg yma'r flwyddyn
nesa, a bydd Sara yn cael mab." Roedd Sara y tu ôl i ddrws y babell, yn gwrando ar hyn i gyd.
11(Roedd Abraham a Sara mewn oed, ac roedd Sara yn rhy hen i gael plant.) 12Pan glywodd
hi beth ddywedwyd, roedd hi'n chwerthin ynddi ei hun, ac yn meddwl, "Ydw i'n mynd i gael
pleser felly? Dw i wedi hen ddarfod ac mae Abraham yn hen ddyn hefyd." 13A dyma'r ARGLWYDD
yn dweud wrth Abraham, "Pam wnaeth Sara chwerthin, a dweud 'Ydw i'n mynd i gael plentyn
a minnau mor hen?' 14Dw i, yr ARGLWYDD, yn gallu gwneud unrhyw beth. Bydda i'n dod yn ôl
fel y dwedais i, yr adeg yma'r flwyddyn nesa, a bydd Sara'n cael mab." 15Roedd Sara wedi
dychryn, a dyma hi'n ceisio gwadu'r peth, "Wnes i ddim chwerthin," meddai hi. "Dydy hynny
ddim yn wir," meddai'r ARGLWYDD. "Roeddet ti yn chwerthin."

Abraham yn pledio ar ran Sodom

16Pan gododd y dynion i fynd, roedden nhw'n edrych allan i gyfeiriad Sodom. Roedd
Abraham wedi cerdded gyda nhw beth o'r ffordd. 17A dyma'r ARGLWYDD yn meddwl, "Ddylwn
i guddio beth dw i'n mynd i'w wneud oddi wrth Abraham? 18Mae cenedl fawr gref yn mynd
i ddod o Abraham, a bydd gwledydd y byd i gyd yn cael eu bendithio drwyddo. 19Na, dw i'n
mynd i ddweud wrtho. Dw i eisiau iddo ddysgu ei blant a phawb sydd gydag e i fyw fel mae'r
ARGLWYDD am iddyn nhw fyw, a gwneud beth sy'n iawn ac yn deg. Wedyn bydd yr ARGLWYDD yn
dod â'r addewid wnaeth e i Abraham yn wir."
20Felly dyma'r ARGLWYDD yn dweud wrth Abraham, "Mae pobl yn cwyno yn ofnadwy yn erbyn
Sodom a Gomorra, eu bod nhw'n gwneud pethau drwg iawn! 21Dw i am fynd i lawr i weld
a ydy'r cwbl sy'n cael ei ddweud yn wir ai peidio. Bydda i'n gwybod wedyn."
22Aeth y dynion yn eu blaenau i gyfeiriad Sodom, tra oedd Abraham yn sefyll o flaen yr
ARGLWYDD. 23Yna dyma Abraham yn mynd yn nes ato a gofyn, "Fyddet ti ddim yn cael gwared
â'r bobl dda gyda'r bobl ddrwg, fyddet ti? 24Beth petai pum deg o bobl yno sy'n byw yn
iawn? Fyddet ti'n dinistrio'r lle yn llwyr a gwrthod ei arbed er mwyn y pum deg yna? 25Alla
i ddim credu y byddet ti'n gwneud y fath beth – lladd pobl dduwiol hefo pobl ddrwg, a thrin
y drwg a'r da yr un fath! Fyddet ti byth yn gwneud hynny! Onid ydy Barnwr y byd yn gwneud
beth sy'n iawn?" 26A dyma'r ARGLWYDD yn ateb, "Os bydda i'n dod o hyd i bum deg o bobl
dduwiol yn y ddinas, bydda i'n arbed y ddinas er eu mwyn nhw."
27Yna gofynnodd Abraham, "Gan fy mod i wedi mentro agor fy ngheg, meistr – a dw i'n
gwybod nad ydw i'n neb[th] – 28beth petai yna bump yn llai na hanner cant? Fyddet ti'n
dinistrio'r ddinas am fod pump yn eisiau?" A dyma fe'n ateb, "Wna i ddim dinistrio'r ddinas
os bydd pedwar deg pump yno."
29A dyma Abraham yn dweud eto, "Beth am bedwar deg?" A dyma fe'n ateb, "Wna i ddim
ei dinistrio os bydd pedwar deg yno."
30Ac meddai Abraham, "Plîs paid digio hefo fi, meistr. Beth os oes tri deg yno?" A dyma
fe'n ateb, "Wna i ddim ei wneud os bydd tri deg yno."
31"Dw i'n mynd i fentro agor fy ngheg eto," meddai Abraham, "Beth os oes dau ddeg yno?"
A dyma fe'n ateb, "Wna i ddim ei dinistrio os bydd dau ddeg yno."
32A dyma Abraham yn dweud eto, "Meistr, plîs paid â digio os gwna i siarad un waith eto,
am y tro ola. Beth os oes deg yno?" A dyma fe'n ateb, "Wna i ddim ei dinistrio os bydd deg yno."
33Ar ôl iddo orffen siarad ag Abraham dyma'r ARGLWYDD yn mynd i ffwrdd. Yna aeth
Abraham adre.

Pobl ddrwg Sodom

19 Dyma'r ddau angel yn cyrraedd Sodom pan oedd hi'n dechrau nosi. Roedd Lot yn
eistedd wrth giât y ddinas. Pan welodd Lot nhw, cododd i'w cyfarch, a phlygu o'u

th 18:27 Hebraeg, "llwch a lludw ydw i".

blaenau nhw, â'i wyneb ar lawr. 2“Fy meistri,” meddai wrthyn nhw, “plîs dewch draw i'm tŷ
i. Cewch aros dros nos a golchi eich traed. Wedyn bore fory cewch godi'n gynnar a mynd
ymlaen ar eich taith.” Ond dyma nhw'n ei ateb, “Na. Dŷn ni am aros allan yn y sgwâr drwy'r
nos.” 3Ond dyma Lot yn dal ati i bwyso arnyn nhw, ac yn y diwedd aethon nhw gydag e i'w
dŷ. Gwnaeth wledd iddyn nhw, gyda bara ffres wedi'i wneud heb furum, a dyma nhw'n bwyta.
4Cyn iddyn nhw setlo i lawr i gysgu, dyma ddynion Sodom i gyd yn cyrraedd yno ac yn
amgylchynu'r tŷ – dynion hen ac ifanc o bob rhan o'r ddinas. 5A dyma nhw'n galw ar Lot,
“Ble mae'r dynion sydd wedi dod atat ti heno? Tyrd â nhw allan yma i ni gael rhyw gyda nhw.”
6Aeth Lot allan at y dynion, a chau'r drws tu ôl iddo. 7“Dw i'n pledio arnoch chi, ffrindiau,
plîs peidiwch gwneud peth mor ddrwg. 8Edrychwch, mae gen i ddwy ferch sydd erioed wedi
cysgu hefo dyn. Beth am i mi ddod â nhw allan atoch chi? Cewch wneud beth dych chi eisiau
iddyn nhw. Ond peidiwch gwneud dim i'r dynion yma – maen nhw'n westeion yn fy nghartre
i.” 9Ond dyma'r dynion yn ei ateb, “Dos o'r ffordd! Un o'r tu allan wyt ti beth bynnag. Pwy
wyt ti i'n barnu ni? Cei di hi'n waeth na nhw gynnon ni!” Dyma nhw'n gwthio yn erbyn Lot,
nes bron torri'r drws i lawr. 10Ond dyma'r dynion yn y tŷ yn llwyddo i afael yn Lot a'i dynnu yn
ôl i mewn a chau y drws. 11Yna dyma nhw'n gwneud i'r dynion oedd y tu allan gael eu taro'n
ddall – pob un ohonyn nhw, o'r ifancaf i'r hynaf. Roedden nhw'n methu dod o hyd i'r drws.

Dinistrio Sodom a Gomorra

12Gofynnodd y dynion i Lot, “Oes gen ti berthnasau yma? – meibion neu ferched, meibion
yng nghyfraith neu unrhyw un arall? Dos i'w nôl nhw a gadael y lle yma, 13achos dŷn ni'n
mynd i ddinistrio'r ddinas. Mae pobl wedi bod yn cwyno'n ofnadwy am y lle, ac mae'r ARGLWYDD
wedi'n hanfon ni i'w ddinistrio.” 14Felly dyma Lot yn mynd i siarad â'r dynion oedd i fod
i briodi ei ferched. “Codwch!” meddai, “Rhaid i ni adael y lle yma. Mae'r ARGLWYDD yn mynd
i ddinistrio'r ddinas.” Ond roedden nhw yn meddwl mai tynnu coes oedd e.
15Ben bore wedyn gyda'r wawr, dyma'r angylion yn dweud wrth Lot am frysio, “Tyrd yn dy
flaen. Dos â dy wraig a'r ddwy ferch sydd gen ti, neu byddwch chithau'n cael eich lladd pan fydd
y ddinas yn cael ei dinistrio!” 16Ond roedd yn llusgo'i draed, felly dyma'r dynion yn gafael yn Lot
a'i wraig a'i ferched, a mynd â nhw allan o'r ddinas. (Roedd yr ARGLWYDD mor drugarog ato.) 17Ar
ôl mynd â nhw allan, dyma un o'r angylion yn dweud wrthyn nhw, “Rhedwch am eich bywydau.
Peidiwch edrych yn ôl, a pheidiwch stopio nes byddwch chi allan o'r dyffryn yma. Rhedwch i'r
bryniau, neu byddwch chi'n cael eich lladd.” 18Ond dyma Lot yn ateb, “O na, plîs, syr. 19Rwyt ti
wedi bod mor garedig, ac wedi achub fy mywyd i. Ond mae'r bryniau acw'n rhy bell. Alla i byth
gyrraedd mewn pryd. Bydd y dinistr yn fy nal i a bydda i'n marw cyn cyrraedd. 20Edrych, mae'r
dre fach acw'n ddigon agos. Gad i mi ddianc yno. Mae'n lle bach, a bydda i'n cael byw.” 21“Iawn,”
meddai'r angel, “wna i ddim dinistrio'r dref yna. 22Brysia felly. Dianc yno. Alla i wneud dim byd
nes byddi di wedi cyrraedd yno.” A dyna pam mae'r lle yn cael ei alw yn Soar.[u]
23Erbyn i Lot gyrraedd Soar roedd hi wedi dyddio. 24A dyma'r ARGLWYDD yn gwneud i dân
a brwmstan syrthio o'r awyr ar Sodom a Gomorra. 25Cafodd y ddwy dref eu dinistrio'n llwyr,
a phawb a phopeth arall yn y dyffryn, hyd yn oed y planhigion. 26A dyma wraig Lot yn edrych
yn ôl a syllu ar beth oedd yn digwydd, a chafodd ei throi'n golofn o halen.
27Yn gynnar y bore wedyn aeth Abraham i'r man lle buodd e'n sefyll o flaen yr ARGLWYDD.
28Edrychodd i lawr ar y dyffryn i gyfeiriad Sodom a Gomorra a gweld y mwg yn codi o'r tir fel
mwg o ffwrnais. 29Ond pan ddinistriodd Duw drefi'r dyffryn, cofiodd beth roedd wedi'i addo
i Abraham. Roedd wedi achub Lot o ganol y dinistr.

Lot a'i ferched

30Roedd gan Lot ofn aros yn Soar, felly aeth i'r bryniau i fyw. Roedd yn byw yno gyda'i ddwy
ferch mewn ogof. 31Dwedodd y ferch hynaf wrth yr ifancaf, “Mae dad yn mynd yn hen, a does

u 19:22 h.y. *bach*.

yna run dyn yn agos i'r lle yma i roi plant i ni. 32Tyrd, gad i ni wneud i dad feddwi ar win,
a chysgu gydag e, er mwyn i ni gael plant o'n tad a chadw enw'r teulu i fynd."
33Felly'r noson honno dyma nhw'n rhoi gwin i'w tad a gwneud iddo feddwi. A dyma'r
hynaf yn mynd at ei thad a chael rhyw gydag e. Ond roedd yn rhy feddw i wybod dim am
y peth. 34Y bore wedyn dyma'r hynaf yn dweud wrth yr ifancaf, "Gwnes i gysgu gyda dad
neithiwr. Gad i ni roi gwin iddo eto heno, a chei di gysgu gydag e, er mwyn i ni gael plant o'n
tad a chadw enw'r teulu i fynd." 35Felly dyma nhw'n gwneud i'w tad feddwi y noson honno
eto. A dyma'r ifancaf yn mynd at ei thad ac yn cael rhyw gydag e. Ond roedd Lot eto yn rhy
feddw i wybod dim am y peth. 36A dyna sut y cafodd y ddwy ferch blant o'u tad.
37Cafodd y ferch hynaf fab a'i alw yn Moab.[w] Ohono fe y daeth y Moabiaid. 38Cafodd yr
ifancaf fab hefyd, a'i alw yn Ben-ammi.[y] Ac ohono fe y daeth yr Ammoniaid.

Abraham yn twyllo Abimelech

20 Symudodd Abraham i'r de i gyfeiriad y Negef, a buodd yn byw rhwng Cadesh a Shwr.
Pan oedd yn crwydro am gyfnod yn ardal Gerar 2dwedodd wrth bobl mai ei chwaer
oedd Sara, ei wraig. A dyma Abimelech, brenin Gerar, yn anfon amdani i'w chymryd iddo'i hun.
3Ond dyma Duw yn siarad ag Abimelech mewn breuddwyd un noson, a dweud wrtho,
"Ti'n mynd i farw am gymryd y wraig yma, achos mae hi'n wraig briod." 4Doedd Abimelech
ddim wedi cysgu gyda hi ar y pryd, ac felly dwedodd, "Meistr, fyddet ti'n dinistrio pobl sy'n
ddieuog? 5Roedd Abraham wedi dweud mai ei chwaer e oedd hi. Ac roedd hithau'n dweud
mai ei brawd hi oedd Abraham. Rôn i'n gweithredu'n gwbl ddiniwed."
6A dyma Duw yn ei ateb, "Ie, dw i'n gwybod dy fod ti'n ddiniwed. Fi gadwodd di rhag
pechu yn fy erbyn. Wnes i ddim gadael i ti ei chyffwrdd hi. 7Felly, rho'r wraig yn ôl i'w gŵr.
Mae e'n broffwyd. Bydd e'n gweddïo drosot ti, a chei di fyw. Ond os nad wyt ti'n fodlon mynd
â hi yn ôl, rhaid i ti ddeall y byddi di a dy bobl yn marw."
8Felly yn gynnar y bore wedyn dyma Abimelech yn galw'i swyddogion i gyd. Dwedodd
wrthyn nhw beth oedd wedi digwydd, ac roedden nhw wedi dychryn am eu bywydau. 9Yna
galwodd am Abraham a dweud wrtho, "Pam wyt ti wedi gwneud hyn i ni? Ydw i wedi gwneud
rhywbeth o'i le i ti? Pam wyt ti wedi achosi i mi a'm pobl bechu mor ofnadwy? Ddylai neb fy
nhrin i fel yma." 10A gofynnodd i Abraham, "Beth oeddet ti'n feddwl roeddet ti'n ei wneud?"
11A dyma Abraham yn ateb, "Doeddwn i ddim yn meddwl fod unrhyw un yn addoli Duw yma.
Rôn i'n meddwl y byddech chi'n siŵr o'm lladd i er mwyn cael fy ngwraig. 12Ond yn digwydd
bod, mae'n berffaith wir ei bod hi'n chwaer i mi. Mae gynnon ni'r un tad, ond dim yr un fam.
Felly dyma fi'n ei phriodi hi. 13Pan wnaeth Duw i mi adael cartref fy nhad, dwedais wrthi, 'Dw
i am i ti addo rhywbeth i mi. Ble bynnag awn ni, dywed wrth bobl ein bod ni'n frawd a chwaer.' "
14Wedyn dyma Abimelech yn rhoi defaid ac ychen, caethweision a chaethferched i Abraham.
A rhoddodd ei wraig Sara yn ôl iddo hefyd. 15Wedyn dwedodd wrtho, "Cei fyw ble bynnag
rwyt ti eisiau yn fy ngwlad i." 16A dwedodd wrth Sara, "Dw i'n rhoi mil o ddarnau arian i dy
'frawd' di. Dw i'n ei roi yn iawndal am bopeth sydd wedi digwydd i ti. Bydd pawb yn gweld
wedyn dy fod ti heb wneud dim byd o'i le."
17Yna dyma Abraham yn gweddïo ar Dduw, a dyma Duw yn iacháu Abimelech, a'i wraig a'r
merched eraill yn ei harîm, fel eu bod nhw'n gallu cael plant eto. 18(Roedd yr Arglwydd wedi
stopio'r merched i gyd rhag cael plant, am fod Abimelech wedi cymryd Sara, gwraig Abraham.)

Geni Isaac

21 Gwnaeth yr Arglwydd yn union fel roedd wedi'i addo i Sara. 2Dyma hi'n beichiogi,
ac yn cael mab i Abraham pan oedd e'n hen ddyn, ar yr union adeg roedd Duw
wedi'i ddweud. 3Galwodd Abraham y mab gafodd Sara yn Isaac. 4Pan oedd yn fabi wythnos
oed dyma Abraham yn enwaedu ei fab Isaac, yn union fel roedd Duw wedi dweud wrtho.

w 19:37 h.y. *o'm tad.* y 19:38 h.y. *mab perthynas i mi.*

5(Roedd Abraham yn gan mlwydd oed pan gafodd Isaac ei eni.) 6A dyma Sara'n dweud, "Mae
Duw wedi gwneud i mi chwerthin yn llawen, a bydd pawb sy'n clywed am y peth yn chwerthin
gyda mi." 7Ac meddai wedyn, "Fyddai neb erioed wedi dweud wrth Abraham, 'Bydd Sara yn
magu plant'! Ond dyma fi, wedi rhoi mab iddo, ac yntau'n hen ddyn!"

Gyrru Hagar ac Ishmael i ffwrdd

8Roedd y plentyn bach yn tyfu. Pan stopiodd gael ei fwydo ar y fron, dyma Abraham yn
trefnu parti i ddathlu.
9Gwelodd Sara y mab gafodd Hagar yr Eifftes i Abraham yn gwneud hwyl am ben ei mab
hi, Isaac[a] 10A dyma hi'n dweud wrth Abraham, "Dw i eisiau i ti gael gwared â'r gaethferch
yna a'i mab. Fydd mab y gaethferch yna ddim yn cael rhan o etifeddiaeth fy mab i Isaac!"
11Doedd Abraham ddim yn hapus o gwbl am y peth, achos roedd Ishmael hefyd yn fab
iddo. 12Ond dyma Duw yn dweud wrth Abraham, "Paid teimlo'n ddrwg am y bachgen a'i fam.
Gwna bopeth mae Sara'n ei ddweud wrthyt. Drwy Isaac y bydd dy linach yn cael ei chadw.
13Ond bydda i'n gwneud mab y gaethferch yn genedl hefyd, am mai dy blentyn di ydy e."
14Dyma Abraham yn codi'n gynnar. Rhoddodd fwyd a photel groen o ddŵr i Hagar i'w gario
ar ei chefn. Yna anfonodd hi i ffwrdd gyda'i mab. Aeth i grwydro o gwmpas anialwch Beersheba.
15Pan oedd dim dŵr ar ôl yn y botel, dyma hi'n gadael y bachgen dan gysgod un o'r llwyni.
16Wedyn aeth i eistedd ar ei phen ei hun reit bell oddi wrtho (tua ergyd bwa i ffwrdd). "Alla
i ddim edrych ar y bachgen yn marw," meddyliodd. Eisteddodd i lawr gyferbyn ag e, a dechrau
crio'n uchel.
17Ond clywodd Duw lais y bachgen. A dyma angel Duw yn galw ar Hagar o'r nefoedd,
a gofyn iddi, "Beth sy'n bod, Hagar? Paid bod ag ofn. Mae Duw wedi clywed llais y bachgen.
18Tyrd, cod y bachgen ar ei draed a'i ddal yn dynn. Bydda i'n gwneud cenedl fawr ohono."
19Yna gwnaeth Duw iddi sylwi fod yna ffynnon yno. Dyma hi'n mynd i lenwi'r botel groen
hefo dŵr, a rhoi peth i'r bachgen i'w yfed.
20Roedd Duw yn gofalu am y bachgen wrth iddo dyfu. Roedd yn byw yn yr anialwch
a daeth yn fwasaethwr gwych. 21Roedd yn byw yn anialwch Paran. A dyma'i fam yn trefnu
iddo briodi gwraig o wlad yr Aifft.

Y Cytundeb rhwng Abraham ac Abimelech

22Tua'r adeg honno, dyma Abimelech, a dyn o'r enw Pichol, pennaeth ei fyddin, yn cyfarfod
ag Abraham. "Mae'n gwbl amlwg fod Duw gyda ti bob amser," meddai Abimelech. 23"Dw i am
i ti addo i mi o flaen Duw na fyddi di'n troi yn fy erbyn i a'm plant a'm pobl. Dw i wedi bod
yn garedig atat ti, felly bydd di'n garedig ata i a phobl y wlad yma lle rwyt ti wedi setlo i fyw."
24"Dw i'n addo," meddai Abraham. 25Ond yna dyma fe'n cwyno am y ffynnon roedd
gweision Abimelech wedi'i dwyn oddi arno. 26"Dw i ddim yn gwybod pwy sydd wedi gwneud
hyn," meddai Abimelech. "Beth bynnag, wnest ti ddim dweud wrtho i. Dyma'r cyntaf i mi
glywed am y peth." 27Wedyn dyma Abraham yn rhoi defaid ac ychen i Abimelech a dyma'r
ddau yn gwneud cytundeb. 28Ond roedd Abraham wedi rhoi saith oen banw ar un ochr.
29A gofynnodd Abimelech iddo, "Beth ydy'r saith oen banw yma rwyt ti wedi'u gosod ar
wahân?" 30"Dw i eisiau i ti gymryd y saith oen banw yma gen i fel tystiolaeth mai fi sydd
wedi cloddio'r ffynnon yma," meddai Abraham. 31Dyna pam y galwodd y lle yn Beersheba,[b]
am fod y ddau ohonyn nhw wedi mynd ar eu llw yno.
32Ar ôl gwneud y cytundeb yn Beersheba, dyma Abimelech, a Pichol (pennaeth ei fyddin),
yn mynd yn ôl adre i wlad y Philistiaid. 33Plannodd Abraham goeden tamarisg[c] yn Beersheba.
Addolodd yr ARGLWYDD yno, sef y Duw sy'n byw am byth.[ch] 34Buodd Abraham yn crwydro yng
ngwlad y Philistiaid am amser hir.

---

a 21:9 Felly Groeg a Lladin. Hebraeg heb *ei mab hi, Isaac.* b 21:31 h.y. *Ffynnon y saith,* neu, *Ffynnon y llw.*
c 21:33 *goeden tamarisg* Coeden fytholwyrdd oedd yn rhoi lot o gysgod i bobl. ch 21:33 Hebraeg, *El Olam.*

Duw yn profi ffydd Abraham

22 Beth amser wedyn dyma Duw yn rhoi Abraham ar brawf. "Abraham!" meddai Duw.
"Ie, dyma fi," atebodd Abraham. 2 Ac meddai Duw wrtho, "Plîs, cymer dy fab Isaac – yr
unig fab sydd gen ti, yr un rwyt ti'n ei garu – a dos i ardal Moreia. Yno dw i am i ti ei ladd
a llosgi ei gorff yn offrwm ar un o'r mynyddoedd. Bydda i'n dangos i ti pa un."
3 Dyma Abraham yn codi'n fore, torri coed ar gyfer llosgi'r offrwm, a'u rhoi ar gefn ei asyn. Aeth
â dau o'i weision ifanc gydag e, a hefyd ei fab, Isaac. A dechreuodd ar y daith i ble roedd Duw
wedi dweud wrtho. 4 Ar ôl teithio am ddeuddydd, roedd Abraham yn gweld pen y daith yn y pellter.
5 Dwedodd wrth ei weision, "Arhoswch chi yma gyda'r asyn tra bydda i a'r bachgen yn mynd draw
acw. Dŷn ni'n mynd i addoli Duw, ac wedyn down ni'n ôl atoch chi." 6 Dyma Abraham yn rhoi'r coed
ar gefn ei fab, Isaac. Wedyn cymerodd y tân a'r gyllell, ac aeth y ddau yn eu blaenau gyda'i gilydd.
7 "Dad," meddai Isaac wrth Abraham. "Ie, machgen i?" meddai Abraham. "Dad, mae gen
ti dân a choed ar gyfer llosgi'r offrwm, ond ble mae'r oen sydd i gael ei aberthu?" 8 "Bydd
Duw ei hun yn gwneud yn siŵr fod oen gynnon ni i'w aberthu, machgen i," meddai Abraham.
Felly dyma'r ddau yn mynd yn eu blaenau gyda'i gilydd.
9 Ar ôl cyrraedd y lle roedd Duw wedi sôn amdano, dyma Abraham yn adeiladu allor yno, ac
yn gosod y coed ar yr allor. Wedyn dyma fe'n rhwymo ei fab Isaac ac yn ei roi i orwedd ar ben
y coed ar yr allor. 10 Gafaelodd Abraham yn y gyllell, ac roedd ar fin lladd ei fab. 11 Ond dyma
angel yr ARGLWYDD yn galw arno o'r nefoedd, "Abraham! Abraham!" "Ie? Dyma fi," meddai
Abraham. 12 "Paid cyffwrdd y bachgen, na gwneud dim byd iddo. Dw i'n gwybod bellach dy
fod ti'n ddyn sy'n parchu Duw. Roeddet ti hyd yn oed yn fodlon aberthu dy fab i mi – yr unig
fab sydd gen ti." 13 Gwelodd Abraham hwrdd y tu ôl iddo. Roedd cyrn yr hwrdd wedi mynd yn
sownd mewn drysni. Felly dyma Abraham yn cymryd yr hwrdd a'i losgi yn offrwm i Dduw yn
lle ei fab. 14 Galwodd Abraham y lle yn "Yr ARGLWYDD sy'n darparu".[d] Mae pobl yn dal i ddweud
heddiw, "Mae'r ARGLWYDD yn darparu beth sydd ei angen ar ei fynydd."[dd]
15 Dyma angel yr ARGLWYDD yn galw ar Abraham eto. 16 "Mae'r ARGLWYDD yn dweud, 'Dw i'n
addo hyn ar fy llw: Am dy fod ti wedi gwneud beth wnest ti (roeddet ti'n fodlon aberthu dy
fab i mi – yr unig fab sydd gen ti), 17 dw i'n mynd i dy fendithio di go iawn a rhoi cymaint
o ddisgynyddion i ti ag sydd o sêr yn yr awyr. Byddan nhw fel y tywod ar lan y môr. Byddan
nhw'n concro dinasoedd eu gelynion. 18 Drwy dy ddisgynyddion di bydd cenhedloedd y byd
i gyd yn cael eu bendithio, am dy fod ti wedi gwneud beth ddwedais i.'"
19 Felly, aeth Abraham yn ôl at ei weision, a dyma nhw'n teithio gyda'i gilydd i Beersheba,
lle gwnaeth Abraham setlo.

Disgynyddion Nachor

20 Beth amser wedyn dwedodd rhywun wrth Abraham fod Milca, gwraig ei frawd Nachor,
wedi cael plant hefyd. 21 Us oedd y mab hynaf, wedyn ei frawd Bws, wedyn Cemwel tad Aram,
22 ac wedyn Cesed, Chaso, Pildash, Idlaff a Bethwel. 23 (Bethwel oedd tad Rebeca.) Roedd yr
wyth yma yn blant i Milca, gwraig Nachor, brawd Abraham. 24 Ond roedd gan Nachor bartner[e]
arall o'r enw Rŵma, a chafodd hi blant hefyd, sef Tefach, Gachâm, Tachash a Maacha.

Sara yn marw

23 1-2 Bu farw Sara yn 127 oed, yn Ciriath-arba (sef Hebron), yn Canaan. A buodd
Abraham yn galaru ac yn wylo drosti. 3 Yna dyma Abraham yn codi a mynd i siarad
â disgynyddion Heth, 4 "Mewnfudwr ydw i, yn byw dros dro yn eich plith chi. Wnewch chi
werthu darn o dir i mi i gladdu fy ngwraig?" 5 A dyma ddisgynyddion Heth yn ateb, 6 "Wrth
gwrs, syr. Rwyt ti fel tywysog pwysig yn ein golwg ni. Dewis y bedd gorau sydd gynnon

---

d 22:14 Neu, "Yr *ARGLWYDD sy'n gweld*". dd 22:14 Neu, "Mae'r *ARGLWYDD i'w weld ar ei fynydd.*"

e 22:24 *bartner* Mae'r gair Hebraeg yn air am feistres neu bartner cyfreithlon oedd ddim yn wraig i ddyn yn ystyr lawnaf y gair.

ni i gladdu dy wraig ynddo. Byddai'n fraint gan unrhyw un ohonon ni i roi ei fedd i ti
gladdu dy wraig."
7Dyma Abraham yn codi ar ei draed ac yn ymgrymu o flaen y bobl leol, sef disgynyddion
Heth. 8Yna dwedodd wrthyn nhw, "Os ydych chi'n hapus i mi gladdu fy ngwraig yma, wnewch
chi berswadio Effron fab Sochar 9i werthu'r ogof yn Machpela i mi? Mae'r ogof ar ei dir
e, reit ar y ffin. Gwna i dalu'r pris llawn iddo amdani yma, o'ch blaen chi, er mwyn i mi gael
lle i gladdu fy ngwraig."
10Roedd Effron yn eistedd yno ar y pryd, ac meddai wrth Abraham o flaen pawb oedd yno
wrth giât y ddinas, 11"Na, gwranda syr. Dw i'n fodlon gwerthu'r darn hwnnw o dir i gyd i ti,
a'r ogof sydd arno. Dw i'n dweud hyn o flaen fy mhobl yma. Dw i'n hapus i ti ei gymryd
i gladdu dy wraig." 12A dyma Abraham yn ymgrymu eto o flaen y bobl leol. 13"Iawn," meddai
wrth Effron o flaen pawb, "dw i'n cytuno. Dw i'n fodlon talu am y darn tir hefyd. Cei faint
bynnag rwyt ti eisiau amdano, er mwyn i mi gael lle i gladdu fy ngwraig." 14Dyma Effron yn
ateb, 15"Syr. Beth am 400 sicl o arian? Dydy hynny'n ddim byd i ddynion fel ti a fi. Wedyn cei
gladdu dy wraig." 16Felly dyma Abraham yn cytuno i'w dalu. A dyma Abraham yn pwyso'r
swm o arian oedd wedi'i gytuno o flaen tystion, a'i roi i Effron, sef 400 darn o arian yn ôl
mesur safonol y cyfnod.
17Felly prynodd Abraham y tir gan Effron. Roedd yn Machpela, i'r dwyrain o Mamre. Cafodd
yr ogof oedd arno a'r coed oedd o fewn ei ffiniau. 18Roedd disgynyddion Heth, a phawb arall
oedd wrth giât y ddinas, yn dystion i'r cytundeb.
19Ar ôl prynu'r tir, dyma Abraham yn claddu Sara ei wraig yn yr ogof oedd yno, yn Machpela
ger Mamre (sef Hebron) yng ngwlad Canaan. 20Cafodd y tir a'r ogof oedd arno eu gwerthu
i Abraham gan ddisgynyddion Heth, iddo gladdu ei deulu yno.

Gwraig i Isaac

24 Roedd Abraham yn ddyn hen iawn. Roedd yr ARGLWYDD wedi'i fendithio ym mhob
ffordd. 2Un diwrnod dyma Abraham yn dweud wrth ei brif was (sef yr un oedd yn
gyfrifol am bopeth oedd ganddo), "Dw i am i ti fynd ar dy lw,[f] 3ac addo i mi o flaen yr ARGLWYDD,
Duw'r nefoedd a'r ddaear, na fyddi di'n cymryd un o ferched Canaan i fod yn wraig i'm mab
i. 4Dw i eisiau i ti fynd i'm gwlad i, at fy mherthnasau, i chwilio am wraig i Isaac." 5Meddai'r
gwas, "Beth os bydd y ferch yn gwrthod dod yn ôl yma gyda mi? Ddylwn i wedyn fynd â dy
fab di yn ôl i'r wlad honno?" 6"Na," meddai Abraham, "gwna di'n siŵr na fyddi byth yn mynd
a'm mab i yn ôl yno. 7Yr ARGLWYDD, Duw'r nefoedd, ydy'r un wnaeth i mi adael cartref fy nhad
a'm teulu. Mae wedi dweud wrtho i, ac wedi addo i mi, 'Dw i'n mynd i roi'r wlad yma i dy
ddisgynyddion di.' Bydd e'n anfon ei angel i ofalu amdanat ti, er mwyn i ti ffeindio gwraig
i'm mab i yno. 8Os bydd y ferch yn gwrthod dod gyda ti, fydda i ddim yn dy ddal di'n gyfrifol
i gadw dy lw. Ond paid byth â mynd â'm mab i yn ôl yno." 9Felly dyma'r gwas yn addo ar lw
y byddai'n gwneud yn union fel roedd ei feistr wedi dweud wrtho.
10Cymerodd y gwas ddeg o gamelod ei feistr wedi'u llwytho â phob math o anrhegion, ac
aeth i ffwrdd i dref Nachor yng Ngogledd Mesopotamia.[ff] 11Gwnaeth i'r camelod orwedd
wrth y pydew dŵr oedd tu allan i'r dre. (Roedd hi'n hwyr yn y p'nawn, sef yr amser y byddai'r
merched yn mynd allan i godi dŵr.) 12Dyma'r gwas yn gweddïo, "O ARGLWYDD, Duw fy meistr
Abraham, arwain fi heddiw. Cadw dy addewid i'm meistr. 13Dw i'n sefyll wrth ymyl y ffynnon
yma, ac mae merched y dre yn dod allan i godi dŵr. 14Dw i am ofyn i un o'r merched ifanc,
'Wnei di godi dŵr i mi gael yfed?' Gad i'r un rwyt ti wedi'i dewis i fod yn wraig i dy was Isaac
ddweud, 'Gwnaf wrth gwrs! Gad i mi roi dŵr i dy gamelod di hefyd.' Bydda i'n gwybod wedyn
dy fod ti wedi cadw dy addewid i'm meistr."
15Cyn iddo orffen gweddïo roedd Rebeca wedi cyrraedd yno yn cario jwg dŵr ar ei hysgwydd.
Roedd Rebeca'n ferch i Bethwel (oedd yn fab i Milca, gwraig Nachor, brawd Abraham). 16Roedd

f 24:2 Hebraeg, "rho dy law dan fy nghlun i". ff 24:10 Hebraeg, *Aram-naharaîm*.

hi'n ferch arbennig o hardd, yn ei harddegau, a doedd hi erioed wedi cael rhyw. Aeth i lawr
at y pydew, llenwi ei jwg, a dod yn ôl i fyny. 17 Yna dyma'r gwas yn brysio draw ati a gofyn
iddi, "Ga i ychydig o ddŵr i'w yfed gen ti?" 18 "Wrth gwrs, syr," meddai. A dyma hi'n tynnu'r
jwg i lawr oddi ar ei hysgwydd ac yn rhoi diod iddo. 19 Ar ôl gwneud hynny, dyma hi'n dweud,
"Gad i mi godi dŵr i dy gamelod di hefyd, nes byddan nhw wedi cael digon i'w yfed." 20 Felly
dyma hi'n gwagio'r dŵr oedd ganddi yn ei jwg i'r cafn anifeiliaid, a mynd yn ôl at y pydew
i godi mwy o ddŵr. A gwnaeth hynny nes oedd hi wedi codi digon o ddŵr i'r camelod i gyd.
21 Ddwedodd y gwas ddim byd. Roedd yn sefyll yno yn syllu arni, i weld a oedd yr Arglwydd
wedi rhoi taith lwyddiannus iddo ai peidio.

22 Pan oedd y camelod wedi gorffen yfed, dyma'r gwas yn rhoi modrwy drwyn werthfawr i'r
ferch ifanc, a dwy freichled aur gostus hefyd. 23 Gofynnodd iddi, "Merch pwy wyt ti? Fyddai gan
dy dad le i ni aros dros nos?" 24 Atebodd hithau, "Dw i'n ferch i Bethwel, mab Milca a Nachor.
25 Mae gynnon ni ddigon o wellt a bwyd i'r camelod, a lle i chithau aros dros nos." 26 Dyma'r
gwas yn plygu i lawr ac yn addoli'r Arglwydd. 27 "Bendith ar yr Arglwydd, Duw Abraham, fy
meistr! Mae wedi bod yn gwbl ffyddlon i'w addewid. Mae'r Arglwydd wedi fy arwain i gartref
teulu fy meistr!" 28 Rhedodd y ferch ifanc adre at ei mam, a dweud wrthi hi a phawb arall
oedd yno am beth oedd wedi digwydd.

29 Roedd gan Rebeca frawd o'r enw Laban, a dyma Laban yn brysio allan i gyfarfod y dyn wrth
y pydew. 30 Ar ôl gweld y fodrwy drwyn a'r breichledau roedd ei chwaer Rebeca'n eu gwisgo,
a chlywed beth roedd y dyn wedi'i ddweud wrthi, aeth allan ato ar unwaith. A dyna lle roedd y dyn,
yn sefyll gyda'r camelod wrth y pydew. 31 Aeth ato a dweud, "Tyrd, ti sydd wedi dy fendithio gan yr
Arglwydd. Pam wyt ti'n sefyll allan yma? Mae gen i le yn barod i ti yn y tŷ, ac mae lle i'r camelod
hefyd." 32 Felly dyma gwas Abraham yn mynd i'r tŷ. Cafodd y camelod eu dadlwytho, a dyma wellt
a bwyd yn cael ei roi iddyn nhw. Cafodd y gwas a'r dynion oedd gydag e ddŵr i olchi eu traed.

33 Wedyn dyma fwyd yn cael ei baratoi iddyn nhw. Ond meddai'r gwas, "Dw i ddim am
fwyta nes i mi ddweud pam dw i wedi dod yma." "Iawn," meddai Laban, "dywed wrthon ni."
34 "Gwas Abraham ydw i," meddai. 35 "Mae'r Arglwydd wedi bendithio fy meistr yn fawr. Mae'n
ddyn cyfoethog iawn. Mae'r Arglwydd wedi rhoi defaid a gwartheg iddo, arian ac aur, gweision
a morynion, camelod ac asynnod. 36 Cafodd Sara, gwraig fy meistr, fab iddo pan oedd hi'n hen
iawn. Mae fy meistr wedi rhoi popeth sydd ganddo i'w fab. 37 Gwnaeth fy meistr i mi fynd ar
fy llw, a dwedodd wrtho i, 'Ti ddim i gymryd un o ferched y Canaaneaid, o'r wlad ble dw i'n
byw, i fod yn wraig i'm mab i. 38 Dw i am i ti fynd yn ôl i gartref fy nhad, at fy mherthnasau,
i chwilio am wraig i'm mab i.' 39 Dwedais wrth fy meistr, 'Beth os bydd y ferch yn gwrthod
dod gyda mi?' 40 Ond ei ateb oedd, 'Bydd yr Arglwydd dw i'n ei wasanaethu yn anfon ei angel
gyda ti, ac yn gwneud yn siŵr dy fod yn cael taith lwyddiannus. Dw i eisiau i ti ffeindio gwraig
i'm mab o blith fy mherthnasau, o gartref fy nhad. 41 Os ei di at fy mherthnasau a hwythau'n
gwrthod ei rhoi hi i ti, fydda i ddim yn dy ddal di yn gyfrifol. Byddi di'n rhydd o bob cyfrifoldeb.'

42 "Pan gyrhaeddais i'r pydew heddiw, dyma fi'n gweddïo, 'O Arglwydd, Duw fy meistr
Abraham, os wyt ti wir eisiau i mi fod yn llwyddiannus ar y daith yma, gad i hyn ddigwydd:
43 Dw i'n sefyll wrth ymyl y ffynnon yma. Dw i am ofyn i un o'r merched ifanc sy'n dod i godi
dŵr, "Ga i ychydig ddŵr i'w yfed gen ti?" 44 Os bydd hi'n ateb, "Cei, wrth gwrs. Gad i mi godi
dŵr i dy gamelod di hefyd," – hi fydd y ferch mae'r Arglwydd wedi'i dewis i fod yn wraig i fab
fy meistr.' 45 Rôn i'n dal i weddïo'n dawel pan gyrhaeddodd Rebeca â jwg dŵr ar ei hysgwydd.
Aeth i lawr at y pydew i godi dŵr. A dyma fi'n gofyn iddi, 'Plîs ga i ddiod o ddŵr gen ti.'
46 Dyma hi'n tynnu'r jwg i lawr oddi ar ei hysgwydd, a dweud, 'Cei, wrth gwrs. Gad i mi roi dŵr
i dy gamelod di hefyd.' Ces i yfed, a dyma hi'n rhoi dŵr i'r camelod hefyd. 47 Wedyn dyma fi'n
gofyn iddi, 'Merch pwy wyt ti?' Atebodd hithau, 'Dw i'n ferch i Bethwel, mab Nachor a'i wraig
Milca.' Yna dyma fi'n rhoi'r fodrwy drwyn a'r breichledau iddi, 48 a plygu i addoli'r Arglwydd.
Rôn i'n moli'r Arglwydd, Duw fy meistr Abraham, am ei fod wedi fy arwain i at wyres ei frawd.
49 Dyna ddigwyddodd, felly beth amdani? Ydych chi'n mynd i fod yn garedig at fy meistr neu
ddim? Dwedwch wrtho i, er mwyn i mi wybod beth i'w wneud nesa."

[50]Dyma Laban a Bethwel yn dweud, "Mae'r ARGLWYDD tu ôl i hyn i gyd. Does dim byd allwn
ni ei ddweud. [51]Dyma Rebeca; dos â hi gyda ti. Mae'r ARGLWYDD wedi dangos ddigon clir mai
hi sydd i fod yn wraig i fab dy feistr." [52]Pan glywodd gwas Abraham hyn, plygodd yn isel
o flaen yr ARGLWYDD. [53]Wedyn dyma fe'n estyn tlysau arian ac aur, a dillad, a'u rhoi i Rebeca.
Rhoddodd anrhegion drud i'w brawd a'i mam hefyd. [54]Ar ôl gwneud hynny, dyma'r gwas a'r
dynion oedd gydag e yn bwyta'r pryd bwyd, ac yn yfed, ac yn aros yno dros nos.

Ar ôl iddyn nhw godi y bore wedyn, dyma'r gwas yn dweud, "Gadewch i mi fynd yn ôl at fy
meistr nawr." [55]Ond dyma frawd a mam Rebeca'n ei ateb, "Gad i'r ferch aros gyda ni am ryw
wythnos i ddeg diwrnod. Caiff fynd wedyn." [56]Ond meddai'r gwas wrthyn nhw, "Peidiwch fy nal
i nôl. Mae'r ARGLWYDD wedi rhoi taith lwyddiannus i mi. Gadewch i mi fynd yn ôl at fy meistr."
[57]"Beth am ei galw hi draw a gofyn beth mae hi'n feddwl?" medden nhw. [58]A dyma nhw'n
galw Rebeca a gofyn iddi, "Wyt ti'n barod i fynd gyda'r dyn yma?" A dyma hi'n ateb, "Ydw."

[59]Felly dyma nhw'n ei hanfon hi i ffwrdd gyda'r forwyn oedd wedi'i magu, a gwas Abraham
a'r dynion oedd gydag e. [60]Dyma nhw'n bendithio Rebeca a dweud wrthi,

> "Boed i ti, ein chwaer, fod yn fam i filiynau!
> Boed i dy ddisgynyddion di orchfygu eu gelynion i gyd."

[61]Felly i ffwrdd â Rebeca a'i morynion ar gefn y camelod gyda gwas Abraham.

[62]Un noson roedd Isaac yn dod o gyfeiriad Beër-lachai-roi. (Roedd yn byw yn ardal y Negef
yn y de.) [63]Aeth allan am dro gyda'r nos, a gwelodd gamelod yn dod i'w gyfeiriad. [64]Gwelodd
Rebeca Isaac hefyd. Daeth i lawr o'i chamel [65]a gofyn i was Abraham, "Pwy ydy'r dyn acw
sy'n dod i'n cyfeiriad ni?" Ac meddai'r gwas, "Fy meistr i ydy e." Felly dyma Rebeca yn rhoi
fêl dros ei hwyneb.

[66]Dwedodd y gwas wrth Isaac am bopeth oedd wedi digwydd. [67]Ac aeth Isaac â Rebeca
i mewn i babell ei fam Sara, a'i chymryd hi'n wraig iddo'i hun. Roedd e'n ei charu hi'n fawr,
ac roedd yn hapus eto ar ôl colli ei fam.

Disgynyddion eraill Abraham

(1 Cronicl 1:32-33)

25 Roedd Abraham wedi cymryd gwraig arall o'r enw Cetwra. [2]Hi oedd mam Simran,
Iocsan, Medan, Midian, Ishbac a Shwach. [3]Iocsan oedd tad Sheba a Dedan.
A disgynyddion Dedan oedd yr Ashwriaid, y Letwshiaid a'r Lewmiaid. [4]Wedyn meibion Midian
oedd Effa, Effer, Chanoch, Abida ac Eldaä. Roedd y rhain i gyd yn ddisgynyddion i Cetwra.

[5]Gadawodd Abraham bopeth oedd ganddo i'w fab Isaac. [6]Roedd wedi anfon meibion ei
bartneriaid[g] eraill i ffwrdd i'r dwyrain, yn bell oddi wrth ei fab Isaac, ac wedi rhoi anrhegion
iddyn nhw bryd hynny.

Abraham yn marw

[7]Buodd Abraham fyw i fod yn 175 oed. [8]Roedd yn hen ddyn pan fuodd farw, wedi byw
bywyd llawn. [9-10]Cafodd ei gladdu gan ei feibion Isaac ac Ishmael yn ogof Machpela (ar
y darn tir oedd i'r dwyrain o Mamre – sef y tir roedd Abraham wedi'i brynu gan Effron, un
o ddisgynyddion Heth). Cafodd Abraham ei gladdu yno gyda'i wraig Sara.

[11]Ar ôl i Abraham farw, dyma Duw yn bendithio Isaac. Aeth i fyw wrth ymyl Beër-lachai-roi.

Disgynyddion Ishmael

(1 Cronicl 1:28-31)

[12]Dyma hanes teulu Ishmael, y mab gafodd Abraham gan Hagar, morwyn Eifftaidd Sara:

---

g 25:6 *bartneriaid* Mae'r gair Hebraeg yn air am feistres neu bartner cyfreithlon oedd ddim yn wraig i ddyn yn ystyr lawnaf y gair.

13 Enwau meibion Ishmael, mewn trefn (o'r hynaf i'r ifancaf): Nebaioth oedd ei fab hynaf,
wedyn Cedar, Adbe-el, Mifsam, 14 Mishma, Dwma, Massa, 15 Hadad, Tema, Ietwr, Naffish
a Cedema. 16 Y rhain oedd meibion Ishmael, a chafodd y pentrefi ble roedden nhw'n byw eu
henwi ar eu holau. Roedd y deuddeg ohonyn nhw yn benaethiaid ar eu llwythau.
17 Roedd Ishmael yn 137 oed pan fuodd farw a mynd at ei hynafiaid. 18 Roedd ei
ddisgynyddion yn byw yn yr ardal rhwng Hafila a Shwr, sy'n ffinio â'r Aifft, i gyfeiriad Ashŵr.
Roedd Ishmael yn tynnu'n groes i'w deulu ei hun.

Geni Jacob ac Esau

19 Dyma hanes teulu Isaac, mab Abraham:

Abraham oedd tad Isaac. 20 Roedd Isaac yn 40 oed pan briododd Rebeca (sef merch Bethwel
yr Aramead o Padan-aram, a chwaer Laban yr Aramead). 21 Roedd Rebeca'n methu cael plant,
felly dyma Isaac yn gweddïo ar yr ARGLWYDD drosti, a dyma hi'n beichiogi. 22 Roedd hi'n disgwyl
gefeilliaid, ond roedden nhw'n gwthio ac yn taro ei gilydd yn ei chroth. "Pam mae hyn yn
digwydd i mi?"[ng] gofynnodd. Aeth i ofyn i'r ARGLWYDD. 23 A dyma ddwedodd yr ARGLWYDD wrthi:

"Bydd dwy wlad yn dod o'r bechgyn yn dy groth.
  Dau grŵp o bobl fydd yn erbyn ei gilydd.
Bydd un yn gryfach na'r llall,
  a bydd y mab hynaf yn was i'r ifancaf."

24 Dyma'r amser yn dod i'r gefeilliaid gael eu geni. 25 Daeth y cyntaf allan o'r groth yn
gochlyd i gyd ac yn flewog fel dilledyn, felly dyma nhw'n ei alw yn Esau.[h] 26 Wedyn daeth
y llall, yn cydio'n dynn yn sawdl Esau, felly dyma nhw'n ei alw yn Jacob.[i] Roedd Isaac yn 60
oed pan gawson nhw eu geni.
27 Pan oedd y bechgyn wedi tyfu, roedd Esau yn heliwr gwych, wrth ei fodd yn mynd allan
i'r wlad. Ond roedd Jacob yn fachgen tawel, yn hoffi aros gartref. 28 Esau oedd ffefryn Isaac,
am ei fod yn mwynhau bwyta'r anifeiliaid roedd wedi'u hela. Ond Jacob oedd ffefryn Rebeca.

Esau'n gwerthu ei hawliau fel y mab hynaf

29 Un tro pan oedd Jacob yn coginio cawl, dyma Esau yn dod i mewn wedi blino'n lân ar
ôl bod allan yn hela. 30 "Dw i bron marw eisiau bwyd," meddai. "Ga i beth o'r cawl coch yna
i'w fwyta gen ti?" (Dyna sut y daeth i gael ei alw yn Edom.[l]) 31 "Cei os gwnei di werthu dy
hawliau fel y mab hynaf i mi," meddai Jacob. 32 Atebodd Esau, "Fydd hawliau'r mab hynaf yn
werth dim byd i mi os gwna i farw!" 33 "Rhaid i ti addo i mi ar lw," meddai Jacob. Felly dyma
Esau yn addo ar lw, ac yn gwerthu hawliau'r mab hynaf i Jacob; 34 a rhoddodd Jacob fara
a chawl ffacbys i Esau. Ar ôl iddo fwyta ac yfed, cododd Esau ar ei draed a gadael. Roedd yn
dangos ei fod yn malio dim am ei hawliau fel y mab hynaf.

Isaac yn twyllo Abimelech

26 Roedd newyn yn y wlad (newyn gwahanol i'r newyn ddigwyddodd pan oedd Abraham
yn fyw). A dyma Isaac yn mynd at Abimelech, brenin y Philistiaid, yn Gerar. 2 Dyma'r
ARGLWYDD yn ymddangos i Isaac a dweud wrtho, "Paid mynd i lawr i'r Aifft. Dos i'r wlad fydda
i'n ei dangos i ti. 3 Aros yn y wlad honno. Bydda i gyda ti ac yn dy fendithio di. Dw i'n mynd
i roi'r tiroedd yma i gyd i ti a dy ddisgynyddion. Dw i'n mynd i wneud beth wnes i ei addo i dy
dad Abraham. 4 Bydd gen ti gymaint o ddisgynyddion ag sydd o sêr yn yr awyr. Dw i'n mynd
i roi'r tiroedd yma i gyd i dy ddisgynyddion di. Drwy dy ddisgynyddion di bydd cenhedloedd
y byd i gyd yn cael eu bendithio. 5 Bydd hyn i gyd yn digwydd am fod Abraham wedi gwneud

---

ng 25:22 Hebraeg yn aneglur. h 25:25 *Esau* Yn Hebraeg mae "Esau" yn swnio fel "blewog".
i 25:26 h.y. *gafael yn sawdl,* neu, *disodli.* l 25:30 h.y. *coch.*

beth ddwedais i. Roedd yn dilyn y cyfarwyddiadau, ac yn cadw'r gorchmynion, yr arweiniad
a'r ddysgeidiaeth rois i iddo." 6Felly dyma Isaac yn mynd i fyw i Gerar.
7Roedd y dynion yno yn dangos diddordeb yn ei wraig. Felly dwedodd Isaac, "Fy chwaer
i ydy hi." (Roedd arno ofn dweud mai ei wraig oedd hi, rhag i'r dynion ei ladd er mwyn cael
Rebeca. Roedd hi'n wraig hardd iawn.) 8Pan oedd Isaac wedi bod yn byw yno am amser hir,
dyma Abimelech, brenin y Philistiaid, yn digwydd edrych allan o ffenest a gweld Isaac yn
anwesu ei wraig Rebeca. 9Dyma Abimelech yn gofyn i Isaac fynd i'w weld, a dwedodd wrtho,
"Felly, dy wraig di ydy hi go iawn! Pam wnest ti ddweud, 'Fy chwaer i ydy hi'?" Atebodd Isaac,
"Roedd gen i ofn i rywun fy lladd i er mwyn ei chael hi." 10"Beth yn y byd wyt ti'n meddwl ti'n
wneud?" meddai Abimelech. "Gallai unrhyw un o'r dynion fod wedi cysgu hefo hi. Byddet ti
wedi'n gwneud ni i gyd yn euog!" 11Felly dyma Abimelech yn rhoi gorchymyn i'w bobl, "Os
bydd unrhyw un yn cyffwrdd â'r dyn yma neu ei wraig, y gosb fydd marwolaeth."
12Dyma Isaac yn hau had ar y tir y flwyddyn honno a chafodd gnwd oedd gan gwaith
cymaint yn ôl. Roedd yr ARGLWYDD yn ei fendithio. 13Roedd yn ddyn llwyddiannus iawn, a daeth
yn gyfoethog dros ben. 14Roedd ganddo gymaint o ddefaid a gwartheg, a gweision, nes bod
y Philistiaid yn genfigennus ohono. 15Felly dyma'r Philistiaid yn llenwi'r pydewau dŵr i gyd
gyda phridd. (Y pydewau oedd wedi cael eu cloddio gan weision Abraham pan oedd Abraham
yn dal yn fyw.) 16A dyma Abimelech yn dweud wrth Isaac, "Ti'n llawer cryfach na ni bellach,
felly rhaid i ti adael ein gwlad ni." 17Felly dyma Isaac yn mynd ac yn gwersylla wrth Wadi Gerar.
18Roedd Isaac wedi ailagor y pydewau dŵr gafodd eu cloddio pan oedd Abraham yn fyw (y rhai
roedd y Philistiaid wedi'u llenwi ar ôl i Abraham farw), a galwodd nhw wrth yr enwau roddodd
ei dad iddyn nhw'n wreiddiol. 19Yna pan aeth gweision Isaac ati i gloddio pydewau yn y dyffryn,
dyma nhw'n darganfod ffynnon lle roedd dŵr glân yn llifo drwy'r adeg. 20Ond dechreuodd
bugeiliaid Gerar ddadlau â gweision Isaac. "Ni piau'r dŵr," medden nhw. Felly galwodd Isaac
y ffynnon yn Esec,[ll] am eu bod nhw wedi ffraeo gydag e. 21Dyma nhw'n cloddio pydew arall,
ac roedd dadlau am hwnnw hefyd. Felly galwodd Isaac hwnnw yn Sitna.[m] 22Symudodd yn ei
flaen a chloddio pydew arall, a fuodd dim dadlau am hwnnw, felly galwodd y pydew hwnnw yn
Rehoboth.[n] "Mae'r ARGLWYDD wedi rhoi digon o le i ni, a byddwn yn llwyddo yn y wlad," meddai.
23Aeth Isaac yn ei flaen o'r fan honno i Beersheba. 24Y noson honno dyma'r ARGLWYDD yn
ymddangos iddo. Dwedodd wrtho, "Fi ydy Duw Abraham dy dad. Paid bod ag ofn, achos dw
i gyda ti. Bydda i'n dy fendithio di ac yn rhoi lot fawr o ddisgynyddion i ti o achos Abraham fy
ngwas." 25Felly dyma fe'n codi allor yno ac yn addoli'r ARGLWYDD. Gwersyllodd yno am gyfnod,
a dyma'i weision yn cloddio pydew yno hefyd.
26Dyma Abimelech yn dod ato o Gerar, gydag Achwsath ei gynghorwr a Pichol pennaeth ei
fyddin. 27Gofynnodd Isaac iddyn nhw, "Pam dych chi wedi dod yma? Dych chi'n fy nghasáu
i, ac wedi fy anfon i ffwrdd oddi wrthych." 28Dyma nhw'n ateb, "Mae'n hollol amlwg i ni
fod yr ARGLWYDD gyda ti. Felly dŷn ni eisiau gwneud cytundeb hefo ti. 29Wnei di addo peidio
ymosod arnon ni? Wnaethon ni ddim drwg i ti, dim ond da, a cefaist dy anfon i ffwrdd mewn
heddwch. Mae'r ARGLWYDD wedi dy fendithio di."
30Felly dyma Isaac yn paratoi gwledd iddyn nhw, a dyma nhw'n bwyta ac yn yfed
gyda'i gilydd. 31Y bore wedyn dyma nhw'n codi'n gynnar ac yn gwneud cytundeb gyda'i gilydd.
Wedyn dyma Isaac yn ffarwelio â nhw ar delerau da. 32Y diwrnod hwnnw hefyd daeth gweision
Isaac ato i ddweud wrtho eu bod wedi dod o hyd i ddŵr yn y pydew y buon nhw'n ei gloddio.
33Galwodd Isaac y pydew yn Sheba.[o] Felly Beersheba[p] ydy enw'r lle hyd heddiw.

Esau yn priodi gwragedd estron

34Pan oedd Esau yn 40 mlwydd oed, priododd Judith (merch Beëri'r Hethiad), a Basemath
(merch Elon yr Hethiad). 35Roedd y ddwy yn gwneud bywyd yn ddiflas iawn i Isaac a Rebeca.

ll 26:20 h.y. *cweryl.* m 26:21 h.y. *gwrthwynebiad.* n 26:22 h.y. *digon o le.* o 26:33 gair tebyg i'r gair Hebraeg am *lw,.* p 26:33 h.y. *Ffynnon y saith,* neu, *Ffynnon y llw.*

Jacob yn dwyn bendith y mab hynaf

27 Roedd Isaac yn hen ddyn ac yn dechrau mynd yn ddall. Dyma fe'n galw Esau, ei fab
hynaf ato, 2a dweud, "Gwranda, dw i wedi mynd yn hen, a gallwn i farw unrhyw bryd.
3Cymer dy fwa, a chawell o saethau, a dos allan i hela i mi. 4Wedyn dw i am i ti baratoi y math
o fwyd blasus dw i'n ei hoffi, i mi gael bwyta. Dw i wir eisiau dy fendithio di cyn i mi farw."
5Tra oedd Isaac yn dweud hyn wrth Esau, roedd Rebeca wedi bod yn gwrando. Felly pan
aeth Esau allan i hela 6dyma Rebeca'n mynd at Jacob a dweud wrtho, "Dw i newydd glywed
dy dad yn dweud wrth Esau dy frawd, 7'Dos allan i hela a gwneud bwyd blasus i mi ei fwyta.
Wedyn gwna i dy fendithio di o flaen yr Arglwydd cyn i mi farw.' 8Felly gwna yn union fel dw
i'n dweud. 9Dewis ddau fyn gafr da i mi o'r praidd. Gwna i eu coginio a gwneud pryd blasus
i dy dad – y math o fwyd mae'n ei hoffi. 10Cei di fynd â'r bwyd i dy dad iddo'i fwyta. Wedyn
bydd e'n dy fendithio di cyn iddo farw." 11"Ond mae Esau yn flewog i gyd," meddai Jacob
wrth ei fam. "Croen meddal sydd gen i. 12Os gwnaiff dad gyffwrdd fi bydd yn gweld fy mod
i'n ceisio ei dwyllo. Bydda i'n dod â melltith arna i fy hun yn lle bendith." 13Ond dyma'i fam
yn dweud, "Gad i'r felltith ddod arna i. Gwna di beth dw i'n ddweud. Dos i nôl y geifr."
14Felly aeth Jacob i nôl y geifr, a dod â nhw i'w fam. A dyma'i fam yn eu coginio nhw,
a gwneud y math o fwyd blasus roedd Isaac yn ei hoffi. 15Roedd dillad gorau Esau, ei mab
hynaf, yn y tŷ gan Rebeca. Dyma hi'n eu cymryd nhw a gwneud i Jacob, ei mab ifancaf, eu
gwisgo nhw. 16Wedyn dyma hi'n cymryd crwyn y myn geifr a'u rhoi nhw ar ddwylo a gwddf
Jacob. 17Yna dyma hi'n rhoi'r bwyd blasus, gyda bara roedd hi wedi'i bobi, i'w mab Jacob.
18Aeth Jacob i mewn at ei dad. "Dad," meddai. "Ie, dyma fi," meddai Isaac. "Pa un wyt ti?"
19"Esau, dy fab hynaf," meddai Jacob. "Dw i wedi gwneud beth ofynnaist ti i mi. Tyrd, eistedd i ti
gael bwyta o'r helfa. Wedyn cei fy mendithio i." 20Ond meddai Isaac, "Sut yn y byd wnest ti ei ddal
mor sydyn?" A dyma Jacob yn ateb, "Yr Arglwydd dy Dduw wnaeth fy arwain i ato." 21Wedyn dyma
Isaac yn dweud wrth Jacob, "Tyrd yma i mi gael dy gyffwrdd di. Dw i eisiau bod yn siŵr mai Esau
wyt ti." 22Felly aeth Jacob at ei dad, a dyma Isaac yn gafael yn ei law. "Llais Jacob dw i'n ei glywed,"
meddai, "ond dwylo Esau ydy'r rhain." 23(Wnaeth e ddim ei nabod am fod y dwylo'n flewog fel
dwylo Esau. Dyna pam wnaeth Isaac fendithio Jacob.) 24"Fy mab Esau wyt ti go iawn?" gofynnodd
Isaac. "Ie," meddai Jacob. 25"Tyrd â'r helfa yma i mi gael bwyta cyn dy fendithio di," meddai
Isaac. Felly daeth Jacob â'r bwyd iddo, a dyma Isaac yn ei fwyta. Daeth â gwin iddo'i yfed hefyd.
26Wedyn dyma Isaac yn dweud, "Tyrd yma a rho gusan i mi fy mab." 27Aeth Jacob ato a rhoi cusan
iddo. Pan glywodd Isaac yr arogl ar ddillad ei fab, dyma fe'n ei fendithio, a dweud,

"Ie, mae fy mab yn arogli
fel y tir mae'r Arglwydd wedi'i fendithio.
28 Boed i Dduw roi gwlith o'r awyr i ti,
a chnydau gwych o'r tir,
– digonedd o ŷd a grawnwin.
29 Boed i bobloedd eraill dy wasanaethu di,
a gwledydd eraill ymgrymu o dy flaen.
Byddi'n feistr ar dy frodyr,
a bydd meibion dy fam yn ymgrymu o dy flaen.
Bydd Duw yn melltithio pawb sy'n dy felltithio di,
ac yn bendithio pawb sy'n dy fendithio di!"

30Roedd Isaac newydd orffen bendithio Jacob, a Jacob prin wedi gadael, pan ddaeth Esau
i mewn ar ôl bod yn hela. 31Dyma yntau'n paratoi bwyd blasus, a mynd ag e i'w dad. "Tyrd,
eistedd, i ti gael bwyta o helfa dy fab, ac wedyn cei fy mendithio i." 32"Pwy wyt ti?" meddai Isaac
wrtho. "Esau, dy fab hynaf," meddai yntau. 33Dechreuodd Isaac grynu drwyddo'n afreolus. "Ond
pwy felly ddaeth â bwyd i mi ar ôl bod allan yn hela? Dw i newydd fwyta cyn i ti ddod i mewn,
a'i fendithio fe. Bydd e wir yn cael ei fendithio!" 34Pan glywodd Esau beth ddwedodd ei dad, dyma
fe'n sgrechian gweiddi'n chwerw. "Bendithia fi! Bendithia fi hefyd dad!" meddai. 35Ond meddai

Isaac, “Mae dy frawd wedi fy nhwyllo i, a dwyn dy fendith.” 36“Mae'r enw Jacob[ph] yn ei ffitio i'r
dim!” meddai Esau. “Dyma'r ail waith iddo fy nisodli. Mae wedi cymryd fy hawliau fel y mab hynaf
oddi arna i, a nawr mae e wedi dwyn fy mendith i.” Ac meddai wrth ei dad, “Wyt ti ddim wedi cadw
un fendith i mi?” 37Ond dyma Isaac yn ei ateb, “Dw i wedi'i wneud e yn feistr arnat ti. Bydd ei
berthnasau i gyd yn ei wasanaethu. Bydd ganddo ddigon o ŷd a sudd grawnwin i'w gynnal. Felly
beth sydd ar ôl i mi ei roi i ti, fy mab?” 38“Ai dim ond un fendith sydd gen ti, dad? Bendithia fi!
Bendithia fi hefyd dad!” A dyma Esau'n dechrau crio'n uchel.

39Felly dyma Isaac, ei dad, yn dweud fel hyn:

“Byddi di'n byw heb gael cnydau da o'r tir,
a heb wlith o'r awyr.
40 Byddi di'n byw drwy ymladd â'r cleddyf,
ac yn gwasanaethu dy frawd.
Ond byddi di'n gwrthryfela,[r]
ac yn torri'r iau oedd wedi'i rhoi ar dy ysgwyddau.”

Jacob yn dianc i Padan-aram

41Roedd Esau yn casáu Jacob o achos y fendith roedd ei dad wedi'i rhoi iddo. “Bydd dad
wedi marw cyn bo hir,” meddai'n breifat. “Bydda i'n lladd Jacob wedyn.” 42Ond daeth Rebeca
i glywed am beth roedd Esau, ei mab hynaf, yn ei ddweud. Felly dyma hi'n galw am Jacob,
ei mab ifancaf, ac yn dweud wrtho, “Mae dy frawd Esau yn bwriadu dial arnat ti drwy dy
ladd di. 43Felly gwna beth dw i'n ddweud. Rhaid i ti ddianc ar unwaith at fy mrawd Laban
yn Haran. 44Aros yno gydag e am ychydig, nes bydd tymer dy frawd wedi tawelu. 45Pan fydd
e wedi anghofio beth wnest ti, gwna i anfon amdanat ti, i ti ddod yn ôl. Pam ddylwn i golli'r
ddau ohonoch chi'r un diwrnod?”

46Aeth Rebeca at Isaac a dweud wrtho, “Mae'r merched yma o blith yr Hethiaid yn gwneud
bywyd yn annioddefol! Os bydd Jacob yn gwneud yr un peth ag Esau ac yn priodi un o'r
merched lleol yma, fydd bywyd ddim yn werth ei fyw!”

28 Felly galwodd Isaac am Jacob a'i fendithio. Dwedodd wrtho, “Rhaid i ti beidio
priodi un o ferched Canaan. 2Dos i dŷ Bethwel dy daid yn Padan-aram, a phriodi
un o ferched Laban, brawd dy fam. 3Boed i'r Duw sy'n rheoli popeth[rh] dy fendithio di a rhoi
llawer iawn o ddisgynyddion i ti, nes byddan nhw'n grŵp mawr o bobloedd. 4Boed i Dduw
roi bendith Abraham i ti a dy ddisgynyddion, i ti gymryd drosodd y tir rwyt ti wedi bod yn
byw arno fel mewnfudwr. Dyma'r tir roddodd Duw i Abraham.”

5Felly dyma Isaac yn anfon Jacob i ffwrdd. Aeth i Padan-aram at frawd ei fam, sef Laban
(mab Bethwel yr Aramead).

Esau yn priodi merch ei ewyrth Ishmael

6Clywodd Esau fod Isaac wedi bendithio Jacob a'i anfon i Padan-aram i ffeindio gwraig.
Clywodd ei fod wedi dweud wrtho am beidio priodi un o ferched Canaan, 7a bod Jacob
wedi gwrando ar ei dad a'i fam a mynd i Padan-aram. 8Sylweddolodd Esau fod ei wragedd
Canaaneaidd ddim yn plesio'i dad. 9Felly dyma Esau yn mynd at ei ewythr Ishmael (mab
Abraham) a phriodi gwraig arall, sef Machalath, merch Ishmael a chwaer Nebaioth.

Breuddwyd Jacob

10Yn y cyfamser, roedd Jacob wedi gadael Beersheba i fynd i Haran. 11Daeth i le arbennig
a phenderfynu aros yno dros nos, am fod yr haul wedi machlud. Cymerodd gerrig oedd yno a'u
gosod o gwmpas ei ben a gorwedd i lawr i gysgu. 12Cafodd freuddwyd. Roedd yn gweld grisiau[s]

---

ph 27:36 h.y. *gafael yn sawdl*, neu, *disodli*. r 27:40 ystyr yr Hebraeg yn aneglur. rh 28:3 Hebraeg, *El Shadai*.
s 28:12 neu, *ysgol*.

yn codi'r holl ffordd o'r ddaear i'r nefoedd, ac angylion Duw yn mynd i fyny ac i lawr y grisiau,
13 a'r ARGLWYDD yn sefyll ar dop y grisiau. "Fi ydy'r ARGLWYDD – Duw Abraham dy daid ac Isaac
dy dad," meddai. "Dw i'n mynd i roi'r wlad yma lle rwyt ti'n gorwedd i ti a dy ddisgynyddion.
14 Bydd gen ti ddisgynyddion i bob cyfeiriad – gogledd, de, gorllewin a dwyrain. Byddan nhw fel
llwch ar y ddaear! A bydd pobloedd y byd i gyd yn cael eu bendithio trwot ti a dy ddisgynyddion.
15 Dw i eisiau i ti wybod y bydda i gyda ti. Bydda i'n dy amddiffyn ble bynnag ei di, ac yn dod
â ti'n ôl yma. Wna i ddim dy adael di. Bydda i'n gwneud beth dw i wedi'i addo i ti."

16 Dyma Jacob yn deffro. "Mae'n rhaid bod yr ARGLWYDD yma," meddai, "a doeddwn i ddim
yn sylweddoli hynny." 17 Roedd e wedi dychryn, "Am le rhyfeddol! Mae Duw yn byw yma! Mae
fel giât i mewn i'r nefoedd!"

18 Felly dyma Jacob yn codi'n gynnar. Cymerodd y garreg oedd wedi bod wrth ei ben,
a'i gosod fel colofn, a thywallt olew drosti. 19 Galwodd y lle yn Bethel[t] (Lws oedd enw'r dre
o'r blaen). 20 Wedyn dyma Jacob yn gwneud addewid: "O Dduw, os byddi di gyda mi, yn fy
amddiffyn i ar fy nhaith ac yn rhoi bwyd a dillad i mi 21 nes i mi gyrraedd yn ôl adre'n saff, ti,
yr ARGLWYDD, fydd fy Nuw i. 22 Bydd y garreg dw i wedi'i gosod yma yn nodi dy fod ti'n byw
yma. A dw i hefyd yn addo rhoi un rhan o ddeg o bopeth yn ôl i ti."

Jacob yn cyrraedd Padan-aram

29 Dyma Jacob yn bwrw ymlaen ar ei daith, ac yn dod i wlad pobl y dwyrain. 2 Daeth ar
draws pydew dŵr yng nghanol y wlad, a thri praidd o ddefaid yn gorwedd o gwmpas
y pydew. Dyna ble roedd yr anifeiliaid yn cael dŵr. Roedd carreg fawr yn gorwedd ar geg
y pydew. 3 Pan fyddai'r preiddiau i gyd wedi cyrraedd yno, byddai'r bugeiliaid yn symud
y garreg a rhoi dŵr i'r defaid. Wedyn bydden nhw'n rhoi'r garreg yn ôl ar geg y pydew.

4 Gofynnodd Jacob iddyn nhw, "O ble dych chi'n dod, frodyr?" "O Haran," medden nhw.
5 "Ydych chi'n nabod Laban fab Nachor?" holodd Jacob. "Ydyn," medden nhw. 6 "Sut mae e'n
cadw?" gofynnodd Jacob. "Mae e'n cadw'n dda," medden nhw. "Edrych, dyma Rachel, ei ferch,
yn cyrraedd gyda'i defaid." 7 Yna dyma Jacob yn dweud wrthyn nhw, "Edrychwch, mae'n dal
yn olau dydd. Dydy hi ddim yn amser casglu'r anifeiliaid at ei gilydd eto. Rhowch ddŵr iddyn
nhw, a mynd â nhw allan i bori am ychydig mwy." 8 "Ond allwn ni ddim gwneud hynny nes
bydd y preiddiau i gyd wedi cyrraedd," medden nhw. "Dyna pryd byddwn ni'n symud y garreg
oddi ar geg y pydew ac yn rhoi dŵr i'r defaid."

9 Tra oedd e'n dal i siarad â nhw, dyma Rachel yn cyrraedd gyda defaid ei thad. Hi oedd
yn gofalu amdanyn nhw. 10 Pan welodd Jacob Rachel, merch ei ewythr Laban, gyda'r defaid,
dyma fe'n symud y garreg oddi ar geg y pydew, a rhoi dŵr i braidd ei ewythr. 11 Yna aeth at
Rachel, a'i chyfarch â chusan. Roedd yn methu peidio crio. 12 Dwedodd wrth Rachel ei fod yn
nai i'w thad, ac yn fab i Rebeca. A dyma Rachel yn rhedeg i ddweud wrth ei thad.

13 Pan glywodd Laban y newyddion am Jacob, mab ei chwaer, rhuthrodd allan i'w gyfarfod.
Rhoddodd groeso brwd iddo drwy ei gofleidio a'i gusanu, ac aeth ag e i'w dŷ. Yna dwedodd
Jacob y cwbl wrth Laban. 14 "Rwyt ti wir yn un o nheulu i!" meddai Laban.

Jacob yn priodi merched Laban

Roedd Jacob wedi aros gyda Laban am fis, 15 ac meddai Laban wrtho, "Ti'n perthyn i mi,
felly ddylet ti ddim bod yn gweithio i mi am ddim. Dwed beth rwyt ti eisiau'n gyflog." 16 Roedd
gan Laban ddwy ferch – Lea, yr hynaf, a Rachel, yr ifancaf. 17 Roedd gan Lea lygaid hyfryd,[th]
ond roedd Rachel yn ferch wirioneddol hardd a siapus.

18 Roedd Jacob wedi syrthio mewn cariad hefo Rachel, ac meddai wrth Laban, "Gwna
i weithio i ti am saith mlynedd os ca i briodi Rachel, dy ferch ifancaf." 19 "Byddai'n well gen
i ei rhoi hi i ti nag i unrhyw ddyn arall," meddai Laban. "Aros di yma i weithio i mi." 20 Felly

---

t 28:19 h.y. *Tŷ Dduw.* th 29:17 ystyr yr Hebraeg yn aneglur.

dyma Jacob yn gweithio am saith mlynedd er mwyn cael priodi Rachel. Ond roedd fel ychydig
ddyddiau i Jacob am ei fod yn ei charu hi gymaint.
21 Ar ddiwedd y saith mlynedd dyma Jacob yn dweud wrth Laban, “Dw i wedi gweithio am
yr amser wnaethon ni gytuno arno, felly rho fy ngwraig i mi, i mi gael cysgu hefo hi.” 22 Felly
dyma Laban yn trefnu parti i ddathlu, ac yn gwahodd pobl y cylch i gyd i'r parti. 23 Ond ar
ddiwedd y noson aeth Laban â'i ferch Lea at Jacob, a dyma Jacob yn cysgu gyda hi. 24 (Ac
roedd Laban wedi rhoi ei forwyn Silpa i'w ferch Lea i fod yn forwyn iddi hi.)
25 Y bore wedyn, cafodd Jacob sioc – dyna ble roedd Lea yn gorwedd gydag e! Aeth at
Laban. “Beth yn y byd rwyt ti wedi'i wneud i mi?” meddai Jacob. “Rôn i wedi gweithio i ti er
mwyn cael Rachel. Pam wyt ti wedi fy nhwyllo i?” 26 Ac meddai Laban, “Mae'n groes i'r arferiad
yn y wlad yma i'r ferch ifancaf briodi o flaen yr hynaf. 27 Disgwyl nes bydd yr wythnos yma
o ddathlu drosodd, a gwna i roi Rachel i ti hefyd os gwnei di weithio i mi am saith mlynedd
arall.” 28 Felly dyna wnaeth Jacob. Arhosodd nes oedd yr wythnos o ddathlu drosodd, ac wedyn
dyma Laban yn rhoi ei ferch Rachel iddo hefyd. 29 (A rhoddodd ei forwyn Bilha i'w ferch Rachel
i fod yn forwyn iddi hi.) 30 Felly cysgodd Jacob gyda Rachel. Roedd yn caru Rachel yn fwy na
Lea. A gweithiodd i Laban am saith mlynedd arall.

Enwau Plant Jacob

31 Pan welodd yr ARGLWYDD fod Jacob ddim yn caru Lea cymaint â Rachel, rhoddodd blant
i Lea. Ond roedd Rachel yn methu cael plant. 32 Dyma Lea'n beichiogi ac yn cael mab ac
yn ei alw'n Reuben.[u] “Mae'r ARGLWYDD wedi gweld mod i'n cael fy nhrin yn wael,” meddai.
“Bydd fy ngŵr yn siŵr o ngharu i nawr!” 33 A dyma hi'n beichiogi eto ac yn cael mab arall.
“Mae'r ARGLWYDD wedi clywed mod i ddim yn cael fy ngharu, ac mae wedi rhoi mab arall i mi,”
meddai. A dyma hi'n ei alw'n Simeon.[w] 34 Dyma hi'n beichiogi eto a chael mab arall. “Bydd
fy ngŵr yn siŵr o deimlo'n un hefo fi nawr,” meddai. “Dw i wedi rhoi tri mab iddo.” A dyna
pam wnaeth hi ei alw'n Lefi.[y] 35 A dyma hi'n beichiogi ac yn cael mab arall eto. “Y tro yma
dw i'n mynd i foli'r ARGLWYDD,” meddai hi. A dyna pam wnaeth hi ei alw'n Jwda.[a] Ac wedyn
dyma hi'n stopio cael plant.
30 Pan sylweddolodd Rachel ei bod hi'n methu cael plant, roedd hi'n genfigennus
o'i chwaer. “Dw i'n mynd i farw os wnei di ddim rhoi plant i mi!” meddai hi wrth
Jacob. 2 Ond dyma Jacob yn digio go iawn gyda hi. “Ai Duw ydw i? Duw sydd wedi dy rwystro
di rhag cael plant.” 3 Yna dyma Rachel yn dweud, “Cymer fy morwyn i, Bilha. Cysga gyda hi,
er mwyn iddi hi gael plant i mi eu magu. Ga i deulu drwyddi hi.” 4 Felly dyma Rachel yn rhoi
ei morwyn Bilha yn wraig iddo, a dyma Jacob yn cysgu gyda hi. 5 A dyma Bilha yn beichiogi
ac yn cael mab i Jacob. 6 “Mae Duw wedi dyfarnu o'm plaid i,” meddai Rachel. “Mae wedi fy
nghlywed i, a rhoi mab i mi.” A dyna pam wnaeth hi ei alw'n Dan.[b]
7 Dyma Bilha, morwyn Rachel, yn beichiogi eto, a rhoi mab arall i Jacob. 8 A dyma Rachel
yn dweud, “Dw i wedi ymladd yn galed yn erbyn fy chwaer, ac wedi ennill!” Felly dyma hi'n
ei alw'n Nafftali.[c]
9 Pan sylweddolodd Lea ei bod hi wedi stopio cael plant, dyma hithau'n rhoi ei morwyn
Silpa yn wraig i Jacob. 10 A dyma Silpa, morwyn Lea, yn cael mab i Jacob. 11 “Am lwc dda!”
meddai. A dyna pam wnaeth hi alw'r plentyn yn Gad.[ch] 12 Wedyn cafodd Silpa ail fab i Jacob.
13 “Dw i mor hapus!” meddai Lea. “Bydd merched yn dweud mor hapus ydw i.” Felly dyma
hi'n ei alw yn Asher.[d]
14 Un diwrnod, ar adeg y cynhaeaf gwenith, aeth Reuben allan a dod o hyd i ffrwythau cariad[dd]
mewn cae. A daeth â nhw yn ôl i'w fam, Lea. Yna dyma Rachel yn gofyn i Lea, “Plîs ga i rai o'r
ffrwythau cariad wnaeth dy fab eu ffeindio?” 15 Ond atebodd Lea, “Oedd cymryd fy ngŵr i ddim yn

u 29:32 h.y. *Edrychwch! Mab!* w 29:33 h.y. *clywed.* y 29:34 h.y. *uniad.* a 29:35 h.y. *moli.*
b 30:6 h.y. *mae e wedi dyfarnu.* c 30:8 h.y. *reslo.* ch 30:11 h.y. *lwc.* d 30:13 h.y. *un hapus.*
dd 30:14 *ffrwythau cariad* neu *mandragorau.* Roedd pobl yn credu fod bwyta'r ffrwyth yma yn cyffroi chwant rhywiol ac yn helpu merched i feichiogi.

ddigon gen ti? Wyt ti nawr am gymryd y ffrwythau cariad ffeindiodd fy mab hefyd?" Felly dyma
Rachel yn dweud wrthi, "Cei di gysgu gydag e heno os ca i'r ffrwythau cariad ffeindiodd dy fab."
16 Pan oedd Jacob ar ei ffordd yn ôl o'r caeau gyda'r nos, aeth Lea allan i'w gyfarfod. "Rhaid
i ti gysgu hefo fi heno," meddai wrtho. "Dw i wedi talu am dy gael di gyda'r ffrwythau cariad
ffeindiodd fy mab." Felly dyma Jacob yn cael rhyw gyda hi y noson honno. 17 A dyma Duw yn
gwrando ar Lea, a dyma hi'n beichiogi ac yn cael ei phumed mab i Jacob. 18 "Mae Duw wedi rhoi
gwobr i mi am roi fy morwyn i'm gŵr." Felly dyma hi'n ei alw yn Issachar.[e]

19 Yna dyma Lea'n beichiogi eto a rhoi chweched mab i Jacob. 20 "Mae Duw wedi rhoi rhodd
hael i mi i'w chyflwyno i'm gŵr. Bydd yn fy nghyfri i'n sbesial, am fy mod i wedi rhoi chwe
mab iddo." Felly galwodd y plentyn yn Sabulon.[f]

21 Wedyn dyma hi'n cael merch, a'i galw hi'n Dina.

22 Ond doedd Duw ddim wedi anghofio am Rachel. Dyma fe'n gwrando ar ei gweddi a rhoi
plant iddi. 23 Dyma hi'n beichiogi ac yn cael mab. "Mae Duw wedi symud y cywilydd oeddwn
i'n deimlo," meddai. 24 Galwodd hi'r plentyn yn Joseff.[ff] "Boed i'r ARGLWYDD roi mab arall i mi!"
meddai.

Llwyddiant Jacob

25 Ar ôl i Joseff gael ei eni i Rachel, dyma Jacob yn dweud wrth Laban, "Gad i mi fynd! Dw
i eisiau mynd adre i'm gwlad fy hun. 26 Gad i mi fynd gyda'r gwragedd a'r plant wnes i weithio i ti
amdanyn nhw. Ti'n gwybod mor galed dw i wedi gweithio i ti." 27 Ond atebodd Laban, "Plîs wnei di
ystyried aros yma? Dw i wedi dod yn gyfoethog, ac mae'r ARGLWYDD wedi fy mendithio i am dy fod
ti gyda mi. 28 Dwed faint o gyflog wyt ti eisiau, a gwna i ei dalu!" 29 A dyma Jacob yn dweud, "Ti'n
gwybod fel dw i wedi gweithio i ti, ac mor dda mae'r anifeiliaid dw i'n gofalu amdanyn nhw wedi
gwneud. 30 Ychydig oedd gen ti cyn i mi ddod. Ond bellach mae gen ti lot fawr. Mae'r ARGLWYDD
wedi dy fendithio di ble bynnag roeddwn i'n gweithio. Mae'n bryd i mi wneud rhywbeth i'm teulu
fy hun." 31 "Dw i'n fodlon rhoi faint bynnag ti'n gofyn amdano," meddai Laban. "Does dim rhaid
i ti roi dim byd i mi," meddai Jacob. "Ond os gwna i edrych ar ôl dy breiddiau di a'u cadw nhw'n
saff, dw i am i ti gytuno i un peth. 32 Gad i mi fynd drwyddyn nhw i gyd heddiw, a dewis pob dafad
frith ac oen du, a'r un fath gyda'r geifr. Dyna fydd fy nghyflog i. 33 Byddi bob amser yn gallu gweld
os ydw i wedi bod yn onest. Gelli archwilio fy nghyflog unrhyw bryd. Os bydd gen i afr sydd ddim
yn frith, neu ddafad sydd ddim yn ddu, byddi di'n gwybod mod i wedi dwyn honno." 34 "Cytuno!"
meddai Laban. "Gad i ni wneud beth rwyt ti'n ei awgrymu."

35 Ond y diwrnod hwnnw dyma Laban yn symud y bychod geifr brith, a'r geifr brith (pob
un oedd ag ychydig o wyn arno). Symudodd y defaid duon hefyd, a rhoi'r anifeiliaid hynny
i gyd i'w feibion i edrych ar eu holau. 36 Aeth â nhw daith tridiau i ffwrdd oddi wrth Jacob
a gwnaeth i Jacob ofalu am weddill y praidd.

37 Wedyn dyma Jacob yn cymryd brigau gleision o goed poplys ac almon a planwydd.
Tynnodd beth o'r rhisgl i ffwrdd fel bod stribedi gwyn ar y gwiail. 38 Rhoddodd y gwiail o flaen
y cafnau dŵr ble roedd y preiddiau'n dod i yfed. Roedd yr anifeiliaid yn paru pan fydden nhw'n
dod i yfed. 39 Pan oedd y geifr yn bridio o flaen y gwiail, roedd y rhai bach fyddai'n cael eu
geni yn rhai brith. 40 Roedd hefyd yn cymryd y defaid oedd yn gofyn hwrdd ac yn gwneud
iddyn nhw wynebu'r anifeiliaid brithion a'r rhai duon ym mhraidd Laban. Roedd yn cadw ei
braidd ei hun ar wahân, a ddim yn eu cymysgu â phraidd Laban.

41 Pan oedd yr anifeiliaid cryfion yn paru, roedd Jacob yn rhoi'r gwiail wrth y cafnau, er
mwyn iddyn nhw fridio wrth ymyl y gwiail. 42 Ond doedd e ddim yn gosod y gwiail o flaen yr
anifeiliaid gwan yn y praidd. Felly roedd yr anifeiliaid gwannaf yn perthyn i Laban, a'r rhai
cryfaf yn perthyn i Jacob.

43 Felly daeth Jacob yn ddyn cyfoethog iawn. Roedd ganddo breiddiau mawr, gweision
a morynion, camelod ac asynnod.

---

e 30:18 h.y. *gwobr.* f 30:20 h.y. *parchu.* ff 30:24 h.y. *bydd yn ychwanegu.*

Jacob yn dianc oddi wrth Laban

31 Clywodd Jacob fod meibion Laban yn cwyno amdano. "Mae Jacob wedi cymryd
popeth oddi ar dad. Mae wedi dod yn gyfoethog ar draul ein tad ni!" medden nhw.
2 A daeth Jacob i weld fod agwedd Laban tuag ato wedi newid hefyd.
3 Dyma'r ARGLWYDD yn dweud wrth Jacob, "Dos yn ôl adre at dy deulu a dy bobl. Bydda
i gyda ti." 4 Felly dyma Jacob yn anfon rhywun i nôl Rachel a Lea, a dod â nhw allan i gefn
gwlad lle roedd y preiddiau. 5 Dwedodd wrthyn nhw, "Dw i wedi sylwi fod agwedd eich tad
tuag ata i wedi newid. Ond mae'r Duw mae fy nhad yn ei addoli wedi bod gyda mi. 6 Mae'r
ddwy ohonoch yn gwybod mor galed dw i wedi gweithio i'ch tad. 7 Ond mae'ch tad wedi
gwneud ffŵl ohono i, a newid fy nghyflog dro ar ôl tro. Ond wnaeth Duw ddim gadael iddo
wneud niwed i mi. 8 Pan oedd yn dweud, 'Y brychion fydd dy gyflog di,' roedd yr anifeiliaid
i gyd yn cael rhai bach oedd yn frych. Os oedd yn dweud, 'Y brithion fydd dy gyflog di,' roedd
yr anifeiliaid yn cael rhai bach oedd yn frith. 9 Felly Duw oedd yn rhoi anifeiliaid eich tad i mi.
10 "Yn ystod y tymor bridio ces i freuddwyd. Roedd y bychod geifr oedd yn paru i gyd yn
frithion. 11 A dyma angel Duw yn galw arna i. 'Jacob,' meddai. 'Ie, dyma fi,' meddwn innau.
12 'Edrych, mae'r bychod geifr sy'n paru i gyd yn frithion. Dw i wedi gweld sut mae Laban wedi
dy drin di. 13 Fi ydy Duw Bethel, lle wnest ti dywallt olew ar y golofn a gwneud addewid i mi.
Nawr dos! Dw i eisiau i ti adael y wlad yma a mynd yn ôl i'r wlad ble cest ti dy eni.' " 14 A dyma
Rachel a Lea yn ei ateb, "Does dim rheswm i ni aros yma. Dŷn ni ddim yn mynd i dderbyn dim
byd mwy gan ein tad. 15 Mae e'n ein trin ni fel tasen ni'n estroniaid. Mae wedi'n gwerthu
ni, ac wedyn wedi gwastraffu a cholli'r cwbl gafodd e! 16 Mae Duw wedi rhoi popeth oedd
ganddo i ni a'n plant. Felly gwna beth mae Duw wedi'i ddweud wrthot ti."
17 Felly dyma Jacob yn paratoi i fynd. Rhoddodd ei blant a'i wragedd ar gefn camelod.
18 Casglodd ei anifeiliaid a'i eiddo i gyd (popeth a gafodd yn Padan-aram) i fynd adre at ei
dad Isaac yn Canaan. 19 Ar y pryd roedd Laban wedi mynd i gneifio'i ddefaid. A dyma Rachel
yn dwyn yr eilun-ddelwau teuluol. 20 Roedd Jacob hefyd wedi twyllo Laban yr Aramead drwy
redeg i ffwrdd heb ddweud wrtho. 21 Rhedodd i ffwrdd gyda'i eiddo i gyd. Croesodd afon
Ewffrates a mynd i gyfeiriad bryniau Gilead.

Laban yn mynd ar ôl Jacob

22 Ddeuddydd wedyn dyma Laban yn darganfod fod Jacob wedi mynd. 23 Felly aeth Laban
a'i berthnasau ar ei ôl. Ar ôl teithio am wythnos roedden nhw bron â'i ddal ym mryniau
Gilead. 24 Ond dyma Duw yn siarad â Laban yr Aramead mewn breuddwyd y noson honno.
Dwedodd wrtho, "Paid ti dweud dim byd yn erbyn Jacob."
25 Roedd Jacob wedi codi gwersyll ym mryniau Gilead pan ddaliodd Laban i fyny ag
e. A dyma Laban a'i berthnasau yn gwersylla yno hefyd. 26 "Beth rwyt ti wedi'i wneud?" meddai
Laban wrth Jacob. "Ti wedi fy nhwyllo i. Ti wedi cymryd fy merched i ffwrdd fel tasen nhw'n
garcharorion rhyfel! 27 Pam wnest ti redeg i ffwrdd yn ddistaw bach heb i mi wybod? Pam wnest
ti ddim dweud wrtho i? Byddwn i wedi trefnu parti i ffarwelio'n iawn, gyda chanu a dawnsio
a cherddoriaeth. 28 Wnest ti ddim hyd yn oed roi cyfle i mi roi cusan i ffarwelio â'm merched
a'u plant. Ti wedi gwneud peth hollol wirion. 29 Gallwn i wneud drwg i ti, ond dyma'r Duw mae
dy dad yn ei addoli yn siarad â mi neithiwr. Dwedodd wrtho i, 'Paid dweud dim byd yn erbyn
Jacob.' 30 Dw i'n derbyn fod gen ti hiraeth go iawn am dy dad a'i deulu, ond pam roedd rhaid
i ti ddwyn fy nuwiau?" 31 A dyma Jacob yn ei ateb, "Wnes i redeg i ffwrdd am fod arna i ofn.
Rôn i'n meddwl y byddet ti'n cymryd dy ferched oddi arna i. 32 Bydd pwy bynnag sydd wedi
cymryd dy dduwiau di yn marw! Dw i'n dweud hyn o flaen ein perthnasau ni i gyd. Dangos i mi
beth sydd biau ti, a'i gymryd." (Doedd Jacob ddim yn gwybod fod Rachel wedi'u dwyn nhw.)
33 Felly dyma Laban yn mynd i bebyll Jacob, Lea, a'r ddwy forwyn, ond methu dod o hyd i'r
eilun-ddelwau. Daeth allan o babell Lea a mynd i babell Rachel. 34 (Ond roedd Rachel wedi
cymryd yr eilun-ddelwau a'u rhoi nhw yn y bag cyfrwy ar ei chamel, ac yna eistedd arnyn nhw.)

Dyma Laban yn chwilio drwy'r babell i gyd, ond methu dod o hyd iddyn nhw. 35 A dyma Rachel
yn dweud wrth ei thad, "Maddau i mi, dad, am beidio codi i ti. Mae hi'r amser yna o'r mis[g]
arna i." Felly er iddo chwilio ym mhobman wnaeth e ddim dod o hyd i eilun-ddelwau'r teulu.
36 Erbyn hyn roedd Jacob wedi gwylltio, a dechreuodd ddadlau yn ôl. "Beth dw i wedi'i wneud
o'i le?" meddai. "Beth dw i wedi'i wneud i bechu yn dy erbyn di? Pam wyt ti'n fy ymlid i fel
yma? 37 Wyt ti wedi dod o hyd i rywbeth piau ti ar ôl palu drwy fy stwff i gyd? Os wyt ti, gad i dy
berthnasau di a'm perthnasau i ei weld. Gad iddyn nhw setlo'r ddadl rhyngon ni. 38 Dw i wedi
bod hefo ti ers ugain mlynedd. Dydy dy ddefaid a dy eifr di ddim wedi erthylu. Dw i ddim wedi
cymryd hyrddod dy braidd di i'w bwyta. 39 Os oedd rhai wedi'u lladd gan anifeiliaid gwyllt, wnes
i ddim dod â nhw atat ti er mwyn i ti dderbyn y golled. Wnes i gymryd y golled fy hun. Roeddet
ti'n gwneud i mi dalu am unrhyw golled, sdim ots os oedd yn cael ei ddwyn yng ngolau dydd
neu yn y nos. 40 Fi oedd yr un oedd yn gorfod diodde gwres poeth y dydd a'r barrug oer yn
y nos. Fi oedd yr un oedd yn gorfod colli cwsg. 41 Dw i wedi gweithio fel caethwas i ti am ugain
mlynedd. Roedd rhaid i mi weithio am un deg pedair blynedd i briodi dy ddwy ferch, a chwe
blynedd arall am dy anifeiliaid. Ac rwyt ti wedi newid fy nghyflog i dro ar ôl tro. 42 Petai Duw
Abraham, sef y Duw mae fy nhad Isaac yn ei addoli, ddim wedi bod gyda mi, byddet ti wedi fy
anfon i ffwrdd heb ddim byd. Ond roedd Duw wedi gweld sut roeddwn i'n cael fy nhrin ac mor
galed roeddwn i wedi gweithio. A dyna pam wnaeth e dy geryddu di neithiwr."

Laban a Jacob yn gwneud cytundeb

43 Ac meddai Laban wrth Jacob, "Fy merched i ydy'r rhain, ac mae'r plant yma yn wyrion
ac wyresau i mi. Fi piau'r preiddiau yma a phopeth arall rwyt ti'n weld. Ond sut alla i wneud
drwg i'm merched a'u plant? 44 Tyrd, gad i'r ddau ohonon ni wneud cytundeb â'n gilydd.
Bydd Duw yn dyst rhyngon ni." 45 Felly dyma Jacob yn cymryd carreg a'i gosod fel colofn. 46 Ac
meddai Jacob wrth ei berthnasau, "Casglwch gerrig." Felly dyma nhw'n gwneud hynny ac yn
eu codi'n garnedd, a chael pryd o fwyd gyda'i gilydd yno. 47 Galwodd Laban y garnedd yn
Jegar-sahadwtha[ng] a galwodd Jacob hi'n Gal-êd.[h] 48 "Mae'r garnedd yma yn dystiolaeth ein
bod ni wedi gwneud cytundeb," meddai Laban. Dyna pam mae'r lle'n cael ei alw yn Gal-êd.
49 Roedd y lle hefyd yn cael ei alw yn Mitspa,[i] am fod Laban wedi dweud, "Boed i'r Arglwydd
ein gwylio ni'n dau pan na fyddwn ni'n gweld ein gilydd. 50 Os gwnei di gam-drin fy merched
i neu briodi merched eraill, er bod neb arall yno, cofia fod Duw yn gweld popeth wnei di." 51 Ac
meddai, "Mae'r garnedd yma a'r golofn yma wedi'u gosod rhyngon ni. 52 Mae'r garnedd a'r
golofn yn ein hatgoffa ni o hyn: Dw i ddim i ddod heibio'r lle yma i wneud drwg i ti, a ti ddim
i ddod heibio'r fan yma i wneud drwg i mi. 53 Boed i dduwiau Abraham a Nachor, duwiau
eu tad nhw, farnu rhyngon ni." Felly dyma Jacob yn gwneud adduned i'r Duw roedd ei dad
Isaac yn ei addoli. 54 A dyma fe'n cyflwyno aberth i Dduw ar y mynydd a gwahodd ei deulu
i gyd i fwyta. A dyma nhw'n aros yno drwy'r nos.
55[l] Yn gynnar y bore wedyn dyma Laban yn rhoi cusan i'w ferched a'u plant ac yn eu
bendithio nhw cyn troi am adre.

32 Aeth Jacob ymlaen ar ei daith, a dyma angylion Duw yn ei gyfarfod. 2 Pan welodd
Jacob nhw, meddai, "Dyma wersyll Duw!" Felly galwodd y lle yn Machanaîm.[ll]

Jacob yn paratoi i gyfarfod ag Esau

3 Yna dyma Jacob yn anfon negeswyr at ei frawd Esau yn ardal Seir yn Edom. 4 "Fel yma
dych chi i siarad gyda fy meistr Esau," meddai. "Dwedwch wrtho, 'Dyma mae dy was Jacob
yn ei ddweud: Dw i wedi bod yn aros gyda Laban. Dyna ble dw i wedi bod hyd heddiw. 5 Mae
gen i ychen, asynnod, defaid a geifr, gweision a morynion. Dw i'n anfon i ddweud wrthot ti
yn y gobaith y gwnei di fy nerbyn i.' "

---

g 31:35 Hebraeg, "arfer gwragedd". ng 31:47 Aramaeg, "Carnedd y dystiolaeth". h 31:47 Hebraeg, "Carnedd y dystiolaeth". i 31:49 h.y. *lle i wylio*. l 31:55 Hebraeg, 32:1. ll 32:2 h.y. *dau wersyll*.

[6]Pan ddaeth y negeswyr yn ôl at Jacob, dyma nhw'n dweud wrtho, "Aethon ni at dy
frawd Esau, ac mae ar ei ffordd i dy gyfarfod di. Mae ganddo bedwar cant o ddynion gydag
e." [7]Roedd gan Jacob ofn am ei fywyd. Rhannodd y bobl oedd gydag e, a'r defaid a'r geifr,
yr ychen a'r camelod, yn ddau grŵp. [8]"Os bydd Esau yn ymosod ar un grŵp," meddyliodd,
"bydd y grŵp arall yn gallu dianc."

[9]Gweddïodd Jacob, "O Dduw fy nhaid Abraham a'm tad Isaac. Ti ydy'r ARGLWYDD ddwedodd
wrtho i, 'Dos yn ôl i dy wlad dy hun at dy deulu. Bydda i'n dda i ti.' [10]Dw i'n neb, a ddim yn
haeddu'r ffaith dy fod ti wedi bod mor hael a ffyddlon i'r addewid wnest ti i dy was. Doedd
gen i ddim byd ond ffon pan es i oddi cartref a chroesi afon Iorddonen. Bellach mae digon
ohonon ni i rannu'n ddau grŵp. [11]Plîs wnei di'n achub i o afael fy mrawd Esau? Mae gen
i ofn iddo ymosod arna i, a lladd y gwragedd a'r plant. [12]Rwyt ti wedi dweud, 'Bydda i'n dda
i ti. Bydd dy ddisgynyddion di fel tywod y môr – yn gwbl amhosib i'w cyfri!' "

[13]Ar ôl aros yno dros nos, anfonodd Jacob rai o'i anifeiliaid yn rhodd i Esau: [14]200 gafr,
20 bwch gafr, 200 dafad, 20 hwrdd, [15]30 cameles oedd yn magu rhai bach, 40 buwch, 10
tarw, 20 asen a 10 asyn. [16]Dyma fe'n rhoi'r anifeiliaid mewn grwpiau ar wahân yng ngofal
ei weision. "Croeswch yr afon o mlaen i, ond cadwch fwlch rhwng pob grŵp o anifeiliaid,"
meddai wrthyn nhw. [17]Ac aeth ymlaen i ddweud wrth y gwas fyddai'n arwain y grŵp cyntaf,
"Pan fydd fy mrawd Esau yn dy gyfarfod di ac yn gofyn, 'Gwas pwy wyt ti? Ble rwyt ti'n mynd?
Pwy biau'r anifeiliaid yma?' [18]dywed wrtho, 'Dy was Jacob piau nhw. Mae'n eu hanfon nhw
yn anrheg i ti syr. Mae Jacob ei hun ar ei ffordd tu ôl i ni.' " [19]Dwedodd yr un peth wrth yr
ail was a'r trydydd, a'r gweision oedd yn dilyn yr anifeiliaid. "Dwedwch chi'r un peth wrth
Esau. A chofiwch ddweud hefyd, 'Mae dy was Jacob ar ei ffordd tu ôl i ni.' " [20]Roedd Jacob yn
gobeithio y byddai'r anrhegion yn ei dawelu cyn i'r ddau gyfarfod wyneb yn wyneb. Roedd yn
gobeithio y byddai Esau yn ei dderbyn wedyn. [21]Felly cafodd yr anifeiliaid eu hanfon drosodd
o'i flaen. Ond arhosodd Jacob yn y gwersyll y noson honno.

Jacob yn ymladd gyda Duw

[22]Yn ystod y nos dyma Jacob yn codi a chroesi rhyd Jabboc gyda'i ddwy wraig, ei ddwy
forwyn a'i un deg un mab. [23]Ar ôl mynd â nhw ar draws, dyma fe'n anfon pawb a phopeth
arall oedd ganddo drosodd.

[24]Roedd Jacob ar ei ben ei hun. A dyma ddyn yn dod ac yn ymladd gydag e nes iddi wawrio.
[25]Pan welodd y dyn nad oedd e'n ennill, dyma fe'n taro Jacob yn ei glun a'i rhoi o'i lle.
[26]"Gad i mi fynd," meddai'r dyn, "mae hi'n dechrau gwawrio." "Na!" meddai Jacob, "Wna
i ddim gadael i ti fynd nes i ti fy mendithio i." [27]Felly dyma'r dyn yn gofyn iddo, "Beth ydy
dy enw di?" "Jacob," meddai. [28]A dyma'r dyn yn dweud wrtho, "Fyddi di ddim yn cael dy alw
yn Jacob o hyn ymlaen. Israel[m] fydd dy enw di. Am dy fod ti wedi ymladd gyda Duw a phobl,
ac wedi ennill." [29]Gofynnodd Jacob iddo, "Beth ydy dy enw di?" "Pam wyt ti'n gofyn am fy
enw i?" meddai'r dyn. Ac wedyn dyma fe'n bendithio Jacob yn y fan honno. [30]Felly galwodd
Jacob y lle yn Peniel.[n] "Dw i wedi gweld Duw wyneb yn wyneb," meddai, "a dw i'n dal yn fyw!"
[31]Roedd yr haul yn tywynnu ar Jacob wrth iddo adael Peniel.[o] Ac roedd yn gloff o achos yr
anaf i'w glun. [32](Dyna pam dydy pobl Israel hyd heddiw ddim yn bwyta'r gewyn wrth gymal
y glun. Maen nhw'n cofio'r digwyddiad yma, pan gafodd Jacob ei daro ar ei glun.)

Jacob ac Esau yn cyfarfod

33 Edrychodd Jacob a gweld Esau yn dod yn y pellter gyda phedwar cant o ddynion.
Felly dyma fe'n rhannu'r plant rhwng Lea, Rachel a'r ddwy forwyn. [2]Rhoddodd
y ddwy forwyn a'u plant ar y blaen, wedyn Lea a'i phlant hi, a Rachel a Joseff yn olaf. [3]Aeth
Jacob ei hun o'u blaenau nhw i gyd. Ymgrymodd yn isel saith gwaith wrth iddo agosáu at ei

m 32:28 h.y. *Yr un sy'n ymladd gyda Duw*, neu, *Duw sy'n ymladd*. n 32:30 h.y. *Wyneb Duw*.
o 32:31 Hebraeg, *Penuel*.

frawd. [4]Ond rhedodd Esau ato a'i gofleidio'n dynn a'i gusanu. Roedd y ddau ohonyn nhw'n
crio. [5]Pan welodd Esau y gwragedd a'r plant, gofynnodd, "Pwy ydy'r rhain?" A dyma Jacob yn
ateb, "Dyma'r plant mae Duw wedi bod mor garedig â'u rhoi i dy was." [6]Dyma'r morynion yn
camu ymlaen gyda'u plant, ac yn ymgrymu. [7]Wedyn daeth Lea ymlaen gyda'i phlant hi, ac
ymgrymu. Ac yn olaf daeth Joseff a Rachel, ac ymgrymu. [8]"Beth oedd dy fwriad di yn anfon
yr anifeiliaid yna i gyd ata i?" meddai Esau. Atebodd Jacob, "Er mwyn i'm meistr fy nerbyn
i." [9]"Mae gen i fwy na digon, fy mrawd," meddai Esau. "Cadw beth sydd biau ti." [10]"Na wir,
plîs cymer nhw," meddai Jacob. "Os wyt ti'n fy nerbyn i, derbyn nhw fel anrheg gen i. Mae
gweld dy wyneb di fel gweld wyneb Duw – rwyt ti wedi rhoi'r fath groeso i mi. [11]Plîs derbyn
y rhodd gen i. Mae Duw wedi bod mor garedig ata i. Mae gen i bopeth dw i eisiau." Am ei
fod yn pwyso arno, dyma Esau yn ei dderbyn.

[12]Wedyn dyma Esau yn dweud, "I ffwrdd â ni felly! Gwna i'ch arwain chi." [13]Ond atebodd
Jacob, "Mae'r plant yn ifanc, fel y gweli, syr. Ac mae'n rhaid i mi edrych ar ôl yr anifeiliaid
sy'n magu rhai bach. Os byddan nhw'n cael eu gyrru'n rhy galed, hyd yn oed am ddiwrnod,
byddan nhw i gyd yn marw. [14]Dos di o flaen dy was. Bydda i'n dod yn araf ar dy ôl di – mor
gyflym ag y galla i gyda'r anifeiliaid a'r plant. Gwna i dy gyfarfod di yn Seir." [15]"Gad i mi
adael rhai o'r dynion yma i fynd gyda ti," meddai Esau wedyn. "I beth?" meddai Jacob. "Mae
fy meistr wedi bod mor garedig yn barod." [16]Felly dyma Esau yn troi'n ôl am Seir y diwrnod
hwnnw. [17]Ond aeth Jacob i'r cyfeiriad arall, i Swccoth. Dyma fe'n adeiladu tŷ iddo'i hun yno,
a chytiau i'w anifeiliaid gysgodi. Dyna pam y galwodd y lle yn Swccoth.[p]

[18]Roedd Jacob wedi teithio o Padan-aram, a chyrraedd yn saff yn y diwedd yn nhre Sichem
yn Canaan. Gwersyllodd heb fod yn bell o'r dre. [19]Wedyn, prynodd y tir lle roedd wedi gwersylla,
gan feibion Hamor (tad Sechem) am gant o ddarnau arian. [20]Cododd allor i Dduw yno,
a'i galw yn El-Elohe-Israel.[ph]

Sechem yn treisio merch Jacob a Lea

34 Aeth Dina (merch Lea a Jacob) allan i weld rhai o ferched ifanc yr ardal. [2]Pan welodd
Sechem hi (Sechem oedd yn fab i bennaeth yr ardal, Hamor yr Hefiad), cipiodd
hi, ymosod yn rhywiol arni a'i threisio. [3]Ond wedyn syrthiodd yn ddwfn mewn cariad â hi
a cheisiodd ennill ei serch. [4]Aeth at ei dad, Hamor, a dweud, "Dw i eisiau i ti gael y ferch
yma yn wraig i mi."

[5]Clywodd Jacob fod Sechem wedi treisio ei ferch, Dina. Roedd ei feibion allan yn y wlad
yn gofalu am yr anifeiliaid ar y pryd. A phenderfynodd Jacob beidio dweud dim nes iddyn
nhw ddod adre.

[6]Yna dyma Hamor, tad Sechem, yn mynd i siarad â Jacob am Dina. [7]Yn y cyfamser, roedd
meibion Jacob wedi cyrraedd yn ôl. Roedden nhw wedi clywed y newyddion, yn teimlo'r
sarhad ac yn wyllt gynddeiriog. Roedd Sechem wedi gwneud peth gwarthus yn Israel drwy
ymosod yn rhywiol ar ferch Jacob – rhywbeth na ddylai byth fod wedi digwydd. [8]Ond dyma
Hamor yn apelio arnyn nhw, "Mae Sechem dros ei ben a'i glustiau mewn cariad â'r ferch.
Plîs gadewch iddo'i phriodi hi. [9]Gadewch i ni gytuno fod ein plant ni'n cael priodi ei gilydd.
Gadewch i'ch merched chi briodi rhai o'n dynion ni, a gewch chi briodi ein merched ni. [10]Cewch
fyw yma gyda ni. Mae'r wlad o'ch blaen chi. Arhoswch yma. Cewch fynd ble mynnwch chi,
a phrynu tir yma."

[11]Wedyn dyma Sechem ei hun yn dweud wrth dad a brodyr Dina, "Plîs wnewch chi fy nerbyn
i? Dw i'n fodlon rhoi i chi beth bynnag dych chi eisiau. [12]Gwnewch y tâl am y briodferch mor
uchel ag y mynnwch chi. Dw i'n fodlon talu unrhyw beth, dim ond i chi roi'r ferch yn wraig
i mi." [13]Ond am fod Sechem wedi treisio eu chwaer, dyma frodyr Dina yn twyllo Sechem
a Hamor ei dad. [14]Dyma nhw'n dweud wrthyn nhw, "Allwn ni ddim gadael i'n chwaer briodi
dyn sydd heb fod drwy ddefod enwaediad. Byddai hynny'n gywilydd mawr arnon ni. [15]Allwn

---

p 33:17 h.y. *cytiau.* ph 33:20 h.y. *Duw Israel sydd Dduw.*

ni ddim ond cytuno ar un amod: rhaid i bob un o'ch dynion chi gael ei enwaedu yr un fath
â ni. [16]Os gwnewch chi hynny, cewch briodi ein merched ni a byddwn ni'n priodi eich merched
chi. Byddwn yn dod i fyw atoch chi, a byddwn ni'n un bobl. [17]Ond os gwrthodwch chi gael
eich enwaedu, awn ni i ffwrdd, a mynd â'n chwaer gyda ni."

[18]Roedd eu cynnig yn swnio'n dda i Hamor a'i fab Sechem. [19]Felly dyma Sechem yn cytuno
ar unwaith. Roedd e eisiau Dina, merch Jacob, cymaint. (A fe oedd y person pwysica yn
y teulu i gyd.)

[20]Felly dyma Hamor a'i fab Sechem yn mynd at giât y dre ble roedden nhw'n byw i siarad
â'r dynion yno. A dyma ddwedon nhw: [21]"Mae'r bobl yma'n gyfeillgar. Gadewch iddyn nhw
fyw yn y wlad yma, a mynd i ble fynnan nhw. Mae yna ddigon o dir iddyn nhw. Gadewch i ni
briodi eu merched nhw, a cân nhw briodi ein merched ni. [22]Ond wnân nhw ddim ond cytuno
i fyw gyda ni a bod yn un bobl gyda ni ar yr amod yma: rhaid i'n dynion ni i gyd gael eu
henwaedu yr un fath â nhw. [23]Onid ni fydd piau'r holl anifeiliaid a phopeth arall sydd ganddyn
nhw wedyn? Gadewch i ni gytuno gyda nhw a gadael iddyn nhw fyw gyda ni."

[24]Dyma'r dynion ar gyngor y dre yn cytuno gyda Hamor a'i fab Sechem. A dyma pob un
o ddynion y dre yn mynd drwy'r ddefod o gael eu henwaedu.

[25]Ddeuddydd wedyn, pan oedden nhw'n dal mewn poen, aeth dau o feibion Jacob, Simeon
a Lefi (brodyr Dina), i mewn i'r dre yn dawel fach, a lladd y dynion i gyd. [26]Dyma nhw'n lladd
Hamor a'i fab Sechem, cymryd Dina o dŷ Sechem, a gadael. [27]Wedyn dyma feibion eraill Jacob
yn mynd yno ac yn ysbeilio'r cyrff a'r dref, am fod eu chwaer wedi cael ei threisio. [28]Cymeron
nhw ddefaid a geifr, ychen ac asynnod, a phopeth arall allen nhw ddod o hyd iddo yn y dref ei
hun a'r ardal o'i chwmpas – [29]popeth o werth, y gwragedd a'r plant a phopeth oedd yn eu tai.

[30]"Dych chi wedi achosi trwbwl go iawn i mi," meddai Jacob wrth Simeon a Lefi. "Bydd
pobl y wlad yma, y Canaaneaid a'r Peresiaid, yn fy nghasáu i. Does dim llawer ohonon ni. Os
byddan nhw'n dod at ei gilydd ac ymosod arnon ni, bydd hi ar ben arnon ni i gyd. Byddwn
ni'n cael ein dinistrio'n llwyr!" [31]Ond dyma Simeon a Lefi yn ei ateb, "Oedd hi'n iawn i'n
chwaer ni gael ei thrin fel putain?"

Jacob yn mynd yn ôl i Bethel

35 Dwedodd Duw wrth Jacob, "Dos i fyny i Bethel i fyw. Gwna allor yno i addoli'r Duw
ddaeth atat ti pan oeddet ti'n dianc oddi wrth dy frawd Esau." [2]Felly dyma Jacob yn
dweud wrth ei deulu a phawb arall oedd gydag e, "Rhaid i chi gael gwared â'r duwiau eraill
sydd gynnoch chi. Ymolchwch a gwisgwch ddillad glân. [3]Wedyn gadewch i ni fynd i Bethel. Dw
i eisiau codi allor yno i'r Duw wnaeth fy ateb i pan oedd pethau'n anodd arna i. Mae e wedi
bod gyda mi bob cam o'r ffordd." [4]Felly dyma nhw'n rhoi'r duwiau eraill oedd ganddyn nhw
i Jacob, a'r clustdlysau hefyd. Claddodd Jacob y cwbl dan y dderwen oedd wrth Sichem, [5]ac
yna dyma nhw'n cychwyn ar eu taith. Roedd Duw wedi creu panig yn y trefi o gwmpas, ac
felly wnaeth neb geisio ymosod arnyn nhw.

[6]Felly dyma Jacob a'r bobl oedd gydag e yn cyrraedd Lws (sef Bethel), yng ngwlad Canaan.
[7]Cododd allor yno a galw'r lle yn El-bethel,[r] am mai dyna ble roedd Duw wedi ymddangos
iddo pan oedd yn dianc oddi wrth ei frawd Esau. [8]A dyma Debora (sef y forwyn oedd wedi
magu Rebeca pan oedd hi'n ferch fach) yn marw yno. Cafodd ei chladdu dan y dderwen oedd
islaw Bethel. Felly cafodd y lle ei alw yn Dderwen yr Wylo.[rh]

[9]A dyma Duw yn ymddangos i Jacob eto, a'i fendithio (ar ôl iddo ddod o Padan-aram).
[10]Dwedodd Duw wrtho, "Jacob ydy dy enw di, ond fyddi di ddim yn cael dy alw yn Jacob o hyn
ymlaen. Israel fydd dy enw di." Dyna sut cafodd e'r enw Israel. [11]Yna dwedodd Duw wrtho,
"Fi ydy'r Duw sy'n rheoli popeth.[s] Dw i eisiau i ti gael lot o blant. Bydd cenedl – ie, hyd yn
oed grŵp o genhedloedd – yn dod ohonot ti. Bydd rhai o dy ddisgynyddion di yn frenhinoedd.
[12]Ti sydd i gael y tir rois i i Abraham ac Isaac, a bydd yn perthyn i dy ddisgynyddion ar dy

r 35:7 h.y. *Duw Bethel.* rh 35:8 Hebraeg, *Alon-bachŵth.* s 35:11 Hebraeg *El Shadai.*

ôl di.” 13 Wedyn dyma Duw yn gadael y lle ble roedd wedi siarad â Jacob. 14 Dyma Jacob yn
codi colofn gysegredig ble roedd Duw wedi siarad ag e. Colofn garreg oedd hi, a thywalltodd
offrwm o ddiod drosti, ac olew hefyd. 15 Galwodd Jacob y lle hwnnw ble roedd Duw wedi
siarad ag e yn Bethel.

Rachel yn marw wrth gael plentyn

16 Dyma nhw'n teithio ymlaen o Bethel. Roedden nhw'n dal yn eitha pell o Effrath pan
ddechreuodd Rachel gael ei babi – ac roedd yr enedigaeth yn galed. 17 Pan oedd y sefyllfa ar
ei gwaethaf, dyma'r fydwraig yn dweud wrth Rachel, “Paid bod ag ofn. Mae gen ti fab arall
ar ei ffordd.” 18 A dyma Rachel yn marw. Wrth iddi dynnu ei hanadl olaf, dyma hi'n galw'r
plentyn yn Ben-oni;[t] ond galwodd ei dad e yn Benjamin.[th] 19 Buodd Rachel farw, a chafodd ei
chladdu ar ochr y ffordd oedd yn mynd i Effrath (sef Bethlehem). 20 Cododd Jacob gofgolofn
wrth ei bedd, ac mae yno hyd heddiw – Cofeb Bedd Rachel. 21 Teithiodd Israel (sef Jacob) yn
ei flaen, a gwersylla yr ochr draw i Migdal-eder.[u]

Meibion Jacob

(1 Cronicl 2:1-2)

22 Tra oedd yn byw yno, dyma Reuben yn cysgu gyda Bilha, partner[w] ei dad. A daeth Israel
i glywed am y peth.

Roedd gan Jacob un deg dau o feibion:

23 Meibion Lea: Reuben (mab hynaf Jacob), Simeon, Lefi, Jwda, Issachar, a Sabulon.
24 Meibion Rachel: Joseff a Benjamin.
25 Meibion Bilha, morwyn Rachel: Dan a Nafftali.
26 Meibion Silpa, morwyn Lea: Gad ac Asher.

Dyma'r meibion gafodd eu geni i Jacob yn Padan-aram.

Isaac yn marw

27 Felly daeth Jacob yn ôl at ei dad Isaac i Mamre, yn Ciriath-arba (sef Hebron). Dyna ble
roedd Abraham ac Isaac wedi bod yn byw fel mewnfudwyr. 28 Roedd Isaac yn 180 oed 29 pan
fuodd farw yn hen ddyn, a mynd at ei hynafiaid. A dyma'i feibion Esau a Jacob yn ei gladdu.

Disgynyddion Esau

(1 Cronicl 1:34-37)

36 Dyma hanes teulu Esau (sef Edom):

2 Roedd Esau wedi priodi merched o Canaan: Ada (merch Elon yr Hethiad), Oholibama
(merch Ana ac wyres Sibeon yr Hefiad), 3 a Basemath (merch Ishmael a chwaer Nebaioth).

4 Cafodd Ada fab i Esau, sef Eliffas.
Cafodd Basemath fab, sef Reuel,
5 a chafodd Oholibama dri o fechgyn, sef Iewsh, Ialam a Cora.

Dyma enwau'r meibion gafodd Esau pan oedd yng ngwlad Canaan.

6 Symudodd Esau i ffwrdd i wlad oedd yn reit bell oddi wrth ei frawd Jacob. Aeth â'i wragedd
gydag e, a'i feibion a'i ferched, a phawb arall oedd gydag e, a'i anifeiliaid a'r holl eiddo roedd
wedi'i gasglu pan oedd yn byw yng ngwlad Canaan. 7 Roedd gan y ddau ormod o anifeiliaid
i allu byw gyda'i gilydd – doedd y tir ddim yn gallu cynnal y cwbl. 8 Felly dyma Esau (sef
Edom) yn setlo ym mryniau Seir.

---

t 35:18 h.y. *Mab fy nioddefaint.* th 35:18 h.y. *Mab fy llaw dde.* u 35:21 Hebraeg, “Tŵr y Praidd”.
w 35:22 *partner* Mae'r gair Hebraeg yn air am feistres neu bartner cyfreithlon oedd ddim yn wraig i ddyn yn ystyr lawnaf y gair.

9 Dyma hanes teulu Esau (ohono fe y daeth pobl Edom, sy'n byw ym mryniau Seir):

10 Enwau meibion Esau: Eliffas (mab Ada, gwraig Esau), a Reuel (mab Basemath, gwraig
Esau)
11 Enwau meibion Eliffas: Teman, Omar, Seffo, Gatam a Cenas. 12 Y rhain oedd
disgynyddion Ada gwraig Esau. (Roedd gan Eliffas, mab Esau, bartner[y] o'r enw
Timna hefyd. Cafodd hi fab i Eliffas, sef Amalec.)
13 Enwau meibion Reuel: Nachath, Serach, Shamma a Missa. Y rhain oedd disgynyddion
Basemath gwraig Esau.
14 A dyma enwau meibion Oholibama (merch Ana ac wyres Sibeon): cafodd dri o feibion
i Esau, sef Iewsh, Ialam a Cora.

15 Roedd disgynyddion Esau yn arweinwyr llwythau gwahanol:
Disgynyddion Eliffas (mab hynaf Esau) oedd arweinwyr llwythau Teman, Omar, Seffo,
Cenas, 16 Cora, Gatam ac Amalec. Roedd arweinwyr y llwythau yma yn Edom i gyd
yn ddisgynyddion i Eliffas ac Ada.
17 Disgynyddion Reuel (mab Esau) oedd arweinwyr llwythau Nachath, Serach, Shamma
a Missa. Roedd arweinwyr y llwythau yma yn Edom i gyd yn ddisgynyddion i Eliffas
a Basemath.
18 Wedyn dyma ddisgynyddion Oholibama (gwraig arall Esau): arweinwyr llwythau Iewsh,
Ialam a Cora. Roedd arweinwyr y llwythau yma yn ddisgynyddion i Esau ac Oholibama (merch
Ana).
19 Mae'r rhain i gyd yn ddisgynyddion i Esau – dyma arweinwyr llwythau Edom.

Disgynyddion Seir

(1 Cronicl 1:38-42)

20 A dyma feibion Seir yr Horiad, oedd yn byw yn y wlad o'r blaen: Lotan, Shofal, Sibeon,
Ana, 21 Dishon, Etser a Dishan. Y rhain oedd arweinwyr llwythau'r Horiaid, disgynyddion Seir
sy'n byw yng ngwlad Edom.
22 Meibion Lotan oedd Chori a Homam (a Timna oedd chwaer Lotan).
23 Meibion Shofal oedd Alfan, Manachath, Ebal, Sheffo ac Onam.
24 Meibion Sibeon oedd Aia ac Ana (sef yr Ana ddarganfyddodd y ffynhonnau yn yr
anialwch pan oedd yn gofalu am asynnod ei dad Sibeon).
25 Plant Ana oedd Dishon ac Oholibama (merch Ana).
26 Meibion Dishon oedd Chemdan, Eshban, Ithran a Ceran.
27 Meibion Etser oedd Bilhan, Saafan ac Acan.
28 Meibion Dishan oedd Us ac Aran.
29 Dyma arweinwyr llwythau'r Horiaid: Lotan, Shofal, Sibeon, Ana, 30 Dishon, Etser a Dishan.
Y rhain oedd arweinwyr llwythau'r Horiaid yng ngwlad Seir.

Brenhinoedd Edom

(1 Cronicl 1:43-54)

31 Dyma enwau brenhinoedd gwlad Edom yn y cyfnod cyn i Israel gael brenin:
32 Roedd Bela fab Beor o dre Dinhaba yn frenin ar Edom.
33 Ar ôl i Bela farw, daeth Iobab fab Serach o Bosra yn frenin yn ei le.
34 Ar ôl i Iobab farw, daeth Chwsham o ardal Teman yn frenin yn ei le.
35 Ar ôl i Chwsham farw, daeth Hadad fab Bedad o dre Afith yn frenin yn ei le. Hadad
wnaeth orchfygu Midian mewn brwydr yn Moab.
36 Ar ôl i Hadad farw, daeth Samla o Masreca yn frenin yn ei le.

---

y 36:12 *bartner* Mae'r gair Hebraeg yn air am feistres neu bartner cyfreithlon oedd ddim yn wraig i ddyn yn ystyr lawnaf y gair.

37 Ar ôl i Samla farw, daeth Saul o Rehoboth-ger-yr-Afon yn frenin yn ei le.
38 Ar ôl i Saul farw, daeth Baal-chanan fab Achbor yn frenin yn ei le.
39 Wedyn ar ôl i Baal-chanan fab Achbor farw daeth Hadar o dre Paw yn frenin yn ei le.
Enw gwraig Hadar oedd Mehetafél (merch Matred ac wyres Me-sahab).

40 Dyma enwau arweinwyr llwythau Esau – pob llwyth yn byw mewn ardal arbennig o'r
wlad: Timna, Alfa, Ietheth, 41 Oholibama, Ela, Pinon, 42 Cenas, Teman, Miftsar, 43 Magdiel ac
Iram. Y rhain oedd arweinwyr llwythau Edom (sef Esau, tad pobl Edom) – pob un yn byw yn
y rhan o'r wlad roedd wedi'i meddiannu.

Joseff yn breuddwydio am fod yn bwysig

37 A dyma Jacob yn setlo yn y rhan o wlad Canaan roedd ei dad wedi ymfudo iddi.
2 Dyma hanes teulu Jacob:

Pan oedd Joseff yn 17 oed, roedd gyda'i frodyr yn gofalu am y preiddiau. Llanc ifanc oedd
e, yn gweithio gyda meibion Bilha a Silpa, gwragedd ei dad. Ond roedd yn cario straeon am
ei frodyr i'w dad. 3 Roedd Israel yn caru Joseff fwy na'i feibion eraill i gyd, am fod Joseff wedi
cael ei eni pan oedd e'n hen ddyn; ac roedd wedi gwneud côt sbesial iddo. 4 Ond roedd ei
frodyr yn ei gasáu, am fod eu tad yn caru Joseff fwy na nhw. Doedden nhw ddim yn gallu
dweud run gair caredig wrtho.
5 Ond wedyn cafodd Joseff freuddwyd. Pan ddwedodd wrth ei frodyr am y freuddwyd,
roedden nhw'n ei gasáu e fwy fyth. 6 "Gwrandwch ar y freuddwyd yma ges i," meddai wrthyn
nhw. 7 "Roedden ni i gyd wrthi'n rhwymo ysgubau mewn cae. Yn sydyn dyma fy ysgub
i yn codi a sefyll yn syth. A dyma'ch ysgubau chi yn casglu o'i chwmpas ac yn ymgrymu
iddi!" 8 "Wyt ti'n meddwl dy fod ti'n frenin neu rywbeth?" medden nhw. "Wyt ti'n mynd
i deyrnasu droson ni?" Roedden nhw'n ei gasáu e fwy fyth o achos y freuddwyd a beth
ddwedodd e wrthyn nhw.
9 Wedyn cafodd Joseff freuddwyd arall, a dwedodd am honno wrth ei frodyr hefyd. "Dw
i wedi cael breuddwyd arall," meddai. "Roedd yr haul a'r lleuad ac un deg un o sêr yn ymgrymu
o mlaen i." 10 Ond pan ddwedodd wrth ei dad a'i frodyr am y freuddwyd, dyma'i dad yn
dweud y drefn wrtho. "Sut fath o freuddwyd ydy honna?" meddai wrtho. "Wyt ti'n meddwl fy
mod i a dy fam a dy frodyr yn mynd i ddod ac ymgrymu o dy flaen di?" 11 Roedd ei frodyr yn
genfigennus ohono; ond roedd ei dad yn cadw'r peth mewn cof.

Joseff yn cael ei werthu a'i gymryd i'r Aifft

12 Roedd ei frodyr wedi mynd ag anifeiliaid eu tad i bori wrth ymyl Sichem. 13 A dyma Israel
yn dweud wrth Joseff, "Mae dy frodyr wedi mynd â'r praidd i bori i Sichem. Dw i eisiau i ti
fynd yno i'w gweld nhw." "Iawn, dw i'n barod," meddai Joseff. 14 "Dos i weld sut maen nhw,
a sut mae'r praidd," meddai ei dad wrtho. "Wedyn tyrd yn ôl i ddweud wrtho i." Felly dyma
Joseff yn mynd o ddyffryn Hebron i Sichem.
Pan gyrhaeddodd Sichem 15 dyma ryw ddyn yn dod ar ei draws yn crwydro o gwmpas.
Gofynnodd y dyn iddo, "Am beth ti'n chwilio?" 16 "Dw i'n edrych am fy mrodyr," meddai Joseff.
"Alli di ddweud wrtho i ble maen nhw wedi mynd â'r praidd i bori?" 17 A dyma'r dyn yn ateb,
"Maen nhw wedi gadael yr ardal yma. Clywais nhw'n dweud eu bod yn mynd i Dothan." Felly
dyma Joseff yn mynd ar eu holau, ac yn dod o hyd iddyn nhw yn Dothan.
18 Roedden nhw wedi'i weld yn dod o bell, a chyn iddo gyrraedd dyma nhw'n cynllwynio
i'w ladd. 19 "Edrychwch, mae'r breuddwydiwr mawr yn dod!" medden nhw. 20 "Gadewch i ni ei
ladd. Gallwn ei daflu i bydew, a dweud fod anifail gwyllt wedi'i ladd. Cawn weld beth ddaw
o'i freuddwydion wedyn!" 21 Dyma Reuben yn digwydd clywed beth ddwedon nhw, a llwyddodd
i achub bywyd Joseff. "Na, gadewch i ni beidio â'i ladd," 22 meddai wrthyn nhw. "Peidiwch

tywallt gwaed. Taflwch e i mewn i'r pydew yma yn yr anialwch, ond peidiwch gwneud niwed
iddo." (Bwriad Reuben oedd achub Joseff, a mynd ag e yn ôl at ei dad.)
23Felly pan ddaeth Joseff at ei frodyr, dyma nhw'n tynnu ei gôt oddi arno (y gôt sbesial
roedd e'n ei gwisgo). 24Wedyn dyma nhw'n ei daflu i mewn i'r pydew. (Roedd y pydew yn
wag – doedd dim dŵr ynddo.)
25Pan oedden nhw'n eistedd i lawr i fwyta, dyma nhw'n gweld carafán o Ismaeliaid yn
teithio o gyfeiriad Gilead. Roedd ganddyn nhw gamelod yn cario gwm pêr, balm, a myrr i lawr
i'r Aifft. 26A dyma Jwda'n dweud wrth ei frodyr, "Dŷn ni'n ennill dim drwy ladd ein brawd
a cheisio cuddio'r ffaith. 27Dewch, gadewch i ni ei werthu e i'r Ismaeliaid acw. Ddylen ni ddim
gwneud niwed iddo. Wedi'r cwbl, mae yn frawd i ni." A dyma'r brodyr yn cytuno. 28Felly pan
ddaeth y masnachwyr o Midian heibio, dyma nhw'n tynnu Joseff allan o'r pydew a'i werthu
i'r Ismaeliaid am 20 darn o arian. A dyma'r Ismaeliaid yn mynd â Joseff gyda nhw i'r Aifft.
29Yn nes ymlaen dyma Reuben yn dod yn ôl at y pydew. Pan welodd fod Joseff ddim yno,
dyma fe'n rhwygo'i ddillad. 30Aeth at ei frodyr, a dweud, "Mae'r bachgen wedi mynd! Sut
alla i fynd adre nawr?"
31Yna dyma nhw'n cymryd côt Joseff, lladd gafr ac yna trochi'r gôt yng ngwaed yr anifail.
32Wedyn dyma nhw'n mynd â'r gôt sbesial at eu tad, a dweud, "Daethon ni o hyd i hon. Pwy
sydd biau hi? Ai côt dy fab di ydy hi neu ddim?" 33Dyma Jacob yn nabod y gôt. "Ie, côt fy mab
i ydy hi! Mae'n rhaid bod anifail gwyllt wedi ymosod arno a'i rwygo'n ddarnau!" 34A dyma
fe'n rhwygo'i ddillad a gwisgo sachliain. A buodd yn galaru am ei fab am amser hir. 35Roedd
ei feibion a'i ferched i gyd yn ceisio ei gysuro, ond roedd yn gwrthod codi ei galon. "Dw i'n
mynd i fynd i'r bedd yn dal i alaru am fy mab," meddai. Ac roedd yn beichio crio.
36Yn y cyfamser, roedd y Midianiaid wedi gwerthu Joseff yn yr Aifft. Cafodd ei werthu
i Potiffar, un o swyddogion y Pharo, a chapten ei warchodlu.

Jwda a Tamar

38 Tua'r adeg honno, dyma Jwda yn gadael ei frodyr ac yn ymuno â dyn o Adwlam o'r
enw Chira. 2Yno dyma fe'n cyfarfod ac yn priodi merch i ddyn o Canaan o'r enw
Shwa. Cysgodd gyda hi, 3a dyma hi'n beichiogi ac yn cael mab. Galwodd Jwda'r plentyn yn
Er. 4Wedyn dyma hi'n beichiogi eto ac yn cael mab arall, a'i alw yn Onan. 5A chafodd fab
arall eto a'i alw yn Shela. Roedd Jwda yn Chesib[a] pan gafodd hi'r plentyn hwnnw.
6Dyma Jwda yn cael gwraig i Er, ei fab hynaf. Tamar oedd ei henw hi. 7Ond roedd Er yn
ddrwg, a dyma'r Arglwydd yn gadael iddo farw. 8Felly dwedodd Jwda wrth Onan, brawd Er,
"Dy le di ydy cymryd gwraig dy frawd Er, a magu teulu iddo." 9Ond roedd Onan yn gwybod
na fyddai'r plant yn cael eu cyfri yn blant iddo fe. Felly bob tro roedd e'n cael rhyw gyda
Tamar, roedd yn gwneud yn siŵr fod ei had ddim yn mynd iddi, rhag ofn iddi feichiogi. Doedd
arno ddim eisiau rhoi plentyn i'w frawd. 10Roedd beth wnaeth e'n ddrwg iawn yng ngolwg
yr Arglwydd, felly dyma Duw yn gadael iddo fe farw hefyd.
11Yna dyma Jwda yn dweud wrth Tamar, ei ferch-yng-nghyfraith, "Dos adre at dy dad, ac
aros yn weddw nes bydd Shela, fy mab arall, wedi tyfu." (Ond ofni i Shela farw hefyd, fel ei
frodyr, oedd Jwda.) Felly aeth Tamar adre i fyw at ei thad.
12Beth amser wedyn dyma wraig Jwda (sef merch Shwa) yn marw. Pan oedd y cyfnod
i alaru drosodd, dyma Jwda a'i ffrind Chira o Adwlam yn mynd i Timna i gneifio'i ddefaid.
13A dwedodd rhywun wrth Tamar fod ei thad-yng-nghyfraith wedi mynd yno. 14Roedd Tamar yn
gwybod fod Shela wedi tyfu, ac eto doedd hi ddim wedi cael ei rhoi yn wraig iddo. Felly dyma
Tamar yn newid o'r dillad oedd yn dangos ei bod hi'n weddw, gwisgo i fyny, a rhoi fêl dros ei
hwyneb. Yna aeth i eistedd ar ochr y ffordd y tu allan i bentref Enaim, sydd ar y ffordd i Timna.
15Pan welodd Jwda hi, roedd yn meddwl mai putain oedd hi, gan ei bod wedi cuddio'i hwyneb.
16Aeth draw ati ar ochr y ffordd, a dweud, "Tyrd, dw i eisiau cysgu hefo ti." (Doedd e ddim

a 38:5 *Chesib* Yr un lle ag Achsib yn Josua 15:44 a Micha 1:15, tua 3 milltir o Adwlam.

yn gwybod mai ei ferch-yng-nghyfraith oedd hi.) A dyma hithau yn ateb, "Faint wnei di dalu
i mi am gael rhyw gyda mi?" 17 "Wna i anfon myn gafr i ti o'r praidd," meddai Jwda. A dyma
hi'n ateb, "Dim ond os ca i rywbeth i'w gadw'n ernes nes i ti anfon yr afr i mi." 18 "Beth wyt
ti eisiau?" meddai. "Y sêl yna sydd ar y cordyn am dy wddf, a dy ffon di." Felly dyma fe'n eu
rhoi nhw iddi. Cafodd ryw gyda hi, a dyma hi'n beichiogi. 19 Aeth Tamar i ffwrdd ar unwaith,
tynnu'r fêl, a gwisgo'i dillad gweddw eto.
20 Dyma Jwda'n anfon ei ffrind o Adwlam gyda'r myn gafr iddi, ac i gael y pethau roddodd
e iddi yn ôl. Ond roedd y ffrind yn methu dod o hyd iddi. 21 Dyma fe'n holi dynion yr ardal
amdani. "Ble mae'r butain oedd ar ochr y ffordd yn Enaim?" "Does dim putain yma," medden
nhw. 22 Felly aeth yn ôl at Jwda a dweud wrtho, "Dw i wedi methu dod o hyd iddi. Mae dynion
yr ardal yn dweud fod dim putain yno." 23 "Caiff hi gadw'r pethau rois i iddi," meddai Jwda.
"Anfonais i'r myn gafr iddi, ond roeddet ti'n methu dod o hyd iddi. Fyddwn ni'n ddim byd
ond testun sbort os awn ni yn ôl yno eto."
24 Tua tri mis yn ddiweddarach, dwedodd rhywun wrth Jwda, "Mae Tamar, dy ferch-yng-
nghyfraith, wedi bod yn cysgu o gwmpas. Mae hi'n disgwyl babi." "Dewch â hi allan yma,
a'i llosgi hi!" meddai Jwda. 25 Ond wrth iddyn nhw ddod â hi allan, dyma hi'n anfon neges
at ei thad-yng-nghyfraith, "Y dyn sydd biau'r pethau yma sydd wedi fy ngwneud i'n feichiog.
Edrych pwy sydd biau nhw – y sêl yma sydd ar gordyn, a'r ffon." 26 Dyma Jwda'n gweld mai
fe oedd piau nhw. "Hi sy'n iawn a fi sydd ar fai," meddai. "Wnes i ddim ei rhoi hi'n wraig i'm
mab Shela." Wnaeth Jwda ddim cysgu gyda hi ar ôl hynny.
27 Pan ddaeth ei hamser hi, roedd ganddi efeilliaid. 28 Wrth iddi eni'r plant, dyma un plentyn
yn gwthio ei law allan, a dyma'r fydwraig yn rhwymo edau goch am ei arddwrn, a dweud,
"Hwn ddaeth allan gynta." 29 Ond wedyn tynnodd ei law yn ôl, a daeth ei frawd allan o'i flaen.
"Sut wnest ti lwyddo i wthio trwodd?" meddai'r fydwraig. Felly dyma'r plentyn hwnnw yn cael
ei alw yn Perets.[b] 30 Wedyn dyma'i frawd yn cael ei eni, gyda'r edau goch am ei arddwrn.
A dyma fe'n cael ei alw yn Serach.[c]

Joseff a gwraig Potiffar

39 Cafodd Joseff ei gymryd i lawr i'r Aifft gan yr Ismaeliaid. A dyma un o swyddogion
y Pharo, sef Potiffar, capten y gwarchodlu, yn ei brynu e ganddyn nhw.
2 Roedd yr ARGLWYDD yn gofalu am Joseff. Roedd pethau'n mynd yn dda iddo wrth iddo
weithio yn nhŷ ei feistr yn yr Aifft. 3 Sylwodd ei feistr fod yr ARGLWYDD yn gofalu am Joseff a bod
popeth roedd e'n ei wneud yn llwyddo. 4 Felly am fod Joseff yn ei blesio, gwnaeth Potiffar
e'n was personol iddo'i hun. Joseff oedd yn rhedeg popeth oedd yn digwydd yn y tŷ, am fod
Potiffar wedi rhoi'r cwbl oedd ganddo yn ei ofal. 5 Ac o'r diwrnod y cafodd Joseff ei benodi
i'r swydd, roedd yr ARGLWYDD yn bendithio tŷ'r Eifftiwr. Roedd yn gwneud hyn er mwyn Joseff.
Roedd popeth yn mynd yn dda i Potiffar, yn ei dŷ a'i dir. 6 Felly Joseff oedd yn gofalu am
bopeth iddo. Doedd Potiffar yn gorfod poeni am ddim byd ond beth i'w fwyta.
Roedd Joseff yn ddyn ifanc cryf a golygus. 7 Roedd gwraig Potiffar yn ei ffansïo, ac meddai
wrtho, "Tyrd i'r gwely hefo fi." 8 Ond gwrthododd Joseff, a dweud wrthi, "Mae fy meistr yn
trystio fi'n llwyr. Mae e wedi rhoi popeth sydd ganddo yn fy ngofal i. 9 Does neb yn ei dŷ yn
bwysicach na fi. Dydy e'n cadw dim oddi wrtho i ond ti, gan mai ei wraig e wyt ti. Felly sut
allwn i feiddio gwneud y fath beth, a phechu yn erbyn Duw?" 10 Roedd hi'n dal ati i ofyn yr
un peth iddo ddydd ar ôl dydd, ond doedd Joseff ddim yn fodlon cael rhyw na gwneud dim
byd arall gyda hi.
11 Ond un diwrnod, pan aeth e i'r tŷ i wneud ei waith, a neb arall yno, 12 dyma hi'n gafael yn
ei ddillad, a dweud, "Tyrd i'r gwely hefo fi!" Ond dyma Joseff yn gadael ei gôt allanol yn ei llaw,
ac yn rhedeg allan. 13 Pan welodd hi ei fod wedi gadael ei gôt 14 dyma hi'n galw ar weision y tŷ
a dweud, "Edrychwch, mae fy ngŵr wedi dod â'r Hebrëwr aton ni i'n cam-drin ni. Ceisiodd fy

b 38:29 h.y. *torri trwodd.* c 38:30 h.y. *cochni.*

nhreisio i, ond dyma fi'n sgrechian. 15Pan glywodd fi'n gweiddi a sgrechian gadawodd ei gôt
wrth fy ymyl a dianc." 16Cadwodd y dilledyn wrth ei hymyl nes i Potiffar ddod adre. 17Wedyn
dwedodd yr un stori wrtho fe. "Daeth yr Hebrëwr yna ddoist ti ag e yma i mewn ata i a cheisio fy
ngham-drin i, 18ond pan ddechreuais i sgrechian, dyma fe'n gadael ei gôt wrth fy ymyl a dianc."
19Pan glywodd y meistr ei wraig yn dweud sut roedd Joseff wedi'i thrin hi, roedd e'n gynddeiriog.
20Taflodd Joseff i'r carchar lle roedd carcharorion y brenin yn cael eu cadw, a dyna lle'r arhosodd.
21Ond roedd yr ARGLWYDD yn gofalu am Joseff yno hefyd, ac yn garedig iawn ato. Gwnaeth
i warden y carchar ei hoffi. 22Gwnaeth y warden Joseff yn gyfrifol am y carcharorion eraill.
Joseff oedd yn gyfrifol am beth bynnag oedd yn digwydd yno. 23Doedd y warden yn gorfod
poeni am ddim byd oedd dan ofal Joseff, am fod yr ARGLWYDD gydag e. Beth bynnag roedd
Joseff yn ei wneud, roedd yr ARGLWYDD yn ei lwyddo.

Breuddwydion y ddau garcharor

40 Beth amser wedyn, dyma brif-fwtler[ch] a phen-pobydd y palas brenhinol yn pechu yn
erbyn eu meistr, brenin yr Aifft. 2Roedd y Pharo yn wyllt gynddeiriog gyda'i ddau
swyddog, 3a thaflodd nhw i'r carchar ble roedd Joseff, sef carchar capten y gwarchodlu.
4Rhoddodd y capten y gwaith o edrych ar eu holau i Joseff. Roedd yn gweini arnyn nhw,
a buon nhw yn y carchar am amser hir.
5Un noson, dyma'r ddau ohonyn nhw yn cael breuddwyd – prif-fwtler a phen-pobydd
brenin yr Aifft, oedd yn y carchar. Cafodd y ddau freuddwyd, ac roedd ystyr arbennig i'r ddwy
freuddwyd. 6Pan ddaeth Joseff i mewn atyn nhw y bore wedyn, sylwodd fod y ddau yn poeni
am rywbeth. 7Felly gofynnodd iddyn nhw, "Pam dych chi'n edrych mor ddigalon?" 8A dyma
nhw'n dweud wrtho, "Mae'r ddau ohonon ni wedi cael breuddwydion neithiwr ond does
neb yn gallu esbonio'r ystyr i ni." Atebodd Joseff, "Dim ond Duw sy'n medru esbonio'r ystyr.
Dwedwch wrtho i beth oedd y breuddwydion."
9Felly dyma'r prif-fwtler yn dweud wrth Joseff am ei freuddwyd. "Yn fy mreuddwyd i roeddwn
i'n gweld gwinwydden. 10Roedd tair cangen ar y winwydden. Dechreuodd flaguro a blodeuo, ac
wedyn roedd sypiau o rawnwin yn aeddfedu arni. 11Roedd cwpan y Pharo yn fy llaw. A dyma fi'n
cymryd y grawnwin a gwasgu eu sudd i mewn i gwpan y Pharo, a'i roi iddo i'w yfed." 12Dwedodd
Joseff wrtho, "Dyma'r ystyr. Mae'r tair cangen yn cynrychioli tri diwrnod. 13O fewn tri diwrnod bydd
y Pharo yn rhoi dy swydd yn ôl i ti. Byddi di'n rhoi ei gwpan i'r Pharo eto, fel roeddet ti'n arfer
gwneud pan oeddet ti'n brif-fwtler. 14Ond cofia amdana i pan fydd pethau'n mynd yn dda arnat
ti. Gwna ffafr â mi, a sonia wrth y Pharo amdana i, i minnau gael dod allan o'r carchar yma. 15Ces
i fy nghipio o wlad yr Hebreaid, a dw i wedi gwneud dim byd i haeddu cael fy rhoi yn y twll yma."
16Pan welodd y pen-pobydd fod yr esboniad yn dda, dyma fe'n dweud wrth Joseff, "Ces
i freuddwyd hefyd. Rôn i'n cario tair basged o fara gwyn ar fy mhen. 17Yn y fasged uchaf roedd
pob math o fara a chacennau wedi'u pobi i'r Pharo ond roedd yr adar yn eu bwyta nhw o'r
fasged oedd ar fy mhen i." 18A dyma Joseff yn dweud, "Dyma ydy'r ystyr. Mae'r tair basged
yn cynrychioli tri diwrnod. 19Mewn tri diwrnod bydd y Pharo yn torri dy ben di i ffwrdd, ac yn
rhoi dy gorff ar bolyn, a bydd yr adar yn bwyta dy gnawd di."
20Ddeuddydd wedyn roedd pen-blwydd y Pharo, a dyma fe'n trefnu gwledd fawr i'w
swyddogion i gyd. Daeth â'r prif-fwtler a'r pen-pobydd allan o'r carchar. 21Rhoddodd ei swydd yn ôl
i'r prif-fwtler, a dechreuodd weini ar y Pharo eto. 22Wedyn gorchmynnodd grogi corff y pen-pobydd
ar bolyn, yn union fel roedd Joseff wedi dweud. 23Ond anghofiodd y prif-fwtler yn llwyr am Joseff.

Breuddwydion y Pharo

41 Aeth dwy flynedd gyfan heibio. A dyma'r Pharo yn cael breuddwyd. Roedd yn sefyll
wrth afon Nîl, 2a dyma saith o wartheg oedd yn edrych yn dda ac wedi'u pesgi yn

ch 40:1 *prif-fwtler* Roedd yn swydd gyfrifol iawn. Fe oedd yn gweini ar y brenin ac yn gwneud yn siŵr nad oedd gwenwyn yn ei win.

dod allan o'r afon a dechrau pori ar y lan. [3]Ac wedyn dyma saith o wartheg eraill yn dod
allan o'r afon ar eu holau. Roedd golwg denau, wael ar y rhain. Dyma nhw'n sefyll gyda'r
gwartheg eraill ar lan afon Nîl. [4]A dyma'r gwartheg tenau, gwael yn bwyta'r gwartheg
oedd yn edrych yn dda. Ac wedyn dyma'r Pharo'n deffro. [5]Pan aeth yn ôl i gysgu cafodd
freuddwyd arall. Gwelodd saith tywysen o rawn, oedd yn edrych yn llawn ac yn iach, yn tyfu
ar un gwelltyn. [6]A dyma saith tywysen arall yn tyfu ar eu holau, rhai gwael wedi'u crino gan
wynt y dwyrain. [7]A dyma'r tywysennau gwael yn llyncu'r tywysennau iach. Deffrodd y Pharo
a sylweddoli mai breuddwyd arall oedd hi.

[8]Y bore wedyn roedd yn teimlo'n anesmwyth, felly galwodd ar swynwyr doeth yr Aifft
i ddod i'w weld. Dwedodd wrthyn nhw am ei freuddwyd ond doedd neb yn gallu esbonio
ystyr y freuddwyd iddo.

[9]Yna dyma'r prif-fwtler yn mynd i siarad â'r Pharo. "Dw i newydd gofio rhywbeth heddiw.
Dw i wedi bod ar fai," meddai. [10]"Roedd y Pharo wedi gwylltio gyda'i weision, ac wedi fy anfon
i a'r pen-pobydd i garchar capten y gwarchodlu. [11]Cafodd y ddau ohonon ni freuddwyd ar yr
un noson, ac roedd ystyr arbennig i'r ddwy freuddwyd. [12]Roedd Hebrëwr ifanc yn y carchar,
gwas capten y gwarchodlu. Pan ddwedon ni wrtho am ein breuddwydion, dyma fe'n esbonio
ystyr y ddwy freuddwyd. [13]A digwyddodd popeth yn union fel roedd wedi dweud. Ces i fy
swydd yn ôl ond cafodd corff y pobydd ei grogi ar bolyn."

[14]Felly dyma'r Pharo yn anfon am Joseff. A dyma nhw'n dod ag e allan ar frys o'i gell
dan ddaear. Ar ôl iddo siafio a gwisgo dillad glân, dyma fe'n cael ei ddwyn o flaen y Pharo.
[15]A dyma'r Pharo yn dweud wrtho, "Dw i wedi cael breuddwyd a does neb yn gallu dweud
wrtho i beth ydy ei hystyr hi. Dw i'n deall dy fod ti'n gallu dehongli breuddwydion." [16]Atebodd
Joseff, "Dim fi. Duw ydy'r unig un all wneud i'r Pharo deimlo'n well." [17]Felly dyma'r Pharo'n
dweud wrth Joseff, "Yn y freuddwyd roeddwn i'n sefyll ar lan afon Nîl. [18]Dyma saith o wartheg
oedd yn edrych yn dda ac wedi'u pesgi yn dod allan o'r afon a dechrau pori ar y lan. [19]Ac
wedyn dyma saith o wartheg eraill yn dod allan o'r afon ar eu holau. Roedd golwg denau,
wael ar y rhain. Doeddwn i erioed wedi gweld rhai oedd yn edrych mor wael yng ngwlad yr
Aifft i gyd. [20]A dyma'r gwartheg tenau, gwael yn bwyta'r saith buwch oedd yn edrych yn
dda. [21]Ond fyddai neb yn gwybod eu bod nhw wedi gwneud hynny, achos roedden nhw'n
dal i edrych mor wael ag erioed. Ac wedyn dyma fi'n deffro.

[22]"Es i yn ôl i gysgu,[d] a chefais freuddwyd arall. Gwelais saith tywysen o rawn oedd yn
edrych yn llawn ac yn iach, yn tyfu ar un gwelltyn. [23]Wedyn dyma saith tywysen arall yn
tyfu ar eu holau, rhai gwael, wedi gwywo ac wedi'u crino gan wynt y dwyrain. [24]A dyma'r
tywysennau gwael yn llyncu'r saith tywysen iach. Ond pan ddwedais hyn wrth y swynwyr,
doedd neb ohonyn nhw'n gallu dweud yr ystyr wrtho i."

[25]Yna dyma Joseff yn dweud wrth y Pharo, "Yr un ystyr sydd i'r ddwy freuddwyd. Mae Duw
wedi dangos i'r Pharo beth mae ar fin ei wneud. [26]Saith mlynedd ydy'r saith o wartheg sy'n
edrych yn dda, a saith mlynedd ydy'r saith dywysen iach. Un ystyr sydd i'r ddwy freuddwyd.
[27]Saith mlynedd ydy'r saith o wartheg tenau, gwael, a saith mlynedd ydy'r saith dywysen
wag wedi'u crino gan wynt y dwyrain. Maen nhw'n cynrychioli saith mlynedd o newyn. [28]Fel
dw i newydd ddweud: mae Duw wedi dangos i'r Pharo beth mae ar fin ei wneud. [29]Mae saith
mlynedd yn dod pan fydd digonedd o fwyd yng ngwlad yr Aifft. [30]Ond bydd saith mlynedd
o newyn yn dilyn, a fydd dim arwydd yn y wlad fod cyfnod o ddigonedd wedi bod. Bydd
y newyn yn difetha'r wlad. [31]Fydd dim sôn am y blynyddoedd llewyrchus am fod y newyn
mor ddifrifol. [32]Cafodd y Pharo y freuddwyd ddwywaith am fod Duw am ddangos fod y peth
yn siŵr o ddigwydd. Mae Duw yn mynd i wneud iddo ddigwydd ar unwaith. [33]Felly dylai'r
Pharo ddewis dyn galluog a doeth i reoli gwlad yr Aifft. [34]Dylai benodi swyddogion ar hyd
a lled y wlad, i gasglu un rhan o bump o gynnyrch y tir yn ystod y saith mlynedd o ddigonedd.
[35]Dylen nhw gasglu'r cnydau yma o'r blynyddoedd da. A dylai'r Pharo roi awdurdod iddyn nhw
storio'r grawn fel bod bwyd i'w gael yn y dinasoedd. A bydd rhaid cael milwyr i'w warchod.

---

d 41:22 Felly Groeg, Syrieg, Fwlgat (Lladin). Hebraeg heb y cymal *Es i yn ôl i gysgu.*

36Dylai'r bwyd yma fod wrth gefn ar gyfer y saith mlynedd o newyn sy'n mynd i daro gwlad
yr Aifft. Wedyn fydd y newyn ddim yn rhoi diwedd llwyr ar y wlad."
37Roedd y cyngor roddodd Joseff yn gwneud sens i'r Pharo a'i swyddogion. 38A dwedodd
y Pharo wrth ei swyddogion, "Ydyn ni'n mynd i ddod o hyd i unrhyw un tebyg i'r dyn yma?
Mae Ysbryd Duw ynddo." 39Felly dyma'r Pharo yn dweud wrth Joseff, "Gan fod Duw wedi
dangos hyn i gyd i ti, mae'n amlwg fod yna neb sy'n fwy galluog a doeth na ti. 40Dw i'n
rhoi'r gwaith o reoli'r cwbl i ti. Bydd rhaid i'm pobl i gyd wneud fel rwyt ti'n dweud. Dim ond
y ffaith mai fi ydy'r brenin fydd yn fy ngwneud i'n bwysicach na ti." 41Yna dyma'r Pharo'n
dweud wrth Joseff, "Dw i'n dy osod di yn bennaeth ar wlad yr Aifft i gyd." 42Tynnodd ei
sêl-fodrwy oddi ar ei fys a'i rhoi hi ar fys Joseff. Wedyn dyma fe'n arwisgo Joseff â gŵn o liain
main drud a rhoi cadwyn aur am ei wddf. 43Gwnaeth iddo deithio yn ei ail gerbyd, gyda rhai
yn gweiddi o'i flaen, "I lawr ar eich gliniau!"[dd]

Felly dyma'r Pharo yn ei wneud yn bennaeth ar wlad yr Aifft i gyd. 44Dwedodd y Pharo
wrth Joseff, "Fi ydy'r Pharo. Ond fydd neb yng ngwlad yr Aifft yn cael symud bys bach heb
dy ganiatâd di." 45Rhoddodd y Pharo yr enw Saffnat-paneach[e] i Joseff, a rhoi Asnath,[f] merch
Potiffera, offeiriad Heliopolis[ff] yn wraig iddo. A dyma Joseff yn mynd allan i reoli gwlad yr Aifft.
46Tri deg oed oedd Joseff pan ddechreuodd weithio i'r Pharo, brenin yr Aifft. Aeth allan
oddi wrth y Pharo, a theithio drwy wlad yr Aifft i gyd. 47Yn ystod y saith mlynedd o ddigonedd,
cafwyd cnydau gwych yn y wlad. 48Casglodd Joseff y grawn oedd dros ben yn yr Aifft yn ystod
y blynyddoedd hynny, a'i storio yn y trefi. Ym mhob tref roedd yn storio cynnyrch yr ardal
o'i chwmpas. 49Llwyddodd i storio swm aruthrol fawr o ŷd; roedd fel y tywod ar lan y môr.
Roedd rhaid stopio ei bwyso i gyd am fod gormod ohono.
50Cyn i'r newyn ddechrau cafodd Joseff ac Asnath, merch Potiffera, ddau fab. 51Galwodd
Joseff ei blentyn cyntaf yn Manasse[g] – "Mae Duw wedi gwneud i mi anghofio fy holl
drafferthion, a'm teulu," meddai. 52Galwodd yr ail blentyn yn Effraim[ng] – "Mae Duw wedi fy
ngwneud i'n ffrwythlon yn y wlad lle dw i wedi diodde," meddai.
53Dyma'r saith mlynedd o ddigonedd yng ngwlad yr Aifft yn dod i ben. 54Yna dechreuodd
saith mlynedd o newyn, yn union fel roedd Joseff wedi dweud. Roedd newyn yn y gwledydd
o gwmpas i gyd ond roedd bwyd i'w gael yn yr Aifft. 55Pan oedd y newyn wedi dod a tharo'r
Aifft, dyma'r bobl yn galw ar y Pharo am fwyd. A dyma'r Pharo yn dweud, "Ewch i weld
Joseff, a gwnewch beth bynnag mae e'n ddweud." 56Roedd y newyn wedi lledu drwy'r tir, ac
agorodd Joseff y stordai[h] a dechrau gwerthu ŷd i bobl yr Aifft, am fod y newyn mor drwm
yno. 57Roedd pobl o bob gwlad yn dod i'r Aifft at Joseff i brynu ŷd am fod y newyn yn drwm
drwy'r byd i gyd.

Brodyr Joseff yn mynd i'r Aifft

42 Clywodd Jacob fod ŷd ar werth yn yr Aifft. "Pam dych chi'n sefyllian yma yn gwneud
dim byd?" meddai wrth ei feibion. 2"Dw i wedi clywed fod ŷd yn yr Aifft. Ewch i lawr
yno i brynu peth i ni er mwyn i ni gael byw yn lle marw." 3Felly dyma ddeg o frodyr Joseff
yn mynd i lawr i'r Aifft i brynu ŷd. 4Ond wnaeth Jacob ddim anfon Benjamin, brawd Joseff,
gyda'r brodyr eraill. Roedd arno ofn i rywbeth ddigwydd iddo.
5Aeth meibion Israel i lawr i'r Aifft i brynu ŷd gyda phawb arall. Roedd y newyn wedi taro
gwlad Canaan yn drwm. 6Joseff oedd yn rheoli gwlad yr Aifft, a fe oedd yn gwerthu'r ŷd
i bobl. A daeth brodyr Joseff yno ac ymgrymu o'i flaen. 7Dyma Joseff yn eu nabod nhw pan
welodd nhw. Ond roedd yn ymddwyn fel dyn dieithr o'u blaenau nhw a dechreuodd siarad
yn gas gyda nhw. "O ble dych chi'n dod?" meddai. A dyma nhw'n ateb, "O wlad Canaan.
Dŷn ni wedi dod yma i brynu bwyd." 8Er bod Joseff wedi'u nabod nhw, doedden nhw ddim
wedi'i nabod e. 9A dyma Joseff yn cofio'r breuddwydion roedd wedi'u cael amdanyn nhw.

---

dd 41:43 cf. Fersiynau. Hebraeg yn ansicr. e 41:45 ystyr yn ansicr. f 41:45 h.y. *Yr un sy'n perthyn i'r dduwies Neith.* ff 41:45 Hebraeg, *On.* g 41:51 h.y. *gwneud i mi anghofio.* ng 41:52 h.y. *bod yn ffrwythlon.* h 41:56 Felly Fersiynau. Hebraeg heb *stordai.*

Ac meddai wrthyn nhw, "Ysbiwyr ydych chi! Dych chi wedi dod i weld lle fyddai'n hawdd i chi
ymosod ar y wlad." 10"Na, syr," medden nhw. "Mae dy weision wedi dod yma i brynu bwyd.
11Dŷn ni i gyd yn feibion i'r un dyn, ac yn ddynion gonest. Dŷn ni erioed wedi bod yn ysbiwyr."
12"Na," meddai Joseff. "Dych chi wedi dod i weld lle fyddai'n hawdd i chi ymosod ar y wlad!"
13A dyma nhw'n ei ateb, "Mae dy weision yn ddeuddeg brawd. Dŷn ni i gyd yn feibion i'r un
dyn sy'n byw yng ngwlad Canaan. Mae'r ifancaf adre gyda'n tad, ac mae un wedi marw."
14"Na," meddai Joseff eto. "Ysbiwyr ydych chi, yn union fel dw i wedi dweud. 15Ond dw i'n
mynd i'ch profi chi. Mor sicr â bod y Pharo'n fyw, gewch chi ddim gadael nes bydd eich brawd
bach wedi dod yma! 16Caiff un ohonoch chi fynd i nôl eich brawd tra mae'r lleill yn aros yn
y carchar. Cewch gyfle i brofi eich bod yn dweud y gwir. Os nad ydych chi'n dweud y gwir,
mae'n amlwg mai ysbiwyr ydych chi." 17A dyma fe'n eu cadw nhw yn y ddalfa am dri diwrnod.
18Ar y trydydd diwrnod dyma Joseff yn dweud wrthyn nhw, "Gwnewch beth dw i'n ei ofyn
a chewch fyw. Dw i'n ddyn sy'n addoli Duw. 19Os ydych chi wir yn ddynion gonest, bydd rhaid
i un ohonoch chi aros yma yn y carchar, a chaiff y gweddill fynd ag ŷd yn ôl i'ch teuluoedd.
20Ond rhaid i chi ddod â'ch brawd ifancaf yma ata i. Wedyn bydda i'n gwybod eich bod chi'n
dweud y gwir, a fydd dim rhaid i chi farw."

Dyma nhw'n cytuno i hynny. 21Ond medden nhw wrth ei gilydd, "Dŷn ni'n talu'r pris am
beth wnaethon ni i'n brawd. Roedden ni'n gweld yn iawn gymaint roedd e wedi dychryn, pan
oedd yn pledio am drugaredd. Ond wnaethon ni ddim gwrando. Dyna pam mae hyn i gyd
wedi digwydd i ni." 22"Ddwedais i wrthoch chi am beidio gwneud niwed i'r bachgen, ond
wnaethoch chi ddim gwrando," meddai Reuben. "A nawr mae'n rhaid i ni dalu am dywallt
ei waed!" 23(Doedden nhw ddim yn sylweddoli fod Joseff yn deall popeth roedden nhw'n
ei ddweud. Roedd wedi bod yn siarad â nhw drwy gyfieithydd.) 24Dyma Joseff yn eu gadael
nhw ac yn torri i lawr i grio. Pan ddaeth yn ôl i siarad â nhw eto, dyma fe'n dewis Simeon i'w
gadw yn y ddalfa, a gorchymyn ei rwymo yn y fan a'r lle.

Brodyr Joseff yn mynd yn ôl i wlad Canaan

25Wedyn dyma Joseff yn gorchymyn llenwi eu sachau ag ŷd, rhoi arian pob un ohonyn nhw
yn ôl yn ei sach, a rhoi bwyd iddyn nhw ar gyfer y daith. A dyna wnaed. 26Dyma'r brodyr yn
llwytho eu hasynnod a mynd.

27Pan wnaethon nhw stopio i aros dros nos, agorodd un ohonyn nhw ei sach i fwydo'i asyn.
A dyna lle roedd ei arian yng ngheg y sach. 28Aeth i ddweud wrth ei frodyr, "Mae fy arian
wedi cael ei roi yn ôl. Mae e yma yn fy sach!" Roedden nhw wedi dychryn go iawn. "Be mae
Duw wedi'i wneud?" medden nhw.

29Pan gyrhaeddon nhw adre i wlad Canaan at eu tad Jacob, dyma nhw'n dweud wrtho am
bopeth oedd wedi digwydd. 30"Roedd llywodraethwr y wlad yn gas gyda ni ac yn ein cyhuddo
ni o fod yn ysbiwyr. 31Dwedon ni wrtho 'Dŷn ni'n ddynion gonest, dim ysbiwyr. 32Teulu
o ddeuddeg brawd, meibion i'r un tad. Mae un brawd wedi marw, ac mae'r ifancaf adre gyda'n
tad yng ngwlad Canaan.' 33A dyma'r dyn oedd yn rheoli'r wlad yn dweud fel hyn, 'Dyma sut
fydda i'n gwybod os ydych chi'n ddynion gonest. Rhaid i un ohonoch chi aros yma gyda mi.
Caiff y gweddill ohonoch chi fynd. Ewch ag ŷd i fwydo'ch teuluoedd. 34Wedyn dewch â'ch
brawd bach yn ôl yma ata i. Bydda i'n gwybod wedyn eich bod chi'n ddynion gonest, ac nid
ysbiwyr. Wedyn gwna i ryddhau'r brawd arall, a byddwch yn rhydd i brynu a gwerthu yma.' "
35Wedyn aethon nhw ati i wagio eu sachau. A dyna lle roedd cod arian pob un yn ei sach.
Pan welon nhw a'u tad y codau arian roedden nhw wedi dychryn am eu bywydau. 36"Dych
chi'n fy ngwneud i'n ddi-blant fel hyn," meddai Jacob. "Mae Joseff wedi mynd. Mae Simeon
wedi mynd. A nawr dych chi am gymryd Benjamin oddi arna i! Mae popeth yn fy erbyn i."
37Yna dyma Reuben yn dweud wrth ei dad, "Gad i mi fod yn gyfrifol amdano. Dof i ag e'n ôl.
Os gwna i ddim dod ag e'n ôl atat ti, cei ladd fy nau fab i." 38Ond meddai Jacob, "Na, dydy fy
mab i ddim yn mynd gyda chi. Mae ei frawd wedi marw, a dim ond fe sydd ar ôl. Dw i'n hen
ddyn. Petai rhywbeth yn digwydd iddo ar y daith, byddai'r golled yn ddigon i'm gyrru i'r bedd."

Mynd i'r Aifft am yr ail waith

43 Roedd y newyn yn mynd yn waeth yn y wlad. 2Pan oedd yr ŷd ddaethon nhw ag
e o'r Aifft wedi gorffen, dyma Jacob yn dweud wrth ei feibion, "Ewch yn ôl i brynu
ychydig mwy o fwyd." 3Ond dyma Jwda'n dweud wrtho, "Roedd y dyn wedi'n rhybuddio
ni, 'Gewch chi ddim dod i'm gweld i oni bai fod eich brawd gyda chi.' 4Os gwnei di anfon
Benjamin gyda ni, awn ni i lawr i brynu bwyd i ti. 5Ond os wyt ti ddim yn fodlon iddo ddod,
wnawn ni ddim mynd chwaith. Dwedodd y dyn, 'Gewch chi ddim dod i'm gweld i oni bai
fod eich brawd gyda chi.' " 6"Pam wnaethoch chi beth mor wirion â dweud wrth y dyn fod
gynnoch chi frawd arall?" meddai Israel. 7"Roedd y dyn yn ein holi ni'n fanwl amdanon ni'n
hunain a'n teuluoedd," medden nhw. "Roedd yn gofyn, 'Ydy'ch tad chi'n dal yn fyw? Oes
gynnoch chi frawd arall?' Wnaethon ni ddim byd ond ateb ei gwestiynau. Sut oedden ni i fod
i wybod y byddai'n dweud, 'Dewch â'ch brawd i lawr yma'?"
8Yna dyma Jwda yn dweud wrth ei dad, Israel, "Anfon y bachgen gyda fi. Gallwn ni baratoi
i fynd yn syth, er mwyn i ni i gyd gael byw a dim marw – ti a ninnau a'n plant. 9Dw i'n addo
ar fy llw, bydda i'n edrych ar ei ôl e. Cei di fy nal i'n gyfrifol amdano. Os na ddof i ag e'n ôl
a'i osod yma o dy flaen di, bydda i'n euog yn dy olwg di am byth. 10Petaen ni heb lusgo'n
traed bydden ni wedi bod yno ac yn ôl ddwywaith!"
11Felly dyma Israel, eu tad, yn dweud wrthyn nhw, "O'r gorau, ond gwnewch hyn: Ewch
â pheth o gynnyrch gorau'r wlad yn eich paciau, yn anrheg i'r dyn – ychydig o falm a mêl,
gwm pêr, myrr, cnau pistasio ac almon. 12Ewch â dwbl yr arian gyda chi. Ewch â'r arian oedd
yng ngheg eich sachau yn ôl. Camgymeriad oedd hynny mae'n siŵr. 13Ac ewch â'ch brawd
gyda chi. Ewch, ar unwaith, i weld y dyn. 14A boed i'r Duw sy'n rheoli popeth[i] wneud iddo
fod yn garedig atoch chi, a gadael i Simeon a Benjamin ddod adre. Os oes rhaid i mi golli
fy mhlant, rhaid i mi dderbyn hynny." 15Felly i ffwrdd â nhw gyda dwbl yr arian, yr anrheg,
a Benjamin. Dyma nhw'n teithio i lawr i'r Aifft a sefyll o flaen Joseff.
16Pan welodd Joseff fod Benjamin gyda nhw, dyma fe'n dweud wrth brif swyddog ei dŷ,
"Dos â'r dynion i mewn i'r tŷ. Lladd anifail i ginio. Byddan nhw'n bwyta gyda mi ganol dydd."
17Felly dyma'r gwas yn gwneud hynny ac yn mynd â nhw i dŷ Joseff.
18Roedden nhw'n dechrau ofni go iawn pan gawson nhw eu cymryd i dŷ Joseff. "Mae wedi
dod â ni yma o achos yr arian oedd wedi'i roi yn ein sachau y tro dwetha," medden nhw.
"Mae'n mynd i'n dal ni, ein gwneud ni'n gaethweision a chymryd yr asynnod." 19Felly dyma
nhw'n mynd at brif swyddog tŷ Joseff oedd wrth y drws, a dweud wrtho, 20"Syr. Daethon
ni i lawr y tro cyntaf i brynu ŷd. 21Ar ein ffordd adre dyma ni'n stopio dros nos ac agor ein
sachau, a dyna lle roedd arian pob un ohonon ni yng ngheg ei sach – roedd yr arian i gyd
yno! Felly dŷn ni wedi dod â'r cwbl yn ôl. 22A dŷn ni wedi dod â mwy o arian gyda ni i brynu
bwyd. Does gynnon ni ddim syniad pwy roddodd yr arian yn ein sachau ni." 23"Mae popeth
yn iawn," meddai'r swyddog. "Peidiwch bod ag ofn. Mae'n rhaid bod eich Duw chi, a Duw
eich tad, wedi rhoi'r arian yn ôl yn eich sachau. Gwnes i dderbyn eich arian chi." A dyma fe'n
dod â Simeon allan atyn nhw.
24Ar ôl i'r swyddog fynd â nhw i dŷ Joseff, rhoddodd ddŵr iddyn nhw i olchi eu traed,
a bwydodd eu hasynnod nhw. 25A dyma nhw'n paratoi'r anrheg ar gyfer pan fyddai Joseff
yn dod ganol dydd. Roedden nhw wedi clywed eu bod nhw'n mynd i fwyta gydag e.
26Pan ddaeth Joseff adre, dyma nhw'n cyflwyno'r anrhegion iddo, ac yn ymgrymu o'i flaen.
27Gofynnodd iddyn nhw sut oedden nhw. "Sut mae'ch tad yn cadw?" meddai. "Roeddech chi'n
dweud ei fod mewn oed. Ydy e'n dal yn fyw?" 28"Mae dy was, ein tad, yn fyw ac yn iach,"
medden nhw. A dyma nhw'n ymgrymu yn isel o'i flaen.
29Yna dyma Joseff yn gweld ei frawd Benjamin, mab ei fam. "Ai hwn ydy'r brawd bach
y sonioch chi amdano?" gofynnodd. Ac meddai wrth Benjamin, "Bendith Duw arnat ti fy
machgen i." 30Ond yna roedd rhaid i Joseff frysio allan o'r ystafell. Roedd ei deimladau at

---

i 43:14 Hebraeg, *El Shadai*.

ei frawd yn cael y gorau arno, ac roedd ar fin torri i lawr i grio. Aeth i ystafell breifat ac wylo
yno. [31] Ar ôl golchi ei wyneb daeth yn ôl allan. Gan reoli ei deimladau, dyma fe'n gorchymyn
dod â'r bwyd o'u blaenau. [32] Roedd lleoedd ar wahân wedi'u gosod iddo fe, i'w frodyr, ac i'r
Eifftiaid oedd yn bwyta gydag e. (Doedd Eifftiaid ddim yn gallu bwyta gyda Hebreaid. Byddai
gwneud hynny yn tabŵ.) [33] Cafodd y brodyr eu gosod i eistedd o'i flaen mewn trefn, o'r hynaf
i'r ifancaf. Ac roedden nhw'n edrych ar ei gilydd wedi'u syfrdanu. [34] Rhoddodd Joseff beth
o'r bwyd oedd wedi'i osod o'i flaen e iddyn nhw. Roedd digon o fwyd i bump o ddynion
wedi'i roi o flaen Benjamin! A buon nhw'n yfed gydag e nes roedden nhw wedi meddwi.

Joseff yn profi ei frodyr

44 Dyma Joseff yn dweud wrth brif swyddog ei dŷ, "Llanw sachau'r dynion â chymaint
o ŷd ag y gallan nhw ei gario. Wedyn rho arian pob un ohonyn nhw yng ngheg
ei sach. [2] Rho fy nghwpan i, sef y gwpan arian, yng ngheg sach yr ifancaf ohonyn nhw,
gyda'i arian am yr ŷd." A dyma'r prif swyddog yn gwneud fel dwedodd Joseff.
[3] Wrth iddi wawrio'r bore wedyn, cychwynnodd y dynion ar eu taith adre gyda'r asynnod.
[4] Doedden nhw ddim wedi mynd yn bell o'r ddinas, pan ddwedodd Joseff wrth ei brif swyddog,
"Dos ar ôl y dynion yna! Pan fyddi di wedi'u dal nhw, gofyn iddyn nhw, 'Pam dych chi wedi
gwneud drwg i mi ar ôl i mi fod mor garedig atoch chi?' Gofyn pam maen nhw wedi dwyn
fy nghwpan arian i.[l] [5] Dwed wrthyn nhw, 'Dyma'r gwpan mae fy meistr yn yfed ohoni ac yn
darogan y dyfodol gyda hi. Dych chi wedi gwneud peth drwg iawn!' "
[6] Pan ddaliodd y swyddog nhw, dyna ddwedodd e wrthyn nhw. [7] A dyma nhw'n ei ateb,
"Syr, sut alli di ddweud y fath beth? Fyddai dy weision byth yn meiddio gwneud peth felly.
[8] Daethon ni â'r arian gawson ni yng ngheg ein sachau yn ôl o wlad Canaan. Felly pam
fydden ni eisiau dwyn arian neu aur o dŷ dy feistr? [9] Os ydy'r gwpan gan unrhyw un ohonon
ni, dylai hwnnw farw, a bydd y gweddill ohonon ni'n gaethweision i'n meistr." [10] "Iawn; chi
sy'n dweud y dylech gael eich cosbi," meddai. "Bydd pwy bynnag mae'r gwpan ganddo yn
dod yn gaethwas i mi. Caiff y gweddill ohonoch chi fynd yn rhydd." [11] Felly dyma nhw i gyd
yn tynnu eu sachau i lawr ar unwaith ac yn eu hagor. [12] Edrychodd y swyddog yn y sachau
i gyd. Dechreuodd gyda sach yr hynaf, a gorffen gyda'r ifancaf. A dyna lle roedd y gwpan,
yn sach Benjamin. [13] Dyma nhw'n rhwygo'u dillad. Yna dyma nhw'n llwytho'r asynnod eto,
a mynd yn ôl i'r ddinas.
[14] Pan gyrhaeddodd Jwda a'i frodyr dŷ Joseff, roedd e'n dal yno. A dyma nhw'n syrthio ar
eu gliniau o'i flaen. [15] Gofynnodd Joseff iddyn nhw, "Pam dych chi wedi gwneud hyn? Ydych
chi ddim yn sylweddoli fod dyn fel fi yn gallu darogan beth sy'n digwydd?" [16] A dyma Jwda'n
ateb, "Beth allwn ni ei ddweud wrth ein meistr? Dim byd. Allwn ni ddim profi ein bod ni'n
ddieuog. Mae Duw yn gwybod am y drwg wnaethon ni. Dy gaethweision di ydyn ni bellach.
Ni a'r un roedd y gwpan ganddo." [17] Ond dyma Joseff yn dweud, "Faswn i byth yn gwneud
y fath beth! Yr un roedd y gwpan ganddo fydd yn gaethwas i mi. Mae'r gweddill ohonoch
chi yn rhydd i fynd adre at eich tad."
[18] Yna dyma Jwda'n camu ymlaen a gofyn iddo, "Fy meistr, plîs gad i dy was gael gair gyda ti.
Paid bod yn ddig. Rwyt ti fel y Pharo. [19] Roedd fy meistr wedi gofyn i'w weision, 'Oes gynnoch
chi dad, neu frawd arall?' [20] A dyma ninnau'n dweud, 'Mae ein tad yn hen ddyn, ac mae gynnon
ni frawd bach gafodd ei eni pan oedd dad mewn oed. Mae brawd y bachgen wedi marw. Fe ydy
unig blentyn ei fam sydd ar ôl, ac mae ei dad yn ei garu'n fawr.' [21] Wedyn dyma ti'n dweud wrth
dy weision, 'Dewch ag e ata i, i mi gael ei weld.' [22] A dyma ninnau'n dweud wrth ein meistr, 'All
y bachgen ddim gadael ei dad. Byddai ei dad yn marw petai'n ei adael.' [23] Ond wedyn dyma
ti'n dweud wrth dy weision, 'Os fydd eich brawd bach ddim yn dod i lawr gyda chi, gewch chi
ddim dod i'm gweld i eto.' [24] Yna aethon ni adre a dweud hyn i gyd wrth dy was, ein tad. [25] Felly
pan ddwedodd ein tad wrthyn ni, 'Ewch yn ôl i brynu ychydig o fwyd i ni,' [26] dyma ni'n dweud

---

l 44:4 Felly Groeg. Hebraeg heb *Gofyn pam ... arian i.*

wrtho, 'Allwn ni ddim oni bai fod ein brawd bach gyda ni. Gawn ni ddim gweld y dyn oni bai fod
ein brawd bach gyda ni.' 27A dyma dad yn dweud wrthon ni, 'Dych chi'n gwybod mai dau fab
roddodd fy ngwraig i mi. 28Mae un wedi mynd – wedi'i rwygo'n ddarnau gan ryw anifail gwyllt
mae'n debyg – a dw i ddim wedi'i weld ers hynny. 29Os cymerwch chi ei frawd oddi arna i hefyd,
a bod rhywbeth yn digwydd iddo, byddai'r golled yn ddigon i'm gyrru i i'r bedd.' 30Mae'r ddau
mor agos at ei gilydd. Felly os af i yn ôl at fy nhad heb y bachgen, 31bydd hynny'n ddigon i'w
ladd. Byddai dy weision yn euog o yrru eu tad i'w fedd. 32Gwnes i addo i dad y byddwn i'n
edrych ar ei ôl e. 'Os wna i ddim dod ag e'n ôl i ti,' meddwn i wrtho, 'bydda i'n euog yn dy olwg
di am weddill fy mywyd.' 33Felly plîs, gad i mi aros yma yn gaethwas i'm meistr yn lle'r bachgen.
Gad i'r bachgen fynd adre gyda'i frodyr. 34Sut alla i fynd adre at fy nhad heb y bachgen? Allwn
i ddim diodde gweld y poen fyddai hynny'n ei achosi i dad."

Joseff yn cyfadde wrth ei frodyr pwy ydy e

45 Doedd Joseff ddim yn gallu rheoli ei deimladau o flaen pawb oedd o'i gwmpas.
"Pawb allan!" meddai wrth ei weision. Felly wnaeth neb aros gydag e pan ddwedodd
wrth ei frodyr pwy oedd e. 2Ond roedd yn crio mor uchel nes bod pawb drwy'r tŷ yn ei glywed.
A daeth palas y Pharo i glywed am y peth. 3Dyma Joseff yn dweud wrth ei frodyr, "Joseff
ydw i! Ydy dad yn dal yn fyw?" Ond allai ei frodyr ddweud dim. Roedden nhw'n sefyll yn
fud o'i flaen. 4A dyma Joseff yn gofyn, "Plîs dewch yn nes." A dyma nhw'n mynd yn nes ato.
"Joseff, eich brawd chi, ydw i," meddai wrthyn nhw, "yr un wnaethoch chi ei werthu i'r Aifft.
5Peidiwch ypsetio na beio'ch hunain am fy ngwerthu i. Duw anfonodd fi yma o'ch blaen chi
i achub bywydau. 6Dydy'r newyn yn y wlad yma ddim ond wedi para am ddwy flynedd hyd yn
hyn. Mae pum mlynedd arall o newyn i ddod pan fydd y cnydau'n methu. 7Mae Duw wedi fy
anfon i yma o'ch blaen chi er mwyn i rai ohonoch chi gael byw, ac i chi gael eich achub mewn
ffordd ryfeddol. 8Nid chi wnaeth fy anfon i yma, ond Duw! Dw i'n gynghorydd i'r Pharo, yn
rheoli ei balas, ac yn bennaeth ar wlad yr Aifft i gyd. 9Brysiwch adre i ddweud wrth dad fod
Joseff ei fab yn dweud, 'Mae Duw wedi fy ngwneud i'n bennaeth ar wlad yr Aifft i gyd. Tyrd
i lawr yma ata i ar unwaith. 10Cei fyw yn ardal Gosen. Byddi di'n agos ata i. Tyrd a dy deulu
i gyd, a dy anifeiliaid a phopeth sydd gen ti. 11Bydda i'n gwneud yn siŵr fod gynnoch chi
ddigon o fwyd, ac na fyddwch chi'n brin o unrhyw beth. Achos mae'r newyn yn mynd i bara
am bum mlynedd arall.' 12Edrychwch! Gallwch chi a'm brawd Benjamin weld mai fi sy'n siarad
â chi. 13Rhaid i chi fynd i ddweud wrth dad am fy statws i yma yn yr Aifft, ac am bopeth dych
chi wedi'i weld. Dewch â dad i lawr yma ar unwaith." 14Wedyn dyma fe'n taflu ei freichiau
am Benjamin a'i gofleidio. Roedd y ddau ohonyn nhw yn crio ym mreichiau ei gilydd. 15Yna,
yn dal i grio, cusanodd ei frodyr eraill i gyd. A dyna pryd dechreuodd ei frodyr siarad ag e.
16Dyma'r newyddion yn cyrraedd palas y Pharo – "Mae brodyr Joseff wedi dod yma." Roedd
y Pharo a'i swyddogion yn hapus iawn. 17A dyma'r Pharo yn dweud wrth Joseff, "Dwed wrth
dy frodyr: 'Llwythwch eich anifeiliaid a mynd yn ôl i Canaan. 18Wedyn dewch â'ch tad a'ch
teuluoedd i gyd ata i. Cewch y tir gorau yn yr Aifft gen i. Cewch fwyta'r bwyd gorau sy'n
y wlad.' 19A dywed hyn wrthyn nhw hefyd, 'Cymerwch wagenni o'r Aifft i'ch plant a'ch
gwragedd a'ch tad gael teithio yn ôl ynddyn nhw. 20Peidiwch poeni am eich dodrefn. Cewch
y gorau o bopeth sydd yma yn yr Aifft.' "
21Felly dyna wnaeth meibion Jacob.ǁ Rhoddodd Joseff wagenni iddyn nhw fel roedd y Pharo
wedi gorchymyn, a bwyd ar gyfer y daith. 22Rhoddodd set o ddillad newydd i bob un ohonyn
nhw. Ond cafodd Benjamin bump set o ddillad a 300 darn o arian. 23Anfonodd y rhain i'w
dad hefyd: deg asyn wedi'u llwytho gyda chynnyrch gorau yr Aifft, deg o asennod wedi'u
llwytho gyda ŷd, bara, a bwyd ar gyfer taith ei dad yn ôl. 24Wedyn dyma fe'n anfon ei frodyr
i ffwrdd. Wrth iddyn nhw adael dyma fe'n dweud wrthyn nhw, "Peidiwch dechrau poeni am
bethau ar eich ffordd."

ǁ 45:21 Hebraeg, "Israel".

25 Felly dyma nhw'n gadael yr Aifft ac yn dod at eu tad yng ngwlad Canaan. 26 “Mae Joseff yn
dal yn fyw!” medden nhw wrtho. “Fe sy'n rheoli gwlad yr Aifft i gyd.” Bu bron i galon Jacob stopio.
Doedd e ddim yn credu ei glustiau. 27 Ond pan ddwedon nhw bopeth roedd Joseff wedi'i ddweud
wrthyn nhw, a phan welodd y wagenni roedd Joseff wedi'u hanfon, dyma Jacob yn dechrau dod
ato'i hun. 28 “Dyna ddigon!” meddai. “Mae Joseff yn fyw. Rhaid i mi fynd i'w weld cyn i mi farw.”

Teulu Jacob yn mynd i'r Aifft

46 Felly dyma Jacob yn cychwyn ar ei daith, a mynd â phopeth oedd ganddo gydag
e. Daeth i Beersheba a chyflwyno aberthau yno i Dduw ei dad Isaac. 2 Yn ystod y nos
dyma Jacob[m] yn cael gweledigaeth. “Jacob, Jacob” meddai Duw wrtho. Ac atebodd Jacob,
“Ie? dyma fi.” 3 Ac meddai Duw, “Duw ydw i – Duw dy dad. Paid bod ag ofn mynd i lawr i'r
Aifft. Bydda i'n dy wneud di'n genedl fawr yno. 4 Dw i'n mynd gyda ti i'r Aifft, a bydda i'n
dod â ti yn ôl eto. Bydd Joseff gyda ti pan fyddi di farw.”

5 Yna aeth Jacob yn ei flaen o Beersheba. Rhoddodd meibion Jacob[n] eu tad, a'u gwragedd
a'u plant yn y wagenni roedd y Pharo wedi'u hanfon iddyn nhw. 6 A dyma nhw'n mynd â'u
hanifeiliaid gyda nhw, a'r eiddo roedden nhw wedi'i gasglu pan oedden nhw'n byw yng
ngwlad Canaan. Dyma Jacob a'i deulu i gyd yn cyrraedd gwlad yr Aifft: 7 ei feibion a'i wyrion,
ei ferched a'i wyresau. Aeth â nhw i gyd gydag e.

8 Dyma enwau'r Israeliaid aeth i lawr i'r Aifft, sef Jacob a'i deulu:

Reuben (mab hynaf Jacob). 9 Meibion Reuben: Chanoch, Palw, Hesron a Carmi.
10 Meibion Simeon: Iemwel, Iamîn, Ohad, Iachîn, Sochar, a Saul (oedd yn fab i wraig o Canaan).
11 Meibion Lefi: Gershon, Cohath a Merari.
12 Meibion Jwda: Er, Onan, Shela, Perets a Serach (ond roedd Er ac Onan wedi marw yng
ngwlad Canaan). Ac roedd gan Perets ddau fab: Hesron a Chamŵl.
13 Meibion Issachar: Tola, Pwa, Job a Shimron.
14 Meibion Sabulon: Sered, Elon a Iachleël.

15 (Dyna'r meibion gafodd Lea i Jacob yn Padan-aram. Ac roedd wedi cael un ferch hefyd, sef
Dina. Felly roedd 33 ohonyn nhw i gyd.)

16 Meibion Gad: Siffion, Haggi, Shwni, Etsbon, Eri, Arodi ac Areli.
17 Meibion Asher: Imna, Ishfa, Ishfi, Bereia, a'u chwaer Serach. Ac roedd gan Bereia
ddau fab: Heber a Malciel.

18 (Dyna'r meibion gafodd Silpa – y forwyn roddodd Laban i'w ferch Lea. Roedd 16 i gyd.)

19 Meibion Rachel, gwraig Jacob, oedd Joseff a Benjamin. 20 Cafodd Joseff ddau fab yn
yr Aifft: Manasse ac Effraim (Asnath, merch Potiffera, offeiriad Heliopolis,[o] oedd
eu mam). 21 Yna meibion Benjamin: Bela, Becher, Ashbel, Gera, Naaman, Echi, Rosh,
Mwpîm, Chwpîm ac Ard.

22 (Dyna'r meibion gafodd Rachel. Felly roedd 14 yn ddisgynyddion i Rachel a Jacob.)

23 Meibion Dan: y Chwshiaid.
24 Meibion Nafftali: Iachtseël, Gwni, Ietser a Shilem.

25 (Dyma'r meibion gafodd Bilha – y forwyn roddodd Laban i'w ferch Rachel. Roedd saith yn
ddisgynyddion i Jacob a Bilha.)

26 Felly roedd 66 o ddisgynyddion Jacob wedi mynd gydag e i'r Aifft. (Dydy'r rhif yna ddim
yn cynnwys gwragedd ei feibion.) 27 Gyda'r ddau fab gafodd eu geni i Joseff yn yr Aifft, roedd
70 o bobl o deulu Jacob yn yr Aifft.

Jacob a'i deulu yn yr Aifft

28 Dyma Jacob yn anfon Jwda o'i flaen at Joseff i ddod â Joseff ato i Gosen. Wedyn dyma
nhw'n cyrraedd ardal Gosen. 29 Cafodd Joseff ei gerbyd yn barod, a mynd yno i gyfarfod ei
dad. Pan ddaeth at ei dad, dyma fe'n ei gofleidio'n dynn, a bu'n crio ar ei ysgwydd am hir.

m 46:2 Hebraeg, “Israel”. n 46:5 Hebraeg, “Israel”. o 46:20 Hebraeg, *On*.

30“Dw i'n barod i farw bellach,” meddai Jacob wrth Joseff. “Dw i wedi cael gweld dy fod
ti'n dal yn fyw.”
31Yna dyma Joseff yn dweud wrth ei frodyr a theulu ei dad, “Rhaid i mi ddweud wrth
y Pharo eich bod chi wedi dod yma ata i o wlad Canaan. 32Bydd rhaid i mi ddweud eich bod
chi'n fugeiliaid ac yn cadw anifeiliaid, a'ch bod chi wedi dod â'ch preiddiau a'ch anifeiliaid
i gyd gyda chi. 33Os bydd y Pharo eisiau'ch gweld chi, ac yn gofyn ‘Beth ydy'ch gwaith chi?’
34dwedwch wrtho, ‘Mae dy weision wedi bod yn cadw anifeiliaid ar hyd eu bywydau. Dyna
mae'r teulu wedi'i wneud ers cenedlaethau.’ Dwedwch hyn er mwyn i chi gael symud i fyw
i ardal Gosen. Mae bugeiliaid yn tabŵ i'r Eifftiaid.”

Jacob yn bendithio'r Pharo

47 Felly dyma Joseff yn mynd at y Pharo a dweud wrtho, “Mae dad a'm brodyr i wedi
dod yma o wlad Canaan gyda'u hanifeiliaid a'u heiddo i gyd. Maen nhw wedi
cyrraedd ardal Gosen.” 2Dewisodd bump o'i frodyr i fynd gydag e, a'u cyflwyno i'r Pharo.
3Gofynnodd y Pharo i'r brodyr, “Beth ydy'ch gwaith chi?” A dyma nhw'n ateb, “Mae dy weision
yn fugeiliaid. Dyna mae'r teulu wedi'i wneud ers cenedlaethau.” 4A dyma nhw'n dweud wrth
y Pharo, “Dŷn ni wedi dod i aros dros dro yn y wlad yma. Does dim porfa i'n hanifeiliaid ni
yn Canaan am fod y newyn mor drwm yno. Plîs wnewch chi adael i'ch gweision aros yn ardal
Gosen.” 5A dyma'r Pharo yn dweud wrth Joseff, “Mae dy dad a dy frodyr wedi dod atat ti.
6Mae gwlad yr Aifft o dy flaen di. Gad i dy dad a dy frodyr setlo yn y rhan orau o'r wlad. Gad
iddyn nhw fynd i fyw yn ardal Gosen. Dewis y rhai gorau ohonyn nhw i ofalu am fy anifeiliaid i.”
7Wedyn aeth Joseff â'i dad Jacob at y Pharo i'w gyflwyno iddo. A dyma Jacob yn bendithio'r
Pharo. 8Gofynnodd y Pharo i Jacob, “Faint ydy'ch oed chi?” 9“Dw i wedi crwydro'r hen fyd yma
ers cant tri deg o flynyddoedd,” meddai Jacob. “Bywyd byr, a digon o drafferthion. Dw i ddim
wedi cael byw mor hir â'm hynafiaid.” 10A dyma Jacob yn bendithio'r Pharo eto cyn ei adael.
11Felly dyma Joseff yn trefnu lle i'w dad a'i frodyr fyw. Rhoddodd dir iddyn nhw yn y rhan
orau o wlad yr Aifft – yn ardal Rameses, fel roedd y Pharo wedi dweud. 12Roedd Joseff hefyd
yn rhoi digon o fwyd i gynnal ei dad a'i frodyr, a'r teulu a'u plant i gyd.

Y newyn yn mynd yn waeth

13Doedd dim bwyd yn unman yn y wlad. Roedd y newyn yn wirioneddol ddrwg. Roedd pobl
yr Aifft a gwlad Canaan wedi mynd yn wan o achos y newyn. 14Roedd Joseff yn gwerthu ŷd
i'r bobl, a chasglodd yr holl arian oedd ar gael drwy wlad yr Aifft a gwlad Canaan; yna aeth
a'r arian i balas y Pharo. 15Pan oedd dim arian ar ôl yn yr Aifft na gwlad Canaan, dyma'r
Eifftiaid yn mynd at Joseff eto. “Rho fwyd i ni. Pam ddylen ni orfod marw am fod gynnon ni
ddim arian?” medden nhw. 16Atebodd Joseff, “Os nad oes gynnoch chi arian, rhowch eich
anifeiliaid i mi. Rho i fwyd i chi am eich anifeiliaid.” 17Felly dyma nhw'n dod â'u hanifeiliaid
i Joseff. A rhoddodd Joseff fwyd iddyn nhw am eu ceffylau, eu defaid a'u geifr, eu gwartheg
a'u hasynnod. Y flwyddyn honno rhoddodd fwyd iddyn nhw yn gyfnewid am eu hanifeiliaid.
18Pan ddaethon nhw yn ôl y flwyddyn wedyn, dyma nhw'n dweud wrtho, “Mae'n meistr yn
gwybod nad oes gynnon ni arian, ac mae ein meistr hefyd wedi cymryd ein hanifeiliaid ni. Does
gynnon ni ddim byd ar ôl i'w gynnig ond ni'n hunain a'n tir. 19Beth ydy'r pwynt os gwnawn
ni farw? Pryna ni a'n tir am fwyd. Gwna ni'n gaethweision i'r Pharo, a chymer ein tir ni hefyd.
Mae'n well i ni gael byw na marw, ac wedyn fydd y wlad i gyd ddim wedi'i difetha.” 20Felly
dyma Joseff yn prynu tir yr Aifft i gyd i'r Pharo. Roedd yr Eifftiaid i gyd yn gwerthu eu caeau
iddo, am eu bod nhw'n diodde mor ofnadwy o achos y newyn. Felly'r Pharo oedd piau'r tir
i gyd. 21A dyma'r bobl o un pen i'r wlad i'r llall yn cael eu gwneud yn gaethweision.[p] 22(Yr
unig dir wnaeth e ddim ei brynu oedd tir yr offeiriaid. Roedd yr offeiriaid yn cael lwfans gan
y Pharo, ac yn byw ar y lwfans hwnnw. Felly wnaethon nhw ddim gwerthu eu tir.)

---

p 47:21 Felly Fersiynau. Hebraeg, “symud ganddo i'r dinasoedd”.

23 Yna dyma Joseff yn dweud wrth y bobl, "Heddiw dw i wedi'ch prynu chi a'ch tir i'r Pharo. Felly
dyma had i chi ei hau ar y tir. 24 Adeg y cynhaeaf, rhaid i chi roi un rhan o bump o'r cnwd i'r Pharo.
Gewch chi gadw'r gweddill i'w hau y flwyddyn ganlynol ac i fwydo'ch teuluoedd a'ch plant."
25 "Ti wedi achub ein bywydau ni," medden nhw. "Ti wedi bod yn garedig iawn aton ni, a dŷn
ni'n hapus i fod yn gaethweision i'r Pharo." 26 Felly gwnaeth Joseff ddeddf yng ngwlad yr
Aifft, fod y Pharo i gael un rhan o bump o'r cynhaeaf. (Mae'r ddeddf hon yn dal mewn grym
heddiw.) Yr unig dir oedd ddim yn perthyn i'r Pharo oedd tir yr offeiriaid.
27 Felly arhosodd pobl Israel yn yr Aifft, yn ardal Gosen. Nhw oedd piau'r tir yno. Cawson
nhw lot o blant, ac roedd eu niferoedd yn mynd yn fwy ac yn fwy.
28 Buodd Jacob yn byw yn yr Aifft am un deg saith mlynedd. Felly cafodd fyw i fod yn 147 oed.
29 Cyn i Jacob[ph] farw, galwodd am ei fab Joseff, a dwedodd wrtho, "Mae gen i ffafr i'w
gofyn gen ti. Dw i am i ti fynd ar dy lw[r] ac addo y byddi di'n gwneud be dw i'n ofyn. Plîs paid
claddu fi yn yr Aifft. 30 Pan fydda i wedi marw, dos â fi o'r Aifft. Cladda fi ble mae fy hynafiaid
wedi'u claddu." A dyma Joseff yn ateb, "Dw i'n addo gwneud beth ti'n ofyn." 31 "Dw i eisiau
i ti fynd ar dy lw y gwnei di," meddai Jacob. A dyma Joseff yn addo iddo. A dyma Jacob[rh] yn
plygu drosodd ar ben ei wely.

Jacob yn bendithio meibion Joseff

48 Rywbryd wedyn clywodd Joseff fod ei dad yn sâl. Felly aeth i'w weld gyda'i ddau
fab Manasse ac Effraim. 2 Pan ddywedwyd wrth Jacob fod ei fab Joseff wedi dod
i'w weld, dyma fe'n bywiogi ac yn eistedd i fyny yn ei wely. 3 A dyma fe'n dweud wrth Joseff,
"Pan oeddwn i yn Lws yng ngwlad Canaan, roedd y Duw sy'n rheoli popeth[s] wedi ymddangos
i mi. Bendithiodd fi 4 a dweud wrtho i, 'Dw i'n mynd i wneud yn siŵr dy fod ti'n cael lot fawr
o ddisgynyddion. Bydd grŵp o bobloedd yn dod ohonot ti. Dw i'n mynd i roi'r wlad yma i ti
a dy ddisgynyddion am byth.' 5 Joseff, bydd dy ddau fab, gafodd eu geni i ti yn yr Aifft cyn
i mi ddod yma, yn feibion i mi. Bydd Effraim a Manasse yn cael eu cyfri yn feibion i mi, yn
union yr un fath â Reuben a Simeon. 6 Bydd y plant eraill sydd gen ti yn aros yn feibion i ti,
ond yn cael eu rhestru fel rhai fydd yn etifeddu tir gan eu brodyr.
7 "Buodd Rachel farw yng ngwlad Canaan pan oeddwn i ar fy ffordd yn ôl o Padan, ac
roeddwn i'n drist iawn. Digwyddodd pan oedden ni'n dal yn reit bell o Effrath. Felly dyma
fi'n ei chladdu hi yno, ar y ffordd i Effrath," (hynny ydy, Bethlehem).
8 "Pwy ydy'r rhain?" meddai Jacob pan welodd feibion Joseff. 9 "Dyma'r meibion roddodd
Duw i mi yma," meddai Joseff wrth ei dad. A dyma Jacob yn dweud, "Plîs, tyrd â nhw ata
i, i mi gael eu bendithio nhw." 10 Doedd Jacob ddim yn gweld yn dda iawn. Roedd wedi colli
ei olwg wrth fynd yn hen. Felly dyma Joseff yn mynd â'i feibion yn nes at ei dad, a dyma
Jacob yn eu cofleidio nhw a'u cusanu nhw. 11 Ac meddai wrth Joseff, "Doeddwn i erioed yn
meddwl y byddwn i'n dy weld di eto. Mae Duw wedi gadael i mi weld dy blant di hefyd!"
12 Cymerodd Joseff y bechgyn oddi ar liniau ei dad, ac wedyn ymgrymodd â'i wyneb ar lawr
o'i flaen. 13 Rhoddodd Joseff Effraim ar yr ochr dde iddo (o flaen llaw chwith Jacob), a Manasse
ar yr ochr chwith (o flaen llaw dde Jacob), a mynd â nhw'n nes ato. 14 Ond dyma Jacob[t] yn
croesi ei freichiau a rhoi ei law dde ar ben Effraim (yr ifancaf o'r ddau) a'i law chwith ar ben
Manasse (y mab hynaf). 15 A dyma fe'n bendithio Joseff drwy ddweud,

"O Dduw – y Duw roedd fy nhaid Abraham a'm tad Isaac yn ei wasanaethu;
y Duw sydd wedi bod fel bugail i mi ar hyd fy mywyd;
16 Yr angel sydd wedi fy amddiffyn i rhag pob drwg
– bendithia'r bechgyn yma.
Cadw fy enw i ac enw fy nhaid Abraham a'm tad Isaac yn fyw drwyddyn nhw.
Gwna nhw yn dyrfa fawr o bobl ar y ddaear."

---

ph 47:29 Hebraeg, "Israel". r 47:29 Hebraeg, "rho dy law dan fy nghlun i". rh 47:31 Hebraeg, "Israel".
s 48:3 Hebraeg, *El Shadai*. t 48:14 Hebraeg, "Israel".

[17]Pan sylwodd Joseff fod ei dad wedi rhoi ei law dde ar ben Effraim, doedd e ddim
yn hapus. Felly gafaelodd yn llaw dde ei dad i'w symud o ben Effraim i ben Manasse,
[18]a dwedodd wrtho, "Na, dad. Hwn ydy'r mab hynaf. Rho dy law dde ar ei ben e." [19]Ond
gwrthododd ei dad. "Dw i'n gwybod be dw i'n wneud, fy mab," meddai. "Bydd hwn hefyd
yn dod yn genedl fawr o bobl. Ond bydd ei frawd bach yn fwy nag e. Bydd ei ddisgynyddion
e yn tyfu'n llawer iawn o bobloedd gwahanol." [20]Felly pan fendithiodd nhw y diwrnod
hwnnw, dwedodd:

"Bydd pobl Israel yn defnyddio dy enw i fendithio eraill:
'Boed i Dduw dy wneud di fel Effraim a Manasse.' "

Enwodd Effraim gyntaf a Manasse wedyn.
[21]Wedyn dyma Jacob[th] yn dweud wrth Joseff, "Fel y gweli, dw i ar fin marw. Ond bydd Duw
gyda ti, ac yn mynd â ti'n ôl i wlad dy hynafiaid. [22]Dw i am roi siâr fwy i ti nag i dy frodyr – sef
llethrau mynydd Sichem, a gymerais oddi ar yr Amoriaid gyda'm cleddyf a'm bwa."

Jacob yn bendithio'i feibion

49 Galwodd Jacob ei feibion ato. "Dewch yma i mi gael dweud wrthoch chi beth sy'n mynd i ddigwydd i chi yn y dyfodol," meddai.

2 "Dewch yma i wrando, feibion Jacob;
gwrandwch ar Israel, eich tad.

3 Reuben, ti ydy fy mab hynaf;
fy nghryfder, a ffrwyth cyntaf fy egni –
yr un â'r safle uchaf a'r anrhydedd mwyaf.
4 Ond rwyt ti mor afreolus â dŵr –
fyddi di ddim yn gyntaf.
Est ti i mewn i wely dy dad,
a'i lygru drwy dreisio fy ngwraig –
gorwedd ar glustogau dy dad!

5 Mae Simeon a Lefi yn frodyr.
Dyma nhw'n cytuno i ddefnyddio arfau treisiol.
6 Dw i ddim eisiau bod yn rhan o'r peth –
dw i am gadw draw o'r math yna o feddwl.
Roedden nhw wedi gwylltio, a dyma nhw'n lladd dynion
fel rhai'n gwneud ych yn gloff am hwyl.
7 Melltith arnyn nhw am wylltio mor ofnadwy;
am ddigio a bod mor greulon.
Dw i'n mynd i wasgaru eu disgynyddion nhw
ar hyd a lled Israel!

8 Jwda, bydd dy frodyr yn dy ganmol di.
Byddi di'n cael y llaw uchaf ar dy elynion.
Bydd teulu dy dad yn ymgrymu'n isel o dy flaen di.
9 Jwda, fy mab, rwyt ti fel llew ifanc
wedi lladd dy brae ac yn sefyll uwch ei ben.
Mae'n gorwedd i lawr eto fel llew,
a does neb yn meiddio aflonyddu arno.
10 Fydd y deyrnwialen ddim yn gadael Jwda.
Bydd ffon y llywodraethwr gan ei ddisgynyddion

th 48:21 Hebraeg, "Israel".

nes daw pobl i dalu teyrnged iddo.
Bydd pobl y gwledydd yn ufuddhau iddo.
11 Bydd yn rhwymo ei ebol wrth y winwydden,
a'i asen ifanc wrth y winwydden orau.
Bydd yn golchi ei ddillad mewn gwin
a'i glogyn yng ngwaed y grawnwin.
12 Bydd ei lygaid yn gochion gan win,
a'i ddannedd yn wynion fel llaeth.

13 Bydd Sabulon yn byw ar lan y môr.
Bydd yn hafan ddiogel i longau.
Bydd ei ffin yn ymestyn at Sidon.

14 Mae Issachar fel asyn cryf
yn gorwedd dan bwysau ei baciau.
15 Gwelodd le da i orffwys
a bod y wlad yno yn hyfryd.
Felly plygodd i lawr i dderbyn baich ar ei gefn
a chael ei hun yn gaethwas.

16 Bydd Dan yn rheoli ei bobl
fel un o lwythau Israel.
17 Boed i Dan fod fel neidr ar ochr y ffordd –
fel gwiber ar y llwybr
yn brathu troed y ceffyl
a gwneud i'r marchog syrthio yn ôl.

18 Dw i'n edrych ymlaen at gael fy achub gen ti, o Arglwydd!

19 Bydd ysbeilwyr yn ymosod ar Gad,
ond bydd e'n troi ac yn eu gyrru nhw i ffwrdd.

20 Bydd bwyd cyfoethog gan Asher.
Bydd e'n darparu danteithion i'r llys brenhinol.

21 Mae Nafftali fel ewig, yn rhedeg yn rhydd,
sy'n cael llydnod hardd.

22 Mae Joseff yn goeden ffrwythlon –
coeden ffrwythlon wrth ffynnon,
a'i changhennau'n ymestyn dros y wal.
23 Roedd bwasaethwyr yn ymosod arno,
yn saethu ato ac yn dal dig yn ei erbyn.
24 Ond daliai ei fwa'n llonydd
ac roedd ei ddwylo a'i freichiau'n chwim.
Roedd Un Cryf Jacob gydag e –
y Bugail, Craig Israel.
25 Duw dy dad, yr un fydd yn dy helpu di;
y Duw sy'n rheoli popeth.[u]
Bydd e'n dy fendithio di
gyda'r bendithion o'r awyr uchod,
a'r bendithion sy'n gorwedd dan y ddaear isod,
gyda bendithion y fron a'r groth.

u 49:25 Hebraeg, *Shadai*.

26 Mae'r bendithion gafodd dy dad
yn well na bendithion y mynyddoedd tragwyddol
a'r pethau da mae'r bryniau hynafol yn eu rhoi.
Byddan nhw'n disgyn ar ben Joseff –
ar dalcen yr un sy'n flaenaf ar ei frodyr.

27 Mae Benjamin fel blaidd rheibus,
yn rhwygo'i ysglyfaeth yn y bore,
ac yn rhannu beth sydd ar ôl gyda'r nos."

28 Dyma'r deuddeg llwyth yn Israel. A dyma beth ddwedodd eu tad wrthyn nhw pan
fendithiodd nhw. Rhoddodd fendith addas i bob un ohonyn nhw.

Jacob yn marw a chael ei gladdu

29 Wedyn rhoddodd Jacob orchymyn iddyn nhw. "Dw i'n mynd i farw cyn hir.[w] Dw i eisiau
i chi fy nghladdu gyda fy hynafiaid, yn yr ogof ar dir Effron yr Hethiad. 30 Yr ogof yn Machpela
ger Mamre yng ngwlad Canaan. Yr un brynodd Abraham gan Effron yr Hethiad fel man
claddu i'w deulu. 31 Dyna lle mae Abraham a'i wraig Sara wedi'u claddu. Dyna lle mae Isaac
a'i wraig Rebeca wedi'u claddu. A dyna lle gwnes i gladdu Lea. 32 Cafodd y darn tir a'r ogof
sydd arno ei brynu gan yr Hethiaid."
33 Pan oedd Jacob wedi gorffen dweud wrth ei feibion beth i'w wneud, cododd ei draed
yn ôl ar y gwely, cymryd ei anadl olaf a marw.

50 Dyma Joseff yn cofleidio corff ei dad. Roedd yn crio ac yn ei gusanu. 2 Wedyn
gorchmynnodd i'w weision, y meddygon, falmeiddio'r corff. A dyna gafodd ei wneud
i gorff Jacob. 3 Cymerodd y broses yma bedwar deg diwrnod, achos dyna faint o amser roedd yn
ei gymryd i falmeiddio corff. A bu cyfnod o alaru ar ei ôl drwy wlad yr Aifft am saith deg diwrnod.
4 Pan oedd y cyfnod o alar drosodd, dyma Joseff yn mynd at gynghorwyr y Pharo, a dweud:
"Mae gen i ffafr i'w gofyn gan y Pharo. Wnewch chi ofyn iddo ar fy rhan i, plîs? 5 Gwnaeth fy
nhad i mi addo rhywbeth iddo ar lw. Dyma ddwedodd e: 'Dw i ar fin marw, a dw i eisiau i ti
fy nghladdu i yn y bedd dw i wedi'i dorri i mi fy hun yng ngwlad Canaan.' Felly gofyn ydw
i am ganiatâd i fynd yno i gladdu dad. Bydda i'n dod yn ôl yma wedyn." 6 Ateb Pharo oedd,
"Dos i gladdu dy dad, fel gwnest ti addo iddo."
7 Felly dyma Joseff yn mynd i gladdu ei dad. Aeth swyddogion y Pharo i gyd gydag e, a phobl
bwysig y llys ac arweinwyr y wlad. 8 Teulu Joseff i gyd, ei frodyr, a theulu ei dad hefyd. Dim
ond y plant bach a'r anifeiliaid gafodd eu gadael yn ardal Gosen. 9 Roedd cerbydau rhyfel
a marchogion gyda nhw hefyd – tyrfa fawr iawn o bobl.
10 Pan gyrhaeddon nhw lawr dyrnu Atad (i'r dwyrain o afon Iorddonen), dyma nhw'n cynnal
cyfnod o alar angladdol. Buodd Joseff yn galaru yno am ei dad am wythnos. 11 Pan welodd
pobl Canaan nhw yn galaru ar lawr dyrnu Atad, dyma nhw'n dweud, "Mae'r angladd yma'n
ddigwyddiad trist iawn yng ngolwg yr Eifftiaid." Felly cafodd y lle, sydd yr ochr draw i afon
Iorddonen, ei alw yn Abel-misraïm.[y]
12 Felly gwnaeth meibion Jacob beth roedd eu tad wedi'i ddweud wrthyn nhw. 13 Aethon
nhw â'i gorff i wlad Canaan, a'i gladdu yn yr ogof yn Machpela ger Mamre, ar y tir roedd
Abraham wedi'i brynu gan Effron yr Hethiad i fod yn fan claddu i'w deulu.
14 Ar ôl claddu ei dad, aeth Joseff yn ôl i'r Aifft gyda'i frodyr a phawb arall oedd wedi
bod yn yr angladd.

Joseff yn tawelu ofnau ei frodyr

15 Gan fod eu tad wedi marw, roedd brodyr Joseff yn dechrau ofni, "Beth os ydy Joseff yn
dal yn ddig hefo ni? Beth os ydy e am dalu'r pwyth yn ôl am yr holl ddrwg wnaethon ni iddo?"

---

w 49:29 Hebraeg, "Dw i'n cael fy nghasglu at fy mhobl". y 50:11 h.y. *Galar yr Aifft.*

16 Felly dyma nhw'n anfon neges at Joseff: "Roedd dad wedi dweud wrthon ni cyn iddo farw,
17 'Dwedwch wrth Joseff: Plîs maddau i dy frodyr am y drwg wnaethon nhw, yn dy drin di
mor wael.' Felly dyma ni, gweision y Duw roedd dy dad yn ei addoli. O, plîs wnei di faddau
i ni am beth wnaethon ni?" Pan glywodd Joseff hyn dyma fe'n dechrau crio. 18 Yna daeth ei
frodyr a syrthio o'i flaen, a dweud, "Byddwn ni'n gaethweision i ti." 19 Ond dyma Joseff yn
ateb, "Peidiwch bod ag ofn. Ai Duw ydw i? 20 Roeddech chi am wneud drwg i mi, ond dyma
Duw yn troi y drwg yn beth da. Roedd arno eisiau achub bywydau llawer o bobl, a dyna dych
chi'n weld heddiw. 21 Felly peidiwch bod ag ofn. Gwna i ofalu amdanoch chi a'ch plant." Felly
rhoddodd Joseff dawelwch meddwl iddyn nhw drwy siarad yn garedig gyda nhw.

Marwolaeth Joseff

22 Arhosodd Joseff a theulu ei dad yn yr Aifft. Cafodd Joseff fyw i fod yn 110 oed. 23 Cafodd
weld tair cenhedlaeth o deulu Effraim. Gwelodd blant Machir (mab Manasse) hefyd a'u
derbyn nhw fel ei blant ei hun.

24 Wedyn dyma Joseff yn dweud wrth ei frodyr, "Dw i ar fin marw. Ond bydd Duw yn dod
atoch chi ac yn mynd â chi'n ôl o'r wlad yma i'r wlad wnaeth e addo ei rhoi i Abraham, Isaac
a Jacob." 25 Felly dyma Joseff yn gwneud i bobl Israel addo, "Pan fydd Duw yn dod atoch chi,
dw i am i chi fynd â fy esgyrn i o'r lle yma." 26 A dyma Joseff yn marw yn 110 oed. Cafodd ei
gorff ei falmeiddio a'i osod mewn arch yn yr Aifft.

Exodus

Pobl Israel yn gaethion yn yr Aifft

1 Dyma enwau meibion Israel, aeth i'r Aifft gyda'u tad Jacob a'u teuluoedd: 2 Reuben,
Simeon, Lefi a Jwda, 3 Issachar, Sabulon a Benjamin, 4 Dan a Nafftali, Gad ac Asher. 5 Saith
deg o feibion ac wyrion i Jacob i gyd. (Roedd Joseff eisoes yn yr Aifft.)
6 Yna dyma Joseff a'i frodyr a'r genhedlaeth yna i gyd yn marw. 7 Ond roedd eu disgynyddion,
pobl Israel, yn cael mwy a mwy o blant. Roedd cymaint ohonyn nhw roedden nhw'n cael eu
gweld fel bygythiad. Roedden nhw ym mhobman – yn llenwi'r wlad!
8 Aeth amser hir heibio, a daeth brenin newydd i deyrnasu yn yr Aifft, un oedd yn gwybod
dim byd am Joseff. 9 A dyma fe'n dweud wrth ei bobl, "Gwrandwch. Mae yna ormod o Israeliaid
yn y wlad yma! 10 Rhaid i ni feddwl beth i'w wneud. Os bydd y niferoedd yn dal i dyfu, a rhyfel
yn torri allan, byddan nhw'n helpu'n gelynion i ymladd yn ein herbyn ni. Gallen nhw hyd yn
oed ddianc o'r wlad."
11 Felly dyma'r Eifftiaid yn cam-drin pobl Israel a'u gorfodi i weithio am ddim iddyn nhw,
a gosod meistri gwaith i gadw trefn arnyn nhw. A dyma nhw'n adeiladu Pithom a Rameses
yn ganolfannau storfeydd i'r Pharo. 12 Ond er bod yr Eifftiaid yn eu gweithio nhw mor galed,
roedd eu niferoedd yn dal i gynyddu a mynd ar wasgar. Felly dechreuodd yr Eifftiaid eu hofni
a'u casáu nhw go iawn, 13 a'u cam-drin nhw fwy fyth. 14 Roedd bywyd yn chwerw go iawn
iddyn nhw, wrth i'r Eifftiaid wneud iddyn nhw weithio mor galed. Roedden nhw'n gwneud
brics a chymysgu morter, ac yn slafio oriau hir yn y caeau hefyd.
15 Felly dyma frenin yr Aifft yn siarad â bydwragedd yr Hebreaid, Shiffra a Pwa, a dweud
wrthyn nhw, 16 "Pan fyddwch chi'n gofalu am wragedd Hebreig wrth iddyn nhw eni plant, os
bachgen fydd yn cael ei eni, dw i eisiau i chi ei ladd e'n syth; ond cewch adael i'r merched fyw."
17 Ond am fod y bydwragedd yn parchu Duw, wnaethon nhw ddim beth roedd brenin yr Aifft
wedi'i orchymyn iddyn nhw. Dyma nhw'n cadw'r bechgyn yn fyw. 18 A dyma frenin yr Aifft yn
eu galw nhw ato eto, a gofyn, "Beth dych chi'n wneud? Pam dych chi'n gadael i'r bechgyn
fyw?" 19 A dyma'r bydwragedd yn ateb, "Dydy'r gwragedd Hebreig ddim yr un fath â gwragedd
yr Aifft – maen nhw'n gryfion, ac mae'r plant yn cael eu geni cyn i ni gyrraedd yno!"
20 Felly buodd Duw'n garedig at y bydwragedd. Roedd niferoedd pobl Israel yn dal i dyfu;
roedden nhw'n mynd yn gryfach ac yn gryfach. 21 Am fod y bydwragedd wedi parchu Duw,
rhoddodd Duw deuluoedd iddyn nhw hefyd.
22 Yna dyma'r Pharo yn rhoi gorchymyn i'w bobl: "Mae pob bachgen sy'n cael ei eni i'r
Hebreaid i gael ei daflu i afon Nîl, ond cewch adael i'r merched fyw."

Hanes geni Moses

2 Bryd hynny, roedd dyn o deulu Lefi wedi priodi gwraig ifanc oedd hefyd yn un
o ddisgynyddion Lefi. 2 A dyma'r wraig yn beichiogi, ac yn cael mab. Pan welodd hi'r
babi bach hyfryd, dyma hi'n ei guddio am dri mis. 3 Ond ar ôl hynny roedd hi'n amhosib ei
guddio. Felly dyma hi'n cymryd basged frwyn, a'i selio gyda tar. Yna rhoi'r babi yn y fasged,
a'i osod yng nghanol y brwyn ar lan afon Nîl. 4 Aeth chwaer y plentyn i sefyll heb fod yn rhy
bell, i weld beth fyddai'n digwydd iddo.
5 Daeth merch y Pharo i lawr at yr afon i ymdrochi, tra oedd ei morynion yn cerdded ar
lan yr afon. A dyma hi'n sylwi ar y fasged yng nghanol y brwyn, ac yn anfon caethferch i'w
nôl. 6 Agorodd y fasged, a gweld y babi bach – bachgen, ac roedd yn crio. Roedd hi'n teimlo
trueni drosto. "Un o blant yr Hebreaid ydy hwn," meddai. 7 Yna dyma chwaer y plentyn yn
mynd at ferch y Pharo, a gofyn, "Ga i fynd i nôl un o'r gwragedd Hebreig i fagu'r plentyn
i chi?" 8 A dyma ferch y Pharo yn dweud, "Ie, gwna hynny!" Felly dyma hi'n mynd adre i nôl

mam y babi. 9A dyma ferch y Pharo yn dweud wrthi, "Dw i eisiau i ti gymryd y plentyn yma,
a'i fagu ar y fron i mi. Gwna i dalu cyflog i ti am wneud hynny." Felly aeth y wraig a'r plentyn
adre i'w fagu.
10Yna, pan oedd y plentyn yn ddigon hen, dyma hi'n mynd ag e at ferch y Pharo, a dyma
hithau'n ei fabwysiadu yn fab iddi'i hun. Rhoddodd yr enw Moses[a] iddo – "Am fy mod
wedi'i dynnu allan o'r dŵr," meddai.

Moses yn dianc i Midian

11Flynyddoedd wedyn, pan oedd Moses wedi tyfu'n oedolyn, aeth allan at ei bobl, a gweld
fel roedden nhw'n cael eu cam-drin. Gwelodd Eifftiwr yn curo Hebrëwr – un o'i bobl ei hun!
12Ar ôl edrych o'i gwmpas i wneud yn siŵr fod neb yn ei weld, dyma fe'n taro'r Eifftiwr
a'i ladd, a chladdu ei gorff yn y tywod.
13Pan aeth allan y diwrnod wedyn, gwelodd ddau Hebrëwr yn dechrau ymladd gyda'i gilydd.
A dyma Moses yn dweud wrth yr un oedd ar fai, "Pam wyt ti'n ymosod ar dy ffrind?" 14A dyma'r
dyn yn ei ateb, "Pwy sydd wedi rhoi'r hawl i ti ein rheoli ni a'n barnu ni? Wyt ti am fy lladd
i fel gwnest ti ladd yr Eifftiwr yna?" Roedd Moses wedi dychryn, a meddyliodd, "Mae'n rhaid
bod pobl yn gwybod beth wnes i." 15A dyma'r Pharo yn dod i glywed am y peth, ac roedd am
ladd Moses. Felly dyma Moses yn dianc oddi wrtho a mynd i wlad Midian.[b]
Pan gyrhaeddodd yno, eisteddodd wrth ymyl rhyw ffynnon. 16Roedd gan offeiriad Midian
saith merch, a dyma nhw'n dod at y ffynnon, a dechrau codi dŵr i'r cafnau er mwyn i ddefaid
a geifr eu tad gael yfed. 17Daeth grŵp o fugeiliaid yno a'u gyrru nhw i ffwrdd. Ond dyma
Moses yn achub y merched, ac yn codi dŵr i'w defaid nhw. 18Pan aeth y merched adre at eu
tad, Reuel, dyma fe'n gofyn iddyn nhw, "Pam dych chi wedi dod adre mor gynnar heddiw?"
19A dyma nhw'n dweud wrtho, "Daeth rhyw Eifftiwr a'n hachub ni rhag y bugeiliaid, ac yna
codi dŵr i'r praidd." 20A dyma fe'n gofyn i'w ferched, "Ble mae e? Pam yn y byd wnaethoch
chi adael y dyn allan yna? Ewch i'w nôl, a gofyn iddo ddod i gael pryd o fwyd gyda ni."
21Cytunodd Moses i aros gyda nhw, a dyma Reuel yn rhoi ei ferch Seffora yn wraig iddo.
22Wedyn dyma nhw'n cael mab, a dyma Moses yn rhoi'r enw Gershom iddo – "Mewnfudwr
yn byw mewn gwlad estron ydw i," meddai.

Pobl Israel yn dioddef

23Aeth blynyddoedd heibio, a dyma frenin yr Aifft yn marw. Roedd pobl Israel yn griddfan
am eu bod yn dioddef fel caethweision. Roedden nhw'n gweiddi'n daer am help, a dyma'u cri
yn cyrraedd Duw. 24Clywodd Duw nhw'n griddfan, ac roedd yn cofio ei ymrwymiad i Abraham,
Isaac a Jacob. 25Gwelodd Duw bobl Israel, ac roedd yn teimlo i'r byw drostyn nhw.

Duw yn galw Moses

3 Roedd Moses yn gofalu am ddefaid a geifr ei dad-yng-nghyfraith, Jethro, offeiriad Midian.
A dyma fe'n arwain y praidd i'r ochr draw i'r anialwch. Daeth at fynydd Duw, sef Mynydd
Sinai.[c] 2Yno, dyma angel yr ARGLWYDD yn ymddangos iddo o ganol fflamau perth oedd ar dân.
Wrth edrych, roedd yn gweld fod y berth yn fflamau tân, ond doedd hi ddim yn cael ei llosgi.
3"Anhygoel!" meddyliodd. "Rhaid i mi fynd yn nes i weld beth sy'n digwydd – pam nad ydy'r
berth yna wedi llosgi'n ulw." 4Pan welodd yr ARGLWYDD ei fod yn mynd draw i edrych, dyma
Duw yn galw arno o ganol y berth, "Moses! Moses!" "Dyma fi," meddai Moses. 5A dyma Duw
yn dweud wrtho, "Paid dod dim nes. Tyn dy sandalau; ti'n sefyll ar dir cysegredig!" 6Yna dyma
fe'n dweud, "Fi ydy Duw dy dad; Duw Abraham, Duw Isaac, a Duw Jacob." A dyma Moses yn
cuddio'i wyneb, am fod ganddo ofn edrych ar Dduw.

---

a 2:10 *Moses* Yn Hebraeg mae "Moses" yn swnio fel "tynnu allan". b 2:15 *Midian* Addolwyr Baal oedd pobl Midian! – gw. Numeri 25. c 3:1 *Sinai* Hebraeg, "Horeb", sef enw arall ar fynydd Sinai.

[7]Yna meddai'r ARGLWYDD wrtho, "Dw i wedi gweld sut mae fy mhobl i'n cael eu cam-drin
yn yr Aifft. Dw i wedi'u clywed nhw'n gweiddi wrth i'w meistri fod yn gas atyn nhw. Dw i'n
teimlo drostyn nhw. [8]Felly dw i wedi dod lawr i'w rhyddhau nhw o afael yr Eifftiaid. Dw i'n
mynd i'w harwain nhw o wlad yr Aifft, a rhoi gwlad dda, eang iddyn nhw – tir ffrwythlon lle
mae llaeth a mêl yn llifo! Yr ardaloedd ble mae'r Canaaneaid, Hethiaid, Amoriaid, Peresiaid,
Hefiaid a Jebwsiaid yn byw. [9]Dw i wedi clywed cri pobl Israel am help, a dw i wedi gweld mor
greulon ydy'r Eifftiaid atyn nhw. [10]Felly tyrd. Dw i'n mynd i dy anfon di at y Pharo, i arwain
fy mhobl, pobl Israel, allan o'r Aifft."

[11]Dyma Moses yn dweud wrth Dduw, "Fi? Pwy ydw i i fynd at y Pharo, ac arwain pobl Israel
allan o'r Aifft?" [12]"Bydda i gyda ti, dw i'n addo," meddai Duw. "A dyna fydd yr arwydd clir
mai fi wnaeth dy anfon di: Pan fyddi di wedi arwain y bobl allan o'r Aifft, byddwch chi'n fy
addoli i ar y mynydd yma."

[13]Ond dyma Moses yn dweud, "Os gwna i fynd at bobl Israel a dweud wrthyn nhw, 'Mae
Duw eich hynafiaid chi wedi fy anfon i atoch chi,' byddan nhw'n gofyn i mi, 'Beth ydy ei enw
e?' Beth ddylwn i ddweud wedyn wrthyn nhw?" [14]"FI YDY'R UN YDW I," meddai Duw wrth
Moses. "Rhaid i ti ddweud wrth bobl Israel, 'Mae FI YDY wedi fy anfon i atoch chi.' " [15]A dyma
fe'n dweud hefyd, "Dwed wrth bobl Israel, 'Yr ARGLWYDD, Duw eich hynafiaid, sydd wedi fy anfon
i atoch chi – Duw Abraham, Duw Isaac, a Duw Jacob.' Dyma fy enw i am byth, a'r enw fydd
pobl yn ei gofio o un genhedlaeth i'r llall. [16]Dos i alw arweinwyr Israel at ei gilydd, a dweud
wrthyn nhw, 'Mae'r ARGLWYDD, Duw eich hynafiaid, wedi ymddangos i mi – Duw Abraham,
Isaac a Jacob. Mae'n dweud, "Dw i wedi bod yn cadw golwg arnoch chi. Dw i wedi gweld
sut ydych chi'n cael eich trin yn yr Aifft. [17]A dw i'n addo eich rhyddhau chi o'r caledi yn yr
Aifft, a'ch arwain chi i'r wlad ble mae'r Canaaneaid, Hethiaid, Amoriaid, Peresiaid, Hefiaid
a Jebwsiaid yn byw. Mae'n dir ffrwythlon – tir lle mae llaeth a mêl yn llifo!" '

[18]"Bydd yr arweinwyr yn dy gredu di. Wedyn bydd rhaid i ti ac arweinwyr Israel fynd at frenin
yr Aifft, a dweud wrtho, 'Mae'r ARGLWYDD, Duw yr Hebreaid, wedi cyfarfod gyda ni. Felly, plîs
gad i ni deithio i'r anialwch am dri diwrnod, er mwyn i ni aberthu i'r ARGLWYDD ein Duw.' [19]Dw
i'n gwybod yn iawn na fydd brenin yr Aifft yn gadael i chi fynd, dim hyd yn oed dan bwysau.
[20]Felly bydda i'n defnyddio fy nerth i daro'r Aifft gyda gwyrthiau rhyfeddol. Bydd e'n eich
gyrru chi allan wedyn! [21]Bydd pobl yr Aifft yn rhoi anrhegion i bobl Israel, felly fyddwch chi
ddim yn gadael yn waglaw. [22]Bydd gwraig yn gofyn i'w chymdoges a'r un sy'n lletya gyda hi
am bethau arian ac aur, a hefyd am ddillad. Bydd eich meibion a'ch merched yn eu gwisgo
nhw. Byddwch yn cymryd y cwbl oddi ar bobl yr Aifft!"

4 Ond dyma Moses yn ateb, "Beth os wnân nhw ddim fy nghredu i? Beth os ddwedan
nhw, 'Wnaeth yr ARGLWYDD ddim dangos ei hun i ti.'?" [2]Felly dyma'r ARGLWYDD yn dweud
wrtho, "Beth ydy honna yn dy law di?" A dyma fe'n ateb, "Ffon." [3]"Tafla hi ar lawr," meddai'r
ARGLWYDD. Dyma fe'n taflu'r ffon ar lawr, a dyma hi'n troi'n neidr. A dyma Moses yn cilio'n
ôl yn reit sydyn. [4]Ond yna dwedodd yr ARGLWYDD wrtho, "Estyn dy law a gafael ynddi wrth ei
chynffon." Pan wnaeth Moses hynny dyma hi'n troi yn ôl yn ffon yn ei law. [5]"Gwna di hyn,
a byddan nhw'n credu wedyn fod yr ARGLWYDD, Duw eu hynafiaid wedi ymddangos i ti – Duw
Abraham, Isaac a Jacob."

[6]Yna dyma'r ARGLWYDD yn dweud wrtho, "Rho dy law dan dy glogyn." Felly dyma fe'n rhoi
ei law dan ei glogyn, ond pan dynnodd hi allan roedd brech fel gwahanglwyf drosti – roedd
yn wyn fel yr eira! [7]Yna dyma'r ARGLWYDD yn dweud eto, "Rho dy law yn ôl dan dy glogyn."
Felly dyma Moses yn rhoi ei law yn ôl dan ei glogyn, a phan dynnodd hi allan y tro yma,
roedd hi'n iach eto fel gweddill ei groen! [8]"Os byddan nhw'n gwrthod dy gredu di pan
welan nhw'r arwydd cyntaf, falle y gwnân nhw gredu'r ail arwydd," meddai'r ARGLWYDD. [9]"Os
byddan nhw'n dal i wrthod credu, yna cymer ddŵr o afon Nîl a'i dywallt ar y tir sych. Bydd
y dŵr yn troi'n waed ar y tir sych."

[10]Ond wedyn dyma Moses yn dweud wrth yr ARGLWYDD, "Plîs, Meistr, dw i ddim yn siaradwr
da iawn – dw i erioed wedi bod, a fydda i byth chwaith. Mae gen i atal dweud, a dw i'n ei

chael hi'n anodd i siarad." [11]Ond dyma'r ARGLWYDD yn ei ateb, "Pwy roddodd geg i ddyn yn
y lle cyntaf? Pwy sy'n gwneud rhai yn fud, eraill yn fyddar, rhai yn gweld ac eraill yn ddall?
Onid fi, yr ARGLWYDD? [12]Felly dos; bydda i'n dy helpu di i siarad, ac yn dy ddysgu di beth i'w
ddweud." [13]Ond meddai Moses, "O, plîs, Meistr, anfon rhywun arall!"
[14]Erbyn hyn roedd yr ARGLWYDD wedi digio gyda Moses, "Iawn! Beth am dy frawd Aaron,
y Lefiad? Dw i'n gwybod ei fod e'n gallu siarad yn dda. Mae e ar ei ffordd i dy gyfarfod di.
Bydd e wrth ei fodd pan fydd e'n dy weld di! [15]Byddi di'n dweud wrtho beth i'w ddweud.
Bydda i'n dy helpu di a'i helpu fe i siarad, ac yn dangos i chi beth i'w wneud. [16]Bydd e'n
siarad ar dy ran di gyda'r bobl. Bydd e'n siarad ar dy ran di, a byddi di fel 'duw' yn dweud
wrtho beth i'w ddweud. [17]A dos â dy ffon gyda ti – byddi'n gwneud arwyddion gwyrthiol
gyda hi."

Moses yn mynd yn ôl i'r Aifft

[18]Felly dyma Moses yn mynd yn ôl adre at Jethro, ei dad-yng-nghyfraith, a dweud wrtho, "Plîs
gad i mi fynd yn ôl at fy mhobl yn yr Aifft, i weld a ydyn nhw'n dal yn fyw." A dyma Jethro'n
dweud wrtho, "Dos, a bendith arnat ti!" [19](Roedd yr ARGLWYDD wedi dweud wrth Moses yn
Midian, "Dos yn ôl i'r Aifft. Mae'r dynion oedd am dy ladd di wedi marw.") [20]Felly dyma Moses
yn mynd gyda'i wraig a'i feibion – eu rhoi nhw ar gefn mul, a dechrau yn ôl am yr Aifft. Ac
aeth â ffon Duw gydag e yn ei law. [21]A dyma'r ARGLWYDD yn dweud wrth Moses, "Pan ei di yn
ôl i'r Aifft, gwna'n siŵr dy fod yn gwneud yr holl wyrthiau rhyfeddol dw i wedi rhoi'r gallu
i ti eu gwneud o flaen y Pharo. Ond bydda i'n ei wneud e'n ystyfnig, a bydd e'n gwrthod
gadael i'r bobl fynd. [22]Felly dywed di wrth y Pharo, 'Dyma mae'r ARGLWYDD yn ei ddweud:
"Fy mab i ydy Israel, fy mab hynaf i, [23]a dw i wedi dweud wrthot ti am adael iddo fynd, iddo
gael fy addoli i. Gwylia dy hun os byddi di'n gwrthod! Bydda i'n lladd dy fab hynaf di!" ' "
[24]Ar y ffordd, roedd Moses a'i deulu wedi aros i letya dros nos. A dyma'r ARGLWYDD yn
dod ato, ac roedd yn mynd i'w ladd. [25]Ond dyma Seffora yn cymryd cyllell finiog a torri'r
blaengroen oddi ar bidyn ei mab. Yna dyma hi'n cyffwrdd man preifat Moses gydag e, a dweud,
"Rwyt ti wir yn briodfab i mi drwy waed." [26]A dyma'r ARGLWYDD yn gadael llonydd iddo. (Wrth
ddweud "priodfab drwy waed" roedd Seffora'n cyfeirio at ddefod enwaediad.)
[27]Dyma'r ARGLWYDD yn dweud wrth Aaron, "Dos i'r anialwch i gyfarfod Moses." Felly dyma
fe'n mynd ac yn cyfarfod Moses wrth fynydd Duw, a'i gyfarch gyda chusan. [28]A dyma Moses
yn dweud wrth Aaron bopeth roedd yr ARGLWYDD wedi'i anfon i'w ddweud, ac am yr arwyddion
gwyrthiol roedd i'w gwneud.
[29]Galwodd Moses ac Aaron arweinwyr Israel at ei gilydd. [30]A dyma Aaron yn dweud wrthyn
nhw am bopeth roedd yr ARGLWYDD wedi'i ddweud wrth Moses. Yna dyma'r bobl yn gweld yr
arwyddion gwyrthiol [31]ac yn ei gredu. Pan glywon nhw fod yr ARGLWYDD wedi bod yn cadw
golwg ar bobl Israel ac wedi gweld sut roedden nhw'n cael eu cam-drin, dyma nhw'n plygu
i lawr yn isel i'w addoli.

Moses yn mynd at y Pharo

5 Aeth Moses ac Aaron at y Pharo, a dweud wrtho, "Dyma mae'r ARGLWYDD, Duw Israel, yn
ei ddweud: 'Gad i'm pobl fynd yn rhydd, iddyn nhw gynnal gŵyl i mi yn yr anialwch.' "
[2]Ond dyma'r Pharo'n ateb, "A pwy ydy'r ARGLWYDD yma dw i i fod i wrando arno, a gadael
i bobl Israel fynd? Dw i ddim yn gwybod pwy ydy e, a dw i ddim yn mynd i adael i Israel fynd
yn rhydd chwaith!" [3]A dyma nhw'n ei ateb, "Mae Duw yr Hebreaid wedi cyfarfod gyda ni.
Plîs, gad i ni deithio i'r anialwch am dri diwrnod, er mwyn i ni aberthu i'r ARGLWYDD ein Duw,
rhag iddo ein taro ni gyda haint ofnadwy neu i ni gael ein lladd mewn rhyfel."
[4]"Moses, Aaron," meddai'r brenin, "dych chi'n stopio'r bobl rhag mynd ymlaen gyda'u gwaith!
Ewch yn ôl i weithio! [5]Mae'r bobl yma drwy'r wlad i gyd, a dych chi'n eu stopio nhw rhag
gweithio!" [6]Felly'r diwrnod hwnnw, dyma'r Pharo yn gorchymyn i'r meistri gwaith a'r fformyn

oedd dros y bobl: 7“Peidiwch rhoi cyflenwad o wellt[ch] i'r bobl sy'n gwneud brics o hyn ymlaen.
Gwnewch iddyn nhw gasglu eu gwellt eu hunain! 8Ond bydd dal ddisgwyl iddyn nhw wneud yr
un nifer o frics ag o'r blaen. Peidiwch gadael iddyn nhw wneud llai. Mae'n amlwg eu bod nhw'n
slacio, a dyna pam maen nhw'n dweud, ‘Gad i ni fynd i aberthu i'n Duw.’ 9Gwnewch iddyn nhw
weithio'n galetach. Fydd ganddyn nhw ddim amser i wrando ar gelwyddau'r dynion yna wedyn!”
10Felly dyma'r meistri gwaith a'r fformyn yn mynd at bobl Israel, a dweud, “Dyma orchymyn
gan y Pharo: ‘Dw i ddim am roi gwellt i chi o hyn ymlaen. 11Rhaid i chi'ch hunain fynd allan
i chwilio am wellt. A rhaid i chi gynhyrchu'r un nifer o frics ag o'r blaen.’ ” 12Felly dyma'r bobl
yn mynd allan i wlad yr Aifft i bob cyfeiriad, i gasglu bonion gwellt. 13Roedd y meistri gwaith yn
rhoi pwysau ofnadwy arnyn nhw, “Rhaid i chi wneud yr un faint o waith bob dydd ag o'r blaen,
pan oedden ni'n rhoi gwellt i chi!” 14Roedd yr Israeliaid oedd wedi cael eu penodi'n fformyn
gan y meistri gwaith yn cael eu curo am beidio cynhyrchu'r cwota llawn o frics fel o'r blaen.
15Felly dyma'r fformyn yn mynd at y Pharo, a phledio arno, “Pam wyt ti'n trin dy weision
fel yma? 16Dŷn ni'n cael dim gwellt, ac eto mae disgwyl i ni wneud brics! Ni sy'n cael ein
curo ond ar y meistri gwaith mae'r bai.” 17Ond dyma'r Pharo yn dweud wrthyn nhw, “Dych chi
wedi bod yn slacio! Dych chi'n ddiog! Dyna pam dych chi'n dweud, ‘Gad i ni fynd i aberthu
i'r Arglwydd.’ 18Felly ewch, yn ôl i'ch gwaith! Fydd dim gwellt yn cael ei roi i chi, ond rhaid
i chi gynhyrchu'r un faint o frics!”
19Roedd fformyn pobl Israel yn gweld eu bod nhw mewn trwbwl pan ddywedwyd wrthyn
nhw, “Rhaid i chi gynhyrchu'r un faint o frics ag o'r blaen.”
20Wrth iddyn nhw adael y Pharo, roedd Moses ac Aaron yno'n disgwyl amdanyn nhw.
21A dyma'r fformyn yn dweud wrthyn nhw, “Gobeithio bydd yr Arglwydd yn eich barnu chi
am droi y Pharo a'i swyddogion yn ein herbyn ni. Dŷn ni'n drewi yn eu golwg nhw! Dych chi
wedi'n rhoi ni mewn sefyllfa lle byddan nhw'n ein lladd ni!”

Addewid Duw i Moses

22Dyma Moses yn mynd yn ôl at yr Arglwydd, a dweud, “O! Feistr, pam ti'n trin dy bobl fel
yma? Pam yn y byd wnest ti fy anfon i atyn nhw? 23O'r eiliad es i i siarad â'r Pharo ar dy ran
di, mae e wedi achosi trwbwl i'r bobl yma, a dwyt ti wedi gwneud dim byd i'w hachub nhw!”

6 Ond dyma'r Arglwydd yn ateb Moses, “Cei weld beth fydda i'n ei wneud i'r Pharo. Bydda
i'n defnyddio fy nerth i'w orfodi e i'w gollwng nhw'n rhydd, a bydd e'n eu gyrru nhw
allan o'i wlad!”

Comisiwn Moses

2Meddai Duw wrth Moses, “Fi ydy'r Arglwydd.[d] 3Gwnes i ddangos fy hun i Abraham, Isaac
a Jacob fel y Duw sy'n rheoli popeth.[dd] Ond doeddwn i ddim wedi gadael iddyn nhw fy nabod
i wrth fy enw, yr Arglwydd. 4Rôn i wedi gwneud ymrwymiad i roi gwlad Canaan iddyn nhw, sef
y wlad lle roedden nhw'n byw fel mewnfudwyr. 5Dw i wedi clywed pobl Israel yn griddfan am
fod yr Eifftiaid wedi'u *gwneud nhw'n gaethweision*, a dw i wedi cofio fy ymrwymiad iddyn
nhw. 6Felly, dywed wrth bobl Israel, ‘Fi ydy'r Arglwydd. Dw i'n mynd i ddod â chi allan o'r
Aifft. Fyddwch chi ddim yn gaethweision i'r Eifftiaid o hyn ymlaen. Dw i'n mynd i'ch achub
chi rhag cael eich cam-drin ganddyn nhw. Dw i'n mynd i ddefnyddio fy nerth i'ch rhyddhau
chi, ac yn mynd i'w cosbi nhw. 7Dw i'n mynd i'ch gwneud chi'n bobl i mi fy hun. Fi fydd eich
Duw chi. Byddwch chi'n gwybod wedyn mai fi ydy'r Arglwydd eich Duw wnaeth eich achub chi
o fod yn gaethweision yn yr Aifft. 8Bydda i'n dod â chi i'r wlad wnes i addo ei rhoi i Abraham,
Isaac a Jacob – eich gwlad chi fydd hi wedyn! Fi ydy'r Arglwydd.’ ”
9Dyma Moses yn dweud hyn i gyd wrth bobl Israel, ond roedden nhw'n gwrthod gwrando
arno. Roedden nhw mor ddigalon am eu bod yn cael eu cam-drin mor ofnadwy.

---

ch 5:7 *wellt* Roedd y gwellt yn gwneud y brics yn gryfach, ac yn eu cadw rhag cracio a cholli eu siâp.
d 6:2 Hebraeg, *Iahwe* – enw Duw. dd 6:3 Hebraeg, *El Shadai*.

10Dyma'r ARGLWYDD yn dweud wrth Moses: 11"Dos at y Pharo, brenin yr Aifft, a dweud wrtho
fod rhaid iddo ryddhau pobl Israel o'i wlad." 12Ond dyma Moses yn ateb yr ARGLWYDD, "Dydy
pobl Israel ddim yn fodlon gwrando, felly pam ddylai'r Pharo wrando arna i? Dw i'n siaradwr
gwael." 13Ond dyma'r ARGLWYDD yn dweud wrth Moses ac Aaron fod rhaid iddyn nhw fynd yn
ôl at bobl Israel ac at y Pharo, am eu bod i arwain pobl Israel allan o wlad yr Aifft.

Achau Moses ac Aaron

14Dyma enwau penaethiaid teuluoedd Israel:
Meibion Reuben, mab hynaf Israel: Chanoch, Palw, Hesron a Carmi – enwau teuluoedd o lwyth Reuben.
15 Meibion Simeon: Iemwel, Iamîn, Ohad, Iachîn, Sochar a Saul (mab i ferch o Canaan) – enwau teuluoedd o lwyth Simeon.
16 A dyma enwau meibion Lefi (bob yn genhedlaeth): Gershon, Cohath a Merari (Roedd Lefi wedi byw i fod yn 137 mlwydd oed.)
17 Meibion Gershon bob yn deulu: Libni a Shimei.
18 Meibion Cohath: Amram, Its'har, Hebron ac Wssiel (Roedd Cohath wedi byw i fod yn 133 mlwydd oed.)
17 Meibion Merari: Machli a Mwshi. Dyma deuluoedd llwyth Lefi (bob yn genhedlaeth).
20 Roedd Amram wedi priodi Iochefed, chwaer ei dad, a nhw oedd rhieni Aaron
a Moses. (Roedd Amram wedi byw i fod yn 137 mlwydd oed.) 21 Meibion Its'har
oedd Cora, Neffeg a Sichri. 22 Meibion Wssiel oedd Mishael, Eltsaffan a Sithri.
23 Roedd Aaron wedi priodi Elisheba (merch Aminadab, a chwaer i Nachshon), a nhw oedd rhieni Nadab, Abihw, Eleasar ac Ithamar.
24 Meibion Cora oedd Assir, Elcana ac Abiasaff. Eu disgynyddion nhw oedd y Corahiaid.
25 Roedd Eleasar (mab Aaron) wedi priodi un o ferched Pwtiel, a nhw oedd rhieni Phineas. Dyma benaethiaid y teuluoedd o lwyth Lefi.

26Y rhain oedd yr Aaron a'r Moses wnaeth yr ARGLWYDD siarad â nhw, a dweud, "Dw i am
i chi arwain pobl Israel allan o wlad yr Aifft mewn rhengoedd trefnus." 27Nhw oedd y rhai
aeth i siarad â'r Pharo, brenin yr Aifft, a mynnu ei fod yn gadael i bobl Israel fynd allan o'r
Aifft – yr un Moses ac Aaron.
28Pan siaradodd yr ARGLWYDD gyda Moses yn yr Aifft, 29dwedodd wrtho, "Fi ydy'r ARGLWYDD.
Dw i eisiau i ti ddweud wrth y Pharo, brenin yr Aifft, bopeth dw i'n ei ddweud wrthot ti." 30Ond
dyma Moses yn ateb yr ARGLWYDD, "Dw i'n siaradwr gwael! Pam ddylai'r Pharo wrando arna i?"

7 A dyma'r ARGLWYDD yn dweud wrth Moses, "Bydda i'n dy wneud di fel 'duw' i'r Pharo,
a dy frawd Aaron fel dy broffwyd. 2Rwyt i ddweud popeth dw i'n ei orchymyn i ti, ac
mae dy frawd Aaron i ddweud wrth y Pharo fod rhaid iddo ryddhau pobl Israel o'i wlad. 3Ond
bydda i'n gwneud y Pharo'n ystyfnig. Bydda i'n gwneud lot fawr o arwyddion a gwyrthiau
rhyfeddol yn yr Aifft, 4ond fydd y Pharo ddim yn gwrando. Felly bydda i'n taro'r Aifft, yn
eu cosbi nhw'n llym, ac yn arwain fy mhobl Israel allan o'r wlad mewn rhengoedd trefnus.
5Wedyn bydd pobl yr Aifft yn deall mai fi ydy'r ARGLWYDD pan fydda i'n taro'r Aifft ac yn
arwain pobl Israel allan o'u gwlad nhw."
6Dyma Moses ac Aaron yn gwneud yn union fel roedd yr ARGLWYDD wedi dweud wrthyn nhw.
7Roedd Moses yn wyth deg oed, ac Aaron yn wyth deg tri, pan aethon nhw i siarad â'r Pharo.

Ffon Aaron yn troi'n neidr

8Dyma'r ARGLWYDD yn dweud wrth Moses ac Aaron, 9"Pan fydd y Pharo yn dweud,
'Dangoswch wyrth i mi,' dywed wrth Aaron am daflu ei ffon ar lawr o flaen y Pharo, a bydd
y ffon yn troi'n neidr anferth."

10Pan aeth Moses ac Aaron at y Pharo, dyma nhw'n gwneud yn union fel roedd yr ARGLWYDD
wedi dweud. Dyma Aaron yn taflu ei ffon ar lawr o flaen y Pharo a'i swyddogion, a dyma'r
ffon yn troi'n neidr anferth. 11Ond yna dyma'r Pharo yn galw am swynwyr doeth a chonsurwyr
– dewiniaid yr Aifft, oedd yn gwneud yr un math o beth drwy hud a lledrith. 12Dyma nhw i gyd
yn taflu eu ffyn ar lawr, a dyma'r ffyn yn troi'n nadroedd. Ond dyma ffon Aaron yn llyncu
eu ffyn nhw i gyd! 13Ond roedd y Pharo mor ystyfnig ag erioed. Roedd yn gwrthod gwrando
arnyn nhw, yn union fel roedd yr ARGLWYDD wedi dweud.

Y deg trychineb yn taro'r Aifft

Dŵr yn troi'n waed

14Dyma'r ARGLWYDD yn dweud wrth Moses, "Mae'r Pharo mor ystyfnig. Mae'n gwrthod
rhyddhau y bobl. 15Bore yfory, dos i'w gyfarfod pan fydd yn mynd i lawr at yr afon. Dos
i sefyll ar lan afon Nîl, yn disgwyl amdano. Dos â dy ffon gyda ti, sef yr un wnaeth droi'n
neidr. 16Dwed wrtho, 'Mae'r ARGLWYDD, Duw yr Hebreaid, wedi fy anfon i atat ti i ddweud,
"Gad i'm pobl fynd yn rhydd, iddyn nhw fy addoli i yn yr anialwch!" Ond hyd yn hyn rwyt ti
wedi gwrthod gwrando. 17Felly mae'r ARGLWYDD yn dweud: "Dyma sut rwyt ti'n mynd i ddeall
mai fi ydy'r ARGLWYDD: Dw i'n mynd i daro dŵr afon Nîl gyda'r ffon yma, a bydd yn troi yn
waed. 18Bydd y pysgod yn marw, a bydd afon Nîl yn drewi. Fydd pobl yr Aifft ddim yn gallu
yfed dŵr ohoni." ' "

19Yna dyma'r ARGLWYDD yn dweud wrth Moses, "Dwed wrth Aaron am estyn ei ffon dros
ddyfroedd yr Aifft – yr afonydd, y camlesi, y corsydd a'r dŵr sydd wedi'i gasglu – er mwyn i'r
cwbl droi'n waed. Bydd gwaed drwy'r wlad i gyd, hyd yn oed yn y bwcedi pren a'r cafnau carreg."

20Dyma Moses ac Aaron yn gwneud yn union fel roedd yr ARGLWYDD wedi gorchymyn. Codi'r
ffon a tharo dŵr afon Nîl o flaen llygaid y Pharo a'i swyddogion. A dyma ddŵr afon Nîl yn
troi'n waed. 21Dyma'r pysgod yn yr afon yn marw, ac roedd y dŵr yn drewi mor ofnadwy,
doedd pobl yr Aifft ddim yn gallu ei yfed. Roedd gwaed drwy wlad yr Aifft i gyd! 22Ond
dyma ddewiniaid yr Aifft yn gwneud yr un peth drwy hud a lledrith. Felly roedd y Pharo mor
ystyfnig ag erioed, ac yn gwrthod gwrando ar Moses ac Aaron, yn union fel roedd yr ARGLWYDD
wedi dweud. 23Dyma'r Pharo'n mynd yn ôl i'w balas, yn poeni dim am y peth. 24Ond roedd
pobl gyffredin yr Aifft yn gorfod cloddio am ddŵr, am eu bod yn methu yfed dŵr afon Nîl.

Pla o lyffantod

25Aeth wythnos lawn heibio ar ôl i'r ARGLWYDD daro'r afon.

8 Yna dyma'r ARGLWYDD yn dweud wrth Moses, "Dos at y Pharo a dweud wrtho, 'Dyma mae'r
ARGLWYDD yn ei ddweud: "Gad i'm pobl fynd yn rhydd, iddyn nhw gael fy addoli i! 2Os byddi
di'n gwrthod gadael iddyn nhw fynd, bydda i'n anfon pla o lyffantod drwy'r wlad. 3Bydd afon
Nîl yn llawn ohonyn nhw. A byddan nhw'n dod i mewn i'r palas, i dy ystafell wely di, a hyd yn
oed ar dy wely! Byddan nhw'n mynd i mewn i dai pawb. Byddan nhw ym mhob ffwrn a phowlen
a phadell! 4Byddan nhw dros bawb a phopeth! – drosot ti, dy bobl a dy swyddogion." ' "

5Dyma'r ARGLWYDD yn dweud wrth Moses, "Dwed wrth Aaron am estyn ei ffon dros yr
afonydd, y camlesi a'r corsydd, a gwneud i lyffantod ddod allan dros wlad yr Aifft i gyd."
6Dyma Aaron yn gwneud hynny, a daeth llyffantod allan dros wlad yr Aifft i gyd. 7Ond yna
dyma'r dewiniaid yn gwneud yr un peth gyda'u hud a lledrith – roedden nhw hefyd yn
gwneud i lyffantod ddod dros y wlad.

8Yna dyma'r Pharo yn galw am Moses ac Aaron, a dweud wrthyn nhw, "Gweddïwch ar yr
ARGLWYDD iddo gymryd y llyffantod i ffwrdd oddi wrtho i a'r bobl. Wedyn bydda i'n gadael i'r
bobl fynd, iddyn nhw aberthu i'r ARGLWYDD." 9A dyma Moses yn ateb y Pharo, "Iawn, cei di'r
fraint o ddweud pryd wyt ti eisiau i mi weddïo. Pryd wyt ti eisiau i'r llyffantod gael eu symud
o'ch tai chi, fel bod dim ar ôl ond y rhai sydd yn afon Nîl?" 10A dyma fe'n ateb, "Yfory." "Iawn,"
meddai Moses, "fel rwyt ti'n dweud! Byddi'n deall wedyn fod yna neb tebyg i'r ARGLWYDD ein
Duw ni. 11Bydd y llyffantod i gyd wedi mynd, heblaw'r rhai sydd yn afon Nîl."

12 Felly dyma Moses ac Aaron yn gadael y Pharo, a gweddïodd Moses ar yr ARGLWYDD am
y llyffantod roedd e wedi'u hanfon ar y Pharo. 13 A dyma'r ARGLWYDD yn gwneud fel roedd
Moses yn gofyn – dyma'r llyffantod i gyd yn marw, yn y tai, y pentrefi a'r caeau. 14 Cafodd
y cwbl eu casglu'n domenni ym mhobman, nes bod y wlad yn drewi!
15 Ond yna, pan welodd y Pharo fod y broblem wedi mynd, dyma fe'n troi'n ystyfnig eto.
Roedd yn gwrthod gwrando ar Moses ac Aaron, yn union fel roedd yr ARGLWYDD wedi dweud.

Pla o wybed

16 Dyma'r ARGLWYDD yn dweud wrth Moses, "Dwed wrth Aaron am estyn ei ffon a tharo'r
pridd ar lawr, iddo droi'n wybed dros wlad yr Aifft i gyd." 17 A dyna wnaethon nhw. Dyma
Aaron yn estyn ei ffon a tharo'r pridd ar lawr, ac roedd gwybed ym mhobman, ar bobl ac
anifeiliaid. Trodd y pridd ar lawr yn wybed ym mhobman drwy wlad yr Aifft i gyd. 18 Ceisiodd
y dewiniaid wneud yr un peth gyda'u hud a lledrith, ond roedden nhw'n methu. Roedd
gwybed ym mhobman, ar bobl ac anifeiliaid! 19 "Duw sydd tu ôl i hyn!" meddai'r dewiniaid.
Ond roedd y Pharo yn dal yr un mor ystyfnig, ac yn gwrthod gwrando ar Moses ac Aaron, yn
union fel roedd yr ARGLWYDD wedi dweud.

Pla o bryfed

20 Dyma'r ARGLWYDD yn dweud wrth Moses, "Coda'n fore, a sefyll o flaen y Pharo pan fydd
yn mynd i lawr at yr afon. Dwed wrtho, 'Dyma mae'r ARGLWYDD yn ei ddweud, "Gad i'm pobl
fynd yn rhydd, iddyn nhw gael fy addoli i! 21 Os byddi di'n gwrthod gadael i'm pobl fynd, dw
i'n mynd i anfon heidiau o bryfed i dy boeni di, dy swyddogion a dy bobl. Bydd eich tai yn
llawn pryfed, byddan nhw hyd yn oed ar lawr ym mhobman. 22 Ond bydda i'n delio'n wahanol
gyda Gosen, lle mae fy mhobl Israel yn byw; fydd yna ddim pryfed yno. Byddi'n deall wedyn
mai fi ydy'r ARGLWYDD, a'm bod i yma yng nghanol gwlad yr Aifft. 23 Bydda i'n gwahaniaethu
rhwng fy mhobl i a dy bobl di. Bydd hyn yn digwydd yfory." ' "
24 A dyna wnaeth yr ARGLWYDD. Daeth haid trwchus o bryfed i mewn i balas y Pharo, i dai ei
swyddogion, a thrwy wlad yr Aifft i gyd. Roedd y pryfed yn difetha'r wlad. 25 A dyma'r Pharo
yn galw am Moses ac Aaron, a dweud wrthyn nhw, "Iawn, ewch i aberthu i'ch Duw, ond
o fewn ffiniau'r wlad yma." 26 Ond dyma Moses yn ateb, "Na, fyddai hynny ddim yn beth call
i'w wneud. Bydden ni'n tramgwyddo pobl yr Aifft gyda'r aberthau dŷn ni'n eu cyflwyno i'r
ARGLWYDD ein Duw. Os byddan nhw'n ein gweld ni'n aberthu, byddan nhw'n dechrau taflu
cerrig aton ni i'n lladd ni. 27 Rhaid i ni deithio am dri diwrnod i'r anialwch, ac aberthu i'r
ARGLWYDD ein Duw yno. Dyna mae e'n ddweud wrthon ni." 28 Felly dyma'r Pharo'n dweud,
"Iawn, gwna i adael i chi fynd i aberthu i'r ARGLWYDD eich Duw yn yr anialwch. Ond rhaid i chi
beidio mynd yn rhy bell. Nawr, gweddïwch drosto i." 29 A dyma Moses yn dweud, "Yn syth ar
ôl i mi fynd allan, bydda i'n gweddïo ar yr ARGLWYDD ac yn gofyn iddo anfon y pryfed i ffwrdd
yfory – oddi wrthot ti, dy swyddogion a dy bobl. Ond paid ceisio'n twyllo ni eto, a gwrthod
gadael i'r bobl fynd i aberthu i'r ARGLWYDD."
30 Felly dyma Moses yn gadael y Pharo, ac yn gweddïo ar yr ARGLWYDD. 31 A dyma'r ARGLWYDD
yn gwneud fel roedd Moses yn gofyn – dyma fe'n gyrru'r pryfed i ffwrdd oddi wrth y Pharo,
ei swyddogion a'i bobl. Doedd dim un ar ôl! 32 Ond dyma'r Pharo'n troi'n ystyfnig unwaith
eto, ac yn gwrthod gadael i'r bobl fynd.

Anifeiliaid yn marw

9 Yna dyma'r ARGLWYDD yn dweud wrth Moses, "Dos at y Pharo a dweud wrtho, 'Dyma
mae'r ARGLWYDD, Duw yr Hebreaid yn ei ddweud: "Gad i'm pobl fynd yn rhydd, iddyn
nhw gael fy addoli i!" 2 Os byddi di'n gwrthod gadael iddyn nhw fynd, ac yn dal dy afael
ynddyn nhw, 3 bydd yr ARGLWYDD yn taro dy anifeiliaid di i gyd gyda haint ofnadwy – y ceffylau,
y mulod, y camelod, y gwartheg i gyd, a'r defaid a'r geifr. 4 Ond bydd e'n gwahaniaethu
rhwng anifeiliaid pobl Israel a'ch anifeiliaid chi'r Eifftiaid. Fydd dim un o anifeiliaid pobl

Israel yn marw.' " 5Dwedodd yr Arglwydd y byddai hyn yn digwydd y diwrnod wedyn. 6A dyna
wnaeth yr Arglwydd. Y diwrnod wedyn, dyma anifeiliaid yr Eifftiaid i gyd yn marw, ond wnaeth
dim un o anifeiliaid pobl Israel farw. 7Dyma'r Pharo yn anfon swyddogion i weld, ac yn wir,
doedd dim un o anifeiliaid pobl Israel wedi marw. Ond roedd e mor ystyfnig ag erioed, ac yn
gwrthod gadael i'r bobl fynd.

Chwyddau septig

8Yna dyma'r Arglwydd yn dweud wrth Moses ac Aaron, "Cymerwch ddyrneidiau o ludw
o ffwrnais, a chael Moses i'w daflu i'r awyr o flaen llygaid y Pharo. 9Bydd yn lledu fel llwch
mân dros wlad yr Aifft i gyd, ac yn achosi chwyddau fydd yn troi'n septig ar gyrff pobl ac
anifeiliaid drwy'r wlad."

10Felly dyma nhw'n cymryd lludw o ffwrnais a mynd i sefyll o flaen y Pharo. A dyma Moses
yn ei daflu i'r awyr, ac roedd yn achosi chwyddau oedd yn troi'n septig ar gyrff pobl ac
anifeiliaid. 11Doedd y dewiniaid ddim yn gallu cystadlu gyda Moses o achos y chwyddau.
Roedd y chwyddau dros eu cyrff nhw hefyd, fel pawb arall yn yr Aifft. 12Ond roedd yr Arglwydd
wedi gwneud y Pharo yn fwy ystyfnig fyth. Roedd yn gwrthod gwrando arnyn nhw, yn union
fel roedd yr Arglwydd wedi dweud wrth Moses.

Cenllysg

13Dyma'r Arglwydd yn dweud wrth Moses, "Coda'n fore, a sefyll o flaen y Pharo, a dywed
wrtho, 'Dyma mae'r Arglwydd, Duw yr Hebreaid, yn ei ddweud: "Gad i'm pobl fynd yn rhydd,
iddyn nhw gael fy addoli i! 14Y tro yma dw i'n mynd i dy daro di, a dy swyddogion a dy bobl
gyda plâu gwaeth fyth, er mwyn i ti ddeall fod yna neb tebyg i mi ar y ddaear. 15Gallwn i fod
wedi dy daro di a dy bobl gyda pla ofnadwy fyddai wedi'ch dileu chi oddi ar wyneb y ddaear!
16Dyma pam wnes i dy godi di – er mwyn dangos i ti mor bwerus ydw i, ac er mwyn i bawb
drwy'r byd i gyd ddod i wybod amdana i. 17Ond rwyt ti'n dal i ormesu fy mhobl, ac yn gwrthod
gadael iddyn nhw fynd yn rhydd. 18Felly, tua'r adeg yma yfory, dw i'n mynd i anfon y storm
genllysg waethaf mae'r Aifft erioed wedi'i gweld. 19Gwell i ti gasglu dy anifeiliaid a phopeth
arall sydd biau ti'n y caeau i le saff. Bydd pob person ac anifail sy'n cael ei ddal yn y cae gan
y storm yn cael ei daro gan y cenllysg ac yn marw!" ' "

20Dyma rai o swyddogion y Pharo yn credu beth ddwedodd yr Arglwydd, ac yn brysio allan
i gasglu eu gweision a'u hanifeiliaid o'r caeau. 21Ond roedd eraill yn poeni dim am y peth,
a dyma nhw'n gadael eu gweision a'u hanifeiliaid yn y caeau.

22Yna dyma'r Arglwydd yn dweud wrth Moses, "Cod dy law i fyny i'r awyr, i wneud i genllysg
ddisgyn drwy wlad yr Aifft, ar bobl ac anifeiliaid, ac ar y cnydau sy'n tyfu drwy'r wlad i gyd."
23Pan gododd Moses ei ffon i'r awyr, dyma'r Arglwydd yn anfon storm o genllysg gyda mellt
a tharanau. Dyma'r Arglwydd yn gwneud iddi fwrw cenllysg ar wlad yr Aifft i gyd. 24Roedd
y cenllysg yn syrthio, a'r mellt yn fflachio yn ôl a blaen. Roedd yn bwrw mor drwm, fuodd
yna erioed storm debyg iddi yn holl hanes gwlad yr Aifft. 25Roedd y cenllysg yn taro popeth
oedd allan yn y caeau – pobl ac anifeiliaid, a'r cnydau drwy'r wlad i gyd. Roedd hyd yn oed
y coed wedi cael eu dryllio! 26Yr unig ardal yn yr Aifft gafodd ddim cenllysg oedd Gosen, lle
roedd pobl Israel yn byw.

27Felly dyma'r Pharo yn anfon am Moses ac Aaron, ac yn dweud wrthyn nhw, "Dw i'n
cyfaddef fy mod i ar fai. Yr Arglwydd sy'n iawn. Dw i a'm pobl yn euog. 28Gweddïa ar yr Arglwydd.
Dŷn ni wedi cael digon! Mae'r taranau a'r cenllysg yma'n ormod! Gwna i adael i chi fynd –
gorau po gynta!" 29A dyma Moses yn dweud wrtho, "Pan fydda i wedi mynd allan o'r ddinas,
bydda i'n codi fy nwylo ac yn gweddïo ar yr Arglwydd. Bydd y taranau a'r cenllysg yn stopio.
Byddi'n deall wedyn mai'r Arglwydd sydd biau'r ddaear yma. 30Ond dw i'n gwybod yn iawn dy
fod ti a dy weision eto ddim wir yn parchu'r Arglwydd Dduw." 31(Roedd y cnydau llin a'r cnydau
haidd wedi cael eu difetha gan y cenllysg. Roedd yr haidd yn aeddfed, a'r llin wedi blodeuo.
32Ond roedd y gwenith a'r sbelt yn dal yn iawn, gan eu bod yn gnydau mwy diweddar.)

[33]Felly dyma Moses yn gadael y Pharo a mynd allan o'r ddinas. Dyma fe'n codi ei ddwylo
a gweddïo ar yr ARGLWYDD, a dyma'r taranau a'r cenllysg yn stopio, a'r storm yn clirio. [34]Ond
pan welodd y Pharo fod y glaw a'r cenllysg a'r taranau wedi stopio, dyma fe'n pechu eto.
Dyma fe a'i swyddogion yn troi'n ystyfnig. [35]Roedd y Pharo yn hollol ystyfnig, ac yn gwrthod
gadael i bobl Israel fynd, yn union fel roedd yr ARGLWYDD wedi dweud.

Locustiaid

10 Dyma'r ARGLWYDD yn dweud wrth Moses, "Dos at y Pharo. Dw i wedi'i wneud
e a'i swyddogion yn ystyfnig, er mwyn iddyn nhw weld yr arwyddion gwyrthiol dw
i'n eu gwneud. [2]Hefyd er mwyn i ti allu dweud am beth ddigwyddodd wrth dy blant a'u plant
hwythau, sut roeddwn i wedi gwneud ffyliaid o'r Eifftiaid. Byddwch chi'n deall wedyn mai
fi ydy'r ARGLWYDD." [3]Felly dyma Moses ac Aaron yn mynd at y Pharo a dweud wrtho, "Dyma
mae'r ARGLWYDD, Duw yr Hebreaid, yn ei ddweud: 'Am faint wyt ti'n mynd i wrthod plygu i mi?
Gad i'm pobl fynd yn rhydd, iddyn nhw gael fy addoli i! [4]Os fyddi di'n gwrthod, gwylia dy
hun! Bydda i'n anfon locustiaid drwy dy wlad di yfory. [5]Byddan nhw dros bobman! Fyddi di
ddim yn gallu gweld y llawr! Byddan nhw'n dinistrio popeth wnaeth ddim cael ei ddifetha
gan y cenllysg. Fydd yna ddim byd gwyrdd ar ôl, a dim blagur ar y coed. [6]Byddan nhw drwy
dy balas di, tai dy swyddogion a thai pawb arall yn yr Aifft. Fydd dim byd tebyg i hyn wedi
digwydd yn holl hanes gwlad yr Aifft!' " Yna dyma Moses yn troi ac yn gadael y Pharo.
[7]A dyma swyddogion y Pharo yn dweud wrtho, "Am faint mae hyn i fynd ymlaen? Gad
iddyn nhw fynd i addoli'r ARGLWYDD eu Duw. Wyt ti ddim yn gweld y bydd hi ar ben ar y wlad
yma?" [8]Dyma nhw'n dod â Moses ac Aaron yn ôl at y Pharo. A dyma fe'n dweud wrthyn
nhw, "Ewch i addoli'r ARGLWYDD eich Duw. Ond pwy yn union fydd yn mynd?" [9]"Bydd pawb yn
mynd," meddai Moses, "hen ac ifanc, ein plant a'n hanifeiliaid. Dŷn ni'n mynd i gynnal gŵyl
i'r ARGLWYDD." [10]"Duw a'ch helpo os ydych chi'n meddwl y gwna i adael i'ch plant fynd gyda
chi! Gwyliwch chi! Byddwch chi mewn trwbwl wedyn! [11]Na! Dim ond y dynion sydd i gael
mynd i addoli'r ARGLWYDD. Dyna dych chi eisiau ynte?" A dyma fe'n gyrru'r ddau allan o'i olwg.
[12]Dyma'r ARGLWYDD yn dweud wrth Moses, "Estyn dy law dros wlad yr Aifft i wneud i'r
locustiaid ddod. Byddan nhw dros bobman, ac yn difetha popeth sy'n dal i dyfu ar ôl y cenllysg."
[13]Felly dyma Moses yn estyn ei ffon dros wlad yr Aifft. A dyma'r ARGLWYDD yn gwneud i wynt
o'r dwyrain chwythu drwy'r dydd a'r nos. Erbyn iddi wawrio y bore wedyn roedd y gwynt
wedi dod â'r locustiaid i'r wlad. [14]Dyma nhw'n mynd drwy'r wlad i gyd, o un pen i'r llall.
Fuodd yna erioed bla tebyg o locustiaid, a fydd yna ddim un tebyg byth eto. [15]Roedden nhw
dros bobman! Roedd y ddaear yn ddu gan locustiaid, a dyma nhw'n difetha pob planhigyn
a phob ffrwyth ar bob coeden oedd yn dal yna wedi'r cenllysg. Doedd yna ddim planhigyn
na deilen werdd ar ôl drwy wlad yr Aifft i gyd!
[16]Dyma'r Pharo yn galw am Moses ac Aaron ar frys. Meddai wrthyn nhw, "Dw i wedi pechu yn
erbyn yr ARGLWYDD eich Duw, a chithau. [17]Plîs maddeuwch i mi yr un tro yma, a gweddïo y bydd yr
ARGLWYDD eich Duw yn cymryd y pla marwol yma i ffwrdd." [18]Felly dyma Moses yn gadael y Pharo
ac yn gweddïo ar yr ARGLWYDD. [19]A dyma'r ARGLWYDD yn gwneud i'r gwynt droi, a chwythu'n gryf
o gyfeiriad y gorllewin. Dyma'r gwynt yn codi'r locustiaid a'u chwythu nhw i gyd i'r Môr Coch.[e]
Doedd yna ddim un locust ar ôl drwy wlad yr Aifft i gyd! [20]Ond dyma'r ARGLWYDD yn gwneud
y Pharo yn ystyfnig eto. Roedd yn gwrthod gadael i bobl Israel fynd.

Tywyllwch

[21]Yna dyma'r ARGLWYDD yn dweud wrth Moses, "Estyn dy law i fyny i'r awyr, er mwyn
i dywyllwch ddod dros wlad yr Aifft – tywyllwch dychrynllyd![f]" [22]Felly dyma Moses yn estyn
ei law i fyny i'r awyr, ac roedd hi'n dywyll fel y fagddu drwy wlad yr Aifft am dri diwrnod.
[23]Doedd pobl ddim yn gallu gweld ei gilydd, a doedd neb yn gallu mynd allan am dri diwrnod!
Ond roedd hi'n olau lle roedd pobl Israel yn byw.

---

e 10:19 *Môr Coch* Hebraeg, "Môr y Brwyn". f 10:21 Hebraeg, "tywyllwch y gellir ei deimlo".

24 Dyma'r Pharo yn galw am Moses, a dweud, “Ewch i addoli'r ARGLWYDD. Cewch fynd â'ch
plant gyda chi, ond dw i am gadw'r anifeiliaid yma.” 25 Atebodd Moses, “Wyt ti ddim am roi
anifeiliaid i ni i'w haberthu a'u cyflwyno'n offrymau i'w llosgi i'r ARGLWYDD ein Duw? 26 Rhaid
i'r anifeiliaid fynd gyda ni. Does dim un i gael ei adael ar ôl. Rhaid i ni ddewis rhai ohonyn nhw
i'w haberthu i'r ARGLWYDD, a dŷn ni ddim yn gwybod pa rai nes byddwn ni wedi cyrraedd yno.”
27 Ond dyma'r ARGLWYDD yn gwneud y Pharo yn ystyfnig eto. Doedd e ddim am adael iddyn
nhw fynd. 28 Meddai'r Pharo, “Dos o ngolwg i! Dw i byth eisiau dy weld di yma eto! Os gwela
i di eto, bydda i'n dy ladd di!” 29 “Iawn,” meddai Moses, “fyddi di byth yn fy ngweld i eto.”

Rhybudd fod pob mab hynaf i farw

11 Yna dyma'r ARGLWYDD yn dweud wrth Moses, “Dw i'n mynd i daro'r Pharo a gwlad yr
Aifft un tro olaf. Bydd yn eich gollwng chi'n rhydd wedyn, heb unrhyw amodau. Yn wir,
bydd e'n eich gyrru chi allan o'r wlad. 2 Dwed wrth bobl Israel fod pawb i ofyn i'w cymdogion
am bethau wedi'u gwneud o arian ac aur.” 3 A dyma'r ARGLWYDD yn gwneud i'r Eifftiaid fod
yn hael at bobl Israel. Roedd Moses ei hun yn cael ei ystyried yn ddyn pwysig iawn yn yr Aifft.
Roedd gan swyddogion y Pharo a'r bobl gyffredin barch mawr ato.
4 A dyma Moses yn dweud, “Dyma mae'r ARGLWYDD yn ei ddweud: ‘Tua canol nos bydda i'n
mynd drwy wlad yr Aifft, 5 a bydd pob mab hynaf drwy'r wlad yn marw – o fab hynaf y Pharo
ar ei orsedd i fab hyna'r gaethferch sy'n troi'r felin law, a hyd yn oed pob anifail gwryw oedd
y cyntaf i gael ei eni. 6 Bydd pobl yn wylofain drwy wlad yr Aifft i gyd. Fydd dim byd tebyg
wedi digwydd erioed o'r blaen, a fydd dim byd tebyg byth eto. 7 Ond fydd dim yn bygwth
pobl Israel na'u hanifeiliaid – dim hyd yn oed ci yn cyfarth! Byddwch chi'n deall wedyn fod
yr ARGLWYDD yn gwahaniaethu rhwng yr Eifftiaid a phobl Israel.’ 8 Bydd dy swyddogion i gyd
yn dod i edrych amdana i, ac yn plygu'n isel o mlaen i. Byddan nhw'n dweud, ‘Ewch! – Ti
a'r bobl sy'n dy ddilyn di.’ Wedyn bydda i'n mynd.” Yna dyma Moses yn gadael y Pharo, wedi
digio'n lân. 9 A dyma'r ARGLWYDD yn dweud wrtho, “Fydd y Pharo ddim yn gwrando arnoch chi.
Felly dw i'n mynd i wneud mwy o wyrthiau rhyfeddol yn yr Aifft.”
10 Er bod Moses ac Aaron wedi gwneud y gwyrthiau rhyfeddol yma o flaen y Pharo, roedd
yr ARGLWYDD wedi'i wneud e'n ystyfnig. Roedd yn gwrthod gadael i bobl Israel fynd yn rhydd.

Paratoi y Pasg

12 Dyma'r ARGLWYDD yn dweud wrth Moses ac Aaron yn yr Aifft, 2 “Y mis yma[ff] fydd mis
cynta'r flwyddyn i chi. 3 Dwedwch wrth bobl Israel: Ar y degfed o'r mis rhaid i bob
teulu gymryd oen neu fyn gafr i'w ladd. 4 Os ydy'r teulu'n rhy fach i fwyta'r anifail cyfan, dylen
nhw ei rannu gyda'u cymdogion. Mae'n dibynnu faint o bobl sydd yn y teulu, a faint mae
pawb yn gallu ei fwyta. 5 Rhaid iddo fod yn anifail gwryw, blwydd oed, heb ddim o'i le arno.
Gall fod yn oen neu'n fyn gafr. 6 Rhaid ei gadw ar wahân hyd y pedwerydd ar ddeg o'r mis.
Yna, y noson honno, ar ôl i'r haul fachlud, bydd pobl Israel i gyd yn lladd yr oen neu'r myn
gafr sydd ganddyn nhw. 7 Wedyn maen nhw i gymryd peth o'r gwaed a'i roi ar ochrau ac ar
dop ffrâm y drws i'r tŷ lle byddan nhw'n ei fwyta. 8 Rhaid iddyn nhw ei rostio y noson honno,
a'i fwyta gyda bara heb furum ynddo a llysiau chwerw. 9 Rhaid rhostio'r anifail cyfan, yn
cynnwys ei ben, ei goesau a'i berfeddion. Peidiwch bwyta'r cig os nad ydy e wedi'i goginio'n
iawn, neu ddim ond wedi'i ferwi. 10 Does dim ohono i gael ei adael ar ôl tan y bore wedyn.
Rhaid i unrhyw sbarion gael eu llosgi.
11 “A dyma sut mae i gael ei fwyta: Rhaid i chi fod wedi gwisgo fel petaech ar fin mynd ar
daith, gyda'ch sandalau ar eich traed a'ch ffon gerdded yn eich llaw. Rhaid ei fwyta ar frys.
Pasg yr ARGLWYDD ydy e. 12 Dw i'n mynd i fynd drwy wlad yr Aifft y noson honno, a tharo pob
mab hynaf, a phob anifail gwryw oedd yn gyntaf i gael ei eni. Dw i'n mynd i farnu ‘duwiau’ yr

---

ff 12:2 *Y mis yma* Abib (sydd hefyd yn cael ei alw yn Nisan), sef mis cyntaf y calendr Hebreig, o tua canol Mawrth i ganol Ebrill.

Aifft i gyd! Fi ydy'r Arglwydd. 13 Mae'r gwaed fydd ar ffrâm drysau eich tai chi yn arwydd i chi.
Pan fydda i'n gweld y gwaed, bydda i'n pasio heibio i chi. Fydd y pla yma ddim yn eich lladd
chi pan fydda i'n taro gwlad yr Aifft. 14 Bydd yn ddiwrnod i'w gofio. Byddwch yn ei ddathlu
bob blwyddyn drwy gadw gŵyl i'r Arglwydd – dyna fydd y drefn bob amser.

Gŵyl y Bara Croyw

15 "Am saith diwrnod rhaid i chi fwyta bara sydd heb furum ynddo. Ar y diwrnod cyntaf,
rhaid cael gwared ag unrhyw beth yn y tŷ sydd â burum ynddo. Yn ystod y saith diwrnod
yna, bydd unrhyw un sydd yn bwyta bara wedi'i wneud gyda burum yn cael ei dorri allan
o gymdeithas pobl Israel. 16 Bydd cyfarfodydd arbennig i addoli yn cael eu cynnal ar y diwrnod
cyntaf ac ar y seithfed diwrnod. A does dim gwaith i gael ei wneud ar y dyddiau hynny, ar
wahân i baratoi bwyd i bawb.
17 "Dyna sut ydych chi i ddathlu Gŵyl y Bara Croyw. Dyma'r diwrnod wnes i eich arwain chi
allan o'r Aifft, ac felly bydd yn rhan o'r drefn bob amser eich bod yn dathlu'r digwyddiad yn
flynyddol. 18 Dim ond bara heb furum ynddo sydd i gael ei fwyta o fachlud haul ar y pedwerydd
ar ddeg hyd fachlud haul ar yr unfed ar hugain o'r mis cyntaf. 19 Does dim burum i fod yn eich
tai o gwbl am saith diwrnod. Os bydd unrhyw un (un o bobl Israel neu rywun o'r tu allan)
yn bwyta rhywbeth wedi'i wneud gyda burum, bydd y person hwnnw yn cael ei dorri allan
o gymdeithas pobl Israel. 20 Peidiwch bwyta unrhyw beth wedi'i wneud gyda burum – dim
ond bara heb furum ynddo."

Y Pasg Cyntaf

21 Yna, dyma Moses yn galw arweinwyr Israel at ei gilydd, ac yn dweud wrthyn nhw, "Ewch
i ddewis oen neu fyn gafr i'ch teulu, i'w ladd fel aberth y Pasg. 22 Rhoi gwaed yr anifail mewn
powlen, yna cymryd swp o frigau isop, ei ddipio yn y gwaed a'i frwsio ar dop ac ochrau ffrâm
y drws. Yna does neb i fynd allan o'r tŷ tan y bore wedyn. 23 Bydd yr Arglwydd yn mynd drwy
wlad yr Aifft yn taro'r bobl. Ond pan fydd e'n gweld y gwaed ar ffrâm drws unrhyw dŷ, bydd
yn pasio heibio'r tŷ hwnnw. Fydd e ddim yn gadael i farwolaeth ddod i mewn a tharo eich
teulu chi.
24 "Gwnewch yn siŵr eich bod chi a'ch plant yn gwneud hyn. Dyna fydd y drefn bob
amser. 25 Pan fyddwch yn cyrraedd y wlad mae'r Arglwydd wedi addo ei rhoi i chi, byddwch
yn dal i gadw'r ddefod yma. 26 Pan fydd eich plant yn gofyn, 'Pam dych chi'n gwneud hyn?'
27 dwedwch wrthyn nhw, 'Aberth y Pasg i'r Arglwydd ydy e, i gofio sut wnaeth e basio heibio tai
pobl Israel ac achub ein teuluoedd pan wnaeth e daro gwlad yr Aifft.' " A dyma'r bobl oedd
yn gwrando ar Moses yn plygu i lawr yn isel i addoli. 28 Wedyn dyma nhw'n mynd i ffwrdd
a gwneud yn union fel roedd yr Arglwydd wedi dweud wrth Moses ac Aaron.

Gadael yr Aifft

29 Yna digwyddodd y peth! Ganol nos y noson honno, dyma'r Arglwydd yn taro meibion
hynaf yr Eifftiaid, o fab hynaf y Pharo ar ei orsedd i fab hyna'r carcharor yn ei gell, a hyd yn oed
pob anifail oedd y cyntaf i gael ei eni. 30 A dyma'r Pharo yn deffro ganol nos, a'i swyddogion
a phobl yr Aifft i gyd yr un fath. Roedd wylofain drwy'r wlad i gyd, am fod rhywun o bob
teulu wedi marw. 31 A dyma'r Pharo yn galw am Moses ac Aaron yng nghanol y nos, a dweud
wrthyn nhw, "Ewch o ma! I ffwrdd â chi! Gadewch lonydd i'm pobl – chi a phobl Israel! Ewch
i addoli'r Arglwydd fel roeddech chi eisiau. 32 Ewch â'ch anifeiliaid i gyd fel roeddech chi eisiau.
I ffwrdd â chi! Ond cofiwch ofyn am fendith arna i."
33 Roedd yr Eifftiaid yn benderfynol bellach fod rhaid i bobl Israel adael y wlad, a hynny ar
frys. Roedden nhw'n meddwl, "Os arhosan nhw, byddwn ni i gyd wedi marw!" 34 Dyma bobl
Israel yn cymryd y toes oedd heb furum ynddo yn eu powlenni cymysgu, eu lapio mewn dillad,
a'u cario ar eu hysgwyddau. 35 Ac roedden nhw wedi gwneud beth ddwedodd Moses wrthyn

nhw hefyd – roedden nhw wedi gofyn i'r Eifftiaid am bethau o aur ac arian, ac am ddillad.
[36]Roedd yr ARGLWYDD wedi gwneud i'r Eifftiaid roi anrhegion i bobl Israel. Roedden nhw'n cael
beth bynnag roedden nhw'n gofyn amdano. Dyma nhw'n cymryd popeth oddi ar bobl yr Aifft!
[37]Felly dyma bobl Israel yn teithio o Rameses i Swccoth. Roedd tua 600,000 o ddynion
yn cerdded ar droed, heb sôn am y gwragedd a'r plant. [38]Roedd tyrfa gymysg o bobl wedi
mynd gyda nhw, a lot fawr iawn o anifeiliaid – defaid a geifr a gwartheg. [39]Roedden nhw'n
gwneud bara i'w fwyta o'r toes wnaethon nhw ei gario o'r Aifft – bara heb furum ynddo.
Roedden nhw wedi cael eu gyrru allan o'r Aifft ar gymaint o frys, doedd dim amser i baratoi
bwyd cyn mynd. [40]Roedd pobl Israel wedi bod yn yr Aifft ers pedwar cant tri deg o flynyddoedd.
[41]Ar ddiwedd y pedwar cant tri deg o flynyddoedd, dyma bobl yr ARGLWYDD yn gadael yr Aifft
mewn rhengoedd trefnus fel byddin. [42]Roedd yr ARGLWYDD wedi cadw'r noson yma'n arbennig,
i'w harwain nhw allan o wlad yr Aifft. Felly, o hyn ymlaen, ar y noson yma, mae pobl Israel
i gyd i fod i gadw gwylnos i'r ARGLWYDD.

Sut i ddathlu'r Pasg

[43]Dyma'r ARGLWYDD yn dweud wrth Moses ac Aaron, "Dyma reolau'r Pasg. Dydy pobl o'r
tu allan ddim i gael bwyta ohono – [44]dim ond caethweision sydd wedi'u prynu ac wedi bod
drwy'r ddefod o gael eu henwaedu. [45]Dydy mewnfudwyr neu weithwyr sy'n derbyn cyflog
ddim i gael bwyta ohono. [46]Rhaid ei fwyta yn y tŷ, a pheidio mynd â dim o'r cig allan. A does
dim un o'i esgyrn i gael ei dorri. [47]Mae pobl Israel i gyd i gadw'r Ŵyl yma.
[48]"Os ydy mewnfudwyr eisiau dathlu Pasg yr ARGLWYDD, rhaid i'r dynion a'r bechgyn fynd
drwy ddefod enwaediad gyntaf. Wedyn byddan nhw'n gallu cymryd rhan – byddan nhw'n
cael eu hystyried fel un o'ch pobl chi. Ond does neb sydd heb gael ei enwaedu i gael bwyta
o'r Pasg. [49]Mae'r rheol hon yr un fath i bawb – Israeliaid a mewnfudwyr fel ei gilydd."
[50]Felly dyma bobl Israel yn gwneud yn union fel roedd yr ARGLWYDD wedi dweud wrth Moses
ac Aaron. [51]Ar yr union ddiwrnod yma, dyma'r ARGLWYDD yn dod â phobl Israel allan o'r Aifft,
yn drefnus fel byddin.

13 Dyma'r ARGLWYDD yn dweud wrth Moses: [2]"Rhaid i fab cyntaf pob gwraig, a phob
anifail gwryw cyntaf i gael ei eni, gael eu cysegru i mi. Fi piau nhw."

Gŵyl y Bara Croyw

[3]Dyma Moses yn dweud wrth y bobl, "Mae'r diwrnod yma, pan ddaethoch chi allan o'r Aifft,
yn ddiwrnod i'w gofio. Roeddech chi'n gaethion yno, a dyma'r ARGLWYDD yn defnyddio ei nerth
i'ch rhyddhau chi. Ond peidiwch bwyta bara wedi'i wneud gyda burum pan fyddwch chi'n
dathlu. [4]Dyma'r diwrnod, ym mis Abib, pan aethoch chi allan. [5]A phan fydd yr ARGLWYDD wedi
dod â chi i'r wlad wnaeth e addo ei rhoi i'ch hynafiaid chi – gwlad y Canaaneaid, Hethiaid,
Amoriaid, Hefiaid, a Jebwsiaid; gwlad ffrwythlon lle mae llaeth a mêl yn llifo – byddwch yn
dathlu ar y mis yma bob blwyddyn. [6]Am saith diwrnod rhaid i chi fwyta bara sydd heb furum
ynddo, yna ar y seithfed diwrnod cadw gŵyl i'r ARGLWYDD. [7]Rhaid i chi fwyta bara heb furum
ynddo am saith diwrnod. Does dim bara wedi'i wneud gyda burum, na hyd yn oed y burum
ei hun, i fod yn unman. [8]Yna dych chi i esbonio i'ch plant, 'Dŷn ni'n gwneud hyn i gofio beth
wnaeth yr ARGLWYDD droson ni pan ddaethon ni allan o'r Aifft.' [9]Bydd fel arwydd ar eich llaw
neu farc ar eich talcen, yn eich atgoffa chi i siarad am beth roedd yr ARGLWYDD wedi'i ddysgu
i chi. Roedd e wedi defnyddio ei nerth i ddod â chi allan o'r Aifft. [10]Gwnewch yn siŵr eich
bod yn gwneud hyn ar yr amser iawn bob blwyddyn.

Cysegru'r mab cyntaf i gael ei eni

[11]"Pan fydd yr ARGLWYDD wedi dod â chi i wlad y Canaaneaid, fel gwnaeth e addo i'ch
hynafiaid chi, [12]rhaid i fab cyntaf pob gwraig, a phob anifail gwryw cyntaf i gael ei eni, gael
eu cysegru i mi. Fi, yr ARGLWYDD sydd biau nhw. [13]Gellir prynu'n ôl pob asyn cyntaf i gael ei

eni drwy roi oen neu fyn gafr yn ei le. Os nad ydy e'n cael ei brynu, rhaid ei ladd drwy dorri ei
wddf. A rhaid i fab cyntaf pob gwraig gael ei brynu'n ôl hefyd. 14 Yn y dyfodol, pan fydd eich
plant yn gofyn, 'Beth ydy ystyr hyn?', Dych chi i'w hateb, 'Yr ARGLWYDD wnaeth ddefnyddio
ei nerth i ddod â ni allan o'r Aifft, lle roedden ni'n gaethion. 15 Roedd y Pharo yn gwrthod
ein gollwng ni'n rhydd, felly dyma'r ARGLWYDD yn lladd pob mab hynaf a phob anifail gwryw
cyntaf i gael ei eni. Dyna pam dŷn ni'n aberthu pob anifail gwryw cyntaf i gael ei eni i'r
ARGLWYDD. Ond dŷn ni'n prynu'n ôl pob mab cyntaf i gael ei eni.' 16 Bydd fel arwydd ar eich
llaw neu rywbeth yn cael ei wisgo ar y talcen, i'ch atgoffa fod yr ARGLWYDD wedi defnyddio ei
nerth i ddod â ni allan o'r Aifft."

Y daith at y Môr Coch

17 Pan wnaeth y Pharo adael i'r bobl fynd, wnaeth Duw ddim eu harwain nhw i wlad
y Philistiaid, er mai dyna fyddai'r ffordd gyntaf. Doedd gan Dduw ddim eisiau i'r bobl newid
eu meddyliau a mynd yn ôl i'r Aifft pan oedd y Philistiaid yn bygwth rhyfela yn eu herbyn
nhw. 18 Felly dyma Duw yn mynd â'r bobl drwy'r anialwch at y Môr Coch.[g] Aeth pobl Israel
allan o'r Aifft fel byddin yn ei rhengoedd.
19 Dyma Moses yn mynd ag esgyrn Joseff gyda nhw. Roedd Joseff wedi gwneud i bobl
Israel addo, "Dw i'n gwybod y bydd Duw yn gofalu amdanoch chi. Dw i eisiau i chi fynd â'm
hesgyrn i gyda chi o'r lle yma."
20 Dyma nhw'n gadael Swccoth ac yn gwersylla yn Etham wrth ymyl yr anialwch. 21 Roedd
yr ARGLWYDD yn arwain y ffordd mewn colofn o niwl yn ystod y dydd, a cholofn o dân yn y nos.
Felly roedden nhw'n gallu teithio yn y dydd neu'r nos. 22 Roedd y golofn o niwl gyda nhw
bob amser yn y dydd, a'r golofn o dân yn y nos.
14 Yna dyma'r ARGLWYDD yn dweud wrth Moses: 2 "Dwed wrth bobl Israel am droi yn
ôl i gyfeiriad Pi-hachiroth, sydd rhwng Migdol a'r môr, a gwersylla ar lan y môr, yn
union gyferbyn â Baal-tseffon. 3 Bydd y Pharo yn meddwl, 'Dydy pobl Israel ddim yn gwybod
ble i droi. Maen nhw wedi'u dal rhwng yr anialwch a'r môr!' 4 Bydda i'n gwneud y Pharo
yn ystyfnig unwaith eto, a bydd yn dod ar eich ôl. Ond bydda i'n cael fy anrhydeddu drwy
beth fydd yn digwydd i'r Pharo a'i fyddin, a bydd pobl yr Aifft yn dod i ddeall mai fi ydy'r
ARGLWYDD." Felly dyma bobl Israel yn gwneud beth ddwedodd Moses.

Y Pharo a'i fyddin yn mynd ar ôl pobl Israel

5 Pan ddywedwyd wrth frenin yr Aifft fod y bobl wedi dianc, dyma fe a'i swyddogion yn
newid eu meddyliau, "Beth oedd ar ein pennau ni?" medden nhw. "Dŷn ni wedi gadael i'n
caethweision fynd yn rhydd!" 6 Felly dyma'r Pharo'n paratoi ei gerbydau rhyfel ac yn mynd
â'i filwyr gydag e. 7 Aeth â chwech chant o'i gerbydau gorau, a'r cerbydau eraill i gyd, gyda
cadfridog yn bob un. 8 Roedd yr ARGLWYDD wedi gwneud y Pharo, brenin yr Aifft, yn ystyfnig,
a dyma fe'n mynd ar ôl pobl Israel. Ond roedd pobl Israel yn mynd yn eu blaenau yn hyderus.
9 Dyma'r Eifftiaid yn mynd ar eu holau gyda'u ceffylau a'u cerbydau rhyfel a'u milwyr i gyd,
a dod o hyd iddyn nhw yn gwersylla yn Pi-hachiroth, ar lan y môr, gyferbyn a Baal-tseffon.
10 Wrth i'r Pharo a'i fyddin agosáu, dyma bobl Israel yn eu gweld nhw'n dod tuag atyn nhw.
Roedden nhw wedi dychryn am eu bywydau, a dyma nhw'n gweiddi ar yr ARGLWYDD, 11 a dweud
wrth Moses, "Wyt ti wedi dod â ni allan i'r anialwch i farw am fod dim lle i'n claddu ni yn
yr Aifft? Beth oedd ar dy ben di yn dod â ni allan o'r Aifft? 12 Dyma'n union ddwedon ni
pan oedden ni yn yr Aifft, 'Gad lonydd i ni ddal ati i weithio i'r Eifftiaid. Mae'n well gwneud
hynny na mynd i farw yn yr anialwch!' "
13 Ond dyma Moses yn dweud wrth y bobl, "Peidiwch bod ag ofn! Arhoswch chi, a chewch
weld sut bydd yr ARGLWYDD yn eich achub chi. Fyddwch chi ddim yn gweld yr Eifftiaid acw byth
eto. 14 Mae'r ARGLWYDD yn mynd i ymladd drosoch chi. Does rhaid i chi wneud dim!"

g 13:18 *Môr Coch* Hebraeg, "Môr y Brwyn".

15Yna dyma'r ARGLWYDD yn dweud wrth Moses, "Pam wyt ti'n galw arna i? Dwed wrth bobl Israel am fynd yn eu blaenau. 16Cymer di dy ffon, a'i hestyn tuag at y môr. Bydd y môr yn hollti, a bydd pobl Israel yn gallu mynd drwy ei ganol ar dir sych! 17Bydda i'n gwneud yr Eifftiaid mor ystyfnig, byddan nhw'n ceisio mynd ar eich ôl drwy'r môr. Ond bydda i'n cael fy anrhydeddu o achos beth fydd yn digwydd i'r Pharo a'i fyddin, gyda'i holl gerbydau a'i farchogion. 18A bydd yr Eifftiaid yn dod i ddeall mai fi ydy'r ARGLWYDD, o achos beth fydd yn digwydd iddyn nhw."

19Dyma angel Duw, oedd wedi bod yn arwain pobl Israel, yn symud tu ôl iddyn nhw. A dyma'r golofn o niwl yn symud o'r tu blaen i sefyll tu ôl iddyn nhw, 20rhwng gwersyll yr Eifftiaid a gwersyll pobl Israel. Roedd yn gwmwl tywyll un ochr, ac yn goleuo'r nos yr ochr arall. Felly doedd y fyddin un ochr ddim yn gallu mynd yn agos at yr ochr arall drwy'r nos.

Croesi'r Môr Coch

21Dyma Moses yn estyn ei law tuag at y môr, a dyma'r ARGLWYDD yn dod â gwynt cryf o'r dwyrain i chwythu drwy'r nos a gwneud i'r môr fynd yn ôl. Dyma'r môr yn gwahanu, ac roedd gwely'r môr yn llwybr sych drwy'r canol. 22A dyma bobl Israel yn mynd drwy ganol y môr ar dir sych, a'r dŵr fel wal bob ochr iddyn nhw.

23Yna dyma'r Eifftiaid yn mynd ar eu holau i ganol y môr – ceffylau a cherbydau rhyfel a marchogion y Pharo i gyd. 24Yn ystod yr oriau cyn iddi wawrio, dyma'r ARGLWYDD yn edrych i lawr ar fyddin yr Aifft drwy'r golofn o dân a niwl, a dyma fe'n achosi iddyn nhw banicio. 25Gwnaeth i olwynion y cerbydau rhyfel fynd yn sownd, ac roedden nhw'n cael trafferth symud. A dyma'r Eifftiaid yn dweud, "Dewch! Rhaid i ni ddianc! Mae'r ARGLWYDD yn ymladd dros bobl Israel yn ein herbyn ni'r Eifftiaid!"

Byddin y Pharo yn boddi

26A dyma'r ARGLWYDD yn dweud wrth Moses, "Estyn dy law tuag at y môr, i'r dŵr lifo yn ôl dros yr Eifftiaid, eu cerbydau rhyfel a'u marchogion." 27Felly dyma Moses yn estyn ei law tuag at y môr, a dyma'r môr yn mynd yn ôl i'w le wrth iddi wawrio. Roedd yr Eifftiaid yn ceisio dianc, ond dyma'r ARGLWYDD yn eu boddi nhw yng nghanol y môr. 28Daeth y dŵr yn ôl dros yr holl gerbydau rhyfel a'r marchogion a byddin y Pharo oedd wedi mynd ar ôl pobl Israel i ganol y môr – wnaeth dim un ohonyn nhw fyw! 29Ond roedd pobl Israel wedi cerdded drwy ganol y môr ar dir sych, gyda'r dŵr fel wal bob ochr iddyn nhw.

30Dyna sut wnaeth yr ARGLWYDD achub Israel o law'r Eifftiaid y diwrnod hwnnw. Roedd pobl Israel yn gweld cyrff yr Eifftiaid yn gorwedd ar lan y dŵr. 31Ar ôl gweld nerth anhygoel yr ARGLWYDD yn ymladd yn erbyn yr Eifftiaid, roedden nhw'n ei barchu fe, ac yn ei drystio fe a'i was Moses.

Y Gân wrth y Môr Coch

15 Dyma Moses a phobl Israel yn canu'r gân yma i'r ARGLWYDD:

"Dw i am ganu i'r ARGLWYDD
    a dathlu ei fuddugoliaeth:
Mae e wedi taflu'r ceffylau
    a'u marchogion i'r môr!

2 Yr ARGLWYDD sy'n rhoi nerth a chân i mi!
    Fe sydd wedi fy achub i.
Dyma'r Duw dw i'n ei addoli –
    Duw fy nhad, a dw i'n mynd i'w ganmol!
3 Yr ARGLWYDD ydy ei enw e.
    Mae'r ARGLWYDD yn rhyfelwr.

4 Mae wedi taflu cerbydau y Pharo
a'i fyddin i gyd i'r môr!
Cafodd eu swyddogion gorau
eu boddi yn y Môr Coch.[ng]
5 Daeth y dŵr dwfn drostyn nhw,
a dyma nhw'n suddo i'r gwaelod fel carreg.

6 Mae dy law gref yn rhyfeddol, ARGLWYDD;
dy law gref di wnaeth ddryllio'r gelyn.
7 Am dy fod mor aruthrol fawr,
rwyt ti'n bwrw i lawr y rhai sy'n codi yn dy erbyn –
Ti'n dangos dy fod yn ddig,
ac maen nhw'n cael eu difa fel bonion gwellt.
8 Wrth i ti chwythu dyma'r dŵr yn codi'n bentwr,
y llif yn sefyll fel argae,
a'r dŵr dwfn wedi caledu yng nghanol y môr.
9 Dyma'r gelyn yn dweud,
'Ar eu holau nhw! Dalia i nhw,
a rhannu'r ysbail!
Dw i'n mynd i gael amser da!
Fydd neb ar ôl i'r cleddyf ei daro –
dw i'n mynd i'w dinistrio nhw'n llwyr!'
10 Ond dyma ti'n chwythu,
a dyma'r môr yn llifo drostyn nhw!
Dyma nhw'n suddo fel plwm yn y tonnau gwyllt!

11 Pa un o'r duwiau sy'n debyg i ti, ARGLWYDD?
Does neb tebyg i ti –
mor wych, ac mor sanctaidd,
yn haeddu dy barchu a dy foli;
ti'n gwneud gwyrthiau rhyfeddol!

12 Dyma ti'n codi dy law gref
a dyma'r ddaear yn llyncu'r gelyn!
13 Yn dy gariad byddi'n arwain
y bobl rwyt wedi'u rhyddhau;
byddi'n eu tywys yn dy nerth
i'r lle cysegredig lle rwyt yn byw.

14 Bydd y bobloedd yn clywed ac yn crynu –
bydd pobl Philistia yn poeni,
15 ac arweinwyr Edom wedi brawychu.
Bydd dynion cryf Moab yn crynu,
a phobl Canaan yn poeni.
16 Bydd ofn a braw yn dod drostyn nhw –
mae dy gryfder di yn eu gwneud yn fud
fel carreg.

Fyddan nhw'n gwneud dim nes bydd dy bobl
wedi pasio heibio, ARGLWYDD;
nes i'r bobl wnest ti eu prynu basio heibio.

ng 15:4 *Môr Coch* Hebraeg, "Môr y Brwyn".

17 Ond byddi'n mynd â nhw i mewn
ac yn eu plannu ar dy fynydd dy hun –
ble wyt ti wedi dewis byw, ARGLWYDD;
y cysegr rwyt ti wedi'i sefydlu.
18 Yr ARGLWYDD sy'n teyrnasu am byth bythoedd!

19 Pan aeth ceffylau y Pharo, a'i gerbydau a'i filwyr i'r môr,
dyma'r ARGLWYDD yn gwneud i ddŵr y môr lifo'n ôl drostyn nhw.
Ond roedd pobl Israel wedi cerdded ar dir sych drwy ganol y môr."

Miriam a'r merched yn dawnsio

20 Yna dyma Miriam y broffwydes (chwaer Aaron) yn gafael mewn drwm llaw, a dyma'r
merched i gyd yn codi drymiau a mynd ar ei hôl, gan ddawnsio.
21 Roedd Miriam yn canu'r gytgan:

"Canwch i'r ARGLWYDD
i ddathlu ei fuddugoliaeth!
Mae wedi taflu'r ceffylau
a'u marchogion i'r môr!"

Dŵr chwerw Mara

22 Dyma Moses yn cael pobl Israel i symud ymlaen oddi wrth y Môr Coch. Aethon nhw
allan i Anialwch Shwr. Buon nhw'n cerdded yn yr anialwch am dri diwrnod heb ddod o hyd
i ddŵr. 23 Yna dyma nhw'n cyrraedd Mara, ond roedden nhw'n methu yfed y dŵr yno am ei
fod mor chwerw. (Dyna pam roedd yn cael ei alw yn Mara – sef "Chwerw.") 24 Dyma'r bobl yn
dechrau troi yn erbyn Moses. "Beth ydyn ni'n mynd i'w yfed?" medden nhw. 25 Dyma Moses
yn gweddïo'n daer am help, a dyma'r ARGLWYDD yn ei arwain at ddarn o bren. Ar ôl i Moses
ei daflu i'r dŵr, roedd y dŵr yn iawn i'w yfed.

Yn Mara, dyma'r ARGLWYDD yn rhoi rheol iddyn nhw, er mwyn profi pa mor ffyddlon oedden
nhw: 26 "Os byddwch chi'n ufudd i'r ARGLWYDD eich Duw, ac yn gwneud beth sy'n iawn yn ei
olwg e, gwrando ar beth mae'n ei ddweud a cadw at ei reolau, fydd dim rhaid i chi ddiodde'r
afiechydon wnes i daro'r Eifftiaid gyda nhw. Fi ydy'r ARGLWYDD sy'n eich iacháu chi."

27 Yna dyma nhw'n cyrraedd Elim, lle roedd un deg dwy o ffynhonnau a saith deg o goed
palmwydd. A dyma nhw'n gwersylla yno wrth ymyl y ffynhonnau.

16 Yna aeth pobl Israel ymlaen o Elim a chyrraedd Anialwch Sin, sydd rhwng Elim a Sinai,
ar y pymthegfed diwrnod o'r ail fis ers iddyn nhw adael gwlad yr Aifft. 2 Pan oedden
nhw yn yr anialwch, dyma nhw i gyd yn dechrau ymosod ar Moses ac Aaron unwaith eto.
3 "Byddai'n well petai'r ARGLWYDD wedi gadael i ni farw yn yr Aifft! O leia roedd gynnon ni
ddigon o gig a bwyd i'w fwyta yno. Ond rwyt ti wedi dod â ni i gyd allan i'r anialwch yma
i lwgu i farwolaeth!"

Y manna a'r soflieir

4 Yna dyma'r ARGLWYDD yn dweud wrth Moses, "Dw i'n mynd i wneud i fara ddisgyn o'r awyr
fel glaw arnoch chi. Bydd rhaid i'r bobl fynd allan i gasglu yr hyn sydd ei angen arnyn nhw
bob dydd. Bydda i'n eu profi nhw i weld os gwnân nhw wrando ar beth dw i'n ddweud ai
peidio. 5 Ar chweched diwrnod pob wythnos maen nhw i gasglu dwywaith cymaint ag roedden
nhw wedi'i gasglu bob diwrnod arall."

6 Felly dyma Moses ac Aaron yn dweud wrth bobl Israel, "Erbyn gyda'r nos heno, byddwch
chi'n gwybod mai'r ARGLWYDD sydd wedi dod â chi allan o wlad yr Aifft. 7 A bore yfory byddwch
chi'n gweld ysblander yr ARGLWYDD. Mae e wedi'ch clywed chi'n ymosod arno. Dŷn ni'n neb.
Fe ydy'r un dych chi wedi bod yn ymosod arno, nid ni." 8 Ac meddai Moses, "Byddwch chi'n

deall yn iawn pan fydd yr Arglwydd yn rhoi cig i chi ei fwyta gyda'r nos, a digonedd o fara yn
y bore. Mae'r Arglwydd wedi'ch clywed chi'n ymosod arno. Dŷn ni'n neb. Yr Arglwydd ydy'r
un dych chi wedi bod yn ymosod arno, nid ni!"

9 Yna dyma Moses yn dweud wrth Aaron, "Galw'r dyrfa o bobl Israel i gyd at ei gilydd. Dwed
wrthyn nhw, 'Dewch yma i sefyll o flaen yr Arglwydd. Mae e wedi'ch clywed chi'n ymosod
arno.' " 10 Tra oedd Aaron yn annerch pobl Israel i gyd, dyma nhw'n edrych i gyfeiriad yr
anialwch a gweld ysblander yr Arglwydd yn disgleirio o'r golofn niwl. 11 A dyma'r Arglwydd yn
dweud wrth Moses: 12 "Dw i wedi clywed fel mae pobl Israel yn ymosod arna i. Dwed wrthyn
nhw, 'Byddwch yn cael cig i'w fwyta gyda'r nos, ac yn y bore byddwch yn cael llond eich bol
o fara. Byddwch yn deall wedyn mai fi ydy'r Arglwydd eich Duw chi.' "

13 Gyda'r nos, dyma soflieir yn dod ac yn glanio yn y gwersyll – roedden nhw dros bobman!
Yna yn y bore roedd haenen o wlith o gwmpas y gwersyll. 14 Pan oedd y gwlith wedi codi, roedd
rhyw stwff tebyg i haen denau o farrug yn gorchuddio'r anialwch. 15 Pan welodd pobl Israel
e, dyma nhw'n gofyn i'w gilydd, "Beth ydy e?" Doedd ganddyn nhw ddim syniad beth oedd
e. Ac meddai Moses wrthyn nhw, "Dyma'r bara mae'r Arglwydd wedi'i roi i chi i'w fwyta.
16 A dyma beth mae'r Arglwydd wedi'i orchymyn: 'Mae pawb i gasglu'r hyn sydd ei angen
ar eu teulu nhw – tua dau chwart y person. Dylech gasglu digon i bawb sy'n aros yn eich
pabell.' " 17 Felly dyma bobl Israel yn mynd allan i'w gasglu – rhai ohonyn nhw yn casglu
mwy na'i gilydd. 18 Ond wrth iddyn nhw fesur faint oedd pawb wedi'i gasglu, doedd dim byd
dros ben gan y rhai gasglodd lawer, a doedd y rhai gasglodd ychydig ddim yn brin. Roedd
gan bawb faint oedd ei angen arnyn nhw.

19 Yna dyma Moses yn dweud, "Peidiwch cadw dim ohono dros nos." 20 Ond wnaethon nhw
ddim gwrando. Roedd rhai wedi ceisio cadw peth ohono dros nos, ac erbyn y bore wedyn
roedd cynrhon ynddo ac roedd yn drewi. Roedd Moses wedi gwylltio gyda nhw. 21 Felly, roedd
y bobl yn mynd allan bob bore, i gasglu faint roedden nhw ei angen. Ond wrth i'r haul
gynhesu roedd yn toddi.

22 Ar y chweched diwrnod, roedden nhw'n casglu dwywaith cymaint, sef pedwar chwart
y person. A dyma arweinwyr y bobl yn mynd i ofyn pam i Moses. 23 A dyma fe'n ateb, "Dyma
ddwedodd yr Arglwydd: 'Rhaid i chi beidio gweithio yfory, mae'n Saboth wedi'i gysegru i'r
Arglwydd. Beth bynnag dych chi am ei bobi neu ei ferwi, gwnewch hynny heddiw. Wedyn
cadw beth bynnag sydd dros ben at yfory.' " 24 Felly dyma nhw'n cadw beth oedd dros ben tan
y bore, fel roedd Moses wedi dweud. Wnaeth e ddim drewi, a doedd dim cynrhon ynddo. 25 Ac
meddai Moses, "Dyna sydd i'w fwyta heddiw, gan fod y diwrnod yma yn Saboth i'r Arglwydd.
Fydd dim ohono i'w gael allan ar lawr heddiw. 26 Gallwch ei gasglu am chwe diwrnod, ond
fydd dim yna ar y seithfed, sef y Saboth." 27 Ond er hynny, ar y seithfed diwrnod dyma rai
pobl yn mynd allan i'w gasglu, ond doedd dim byd yno. 28 A dyma'r Arglwydd yn dweud wrth
Moses, "Am faint dych chi'n mynd i wrthod gwrando arna i a gwneud beth dw i'n ddweud?
29 Am fod yr Arglwydd wedi rhoi'r Saboth i chi, dyna pam mae e'n rhoi digon o fwyd i chi am
ddau ddiwrnod ar y chweched dydd. Dylech chi i gyd eistedd i lawr, a pheidio mynd allan ar
y seithfed diwrnod." 30 Felly dyma'r bobl yn gorffwys ar y seithfed diwrnod.

31 Galwodd pobl Israel y stwff yn "manna". Roedd yn edrych fel hadau coriander, yn wyn,
ac yn blasu fel bisgedi wedi'u gwneud gyda mêl. 32 A dyma Moses yn rhoi'r gorchymyn yma
gan yr Arglwydd iddyn nhw: "Mae dau chwart ohono i'w gadw am byth, er mwyn i bobl yn
y dyfodol gael gweld y bwyd wnes i ei roi i chi yn yr anialwch, pan ddes i â chi allan o wlad yr
Aifft." 33 A dyma Moses yn dweud wrth Aaron, "Cymer jar, a rhoi dau chwart llawn o'r manna
ynddo, a'i osod o flaen yr Arglwydd, i'w gadw'n saff ar hyd y cenedlaethau." 34 A dyna wnaeth
Aaron, yn union fel roedd yr Arglwydd wedi dweud wrth Moses. Dyma fe'n ei osod o flaen
Arch y Dystiolaeth, i'w gadw'n saff.

35 Bu pobl Israel yn bwyta'r manna am bedwar deg o flynyddoedd, nes iddyn nhw gyrraedd
gwlad Canaan ble gwnaethon nhw setlo i lawr. 36 (Omer oedd y mesur o ddau chwart oedd
yn cael ei ddefnyddio, sef un rhan o ddeg o effa.)

Dŵr o'r graig

(Numeri 20:1-13)

17 Dyma bobl Israel i gyd yn gadael Anialwch Sin ac yn teithio yn eu blaenau bob yn
dipyn, fel roedd yr ARGLWYDD wedi dweud. Dyma nhw'n gwersylla yn Reffidim, ond
doedd dim dŵr iddyn nhw ei yfed yno. 2 A dechreuodd y bobl ddadlau gyda Moses, a dweud,
"Rhowch ddŵr i ni i'w yfed!" Atebodd Moses, "Pam dych chi'n swnian? Pam dych chi'n profi'r
ARGLWYDD?" 3 Ond roedd y fath syched ar y bobl, roedden nhw'n dechrau troi yn erbyn Moses
eto, "Pam yn y byd wnest ti ddod â ni allan o'r Aifft? Dŷn ni i gyd yn mynd i farw o syched
– ni a'n plant a'n hanifeiliaid!"

4 Dyma Moses yn gweddïo'n daer ar yr ARGLWYDD, "Beth dw i'n mynd i'w wneud? Maen nhw
ar fin fy lladd i!" 5 A dyma'r ARGLWYDD yn ateb Moses, "Dos allan o flaen y bobl, gyda'r ffon
wnest ti daro afon Nîl gyda hi. A dos â rhai o arweinwyr Israel gyda ti. 6 Bydda i'n disgwyl
amdanat ti ar y graig ar Fynydd Sinai.[h] Dw i eisiau i ti daro'r graig, a bydd dŵr yn llifo allan
ohoni, i'r bobl gael yfed." A dyma Moses yn gwneud hynny o flaen llygaid arweinwyr Israel.
7 Dyma fe'n enwi'r lle yn Massa ("Lle'r profi") a Meriba ("Lle'r ffraeo"), o achos yr holl ffraeo,
a'r ffordd wnaeth pobl Israel roi'r ARGLWYDD ar brawf yno drwy ofyn, "Ydy'r ARGLWYDD gyda
ni neu ddim?"

Y frwydr yn erbyn yr Amaleciaid

8 Tra oedden nhw yn Reffidim, dyma'r Amaleciaid yn ymosod ar bobl Israel. 9 A dyma Moses
yn dweud wrth Josua, "Dewis rai o'n dynion ni i fynd allan i ymladd yn eu herbyn nhw. Yfory
bydda i'n mynd i sefyll ar ben y bryn gyda ffon Duw yn fy llaw." 10 Felly aeth Josua allan
i ymladd yn erbyn yr Amaleciaid fel roedd Moses wedi dweud wrtho. A dyma Moses yn mynd
i sefyll ar ben y bryn gydag Aaron a Hur. 11 Tra oedd Moses yn dal ei freichiau yn yr awyr, roedd
Israel yn ennill y frwydr, ond os oedd yn rhoi ei freichiau i lawr, roedd yr Amaleciaid yn ennill.
12 Pan oedd Moses yn rhy flinedig i ddal ei freichiau i fyny, dyma Aaron a Hur yn cymryd carreg
a'i gosod iddo eistedd arni. Yna safodd y ddau, un bob ochr iddo, a dal ei freichiau i fyny
drwy'r dydd nes oedd yr haul wedi machlud. 13 Felly dyma Josua a'i filwyr yn ennill y frwydr
a lladd yr Amaleciaid. 14 A dwedodd yr ARGLWYDD wrth Moses, "Dw i eisiau i ti gadw cofnod
o hyn yn y llyfr, a gwneud yn siŵr fod Josua'n gwybod amdano. Dw i'n mynd i gael gwared
â'r Amaleciaid yn llwyr – fydd neb yn cofio am eu bodolaeth nhw!"
15 Dyma Moses yn codi allor yno a'i galw yn Iafe-Nissi (sef 'yr ARGLWYDD ydy fy fflag').
16 Dwedodd, "Am iddyn nhw godi dwrn yn erbyn gorsedd yr ARGLWYDD, bydd yr ARGLWYDD yn
ymladd yn erbyn yr Amaleciaid bob amser."

Ymweliad Jethro, a'i gyngor i Moses

18 Clywodd tad-yng-nghyfraith Moses (sef Jethro, offeiriad Midian) am y cwbl roedd
Duw wedi'i wneud i Moses a phobl Israel. Clywodd fod yr ARGLWYDD wedi dod â phobl
Israel allan o'r Aifft. 2 Roedd Moses wedi anfon ei wraig Seffora a'i ddau fab yn ôl at Jethro.
3 Gershom oedd enw un mab (am i Moses ddweud, "Dw i wedi bod fel mewnfudwr mewn
gwlad ddieithr"), 4 ac Elieser oedd y llall (am fod Moses wedi dweud, "Mae Duw fy nhad wedi
fy helpu, ac wedi fy achub rhag cael fy lladd gan y Pharo"). 5 A dyma Jethro yn dod â gwraig
Moses a'i feibion i'r anialwch at Moses, oedd yn gwersylla wrth ymyl mynydd Sinai.[i] 6 Roedd
wedi anfon neges at Moses yn dweud, "Dw i'n dod i dy weld di, gyda dy wraig a dy ddau fab."
7 A dyma Moses yn mynd allan i'w gyfarfod, yn ymgrymu o'i flaen ac yn ei gyfarch drwy ei
gusanu. Ar ôl holi ei gilydd sut oedd pethau wedi bod, dyma nhw'n mynd yn ôl i babell Moses.
8 Dwedodd Moses wrth ei dad-yng-nghyfraith am bopeth roedd yr ARGLWYDD wedi'i wneud i'r
Pharo a phobl yr Aifft er mwyn achub pobl Israel. Dwedodd wrtho am y problemau roedden

---

h 17:6 *Sinai* Hebraeg, "Horeb", sef enw arall ar Fynydd Sinai. i 18:5 *Mynydd Sinai* Hebraeg, "Mynydd Duw".

nhw wedi'u hwynebu ar y ffordd, a sut roedd yr Arglwydd wedi'u helpu nhw drwy'r cwbl.
9Roedd Jethro wrth ei fodd yn clywed am y cwbl roedd yr Arglwydd wedi'i wneud i achub
pobl Israel o'r Aifft. 10"Bendith ar yr Arglwydd," meddai. "Mae wedi'ch achub chi oddi wrth
y Pharo a'r Eifftiaid! 11Dw i'n gweld nawr fod yr Arglwydd yn gryfach na'r duwiau i gyd!
Mae'n gallu gwneud beth maen nhw'n brolio amdano yn well na nhw!"
12Yna dyma Jethro, tad-yng-nghyfraith Moses, yn dod ag offrwm i'w losgi ac aberthau
eraill i'w cyflwyno i Dduw. A dyma Aaron ac arweinwyr Israel yn ymuno gyda Jethro i fwyta'r
aberthau o flaen Duw.

Dewis swyddogion i farnu achosion

(Deuteronomium 1:9-18)

13Y diwrnod wedyn, dyma Moses yn eistedd i farnu achosion rhwng pobl. Roedd y bobl
yn ciwio o'i flaen o fore gwyn tan nos. 14Pan welodd ei dad-yng-nghyfraith gymaint roedd
Moses yn ei wneud, dyma fe'n dweud, "Pam wyt ti'n gwneud hyn i gyd ar dy ben dy hun?
Mae'r bobl yn gorfod sefyll yma drwy'r dydd yn disgwyl eu tro." 15"Mae'r bobl yn dod ata
i am eu bod eisiau gwybod beth mae Duw'n ddweud," meddai Moses. 16"Pan mae dadl yn
codi rhwng pobl, maen nhw'n gofyn i mi farnu, a dw i'n dweud wrthyn nhw beth ydy rheolau
ac arweiniad Duw."
17"Dydy hyn ddim yn iawn," meddai tad-yng-nghyfraith Moses. 18"Byddi wedi ymlâdd – ti
a'r bobl. Mae'n ormod o faich i ti ei gario ar dy ben dy hun. 19Gwranda ar air o gyngor,
a bydd Duw yn dy helpu di. Gelli di gynrychioli'r bobl o flaen Duw, a mynd â'u hachosion
ato. 20Gelli eu dysgu nhw am reolau a chyfreithiau Duw, a dweud wrthyn nhw sut dylen nhw
fyw a beth ddylen nhw wneud. 21Ond yna rhaid i ti ddewis dynion cyfrifol – dynion duwiol
a gonest, fyddai'n gwrthod derbyn breib – a'u penodi nhw'n swyddogion dros grwpiau o fil,
cant, hanner cant a deg. 22Cân nhw farnu'r achosion cyffredin o ddydd i ddydd, ond dod
â'r achosion anodd atat ti. Gad iddyn nhw ysgafnhau'r baich arnat ti drwy ddelio gyda'r
achosion hawdd. 23Os gwnei di hynny (a dyna mae Duw eisiau), byddi di'n llwyddo i ymdopi,
a bydd y bobl yn mynd adre'n fodlon."
24Gwrandawodd Moses ar gyngor ei dad-yng-nghyfraith a gwneud y cwbl roedd yn ei
awgrymu. 25Dewisodd ddynion cyfrifol o blith pobl Israel, a'u penodi nhw'n swyddogion
dros grwpiau o fil, cant, hanner cant a deg. 26Roedden nhw'n barnu'r achosion cyffredin, ac
yn mynd â'r achosion anodd at Moses. Roedden nhw'n gallu delio gyda'r achosion hawdd
eu hunain.
27Yna dyma Moses yn ffarwelio gyda'i dad-yng-nghyfraith, ac aeth Jethro yn ôl adre i'w
wlad ei hun.

Duw yn dod i lawr ar Fynydd Sinai

19 Ddau fis union ar ôl iddyn nhw adael yr Aifft, dyma bobl Israel yn cyrraedd Anialwch
Sinai. 2Roedden nhw wedi teithio o Reffidim i Anialwch Sinai, a gwersylla yno wrth
droed y mynydd. 3Yna dyma Moses yn dringo i fyny'r mynydd i gyfarfod gyda Duw, a dyma'r
Arglwydd yn galw arno o'r mynydd, "Dwed wrth ddisgynyddion Jacob, sef pobl Israel: 4'Dych
chi wedi gweld beth wnes i i'r Eifftiaid. Dw i wedi'ch cario chi ar adenydd eryr a dod â chi
yma. 5Nawr, os gwrandwch chi arna i a chadw amodau'r ymrwymiad dw i'n ei wneud gyda
chi, byddwch chi'n drysor sbesial i mi o blith holl wledydd y byd. Fi sydd biau'r ddaear gyfan;
6a byddwch chi'n offeiriaid yn gwasanaethu'r Brenin, ac yn genedl *sanctaidd*.' Dyna'r neges
rwyt ti i'w rhoi i bobl Israel."
7Felly dyma Moses yn mynd yn ôl ac yn galw arweinwyr Israel at ei gilydd, a rhannu gyda
nhw beth roedd yr Arglwydd wedi'i ddweud. 8Roedd ymateb y bobl yn unfrydol: "Byddwn
ni'n gwneud popeth mae'r Arglwydd yn ei ddweud." Felly dyma Moses yn mynd â'u hateb
yn ôl i'r Arglwydd. 9A dyma'r Arglwydd yn dweud wrtho, "Dw i'n mynd i ddod atat ti mewn

cwmwl trwchus, er mwyn i'r bobl glywed pan dw i'n siarad gyda ti. Byddan nhw'n dy
drystio di wedyn."
Dyma Moses yn dweud wrth yr ARGLWYDD beth ddwedodd y bobl. 10 Yna dyma'r ARGLWYDD yn
dweud wrtho, "Dos i baratoi y bobl. Heddiw ac yfory dw i eisiau i ti eu cysegru nhw a gwneud
iddyn nhw olchi eu dillad. 11 Gwna'n siŵr eu bod nhw'n barod ar gyfer y diwrnod wedyn. Dyna
pryd fydd y bobl i gyd yn fy ngweld i, yr ARGLWYDD, yn dod i lawr ar Fynydd Sinai. 12 Rhaid i ti
farcio ffin o gwmpas y mynydd, a dweud wrth y bobl, 'Gwnewch yn siŵr eich bod chi ddim yn
dringo na hyd yn oed yn cyffwrdd ymyl y mynydd. Os ydy unrhyw un yn ei gyffwrdd, y gosb
ydy marwolaeth. 13 A does neb i gyffwrdd y person neu'r anifail sy'n gwneud hynny chwaith,
rhaid ei ladd drwy daflu cerrig ato neu ei saethu gyda bwa saeth. Dydy e ddim i gael byw.'
Dim ond wedi i'r corn hwrdd seinio nodyn hir y cân nhw ddringo'r mynydd."
14 Felly dyma Moses yn mynd yn ôl i lawr at y bobl. Yna eu cysegru nhw a gwneud iddyn
nhw olchi eu dillad, 15 Dwedodd wrthyn nhw, "Byddwch barod ar gyfer y diwrnod ar ôl yfory.
Peidiwch cael rhyw."
16 Dau ddiwrnod wedyn, yn y bore, roedd yna fellt a tharanau, a daeth cwmwl trwchus
i lawr ar y mynydd. Ac roedd sŵn nodyn hir yn cael ei seinio ar y corn hwrdd.[l] Roedd y bobl
i gyd yn crynu mewn ofn. 17 Dyma Moses yn arwain y bobl allan o'r gwersyll i gyfarfod Duw,
a dyma nhw'n sefyll wrth droed y mynydd. 18 Roedd mwg yn gorchuddio Mynydd Sinai, am fod
yr ARGLWYDD wedi dod i lawr arno mewn tân. Roedd y mwg yn codi ohono fel mwg o ffwrnais
fawr, ac roedd y mynydd yn crynu drwyddo. 19 Roedd sŵn y corn hwrdd yn uwch ac yn uwch
drwy'r adeg. Roedd Moses yn siarad, a llais Duw yn ei ateb yn glir.
20 Daeth yr ARGLWYDD i lawr ar gopa mynydd Sinai. Galwodd ar Moses i fynd i fyny ato, a dyma
Moses yn gwneud hynny. 21 Dyma'r ARGLWYDD yn dweud wrtho, "Dos i lawr a rhybuddio'r bobl
i beidio croesi'r ffin i edrych ar yr ARGLWYDD, neu bydd lot fawr ohonyn nhw'n marw. 22 Rhaid
i'r offeiriaid, sy'n mynd at yr ARGLWYDD yn rheolaidd, gysegru eu hunain, rhag i'r ARGLWYDD
eu taro nhw'n sydyn." 23 Atebodd Moses, "Dydy'r bobl ddim yn gallu dringo Mynydd Sinai,
am dy fod ti dy hun wedi'n rhybuddio ni, 'Marciwch ffin o gwmpas y mynydd, i'w gadw ar
wahân.' " 24 Ond dyma'r ARGLWYDD yn dweud wrtho, "Dos di i lawr, a thyrd yn ôl gydag Aaron.
Ond paid gadael i'r offeiriaid na'r bobl groesi'r ffin a dod at yr ARGLWYDD, rhag iddo eu taro
nhw'n sydyn." 25 Felly dyma Moses yn mynd i lawr a dweud wrth y bobl.

Y Deg Gorchymyn

(Deuteronomium 5:6-21)

20 A dyma Duw yn dweud fel yma:

2 "Fi ydy'r ARGLWYDD, eich Duw chi.
Fi wnaeth eich achub chi o wlad yr Aifft,
lle roeddech chi'n gaethweision.

3 Does dim duwiau eraill i fod gen ti, dim ond fi.

4 Paid cerfio eilun i'w addoli –
dim byd sy'n edrych fel unrhyw aderyn, anifail na physgodyn.
5 Paid plygu i lawr a'u haddoli nhw.
Dw i, yr ARGLWYDD dy Dduw di, yn Dduw eiddigeddus.
Dw i'n cosbi pechodau'r rhieni sy'n fy nghasáu i,
ac mae'r canlyniadau'n gadael eu hôl ar y plant am dair i bedair
cenhedlaeth.
6 Ond dw i'n dangos cariad di-droi'n-ôl am fil o genedlaethau
at y rhai sy'n fy ngharu i ac yn gwneud beth dw i'n ddweud.

---

l 19:16 *corn hwrdd* Hebraeg, *shoffar*.

7 Paid camddefnyddio enw'r ARGLWYDD dy Dduw.
Fydda i ddim yn gadael i rywun sy'n camddefnyddio fy enw ddianc rhag cael ei gosbi.

8 Cofia gadw'r dydd Saboth yn sbesial.
Mae'n ddiwrnod cysegredig, gwahanol i'r lleill.
9 Gelli weithio ar y chwe diwrnod arall, a gwneud popeth sydd angen ei wneud.
10 Mae'r seithfed diwrnod i'w gadw yn Saboth i'r ARGLWYDD.
Does neb i fod i weithio ar y diwrnod yma –
ti na dy feibion a dy ferched, dy weision na dy forynion chwaith;
dim hyd yn oed dy anifeiliaid nac unrhyw fewnfudwr sy'n aros gyda ti.
11 Mewn chwe diwrnod roedd yr ARGLWYDD wedi creu y bydysawd,
y ddaear, y môr a phopeth sydd ynddyn nhw;
wedyn dyma fe'n gorffwys ar y seithfed diwrnod.
Dyna pam wnaeth Duw fendithio'r dydd Saboth,
a'i osod ar wahân, yn ddiwrnod wedi'i gysegru.

12 Rhaid i ti barchu dy dad a dy fam,
a byddi'n byw yn hir yn y wlad mae'r ARGLWYDD dy Dduw yn ei rhoi i ti.

13 Paid llofruddio.

14 Paid godinebu.[ll]

15 Paid dwyn.

16 Paid rhoi tystiolaeth ffals yn erbyn rhywun.

17 Paid chwennych[m] tŷ rhywun arall.
Paid chwennych ei wraig, na'i was, na'i forwyn, na'i darw, na'i asyn,
na dim byd sydd gan rywun arall."

Yr angen am ganolwr

(Deuteronomium 5:22-33)

18 Roedd y bobl wedi dychryn o achos y mellt a'r taranau, sŵn y corn hwrdd,[n] a'r mynydd yn mygu. Roedden nhw'n crynu mewn ofn, ac eisiau cadw ddigon pell i ffwrdd. 19 Dyma nhw'n dweud wrth Moses, "Siarad di gyda ni, a gwnawn ni wrando. Paid gadael i Dduw siarad â ni, neu byddwn ni'n marw." 20 Dyma Moses yn ateb, "Peidiwch bod ag ofn. Mae Duw yn eich profi chi, ac eisiau i chi ei barchu e, i chi stopio pechu." 21 Felly dyma'r bobl yn cadw ddigon pell i ffwrdd, tra aeth Moses at y cwmwl trwchus lle roedd Duw.

Sgrôl yr Ymrwymiad

22 Dyma'r ARGLWYDD yn dweud wrth Moses, "Dwed fel hyn wrth bobl Israel: 'Dych chi wedi gweld sut dw i wedi siarad â chi o'r nefoedd. 23 Rhaid i chi beidio gwneud duwiau eraill o arian ac aur i chi'ch hunain. 24 Codwch allor o bridd i mi, ac aberthu defaid, geifr a gwartheg arni – yr offrymau i'w llosgi'n llwyr a'r offrymau i gydnabod daioni'r ARGLWYDD. Ble bynnag fydda i'n cael fy anrhydeddu, bydda i'n dod atoch chi ac yn eich bendithio chi. 25 Os codwch allor o gerrig, rhaid iddyn nhw beidio bod yn gerrig sydd wedi'u naddu. Os bydd cŷn wedi'i defnyddio arni, bydd yr allor wedi'i halogi. 26 A pheidiwch dringo grisiau i fynd at fy allor, rhag i'ch rhannau preifat gael eu gweld.' "

ll 20:14 *godinebu* sef, person priod yn cael rhyw gyda rhywun arall. m 20:17 *chwennych* sef, awydd cryf i gael rhywbeth. n 20:18 *corn hwrdd* Hebraeg, *shoffar*.

Sut i drin caethweision a chaethferched

(Deuteronomium 15:12-18)

21 "Dyma'r rheolau rwyt ti i'w rhoi iddyn nhw:
2 Os wyt ti'n prynu Hebrëwr yn gaethwas, rhaid iddo weithio i ti am chwe mlynedd.
Ond ar ddechrau'r seithfed flwyddyn mae'n rhydd i fynd, heb dalu dim i ti. 3 Os
oedd yn sengl pan ddechreuodd weithio i ti, bydd yn gadael ar ei ben ei hun; ond
os oedd yn briod, bydd ei wraig yn cael mynd gydag e. 4 Os mai ei feistr roddodd
wraig iddo, a hithau wedi cael plant, mae'r wraig a'i phlant yn aros gyda'r meistr,
a'r gwas yn gadael ar ei ben ei hun. 5 Ond falle y bydd y gwas yn dweud, 'Dw i'n
hapus gyda fy meistr, fy ngwraig a'm plant – dw i ddim eisiau bod yn ddyn rhydd.'
6 Os felly, bydd rhaid i'r meistr fynd i'w gyflwyno o flaen Duw. Wedyn bydd y meistr
yn mynd ag e at y drws neu ffrâm y drws, ac yn rhoi twll drwy glust y gwas gyda
mynawyd, i ddangos ei fod wedi dewis gweithio i'w feistr am weddill ei fywyd.
7 Os ydy rhywun wedi gwerthu ei ferch i weithio fel caethforwyn, fydd hi ddim yn cael
mynd yn rhydd ar ddiwedd y chwe mlynedd, fel y dynion. 8 Os nad ydy'r ferch yn
plesio'r meistr wnaeth ei chymryd hi, mae'n gallu caniatáu i rywun ei phrynu hi'n
ôl. Ond does ganddo ddim hawl i'w gwerthu hi i rywun o wlad arall, am ei fod
wedi delio'n annheg gyda hi.
9 Os ydy e wedi dewis ei rhoi hi i'w fab, rhaid iddi hi gael yr un hawliau, a chael ei thrin
fel petai'n ferch iddo.
10 Os ydy e'n cymryd gwraig arall, mae gan y wraig gyntaf hawl i dderbyn bwyd a dillad
ganddo, ac i gael rhyw gydag e. 11 Os nad ydy e'n fodlon rhoi'r tri peth yna iddi,
mae ganddi hawl i fynd yn rhydd, heb dalu dim.

Llofruddiaeth a thrais

12 Os ydy rhywun yn taro person arall a'i ladd, y gosb ydy marwolaeth. 13 Os digwyddodd
y peth drwy ddamwain, heb unrhyw fwriad i ladd, dw i'n mynd i drefnu lle saff i'r
lladdwr ddianc iddo. 14 Ond os oedd bwriad clir i ladd y person arall, cewch lusgo'r
llofrudd i ffwrdd a'i ddienyddio, hyd yn oed os oedd e wedi dianc at fy allor i.
15 Os ydy rhywun yn taro ei dad neu ei fam, y gosb ydy marwolaeth.
16 Os ydy rhywun yn herwgipio person arall, i'w werthu neu i'w ddal yn gaeth, y gosb
ydy marwolaeth.
17 Os ydy rhywun yn melltithio'i dad neu ei fam, y gosb ydy marwolaeth.
18 Dyma sydd i ddigwydd os bydd dynion yn ymladd, ac un yn taro'r llall gyda charreg
neu gyda'i ddwrn nes ei anafu a'i adael yn orweddog, ond heb ei ladd: 19 Os bydd
yr un gafodd ei anafu yn gwella ac yn gallu cerdded eto gyda ffon, fydd dim rhaid
cosbi'r dyn wnaeth ei daro. Ond bydd disgwyl iddo dalu iawndal am yr amser
gwaith gollodd y llall, a thalu unrhyw gostau meddygol nes bydd wedi gwella.
20 Os ydy rhywun yn curo ei gaethwas neu ei forwyn gyda ffon, a'r gwas neu'r forwyn yn
marw, rhaid iddo gael ei gosbi. 21 Ond os ydy'r gwas neu'r forwyn yn dal yn fyw ar
ôl diwrnod neu ddau, fydd y meistr ddim yn cael ei gosbi. Bydd eisoes ar ei golled.
22 Os bydd dynion yn ymladd ac yn taro gwraig feichiog, a hithau'n colli'r plentyn, ond
heb gael unrhyw niwed pellach, rhaid i'r dyn wnaeth ei tharo gael ei gosbi a thalu
faint bynnag o iawndal mae gŵr y wraig yn ei hawlio a'r llys yn ei ganiatáu. 23 Ond
os ydy'r wraig ei hun yn cael niwed difrifol, rhaid i'r gosb gyfateb: Y ddedfryd fydd,
bywyd am fywyd, 24 llygad am lygad, dant am ddant, llaw am law, troed am droed,
25 llosg am losg, anaf am anaf, clais am glais.
26 Os ydy rhywun yn taro ei gaethwas neu ei forwyn yn ei lygad, a'i ddallu, rhaid gadael
iddo fe neu hi fynd yn rhydd, fel iawndal am golli ei lygad.

27 Os ydy e'n taro dant ei gaethwas neu ei forwyn allan, mae'r gwas neu'r forwyn i gael
mynd yn rhydd, fel iawndal am y dant.

Anifeiliaid yn achosi anafiadau

28 Os ydy dyn neu wraig yn marw am fod tarw wedi'i gornio e neu hi, rhaid lladd yr
anifail drwy daflu cerrig ato, a dydy'r cig ddim i gael ei fwyta. Fydd y perchennog
ddim yn cael ei gosbi. 29 Ond os oedd y tarw wedi cornio rhywun o'r blaen, a'r
perchennog yn gwybod hynny ond heb ofalu na fyddai'r peth yn digwydd eto,
rhaid i'r tarw gael ei ladd a rhaid i'r perchennog farw hefyd; 30 neu mae teulu'r
un gafodd ei ladd yn gallu hawlio swm o arian yn iawndal gan berchennog y tarw.
31 Mae'r un peth yn wir os ydy'r tarw yn cornio plentyn.
32 Os ydy'r tarw yn cornio caethwas neu forwyn, mae'r perchennog i dalu tri deg darn
o arian, ac mae'r tarw i gael ei ladd drwy daflu cerrig ato.
33 Os ydy rhywun yn cloddio pydew a'i adael ar agor, a tharw neu asyn rhywun yn
syrthio iddo a marw, 34 rhaid i'r sawl sydd biau'r pydew dalu am yr anifail, ond
bydd yn cael cadw'r corff.
35 Os ydy tarw un dyn yn cornio a lladd tarw rhywun arall, mae'r tarw byw i gael ei
werthu, a'r arian i gael ei rannu rhyngddyn nhw. Maen nhw hefyd i rannu'r tarw
gafodd ei ladd. 36 Ond os oedd y tarw wedi cornio o'r blaen, a'r perchennog yn
gwybod hynny ond heb ofalu na fyddai'r peth yn digwydd eto, rhaid iddo roi tarw
yn ei le, a bydd e'n cael cadw'r anifail marw.

Deddfau am eiddo

22 Os ydy rhywun yn dwyn tarw neu ddafad, ac yna'n lladd yr anifail neu'n ei werthu,
rhaid iddo dalu'n ôl bump o fuchod am y tarw, a phedair dafad am yr un ddafad.
2 Os ydy lleidr yn cael ei ddal yn torri i mewn i dŷ, ac mae'n cael ei daro ac yn marw,
fydd y person wnaeth ei ladd ddim yn cael ei gyfri'n euog o dywallt gwaed. 3 Ond
os ydy'r peth yn digwydd yng ngolau dydd, bydd yn euog.
Os ydy lleidr yn cael ei ddal, rhaid iddo dalu'n llawn am beth gafodd ei ddwyn. Os
nad ydy e'n gallu talu, bydd y lleidr yn cael ei werthu fel caethwas i dalu'r ddyled.
4 Os ydy'r anifail gafodd ei ddwyn yn cael ei ddarganfod yn dal yn fyw – p'run ai tarw,
asyn neu ddafad – rhaid i'r lleidr dalu dwywaith ei werth fel iawndal.
5 Os ydy rhywun yn rhoi ei anifeiliaid i bori yn ei gae neu ei winllan, ac yn gadael
iddyn nhw grwydro a phori ar dir rhywun arall, rhaid iddo dalu am y golled gyda'r
cynnyrch gorau o'i gae a'i winllan ei hun.
6 Os oes tân yn mynd allan o reolaeth, ac yn lledu drwy'r gwrychoedd a llosgi cnydau
sydd wedi'u casglu neu gnydau sy'n dal i dyfu yn y caeau, rhaid i'r person
ddechreuodd y tân dalu am y difrod.
7 Os ydy person yn rhoi arian neu bethau gwerthfawr i rywun eu cadw'n saff, a'r
pethau hynny'n cael eu dwyn, rhaid i'r lleidr dalu dwywaith cymaint yn ôl os ydy
e'n cael ei ddal. 8 Os nad oes lleidr yn cael ei ddal, rhaid i berchennog y tŷ sefyll ei
brawf o flaen Duw, i weld os mai fe wnaeth ddwyn yr eiddo.
9 Dyma sydd i ddigwydd mewn achos o anghydfod rhwng pobl (am darw, asyn, dafad
neu afr, dilledyn neu unrhyw beth arall), lle mae rhywun yn honni, 'Fi sydd biau
hwn.': Mae'r ddau i ymddangos o flaen Duw, ac mae'r un sy'n cael ei ddedfrydu'n
euog i dalu dwywaith cymaint yn ôl i'r llall.
10 Os ydy person yn gofyn i rywun arall edrych ar ôl asyn neu darw neu ddafad neu afr
iddo, a'r anifail yn marw, yn cael ei anafu neu'n mynd ar goll, a neb wedi'i weld,
11 rhaid i'r un oedd yn gofalu am yr anifail fynd ar ei lw o flaen yr ARGLWYDD mai
nid fe oedd yn gyfrifol. Wedyn bydd y sawl oedd piau'r anifail yn derbyn ei air,

a fydd dim rhaid talu iawndal. [12]Ond os cafodd yr anifail ei ddwyn, rhaid iddo dalu
amdano. [13]Os mai anifail gwyllt wnaeth ei ladd a'i rwygo'n ddarnau, rhaid dangos
y corff yn dystiolaeth, a fydd dim rhaid talu iawndal.
[14] Os ydy person yn benthyg anifail gan rywun arall, a'r anifail hwnnw'n cael ei anafu
neu'n marw pan oedd y perchennog ddim yna, rhaid i'r un wnaeth fenthyg yr
anifail dalu'n llawn amdano. [15]Ond os oedd y perchennog yno ar y pryd, fydd dim
rhaid talu. Ac os oedd yr anifail wedi'i logi am dâl, mae'r arian gafodd ei dalu yn
cyfro'r golled.

Cyfiawnder Cymdeithasol

[16] Os ydy dyn yn denu merch ifanc sydd heb ddyweddïo i gael rhyw gydag e, rhaid iddo
dalu i'w rhieni y pris sy'n ddyledus i'w chymryd yn wraig iddo'i hun. [17]Rhaid iddo
dalu'r arian hyd yn oed os ydy'r tad yn gwrthod gadael iddo briodi'r ferch.
[18] Dydy gwraig sy'n dewino ddim i gael byw.
[19] Os ydy rhywun yn cael rhyw gydag anifail, y gosb ydy marwolaeth.
[20] Os ydy rhywun yn aberthu i dduwiau ar wahân i'r ARGLWYDD, rhaid ei ddinistrio'n llwyr!
[21] Paid cam-drin mewnfudwyr. Cofiwch mai mewnfudwyr oeddech chi eich hunain yn yr
Aifft.
[22] Paid cymryd mantais o wraig weddw neu blentyn amddifad. [23]Os gwnei di hynny,
a hwythau'n gweiddi arna i am help, bydda i'n ymateb. [24]Bydda i wedi gwylltio'n
lân. Byddwch chi'r dynion yn cael eich lladd mewn rhyfel. Bydd eich gwragedd
chi'n cael eu gadael yn weddwon, a bydd eich plant yn amddifad.
[25] Os wyt ti'n benthyg arian i un o'm pobl Israel sydd mewn angen, paid bod fel
y benthycwyr sy'n codi llog arnyn nhw. [26]Os wyt ti'n cymryd côt rhywun yn ernes
am ei fod mewn dyled i ti, gwna'n siŵr dy fod yn ei rhoi yn ôl iddo cyn i'r haul
fachlud, [27]gan mai dyna'r cwbl sydd ganddo i gadw'n gynnes yn y nos. Os bydd
e'n gweiddi arna i am help, bydda i'n gwrando arno, achos dw i'n garedig.
[28] Paid cymryd enw Duw yn ysgafn, na melltithio un o arweinwyr dy bobl.
[29] Paid cadw'n ôl beth sydd i fod i gael ei offrymu i mi o'r cynhaeaf grawn a'r cafnau
gwin ac olew.
Rhaid i bob mab hynaf gael ei roi i mi.
[30] A'r un fath gyda phob anifail gwryw sydd gyntaf i gael ei eni – bustych, defaid a geifr
– gallan nhw aros gyda'r fam am saith diwrnod, ond rhaid i chi eu rhoi nhw i mi ar
yr wythfed diwrnod.
[31] Dych chi i fod yn bobl wedi'u cysegru i mi. Peidiwch bwyta cig unrhyw beth sydd
wedi'i ladd gan anifail gwyllt. Taflwch e i'r cŵn.

Cyfiawnder i bawb

23 Paid hel straeon sydd ddim yn wir. Paid helpu pobl ddrwg drwy ddweud celwydd
yn y llys.
[2] Paid dilyn y dorf i wneud drwg. Paid rhoi tystiolaeth ffals sydd ddim ond yn cyd-fynd
gyda beth mae pawb arall yn ei ddweud. [3]A phaid dangos ffafriaeth at rywun
mewn achos llys dim ond am ei fod yn dlawd.
[4] Os wyt ti'n dod o hyd i darw neu asyn dy elyn yn crwydro, dos â'r anifail yn ôl i'w
berchennog.
[5] Os wyt ti'n gweld asyn rhywun sy'n dy gasáu di wedi syrthio dan ei faich, paid pasio
heibio; dos i'w helpu i godi.
[6] Paid gwrthod cyfiawnder i rywun mewn achos llys am ei fod yn dlawd.
[7] Paid byth â chyhuddo pobl ar gam – rhag i rywun dieuog gael ei ddedfrydu
i farwolaeth. Bydda i'n cosbi'r rhai sy'n gwneud drwg.

8 Paid derbyn breib. Mae breib yn dallu'r sawl sy'n gweld yn glir, ac yn tanseilio achos
pobl sy'n ddieuog. 9 Paid cam-drin mewnfudwr. Ti'n gwybod yn iawn sut deimlad
ydy e – mewnfudwyr oeddech chi yn yr Aifft.

Dyddiau arbennig

10 Rwyt i hau cnydau a chasglu'r cynhaeaf am chwe mlynedd. 11 Ond yna ar y seithfed
flwyddyn mae'r tir i gael gorffwys, heb gael ei drin. Bydd y bobl dlawd yn cael
casglu a bwyta beth bynnag sy'n tyfu ohono'i hun, a'r anifeiliaid gwyllt yn cael
beth sy'n weddill. Gwna'r un peth gyda dy winllan a dy goed olewydd.
12 Rwyt i weithio am chwe diwrnod, a gorffwys ar y seithfed. Bydd yn rhoi cyfle i dy ych
a dy asyn orffwys, ac i'r caethweision sydd wedi'u geni yn dy dŷ a'r mewnfudwr
sy'n gweithio i ti ymlacio.
13 Gwyliwch eich bod chi'n gwneud beth dw i'n ddweud wrthoch chi. Peidiwch talu sylw
i dduwiau eraill, na hyd yn oed eu henwi nhw!

Y Tair Gŵyl Flynyddol

(Exodus 34:18-26; Deuteronomium 16:1-17)

14 Bob blwyddyn dych chi i gynnal tair gŵyl i mi. 15 Yn gyntaf, Gŵyl y Bara Croyw. Ar
ddyddiau arbennig yn mis Abib byddwch yn dathlu dod allan o wlad yr Aifft. Rhaid
i chi fwyta bara heb furum ynddo am saith diwrnod, fel dwedais i bryd hynny. Does
neb i ddod ata i heb rywbeth i'w offrymu.
16 Yna Gŵyl y Cynhaeaf, pan fyddwch yn dod â ffrwyth cyntaf eich cnydau i mi.
Ac yn olaf, Gŵyl Casglu'r Cynhaeaf,[o] ar ddiwedd y flwyddyn, pan fyddwch wedi
gorffen casglu eich cnydau i gyd. 17 Felly dair gwaith bob blwyddyn, mae'r dynion
i gyd i ddod o flaen y Meistr, sef yr ARGLWYDD.
18 Rhaid peidio offrymu gwaed anifail sydd wedi'i aberthu gyda bara sydd â burum
ynddo. A dydy'r braster ddim i'w adael heb ei losgi dros nos.
19 Tyrd â ffrwyth cyntaf gorau dy dir i deml yr ARGLWYDD dy Dduw.
Paid berwi cig gafr ifanc yn llaeth ei fam."

Addewid a rhybudd

20 "Dw i'n mynd i anfon angel o'ch blaen chi, i'ch cadw chi'n saff pan fyddwch chi'n teithio,
ac i'ch arwain i'r lle dw i wedi'i baratoi ar eich cyfer chi. 21 Gwrandwch arno, a gwnewch beth
mae e'n ddweud. Peidiwch tynnu'n groes iddo achos fydd e ddim yn maddau i chi. Fi sydd
yna ynddo fe. 22 Ond os gwnewch chi wrando arno, a gwneud beth dw i'n ddweud, bydda i'n
ymladd yn erbyn y gelynion fydd yn codi yn eich erbyn chi. 23 Bydd fy angel yn eich arwain chi
at yr Amoriaid, Hethiaid, Peresiaid, Canaaneaid, Hefiaid a Jebwsiaid, a bydda i'n eu dinistrio
nhw'n llwyr. 24 Peidiwch plygu i lawr i addoli eu duwiau nhw, na dilyn eu harferion nhw. Dw
i eisiau i chi eu dinistrio nhw'n llwyr, a malu eu colofnau cysegredig yn ddarnau. 25 Addolwch
yr ARGLWYDD eich Duw, a bydd e'n rhoi bara i chi ei fwyta a dŵr i chi ei yfed, ac yn eich cadw
chi'n iach. 26 Fydd yna ddim gwragedd sy'n methu cael plant, na gwragedd beichiog yn colli
eu plant, a bydd pawb yn cael byw yn hir.
27 "Bydda i'n achosi braw wrth i bobl eich gweld chi'n dod. Bydda i'n dinistrio'r bobloedd
fyddwch chi'n dod ar eu traws. Byddan nhw'n dianc oddi wrthoch chi. 28 Bydda i'n achosi
panig llwyr, ac yn gyrru'r Hefiaid, y Canaaneaid a'r Hethiaid allan o'ch ffordd. 29 Ond fydd
hyn ddim yn digwydd i gyd ar yr un pryd. Does gen i ddim eisiau i'r wlad droi'n anialwch, ac
anifeiliaid gwyllt yn cymryd drosodd. 30 Bydda i'n eu gyrru nhw allan bob yn dipyn, i roi cyfle
i'ch poblogaeth chi dyfu digon i lenwi'r wlad.

---

o 23:16 *Gŵyl Casglu'r Cynhaeaf* Enw arall ar "Ŵyl y Pebyll".

[31]"Bydda i'n gosod ffiniau i chi o'r Môr Coch[p] i Fôr y Canoldir,[ph] ac o'r anialwch i afon
Ewffrates. Bydda i'n gwneud i chi goncro'r wlad, a byddwch yn gyrru'r bobloedd sy'n byw yno
allan. [32]Rhaid i chi beidio gwneud cytundeb gwleidyddol gyda nhw, na chael dim i'w wneud
â'u duwiau nhw. [33]Dŷn nhw ddim i gael byw yn y wlad, rhag iddyn nhw wneud i chi bechu
yn fy erbyn i. Bydd hi ar ben arnoch chi os gwnewch chi ddechrau addoli eu duwiau nhw."

Cadarnhau'r ymrwymiad

24 Dyma'r Arglwydd yn dweud wrth Moses, "Tyrd i fyny yma ata i. Tyrd ag Aaron a'i ddau
fab, Nadab ac Abihw, a saith deg arweinydd Israel gyda ti. Byddan nhw'n fy addoli
o bell, [2]tra byddi di, Moses, yn dod yn nes ata i. Dydy'r lleill ddim i ddod yn rhy agos. A dydy'r
bobl ddim i gael dringo'r mynydd o gwbl."

[3]Yna dyma Moses yn mynd i ddweud wrth y bobl beth ddwedodd yr Arglwydd. Roedd ymateb
y bobl yn unfrydol, "Byddwn ni'n gwneud popeth mae'r Arglwydd yn ei ddweud." [4]Felly dyma
Moses yn ysgrifennu popeth ddwedodd yr Arglwydd. Yn gynnar y bore wedyn, dyma fe'n codi
allor wrth droed y mynydd, ac un deg dwy o golofnau o'i chwmpas – un ar gyfer pob un
o ddeuddeg llwyth Israel. [5]Yna anfonodd rai o'r dynion ifanc i gyflwyno offrymau oedd i'w
llosgi'n llwyr, ac i aberthu teirw yn offrymau i gydnabod daioni'r Arglwydd. [6]Wedyn dyma
Moses yn rhoi hanner y gwaed mewn powlenni, a sblasio'r gweddill ar yr allor. [7]Yna cymerodd
Sgrôl yr Ymrwymiad, a'i darllen i'r bobl. A dyma nhw'n dweud eto, "Byddwn ni'n gwneud
popeth mae'r Arglwydd yn ei ddweud, ac yn gwrando arno."

[8]Wedyn cymerodd Moses y gwaed oedd yn y powlenni, a'i daenellu ar y bobl. Ac meddai,
"Mae'r gwaed hwn yn cadarnhau'r ymrwymiad mae'r Arglwydd wedi'i wneud, i chi fod yn
ufudd i bopeth mae e'n ddweud."

[9]Yna dyma Moses, Aaron, Nadab, Abihw a saith deg arweinydd Israel yn mynd i fyny'r
mynydd, [10]a dyma nhw'n gweld Duw Israel. Dan ei draed roedd rhywbeth tebyg i balmant
wedi'i wneud o saffir. Roedd yn glir fel yr awyr las. [11]Ond wnaeth e ddim dinistrio arweinwyr
Israel, er iddyn nhw weld Duw; a dyma nhw'n bwyta ac yn yfed yn ei gwmni.

Moses ar Fynydd Sinai

[12]A dyma'r Arglwydd yn dweud wrth Moses, "Tyrd i ben y mynydd, ac aros amdana i. Dw
i fy hun wedi ysgrifennu fy rheolau a'm cyfreithiau ar lechi, a dw i'n mynd i'w rhoi nhw i ti
i'w dysgu i'r bobl."

[13]Felly dyma Moses yn mynd, gyda'i was Josua, a dechrau dringo i fyny mynydd Duw. [14]Roedd
wedi dweud wrth yr arweinwyr, "Arhoswch amdanon ni yma, nes down ni yn ôl. Mae Aaron a Hur
gyda chi. Os oes angen setlo rhyw ddadl, gallwch fynd atyn nhw." [15]Wrth i Moses ddringo i fyny,
dyma'r cwmwl yn dod i lawr a gorchuddio'r mynydd. [16]Roedd ysblander yr Arglwydd yn gorffwys
ar Fynydd Sinai. Roedd y cwmwl wedi'i orchuddio am chwe diwrnod. Yna ar y seithfed diwrnod,
dyma Duw yn galw ar Moses o ganol y cwmwl. [17-18]Roedd Moses wedi cerdded i mewn i'r cwmwl
ar y mynydd. A buodd yno ddydd a nos am bedwar deg diwrnod llawn.

Roedd y bobl yn gweld ysblander yr Arglwydd ar ben y mynydd – roedd yn edrych fel tân
yn llosgi.

Sut i godi'r Tabernacl

(Exodus 35:4-9)

25 Dyma'r Arglwydd yn dweud wrth Moses: [2]"Dwed wrth bobl Israel am gasglu rhoddion
i mi gan bawb sy'n awyddus i gyfrannu. [3]Dyma beth allan nhw ei gyfrannu: aur,
arian, pres, [4]edau las, porffor a coch, lliain main drud, blew gafr, [5]crwyn hyrddod wedi'u llifo'n
goch, crwyn môr-fuchod, coed acasia, [6]olew i'r lampau, perlysiau i wneud yr olew eneinio a'r

---

p 23:31 *Môr Coch* Hebraeg, "Môr y Brwyn". ph 23:31 *Môr y Canoldir* Hebraeg, "Môr y Philistiaid".

arogldarth persawrus, 7onics a gemau eraill i'w gosod ar yr effod a'r boced fydd yn mynd dros
y frest. 8Dw i eisiau iddyn nhw godi lle sbesial i mi gael byw yn eu canol nhw. 9Dw i eisiau i'r
Tabernacl, a popeth fydd yn mynd i mewn ynddo, gael eu gwneud yn union fel dw i'n dangos i ti.

Yr Arch

(Exodus 37:1-9)

10"Maen nhw i wneud Arch, sef cist o goed acasia – 110 centimetr o hyd, 66 centimetr o led
a 66 centimetr o uchder. 11Yna ei gorchuddio gyda haen o aur pur (y tu mewn a'r tu allan),
a gosod border aur o'i chwmpas i'w haddurno. 12Yna gwneud pedwar cylch aur, a'u gosod
nhw ar draed y gist, dau bob ochr. 13A dau bolyn o goed acasia wedi'u gorchuddio gydag
aur. 14Mae'r polion i ffitio drwy'r cylchoedd bob ochr i'r Arch, ac i'w defnyddio i'w chario hi.
15Mae'r polion yma i aros yn eu lle yn y cylchoedd bob amser – rhaid peidio eu tynnu nhw
allan. 16Wedyn mae Llechi'r Dystiolaeth, dw i'n eu rhoi i ti, i'w gosod y tu mewn i'r Arch.
17"Yna gwneud caead o aur pur i'r Arch – 110 centimetr o hyd, a 66 centimetr o led. 18-19Yna
gwneud dau gerwb o aur wedi'i guro (gwaith morthwyl) – un bob pen i'r caead, yn un darn
gyda'r caead ei hun. 20Mae'r cerwbiaid i fod yn wynebu'i gilydd, yn edrych i lawr ar y caead, ac
yn estyn eu hadenydd dros yr Arch. 21Mae'r caead i'w osod ar yr arch, a Llechi'r Dystiolaeth i'w
gosod y tu mewn iddi. 22Dyma ble bydda i'n dy gyfarfod di. Rhwng y ddau gerwb sydd uwchben
caead yr Arch, bydda i'n siarad â ti, ac yn dweud beth dw i eisiau i bobl Israel ei wneud.

Bwrdd y bara i'w gyflwyno i Dduw

(Exodus 37:10-16)

23"Rwyt i wneud bwrdd o goed acasia – 88 centimetr o hyd, 44 centimetr o led, a 66
centimetr o uchder. 24Mae'r bwrdd i gael ei orchuddio gyda haen o aur pur, a border aur i'w osod
o'i gwmpas i'w addurno. 25Ac mae croeslath 75 milimetr o drwch i fod o'i gwmpas – hwnnw
hefyd wedi'i addurno yr un fath â'r border. 26Yna gwneud pedwar cylch aur, a'u gosod nhw ar
bedair cornel y bwrdd lle mae'r coesau, 27wrth ymyl y croeslath. Mae'r cylchoedd ar gyfer rhoi'r
polion drwyddyn nhw i gario'r bwrdd. 28Mae'r polion eu hunain i gael eu gwneud o goed acasia
wedi'u gorchuddio gydag aur. 29Hefyd platiau, pedyll, jygiau a phowlenni o aur pur, i dywallt yr
offrymau o ddiod. 30Mae'r bara cysegredig i gael ei osod o mlaen i ar y bwrdd yma bob amser.

Stand i ddal y lampau – y Menora

(Exodus 37:17-24)

31"Yna gwneud y menora (sef stand i ddal y lampau) allan o aur pur – gwaith morthwyl, sef
aur wedi'i guro. Mae'r cwbl i fod yn un darn – y droed, y goes, a'r cwpanau siâp blodyn gyda
calycs oddi tanyn nhw. 32Mae chwe cangen i ymestyn allan o ochrau'r menora, tair bob ochr.
33Mae tair cwpan siâp blodyn almon i fod ar bob cangen – pob blodyn gyda calycs a petalau.
34Ac ar brif goes y menora, pedair cwpan siâp blodyn almon gyda calycs a petalau; 35un dan
y pâr cyntaf o ganghennau, un dan yr ail, ac un dan y trydydd. 36Mae'r cwbl i'w wneud o un
darn o aur pur wedi'i guro – gwaith morthwyl. 37Yna rhaid gwneud saith lamp, a'u gosod
nhw arni fel eu bod yn goleuo o'i blaen hi. 38Mae'r gefeiliau a'r padellau hefyd i'w gwneud
o aur pur. 39Dylid defnyddio 35 cilogram o aur pur i wneud y menora a'r offer i gyd. 40Gwna'n
siŵr dy fod yn eu gwneud nhw yn union fel yn y cynllun gafodd ei ddangos i ti ar y mynydd.

Y Tabernacl

(Exodus 36:8-38)

26 "Mae'r Tabernacl ei hun i gael ei wneud o ddeg llen o'r lliain main gorau, gyda
lluniau o gerwbiaid wedi'u dylunio'n gelfydd arnyn nhw a'u brodio gydag edau
las, porffor a coch. 2Mae pob llen i fod yn un deg dau metr o hyd a dau fetr o led – i gyd yr

un faint. 3Mae pump o'r llenni i gael eu gwnïo at ei gilydd, a'r pump arall yr un fath. 4Yna
gwneud dolenni o edau las ar hyd ymyl llen olaf pob set – 5hanner cant o ddolenni ar bob
un, fel eu bod gyferbyn a'i gilydd. 6Wedyn gwneud hanner can bachyn aur i ddal y llenni at
ei gilydd, fel bod y cwbl yn un darn.

7"Yna nesaf gwneud llenni o flew gafr i fod fel pabell dros y Tabernacl – un deg un ohonyn
nhw. 8Mae pob llen i fod yn un deg tri metr o hyd a dau fetr o led – i gyd yr un faint. 9Mae
pump o'r llenni i gael eu gwnïo at ei gilydd, a'r chwech arall i gael eu gwnïo at ei gilydd.
Mae'r chweched llen yn yr ail grŵp o lenni i'w phlygu drosodd i wneud mynedfa ar du blaen
y babell. 10Yna gwneud hanner can dolen ar hyd ymyl llen olaf pob set, 11a hanner can bachyn
pres i fynd drwy'r dolenni i ddal y llenni at ei gilydd, a gwneud y cwbl yn un darn. 12Mae'r
hanner llen sydd dros ben i'w adael yn hongian dros gefn y Tabernacl. 13Yna ar ddwy ochr
y Tabernacl bydd yr hanner metr ychwanegol yn golygu fod y darn sy'n hongian dros yr ymyl
yn ei gorchuddio hi i'r llawr.

14"Yna'n olaf, dau orchudd arall dros y cwbl – un wedi'i wneud o grwyn hyrddod wedi'u
llifo'n goch, a gorchudd allanol o grwyn môr-fuchod.

15"Mae fframiau'r Tabernacl i'w gwneud allan o goed acasia. 16Mae pob un i fod yn bedwar
metr o hyd, a chwe deg chwech centimetr o led, 17gyda dau denon ar bob un i'w cysylltu
â'i gilydd. 18Rhaid gwneud dau ddeg ffrâm i ochr ddeheuol y Tabernacl, 19a phedwar deg
soced arian i ddal y fframiau – dwy soced i'r ddau denon ar bob ffrâm. 20Wedyn dau ddeg
ffrâm ar ochr arall y Tabernacl, sef yr ochr ogleddol. 21A phedwar deg soced iddyn nhw – dwy
soced dan bob ffrâm. 22Yna chwe ffrâm i gefn y Tabernacl, sef y pen gorllewinol, 23a dau
ffrâm ychwanegol i'r corneli yn y cefn. 24Yn y corneli, mae dau ffrâm yn ffitio gyda'i gilydd
ar y gwaelod, ac yn cael eu dal gyda'i gilydd gan gylch ar y top. Mae'r fframiau ar y ddwy
gornel i fod yr un fath. 25Mae hynny'n gwneud wyth ffrâm gydag un deg chwech o socedi
arian – dwy soced dan bob ffrâm.

26-27"Yna rwyt i wneud croesfarrau o goed acasia – pump i'r fframiau bob ochr i'r Tabernacl,
a phump i fframiau cefn y Tabernacl sy'n wynebu'r gorllewin. 28Mae'r croesfar ar ganol
y fframiau i ymestyn o un pen i'r llall. 29Mae'r fframiau a'r croesfarrau i gael eu gorchuddio
gydag aur, ac mae'r cylchoedd sy'n dal y croesfarrau i gael eu gwneud o aur hefyd.

30"Pan fyddi'n codi'r Tabernacl, rhaid dilyn yr union fanylion gafodd eu rhoi i ti ar y mynydd.

31"Rwyt i wneud llen arbennig o'r lliain main gorau, gyda lluniau o gerwbiaid wedi'u
dylunio'n gelfydd arni, a'u brodio gydag edau las, porffor a coch. 32Mae'r llen yma i hongian
ar bedwar polyn o goed acasia, wedi'u gorchuddio gydag aur a'u gosod mewn socedi arian.
33Mae'r llen i hongian ar fachau aur, ac wedyn mae Arch y dystiolaeth i'w gosod tu ôl i'r
llen. Bydd y llen yn gwahanu'r Lle Sanctaidd oddi wrth y Lle Mwyaf Sanctaidd. 34Yna mae'r
caead i gael ei osod ar Arch y dystiolaeth yn y Lle Mwyaf Sanctaidd. 35Wedyn mae'r bwrdd a'r
menora (sef y stand i'r lampau) i gael eu gosod gyferbyn â'i gilydd tu allan i'r llen – y bwrdd
ar ochr y gogledd, a'r menora ar ochr y de. 36Wedyn rhaid gwneud sgrîn ar gyfer y fynedfa i'r
babell. Bydd hon eto wedi'i gwneud o'r lliain main gorau, ac wedi'i brodio gydag edau las,
porffor a coch. 37Mae i hongian ar bump polyn o goed acasia, wedi'u gorchuddio gydag aur.
Mae'r bachau i'w gwneud o aur, ac mae pum soced bres i gael eu gwneud i ddal y polion.

Yr Allor

(Exodus 38:1-7)

27 "Mae'r allor i gael ei gwneud o goed acasia. Mae hi i fod yn ddau pwynt dau metr
sgwâr, ac yn un pwynt tri metr o uchder. 2Mae cyrn i fod ar bedair cornel yr allor,
yn un darn gyda'r allor ei hun. Yna rwyt i'w gorchuddio gyda phres. 3Mae'r offer i gyd i'w
gwneud o bres hefyd – y bwcedi lludw, rhawiau, powlenni taenellu, ffyrc, a'r padellau tân.
4Hefyd gratin, sef rhwyll wifrog o bres gyda pedwar cylch pres ar y corneli. 5Mae i'w gosod
o dan silff yr allor, hanner ffordd i lawr. 6Yna gwneud polion i'r allor, allan o goed acasia, a'u
gorchuddio nhw gyda pres. 7Mae'r polion i gael eu gwthio drwy'r cylchoedd fel bod polyn

bob ochr i'r allor i'w chario hi. 8Dylai'r allor gael ei gwneud gyda planciau pren, fel ei bod
yn wag y tu mewn. Dylid ei gwneud yn union fel cafodd ei ddangos i ti ar y mynydd.

Yr Iard o gwmpas y Tabernacl

(Exodus 38:9-20)

9"Yna rhaid gwneud iard y Tabernacl, gyda llenni o'i chwmpas wedi'u gwneud o'r lliain
main gorau. Ar yr ochr ddeheuol 10bydd dau ddeg postyn yn sefyll mewn dau ddeg o socedi
pres, gyda bachau ar ffyn arian i ddal y llenni. 11Yna'r un fath ar yr ochr ogleddol. 12Ar y cefn,
yn wynebu'r gorllewin, mae lled yr iard i fod yn ddau ddeg dau metr o lenni, a deg postyn yn
sefyll mewn deg o socedi pres. 13-15Yna ar y tu blaen, yn wynebu'r dwyrain, dau ddeg dau metr
eto – chwe pwynt chwe metr o lenni, gyda tri postyn mewn tair soced bres bob ochr i'r giât.
16Yna sgrîn y giât yn naw metr o lenni yn hongian ar bedwar postyn mewn pedair soced bres.
Bydd y llenni wedi'u gwneud o'r lliain main gorau ac wedi'u brodio gydag edau las, porffor
a coch. 17Bydd y polion o gwmpas yr iard i gyd wedi'u cysylltu gyda ffyn arian a bachau arian
arnyn nhw, ac wedi'u gosod mewn socedi pres. 18Bydd yr iard yn bedwar deg pedwar metr
o hyd ac yn ddau ddeg dau metr o led. Mae uchder y llenni i fod yn ddau pwynt dau metr, yn
cael eu dal i fyny gan bolion mewn socedi pres. 19Mae offer y Tabernacl i gyd (popeth sy'n
cael ei ddefnyddio yn y defodau), a'r pegiau, i gael eu gwneud o bres.

Cadw'r lampau'n llosgi

(Lefiticus 24:1-4)

20"Hefyd, dywed wrth bobl Israel am ddod ag olew olewydd pur i ti, fel bod y lampau
wedi'u goleuo'n gyson. 21Ym mhabell presenoldeb Duw,[r] tu allan i'r llen sydd o flaen Arch
y dystiolaeth, bydd Aaron a'i feibion yn cadw'r lampau'n llosgi o flaen yr Arglwydd drwy'r
nos. Dyna fydd y drefn bob amser i bobl Israel, ar hyd y cenedlaethau.

Gwisgoedd yr Offeiriaid

(Exodus 39:1-7)

28 "Mae dy frawd Aaron a'i feibion, Nadab, Abihw, Eleasar ac Ithamar, i wasanaethu
fel offeiriaid i mi. 2Rhaid i ti wneud gwisgoedd cysegredig i dy frawd Aaron –
gwisgoedd hardd fydd yn dangos urddas y gwaith fydd yn ei wneud. 3Rwyt i siarad â'r
crefftwyr gorau, sydd wedi'u donio gen i, iddyn nhw wneud urddwisg i Aaron fydd yn dangos
ei fod wedi'i ddewis i wasanaethu fel offeiriad i mi.

4"Dyma'r gwahanol rannau o'r urddwisg sydd i gael eu gwneud: Y boced sydd i fynd dros
y frest, effod, mantell, crys patrymog, twrban a sash. Mae'r dillad cysegredig yma i gael eu
gwneud i dy frawd Aaron a'i feibion, fydd yn gwasanaethu fel offeiriaid i mi. 5Mae'r cwbl
i gael eu gwneud o'r lliain main gorau, wedi'i frodio gydag edau aur, glas, porffor a coch.
6Mae'r effod i gael ei gwneud o'r lliain main gorau, wedi'i ddylunio'n gelfydd a'i frodio
gydag edau aur, glas, porffor a coch. 7Mae dau strap i fynd dros yr ysgwyddau, wedi'u
cysylltu i'r corneli, i'w dal gyda'i gilydd. 8Mae'r strap cywrain wedi'i blethu i fod yn un
darn gyda'r effod, wedi'i wneud o'r lliain main gorau, ac wedi'i frodio gydag edau aur, glas,
porffor a coch. 9Yna rwyt i gymryd dwy garreg onics a chrafu enwau meibion Israel arnyn
nhw, 10yn y drefn y cawson nhw eu geni – chwech ar un garreg a chwech ar y llall. 11Mae
crefftwr profiadol i grafu'r enwau ar y cerrig, yr un fath ag mae sêl yn cael ei wneud, ac
yna eu gosod mewn gwaith ffiligri o aur. 12Yna cysylltu'r ddwy garreg i strapiau ysgwydd yr
effod, fel cerrig coffa i bobl Israel. Bydd Aaron yn gwisgo'r enwau ar ei ysgwyddau o flaen yr
Arglwydd. 13Mae'r ffiligri i gael ei wneud o aur, 14gyda dwy gadwyn o aur pur wedi'u plethu
yn hongian o un i'r llall.

---

r 27:21 Hebraeg, "pabell y cyfarfod" (gw. 33:7-11), ond yma mae'n cyfeirio at y Tabernacl (gw. pennod 26).

Y Darn ar frest yr Archoffeiriad

(Exodus 39:8-21)

[15]"Y darn sy'n mynd dros y frest fydd yn cael ei ddefnyddio i wneud penderfyniadau. Mae
i gael ei gynllunio'n gelfydd gan artist, a'i wneud yr un fath â'r effod – allan o liain main
wedi'i frodio gydag edau aur, glas, porffor a coch. [16]Mae i'w blygu yn ei hanner i wneud
poced 22 centimetr sgwâr. [17]Wedyn mae pedair rhes o gerrig i'w gosod ynddo: y rhes gyntaf
yn rhuddem, topas a beryl; [18]yr ail res yn lasfaen, saffir ac emrallt; [19]y drydedd res yn iasinth,
calcedon ac amethyst; [20]a'r bedwaredd yn saffir melyn, onics a iasbis. Maen nhw i gyd i gael eu
gosod mewn gwaith ffiligri o aur. [21]Mae pob carreg yn cynrychioli un o lwythau Israel, a bydd
enw'r llwyth wedi'i grafu ar y garreg, yr un fath ag mae sêl yn cael ei gwneud. [22]Yna mae
cadwyni o aur pur wedi'u plethu i'w gosod arno. [23]Yna gwneud dwy ddolen aur, a'u cysylltu
nhw i'r corneli uchaf. [24]Wedyn cysylltu'r ddwy gadwyn aur i'r dolenni hynny, [25]a chysylltu
pen arall y cadwyni i strapiau ysgwydd yr effod, ar y tu blaen. [26]Wedyn gwneud dwy ddolen
aur arall a'u cysylltu nhw i gorneli isaf y darn sy'n mynd dros y frest, ar yr ymyl fewnol agosaf
at yr effod. [27]Yna gwneud dwy ddolen aur arall a'u rhoi nhw ar waelod strapiau ysgwydd
yr effod, wrth ymyl y gwnïad sydd uwchben strap yr effod. [28]Mae dolenni'r darn dros y frest
i gael eu clymu i ddolenni'r effod gydag edau las, i'w gadw uwchben strap yr effod, yn lle
ei fod yn hongian yn rhydd. [29]Felly pan fydd Aaron yn mynd i mewn i'r lle sanctaidd, bydd
yn cario enwau llwythau Israel ar ei galon. Byddan nhw ar y darn dros y frest, fel cerrig coffa
bob amser i bobl Israel. [30]Yna mae'r Wrim a'r Thwmim[rh] i'w rhoi tu mewn i'r darn dros y frest
sy'n cael ei ddefnyddio i wneud penderfyniadau. Byddan nhw ar galon Aaron pan fydd e'n
mynd i mewn at yr ARGLWYDD. Mae Aaron i gario'r modd o wneud penderfyniadau dros bobl
Israel ar ei galon bob amser pan fydd e'n mynd o flaen yr ARGLWYDD.

Gwisgoedd eraill yr offeiriaid

(Exodus 39:22-31)

[31]"Mae'r fantell sy'n mynd gyda'r effod i fod yn las. [32]Mae lle i'r pen fynd drwyddo ar
y top, gyda hem o'i gwmpas, wedi'i bwytho fel coler i'w atal rhag rhwygo. [33]Wedyn gosod
pomgranadau bach o gwmpas ymylon y fantell, wedi'u gwneud o edau las, porffor a coch.
A gosod clychau aur rhyngddyn nhw – [34]y clychau a'r ffrwythau bob yn ail. [35]Mae Aaron
i wisgo'r fantell yma pan fydd e'n gwasanaethu, a bydd sŵn y clychau i'w clywed wrth iddo
fynd i mewn ac allan o'r Lle Sanctaidd o flaen yr ARGLWYDD, rhag iddo farw.
[36]"Yna gwneud medaliwn o aur pur, a chrafu arno y geiriau: 'Wedi ei gysegru i'r ARGLWYDD'.
[37]Mae i gael ei glymu gydag edau las ar du blaen y twrban, [38]ar dalcen Aaron. Bydd Aaron yn
cymryd y cyfrifoldeb am unrhyw gamgymeriad sy'n cael ei wneud wrth gyflwyno'r offrymau
sanctaidd mae pobl Israel wedi'u neilltuo i Dduw. Rhaid iddo wisgo'r medaliwn ar ei dalcen
bob amser fel bod offrymau'r bobl yn dderbyniol.
[39]"Mae'r crys patrymog a'r twrban i gael eu gwneud o'r lliain main gorau, gyda'r sash
wedi'i frodio.
[40]"Yna i feibion Aaron rhaid gwneud crysau, sashiau, a phenwisgoedd. Gwisgoedd hardd
fydd yn dangos rhywbeth o urddas y gwaith fyddan nhw'n ei wneud.
[41]"Yna byddi'n arwisgo dy frawd Aaron a'i feibion, a'u heneinio, eu hordeinio a'u cysegru
nhw i wasanaethu fel offeiriaid i mi.
[42]"Rhaid gwneud dillad isaf o liain iddyn nhw, i guddio eu cyrff noeth. Mae'r rhain i'w
gwisgo o'r canol at y pen-glin. [43]Rhaid i Aaron a'i feibion wisgo'r rhain pan fyddan nhw'n
mynd i mewn i babell presenoldeb Duw, neu i weinyddu wrth yr allor yn y Lle Sanctaidd, rhag
iddyn nhw bechu a marw. Dyma fydd y drefn bob amser, i Aaron a'i ddisgynyddion ar ei ôl.

---

rh 28:30 *Wrim a'r Thwmim* Does neb yn hollol sicr beth oedd y rhain. Gallent fod wedi'u gwneud o bren, carreg neu fetel. Roedden nhw'n cael eu defnyddio rywsut i dderbyn atebion gan Dduw.
28:30 Numeri 27:21; Deuteronomium 33:8; Esra 2:63; Nehemeia 7:65

Sut i gysegru'r offeiriaid

(Lefiticus 8:1-36)

29 “Dyma sut rwyt ti i'w cysegru nhw i wasanaethu fel offeiriaid i mi: Cymer darw ifanc
a dau hwrdd sydd â ddim byd o'i le arnyn nhw. 2Yna, gyda'r blawd gwenith gorau,
gwna fara heb furum ynddo, cacennau wedi'u cymysgu gydag olew, a bisgedi tenau wedi'u
socian mewn olew – y cwbl heb furum ynddyn nhw. 3Rho'r rhain i gyd mewn basged, a mynd
â nhw gyda'r tarw ifanc a'r ddau hwrdd. 4Yna dos ag Aaron a'i feibion at y fynedfa i babell
presenoldeb Duw. Golcha nhw â dŵr. 5Yna cymer y gwisgoedd ac arwisgo Aaron gyda'r
crys, y fantell sy'n mynd gyda'r effod, yr effod ei hun a'r darn dros y frest, a chlymu'r effod
gyda'r strap cywrain sydd wedi'i blethu. 6Yna rho'r twrban ar ei ben, a rhwymo'r symbol ei
fod wedi'i gysegru i waith Duw ar y twrban. 7Yna ei eneinio drwy dywallt yr olew ar ei ben.
8Wedyn arwisga'r meibion yn eu crysau nhw, 9rhwyma sash am eu canol (Aaron a'i feibion),
a gosod eu penwisg arnyn nhw i ddangos mai nhw sydd i wasanaethu fel offeiriaid bob amser.
Dyma sut mae Aaron a'i feibion i gael eu hordeinio.

10“Rwyt i gyflwyno'r tarw o flaen pabell presenoldeb Duw. Yno mae Aaron a'i feibion
i osod eu dwylo ar ben yr anifail. 11Yna rwyt i ladd y tarw o flaen yr Arglwydd wrth y fynedfa
i babell presenoldeb Duw. 12Wedyn cymer beth o waed y tarw a'i roi ar gyrn yr allor gyda dy
fys. Mae gweddill y gwaed i gael ei dywallt wrth droed yr allor. 13Yna cymer y braster o gwmpas
y perfeddion, rhan isaf yr iau, y ddwy aren a'r braster sydd arnyn nhw, a'u llosgi nhw ar yr allor.
14Ond mae'r cig, y croen a'r coluddion i gael eu llosgi tu allan i'r gwersyll. Yr offrwm puro ydy e.

15“Yna rwyt i gymryd un hwrdd, ac mae Aaron a'i feibion i osod eu dwylo ar ben yr anifail.
16Wedyn lladd yr hwrdd, cymryd ei waed a'i sblasio o gwmpas yr allor. 17Wedyn rhaid torri'r
hwrdd yn ddarnau, golchi'r coluddion a'r coesau cyn eu gosod nhw ar y darnau a'r pen 18ar
yr allor, a llosgi'r cwbl. Offrwm i'w losgi'n llwyr ydy e – offrwm sy'n cael ei losgi, ac sy'n
arogli'n hyfryd i'r Arglwydd.

19“Yna cymryd yr ail hwrdd, ac mae Aaron a'i feibion i osod eu dwylo ar yr anifail yma
eto. 20Lladd yr hwrdd, yna cymer beth o'r gwaed a'i roi ar waelod clust dde Aaron, a'r un
fath ar ei feibion. A hefyd ar fawd eu llaw dde ac ar fawd y droed dde. Yna sblasio gweddill
y gwaed o gwmpas yr allor. 21Wedyn cymryd peth o'r gwaed sydd ar yr allor, a'r olew eneinio,
a'i daenellu ar Aaron a'i wisgoedd, ac ar feibion Aaron a'u gwisgoedd nhw. Wedyn bydd Aaron
a'i feibion a'u gwisgoedd wedi'u cysegru. 22Yna cymer y braster i gyd, y braster ar gynffon yr
hwrdd, y braster o gwmpas ei berfeddion, rhan isaf yr iau, y ddwy aren a'r braster sydd arnyn
nhw, a rhan uchaf y goes dde (am mai hwrdd y cysegru ydy e). 23Ac o'r fasged o fara heb furum
ynddo sydd o flaen yr Arglwydd, cymer un dorth, un gacen wedi'i chymysgu gydag olew, ac un
fisged denau wedi'i socian mewn olew. 24Yna rho'r cwbl yn nwylo Aaron a'i feibion i'w gyflwyno
fel offrwm i'w chwifio o flaen yr Arglwydd. 25Wedyn rwyt i'w cymryd yn ôl ganddyn nhw,
a llosgi'r cwbl ar yr allor. Offrwm i'w losgi'n llwyr ydy e – mae'n arogli'n hyfryd i'r Arglwydd.

26“Wedyn rwyt i gymryd brest hwrdd cysegru Aaron, a'i gyflwyno'n offrwm i'w chwifio
o flaen yr Arglwydd. Chi sydd i gadw'r darn yma. 27Mae'r darnau gafodd eu chwifio a'u codi
fel siâr Aaron o hwrdd y cysegru i gael eu gosod o'r neilltu – sef y frest a darn uchaf y goes ôl
dde. 28Aaron a'i feibion fydd piau'r rhannau yma o offrymau pobl Israel. Dyna fydd y drefn
bob amser. Nhw sydd i gael y darnau yma o'r offrymau mae pobl Israel yn eu cyflwyno i ofyn
am fendith yr Arglwydd.

29“Mae gwisgoedd cysegredig Aaron i gael eu defnyddio pan fydd disgynyddion iddo yn
cael eu heneinio a'u hordeinio ar ei ôl. 30Bydd yr offeiriad fydd yn ei olynu yn eu gwisgo
nhw am saith diwrnod pan fydd yn mynd i babell presenoldeb Duw i wasanaethu yn y Lle
Sanctaidd am y tro cyntaf.

31“Rhaid i ti gymryd hwrdd y cysegru, a choginio'r cig mewn lle cysegredig. 32Yna mae
Aaron a'i feibion i fwyta cig yr hwrdd, gyda'r bara oedd yn y fasged, wrth y fynedfa i babell
presenoldeb Duw. 33Dim ond nhw sydd i gael bwyta'r cig a'r bara gafodd eu defnyddio
i wneud pethau'n iawn rhyngddyn nhw a Duw, pan oedden nhw'n cael eu hordeinio a'u

cysegru i'r gwaith. Does neb arall yn cael eu bwyta, am eu bod wedi'u cysegru. 34Os oes
cig neu fara dros ben y bore wedyn, rhaid ei losgi. Dydy e ddim i gael ei fwyta am ei fod
wedi'i gysegru.
35“Dyna sydd i gael ei wneud i Aaron a'i feibion, yn union fel dw i wedi gorchymyn i ti.
Mae'r seremoni ordeinio yn para am saith diwrnod. 36Bob dydd rhaid i ti aberthu tarw ifanc
yn offrwm puro i wneud pethau'n iawn gyda Duw. Rwyt i buro'r allor, a'i gwneud hi'n iawn
i gael ei defnyddio, a'i chysegru drwy ei heneinio ag olew. 37Am saith diwrnod rwyt i baratoi'r
allor a'i chysegru i'w gwneud yn iawn i'w defnyddio. Wedyn bydd yr allor yn sanctaidd iawn,
a bydd unrhyw beth sy'n ei chyffwrdd yn gysegredig.

Yr offrymau dyddiol

(Numeri 28:1-8)

38“Dyma beth sydd i'w gyflwyno ar yr allor yn rheolaidd bob dydd: Dau oen blwydd
oed – 39un i'w gyflwyno yn y bore, a'r llall pan mae'n dechrau nosi. 40Mae'r oen cyntaf i'w
gyflwyno gyda cilogram o'r blawd gwenith gorau wedi'i gymysgu gyda litr o olew olewydd,
a litr o win yn offrwm o ddiod. 41Yna cyflwyno'r ail pan mae'n dechrau nosi, gyda'r un
offrwm o rawn a'r un offrwm o ddiod â'r bore – offrwm sy'n cael ei losgi, ac sy'n arogli'n
hyfryd i'r Arglwydd. 42Bydd yr offrwm yma'n cael ei losgi'n rheolaidd, ar hyd y cenedlaethau,
wrth y fynedfa i babell presenoldeb Duw. Dyna ble fydda i'n dy gyfarfod di, ac yn siarad â ti.
43Dyna ble fydda i'n cyfarfod pobl Israel. Bydd fy ysblander i yn ei wneud yn lle cysegredig.
44“Felly bydd y Tabernacl a'r allor wedi'u cysegru, a bydd Aaron a'i feibion wedi'u cysegru
i fod yn offeiriaid i mi. 45Dw i'n mynd i aros gyda pobl Israel. Fi fydd eu Duw nhw. 46Byddan
nhw'n deall mai fi ydy'r Arglwydd eu Duw nhw, ddaeth â nhw allan o wlad yr Aifft er mwyn
i mi fyw gyda nhw. Fi ydy'r Arglwydd eu Duw nhw.

Yr Allor i losgi Arogldarth

(Exodus 37:25-28)

30 “Rwyt i wneud allor i losgi arogldarth. Gwna hi allan o goed acasia, 2yn 45 centimetr
sgwâr ac yn 90 centimetr o uchder. Mae'r cyrn arni i fod yn un darn gyda'r allor ei hun.
3Yna gorchuddia hi i gyd gyda haen o aur pur – y top, yr ochrau a'r cyrn. A gosod forder aur
o'i chwmpas i'w haddurno. 4Gosod ddau gylch aur ar ddwy ochr iddi, gyferbyn â'i gilydd o dan
y border, i roi'r polion drwyddyn nhw i gario'r allor. 5Mae'r polion i gael eu gwneud o goed
acasia, wedi'u gorchuddio gydag aur. 6Yna gosod yr allor o flaen y llen mae Arch y dystiolaeth
tu ôl iddi (y llen o flaen caead yr Arch sydd dros y dystiolaeth). Dyna lle bydda i'n dy gyfarfod di.
7“Bob bore, pan fydd Aaron yn trin y lampau, rhaid iddo losgi arogldarth persawrus ar
yr allor yma. 8A'r un fath pan fydd e'n goleuo'r lampau ar ôl iddi ddechrau nosi. Mae hyn
i ddigwydd yn rheolaidd ar hyd y cenedlaethau. 9Rhaid peidio llosgi arogldarth gwahanol arni,
na'r offrwm sydd i'w losgi'n llwyr, na'r offrwm o rawn, a rhaid peidio tywallt offrwm o ddiod
arni. 10Ond un waith y flwyddyn bydd Aaron yn puro'r allor, iddi fod yn iawn i'w defnyddio,
drwy roi peth o waed yr offrwm dros bechod ar y cyrn. Mae hyn i fod i ddigwydd bob blwyddyn
ar hyd y cenedlaethau. Bydd yn cael ei chysegru'n llwyr i'r Arglwydd.”

Y Dreth at Wasanaeth y Tabernacl

11Dyma'r Arglwydd yn dweud wrth Moses: 12“Pan fyddi'n cynnal cyfrifiad o bobl Israel, mae
pob dyn sy'n cael ei gyfri i dalu iawndal am ei fywyd. Wedyn fydd pla ddim yn eu taro nhw
wrth i ti eu cyfrif nhw. 13Maen nhw i gyd i dalu treth o hanner sicl (sef bron chwe gram o arian)
pan maen nhw'n cael eu cyfrif. (Mesur safonol y cysegr sydd i gael ei ddefnyddio – sef un sicl
yn pwyso dau ddeg gera.) Mae'r arian yma i'w roi'n offrwm i'r Arglwydd. 14Mae pob un sy'n
ugain oed neu'n hŷn i roi offrwm i'r Arglwydd. 15Dydy'r cyfoethog ddim i roi mwy, a'r tlawd
ddim i roi llai. Mae pob un i dalu'r hanner sicl yn iawndal am ei fywyd. 16Rwyt i gasglu'r arian

gan bobl Israel a'i roi tuag at gynnal pabell presenoldeb Duw. Bydd yn atgoffa'r ARGLWYDD
o bobl Israel, eu bod wedi talu iawndal am eu bywydau."

Y ddysgl fawr bres

17 Dyma'r ARGLWYDD yn dweud wrth Moses: 18 "Rwyt hefyd i wneud dysgl fawr bres gyda stand
bres oddi tani. Mae hon ar gyfer ymolchi, i'w gosod rhwng pabell presenoldeb Duw a'r allor,
a'i llenwi â dŵr. 19 Bydd Aaron a'i feibion yn golchi eu dwylo a'u traed ynddi. 20 Maen nhw
i ymolchi â dŵr pan fyddan nhw'n mynd i mewn i babell presenoldeb Duw, rhag iddyn nhw farw.
A hefyd pan fyddan nhw'n mynd at yr allor i losgi offrwm i'r ARGLWYDD. 21 Maen nhw i olchi eu
dwylo a'u traed, rhag iddyn nhw farw. Dyma fydd y drefn bob amser, ar hyd y cenedlaethau."

Yr Olew eneinio

22 Dyma'r ARGLWYDD yn dweud wrth Moses: 23 "Cymer y perlysiau gorau – pum cilogram
a hanner o fyrr, hanner hynny (sef dau gilogram a thri-chwarter) o sinamon melys, yr un faint
o sbeisiau pêr, 24 a phum cilogram a hanner o bowdr casia (a defnyddia fesur safonol y cysegr
i bwyso'r rhain). Hefyd pedwar litr o olew olewydd. 25 Mae'r rhain i gael eu defnyddio i wneud
olew eneinio cysegredig – cymysgedd persawrus wedi'i wneud gan arbenigwr yn y grefft
o wneud persawr. 26 Mae'r olew yma i gael ei ddefnyddio i eneinio pabell presenoldeb Duw,
Arch y dystiolaeth, 27 y bwrdd a'i lestri i gyd, y menora (sef y stand i'r lampau) a'i hoffer, allor yr
arogldarth, 28 yr allor i losgi'r offrymau a'r offer sy'n mynd gyda hi, a'r ddysgl fawr gyda'i stand.
29 Dyna sut maen nhw i gael eu cysegru, a byddan nhw'n sanctaidd iawn. Bydd unrhyw beth
fydd yn eu cyffwrdd yn gysegredig. 30 Rwyt hefyd i eneinio Aaron a'i feibion, a'u cysegru nhw
i wasanaethu fel offeiriaid i mi. 31 Ac rwyt i ddweud wrth bobl Israel, 'Hwn fydd yr olew eneinio
cysegredig ar hyd y cenedlaethau. 32 Dydy e ddim i gael ei ddefnyddio ar bobl gyffredin, a does
neb i wneud olew tebyg iddo gyda'r un cynhwysion. Mae'n gysegredig, a rhaid i chi ei drin yn
sanctaidd. 33 Os bydd rhywun yn gwneud cymysgedd tebyg iddo, neu yn ei ddefnyddio ar rywun
sydd ddim yn offeiriad, bydd y person hwnnw yn cael ei dorri allan o gymdeithas pobl Dduw.' "

Yr Arogldarth

34 Dyma'r ARGLWYDD yn dweud wrth Moses: "Cymer berlysiau, sef gwm resin, onicha
a galbanwm, gyda'r un faint o fyrr pur, 35 a'u cymysgu i wneud arogldarth – cymysgedd
persawrus wedi'i wneud gan arbenigwr yn y grefft o wneud persawr. Rhaid iddo fod
wedi'i falu'n fân, ac yn gymysgedd pur, cysegredig. 36 Mae peth ohono i gael ei falu yn
llwch mân, a'i roi o flaen Arch y dystiolaeth tu mewn i babell presenoldeb Duw, lle bydda
i'n dy gyfarfod di. Rhaid iddo gael ei drin yn sanctaidd iawn. 37 Does neb i ddefnyddio'r un
cynhwysion i wneud arogldarth tebyg iddo. Arogldarth yr ARGLWYDD ydy e, ac mae i gael ei
drin yn sanctaidd. 38 Os bydd rhywun yn gwneud cymysgedd tebyg iddo i bwrpas arall, bydd
y person hwnnw yn cael ei dorri allan o gymdeithas pobl Dduw."

Y Crefftwyr i godi'r Tabernacl

(Exodus 35:30—36:1)

31 Dyma'r ARGLWYDD yn dweud wrth Moses: 2 "Dw i wedi dewis Betsalel, mab Wri ac
ŵyr i Hur, o lwyth Jwda. 3 Dw i wedi'i lenwi ag Ysbryd Duw, i roi dawn, deall a gallu
iddo, a'i wneud yn feistr ym mhob crefft – 4 i wneud pethau hardd allan o aur, arian a phres;
5 i dorri a gosod gemwaith, i gerfio coed a phob math o waith crefft arall. 6 A dw i am i Oholiab
fab Achisamach, o lwyth Dan, ei helpu. Dw i hefyd wedi rhoi doniau i'r crefftwyr gorau eraill,
iddyn nhw wneud yr holl bethau dw i wedi'u disgrifio i ti: 7 pabell presenoldeb Duw, Arch
y dystiolaeth, y caead sydd ar yr Arch, a'r holl bethau eraill sy'n y babell, 8 sef y bwrdd a'i lestri
i gyd, y menora (stand y lampau) a'i hoffer, allor yr arogldarth, 9 yr allor ar gyfer yr offrymau

sydd i'w llosgi gyda'i hoffer i gyd, a'r ddysgl fawr gyda'i stand, 10y gwisgoedd wedi'u brodio'n
hardd, gwisg gysegredig Aaron, a'r gwisgoedd i'w feibion pan fyddan nhw'n gwasanaethu
fel offeiriaid, 11yr olew eneinio, a'r arogldarth persawrus ar gyfer y Lle Sanctaidd. Maen nhw
i wneud y pethau yma i gyd yn union fel dw i wedi dweud wrthot ti."
12Dyma'r ARGLWYDD yn dweud wrth Moses, 13"Dwed wrth bobl Israel, 'Mae'n bwysig iawn
eich bod chi'n cadw fy Sabothau i. Bydd gwneud hynny yn arwydd bob amser o'r berthynas
sydd rhyngon ni, i chi ddeall mai fi ydy'r ARGLWYDD sydd wedi'ch cysegru chi yn bobl i mi fy hun.
14Felly rhaid i chi gadw'r Saboth, a'i ystyried yn sanctaidd. Os ydy rhywun yn ei halogi, y gosb
ydy marwolaeth. Yn wir, os ydy rhywun yn gwneud unrhyw waith ar y Saboth, bydd y person
hwnnw'n cael ei dorri allan o gymdeithas pobl Dduw. 15Mae chwech diwrnod i chi allu gweithio,
ond mae'r seithfed diwrnod yn Saboth – diwrnod i chi orffwys. Mae'r ARGLWYDD yn ei ystyried
yn sbesial, yn ddiwrnod cysegredig, ac os ydy rhywun yn gweithio ar y Saboth, y gosb ydy
marwolaeth. 16Mae pobl Israel i gadw'r Saboth bob amser. Mae hwn yn ymrwymiad mae'n rhaid
ei gadw am byth. 17Mae'n arwydd o'r berthynas sydd gen i gyda phobl Israel. Roedd yr ARGLWYDD
wedi creu y bydysawd a'r ddaear mewn chwe diwrnod. Wedyn dyma fe'n gorffwys ac ymlacio.' "
18Pan oedd Duw wedi gorffen siarad â Moses ar Fynydd Sinai, dyma fe'n rhoi dwy lech
y dystiolaeth iddo – dwy lechen garreg gydag ysgrifen Duw ei hun arnyn nhw.

Y bobl yn gwneud eilun i'w addoli

(Deuteronomium 9:6-29)

32 Pan welodd y bobl fod Moses yn hir iawn yn dod i lawr o'r mynydd, dyma nhw'n
casglu o gwmpas Aaron a dweud wrtho, "Tyrd, gwna rywbeth. Gwna dduwiau i ni i'n
harwain. Pwy ŵyr beth sydd wedi digwydd i'r Moses yna wnaeth ein harwain ni allan o'r Aifft!"
2Felly dyma Aaron yn dweud wrthyn nhw, "Cymerwch y modrwyau aur sydd yng nghlustiau
eich gwragedd a'ch meibion a'ch merched, a dewch â nhw i mi." 3Felly dyma'r bobl i gyd yn
tynnu eu clustdlysau, a dod â nhw i Aaron. 4Cymerodd yr aur ganddyn nhw, a defnyddio offer
gwaith metel i wneud eilun ar siâp tarw ifanc allan ohono. A dyma'r bobl yn dweud, "O Israel!
Dyma'r duwiau ddaeth â chi allan o wlad yr Aifft!" 5Pan welodd Aaron eu hymateb nhw,
dyma fe'n codi allor o flaen yr eilun, ac yna'n gwneud cyhoeddiad, "Yfory byddwn ni'n cynnal
Gŵyl i'r ARGLWYDD!" 6Felly dyma nhw'n codi'n gynnar y bore wedyn a chyflwyno offrymau i'w
llosgi ac offrymau i gydnabod daioni'r ARGLWYDD. Eisteddodd y bobl i lawr i wledda ac yfed,
ac yna codi i ymgolli mewn rhialtwch paganaidd.
7Dyma'r ARGLWYDD yn dweud wrth Moses, "Brysia, dos yn ôl i lawr! Mae dy bobl di, y rhai
ddaethost ti â nhw allan o wlad yr Aifft, wedi gwneud peth ofnadwy. 8Maen nhw eisoes wedi
troi i ffwrdd oddi wrth beth wnes i orchymyn – maen nhw wedi gwneud eilun ar siâp tarw ifanc,
ac wedi'i addoli ac aberthu iddo a dweud, 'O Israel! Dyma'r duwiau ddaeth â ti allan o'r Aifft!' "
9Yna dyma'r ARGLWYDD yn dweud, "Dw i'n edrych ar y bobl yma, ac yn gweld eu bod nhw'n
bobl ystyfnig iawn. 10Gad lonydd i mi. Dw i wedi digio'n lân gyda nhw, a dw i'n mynd i'w
dinistrio nhw. Bydda i'n dy wneud di, Moses, yn dad i genedl fawr yn eu lle nhw."
11Ond dyma Moses yn ceisio tawelu'r ARGLWYDD ei Dduw, a dweud wrtho, "O ARGLWYDD, pam wyt
ti mor ddig hefo dy bobl? Ti sydd wedi defnyddio dy rym a dy nerth i ddod â nhw allan o wlad yr
Aifft. 12Wyt ti am i'r Eifftiaid ddweud, 'Roedd e eisiau gwneud drwg iddyn nhw. Dyna pam wnaeth
e eu harwain nhw allan. Roedd e eisiau eu lladd nhw ar y mynyddoedd, a chael gwared â nhw'n
llwyr oddi ar wyneb y ddaear!'? Paid bod mor ddig. Meddwl eto cyn gwneud y fath ddrwg i dy bobl!
13Cofia beth wnest ti ei addo i dy weision Abraham, Isaac a Jacob. Dwedaist wrthyn nhw, 'Dw i'n
mynd i roi cymaint o ddisgynyddion i ti ag sydd o sêr yn yr awyr, a dw i'n mynd i roi'r tir yma dw
i wedi bod yn sôn amdano i dy ddisgynyddion di. Byddan nhw'n ei etifeddu am byth.' " 14Felly
dyma'r ARGLWYDD yn newid ei feddwl. Roedd yn sori ei fod wedi bwriadu gwneud niwed i'w bobl.
15A dyma Moses yn dechrau yn ôl i lawr o ben y mynydd. Roedd yn cario dwy lech
y dystiolaeth yn ei ddwylo. Roedd ysgrifen ar ddwy ochr y llechi. 16Duw ei hun oedd wedi'u
gwneud nhw, a Duw oedd wedi ysgrifennu arnyn nhw – roedd y geiriau wedi'u crafu ar y llechi.

17 Pan glywodd Josua holl sŵn y bobl yn gweiddi, dyma fe'n dweud wrth Moses, "Mae'n swnio
fel petai yna ryfel yn y gwersyll!" 18 A dyma Moses yn ateb,

> "Nid cân dathlu buddugoliaeth, glywa i,
> na chân wylo'r rhai sydd wedi'u trechu,
> ond canu gwyllt rhai'n cynnal parti."

19 Pan gyrhaeddodd y gwersyll a gweld yr eilun o darw ifanc, a'r bobl yn dawnsio'n wyllt,
dyma Moses yn colli ei dymer yn lân. Taflodd y llechi oedd yn ei ddwylo ar lawr, a dyma nhw'n
malu'n deilchion wrth droed y mynydd. 20 Yna dyma fe'n cymryd yr eilun o darw ifanc a'i doddi
yn y tân. Wedyn ei falu'n lwch mân, ei wasgaru ar y dŵr, a gwneud i bobl Israel ei yfed.
21 A dyma Moses yn troi at Aaron a gofyn iddo, "Beth wnaeth y bobl yma i ti? Pam wyt ti wedi
gwneud iddyn nhw bechu mor ofnadwy?" 22 Atebodd Aaron, "Paid bod yn ddig, meistr. Ti'n gwybod
fel mae'r bobl yma'n tueddu i droi at y drwg. 23 Dyma nhw'n dweud wrtho i, 'Gwna dduwiau i ni
i'n harwain ni. Pwy ŵyr beth sydd wedi digwydd i'r Moses yna wnaeth ein harwain ni allan o'r
Aifft.' 24 Felly dyma fi'n dweud wrthyn nhw, 'Os oes gan rywun aur, rhowch e i mi.' A dyma nhw'n
gwneud hynny. Wedyn pan deflais i'r cwbl i'r tân, dyma'r tarw ifanc yma'n dod allan."
25 Roedd Moses yn gweld fod y bobl allan o reolaeth yn llwyr – roedd Aaron wedi gadael iddyn
nhw redeg yn wyllt, a gallai'r stori fynd ar led ymhlith eu gelynion. 26 Felly dyma Moses yn sefyll
wrth y fynedfa i'r gwersyll a galw ar y bobl, "Os ydych chi ar ochr yr ARGLWYDD, dewch yma ata i."
A dyma'r Lefiaid i gyd yn mynd ato. 27 A dyma fe'n dweud wrthyn nhw, "Dyma mae'r ARGLWYDD,
Duw Israel, yn ei ddweud: 'Gwisgwch eich cleddyfau! Ewch drwy'r gwersyll, o un pen i'r llall,
a lladd eich brodyr, eich ffrindiau a'ch cymdogion!' " 28 Gwnaeth y Lefiaid beth ddwedodd Moses,
a chafodd tua tair mil o ddynion eu lladd y diwrnod hwnnw. 29 Yna dyma Moses yn dweud, "Dych
chi wedi cael eich ordeinio i wasanaethu'r ARGLWYDD heddiw. Am eich bod wedi bod yn fodlon troi
yn erbyn mab neu frawd, mae'r ARGLWYDD wedi'ch bendithio chi'n fawr heddiw."
30 Y diwrnod wedyn, dyma Moses yn dweud wrth y bobl, "Dych chi wedi pechu'n ofnadwy.
Ond dw i am fynd yn ôl i fyny at yr ARGLWYDD. Falle y galla i wneud pethau'n iawn rhyngoch chi
a Duw, iddo faddau i chi am eich pechod." 31 Felly dyma Moses yn mynd yn ôl at yr ARGLWYDD,
a dweud, "O plîs! Mae'r bobl yma wedi pechu'n ofnadwy yn dy erbyn di. Maen nhw wedi
gwneud duwiau o aur iddyn nhw'u hunain. 32 Petaet ti ond yn maddau iddyn nhw ...! Os na
wnei di, dw i eisiau i ti ddileu fy enw i oddi ar dy restr."
33 Ond dyma'r ARGLWYDD yn dweud wrtho, "Y person sydd wedi pechu yn fy erbyn i fydd yn
cael ei ddileu oddi ar fy rhestr i. 34 Felly, dos di yn dy flaen, ac arwain y bobl yma i'r lle dw
i wedi dweud wrthot ti amdano. Edrych, bydd fy angel yn mynd o dy flaen di. Ond pan ddaw'r
amser i mi gosbi, bydda i'n reit siŵr o'u cosbi nhw am eu pechod." 35 A dyma'r ARGLWYDD yn
anfon pla ar y bobl am iddyn nhw wneud y tarw – yr un wnaeth Aaron.

Duw yn gorchymyn i'r bobl adael Mynydd Sinai

33 Dyma'r ARGLWYDD yn dweud wrth Moses, "Dos di yn dy flaen – ti a'r bobl wnest ti eu
harwain allan o wlad yr Aifft. Ewch i'r wlad wnes i addo i Abraham, Isaac a Jacob,
'Dw i'n mynd i'w rhoi hi i'ch disgynyddion chi.' 2 Dw i'n mynd i anfon angel o'ch blaen chi,
a gyrru allan y Canaaneaid, Amoriaid, Hethiaid, Peresiaid, Hefiaid a Jebwsiaid. 3 Mae'n dir
ffrwythlon – tir lle mae llaeth a mêl yn llifo. Ond dw i ddim am fynd gyda chi. Dych chi'n
bobl ystyfnig, a falle y bydda i'n eich dinistrio chi ar y ffordd."
4 Dyna oedd newyddion drwg! Pan glywodd y bobl hynny, dyma nhw'n dechrau galaru. Doedd
neb yn gwisgo tlysau, 5 am fod yr ARGLWYDD wedi dweud wrth Moses, "Dwed wrth bobl Israel,
'Dych chi'n bobl ystyfnig. Petawn i'n mynd gyda chi dim ond am foment, falle y byddwn i'n eich
dinistrio chi. Felly tynnwch eich tlysau i ffwrdd, i mi benderfynu beth i'w wneud gyda chi.' " 6 Felly
dyma bobl Israel yn tynnu eu tlysau i gyd i ffwrdd pan oedden nhw wrth Fynydd Sinai.[s]

---

s 33:6 *Sinai* Hebraeg, "Horeb", sef enw arall ar Fynydd Sinai.

Y babell tu allan i'r gwersyll

7 Byddai Moses yn cymryd y babell, ac yn ei chodi tu allan i'r gwersyll, gryn bellter i ffwrdd.
Galwodd hi yn babell cyfarfod Duw. Os oedd rhywun eisiau gwybod rhywbeth gan yr ARGLWYDD,
byddai'n mynd at y babell yma tu allan i'r gwersyll.
8 Pan fyddai Moses yn mynd allan i'r babell, byddai'r bobl i gyd yn sefyll tu allan i'w pebyll eu
hunain, ac yn gwylio Moses nes iddo fynd i mewn i'r babell. 9 Bob tro y byddai Moses yn mynd
i mewn iddi, byddai colofn o niwl yn dod i lawr ac yn sefyll tu allan i'r fynedfa tra oedd yr ARGLWYDD
yn siarad â Moses. 10 Pan oedd pawb yn gweld y golofn o niwl yn sefyll wrth y fynedfa, bydden
nhw'n dod i sefyll wrth fynedfa eu pebyll eu hunain, ac yn addoli. 11 Byddai'r ARGLWYDD yn siarad
wyneb yn wyneb gyda Moses, fel byddai rhywun yn siarad â ffrind. Yna byddai Moses yn dod yn
ôl i'r gwersyll. Ond roedd ei was, y bachgen ifanc Josua fab Nwn, yn aros yn y babell drwy'r amser.

Duw yn addo bod gyda'i bobl

12 Dyma Moses yn dweud wrth yr ARGLWYDD, "Ti wedi bod yn dweud wrtho i, 'Tyrd â'r bobl
yma allan,' ond ti ddim wedi gadael i mi wybod pwy fydd yn mynd hefo fi. Rwyt ti hefyd
wedi dweud, 'Dw i wedi dy ddewis di, ac wedi bod yn garedig atat ti.' 13 Os ydy hynny'n wir,
dangos i mi beth rwyt ti am ei wneud, i mi ddeall yn well a dal ati i dy blesio di. A cofia mai
dy bobl di ydy'r rhain." 14 Atebodd yr ARGLWYDD e, "Bydda i fy hun yn mynd, ac yn gwneud yn
siŵr y byddi di'n iawn." 15 A dyma Moses yn dweud, "Wnawn ni ddim symud cam os na ddoi di
gyda ni. 16 Sut arall mae pobl yn mynd i wybod mor garedig rwyt ti wedi bod ata i a dy bobl?
Sut arall maen nhw i wybod ein bod ni'n sbesial ac yn wahanol i bawb arall drwy'r byd i gyd?"
17 Dyma'r ARGLWYDD yn dweud wrth Moses, "Iawn, bydda i'n gwneud beth rwyt ti'n ei ofyn.
Ti wedi fy mhlesio i, a dw i wedi dy ddewis di." 18 "Dangos dy ysblander i mi," meddai Moses.
19 A dyma'r ARGLWYDD yn ateb, "Dw i am adael i ti gael cipolwg bach o mor dda ydw i. A dw
i'n mynd i gyhoeddi fy enw, 'yr ARGLWYDD' o dy flaen di. Fi sy'n dewis pwy i drugarhau wrthyn
nhw, a phwy dw i'n mynd i dosturio wrthyn nhw. 20 Ond gei di ddim gweld fy wyneb i. Does
neb yn edrych arna i ac yn byw wedyn."
21 Yna dyma'r ARGLWYDD yn dweud, "Edrych, mae yna le i ti sefyll ar y graig yn y fan yma.
22 Pan fydd fy ysblander i'n mynd heibio, bydda i'n dy guddio di mewn hollt yn y graig, a rhoi
fy llaw drosot ti wrth i mi fynd heibio. 23 Wedyn bydda i'n cymryd fy llaw i ffwrdd, a gadael
i ti edrych ar fy nghefn i. Does neb yn cael gweld fy wyneb i."

Y ddwy lechen garreg newydd

(Deuteronomium 10:1-5)

34 Dyma'r ARGLWYDD yn dweud wrth Moses, "Cerfia ddwy lechen garreg fel y rhai cyntaf.
Gwna i ysgrifennu arnyn nhw beth oedd ar y llechi wnest ti eu malu. 2 Bydd barod
i ddringo mynydd Sinai yn y bore, a sefyll yno ar ben y mynydd i'm cyfarfod i. 3 Does neb arall
i ddod gyda ti. Does neb arall i ddod yn agos i'r mynydd. Paid hyd yn oed gadael i'r defaid
a'r geifr a'r gwartheg bori o flaen y mynydd."
4 Felly dyma Moses yn cerfio dwy lechen garreg fel y rhai cyntaf. Yna'n gynnar y bore wedyn
aeth i fyny i ben Mynydd Sinai, fel roedd yr ARGLWYDD wedi dweud wrtho. Aeth â'r ddwy lechen
gydag e. 5 A dyma'r ARGLWYDD yn dod i lawr yn y cwmwl, yn sefyll yna gydag e, a chyhoeddi mai
ei enw ydy yr ARGLWYDD. 6 Dyma'r ARGLWYDD yn pasio heibio o'i flaen a chyhoeddi, "Yr ARGLWYDD! Yr
ARGLWYDD! Mae'n Dduw caredig a thrugarog; mae mor amyneddgar, a'i haelioni a'i ffyddlondeb
yn anhygoel! 7 Mae'n dangos cariad di-droi'n-ôl am fil o genedlaethau, ac yn maddau beiau,
gwrthryfel a phechod. Ond dydy e ddim yn gadael i'r euog fynd heb ei gosbi. Bydd yn ymateb
i bechodau'r tadau sy'n gadael eu hôl ar eu plant a'u plant hwythau – am dair neu bedair
cenhedlaeth." 8 Ac ar unwaith dyma Moses yn ymgrymu yn isel i addoli, 9 a dweud, "Meistr, os
ydw i wedi dy blesio di, wnei di, Meistr, fynd gyda ni? Mae'r bobl yma'n ystyfnig, ond plîs wnei
di faddau ein beiau a'n pechod ni, a'n derbyn ni yn bobl arbennig i ti dy hun?"

Yr ARGLWYDD yn adnewyddu ei ymrwymiad

(Exodus 23:14-19; Deuteronomium 7:1-5; 16:1-17)

10 Atebodd Duw, "Iawn. Dw i'n gwneud ymrwymiad. Dw i'n mynd i wneud pethau rhyfeddol
does neb yn unman wedi'u dychmygu o'r blaen. Bydd y bobl rwyt ti'n byw yn eu canol nhw yn
gweld beth mae'r ARGLWYDD yn ei wneud. Dw i'n gwneud rhywbeth anhygoel gyda ti. 11 Gwna'n
siŵr dy fod ti'n gwneud beth dw i'n ddweud wrthot ti heddiw. Dw i'n mynd i yrru allan o'ch
blaen chi yr Amoriaid, Canaaneaid, Hethiaid, Peresiaid, Hefiaid a Jebwsiaid. 12 Gwyliwch chi
eich bod chi ddim yn gwneud cytundeb gwleidyddol gyda'r bobl hynny sy'n byw yn y wlad lle
dych chi'n mynd, rhag iddyn nhw'ch baglu chi. 13 Dw i eisiau i chi ddinistrio'u hallorau, malu'r
colofnau cysegredig, a thorri polion y dduwies Ashera i lawr. 14 Peidiwch plygu i addoli unrhyw
dduw arall. Mae'r ARGLWYDD yn Dduw eiddigeddus – Eiddigedd ydy ei enw e. 15 Gwyliwch eich
bod chi ddim yn gwneud cytundeb gwleidyddol gyda'r bobl sy'n byw yn y wlad. Y peryg wedyn
ydy y byddwch chi'n derbyn gwahoddiad i fwyta gyda nhw pan fyddan nhw'n addoli ac yn
aberthu i'w duwiau. 16 Byddwch chi'n gadael i'ch meibion briodi eu merched nhw. Bydd y rheiny
yn addoli eu duwiau, ac yn cael eich meibion chi i fod yn anffyddlon i mi a gwneud yr un fath!

17 Peidiwch gwneud duwiau o fetel tawdd.

18 Rhaid i chi gadw Gŵyl y Bara Croyw. Am saith diwrnod rhaid i chi fwyta bara heb
furum ynddo, fel gwnes i orchymyn i chi. Mae hyn i ddigwydd ar yr amser iawn ym
mis Abib, am mai dyna pryd ddaethoch chi allan o'r Aifft.

19 Mae mab cyntaf pob gwraig, a phob anifail gwryw cyntaf i gael ei eni, yn perthyn
i mi – o'r gwartheg, defaid a geifr. 20 Mae'r asyn bach cyntaf i gael ei eni i gael ei
brynu yn ôl gydag oen. Os nad ydy e'n cael ei brynu, rhaid ei ladd drwy dorri ei
wddf. Rhaid i fab cyntaf pob gwraig gael ei brynu'n ôl. A does neb i ddod ata i heb
rywbeth i'w offrymu.

21 Cewch weithio am chwe diwrnod, ond rhaid i chi orffwys ar y seithfed. Rhaid i chi
orffwys hyd yn oed os ydy hi'n amser i aredig neu i gasglu'r cnydau.

22 Rhaid i chi gadw Gŵyl y Cynhaeaf[t] – gyda ffrwyth cyntaf y cynhaeaf gwenith –
a Gŵyl Casglu'r Cynhaeaf ar ddiwedd y flwyddyn.

23 Felly, dair gwaith bob blwyddyn mae'r dynion i gyd i ddod o flaen y Meistr, yr ARGLWYDD, sef
Duw Israel. 24 Dw i'n mynd i yrru allan bobloedd o dy flaen di a rhoi mwy eto o dir i ti. Ac os
byddi di'n ymddangos o flaen yr ARGLWYDD dy Dduw dair gwaith bob blwyddyn, fydd neb yn
dod ac yn ceisio dwyn dy dir oddi arnat ti.

25 Rhaid peidio offrymu gwaed anifail sydd wedi'i aberthu gyda bara sydd â burum
ynddo. A does dim o aberth Gŵyl y Pasg i fod wedi'i adael ar ôl tan y bore wedyn.

26 Tyrd â ffrwyth cyntaf gorau dy dir i deml yr ARGLWYDD dy Dduw.
Paid berwi cig gafr ifanc yn llaeth ei fam."

27 Yna dyma'r ARGLWYDD yn dweud wrth Moses, "Ysgrifenna hyn i gyd i lawr. Dyma amodau'r
ymrwymiad dw i wedi'i wneud gyda ti a phobl Israel."

28 Roedd Moses yno gyda Duw am bedwar deg diwrnod, ddydd a nos. Wnaeth e ddim
bwyta nac yfed o gwbl. A dyma fe'n ysgrifennu amodau'r ymrwymiad ar y llechi – sef y Deg
Gorchymyn.

Moses yn dod i lawr o ben Mynydd Sinai

29 Pan ddaeth Moses i lawr o ben Mynydd Sinai gyda dwy lechen y dystiolaeth yn ei law, doedd
e ddim yn sylweddoli fod ei wyneb wedi bod yn disgleirio wrth i'r ARGLWYDD siarad ag e. 30 Pan
welodd Aaron a phobl Israel Moses yn dod, roedd ei wyneb yn dal i ddisgleirio, ac roedd ganddyn
nhw ofn mynd yn agos ato. 31 Ond dyma Moses yn galw arnyn nhw, a dyma Aaron a'r arweinwyr
eraill yn dod yn ôl i siarad ag e. 32 Wedyn dyma'r bobl i gyd yn dod draw ato, a dyma Moses yn
dweud wrthyn nhw beth oedd y gorchmynion roedd Duw wedi'i rhoi iddo ar Fynydd Sinai.

t 34:22 *Gŵyl y Cynhaeaf* Hebraeg, "Gŵyl yr Wythnosau".

33Pan oedd Moses wedi gorffen siarad â nhw, dyma fe'n rhoi gorchudd dros ei wyneb.
34Ond pan fyddai'n mynd i mewn i siarad â'r ARGLWYDD, byddai'n tynnu'r gorchudd i ffwrdd
nes byddai'n dod allan eto. Wedyn byddai'n dweud wrth bobl Israel beth roedd yr ARGLWYDD
wedi'i orchymyn iddo, 35a byddai pobl Israel yn gweld wyneb Moses yn disgleirio. Yna byddai'n
rhoi'r gorchudd yn ôl dros ei wyneb nes byddai'n mynd yn ôl i siarad â'r ARGLWYDD eto.

Rheolau'r Saboth

35 Dyma Moses yn galw pobl Israel i gyd at ei gilydd, a dweud, "Dyma mae'r ARGLWYDD
wedi'i orchymyn i chi ei wneud:
2"Mae yna chwech diwrnod i chi allu gweithio, ond mae'r seithfed diwrnod yn sbesial,
yn ddiwrnod cysegredig, yn Saboth i'r ARGLWYDD – diwrnod i chi orffwys. Os ydy rhywun yn
gweithio ar y Saboth, y gosb ydy marwolaeth. 3Peidiwch hyd yn oed cynnau tân yn eich
cartrefi ar y Saboth!"

Offrymau i adeiladu'r Tabernacl

(Exodus 25:1-9; 35:10-19; 39:32-43)

4Wedyn dyma Moses yn dweud wrth bobl Israel i gyd, "Dyma mae'r ARGLWYDD yn ei orchymyn.
5'Dylai pawb sy'n awyddus i gyfrannu ddod â rhoddion i'r ARGLWYDD: aur, arian, pres, 6edau
las, porffor a coch, lliain main drud, blew gafr, 7crwyn hyrddod wedi'u llifo'n goch, crwyn
môr-fuchod, coed acasia, 8olew i'r lampau, perlysiau i wneud yr olew eneinio a'r arogldarth
persawrus, 9onics a gemau eraill i'w gosod ar yr effod a'r boced fydd yn mynd dros y frest.
10Mae'r crefftwyr yn eich plith chi i ddod a gwneud popeth mae'r ARGLWYDD wedi'i orchymyn:

11 Y Tabernacl, gyda'r babell a'i gorchudd, y bachau, y fframiau, y trawstiau, y polion a'r socedi.
12 Yr Arch a'i pholion, y caead drosti, a'r sgrîn sy'n ei chuddio.
13 Y bwrdd, gyda'i bolion a'i lestri, i osod y bara cysegredig arno.
14 Y menora sy'n rhoi golau, gyda'i hoffer i gyd, y lampau a'r olew.
15 Allor yr arogldarth gyda'i pholion, yr olew eneinio a'r arogldarth persawrus.
Y sgrîn ar gyfer y fynedfa i'r Tabernacl.
16 Yr allor ar gyfer yr offrymau sydd i'w llosgi, y gratin bres sydd arni, y polion, a'r holl offer sy'n mynd gyda hi.
Y ddysgl fawr gyda'i stand.
17 Llenni'r iard, y polion a'r socedi, a'r sgrîn sydd o flaen y fynedfa i'r iard.
18 Pegiau a rhaffau'r Tabernacl a'r iard.
19 Hefyd gwisgoedd y rhai fydd yn gwasanaethu yn yr addoliad yn y lle sanctaidd (i gyd wedi'u brodio'n hardd), gwisgoedd cysegredig Aaron yr offeiriad, a gwisgoedd ei feibion fydd hefyd yn gwasanaethu fel offeiriaid.' "

Rhoddion i'r ARGLWYDD

20Yna dyma bobl Israel i gyd yn mynd i ffwrdd. 21Ond daeth rhai, oedd wedi'u sbarduno, ac yn
awyddus i gyfrannu, yn ôl a chyflwyno eu rhoddion i'r ARGLWYDD – rhoddion tuag at godi pabell
presenoldeb Duw, cynnal y gwasanaeth ynddi, a tuag at y gwisgoedd cysegredig. 22Dyma pawb
oedd yn awyddus i roi yn dod – dynion a merched. A dyma nhw'n cyfrannu tlysau aur o bob
math – broetshis, clustdlysau, modrwyau a breichledau. Roedd pawb yn dod ac yn cyflwyno'r aur
yn offrwm i'w chwifio o flaen yr ARGLWYDD. 23Roedd eraill yn dod ag edau las, porffor neu goch,
lliain main drud, blew gafr, crwyn hyrddod wedi'u llifo'n goch, neu grwyn môr-fuchod. 24Roedd
pawb oedd eisiau rhoi arian neu bres yn ei gyflwyno yn offrwm i'r ARGLWYDD. Roedd eraill yn dod
ag unrhyw goed acasia oedd ganddyn nhw. 25Roedd y gwragedd oedd â dawn nyddu yn dod â'r
defnydd roedden nhw wedi'i wneud – edau las, porffor neu goch, neu liain main drud. 26Roedd
gwragedd eraill wedi'u hysgogi i fynd ati i nyddu defnydd wedi'i wneud o flew gafr.

27 Dyma'r arweinwyr yn rhoi cerrig onics a gemau eraill i'w gosod ar yr effod a'r boced
fyddai'n mynd dros y frest. 28 Hefyd perlysiau ac olew olewydd ar gyfer y lampau, yr olew
eneinio a'r arogldarth persawrus. 29 Felly, daeth pobl Israel ag offrymau gwirfoddol i'r ARGLWYDD
– dynion a merched oedd yn awyddus i helpu i wneud beth roedd yr ARGLWYDD wedi gorchymyn
iddyn nhw ei wneud drwy Moses.

Betsalel ac Oholiab

(Exodus 31:1-11)

30 Dyma Moses yn dweud wrth bobl Israel, "Mae'r ARGLWYDD wedi dewis Betsalel, mab Wri ac
ŵyr i Hur, o lwyth Jwda. 31 Mae wedi'i lenwi gydag Ysbryd Duw, sy'n rhoi dawn, deall a gallu
iddo, i greu pob math o waith cywrain, 32 a gwneud pethau hardd allan o aur, arian a phres.
33 I dorri a gosod gemwaith, i gerfio coed ac i wneud pob math o waith artistig. 34 Mae Duw
wedi rhoi'r ddawn iddo fe, ac i Oholiab fab Achisamach o lwyth Dan, i ddysgu eu crefft i eraill.
35 Mae Duw wedi rhoi'r doniau i'r rhai hynny i weithio fel crefftwyr ac artistiaid, i frodio lliain
main gydag edau las, porffor a coch, ac i wneud gwaith gwehydd – pob un yn feistri yn eu
crefft ac yn artistiaid.

36 "Felly mae Betsalel, Oholiab a'r crefftwyr eraill, sef y rhai mae Duw wedi'u donio i wneud
y gwaith o godi'r cysegr, i wneud popeth yn union fel mae'r ARGLWYDD wedi dweud."

Trosglwyddo'r rhoddion i'r crefftwyr

2 Dyma Moses yn galw Betsalel ac Oholiab ato, a'r crefftwyr eraill roedd yr ARGLWYDD wedi'u
donio – pob un oedd wedi'i sbarduno i wirfoddoli i helpu. 3 A dyma Moses yn rhoi iddyn nhw
yr holl roddion roedd pobl Israel wedi'u hoffrymu i'r gwaith o godi'r cysegr.

Ond roedd y bobl yn dod â mwy roddion gwirfoddol iddo bob bore. 4 Felly dyma'r crefftwyr
oedd yn gweithio ar y cysegr yn gadael eu gwaith, 5 a dweud wrth Moses, "Mae'r bobl wedi
dod â mwy na digon i orffen y gwaith mae'r ARGLWYDD wedi gofyn i ni ei wneud!" 6 Felly dyma
Moses yn anfon neges allan drwy'r gwersyll, "Does dim angen mwy o bethau i'w cyflwyno'n
rhoddion tuag at adeiladu'r cysegr!" Roedd rhaid stopio'r bobl rhag dod â mwy! 7 Roedd
mwy na digon o bethau ganddyn nhw i wneud y gwaith i gyd.

Codi'r Tabernacl

(Exodus 26:1-37)

8 Dyma'r crefftwyr i gyd yn gwneud y Tabernacl o ddeg llen o'r lliain main gorau, gyda
lluniau o gerwbiaid wedi'u dylunio'n gelfydd arnyn nhw, a'u brodio gydag edau las, porffor
a coch. 9 Roedd pob llen yn un deg dau metr o hyd, a dau fetr o led – i gyd yr un faint. 10 Yna
dyma bump o'r llenni yn cael eu gwnïo at ei gilydd, a'r pump arall yr un fath. 11 Wedyn
gwneud dolenni o edau las ar hyd ymyl llen olaf pob set – 12 hanner cant o ddolenni ar bob
un, fel eu bod gyferbyn â'i gilydd. 13 Wedyn gwneud hanner can bachyn aur i ddal y llenni at
ei gilydd, fel bod y cwbl yn un darn.

14 Wedyn gwneud llenni o flew gafr i fod fel pabell dros y Tabernacl – un deg un ohonyn
nhw. 15 Roedd pob llen yn un deg pump metr o hyd, a dau fetr o led – i gyd yr un faint. 16 Yna
gwnïo pump o'r llenni at ei gilydd, a gwnïo'r chwech arall at ei gilydd hefyd. 17 Yna gwneud
hanner can dolen ar hyd ymyl llen olaf pob set, 18 a hanner can bachyn i ddal y llenni at ei
gilydd, a gwneud y cwbl yn un darn.

19 Wedyn gwneud gorchudd dros y babell wedi'i wneud o grwyn hyrddod wedi'u llifo'n
goch. Ac wedyn gorchudd o grwyn môr-fuchod dros hwnnw.

20 Yna cafodd fframiau'r Tabernacl eu gwneud allan o goed acasia, pob un yn sefyll yn
unionsyth. 21 Roedd pob un yn bedwar metr o hyd, a 66 centimetr o led, 22 gyda dau denon ar
bob un i'w cysylltu â'i gilydd. Roedd y fframiau i gyd wedi'u gwneud yr un fath. 23 Roedd dau
ddeg ffrâm ar ochr ddeheuol y Tabernacl, 24 a phedwar deg soced arian i ddal y fframiau – dwy

soced i'r ddau denon ar bob ffrâm. 25 Wedyn dau ddeg ffrâm ar ochr arall y Tabernacl, sef
yr ochr ogleddol, 26 gyda phedwar deg soced i'w dal nhw – dwy soced dan bob ffrâm. 27 Yna
chwe ffrâm i gefn y Tabernacl, sef y pen gorllewinol, 28 a dau ffrâm ychwanegol i'r corneli yn
y cefn. 29 Yn y corneli roedd y ddau ffrâm yn ffitio gyda'i gilydd ar y gwaelod, ac yn cael eu
dal gyda'i gilydd gan gylch ar y top. Roedd y ddwy gornel yr un fath. 30 Felly roedd wyth ffrâm
gydag un deg chwech o socedi arian – dwy soced dan bob ffrâm.

31-32 Wedyn gwneud croesfarrau o goed acasia – pump i'r fframiau bob ochr i'r Tabernacl,
a phump i fframiau cefn y Tabernacl sy'n wynebu'r gorllewin. 33 Roedd y croesfar ar ganol
y fframiau yn ymestyn o un pen i'r llall. 34 Yna gorchuddio'r fframiau gyda haen o aur,
a gwneud cylchoedd o aur i ddal y croesfarrau, a gorchuddio'r croesfarrau gydag aur hefyd.

35 Wedyn gwneud llen arbennig o'r lliain main gorau, gyda lluniau o gerwbiaid wedi'u
dylunio'n gelfydd arni, a'u brodio gydag edau las, porffor a coch. 36 A gwneud pedwar polyn
o goed acasia, wedi'u gorchuddio gydag aur, bachau aur i hongian y llen, a phedwar o socedi
arian i osod y polion ynddyn nhw.

37 Yna gwneud sgrîn ar gyfer y fynedfa i'r babell. Hon eto wedi'i gwneud o'r lliain main gorau,
ac wedi'i brodio gydag edau las, porffor a coch. 38 Yna gwneud pump polyn o goed acasia gyda
bachau aur. Gorchuddio top y polion gydag aur, a gwneud socedi o bres iddyn nhw.

Gwneud yr Arch

(Exodus 25:10-22)

37 Yna dyma Betsalel yn gwneud yr Arch allan o goed acasia. Roedd hi'n 110 centimetr
o hyd, 66 centimetr o led a 66 centimetr o uchder. 2 Gorchuddiodd hi gyda haen o aur
pur (y tu mewn a'r tu allan), a gosod border aur o'i chwmpas i'w haddurno. 3 Yna gwneud
pedwar cylch aur, a'u gosod nhw ar draed y gist, dau bob ochr. 4 Yna gwneud polion o goed
acasia wedi'u gorchuddio gydag aur, 5 a rhoi'r polion drwy'r cylchoedd bob ochr i'r Arch, i'w
defnyddio i'w chario hi.

6 Wedyn dyma fe'n gwneud caead o aur pur i'r Arch – 110 centimetr o hyd, a 66 centimetr
o led. 7 Yna gwneud dau gerwb o aur wedi'i guro (gwaith morthwyl) – un bob pen i'r caead,
8 yn un darn gyda'r caead ei hun. 9 Roedd adenydd y cerwbiaid ar led ac yn cysgodi caead yr
Arch. Roedd y cerwbiaid yn wynebu'i gilydd ac yn edrych i lawr ar y caead.

Bwrdd y bara sydd i'w gyflwyno i Dduw

10 Wedyn dyma fe'n gwneud y bwrdd o goed acasia – 88 centimetr o hyd, 44 centimetr o led,
a 66 centimetr o uchder. 11 Gorchuddiodd e gydag aur pur, a gosod border aur o'i gwmpas
i'w addurno. 12 Yna gwneud croeslath 75 milimetr o drwch o'i gwmpas – hwnnw hefyd
wedi'i addurno yr un fath â'r border. 13 Yna gwnaeth bedwar cylch aur, a'u gosod nhw ar bedair
cornel y bwrdd lle mae'r coesau, 14 wrth ymyl y croeslath. Roedd y cylchoedd ar gyfer rhoi'r
polion drwyddyn nhw i gario'r bwrdd. 15 Yna gwnaeth y polion o goed acasia a'u gorchuddio
nhw gydag aur. 16 Yna gwnaeth y llestri oedd ar y bwrdd allan o aur pur – y platiau, pedyll,
jygiau a phowlenni, i dywallt yr offrymau o ddiod.

Gwneud y stand i ddal y lampau – y Menora

(Exodus 25:31-40)

17 Yna dyma fe'n gwneud y menora (sef y stand i ddal y lampau) allan o aur pur – gwaith
morthwyl, sef aur wedi'i guro. Mae'r cwbl i fod yn un darn – y droed, y goes, a'r cwpanau siâp
blodyn gyda calycs oddi tanyn nhw. 18 Roedd chwe cangen yn ymestyn allan o ochrau'r menora,
tair bob ochr. 19 Roedd tair cwpan siâp blodyn almon ar bob cangen – pob blodyn gyda calycs
a phetalau. 20 Ac ar brif goes y menora, roedd pedair cwpan siâp blodyn almon gyda calycs
a petalau. 21 Un dan y pâr cyntaf o ganghennau, un dan yr ail, ac un dan y trydydd. 22 Roedd
y cwbl wedi'i wneud o un darn o aur pur wedi'i guro – gwaith morthwyl. 23 Yna gwnaeth ei

saith lamp, ei gefeiliau a'i phadellau o aur pur. 24Defnyddiodd 35 cilogram o aur pur i wneud
y menora a'r offer oedd gyda hi i gyd.

Gwneud yr allor i losgi arogldarth

(Exodus 30:1-5)

25Yna dyma fe'n gwneud yr allor i losgi arogldarth. Gwnaeth hi o goed acasia, yn 45
centimetr sgwâr ac yn 90 centimetr o uchder. Roedd y cyrn arni yn un darn gyda'r allor ei hun.
26Yna gorchuddiodd hi i gyd gyda haen o aur pur – y top, yr ochrau a'r cyrn. A gosod border
aur o'i chwmpas i'w haddurno. 27Rhoddodd ddau gylch aur ar y ddwy ochr iddi, gyferbyn
â'i gilydd o dan y border, i roi'r polion drwyddyn nhw i gario'r allor. 28Yna gwnaeth y polion
o goed acasia, a'u gorchuddio nhw gydag aur.

Gwneud yr olew eneinio a'r arogldarth

(Exodus 30:22-38)

29Wedyn gwnaeth yr olew eneinio cysegredig a'r arogldarth persawrus, cymysgedd gan
arbenigwr yn y grefft o wneud persawr.

Yr allor i losgi aberthau

(Exodus 27:1-8)

38 Yna dyma fe'n gwneud yr allor i losgi'r aberthau. Gwnaeth hi o goed acasia, yn
ddau pwynt dau metr sgwâr, ac yn un pwynt tri metr o uchder. 2Gwnaeth gyrn ar
bedair cornel yr allor, yn un darn gyda'r allor ei hun. Yna ei gorchuddio gyda phres. 3Pres
ddefnyddiodd i wneud yr offer i gyd hefyd – y bwcedi lludw, rhawiau, powlenni taenellu, ffyrc,
a'r padellau tân. 4Yna gwnaeth y gratin, sef rhwyll wifrog o bres o dan silff yr allor, hanner
ffordd i lawr. 5A gwnaeth bedwar cylch i'w gosod ar bedair cornel y gratin, i roi'r polion
drwyddyn nhw. 6Yna gwnaeth y polion allan o goed acasia, a'u gorchuddio nhw gyda phres.
7Yna gwthiodd y polion drwy'r cylchoedd bob ochr i'r allor, i'w chario hi. Roedd yr allor yn
wag y tu mewn, wedi'i gwneud gyda planciau o bren.

Gwneud y ddysgl fawr bres

(Exodus 30:18)

8Yna gwnaeth y ddysgl fawr bres a'i stand bres allan o ddrychau y gwragedd oedd yn
gwasanaethu wrth y fynedfa i babell presenoldeb Duw.

Yr iard o gwmpas y Tabernacl

(Exodus 27:9-19)

9Yna gwnaeth yr iard. Roedd yr ochr ddeheuol yn bedwar deg pedwar metr o hyd, a'r llenni
wedi'u gwneud o'r lliain main gorau. 10Roedd yna ddau ddeg postyn yn sefyll mewn dau ddeg
o socedi pres, a bachau ar ffyn arian i ddal y llenni. 11A'r un fath ar yr ochr ogleddol. 12Ar ochr
y gorllewin, dau ddeg dau metr o lenni, gyda deg postyn yn sefyll mewn deg o socedi pres, gyda'r
bachau a'r ffyn arian. 13-15Ar y tu blaen, yn wynebu'r dwyrain, dau ddeg dau metr eto – chwe
pwynt chwe metr o lenni, gyda tri postyn mewn tair soced bres, bob ochr i'r giât. 16Roedd y llenni
o gwmpas yr iard i gyd wedi'u gwneud o'r lliain main gorau. 17Y socedi yn bres. Y bachau a'r ffyn yn
arian. Top y polion wedi'u gorchuddio gydag arian, a rhimyn o arian yn rhedeg o gwmpas y polion.
18Roedd y sgrîn o flaen y fynedfa yn naw metr o hyd – llenni wedi'u gwneud o'r lliain main
gorau ac wedi'u brodio gydag edau las, porffor a coch. Fel llenni'r iard ei hun, roedden nhw'n
ddau pwynt dau metr o uchder, 19ac yn cael eu dal ar bedwar polyn mewn pedwar soced
bres. Roedd y bachau a'r ffyn yn arian, ac roedd top y polion wedi'u gorchuddio gydag arian.
20Roedd pegiau y Tabernacl a'r iard o'i gwmpas wedi'u gwneud o bres.

Y metelau gafodd eu defnyddio

21 Dyma restr lawn o'r hyn gafodd ei ddefnyddio i wneud Tabernacl y Dystiolaeth. Moses
oedd wedi gorchymyn cofnodi'r cwbl; a'r Lefiaid, dan arweiniad Ithamar, mab Aaron yr
offeiriad, wnaeth y gwaith. 22 Gwnaeth Betsalel, mab Wri ac ŵyr i Hur, o lwyth Jwda, bopeth
yn union fel roedd yr ARGLWYDD wedi gorchymyn i Moses. 23 Ac roedd Oholiab fab Achisamach
o lwyth Dan yn ei helpu. Roedd Oholiab yn grefftwr, yn ddyluniwr, ac yn brodio lliain main
gydag edau las, porffor a coch.

24 Aur: 1,000 cilogram – dyma'r holl aur gafodd ei ddefnyddio i wneud popeth yn
y cysegr (Yr aur oedd wedi'i gyflwyno yn offrwm i'w chwifio o flaen yr ARGLWYDD)

25 Arian: bron 3,500 cilogram – dyma'r arian gafodd ei gyfrannu gan y bobl. 26 Roedd
hyn yn hanner sicl (bron yn chwe gram o arian) gan bawb dros ugain oed gafodd ei
gyfrif – sef 603,550 o ddynion.

27 Cafodd 3,300 cilogram o'r arian ei ddefnyddio i wneud y socedi i bolion y cysegr, a'r
socedi i'r llen arbennig – cant o socedi yn dri deg tri cilogram yr un. 28 Yna defnyddiodd
y gweddill o'r arian i wneud y ffyn a'r bachau i ddal y llenni, ac i orchuddio top y polion.

29 Pres: bron 2,500 cilogram – (sef y pres gafodd ei gyflwyno yn offrwm i'w chwifio
o flaen yr ARGLWYDD) 30 Cafodd hwn ei ddefnyddio i wneud socedi i'r fynedfa
i babell presenoldeb Duw, yr allor bres, y gratin iddi, offer yr allor i gyd, 31 y socedi
o gwmpas yr iard, a'r socedi i'r fynedfa i'r iard, a hefyd pegiau y Tabernacl a'r iard
o'i gwmpas.

Gwneud gwisgoedd yr offeiriaid

(Exodus 28:1-14)

39 Dyma nhw'n gwneud gwisgoedd i'r rhai fyddai'n gwasanaethu yn y cysegr –
gwisgoedd wedi'u brodio'n hardd gydag edau las, porffor a coch. Gwisgoedd
cysegredig i Aaron, yn union fel roedd yr ARGLWYDD wedi gorchymyn i Moses. 2 Roedd yr effod
wedi'i gwneud o'r lliain main gorau, wedi'i frodio gydag aur, glas, porffor a coch. 3 Dyma'r
crefftwyr yn gwneud dalen denau, denau o aur a'i thorri yn stribedi main a'u gwnïo i'r patrwm
gyda'r edau las, porffor a coch; y cwbl wedi'i ddylunio'n gelfydd. 4 Dyma nhw'n gwneud dau
strap i fynd dros yr ysgwyddau, wedi'u cysylltu i'r corneli, i'w dal gyda'i gilydd. 5 Ac roedd
strap cywrain wedi'i blethu i fod yn un darn gyda'r effod. Roedd wedi'i wneud o'r lliain main
gorau, ac wedi'i frodio gydag aur, ac edau las, porffor a coch, yn union fel roedd yr ARGLWYDD
wedi gorchymyn i Moses. 6 Yna dyma nhw'n gosod y cerrig onics mewn gwaith ffiligri o aur,
a chrafu enwau meibion Israel arnyn nhw, yr un fath ag mae sêl yn cael ei gwneud. 7 Yna
eu rhoi nhw ar strapiau ysgwydd yr effod, fel cerrig coffa i bobl Israel, yn union fel roedd yr
ARGLWYDD wedi dweud wrth Moses.

Gwneud y darn i fynd ar frest yr Archoffeiriad

(Exodus 28:15-30)

8 Wedyn dyma nhw'n gwneud y darn sy'n mynd dros y frest, wedi'i gynllunio'n gelfydd
gan artist. Ei wneud yr un fath â'r effod – allan o liain main wedi'i frodio gydag aur, ac edau
las, porffor a coch. 9 Roedd wedi'i blygu drosodd i wneud poced 22 centimetr sgwâr. 10 Yna
gosod pedair rhes o gerrig arno: y rhes gyntaf yn rhuddem, topas a beryl; 11 yr ail res yn lasfaen,
saffir ac emrallt; 12 y drydedd res yn iasinth, calcedon ac amethyst; 13 a'r bedwaredd yn saffir
melyn, onics a iasbis – pob un wedi'i gosod mewn gwaith ffiligri o aur. 14 Roedd pob carreg
yn cynrychioli un o feibion Israel – un deg dau enw wedi'u crafu arnyn nhw, yr un fath ag
mae sêl yn cael ei gwneud.

15 A dyma nhw'n gwneud cadwyni o aur pur wedi'u plethu i'w gosod ar y darn sy'n mynd
dros y frest. 16 Yna gwneud dau ffiligri o aur a dwy ddolen aur, a chysylltu'r dolenni i ddwy
gornel uchaf y darn sy'n mynd dros y frest. 17 Wedyn cysylltu'r ddwy gadwyn aur i'r dolenni

hynny, [18]a chysylltu pen arall y cadwyni i'r ddau ffiligri, a rhoi'r rheiny ar strapiau ysgwydd
yr effod, ar y tu blaen. [19]Wedyn gwneud dwy ddolen aur arall a'u cysylltu nhw i gorneli isaf
y darn sy'n mynd dros y frest, ar yr ymyl fewnol agosaf at yr effod. [20]Yna gwneud dwy ddolen
aur arall eto, a'u rhoi nhw ar waelod strapiau ysgwydd yr effod wrth ymyl y gwnïad sydd
uwchben strap yr effod. [21]Wedyn clymu dolenni'r darn dros y frest i ddolenni'r effod gydag
edau las, i'w gadw uwchben strap yr effod, yn lle ei fod yn hongian yn rhydd. Roedd hyn i gyd
yn union fel roedd yr ARGLWYDD wedi gorchymyn i Moses.

Gwneud gwisgoedd eraill yr Offeiriaid

(Exodus 28:31-43)

[22]Gwnaeth gwehydd y fantell sy'n mynd gyda'r effod i gyd yn las. [23]Roedd lle i'r pen fynd
drwyddo yn y canol, gyda hem o'i gwmpas, wedi'i bwytho fel coler i'w atal rhag rhwygo.
[24]Wedyn roedd pomgranadau bach o gwmpas ymylon y fantell, wedi'u gwneud o edau las,
porffor a coch, a lliain main. [25]Ac yna gwneud clychau o aur pur a'u gosod nhw rhwng
y pomgranadau ar ymylon y fantell – [26]clychau a ffrwythau bob yn ail o gwmpas y fantell
fyddai'n cael ei gwisgo i wasanaethu, yn union fel roedd yr ARGLWYDD wedi gorchymyn i Moses.
[27]Wedyn dyma nhw'n gwneud crysau o liain main i Aaron a'i feibion. [28]Hefyd twrban
a phenwisgoedd o liain main, a dillad isaf o'r lliain main gorau. [29]Ac roedd y sash i'w wneud
o'r lliain main gorau hefyd, wedi'i frodio gydag edau las, porffor a coch, yn union fel roedd
yr ARGLWYDD wedi gorchymyn i Moses.
[30]Wedyn gwneud medaliwn o aur pur, y symbol ei fod wedi'i gysegru i waith Duw, a chrafu
arno (fel ar sêl) y geiriau: 'Wedi ei gysegru i'r ARGLWYDD'. [31]Wedyn ei glymu ar du blaen y twrban
gydag edau las, yn union fel roedd yr ARGLWYDD wedi gorchymyn i Moses.

Gorffen y gwaith

(Exodus 35:10-19)

[32]Felly roedd yr holl waith ar y Tabernacl (sef pabell presenoldeb Duw) wedi'i orffen. Roedd
pobl Israel wedi gwneud popeth yn union fel dwedodd yr ARGLWYDD wrth Moses. [33]Felly dyma
nhw'n dod â'r Tabernacl at Moses, sef y babell ei hun a'r darnau eraill i gyd: y bachau,
y fframiau, y trawstiau, y polion a'r socedi. [34]Y gorchudd o grwyn hyrddod wedi'u llifo'n goch,
y gorchudd o grwyn môr-fuchod, a llen y sgrîn. [35]Yna Arch y dystiolaeth, y polion i'w chario,
a'i chaead (sef Caead y Cymodi), [36]y bwrdd a'i holl gelfi, a'r bara cysegredig. [37]Y menora
gyda'i lampau mewn trefn, yr offer oedd gyda hi, a'r olew i'w goleuo. [38]Yr Allor Aur, yr olew
eneinio, yr arogldarth persawrus, y sgrîn ar gyfer y fynedfa i'r babell. [39]Yr Allor Bres a'i grât
o bres, y polion i'w chario, a'i hoffer i gyd. Y ddysgl fawr a'i stand. [40]Y llenni ar gyfer y wal
o gwmpas yr iard, y polion i'w dal a'r socedi, y sgrîn ar gyfer y fynedfa i'r iard, y rhaffau a'r
pegiau, a'r holl offer oedd ei angen ar gyfer y gwaith yn y Tabernacl, sef pabell presenoldeb
Duw. [41]Hefyd gwisgoedd y rhai fyddai'n gwasanaethu yn yr addoliad yn y lle sanctaidd (i gyd
wedi'u brodio'n hardd), a gwisgoedd cysegredig Aaron yr offeiriad, a'i feibion fyddai hefyd
yn gwasanaethu fel offeiriaid.
[42]Roedd pobl Israel wedi gwneud y gwaith i gyd yn union fel dwedodd yr ARGLWYDD wrth
Moses. [43]Yna dyma Moses yn archwilio'r cwbl, ac yn wir, roedd y cwbl wedi'i wneud yn union
fel roedd yr ARGLWYDD wedi dweud. A dyma Moses yn eu bendithio nhw.

Codi a chysegru'r Tabernacl

40 Dyma'r ARGLWYDD yn dweud wrth Moses: [2]"Ar ddiwrnod cynta'r flwyddyn[th] rwyt
i godi'r Tabernacl – pabell presenoldeb Duw. [3]Rho Arch y dystiolaeth ynddi, gyda'r

th 40:2 *flwyddyn* Hebraeg, "mis cyntaf", sef Abib (sydd hefyd yn cael ei alw yn Nisan). Mis cyntaf y calendr Hebreig sy'n rhedeg o tua canol Mawrth i ganol Ebrill.

sgrîn o'i blaen yn cuddio'r Arch. 4Yna dod â'r bwrdd i mewn, a gosod popeth mewn trefn
arno. Wedyn y menora, a gosod ei lampau yn eu lle arni. 5Rho'r allor aur (allor yr arogldarth)
o flaen Arch y dystiolaeth, a sgrîn wrth y fynedfa i'r Tabernacl. 6Yna gosod yr allor i losgi'r
offrymau o flaen y fynedfa i'r Tabernacl, pabell presenoldeb Duw. 7Rho'r ddysgl fawr rhwng
pabell presenoldeb Duw a'r allor, a'i llenwi â dŵr. 8Yna gosod yr iard o'i chwmpas, a hongian
llenni mynedfa'r iard.

9"Wedyn cymer yr olew eneinio, a'i daenellu ar y Tabernacl a phopeth sydd ynddi, i'w
cysegru a'u gwneud yn sanctaidd. 10Eneinia'r allor i losgi'r offrymau a'i hoffer i gyd. Cysegra'r
allor i'w gwneud hi'n gwbl sanctaidd. 11Yna eneinia'r ddysgl fawr a'i stand, i'w chysegru hi.

12"Wedyn rwyt i ddod ag Aaron a'i feibion at fynedfa pabell presenoldeb Duw a'u golchi
nhw â dŵr. 13Arwisga fe gyda'r gwisgoedd cysegredig, a'i eneinio a'i gysegru i wasanaethu
fel offeiriad i mi. 14Wedyn arwisga'r meibion yn eu crysau, 15a'u heneinio nhw fel gwnest
ti eneinio eu tad, iddyn nhw wasanaethu fel offeiriaid i mi. Drwy eu heneinio ti'n rhoi'r
cyfrifoldeb iddyn nhw o wasanaethu fel offeiriaid i mi ar hyd y cenedlaethau."

16Felly dyma Moses yn gwneud yn union fel roedd yr ARGLWYDD wedi dweud wrtho. 17Cafodd
y Tabernacl ei godi ar ddiwrnod cynta'r ail flwyddyn.[u] 18Dyma Moses yn ei godi drwy roi'r
socedi yn eu lle, yna codi'r fframiau, cysylltu'r croesfarrau a rhoi'r polion yn eu lle. 19Wedyn
dyma fe'n lledu'r babell dros fframwaith y Tabernacl, a'r gorchudd dros hwnnw, fel roedd yr
ARGLWYDD wedi gorchymyn i Moses.

20Yna dyma fe'n gosod Llechi'r Dystiolaeth yn yr Arch, cysylltu'r polion iddi a rhoi'r
caead arni. 21Wedyn mynd â'r Arch i'r Tabernacl a gosod llen y sgrîn o'i blaen, i guddio
Arch y Dystiolaeth, fel roedd yr ARGLWYDD wedi gorchymyn i Moses.

22Wedyn dyma fe'n gosod y bwrdd tu mewn i babell presenoldeb Duw, ar ochr ogleddol
y Tabernacl, o flaen y sgrîn. 23A gosod y bara mewn trefn ar y bwrdd, o flaen yr ARGLWYDD, fel
roedd yr ARGLWYDD wedi gorchymyn i Moses.

24Wedyn gosod y menora tu mewn i babell presenoldeb Duw, gyferbyn â'r bwrdd ar ochr
ddeheuol y Tabernacl. 25Yna gosod y lampau yn eu lle arni, o flaen yr ARGLWYDD, fel roedd yr
ARGLWYDD wedi gorchymyn i Moses.

26Wedyn rhoi'r allor aur (allor yr arogldarth) tu mewn i babell presenoldeb Duw, o flaen
y sgrîn, 27a llosgi arogldarth persawrus arni, fel roedd yr ARGLWYDD wedi gorchymyn i Moses.

28Wedyn gosod y sgrîn wrth y fynedfa i'r Tabernacl. 29Rhoddodd yr allor i losgi'r offrymau
o flaen y fynedfa i'r Tabernacl hefyd, sef pabell presenoldeb Duw. Yna cyflwyno offrymau i'w
llosgi ac offrymau o rawn arni fel roedd yr ARGLWYDD wedi gorchymyn i Moses.

30Wedyn gosod y ddysgl fawr rhwng pabell presenoldeb Duw a'r allor, a'i llenwi hi â dŵr ar
gyfer ymolchi. 31Byddai Moses ac Aaron a'i feibion yn golchi eu dwylo a'u traed gyda'r dŵr
ynddi. 32Bydden nhw'n ymolchi bob tro roedden nhw'n mynd i mewn i babell presenoldeb
Duw neu'n mynd at yr allor, yn union fel roedd yr ARGLWYDD wedi gorchymyn i Moses.

33Wedyn dyma fe'n gosod yr iard o gwmpas y Tabernacl a'r allor, a rhoi'r sgrîn o flaen
y fynedfa i'r iard. Felly dyma Moses yn gorffen y gwaith.

Y cwmwl dros babell presenoldeb Duw

(Numeri 9:15-23)

34A dyma'r cwmwl yn dod i lawr dros babell presenoldeb Duw, ac roedd ysblander yr
ARGLWYDD yn ei llenwi (sef y Tabernacl). 35Doedd Moses ddim yn gallu mynd i mewn i'r babell
o achos y cwmwl oedd wedi setlo arni, ac am fod ysblander yr ARGLWYDD yn ei llenwi. 36Pan
oedd y cwmwl yn codi oddi ar y Tabernacl, roedd pobl Israel yn mynd ymlaen ar eu taith. 37Os
nad oedd y cwmwl yn codi, doedden nhw ddim yn symud o'u lle. 38Roedd cwmwl yr ARGLWYDD
ar y Tabernacl yn ystod y dydd, ac roedd tân yn y cwmwl drwy'r nos. Roedd pobl Israel i gyd
yn gallu ei weld, yr holl amser buon nhw'n teithio.

---

u 40:17 *ail flwyddyn* Digwyddodd hyn flwyddyn union ar ôl dod allan o'r Aifft.

Lefiticus

Trefn aberthau

1 Dyma'r ARGLWYDD yn galw Moses ac yn siarad ag e o'r Tabernacl. 2“Dwed wrth bobl
Israel: Pan mae rhywun yn dod ag offrwm i'r ARGLWYDD, dylai fod o'r gyr o wartheg neu
o'r praidd o ddefaid a geifr.[a]

3“Os ydy'r offrwm sydd i'w losgi yn dod o'r gyr o wartheg, dylai fod yn anifail gwryw heb
ddim byd o'i le arno. Rhaid ei gyflwyno wrth y fynedfa i babell presenoldeb Duw iddo gael ei
dderbyn gan yr ARGLWYDD. 4Wedyn rhaid i'r person sy'n ei gyflwyno osod ei law ar ben yr anifail
sydd i'w losgi. Bydd yr anifail yn cael ei dderbyn gan Dduw fel ffordd o wneud pethau'n iawn
rhwng yr addolwr a Duw. 5Wedyn bydd y person sy'n ei gyflwyno yn lladd yr anifail o flaen yr
ARGLWYDD. Bydd yr offeiriaid, disgynyddion Aaron, yn cyflwyno'r gwaed i Dduw ac yn ei sblasio
o gwmpas yr allor sydd o flaen y fynedfa i'r Tabernacl. 6Wedyn bydd y person sy'n ei gyflwyno yn
blingo'r anifail a'i dorri yn ddarnau. 7Bydd yr offeiriaid yn rhoi tân ar yr allor ac yn gosod coed
ar y tân. 8Wedyn byddan nhw'n gosod y pen a'r braster a'r darnau eraill mewn trefn ar y tân.
9Bydd y person sy'n cyflwyno'r anifail yn golchi'r coluddion a'r coesau ôl. A bydd offeiriad yn
llosgi'r cwbl ar yr allor. Mae'n offrwm i'w losgi'n llwyr, ac yn arogli'n hyfryd i'r ARGLWYDD.

10“Os anifail o'r praidd ydy'r offrwm sydd i'w losgi, dylai fod yn hwrdd neu'n fwch gafr –
anifail gwryw heb ddim byd o'i le arno. 11Mae i gael ei ladd ar ochr ogleddol yr allor o flaen
yr ARGLWYDD. Bydd yr offeiriaid yn sblasio'r gwaed o gwmpas yr allor. 12Wedyn bydd y person
sy'n ei gyflwyno yn torri'r anifail yn ddarnau. Bydd yr offeiriad yn gosod y darnau, y pen a'r
braster mewn trefn ar y tân sydd ar yr allor. 13Wedyn bydd y person sy'n cyflwyno'r anifail
yn golchi'r coluddion a'r coesau ôl â dŵr. A bydd offeiriad yn llosgi'r cwbl ar yr allor. Mae'n
offrwm i'w losgi'n llwyr, ac yn arogli'n hyfryd i'r ARGLWYDD.

14“Os aderyn ydy'r offrwm sy'n cael ei losgi'n llwyr i'r ARGLWYDD, rhaid iddo fod yn durtur
neu'n golomen[b] ifanc. 15Bydd offeiriad yn mynd â'r aderyn at yr allor bres. Yno bydd yn troi'r
gwddf i dorri pen yr aderyn i ffwrdd, ac yn llosgi'r pen. Wedyn bydd yn gwasgu gwaed yr
aderyn ar un ochr i'r allor. 16Yna bydd yr offeiriad yn tynnu allan grombil yr aderyn a'i gynnwys,
ac yn eu taflu ar y twr lludw ar ochr ddwyreiniol yr allor. 17Ac wedyn gafael yn adenydd yr
aderyn, a dechrau ei rwygo ond peidio ei dorri'n ddau. Wedyn llosgi'r cwbl ohono yn y tân
ar yr allor. Mae'n offrwm i'w losgi'n llwyr, ac yn arogli'n hyfryd i'r ARGLWYDD.

Trefn offrymau o rawn

2 “Pan mae rhywun yn dod ag offrwm o rawn i'r ARGLWYDD, dylai ddefnyddio'r blawd
gwenith gorau. Dylai dywallt olew olewydd arno ac wedyn rhoi thus arno. 2Wedyn mynd
ag e at yr offeiriaid, disgynyddion Aaron. Bydd un ohonyn nhw yn cymryd llond llaw o'r blawd
gwenith a'r olew, a'r thus i gyd, ac yn llosgi hwnnw fel ernes ar yr allor. Mae'n rhodd sy'n
arogli'n hyfryd i'r ARGLWYDD. 3Mae'r offeiriaid, sef Aaron a'i ddisgynyddion, i gael y gweddill.
Mae'n gysegredig am ei fod yn rhan o'r offrwm gafodd ei losgi i'r ARGLWYDD.

4“Pan dych chi'n cyflwyno offrwm o fara wedi'i bobi mewn popty pridd, defnyddiwch
y blawd gwenith gorau. Dylai'r blawd gael ei gymysgu gydag olew olewydd i wneud bara
heb furum ynddo neu fisgedi tenau wedi'u brwsio gyda'r olew.

5“Os ydy'r offrwm yn cael ei grasu ar radell, rhaid defnyddio'r blawd gwenith gorau
wedi'i gymysgu gydag olew olewydd a dim burum. 6Wedyn ei dorri'n ddarnau a thywallt
mwy o olew arno. Mae hwn hefyd yn offrwm o rawn.

---

a 1:2 *gyr o wartheg ... ddefaid a geifr* h.y. anifail fferm oedd yn rhan o fywoliaeth y person, nid unrhyw anifail oedd wedi'i hela. b 1:14 *durtur neu golomen* Dyma'r unig adar roedd yr Hebreaid wedi'u dofi (gw. 2 Brenhinoedd 6:25).

7“Os ydy'r offrwm yn cael ei baratoi mewn padell, rhaid defnyddio'r blawd gwenith gorau
wedi'i goginio mewn olew olewydd. 8Gallwch ddod ag offrwm grawn i'r ARGLWYDD os ydy
e wedi'i baratoi gyda'r cynhwysion yma. Rhowch e i'r offeiriad, a bydd e'n mynd ag e at yr
allor. 9Bydd yr offeiriad yn cymryd peth ohono i'w losgi'n ernes ar yr allor – yn rhodd sy'n
arogli'n hyfryd i'r ARGLWYDD. 10Mae'r offeiriaid, Aaron a'i ddisgynyddion, i gael y gweddill.
Mae'n gysegredig am ei fod yn rhan o'r offrwm gafodd ei losgi i'r ARGLWYDD.
11“Does dim burum i gael ei ddefnyddio yn unrhyw offrwm o rawn sy'n cael ei gyflwyno i'r
ARGLWYDD. Dydy burum na mêl ddim i gael eu defnyddio mewn offrwm sydd i gael ei losgi i'r
ARGLWYDD. 12Gallwch eu rhoi nhw fel offrwm o ffrwythau cyntaf y cynhaeaf i'r ARGLWYDD, ond
ddylen nhw byth gael eu llosgi ar yr allor.
13“Mae halen yn cael ei ddefnyddio fel arwydd o ymrwymiad rhyngot ti a Duw. Felly paid
anghofio rhoi halen ar dy offrwm o rawn. Rho halen ar bob offrwm rwyt ti'n ei gyflwyno i Dduw.
14“Os wyt ti'n dod ag offrwm o rawn cyntaf y cynhaeaf i'r ARGLWYDD, defnyddia rawn
aeddfed meddal wedi'i rostio neu ei falu'n flawd. 15Ychwanega olew olewydd ato, a rho thus
arno – offrwm o rawn ydy e. 16Wedyn mae'r offeiriad i losgi peth ohono fel ernes – y grawn
wedi'i wasgu, yr olew a'r thus. Offrwm i gael ei losgi i'r ARGLWYDD ydy e.

Offrymau i gydnabod daioni'r ARGLWYDD

3 “Pan mae rhywun yn cyflwyno offrwm i gydnabod daioni'r ARGLWYDD, os anifail o'r gyr
o wartheg ydy e, gall fod yn wryw neu'n fenyw, ond rhaid iddo fod heb ddim byd o'i le
arno. 2Rhaid i'r person sy'n ei gyflwyno osod ei law ar ben yr anifail ac yna ei ladd o flaen
y fynedfa i'r Tabernacl. Wedyn bydd yr offeiriaid, disgynyddion Aaron, yn sblasio'r gwaed
o gwmpas yr allor. 3Yna bydd y person sy'n cyflwyno'r offrwm yn rhoi'r darnau yma yn rhodd
i'r ARGLWYDD: y braster sydd o gwmpas perfeddion yr anifail ac ar yr organau gwahanol, 4y ddwy
aren a'r braster sydd arnyn nhw, a rhan isaf yr iau. 5Bydd yr offeiriaid yn llosgi'r rhain ar yr
allor gyda'r offrwm sy'n cael ei losgi'n llwyr – yn rhodd sy'n arogli'n hyfryd i'r ARGLWYDD.
6“Os mai anifail o'r praidd o ddefaid a geifr sy'n cael ei offrymu i gydnabod daioni'r
ARGLWYDD, gall fod yn wryw neu'n fenyw, ond rhaid iddo fod heb ddim byd o'i le arno. 7Os mai
oen ydy'r offrwm, rhaid ei gyflwyno i'r ARGLWYDD o flaen y fynedfa i'r Tabernacl. 8Rhaid i'r person
sy'n ei gyflwyno osod ei law ar ben yr anifail, ac yna ei ladd o flaen y fynedfa. Wedyn bydd yr
offeiriaid, disgynyddion Aaron, yn sblasio'r gwaed o gwmpas yr allor. 9Yna bydd y person sy'n
ei gyflwyno yn rhoi'r braster yn offrwm i'w losgi i'r ARGLWYDD: y braster ar y gynffon lydan[c] (sydd
i gael ei thorri wrth yr asgwrn cefn), y braster o gwmpas perfeddion yr anifail, y braster ar yr
organau gwahanol, 10y ddwy aren a'r braster sydd arnyn nhw, a rhan isaf yr iau. 11Wedyn bydd
offeiriad yn llosgi'r rhain ar yr allor. Dyma'r rhan o'r offrwm bwyd sy'n cael ei losgi i'r ARGLWYDD.
12“Os mai bwch gafr sy'n cael ei offrymu, rhaid ei gyflwyno i'r ARGLWYDD 13o flaen y fynedfa
i'r Tabernacl. Rhaid i'r person sy'n ei gyflwyno osod ei law ar ben yr anifail, ac yna ei ladd
yno. Wedyn bydd offeiriad yn sblasio'r gwaed o gwmpas yr allor. 14Yna rhaid iddo gyflwyno'r
canlynol yn rhodd i'r ARGLWYDD: Y braster o gwmpas perfeddion yr anifail a'r braster ar yr
organau gwahanol, 15y ddwy aren a'r braster sydd arnyn nhw, a rhan isaf yr iau. 16Wedyn
bydd offeiriad yn llosgi'r rhain ar yr allor, yn offrwm bwyd sy'n arogli'n hyfryd i'r ARGLWYDD.
Yr ARGLWYDD piau'r braster i gyd. 17Fydd y rheol yma byth yn newid, ble bynnag fyddwch chi'n
byw: Peidiwch byth â bwyta unrhyw fraster na gwaed.”

Offrwm i lanhau o bechod damweiniol

4 Dyma'r ARGLWYDD yn dweud wrth Moses: 2“Dwed wrth bobl Israel: Dyma sydd i ddigwydd
pan mae rhywun yn pechu'n ddamweiniol (drwy wneud rhywbeth mae'r ARGLWYDD wedi
dweud wrthoch chi am beidio'i wneud):

---

c 3:9 *gynffon lydan* Roedd gan y ddafad gyffredin yn Syria ac Israel gynffon lydan – yr *Ofis Laticawdatws*.
4:2 Numeri 15:27-29

3“Os ydy'r archoffeiriad wedi pechu, mae'n effeithio ar bawb. Mae'n gwneud pawb yn
euog. Felly rhaid iddo gyflwyno tarw ifanc sydd â dim byd o'i le arno yn offrwm puro i'w
lanhau o'i bechod. 4Rhaid iddo fynd â'r tarw o flaen yr ARGLWYDD, at y fynedfa i'r Tabernacl.
Wedyn gosod ei law ar ben yr anifail cyn ei ladd yno. 5Yna bydd rhaid i'r archoffeiriad gymryd
peth o waed y tarw i mewn i'r Tabernacl. 6Bydd yn rhoi ei fys yn y gwaed ac yn taenellu peth
ohono saith gwaith i gyfeiriad y llen o flaen y cysegr. 7Wedyn bydd yn rhoi peth o'r gwaed
ar gyrn allor yr arogldarth sydd yno o flaen yr ARGLWYDD. A bydd yn mynd â gweddill y gwaed
a'i dywallt wrth droed yr allor i losgi offrymau sydd y tu allan i'r fynedfa i'r Tabernacl.
8“Yna bydd yr archoffeiriad yn cymryd braster yr anifail i gyd: y braster sydd o gwmpas
perfeddion yr anifail ac ar yr organau gwahanol, 9y ddwy aren a'r braster sydd arnyn nhw,
a rhan isaf yr iau. 10(Mae hyn yn union yr un fath â beth sy'n cael ei wneud i fustach yr
offrwm i gydnabod daioni'r ARGLWYDD.) Rhaid i'r archoffeiriad losgi'r braster yma i gyd ar yr
allor i losgi offrymau. 11-12Ond mae i fynd â gweddill y tarw y tu allan i'r gwersyll – y croen,
y cig, ei ben a'i goesau, y perfeddion, a'r coluddion. Mae'r rhain i gael eu llosgi ar dân coed
wrth ymyl tomen ludw'r braster. Lle sydd wedi cael ei gysegru i'r pwrpas hwnnw.
13“Pan mae pobl Israel yn pechu yn fy erbyn i heb sylweddoli eu bod wedi gwneud hynny,
maen nhw i gyd yn euog. 14Unwaith maen nhw'n sylweddoli beth maen nhw wedi'i wneud,
maen nhw i ddod â tharw ifanc yn offrwm i'w glanhau o'u pechod. Rhaid cyflwyno'r anifail
o flaen y Tabernacl. 15Yno bydd arweinwyr y bobl yn gosod eu dwylo ar ben y tarw o flaen
yr ARGLWYDD. Wedyn bydd y tarw yn cael ei ladd o flaen yr ARGLWYDD. 16Wedyn bydd rhaid i'r
archoffeiriad gymryd peth o waed y tarw i mewn i'r Tabernacl. 17Bydd yn rhoi ei fys yn y gwaed
ac yn taenellu peth ohono saith gwaith i gyfeiriad y llen. 18Wedyn bydd yn rhoi peth o'r
gwaed ar gyrn allor yr arogldarth sydd o flaen yr ARGLWYDD yn y Tabernacl. Yna bydd yn mynd
â gweddill y gwaed a'i dywallt wrth droed yr allor i losgi offrymau sydd y tu allan i'r fynedfa i'r
Tabernacl. 19Bydd yr archoffeiriad wedyn yn cymryd braster yr anifail i gyd a'i losgi ar yr allor.
20Wedyn mae i wneud yr un peth gyda'r tarw yma ag a wnaeth gyda'r tarw gafodd ei offrymu
dros ei bechod ei hun. Bydd yr archoffeiriad yn gwneud pethau'n iawn rhwng y bobl a Duw,
a bydd Duw yn maddau iddyn nhw. 21Bydd e'n mynd â gweddill y tarw tu allan i'r gwersyll.
Bydd e'n ei losgi, yr un fath â'r tarw arall. Mae'n offrwm i lanhau pobl Israel o bechod.
22“Pan mae un o arweinwyr pobl Israel yn pechu yn fy erbyn i heb sylweddoli ei fod wedi
gwneud hynny, mae e'n euog. 23Unwaith mae e'n sylweddoli beth mae wedi'i wneud, mae
i fynd â bwch gafr heb ddim byd o'i le arno i'w aberthu. 24Rhaid iddo osod ei law ar ben
y bwch gafr ac wedyn ei ladd o flaen yr ARGLWYDD (yn yr un lle ag mae'r offrwm i'w losgi yn
cael ei ladd). Mae'n offrwm i'w lanhau o'i bechod. 25Wedyn mae offeiriad i gymryd peth
o waed yr anifail a'i roi gyda'i fys ar gyrn yr allor i losgi offrymau. Ac wedyn bydd yn tywallt
gweddill y gwaed wrth droed yr allor. 26Bydd yn llosgi'r braster i gyd ar yr allor, fel roedd
yn gwneud gyda braster yr offrwm i gydnabod daioni'r ARGLWYDD. Felly bydd yr offeiriad yn
gwneud pethau'n iawn rhyngddo a Duw, a bydd Duw yn maddau iddo am ei bechod.
27“Os ydy person cyffredin yn pechu yn fy erbyn i heb sylweddoli ei fod wedi gwneud hynny,
mae e'n euog. 28Unwaith mae e'n sylweddoli beth mae e wedi'i wneud, mae i fynd â gafr
sydd â dim byd o'i le arni i'w haberthu dros ei bechod. 29Wedyn rhaid iddo osod ei law ar
ben yr afr sydd i'w haberthu, ac wedyn ei lladd (yn yr un lle ag mae'r offrwm sydd i'w losgi
yn cael ei ladd). 30Wedyn mae offeiriad i gymryd peth o waed yr anifail a'i roi gyda'i fys ar
gyrn yr allor i losgi offrymau. Ac wedyn bydd yn tywallt gweddill y gwaed wrth droed yr allor.
31Bydd y person sy'n cyflwyno'r offrwm yn cymryd braster yr anifail (fel mae'n gwneud gyda'r
offrwm i gydnabod daioni'r ARGLWYDD). Wedyn bydd yr offeiriad yn llosgi'r braster ar yr allor
– yn rhodd sy'n arogli'n hyfryd i'r ARGLWYDD. Felly bydd yr offeiriad yn gwneud pethau'n iawn
rhyngddo a Duw, a bydd Duw yn maddau iddo am ei bechod.
32“Os ydy e'n dod â dafad yn offrwm dros ei bechod, rhaid iddi fod yn ddafad heb ddim byd
o'i le arni. 33Wedyn rhaid iddo osod ei law ar ben y ddafad sydd i'w haberthu, ac yna ei lladd (yn
yr un lle ag mae'r offrwm i'w losgi yn cael ei ladd). 34Wedyn mae offeiriad i gymryd peth o waed

y ddafad a'i roi gyda'i fys ar gyrn yr allor i losgi offrymau. Ac wedyn bydd yn tywallt gweddill
y gwaed wrth droed yr allor. 35 Bydd y person sy'n cyflwyno'r offrwm yn cymryd braster y ddafad
(fel mae'n gwneud gyda'r offrwm i gydnabod daioni'r ARGLWYDD). Ac wedyn bydd yr offeiriad yn
llosgi'r braster ar yr allor gyda'r offrymau sydd i'w llosgi i'r ARGLWYDD. Felly bydd yr offeiriad yn
gwneud pethau'n iawn rhyngddo a Duw, a bydd Duw yn maddau iddo am ei bechod.

Achosion lle mae angen offrwm i lanhau o bechod

5 "Pan mae rhywun yn gwrthod rhoi tystiolaeth mewn llys (ac yn gwybod neu wedi gweld
beth ddigwyddodd), mae e'n euog, a bydd yn cael ei gosbi.
2 "Pan mae rhywun wedi cyffwrdd rhywbeth sy'n aflan drwy ddamwain (fel corff anifail neu
greadur arall sy'n aflan), mae'n euog ac mae e'i hun yn aflan.
3 "Pan mae rhywun wedi cyffwrdd drwy ddamwain unrhyw beth aflan sy'n dod o'r corff
dynol, mae e'n euog y funud mae e'n sylweddoli beth sydd wedi digwydd.
4 "Pan mae rhywun yn fyrbwyll ac yn addo ar lw ei fod yn mynd i wneud rhywbeth – da neu
ddrwg – mae e'n euog y funud mae e'n sylweddoli beth mae e wedi'i wneud.
5 "Pan mae rhywun yn sylweddoli ei fod yn euog o wneud un o'r pethau yma, rhaid iddo
gyffesu beth mae wedi'i wneud. 6 Wedyn rhaid iddo dalu am y drwg mae wedi'i wneud drwy
ddod â dafad neu afr i'w chyflwyno i'r ARGLWYDD yn offrwm i'w lanhau o'i bechod. Bydd
offeiriad yn gwneud pethau'n iawn rhyngddo a Duw, a bydd Duw yn maddau iddo am ei
bechod.
7 "Os ydy rhywun ddim yn gallu fforddio dafad neu afr, dylai ddod â dwy durtur neu ddwy
golomen ifanc – un yn offrwm i lanhau o bechod a'r llall yn offrwm i'w losgi'n llwyr. 8 Rhaid
dod â nhw i'r offeiriad. Wedyn bydd yr offeiriad yn cyflwyno un ohonyn nhw yn offrwm i lanhau
o bechod. Bydd yn troi ei wddf ond heb dorri ei ben i ffwrdd. 9 Wedyn bydd yn taenellu peth
o waed yr aderyn ar ochr yr allor. Bydd gweddill y gwaed yn cael ei wasgu allan wrth droed
yr allor. 10 Wedyn bydd yr ail aderyn yn cael ei gyflwyno yn offrwm i'w losgi'n llwyr. Bydd yr
offeiriad yn dilyn y ddefod arferol wrth ei gyflwyno. Bydd yr offeiriad yn gwneud pethau'n iawn
rhwng y person sy'n cyflwyno'r offrwm a Duw, a bydd Duw yn maddau iddo am ei bechod.
11 "Os ydy rhywun ddim yn gallu fforddio dwy durtur neu ddwy golomen ifanc, dylai ddod
â cilogram o'r blawd gwenith gorau yn offrwm i'w lanhau o'i bechod. Rhaid peidio rhoi olew
olewydd na thus arno am mai offrwm i'w lanhau o'i bechod ydy e. 12 Dylai roi'r blawd i'r
offeiriad, a bydd yr offeiriad yn cymryd llond llaw ohono i'w losgi fel ernes ar yr allor gyda'r
offrymau eraill. Mae'n offrwm i lanhau o bechod. 13 Bydd yr offeiriad yn gwneud pethau'n
iawn rhwng y person sy'n cyflwyno'r offrwm a Duw, pa un bynnag o'r pethau hyn mae
e wedi'i wneud o'i le, a bydd Duw yn maddau iddo. Mae'r offeiriad yn cael gweddill y blawd,
fel gyda'r offrwm o rawn."

Offrwm i gyfaddef bai

14 Dyma'r ARGLWYDD yn dweud wrth Moses: 15 "Pan mae rhywun yn pechu'n ddamweiniol
ac yn torri'r rheolau am y pethau sanctaidd sydd i'w cyflwyno i'r ARGLWYDD, rhaid iddo ddod
ag offrwm i gyfaddef bai. Yr offrwm fydd hwrdd sydd â dim byd o'i le arno, neu gall dalu'r
pris llawn am hwrdd gydag arian swyddogol y cysegr. 16 Mae e hefyd i dalu'r ddyled yn ôl ac
ychwanegu 20% a'i roi i'r offeiriad. Felly bydd yr offeiriad yn gwneud pethau'n iawn rhwng
y person sy'n cyflwyno'r hwrdd a Duw, a bydd Duw yn maddau iddo am ei bechod.
17 "Os ydy rhywun yn pechu yn erbyn yr ARGLWYDD heb sylweddoli ei fod wedi gwneud hynny,
mae'n euog, a bydd yn cael ei gosbi. 18 Rhaid i'r person hwnnw ddod â hwrdd heb ddim
byd o'i le arno, neu gall dalu beth ydy gwerth yr hwrdd, yn offrwm i gyfaddef bai. Bydd yr
offeiriad yn gwneud pethau'n iawn rhwng y person sy'n cyflwyno'r hwrdd a Duw, a bydd
Duw yn maddau iddo am ei gamgymeriad. 19 Mae'n offrwm i gyfaddef bai. Roedd y person
yn euog o flaen yr ARGLWYDD."

6 Dyma'r ARGLWYDD yn dweud wrth Moses: 2"Pan mae rhywun yn troseddu yn fy erbyn i, yr
ARGLWYDD, drwy dwyllo person arall, dyma sydd raid ei wneud:
"Os ydy rhywun yn gwrthod rhoi rhywbeth sydd yn ei ofal yn ôl. Neu os ydy e'n gwrthod
talu benthyciad yn ôl. Neu os ydy e wedi dwyn rhywbeth. Neu os ydy e wedi gwneud elw
ar draul rhywun arall. 3Neu os ydy e wedi dod o hyd i rywbeth ac yn honni nad ydy'r peth
hwnnw ganddo. Pan mae person yn dweud celwydd am unrhyw un o'r pethau yma, mae e'n
pechu. 4Os ydy e wedi'i gael yn euog o wneud unrhyw un o'r pethau yma, rhaid iddo dalu'n
ôl beth bynnag oedd e wedi'i ddwyn. 5Rhaid iddo dalu'r swm yn ôl yn llawn, ac ychwanegu
20%. Mae i'w dalu i'r person gafodd ei dwyllo ganddo pan fydd wedi cael ei ddedfrydu'n
euog o'r drosedd. 6Wedyn rhaid iddo fynd ag offrwm i'r ARGLWYDD i gyfaddef ei fai. Yr offrwm
fydd hwrdd sydd â dim byd o'i le arno; neu gall dalu beth ydy gwerth yr hwrdd gydag arian
swyddogol y cysegr. 7Bydd yr offeiriad yn gwneud pethau'n iawn rhyngddo a Duw, a bydd
Duw yn maddau iddo am beth bynnag wnaeth e o'i le."

Cyfarwyddiadau i'r Offeiriaid: Yr offrwm sydd i'w losgi

8Dyma'r ARGLWYDD yn dweud wrth Moses: 9"Dwed wrth Aaron a'i ddisgynyddion mai dyma'r
drefn gyda'r offrwm sydd i'w losgi: Mae'r offrwm i aros ar yr allor drwy'r nos tan y bore wedyn.
Rhaid cadw'r tân ar yr allor yn llosgi. 10Mae'r offeiriad i wisgo ei wisg o liain, a'i ddillad isaf
lliain. Wedyn mae i gasglu'r lludw sydd ar ôl wedi i'r offrwm gael ei losgi, a'i osod yn domen
wrth ymyl yr allor. 11Wedyn rhaid iddo newid ei ddillad cyn mynd â'r lludw allan i le tu allan i'r
gwersyll sydd wedi cael ei gysegru i'r pwrpas hwnnw. 12Rhaid cadw'r tân ar yr allor yn llosgi.
Dydy e byth i fod i ddiffodd. Rhaid i offeiriad roi coed arno bob bore. Wedyn mae'n gosod
yr offrwm sydd i'w losgi'n llwyr arno, ac yn llosgi braster yr offrymau i gydnabod daioni'r
ARGLWYDD. 13Rhaid cadw'r tân ar yr allor yn llosgi drwy'r amser. Dydy e byth i fod i ddiffodd.
14"Dyma'r drefn gyda'r offrwm o rawn: Rhaid i'r offeiriaid, disgynyddion Aaron, ei gyflwyno
i'r ARGLWYDD o flaen yr allor. 15Maen nhw i gymryd llond dwrn o flawd gwenith ac olew yr
offrwm, a'r thus i gyd, a'i losgi fel ernes ar yr allor – yn arogli'n hyfryd i'r ARGLWYDD ac yn ei
atgoffa o'i ymrwymiad. 16Bydd yr offeiriaid, Aaron a'i ddisgynyddion, yn bwyta'r gweddill
ohono. Rhaid ei fwyta heb furum mewn lle sydd wedi'i gysegru, sef iard y Tabernacl. 17Mae'r
bara yma yn gysegredig iawn, fel yr offrwm i lanhau o bechod a'r offrwm i gyfaddef bai.
Mae'r bara i gael ei bobi heb furum. Dw i'n ei roi i'r offeiriaid. Mae'n rhan o'r hyn sy'n cael
ei gyflwyno i mi ar yr allor. 18Dim ond y dynion sy'n ddisgynyddion i Aaron sy'n cael ei fwyta.
Dyma eu siâr nhw bob amser. Rhaid i unrhyw un sy'n cyffwrdd y bara fod wedi'i gysegru."

Ordeinio Offeiriaid

19Dyma'r ARGLWYDD yn dweud wrth Moses: 20"Dyma'r offrwm mae offeiriad i'w gyflwyno
i'r ARGLWYDD pan mae'n cael ei ordeinio: mae'r un fath â'r offrwm sy'n cael ei wneud fore
a nos bob dydd, sef hanner cilogram o'r blawd gwenith gorau 21wedi'i gymysgu gydag olew
olewydd a'i grasu ar radell. Rhaid iddo fod wedi'i socian mewn olew, ei dorri yn ddarnau,
a'i gyflwyno yn offrwm sy'n arogli'n hyfryd i'r ARGLWYDD. 22Yr Archoffeiriad sydd i'w baratoi.
Siâr yr ARGLWYDD ydy hwn bob amser, ac mae i gael ei losgi'n llwyr ar yr allor. 23Mae'r offrwm
grawn sy'n cael ei roi gan offeiriad i gael ei losgi'n llwyr. Dydy e ddim i gael ei fwyta."

Offrwm i lanhau o bechod

24Dyma'r ARGLWYDD yn dweud wrth Moses: 25"Dwed wrth Aaron a'i ddisgynyddion mai dyma'r
drefn gyda'r offrwm i lanhau o bechod: Mae'r offrwm i lanhau o bechod i gael ei ladd o flaen
yr ARGLWYDD yn yr un lle ag mae'r offrwm i'w losgi yn cael ei ladd. Mae'n gysegredig iawn. 26Yr
offeiriad sy'n cyflwyno'r aberth sydd i'w fwyta. Rhaid ei fwyta mewn lle sydd wedi'i gysegru, sef
yn iard y Tabernacl. 27Rhaid i unrhyw un sy'n cyffwrdd y cig fod wedi'i gysegru. Os ydy gwaed
yr aberth yn sblasio ar wisg yr offeiriad, rhaid golchi'r dilledyn mewn lle sydd wedi'i gysegru.

28 Rhaid i unrhyw lestr pridd gafodd ei ddefnyddio i ferwi'r cig gael ei dorri wedyn. Ond os ydy'r cig yn cael ei ferwi mewn llestr pres, rhaid ei sgwrio ac wedyn ei rinsio mewn dŵr. 29 Dim ond yr offeiriaid, sef y dynion, sy'n cael ei fwyta. Mae'n gysegredig iawn. 30 Ond os ydy peth o'r gwaed wedi cael ei gymryd i'r cysegr yn y Tabernacl i wneud pethau'n iawn rhwng yr addolwr a Duw, dydy'r offrwm hwnnw dros bechod ddim i gael ei fwyta. Rhaid i hwnnw gael ei losgi'n llwyr.

Offrwm i gyfaddef bai

7 "Dyma'r drefn gyda'r offrwm i gyfaddef bai (sy'n gysegredig iawn): 2 Rhaid i'r offrwm i gyfaddef bai gael ei ladd yn yr un lle ag mae'r offrwm i'w losgi'n llwyr yn cael ei ladd. Mae'r gwaed i gael ei sblasio o gwmpas yr allor. 3 Rhaid cyflwyno braster yr anifail i gyd: y braster ar y gynffon lydan, y braster o gwmpas perfeddion yr anifail, 4 y ddwy aren a'r braster sydd arnyn nhw, a rhan isaf yr iau. 5 Bydd offeiriad yn llosgi'r cwbl ar yr allor yn offrwm i'r ARGLWYDD. Mae'n offrwm i gyfaddef bai. 6 Dim ond y dynion, sef yr offeiriaid, sy'n cael ei fwyta. Rhaid ei fwyta mewn lle sydd wedi'i gysegru. Mae'n gysegredig iawn.

7 "Mae'r drefn yr un fath gyda'r offrwm i gyfaddef bai a'r offrwm i lanhau o bechod. Yr offeiriad sy'n gwneud pethau'n iawn gyda'r offrwm sydd i gael y cig. 8 Yr offeiriad sy'n cyflwyno'r offrwm i'w losgi ar ran unigolyn sy'n cael cadw croen yr anifail. 9 A'r un fath gyda'r offrwm o rawn. Yr offeiriad sy'n ei gyflwyno sy'n cael cadw'r offrwm sydd wedi'i baratoi mewn popty, padell neu ar radell. 10 Ond mae'r offeiriaid, disgynyddion Aaron, i rannu pob offrwm o rawn sydd heb ei goginio, p'run ai wedi'i gymysgu gydag olew olewydd neu'n sych.

Yr offrwm i gydnabod daioni'r ARGLWYDD

11 "Dyma'r drefn gyda'r offrwm i gydnabod daioni'r ARGLWYDD: 12 Os ydy rhywun yn ei gyflwyno i ddweud diolch am rywbeth, rhaid cyflwyno offrwm gydag e sydd wedi'i wneud o'r blawd gwenith gorau: bara heb furum ynddo wedi'i gymysgu gydag olew olewydd, bisgedi tenau wedi'u brwsio gydag olew, a bara wedi'i wneud o'r blawd gwenith gorau ac wedi'i socian mewn olew. 13 Wrth gyflwyno'r offrwm i gydnabod daioni'r ARGLWYDD, rhaid dod â bara wedi'i wneud gyda burum hefyd. 14 Rhaid rhoi un dorth o bob math o offrwm o rawn yn gyfraniad i'r offeiriad sy'n sblasio gwaed yr offrwm o gwmpas yr allor. 15 Wedyn rhaid i gig yr aberth i ddweud diolch gael ei fwyta ar y diwrnod mae'n cael ei offrymu. Does dim ohono i gael ei gadw tan y bore wedyn. 16 Ond os ydy'r aberth yn cael ei gyflwyno am fod rhywun yn gwneud addewid neu'n rhoi rhywbeth o'i wirfodd i'r ARGLWYDD, mae'n iawn i gadw peth ohono a'i fwyta y diwrnod wedyn. 17 Ond os oes unrhyw gig dros ben ar ôl hynny, rhaid ei losgi y diwrnod wedyn. 18 Ddylai cig yr offrwm i gydnabod daioni'r ARGLWYDD ddim cael ei fwyta fwy na diwrnod ar ôl ei gyflwyno. Os ydy hynny'n digwydd, fydd y person sydd wedi cyflwyno'r offrwm ddim yn cael ei dderbyn. Bydd yr offrwm wedi'i sbwylio, a bydd unrhyw un sydd wedi'i fwyta yn cael ei gyfri'n euog.

19 "Os ydy'r cig wedi cyffwrdd unrhyw beth sy'n aflan, dydy e ddim i gael ei fwyta. Rhaid ei losgi. Ond, fel arall, mae unrhyw un sydd yn lân yn seremonïol yn gallu ei fwyta. 20 Os ydy rhywun yn dal yn aflan ac yn bwyta cig yr offrwm i gydnabod daioni'r ARGLWYDD, bydd y person hwnnw yn cael ei dorri allan o gymdeithas pobl Dduw. 21 Pan fydd rhywun wedi cyffwrdd unrhyw beth aflan sy'n dod o'r corff dynol, neu gorff anifail neu ryw greadur arall, ac wedyn yn bwyta cig yr offrwm i gydnabod daioni'r ARGLWYDD, bydd y person hwnnw yn cael ei dorri allan o gymdeithas pobl Dduw."

Peidio bwyta'r gwaed a'r braster

22 Dyma'r ARGLWYDD yn dweud wrth Moses: 23 "Dwed wrth bobl Israel: Rhaid i chi beidio bwyta braster unrhyw anifail – gwartheg, defaid na geifr. 24 Os oes anifail wedi marw neu wedi cael ei ladd gan anifail gwyllt, gallwch ddefnyddio'r braster i wneud unrhyw beth, ond rhaid i chi beidio ei fwyta. 25 Os oes unrhyw un yn bwyta braster anifail sydd wedi cael ei offrymu i'r ARGLWYDD, bydd y person hwnnw yn cael ei dorri allan o gymdeithas pobl Dduw. 26 Peidiwch

bwyta gwaed unrhyw aderyn neu anifail, ble bynnag dych chi'n byw. 27 Bydd unrhyw berson
sy'n bwyta gwaed yn cael ei dorri allan o gymdeithas pobl Dduw."

Cyfran yr offeiriaid

28 Dyma'r ARGLWYDD yn dweud wrth Moses: 29 "Dwed wrth bobl Israel: Pan mae rhywun yn
cyflwyno offrwm i gydnabod daioni'r ARGLWYDD, rhaid i'r person ei hun ddod â'r offrwm i'r
ARGLWYDD. 30 Mae i ddod â'r braster a'r frest. Mae'r frest i gael ei chodi'n uchel a'i chyflwyno'n
offrwm i'w chwifio o flaen yr ARGLWYDD. 31 Bydd offeiriad yn llosgi'r braster ar yr allor, ond mae'r
offeiriaid, disgynyddion Aaron, yn cael cadw'r frest. 32-33 Rwyt i roi darn uchaf y goes ôl dde i'r
offeiriad sy'n cyflwyno gwaed a braster yr aberth. Mae e i gael cadw'r darn hwnnw. 34 Dw i'n
cymryd y frest sydd i'w chwifio a darn uchaf y goes ôl dde gan bobl Israel. Dyna'r rhannau
o'r offrwm hwn mae pobl Israel i'w rhoi bob amser i Aaron yr offeiriad a'i ddisgynyddion."

35 Ers i Moses eu cysegru nhw i wasanaethu fel offeiriaid i'r ARGLWYDD, dyna'r rhannau o'r
offrymau oedd i gael eu rhoi i Aaron a'i feibion. 36 Yr ARGLWYDD ddwedodd, pan gawson nhw
eu heneinio gan Moses, mai dyna oedd i gael ei roi iddyn nhw. Dyna beth mae pobl Israel
i fod i'w roi iddyn nhw bob amser.

37 Felly dyma'r drefn sydd i'w chadw gyda'r offrwm i'w losgi, yr offrwm o rawn, yr offrwm
i lanhau o bechod, yr offrwm i gyfaddef bai, yr offrwm ordeinio, a'r offrwm i gydnabod daioni'r
ARGLWYDD. 38 Dyma wnaeth yr ARGLWYDD ei orchymyn i Moses ar fynydd Sinai pan oedd pobl
Israel yn yr anialwch. Dyma'r offrymau oedd pobl Israel i'w cyflwyno iddo.

Ordeinio Aaron a'i feibion yn Offeiriaid

(Exodus 29:1-37)

8 Dyma'r ARGLWYDD yn dweud wrth Moses: 2 "Galw Aaron a'i feibion. Cymer eu gwisgoedd,
yr olew eneinio, y tarw ifanc i'w offrymu dros eu pechod, y ddau hwrdd, a basged o fara
wedi'i bobi heb furum. 3 Wedyn galw bobl Israel i gyd at ei gilydd o flaen y fynedfa i babell
presenoldeb Duw."

4 A dyma Moses yn gwneud fel roedd yr ARGLWYDD wedi dweud wrtho. Pan oedd pawb yno,
5 dyma Moses yn cyhoeddi, "Yr ARGLWYDD sydd wedi gorchymyn gwneud hyn."

6 A dyma fe'n galw Aaron a'i feibion i ddod ymlaen. Dyma fe'n eu golchi nhw â dŵr.
7 Wedyn dyma fe'n rhoi crys am Aaron, a'i rwymo am ei ganol gyda sash. Yna rhoi mantell yr
offeiriad amdano, a'r effod dros ei ysgwyddau, a'i glymu gyda strap wedi'i blethu. 8 Wedyn
dyma fe'n gosod y boced oedd i fynd dros y frest arno, gyda'r Wrim a'r Thwmim ynddi. 9 Ac
yn olaf dyma fe'n rhoi twrban ar ben Aaron. Ar flaen y twrban gosododd fedaliwn aur bach,
yn symbol ei fod wedi'i gysegru i wasanaethu Duw. Gwnaeth Moses bopeth fel roedd yr
ARGLWYDD wedi gorchymyn iddo.

10 Yna nesaf, dyma Moses yn cymryd yr olew eneinio a'i daenellu ar y Tabernacl a phopeth
ynddo, i'w cysegru nhw. 11 Dyma fe'n taenellu peth ar yr allor saith gwaith; taenellu peth ar
yr offer i gyd, a'r ddysgl bres fawr a'i stand. 12 Ac wedyn dyma fe'n tywallt peth o'r olew ar
ben Aaron, i'w gysegru i waith yr ARGLWYDD.

13 Yna dyma Moses yn gwisgo meibion Aaron yn eu crysau, rhwymo sash am eu canol,
a rhoi cap ar eu pennau. Gwnaeth Moses bopeth fel roedd yr ARGLWYDD wedi gorchymyn iddo.

14 Wedyn dyma Moses yn cymryd y tarw ifanc oedd i gael ei offrymu i'w glanhau o'u
pechodau, a dyma Aaron a'i feibion yn gosod eu dwylo ar ben yr anifail. 15 Ar ôl i'r tarw
gael ei ladd, dyma Moses yn cymryd peth o'r gwaed a'i roi gyda'i fys ar gyrn yr allor i'w
phuro hi. Wedyn dyma fe'n tywallt gweddill y gwaed wrth droed yr allor. Dyma sut wnaeth
e gysegru'r allor, a'i gwneud hi'n iawn i aberthu arni. 16 Yna cymerodd y braster oedd
o gwmpas perfeddion y tarw, rhan isaf yr iau, a'r ddwy aren a'r braster sydd arnyn nhw, a'u
llosgi nhw ar yr allor. 17 Wedyn dyma fe'n cymryd gweddill y tarw, ei groen, y cig a'r coluddion,
a'i losgi tu allan i'r gwersyll, yn union fel roedd yr ARGLWYDD wedi dweud.

18Nesaf, dyma Moses yn cymryd yr hwrdd oedd i'w gyflwyno'n offrwm i'w losgi, a dyma
Aaron a'i feibion yn gosod eu dwylo ar ben yr anifail. 19Ar ôl i'r hwrdd gael ei ladd, dyma
Moses yn sblasio'r gwaed o gwmpas yr allor. 20Roedd yr hwrdd wedyn yn cael ei dorri'n
ddarnau, cyn i Moses losgi'r pen a'r darnau a'r braster. 21Yna ar ôl golchi'r coluddion a'r
coesau ôl â dŵr, dyma Moses yn llosgi'r hwrdd cyfan ar yr allor. Offrwm i'w losgi oedd e, ac yn
arogli'n hyfryd i'r ARGLWYDD. Gwnaeth Moses bopeth fel roedd yr ARGLWYDD wedi gorchymyn iddo.
22Wedyn dyma Moses yn cymryd yr ail hwrdd, sef hwrdd yr ordeinio, a dyma Aaron
a'i feibion yn gosod eu dwylo ar ben yr anifail. 23Ar ôl i'r hwrdd gael ei ladd, dyma Moses yn
rhoi peth o'r gwaed ar glust dde Aaron, bawd ei law dde, a bawd ei droed dde. 24Yna dyma
fe'n gwneud yr un peth i feibion Aaron, cyn sblasio gweddill y gwaed o gwmpas yr allor.
25Yna dyma fe'n cymryd y braster – sef braster y gynffon, y braster o gwmpas y perfeddion,
rhan isaf yr iau, a'r ddwy aren a'r braster sydd arnyn nhw – a darn uchaf y goes ôl dde.
26Yna cymerodd Moses o'r fasged beth o'r bara wedi'i wneud gyda'r blawd gwenith gorau
– un dorth o fara heb furum ynddi, un dorth wedi'i socian mewn olew olewydd, ac un o'r
bisgedi. 27Yna eu gosod nhw ar ben y braster a darn uchaf y goes ôl dde, a rhoi'r cwbl yn
nwylo Aaron a'i feibion. A dyma nhw'n ei godi'n uchel a'i gyflwyno'n offrwm i'w chwifio
o flaen yr ARGLWYDD. 28Wedyn dyma Moses yn cymryd y cwbl yn ôl ac yn ei losgi ar yr allor
gyda'r offrwm sydd i'w losgi'n llwyr. Roedd hwn yn offrwm ordeinio, ac yn arogli'n hyfryd
i'r ARGLWYDD. 29Yna dyma Moses yn codi'r frest yn uchel a'i chyflwyno yn offrwm i'w chwifio
o flaen yr ARGLWYDD. Roedd Moses yn cael cadw'r rhan yma o hwrdd yr ordeinio, yn union fel
roedd yr ARGLWYDD wedi dweud wrtho.
30Yna'n olaf dyma Moses yn cymryd peth o'r olew eneinio a pheth o'r gwaed oedd ar
yr allor a'i daenellu ar Aaron a'i feibion a'u gwisgoedd. Dyna sut wnaeth e gysegru Aaron
a'i feibion a'u gwisgoedd i wasanaeth yr ARGLWYDD.
31A dyma Moses yn dweud wrth Aaron a'i feibion, "Rhaid i chi goginio cig yr hwrdd yma
wrth y fynedfa i'r Tabernacl. Yna ei fwyta gyda'r bara sydd yn y fasged sy'n dal yr offrymau
ordeinio. Mae Duw wedi dweud wrtho i mai dim ond chi sydd i fod i'w fwyta. 32Wedyn rhaid
i chi losgi'r cig a'r bara sydd ar ôl. 33Rhaid i chi aros yma wrth y fynedfa i'r Tabernacl am
saith diwrnod, nes bydd cyfnod y seremoni ordeinio drosodd. 34Dŷn ni wedi gwneud popeth
heddiw yn union fel mae'r ARGLWYDD wedi dweud, i wneud pethau'n iawn rhyngoch chi a fe.
35Nawr, mae'r ARGLWYDD wedi dweud wrtho i fod rhaid i chi aros wrth y fynedfa i'r Tabernacl
nos a dydd am saith diwrnod, neu byddwch chi'n marw." 36A dyma Aaron a'i feibion yn
gwneud popeth roedd yr ARGLWYDD wedi'i orchymyn drwy Moses.

Yr offeiriaid yn dechrau ar eu gwaith

9 Wythnos wedyn, pan oedd y seremoni ordeinio drosodd, dyma Moses yn galw Aaron
a'i feibion ac arweinwyr Israel at ei gilydd. 2A dyma fe'n dweud wrth Aaron, "Cymer
fustach ifanc a hwrdd sydd â dim byd o'i le arnyn nhw. Offryma'r bustach i'r ARGLWYDD fel
offrwm i lanhau o bechod, a'r hwrdd fel offrwm i'w losgi." 3Yna dywed wrth bobl Israel,
"Cymerwch fwch gafr yn offrwm i lanhau o bechod, llo blwydd oed ac oen heb ddim byd o'i le
arnyn nhw yn offrwm i'w losgi, 4a bustach a hwrdd yn offrwm i gydnabod daioni'r ARGLWYDD.
Mae'r rhain i gael eu haberthu gydag offrwm o rawn wedi'i gymysgu gydag olew olewydd.
Gwnewch hyn am fod yr ARGLWYDD yn mynd i ddod i'r golwg heddiw."
5Felly dyma nhw'n dod â'r cwbl oedd Moses wedi'i ddweud o flaen y Tabernacl. A dyma'r
bobl i gyd yn sefyll yno o flaen yr ARGLWYDD. 6A dyma Moses yn dweud, "Yr ARGLWYDD sydd wedi
dweud wrthoch chi am wneud hyn, i chi gael gweld ei ysblander e." 7Wedyn dyma Moses
yn dweud wrth Aaron, "Dos at yr allor a mynd drwy'r ddefod o gyflwyno'r offrwm i lanhau
o bechod a'r offrwm i'w losgi. Cyflwyna nhw i wneud pethau'n iawn rhyngot ti a Duw a rhwng
dy bobl a Duw. Gwna yn union beth mae'r ARGLWYDD wedi dweud."
8Felly dyma Aaron yn mynd at yr allor ac yn lladd y llo yn offrwm dros ei bechod ei hun.
9Wedyn dyma'i feibion yn cyflwyno'r gwaed iddo. Dyma Aaron yn rhoi ei fys yn y gwaed, ac

yn ei roi ar gyrn yr allor. Wedyn dyma fe'n tywallt gweddill y gwaed wrth droed yr allor. 10Yna
llosgi'r braster, yr arennau a rhan isaf yr iau ar yr allor, yn union fel roedd yr ARGLWYDD wedi
dweud wrth Moses. 11Wedyn dyma fe'n llosgi'r croen a'r cig tu allan i'r gwersyll.
12Dyma fe'n lladd yr offrwm i'w losgi nesaf. A dyma'i feibion yn cyflwyno'r gwaed iddo,
a dyma Aaron yn ei sblasio o gwmpas yr allor. 13Roedden nhw wedi cyflwyno'r anifail iddo
bob yn ddarn, gan gynnwys y pen, ac roedd wedi llosgi'r cwbl ar yr allor. 14Dyma fe'n golchi'r
coluddion a'r coesau ôl, ac wedyn eu llosgi nhw ar ben gweddill yr offrwm ar yr allor.
15Wedyn dyma Aaron yn cyflwyno offrymau'r bobl. Cymerodd y bwch gafr oedd yn offrwm
i lanhau'r bobl o'u pechod, ei ladd, a mynd drwy'r un ddefod o buro ag o'r blaen. 16Wedyn
dyma fe'n cyflwyno'r offrwm i'w losgi, gan ddilyn y ddefod arferol wrth wneud hynny. 17Wedyn
yr offrwm o rawn. Cymerodd lond llaw ohono a'i losgi ar yr allor gyda'r offrwm oedd i'w
losgi yn y bore.
18Ar ôl hynny, dyma fe'n lladd y bustach a'r hwrdd yn offrwm i gydnabod daioni'r ARGLWYDD.
Dyma feibion Aaron yn cyflwyno'r gwaed iddo, a dyma fe'n sblasio'r gwaed o gwmpas yr
allor. 19Wedyn cymerodd fraster y bustach a'r hwrdd – braster y gynffon, y braster o gwmpas
y perfeddion, y ddwy aren a'r braster sydd arnyn nhw, a rhan isaf yr iau. 20A dyma fe'n gosod
y rhain ar ben y brestiau, ac yna'n llosgi'r braster i gyd ar yr allor. 21Wedyn dyma Aaron yn
codi'r brestiau a rhan uchaf y goes ôl, ac yn eu cyflwyno yn offrwm i'w chwifio o flaen yr
ARGLWYDD. Gwnaeth yn union fel roedd Moses wedi dweud.
22Wedyn dyma Aaron yn troi at y bobl ac yn codi ei ddwylo a'u bendithio nhw. Ar ôl gorffen
cyflwyno'r offrymau i gyd, daeth i lawr o'r allor, 23ac yna mynd gyda Moses i mewn i babell
presenoldeb Duw. Pan ddaethon nhw allan, dyma nhw'n bendithio'r bobl, a dyma'r bobl
i gyd yn gweld ysblander yr ARGLWYDD. 24Yna dyma'r ARGLWYDD yn anfon tân i losgi popeth
oedd ar yr allor. Pan welodd pawb hyn, dyma nhw'n gweiddi'n llawen ac yn plygu'n isel a'u
hwynebau ar lawr.

Nadab ac Abihw yn pechu

10 Dyma feibion Aaron, sef Nadab ac Abihw, yn gwneud rhywbeth wnaeth yr ARGLWYDD
ddim ei orchymyn. Dyma'r ddau yn cymryd padell dân bob un, rhoi tân arnyn nhw,
a llosgi arogldarth. Ond roedden nhw wedi defnyddio tân ddaeth o rywle arall o flaen yr ARGLWYDD.
2A dyma'r ARGLWYDD yn anfon tân i'w llosgi nhw, a buon nhw farw yno o flaen yr ARGLWYDD.
3A dyma Moses yn dweud wrth Aaron, "Dyma oedd yr ARGLWYDD yn ei olygu pan ddwedodd e:

> 'Dw i am i'r offeiriaid ddangos fy mod i'n sanctaidd,
> a dw i am i'r bobl weld fy ysblander i.' "

Roedd Aaron yn methu dweud gair.
4Yna dyma Moses yn anfon am Mishael ac Eltsaffan (meibion Wssiel, oedd yn ewythr
i Aaron). A dyma fe'n dweud wrthyn nhw, "Ewch â dau gorff eich perthnasau allan o'r gwersyll,
yn bell oddi wrth y fynedfa i'r Tabernacl." 5Felly dyma nhw'n llusgo'r ddau allan gerfydd eu
dillad, fel roedd Moses wedi dweud.
6A dyma Moses yn dweud wrth Aaron a'i ddau fab arall, Eleasar ac Ithamar, "Peidiwch
galaru drwy adael i'ch gwallt hongian yn flêr, a drwy rwygo eich dillad. Os gwnewch chi,
byddwch chi'n marw, a bydd yr ARGLWYDD yn ddig gyda'r bobl i gyd. Ond bydd pawb arall
o bobl Israel yn galaru am y dynion wnaeth yr ARGLWYDD eu lladd gyda'r tân. 7Rhaid i chi
beidio mynd allan o'r Tabernacl rhag i chi farw, am eich bod wedi cael eich eneinio ag olew
i wasanaethu'r ARGLWYDD." A dyma nhw'n gwneud fel roedd Moses yn dweud.

Rheolau i'r Offeiriaid

8A dyma'r ARGLWYDD yn dweud wrth Aaron: 9"Rhaid i ti a dy ddisgynyddion beidio yfed gwin
neu ddiod feddwol cyn mynd i mewn i'r Tabernacl, rhag i chi farw. Fydd y rheol yma byth yn

newid. 10 Rhaid i chi fedru gwahaniaethu rhwng beth sy'n gysegredig a beth sy'n gyffredin,
a rhwng beth sy'n aflan a beth sy'n lân. 11 A rhaid i chi ddysgu i bobl Israel y rheolau mae'r
ARGLWYDD wedi'u rhoi iddyn nhw drwy Moses."
12 Wedyn dyma Moses yn siarad gydag Aaron a'r ddau fab oedd ganddo ar ôl, sef Eleasar
ac Ithamar: "Cymerwch yr offrwm grawn sydd ar ôl, a bwyta'r hyn sydd heb furum ynddo wrth
ymyl yr allor. Mae'n gysegredig iawn. 13 Rhaid ei fwyta mewn lle sydd wedi'i gysegru. Eich siâr
chi a'ch disgynyddion ydy e. Dyna mae'r ARGLWYDD wedi'i ddweud. 14 Ond gyda'r frest sy'n
cael ei chwifio a darn uchaf y goes ôl dde sy'n cael eu rhoi i chi, cewch chi a'ch meibion a'ch
merched eu bwyta yn unrhyw le sydd wedi cael ei gysegru. Y darnau yma ydy'ch siâr chi o'r
offrymau i gydnabod daioni'r ARGLWYDD. 15 Dyma'r darnau sy'n cael eu rhoi, gyda'r braster
sydd i'w losgi, yn offrwm i'w chwifio o flaen yr ARGLWYDD. Dyma'ch siâr chi a'ch plant bob
amser. Dyna mae'r ARGLWYDD wedi'i ddweud."
16 Buodd Moses yn edrych ym mhobman am fwch gafr yr offrwm i lanhau o bechod, ond
darganfyddodd ei fod wedi cael ei losgi. Roedd e wedi digio gydag Eleasar ac Ithamar (y ddau
fab oedd gan Aaron ar ôl). 17 "Pam wnaethoch chi ddim bwyta'r offrwm i lanhau o bechod yn y lle
sydd wedi'i gysegru? Mae'r offrwm yn gysegredig iawn, ac mae Duw wedi'i roi i chi i dalu am
ddrygioni'r bobl ac i wneud pethau'n iawn rhyngddyn nhw a'r ARGLWYDD. 18 Wnaeth y gwaed ddim
cael ei gymryd i'r Lle Mwyaf Sanctaidd, felly dylech fod wedi'i fwyta yn y cysegr fel y dwedais i."
19 Ond dyma Aaron yn ateb Moses, "Meddylia. Heddiw roedd dau o'm meibion i wedi offrymu'r
offrwm i lanhau o bechod a'r offrwm sydd i'w losgi, ac eto meddylia beth sydd wedi digwydd!
Fyddai'r ARGLWYDD wedi bod yn hapus petawn i wedi bwyta'r offrwm i lanhau o bechod heddiw?"
20 Ar ôl clywed esboniad Aaron, roedd Moses yn fodlon.

Anifeiliaid sy'n iawn i'w bwyta

(Deuteronomium 14:3-21)

11 Dyma'r ARGLWYDD yn dweud wrth Moses ac Aaron: 2 "Dwed wrth bobl Israel:
"Dyma pa anifeiliaid gewch chi fwyta: 3 Unrhyw anifail sydd â charn fforchog
(wedi'i rhannu'n ddwy), ac sy'n cnoi cil. 4-6 Ond peidiwch bwyta'r anifeiliaid sydd ddim ond
yn cnoi cil neu sydd ddim ond â charn fforchog. Mae unrhyw anifail sy'n cnoi cil ond heb
garn fforchog i'w ystyried yn aflan – er enghraifft y camel, broch y creigiau, a'r ysgyfarnog.
7 Peidiwch bwyta moch – mae ganddyn nhw garn fforchog, ond dŷn nhw ddim yn cnoi cil.
Felly maen nhw hefyd i'w hystyried yn aflan. 8 Peidiwch bwyta cig yr anifeiliaid yma. Peidiwch
hyd yn oed cyffwrdd y carcas. Maen nhw i'w hystyried yn aflan.
9 "Cewch fwyta unrhyw greaduriaid sy'n byw yn y dŵr sydd ag esgyll a chennau arnyn nhw
hefyd. Sdim ots os ydyn nhw'n byw yn y môr neu mewn afon. 10-12 Ond mae unrhyw greaduriaid
sy'n heigio yn y dŵr ac sydd heb esgyll a chennau arnyn nhw i'w hystyried yn aflan. Peidiwch
bwyta eu cig nhw na cyffwrdd un sydd wedi marw.
13-19 "Dyma restr o adar sydd i'w hystyried yn aflan, ac felly ddim i gael eu bwyta: gwahanol
fathau o fwltur, barcud a boda, unrhyw fath o frân, gwahanol fathau o dylluan, pob math
o hebog, y fulfran, gwalch y pysgod, y storc, unrhyw fath o grëyr, y copog, a'r ystlum hefyd.
20-23 "Mae unrhyw bryfed sy'n hedfan ac yn gwibio o gwmpas i'w hystyried yn aflan. Ond
cewch fwyta'r pryfed hyn (sydd â choesau cymalog ac yn gallu neidio): pob math o locust,
ceiliog rhedyn, cricedyn a sioncyn y gwair.
24-28 "Peidiwch cyffwrdd corff marw unrhyw anifail sydd â charn fforchog ond sydd ddim
yn cnoi cil. Hefyd anifeiliaid sydd â phawennau. Byddan nhw'n eich gwneud chi'n aflan am
weddill y dydd. A pheidiwch pigo'r corff i fyny. Os gwnewch chi, rhaid i chi olchi'ch dillad,
a byddwch yn aflan am weddill y dydd.
29-32 "Mae'r creaduriaid yma i'w hystyried yn aflan iawn: y llygoden fawr, llygoden a madfall
o unrhyw fath. Bydd rhywun sy'n cyffwrdd corff marw unrhyw un ohonyn nhw yn aflan am weddill
y dydd. Ac mae beth bynnag maen nhw'n syrthio arno pan maen nhw'n marw yn aflan – llestr pren,
dilledyn, unrhyw beth wedi'i wneud o ledr, sachliain, neu unrhyw declyn i wneud gwaith ag e. Beth

bynnag ydy e, rhaid ei olchi mewn dŵr, a bydd yn aflan am weddill y dydd. Ar ôl hynny bydd e'n
iawn i'w ddefnyddio eto. 33 Os bydd corff unrhyw un ohonyn nhw'n cael ei ddarganfod mewn llestr
pridd, rhaid torri'r llestr, a bydd popeth oedd ynddo yn aflan. 34 Os oes dŵr o'r llestr yn mynd ar fwyd,
bydd y bwyd yn aflan. Ac os oedd diod yn y llestr, bydd hwnnw'n aflan. 35 Bydd beth bynnag mae
corff marw un o'r creaduriaid yna yn ei gyffwrdd yn aflan. Os mai popty pridd neu stôf ydy e, rhaid
ei falu. 36 Mae unrhyw ffynnon neu bydew i ddal dŵr yn dal yn lân. Ond bydd pwy bynnag sy'n
cyffwrdd corff y creadur yn aflan. 37 Os ydy'r corff yn cael ei ddarganfod ar had sydd i'w hau, bydd yr
had yn aros yn lân. 38 Ond os ydy'r had wedi cael ei socian mewn dŵr, bydd yn aflan.
39 "Os ydy anifail sy'n iawn i'w fwyta yn marw, a rhywun yn cyffwrdd y corff, bydd yn aflan
am weddill y dydd. 40 Mae pwy bynnag sy'n bwyta peth o'i gig neu'n cario'r corff i ffwrdd yn
aflan. Rhaid iddo olchi ei ddillad, ond mae'n dal yn aflan am weddill y dydd.
41-43 "Mae'r creaduriaid bach sy'n llusgo ar lawr ar eu boliau, neu sydd â nifer fawr o goesau,
i'w hystyried yn aflan. Peidiwch bwyta nhw, neu byddwch chi'n gwneud eich hunain yn ffiaidd
ac yn aflan. 44 Fi ydy'r ARGLWYDD eich Duw chi. Rhaid i chi gysegru'ch hunain yn llwyr i mi,
a bod yn sanctaidd am fy mod i'n sanctaidd. Peidiwch gwneud eich hunain yn ffiaidd drwy
fwyta un o'r creaduriaid aflan yma. 45 Fi ydy'r ARGLWYDD wnaeth eich achub chi o wlad yr Aifft
i fod yn Dduw i chi. Rhaid i chi fod yn sanctaidd, am fy mod i yn sanctaidd.
46 "Dyma'r rheolau am anifeiliaid, adar, pysgod a chreaduriaid eraill – 47 beth sy'n iawn
i'w fwyta a beth sydd ddim."

Puro gwraig ar ôl iddi eni plentyn

12 Dyma'r ARGLWYDD yn dweud wrth Moses: 2 "Dwed wrth bobl Israel: Pan mae gwraig yn
cael babi, os mai bachgen ydy'r babi, bydd hi'n aflan am saith diwrnod (fel gyda'r
misglwyf). 3 Pan mae'r bachgen yn wythnos oed, rhaid iddo fynd drwy'r ddefod o gael ei
enwaedu, sef torri blaengroen ei bidyn i ffwrdd. 4 Fydd y wraig ddim yn hollol lân am dri deg tri
diwrnod arall. Felly yn ystod y cyfnod yma o gael ei glanhau, ddylai hi ddim cyffwrdd unrhyw
beth cysegredig na mynd i'r cysegr i addoli. 5 Os mai merch ydy'r babi, bydd y fam yn aflan am
bythefnos (fel gyda'r misglwyf). A fydd hi ddim yn hollol lân am chwe deg chwech diwrnod arall.
6 "Pan fydd y fam wedi gorffen y cyfnod o gael ei glanhau, rhaid iddi ddod at fynedfa'r
Tabernacl, a chyflwyno oen sy'n flwydd oed yn offrwm i'w losgi a cholomen neu durtur yn
offrwm i lanhau o bechod. 7 Bydd yr offeiriad yn eu cyflwyno i'r ARGLWYDD ac yn gwneud
pethau'n iawn rhyngddi hi a Duw. Dyma sydd i ddigwydd pan fydd bachgen neu ferch yn
cael eu geni. 8 Os ydy'r wraig ddim yn gallu fforddio oen, mae hi'n gallu cyflwyno dwy durtur
neu ddwy golomen. Un yn offrwm i'w losgi a'r llall yn offrwm i lanhau o bechod. Bydd yr
offeiriad yn gwneud pethau'n iawn rhyngddi hi a Duw, a bydd hi'n lân."

Clefyd ar y croen

13 Dyma'r ARGLWYDD yn dweud wrth Moses ac Aaron, 2 "Pan fydd gan rywun chwydd neu rash
neu smotyn wedi troi'n llidiog ar y croen, gall fod yn arwydd o glefyd heintus. Rhaid mynd
â'r person hwnnw at offeiriad, sef Aaron neu un o'i ddisgynyddion. 3 Rhaid i'r offeiriad archwilio'r
briw. Os ydy'r blew lle mae'r drwg wedi troi'n wyn a bod y drwg i'w weld yn ddyfnach na'r croen,
mae'n glefyd heintus. Rhaid i'r offeiriad ddatgan fod y person hwnnw yn aflan.
4 "Ond os ydy'r smotyn yn wyn, a ddim dyfnach na'r croen, a'r blew heb droi'n wyn, bydd yr
offeiriad yn dweud fod y person i aros ar wahân i bawb arall am saith diwrnod. 5 Os bydd y drwg
ddim gwaeth a heb ledu, bydd yr offeiriad yn dweud wrth y person am aros ar wahân am saith
diwrnod arall. 6 Wedyn, os fydd e wedi gwella ychydig, a heb ledu, bydd yr offeiriad yn datgan
fod y person hwnnw yn lân. Dim ond rash ydy e. Rhaid iddo olchi ei ddillad a bydd yn lân.
7 "Os bydd y rash yn dod yn ôl ac yn ymledu wedyn, rhaid mynd at yr offeiriad eto. 8 Bydd
yr offeiriad yn ei archwilio, ac os ydy'r rash wedi lledu, bydd yr offeiriad yn datgan ei fod yn
aflan. Mae'n glefyd heintus.

9“Pan fydd gan rywun afiechyd ar y croen, rhaid mynd â'r person hwnnw at yr offeiriad
10i'w archwilio. Os ydy'r smotyn yn wyn, y briw wedi casglu, a'r blew wedi troi'n wyn, 11mae'n
afiechyd parhaol ar y croen, ac mae'r offeiriad i ddatgan fod y person hwnnw'n aflan. Waeth
heb ei gadw ar wahân am gyfnod. Mae e'n aflan. 12-13Ond os ydy'r afiechyd wedi lledu'n
sydyn dros y corff i gyd, a'r offeiriad yn gallu gweld dim byd ond croen sych gwyn ar ôl, mae'r
offeiriad i ddatgan fod y person hwnnw'n lân. 14-15Ond os oes briwiau wedi casglu yn dod i'r
golwg eto, mae'r person yn aflan. Mae'r offeiriad i'w archwilio a chyhoeddi ei fod yn aflan.
Mae'n glefyd heintus.

16-17“Ond wedyn, os ydy'r drwg yn diflannu a chroen sych yn dod yn ei le, rhaid iddo fynd
at yr offeiriad i gael ei archwilio, a bydd yr offeiriad yn datgan ei fod yn lân.

18-19“Os ydy rhywun wedi bod â chwydd oedd wedi casglu, a hwnnw wedi gwella, ac wedyn
mae chwydd gwyn neu smotyn coch yn codi yn yr un lle, rhaid mynd i'w ddangos i'r offeiriad.
20Rhaid i'r offeiriad archwilio'r briw. Os ydy'r drwg i'w weld yn ddyfnach na'r croen, a'r blew
lle mae'r drwg wedi troi'n wyn, rhaid i'r offeiriad ddatgan fod y person hwnnw yn aflan.
Mae'n glefyd heintus sydd wedi torri allan ble roedd y chwydd gwreiddiol. 21Ond os ydy'r
blew ddim wedi troi'n wyn, ac os ydy'r drwg ddim dyfnach na'r croen, a'i fod yn edrych fel
petai wedi gwella ychydig, bydd yr offeiriad yn dweud fod y person i aros ar wahân i bawb
am saith diwrnod.

22“Os bydd y drwg yn lledu yn y cyfnod yma, mae'r offeiriad i ddatgan fod y person
hwnnw'n aflan. 23Ond os fydd e ddim yn lledu, a dim byd ond croen sych gwyn ar ôl, mae'r
offeiriad i ddatgan ei fod yn lân.

24“Pan mae rhywun wedi llosgi ei hun, ac mae'r cnawd ble mae'r llosg wedi troi'n goch
neu'n smotyn gwyn, 25rhaid i'r offeiriad ei archwilio. Os ydy'r blew lle mae'r drwg wedi troi'n
wyn a bod y drwg i'w weld yn ddyfnach na'r croen, mae'n glefyd heintus. Mae wedi torri
allan o'r llosg, a rhaid i'r offeiriad ddatgan fod y person hwnnw yn aflan. 26Ond os ydy'r blew
ddim wedi troi'n wyn, ac os ydy'r drwg ddim dyfnach na'r croen ac fel petai'n gwella ychydig,
bydd yr offeiriad yn dweud fod y person i aros ar wahân i bawb arall am saith diwrnod. 27Bydd
yr offeiriad yn ei archwilio eto ar y seithfed dydd. Os ydy'r drwg yn lledu, rhaid i'r offeiriad
ddatgan fod y person hwnnw'n aflan. Mae'n glefyd heintus. 28Os ydy'r drwg ddim gwaeth
a heb ledu, ac fel petai'n gwella ychydig, dim ond chwydd o ganlyniad i'r llosg ydy e. Bydd
yr offeiriad yn datgan ei fod yn lân, am mai dim ond craith sy'n ganlyniad i'r llosg ydy e.

29“Os oes gan rywun friw wedi troi'n ddrwg ar y pen neu'r ên, 30rhaid i'r offeiriad ei
archwilio. Os ydy'r drwg i'w weld yn ddyfnach na'r croen, a'r blew yn y drwg yn felyn ac yn
denau, rhaid i'r offeiriad ddatgan fod y person hwnnw'n aflan. Ffafws ydy e, clefyd heintus ar
y pen neu'r ên. 31Ond os ydy'r drwg ddim dyfnach na'r croen, a'r blew yn dal yn iach, bydd
yr offeiriad yn dweud fod y person i aros ar wahân i bawb arall am saith diwrnod. 32Os fydd
e heb ledu ar ôl saith diwrnod, a dim blew melyn ynddo, ac yn dal i'w weld ddim dyfnach
na'r croen, 33rhaid i'r person siafio. Ond rhaid peidio siafio lle mae'r briw. Bydd yr offeiriad
yn dweud fod y person i aros ar wahân i bawb arall am saith diwrnod eto. 34Os fydd e heb
ledu erbyn hynny, ac yn dal i'w weld ddim dyfnach na'r croen, bydd yr offeiriad yn datgan
fod y person hwnnw yn lân. Rhaid iddo olchi ei ddillad, a bydd yn lân. 35Ond os ydy'r drwg
yn lledu ar ôl i'r offeiriad ddatgan ei fod yn lân, 36rhaid i'r offeiriad ei archwilio eto. Os
ydy'r drwg wedi lledu, does dim rhaid edrych am flew melyn, mae e'n aflan. 37Ond os ydy'r
offeiriad yn meddwl ei fod heb ledu, ac os oes blew du wedi tyfu ynddo, mae wedi gwella.
Mae'r person yn lân, a rhaid i'r offeiriad ddatgan ei fod yn lân.

38“Os oes gan ddyn neu ddynes smotiau wedi troi'n llidiog ar y croen, smotiau gwyn,
39rhaid i offeiriad eu harchwilio. Os ydy'r smotiau'n lliw gwelw, dim ond rash ydy e. Mae'r
person yn lân.

40-41“Os ydy dyn yn colli ei wallt o dop ei ben neu ar ei dalcen, dim ond moelni ydy e. Mae
e'n lân. 42Ond os oes smotyn wedi troi'n goch neu'n wyn ar y darn moel, mae'n glefyd heintus
sy'n lledu. 43Rhaid i'r offeiriad ei archwilio. Os ydy'r chwydd ar ei ben yn goch a gwyn, ac

yn edrych fel clefyd heintus ar y corff, 44 rhaid i'r offeiriad ddatgan fod y dyn yn aflan. Mae
ganddo glefyd heintus ar ei ben.
45 "Rhaid i unrhyw un sydd â clefyd heintus ar y croen rwygo'i ddillad. Rhaid iddo adael
i'w wallt hongian yn flêr, cuddio hanner isaf ei wyneb, a gweiddi 'Dw i'n aflan! Dw i'n
aflan!' 46 Bydd yn aflan tra mae'r afiechyd arno, a rhaid iddo fyw ar wahân i bawb, y tu allan
i'r gwersyll.

Llwydni

47-49 "Os oes llwydni gwyrdd neu goch wedi ymddangos ar unrhyw ddilledyn (lliain neu wlân),
neu ar unrhyw beth wedi'i wneud o ledr, rhaid ei ddangos i'r offeiriad. 50 Bydd yr offeiriad
yn ei archwilio, ac wedyn yn ei osod o'r neilltu am saith diwrnod. 51-52 Os bydd y llwydni wedi
lledu ar ôl saith diwrnod, mae'r eitem wedi'i difetha ac mae'n aflan. Beth bynnag oedd ei
phwrpas, rhaid iddi gael ei llosgi.
53 "Ond os ydy'r offeiriad yn gweld fod y llwydni heb ledu, 54 rhaid golchi'r eitem, ac wedyn
ei gosod o'r neilltu am saith diwrnod arall. 55 Wedyn bydd yr offeiriad yn ei harchwilio eto. Os
ydy'r marc yn dal i edrych yr un fath, mae'r eitem yn aflan – hyd yn oed os nad ydy'r llwydni
wedi lledu. Rhaid llosgi'r eitem, sdim ots os ydy'r marc ar y tu allan neu ar y tu mewn. 56 Ond
os ydy'r marc ddim mor amlwg ar ôl iddo gael ei olchi, rhaid torri'r darn hwnnw i ffwrdd. 57 Ond
wedyn, os ydy'r llwydni'n dod yn ôl, rhaid llosgi'r dilledyn neu beth bynnag oedd yr eitem o ledr.
58 Os ydy'r marc wedi diflannu'n llwyr ar ôl cael ei olchi, dylid ei olchi eto ac wedyn bydd yn lân.
59 "Dyma'r drefn wrth benderfynu os ydy dilledyn, neu unrhyw beth wedi'i wneud o ledr,
yn lân neu'n aflan pan mae llwydni wedi ymddangos arno."

Y seremoni ar ôl i rywun wella o glefyd heintus

14 Dyma'r ARGLWYDD yn dweud wrth Moses: 2 "Dyma'r drefn pan mae rhywun wedi gwella
o glefyd heintus ar y croen:
"Rhaid mynd â'r mater at yr offeiriad. 3 Bydd yr offeiriad yn mynd allan o'r gwersyll i'w
archwilio. Os ydy'r afiechyd wedi gwella, 4 bydd yr offeiriad yn dweud wrth y person am fynd
â dau aderyn byw i'w haberthu, darn o bren cedrwydd, edau goch, a brigau o isop. 5 Wedyn
bydd yr offeiriad yn dweud wrtho am ladd un o'r adar uwchben potyn pridd sydd â dŵr glân
ynddo. 6 Wedyn rhaid iddo gymryd yr aderyn sy'n dal yn fyw, y darn o bren cedrwydd, yr edau
goch a'r brigau o isop, a'u trochi nhw i gyd yng ngwaed yr aderyn gafodd ei ladd. 7 Wedyn
bydd yn taenellu peth o'r gwaed saith gwaith ar y person sydd wedi gwella o'r clefyd heintus.
Yna bydd yn cyhoeddi fod y person yn lân, ac yn gadael i'r aderyn hedfan i ffwrdd.
8 "Nesaf, rhaid i'r person sydd wedi gwella o'r afiechyd olchi ei ddillad, siafio'i gorff i gyd,
ac ymolchi mewn bath. Wedyn bydd yn lân. Bydd yn gallu mynd i mewn i'r gwersyll, ond
ddim yn cael mynd i fyw i'w babell am saith diwrnod. 9 Ar ôl hynny bydd yn siafio eto – ei
ben, ei farf, ei aeliau, a gweddill ei gorff. Yna'n olaf bydd yn golchi ei ddillad eto, cymryd
bath arall, a bydd e'n gwbl lân.
10 "Y diwrnod wedyn, mae i fynd â dau oen gwryw ac oen banw blwydd oed, sydd â dim byd
o'i le arnyn nhw, at yr offeiriad. Hefyd tri cilogram o'r blawd gwenith gorau wedi'i gymysgu
gydag olew olewydd, ac un rhan o dair o litr o olew olewydd. 11 Bydd yr offeiriad sy'n arwain
y ddefod glanhau yn mynd â'r person a'i offrwm o flaen yr ARGLWYDD at fynedfa'r Tabernacl.
12 Yno, bydd yr offeiriad yn aberthu un o'r ŵyn yn offrwm i gyfaddef bai. Bydd yn ei gymryd
gyda'r olew olewydd ac yn eu codi nhw'n uchel i'w cyflwyno'n offrwm i'w chwifio o flaen
yr ARGLWYDD. 13 Mae'r oen i gael ei ladd yn yr un lle ag mae'r offrwm i lanhau o bechod a'r
offrwm i'w losgi yn cael eu lladd. Yr offeiriad sydd biau fe, fel gyda'r offrwm i lanhau o bechod.
Mae'n gysegredig iawn.
14 "Mae'r offeiriad wedyn i gymryd peth o waed yr offrwm i gyfaddef bai, a'i roi ar waelod
clust dde'r person sy'n cael ei lanhau, a hefyd ar fawd ei law dde a bawd ei droed dde.

15Wedyn mae'r offeiriad i gymryd peth o'r olew olewydd a'i dywallt i gledr ei law ei hun.
16Yna rhoi bys ei law dde yn yr olew sydd yn ei law chwith, a'i daenellu saith gwaith o flaen
yr ARGLWYDD. 17Wedyn mae i gymryd peth o'r olew sydd ar ôl yn ei law a'i roi ar waelod clust
dde'r person sy'n cael ei lanhau, a hefyd ar fawd ei law dde a bawd ei droed dde. Mae'r olew
i gael ei roi ar ben y gwaed gafodd ei roi arnyn nhw. 18Wedyn mae i roi gweddill yr olew sydd
yn ei law ar ben y person sy'n cael ei lanhau. Wedyn bydd yr offeiriad yn gwneud pethau'n
iawn rhyngddo a Duw: 19bydd yn cyflwyno'r offrwm i lanhau o bechod, i wneud pethau'n
iawn rhwng y person a Duw a'i lanhau o'r cyflwr aflan roedd wedi bod ynddo. Yna bydd
yr offeiriad yn lladd yr offrwm sydd i'w losgi. 20Bydd yn cyflwyno'r offrwm sydd i'w losgi
a'r offrwm o rawn ar yr allor. Dyna sut bydd yr offeiriad yn gwneud pethau'n iawn rhwng
y person a Duw, a bydd e'n lân.

21"Os ydy rhywun ddim yn gallu fforddio hyn i gyd, mae i gymryd un oen gwryw yn offrwm
i gyfaddef bai sydd i'w godi'n uchel. Bydd yn gwneud pethau'n iawn rhyngddo a Duw. Hefyd,
un rhan o dair o litr o olew olewydd a cilogram o'r blawd gwenith gorau wedi'i gymysgu gydag
olew yn offrwm o rawn. 22Hefyd, dwy durtur neu ddwy golomen – un yn offrwm i lanhau
o bechod a'r llall yn offrwm i'w losgi. 23Dylai fynd â nhw at yr offeiriad ar yr wythfed diwrnod,
ar gyfer y ddefod i gael ei lanhau. Mae i fynd â nhw at fynedfa'r Tabernacl, o flaen yr ARGLWYDD.

24"Bydd yr offeiriad yn cymryd yr oen sy'n offrwm i gyfaddef bai, gyda'r olew olewydd, ac yn
eu codi nhw'n uchel yn offrwm i'w chwifio o flaen yr ARGLWYDD. 25Mae'r oen i gael ei ladd fel
offrwm i gyfaddef bai. Mae'r offeiriad i gymryd peth o waed yr offrwm a'i roi ar waelod clust
dde'r person sy'n cael ei lanhau, a hefyd ar fawd ei law dde a bawd ei droed dde. 26Wedyn
mae'r offeiriad i dywallt peth o'r olew olewydd i gledr ei law chwith. 27Yna gyda bys ei law
dde, mae i daenellu peth o'r olew sydd yn ei law chwith saith gwaith o flaen yr ARGLWYDD.
28Wedyn mae i gymryd peth o'r olew sydd yn ei law a'i roi ar waelod clust dde'r person sy'n
cael ei lanhau, a hefyd ar fawd ei law dde a bawd ei droed dde. Mae'r olew i gael ei roi ar
ben y gwaed gafodd ei roi arnyn nhw. 29Wedyn mae i roi gweddill yr olew sydd yn ei law ar
ben y person sy'n cael ei lanhau, i wneud pethau'n iawn rhyngddo a Duw.

30"Wedyn mae i gymryd y turturod neu'r colomennod ifanc (beth bynnag mae'n gallu ei
fforddio). 31Mae un i'w gyflwyno'n offrwm i lanhau o bechod, a'r llall yn offrwm i'w losgi'n
llwyr gyda'r offrwm o rawn. Dyna sut bydd yr offeiriad yn gwneud pethau'n iawn rhwng
y person sy'n cael ei lanhau a Duw. 32Dyna'r drefn ar gyfer rhywun sydd wedi bod â clefyd
heintus ar y croen, ond sy'n methu fforddio'r offrymau ar gyfer y ddefod glanhau."

Tyfiant ffyngaidd mewn tŷ

33Dyma'r ARGLWYDD yn dweud wrth Moses ac Aaron:

34"Pan fyddwch chi wedi cyrraedd gwlad Canaan, sef y wlad dw i'n ei rhoi i chi, dyma beth
sydd rhaid ei wneud os bydd tyfiant ffyngaidd yn un o'r tai: 35Mae perchennog y tŷ i fynd
at yr offeiriad, a dweud, 'Mae'n edrych fel petai rhyw dyfiant fel ffwng yn fy nhŷ i.' 36Bydd
yr offeiriad yn dweud fod rhaid gwagio'r tŷ cyn iddo fynd yno i'w archwilio, rhag i bopeth
yn y tŷ gael ei wneud yn aflan. Wedyn bydd yr offeiriad yn mynd yno i archwilio'r tŷ. 37Os
bydd e'n darganfod tyfiant gwyrdd neu goch ar y waliau sy'n ddyfnach na'r wyneb, 38mae'r
offeiriad i fynd allan o'r tŷ a'i gau am saith diwrnod. 39Wedyn bydd yr offeiriad yn mynd yn ôl
mewn wythnos i archwilio'r tŷ eto. Os ydy'r tyfiant wedi lledu ar waliau'r tŷ, 40mae'r offeiriad
i orchymyn fod y cerrig oedd â'r tyfiant arnyn nhw i gael eu tynnu allan o'r waliau a'u taflu
i le aflan tu allan i'r dre. 41Wedyn bydd yn trefnu i'r plastr ar y waliau gael ei grafu i ffwrdd
i gyd. Bydd y plastr hefyd yn cael ei daflu i le aflan tu allan i'r dre. 42Wedyn bydd y waliau'n
cael eu trwsio gyda cherrig newydd, a bydd y tŷ yn cael ei ailblastro.

43"Os bydd y tyfiant yn ailymddangos ar ôl cael gwared â'r cerrig, trwsio'r waliau ac
ailblastro'r tŷ, 44mae'r offeiriad i fynd yn ôl i archwilio'r tŷ eto. Os bydd y tyfiant wedi lledu,
mae'n broblem barhaol. Rhaid ystyried y tŷ yn aflan. 45Bydd rhaid i'r tŷ gael ei dynnu i lawr,
a bydd rhaid i'r cerrig, y coed, a'r plastr i gyd gael eu taflu mewn lle aflan tu allan i'r dre.

46Bydd pawb aeth i mewn i'r tŷ pan oedd wedi'i gau, yn aflan am weddill y dydd. 47A rhaid
i bawb fuodd yn cysgu neu'n bwyta yn y tŷ olchi eu dillad.
48"Ond os ydy'r offeiriad yn darganfod fod y tyfiant heb ddod yn ôl i'r tŷ ar ôl iddo gael ei
ailblastro, bydd e'n cyhoeddi fod y tŷ yn lân – mae'r drwg wedi mynd. 49Ac er mwyn dangos
fod y tŷ yn lân, bydd e'n cymryd dau aderyn, darn o bren cedrwydd, edau goch a brigau o isop.
50Bydd yn lladd un o'r adar uwchben potyn pridd sydd â dŵr glân ynddo. 51Wedyn rhaid iddo
gymryd y darn o bren cedrwydd, yr edau goch a'r brigau o isop, a'r aderyn sy'n dal yn fyw,
a'u trochi nhw i gyd yng ngwaed yr aderyn gafodd ei ladd a'r dŵr, ac yna taenellu'r tŷ saith
gwaith gydag e. 52Dyna sut y bydd e'n glanhau'r tŷ gyda gwaed yr aderyn gafodd ei ladd,
y dŵr, yr aderyn byw, y darn o bren cedrwydd, y brigau o isop a'r edau goch. 53Yna bydd yn
gadael i'r aderyn byw hedfan i ffwrdd allan o'r dre. Dyna sut y bydd e'n gwneud y tŷ yn lân
ac yn iawn i fyw ynddo eto.
54"Dyna'r drefn ar gyfer delio gydag unrhyw glefyd heintus, ffafws, 55llwydni mewn dilledyn,
neu dyfiant ffyngaidd mewn tŷ, 56chwydd neu rash neu smotyn. 57Dyna sut mae gwahaniaethu
rhwng y glân a'r aflan. Dyna'r drefn ar gyfer delio gydag afiechydon heintus."

Aflendid corfforol

15 Dyma'r ARGLWYDD yn dweud wrth Moses ac Aaron: 2"Dwed wrth bobl Israel:
"Pan mae dyn yn diodde o glefyd ar ei bidyn, mae'n ei wneud e'n aflan. 3Gall yr
aflendid fod yn ddiferiad cyson, neu'n rhyw rwystr sy'n ei gwneud yn anodd iddo biso. 4Bydd ei
wely yn aflan, ac unrhyw ddodrefnyn mae'n eistedd arno hefyd. 5-7Os ydy unrhyw un yn cyffwrdd
y dyn neu ei wely, neu'n eistedd ar ddodrefnyn mae e wedi eistedd arno, bydd rhaid i'r person
hwnnw olchi ei ddillad ac ymolchi mewn dŵr. Ond bydd e'n dal yn aflan am weddill y dydd.
8"Os ydy'r dyn sydd â'r afiechyd arno yn poeri ar rywun, rhaid i'r person hwnnw olchi ei
ddillad ac ymolchi hefyd. Ond bydd e'n dal yn aflan am weddill y dydd. 9Mae cyfrwy neu
unrhyw beth arall mae'r dyn sydd â'r afiechyd arno wedi eistedd arno wrth deithio yn aflan.
10Mae unrhyw un sy'n cyffwrdd unrhyw un o'r pethau yma yn aflan am weddill y dydd. Ac
os ydy rhywun yn cario rhywbeth mae e wedi eistedd arno, rhaid i'r person hwnnw olchi ei
ddillad ac ymolchi mewn dŵr. Ond bydd e'n dal yn aflan am weddill y dydd. 11Os ydy'r dyn
yn cyffwrdd rhywun heb olchi ei ddwylo, rhaid i'r person hwnnw olchi ei ddillad ac ymolchi
mewn dŵr. A bydd e'n dal yn aflan am weddill y dydd. 12Rhaid torri unrhyw lestr pridd mae
e wedi'i gyffwrdd. Rhaid golchi unrhyw fowlen bren mae e wedi'i chyffwrdd.
13"Pan mae'r dyn yn gwella o'i afiechyd, saith diwrnod wedyn mae i olchi ei ddillad ac
ymolchi mewn dŵr glân. 14Y diwrnod wedyn mae i gymryd dwy durtur neu ddwy golomen,
mynd â nhw o flaen yr ARGLWYDD wrth fynedfa'r Tabernacl, a'u rhoi nhw i'r offeiriad. 15Bydd yr
offeiriad yn eu cyflwyno nhw – un yn offrwm i lanhau o bechod a'r llall yn offrwm i'w losgi.
Bydd yr offeiriad yn gwneud pethau'n iawn rhyngddo a Duw ar ôl iddo wella o'i afiechyd.
16"Pan mae dyn yn gollwng ei had, rhaid iddo olchi ei gorff i gyd mewn dŵr. Ond bydd e'n
dal yn aflan am weddill y dydd. 17Os ydy ei had yn cyffwrdd rhywbeth sydd wedi'i wneud
o frethyn neu o ledr, rhaid eu golchi nhw. Ond byddan nhw'n dal yn aflan am weddill y dydd.
18Pan mae dyn yn cael rhyw gyda gwraig, rhaid i'r ddau ohonyn nhw ymolchi mewn dŵr. Ond
byddan nhw'n dal yn aflan am weddill y dydd.
19"Pan mae gwraig yn diodde o'r misglwyf, mae hi'n aros yn aflan am saith diwrnod. A bydd
unrhyw un sy'n ei chyffwrdd hi yn aflan am weddill y dydd. 20Bydd popeth mae hi'n gorwedd
arno neu'n eistedd arno yn y cyfnod yma yn aflan. 21-23Os ydy unrhyw un yn cyffwrdd ei gwely
hi, neu unrhyw beth mae hi wedi eistedd arno, rhaid i'r person hwnnw olchi ei ddillad ac
ymolchi mewn dŵr. Ond bydd e'n dal yn aflan am weddill y dydd. 24Os ydy dyn yn cael rhyw
gyda hi yn ystod y cyfnod yma, bydd e hefyd yn aflan am saith diwrnod. A bydd unrhyw wely
mae e'n gorwedd arno yn aflan.
25"Os ydy gwraig yn diodde o waedlif am gyfnod ar wahân i'w misglwyf, mae'r un peth yn wir
bryd hynny. Mae hi'n aflan. 26Bydd pob gwely mae hi'n gorwedd arno yn ystod y cyfnod o waedlif,

ac unrhyw beth mae hi'n eistedd arno yn yr un cyfnod, yn aflan (yr un fath â phan mae hi'n diodde
o'r misglwyf). 27Os ydy unrhyw un yn cyffwrdd un o'r pethau yna, bydd y person hwnnw yn aflan.
Rhaid iddo olchi ei ddillad ac ymolchi mewn dŵr. A bydd e'n dal yn aflan am weddill y dydd. 28Os
ydy'r gwaedlif yn peidio, mae hi i aros am saith diwrnod, ac ar ôl hynny bydd hi'n lân. 29Y diwrnod
wedyn mae hi i gymryd dwy durtur neu ddwy golomen, a mynd â nhw i'r offeiriad wrth y fynedfa
i'r Tabernacl. 30Bydd yr offeiriad yn cyflwyno un yn offrwm i lanhau o bechod a'r llall yn offrwm
i'w losgi. Bydd yr offeiriad yn gwneud pethau'n iawn rhyngddi a Duw ar ôl i'w gwaedlif hi stopio.
31"Dyna sut ydych chi i gadw pobl Israel ar wahân i'r pethau sy'n eu gwneud nhw'n
aflan. Does gen i ddim eisiau iddyn nhw farw yn eu haflendid am eu bod nhw wedi llygru'r
Tabernacl sydd yn eu plith nhw.
32"A dyna'r drefn gyda dyn sydd â clefyd ar ei bidyn neu sydd wedi gollwng ei had ac sy'n
aflan o ganlyniad i hynny. 33A hefyd i wraig sy'n diodde o'r misglwyf, neu'n diodde o waedlif.
Hefyd pan mae dyn yn cael rhyw gyda gwraig yn ystod y cyfnod pan mae hi'n aflan."

Y dydd i wneud pethau'n iawn

16 Ar ôl i ddau fab Aaron farw pan aethon nhw o flaen yr ARGLWYDD, dyma'r ARGLWYDD
yn siarad â Moses 2a dweud wrtho:
"Dwed wrth Aaron dy frawd ei fod e ddim yn cael mynd i mewn i'r Lle Mwyaf Sanctaidd
unrhyw bryd mae e eisiau, neu bydd e'n marw. Dyna ble fydda i'n ymddangos, mewn cwmwl
uwchben caead yr Arch, tu ôl i'r llen.
3"Dyma sut mae e i fynd i mewn i'r Lle Mwyaf Sanctaidd: Rhaid iddo gyflwyno tarw ifanc
yn offrwm i'w lanhau o'i bechod, a hwrdd yn offrwm i'w losgi. 4Rhaid iddo ymolchi mewn
dŵr gyntaf. Wedyn gwisgo'r crys lliain pwrpasol, y dillad isaf, y sash, a'r twrban, i gyd o liain.
Dyma'i wisg gysegredig e. 5Ar ran pobl Israel, mae i fynd â dau fwch gafr yn offrwm i lanhau
o bechod, a hwrdd yn offrwm i'w losgi.
6"Bydd Aaron yn cyflwyno'r tarw yn offrwm dros ei bechod ei hun, i wneud pethau'n iawn
rhyngddo fe a'i gyd-offeiriaid a Duw. 7Wedyn bydd yn mynd â'r ddau fwch gafr o flaen yr
ARGLWYDD at fynedfa pabell presenoldeb Duw. 8Yno bydd yn taflu coelbren i ddewis pa un
biau'r ARGLWYDD a pha un biau Asasel.[ch] 9Wedyn mae Aaron i gyflwyno'r bwch gafr cyntaf i'r
ARGLWYDD yn offrwm i lanhau o bechod. 10Mae bwch gafr Asasel i'w osod i sefyll yn fyw o flaen
yr ARGLWYDD, iddo wneud pethau'n iawn drwy gael ei anfon allan i Asasel yn yr anialwch.
11"Mae Aaron yn cyflwyno'r tarw yn offrwm dros ei bechod ei hun, i wneud pethau'n iawn
rhyngddo fe a'i deulu a Duw. 12Wedyn mae i gymryd padell dân wedi'i llenwi gyda marwor
poeth oddi ar yr allor sydd o flaen yr ARGLWYDD, a dwy lond llaw o arogldarth persawrus
wedi'i falu'n fân, a mynd i'r Lle Mwyaf Sanctaidd sydd tu ôl i'r llen. 13Yno mae i roi'r
arogldarth ar y marwor, a bydd y mwg o'r thus fel cwmwl yn gorchuddio caead yr Arch, rhag
iddo farw. 14Wedyn mae i gymryd peth o waed y tarw, a'i daenellu ar gaead yr Arch gyda'i fys
ar yr ochr sy'n wynebu'r dwyrain. Mae i daenellu'r gwaed fel hyn saith gwaith.
15"Wedyn mae e i ladd y bwch gafr sy'n offrwm i lanhau'r bobl o'u pechod, a mynd â gwaed
hwnnw y tu ôl i'r llen. Mae i wneud yr un peth gyda gwaed y bwch gafr ag a wnaeth gyda
gwaed y tarw, sef ei daenellu ar gaead yr Arch. 16Dyna sut bydd e'n gwneud y cysegr yn lân.
Mae'n rhaid gwneud hyn am fod pobl Israel wedi pechu a gwrthryfela yn erbyn Duw. Mae
i wneud hyn am fod y Tabernacl yn aros yng nghanol pobl sy'n aflan o ganlyniad i'w pechod.
17Does neb arall i fod yn y Tabernacl o'r amser mae e'n mynd i mewn i wneud pethau'n iawn
hyd yr amser mae e'n dod allan. Bydd e'n gwneud pethau'n iawn ar ei ran ei hun a'i gyd-
offeiriaid, ac ar ran pobl Israel. 18Wedyn bydd yn mynd allan at yr allor sydd o flaen yr ARGLWYDD
ac yn ei gwneud hi'n lân. Bydd yn cymryd peth o waed y tarw a gwaed y bwch gafr a'i roi
ar bob un o gyrn yr allor. 19Bydd yn taenellu peth o'r gwaed ar yr allor gyda'i fys. Dyna sut
bydd e'n cysegru'r allor a'i gwneud yn lân ar ôl iddi gael ei llygru gan bechodau pobl Israel.

---

ch 16:8 *Asasel* gafr-gythraul yr anialwch oedd Asasel.

Y bwch gafr sy'n cael ei ollwng yn rhydd yn yr anialwch

20“Pan fydd Aaron wedi gorffen gwneud y Lle Mwyaf Sanctaidd, y Tabernacl, a'r allor yn
lân, bydd yn mynd â'r bwch gafr byw o flaen y Tabernacl. 21 Mae i osod ei ddwy law ar ben yr
anifail, tra'n cyffesu beiau pobl Israel a'r holl bethau wnaethon nhw i wrthryfela a phechu
yn erbyn Duw. Mae'r cwbl yn cael ei roi ar ben y bwch gafr, a bydd dyn yno yn barod i arwain
yr anifail allan i'r anialwch. 22 Bydd y bwch gafr yn cario holl feiau pobl Israel allan i le unig.
Bydd yr anifail yn cael ei ollwng yn rhydd yn yr anialwch.
23“Wedyn mae Aaron i fynd yn ôl i mewn i'r Tabernacl. Mae i dynnu'r dillad o liain roedd
wedi'u gwisgo cyn mynd i mewn i'r Lle Mwyaf Sanctaidd, a'u gadael nhw yno. 24 Mae i ymolchi
â dŵr mewn lle cysegredig, a rhoi ei wisgoedd offeiriadol yn ôl ymlaen. Yna mae i ddod allan
ac offrymu'r offrwm i'w losgi drosto'i hun a'r offrwm i'w losgi dros y bobl, i wneud pethau'n
iawn rhyngddo'i hun a Duw a rhwng y bobl a Duw. 25 Yna mae i losgi braster yr aberthau
dros bechod ar yr allor.
26“Mae'r dyn oedd wedi arwain y bwch gafr byw allan i Asasel yn yr anialwch, i olchi ei
ddillad ac ymolchi mewn dŵr cyn dod yn ôl i mewn i'r gwersyll. 27 Mae gweddillion y tarw
ifanc a'r bwch gafr oedd yn offrymau dros bechod (eu gwaed nhw gafodd ei gymryd i wneud
pethau'n iawn yn y Lle Mwyaf Sanctaidd) i'w cymryd tu allan i'r gwersyll i gael eu llosgi
yno – y crwyn, y coluddion, a'r perfeddion. 28 Mae'n rhaid i bwy bynnag sy'n gwneud hyn
olchi ei ddillad ac ymolchi mewn dŵr cyn dod yn ôl i mewn i'r gwersyll.

Cadw'r dydd i wneud pethau'n iawn

29“Mae hyn i fod yn rheol i chi bob amser: Bob blwyddyn, ar y degfed diwrnod o'r seithfed
mis,[d] dych chi i beidio bwyta a gwneud dim gwaith – pawb, yn bobl Israel ac unrhyw un arall
sy'n byw gyda chi. 30 Dyma'r diwrnod pan mae pethau'n cael eu gwneud yn iawn drosoch chi,
a phan dych chi'n cael eich gwneud yn lân. Byddwch yn cael eich glanhau o'ch holl bechodau
yng ngolwg yr Arglwydd. 31 Mae i fod yn Saboth – yn ddiwrnod o orffwys – i chi, a rhaid i chi
beidio bwyta. Fydd y rheol yma byth yn newid. 32 Dim ond yr offeiriad sydd wedi'i gysegru
a'i eneinio i gymryd lle ei dad fel archoffeiriad sydd i wneud pethau'n iawn, ac i wisgo'r wisg
gysegredig o liain. 33 Bydd yn gwneud y Lle Mwyaf Sanctaidd, y Tabernacl a'r allor yn lân, ac
yn gwneud pethau'n iawn rhwng Duw a'r offeiriaid a phobl Israel i gyd. 34 Mae hyn i fod yn
rheol am byth. Unwaith y flwyddyn, bydd pethau'n cael eu gwneud yn iawn rhwng pobl Israel
a Duw,[dd] a byddan nhw'n cael eu glanhau o'u holl bechodau.”
Dyma Moses yn gwneud yn union fel roedd yr Arglwydd wedi dweud wrtho.

Aberthu anifeiliaid

17 Dyma'r Arglwydd yn dweud wrth Moses:
2“Dwed wrth Aaron a'i ddisgynyddion, ac wrth bobl Israel i gyd, mai dyma mae'r
Arglwydd yn ei orchymyn: 3 Os ydy unrhyw un o bobl Israel yn aberthu bustach, dafad, neu afr
yn y gwersyll neu'r tu allan i'r gwersyll, 4 yn lle mynd â'r anifail at y fynedfa i'r Tabernacl i'w
gyflwyno'n offrwm i'r Arglwydd, bydd y person hwnnw yn euog o dywallt gwaed. Mae e wedi
tywallt gwaed, a bydd e'n cael ei dorri allan o gymdeithas pobl Dduw. 5 Pwrpas y rheol yma
ydy gwneud i bobl Israel ddod â'u haberthau i'r Arglwydd, at yr offeiriad o flaen y fynedfa
i'r Tabernacl, yn lle eu haberthu allan yn y wlad. Maen nhw i'w cyflwyno iddo yn offrymau
i gydnabod daioni'r Arglwydd. 6 Bydd yr offeiriad yn sblasio'r gwaed o gwmpas yr allor wrth
y fynedfa i'r Tabernacl, ac yn llosgi'r braster fel offrwm sy'n arogli'n hyfryd i'r Arglwydd. 7 Dŷn
nhw ddim i aberthu i'r gafr-ddemoniaid o hyn ymlaen. Maen nhw'n ymddwyn fel puteiniaid
wrth wneud y fath beth. Fydd y rheol yma byth yn newid.

---

d 16:29 *seithfed mis* Tishri (sydd hefyd yn cael ei alw yn Ethanim). Seithfed mis y calendr Hebreig, o tua canol Medi i ganol Hydref. dd 16:34 *pethau'n ... a Duw* sef ‘Dydd y Cymod’.

8“Atgoffa nhw: Does neb o bobl Israel, nag unrhyw un arall sy'n byw gyda nhw, i gyflwyno
offrwm i'w losgi neu offrwm i gydnabod daioni'r ARGLWYDD, 9oni bai ei fod yn dod â'r offrwm
hwnnw at y fynedfa i babell presenoldeb Duw. Bydd unrhyw un sy'n gwneud yn wahanol yn
cael ei dorri allan o gymdeithas pobl Dduw.

Peidio bwyta gwaed

10“Bydda i'n troi yn erbyn unrhyw un sy'n bwyta cig sydd â'r gwaed yn dal ynddo – un
o bobl Israel neu unrhyw un arall sy'n byw gyda nhw. Bydd y person hwnnw yn cael ei dorri
allan o gymdeithas pobl Dduw. 11Mae bywyd yr anifail yn y gwaed. Dw i wedi'i roi i'w aberthu
ar yr allor yn eich lle chi. Y bywyd yn y gwaed sy'n gwneud pethau'n iawn rhyngoch chi a Duw.
12Dyna pam dw i wedi dweud wrth bobl Israel fod neb ohonyn nhw, gan gynnwys mewnfudwyr
o'r tu allan, i fwyta cig sydd â'r gwaed yn dal ynddo.
13“Os ydy unrhyw un o bobl Israel, neu unrhyw un arall sy'n byw gyda nhw, yn dal anifail neu
aderyn sy'n iawn i'w fwyta, rhaid gadael i'r gwaed redeg allan ohono, ac wedyn gorchuddio'r
gwaed hwnnw gyda phridd. 14Mae bywyd pob creadur byw yn y gwaed. Dyna pam dw i wedi
dweud wrth bobl Israel fod neb i fwyta cig unrhyw anifail gyda'r gwaed yn dal ynddo. Bydd
pwy bynnag sy'n ei fwyta yn cael ei dorri allan o gymdeithas pobl Dduw.
15“Os ydy rhywun yn bwyta cig anifail sydd wedi marw neu sydd wedi cael ei ladd gan
anifail gwyllt, rhaid i'r person hwnnw olchi ei ddillad ac ymolchi mewn dŵr. Ond bydd e'n
dal yn aflan am weddill y dydd. Ond ar ôl hynny bydd e'n lân. 16Os nad ydy'r person hwnnw
yn golchi ei ddillad ac yn ymolchi, bydd yn cael ei gosbi am ei bechod.”

Rhyw

18 Dyma'r ARGLWYDD yn dweud wrth Moses: 2“Dwed wrth bobl Israel:
“Fi ydy'r ARGLWYDD eich Duw chi. 3Peidiwch gwneud yr un fath â phobl yr Aifft, ble
roeddech chi'n arfer byw. Na'r un fath â phobl Canaan, ble dw i'n mynd â chi. Peidiwch dilyn
eu harferion nhw. 4Fi ydy'r ARGLWYDD eich Duw chi. Rhaid i chi ddilyn fy rheolau i, a gwneud
be dw i'n ddweud wrthoch chi. 5Byddwch yn ufudd a chadw fy rheolau i. Y rhai sy'n gwneud
y pethau yma sy'n cael byw go iawn. Fi ydy'r ARGLWYDD.
6“Paid cael rhyw gyda rhywun sy'n perthyn yn agos i ti. 7Paid amharchu dy dad drwy gael rhyw
gyda dy fam. Dy fam di ydy hi! 8A phaid amharchu dy dad drwy gael rhyw gyda dy lysfam, gwraig
dy dad. 9Paid cael rhyw gyda dy chwaer neu dy hanner chwaer – sdim ots ble mae hi wedi'i geni.
10Paid cael rhyw gyda phlentyn dy fab neu dy ferch. Maen nhw'n perthyn yn agos i ti! 11Paid cael
rhyw gyda merch dy lysfam. 12Paid cael rhyw gyda dy fodryb, chwaer dy dad. Mae hi'n berthynas
agos i dy dad. 13Paid cael rhyw gyda dy fodryb, chwaer dy fam. Mae hi'n berthynas agos i dy
fam. 14Paid amharchu dy ewyrth, brawd dy dad, drwy gael rhyw gyda'i wraig. Dy fodryb di ydy hi!
15Paid cael rhyw gyda dy ferch-yng-nghyfraith. Gwraig dy fab di ydy hi, a ti ddim i gael rhyw gyda
hi. 16Paid cael rhyw gyda gwraig dy frawd. Hi ydy perthynas agosaf dy frawd. 17Paid cael rhyw
gyda merch neu wyres unrhyw wraig rwyt ti wedi cael rhyw gyda hi yn y gorffennol. Maen nhw'n
perthyn yn agos i'r wraig honno, ac mae gwneud peth felly yn gwbl ffiaidd. 18Paid achosi ffrae
drwy briodi chwaer dy wraig, a chael rhyw gyda hi, pan mae dy wraig yn dal yn fyw.
19“Paid cael rhyw gyda gwraig pan mae hi'n cael ei hystyried yn ‘aflan’ am ei bod yn
diodde o'r misglwyf. 20Paid cael rhyw gyda gwraig rhywun arall. Mae gwneud peth felly yn
dy wneud di'n ‘aflan’.
21“Paid rhoi un o dy blant i'w losgi'n fyw i'r duw Molech. Mae gwneud peth felly yn sarhau
enw Duw. Fi ydy'r ARGLWYDD. 22Dydy dyn ddim i gael rhyw gyda dyn arall. Mae hynny'n beth ffiaidd
i'w wneud. 23Paid cael rhyw gydag anifail. Mae gwneud peth felly yn dy wneud di'n aflan. Rhaid
i wraig beidio rhoi ei hun i anifail i gael rhyw gydag e. Mae'n beth ffiaidd, annaturiol i'w wneud.
24“Peidiwch gwneud eich hunain yn ffiaidd drwy wneud pethau fel yna. Dyna sut mae'r
bobloedd dw i'n mynd i'w gyrru allan o'ch blaen chi wedi llygru eu hunain. 25Mae'r tir

ei hun wedi cael ei wneud yn aflan yn fy ngolwg i. Dyna pam dw i'n eu cosbi nhw. Bydd
y tir yn eu chwydu nhw allan. 26 Byddwch yn ufudd, a chadw fy rheolau i. Peidiwch gwneud
unrhyw un o'r pethau ffiaidd maen nhw'n eu gwneud; neb ohonoch chi – pobl Israel nac
unrhyw un arall sy'n byw gyda chi. 27 (Roedd y bobl oedd yn byw yn y wlad o'ch blaen
chi yn gwneud y pethau yma i gyd, ac roedd hynny wedi gwneud y wlad yn aflan yn fy
ngolwg i.) 28 Os gwnewch chi'r un pethau, bydd y tir yn eich chwydu chi allan hefyd yr
un fath. 29 Pwy bynnag sy'n gwneud unrhyw un o'r pethau ffiaidd yma, bydd e'n cael ei
dorri allan o gymdeithas pobl Dduw. 30 Gwnewch beth dw i'n eich siarsio chi i'w wneud,
a pheidio gwneud y pethau ffiaidd sy'n cael eu gwneud gan y bobl sydd yno o'ch blaen
chi. Peidiwch gwneud y pethau sy'n eich gwneud chi'n aflan yn fy ngolwg i. Fi ydy'r
ARGLWYDD eich Duw chi."

Rheolau crefyddol a moesol

19 Dyma'r ARGLWYDD yn dweud wrth Moses: 2 "Dwed wrth bobl Israel:
"Fi ydy'r ARGLWYDD eich Duw chi. Rhaid i chi fod yn sanctaidd am fy mod i'n
sanctaidd.

3 Rhaid i bob un ohonoch chi barchu ei fam a'i dad.
Rhaid i chi gadw fy Sabothau. Fi ydy'r ARGLWYDD eich Duw chi.
4 Peidiwch troi cefn arna i ac addoli eilunod diwerth, na gwneud delwau o fetel tawdd.
Fi ydy'r ARGLWYDD eich Duw chi.
5 Pan fyddwch chi'n cyflwyno offrwm i gydnabod daioni'r ARGLWYDD, rhaid i chi ei
gyflwyno mewn ffordd sy'n ei wneud yn dderbyniol. 6 Rhaid ei fwyta ar y diwrnod
mae'n cael ei aberthu neu'r diwrnod wedyn. Os oes peth ar ôl ar y trydydd diwrnod
rhaid ei losgi. 7 Dydy e ddim i gael ei fwyta y diwrnod hwnnw. Mae'n gig sydd
wedi'i halogi. Dydy e ddim yn dderbyniol i Dduw. 8 Bydd pwy bynnag sy'n ei fwyta
yn cael ei gosbi am bechu, am ei fod wedi trin rhywbeth sydd wedi'i gysegru i'r
ARGLWYDD yn sarhaus. Bydd y person hwnnw yn cael ei dorri allan o gymdeithas pobl
Dduw.
9 Pan fyddi'n casglu'r cynhaeaf, rhaid i ti beidio casglu'r cwbl o bob cornel o'r cae.
A phaid mynd drwy'r cae yn casglu popeth sydd wedi'i adael ar ôl. 10 Paid casglu'r
grawnwin sy'n dy winllan i gyd. A phaid mynd drwy'r winllan yn casglu'r ffrwyth
sydd wedi disgyn ar lawr. Rhaid i ti adael peth i bobl dlawd, ac i'r rhai sydd ddim
yn bobl Israel. Fi ydy'r ARGLWYDD dy Dduw di.
11 Peidiwch dwyn.
Peidiwch dweud celwydd.
Peidiwch twyllo pobl eraill.
12 Paid defnyddio fy enw wrth gymryd llw rwyt ti'n mynd i'w dorri. Mae gwneud peth
felly yn amharchu enw Duw. Fi ydy'r ARGLWYDD.
13 Paid cymryd mantais o bobl eraill neu ddwyn oddi arnyn nhw.
Tala ei gyflog i weithiwr ar ddiwedd y dydd, paid cadw'r arian tan y bore.
14 Paid enllibio rhywun sy'n fyddar, neu osod rhywbeth o flaen rhywun sy'n ddall
i wneud iddo faglu. Parcha Dduw. Fi ydy'r ARGLWYDD.
15 Paid bod yn annheg wrth farnu. Paid cadw ochr rhywun am ei fod yn dlawd na
dangos parch at rywun am ei fod yn bwysig. Bydd yn hollol deg wrth farnu.
16 Paid mynd o gwmpas dy bobl yn dweud celwydd a hel clecs.
Paid gwneud dim sy'n rhoi bywyd rhywun arall mewn perygl. Fi ydy'r ARGLWYDD.
17 Paid dal dig yn erbyn rhywun. Os oes gen ti ddadl gyda rhywun, mae'n well delio
gyda'r peth yn agored rhag i ti bechu o'i achos e.
18 Paid dial ar bobl neu ddal dig yn eu herbyn nhw. Rwyt i garu dy gymydog fel rwyt ti'n
dy garu dy hun. Fi ydy'r ARGLWYDD. 19 Byddwch yn ufudd i mi.
Paid croesi dau fath gwahanol o anifail gyda'i gilydd.

Paid hau dau fath gwahanol o hadau yn dy gaeau.
Paid gwisgo dillad wedi'u gwneud o ddau fath gwahanol o ddefnydd.

20 “Os ydy dyn yn cael rhyw gyda caethferch sydd wedi'i dyweddïo i ddyn arall ond heb eto
gael ei phrynu'n rhydd, rhaid iddyn nhw gael eu cosbi. Fyddan nhw ddim yn wynebu'r gosb
eithaf am nad oedd hi eto wedi cael ei rhyddid. 21 Ond rhaid i'r dyn ddod ag offrwm i gyfaddef
ei fai i'r ARGLWYDD at fynedfa pabell presenoldeb Duw – offrwm o hwrdd i gyfaddef ei fai.
22 Mae'r offeiriad i gymryd yr hwrdd a mynd drwy'r ddefod o wneud pethau'n iawn rhwng
y dyn sydd wedi pechu a'r ARGLWYDD. Bydd Duw yn maddau iddo am y pechod.

23 “Pan fyddwch wedi cyrraedd y wlad, ac wedi plannu coed ffrwythau yno, rhaid i chi beidio
casglu'r ffrwyth na'i fwyta am dair blynedd. 24 Yn y bedwaredd flwyddyn, mae'r ffrwyth i gael
ei gysegru yn offrwm o fawl i'r ARGLWYDD. 25 Wedyn yn y bumed flwyddyn cewch fwyta'r ffrwyth.
Os gwnewch chi hyn byddwch yn cael cnydau lawer iawn mwy. Fi ydy'r ARGLWYDD eich Duw chi.

26 Peidiwch bwyta dim byd sydd â gwaed yn dal ynddo.
Peidiwch gwneud pethau fel dweud ffortiwn neu ddewino.

27 Peidiwch siafio'r gwallt ar ochr eich pen, na trimio'ch barf, 28 na torri'ch hunain
â chyllyll wrth alaru am rywun sydd wedi marw.
Peidiwch rhoi tatŵ ar eich corff. Fi ydy'r ARGLWYDD.

29 Paid amharchu dy ferch drwy ei gwneud hi'n butain crefyddol, rhag i'r wlad i gyd droi cefn arna i ac ymddwyn yn gwbl ffiaidd fel puteiniaid.

30 Rhaid i chi gadw fy Sabothau a pharchu fy lle cysegredig i. Fi ydy'r ARGLWYDD.

31 Peidiwch mynd ar ôl ysbrydion neu siarad â'r meirw. Mae pethau felly'n eich gwneud chi'n aflan yng ngolwg Duw. Fi ydy'r ARGLWYDD eich Duw chi.

32 Dylet godi ar dy draed i ddangos parch at bobl mewn oed. Ac ofni Duw. Fi ydy'r ARGLWYDD.

33 Paid cam-drin mewnfudwyr sy'n byw yn eich plith chi. 34 Dylet ti eu trin nhw a dy bobl
dy hun yr un fath. Dylet ti eu caru nhw am mai pobl ydyn nhw fel ti. Pobl o'r tu
allan oeddech chi yn yr Aifft. Fi ydy'r ARGLWYDD eich Duw chi.

35 “Peidiwch twyllo wrth fesur hyd, pwysau, na mesur hylifol rhywbeth. 36 Dylech ddefnyddio
clorian sy'n gywir, pwysau cywir a mesurau sych a hylifol cywir. Fi ydy'r ARGLWYDD eich Duw
chi. Fi wnaeth eich achub chi o'r Aifft. 37 Byddwch yn ufudd a chadw fy rheolau i gyd. Fi
ydy'r ARGLWYDD.”

Cosb am fod yn anufudd i reolau Duw

20 Dyma'r ARGLWYDD yn dweud wrth Moses: 2 “Dwed wrth bobl Israel:

Os ydy unrhyw un o bobl Israel, neu unrhyw un arall sy'n byw gyda nhw, yn aberthu un
o'i blant i'r duw Molech, y gosb ydy marwolaeth. Rhaid i bobl daflu cerrig ato nes
bydd wedi marw. 3 Bydda i'n troi yn erbyn person felly. Bydd e'n cael ei dorri allan
o gymdeithas pobl Dduw, am iddo roi ei blentyn i Molech, llygru'r cysegr, a sarhau
fy enw sanctaidd i. 4 Os bydd pobl y wlad yn diystyru'r peth pan mae rhywun yn rhoi
ei blentyn i Molech, a ddim yn ei roi i farwolaeth, 5 bydda i fy hun yn troi yn erbyn
y dyn hwnnw a'i deulu. Byddan nhw'n cael eu torri allan o gymdeithas pobl Dduw.
Dyna fydd yn digwydd iddo, ac i bawb arall sy'n gwneud yr un fath ac yn puteinio
drwy addoli'r duw Molech. 6 Neu os ydy rhywun yn mynd ar ôl ysbrydion neu'n
ceisio siarad â'r meirw, bydda i'n troi yn erbyn y person hwnnw, a bydd e'n cael ei
dorri allan o gymdeithas pobl Dduw. 7 Rhaid i chi gysegru'ch hunain i mi, a bod yn
sanctaidd. Fi ydy'r ARGLWYDD eich Duw chi. 8 Byddwch yn ufudd i mi, a gwneud beth
dw i'n ddweud. Fi ydy'r ARGLWYDD sy'n eich cysegru chi'n bobl i mi fy hun.

9 Os ydy rhywun yn melltithio'i dad neu ei fam, y gosb ydy marwolaeth. Fe ei hun sydd ar fai.

10 Os ydy rhywun yn cysgu gyda gwraig dyn arall, y gosb ydy marwolaeth i'r ddau ohonyn nhw.

11 Mae dyn sy'n cael rhyw gyda gwraig ei dad yn amharchu ei dad. Y gosb ydy
marwolaeth i'r ddau. Arnyn nhw mae'r bai.
12 Os ydy dyn yn cael rhyw gyda'i ferch-yng-nghyfraith, y gosb ydy marwolaeth i'r ddau.
Maen nhw wedi gwneud peth ffiaidd. Arnyn nhw mae'r bai.
13 Os ydy dyn yn cael rhyw gyda dyn arall, mae'r ddau wedi gwneud peth ffiaidd. Y gosb
ydy marwolaeth i'r ddau. Arnyn nhw mae'r bai.
14 Mae hefyd yn beth cwbl ffiaidd i ddyn gael rhyw gyda gwraig a'i mam. Y gosb ydy
llosgi'r tri ohonyn nhw i farwolaeth. Does dim byd ffiaidd fel yma i ddigwydd yn
eich plith chi.
15 Os ydy dyn yn cael rhyw gydag anifail, y gosb ydy marwolaeth. Ac mae'r anifail i gael
ei ladd hefyd.
16 Os ydy gwraig yn mynd at anifail i gael rhyw gydag e, y gosb ydy marwolaeth. Rhaid
i'r wraig a'r anifail farw. Arnyn nhw mae'r bai.
17 Mae'n beth gwarthus i ddyn gael rhyw gyda'i chwaer (merch i'w dad neu i'w fam), a'r
ddau yn gweld ei gilydd yn noeth. Byddan nhw'n cael eu torri allan o gymdeithas
pobl Dduw. Mae'r dyn wedi amharchu ei chwaer, ac mae'n rhaid iddo gael ei gosbi.
18 Os ydy dyn yn cael rhyw gyda gwraig sy'n diodde o'r misglwyf, mae ffynhonnell ei gwaedlif
wedi'i amlygu. Bydd y ddau ohonyn nhw yn cael eu torri allan o gymdeithas pobl Dduw.
19 Paid cael rhyw gyda chwaer dy fam neu chwaer dy dad. Mae gwneud hynny yn
amharchu perthynas agos. Byddan nhw'n cael eu cosbi am eu pechod.
20 Os ydy dyn yn cael rhyw gyda gwraig ei ewythr, mae e'n amharchu ei ewythr. Maen
nhw'n gyfrifol am eu pechod. Byddan nhw'n marw heb gael plant.
21 Mae'n beth anweddus i ddyn gymryd gwraig ei frawd. Mae e'n amharchu ei frawd.
Byddan nhw'n methu cael plant.

22 "Byddwch yn ufudd a chadw fy rheolau i gyd, er mwyn i'r tir dw i'n mynd â chi i fyw
ynddo beidio eich chwydu chi allan. 23 Peidiwch gwneud yr un fath â phobl y wlad dw i'n
eu gyrru allan o'ch blaen chi. Rôn i'n eu ffieiddio nhw am wneud y fath bethau. 24 Ond dw
i wedi dweud wrthoch chi: Dw i wedi addo rhoi eu tir nhw i chi. Mae'n dir ffrwythlon – tir
lle mae llaeth a mêl yn llifo. Fi ydy'r ARGLWYDD eich Duw chi. Dw i wedi'ch dewis chi i fod yn
wahanol i'r gwledydd eraill. 25 Dyna pam mae'n rhaid i chi wahaniaethu rhwng yr anifeiliaid
a'r adar sy'n lân a'r rhai sy'n aflan. Peidiwch llygru eich hunain drwy fwyta unrhyw anifail
neu aderyn neu greadur arall dw i wedi dweud wrthoch chi ei fod yn aflan. 26 Rhaid i chi
gysegru'ch hunain i mi. Dw i, yr ARGLWYDD, yn sanctaidd, a dw i wedi'ch dewis chi i fod yn
bobl i mi, ac yn wahanol i'r gwledydd eraill i gyd.

27 "Os oes dyn neu wraig sy'n codi ysbrydion neu'n galw'r meirw yn ôl yn byw yn eich
plith chi, y gosb am wneud peth felly ydy marwolaeth. Rhaid eu lladd drwy daflu cerrig atyn
nhw. Arnyn nhw mae'r bai."

Rheolau i offeiriaid

21 Dyma'r ARGLWYDD yn dweud wrth Moses: "Dwed hyn wrth yr offeiriaid, disgynyddion
Aaron:

"Dydy offeiriad ddim i wneud ei hun yn aflan drwy fynd yn agos at gorff perthynas sydd wedi
marw. 2 Dydy e ddim ond yn cael mynd at ei berthnasau agosaf – mam, tad, merch, brawd,
3 neu chwaer ddibriod oedd heb ŵr i ofalu amdani. 4 Dydy e ddim i fynd at rywun sy'n perthyn
iddo drwy briodas. Byddai'n gwneud ei hun yn aflan wrth wneud hynny. 5 Dydy offeiriad
ddim i siafio rhan o'i ben yn foel, na trimio ei farf, na torri ei hun wrth alaru. 6 Maen nhw
i gysegru eu hunain i Dduw, a pheidio sarhau enw eu Duw. Nhw sy'n cyflwyno offrymau i'w
llosgi i'r ARGLWYDD, sef bwyd i'w Duw. Maen nhw i fod wedi'u cysegru. 7 Dydy offeiriad ddim
i briodi putain, na gwraig sydd wedi gweithio mewn teml baganaidd, na gwraig sydd wedi
cael ysgariad. Maen nhw wedi cysegru eu hunain i Dduw. 8 Rhaid i chi ystyried yr offeiriad yn
sanctaidd, am fy mod i, yr ARGLWYDD, wedi'ch cysegru chi yn bobl i mi fy hun. 9 Pan mae merch

offeiriad yn amharchu ei hun drwy droi'n butain grefyddol, mae hi'n amharchu ei thad hefyd.
Rhaid iddi gael ei llosgi i farwolaeth.
10"Dydy'r archoffeiriad, sef yr un sydd wedi cael ei eneinio ag olew a'i ordeinio i wisgo'r
gwisgoedd offeiriadol, ddim i adael ei wallt yn flêr nac i rwygo'i ddillad. 11 Dydy e ddim i fynd
yn agos at gorff marw. Dydy e ddim i wneud ei hun yn aflan hyd yn oed pan mae ei dad neu
ei fam wedi marw. 12 Dydy e ddim i fynd allan o'r cysegr, rhag iddo sarhau cysegr Duw. Mae
wedi'i gysegru gydag olew eneinio ei Dduw. Fi ydy'r ARGLWYDD. 13 Rhaid iddo briodi merch
sy'n wyryf. 14 Dydy e ddim i briodi gwraig weddw, gwraig sydd wedi cael ysgariad, gwraig
sydd wedi gweithio mewn teml baganaidd neu butain. Rhaid iddo briodi merch o'i lwyth ei
hun sy'n wyryf, 15 rhag iddo gael plant sydd ddim yn dderbyniol i Dduw. Fi ydy'r ARGLWYDD
sydd wedi'i gysegru e i mi fy hun."
16 Dyma'r ARGLWYDD yn dweud wrth Moses: 17"Dwed wrth Aaron: Does neb o dy ddisgynyddion
di sydd â nam arno i gael dod yn agos i offrymu bwyd ei Dduw. 18 Neb sy'n ddall, yn gloff, gyda
wyneb wedi'i anffurfio, neu ryw nam corfforol arall, 19 wedi torri ei goes neu ei fraich, 20 yn grwca
neu'n gorrach, neu'n ddyn sydd â rhywbeth o'i le ar ei lygaid, rhyw afiechyd ar y croen, neu wedi
niweidio ei geilliau. 21 Does neb o ddisgynyddion Aaron sydd â nam arnyn nhw i gael dod i offrymu
rhoddion i'r ARGLWYDD. Os oes nam arno, dydy e ddim yn cael cyflwyno bwyd ei Dduw. 22 Mae'n
iawn iddo fwyta bwyd ei Dduw, yr hyn sydd wedi'i gysegru a'r offrymau mwyaf sanctaidd. 23 Ond
dydy e ddim i gael mynd yn agos at y llen na'r allor, am fod nam arno, rhag iddo lygru fy lle
cysegredig i a phopeth sydd yno. Fi ydy'r ARGLWYDD sydd yn eu cysegru nhw i mi fy hun."
24 Dyma'r pethau ddwedodd Moses wrth Aaron a'i ddisgynyddion ac wrth bobl Israel.

Rheolau am fwyta'r offrymau

22 Dyma'r ARGLWYDD yn dweud wrth Moses: 2"Dwed wrth Aaron a'i ddisgynyddion fod
rhaid iddyn nhw ddangos parch at yr offrymau sanctaidd mae pobl Israel yn eu
cyflwyno, fel eu bod nhw ddim yn sarhau fy enw sanctaidd i. Fi ydy'r ARGLWYDD. 3 Dwed wrthyn
nhw: O hyn ymlaen, os bydd unrhyw un ohonoch chi yn aflan am ryw reswm ac yn mynd yn
agos at yr offrymau sanctaidd mae pobl Israel yn eu cyflwyno, bydd y person hwnnw yn cael
ei dorri allan, a ddim yn cael dod yn agos ata i. Fi ydy'r ARGLWYDD.
4"Does neb o ddisgynyddion Aaron sy'n diodde o glefyd heintus ar y croen neu glefyd ar
ei bidyn i gael bwyta'r offrymau sanctaidd nes bydd e'n lân. A pheidiwch cyffwrdd unrhyw
beth sydd wedi'i wneud yn aflan (gan gorff marw, dyn sydd wedi gollwng ei had, 5 unrhyw
anifail aflan neu greadur aflan arall, neu unrhyw berson sy'n aflan am unrhyw reswm o gwbl).
6 Bydd y dyn sy'n cyffwrdd rhywbeth felly yn aflan am weddill y dydd, a dydy e ddim i fwyta
o'r offrymau sanctaidd nes bydd e wedi ymolchi mewn dŵr. 7 Bydd e'n lân ar ôl i'r haul
fachlud. Mae'n iawn iddo fwyta'r offrymau sanctaidd wedyn – wedi'r cwbl, dyna'i fwyd e.
8"A pheidiwch bwyta rhywbeth sydd wedi marw ohono'i hun neu wedi cael ei ladd gan
anifail gwyllt. Mae hynny'n eich gwneud chi'n aflan hefyd. Fi ydy'r ARGLWYDD. 9 Gwnewch
beth dw i'n ddweud, rhag i mi eich cael chi'n euog ac i chi farw yn y cysegr am eich bod
wedi'i halogi. Fi ydy'r ARGLWYDD sydd wedi'ch cysegru chi'r offeiriaid.
10-11"Does neb ond yr offeiriaid a'u teulu agosaf i gael bwyta'r offrymau sanctaidd. Does
neb sy'n lletya gyda'r offeiriad i'w fwyta, na neb sy'n gweithio iddo. Ond os ydy e wedi
prynu caethwas, mae hwnnw a'i deulu yn cael bwyta. 12 Os ydy merch offeiriad yn priodi dyn
sydd ddim yn offeiriad, dydy hi ddim i gael bwyta'r offrymau o hynny ymlaen. 13 Ond wedyn,
os ydy merch yr offeiriad yn mynd yn ôl i fyw at ei thad am fod ei gŵr wedi marw neu am ei
bod hi wedi cael ysgariad, a bod dim plant ganddi, mae ganddi hawl i fwyta bwyd ei thad
eto. Does neb ond yr offeiriaid a'u teulu agosaf i gael ei fwyta.
14"Os ydy unrhyw un arall yn ddamweiniol yn bwyta'r offrymau sanctaidd, rhaid iddo dalu
am y bwyd ac ychwanegu 20%. 15 Does neb i amharchu'r offrymau sanctaidd mae pobl Israel
yn eu cyflwyno i'r ARGLWYDD. 16 Mae unrhyw un sydd ddim i fod i'w bwyta yn euog os ydyn
nhw'n gwneud hynny. Fi ydy'r ARGLWYDD sy'n eu cysegru nhw i mi fy hun."

Anifeiliaid sy'n iawn i'w haberthu

17 Dyma'r ARGLWYDD yn dweud wrth Moses: 18 "Dwed wrth Aaron a'i ddisgynyddion, ac wrth
bobl Israel i gyd: 'Pan mae un o bobl Israel, neu unrhyw un arall sy'n byw gyda nhw, yn
cyflwyno offrwm i'w losgi'n llwyr i'r ARGLWYDD – offrwm wrth wneud addewid, neu un sy'n
cael ei roi i'r ARGLWYDD o wirfodd – 19 dylai fod yn anifail gwryw heb ddim byd o'i le arno –
tarw ifanc, hwrdd neu fwch gafr. 20 Rhaid peidio cyflwyno anifail sydd â nam arno. Fydd Duw
ddim yn ei dderbyn ar eich rhan chi.

21 " 'Pan mae rhywun yn cyflwyno offrwm i gydnabod daioni'r ARGLWYDD ar ôl iddo gyflawni
ei addewid, rhaid i'r anifail – o'r gyr o wartheg neu o'r praidd o ddefaid a geifr – fod heb
ddim byd o'i le arno. Os ydy'r ARGLWYDD i'w dderbyn, rhaid iddo fod heb nam arno. 22 Peidiwch
cyflwyno anifail i'r ARGLWYDD sy'n ddall, wedi torri asgwrn, wedi'i anafu, gyda briw wedi
mynd yn ddrwg, brech neu gydag unrhyw afiechyd ar y croen. Dydy anifail felly ddim i gael
ei gyflwyno ar yr allor yn rhodd i'r ARGLWYDD. 23 Mae'n iawn i gyflwyno anifail sydd ag un goes
yn hirach neu'n fyrrach na'r lleill fel offrwm sy'n cael ei roi'n wirfoddol, ond dim fel offrwm
i wneud addewid. 24 Peidiwch cyflwyno anifail i'r ARGLWYDD sydd â'i geilliau wedi'u hanafu
neu sydd wedi cael ei sbaddu. Dydy hynny ddim i gael ei wneud yn eich gwlad chi. 25 A dydy
anifail felly sydd wedi'i brynu gan rywun sydd ddim yn Israeliad ddim i gael ei gyflwyno yn
fwyd i'ch Duw. Am eu bod nhw wedi'u sbwylio, ac am fod nam arnyn nhw, fydd yr ARGLWYDD
ddim yn eu derbyn nhw ar eich rhan chi.' "

26 Dyma'r ARGLWYDD yn dweud wrth Moses: 27 "Pan mae llo neu oen neu fyn gafr yn cael ei
eni, mae'r anifail i aros gyda'i fam am saith diwrnod. Ond ar ôl wythnos bydd yn iawn i'w
gyflwyno'n offrwm i'w losgi i'r ARGLWYDD. 28 Dydy buwch neu ddafad ddim i gael ei lladd ar
yr un diwrnod a'i rai bach. 29 Wrth aberthu anifail i ddiolch i'r ARGLWYDD am rywbeth, rhaid ei
aberthu yn y ffordd iawn, fel bod Duw yn ei dderbyn ar eich rhan. 30 Rhaid ei fwyta y diwrnod
hwnnw. Does dim ohono i gael ei adael tan y bore wedyn. Fi ydy'r ARGLWYDD. 31 Gwnewch beth
dw i'n ddweud. Fi ydy'r ARGLWYDD. 32 Peidiwch sarhau fy enw sanctaidd i. Dw i eisiau i bobl
Israel fy anrhydeddu i. Fi ydy'r ARGLWYDD sydd wedi'ch cysegru chi yn bobl i mi fy hun. 33 Fi
wnaeth eich achub chi o'r Aifft, i mi fod yn Dduw i chi. Fi ydy'r ARGLWYDD."

23 Dyma'r ARGLWYDD yn dweud wrth Moses: 2 "Dwed wrth bobl Israel:
"Dw i wedi dewis amserau penodol i chi eu cadw fel gwyliau pan fyddwch chi'n
dod at eich gilydd i addoli:

Y Saboth Wythnosol

3 "Mae chwech diwrnod i chi allu gweithio, ond mae'r seithfed diwrnod yn Saboth. Diwrnod
i chi orffwys a dod at eich gilydd i addoli. Peidiwch gweithio lle bynnag fyddwch chi'n byw.
Mae'r diwrnod yma yn Saboth i'r ARGLWYDD.

4 "Dyma'r gwyliau penodol eraill pan mae'r ARGLWYDD am i chi ddod at eich gilydd i addoli:

Y Pasg a Gŵyl y Bara Croyw

(Numeri 28:16-25)

5 "Mae Pasg yr ARGLWYDD i gael ei ddathlu pan mae'n dechrau nosi ar y pedwerydd ar ddeg
o'r mis cyntaf.[e]

6 "Mae Gŵyl y Bara Croyw yn dechrau ar y pymthegfed o'r mis hwnnw. Am saith diwrnod
rhaid i chi fwyta bara sydd heb furum ynddo. 7 Ar y diwrnod cyntaf rhaid i chi ddod at eich
gilydd i addoli. Peidiwch gweithio fel arfer ar y diwrnod yma. 8 Rhaid i chi gyflwyno offrwm i'w
losgi i'r ARGLWYDD bob dydd, ac ar y seithfed diwrnod dod at eich gilydd i addoli eto, a pheidio
gwneud eich gwaith arferol."

---

e 23:5 *mis cyntaf* Abib (sydd hefyd yn cael ei alw yn Nisan), sef mis cyntaf y calendr Hebreig, o tua canol Mawrth i ganol Ebrill.
23:5 Exodus 12:1-13; Deuteronomium 16:1,2

Cyflwyno ffrwythau cyntaf y cynhaeaf

9 Dyma'r ARGLWYDD yn dweud wrth Moses, 10 "Dwed wrth bobl Israel:

"Pan fyddwch chi wedi cyrraedd y wlad dw i'n ei rhoi i chi, ac yn casglu'r cynhaeaf, mae'r ysgub gyntaf o bob cnwd i gael ei rhoi i'r offeiriad. 11 Y diwrnod ar ôl y Saboth, mae'r offeiriad i gymryd yr ysgub a'i chwifio o flaen yr ARGLWYDD, a bydd Duw yn ei derbyn hi. 12 Ar y diwrnod hwnnw hefyd, rhaid i chi gyflwyno oen blwydd oed heb nam arno yn offrwm i'w losgi'n llwyr i'r ARGLWYDD. 13 Gydag e rhaid llosgi dau gilogram o'r blawd gwenith gorau wedi'i gymysgu gydag olew olewydd, yn rhodd sy'n arogli'n hyfryd i'r ARGLWYDD, ac offrwm o ddiod hefyd, sef litr o win. 14 Peidiwch bwyta dim o'r grawn, fel y mae neu wedi'i grasu, na bara wedi'i wneud ohono chwaith, nes byddwch chi wedi cyflwyno'r offrwm yma. Fydd y rheol yma byth yn newid lle bynnag fyddwch chi'n byw.

Gŵyl y Cynhaeaf

(Numeri 28:26-31)

15 "Saith wythnos union ar ôl y diwrnod pan oedd yr ysgub yn cael ei chodi yn offrwm i'r ARGLWYDD, rwyt i ddod ag offrwm arall o rawn newydd. 16 Mae hyn i ddigwydd bum deg diwrnod wedyn, sef y diwrnod ar ôl y seithfed Saboth. 17 Tyrd â dwy dorth o fara i'w codi a'u chwifio o flaen yr ARGLWYDD. Maen nhw i gael eu gwneud o ddau gilogram o'r blawd gwenith gorau, a'u pobi gyda burum, fel offrwm wedi'i wneud o rawn cnwd cynta'r cynhaeaf.

18 "Hefyd, rhaid cyflwyno saith oen sy'n flwydd oed, tarw ifanc, a dau hwrdd. Anifeiliaid heb unrhyw nam arnyn nhw, i'w llosgi'n llwyr yn offrwm sy'n arogli'n hyfryd i'r ARGLWYDD, gyda'r offrwm o rawn a'r offrwm o ddiod sydd i fynd gyda pob un. 19 Rwyt i gyflwyno bwch gafr yn offrwm i lanhau o bechod, a dau oen gwryw blwydd oed yn offrwm i gydnabod mor dda ydw i. 20 Rhaid i'r offeiriad eu codi nhw – sef y ddau oen – a'u chwifio nhw o flaen yr ARGLWYDD gyda'r bara sydd wedi'i wneud o rawn cnwd cynta'r cynhaeaf. Byddan nhw wedi'u cysegru ac yn cael eu rhoi i'r offeiriaid. 21 Dych chi i ddathlu ar y diwrnod yma, a dod at eich gilydd i addoli. Peidiwch gweithio fel arfer. Fydd y rheol yma byth yn newid, lle bynnag fyddwch chi'n byw.

22 "Pan fyddi'n casglu'r cynhaeaf, rhaid i ti beidio casglu'r cwbl o bob cornel o'r cae. A phaid mynd drwy'r cae yn casglu popeth sydd wedi'i adael ar ôl. Rhaid i ti adael peth i bobl dlawd, a'r rhai sydd ddim yn bobl Israel. Fi ydy'r ARGLWYDD eich Duw chi."

Gŵyl yr Utgyrn

(Numeri 29:1-6)

23 Dyma'r ARGLWYDD yn dweud wrth Moses: 24 "Dwed wrth bobl Israel:

"Ar ddiwrnod cyntaf y seithfed mis[f] dych chi i orffwys yn llwyr. Diwrnod y cofio fydd hwn, yn cael ei gyhoeddi drwy ganu utgyrn pan fyddwch chi'n dod at eich gilydd i addoli. 25 Peidiwch gweithio fel arfer, ond dod a chyflwyno rhoddion i'w llosgi i'r ARGLWYDD."

Y Dydd i wneud pethau'n iawn

(Numeri 29:7-11)

26 Dyma'r ARGLWYDD yn dweud wrth Moses: 27 "Y degfed diwrnod o'r seithfed mis ydy'r diwrnod i wneud pethau'n hollol iawn rhyngoch chi a Duw. Rhaid i chi ddod at eich gilydd i addoli. Rhaid i chi beidio bwyta, i ddangos eich bod chi'n sori am eich pechod, a dod â rhoddion i'w llosgi i'r ARGLWYDD. 28 Peidiwch gweithio ar y diwrnod yna, am mai'r diwrnod i wneud pethau'n iawn rhyngoch chi a'r ARGLWYDD eich Duw ydy e. 29 Yn wir, os bydd rhywun yn gwrthod mynd heb fwyd, bydd y person hwnnw yn cael ei dorri allan o gymdeithas pobl Dduw. 30 Ac os bydd unrhyw un yn gweithio ar y diwrnod hwnnw, bydda i'n dinistrio'r person hwnnw – bydd e'n marw. 31 Rhaid i chi beidio gweithio! Fydd y rheol yma byth yn newid, ble bynnag fyddwch chi'n byw. 32 Mae'r

---

f 23:24 *seithfed mis* gw. y sylw ar 16:29.

diwrnod yma yn ddiwrnod o orffwys llwyr i chi, fel y Saboth. Rhaid i chi beidio bwyta o'r amser pan fydd hi'n nosi y noson cynt nes iddi nosi y diwrnod hwnnw. Rhaid i chi ei gadw fel Saboth."

Gŵyl y Pebyll

(Numeri 29:12-40)

33 Dyma'r ARGLWYDD yn dweud wrth Moses: 34 "Dwed wrth bobl Israel:
"Ar y pymthegfed diwrnod o'r seithfed mis[ff] rhaid i bawb ddathlu Gŵyl y Pebyll am saith
diwrnod. 35 Does neb i weithio ar ddiwrnod cynta'r Ŵyl. Byddwch yn dod at eich gilydd i addoli.
36 Rhaid i chi gyflwyno offrwm i'w losgi i'r ARGLWYDD bob dydd am saith diwrnod. Ar yr wythfed
diwrnod, byddwch yn dod at eich gilydd i addoli a chyflwyno rhoddion i'r ARGLWYDD. Dyma'r
diwrnod olaf i chi ddod at eich gilydd. Rhaid i chi beidio gweithio o gwbl.
37 "Dyma'r gwyliau penodol dw i wedi'u dewis i chi ddod at eich gilydd i addoli. Rhaid i chi
gyflwyno rhoddion i'r ARGLWYDD – offrymau i'w llosgi'n llwyr, offrymau o rawn, aberthau, a'r
offrymau o ddiod sydd wedi'u penodi ar gyfer bob dydd. 38 Hyn i gyd heb sôn am Sabothau'r
ARGLWYDD, eich rhoddion, eich offrymau wrth wneud addewid, a'r offrymau dych chi'n eu rhoi
o'ch gwirfodd i'r ARGLWYDD.
39 "Ar y pymthegfed diwrnod o'r seithfed mis, pan fyddwch wedi casglu'ch cnydau i gyd,
rhaid i chi ddathlu a chynnal Gŵyl i'r ARGLWYDD am saith diwrnod. Mae'r diwrnod cyntaf i fod yn
ddiwrnod o orffwys llwyr, a'r wythfed diwrnod hefyd. 40 Ar y diwrnod cyntaf, dych chi i gymryd
canghennau o'r coed ffrwythau gorau, canghennau coed palmwydd a choed deiliog eraill, a'r
helyg sy'n tyfu ar lan yr afon – a dathlu o flaen yr ARGLWYDD eich Duw am saith diwrnod. 41 Rhaid
i chi ddathlu'r Ŵyl yma i'r ARGLWYDD am saith diwrnod bob blwyddyn. Mae'n rheol sydd i'w chadw
bob amser yn y seithfed mis. 42 Rhaid i chi aros mewn lloches dros dro am saith diwrnod. Mae pobl
Israel i gyd i aros ynddyn nhw, 43 er mwyn i'ch plant chi wybod mod i wedi gwneud i bobl Israel
aros mewn llochesau felly pan ddes i â nhw allan o wlad yr Aifft. Fi ydy'r ARGLWYDD eich Duw chi."
44 Felly dwedodd Moses wrth bobl Israel am y gwyliau penodol roedd yr ARGLWYDD eisiau
iddyn nhw eu cadw.

Gofalu am y lampau

(Exodus 27:20,21)

24 Dyma'r ARGLWYDD yn dweud wrth Moses: 2 "Dwed wrth bobl Israel fod rhaid iddyn
nhw ddod ag olew olewydd pur i mi fel bod y lampau wedi'u goleuo'n gyson. 3 Mae
Aaron i'w gosod tu allan i'r llen sydd o flaen Arch y dystiolaeth yn y Tabernacl. Rhaid iddo
ofalu eu bod yn llosgi drwy'r nos o flaen yr ARGLWYDD. Mae hyn i fod yn rheol bob amser.
4 Rhaid iddo ofalu bob amser am y lampau ar y menora cysegredig sydd o flaen yr ARGLWYDD.

Y bara wedi'i gysegru i Dduw

5 "Rhaid defnyddio'r blawd gwenith gorau a phobi deuddeg torth gydag e. Dau gilogram
o flawd ar gyfer pob torth. 6 Mae'r deuddeg torth i'w gosod ar y bwrdd cysegredig sydd o flaen
yr ARGLWYDD. Rhaid eu gosod yn ddau bentwr o chwech yr un. 7 Yna rhaid rhoi thus pur ar y ddau
bentwr, a bydd y bara yn ernes, yn rhodd i'r ARGLWYDD. 8 Mae Aaron i wneud hyn yn ddi-ffael
bob Saboth, a'u gosod mewn trefn o flaen yr ARGLWYDD. Mae'n ymrwymiad mae'n rhaid i bobl
Israel ei gadw bob amser. 9 Mae'r offeiriaid, Aaron a'i feibion, i gael y bara. Rhaid iddyn nhw
fwyta'r torthau mewn lle cysegredig am eu bod yn rhoddion sydd wedi'u cysegru i'r ARGLWYDD."

Y gosb am felltithio enw Duw

10-11 Un diwrnod, roedd dyn oedd yn fab i un o wragedd Israel, ond ei dad yn Eifftiwr, wedi
mynd allan o'i babell i wersyll yr Israeliaid. A dyma fe'n dechrau ymladd gydag un o ddynion

---

ff 23:34 *seithfed mis* tua canol Medi i ganol Hydref.

Israel. Dyma fe'n amharchu enw Duw, a melltithio. Felly dyma nhw'n mynd ag e at Moses.
Enw ei fam oedd Shlomit (merch Dibri, o lwyth Dan). 12Dyma nhw'n ei gadw yn y ddalfa nes
byddai'r ARGLWYDD yn gwneud yn glir iddyn nhw beth oedd i ddigwydd iddo.
13A dyma'r ARGLWYDD yn dweud wrth Moses:
14"Mae'r dyn yma wedi fy melltithio i. Dos â fe allan o'r gwersyll, a gwna i'r rhai glywodd
e'n melltithio osod eu dwylo ar ei ben. Wedyn rhaid i bawb sydd wedi dod at ei gilydd yno ei
ladd drwy daflu cerrig ato. 15Wedyn rhaid i ti ddweud wrth bobl Israel, 'Mae unrhyw un sy'n
melltithio enw ei Dduw yn gyfrifol am ei bechod, 16ac mae unrhyw un sy'n amharchu enw'r
ARGLWYDD i farw. Rhaid i bawb daflu cerrig ato a'i ladd. Sdim ots os ydy'r person yn un o bobl
Israel neu'n fewnfudwr sy'n byw yn ein plith. Mae unrhyw un sy'n amharchu enw Duw i farw.
17" 'Marwolaeth ydy'r gosb am lofruddiaeth hefyd. 18Os ydy rhywun yn lladd anifail, rhaid
iddo dalu drwy roi anifail tebyg yn ei le i'r perchennog. 19Os ydy rhywun wedi anafu person
arall, rhaid i'r gosb gyfateb i'r drosedd – 20anaf am anaf, llygad am lygad, dant am ddant –
beth bynnag mae e wedi'i wneud i'r person arall, dyna sydd i gael ei wneud iddo fe. 21Os ydy
rhywun yn lladd anifail, rhaid iddo wneud iawn am y peth. Ond os ydy rhywun yn llofruddio
rhywun arall, rhaid iddo farw. 22Yr un ydy'r gyfraith i bobl Israel a mewnfudwyr sy'n byw yn
eu plith. Fi ydy'r ARGLWYDD eich Duw chi.' "
23Ar ôl i Moses ddweud hyn, dyma nhw'n mynd â'r un oedd wedi melltithio Duw allan o'r
gwersyll, a'i ladd drwy daflu cerrig ato. Felly dyma bobl Israel yn gwneud yn union fel roedd
yr ARGLWYDD wedi dweud wrth Moses.

Blwyddyn canslo dyledion

(Deuteronomium 15:1-11)

25 Pan oedd Moses ar Fynydd Sinai, dyma'r ARGLWYDD yn dweud wrtho: 2"Dwed wrth
bobl Israel:
"Pan fyddwch chi wedi cyrraedd y wlad dw i'n ei rhoi i chi, rhaid i'r tir gadw Saboth i'r ARGLWYDD
a gorffwys. 3Cewch hau eich had a thrin eich gwinllannoedd a chasglu'r cnydau am chwe mlynedd.
4Ond mae'r seithfed flwyddyn i fod yn Saboth i'r ARGLWYDD – blwyddyn i'r tir orffwys. Does dim
hau i fod, na thrin gwinllannoedd. 5Rhaid i chi beidio casglu'r cnwd sy'n tyfu ohono'i hun, na'r
grawnwin o'r gwinllannoedd sydd heb eu trin. Mae'r tir i gael gorffwys yn llwyr am flwyddyn. 6Ond
mae'n iawn i unigolion fwyta beth sy'n tyfu ohono'i hun – chi'ch hunain, y dynion a'r merched
sy'n gaethweision, y bobl sy'n cael eu cyflogi gynnoch chi, ac unrhyw fewnfudwyr sy'n byw yn eich
plith chi. 7Mae yna i'ch anifeiliaid ei fwyta hefyd, a'r anifeiliaid gwyllt sy'n byw ar y tir.

Blwyddyn y Rhyddhau Mawr

8"Bob pedwar deg naw mlynedd (sef saith Saboth o flynyddoedd – saith wedi'i luosi gyda
saith), 9ar y degfed diwrnod o'r seithfed mis,[g] sef y diwrnod i wneud pethau'n hollol iawn,
rhaid canu'r corn hwrdd[ng] drwy'r wlad i gyd. 10Rhaid cyhoeddi fod y flwyddyn wedyn, sef yr
hanner canfed flwyddyn, wedi'i chysegru. Dyma flwyddyn y rhyddhau mawr i bawb drwy'r wlad
i gyd – blwyddyn o ddathlu. Mae pawb i gael eiddo'r teulu yn ôl, ac i fynd yn ôl at ei deulu
estynedig. 11Mae hon i fod yn flwyddyn o ddathlu mawr. Rhaid i chi beidio hau na chasglu'r
cnwd sy'n tyfu ohono'i hun, na'r grawnwin o'r gwinllannoedd sydd heb eu trin. 12Mae'n
flwyddyn o ddathlu, wedi'i chysegru. Mae unigolion i gael bwyta beth sy'n tyfu ohono'i hun.
13"Yn y flwyddyn yma, mae pawb i gael eiddo'r teulu yn ôl. 14Os ydy rhywun yn gwerthu
eiddo, neu'n prynu gan gyd-Israeliad, rhaid bod yn gwbl deg a pheidio cymryd mantais.
15Dylai'r pris gael ei gytuno ar sail faint o flynyddoedd sydd wedi mynd heibio ers blwyddyn
y rhyddhau, a nifer y cnydau fydd y tir yn eu rhoi cyn y flwyddyn rhyddhau nesaf. 16Os oes
blynyddoedd lawer i fynd, bydd y pris yn uwch. Os mai ychydig o flynyddoedd sydd i fynd,

g 25:9 *seithfed mis* gw. y sylw ar 16:29. ng 25:9 *corn hwrdd* Hebraeg, *shoffar*.
24:17 Exodus 21:12

bydd y pris yn is. Beth sy'n cael ei werthu go iawn ydy nifer y cnydau fydd y tir yn eu rhoi.
17 Peidiwch cymryd mantais o rywun arall. Ofnwch eich Duw. Fi ydy'r ARGLWYDD eich Duw chi.
18 "Byddwch yn ufudd a chadw fy rheolau i'n ffyddlon. Cewch fyw yn saff yn y wlad wedyn.
19 Bydd y tir yn rhoi digon i chi ei fwyta, a chewch fyw yn saff. 20 Peidiwch poeni na fydd digon
i'w fwyta yn y seithfed flwyddyn, pan dych chi ddim i fod i hau na chasglu cnydau. 21 Bydda i'n
gwneud yn siŵr fod cnwd y chweched flwyddyn yn ddigon i bara am dair blynedd. 22 Byddwch chi'n
dal i fwyta o gnydau y chweched flwyddyn pan fyddwch chi'n hau eich had yn yr wythfed flwyddyn.
Bydd digon gynnoch chi tan y nawfed flwyddyn pan fydd y cnwd newydd yn barod i'w gasglu.
23 "Dydy tir ddim i gael ei werthu am byth. Fi sydd biau'r tir. Mewnfudwyr neu denantiaid
sy'n byw arno dros dro ydych chi. 24 Pan mae tir yn cael ei werthu, rhaid i'r gwerthwr fod â'r
hawl i'w brynu yn ôl.
25 "Os ydy un o'ch pobl chi yn mynd mor dlawd nes bod rhaid iddo werthu peth o'i dir,
mae gan ei berthynas agosaf hawl i ddod a prynu'r tir yn ôl. 26 Lle does dim perthynas agosaf
yn gallu prynu'r tir, mae'r gwerthwr ei hun yn gallu ei brynu os ydy e'n llwyddo i ennill
digon o arian i wneud hynny. 27 Dylai gyfri faint o flynyddoedd sydd wedi mynd heibio ers
iddo werthu'r tir, talu'r gwahaniaeth i'r person wnaeth ei brynu, a chymryd y tir yn ôl. 28 Os
nad oes ganddo ddigon i brynu ei dir yn ôl, mae'r tir i aros yn nwylo'r prynwr hyd flwyddyn
y rhyddhau mawr. Bydd yn ei gael yn ôl beth bynnag y flwyddyn honno.
29 "Os ydy rhywun yn gwerthu tŷ mewn tref sydd â wal o'i chwmpas, mae ganddo hawl i brynu'r
tŷ yn ôl o fewn blwyddyn ar ôl iddo'i werthu. 30 Os nad ydy'r tŷ yn cael ei brynu'n ôl o fewn
blwyddyn, mae'r prynwr a'i deulu yn cael cadw'r tŷ am byth. Fydd e ddim yn mynd yn ôl i'r
perchennog gwreiddiol pan ddaw blwyddyn y rhyddhau mawr. 31 Ond mae tŷ mewn pentref agored
(sydd heb wal o'i gwmpas) i gael ei drin yr un fath â darn o dir. Mae yna'r un hawliau i'w brynu'n
ôl, a bydd yn mynd yn ôl i'r perchennog gwreiddiol ar flwyddyn y rhyddhau mawr.
32 "Mae'r sefyllfa'n wahanol i'r Lefiaid. Mae ganddyn nhw hawl i brynu tai sy'n eu trefi nhw
yn ôl unrhyw bryd. 33 Bydd unrhyw dŷ sydd wedi cael ei werthu yn un o'u trefi nhw yn cael ei
roi'n ôl iddyn nhw ar flwyddyn y rhyddhau, am mai'r tai yma ydy eu heiddo nhw. 34 A dydy
tir pori o gwmpas trefi y Lefiaid ddim i gael ei werthu. Nhw sydd biau'r tir yna bob amser.

Helpu'r tlawd

35 "Os ydy un o bobl Israel yn colli popeth ac yn methu cynnal ei hun, rhaid i chi ei helpu,
yn union fel y byddech chi'n gofalu am rywun o'r tu allan neu am ymwelydd. 36 Peidiwch
cymryd mantais ohono neu ddisgwyl iddo dalu llog ar fenthyciad. Rhaid i chi ddangos parch
at Dduw drwy adael i'r person ddal i fyw yn eich plith chi. 37 Peidiwch disgwyl iddo dalu llog
ar fenthyciad, a pheidiwch gwneud elw wrth werthu bwyd iddo. 38 Fi ydy'r ARGLWYDD eich
Duw chi. Fi wnaeth eich achub chi o'r Aifft, rhoi gwlad Canaan i chi, a bod yn Dduw i chi.
39 "Os ydy un o bobl Israel yn colli popeth ac yn gwerthu'i hun yn gaethwas i chi, peidiwch
gwneud iddo weithio fel caethwas. 40 Dylech ei drin fel gweithiwr sy'n cael ei gyflogi gynnoch
chi, neu fel mewnfudwr sy'n aros gyda chi. Mae i weithio i chi hyd flwyddyn y rhyddhau
mawr. 41 Ar ôl hynny bydd e a'i blant yn rhydd i fynd yn ôl at eu teulu a'u heiddo. 42 Fy
ngweision i ydyn nhw. Fi ddaeth â nhw allan o'r Aifft. Felly dŷn nhw ddim i gael eu gwerthu
fel caethweision. 43 Peidiwch bod yn greulon wrthyn nhw. Dangoswch barch at eich Duw.
44 "Os oes gynnoch chi eisiau dynion neu ferched yn gaethweision, dylech chi eu prynu nhw
o'r gwledydd eraill sydd o'ch cwmpas. 45 Cewch brynu plant mewnfudwyr sy'n byw yn eich plith
chi hefyd – hyd yn oed y rhai sydd wedi'u geni a'u magu yn eich gwlad chi. Gallan nhw fod
yn eiddo i chi. 46 Cewch eu pasio ymlaen i'ch plant yn eich ewyllys hefyd. Cewch eu cadw nhw
yn gaethweision am byth. Ond cofiwch, does gan neb hawl i drin un o bobl Israel yn greulon.
47 "Dwedwch fod un o'r mewnfudwyr, rhywun sydd ddim yn un o bobl Israel, yn llwyddo ac
yn dod yn gyfoethog iawn. Mae un o bobl Israel sy'n byw yn yr un ardal yn colli popeth, ac mor

---

25:39-46 Exodus 21:2-6; Deuteronomium 15:12-18

dlawd nes ei fod yn gwerthu ei hun yn gaethwas i'r person sydd ddim yn dod o Israel, neu i un
o'i deulu. 48 Mae'n dal efo'r hawl i brynu ei ryddid. Gall un o'i frodyr brynu ei ryddid, 49 neu
ewyrth neu gefnder, neu'n wir unrhyw un o'r teulu estynedig. Neu os ydy e'n llwyddo i wneud
arian, gall brynu ei ryddid ei hun. 50 Dylai dalu am y blynyddoedd sydd rhwng y flwyddyn
wnaeth e werthu ei hun a blwyddyn y rhyddhau mawr. Dylai'r pris fod yr un faint â beth
fyddai gweithiwr sy'n cael ei gyflogi wedi'i ennill yn y blynyddoedd hynny. 51 Os oes nifer fawr
o flynyddoedd i fynd, bydd y pris yn uchel, 52 ond os mai dim ond ychydig o flynyddoedd sydd
ar ôl, bydd y pris yn is. 53 Mae i gael ei drin fel gweithiwr sy'n cael ei gyflogi bob blwyddyn,
a dydy e ddim i gael ei drin yn greulon. 54 Os nad oes rhywun yn prynu ei ryddid, mae'n dal
i gael mynd yn rhydd ar flwyddyn y rhyddhau mawr – y dyn a'i blant gydag e. 55 Fy ngweision
i ydy pobl Israel. Fi ddaeth â nhw allan o'r Aifft. Fi ydy'r ARGLWYDD eich Duw chi.

Bendithion am fod yn ufudd i'r ARGLWYDD

(Deuteronomium 7:12-24; 28:1-14)

26 "Peidiwch gwneud eilun-dduwiau i chi'ch hunain. Peidiwch gwneud delw o rywbeth,
neu godi colofn gysegredig, na gosod cerflun ar eich tir i blygu o'i flaen a'i addoli.
Fi ydy'r ARGLWYDD eich Duw chi. 2 Rhaid i chi gadw fy Sabothau a pharchu fy lle cysegredig
i. Fi ydy'r ARGLWYDD.
3 "Os byddwch chi'n ufudd a ffyddlon, ac yn gwneud beth dw i'n ddweud, 4 bydda i'n anfon
glaw ar yr amser iawn, er mwyn i gnydau dyfu ar y tir, a ffrwythau ar y coed. 5 Byddwch yn cael
cnydau gwych, a llwythi o rawnwin. Bydd gynnoch chi fwy na digon i'w fwyta, a chewch fyw
yn saff yn y wlad. 6 Bydda i'n rhoi heddwch a llonydd i chi. Byddwch yn gallu gorwedd i gysgu
heb fod ofn. Bydda i'n cael gwared â'r anifeiliaid peryglus sy'n y wlad, a fydd neb yn ymosod
ar y wlad. 7 Byddwch chi'n concro'ch gelynion. Byddwch yn eu lladd nhw gyda'r cleddyf. 8 Bydd
pump ohonoch chi yn curo cant ohonyn nhw, a chant yn curo deg mil. Byddwch yn eu lladd
nhw gyda'r cleddyf. 9 Bydda i'n eich helpu chi. Byddwch chi'n cael lot fawr o ddisgynyddion.
Bydda i'n cadw'r ymrwymiad wnes i i chi. 10 Fydd gynnoch chi ddim digon o le i gadw eich
cnydau i gyd. Bydd rhaid i chi daflu peth o gnwd y flwyddyn cynt i ffwrdd. 11 Bydda i'n dod
i fyw yn eich canol chi. Fydda i ddim yn eich ffieiddio chi. 12 Bydda i'n byw yn eich plith chi.
Fi fydd eich Duw chi, a chi fydd fy mhobl i. 13 Fi ydy'r ARGLWYDD eich Duw chi. Fi wnaeth eich
achub chi o'r Aifft, er mwyn i chi beidio bod yn gaethweision iddyn nhw. Dyma fi'n torri'r
iau ar eich cefnau chi, i chi allu sefyll yn syth a cherdded yn rhydd.

Cosb am fod yn anufudd i'r ARGLWYDD

(Deuteronomium 28:15-68)

14 "Ond os byddwch chi'n anufudd ac yn gwrthod gwneud beth dw i'n ei ddweud, byddwch
chi'n cael eich cosbi. 15 Os byddwch chi'n gwrthod cadw fy rheolau i ac yn torri'r ymrwymiad
wnes i gyda chi, 16 dyma fydda i'n ei wneud: Bydda i'n dod â thrychineb sydyn arnoch chi
– afiechydon na ellir mo'u gwella, gwres uchel, colli'ch golwg a cholli archwaeth at fwyd.
Byddwch yn hau eich had i ddim byd achos bydd eich gelynion yn bwyta'r cnwd. 17 Bydda
i'n troi yn eich erbyn chi. Bydd eich gelynion yn eich sathru chi dan draed. Bydd y rhai sy'n
eich casáu chi yn eich rheoli chi. Byddwch chi'n dianc i ffwrdd er bod neb yn eich erlid chi.
18 Ac os byddwch chi'n dal ddim yn gwrando arna i, bydda i'n eich cosbi chi yn llawer iawn
gwaeth.[h] 19 Bydda i'n delio gyda'ch balchder ystyfnig chi. Bydd yr awyr yn galed fel haearn,
a'r ddaear fel pres, am fod dim glaw. 20 Byddwch chi'n gweithio'n galed i ddim byd. Fydd
dim cnydau'n tyfu ar y tir, a dim ffrwyth yn tyfu ar y coed.
21 "Os dych chi'n mynnu tynnu'n groes a gwrthod gwrando, bydda i'n eich cosbi chi'n waeth
fyth. 22 Bydda i'n anfon anifeiliaid gwyllt i ymosod arnoch chi. Byddan nhw'n lladd eich plant,
yn difa eich anifeiliaid. Bydd y boblogaeth yn lleihau a'r ffyrdd yn wag.

---

h 26:18 *llawer iawn gwaeth* Hebraeg, "saith gwaith".

23“Os fydd hynny i gyd ddim yn gwneud i chi droi'n ôl ata i, ac os byddwch chi'n dal
i dynnu'n groes, 24bydda i'n troi yn eich erbyn chi. Bydda i, ie fi fy hun, yn eich cosbi chi'n
waeth fyth. 25Bydd rhyfel yn dechrau. Dyma'r dial wnes i sôn amdano pan wnes i'r ymrwymiad
gyda chi. Byddwch chi'n dianc i'r trefi caerog, ond yn dioddef o afiechydon yno, a bydd eich
gelynion yn eich dal chi. 26Fydd gynnoch chi ddim bwyd. Bydd un ffwrn yn ddigon i ddeg
o wragedd bobi ynddi. Fydd yna ddim ond briwsion i bawb. Fydd yna byth ddigon i'w fwyta.

27“Wedyn, os fyddwch chi'n dal ddim yn gwrando arna i, ac yn dal i dynnu'n groes, 28bydda
i'n wirioneddol ddig. Bydda i'n troi yn eich erbyn chi, a bydda i, ie fi fy hun, yn eich cosbi
chi'n ofnadwy. 29Byddwch chi'n dioddef newyn mor ofnadwy nes byddwch chi'n bwyta eich
plant eich hunain – eich bechgyn a'ch merched. 30Bydda i'n dinistrio'ch allorau paganaidd
chi, a'ch lleoedd cysegredig, ac yn taflu'ch cyrff marw chi ar 'gyrff' eich eilun-dduwiau chi.
Bydda i'n eich ffieiddio chi. 31Bydd eich trefi'n adfeilion a'ch temlau chi'n cael eu dinistrio.
Fydd eich offrymau chi ddim yn fy mhlesio i o gwbl. 32Bydd eich tir chi yn y fath gyflwr, bydd
y gelynion fydd yn dod i fyw yno wedi dychryn. 33Bydd y rhyfel yn dinistrio'r wlad a'r trefi,
a byddwch chi'n cael eich gyrru ar chwâl drwy'r gwledydd. 34Tra byddwch chi'n gaethion
yng ngwlad eich gelynion, bydd y tir yn cael gorffwys. 35Bydd e'n cael mwynhau gorffwys
y Saboth roedd i fod i'w gael pan oeddech chi'n byw yno. 36Bydd y rhai ohonoch chi fydd
yn dal yn fyw wedi anobeithio'n llwyr yng ngwlad y gelyn. Bydd sŵn deilen yn ysgwyd yn
ddigon i'w dychryn nhw. Byddan nhw'n dianc oddi wrth y cleddyf ac yn syrthio, er bod neb
yn eu herlid nhw. 37Byddwch chi'n baglu dros eich gilydd wrth ddianc, er bod neb ar eich
ôl chi. Fydd neb ohonoch chi'n ddigon cryf i sefyll yn erbyn y gelyn. 38Bydd llawer ohonoch
chi'n marw ac yn cael eich claddu mewn gwledydd tramor. 39A bydd y rhai sy'n dal yn fyw
yn gwywo yng ngwlad y gelyn o achos eu drygioni, a'r holl bethau drwg wnaeth eu hynafiaid.

40“Ond os gwnân nhw gyfaddef eu bod nhw a'u hynafiaid wedi bod ar fai; eu bod nhw wedi
fy mradychu, bod yn anffyddlon a thynnu'n groes i mi; 41(Dyna pam wnes i droi yn eu herbyn
nhw a mynd â nhw i wlad eu gelynion); os gwnân nhw stopio bod mor ystyfnig a derbyn eu
bod nhw wedi bod ar fai, 42bydda i'n cofio'r ymrwymiad wnes i gyda Jacob, a gydag Isaac,
a gydag Abraham, a beth wnes i ei addo am y tir rois i iddyn nhw. 43Byddan nhw wedi gadael
y tir er mwyn iddo fwynhau gorffwys y Sabothau roedd i fod i'w cael. Bydd y tir yn gorwedd yn
anial hebddyn nhw. Bydd rhaid iddyn nhw dderbyn eu bod nhw wedi bod ar fai yn gwrthod
gwrando arna i na chadw fy rheolau.

44“Ac eto i gyd, pan fyddan nhw yng ngwlad eu gelynion, fydda i ddim yn troi cefn arnyn
nhw a'u ffieiddio nhw a'u dinistrio nhw'n llwyr. Fydda i ddim yn torri'r ymrwymiad wnes
i gyda nhw, am mai fi ydy'r ARGLWYDD eu Duw nhw. 45Bydda i'n cofio'r ymrwymiad wnes
i gyda'i hynafiaid nhw pan ddes i â nhw allan o'r Aifft i fod yn Dduw iddyn nhw. Roedd pobl
y gwledydd i gyd wedi gweld y peth. Fi ydy'r ARGLWYDD.”

46Dyma'r rheolau a'r canllawiau roddodd yr ARGLWYDD i bobl Israel drwy Moses ar Fynydd
Sinai.

Gwneud addewidion i'r ARGLWYDD

27 Dyma'r ARGLWYDD yn dweud wrth Moses: 2“Dwed wrth bobl Israel:
“Os ydy rhywun wedi addo cyflwyno person i mi, dyma'r prisiau sydd i'w talu (yn
arian swyddogol y cysegr):

3-7 – Pum deg darn arian am ddyn rhwng ugain oed a chwe deg oed,
a tri deg darn arian am wraig.
– Dau ddeg darn arian am fachgen rhwng pump oed ac ugain oed,
a deg darn arian am ferch.
– Pump darn arian am fachgen rhwng un mis a phump oed,
a tri darn arian am ferch.
– Un deg pump darn arian am ddyn dros chwe deg oed,
a deg darn arian am wraig.

8 "Os ydy'r un wnaeth yr adduned yn rhy dlawd i dalu'r pris llawn, rhaid iddo fynd â'r
person sydd wedi cael ei gyflwyno i mi at yr offeiriad. Bydd yr offeiriad yn penderfynu faint
mae'r sawl wnaeth yr adduned yn gallu ei fforddio.
9 "Os ydy rhywun wedi addo rhoi anifail i'w gyflwyno'n offrwm i'r ARGLWYDD, mae'r rhodd
yna'n gysegredig. 10 Dydy'r anifail ddim i gael ei gyfnewid am un arall, hyd yn oed os ydy'r
anifail hwnnw'n un gwell. Os ydy e'n ceisio gwneud hynny, bydd y ddau anifail yn gysegredig.
11 Os ydy e ddim yn anifail cymwys i'w offrymu i'r ARGLWYDD, rhaid iddo fynd â'r anifail hwnnw
i'w ddangos i'r offeiriad. 12 Bydd yr offeiriad yn penderfynu beth ydy gwerth yr anifail. 13 Wedyn,
os ydy'r person wnaeth addo'r anifail eisiau ei brynu'n ôl, rhaid iddo ychwanegu 20% at y pris.
14 "Os ydy rhywun yn addo rhoi ei dŷ i'w gysegru i'r ARGLWYDD, mae'r offeiriad i benderfynu
beth ydy gwerth y tŷ. 15 Os ydy'r person wnaeth gyflwyno'r tŷ eisiau ei brynu'n ôl, rhaid iddo
ychwanegu 20% at y pris, a bydd yn ei gael.
16 "Os ydy rhywun yn addo rhoi peth o dir y teulu i'w gysegru i'r ARGLWYDD, dylid penderfynu
beth ydy ei werth yn ôl faint o gnwd fyddai'n tyfu arno. Pum deg darn arian am bob cant
cilogram o haidd. 17 Os ydy'r tir yn cael ei addo yn ystod blwyddyn y rhyddhau mawr, rhaid
talu'r gwerth llawn. 18 Unrhyw bryd ar ôl hynny, bydd yr offeiriad yn penderfynu faint yn llai
sydd i'w dalu ar sail faint o flynyddoedd sydd ar ôl cyn y flwyddyn rhyddhau nesaf. 19 Os ydy'r
person wnaeth gyflwyno'r tir eisiau ei brynu'n ôl, rhaid iddo ychwanegu 20% at y pris, a bydd
yn ei gael. 20 Ond os ydy e'n gwerthu'r tir i rywun arall, fydd e ddim yn cael ei brynu'n ôl
byth. 21 Pan ddaw blwyddyn y rhyddhau mawr, bydd y tir wedi'i neilltuo unwaith ac am byth
i'r ARGLWYDD ei gadw. Bydd yn cael ei roi yng ngofal yr offeiriaid.
22 "Os ydy rhywun yn cysegru i'r ARGLWYDD ddarn o dir sydd wedi'i brynu (sef tir oedd ddim yn
perthyn i'w deulu), 23 bydd yr offeiriad yn penderfynu faint mae e'n werth. Bydd yn ei brisio ar
sail faint o flynyddoedd sydd ar ôl cyn y flwyddyn rhyddhau nesaf. Rhaid talu am y tir y diwrnod
hwnnw. Mae wedi'i gysegru i'r ARGLWYDD. 24 Ar flwyddyn y rhyddhau, bydd y tir yn mynd yn ôl i'r
person y cafodd y tir ei brynu ganddo'n wreiddiol (sef y sawl roedd y tir yn rhan o etifeddiaeth ei
deulu). 25 Mae'r pris i'w dalu yn ôl mesur safonol y cysegr – sef un sicl yn pwyso dau ddeg gera.

Gwahanol offrymau

26 "Does gan neb hawl i gyflwyno anifail cyntaf-anedig i'r ARGLWYDD (buwch, dafad na gafr),
achos yr ARGLWYDD piau'r anifail hwnnw yn barod. 27 Os ydy e ddim yn anifail cymwys i'w
offrymu i'r ARGLWYDD, mae ganddo hawl i'w brynu'n ôl. Rhaid iddo dalu beth ydy gwerth yr
anifail, ac ychwanegu 20%. Os ydy'r anifail ddim yn cael ei brynu yn ôl, rhaid iddo'i werthu
am faint bynnag mae e'n werth.
28 "Dydy rhywbeth sydd wedi'i gadw o'r neilltu i'r ARGLWYDD (yn berson dynol, yn anifail
neu'n ddarn o dir y teulu) ddim i gael ei werthu na'i brynu'n ôl. Mae popeth sydd wedi'i gadw
o'r neilltu iddo yn gysegredig. Mae'n perthyn i'r ARGLWYDD. 29 Dydy person dynol sydd
wedi'i gadw o'r neilltu iddo ddim i gael ei brynu'n ôl. Rhaid i'r person hwnnw gael ei ladd.
30 "Yr ARGLWYDD sydd biau un rhan o ddeg o bopeth yn y wlad – y cnydau o rawn ac
o ffrwythau. Mae wedi'i gysegru i'r ARGLWYDD. 31 Os ydy rhywun eisiau prynu'r un rhan o ddeg
yn ôl, rhaid iddo dalu'r pris llawn amdano ac ychwanegu 20%.
32 "Mae un rhan o ddeg o'r gyr o wartheg ac o'r praidd o ddefaid a geifr i gael ei gysegru
i'r ARGLWYDD. Wrth iddyn nhw basio dan ffon y bugail i gael eu cyfrif, mae pob degfed anifail
i gael ei gysegru i'r ARGLWYDD. 33 Does gan y perchennog ddim hawl i wahanu'r anifeiliaid
da oddi wrth y rhai gwan, neu i gyfnewid un o'r anifeiliaid. Os ydy e'n gwneud hynny, bydd
y ddau anifail wedi'u cysegru i'r ARGLWYDD. Fydd dim hawl i brynu'r naill na'r llall yn ôl."
34 Dyma'r rheolau roddodd yr ARGLWYDD i bobl Israel drwy Moses ar Fynydd Sinai.

Numeri

Cyfrifiad Cyntaf Israel

1 Flwyddyn ar ôl i bobl Israel adael gwlad yr Aifft, ar ddiwrnod cyntaf yr ail fis,[a] dyma'r
ARGLWYDD yn siarad â Moses. Digwyddodd hyn yn y babell lle roedd Duw yn cyfarfod pobl,
pan oedd pobl Israel yn anialwch Sinai. Dwedodd: 2"Dw i eisiau i ti gynnal cyfrifiad o holl
bobl Israel. Dw i eisiau i ti restru enwau'r dynion i gyd – 3pawb sydd dros ugain oed ac yn
gallu ymuno â'r fyddin. Ti ac Aaron sydd i drefnu hyn, 4gyda help un dyn o bob llwyth sy'n
arweinydd ar ei deulu estynedig.
5-15"Dyma enwau'r dynion sydd i'ch helpu chi:

Llwyth	**Arweinydd**
Reuben	Eliswr fab Shedeŵr
Simeon	Shelwmiel fab Swrishadai
Jwda	Nachshon fab Aminadab
Issachar	Nethanel fab Tswár
Sabulon	Eliab fab Chelon
Yna meibion Joseff:	
Effraim	Elishama fab Amihwd
Manasse	Gamaliel fab Pedatswr
Wedyn,	
Benjamin	Abidan fab Gideoni
Dan	Achieser fab Amishadai
Asher	Pagiel fab Ochran
Gad	Eliasaff fab Dewel
Nafftali	Achira fab Enan."

16Dyna'r arweinwyr gafodd eu dewis o bob llwyth yn benaethiaid ar bobl Israel.
17Felly dyma Moses ac Aaron, a'r dynion yma gafodd eu henwi, 18yn casglu'r bobl i gyd
at ei gilydd y diwrnod hwnnw, sef diwrnod cyntaf yr ail fis. Cafodd pawb eu cofrestru, gan
nodi'r llwyth a'r teulu roedden nhw'n perthyn iddo. Cafodd pob un o'r dynion oedd dros
ugain oed eu rhestru, 19yn union fel roedd yr ARGLWYDD wedi gorchymyn i Moses. Digwyddodd
y cyfrifiad yma yn anialwch Sinai.
20-43A dyma'r canlyniadau, sef nifer y dynion dros ugain oed allai ymuno â'r fyddin, gan
ddechrau gyda Reuben (mab hynaf Israel):

Llwyth	**Nifer**
Reuben	46,500
Simeon	59,300
Gad	45,650
Jwda	74,600
Issachar	54,400
Sabulon	57,400

a 1:1 *ail fis* Sif, ail fis y calendr Hebreig, o tua canol Ebrill i ganol Mai.

Yna meibion Joseff:

Effraim	40,500
Manasse	32,200

Wedyn,

Benjamin	35,400
Dan	62,700
Asher	41,500
Nafftali	53,400

44 Dyma niferoedd y dynion gafodd eu cyfri gan Moses, Aaron, a'r deuddeg arweinydd (pob
un yn cynrychioli llwyth ei hynafiad). 45 Cawson nhw eu cyfrif yn ôl eu teuluoedd – pob un dyn
oedd dros ugain oed ac yn gallu ymuno â'r fyddin. 46 A'r cyfanswm oedd 603,550.
47 Ond doedd y cyfanswm yna ddim yn cynnwys y dynion o lwyth Lefi. 48 Roedd yr ARGLWYDD
wedi dweud wrth Moses, 49 "Paid cynnwys llwyth Lefi yn y cyfrifiad. 50 Mae'r Lefiaid i fod i ofalu
am Dabernacl y Dystiolaeth, a'r holl ddodrefn a'r offer sydd ynddo. Nhw sydd i'w gario, gofalu
amdano, a gwersylla o'i gwmpas. 51 Pan mae'r Tabernacl yn cael ei symud, y Lefiaid sydd i'w
dynnu i lawr a'i godi eto. Os ydy rhywun arall yn mynd yn agos ato, y gosb fydd marwolaeth.
52 "Bydd lle penodol i bob un o lwythau Israel wersylla, a bydd gan bob llwyth ei fflag ei
hun. 53 Ond bydd y Lefiaid yn gwersylla o gwmpas Tabernacl y Dystiolaeth, i amddiffyn pobl
Israel rhag i'r ARGLWYDD ddigio gyda nhw. Cyfrifoldeb y Lefiaid ydy gofalu am Dabernacl
y Dystiolaeth."
54 Felly dyma bobl Israel yn gwneud yn union fel roedd yr ARGLWYDD wedi dweud wrth Moses.

Trefn y Llwythau yn y gwersyll

2 Dyma'r ARGLWYDD yn dweud wrth Moses ac Aaron: 2 Rhaid i bobl Israel wersylla o gwmpas
pabell presenoldeb Duw (sef y Tabernacl), gan wynebu'r Tabernacl. Mae pawb i wersylla
dan fflag eu llwyth eu hunain. 3-9 Ar yr ochr ddwyreiniol, bydd adrannau'r tri llwyth yma yn
gwersylla dan eu fflag:

Llwyth	Arweinydd		Nifer
Jwda	Nachshon fab Aminadab		74,600
Issachar	Nethanel fab Tswár		54,400
Sabulon	Eliab fab Chelon		57,400
		Cyfanswm:	186,400

Y milwyr ar ochr Jwda i'r gwersyll fydd yn arwain y ffordd pan fydd pobl Israel yn symud.
10-16 I'r de, bydd adrannau tri llwyth arall yn gwersylla dan eu fflag:

Llwyth	Arweinydd		Nifer
Reuben	Eliswr fab Shedeŵr		46,500
Simeon	Shelwmiel fab Swrishadai		59,300
Gad	Eliasaff fab Dewel[b]		45,650
		Cyfanswm:	151,450

Y milwyr yma ar ochr Reuben i'r gwersyll fydd yn ail i symud allan.
17 Wedyn bydd gwersyll y Lefiaid yn symud, gyda phabell presenoldeb Duw. Nhw fydd
yn y canol. Mae'r llwythau i gyd i symud allan mewn trefn, pob un ohonyn nhw dan ei
fflag ei hun.
18-24 Ar yr ochr orllewinol, bydd adrannau'r tri llwyth nesaf yn gwersylla dan eu fflag:

b 2:14-15 gw. Numeri 1:14, a llawer o lawysgrifau Hebraeg.

Llwyth	Arweinydd	Nifer
Effraim	Elishama fab Amihwd	40,500
Manasse	Gamaliel fab Pedatswr	32,200
Benjamin	Abidan fab Gideoni	35,400
	Cyfanswm:	108,100

Y milwyr yma ar ochr Effraim i'r gwersyll fydd yn drydydd i symud allan.
25-31 I'r gogledd, bydd adrannau'r tri llwyth olaf yn gwersylla dan eu fflag:

Llwyth	Arweinydd	Nifer
Dan	Achieser fab Amishadai	62,700
Asher	Pagiel fab Ochran	41,500
Nafftali	Achira fab Enan	53,400
	Cyfanswm:	157,600

Y milwyr yma ar ochr Dan i'r gwersyll fydd yn symud allan olaf. Bydd pob llwyth yn mynd
dan ei fflag ei hun.
32 Dyma'r rhai gafodd eu cyfrif o bobl Israel yn ôl eu llwythau. Cyfanswm y dynion yn yr
adrannau i gyd oedd 603,550. 33 Doedd y Lefiaid ddim wedi cael eu cyfrif gyda gweddill pobl
Israel. Dyna oedd yr ARGLWYDD wedi'i orchymyn i Moses. 34 Felly dyma bobl Israel yn gwneud
popeth roedd yr ARGLWYDD wedi'i ddweud wrth Moses. Roedd pob llwyth a theulu yn gwersylla
dan eu fflag eu hunain, ac yn symud gwersyll fel roedd yr ARGLWYDD wedi dweud.

Meibion Aaron

3 Dyma hanes teulu Aaron a Moses pan wnaeth yr ARGLWYDD siarad gyda Moses ar Fynydd
Sinai:
2 Enwau meibion Aaron oedd Nadab (y mab hynaf), Abihw, Eleasar ac Ithamar. 3 Cawson nhw
eu heneinio a'u cysegru i wasanaethu fel offeiriaid. 4 Ond roedd Nadab ac Abihw wedi marw yn
anialwch Sinai wrth ddefnyddio tân o rywle arall i wneud offrwm i'r ARGLWYDD. Doedd ganddyn
nhw ddim plant. Felly Eleasar ac Ithamar oedd yn gwasanaethu fel offeiriaid gyda'u tad Aaron.

Llwyth Lefi i wasanaethu fel offeiriaid

5 Dyma'r ARGLWYDD yn dweud wrth Moses: 6 "Tyrd â llwyth Lefi at Aaron, a'u rhoi nhw iddo
fel ei helpwyr. 7 Byddan nhw'n gwasanaethu Aaron a'r bobl i gyd o flaen pabell presenoldeb
Duw. Nhw fydd yn gyfrifol am wneud yr holl waith yn y Tabernacl. 8 Byddan nhw'n gofalu
am holl offer pabell presenoldeb Duw, ac yn gwasanaethu yn y Tabernacl ar ran pobl Israel.
9 Rwyt i roi'r Lefiaid i Aaron a'i feibion fel eu helpwyr. Maen nhw i weithio iddo fe a neb arall.
10 Aaron a'i feibion sydd i'w penodi'n offeiriaid. Os ydy unrhyw un arall yn mynd yn rhy agos
i'r cysegr, y gosb ydy marwolaeth."
11 A dyma'r ARGLWYDD yn dweud wrth Moses: 12 "Dw i wedi cymryd y Lefiaid i mi fy hun, yn
lle'r mab cyntaf i ddod allan o groth pob gwraig yn Israel. Fi piau'r Lefiaid, 13 am mai fi piau
pob mab cyntaf. Rôn i wedi cysegru pob mab ac anifail cyntaf i gael ei eni i mi fy hun, pan
wnes i ladd y rhai cyntaf i gael eu geni yng ngwlad yr Aifft. Felly fi piau pob un cyntaf i gael
ei eni. Fi ydy'r ARGLWYDD."

Cyfri'r Lefiaid

14 Yna dyma'r ARGLWYDD yn siarad gyda Moses yn anialwch Sinai: 15 "Dw i eisiau i ti gyfri'r
Lefiaid, yn ôl eu teuluoedd estynedig a'u claniau – pob dyn, a phob bachgen sydd dros fis
oed." 16 Felly dyma Moses yn eu cyfri nhw, fel roedd yr ARGLWYDD wedi dweud wrtho.

17 Enwau meibion Lefi oedd Gershon, Cohath a Merari.
18 Enwau claniau meibion Gershon oedd Libni a Shimei.
19 Enwau claniau meibion Cohath oedd Amram, Its'har, Hebron ac Wssiel.
20 Enwau claniau meibion Merari oedd Machli a Mwshi.
Y rhain oedd teuluoedd Lefi yn ôl eu claniau.
21 Disgynyddion Gershon oedd claniau Libni a Simei – 22 sef 7,500 o ddynion a bechgyn
oedd dros fis oed. 23 Roedd teuluoedd y Gershoniaid i wersylla tu ôl i'r Tabernacl,
i'r gorllewin. 24 Ac arweinydd y Gershoniaid oedd Eliasaff fab Laël. 25 Cyfrifoldeb
y Gershoniaid oedd pabell y Tabernacl, y gorchudd, y sgrîn o flaen y fynedfa i babell
presenoldeb Duw, 26 llenni'r iard oedd o gwmpas y Tabernacl a'r allor, y sgrîn o flaen
y fynedfa i'r iard, y rhaffau, a phopeth arall oedd ag unrhyw beth i'w wneud â'r rhain.
27 Disgynyddion Cohath oedd claniau Amram, Its'har, Hebron ac Wssiel – 28 sef 8,600
o ddynion a bechgyn oedd dros fis oed. Nhw oedd yn gyfrifol am y cysegr. 29 Roedd
teuluoedd y Cohathiaid i wersylla i'r de o'r Tabernacl. 30 Ac arweinydd y Cohathiaid
oedd Elitsaffan fab Wssiel. 31 Nhw oedd yn gyfrifol am yr Arch, y bwrdd, y menora (sef
y stand i'r lampau), yr allorau, unrhyw offer oedd yn cael ei ddefnyddio yn y cysegr,
y gorchudd mewnol, a phopeth arall oedd ag unrhyw beth i'w wneud â'r rhain.
32 Eleasar, mab Aaron oedd pennaeth arweinwyr y Lefiaid. Roedd ganddo gyfrifoldeb
arbennig i oruchwylio'r rhai oedd yn gyfrifol am y cysegr.
33 Disgynyddion Merari oedd claniau Machli a Mwshi – 34 sef 6,200 o ddynion a bechgyn
oedd dros fis oed. 35 Arweinydd y Merariaid oedd Swriel fab Afichaïl. Roedden nhw
i wersylla i'r gogledd o'r Tabernacl. 36 Cyfrifoldeb y Merariaid oedd fframiau'r Tabernacl,
y croesfarrau, y polion, y socedi, y llestri i gyd, a phopeth arall oedd ag unrhyw beth i'w
wneud â'r rhain. 37 Hefyd, polion yr iard i gyd, gyda'i socedi, pegiau a rhaffau.
38 Yr unig rai oedd i wersylla ar yr ochr ddwyreiniol, o flaen y Tabernacl, oedd Moses ac
Aaron a'i feibion. Nhw oedd yn gyfrifol am y cysegr ar ran pobl Israel. Os oedd unrhyw un
arall yn mynd yn rhy agos i'r cysegr, y gosb oedd marwolaeth.
39 Nifer y Lefiaid i gyd, gafodd eu cyfri gan Moses ac Aaron, oedd 22,000 o ddynion
a bechgyn dros fis oed.

Y Lefiaid yn cymryd lle'r meibion hynaf

40 Yna dyma'r ARGLWYDD yn dweud wrth Moses: "Dw i eisiau i ti gyfri pob un o'r Israeliaid
sy'n fab hynaf, o fis oed i fyny, a chofrestru enw pob un. 41 Mae'r Lefiaid i gael eu rhoi i mi
yn lle meibion hynaf yr Israeliaid – cofia mai fi ydy'r ARGLWYDD. A fi piau anifeiliaid y Lefiaid
hefyd, yn lle pob anifail cyntaf i gael ei eni i anifeiliaid pobl Israel."
42 Felly dyma Moses yn cyfrif pob un o feibion hynaf yr Israeliaid, fel roedd yr ARGLWYDD wedi
dweud wrtho. 43 Y nifer gafodd eu cyfrif a'u cofrestru oedd 22,273.
44 Yna dyma'r ARGLWYDD yn dweud wrth Moses: 45 "Cymer y Lefiaid yn lle meibion hynaf
pobl Israel, ac anifeiliaid y Lefiaid yn lle eu hanifeiliaid nhw. Fi fydd piau'r Lefiaid. Fi ydy'r
ARGLWYDD. 46 Mae nifer y meibion hynaf ddau gant saith deg tri yn fwy na nifer y Lefiaid. Rwyt
i brynu rhyddid i'r dau gant saith deg tri 47 drwy gasglu pum darn arian am bob un ohonyn
nhw. Dylid ei dalu gydag arian y cysegr, sef darnau arian sy'n pwyso dau ddeg gera yr un.
48 Rho'r arian yma i Aaron a'i feibion."
49 Felly dyma Moses yn casglu'r arian i brynu'n rhydd y meibion hynaf oedd dros ben.
50 Casglodd 1,365 sicl, sef tua un deg pump cilogram o arian. 51 Yna dyma Moses yn rhoi'r
arian i Aaron a'i feibion, yn union fel roedd yr ARGLWYDD wedi dweud wrtho.

Cyfrifoldebau'r Cohathiaid

4 Yna dyma'r ARGLWYDD yn dweud wrth Moses ac Aaron: 2 "Dw i eisiau i ti gynnal cyfrifiad
o deuluoedd y Cohathiaid o lwyth Lefi 3 – pob un sy'n cael gweithio yn y Tabernacl (sef

y dynion rhwng tri deg a phum deg oed). 4Dyma gyfrifoldebau'r Cohathiaid dros bethau
cysegredig y Tabernacl: 5Pan mae'n amser i'r gwersyll symud yn ei flaen, rhaid i Aaron
a'i feibion ddod i gymryd llen y sgrîn i lawr, a'i rhoi dros Arch y dystiolaeth. 6Wedyn rhaid
iddyn nhw roi gorchudd o grwyn môr-fuchod dros honno, ac yna gosod lliain glas dros y cwbl.
Gallan nhw wedyn roi'r polion i gario'r Arch yn eu lle.

7"Wedyn, maen nhw i roi lliain glas dros fwrdd yr ARGLWYDD,[c] ac yna gosod arno y platiau a'r
dysglau, y powlenni a'r jygiau sy'n cael eu defnyddio i dywallt yr offrwm o ddiod. Ac mae'r bara
i aros arno bob amser. 8Wedyn, maen nhw i orchuddio'r cwbl gyda lliain coch, a rhoi gorchudd
o grwyn môr-fuchod dros hwnnw wedyn. Yna gallan nhw roi'r polion i gario'r bwrdd yn eu lle.

9"Nesaf, maen nhw i roi lliain glas dros y menora sy'n rhoi golau, a'i lampau, gefeiliau,
padellau, a'r jariau o olew sy'n mynd gyda hi. 10Yna rhaid iddyn nhw roi'r cwbl mewn
gorchudd o grwyn môr-fuchod, a'i osod ar bolyn i'w gario.

11"Wedyn maen nhw i roi lliain glas dros yr allor aur, ac yna rhoi gorchudd o grwyn môr-
fuchod dros hwnnw. Gallan nhw wedyn roi'r polion i gario'r allor yn eu lle.

12"Wedyn rhaid iddyn nhw gymryd gweddill yr offer sy'n cael eu ddefnyddio yn y cysegr,
a'u rhoi nhw mewn lliain glas. Yna rhoi gorchudd o grwyn môr-fuchod amdanyn nhw, a'u
gosod ar bolyn i'w cario.

13"Yna nesaf, rhaid iddyn nhw daflu'r lludw oedd ar yr allor, cyn rhoi lliain porffor drosti. 14Yna
gosod ei hoffer i gyd arni – y padellau, ffyrc, rhawiau, powlenni taenellu, a holl offer arall yr
allor. Wedyn rhoi gorchudd o grwyn môr-fuchod dros y cwbl, a rhoi'r polion i'w chario yn eu lle.

15"Pan fydd Aaron a'i feibion wedi gorffen gorchuddio'r cysegr a'r holl ddodrefn ac offer
sydd ynddo, a'r gwersyll yn barod i symud, bydd y Cohathiaid yn dod i gario'r cwbl. Ond
rhaid iddyn nhw beidio cyffwrdd unrhyw beth cysegredig, neu byddan nhw'n marw. Dyma
gyfrifoldeb y Cohathiaid gyda'r Tabernacl.

16"Mae Eleasar fab Aaron, yr offeiriad, i fod yn gyfrifol am yr olew ar gyfer y golau, yr
arogldarth persawrus, y grawn ar gyfer yr offrwm dyddiol, a'r olew eneinio. Ond mae hefyd
yn gyfrifol am y Tabernacl i gyd, a phopeth sydd ynddo, a'r cysegr a'i holl ddodrefn."

17Dyma'r ARGLWYDD yn dweud wrth Moses ac Aaron: 18"Peidiwch gadael i dylwythau'r
Cohathiaid ddiflannu o blith y Lefiaid. 19Er mwyn gwneud yn siŵr eu bod nhw ddim yn marw
wrth fynd yn agos at y pethau cysegredig, rhaid gwneud hyn: Rhaid i Aaron a'i feibion ddweud
wrth bob dyn yn union beth ydy ei gyfrifoldeb e. 20A rhaid i'r Cohathiaid beidio edrych ar
y pethau cysegredig yn cael eu gorchuddio, neu byddan nhw'n marw."

Cyfrifoldebau'r Gershoniaid

21Yna dyma'r ARGLWYDD yn dweud wrth Moses: 22"Dw i eisiau i ti gynnal cyfrifiad o deuluoedd
y Gershoniaid hefyd 23– pob un sy'n cael gweithio yn y Tabernacl (sef y dynion rhwng tri deg
a phum deg oed). 24Dyma gyfrifoldebau'r Gershoniaid, a'r gwaith maen nhw i'w gyflawni:
25Nhw sydd i gario llenni'r Tabernacl a phabell presenoldeb Duw a'i gorchudd, y gorchudd
o grwyn môr-fuchod, y sgrîn ar draws y fynedfa i'r iard, 26y llenni o gwmpas yr iard, y sgrîn
sydd o flaen y fynedfa i'r iard sydd o gwmpas y tabernacl a'r allor, a'r rhaffau, a phopeth
arall sy'n gysylltiedig â'r rhain. Dyna'r gwaith maen nhw i'w wneud. 27Aaron a'i feibion
sydd i oruchwylio'r gwaith mae'r Gershoniaid yn ei wneud – beth sydd i'w gario, ac unrhyw
beth arall sydd i'w wneud. Nhw sydd i ddweud yn union beth ydy cyfrifoldeb pawb. 28Dyna
gyfrifoldeb y Gershoniaid yn y Tabernacl. Byddan nhw'n atebol i Ithamar fab Aaron, yr offeiriad.

Cyfrifoldebau'r Merariaid

29"Ac wedyn y Merariaid. Dw i eisiau i ti gynnal cyfrifiad o'u teuluoedd nhw 30– pob un
sy'n cael gweithio yn y Tabernacl (sef y dynion rhwng tri deg a phum deg oed). 31Dyma beth

c 4:7 *fwrdd yr ARGLWYDD* Hebraeg, "bwrdd yr wyneb". Roedd wyneb Duw yn ffordd o gyfeirio at bresenoldeb Duw ei hun.

maen nhw i fod i'w gario: fframiau'r Tabernacl, y croesfarrau, y polion a'r socedi. 32 Hefyd,
polion yr iard i gyd, gyda'i socedi, pegiau a rhaffau, a phopeth arall i'w wneud â'r rhain. Rhaid
dweud wrth bob dyn beth yn union mae e'n gyfrifol am ei gario. 33 Dyna waith y Merariaid
– eu cyfrifoldeb nhw dros babell presenoldeb Duw. Maen nhw hefyd yn atebol i Ithamar fab
Aaron, yr offeiriad."

Canlyniadau'r Cyfrifiad

34-48 Felly dyma Moses ac Aaron a'r arweinwyr eraill yn cynnal cyfrifiad o deuluoedd y tri clan
oedd yn perthyn i lwyth Lefi – y Cohathiaid, y Gershoniaid a'r Merariaid. Niferoedd y dynion
rhwng tri deg a phum deg oed oedd yn cael gweithio yn y Tabernacl. A dyma'r canlyniad:

Clan	Nifer
Cohathiaid	2,750
Gershoniaid	2,630
Merariaid	3,200
Cyfanswm:	8,580

Roedd Moses ac Aaron wedi'u cyfrif nhw i gyd, fel roedd yr Arglwydd wedi dweud. 49 Roedd
gan bob un ohonyn nhw waith penodol neu gyfrifoldeb i gario rhywbeth arbennig. Yr Arglwydd
oedd wedi dweud hyn i gyd wrth Moses. Dyna hanes y cyfrif, fel roedd yr Arglwydd wedi
dweud wrth Moses.

Pobl sy'n aflan

5 Yna dyma'r Arglwydd yn dweud wrth Moses: 2 "Gorchymyn bobl Israel i anfon allan o'r
gwersyll unrhyw un sy'n dioddef o glefyd heintus ar y croen, neu glefyd ar ei bidyn,
neu ddiferiad o unrhyw fath, neu unrhyw un sy'n aflan am ei fod wedi cyffwrdd corff marw.
3 Dynion a merched fel ei gilydd – rhaid eu gyrru nhw allan fel bod y gwersyll, lle dw i'n byw
yn eich canol chi, ddim yn cael ei wneud yn aflan."

4 Felly dyma bobl Israel yn eu gyrru nhw allan o'r gwersyll, yn union fel roedd yr Arglwydd
wedi dweud wrth Moses.

Gwneud iawn am ryw ddrwg

5 Dyma'r Arglwydd yn dweud wrth Moses: 6 "Dwed wrth bobl Israel, 'Pan mae dyn neu wraig
yn gwneud drwg i rywun arall, mae'n euog o droseddu yn erbyn yr Arglwydd. 7 Mae'n rhaid
iddo gyfadde'r drwg mae wedi'i wneud, talu'r person arall yn ôl yn llawn ac ychwanegu 20%
ato. 8 Ond os ydy'r person gafodd y drwg ei wneud iddo wedi marw a heb berthynas agos
y gellid talu iddo, mae'r tâl i gael ei roi i'r Arglwydd. Mae i'w roi i'r offeiriad, gyda'r hwrdd
mae'n ei gyflwyno i wneud pethau'n iawn rhyngddo a'r Arglwydd. 9 Yr offeiriad sy'n cael yr
holl bethau cysegredig mae pobl Israel yn eu cyflwyno iddo. 10 Mae'r offeiriad yn cael cadw
beth bynnag mae unrhyw un yn ei gyflwyno iddo fel offrwm cysegredig.' "

Achos gŵr sy'n amau fod ei wraig wedi bod yn anffyddlon iddo

11 A dyma'r Arglwydd yn dweud wrth Moses: 12 "Dwed wrth bobl Israel: 'Dyma sydd
i ddigwydd os ydy gwraig rhywun yn anffyddlon iddo: 13 Cymrwch ei bod hi wedi cael rhyw
gyda dyn arall heb yn wybod i'w gŵr. (Doedd neb arall wedi'u gweld nhw, a wnaethon nhw
ddim cael eu dal yn y weithred.) 14 Os ydy'r gŵr yn amau fod rhywbeth wedi digwydd, ac yn
dechrau teimlo'n genfigennus (hyd yn oed os ydy'r wraig yn ddieuog), 15 rhaid i'r gŵr fynd
â hi at yr offeiriad. Mae i gyflwyno cilogram o flawd haidd yn offrwm trosti. Ond rhaid iddo
beidio tywallt olew olewydd ar y blawd na rhoi thus arno, am mai offrwm amheuaeth ydy
e, er mwyn dod â'r drwg i'r amlwg.

16“ ‘Bydd yr offeiriad yn gwneud i'r wraig sefyll o flaen yr ARGLWYDD. 17Wedyn bydd yr
offeiriad yn rhoi dŵr cysegredig mewn cwpan bridd, a rhoi llwch oddi ar lawr y Tabernacl yn
y dŵr. 18Yna, tra mae'r wraig yn sefyll o flaen yr ARGLWYDD, mae'r offeiriad i ddatod ei gwallt hi
a rhoi'r offrwm o rawn yn ei dwylo, sef yr offrwm amheuaeth. Wedyn, mae'r offeiriad i sefyll
o'i blaen hi, gyda'r gwpan o ddŵr chwerw sy'n dod â melltith yn ei law. 19Wedyn rhaid i'r
offeiriad wneud i'r wraig fynd ar ei llw, a dweud wrthi, “Os wyt ti ddim wedi cysgu gyda dyn
arall, a gwneud dy hun yn aflan drwy fod yn anffyddlon i dy ŵr, boed i'r dŵr chwerw yma
sy'n dod â melltith wneud dim drwg i ti. 20-21Ond os wyt ti wedi bod yn anffyddlon, ac wedi
gwneud dy hun yn aflan drwy gael rhyw gyda dyn arall, yna boed i bawb weld fod yr ARGLWYDD
wedi dy felltithio di, am dy fod ti'n methu cael plant byth eto!” (Bydd yr offeiriad wedi rhoi'r
wraig dan lw i gael ei melltithio os ydy hi'n euog.) 22“Bydd y dŵr yma sy'n achosi melltith
yn gwneud niwed i dy gorff, fel dy fod yn methu cael plant byth eto!” A dylai'r wraig ateb,
“Amen, amen.” 23Wedyn, mae'r offeiriad i ysgrifennu'r melltithion yma ar sgrôl, cyn eu crafu
i ffwrdd eto i'r dŵr. 24Yna rhaid iddo wneud i'r wraig yfed y dŵr chwerw sy'n dod â melltith,
fel ei bod yn diodde'n chwerw os ydy hi'n euog. 25Bydd yr offeiriad yn cymryd grawn yr
offrwm amheuaeth o ddwylo'r wraig, ei chwifio o flaen yr ARGLWYDD, a mynd ag e at yr allor.
26Bydd yr offeiriad yn cymryd dyrnaid o'r offrwm i'w losgi'n ernes ar yr allor. Yna bydd yn
gwneud i'r wraig yfed y dŵr.

27“ ‘Os ydy'r wraig wedi gwneud ei hun yn aflan drwy fod yn anffyddlon i'w gŵr, bydd y dŵr
yn gwneud iddi ddiodde'n chwerw. Bydd hi'n methu cael plant byth eto, a bydd ei henw'n
felltith yng ngolwg y bobl. 28Ond os ydy'r wraig yn ddieuog, a heb wneud ei hun yn aflan,
fydd y dŵr yn gwneud dim niwed iddi, a bydd hi'n gallu cael plant eto.

29“ ‘Felly, dyma sut mae delio gydag achos o eiddigedd, pan mae gwraig wedi bod yn
anffyddlon i'w gŵr ac wedi gwneud ei hun yn aflan. 30Neu pan mae gŵr yn amau ei wraig
ac yn dechrau teimlo'n eiddigeddus. Rhaid iddo ddod â'i wraig i sefyll o flaen yr ARGLWYDD,
a bydd yr offeiriad yn mynd drwy'r ddefod yma gyda hi. 31Fydd y gŵr ddim yn euog o wneud
unrhyw beth o'i le, ond bydd y wraig yn gyfrifol am ei phechod.’ ”

Y Nasareaid

6 Dyma'r ARGLWYDD yn dweud wrth Moses: 2“Dwed wrth bobl Israel:
“Pan mae dynion neu wragedd yn addo ar lw i fyw fel Nasareaid, a chysegru eu hunain
i'r ARGLWYDD, 3rhaid iddyn nhw ymwrthod yn llwyr â gwin a diod feddwol. Rhaid iddyn nhw
beidio yfed finegr wedi'i wneud o win, na hyd yn oed yfed sudd grawnwin. A rhaid iddyn
nhw beidio bwyta grawnwin na rhesins. 4Tra maen nhw wedi cysegru eu hunain, rhaid iddyn
nhw beidio bwyta unrhyw beth sydd wedi tyfu ar y winwydden – dim hyd yn oed croen neu
hadau'r grawnwin. 5Rhaid iddyn nhw hefyd beidio torri eu gwalltiau yn y cyfnod yma, am
eu bod wedi cysegru eu hunain i'r ARGLWYDD. Rhaid iddyn nhw adael i'w gwallt dyfu'n hir.
6Rhaid iddyn nhw hefyd beidio mynd yn agos at gorff marw tra maen nhw wedi cysegru eu
hunain i'r ARGLWYDD 7– hyd yn oed os ydy tad, mam, brawd neu chwaer un ohonyn nhw yn
marw. Mae'r arwydd fod y person hwnnw wedi cysegru ei hun i'r ARGLWYDD ar ei ben. 8Maen
nhw i gysegru eu hunain yn llwyr i'r ARGLWYDD drwy gydol y cyfnod yma.

9“Os ydy rhywun yn syrthio'n farw wrth ymyl un ohonyn nhw, ac yn achosi i'w ben gael ei
lygru, rhaid aros saith diwrnod, ac yna siafio'r pen ar ddiwrnod y puro. 10Yna'r diwrnod wedyn
mynd â dwy durtur neu ddwy golomen at fynedfa pabell presenoldeb Duw, i'w rhoi i'r offeiriad.
11Bydd yr offeiriad yn eu cyflwyno nhw – un yn offrwm puro a'r llall yn offrwm i'w losgi. Bydd
yr offeiriad yn gwneud pethau'n iawn rhyngddo a Duw ar ôl i'r corff marw ei wneud yn euog.
Wedyn bydd yn ailgysegru ei hun y diwrnod hwnnw. 12Bydd rhaid iddo ddechrau o'r dechrau,
a chyflwyno oen gwryw blwydd oed yn offrwm i gyfaddef bai. Fydd y dyddiau oedd wedi'u
cyflawni cyn i'r person gael ei wneud yn aflan gan y corff marw ddim yn cyfrif.

13“Dyma'r ddefod ar gyfer Nasareaid: Ar ddiwedd y cyfnod pan oedden nhw wedi cysegru
eu hunain, rhaid mynd â nhw at fynedfa pabell presenoldeb Duw, 14a chyflwyno'r offrymau

canlynol i'r ARGLWYDD: oen gwryw blwydd oed sydd â dim byd o'i le arno yn offrwm i'w losgi'n
llwyr, oen banw blwydd oed sydd â dim byd o'i le arni yn offrwm puro, ac un hwrdd sydd
â ddim byd o'i le arno yn offrwm i gydnabod daioni'r ARGLWYDD. 15Hefyd, basged o fara heb
furum ynddo, cacennau o flawd mân wedi'i gymysgu gydag olew olewydd, bisgedi tenau
wedi'u brwsio gydag olew olewydd, a'r offrymau o rawn a diod sydd i fynd gyda nhw. 16Bydd
yr offeiriad yn cyflwyno'r rhain i gyd i'r ARGLWYDD – sef yr offrwm puro a'r offrwm i'w losgi'n
llwyr. 17Yna'r hwrdd yn offrwm i gydnabod daioni'r ARGLWYDD, gyda'r fasged o fara heb furum
ynddo. A rhaid iddo hefyd gyflwyno'r offrymau o rawn a diod.
18"Ar ôl hynny, rhaid i'r Nasaread siafio'i ben wrth y fynedfa i babell presenoldeb Duw.
Yna cymryd ei wallt, a'i roi ar y tân lle mae'r offrwm i gydnabod daioni'r ARGLWYDD yn llosgi.
19Ar ôl i ben y Nasaread gael ei siafio, rhaid i'r offeiriad gymryd ysgwydd yr hwrdd wedi iddo
gael ei ferwi, un o'r cacennau ac un o'r bisgedi tenau sydd heb furum ynddyn nhw, a'u rhoi
nhw i gyd yn nwylo'r Nasaread. 20Wedyn mae'r offeiriad i'w chwifio nhw o flaen yr ARGLWYDD.
Mae'r darnau yma'n cael eu cysegru a'u rhoi i'r offeiriad, gyda'r frest a rhan uchaf y goes
ôl sy'n cael ei chwifio. Ar ôl mynd drwy'r ddefod yma, bydd y Nasaread yn cael yfed gwin
eto. 21Dyma ddefod y Nasaread. Dyma'i offrwm i'r ARGLWYDD ar ôl cysegru ei hun, heb sôn
am unrhyw beth arall mae wedi'i addo i'r ARGLWYDD. Rhaid iddo wneud beth bynnag roedd
wedi'i addo pan oedd yn mynd drwy'r ddefod o gysegru ei hun."

Y Fendith Offeiriadol

22Dyma'r ARGLWYDD yn dweud wrth Moses: 23"Dwed wrth Aaron a'i feibion mai dyma sut
maen nhw i fendithio pobl Israel:

24 'Boed i'r ARGLWYDD eich bendithio chi
a'ch amddiffyn chi.
25 Boed i'r ARGLWYDD wenu'n garedig arnoch chi,
a bod yn hael tuag atoch chi.
26 Boed i'r ARGLWYDD fod yn dda atoch chi,
a rhoi heddwch i chi.'

27Bydda i'n bendithio pobl Israel wrth i Aaron a'i feibion wneud hyn ar fy rhan i."

Offrymau'r arweinwyr

7 Ar y diwrnod pan oedd Moses wedi gorffen codi'r Tabernacl, dyma fe'n eneinio
a chysegru'r cwbl – y Tabernacl ei hun a'r holl ddodrefn ynddo, a'r allor a'i holl offer.
2Yna dyma arweinwyr Israel yn dod i wneud offrwm. (Nhw oedd yr arweinwyr oedd wedi bod
yn goruchwylio'r cyfrifiad.) 3Dyma nhw'n dod â chwe wagen gyda tho, a deuddeg o ychen
– sef un wagen ar gyfer dau arweinydd, a tharw bob un. A dyma nhw'n eu cyflwyno nhw i'r
ARGLWYDD o flaen y Tabernacl.
4A dyma'r ARGLWYDD yn dweud wrth Moses: 5"Derbyn yr ychen a'r wagenni yma ganddyn
nhw, i'w defnyddio yng ngwaith y Tabernacl. Rhanna nhw rhwng y Lefiaid, iddyn nhw allu
gwneud y gwaith sydd gan bob un i'w wneud."
6Felly dyma Moses yn derbyn y wagenni a'r ychen, a'u rhoi nhw i'r Lefiaid. 7Dwy wagen
a phedwar o ychen i'r Gershoniaid, i wneud eu gwaith. 8Dwy wagen a phedwar o ychen i'r
Merariaid, i wneud eu gwaith nhw, gyda Ithamar fab Aaron yr offeiriad yn eu goruchwylio.
9Ond gafodd y Cohathiaid ddim wagenni nac ychen. Roedden nhw i fod i gario pethau
cysegredig y Tabernacl ar eu hysgwyddau.
10Cyflwynodd yr arweinwyr roddion pan gafodd yr allor ei heneinio a'i chysegru hefyd. Dyma
nhw i gyd yn gosod eu rhoddion o flaen yr allor. 11Achos roedd yr ARGLWYDD wedi dweud wrth
Moses, "Rhaid i bob arweinydd gyflwyno offrwm ar gyfer cysegru'r allor. Mae pob un ohonyn
nhw i wneud hynny ar ddiwrnod gwahanol."
12-83Dyma pwy wnaeth gyflwyno eu hoffrwm, ac ar ba ddiwrnod:

Diwrnod	Llwyth	Arweinydd
1af	Jwda	Nachshon fab Aminadab
2il	Issachar	Nethanel fab Tswár
3ydd	Sabulon	Eliab fab Chelon
4ydd	Reuben	Eliswr fab Shedeŵr
5ed	Simeon	Shelwmiel fab Swrishadai
6ed	Gad	Eliasaff fab Dewel
7fed	Effraim	Elishama fab Amihwd
8fed	Manasse	Gamaliel fab Pedatswr
9fed	Benjamin	Abidan fab Gideoni
10fed	Dan	Achieser fab Amishadai
11eg	Asher	Pagiel fab Ochran
12fed	Nafftali	Achira fab Enan

Roedd offrwm pawb yr un fath: Plât arian yn pwyso cilogram a hanner a phowlen arian yn pwyso tri chwarter cilogram; roedd y ddau yn llawn o'r blawd gwenith gorau wedi'i gymysgu gydag olew olewydd i'w gyflwyno fel offrwm o rawn. Padell aur yn pwyso can gram; roedd hon yn llawn arogldarth. Un tarw ifanc, un hwrdd, ac un oen gwryw blwydd oed, yn offrwm i'w losgi'n llwyr. Un bwch gafr yn offrwm puro. A dau ych, pum hwrdd, pum bwch gafr, a phum oen gwryw blwydd oed yn offrwm i gydnabod daioni'r ARGLWYDD.

84-88 Felly cyfanswm yr offrymau gyflwynodd arweinwyr Israel pan gafodd yr allor ei heneinio oedd:

– un deg dau plât arian yn pwyso cilogram a hanner yr un
– un deg dwy powlen arian yn pwyso tri chwarter cilogram yr un
(felly roedd y llestri arian i gyd yn pwyso dau ddeg saith cilogram, yn ôl pwysau safonol y cysegr)
– un deg dwy badell aur yn llawn o arogldarth, yn pwyso can gram yr un
(felly roedd y padellau aur i gyd yn pwyso un cilogram a dau gan gram yn ôl pwysau safonol y cysegr)
– un deg dau tarw ifanc, un deg dau hwrdd ac un deg dau oen gwryw blwydd oed yn offrymau i'w llosgi'n llwyr – pob un gyda'i offrwm o rawn
– un deg dau bwch gafr yn offrymau puro
– dau ddeg pedwar tarw ifanc, chwe deg hwrdd, chwe deg bwch gafr a chwe deg oen gwryw blwydd oed yn offrymau i gydnabod daioni'r ARGLWYDD.

Dyna'r rhoddion gafodd eu cyflwyno pan oedd yr allor yn cael ei chysegru a'i heneinio.
89 Pan aeth Moses i mewn i babell presenoldeb Duw i siarad â'r ARGLWYDD, clywodd lais
yn siarad ag e. Roedd y llais yn dod o rywle uwchben caead Arch y dystiolaeth oedd rhwng
y ddau gerwb. Roedd yn siarad gyda Moses.

Gosod y Lampau

8 A dyma'r ARGLWYDD yn dweud wrth Moses: 2 "Dwed wrth Aaron, 'Pan fyddi'n gosod
y lampau yn eu lle, gwna'n siŵr fod y saith lamp yn taflu'u golau o flaen y menora.' "
3 A dyma Aaron yn gwneud hynny. Dyma fe'n gosod y lampau fel eu bod yn taflu'u golau
o flaen y menora, fel roedd yr ARGLWYDD wedi dweud wrth Moses. 4 Gwaith morthwyl oedd
y menora – aur wedi'i guro. Roedd yn waith morthwyl o'i goes i'w betalau. Cafodd ei wneud
i'r union batrwm roedd yr ARGLWYDD wedi'i ddangos i Moses.

Puro a chysegru'r Lefiaid

5 Dyma'r ARGLWYDD yn dweud wrth Moses: 6 "Rwyt i gymryd y Lefiaid o blith pobl Israel
a mynd drwy'r ddefod o'u puro nhw. 7 A dyma sut mae gweud hynny: Rwyt i daenellu dŵr

y puro arnyn nhw. Wedyn rhaid iddyn nhw siafio'u corff i gyd, golchi eu dillad, ac ymolchi.
8Wedyn maen nhw i gymryd tarw ifanc, gyda'i offrwm o rawn (sef y blawd gwenith gorau
wedi'i gymysgu gydag olew olewydd). Yna cymryd tarw ifanc arall yn offrwm puro. 9Wedyn
rwyt i fynd â'r Lefiaid i sefyll o flaen pabell presenoldeb Duw, a chasglu pobl Israel i gyd at
ei gilydd yno. 10Yna mae'r bobl i osod eu dwylo ar y Lefiaid tra maen nhw'n sefyll o flaen yr
ARGLWYDD. 11Wedyn mae Aaron i gyflwyno'r Lefiaid i'r ARGLWYDD fel offrwm sbesial gan bobl
Israel, i'w cysegru nhw i waith yr ARGLWYDD. 12Wedyn bydd y Lefiaid yn gosod eu dwylo ar ben
y ddau darw ifanc. Bydd un yn offrwm puro, a'r llall yn cael ei offrymu i'w losgi'n llwyr i'r
ARGLWYDD, i wneud pethau'n iawn rhwng Duw a'r Lefiaid. 13Yna mae'r Lefiaid i sefyll o flaen
Aaron a'i feibion, i'w cyflwyno nhw'n offrwm sbesial i'r ARGLWYDD. 14A dyna sut mae'r Lefiaid
i gael eu gosod ar wahân i weddill pobl Israel. Fi fydd piau'r Lefiaid."

15"Bydd y Lefiaid wedyn yn mynd i wneud eu gwaith yn y Tabernacl, ar ôl cael eu puro
a'u cyflwyno'n offrwm sbesial i mi. 16Maen nhw wedi cael eu rhoi i weithio i mi yn unig. Dw
i'n eu cymryd nhw yn lle meibion hynaf pobl Israel. 17Fi piau'r meibion hynaf i gyd, a hefyd
bob anifail cyntaf i gael ei eni. Rôn i wedi'u cysegru nhw i mi fy hun pan wnes i ladd pob
mab ac anifail cyntaf i gael ei eni yng ngwlad yr Aifft. 18Ond dw i wedi cymryd y Lefiaid yn
lle meibion hynaf pobl Israel. 19A dw i wedi rhoi'r Lefiaid i Aaron a'i feibion i weithio ar ran
pobl Israel yn y Tabernacl. Hefyd i wneud pethau'n iawn rhwng Duw a phobl Israel, fel bod
dim pla yn taro pobl Israel pan maen nhw'n mynd yn agos i'r cysegr."

20Felly dyma Moses ac Aaron a phobl Israel i gyd yn cysegru'r Lefiaid. Dyma nhw'n
gwneud yn union fel roedd yr ARGLWYDD wedi dweud wrth Moses. 21Dyma'r Lefiaid yn mynd
drwy'r ddefod o buro'u hunain, a golchi eu dillad. Yna dyma Aaron yn eu cyflwyno nhw yn
offrwm sbesial i'r ARGLWYDD. Ac wedyn dyma fe'n mynd drwy'r ddefod o wneud pethau'n
iawn rhyngddyn nhw a Duw, er mwyn eu puro nhw. 22Wedi hynny, dyma'r Lefiaid yn mynd
i'r Tabernacl i wneud eu gwaith, yn helpu Aaron a'i feibion. Dyma nhw'n gwneud yn union
fel roedd yr ARGLWYDD wedi dweud wrth Moses.

23Yna dyma'r ARGLWYDD yn dweud wrth Moses: 24"Dyma fydd y drefn gyda'r Lefiaid: Maen
nhw'n cael dechrau gweithio yn y Tabernacl yn ddau ddeg pump oed, 25a rhaid iddyn nhw
ymddeol pan fyddan nhw'n bum deg oed. 26Ar ôl ymddeol, maen nhw'n cael dal i helpu'r
Lefiaid eraill pan mae angen, ond fyddan nhw ddim yn gwneud y gwaith eu hunain. Dyna
fydd y drefn gyda gwaith y Lefiaid."

Yr Ail Basg

9 Dyma'r ARGLWYDD yn siarad â Moses yn anialwch Sinai, flwyddyn ar ôl iddyn nhw ddod
allan o wlad yr Aifft: 2"Mae pobl Israel i ddathlu'r Pasg ar yr amser iawn bob blwyddyn,
3sef pan mae hi'n dechrau nosi ar y pedwerydd ar ddeg o'r mis yma.[ch] Rhaid cadw'n fanwl
at holl reolau a threfn yr Ŵyl."

4Felly dyma Moses yn dweud wrth bobl Israel am gadw'r Pasg. 5A dyma'r bobl yn gwneud
hynny yn anialwch Sinai, ar y pedwerydd ar ddeg o'r mis cyntaf, pan oedd hi'n dechrau nosi.
Dyma nhw'n gwneud yn union fel roedd yr ARGLWYDD wedi dweud wrth Moses.

6Ond roedd rhai o'r bobl yn aflan am eu bod nhw wedi cyffwrdd corff rhywun oedd wedi
marw, ac felly doedden nhw ddim yn gallu dathlu'r Pasg y diwrnod hwnnw. Felly dyma nhw'n
mynd at Moses ac Aaron 7a dweud, "Dŷn ni'n aflan am ein bod ni wedi cyffwrdd corff rhywun
oedd wedi marw. Ond pam ddylen ni gael ein rhwystro rhag cyflwyno offrwm i'r ARGLWYDD gyda
phawb arall o bobl Israel?" 8A dyma Moses yn dweud wrthyn nhw, "Arhoswch yma, a gwna
i fynd i wrando beth sydd gan yr ARGLWYDD i'w ddweud am y peth."

9A dyma'r ARGLWYDD yn dweud wrth Moses: 10"Dwed wrth bobl Israel, 'Os oes rhywun,
heddiw neu yn y dyfodol, yn aflan am ei fod wedi cyffwrdd corff marw; neu'n methu

ch 9:3 *mis yma* Abib (sydd hefyd yn cael ei alw yn Nisan), sef mis cyntaf y calendr Hebreig, o tua canol Mawrth i ganol Ebrill.

bod yn y dathliadau am ei fod wedi mynd ar daith bell, bydd yn dal yn gallu dathlu'r
Pasg i'r ARGLWYDD. [11]Bydd yn gwneud hynny fis yn ddiweddarach, pan mae'n dechrau nosi
ar y pedwerydd ar ddeg o'r ail fis. Rhaid iddo fwyta'r oen gyda bara heb furum ynddo
a llysiau chwerw. [12]Does dim ohono i'w adael tan y bore, a does dim o'i esgyrn i gael eu
torri. Rhaid iddyn nhw gadw holl reolau'r Ŵyl. [13]Ond os oes rhywun, sydd ddim yn aflan
nac i ffwrdd ar daith, yn peidio dathlu'r Pasg, rhaid i'r person hwnnw gael ei dorri allan
o blith pobl Dduw. Rhaid iddo wynebu canlyniadau ei bechod, am beidio dod ag offrwm
i'r ARGLWYDD ar yr amser iawn. [14]Os ydy'r mewnfudwyr sy'n byw gyda chi eisiau dathlu'r
Pasg i'r ARGLWYDD, rhaid iddyn nhw gadw'r un rheolau a'r un drefn. Mae'r un rheolau yn
berthnasol i frodorion a mewnfudwyr.' "

Y cwmwl a'r tân

(Exodus 40:34-38)

[15]Y diwrnod pan gafodd y Tabernacl ei godi, dyma gwmwl yn ei orchuddio – sef pabell
y dystiolaeth. Yna, gyda'r nos tan y bore wedyn, roedd yn edrych fel petai tân uwchben
y Tabernacl. [16]A dyna sut oedd pethau drwy'r adeg. Roedd y cwmwl oedd yn ei orchuddio
drwy'r dydd yn troi i edrych fel tân yn y nos. [17]Pan oedd y cwmwl yn codi oddi ar y babell,
roedd pobl Israel yn cychwyn ar eu taith. Yna, ble bynnag roedd y cwmwl yn setlo, byddai
pobl Israel yn codi eu gwersyll. [18]Felly, yr ARGLWYDD oedd yn dangos i bobl Israel pryd
i symud a ble i stopio. Bydden nhw'n dal i wersylla yn yr un fan tra byddai'r cwmwl yn
aros dros y Tabernacl. [19]Weithiau roedd y cwmwl yn aros dros y Tabernacl am amser hir,
a fyddai pobl Israel ddim yn symud y gwersyll nes roedd yr ARGLWYDD yn dweud. [20]Dro
arall, doedd y cwmwl ddim ond yn aros dros y Tabernacl am ychydig ddyddiau. Felly roedd
y bobl yn gwersylla am y dyddiau hynny, ac yna'n symud ymlaen pan oedd yr ARGLWYDD
yn dweud. [21]Ac weithiau doedd y cwmwl ddim ond yn aros dros nos. Pan oedd y cwmwl
yn codi y bore wedyn, roedden nhw'n symud ymlaen. Pryd bynnag roedd y cwmwl yn codi,
yn y dydd neu yn y nos, roedden nhw'n symud yn eu blaenau. [22]Roedd pobl Israel yn aros
yn y gwersyll am faint bynnag roedd y cwmwl yn aros dros y Tabernacl – a gallai hynny
fod yn ddeuddydd, yn fis, neu'n flwyddyn. Ond pan oedd y cwmwl yn codi, roedden nhw'n
teithio yn eu blaenau. [23]Yr ARGLWYDD oedd yn dweud pryd oedden nhw'n teithio a pryd
oedden nhw'n gwersylla. Roedden nhw'n gwneud yn union beth roedd yr ARGLWYDD yn ei
ddweud drwy Moses.

Yr Utgyrn Arian

10 Dyma'r ARGLWYDD yn dweud wrth Moses: [2]"Gwnewch ddau utgorn arian – gwaith
morthwyl. Maen nhw i gael eu defnyddio i alw'r bobl at ei gilydd, ac i alw'r gwersyll
i symud. [3]Pan mae'r ddau utgorn yn cael eu canu gyda'i gilydd, bydd y bobl yn gwybod eu
bod i gasglu o flaen mynedfa pabell presenoldeb Duw. [4]Ond os mai un utgorn sy'n canu, dim
ond arweinwyr llwythau Israel sydd i ddod. [5]Pan mae un nodyn hir yn cael ei seinio, mae'r
rhai sy'n gwersylla i'r dwyrain o'r Tabernacl i symud allan. [6]Wedyn pan mae nodyn hir arall
yn cael ei seinio, mae'r rhai sy'n gwersylla ar yr ochr ddeheuol i'w dilyn. Y nodyn hir ydy'r
arwydd eu bod i symud allan. [7]Ond i alw pawb at ei gilydd, rhaid canu nodau gwahanol.
[8]Meibion Aaron, yr offeiriaid, sydd i ganu'r utgyrn. A dyna fydd y drefn bob amser, ar hyd
y cenedlaethau. [9]Ar ôl i chi gyrraedd eich gwlad, os byddwch chi'n mynd i ryfel yn erbyn eich
gelynion, rhaid seinio ffanffer ar yr utgyrn yma. Wedyn bydd yr ARGLWYDD eich Duw yn cofio
amdanoch chi ac yn eich achub chi o afael eich gelynion.

[10]"Canwch yr utgyrn hefyd ar yr adegau hynny pan fyddwch chi'n dathlu – ar y Gwyliau
blynyddol ac ar ddechrau pob mis pan fyddwch chi'n cyflwyno'ch offrymau i'w llosgi'n llwyr
a'r offrymau i gydnabod daioni'r ARGLWYDD. Bydd yr utgyrn yn eich atgoffa chi i gadw'ch
meddyliau ar Dduw. Fi ydy'r ARGLWYDD eich Duw chi."

Pobl Israel yn symud y gwersyll

11 Ar ddechrau'r ail flwyddyn wedi i bobl Israel ddod allan o'r Aifft (ar yr ugeinfed diwrnod
o'r ail fis), dyma'r cwmwl yn codi oddi ar Dabernacl y Dystiolaeth. 12 Felly dyma bobl Israel yn
cychwyn ar eu taith o anialwch Sinai. Ac yn y diwedd, dyma'r cwmwl yn aros yn anialwch Paran.
13 Hwn oedd y tro cyntaf iddyn nhw symud, fel roedd yr ARGLWYDD wedi dweud wrth Moses.
14 Y llwythau oedd yn gwersylla dan faner Jwda aeth gyntaf, adran wrth adran. Roedd
adrannau llwyth Jwda dan arweiniad Nachshon fab Aminadab. 15 Wedyn roedd
Nethanel fab Tswár yn arwain llwyth Issachar, 16 ac Eliab fab Chelon yn arwain
llwyth Sabulon.
17 Nesaf, dyma'r Tabernacl yn cael ei dynnu i lawr. A dyma'r Gershoniaid a'r Merariaid,
oedd yn cario'r Tabernacl, yn mynd allan.
18 Y llwythau oedd yn gwersylla dan faner Reuben aeth nesaf, adran wrth adran. Roedd
adrannau llwyth Reuben dan arweiniad Eliswr fab Shedeŵr. 19 Wedyn roedd
Shelwmiel fab Swrishadai yn arwain llwyth Simeon, 20 ac Eliasaff fab Dewel yn
arwain llwyth Gad.
21 Yna dyma'r Cohathiaid, oedd yn cario offer y cysegr, yn eu dilyn. (Roedd y Tabernacl
i fod i gael ei godi eto cyn iddyn nhw gyrraedd.)
22 Y llwythau oedd yn gwersylla dan faner Effraim aeth nesaf, adran wrth adran. Roedd
adrannau llwyth Effraim dan arweiniad Elishama fab Amihwd. 23 Wedyn roedd
Gamaliel fab Pedatswr yn arwain llwyth Manasse, 24 ac Abidan fab Gideoni yn
arwain llwyth Benjamin.
25 Ac yna'n olaf, aeth y llwythau oedd yn gwersylla dan faner Dan. Roedd adrannau
llwyth Dan dan arweiniad Achieser fab Amishadai. 26 Wedyn roedd Pagiel fab
Ochran yn arwain llwyth Asher, 27 ac Achira fab Enan yn arwain llwyth Nafftali.
28 Dyna'r drefn aeth pobl Israel allan, adran wrth adran. A dyma nhw'n teithio yn eu
blaenau.
29 Dyma Moses yn dweud wrth Chobab (mab i Reuel o Midian, tad-yng-nghyfraith Moses),
"Dŷn ni ar ein ffordd i'r wlad mae'r ARGLWYDD wedi addo ei rhoi i ni. Tyrd gyda ni. Byddwn
ni'n dy drin di'n dda. Mae'r ARGLWYDD wedi addo pethau gwych i bobl Israel." 30 Ond atebodd
Chobab, "Na, dw i ddim am ddod. Dw i am fynd adre i'm gwlad, at fy mhobl fy hun."
31 "Paid gadael ni," meddai Moses. "Gelli di ein tywys ni drwy'r anialwch. Ti'n gwybod am
y lleoedd gorau i wersylla. 32 Os doi di, byddi di'n cael rhannu'r holl bethau da sydd gan yr
ARGLWYDD ar ein cyfer ni."
33 Felly dyma nhw'n gadael mynydd yr ARGLWYDD ac yn teithio am dri diwrnod. Ac roedd
Arch ymrwymiad yr ARGLWYDD yn mynd o'u blaenau nhw, i ddangos iddyn nhw ble i stopio
a gorffwys. 34 Wrth iddyn nhw adael y gwersyll, roedd cwmwl yr ARGLWYDD uwch eu pennau.
35 Pan oedd yr Arch yn dechrau symud, byddai Moses yn gweiddi:

"Cod, ARGLWYDD!
Boed i dy elynion gael eu gwasgaru,
a'r rhai sydd yn dy erbyn ddianc oddi wrthot ti!"

36 A phan oedd yr Arch yn cael ei rhoi i lawr, byddai'n gweiddi:

"Gorffwys, ARGLWYDD,
gyda'r miloedd ar filoedd o bobl Israel!"

Y tân yn Tabera

11 Dyma'r bobl yn dechrau cwyno fod bywyd yn galed, ac roedd yr ARGLWYDD yn flin pan
glywodd nhw. Roedd e wedi gwylltio'n lân gyda nhw. A dyma dân yr ARGLWYDD yn dod
ac yn dinistrio cyrion y gwersyll. 2 Roedd y bobl yn gweiddi ar Moses i'w helpu nhw. A dyma
Moses yn gweddïo ar yr ARGLWYDD, a dyma'r tân yn diffodd. 3 A dyma fe'n galw'r lle hwnnw
yn Tabera, sef "Lle'r Llosgi", am fod tân yr ARGLWYDD wedi'u llosgi nhw yno.

Y bobl yn cwyno eto

4 Roedd yna griw cymysg o bobl yn eu plith nhw yn awchu am fwyd. Roedd pobl Israel yn
crio eto, ac yn cwyno, "Pam gawn ni ddim cig i'w fwyta? 5 Pan oedden ni yn yr Aifft, roedd
gynnon ni ddigonedd o bysgod i'w bwyta, a phethau fel ciwcymbyrs, melons, cennin, nionod
a garlleg. 6 Ond yma does dim byd yn apelio aton ni. Y cwbl sydd gynnon ni ydy'r manna
yma!" 7 (Roedd y manna yn edrych fel had coriander, lliw resin golau, golau. 8 Byddai'r bobl yn
mynd allan i'w gasglu, ac yna'n gwneud blawd ohono gyda melinau llaw, neu drwy ei guro
mewn mortar. Yna'n ei ferwi mewn crochan, a gwneud bara tenau ohono. Roedd yn blasu'n
debyg i olew olewydd. 9 Roedd y manna'n disgyn ar lawr y gwersyll dros nos gyda'r gwlith.)
10 Dyma Moses yn clywed y bobl i gyd yn crio tu allan i'w pebyll. Roedd yr ARGLWYDD wedi
digio go iawn gyda nhw, ac roedd Moses yn gweld fod pethau'n ddrwg. 11 A dyma Moses
yn gofyn i'r ARGLWYDD, "Pam wyt ti'n trin fi mor wael? Beth dw i wedi'i wneud o'i le? Mae'r
bobl yma'n ormod o faich! 12 Ydyn nhw'n blant i mi? Ai fi ddaeth â nhw i'r byd? Ac eto ti'n
disgwyl i mi eu cario nhw, fel tad maeth yn cario'i blentyn! Ti'n disgwyl i mi fynd â nhw
i'r wlad wnest ti addo ei rhoi i'w hynafiaid. 13 Ble dw i'n mynd i ddod o hyd i gig i'w roi
i'r bobl yma i gyd? Maen nhw'n cwyno'n ddi-stop, 'Rho gig i ni i'w fwyta! Dŷn ni eisiau
cig!' 14 Mae'r cwbl yn ormod i mi! Alla i ddim gwneud hyn ar fy mhen fy hun. 15 Os mai fel
yma rwyt ti am fy nhrin i, byddai'n well gen i farw! Gwna ffafr â mi a lladd fi nawr! Alla
i gymryd dim mwy!"
16 A dyma'r ARGLWYDD yn dweud wrth Moses, "Galw saith deg o arweinwyr Israel at ei gilydd
– dynion cyfrifol rwyt ti'n gwybod amdanyn nhw. Tyrd â nhw i sefyll gyda ti o flaen pabell
presenoldeb Duw. 17 Bydda i'n dod i lawr i siarad â ti yno. Bydda i'n cymryd peth o'r Ysbryd
sydd arnat ti, ac yn ei roi arnyn nhw. Wedyn byddan nhw'n cymryd peth o'r baich oddi arnat
ti – fydd dim rhaid i ti gario'r cwbl dy hun.
18 "A dwed wrth y bobl am fynd drwy'r ddefod o buro'u hunain erbyn yfory. Dwed wrthyn
nhw, 'Byddwch chi'n cael cig i'w fwyta. Mae'r ARGLWYDD wedi'ch clywed chi'n crio ac yn cwyno,
ac yn dweud, "Pwy sy'n mynd i roi cig i ni i'w fwyta? Roedd bywyd yn well yn yr Aifft!" Wel,
mae'r ARGLWYDD yn mynd i roi cig i chi i'w fwyta. 19 Dim jest am ddiwrnod neu ddau, na hyd
yn oed pump, deg neu ddau ddeg! 20 Byddwch chi'n ei fwyta am fis cyfan. Yn y diwedd, bydd
e'n dod allan o'ch ffroenau chi! Byddwch chi mor sâl, byddwch chi'n chwydu cig! Am eich
bod chi wedi dangos diffyg parch at yr ARGLWYDD sydd gyda chi, a chwyno o'i flaen, "Pam
wnaethon ni adael yr Aifft?" '"
21 "Mae yna chwe chan mil o filwyr traed o'm cwmpas i," meddai Moses, "a ti'n dweud dy
fod yn mynd i roi digon o gig iddyn nhw ei fwyta am fis cyfan! 22 Hyd yn oed petaen ni'n lladd
yr anifeiliaid sydd gynnon ni i gyd, fyddai hynny ddim digon! Neu'n dal yr holl bysgod sydd
yn y môr! Fyddai hynny'n ddigon?" 23 A dyma'r ARGLWYDD yn ateb, "Wyt ti'n meddwl mod i'n
rhy wan? Cei weld ddigon buan a ydw i'n dweud y gwir!"
24 Felly dyma Moses yn mynd allan a dweud wrth y bobl beth ddwedodd yr ARGLWYDD. A dyma
fe'n casglu saith deg o'r arweinwyr a'u gosod i sefyll o gwmpas y Tabernacl. 25 A dyma'r
ARGLWYDD yn dod i lawr yn y cwmwl, ac yn siarad â nhw. A dyma fe'n cymryd peth o'r Ysbryd
oedd ar Moses, a'i roi ar y saith deg arweinydd. Pan ddaeth yr Ysbryd arnyn nhw, dyma nhw'n
proffwydo. Ond dyna oedd yr unig adeg wnaethon nhw hynny.
26 Roedd yna ddau ddyn, Eldad a Medad, wedi aros yn y gwersyll. (Roedd y ddau ohonyn
nhw ar restr yr arweinwyr, ond ddim wedi mynd at y Tabernacl.) A dyma'r Ysbryd yn dod arnyn
nhw hefyd, a dyma nhw'n dechrau proffwydo lle roedden nhw, yn y gwersyll. 27 Dyma ddyn
ifanc yn rhedeg at Moses a dweud wrtho, "Mae Eldad a Medad yn proffwydo yn y gwersyll!"
28 Felly dyma Josua fab Nwn, un o'r dynion ifanc roedd Moses wedi'u dewis i'w wasanaethu,
yn dweud, "Moses, meistr! Gwna iddyn nhw stopio!" 29 Ond dyma Moses yn ei ateb, "Wyt ti'n
eiddigeddus drosto i? O na fyddai pobl Dduw i gyd yn broffwydi! Byddwn i wrth fy modd
petai'r ARGLWYDD yn rhoi ei Ysbryd arnyn nhw i gyd!" 30 Yna dyma Moses ac arweinwyr Israel
yn mynd yn ôl i'r gwersyll.

Yr Arglwydd yn anfon Soflieir

31 Dyma'r Arglwydd yn gyrru gwynt wnaeth gario soflieir o gyfeiriad y môr, a gwneud iddyn
nhw ddisgyn o gwmpas y gwersyll. Roedd yna soflieir am filltiroedd i bob cyfeiriad, yn hedfan
tua metr a hanner uwch wyneb y ddaear. 32 Buodd y bobl wrthi ddydd a nos y diwrnod hwnnw,
a'r diwrnod wedyn, yn casglu'r soflieir. Wnaeth neb gasglu llai na llond deg basged fawr![d]
A dyma nhw'n eu gosod nhw allan ym mhobman o gwmpas y gwersyll. 33 Ond tra oedden
nhw'n bwyta'r cig, a prin wedi dechrau'i gnoi, dyma'r Arglwydd yn dangos mor ddig oedd
e, ac yn gadael i bla ofnadwy daro'r bobl. 34 Felly cafodd y lle ei alw yn Cibroth-hattaäfa
(sef 'Beddau'r Gwancus'), am mai dyna lle cafodd y bobl oedd yn awchu am gig eu claddu.
35 Yna dyma'r bobl yn teithio ymlaen o Cibroth-hattaäfa i Chatseroth, ac aros yno.

Cosbi Miriam

12 Roedd Miriam ac Aaron wedi dechrau beirniadu Moses, am ei fod wedi priodi dynes
o ddwyrain Affrica[dd] (ie, dynes ddu o Affrica). 2 "Ai dim ond drwy Moses mae'r
Arglwydd yn siarad?" medden nhw. "Ydy e ddim wedi siarad trwon ni hefyd?" Ac roedd yr
Arglwydd wedi'u clywed nhw. 3 (Roedd Moses ei hun yn ddyn gostyngedig iawn. Doedd neb
llai balch drwy'r byd i gyd.) 4 Felly dyma'r Arglwydd yn galw ar Moses, Aaron a Miriam: "Dw
i eisiau i'r tri ohonoch chi ddod at babell presenoldeb Duw." Felly dyma'r tri ohonyn nhw'n
mynd. 5 A dyma'r Arglwydd yn dod i lawr mewn colofn o niwl o flaen mynedfa'r Tabernacl.
A dyma fe'n dweud wrth Aaron a Miriam i gamu ymlaen, a dyma nhw'n gwneud hynny. 6 Yna
dyma fe'n dweud wrthyn nhw, "Gwrandwch yn ofalus ar beth dw i'n ddweud:

> Os oes proffwyd gyda chi, dw i'r Arglwydd
> yn siarad â'r person hwnnw drwy weledigaeth a breuddwyd.
> 7 Ond mae fy ngwas Moses yn wahanol.
> Dw i'n gallu ei drystio fe'n llwyr.
> 8 Dw i'n siarad ag e wyneb yn wyneb –
> yn gwbl agored. Does dim ystyr cudd.
> Mae e'n gweld yr Arglwydd mewn ffordd unigryw.
> Felly pam roeddech chi mor barod i'w feirniadu?"

9 Roedd yr Arglwydd wedi digio go iawn gyda nhw, a dyma fe'n mynd i ffwrdd. 10 Ac wrth i'r cwmwl
godi oddi ar y Tabernacl, roedd croen Miriam wedi troi'n wyn gan wahanglwyf. Pan welodd Aaron
y gwahanglwyf arni, 11 dyma fe'n galw ar Moses, "Meistr, plîs paid cymryd yn ein herbyn ni. Dŷn ni
wedi bod yn ffyliaid, ac wedi pechu! 12 Paid gadael iddi fod fel plentyn wedi'i eni'n farw, a hanner
ei gnawd wedi diflannu cyn iddo ddod o'r groth!" 13 A gweddïodd Moses ar yr Arglwydd, "O Dduw,
plîs wnei di ei hiacháu hi?" 14 A dyma'r Arglwydd yn ei ateb, "Petai ei thad wedi poeri yn ei hwyneb,
byddai'n cael ei diystyru am saith diwrnod. Cau hi allan o'r gwersyll am saith diwrnod, a bydd hi'n
cael dod yn ôl wedyn." 15 Felly dyma Miriam yn cael ei chau allan o'r gwersyll am saith diwrnod.
A *wnaeth* y bobl ddim teithio yn eu blaenau nes roedd Miriam yn ôl gyda nhw.
16 Ar ôl hynny, dyma'r bobl yn gadael Chatseroth, ac yn gwersylla yn anialwch Paran.

Yr Ysbiwyr

(Deuteronomium 1:19-33)

13 Dyma'r Arglwydd yn dweud wrth Moses: 2 "Anfon ddynion i archwilio gwlad Canaan,
sef y tir dw i'n ei roi i bobl Israel. Anfon un arweinydd o bob llwyth."
3 Felly dyma Moses yn eu hanfon nhw o anialwch Paran, fel roedd yr Arglwydd wedi dweud
wrtho. Roedden nhw i gyd yn arweinwyr pobl Israel. 4-15 Dyma'u henwau nhw:

---

d 11:32 Hebraeg, "deg homer". Cyfaint 1 homer oedd tua 50 galwyn. dd 12:1 *ddwyrain Affrica* Hebraeg, *Cwsh.* Yr ardal i'r de o wlad yr Aifft, sef gogledd Swdan heddiw.

Enw	Llwyth
Shammwa fab Saccwr	Reuben
Shaffat fab Chori	Simeon
Caleb fab Jeffwnne	Jwda
Igal fab Joseff	Issachar
Hoshea fab Nwn	Effraim
Palti fab Raffw	Benjamin
Gadiel fab Sodi	Sabulon
Gadi fab Swsi	Joseff (sef Manasse)
Ammiel fab Gemali	Dan
Sethwr fab Michael	Asher
Nachbi fab Foffsi	Nafftali
Gewel fab Machi	Gad

16 Dyna enwau'r dynion anfonodd Moses i ysbïo'r wlad. Ac roedd Moses yn galw Hoshea
fab Nwn yn Josua.
17 Pan anfonodd Moses nhw i archwilio gwlad Canaan, dwedodd fel hyn: “Ewch i fyny drwy'r
Negef, ac ymlaen i'r bryniau. 18 Edrychwch i weld sut wlad ydy hi. Ydy'r bobl yn gryf neu'n
wan? Oes yna lawer ohonyn nhw, neu ddim ond ychydig? 19 Sut dir ydy e? Da neu ddrwg?
Oes gan y trefi waliau i'w hamddiffyn, neu ydyn nhw'n agored? 20 Beth am y pridd? Ydy e'n
ffrwythlon neu'n wael? Oes yna fforestydd yno? Byddwch yn ddewr! Ewch yno, a dewch
â pheth o gynnyrch y tir yn ôl gyda chi.” (Roedd hi'r adeg o'r flwyddyn pan oedd y grawnwin
aeddfed cyntaf yn cael eu casglu.)
21 Felly i ffwrdd â nhw. A dyma nhw'n archwilio'r wlad, yr holl ffordd o anialwch Sin yn
y de i Rechob, wrth Fwlch Chamath, yn y gogledd.
22 Wrth fynd drwy'r Negef, dyma nhw'n cyrraedd Hebron. Roedd yr Achiman, y Sheshai a'r Talmai
yn byw yno, sef disgynyddion Anac. (Roedd tref Hebron wedi'i hadeiladu saith mlynedd cyn Soan
yn yr Aifft.) 23 Pan gyrhaeddon nhw ddyffryn Eshcol, dyma nhw'n torri cangen oddi ar winwydden
gydag un swp o rawnwin arni. Roedd rhaid cael dau ddyn i'w chario ar bolyn rhyngddyn nhw.
A dyma nhw'n casglu pomgranadau a ffigys hefyd. 24 Roedd y lle'n cael ei alw yn ddyffryn Eshcol
(sef 'swp o rawnwin') o achos y swp o rawnwin roedden nhw wedi'i gymryd oddi yno.
25 Roedden nhw wedi bod yn archwilio'r wlad am bedwar deg diwrnod. 26 A dyma nhw'n mynd yn
ôl i Cadesh yn anialwch Paran, at Moses ac Aaron a phobl Israel. A dyma nhw'n dweud wrth y bobl
beth roedden nhw wedi'i weld, ac yn dangos y ffrwyth roedden nhw wedi ei gario yn ôl. 27 Dyma
nhw'n dweud wrth Moses, “Aethon ni i'r wlad lle gwnest ti'n hanfon ni. Mae'n dir ffrwythlon – tir
lle mae llaeth a mêl yn llifo! A dyma beth o'i ffrwyth. 28 Ond mae'r bobl sy'n byw yno yn gryfion, ac
maen nhw'n byw mewn trefi caerog mawr. Ac yn waeth na hynny, mae disgynyddion Anac yn byw
yno. 29 Mae'r Amaleciaid yn byw yn y Negef, yr Hethiaid, Jebwsiaid ac Amoriaid yn byw yn y bryniau,
a'r Canaaneaid yn byw ar yr arfordir ac ar lan afon Iorddonen.”
30 Ond yna dyma Caleb yn galw ar y bobl oedd yno gyda Moses i fod yn dawel. “Gadewch
i ni fynd, a chymryd y wlad! Gallwn ni ei choncro!” 31 Ond dyma'r dynion eraill oedd wedi
mynd i archwilio'r wlad yn dweud, “Na, allwn ni ddim ymosod ar y bobl yno. Maen nhw'n
llawer rhy gryf i ni!” 32 A dyma nhw'n rhoi adroddiad gwael i bobl Israel, “Byddwn ni'n cael ein
llyncu gan bobl y wlad buon ni'n edrych arni. Mae'r bobl welon ni yno yn anferth! 33 Roedd
yno gewri, sef disgynyddion Anac. Roedden ni'n teimlo'n fach fel pryfed wrth eu hymyl nhw,
a dyna sut roedden nhw'n ein gweld ni hefyd!”

Y bobl yn cwyno eto

14 Dyma bawb yn torri allan i grio'n uchel. Roedden nhw'n crio drwy'r nos. 2 Dyma bobl
Israel yn dechrau cwyno a throi yn erbyn Moses ac Aaron. “Byddai'n well petaen

ni wedi marw yn yr Aifft, neu hyd yn oed yn yr anialwch yma!" medden nhw. 3"Pam mae'r
ARGLWYDD wedi dod â ni i'r wlad yma i gael ein lladd yn y frwydr? Bydd ein gwragedd a'n plant
yn cael eu cymryd yn gaethion! Fyddai ddim yn well i ni fynd yn ôl i'r Aifft?" 4A dyma nhw'n
dweud wrth ei gilydd, "Gadewch i ni ddewis rhywun i'n harwain ni, a mynd yn ôl i'r Aifft."
5Dyma Moses ac Aaron yn plygu gyda'u hwynebau ar lawr. Gwnaethon nhw hyn o flaen
pobl Israel i gyd, oedd wedi dod at ei gilydd. 6Yna dyma ddau o'r arweinwyr oedd wedi bod
yn archwilio'r wlad – sef Josua fab Nwn a Caleb fab Jeffwnne – yn rhwygo'u dillad. 7A dyma
nhw'n dweud wrth bobl Israel, "Mae'r wlad buon ni'n edrych arni yn wlad fendigedig! 8Os
ydy'r ARGLWYDD yn hapus gyda ni, bydd yn mynd â ni yno ac yn rhoi'r wlad i ni. Mae'n dir
ffrwythlon – tir lle mae llaeth a mêl yn llifo. 9Felly, peidiwch gwrthryfela yn erbyn yr ARGLWYDD!
A pheidiwch bod ag ofn y bobl sy'n byw yn y wlad. Ni fydd yn eu bwyta nhw! Does ganddyn
nhw ddim gobaith! Mae'r ARGLWYDD gyda ni! Felly peidiwch bod â'u hofn nhw." 10Erbyn
hyn, roedd y bobl yn bygwth lladd Josua a Caleb drwy daflu cerrig atyn nhw. Ond yna dyma
ysblander yr ARGLWYDD yn dod i'r golwg uwchben pabell presenoldeb Duw. (Gwelodd pobl
Israel i gyd hyn.) 11A dyma'r ARGLWYDD yn dweud wrth Moses, "Am faint mae'r bobl yma'n
mynd i'm dirmygu i? Ydyn nhw byth yn mynd i gredu yno i, ar ôl yr holl arwyddion gwyrthiol
maen nhw wedi'u gweld? 12Dw i wedi cael digon! Dw i'n mynd i anfon haint i'w dinistrio
nhw! A bydda i'n gwneud dy ddisgynyddion di yn bobl fwy a chryfach na fuon nhw erioed."

Moses yn gweddïo dros y bobl

13A dyma Moses yn dweud wrth yr ARGLWYDD, "Ond wedyn bydd pobl yr Aifft yn clywed am
y peth! Ti ddefnyddiodd dy nerth i ddod â'r bobl allan oddi wrthyn nhw. 14Byddan nhw'n
dweud am y peth wrth bobl y wlad dŷn ni'n mynd iddi. ARGLWYDD, maen nhw wedi clywed dy
fod ti gyda'r bobl yma. Maen nhw'n gwybod fod y bobl yma wedi dy weld di gyda'u llygaid
eu hunain, bod dy gwmwl di yn hofran uwch eu pennau, a dy fod ti'n eu harwain nhw
mewn colofn o niwl yn y dydd a cholofn o dân yn y nos. 15Os gwnei di ladd y bobl yma i gyd
gyda'i gilydd, bydd y gwledydd sydd wedi clywed amdanat ti'n dweud, 16'Doedd yr ARGLWYDD
ddim yn gallu arwain y bobl i'r wlad roedd e wedi'i haddo iddyn nhw, felly dyma fe'n eu
lladd nhw yn yr anialwch!' 17Felly, fy Meistr, dangos mor gryf wyt ti. Rwyt ti wedi dweud,
18'Mae'r ARGLWYDD mor amyneddgar ac mae ei haelioni yn anhygoel. Mae'n maddau beiau
a gwrthryfel. Ond dydy e ddim yn gadael i'r euog fynd heb ei gosbi. Mae pechodau pobl yn
gadael eu hôl ar y plant am dair neu bedair cenhedlaeth.' 19Plîs wnei di faddau drygioni'r
bobl yma? Mae dy gariad ffyddlon mor fawr, ac rwyt ti wedi bod yn maddau iddyn nhw ers
iddyn nhw ddod o'r Aifft."
20A dyma'r ARGLWYDD yn ateb, "Iawn, dw i wedi maddau iddyn nhw fel rwyt ti eisiau. 21Ond
mor sicr â'r ffaith fy mod i'n fyw, a bod fy ysblander i'n llenwi'r byd i gyd: 22Mae'r bobl
yma wedi gweld fy ysblander i, a'r holl arwyddion gwyrthiol wnes i yn yr Aifft, ac eto maen
nhw wedi fy rhoi i ar brawf dro ar ôl tro, ac wedi gwrthod gwrando arna i. 23Felly gân nhw'n
bendant ddim gweld y wlad wnes i addo ei rhoi i'w hynafiaid. Fydd neb o'r rhai sydd wedi
bod mor ddirmygus ohono i yn mynd yno. 24Ond mae fy ngwas Caleb yn wahanol. Mae e wedi
bod yn ffyddlon, a bydd e'n cael mynd yn ôl i'r wlad aeth e i'w gweld, a bydd ei blant yn ei
hetifeddu. 25(Cofia fod yr Amaleciaid a'r Canaaneaid yn byw yn y dyffrynnoedd.) Felly, yfory,
dw i am i ti droi yn ôl i gyfeiriad yr anialwch sydd ar y ffordd yn ôl i'r Môr Coch."[e]

Yr ARGLWYDD yn cosbi'r bobl

26Dyma'r ARGLWYDD yn siarad gyda Moses ac Aaron: 27"Am faint mwy mae'n rhaid i mi
ddiodde'r bobl yma sy'n cwyno ac yn ymosod arna i? Dw i wedi clywed popeth maen nhw'n
ei ddweud. 28Dwed wrthyn nhw fy mod i, yr ARGLWYDD, yn dweud, 'Mor sicr â'r ffaith fy mod

e 14:25 *Môr Coch* Hebraeg, "Môr y Brwyn".
14:18-19 Exodus 34:6-7

i'n fyw, bydda i'n gwneud i chi beth glywais i chi'n gofyn amdano! 29 Byddwch chi'n syrthio'n
farw yma yn yr anialwch. Am eich bod chi wedi troi yn fy erbyn i, fydd dim un ohonoch chi
gafodd ei gyfrif (o ugain oed i fyny) 30 yn cael mynd i'r wlad wnes i addo ei rhoi i chi setlo
ynddi. Yr unig ddau eithriad fydd Caleb fab Jeffwnne a Josua fab Nwn. 31 Ond bydd eich plant
(y rhai roeddech chi'n dweud fyddai'n cael eu cymryd yn gaethion) yn cael mwynhau'r wlad
roeddech chi mor ddibris ohoni. 32 Byddwch chi'n syrthio'n farw yn yr anialwch yma. 33 A bydd
eich plant yn gorfod crwydro yn yr anialwch am bedwar deg o flynyddoedd. Byddan nhw'n
talu am eich bod chi wedi bod yn anffyddlon! Dyna fydd y sefyllfa nes bydd corff yr olaf o'ch
cenhedlaeth chi yn gorwedd yn yr anialwch. 34 Byddwch chi'n dioddef am y drwg am bedwar
deg mlynedd, sef un flwyddyn am bob diwrnod buoch chi'n archwilio'r wlad. Byddwch chi'n
deall beth mae'n ei olygu i'm cael i yn elyn i chi!' 35 Dw i, yr ARGLWYDD, wedi dweud. Dw i'n
mynd i wneud hyn i bob un o'r criw sydd wedi dod at ei gilydd yn fy erbyn i. Yr anialwch yma
fydd eu diwedd nhw! Dyma ble fyddan nhw'n marw!"

36-37 Yna dyma'r dynion roddodd adroddiad gwael ar ôl bod yn archwilio'r wlad, a gwneud
i'r bobl gwyno a throi yn erbyn Moses, yn cael eu taro gan bla ac yn marw o flaen yr ARGLWYDD.
38 Ond cafodd Josua fab Nwn a Caleb fab Jeffwnne, oedd gyda nhw, fyw.

Yr ymgais cyntaf i feddiannu'r wlad

(Deuteronomium 1:41-46)

39 Pan ddwedodd Moses wrth bobl Israel am hyn i gyd, buodd y bobl yn galaru am y peth.
40 Yna'n gynnar iawn y bore wedyn, dyma nhw'n mynd i fyny i ben bryn. "Dyma ni," medden
nhw, "gadewch i ni fynd i'r lle ddwedodd yr ARGLWYDD. Dŷn ni'n gwybod ein bod ni wedi pechu."
41 Ond dyma Moses yn dweud wrthyn nhw, "Pam dych chi'n tynnu'n groes eto i beth mae'r
ARGLWYDD wedi'i ddweud? Wnewch chi ddim llwyddo! 42 Peidiwch mynd yn eich blaenau. Dydy'r
ARGLWYDD ddim gyda chi. Bydd eich gelynion yn eich curo chi. 43 Byddwch chi'n dod wyneb
yn wyneb â'r Amaleciaid a'r Canaaneaid, ac yn cael eich lladd. Dych chi wedi troi cefn ar yr
ARGLWYDD, felly fydd yr ARGLWYDD ddim gyda chi."

44 Er hynny, dyma nhw'n mynnu mentro yn eu blaenau i fyny i'r bryniau. Ond wnaeth
Arch ymrwymiad yr ARGLWYDD na Moses ddim gadael y gwersyll. 45 A dyma'r Amaleciaid a'r
Canaaneaid oedd yn byw yno yn ymosod arnyn nhw, a mynd ar eu holau yr holl ffordd i Horma.

Cyfarwyddiadau am aberthu

15 Dyma'r ARGLWYDD yn dweud wrth Moses: 2 "Dwed wrth bobl Israel, 'Pan fyddwch wedi
cyrraedd y wlad dw i'n ei rhoi i chi fyw ynddi, 3 byddwch yn cyflwyno offrymau i'w
llosgi fydd yn arogli'n hyfryd i'r ARGLWYDD. (Gall fod yn offrwm i'w losgi'n llwyr, neu'n offrwm
i wneud addewid neu i ofyn am fendith yr ARGLWYDD ar ôl cyflawni'r addewid, neu'n offrwm
sy'n cael ei roi'n wirfoddol neu'n un o'r Gwyliau penodol.) 4-5 Rhaid i'r person sy'n cyflwyno'r
offrwm gyflwyno offrwm o rawn gydag e. Gyda pob oen sy'n cael ei aberthu a'i losgi'n
offrwm, rhaid cyflwyno cilogram o'r blawd gwenith gorau wedi'i gymysgu gyda litr o olew
olewydd, a hefyd litr o win yn offrwm o ddiod. 6 Gyda pob hwrdd, rhaid i'r offrwm o rawn fod yn
ddau gilogram o'r blawd gwenith gorau wedi'i gymysgu gyda litr a chwarter o olew olewydd,
7 a hefyd litr a chwarter o win yn offrwm o ddiod. Bydd yn arogli'n hyfryd i'r ARGLWYDD. 8 A gyda
pob tarw ifanc sy'n cael ei gyflwyno'n offrwm i'w losgi'n llwyr (neu'n offrwm i gydnabod
daioni'r ARGLWYDD ar ôl cyflawni addewid, neu'n offrwm arall i ofyn am fendith yr ARGLWYDD),
9 rhaid i'r offrwm o rawn fod yn dri cilogram o'r blawd gwenith gorau wedi'i gymysgu gyda
dau litr o olew olewydd, 10 a hefyd dau litr o win yn offrwm o ddiod gyda'r offrwm sydd i'w
losgi. Bydd yn arogli'n hyfryd i'r ARGLWYDD. 11 Dyna sydd i'w gyflwyno gyda pob tarw ifanc,
hwrdd, oen neu fwch gafr. 12 Rhaid gwneud hyn gyda pob anifail sy'n cael ei baratoi.

13 " 'Dyma mae unrhyw un o bobl Israel sy'n cyflwyno offrwm i'w losgi i'r ARGLWYDD i fod i'w
wneud. 14 Ac mae'r mewnfudwyr sy'n byw yn eich plith chi – nawr neu yn y dyfodol – i wneud

yr un fath wrth gyflwyno offrwm i'w losgi sy'n arogli'n hyfryd i'r ARGLWYDD. 15Mae'r un rheol
i bawb – chi sy'n Israeliaid, a'r mewnfudwyr sy'n byw gyda chi. A fydd y rheol yma byth yn
newid. 16Mae'r rheol a'r drefn yr un fath i bawb – chi sy'n Israeliaid, a'r mewnfudwyr sy'n
byw yn eich plith chi.' "

17Yna dyma'r ARGLWYDD yn dweud wrth Moses: 18"Dwed wrth bobl Israel, 'Pan fyddwch wedi
cyrraedd y wlad dw i'n ei rhoi i chi fyw ynddi, 19ac yn bwyta'r cnydau sy'n tyfu yno, rhaid i chi
ddod a chyflwyno peth ohono yn offrwm i'r ARGLWYDD: 20Torth wedi'i gwneud o'r toes cyntaf
yn cael ei chyflwyno fel yr offrwm o'r grawn cyntaf ddaeth o'r llawr dyrnu. 21Rhaid i chi bob
amser gyflwyno'r toes cyntaf yn offrwm i'r ARGLWYDD.' "

22"Dyma sydd i ddigwydd os ydy'r gymuned gyfan yn gwneud camgymeriad, a ddim
yn cadw'r rheolau mae'r ARGLWYDD wedi'u rhoi i Moses – 23beth bynnag mae'r ARGLWYDD
wedi'i ddweud drwy Moses hyd yn hyn, neu yn y dyfodol – 24unrhyw gamgymeriad dydy'r
gymuned ddim yn ymwybodol ei bod wedi'i wneud: Mae'r bobl gyda'i gilydd i baratoi tarw
ifanc yn offrwm i'w losgi'n llwyr – un fydd yn arogli'n hyfryd i'r ARGLWYDD. Mae i'w gyflwyno
gyda'r offrymau o rawn a diod sydd i fynd gydag e. A hefyd bwch gafr yn offrwm puro. 25Mae'r
offeiriad i wneud pethau'n iawn rhwng pobl Israel a Duw. Bydd Duw yn maddau iddyn nhw,
am mai camgymeriad oedd, ac am eu bod nhw wedi dod a chyflwyno offrwm i'w losgi ac
offrwm puro iddo. 26Bydd y gymuned gyfan, pobl Israel a'r mewnfudwyr sy'n byw gyda nhw,
yn cael maddeuant. Roedden nhw i gyd yn gyfrifol am y camgymeriad.

27"A dyma sydd i ddigwydd os ydy unigolyn yn pechu'n ddamweiniol: Mae'r person hwnnw
i ddod â gafr blwydd oed yn offrwm puro. 28Yna mae'r offeiriad i wneud pethau'n iawn rhwng
y person wnaeth y camgymeriad a Duw. A bydd yr ARGLWYDD yn maddau'r camgymeriad iddo.
29Mae'r un rheol i bawb pan maen nhw'n gwneud camgymeriad – i chi sy'n Israeliaid, a'r
mewnfudwyr sy'n byw gyda chi.

30"Ond pan mae rhywun yn tynnu'n groes yn fwriadol, ac yn enllibio'r ARGLWYDD, rhaid i'r
person hwnnw gael ei dorri allan o'r gymdeithas – sdim ots os ydy e'n un o bobl Israel neu'n
rhywun o'r tu allan. 31Mae i gael ei daflu allan o'r gymdeithas am ddirmygu beth ddwedodd
yr ARGLWYDD a gwrthod gwneud beth wnaeth e orchymyn. Arno fe'i hun mae'r bai."

Y dyn wnaeth dorri'r Saboth

32Pan oedd pobl Israel yn yr anialwch, roedd dyn wedi cael ei ddal yn casglu coed tân ar
y Saboth. 33Dyma'r rhai wnaeth ei ddal yn mynd â'r dyn o flaen Moses ac Aaron a gweddill
y bobl. 34A dyma nhw'n ei gadw yn y ddalfa nes bydden nhw'n gwybod beth i'w wneud
gydag e. 35A dyma'r ARGLWYDD yn dweud wrth Moses, "Rhaid rhoi'r gosb eithaf iddo. Mae'r
bobl i fynd ag e tu allan i'r gwersyll a'i ladd drwy daflu cerrig ato." 36Felly dyma'r bobl yn
gwneud hynny, a'i ladd gyda cherrig, yn union fel roedd yr ARGLWYDD wedi dweud wrth Moses.

Taselau

37Dyma'r ARGLWYDD yn dweud wrth Moses: 38"Dwed wrth bobl Israel eu bod bob amser
i wneud taselau ar ymylon eu dillad, a rhwymo pob tasel gydag edau las. 39Bydd y taselau
yn eich atgoffa chi o orchmynion yr ARGLWYDD, a'ch bod i ufuddhau iddyn nhw, yn lle gwneud
fel dych chi'ch hunain eisiau, a mynd eich ffordd eich hunain. 40Byddwch yn cofio gwneud
beth dw i'n ddweud, ac yn cysegru'ch hunain i'ch Duw. 41Fi ydy'r ARGLWYDD eich Duw chi. Fi
wnaeth eich achub chi o'r Aifft, i mi fod yn Dduw i chi. Ie, fi ydy'r ARGLWYDD eich Duw chi."

Cora, Dathan ac Abiram yn gwrthryfela

16 Dyma Cora fab Its'har (oedd yn ŵyr i Cohath fab Lefi), gyda Dathan ac Abiram
(meibion Eliab) ac On fab Peleth, o lwyth Reuben, yn codi i fyny a 2gwrthryfela yn

15:27 Lefiticus 4:2

erbyn Moses, gyda dau gant a hanner o arweinwyr eraill – dynion enwog. [3]A dyma nhw'n
mynd gyda'i gilydd i wynebu Moses ac Aaron, a dweud wrthyn nhw, "Dych chi wedi mynd yn
rhy bell. Mae'r bobl i gyd wedi'u cysegru – pob un ohonyn nhw! Ac mae'r ARGLWYDD gyda nhw.
Pam dych chi'n gwneud eich hunain yn bwysicach na gweddill pobl yr ARGLWYDD?"
[4]Pan glywodd Moses hyn, dyma fe'n mynd ar ei wyneb ar lawr. [5]Ac wedyn dyma fe'n
dweud wrth Cora a'i ddilynwyr, "Yn y bore, bydd yr ARGLWYDD yn dangos pwy ydy'r person
mae e wedi'i ddewis a'i gysegru. Bydd yn gadael i'r person hwnnw fynd yn agos ato, i sefyll
yn ei bresenoldeb. [6]Felly, Cora, a'r criw sydd gyda ti, dyma beth sydd raid i chi ei wneud:
Cymryd padellau tân, [7]eu tanio, a llosgi arogldarth arnyn nhw o flaen yr ARGLWYDD. Cawn
weld wedyn pwy mae'r ARGLWYDD wedi'i ddewis a'i gysegru! Chi Lefiaid ydy'r rhai sydd wedi
mynd yn rhy bell!"
[8]A dyma Moses yn dweud wrth Cora, "Chi Lefiaid, gwrandwch arna i! [9]Ydy e ddim digon i chi
fod Duw Israel wedi'ch dewis chi o blith holl bobl Israel i fod yn agos ato wrth i chi weithio yn
y Tabernacl, ac i sefyll o flaen y bobl a'u gwasanaethu nhw? [10]Mae e wedi rhoi'r gwaith sbesial
yma i chi ac i'ch brodyr, y Lefiaid eraill. A nawr, dyma chi, eisiau bod yn offeiriaid hefyd! [11]Yr
ARGLWYDD ydy'r un dych chi wedi codi yn ei erbyn go iawn! Pwy ydy Aaron i chi gwyno amdano?"
[12]Yna dyma Moses yn galw am Dathan ac Abiram, meibion Eliab. Ond dyma nhw'n dweud,
"Na, dŷn ni ddim am ddod. [13]Nid peth bach ydy'r ffaith dy fod ti wedi dod â ni o wlad
ffrwythlon, gwlad lle mae llaeth a mêl yn llifo, allan i'r anialwch yma i farw! A dyma ti nawr
yn actio'r tywysog ac yn meddwl mai ti ydy'r bòs! [14]Y gwir ydy, ti ddim wedi'n harwain ni
i wlad lle mae llaeth a mêl yn llifo, nac wedi rhoi tir a gwinllannoedd i ni. Wyt ti'n meddwl
fod y dynion yma'n ddall neu rywbeth? Felly, dŷn ni ddim am ddod atat ti."
[15]Roedd Moses wedi gwylltio'n lân, a dyma fe'n dweud wrth yr ARGLWYDD, "Paid derbyn eu
hoffrymau nhw! Dw i ddim wedi cymryd cyn lleied ag un mul oddi arnyn nhw, na gwneud
dim i frifo run ohonyn nhw!"
[16]Yna dyma Moses yn dweud wrth Cora, "Dos di a'r rhai sydd gyda ti i sefyll o flaen yr
ARGLWYDD yfory – ti, a nhw, ac Aaron hefyd [17]Dylai pob un ohonoch chi fynd gyda'i badell
dân, rhoi arogldarth ynddi, a'i chyflwyno i'r ARGLWYDD: dau gant a hanner i gyd, a ti dy hun,
ac Aaron – pawb gyda'i badell dân."
[18]Felly dyma pawb yn mynd gyda'i badell, ac yna'n ei thanio a rhoi arogldarth arni,
a sefyll wrth y fynedfa i babell presenoldeb Duw, gyda Moses ac Aaron. [19]Dyna lle roedd
Cora a'i ddilynwyr i gyd yn sefyll yn erbyn Moses ac Aaron o flaen pabell presenoldeb Duw.
A dyma'r bobl i gyd yn gweld ysblander yr ARGLWYDD.
[20]A dyma'r ARGLWYDD yn dweud wrth Moses ac Aaron: [21]"Symudwch i ffwrdd oddi wrth
y criw yma, i mi eu dinistrio nhw yn y fan a'r lle!" [22]Ond dyma Moses ac Aaron yn plygu
gyda'u hwynebau ar lawr, a dweud, "O Dduw, y Duw sy'n rhoi bywyd i bopeth byw, wyt ti'n
mynd i ddigio gyda pawb pan mae un dyn yn pechu?" [23]A dyma'r ARGLWYDD yn dweud wrth
Moses, [24]"Dwed wrth y bobl am symud i ffwrdd oddi wrth bebyll Cora, Dathan ac Abiram."
[25]Yna dyma Moses yn codi ar ei draed a mynd at Dathan ac Abiram. A dyma arweinwyr
Israel yn mynd gydag e. [26]A dyma Moses yn dweud wrth y bobl, "Symudwch i ffwrdd oddi
wrth bebyll y dynion drwg yma. Peidiwch cyffwrdd dim byd sydd biau nhw, rhag i chi gael eich
ysgubo i ffwrdd gyda nhw am eu bod wedi pechu." [27]Felly dyma pawb yn symud i ffwrdd oddi
wrth bebyll Cora, Dathan ac Abiram. Erbyn hyn, roedd Dathan ac Abiram wedi dod allan, ac
yn sefyll wrth fynedfa eu pebyll gyda'u gwragedd a'u plant a'u babis bach. [28]A dyma Moses
yn dweud, "Byddwch yn gwybod, nawr, mai'r ARGLWYDD sydd wedi fy anfon i wneud y pethau
yma i gyd, ac mai nid fi gafodd y syniad. [29]Os fydd y dynion yma'n marw'n naturiol fel pawb
arall, dydy'r ARGLWYDD ddim wedi fy anfon i. [30]Ond os fydd yr ARGLWYDD yn gwneud rhywbeth
annisgwyl, a'r ddaear yn eu llyncu nhw a'u heiddo i gyd – os byddan nhw'n syrthio'n fyw
i'w bedd – byddwch yn gwybod wedyn fod y dynion yma wedi sarhau'r ARGLWYDD!"
[31]Ar ôl i Moses ddweud hyn, dyma'r ddaear yn hollti oddi tanyn nhw. [32]A dyma nhw a'u
teuluoedd, a phobl Cora a'u heiddo i gyd, yn cael eu llyncu gan y tir. [33]Dyma nhw, a phopeth

oedd ganddyn nhw, yn syrthio'n fyw i'r bedd. Wedyn dyma'r ddaear yn cau drostyn nhw, ac
roedden nhw wedi diflannu.
34 Wrth eu clywed nhw'n sgrechian, dyma bobl Israel, oedd o'u cwmpas, yn rhedeg am eu
bywydau am eu bod ofn i'r ddaear eu llyncu nhw hefyd. 35 A dyma dân yn dod oddi wrth yr
Arglwydd a lladd y dau gant pum deg oedd yn llosgi arogldarth.

Y padellau tân

36 Yna dyma'r Arglwydd yn dweud wrth Moses: 37 "Dwed wrth Eleasar fab Aaron, yr offeiriad,
i gasglu'r padellau o'r tân, am eu bod nhw'n gysegredig. Yna dwed wrtho am daflu'r tân oedd
ynddyn nhw yn bell i ffwrdd. 38 Roedd y dynion yma wedi pechu, ac fe gostiodd eu bywydau
iddyn nhw. Mae'r padellau tân oedd ganddyn nhw yn gysegredig am eu bod wedi'u cyflwyno
i'r Arglwydd. Felly rhaid eu morthwylio i wneud gorchudd metel i'r allor. Byddan nhw'n arwydd
i rybuddio pobl Israel i beidio gwrthryfela."
39 Felly dyma Eleasar yr offeiriad yn casglu'r padellau oedd wedi'u defnyddio gan y rhai
gafodd eu lladd yn y tân, a dyma nhw'n cael eu curo gyda morthwylion i wneud gorchudd
i'r allor. 40 Roedd y gorchudd yn arwydd i rybuddio pobl Israel na ddylai neb oedd ddim yn
perthyn i deulu Aaron losgi arogldarth i'r Arglwydd. Neu byddai'r un peth yn digwydd iddyn
nhw ag a ddigwyddodd i Cora a'i ddilynwyr. Felly cafodd beth ddwedodd yr Arglwydd wrth
Moses ei wneud.

Aaron yn achub y bobl

41 Ond y diwrnod wedyn, dyma bobl Israel yn dechrau cwyno a throi yn erbyn Moses ac
Aaron, "Chi sydd wedi lladd pobl yr Arglwydd!" 42 Wrth iddyn nhw gasglu at ei gilydd yn erbyn
Moses ac Aaron, dyma nhw'n troi i gyfeiriad pabell presenoldeb Duw, ac roedd y cwmwl wedi
dod drosti ac ysblander yr Arglwydd yn disgleirio. 43 A dyma Moses ac Aaron yn sefyll o flaen
pabell presenoldeb Duw. 44 Yna dyma'r Arglwydd yn dweud wrth Moses: 45 "Symudwch i ffwrdd
oddi wrth y bobl yma, i mi eu dinistrio nhw yn y fan a'r lle!" Ond dyma Moses ac Aaron yn
mynd ar eu hwynebau ar lawr. 46 A dyma Moses yn dweud wrth Aaron, "Cymer badell dân
a rhoi arogldarth ynddi, a tân o'r allor arni. Dos â hi i ganol y bobl, i wneud pethau'n iawn
rhyngddyn nhw a Duw. Mae'r Arglwydd wedi gwylltio gyda nhw, ac mae'r pla wedi dechrau!"
47 Felly dyma Aaron yn gwneud beth ddwedodd Moses, a rhedeg i ganol y bobl. Roedd y pla
wedi dechrau eu taro nhw, ond dyma Aaron yn llosgi arogldarth i wneud pethau'n iawn rhwng
y bobl a Duw. 48 Dyma fe'n sefyll rhwng y bobl oedd wedi marw a'r rhai oedd yn dal yn fyw,
a dyma'r pla yn stopio. 49 Roedd 14,700 o bobl wedi marw, heb gyfri'r rhai oedd wedi marw
yn yr helynt gyda Cora. 50 Yna, am fod y pla wedi stopio, dyma Aaron yn mynd yn ôl at Moses
at y fynedfa i babell presenoldeb Duw.

Ffon Aaron

17 Dyma'r Arglwydd yn dweud wrth Moses: 2 "Dw i eisiau i ti gymryd ffon gan arweinydd
pob un o lwythau Israel – un deg dwy ohonyn nhw i gyd – ac ysgrifennu enw'r
arweinydd ar ei ffon ei hun. 3 Ysgrifenna enw Aaron ar ffon llwyth Lefi. Bydd un ffon ar gyfer
arweinydd pob llwyth. 4 Wedyn rhaid i ti osod y ffyn o flaen Arch yr ymrwymiad yn y babell
lle dw i'n cyfarfod gyda ti. 5 Bydd ffon y dyn dw i'n ei ddewis yn blaguro. Dw i'n mynd i roi
stop ar yr holl gwyno di-baid yma gan bobl Israel yn dy erbyn di."
6 Felly dyma Moses yn siarad gyda phobl Israel, a dyma pob un o arweinwyr y llwythau yn
rhoi ei ffon iddo – un deg dwy o ffyn i gyd. Ac roedd ffon Aaron yn un ohonyn nhw. 7 A dyma
Moses yn gosod y ffyn o flaen yr Arglwydd, tu mewn i babell y dystiolaeth.
8 Pan aeth Moses i babell y dystiolaeth y diwrnod wedyn, roedd ffon Aaron (yn cynrychioli
llwyth Lefi) wedi blaguro! Roedd blagur a blodau a chnau almon yn tyfu arni! 9 Felly dyma
Moses yn dod â'r ffyn allan i bobl Israel edrych arnyn nhw. A dyma pob arweinydd yn cymryd

y ffon oedd â'i enw e arni. 10 Yna dyma'r ARGLWYDD yn dweud wrth Moses, "Tyrd â ffon Aaron
yn ôl i'w gosod o flaen y dystiolaeth. Bydd yn arwydd i rybuddio unrhyw un sy'n gwrthryfela.
Bydd hyn yn stopio'r holl gwyno, ac yn arbed unrhyw un arall rhag marw."

11 Felly dyma Moses yn gwneud yn union fel roedd yr ARGLWYDD wedi dweud wrtho. 12 A dyma
bobl Israel yn dweud wrth Moses, "Dŷn ni'n siŵr o farw! Mae hi ar ben arnon ni! 13 Mae unrhyw
un sy'n mynd yn agos at Dabernacl yr ARGLWYDD yn siŵr o farw! Oes rhaid i ni i gyd farw?"

Cyfrifoldebau Offeiriaid a Lefiaid

18 A dyma'r ARGLWYDD yn dweud wrth Aaron: "Ti a dy feibion a dy berthnasau o lwyth
Lefi sy'n gyfrifol am unrhyw ddrwg sy'n cael ei wneud yn y cysegr. Ond ti a dy feibion
sy'n gyfrifol am unrhyw ddrwg sy'n cael ei wneud gan yr offeiriaid. 2 Gad i dy berthnasau,
o lwyth Lefi, dy helpu di a dy feibion wrth i chi gyflawni'ch gwaith o flaen pabell y dystiolaeth.
3 Maen nhw i'ch helpu chi i ofalu am y Tabernacl. Ond rhaid iddyn nhw beidio mynd yn agos
at unrhyw offer cysegredig na'r allor, neu byddan nhw a chi yn marw. 4 Maen nhw i'ch helpu
chi i ofalu am babell presenoldeb Duw, ac i wneud eich gwaith yn y Tabernacl. Ond does
neb o'r tu allan i gael dod yn agos. 5 Chi fydd yn gyfrifol am y cysegr a'r allor, fel bod yr
ARGLWYDD ddim yn gwylltio hefo pobl Israel eto. 6 Fi sydd wedi dewis dy berthnasau di o lwyth
Lefi i wneud y gwaith yma. Maen nhw'n anrheg i ti gan yr ARGLWYDD, i weithio yn y Tabernacl.
7 Ond ti a dy feibion sy'n gyfrifol am wneud gwaith yr offeiriaid – popeth sy'n ymwneud â'r
allor a'r tu mewn i'r llen. Mae'r fraint o gael gwneud gwaith offeiriad yn anrheg gen i i chi.
Os bydd unrhyw un arall yn dod yn rhy agos, y gosb fydd marwolaeth."

Siâr yr Offeiriaid

8 Dyma'r ARGLWYDD yn dweud wrth Aaron, "Ti a dy feibion sydd i fod yn gyfrifol bob amser
am yr offrymau sy'n cael eu cyflwyno i mi. Dw i'n rhoi dy siâr di o offrymau pobl Israel i ti
a dy feibion. 9 Byddi di'n cael y rhannau hynny o'r offrymau sydd ddim yn cael eu llosgi – eu
hoffrymau nhw o rawn a'r offrwm puro a'r offrwm i gyfaddef bai. Mae'r rhain i gael eu
rhoi o'r neilltu i ti a dy feibion. 10 Mae i'w fwyta fel offrwm cysegredig gan y dynion. Mae
wedi'i gysegru i chi ei fwyta. 11 Chi sydd i gael yr offrwm sy'n cael ei chwifio hefyd. Mae hwn
bob amser i gael ei fwyta gan y teulu i gyd, yn ddynion a merched. Mae pawb yn y teulu
sy'n lân yn seremonïol yn cael ei fwyta. 12 A dw i'n rhoi eu rhoddion nhw o ffrwyth cyntaf
y cnydau i chi hefyd – yr olew olewydd gorau, y sudd grawnwin gorau a'r gorau o'r grawn.
13 A'r ffrwythau aeddfed cyntaf maen nhw'n eu cyflwyno i'r ARGLWYDD – chi piau nhw, ac
mae pawb yn y teulu sy'n lân yn seremonïol yn cael eu bwyta. 14 Chi sy'n cael popeth sydd
wedi'i gadw o'r neilltu i Dduw gan bobl Israel. 15 Chi piau'r meibion hynaf a phob anifail
cyntaf i gael eu geni, sef y rhai sy'n cael eu cyflwyno i'r ARGLWYDD. Ond rhaid i'r meibion
hynaf a'r anifeiliaid cyntaf gael eu prynu'n ôl gynnoch chi. 16 Maen nhw i gael eu prynu pan
maen nhw'n fis oed, am bum darn arian (yn ôl mesur safonol y cysegr – sef dau ddeg gera).
17 Ond dydy'r anifail cyntaf i gael ei eni i fuwch neu ddafad neu afr ddim i gael eu prynu'n
ôl. Maen nhw wedi'u cysegru i gael eu haberthu. Rhaid i'w gwaed gael ei sblasio ar yr allor,
a rhaid i'r braster gael ei losgi yn offrwm – yn rhodd sy'n arogli'n hyfryd i'r ARGLWYDD. 18 Ond
chi sy'n cael y cig, fel dych chi'n cael cadw brest a rhan uchaf coes ôl yr offrymau sy'n cael
eu chwifio. 19 Dw i'n rhoi'r rhain i gyd i chi a'ch teulu – yr offrymau sy'n cael eu cyflwyno
gan bobl Israel i'r ARGLWYDD. Chi fydd piau'r rhain bob amser. Mae hwn yn ymrwymiad dw
i, yr ARGLWYDD, yn ei wneud i chi a'ch disgynyddion. Fydd hyn byth yn newid.[f]"

20 Dyma'r ARGLWYDD yn dweud wrth Aaron, "Fyddwch chi'r offeiriaid ddim yn cael tir i chi'ch
hunain yn y wlad. Fi ydy'ch siâr chi. 21 A siâr y Lefiaid fydd y deg y cant fydd pobl Israel yn ei
dalu – dyma'r tâl fyddan nhw'n ei gael am eu gwaith yn y Tabernacl. 22 O hyn ymlaen bydd rhaid
i weddill pobl Israel gadw draw oddi wrth y Tabernacl, neu byddan nhw'n euog o bechu a bydd

f 18:19 *Fydd hyn ... newid* Hebraeg, "drwy ymrwymiad halen" (cf. Lefiticus 2:13, 2 Cronicl 13:5).

rhaid iddyn nhw farw. [23]Y Lefiaid sy'n cael gweithio yn y Tabernacl, a nhw fydd yn gyfrifol os
gwnân nhw rywbeth o'i le. Dydy'r Lefiaid ddim i gael tir yn y wlad iddyn nhw'u hunain. Fydd
y rheol yma byth yn newid. [24]Mae'r Lefiaid i gael y degymau fydd pobl Israel yn eu cyflwyno yn
offrwm i'r ARGLWYDD. Dyna pam dw i'n dweud nad ydyn nhw i gael tir iddyn nhw'u hunain."

Degwm y Lefiaid

[25]Dyma'r ARGLWYDD yn dweud wrth Moses: [26]"Dwed wrth y Lefiaid, 'Pan fyddwch chi'n
derbyn y degwm dw i wedi'i roi i chi gan bobl Israel, dych chi i gyflwyno un rhan o ddeg
ohono yn offrwm i'r ARGLWYDD. [27]A bydd yr offrwm yma dych chi'n ei gyflwyno yn cael ei gyfri
fel petai'n rawn o'r llawr dyrnu neu'n win o'r winwasg. [28]Rhaid i chi gyflwyno i'r ARGLWYDD
un rhan o ddeg o'r degwm dych chi'n ei dderbyn gan bobl Israel. Mae'r siâr yma i gael ei roi
i Aaron yr offeiriad. [29]Gwnewch yn siŵr eich bod yn rhoi siâr o bopeth dych chi'n ei dderbyn
i'r ARGLWYDD, ac mai hwnnw ydy'r darn gorau ohono.'

[30]"Dwed wrthyn nhw, 'Pan fyddwch chi'n cyflwyno'r gorau o'r degwm i'r ARGLWYDD, bydd
yn cael ei gyfri fel petai'n rawn o'r llawr dyrnu neu'n win o'r winwasg. [31]Gewch chi a'ch
teulu fwyta'r gweddill ohono unrhyw bryd, unrhyw le – eich cyflog chi am eich gwaith yn
y Tabernacl ydy e. [32]Os gwnewch chi gyflwyno'r gorau ohono i Dduw, fyddwch chi ddim yn
euog o bechu drwy ddangos diffyg parch at offrymau pobl Israel, a fydd dim rhaid i chi farw.' "

Lludw'r Heffer Goch

19 Dyma'r ARGLWYDD yn dweud wrth Moses ac Aaron: [2]"A dyma reol arall mae'r ARGLWYDD
yn gorchymyn ei chadw: 'Dwed wrth bobl Israel am ddod â heffer goch sydd â dim
byd o'i le arni – anifail heb nam corfforol ac sydd erioed wedi gweithio gyda iau. [3]Rhaid rhoi'r
heffer i Eleasar yr offeiriad, a bydd yn cael ei chymryd allan o'r gwersyll a'i lladd o'i flaen
e. [4]Yna mae Eleasar i gymryd peth o waed yr heffer, a'i daenellu gyda'i fys saith gwaith
i gyfeiriad pabell presenoldeb Duw. [5]Wedyn mae'r heffer i gael ei llosgi o'i flaen – y croen,
cnawd, gwaed, a'r coluddion i gyd. [6]Yna rhaid i'r offeiriad gymryd pren cedrwydd, isop, ac
edau goch a'u taflu nhw i'r tân lle mae'r heffer yn llosgi. [7]Wedyn rhaid i'r offeiriad olchi ei
ddillad ac ymolchi mewn dŵr cyn dod yn ôl i mewn i'r gwersyll. Ond bydd e'n dal yn aflan
am weddill y dydd. [8]A rhaid i'r dyn sy'n llosgi'r heffer olchi ei ddillad hefyd, ac ymolchi mewn
dŵr. Bydd e hefyd yn aflan am weddill y dydd.

[9]" 'Yna rhaid i ddyn sydd ddim yn aflan gasglu lludw yr heffer goch, a'i osod mewn lle sy'n
lân yn seremonïol tu allan i'r gwersyll. Mae'r lludw i'w gadw i bobl Israel ei ddefnyddio yn
seremoni dŵr y puro. Mae'r seremoni yma ar gyfer symud pechodau. [10]Wedyn, rhaid i'r un
wnaeth gasglu'r lludw olchi ei ddillad. Bydd e hefyd yn aflan am weddill y dydd. Dyma fydd
y drefn bob amser i bobl Israel a'r mewnfudwyr sy'n byw gyda nhw.

Cyffwrdd corff marw

[11]" 'Bydd unrhyw un sy'n cyffwrdd corff marw yn aflan am saith diwrnod. [12]Rhaid i'r person
hwnnw fynd drwy'r ddefod o buro'i hun â dŵr ar y trydydd diwrnod a'r seithfed diwrnod, ac
wedyn bydd yn lân. Os nad ydy e'n gwneud hynny, bydd yn aros yn aflan. [13]Os ydy rhywun
yn cyffwrdd corff marw a ddim yn puro'i hun, mae'r person hwnnw yn llygru Tabernacl yr
ARGLWYDD. Bydd yn cael ei dorri allan o Israel am fod dŵr y puro ddim wedi cael ei daenellu
arno. Bydd yn aros yn aflan.

[14]" 'Dyma sydd i ddigwydd pan mae rhywun yn marw mewn pabell: Mae unrhyw un sy'n
mynd i mewn i'r babell, neu'r rhai oedd yno pan fuodd y person farw, yn aflan am saith
diwrnod. [15]A bydd unrhyw lestr heb gaead arno yn aflan hefyd.

[16]" 'Os ydy rhywun allan yn y wlad yn cyffwrdd corff marw – corff rhywun sydd wedi'i ladd
neu rywun sydd wedi marw'n naturiol – neu hyd yn oed yn cyffwrdd asgwrn dynol, neu fedd,
bydd yn aflan am saith diwrnod.

17“ ‘A dyma sut mae puro rhywun sy'n aflan: Rhaid cymryd peth o ludw yr heffer gafodd ei
llosgi i symud pechodau, a thywallt dŵr glân croyw drosto mewn llestr. 18Wedyn mae rhywun
sydd ddim yn aflan i drochi brigau isop yn y dŵr, ac yna ei daenellu ar y babell a'r dodrefn
i gyd, ac ar y bobl oedd yno ar y pryd. A'r un fath gyda rhywun sydd wedi cyffwrdd asgwrn
dynol, neu gorff marw neu fedd. 19Rhaid gwneud hyn ar y trydydd diwrnod ac ar y seithfed
diwrnod. Yna ar y seithfed diwrnod, rhaid i'r rhai oedd yn aflan olchi eu dillad ac ymolchi
mewn dŵr. Byddan nhw'n aflan am weddill y dydd. 20Ond os ydy rhywun yn aflan a ddim yn
puro'i hun, rhaid i'r person hwnnw gael ei dorri allan o gymdeithas pobl Israel, am ei fod wedi
llygru cysegr yr ARGLWYDD. Gafodd dŵr y puro ddim ei daenellu arno, felly bydd yn dal yn aflan.
21“ ‘A dyma fydd y drefn bob amser: Rhaid i'r un sy'n taenellu dŵr y puro olchi ei ddillad.
Bydd unrhyw un sy'n cyffwrdd dŵr y puro yn aflan am weddill y dydd. 22Bydd beth bynnag
mae'r person sy'n aflan yn ei gyffwrdd yn aflan hefyd, a bydd unrhyw un sy'n cyffwrdd y peth
hwnnw yn aflan am weddill y dydd.’ ”

Dŵr o'r graig

(Exodus 17:1-7)

20 Dyma bobl Israel i gyd yn cyrraedd anialwch Sin. Roedd hyn yn y mis cyntaf, a dyma
nhw'n aros yn Cadesh. Dyna lle buodd Miriam farw, a lle cafodd ei chladdu. 2Doedd
dim dŵr i'r bobl yno, a dyma nhw'n casglu at ei gilydd yn erbyn Moses ac Aaron. 3A dyma
nhw'n dechrau ffraeo gyda Moses: “Byddai lot gwell petaen ni wedi marw o flaen yr ARGLWYDD
gyda'n brodyr! 4Pam wyt ti wedi dod â phobl yr ARGLWYDD i'r anialwch yma? Er mwyn i ni
a'n hanifeiliaid farw yma? 5Pam wnest ti ddod â ni allan o'r Aifft i'r lle ofnadwy yma? Does
dim cnydau'n tyfu yma, dim ffigys, gwinwydd na phomgranadau. Does dim hyd yn oed dŵr
i'w yfed!”
6Dyma Moses ac Aaron yn mynd oddi wrth y bobl at y fynedfa i babell presenoldeb Duw.
A dyma nhw'n plygu yno a'u hwynebau ar lawr. A dyma nhw'n gweld ysblander yr ARGLWYDD
yno. 7Dyma'r ARGLWYDD yn dweud wrth Moses: 8“Cymer dy ffon. Dw i eisiau i ti ac Aaron dy
frawd gasglu'r bobl i gyd at ei gilydd. Yna, o flaen pawb, dw i eisiau i ti orchymyn i'r graig
roi dŵr. Yna bydd dŵr yn tywallt o'r graig, a bydd y bobl a'r anifeiliaid yn cael yfed ohono.”
9Felly dyma Moses yn cymryd y ffon o'r lle roedd yn cael ei chadw o flaen yr ARGLWYDD.
10A dyma Moses ac Aaron yn galw'r bobl at ei gilydd o flaen y graig. Dyma fe'n dweud wrthyn
nhw, “Gwrandwch, chi rebeliaid! Oes rhaid i ni ddod â dŵr allan o'r graig yma i chi?” 11A dyma
Moses yn codi ei law ac yn taro'r graig ddwywaith gyda'r ffon, a dyma'r dŵr yn llifo allan
ohoni. Cafodd y bobl a'r anifeiliaid ddigonedd i'w yfed. 12Ond dyma'r ARGLWYDD yn dweud
wrth Moses ac Aaron, “Am eich bod chi ddim wedi trystio fi ddigon i ddangos i bobl Israel fy
mod i'n wahanol, fyddwch chi ddim yn cael arwain y bobl yma i'r wlad dw i'n ei rhoi iddyn
nhw.” 13Cafodd y lle ei alw yn ‘Ffynnon Meriba’, lle roedd y bobl wedi dadlau gyda'r ARGLWYDD,
ac yntau wedi dangos iddyn nhw ei fod e i gael ei anrhydeddu, yn Dduw sanctaidd, gwahanol.

Brenin Edom yn gwrthod caniatâd i groesi ei dir

14Dyma Moses yn anfon negeswyr o Cadesh at frenin Edom: “Neges oddi wrth dy berthnasau,
pobl Israel: Ti'n gwybod mor galed mae pethau wedi bod arnon ni. Aeth ein hynafiaid i lawr
i'r Aifft, 15a buon ni'n byw yno am amser hir. Cawson ni'n cam-drin am genedlaethau gan yr
Eifftiaid. 16Ond yna dyma ni'n galw ar yr ARGLWYDD am help, a dyma fe'n gwrando arnon ni
ac yn anfon angel i ddod â ni allan o'r Aifft. A bellach, dŷn ni yn Cadesh, sy'n dref ar y ffin
gyda dy wlad di. 17Wnei di roi caniatâd i ni groesi dy dir? Wnawn ni ddim niwed i unrhyw
gnydau na gwinllannoedd, na hyd yn oed yfed dŵr o unrhyw ffynnon. Byddwn ni'n aros ar
Briffordd y Brenin yr holl ffordd, nes byddwn ni wedi croesi'r ffin yr ochr arall.”
18Ond ateb brenin Edom oedd, “Na. Well i chi gadw allan o'r wlad yma, neu bydda i'n
dod â byddin yn eich erbyn chi!” 19A dyma bobl Israel yn dweud eto, “Byddwn ni'n cadw

ar y briffordd. Os gwnawn ni neu'n hanifeiliaid yfed eich dŵr chi, gwnawn ni dalu amdano.
Y cwbl dŷn ni'n gofyn amdano ydy'r hawl i groesi'r wlad ar droed." 20 Ond dyma fe'n ateb
eto, "Na, gewch chi ddim croesi." A dyma fe'n anfon ei fyddin allan i'w rhwystro nhw – roedd
hi'n fyddin fawr gref. 21 Felly am fod Edom wedi gwrthod gadael i Israel groesi eu ffiniau nhw,
dyma bobl Israel yn troi'n ôl.

Aaron yn marw

22 Dyma nhw i gyd yn gadael Cadesh, ac yn teithio i Fynydd Hor. 23 A dyma'r ARGLWYDD
yn dweud wrth Moses ac Aaron pan oedden nhw wrth Fynydd Hor, ar ffin gwlad Edom:
24 "Mae'n bryd i Aaron fynd at ei hynafiaid – mae'n mynd i farw yma. Fydd e ddim
yn cael mynd i mewn i'r wlad dw i wedi'i rhoi i bobl Israel am fod y ddau ohonoch
chi wedi mynd yn groes i beth ddwedais i wrthoch chi wrth Ffynnon Meriba. 25 Dw
i eisiau i ti gymryd Aaron a'i fab Eleasar i gopa Mynydd Hor. 26 Yno dw i am i ti gymryd
gwisgoedd offeiriadol Aaron, a gwisgo ei fab Eleasar gyda nhw. A bydd Aaron yn marw
yna, ar y mynydd."
27 Felly dyma Moses yn gwneud fel roedd yr ARGLWYDD wedi dweud. Roedd y bobl i gyd yn eu
gwylio nhw yn mynd i fyny Mynydd Hor. 28 Wedyn dyma Moses yn cymryd gwisgoedd offeiriadol
Aaron, ac yn gwisgo Eleasar gyda nhw. A dyma Aaron yn marw yno, ar ben y mynydd. Wedyn
dyma Moses ac Eleasar yn mynd yn ôl i lawr.
29 Pan welodd y bobl fod Aaron wedi marw, dyma nhw i gyd yn galaru amdano am fis.

Concro'r Canaaneaid

21 Dyma frenin Canaaneaidd Arad, oedd yn byw yn y Negef, yn clywed fod Israel yn dod
ar y ffordd i Atharîm. Felly dyma fe'n ymosod arnyn nhw, ac yn cymryd rhai o bobl
Israel yn gaeth. 2 Dyma bobl Israel yn gwneud adduned i'r ARGLWYDD, "Os gwnei di'n helpu ni
i goncro'r bobl yma, gwnawn ni ddinistrio'u trefi nhw'n llwyr."[ff] 3 Dyma'r ARGLWYDD yn ateb
eu gweddi nhw, a dyma nhw'n concro'r Canaaneaid a dinistrio'u trefi nhw'n llwyr. A dyma
nhw'n galw'r lle yn Horma (sef 'Dinistr').

Y neidr bres

4 Dyma nhw'n teithio o Fynydd Hor ar hyd ffordd y Môr Coch,[g] er mwyn mynd o gwmpas
tir Edom. Ond ar y ffordd dyma nhw'n dechrau teimlo'n flin a diamynedd. 5 A dyma nhw'n
dechrau cwyno eto, a dweud pethau yn erbyn Duw a Moses. "Pam dych chi wedi dod â ni
allan o'r Aifft i farw yn yr anialwch yma? Does dim bwyd yma, na dŵr, a dŷn ni'n casáu'r
stwff diwerth[ng] yma!"
6 Felly dyma'r ARGLWYDD yn anfon nadroedd gwenwynig i'w canol nhw. Cafodd lot o bobl
eu brathu, a buon nhw farw. 7 A dyma'r bobl yn dod at Moses a dweud, "Dŷn ni wedi pechu
drwy ddweud pethau yn erbyn yr ARGLWYDD ac yn dy erbyn di. Plîs gweddïa y bydd yr ARGLWYDD
yn cymryd y nadroedd yma i ffwrdd." Felly dyma Moses yn gweddïo dros y bobl. 8 A dyma'r
ARGLWYDD yn dweud wrth Moses, "Gwna ddelw o neidr, a'i chodi ar bolyn. Wedyn, pan fydd
rhywun sydd wedi'i frathu yn edrych arni, bydd yn cael byw." 9 A dyma Moses yn gwneud
neidr bres a'i chodi ar bolyn. Wedyn os oedd neidr yn brathu rhywun, pan fyddai'r person
hwnnw'n edrych ar y neidr bres, byddai'n cael byw.

O Fynydd Hor i Ddyffryn Moab

10 Dyma bobl Israel yn cychwyn yn eu blaenau eto, ac yn gwersylla yn Oboth. 11 Yna gadael
Oboth a gwersylla yn Ïe-hafarîm yn yr anialwch, i'r dwyrain o Moab. 12 Yna mynd yn eu blaenau

ff 21:2 *ddinistrio'u ... yn llwyr* Y syniad yma oedd nad oedden nhw'n cadw dim, nac yn elwa o gwbl.
g 21:4 *Môr Coch* Hebraeg, "Môr y Brwyn". ng 21:5 cyfeiriad at y manna (gw. 11:6-9 ac Exodus 16).

eto a gwersylla yn Wadi Sered. [13]Wedyn mynd yn eu blaenau a gwersylla yr ochr draw i Arnon,
yn yr anialwch sy'n ymestyn o'r ardaloedd ble mae'r Amoriaid yn byw. Mae Arnon ar ffin
Moab, yn y canol rhwng Moab a'r Amoriaid. [14]Mae *Llyfr Rhyfeloedd yr ARGLWYDD* yn cyfeirio
at y lle fel yma:

> "Tref Waheb yn Swffa, a chymoedd Arnon,
> 15 a llethrau'r ceunentydd sy'n ymestyn i Ar,
> ar y ffin gyda Moab."

[16]Teithio wedyn i Beër (sef 'Y Ffynnon'), lle dwedodd yr ARGLWYDD wrth Moses, "Casgla'r
bobl at ei gilydd, a gwna i roi dŵr iddyn nhw." [17]Yna dyma bobl Israel yn canu'r gân yma,

> "Ffrydia ffynnon! Canwch iddi!
> 18 Ffynnon agorodd tywysogion,
> wedi'i chloddio gyda theyrnwialennau
> a ffyn yr arweinwyr."

A dyma nhw'n teithio o'r anialwch i Mattana. [19]Yna ymlaen i Nachaliel, yna Bamoth, [20]ac
yna'r dyffryn ar dir Moab, lle mae copa Pisga[h] yn edrych dros yr anialwch.

Ennill brwydrau yn erbyn Sihon ac Og

(Deuteronomium 2:26 – 3:11)

[21]Dyma Israel yn anfon negeswyr at Sihon, brenin yr Amoriaid, i ofyn iddo: [22]"Wnei di roi
caniatâd i ni groesi dy dir di? Wnawn ni ddim niwed i unrhyw gnydau na gwinllannoedd,
na hyd yn oed yfed dŵr o unrhyw ffynnon. Byddwn ni'n cadw ar Briffordd y Brenin yr
holl ffordd, nes byddwn ni wedi croesi'r ffin yr ochr arall." [23]Ond gwrthododd Sihon
adael i bobl Israel groesi ei dir. Casglodd ei fyddin at ei gilydd, ac ymosod ar Israel yn
Iahats yn yr anialwch. [24]Ond Israel wnaeth ennill y frwydr, a dyma nhw'n cymryd eu tir
oddi arnyn nhw, o Ddyffryn Arnon i afon Jabboc, a'r holl ffordd at ffin yr Ammoniaid.
Roedd y ffin honno wedi'i hamddiffyn, ac yn gwbl ddiogel. [25]Dyma Israel yn concro trefi'r
Amoriaid i gyd, a setlo ynddyn nhw, gan gynnwys dinas Cheshbon ei hun a'r pentrefi
o'i chwmpas. [26]Cheshbon oedd dinas Sihon, brenin yr Amoriaid. Ac roedd Sihon wedi
concro brenin Moab a chymryd ei dir oddi arno, yr holl ffordd at afon Arnon. [27]Dyna pam
mae'r baledwyr yn dweud,

> "Dewch i Cheshbon, dinas Sihon,
> i'w hadfer a'i hailadeiladu.
>
> 28 Roedd tân yn llosgi yn Cheshbon –
> fflamau o dref y Brenin Sihon.
> Mae wedi llosgi Ar yn Moab
> ac arweinwyr ucheldir Arnon.
>
> 29 Mae hi ar ben arnat ti, Moab!
> Dych chi bobl sy'n addoli Chemosh wedi'ch difa.
> Mae eich meibion yn ffoaduriaid,
> a'ch merched wedi'u cymryd yn gaethion,
> gan Sihon, brenin yr Amoriaid.
>
> 30 Dŷn ni wedi'u difa nhw'n llwyr
> o Cheshbon yr holl ffordd i Dibon.
> Dŷn ni wedi'u taro nhw i lawr
> yr holl ffordd i Noffa a Medeba."

---

h 21:20 *Pisga* Copa uchaf Mynyddoedd Afarîm yn Moab.

31 Felly roedd pobl Israel yn byw yng ngwlad yr Amoriaid. 32 Dyma Moses yn anfon ysbiwyr
i edrych ar dref Iaser. A dyma nhw'n dal y pentrefi yno, a gyrru allan yr Amoriaid oedd yn
byw yno.

33 Wedyn dyma nhw'n troi i'r gogledd, ac yn mynd i gyfeiriad Bashan. A dyma Og, brenin
Bashan yn dod â'i fyddin gyfan i ymladd yn eu herbyn nhw yn Edrei. 34 Ond dyma'r ARGLWYDD
yn dweud wrth Moses, "Paid bod â'i ofn. Dw i'n mynd i roi Og a'i fyddin a'i dir i gyd i ti.
Byddi'n gwneud yr un fath iddo fe ag a wnest ti i Sihon brenin yr Amoriaid oedd yn byw yn
Cheshbon." 35 Felly dyma Israel yn ennill y frwydr yn erbyn Og a'i feibion a'i fyddin. Cawson
nhw i gyd eu lladd. A dyma Israel yn cymryd y tir.

Brenin Moab yn anfon am Balaam

22 Dyma bobl Israel yn teithio yn eu blaenau, ac yn gwersylla ar wastatir Moab, yr
ochr draw i afon Iorddonen, gyferbyn â Jericho. 2 Roedd Balac fab Sippor, brenin
Moab, wedi clywed beth oedd pobl Israel wedi'i wneud i'r Amoriaid. 3 Pan welodd pobl
Moab gymaint o Israeliaid oedd yna, aethon nhw i banig llwyr. Roedd ganddyn nhw ofn
am eu bywydau. 4 A dyma frenin Moab yn dweud wrth arweinwyr Midian, "Bydd y dyrfa
enfawr yma yn llyncu popeth o'u cwmpas nhw, fel tarw yn pori cae yn lân." A dyma Balac,
oedd yn frenin Moab ar y pryd, 5 yn anfon neges at Balaam fab Beor oedd yn dod o Pethor
wrth afon Ewffrates. "Mae yna dyrfa enfawr o bobl wedi dod allan o'r Aifft. Maen nhw ym
mhobman, ac maen nhw wedi setlo gyferbyn â ni. 6 Plîs wnei di ddod a'u melltithio nhw
i mi. Maen nhw'n rhy gryf i mi ddelio gyda nhw. Ond falle wedyn y bydda i'n gallu'u gyrru
nhw allan o'r wlad. Achos mae pwy bynnag wyt ti'n ei fendithio yn llwyddo, a phwy bynnag
wyt ti'n ei felltithio yn syrthio."

7 Felly dyma arweinwyr Moab a Midian yn mynd i edrych am Balaam, gydag arian i dalu
iddo felltithio Israel. Pan gyrhaeddon nhw, dyma nhw'n dweud wrtho beth oedd Balac eisiau.
8 "Arhoswch yma heno," meddai Balaam, "a bore fory bydda i'n dweud wrthoch chi beth mae'r
ARGLWYDD wedi'i ddweud." Felly dyma arweinwyr Moab yn aros gyda Balaam.

9 A dyma Duw yn dod at Balaam a gofyn, "Pwy ydy'r dynion yma sydd gyda ti?" 10 Atebodd
Balaam, "Balac fab Sippor, brenin Moab, sydd wedi'u hanfon nhw ata i, i ddweud, 11 'Mae yna
dyrfa enfawr o bobl wedi dod allan o'r Aifft. Maen nhw ym mhobman! Plîs wnei di ddod a'u
melltithio nhw i mi. Falle wedyn y bydda i'n gallu'u gyrru nhw allan o'r wlad.' "

12 "Paid mynd gyda nhw," meddai Duw wrth Balaam. "Rhaid i ti beidio melltithio'r bobl
yna, achos dw i wedi'u bendithio nhw." 13 Felly dyma Balaam yn codi'r bore wedyn, a dweud
wrth swyddogion Balac, "Ewch adre. Dydy'r ARGLWYDD ddim am adael i mi fynd gyda chi."

14 A dyma swyddogion Moab yn mynd. Dyma nhw'n mynd yn ôl at Balac, a dweud wrtho
fod Balaam wedi gwrthod dod gyda nhw.

15 Ond dyma Balac yn trio eto, ac yn anfon swyddogion pwysicach y tro yma, a mwy ohonyn
nhw. 16 A dyma nhw'n dweud wrth Balaam, "Mae Balac fab Sippor yn dweud, 'Plîs paid gadael
i ddim dy rwystro di rhag dod ata i. 17 Bydda i'n talu'n hael i ti – does ond rhaid i ti ddweud
beth rwyt ti eisiau. Unrhyw beth i dy gael di i ddod a melltithio'r bobl yma i mi.' "

18 Ond dyma Balaam yn ateb, "Hyd yn oed petai Balac yn rhoi ei balas i mi, ac yn ei lenwi
gydag arian ac aur, allwn i ddim mynd yn groes i beth mae'r ARGLWYDD wedi'i ddweud wrtho
i. 19 Ond arhoswch yma dros nos, i mi weld a oes gan yr ARGLWYDD rywbeth mwy i'w ddweud."

20 A dyma Duw yn dod at Balaam eto'r noson honno, a dweud wrtho y tro yma, "Os ydy'r
dynion yma wedi dod i dy nôl di, dos gyda nhw. Ond paid gwneud dim byd ond beth dw i'n
ddweud wrthot ti."

Balaam a'i Asen

21 Felly dyma Balaam yn codi'r bore wedyn, rhoi cyfrwy ar ei asen, ac i ffwrdd â fe gyda
swyddogion Moab. 22 Ond yna roedd Duw wedi gwylltio am ei fod wedi mynd, a dyma angel

yr ARGLWYDD yn sefyll ar y ffordd o'i flaen, i'w rwystro. Roedd Balaam yn reidio ar gefn ei asen
ar y pryd, a dau o'i weision gydag e. 23Pan welodd yr asen yr angel yn chwifio'i gleddyf ac yn
blocio'r ffordd o'i flaen, dyma hi'n troi oddi ar y ffordd ac yn mynd i gae. A dyma Balaam yn
dechrau chwipio'r anifail i geisio'i gael yn ôl ar y ffordd. 24Ond wrth iddyn nhw fynd rhwng
dwy winllan, a wal bob ochr iddyn nhw, dyma angel yr ARGLWYDD yn sefyll eto ar ganol y llwybr
cul. 25Wrth weld yr angel y tro yma, dyma'r asen yn mynd i'r ochr a gwasgu troed Balaam
yn erbyn y wal. A dyma fe'n dechrau curo'r anifail eto. 26Yna dyma angel yr ARGLWYDD yn
mynd yn bellach i lawr y llwybr a sefyll mewn lle oedd mor gul, doedd dim gobaith i'r asen
fynd heibio iddo na hyd yn oed troi rownd. 27Y tro yma, pan welodd yr angel, dyma asen
Balaam yn gorwedd i lawr tano. Roedd Balaam wedi gwylltio'n lân, ac roedd yn curo'r anifail
gyda'i ffon. 28Ac yna dyma'r ARGLWYDD yn rhoi'r gallu i'r asen siarad. Meddai wrth Balaam,
"Beth dw i wedi'i wneud i haeddu cael fy nghuro gen ti dair gwaith?"

29"Ti wedi gwneud i mi edrych yn ffŵl," meddai Balaam. "Petai gen i gleddyf, byddwn
i wedi dy ladd di erbyn hyn!"

30Dyma'r asen yn dweud wrth Balaam, "Ond dy asen di ydw i, yr un rwyt ti bob amser yn
reidio ar ei chefn! Ydw i wedi gwneud rhywbeth fel yma o'r blaen?"

"Naddo," meddai Balaam.

31A dyna pryd wnaeth yr ARGLWYDD adael i Balaam weld yr angel yn sefyll yn y ffordd
yn chwifio'i gleddyf. A dyma fe'n ymgrymu a mynd ar ei wyneb ar lawr o flaen yr angel.
32A dyma'r angel yn gofyn iddo, "Pam wyt ti wedi curo dy asen fel yna dair gwaith? Dw i wedi
dod allan i dy rwystro di am dy fod ti ar ormod o frys yn fy ngolwg i. 33Roedd yr asen wedi fy
ngweld i, ac wedi troi i ffwrdd dair gwaith. Petai hi ddim wedi gwneud hynny, byddwn wedi
dy ladd di erbyn hyn, ond byddai'r asen yn dal yn fyw."

34A dyma Balaam yn dweud wrth angel yr ARGLWYDD, "Dw i wedi pechu. Doedd gen i ddim
syniad dy fod ti yna, yn blocio'r ffordd. Felly, os ydw i ddim yn gwneud y peth iawn yn dy
olwg di, gwna i droi yn ôl." 35Ond dyma'r angel yn dweud wrth Balaam, "Dos gyda nhw. Ond
paid dweud dim byd ond beth dw i'n ddweud wrthot ti." Felly dyma Balaam yn mynd yn ei
flaen gyda swyddogion Balac.

Balac yn croesawu Balaam

36Pan glywodd y Brenin Balac fod Balaam ar ei ffordd, aeth allan i'w gyfarfod. Aeth yr
holl ffordd i ffin bellaf Moab, i dref wrth ymyl afon Arnon. 37A dyma Balac yn dweud wrth
Balaam, "Rôn i wedi anfon neges frys atat ti. Pam wnest ti ddim dod yn syth? Oeddet ti ddim
yn credu y gallwn i dalu'n hael i ti?" 38A dyma Balaam yn ateb, "Wel, dw i yma nawr. Ond
paid meddwl y galla i ddweud unrhyw beth dw i eisiau. Alla i ddim ond dweud beth mae'r
ARGLWYDD yn ei roi i mi."

39Yna dyma Balaam yn mynd gyda'r brenin Balac i Ciriath-chwtsoth. 40Ac yno dyma Balac
yn aberthu teirw a defaid, ac yn rhoi peth o'r cig i Balaam a'r swyddogion oedd gydag e.

Neges gyntaf Balaam

41Y bore wedyn, dyma'r Brenin Balac yn mynd â Balaam i fyny i Bamoth-baal (sef 'Ucheldir
Baal'). Roedd yn gallu gweld rhywfaint o bobl Israel o'r fan honno.

23 A dyma Balaam yn dweud wrth y Brenin Balac, "Adeilada saith allor yma, a pharatoi
saith tarw a saith hwrdd i'w haberthu." 2Dyma Balac yn gwneud hynny, a dyma'r
ddau ohonyn nhw yn aberthu tarw a hwrdd ar bob un o'r allorau. 3Yna dyma Balaam yn
dweud wrth Balac, "Aros di yma wrth ymyl yr aberthau sy'n cael eu llosgi. Dw i'n mynd i weld
os ydy'r ARGLWYDD am ymateb. Bydda i'n rhannu gyda ti beth bynnag fydd e'n ddweud wrtho
i." A dyma Balaam yn mynd i ben bryn anial. 4A dyma Duw yn dod ato. A dyma Balaam yn
dweud wrth Dduw, "Dw i wedi codi saith allor, ac wedi aberthu tarw a hwrdd ar bob un ohonyn
nhw." 5A dyma'r ARGLWYDD yn rhoi neges i Balaam, "Dos yn ôl at Balac a rhoi'r neges yma iddo."

[6]Pan aeth Balaam yn ôl, roedd y brenin ac arweinwyr Moab yn dal i sefyll yno wrth ymyl yr aberthau oedd yn cael eu llosgi. [7]A dyma'r neges roddodd Balaam iddo:

"Daeth Balac â fi yma o Aram;
daeth brenin Moab â fi o fynyddoedd y dwyrain:
'Tyrd i felltithio Jacob i mi,' meddai,
'tyrd i gondemnio Israel!'

8 Ond sut alla i felltithio
pan mae Duw ddim yn gwneud?
Sut alla i gondemnio'r rhai
dydy'r ARGLWYDD ddim am eu condemnio?

9 Dw i'n eu gweld nhw o ben y creigiau.
Dw i'n eu gwylio nhw o ben y bryniau.
Maen nhw'n bobl unigryw,
yn wahanol i'r gwledydd eraill.
10 Mae Jacob fel llwch – pwy all eu cyfrif?
Oes rhywun yn gallu cyfrif eu chwarter nhw?
Dw i am farw fel un wnaeth y peth iawn.
Dw i am i'r diwedd i mi fod fel eu diwedd nhw."

[11]A dyma Balac yn dweud wrth Balaam, "Beth wyt ti wedi'i wneud? Dw i wedi dod â ti yma i felltithio'r gelyn! A dyma ti'n eu bendithio nhw!" [12]A dyma Balaam yn ateb, "Rhaid i mi fod yn ofalus fy mod i ddim ond yn dweud beth mae'r ARGLWYDD wedi'i roi i mi."

Ail neges Balaam

[13]Felly dyma Balac yn dweud wrtho, "Tyrd i rywle arall i edrych arnyn nhw. Fyddi di ddim ond yn gweld rhai ohonyn nhw. Melltithia'r rheiny i mi." [14]Felly dyma Balac yn mynd â Balaam i Gae Soffim (sef 'Cae'r Gwylwyr') ar ben Mynydd Pisga. A dyma fe'n codi saith allor yno, ac yn aberthu tarw a hwrdd ar bob un. [15]Dyma Balaam yn dweud wrth Balac, "Aros di yma wrth ymyl yr aberthau sy'n cael eu llosgi, tra dw i'n mynd i gyfarfod yr ARGLWYDD draw acw."

[16]A dyma'r ARGLWYDD yn cyfarfod gyda Balaam, ac yn rhoi neges iddo'i rhannu gyda Balac. [17]Pan ddaeth Balaam ato, roedd y brenin ac arweinwyr Moab yn dal i sefyll wrth ymyl yr aberthau oedd yn cael eu llosgi. A dyma Balac yn gofyn iddo, "Beth ddwedodd yr ARGLWYDD?" [18]A dyma'r neges roddodd Balaam iddo:

"Saf ar dy draed, Balac, a gwrando.
Gwranda'n ofalus, fab Sippor:
19 Nid dyn sy'n dweud celwydd ydy Duw.
Dydy e ddim yn berson dynol sy'n newid ei feddwl.
Ydy e'n dweud, a ddim yn gwneud?
Ydy e'n addo, a ddim yn cyflawni? Na!

20 Mae e wedi dweud wrtho i am fendithio;
Mae e wedi bendithio, a dw i ddim yn gallu newid hynny.
21 Dydy e'n gweld dim drwg yn Jacob,
nac yn gweld dim o'i le ar Israel.
Mae'r ARGLWYDD eu Duw gyda nhw;
mae e wedi'i gyhoeddi yn frenin arnyn nhw.

22 Duw sydd wedi dod â nhw allan o'r Aifft;
mae e'n gryf fel ych gwyllt.

23 Does dim swyn yn gwneud drwg i Jacob,
na dewiniaeth yn erbyn Israel.
Rhaid dweud am Jacob ac Israel,
'Duw sydd wedi gwneud hyn!'

24 Bydd y bobl yn codi fel llewes,
ac yn torsythu fel llew.
Fyddan nhw ddim yn gorwedd nes bwyta'r ysglyfaeth
ac yfed gwaed y lladdfa."

25 A dyma Balac yn dweud wrth Balaam, "Paid melltithio nhw o gwbl, a paid bendithio
nhw chwaith." 26 Ond dyma Balaam yn ei ateb, "Wnes i ddim dweud fod rhaid i mi wneud
beth mae'r ARGLWYDD yn ddweud?"

Trydydd neges Balaam

27 Yna dyma'r Brenin Balac yn dweud wrth Balaam, "Tyrd, gad i mi fynd â ti i rywle arall.
Falle y bydd Duw yn gadael i ti eu melltithio nhw o'r fan honno." 28 A dyma Balac yn mynd
â Balaam i ben Mynydd Peor, sy'n edrych dros yr anialwch. 29 A dyma Balaam yn dweud
wrth Balac, "Adeilada saith allor i mi yma, a pharatoi saith tarw a saith hwrdd i'w haberthu."
30 Dyma'r brenin Balac yn gwneud hynny, ac yn aberthu tarw a hwrdd ar bob un o'r allorau.

24 Erbyn hyn, roedd Balaam yn gweld fod yr ARGLWYDD am fendithio Israel. Felly wnaeth
e ddim mynd ati i ddewino fel o'r blaen, dim ond mynd yn syth i edrych allan dros
yr anialwch. 2 Pan edrychodd, dyma fe'n gweld Israel wedi gwersylla bob yn llwyth. A dyma
Ysbryd Duw yn dod arno. 3 A dyma fe'n cyhoeddi'r neges yma:

"Dyma neges Balaam fab Beor;
proffwydoliaeth y dyn sy'n gweld popeth yn glir.
4 Neges yr un sy'n clywed Duw yn siarad,
ac yn gweld beth mae'r Duw sy'n rheoli popeth yn ei ddangos iddo.
Mae'n syrthio i lesmair ac yn gweld pethau:

5 Mae dy bebyll di mor hardd, Jacob;
ie, dy wersylloedd, O Israel.
6 Maen nhw fel rhesi o balmwydd yn ymestyn i'r pellter,
ac fel gerddi ar lan afon.
Fel perlysiau wedi'u plannu gan yr ARGLWYDD,
neu goed cedrwydd ar lan y dŵr.

7 Bydd ganddyn nhw ddigon o ddŵr i ddyfrio'r tir,
a bydd eu disgynyddion fel dyfroedd di-baid.
Bydd eu brenin yn fwy nag Agag,[i]
a'i deyrnas wedi'i dyrchafu'n uchel.
8 Duw sydd wedi dod â nhw allan o'r Aifft;
mae e'n gryf fel ych gwyllt.
Byddan nhw'n dinistrio gwledydd eu gelynion –
yn torri eu hesgyrn yn ddarnau,
a'u saethu gyda saethau.

9 Mae Israel yn gorffwys fel llew,
neu lewes – pwy sy'n meiddio tarfu arno?
Bydd y sawl sy'n dy fendithio yn profi bendith,
a'r sawl sy'n dy felltithio dan felltith!"

---

i 24:7 *Agag* Un o frenhinoedd enwocaf yr Amaleciaid, oedd yn elynion i Israel (gw. Exodus 17:8-16).

[10]Roedd y Brenin Balac yn wyllt gynddeiriog gyda Balaam. Curodd ei ddwylo'n wawdlyd, a dweud wrtho, "Gwnes i dy alw di yma i felltithio fy ngelynion i! A dyma ti'n gwneud dim byd ond bendithio! Ti wedi'u bendithio nhw dair gwaith! [11]Well i ti ddianc am adre! Dos! Rôn i wedi dweud y byddwn i'n dy dalu di'n hael, ond gei di ddim byd! Ar yr ARGLWYDD mae'r bai am hynny!" [12]A dyma Balaam yn ateb, "Rôn i wedi dweud wrth dy swyddogion di, [13]'Hyd yn oed petai Balac yn rhoi ei balas i mi, ac yn ei lenwi gydag arian ac aur, allwn i ddim mynd yn groes i beth mae'r ARGLWYDD wedi'i ddweud wrtho i. Alla i ddim gwneud da na drwg ohono i fy hun, dim ond dweud beth mae'r ARGLWYDD yn ei roi i mi.'"

Neges olaf Balaam

[14]"A nawr dw i'n mynd yn ôl adre at fy mhobl. Ond cyn i mi fynd, gad i mi dy rybuddio di beth mae pobl Israel yn mynd i'w wneud i dy bobl di yn y dyfodol." [15]A dyma fe'n rhoi'r neges yma:

"Dyma neges Balaam fab Beor;
proffwydoliaeth y dyn sy'n gweld popeth yn glir.
16 Neges yr un sy'n clywed Duw yn siarad,
yn gwybod beth mae'r Goruchaf yn ei wneud,
ac yn gweld beth mae'r Duw sy'n rheoli popeth yn ei ddangos iddo.
Mae'n syrthio i lesmair ac yn gweld pethau:
17 'Dw i'n ei weld, ond fydd hyn ddim nawr;
dw i'n edrych arno, ond mae'n bell i ffwrdd.
Bydd seren yn dod allan o Jacob,
teyrnwialen yn codi yn Israel.
Bydd yn dinistrio ffiniau pellaf Moab,
a'r mynyddoedd lle mae plant Seth yn byw.

18 Bydd yn concro Edom hefyd;
fe fydd piau mynyddoedd Seir.
Bydd Israel yn mynd yn ei blaen yn ddewr.
19 Bydd brenin yn codi yn Jacob,
ac yn dinistrio pawb sydd ar ôl yn Ir.'"

[20]Yna dyma Balaam yn edrych ar Amalec ac yn cyhoeddi'r neges yma:
"Amalec ydy'r gryfaf o'r gwledydd i gyd,
ond dinistr llwyr fydd ei thynged."

[21]Yna edrychodd ar y Ceneaid[I] a chyhoeddi'r neges yma:
"Ti'n byw mewn lle sydd mor saff;
mae dy nyth yn uchel ar y graig.
22 Ond bydd Cain yn cael ei lyncu
pan fydd Asyria'n ei gymryd yn gaeth."

[23]Yna dyma Balaam yn rhoi'r neges yma:
"Ond pwy fydd yn cael byw pan fydd Duw yn gwneud hyn?
24 Bydd llongau'n dod o arfordir Cyprus,[II]
ac yn ymosod ar Asyria ac Eber.
Ond byddan nhw hefyd yn cael eu dinistrio'n llwyr."

[25]Yna dyma Balaam yn mynd adre. A dyma'r Brenin Balac yn mynd i ffwrdd hefyd.

I 24:21 *Ceneaid* Llwyth oedd yn byw yn yr anialwch i'r de o Israel. II 24:24 *arfordir Cyprus* Hebraeg, "glannau Cittim".

Pobl Israel a Baal-peor

25 Pan oedd pobl Israel yn aros yn Sittim, dyma'r dynion yn dechrau cael rhyw gyda merched Moab. 2Roedd y merched wedi'u gwahodd nhw i wyliau crefyddol eu duwiau. A dyma nhw'n gwledda gyda nhw a dechrau addoli eu duwiau. 3Cyn pen dim, roedd Israel wedi uno gyda Baal-peor. Roedd yr ARGLWYDD wedi gwylltio'n lân gyda phobl Israel, 4a dyma fe'n dweud wrth Moses, "Rhaid i ti arestio'r rhai sydd wedi arwain y drwg yma, a'u lladd nhw o flaen yr ARGLWYDD ganol dydd, er mwyn i'r ARGLWYDD beidio bod mor wyllt gydag Israel." 5Felly dyma Moses yn dweud wrth arweinwyr llwythau Israel, "Rhaid i chi ddienyddio'r dynion yn eich llwyth chi sydd wedi ymuno i addoli Baal-peor." 6Wrth iddo ddweud hyn, a phobl Israel yn wylo a galaru o flaen y fynedfa i babell presenoldeb Duw, dyma un o ddynion Israel yn dod ag un o ferched y Midianiaid i'r gwersyll. Gwelodd Moses a phawb y peth yn digwydd. 7A dyma Phineas (mab Eleasar yr offeiriad, ac ŵyr Aaron) yn codi a gafael mewn gwaywffon, 8a mynd ar ôl y dyn i'r babell. A dyma fe'n gwthio'r waywffon drwy'r ddau ohonyn nhw – drwy'r dyn ac i mewn i stumog y ferch. A dyma'r pla oedd yn lledu drwy ganol pobl Israel yn stopio. 9Roedd 24,000 o bobl wedi marw o'r pla.

10Dyma'r ARGLWYDD yn dweud wrth Moses: 11"Mae Phineas, mab Eleasar ac ŵyr Aaron yr offeiriad, wedi tawelu fy llid yn erbyn Israel. Dangosodd y fath sêl drosto i, wnes i ddim bwrw ymlaen i ddinistrio pobl Israel i gyd. 12Felly dywed wrtho fy mod yn gwneud ymrwymiad o heddwch gydag e; 13ymrwymiad mai fe a'i ddisgynyddion fydd yn offeiriaid am byth. Am ei fod wedi dangos y fath sêl dros ei Dduw, ac wedi gwneud pethau'n iawn rhwng Duw a phobl Israel." 14Enw'r dyn gafodd ei ladd ganddo – y dyn gafodd ei drywanu gyda'r ferch o Midian – oedd Simri fab Salw, pennaeth teulu o lwyth Simeon. 15Ac enw'r ferch o Midian oedd Cosbi, merch Swr, pennaeth un o lwythau Midian.

16A dyma'r ARGLWYDD yn dweud wrth Moses: 17"Dw i am i chi drin y Midianiaid fel gelynion, a'u dinistrio nhw. 18Maen nhw wedi dod yn elynion i chi drwy eich denu chi i addoli y Baal o Peor. A hefyd drwy beth ddigwyddodd gyda Cosbi, merch un o'u tywysogion nhw gafodd ei lladd y diwrnod roedd y pla yn lledu o achos Peor."

Yr ail gyfrifiad

26 Ar ôl i'r pla orffen, dyma'r ARGLWYDD yn dweud wrth Moses, ac wrth Eleasar fab Aaron, yr offeiriad: 2"Dw i eisiau i ti gynnal cyfrifiad arall o bobl Israel – pawb o bob llwyth sydd dros ugain oed ac yn gallu ymuno â'r fyddin."

3Ar y pryd, roedd pobl Israel yn gwersylla ar wastatir Moab, wrth ymyl afon Iorddonen, gyferbyn â Jericho. A dyma Moses ac Eleasar yn dweud wrthyn nhw, 4"Rhaid cyfrif pawb dros ugain oed." Dyna oedd yr ARGLWYDD wedi'i orchymyn i Moses.

A dyma bobl Israel ddaeth allan o wlad yr Aifft:

Llwyth Reuben

5 O lwyth Reuben (mab hynaf Jacob) – disgynyddion Chanoch, Palw, 6Hesron, a Carmi. 7Cyfanswm Reuben oedd 43,730. 8(Roedd Eliab yn un o ddisgynyddion Palw, 9sef tad Nemwel, Dathan ac Abiram. Roedd Dathan ac Abiram gyda Cora yn arwain y bobl wnaeth droi yn erbyn Moses ac Aaron a gwrthryfela yn erbyn yr ARGLWYDD. 10A dyma'r ddaear yn agor ac yn eu llyncu nhw a Cora. Lladdodd y tân ddau gant pum deg ohonyn nhw. Mae beth ddigwyddodd iddyn nhw yn rhybudd i ni. 11Ond wnaeth llinach Cora ei hun ddim diflannu'n llwyr.)

Llwyth Simeon

[12] O lwyth Simeon – disgynyddion Nemwel, Iamîn, Iachîn, [13] Serach, a Saul. [14] Cyfanswm Simeon oedd 22,200.

Llwyth Gad

[15] O lwyth Gad – disgynyddion Seffon, Haggi, Shwni, [16] Osni, Eri, [17] Arod, ac Areli. [18] Cyfanswm Gad oedd 40,500.

Llwyth Jwda

[19] Roedd gan Jwda ddau fab, Er ac Onan, ond buodd y ddau farw yn fuan yn Canaan. [20] O lwyth Jwda – disgynyddion Shela, Perets, a Serach. [21] Ac o Perets – disgynyddion Hesron a Chamŵl. [22] Cyfanswm Jwda oedd 76,500.

Llwyth Issachar

[23] O lwyth Issachar – disgynyddion Tola, Pwa, [24] Iashŵf, a Shimron. [25] Cyfanswm Issachar oedd 64,300.

Llwyth Sabulon

[26] O lwyth Sabulon – disgynyddion Sered, Elon, a Iachleël. [27] Cyfanswm Sabulon oedd 60,500.

Llwythau Manasse ac Effraim

[28] Roedd dau lwyth, sef Manasse ac Effraim, yn ddisgynyddion i Joseff. [29] O lwyth Manasse – disgynyddion Machir a'i fab Gilead. [30] O Gilead – disgynyddion Ieser, Chelec, [31] Asriel, Sechem, [32] Shemida, a Cheffer. [33] (Doedd gan Seloffchad fab Cheffer ddim meibion, dim ond merched. Ac enwau'r merched oedd Machla, Noa, Hogla, Milca a Tirtsa.) [34] Cyfanswm Manasse oedd 52,700. [35] O lwyth Effraim – disgynyddion Shwtelach, Becher, a Tachan. [36] Ac o Shwtelach – disgynyddion Eran. [37] Cyfanswm Effraim oedd 32,500. Roedden nhw i gyd yn ddisgynyddion Joseff, drwy Manasse ac Effraim.

Llwyth Benjamin

[38] O lwyth Benjamin – disgynyddion Bela, Ashbel, Achiram, [39] Sheffwffâm, a Chwffam. [40] Wedyn o feibion Bela – disgynyddion Ard a Naaman. [41] Cyfanswm Benjamin oedd 45,600.

Llwyth Dan

[42] O lwyth Dan – disgynyddion Shwcham. Y Shwchamiaid oedd disgynyddion Dan, [43] a'u cyfanswm nhw oedd 64,400.

Llwyth Asher

[44] O lwyth Asher – disgynyddion Imna, Ishfi, a Bereia. [45] Wedyn o feibion Bereia – disgynyddion Heber a Malciel. [46] Roedd gan Asher ferch hefyd, sef Serach. [47] Cyfanswm Asher oedd 53,400.

Llwyth Nafftali

[48] O lwyth Nafftali – disgynyddion Iachtseël, Gwni, [49] Ietser, a Shilem. [50] Cyfanswm Nafftali oedd 45,400.

Crynodeb

[51] Felly cyfanswm y dynion gafodd eu cyfri yn Israel oedd 601,730.

[52] Yna dyma'r ARGLWYDD yn dweud wrth Moses: [53] "Mae'r tir i gael ei rannu rhwng y llwythau ar sail y ffigyrau yma. [54] Mae'r llwythau mwyaf i gael etifeddu mwy o dir na'r llwythau lleiaf. Mae faint o dir fydd pob llwyth yn ei gael yn seiliedig ar y ffigyrau yma. [55] Rhaid defnyddio coelbren wrth rannu'r tir, ond mae canlyniadau'r cyfrifiad i gael eu defnyddio i benderfynu faint o dir mae pob llwyth yn ei gael. [56] Bydd y tir mae'r llwythau bach a mawr yn ei etifeddu yn cael ei bennu drwy daflu coelbren."

Llwyth Lefi

[57] A dyma'r Lefiaid gafodd eu cyfrif – disgynyddion Gershon, Cohath a Merari.
[58] A disgynyddion eraill Lefi – y Libniaid, Hebroniaid, Machliaid, Mwshiaid a Corahiaid. Cohath

oedd tad Amram, 59ac enw gwraig Amram oedd Iochefed, merch Lefi, gafodd ei geni yn yr
Aifft. Wedyn plant Amram a Iochefed oedd Aaron, Moses, a Miriam eu chwaer. 60Roedd Aaron
yn dad i Nadab, Abihw, Eleasar ac Ithamar. 61Ond roedd Nadab ac Abihw wedi marw wrth
ddefnyddio tân o rywle arall i wneud offrwm i'r Arglwydd.[m] 62Roedd 23,000 o Lefiaid – pob
dyn a bachgen oedd dros fis oed. Doedden nhw ddim wedi cael eu cyfrif gyda gweddill pobl
Israel am fod dim tir i gael ei roi iddyn nhw fel i weddill llwythau Israel.
63Felly dyna ffigyrau'r cyfrifiad wnaeth Moses ac Eleasar yr offeiriad pan oedd pobl Israel
yn gwersylla ar wastatir Moab, wrth ymyl afon Iorddonen, gyferbyn â Jericho. 64Doedd neb
o'r dynion gafodd eu cyfrif y tro yma wedi'u cynnwys yn y cyfrifiad cyntaf wnaeth Moses ac
Aaron yn anialwch Sinai. 65Roedd yr Arglwydd wedi dweud, “Byddan nhw i gyd yn marw yn yr
anialwch!” A doedd neb ohonyn nhw ar ôl, ar wahân i Caleb fab Jeffwnne a Josua fab Nwn.

Merched Seloffchad

27 Dyma ferched Seloffchad yn dod ymlaen. Roedd eu tad yn fab i Cheffer, mab Gilead,
mab Machir, mab Manasse – o glan Manasse fab Joseff. Enwau'r merched oedd
Machla, Noa, Hogla, Milca a Tirtsa. 2Dyma nhw'n dod a sefyll o flaen Moses ac Eleasar yr
offeiriad, ac arweinwyr y bobl i gyd, wrth y fynedfa i babell presenoldeb Duw. 3“Buodd dad
farw yn yr anialwch,” medden nhw. “Doedd e ddim yn un o'r rhai wnaeth wrthryfela yn erbyn
yr Arglwydd gyda Cora. Buodd e farw o achos ei bechod ei hun. Ond doedd ganddo fe ddim
meibion. 4Pam ddylai enw dad ddiflannu o hanes y teulu am fod ganddo ddim meibion? Rho
dir i ni ei etifeddu gyda brodyr ein tad.”
5Felly dyma Moses yn mynd â'r achos o flaen yr Arglwydd. 6A dyma'r Arglwydd yn dweud
wrth Moses: 7“Mae merched Seloffchad yn iawn. Rho dir iddyn nhw ei etifeddu gyda brodyr
eu tad. Dylen nhw gael siâr eu tad o'r tir. 8Felly rhaid i ti ddweud hyn wrth bobl Israel, ‘Os
ydy dyn yn marw heb gael mab, rhaid i'r etifeddiaeth gael ei rhoi i'w ferch. 9Os oes ganddo
ddim merch chwaith, rhaid i'r etifeddiaeth fynd i'w frodyr. 10Ac os oes ganddo ddim brodyr,
mae'r etifeddiaeth i fynd i frodyr ei dad. 11Ond os oes gan ei dad ddim brodyr chwaith, mae'r
etifeddiaeth i gael ei rhoi i'r perthynas agosaf yn y teulu.’ ” Dyma fydd y drefn gyfreithiol yn
Israel, yn union fel mae'r Arglwydd wedi gorchymyn i Moses.

Josua i olynu Moses

(Deuteronomium 31:1-8)

12Yna dyma'r Arglwydd yn dweud wrth Moses: “Dringa i ben mynyddoedd Afarîm, i ti weld
y tir dw i'n ei roi i bobl Israel. 13Ar ôl i ti gael ei weld, byddi di, fel Aaron dy frawd, yn marw,
14am i'r ddau ohonoch chi wrthod gwneud beth ddwedais i yn anialwch Sin. Roedd y bobl
wedi gwrthryfela a dangos dim parch ata i wrth y dŵr,” (sef Ffynnon Meriba yn Cadesh yn
anialwch Sin).
15Yna dyma Moses yn dweud wrth yr Arglwydd: 16“O Arglwydd, y Duw sy'n rhoi bywyd
i bopeth byw, rhaid i ti benodi rhywun i arwain y bobl. 17Rhaid cael rhywun i'w harwain
nhw allan i ryfel, a dod â nhw adre wedyn, neu bydd pobl yr Arglwydd fel defaid heb fugail
i ofalu amdanyn nhw!”
18-19A dyma'r Arglwydd yn ateb, “Dw i eisiau i ti gymryd Josua fab Nwn – dyn sydd â'r Ysbryd
ynddo – a'i gomisiynu e i'r gwaith drwy osod dy law arno. Gwna hyn yn gyhoeddus o flaen
Eleasar yr offeiriad a'r bobl i gyd. 20Maen nhw i weld dy fod wedi trosglwyddo'r awdurdod
sydd gen ti iddo fe, ac wedyn byddan nhw'n ufuddhau iddo. 21Bydd yn mynd at Eleasar yr
offeiriad pan fydd angen arweiniad arno, a bydd Eleasar yn defnyddio'r Wrim i ddarganfod
beth mae'r Arglwydd eisiau – pryd i fynd allan i ymladd, a pryd i ddod yn ôl.”
22Felly dyma Moses yn gwneud yn union fel roedd yr Arglwydd wedi dweud wrtho. Dyma
fe'n gwneud i Josua sefyll o flaen Eleasar yr offeiriad a'r bobl i gyd. 23Yna dyma fe'n ei

m 26:61 *Nadab ac Abihw ... i'r Arglwydd* gw. 3:1-4 a Lefiticus 10:1,2.

gomisiynu i'r gwaith drwy osod ei ddwylo arno, yn union fel roedd yr ARGLWYDD wedi dweud wrth Moses am wneud.

Yr offrymau dyddiol

(Exodus 29:38-46)

28 Dyma'r ARGLWYDD yn dweud wrth Moses: 2"Rho'r gorchymyn yma i bobl Israel:
'Gwnewch yn siŵr eich bod yn cyflwyno eich offrymau i mi ar yr adegau iawn. Mae'r
offrymau yma sy'n cael eu llosgi ar yr allor fel bwyd sy'n arogli'n hyfryd i mi.' 3Dwed wrthyn
nhw, 'Dyma'r offrwm sydd i gael ei losgi i'r ARGLWYDD: Dau oen blwydd oed heb ddim byd
o'i le arnyn nhw, i'w cyflwyno'n rheolaidd fel offrwm i'w losgi'n llwyr. 4Rhaid i'r oen cyntaf
gael ei gyflwyno yn y bore, a'r llall pan mae'n dechrau nosi. 5Mae pob oen i'w gyflwyno gyda
cilogram o'r blawd gwenith gorau wedi'i gymysgu gyda litr o olew olewydd. 6Mae'r offrwm
rheolaidd yma i gael ei losgi'n llwyr. Cafodd ei sefydlu ar Fynydd Sinai, yn offrwm fyddai'n
arogli'n hyfryd i'r ARGLWYDD. 7Ac mae offrwm o ddiod i fynd gydag e – litr am bob oen. Mae'r
cwrw haidd yma i gael ei dywallt yn offrwm i'r ARGLWYDD yn y cysegr.
8" 'Yna, mae'r ail oen i gael ei offrymu pan mae'n dechrau nosi. Mae'r un offrwm o rawn
ac offrwm o ddiod i fynd gydag e. Mae hwn eto i gael ei losgi'n llwyr, yn offrwm sy'n arogli'n
hyfryd i'r ARGLWYDD.

Offrwm y Saboth

9" 'Yna ar y Saboth: Dau oen blwydd oed arall heb ddim byd o'i le arnyn nhw, a dau
gilogram o'r blawd gwenith gorau yn offrwm o rawn, wedi'i gymysgu gydag olew olewydd,
a'r offrwm o ddiod sydd i fynd gydag e hefyd. 10Mae'r offrwm yma i gael ei losgi bob Saboth,
yn ychwanegol at yr offrwm rheolaidd sydd i gael ei losgi, a'r offrwm o ddiod sy'n mynd
gyda hwnnw.

Yr offrymau ar ddiwrnod cyntaf pob mis

11" 'Ar ddiwrnod cyntaf pob mis, rhaid rhoi'r canlynol yn offrwm i'w losgi'n llwyr i'r
ARGLWYDD: dau darw ifanc, un hwrdd, a saith oen blwydd oed heb ddim byd o'i le arnyn nhw.
12Rhaid cyflwyno offrymau o rawn gyda nhw hefyd, sef y blawd gwenith gorau wedi'i gymysgu
gydag olew olewydd: tri cilogram gyda pob tarw, dau gilogram gyda'r hwrdd, 13a cilogram
gyda pob un o'r ŵyn. Mae pob un yn offrwm sy'n cael ei losgi'n llwyr, ac yn rhodd sy'n
arogli'n hyfryd i'r ARGLWYDD. 14Ac yn offrwm o ddiod gyda nhw: dau litr o win gyda pob tarw,
litr a chwarter gyda'r hwrdd, a litr gyda pob un o'r ŵyn.
" 'Dyma'r offrwm sydd i'w losgi'n rheolaidd bob mis drwy'r flwyddyn. 15Wedyn rhaid i un
bwch gafr gael ei gyflwyno i'r ARGLWYDD yn offrwm puro. Mae hwn yn ychwanegol at yr offrwm
rheolaidd sy'n cael ei losgi, a'r offrwm o ddiod sy'n mynd gyda hwnnw.

Offrymau'r Pasg a Gŵyl y Bara Croyw

(Lefiticus 23:5-14)

16" 'Mae Pasg yr ARGLWYDD i gael ei ddathlu ar y pedwerydd ar ddeg o'r mis cyntaf.[n] 17Yna
mae Gŵyl arall yn dechrau ar y pymthegfed o'r mis. Dim ond bara sydd heb furum ynddo
sydd i gael ei fwyta. 18Ar y diwrnod cyntaf, rhaid i chi ddod at eich gilydd i addoli. Peidiwch
gweithio fel arfer ar y diwrnod yma. 19Rhaid i chi gyflwyno rhodd i'r ARGLWYDD bob dydd, sef
offrwm i'w losgi'n llwyr – dau darw ifanc, un hwrdd, a saith oen blwydd oed. Gwnewch yn
siŵr fod dim byd o'i le arnyn nhw. 20Rhaid cyflwyno offrymau o rawn gyda nhw hefyd, sef

---

n 28:16 *mis cyntaf* Abib (sydd hefyd yn cael ei alw yn Nisan), sef mis cyntaf y calendr Hebreig, o tua canol Mawrth i ganol Ebrill.

28:16 Exodus 12:1-13; Deuteronomium 16:1,2   28:17 Lefiticus 23:6

y blawd gwenith gorau wedi'i gymysgu gydag olew olewydd: tri cilogram am bob tarw, dau
gilogram am bob hwrdd, 21 ac un cilogram ar gyfer pob oen. 22 Hefyd, rhaid cyflwyno un bwch
gafr yn offrwm puro, i wneud pethau'n iawn rhyngoch chi a Duw. 23 Mae'r rhain i gyd yn
ychwanegol at yr offrwm rheolaidd sy'n cael ei losgi'n llwyr bob bore. 24 Maen nhw i gael eu
hoffrymu bob dydd am saith diwrnod, yn fwyd i'w losgi i'r ARGLWYDD, ac sy'n arogli'n hyfryd
iddo. Mae'r rhain yn ychwanegol at yr offrymau sy'n cael eu llosgi'n rheolaidd, a'r offrymau
o ddiod sy'n mynd gyda nhw. 25 Yna ar y seithfed diwrnod rhaid i chi ddod at eich gilydd
i addoli eto. Peidiwch gweithio fel arfer ar y diwrnod yma.

Offrymau Gŵyl y Cynhaeaf

(Lefiticus 23:15-22)

26 " 'Ar ddiwrnod cynnyrch cyntaf y cynhaeaf, pan fyddwch yn dod â'r offrwm o rawn newydd
i'r ARGLWYDD yn ystod Gŵyl y Cynhaeaf,[o] rhaid i chi ddod at eich gilydd i addoli. Peidiwch
gweithio fel arfer ar y diwrnod yma. 27 Rhaid i chi gyflwyno'r canlynol i'w losgi i'r ARGLWYDD, yn
offrwm sy'n arogli'n hyfryd iddo: dau darw ifanc, un hwrdd, a saith oen blwydd oed. 28 Rhaid
cyflwyno offrymau o rawn gyda nhw hefyd, sef y blawd gwenith gorau wedi'i gymysgu gydag
olew olewydd: tri cilogram am bob tarw, dau gilogram am bob hwrdd, 29 ac un cilogram ar
gyfer pob oen. 30 Hefyd, rhaid cyflwyno un bwch gafr yn offrwm puro, i wneud pethau'n
iawn rhyngoch chi a Duw. 31 Mae'r rhain i gyd, gyda'u hoffrymau o ddiod, yn ychwanegol
at yr offrwm rheolaidd sy'n cael ei losgi'n llwyr, a'r offrwm o rawn sy'n mynd gyda hwnnw.
A gwnewch yn siŵr fod dim byd o'i le ar yr anifeiliaid sy'n cael eu hoffrymu.

Offrymau Gŵyl yr Utgyrn

(Lefiticus 23:23-25)

29 " 'Ar ddiwrnod cyntaf y seithfed mis,[p] rhaid i chi ddod at eich gilydd i addoli.
Peidiwch gweithio fel arfer ar y diwrnod yma. Dyma'r diwrnod pan fyddwch
chi'n canu'r utgyrn. 2 Rhaid i chi gyflwyno'r canlynol i'w losgi i'r ARGLWYDD, yn offrwm sy'n
arogli'n hyfryd iddo: dau darw ifanc, un hwrdd, a saith oen blwydd oed sydd â dim byd
o'i le arnyn nhw. 3 Rhaid cyflwyno offrymau o rawn gyda nhw hefyd, sef y blawd gwenith
gorau wedi'i gymysgu gydag olew olewydd: tri cilogram am bob tarw, dau gilogram am
bob hwrdd, 4 ac un cilogram ar gyfer pob oen. 5 Hefyd, rhaid cyflwyno un bwch gafr yn
offrwm puro, i wneud pethau'n iawn rhyngoch chi a Duw. 6 Mae'r rhain yn ychwanegol at
yr offrwm sy'n cael ei losgi bob mis a'r offrwm dyddiol, gyda'r offrymau o rawn a diod
sy'n mynd gyda nhw. Mae'r offrymau yma, sydd wedi'u trefnu i gyd, yn cael eu llosgi i'r
ARGLWYDD, ac yn arogli'n hyfryd iddo.

Offrymau ar Ddydd gwneud pethau'n iawn

(Lefiticus 23:26-32)

7 " 'Ar y degfed diwrnod o'r seithfed mis, rhaid i chi ddod at eich gilydd i addoli. Rhaid i chi
beidio bwyta, i ddangos eich bod chi'n sori am eich pechod. A pheidiwch gweithio fel arfer
ar y diwrnod yma. 8 Rhaid i chi gyflwyno'r canlynol i'w losgi i'r ARGLWYDD, yn offrwm fydd yn
arogli'n hyfryd iddo: dau darw ifanc, un hwrdd, a saith oen blwydd oed sydd â dim byd o'i le
arnyn nhw. 9 Rhaid cyflwyno offrymau o rawn gyda nhw hefyd, sef y blawd gwenith gorau
wedi'i gymysgu gydag olew olewydd: tri cilogram am bob tarw, dau gilogram am bob hwrdd,
10 ac un cilogram ar gyfer pob oen. 11 Hefyd, rhaid cyflwyno un bwch gafr yn offrwm puro. Mae
hwn yn ychwanegol at yr offrwm puro i wneud pethau'n iawn gyda Duw, a'r offrwm dyddiol
sy'n cael ei losgi gyda'r offrymau o rawn a diod sy'n mynd gyda hwnnw.

---

o 28:26 *Gŵyl y Cynhaeaf* Hebraeg, "Gŵyl yr Wythnosau". p 29:1 *seithfed mis* Tishri (sydd hefyd yn cael ei alw yn Ethanim). Seithfed mis y calendr Hebreig, o tua canol Medi i ganol Hydref.

Offrymau ar Ŵyl y Pebyll

(Lefiticus 23:33-44)

12" 'Ar y pymthegfed dydd o'r seithfed mis, dych chi i ddod at eich gilydd i addoli. Peidiwch
gweithio fel arfer ar y diwrnod yma. Rhaid i chi gynnal Gŵyl i'r ARGLWYDD am saith diwrnod.
13" 'Rhaid i chi gyflwyno'r canlynol i'w losgi i'r ARGLWYDD, yn offrwm sy'n arogli'n hyfryd
iddo: un deg tri tarw ifanc, dau hwrdd, ac un deg pedwar oen blwydd oed. Gwnewch yn siŵr
fod dim byd o'i le arnyn nhw. 14 Rhaid cyflwyno offrymau o rawn gyda nhw hefyd, sef y blawd
gwenith gorau wedi'i gymysgu gydag olew olewydd: tri cilogram am bob tarw, dau gilogram
am bob hwrdd, 15 ac un cilogram ar gyfer pob oen. 16 Hefyd, rhaid cyflwyno un bwch gafr yn
offrwm puro. Mae hwn yn ychwanegol at yr offrwm rheolaidd sy'n cael ei losgi, a'r offrymau
o rawn a diod sy'n mynd gyda hwnnw.
17" 'Yna, ar yr ail ddiwrnod: un deg dau darw ifanc, dau hwrdd, ac un deg pedwar oen
blwydd oed heb ddim byd o'i le arnyn nhw. 18 A'r offrymau o rawn a diod sydd i fod i fynd
gyda pob un ohonyn nhw – y teirw, yr hyrddod a'r ŵyn. 19 Hefyd, rhaid cyflwyno un bwch
gafr yn offrwm puro. Mae hwn yn ychwanegol at yr offrwm rheolaidd sy'n cael ei losgi, a'r
offrymau o rawn a diod sy'n mynd gyda hwnnw.
20" 'Ar y trydydd diwrnod: un deg un tarw ifanc, dau hwrdd, ac un deg pedwar oen blwydd
oed heb ddim byd o'i le arnyn nhw. 21 A'r offrymau o rawn a diod sydd i fod i fynd gyda pob
un ohonyn nhw – y teirw, yr hyrddod a'r ŵyn. 22 Hefyd, rhaid cyflwyno un bwch gafr yn offrwm
puro. Mae hwn yn ychwanegol at yr offrwm rheolaidd sy'n cael ei losgi, a'r offrymau o rawn
a diod sy'n mynd gyda hwnnw.
23" 'Ar y pedwerydd diwrnod: deg tarw ifanc, dau hwrdd, ac un deg pedwar oen blwydd oed
heb ddim byd o'i le arnyn nhw. 24 A'r offrymau o rawn a diod sydd i fod i fynd gyda pob un
ohonyn nhw – y teirw, yr hyrddod a'r ŵyn. 25 Hefyd, rhaid cyflwyno un bwch gafr yn offrwm
puro. Mae hwn yn ychwanegol at yr offrwm rheolaidd sy'n cael ei losgi, a'r offrymau o rawn
a diod sy'n mynd gyda hwnnw.
26" 'Ar y pumed diwrnod: naw tarw ifanc, dau hwrdd, ac un deg pedwar oen blwydd oed
heb ddim byd o'i le arnyn nhw. 27 A'r offrymau o rawn a diod sydd i fod i fynd gyda pob un
ohonyn nhw – y teirw, yr hyrddod a'r ŵyn. 28 Hefyd, rhaid cyflwyno un bwch gafr yn offrwm
puro. Mae hwn yn ychwanegol at yr offrwm rheolaidd sy'n cael ei losgi, a'r offrymau o rawn
a diod sy'n mynd gyda hwnnw.
29" 'Ar y chweched diwrnod: wyth tarw ifanc, dau hwrdd, ac un deg pedwar oen blwydd oed
heb ddim byd o'i le arnyn nhw. 30 A'r offrymau o rawn a diod sydd i fod i fynd gyda pob un
ohonyn nhw – y teirw, yr hyrddod a'r ŵyn. 31 Hefyd, rhaid cyflwyno un bwch gafr yn offrwm
puro. Mae hwn yn ychwanegol at yr offrwm rheolaidd sy'n cael ei losgi, a'r offrymau o rawn
a diod sy'n mynd gyda hwnnw.
32" 'Ar y seithfed diwrnod: saith tarw ifanc, dau hwrdd, ac un deg pedwar oen blwydd oed
heb ddim byd o'i le arnyn nhw. 33 A'r offrymau o rawn a diod sydd i fod i fynd gyda pob un
ohonyn nhw – y teirw, yr hyrddod a'r ŵyn. 34 Hefyd, rhaid cyflwyno un bwch gafr yn offrwm
puro. Mae hwn yn ychwanegol at yr offrwm rheolaidd sy'n cael ei losgi a'r offrymau o rawn
a diod sy'n mynd gyda hwnnw.
35" 'Ar yr wythfed diwrnod rhaid i chi ddod at eich gilydd i addoli. Peidiwch gweithio fel arfer
ar y diwrnod yma. 36 Rhaid i chi gyflwyno'r canlynol i'w losgi i'r ARGLWYDD, yn offrwm sy'n arogli'n
hyfryd iddo: un tarw ifanc, un hwrdd, a saith oen blwydd oed. Gwnewch yn siŵr fod dim byd o'i le
arnyn nhw. 37 A'r offrymau o rawn a diod sydd i fod i fynd gyda pob un ohonyn nhw – y tarw, yr
hwrdd a'r ŵyn. 38 Hefyd, rhaid cyflwyno un bwch gafr yn offrwm puro. Mae hwn yn ychwanegol at
yr offrwm rheolaidd sy'n cael ei losgi, a'r offrymau o rawn a diod sy'n mynd gyda hwnnw.
39" 'Mae'r offrymau yma i gyd i'w cyflwyno i'r ARGLWYDD adeg y Gwyliau blynyddol. Mae'r
rhain yn ychwanegol at yr offrymau eraill i gyd – offrymau i wneud addewid ac offrymau
gwirfoddol, yr offrymau i'w llosgi'n llwyr, a'r offrymau o rawn, yr offrymau o ddiod, a'r
offrymau i gydnabod daioni'r ARGLWYDD.' "

40 Dyma Moses yn dysgu hyn i gyd i bobl Israel, yn union fel roedd yr ARGLWYDD wedi dweud
wrtho.

Rheolau am wneud addunedau

30 Yna dyma Moses yn siarad gydag arweinwyr llwythau Israel. Dwedodd wrthyn nhw,
"Dyma mae'r ARGLWYDD yn ei orchymyn:
2 "Pan mae rhywun yn gwneud adduned i'r ARGLWYDD, neu'n tyngu llw, rhaid iddo gadw ei
air a gwneud beth ddwedodd e.
3 "Os ydy merch ifanc, sy'n dal i fyw adre gyda'i theulu, yn gwneud adduned i'r ARGLWYDD,
neu'n gosod ei hun dan lw, 4 a'i thad yn ei chlywed yn gwneud hynny, ac yn dweud dim am
y peth, mae'r addewid wnaeth hi yn sefyll – rhaid iddi wneud beth wnaeth hi addo. 5 Ond os
ydy ei thad yn dweud yn wahanol pan mae'n clywed am y peth, dydy'r addewidion wnaeth
hi ddim yn ddilys. Bydd yr ARGLWYDD yn maddau iddi, am fod ei thad wedi dweud yn wahanol.
6 "Os ydy'r ferch yn priodi ar ôl tyngu llw neu wneud addewid byrbwyll, 7 a'i gŵr yn clywed
am y peth ond yn dweud dim, mae'r addewid wnaeth hi yn sefyll – rhaid iddi wneud beth
wnaeth hi addo. 8 Ond os ydy ei gŵr yn dweud yn wahanol pan mae'n clywed am y peth,
dydy'r addewidion wnaeth hi ddim yn ddilys. Bydd yr ARGLWYDD yn maddau iddi.
9 "Os ydy gwraig weddw, neu wraig sydd wedi cael ysgariad, yn gwneud addewid, rhaid
iddi wneud beth wnaeth hi addo. 10 Os gwnaeth hi'r adduned, neu osod ei hun dan lw pan
oedd hi'n byw gyda'i gŵr, 11 a'i gŵr yn clywed am y peth, ond yn dweud dim yn wahanol,
bydd rhaid iddi wneud beth wnaeth hi addo. 12 Ond os ydy ei gŵr hi yn dweud yn wahanol
pan mae'n clywed am y peth, dydy'r addewidion wnaeth hi ddim yn ddilys. Mae ei gŵr
wedi dweud yn wahanol, a bydd yr ARGLWYDD yn maddau iddi. 13 Felly mae ei gŵr yn gallu
cadarnhau'r addewid mae'n ei wneud i ymwrthod â rhywbeth, neu'n gallu dweud yn wahanol.
14 Pan mae'r gŵr yn dweud dim am y peth am ddyddiau lawer, mae e'n cadarnhau'r addewid
neu'r ymrwymiad mae wedi'i wneud. Mae'n ei gadarnhau am ei fod wedi dweud dim am
y peth. 15 Os ydy e'n dweud yn wahanol beth amser ar ôl iddo glywed am y peth, fe fydd e'n
gyfrifol am ei phechod hi."
16 Dyma'r rheolau roddodd yr ARGLWYDD i Moses am y drefn gyda dyn a'i wraig, neu dad
a'i ferch ifanc sy'n dal i fyw gyda'r teulu.

Y rhyfel yn erbyn Midian

31 Dyma'r ARGLWYDD yn dweud wrth Moses: 2 "Dial ar bobl Midian am beth wnaethon nhw
i bobl Israel. Ar ôl i ti wneud hynny, byddi di'n mynd at dy hynafiaid sydd wedi marw."
3 Felly dyma Moses yn dweud wrth y bobl, "Dewiswch ddynion i fynd i ryfel yn erbyn Midian,
ac i ddial arnyn nhw ar ran yr ARGLWYDD. 4 Rhaid anfon mil o ddynion o bob llwyth i'r frwydr."
5 Felly dyma nhw'n dewis mil o ddynion o bob llwyth yn Israel – 12,000 o ddynion arfog
yn barod i ymladd. 6 A dyma Moses yn eu hanfon nhw allan, gyda Phineas (mab Eleasar yr
offeiriad) yn gofalu am y taclau o'r cysegr a'r utgyrn i alw'r fyddin.
7 A dyma nhw'n mynd allan i ymladd yn erbyn Midian, fel roedd yr ARGLWYDD wedi gorchymyn
i Moses. Dyma nhw'n lladd y dynion i gyd, 8 gan gynnwys pum brenin Midian, sef Efi, Recem,
Swr, Hur, a Reba, a hefyd Balaam fab Beor.
9 Yna dyma fyddin Israel yn cymryd merched a phlant Midian yn gaeth. Dyma nhw hefyd
yn cymryd eu gwartheg, defaid, a phopeth arall o werth oddi arnyn nhw. 10 Wedyn dyma
nhw'n llosgi eu trefi a'u pentrefi nhw i gyd. 11 Dyma nhw'n ysbeilio ac yn dwyn popeth, gan
gynnwys y bobl a'r anifeiliaid i gyd. 12 A dyma nhw'n mynd â'r cwbl yn ôl at Moses ac Eleasar
yr offeiriad, ac at holl bobl Israel oedd yn gwersylla ar wastatir Moab, wrth afon Iorddonen,
gyferbyn â Jericho.
13 Aeth Moses ac Eleasar a'r arweinwyr eraill i gyfarfod y fyddin tu allan i'r gwersyll. 14 Ond
dyma Moses yn gwylltio'n lân gyda swyddogion y fyddin – y capteiniaid ar unedau o fil a'r

unedau o gant oedd wedi dod yn ôl o'r frwydr. 15"Pam dych chi wedi cadw'r merched yn fyw?"
meddai wrthyn nhw. 16"Dyma'r union bobl wnaeth wrando ar Balaam, a gwneud i bobl Israel
wrthryfela yn erbyn yr ARGLWYDD yn y digwyddiad yn Peor! A'r canlyniad oedd y pla ofnadwy
wnaeth daro pobl yr ARGLWYDD! 17Felly lladdwch y bechgyn i gyd, a lladdwch bob gwraig sydd
wedi cysgu gyda dyn. 18Ond cewch gadw'n fyw y merched ifanc hynny sydd heb eto gael rhyw."
19"Pwy bynnag sydd wedi lladd rhywun, neu wedi cyffwrdd corff marw, rhaid i chi aros tu
allan i'r gwersyll am saith diwrnod. A rhaid i chi a'r merched dych chi wedi'u cymryd yn gaeth
fynd drwy'r ddefod o buro eich hunain ar y trydydd diwrnod a'r seithfed diwrnod. 20Rhaid
i chi lanhau'ch dillad i gyd, a phopeth sydd wedi'i wneud o groen anifail, blew gafr neu bren."
21Yna dyma Eleasar yr offeiriad yn dweud wrth y dynion oedd wedi bod yn ymladd yn
y frwydr, "Dyma reol roedd yr ARGLWYDD wedi gorchymyn i Moses i ni ei chadw: 22Mae popeth
sydd wedi'i wneud o aur, arian, pres, haearn, tin neu blwm 23(popeth sydd ddim yn llosgi)
i gael ei buro drwy dân, a bydd yn lân yn seremonïol, ond rhaid iddo gael ei daenellu â dŵr
y puro hefyd. Mae popeth fyddai'n llosgi yn y tân i gael ei buro gyda'r dŵr yn unig. 24Yna,
rhaid i chi olchi'ch dillad ar y seithfed diwrnod. Wedyn byddwch chi'n lân yn seremonïol,
a gallwch ddod yn ôl i mewn i'r gwersyll."

Rhannu'r ysbail

25Yna, dyma'r ARGLWYDD yn dweud wrth Moses: 26"Dw i eisiau i ti ac Eleasar yr offeiriad, a'r
arweinwyr eraill, gyfri'r ysbail gafodd ei gasglu i gyd – yn ferched a phlant ac yn anifeiliaid.
27Yna rhannu'r cwbl rhwng y dynion aeth i ymladd yn y frwydr, a gweddill pobl Israel. 28Ond
rhaid cymryd cyfran i'r ARGLWYDD o siâr y milwyr fuodd yn ymladd: Cyfran yr ARGLWYDD o'r
caethion, y gwartheg, yr asynnod a'r defaid, fydd un o bob pum cant. 29Mae hwn i'w gymryd
o siâr y milwyr, a'i roi i Eleasar yr offeiriad i'w gyflwyno'n offrwm i'r ARGLWYDD. 30Yna o'r
hanner arall, sef siâr pobl Israel, rhaid cymryd un o bob hanner cant o'r caethion, y gwartheg,
yr asynnod, a'r defaid. Un o bob hanner cant o'r anifeiliaid i gyd, i'w cyflwyno i'r Lefiaid sy'n
gofalu am y Tabernacl i'r ARGLWYDD."
31Felly dyma Moses ac Eleasar yr offeiriad yn gwneud yn union fel roedd yr ARGLWYDD wedi
dweud wrth Moses.
32A dyma swm yr ysbail roedd y dynion wedi'i gasglu:
675,000 o ddefaid,
33 72,000 o wartheg,
34 61,000 o asynnod,
35 a 32,000 o ferched ifanc oedd erioed wedi cysgu gyda dyn.
36Siâr y dynion oedd wedi mynd i ymladd yn y rhyfel oedd:
337,500 o ddefaid 37– 675 ohonyn nhw'n mynd i'r ARGLWYDD.
38 36,000 o wartheg – 72 ohonyn nhw i'r ARGLWYDD.
39 30,500 o asynnod – 61 ohonyn nhw i'r ARGLWYDD.
40 16,000 o ferched ifanc – 32 ohonyn nhw i'r ARGLWYDD.
41Felly dyma Moses yn rhoi'r siâr oedd i'w gyflwyno'n offrwm i'r ARGLWYDD i Eleasar yr
offeiriad, yn union fel roedd yr ARGLWYDD wedi dweud wrtho.
42A dyma oedd siâr pobl Israel, sef hanner arall yr ysbail:
43 675,000 o ddefaid,
44 36,000 o wartheg,
45 30,500 o asynnod,
46 a 16,000 o ferched ifanc.
47A dyma Moses yn cymryd un o bob hanner cant o siâr pobl Israel, a'i roi i'r Lefiaid oedd
yn gofalu am y Tabernacl i'r ARGLWYDD, yn union fel roedd yr ARGLWYDD wedi dweud wrtho.
48Yna dyma'r swyddogion milwrol yn dod at Moses – capteiniaid yr unedau o fil ac o gant.
49A dyma nhw'n dweud wrtho, "Mae dy weision wedi cyfri'r dynion fuodd yn ymladd yn
y frwydr gyda ni. Dŷn ni wedi colli neb! 50Felly dŷn ni wedi dod ag offrwm i'r ARGLWYDD o'r

tlysau aur wnaethon ni eu casglu – breichledau, modrwyau, clustdlysau a chadwyni. Mae hyn
i wneud pethau'n iawn rhyngon ni a Duw."
51 Dyma Moses ac Eleasar yn cymryd yr aur ganddyn nhw – pob math o dlysau cywrain.
52 Roedd yr aur i gyd, gafodd ei gyflwyno i'r ARGLWYDD gan y capteiniaid, yn pwyso bron dau
can cilogram. 53 (Roedd pob un o'r dynion wedi cymryd peth o'r ysbail iddo'i hun.) 54 Felly
dyma Moses ac Eleasar yr offeiriad yn derbyn yr aur gan y capteiniaid, ac yn mynd â'r cwbl
i babell presenoldeb Duw i atgoffa'r ARGLWYDD o bobl Israel.

Y llwythau i'r dwyrain o'r Iorddonen

(Deuteronomium 3:12-22)

32 Roedd gan lwythau Reuben a Gad niferoedd enfawr o wartheg. Pan welon nhw'r tir
yn Iaser a Gilead, roedden nhw'n gweld ei fod yn ddelfrydol i gadw gwartheg. 2 Felly
dyma nhw'n mynd at Moses, Eleasar yr offeiriad, a'r arweinwyr eraill. A dyma nhw'n dweud:
3-4 "Mae gynnon ni lot fawr o wartheg, ac mae'r tir wnaeth yr ARGLWYDD ei roi yn nwylo pobl
Israel yn ddelfrydol i gadw gwartheg – ardaloedd Ataroth, Dibon, Iaser, Nimra, Cheshbon,
Elealê, Sebam, Nebo a Beon. 5 Os ydyn ni wedi'ch plesio chi, plîs rhowch y tir yma i ni i'w
etifeddu. Peidiwch mynd â ni ar draws afon Iorddonen."
6 A dyma Moses yn ateb pobl llwythau Gad a Reuben, "Ydy'n deg fod rhaid i bawb arall
fynd i ryfel, tra dych chi'n aros yma? 7 Ydych chi'n trio stopio gweddill pobl Israel rhag croesi
drosodd i'r tir mae'r ARGLWYDD wedi'i roi iddyn nhw? 8 Dyma'n union beth wnaeth eich tadau
chi yn Cadesh-barnea pan anfonais nhw i archwilio'r wlad. 9 Ar ôl mynd draw i ddyffryn Eshcol
i weld y tir, dyma nhw'n annog pobl Israel i beidio mynd i mewn i'r wlad roedd yr ARGLWYDD
yn ei rhoi iddyn nhw. 10 Roedd yr ARGLWYDD yn wirioneddol flin gyda nhw, ac meddai, 11 'Am
eu bod nhw wedi bod yn anufudd i mi, fydd neb dros ugain oed, gafodd ei achub o'r Aifft,
yn cael gweld y tir wnes i ei addo i Abraham, Isaac a Jacob! 12 Neb ond y ddau fuodd yn
gwbl ffyddlon i mi – Caleb fab Jeffwnne y Cenesiad, a Josua fab Nwn.' 13 Roedd yr ARGLWYDD
wedi gwylltio'n lân gyda nhw, a gwnaeth iddyn nhw grwydro yn yr anialwch am bedwar deg
o flynyddoedd – nes roedd y genhedlaeth wnaeth y drwg wedi mynd. 14 A dyma chi nawr – criw
arall o bechaduriaid – yn gwneud yn union yr un peth! Dych chi'n gwneud yr ARGLWYDD yn fwy
dig byth gyda'i bobl Israel! 15 Os gwnewch chi droi cefn arno, bydd e'n gadael pobl Israel yn
yr anialwch eto. Byddan nhw'n cael eu dinistrio, ac arnoch chi fydd y bai!"
16 Dyma nhw'n dod at Moses a dweud wrtho, "Gad i ni adeiladu corlannau i'n hanifeiliaid,
a trefi i'n plant fyw ynddyn nhw. 17 Ond byddwn ni bob amser yn barod i fod ar flaen y gâd
yn arwain pobl Israel i ryfel, nes byddan nhw wedi setlo yn eu gwlad. Bydd ein plant a'n
teuluoedd yn aros yn y trefi fyddwn ni wedi'u hadeiladu, fel eu bod nhw'n saff rhag y bobl
sy'n byw o'u cwmpas nhw. 18 Wnawn ni ddim mynd adre nes bydd pawb yn Israel wedi cael
y tir sydd i fod iddyn nhw. 19 A fyddwn ni ddim yn disgwyl etifeddu unrhyw dir yr ochr draw
i afon Iorddonen, am ein bod ni wedi cael y tir yma, sydd i'r dwyrain o'r afon."
20 Dyma Moses yn ateb, "Os gwnewch chi hyn, a pharatoi'ch hunain i fynd i ryfel o flaen
yr ARGLWYDD; 21 os bydd eich milwyr yn croesi'r Iorddonen ac yn aros nes bydd yr ARGLWYDD
wedi gyrru'i elynion i gyd allan, 22 a'r ARGLWYDD wedi concro'r wlad, cewch ddod yn ôl yma.
Byddwch wedi cyflawni'ch dyletswydd i'r ARGLWYDD ac i Israel. A bydd y tir yma yn perthyn
i chi yng ngolwg Duw. 23 Ond os na wnewch chi gadw'ch gair, byddwch wedi pechu yn erbyn
yr ARGLWYDD. Byddwch chi'n talu am eich pechod yn y diwedd. 24 Felly ewch ati i adeiladu trefi
i'ch plant a chorlannau i'ch anifeiliaid, ond yna gwnewch beth dych chi wedi addo'i wneud."
25 A dyma bobl llwythau Gad a Reuben yn ateb, "Bydd dy weision yn gwneud yn union fel
mae ein meistr yn dweud. 26 Bydd ein gwragedd a'n plant, ein defaid a'n hanifeiliaid i gyd
yn aros yma yn Gilead, 27 ond byddwn ni'r dynion i gyd yn croesi'r afon i ymladd dros yr
ARGLWYDD, fel dwedaist ti."
28 Felly dyma Moses yn rhoi gorchmynion am hyn i Eleasar yr offeiriad, Josua fab Nwn, ac
i arweinwyr eraill llwythau Israel. 29 "Os bydd y dynion o lwythau Gad a Reuben yn croesi'r

Iorddonen gyda chi i ymladd ym mrwydrau'r Arglwydd, rhaid i chi roi tir Gilead iddyn nhw pan
fyddwch chi wedi concro'r wlad. 30 Ond os byddan nhw'n gwrthod croesi drosodd i ymladd
gyda chi, rhaid iddyn nhw dderbyn tir yn Canaan, fel pawb arall." 31 A dyma bobl Gad a Reuben
yn dweud eto, "Byddwn ni'n gwneud fel mae'r Arglwydd wedi dweud. 32 Byddwn ni'n croesi
drosodd i wlad Canaan yn barod i ymladd dros yr Arglwydd, a byddwn ni'n cael y tir sydd yr
ochr yma i'r Iorddonen."

33 Felly dyma Moses yn rhoi'r tir yma i lwythau Gad a Reuben, a hanner llwyth Manasse fab
Joseff: tiriogaeth Sihon, brenin yr Amoriaid, a thiriogaeth Og, brenin Bashan. Cawson nhw'r
tir i gyd, gyda'r trefi a'r tiroedd o'u cwmpas.

34 Dyma lwyth Gad yn ailadeiladu Dibon, Ataroth, Aroer, 35 Atroth-shoffan, Iaser, Iogbeha,
36 Beth-nimra a Beth-haran yn drefi caerog amddiffynnol, gyda corlannau i'w hanifeiliaid.

37 Dyma lwyth Reuben yn ailadeiladu Cheshbon, Elealê, Ciriathaim, 38 Nebo, Baal-meon
a Sibma, a rhoi enwau newydd i bob un.

39 A dyma feibion Machir fab Manasse yn mynd i dref Gilead, a'i chymryd oddi ar yr
Amoriaid oedd yn byw yno. 40 A dyma Moses yn rhoi Gilead i ddisgynyddion Machir fab
Manasse, a dyma nhw'n symud i fyw yno. 41 Wedyn dyma ddisgynyddion Jair fab Manasse
yn dal nifer o'r pentrefi bach o gwmpas Gilead, a'u galw nhw yn Hafoth-jair (sef 'Pentrefi
Jair'). 42 A dyma Nobach yn dal tref Cenath a'r pentrefi o'i chwmpas, a rhoi ei enw ei hun,
Nobach, i'r ardal.

Y daith o'r Aifft i Moab

33 Dyma'r lleoedd wnaeth pobl Israel deithio iddyn nhw (yn eu trefn) ar ôl dod
allan o wlad yr Aifft dan arweiniad Moses ac Aaron. 2 Roedd Moses wedi cadw
cofnod o wahanol gamau'r daith, fel roedd yr Arglwydd wedi gofyn iddo wneud. A dyma eu
symudiadau nhw: 3 Gadawodd pobl Israel Rameses ar y diwrnod ar ôl y Pasg, sef y pymthegfed
diwrnod o'r mis cyntaf. Aethon nhw allan yn hyderus, o flaen pobl yr Aifft i gyd. 4 Roedd pobl
yr Aifft wrthi'n claddu eu meibion hynaf. Yr Arglwydd oedd wedi'u lladd nhw y noson cynt,
ac wedi dangos fod eu duwiau nhw'n dda i ddim.

5 Ar ôl gadael Rameses, dyma bobl Israel yn gwersylla yn Swccoth.

6 Yna gadael Swccoth a gwersylla yn Etham, sydd ar ymyl yr anialwch.

7 Gadael Etham a mynd yn ôl i gyfeiriad Pi-hachiroth, sydd i'r dwyrain o Baal-tseffon,
a gwersylla wrth ymyl Migdol.

8 Gadael Pi-hachiroth, a mynd drwy ganol y môr i'r anialwch yr ochr draw. Yna teithio
am dri diwrnod yn anialwch Etham, a gwersylla yn Mara.

9 Gadael Mara a gwersylla yn Elim, lle roedd deuddeg ffynnon a saith deg coeden
balmwydd.

10 Gadael Elim a gwersylla wrth y Môr Coch.[ph]

11 Gadael y Môr Coch a gwersylla yn Anialwch Sin.

12 Yna gadael Anialwch Sin a gwersylla yn Doffca.

13 Gadael Doffca a gwersylla yn Alwsh.

14 Gadael Alwsh a gwersylla yn Reffidim, lle doedd dim dŵr i bobl ei yfed.

15 Gadael Reffidim a gwersylla yn anialwch Sinai.

16 Gadael anialwch Sinai a gwersylla yn Cibroth-hattaäfa.

17 Yna gadael Cibroth-hattaäfa a gwersylla yn Chatseroth.

18 Gadael Chatseroth a gwersylla yn Rithma.

19 Yna gadael Rithma a gwersylla yn Rimmon-perets.

20 Gadael Rimmon-perets a gwersylla yn Libna.

21 Gadael Libna a gwersylla yn Rissa.

22 Gadael Rissa a gwersylla yn Cehelatha.

---

ph 33:10 *Môr Coch* Hebraeg, "Môr y Brwyn".

23 Gadael Cehelatha a gwersylla wrth Fynydd Sheffer.
24 Gadael Mynydd Sheffer a gwersylla yn Charada.
25 Gadael Charada a gwersylla yn Macelot.
26 Gadael Macelot a gwersylla yn Tachath.
27 Gadael Tachath a gwersylla yn Tera.
28 Gadael Tera a gwersylla yn Mithca.
29 Gadael Mithca a gwersylla yn Chashmona.
30 Gadael Chashmona a gwersylla yn Moseroth.
31 Gadael Moseroth a gwersylla yn Benei-iaacân.
32 Gadael Benei-iaacân a gwersylla yn Chor-haggidgad.
33 Gadael Chor-haggidgad a gwersylla yn Iotbatha.
34 Gadael Iotbatha a gwersylla yn Afrona.
35 Gadael Afrona a gwersylla yn Etsion-geber.
36 Gadael Etsion-geber a gwersylla yn Cadesh yn anialwch Sin.
37 Gadael Cadesh a gwersylla wrth Fynydd Hor sydd ar ffin gwlad Edom.

38 Roedd yr ARGLWYDD wedi dweud wrth Aaron yr offeiriad am fynd i ben Mynydd Hor. A dyna
lle buodd Aaron farw, ar ddiwrnod cynta'r pumed mis, bedwar deg o flynyddoedd ar ôl i bobl
Israel ddod allan o wlad yr Aifft. 39 Roedd Aaron yn 123 mlwydd oed pan fu farw.

40 Wedyn clywodd brenin Canaaneaidd Arad, oedd yn byw yn y Negef (de gwlad Canaan),
fod pobl Israel ar eu ffordd.

41 Yna dyma bobl Israel yn gadael Mynydd Hor a gwersylla yn Salmona.
42 Yna gadael Salmona a gwersylla yn Pwnon.
43 Gadael Pwnon a gwersylla yn Oboth.
44 Gadael Oboth a gwersylla yn Ïe-hafarîm,[r] ar y ffin gyda Moab.
45 Gadael Ïe-hafarîm a gwersylla yn Dibon-gad.
46 Gadael Dibon-gad a gwersylla yn Almon-diblathaîm.
47 Gadael Almon-diblathaîm a gwersylla ym mynyddoedd Afarîm, gyferbyn â Nebo.
48 Gadael mynyddoedd Afarîm a gwersylla ar wastatir Moab, wrth afon Iorddonen,
gyferbyn â Jericho. 49 (Roedden nhw'n gwersylla ar wastatir Moab, wrth afon
Iorddonen, yr holl ffordd o Beth-ieshimoth i Abel-sittim.)

Rhannu'r wlad

50 Pan oedden nhw'n gwersylla ar wastatir Moab, wrth afon Iorddonen, gyferbyn â Jericho,
dyma'r ARGLWYDD yn dweud wrth Moses: 51 "Dwed wrth bobl Israel, 'Pan fyddwch chi wedi
croesi'r Iorddonen a mynd i mewn i wlad Canaan, 52 dw i eisiau i chi yrru'r bobl sy'n byw
yno allan o'r wlad. Rhaid i chi ddinistrio'r eilunod wedi'u cerfio, a'r delwau o fetel tawdd,
a chwalu'r allorau paganaidd i gyd. 53 Dw i eisiau i chi gymryd y wlad drosodd, a setlo i lawr
ynddi. Dw i wedi rhoi'r wlad i chi. Chi piau hi.

54 " 'Mae'r tir i gael ei rannu rhwng y claniau drwy fwrw coelbren. Mae faint o dir mae
pob clan yn ei etifeddu yn dibynnu ar faint y clan – pa mor fawr neu fach ydy e. Ond mae'r
lleoliad yn dibynnu ar le mae'r coelbren yn syrthio. Mae i'w rannu rhwng llwythau'r hynafiaid.
55 Os na wnewch chi yrru'r bobl sy'n byw yno allan o'r wlad, fyddan nhw'n achosi dim byd
ond trwbwl i chi – fel llwch yn eich llygaid neu ddraenen yn eich ochr. 56 A bydda i'n gwneud
i chi beth roeddwn i'n bwriadu ei wneud iddyn nhw.' "

Ffiniau'r wlad

34 Dyma'r ARGLWYDD yn dweud wrth Moses: 2 "Dwed wrth bobl Israel: 'Pan ewch chi
i mewn i wlad Canaan, dyma'r ffiniau i'r tir dw i'n ei roi i chi i'w etifeddu: 3 Bydd
ffin y de yn mynd o anialwch Sin i'r ffin gydag Edom. Bydd yn ymestyn i'r dwyrain at ben isaf

r 33:44 Hebraeg, *I'îm*, sy'n ffurf gryno o *Ïe-hafarîm*.

y Môr Marw.[rh] 4 Bydd yn mynd i'r de, heibio Bwlch Acrabbîm (sef 'Bwlch y Sgorpion'), ymlaen
i Sin ac yna i gyfeiriad Cadesh-barnea, ac wedyn i Chatsar-adar a throsodd i Atsmon. 5 O'r fan
honno bydd y ffin yn troi i ddilyn Wadi'r Aifft ac allan i Fôr y Canoldir.
6 " 'Y Môr Mawr (sef Môr y Canoldir) fydd y ffin i'r gorllewin.
7 " 'Bydd ffin y gogledd yn mynd o Fôr y Canoldir i Fynydd Hor, 8 ac yna i Fwlch Chamath
ac ymlaen i Sedad. 9 Yna o Sedad ymlaen i Siffron, ac wedyn i Chatsar-einan. Dyna fydd ffin
y gogledd.
10 " 'Bydd ffin y dwyrain yn mynd i gyfeiriad y de o Chatsar-einan i Sheffam; 11 wedyn
o Sheffam i Ribla sydd i'r dwyrain o Ain. Yna i lawr ochr ddwyreiniol Llyn Galilea, 12 ac ar
hyd afon Iorddonen yr holl ffordd i'r Môr Marw.[s] Dyna fydd y ffiniau o gwmpas eich tir chi.' "
13 A dyma Moses yn dweud wrth bobl Israel: "Dyma'r tir fydd yn cael ei rannu rhyngoch
chi. Mae'r ARGLWYDD wedi dweud ei fod i gael ei roi i'r naw llwyth a hanner sydd ar ôl. 14 Mae
llwythau Reuben a Gad, a hanner llwyth Manasse, wedi cael eu tir nhw. 15 Maen nhw wedi
cael tir yr ochr yma i'r Iorddonen, sef i'r dwyrain o Jericho."

Y dynion sydd i rannu'r tir

16 Dyma'r ARGLWYDD yn dweud wrth Moses: 17 "Dyma'r dynion fydd yn gyfrifol am rannu'r
tir rhyngoch chi: Eleasar yr offeiriad a Josua fab Nwn. 18 A rhaid i chi gymryd un arweinydd
o bob llwyth i helpu gyda'r gwaith." 19-28 Dyma enwau'r arweinwyr ddewisodd yr ARGLWYDD:

Arweinydd	**Llwyth**
Caleb fab Jeffwnne	Jwda
Shemwel fab Amihwd	Simeon
Elidad fab Cislon	Benjamin
Bwcci fab Iogli	Dan
Channiel fab Effod	Manasse
Cemwel fab Shifftan	Effraim
Elitsaffan fab Parnach	Sabulon
Paltiel fab Assan	Issachar
Achihwd fab Shelomi	Asher
Pedahel fab Amihwd	Nafftali

29 Y rhain gafodd eu dewis gan yr ARGLWYDD i fod yn gyfrifol am rannu tir Canaan rhwng
pobl Israel.

Trefi'r Lefiaid

35 Dyma'r ARGLWYDD yn siarad â Moses ar wastatir Moab, wrth afon Iorddonen, gyferbyn
â Jericho. 2 "Dwed wrth bobl Israel am roi rhai o'u trefi i'r Lefiaid fyw ynddyn nhw,
gyda thir pori i'w hanifeiliaid. 3 Wedyn bydd ganddyn nhw le i fyw, a thir pori i'w gwartheg
a'u defaid a'u hanifeiliaid eraill. 4 Rhaid i'r tir pori o gwmpas y trefi fyddwch chi'n eu rhoi i'r
Lefiaid ymestyn am tua 675 metr o wal y dre. 5 Mae ffin allanol y tir pori i fesur 1,350 metr
ar bob ochr – gogledd, de, dwyrain a gorllewin – gyda'r dre yn y canol. Mae'r tir yma i fod
yn dir pori i'r trefi.
6 "Bydd chwech o'r trefi fyddwch chi'n eu rhoi i'r Lefiaid yn drefi lloches, i rywun sydd wedi
lladd person arall drwy ddamwain allu dianc yno. Rhaid i chi roi pedwar deg dwy o drefi eraill
i'r Lefiaid – 7 pedwar deg wyth o drefi i gyd, gyda thir pori i bob un. 8 Rhaid i'r trefi dych chi'n
eu rhoi fod yn drefi sydd biau pobl Israel. Bydd nifer y trefi mae pob llwyth yn ei gyfrannu yn
dibynnu ar faint y llwyth. Bydd y llwythau mwyaf yn rhoi mwy o drefi, a'r llwythau lleiaf yn
rhoi llai. Ond rhaid i bob llwyth gyfrannu rhai o'u trefi i'r Lefiaid."

---

rh 34:3 Hebraeg, "Môr Halen". s 34:12 Hebraeg, "Môr Halen".

Trefi lloches

(Deuteronomium 19:1-13; Josua 20:1-9)

9Dyma'r ARGLWYDD yn dweud wrth Moses: 10“Dwed wrth bobl Israel, 'Pan fyddwch chi'n
croesi'r Iorddonen i wlad Canaan, 11rhaid i chi ddarparu rhai trefi yn drefi lloches. Bydd rhywun
sydd wedi lladd person arall drwy ddamwain yn gallu dianc yno. 12Bydd y trefi yma yn lle
saff i ddianc rhag perthynas yr un gafodd ei ladd, sydd am ddial. Ddylai'r lladdwr ddim cael
ei ladd cyn sefyll ei brawf o flaen y bobl. 13Rhaid darparu chwe tref lloches – 14tair yr ochr
yma i afon Iorddonen a thair yn Canaan. 15Bydd y chwe tref yma yn drefi lloches i bobl Israel,
i bobl o'r tu allan ac i fewnfudwyr. Gall unrhyw un sy'n lladd person arall drwy ddamwain
ddianc iddyn nhw.

16“ 'Ond mae rhywun sy'n taro person arall yn farw â bar haearn yn llofrudd. Rhaid
gweinyddu'r gosb eithaf – mae'n llofrudd. 17Neu os ydy e'n taflu carreg ddigon mawr i ladd
rhywun at berson arall, a'r person hwnnw'n marw, mae'n llofrudd. Rhaid i'r llofrudd farw.
18Neu os ydy e'n taro rhywun yn farw â darn o bren, mae'n llofrudd. Rhaid i'r llofrudd farw.
19Mae gan berthynas agosaf y person gafodd ei lofruddio hawl i ladd y llofrudd yn y fan a'r
lle. 20Os ydy rhywun yn lladd person arall drwy ei daro â rhywbeth neu daflu rhywbeth ato'n
fwriadol, 21neu drwy roi dyrnod iddo, mae'n llofrudd. Rhaid i'r llofrudd farw. Rhaid i berthynas
agosaf y person gafodd ei lofruddio ladd y llofrudd yn y fan a'r lle.

22“ 'Ond os oedd wedi taro'r person arall neu daflu rhywbeth ato a'i daro'n ddamweiniol,
23neu ollwng carreg ddigon mawr i'w ladd, heb fod wedi'i weld (hynny ydy, os oedd yna
ddim casineb na bwriad i wneud drwg i'r person arall), 24rhaid i'r bobl farnu'r achos rhwng
yr un sy'n cael ei gyhuddo o ladd a'r perthynas agosaf sydd am ddial arno. 25Rhaid i'r bobl
amddiffyn y lladdwr rhag y perthynas agosaf sydd am ddial arno. A rhaid anfon y lladdwr i fyw
yn y dref lloches agosaf. Bydd rhaid iddo aros yno nes bydd yr archoffeiriad, gafodd ei eneinio
â'r olew cysegredig, wedi marw. 26Ond os ydy'r un sy'n cael ei gyhuddo o'r drosedd yn gadael
y dref lloches mae wedi dianc iddi, 27a pherthynas agosaf yr un gafodd ei lofruddio yn dial arno
a'i ladd, fydd hynny ddim yn cael ei ystyried yn llofruddiaeth. 28Dylai fod wedi aros yn y dref
lloches nes i'r archoffeiriad farw. Ar ôl i'r archoffeiriad farw, mae'n rhydd i fynd yn ôl adre.

29“ 'Dyma fydd y drefn gyfreithiol ar hyd y cenedlaethau, lle bynnag fyddwch chi'n byw.
30Mae pob llofrudd i gael ei ddienyddio, ond rhaid cael tystion. Dydy un tyst ddim yn ddigon
i rywun gael ei ddedfrydu i farwolaeth. 31A rhaid peidio derbyn arian yn lle rhoi'r llofrudd
i farwolaeth. Rhaid i bob llofrudd gael ei ddienyddio. 32Rhaid peidio derbyn arian chwaith
i ollwng rhywun sydd wedi dianc i dref lloches yn rhydd, fel ei fod yn gallu mynd yn ôl adre i fyw
cyn marwolaeth yr archoffeiriad. 33Peidiwch llygru'r tir lle dych chi'n byw – mae llofruddiaeth
yn llygru'r tir! A does dim byd yn gwneud iawn am lofruddiaeth ond dienyddio'r llofrudd.
34Peidiwch gwneud y tir ble dych chi'n byw yn aflan, achos dyna ble dw i'n byw hefyd. Fi
ydy'r ARGLWYDD sy'n byw gyda fy mhobl Israel.' ”

Merched Seloffchad

36 Dyma arweinwyr clan Gilead (disgynyddion i Machir, mab Manasse fab Joseff), yn
dod at Moses ac arweinwyr eraill Israel gyda cais. 2“Dwedodd yr ARGLWYDD wrth ein
meistr am ddefnyddio coelbren wrth rannu'r tir rhwng pobl Israel. Dwedodd hefyd y dylid
rhoi tir ein brawd Seloffchad i'w ferched. 3Ond petai un ohonyn nhw'n priodi dyn o lwyth
arall, byddai eu tir nhw'n mynd i'r llwyth hwnnw, a byddai gynnon ni lai o dir. 4A phan fydd
hi'n flwyddyn y rhyddhau mawr,[t] bydd y tir yn aros yn nwylo'r llwyth maen nhw wedi priodi
i mewn iddo – bydd yn cael ei dynnu oddi ar etifeddiaeth ein llwyth ni.”

5Felly dyma'r ARGLWYDD yn dweud wrth Moses am roi'r rheol yma i bobl Israel: “Mae beth
mae'r dynion o lwyth meibion Joseff yn ei ddweud yn iawn. 6Dyma mae'r ARGLWYDD yn ei

---

t 36:4 *blwyddyn y rhyddhau mawr* Dyma “Flwyddyn y Jiwbili”. Roedd tir ac eiddo i'w roi yn ôl i'r perchennog gwreiddiol (gw. Lefiticus 25:10).

orchymyn sydd i ddigwydd gyda merched Seloffchad: Maen nhw'n rhydd i briodi pwy bynnag
maen nhw eisiau o fewn eu llwyth eu hunain. 7 Wedyn fydd y tir mae pobl Israel wedi'i etifeddu
ddim yn symud o un llwyth i'r llall – bydd pawb yn cadw'r tir wnaethon nhw'i etifeddu gan
eu hynafiaid. 8 Rhaid i bob merch sydd wedi etifeddu tir gan ei hynafiaid, pa lwyth bynnag
mae'n perthyn iddo, briodi rhywun o fewn ei llwyth ei hun. Wedyn bydd pawb yn Israel yn
cadw'r tir maen nhw wedi'i etifeddu gan eu hynafiaid. 9 Dydy'r tir gafodd ei etifeddu ddim
i basio o un llwyth i'r llall. Mae pob llwyth yn Israel i gadw'r tir gafodd ei roi iddo."

10 A dyma ferched Seloffchad yn gwneud fel roedd yr ARGLWYDD wedi dweud wrth Moses.
11 Dyma nhw i gyd – Machla, Tirtsa, Hogla, Milca a Noa – yn priodi cefndryd ar ochr eu tad
o'r teulu. 12 Dyma nhw'n priodi dynion oedd yn perthyn i lwyth Manasse fab Joseff, ac felly
arhosodd y tir roedden nhw wedi'i etifeddu o fewn llwyth eu hynafiaid.

13 Dyma'r gorchmynion a'r rheolau wnaeth yr ARGLWYDD eu rhoi i bobl Israel drwy Moses ar
wastatir Moab, wrth afon Iorddonen, gyferbyn â Jericho.

Deuteronomium

Cyflwyniad

1 Dyma beth ddwedodd Moses wrth bobl Israel i gyd pan oedden nhw yn yr anialwch
yr ochr draw i afon Iorddonen – y tir anial sydd gyferbyn â Swff, rhwng Paran a Toffel,
Laban, Chatseroth a Di-sahab.
2 Fel arfer mae'n cymryd un deg un diwrnod i deithio o Fynydd Sinai[a] i Cadesh-barnea ar
draws bryniau Seir. 3 Ond roedd pedwar deg mlynedd wedi mynd heibio. Roedd hi'r diwrnod
cyntaf o fis un deg un[b] y flwyddyn honno pan wnaeth Moses annerch pobl Israel, a dweud
popeth roedd yr ARGLWYDD wedi'i orchymyn iddo.
4 Digwyddodd hyn ar ôl iddo ennill y frwydr yn erbyn Sihon, brenin yr Amoriaid, oedd yn byw
yn Cheshbon, ac Og, brenin Bashan, oedd yn byw yn Ashtaroth ac Edrei. 5 Yr ochr draw i afon
Iorddonen, ar dir Moab, dyma Moses yn mynd ati i esbonio cyfarwyddiadau Duw iddyn nhw:

Anerchiad cyntaf Moses

6 "Pan oedden ni wrth Fynydd Sinai,[c] dyma'r ARGLWYDD ein Duw yn dweud wrthon ni, 'Dych
chi wedi aros wrth y mynydd yma ddigon hir. 7 Mae'n bryd i chi symud yn eich blaenau.
Ewch i gyfeiriad bryniau'r Amoriaid, a'r ardaloedd cyfagos – y tir anial, y bryniau, yr iseldir
i'r gorllewin, y Negef a'r arfordir – sef gwlad Canaan i gyd, ac o Libanus yr holl ffordd i afon
Ewffrates fawr. 8 Mae'r tir yma i gyd i chi. Dyma'r tir wnes i addo ei roi i'ch hynafiaid chi –
Abraham, Isaac a Jacob. Ewch, a'i gymryd drosodd.'

Moses yn penodi arweinwyr i farnu achosion

(Exodus 18:13-27)

9 "Dyna'r adeg hefyd pan ddwedais wrthoch chi, 'Alla i ddim gwneud hyn ar fy mhen fy hun –
mae'n ormod o faich. 10 Mae'r ARGLWYDD wedi gwneud i'ch niferoedd chi dyfu, a bellach mae yna
gymaint ohonoch chi ag sydd o sêr yn yr awyr! 11 A boed i'r ARGLWYDD, Duw eich hynafiaid, ddal
ati i'ch lluosi chi fil gwaith drosodd eto, a'ch bendithio chi fel gwnaeth e addo gwneud! 12 Ond
sut alla i ddelio gyda'ch holl broblemau chi, a godde'ch cwynion chi i gyd? 13 Dewiswch ddynion
doeth, deallus, o bob llwyth, i mi eu comisiynu nhw'n arweinwyr arnoch chi.' 14 A dyma chi'n
cytuno ei fod yn syniad da. 15 Felly dyma fi'n cymryd y dynion doeth, deallus yma, a'u gwneud
nhw'n arweinwyr y llwythau – yn swyddogion dros grwpiau o fil, cant, hanner cant, a deg o bobl.
16 "Cafodd rhai eraill eu penodi'n farnwyr, a dyma fi'n eu siarsio nhw i gymryd eu
cyfrifoldebau o ddifrif, a delio'n deg gyda'r achosion fyddai'n codi rhwng pobl – nid yn
unig rhwng pobl Israel a'i gilydd, ond hefyd rhwng pobl Israel a'r rhai o'r tu allan oedd yn
byw gyda nhw. 17 Dwedais wrthyn nhw am beidio dangos ffafriaeth wrth farnu achos, ond
i wrando ar bawb, beth bynnag fo'i statws. A ddylen nhw ddim ofni pobl. Duw sy'n gwneud
y barnu. Ac os oedd achos yn rhy gymhleth iddyn nhw, gallen nhw ofyn i mi ddelio gydag e.
18 "Rôn i wedi dweud wrthoch chi am bopeth roedd disgwyl i chi ei wneud.

Ysbiwyr yn cael eu hanfon o Cadesh-barnea

19 "Yna, fel roedd yr ARGLWYDD wedi gorchymyn i ni, dyma ni'n gadael Mynydd Sinai,
a dechrau teithio drwy'r anialwch mawr peryglus yna, i gyfeiriad bryniau'r Amoriaid. A dyma

---

a 1:2 *Mynydd Sinai* Hebraeg, "Horeb", sef enw arall ar Fynydd Sinai. b 1:3 *mis un deg un* Shebat, sef mis un deg un yn y calendr Hebreig, o tua canol Ionawr i ganol Chwefror. c 1:6 *Mynydd Sinai* Hebraeg, "Horeb", sef enw arall ar Fynydd Sinai.

1:4 Numeri 21:21-35

ni'n cyrraedd Cadesh-barnea. [20]Ac yno dwedais wrthoch chi, 'Dŷn ni wedi cyrraedd y bryniau
lle mae'r ARGLWYDD yn byw. Mae'r ARGLWYDD yn mynd i roi'r tir yma i ni nawr. [21]Edrychwch,
mae'r tir yna i chi ei gymryd. Ewch, a'i gymryd, fel mae'r ARGLWYDD, Duw eich hynafiaid, wedi
dweud wrthoch chi. Peidiwch bod ag ofn na phanicio.'

[22]"Ond daethoch ata i a dweud, 'Beth am anfon dynion i edrych dros y wlad gyntaf? Gallen
nhw awgrymu pa ffordd fyddai orau i fynd, a rhoi gwybodaeth i ni am y trefi sydd yno.'

[23]"Rôn i'n meddwl ei fod yn syniad da, felly dyma fi'n anfon un deg dau o ddynion o'n
blaenau ni, un o bob llwyth. [24]Aethon nhw drosodd i'r bryniau, a chyrraedd Wadi Eshcol.[ch] Ar
ôl edrych dros y wlad, [25]dyma nhw'n dod yn ôl gyda pheth o gynnyrch y tir. Roedden nhw'n
dweud, 'Mae'r tir mae'r ARGLWYDD ein Duw yn ei roi i ni yn dir da!'

[26]"Ond dyma chi'n gwrthod mynd yn eich blaenau. Yn lle hynny dyma chi'n gwrthryfela yn
erbyn yr ARGLWYDD, [27]aros yn eich pebyll, a dechrau cwyno ymhlith eich gilydd, a dweud pethau
fel, 'Daeth yr ARGLWYDD â ni allan o'r Aifft am ei fod yn ein casáu ni, ac er mwyn i ni gael ein
lladd gan yr Amoriaid! [28]I ble awn ni? Mae'r dynion aeth i chwilio'r tir wedi'n gwneud ni'n
hollol ddigalon wrth sôn am bobl sy'n dalach ac yn gryfach na ni. Mae waliau amddiffynnol
eu trefi nhw yn codi'n uchel i'r awyr. Ac yn waeth na hynny, maen nhw'n dweud eu bod nhw
wedi gweld cewri yno – disgynyddion Anac.'

[29]"Gwnes i drio dweud wrthoch chi, 'Does dim rhaid i chi fod ag ofn! [30]Mae'r ARGLWYDD
eich Duw yn mynd o'ch blaenau chi! Bydd e'n ymladd drosoch chi, yn union fel y gwelsoch
chi e'n gwneud yn yr Aifft! [31]Meddyliwch sut wnaeth e ofalu amdanoch chi yn yr anialwch!
Mae wedi'ch cario chi yr holl ffordd yma, fel mae dyn yn cario'i fab!'

[32]"Ond doedd dim ots beth roeddwn i'n ddweud, roeddech chi'n dal i wrthod trystio'r
ARGLWYDD eich Duw, [33]yr un oedd yn mynd o'ch blaen chi, ac yn dod o hyd i leoedd i chi godi
gwersyll. Roedd yn eich arwain chi mewn colofn dân yn y nos a cholofn niwl yn y dydd, ac
yn dangos i chi pa ffordd i fynd.

Yr ARGLWYDD yn cosbi pobl Israel

(Numeri 14:20-45)

[34]"Pan glywodd yr ARGLWYDD beth roeddech chi'n ei ddweud, roedd wedi digio go iawn hefo
chi, a dyma fe'n addo ar lw: [35]'Fydd neb o'r genhedlaeth yma yn cael gweld y tir da wnes
i addo ei roi i'ch hynafiaid chi! [36]Caleb fab Jeffwnne fydd yr unig eithriad. Bydd e'n cael
mynd yno, a bydda i'n rhoi iddo fe a'i ddisgynyddion y tir y buodd e'n cerdded arno, am ei
fod wedi bod yn gwbl ffyddlon i mi.'

[37]"Ac roedd yr ARGLWYDD wedi digio hefo fi hefyd o'ch achos chi. Dwedodd, 'Fyddi di ddim
yn cael mynd yno chwaith. [38]Ond bydd Josua fab Nwn, dy was di, yn cael mynd. Dw i eisiau
i ti ei annog e. Fe ydy'r un fydd yn arwain Israel i gymryd y tir. [39]Ond bydd y plant bach hefyd,
y rhai oedd gynnoch chi ofn iddyn nhw gael eu dal, yn cael mynd – y rhai sy'n rhy ifanc eto
i wybod y gwahaniaeth rhwng drwg a da. Bydda i'n rhoi'r tir iddyn nhw, a nhw fydd piau
e. [40]Ond nawr rhaid i chi droi'n ôl, a mynd drwy'r anialwch yn ôl i gyfeiriad y Môr Coch.'[d]

[41]"Roeddech chi'n cyfaddef wedyn eich bod ar fai, a dyma chi'n dweud, 'Dŷn ni wedi pechu
yn erbyn yr ARGLWYDD. Gwnawn ni fynd i ymladd, fel roedd yr ARGLWYDD wedi dweud wrthon ni.'
"A dyma chi i gyd yn gwisgo'ch arfau, yn barod i fynd i ymladd yn y bryniau. [42]Ond dyma'r
ARGLWYDD yn dweud wrtho i, 'Dwed wrthyn nhw am beidio mynd i ymladd. Dw i ddim gyda
nhw. Byddan nhw'n cael eu curo gan eu gelynion.'

[43]"Rôn i wedi dweud wrthoch chi, ond roeddech chi'n gwrthod gwrando. Dyma chi'n
gwrthryfela yn erbyn yr ARGLWYDD eto. I ffwrdd â chi, yn llawn ohonoch chi'ch hunain. [44]Dyma'r
Amoriaid oedd yn byw yno yn dod allan fel haid o wenyn i ymladd gyda chi, a'ch gyrru
chi i ffwrdd! Dyma nhw'n eich taro chi i lawr yr holl ffordd o dir Seir i dref Horma. [45]Pan

---

ch 1:24 *Wadi Eshcol* Sychnant oedd yn enwog am ei gwinllannoedd. d 1:40 *Môr Coch* Hebraeg, "Môr
y Brwyn".

gyrhaeddoch chi'n ôl, dyma chi'n mynd i ofyn i'r ARGLWYDD am help, ond wnaeth e ddim cymryd
sylw ohonoch chi. 46Felly dyma chi'n aros yn Cadesh am amser hir iawn.

Y blynyddoedd yn yr anialwch

2 "A dyma ni'n troi'n ôl i gyfeiriad yr anialwch a'r Môr Coch,[dd] fel roedd yr ARGLWYDD wedi
dweud wrthon ni. Buon ni'n crwydro o gwmpas cyrion bryniau Seir am amser hir iawn.
2"Yna dyma'r ARGLWYDD yn dweud wrtho i, 3'Dych chi wedi bod yn crwydro o gwmpas
y mynyddoedd yma yn llawer rhy hir. Trowch am y gogledd. 4A dywed hyn wrth y bobl,
"Dych chi ar fin croesi'r ffin i diriogaeth pobl Edom, sy'n perthyn i chi (sef disgynyddion
Esau). Ond bydd ganddyn nhw'ch ofn chi, felly byddwch yn ofalus. 5Peidiwch bygwth
nhw. Dw i ddim yn mynd i roi modfedd sgwâr o'u tir nhw i chi. Dw i wedi rhoi bryniau
Seir i ddisgynyddion Esau. 6Felly talwch iddyn nhw am eich bwyd a'ch diod. 7Mae'r
ARGLWYDD eich Duw wedi bendithio popeth dych chi wedi'i wneud. Mae wedi gofalu
amdanoch chi tra dych chi wedi bod yn crwydro yn yr anialwch yma ers pedwar deg
o flynyddoedd. Mae e wedi bod gyda chi drwy'r amser, ac wedi rhoi i chi bopeth oedd
arnoch chi ei angen." '

8"Felly dyma ni'n pasio heibio'n perthnasau, disgynyddion Esau, oedd yn byw yn
Seir. Troi oddi ar ffordd yr Araba ac osgoi trefi Elat ac Etsion-geber, a theithio ymlaen
i gyfeiriad tiroedd anial Moab. 9Yna dyma'r ARGLWYDD yn dweud wrtho i, 'Peidiwch tarfu
ar bobl Moab na dechrau ymladd gyda nhw. Dw i ddim am roi eu tir nhw i chi o gwbl.
Dw i wedi rhoi Moab[e] iddyn nhw, sy'n ddisgynyddion i Lot.' " 10(Yr Emiaid oedd yn byw
yno ar un adeg – tyrfa o gewri cryfion fel yr Anaciaid. 11Enw pobl Moab arnyn nhw oedd
Emiaid. Roedd pobl eraill yn eu galw nhw a'r Anaciaid yn Reffaiaid. 12A'r Horiaid oedd
yn arfer byw yn Seir, ond roedd disgynyddion Esau wedi'u concro nhw a setlo i lawr ar
eu tiroedd. A dyna'n union wnaeth Israel yn y tir y daethon nhw i'w gymryd, sef y tir
roddodd yr ARGLWYDD iddyn nhw.) 13"Wedyn dyma'r ARGLWYDD yn dweud, 'Ewch yn eich
blaenau, a chroesi Wadi Sered.'[f] A dyna wnaethon ni.

14"Felly roedd tri deg wyth mlynedd wedi mynd heibio rhwng cyrraedd Cadesh-barnea
y tro cyntaf, a chroesi'r Wadi Sered. Erbyn hynny, roedd y genhedlaeth gyfan o filwyr
oedd yn Cadesh wedi marw, fel roedd yr ARGLWYDD wedi addo ar lw. 15Yn wir, yr ARGLWYDD
ei hun oedd wedi cael gwared â nhw, a gwneud yn siŵr eu bod nhw i gyd wedi mynd.
16Felly, pan oedd yr olaf o'r milwyr hynny wedi marw, 17dyma'r ARGLWYDD yn dweud wrtho
i, 18'Heddiw dych chi'n mynd i groesi tir Moab, wrth Ar. 19Pan ddewch chi at dir pobl
Ammon, peidiwch tarfu arnyn nhw chwaith, na dechrau ymladd gyda nhw. Dw i ddim
am roi eu tir nhw i chi o gwbl. Dw i wedi'i roi e iddyn nhw, sy'n ddisgynyddion i Lot.' "
20(Roedd y tir yma hefyd yn arfer perthyn i'r Reffaiaid. Nhw oedd yn byw yno'n wreiddiol.
Enw pobl Ammon arnyn nhw oedd Samswmiaid – 21tyrfa fawr arall o gewri cryfion fel
yr Anaciaid. Ond roedd yr ARGLWYDD wedi'u dinistrio nhw, ac roedd pobl Ammon wedi
setlo i lawr ar eu tiroedd. 22A dyna'n union oedd wedi digwydd gyda disgynyddion Esau,
sy'n dal i fyw hyd heddiw yn ardal Seir. Roedd yr ARGLWYDD wedi dinistrio'r Horiaid oedd
yn byw yno o'u blaenau nhw. 23A'r un fath gyda'r Afiaid oedd yn byw mewn pentrefi
mor bell â Gasa yn y de. Y Philistiaid o ynys Creta[ff] wnaeth eu dinistrio nhw a setlo
i lawr ar eu tiroedd.)

24"Wedyn dyma'r ARGLWYDD yn dweud, 'Ewch yn eich blaenau, a chroesi Dyffryn Arnon.
Dw i'n mynd i roi buddugoliaeth i chi dros Sihon yr Amoriad, brenin Cheshbon. Ewch
i goncro'i dir! Ewch i ryfel yn ei erbyn! 25O heddiw ymlaen bydd pobl ym mhobman yn
dychryn ac yn ofni pan fyddan nhw'n clywed amdanoch chi. Byddan nhw'n crynu mewn
ofn wrth i chi ddod yn agos.' "

---

dd 2:1 *Môr Coch* Hebraeg, "Môr y Brwyn". e 2:9 *Moab* Hebraeg, "Ar", sef tref bwysicaf Moab (gw. Numeri 21:28), yn cynrychioli'r wlad i gyd. f 2:13 *Wadi Sered* Y ceunant yma oedd y ffin rhwng Moab ac Edom.
ff 2:23 *Philistiaid* Hebraeg, "pobl Cafftor", oedd yn dod yn wreiddiol o Creta (gw. Amos 9:7).

Ennill brwydr yn erbyn y Brenin Sihon

(Numeri 21:21-30)

26 "Pan oedden ni yn anialwch Cedemoth, dyma fi'n anfon negeswyr at y Brenin Sihon yn
Cheshbon, yn cynnig telerau heddwch. 27 'Wnei di roi caniatâd i ni groesi dy dir di? Gwnawn
ni aros ar y briffordd, a mynd yn syth trwodd. 28 Gwnawn ni dalu am unrhyw fwyd neu
ddŵr fyddwn ni ei angen. Dŷn ni ond am i ti adael i ni basio drwy'r wlad – 29 fel gwnaeth
disgynyddion Esau yn Seir a'r Moabiaid yn Ar. Yna byddwn ni'n croesi afon Iorddonen i'r tir
mae'r ARGLWYDD ein Duw yn ei roi i ni.'

30 "Ond doedd y Brenin Sihon o Cheshbon ddim yn fodlon gadael i ni groesi ei dir. Roedd yr
ARGLWYDD wedi'i wneud yn galed ac ystyfnig, er mwyn i chi ei goncro. 31 Dyma'r ARGLWYDD yn
dweud wrtho i, 'Dw i'n rhoi Sihon a'i dir i chi. Ewch ati i gymryd y wlad drosodd.'

32 "Pan ddaeth Sihon a'i fyddin allan i ymladd yn ein herbyn yn Iahats, 33 dyma'r ARGLWYDD
ein Duw yn ein helpu ni i'w drechu. Cafodd Sihon, ei feibion, a'i fyddin i gyd eu lladd.
34 Dyma ni'n concro a dinistrio'r trefi i gyd, a lladd pawb oedd yn byw ynddyn nhw – hyd yn
oed gwragedd a phlant. 35 Dim ond yr anifeiliaid, ac unrhyw beth arall oedd yn werthfawr,
wnaethon ni ei gadw. 36 Dyma'r ARGLWYDD ein Duw yn ein helpu i goncro pob tref o Aroer, ger
Dyffryn Arnon, a'r dref sydd yn y dyffryn ei hun, yr holl ffordd i Gilead yn y gogledd. 37 Ond
fel roedd yr ARGLWYDD wedi gorchymyn, wnaethon ni ddim cymryd tir pobl Ammon, wrth ymyl
afon Jabboc, na'r trefi yn y bryniau.

Concro Og brenin Bashan

(Numeri 21:31-35)

3 "Yna dyma ni'n troi i'r gogledd, ac yn mynd i gyfeiriad Bashan. A dyma Og brenin Bashan,
yn dod â'i fyddin gyfan i ymladd yn ein herbyn ni yn Edrei. 2 Ond dyma'r ARGLWYDD yn
dweud wrtho i, 'Paid bod â'i ofn. Dw i'n mynd i roi Og a'i fyddin a'i dir i gyd i ti. Byddi'n
gwneud yr un fath iddo fe ag a wnest ti i Sihon brenin yr Amoriaid oedd yn byw yn Cheshbon.'

3 "A dyna wnaeth yr ARGLWYDD. Dyma ni'n taro Og, brenin Bashan a'i fyddin i gyd – cawson
nhw i gyd eu lladd. 4 Dyma ni'n concro pob un o'i drefi – chwe deg ohonyn nhw – i gyd yn
ardal Argob. 5 Roedden nhw i gyd yn gaerau amddiffynnol, gyda waliau uchel a giatiau dwbl
hefo barrau i'w cloi. Ac roedd llawer iawn o bentrefi agored yno hefyd. 6 Dyma ni'n gwneud
yn union yr un fath ag a wnaethon ni i drefi Sihon, brenin Cheshbon – eu dinistrio nhw i gyd,
a lladd pawb oedd yn byw ynddyn nhw, hyd yn oed gwragedd a phlant. 7 Ond dyma ni'n
cadw'r anifeiliaid ac unrhyw beth arall oedd yn werthfawr.

8 "Dyna pryd gwnaethon ni gymryd tir dau frenin yr Amoriaid, yr ochr draw i'r Iorddonen –
o Ddyffryn Arnon yn y de yr holl ffordd i Fynydd Hermon yn y gogledd. 9 (Sirion ydy enw pobl
Sidon ar Hermon, ac mae'r Amoriaid yn ei alw yn Senir.) 10 Roedden ni wedi concro trefi'r
byrdd-dir, Gilead i gyd a Bashan, yr holl ffordd i drefi Salca ac Edrei, oedd yn perthyn i deyrnas
Og. 11 (Og, brenin Bashan, oedd yr unig un o'r Reffaiaid oedd yn dal ar ôl. Roedd ei arch yn
bedwar metr o hyd, a bron dau fetr o led, ac wedi'i gwneud o garreg basalt du. Gellir ei gweld
yn Rabba, prif dref yr Ammoniaid.)

Y llwythau wnaeth setlo i'r dwyrain o'r Iorddonen

(Numeri 32:1-42)

12 "Felly, dyma'r tir wnaethon ni ei gymryd i'r dwyrain o afon Iorddonen: dyma fi'n rhoi'r
tir sydd i'r gogledd o Aroer, ger Dyffryn Arnon, a hanner bryniau Gilead, i lwythau Reuben
a Gad. 13 Wedyn dyma fi'n rhoi gweddill Gilead a theyrnas Og, sef Bashan, i hanner llwyth
Manasse. (Roedd ardal Argob i gyd, sef Bashan, yn arfer cael ei galw yn Wlad y Reffaiaid.
14 Dyma Jair, o lwyth Manasse, yn cymryd ardal Argob, sef Bashan. Mae'r ardal yn ymestyn
at y ffin gyda Geshwr a Maacha. Rhoddodd ei enw ei hun ar yr ardal – Hafoth-jair – a dyna'r
enw ar yr ardal hyd heddiw.)

15“Dyma fi'n rhoi Gilead i ddisgynyddion Machir, mab Manasse.
16“Yna i lwythau Reuben a Gad dyma fi'n rhoi'r tir sy'n ymestyn o Gilead i Ddyffryn Arnon
(Dyffryn Arnon oedd y ffin), ac ymlaen at Afon Jabboc a ffin Ammon.
17“Y ffin i'r gorllewin oedd afon Iorddonen, o Lyn Galilea[g] i lawr i'r Môr Marw,[ng] gyda
llethrau Pisga i'r dwyrain. 18Dwedais wrthoch chi bryd hynny, ‘Mae'r ARGLWYDD eich Duw wedi
rhoi'r tir yma i chi. Ond rhaid i'ch milwyr chi groesi o flaen gweddill pobl Israel, yn barod
i ymladd. 19Bydd eich gwragedd a'ch plant yn cael aros yn y trefi dw i wedi'u rhoi i chi. A'r
holl anifeiliaid sydd gynnoch chi hefyd – mae gynnoch chi lawer iawn o wartheg. 20Wedyn
bydd eich dynion yn cael dod yn ôl pan fydd yr ARGLWYDD wedi rhoi buddugoliaeth i weddill
pobl Israel, fel y gwnaeth gyda chi; hynny ydy, pan fyddan nhw wedi cymryd drosodd y tir
mae'r ARGLWYDD eich Duw yn ei roi iddyn nhw yr ochr draw i afon Iorddonen.’
21“A dyma fi'n dweud wrth Josua, ‘Dych chi wedi gweld beth wnaeth yr ARGLWYDD i'r ddau
frenin yna. Bydd yn gwneud yr un fath i'r teyrnasoedd lle dych chi'n mynd. 22Peidiwch bod
ag ofn. Bydd yr ARGLWYDD eich Duw yn ymladd drosoch chi.’

Moses ddim yn cael mynd i wlad Canaan

23“A dyma fi'n pledio ar yr ARGLWYDD, 24‘O Feistr, ARGLWYDD, dw i'n dechrau gweld mor fawr
ac mor gryf wyt ti! Oes yna dduw arall yn y nefoedd neu ar y ddaear sy'n gallu gwneud pethau
mor anhygoel? 25Plîs, wnei di adael i mi groesi dros afon Iorddonen i weld y tir da sydd yr ochr
arall? – Y bryniau hyfryd a mynyddoedd Libanus.’
26“Ond roedd yr ARGLWYDD yn wyllt hefo fi o'ch achos chi. Doedd e ddim yn fodlon gwrando.
Dyma fe'n dweud, ‘Dyna ddigon! Dw i eisiau clywed dim mwy am y peth. 27Cei ddringo i ben
Mynydd Pisga, ac edrych ar y wlad i bob cyfeiriad, ond ti ddim yn mynd i gael croesi dros yr
Iorddonen. 28Dw i eisiau i ti gomisiynu Josua, a'i annog a rhoi hyder iddo. Fe ydy'r un sy'n
mynd i arwain y bobl yma drosodd i gymryd y wlad fyddi di'n ei gweld o dy flaen di.’
29“Felly dyma ni'n aros yn y dyffryn gyferbyn â Beth-peor.

Moses yn annog y bobl i fod yn ufudd i Dduw

4 “Bobl Israel, dw i eisiau i chi wrando'n ofalus ar y rheolau a'r canllawiau dw i'n eu
gosod i chi, er mwyn i chi gael byw a mynd i mewn i gymryd y wlad mae'r ARGLWYDD,
Duw eich hynafiaid, yn ei rhoi i chi. 2Peidiwch ychwanegu dim, na chymryd dim i ffwrdd.
Gorchmynion yr ARGLWYDD eich Duw ydyn nhw, felly cadwch nhw! 3Gwelsoch beth wnaeth yr
ARGLWYDD yn Baal-peor. Lladdodd yr ARGLWYDD bawb wnaeth addoli duw Baal-peor. 4Ond mae
pawb ohonoch chi wnaeth aros yn ffyddlon i'r ARGLWYDD eu Duw, yn dal yn fyw. 5Gwrandwch,
dw i'n dysgu i chi'r rheolau a'r canllawiau mae Duw wedi'u rhoi i mi, er mwyn i chi eu cadw
nhw yn y wlad dych chi'n mynd iddi i'w chymryd drosodd. 6Felly, cadwch nhw. Dilynwch
nhw. A phan fydd pobl yn dysgu amdanyn nhw, byddan nhw'n dweud, ‘Mae'n wir, mae pobl
y wlad yma yn ddoeth a deallus.’
7“Pa genedl arall sydd â duw sydd mor agos atyn nhw? Mae'r ARGLWYDD ein Duw yna bob
tro dŷn ni'n galw arno. 8A pha wlad arall sydd â rheolau a chanllawiau mor deg â'r casgliad
yma o gyfreithiau dw i'n ei rannu gyda chi heddiw?
9“Ond dw i'n dweud eto, dw i eisiau i chi wrando'n ofalus. Peidiwch anghofio beth dych
chi wedi'i weld. Peidiwch anghofio nhw tra byddwch chi byw. Dysgwch nhw i'ch plant a'ch
wyrion a'ch wyresau. 10Pan oeddech chi'n sefyll o flaen yr ARGLWYDD eich Duw wrth droed
Mynydd Sinai,[h] dyma fe'n dweud wrtho i, ‘Casgla'r bobl at ei gilydd, i mi rannu gyda nhw
beth dw i eisiau'i ddweud. Wedyn byddan nhw'n dangos parch ata i tra byddan nhw'n byw
yn y wlad, ac yn dysgu eu plant i wneud yr un fath.’

---

g 3:17 *Llyn Galilea* Hebraeg, “Llyn Cinnereth”, enw arall arno. ng 3:17 Hebraeg, “Môr yr Araba, sef y Môr Halen”. h 4:10 *Mynydd Sinai* Hebraeg, “Horeb”, sef enw arall ar Fynydd Sinai.
4:3 Numeri 25:1-9

11“Dyma chi'n dod i sefyll wrth droed y mynydd oedd yn llosgi'n dân. Roedd fflamau'n
codi i fyny i'r awyr, a chymylau o fwg tywyll, trwchus. 12Yna dyma'r ARGLWYDD yn siarad â chi
o ganol y tân. Roeddech chi'n clywed y llais yn siarad, ond yn gweld neb na dim. 13A dyma fe'n
dweud wrthoch chi beth oedd yr ymrwymiad roedd e am i chi ei wneud – y Deg Gorchymyn.
A dyma fe'n eu hysgrifennu nhw ar ddwy lechen garreg. 14Dyna hefyd pryd wnaeth yr ARGLWYDD
orchymyn i mi ddysgu rheolau a chanllawiau eraill i chi eu dilyn yn y wlad dych chi'n mynd
drosodd i'w chymryd.

Gwahardd gwneud delwau

15Ond byddwch yn ofalus! Wnaethoch chi ddim gweld neb pan oedd yr ARGLWYDD yn siarad â chi
o ganol y tân ar Fynydd Sinai. 16Felly peidiwch sbwylio popeth drwy gerfio rhyw fath o ddelw
– o ddyn neu ferch, 17anifail, aderyn, 18ymlusgiad, neu bysgodyn. 19Wrth edrych i'r awyr ar yr
haul, y lleuad a'r sêr i gyd, peidiwch cael eich temtio i'w haddoli nhw. Mae'r ARGLWYDD eich
Duw wedi'u rhoi nhw i bawb drwy'r byd i gyd. 20Ond mae wedi'ch dewis chi, a'ch arwain
chi allan o ffwrnais haearn gwlad yr Aifft, i fod yn bobl sbesial iddo – a dyna ydych chi!
21“Ond wedyn roedd yr ARGLWYDD wedi digio hefo fi o'ch achos chi. Dwedodd wrtho i na
fyddwn i byth yn cael croesi afon Iorddonen a mynd i mewn i'r wlad dda mae e ar fin ei rhoi
i chi. 22Dyma ble bydda i'n marw. Ond dych chi'n mynd i groesi'r Iorddonen a chymryd y tir
da yna. 23Gwnewch yn siŵr na fyddwch chi'n anghofio'r ymrwymiad mae'r ARGLWYDD eich
Duw wedi'i wneud gyda chi. Peidiwch cerfio delw o unrhyw fath – mae e wedi dweud yn
glir na ddylech chi wneud peth felly. 24Tân sy'n difa ydy Duw! Mae'n Dduw eiddigeddus!
25Pan fyddwch chi wedi bod yn y wlad am amser hir, ac wedi cael plant ac wyrion ac wyresau,
peidiwch gwneud drwg i'ch hunain drwy gerfio delw o unrhyw fath. A pheidiwch gwneud
pethau drwg eraill sy'n pryfocio'r ARGLWYDD eich Duw. 26Dw i'n galw'r nefoedd a'r ddaear yn
dystion yn eich erbyn chi – os gwnewch chi hynny, byddwch chi'n cael eich taflu allan o'r tir
yna dych chi ar fin croesi afon Iorddonen i'w gymryd drosodd. Fyddwch chi ddim yn para'n
hir yna, achos byddwch yn cael eich dinistrio'n llwyr! 27Bydd yr ARGLWYDD yn eich gyrru chi
ar chwâl drwy'r gwledydd i gyd, a dim ond criw bach ohonoch chi fydd ar ôl. 28A byddwch
chi'n addoli duwiau wedi'u gwneud gan bobl – delwau o bren a charreg sydd ddim yn gallu
gweld, clywed, bwyta nac arogli!
29“Ond os gwnewch chi droi at yr ARGLWYDD yno, a hynny o ddifrif – â'ch holl galon, ac â'ch
holl enaid – byddwch yn dod o hyd iddo. 30Yng nghanol eich holl drybini, pan fydd y pethau
yma'n digwydd rywbryd yn y dyfodol, os gwnewch chi droi'n ôl at yr ARGLWYDD eich Duw
a bod yn ufudd iddo, 31fydd e ddim yn eich siomi chi. Mae e'n Dduw trugarog. Fydd e ddim
yn eich dinistrio chi, am ei fod yn gwrthod anghofio'r ymrwymiad hwnnw wnaeth e gyda'ch
hynafiaid chi. Gwnaeth e addo ar lw iddyn nhw.

Mae Duw yn unigryw

32“Edrychwch yn ôl dros hanes, o'r dechrau cyntaf pan wnaeth Duw greu pobl ar y ddaear
yma. Holwch am unrhyw le drwy'r byd i gyd. Oes unrhyw beth fel yma wedi digwydd o'r blaen?
Oes unrhyw un wedi clywed si am y fath beth? 33Oes unrhyw genedl arall wedi clywed llais
Duw yn siarad â nhw o ganol y tân, fel gwnaethoch chi, ac wedi byw i adrodd yr hanes? 34Neu
oes duw arall wedi mentro cymryd pobl iddo'i hun o ganol gwlad arall, gan gosbi, cyflawni
gwyrthiau rhyfeddol, ymladd drostyn nhw gyda'i nerth rhyfeddol, a gwneud yr holl bethau
dychrynllyd eraill welsoch chi'r ARGLWYDD eich Duw yn eu gwneud drosoch chi yn yr Aifft? 35Mae
wedi dangos i chi mai Un Duw sydd, a does dim un arall yn bod. 36Gadawodd i chi glywed
ei lais o'r nefoedd, i'ch dysgu chi. Ac ar y ddaear dangosodd i chi'r tân mawr, a siarad â chi
o ganol hwnnw. 37Ac am ei fod wedi caru'ch hynafiaid chi, dewisodd fendithio'u disgynyddion.
Defnyddiodd ei nerth ei hun i ddod â chi allan o'r Aifft, 38i chi gymryd tir pobloedd cryfach
na chi oddi arnyn nhw. Daeth â chi yma heddiw i roi eu tir nhw i chi ei gadw.

39“Felly dw i eisiau i hyn i gyd gael ei argraffu ar eich meddwl chi – dw i eisiau i chi
sylweddoli fod Duw yn Dduw yn y nefoedd uchod ac i lawr yma ar y ddaear. Does dim un arall
yn bod! 40Rhaid i chi gadw'r gorchmynion a'r arweiniad dw i'n ei basio ymlaen i chi ganddo
heddiw. Wedyn bydd pethau'n mynd yn dda i chi a'ch plant. A byddwch chi'n cael byw am
amser hir iawn yn y tir mae'r Arglwydd eich Duw yn ei roi i chi i'w gadw.”

Trefi Lloches i'r dwyrain o'r Iorddonen

41Yna dyma Moses yn dewis tair tref i'r dwyrain o afon Iorddonen yn drefi lloches. 42Byddai
unrhyw un fyddai'n lladd person arall yn ddamweiniol, heb fwriadu unrhyw ddrwg iddo, yn
gallu dianc am loches i un o'r trefi yma. 43Y tair tref oedd Betser, yn anialwch y byrdd-dir,
i lwyth Reuben; Ramoth yn Gilead i lwyth Gad; a Golan yn Bashan i lwyth Manasse.

Cyflwyniad i Gyfraith Dduw

44Dyma'r gyfraith wnaeth Moses ei chyflwyno i bobl Israel – 45y gofynion, y rheolau a'r
canllawiau roddodd e i bobl Israel ar ôl dod â nhw allan o wlad yr Aifft, 46pan oedden nhw'n
dal ar ochr ddwyreiniol afon Iorddonen. Roedden nhw yn y dyffryn gyferbyn â Beth-peor – sef
yr ardal oedd yn arfer cael ei rheoli gan Sihon, brenin yr Amoriaid, oedd yn byw yn Cheshbon.
Nhw wnaeth Moses a phobl Israel ymosod arnyn nhw pan ddaethon nhw allan o'r Aifft.
47Dyma nhw'n cymryd ei dir e, a thir Og, brenin Bashan – y ddau ohonyn nhw'n teyrnasu
ar yr ardaloedd i'r dwyrain o'r Iorddonen. 48Roedd eu tiriogaeth yn ymestyn o dref Aroer,
ger Dyffryn Arnon, yr holl ffordd i Fynydd Hermon[i] yn y gogledd. 49Roedd yn cynnwys y tir
i'r dwyrain o Ddyffryn Iorddonen, yr holl ffordd i'r Môr Marw[l] o dan lethrau Mynydd Pisga.

Y Deg Gorchymyn

(Exodus 20:1-17)

5 Dyma Moses yn galw pobl Israel at ei gilydd ac yn dweud wrthyn nhw: “Israel, gwrandwch
ar y rheolau a'r canllawiau dw i'n eu rhoi i chi heddiw. Dw i eisiau i chi eu dysgu nhw,
a'u cadw nhw.
2“Roedd yr Arglwydd ein Duw wedi gwneud ymrwymiad gyda ni wrth fynydd Sinai. 3Gwnaeth
hynny nid yn unig gyda'n rhieni, ond gyda ni sy'n fyw yma heddiw. 4Siaradodd Duw gyda
ni wyneb yn wyneb, o ganol y tân ar y mynydd. 5(Fi oedd yn sefyll yn y canol rhyngoch chi
a'r Arglwydd, am fod gynnoch chi ofn, a ddim eisiau mynd yn agos at y mynydd. Fi oedd yn
dweud wrthoch chi beth oedd neges yr Arglwydd.) A dyma ddwedodd e:

6 ‘Fi ydy'r Arglwydd eich Duw chi.
Fi wnaeth eich achub chi o wlad yr Aifft,
lle roeddech chi'n gaethweision.

7 Does dim duwiau eraill i fod gen ti, dim ond fi.

8 Paid cerfio eilun i'w addoli –
dim byd sy'n edrych fel unrhyw aderyn, anifail na physgodyn.
9 Paid plygu i lawr a'u haddoli nhw.
Dw i, yr Arglwydd dy Dduw di, yn Dduw eiddigeddus.
Dw i'n cosbi pechodau'r rhieni sy'n fy nghasáu i,
ac mae'r canlyniadau'n gadael eu hôl ar y plant am dair i bedair
cenhedlaeth.
10 Ond dw i'n dangos cariad di-droi'n-ôl, am fil o genedlaethau,
at y rhai sy'n fy ngharu i ac yn gwneud beth dw i'n ddweud.

---

i 4:48 *Hermon* Hebraeg, “Sïon – sef Hermon”. Mae'n debyg mai ffurf arall ar enw pobl Sidon ar y mynydd oedd hwn (gw. Deuteronomium 3:9). l 4:49 Hebraeg, “Môr yr Araba”.

11 Paid camddefnyddio enw'r ARGLWYDD dy Dduw.
Fydda i ddim yn gadael i rywun sy'n camddefnyddio fy enw ddianc rhag cael ei gosbi.

12 Cadw'r dydd Saboth yn sbesial,
yn ddiwrnod cysegredig, gwahanol i'r lleill,
fel mae'r ARGLWYDD dy Dduw wedi gorchymyn i ti.
13 Gelli weithio ar y chwe diwrnod arall, a gwneud popeth sydd angen ei wneud.
14 Mae'r seithfed diwrnod i'w gadw yn Saboth i'r ARGLWYDD.
Does neb i fod i weithio ar y diwrnod yma –
ti na dy feibion a dy ferched, dy weision na dy forynion chwaith;
dim hyd yn oed dy ych a dy asyn, nac unrhyw anifail arall;
nac unrhyw fewnfudwr sy'n aros gyda ti.
Mae'r gwas a'r forwyn i gael gorffwys fel ti dy hun.
15 Cofia dy fod ti wedi bod yn gaethwas yn yr Aifft,
a bod yr ARGLWYDD dy Dduw wedi defnyddio'i nerth rhyfeddol i dy achub di oddi yno;
Dyna pam mae'r ARGLWYDD dy Dduw wedi gorchymyn i ti gadw'r dydd Saboth yn sbesial.

16 Rhaid i ti barchu dy dad a dy fam,
a byddi'n byw yn hir yn y wlad mae'r ARGLWYDD dy Dduw yn ei rhoi i ti.

17 Paid llofruddio.
18 Paid godinebu.ll
19 Paid dwyn.
20 Paid rhoi tystiolaeth ffals yn erbyn rhywun.
21 Paid chwennych gwraig rhywun arall.
Paid chwennych ei dŷ na'i dir,
na'i was, na'i forwyn, na'i darw, na'i asyn,
na dim byd sydd gan rywun arall.'

22 "Dwedodd yr ARGLWYDD hyn i gyd wrth y bobl o ganol y tân, y cwmwl a'r tywyllwch ar y mynydd. A dyna'r cwbl wnaeth e ddweud. A dyma fe'n ysgrifennu'r geiriau ar ddwy lechen garreg, a'u rhoi nhw i mi."

Yr angen am ganolwr

(Exodus 20:18-21)

23 "Yna pan glywsoch chi sŵn y llais yn dod o'r tywyllwch, a'r mynydd yn llosgi'n dân, dyma arweinwyr eich llwythau a'ch henuriaid yn dod ata i. 24 Dyma nhw'n dweud, 'Mae'r ARGLWYDD ein Duw wedi dangos ei ysblander rhyfeddol i ni, a dŷn ni wedi'i glywed e'n siarad o ganol y tân. Dŷn ni wedi gweld bod pobl ddim yn marw'n syth pan mae Duw yn siarad â nhw. 25 Ond mae gynnon ni ofn i'r tân ofnadwy yma ein llosgi ni. Does gynnon ni ddim eisiau marw. Os byddwn ni'n dal i glywed llais yr ARGLWYDD ein Duw yn siarad gyda ni, byddwn ni'n siŵr o farw. 26 Oes yna unrhyw un erioed wedi clywed llais y Duw byw yn siarad o ganol y tân, fel dŷn ni wedi gwneud, ac wedi byw wedyn? 27 Dos di i wrando ar bopeth mae'r ARGLWYDD ein Duw yn ei ddweud, ac wedyn cei ddod yn ôl i ddweud wrthon ni. A byddwn ni'n gwneud popeth mae e'n ddweud.'

ll 5:18 *godinebu* sef person priod yn cael rhyw gyda rhywun arall.

28“Roedd yr ARGLWYDD wedi'ch clywed chi'n siarad hefo fi, a dyma fe'n dweud wrtho i, ‘Dw
i wedi clywed beth mae'r bobl wedi'i ddweud wrthot ti. Maen nhw'n iawn. 29Piti na fydden
nhw'n dangos yr un parch ata i bob amser, ac eisiau gwneud beth dw i'n ddweud. Byddai
pethau'n mynd yn dda iddyn nhw wedyn ar hyd y cenedlaethau. 30Dos i ddweud wrthyn nhw
am fynd yn ôl i'w pebyll. 31Ond aros di yma, i mi gael dweud wrthot ti beth ydy'r gorchmynion,
y rheolau a'r canllawiau dw i am i ti eu dysgu iddyn nhw. Wedyn, byddan nhw'n gallu byw
felly yn y wlad dw i'n ei rhoi iddyn nhw.’

32“Felly, gwnewch yn union fel mae'r ARGLWYDD eich Duw yn ddweud. Peidiwch crwydro
oddi wrth hynny o gwbl. 33Dych chi i fyw fel mae'r ARGLWYDD eich Duw wedi gorchymyn i chi,
er mwyn i bethau fynd yn dda i chi, ac i chi gael byw yn hir yn y wlad dych chi'n mynd i'w
chymryd.

Addewid Duw

6 “Dyma'r gorchmynion, y rheolau a'r canllawiau roddodd yr ARGLWYDD eich Duw i mi
i'w dysgu i chi, er mwyn i chi eu cadw nhw yn y wlad lle dych chi'n mynd. 2Byddwch
chi'n dangos parch at yr ARGLWYDD eich Duw drwy gadw'i reolau a'i orchmynion – chi, eich
plant, a'ch wyrion a'ch wyresau. Cadwch nhw tra byddwch chi byw, a chewch fyw yn hir.
3Gwrandwch yn ofalus, bobl Israel! Os gwnewch chi hyn, bydd pethau'n mynd yn dda i chi.
Bydd eich niferoedd chi'n tyfu'n aruthrol, ac fel gwnaeth yr ARGLWYDD, Duw eich hynafiaid,
addo i chi, bydd gynnoch chi wlad ffrwythlon lle mae llaeth a mêl yn llifo.

Egwyddor sylfaenol yr ymrwymiad

4“Gwranda Israel! Yr ARGLWYDD ein Duw ydy'r unig ARGLWYDD. 5Rwyt i garu'r ARGLWYDD dy
Dduw â'th holl galon, ac â'th holl enaid ac â'th holl nerth.

6“Paid anghofio'r pethau dw i'n eu gorchymyn i ti heddiw. 7Rwyt i'w dysgu'n gyson i dy
blant, a'u trafod nhw pan fyddi adre yn y tŷ ac i ffwrdd oddi cartref, pan fyddi'n mynd i gysgu
ac yn codi yn y bore. 8Rhwyma nhw ar dy freichiau i dy atgoffa di, a gwisga nhw ar dy dalcen
i'w cofio. 9Ysgrifenna nhw ar ffrâm drws dy dŷ, ac ar giatiau'r dref.

Anogaeth i addoli'r ARGLWYDD yn unig

10“Roedd yr ARGLWYDD wedi addo rhoi gwlad i'ch hynafiaid, Abraham, Isaac a Jacob – lle mae
dinasoedd mawr hardd wnaethoch chi ddim eu hadeiladu; 11tai yn llawn pethau wnaethoch
chi mo'u casglu; pydewau wnaethoch chi ddim eu cloddio; gwinllannoedd a choed olewydd
wnaethoch chi mo'u plannu. Digon i'w fwyta! 12Pan fydd yr ARGLWYDD yn dod â chi i'r wlad
yna, peidiwch anghofio'r ARGLWYDD wnaeth eich achub chi o wlad yr Aifft, lle roeddech chi'n
gaethweision. 13Rhaid i chi barchu'r ARGLWYDD eich Duw, a'i wasanaethu e, a defnyddio'i enw
e'n unig i dyngu llw. 14Peidiwch addoli duwiau'r bobl o'ch cwmpas chi. 15Cofiwch fod yr
ARGLWYDD eich Duw, sydd gyda chi, yn Dduw eiddigeddus. Bydd e'n digio gyda chi ac yn eich
gyrru chi allan o'r wlad.

Anogaeth i fod yn ufudd i'r ARGLWYDD

16“Paid rhoi'r ARGLWYDD dy Dduw ar brawf, fel y gwnest ti yn Massa. 17Gwnewch yn union
beth mae'n ei orchymyn i chi, cadw ei ofynion a dilyn ei ganllawiau. 18-19Gwnewch beth sy'n
iawn yn ei olwg, a bydd pethau'n mynd yn dda i chi. Bydd yr ARGLWYDD yn gyrru'ch gelynion chi
allan, a byddwch yn cymryd drosodd y wlad dda wnaeth Duw addo i'ch hynafiaid y byddai'n
ei rhoi i chi. 20Yna pan fydd eich plant yn gofyn i chi, ‘Pam wnaeth Duw roi'r gofynion
a'r rheolau a'r canllawiau yma i ni?’ 21atebwch, ‘Roedden ni'n gaethweision y Pharo yn
yr Aifft, ond dyma'r ARGLWYDD yn defnyddio ei nerth rhyfeddol i ddod â ni allan o'r Aifft.

6:16 Exodus 17:1-7

22 Gwelon ni e'n gwneud pethau ofnadwy i wlad yr Aifft ac i'r Pharo a'i deulu – gwyrthiau
rhyfeddol. 23 Gollyngodd ni'n rhydd er mwyn rhoi i ni'r wlad roedd e wedi'i haddo i'n hynafiaid.
24 Dwedodd wrthon ni am gadw'r rheolau yma i gyd, a'i barchu e, er mwyn i bethau fynd yn
dda i ni, ac iddo'n cadw ni'n fyw fel mae wedi gwneud hyd heddiw. 25 Bydd pethau'n iawn
gyda ni os gwnawn ni gadw'r gorchmynion yma, fel mae'r ARGLWYDD wedi gofyn i ni wneud.'

Pobl Dduw

(Exodus 34:11-16)

7 "Bydd yr ARGLWYDD yn eich helpu chi i gymryd y tir oddi ar saith grŵp o bobl sy'n gryfach
na chi – yr Hethiaid, Girgasiaid, Amoriaid, Canaaneaid, Peresiaid, Hefiaid a'r Jebwsiaid.
Bydd e'n eu gyrru nhw i gyd allan o'ch blaen chi. 2 Bydd e'n rhoi'r gallu i chi i'w concro nhw,
ac mae'n rhaid i chi eu dinistrio nhw'n llwyr. Peidiwch gwneud cytundeb heddwch â nhw,
a pheidiwch dangos unrhyw drugaredd. 3 Peidiwch gadael i'ch plant eu priodi nhw, 4 rhag i'ch
plant droi cefn ar yr ARGLWYDD, ac addoli duwiau eraill. Wedyn byddai'r ARGLWYDD yn gwylltio
gyda chi, ac yn eich dinistrio chi'n llwyr! 5 Na, rhaid i chi chwalu eu hallorau paganaidd nhw,
malu'r colofnau cysegredig, torri polion y dduwies Ashera i lawr, a llosgi eu delwau nhw. 6 Dych
chi'n bobl sydd wedi'ch cysegru i'r ARGLWYDD eich Duw. O bob cenedl ar wyneb y ddaear, mae
wedi'ch dewis chi yn drysor sbesial iddo'i hun. 7 Wnaeth e ddim eich dewis chi am fod mwy
ohonoch chi na'r bobloedd eraill i gyd – roedd llai ohonoch chi os rhywbeth! 8 Na, dewisodd
yr ARGLWYDD chi am ei fod wedi'ch caru chi, ac am gadw'r addewid wnaeth e i'ch hynafiaid chi.
Dyna pam wnaeth e ddefnyddio'i rym i'ch gollwng chi'n rhydd o fod yn gaethweision i'r Pharo,
brenin yr Aifft. 9 Felly peidiwch anghofio mai'r ARGLWYDD eich Duw chi ydy'r unig dduw go iawn.
Mae e'n Dduw ffyddlon, a bydd e bob amser[m] yn cadw'r ymrwymiad mae wedi'i wneud i'r
rhai sy'n ei garu ac yn gwneud beth mae e'n ddweud. 10 Ond mae'n talu'n ôl i'r bobl hynny
sy'n ei gasáu, drwy roi iddyn nhw beth maen nhw'n ei haeddu. 11 Felly gwnewch yn siŵr eich
bod chi'n cadw'r gorchmynion, y canllawiau a'r rheolau dw i'n eu rhoi i chi heddiw.

Y fendith i'r rhai sy'n ufudd

(Deuteronomium 28:1-14; Lefiticus 26:3-13)

12 "Os gwrandwch chi ar y canllawiau yma, bydd yr ARGLWYDD eich Duw yn cadw'r ymrwymiad
hael wnaeth gyda chi, fel gwnaeth e addo i'ch hynafiaid. 13 Bydd e'n eich caru a'ch bendithio
chi, ac yn rhoi lot o blant i chi. Bydd eich cnydau'n llwyddo, yr ŷd, y sudd grawnwin a'r
olewydd; bydd eich gwartheg yn cael lloi, a'ch preiddiau yn cael lot o rai bach. 14 Byddwch
yn cael eich bendithio fwy nag unrhyw wlad arall – bydd eich teuluoedd yn tyfu, a bydd nifer
eich anifeiliaid yn cynyddu. 15 Bydd yr ARGLWYDD yn eich amddiffyn rhag salwch, a fyddwch chi
ddim yn dioddef o'r heintiau wnaeth daro'r Aifft. Eich gelynion fydd yn dioddef o'r pethau yna.
16 "Rhaid i chi ddinistrio'r bobl fydd yr ARGLWYDD yn eich galluogi chi i'w concro nhw. Peidiwch
teimlo trueni drostyn nhw, a pheidiwch addoli eu duwiau, neu bydd hi ar ben arnoch chi.
17 Falle dy fod yn gofyn, 'Sut ydyn ni'n mynd i lwyddo i gymryd tir y bobloedd yma? Mae
mwy ohonyn nhw nag sydd ohonon ni!' 18 Peidiwch poeni! Cofiwch beth wnaeth yr ARGLWYDD
i'r Pharo ac i wlad yr Aifft. 19 Defnyddiodd ei rym a'i nerth, a gwneud gwyrthiau rhyfeddol
i ddod â chi allan o'r Aifft. A bydd yr ARGLWYDD eich Duw yn gwneud yr un fath eto i'r bobl
yma dych chi'n eu hofni. 20 Bydd e'n achosi panig llwyr yn eu plith nhw. Bydd rhai yn ceisio
cuddio oddi wrthoch chi, ond byddan nhw i gyd yn cael eu lladd yn y diwedd.
21 "Peidiwch bod ag ofn. Mae'r ARGLWYDD eich Duw gyda chi, ac mae e'n Dduw mawr
a rhyfeddol. 22 Bydd e, y Duw sy'n eich arwain chi, yn eu gyrru nhw i ffwrdd o dipyn i beth. Fydd
e ddim yn gadael i chi gael gwared â nhw i gyd ar unwaith, neu fydd dim digon o bobl yno
i gadw niferoedd yr anifeiliaid gwyllt i lawr. 23 Bydd yr ARGLWYDD eich Duw yn eich galluogi chi i'w
concro nhw. Bydd e'n achosi iddyn nhw banicio, nes byddan nhw i gyd wedi'u lladd. 24 Byddwch

m 7:9 *bob amser* Hebraeg, "am fil o genedlaethau".

chi'n dal eu brenhinoedd nhw, ac yn eu lladd. Fydd neb yn cofio eu bod nhw wedi byw erioed!
25Llosgwch y delwau o'u duwiau nhw. Peidiwch hyd yn oed cadw'r aur sy'n eu gorchuddio nhw,
rhag i chi gael eich trapio ganddo. Mae'r pethau yma yn hollol ffiaidd gan yr ARGLWYDD eich Duw.
26Peidiwch mynd â dim byd felly i'ch tai, neu byddwch chi dan felltith fel y peth ffiaidd ei hun!
Rhaid i chi ei ffieiddio a'i wrthod fel rhywbeth mae'r ARGLWYDD eisiau ei ddinistrio.

Peidiwch anghofio

8 "Rhaid i chi gadw'r gorchmynion yma dw i'n eu rhoi i chi heddiw. Os gwnewch chi hynny,
cewch fyw, bydd eich niferoedd chi'n tyfu, a chewch fynd i mewn i'r wlad wnaeth yr
ARGLWYDD addo ei rhoi i'ch hynafiaid chi.
2"Peidiwch anghofio'r blynyddoedd dych chi wedi'u treulio yn yr anialwch. Roedd yr
ARGLWYDD yn eich dysgu chi a'ch profi chi, i weld a oeddech chi wir yn mynd i wneud beth
roedd e'n ddweud. 3Profodd chi drwy wneud i chi fynd heb fwyd, ac wedyn eich bwydo chi
gyda'r manna (oedd yn brofiad dieithr iawn). Roedd e eisiau i chi ddeall mai nid bwyd ydy'r
unig beth mae pobl angen i fyw. Maen nhw angen gwrando ar bopeth mae'r ARGLWYDD yn
ei ddweud. 4Am bedwar deg o flynyddoedd, wnaeth eich dillad chi ddim treulio, a wnaeth
eich traed chi ddim chwyddo.
5"Dw i eisiau i chi ddeall fod yr ARGLWYDD eich Duw yn eich disgyblu chi fel mae rhieni'n
disgyblu eu plentyn. 6Felly gwnewch beth mae e'n ddweud, byw fel mae e eisiau i chi
fyw, a'i barchu. 7Mae'r ARGLWYDD eich Duw yn mynd â chi i wlad dda, sy'n llawn nentydd,
ffynhonnau a ffrydiau o ddŵr yn llifo rhwng y bryniau. 8Gwlad lle mae digon o ŷd a haidd,
gwinwydd, coed ffigys, pomgranadau, ac olewydd, a mêl hefyd. 9Felly fyddwch chi byth yn brin
o fwyd yno. Ac mae digon o fwynau i'w cloddio o'r tir – haearn a chopr. 10Bydd gynnoch chi
fwy na digon i'w fwyta, a byddwch yn moli'r ARGLWYDD eich Duw am roi gwlad mor dda i chi.
11"Gwnewch yn siŵr na fyddwch chi'n anghofio'r ARGLWYDD, nac yn peidio cadw'r
gorchmynion, y canllawiau a'r rheolau dw i'n eu rhoi i chi heddiw. 12Pan fydd gynnoch chi
fwy na digon i'w fwyta, tai braf i fyw ynddyn nhw, 13mwy o wartheg, defaid a geifr, digon
o arian ac aur – yn wir, digon o bopeth – 14gwyliwch rhag i chi droi'n rhy hunanfodlon, ac
anghofio'r ARGLWYDD eich Duw, wnaeth eich achub chi o wlad yr Aifft, lle roeddech chi'n
gaethweision. 15Daeth yr ARGLWYDD â chi drwy'r anialwch mawr peryglus yna, oedd yn llawn
nadroedd gwenwynig a sgorpionau. Roedd yn dir sych, lle doedd dim dŵr, ond dyma'r ARGLWYDD
yn hollti craig, a gwneud i ddŵr bistyllio allan i chi ei yfed. 16Rhoddodd fanna i chi ei fwyta
(profiad dieithr i'ch hynafiaid chi) er mwyn eich dysgu chi a'ch profi chi, a gwneud lles i chi
yn y diwedd. 17Gwyliwch rhag i chi ddechrau meddwl, 'Fi fy hun sydd wedi ennill y cyfoeth
yma i gyd.' 18Cofiwch mai'r ARGLWYDD eich Duw ydy'r un sy'n rhoi'r gallu yma i chi. Os cofiwch
chi hynny, bydd e'n cadarnhau'r ymrwymiad wnaeth e ar lw i'ch hynafiaid chi. Mae wedi
gwneud hynny hyd heddiw.
19"Ond rhaid i mi eich rhybuddio chi – os gwnewch chi anghofio'r ARGLWYDD, a mynd ar ôl
duwiau eraill i'w haddoli nhw, bydd e'n eich dinistrio chi! 20Bydd yr un peth yn digwydd i chi
ag sy'n mynd i ddigwydd i'r gwledydd dych chi ar fin ymladd yn eu herbyn nhw.

Y bobl yn anufudd

(Exodus 32:1-35)

9 "Gwranda Israel! Rwyt ti ar fin croesi afon Iorddonen i gymryd tir y bobloedd sy'n
byw yno oddi arnyn nhw – pobloedd sy'n gryfach na chi, ac yn byw mewn trefi mawr
gyda waliau amddiffynnol uchel iawn. 2Mae'n cynnwys disgynyddion Anac – maen nhw'n
bobl anferth ac mae tyrfa fawr ohonyn nhw, a dych chi'n gwybod beth sy'n cael ei ddweud
amdanyn nhw, 'Pa obaith sydd gan unrhyw un yn erbyn yr Anaciaid!' 3Wel, dw i eisiau i chi
ddeall fod yr ARGLWYDD eich Duw fel tân sy'n difa popeth o'i flaen. Bydd e'n eu trechu nhw.
Byddwch chi'n cymryd eu tir nhw, ac yn eu dinistrio nhw yn gyflym iawn, fel mae wedi dweud.

4“Ond ar ôl i'r ARGLWYDD eu gyrru nhw allan o'ch blaenau chi, peidiwch meddwl am funud
ei fod e'n rhoi'r tir i chi am eich bod chi'n bobl mor dda! Na, mae e'n gyrru'r bobloedd yma
allan o'ch blaenau chi am eu bod nhw'n gwneud pethau mor ddrwg. 5Does gan y peth ddim
byd i'w wneud â'ch daioni chi a'ch moesoldeb chi. Na, y ffaith fod y bobl sy'n byw yno mor
ddrwg, sy'n cymell yr ARGLWYDD eich Duw i'w gyrru nhw allan o'ch blaenau chi, a hefyd achos
ei fod am gadw'r addewid wnaeth e i'ch hynafiaid chi, i Abraham, Isaac a Jacob. 6Felly dw
i eisiau i chi ddeall fod yr ARGLWYDD ddim yn rhoi'r tir da yma i chi am eich bod chi'n bobl
dda. Dych chi'n bobl benstiff!

7“Cofiwch – peidiwch byth anghofio – sut wnaethoch chi ddigio'r ARGLWYDD eich Duw pan
oeddech chi'n yr anialwch. Dych chi ddim wedi stopio gwrthryfela yn ei erbyn ers y diwrnod
daethoch chi allan o'r Aifft. 8Roeddech wedi'i ddigio yn Sinai,[n] ac roedd yn mynd i'ch dinistrio
chi. 9Pan es i i fyny'r mynydd i dderbyn y llechi carreg, sef llechi ymrwymiad yr ARGLWYDD
i chi, dyma fi'n aros yno nos a dydd am bedwar deg diwrnod, heb fwyta nac yfed o gwbl.
10A dyma'r ARGLWYDD yn rhoi'r ddwy lechen garreg i mi, gydag ysgrifen Duw ei hun arnyn
nhw; y Deg Gorchymyn roedd e wedi'u rhoi i chi o ganol y tân ar y mynydd, pan oeddech chi
wedi casglu at eich gilydd.

11“Ar ddiwedd y cyfnod o bedwar deg diwrnod, dyma'r ARGLWYDD yn rhoi'r ddwy lechen
garreg i mi, llechi'r ymrwymiad. 12Yna dwedodd, ‘Dos yn ôl i lawr ar unwaith; mae'r bobl
wnest ti eu harwain allan o'r Aifft wedi pechu! Maen nhw wedi troi cefn yn barod ar y ffordd
wnes i ei rhoi iddyn nhw, ac wedi gwneud delw o fetel tawdd.’

13“Yna dyma fe'n dweud wrtho i, ‘Dw i wedi bod yn gwylio'r bobl yma – maen nhw'n griw
penstiff! 14Gad lonydd i mi, i mi gael gwared â nhw'n llwyr! Fydd neb yn cofio pwy oedden
nhw! A bydda i'n dy wneud di yn genedl gryfach a mwy na nhw.’

15“Felly dyma fi'n mynd yn ôl i lawr y mynydd tra oedd yn llosgi'n dân, gyda'r ddwy lechen
yn fy nwylo. 16A dyma fi'n gweld eich bod chi wedi pechu go iawn yn erbyn yr ARGLWYDD,
a gwneud eilun ar siâp tarw ifanc. Roeddech chi wedi troi i ffwrdd mor sydyn oddi wrth beth
roedd e'n ei ofyn gynnoch chi! 17Felly dyma fi'n codi'r ddwy lechen, a'u taflu nhw ar lawr,
a dyma nhw'n torri'n ddarnau yno o flaen eich llygaid chi.

18“Yna dyma fi'n mynd ar lawr o flaen yr ARGLWYDD nos a dydd am bedwar deg diwrnod
arall. Wnes i fwyta nac yfed dim byd o achos eich pechod chi, yn gwneud peth mor ofnadwy
i bryfocio'r ARGLWYDD. 19Roedd gen i wir ofn fod yr ARGLWYDD wedi digio mor ofnadwy hefo chi
y byddai e'n eich dinistrio chi'n llwyr. Ond dyma fe'n gwrando arna i unwaith eto.

20“Roedd yr ARGLWYDD wedi gwylltio gydag Aaron hefyd, ac yn mynd i'w ladd, ond dyma
fi'n gweddïo drosto fe hefyd. 21Yna dyma fi'n cymryd y tarw ifanc roeddech chi wedi pechu
drwy ei wneud, ei doddi yn y tân, ac yna ei falu nes ei fod yn fân fel llwch, cyn taflu'r llwch
i'r nant oedd yn rhedeg i lawr y mynydd.

22“A dyma chi'n digio'r ARGLWYDD eto, yn Tabera, Massa a Cibroth-hattaäfa. 23A phan wnaeth
e'ch anfon chi o Cadesh-barnea, a dweud wrthoch chi, ‘Ewch, a chymryd y tir dw i wedi'i roi
i chi,’ dyma chi'n tynnu'n groes i'r ARGLWYDD eto, a gwrthod ei gredu na gwneud beth roedd
e'n ddweud. 24Dych chi wedi bod yn gwrthryfela yn erbyn yr ARGLWYDD o'r diwrnod cyntaf
i mi eich nabod chi!

25“Bues i'n gorwedd ar fy wyneb ar lawr o flaen yr ARGLWYDD nos a dydd am bedwar deg
diwrnod, am ei fod wedi dweud y byddai'n eich dinistrio chi. 26A dyma fi'n gweddïo, ‘O Feistr,
ARGLWYDD, paid dinistrio dy bobl. Ti wedi defnyddio dy nerth rhyfeddol i'w gollwng nhw'n rhydd,
a dod â nhw allan o'r Aifft. 27Cofia dy weision – Abraham, Isaac a Jacob. Paid cymryd sylw
o'r bobl ystyfnig, ddrwg yma sy'n pechu yn dy erbyn. 28Does gen ti ddim eisiau i bobl yr Aifft
ddweud, “Doedd yr ARGLWYDD ddim yn gallu mynd â'r bobl yma i'r wlad roedd e wedi'i haddo
iddyn nhw. Aeth â nhw allan o'r Aifft am ei fod yn eu casáu nhw, ac am eu lladd nhw yn yr
anialwch.” 29Dy bobl di ydyn nhw; dy eiddo sbesial di. Ti wedi defnyddio dy rym a dy nerth
rhyfeddol i'w gollwng nhw'n rhydd.’

n 9:8 *Sinai* Hebraeg, “Horeb”, sef enw arall ar Fynydd Sinai.

Yr ARGLWYDD yn rhoi'r Deg Gorchymyn

(Exodus 34:1-10)

10 "Dyna pryd y dwedodd yr ARGLWYDD wrtho i, 'Cerfia ddwy lechen garreg, fel y rhai
cyntaf, a hefyd gwna gist o bren; yna tyrd i fyny'r mynydd ata i. 2Gwna i ysgrifennu
ar y ddwy lechen yr union eiriau oedd ar y llechi cyntaf, y rhai wnest ti eu torri. Yna rhaid i ti
eu rhoi nhw yn y gist.'
3"Felly dyma fi'n gwneud cist o goed acasia, a cherfio dwy lechen garreg oedd yr un fath
â'r rhai cyntaf. Wedyn dyma fi'n mynd i fyny'r mynydd yn cario'r ddwy lechen. 4A dyma'r
ARGLWYDD yn ysgrifennu'r un geiriau ag o'r blaen ar y ddwy lechen, sef y Deg Gorchymyn
(beth roedd e wedi'i ddweud wrthoch chi o ganol y tân ar y mynydd, pan oeddech chi wedi
casglu at eich gilydd). Yna dyma fe'n eu rhoi nhw i mi, 5a dyma fi'n mynd yn ôl i lawr o'r
mynydd, a'u rhoi nhw yn y gist roeddwn i wedi'i gwneud. Maen nhw'n dal tu mewn i'r gist
hyd heddiw. Dyna roedd yr ARGLWYDD wedi'i orchymyn.
6"Teithiodd pobl Israel o ffynhonnau Bene-iacân i Mosera. Dyna pryd fuodd Aaron farw,
a chael ei gladdu, a dyma'i fab Eleasar yn dod yn offeiriad yn ei le. 7Wedyn dyma nhw'n
mynd ymlaen i Gwdgoda, ac yna i Iotbatha, lle roedd lot fawr o nentydd. 8A dyna pryd wnaeth
yr ARGLWYDD ddewis llwyth Lefi i gario Arch ymrwymiad yr ARGLWYDD, ac i'w wasanaethu fel
offeiriaid a bendithio'r bobl ar ei ran. Ac maen nhw'n dal i wneud hynny hyd heddiw. 9A dyna
pam nad oes gan lwyth Lefi dir, fel y llwythau eraill. Yr ARGLWYDD ei hun ydy eu siâr nhw, fel
roedd yr ARGLWYDD wedi addo i Lefi.

Yr ARGLWYDD yn ateb gweddi Moses

10"Dyma fi'n aros ar y mynydd fel y gwnes i y tro cyntaf, ddydd a nos am bedwar deg
diwrnod. A dyma'r ARGLWYDD yn gwrando arna i eto, a phenderfynu peidio'ch dinistrio chi.
11Dyma fe'n dweud wrtho i, 'Dos, ac arwain y bobl yma i gymryd y tir wnes i ei addo i'w
hynafiaid.'

Beth mae'r ARGLWYDD eisiau

12"Nawr, bobl Israel, beth mae'r ARGLWYDD eich Duw eisiau i chi ei wneud? Mae e eisiau
i chi ei barchu, byw fel mae e wedi gorchymyn i chi, ei garu, ei wasanaethu â'ch holl galon
ac â'ch holl enaid, 13a chadw'r gorchmynion a'r arweiniad dw i'n eu pasio ymlaen i chi
heddiw. Wedyn bydd pethau'n mynd yn dda i chi. 14Yr ARGLWYDD sydd biau popeth sy'n
bodoli – y ddaear a'r cwbl sydd arni, a'r awyr, a hyd yn oed y nefoedd uchod. 15Ac eto, eich
hynafiaid chi wnaeth e eu caru, a chi, eu disgynyddion, wnaeth e eu dewis. 16Felly newidiwch
eich agwedd,[o] a pheidio bod mor benstiff! 17Mae'r ARGLWYDD eich Duw yn fwy pwerus na'r
duwiau eraill i gyd, ac yn Feistr ar bob meistr arall. Fe ydy'r Duw mawr, cryf a rhyfeddol, sy'n
ddiduedd, a byth yn derbyn breib. 18Mae e'n gwneud yn siŵr fod plant amddifad a gweddwon
yn cael cyfiawnder, ac mae e'n caru'r mewnfudwyr, ac yn rhoi bwyd a dillad iddyn nhw. 19Felly
dylech chithau hefyd ddangos cariad at fewnfudwyr, achos pobl o'r tu allan oeddech chi yng
ngwlad yr Aifft. 20Rhaid i chi barchu'r ARGLWYDD eich Duw, ei wasanaethu, aros yn ffyddlon
iddo, a defnyddio'i enw e'n unig i dyngu llw. 21Fe ydy'r un i'w foli. Fe ydy'ch Duw chi, yr un
dych chi wedi'i weld yn gwneud pethau rhyfeddol ar eich rhan chi. 22Pan aeth eich hynafiaid
i lawr i'r Aifft, dim ond saith deg ohonyn nhw oedd yna, ond bellach mae cymaint ohonoch
chi ag sydd o sêr yn y nefoedd!

Mae'r ARGLWYDD mor fawr

11 "Rhaid i chi garu'r ARGLWYDD eich Duw, a gwneud beth mae e eisiau – cadw ei
ganllawiau, ei reolau a'i orchmynion bob amser. 2Cofiwch mai nid gyda'ch plant chi

o 10:16 *newidiwch eich agwedd* Hebraeg, "enwaedu blaengroen eich calon".

dw i'n siarad, ond gyda chi sydd wedi gweld yr ARGLWYDD yn cosbi. Dych chi wedi gweld mor
fawr a chryf a nerthol ydy e. 3Wnaeth eich plant ddim gweld y pethau ofnadwy wnaeth Duw
i'r Pharo a'i bobl yn yr Aifft. 4Wnaethon nhw ddim gweld beth wnaeth e i fyddin yr Aifft, a'u
ceffylau a'u cerbydau. Gwnaeth i'r Môr Coch lifo drostyn nhw a'u boddi nhw pan oedden
nhw'n ceisio'ch dal chi. 5Wnaethon nhw ddim gweld beth wnaeth e i chi yn yr anialwch cyn
i chi gyrraedd yma. 6Gwnaeth yr ARGLWYDD i'r ddaear agor yng nghanol y gwersyll, a dyma
Dathan ac Abiram (meibion Eliab o lwyth Reuben), a'u teuluoedd a'u pebyll a'u hanifeiliaid
i gyd, yn cael eu llyncu gan y ddaear. 7Gyda chi dw i'n siarad, am mai chi welodd y pethau
mawr yma wnaeth yr ARGLWYDD.

Y tir wnaeth yr ARGLWYDD ei addo

8"Felly gwrandwch yn ofalus ar y gorchmynion dw i'n eu rhoi i chi heddiw. Wedyn byddwch
chi'n gallu mynd i mewn a chymryd y tir 9wnaeth yr ARGLWYDD ei addo i'ch hynafiaid chi.
Mae'n dir ffrwythlon – tir lle mae llaeth a mêl yn llifo. 10Dydy e ddim yr un fath â'r tir yn yr
Aifft, o'r lle daethoch chi. Yno roeddech chi'n hau'r had ac yn gorfod gweithio'n galed i'w
ddyfrio, fel gardd lysiau. 11Na, mae'r wlad dych chi'n croesi afon Iorddonen i'w chymryd, yn
wlad o fryniau a dyffrynnoedd, a'r tir yn cael ei ddyfrio gan y glaw sy'n disgyn o'r awyr. 12Tir
mae'r ARGLWYDD eich Duw yn gofalu amdano, o ddechrau'r flwyddyn i'w diwedd.
13"Os gwrandwch chi'n ofalus ar y gorchmynion dw i'n eu rhoi i chi heddiw, a charu'r
ARGLWYDD eich Duw â'ch holl galon ac â'ch holl enaid, 14mae e'n addo 'Bydda i'n anfon glaw
ar y tir ar yr amser iawn, sef yn yr hydref a'r gwanwyn, er mwyn i chi gasglu'ch cnydau o ŷd
a grawnwin ac olewydd. 15Bydda i'n rhoi porfa i'ch anifeiliaid, a digonedd o fwyd i chi ei fwyta.'
16"Gwnewch yn siŵr eich bod chi ddim yn troi cefn arno a dechrau addoli duwiau eraill!
17Os gwnewch chi hynny, bydd yr ARGLWYDD yn digio'n lân hefo chi, ac yn gwneud iddi stopio
glawio. Fydd dim cnydau'n tyfu, a byddwch chi'n cael eich symud o'r tir da mae'r ARGLWYDD
ar fin ei roi i chi.
18"Felly dysga'r gorchmynion yma ar dy gof. Rhwyma nhw ar dy freichiau i dy atgoffa di,
a gwisga nhw ar dy dalcen i'w cofio. 19Dysga nhw'n gyson i dy blant, a'u trafod nhw pan
fyddi adre yn y tŷ, ac i ffwrdd oddi cartref, pan fyddi'n mynd i gysgu, ac yn codi yn y bore.
20Ysgrifenna nhw ar ffrâm drws dy dŷ, ac ar giatiau'r dref. 21Os gwnei di hynny, byddi di
a dy ddisgynyddion yn aros yn y wlad wnaeth yr ARGLWYDD ei haddo i dy hynafiaid am byth.
22"Os gwnewch chi'n union fel dw i'n dweud, caru'r ARGLWYDD eich Duw, byw fel mae e eisiau
i chi fyw ac aros yn ffyddlon iddo, 23byddwch chi'n gyrru allan y bobloedd sydd o'ch blaenau
chi, ac yn cymryd tir oddi ar genhedloedd mwy a chryfach na chi. 24Byddwch chi'n cael pob
modfedd sgwâr o dir fyddwch chi'n cerdded arno. Bydd eich ffiniau'n mynd o'r anialwch yn
y de i Libanus yn y gogledd, ac o afon Ewffrates yr holl ffordd at Fôr y Canoldir. 25Fydd neb
yn gallu'ch rhwystro chi. Fel gwnaeth e addo i chi, bydd yr ARGLWYDD eich Duw yn gwneud
i chi godi ofn ar bawb, lle bynnag dych chi'n mynd.
26"Gwrandwch yn ofalus – dw i'n rhoi dewis i chi, rhwng bendith a melltith. 27Bendith
gewch chi os byddwch chi'n ufudd i orchmynion yr ARGLWYDD. 28Ond melltith gewch chi os
byddwch chi'n cymryd dim sylw o'i orchmynion, yn troi cefn ar y ffordd dw i'n ei gosod
o'ch blaen chi, ac yn addoli eilun-dduwiau dych chi'n gwybod dim amdanyn nhw. 29Pan
fydd yr ARGLWYDD eich Duw yn mynd â chi i mewn i'r wlad dych chi i'w chymryd, rhaid i chi
gyhoeddi'r fendith ar Fynydd Gerisim, a'r felltith ar Fynydd Ebal. 30Maen nhw'r ochr draw
i afon Iorddonen, ar dir y Canaaneaid sy'n byw yn Nyffryn Iorddonen,[p] wrth ymyl Gilgal, heb
fod yn bell o dderwen More.
31"Dych chi ar fin croesi afon Iorddonen i gymryd y tir mae'r ARGLWYDD eich Duw yn ei roi i chi.
Dyna lle byddwch chi'n byw. 32Gwnewch yn siŵr eich bod yn cadw'r rheolau a'r canllawiau
dw i wedi'u rhoi i chi heddiw.

---

p 11:30 *Nyffryn Iorddonen* Hebraeg, "Araba".

Y lle i addoli'r Arglwydd

12 “Dyma'r rheolau a'r canllawiau dw i eisiau i chi eu cadw pan fyddwch chi'n byw yn
y wlad mae'r Arglwydd, Duw eich hynafiaid, wedi'i rhoi i chi.
2“Mae'n rhaid i chi ddinistrio'n llwyr y mannau hynny lle mae'r bobl fyddwch chi'n cymryd
y tir oddi arnyn nhw yn addoli eu duwiau – ar y mynyddoedd a'r bryniau, a than bob coeden
ddeiliog. 3Chwalu eu hallorau paganaidd nhw, malu'r colofnau cysegredig, llosgi polion
y dduwies Ashera i lawr, a bwrw'r delwau o'u duwiau nhw i lawr.
4“Peidiwch addoli'r Arglwydd eich Duw yn y ffordd maen nhw'n addoli eu duwiau. 5Ewch
i'r lle mae'r Arglwydd wedi'i ddewis iddo'i hun, a'i addoli yno. 6Dyna lle byddwch chi'n mynd
i gyflwyno offrymau i'w llosgi ac aberthau eraill, eich rhoddion a'ch degymau, eich offrymau
i wneud addewid, eich offrymau gwirfoddol, a'r anifeiliaid cyntaf-anedig – yn wartheg, defaid
a geifr. 7Byddwch chi a'ch teuluoedd yn mynd yno i fwyta a gwledda, ac i ddathlu'r ffaith
fod yr Arglwydd wedi bendithio'ch gwaith caled chi a rhoi cnydau da i chi.
8“Rhaid i chi beidio gwneud beth dŷn ni'n ei wneud yma heddiw – pawb yn gwneud beth
maen nhw eisiau. 9Dych chi ddim eto wedi cyrraedd pen y daith, a derbyn yr etifeddiaeth
mae'r Arglwydd eich Duw yn ei rhoi i chi. 10Ar ôl i chi groesi afon Iorddonen, a setlo yn y wlad
mae'n ei rhoi i chi, a pan fyddwch chi'n cael llonydd gan yr holl elynion o'ch cwmpas chi,
byddwch chi'n saff. 11Byddwch chi'n mynd i'r lle fydd yr Arglwydd wedi'i ddewis iddo'i hun,
ac yn mynd â'r pethau dw i'n eu gorchymyn i gyd iddo – offrymau i'w llosgi, aberthau,
degymau, eich rhoddion personol, a'r offrymau i wneud adduned dych chi am eu rhoi iddo.
12“Byddwch yn dathlu o flaen yr Arglwydd eich Duw, gyda'ch meibion a'ch merched, eich
gweision a'ch morynion, a'r Lefiaid sy'n byw yn eich pentrefi (gan na chawson nhw dir
fel y gweddill ohonoch chi). 13Peidiwch cyflwyno offrymau i'w llosgi lle bynnag dych chi
eisiau. 14Gwnewch y cwbl dw i'n ei orchymyn i chi, ond dim ond yn y lle fydd yr Arglwydd
wedi'i ddewis.
15“Ond cewch ladd anifeiliaid i fwyta'u cig lle bynnag dych chi eisiau – cig y gasél a'r
carw. Bydd yr Arglwydd eich Duw yn eich bendithio, a bydd pawb yn cael ei fwyta – y bobl
sy'n lân yn seremonïol a'r rhai sydd ddim. 16Ond rhaid i chi beidio bwyta'r gwaed – mae'r
gwaed i gael ei dywallt ar lawr fel dŵr.
17“A dych chi ddim i fwyta'ch offrymau yn eich pentrefi – y degwm o'r ŷd, y sudd
grawnwin a'r olew olewydd, yr anifeiliaid cyntaf-anedig, eich offrymau i wneud adduned
a'ch offrymau personol gwirfoddol. 18Mae'r rhain i gael eu bwyta o flaen yr Arglwydd yn y lle
mae e wedi'i ddewis. Dych chi, a'ch meibion a'ch merched, eich gweision a'ch morynion, a'r
Lefiaid sy'n byw yn eich pentrefi, i fynd yno i ddathlu'r ffaith fod yr Arglwydd wedi bendithio'ch
gwaith caled chi drwy roi cnydau mor dda i chi. 19Gwnewch yn siŵr eich bod chi byth yn
esgeuluso'ch cyfrifoldeb tuag at y bobl o lwyth Lefi.
20“Mae'r Arglwydd wedi addo y bydd yn rhoi mwy o dir i chi. Pan fydd yn gwneud hynny,
cewch fwyta faint bynnag o gig dych chi eisiau, lle bynnag dych chi eisiau. 21Os bydd y lle
mae'r Arglwydd wedi'i ddewis iddo'i hun yn rhy bell i chi deithio iddo, cewch ladd yr anifeiliaid
fel dw i wedi dweud wrthoch chi, a'u bwyta nhw yn eich pentrefi. 22Caiff pawb eu bwyta
nhw – y bobl sy'n lân yn seremonïol a'r rhai sydd ddim. Cewch fwyta fel petai'n gig gasél
neu garw. 23Ond peidiwch bwyta gwaed ar unrhyw gyfri! Mae'r bywyd yn y gwaed, a rhaid
i chi beidio bwyta'r bywyd gyda'r cig. 24Peidiwch â'i fwyta! Rhaid i chi ei dywallt ar lawr fel
dŵr. 25Peidiwch â'i fwyta, er mwyn i bethau fynd yn dda i chi a'ch plant ar eich ôl. Byddwch
yn gwneud beth sy'n iawn yng ngolwg yr Arglwydd.
26“Dim ond y pethau sanctaidd, a'r offrymau i wneud adduned, fydd rhaid i chi fynd â nhw
i'r lle fydd yr Arglwydd yn ei ddewis. 27Rhaid i chi gyflwyno'r offrymau sydd i'w llosgi, y cig
a'r gwaed, ar allor yr Arglwydd eich Duw. Ac mae gwaed yr aberthau eraill i'w dywallt ar yr
allor pan fyddwch chi'n bwyta'r cig. 28Gwnewch yn siŵr eich bod chi'n gwneud beth dw i'n
ei orchymyn i chi, er mwyn i bethau fynd yn dda i chi ac i'ch disgynyddion ar eich ôl. Byddwch
chi'n gwneud beth sy'n dda ac yn iawn yng ngolwg yr Arglwydd eich Duw.

Rhybudd i beidio addoli duwiau eraill

29"Pan fydd yr ARGLWYDD eich Duw yn cael gwared â'r bobloedd sydd yn y wlad dych
chi'n mynd i'w chymryd, byddwch chi'n setlo i lawr yno yn eu lle nhw. 30Pan fyddan
nhw wedi cael eu dinistrio o'ch blaen chi, gwyliwch rhag i chi gael eich trapio, yr un fath
â nhw. Peidiwch addoli eu duwiau nhw, na cheisio darganfod sut roedden nhw'n addoli,
a meddwl gwneud yr un fath â nhw. 31Dych chi ddim i addoli'r ARGLWYDD eich Duw yn
y ffyrdd roedden nhw'n addoli. Roedden nhw'n gwneud pethau sy'n hollol ffiaidd gan yr
ARGLWYDD wrth addoli – pethau mae e'n eu casáu! Roedden nhw hyd yn oed yn llosgi eu
plant yn aberth i'w duwiau!
32"Gwnewch yn siŵr eich bod yn gwneud popeth dw i'n ei orchymyn i chi – peidiwch
ychwanegu dim na chymryd dim i ffwrdd!
13 "Falle bydd proffwyd neu rywun sy'n cael gweledigaethau drwy freuddwydion yn
dod atoch chi ac yn dweud fod gwyrth ryfeddol yn mynd i ddigwydd. 2Hyd yn
oed os ydy'r wyrth yn digwydd, a'r proffwyd yn ceisio'ch cael chi i addoli duwiau eraill
(eilun-dduwiau oeddech chi'n gwybod dim amdanyn nhw o'r blaen), 3peidiwch gwrando
arno. Mae'r ARGLWYDD yn eich rhoi chi ar brawf, i weld os ydych chi wir yn ei garu â'ch
holl galon ac â'ch holl enaid. 4Dych chi i fod i ddilyn yr ARGLWYDD eich Duw, a'i barchu
e yn unig. Bod yn ufudd i'w orchmynion, gwneud beth mae e'n ddweud, ei wasanaethu
ac aros yn ffyddlon iddo.
5"Os ydy proffwyd neu rywun sy'n cael gweledigaethau drwy freuddwydion, yn ceisio'ch
arwain chi i droi cefn ar yr ARGLWYDD, dylai gael ei ddienyddio. Yr ARGLWYDD eich Duw wnaeth
eich achub chi o wlad yr Aifft, a'ch rhyddhau chi o fod yn gaethweision. Rhaid i chi gael
gwared â'r drwg sydd yn eich plith chi.
6"Os ydy un o'ch teulu agosaf, neu'ch ffrind gorau, yn ceisio'ch denu chi i addoli duwiau
eraill 7(sdim ots o lle – eilun-dduwiau'r bobl o'ch cwmpas chi, neu unrhyw le drwy'r byd
i gyd), 8peidiwch gwrando na chymryd unrhyw sylw. Peidiwch teimlo trueni drosto, na gwneud
esgusion, na chadw'i ran. 9-10Rhaid iddo gael ei ladd, drwy daflu cerrig ato. A chi ddylai daflu'r
garreg gyntaf ato, ac wedyn pawb arall gyda chi. 11Bydd pobl Israel yn clywed am y peth, ac
yn dychryn, ac wedyn fydd neb yn gwneud y drwg byth eto.
12"Tasech chi'n clywed yn un o'r trefi mae'r ARGLWYDD eich Duw yn eu rhoi i chi, fod 13rhyw
bobl ddrwg wedi mynd ati i annog pobl y dre i addoli duwiau eraill (eilun-dduwiau oeddech
chi'n gwybod dim amdanyn nhw o'r blaen), 14rhaid i chi ymchwilio i'r mater a holi pobl yn
fanwl i ddarganfod os ydy'r stori'n wir. Ac os ydy'n wir fod peth mor ofnadwy wedi digwydd,
15rhaid i bobl y dref honno gael eu lladd – rhaid i bawb a phopeth byw gael eu lladd, gan
gynnwys yr anifeiliaid. 16Yna rhaid i chi gasglu'r pethau gwerthfawr i ganol sgwâr y dref,
a llosgi'r dref a'r cwbl yn offrwm i'r ARGLWYDD eich Duw. Bydd y dref yn cael ei gadael yn
domen o adfeilion, a byth i gael ei hadeiladu eto. 17Peidiwch cadw dim byd sydd i fod i gael ei
ddinistrio. Wedyn bydd yr ARGLWYDD yn stopio bod yn ddig, yn teimlo trueni, a bod yn garedig
atoch chi, ac yn rhoi lot o blant i chi fel gwnaeth e addo i'ch hynafiaid.
18"Felly rhaid i chi wneud beth mae'r ARGLWYDD eich Duw yn ei ddweud, cadw'r gorchmynion
dw i'n eu pasio ymlaen i chi heddiw, a gwneud beth sy'n iawn yn ei olwg e.
14 "Bobl Israel, chi ydy plant yr ARGLWYDD eich Duw. Felly peidiwch torri'ch hunain
â chyllyll na siafio'ch talcen pan dych chi'n galaru am rywun sydd wedi marw. 2Dych
chi'n bobl sydd wedi'ch cysegru i'r ARGLWYDD eich Duw. O bob cenedl ar wyneb y ddaear, mae
e wedi'ch dewis chi yn drysor sbesial iddo'i hun.

Anifeiliaid ac adar glân ac aflan

(Lefiticus 11:1-47)

3"Peidiwch bwyta unrhyw beth sy'n ffiaidd. 4Dyma'r anifeiliaid sy'n iawn i'w bwyta: bustach,
dafad, gafr, 5hydd, gasél, carw, gafr wyllt, orycs, antelop, a'r ddafad fynydd.

6“Gallwch fwyta unrhyw anifail sydd â charn fforchog ac sy'n cnoi cil. 7Ond peidiwch bwyta
camel, ysgyfarnog, a broch y creigiau. (Er eu bod nhw'n cnoi cil, does ganddyn nhw ddim carn
fforchog, felly maen nhw i'w hystyried yn aflan.) 8Peidiwch bwyta cig moch. (Er fod gan fochyn
garn fforchog, dydy e ddim yn cnoi cil. Peidiwch hyd yn oed cyffwrdd mochyn sydd wedi marw!)
9“Gallwch fwyta unrhyw greaduriaid sy'n byw yn y dŵr sydd ag esgyll a chennau arnyn nhw,
10ond dim byd sydd heb esgyll a chennau – mae'r rheiny i'w hystyried yn aflan.
11“Gallwch fwyta unrhyw aderyn sy'n lân yn seremonïol. 12Ond peidiwch bwyta'r rhain:
eryr, fwltur, fwltur du, 13barcud, hebog, bwncath, 14gwahanol fathau o frain, 15estrys, tylluan,
gwylan, a hebog o unrhyw fath, 16tylluan fach, tylluan gorniog, tylluan wen, 17y pelican, eryr
y môr, bilidowcar, 18storc, gwahanol fathau o grëyr, copog, na'r ystlum chwaith.
19“Mae pryfed sy'n hedfan yn aflan hefyd. Peidiwch bwyta nhw. 20Gallwch fwyta unrhyw
aderyn sy'n lân yn seremonïol. 21Peidiwch bwyta corff unrhyw anifail neu aderyn sydd wedi
marw ohono'i hun. Gallwch ei roi i'r bobl o'r tu allan sy'n byw yn eich pentrefi chi, neu ei
werthu i estroniaid. Ond dych chi'n bobl wedi'u cysegru i'r ARGLWYDD eich Duw.
“Peidiwch berwi cig gafr ifanc yn llaeth ei fam.

Rhoi deg y cant i Dduw

22“Rhaid i chi wneud yn siŵr eich bod chi'n rhoi heibio ddeg y cant o gynnyrch eich tir bob
blwyddyn. 23Ac mae hwn i gael ei fwyta o flaen yr ARGLWYDD eich Duw yn y lle bydd e'n ei
ddewis – deg y cant o'r ŷd, y sudd grawnwin, yr olew olewydd, a phob anifail cyntaf-anedig –
yn wartheg, defaid a geifr. Rhaid i chi ddysgu dangos parch at yr ARGLWYDD eich Duw bob amser.
24“Pan fydd e'n eich bendithio, os ydy'r lle mae e wedi'i ddewis yn rhy bell, 25gallwch
werthu'r deg y cant o'ch cynnyrch, a mynd â'r arian gyda chi yn ei le. 26Wedyn yno gallwch
brynu cig eidion, cig oen, gwin, cwrw, ac unrhyw fwyd arall dych chi eisiau. 27Ond cofiwch
ofalu am y rhai o lwyth Lefi sy'n byw yn eich pentrefi, gan nad oes ganddyn nhw dir fel
y gweddill ohonoch chi.
28“Bob tair blynedd, rhaid i chi gymryd deg y cant o gynnyrch y flwyddyn honno a'i storio
yn eich pentrefi. 29Bydd yno i'w ddefnyddio gan y rhai sydd o lwyth Lefi, a'r mewnfudwyr,
y plant amddifad, a'r gweddwon yn y pentref. Wedyn bydd yr ARGLWYDD yn bendithio popeth
fyddwch chi'n ei wneud.

Blwyddyn canslo dyledion

(Lefiticus 25:1-7)

15 “Ar ddiwedd pob saith mlynedd, rhaid cyhoeddi fod dyledion yn cael eu canslo. 2Dyma
beth sydd i ddigwydd: Rhaid i'r credydwr ddileu unrhyw ddyledion sydd gan bobl
eraill iddo. Ddylai e ddim gorfodi run o'i gydwladwyr yn Israel i dalu'r ddyled. Mae'r amser
i ganslo dyledion wedi dechrau. 3Gallwch hawlio ad-daliad gan bobl o'r tu allan, ond mae
dyledion eich cyd-Israeliaid i gael eu canslo.
4“Ddylai neb fod mewn angen yn eich plith chi, am fod yr ARGLWYDD yn mynd i'ch bendithio
chi yn y wlad mae'n ei rhoi i chi, 5os byddwch chi'n ufudd ac yn cadw'r holl orchmynion dw
i'n eu rhoi i chi heddiw. 6Bydd yr ARGLWYDD eich Duw yn eich bendithio, fel gwnaeth e addo.
Bydd pobl Israel yn benthyg i wledydd eraill, ond ddim yn gorfod benthyca gan unrhyw un.
Bydd Israel yn rheoli gwledydd eraill, ond fyddan nhw ddim yn eich rheoli chi.
7“Os bydd un o bobl Israel, sy'n byw yn un o'ch pentrefi chi, mewn angen, peidiwch bod
yn galon-galed ac yn grintachlyd. 8Yn lle hynny, byddwch yn garedig ac yn hael, a benthyg
beth bynnag sydd arno'i angen. 9Gwnewch yn siŵr eich bod chi ddim yn meddwl pethau
drwg pan mae'r seithfed flwyddyn (sef blwyddyn canslo dyledion) yn agosáu. Peidiwch
meithrin agwedd anghywir tuag at eich cyd-Israeliad sydd mewn angen, a gwrthod benthyg
iddo. Bydd e'n cwyno i'r ARGLWYDD amdanoch chi, a byddwch chi wedi pechu. 10Dylech
chi fod yn frwd i'w helpu, a pheidio bod yn flin eich bod wedi gwneud hynny. Bydd yr

ARGLWYDD yn talu'n ôl i chi, ac yn bendithio popeth wnewch chi. 11 Bydd yna bobl dlawd
yn y wlad bob amser, a dyna pam dw i'n dweud wrthoch chi am fod yn hael tuag at eich
cydwladwyr tlawd.

Rhyddhau caethweision

(Exodus 21:1-11)

12 "Os ydy un o'ch pobl, Hebrëwr neu Hebraes, yn gwerthu'i hun i chi, dylai weithio i chi
am chwe mlynedd, ond yna ar ddechrau'r seithfed flwyddyn rhaid i chi ei ollwng yn rhydd.
13 A pheidiwch ei anfon i ffwrdd yn waglaw – 14 dylech roi defaid a geifr iddo, a digon o ŷd
a gwin. Fel mae'r ARGLWYDD wedi bod yn hael atoch chi, rhaid i chi fod yn hael atyn nhw.
15 Cofiwch eich bod chi wedi bod yn gaethion yn yr Aifft, a bod yr ARGLWYDD wedi'ch gollwng
chi'n rhydd. Dyna pam dw i'n gorchymyn i chi wneud hyn heddiw.
16 "Ond os ydy'r gwas yn dweud, 'Dw i ddim eisiau dy adael di,' am ei fod yn hapus gyda ti
a dy deulu, a bod bywyd yn dda arno, 17 cymer fynawyd a gwneud twll drwy ei glust i'r drws.
Wedyn bydd yn was i ti am weddill ei oes (ac mae'r un peth i'w wneud gyda dy forwyn).
18 "Paid cwyno os ydy'r gwas neu'r forwyn am gael mynd yn rhydd. Wedi'r cwbl, byddi wedi
cael chwe blynedd o wasanaeth am hanner y gost o gadw gwas cyflog. Bydd yr ARGLWYDD dy
Dduw yn bendithio popeth wnei di os byddi di'n ufudd.

Yr anifail cyntaf i gael ei eni

19 "Rhaid i bob anifail gwryw cyntaf i gael ei eni o'r gwartheg, defaid a geifr gael ei gadw
i'w gyflwyno i'r ARGLWYDD. Peidiwch gwneud i'r ych cyntaf i gael ei eni weithio, na cneifio'r
ddafad neu'r afr gyntaf i gael ei geni. 20 Bob blwyddyn, dych chi a'ch teulu i'w bwyta o flaen
yr ARGLWYDD yn y lle mae e wedi'i ddewis. 21 Ond peidiwch aberthu anifail sydd â rhywbeth
o'i le arno i'r ARGLWYDD – anifail sy'n gloff, yn ddall, neu gydag unrhyw beth arall o'i le arno.
22 Cewch fwyta'r anifeiliaid hynny yn eich pentrefi, fel petai'n gig gasél neu garw. A gall pawb
eu bwyta – y bobl sy'n lân yn seremonïol a'r rhai sydd ddim. 23 Ond rhaid i chi beidio bwyta'r
gwaed. Mae'r gwaed i gael ei dywallt ar lawr fel dŵr.

Gŵyl y Pasg

(Exodus 12:1-20)

16 "Cadwch Ŵyl y Pasg yn mis Abib,[ph] am mai dyna pryd wnaeth yr ARGLWYDD eich
Duw eich achub chi o'r Aifft yn ystod y nos. 2 Rhaid i anifail gael ei aberthu i'r
ARGLWYDD eich Duw yn y lle mae e wedi'i ddewis – un o'r gwartheg, y defaid neu'r geifr.
3 A pheidiwch bwyta bara gyda burum ynddo. Fel symbol o galedi, rhaid i chi fwyta bara
heb furum ynddo am saith diwrnod, am eich bod wedi gadael yr Aifft ar frys. Dych chi
i wneud hyn er mwyn cofio, am weddill eich bywydau, y diwrnod hwnnw y daethoch chi
allan o'r Aifft. 4 Ddylai fod dim mymryn o furum yn y wlad am saith diwrnod. A ddylai
dim o gig yr anifail gafodd ei aberthu gyda'r nos ar y diwrnod cyntaf fod wedi'i adael
tan y bore wedyn.
5 "Dydy aberth y Pasg ddim i gael ei ladd yn unrhyw bentref mae'r ARGLWYDD wedi'i roi i chi.
6 Rhaid iddo gael ei aberthu yn y lle mae e wedi'i ddewis iddo'i hun, gyda'r nos, pan mae'r
haul yn machlud – sef yr adeg o'r dydd y daethoch chi allan o'r Aifft. 7 Rhaid ei goginio
a'i fwyta yn y lle mae'r ARGLWYDD wedi'i ddewis, yna'r bore wedyn cewch fynd yn ôl i'ch
pebyll. 8 Bara heb furum ynddo sydd i gael ei fwyta am chwe diwrnod. Yna bydd cyfarfod
arbennig i addoli'r ARGLWYDD eich Duw yn cael ei gynnal ar y seithfed diwrnod. Rhaid i chi
beidio gweithio ar y diwrnod hwnnw.

---

ph 16:1 *Abib* Abib (sydd hefyd yn cael ei alw yn Nisan), oedd mis cyntaf y calendr Hebreig, o tua canol Mawrth i ganol Ebrill. Roedd y Pasg yn cael ei ddathlu gyda'r nos ar y pedwerydd ar ddeg o Abib (gw. Exodus 12:6; Lefiticus 23:4,5).

Gŵyl y Cynhaeaf

(Exodus 34:22; Lefiticus 23:15-21)

9"Saith wythnos ar ôl dechrau'r cynhaeaf ŷd, 10dych chi i ddathlu Gŵyl y Cynhaeaf[r] o flaen
yr ARGLWYDD eich Duw. A rhaid i chi ddod â pheth o'r cynhaeaf mae'r ARGLWYDD wedi'i roi i chi,
yn offrwm sy'n cael ei roi'n wirfoddol. 11 Byddwch yn dathlu o'i flaen – gyda'ch meibion
a'ch merched, eich gweision a'ch morynion, y rhai o lwyth Lefi sy'n byw yn eich pentrefi,
y mewnfudwyr, y plant amddifad a'r gweddwon. 12Cofiwch eich bod chi wedi bod yn gaethion
yn yr Aifft, felly gwnewch yn siŵr eich bod chi'n cadw'r canllawiau yma dw i'n eu rhoi i chi.

Gŵyl y Pebyll

(Lefiticus 23:33-43)

13"Rhaid i chi gadw Gŵyl y Pebyll am saith diwrnod ar ôl i chi orffen casglu'r grawn o'r
llawr dyrnu a gwasgu'r grawnwin. 14Byddwch yn dathlu'r Ŵyl gyda'ch meibion a'ch merched,
eich gweision a'ch morynion, y rhai o lwyth Lefi sy'n byw yn eich pentrefi, y mewnfudwyr,
y plant amddifad a'r gweddwon. 15Byddwch yn dathlu o flaen yr ARGLWYDD eich Duw am saith
diwrnod, yn y lle mae e wedi'i ddewis, am ei fod e wedi bendithio'ch holl waith chi. Felly
bydd gynnoch chi le i ddathlu go iawn!

16"Felly dair gwaith bob blwyddyn, mae'r dynion i gyd i fynd o flaen yr ARGLWYDD eich Duw
yn y lle mae e wedi'i ddewis – ar Ŵyl y Bara Croyw, Gŵyl y Cynhaeaf, a Gŵyl y Pebyll. A rhaid
iddyn nhw fynd â rhywbeth i'w offrymu bob tro. 17Dylai pob un roi beth mae'n gallu, fel
mae'r ARGLWYDD wedi'i fendithio.

Barnwyr i weinyddu Cyfiawnder

18"Rhaid i chi benodi barnwyr a swyddogion eraill i bob llwyth yn y trefi mae'r ARGLWYDD
eich Duw yn eu rhoi i chi. A rhaid iddyn nhw farnu'r bobl yn deg. 19Peidio gwyrdroi cyfiawnder
a dangos ffafriaeth. Peidio derbyn breib. Mae breib yn dallu pobl ddoeth a throi pobl onest
yn gelwyddog. 20Cyfiawnder pur dw i eisiau, dim llai, er mwyn i chi lwyddo a chymryd y tir
mae'r ARGLWYDD eich Duw yn ei roi i chi.

21"Peidiwch codi polyn i'r dduwies Ashera wrth ymyl allor dych chi wedi'i gwneud i'r ARGLWYDD
eich Duw. 22A pheidiwch codi colofn gysegredig! Mae'r ARGLWYDD yn casáu pethau felly.

17 "Peidiwch aberthu anifail sydd â rhywbeth o'i le arno. Mae gwneud peth felly yn
ffiaidd gan yr ARGLWYDD.

Sut i farnu rhywun sy'n addoli duwiau eraill

2"Os ydych chi'n clywed fod dyn neu ddynes yn un o'ch trefi yn pechu yn erbyn yr ARGLWYDD
eich Duw drwy dorri amodau'r ymrwymiad 3– gwneud pethau dw i wedi dweud wrthoch chi
am beidio'u gwneud, fel addoli duwiau eraill, neu addoli'r haul, y lleuad neu'r sêr – 4rhaid
i chi ymchwilio'n fanwl i'r mater. Wedyn, os ydy e'n troi allan i fod yn wir fod peth erchyll fel
yna yn bendant wedi digwydd yn Israel, 5rhaid i'r person sydd wedi gwneud y drwg gael ei
ddedfrydu gan y llys wrth giatiau'r dref. Yna bydd yn cael ei ladd drwy daflu cerrig ato. 6Ond
rhaid cael dau neu dri o bobl i roi tystiolaeth yn ei erbyn. Dydy gair un tyst ddim yn ddigon
i'w brofi'n euog. 7A'r tystion sydd i ddechrau'r dienyddiad, a phawb arall yn eu dilyn. Rhaid
cael gwared â'r drwg o'ch plith.

Achosion anodd

8"Os ydy rhyw achos yn y dref yn rhy anodd i'w farnu – achos o ladd, unrhyw achos
cyfreithiol neu ymosodiad – yna ewch â'r achos i'r lle mae'r ARGLWYDD wedi'i ddewis. 9Ewch

---

r 16:10 *Gŵyl y Cynhaeaf* Hebraeg, "Gŵyl yr Wythnosau".

i weld yr offeiriaid o lwyth Lefi a'r un sy'n farnwr bryd hynny, a byddan nhw'n penderfynu
beth ydy'r ddedfryd. 10-12 A rhaid i chi wneud yn union fel maen nhw'n dweud. Os na wnewch
chi fel maen nhw'n dweud, bydd rhaid i chi farw. Rhaid cael gwared â'r drwg o'ch plith.
13 Wedyn bydd pobl yn clywed beth ddigwyddodd ac yn dychryn, a fydd neb yn meiddio
gwrthryfela felly eto.

Brenin yn cael ei ddewis gan Dduw

14 “Ar ôl i chi goncro'r tir mae'r ARGLWYDD eich Duw yn ei roi i chi, a setlo i lawr i fyw yno,
byddwch yn penderfynu eich bod eisiau brenin, yr un fath â'r gwledydd o'ch cwmpas chi.
15 Dim ond yr un mae'r ARGLWYDD yn ei ddewis sydd i fod yn frenin. A rhaid iddo fod yn un
o bobl Israel – peidiwch dewis rhywun o'r tu allan, sydd ddim yn Israeliad. 16 Rhaid iddo
beidio casglu lot o geffylau rhyfel iddo'i hun, na gadael i bobl fynd i'r Aifft i nôl rhai. Mae'r
ARGLWYDD wedi dweud wrthoch chi am beidio mynd yn ôl yno. 17 Rhaid i'r brenin beidio cymryd
lot o wragedd iddo'i hun, rhag iddyn nhw ei demtio i droi cefn arna i. A rhaid iddo beidio hel
cyfoeth iddo'i hun – arian ac aur.

18 “Yna, pan fydd e'n cael ei orseddu, bydd yn derbyn sgrôl, copi o'r Gyfraith, gan yr offeiriaid
o lwyth Lefi. 19 Mae'n bwysig ei fod yn cadw'r sgrôl wrth law bob amser, ac yn ei darllen yn
rheolaidd ar hyd ei fywyd. Wedyn bydd yn parchu'r ARGLWYDD ei Dduw, ac yn gwneud popeth
mae'r gyfraith yn ei ddweud, a dilyn ei chanllawiau. 20 Wrth wneud hynny, fydd e ddim yn
meddwl ei fod yn well na'i gyd-Israeliaid, nac yn crwydro oddi wrth y cyfarwyddiadau dw
i wedi'u rhoi. A bydd e a'i ddisgynyddion yn cael teyrnasu am hir dros wlad Israel.

Yr offeiriaid, a'u cyfran nhw

18 “Fydd gan yr offeiriaid o lwyth Lefi, yn wir unrhyw un sy'n perthyn i'r llwyth, ddim tir
fel pawb arall. Byddan nhw'n cael bwyta'r offrymau sy'n cael eu llosgi i'r ARGLWYDD
– dyna eu siâr nhw. 2 Fydd ganddyn nhw ddim tir fel gweddill pobl Israel. Yr ARGLWYDD ei hun
ydy eu siâr nhw, fel gwnaeth e addo iddyn nhw.

3 “Pan fydd pobl yn dod i aberthu anifail (o'r gwartheg neu'r defaid a geifr), mae'r ysgwydd,
y bochau[rh] a'r stumog i gael eu rhoi i'r offeiriaid. 4 Maen nhw hefyd i gael y rhan orau o'ch
ŷd, sudd grawnwin ac olew olewydd, a hefyd o'r gwlân pan fyddwch yn cneifio'ch defaid a'ch
geifr. 5 Mae'r ARGLWYDD eich Duw wedi dewis llwyth Lefi i'w wasanaethu a'i gynrychioli am
byth. 6-7 Os ydy e wir eisiau, mae unrhyw un o lwyth Lefi yn gallu gadael y pentref lle mae'n
byw, a gwirfoddoli i wasanaethu yn y lle mae'r ARGLWYDD wedi'i ddewis iddo'i hun (gyda'r
dynion eraill o lwyth Lefi sy'n gwasanaethu yno'n barhaol). 8 Mae'r dyn hwnnw i gael yr un
siâr a'r lleill, er ei fod hefyd wedi gwerthu eiddo'i deulu.

Proffwyd go iawn, nid arferion paganaidd

9 “Pan fyddwch wedi cyrraedd y tir mae'r ARGLWYDD yn ei roi i chi, peidiwch gwneud y pethau
ffiaidd mae'r bobl sy'n byw yno nawr yn eu gwneud. 10 Ddylai neb ohonoch chi aberthu ei fab
neu ei ferch drwy dân. Ddylai neb ddewino, dweud ffortiwn, darogan, consurio, 11 swyno, mynd
ar ôl ysbrydion, chwarae gyda'r ocwlt na cheisio siarad â'r meirw. 12 Mae gwneud pethau fel
yna yn ffiaidd gan yr ARGLWYDD, a dyna pam mae e'n gyrru'r bobl sydd yno allan o'ch blaen
chi. 13 Rhaid i chi wneud yn union beth mae'r ARGLWYDD eich Duw eisiau. 14 Mae'r bobloedd
dych chi ar fin cymryd eu tir nhw yn gwrando ar bobl sy'n dweud ffortiwn ac yn dewino. Ond
mae'r ARGLWYDD eich Duw wedi dweud wrthoch chi am beidio gwneud pethau felly.

15 “Bydd yr ARGLWYDD eich Duw yn codi proffwyd arall fel fi o'ch plith chi. Rhaid i chi wrando'n
ofalus arno fe. 16 Pan oeddech chi wedi casglu at eich gilydd wrth droed Mynydd Sinai,[s]

---

rh 18:3 *bochau* Gall hwn fod yn cyfeirio at y pen yn gyfan. s 18:16 *Mynydd Sinai* Hebraeg, “Horeb”, sef enw arall ar Fynydd Sinai.

dyma chi'n dweud wrth yr ARGLWYDD: 'Paid gwneud i ni wrando ar lais yr ARGLWYDD ein Duw,
na gorfod edrych ar y tân mawr yma, rhag i ni farw.' 17 A dyma'r ARGLWYDD yn dweud wrtho
i, 'Maen nhw'n iawn. 18 Bydda i'n codi proffwyd arall fel ti o'u plith nhw. Bydda i'n rhoi
neges iddo'i chyhoeddi, a bydd e'n dweud beth dw i'n ei orchymyn. 19 Bydd e'n siarad drosto
i, a bydd pwy bynnag sy'n gwrthod gwrando ar beth mae e'n ddweud yn atebol i mi.' 20 Ond
os bydd unrhyw broffwyd yn honni siarad drosto i heb i mi ddweud wrtho am wneud hynny,
neu'n siarad ar ran duwiau eraill, rhaid i'r proffwyd hwnnw farw.
21 " 'Ond sut mae gwybod mai nid yr ARGLWYDD sydd wedi rhoi'r neges?' meddech chi. 22 Wel,
os ydy proffwyd yn honni siarad drosto i, a beth mae e'n ddweud ddim yn dod yn wir, nid
fi sydd wedi siarad. Mae'r proffwyd hwnnw wedi siarad o'i ben a'i bastwn ei hun. Peidiwch
cymryd sylw ohono.

Trefi Lloches

(Numeri 35:9-34; Josua 20:1-9)

19 "Mae'r ARGLWYDD eich Duw yn mynd i ddinistrio'r bobloedd yn y wlad dych chi'n
mynd i mewn iddi. Byddwch yn cymryd eu tir nhw, ac yn symud i fyw i'w trefi a'u tai.
2-3 Rhaid i chi rannu'r wlad yn dair, dewis tair tref lloches ac adeiladu ffyrdd da i'r trefi hynny.
Bydd pwy bynnag sy'n lladd rhywun arall yn gallu dianc am loches i'r agosaf o'r tair tref.
4 "Dyma fydd y drefn os bydd rhywun yn lladd ar ddamwain, heb fod unrhyw ddrwg
wedi'i fwriadu. 5 Er enghraifft, lle mae dau ddyn wedi mynd i'r goedwig i dorri coed, ac wrth
i un godi'i fwyell, mae blaen y fwyell yn dod i ffwrdd o'r goes ac yn taro'r llall a'i ladd. Mae'r
dyn wnaeth ladd yn gallu dianc i un o'r trefi yma. 6 Os na fydd yn gwneud hynny, gall perthynas
agosa'r dyn laddwyd ei ddal, a dial arno a'i ladd. Ond doedd e ddim wir yn haeddu hynny,
am nad oedd e wedi bwriadu unrhyw ddrwg pan ddigwyddodd y ddamwain. 7 Dyna pam dw
i'n gorchymyn i chi ddewis tair tref i'r pwrpas yma.
8 "Wedyn, pan fydd yr ARGLWYDD eich Duw yn rhoi mwy eto o dir i chi, (sef yr holl dir wnaeth
e addo ei roi i'ch hynafiaid chi,) 9 a chithau'n gwneud yn siŵr eich bod chi'n cadw'r holl
orchmynion dw i'n eu rhoi i chi (sef caru'r ARGLWYDD eich Duw a byw fel mae e eisiau i chi
fyw), rhaid i chi ddewis tair tref arall at y tair sydd gynnoch chi eisoes. 10 Does dim eisiau
i bobl gael eu dienyddio os ydyn nhw'n ddieuog. Ddylai peth felly ddim digwydd yn y wlad
mae'r ARGLWYDD yn ei rhoi i chi.
11 "Ond os ydy rhywun yn casáu person arall, disgwyl amdano, ymosod arno a'i ladd, ac
wedyn yn dianc i un o'r trefi yma, dyma sydd i ddigwydd: 12 Rhaid i arweinwyr y dref lle mae'n
byw anfon dynion i'w arestio, a gadael i berthynas agosaf y sawl gafodd ei ladd ddial arno
a'i ladd e. 13 Peidiwch teimlo trueni dros lofrudd. Ddylai pobl ddiniwed ddim cael eu lladd
yn Israel.

Ffiniau rhwng tiroedd pobl

14 "Peidiwch symud terfyn i ddwyn tir oddi ar rywun arall. Cafodd ffiniau dy etifeddiaeth eu
gosod gan dy hynafiaid yn y wlad mae'r ARGLWYDD dy Dduw yn ei rhoi i ti ei chymryd.

Tystion sy'n dweud celwydd

15 "Dydy un tyst ddim yn ddigon i gael rhywun yn euog o drosedd. Rhaid cael dau neu dri tyst
i gadarnhau fod rhywbeth yn wir. 16 Os ydy tyst yn dweud celwydd a chyhuddo rhywun o ryw
drosedd, 17 rhaid i'r ddau fynd i sefyll o flaen yr ARGLWYDD, i'r offeiriaid a'r barnwyr benderfynu
ar y ddedfryd. 18 Byddan nhw'n edrych yn fanwl ar yr achos, ac os byddan nhw'n darganfod fod
y tyst wedi dweud celwydd, 19 bydd e'n cael y gosb roedd e wedi bwriadu i'r llall ei chael. Rhaid
cael gwared â'r drwg o'ch plith. 20 Bydd gweddill y bobl yn clywed beth ddigwyddodd, a bydd
ganddyn nhw ofn gwneud pethau mor ddrwg. 21 Peidiwch teimlo trueni. Mae'r gosb i ffitio'r
drosedd – bywyd am fywyd, llygad am lygad, dant am ddant, llaw am law, troed am droed.

Mynd i ryfel

20 "Pan fyddwch chi'n mynd i ryfel yn erbyn eich gelynion, ac yn gweld eu holl geffylau
a'u cerbydau, a bod ganddyn nhw lawer mwy o filwyr na chi, peidiwch bod ag ofn.
Mae'r ARGLWYDD Dduw, wnaeth eich achub chi o wlad yr Aifft, gyda chi. 2Cyn i'r ymladd
ddechrau, dylai'r offeiriad siarad â'r milwyr, a dweud, 3'Ddynion Israel, gwrandwch! Dych
chi ar fin mynd allan i ymladd yn erbyn eich gelynion. Peidiwch torri'ch calon na bod ag
ofn. Peidiwch panicio. 4Mae'r ARGLWYDD eich Duw yn mynd gyda chi i ymladd yn erbyn eich
gelynion, a'ch helpu chi i ennill y frwydr.'
5"Yna mae'r swyddogion i ddweud wrth y milwyr, 'Oes rhywun yma wedi adeiladu tŷ, a heb
ei gyflwyno i Dduw? Gall fynd adre, rhag ofn iddo gael ei ladd yn y frwydr, ac i rywun arall
gysegru'r tŷ. 6Oes rhywun yma wedi plannu gwinllan, a heb eto gael ffrwyth ohoni? Gall fynd
adre, rhag ofn iddo gael ei ladd yn y frwydr, ac i rywun arall gael y ffrwyth. 7Neu oes rhywun
yma sydd wedi dyweddïo gyda merch, ond heb eto'i phriodi hi? Gall fynd adre, rhag ofn
iddo gael ei ladd yn y frwydr, ac i rywun arall ei phriodi hi.' 8Maen nhw hyd yn oed i ddweud,
'Oes rhywun yma sy'n nerfus ac yn ofnus? Gall fynd adre, rhag iddo wneud i'r milwyr eraill
golli hyder hefyd.' 9Ar ôl i'r swyddogion ddweud hyn i gyd, maen nhw i benodi capteiniaid
i arwain unedau milwrol.
10"Pan fydd y fyddin yn dod yn agos at dref maen nhw'n bwriadu ymosod arni, maen
nhw i gynnig telerau heddwch iddi gyntaf. 11Os byddan nhw'n cytuno i'r telerau ac yn ildio
i chi, bydd y bobl i gyd yn gweithio fel caethweision i chi. 12Os ydyn nhw'n gwrthod derbyn
eich telerau chi, dych chi i warchae ar y dref. 13Bydd yr ARGLWYDD eich Duw yn eich galluogi
chi i'w choncro. Rhaid i chi ladd y dynion i gyd. 14Ond gallwch gadw'r merched, y plant, yr
anifeiliaid, ac unrhyw beth arall gwerthfawr sydd yn y dref. Cewch gadw'r holl stwff mae'r
ARGLWYDD yn ei roi i chi.
15"Dyna sut dych chi i ddelio gyda'r trefi sy'n bell o'ch tir chi'ch hunain (y rhai sydd ddim
yn perthyn i'r bobloedd yn Canaan). 16Ond gyda'r trefi sy'n perthyn i'r bobloedd mae'r
ARGLWYDD eich Duw yn rhoi eu tir nhw i chi, does yr un person nac anifail i gael ei adael yn
fyw. 17Mae'r ARGLWYDD wedi dweud wrthoch chi. Rhaid i chi eu lladd nhw i gyd – yr Hethiaid,
Amoriaid, Canaaneaid, Peresiaid, Hefiaid a'r Jebwsiaid – 18rhag iddyn nhw'ch arwain chi i fynd
drwy'r defodau ffiaidd maen nhw'n eu dilyn wrth addoli eu duwiau eu hunain, a gwneud
i chi bechu yn erbyn yr ARGLWYDD eich Duw.
19"Os byddwch chi'n gwarchae[t] am amser hir ar dref dych chi'n ymosod arni, rhaid i chi
beidio torri ei choed ffrwythau i lawr. Gallwch fwyta'r ffrwyth oddi arnyn nhw, ond peidiwch
torri nhw i lawr. Dydy'r coed ffrwythau ddim yn elynion i chi! 20Ond cewch dorri i lawr unrhyw
goed sydd ddim yn goed ffrwythau, a defnyddio'r pren i adeiladu offer gwarchae yn erbyn
y dref sy'n rhyfela'n eich erbyn chi, nes bydd y dref honno wedi cael ei choncro.

Llofruddiaeth heb ei datrys

21 "Os byddwch chi'n darganfod corff yn rhywle yn y wlad mae'r ARGLWYDD eich Duw yn
ei rhoi i chi, a neb yn gwybod pwy sydd wedi'i ladd, 2rhaid i'r arweinwyr a'r barnwyr
fynd allan a phenderfynu pa dref sydd agosaf at y corff. 3Yna rhaid i arweinwyr y dref agosaf
gymryd heffer ifanc (un sydd erioed wedi gweithio gydag iau), 4a mynd â hi i ddyffryn lle mae
dŵr yn llifo, ond lle mae'r tir heb ei drin, a dim wedi'i hau yno. Wedyn maen nhw i ladd yr
heffer. 5Yna bydd yr offeiriaid o lwyth Lefi yn camu ymlaen (sef, y rhai sydd wedi'u dewis gan
yr ARGLWYDD i'w wasanaethu ac i fendithio pobl ar ei ran, a dyfarnu achosion yn y llysoedd).
6A bydd arweinwyr y dref agosaf yn golchi'u dwylo uwchben corff yr heffer gafodd ei ladd
yn y dyffryn. 7Yna byddan nhw'n gwneud datganiad, 'Wnaethon ni ddim lladd y person yma,
a does neb yn gwybod pwy wnaeth. 8Felly, ARGLWYDD, paid rhoi'r bai ar dy bobl Israel a'u dal

t 20:19 *gwarchae* Pan oedd byddin yn ymosod ar ddinas, roedd yn amgylchynu'r ddinas a'i thorri i ffwrdd fel bod neb yn gallu mynd i mewn nac allan.

nhw'n gyfrifol am dywallt gwaed rhywun diniwed.' A bydd yr ARGLWYDD yn maddau'r drosedd.
[9]Dyna sut mae symud yr euogrwydd fod person diniwed wedi'i ladd, a sut mae gwneud beth
sy'n iawn yng ngolwg yr ARGLWYDD.

Sut i drin gwraig wedi'i chymryd yn garcharor rhyfel

[10]"Dyma sydd i ddigwydd os byddwch yn mynd i ryfel, a'r ARGLWYDD yn gadael i chi ennill
y frwydr, a chymryd pobl yn garcharorion: [11]Os bydd un o'r carcharorion yn ferch hardd, ac un
o'ch dynion chi yn ei ffansïo hi ac eisiau ei chymryd hi'n wraig, [12]mae i fynd â hi adre. Rhaid
iddi siafio'i phen, a thorri'i hewinedd, [13]a thaflu i ffwrdd y dillad roedd hi'n eu gwisgo pan
gafodd ei dal. Yna rhaid iddi aros yn y tŷ am fis cyfan, yn galaru am ei thad a'i mam. Dim
ond ar ôl gwneud hynny y gall y dyn ei chymryd hi'n wraig a chael rhyw gyda hi. [14]Os na fydd
hi'n ei blesio wedyn, rhaid iddo adael iddi fynd yn rhydd. Dydy e ddim yn gallu'i gwerthu hi.
Ddylai e ddim cymryd mantais ohoni, am ei fod eisoes wedi cael rhyw gyda hi.

Siâr y mab hynaf

[15]"Cymrwch fod gan ddyn ddwy wraig, ac mae'n caru un fwy na'r llall. Mae'r ddwy yn
cael meibion iddo, ond y wraig mae'n ei charu leiaf sydd wedi cael y mab hynaf. [16]Pan mae'r
dyn yn rhannu'i eiddo rhwng ei feibion, dydy e ddim i roi siâr y mab hynaf i fab ei hoff wraig,
yn lle'i roi i'r mab hynaf go iawn. [17]Rhaid iddo dderbyn mai mab ei wraig arall ydy'r hynaf,
a rhoi'r siâr ddwbl i hwnnw. Wedi'r cwbl, fe oedd y mab cyntaf i gael ei eni.

Mab sy'n gwrthryfela

[18]"Os oes gan rywun fab penstiff, sy'n gwrthryfela, ac yn gwrthod gwrando ar ei dad a'i fam
pan maen nhw'n ei ddisgyblu, [19]rhaid i'w rieni fynd ag e at yr arweinwyr hŷn i'r llys wrth giât
y dre. [20]Yna maen nhw i wneud y datganiad yma: 'Mae ein mab ni'n benstiff ac yn gwrthryfela.
Mae e'n gwrthod gwrando ar beth dŷn ni'n ddweud – mae e'n folgi ac yn feddwyn!' [21]Yna
rhaid i ddynion y dref ladd y bachgen drwy daflu cerrig ato. Drwy wneud hynny, byddwch
chi'n cael gwared â'r drwg o'ch plith. A bydd pobl Israel yn clywed am y peth ac yn dychryn.

Gwahanol gyfreithiau

[22] Os ydy rhywun yn cael ei ddienyddio am gyflawni trosedd oedd yn haeddu'r gosb
eithaf, a'r corff yn cael ei hongian ar bren, [23]rhaid peidio gadael y corff i hongian
dros nos. Rhaid i chi wneud yn siŵr eich bod yn ei gladdu yr un diwrnod. Mae
rhywun sydd wedi'i grogi ar bren dan felltith Duw. Rhaid i chi beidio halogi'r wlad
mae'r ARGLWYDD eich Duw yn ei rhoi i chi.

22

Os wyt ti'n gweld buwch, dafad neu afr rhywun ar goll, paid â'i hanwybyddu. Dos
â'r anifail yn ôl at y perchennog. [2]Os nad wyt ti'n gwybod pwy ydy'r perchennog,
neu os ydy e'n byw yn rhy bell, dos â'r anifail adre a gofalu amdano. Ond pan
ddaw'r perchennog i edrych amdano, rhaid i ti roi'r anifail yn ôl iddo. [3]Gwna'r
un fath gydag unrhyw beth ti'n dod o hyd iddo – asyn, dilledyn, unrhyw beth
biau rhywun arall. Paid dim ond anwybyddu'r peth.
[4] Os wyt ti'n dod ar draws rhywun mewn trafferth am fod ei asyn neu ych wedi syrthio ac
yn methu codi, paid â'i anwybyddu. Helpa fe i gael yr anifail ar ei draed unwaith eto.
[5] Ddylai merch ddim gwisgo dillad dyn, a ddylai dyn ddim gwisgo dillad merch. Mae
gwneud peth felly yn ffiaidd gan yr ARGLWYDD.
[6] Os wyt ti'n digwydd dod ar draws nyth (mewn coeden neu ar lawr) gyda cywion neu
wyau ynddi, a'r iâr yn eistedd arnyn nhw, paid cymryd yr iâr oddi ar y rhai bach.
[7]Cei gymryd y rhai bach, ond gad i'r fam fynd. Wedyn bydd pethau'n mynd yn dda
i ti, a chei fyw'n hir.

[8] Wrth adeiladu tŷ newydd, rhaid i ti adeiladu wal isel o gwmpas y to. Wedyn os bydd rhywun yn syrthio oddi ar y to, nid dy fai di fydd e.
[9] Rhaid peidio plannu unrhyw gnwd arall mewn gwinllan. Bydd beth bynnag gafodd ei blannu, a'r grawnwin, wedi'u halogi ac yn dda i ddim.
[10] Ddylai ych ac asyn ddim cael eu defnyddio gyda'i gilydd i aredig.
[11] Paid gwisgo dillad wedi'u gwneud o frethyn sy'n gymysgedd o wlân a llin.
[12] Gwna daselau i'w gosod ar bedair cornel dy fantell.

Dyn yn cyhuddo'i wraig ifanc

[13]"Dyma sydd i ddigwydd os ydy dyn yn priodi merch, ac yn cymryd yn ei herbyn ar ôl cael
perthynas rywiol gyda hi. [14]Mae'n ei chyhuddo hi o gamfihafio, ac yn dweud, 'Dw i wedi priodi'r
ferch yma, ond wrth gael rhyw gyda hi, wedi darganfod ei bod hi ddim yn wyryf!' [15]Pan mae hyn yn
digwydd, rhaid i rieni'r ferch ifanc fynd â'r dystiolaeth ei bod hi'n wyryf i'w ddangos i arweinwyr
y dref yn y llys wrth giatiau'r dref. [16]Yna rhaid i'r tad ddweud wrth yr arweinwyr, 'Rôn i wedi rhoi fy
merch yn wraig i'r dyn yma, ond mae e wedi troi'n ei herbyn hi, [17]a'i chyhuddo hi, ei bod hi ddim
yn wyryf. Ond dyma'r prawf ei bod hi'n wyryf!' Yna rhaid i rieni'r ferch ledu cynfas y gwely priodas
o flaen yr arweinwyr, iddyn nhw weld y dystiolaeth. [18]Wedyn rhaid i arweinwyr y dref arestio'r dyn
a'i gosbi. [19]Maen nhw i roi dirwy o gant o ddarnau arian iddo, a rhoi'r arian hwnnw i dad y ferch
ifanc. Roedd ei gyhuddiad wedi rhoi enw drwg i un o ferched ifanc Israel, a hithau'n wyryf. Bydd
y ferch yn aros yn wraig iddo am weddill ei fywyd, a fydd ganddo ddim hawl i'w hysgaru hi.
[20]"Ond os ydy'r cyhuddiad yn cael ei brofi'n wir, a'r ferch ifanc ddim yn wyryf, [21]rhaid
i ddynion y dref fynd â'r ferch at ddrws tŷ ei thad, a'i lladd drwy daflu cerrig ati. Roedd hi
wedi actio fel putain pan oedd hi'n dal i fyw gyda'i rhieni – peth gwarthus i'w wneud yn
Israel! Rhaid i chi gael gwared â'r drwg o'ch plith.
[22]"Os ydy dyn yn cael ei ddal yn cael rhyw gyda gwraig rhywun arall, rhaid i'r ddau ohonyn
nhw farw. Rhaid cael gwared â'r drwg o Israel.

Achosion o anfoesoldeb rhywiol

[23]"Os ydy merch, sy'n wyryf ac wedi'i dyweddïo, yn cyfarfod dyn arall yn y dref ac yn cael
rhyw gydag e, [24]rhaid mynd â'r ddau ohonyn nhw i'r llys wrth giât y dref a'u lladd nhw drwy
daflu cerrig atyn nhw. Mae'r ferch ifanc yn euog am ei bod hi heb weiddi am help, er fod
y peth wedi digwydd yn y dref. Ac mae'r dyn i gael ei gosbi am dreisio dyweddi dyn arall.
Rhaid cael gwared â'r drwg o'ch plith!
[25]"Ond os digwyddodd y peth yng nghefn gwlad, a'r dyn wedi fforsio'i hun arni a'i threisio hi,
dim ond y dyn sydd i farw. [26]Dydy'r ferch ifanc ddim i gael ei chosbi o gwbl. Wnaeth hi ddim byd
o'i le i haeddu marw. Mae'r un fath â pan mae rhywun wedi ymosod ar berson arall a'i lofruddio –
[27]roedd y peth wedi digwydd yng nghefn gwlad, lle doedd neb i'w hachub hi pan oedd hi'n gweiddi.
[28]"Os ydy dyn yn cael ei ddal yn treisio merch ifanc sydd heb ei dyweddïo, [29]rhaid i'r dyn
dalu pum deg darn arian i'w thad, ac yna priodi'r ferch. Am ei fod e wedi'i threisio hi, fydd
e byth yn cael ei hysgaru hi.
[30]"Dydy dyn ddim i briodi merch oedd ar un adeg yn wraig i'w dad. Byddai hynny'n
amharchu'i dad.

Gwahardd o gynulleidfa pobl yr Arglwydd

23 Dydy dyn sydd â'i geilliau wedi'u niweidio neu ei bidyn wedi'i dorri i ffwrdd ddim i gael perthyn i gynulleidfa pobl yr Arglwydd.
[2] Dydy dyn gafodd ei eni tu allan i briodas ddilys ddim yn cael perthyn i gynulleidfa pobl yr Arglwydd. (Na disgynyddion y person hwnnw chwaith, am byth.[th])

th 23:2,3 Hebraeg, "am ddeg cenhedlaeth wedyn".

3 Dydy pobl Ammon a Moab ddim i gael perthyn i gynulleidfa pobl yr ARGLWYDD. (Na'u disgynyddion nhw chwaith, am byth.)
4 Pan ddaethoch chi allan o'r Aifft, roedden nhw wedi gwrthod rhoi dŵr a bwyd i chi. A dyma nhw
hefyd yn talu Balaam fab Beor o Pethor yn Mesopotamia[u] i'ch melltithio chi. 5 Ond dyma'r ARGLWYDD
eich Duw yn gwrthod gwrando arno, ac yn troi'r felltith yn fendith! Mae'r ARGLWYDD eich Duw yn
eich caru chi. 6 Felly peidiwch byth gwneud unrhyw beth i helpu Ammon a Moab i lwyddo a ffynnu.
7 "Ond mae pobl Edom yn perthyn i chi, felly rhaid i chi beidio'u ffieiddio nhw. A pheidiwch
ffieiddio pobl yr Aifft, gan eich bod wedi byw fel mewnfudwr yn eu gwlad nhw. 8 Gall plant
eu plant berthyn i gynulleidfa pobl yr ARGLWYDD.

Cadw'r gwersyll milwrol yn lân

9 Pan fyddwch chi'n mynd allan i ymladd yn erbyn eich gelynion, cadwch draw oddi wrth unrhyw beth sydd ddim yn lân.
10 Er enghraifft, os ydy dyn yn gollwng ei had yn ei gwsg, mae'n aflan, a rhaid iddo adael
y gwersyll, ac aros allan drwy'r dydd. 11 Yna, gyda'r nos, rhaid iddo olchi'i hun â dŵr. A bydd
yn gallu mynd yn ôl i'r gwersyll ar ôl i'r haul fachlud.
12 Rhaid trefnu lle tu allan i'r gwersyll i'r dynion fynd i'r tŷ bach. 13 Rhaid i ti fynd
â rhaw gyda ti i wneud twll, a gorchuddio dy garthion gyda phridd.
14 Mae'r gwersyll i'w gadw'n lân. Mae'r ARGLWYDD eich Duw yn cerdded o gwmpas y gwersyll;
mae e gyda chi i'ch achub a'ch galluogi chi i ennill y frwydr. Does gynnoch chi ddim eisiau
iddo fe weld rhywbeth afiach, a throi cefn arnoch chi.

Cyfreithiau eraill

15 Os ydy caethwas o wlad arall wedi dianc i wlad Israel, peidiwch mynd ag e'n ôl i'w
feistr. 16 Mae i gael byw ble bynnag mae e eisiau. Caiff ddewis unrhyw un o'ch
pentrefi i fynd i fyw yno. Peidiwch â'i gam-drin a chymryd mantais ohono.
17 Ddylai merched a dynion ifanc Israel byth wasanaethu fel puteiniaid teml.[w]
18 Paid byth dod â thâl putain neu gyflog puteiniwr i deml yr ARGLWYDD dy Dduw er mwyn cadw addewid. Mae'r ddau beth yn ffiaidd gan yr ARGLWYDD.
19 Peidiwch codi llog ar fenthyciad i gyd-Israeliaid – llog ar arian, ar fwyd, nac unrhyw
beth arall sydd wedi'i fenthyg. 20 Cewch godi llog ar fenthyciad i bobl sydd ddim yn
Israeliaid, ond peidiwch gwneud hynny wrth fenthyg i'ch pobl eich hunain. Bydd yr ARGLWYDD eich Duw yn bendithio popeth wnewch chi yn y wlad dych chi ar fin ei chymryd, os byddwch chi'n ufudd.
21 Pan fyddwch chi'n gwneud adduned i'r ARGLWYDD eich Duw, peidiwch oedi cyn ei
chyflawni, neu byddwch chi'n cael eich dal yn gyfrifol ganddo. 22 Mae'n well peidio
gwneud adduned yn y lle cyntaf. 23 Gwnewch yn siŵr eich bod chi'n cadw'ch
adduned, beth bynnag oedd yr adduned honno. Er enghraifft, os gwnaethoch chi addo rhoi rhywbeth iddo yn offrwm gwirfoddol.
24 Os ydych chi'n mynd drwy winllan rhywun arall, cewch fwyta faint fynnoch chi o rawnwin, ond peidiwch mynd â dim i ffwrdd mewn basged.
25 Os ydych chi'n mynd drwy gae ŷd rhywun, cewch bigo'r tywysennau gyda'ch llaw, ond peidiwch defnyddio cryman i gymryd peth o'r cnwd.

Ysgariad ac ailbriodi

24 Os ydy dyn wedi priodi, ac yna'n darganfod rhywbeth am ei wraig sy'n codi cywilydd arno, rhaid iddo roi tystysgrif ysgariad iddi cyn ei hanfon hi i ffwrdd.

---

u 23:4 Hebraeg, *Aram-naharaim*. w 23:17 Wrth addoli duwiau ffrwythlondeb yn y temlau Canaaneaidd, roedd cael rhyw gyda puteiniaid teml i fod i sicrhau cynhaeaf da a bod eu hanifeiliaid yn cenhedlu rhai bach.

2 Ar ôl iddi ei adael, mae hi'n rhydd i ailbriodi. 3 Os ydy'r ail ŵr ddim yn hapus gyda hi, rhaid
iddo yntau roi tystysgrif ysgariad iddi cyn ei hanfon hi i ffwrdd. Os bydd hynny'n digwydd, neu
os bydd e'n marw, 4 dydy'r gŵr cyntaf ddim i gael ei chymryd hi'n ôl, am ei bod hi bellach yn
aflan. Byddai peth felly yn ffiaidd yng ngolwg yr ARGLWYDD. Rhaid i chi beidio dod â phechod
ar y wlad mae'r ARGLWYDD eich Duw yn ei rhoi i chi i'w hetifeddu.

Cyfreithiau amrywiol

5 Pan mae dyn newydd briodi, does dim rhaid iddo fynd allan i ymladd yn y fyddin na gwneud unrhyw wasanaeth cyhoeddus arall. Dylai fod yn rhydd i aros adre am flwyddyn gyfan a mwynhau bywyd gyda'i wraig.

6 Ddylai neb gymryd maen melin yn warant ar fenthyciad. Byddai gwneud hynny fel cymryd bywyd ei hun yn flaendal.

7 Os ydy rhywun yn cael ei ddal yn herwgipio un o'i gyd-Israeliaid, ac yn ei drin fel eiddo a'i werthu, y gosb ydy marwolaeth. Rhaid cael gwared â'r drwg yna o'ch plith.

8 Pan fydd rhyw glefyd heintus ar y croen yn dechrau lledu, gwnewch yn union beth
mae'r offeiriaid o lwyth Lefi yn ei ddweud. Dylech chi wneud yn union fel dw i wedi
gorchymyn iddyn nhw. 9 Cofiwch beth wnaeth yr ARGLWYDD eich Duw i Miriam[y] pan
oeddech chi wedi gadael yr Aifft.

10 Wrth fenthyg rhywbeth i rywun, paid mynd i mewn i'w dŷ i hawlio beth mae'n ei
gynnig yn warant y gwnaiff ei dalu'n ôl. 11 Dylet ddisgwyl y tu allan, a gadael
i'r sawl sy'n benthyg gen ti ddod â'i warant allan. 12 Os ydy e'n dlawd, ddylet ti
ddim cymryd ei gôt a'i chadw dros nos fel gwystl. 13 Dylet roi'r gôt yn ôl iddo cyn
iddi nosi, iddo gysgu ynddi a gofyn i Dduw dy fendithio. Dyna beth sy'n iawn i'w
wneud yng ngolwg yr ARGLWYDD eich Duw.

14 Os ydy rhywun gwirioneddol dlawd yn gweithio i chi, peidiwch ei gam-drin a chymryd
mantais ohono – sdim ots os ydy e'n un o bobl Israel neu'n rhywun o'r tu allan
sy'n byw yn eich plith chi. 15 Dylech dalu'i gyflog iddo cyn diwedd y dydd, am ei
fod yn dlawd ac angen yr arian i fyw. Os fyddwch chi ddim yn talu iddo, bydd e'n
cwyno i'r ARGLWYDD amdanoch chi, a byddwch chi wedi pechu.

16 Ddylai rhieni ddim cael eu lladd am droseddau'u plant, na'r plant am droseddau'u rhieni. Dim ond y troseddwr ei hun ddylai farw.

17 Peidiwch gwrthod cyfiawnder i fewnfudwyr neu blant amddifad. A pheidiwch cymryd dillad gwraig weddw yn warant ar fenthyciad.

18 Cofiwch eich bod chi wedi bod yn gaethion yn yr Aifft, a bod yr ARGLWYDD wedi'ch gollwng chi'n rhydd. Dyna pam dw i'n gorchymyn i chi wneud hyn i gyd.

19 Pan fyddi'n casglu cynhaeaf dy dir, os byddi wedi gadael ysgub yn y cae, paid mynd yn ôl i'w chasglu. Gadael hi i'r bobl dlawd – mewnfudwyr, plant amddifad a gwragedd gweddwon. Wedyn bydd yr ARGLWYDD yn bendithio popeth fyddi di'n ei wneud.

20 Pan fyddwch chi'n ysgwyd eich coed olewydd i gasglu'r ffrwyth, peidiwch gwneud hynny ddwywaith. Gadewch beth sydd ar ôl i'r mewnfudwyr, y plant amddifad a'r gweddwon.

21 Pan fyddwch chi'n casglu'r grawnwin yn eich gwinllan, peidiwch mynd drwyddi'r ail waith. Gadewch beth sydd ar ôl i'r mewnfudwyr, y plant amddifad a'r gweddwon.

22 Cofiwch eich bod chi wedi bod yn gaethion yn yr Aifft. Dyna pam dw i'n gorchymyn i chi wneud hyn i gyd.

25 Pan fydd anghydfod yn codi rhwng pobl, dylen nhw fynd i'r llys. Bydd barnwyr yn gwrando ar yr achos, ac yn penderfynu pwy sy'n euog.

2 Os mai chwipio fydd y gosb, mae'r barnwr i wneud iddo orwedd ar lawr o'i flaen, a bydd yn
cael ei chwipio faint bynnag o weithiau mae'n ei haeddu am beth wnaeth o'i le. 3 Ddylai'r

---

y 24:9 *beth wnaeth ... i Miriam* gw. Numeri 12:1-16.

barnwr ddim dedfrydu neb i fwy na pedwar deg llach. Petai rhywun yn cael ei chwipio fwy
na hynny, byddai'r person yn cael ei amharchu'n gyhoeddus.
4 Peidiwch rhwysto'r ych sy'n sathru'r ŷd rhag bwyta.
5 Os ydy dau frawd yn byw gyda'i gilydd, ac un ohonyn nhw'n marw heb gael mab,
ddylai ei weddw ddim priodi rhywun tu allan i'r teulu. Rhaid i frawd y gŵr fuodd
farw ei phriodi hi, a chael mab yn ei le.
6 Bydd y mab cyntaf i gael ei eni iddyn nhw yn cael ei gyfri'n fab cyfreithiol i'r brawd fuodd
farw, rhag i'w enw ddiflannu o Israel. 7 Ond os ydy'r dyn ddim eisiau priodi gweddw ei frawd,
rhaid i'r weddw fynd at yr arweinwyr hŷn i'r llys wrth giât y dref a dweud wrthyn nhw, 'Mae
brawd fy ngŵr yn gwrthod wynebu'i gyfrifoldeb fel brawd-yng-nghyfraith, a chadw enw fy ngŵr
yn fyw yn Israel!' 8 Yna bydd rhaid i arweinwyr y dref anfon am y dyn i siarad ag e. Os ydy e'n
dal i wrthod ei phriodi hi, 9 dyma sydd i ddigwydd: Mae'r chwaer-yng-nghyfraith i gamu ato
o flaen yr arweinwyr, tynnu un o sandalau'r dyn i ffwrdd a phoeri yn ei wyneb. Yna dweud,
'Dyna sy'n digwydd i'r dyn sy'n gwrthod cadw enw teulu'i frawd i fynd!' 10 O hynny ymlaen,
bydd ei deulu e'n cael ei nabod fel 'teulu'r dyn y tynnwyd ei sandal'.
11 Os ydy dau ddyn yn dechrau ymladd gyda'i gilydd, a gwraig un ohonyn nhw yn
ymyrryd i amddiffyn ei gŵr, ac yn gafael yn organau preifat y dyn, 12 rhaid torri ei
llaw i ffwrdd. Peidiwch teimlo trueni drosti.
13-15 Peidiwch twyllo wrth farchnata; defnyddiwch bwysau cywir, dim un sy'n ysgafn a'r
llall yn drwm. A pheidiwch defnyddio basgedi mesur o faint gwahanol. Dylai'r
pwysau dych chi'n eu defnyddio, a maint y basgedi dych chi'n eu defnyddio, fod yn
gywir. Wedyn cewch fyw yn hir yn y wlad dych chi'n mynd i'w chymryd.
16 Mae'r ARGLWYDD eich Dduw yn casáu gweld pobl yn bod yn anonest – mae'r peth yn ffiaidd
ganddo!

Gorchymyn i ladd yr Amaleciaid

17 "Cofiwch beth wnaeth yr Amaleciaid i chi pan oeddech chi wedi gadael yr Aifft.
18 Roeddech chi wedi blino'n lân, a dyma nhw'n eich dilyn chi ac ymosod ar y rhai oedd yn
methu dal i fyny gyda'r gweddill. Doedd ganddyn nhw ddim parch at Dduw. 19 Pan fyddwch
chi'n cael llonydd gan yr holl elynion o'ch cwmpas chi yn y wlad mae'r ARGLWYDD yn ei rhoi
i chi, rhaid i chi ladd yr Amaleciaid i gyd – nes bydd neb yn cofio am eu bodolaeth nhw!
Peidiwch chi anghofio gwneud hyn!

Cyflwyno'r ffrwythau cyntaf i Dduw

26 "Pan fyddwch chi wedi cyrraedd y wlad mae'r ARGLWYDD eich Duw yn ei rhoi i chi, ac
wedi'i choncro a setlo i lawr ynddi, 2 rhowch ffrwyth cyntaf pob cnwd i'r ARGLWYDD.
Rhowch e mewn basged, a mynd ag e i'r lle mae'r ARGLWYDD wedi'i ddewis i gael ei addoli.
3 Dwedwch wrth yr offeiriad sy'n gwasanaethu bryd hynny, 'Dw i'n datgan heddiw fy mod
i'n byw yn y wlad wnaeth yr ARGLWYDD dy Dduw addo i'n hynafiaid y byddai'n ei rhoi i ni.'
4 "Yna bydd yr offeiriad yn cymryd y fasged a'i gosod o flaen allor yr ARGLWYDD. 5 Yna rhaid
i ti wneud y datganiad yma: 'Syriad yn crwydro yma ac acw oedd fy hynafiad. Aeth i lawr i'r
Aifft a byw yno fel mewnfudwr. Criw bach oedd yn y teulu bryd hynny, ond dyma nhw'n tyfu
i fod yn genedl fawr bwerus a niferus. 6 Ond dyma'r Eifftiaid yn ein cam-drin ni a'n gormesu ni,
a'n gorfodi ni i wneud gwaith caled. 7 Felly dyma ni'n galw ar yr ARGLWYDD, Duw ein hynafiaid,
am help. Clywodd ni'n galw, a gwelodd mor anodd oedd pethau arnon ni, a'r gwaith caled
a'r gorthrwm. 8 Felly dyma'r ARGLWYDD yn defnyddio ei nerth rhyfeddol i ddod â ni allan o'r
Aifft, a dychryn y bobl yno gyda'r gwyrthiau mwyaf syfrdanol. 9 Yna daeth â ni yma, a rhoi'r tir
yma i ni. Mae'n dir ffrwythlon – tir lle mae llaeth a mêl yn llifo. 10 Felly, ARGLWYDD, edrych! Dw
i wedi dod â ffrwyth cyntaf cynnyrch y tir rwyt ti wedi ei roi i mi.' Yna rwyt i'w adael o flaen

25:19 Exodus 17:14

yr ARGLWYDD dy Dduw, a'i addoli e. 11 Wedyn gelli di a dy deulu, gyda'r Lefiaid a'r mewnfudwyr
sydd gyda chi, ddathlu a mwynhau'r holl bethau da mae'r ARGLWYDD eich Duw wedi'u rhoi i chi.

Rhoi degwm y drydedd flwyddyn i'r tlodion

12 "Ar ôl casglu un rhan o ddeg o'ch cynnyrch yn y drydedd flwyddyn (blwyddyn y degwm),
dych chi i'w roi i'r Lefiaid, y mewnfudwyr, y plant amddifad a'r gweddwon sy'n byw yn eich
pentrefi chi, er mwyn iddyn nhw gael digon i'w fwyta. 13 Yna rwyt i ddweud wrth yr ARGLWYDD
dy Dduw, 'Dw i wedi casglu'r offrwm sydd i gael ei osod o'r neilltu, ac wedi'i roi i'r Lefiaid,
y mewnfudwyr, y plant amddifad a'r gweddwon, yn union fel rwyt ti wedi dweud wrtho i. Dw
i ddim wedi torri nac anghofio dy reolau di. 14 Dw i ddim wedi bwyta peth ohono pan oeddwn
i'n galaru, na'i gymryd pan oeddwn i'n aflan yn seremonïol, na cyflwyno peth ohono'n offrwm
i'r meirw. Dw i wedi bod yn ufudd i ti, a gwneud popeth roeddet ti'n ddweud. 15 Edrych i lawr
arnon ni o'r nefoedd, y lle sanctaidd ti'n byw ynddo, a bendithia dy bobl Israel, a'r tir rwyt ti
wedi'i roi i ni, fel gwnest ti addo i'n hynafiaid – tir lle mae llaeth a mêl yn llifo!'

16 "Heddiw, mae'r ARGLWYDD yn gorchymyn i chi gadw'r rheolau a'r canllawiau yma,
a gwneud hynny â'ch holl galon ac â'ch holl enaid. 17 Heddiw, dych chi wedi datgan mai'r
ARGLWYDD ydy'ch Duw chi, ac y gwnewch chi fyw fel mae e eisiau i chi fyw, cadw ei reolau, ei
orchmynion a'i ganllawiau, a gwrando arno. 18 Heddiw, mae'r ARGLWYDD wedi cyhoeddi mai
chi ydy'i bobl e – ei drysor sbesial, fel gwnaeth e addo. Felly dylech gadw'i orchmynion e.
19 Duw sydd wedi gwneud y cenhedloedd, ond bydd e'n eich gwneud chi'n fwy enwog na
nhw i gyd. Bydd pobl yn eich canmol chi a'ch anrhydeddu chi. Fel gwnaeth e addo, byddwch
chi'n bobl wedi'ch cysegru i'r ARGLWYDD eich Duw."

Cyfraith Duw wedi'i hysgrifennu ar garreg

27 Yna dyma Moses, ac arweinwyr Israel gydag e, yn dweud wrth y bobl, "Cadwch
y gorchmynion dw i'n eu rhoi i chi heddiw. 2 Pan fyddwch chi'n croesi afon Iorddonen
i'r wlad mae'r ARGLWYDD eich Duw yn ei rhoi i chi, rhaid i chi godi cerrig mawr ac yna rhoi
plastr drostyn nhw. 3 Yna ysgrifennu copi o'r gorchmynion yma arnyn nhw. Wedyn gallwch
fynd i mewn i'r wlad – tir ffrwythlon lle mae llaeth a mêl yn llifo, fel gwnaeth yr ARGLWYDD,
Duw eich hynafiaid, ddweud wrthoch chi. 4 Mae'r cerrig yma i gael eu codi ar Fynydd Ebal,
a'u gorchuddio gyda phlastr. 5 Yna dylech adeiladu allor yno i'r ARGLWYDD eich Duw – allor
o gerrig sydd heb eu naddu gydag offer haearn. 6 Defnyddiwch gerrig cyfan i adeiladu'r
allor, yna cyflwyno offrymau arni – offrymau i'w llosgi'n llwyr i'r ARGLWYDD eich Duw. 7 Hefyd
offrymau i gydnabod daioni'r ARGLWYDD, a gallwch wledda a dathlu o flaen yr ARGLWYDD eich
Duw. 8 Peidiwch anghofio ysgrifennu copi o'r gorchmynion yma ar y cerrig sy'n cael eu gosod
i fyny, a gwnewch yn siŵr eu bod nhw i'w gweld yn glir."

9 Yna dyma Moses, gyda'r offeiriaid o lwyth Lefi, yn dweud wrth bobl Israel: "Distawrwydd!
Gwrandwch arna i, bobl Israel. Heddiw, dych chi wedi'ch gwneud yn bobl i'r ARGLWYDD. 10 Rhaid
i chi wrando arno, a chadw'r rheolau a'r canllawiau dw i'n eu rhoi i chi."

Canlyniad bod yn anufudd

11 Yr un diwrnod, dyma Moses yn gorchymyn i'r bobl: 12 "Ar ôl i chi groesi afon Iorddonen,
mae'r llwythau canlynol i sefyll ar Fynydd Gerisim a bendithio'r bobl: Simeon, Lefi, Jwda,
Issachar, Joseff a Benjamin. 13 Yna, mae'r llwythau eraill i sefyll ar Fynydd Ebal tra mae'r
melltithion yn cael eu cyhoeddi: Reuben, Gad, Asher, Sabulon, Dan a Nafftali.

14 "Bydd y Lefiaid yn cyhoeddi'n uchel wrth bobl Israel:

15 'Melltith ar rywun sy'n cael crefftwr
i gerfio delw neu i wneud eilun
o fetel tawdd, ac yna'n ei osod
i fyny i'w addoli (hyd yn oed o'r
golwg) – mae peth felly yn hollol
ffiaidd gan yr ARGLWYDD.'

A bydd pawb yn ymateb, 'Amen!'

16 ‘Melltith ar rywun sy'n dangos dim
parch at ei dad a'i fam.’
A bydd pawb yn ymateb, ‘Amen!’
17 ‘Melltith ar bwy bynnag sy'n symud
terfyn i ddwyn tir oddi ar rywun
arall.’
A bydd pawb yn ymateb, ‘Amen!’
18 ‘Melltith ar bwy bynnag sy'n dweud
wrth rywun dall am fynd y ffordd
rong.’
A bydd pawb yn ymateb, ‘Amen!’
19 ‘Melltith ar bwy bynnag sy'n gwrthod
cyfiawnder i fewnfudwyr, plant
amddifad a gweddwon.’
A bydd pawb yn ymateb, ‘Amen!’
20 ‘Melltith ar rywun sy'n cael rhyw gyda
gwraig ei dad. Byddai hynny'n
amharchu ei dad.’
A bydd pawb yn ymateb, ‘Amen!’
21 ‘Melltith ar rywun sy'n cael rhyw
gydag anifail.’
A bydd pawb yn ymateb, ‘Amen!’
22 ‘Melltith ar rywun sy'n cael rhyw
gyda'i chwaer – merch i'w dad
neu'i fam.’
A bydd pawb yn ymateb, ‘Amen!’
23 ‘Melltith ar rywun sy'n cael rhyw
gyda'i fam-yng-nghyfraith.’
A bydd pawb yn ymateb, ‘Amen!’
24 ‘Melltith ar bwy bynnag sy'n
llofruddio rhywun arall.’
A bydd pawb yn ymateb, ‘Amen!’
25 ‘Melltith ar bwy bynnag sy'n derbyn
tâl i lofruddio rhywun diniwed.’
A bydd pawb yn ymateb, ‘Amen!’
26 ‘Melltith ar bawb sydd ddim yn
gwneud pob peth mae'r gyfraith
yma'n ei ddweud.’
A bydd pawb yn ymateb, ‘Amen!’

Canlyniad bod yn ufudd

(Lefiticus 26:3-13; Deuteronomium 7:12-24)

28 “Os byddwch chi wir yn ufudd i'r Arglwydd eich Duw, ac yn gwneud yn siŵr eich
bod chi'n cadw'r gorchmynion dw i'n eu rhoi i chi heddiw, bydd e'n eich gwneud
chi'n fwy enwog na'r cenhedloedd eraill i gyd.
2 Byddwch yn derbyn llond gwlad o fendithion
os byddwch chi'n ufudd iddo:
3 Cewch eich bendithio ble bynnag dych chi'n gweithio.
4 Bydd bendith ar eich plant, ar gynnyrch eich tir, ac ar eich anifeiliaid i gyd – bydd eich
gwartheg, defaid a geifr yn cael lot o rai bach.
5 Bydd digon o rawn yn eich basged,
a digon o fwyd ar eich bwrdd.
6 Cewch eich bendithio ble bynnag ewch chi.
7 Bydd yr Arglwydd yn achosi i'r gelynion sy'n ymosod arnoch chi gael eu taro i lawr
o flaen eich llygaid! Byddan nhw'n ymosod arnoch chi o un cyfeiriad, ond yn dianc
i bob cyfeiriad!
8 Bydd yr Arglwydd yn llenwi'ch ysguboriau chi, ac yn bendithio popeth wnewch chi –
ydy, mae e'n mynd i'ch bendithio chi yn y wlad mae'n ei rhoi i chi.
9 Bydd yr Arglwydd yn cadarnhau mai chi ydy'r bobl mae e wedi'u cysegru iddo'i hun,
fel gwnaeth e addo, os gwnewch chi wneud beth mae e'n ddweud a byw fel mae
e eisiau.
10 Wedyn bydd pawb drwy'r byd i gyd yn gwybod mai chi ydy pobl yr
Arglwydd, a byddan nhw'n eich parchu chi.
11 Bydd yr Arglwydd yn gwneud i chi lwyddo bob ffordd – cewch lot o blant, bydd eich
anifeiliaid yn cael lot o rai bach, a bydd eich cnydau'n llwyddo yn y wlad wnaeth
e addo i'ch hynafiaid y byddai'n ei rhoi i chi.
12 Bydd yr Arglwydd yn agor ei stordai yn yr awyr, ac yn rhoi glaw yn ei dymor i'r tir.
Bydd yn bendithio popeth wnewch chi. Bydd gynnoch chi ddigon i'w fenthyg
i genhedloedd eraill, ond fydd dim angen benthyg arnoch chi o gwbl.
13 Bydd yr Arglwydd yn gwneud i chi arwain, ac nid dilyn. Byddwch chi ar y top, dim
ar y gwaelod – dim ond i chi wneud yn siŵr eich bod chi'n cadw'i orchmynion
e, y rhai dw i'n eu rhoi i chi heddiw.
14 Ond rhaid i chi beidio crwydro o gwbl oddi
wrth y gorchmynion dw i'n eu rhoi i chi, a pheidio mynd i addoli duwiau eraill.

Melltithion am fod yn anufudd

(Lefiticus 26:14-46)

15 "Ond os byddwch chi'n gwrthod gwrando ar yr Arglwydd eich Duw, heb wneud yn siŵr eich bod chi'n cadw'i orchmynion a'i ganllawiau e, bydd llond gwlad o felltithion yn dod arnoch chi!

16 Cewch eich melltithio lle bynnag dych chi'n gweithio.
17 Fydd dim grawn yn eich basged, a dim bwyd ar eich bwrdd.
18 Bydd eich plant a chynnyrch eich tir wedi'u melltithio – fydd eich gwartheg, defaid a geifr ddim yn cael rhai bach.
19 Cewch eich melltithio lle bynnag ewch chi.
20 Bydd yr Arglwydd yn melltithio, drysu a gwrthwynebu popeth wnewch chi, nes byddwch chi wedi'ch dinistrio ac wedi diflannu o achos yr holl ddrwg fyddwch chi'n ei wneud, ac am eich bod chi wedi troi cefn arna i.
21 Bydd yr Arglwydd yn gwneud i chi ddal heintiau marwol, nes bydd e wedi cael gwared â chi'n llwyr o'r tir dych chi ar fin ei gymryd drosodd. 22 Byddwch yn dioddef
o afiechydon na ellir mo'u gwella, gwres uchel, llid, heintiau, sychder, a cnydau wedi'u difetha gan ormod o wres neu ormod o law. Fyddan nhw ddim yn stopio nes byddwch chi wedi diflannu.
23 Bydd yr awyr uwch eich pennau fel pres, a'r ddaear dan eich traed yn galed fel
haearn, am fod dim glaw. 24 Bydd yr Arglwydd yn gwneud iddi lawio llwch a lludw.
Bydd yn disgyn arnoch chi o'r awyr nes byddwch chi wedi'ch difa.
25 Bydd yr Arglwydd yn gadael i'ch gelynion eich trechu chi. Byddwch chi'n ymosod arnyn nhw o un cyfeiriad, ond yn gorfod dianc i bob cyfeiriad! Bydd beth fydd yn
digwydd i chi yn ddychryn i wledydd y byd i gyd. 26 Bydd eich cyrff marw yn fwyd i'r
holl adar ac anifeiliaid gwyllt, a fydd yna neb ar ôl i'w dychryn nhw i ffwrdd.
27 Bydd yr Arglwydd yn gwneud i chi ddioddef o'r chwyddau wnaeth daro pobl yr Aifft, briwiau cas, crach ar y croen, a'r cosi – a fydd dim gwella i chi.
28 Bydd yr Arglwydd yn achosi panig, a'ch gwneud yn ddall ac yn ddryslyd. 29 Byddwch
chi'n ymbalfalu ganol dydd fel rhywun dall sydd yn y tywyllwch, a fydd dim fyddwch chi'n ei wneud yn llwyddo. Bydd pobloedd eraill yn eich cam-drin chi ac yn dwyn oddi arnoch chi o hyd, a fydd yna neb i'ch achub chi.
30 Bydd dyn wedi dyweddïo gyda merch, a bydd dyn arall yn ei threisio hi.
Byddwch chi'n adeiladu tŷ ond ddim yn cael byw ynddo.
Byddwch chi'n plannu gwinllan, ond ddim yn casglu'i ffrwyth.
31 Bydd eich ych yn cael ei ladd o flaen eich llygaid, ond fyddwch chi ddim yn bwyta'r cig.
Byddwch chi'n gwylio'ch asyn yn cael ei ddwyn oddi arnoch chi, a fyddwch chi ddim yn ei gael yn ôl.
Bydd eich praidd o ddefaid yn cael ei gymryd gan eich gelynion, a fydd yna neb i'ch achub chi.
32 Bydd eich meibion a'ch merched yn cael eu rhoi i bobl eraill o flaen eich llygaid.
Byddwch chi'n edrych amdanyn nhw, ac yn gallu gwneud dim i ddod â nhw'n ôl.
33 Bydd pobl dych chi ddim yn eu nabod yn mwynhau cynnyrch eich tir a ffrwyth eich gwaith caled, a byddwch chi'n cael eich gorthrymu a'ch sathru dan draed am
weddill eich bywydau. 34 Bydd gweld hyn yn eich gyrru chi'n wallgof!
35 Bydd yr Arglwydd yn gwneud i'ch gliniau a'ch coesau chwyddo – byddwch chi mewn poen drosoch, o'r corun i'r sawdl.
36 Bydd yr Arglwydd yn eich gyrru chi, a'r brenin fyddwch chi wedi'i benodi drosoch, at bobl dydych chi a'ch hynafiaid yn gwybod dim amdanyn nhw, ac yno byddwch
chi'n addoli duwiau o bren a charreg. 37 Byddwch chi'n achos dychryn, ac wedi'ch
gwneud yn esiampl ac yn destun sbort i'r bobloedd y bydd yr Arglwydd yn eich gyrru chi atyn nhw.

38 Byddwch chi'n hau lot fawr o had, ond yn medi ychydig iawn. Bydd locustiaid yn ei ddifetha.

39 Byddwch yn plannu gwinllannoedd a gofalu amdanyn nhw, ond gewch chi ddim yfed y gwin na chasglu'r grawnwin. Bydd pryfed yn eu bwyta nhw!

40 Bydd coed olewydd drwy'r wlad i gyd, ond gewch chi ddim rhoi'r olew ar eich wynebau. Bydd yr olewydd yn syrthio o'r coed cyn aeddfedu.

41 Byddwch yn magu plant – bechgyn a merched – ond yn eu colli nhw. Byddan nhw'n cael eu cymryd yn gaethion.

42 Bydd locustiaid swnllyd yn difetha'r coed a'r cnydau.

43 Bydd y bobl o'r tu allan sy'n byw gyda chi yn troi'n fwy cyfoethog ac yn llwyddo,
a byddwch chi'n mynd yn is ac yn dlotach. 44 Byddan nhw'n benthyg i chi, ond
fyddwch chi ddim yn benthyg iddyn nhw. Nhw fydd yn arwain a chi fydd yn dilyn!

45 "Bydd y melltithion yma i gyd yn dod arnoch chi. Fydd dim dianc, a byddwch yn cael eich
dinistrio, am eich bod heb fod yn ufudd i'r ARGLWYDD eich Duw, a heb gadw'r gorchmynion
a'r canllawiau roddodd e i chi. 46 Bydd y cwbl yn arwydd clir fydd yn gwneud i bobl ryfeddu
atoch chi a'ch disgynyddion.

47 "Wnaethoch chi ddim defnyddio'r digonedd oedd gynnoch chi i wasanaethu'r ARGLWYDD
eich Duw, a rhoi eich hunain yn llwyr i wneud hynny, 48 felly byddwch chi'n gwasanaethu'r
gelynion wnaeth yr ARGLWYDD eu hanfon i ymosod arnoch chi. Byddwch chi'n dioddef o newyn
a syched, yn noeth ac yn dlawd. Byddan nhw'n gosod iau haearn ar eich gwar, a gwneud i chi
weithio mor galed nes bydd yn ddigon i'ch lladd chi!

49 "Bydd yr ARGLWYDD yn gwneud i bobl o wlad bell godi'n eich erbyn chi. Byddan nhw'n
dod o ben draw'r byd ac yn plymio i lawr arnoch chi fel eryr. Fyddwch chi ddim yn deall eu
hiaith nhw. 50 Pobl greulon, yn dangos dim parch at yr henoed, a dim trugaredd at bobl ifanc.
51 Byddan nhw'n dwyn eich anifeiliaid chi, a chnydau'r tir i gyd, nes byddwch chi wedi'ch
dinistrio'n llwyr. Fydd gynnoch chi ddim ŷd, sudd grawnwin, olew olewydd, lloi nac ŵyn ar
ôl. 52 Byddan nhw'n gwarchae ar giatiau'ch trefi amddiffynnol chi ac yn ymosod ar y waliau
uchel nes byddan nhw wedi syrthio – a chithau'n rhoi cymaint o ffydd yn y trefi yma! Byddan
nhw'n gwarchae[a] ar drefi drwy'r wlad i gyd, 53 a'ch cau chi i mewn, a bydd pethau'n mynd mor
ofnadwy nes byddwch chi'n bwyta'ch plant – ie, bwyta cnawd eich meibion a'ch merched!
54-55 Bydd y dyn mwyaf tyner a charedig yn bwyta cnawd ei blant (am fod dim byd arall ar ôl
i'w fwyta), a bydd e'n gwrthod rhannu gyda'i frawd, neu'r wraig mae'n ei charu, a'i blant
eraill. Dyna i chi pa mor ddrwg fydd pethau pan fydd y gelyn yn gwarchae arnoch chi a'ch
cau chi i mewn yn y trefi! 56-57 Bydd y wraig fwyaf addfwyn a charedig (sydd wedi cael bywyd
braf, ac erioed wedi gorfod cerdded heb esgidiau), yn gwrthod rhannu gyda'r gŵr mae'n ei
garu, a'i meibion a'i merched. Bydd canlyniadau'r gwarchae mor ofnadwy, bydd hi'n geni
plentyn, ac yna'n dawel fach yn bwyta'r brych a'r plentyn. Dyna pa mor ddrwg fydd pethau
pan fydd y gelyn yn gwarchae arnoch chi a'ch cau chi i mewn yn y trefi!

58 "Rhaid i chi wneud popeth mae'r gyfraith yn ei ddweud, sef beth sydd wedi'i ysgrifennu
yn y sgrôl yma. A rhaid i chi barchu enw gwych a rhyfeddol yr ARGLWYDD eich Duw. 59 Os
na wnewch chi, bydd e'n eich cosbi chi a'ch disgynyddion yn drwm – salwch tymor hir ac
afiechydon marwol. 60 Byddwch yn dal yr heintiau ofnadwy wnaeth daro'r Aifft, a fydd dim
iachâd. 61 Bydd yr ARGLWYDD yn eich taro chi gyda pob math o afiechydon – rhai does dim sôn
amdanyn nhw yn sgrôl y Gyfraith. Byddwch wedi'ch dinistrio'n llwyr yn y diwedd. 62 Ar un
adeg, roedd cymaint ohonoch chi ag sydd o sêr yn yr awyr, ond fydd bron neb ar ôl, am eich
bod wedi gwrthod gwrando ar yr ARGLWYDD eich Duw.

63 "Dyma beth fydd yn digwydd: Yn union fel roedd yr ARGLWYDD wrth ei fodd yn gwneud
i chi lwyddo a lluosogi, bydd wrth ei fodd yn eich dinistrio a'ch difetha chi. Byddwch yn
cael eich symud o'r wlad dych chi ar fin ei chymryd drosodd. 64 Bydd yr ARGLWYDD yn eich

---

a 28:52 *gwarchae* Pan oedd byddin yn ymosod ar ddinas, roedd yn amgylchynu'r ddinas a'i thorri i ffwrdd fel bod neb yn gallu mynd i mewn nac allan.

gyrru chi ar chwâl drwy'r gwledydd i gyd, a bydd rhaid i chi addoli eilun-dduwiau o bren
a charreg – duwiau dych chi a'ch hynafiaid yn gwybod dim amdanyn nhw. 65 Fyddwch chi'n
cael dim llonydd na gorffwys yn y gwledydd hynny. Bydd yr ARGLWYDD yn eich gwneud chi'n
anesmwyth, yn ddigalon a diobaith. 66 Bydd eich bywyd yn y fantol. Nos a dydd byddwch ofn
marw, heb sicrwydd y byddwch chi'n dal yn fyw y diwrnod wedyn. 67 Bydd amser yn llusgo,
a fyddwch chi byth yn hapus – bydd y pethau gwaethaf allwch chi eu dychmygu yn digwydd
i chi! 68 Bydd yr ARGLWYDD yn eich rhoi chi ar long, a'ch gyrru chi'n ôl i'r Aifft ar hyd llwybr
roeddwn i wedi dweud fyddech chi byth yn ei weld eto. Yno byddwch yn ceisio gwerthu'ch
hunain yn gaethweision a chaethferched i'ch gelynion, ond fydd neb eisiau'ch prynu chi."

Yr Ymrwymiad yn Moab

29 Dyma amodau'r ymrwymiad wnaeth yr ARGLWYDD orchymyn i Moses ei wneud
gyda phobl Israel pan oedden nhw ar dir Moab. Roedd hwn yn ychwanegol i'r
ymrwymiad wnaeth e gyda nhw ar Fynydd Sinai.[b] 2 Dyma Moses yn galw pobl Israel at ei
gilydd, a dweud wrthyn nhw: "Dych chi wedi gweld popeth wnaeth yr ARGLWYDD yn yr Aifft
i'r Pharo a'i swyddogion, a phawb arall drwy'r wlad. 3 Gwelsoch sut wnaeth e eu cosbi nhw,
a'r gwyrthiau rhyfeddol wnaeth e. 4 Ond dydy'r ARGLWYDD ddim wedi rhoi'r gallu i chi ddeall
y peth hyd heddiw. Does gynnoch chi ddim llygaid sy'n gweld na chlustiau sy'n clywed. 5 Dw
i wedi'ch arwain chi drwy'r anialwch am bedwar deg mlynedd. Dydy'ch dillad chi ddim wedi
difetha, na'ch sandalau chwaith. 6 Dych chi ddim wedi bwyta bara nac yfed gwin neu ddiod
feddwol. A dw i wedi gwneud hyn i gyd er mwyn i chi ddeall mai fi ydy'r ARGLWYDD, eich Duw
chi! 7 Pan gyrhaeddoch chi yma, dyma Sihon, brenin Cheshbon, ac Og, brenin Bashan, yn dod
allan i ryfela yn ein herbyn ni, ond ni wnaeth ennill y frwydr. 8 Dyma ni'n cymryd eu tir nhw,
a'i roi i lwythau Reuben a Gad, a hanner llwyth Manasse.

9 "Felly gwnewch yn siŵr eich bod chi'n cadw amodau'r ymrwymiad yma, a bydd popeth
wnewch chi yn llwyddo. 10 Dych chi i gyd yn sefyll yma heddiw o flaen yr ARGLWYDD eich Duw
– yn arweinwyr y llwythau, henuriaid, swyddogion, dynion, 11 plant, gwragedd, a'r bobl o'r tu
allan sydd gyda chi, yn torri coed ac yn cario dŵr. 12 Dych chi i gyd yma i gytuno i amodau'r
ymrwymiad mae'r ARGLWYDD eich Duw yn ei wneud gyda chi. 13 Heddiw bydd e'n cadarnhau
mai chi ydy ei bobl e, ac mai fe ydy'ch Duw chi, fel gwnaeth e addo i chi ar lw i Abraham,
Isaac a Jacob. 14 A dim chi sydd yma ydy'r unig rai dw i'n gwneud yr ymrwymiad yma gyda
nhw, 15 ond pawb sy'n fodlon sefyll gyda ni o flaen yr ARGLWYDD ein Duw, a hefyd y rhai sydd
ddim wedi'u geni eto.

16 "Dych chi'n gwybod sut roedden ni'n byw yn yr Aifft, a sut roedd rhaid croesi'r gwahanol
wledydd wrth deithio. 17 Dych chi wedi gweld eu pethau ffiaidd nhw, a'u heilun-dduwiau
o bren, carreg, arian ac aur. 18 Gwnewch yn siŵr fod neb yn troi cefn ar yr ARGLWYDD ein Duw,
a dechrau addoli duwiau'r cenhedloedd hynny – gŵr, gwraig, teulu na llwyth. Byddai hynny fel
gadael i wreiddyn sy'n rhoi ffrwyth gwenwynig, chwerw, dyfu yn eich plith chi. 19 Mae person
felly yn clywed amodau'r ymrwymiad yma, ac eto'n dawel fach yn bendithio'i hun a dweud,
'Bydd popeth yn iawn hyd yn oed os gwna i dynnu'n groes!' Mae peth felly yn dinistrio'r tir
da gyda'r tir sych. 20 Fydd yr ARGLWYDD ddim yn maddau i'r person hwnnw. Bydd e'n wyllt
gynddeiriog gydag e, a bydd y melltithion sydd yn y sgrôl yma yn dod arno. Bydd yr ARGLWYDD
yn cael gwared ag e'n llwyr! 21 Bydd yr ARGLWYDD yn ei bigo allan o ganol llwythau Israel i gyd,
yn union fel mae'r melltithion sydd yn sgrôl y Gyfraith yn dweud.

22 "Bydd eich disgynyddion, a phobl sy'n teithio o wledydd pell, yn gweld fel roedd y wlad
wedi dioddef o'r afiechydon a'r trasiedïau wnaeth yr ARGLWYDD eu hanfon. 23 Bydd y tir i gyd
wedi'i ddifetha gan frwmstan a halen a rwbel yn llosgi. Fydd dim yn cael ei blannu a fydd
dim yn tyfu arno. Bydd fel dinistr Sodom a Gomorra, Adma a Seboïm, gafodd eu dinistrio gan

---

b 29:1 *Mynydd Sinai* Hebraeg, "Horeb", sef enw arall ar Fynydd Sinai.
29:8 Deuteronomium 3:12-17 29:23 Genesis 19:24-25

yr ARGLWYDD pan oedd e'n ddig. 24A bydd y cenhedloedd i gyd yn gofyn, 'Pam mae'r ARGLWYDD
wedi gwneud hyn i'r wlad yma? Pam oedd e wedi gwylltio cymaint?' 25A bydd pobl yn ateb,
'Am eu bod nhw wedi troi cefn ar yr ymrwymiad wnaeth yr ARGLWYDD, Duw eu hynafiaid, pan
ddaeth â nhw allan o wlad yr Aifft. 26Roedden nhw wedi troi i addoli duwiau eraill – eilun-
dduwiau doedden nhw'n gwybod dim amdanyn nhw, a ddim i fod i'w haddoli nhw. 27Roedd yr
ARGLWYDD wedi gwylltio'n lân gyda nhw, a dyna pam wnaethon nhw ddioddef yr holl felltithion
mae'r sgrôl yma'n sôn amdanyn nhw. 28Dyma'r ARGLWYDD yn eu diwreiddio nhw, a'u gyrru
i wlad arall. Roedd yn flin, ac wedi digio'n lân gyda nhw.'
29"Mae yna rai pethau, dim ond yr ARGLWYDD sy'n gwybod amdanyn nhw; ond mae pethau
eraill sydd wedi'u datguddio i ni a'n disgynyddion, er mwyn i ni bob amser wneud beth
mae'r gyfraith yn ei ddweud.

Bydd Israel yn troi yn ôl at yr ARGLWYDD

30 "Pan fyddwch chi wedi profi'r holl fendithion a melltithion yma dw i'n eu gosod
o'ch blaen chi, byddwch chi'n meddwl eto am beth ddwedais i pan fyddwch yn
y gwledydd lle bydd yr ARGLWYDD eich Duw wedi'ch gyrru chi. 2Wedyn, os byddwch chi a'ch
disgynyddion yn troi'n ôl at yr ARGLWYDD eich Duw, ac yn bod yn ufudd iddo â'ch holl galon ac
â'ch holl enaid, fel dw i'n gorchymyn i chi heddiw, 3bydd yr ARGLWYDD yn teimlo trueni drosoch
chi ac yn gadael i chi lwyddo eto. Bydd yn eich casglu chi oddi wrth y bobl roedd e wedi'ch
gwasgaru chi i'w canol nhw. 4Hyd yn oed os byddwch chi wedi cael eich gyrru i ben draw'r
byd, bydd yr ARGLWYDD eich Duw yn dod â chi yn ôl. 5Bydd e'n dod â chi i gymryd yn ôl y wlad
wnaeth eich hynafiaid ei meddiannu. Byddwch yn fwy llwyddiannus, a bydd mwy ohonoch
chi nag oedd bryd hynny! 6Bydd yr ARGLWYDD eich Duw yn eich newid chi o'r tu mewn,[c] i'ch
gwneud chi a'ch disgynyddion yn bobl go iawn iddo. Byddwch yn ei garu â'ch holl galon ac
â'ch holl enaid, ac yn cael bywyd!
7"Ond bydd yr ARGLWYDD eich Duw yn melltithio'ch gelynion – y bobl hynny sy'n eich casáu
chi ac yn eich erlid chi. 8Bydd yn ddechrau newydd i chi! Byddwch yn gwrando ar yr ARGLWYDD,
ac yn cadw'r gorchmynion dw i wedi'u rhoi i chi heddiw. 9Bydd yr ARGLWYDD eich Duw yn
gwneud i bopeth wnewch chi lwyddo. Byddwch chi'n cael lot o blant, bydd eich anifeiliaid
yn cael rhai bach, a bydd cynnyrch y tir yn llwyddo. Bydd yr ARGLWYDD eich Duw wrth ei fodd
gyda chi, ac yn gwneud i chi lwyddo, fel roedd e wrth ei fodd gyda'ch hynafiaid chi, 10dim
ond i chi fod yn ufudd iddo, a chadw'r gorchmynion a'r rheolau sydd wedi'u hysgrifennu yn
sgrôl y Gyfraith yma. Ond rhaid i chi droi ato â'ch holl galon ac â'ch holl enaid.
11"Dydy beth dw i'n ei orchymyn i chi heddiw ddim yn anodd i'w ddeall, nac yn amhosib
i'w gyrraedd. 12Dydy e ddim yn y nefoedd, fel bod rhaid i rywun ofyn, 'Pwy wnaiff fynd i fyny
i'r nefoedd i'w gael i ni, a'i gyhoeddi er mwyn i ni wneud beth mae'n ddweud?' 13A dydy
e ddim ym mhen draw'r byd, fel bod rhaid gofyn, 'Pwy wnaiff fynd dros y môr i'w gael i ni,
a'i gyhoeddi er mwyn i ni wneud beth mae'n ddweud?' 14Mae'r gorchmynion gen ti wrth law;
ti'n eu deall ac yn gallu'u dyfynnu ar y cof. Felly gwna beth maen nhw'n ddweud.
15"Edrychwch! Dw i wedi rhoi dewis i chi heddiw – bywyd a llwyddiant, neu farwolaeth
a dinistr. 16Beth dw i'n ei orchymyn i chi ydy i chi garu'r ARGLWYDD eich Duw, byw fel mae
e eisiau i chi fyw, a chadw'i orchmynion, ei reolau, a'i ganllawiau. Wedyn byddwch chi'n
byw ac yn llwyddo, a bydd yr ARGLWYDD eich Duw yn eich bendithio yn y wlad dych chi ar fin
ei chymryd.
17"Ond os byddwch chi'n troi oddi wrtho a gwrthod gwrando arno, ac yn cael eich denu
i addoli duwiau eraill, 18dw i'n eich rhybuddio chi, byddwch chi'n cael eich dinistrio! Gewch
chi ddim aros yn hir iawn yn y wlad dych chi'n croesi afon Iorddonen i'w chymryd.
19"Dw i'n galw'r nefoedd a'r ddaear yn dystion yn eich erbyn chi. Dw i'n gosod dewis o'ch
blaen chi – bywyd neu farwolaeth, bendith neu felltith. Felly dewiswch fywyd, a chewch chi

c 30:6 *newid chi o'r tu mewn* Hebraeg, "enwaedu eich calon".

a'ch disgynyddion fyw! 20Rhaid i chi garu'r ARGLWYDD eich Duw, gwrando ar beth mae e'n
ddweud ac aros yn ffyddlon iddo. Fe ydy'r un sy'n rhoi bywyd, a fe fydd yn eich galluogi chi
i fyw yn y wlad wnaeth e addo ei rhoi i'ch hynafiaid chi, Abraham, Isaac a Jacob."

Josua yn cael ei benodi'n olynydd i Moses

(Numeri 27:12-23)

31 Dyma Moses yn annerch pobl Israel i gyd eto, 2a dweud wrthyn nhw, "Dw i'n gant
dau ddeg, a ddim yn gallu mynd a dod fel roeddwn i. Ac mae'r ARGLWYDD wedi dweud
wrtho i na fydda i'n croesi afon Iorddonen. 3Ond bydd yr ARGLWYDD eich Duw yn mynd drosodd
o'ch blaen chi. Bydd e'n dinistrio'r cenhedloedd ac yn cymryd eu tir oddi arnyn nhw. Mae
e wedi dweud mai Josua fydd yn eich arwain chi. 4Bydd yr ARGLWYDD yn eu dinistrio nhw a'u
gwlad, fel y gwnaeth e i Sihon ac Og, brenhinoedd yr Amoriaid. 5Bydd e'n rhoi'r gallu i chi i'w
concro nhw, ond rhaid i chi wedyn wneud yn union fel dw i wedi gorchymyn i chi. 6Byddwch
yn gryf a dewr! Peidiwch bod ag ofn, a pheidiwch panicio. Mae'r ARGLWYDD eich Duw yn mynd
gyda chi. Fydd e byth yn eich siomi chi, nac yn troi'i gefn arnoch chi."
7Yna dyma Moses yn galw Josua ato o flaen pobl Israel, a dweud wrtho, "Bydd yn gryf
a dewr! Ti'n mynd gyda'r bobl yma i'r wlad wnaeth yr ARGLWYDD ei addo i'w hynafiaid nhw.
Ti fydd yn eu galluogi nhw i gymryd y tir. 8Ond mae'r ARGLWYDD ei hun yn mynd o'ch blaen
chi. Bydd e gyda chi; fydd e byth yn eich siomi chi, nac yn troi ei gefn arnoch chi. Peidiwch
bod ag ofn na phanicio."

Darllen y Gyfraith bob saith mlynedd

9Yna dyma Moses yn ysgrifennu'r cyfarwyddiadau yma, a'u rhoi nhw i'r offeiriaid o lwyth
Lefi, sy'n cario Arch ymrwymiad yr ARGLWYDD, ac i arweinwyr Israel i gyd. 10A dyma fe'n
gorchymyn iddyn nhw, "Pob saith mlynedd, ar Ŵyl y Pebyll, pan mae dyledion yn cael eu
canslo, 11a phobl Israel i gyd yn dod o flaen yr ARGLWYDD eich Duw yn y lle mae e wedi'i ddewis,
rhaid i chi ddarllen y cyfarwyddiadau yma iddyn nhw. 12Galwch y bobl at ei gilydd – dynion,
merched a phlant, a'r mewnfudwyr sy'n byw yn eich pentrefi chi – iddyn nhw'u clywed,
dysgu dangos parch at yr ARGLWYDD eich Duw, a gwneud popeth mae'r gyfraith yn ei ddweud.
13Wedyn bydd eu disgynyddion, oedd ddim yn gwybod y gyfraith, yn cael clywed am yr
ARGLWYDD eich Duw, a dysgu ei barchu, tra byddwch chi'n byw yn y wlad dych chi'n croesi
dros afon Iorddonen i'w meddiannu."

Comisiynu Josua

14Yna dyma'r ARGLWYDD yn dweud wrth Moses, "Ti'n mynd i farw cyn bo hir. Galw am
Josua, a dos gydag e i sefyll ym mhabell presenoldeb Duw, er mwyn i mi ei gomisiynu e."
Felly dyma Moses a Josua yn gwneud hynny. 15A dyma'r ARGLWYDD yn ymddangos iddyn nhw
mewn colofn o niwl uwchben drws y babell. 16Yna dyma'r ARGLWYDD yn dweud wrth Moses,
"Ti'n mynd i farw cyn bo hir, a bydd y bobl yma'n anffyddlon i mi ac yn addoli duwiau'r wlad
maen nhw'n mynd i mewn iddi. Byddan nhw'n troi cefn arna i, ac yn torri'r ymrwymiad dw
i wedi'i wneud gyda nhw. 17Bydda i'n digio gyda nhw, ac yn troi cefn arnyn nhw, nes byddan
nhw wedi'u dinistrio. Bydd lot o drychinebau a helyntion yn dod arnyn nhw, a byddan nhw'n
dweud, 'Mae'r pethau ofnadwy yma wedi digwydd i ni am fod ein Duw wedi'n gadael ni.'
18Ond fydda i'n sicr ddim yn eu helpu nhw, am eu bod nhw wedi gwneud cymaint o ddrwg
drwy droi i addoli duwiau eraill. 19Felly ysgrifenna eiriau'r gân yma i lawr, a dysga hi i bobl
Israel ar y cof. Bydd y gân yma'n dystiolaeth gen i yn erbyn pobl Israel.
20"Ar ôl i mi fynd â nhw i'r wlad wnes i addo ei rhoi i'w hynafiaid – tir ffrwythlon lle mae
llaeth a mêl yn llifo – byddan nhw ar ben eu digon. Ond yna byddan nhw'n troi i addoli

31:2 Deuteronomium 1:37; 3:27; 4:21-22; Numeri 20:12 31:4 Deuteronomium 29:7-8; Numeri 21:21-35

duwiau eraill, yn dangos dirmyg ata i ac yn torri amodau'r ymrwymiad wnes i. [21] Wedyn, pan
fydd y trychinebau a'r helyntion yn dod arnyn nhw, bydd y gân yma'n dystiolaeth yn eu
herbyn nhw (Bydd eu disgynyddion yn dal i gofio'r gân.) Dw i'n gwybod yn iawn beth sydd
ar eu meddyliau nhw, hyd yn oed cyn i mi fynd â nhw i mewn i'r wlad dw i wedi addo ei rhoi
iddyn nhw." [22] Felly dyma Moses yn ysgrifennu'r gân i lawr, ac yn ei dysgu hi i bobl Israel.
[23] A dyma'r ARGLWYDD yn comisiynu Josua fab Nwn, "Bydd yn gryf a dewr. Ti sy'n mynd
i arwain pobl Israel i'r wlad dw i wedi addo ei rhoi iddyn nhw. Ond bydda i gyda ti."
[24] Pan oedd Moses wedi gorffen ysgrifennu'r cyfarwyddiadau yma i gyd mewn sgrôl, [25] dyma
fe'n rhoi'r gorchymyn yma i'r dynion o lwyth Lefi oedd yn cario Arch ymrwymiad yr ARGLWYDD:
[26] "Cymerwch sgrôl y Gyfraith, a'i gosod hi wrth ymyl Arch ymrwymiad yr ARGLWYDD eich Duw. Bydd
yna yn dystiolaeth yn eich erbyn chi. [27] Dych chi'n bobl benstiff. Dych chi wedi gwrthryfela yn erbyn
yr ARGLWYDD yr holl amser dw i wedi bod gyda chi, felly sut fyddwch chi ar ôl i mi farw? [28] Casglwch
arweinwyr y llwythau a'r swyddogion at ei gilydd, i mi ddarllen y cwbl iddyn nhw, a bydda i'n galw
ar y nefoedd a'r ddaear i dystio'u bod nhw'n gwybod beth maen nhw i fod i'w wneud. [29] Dw i'n
gwybod beth sy'n mynd i ddigwydd. Ar ôl i mi farw, byddwch chi'n sbwylio popeth drwy droi cefn
ar y ffordd o fyw dw i wedi'i dysgu i chi. Bydd trychineb yn dod arnoch chi yn y dyfodol o ganlyniad
i'r holl ddrwg fyddwch chi'n ei wneud yn pryfocio'r ARGLWYDD i ddigio gyda chi."
[30] Yna dyma Moses yn adrodd geiriau'r gân i bobl Israel i gyd, o'i dechrau i'w diwedd:

Cân Moses

32 Nefoedd a daear,
gwrandwch beth dw i'n ddweud!
2 Bydd beth dw i'n ddweud fel cawod o law,
a'm dysgeidiaeth fel diferion o wlith;
bydd fel glaw yn disgyn ar borfa,
neu law mân ar laswellt.
3 Wrth i mi gyhoeddi enw'r ARGLWYDD,
dwedwch mor fawr yw ein Duw!
4 Mae e fel craig, a'i waith yn berffaith;
mae bob amser yn gwneud beth sy'n iawn.
Bob amser yn deg ac yn onest –
yn Dduw ffyddlon sydd byth yn anghyfiawn.
5 Ond mae ei bobl wedi bod yn anffyddlon,
a heb ymddwyn fel dylai ei blant – a dyna'r drwg.
Maen nhw'n genhedlaeth anonest, sy'n twyllo.
6 Ai dyma sut dych chi'n talu'n ôl i'r ARGLWYDD?
Dych chi'n bobl mor ffôl!
Onid fe ydy'ch tad chi, wnaeth eich creu chi?
Fe sydd wedi'ch llunio chi, a rhoi hunaniaeth i chi!
7 Cofiwch y dyddiau a fu;
meddyliwch beth ddigwyddodd yn y gorffennol:
gofynnwch i'ch rhieni a'r genhedlaeth hŷn –
byddan nhw'n gallu dweud wrthoch chi.
8 Pan roddodd y Goruchaf dir i'r cenhedloedd,
a rhannu'r ddynoliaeth yn grwpiau,
gosododd ffiniau i'r gwahanol bobloedd
a rhoi angel i ofalu am bob un.[ch]

---

ch 32:8 *a rhoi angel ... bob un* Sgroliau'r Môr Marw, ac un cyfieithiad hynafol. Hebraeg, "yn ôl nifer meibion Israel".

9 Ond cyfran yr ARGLWYDD ei hun oedd ei bobl;
pobl Jacob oedd ei drysor sbesial.
10 Daeth o hyd iddyn nhw mewn tir anial;
mewn anialwch gwag a gwyntog.
Roedd yn eu cofleidio a'u dysgu,
a'u hamddiffyn fel cannwyll ei lygad.
11 Fel eryr yn gwthio'i gywion o'r nyth,
yna'n hofran a'u dal ar ei adenydd,
dyma'r ARGLWYDD yn codi ei bobl
ar ei adenydd e.
12 Yr ARGLWYDD ei hun oedd yn eu harwain,
nid rhyw dduw estron oedd gyda nhw.

13 Gwnaeth iddyn nhw goncro'r wlad heb rwystr,[d]
a chawson nhw fwyta o gynnyrch y tir.
Rhoddodd fêl iddyn nhw ei sugno o'r creigiau,
olew olewydd o'r tir caregog,
14 caws colfran o'r gwartheg, a llaeth o'r geifr,
gyda braster ŵyn, hyrddod a geifr Bashan.
Cefaist fwyta'r gwenith gorau
ac yfed y gwin gorau.

15 Ond dyma Israel onest[dd] yn pesgi, a dechrau strancio –
magu bloneg a mynd yn dewach a thewach!
Yna troi cefn ar y Duw a'i gwnaeth,
a sarhau y Graig wnaeth ei hachub;
16 ei wneud yn eiddigeddus o'r duwiau paganaidd,
a'i bryfocio gyda'u heilunod ffiaidd.
17 Aberthu i gythreuliaid, nid i Dduw –
duwiau doedden nhw'n gwybod dim amdanyn nhw;
y duwiau diweddaraf,
duwiau doedd eich hynafiaid yn gwybod dim amdanyn nhw.
18 Anwybyddu'r Graig wnaeth dy genhedlu,
ac anghofio'r Duw ddaeth â ti i fod.

19 Gwelodd yr ARGLWYDD hyn, a'u gwrthod,
am fod ei feibion a'i ferched wedi'i wylltio.
20 Meddai, "Dw i'n mynd i droi cefn arnyn nhw,
a gweld beth fydd yn digwydd iddyn nhw.
Maen nhw'n genhedlaeth anonest,
yn blant sydd mor anffyddlon.
21 Maen nhw wedi fy ngwneud i'n eiddigeddus gyda'u duwiau ffals,
a'm digio gyda'u delwau diwerth.
Bydda i'n gwneud i chi fod yn eiddigeddus o rai nad ydyn nhw'n genedl,
a'ch gwneud yn ddig drwy fendithio pobl sy'n deall dim.
22 Mae tân wedi'i gynnau – dw i mor ddig!
Bydd yn llosgi i ddyfnder y ddaear.
Bydd yn difa'r tir a'i gynnyrch,
ac yn llosgi hyd sylfeini'r mynyddoedd.

---

d 32:13 *goncro'r wlad heb rwystr* Hebraeg, "marchogaeth ar dir uchel". dd 32:15 *Israel onest* Hebraeg, *Jeshwrwn*. Llysenw am Israel oedd yn golygu "yr un gonest".

23 Bydd trychinebau di-baid yn eu taro;
bydda i'n defnyddio fy saethau i gyd.
24 Byddan nhw'n marw o newyn,
yn cael eu dinistrio gan haint,
a brathiadau chwerw anifeiliaid gwyllt
a nadroedd gwenwynig.
25 Bydd cleddyf yn lladd pobl y tu allan,
a phawb yn cuddio yn eu dychryn y tu mewn –
dynion a merched ifanc, plant bach a henoed.

26 Gallwn fod wedi dweud, 'Dw i am eu torri nhw'n ddarnau,
a gwneud i bobl anghofio eu bod nhw wedi bodoli.
27 Ond roedd gen i ofn ymateb y gelynion;
y bydden nhw'n camddeall ac yn dweud,
"Ni sydd wedi ennill! Ni sydd wedi gwneud hyn!
Dydy'r ARGLWYDD wedi gwneud dim!" '

28 Does gan bobl Israel ddim sens!
Dŷn nhw'n deall dim!
29 Petaen nhw'n ddoeth, bydden nhw'n deall,
ac yn sylweddoli beth fydd yn digwydd yn y diwedd."
30 Sut mae un gelyn yn gallu gwneud i fil o Israel ffoi,
a dau yn gyrru deg mil ar ffo,
oni bai fod eu Craig wedi'u gwerthu nhw,
a'r ARGLWYDD wedi gadael iddyn nhw fynd?
31 Dydy 'craig' ein gelynion ddim fel ein Craig ni –
mae'r gelynion eu hunain yn cydnabod hynny!
32 Mae eu gwreiddiau'n mynd yn ôl i Sodom,
a'u gwinwydden yn tyfu ar gaeau teras Gomorra.
Mae eu grawnwin yn llawn gwenwyn,
a'u sypiau o ffrwyth yn chwerw.
33 Mae'r gwin fel gwenwyn nadroedd,
gwenwyn marwol gwiberod.

34 "Onid ydw i'n cofio'r cwbl?" meddai'r ARGLWYDD,
"Onid ydw i wedi'i gadw dan glo yn fy stordai?
35 Fi sy'n dial, ac yn talu nôl.
Byddan nhw'n llithro –
mae trychineb ar fin digwydd iddyn nhw,
a'r farn sydd i ddod yn rhuthro draw!"

36 Bydd yr ARGLWYDD yn rhyddhau ei bobl,
ac yn tosturio wrth ei weision,
wrth weld eu bod nhw heb nerth,
a bod neb ar ôl, yn gaeth nac yn rhydd.
37 Bydd e'n gofyn, "Ble mae eu duwiau nhw nawr?
Ble mae'r graig lle roedden nhw'n ceisio cysgodi
38 – y duwiau wnaeth fwyta eu haberthau gorau,
ac yfed gwin yr offrymau o ddiod?
Gadewch iddyn nhw'ch helpu chi;
gadewch iddyn nhw edrych ar eich ôl chi!

39 Dw i eisiau i chi ddeall mai fi, ie fi ydy e!
Does dim duw arall ar wahân i mi.

Mae gen i awdurdod i ladd ac i roi bywyd,
awdurdod i anafu ac i iacháu,
a does neb yn gallu fy stopio!
40 Dw i'n addo ar fy llw,
'Mor sicr â'm bod i yn byw am byth,
41 dw i'n mynd i hogi fy nghleddyf disglair,
a gafael ynddo i gosbi;
Dw i'n mynd i ddial ar y gelynion,
a thalu'n ôl i'r rhai sy'n fy nghasáu!
42 Bydd fy saethau wedi meddwi ar waed,
a'm cleddyf yn darnio cnawd –
gwaed y rhai wedi'u lladd a'r caethion,
prif arweinwyr y gelyn!' "

43 Llawenhewch, genhedloedd, gyda'i bobl;
bydd yn dial am ladd ei weision.
Mae'n mynd i ddial ar y gelynion,
a gwneud iawn am beth a wnaethon
i'w dir ac i'w bobl.

44 Yna dyma Moses yn mynd gyda Josua fab Nwn, ac yn adrodd geiriau'r gân i'r bobl
i gyd. 45-46 Ar ôl gwneud hynny, dyma Moses yn dweud wrthyn nhw, "Cofiwch bopeth dw
i wedi'i ddweud wrthoch chi heddiw. Dysgwch eich plant i wneud popeth mae'r gyfraith
yma'n ddweud. 47 Dim geiriau gwag ydyn nhw – dyma'ch bywyd chi! Os cadwch chi nhw,
byddwch chi'n byw yn hir yn y tir dych chi ar fin croesi'r Iorddonen i'w gymryd drosodd."

Duw yn gadael i Moses weld y wlad wnaeth e addo

48 Yna, ar yr un diwrnod, dyma'r ARGLWYDD yn dweud wrth Moses, 49 "Dos i fyny bryniau
Afarîm, a dringo i ben Mynydd Nebo (sydd ar dir Moab, gyferbyn â Jericho), i ti gael gweld
Canaan, y wlad dw i'n ei rhoi i bobl Israel. 50 Byddi di'n marw ar ben y mynydd, fel buodd dy
frawd Aaron farw ar ben Mynydd Hor. 51 Roedd y ddau ohonoch chi wedi gwrthryfela yn fy
erbyn i pan oeddech chi gyda phobl Israel wrth Ffynnon Meriba yn Cadesh yn Anialwch Sin.
Wnaethoch chi ddim dangos parch ata i o flaen pobl Israel. 52 Felly byddi'n cael gweld y tir
o dy flaen di, ond fyddi di ddim yn cael mynd i mewn i'r wlad dw i'n ei rhoi i bobl Israel."

Cyhoeddi Bendith Duw ar lwythau Israel

33 Dyma'r fendith wnaeth Moses, dyn Duw, ei chyhoeddi dros bobl Israel cyn iddo farw:

2 "Daeth yr ARGLWYDD o Fynydd Sinai;
roedd fel y wawr yn torri o gyfeiriad Edom.
Roedd yn disgleirio o Fynydd Paran,
ac yn dod allan gyda deg mil o angylion,
a mellt yn saethu o'i law dde.
3 Mae'n amlwg ei fod yn caru'r bobl,
ac yn gofalu am y rhai sydd wedi'u cysegru iddo.
Maen nhw'n gwrando ar ei eiriau, ac yn addoli wrth ei draed.
4 Rhoddodd Moses gyfraith i ni;
rhodd sbesial i bobl Jacob.
5 Yr ARGLWYDD oedd brenin Israel onest[e]
pan ddaeth arweinwyr y bobl a llwythau Israel at ei gilydd.

e 33:5 *Israel onest* Hebraeg, *Jeshwrwn*. Llysenw am Israel oedd yn golygu "yr un gonest".

6 Boed i Reuben gael byw, nid marw,
ond fydd ei bobl ddim yn niferus."

7Yna meddai am Jwda:

"Gwranda, ARGLWYDD, ar lais Jwda,
ac una fe gyda'i bobl.
Rho nerth rhyfeddol iddo,
a helpa fe i ymladd yn erbyn ei elynion."

8Yna meddai am Lefi:

"I Lefi rhoddaist y Thwmim a'r Wrim,
i'r gwas oedd wedi'i gysegru.
Profaist e wrth Massa,
a dadlau gydag e wrth Ffynnon Meriba.
9 Dwedodd wrth ei rieni, 'Dw i erioed wedi'ch gweld',
wrth ei frodyr a'i chwiorydd, 'Pwy ydych chi?',
ac wrth ei blant, 'Dw i ddim yn eich nabod chi,'
am fod gwneud beth rwyt ti'n ddweud,
ac amddiffyn dy ymrwymiad yn bwysicach ganddo.[f]
10 Nhw sy'n dysgu dy ganllawiau i Jacob,
a'th gyfarwyddiadau i Israel.
Nhw sy'n cyflwyno arogldarth sy'n arogli'n hyfryd,
ac offrymau cyflawn ar dy allor.
11 O ARGLWYDD, bendithia ei eiddo,
a chael pleser o'r gwaith mae'n ei wneud.
Torra goesau unrhyw un sy'n ymosod arno,
a'r rhai sy'n ei gasáu, nes eu bod nhw'n methu sefyll."

12Yna meddai am Benjamin:

"Bydd yr un sy'n annwyl gan yr ARGLWYDD
yn byw yn saff wrth ei ymyl.
Bydd Duw yn ei amddiffyn bob amser;
bydd yr ARGLWYDD yn ei gadw'n saff."

13Yna meddai am Joseff:

"Boed i'r ARGLWYDD fendithio ei dir,
a rhoi cnydau da gyda gwlith o'r awyr,
a'r dŵr sy'n ddwfn dan y ddaear;
14 cnydau wedi tyfu dan wenau'r haul
ac yn aeddfedu o fis i fis;
15 cnydau'n tyfu ar ben y mynyddoedd hynafol,
a'r cynhaeaf sy'n aeddfedu ar y bryniau;
16 y cnydau gorau all y tir ei roi,
a ffafr yr Un oedd yn y berth oedd ar dân.

Bendith Duw ar ben Joseff –
ar ben yr un oedd y blaenaf o'i frodyr.
17 Mae iddo anrhydedd fel y tarw cyntaf,
ac mae ei gyrn fel rhai ych gwyllt,

---

f 33:8-9 *Profaist ... yn bwysicach ganddo* cyfeiriad at beth ddigwyddodd yn Exodus 32:35-39.

i gornio'r bobloedd i ben draw'r byd –
dyma ddegau o filoedd Effraim a miloedd Manasse."

18 Yna meddai am Sabulon:

"Bydd lawen, Sabulon, pan fyddi'n mynd allan,
ac Issachar, pan fyddi yn dy bebyll.
19 Byddan nhw'n galw pobloedd at eu mynydd,
ac yno'n cyflwyno aberthau iawn.
Byddan nhw'n derbyn cyfoeth o'r moroedd,
ac yn casglu trysorau o dywod y traeth."

20 Yna meddai am Gad:

"Bendith ar yr Un sy'n gwneud i Gad lwyddo!
Bydd yn aros fel llew,
yna'n rhwygo'r fraich a'r pen.
21 Mae wedi dewis y rhan orau iddo'i hun –
rhan un sy'n rheoli.
Daeth gydag arweinwyr y bobl,
yn ufudd i ofynion da yr ARGLWYDD,
a'i ganllawiau i bobl Israel."

22 Yna meddai am Dan:

"Mae Dan fel llew ifanc;
bydd yn llamu allan o Bashan."

23 Yna meddai am Nafftali:

"O Nafftali, sy'n gorlifo o ffafr,
ac wedi dy fendithio gymaint gan yr ARGLWYDD,
dos i gymryd dy dir i'r gorllewin a'r de."

24 Yna meddai am Asher:

"Mae Asher wedi'i fendithio fwy na'r lleill!
Boed i'w frodyr ddangos ffafr ato,
a boed iddo drochi ei draed mewn olew olewydd.
25 Bydd y bariau ar dy giatiau o haearn a phres;
byddi'n saff tra byddi byw.

26 Does neb tebyg i dy Dduw, o Israel onest;[ff]
mae'n hedfan drwy'r awyr i dy helpu,
a'r cymylau yn gerbyd i'w fawrhydi.
27 Mae'r Duw sydd o'r dechrau'n le diogel,
a'i freichiau tragwyddol oddi tanat.
Mae wedi gyrru dy elynion ar ffo,
ac wedi gorchymyn eu dinistrio.

28 Mae Israel yn cael byw yn saff,
ac mae pobl Jacob yn ddiogel,
mewn gwlad o ŷd a grawnwin;
lle mae gwlith yn disgyn o'r awyr.
29 Rwyt wedi dy fendithio, Israel!
Oes pobloedd eraill tebyg i ti? –

---

ff 33:26 *Israel onest* Hebraeg, *Jeshwrwn*. Llysenw am Israel oedd yn golygu "yr un gonest".

Pobl sydd wedi'ch achub gan yr ARGLWYDD,
Fe ydy'r darian sy'n eich amddiffyn,
a'r cleddyf gwych sy'n ymladd ar eich ran.
Boed i'ch gelynion grynu o'ch blaen,
a chithau'n sathru ar eu cefnau!"

Moses yn marw

34 Yna dyma Moses yn mynd o wastatir Moab i ben Mynydd Nebo, ac i gopa Pisga,
sydd gyferbyn â Jericho. Dangosodd yr ARGLWYDD y wlad gyfan iddo – o Gilead i Dan,
2 tir Nafftali i gyd, Effraim a Manasse, tir Jwda i gyd yr holl ffordd draw i'r môr, 3 y Negef a'r
gwastatir o ddyffryn Jericho (tref y coed palmwydd), yr holl ffordd i Soar. 4 Yna meddai'r
ARGLWYDD wrtho, "Dyma'r wlad wnes i ei haddo i Abraham, Isaac a Jacob pan ddwedais, 'Dw
i'n mynd i'w rhoi hi i'ch disgynyddion chi.' Dw i wedi gadael i ti ei gweld, ond dwyt ti ddim
yn mynd i gael croesi drosodd yno."
5 Felly dyma Moses, gwas yr ARGLWYDD, yn marw yno yn Moab, fel roedd yr ARGLWYDD wedi
dweud. 6 Cafodd ei gladdu yng ngwlad Moab wrth ymyl Beth-peor, ond does neb yn gwybod yn
union yn lle hyd heddiw. 7 Roedd Moses yn 120 oed pan fuodd farw, ond roedd yn dal i weld
yn glir, ac mor gryf ag erioed. 8 Buodd pobl Israel yn galaru ar ôl Moses ar wastatir Moab am
fis cyfan. Yna daeth y cyfnod o alar i ben.
9 Cyn i Moses farw, roedd e wedi gosod ei ddwylo ar Josua fab Nwn, ac roedd yr ARGLWYDD
wedi gwneud Josua yn berson doeth iawn. Roedd pobl Israel yn gwrando arno ac yn gwneud
yn union fel roedd yr ARGLWYDD wedi dweud wrth Moses.

Teyrnged i Moses

10 Fuodd yna erioed broffwyd arall tebyg i Moses yn Israel – roedd Duw yn delio gydag
e wyneb yn wyneb. 11 Gwnaeth bopeth roedd yr ARGLWYDD wedi'i anfon i'r Aifft i'w wneud.
Gwnaeth wyrthiau rhyfeddol yn erbyn y Pharo a'i swyddogion, a phawb arall drwy'r wlad.
12 Roedd Moses wedi dangos nerth mawr a gwneud pethau rhyfeddol o flaen pobl Israel i gyd.

Josua

Josua yn cael ei wneud yn arweinydd Israel

1 Ar ôl i Moses, gwas yr ARGLWYDD, farw, dyma'r ARGLWYDD yn dweud wrth Josua, gwas
Moses: [2]"Mae Moses fy ngwas wedi marw. Dos, a chroesi afon Iorddonen. Dw i eisiau
i ti arwain y bobl yma i'r tir dw i'n ei roi i chi. [3]Fel gwnes i addo i Moses, dw i'n mynd i roi
i chi bob modfedd sgwâr fyddwch chi'n cerdded arni. [4]Bydd eich tir yn ymestyn yr holl ffordd
o'r diffeithwch yn y de i Fryniau Libanus yn y gogledd. A'r holl ffordd o afon Ewffrates yn
y dwyrain (gan gynnwys gogledd Syria hefyd)[a] i Fôr y Canoldir yn y gorllewin. [5]Bydda i gyda
ti, fel roeddwn i gyda Moses. Fydd neb yn gallu dy stopio di tra byddi di byw. Wna i ddim dy
siomi di na dy adael di. [6]Bydd yn gryf a dewr. Ti'n mynd i arwain y bobl yma i goncro'r wlad
wnes i addo ei rhoi i'w hynafiaid. [7]Ond rhaid i ti fod yn gryf ac yn ddewr iawn! Gwna'n siŵr
dy fod yn gwneud popeth mae'r Gyfraith roddodd Moses i ti yn ei ddweud. Paid crwydro
oddi wrthi o gwbl, a byddi di'n llwyddo beth bynnag wnei di. [8]Darllen sgrôl y Gyfraith yma
yn rheolaidd. Myfyria arni ddydd a nos, a'i dysgu, er mwyn i ti wneud beth mae'n ei ddweud.
Dyna sut fyddi di'n llwyddo. [9]Dw i'n dweud eto, bydd yn gryf a dewr! Paid bod ag ofn na
phanicio. Dw i, yr ARGLWYDD dy Dduw, yn mynd i fod gyda ti bob cam o'r ffordd!"

Gorchymyn Josua i'r bobl

[10]Felly dyma Josua yn rhoi'r gorchymyn yma i arweinwyr y llwythau: [11]"Ewch drwy'r gwersyll
a dweud wrth bawb i gael eu hunain yn barod. Y diwrnod ar ôl yfory dych chi'n mynd i groesi
afon Iorddonen, a dechrau concro'r tir mae'r ARGLWYDD eich Duw yn ei roi i chi."
[12]Yna dyma Josua yn troi at lwythau Reuben, Gad, a hanner llwyth Manasse, a dweud:
[13]"Cofiwch beth ddwedodd Moses, gwas yr ARGLWYDD, wrthoch chi. Mae'r ARGLWYDD eich Duw yn
rhoi'r tir yma, sydd i'r dwyrain o afon Iorddonen, i chi setlo i lawr arno. [14]Gall eich gwragedd
a'ch plant a'ch anifeiliaid aros yma, ar y tir roddodd Moses i chi. Ond rhaid i bob dyn sy'n
gallu ymladd groesi'r afon o flaen gweddill eich brodyr, yn barod i frwydro gyda nhw. Rhaid
i chi aros i'w helpu nhw [15]nes bydd yr ARGLWYDD wedi rhoi lle iddyn nhw setlo hefyd, a nes
bydd y tir mae'r ARGLWYDD eich Duw yn ei roi iddyn nhw wedi'i goncro. Wedyn cewch groesi'n
ôl i'r tir wnaeth Moses ei roi i chi, i'r dwyrain o afon Iorddonen."
[16]A dyma nhw'n ateb Josua: "Byddwn ni'n gwneud popeth rwyt ti'n ddweud, a mynd ble
bynnag wnei di'n hanfon ni. [17]Yn union fel gwnaethon ni wrando ar Moses, byddwn ni'n
gwrando arnat ti. Boed i'r ARGLWYDD dy Dduw fod gyda ti, fel roedd e gyda Moses! [18]Os bydd
unrhyw un yn gwrthryfela yn dy erbyn, ac yn gwrthod gwneud beth ti'n ddweud, y gosb fydd
marwolaeth. Felly, bydd yn gryf a dewr!"

Anfon Ysbiwyr i Jericho

2 Dyma Josua fab Nwn yn anfon dau ysbïwr allan o'r gwersyll yn Sittim, a dweud wrthyn
nhw: "Dw i eisiau i chi ddarganfod beth allwch chi am y wlad, yn arbennig tref Jericho."
Felly, i ffwrdd â nhw, a dyma nhw'n mynd i dŷ putain o'r enw Rahab, ac aros yno dros nos.
[2]Ond dyma rywun yn dweud wrth frenin Jericho, "Mae rhai o ddynion Israel wedi dod
yma i ysbïo'r wlad." [3]Felly dyma'r brenin yn anfon milwyr at Rahab, "Tyrd â dy gwsmeriaid
allan – y dynion sydd wedi dod i aros yn dy dŷ di. Ysbiwyr ydyn nhw, wedi dod i edrych dros
y wlad." [4]Ond roedd Rahab wedi cuddio'r dynion, a dyma hi'n ateb, "Mae'n wir, roedd yna
ddynion wedi dod ata i, ond doeddwn i ddim yn gwybod o ble roedden nhw'n dod. [5]Pan oedd

---

a 1:4 *gan gynnwys gogledd Syria* Hebraeg, "tir yr Hethiaid." Roedd gogledd Syria ar ffin ddeheuol Ymerodraeth yr Hethiaid.
1:3-5 Deuteronomium 11:24,25

hi'n tywyllu, a giât y ddinas ar fin cael ei chau dros nos, dyma nhw'n gadael. Dw i ddim yn
gwybod i ba gyfeiriad aethon nhw. Os brysiwch chi, gallwch chi eu dal nhw!" 6(Ond beth
roedd Rahab wedi'i wneud go iawn oedd mynd â'r dynion i ben to'r tŷ, a'u cuddio nhw dan
y pentyrrau o lin roedd hi wedi'u gosod allan yno.)

7Felly dyma weision y brenin yn mynd i chwilio amdanyn nhw ar hyd y ffordd sy'n arwain
at afon Iorddonen, lle mae'r rhydau. A dyma giât y ddinas yn cael ei chau yn syth ar ôl iddyn
nhw fynd.

8Cyn i'r ysbiwyr fynd i gysgu'r noson honno, dyma Rahab yn mynd i fyny i'r to i siarad
gyda nhw. 9Meddai wrthyn nhw, "Dw i'n gwybod yn iawn fod yr ARGLWYDD yn mynd i roi'r
wlad yma i chi. Mae gan bawb eich ofn chi. Mae pawb yn ofni am eu bywydau. 10Dŷn ni wedi
clywed sut wnaeth yr ARGLWYDD sychu'r Môr Coch[b] o'ch blaenau chi pan ddaethoch chi allan
o'r Aifft. A hefyd, sut wnaethoch chi ddinistrio dau frenin yr Amoriaid, Sihon ac Og, yr ochr
arall i afon Iorddonen. 11Pan glywson ni am y peth roedden ni wedi digalonni'n llwyr. Roedd
pawb mewn panig. Mae'r ARGLWYDD eich Duw chi yn Dduw yn y nefoedd uchod ac i lawr yma
ar y ddaear! 12Dw i eisiau i chi fynd ar eich llw, ac addo i mi o flaen yr ARGLWYDD, y byddwch
chi'n arbed bywydau fy nheulu i, fel dw i wedi arbed eich bywydau chi. Rhowch arwydd sicr
i mi 13na fyddwch chi'n lladd neb yn fy nheulu – dad, mam, fy mrodyr a'm chwiorydd, na
neb arall yn y teulu."

14A dyma'r dynion yn addo iddi, "Os wnei di ddim dweud wrth neb amdanon ni, byddwn
ni'n cadw'n haddewid i ti pan fydd yr ARGLWYDD yn rhoi'r wlad yma i ni. Boed i ni dalu gyda'n
bywydau os cewch chi'ch lladd!"

15Yna dyma Rahab yn eu gollwng nhw i lawr ar raff o ffenest ei thŷ. (Roedd wal allanol ei thŷ hi
yn rhan o wal y ddinas.) 16"Ewch i gyfeiriad y bryniau," meddai wrthyn nhw. "Fydd y dynion sydd
ar eich ôl chi ddim yn dod o hyd i chi wedyn. Cuddiwch yno am dri diwrnod, i roi cyfle iddyn nhw
ddod yn ôl. Wedyn gallwch fynd ar eich ffordd." 17Dyma'r dynion yn dweud wrthi, "Allwn ni ddim
ond cadw'r addewid wnaethon ni i ti ar un amod: 18Pan fyddwn ni'n ymosod ar y wlad, rhwyma'r
rhaff goch yma iddi hongian allan o'r ffenest wnaethon ni ddianc drwyddi. A rhaid i ti gasglu dy
deulu i gyd at ei gilydd yn y tŷ – dy dad, dy fam, dy frodyr a dy chwiorydd, a phawb arall. 19Os
bydd unrhyw un yn gadael y tŷ ac yn cael ei ladd, nhw eu hunain fydd ar fai – fydd dim bai arnon
ni. Ond os bydd unrhyw un sydd yn y tŷ yn cael niwed, ni fydd yn gyfrifol. 20Ond os byddi di'n
dweud wrth unrhyw un amdanon ni, fyddwn ni ddim yn gyfrifol am dorri'r addewid."

21"Digon teg," meddai hithau. A dyma hi'n eu hanfon nhw i ffwrdd, ac yn rhwymo'r rhaff
goch i'r ffenest. 22Dyma nhw'n mynd i'r bryniau, ac yn aros yno am dri diwrnod – digon
o amser i'r dynion oedd yn chwilio amdanyn nhw fynd yn ôl. Roedd y rheiny wedi bod yn
edrych amdanyn nhw ym mhobman ar hyd y ffordd, ond wedi methu dod o hyd iddyn nhw.

23Yna dyma'r ddau ddyn yn troi am yn ôl. Dyma nhw'n dod i lawr o'r bryniau, croesi afon
Iorddonen, a mynd at Josua i roi adroddiad iddo o beth oedd wedi digwydd. 24"Does dim
amheuaeth," medden nhw. "Mae'r ARGLWYDD yn mynd i roi'r wlad i gyd i ni! Mae'r bobl i gyd
yn ofni am eu bywydau!"

Pobl Israel yn croesi afon Iorddonen

3 Yn gynnar y bore wedyn, dyma Josua a phobl Israel i gyd yn gadael Sittim a mynd at
yr Iorddonen. Dyma nhw'n aros yno cyn croesi'r afon. 2Ddeuddydd wedyn, dyma'r
arweinwyr yn mynd drwy'r gwersyll 3i roi gorchymyn i'r bobl, "Pan fyddwch chi'n gweld
Arch Ymrwymiad yr ARGLWYDD eich Duw yn cael ei chario gan yr offeiriaid o lwyth Lefi, rhaid
i chi symud o'r fan yma, a dilyn yr Arch. 4Ond peidiwch mynd yn rhy agos ati. Cadwch bellter
o ryw hanner milltir[c] rhyngoch chi a'r Arch. Wedyn byddwch yn gweld pa ffordd i fynd. Dych
chi ddim wedi bod y ffordd yma o'r blaen."

---

b 2:10 *Môr Coch* Hebraeg, "Môr y Brwyn". c 3:4 *hanner milltir* 914 metr.
2:10 a Exodus 14:21; b Numeri 21:21-35

5 A dyma Josua'n dweud wrth y bobl, "Gwnewch eich hunain yn barod![ch] Ewch drwy'r ddefod
o buro eich hunain i'r ARGLWYDD. Mae e'n mynd i wneud rhywbeth hollol ryfeddol i chi yfory."
6 Yna dyma Josua'n dweud wrth yr offeiriaid, "Codwch Arch yr Ymrwymiad ac ewch o flaen
y bobl." A dyma nhw'n gwneud hynny.
7 Dwedodd yr ARGLWYDD wrth Josua, "O heddiw ymlaen dw i'n mynd i dy wneud di'n
arweinydd mawr yng ngolwg pobl Israel. Byddan nhw'n gwybod mod i gyda ti, fel roeddwn
i gyda Moses. 8 Dw i eisiau i ti ddweud wrth yr offeiriaid sy'n cario Arch yr Ymrwymiad, 'Pan
ddewch chi at lan afon Iorddonen, cerddwch i mewn i'r dŵr a sefyll yno.' "
9 Felly dyma Josua'n galw ar bobl Israel, "Dewch yma i glywed beth mae'r ARGLWYDD eich
Duw yn ei ddweud! 10 Dyma sut byddwch chi'n gweld fod y Duw byw gyda chi, a'i fod yn
mynd i yrru allan y Canaaneaid, Hethiaid, Hefiaid, Peresiaid, Girgasiaid, Amoriaid a Jebwsiaid.
11 Edrychwch! Mae Arch Ymrwymiad Meistr y ddaear gyfan yn barod i'ch arwain chi ar draws
afon Iorddonen! 12 Dewiswch un deg dau o ddynion o lwythau Israel – un o bob llwyth. 13 Pan
fydd traed yr offeiriaid sy'n cario Arch yr ARGLWYDD, Meistr y ddaear gyfan, yn cyffwrdd dŵr yr
afon, bydd y dŵr yn stopio llifo ac yn codi'n bentwr."
14 Felly pan adawodd y bobl eu pebyll i groesi'r Iorddonen, dyma'r offeiriaid oedd yn cario
Arch yr Ymrwymiad yn mynd o'u blaenau. 15-16 Roedd hi'n adeg y cynhaeaf, a'r afon wedi
gorlifo. Dyma nhw'n dod at yr afon, a phan gyffyrddodd eu traed y dŵr, dyma'r dŵr yn
stopio llifo. Roedd y dŵr wedi codi'n bentwr gryn bellter i ffwrdd, wrth Adam (tref wrth ymyl
Sarethan). Doedd dim dŵr o gwbl yn llifo i'r Môr Marw.[d] Felly dyma'r bobl yn croesi'r afon
gyferbyn â Jericho. 17 Safodd yr offeiriaid oedd yn cario Arch Ymrwymiad yr ARGLWYDD ar wely
afon Iorddonen, nes oedd pobl Israel i gyd wedi croesi i'r ochr arall ar dir sych.

Codi Cerrig Coffa

4 Pan oedd y genedl gyfan wedi croesi afon Iorddonen, dyma'r ARGLWYDD yn dweud wrth
Josua: 2 "Dewis un deg dau o ddynion – un o bob llwyth. 3 Dwed wrthyn nhw am gymryd
un deg dwy o gerrig o wely'r afon, o'r union fan lle roedd yr offeiriaid yn sefyll. Maen nhw
i fynd â'r cerrig, a'u gosod nhw i lawr lle byddwch chi'n gwersylla heno."
4 Dyma Josua'n galw'r dynion oedd wedi'u penodi at ei gilydd (un dyn o bob llwyth),
5 a dweud wrthyn nhw: "Ewch o flaen Arch yr ARGLWYDD eich Duw i ganol yr Iorddonen. Yno,
mae pob un ohonoch chi i godi carreg ar ei ysgwydd – un garreg ar gyfer pob llwyth. 6 Bydd
y cerrig yn eich atgoffa chi o beth ddigwyddodd yma. Yn y dyfodol, pan fydd eich plant yn
gofyn, 'Beth ydy'r cerrig yma?', 7 gallwch ddweud wrthyn nhw fod afon Iorddonen wedi stopio
llifo o flaen Arch Ymrwymiad yr ARGLWYDD – wrth i'r Arch groesi, fod y dŵr wedi stopio llifo.
A bod y cerrig i atgoffa pobl Israel o beth ddigwyddodd."
8 Felly dyma'r dynion yn gwneud yn union fel dwedodd Josua. Dyma nhw'n codi un deg dwy
o gerrig o ganol afon Iorddonen (fel roedd yr ARGLWYDD wedi gorchymyn i Josua – un garreg
ar gyfer pob llwyth). A dyma nhw'n cario'r cerrig i'r gwersyll, ac yn eu gosod nhw i lawr yno.
9 Gosododd Josua hefyd un deg dwy o gerrig eraill yn yr union fan lle roedd yr offeiriaid oedd
yn cario'r Arch wedi bod yn sefyll. Mae'r cerrig yno hyd heddiw.
10 Safodd yr offeiriaid oedd yn cario'r Arch ar wely afon Iorddonen nes oedd popeth roedd yr
ARGLWYDD wedi'i orchymyn i Josua wedi'i gyflawni. Yn y cyfamser, roedd y bobl yn croesi'r afon
ar frys. 11 Pan oedd pawb wedi croesi, dyma'r Arch a'r offeiriaid oedd yn ei chario yn croesi, a'r
bobl yn eu gwylio. 12 Roedd y dynion o lwyth Reuben, Gad a hanner llwyth Manasse wedi croesi
o flaen pobl Israel, yn barod i ymladd, fel roedd Moses wedi dweud wrthyn nhw. 13 Roedd tua
40,000 o ddynion arfog wedi croesi drosodd i ryfela ar wastatir Jericho. 14 Y diwrnod hwnnw
gwnaeth yr ARGLWYDD Josua yn arweinydd mawr yng ngolwg pobl Israel. Roedden nhw'n ei
barchu e tra buodd e byw, yn union fel roedden nhw wedi parchu Moses.

---

ch 3:5 *Gwnewch eich hunain yn barod!* gw. Lefiticus 7:20,21; 15:2,33; 22:4-8; Deuteronomium 23:10,11.
d 3:15-16 Hebraeg, "Môr yr Araba, sef y Môr Halen".

15 Dyma'r ARGLWYDD yn dweud wrth Josua, 16 "Dwed wrth yr offeiriaid sy'n cario Arch
y Dystiolaeth i ddod i fyny o wely'r Iorddonen." 17 Felly dyma Josua'n gwneud hynny. "Dewch
i fyny o wely'r afon!" meddai wrthyn nhw. 18 Dyma'r offeiriaid oedd yn cario Arch Ymrwymiad
yr ARGLWYDD yn dod. Pan oedden nhw wedi cyrraedd y tir sych, dyma ddŵr yr afon yn dechrau
llifo eto, a gorlifo fel o'r blaen. 19 Roedd hi'r degfed o'r mis cyntaf[dd] pan groesodd y bobl
afon Iorddonen, a gwersylla yn Gilgal sydd i'r dwyrain o Jericho. 20 Dyna lle gwnaeth Josua
osod i fyny yr un deg dwy o gerrig roedden nhw wedi'u cymryd o afon Iorddonen. 21 A dyma
fe'n dweud wrth bobl Israel, "Pan fydd eich plant yn gofyn i'w tadau, 'Beth ydy'r cerrig
yma?' 22 esboniwch iddyn nhw, 'Dyma lle wnaeth pobl Israel groesi afon Iorddonen ar dir
sych.' 23 Roedd yr ARGLWYDD eich Duw wedi sychu dŵr yr Iorddonen o'n blaen ni wrth i ni
groesi drosodd, yn union fel roedd wedi sychu'r Môr Coch[e] pan oedden ni'n croesi hwnnw.
24 Gwnaeth hynny er mwyn i bobl holl wledydd y byd gydnabod fod yr ARGLWYDD yn Dduw
grymus, ac er mwyn i chi ei barchu a'i addoli bob amser."

5 Roedd brenhinoedd yr Amoriaid a'r Canaaneaid wedi digalonni'n lân ac mewn panig
llwyr. Roedden nhw wedi clywed fod yr ARGLWYDD wedi sychu afon Iorddonen er mwyn
i bobl Israel allu croesi drosodd. (Brenhinoedd yr Amoriaid oedd yn teyrnasu i'r gorllewin o'r
Iorddonen, a brenhinoedd y Canaaneaid ar hyd arfordir Môr y Canoldir.)

Cadw'r ddefod o enwaedu yn Gilgal

2 Bryd hynny dyma'r ARGLWYDD yn dweud wrth Josua, "Gwna gyllyll o garreg fflint, a dywed
wrth ddynion Israel am fynd drwy'r ddefod o gael eu henwaedu."[f] 3 A dyma Josua yn gwneud
hynny ar Gibeath-ha-araloth (sef 'Bryn y blaengrwyn'). 4 Y rheswm pam roedd rhaid i Josua
wneud hyn oedd fod y dynion oedd yn ddigon hen i ymladd pan ddaeth pobl Israel allan
o wlad yr Aifft i gyd wedi marw yn yr anialwch. 5 Roedd y dynion hynny wedi'u henwaedu, ond
doedd y rhai gafodd eu geni yn ystod y daith drwy'r anialwch ddim wedi bod drwy'r ddefod
o gael eu henwaedu. 6 Roedd pobl Israel wedi bod yn crwydro yn yr anialwch am bedwar deg
mlynedd, nes bod yr holl ddynion oedd yn ddigon hen i ymladd pan ddaethon nhw allan o'r
Aifft i gyd wedi marw – y dynion hynny oedd wedi bod yn anufudd i'r ARGLWYDD. Roedd yr
ARGLWYDD wedi tyngu llw na fyddai byth yn gadael iddyn nhw weld y wlad roedd wedi addo
ei rhoi iddyn nhw – y wlad ffrwythlon lle roedd llaeth a mêl yn llifo. 7 A bellach, roedd eu
meibion wedi cymryd eu lle. A nhw wnaeth Josua eu henwaedu, am fod eu tadau ddim wedi
cadw'r ddefod yn ystod y cyfnod yn yr anialwch.
8 Ar ôl i'r dynion i gyd gael eu henwaedu, dyma nhw'n aros yn y gwersyll nes roedden nhw
wedi gwella. 9 Yna dyma'r ARGLWYDD yn dweud wrth Josua, "Heddiw dw i wedi symud y cywilydd
eich bod wedi bod yn gaethion yn yr Aifft." (Dyna pam mai Gilgal[ff] ydy'r enw ar y lle hyd heddiw.)
10 Roedd pobl Israel yn gwersylla yn Gilgal ar wastatir Jericho. Pan oedd hi'n nosi ar
ddechrau'r pedwerydd ar ddeg o'r mis cyntaf dyma nhw'n dathlu'r Pasg. 11 A'r diwrnod
wedyn dyma nhw'n bwyta peth o gynnyrch y tir – bara heb furum ynddo, a grawn wedi'i rostio.
12 Dyna'r diwrnod pan wnaeth y manna stopio dod. O'r diwrnod pan ddecheruon nhw fwyta
cynnyrch y tir, gafodd pobl Israel ddim bwyta manna eto. O'r flwyddyn honno ymlaen roedden
nhw'n bwyta cynnyrch gwlad Canaan.

Josua a'r dyn yn dal y cleddyf

13 Pan oedd Josua wrth ymyl Jericho, gwelodd ddyn yn sefyll o'i flaen yn dal cleddyf yn ei
law. Dyma Josua'n mynd ato ac yn gofyn iddo, "Wyt ti ar ein hochr ni, neu gyda'n gelynion

---

dd 4:19 *degfed o'r mis cyntaf* Abib (sydd hefyd yn cael ei alw yn Nisan), sef mis cyntaf y calendr Hebreig, o tua canol Mawrth i ganol Ebrill. Y degfed o'r mis cyntaf oedd dyddiad y Pasg yn yr Aifft hefyd – gw. Exodus 12:2; 13:4. e 4:23 *Môr Coch* Hebraeg, "Môr y Brwyn". f 5:2 *fynd drwy'r ddefod o gael eu henwaedu* Allen nhw ddim dathlu'r Pasg heb fod wedi'u henwaedu (gw. Exodus 12:43-49). ff 5:9 *Gilgal* Mae'r enw "Gilgal" yn swnio fel yr Hebraeg am "symud i ffwrdd".
5:6 Numeri 14:28-35

ni?" [14]A dyma fe'n ateb, "Pennaeth byddin yr ARGLWYDD ydw i. Dw i wedi cyrraedd." Aeth Josua
ar ei wyneb ar lawr o'i flaen, a dweud, "Dy was di ydw i. Beth mae fy meistr eisiau i mi ei
wneud?" [15]A dyma bennaeth byddin yr ARGLWYDD yn ei ateb, "Tyn dy sandalau; ti'n sefyll ar
dir cysegredig!" Felly dyma Josua'n gwneud hynny.

Concro Jericho

6 Roedd giatiau Jericho wedi'u cau'n dynn am fod ganddyn nhw ofn pobl Israel. Doedd
neb yn cael mynd i mewn nac allan o'r ddinas. [2]A dyma'r ARGLWYDD yn dweud wrth Josua,
"Dw i'n mynd i roi dinas Jericho i ti. Byddi di'n concro ei brenin a'i byddin! [3]Dw i eisiau i dy
fyddin di fartsio o gwmpas Jericho un waith bob dydd am chwe diwrnod. [4]Mae saith offeiriad
i gerdded o flaen yr Arch, pob un ohonyn nhw yn cario corn hwrdd.[g] Yna ar y seithfed diwrnod
rhaid martsio o gwmpas y ddinas saith gwaith, gyda'r offeiriaid yn chwythu'r cyrn hwrdd.
[5]Wedyn pan fydd yr offeiriaid yn seinio un nodyn hir ar y cyrn hwrdd, rhaid i'r fyddin i gyd
weiddi'n uchel. Bydd waliau'r ddinas yn syrthio, a bydd y fyddin yn gallu ymosod, a'r dynion
i gyd yn gallu mynd yn syth i mewn i'r ddinas."
[6]Felly dyma Josua fab Nwn yn galw'r offeiriaid ato a dweud wrthyn nhw, "Codwch Arch yr
Ymrwymiad, a rhoi saith offeiriad i fynd o'i blaen, pob un ohonyn nhw yn cario corn hwrdd."
[7]A dyma fe'n dweud wrth y milwyr, "Ymlaen! Martsiwch o gwmpas y ddinas, gyda grŵp
o ddynion arfog yn mynd o flaen Arch yr ARGLWYDD." [8]Ar ôl i Josua ddweud hyn, dyma'r saith
offeiriad yn dechrau symud, pob un yn chwythu ei gorn hwrdd wrth fynd. A dyma Arch
Ymrwymiad yr ARGLWYDD yn dilyn. [9]Roedd gwarchodlu o filwyr yn martsio o flaen a'r tu ôl
i'r offeiriaid oedd yn chwythu'r cyrn hwrdd. [10]Ond roedd Josua wedi dweud wrth y milwyr,
"Peidiwch gweiddi o gwbl. Cadwch yn hollol dawel nes i mi ddweud wrthoch chi am weiddi –
wedyn cewch weiddi nerth eich pen!"
[11]Felly dyma Josua yn gwneud iddyn nhw fynd ag Arch yr ARGLWYDD o gwmpas y ddinas un
waith, cyn mynd yn ôl i'r gwersyll ac aros yno dros nos. [12]Yn gynnar y bore wedyn dyma Josua
yn codi, a chael yr offeiriaid i fynd allan eto, yn cario Arch yr Ymrwymiad. [13]A dyma'r saith
offeiriad yn mynd allan o flaen Arch yr ARGLWYDD, pob un yn chwythu ei gorn hwrdd. Roedd
gwarchodlu o filwyr yn martsio o flaen a'r tu ôl i'r offeiriaid oedd yn chwythu'r cyrn hwrdd.
[14]Dyma nhw'n martsio o gwmpas y ddinas unwaith eto, ar yr ail ddiwrnod, ac yna'n mynd
yn ôl i'r gwersyll. A dyma nhw'n gwneud yr un peth am chwe diwrnod.
[15]Yna ar y seithfed diwrnod dyma nhw'n codi gyda'r wawr, i fartsio o gwmpas y ddinas fel o'r
blaen – ond y tro yma dyma nhw'n mynd o'i chwmpas hi saith gwaith. [16]Y seithfed gwaith rownd,
dyma'r offeiriaid yn chwythu un nodyn hir, a dyma Josua yn dweud wrth y bobl, "Gwaeddwch!
Mae'r ARGLWYDD wedi rhoi'r ddinas i chi! [17]Mae'r ddinas, a phawb a phopeth sydd ynddi, i gael ei
dinistrio'n llwyr, fel offrwm i'r ARGLWYDD. Dim ond Rahab y butain a'r rhai sydd gyda hi yn ei thŷ sydd
i gael byw, am ei bod hi wedi cuddio'r ysbiwyr wnaethon ni eu hanfon. [18]A gwyliwch nad ydych
chi'n cymryd unrhyw beth sydd i fod i gael ei ddinistrio. Os gwnewch chi hynny, byddwch chi'n rhoi
pobl Israel mewn perygl, ac yn achosi dinistr ofnadwy. [19]Yr ARGLWYDD sydd biau popeth wedi'i wneud
o arian neu aur, pres neu haearn. Mae'r pethau hynny i gyd i'w cadw yn stordy'r ARGLWYDD."
[20]Pan glywodd y bobl y corn hwrdd yn seinio, dyma nhw'n gweiddi'n uchel. Syrthiodd wal
y ddinas, a dyma'r milwyr yn mynd yn syth i mewn iddi ac yn ei choncro. [21]Dyma nhw'n lladd
pawb a phopeth byw – dynion a merched, hen ac ifanc, gwartheg, defaid ac asynnod. [22]Ond
roedd Josua wedi dweud wrth y ddau ddyn oedd wedi bod yn ysbïo'r wlad, "Ewch chi i dŷ
y butain, a dod â hi a'i theulu allan yn fyw, fel roeddech chi wedi addo iddi." [23]Felly dyma'r
ysbiwyr ifanc yn mynd i nôl Rahab, a'i thad a'i mam, ei brodyr, a phawb arall o'i theulu.
Aethon nhw â hi a'i theulu i gyd i le saff tu allan i wersyll Israel.
[24]Roedden nhw wedi llosgi'r ddinas a phopeth oedd ynddi, heblaw am y pethau aur ac
arian, pres a haearn gafodd eu rhoi yn stordy tŷ'r ARGLWYDD. [25]Ond roedd Josua wedi gadael

---

g 6:4 *corn hwrdd* Hebraeg, *shoffar*.

i Rahab y butain fyw, a theulu ei thad a phawb arall oedd yn perthyn iddi. Mae ei theulu
hi'n dal i fyw yn Israel hyd heddiw, am ei bod hi wedi cuddio'r dynion roedd Josua wedi'u
hanfon i ysbïo ar Jericho.
26 Pan gafodd dinas Jericho ei dinistrio, roedd Josua wedi tyngu ar lw: "Bydd pwy bynnag
sy'n ceisio ailadeiladu dinas Jericho yn cael ei felltithio gan yr ARGLWYDD. Bydd ei fab hynaf
yn marw pan fydd e'n gosod y sylfeini, a'i fab ifancaf yn marw pan fydd e'n rhoi'r giatiau
yn eu lle!"[ng]
27 Roedd yr ARGLWYDD gyda Josua, ac roedd parch mawr ato drwy'r wlad i gyd.

Pechod Achan a'i gosb

7 Ond roedd pobl Israel wedi bod yn anufudd, a chymryd rhai pethau oedd i fod i gael eu
cadw i'r ARGLWYDD. Roedd dyn o'r enw Achan wedi cymryd rhai o'r pethau oedd piau'r
ARGLWYDD. (Roedd Achan yn fab i Carmi, ac yn ŵyr i Sabdi fab Serach, o lwyth Jwda.) Ac roedd
yr ARGLWYDD wedi digio gyda phobl Israel.
2 Dyma Josua'n anfon dynion o Jericho i ysbïo ar Ai (sydd i'r dwyrain o Bethel, wrth ymyl
Beth-afen). 3 Pan ddaeth y dynion yn ôl, dyma nhw'n dweud wrth Josua, "Paid anfon pawb
i ymladd yn erbyn Ai. Bydd rhyw ddwy neu dair mil o ddynion yn hen ddigon. Does dim pwynt
trafferthu i anfon y fyddin i gyd. Tref fach ydy Ai." 4 Felly dyma ryw dair mil o ddynion arfog
yn mynd, ond dynion Ai wnaeth ennill y frwydr, ac roedd rhaid i ddynion Israel ffoi. 5 Aeth
dynion Ai ar eu holau yr holl ffordd i lawr o giatiau'r dref i'r chwareli. Cafodd tua tri deg
chwech ohonyn nhw eu lladd ar y llethrau. Canlyniad hynny oedd i bobl Israel golli pob hyder.
6 Dyma Josua yn rhwygo'i ddillad, a gorwedd ar ei wyneb ar lawr o flaen Arch yr ARGLWYDD nes
iddi nosi. Roedd arweinwyr Israel yno gydag e, yn taflu pridd ar eu pennau. 7 Gweddïodd Josua,
"O na! Feistr, ARGLWYDD! Pam wyt ti wedi dod â'r bobl yma ar draws afon Iorddonen? Ai er mwyn
i'r Amoriaid ein dinistrio ni? Pam wnaethon ni ddim bodloni ar aros yr ochr arall! 8 Meistr, beth
alla i ei ddweud, ar ôl i Israel orfod ffoi o flaen eu gelynion? 9 Pan fydd y Canaaneaid a phawb
arall sy'n byw yn y wlad yn clywed beth sydd wedi digwydd, byddan nhw'n troi yn ein herbyn ni
a'n dileu ni oddi ar wyneb y ddaear. Be wnei di wedyn i gadw dy enw da?"
10 A dyma'r ARGLWYDD yn ateb Josua, "Cod ar dy draed! Pam wyt ti'n gorwedd ar dy wyneb ar
lawr fel yna? 11 Mae Israel wedi pechu. Maen nhw wedi torri amodau'r ymrwymiad wnes i gyda
nhw! Maen nhw wedi cymryd pethau oedd piau fi – wedi dwyn, a dweud celwydd, a chuddio'r
pethau gyda'u stwff nhw'u hunain. 12 Dyna pam maen nhw wedi ffoi o flaen eu gelynion – am
eu bod nhw i gael eu dinistrio! Dw i ddim yn mynd i fod gyda chi o hyn ymlaen, os na wnewch
chi ddinistrio'r pethau hynny. 13 Dos, a dwed wrth y bobl am fynd drwy'r ddefod o buro'u
hunain erbyn yfory. Mae'r ARGLWYDD, Duw Israel yn dweud, 'Israel, mae yna bethau gynnoch
chi oedd piau fi ac i fod i gael eu dinistrio. Fyddwch chi ddim yn ennill y frwydr yn erbyn eich
gelynion nes byddwch chi wedi cael gwared â'r pethau hynny. 14 Bore fory, dw i eisiau i chi
ddod ymlaen bob yn llwyth. Bydda i'n pigo'r llwyth sy'n euog, a byddan nhw'n dod ymlaen
bob yn glan. Yna'r clan bob yn deulu, ac aelodau'r teulu bob yn un. 15 Bydd y person sy'n cael
ei ddal gyda'r pethau oedd i fod i gael eu cadw i mi, yn cael ei losgi, a'i deulu gydag e. Mae
e wedi torri amodau'r ymrwymiad wnaeth yr ARGLWYDD – peth gwarthus i'w wneud yn Israel!' "
16 Felly dyma Josua'n codi'n gynnar y bore wedyn, a gwneud i bobl Israel ddod ymlaen
bob yn llwyth. Llwyth Jwda gafodd ei ddewis. 17 Yna dyma fe'n gwneud i glaniau Jwda ddod
ymlaen yn eu tro. Clan Serach gafodd ei ddewis. Yna cafodd teulu Sabdi ei ddewis o glan
Serach. 18 A phan ddaeth teulu Sabdi ymlaen bob yn un, dyma Achan yn cael ei ddal (sef
Achan fab Carmi, ŵyr Sabdi fab Serach, o lwyth Jwda).
19 Dyma Josua yn dweud wrth Achan, "Rho glod i'r ARGLWYDD, Duw Israel, a chyffesu iddo.
Dwed beth wnest ti. Paid cuddio dim byd." 20 A dyma Achan yn ateb, "Mae'n wir. Dw i wedi
pechu yn erbyn yr ARGLWYDD, Duw Israel. Dyma ddigwyddodd: 21 Gwnes i weld clogyn hardd

---

ng 6:26 gw. 1 Brenhinoedd 16:34.

o Babilonia,[h] dau gant o ddarnau arian, a bar o aur yn pwyso dros hanner cilogram. Rôn
i eisiau nhw, felly dyma fi'n eu cymryd nhw. Maen nhw wedi'u claddu yn y ddaear o dan fy
mhabell, gyda'r arian yn y gwaelod."

22 Felly dyma Josua yn anfon dynion i edrych yn y babell. A wir, dyna ble roedd y cwbl
wedi'i guddio, gyda'r arian o dan bopeth arall. 23 Dyma nhw'n cymryd y cwbl o'r babell,
a dod ag e at Josua a phobl Israel, a'i osod ar lawr o flaen yr Arglwydd. 24 Yna dyma Josua
a phobl Israel yn mynd ag Achan fab Serach, gyda'i berthnasau a'i eiddo i gyd, i Ddyffryn
Achor. (Aethon nhw â'r arian, y clogyn, y bar aur, ei feibion a'i ferched, ei anifeiliaid, ei babell,
a phopeth arall oedd piau fe gyda nhw.) 25 Meddai Josua yno, "Pam wnest ti ddod â'r drychineb
yma arnon ni? Heddiw mae'r Arglwydd yn mynd i ddod â thrychineb arnat ti!" A dyma bobl
Israel yn taflu cerrig at Achan nes roedd e wedi marw. A dyma nhw'n gwneud yr un peth i'w
deulu, ac yna'n llosgi'r cyrff. 26 Yna codon nhw bentwr mawr o gerrig drosto – sy'n dal yna
hyd heddiw. A dyma'r Arglwydd yn stopio bod yn ddig hefo nhw wedyn. A dyna pam mae'r
lle yn cael ei alw yn Ddyffryn Achor ers hynny (sef 'Dyffryn y Drychineb').

Concro Ai

8 Dyma'r Arglwydd yn dweud wrth Josua, "Paid bod ag ofn na phanicio! Dos â'r fyddin
gyfan i ymosod ar Ai. Dw i'n mynd i roi brenin Ai, ei bobl, ei dref a'i dir, yn dy ddwylo
di. 2 Gwna'r un fath ag a wnest ti i Jericho. Ond y tro yma cei gadw unrhyw stwff rwyt ti eisiau,
a'r anifeiliaid. Gosod filwyr yr ochr arall i'r dref, yn barod i ymosod arni."

3 Felly dyma Josua a'i fyddin gyfan yn paratoi i ymosod ar Ai. Dewisodd 30,000 o'i ddynion
gorau, i'w hanfon allan ganol nos. 4 Dwedodd wrthyn nhw, "Mae rhai ohonoch chi i fynd
i ddisgwyl yr ochr arall i'r dref, mor agos ag y gallwch chi heb gael eich gweld, yn barod
i ymosod arni. 5 Bydda i'n arwain gweddill y fyddin i ymosod o'r un cyfeiriad ag o'r blaen. Pan
ddôn nhw allan o'r dref i ymladd yn ein herbyn ni, fel y gwnaethon nhw'r tro dwetha, byddwn
ni'n troi'n ôl ac yn ffoi o'u blaenau nhw. 6 Byddan nhw'n gadael y dref a dod ar ein holau ni,
gan feddwl ein bod ni'n ffoi oddi wrthyn nhw fel o'r blaen. 7 Wedyn byddwch chi'n dod allan
o'r lle buoch chi'n cuddio ac yn concro'r dre. Bydd yr Arglwydd eich Duw yn ei rhoi yn eich
dwylo chi. 8 Wedyn llosgwch y dref yn llwyr, fel mae'r Arglwydd wedi dweud. Dyna'ch ordors chi."

9 Felly dyma Josua yn eu hanfon nhw i ffwrdd, ac aethon nhw i guddio rhwng Bethel ac
Ai, i'r gorllewin o'r dref. Arhosodd Josua gyda gweddill y bobl. 10 Yna'n gynnar y bore wedyn,
dyma Josua yn casglu gweddill ei fyddin, a dyma fe ac arweinwyr eraill Israel yn eu harwain
nhw i ymosod ar Ai. 11 Dyma nhw'n gwersylla yr ochr arall i'r dyffryn oedd i'r gogledd o Ai.
12 Roedd Josua eisoes wedi anfon pum mil o ddynion i guddio i'r gorllewin o'r dref, rhwng
Bethel ac Ai. 13 Felly roedd pawb yn eu lle – y brif fyddin i'r gogledd o'r dref, a'r milwyr eraill
yn barod i ymosod o'r gorllewin. Yna aeth Josua ei hun i dreulio'r nos ar ganol y dyffryn.

14 Y bore wedyn, pan welodd brenin Ai bobl Israel, dyma fe'n arwain ei fyddin allan i ymladd
yn eu herbyn. Aeth i'r dwyrain, i le oedd yn edrych allan dros Ddyffryn Iorddonen.[i] Doedd
e ddim yn sylweddoli fod dynion yn cuddio yr ochr arall i'r dref. 15 Yna dyma Josua a phobl
Israel yn cymryd arnyn nhw eu bod wedi'u curo, a throi'n ôl i ffoi i gyfeiriad yr anialwch.
16 Cafodd dynion Ai i gyd eu galw allan i fynd ar eu holau. A dyna sut cawson nhw eu harwain
i ffwrdd oddi wrth y dref. 17 Doedd dim dynion o gwbl ar ôl yn Ai nac yn Bethel. Roedden nhw
i gyd wedi mynd ar ôl pobl Israel, ac wedi gadael y dref yn gwbl ddiamddiffyn.

18 Yna dyma'r Arglwydd yn dweud wrth Josua, "Dal dy waywffon i gyfeiriad Ai. Dw i'n rhoi'r
dref yn dy law di." Felly dyma Josua yn dal ei waywffon i gyfeiriad Ai. 19 Pan wnaeth hynny,
dyma'r milwyr oedd yn cuddio yr ochr arall i'r dref yn codi ac yn ymosod arni. Yn syth ar ôl
ei chipio, dyma nhw'n ei rhoi ar dân.

20 Pan edrychodd dynion Ai yn ôl, dyma nhw'n gweld y mwg o'r dre yn codi i'r awyr.
Doedden nhw ddim yn gwybod lle i droi. Yna dyma fyddin Israel, oedd wedi bod yn dianc

---

h 7:21 Hebraeg, *Shinar* sy'n hen enw am wlad Babilon. i 8:14 *Ddyffryn Iorddonen* Hebraeg, "Araba".

oddi wrthyn nhw, yn troi ac yn ymosod arnyn nhw. [21]Roedd Josua a'i fyddin yn gweld fod
y milwyr eraill wedi concro'r dre, a'i rhoi hi ar dân. Felly dyma nhw'n troi'n ôl ac yn ymosod
ar fyddin Ai. [22]Wedyn dyma'r milwyr oedd wedi concro'r dre yn dod allan i ymladd hefyd.
Roedd dynion Ai wedi'u dal yn y canol. Cawson nhw i gyd eu lladd gan filwyr Israel. Wnaeth
neb ddianc. [23]Ond roedden nhw wedi dal brenin Ai yn fyw, a dyma nhw'n mynd ag e at Josua.
[24]Ar ôl lladd pob un o ddynion Ai oedd wedi dod allan i gyfeiriad yr anialwch i ymladd gyda
nhw, aethon nhw yn ôl i Ai a lladd pawb oedd yn dal yn fyw yno. [25]Cafodd poblogaeth Ai i gyd
ei lladd y diwrnod hwnnw – un deg dau o filoedd i gyd. [26]Wnaeth Josua ddim rhoi ei gleddyf
i lawr i roi diwedd ar yr ymladd nes roedd pobl Ai i gyd wedi'u lladd. [27]Ond cafodd Israel
gadw'r anifeiliaid oedd yno, ac unrhyw stwff gwerthfawr roedden nhw am ei gadw, fel roedd yr
ARGLWYDD wedi dweud wrth Josua. [28]Cafodd tref Ai ei llosgi'n ulw gan Josua. Cafodd ei gadael
yn domen o adfeilion. Fyddai neb yn gallu byw yno byth eto – ac felly mae hi hyd heddiw!
[29]Yna dyma Josua yn crogi brenin Ai, a'i adael yn hongian ar bren nes iddi nosi. Wedi i'r
haul fachlud, dyma Josua yn gorchymyn tynnu'r corff i lawr, a dyma nhw'n ei daflu wrth giât
y dref a chodi pentwr mawr o gerrig drosto – mae'n dal yna hyd heddiw.

Darllen y Gyfraith ar Fynydd Ebal

[30]Yna dyma Josua yn codi allor i'r ARGLWYDD, Duw Israel, ar Fynydd Ebal. [31](Cododd yr allor
yn union fel roedd Moses, gwas yr ARGLWYDD, wedi gorchymyn yn sgrôl Cyfraith Moses – gyda
cerrig heb eu naddu na'u cerfio gydag unrhyw offer haearn.) A dyma nhw'n cyflwyno aberthau
i'w llosgi arni, ac offrymau i gydnabod daioni'r ARGLWYDD.
[32]Yna, o flaen pobl Israel, dyma Josua yn naddu ar y cerrig gopi o'r Gyfraith ysgrifennodd
Moses. [33]Roedd pobl Israel i gyd yno – Israeliaid a'r bobl eraill o'r tu allan oedd gyda nhw
– ac roedd yr arweinwyr hŷn, y swyddogion a'r barnwyr, yn sefyll bob ochr i'r Arch, o flaen yr
offeiriaid o lwyth Lefi, oedd yn cario Arch Ymrwymiad yr ARGLWYDD. Safodd hanner y bobl o flaen
Mynydd Gerisim, a'r hanner arall o flaen Mynydd Ebal, fel roedd Moses wedi gorchymyn iddyn
nhw wneud ar gyfer y seremoni fendithio. [34]Yna dyma Josua yn darllen yn uchel y bendithion
a'r melltithion sydd wedi'u hysgrifennu yn sgrôl y Gyfraith. [35]Darllenodd y cwbl o flaen pobl
Israel i gyd, yn cynnwys gwragedd, plant, a'r bobl o'r tu allan oedd yn byw gyda nhw.

Y cytundeb gyda phobl Gibeon

9 [1-2]Pan glywodd y brenhinoedd oedd yn byw i'r gorllewin o afon Iorddonen am hyn
i gyd, dyma nhw'n dod at ei gilydd i ffurfio cynghrair milwrol i ymladd yn erbyn Josua
a phobl Israel. Roedd yn cynnwys brenhinoedd y mynydd-dir, yr iseldir, a'r rhai ar hyd arfordir
Môr y Canoldir cyn belled â Libanus (yr Hethiaid, Amoriaid, Canaaneaid, Peresiaid, Hefiaid
a Jebwsiaid). [3]Ond pan glywodd pobl Gibeon beth roedd Josua wedi'i wneud i drefi Jericho
ac Ai, [4]dyma nhw'n bod yn gyfrwys. Dyma rai ohonyn nhw'n cymryd arnyn nhw eu bod yn
negeswyr o wlad bell. Dyma nhw'n rhoi hen sachau ar gefnau eu hasynnod, a chario hen
boteli crwyn oedd wedi rhwygo a chael eu trwsio; [5]gwisgo hen sandalau oedd wedi treulio,
hen ddillad carpiog, a chario bara oedd wedi sychu a llwydo. [6]Wedyn mynd at Josua i'r
gwersyll yn Gilgal, a dweud wrth bobl Israel, "Dŷn ni wedi teithio o wlad bell, i ofyn i chi
wneud cytundeb heddwch â ni." [7]Ond dyma bobl Israel yn dweud wrth yr Hefiaid, "Sut ydyn
ni'n gwybod nad ydych chi'n dod o'r ardaloedd yma? Allwn ni ddim gwneud cytundeb
heddwch gyda chi os ydych chi."
[8]A dyma nhw'n dweud wrth Josua, "Dŷn ni'n fodlon bod yn weision i chi."
Gofynnodd Josua iddyn nhw, "Pwy ydych chi ac o ble dych chi'n dod?"
[9]A dyma nhw'n ateb, "Mae dy weision wedi dod o wlad bell iawn. Mae'r ARGLWYDD eich
Duw chi yn enwog – dŷn ni wedi clywed adroddiadau am beth wnaeth e yn yr Aifft, [10]a beth
wnaeth e i ddau frenin yr Amoriaid yr ochr arall i afon Iorddonen – Sihon, brenin Cheshbon, ac

---

8:31 Deuteronomium 27:1-8 8:33-35 Deuteronomium 11:29; 27:11-14

Og, brenin Bashan, oedd yn byw yn Ashtaroth. 11 Dyma'n harweinwyr ni, a'n pobl i gyd, yn ein
hanfon ni i'ch cyfarfod chi, i ofyn i chi wneud cytundeb heddwch â ni, a dweud ein bod ni'n
fodlon bod yn weision i chi. 12 Roedd y bara yma'n gynnes o'r popty pan wnaethon ni adael
ein cartrefi i ddod i'ch cyfarfod chi. Ond bellach mae e wedi sychu a llwydo. 13 A'r hen boteli
crwyn yma – roedden nhw'n newydd sbon pan wnaethon ni eu llenwi nhw. Ac edrychwch ar
gyflwr ein dillad a'n sandalau ni! Mae wedi bod yn daith mor hir!"

14 Dyma arweinwyr Israel yn edrych ar y bara, ond wnaethon nhw ddim gofyn i'r ARGLWYDD
am arweiniad. 15 Felly dyma Josua'n gwneud cytundeb heddwch â nhw, ac addo gadael iddyn
nhw fyw. A dyma arweinwyr Israel yn cadarnhau'r cytundeb drwy dyngu llw.

16 Dri diwrnod wedyn dyma bobl Israel yn darganfod y gwir – pobl leol oedden nhw!
17 Symudodd Israel yn eu blaenau, a chyrraedd eu trefi ddeuddydd wedyn, sef Gibeon, Ceffira,
Beëroth, a Ciriath-iearîm.[l] 18 Ond wnaeth pobl Israel ddim ymosod arnyn nhw am fod eu
harweinwyr wedi cymryd llw yn enw'r ARGLWYDD, Duw Israel. Roedd y bobl i gyd yn cwyno am
yr arweinwyr. 19 Ond meddai'r arweinwyr wrthyn nhw, "Dŷn ni wedi cymryd llw, a gwneud
addewid i'r bobl yma yn enw'r ARGLWYDD, Duw Israel. Allwn ni ddim eu cyffwrdd nhw! 20 Os
ydyn ni am osgoi melltith Duw arnon ni am dorri'n haddewid, rhaid i ni adael iddyn nhw
fyw. 21 Felly gadewch iddyn nhw fyw." A chawson nhw dorri coed a chario dŵr i bobl Israel,
fel roedd yr arweinwyr wedi addo iddyn nhw.

22 Galwodd Josua y bobl o Gibeon ato, a gofyn iddyn nhw, "Pam wnaethoch chi'n twyllo
ni? Pam wnaethoch chi ddweud eich bod chi'n dod o wlad bell, a chithau'n byw yma wrth
ein hymyl ni? 23 Nawr dych chi wedi'ch condemnio i fod yn gaethweision am byth. Byddwch
chi'n torri coed ac yn cario dŵr i deml fy Nuw i."

24 Dyma nhw'n ateb, "Roedden ni'n clywed o hyd ac o hyd fod yr ARGLWYDD eich Duw wedi
dweud wrth ei was Moses fod y wlad gyfan i'w rhoi i chi, a'ch bod i ddinistrio pawb oedd yn
byw yma o'ch blaen. Roedd gynnon ni ofn am ein bywydau, a dyna pam wnaethon ni beth
wnaethon ni. 25 Dŷn ni yn eich dwylo chi. Gwnewch beth bynnag dych chi'n feddwl sy'n iawn."

26 Wnaeth Josua ddim gadael i bobl Israel eu lladd nhw. 27 Gwnaeth nhw'n gaethweision
i dorri coed a chario dŵr i bobl Israel, ac i allor yr ARGLWYDD – ble bynnag fyddai'r ARGLWYDD
yn dewis ei gosod. A dyna maen nhw'n ei wneud hyd heddiw.

Yr Ymgyrch i gyfeiriad y de

10 Clywodd Adoni-sedec, brenin Jerwsalem, fod Josua wedi concro Ai a lladd y brenin
a phawb arall yno, fel roedd e wedi gwneud i Jericho. Clywodd hefyd fod pobl
Gibeon wedi gwneud cytundeb heddwch gydag Israel, a'u bod nhw'n byw gyda nhw. 2 Roedd
e a'i bobl yn ofni am eu bywydau, achos roedd Gibeon yn dref fawr – roedd hi'n fwy na'r
trefi brenhinol eraill i gyd, ac yn fwy nag Ai, a'i dynion i gyd yn ymladdwyr dewr. 3 Felly dyma
Adoni-sedec, brenin Jerwsalem, yn anfon neges at frenhinoedd eraill yr ardal (y brenin Hoham
yn Hebron, y Brenin Piram yn Iarmwth, y Brenin Jaffîa yn Lachish, a'r brenin Debir yn Eglon):
4 "Dewch gyda mi i ymosod ar Gibeon. Maen nhw wedi gwneud cytundeb heddwch gyda
Josua a phobl Israel." 5 Felly dyma bum brenin yr Amoriaid (brenhinoedd Jerwsalem, Hebron,
Iarmwth, Lachish, ac Eglon) yn dod â'u byddinoedd at ei gilydd, ac yn amgylchynu Gibeon
yn barod i ymosod arni.

6 Anfonodd pobl Gibeon neges at Josua yn y gwersyll yn Gilgal: "Paid troi cefn arnon ni,
dy weision! Achub ni! Helpa ni! Mae brenhinoedd yr Amoriaid, sy'n byw yn y bryniau, wedi
ymuno â'i gilydd i ymosod arnon ni." 7 Felly dyma Josua a'i fyddin gyfan, gan gynnwys ei
ddynion gorau, yn gadael y gwersyll yn Gilgal i fynd i'w helpu nhw. 8 Dyma'r ARGLWYDD yn
dweud wrth Josua, "Paid bod ag ofn. Dw i'n mynd i roi buddugoliaeth i ti. Fydd neb yn gallu
dy rwystro di."

---

l 9:17 *Gibeon, Ceffira, Beëroth, a Ciriath-iearîm* Trefi oedd 20-30 milltir i'r gorllewin o wersyll Israel yn Gilgal.
9:10 Numeri 21:21-35

9 Ar ôl martsio drwy'r nos o Gilgal, dyma Josua'n ymosod arnyn nhw'n gwbl ddirybudd.
10 Gwnaeth yr ARGLWYDD iddyn nhw banicio, a chawson nhw eu trechu'n llwyr gan Israel yn
Gibeon. Aeth byddin Israel ar eu holau i lawr drwy fwlch Beth-choron, a lladd nifer fawr yr
holl ffordd i Aseca a Macceda.[ll] 11 Wrth iddyn nhw ddianc oddi wrth fyddin Israel i lawr Bwlch
Beth-choron i Aseca, dyma'r ARGLWYDD yn gwneud iddi fwrw cenllysg anferth arnyn nhw. Cafodd
mwy eu lladd gan y cenllysg nag oedd wedi'u lladd gan fyddin Israel yn y frwydr!
12 Ar y diwrnod y gwnaeth yr ARGLWYDD i Israel orchfygu'r Amoriaid, roedd Josua wedi
gweddïo o flaen pobl Israel i gyd:

> "Haul, stopia yn yr awyr uwchben Gibeon.
> Ti leuad, saf yn llonydd uwch Dyffryn Aialon."[m]
>
> 13 Felly dyma'r haul yn sefyll
> a'r lleuad yn aros yn ei unfan
> nes i Israel ddial ar eu gelynion.

(Mae'r gerdd yma i'w chael yn *Sgrôl Iashar*.)[n] Roedd yr haul wedi sefyll yn ei unfan drwy'r
dydd, heb fachlud. 14 Does dim diwrnod tebyg erioed wedi bod, cyn hynny na wedyn! Diwrnod
pan wnaeth yr ARGLWYDD wrando ar orchymyn dyn. Oedd, roedd yr ARGLWYDD yn ymladd dros
bobl Israel!
15 A dyma Josua a byddin Israel yn mynd yn ôl i'r gwersyll yn Gilgal.

Lladd pum brenin yr Amoriaid

16 Roedd pum brenin yr Amoriaid wedi dianc a mynd i guddio mewn ogof yn Macceda.
17 Pan glywodd Josua ble roedden nhw, 18 dyma fe'n gorchymyn, "Rholiwch gerrig mawr i gau
ceg yr ogof, a gosod dynion i'w gwarchod. 19 Wedyn peidiwch oedi – ewch ar ôl y gelynion.
Peidiwch gadael iddyn nhw ddianc yn ôl i'w trefi. Mae'r ARGLWYDD eich Duw yn mynd i roi
buddugoliaeth i chi." 20 Roedd Josua a byddin Israel wedi'u lladd nhw i gyd bron, er fod rhai
wedi llwyddo i ddianc i'r caerau amddiffynnol. 21 Yna aeth byddin Israel i gyd yn ôl at Josua
i'r gwersyll yn Macceda. Doedd neb yn mentro dweud dim byd yn erbyn pobl Israel ar ôl hyn.
22 A dyma Josua yn gorchymyn, "Agorwch geg yr ogof, a dod â'r pum brenin allan ata i."
23 A dyma nhw'n gwneud hynny, a dod â'r pum brenin allan o'r ogof – brenhinoedd Jerwsalem,
Hebron, Iarmwth, Lachish, ac Eglon. 24 Dyma Josua yn galw pobl Israel ato, a dweud wrth
gapteiniaid y fyddin, "Dewch yma, a gosod eich traed ar yddfau y brenhinoedd yma." A dyna
wnaethon nhw. 25 Yna meddai Josua, "Peidiwch bod ag ofn a phanicio! Byddwch yn gryf
a dewr! Bydd yr ARGLWYDD yn gwneud yr un fath i'ch gelynion chi i gyd." 26 A dyma Josua yn
dienyddio'r brenhinoedd, ac yn hongian eu cyrff ar bum coeden. Cawson nhw eu gadael yno
yn hongian nes iddi nosi. 27 Wedi i'r haul fachlud, dyma Josua'n gorchymyn i'r cyrff gael eu
cymryd i lawr. Dyma nhw'n taflu'r cyrff i'r ogof lle roedden nhw wedi bod yn cuddio, a rhoi
cerrig mawr dros geg yr ogof – maen nhw'n dal yna hyd heddiw.

Ennill mwy o dir yn y de

28 Y diwrnod hwnnw hefyd, dyma Josua yn concro tref Macceda, a lladd y bobl i gyd a'u
brenin. Cafodd pawb eu lladd – gafodd neb ei adael yn fyw. Cafodd y brenin ei ladd fel
brenin Jericho.
29 Yna dyma Josua a byddin Israel yn martsio yn eu blaenau i Libna, i ymosod ar y dref
honno. 30 Dyma'r ARGLWYDD yn rhoi'r dref a'i byddin yn nwylo Josua. Cafodd pawb oedd yn
byw yno eu lladd. Doedd neb wedi'i adael yn fyw. Cafodd y brenin ei ladd fel brenin Jericho.
31 Yna dyma Josua a byddin Israel yn martsio yn eu blaenau eto i ymosod ar Lachish.
32 Dyma'r ARGLWYDD yn rhoi'r dref honno yn nwylo Israel. Llwyddon nhw i'w choncro ar yr ail

---

ll 10:10 *Macceda* Pellter o tua 25 milltir i gyd. m 10:12,13 *Dyffryn Aialon* Dyffryn i'r de-orllewin o Fwlch Beth-choron. n 10:13 *Sgrôl Iashar* sef "Sgrôl y Cyfiawn". Casgliad o gerddi rhyfel falle.

ddiwrnod; a dyma nhw'n lladd pawb oedd yn byw yno hefyd, fel roedden nhw wedi gwneud
i Libna. 33Daeth y Brenin Horam o Geser gyda'i fyddin i geisio helpu Lachish, a dyma Josua
yn ymosod arno fe a'i fyddin hefyd. Gafodd neb ei adael yn fyw.
34Yna dyma Josua a byddin Israel yn martsio yn eu blaenau o Lachish i ymosod ar Eglon.
35Dyma nhw'n concro'r dref y diwrnod hwnnw, a lladd pawb oedd yn byw yno. Cafodd pob
enaid byw ei ladd, fel yn Lachish.
36Yna dyma Josua a byddin Israel yn martsio yn eu blaenau o Eglon i ymosod ar Hebron.
37Dyma nhw'n concro'r dref, lladd ei brenin a phawb oedd yn byw yno, a phawb yn y pentrefi
o'i chwmpas hefyd. Gafodd neb ei adael yn fyw. Cafodd pob enaid byw ei ladd, fel yn Eglon.
38Wedyn dyma Josua a byddin Israel yn troi yn ôl i ymosod ar Debir. 39Dyma nhw'n ei
choncro hi a'i brenin a'r pentrefi o'i chwmpas, a lladd pawb oedd yn byw yno. Cafodd pob
enaid byw ei ladd. Doedd neb ar ôl. Cafodd Debir ei dinistrio'n llwyr, a'i brenin ei ladd, fel
digwyddodd i Libna a'i brenin, ac i Hebron.
40Felly roedd Josua wedi concro'r ardal gyfan – y bryniau, y Negef i'r de, yr iseldir a'r
llethrau i'r gorllewin, a'u brenhinoedd i gyd. Doedd neb ar ôl. Cafodd pob enaid byw ei ladd,
yn union fel roedd yr ARGLWYDD, Duw Israel, wedi gorchymyn. 41Roedd wedi concro'r ardal
gyfan o Cadesh-barnea i Gasa ac o Gosen i Gibeon. 42Llwyddodd Josua i ddal y brenhinoedd
yma a'u tiroedd mewn un ymgyrch, am fod yr ARGLWYDD, Duw Israel, yn ymladd drostyn nhw.
43Aeth Josua a byddin Israel yn ôl i'r gwersyll yn Gilgal wedi hynny.

Yr Ymgyrch i'r Gogledd

Taro Jabin a brenhinoedd eraill y Gogledd

11 Pan glywodd Jabin, brenin Chatsor, beth oedd wedi digwydd, dyma fe'n anfon neges
at frenhinoedd eraill yr ardal honno – Iobab brenin Madon, brenin Shimron, brenin
Achsaff, 2a'r brenhinoedd oedd yn teyrnasu yn y bryniau i'r gogledd, yn Nyffryn Iorddonen[o]
i'r de o Lyn Galilea,[p] ac ar yr iseldir ac arfordir Dor i'r gorllewin. 3Daeth Canaaneaid
o gyfeiriad y dwyrain a'r gorllewin, Amoriaid, Hethiaid, Peresiaid a Jebwsiaid o'r bryniau,
a Hefiaid o'r ardal wrth droed Mynydd Hermon yn Mitspa. 4Daeth y brenhinoedd yma i gyd
allan gyda'i byddinoedd – roedd gormod ohonyn nhw i'w cyfrif! Roedden nhw fel y tywod
ar lan y môr! Ac roedd ganddyn nhw lot fawr o geffylau a cherbydau rhyfel. 5Daethon nhw
i gyd at ei gilydd wrth ffynnon Merom, i ymladd yn erbyn Israel. 6Ond dyma'r ARGLWYDD
yn dweud wrth Josua, "Paid bod ag ofn. Erbyn tua'r adeg yma yfory bydda i wedi gwneud
yn siŵr eu bod nhw i gyd yn gorwedd yn farw o flaen Israel. Gwna eu ceffylau yn gloff,
a llosga eu cerbydau rhyfel."
7Felly dyma Josua a'i fyddin yn ymosod arnyn nhw yn ddirybudd wrth Ddyfroedd
Merom. 8Dyma'r ARGLWYDD yn rhoi'r fuddugoliaeth i fyddin Israel. Ac aeth byddin Israel ar
eu holau yr holl ffordd i Sidon a Misreffoth-maim, a hefyd i Ddyffryn Mitspe yn y dwyrain,
a'u taro nhw i lawr. Wnaethon nhw adael neb ar ôl yn fyw. 9Wedyn dyma Josua yn
gwneud y ceffylau'n gloff ac yn llosgi'r cerbydau rhyfel, yn union fel roedd yr ARGLWYDD
wedi gorchymyn.
10Yna dyma Josua'n troi yn ôl a choncro tref Chatsor a lladd y brenin yno. (Chatsor oedd
wedi bod yn arwain y teyrnasoedd yma i gyd.) 11Dyma nhw'n lladd pawb yno – gafodd yr un
enaid byw ei adael ar ôl. A dyma nhw'n llosgi'r dref.
12Aeth Josua yn ei flaen i goncro'r trefi brenhinol i gyd, a lladd pawb oedd yn byw ynddyn
nhw, yn union fel roedd Moses, gwas yr ARGLWYDD, wedi gorchymyn. 13Ond wnaeth pobl Israel
ddim llosgi unrhyw un o'r trefi oedd wedi'u hadeiladu ar garnedd, ar wahân i Chatsor – hi
oedd yr unig un gafodd ei llosgi. 14Cymerodd pobl Israel bopeth gwerthfawr o'r trefi, a chadw'r
anifeiliaid. Ond cafodd y boblogaeth i gyd eu lladd – adawyd neb yn fyw.

---

o 11:2 *Nyffryn Iorddonen* Hebraeg, "Araba". p 11:2 *Lyn Galilea* Hebraeg, "Llyn Cinnereth", enw cynharach ar y llyn.

Y tiroedd enillodd Josua

15 Roedd Moses, gwas yr ARGLWYDD, wedi dweud wrth Josua beth roedd yr ARGLWYDD
wedi'i orchymyn, a dyna wnaeth Josua. Gwnaeth bopeth roedd yr ARGLWYDD wedi'i ddweud
wrth Moses. 16 Llwyddodd Josua i goncro'r wlad gyfan, gan gynnwys y bryniau a'r iseldir yn
y de, y Negef, tir Gosen, Dyffryn Iorddonen,[ph] a bryniau ac iseldir Israel yn y gogledd hefyd.
17 Concrodd bobman o fynydd Halac, sydd i gyfeiriad Edom yn y de, yr holl ffordd i Baal-gad
yn Nyffryn Libanus, wrth droed Mynydd Hermon. Daliodd bob un o'u brenhinoedd, a'u lladd.
18 Roedd Josua wedi bod yn rhyfela yn erbyn y brenhinoedd yma am amser hir iawn.
19 Wnaeth neb ohonyn nhw gytundeb heddwch gyda phobl Israel (dim ond yr Hefiaid yn
Gibeon). Roedd rhaid i bobl Israel frwydro yn eu herbyn nhw i gyd. 20 Roedd yr ARGLWYDD ei hun
wedi'u gwneud nhw'n ystyfnig, er mwyn iddyn nhw frwydro yn erbyn Israel. Roedd e eisiau
i Israel eu dinistrio nhw'n llwyr, yn gwbl ddidrugaredd, fel roedd e wedi gorchymyn i Moses.
21 Yn ystod y cyfnod yma, llwyddodd Josua a'i fyddin i ddinistrio disgynyddion Anac hefyd,
oedd yn byw yn y bryniau – yn Hebron, Debir, Anab, a gweddill bryniau Jwda ac Israel.
Lladdodd Josua nhw i gyd, a dinistrio'u trefi. 22 Doedd neb o ddisgynyddion Anac ar ôl lle
mae pobl Israel yn byw. Ond roedd rhai yn dal ar ôl yn Gasa, Gath ac Ashdod.[r]
23 Felly roedd Josua wedi concro'r wlad i gyd, fel roedd yr ARGLWYDD wedi addo i Moses.
A dyma Josua yn rhannu'r wlad rhwng y llwythau, ac yn rhoi eu tiriogaeth arbennig i bob un.
Ac roedd heddwch yn y wlad.

Crynodeb o hanes concro'r wlad

12 Dyma'r brenhinoedd wnaeth pobl Israel eu trechu i'r dwyrain o afon Iorddonen, a'r tiroedd wnaethon nhw eu meddiannu – o Ddyffryn Arnon i Fynydd Hermon, sef yr holl dir i'r dwyrain o Ddyffryn Iorddonen:[rh]

2 Sihon, brenin yr Amoriaid, oedd yn byw yn Cheshbon ac yn teyrnasu o Aroer, ger
Dyffryn Arnon. Roedd yn teyrnasu o ganol Dyffryn Arnon i Ddyffryn Jabboc, sef
y ffin gyda thiriogaeth pobl Ammon – yn cynnwys hanner Gilead. 3 Roedd ei
diriogaeth yn cynnwys y tir sydd i'r dwyrain o Ddyffryn Iorddonen, yr holl ffordd
o Lyn Galilea[s] i'r Môr Marw.[t] Yna o Beth-ieshimoth yn y dwyrain i lawr i'r de, cyn
belled â llethrau Mynydd Pisga.

4 Og, brenin Bashan – un o'r ychydig Reffaiaid oedd ar ôl. Roedd Og yn teyrnasu
o Ashtaroth ac Edrei, 5 a'i diriogaeth yn ymestyn o Fynydd Hermon i Salca yn
y gogledd; Bashan yn y dwyrain i'r ffin gyda theyrnasoedd Geshwr a Maacha yn
y gorllewin; a hanner arall Gilead at y ffin gyda theyrnas Sihon, oedd yn frenin
yn Cheshbon. 6 Roedd Moses, gwas yr ARGLWYDD, a phobl Israel wedi'u trechu nhw
a rhannu eu tiroedd nhw rhwng llwythau Reuben, Gad, a hanner llwyth Manasse.

7 A dyma'r brenhinoedd wnaeth Josua a phobl Israel eu trechu i'r gorllewin o afon Iorddonen
– o Baal-gad yn Nyffryn Libanus yn y gogledd i lawr i Fynydd Halac i gyfeiriad Edom yn y de.
(Rhannodd Josua y tiroedd yma i gyd rhwng llwythau Israel. 8 Roedd yn cynnwys y bryniau
a'r iseldir, y tir anial, y llethrau, anialwch Jwda a'r Negef, sef tiroedd yr Hethiaid, Amoriaid,
Canaaneaid, Peresiaid, Hefiaid a Jebwsiaid):
9 Brenin Jericho; brenin Ai, ger Bethel; 10 brenin Jerwsalem; brenin Hebron; 11 brenin Iarmwth;
brenin Lachish; 12 brenin Eglon; brenin Geser; 13 brenin Debir; brenin Geder; 14 brenin Horma;
brenin Arad; 15 brenin Libna; brenin Adwlam; 16 brenin Macceda; brenin Bethel; 17 brenin
Tapŵach; brenin Cheffer; 18 brenin Affec; brenin Lasaron; 19 brenin Madon; brenin Chatsor;
20 brenin Shimron-meron; brenin Achsaff; 21 brenin Taanach; brenin Megido; 22 brenin Cedesh;

---

ph 11:16 *Dyffryn Iorddonen* Hebraeg, "Araba". r 11:22 *Gasa, Gath, ac Ashdod* Trefi yn Philistia.
rh 12:1 *Dyffryn Iorddonen* Hebraeg, "Araba". s 12:3 *Lyn Galilea* Hebraeg, "Cinnereth", enw cynharach ar y llyn.
t 12:3 Hebraeg, "Môr yr Araba, sef y Môr Halen".
12:6 Numeri 32:33; Deuteronomium 3:12

brenin Iocneam, ger Mynydd Carmel; [23]brenin Dor, ar yr arfordir; brenin Goïm, ger Gilgal;
[24]a brenin Tirsa. (Tri deg un o frenhinoedd i gyd.)

Y tiroedd oedd heb eu concro

13 Pan oedd Josua wedi mynd yn hen iawn, dyma'r ARGLWYDD yn dweud wrtho, "Ti'n mynd yn hen, ac mae yna lot fawr o dir sydd eto heb ei goncro. [2]Dyma'r tir sydd ar ôl:

Tir y Philistiaid a'r Geshwriaid, [3]o afon Sihor ar y ffin gyda'r Aifft i fyny yr holl ffordd i dir Ecron yn y gogledd (y cwbl yn dir sy'n perthyn i'r Canaaneaid). Mae'n cynnwys tiriogaeth arweinwyr y Philistiaid yn Gasa, Ashdod, Ashcelon, Gath ac Ecron – y pump ohonyn nhw. Tir yr Afiaid hefyd, [4]sydd i lawr yn y de.

Yna i'r gogledd, tir y Canaaneaid o dref Ara yn Sidon i Affec, sydd ar y ffin gyda'r Amoriaid. [5]Tir y Gebaliaid a Libanus i gyd. Ac yna yn y dwyrain, o Baal-gad wrth droed Mynydd Hermon i Fwlch Chamath. [6]A dw i am yrru allan o flaen pobl Israel bawb sy'n byw yn mynydd-dir Libanus, yr holl ffordd i Misreffoth-maim, sef tir y Sidoniaid.

"Mae'r tir yma i gyd i gael ei rannu rhwng llwythau Israel, fel dw i wedi gorchymyn i ti. Bydd gan bob llwyth ei diriogaeth ei hun. [7]Mae i'w rannu rhwng y naw llwyth a hanner sydd ddim eto wedi cael tir."

Rhannu'r tiroedd i'r dwyrain o afon Iorddonen

[8]Roedd hanner llwyth Manasse, a llwythau Reuben a Gad wedi derbyn tir i'r dwyrain o afon Iorddonen. Moses, gwas yr ARGLWYDD, oedd wedi rhoi y tir hwnnw iddyn nhw. [9]Roedd eu tiriogaeth yn cynnwys Aroer, ger Dyffryn Arnon (gan gynnwys y dref ei hun yn y dyffryn), a gwastadedd Medeba yr holl ffordd i Dibon. [10]Hefyd y trefi oedd yn arfer perthyn i Sihon, brenin yr Amoriaid, oedd yn teyrnasu yn Cheshbon, at y ffin gydag Ammon. [11]Roedd yn cynnwys Gilead, tiroedd Geshwr a Maacha, Mynydd Hermon a thir Bashan i Salca. [12]Hefyd tiriogaeth Og, brenin Bashan, oedd yn teyrnasu o Ashtaroth ac Edrei. (Roedd Og yn un o'r ychydig Reffaiaid oedd ar ôl bryd hynny.) Roedd Moses wedi'u concro nhw, a chymryd eu tiroedd. [13]Ond wnaeth Israel ddim gyrru allan bobl Geshwr a Maacha – maen nhw'n dal i fyw gyda phobl Israel hyd heddiw.

[14]Wnaeth Moses ddim rhoi tir i lwyth Lefi chwaith, am fod yr ARGLWYDD wedi addo rhoi iddyn nhw yr offrymau oedd yn cael eu cyflwyno i'w llosgi i'r ARGLWYDD, Duw Israel.

Y tir gafodd llwyth Reuben

[15] Dyma'r tir roedd Moses wedi'i roi i deuluoedd llwyth Reuben: [16]Roedd eu tiriogaeth nhw yn cynnwys Aroer, yn Nyffryn Arnon (gan gynnwys y dref ei hun yn y dyffryn), a gwastadedd Medeba, [17]Cheshbon, a'r trefi o'i chwmpas – gan gynnwys Dibon, Bamoth-baal, Beth-baal-meon, [18]Iahats, Cedemoth, Meffaäth, [19]Ciriathaim, Sibma, Sereth-shachar ar y bryn yn y dyffryn, [20]Beth-peor, llethrau Mynydd Pisga, a Beth-ieshimoth. [21]Roedd yn cynnwys trefi'r gwastadedd i gyd, a holl diriogaeth Sihon, brenin yr Amoriaid, oedd yn teyrnasu o Cheshbon. Roedd Moses wedi'i goncro fe, ac arweinwyr y Midianiaid oedd dan ei reolaeth ac yn byw yn ei diriogaeth – Efi, Recem, Swr, Hur, a Reba. [22]Roedd pobl Israel hefyd wedi lladd y dewin, Balaam fab Beor, ac eraill. [23]Ffin orllewinol tiriogaeth Reuben oedd afon Iorddonen. Roedd y tir gafodd ei roi i deuluoedd llwyth Reuben yn cynnwys y trefi yma i gyd a'r pentrefi o'u cwmpas.

Y tir gafodd llwyth Gad

[24] Dyma'r tir roedd Moses wedi'i roi i deuluoedd llwyth Gad: [25]Roedd eu tiriogaeth nhw yn cynnwys Iaser, trefi Gilead i gyd, a hanner tiriogaeth pobl Ammon, yr holl

13:8 Numeri 32:33; Deuteronomium 3:12 13:14,33 Numeri 18:20; Deuteronomium 18:2

ffordd i Aroer, ger Rabba. 26 Roedd yn ymestyn o Cheshbon yn y de i Ramath-mitspe
a Betonîm yn y gogledd, ac o Machanaîm i ardal Debir. 27 Roedd yn cynnwys y tir i'r
dwyrain o Ddyffryn Iorddonen, gan gynnwys trefi Beth-haram, Beth-nimra, Swccoth,
a Saffon, a gweddill tiriogaeth Sihon, oedd yn teyrnasu o Cheshbon – sef y tir i'r
dwyrain o afon Iorddonen yr holl ffordd at Lyn Galilea.[th] 28 Roedd y tir gafodd ei roi
i deuluoedd llwyth Gad yn cynnwys y trefi yma i gyd a'r pentrefi o'u cwmpas.

Y tir gafodd hanner llwyth Manasse

29 Dyma'r tir roedd Moses wedi'i roi i deuluoedd hanner llwyth Manasse: 30 Roedd eu
tiriogaeth nhw yn ymestyn tua'r gogledd o Machanaîm, ac yn cynnwys teyrnas
Og, brenin Bashan, i gyd. Roedd yn cynnwys y chwe deg o drefi yn Hafoth-jair yn
Bashan, 31 hanner Gilead, a trefi Ashtaroth ac Edrei (sef y trefi lle roedd Og, brenin
Bashan, wedi bod yn teyrnasu). Cafodd y tir yma i gyd ei roi i ddisgynyddion Machir
fab Manasse, sef teuluoedd hanner llwyth Manasse.
32 Dyna sut wnaeth Moses rannu'r tir pan oedd ar wastatir Moab i'r dwyrain o afon
Iorddonen, gyferbyn â Jericho.
33 Wnaeth Moses ddim rhoi tir i lwyth Lefi, am fod yr ARGLWYDD wedi addo rhoi iddyn nhw
yr offrymau oedd yn cael eu cyflwyno i'r ARGLWYDD, Duw Israel.

Rhannu'r tiroedd i'r gorllewin o afon Iorddonen

14 Dyma gofnod o'r ffordd gafodd y tir yn Canaan ei rannu rhwng pobl Israel gan
Eleasar yr offeiriad, Josua fab Nwn ac arweinwyr llwythau Israel. 2 Cafodd y tir ei
rannu rhwng y naw llwyth a hanner drwy daflu coelbren, fel roedd yr ARGLWYDD wedi gorchymyn
i Moses. 3 Roedd Moses eisoes wedi rhoi tir yr ochr arall i afon Iorddonen i ddau lwyth a hanner,
a doedd e ddim wedi rhoi tir i lwyth Lefi. 4 Roedd disgynyddion Joseff, ar y llaw arall, yn cael
eu cyfrif fel dau lwyth – Manasse ac Effraim. Doedd llwyth Lefi ddim i gael tir; roedden nhw
i gael rhai trefi arbennig i fyw ynddyn nhw, gyda'r tir o'u cwmpas yn borfa i'w hanifeiliaid.
5 Felly dyma bobl Israel yn rhannu'r tir yn union fel roedd yr ARGLWYDD wedi gorchymyn i Moses.

Rhoi Hebron i Caleb

6 Pan oedden nhw yn Gilgal, dyma ddynion o lwyth Jwda yn mynd i weld Josua. Caleb
fab Jeffwnne y Cenesiad oedd yn siarad ar eu rhan, ac meddai, "Ti'n cofio beth ddwedodd
yr ARGLWYDD wrth Moses, dyn Duw, amdanon ni'n dau, yn Cadesh-barnea? 7 Pedwar deg oed
oeddwn i pan anfonodd Moses fi o Cadesh-barnea i ysbïo ar y wlad. A dyma fi'n rhoi adroddiad
cwbl onest iddo pan ddes i yn ôl. 8 Roedd y dynion eraill aeth gyda ni wedi dychryn y bobl
a gwneud iddyn nhw ddigalonni. Ond roeddwn i wedi aros yn ffyddlon i'r ARGLWYDD fy Nuw.
9 A'r diwrnod hwnnw dyma Moses yn addo ar lw: 'Bydd y tir lle buoch chi'n cerdded yn cael
ei roi i ti a dy deulu am byth, am dy fod ti wedi bod yn ffyddlon i'r ARGLWYDD dy Dduw.' 10 Ac
mae'r ARGLWYDD wedi cadw ei addewid. Dyma fi, yn dal yn fyw, bedwar deg pum mlynedd yn
ddiweddarach. Dyna faint o amser sydd wedi mynd heibio ers i'r ARGLWYDD siarad â Moses
pan oedd pobl Israel yn crwydro yn yr anialwch. Dw i'n wyth deg pum mlwydd oed bellach,
11 ac yn dal mor gryf ag oeddwn i pan anfonodd Moses fi allan! Dw i'n dal i allu ymladd
a gwneud popeth roeddwn i'n ei wneud bryd hynny. 12 Felly rho i mi'r bryniau wnaeth yr
ARGLWYDD eu haddo i mi. Mae'n siŵr y byddi'n cofio fod disgynyddion Anac yn byw yno,
mewn trefi caerog mawr. Ond gyda help yr ARGLWYDD, bydda i'n cael gwared â nhw, fel roedd
yr ARGLWYDD wedi addo."
13 Felly dyma Josua yn bendithio Caleb fab Jeffwnne, a rhoi tref Hebron iddo. 14 Mae
disgynyddion Caleb fab Jeffwnne y Cenesiad yn dal i fyw yn Hebron hyd heddiw, am ei fod

th 13:27 *Lyn Galilea* Hebraeg, "Llyn Cinnereth", enw cynharach ar y llyn.
14:7 Numeri 13:1-30 14:9 Numeri 14:24

wedi bod yn ffyddlon i'r ARGLWYDD, Duw Israel. [15]Yr hen enw ar Hebron oedd Ciriath-arba,
wedi'i enwi ar ôl Arba, oedd yn un o arwyr yr Anaciaid.
Ac roedd heddwch yn y wlad.

Y tir gafodd llwyth Jwda

15 Roedd y tir gafodd ei roi i lwyth Jwda yn dilyn y ffin gydag Edom i Anialwch Sin yn
y Negef, i lawr yn y de. [2]Roedd y ffin yn y de yn dechrau o ben isaf y Môr Marw,[u]
[3]yn mynd heibio i'r de o Fwlch y Sgorpion, ar draws i Sin ac yna i'r ochr isaf
i Cadesh-barnea. Yna roedd yn croesi i Hesron ac yn mynd i fyny i Adar, cyn troi
i gyfeiriad Carca. [4]Wedyn roedd yn croesi i Atsmon ac yn dilyn Wadi'r Aifft yr
holl ffordd i Fôr y Canoldir. Dyna oedd y ffin yn y de.
[5] Y Môr Marw at aber afon Iorddonen oedd y ffin i'r dwyrain.
Wedyn roedd y ffin ogleddol yn ymestyn o aber yr Iorddonen ar ben uchaf y Môr
Marw, [6]i fyny i Beth-hogla, yna ar draws o du uchaf Beth-araba at Garreg Bohan
(mab Reuben). [7]Ymlaen wedyn o Ddyffryn Achor i Debir, cyn troi i'r gogledd
i gyfeiriad Gilgal (sydd gyferbyn â Bwlch Adwmîm, i'r de o'r ceunant). Yna heibio
ffynnon En-shemesh cyn belled ag En-rogel.[w] [8]Wedyn roedd y ffin yn dilyn Dyffryn
Hinnom at y llethr sydd i'r de o dre'r Jebwsiaid (sef Jerwsalem). Yna i'r gorllewin,
ac i gopa'r mynydd sydd gyferbyn â Dyffryn Ben-hinnom ac i'r gogledd o Ddyffryn
Reffaïm. [9]O dop y mynydd roedd yn mynd at ffynnon dyfroedd Nefftoach, at drefi
Mynydd Effron, ac yna'n troi i gyfeiriad Baäla (sef Ciriath-iearîm). [10]Wedyn roedd
yn troi i'r gorllewin o Baäla i gyfeiriad Mynydd Seir, ac yn croesi i dref Cesalon ar
lethr gogleddol Mynydd Iearim, cyn mynd i lawr i Beth-shemesh a chroesi i Timna.
[11]Yna i gyfeiriad y gogledd at lethrau Ecron, ymlaen i Shicron, croesi i Fynydd Baäla,
ac i Iabneël a Môr y Canoldir.
[12] Môr y Canoldir ei hun oedd y ffin orllewinol.
Dyna oedd ffiniau teuluoedd llwyth Jwda.

Caleb yn concro Hebron a Debir

(Barnwyr 1:11-15)

[13]Cafodd tref Ciriath-arba (sef Hebron) ei rhoi i Caleb fab Jeffwnne, fel roedd yr ARGLWYDD
wedi gorchymyn i Josua. (Arba oedd hynafiad yr Anaciaid.) [14]Dyma Caleb yn gyrru allan dri
cawr oedd yn ddisgynyddion i Anac, sef Sheshai, Achiman a Talmai. [15]Yna dyma fe'n ymosod
ar y bobl oedd yn byw yn Debir. (Ciriath-seffer oedd yr hen enw ar Debir.) [16]Roedd Caleb wedi
dweud, "Bydd pwy bynnag sy'n ymosod ar dref Ciriath-seffer ac yn ei choncro yn cael priodi
fy merch Achsa." [17]Othniel, mab Cenas (brawd Caleb) wnaeth goncro'r dref, a dyma Caleb yn
rhoi ei ferch, Achsa, yn wraig iddo. [18]Pan briododd hi Othniel, dyma hi'n ei berswadio i adael
iddi ofyn i'w thad am fwy o dir. Wrth iddi ddod i lawr oddi ar gefn ei hasyn, dyma'i thad Caleb
yn gofyn iddi, "Beth sy'n bod?" [19]A dyma hi'n ateb, "Dw i eisiau gofyn am rodd arall gen
ti. Rwyt ti wedi rhoi tir i mi yn y Negef, ond wnei di roi ffynhonnau dŵr i mi hefyd?" A dyma
Caleb yn rhoi'r ffynhonnau uchaf a'r ffynhonnau isaf iddi.

Trefi Jwda

[20]Dyma'r tir gafodd ei roi i deuluoedd llwyth Jwda:
[21] Y trefi i lawr yn y de ar y ffin gydag
Edom: Cabseël, Eder, Iagwr, [22]Cina,
Dimona, Adada, [23]Cedesh,
Chatsor, Ithnan, [24]Siff, Telem,
Bealoth, [25]Chatsor-chadatta,
Cerioth-chetsron (sef Chatsor),
[26]Amam, Shema, Molada,
[27]Chatsar-gada, Cheshmon, Beth-
pelet, [28]Chatsar-shwal, Beersheba,
Bisiotiâ, [29]Baäla, Iîm, Etsem,

u 15:2,5 Hebraeg, "Môr Halen". w 15:7 *En-rogel* sef, "Ffynnon y Pannwr".

30 Eltolad, Cesil, Horma, 31 Siclag,
Madmanna, Sansanna, 32 Lebaoth,
Shilchim, Ain a Rimmon. – dau
ddeg naw o drefi, a'r pentrefi o'u
cwmpas.
33 Yna'r trefi ar yr iseldir: Eshtaol, Sora,
Ashna, 34 Sanoach, En-gannîm,
Tapŵach, Enam, 35 Iarmwth,
Adwlam, Socho, Aseca, 36 Shaaraim,
Adithaîm, a Gedera (neu
Gederothaîm) – un deg
pedair o drefi, a'r pentrefi o'u
cwmpas.
37 Hefyd trefi Senan, Chadasha,
Migdal-gad, 38 Dilean, Mitspe,
Iocteël, 39 Lachish, Botscath,
Eglon, 40 Cabbon, Lachmas, Citlish,
41 Gederoth, Beth-dagon, Naamâ,
a Macceda – un deg chwech o drefi,
a'r pentrefi o'u cwmpas.
42 Trefi Libna, Ether, Ashan, 43 Ifftach,
Ashna, Netsib, 44 Ceila, Achsib,
a Maresha – naw o drefi, a'r
pentrefi o'u cwmpas.
45 Yna Ecron a'r trefi a'r pentrefi
o'i chwmpas hi, 46 ac i gyfeiriad
y gorllewin, y trefi oedd yn ymyl
Ashdod, a'r pentrefi o'u cwmpas.
47 Ashdod ei hun, a Gasa a'r trefi
a'r pentrefi o'u cwmpas – yr holl
ffordd at Wadi'r Aifft ac arfordir
Môr y Canoldir.
48 Wedyn y trefi yn y bryniau: Shamîr,
Iattir, Socho, 49 Danna, Ciriath-
sanna (sef Debir), 50 Anab,
Eshtemoa, Anim, 51 Gosen, Cholon,
a Gilo – un deg un o drefi, a'r
pentrefi o'u cwmpas.
52 Hefyd Arab, Dwma, Eshan, 53 Ianŵm,
Beth-tapŵach, Affeca, 54 Chwmta,
Ciriath-arba (sef Hebron), a Sior
– naw o drefi, a'r pentrefi o'u
cwmpas.
55 Yna Maon, Carmel, Siff, Iwtta,
56 Jesreel, Iocdeam, Sanoach, 57 Cain,
Gibea, a Timna – deg o drefi, a'r
pentrefi o'u cwmpas.
58 Chalchwl, Beth-tswr, Gedor, 59 Maarath,
Beth-anoth, ac Eltecon – chwech
o drefi, a'r pentrefi o'u cwmpas.
60 Ciriath-baal (sef Ciriath-iearîm) a Rabba
– dwy dref, a'r pentrefi o'u cwmpas.
61 Yna'r trefi yn yr anialwch – Beth-
araba, Midin, Sechacha, 62 Nibshan,
Tre'r Halen, ac En-gedi – chwech
o drefi, a'r pentrefi o'u cwmpas.

63 Ond wnaeth dynion Jwda ddim llwyddo i goncro'r Jebwsiaid oedd yn byw yn Jerwsalem.
Felly mae'r Jebwsiaid yn dal i fyw gyda phobl Jwda hyd heddiw.

Y tir gafodd disgynyddion Joseff

16 Roedd y tir gafodd ei roi i ddisgynyddion Joseff yn ymestyn o afon Iorddonen gyferbyn
â ffynnon Jericho, drwy'r anialwch, ac i fyny o Jericho i fryniau Bethel. 2 Roedd y ffin
yn y de yn ymestyn o Bethel i Lws, ac yn croesi i dir yr Arciaid yn Ataroth. 3 Yna roedd yn mynd
i lawr i'r gorllewin i dir y Jaffletiaid, yna i Beth-choron Isaf, Geser ac at Fôr y Canoldir. 4 Dyma'r
tir gafodd ei roi i ddisgynyddion Joseff, sef llwythau Effraim a Manasse.

Y tir gafodd llwyth Effraim

5 Y tir gafodd y teuluoedd oedd yn perthyn i lwyth Effraim: Roedd y ffin yn
mynd o Atroth-adar yn y dwyrain i Beth-choron Uchaf, 6 yna ymlaen at y Môr.
O Michmethath yn y gogledd roedd ffin y dwyrain yn mynd heibio Taanath-Seilo
i Ianoach. 7 Wedyn roedd yn mynd i lawr o Ianoach i Ataroth a Naära, cyn cyffwrdd
Jericho a mynd ymlaen at afon Iorddonen. 8 O Tapŵach roedd yn mynd i gyfeiriad
y gorllewin i Ddyffryn Cana, ac yna at y Môr.
Dyma'r tir gafodd ei roi i deuluoedd llwyth Effraim. 9 Roedd hefyd yn cynnwys rhai trefi
oedd y tu mewn i diriogaeth Manasse, gyda'r pentrefi o'u cwmpas.
10 Ond wnaeth llwyth Effraim ddim gyrru allan y Canaaneaid oedd yn byw yn Geser. Mae'r
Canaaneaid yno yn dal i fyw gyda phobl Effraim hyd heddiw, ac yn cael eu gorfodi i weithio
fel caethweision iddyn nhw.

Y tir gafodd hanner arall llwyth Manasse

17 Dyma'r tir gafodd ei roi i lwyth Manasse, mab hynaf Joseff. (Roedd ardaloedd Gilead
a Bashan, i'r dwyrain o afon Iorddonen, eisoes wedi'u rhoi i ddisgynyddion Machir
– tad Gilead a mab hynaf Manasse – am ei fod yn filwr dewr.) [2]Cafodd gweddill y teuluoedd
oedd yn perthyn i lwyth Manasse dir oedd i'r gorllewin o afon Iorddonen. Disgynyddion
Abieser, Chelec, Asriel, Sechem, Cheffer, a Shemida. Roedd y rhain i gyd yn ddisgynyddion
i Manasse, mab Joseff.
[3]Ond doedd gan Seloffchad fab Cheffer ddim meibion, dim ond merched. (Roedd Cheffer yn
fab i Gilead, yn ŵyr i Machir ac yn or-ŵyr i Manasse.) Enwau merched Seloffchad oedd Machla,
Noa, Hogla, Milca, a Tirtsa. [4]Dyma nhw'n mynd at Eleasar yr offeiriad, Josua fab Nwn, a'r
arweinwyr eraill, a dweud, "Dwedodd yr ARGLWYDD wrth Moses am roi tir i ni gyda'n perthnasau."
Felly dyma Josua yn rhoi tir iddyn nhw gyda brodyr eu tad, fel roedd yr ARGLWYDD wedi gorchymyn.
[5]Cafodd Manasse ddeg darn o dir yn ychwanegol at Gilead a Bashan, oedd i'r dwyrain
o afon Iorddonen, [6]am fod merched o lwyth Manasse wedi cael tir gyda'r meibion. (Roedd
tir Gilead yn perthyn i weddill disgynyddion Manasse.)
[7]Roedd tir Manasse yn ymestyn o'r ffin gyda llwyth Asher yn y gogledd, i Michmethath wrth
ymyl Sichem. Yna roedd yn mynd yn bellach i'r de at y bobl oedd yn byw yn En-tapŵach. [8](Roedd
yr ardal o gwmpas Tapŵach yn perthyn i lwyth Manasse, ond tref Tapŵach ei hun, oedd ar ffin
Manasse, yn perthyn i lwyth Effraim.) [9]Wedyn roedd ffin y de yn dilyn Dyffryn Cana. Roedd
yna drefi yno, yng nghanol trefi Manasse, oedd wedi cael eu rhoi i lwyth Effraim. Ond roedd
ffin Manasse yn mynd ar hyd ochr ogleddol y dyffryn, at y môr. [10]Tir Effraim oedd i'r de o'r
ffin, a Manasse i'r gogledd. Môr y Canoldir oedd ffin Manasse i'r gorllewin. Yna roedd eu tir yn
ffinio gyda llwyth Asher i'r gogledd ac Issachar i'r dwyrain. [11]Ac roedd rhai trefi o fewn ffiniau
Asher ac Issachar, gyda'r pentrefi o'u cwmpas, wedi'u rhoi i lwyth Manasse: Beth-shean, Ibleam,
Dor, En-dor, Taanach, a Megido (Naffeth ydy'r drydedd yn y rhestr). [12]Ond wnaeth dynion
Manasse ddim llwyddo i goncro'r trefi yma. Roedd y Canaaneaid yn dal i wrthod symud. [13]Yn
ddiweddarach, pan oedd Israel yn gryfach, dyma nhw yn llwyddo i orfodi'r Canaaneaid i weithio
fel caethweision iddyn nhw. Ond wnaethon nhw erioed lwyddo i'w gyrru nhw allan yn llwyr.

Disgynyddion Joseff yn gofyn am fwy o dir

[14]Dyma ddisgynyddion Joseff yn gofyn i Josua, "Pam wyt ti wedi rhoi cyn lleied o dir i ni?
– dim ond un rhandir. Mae yna lot fawr ohonon ni a, diolch i'r ARGLWYDD dŷn ni'n dal i dyfu."
[15]Dyma Josua'n dweud, "Os oes cymaint â hynny ohonoch chi, a bryniau Effraim yn rhy fach,
ewch i'r goedwig a chlirio lle i fyw yno, yn ardal y Peresiaid a'r Reffaiaid." [16]Ond dyma nhw'n
ateb, "Fyddai'r bryniau yna i gyd ddim digon, ac allwn ni ddim mynd i lawr i'r dyffryn – mae
gan y Canaaneaid sy'n byw yn ardal Beth-shean a Dyffryn Jesreel gerbydau rhyfel haearn."
[17]Yna dyma Josua'n dweud wrth ddisgynyddion Joseff (sef llwythau Effraim a Manasse):
"Mae yna lot fawr ohonoch chi, a dych chi'n gryf iawn. Byddwch chi'n cael mwy nag un rhandir
– [18]chi fydd piau'r bryniau i gyd. Er fod y tir yn goediog, gallwch ei glirio, a'i gymryd i gyd.
A gallwch goncro'r Canaaneaid yn yr iseldir hefyd, er eu bod nhw'n gryfion a bod ganddyn
nhw gerbydau rhyfel haearn."

Josua yn rhannu gweddill y tir

18 Dyma bobl Israel i gyd yn dod at ei gilydd yn Seilo, ac yn codi pabell presenoldeb
Duw. Er eu bod nhw'n rheoli'r wlad, [2]roedd saith o'r llwythau yn dal heb gael eu tir.
[3]A dyma Josua yn dweud wrth bobl Israel, "Am faint mwy dych chi'n mynd i dindroi cyn
cymryd y tir mae'r ARGLWYDD, Duw eich hynafiaid, wedi'i roi i chi? [4]Dewiswch dri dyn o bob
llwyth. Dw i am eu hanfon nhw i grwydro'r wlad, ei mapio a gwneud arolwg llawn ohoni.
[5]Byddan nhw'n ei rhannu yn saith ardal. Ond fydd hyn ddim yn cynnwys tir Jwda i lawr yn

17:4 Numeri 27:8-11

y de, na thir Joseff yn y gogledd. 6 Mapiwch y tir a'i rannu'n saith ardal wahanol, a dewch
ag e i mi. Wedyn bydda i'n bwrw coelbren o flaen yr ARGLWYDD eich Duw, i ddewis pa ardal
fydd yn cael ei rhoi i bob llwyth. 7 Ond fydd llwyth Lefi ddim yn cael rhan o'r tir. Eu braint
nhw ydy cael bod yn offeiriaid i'r ARGLWYDD. Ac mae llwythau Gad, Reuben a hanner llwyth
Manasse eisoes wedi derbyn tir yr ochr arall i afon Iorddonen, gan Moses, gwas yr ARGLWYDD."

8 Cyn i'r dynion gychwyn ar eu taith, dyma Josua yn gorchymyn iddyn nhw: "Ewch i grwydro
drwy'r wlad a'i mapio, a pharatoi arolwg llawn ohoni i mi. Yna dewch yn ôl ata i. Bydda
i wedyn yn bwrw coelbren o flaen yr ARGLWYDD yma yn Seilo, i weld pa ardal fydd yn cael ei
rhoi i bob llwyth."

9 Felly dyma'r dynion yn mynd drwy'r wlad i gyd, a'i mapio, a rhestru'r trefi i gyd ar sgrôl,
a rhannu'r tir yn saith ardal. Yna dyma nhw'n dod yn ôl at Josua i'r gwersyll yn Seilo.

10 A dyma Josua yn bwrw coelbren o flaen yr ARGLWYDD yn Seilo, i rannu'r tir rhwng pobl
Israel, a gweld pa ardal fyddai pob llwyth yn ei gael.

Y tir gafodd llwyth Benjamin

11 Teuluoedd llwyth Benjamin gafodd y rhan gyntaf. Eu tir nhw fyddai'r ardal rhwng tir Jwda
a thir meibion Joseff. 12 Roedd y ffin yn y gogledd yn mynd o afon Iorddonen ar hyd y llethr i'r
gogledd o Jericho, wedyn i fyny i'r bryniau i gyfeiriad y gorllewin ac ymlaen at anialwch Beth-
afen. 13 Roedd yn croesi wedyn i Lws, ar hyd y llethr sydd i'r de o Lws (sef Bethel). Yna i lawr
i Atroth-adar sydd ar y bryn i'r de o Beth-choron Isaf. 14 Wedyn roedd yn troi o'r fan honno i'r
de, ar hyd ochr orllewinol y bryn ac i lawr i Ciriath-baal (sef Ciriath-iearîm), un o'r trefi oedd ar
dir llwyth Jwda. Dyna'r ffin i'r gorllewin. 15 Yna roedd ffin y de yn dechrau wrth Ciriath-iearîm,
ac yn rhedeg i gyfeiriad Ffynnon Nefftoach. 16 Wedyn roedd y ffin yn mynd i lawr at droed
y mynydd gyferbyn â Dyffryn Ben-hinnom, sydd wrth ben gogleddol Dyffryn Reffaïm. Yna i lawr
Dyffryn Hinnom at y llethr sydd i'r de o Jerwsalem,[y] ac ymlaen i En-rogel. 17 O En-rogel roedd
yn troi i gyfeiriad y gogledd-ddwyrain i En-shemesh, ac yna i Geliloth, sydd gyferbyn â Bwlch
Adwmîm, ac yna i lawr at Garreg Bohan (mab Reuben). 18 Yna croesi i gyfeiriad y gogledd ar
hyd y llethr sydd o flaen Dyffryn Iorddonen, cyn mynd i lawr i'r dyffryn ei hun. 19 Croesi wedyn
at lethr Beth-hogla ac ymlaen i ben uchaf y Môr Marw,[a] wrth aber afon Iorddonen. Dyna ffin
y de. 20 Wedyn afon Iorddonen oedd y ffin i'r dwyrain.

Dyna ffiniau'r tir gafodd ei roi i deuluoedd llwyth Benjamin.

21 A dyma'r trefi oedd yn perthyn i lwyth Benjamin:
Jericho, Beth-hogla, Emec-cetsits, 22 Beth-araba, Semaraïm, Bethel, 23 Afim, Para, Offra,
24 Ceffar-ammona, Offni, a Geba – un deg dwy o drefi, a'r pentrefi o'u cwmpas.
25 Gibeon, Rama, Beëroth, 26 Mitspe, Ceffira, Motsa, 27 Recem, Irpeël, Tarala, 28 Sela,
Eleff, tref y Jebwsiaid (sef Jerwsalem), Gibea, a Ciriath – un deg pedair o drefi, a'r
pentrefi o'u cwmpas.

Dyma'r tir gafodd ei roi i deuluoedd llwyth Benjamin.

Y tir gafodd llwyth Simeon

19 Teuluoedd llwyth Simeon gafodd yr ail ran. Roedd eu tir nhw o fewn tiriogaeth Jwda.

2 Roedd eu tir nhw yn cynnwys
Beersheba,[b] Molada, 3 Chatsar-shwal,
Bala, Etsem, 4 Eltolad, Bethwl,
Horma, 5 Siclag, Beth-marcaboth,
Chatsar-swsa, 6 Beth-lebaoth,
a Sharwchen – un deg tair o drefi,
a'r pentrefi o'u cwmpas.

7 Ain, Rimmon, Ether, ac Ashan – pedair
o drefi, a'r pentrefi o'u cwmpas.
8 Hefyd y pentrefi oedd o'u cwmpas
nhw yr holl ffordd i Baalath-beër
(sef Rama yn y Negef).

---

y 18:16 *Jerwsalem* Hebraeg, "tre'r Jebwsiaid". a 18:19 Hebraeg, "Môr Halen". b 19:2 *Beersheba* Hebraeg yn ychwanegu "Sheba." Ond byddai hyn yn gwneud 14, sydd un yn fwy na'r crynodeb yn adn. 6 (cf. 1 Cronicl 4:28).

Dyma'r tir gafodd ei roi i deuluoedd llwyth Simeon. [9]Cafodd tir Simeon ei gymryd allan
o gyfran Jwda, am fod gan Jwda ormod o dir. Felly roedd tir llwyth Simeon o fewn ffiniau Jwda.

Y tir gafodd llwyth Sabulon

[10]Teuluoedd llwyth Sabulon gafodd y drydedd ran.
Roedd ffin eu tiriogaeth nhw yn
ymestyn yr holl ffordd i Sarid
yn y de-ddwyrain. [11] Roedd yn
mynd i gyfeiriad y gorllewin
i Marala, heibio Dabbesheth
ac at y ceunant wrth Iocneam.
[12]O Sarid roedd yn troi i gyfeiriad
y dwyrain at y ffin gyda Cisloth-
tabor, yna ymlaen i Daberath, ac
i fyny i Jaffia. [13]Wedyn roedd yn
croesi drosodd i Gath-heffer ac
Eth-catsin ac ymlaen i Rimmon,
cyn troi i gyfeiriad Nea. [14]Wedyn
roedd yn mynd rownd i'r gogledd
i Channathon ac yn gorffen yn
Nyffryn Ifftachél.
[15] Roedd eu tiriogaeth nhw yn cynnwys
Catta, Nahalal, Shimron, Idalâ,
a Bethlehem. Roedd ganddyn
nhw un deg dwy o drefi i gyd, a'r
pentrefi o'u cwmpas.

[16]Dyma'r tir gafodd ei roi i deuluoedd llwyth Sabulon, yn cynnwys y trefi yma i gyd a'r pentrefi
o'u cwmpas.

Y tir gafodd llwyth Issachar

[17]Teuluoedd llwyth Issachar gafodd y bedwaredd ran.
[18] Roedd eu tiriogaeth nhw yn cynnwys
Jesreel, Ceswloth, Shwnem,
[19]Chaffaraïm, Shion, Anacharath,
[20]Rabbith, Cishon, Ebes, [21] Remeth,
En-gannîm, En-hada, a Beth-patsets.
[22]Roedd eu ffin yn cyffwrdd
Mynydd Tabor, Shachatsima a Beth-
shemesh, ac yn gorffen wrth afon
Iorddonen. Un deg chwech o drefi
i gyd, a'r pentrefi o'u cwmpas.

[23]Dyma'r tir gafodd ei roi i deuluoedd llwyth Issachar, yn cynnwys y trefi yma i gyd a'r pentrefi
o'u cwmpas.

Y tir gafodd llwyth Asher

[24]Teuluoedd llwyth Asher gafodd y bumed ran.
[25] Roedd eu tiriogaeth nhw yn cynnwys
Chelcath, Chali, Beten, Achsaff,
[26]Alammelech, Amad, a Mishal.
Roedd eu ffin nhw yn mynd o Carmel
yn y gorllewin i Shichor-libnath.
[27]Wedyn roedd yn troi i'r dwyrain
i gyfeiriad Beth-dagon, at ffin
llwyth Sabulon a Dyffryn Ifftachél
i'r gogledd, yna i Beth-emec
a Neiel, ac yna ymlaen i Cabwl yn
y gogledd. [28]Yna i Ebron, Rechob,
Chammôn, a Cana, yr holl ffordd
i Sidon Fawr. [29-30]Wedyn roedd yn
troi i gyfeiriad Rama a tref gaerog
Tyrus, cyn troi i Chosa a mynd
at y môr. Roedd ganddyn nhw
ddau ddeg dwy o drefi i gyd, a'r
pentrefi o'u cwmpas, gan gynnwys
Machalab,[c] Achsib, Acco,[ch] Affec,
a Rechob.

[31]Dyma'r tir gafodd ei roi i deuluoedd llwyth Asher, yn cynnwys y trefi yma i gyd a'r pentrefi
o'u cwmpas.

Y tir gafodd llwyth Nafftali

[32]Teuluoedd llwyth Nafftali gafodd y chweched ran.
[33] Roedd y ffin yn dechrau wrth Cheleff
a'r dderwen yn Tsa-ananîm, yna'n
mynd i Adami-necef, Iabneël,
ymlaen i Lacwm, cyn gorffen wrth

---

c 19:29-30 *Machalab* felly LXX; Hebraeg, *Mechefel.* ch 19:30 *Acco* felly LXX; Hebraeg, *Wmma.*

afon Iorddonen. 34 Wedyn roedd yn
troi i'r gorllewin at Asnoth-tabor ac
ymlaen i Chwcoc. Roedd yn ffinio
gyda llwyth Sabulon i'r de, llwyth
Asher i'r gorllewin, a Jwda wrth
afon Iorddonen yn y dwyrain.
35 Roedd y trefi caerog amddiffynnol
yn cynnwys Sidim, Ser, Chamath,
Raccath, Cinnereth, 36 Adama,
Rama, Chatsor, 37 Cedesh, Edrei, En-
chatsor, 38 Iron, Migdal-el, Chorem,
Beth-anath, a Beth-shemesh. Roedd
ganddyn nhw un deg naw o drefi
i gyd, a'r pentrefi o'u cwmpas.

39 Dyma'r tir gafodd ei roi i deuluoedd llwyth Nafftali, yn cynnwys y trefi yma i gyd a'r pentrefi
o'u cwmpas.

Y tir gafodd llwyth Dan

40 Teuluoedd llwyth Dan gafodd y seithfed ran.
41 Roedd eu tir nhw'n cynnwys Sora,
Eshtaol, Ir-shemesh, 42 Shaalabin,
Aialon, Ithla, 43 Elon, Timna, Ecron,
44 Eltece, Gibbethon, Baalath,
45 Iehwd, Bene-berac, Gath-rimmon,
46 Me-iarcon, a Raccon, gan
gynnwys y tir o flaen Jopa.

47 (Ond collodd llwyth Dan y tir gafodd ei roi iddyn nhw, felly aethon nhw i'r gogledd ac
ymosod ar Laish.[d] Dyma nhw'n cymryd y dref drosodd ac yn lladd pawb oedd yn byw yno,
a newid enw'r dref i Dan, ar ôl eu hynafiad.)
48 Dyma'r tir gafodd ei roi i deuluoedd llwyth Dan, yn cynnwys y trefi yma i gyd a'r pentrefi
o'u cwmpas.

Y tir gafodd Josua

49 Ar ôl rhannu'r tir i gyd rhwng y llwythau, dyma bobl Israel yn rhoi darn o dir i Josua
fab Nwn. 50 Roedd yr ARGLWYDD wedi dweud y byddai e'n cael pa dref bynnag oedd e eisiau.
Dewisodd Timnath-serach ym mryniau Effraim. Ailadeiladodd y dref, a byw yno.
51 Dyna sut cafodd y tir ei rannu gan Eleasar yr offeiriad, Josua fab Nwn ac arweinwyr
llwythau Israel. Cafodd y tir ei rannu drwy fwrw coelbren o flaen yr ARGLWYDD wrth y fynedfa
i babell presenoldeb Duw yn Seilo. A dyna sut gwnaethon nhw orffen rhannu'r tir.

Trefi Lloches

(Numeri 35:9-15; Deuteronomium 19:1-13)

20 Dyma'r ARGLWYDD yn dweud wrth Josua: 2 "Dwed wrth bobl Israel am ddewis
y trefi lloches wnes i orchymyn i Moses ddweud wrthoch chi amdanyn nhw. 3 Bydd
unrhyw un sy'n lladd person yn ddamweiniol yn gallu dianc yno. Bydd y trefi yma yn lle
saff i ddianc oddi wrth y perthynas sydd am ddial. 4 Dylai'r un sydd wedi lladd rhywun
drwy ddamwain, ddianc i un ohonyn nhw, a mynd i'r llys wrth giât y dref i gyflwyno
ei achos i'r arweinwyr yno. Yna byddan nhw'n gadael iddo fynd i mewn i'r dref i fyw.
5 A phan fydd y perthynas sydd â'r hawl i ddial yn dod ar ei ôl, dylen nhw wrthod ei roi
iddo, am mai damwain oedd yr hyn ddigwyddodd – doedd e ddim wedi bwriadu lladd.
6 Ond rhaid iddo aros yn y dref nes bydd llys cyhoeddus wedi dod i ddyfarniad ar ei achos,
a'r un sy'n archoffeiriad ar y pryd wedi marw. Wedyn bydd yn cael mynd yn ôl i'r dref
lle roedd yn byw cyn iddo ddianc."
7 Felly dyma nhw'n dewis Cedesh yn
Galilea, ym mryniau tiriogaeth
Nafftali; Sichem ym mryniau
Effraim; a Ciriath-arba (sef Hebron)
ym mryniau Jwda.
8 Ac i'r dwyrain o afon Iorddonen,
gyferbyn â Jericho, dyma nhw'n

d 19:47 Hebraeg *Leshem,* sillafiad gwahanol o Laish (cf. Barnwyr 18:1-31).

dewis Betser yn yr anialwch ar
wastadedd tiriogaeth llwyth
Reuben; Ramoth yn Gilead ar dir
llwyth Gad; a Golan yn Bashan
oedd yn perthyn i lwyth Manasse.

9 Y rhain gafodd eu dewis yn drefi lloches i bobl Israel a'r mewnfudwyr oedd yn byw gyda nhw. Gallai rhywun oedd wedi lladd person yn ddamweiniol ddianc yno i osgoi cael ei ladd gan y perthynas sydd â'r hawl i ddial, hyd nes i'w achos gael gwrandawiad mewn llys cyhoeddus.

Pobl Israel yn rhoi trefi i'r Lefiaid

21 Dyma arweinwyr llwyth Lefi yn mynd i weld Eleasar yr offeiriad, Josua fab Nwn ac
arweinwyr llwythau Israel, 2 yn Seilo yn Canaan. A dyma nhw'n dweud wrthyn nhw,
"Roedd yr ARGLWYDD wedi gorchymyn i Moses roi trefi i ni fyw ynddyn nhw, gyda thir pori o'u
cwmpas nhw i'n hanifeiliaid." 3 Felly, fel roedd yr ARGLWYDD wedi dweud, dyma bobl Israel yn
rhoi trefi gyda thir pori o'u cwmpas nhw i lwyth Lefi:

4 Y teuluoedd oedd yn ddisgynyddion
i Cohath gafodd y rhai cyntaf.
Cafodd y Lefiaid oedd yn
ddisgynyddion i Aaron yr offeiriad
un deg tair o drefi o diriogaeth
llwythau Jwda, Simeon a Benjamin.
5 A dyma'r gweddill o ddisgynyddion
Cohath yn cael deg tref
o diriogaeth llwythau Effraim, Dan
a hanner llwyth Manasse.
6 Cafodd disgynyddion Gershon un deg
tair o drefi o diriogaeth llwythau
Issachar, Asher, Nafftali, a hanner
arall llwyth Manasse yn Bashan.
7 Cafodd y teuluoedd oedd yn
ddisgynyddion i Merari un deg dwy
o drefi o diriogaeth Reuben, Gad
a Sabulon.

8 Dyma'r trefi, gyda'u tir pori, wnaeth pobl Israel eu rhoi i lwyth Lefi, fel roedd yr ARGLWYDD
wedi gorchymyn i Moses:

9 O diriogaeth llwythau Jwda a Simeon,
10 y trefi gafodd eu rhoi i deuluoedd
Cohath, oedd yn ddisgynyddion
i Aaron yr offeiriad – nhw gafodd
y rhai cyntaf:
11 Ciriath-arba, sef Hebron, ym
mryniau Jwda. (Arba oedd
hynafiad yr Anaciaid.) 12 Ond
roedd y tir agored a'r pentrefi
o'i chwmpas eisoes wedi cael eu
rhoi i Caleb fab Jeffwnne. 13 Felly
i ddisgynyddion Aaron yr offeiriad
dyma nhw'n rhoi Hebron (oedd
yn dref lloches i rywun oedd wedi
lladd person arall), Libna, 14 Iattir,
Eshtemoa, 15 Cholon, Debir, 16 Ain,
Iwtta, a Beth-shemesh, a'r tir pori
o gwmpas pob un. Naw o drefi
wedi'u cymryd o diriogaeth
y ddau lwyth yma.
17 O diriogaeth llwyth Benjamin
dyma nhw'n rhoi Gibeon, Geba,
18 Anathoth, ac Almon, a'r tir pori
o gwmpas pob un. Pedair o drefi
i gyd.

19 Felly cafodd un deg tair o drefi eu rhoi i'r offeiriad, disgynyddion Aaron.
20 Cafodd gweddill y teuluoedd oedd yn ddisgynyddion i Cohath (o lwyth Lefi) y trefi
canlynol:

O diriogaeth llwyth Effraim dyma
nhw'n rhoi 21 Sichem, ym mryniau
Effraim (oedd yn dref lloches
i rywun oedd wedi lladd person
arall), Geser, 22 Cibtsaim, a Beth-
choron, a'r tir pori o gwmpas pob
un. Pedair o drefi i gyd.
23 O diriogaeth llwyth Dan dyma
nhw'n rhoi Eltece, Gibbethon,
24 Aialon, a Gath-rimmon, a'r tir

21:2 Numeri 35:1-8

pori o gwmpas pob un. Pedair
o drefi i gyd.
25 O diriogaeth hanner llwyth
Manasse dyma nhw'n rhoi
Taanach a Jibleam,[dd] a'r tir pori
o'u cwmpas nhw. Dwy dref i gyd.

26 Felly cafodd y deg tref yma eu rhoi i weddill y teuluoedd oedd yn ddisgynyddion i Cohath.
27 Dyma'r trefi gafodd eu rhoi i deuluoedd disgynyddion Gershon, o lwyth Lefi:

O hanner llwyth Manasse dyma nhw'n
rhoi Golan yn Bashan (oedd yn dref
lloches i rywun oedd wedi lladd
person arall) a Beeshtera, a'r tir pori
o'u cwmpas nhw. Dwy dref i gyd.
28 O diriogaeth llwyth Issachar:
Cishon, Daberath, 29 Iarmwth, ac
En-gannîm, a'r tir pori o gwmpas
pob un. Pedair o drefi i gyd.
30 O diriogaeth llwyth Asher: Mishal,
Abdon, 31 Chelcath, a Rechob, a'r
tir pori o gwmpas pob un. Pedair
o drefi i gyd.
32 O diriogaeth llwyth Nafftali: Cedesh
yn Galilea (oedd yn dref lloches
i rywun oedd wedi lladd person
arall), Chamath-dor, a Cartan, a'r
tir pori o gwmpas pob un. Tair
o drefi i gyd.

33 Felly cafodd yr un deg tair tref yma eu rhoi i deuluoedd disgynyddion Gershon.
34 Dyma'r trefi gafodd eu rhoi i deuluoedd gweddill llwyth Lefi, sef disgynyddion Merari:

O diriogaeth llwyth Sabulon: Iocneam,
Carta, 35 Dimna, a Nahalal, a'r tir pori
o gwmpas pob un. Pedair o drefi i gyd.
36 O diriogaeth llwyth Reuben: Betser,
Iahats, 37 Cedemoth, a Meffaäth,
a'r tir pori o gwmpas pob un.
Pedair o drefi i gyd.
38 O diriogaeth llwyth Gad: Ramoth
yn Gilead (oedd yn dref lloches
i rywun oedd wedi lladd person
arall), Machanaîm, 39 Cheshbon,
a Iaser, a'r tir pori o gwmpas
pob un. Pedair o drefi i gyd.

40 Felly cafodd yr un deg dwy tref yma eu rhoi i weddill llwyth Lefi, sef disgynyddion Merari.
41 Cafodd pedwar deg wyth o drefi i gyd, gyda'u tir pori, eu rhoi i lwyth Lefi, o fewn tiroedd
pobl Israel. 42 Roedd tir pori o gwmpas pob un o'r trefi.

Israel yn setlo yn y tir

43 Felly dyma'r ARGLWYDD yn rhoi i bobl Israel yr holl dir roedd wedi'i addo i'w hynafiaid.
Dyma nhw'n ei goncro ac yn setlo i lawr i fyw arno. 44 Rhoddodd yr ARGLWYDD heddwch iddyn
nhw fel roedd e wedi addo ar lw i'w hynafiaid. Doedd neb wedi gallu eu rhwystro. Roedd
yr ARGLWYDD wedi'u helpu i goncro eu gelynion i gyd. 45 Roedd pob un addewid wnaeth yr
ARGLWYDD i bobl Israel wedi dod yn wir.

Llwythau'r dwyrain yn mynd yn ôl adre

22 Dyma Josua yn galw llwythau Reuben, Gad a hanner llwyth Manasse at ei gilydd,
2 a dweud wrthyn nhw: "Dych chi wedi gwneud popeth wnaeth Moses, gwas yr
ARGLWYDD, ei ddweud wrthoch chi, ac wedi gwrando arna i hefyd. 3 Wnaethoch chi ddim troi
cefn ar eich pobl, llwythau Israel, o gwbl. Dych chi wedi gwneud beth wnaeth yr ARGLWYDD
eich Duw ei ofyn gynnoch chi. 4 Bellach mae'r ARGLWYDD eich Duw wedi rhoi heddwch i weddill
llwythau Israel, fel gwnaeth e addo. Felly gallwch fynd yn ôl adre i'r tir wnaeth Moses, gwas
yr ARGLWYDD, ei roi i chi yr ochr arall i afon Iorddonen.
5 "Ond cofiwch gadw'r rheolau a'r deddfau wnaeth Moses eu rhoi i chi. Caru yr ARGLWYDD
eich Duw, byw fel mae e'n dweud, cadw ei reolau, bod yn ffyddlon iddo, a rhoi eich hunain
yn llwyr i'w addoli â'ch holl galon!"

---

dd 21:25 *Jibleam* Un cyfieithiad hynafol (cf. 1 Cronicl 6:70); Hebraeg, "Gath-rimmon".

6 Dyma Josua yn eu bendithio nhw, a'u hanfon nhw i ffwrdd, a dyma nhw'n mynd am adre.
7 (Roedd hanner llwyth Manasse wedi cael tir yn Bashan gan Moses, ac roedd Josua wedi rhoi
tir i'r hanner arall i'r gorllewin o afon Iorddonen, gyda gweddill pobl Israel.) Pan anfonodd
Josua nhw adre, dyma fe'n eu bendithio nhw: 8 "Ewch adre, a rhannu gyda'ch pobl yr holl
gyfoeth dych chi wedi'i gymryd gan eich gelynion – nifer fawr o anifeiliaid, hefyd arian, aur,
pres a haearn, a lot fawr o ddillad hefyd."

Yr allor wrth ymyl Afon Iorddonen

9 Felly dyma lwythau Reuben, Gad, a hanner llwyth Manasse yn gadael gweddill pobl Israel
yn Seilo yn Canaan, a throi am adre i'w tir eu hunain yn Gilead – sef y tir wnaeth yr ARGLWYDD
ei roi iddyn nhw drwy Moses. 10 Ond pan oedden nhw'n dal ar ochr Canaan i'r Iorddonen,
dyma nhw'n adeiladu allor fawr drawiadol yn Geliloth, wrth ymyl yr afon.
11 Pan glywodd gweddill pobl Israel am y peth, 12 dyma nhw'n dod at ei gilydd yn Seilo i baratoi
i fynd i ryfel ac ymosod ar y ddau lwyth a hanner. 13 Ond cyn gwneud hynny, dyma bobl Israel yn
anfon Phineas mab Eleasar, yr offeiriad, i siarad â nhw yn Gilead. 14 Aeth deg o arweinwyr eraill
gydag e, un o bob llwyth – dynion oedd yn arweinwyr teuluoedd estynedig o fewn eu llwythau.
15 Dyma nhw'n mynd i Gilead at lwythau Reuben, Gad a hanner llwyth Manasse, a dweud
wrthyn nhw: 16 "Mae pobl Israel i gyd eisiau gwybod pam dych chi wedi bradychu Duw Israel fel
yma? Beth wnaeth i chi droi cefn ar yr ARGLWYDD ac adeiladu eich allor eich hunain? Sut allwch
chi wrthryfela yn erbyn yr ARGLWYDD fel yma? 17 Oedd beth wnaethon ni yn Peor[e] ddim digon
drwg? Dŷn ni'n dal ddim wedi dod dros hynny'n iawn. Mae canlyniadau'r pla wnaeth daro pobl
yr ARGLWYDD bryd hynny yn dal gyda ni! 18 A dyma chi eto heddiw, yn troi cefn ar yr ARGLWYDD! Os
gwnewch chi droi yn ei erbyn e heddiw, mae perygl y bydd yr ARGLWYDD yn cosbi pobl Israel i gyd
yfory! 19 Os ydych chi'n teimlo fod eich tir chi yr ochr yma i'r Iorddonen yn aflan, dewch drosodd
i fyw gyda ni ar dir yr ARGLWYDD ei hun, lle mae pabell presenoldeb Duw. Ond peidiwch troi yn
erbyn yr ARGLWYDD, a'n tynnu ni i mewn i'r peth, drwy godi allor arall i chi'ch hunain. Dim ond
un allor sydd i fod i'r ARGLWYDD ein Duw. 20 Meddyliwch am Achan fab Serach![f] Pan fuodd e'n
anufudd i'r gorchymyn am y cyfoeth oedd i fod i gael ei gadw i'r ARGLWYDD, roedd Duw yn ddig
gyda phobl Israel i gyd. Dim fe oedd yr unig un wnaeth farw o ganlyniad i'w bechod!"
21 Yna dyma bobl Reuben, Gad a hanner llwyth Manasse yn ateb arweinwyr Israel, a dweud,
22 "Yr ARGLWYDD ydy Duw y duwiau! Yr ARGLWYDD ydy Duw y duwiau! Mae e'n gwybod beth ydy'r
gwir, a bydd pobl Israel yn gwybod hefyd! Os ydyn ni wedi troi yn ei erbyn a bod yn anufudd,
lladdwch ni heddiw! 23 Wnaethon ni ddim codi'r allor i ni'n hunain gyda'r bwriad o droi cefn ar yr
ARGLWYDD, nac i gyflwyno offrymau i'w llosgi, offrymau o rawn neu offrymau i ofyn am ei fendith
arni. Bydd yr ARGLWYDD ei hun yn ein cosbi ni os ydyn ni'n dweud celwydd! 24 Na! Poeni oedden ni
y byddai eich disgynyddion chi ryw ddydd yn dweud wrth ein disgynyddion ni, 'Pa gysylltiad sydd
gynnoch chi â'r ARGLWYDD, Duw Israel? 25 Mae'r ARGLWYDD wedi rhoi afon Iorddonen fel ffin glir
rhyngon ni a chi. Does gynnoch chi, bobl Reuben a Gad, ddim hawl i addoli'r ARGLWYDD.' Roedd
gynnon ni ofn y byddai eich disgynyddion chi yn rhwystro ein disgynyddion ni addoli'r ARGLWYDD.
26 Felly dyma ni'n penderfynu codi'r allor yma. Nid er mwyn offrymu ac aberthu arni, 27 ond i'n
hatgoffa ni a chi, a'n disgynyddion ni hefyd, mai ei gysegr ydy'r lle i ni fynd i addoli'r ARGLWYDD
a chyflwyno aberthau ac offrymau iddo. Wedyn, yn y dyfodol, fydd eich disgynyddion chi ddim yn
gallu dweud wrth ein disgynyddion ni, 'Does gynnoch chi ddim perthynas â'r ARGLWYDD.' 28 Roedden
ni'n tybio, os byddai pethau felly'n cael eu dweud wrthon ni a'n disgynyddion, y gallen ni ateb,
'Edrychwch ar y copi yma o allor yr ARGLWYDD gafodd ei chodi gan ein hynafiaid. Dim allor i gyflwyno
offrymau i'w llosgi nac aberthu arni ydy hi, ond un i'n hatgoffa o'r berthynas sydd rhyngon ni.'
29 "Fydden ni ddim yn meiddio troi yn erbyn yr ARGLWYDD a gwrthod ei ddilyn drwy godi allor
arall i gyflwyno arni offrymau i'w llosgi, aberthau ac offrymau i ofyn am ei fendith. Allor yr
ARGLWYDD ein Duw o flaen ei Dabernacl ydy'r unig un i wneud hynny arni."

---

e 22:17 *beth wnaethon ni yn Peor* gw. Numeri 25:1-9. f 22:20 *Achan fab Serach* gw. Josua 7:1-26.

30Pan glywodd Phineas yr offeiriad, ac arweinwyr llwythau Israel, beth oedd amddiffyniad pobl
Reuben, Gad a hanner llwyth Manasse, roedden nhw'n fodlon. 31A dyma Phineas fab Eleasar, yr
offeiriad, yn dweud wrthyn nhw: "Nawr, dŷn ni'n gwybod fod yr ARGLWYDD gyda ni. Dych chi ddim
wedi bod yn anufudd iddo. Dych chi wedi achub pobl Israel rhag cael eu cosbi gan yr ARGLWYDD."
32Felly dyma Phineas fab Eleasar, yr offeiriad, a'r arweinwyr oedd gydag e, yn gadael pobl
Reuben a Gad yn Gilead, a mynd yn ôl i Canaan i adrodd i weddill pobl Israel beth oedd
wedi cael ei ddweud.
33Roedd pobl Israel yn hapus gyda'r hyn gafodd ei ddweud, a dyma nhw'n addoli Duw.
Doedd dim sôn ar ôl hynny am ymosod ar y wlad lle roedd pobl llwythau Reuben a Gad yn
byw. 34A dyma lwythau Reuben a Gad yn rhoi enw i'r allor – "Arwydd i'n hatgoffa ni i gyd
mai dim ond yr ARGLWYDD sydd Dduw."

Araith olaf Josua

23 Aeth blynyddoedd lawer heibio. Roedd yr ARGLWYDD wedi cadw Israel yn saff rhag
y gelynion o'i chwmpas, ac roedd Josua wedi mynd yn hen iawn. 2Dyma fe'n galw
pobl Israel at ei gilydd – y dynion hŷn, yr arweinwyr, y barnwyr a'r swyddogion. A dyma fe'n
dweud wrthyn nhw, "Dw i wedi mynd yn hen. 3Dych chi wedi gweld beth wnaeth yr ARGLWYDD
ar eich rhan chi i'r bobloedd yma i gyd. Yr ARGLWYDD eich Duw chi ydy e, ac mae e wedi ymladd
drosoch chi. 4Dw i wedi rhannu rhwng eich llwythau dir y bobl hynny sydd ddim eto wedi'u
concro, yn ogystal â'r rhai dw i wedi'u dinistrio – sef yr holl dir sydd rhwng afon Iorddonen
a Môr y Canoldir. 5Bydd yr ARGLWYDD eich Duw yn cael gwared â'r rhai sydd ar ôl, a byddwch
chi'n byw ar y tir yn eu lle nhw, fel mae'r ARGLWYDD wedi addo i chi.
6"Felly byddwch yn ddewr. Gwnewch yn siŵr eich bod yn gwneud popeth sydd
wedi'i ysgrifennu yn sgrôl Cyfraith Moses. Peidiwch crwydro oddi wrth hynny o gwbl.
7A pheidiwch cael dim i'w wneud â'r bobloedd sydd ar ôl gyda chi. Peidiwch galw ar eu
duwiau nhw na tyngu llw i'r duwiau hynny. Peidiwch addoli nhw na gweddïo arnyn nhw.
8Arhoswch yn ffyddlon i'r ARGLWYDD eich Duw, fel dych chi wedi gwneud hyd heddiw. 9Mae'r
ARGLWYDD wedi gyrru cenhedloedd mawr cryfion allan o'ch blaen chi. Does neb wedi gallu'ch
rhwystro chi hyd yn hyn. 10Mae un ohonoch chi yn ddigon i wneud i fil ohonyn nhw ffoi, am
fod yr ARGLWYDD yn ymladd drosoch chi, fel gwnaeth e addo. 11Gwyliwch eich hunain! Carwch
yr ARGLWYDD eich Duw! 12Os byddwch chi'n troi cefn arno, ac yn cymysgu gyda'r bobloedd
yma sydd yn dal gyda chi – priodi eu merched nhw, a gadael iddyn nhw briodi eich merched
chi – 13gallwch fod yn siŵr y bydd yr ARGLWYDD eich Duw yn stopio eu gyrru nhw allan o'ch
blaen chi. Byddan nhw'n eich trapio chi. Fyddan nhw'n achosi dim byd ond trwbwl i chi, fel
chwip ar eich cefnau neu ddrain yn eich llygaid. A byddwch chi'n diflannu o'r wlad dda yma
mae'r ARGLWYDD eich Duw wedi'i rhoi i chi.
14"Edrychwch, fydda i ddim byw yn hir iawn eto. Dych chi'n gwybod yn berffaith iawn fod
yr ARGLWYDD wedi cadw pob un addewid wnaeth e i chi. Mae e wedi gwneud popeth wnaeth
e addo. 15Ond gallwch fod yr un mor siŵr y bydd yr ARGLWYDD yn dod â barn a dinistr arnoch
chi os byddwch chi'n anufudd iddo. Byddwch yn cael eich gyrru allan o'r wlad dda yma mae
e wedi'i rhoi i chi. 16Os byddwch chi'n torri amodau'r ymrwymiad mae'r ARGLWYDD eich Duw
wedi'i wneud, ac yn dechrau addoli a gweddïo ar dduwiau eraill, bydd yr ARGLWYDD yn digio gyda
chi, a byddwch chi'n diflannu o'r wlad dda yma mae e wedi'i rhoi i chi."

Cadarnhau ymrwymiad Duw yn Sichem

24 Dyma Josua yn galw llwythau Israel i gyd at ei gilydd yn Sichem. Galwodd
y cynghorwyr a'r arweinwyr i gyd, y barnwyr, a'r swyddogion, a mynd â nhw i sefyll
o flaen Duw. 2Yna dwedodd wrth y bobl, "Dyma mae'r ARGLWYDD, Duw Israel, yn ei ddweud:
Yn bell, bell yn ôl roedd eich hynafiaid (hyd at Tera, tad Abraham a Nachor) yn byw yr
ochr draw i afon Ewffrates. Roedden nhw'n addoli duwiau eraill. 3Ond dyma fi'n cymryd

Abraham o'r wlad honno, a dod ag e i wlad Canaan, a rhoi lot fawr o ddisgynyddion iddo.
Rhoddais ei fab Isaac iddo, 4 ac wedyn rhoi Jacob ac Esau i Isaac. Cafodd Esau fyw ar fryniau
Seir. Ond aeth Jacob a'i feibion i lawr i'r Aifft.

5 Wedyn anfonais Moses ac Aaron i'ch arwain chi allan o wlad yr Aifft, a tharo pobl yr
Aifft gyda plâu. 6 Pan ddes i â'ch hynafiaid chi allan o'r Aifft, dyma nhw'n cyrraedd y môr,
ac roedd marchogion a cherbydau rhyfel yr Eifftiaid wedi dod ar eu holau. Wrth y Môr
Coch,[ff] 7 dyma'ch hynafiaid yn gweiddi ar yr Arglwydd am help, a dyma fi'n rhoi tywyllwch
rhyngoch chi a'r Eifftiaid, ac yn eu boddi nhw yn y môr. Gwelsoch gyda'ch llygaid eich
hunain beth wnes i yn yr Aifft.

Wedyn buoch chi'n byw yn yr anialwch am flynyddoedd lawer. 8 Yna dyma fi'n dod
â chi i dir yr Amoriaid, sef y bobl oedd yn byw i'r dwyrain o afon Iorddonen. Dyma nhw'n
ymladd yn eich erbyn chi, ond dyma fi'n eu dinistrio nhw'n llwyr o'ch blaenau chi. Chi
gafodd ennill y frwydr, a choncro eu tir nhw.

9 Roedd Balac fab Sippor, brenin Moab, yn paratoi i ymosod ar Israel, ac wedi cael Balaam
fab Beor i'ch melltithio chi. 10 Ond wnes i ddim gwrando ar Balaam. Yn lle hynny, dyma
fe'n proffwydo pethau da amdanoch chi dro ar ôl tro! Fi wnaeth eich achub chi oddi wrtho.

11 Wedyn, ar ôl i chi groesi afon Iorddonen, dyma chi'n dod i Jericho. Daeth arweinwyr
Jericho i ymladd yn eich erbyn chi, a'r Amoriaid, Peresiaid, Canaaneaid, Hethiaid, Girgasiaid,
Hefiaid a Jebwsiaid hefyd, ond dyma fi'n gwneud i chi ennill. 12 Dyma fi'n achosi panig
llwyr, a gyrru dau frenin yr Amoriaid allan o'ch blaen chi. Fi wnaeth ennill y frwydr i chi,
nid eich arfau rhyfel chi. 13 Fi wnaeth roi'r tir i chi. Wnaethoch chi ddim gweithio amdano,
a wnaethoch chi ddim adeiladu'r trefi. Dych chi'n bwyta ffrwyth gwinllannoedd a choed
olewydd wnaethoch chi mo'u plannu.

14 "Felly byddwch yn ufudd i'r Arglwydd, a'i addoli o ddifrif. Taflwch i ffwrdd y duwiau
hynny roedd eich hynafiaid yn eu haddoli yr ochr arall i afon Ewffrates, a duwiau'r Aifft.
Addolwch yr Arglwydd. 15 Os nad ydych chi am addoli'r Arglwydd, penderfynwch heddiw pwy
dych chi am ei addoli. Y duwiau roedd eich hynafiaid yn eu haddoli yr ochr arall i'r Ewffrates?
Neu falle dduwiau'r Amoriaid dych chi'n byw ar eu tir nhw? Ond dw i a'm teulu yn mynd
i addoli'r Arglwydd!"

16 Dyma'r bobl yn ymateb, "Fydden ni ddim yn meiddio troi cefn ar yr Arglwydd i addoli
duwiau eraill! 17 Yr Arglwydd ein Duw wnaeth ein hachub ni a'n hynafiaid o fod yn gaethweision
yn yr Aifft, a gwneud gwyrthiau rhyfeddol o flaen ein llygaid. Fe wnaeth ein cadw ni'n saff ar
y daith, wrth i ni basio drwy diroedd gwahanol bobl. 18 Yr Arglwydd wnaeth yrru'r bobloedd
i gyd allan o'n blaenau ni, gan gynnwys yr Amoriaid oedd yn byw yn y wlad yma. Felly dŷn
ni hefyd am addoli'r Arglwydd. Ein Duw ni ydy e."

19 Yna dyma Josua yn rhybuddio'r bobl, "Wnewch chi ddim dal ati i addoli'r Arglwydd.
Mae e'n Dduw sanctaidd. Mae e'n Dduw eiddigeddus. Fydd e ddim yn maddau i chi am
wrthryfela a phechu yn ei erbyn. 20 Mae e wedi bod mor dda atoch chi! Os byddwch chi'n
troi cefn arno ac yn addoli duwiau eraill, bydd e'n troi yn eich erbyn chi, yn achosi trychineb
ac yn eich dinistrio chi!"

21 Ond dyma'r bobl yn dweud wrth Josua, "Na! Dŷn ni'n mynd i addoli'r Arglwydd!"

22 Felly dyma Josua yn gofyn i'r bobl, "Ydych chi'n derbyn eich bod chi'n atebol iddo ar ôl
gwneud y penderfyniad yma i addoli'r Arglwydd?" A dyma nhw'n dweud, "Ydyn, dŷn ni'n atebol."

23 "Iawn," meddai Josua, "taflwch y duwiau eraill sydd gynnoch chi i ffwrdd, a rhoi eich
hunain yn llwyr i'r Arglwydd, Duw Israel."

24 A dyma'r bobl yn dweud wrth Josua, "Dŷn ni'n mynd i addoli'r Arglwydd ein Duw,
a gwrando arno."

25 Felly dyma Josua yn gwneud cytundeb gyda'r bobl, a gosod rheolau a chanllawiau iddyn
nhw yn Sichem. 26 A dyma fe'n ysgrifennu'r cwbl yn Sgrôl Cyfraith Duw.

---

ff 24:6 *Môr Coch* Hebraeg, "Môr y Brwyn".
24:8 Numeri 21:21-35 24:9,10 Numeri 22:1 – 24:25

Wedyn dyma fe'n cymryd carreg fawr, a'i gosod i fyny o dan y goeden dderwen oedd wrth
ymyl cysegr yr Arglwydd. 27 A dyma fe'n dweud wrth y bobl, "Mae'r garreg yma wedi clywed
popeth mae'r Arglwydd wedi'i ddweud wrthon ni. Bydd yn dyst yn eich erbyn chi os gwnewch
chi droi cefn ar Dduw."
28 Yna dyma Josua yn gadael i'r bobl fynd, a dyma nhw i gyd yn mynd adre i'w tir eu hunain.

Josua yn marw

29 Yn fuan wedyn, dyma Josua fab Nwn, gwas yr Arglwydd, yn marw. Roedd yn gant a deg.
30 Dyma nhw'n ei gladdu ar ei dir ei hun yn Timnath-serach ym mryniau Effraim, i'r gogledd
o Fynydd Gaash.
31 Tra oedd Josua'n fyw, roedd pobl Israel yn addoli'r Arglwydd. A dyma nhw'n dal ati i'w
addoli tra oedd yr arweinwyr eraill o'r un genhedlaeth yn dal yn fyw – y dynion oedd wedi
gweld drostyn nhw eu hunain y cwbl wnaeth yr Arglwydd i bobl Israel.
32 Roedd pobl Israel wedi cario esgyrn Joseff o'r Aifft, a dyma nhw'n eu claddu yn Sichem,
ar y darn o dir roedd Jacob wedi'i brynu am gant o ddarnau arian gan feibion Hamor, tad
Sichem. Roedd y tir hwnnw yn rhan o diriogaeth disgynyddion Joseff.
33 Pan fuodd Eleasar fab Aaron farw, dyma nhw'n ei gladdu yn Gibea ym mryniau Effraim,
ar y tir oedd wedi cael ei roi i'w fab Phineas.

24:32 Genesis 33:19; 50:24,25; Exodus 13:19

Barnwyr

Llwythau Israel yn ymladd y Canaaneaid

Llwythau Jwda a Simeon yn dal Adoni-besec

1 Ar ôl i Josua farw, gofynnodd pobl Israel i'r ARGLWYDD, "Pa lwyth ddylai arwain yr
ymosodiad ar y Canaaneaid?" [2]A dyma'r ARGLWYDD yn ateb, "Llwyth Jwda fydd yn arwain.
A dw i'n mynd i roi'r tir iddyn nhw."

[3]Dwedodd arweinwyr llwyth Jwda wrth arweinwyr llwyth Simeon, "Dewch i'n helpu ni
i ymladd y Canaaneaid sy'n byw ar y tir sydd wedi'i roi i ni. Gwnawn ni eich helpu chi wedyn."
Felly dyma'r dynion o lwyth Simeon yn mynd gyda nhw. [4]Dyma lwyth Jwda yn ymosod,
a gwnaeth yr ARGLWYDD iddyn nhw drechu'r Canaaneaid a'r Peresiaid. Cafodd deg mil o filwyr
y gelyn eu lladd yn Besec. [5]Yn ystod y frwydr, dyma nhw'n dod o hyd i Adoni-besec, y brenin.
[6]Ceisiodd hwnnw ddianc, ond llwyddon nhw i'w ddal. A dyma nhw'n torri bodiau ei ddwylo
a'i draed i ffwrdd. [7]"Dw i wedi torri bodiau dwylo a thraed saith deg o frenhinoedd," meddai
Adoni-besec. "Roedden nhw i gyd yn gorfod casglu briwsion dan fy mwrdd. A nawr mae Duw
wedi talu'n ôl i mi am beth wnes i iddyn nhw." Aethon nhw ag e i Jerwsalem, lle buodd e farw.
[8]Roedd byddin Jwda wedi ymosod ar Jerwsalem, ei dal, lladd ei phobl, a llosgi'r ddinas yn llwyr.

Llwyth Jwda yn concro Hebron

[9]Nesaf, dyma fyddin Jwda yn mynd i ymosod ar y Canaaneaid oedd yn byw yn y bryniau,
y Negef i'r de, a'r iseldir yn y gorllewin. [10]Dyma nhw'n ymosod ar y Canaaneaid oedd yn byw yn
Hebron (oedd yn arfer cael ei galw yn Ciriath-arba[a]), a lladd dynion Sheshai, Achiman a Talmai.

Othniel yn concro Debir

(Josua 15:13-19)

[11]Wedyn dyma nhw'n ymosod ar y bobl oedd yn byw yn Debir (oedd yn arfer cael ei galw
yn Ciriath-seffer). [12]Roedd Caleb wedi dweud, "Bydd pwy bynnag sy'n ymosod ar dref Ciriath-
seffer ac yn ei choncro yn cael priodi fy merch Achsa." [13]Othniel, mab Cenas (brawd iau Caleb)
wnaeth goncro'r dref, a rhoddodd Caleb ei ferch, Achsa, yn wraig iddo. [14]Pan briododd hi
Othniel, dyma hi'n ei berswadio i adael iddi ofyn i'w thad am fwy o dir. Wrth iddi ddod i lawr
oddi ar gefn ei hasyn, gofynnodd ei thad Caleb iddi, "Beth sy'n bod?" [15]A dyma hi'n ateb,
"Dw i eisiau gofyn am rodd arall gen ti. Rwyt ti wedi rhoi tir i mi yn y Negef, ond wnei di roi
ffynhonnau dŵr i mi hefyd?" A dyma Caleb yn rhoi'r ffynhonnau uchaf a'r ffynhonnau isaf iddi.

Llwythau Jwda a Benjamin yn ennill brwydrau

[16]Aeth disgynyddion y Cenead, tad-yng-nghyfraith Moses, o Jericho[b] gyda phobl Jwda,
a setlo i lawr i fyw gyda nhw ger Arad yn anialwch Jwda yn y Negef.

[17]*Yna aeth dynion llwyth Jwda gyda llwyth Simeon* i ymladd yn erbyn y Canaaneaid yn
Seffath, a lladd pawb yno. Felly cafodd y dref ei galw yn Horma (sef 'Dinistr').

[18]Wedyn dyma lwyth Jwda yn concro Gasa, Ashcelon ac Ecron, a'r tiroedd o'u cwmpas nhw.
[19]Roedd yr ARGLWYDD yn helpu Jwda. Dyma nhw'n llwyddo i goncro'r bryniau, ond roedden nhw'n
methu gyrru allan y bobl oedd yn byw ar yr arfordir am fod ganddyn nhw gerbydau rhyfel haearn.

[20]Cafodd tref Hebron ei rhoi i Caleb, fel roedd Moses wedi addo. Llwyddodd Caleb i yrru
allan tri clan o bobl oedd yn ddisgynyddion i Anac.

[21]Ond wnaeth llwyth Benjamin ddim gyrru allan y Jebwsiaid o Jerwsalem. Mae'r Jebwsiaid
yn dal i fyw yn Jerwsalem gyda phobl llwyth Benjamin hyd heddiw.

---

a 1:10 *Ciriath-arba* sef, "Dinas o bedair (rhan)". b 1:16 *Jericho* Hebraeg, "Tref y Coed Palmwydd", enw arall ar Jericho.

Llwythau Effraim a Manasse yn concro Bethel

22 Dyma'r Arglwydd yn helpu disgynyddion Joseff (sef llwythau Effraim a Manasse) pan
wnaethon nhw ymosod ar Bethel. 23 Dyma nhw'n anfon ysbiwyr i'r dref (oedd yn arfer cael
ei galw yn Lws). 24 Tra oedd yr ysbiwyr yn gwylio'r dref, roedden nhw wedi gweld dyn yn dod
allan ohoni. "Dangos i ni sut allwn ni fynd i mewn i'r dref, a gwnawn ni arbed dy fywyd di,"
medden nhw wrtho. 25 Dangosodd y dyn iddyn nhw sut allen nhw fynd i mewn. Felly dyma
nhw'n ymosod ac yn lladd pawb yn y dref. Dim ond y dyn oedd wedi dangos y ffordd i mewn
iddyn nhw, a'i deulu, gafodd fyw. 26 Aeth y dyn hwnnw i fyw i ardal yr Hethiaid, ac adeiladu
tref yno. Galwodd y dref yn Lws, a dyna'r enw arni hyd heddiw.

Y bobloedd oedd heb eu gyrru allan o'r tir

27 Wnaeth llwyth Manasse ddim gyrru allan bobl Beth-shean a Taanach a'u pentrefi, na
pobl Dor, Ibleam a Megido a'r pentrefi o'u cwmpas nhw chwaith. Roedd y Canaaneaid yn dal
i wrthod symud o'r ardaloedd hynny. 28 Yn ddiweddarach, pan oedd Israel yn gryfach, dyma
nhw yn llwyddo i orfodi'r Canaaneaid i weithio fel caethweision iddyn nhw; ond wnaethon
nhw erioed lwyddo i'w gyrru nhw allan yn llwyr.

29 A wnaeth llwyth Effraim ddim gyrru allan y Canaaneaid oedd yn byw yn Geser. Roedden
nhw'n byw gyda nhw yn Geser.

30 Wnaeth llwyth Sabulon ddim gyrru allan y bobl oedd yn byw yn Citron a Nahalal. Roedd
y Canaaneaid yn byw gyda nhw fel caethweision.

31 Wnaeth llwyth Asher ddim gyrru allan y bobl oedd yn byw yn Acco a Sidon, nac yn Achlaf,
Achsib, Chelba, Affec a Rechob. 32 Felly roedd llwyth Asher yn byw yng nghanol y Canaaneaid
i gyd, am eu bod heb eu gyrru nhw allan.

33 Wnaeth llwyth Nafftali ddim gyrru allan y bobl oedd yn byw yn Beth-shemesh na Beth-
anath, ond dyma nhw'n eu gorfodi nhw i fod yn gaethweision iddyn nhw. Roedd pobl Nafftali
yn gorfod byw yng nghanol y Canaaneaid.

34 Cafodd llwyth Dan eu gorfodi gan yr Amoriaid i fyw yn y bryniau. Cawson nhw eu rhwystro
rhag dod i lawr i fyw ar yr arfordir. 35 Roedd yr Amoriaid yn benderfynol o aros yn Har-cheres,
Aialon, a Shaalfîm hefyd. Ond dyma lwythau meibion Joseff yn ymosod yn galed, a dyma
nhw yn gorfodi'r Amoriaid i fod yn gaethweision iddyn nhw. 36 Roedd y ffin gyda'r Amoriaid
yn rhedeg o Fwlch y Sgorpion i fyny heibio Sela.

Neges angel yr Arglwydd i Israel

2 Dyma angel yr Arglwydd yn mynd o Gilgal i Bochîm gyda neges i bobl Israel:
"Fi ddaeth â chi allan o wlad yr Aifft, a'ch arwain chi i'r tir roeddwn i wedi addo'i roi
i'ch hynafiaid. Dwedais wrthoch chi, 'Wna i byth dorri'r ymrwymiad dw i wedi'i wneud
gyda chi. 2 Ond rhaid i chi beidio gwneud cytundeb heddwch â'r bobl sy'n byw yn y wlad
yma, a rhaid i chi ddinistrio'r allorau lle maen nhw'n addoli eu duwiau.' Ond dych chi
ddim wedi gwrando arna i. Pam hynny? 3 Rôn i wedi'ch rhybuddio chi, 'Os wnewch chi
ddim gwrando, fydda i ddim yn gyrru'r Canaaneaid allan o'ch blaen chi. Byddan nhw'n
fygythiad cyson, a byddwch yn cael eich denu gan eu duwiau nhw.' "
4 Pan oedd angel yr Arglwydd wedi dweud hyn wrth bobl Israel, dyma nhw'n torri allan i grio'n
uchel. 5 Dyma nhw'n galw'r lle yn Bochîm,[c] ac yn cyflwyno aberthau i'r Arglwydd.

Israel yn stopio addoli'r Arglwydd

6 Ar ôl i Josua adael i bobl Israel fynd, y bwriad oedd iddyn nhw i gyd feddiannu'r tir oedd
wedi cael ei roi iddyn nhw. 7 Tra oedd Josua'n fyw roedden nhw wedi addoli'r Arglwydd. Ac
roedden nhw wedi dal ati i'w addoli pan oedd yr arweinwyr eraill o'r un genhedlaeth yn dal

c 2:5 *Bochîm* o'r gair Hebraeg am "crio".

yn fyw – y dynion oedd wedi gweld drostyn nhw eu hunain y cwbl wnaeth yr ARGLWYDD dros
bobl Israel. 8 Ond yna dyma Josua fab Nwn, gwas yr ARGLWYDD, yn marw, yn gant a deg. 9 Cafodd
ei gladdu ar ei dir ei hun, yn Timnath-cheres ym mryniau Effraim, i'r gogledd o Fynydd Gaash.
10 Pan oedd y genhedlaeth yna i gyd wedi mynd, daeth cenhedlaeth ar eu holau oedd ddim
wedi cael profiad personol o'r ARGLWYDD nac wedi gweld drostyn nhw eu hunain beth wnaeth
e dros Israel. 11 Yna dyma bobl Israel yn gwneud rhywbeth gwirioneddol ddrwg yng ngolwg
yr ARGLWYDD: addoli delwau o Baal. 12 Dyma nhw'n troi cefn ar yr ARGLWYDD, Duw eu hynafiaid,
wnaeth eu hachub nhw o wlad yr Aifft, a dechrau addoli duwiau'r bobloedd o'u cwmpas.
Roedd Duw wedi digio go iawn! 13 Roedden nhw wedi troi cefn ar yr ARGLWYDD, a dechrau
addoli Baal a'r delwau o'r dduwies Ashtart.

Roedd yr ARGLWYDD yn wirioneddol flin gyda phobl Israel! 14 Dyma fe'n gadael i ladron
ddwyn oddi arnyn nhw. Roedd y gelynion o'u cwmpas nhw yn gallu gwneud beth fynnen nhw!
Doedden nhw'n gallu gwneud dim i'w rhwystro. 15 Pan oedd Israel yn mynd allan i ymladd,
roedd yr ARGLWYDD yn eu herbyn nhw! Roedd e wedi rhybuddio mai dyna fyddai'n ei wneud.
Roedd hi'n argyfwng go iawn arnyn nhw.

16 Yna dyma'r ARGLWYDD yn codi arweinwyr i achub pobl Israel o ddwylo eu gelynion. 17 Ond
doedden nhw ddim yn gwrando ar eu harweinwyr. Roedden nhw'n puteinio drwy roi eu hunain
i dduwiau eraill a'u haddoli nhw. Roedden nhw'n rhy barod i grwydro oddi ar y llwybr roedd
eu hynafiaid wedi'i ddilyn. Roedd eu hynafiaid wedi bod yn ufudd i orchmynion yr ARGLWYDD,
ond doedden nhw ddim.

18 Wrth i bobl Israel riddfan am fod y gelynion yn eu cam-drin nhw, roedd yr ARGLWYDD yn
teimlo drostyn nhw. Roedd yn dewis arweinwyr iddyn nhw, ac yn helpu'r arweinwyr hynny
i'w hachub o ddwylo eu gelynion. Wedyn roedd popeth yn iawn tra oedd yr arweinydd yn
fyw, 19 ond ar ôl i'r arweinydd farw, byddai'r genhedlaeth nesaf yn ymddwyn yn waeth na'r
un o'i blaen. Bydden nhw'n mynd yn ôl i addoli duwiau eraill ac yn gweddïo arnyn nhw.
Roedden nhw mor ystyfnig, ac yn gwrthod stopio gwneud drwg.

20 Roedd yr ARGLWYDD yn wirioneddol flin gyda phobl Israel. "Mae'r genedl yma wedi torri
amodau'r ymrwymiad wnes i gyda'u hynafiaid nhw. Maen nhw wedi gwrthod gwrando arna
i, 21 felly o hyn ymlaen wna i ddim gyrru allan y bobloedd hynny oedd yn dal heb eu concro
pan fuodd Josua farw. 22 Cawson nhw eu gadael i brofi Israel. Rôn i eisiau gweld fyddai'r bobl
yn ufuddhau i'r ARGLWYDD fel roedd eu hynafiaid wedi gwneud."

23 Dyna'r rheswm pam wnaeth yr ARGLWYDD ddim gyrru'r bobloedd yna allan yn syth, na
gadael i Josua eu concro nhw i gyd.

Y bobloedd oedd yn dal yn y tir

3 Roedd yr ARGLWYDD wedi gadael y bobloedd yn y wlad er mwyn profi pobl Israel (sef y rhai
oedd ddim wedi gorfod brwydro yn erbyn y Canaaneaid eu hunain). 2 Roedd e eisiau
i bob cenhedlaeth oedd ddim wedi cael profiad o ryfela, ddysgu sut i ymladd.

3 Dyma'r bobloedd oedd ar ôl: Y Philistiaid a'u pum arweinydd, y Canaaneaid i gyd,
y Sidoniaid a'r Hefiaid oedd yn byw yn mynydd-dir Libanus (o Fynydd Baal-hermon i Fwlch
Chamath). 4 Cafodd y rhain eu gadael i brofi pobl Israel, er mwyn gweld fyddai'r bobl yn ufudd
i'r gorchmynion roedd yr ARGLWYDD wedi'u rhoi i'w hynafiaid nhw drwy Moses.

5 Roedd pobl Israel wedi setlo i lawr yng nghanol y Canaaneaid, Amoriaid, Hethiaid,
Peresiaid, Hefiaid a Jebwsiaid. 6 Roedden nhw'n priodi eu merched, ac yn rhoi eu merched
eu hunain i'r Canaaneaid. Ac roedden nhw'n addoli eu duwiau nhw hefyd.

Othniel

7 Gwnaeth pobl Israel rywbeth oedd yn ddrwg yng ngolwg yr ARGLWYDD. Dyma nhw'n
anghofio'r ARGLWYDD eu Duw ac addoli delwau o Baal a pholion y dduwies Ashera. 8 Roedd
yr ARGLWYDD yn wirioneddol flin gyda phobl Israel. Dyma fe'n gadael i Cwshan-rishathaïm,

brenin Mesopotamia,[ch] eu rheoli nhw. Roedden nhw'n gaethion i Cwshan-rishathaïm am
wyth mlynedd.
9 Pan waeddodd pobl Israel ar yr ARGLWYDD am help, dyma fe'n codi rhywun i'w hachub
nhw – Othniel, mab Cenas (brawd iau Caleb). 10 Daeth Ysbryd yr ARGLWYDD arno, a dyma fe'n
arwain Israel i frwydro yn erbyn Cwshan-rishathaïm. A dyma Othniel yn ennill y frwydr. 11 Ar
ôl hynny, roedd heddwch yn y wlad am bedwar deg mlynedd, nes i Othniel, mab Cenas, farw.

Ehwd

12 Dyma bobl Israel, unwaith eto, yn gwneud beth oedd yn ddrwg yng ngolwg yr ARGLWYDD.
Felly, o achos hyn, dyma'r ARGLWYDD yn gadael i Eglon, brenin Moab, reoli Israel. 13 Roedd
Eglon wedi ffurfio cynghrair milwrol gyda'r Ammoniaid a'r Amaleciaid i ymosod ar Israel.
Dyma nhw'n ennill y frwydr ac yn dal Jericho.[d] 14 Buodd pobl Israel yn gaethion i'r brenin
Eglon am un deg wyth mlynedd.
15 Pan waeddodd pobl Israel ar yr ARGLWYDD am help, dyma fe'n codi rhywun i'w hachub
nhw. Ei enw oedd Ehwd, mab Gera, o lwyth Benjamin. Roedd yn ddyn llaw chwith.

Roedd Ehwd i fod i fynd â threthi pobl Israel i Eglon, brenin Moab. 16 Ond cyn mynd, dyma
Ehwd yn gwneud cleddyf iddo'i hun. Roedd y cleddyf tua 45 centimetr o hyd, gyda min ar
ddwy ochr y llafn. Dyma fe'n strapio'r cleddyf ar ei ochr dde, o dan ei ddillad. 17 Yna dyma
fe'n mynd â'r arian trethi i Eglon. Roedd Eglon yn ddyn tew iawn. 18 Ar ôl cyflwyno'r trethi i'r
brenin, dyma Ehwd a'r dynion oedd wedi cario'r arian yn troi am adre. 19 Ond pan ddaethon
nhw at y delwau cerrig yn Gilgal, dyma Ehwd yn troi yn ei ôl. A dyma fe'n dweud wrth y Brenin
Eglon, "Mae gen i neges gyfrinachol i'w rhannu gyda chi, eich mawrhydi."

"Ust! Aros eiliad," meddai Eglon; a dyma fe'n anfon ei weision i gyd allan. 20 Felly roedd
yn eistedd ar ei ben ei hun yn yr ystafell uchaf – ystafell agored braf. Dyma Ehwd yn mynd
draw ato, a dweud, "Mae gen i neges i chi gan Dduw!"

Pan gododd y brenin ar ei draed, 21 tynnodd Ehwd ei gleddyf allan gyda'i law chwith
a'i wthio i stumog Eglon. 22 Aeth mor ddwfn nes i'r carn fynd ar ôl y llafn, a diflannu yn ei
floneg. Allai Ehwd ddim tynnu'r cleddyf allan. 23 Yna dyma fe'n cloi drysau'r ystafell, a dianc
drwy ddringo i lawr y twll carthion o'r tŷ bach.
24 Pan ddaeth gweision y brenin yn ôl a darganfod fod y drysau wedi'u cloi, roedden
nhw'n meddwl, "Mae'n rhaid ei fod e'n y tŷ bach." 25 Ond ar ôl aros ac aros am amser hir,
dyma nhw'n dechrau teimlo'n anesmwyth. Doedd e'n dal heb agor y drysau. Felly dyma
nhw'n nôl allwedd a mynd i mewn. A dyna lle roedd eu meistr, yn gorwedd yn farw ar lawr!
26 Ond erbyn hynny roedd Ehwd wedi hen ddianc. Roedd wedi mynd heibio'r delwau cerrig,
ac ar y ffordd i Seira.
27 Pan gyrhaeddodd Seira, dyma fe'n chwythu'r corn hwrdd ar fryniau Effraim, i alw byddin
at ei gilydd. A dyma ddynion Effraim yn mynd yn ôl i lawr gydag e o'r bryniau. Ehwd oedd
yn eu harwain. 28 "Dewch!" meddai. "Mae'r ARGLWYDD yn mynd i roi buddugoliaeth i chi yn
erbyn eich gelynion, y Moabiaid!"

Felly aethon nhw ar ei ôl i lawr i ddyffryn Iorddonen, a dal y rhydau lle mae pobl yn
croesi drosodd i Moab. Doedden nhw ddim yn gadael i unrhyw un groesi. 29 Y diwrnod
hwnnw, lladdon nhw tua deg mil o filwyr gorau Moab – dynion cryf i gyd. Wnaeth dim un
ohonyn nhw ddianc.
30 Cafodd byddin Moab ei threchu'n llwyr y diwrnod hwnnw, ac roedd heddwch yn y wlad
am wyth deg mlynedd.

Shamgar

31 Ar ôl Ehwd, yr un nesaf i achub Israel oedd Shamgar, mab Anat. Lladdodd Shamgar chwe
chant o Philistiaid gyda ffon brocio ychen.

---

ch 3:8 Hebraeg, *Aram-naharaim*. d 3:13 *Jericho* Hebraeg, "Tref y Coed Palmwydd", enw arall ar Jericho.

Debora

4 Ond ar ôl i Ehwd farw, dyma bobl Israel, unwaith eto, yn gwneud beth oedd yn ddrwg
yng ngolwg yr ARGLWYDD. 2A dyma fe'n gadael i Jabin eu rheoli nhw – un o frenhinoedd
Canaan, oedd yn teyrnasu yn Chatsor. Enw cadfridog ei fyddin oedd Sisera, ac roedd yn byw
yn Charoseth-hagoïm. 3Dyma bobl Israel yn gweiddi ar yr ARGLWYDD am help am fod y Brenin
Jabin wedi'u cam-drin nhw'n ofnadwy ers ugain mlynedd. Roedd naw cant o gerbydau rhyfel
haearn gan ei fyddin.
4Debora, gwraig Lapidoth, oedd yn arwain Israel ar y pryd. Roedd hi'n broffwydes.
5Byddai'n eistedd i farnu achosion pobl Israel dan Goeden Balmwydd Debora, oedd rhwng
Rama a Bethel ym mryniau Effraim. Byddai'r bobl yn dod ati yno, i ofyn iddi setlo achosion
rhyngddyn nhw.
6Dyma hi'n anfon am Barac fab Abinoam o Cedesh ar dir llwyth Nafftali. Ac meddai wrtho,
“Mae'r ARGLWYDD, Duw Israel, yn gorchymyn i ti fynd â deg mil o ddynion o lwythau Nafftali
a Sabulon i fynydd Tabor, i baratoi i fynd i ryfel. 7Bydda i'n arwain Sisera, cadfridog byddin
y Brenin Jabin, atat ti at afon Cison. Bydd yn dod yno gyda'i gerbydau rhyfel a'i fyddin enfawr.
Ond ti fydd yn ennill y frwydr.”
8Atebodd Barac, “Dw i ddim ond yn fodlon mynd os ei di gyda mi.” 9“Iawn,” meddai
hi, “gwna i fynd gyda ti. Ond os mai dyna dy agwedd di, fyddi di'n cael dim o'r clod. Bydd
yr ARGLWYDD yn trefnu mai gwraig fydd yn delio gyda Sisera.” Felly aeth Debora gyda Barac
i Cedesh. 10A dyma Barac yn galw byddin at ei gilydd o lwythau Sabulon a Nafftali. Aeth deg
mil o ddynion gydag e ac aeth Debora gydag e hefyd.
11Roedd Heber y Cenead wedi symud i ffwrdd oddi wrth weddill y Ceneaid (disgynyddion
Chobab, oedd yn perthyn drwy briodas i Moses). Roedd yn byw wrth dderwen Tsa-
ananîm, heb fod yn bell o Cedesh. 12Pan glywodd Sisera fod Barac fab Abinoam wedi
arwain byddin at Fynydd Tabor, 13dyma yntau'n galw'r fyddin gyfan oedd ganddo yn
Charoseth-hagoïm at ei gilydd. Yna eu harwain, gyda'r naw cant o gerbydau rhyfel
haearn, at afon Cison.
14Yna dyma Debora yn dweud wrth Barac, “I ffwrdd â ti! Heddiw, mae'r ARGLWYDD yn
mynd i roi Sisera yn dy ddwylo di! Mae'r ARGLWYDD ei hun wedi mynd o dy flaen di!” Felly
dyma Barac yn mynd yn syth, ac yn arwain ei fyddin o ddeg mil i lawr llethrau Mynydd Tabor.
15A gwnaeth yr ARGLWYDD i Sisera a'i holl gerbydau a'i fyddin banicio. Dyma Barac a'i fyddin
yn ymosod arnyn nhw. (Roedd Sisera ei hun wedi gadael ei gerbyd a cheisio dianc ar droed.)
16Aeth byddin Barac ar eu holau yr holl ffordd i Charoseth-hagoïm, a chafodd milwyr Sisera
i gyd eu lladd – gafodd dim un ei adael yn fyw.
17Yn y cyfamser, roedd Sisera wedi dianc i babell Jael, gwraig Heber y Cenead. (Roedd
y Brenin Jabin o Chatsor wedi gwneud cytundeb heddwch â llwyth Heber.) 18Aeth Jael allan
i'w groesawu a dweud wrtho, “Tyrd yma, syr. Tyrd i orffwys yma gyda mi. Paid bod ag ofn!”
Felly, aeth Sisera i mewn i'r babell, a dyma Jael yn rhoi blanced drosto. 19Dyma fe'n gofyn
iddi, “Ga i ddiod o ddŵr? Dw i'n marw o syched.” A dyma hi'n agor potel groen gafr o laeth
a rhoi diod iddo. Yna rhoddodd y flanced drosto eto. 20“Dos i sefyll wrth fynedfa'r babell,”
meddai Sisera wrthi. “Os bydd rhywun yn gofyn i ti oes yna rywun yn y babell, dywed ‘Na’
wrthyn nhw.” 21Roedd Sisera wedi llwyr ymlâdd ac wedi syrthio i gysgu'n drwm. A dyma Jael
yn cymryd peg pabell a morthwyl a mynd at Sisera'n dawel bach. Yna dyma hi'n bwrw'r peg
drwy ochr ei ben i'r ddaear, a'i ladd.
22Roedd Barac wedi bod yn dilyn Sisera. Pan gyrhaeddodd, dyma Jael yn mynd allan
i'w gyfarfod a dweud wrtho, “Tyrd yma i mi ddangos i ti'r dyn ti'n edrych amdano.” Aeth
Barac i mewn i'r babell gyda hi, a dyna lle roedd Sisera'n gorwedd yn farw, gyda peg pabell
wedi'i fwrw drwy ei ben.
23Y diwrnod hwnnw, roedd Duw wedi gwneud i Israel drechu'r Brenin Jabin o Canaan. 24Ac
o hynny ymlaen, dyma'r Israeliaid yn taro'r Brenin Jabin yn galetach ac yn galetach, nes yn
y diwedd roedden nhw wedi'i ddinistrio'n llwyr.

Debora a Barac yn canu mawl i'r ARGLWYDD

5 Y diwrnod hwnnw, dyma Debora a Barac yn canu cân i ddathlu'r fuddugoliaeth:

2 Pan mae arweinwyr Israel yn arwain,
a dynion yn gwirfoddoli'n frwd,
Molwch yr ARGLWYDD!
3 Clywch, frenhinoedd! Gwrandwch, arweinwyr!
Dw i'n canu i'r ARGLWYDD! –
ie, canu mawl i'r ARGLWYDD, Duw Israel.
4 O ARGLWYDD, pan adewaist Seir,
a chroesi gwastatir Edom,
dyma'r ddaear yn crynu,
a chymylau'r awyr yn tywallt y glaw.
5 Crynodd y mynyddoedd
o flaen yr ARGLWYDD, Duw Sinai;
o flaen yr ARGLWYDD, Duw Israel.

6 Yn nyddiau Shamgar, mab Anat,
ac eto yn nyddiau Jael,
roedd pobl yn osgoi'r priffyrdd
ac yn teithio ar ffyrdd troellog cefn gwlad.
7 Roedd rhyfelwyr yn brin yn Israel,
nes i ti, Debora, godi,
fel mam yn amddiffyn Israel.
8 Roedd Israel yn dilyn duwiau newydd,
a daeth gelynion i ymosod ar eu giatiau.
Doedd dim tarian na gwaywffon i'w cael
gan bedwar deg o unedau milwrol Israel.
9 Ond molwch yr ARGLWYDD!
Diolch am arweinwyr Israel,
a'r dynion wnaeth wirfoddoli i ymladd.

10 Gwrandwch bawb! –
chi sy'n marchogaeth asennod gwynion,
yn eistedd yn gyfforddus ar garthenni cyfrwy,
a chi sy'n gorfod cerdded ar y ffordd.
11 Gwrandwch arnyn nhw'n canu wrth y ffynhonnau! –
yn canu am y cwbl[dd] wnaeth yr ARGLWYDD,
a'r cwbl wnaeth rhyfelwyr Israel.
Aeth byddin yr ARGLWYDD at giatiau'r ddinas!

12 Deffra! deffra! Debora.
Deffra! deffra! cana gân!
Ar dy draed, Barac!
Cymer garcharorion rhyfel, fab Abinoam!

13 *A dyma'r dynion oedd ar gael*
yn dod i lawr at eu harweinwyr.
Daeth pobl yr ARGLWYDD
i ymuno â mi fel rhyfelwyr.

---

dd 5:11 *y cwbl* Hebraeg, *amddiffyn* neu *buddugoliaeth*.

14 Daeth rhai o Effraim
(lle bu'r Amaleciaid yn byw),
a milwyr Benjamin yn eu dilyn.
Daeth capteiniaid i lawr o Machir,
ac uchel-swyddogion o Sabulon.
15 Roedd arweinwyr Issachar gyda Debora,
ac yn ufudd i orchymyn Barac,
yn rhuthro ar ei ôl i'r dyffryn.

Ond roedd pobl llwyth Reuben
yn methu penderfynu beth i'w wneud.
16 Pam wnaethoch chi aros wrth y corlannau?
Ai i wrando ar y bugeiliaid yn canu eu pibau i'r defaid?
Oedden, roedd pobl llwyth Reuben
yn methu penderfynu beth i'w wneud.
17 A dyma bobl Gilead hefyd
yn aros yr ochr draw i'r Iorddonen
Ac yna llwyth Dan –
pam wnaethon nhw symud i weithio yn y dociau?
Ac Asher, oedd yn byw ar yr arfordir –
arhosodd yntau ger yr harbwr.

18 Roedd dynion Sabulon a Nafftali
yn mentro'u bywydau ar faes y gâd.
19 Daeth brenhinoedd Canaan i ymladd yn ein herbyn,
yn Taanach wrth nentydd Megido.
Ond gymron nhw ddim arian oddi arnon ni.
20 Daeth sêr yr awyr i ymuno yn y frwydr,
ac ymladd yn erbyn Sisera.
21 Dyma afon Cison yn eu hysgubo i ffwrdd;
roedd yr afon yn eu hwynebu – afon Cison.
O, saf ar yddfau'r rhai cryfion!

22 Roedd carnau eu ceffylau yn taro'r tir,
a'u meirch yn carlamu i ffwrdd.
23 "Melltithiwch dref Meros!" meddai angel yr ARGLWYDD.
"Melltithiwch bawb sy'n byw yno,
am iddyn nhw beidio dod i ymladd brwydr yr ARGLWYDD –
ymladd yn erbyn arwyr y gelyn."
24 Mae Jael yn haeddu ei hanrhydeddu,
sef gwraig Heber y Cenead.
Mae hi'n haeddu anrhydedd mwy
nag unrhyw wraig sy'n byw mewn pabell.
25 Gofynnodd Sisera am ddŵr, a rhoddodd iddo laeth;
a phowlen hardd o gaws colfran.
26 Gyda peg pabell yn ei llaw chwith
a morthwyl yn y llaw dde,
trawodd Sisera a malu ei benglog –
bwrw'r peg drwy ochr ei ben!
27 Syrthiodd wrth ei thraed.
Syrthio, a gorwedd yn llipa.

Gorwedd ar lawr wrth ei thraed,
yn llipa a difywyd – yn farw!

28 Wrth y ffenest roedd ei fam yn disgwyl;
mam Sisera'n gweiddi yn ei gofid:
"Pam mae e mor hir yn dod nôl?
Pam nad oes sŵn carnau a cherbyd yn cyrraedd?"
29 Ac mae'r gwragedd doeth o'i chwmpas
yn ateb, a hithau'n meddwl yr un fath,
30 "Mae'n siŵr eu bod nhw'n casglu trysorau,
a merch neu ddwy i bob dyn ei threisio!
Dillad lliwgar, hardd i Sisera;
dillad gwych o ddefnydd wedi'i frodio,
a sgarff neu ddau i'w gwisgo!"

31 O ARGLWYDD, boed i dy elynion i gyd
ddarfod yr un fath!
Ond boed i'r rhai sy'n dy garu di
ddisgleirio'n llachar fel yr haul ganol dydd!

Ar ôl hynny, roedd heddwch yn y wlad am bedwar deg o flynyddoedd.

Gideon

6 Dyma bobl Israel, unwaith eto, yn gwneud rhywbeth gwirioneddol ddrwg yng ngolwg
yr ARGLWYDD. Felly dyma fe'n gadael i Midian eu rheoli nhw am saith mlynedd. 2 Roedd
y Midianiaid mor greulon nes i lawer o bobl Israel ddianc i'r mynyddoedd i fyw mewn
cuddfannau ac ogofâu a lleoedd saff eraill. 3 Bob tro y byddai pobl Israel yn plannu cnydau,
byddai'r Midianiaid, yr Amaleciaid a phobl eraill o'r dwyrain yn ymosod arnyn nhw. 4 Roedden
nhw'n cymryd y wlad drosodd ac yn dinistrio'r cnydau i gyd, yr holl ffordd i Gasa. Roedden
nhw'n dwyn y defaid, yr ychen a'r asynnod a gadael dim i bobl Israel ei fwyta. 5 Pan oedden
nhw'n dod gyda'u hanifeiliaid a'u pebyll, roedden nhw fel haid o locustiaid! Roedd cymaint
ohonyn nhw, roedd hi'n amhosib eu cyfri nhw na'u camelod. Roedden nhw'n dod ac yn
dinistrio popeth.
6 Roedd pobl Israel yn ddifrifol o wan o achos Midian, a dyma nhw'n gweiddi'n daer ar yr
ARGLWYDD am help. 7-8 Pan ddigwyddodd hynny, dyma'r ARGLWYDD yn anfon proffwyd atyn nhw
gyda neges gan yr ARGLWYDD, Duw Israel, yn dweud: "Fi ddaeth â chi allan o wlad yr Aifft, a'ch
rhyddhau o fod yn gaethweision. 9 Gwnes i'ch achub chi o'u gafael nhw, ac o afael pawb
arall oedd yn eich gormesu chi. Dyma fi'n eu gyrru nhw allan o'ch blaen chi, ac yn rhoi eu tir
nhw i chi. 10 A dwedais wrthoch chi, 'Fi ydy'r ARGLWYDD eich Duw chi. Peidiwch addoli duwiau'r
Amoriaid dych chi'n byw ar eu tir nhw!' Ond dych chi ddim wedi gwrando arna i."
11 Dyma angel yr ARGLWYDD yn dod ac yn eistedd dan y goeden dderwen oedd ar dir Joas
yr Abiesriad yn Offra. Roedd Gideon, ei fab, yno yn dyrnu ŷd mewn cafn gwasgu grawnwin,
i'w guddio oddi wrth y Midianiaid. 12 Pan welodd yr angel, dyma'r angel yn dweud wrtho,
"Mae'r ARGLWYDD gyda ti, filwr dewr." 13 "Beth, syr?" meddai Gideon. "Os ydy'r ARGLWYDD gyda
ni, pam mae pethau mor ddrwg arnon ni? Pam nad ydy e'n gwneud gwyrthiau rhyfeddol fel
y rhai soniodd ein hynafiaid amdanyn nhw? 'Daeth yr ARGLWYDD â ni allan o'r Aifft!' – dyna
roedden nhw'n ei ddweud. Ond bellach mae'r ARGLWYDD wedi troi ei gefn arnon ni, a gadael
i'r Midianiaid ein rheoli." 14 Ond yna, dyma'r ARGLWYDD ei hun yn dweud wrth Gideon, "Rwyt
ti'n gryf. Dos, i achub Israel o afael y Midianiaid. Fi sy'n dy anfon di." 15 Atebodd Gideon, "Ond
feistr, sut alla i achub Israel? Dw i'n dod o'r clan lleiaf pwysig yn llwyth Manasse, a fi ydy
mab ifancaf y teulu!" 16 A dyma'r ARGLWYDD yn dweud wrtho, "Ie, ond bydda i gyda ti. Byddi
di'n taro'r Midianiaid i gyd ar unwaith!"

17 Yna dyma Gideon yn dweud, "Plîs wnei di roi rhyw arwydd i mi i brofi mai ti sy'n siarad
hefo fi go iawn. 18 Paid mynd i ffwrdd nes bydda i wedi dod yn ôl gydag offrwm i'w gyflwyno
i ti." "Gwna i aros yma nes doi di yn ôl," meddai'r ARGLWYDD.
19 Felly dyma Gideon yn mynd a pharatoi myn gafr ifanc. Defnyddiodd sachaid fawr o flawd
i baratoi bara heb furum ynddo – tua deg cilogram. Rhoddodd y cig mewn basged a'r cawl
mewn crochan a dod â'r bwyd i'w roi i'r angel oedd o dan y goeden dderwen. 20 Yna dyma'r
angel yn dweud wrtho, "Gosod y cig a'r bara ar y garreg yma, yna tywallt y cawl drosto."
Pan wnaeth Gideon hynny, 21 dyma'r angel yn cyffwrdd y cig a'r bara gyda blaen ei ffon.
Ac yn sydyn, dyma fflamau tân yn codi o'r garreg a llosgi'r cig a'r bara. Yna diflannodd
angel yr ARGLWYDD. 22 Roedd Gideon yn gwybod yn iawn wedyn mai angel yr ARGLWYDD oedd
e. "O, na!" meddai. "Feistr, ARGLWYDD. Dw i wedi gweld angel yr ARGLWYDD wyneb yn wyneb!"
23 Ond meddai'r ARGLWYDD wrtho, "Popeth yn iawn. Paid bod ag ofn. Ti ddim yn mynd i farw."
24 A dyma Gideon yn adeiladu allor yno i'r ARGLWYDD, a rhoi'r enw "Heddwch yr ARGLWYDD" arni.
(Mae'n dal yna heddiw, yn Offra yr Abiesriaid.)
25 Y noson honno, dyma'r ARGLWYDD yn dweud wrtho, "Cymer y tarw gorau ond un sydd gan
dy dad, yr un saith mlwydd oed. Yna dos a chwalu'r allor sydd gan dy dad i Baal, a thorri'r
polyn Ashera sydd wrth ei hymyl. 26 Wedyn dw i eisiau i ti adeiladu allor i'r ARGLWYDD dy Dduw
ar ben y bryn yma, a gosod y cerrig mewn trefn. Defnyddia bolyn y dduwies Ashera wnest ti
ei dorri i lawr fel coed tân i aberthu'r tarw yn offrwm i'w losgi'n llwyr." 27 Felly dyma Gideon
yn mynd â deg o weision a gwneud fel y dwedodd yr ARGLWYDD. Ond arhosodd tan ganol nos,
am fod arno ofn aelodau eraill y teulu a phobl y dref.
28 Y bore wedyn, pan oedd pawb wedi codi, cawson nhw sioc o weld allor Baal wedi'i dryllio
a pholyn y dduwies Ashera wedi'i dorri i lawr. A hefyd yr allor newydd oedd wedi'i chodi,
gydag olion y tarw oedd wedi'i aberthu arni. 29 "Pwy sydd wedi gwneud hyn?" medden
nhw. Ar ôl holi'n fanwl, dyma nhw'n darganfod yn y diwedd mai Gideon, mab Joas, oedd
wedi gwneud y peth. 30 Dyma nhw'n mynd at Joas. "Tyrd a dy fab allan yma," medden
nhw. "Fe sydd wedi dinistrio allor Baal ac wedi torri polyn y dduwies Ashera i lawr. Rhaid
iddo farw!" 31 Ond dyma Joas yn dweud wrth y dyrfa oedd yn ei fygwth, "Ydy Baal angen
i chi ymladd ei frwydrau? Ydych chi'n mynd i'w achub e? Bydd unrhyw un sy'n ymladd
drosto wedi marw erbyn y bore. Os ydy Baal yn dduw go iawn, gadewch iddo ymladd ei
frwydrau ei hun pan mae rhywun yn dinistrio'i allor!" 32 Y diwrnod hwnnw, dechreuodd
ei dad alw Gideon yn Jerwb-baal,[e] ar ôl dweud, "Gadewch i Baal ymladd gydag e, am ei
fod wedi chwalu allor Baal."
33 Dyma'r Midianiaid, yr Amaleciaid a phobloedd eraill o'r dwyrain yn dod at ei
gilydd ac yn croesi afon Iorddonen a gwersylla yn Nyffryn Jesreel. 34 A dyma Ysbryd
yr ARGLWYDD yn dod ar Gideon. Chwythodd y corn hwrdd[f] a galw byddin o ddynion
o glan Abieser i'w ddilyn. 35 Yna anfonodd negeswyr drwy diroedd llwythau Manasse,
Asher, Sabulon, a Nafftali i alw mwy o ddynion at ei gilydd, a dyma nhw i gyd yn dod
i wynebu'r gelynion.
36 *Yna dyma Gideon* yn dweud wrth Dduw, "Os wyt ti'n mynd i'm defnyddio i i achub
Israel, fel ti wedi addo, rho arwydd i mi i ddangos fod hynny'n wir. 37 Heno dw i'n mynd i roi
swp o wlân allan ar y llawr dyrnu. Os bydd gwlith ar y gwlân yn unig a'r ddaear o'i gwmpas
yn sych, bydda i'n gwybod yn bendant wedyn dy fod ti'n mynd i achub Israel trwof fi, fel ti
wedi addo." 38 A dyna ddigwyddodd! Pan gododd Gideon y bore wedyn, dyma fe'n gwasgu'r
gwlân a dyma lond powlen o wlith yn diferu ohono. 39 Yna dyma Gideon yn dweud wrth Dduw,
"Paid gwylltio gyda mi os gofynna i am un arwydd arall. Gad i mi brofi un waith eto gyda'r
gwlân. Y tro yma, cadw'r gwlân yn sych tra mae'r ddaear o'i gwmpas yn wlith i gyd." 40 A'r
noson honno, dyna'n union wnaeth Duw. Dim ond y gwlân oedd yn sych. Roedd y ddaear
o'i gwmpas yn wlith i gyd.

---

e 6:32 *Jerwb-baal* sef, "Gadewch i Baal ymladd". f 6:34 *corn hwrdd* Hebraeg, *shoffar.*

Byddin Gideon a'r frwydr yn erbyn y Midianiaid

7 Y bore wedyn, dyma Gideon[ff] a'i fyddin yn mynd allan a gwersylla wrth Ffynnon Charod.[g] Roedd byddin Midian wedi gwersylla yn y dyffryn ychydig i'r gogledd, wrth ymyl Bryn More.

2 Dyma'r ARGLWYDD yn dweud wrth Gideon, "Mae gormod o ddynion yn dy fyddin di. Os gwna i adael i chi guro Midian, mae peryg i bobl Israel frolio mai nhw eu hunain wnaeth ennill y frwydr. 3 Dwed wrth y dynion, 'Os oes rhywun ag ofn, cewch droi'n ôl a gadael Mynydd Gilead.' " Aeth dau ddeg dau o filoedd adre, gan adael deg mil ar ôl.

4 "Mae'r fyddin yn dal yn rhy fawr," meddai'r ARGLWYDD. "Dos â nhw i lawr at y dŵr, a gwna i ddangos i ti pwy sydd i gael mynd gyda ti a phwy sydd ddim." 5 Felly dyma fe'n mynd â'r dynion i lawr at y dŵr. A dyma'r ARGLWYDD yn dweud wrth Gideon, "Dw i eisiau i ti wahanu'r rhai sy'n llepian y dŵr fel mae ci'n gwneud oddi wrth y rhai sy'n mynd ar eu gliniau i yfed." 6 Tri chant oedd yn llepian y dŵr o gledr y llaw. Roedd y gweddill yn mynd ar eu gliniau i yfed. 7 A dyma'r ARGLWYDD yn dweud wrth Gideon, "Bydda i'n gwneud i'r tri chant oedd yn llepian y dŵr ennill buddugoliaeth yn erbyn byddin Midian i gyd. Cei yrru'r dynion eraill i gyd adre." 8 Ar ôl casglu bwyd a chyrn hwrdd y milwyr hynny, dyma Gideon yn eu hanfon adre. Dim ond y tri chant arhosodd gydag e.

Roedd y Midianiaid wedi gwersylla i lawr yn y dyffryn oddi tano. 9 A'r noson honno, dyma'r ARGLWYDD yn dweud wrth Gideon, "Ewch i lawr i ymosod ar wersyll y Midianiaid. Dw i'n mynd i'w rhoi yn eich dwylo chi! 10 Os wyt ti'n dal yn ofnus, dos i lawr i'r gwersyll gyda dy was Pwra, 11 a gwrando beth maen nhw'n ddweud. Fydd gen ti ddim ofn wedyn; byddi'n ymosod arnyn nhw." Felly dyma Gideon yn mynd i lawr gyda'i was Pwra i ymyl y gwersyll lle roedd gwylwyr. 12 Roedd y gwersyll yn anferth! Roedd y Midianiaid, yr Amaleciaid a phobloedd eraill o wledydd y dwyrain yn gorchuddio'r dyffryn fel haid o locustiaid! Roedd ganddyn nhw ormod o gamelod i'w cyfrif – roedden nhw fel y tywod ar lan y môr!

13 Pan gyrhaeddodd Gideon ymyl y gwersyll, clywodd ryw ddyn yn dweud wrth un arall am freuddwyd gafodd e. "Ces i freuddwyd am dorth haidd gron yn rholio i lawr i wersyll Midian. Dyma hi'n taro'r babell mor galed nes i'r babell droi drosodd. Syrthiodd yn fflat ar lawr." 14 Atebodd y llall, "Dim ond un peth all hyn ei olygu – cleddyf Gideon, mab Joas. Mae Duw yn mynd i roi buddugoliaeth iddo dros fyddin Midian."

15 Plygodd Gideon i lawr ac addoli Duw ar ôl clywed am y freuddwyd a'r dehongliad ohoni. Yna dyma fe'n mynd yn ôl i wersyll Israel, a dweud, "Gadewch i ni fynd! Mae'r ARGLWYDD yn mynd i adael i chi drechu byddin Midian." 16 Rhannodd y tri chant o ddynion yn dair uned filwrol. Yna rhoddodd gorn hwrdd i bawb, a jar gwag gyda fflam yn llosgi tu mewn iddo. 17 "Gwyliwch fi, a gwneud yr un fath â fi," meddai wrthyn nhw. "Gwyliwch yn ofalus. Pan ddown ni at gyrion gwersyll y Midianiaid, gwnewch yr un fath â fi. 18 Pan fydd fy uned i'n chwythu eu cyrn hwrdd gwnewch chwithau yr un fath o gwmpas y gwersyll i gyd. Yna gwaeddwch, 'Dros yr ARGLWYDD a thros Gideon!' "

19 Aeth Gideon â chant o filwyr at gyrion y gwersyll ychydig ar ôl deg o'r gloch y nos, pan oedd y gwylwyr wedi newid sifft. A dyma nhw'n chwythu'r cyrn hwrdd a thorri'r jariau oedd ganddyn nhw. 20 Gwnaeth y tair uned yr un fath. Roedden nhw'n dal eu ffaglau yn un llaw ac yn chwythu'r corn hwrdd gyda'r llall. Yna dyma nhw'n gweiddi, "I'r gad dros[ng] yr ARGLWYDD a Gideon!"

21-22 Roedden nhw wedi amgylchynu'r gwersyll i gyd, ac yn sefyll mewn trefn. A phan *chwythodd milwyr Gideon eu cyrn hwrdd*, dyma filwyr y gelyn yn gweiddi mewn panig a cheisio dianc. A dyma'r ARGLWYDD yn gwneud iddyn nhw ddechrau ymladd ei gilydd drwy'r gwersyll i gyd.

Roedd llawer o'r milwyr wedi dianc i Beth-sitta, sydd ar y ffordd i Serera, ar y ffin gydag Abel-mechola, ger Tabath. 23 A dyma ddynion o lwythau Nafftali, Asher a Manasse yn mynd

---

ff 7:1 *Gideon* Hebraeg, "Jerwb-baal", ei lysenw (gw. 6:32). g 7:1 *Charod* sef "crynu mewn ofn".ft . ng 7:20 *I'r gad dros* Hebraeg, "Cleddyf".

ar eu holau. 24 Anfonodd Gideon negeswyr i fryniau Effraim gyda'r neges yma: "Dewch i lawr
i ymladd y Midianiaid! Ewch o'u blaenau a'u stopio nhw rhag croesi rhydau'r afon Iorddonen
yn Beth-bara." A dyma ddynion Effraim yn dod a gwneud hynny. 25 Dyma nhw'n dal dau
o arweinwyr byddin Midian, Oreb a Seëb.[h] Cafodd Oreb ei ladd ganddyn nhw wrth y graig
sy'n cael ei hadnabod bellach fel Craig Oreb. A chafodd Seëb ei ladd wrth y gwinwryf sy'n
cael ei adnabod bellach fel Gwinwryf Seëb. Yna dyma nhw'n dod â phen y ddau at Gideon,
oedd wedi croesi i ochr arall afon Iorddonen.

Lladd Seba a Tsalmwna, brenhinoedd Midian

8 Ond yna dyma ddynion Effraim yn mynd at Gideon i gwyno, "Wnest ti ddim ein galw ni
i helpu i ymladd yn erbyn y Midianiaid. Pam wnest ti'n diystyru ni fel yna?" Roedden
nhw'n dadlau'n ffyrnig gydag e. 2 Atebodd Gideon nhw drwy ddweud, "Dw i wedi gwneud
dim o'i gymharu â chi. Mae grawnwin gwaelaf Effraim yn well na gorau fy mhobl i.[i] 3 Chi
wnaeth Duw eu defnyddio i ddal Oreb a Seëb, dau gadfridog Midian. Dydy beth wnes i yn
ddim o'i gymharu â hynny." Pan ddwedodd hynny, roedden nhw'n teimlo'n well tuag ato.
4 Roedd Gideon a'i dri chant o ddynion wedi croesi afon Iorddonen ac yn dal i fynd ar
ôl y Midianiaid, er eu bod nhw wedi blino'n lân. 5 Dyma nhw'n cyrraedd Swccoth, a dyma
Gideon yn gofyn i arweinwyr y dref, "Mae'r dynion yma sydd gyda mi wedi ymlâdd.
Wnewch chi roi bwyd iddyn nhw? Dŷn ni'n ceisio dal Seba a Tsalmwna, brenhinoedd
Midian." 6 Ond dyma arweinwyr Swccoth yn ateb, "Pam ddylen ni roi bwyd i chi? Wnewch
chi byth lwyddo i ddal Seba a Tsalmwna!" 7 Ac meddai Gideon, "Iawn, os mai felly mae
hi, pan fydd yr ARGLWYDD wedi fy helpu i'w dal nhw, bydda i'n gwneud i chi ddiodde go
iawn pan ddof i yn ôl."
8 Dyma fe'n mynd ymlaen wedyn a gofyn i arweinwyr Penuel am fwyd. Ond dyma nhw'n
ymateb yr un fath ag arweinwyr Swccoth. 9 Felly dyma Gideon yn eu bygwth nhw hefyd,
a dweud, "Pan ddof i yn ôl ar ôl trechu Midian, bydda i'n bwrw eich tŵr chi i lawr!"
10 Roedd Seba a Tsalmwna wedi cyrraedd Carcor, gyda tua un deg pum mil o filwyr oedd
wedi llwyddo i ddianc. (Roedd cant dau ddeg o filoedd wedi cael eu lladd!) 11 Dyma Gideon
a'i ddynion yn mynd ar hyd ffordd y nomadiaid sydd i'r dwyrain o Nobach a Iogbeha, ac yna'n
ymosod ar fyddin Midian yn gwbl ddirybudd. 12 Dyma fyddin Midian yn panicio. Ceisiodd Seba
a Tsalmwna ddianc ond aeth Gideon ar eu holau a llwyddo i'w dal nhw.
13 Pan oedd y frwydr drosodd, dyma Gideon yn mynd yn ôl drwy Fwlch Cheres. 14 Yno
dyma fe'n dal dyn ifanc o Swccoth a dechrau gofyn cwestiynau iddo. Dyma'r dyn ifanc yn
ysgrifennu enwau swyddogion ac arweinwyr y dref i gyd iddo – saith deg saith o ddynion
i gyd. 15 Yna dyma Gideon yn mynd at arweinwyr Swccoth, a dweud, "Edrychwch pwy sydd gen
i. Seba a Tsalmwna! Roeddech chi'n gwawdio a dweud, 'Wnewch chi byth lwyddo i ddal Seba
a Tsalmwna. Pam ddylen ni roi bwyd i dy filwyr blinedig di?' " 16 Felly dyma fe'n dal arweinwyr
y dref, a'u chwipio nhw'n filain i ddysgu gwers iddyn nhw.[l] 17 Aeth i Penuel wedyn, bwrw eu
tŵr i lawr, a dienyddio arweinwyr[ll] y dref honno i gyd.
18 Yna gofynnodd i Seba a Tsalmwna, "Dwedwch wrtho i am y dynion wnaethoch chi
eu lladd yn Tabor." A dyma nhw'n ateb, "Dynion digon tebyg i ti. Roedden nhw'n edrych
fel petaen nhw'n feibion i frenhinoedd." 19 "Fy mrodyr i oedden nhw," meddai Gideon.
"Wir i chi! Petaech chi wedi gadael iddyn nhw fyw, byddwn i'n gadael i chi fyw." 20 Yna
dyma Gideon yn dweud wrth Jether, ei fab hynaf, "Tyrd, lladd nhw!" Ond roedd Jether
yn rhy ofnus i dynnu ei gleddyf – bachgen ifanc oedd e. 21 A dyma Seba a Tsalmwna yn
dweud wrth Gideon, "Lladd ni dy hun, os wyt ti'n ddigon o ddyn!" A dyma Gideon yn
lladd y ddau ohonyn nhw. Yna dyma fe'n cymryd yr addurniadau brenhinol siap cilgant
oedd am yddfau eu camelod.

---

h 7:25 *Oreb a Seëb* ystyr *Oreb* ydy "Cigfran". ac ystyr *Seëb* ydy "Blaidd".ft . i 8:2 *fy mhobl i* Hebraeg, "Abieser".
l 8:16 *a'u chwipio ... iddyn nhw* Hebraeg, "a chymryd drain a mieri'r anialwch, a chwipio arweinwyr Swccoth gyda nhw". ll 8:17 *arweinwyr* neu *dynion*.

Gideon yn gwneud delw

22 Dyma ddynion Israel yn gofyn i Gideon fod yn frenin arnyn nhw. "Bydd yn frenin arnon
ni – ti, a dy fab a dy ŵyr ar dy ôl. Rwyt ti wedi'n hachub ni o afael Midian." 23 Ond dyma Gideon
yn dweud wrthyn nhw, "Na, fydda i ddim yn frenin arnoch chi, na'm mab i chwaith. Yr ARGLWYDD
ydy'ch brenin chi." 24 Ond yna, ychwanegodd, "Gallwch wneud un peth i mi. Dw i eisiau i bob un
ohonoch chi roi clustdlws i mi o'i siâr o'r pethau gymeroch chi oddi ar y Midianiaid." (Ismaeliaid
oedden nhw, ac roedden nhw i gyd yn gwisgo clustdlysau aur.) 25 "Wrth gwrs," medden nhw.
A dyma nhw'n rhoi clogyn ar lawr, a dyma'r dynion i gyd yn taflu'r clustdlysau aur ar y clogyn.
26 Roedd y clustdlysau yn pwyso bron dau ddeg cilogram, heb sôn am yr addurniadau siâp
cilgant, y tlysau crog, y gwisgoedd brenhinol a'r cadwyni oedd am yddfau'r camelod. 27 A dyma
Gideon yn gwneud delw gydag effod arni a'i gosod yn Offra, y dref lle cafodd ei fagu. Ond
dechreuodd pobl Israel ei haddoli, ac roedd hyd yn oed Gideon a'i deulu wedi syrthio i'r trap!

Marwolaeth Gideon

28 Dyna sut cafodd y Midianiaid eu trechu'n llwyr gan bobl Israel, a wnaethon nhw erioed
godi i fod yn rym ar ôl hynny. Roedd heddwch yn y wlad am bedwar deg mlynedd, tra oedd
Gideon yn dal yn fyw.

29 Aeth Jerwb-baal (sef Gideon), mab Joas, yn ôl adre i fyw. 30 Cafodd saith deg o feibion
– roedd ganddo lot fawr o wragedd. 31 Cafodd fab arall drwy bartner[m] iddo, oedd yn byw yn
Sichem. Galwodd e yn Abimelech.[n]

32 Roedd Gideon yn hen iawn pan fuodd e farw. Cafodd ei gladdu ym medd ei dad Joas, yn
Offra yr Abiesriaid. 33 Ond ar ôl iddo farw, dyma bobl Israel yn puteinio drwy addoli delwau
o Baal. Dyma nhw'n gwneud Baal-berith[o] yn Dduw iddyn nhw'u hunain. 34 Wnaeth pobl Israel
ddim aros yn ffyddlon i'r ARGLWYDD eu Duw, oedd wedi'u hachub nhw oddi wrth y gelynion
oedd yn byw o'u cwmpas. 35 A fuon nhw ddim yn garedig iawn at deulu Gideon[p] chwaith, er
gwaetha popeth roedd e wedi'i wneud dros Israel.

Abimelech eisiau bod yn frenin

9 Aeth Abimelech, mab Jerwb-baal (sef Gideon), i Sichem i weld ei berthnasau. Dwedodd
wrthyn nhw, ac wrth bobl y clan i gyd, 2 "Gofynnwch i arweinwyr Sichem, 'Ydych chi eisiau
saith deg o feibion Jerwb-baal yn llywodraethu arnoch chi, neu dim ond un dyn? Cofiwch mod
i'n perthyn drwy waed i chi.'" 3 Felly dyma'i berthnasau yn mynd i weld arweinwyr Sichem
ar ei ran. Roedden nhw'n tueddu i'w gefnogi am ei fod yn perthyn drwy waed iddyn nhw.
4 Dyma nhw'n rhoi saith deg darn arian iddo o deml Baal-berith. A defnyddiodd Abimelech
yr arian i gyflogi criw o rapsgaliwns gwyllt i'w ddilyn.

5 Aeth yn ôl i gartref ei dad yn Offra, a lladd ei frodyr, sef saith deg mab Gideon, ar yr un
garreg. Dim ond Jotham, mab ifancaf Gideon, lwyddodd i ddianc drwy guddio. 6 Yna dyma
arweinwyr Sichem a Beth-milo yn dod at ei gilydd at y dderwen sydd wrth y golofn yn Sichem,
i wneud Abimelech yn frenin. 7 Pan glywodd Jotham am hyn, dyma fe'n dringo i gopa Mynydd
Gerisim a gweiddi'n uchel ar y bobl islaw, "Gwrandwch arna i, arweinwyr Sichem – os ydych
chi eisiau i Dduw wrando arnoch chi.

8 Aeth y coed allan i ddewis brenin.
A dyma nhw'n dweud wrth y goeden olewydd,
'Bydd yn frenin arnon ni.'
9 Ond atebodd y goeden olewydd,
'Ydw i'n mynd i stopio cynhyrchu olew,

---

m 8:31 *bartner* Mae'r gair Hebraeg yn air am feistres neu bartner cyfreithlon oedd ddim yn wraig i ddyn yn ystyr lawnaf y gair. n 8:31 *Abimelech* sy'n golygu, "mae dad yn frenin". o 8:33 *Baal-berith* sef, "Baal yr Ymrwymiad".ft . p 8:35 *Gideon* Hebraeg, "Jerwb-baal", ei lysenw (gw. 6:32).

sy'n bendithio Duw a dynion,
er mwyn chwifio'n uwch na'r coed eraill?'

10 Felly dyma'r coed yn dweud wrth y goeden ffigys,
'Bydd di yn frenin arnon ni.'
11 Ond atebodd y goeden ffigys,
'Ydw i'n mynd i stopio cynhyrchu ffigys melys,
fy ffrwyth hyfryd,
er mwyn chwifio'n uwch na'r coed eraill?'

12 Felly dyma'r coed yn dweud wrth y winwydden,
'Bydd di yn frenin arnon ni.'
13 Ond atebodd y winwydden,
'Ydw i'n mynd i stopio cynhyrchu gwin,
sy'n gwneud duwiau a dynion yn hapus,
er mwyn chwifio'n uwch na'r coed eraill?'

14 Felly dyma'r coed yn dweud wrth berth o ddrain,
'Bydd di yn frenin arnon ni.'
15 A dyma'r berth ddrain yn ateb,
'Os ydych chi wir eisiau fi'n frenin,
dewch i gysgodi oddi tanaf fi.
Os na wnewch chi, bydda i'n cynnau tân
fydd yn llosgi coed cedrwydd Libanus.'

16-17 "Roedd fy nhad i wedi ymladd drosoch chi a mentro'i fywyd i'ch achub chi o afael
y Midianiaid. Ai dyma sut ydych chi'n diolch iddo – drwy wneud Abimelech yn frenin? Ydych
chi wedi ymddwyn yn anrhydeddus? Ydych chi wedi bod yn deg â Gideon[ph] a'i deulu? Naddo!
18 Dych chi wedi'i fradychu. Dych chi wedi lladd ei feibion – saith deg ohonyn nhw – ar un
garreg. A dyma chi, yn gwneud Abimelech, mab ei gaethferch, yn frenin, dim ond am ei fod
yn perthyn i chi. 19 Os ydych chi wedi trin Gideon a'i deulu yn anrhydeddus, boed i Abimelech
eich gwneud chi'n hapus, ac i chi ei wneud e'n hapus. 20 Ond os ddim, boed i Abimelech
gynnau tân fydd yn eich llosgi chi, arweinwyr Sichem a Beth-milo! A boed i arweinwyr Sichem
a Beth-milo gynnau tân fydd yn dinistrio Abimelech!" 21 Yna dyma Jotham yn dianc i dref Beër
i gadw o ffordd Abimelech, ei hanner brawd.

Sichem yn gwrthryfela yn erbyn Abimelech

22 Pan oedd Abimelech wedi rheoli Israel am dair blynedd, 23 anfonodd Duw ysbryd i godi
helynt rhyngddo fe ac arweinwyr Sichem. Dyma arweinwyr Sichem yn gwrthryfela yn ei erbyn.
24 Gwnaeth Duw hyn i'w gosbi e ac arweinwyr Sichem am lofruddio meibion Gideon i gyd –
y saith deg ohonyn nhw. 25 Dyma arweinwyr Sichem yn gosod lladron yn y bryniau, i ymosod
ar bawb oedd yn teithio'r ffordd honno. A dyma Abimelech yn clywed am y peth.
26 Bryd hynny, dyma Gaal fab Efed yn symud i fyw i Sichem gyda'i berthnasau. A dyma
arweinwyr Sichem yn troi ato fe i'w hamddiffyn nhw. 27 Pan oedd hi'n adeg y cynhaeaf grawnwin,
roedd pobl Sichem wedi bod yn casglu'r grawnwin, eu sathru i gael y sudd ohonyn nhw, ac yna
wedi mynd i deml eu Duw i ddathlu a chynnal parti. Dyna lle roedden nhw, yn rhegi Abimelech
wrth fwynhau gwledda ac yfed. 28 "Pwy ydy Abimelech?" meddai Gaal fab Efed. "Pam ddylen ni,
bobl Sichem, fod yn weision bach iddo? Mab Gideon ydy e, a Sebwl yn ddirprwy wedi'i benodi
ganddo. Un o ddisgynyddion Hamor, tad Sechem, ddylen ni ei wasanaethu. Pam ddylen ni
wasanaethu Abimelech? 29 Petawn i'n rheoli pobl Sichem, byddwn i'n cael gwared ag Abimelech!
Byddwn i'n dweud wrtho, 'Gwell i ti gael byddin fwy os wyt ti am ddod allan yn ein herbyn ni!' "

ph 9:16,19,24,28,57 *Gideon* Hebraeg, "Jerwb-baal", ei lysenw (gw. 6:32).

30 Pan glywodd Sebwl, llywodraethwr Sichem, beth oedd Gaal wedi'i ddweud, roedd yn
wyllt gynddeiriog. 31 Anfonodd negeswyr at Abimelech, oedd yn Arwma,[r] i ddweud, "Gwylia
dy hun! Mae Gaal fab Efed a'i frodyr wedi dod i Sichem i godi twrw a chael y dref i wrthryfela
yn dy erbyn di. 32 Tyrd yma gyda dy fyddin dros nos, a disgwyl tu allan i'r dref. 33 Yna wrth
iddi wawrio bore yfory, ymosod arni. Pan fydd Gaal a'i ddynion yn dod allan i ymladd, gelli
wneud beth fynni iddo."

34 Felly yn ystod y nos, dyma Abimelech a'i fyddin yn dod i baratoi i ymosod ar Sichem.
Rhannodd ei fyddin yn bedair uned filwrol. 35 Y bore wedyn, roedd Gaal fab Efed wedi codi
a mynd i sefyll tu allan i giât y dref, a daeth Abimelech a'i fyddin i'r golwg. 36 Pan welodd
Gaal nhw, dyma fe'n dweud wrth Sebwl, "Edrych, mae yna bobl yn dod i lawr o'r mynyddoedd
acw." Ond dyma Sebwl yn ei ateb, "Cysgodion wyt ti'n eu gweld – mae'n edrych fel pobl o'r
fan yma." 37 Ond dyma Gaal yn dweud eto, "Edrych, mae yna bobl yn dod i lawr o Tabbwr-
erets, ac mae yna griw arall yn dod o gyfeiriad Derwen y Dewiniaid." 38 Dyma Sebwl yn dweud
wrtho, "Ble mae'r geg fawr yna nawr? Ti ddwedodd, 'Pwy ydy Abimelech i ni fod yn weision
bach iddo?' Wel, dyma'r dynion roeddet ti'n eu bychanu! Dos allan i ymladd gyda nhw!"
39 Felly dyma Gaal ac arweinwyr Sichem yn mynd allan i ymladd gydag Abimelech. 40 Ond
roedd rhaid iddyn nhw ddianc o flaen byddin Abimelech, a chafodd llawer iawn ohonyn nhw
eu lladd yr holl ffordd at giât y dref.

41 Dyma Abimelech yn mynd yn ôl i Arwma. A dyma Sebwl yn gyrru Gaal a'i berthnasau
allan o Sichem. 42 Ond y diwrnod wedyn, dyma bobl Sichem yn dod allan eto. Pan glywodd
Abimelech am y peth, 43 dyma fe'n rhannu'i fyddin yn dair uned filwrol, a pharatoi i ymosod.
Yna wrth i'r bobl ddod allan o'r dref, dyma fe'n ymosod arnyn nhw. 44 Aeth Abimelech
a'i uned at giât y dref a blocio'r ffordd yn ôl, a dyma'r ddwy uned arall yn ymosod ar y bobl
oedd wedi mynd allan i'r caeau, a'u lladd nhw. 45 Aeth y frwydr ymlaen drwy'r dydd. Dyma
Abimelech yn concro'r dref a lladd pawb oedd ynddi. Yna dyma fe'n chwalu'r adeiladau i gyd
a gwasgaru halen[rh] dros y safle.

46 Pan glywodd arweinwyr Tŵr Shechem beth oedd wedi digwydd, aethon nhw i guddio
yn y siambr dan ddaear yn nheml El-berith. 47 Clywodd Abimelech eu bod nhw gyda'i gilydd
yno. 48 Felly dyma fe'n mynd â'i filwyr i ben Mynydd Salmon. Torrodd gangen oddi ar goeden
gyda bwyell a'i rhoi ar ei ysgwydd, a dweud wrth ei filwyr, "Brysiwch! Gwnewch chithau'r un
peth." 49 Dyma nhw'n gwneud hynny, a mynd ar ei ôl. Yna dyma nhw'n gosod y canghennau
yn erbyn waliau'r gaer, a'u rhoi ar dân. Cafodd pawb oedd yn byw yn Tŵr Shechem eu lladd
– tua mil o ddynion a merched.

50 Wedyn dyma Abimelech yn mynd yn ei flaen i ymosod ar dref Thebes, a'i choncro. 51 Roedd
tŵr amddiffynnol yng nghanol y dref, a dyma'r arweinwyr a phawb arall yn rhedeg i'r tŵr
a chloi'r drws. Yna dyma nhw'n dringo i ben to'r tŵr. 52 Dyma Abimelech yn ymosod ar y tŵr,
ond wrth iddo baratoi i roi'r fynedfa ar dân, 53 dyma ryw wraig yn gollwng maen melin ar
ei ben a chracio'i benglog. 54 Galwodd ar y dyn ifanc oedd yn cario'i arfau, "Tyn dy gleddyf
a lladd fi. Dw i ddim eisiau i bobl ddweud fod gwraig wedi fy lladd i." Felly dyma'r dyn ifanc
yn ei drywanu gyda'i gleddyf, a bu farw. 55 Pan sylweddolodd dynion Israel fod Abimelech
wedi marw, dyma nhw i gyd yn mynd adre.

56 Dyna sut wnaeth Duw gosbi Abimelech am y drwg wnaeth e i deulu'i dad drwy ladd
ei saith deg hanner brawd. 57 A dyna sut wnaeth Duw gosbi pobl Sichem hefyd, am y drwg
wnaethon nhw. Daeth beth ddwedodd Jotham, mab Gideon, pan felltithiodd nhw, yn wir.

Tola

10 Ar ôl i Abimelech farw, dyma Tola, mab Pwa ac ŵyr Dodo, yn codi i achub Israel.
Roedd yn perthyn i lwyth Issachar ac yn byw yn Shamîr ym mryniau Effraim. 2 Bu'n
arwain Israel am ddau ddeg tair o flynyddoedd. Pan fu farw, cafodd ei gladdu yn Shamîr.

---

r 9:31 *Arwma* Tua 5 milltir o Sichem. rh 9:45 *gwasgaru halen* seremoni i felltithio'r dref.

Jair

[3]Ar ôl Tola, dyn o'r enw Jair o Gilead wnaeth arwain Israel am ddau ddeg dwy o flynyddoedd.
[4]Roedd gan Jair dri deg o feibion ac roedd gan bob un ohonyn nhw ei asyn ei hun,[s] ac roedd
pob un yn rheoli tref yn Gilead. Mae'r trefi yma yn Gilead yn dal i gael eu galw yn Hafoth-jair[t]
hyd heddiw. [5]Pan fuodd Jair farw, cafodd ei gladdu yn Camon.

Pobl Israel yn troi cefn ar Dduw eto

[6]Dyma bobl Israel, unwaith eto, yn gwneud beth oedd yn ddrwg yng ngolwg yr ARGLWYDD.
Dyma nhw'n addoli delwau o Baal a'r dduwies Ashtart, a duwiau Syria, Sidon, Moab, yr
Ammoniaid a'r Philistiaid. Roedden nhw wedi troi cefn ar yr ARGLWYDD ac wedi stopio'i addoli
e! [7]Roedd yr ARGLWYDD yn wirioneddol flin gyda phobl Israel. Dyma fe'n gadael i'r Philistiaid
a'r Ammoniaid eu rheoli. [8]Roedden nhw'n curo a cham-drin pobl Israel yn ddidrugaredd.
Bu pobl Israel oedd yn byw ar dir yr Amoriaid, i'r dwyrain o afon Iorddonen (sef Gilead), yn
dioddef am un deg wyth o flynyddoedd. [9]Wedyn dyma'r Ammoniaid yn croesi'r Iorddonen
i ymladd gyda llwythau Jwda, Benjamin ac Effraim. Roedd hi'n argyfwng go iawn ar Israel.
[10]Yna dyma bobl Israel yn gweiddi ar yr ARGLWYDD a dweud, "Dŷn ni wedi pechu yn dy erbyn
di! Dŷn ni wedi troi cefn ar ein Duw ac addoli delwau Baal." [11]A dyma'r ARGLWYDD yn ateb, "Yr
Eifftiaid, yr Amoriaid, yr Ammoniaid, y Philistiaid, [12]y Sidoniaid, yr Amaleciaid, y Midianiaid[th]...,
mae pob un ohonyn nhw wedi'ch cam-drin chi. A phan oeddech chi'n gweiddi arna i am help,
roeddwn i'n eich achub chi. [13]Ond dw i ddim yn mynd i'ch achub chi eto. Dych chi wedi troi
cefn arna i a mynd ar ôl duwiau eraill. [14]Ewch i weiddi ar eich duwiau eich hunain – cân
nhw'ch helpu chi!"
[15]Dyma bobl Israel yn dweud, "Dŷn ni wedi pechu. Ti'n iawn i'n cosbi ni. Ond plîs achub
ni heddiw!" [16]Yna dyma bobl Israel yn cael gwared â'r duwiau eraill oedd ganddyn nhw,
a dechrau addoli'r ARGLWYDD eto. Yn y diwedd, roedd yr ARGLWYDD wedi blino gweld pobl
Israel yn dioddef.
[17]Roedd byddin yr Ammoniaid yn paratoi i fynd i ryfel ac wedi gwersylla yn Gilead, tra
oedd byddin Israel yn gwersylla yn Mitspa. [18]Dyma arweinwyr Gilead yn gofyn, "Pwy sy'n
barod i arwain yr ymosodiad yn erbyn byddin yr Ammoniaid? Bydd y person hwnnw'n cael
ei wneud yn llywodraethwr ar Gilead!"

Jefftha

11 Roedd dyn yn Gilead o'r enw Jefftha, oedd yn filwr dewr. Putain oedd ei fam, ond
roedd e wedi cael ei fagu gan ei dad, Gilead. [2]Roedd gan Gilead nifer o feibion eraill
hefyd – plant i'w wraig. Pan oedd y rhain wedi tyfu, dyma nhw'n gyrru Jefftha i ffwrdd.
"Fyddi di'n etifeddu dim o eiddo'r teulu. Mab i wraig arall wyt ti." [3]Felly roedd rhaid i Jefftha
ddianc oddi wrth ei frodyr. Aeth i fyw i ardal Tob, ac yn fuan iawn roedd yn arwain gang
o rapsgaliwns gwyllt.
[4]Roedd hi beth amser ar ôl hyn pan ddechreuodd yr Ammoniaid ryfela yn erbyn Israel.
[5]A dyna pryd aeth arweinwyr Gilead i ardal Tob i ofyn i Jefftha ddod yn ôl. [6]"Tyrd yn ôl
i arwain y fyddin yn erbyn yr Ammoniaid," medden nhw wrtho. [7]"Ond roeddech chi'n fy
nghasáu i," meddai Jefftha. "Chi yrrodd fi oddi cartref! A dyma chi, nawr, yn troi ata i am
eich bod chi mewn trwbwl!"
[8]"Mae'n wir," meddai arweinwyr Gilead wrtho. "Dŷn ni yn troi atat ti i ofyn i ti arwain
y frwydr yn erbyn yr Ammoniaid. Ond cei fod yn bennaeth Gilead i gyd ar ôl hynny!" [9]A dyma
Jefftha'n dweud, "Iawn. Os gwna i ddod gyda chi, a'r ARGLWYDD yn gadael i mi ennill y frwydr,
fi fydd eich pennaeth chi." [10]Ac meddai'r arweinwyr, "Mae'r ARGLWYDD yn dyst a bydd yn ein

---

s 10:4 *asyn ei hun* Arwydd fod y teulu'n gyfoethog iawn. t 10:4 *Hafoth-jair* sef, "Treflannau Jair".ft .
th 10:12 felly LXX, Hebraeg, "Maoniaid".

barnu ni os na wnawn ni fel ti'n dweud.” 11 Felly dyma Jefftha'n mynd gydag arweinwyr
Gilead a chafodd ei wneud yn bennaeth ac arweinydd y fyddin. A dyma Jefftha'n ailadrodd
telerau'r cytundeb o flaen yr ARGLWYDD yn Mitspa.

12 Anfonodd Jefftha negeswyr at frenin yr Ammoniaid i ofyn pam roedd e'n ymosod ar y wlad.
13 Yr ateb roddodd brenin yr Ammoniaid oedd, “Am fod pobl Israel wedi dwyn ein tir ni pan
ddaethon nhw o'r Aifft – yr holl ffordd o afon Arnon yn y de i afon Jabboc yn y gogledd, ac
at yr Iorddonen yn y gorllewin. Rho'r tir yn ôl i mi, a fydd yna ddim rhyfel.”

14 Dyma Jefftha'n anfon negeswyr yn ôl at frenin Ammon, i ddweud, 15 “Wnaeth Israel ddim
dwyn y tir oddi ar bobloedd Moab ac Ammon. 16 Pan ddaethon nhw allan o'r Aifft, dyma nhw'n
teithio drwy'r anialwch at y Môr Coch[u] ac yna ymlaen i Cadesh. 17 Anfonodd Israel negeswyr
at frenin Edom, yn gofyn, ‘Wnei di roi caniatâd i ni groesi dy dir di?’ Ond wnaeth brenin Edom
ddim gadael iddyn nhw. Gofynnodd Israel yr un peth i frenin Moab ond doedd yntau ddim
yn fodlon gadael iddyn nhw groesi. Felly dyma bobl Israel yn aros yn Cadesh. 18 Wedyn dyma
nhw'n mynd rownd Edom a Moab – pasio heibio i'r dwyrain o wlad Moab, a gwersylla yr
ochr draw i afon Arnon. Wnaethon nhw ddim croesi tir Moab o gwbl (afon Arnon oedd ffin
Moab). 19 Ar ôl hynny, dyma Israel yn anfon negeswyr at Sihon, brenin yr Amoriaid, oedd yn
teyrnasu yn Cheshbon, a gofyn iddo fe, ‘Wnei di roi caniatâd i ni groesi dy dir di i ni fynd i'n
tir ein hunain?’ 20 Ond doedd Sihon ddim yn trystio pobl Israel i adael iddyn nhw groesi'i dir.
Felly dyma fe'n galw'i fyddin at ei gilydd a chodi gwersyll yn Iahats, i ymosod ar Israel. 21 Yr
ARGLWYDD, Duw Israel, wnaeth eu galluogi nhw i drechu Sihon a'i fyddin. A dyma Israel yn
cymryd tiroedd yr Amoriaid i gyd – 22 o afon Arnon yn y de i afon Jabboc yn y gogledd, ac o'r
anialwch yn y dwyrain i'r Iorddonen yn y gorllewin.

23 “Felly, yr ARGLWYDD, Duw Israel, wnaeth yrru'r Amoriaid allan o flaen pobl Israel. Wyt ti'n
meddwl y gelli di ei gymryd oddi arnyn nhw? 24 Cadw di beth mae dy dduw Chemosh wedi'i roi
i ti. Dŷn ni am gadw tiroedd y bobloedd mae'r ARGLWYDD wedi'u gyrru allan o'n blaen ni. 25 Wyt
ti'n meddwl dy fod ti'n gryfach na Balac fab Sippor, brenin Moab? Wnaeth e fentro ffraeo
gyda phobl Israel? Wnaeth e ymladd yn eu herbyn nhw? 26 Mae pobl Israel wedi bod yn byw
yn y trefi yma ers tri chan mlynedd – Cheshbon ac Aroer a'r pentrefi o'u cwmpas, a'r trefi
sydd wrth afon Arnon. Pam dych chi ddim wedi'u cymryd nhw yn ôl cyn hyn? 27 Na, dw i ddim
wedi gwneud cam â ti. Ti sy'n dechrau'r rhyfel yma. Heddiw, bydd yr ARGLWYDD, y Barnwr, yn
penderfynu pwy sy'n iawn – pobl Israel neu'r Ammoniaid!” 28 Ond wnaeth brenin Ammon
ddim cymryd sylw o neges Jefftha.

29 Yna dyma Ysbryd yr ARGLWYDD yn dod ar Jefftha. Dyma fe'n arwain ei fyddin drwy diroedd
Gilead a Manasse, pasio drwy Mitspe yn Gilead, a mynd ymlaen i wynebu byddin yr Ammoniaid.
30 Dyma fe'n addo ar lw i'r ARGLWYDD, “Os gwnei di adael i mi guro byddin yr Ammoniaid,
31 gwna i roi i'r ARGLWYDD beth bynnag fydd gyntaf i ddod allan o'r tŷ i'm cwrdd i pan af i adre.
Bydda i'n ei gyflwyno'n offrwm i'w losgi'n llwyr i Dduw.”

32 Yna dyma Jefftha a'i fyddin yn croesi i ymladd yn erbyn yr Ammoniaid, a dyma'r ARGLWYDD
yn rhoi buddugoliaeth iddo. 33 Cafodd yr Ammoniaid eu trechu'n llwyr, o Aroer yr holl ffordd
i Minnith, a hyd yn oed i Abel-ceramîm – dau ddeg o drefi i gyd. Dinistriodd nhw'n llwyr!
Roedd yr Ammoniaid wedi'u trechu gan Israel.

34 Pan aeth Jefftha adre i Mitspa, pwy redodd allan i'w groesawu ond ei ferch, yn dawnsio
i gyfeiliant tambwrinau. Roedd hi'n unig blentyn. Doedd gan Jefftha ddim mab na merch arall.
35 Pan welodd hi, dyma fe'n rhwygo'i ddillad. “O na! Fy merch i. Mae hyn yn ofnadwy. Mae'n
drychinebus. Dw i wedi addo rhywbeth ar lw i'r ARGLWYDD, a does dim troi'n ôl.” 36 Meddai
ei ferch wrtho, “Dad, os wyt ti wedi addo rhywbeth i'r ARGLWYDD, rhaid i ti gadw dy addewid.
Mae'r ARGLWYDD wedi cadw ei ochr e a rhoi buddugoliaeth i ti dros dy elynion, yr Ammoniaid.
37 Ond gwna un peth i mi. Rho ddau fis i mi grwydro'r bryniau gyda'm ffrindiau, i alaru
am fy mod byth yn mynd i gael priodi.” 38 “Dos di,” meddai wrthi. A gadawodd iddi fynd
i grwydro'r bryniau am ddeufis, yn galaru gyda'i ffrindiau am na fyddai byth yn cael priodi.

---

u 11:16 *Môr Coch* Hebraeg, “Môr y Brwyn”.

39Yna ar ddiwedd y deufis, dyma hi'n dod yn ôl at ei thad, a dyma fe'n gwneud beth roedd
e wedi'i addo. Roedd hi'n dal yn wyryf pan fuodd hi farw.
Daeth yn ddefod yn Israel 40fod y merched yn mynd i ffwrdd am bedwar diwrnod bob
blwyddyn, i goffáu merch Jefftha o Gilead.

Llwyth Effraim yn ymladd byddin Jefftha

12 Dyma ddynion Effraim yn galw byddin at ei gilydd ac yn croesi afon Iorddonen i Saffon.
Dyma nhw'n gofyn i Jefftha, "Pam wnest ti fynd i ymladd yn erbyn yr Ammoniaid heb
ofyn i ni fynd gyda ti? Dŷn ni'n mynd i losgi dy dŷ di i lawr a thithau tu mewn iddo!" 2Atebodd
Jefftha, "Pan oedden ni yng nghanol dadl ffyrnig gyda'r Ammoniaid, dyma fi'n galw arnoch
chi i ddod i helpu, ond ddaethoch chi ddim. 3Pan ddeallais i nad oeddech chi'n dod, dyma
fi'n mentro mynd i frwydro yn erbyn yr Ammoniaid hebddoch chi, a dyma'r Arglwydd yn rhoi
buddugoliaeth i ni. Felly pam dych chi wedi dod i ymladd yn fy erbyn i?"
4Yna dyma Jefftha yn casglu byddin o ddynion Gilead at ei gilydd a mynd i ymladd yn erbyn
dynion Effraim a'u trechu nhw. Roedd dynion Effraim wedi sarhau pobl Gilead drwy ddweud,
"Dydy pobl Gilead yn ddim byd ond cachgwn yn cuddio ar dir Effraim a Manasse!" 5Roedd dynion
Gilead wedi dal y rhydau lle roedd pobl yn croesi afon Iorddonen, i rwystro dynion Effraim rhag
dianc. Pan oedd rhywun o Effraim yn dod ac yn gofyn am gael croesi, byddai dynion Gilead yn
gofyn, "Wyt ti'n perthyn i lwyth Effraim?" Petai'n ateb, "Na," 6bydden nhw'n gofyn iddo wedyn
ddweud y gair "Shiboleth!" Ond "Siboleth!" oedd dynion Effraim yn ei ddweud (roedden nhw'n
methu dweud y gair yn iawn). Wedyn byddai dynion Gilead yn eu dal nhw a'u lladd nhw yn y fan
a'r lle. Cafodd pedwar deg dau o filoedd o ddynion Effraim eu lladd y diwrnod hwnnw.
7Dyma Jefftha'n arwain Israel am chwe mlynedd. Pan fu farw, cafodd ei gladdu yn ei dref
ei hun yn Gilead.

Ibsan

8Ar ôl Jefftha, dyma Ibsan o Bethlehem yn arwain Israel. 9Roedd ganddo dri deg mab a thri
deg merch. Dyma fe'n rhoi ei ferched yn wragedd i ddynion o'r tu allan i'w glan, a dyma fe'n
trefnu i ferched o'r tu allan i briodi'i feibion.
Buodd Ibsan yn arwain Israel am saith mlynedd. 10Pan fuodd e farw, cafodd ei gladdu
yn Bethlehem.

Elon

11Yr arweinydd nesaf oedd Elon o lwyth Sabulon. Bu'n arwain pobl Israel am ddeg mlynedd.
12Pan fuodd e farw, cafodd ei gladdu yn Aialon ar dir llwyth Sabulon.

Abdon

13Abdon fab Hilel o Pirathon oedd arweinydd nesaf Israel. 14Roedd ganddo bedwar deg
o feibion a tri deg o wyrion – ac roedd gan bob un ohonyn nhw ei asyn ei hun.[w] Bu Abdon
yn arwain pobl Israel am wyth mlynedd. 15Pan fu farw, cafodd ei gladdu yn Pirathon, sydd ar
dir Effraim, yn y bryniau lle roedd yr Amaleciaid yn arfer byw.

Hanes geni Samson

13 Dyma bobl Israel, unwaith eto, yn gwneud beth oedd yn ddrwg yng ngolwg yr Arglwydd.
Felly gadawodd yr Arglwydd i'r Philistiaid eu rheoli nhw am bedwar deg o flynyddoedd.
2Bryd hynny, roedd dyn o'r enw Manoa, o lwyth Dan, yn byw yn Sora. Doedd gwraig Manoa
ddim yn gallu cael plant. 3Un diwrnod, dyma angel yr Arglwydd yn rhoi neges iddi, "Er dy

w 12:14 *asyn ei hun* Arwydd fod y teulu'n gyfoethog iawn.

fod ti wedi methu cael plant hyd yn hyn, ti'n mynd i feichiogi a byddi'n cael mab. 4 Bydd yn
ofalus! Paid yfed gwin nac unrhyw ddiod feddwol arall, na bwyta unrhyw beth fydd yn dy
wneud di'n aflan. 5 Wir i ti, rwyt ti'n mynd i feichiogi a chael mab. Ond rhaid i ti beidio torri
ei wallt, am fod y plentyn i gael ei gysegru'n Nasaread i'r ARGLWYDD o'r eiliad mae'n cael ei
eni. Bydd yn mynd ati i achub Israel o afael y Philistiaid."

6 Aeth i ddweud wrth ei gŵr beth oedd wedi digwydd. "Mae dyn wedi dod ata i oddi
wrth Dduw. Roedd fel angel Duw – yn ddigon i godi braw arna i! Wnes i ddim gofyn iddo
o ble roedd e'n dod, a wnaeth e ddim dweud ei enw. 7 Dwedodd wrtho i, 'Ti'n mynd i fod yn
feichiog a byddi'n cael mab. Felly, paid yfed gwin nac unrhyw ddiod feddwol arall, a phaid
bwyta unrhyw beth fydd yn dy wneud di'n aflan. Bydd y plentyn wedi'i gysegru yn Nasaread
i Dduw o'i eni i'w farw.' "

8 Yna dyma Manoa'n gweddïo ar yr ARGLWYDD, "Meistr, plîs gad i'r dyn wnest ti ei anfon ddod
aton ni eto, iddo ddysgu i ni beth i'w wneud gyda'r bachgen fydd yn cael ei eni." 9 A dyma
Duw yn ateb ei weddi. Dyma'r angel yn dod at wraig Manoa eto. Roedd hi'n eistedd yn y cae
ar ei phen ei hun – doedd Manoa ei gŵr ddim gyda hi. 10 Felly dyma hi'n rhedeg ar unwaith
i ddweud wrtho, "Tyrd, mae e wedi dod yn ôl! Y dyn ddaeth ata i y diwrnod o'r blaen. Mae
e yma!" 11 Dyma Manoa'n mynd yn ôl gyda'i wraig, a dyma fe'n gofyn i'r dyn, "Ai ti ydy'r
dyn sydd wedi bod yn siarad gyda'm gwraig i?" "Ie, fi ydy e," meddai wrtho. 12 Wedyn dyma
Manoa'n gofyn iddo, "Pan fydd dy eiriau'n dod yn wir, sut ddylen ni fagu'r plentyn, a beth fydd
e'n wneud?" 13 A dyma'r angel yn dweud wrtho, "Rhaid i dy wraig wneud popeth ddwedais
i wrthi. 14 Rhaid iddi beidio bwyta grawnwin na rhesins, peidio yfed gwin na diod feddwol
arall, a pheidio bwyta unrhyw fwyd fydd yn ei gwneud hi'n aflan. Rhaid iddi wneud popeth
dw i wedi'i ddweud wrthi."

15 Yna dyma Manoa'n dweud, "Plîs wnei di aros am ychydig i ni baratoi pryd o fwyd i ti,
gafr ifanc." 16 "Gwna i aros ond wna i ddim bwyta," meddai'r angel. "Os wyt ti eisiau cyflwyno
offrwm i'w losgi'n llwyr i'r ARGLWYDD, gelli wneud hynny." (Doedd Manoa ddim yn sylweddoli
mai angel yr ARGLWYDD oedd e.) 17 Yna dyma Manoa'n gofyn iddo, "Beth ydy dy enw di? Pan
fydd hyn i gyd yn dod yn wir, dŷn ni eisiau dy anrhydeddu di." 18 A dyma'r angel yn ateb, "Pam
wyt ti'n gofyn am fy enw i? Mae e tu hwnt i dy ddeall di."

19 Dyma Manoa'n cymryd gafr ifanc ac offrwm o rawn, a'u gosod nhw ar garreg i'w cyflwyno
i'r ARGLWYDD. A dyma angel yr ARGLWYDD yn gwneud rhywbeth anhygoel o flaen llygaid Manoa
a'i wraig. 20 Wrth i'r fflamau godi o'r allor, dyma angel yr ARGLWYDD yn mynd i fyny yn y fflamau.
Pan welodd Manoa a'i wraig hynny'n digwydd, dyma nhw'n plygu gyda'u hwynebau ar lawr.
21 Wnaeth Manoa a'i wraig ddim gweld yr angel eto. A dyna pryd sylweddolodd Manoa mai
angel yr ARGLWYDD oedd e. 22 A dyma fe'n dweud wrth ei wraig, "Dŷn ni'n siŵr o farw! Dŷn ni
wedi gweld bod dwyfol!" 23 Ond dyma'i wraig yn dweud, "Petai'r ARGLWYDD eisiau'n lladd ni,
fyddai e ddim wedi derbyn yr offrwm i'w losgi a'r offrwm o rawn gynnon ni. A fyddai e ddim
wedi dangos hyn i gyd i ni a siarad â ni fel y gwnaeth e."

24 Cafodd gwraig Manoa fab a dyma hi'n rhoi'r enw Samson iddo. Tyfodd y plentyn a dyma'r
ARGLWYDD yn ei fendithio. 25 Yna, pan oedd Samson yn aros yn Mahane-dan,[y] rhwng Sora ac
Eshtaol, dyma Ysbryd yr ARGLWYDD yn dechrau'i aflonyddu.

Samson yn priodi

14 Dyma Samson yn mynd i lawr i Timna. Yno, roedd merch ifanc wedi dal ei lygad, un
o ferched y Philistiaid. 2 *Pan aeth* yn ôl adre, dyma fe'n dweud wrth ei dad a'i fam,
"Dw i wedi gweld merch ifanc yn Timna – un o ferched y Philistiaid. Ewch i'w nôl hi i fod yn
wraig i mi." 3 Ond dyma'i rieni'n ateb, "Mae'n rhaid bod yna ferch ifanc arall rywle – un o dy
berthnasau; un o dy bobl dy hun. Mae'r Philistiaid yn baganiaid.[a] Pam ddylet ti fynd atyn nhw
i gael gwraig?" "Ewch i'w nôl hi," meddai Samson. "Hi dw i eisiau. Mae hi'n bishyn." 4 (Doedd

---

y 13:25 *Mahane-dan* sef "gwersyll Dan".ft . a 14:3 *paganiaid* Hebraeg, "heb eu henwaedu".

ei dad a'i fam ddim yn sylweddoli mai'r ARGLWYDD oedd tu ôl i hyn i gyd, a'i fod yn creu cyfle
i achosi helynt i'r Philistiaid. Y Philistiaid oedd yn rheoli Israel ar y pryd.)
5 Dyma Samson yn mynd i lawr i Timna gyda'i rieni. Pan oedd wrth ymyl gwinllannoedd
Timna, dyma lew ifanc yn rhuthro ato. 6 A dyma Ysbryd yr ARGLWYDD yn dod arno'n rymus nes
iddo rwygo'r llew a'i ladd gyda dim ond nerth braich, fel petai'n fyn gafr bach ifanc. (Ond
wnaeth e ddim dweud wrth ei rieni beth roedd e wedi'i wneud.) 7 Yna aeth Samson yn ei flaen
i Timna a siarad â'r ferch ifanc. Roedd e wir yn ei ffansïo hi.
8 Beth amser ar ôl hynny, aeth Samson i Timna i'w phriodi hi. Ar ei ffordd, aeth i weld beth
oedd ar ôl o'r llew oedd wedi ymosod arno. Cafodd fod haid o wenyn yn byw yn sgerbwd yr
anifail a bod mêl ynddo. 9 Dyma fe'n crafu peth o'r mêl gyda'i ddwylo, a'i fwyta wrth gerdded.
Aeth yn ôl at ei rieni a rhoi peth o'r mêl iddyn nhw i'w fwyta. (Ond wnaeth e ddim dweud
wrthyn nhw ei fod wedi crafu'r mêl allan o sgerbwd y llew.)
10 Ar ôl hyn, aeth ei dad gydag e i Timna i weld y ferch. A dyma Samson yn trefnu parti, am
mai dyna fyddai dynion ifanc oedd am briodi yn arfer ei wneud bryd hynny. 11 Pan welodd
y Philistiaid Samson, dyma nhw'n rhoi tri deg o ffrindiau i gadw cwmni iddo yn y parti.
12 A dyma Samson yn dweud wrthyn nhw, "Gadewch i mi osod pos i chi. Os rhowch chi'r ateb
i mi cyn diwedd y parti mewn wythnos, gwna i roi mantell newydd a set o ddillad newydd i'r
tri deg ohonoch chi. 13 Ond os allwch chi ddim datrys y pos, bydd rhaid i bob un ohonoch chi
roi mantell a set o ddillad newydd i mi."
"Iawn," medden nhw, "gad i ni glywed beth ydy dy bos di." 14 A dyma ddwedodd e:

> "Daeth bwyd o'r bwytawr;
> rhywbeth melys o'r un cryf."

Aeth tri diwrnod heibio a doedden nhw ddim yn gallu meddwl am yr ateb. 15 Yna'r diwrnod
wedyn, dyma nhw'n mynd at wraig Samson a'i bygwth: "Tricia dy ŵr i ddweud beth ydy'r
ateb i'r pos, neu byddwn ni'n dy losgi di a theulu dy dad. Wnest ti'n gwahodd ni yma i'n
gwneud ni'n fethdalwyr?"
16 Felly dyma wraig Samson yn mynd ato a dechrau crio ar ei ysgwydd. "Ti'n fy nghasáu
i. Ti ddim yn fy ngharu i. Ti wedi rhoi pos i rai o'r bechgyn a ddim yn fodlon dweud wrtho
i beth ydy'r ateb." Meddai Samson wrthi, "Ond dw i ddim hyd yn oed wedi dweud wrth dad
a mam. Pam ddylwn i ddweud wrthot ti?" 17 Buodd hi'n crio ar ei ysgwydd nes oedd y parti
bron ar ben. Yna ar y seithfed diwrnod, dyma Samson yn dweud yr ateb wrthi am ei bod hi
wedi swnian gymaint. A dyma hi'n mynd i ddweud wrth y dynion ifanc.
18 Cyn iddi fachlud y noson honno, dyma ddynion y dref yn mynd at Samson a dweud, "Beth
sy'n fwy melys na mêl? A beth sy'n gryfach na llew?" A dyma Samson yn ateb, "Fyddech chi
ddim wedi datrys y pos heb gymryd mantais o'm gwraig i!"[b] 19 Yna dyma Ysbryd yr ARGLWYDD
yn dod arno'n rymus. Aeth i Ashcelon a lladd tri deg o ddynion. Cymerodd eu dillad a'u rhoi
i'r dynion oedd wedi ateb y pos. Roedd wedi gwylltio'n lân, felly aeth adre at ei rieni. 20 Cafodd
ei wraig ei rhoi i'r un oedd wedi bod yn was priodas iddo.

Samson yn dial ar y Philistiaid

15 Beth amser wedyn, adeg y cynhaeaf gwenith, dyma Samson yn mynd i weld ei wraig,
ac aeth â myn gafr ifanc yn anrheg iddi. Roedd e eisiau cysgu gyda hi ond wnaeth
ei thad ddim gadael iddo. 2 "Rôn i'n meddwl dy fod ti'n ei chasáu hi go iawn, felly dyma
fi'n ei rhoi hi i dy was priodas. Mae ei chwaer fach hyd yn oed yn ddelach na hi. Pam wnei
di ddim ei chymryd hi yn ei lle?" 3 A dyma Samson yn ymateb, "Mae gen i reswm digon teg
i daro'r Philistiaid y tro yma!" 4 Felly dyma Samson yn mynd ac yn dal tri chant o siacaliaid,
eu rhwymo nhw'n barau wrth eu cynffonnau, a rhwymo ffaglau rhwng eu cynffonnau. 5 Yna
taniodd y ffaglau a gollwng y siacaliaid yn rhydd i ganol caeau ŷd y Philistiaid. Llosgodd

b 14:18 *heb gymryd mantais o'm gwraig i* Hebraeg, "aredig gyda fy heffer i".

y cwbl – yr ŷd oedd heb ei dorri a'r ysgubau oedd wedi'u casglu, a hyd yn oed y gwinllannoedd
a'r caeau o goed olewydd.
6 "Pwy wnaeth hyn?" meddai'r Philistiaid. A dyma rywun yn ateb, "Samson, am fod ei
dad-yng-nghyfraith, sy'n byw yn Timna, wedi cymryd ei wraig a'i rhoi i'w was priodas." Felly
dyma'r Philistiaid yn mynd i Timna a dal gwraig Samson a'i thad a'u llosgi nhw i farwolaeth.
7 Meddai Samson, "Dw i'n mynd i ddial arnoch chi am wneud hyn! Wna i ddim stopio nes
bydda i wedi talu'n ôl i chi!" 8 A dyma fe'n ymosod arnyn nhw a'u hacio nhw'n ddarnau. Yna
aeth i ffwrdd, ac aros mewn ogof wrth Graig Etam.
9 Roedd y Philistiaid yn mynd i ymosod ar Jwda. Roedden nhw ar wasgar drwy ardal Lechi.
10 A dyma arweinwyr Jwda yn gofyn iddyn nhw, "Pam dych chi'n ymosod arnon ni?" "Dŷn
ni eisiau cymryd Samson yn garcharor," medden nhw, "a thalu'r pwyth yn ôl iddo am beth
wnaeth e i ni." 11 Felly dyma dair mil o ddynion Jwda yn mynd i lawr i'r ogof wrth Graig Etam,
a dweud wrth Samson, "Wyt ti ddim yn sylweddoli mai'r Philistiaid sy'n ein rheoli ni? Beth
wyt ti'n feddwl wyt ti'n wneud?" "Dim ond talu'r pwyth yn ôl wnes i. Gwneud iddyn nhw
beth wnaethon nhw i mi," meddai Samson. 12 A dyma ddynion Jwda yn dweud wrtho, "Dŷn ni
wedi dod yma i dy ddal di a dy roi di i'r Philistiaid yn garcharor." "Wnewch chi addo i mi na
fyddwch chi'n fy lladd i eich hunain?" meddai Samson. 13 A dyma nhw'n dweud, "Dŷn ni'n
addo. Wnawn ni ddim ond dy rwymo di a dy roi di'n garcharor iddyn nhw. Wnawn ni ddim
dy ladd di." Felly dyma nhw'n ei rwymo gyda dwy raff newydd a mynd ag e o Graig Etam.
14 Pan gyrhaeddodd Lechi, dyma'r Philistiaid yn dechrau gweiddi'n uchel wrth fynd draw
at Samson. A dyma Ysbryd yr ARGLWYDD yn dod arno'n rymus. Torrodd y rhaffau oedd yn
rhwymo'i freichiau fel petaen nhw'n frethyn oedd wedi llosgi! 15 Dyma fe'n gweld asgwrn
gên asyn oedd heb sychu. Gafaelodd yn yr asgwrn a lladd mil o ddynion gydag e!
16 A dyma Samson yn dweud,

"Gydag asgwrn gên asyn
gadewais nhw'n domenni!
Gydag asgwrn gên asyn
mil o filwyr a leddais i!"

17 Yna taflodd Samson yr asgwrn ar lawr, a galwodd y lle yn Ramath-lechi (sef 'Bryn yr Asgwrn
Gên').
18 Roedd Samson yn ofnadwy o sychedig a dyma fe'n galw ar yr ARGLWYDD, "Ar ôl rhoi
buddugoliaeth fawr i mi, wyt ti'n mynd i adael i mi farw o syched, a gadael i'r paganiaid
yma fy nghael i?" 19 Felly dyma Duw yn hollti'r basn sydd yn y graig yn Lechi, a dyma ddŵr yn
pistyllio allan. Pan yfodd Samson y dŵr, dyma fe'n dod ato'i hun. Galwodd y lle yn En-hacore
(sef 'Ffynnon y Galw') – mae'n dal yna yn Lechi hyd heddiw.
20 Buodd Samson yn arwain Israel am ugain mlynedd pan oedd y Philistiaid yn rheoli'r wlad.

Samson yn dwyn giatiau Gasa

16 Aeth Samson i Gasa. Yno gwelodd butain, ac aeth i gael rhyw gyda hi. 2 Dyma bobl
Gasa yn darganfod ei fod yno. Felly dyma nhw'n amgylchynu'r dref ac yn disgwyl
amdano wrth y giatiau. Wnaethon nhw ddim mwy drwy'r nos, gan feddwl, "Lladdwn ni e pan
fydd hi'n goleuo yn y bore!" 3 Ond wnaeth Samson ddim aros drwy'r nos. Cododd ganol nos
a gadael. Pan ddaeth at giatiau'r dref, tynnodd y drysau, y ddau bostyn a'r barrau a'r cwbl.
Cododd nhw ar ei gefn, a'u cario i ben y bryn sydd i'r dwyrain o Hebron.

Samson a Delila

4 Rywbryd wedyn, dyma Samson yn syrthio mewn cariad hefo gwraig o Ddyffryn Sorec, o'r
enw Delila. 5 Dyma arweinwyr y Philistiaid yn mynd ati, a dweud, "Os gwnei di ei berswadio fe
i ddweud wrthot ti pam mae e mor gryf, a sut y gallen ni ei ddal a'i gam-drin, cei fil a chant

o ddarnau arian gan bob un ohonon ni." 6Felly dyma Delila'n gofyn i Samson, "Beth sy'n
dy wneud di mor gryf? Sut allai rhywun dy rwymo di a dy drechu di?" 7A dyma Samson yn
ateb, "Petawn i'n cael fy rhwymo gyda saith llinyn bwa saeth newydd, byddwn i mor wan
ag unrhyw ddyn arall."

8Felly dyma arweinwyr y Philistiaid yn rhoi saith llinyn bwa saeth newydd iddi, i rwymo
Samson gyda nhw. 9Pan oedd y dynion yn cuddio yn yr ystafell, dyma Delila'n gweiddi, "Mae'r
Philistiaid yma, Samson!" Dyma fe'n torri'r llinynnau bwa fel petaen nhw'n edau oedd wedi
bod yn agos i dân. Doedden nhw ddim wedi darganfod y gyfrinach pam oedd e mor gryf.

10Dyma Delila'n dweud wrth Samson, "Ti'n chwarae triciau ac wedi dweud celwydd wrtho
i! Tyrd, dywed wrtho i sut mae rhywun yn gallu dy rwymo di." 11A dyma fe'n dweud wrthi,
"Petawn i'n cael fy rhwymo gyda rhaffau newydd sbon, sydd erioed wedi cael eu defnyddio
o'r blaen, byddwn i mor wan ag unrhyw ddyn arall." 12Felly dyma Delila'n rhwymo Samson
gyda rhaffau newydd sbon. Yna dyma hi'n gweiddi, "Mae'r Philistiaid yma, Samson!" (Roedd
y Philistiaid yn cuddio yn yr ystafell.) Ond dyma fe'n torri'r rhaffau fel petaen nhw'n ddim
ond edau!

13Meddai Delila wrth Samson, "Ti'n gwneud dim byd ond chwarae triciau a dweud celwydd
wrtho i! Dwed wrtho i sut mae rhywun yn gallu dy rwymo di." A dyma fe'n dweud wrthi,
"Taset ti'n gweu fy ngwallt i – y saith plethen – i mewn i'r brethyn ar ffrâm wau, a'i chloi
gyda'r pìn, byddwn i mor wan ag unrhyw ddyn arall." 14Felly tra oedd e'n cysgu, dyma hi'n
cymryd ei saith plethen e, eu gweu nhw i mewn i'r brethyn ar y ffrâm wau, a'i chloi gyda
pìn. Wedyn gweiddi, "Mae'r Philistiaid yma, Samson!" Dyma fe'n deffro, ac yn rhwygo'r pìn
allan o'r ffrâm a'i wallt o'r brethyn.

15A dyma Delila'n dweud wrtho, "Sut wyt ti'n gallu dweud 'Dw i'n dy garu di,' os wyt ti
ddim yn trystio fi? Rwyt ti wedi bod yn chwarae triciau dair gwaith ac wedi gwrthod dweud
wrtho i beth sy'n dy wneud di mor gryf." 16Roedd hi'n dal ati i swnian a swnian ddydd ar ôl
dydd, nes roedd Samson wedi cael llond bol. 17A dyma fe'n dweud popeth wrthi. "Dw i erioed
wedi cael torri fy ngwallt. Ces fy rhoi yn Nasaread i Dduw cyn i mi gael fy ngeni. Petai fy
ngwallt yn cael ei dorri, byddwn yn colli fy nghryfder. Byddwn i mor wan ag unrhyw ddyn arall."

18Pan sylweddolodd Delila ei fod wedi dweud ei gyfrinach wrthi, dyma hi'n anfon am arweinwyr
y Philistiaid. Ac meddai wrthyn nhw, "Dewch yn ôl, mae e wedi dweud wrtho i beth ydy'r gyfrinach."
Felly dyma arweinwyr y Philistiaid yn mynd yn ôl ati, a'r arian i'w thalu hi gyda nhw. 19Dyma
Delila'n cael Samson i gysgu, a'i ben ar ei gliniau. Yna dyma hi'n galw dyn draw i dorri'i wallt
i gyd i ffwrdd – y saith plethen. A dyna ddechrau'r cam-drin. Roedd ei gryfder i gyd wedi mynd.

20Dyma hi'n gweiddi, "Mae'r Philistiaid yma, Samson!" A dyma fe'n deffro, gan feddwl,
"Gwna i yr un peth ag o'r blaen, a chael fy hun yn rhydd." (Doedd e ddim yn sylweddoli fod yr
Arglwydd wedi'i adael e.) 21Dyma'r Philistiaid yn ei ddal a thynnu'i lygaid allan. Yna dyma
nhw'n mynd ag e i'r carchar yn Gasa. Yno, dyma nhw'n rhoi cadwyni pres arno a gwneud
iddo falu ŷd. 22Ond cyn hir roedd ei wallt yn dechrau tyfu eto.

Marwolaeth Samson

23Roedd arweinwyr y Philistiaid wedi dod at ei gilydd i ddathlu a chyflwyno aberthau i'w
duw, Dagon.[c] Roedden nhw'n siantio,

"Ein duw ni, Dagon –
mae wedi rhoi Samson
ein gelyn, yn ein gafael!"

24Roedd y bobl i gyd yn edrych ar eu duw ac yn ei foli. "Mae'n duw ni wedi rhoi'n gelyn yn
ein gafael; yr un oedd wedi dinistrio'n gwlad, a lladd cymaint ohonon ni."

---

c 16:23 *Dagon* Mae temlau iddo wedi'u darganfod yn Ebla, Mari ac Wgarit. Roedd teml hefyd yn Gasa (Barnwyr 16:23) ac yn Ashdod (1 Samuel 5; 1 Macabeaid 10:83-84; 11:4). Mae testunau Wgaritig yn ei ddisgrifio fel tad Baal.

25Yna, pan oedd y parti'n dechrau mynd yn wyllt, dyma nhw'n gweiddi, "Dewch â Samson
yma i ni gael ychydig o adloniant!" Felly dyma nhw'n galw am Samson o'r carchar, i roi sioe
iddyn nhw. A dyma nhw'n ei osod i sefyll rhwng dau o'r pileri. 26Dyma Samson yn dweud
wrth y bachgen oedd yn ei dywys, "Gad i mi deimlo pileri'r deml, i mi gael pwyso arnyn nhw."
27Roedd y deml yn orlawn o bobl, ac roedd arweinwyr y Philistiaid i gyd yno. Roedd tair
mil o bobl ar y to yn gwylio Samson ac yn gwneud hwyl am ei ben. 28A dyma Samson yn
gweddïo ar yr ARGLWYDD, "O Feistr, ARGLWYDD, cofia amdana i! Gwna fi'n gryf dim ond un waith
eto, O Dduw. Gad i mi daro'r Philistiaid un tro olaf, a dial arnyn nhw am dynnu fy llygaid i!"
29Yna dyma fe'n rhoi'i ddwylo ar y ddau biler oedd yn cynnal to'r deml, a gwthio, un gyda'r
llaw dde a'r llall gyda'r chwith. 30"Gad i mi farw gyda'r Philistiaid!" gwaeddodd. Roedd yn
gwthio mor galed ag y medrai, a dyma'r adeilad yn syrthio ar ben arweinwyr y Philistiaid
a phawb arall oedd y tu mewn. Lladdodd Samson fwy o Philistiaid pan fuodd e farw nag yn
ystod gweddill ei fywyd i gyd!
31Aeth ei frodyr a'r teulu i gyd i lawr i Gasa i nôl ei gorff. A dyma nhw'n ei gladdu ym medd
ei dad, oedd rhwng Sora ac Eshtaol. Roedd Samson wedi arwain pobl Israel am ugain mlynedd.

Micha yn gwneud eilun-ddelwau ac yn cyflogi offeiriad

17 Roedd dyn o'r enw Micha yn byw ym mryniau Effraim. 2Dwedodd wrth ei fam, "Gwnes
i dy glywed di'n melltithio'r lleidr wnaeth ddwyn y mil a chant o ddarnau arian
oddi arnat ti. Wel, mae'r arian gen i. Fi wnaeth ei ddwyn e, a dw i'n mynd i'w roi'n ôl i ti."
A dyma'i fam yn dweud wrtho, "Dw i'n gweddïo y bydd yr ARGLWYDD yn dy fendithio di, fy mab!"
3Daeth â'r arian yn ôl i'w fam, a dyma'i fam yn dweud, "Dw i am gysegru'r arian yma i'r
ARGLWYDD. Er mwyn fy mab, dw i am ei ddefnyddio i wneud eilun wedi'i gerfio a delw o fetel
tawdd." 4Pan roddodd yr arian i'w fam, dyma hi'n cymryd dau gant o ddarnau arian, a'u rhoi
nhw i'r gof arian i wneud eilun wedi'i gerfio a delw o fetel tawdd. Yna dyma hi'n eu gosod
nhw yn nhŷ Micha. 5Roedd gan Micha gysegr i addoli Duw yn ei dŷ. Roedd wedi gwneud effod
ac eilun-ddelwau teuluol, ac wedi ordeinio un o'i feibion yn offeiriad. 6Doedd dim brenin yn
Israel bryd hynny. Roedd pawb yn gwneud beth roedden nhw'n feddwl oedd yn iawn.
7Roedd dyn ifanc o Bethlehem yn Jwda – roedd yn perthyn i lwyth Lefi – ond wedi bod yn
byw dros dro ar dir Jwda. 8Penderfynodd fynd i chwilio am le arall i fyw. Cyrhaeddodd fryniau
Effraim, a digwydd dod i dŷ Micha. 9Gofynnodd Micha iddo, "O ble ti'n dod?" Atebodd, "Un
o lwyth Lefi ydw i, wedi bod yn byw yn Bethlehem yn Jwda. Ond dw i'n edrych am rywle arall
i fyw." 10A dyma Micha'n dweud, "Aros yma gyda mi. Cei fod yn gynghorydd ac offeiriad i mi.
Gwna i dalu deg darn arian y flwyddyn i ti, a dillad a bwyd." 11Dyma fe'n cytuno i aros yno.
Roedd fel un o'r teulu. 12Roedd Micha wedi'i ordeinio yn offeiriad, ac roedd yn byw yn ei dŷ.
13Ac meddai Micha wrtho'i hun, "Nawr dw i'n gwybod y bydd Duw yn dda i mi – mae gen
i un o lwyth Lefi yn offeiriad!"

Llwyth Dan yn setlo yn Laish

18 Doedd dim brenin yn Israel bryd hynny. Tua'r un adeg, roedd llwyth Dan yn edrych am
rywle i setlo i lawr. Doedden nhw ddim wedi llwyddo i gymryd y tir oedd wedi cael ei
roi iddyn nhw, fel gweddill llwythau Israel. 2Felly dyma lwyth Dan yn anfon pump o ddynion
dewr o Sora ac Eshtaol i ysbïo'r wlad. Dyma nhw'n cyrraedd tŷ Micha ym mryniau Effraim,
a dyna ble wnaethon nhw aros dros nos. 3Tra oedden nhw yno, dyma nhw'n nabod acen y dyn
ifanc o lwyth Lefi, a mynd ato a dechrau'i holi, "Pwy ddaeth â ti yma? Beth wyt ti'n wneud
yma? Beth ydy dy fusnes di?" 4A dyma fe'n dweud wrthyn nhw beth oedd Micha wedi'i wneud
iddo. "Dw i wedi cael swydd ganddo, fel offeiriad," meddai. 5"Oes gen ti neges gan Dduw
i ni?" medden nhw. "Dŷn ni eisiau gwybod os byddwn ni'n llwyddiannus." 6A dyma'r offeiriad
yn ateb, "Gallwch fod yn dawel eich meddwl. Mae'r ARGLWYDD gyda chi bob cam o'r ffordd!"

17:6 Barnwyr 18:1; 21:25

7 Felly dyma'r pump yn mynd ymlaen ar eu taith ac yn dod i Laish. Doedd y bobl oedd yn
byw yno yn poeni am ddim – roedden nhw fel pobl Sidon, yn meddwl eu bod nhw'n hollol
saff. Doedden nhw'n gweld dim perygl o gwbl a doedd neb yn eu bygwth nhw na dwyn oddi
arnyn nhw. Roedden nhw'n bell oddi wrth Sidon i'r gorllewin, a doedd ganddyn nhw ddim
cysylltiad hefo unrhyw un arall chwaith.
8 Aeth y dynion yn ôl at eu pobl yn Sora ac Eshtaol. A dyma'r bobl yn gofyn iddyn nhw, "Wel?
Sut aeth hi?" 9 A dyma nhw'n ateb, "Dewch! Dŷn ni wedi dod o hyd i le da. Dewch i ymosod
arnyn nhw! Peidiwch eistedd yma'n diogi! Rhaid i ni fynd ar unwaith a chymryd y tir oddi
arnyn nhw. 10 Maen nhw'n meddwl eu bod nhw'n hollol saff. Mae yna ddigon o dir yna, ac
mae Duw yn ei roi i ni! Mae popeth sydd ei angen arnon ni yna!"
11 Felly dyma chwe chant o ddynion Dan yn gadael Sora ac Eshtaol, yn barod i frwydro.
12 Dyma nhw'n gwersylla yn Ciriath-iearîm yn Jwda. (Mae'r lle'n dal i gael ei alw'n Wersyll
Dan hyd heddiw. Mae i'r gorllewin o Ciriath-iearîm.) 13 Yna aethon nhw yn eu blaenau i fryniau
Effraim a chyrraedd tŷ Micha. 14 A dyma'r pum dyn oedd wedi bod yn chwilio'r ardal yn dweud
wrth y lleill, "Wyddoch chi fod yna effod yma ac eilun-ddelwau teuluol, hefyd eilun wedi'i gerfio
a delw o fetel tawdd? Beth dych chi am ei wneud?" 15 Felly dyma nhw'n galw heibio'r tŷ lle
roedd y Lefiad ifanc yn byw (tŷ Micha), a'i gyfarch, "Sut mae pethau?"
16 Roedd y chwe chant o filwyr yn sefyll wrth giât y dref. 17 Tra oedd yr offeiriad yn sefyll
yno gyda'r milwyr, dyma'r pum dyn oedd wedi bod yn ysbïo'r wlad yn torri i mewn i'w dŷ,
a dwyn yr eilun wedi'i gerfio, yr effod, yr eilun-ddelwau teuluol a'r ddelw o fetel tawdd.
18 Pan welodd yr offeiriad nhw, dyma fe'n gofyn, "Beth ydych chi'n wneud?" 19 A dyma
nhw'n ei ateb, "Paid dweud dim! Tyrd gyda ni. Cei di fod yn gynghorydd ac offeiriad i ni.
Pa un sydd well – cael bod yn offeiriad i lwyth cyfan yn Israel neu i deulu un dyn?" 20 Roedd
yr offeiriad wrth ei fodd. Cymerodd yr effod, eilun-ddelwau'r teulu a'r eilun wedi'i gerfio,
a mynd gyda nhw.
21 I ffwrdd â nhw, gyda'r plant, yr anifeiliaid a'r eiddo i gyd ar y blaen. 22 Yna, pan oedden
nhw wedi mynd yn reit bell o dŷ Micha, dyma Micha a chriw o ddynion oedd yn gymdogion
iddo yn dod ar eu holau. 23 Dyma nhw'n gweiddi arnyn nhw. A dyma ddynion Dan yn troi
a gofyn, "Beth sy'n bod? Pam dych chi wedi dod ar ein holau ni?" 24 Dyma Micha'n ateb,
"Dych chi wedi dwyn y duwiau dw i wedi'u gwneud, a'r offeiriad, a cherdded i ffwrdd! Beth
sydd gen i ar ôl? Sut allwch chi ddweud, 'Beth sy'n bod?'." 25 Ond dyma ddynion Dan yn ei
ateb, "Byddai'n syniad i ti gau dy geg – mae yna ddynion milain yma, a gallen nhw ddod
a dy ladd di a dy deulu!" 26 A dyma nhw'n troi a mynd yn eu blaenau ar eu taith. Gwelodd
Micha eu bod nhw'n gryfach na'r criw o ddynion oedd gyda fe, felly dyma fe'n troi am adre.
27 Aeth pobl llwyth Dan yn eu blaenau i Laish, gyda'r offeiriad a'r delwau roedd Micha
wedi'u gwneud. Doedd pobl Laish yn gweld dim peryg o gwbl ac yn meddwl eu bod yn hollol
saff. Ond dyma filwyr Dan yn ymosod arnyn nhw, ac yn llosgi'r dref yn ulw. 28 Doedd neb yn
gallu dod i'w helpu nhw. Roedden nhw'n rhy bell o Sidon i'r gorllewin, a doedd ganddyn
nhw ddim cysylltiad hefo unrhyw bobl eraill. Roedd y dref mewn dyffryn heb fod yn bell
o Beth-rechof.
Dyma lwyth Dan yn ailadeiladu'r dref, a symud i fyw yno. 29 Cafodd y dref ei galw'n Dan, ar
ôl eu hynafiad, oedd yn un o feibion Israel. Laish oedd yr hen enw arni. 30 Cymerodd bobl Dan yr
eilun wedi'i gerfio a'i osod i fyny i'w addoli, a gwneud Jonathan (oedd yn un o ddisgynyddion
Gershom, mab Moses) yn offeiriad. Roedd ei deulu e'n dal i wasanaethu fel offeiriaid i lwyth
Dan adeg y gaethglud! 31 Bu llwyth Dan yn dal i addoli'r eilun gafodd ei wneud gan Micha
yr holl amser roedd cysegr Duw yn Seilo.

Rhyfel cartref gyda llwyth Benjamin

Y Lefiad a'i bartner

19 Doedd dim brenin yn Israel bryd hynny. Roedd rhyw ddyn o lwyth Lefi yn byw yn bell
o bobman yng nghanol bryniau Effraim. A dyma fe'n cymryd dynes o Bethlehem yn

Jwda i fyw gydag e fel ei bartner[ch] 2 Ond roedd hi'n anffyddlon iddo, a dyma hi'n mynd yn ôl i fyw gyda'i theulu yn Bethlehem.

Rhyw bedwar mis wedyn, 3 dyma'r dyn yn mynd gyda'i was a dau asyn i geisio'i pherswadio i fynd yn ôl gydag e. Pan gyrhaeddodd, dyma hi'n mynd ag e i'w chartref, a chafodd groeso brwd gan ei thad. 4 Dyma'r tad yn ei berswadio i aros am dri diwrnod, a dyna lle buodd e, yn bwyta ac yn yfed ac yn aros dros nos. 5 Ond yna, ar y pedwerydd diwrnod, dyma fe'n codi'n gynnar a dechrau paratoi i adael. Dyma dad y ferch yn dweud wrtho, "Rhaid i ti gael tamaid i'w fwyta cyn mynd. Cewch fynd wedyn." 6 Felly dyma'r ddau ohonyn nhw'n cael pryd o fwyd gyda'i gilydd. Yna dyma dad y ferch yn dweud wrth y dyn, "Tyrd, aros un noson arall. Cei amser da!" 7 Roedd y dyn ar fin mynd, ond dyma'r tad yn pwyso arno a'i berswadio i aros noson arall.

8 Yna'n gynnar y bore wedyn, y pumed diwrnod, dyma'r dyn yn codi eto i fynd. Ond dyma dad y ferch yn dweud wrtho eto, "Dylet ti gael rhywbeth i dy gadw di i fynd! Pam wnei di ddim gadael ar ôl cinio?" Felly dyma'r ddau'n bwyta gyda'i gilydd eto.

9 Rywbryd yn ystod y p'nawn, dyma'r dyn yn codi i fynd gyda'i bartner a'i was. Ond dyma dad y ferch yn dweud, "Gwranda, mae'n rhy hwyr yn y dydd. Aros un noson arall! Mae hi wedi mynd yn rhy hwyr i ti fynd bellach. Aros un noson arall i fwynhau dy hun. Wedyn cei godi'n gynnar bore fory a chychwyn ar dy daith am adre." 10 Ond doedd y dyn ddim am wneud hynny. Dyma fe a'i bartner yn cymryd y ddau asyn oedd wedi'u cyfrwyo, a chychwyn ar eu taith. Dyma nhw'n cyrraedd Jebws (sef Jerwsalem).

11 Erbyn hynny, roedd hi'n dechrau nosi, a dyma'r gwas yn gofyn i'w feistr, "Beth am i ni aros yma dros nos, yn nhref y Jebwsiaid?" 12 Dyma'r meistr yn ei ateb, "Na, allwn ni ddim aros gyda phaganiaid sydd ddim yn perthyn i Israel. Awn ni ymlaen i Gibea. 13 Gallwn ni ddod o hyd i rywle i aros, naill ai'n Gibea neu yn Rama." 14 Felly dyma nhw'n teithio yn eu blaenau. Erbyn iddyn nhw gyrraedd Gibea, sydd ar dir llwyth Benjamin, roedd yr haul wedi machlud. 15 Felly dyma nhw'n penderfynu aros yno dros nos. Aethon nhw i mewn i'r dref, ac eistedd i lawr i orffwys yn y sgwâr. Ond wnaeth neb eu gwahodd nhw i'w tŷ i aros dros nos.

16 Ond yna, dyma ryw hen ddyn yn dod heibio. Roedd wedi bod yn gweithio yn y caeau drwy'r dydd ac ar ei ffordd adre. Un o fryniau Effraim oedd e'n wreiddiol, ond roedd yn byw yn Gibea gyda phobl llwyth Benjamin. 17 Pan welodd e'r teithiwr yn y sgwâr, dyma fe'n gofyn iddo, "O ble dych chi'n dod, ac i ble dych chi'n mynd?" 18 A dyma'r dyn o lwyth Lefi'n dweud wrtho, "Dŷn ni ar ein ffordd adre o Bethlehem yn Jwda. Dw i'n byw mewn ardal ym mryniau Effraim sy'n bell o bobman. Dw i wedi bod i Bethlehem, a nawr dw i ar fy ffordd adre.[d] Ond does neb yn y dref yma wedi'n gwahodd ni i aros gyda nhw. 19 Does arnon ni angen dim byd. Mae gynnon ni ddigon o wellt a grawn i'n mulod, ac mae gynnon ni fwyd a gwin i'r tri ohonon ni – fi, dy forwyn, a'r bachgen ifanc sydd gyda ni." 20 "Mae croeso i chi ddod ata i!" meddai'r hen ddyn. "Gwna i ofalu amdanoch chi. Well i chi beidio aros ar sgwâr y dref drwy'r nos!" 21 Felly dyma fe'n mynd â nhw i'w dŷ, ac yn bwydo'r asynnod. Wedyn, ar ôl golchi eu traed[dd] dyma nhw'n cael pryd o fwyd gyda'i gilydd.

22 Tra oedden nhw'n mwynhau'u hunain, dyma griw o rapsgaliwns o'r dref yn codi twrw, amgylchynu'r tŷ a dechrau curo ar y drws. Roedden nhw'n gweiddi ar yr hen ddyn, "Anfon y dyn sy'n aros gyda ti allan. Dŷn ni eisiau cael rhyw gydag e!" 23 Ond dyma'r dyn oedd piau'r tŷ yn mynd allan atyn nhw, a dweud, "Na, ffrindiau. Peidiwch bod mor ffiaidd! Fy ngwestai i ydy'r dyn. Peidiwch bod mor amharchus! 24 Mae gen i ferch sy'n wyryf, ac mae partner y dyn yma hefyd. Gwna i eu hanfon nhw allan. Gewch chi wneud beth leiciwch chi iddyn nhw. Ond peidiwch meddwl gwneud rhywbeth mor amharchus i'r dyn yma!"

25 Ond roedd y dynion yn gwrthod gwrando arno. Felly dyma'r dyn o lwyth Lefi yn gafael yn ei bartner ac yn ei gwthio hi allan atyn nhw. A buon nhw'n ei threisio hi a'i cham-drin hi drwy'r nos. Roedd hi bron yn gwawrio cyn iddyn nhw'i gollwng hi'n rhydd. 26 Dim ond dechrau

---

ch 19:1 *bartner* Mae'r gair Hebraeg yn air am feistres neu bartner cyfreithlon oedd ddim yn wraig i ddyn yn ystyr lawnaf y gair. d 19:18 *adre* felly LXX; Hebraeg, "i dŷ'r ARGLWYDD". dd 19:21 *golchi eu traed* Dyma fyddai'r arferiad cyn pryd o fwyd, gan fod pobl yn gwisgo sandalau agored.

goleuo oedd hi pan gyrhaeddodd hi'n ôl i'r tŷ lle roedd ei gŵr yn aros. Syrthiodd ar lawr tu
allan i'r drws, a dyna lle buodd hi'n gorwedd nes oedd yr haul wedi codi. 27 Pan gododd ei
gŵr y bore hwnnw, roedd yn bwriadu cychwyn ar ei daith. Agorodd y drws, a dyna lle roedd ei
bartner yn gorwedd wrth ddrws y tŷ, a'i dwylo ar y trothwy. 28 "Tyrd, dŷn ni'n mynd," meddai
wrthi. Ond doedd dim ymateb. Felly dyma fe'n ei chodi ar ei asyn a mynd.
29 Pan gyrhaeddodd adre, cymerodd gyllell a thorri corff ei bartner yn un deg dau darn. Yna
dyma fe'n anfon y darnau, bob yn un, i bob rhan o Israel. 30 Roedd pawb yn dweud, "Does
yna ddim byd fel yma wedi digwydd erioed o'r blaen, ers i bobl Israel ddod allan o wlad yr
Aifft! Meddyliwch am y peth! A trafodwch beth ddylid ei wneud."

Pobl Israel yn paratoi i fynd i ryfel

20 Dyma bobl Israel yn dod at ei gilydd yn un dyrfa fawr o flaen yr ARGLWYDD yn Mitspa.
Roedden nhw wedi dod o bobman – o Dan yn y gogledd i Beersheba[e] yn y de, ac
o dir Gilead i'r dwyrain o afon Iorddonen. 2 A dyma arweinwyr llwythau Israel yn cymryd eu
lle – roedd 400,000 o filwyr traed wedi'u harfogi yno i gyd.
3 Clywodd llwyth Benjamin fod gweddill pobl Israel wedi dod at ei gilydd yn Mitspa. A dyma
bobl Israel yn gofyn, "Sut allai peth mor ofnadwy fod wedi digwydd?" 4 Atebodd y dyn o lwyth
Lefi (gŵr y wraig oedd wedi cael ei llofruddio), "Rôn i a'm partner wedi cyrraedd Gibea, sydd ar
dir Benjamin, i aros dros nos. 5 A dyma arweinwyr Gibea yn dod ar fy ôl i, ac yn amgylchynu'r
tŷ lle roedden ni'n aros. Roedden nhw am fy lladd i. Ond yn lle hynny, dyma nhw'n treisio
a cham-drin fy mhartner i nes buodd hi farw. 6 Roedd yn beth hollol erchyll i bobl Israel ei
wneud. Felly dyma fi'n cymryd ei chorff, ei dorri'n ddarnau, ac anfon y darnau i bob rhan
o dir Israel. 7 Rhaid i chi, bobl Israel, benderfynu beth ddylid ei wneud!"
8 Dyma nhw'n cytuno'n unfrydol, "Does neb ohonon ni am fynd adre – neb o gwbl – 9 nes
byddwn ni wedi delio gyda phobl Gibea. Rhaid i ni ymosod ar y dre. Gwnawn ni dynnu coelbren
i benderfynu pa lwyth ddylai arwain yr ymosodiad. 10 Bydd degfed ran dynion pob llwyth yn
gyfrifol am nôl bwyd i'r milwyr. Pan fydd y fyddin yn cyrraedd Gibea, byddan nhw'n eu cosbi
nhw am wneud peth mor erchyll yn Israel." 11 Felly aeth dynion Israel i gyd gyda'i gilydd
i ymosod ar dref Gibea.
12 Dyma nhw'n anfon negeswyr at lwyth Benjamin i ofyn, "Sut allech chi fod wedi gwneud
peth mor ofnadwy? 13 Anfonwch y rapsgaliwns yn Gibea sydd wedi gwneud hyn aton ni, i gael
eu dienyddio. Rhaid cael gwared â'r drwg yma o Israel." Ond doedd pobl llwyth Benjamin
ddim yn fodlon cydweithredu. 14 Yn lle hynny, dyma nhw'n dod o'u trefi i Gibea, a chasglu
yno i fynd i ryfel yn erbyn gweddill Israel. 15 Roedd dau ddeg chwe mil o filwyr arfog o lwyth
Benjamin wedi ymuno gyda'r saith mil o filwyr profiadol oedd yn Gibea ei hun. 16 Roedd
y fyddin yn cynnwys saith gant o ddynion llaw chwith oedd yn gallu taro targed i drwch
blewyn gyda charreg o ffon dafl.
17 Roedd gan weddill Israel bedwar can mil o filwyr arfog profiadol. 18 Cyn y frwydr, aethon
nhw i Bethel[f] i ofyn i Dduw, "Pwy sydd i arwain y frwydr yn erbyn llwyth Benjamin?" A dyma'r
ARGLWYDD yn ateb, "Llwyth Jwda sydd i arwain."

Y frwydr

19 Yn gynnar y bore wedyn, dyma fyddin Israel yn paratoi i ymosod ar Gibea. 20 Dyma nhw'n
mynd allan i ymladd yn erbyn llwyth Benjamin, a threfnu'u hunain yn rhengoedd yn barod
i ymosod ar Gibea. 21 Ond daeth milwyr llwyth Benjamin allan o Gibea, a lladd dau ddeg dwy
fil o filwyr Israel yn y frwydr y diwrnod hwnnw. 22 Ond wnaeth byddin Israel ddim digalonni.
Dyma nhw'n mynd allan eto, a sefyll mewn trefn yn yr un lle â'r diwrnod cynt. 23 Roedden
nhw wedi mynd yn ôl i Bethel, ac wedi bod yn crio o flaen yr ARGLWYDD nes iddi nosi. Roedden

---

e 20:1 *Dan ... Beersheba* Roedd Dan wrth droed Mynydd Hermon yn y gogledd, ar y llwybr masnach i Damascus. Roedd Beersheba 23 milltir i'r de-orllewin o Hebron, ar y prif lwybr masnach i'r Aifft.

f 20:18 *Bethel* Gallai'r Hebraeg *beth-el* yma olygu "tŷ Dduw". ac mai cyfeiriad sydd yma at y Tabernacl yn Seilo (gw. 18:30,31).

nhw wedi gofyn i'r ARGLWYDD, "Ddylen ni fynd allan eto i ymladd yn erbyn ein brodyr o lwyth
Benjamin, neu ddim?" Ac roedd yr ARGLWYDD wedi ateb, "Ewch i ymosod arnyn nhw!"
24 Felly dyma fyddin Israel yn mynd allan i ymladd yn erbyn llwyth Benjamin yr ail ddiwrnod.
25 Ond daeth milwyr Benjamin allan o Gibea unwaith eto, a lladd un deg wyth mil arall o filwyr
Israel. 26 Felly dyma fyddin Israel i gyd yn mynd yn ôl i Bethel. Buon nhw'n eistedd yno'n crio
o flaen yr ARGLWYDD, a wnaethon nhw ddim bwyta o gwbl nes roedd hi wedi nosi. Buon nhw
hefyd yn cyflwyno aberthau i'w llosgi ac offrymau i gydnabod daioni'r ARGLWYDD. 27-28 Dyna
lle roedd Arch Ymrwymiad yr ARGLWYDD ar y pryd, gyda Phineas (mab Eleasar ac ŵyr i Aaron)
yn gwasanaethu fel offeiriad. Dyma nhw'n gofyn i'r ARGLWYDD, "Ddylen ni fynd allan eto
i ymladd yn erbyn ein brodyr o lwyth Benjamin, neu roi'r gorau iddi?" A dyma'r ARGLWYDD yn
ateb, "Ewch i ymosod arnyn nhw! Dw i'n mynd i'w rhoi nhw'n eich dwylo chi."
29 Felly dyma Israel yn anfon dynion i guddio o gwmpas Gibea, i ymosod yn ddirybudd.
30 Y diwrnod wedyn, dyma'r fyddin yn mynd allan eto i ymosod ar lwyth Benjamin. Roedden
nhw'n sefyll yn rhengoedd fel o'r blaen, yn barod i ymosod ar Gibea. 31 A dyma fyddin
Benjamin yn dod allan i ymladd yn eu herbyn, gan adael y dref heb ei hamddiffyn. Dyma
nhw'n dechrau taro byddin Israel, fel o'r blaen. Cafodd tua tri deg o filwyr Israel eu lladd yng
nghefn gwlad ac ar y ffyrdd (sef y ffordd sy'n mynd i Bethel, a'r un sy'n mynd i Gibea). 32 Felly
roedd byddin Benjamin yn meddwl eu bod nhw'n eu curo nhw fel o'r blaen. Ond tacteg Israel
oedd ffoi o'u blaenau nhw er mwyn eu harwain nhw i ffwrdd o dref Gibea i'r priffyrdd. 33 Pan
ddaeth byddin Israel i Baal-tamar, dyma nhw'n ailgasglu a threfnu'u hunain yn rhengoedd,
yn barod i ymladd. Yr un pryd, dyma'r milwyr oedd yn cuddio i'r gorllewin o Gibea yn dod
allan 34 ac yn ymosod ar y dref – deg mil o filwyr profiadol i gyd. Roedd y brwydro'n filain,
ond doedd gan filwyr Benjamin ddim syniad eu bod nhw ar fin cael crasfa.

Sut oedd Israel wedi ennill y frwydr

35 Dyma'r ARGLWYDD yn taro byddin Benjamin i lawr o flaen milwyr Israel. Cafodd 25,100
o filwyr Benjamin eu lladd. 36 Roedd byddin Benjamin yn gweld ei bod ar ben arnyn nhw!
Roedd byddin Israel wedi ffoi o flaen milwyr llwyth Benjamin, gan wybod fod ganddyn nhw
ddynion yn cuddio ac yn barod i ymosod ar Gibea. 37 Ac roedd y dynion hynny wedi rhuthro
i ymosod ar y dre a lladd pawb oedd yn byw yno. 38 Roedden nhw wedi trefnu i roi arwydd
i weddill y fyddin eu bod nhw wedi llwyddo – sef, cynnau tân a gwneud i golofn o fwg godi
o'r dref. 39 Dyna pryd fyddai byddin Israel yn troi a dechrau gwrthymosod.
Pan oedd milwyr Benjamin wedi lladd rhyw dri deg o filwyr Israel, roedden nhw'n meddwl
eu bod nhw'n ennill y frwydr fel o'r blaen. 40 Ond yna dyma nhw'n gweld colofn o fwg yn
codi o'r dref. Roedd y dref i gyd ar dân, a mwg yn codi'n uchel i'r awyr. 41 Pan drodd byddin
Israel i ymladd, dyma filwyr llwyth Benjamin yn panicio – roedden nhw'n gweld ei bod hi ar
ben arnyn nhw. 42 Dyma nhw'n ffoi o flaen byddin Israel, ar hyd y ffordd i'r anialwch. Ond
roedden nhw'n methu dianc. Roedd milwyr Israel yn eu taro nhw o bob cyfeiriad. 43 Roedden
nhw wedi amgylchynu byddin Benjamin a wnaethon nhw ddim stopio mynd ar eu holau.
Roedden nhw'n eu taro nhw i lawr yr holl ffordd i'r dwyrain o Geba.
44 Roedd un deg wyth o filoedd o filwyr gorau llwyth Benjamin wedi'u lladd. 45 Dyma'r gweddill
yn dianc i'r anialwch, i gyfeiriad Craig Rimmon. Ond lladdodd byddin Israel bum mil ohonyn nhw
ar y ffordd. Dyma nhw'n aros yn dynn ar eu sodlau yr holl ffordd i Gidom, a lladd dwy fil arall.
46 Felly cafodd dau ddeg pum mil o filwyr llwyth Benjamin eu lladd y diwrnod hwnnw – i gyd
yn filwyr profiadol. 47 Chwe chant wnaeth lwyddo i ddianc i Graig Rimmon, a buon nhw yno am
bedwar mis. 48 Dyma fyddin Israel yn troi'n ôl a mynd drwy drefi Benjamin i gyd, yn lladd popeth
byw, pobl ac anifeiliaid. Wedyn roedden nhw'n llosgi'r trefi'n llwyr, bob un.

Gwragedd i ddynion Benjamin

21 Pan oedden nhw yn Mitspa, roedd pobl Israel wedi tyngu llw, "Fydd dim un ohonon
ni'n gadael i'w ferch briodi dyn o lwyth Benjamin." 2 Felly dyma'r bobl yn mynd

i Bethel ac yn eistedd o flaen yr ARGLWYDD, yn beichio crio'n uchel. 3"O ARGLWYDD, Duw Israel,
pam mae hyn wedi digwydd? Mae un o lwythau Israel wedi diflannu heddiw!"
4Y bore wedyn, dyma'r bobl yn codi'n gynnar ac yn adeiladu allor. A dyma nhw'n cyflwyno
arni aberthau i'w llosgi ac offrymau i gydnabod daioni'r ARGLWYDD. 5Wedyn dyma nhw'n gofyn,
"Oes yna bobl o lwythau Israel wnaeth ddim dod i gyfarfod yr ARGLWYDD yn Mitspa? Roedden ni
wedi addo ar lw y byddai'n rhaid i unrhyw un wnaeth ddim dod i gyfarfod yr ARGLWYDD gael
ei ladd." 6Roedden nhw'n teimlo mor ddrwg am beth oedd wedi digwydd i lwyth Benjamin.
"Heddiw, mae un o'r llwythau wedi'i dorri i ffwrdd o Israel!" medden nhw. 7"Sut allwn ni
ddod o hyd i wragedd i'r rhai ohonyn nhw sy'n dal yn fyw? Dŷn ni wedi addo ar lw, o flaen
yr ARGLWYDD, i beidio rhoi'n merched ni yn wragedd iddyn nhw." 8A dyna pam wnaethon nhw
ofyn, "Oes yna bobl o lwythau Israel wnaeth ddim dod i gyfarfod yr ARGLWYDD yn Mitspa?"
Dyma nhw'n darganfod fod neb o Jabesh yn Gilead[ff] wedi dod i'r cyfarfod. (9Pan oedden
nhw wedi cyfri'r bobl, doedd neb o Jabesh yn Gilead yno.) 10Felly dyma nhw'n anfon 12,000
o filwyr i ymosod ar Jabesh yn Gilead. Y gorchymyn oedd i ladd pawb, gan gynnwys gwragedd
a phlant. 11"Lladdwch y dynion a'r bechgyn i gyd, a phob gwraig sydd ddim yn wyryf. Yr unig
rai i'w cadw'n fyw ydy'r merched ifanc sy'n wyryfon." A dyna wnaethon nhw.[g] 12Daethon nhw
o hyd i bedwar cant o ferched ifanc oedd yn wyryfon yn Jabesh yn Gilead – merched oedd
erioed wedi cael rhyw gyda dyn. A dyma nhw'n mynd â'r merched hynny'n ôl i'r gwersyll
yn Seilo yn Canaan.
13Wedyn, dyma bobl Israel yn cynnig telerau heddwch i ddynion Benjamin oedd wrth Graig
Rimmon. 14Felly daeth dynion Benjamin yn ôl, a dyma bobl Israel yn rhoi'r merched o Jabesh
yn Gilead oedd wedi'u harbed iddyn nhw. Ond doedd dim digon o ferched iddyn nhw i gyd.
15Roedd y bobl yn dal i deimlo mor ddrwg am beth oedd wedi digwydd i lwyth Benjamin –
roedd yr ARGLWYDD wedi gadael bwlch yn Israel. 16A dyma'r arweinwyr yn gofyn, "Sut ddown ni
o hyd i wragedd i'r rhai sydd ar ôl? Mae merched llwyth Benjamin i gyd wedi'u lladd. 17Mae'n
rhaid cadw'r llwyth i fynd. Allwn ni ddim colli llwyth cyfan o Israel. 18Ond allwn ni ddim rhoi'n
merched ni yn wragedd iddyn nhw chwaith." (Roedd pobl Israel wedi tyngu llw a chyhoeddi
melltith ar unrhyw un fyddai'n rhoi gwraig i ddyn o lwyth Benjamin.)
19Yna dyma nhw'n dweud, "Mae yna Ŵyl i'r ARGLWYDD yn cael ei chynnal yn Seilo bob
blwyddyn. Mae'r Ŵyl yn cael ei chynnal i'r gogledd o Bethel ac i'r de o Lebona, ac i'r dwyrain
o'r ffordd fawr sy'n rhedeg o Bethel i Sichem." 20Felly dyma nhw'n dweud wrth ddynion
Benjamin, "Ewch yno i guddio yn y gwinllannoedd. 21Pan fydd merched Seilo yn dod allan
i ddawnsio, gallwch i gyd neidio allan a gafael mewn merch, ac wedyn mynd â nhw gyda chi
adre i dir Benjamin. 22Pan fydd tadau a brodyr y merched yn dod aton ni i gwyno, byddwn
ni'n dweud wrthyn nhw, 'Plîs gadwch lonydd iddyn nhw. Wnaethon ni ddim llwyddo i gael
gwraig i bob un ohonyn nhw drwy ymosod ar Jabesh yn Gilead. A wnaethoch chi ddim rhoi'ch
merched yn wirfoddol iddyn nhw, felly dych chi ddim yn euog o dorri'ch llw.' "
23Felly dyna wnaeth dynion Benjamin. Dyma nhw'n cipio dau gant o'r merched oedd yn
dawnsio, a'u cymryd nhw'n wragedd iddyn nhw'u hunain. Wedyn aethon nhw yn ôl adre
i'w tiroedd eu hunain, ailadeiladu'r trefi, a setlo i lawr unwaith eto. 24A dyma weddill pobl
Israel hefyd yn mynd yn ôl adre i'w tiroedd nhw.
25Doedd dim brenin yn Israel yr adeg yna. Roedd pawb yn gwneud beth roedden nhw'n
feddwl oedd yn iawn.

---

ff 21:8 *Jabesh yn Gilead* Tref oedd i'r dwyrain o afon Iorddonen, tua 20 milltir i'r de o Lyn Galilea.
g 21:11 *yr unig ... wnaethon nhw* Dydy'r geiriau yma ddim yn yr Hebraeg, dim ond yn rhai llawysgrifau Groeg.
21:25 Barnwyr 17:6; 18:1

Ruth

Trasiedi'r teulu wnaeth symud i wlad Moab

1 Yn ystod cyfnod y barnwyr buodd yna newyn yn y wlad. Felly aeth rhyw ddyn o Bethlehem
yn Jwda i fyw i wlad Moab dros dro. Aeth â'i wraig a'i ddau fab gydag e. [2]Elimelech
oedd enw'r dyn, a Naomi oedd ei wraig. Machlon a Cilion[a] oedd enwau'r ddau fab. Pobl
o Effratha oedden nhw (sef yr hen enw ar Bethlehem yn Jwda). Dyma nhw'n mynd i wlad
Moab ac yn aros yno. [3]Ond wedyn dyma Elimelech, gŵr Naomi, yn marw, a'i gadael hi yn
weddw gyda'i dau fab.

[4]Priododd y ddau fab ferched o wlad Moab. (Orpa oedd enw un, a Ruth oedd y llall.) Ar
ôl iddyn nhw fod yno am tua deg mlynedd, [5]dyma Machlon a Cilion yn marw hefyd. Cafodd
Naomi ei gadael heb feibion a heb ŵr.

Ruth yn aros gyda Naomi

[6]Tra oedd hi'n dal yn byw yn Moab, clywodd Naomi fod Duw wedi rhoi bwyd i'w
bobl. Felly, dyma hi a'i dwy ferch-yng-nghyfraith yn cychwyn yn ôl o wlad Moab. [7]Dyma
nhw'n gadael ble roedden nhw wedi bod yn byw, a chychwyn ar y daith yn ôl i wlad
Jwda. [8]Yna dyma Naomi yn dweud wrth ei merched-yng-nghyfraith, "Ewch chi yn ôl adre,
y ddwy ohonoch chi. Ewch yn ôl at eich mamau. Bydded Duw mor garedig atoch chi ac
y buoch chi ata i, ac at fy meibion sydd wedi marw. [9]A bydded i Dduw roi cartref i chi
a threfnu i chi'ch dwy briodi eto." Wedyn dyma Naomi yn cusanu'r ddwy a ffarwelio
â nhw, a dyma nhw'n dechrau crio'n uchel. [10]"Na!" medden nhw, "gad i ni fynd yn ôl gyda
ti at dy bobl di." [11]Ond meddai Naomi, "Ewch adre, merched i. Pam fyddech chi eisiau
dod gyda fi? Gaf i byth feibion eto i chi eu priodi nhw. [12]Ewch adre, merched i! Ewch!
Dw i'n rhy hen i briodi eto. A hyd yn oed petai gobaith, a finnau'n cael gŵr heno ac yn
cael plant, [13]fyddech chi'n disgwyl iddyn nhw dyfu? Fyddech chi'n aros amdanyn nhw
heb briodi? Na, merched i. Dw i ddim eisiau i chi ddiodde fel fi. Yr ARGLWYDD sydd wedi
gwneud i mi ddiodde."

[14]Dyma nhw'n dechrau crio'n uchel eto. Wedyn dyma Orpa'n rhoi cusan i ffarwelio â Naomi.
Ond roedd Ruth yn ei chofleidio'n dynn ac yn gwrthod gollwng gafael. [15]Dwedodd Naomi
wrthi, "Edrych, mae dy chwaer-yng-nghyfraith wedi mynd yn ôl at ei phobl a'i duw ei hun.
Dos dithau ar ei hôl hi." [16]Ond atebodd Ruth,

"Paid rhoi pwysau arna i i dy adael di
  a throi cefn arnat ti.
Dw i am fynd ble bynnag fyddi di yn mynd.
  A dw i'n mynd i aros ble bynnag fyddi di'n aros.
Bydd dy bobl di yn bobl i mi,
  a dy Dduw di yn Dduw i mi.
17 Ble bynnag fyddi di'n marw,
  dyna lle fyddai i'n marw
  ac yn cael fy nghladdu.
Boed i Dduw ddial arna i
  os bydd unrhyw beth ond marwolaeth
  yn ein gwahanu ni'n dwy."

[18]Pan welodd Naomi fod Ruth yn benderfynol o fynd gyda hi, ddwedodd hi ddim mwy am
y peth. [19]A dyma'r ddwy yn mynd yn eu blaenau nes iddyn nhw gyrraedd Bethlehem.

---

a 1:2 *Machlon a Cilion* Ystyr yr enwau ydy "salwch" a "bregus" – falle yn adlewyrchu eu cyflwr ar ôl eu geni.

Naomi a Ruth yn cyrraedd Bethlehem

Pan gyrhaeddon nhw Bethlehem roedd y dre i gyd wedi cynhyrfu. Roedd y merched yn
holi, “Ai Naomi ydy hi?” 20 A dyma hi'n ateb, “Peidiwch galw fi yn ‘Naomi’. Galwch fi'n ‘Mara’.
Mae'r Un sy'n rheoli popeth[b] wedi gwneud fy mywyd i'n chwerw iawn. 21 Roedd fy mywyd i'n
llawn pan es i o ma, ond mae Duw wedi dod â fi yn ôl yn wag. Sut allwch chi alw fi'n ‘Naomi’
pan mae Duw wedi sefyll yn fy erbyn i, a'r Un sy'n rheoli popeth wedi dod â drwg arna i.”
22 Felly daeth Naomi yn ôl o wlad Moab gyda'i merch-yng-nghyfraith, Ruth, y Foabes. Dyma
nhw'n cyrraedd Bethlehem ar ddechrau'r cynhaeaf haidd.

Ruth yn cyfarfod Boas

2 Roedd gan Naomi berthynas i'w gŵr o'r enw Boas. Roedd yn ddyn pwysig, cyfoethog,
ac yn perthyn i'r un teulu ag Elimelech.
2 Dyma Ruth, y Foabes, yn dweud wrth Naomi, “Gad i mi fynd allan i'r caeau i gasglu grawn
tu ôl i bwy bynnag fydd yn rhoi caniatâd i mi.”[c] “Dos di, fy merch i,” meddai Naomi. 3 Felly
aeth Ruth i'r caeau i gasglu grawn ar ôl y gweithwyr. Ac yn digwydd bod, dyma hi'n mynd
i'r rhan o'r cae oedd piau Boas, perthynas Elimelech. 4 A phwy fyddai'n meddwl! Dyma Boas
yn dod o Fethlehem a chyfarch y gweithwyr yn y cynhaeaf. “Duw fyddo gyda chi!” meddai
wrthyn nhw. A dyma nhw'n ateb, “Bendith Duw arnat tithau hefyd!”
5 Yna gofynnodd Boas i'r gwas oedd yn gofalu am y gweithwyr, “I bwy mae'r ferch acw'n
perthyn?” 6 “Hi ydy'r ferch o Moab ddaeth yn ôl gyda Naomi,” atebodd hwnnw. 7 “Gofynnodd
ganiatâd i gasglu grawn rhwng yr ysgubau tu ôl i'r gweithwyr. Mae hi wedi bod wrthi'n ddi-
stop ers ben bore, a dim ond newydd eistedd i orffwys.”
8 Dyma Boas yn mynd at Ruth a dweud, “Gwranda, fy merch i, paid mynd o'r fan yma i gae
neb arall i gasglu grawn. Aros gyda'r merched sy'n gweithio i mi. 9 Sylwa ble fyddan nhw'n
gweithio, a'u dilyn nhw. Bydda i'n siarsio'r gweithwyr i beidio dy gyffwrdd di. A phan fydd
syched arnat ti, dos i gael diod o'r llestri fydd fy ngweision i wedi'u llenwi.”
10 Dyma Ruth yn plygu i lawr ar ei gliniau o'i flaen. “Pam wyt ti mor garedig ata i, ac yn
cymryd sylw ohono i, a finnau'n dod o wlad arall?” 11 “Dw i wedi clywed am y cwbl rwyt
i wedi'i wneud i dy fam-yng-nghyfraith ar ôl i dy ŵr farw,” meddai Boas. “Dw i wedi clywed
sut wnest ti adael dy dad a dy fam, a'r wlad lle cest ti dy eni, a dod i fyw i ganol pobl oedd
yn ddieithr i ti. 12 Boed i Dduw dy wobrwyo di am wneud hyn. Byddi'n cael dy dâl yn llawn
gan yr ARGLWYDD, Duw Israel, yr un wyt wedi dod i gysgodi dan ei adain.” 13 Dwedodd Ruth,
“Ti'n garedig iawn ata i, syr. Ti wedi rhoi tawelwch meddwl i mi ac wedi codi fy nghalon i, er
nad ydw i'n un o'r merched sy'n gweithio i ti.”
14 Pan oedd hi'n amser bwyta, dyma Boas yn dweud wrth Ruth, “Tyrd i fwyta gyda ni! Dipia
dy fara yn y saws.” Felly dyma hi'n eistedd gyda'r gweithwyr, a dyma Boas yn estyn grawn
wedi'i grasu iddi. Cafodd Ruth ddigon i'w fwyta, ac roedd ganddi beth dros ben.
15 Wedi iddi godi a mynd yn ôl i gasglu grawn, dyma Boas yn gorchymyn i'w weithwyr.
“*Gadewch iddi gasglu* rhwng yr ysgubau a pheidiwch â'i dwrdio hi. 16 Dw i am i chi hyd yn
oed dynnu peth allan o'r ysgubau a'i adael iddi ei gasglu. Peidiwch dweud y drefn wrthi am
ei gymryd.” 17 Felly buodd Ruth wrthi'n casglu grawn nes iddi nosi.
Ar ôl iddi ddyrnu yr hyn roedd wedi'i gasglu, roedd ganddi dros ddeg cilogram o haidd!
18 Dyma hi'n ei gario yn ôl adre, a gwelodd ei mam-yng-nghyfraith gymaint roedd hi
wedi'i gasglu. A dyma Ruth yn rhoi'r bwyd oedd dros ben ers amser cinio iddi hefyd.
19 Gofynnodd Naomi iddi, “Ble fuost ti'n gweithio ac yn casglu grawn heddiw? Bendith Duw
ar bwy bynnag gymrodd sylw ohonot ti!” A dyma Ruth yn esbonio lle roedd hi wedi bod. “Boas
ydy enw'r dyn lle roeddwn i'n gweithio,” meddai.

---

b 1:20 Hebraeg, *Shadai*. c 2:2 *i gasglu grawn ... caniatâd i mi* Adeg cynhaeaf roedd hi'n arferiad gadael peth grawn ar ôl yn y cae i bobl dlawd ei gasglu (gw. Lefiticus 19:10; 23:22).
2:2 Lefiticus 19:9,10; Deuteronomium 24:19

20 "Bendith yr ARGLWYDD arno!" meddai Naomi, "Mae e wedi bod yn garedig aton ni sy'n
fyw a'r rhai sydd wedi marw. Mae'r dyn yma yn perthyn i ni. Mae e'n un o'r rhai sy'n gyfrifol
amdanon ni." 21 Meddai Ruth y Foabes, "Dwedodd wrtho i hefyd, 'Aros gyda fy ngweithwyr
i nes byddan nhw wedi gorffen casglu'r cynhaeaf i gyd.' " 22 A dyma Naomi yn dweud, "Ie,
dyna'r peth gorau i ti ei wneud, fy merch i. Aros gyda'r merched sy'n gweithio iddo fe. Fel
yna, fydd neb yn ymosod arnat ti mewn cae arall." 23 Felly dyma Ruth yn aros gyda morynion
Boas. Buodd yn casglu grawn tan ddiwedd y cynhaeaf haidd a'r cynhaeaf gwenith. Ond roedd
hi'n byw gyda'i mam-yng-nghyfraith.

Cynllun Naomi

3 Dyma Naomi yn dweud wrth Ruth, "Fy merch, dylwn i fod wedi chwilio am gartref i ti,
er dy les di. 2 Nawr, mae Boas, y dyn buost ti'n gweithio gyda'i ferched e, yn berthynas
agos i ni. Gwranda, heno mae'n mynd i nithio haidd ar y llawr dyrnu. 3 Dos i ymolchi, rhoi
colur, a gwisgo dy ddillad gorau, ac wedyn mynd i lawr i'r llawr dyrnu. Ond paid gadael iddo
wybod dy fod ti yno nes bydd e wedi gorffen bwyta ac yfed. 4 Yna, pan fydd e'n setlo i lawr
i gysgu, sylwa ble mae e'n gorwedd. Dos ato a choda'r dillad wrth ei goesau,[ch] a gorwedd
i lawr. Bydd e'n dweud wrthot ti beth i'w wneud."
5 Cytunodd Ruth, 6 ac aeth i lawr i'r llawr dyrnu a gwneud yn union fel roedd ei mam-yng-
nghyfraith wedi dweud wrthi. 7 Ar ôl bwyta ac yfed roedd Boas yn teimlo'n fodlon braf. Aeth
i gysgu wrth ymyl pentwr o ŷd. A dyma Ruth yn mynd ato yn ddistaw bach a chodi'r dillad
wrth ei goesau a gorwedd i lawr. 8 Yna ganol nos dyma Boas yn aflonyddu ac yn troi drosodd
a ffeindio merch yn gorwedd wrth ei draed. 9 "Pwy wyt ti?" gofynnodd iddi. "Ruth, dy forwyn di,"
atebodd. "Wnei di ofalu amdana i? Ti ydy'r perthynas agosaf, yr un sy'n gyfrifol am y teulu."
10 "Bendith Duw arnat ti, merch i," meddai Boas. "Ti'n dangos cymaint o ymroddiad. Mae beth
rwyt ti'n wneud nawr yn well na'r hyn wyt wedi'i wneud yn barod. Gallet ti fod wedi mynd
ar ôl un o'r dynion ifanc, boed hwnnw'n dlawd neu'n gyfoethog. 11 Nawr te, merch i, paid
poeni. Bydda i'n gwneud popeth rwyt ti wedi'i ofyn i mi. Mae'r dre i gyd yn gwybod dy fod
ti'n ferch dda. 12 Mae'n wir fy mod i'n berthynas agos i ti, ond mae yna un sy'n perthyn yn
agosach. 13 Aros yma heno. Yn y bore, os bydd e am weithredu fel y perthynas sydd i ofalu
amdanat ti, iawn. Ond os fydd e'n dewis peidio dw i'n addo'n bendant i ti y bydda i'n dy
briodi di. Cysga yma tan y bore."
14 Felly dyma Ruth yn cysgu wrth ymyl Boas tan y bore. Dyma hi'n deffro cyn iddi oleuo.
Dwedodd Boas wrthi, "Does neb i gael gwybod fod merch wedi bod i'r llawr dyrnu." 15 Yna
dwedodd, "Tyrd, estyn y siôl wyt ti'n ei gwisgo. Dal hi allan." Dyma hi'n gwneud hynny,
a dyma Boas yn rhoi tua 35 cilogram o haidd iddi, ac yna ei godi ar ei hysgwydd. A dyma
Ruth yn mynd adre.
16 Pan gyrhaeddodd adre dyma Naomi, ei mam-yng-nghyfraith, yn gofyn iddi, "Sut aeth
hi, merch i?" Dyma Ruth yn dweud am bopeth roedd y dyn wedi'i wneud iddi. 17 Ac meddai,
"Mae e wedi rhoi'r haidd yma i mi – mae yma tua 35 cilogram! Dwedodd wrtho i. 'Paid mynd
yn ôl at dy fam-yng-nghyfraith yn waglaw,' " 18 Ac meddai Naomi, "Disgwyl di, merch i, i ni
gael gweld sut fydd pethau yn troi allan. Fydd y dyn yma ddim yn gorffwys nes bydd e wedi
setlo'r mater heddiw."

Ruth a Boas yn priodi a chael mab

4 Aeth Boas i'r llys wrth giât y dre ac eistedd yno. Cyn hir dyma'r perthynas agos roedd
e wedi sôn wrth Ruth amdano yn dod heibio. "Gyfaill, tyrd yma," galwodd Boas arno.
"Tyrd i eistedd yma wrth fy ymyl i." A dyma fe'n dod ac eistedd. 2 Wedyn dyma Boas yn
cael gafael ar ddeg o arweinwyr y dre, a'u cael nhw hefyd i eistedd gydag e. 3 Wedyn dyma

---

ch 3:4 *choda'r dillad wrth ei goesau* Ffordd o ofyn iddo edrych ar ei hôl, neu falle ei phriodi.
2:20 Lefiticus 25:25 3:12 Ruth 2:20

fe'n dweud wrth y perthynas agos, "Mae Naomi wedi dod yn ôl o wlad Moab, ac mae hi'n
gwerthu'r darn o dir oedd gan Elimelech, ein perthynas ni. 4 Rôn i'n meddwl y dylwn i adael
i ti wybod, i ti ddweud o flaen y bobl a'r arweinwyr sydd yma os wyt ti am ei brynu. Os wyt ti
eisiau'i brynu e, cymera fe, os nad wyt ti ei eisiau gad i mi wybod. Gen ti mae'r hawl cyntaf,
ac yna fi ar dy ôl di." A dyma'r perthynas yn ateb, "Ydw, dw i am ei brynu." 5 Ond wedyn dyma
Boas yn dweud wrtho, "Pan fyddi di'n cymryd y tir, bydd rhaid i ti gymryd Ruth y Foabes hefyd.
Ruth ydy gweddw'r dyn sydd wedi marw. Dy gyfrifoldeb di fydd codi etifedd iddo i gadw ei
enw ar ei etifeddiaeth." 6 "Alla i ddim ei brynu felly," meddai'r perthynas, "neu bydda i'n
difetha fy etifeddiaeth fy hun.[d] Cymer di'r cyfrifoldeb i'w brynu. Alla i ddim."

7 Y drefn yn Israel ers talwm wrth drosglwyddo'r hawl i brynu eiddo yn ôl oedd: byddai dyn
yn tynnu un o'i sandalau a'i rhoi hi i'r llall. Dyna oedd y ffordd i gadarnhau cytundeb yn
Israel. 8 Felly, dyma'r perthynas agos yn dweud wrth Boas, "Cymer di'r hawl i'w brynu," a dyma
fe'n tynnu ei sandal a'i rhoi i Boas. 9 A dyma Boas yn dweud wrth yr arweinwyr a phawb arall
oedd yno, "Dych chi'n dystion, heddiw, fy mod i'n mynd i brynu gan Naomi bopeth oedd
piau Elimelech a'i feibion Cilion a Machlon. 10 Dw i hefyd yn derbyn y cyfrifoldeb i ofalu am
Ruth y Foabes, gweddw Machlon. Dw i'n ei chymryd hi'n wraig i mi, er mwyn codi etifedd
fydd yn cadw enw'r un fu farw ar ei etifeddiaeth, fel bod ei enw ddim yn diflannu o'r dref.
Dych chi'n dystion i hyn i gyd, heddiw!" 11 A dyma'r arweinwyr a phawb arall oedd yn y llys
yn dweud, "Ydyn, dŷn ni'n dystion. Boed i Dduw wneud y ferch yma sy'n dod i dy dŷ di yn
debyg i Rachel a Lea, y ddwy sefydlodd Israel. A boed i tithau lwyddo yn Effrata, a gwneud
enw i ti dy hun yn Bethlehem. 12 A thrwy'r ferch ifanc yma mae e wedi'i rhoi i ti, boed i Dduw
wneud dy deulu di fel teulu Perets roddodd Tamar i Jwda."[dd]

13 Felly dyma Boas yn priodi Ruth ac yn cysgu gyda hi. Dyma'r ARGLWYDD yn gadael iddi
feichiogi, a chafodd fab. 14 A dwedodd y gwragedd wrth Naomi, "Bendith ar yr ARGLWYDD!
Wnaeth e ddim dy adael heb berthynas i ofalu amdanat ti! Bydd e'n enwog yn Israel. 15 Bydd
e'n rhoi bywyd yn ôl i ti. Bydd e'n gofalu amdanat yn dy henaint. Mae dy ferch-yng-nghyfraith
sy'n dy garu di wedi rhoi genedigaeth iddo – ac mae hi'n well na saith mab i ti!" 16 A dyma
Naomi yn cymryd y bachgen ar ei gliniau a'i fagu. 17 Rhoddodd y gwragedd lleol enw iddo,
sef Obed, a dweud, "Mae Naomi wedi cael mab!"

Achau y Brenin Dafydd

Obed oedd tad Jesse a thaid y Brenin Dafydd.
18 Dyma ddisgynyddion Perets:
Perets oedd tad Hesron,
19 Hesron oedd tad Ram,
Ram oedd tad Aminadab,
20 Aminadab oedd tad Nachshon,
Nachshon oedd tad Salmon,
21 Salmon oedd tad Boas,
Boas oedd tad Obed,
22 Obed oedd tad Jesse,
a Jesse oedd tad Dafydd.

---

d 4:6 *difetha fy etifeddiaeth fy hun* Byddai'n rhaid iddo adael peth o'r tir oedd ganddo i Ruth yn ogystal â'i deulu ei hun.   dd 4:12 *Perets* Roedd Boas yn un o ddisgynyddion Perets.
4:7,8 Deuteronomium 25:9   4:10 Deuteronomium 25:5,6   4:12 Genesis 38:27-30

1 Samuel

Elcana a'i deulu

1 Roedd yna ddyn o'r enw Elcana yn byw yn Rama[a] ym mryniau Effraim. Roedd yn perthyn i deulu Swff, un o hen deuluoedd Effraim. (Ierocham oedd ei dad, a hwnnw'n fab i Elihw, mab Tochw, mab Swff.) 2 Roedd gan Elcana ddwy wraig, Hanna a Penina. Roedd plant gan Penina ond ddim gan Hanna. 3 Bob blwyddyn byddai Elcana yn mynd i Seilo[b] i addoli a chyflwyno aberthau i'r ARGLWYDD hollbwerus. Yr offeiriaid yno oedd Hoffni a Phineas, meibion Eli. 4 Pan fyddai Elcana yn aberthu byddai'n arfer rhoi cyfran o'r cig bob un i Penina a'i meibion a'i merched i gyd. 5 Ond byddai'n rhoi cyfran sbesial i Hanna, am mai hi oedd e'n ei charu fwyaf, er fod Duw wedi'i rhwystro hi rhag cael plant.

6 Roedd Penina yn arfer herian Hanna yn arw a'i phryfocio am ei bod yn methu cael plant. 7 Yr un peth oedd yn digwydd bob blwyddyn pan oedden nhw'n mynd i gysegr yr ARGLWYDD. Byddai Penina yn pryfocio Hanna nes ei bod yn crio ac yn gwrthod bwyta. 8 A byddai Elcana yn dweud wrthi, "Hanna, pam wyt ti'n crio a ddim yn bwyta? Pam wyt ti mor ddigalon? Ydw i ddim yn well na deg mab i ti?"

Hanna yn gweddïo am fab

9 Un tro, ar ôl iddyn nhw orffen bwyta ac yfed yn Seilo, dyma Hanna'n codi a mynd i weddïo. Roedd Eli'r offeiriad yn eistedd ar gadair wrth ddrws y deml ar y pryd. 10 Roedd Hanna'n torri ei chalon ac yn beichio crio wrth weddïo ar yr ARGLWYDD. 11 A dyma hi'n addo i Dduw, "ARGLWYDD hollbwerus, plîs wnei di gymryd sylw ohono i, a pheidio troi oddi wrtho i? Os gwnei di roi mab i mi, gwna i ei roi i ti am ei oes, a fydd e byth yn torri ei wallt."

12 Buodd Hanna'n gweddïo'n hir ar yr ARGLWYDD, ac roedd Eli wedi sylwi arni. 13 Am ei bod hi'n gweddïo'n dawel, roedd e'n gweld ei gwefusau'n symud ond heb glywed dim, felly roedd e'n meddwl ei bod hi wedi meddwi. 14 A dwedodd wrthi, "Pam wyt ti'n meddwi fel yma? Rho'r gorau iddi! Sobra!" 15 Atebodd Hanna, "Na wir, syr! Dw i mor anhapus. Dw i ddim wedi bod yn yfed o gwbl. Dw i wedi bod yn bwrw fy mol[c] o flaen yr ARGLWYDD. 16 Paid meddwl amdana i fel rhyw wraig ddrwg, da i ddim. Dw i wedi bod yn dweud wrtho mor boenus a thrist dw i'n teimlo." 17 "Dos adre yn dawel dy feddwl," meddai Eli, "a boed i Dduw Israel roi i ti beth wyt ti eisiau." 18 A dyma hi'n ateb, "Ti mor garedig, syr." Felly aeth i ffwrdd a dechrau bwyta eto. Roedd yn edrych yn llawer hapusach. 19 Yna bore drannoeth, dyma nhw'n codi ac addoli'r ARGLWYDD cyn mynd adre'n ôl i Rama.

Dyma Elcana'n cysgu gyda'i wraig, a chofiodd yr ARGLWYDD ei gweddi. 20 Dyma Hanna'n beichiogi, a chyn diwedd y flwyddyn roedd wedi cael mab. Galwodd e'n Samuel,[ch] am ei bod wedi gofyn i'r ARGLWYDD amdano.

Cysegru Samuel i'r ARGLWYDD

21 Daeth yn amser i Elcana a'i deulu fynd i Seilo unwaith eto, i aberthu a chyflawni addewid wnaeth e i Dduw. 22 Ond aeth Hanna ddim y tro yma. "Dw i ddim am fynd nes bydd y bachgen yn gallu gwneud heb y fron," meddai wrth ei gŵr. "Gwna i fynd ag e wedyn a'i gyflwyno i'r ARGLWYDD, a bydd e'n aros yno o hynny ymlaen." 23 Meddai Elcana, "Gwna

---

a 1:1 *Rama* Hebraeg, "Ramathaîm-tsoffîm", sy'n ffurf hirach ar yr enw (gw. adn. 19). b 1:3 *Seilo* Roedd Seilo bron 20 milltir i'r gogledd o Jerwsalem, a dyna lle roedd y tabernacl ar y pryd (gw. Josua 18:1). c 1:15 *bwrw fy mol* Hebraeg, "tywallt fy nghalon" – gw. Salm 62:8. ch 1:20 *Samuel* sef "Enw Duw". Ond mae'n swnio fel y gair Hebraeg am "gofyn".

1:11 Numeri 6:5

di beth ti'n feddwl sydd orau. Aros nes bydd y bachgen ddim angen y fron, ond boed
i Dduw dy gadw at dy addewid." Felly arhosodd Hanna adre a magu'r plentyn nes ei fod
ddim angen y fron.
24 Pan oedd yn ddigon hen, aeth Hanna â'r bachgen i fyny i gysegr yr ARGLWYDD yn
Seilo. Aeth â tharw teirblwydd oed, llond sach[d] o flawd, a photel groen o win gyda hi.
Aeth â fe i gysegr yr ARGLWYDD yn Seilo, er mai plentyn ifanc oedd e. 25 Yna ar ôl iddyn nhw
ladd y tarw, dyma nhw'n mynd â'r bachgen at Eli. 26 Dyma Hanna'n cyfarch Eli a dweud,
"Syr, wir i chi, fi ydy'r wraig oedd yn sefyll yma wrth eich ymyl chi yn gweddïo ar Dduw.
27 Dyma'r bachgen rôn i'n gweddïo amdano, ac mae Duw wedi ateb fy ngweddi! 28 Felly
dw i'n ei roi e i'r ARGLWYDD. Dw i'n ei roi e i'r ARGLWYDD am weddill ei fywyd." Yna dyma
nhw'n addoli'r ARGLWYDD yno.

Gweddi Hanna

2 Dyma Hanna yn gweddïo fel hyn:

"Dw i mor falch o'r ARGLWYDD.
Gallaf godi fy mhen a chwerthin ar fy ngelynion,
am fy mod mor hapus dy fod wedi fy achub.
2 Does neb yn sanctaidd fel yr ARGLWYDD.
Does neb tebyg i ti; neb sy'n graig fel ein Duw ni.

3 Peidiwch brolio'ch hunain a siarad mor snobyddlyd,
oherwydd mae'r ARGLWYDD yn Dduw sy'n gwybod popeth,
ac mae'n barnu popeth sy'n cael ei wneud.
4 Bydd grym milwrol y rhai cryfion yn cael ei dorri,
ond bydd y rhai sy'n baglu yn cael nerth.
5 Bydd y rhai sydd ar ben eu digon yn gorfod gweithio i fwyta,
ond bydd y rhai sy'n llwgu'n cael eu llenwi.
Bydd y wraig sy'n methu cael plant yn cael saith,
ond yr un sydd â llawer yn llewygu.

6 Yr ARGLWYDD sy'n lladd a rhoi bywyd.
Fe sy'n gyrru rhai i'r bedd ac yn achub eraill oddi yno.
7 Yr ARGLWYDD sy'n gwneud rhai yn dlawd ac eraill yn gyfoethog;
fe sy'n tynnu rhai i lawr ac yn codi eraill i fyny.
8 Mae e'n codi pobl dlawd o'r baw,
a'r rhai sydd mewn angen o'r domen sbwriel
i eistedd gyda'r bobl bwysig ar y sedd anrhydedd.

Duw sy'n dal colofnau'r ddaear,
a fe osododd y byd yn ei le arnyn nhw.
9 Mae'n gofalu am y rhai sy'n ffyddlon iddo,
ond bydd y rhai drwg yn darfod yn y tywyllwch,
achos dydy pobl ddim yn llwyddo yn eu nerth eu hunain.
10 Bydd gelynion yr ARGLWYDD yn cael eu dryllio,
bydd e'n taranu o'r nefoedd yn eu herbyn.
Yr ARGLWYDD sy'n barnu'r byd i gyd.
Mae'n rhoi grym i'w frenin, a buddugoliaeth i'r un mae wedi'i ddewis."

11 Yna aeth Elcana adre i Rama. Ond arhosodd y bachgen Samuel i wasanaethu'r ARGLWYDD
dan ofal Eli, yr offeiriad.

---

d 1:24 *llond sach* tua deg cilogram.
1:24 Numeri 15:8-10 2:6 Deuteronomium 32:39

Meibion Eli

12 Roedd meibion Eli yn ddynion drwg. Doedden nhw ddim yn nabod yr Arglwydd. 13 Dyma
beth roedd yr offeiriaid i fod i'w wneud pan oedd rhywun yn dod i offrymu aberth: Wrth
iddyn nhw ferwi'r cig, byddai gwas yr offeiriaid yn dod hefo fforch â thair pig iddi yn ei law.
14 Byddai'n gwthio'r fforch i'r badell, y fasged neu'r crochan, a beth bynnag fyddai'r fforch
yn ei godi, dyna oedd siâr yr offeiriad. Ond beth oedd yn digwydd yn Seilo pan oedd pobl
o bob rhan o Israel yn dod yno oedd hyn: 15 Roedd gwas yr offeiriad yn mynd atyn nhw cyn
iddyn nhw hyd yn oed gael cyfle i losgi'r braster, a dweud wrth yr un oedd yn offrymu, "Rho
beth o'r cig i'r offeiriad ei rostio. Does ganddo ddim eisiau cig wedi'i ferwi, dim ond cig ffres."
16 Os oedd rhywun yn ateb, "Gad i'r braster gael ei losgi gynta; cei di gymryd beth bynnag
wyt ti'n ei ffansïo wedyn," byddai'r gwas yn dweud, "Na! rho fe i mi nawr. Os na wnei di,
bydda i'n defnyddio grym."
17 Roedd yr Arglwydd yn ystyried hyn yn bechod difrifol. Doedd y dynion ifanc yma'n dangos
dim parch at beth oedd i fod yn rhodd i'r Arglwydd.

Samuel yn Seilo

18 Roedd y bachgen Samuel yn gwasanaethu'r Arglwydd, ac yn gwisgo effod o liain main.
19 Roedd ei fam yn arfer gwneud côt fach iddo bob blwyddyn, ac yn dod â hi iddo pan fyddai
hi a'i gŵr yn dod i fyny i gyflwyno'u haberth. 20 Byddai Eli yn bendithio Elcana a'i wraig,
a dweud, "Boed i'r Arglwydd roi plant i ti a Hanna yn lle yr un mae hi wedi'i fenthyg iddo."
Yna bydden nhw'n mynd yn ôl adre. 21 A dyma Duw yn gadael i Hanna gael mwy o blant.
Cafodd dri o fechgyn a dwy ferch.
Yn y cyfamser, roedd y bachgen Samuel yn tyfu o flaen yr Arglwydd.

Eli yn ceryddu ei feibion

22 Roedd Eli wedi mynd yn hen iawn. Byddai'n clywed o hyd am bopeth roedd ei feibion yn
ei wneud i bobl Israel (ac roedd e'n gwybod hefyd eu bod nhw'n cael rhyw gyda'r merched
oedd yn gweini wrth y fynedfa i babell presenoldeb Duw). 23 Byddai'n dweud wrthyn nhw,
"Pam dych chi'n bihafio fel yma? Dw i'n clywed gan bawb am y pethau drwg dych chi'n eu
gwneud. 24 Rhaid i chi stopio, fechgyn. Dydy'r straeon sy'n mynd o gwmpas amdanoch chi
ddim yn dda. 25 Os ydy rhywun yn pechu yn erbyn person arall, gall droi at Dduw am help. Ond
os ydy rhywun yn pechu yn erbyn yr Arglwydd, pwy sy'n mynd i'w helpu?" Ond roedd meibion
Eli yn gwrthod gwrando ar eu tad, achos roedd yr Arglwydd wedi penderfynu eu lladd nhw.
26 Roedd y bachgen ifanc Samuel yn tyfu ac yn plesio'r Arglwydd a phobl.

Rhybudd i deulu Eli

27 Daeth dyn oedd yn proffwydo[dd] at Eli a dweud wrtho, "Dyma mae'r Arglwydd yn ei ddweud:
'Gwnes i ddangos fy hun yn glir i dy hynafiaid di yn yr Aifft pan oedden nhw'n gaethweision i'r
Pharo. 28 Gwnes i eich dewis chi, allan o holl lwythau Israel, i fod yn offeiriaid; i offrymu ar fy
allor i, i losgi arogldarth ac i gario'r effod o mlaen i. Chi gafodd y cyfrifoldeb o drin yr offrymau
mae pobl Israel yn eu cyflwyno i'w llosgi i mi. 29 Felly, pam dych chi'n amharchu'r aberthau a'r
offrymau dw i wedi gorchymyn amdanyn nhw. Pam wyt ti'n dangos mwy o barch at dy feibion
nag ata i? Dych chi'n stwffio'ch hunain gyda'r darnau gorau o offrymau fy mhobl Israel!'
30 "Felly, dyma neges yr Arglwydd, Duw Israel: 'Do, gwnes i ddweud yn glir y byddai dy
deulu di yn cael fy ngwasanaethu i am byth. Ond bellach fydd ddim o'r fath beth!' Dyma
neges yr Arglwydd: 'Dw i'n rhoi parch i'r rhai sy'n fy mharchu i, ond yn dangos dirmyg at
y rhai sy'n fy nghymryd i'n ysgafn. 31 Gwylia di, mae'r amser yn dod pan fydda i'n dy ddifa

---

dd 2:27 *dyn oedd yn proffwydo* Hebraeg, "dyn Duw".
2:22 Exodus 38:8

di a dy deulu. Fydd yna neb yn dy deulu di yn byw i fod yn hen! 32 Byddi'n gweld helynt yn fy
nghysegr i! Bydd pethau da yn digwydd i Israel, ond fydd neb o dy deulu di yn byw i fod yn
hen. 33 Bydda i'n gadael un o dy deulu ar ôl i wasanaethu wrth fy allor, ond bydd hwnnw'n
colli ei olwg ac yn torri ei galon. Bydd gweddill dy ddisgynyddion yn marw yn ddynion ifainc.
34 " 'A dyma'r arwydd i brofi i ti fod hyn i gyd yn wir: bydd dy ddau fab, Hoffni a Phineas,
yn marw ar yr un diwrnod! 35 Wedyn bydda i'n dewis offeiriad sy'n ffyddlon i mi. Bydd e'n
fy mhlesio i ac yn gwneud beth dw i eisiau. Bydda i'n rhoi llinach sefydlog iddo, a bydd e'n
gwasanaethu'r un fydda i'n ei eneinio'n frenin am byth. 36 Bydd pwy bynnag fydd ar ôl o dy
deulu di yn dod a plygu o'i flaen i ofyn am arian neu damaid i'w fwyta. Byddan nhw'n crefu
am unrhyw fath o waith fel offeiriad, er mwyn cael rhywbeth i'w fwyta.' "

Duw yn siarad â Samuel

3 1-2 Roedd y bachgen Samuel yn dal i wasanaethu'r ARGLWYDD gydag Eli, oedd erbyn hynny
wedi dechrau colli ei olwg ac yn mynd yn ddall. Yr adeg yna doedd pobl ddim yn cael
neges gan Dduw yn aml, nac yn cael gweledigaethau. Ond digwyddodd rhywbeth un noson,
tra oedd Eli'n cysgu yn ei ystafell. 3 Doedd lamp Duw ddim wedi diffodd, ac roedd Samuel
hefyd yn cysgu yn y deml lle roedd Arch Duw.
4 Dyma'r ARGLWYDD yn galw ar Samuel, a dyma Samuel yn ateb, "Dyma fi," 5 yna rhedeg at
Eli a dweud, "Dyma fi, gwnest ti alw." Ond meddai Eli, "Naddo, wnes i ddim dy alw di, dos
yn ôl i gysgu." Felly aeth Samuel yn ôl i orwedd. 6 Dyma'r ARGLWYDD yn galw ar Samuel eto.
Cododd a mynd at Eli a dweud, "Dyma fi, gwnest ti ngalw i." "Naddo, machgen i," meddai
Eli, "wnes i ddim dy alw di. Dos yn ôl i gysgu." 7 (Roedd hyn i gyd cyn i Samuel ddod i nabod
yr ARGLWYDD. Doedd e erioed wedi cael neges gan Dduw o'r blaen.) 8 Galwodd yr ARGLWYDD ar
Samuel y trydydd tro; a dyma Samuel yn mynd at Eli a dweud, "Dyma fi, gwnest ti fy ngalw
i." A dyna pryd sylweddolodd Eli mai'r ARGLWYDD oedd yn galw'r bachgen. 9 Dwedodd wrtho,
"Dos yn ôl i gysgu. Pan fydd e'n dy alw di eto, ateb fel yma: 'Siarada ARGLWYDD, mae dy was
yn gwrando.' "
Felly dyma Samuel yn mynd yn ôl i orwedd i lawr. 10 A dyma'r ARGLWYDD yn dod ato eto,
a galw arno fel o'r blaen, "Samuel! Samuel!". A dyma Samuel yn ateb, "Siarada, mae dy was
yn gwrando." 11 Ac meddai'r ARGLWYDD wrth Samuel, "Dw i'n mynd i wneud rhywbeth yn Israel
fydd yn sioc ofnadwy i bawb fydd yn clywed am y peth. 12 Mae popeth dw i wedi sôn wrth Eli
amdano – popeth ddwedais i fyddai'n digwydd i'w deulu – yn mynd i ddod yn wir! 13 Dw
i wedi dweud wrtho fy mod yn mynd i gosbi ei deulu am byth.[e] Roedd e'n gwybod fod ei
feibion yn melltithio Duw, ac eto wnaeth e ddim dweud y drefn wrthyn nhw. 14 A dyna pam
dw i wedi addo ar lw am deulu Eli, na fydd unrhyw aberth nac offrwm byth yn gallu gwneud
iawn am eu pechod."
15 Arhosodd Samuel yn ei wely tan y bore. Yna dyma fe'n codi i agor drysau cysegr yr
ARGLWYDD. Roedd arno ofn dweud wrth Eli am y weledigaeth. 16 Ond dyma Eli'n ei alw, "Samuel,
machgen i." A dyma fe'n ateb, "Dyma fi." 17 Yna gofynnodd Eli iddo, "Beth ddwedodd Duw
wrthot ti? Paid cuddio dim oddi wrtho i. Boed i Dduw dy gosbi di os byddi di'n cuddio unrhyw
beth ddwedodd e oddi wrtho i!" 18 Felly dyma Samuel yn dweud popeth wrtho. Wnaeth
e guddio dim. Ymateb Eli oedd, "Yr ARGLWYDD ydy e, a bydd e'n gwneud beth mae e'n wybod
sydd orau."
19 Wrth i Samuel dyfu i fyny, roedd Duw gydag e. Daeth pob neges roddodd e gan Dduw
yn wir. 20 Roedd Israel gyfan, o Dan yn y gogledd i Beersheba[f] yn y de, yn gwybod fod Duw
wedi dewis Samuel yn broffwyd. 21 Roedd yr ARGLWYDD yn dal i ymddangos i Samuel yn Seilo,
ac yn rhoi negeseuon iddo yno.

---

e 3:13 gw. 1 Samuel 2:27-36. f 3:20 *Dan ... Beersheba* Roedd Dan wrth droed Mynydd Hermon yn y gogledd ar y llwybr masnach i Damascus. Roedd Beersheba 23 milltir i'r de-orllewin o Hebron ar y prif lwybr masnach i'r Aifft.

4 A byddai Samuel yn rhannu'r neges gydag Israel gyfan.

Y Philistiaid yn dwyn yr Arch

Dyma Israel yn mynd i ryfel yn erbyn y Philistiaid. Roedden nhw'n gwersylla yn Ebeneser, tra
oedd y Philistiaid yn gwersylla yn Affec.[ff] 2 Dyma'r Philistiaid yn trefnu eu byddin yn rhengoedd.
Dechreuodd yr ymladd, a dyma Israel yn colli. Cafodd tua pedair mil o'u dynion eu lladd.
3 Pan ddaeth gweddill y fyddin yn ôl i'r gwersyll, dyma arweinwyr Israel yn dechrau holi, "Pam
wnaeth yr ARGLWYDD adael i'r Philistiaid ein curo ni? Gadewch i ni ddod ag Arch Ymrwymiad
yr ARGLWYDD yma aton ni o Seilo. Os bydd hi'n mynd gyda ni, bydd yn ein hachub ni o afael
y gelyn!" 4 Felly dyma nhw'n anfon i Seilo i nôl Arch Ymrwymiad yr ARGLWYDD hollbwerus, sy'n
eistedd uwchben y cerwbiaid. Roedd meibion Eli, Hoffni a Phineas, yno gyda'r Arch.
5 Pan gyrhaeddodd Arch Ymrwymiad yr ARGLWYDD y gwersyll, dyma pawb yn bloeddio gweiddi
mor uchel roedd fel petai'r ddaear yn crynu! 6 Pan glywodd y Philistiaid y sŵn, roedden nhw'n
holi, "Pam maen nhw'n bloeddio fel yna yng ngwersyll yr Hebreaid?" Yna dyma nhw'n sylweddoli
fod Arch yr ARGLWYDD wedi dod i'r gwersyll. 7 Roedden nhw wedi dychryn am eu bywydau. "Mae hi
ar ben arnon ni," medden nhw. "Mae'r duwiau wedi dod i'w gwersyll nhw. Does dim byd fel yma
wedi digwydd o'r blaen. 8 Mae hi ar ben arnon ni go iawn. Pwy sy'n mynd i'n hachub ni o afael
y duwiau cryfion yma? Dyma'r duwiau wnaeth daro'r Eifftiaid mor ofnadwy yn yr anialwch.
9 Philistiaid, rhaid i chi fod yn ddewr! Byddwch yn ddynion! Neu byddwch chi'n mynd yn gaeth i'r
Hebreaid fel buon nhw yn gaeth i chi. Byddwch yn ddynion, ac ymladd!"
10 Felly dyma'r Philistiaid yn ymosod ar Israel. Collodd Israel y frwydr, a dyma'r fyddin
i gyd yn dianc am adre. Roedd lladdfa fawr. Cafodd tua tri deg mil o filwyr traed Israel eu
lladd. 11 Cafodd Arch Duw ei chipio hefyd, a chafodd Hoffni a Phineas, meibion Eli, eu lladd.

Eli yn marw

12 Y diwrnod hwnnw dyma ddyn o lwyth Benjamin yn rhedeg o'r frwydr a chyrraedd Seilo.[g]
Roedd wedi rhwygo'i ddillad a rhoi pridd ar ei ben. 13 Pan gyrhaeddodd Seilo, roedd Eli'n
eistedd ar gadair ar ochr y ffordd yn disgwyl am newyddion. Roedd yn poeni'n fawr am
Arch Duw. Daeth y dyn i'r dre a phan ddwedodd beth oedd wedi digwydd dyma pawb yn
dechrau wylo yn uchel. 14 Pan glywodd Eli yr holl sŵn, gofynnodd, "Beth ydy'r holl gyffro yna?"
A dyma'r dyn yn brysio draw i ddweud yr hanes wrth Eli 15 (oedd yn naw deg wyth oed ac
yn ddall). 16 "Dw i wedi dianc o'r frwydr," meddai'r dyn, "gwnes i ddianc oddi yno heddiw."
"Sut aeth pethau, machgen i?" holodd Eli. 17 A dyma'r negesydd yn ateb, "Mae Israel wedi
ffoi o flaen y Philistiaid, ac mae llawer iawn wedi cael eu lladd. Mae dy ddau fab di, Hoffni
a Phineas, wedi'u lladd, ac mae Arch Duw wedi cael ei chipio." 18 Pan glywodd Eli am Arch
Duw syrthiodd wysg ei gefn oddi ar ei gadair wrth ymyl y giât. Am ei fod mor hen, ac yn ddyn
mawr trwm, torrodd ei wddf a marw. Roedd wedi arwain Israel am bedwar deg o flynyddoedd.

Ichabod

19 Roedd merch-yng-nghyfraith Eli, sef gwraig Phineas, yn disgwyl plentyn ac yn agos iawn
i'w hamser. Pan glywodd hi'r newyddion fod Arch Duw wedi'i chipio a bod ei thad-yng-
nghyfraith a'i gŵr wedi marw, plygodd yn ei dyblau am fod y plentyn yn dechrau dod. Ond
roedd y poenau yn ormod iddi. 20 Pan oedd hi ar fin marw, dwedodd y merched oedd gyda hi,
"Paid bod ag ofn, rwyt ti wedi cael mab!" Ond wnaeth hi ddim ymateb na chymryd unrhyw
sylw. 21 A dyma hi'n rhoi'r enw Ichabod[ng] i'r babi. "Mae ysblander Duw wedi gadael Israel,"
meddai (am fod Arch Duw wedi'i chipio a'i thad-yng-nghyfraith a'i gŵr wedi marw). 22 "Mae
ysblander Duw wedi gadael Israel, achos mae Arch Duw wedi'i chipio," meddai.

---

ff 4:1 *Ebeneser ... Affec* Roedd Ebeneser tua 2 filltir i'r dwyrain o Affec. g 4:12 *o'r frwydr ... Seilo* Pellter o 18 milltir. ng 4:21,22 *Ichabod* Ystyr Ichabod ydy "Ble mae'r ysblander?"
4:11 1 Samuel 2:34

Yr Arch yng ngwlad y Philistiaid

5 Wedi iddyn nhw gipio Arch Duw, dyma'r Philistiaid yn mynd â hi o Ebeneser i Ashdod.
2Aethon nhw â hi i deml eu duw Dagon, a'i gosod hi wrth ochr y ddelw o Dagon. 3Bore
trannoeth, pan gododd pobl Ashdod, roedd Dagon wedi syrthio ar ei wyneb o flaen Arch
Duw. Felly dyma nhw yn ei godi a'i osod yn ôl yn ei le. 4Ond pan godon nhw'n gynnar y bore
wedyn roedd Dagon wedi syrthio ar ei wyneb eto o flaen Arch Duw. Roedd ei ben a'i ddwy
law wedi'u torri i ffwrdd, ac yn gorwedd wrth y drws. Dim ond corff Dagon oedd yn un darn.
5(Dyna pam mae offeiriaid Dagon hyd heddiw, a phawb arall sy'n dod i deml Dagon, yn osgoi
camu ar stepen drws y deml yn Ashdod.)

6Cosbodd yr ARGLWYDD bobl Ashdod yn drwm, ac achosi hafoc yno. Cafodd pobl Ashdod, a'r
ardal o'i chwmpas, eu taro'n wael gyda chwyddau cas[h] drostyn nhw. 7Pan sylweddolodd pobl
Ashdod beth oedd yn digwydd, dyma nhw'n dweud, "Ddylai Arch Duw Israel ddim aros yma
gyda ni. Mae e wedi'n taro ni a Dagon ein duw ni!" 8Felly dyma nhw'n casglu llywodraethwyr
trefi'r Philistiaid at ei gilydd, a gofyn, "Be wnawn ni ag Arch Duw Israel?" A dyma nhw'n
ateb, "Ei symud hi i Gath[i]". Felly dyma nhw'n symud yr Arch yno. 9Ond wedi iddi gyrraedd
Gath, dyma'r ARGLWYDD yn cosbi'r dref honno hefyd. Cafodd pawb eu taro gyda chwyddau
cas. Roedd hi'n banig llwyr yno!

10Yna dyma nhw'n anfon Arch Duw ymlaen i Ecron.[l] Ond pan gyrhaeddodd yno dechreuodd
pobl Ecron brotestio, "Maen nhw wedi gyrru Arch Duw Israel aton ni i'n lladd ni a'n teuluoedd!"
11Felly dyma nhw'n casglu llywodraethwyr trefi'r Philistiaid at ei gilydd eto, a dweud wrthyn
nhw, "Anfonwch Arch Duw Israel yn ôl i'w lle ei hun, neu bydd e'n ein lladd ni a'n teuluoedd."
Roedd y dref gyfan mewn panig llwyr, am fod Duw yn eu taro nhw mor drwm. 12Os nad oedd
pobl yn marw roedden nhw'n cael eu taro'n wael gyda chwyddau cas drostyn nhw. Roedd
pobl y dref yn galw i'r nefoedd am help.

Y Philistiaid yn rhoi'r Arch yn ôl

6 Roedd Arch yr ARGLWYDD wedi bod yng ngwlad y Philistiaid am saith mis. 2A dyma'r
Philistiaid yn galw'r offeiriaid a'r rhai oedd yn dewino a gofyn iddyn nhw, "Be wnawn
ni gydag Arch yr ARGLWYDD? Dwedwch wrthon ni sut ddylen ni ei hanfon yn ôl i'w lle ei hun."
3Dyma nhw'n ateb, "Os ydych chi am anfon Arch Duw Israel yn ôl, peidiwch gwneud hynny
heb anfon rhywbeth hefo hi. Gwnewch yn siŵr eich bod yn anfon offrwm i gyfaddef bai gyda
hi. Fel yna cewch eich iacháu a chewch wybod pam wnaeth e'ch cosbi chi." 4"Ond beth
ddylen ni ei anfon fel offrwm i gyfaddef ein bai?" medden nhw. Atebodd yr offeiriaid, "Mae
pump llywodraethwr gan y Philistiaid, a dych chi a nhw wedi'ch taro gan yr un afiechyd. Felly
gwnewch bump model aur o'r chwyddau a phump model o'r llygod 5sy'n difa'r wlad, fel
teyrnged i Dduw Israel. Falle y bydd e'n stopio'ch cosbi chi, a'ch duwiau a'ch gwlad. 6Pam
dylech chi fod yn ystyfnig fel y Pharo a phobl yr Aifft? Gwnaeth Duw ffyliaid ohonyn nhw, ac
roedd rhaid iddyn nhw adael i bobl Israel fynd! 7Felly, gwnewch wagen newydd sbon a gosod
dwy fuwch sy'n magu lloi ac erioed wedi bod mewn harnais i'w thynnu. Cymerwch y lloi oddi
arnyn nhw a'u rhoi yn y cwt. 8Yna rhowch Arch Duw ar y wagen, a rhowch y pethau aur sy'n
offrwm i gyfaddef bai mewn bocs wrth ei hochr. Yna gyrrwch y wagen i ffwrdd 9a gwylio.
Os bydd hi'n mynd adre i gyfeiriad tref Beth-shemesh,[ll] byddwn yn gwybod mai Duw Israel
wnaeth anfon yr haint ofnadwy yma arnon ni. Ond os na fydd hi'n mynd y ffordd honno,
yna byddwn yn gwybod mai nid fe wnaeth ein taro ni, ac mai cyd-ddigwyddiad oedd y cwbl."

10A dyna wnaeth y Philistiaid. Dyma nhw'n cymryd dwy fuwch oedd yn magu lloi a'u
clymu wrth wagen, a rhoi eu lloi mewn cwt. 11Yna dyma nhw'n rhoi Arch Duw ar y wagen,

---

h 5:6 *chwyddau cas* Mae'n bosib mai'r Pla Du oedd hwn. i 5:8 *Gath* Tua 12 milltir i'r de-ddwyrain o Ashdod.
l 5:10 *Ecron* Tua 12 milltir i'r gogledd-ddwyrain o Ashdod (eu tref agosaf at diriogaeth Israel).
ll 6:9 *Beth-shemesh* Tua 14 milltir i'r gorllewin o Jerwsalem.
5:2 Barnwyr 16:23 6:6 Exodus 10:1-2

a'r bocs gyda'r llygod aur a'r modelau o'r chwyddau ynddo. 12 A dyma'r gwartheg yn mynd
yn syth i gyfeiriad Beth-shemesh. Roedden nhw'n brefu wrth fynd, ond wnaethon nhw ddim
troi oddi ar y ffordd o gwbl. Cerddodd llywodraethwyr y Philistiaid ar eu holau, nes cyrraedd
cyrion Beth-shemesh.
13 Roedd pobl Beth-shemesh yn casglu'r cynhaeaf gwenith[m] yn y dyffryn. Pan welon nhw'r
Arch roedden nhw wrth eu boddau. 14 Daeth y wagen i stop wrth ymyl carreg fawr yng nghae
Josua, un o ddynion Beth-shemesh. Dyma nhw'n torri'r wagen yn goed tân ac aberthu'r ddwy
fuwch a'u llosgi'n offrwm i Dduw. 15 Yna daeth Lefiaid yno i godi'r Arch i lawr, a'r bocs oedd
yn dal y modelau aur, a'u gosod nhw ar y garreg fawr. A'r diwrnod hwnnw dyma bobl Beth-
shemesh yn cyflwyno offrymau i'w llosgi'n llwyr ac aberthau i'r ARGLWYDD. 16 Arhosodd pump
llywodraethwr y Philistiaid i wylio beth oedd yn digwydd, cyn mynd yn ôl i Ecron yr un diwrnod.
17 Roedd y chwyddau aur roddodd y Philistiaid i fod yn offrwm i gyfaddef eu bai i'r ARGLWYDD:
un dros dref Ashdod, un dros Gasa, un dros Ashcelon, un dros Gath ac un dros Ecron. 18 Yna
roedd yna lygoden aur ar gyfer pob un o drefi caerog llywodraethwyr y Philistiaid, a'r pentrefi
gwledig o'u cwmpas hefyd.
Mae'r garreg fawr y cafodd Arch Duw ei gosod arni yn dal yna yng nghae Josua hyd heddiw.

Symud yr Arch i Ciriath-iearîm

19 Ond dyma rai o bobl Beth-shemesh yn cael eu taro gan yr ARGLWYDD, am eu bod nhw wedi
edrych i mewn i Arch Duw. Buodd saith deg[n] ohonyn nhw farw, ac roedd pobl Beth-shemesh
yn galaru'n fawr am fod Duw wedi'u taro nhw mor galed. 20 "Pwy sy'n gallu sefyll o flaen
yr ARGLWYDD, y Duw sanctaidd yma?" medden nhw. "At bwy ddylai'r Arch fynd o'r fan yma?"
21 Felly dyma nhw'n anfon neges i Ciriath-iearîm, "Mae'r Philistiaid wedi anfon Arch yr ARGLWYDD
yn ôl. Dewch i lawr i'w chymryd hi."

7 Felly dyma bobl Ciriath-iearîm yn nôl Arch yr ARGLWYDD, a mynd â hi i ben y bryn i dŷ
Abinadab. Yna dyma nhw'n cysegru Eleasar, ei fab, i ofalu am yr Arch.

Samuel yn troi pobl Israel yn ôl at Dduw

2 Aeth y blynyddoedd heibio. Roedd hi tua dau ddeg mlynedd ers i'r Arch ddod i Ciriath-
iearîm, ac roedd pobl Israel i gyd yn dyheu am yr ARGLWYDD eto. 3 Dwedodd Samuel wrth bobl
Israel, "Os ydych chi wir am droi'n ôl at Dduw â'ch holl galon, taflwch allan eich duwiau
eraill, a'r delwau sydd gynnoch chi o'r dduwies Ashtart. Rhowch eich hunain yn llwyr i'r
ARGLWYDD, a'i addoli e a neb arall. Wedyn, bydd e'n eich achub chi oddi wrth y Philistiaid."
4 Felly dyma bobl Israel yn cael gwared â'r delwau o Baal a'r dduwies Ashtart, a dechrau
addoli'r ARGLWYDD yn unig.
5 Dwedodd Samuel wrthyn nhw am gasglu pawb at ei gilydd yn Mitspa. "Gwna i weddïo ar
yr ARGLWYDD trosoch chi," meddai. 6 Wedi iddyn nhw ddod at ei gilydd yn Mitspa, dyma nhw'n
codi dŵr o'r ffynnon a'i dywallt ar lawr fel offrwm i Dduw. Wnaethon nhw ddim bwyta drwy'r
dydd. "Dŷn ni wedi pechu yn erbyn yr ARGLWYDD," medden nhw. (Samuel oedd yn arwain pobl
Israel yn Mitspa.)
7 Clywodd y Philistiaid fod pobl Israel wedi dod at ei gilydd yn Mitspa. Felly dyma
lywodraethwyr y Philistiaid yn penderfynu ymosod arnyn nhw. Pan glywodd pobl Israel am
hyn, roedden nhw wedi dychryn. 8 Dyma nhw'n dweud wrth Samuel, "Dal ati i weddïo'n daer
ar yr ARGLWYDD ein Duw, iddo'n hachub ni rhag y Philistiaid." 9 Felly dyma Samuel yn cymryd
oen sugno a'i losgi'n gyfan yn offrwm i Dduw. Wrth i Samuel weddïo dros Israel, dyma Duw
yn ei ateb.
10 Roedd y Philistiaid ar fin ymosod ar Israel pan oedd Samuel yn cyflwyno'r offrwm. A'r
foment honno dyma'r ARGLWYDD yn anfon anferth o storm o fellt a tharanau, wnaeth yrru'r

m 6:13 *cynhaeaf gwenith* tua Mai i Mehefin. n 6:19 *saith deg* Dyna sydd yn rhai llawysgrifau Hebraeg, ond mae'r mwyafrif yn dweud 50,070.

Philistiaid i banig llwyr, a dyma nhw'n ffoi o flaen byddin Israel. [11]Aeth dynion Israel allan
o Mitspa ar eu holau, a lladd llawer iawn ohonyn nhw yr holl ffordd i'r ochr isaf i Beth-car.
[12]Yna dyma Samuel yn gosod carreg i fyny rhwng Mitspa a'r clogwyn. Rhoddodd yr enw
Ebeneser iddi (sef 'Carreg Help'), a dweud, "Mae'r ARGLWYDD wedi'n helpu ni hyd yma." [13]Roedd
y Philistiaid wedi'u trechu, a wnaethon nhw ddim ymosod ar Israel eto. Tra oedd Samuel yn
fyw roedd yr ARGLWYDD yn delio gyda'r Philistiaid. [14]Cafodd Israel y trefi roedd y Philistiaid
wedi'u cymryd oddi arnyn nhw yn ôl, a'r tir o'u cwmpas nhw, o Ecron yn y gogledd i Gath yn
y de. Ac roedd yna heddwch hefyd rhwng pobl Israel a'r Amoriaid.
[15]Buodd Samuel yn arwain Israel am weddill ei fywyd. [16]Bob blwyddyn byddai'n mynd ar
gylchdaith o Bethel i Gilgal ac yna i Mitspa. Byddai'n cynnal llys ym mhob tref yn ei thro
[17]cyn mynd yn ôl adre i Rama. Dyna lle roedd yn byw, ac o'r fan honno roedd e'n arwain
Israel. Roedd wedi codi allor i'r ARGLWYDD yno hefyd.

Pobl Israel yn gofyn am frenin

8 Pan oedd Samuel wedi mynd yn hen, rhoddodd y gwaith o arwain Israel i'w feibion.
[2]Joel oedd enw'r hynaf ac Abeia oedd y llall. Roedd eu llys nhw yn Beersheba.[o] [3]Ond
doedden nhw ddim yr un fath â'u tad. Roedden nhw'n twyllo er mwyn cael arian, ac yn
derbyn breib am roi dyfarniad annheg. [4]Felly dyma arweinwyr Israel yn cyfarfod â'i gilydd
a mynd i weld Samuel yn Rama. [5]Medden nhw wrtho, "Ti'n mynd yn hen a dydy dy feibion
ddim yn dilyn dy esiampl di. Felly gad i ni gael brenin i'n harwain, yr un fath â'r gwledydd
eraill i gyd."
[6]Doedd y cais yma am frenin ddim yn plesio Samuel o gwbl. Felly dyma fe'n gweddïo ar
yr ARGLWYDD. [7]A dyma'r ARGLWYDD yn dweud wrtho, "Gwna bopeth mae'r bobl yn ei ofyn. Dim
ti maen nhw'n ei wrthod; fi ydy'r un maen nhw wedi'i wrthod fel eu brenin. [8]Mae'r un
hen stori eto! Maen nhw wedi gwneud hyn ers i mi ddod â nhw allan o wlad yr Aifft – fy
ngwrthod i ac addoli duwiau eraill. A nawr rwyt ti'n cael yr un driniaeth. [9]Felly gwna beth
maen nhw'n ofyn. Ond rhybuddia nhw'n glir, iddyn nhw ddeall y canlyniadau, a beth fydd
y brenin yn ei wneud."

Samuel yn rhybuddio'r bobl o'r canlyniadau

[10]Felly dyma Samuel yn rhannu gyda'r bobl oedd yn gofyn am frenin beth roedd yr
ARGLWYDD wedi'i ddweud wrtho. [11]Dwedodd, "Dyma sut fydd y brenin yn eich trin chi:
Bydd yn cymryd eich meibion a'u gwneud nhw'n farchogion i yrru ei gerbydau rhyfel ac
i fod yn warchodwyr personol iddo. [12]Bydd yn gwneud rhai yn gapteiniaid ar unedau o fil
neu o hanner cant. Bydd eraill yn gweithio ar ei dir e ac yn casglu'r cnydau. Yna eraill
eto yn gwneud arfau ac offer ar gyfer ei gerbydau rhyfel. [13]Bydd yn cymryd eich merched
hefyd i gymysgu persawr, i goginio ac i bobi bara iddo. [14]Bydd yn cymryd eich caeau, a'ch
gwinllannoedd a'ch gerddi olewydd gorau, a'u rhoi i'w swyddogion. [15]Bydd yn hawlio
treth o un rhan o ddeg o'ch grawn a'ch gwin a'i roi i weision y palas a'r swyddogion
eraill. [16]Bydd yn cymryd eich gweision a'ch morynion, eich gwartheg gorau a'ch asynnod,
i weithio iddo fe'i hun. [17]A bydd yn cymryd un o bob deg o'ch defaid a'ch geifr. Byddwch
chi'n gaethweision iddo! [18]Bryd hynny byddwch chi'n cwyno am y brenin wnaethoch chi
ei ddewis, a fydd Duw ddim yn gwrando arnoch chi."
[19]Ond doedd y bobl ddim am wrando ar Samuel. "Na," medden nhw, "dŷn ni eisiau brenin.
[20]Dŷn ni eisiau bod yr un fath â'r gwledydd eraill i gyd. Dŷn ni eisiau brenin i lywodraethu
arnon ni, a'n harwain ni i ryfel."
[21]Ar ôl gwrando ar bopeth ddwedodd y bobl, dyma Samuel yn mynd i ddweud am y cwbl
wrth yr ARGLWYDD. [22]"Gwna beth maen nhw'n ei ofyn," meddai'r ARGLWYDD wrth Samuel, "a rho
frenin iddyn nhw." Felly dyma Samuel yn dweud wrth ddynion Israel, "Ewch adre i gyd."

---

o 8:2 *Beersheba* Hanner can milltir i'r de o Jerwsalem.

Saul yn cyfarfod Samuel

9 Roedd yna ddyn yn perthyn i lwyth Benjamin o'r enw Cish. Roedd yn ddyn pwysig; yn
fab i Abiel, mab Seror, mab Becorath, mab Affeia. 2 Roedd gan Cish ei hun fab o'r enw
Saul, oedd yn ddyn ifanc arbennig iawn. Doedd neb tebyg iddo yn Israel gyfan. Roedd yn
dalach na phawb arall.
3 Roedd rhai o asennod Cish, tad Saul, wedi mynd ar goll. A dyma Cish yn dweud wrth
Saul, "Plîs, cymer un o'r gweision hefo ti, a dos i chwilio am yr asennod." 4 Felly dyma Saul a'r
gwas yn croesi bryniau Effraim drwy ardal Shalisha, ond methu dod o hyd iddyn nhw. Ymlaen
wedyn drwy ardal Sha-alîm, ac yna drwy ardal Benjamin, ond dal i fethu dod o hyd iddyn nhw.
5 Pan ddaethon nhw i ardal Swff, dyma Saul yn dweud wrth y gwas, "Well i ni fynd yn ôl adre.
Bydd dad wedi anghofio am yr asennod a dechrau poeni amdanon ni." 6 Ond meddai'r gwas
wrtho, "Mae yna ddyn sy'n proffwydo[p] yn byw yn y dre acw. Mae parch mawr ato, am fod
popeth mae'n ei ddweud yn dod yn wir. Gad i ni fynd i'w weld e. Falle y bydd e'n gallu dweud
wrthon ni pa ffordd i fynd." 7 "Iawn," meddai Saul, "ond be rown ni iddo? Does gynnon ni ddim
bwyd ar ôl hyd yn oed, a dim byd arall i'w gynnig iddo." 8 Dyma'r gwas yn dweud, "Edrych
mae gen i un darn arian bach[ph] – dydy e'n ddim llawer, ond gwna i roi hwn i'r proffwyd am
ddweud wrthon ni ble i fynd." 9 (Ers talwm, pan oedd rhywun yn Israel yn mynd i ofyn cyngor
Duw, roedden nhw'n dweud: "Dewch i ni fynd at y gweledydd." Gweledydd oedden nhw'n
galw proffwyd bryd hynny.) 10 Atebodd Saul ei was, "Gwych! Tyrd, gad i ni fynd."
Felly dyma nhw'n mynd i'r dre lle roedd proffwyd Duw. 11 Wrth fynd i fyny'r allt at y dre
dyma nhw'n cyfarfod merched ifanc yn mynd i nôl dŵr. A dyma ofyn iddyn nhw, "Ydy'r
gweledydd yma?" 12 "Ydy," meddai'r merched, "yn syth o'ch blaen acw. Ond rhaid i chi frysio.
Mae e newydd gyrraedd y dre am fod y bobl am gyflwyno aberth ar yr allor leol heddiw.
13 Os ewch i mewn i'r dre, byddwch yn ei ddal e cyn iddo fynd at yr allor i fwyta. Fydd y bobl
ddim yn bwyta cyn iddo fe gyrraedd, am fod rhaid iddo fendithio'r aberth. Dim ond wedyn
y bydd y rhai sydd wedi cael eu gwahodd yn bwyta. Os ewch chi nawr, byddwch chi'n dod
o hyd iddo'n syth."
14 Aeth y ddau i fyny i'r dre. Ac wrth fynd i mewn dyna lle roedd Samuel yn dod i'w cyfarfod.
Roedd e ar ei ffordd i'r allor leol.
15 Roedd yr ARGLWYDD wedi dweud wrth Samuel y diwrnod cynt fod Saul yn mynd i ddod yno:
16 "Tua'r adeg yma fory, dw i'n mynd i anfon dyn o lwyth Benjamin atat ti. Dw i eisiau i ti ei
eneinio fe i arwain fy mhobl Israel. Bydd e'n achub fy mhobl o afael y Philistiaid. Dw i wedi
bod yn gwylio fy mhobl, ac wedi'u clywed nhw'n galw am help."
17 Pan welodd Samuel Saul, dyma'r ARGLWYDD yn dweud wrtho, "Dacw'r dyn wnes i ddweud
wrthot ti amdano. Fe sy'n mynd i arwain fy mhobl i." 18 Roedden nhw wrth giât y ddinas,
a dyma Saul yn gofyn i Samuel, "Alli di ddweud wrtho i lle mae'r gweledydd yn byw?"
19 Atebodd Samuel, "Fi ydy'r gweledydd. Dos o'm blaen at yr allor. Cewch chi'ch dau fwyta
gyda mi heddiw, wedyn fory cei fynd ar dy ffordd ar ôl i mi ddweud am bopeth sy'n dy boeni
di. 20 Paid poeni am yr asennod sydd wedi bod ar goll ers tridiau. Maen nhw wedi dod o hyd
iddyn nhw. Pwy wyt ti'n feddwl mae Israel i gyd yn dyheu amdano? Ie, ti ydy e, a theulu dy
dad." 21 Ond dyma Saul yn ateb, "Sut mae hynny'n bosib? I lwyth Benjamin dw i'n perthyn,
y llwyth lleiaf yn Israel! Ac mae fy nheulu i yn un o deuluoedd mwyaf cyffredin Benjamin.
Pam wyt ti'n dweud peth felly wrtho i?"
22 Yna dyma Samuel yn mynd â Saul a'i was i'r neuadd fwyta, a rhoi'r seddi gorau iddyn
nhw *ar ben y bwrdd. Roedd yna tua tri deg o bobl wedi'u gwahodd i gyd.* 23 Ac meddai
Samuel wrth y cogydd, "Dos i nôl y darn yna o gig wnes i ddweud wrthot ti am ei gadw o'r
neilltu." 24 A dyma'r cogydd yn dod â darn uchaf y goes[r] a'i osod o flaen Saul. Ac meddai
Samuel, "Mae'r darn yna i ti – mae wedi'i gadw i ti. Bwyta fe, achos pan o'n i'n gwahodd

---

p 9:6 *ddyn sy'n proffwydo* Hebraeg, "dyn Duw". ph 9:8 *darn arian bach* Hebraeg, "Chwarter sicl" (dim mwy na 3 gram). r 9:24 *darn uchaf y goes* Dyma'r darn sbesial oedd i fod i'r offeiriaid – gw. Lefiticus 10:14-15.

pobl yma, dwedais fod hwn i gael ei gadw ar dy gyfer di." Felly dyma Saul yn bwyta gyda
Samuel y diwrnod hwnnw.
25 Wedi iddyn nhw ddod yn ôl o'r allor i'r dre, buodd Samuel yn siarad yn breifat gyda
Saul ar do fflat y tŷ.

Samuel yn eneinio Saul yn frenin

26 Ben bore wedyn, pan oedd hi'n gwawrio, dyma Samuel yn galw ar Saul, oedd ar y to: "Cod, i mi
dy anfon di ar dy ffordd." Felly dyma Saul yn codi, a dyma fe a'i was yn mynd allan gyda Samuel.
27 Pan ddaethon nhw i gyrion y dre, dyma Samuel yn dweud wrth Saul, "Dwed wrth dy was am fynd
yn ei flaen"; a dyma'r gwas yn gwneud hynny. "Aros di yma. Mae gen i neges gan Dduw i ti."
10 Dyma Samuel yn cymryd potel o olew olewydd a'i dywallt ar ben Saul. Yna ei gyfarch
e gyda chusan, a dweud, "Mae'r ARGLWYDD yn dy eneinio di i arwain ei bobl, Israel.
Byddi'n arwain ei bobl ac yn eu hachub nhw o afael y gelynion sydd o'u cwmpas. A dyma
beth fydd yn digwydd i ddangos i ti mai'r ARGLWYDD sydd wedi dy ddewis di i arwain ei bobl:[rh]
2 wrth i ti adael heddiw byddi'n cyfarfod dau ddyn wrth ymyl bedd Rachel, yn Seltsach ar ffin
Benjamin. Byddan nhw'n dweud: 'Mae'r asennod wyt ti wedi bod yn chwilio amdanyn nhw
wedi dod i'r golwg. Dydy dy dad ddim yn poeni amdanyn nhw bellach. Poeni amdanoch chi
mae e, a gofyn, "Be ddylwn i ei wneud am fy mab?" '
3 "Byddi'n mynd yn dy flaen wedyn, a dod at dderwen Tabor,[s] lle byddi'n cyfarfod tri dyn
ar eu ffordd i addoli Duw yn Bethel – un yn cario tair gafr ifanc, un arall yn cario tair torth
o fara, a'r olaf yn cario potel groen o win. 4 Byddan nhw'n dy gyfarch ac yn rhoi dwy dorth
i ti. Cymer nhw ganddyn nhw.
5 "Wedyn, dos ymlaen i Gibeath Elohîm lle mae garsiwn milwrol gan y Philistiaid. Wrth i ti
gyrraedd y dre, byddi'n cyfarfod criw o broffwydi yn dod i lawr o'r allor leol ar y bryn. Bydd
nabl, drwm, pib a thelyn yn mynd o'u blaenau nhw, a hwythau'n dilyn ac yn proffwydo. 6 Yna
bydd Ysbryd yr ARGLWYDD yn dod yn rymus arnat tithau, a byddi'n proffwydo gyda nhw. Byddi
fel person gwahanol. 7 Pan fydd yr arwyddion yma i gyd wedi digwydd gwna beth bynnag
sydd angen ei wneud, achos mae Duw gyda ti.
8 "Dos wedyn i Gilgal. Bydda i'n dod yno atat ti i gyflwyno offrymau i'w llosgi ac offrymau
i gydnabod daioni'r ARGLWYDD. Aros amdana i am wythnos, a bydda i'n dod i ddangos i ti be
i'w wneud nesaf."
9 Wrth iddo droi i ffwrdd i adael Samuel roedd Duw wedi newid agwedd Saul yn llwyr. A dyma'r
arwyddion yna i gyd yn digwydd y diwrnod hwnnw. 10 Pan gyrhaeddodd Saul a'i was Gibea roedd
criw o broffwydi'n dod i'w cyfarfod nhw. A dyma Ysbryd yr ARGLWYDD yn dod ar Saul, a dechreuodd
broffwydo gyda nhw. 11 Pan welodd pawb oedd yn ei nabod, Saul yn proffwydo gyda'r proffwydi,
dyma nhw'n dweud wrth ei gilydd, "Be yn y byd sydd wedi digwydd i fab Cish? Ydy Saul hefyd yn
un o'r proffwydi?" 12 A dyma un dyn lleol yn ateb, "Ydy e o bwys pwy ydy tad proffwyd?" A dyna lle
dechreuodd y dywediad, "Ydy Saul yn un o'r proffwydi?"
13 Ar ôl gorffen proffwydo, dyma Saul yn mynd at yr allor leol. 14 Gofynnodd ei ewythr iddo fe
a'i was, "Ble dych chi wedi bod?" "I chwilio am yr asennod," meddai Saul. "Ac am ein bod yn
methu'u ffeindio nhw aethon ni at Samuel." 15 "A be ddwedodd Samuel wrthoch chi?" meddai'r
ewythr. 16 "Dweud wrthon ni fod yr asennod wedi'u ffeindio," meddai Saul. Ond ddwedodd
e ddim gair am beth oedd Samuel wedi'i ddweud wrtho am fod yn frenin.

Saul yn cael ei wneud yn frenin

17 Galwodd Samuel bobl Israel at ei gilydd i Mitspa i gyfarfod yr ARGLWYDD. 18 Dwedodd
wrthyn nhw, "Dyma mae'r ARGLWYDD, Duw Israel, yn ei ddweud: 'Des i ag Israel allan o'r Aifft.

---

rh 10:1 gan ddilyn y cyfieithiad Groeg – yr LXX. Hebraeg heb *Israel ... dy ddewis di i arwain ei bobl.*
s 10:3 *derwen Tabor* Mae'n bosib mai dyma lle roedd Debora, morwyn Rebeca, wedi'i chladdu (Genesis 35:8).
10:2 Genesis 35:20

Gwnes i'ch achub chi o afael yr Eifftiaid a'r gwledydd eraill i gyd oedd yn eich gormesu chi.
19Ond erbyn hyn dych chi wedi gwrthod eich Duw sydd wedi'ch achub chi o bob drwg a helynt.
Dych chi wedi dweud, "Na! Rho frenin i ni." '
"Felly nawr," meddai Samuel, "dw i eisiau i chi sefyll o flaen yr ARGLWYDD bob yn llwyth
a theulu." 20A dyma fe'n dod â pob un o lwythau Israel o flaen Duw yn eu tro. Cafodd llwyth
Benjamin ei ddewis. 21Wedyn daeth â llwyth Benjamin ymlaen fesul clan. A dyma glan Matri
yn cael ei ddewis. Ac yn y diwedd dyma Saul fab Cish yn cael ei ddewis. Roedden nhw'n
chwilio amdano ond yn methu dod o hyd iddo. 22Felly dyma nhw'n gofyn i'r ARGLWYDD eto,
"Ydy'r dyn wedi dod yma?" Ac ateb Duw oedd, "Dacw fe, yn cuddio yng nghanol yr offer."
23Dyma nhw'n rhedeg yno i'w nôl a'i osod i sefyll yn y canol. Roedd e'n dalach na phawb
o'i gwmpas. 24A dyma Samuel yn dweud wrth y bobl, "Ydych chi'n gweld y dyn mae'r ARGLWYDD
wedi'i ddewis i chi? Does neb tebyg iddo." A dyma'r bobl i gyd yn gweiddi, "Hir oes i'r brenin!"
25Wedyn dyma Samuel yn esbonio i'r bobl beth fyddai'r drefn o gael brenin, a'i ysgrifennu
mewn sgrôl. Cafodd honno ei chadw o flaen yr ARGLWYDD. Yna dyma Samuel yn anfon y bobl
i gyd adre. 26Aeth Saul adre hefyd, i Gibea; ac aeth dynion dewr oedd wedi'u cyffwrdd gan
Dduw gydag e. 27Ond roedd yna rai eraill, dynion drwg, yn dweud, "Sut all hwn ein hachub
ni?" Roedden nhw'n ei wfftio, a ddaethon nhw ddim ag anrheg iddo. Er, ddwedodd Saul
ddim byd am y peth.

Saul yn trechu byddin Ammon

11 Yna dyma Nachash, brenin Ammon, yn arwain ei fyddin i ymosod ar dref Jabesh yn
Gilead.[t] Dyma ddynion Jabesh yn dweud wrth Nachash, "Gwna gytundeb â ni, a down
ni'n weision i ti." 2Atebodd Nachash, "Iawn, gwna i gytundeb â chi, ond bydd rhaid tynnu
allan llygad dde pob un ohonoch chi. Fel yna bydda i'n codi cywilydd ar Israel gyfan." 3Meddai
arweinwyr Jabesh wrtho, "Gad lonydd i ni am wythnos, i ni gael anfon negeswyr i bobman yn
Israel. Os fydd neb yn barod i ddod i'n hachub ni, byddwn yn ildio i ti."
4Cyrhaeddodd y negeswyr Gibea (lle roedd Saul yn byw) a dweud beth oedd yn digwydd;
a dyma'r bobl i gyd yn dechrau crio'n uchel. 5Ar y pryd roedd Saul ar ei ffordd adre o'r caeau
gyda'i ychen. "Be sy'n bod?" meddai. "Pam mae pawb yn crio?" A dyma nhw'n dweud wrtho
am neges pobl Jabesh. 6Pan glywodd Saul hyn, dyma Ysbryd Duw yn dod arno'n rymus. Roedd
wedi gwylltio'n lân. 7Dyma fe'n lladd pâr o ychen a'u torri nhw'n ddarnau mân, ac anfon
negeswyr gyda'r darnau i bob ardal yn Israel. Roedden nhw i gyhoeddi fel hyn: "Pwy bynnag
sy'n gwrthod cefnogi Saul a Samuel a dod allan i ymladd, dyma fydd yn digwydd i'w ychen
e!" Roedd yr ARGLWYDD wedi codi ofn ar bawb, felly dyma nhw'n dod allan fel un dyn. 8Pan
wnaeth Saul eu cyfri nhw yn Besec, roedd yna 300,000 o ddynion o Israel a 30,000 o Jwda.
9A dyma nhw'n dweud wrth y negeswyr oedd wedi dod o Jabesh yn Gilead, "Dwedwch wrth
bobl Jabesh, 'Erbyn canol dydd fory, byddwch wedi'ch achub.' " Aeth y negeswyr a dweud
hynny wrth bobl Jabesh, ac roedden nhw wrth eu boddau. 10Yna dyma nhw'n dweud wrth
Nachash, "Yfory byddwn ni'n dod allan atoch chi, a cewch wneud fel y mynnoch hefo ni."
11Y noson honno[th] dyma Saul yn rhannu'r dynion yn dair mintai. Dyma nhw'n mynd i mewn
i wersyll byddin Ammon cyn iddi wawrio, a buon nhw'n taro byddin Ammon tan ganol dydd.
Roedd y rhai oedd yn dal yn fyw ar chwâl, pob un ohonyn nhw ar ei ben ei hun.
12Yna dyma'r bobl yn gofyn i Samuel, "Ble mae'r rhai oedd yn dweud, 'Pam ddylai Saul
fod yn frenin arnon ni?' Dewch â nhw yma. Maen nhw'n haeddu marw!" 13Ond dyma Saul
yn dweud, "Does neb i gael ei ladd heddiw. Mae'n ddiwrnod pan mae'r ARGLWYDD wedi rhoi
buddugoliaeth i Israel!"
14"Dewch," meddai Samuel, "gadewch i ni fynd i Gilgal, a sefydlu'r frenhiniaeth yno eto."
15Felly dyma'r bobl i gyd yn mynd i Gilgal a gwneud Saul yn frenin yno o flaen yr ARGLWYDD.

---

t 11:1 *Jabesh yn Gilead* Tref oedd i'r dwyrain o afon Iorddonen, tua 20 milltir i'r de o Lyn Galilea (gw. Barnwyr 21). th 11:11 *y noson honno* Hebraeg, "y diwrnod wedyn". Roedd diwrnod newydd yn dechrau pan oedd yr haul yn machlud, a sylwer fod yr ymosodiad wedi digwydd cyn iddi wawrio.

Yna dyma nhw'n cyflwyno offrymau i gydnabod daioni'r Arglwydd. Roedd Saul a phobl Israel
i gyd yn dathlu'n llawen yno.

Araith olaf Samuel

12 Dyma Samuel yn dweud wrth bobl Israel: "Edrychwch, dw i wedi gwneud popeth
dych chi wedi'i ofyn, ac wedi rhoi brenin i chi. [2]O hyn ymlaen, y brenin fydd yn eich
arwain chi. Dw i'n hen ŵr a'm gwallt yn wyn, ond mae fy meibion i gyda chi. Dw i wedi'ch
arwain chi ers pan oeddwn i'n ifanc. [3]Dyma fi. Dewch, cyhuddwch fi o flaen yr Arglwydd a'r
un mae e wedi'i eneinio'n frenin. Ydw i wedi cymryd ych rhywun? Ydw i wedi cymryd asyn
rhywun? Ydw i wedi twyllo unrhyw un? Ydw i wedi gwneud i unrhyw un ddioddef? Ydw i wedi
derbyn breib gan unrhyw un i gau fy llygaid i ryw ddrwg? Dwedwch wrtho i. Gwna i dalu'r
cwbl yn ôl." [4]Ond dyma nhw'n ateb, "Na, ti ddim wedi'n twyllo ni, na gwneud i ni ddioddef,
na chymryd dim gan unrhyw un." [5]Yna dyma Samuel yn dweud, "Yma heddiw mae'r Arglwydd
yn dyst, a'r brenin ddewisodd e, eich bod chi wedi cael hyd i ddim byd o gwbl yn fy erbyn i."
"Ydy, mae e'n dyst," medden nhw.

[6]Yna dyma Samuel yn mynd ymlaen i ddweud wrth y bobl. "Yr Arglwydd wnaeth ddewis
Moses ac Aaron, ac arwain eich hynafiaid chi allan o wlad yr Aifft. [7]Safwch mewn trefn
o flaen yr Arglwydd i mi roi siars i chi, a'ch atgoffa mor deg mae'r Arglwydd wedi'ch trin chi
a'ch hynafiaid bob amser.

[8]"Aeth Jacob i lawr i'r Aifft. Ond ar ôl hynny, dyma'ch hynafiaid yn gweiddi ar yr Arglwydd
am help, am fod yr Eifftiaid yn eu cam-drin nhw. Anfonodd yr Arglwydd Moses ac Aaron i'w
harwain nhw allan o'r Aifft i'r lle yma. [9]Ond dyma nhw'n anghofio'r Arglwydd eu Duw. Felly
dyma Duw yn gadael i Sisera, capten byddin Chatsor, a'r Philistiaid, a brenin Moab eu cam-drin
nhw. Daeth y rhain i ryfela yn eu herbyn nhw. [10]Ond dyma nhw'n gweiddi ar yr Arglwydd eto,
a dweud: 'Ein bai ni ydy hyn. Dŷn ni wedi troi cefn arnat ti Arglwydd ac wedi mynd i addoli
eilunod Baal a delwau o'r dduwies Ashtart. Plîs achub ni nawr o afael ein gelynion a byddwn
ni'n dy addoli di.' [11]Felly dyma'r Arglwydd yn anfon Gideon, Barac, Jefftha a fi, Samuel, i'ch
achub chi oddi wrth y gelynion o'ch cwmpas, fel eich bod chi'n saff.

[12]"Ond yna pan welsoch chi fod Nachash, brenin Ammon, yn mynd i ymosod arnoch chi,
dyma chi'n dweud wrtho i, 'Na! Dŷn ni eisiau brenin' – pan oedd yr Arglwydd eich Duw i fod
yn frenin arnoch chi! [13]Dyma chi! Dyma'r brenin dych chi wedi'i ddewis – yr un wnaethoch
chi ofyn amdano. Ydy, mae'r Arglwydd wedi rhoi brenin i chi! [14]Os gwnewch chi barchu'r
Arglwydd a'i addoli e, gwrando arno a pheidio gwrthryfela yn ei erbyn, ac os gwnewch chi
a'ch brenin ddilyn yr Arglwydd eich Duw, bydd popeth yn iawn. [15]Ond os wnewch chi ddim
gwrando, a gwrthod bod yn ufudd, yna bydd yr Arglwydd yn eich cosbi chi a'r brenin.

[16]"Nawr safwch yma i weld rhywbeth anhygoel fydd yr Arglwydd yn ei wneud o flaen eich
llygaid chi. [17]Y tymor sych[u] ydy hi ynte? Dw i'n mynd i weddïo ar Dduw, a gofyn iddo anfon
glaw a tharanau! Byddwch chi'n sylweddoli wedyn peth mor ddrwg yng ngolwg Duw oedd
i chi ofyn am frenin." [18]Yna dyma Samuel yn gweddïo ar yr Arglwydd. A'r diwrnod hwnnw
dyma'r Arglwydd yn anfon glaw a tharanau. Roedd gan y bobl i gyd ofn yr Arglwydd a Samuel
wedyn. [19]Ac medden nhw wrtho, "Gweddïa ar yr Arglwydd dy Dduw droson ni, rhag i ni farw.
Dŷn ni wedi gwneud mwy o ddrwg nag erioed drwy ofyn am frenin."

[20]Dyma Samuel yn ateb y bobl, "Peidiwch bod ofn. Mae'n wir eich bod chi wedi gwneud
yr holl bethau drwg yma. Ond nawr, peidiwch troi cefn ar yr Arglwydd. Addolwch e â'ch holl
galon. [21]Peidiwch â'i adael a mynd ar ôl rhyw ddelwau diwerth. All y rheiny ddim helpu nac
achub neb. Dŷn nhw'n dda i ddim! [22]Yr Arglwydd wnaeth ddewis eich gwneud chi'n bobl iddo
fe'i hun, felly fydd e ddim yn troi cefn arnoch chi. Mae e eisiau cadw ei enw da. [23]Ac o'm rhan
i fy hun, fyddwn i byth yn meiddio pechu yn erbyn yr Arglwydd drwy beidio gweddïo drosoch chi.

---

u 12:17 *y tymor sych* Hebraeg, "amser y cynhaeaf gwenith", ddechrau'r haf – tua Mai i Mehefin.
12:9 Barnwyr 4:2 12:9 Barnwyr 13:1 12:9 Barnwyr 3:12 12:11 Barnwyr 4:2 12:11 Barnwyr 4
12:11 Barnwyr 10:6—12:7

Bydda i'n eich dysgu chi i fyw yn y ffordd iawn: 24 Cofiwch barchu'r ARGLWYDD, a'i addoli o ddifri
â'ch holl galon. Meddyliwch am yr holl bethau mawr mae'r ARGLWYDD wedi'u gwneud i chi!
25 Ond os byddwch chi'n mynnu dal ati i wneud drwg, bydd hi ar ben arnoch chi a'ch brenin."

Rhyfel yn erbyn y Philistiaid

13 Does neb yn siŵr[w] beth oedd oed Saul pan ddaeth yn frenin. Ar ôl bod yn frenin ar
Israel am ddwy flynedd 2 dyma fe'n dewis tair mil o ddynion i fod yn ei fyddin. Roedd
dwy fil o'r dynion i aros gydag e yn Michmas[y] a bryniau Bethel, a'r mil arall i fynd gyda
Jonathan i Gibea ar dir llwyth Benjamin. Anfonodd bawb arall yn ôl adre.
3 Clywodd y Philistiaid fod Jonathan wedi ymosod ar eu garsiwn milwrol yn Geba.[a] Felly
dyma Saul yn anfon negeswyr drwy'r wlad i gyd i chwythu'r corn hwrdd[b] a dweud, "Chi
Hebreaid, gwrandwch yn astud!" 4 A chlywodd pawb yn Israel fod Saul wedi taro garsiwn
milwrol y Philistiaid, a bod y Philistiaid yn ffieiddio pobl Israel. Felly dyma'r bobl yn cael eu
galw i ymuno â byddin Saul yn Gilgal.
5 Yn y cyfamser, roedd y Philistiaid yn paratoi i ymosod ar Israel. Roedden nhw wedi casglu
tair mil[c] o gerbydau rhyfel, chwe mil o farchogion a gormod o filwyr traed i'w cyfrif, ac wedi
codi gwersyll yn Michmas i'r dwyrain o Beth-afen.[ch] 6 Pan welodd byddin Israel mor ddrwg
oedd hi arnyn nhw, dyma nhw'n colli pob hyder a mynd i guddio mewn ogofâu, drysni, yn
y creigiau ac mewn pydewau. 7 Roedd rhai wedi dianc dros afon Iorddonen i ardal Gad a Gilead.
Ond arhosodd Saul yn Gilgal, er fod y fyddin oedd gydag e i gyd wedi dychryn am eu bywydau.

Saul yn anufudd a Samuel yn ei geryddu

8 Roedd Saul wedi aros am wythnos, fel roedd Samuel wedi gofyn iddo wneud, ond ddaeth
Samuel ddim, a dechreuodd y dynion ei adael e. 9 Felly dyma Saul yn dweud, "Dewch a'r
anifeiliaid sydd i'w haberthu yma – y rhai sydd i'w llosgi a'r rhai sy'n offrwm i ofyn am
fendith yr ARGLWYDD." A dyma fe'n aberthu i Dduw.
10 Roedd e newydd orffen llosgi'r aberth pan ddaeth Samuel i'r golwg. A dyma Saul yn mynd
allan i'w gyfarfod a'i gyfarch. 11 Ond dyma Samuel yn gofyn iddo, "Be wyt ti wedi'i wneud?"
Atebodd Saul, "Roedd y dynion yn dechrau gadael. Doeddet ti ddim wedi dod fel roedden
ni wedi trefnu, ac mae'r Philistiaid wedi casglu at ei gilydd yn Michmas. 12 Roedd gen i ofn
y bydden nhw'n ymosod arna i yn Gilgal, a finnau heb ofyn i Dduw am help. Felly doedd gen
i ddim dewis ond mynd ati i losgi'r aberth."
13 "Ti wedi gwneud peth gwirion," meddai Samuel wrtho. "Dylet ti fod wedi gwneud beth
ddwedodd yr ARGLWYDD wrthot ti. Petaet ti wedi bod yn ufudd byddai'r ARGLWYDD wedi cadw'r
olyniaeth frenhinol yn dy deulu di am byth. 14 Ond nawr, fydd hynny ddim yn digwydd. Mae'r
ARGLWYDD wedi dod o hyd i ddyn sydd wrth ei fodd, ac wedi dewis hwnnw i arwain ei bobl, am
dy fod ti heb gadw'i orchmynion."
15 Yna dyma Samuel yn gadael Gilgal a mynd i ffwrdd. Aeth Saul a'r milwyr oedd ar ôl
ganddo i ymuno gyda'r dynion eraill oedd wedi dod i ryfela. A dyma nhw'n mynd o Gilgal
i Gibea yn Benjamin. Pan gyfrodd Saul y dynion oedd ar ôl gydag e, dim ond chwe chant
ohonyn nhw oedd yna!

Y frwydr yn Michmas

16 Roedd Saul, Jonathan ei fab a'r dynion oedd gyda nhw yn Gibea yn Benjamin, tra
oedd y Philistiaid yn gwersylla yn Michmas. 17 Yna'n sydyn aeth tair mintai allan o wersyll

---

w 13:1 *Does neb yn siŵr* Mae'r rhifau yn yr Hebraeg yn gwneud hon yn un o'r adnodau mwyaf aneglur sydd. Mae cyfieithiadau wedi ceisio datrys y broblem mewn nifer fawr o wahanol ffyrdd. y 13:2 *Michmas* Tref tua 7 milltir i'r gogledd o Jerwsalem. a 13:3 *Geba* Roedd Geba rhwng Gibea a Michmas. b 13:3 *corn hwrdd* Hebraeg, *shoffar.* c 13:5 *tair mil* Rhai hen gyfieithiadau; Hebraeg, "tri deg mil". ch 13:5 *Beth-afen* Roedd y Beth-afen yma lai na milltir i ffwrdd o Michmas, rhwng Michmas a Geba.

y Philistiaid i ymosod ar wahanol ardaloedd. Aeth un i'r gogledd i gyfeiriad Offra[d] yn ardal
Shwal, 18un arall i'r gorllewin i gyfeiriad Beth-choron,[dd] a'r drydedd i gyfeiriad yr anialwch
yn y dwyrain, i'r grib sydd uwchben Dyffryn Seboïm.
19Bryd hynny doedd dim gof i'w gael yn holl wlad Israel. Roedd y Philistiaid eisiau
rhwystro'r Hebreaid rhag gwneud cleddyfau a gwaywffyn. 20Felly roedd rhaid i bobl Israel
fynd at y Philistiaid i roi min ar swch aradr, hof, bwyell neu gryman. 21Roedd rhaid talu prisiau
uchel – 8 gram o arian am hogi swch aradr neu hof, 4 gram o arian am fwyell, a'r un faint
am osod blaen ar ffon brocio ychen. 22Felly pan ddechreuodd y frwydr doedd gan filwyr Saul
a Jonathan ddim cleddyfau na gwaywffyn; dim ond Saul ei hun a'i fab Jonathan oedd â rhai.
23Roedd byddin y Philistiaid yn symud allan i gyfeiriad bwlch Michmas.

Cynllun mentrus Jonathan

14 Un diwrnod dyma Jonathan, mab Saul, yn dweud wrth y gwas oedd yn cario'i arfau,
"Tyrd, gad i ni groesi drosodd i wersyll y Philistiaid." Ond ddwedodd e ddim am y peth
wrth ei dad. 2Roedd Saul yn eistedd o dan y goeden pomgranadau sydd wrth ymyl Migron
ar gyrion Gibea, a tua chwe chant o ddynion gydag e. 3Achïa oedd yn cario'r effod. (Roedd
Achïa yn fab i Achitwf, brawd Ichabod a mab Phineas fab Eli oedd yn arfer bod yn offeiriad
yn Seilo.) Doedd neb o'r fyddin yn gwybod fod Jonathan wedi mynd.
4Roedd clogwyni uchel bob ochr i'r bwlch roedd Jonathan eisiau ei groesi i fynd at wersyll
y Philistiaid. Enwau'r clogwyni oedd Botsets a Senne. 5Roedd un i'r gogledd ar ochr Michmas,
a'r llall i'r de ar ochr Geba. 6Dyma Jonathan yn dweud wrth y gwas oedd yn cario'i arfau,
"Tyrd, gad i ni fynd draw i wersyll y paganiaid acw. Falle bydd yr ARGLWYDD yn ein helpu ni. Mae'r
un mor hawdd iddo fe achub hefo criw bach ag ydy hi gyda byddin fawr." 7A dyma'i was yn
ateb, "Gwna beth bynnag wyt ti eisiau. Dos amdani. Dw i gyda ti bob cam."
8Meddai Jonathan, "Dyma be wnawn ni. Awn ni drosodd at y dynion a gadael iddyn nhw
ein gweld ni. 9Os dwedan nhw 'Arhoswch yna nes i ni ddod atoch chi,' gwnawn ni aros lle
rydyn ni. 10Ond os dwedan nhw, 'Dewch i fyny yma,' awn ni atyn nhw. Bydd hynny'n arwydd
fod yr ARGLWYDD yn eu rhoi nhw'n ein gafael ni."
11Felly dyma'r ddau'n mynd, a dangos eu hunain i fyddin y Philistiaid. A dyma'r rheiny
yn dweud, "Edrychwch! Mae'r Hebreaid yn dod allan o'r tyllau lle maen nhw wedi bod yn
cuddio!" 12Gwaeddodd y milwyr ar Jonathan a'i gludwr arfau, "Dewch i fyny yma i ni ddysgu
gwers i chi!" A dyma Jonathan yn dweud wrth ei was, "Dilyn fi, achos mae'r ARGLWYDD yn mynd
i roi buddugoliaeth i Israel." 13Yna dringodd Jonathan i fyny ar ei bedwar, a'r gwas oedd yn
cario'i arfau ar ei ôl. Dyma Jonathan yn taro gwylwyr y Philistiaid i lawr, ac yna roedd ei was
yn ei ddilyn ac yn eu lladd nhw. 14Yn yr ymosodiad cyntaf yma, lladdodd Jonathan a'i was
tua dau ddeg o ddynion mewn llai na chan llath.
15Yna roedd yna ddaeargryn, a dyma banig llwyr yn dod dros fyddin y Philistiaid. Roedden
nhw'n panicio yn y gwersyll ac allan ar y maes – y fintai i gyd a'r grwpiau oedd wedi mynd
allan i ymosod ar Israel. Duw oedd wedi achosi'r panig yma.
16Roedd gan Saul wylwyr yn Gibea yn Benjamin, a dyma nhw'n gweld milwyr y Philistiaid
yn dyrfa yn diflannu i bob cyfeiriad. 17Dyma Saul yn gorchymyn galw'i filwyr at ei gilydd i weld
pwy oedd ar goll, a dyma nhw'n ffeindio fod Jonathan a'r gwas oedd yn cario'i arfau ddim yno.
18Yna dyma Saul yn dweud wrth Achïa'r offeiriad, "Tyrd â'r Arch yma." (Roedd Arch Duw allan
gyda byddin Israel ar y pryd.) 19Ond tra oedd Saul yn siarad â'r offeiriad, roedd y panig yng
ngwersyll y Philistiaid yn mynd o ddrwg i waeth. Felly dyma Saul yn dweud wrtho, "Anghofia
hi." 20A dyma Saul yn galw'i fyddin at ei gilydd a mynd allan i'r frwydr.
Roedd byddin y Philistiaid mewn anhrefn llwyr. Dyna lle roedden nhw'n lladd ei gilydd!
21Roedd yna Hebreaid oedd wedi ymuno â byddin y Philistiaid cyn hyn, a dyma nhw'n troi
i ymladd ar ochr yr Israeliaid gyda Saul a Jonathan. 22Wedyn, pan glywodd yr Israeliaid oedd

---

d 13:17 *Offra* 4 milltir i'r gogledd-ddwyrain o Bethel. dd 13:18 *Beth-choron* 10 milltir i'r gorllewin o Michmas.

wedi bod yn cuddio ym mryniau Effraim fod y Philistiaid yn ffoi, dyma nhw hefyd yn mynd ar eu holau. [23]Roedd y brwydro wedi lledu tu draw i Beth-afen.

Felly yr ARGLWYDD wnaeth achub Israel y diwrnod hwnnw.

Saul yn tyngu llw ffôl

[24]Roedd byddin Israel wedi llwyr ymlâdd y diwrnod hwnnw, am fod Saul wedi gwneud iddyn nhw dyngu llw a dweud, "Melltith ar unrhyw un fydd yn bwyta unrhyw beth cyn iddi nosi – cyn i mi ddial ar fy ngelynion." Felly doedd neb wedi bwyta o gwbl.

[25-26]Daeth y fyddin at goedwig, ac roedd diliau mêl ar lawr ym mhobman. Er eu bod nhw'n gweld y mêl yn diferu, wnaeth neb gymryd dim am fod arnyn nhw ofn y felltith. [27]Ond doedd Jonathan ddim wedi clywed ei dad yn gwneud i bawb dyngu'r llw. Felly dyma fe'n estyn blaen ei ffon i'r mêl, ac yna ei rhoi yn ei geg. Roedd wedi'i adfywio'n llwyr.[e] [28]Yna dyma un o'r dynion yn dweud wrtho, "Gwnaeth dy dad i'r milwyr dyngu llw, a dweud, 'Melltith ar unrhyw un sy'n bwyta unrhyw fwyd heddiw.' Dyna pam mae'r dynion i gyd yn teimlo mor wan." [29]A dyma Jonathan yn ateb, "Mae dad wedi gwneud pethau'n anodd i bawb. Edrychwch gymaint gwell dw i'n teimlo ar ôl blasu'r mymryn bach yna o fêl! [30]Petai'r dynion wedi cael bwyta'r bwyd adawodd y gelynion heddiw, bydden ni wedi lladd llawer mwy o'r Philistiaid!"

[31]Y diwrnod hwnnw llwyddodd y fyddin i daro'r Philistiaid yr holl ffordd o Michmas i Aialon,[f] ond roedden nhw wedi blino'n lân. [32]Felly dyma nhw'n rhuthro ar yr ysbail a chymryd defaid, gwartheg a lloi. Yna eu lladd nhw yn y fan a'r lle, a bwyta'r cig, y gwaed a'r cwbl.[ff] [33]Dwedodd rhywun wrth Saul fod y bobl wedi pechu yn erbyn yr ARGLWYDD drwy fwyta gwaed. A dyma Saul yn dweud, "Dych chi wedi bod yn anffyddlon. Rholiwch garreg fawr yma ata i. [34]Yna ewch at y dynion a dweud wrthyn nhw fod rhaid i bawb ddod â'i fustach a'i ddafad i'r fan yma, i'w ladd cyn ei fwyta. Dwedwch wrthyn nhw am beidio pechu yn erbyn yr ARGLWYDD drwy fwyta'r gwaed." Felly'r noson honno, dyma pawb yn mynd â'i anifail yno i'w ladd. [35]A dyna sut wnaeth Saul godi allor i'r ARGLWYDD am y tro cyntaf.

[36]Dyma Saul yn dweud, "Dewch i ni fynd i lawr ar ôl y Philistiaid yn y nos, a'u taro nhw nes bydd hi'n fore. Fydd yna run ohonyn nhw ar ôl!" Dyma'r dynion yn ateb, "Beth bynnag ti'n feddwl sydd orau." Ond dyma'r offeiriad yn dweud, "Gadewch i ni ofyn i Dduw gyntaf." [37]Felly dyma Saul yn gofyn i Dduw, "Ddylwn i fynd ar ôl y Philistiaid? Wnei di adael i Israel ennill y frwydr?" Ond gafodd e ddim ateb y diwrnod hwnnw. [38]Felly dyma Saul yn galw arweinwyr y fyddin ato a dweud, "Rhaid darganfod pwy sydd wedi pechu yma heddiw. [39]Mor sicr â bod yr ARGLWYDD, achubwr Israel, yn fyw – hyd yn oed os mai Jonathan, fy mab i fy hun, ydy e – bydd rhaid iddo farw!" Ond wnaeth neb o'r milwyr ddweud gair. [40]Felly dyma fe'n dweud wrth fyddin Israel, "Safwch chi i gyd yr ochr yna, a gwna i a fy mab Jonathan sefyll gyferbyn â chi." A dyma'r dynion yn ateb, "Beth bynnag ti'n feddwl sydd orau." [41]Yna dyma Saul yn gweddïo, "O ARGLWYDD, Duw Israel. Os mai fi neu Jonathan sydd wedi pechu, rho Wrim. Os mai un o fyddin Israel sydd wedi pechu, rho Thwmim."[g] A'r canlyniad oedd i Saul a Jonathan gael eu dangos yn euog, a bod y fyddin ddim ar fai. [42]A dyma Saul yn dweud, "Tynnwch garreg i ddewis rhwng Jonathan a fi." A chafodd Jonathan ei ddangos yn euog.

[43]Yna yma Saul yn gofyn i Jonathan, "Dwed wrtho i be wnest ti." A dyma Jonathan yn ateb, "Blasu mymryn o fêl ar flaen fy ffon. Dyma fi, oes rhaid i mi farw?" [44]A dyma Saul yn cyhoeddi, "Ar fy llw o flaen Duw, rhaid i Jonathan farw neu bydd Duw'n ein cosbi ni'n waeth fyth." [45]Ond dyma'r milwyr yn ateb, "Pam ddylai Jonathan farw? Mae e wedi ennill buddugoliaeth fawr i Israel heddiw. Mor sicr â bod yr ARGLWYDD yn fyw ddylai dim byd ddigwydd iddo. Roedd e'n cydweithio *gyda Duw heddiw." Felly dyma'r milwyr* yn achub Jonathan, a chafodd fyw.

[46]Ar ôl hynny, rhoddodd Saul y gorau i fynd ar ôl y Philistiaid, a dyma'r rheiny'n mynd yn ôl i'w gwlad eu hunain.

---

e 14:27 *roedd wedi'i adfywio'n llwyr* Hebraeg, "goleuodd ei lygaid". f 14:31 *Aialon* Roedd Aialon bron 20 milltir i'r gorllewin o Michmas. ff 14:32 *y gwaed a'r cwbl* Doedd pobl Israel ddim i fod i fwyta cig gyda gwaed ynddo (gw. Genesis 9:4; Lefiticus 17:11; Deuteronomium 12:23). g 14:41 gan ddilyn y cyfieithiad Groeg – yr LXX (mae'n ymddangos fod rhai geiriau ar goll yn y testun Hebraeg).

Crynodeb o deyrnasiad Saul

[47]Pan oedd Saul yn frenin ar Israel aeth i ryfel yn erbyn y gelynion oedd o'i gwmpas i gyd:
Moab, yr Ammoniaid, Edom, brenhinoedd Soba yn Syria, a'r Philistiaid. Roedd e'n ennill bob
tro. [48]Roedd e'n arwr. Trawodd yr Amaleciaid ac achub Israel o afael pawb oedd yn ymosod
arnyn nhw.
[49]Enwau Meibion Saul oedd Jonathan, Ishfi[ng] a Malci-shwa. Roedd ganddo ddwy ferch hefyd,
Merab, yr hynaf a Michal yr ifancaf. [50]Enw gwraig Saul oedd Achinoam (merch Achimaäts).
Pennaeth ei fyddin oedd Abner fab Ner, cefnder Saul. ([51]Roedd Cish tad Saul, a Ner tad
Abner yn feibion i Abiel).
[52]Roedd yna ryfela ffyrnig yn erbyn y Philistiaid yr holl amser roedd Saul yn frenin. Felly pan
fyddai Saul yn gweld unrhyw ddyn cryf a dewr, byddai'n ei gonscriptio i'w fyddin.

Saul yn dinistrio'r Amaleciaid

15 Dyma Samuel yn dweud wrth Saul, "Fi ydy'r un wnaeth yr ARGLWYDD ei anfon i dy
eneinio di yn frenin ar Israel. Felly, gwranda nawr ar beth mae'r ARGLWYDD yn ei
ddweud. [2]Dyma mae'r ARGLWYDD hollbwerus yn ei ddweud: 'Dw i am gosbi'r Amaleciaid am
beth wnaethon nhw i bobl Israel, sef gwrthod gadael iddyn nhw basio pan oedden nhw ar ei
ffordd o'r Aifft. [3]Felly ewch i daro'r Amaleciaid. Dinistriwch nhw'n llwyr, a llosgi eu heiddo.
Peidiwch teimlo trueni drostyn nhw. Lladdwch nhw i gyd – yn ddynion a merched, plant a babis
bach, gwartheg a defaid, camelod ag asynnod.' "
[4]Dyma Saul yn galw'r fyddin at ei gilydd a'u cyfri nhw yn Telaïm. Daeth 200,000
o filwyr traed a 10,000 o ddynion o Jwda. [5]Aeth Saul a'i fyddin i gyfeiriad y trefi lle roedd
yr Amaleciaid yn byw, a chuddio yn y dyffryn yn barod i ymosod. [6]Wedyn anfonodd neges
at y Ceneaid, "Ewch i ffwrdd o'r ardal. Peidiwch aros gyda'r Amaleciaid, rhag i chi gael eich
difa gyda nhw. Buoch chi'n garedig wrth bobl Israel pan oedden nhw'n dod o'r Aifft.[h]" Felly
dyma'r Ceneaid yn gadael yr Amaleciaid. [7]Yna dyma Saul yn ymosod ar yr Amaleciaid a'u
taro o Hafila yr holl ffordd i Shwr sydd wrth ymyl yr Aifft. [8]Cafodd Agag, brenin yr Amaleciaid,
ei ddal yn fyw, ond cafodd ei bobl i gyd eu lladd â'r cleddyf. [9]Dyma Saul a'i fyddin yn gadael
i Agag fyw, a dyma nhw hefyd yn cadw'r gorau o'r defaid a'r geifr, y gwartheg, y lloi, yr ŵyn
ac unrhyw beth arall oedd o werth. Doedden nhw ddim am ladd yr anifeiliaid gorau; dim ond
y rhai gwael a diwerth gafodd eu lladd.

Yr ARGLWYDD yn gwrthod Saul

[10]Yna dyma'r ARGLWYDD yn dweud wrth Samuel, [11]"Dw i'n sori mod i wedi gwneud Saul yn
frenin. Mae e wedi troi cefn arna i, a dydy e ddim yn gwneud beth dw i'n ddweud." Roedd
Samuel wedi ypsetio'n lân, a bu'n crefu ar yr ARGLWYDD am y peth drwy'r nos. [12]Yna'n gynnar
iawn y bore wedyn aeth Samuel i weld Saul. Ond dyma rywun yn dweud wrtho fod Saul wedi
mynd i dref Carmel[i] i godi cofeb iddo'i hun yno, ac yna ymlaen i Gilgal. [13]Pan ddaeth Samuel
o hyd i Saul, dyma Saul yn ei gyfarch, "Bendith yr ARGLWYDD arnat i. Dw i wedi gwneud popeth
ddwedodd yr ARGLWYDD." [14]Ond dyma Samuel yn ei ateb, "Os felly, beth ydy sŵn y defaid a'r
gwartheg yna dw i'n ei glywed?" [15]Atebodd Saul, "Y milwyr wnaeth eu cymryd nhw oddi ar
yr Amaleciaid. Maen nhw wedi cadw'r defaid a'r gwartheg gorau i'w haberthu i'r ARGLWYDD
dy Dduw. Mae popeth arall wedi cael ei ddinistrio."
[16]Ond dyma Samuel yn dweud wrth Saul, "Taw, i mi gael dweud wrthot ti beth ddwedodd
Duw wrtho i neithiwr." "Dwed wrtho i," meddai Saul. [17]Ac meddai Samuel, "Pan oeddet ti'n

---

ng 14:49-51 *Ishfi* Roedd hefyd yn cael ei alw yn Eshbaal (gw. 1 Cronicl 8:33; 9:39) ac Ish-bosheth (gw. 2 Samuel 2:8-13; 3:8-15; 4:5-12). h 15:6 *Buoch ... Aifft* Roedd tad-yng-nghyfraith Moses yn un o'r Ceneaid (cf. Numeri 10:29-32; Barnwyr 1:16). i 15:12 *Carmel* Nid Mynydd Carmel, ond tref fach oedd tua 25 milltir i'r de o Jerwsalem.

15:2 Exodus 17:8-16; Deuteronomium 25:17-18

meddwl dy fod ti'n neb o bwys, cest ti dy wneud yn arweinydd ar lwythau Israel. Dewisodd yr
ARGLWYDD di yn frenin ar Israel. 18 Wedyn dyma fe'n dy anfon di allan a dweud, 'Dos i ddinistrio'r
Amaleciaid drwg yna. Ymladd yn eu herbyn nhw a dinistria nhw'n llwyr.' 19 Felly pam wnest
ti ddim gwrando? Yn lle hynny, rwyt ti wedi rhuthro ar yr ysbail i gael be alli di i ti dy hun. Ti
wedi gwneud drwg yng ngolwg yr ARGLWYDD."

20 Dyma Saul yn ateb Samuel, "Ond dw i hefyd wedi gwneud beth ddwedodd yr ARGLWYDD!
Es i ar yr ymgyrch fel roedd e wedi dweud. Dw i wedi dal y Brenin Agag ac wedi dinistrio'r
Amaleciaid yn llwyr. 21 Cymerodd y fyddin y defaid a'r gwartheg gorau i'w haberthu nhw i'r
ARGLWYDD dy Dduw yma yn Gilgal!" 22 Yna dyma Samuel yn dweud,

"Beth sy'n rhoi mwya o bleser i'r ARGLWYDD?
    Aberth ac offrwm i'w losgi, neu wneud beth mae e'n ddweud?
Mae gwrando yn well nag aberth;
    mae talu sylw yn well na braster hyrddod.

23 Mae gwrthryfela yn bechod, fel dablo mewn dewiniaeth,
    ac mae anufudd-dod mor ddrwg ac addoli eilunod.
Am dy fod wedi gwrthod gwrando ar yr ARGLWYDD
    mae e wedi dy wrthod di fel brenin."

Saul yn pledio am faddeuant

24 Dyma Saul yn cyfaddef i Samuel, "Dw i wedi pechu. Dw i wedi bod yn anufudd i'r ARGLWYDD
a gwrthod gwrando arnat ti. Roedd gen i ofn y milwyr, a dyma fi'n gwneud beth roedden
nhw eisiau. 25 Plîs maddau i mi. Tyrd yn ôl hefo fi, i mi gael addoli'r ARGLWYDD." 26 "Na," meddai
Samuel, "wna i ddim mynd yn ôl hefo ti. Ti wedi gwrthod gwrando ar yr ARGLWYDD ac mae e wedi
dy wrthod di yn frenin ar Israel." 27 Yna wrth i Samuel droi i adael, dyma Saul yn gafael yn
ymyl ei glogyn, a dyma fe'n rhwygo. 28 Meddai Samuel wrtho, "Mae'r ARGLWYDD wedi rhwygo'r
deyrnas oddi arnat ti heddiw, a'i rhoi hi i rywun arall gwell na ti. 29 Dydy Un Godidog Israel,
ddim yn dweud celwydd nac yn newid ei feddwl. Dydy e ddim fel person dynol sy'n newid ei
feddwl o hyd." 30 "Dw i wedi pechu", meddai Saul eto. "Ond plîs dangos barch ata i o flaen
arweinwyr a phobl Israel. Tyrd yn ôl hefo fi, i mi gael addoli'r ARGLWYDD dy Dduw." 31 Felly aeth
Samuel yn ôl gyda Saul, a dyma Saul yn addoli'r ARGLWYDD.

Samuel yn lladd y Brenin Agag

32 Yna dyma Samuel yn dweud, "Dewch ag Agag, brenin yr Amaleciaid, ata i." Daeth Agag
ato yn nerfus, gan feddwl, "Wnân nhw ddim fy lladd i bellach, siawns?" 33 Ond dyma Samuel
yn dweud, "Fel gwnaeth dy gleddyf di adael gwragedd heb blant, tro dy fam di ydy hi i alaru
nawr." A dyma fe'n hacio Agag i farwolaeth o flaen yr ARGLWYDD yn Gilgal.

34 Aeth Samuel yn ôl i Rama, ac aeth Saul adre i Gibea 35 Wnaeth Samuel ddim gweld Saul
byth wedyn. Ond roedd yn dal i deimlo mor drist amdano. Roedd yr ARGLWYDD, ar y llaw arall,
yn sori ei fod wedi gwneud Saul yn frenin ar Israel.

Yr ARGLWYDD yn dewis Dafydd yn frenin

16 Dyma'r ARGLWYDD yn gofyn i Samuel, "Am faint wyt ti'n mynd i ddal i deimlo'n drist
am Saul? Dw i wedi'i wrthod e fel brenin ar Israel. Llenwa gorn gydag olew olewydd
a dos i Bethlehem at ddyn o'r enw Jesse. Dw i wedi dewis un o'i feibion e i fod yn frenin i mi."
2 Atebodd Samuel, "Sut alla i wneud hynny? Os bydd Saul yn clywed am y peth bydd e'n fy lladd
i!" "Dos â heffer gyda ti," meddai'r ARGLWYDD, "a dweud, 'Dw i'n mynd i aberthu i'r ARGLWYDD.'
3 Gwahodd Jesse i'r aberth, a gwna i ddangos i ti pa un o'i feibion i'w eneinio â'r olew."

15:17 1 Samuel 9:21

4 Gwnaeth Samuel fel roedd Duw wedi dweud, a mynd i Fethlehem. Ond roedd arweinwyr
y dre yn nerfus iawn pan welon nhw e. Dyma nhw'n gofyn iddo, “Wyt ti'n dod yn heddychlon?”
5 “Ydw”, meddai Samuel, “yn heddychlon. Dw i'n dod i aberthu i'r ARGLWYDD. Ewch drwy'r
ddefod o buro eich hunain, a dewch gyda mi i'r aberth.” Yna dyma fe'n arwain Jesse a'i feibion
drwy'r ddefod o gysegru eu hunain, a'u gwahodd nhw i'r aberth.
6 Pan gyrhaeddon nhw, sylwodd Samuel ar Eliab a meddwl, “Dw i'n siŵr mai hwnna ydy'r
un mae'r ARGLWYDD wedi'i ddewis yn frenin.” 7 Ond dyma'r ARGLWYDD yn dweud wrtho, “Paid
cymryd sylw o pa mor dal a golygus ydy e. Dw i ddim wedi'i ddewis e. Dydy Duw ddim yn
edrych ar bethau yr un fath ag mae pobl. Mae pobl yn edrych ar y tu allan, ond mae'r
ARGLWYDD yn edrych ar sut berson ydy rhywun go iawn.” 8 Yna dyma Jesse yn galw Abinadab,
i Samuel gael ei weld e. Ond dyma Samuel yn dweud, “Dim hwn mae'r ARGLWYDD wedi'i ddewis
chwaith.” 9 Felly dyma Jesse yn dod â Shamma ato. Ond dyma Samuel yn dweud, “Dim hwn
mae'r ARGLWYDD wedi'i ddewis chwaith.” 10 Daeth Jesse â saith o'i feibion at Samuel yn eu
tro. Ond dyma Samuel yn dweud wrtho, “Dydy'r ARGLWYDD ddim wedi dewis run o'r rhain.”
11 Yna dyma Samuel yn holi Jesse, “Ai dyma dy fechgyn di i gyd?” “Na,” meddai Jesse, “Mae'r
lleiaf ar ôl. Mae e'n gofalu am y defaid.” “Anfon rhywun i'w nôl e,” meddai Samuel. “Wnawn
ni ddim byd arall nes bydd e wedi cyrraedd.” 12 Felly dyma Jesse'n anfon amdano. Roedd yn
fachgen iach yr olwg gyda llygaid hardd – bachgen golygus iawn. A dyma'r ARGLWYDD yn
dweud, “Tyrd! Hwn ydy e! Eneinia fe â'r olew.” 13 Felly dyma Samuel yn tywallt yr olew ar
ben Dafydd o flaen ei frodyr i gyd. Daeth Ysbryd yr ARGLWYDD yn rymus ar Dafydd o'r diwrnod
hwnnw ymlaen.
Yna dyma Samuel yn mynd yn ôl adre i Rama.

Dafydd yn canu'r delyn i Saul

14 Roedd Ysbryd yr ARGLWYDD wedi gadael Saul. A dyma'r ARGLWYDD yn anfon ysbryd drwg i'w
boeni. 15 Roedd ei swyddogion yn dweud wrtho, “Mae'n amlwg fod Duw wedi anfon ysbryd drwg
i dy boeni di. 16 Syr, beth am i ni, dy weision, fynd i chwilio am rywun sy'n canu'r delyn[I] yn dda?
Wedyn, pan fydd Duw yn anfon yr ysbryd drwg arnat ti, bydd e'n canu'r delyn ac yn gwneud i ti
deimlo'n well.” 17 Felly dyma Saul yn ateb, “Iawn, ewch i ffeindio rhywun sy'n canu'r delyn yn
dda, a dewch ag e yma.” 18 A dyma un o'r dynion ifanc yn dweud, “Dw i'n gwybod am fab i Jesse
o Fethlehem sy'n dda ar y delyn. Mae e'n filwr dewr, yn siaradwr da, mae'n fachgen golygus
ac mae'r ARGLWYDD gydag e.” 19 Felly dyma Saul yn anfon neges at Jesse, “Anfon dy fab Dafydd
ata i, yr un sydd gyda'r defaid.” 20 A dyma Jesse'n llwytho asyn gyda bara, potel groen yn llawn
o win, a gafr ifanc, a'u hanfon gyda'i fab Dafydd at Saul. 21 Aeth Dafydd i weithio i Saul. Roedd
Saul yn ei hoffi'n fawr, a rhoddodd y cyfrifoldeb o gario'i arfau iddo. 22 Anfonodd Saul neges
at Jesse yn gofyn, “Plîs gad i Dafydd aros yma i fod yn was i mi. Dw i'n hapus iawn gydag e.”
23 Felly, pan fyddai Duw yn anfon ysbryd drwg ar Saul, byddai Dafydd yn nôl ei delyn
a'i chanu. Byddai hynny'n tawelu Saul a gwneud iddo deimlo'n well; a byddai'r ysbryd drwg
yn gadael llonydd iddo.

Goliath yn herio byddin Israel

17 Casglodd y Philistiaid eu byddin at ei gilydd yn Socho yn Jwda, i fynd i ryfel. Roedden
nhw wedi codi gwersyll yn Effes-dammîm rhwng Socho ac Aseca.[II] 2 Roedd Saul
a byddin Israel hefyd wedi codi gwersyll yn Nyffryn Ela, ac yn sefyll yn rhengoedd yn barod
i ymladd yn erbyn y Philistiaid. 3 Roedd y Philistiaid ar ben un bryn a'r Israeliaid ar ben bryn
arall, gyda'r dyffryn rhyngddyn nhw.

I 16:16 *telyn* Nid telyn fel y gwyddom ni amdani oedd yr offeryn yma, ond telyn fach hirsgwar oedd yn cael ei dal gan y llaw chwith yn erbyn y frest. II 17:1 *Socho ac Aseca* Roedd Socho ar diriogaeth pobl Israel, ac Aseca yn yr ardal oedd y Philistiaid yn ei rheoli. Tua 18 milltir i'r de-orllewin o Jerwsalem.
16:12 Salm 78:70-71

4 Daeth milwr o'r enw Goliath o dref Gath allan o wersyll y Philistiaid i herio'r Israeliaid.
Roedd e dros naw troedfedd o daldra! 5 Roedd yn gwisgo helmed bres, arfwisg bres oedd yn
pwyso bron chwe deg cilogram, 6 a phadiau pres ar ei goesau. Roedd cleddyf cam pres yn
hongian dros ei ysgwydd. 7 Roedd coes ei waywffon fel trawst ffrâm gwehydd, a'i phig haearn
yn pwyso tua saith cilogram. Ac roedd gwas yn cario'i darian o'i flaen. 8 Dyma fe'n sefyll
a gweiddi ar fyddin Israel, "Pam dych chi'n paratoi i ryfela? Philistiad ydw i, a dych chi'n weision
i Saul. Dewiswch un dyn i ddod i lawr yma i ymladd hefo fi! 9 Os gall e fy lladd i, byddwn ni'n
gaethweision i chi. Ond os gwna i ei ladd e yna chi fydd yn gaethweision i ni." 10 Yna gwaeddodd
eto, "Dw i'n eich herio chi heddiw, fyddin Israel. Dewiswch ddyn i ymladd yn fy erbyn i!" 11 Pan
glywodd Saul a dynion Israel hyn dyma nhw'n dechrau panicio; roedd ganddyn nhw ofn go iawn.

Jesse yn anfon Dafydd i wersyll Israel

12 Roedd Dafydd yn fab i Jesse o deulu Effratha, oedd yn byw yn Bethlehem yn Jwda. Roedd
gan Jesse wyth mab, a phan oedd Saul yn frenin roedd e'n ddyn mewn oed a pharch mawr
iddo. 13 Roedd ei dri mab hynaf – Eliab, Abinadab a Shamma – wedi dilyn Saul i'r rhyfel.
14 Dafydd oedd y mab ifancaf. Tra oedd y tri hynaf ym myddin Saul 15 byddai Dafydd yn mynd
yn ôl a blaen rhwng gwasanaethu Saul ac edrych ar ôl defaid ei dad yn Bethlehem. 16 Yn
y cyfamser, roedd y Philistiad yn dod allan i herio byddin Israel bob dydd, fore a nos. Gwnaeth
hyn am bedwar deg diwrnod.
17 Un diwrnod dyma Jesse yn dweud wrth Dafydd, "Plîs, brysia draw i'r gwersyll at dy frodyr.
Dos â sachaid[m] o rawn wedi'i grasu a deg torth iddyn nhw. 18 A chymer y deg darn yma o gaws
i'w roi i'r capten. Ffeindia allan sut mae pethau'n mynd, a thyrd â rhywbeth yn ôl i brofi eu
bod nhw'n iawn. 19 Maen nhw yn Nyffryn Ela gyda Saul a byddin Israel yn ymladd y Philistiaid."
20 Cododd Dafydd ben bore a gadael y defaid yng ngofal rhywun arall. Llwythodd ei bac
a mynd fel roedd Jesse wedi dweud wrtho. Dyma fe'n cyrraedd y gwersyll wrth i'r fyddin
fynd allan i'w rhengoedd yn barod i ymladd, yn gweiddi "I'r gad!" 21 Roedd yr Israeliaid a'r
Philistiaid yn wynebu'i gilydd yn eu rhengoedd.
22 Gadawodd Dafydd y pac oedd ganddo gyda'r swyddog cyfarpar, a rhedeg i ganol
y rhengoedd at ei frodyr i holi eu hanes. 23 Tra oedd e'n siarad â nhw, dyma Goliath (y Philistiad
o Gath) yn dod allan o rengoedd y Philistiaid, a dechrau bygwth yn ôl ei arfer. A chlywodd
Dafydd e. 24 Pan welodd milwyr Israel e, dyma nhw i gyd yn cilio'n ôl; roedd ganddyn nhw ei
ofn go iawn. 25 Roedden nhw'n dweud wrth ei gilydd, "Ydych chi'n gweld y dyn yna sy'n dod
i fyny? Mae'n gwneud hyn i wawdio pobl Israel. Mae'r brenin wedi addo arian mawr i bwy
bynnag sy'n ei ladd e. Bydd y dyn hwnnw'n cael priodi merch y brenin, a fydd teulu ei dad
byth yn gorfod talu trethi eto."
26 Dyma Dafydd yn holi'r dynion o'i gwmpas, "Be fydd y wobr i'r dyn sy'n lladd y Philistiad
yma, ac yn stopio'r sarhau yma ar Israel? Pwy mae'r pagan yna'n meddwl ydy e, yn herio
byddin y Duw byw?" 27 A dyma'r milwyr yn dweud wrtho beth oedd wedi cael ei addo. "Dyna
fydd gwobr pwy bynnag sy'n ei ladd e," medden nhw.
28 Dyma Eliab, ei frawd hynaf, yn clywed Dafydd yn siarad â'r dynion o'i gwmpas, ac
roedd wedi gwylltio gydag e. "Pam ddest ti i lawr yma?" meddai. "Pwy sy'n gofalu am yr
ychydig ddefaid yna yn yr anialwch i ti? Dw i'n dy nabod di y cenau drwg! Dim ond wedi
dod i lawr i weld y frwydr wyt ti." 29 "Be dw i wedi'i wneud nawr?" meddai Dafydd. "Dim ond
holi oeddwn i." 30 A dyma fe'n troi oddi wrtho a gofyn yr un peth eto i rywun arall. A chafodd
yr un ateb ag o'r blaen.

Dafydd yn lladd Goliath

31 Roedd yna rai wedi sylwi ar y diddordeb roedd Dafydd yn ei ddangos, a dyma nhw'n
mynd i ddweud wrth Saul; a chafodd Dafydd ei alw ato. 32 Yna dyma Dafydd yn dweud wrth

m 17:17 *sachaid* Hebraeg, *Effa*, sef tua 10 cilogram.

Saul, “Does dim rhaid i neb ddigalonni, syr. Dw i'n barod i ymladd y Philistiad yna!” 33“Alli di
ddim ymladd yn ei erbyn e!” meddai Saul. “Dim ond bachgen wyt ti! Mae e wedi bod yn filwr
ar hyd ei oes!” 34Atebodd Dafydd, “Bugail ydw i, syr, yn gofalu am ddefaid fy nhad. Weithiau
bydd llew neu arth yn dod a chymryd oen o'r praidd. 35Bydda i'n rhedeg ar ei ôl, ei daro
i lawr, ac achub yr oen o'i geg. Petai'n ymosod arna i, byddwn i'n gafael ynddo gerfydd ei
wddf, ei daro, a'i ladd. 36Syr, dw i wedi lladd llew ac arth; a bydda i'n gwneud yr un fath i'r
pagan o Philistiad yma, am ei fod wedi herio byddin y Duw byw! 37Bydd yr ARGLWYDD, wnaeth
fy achub i rhag y llew a'r arth, yn fy achub i o afael y Philistiad yma hefyd!” Felly dyma Saul
yn dweud, “Iawn, dos di. A'r ARGLWYDD fo gyda ti.”

38Dyma Saul yn rhoi ei arfwisg e'i hun i Dafydd ei gwisgo – helmed bres ar ei ben,
a'i arfwisg bres amdano. 39Wedyn, dyma Dafydd yn rhwymo cleddyf Saul am ei ganol
a cheisio cerdded. Ond roedd e'n methu. “Alla i ddim cerdded yn y rhain,” meddai e wrth
Saul. “Dw i ddim wedi arfer gyda nhw.” Felly tynnodd nhw i ffwrdd. 40Gafaelodd yn ei ffon
fugail, dewisodd bum carreg lefn o'r sychnant a'u rhoi yn ei fag bugail. Yna aeth i wynebu'r
Philistiad gyda'i ffon dafl yn ei law.

41Roedd y Philistiad yn dod yn nes at Dafydd gyda'i was yn cario'i darian o'i flaen. 42Pan
welodd e Dafydd roedd e'n ei wfftio am mai bachgen oedd e – bachgen ifanc, golygus, iach
yr olwg. 43A dyma fe'n dweud wrth Dafydd, “Wyt ti'n meddwl mai ci ydw i, dy fod yn dod
allan yn fy erbyn i â ffyn?” Ac roedd e'n rhegi Dafydd yn enw ei dduwiau, 44a gweiddi, “Tyrd
yma i mi gael dy roi di'n fwyd i'r adar a'r anifeiliaid gwyllt!” 45Ond dyma Dafydd yn ei ateb
e, “Rwyt ti'n dod yn fy erbyn i gyda gwaywffon a chleddyf, ond dw i'n dod yn dy erbyn di
ar ran yr ARGLWYDD hollbwerus! Fe ydy Duw byddin Israel, yr un wyt ti'n ei herio. 46Heddiw
bydd yr ARGLWYDD yn dy roi di yn fy llaw i. Dw i'n mynd i dy ladd di a thorri dy ben di i ffwrdd!
Cyrff byddin y Philistiaid fydd yn fwyd i'r adar a'r anifeiliaid gwyllt! Bydd y wlad i gyd yn
cael gwybod heddiw fod gan Israel Dduw. 47A bydd pawb sydd yma yn dod i weld mai nid
gyda chleddyf a gwaywffon mae'r ARGLWYDD yn achub. Brwydr yr ARGLWYDD ydy hon. Bydd e'n
eich rhoi chi yn ein gafael ni.” 48Dyma'r Philistiad yn symud yn nes at Dafydd i ymosod arno.
A dyma Dafydd yn rhedeg at y rhengoedd i'w gyfarfod. 49Rhoddodd ei law yn ei fag, cymryd
carreg allan a'i hyrddio at y Philistiad gyda'i ffon dafl. Tarodd y garreg Goliath ar ei dalcen
a suddo i mewn nes iddo syrthio ar ei wyneb ar lawr. 50(Dyna sut wnaeth Dafydd guro'r
Philistiad gyda ffon-dafl a charreg. Doedd ganddo ddim cleddyf hyd yn oed!) 51Rhedodd
Dafydd a sefyll uwch ei ben. Wedyn dyma fe'n tynnu cleddyf y Philistiad allan o'r wain, ei
ladd, a thorri ei ben i ffwrdd.

Pan welodd y Philistiaid fod eu harwr wedi'i ladd, dyma nhw'n ffoi. 52Yna rhuthrodd byddin
Israel a Jwda ymlaen gan weiddi “I'r gad!”, a mynd ar ôl y Philistiaid ar hyd y dyffryn nes
cyrraedd giatiau tref Ecron. Roedd cyrff y Philistiaid yn gorwedd yr holl ffordd o Shaaraim
i Gath ac Ecron. 53Pan ddaeth dynion Israel yn ôl wedi'r ymlid gwyllt ar ôl y Philistiaid dyma
nhw'n ysbeilio'u gwersyll.

54(Aeth Dafydd â pen y Philistiad i Jerwsalem, ond cadwodd ei arfau yn ei babell.)

55Pan welodd Saul Dafydd yn mynd allan i gyfarfod y Philistiad, gofynnodd i Abner, capten
y fyddin, “Mab i bwy ydy'r bachgen acw, Abner?” “Dw i wir[n] ddim yn gwybod, syr,” atebodd
Abner. 56A dyma'r brenin yn dweud wrtho, “Dos i holi mab i bwy ydy e.” 57Felly pan ddaeth
Dafydd yn ôl ar ôl lladd y Philistiad, dyma Abner yn mynd ag e at y brenin. Roedd pen
y Philistiaid yn ei law. 58A dyma Saul yn gofyn iddo, “Mab i bwy wyt ti, machgen i?” Atebodd
Dafydd, “Mab dy was Jesse o Fethlehem.”

Dafydd a Jonathan

18 Ar ôl siarad â Saul dyma Dafydd yn cyfarfod Jonathan, ei fab, a daeth y ddau yn
ffrindiau gorau. Roedd Jonathan yn caru Dafydd fwy na fe ei hun. 2O'r diwrnod

n 17:55 *Dw i wir* Hebraeg, “mor sicr â dy fod ti'n fyw”.

hwnnw ymlaen dyma Saul yn cadw Dafydd gydag e, a chafodd e ddim mynd adre at ei dad.
3 Roedd Jonathan a Dafydd wedi ymrwymo i fod yn ffyddlon i'w gilydd. Roedd Jonathan yn
caru Dafydd fwy na fe ei hun. 4 Tynnodd ei fantell a'i rhoi am Dafydd, a'i grys hefyd, a hyd
yn oed ei gleddyf, ei fwa a'i felt.
5 Roedd Dafydd yn llwyddo beth bynnag roedd Saul yn gofyn iddo'i wneud. Felly dyma Saul
yn ei wneud yn gapten ar ei fyddin. Ac roedd hynny'n plesio pawb, gan gynnwys swyddogion
Saul.

Saul yn eiddigeddus o Dafydd

6 Pan aeth y fyddin adre ar ôl i Dafydd ladd y Philistiad, roedd merched pob tref yn dod allan
i groesawu'r brenin Saul. Roedden nhw'n canu a dawnsio'n llawen i gyfeiliant offerynnau
taro a llinynnol. 7 Wrth ddathlu'n frwd roedden nhw'n canu fel hyn:

"Mae Saul wedi lladd miloedd,
ond Dafydd ddegau o filoedd!"

8 Doedd Saul ddim yn hapus o gwbl am y peth. Roedd wedi gwylltio. "Maen nhw'n rhoi degau
o filoedd i Dafydd, a dim ond miloedd i mi," meddai. "Peth nesa, byddan nhw eisiau'i wneud
e'n frenin!" 9 Felly o hynny ymlaen roedd Saul yn amheus o Dafydd, ac yn cadw llygad arno.
10 Y diwrnod wedyn dyma ysbryd drwg oddi wrth Dduw yn dod ar Saul, a dyma fe'n
dechrau ymddwyn fel dyn gwallgo yn y tŷ. Roedd Dafydd wrthi'n canu'r delyn iddo fel arfer.
Roedd gwaywffon yn llaw Saul, 11 a dyma fe'n taflu'r waywffon at Dafydd. "Mi hoelia i e i'r
wal," meddyliodd. Digwyddodd hyn ddwywaith, ond llwyddodd Dafydd i'w osgoi. 12 Roedd
y sefyllfa'n codi ofn ar Saul, am fod yr Arglwydd gyda Dafydd, ond wedi'i adael e. 13 Felly
dyma Saul yn anfon Dafydd i ffwrdd a'i wneud yn gapten ar uned o fil o filwyr. Dafydd oedd
yn arwain y fyddin allan i frwydro. 14 Roedd yn llwyddo beth bynnag roedd e'n ei wneud, am
fod yr Arglwydd gydag e. 15 Pan welodd Saul mor llwyddiannus oedd e roedd yn ei ofni fwy
fyth. 16 Ond roedd pobl Israel a Jwda i gyd wrth eu boddau gyda Dafydd, am mai fe oedd
yn arwain y fyddin.

Dafydd yn priodi merch hynaf Saul

17 Yna dyma Saul yn dweud wrth Dafydd, "Dyma Merab, fy merch hynaf i. Cei di ei phriodi
hi os gwnei di ymladd brwydrau'r Arglwydd yn ddewr." (Syniad Saul oedd, "Fydd dim rhaid
i mi ei ladd e, bydd y Philistiaid yn gwneud hynny i mi!") 18 "Pwy ydw i, i gael bod yn fab-
yng-nghyfraith i'r brenin?" meddai Dafydd. "Dw i ddim yn dod o deulu digon pwysig." 19 Ond
wedyn, pan ddaeth hi'n amser i roi Merab yn wraig i Dafydd, dyma Saul yn ei rhoi hi i Adriel
o Mechola.
20 Roedd Michal, merch arall Saul, wedi syrthio mewn cariad â Dafydd. Pan glywodd Saul
am y peth roedd wrth ei fodd. 21 Meddyliodd, "Gwna i ei rhoi hi i Dafydd, a bydd hi fel trap
iddo, wedyn bydd e'n cael ei ladd gan y Philistiaid." Felly dyma fe'n dweud wrth Dafydd
am yr ail waith, "Cei di fod yn fab-yng-nghyfraith i mi." 22 Dyma Saul yn cael ei swyddogion
i ddweud yn ddistaw bach wrth Dafydd, "Ti'n dipyn o ffefryn gan y brenin, ac yn boblogaidd
ymhlith y swyddogion i gyd hefyd. Dylet ti briodi ei ferch e." 23 Ond pan gawson nhw air yn
ei glust am hyn, ymateb Dafydd oedd, "Ydych chi'n meddwl fod priodi merch y brenin mor
syml a hynny? Dw i'n rhy dlawd! Dw i ddim digon pwysig!" 24 Yna pan aeth y swyddogion
i ddweud wrth Saul beth oedd ymateb Dafydd, 25 dyma Saul yn dweud wrthyn nhw, "Dwedwch
wrth Dafydd mai'r unig dâl mae'r brenin eisiau am gael priodi ei ferch ydy'r blaengrwyn
cant o Philistiaid![o] Mae e eisiau dial ar ei elynion." (Gobaith Saul oedd y byddai Dafydd yn
cael ei ladd gan y Philistiaid.) 26 Pan aeth y swyddogion i ddweud hyn wrth Dafydd, cymrodd

---

o 18:25 *blaengrwyn ... Philistiaid* Doedd y Philistiaid ddim yn ymarfer y ddefod o enwaedu (sef torri'r blaengroen i ffwrdd).

Dafydd fod hynny'n golygu y gallai briodi merch y brenin. Cyn ei bod yn rhy hwyr 27 dyma
Dafydd a'i filwyr yn mynd allan ac yn ymosod ar y Philistiaid a lladd dau gant ohonyn nhw.
Daeth â blaengrwyn pob un ohonyn nhw, a'u rhoi i'r brenin yn dâl am gael priodi ei ferch.
Yna dyma Saul yn gadael iddo briodi Michal ei ferch.
28 Roedd hi'n gwbl amlwg i Saul fod yr ARGLWYDD gyda Dafydd, a bod ei ferch, Michal, yn
ei garu. 29 Felly gwnaeth hyn iddo ofni Dafydd fwy fyth. Trodd Saul yn hollol yn erbyn Dafydd
am weddill ei fywyd.
30 Bob tro y byddai arweinwyr y Philistiaid yn dod allan i ymladd, byddai Dafydd yn fwy
llwyddiannus yn eu herbyn nag unrhyw un arall o arweinwyr byddin Saul; a daeth Dafydd
yn enwog iawn.

Saul yn ceisio lladd Dafydd

19 Dyma Saul yn cyfadde i'w fab Jonathan, a'i swyddogion i gyd, ei fod eisiau lladd
Dafydd. Ond roedd Jonathan yn hoff iawn iawn o Dafydd. 2 Felly dyma fe'n rhybuddio
Dafydd, "Mae fy nhad Saul eisiau dy ladd di. Felly gwylia dy hun bore fory. Dos i guddio yn
rhywle ac aros yno o'r golwg. 3 Gwna i fynd allan a sefyll gyda dad yn agos i lle byddi di'n
cuddio. Gwna i siarad ag e ar dy ran di, a gweld beth fydd ei ymateb. Gwna i adael i ti wybod."
4 Felly dyma Jonathan yn siarad ar ran Dafydd gyda Saul, ei dad. Dwedodd wrtho, "Paid
gwneud cam â dy was Dafydd, achos dydy e erioed wedi gwneud dim byd yn dy erbyn di.
Mae popeth mae e wedi'i wneud wedi bod yn dda i ti. 5 Mentrodd ei fywyd i ladd y Philistiad
yna, a rhoddodd yr ARGLWYDD fuddugoliaeth fawr i Israel. Roeddet ti'n hapus iawn pan welaist
ti hynny. Pam mae'n rhaid i ti bechu drwy dywallt gwaed diniwed – lladd Dafydd am ddim
rheswm?" 6 Gwrandawodd Saul ar gyngor Jonathan, ac addo ar lw, "Mor sicr â bod yr ARGLWYDD
yn fyw, wna i ddim ei ladd e!" 7 Felly dyma Jonathan yn galw Dafydd a dweud wrtho beth
ddigwyddodd. Aeth ag e at Saul, a chafodd Dafydd weithio iddo fel o'r blaen.
8 Roedd rhyfel unwaith eto, a dyma Dafydd yn mynd allan i ymladd y Philistiaid. Trechodd
nhw'n llwyr nes iddyn nhw redeg i ffwrdd o'i flaen.
9 Yna dyma'r ysbryd drwg oddi wrth yr ARGLWYDD yn dod ar Saul eto. Roedd yn eistedd
yn ei dŷ a gwaywffon yn ei law, tra oedd Dafydd yn canu'r delyn. 10 A dyma Saul yn trio
trywanu Dafydd a'i hoelio i'r wal gyda'i waywffon. Ond llwyddodd Dafydd i'w hosgoi ac
aeth y waywffon i'r wal, a rhedodd Dafydd i ffwrdd.

Michal yn achub bywyd Dafydd

Y noson honno 11 dyma Saul yn anfon dynion i wylio tŷ Dafydd er mwyn ei ladd yn y bore.
Ond roedd Michal, gwraig Dafydd, wedi dweud wrtho, "Os wnei di ddim dianc am dy fywyd
heno, byddi wedi marw fory." 12 A dyma Michal yn gollwng Dafydd allan drwy'r ffenest, iddo
redeg i ffwrdd a dianc. 13 Yna dyma Michal yn rhoi eilun-ddelw teuluol yn y gwely, rhoi carthen
o flew geifr wrth ei ben, a rhoi dillad Dafydd drosto. 14 Wedyn pan ddaeth dynion Saul i arestio
Dafydd, dyma hi'n dweud wrthyn nhw, "Mae e'n sâl."
15 Ond dyma Saul yn anfon y dynion yn ôl i chwilio am Dafydd. "Dewch â fe yma ar ei wely
os oes rhaid, i mi gael ei ladd e." 16 Pan aethon nhw yn ôl, dyma nhw'n dod o hyd i'r eilun-
ddelw yn y gwely a'r blew gafr lle byddai'r pen. 17 "Pam wnest ti fy nhwyllo i fel yma? Ti wedi
gadael i'm gelyn i ddianc!" meddai Saul wrth Michal. A dyma hi'n ateb, "Dwedodd wrtho
i 'Well i ti helpu fi i ddianc neu gwna i dy ladd di!' "
18 Roedd Dafydd wedi rhedeg i ffwrdd a dianc at Samuel i Rama. Dwedodd wrth Samuel beth
oedd Saul wedi bod yn ei wneud iddo. Yna dyma fe a Samuel yn mynd i aros gyda'r gymuned
o broffwydi. 19 Ond dwedodd rhywun wrth Saul fod Dafydd gyda'r gymuned yn Rama, 20 felly
dyma Saul yn anfon ei weision yno i arestio Dafydd. Ond pan gyrhaeddon nhw dyma nhw'n
gweld grŵp o broffwydi'n proffwydo, a Samuel yn eu harwain nhw. A dyma Ysbryd Duw yn
dod ar weision Saul, nes iddyn nhw hefyd ddechrau proffwydo.

[21]Pan glywodd Saul beth oedd wedi digwydd, dyma fe'n anfon gweision eraill. Ond
dechreuodd y rheiny hefyd broffwydo. Yna dyma Saul yn anfon trydydd criw, a dyma'r un
peth yn digwydd iddyn nhw hefyd.
[22]Yna aeth Saul ei hun i Rama. Pan ddaeth at y pydew mawr yn Sechw dyma fe'n holi ble
roedd Samuel a Dafydd. "Yn aros gyda'r gymuned o broffwydi yn Rama," meddai rhywun wrtho.
[23]Ond pan oedd Saul ar ei ffordd yno daeth Ysbryd Duw arno – ie, arno fe hefyd! Aeth yn
ei flaen yn proffwydo yr holl ffordd, nes iddo gyrraedd y gymuned yn Rama. [24]Wedyn dyma
Saul yn tynnu ei ddillad i ffwrdd a proffwydo o flaen Samuel. Bu'n gorwedd yno'n noeth
drwy'r dydd a'r nos. (Dyna pam mae pobl yn dweud, "Ydy Saul hefyd yn un o'r proffwydi?")

Jonathan yn helpu Dafydd

20 Dyma Dafydd yn dianc o gymuned y proffwydi yn Rama a mynd i weld Jonathan.
"Be dw i wedi'i wneud o'i le?" meddai. "Sut ydw i wedi pechu? Be dw i wedi'i wneud
i ddigio dy dad gymaint? Mae e'n trio fy lladd i!" [2]Ond atebodd Jonathan, "Na, byth! Ti ddim
yn mynd i farw. Dydy dad yn gwneud dim byd heb adael i mi wybod. Pam fyddai e'n cuddio'r
peth oddi wrtho i? Dydy hyn ddim yn wir."
[3]Ond roedd Dafydd yn taeru. "Mae dy dad yn gwybod yn iawn gymaint o ffrindiau ydyn
ni. Mae'n siŵr ei fod e'n meddwl, 'Alla i ddim dweud wrth Jonathan, neu bydd e'n ypsetio.'
Does dim amheuaeth am y peth,[p] dw i o fewn dim i farw." [4]Felly dyma Jonathan yn gofyn,
"Beth wyt ti eisiau i mi ei wneud i ti?" [5]Atebodd Dafydd, "Mae'n ŵyl y lleuad newydd fory,[ph] ac
mae disgwyl i mi fod yn bwyta gyda'r brenin. Ond rho di ganiatâd i mi fynd i ffwrdd i guddio
yn y wlad am ddeuddydd. [6]Os bydd dy dad yn fy ngholli i, dywed wrtho, 'Roedd Dafydd
wedi pledio'n daer arna i i roi caniatâd iddo fynd adre i Fethlehem, am ei bod yn ddiwrnod
aberth blynyddol y clan.' [7]Os bydd e'n ymateb, 'Popeth yn iawn,' yna dw i, dy was di, yn saff.
Ond os bydd e'n colli ei dymer byddi'n gwybod ei fod e am wneud drwg i mi. [8]Aros yn driw
i mi, achos ti wedi gwneud ymrwymiad i mi o flaen yr ARGLWYDD. Ond os ydw i wedi gwneud
rhywbeth o'i le, lladd fi dy hun. Waeth i ti hynny na mynd â fi at dy dad!" [9]Atebodd Jonathan,
"Paid siarad fel yna! Petawn i'n gwybod fod dad yn bwriadu gwneud niwed i ti, byddwn i'n
siŵr o ddweud wrthot ti." [10]Yna dyma Dafydd yn gofyn i Jonathan, "Pwy sy'n mynd i ddweud
wrtho i os bydd dy dad wedi colli ei dymer hefo ti?" [11]"Tyrd, gad i ni fynd allan i'r caeau,"
meddai Jonathan wrtho.
Pan oedd y ddau ohonyn nhw allan yn y cae, [12]dyma Jonathan yn dweud wrth Dafydd,
"Dw i'n addo o flaen yr ARGLWYDD, Duw Israel: erbyn yr adeg yma'r diwrnod ar ôl fory bydda
i wedi darganfod beth ydy agwedd dad atat ti. Os ydy ei agwedd e atat ti'n iach, bydda i'n
anfon rhywun i adael i ti wybod. [13]Os ydy e am wneud drwg i ti, boed i Dduw ddial arna i os
gwna i ddim gadael i ti wybod a dy helpu di i ddianc yn saff! Dw i'n gweddïo y bydd Duw
gyda ti fel roedd e gyda dad. [14]Fel mae'r ARGLWYDD yn ffyddlon, bydd dithau'n driw i mi tra
bydda i byw. A hyd yn oed pan fydda i wedi marw, [15]paid troi dy gefn ar dy ymrwymiad i'm
teulu i. A phan fydd yr ARGLWYDD wedi cael gwared â phob un o dy elynion di oddi ar wyneb
y ddaear [16]a'u galw nhw i gyfri, paid gadael i rwyg godi rhyngddo i, Jonathan a theulu Dafydd."
[17]A dyma Jonathan yn addo ar lw unwaith eto am ei fod yn caru Dafydd – roedd e'n caru
Dafydd fwy na fe ei hun.
[18]Meddai Jonathan, "Mae hi'n ŵyl y lleuad newydd fory. Bydd dy le di wrth y bwrdd yn wag,
a byddan nhw'n dy golli di. [19]Y diwrnod wedyn bydd yn fwy amlwg fyth. Dos i guddio i lle
roeddet ti o'r blaen, wrth Garreg Esel. [20]Gwna i saethu tair saeth at ei hymyl hi, fel petawn
i'n saethu at darged. [21]Wedyn pan fydda i'n anfon gwas i nôl y saethau, os bydda i'n dweud,
'Edrych, mae'r saethau yr ochr yma i ti. Dos i'w nôl nhw,' yna byddi'n saff i ddod yn ôl. Mor

p 20:3 *does dim amheuaeth am y peth* Hebraeg, "mor sicr â bod yr ARGLWYDD yn fyw, a dy fod tithau'n fyw,".
ph 20:5 *ŵyl y lleuad newydd* Diwrnod cyntaf y mis, pan oedd pobl Israel yn aberthu i'r ARGLWYDD ac yn cael pryd o fwyd i ddathlu – gw. Numeri 28:11-15.
19:24 1 Samuel 10:11

sicr â bod yr ARGLWYDD yn fyw fydd yna ddim peryg. 22 Ond os bydda i'n dweud wrth y bachgen,
'Edrych, mae'r saethau yn bellach draw,' yna rhaid i ti ddianc. Yr ARGLWYDD fydd wedi dy anfon
di i ffwrdd. 23 Mae'r ARGLWYDD yn dyst i bopeth dŷn ni wedi'i addo i'n gilydd." 24 Felly dyma
Dafydd yn mynd i guddio yn y cae.

Ar ŵyl y lleuad newydd dyma'r Brenin Saul yn eistedd i fwyta. 25 Eisteddodd yn ei le arferol,
wrth y wal, gyda Jonathan gyferbyn ag e, ac Abner wrth ei ymyl. Ond roedd lle Dafydd yn
wag. 26 Ddwedodd Saul ddim byd y diwrnod hwnnw. Roedd e'n meddwl falle fod rhywbeth
wedi digwydd oedd yn golygu fod Dafydd ddim yn lân yn seremonïol. 27 Ond y diwrnod wedyn
(sef ail ddiwrnod gŵyl y lleuad newydd) roedd sedd Dafydd yn dal yn wag. A dyma Saul yn
gofyn i Jonathan, "Pam nad ydy mab Jesse wedi dod i fwyta ddoe na heddiw?" 28 Atebodd
Jonathan, "Roedd Dafydd yn crefu arna i adael iddo fynd i Fethlehem. 29 'Mae'n ddiwrnod
aberthu i'n teulu ni,' meddai, 'ac mae fy mrawd wedi dweud fod rhaid i mi fod yno. Plîs gad
i mi fynd i weld fy mrodyr.' Dyna pam dydy e ddim yma i fwyta gyda'r brenin." 30 Dyma Saul
yn gwylltio'n lân gyda Jonathan. "Y bastard dwl![r]" meddai wrtho. "Rôn ni'n gwybod dy fod
ti ar ei ochr e. Ti'n codi cywilydd arnat ti dy hun a dy fam. 31 Tra bydd mab Jesse yn dal yn
fyw fyddi di byth yn frenin. Nawr, anfon i'w nôl e. Tyrd ag e ata i; mae'n rhaid iddo farw!"
32 Ond dyma Jonathan yn ateb ei dad, "Pam wyt ti eisiau'i ladd e? Be mae wedi'i wneud
o'i le?" 33 Yna dyma Saul yn taflu ei waywffon at Jonathan gan fwriadu ei daro. Felly roedd
Jonathan yn gwybod yn iawn bellach fod ei dad yn benderfynol o ladd Dafydd. 34 Cododd
ar ei draed, a gadael y bwrdd. Roedd wedi gwylltio'n lân. Wnaeth e fwyta dim byd o gwbl
y diwrnod hwnnw. Roedd wedi ypsetio'n lân am agwedd ei dad at Dafydd.

35 Y bore wedyn dyma Jonathan yn mynd i'r cae i gyfarfod Dafydd. Aeth â bachgen ifanc
gydag e. 36 Dwedodd wrth y bachgen, "Rheda i nôl y saethau wrth i mi eu saethu." Tra oedd
y bachgen yn rhedeg dyma fe'n saethu un y tu draw iddo. 37 Pan gyrhaeddodd y bachgen
lle roedd y saeth wedi disgyn, dyma Jonathan yn gweiddi ar ei ôl, "Hei, ydy'r saeth ddim yn
bellach draw?" 38 A dyma Jonathan yn gweiddi arno eto, "Brysia! Dos yn dy flaen! Paid loetran!"
A dyma'r bachgen yn casglu'r saeth a mynd yn ôl at ei feistr. 39 (Doedd y bachgen ddim yn
deall o gwbl. Dim ond Jonathan a Dafydd oedd yn gwybod beth oedd yn digwydd.) 40 Wedyn
dyma Jonathan yn rhoi ei offer i'r bachgen, a dweud wrtho am fynd â nhw yn ôl i'r dre.

41 Ar ôl i'r bachgen fynd dyma Dafydd yn dod i'r golwg o'r tu ôl i'r pentwr cerrig. Aeth ar ei
liniau ac ymgrymu gyda'i wyneb ar lawr dair gwaith. Wedyn dyma'r ddau ffrind yn cusanu ei
gilydd a wylo, yn enwedig Dafydd. 42 Dwedodd Jonathan wrth Dafydd, "Bendith arnat ti! Dŷn
ni'n dau wedi gwneud addewid i'n gilydd o flaen yr ARGLWYDD. Bydd yr ARGLWYDD yn gwneud
yn siŵr ein bod ni a'n plant yn cadw'r addewid yna."

Felly dyma Dafydd yn mynd i ffwrdd, ac aeth Jonathan yn ôl adre.

Dafydd yn dianc oddi wrth Saul

21 Aeth Dafydd i Nob,[rh] lle roedd Achimelech[s] yn offeiriad. Roedd Achimelech yn nerfus
iawn pan aeth allan at Dafydd, a gofynnodd iddo, "Pam wyt ti ar dy ben dy hun,
a neb gyda ti?" 2 A dyma Dafydd yn ateb, "Y brenin sydd wedi gofyn i mi wneud rhywbeth.
Mae wedi dweud fod neb i gael gwybod pam na ble dw i'n mynd. Dw i wedi trefnu i'r milwyr
fy nghyfarfod i mewn lle arbennig. 3 Nawr, be wnei di ei roi i mi? Rho bum torth i mi, neu faint
bynnag sydd gen ti." 4 Ond dyma'r offeiriad yn ateb, "Does gen i ddim bara cyffredin o gwbl,
dim ond y bara sydd wedi'i gysegru i Dduw. Cei hwnnw gen i os ydy'r milwyr ddim wedi cysgu
gyda merched neithiwr."[t] 5 "Wrth gwrs! Dŷn ni ddim wedi bod yn agos at ferched," meddai

---

r 20:30 *bastard dwl* Hebraeg, "mab i wraig sy'n butain wrthryfelgar". rh 21:1 *Nob* Rhyw ddwy filltir i'r gogledd o Jerwsalem. s 21:1 Roedd Achimelech yn fab i Achitwf, ac yn or-ŵyr i Eli; roedd hefyd yn frawd i Achïa oedd yn gaplan i Saul (gw. 1 Samuel 14:2,3). t 21:4 *gyda merched neithiwr* Doedd pobl ddim yn gallu cymryd rhan yn yr addoliad neu fwyta mewn gwledd grefyddol y diwrnod ar ôl iddyn nhw gael rhyw (gw. Exodus 19:15; Lefiticus 15:18).

20:26 e.e. Lefiticus 15:16-18

Dafydd. "Dydy'r dynion ddim yn cael mynd at ferched pan maen nhw ar gyrch cyffredin, felly'n
sicr ddim heddiw. Maen nhw wedi cysegru'u hunain a'u harfau." 6 Felly dyma'r offeiriad yn
rhoi'r bara cysegredig iddo. Doedd ganddo ddim bara arall i'w gynnig. (Dyma'r bara oedd
wedi cael ei gymryd oddi ar y bwrdd sydd o flaen yr ARGLWYDD, i fara ffres gael ei osod yn ei
le pan oedd hi'n amser gwneud hynny.)

7 Roedd un o weision Saul yn digwydd bod yno y diwrnod hwnnw. Doedd e ddim yn gallu
gadael am ei fod wedi mynd ar lw i'r ARGLWYDD. Doeg oedd ei enw ac roedd yn dod o Edom,
a fe oedd fforman bugeiliaid Saul.

8 Dyma Dafydd yn gofyn i Achimelech, "Oes gen ti gleddyf neu waywffon yma? Rôn i ar
gymaint o frys i ufuddhau i'r brenin, dw i wedi dod heb na chleddyf nac arfau." 9 Meddai'r
offeiriad wrtho, "Mae cleddyf Goliath yma – y Philistiad wnest ti ei ladd yn Nyffryn Ela. Mae
wedi'i lapio mewn clogyn tu ôl i'r effod. Cei gymryd hwnnw os wyt ti eisiau. Hwnnw ydy'r
unig un sydd yma." Atebodd Dafydd, "Does dim un tebyg iddo! Rho fe i mi."

10 Felly dyma Dafydd yn mynd yn ei flaen y diwrnod hwnnw, a ffoi oddi wrth Saul at Achish
brenin Gath.[th] 11 Ond pan gyrhaeddodd dyma swyddogion Achish yn dweud, "Onid Dafydd
ydy hwn, brenin y wlad? Onid am hwn roedden nhw'n canu wrth ddawnsio:

> 'Mae Saul wedi lladd miloedd,
> ond Dafydd ddegau o filoedd.'?"

12 Roedd clywed hyn yn codi ofn ar Dafydd. Beth fyddai Achish, brenin Gath, yn ei wneud
iddo? 13 Felly dyma Dafydd yn dechrau ymddwyn yn od o'u blaenau nhw, a chymryd arno ei
fod yn wallgof. Roedd rhaid iddyn nhw ei atal. Roedd e'n crafu drysau'r giât ac yn slefrian
poer i lawr ei farf. 14 A dyma Achish yn dweud wrth ei swyddogion, "Edrychwch mae'r dyn yn
wallgof! Pam ddaethoch chi ag e ata i? 15 Mae gen i ddigon o ffyliaid o'm cwmpas heb i chi
ddod â hwn i actio'r ffŵl o mlaen i! Ewch â fe i ffwrdd o'r palas!"

Dafydd yn Ogof Adwlam

22 Felly dyma Dafydd yn dianc o Gath a mynd i Ogof Adwlam.[u] Pan glywodd ei frodyr
a'i deulu ei fod yno dyma nhw'n mynd ato. 2 Roedd pawb oedd mewn helynt yn
ymuno gydag e hefyd, a'r rhai oedd mewn dyled neu'n chwerw am rywbeth. Roedd tua 400
ohonyn nhw i gyd, a Dafydd yn eu harwain nhw.

3 Aeth Dafydd ymlaen o'r fan honno i Mitspe yn Moab. Gofynnodd i frenin Moab, "Plîs wnei
di adael i dad a mam aros yma, nes bydda i'n gwybod be mae Duw am ei wneud i mi?" 4 Felly
aeth â nhw i aros at frenin Moab, a buon nhw'n aros gydag e yr holl amser roedd Dafydd yn
ei gaer. 5 Yna dyma Gad, y proffwyd, yn rhybuddio Dafydd, "Paid aros yn ei gaer. Dos yn ôl
i wlad Jwda." Felly dyma Dafydd yn mynd i Goedwig Chereth.

Saul yn lladd offeiriaid Nob

6 Clywodd Saul fod Dafydd a'r dynion oedd gydag e wedi cael eu gweld. Roedd Saul
yn Gibea yn eistedd o dan y goeden tamarisg[w] ar ben y bryn, gyda'i waywffon yn ei law
a'i swyddogion o'i gwmpas. 7 A dyma fe'n dweud wrthyn nhw, "Gwrandwch, bobl Benjamin.
Ydy mab Jesse'n mynd i roi tir a gwinllannoedd i chi? Ydy e'n mynd i'ch gwneud chi'n
gapteiniaid ac yn swyddogion yn ei fyddin? 8 Pam dych chi'n cynllwynio yn fy erbyn i? Pam
wnaeth neb ddweud wrtho i fod fy mab fy hun wedi gwneud cytundeb gyda mab Jesse?
Doedd neb yn cydymdeimlo hefo fi. Doedd neb yn fodlon dweud wrtho i fod fy mab i fy hun
yn helpu gwas i mi i baratoi i ymosod arna i. Dyna sut mae hi!"

9 Yna dyma Doeg (y dyn o Edom oedd yn un o swyddogion Saul) yn dweud, "Gwnes i weld
mab Jesse yn Nob. Roedd wedi mynd at yr offeiriad Achimelech fab Achitwf. 10 Gweddïodd

---

th 21:10 *Gath* un o drefi y Philistiaid. u 22:1 Rhyw ddeuddeg milltir i'r de-orllewin o Bethlehem.
w 22:6 *goeden tamarisg* Coeden fytholwyrdd oedd yn rhoi lot o gysgod i bobl.

hwnnw am arweiniad yr Arglwydd iddo, ac yna rhoi bwyd iddo. Rhoddodd gleddyf Goliath
y Philistiad iddo hefyd." [11] Felly dyma Saul yn anfon am Achimelech fab Achitwf, ac offeiriaid
eraill Nob, a dyma nhw i gyd yn dod at y brenin. [12] "Gwranda di, fab Achitwf," meddai
Saul wrtho. A dyma fe'n ateb, "Ie, syr?" [13] Ac meddai Saul, "Pam wyt ti a mab Jesse wedi
cynllwynio yn fy erbyn i? Rhoist ti fara a chleddyf iddo. Wedyn gweddïo am arweiniad Duw
iddo, i wrthryfela yn fy erbyn i! Mae e wrthi heddiw yn paratoi i ymosod arna i!" [14] Ond dyma
Achimelech yn ateb y brenin, "Pwy o dy holl weision di sy'n fwy ffyddlon i ti na Dafydd? Dy
fab-yng-nghyfraith di ydy e! Capten dy warchodlu di! Mae e'n uchel ei barch gan bawb yn
dy balas. [15] Ai dyna oedd y tro cyntaf i mi weddïo am arweiniad Duw iddo? Wrth gwrs ddim!
Ddylai'r brenin ddim fy nghyhuddo i, na neb arall o'm teulu, o wneud dim o'i le. Doeddwn
i'n gwybod dim byd o gwbl am y peth."

[16] Ond dyma'r brenin yn ateb, "Rhaid i ti farw Achimelech! Ti a dy deulu i gyd!" [17] Yna dyma
fe'n dweud wrth y milwyr o'i gwmpas, "Daliwch yr offeiriaid a lladdwch nhw, achos maen
nhw ar ochr Dafydd! Roedden nhw'n gwybod ei fod e'n dianc, ond wnaethon nhw ddim
dweud wrtho i." Ond doedd y milwyr ddim yn fodlon ymosod ar offeiriaid yr Arglwydd. [18] Felly
dyma'r brenin yn dweud wrth Doeg, "Ti! Ymosod di arnyn nhw a'u lladd nhw." A dyma Doeg,
oedd o wlad Edom, yn mynd allan a'u taro nhw. Y diwrnod hwnnw lladdodd Doeg wyth deg
pump o offeiriaid oedd yn gwisgo effod o liain. [19] Wedyn aeth i ymosod ar dref Nob, lle roedd
yr offeiriaid yn byw, a lladd pawb yno hefyd – dynion a merched, plant a babis bach, a hyd
yn oed y gwartheg, yr asynnod a'r defaid.

[20] Ond dyma un o feibion Achimelech yn llwyddo i ddianc, sef Abiathar. Aeth at Dafydd
[21] a dweud wrtho fod Saul wedi lladd offeiriaid yr Arglwydd. [22] "Pan welais i Doeg y diwrnod
hwnnw," meddai Dafydd, "ron ni'n gwybod y byddai'n siŵr o ddweud wrth Saul. Arna i mae'r
bai fod dy deulu di i gyd wedi cael eu lladd. [23] Aros di gyda mi. Paid bod ag ofn. Mae'r un
sydd eisiau fy lladd i yn mynd i fod eisiau dy ladd di hefyd. Ond byddi'n saff yma hefo fi."[y]

Dafydd a'i filwyr yn amddiffyn tref Ceila

23 Clywodd Dafydd fod y Philistiaid wedi ymosod ar Ceila,[a] ac yn dwyn ŷd o'r lloriau
dyrnu. [2] A dyma fe'n gofyn am arweiniad yr Arglwydd, "Ddylwn i fynd i ymosod ar
y Philistiaid yma?" A dyma'r Arglwydd yn ateb, "Ie, dos. Ymosod ar y Philistiaid ac achub
Ceila." [3] Ond dyma ddynion Dafydd yn dweud wrtho, "Mae digon o ofn arnon ni yma yn
Jwda! Bydd hi lawer gwaeth os awn ni i Ceila i ymladd yn erbyn byddin y Philistiaid!" [4] Yna
aeth Dafydd i ofyn i'r Arglwydd eto; a dyma'r Arglwydd yn rhoi'r un ateb iddo, "Cod, a dos
i lawr i Ceila, achos bydda i'n gwneud i ti ennill y frwydr yn erbyn y Philistiad." [5] Felly dyma
Dafydd a'i ddynion yn mynd i Ceila ac ymladd yn erbyn y Philistiaid, a dwyn eu gwartheg
nhw. Roedd lladdfa ofnadwy, ond llwyddodd Dafydd i achub pobl Ceila.

[6] Pan oedd Abiathar, mab Achimelech, wedi dianc at Dafydd, roedd wedi dod ag effod
gydag e.

[7] Clywodd Saul fod Dafydd wedi dod i Ceila, a dwedodd, "Mae Duw wedi'i roi e'n fy nwylo
i! Mae e wedi cau ei hun mewn trap drwy fynd i dref sydd â giatiau dwbl a barrau i'w cloi."
[8] Felly dyma Saul yn galw'i fyddin gyfan at ei gilydd, i fynd i Ceila i warchae ar Dafydd
a'i ddynion. [9] Pan glywodd Dafydd fod Saul yn cynllunio i ymosod arno, dyma fe'n galw ar
Abiathar yr offeiriad, "Tyrd â'r effod yma." [10] Yna dyma fe'n gweddïo: "O Arglwydd, Duw Israel,
dw i wedi clywed fod Saul yn bwriadu dod yma i Ceila i ddinistrio'r dre am fy mod i yma.
[11] Fydd awdurdodau'r dre yn fy rhoi i'n ei ddwylo? Ydy Saul wir yn dod i lawr, fel dw i wedi
clywed? O Arglwydd, Duw Israel, plîs ateb dy was." A dyma'r Arglwydd yn dweud, "Ydy, mae
e'n dod." [12] Wedyn dyma Dafydd yn gofyn, "Fydd awdurdodau Ceila yn fy rhoi i a'm dynion
i Saul?" A dyma'r Arglwydd yn ateb, "Byddan." [13] Felly dyma Dafydd a'i ddynion (tua 600

---

y 22:11-23 Roedd beth ddigwyddodd yn yr hanes yma yn cyflawni beth wnaeth y proffwyd ei ddweud wrth Eli yn 1 Samuel 2:31-33 (gw. hefyd 1 Brenhinoedd 2:26-27). a 23:1 *Ceila* Tref rhyw dair milltir i'r de o Adwlam.
22:22 1 Samuel 21:7

ohonyn nhw i gyd) yn gadael Ceila ar unwaith. Roedden nhw'n symud o le i le. Pan glywodd
Saul fod Dafydd wedi dianc o Ceila, dyma fe'n rhoi'r gorau i'w fwriad i ymosod ar y dre.

Dafydd yn cuddio yn y bryniau

14 Bu Dafydd yn cuddio mewn lleoedd saff yn yr anialwch, ac yn y bryniau o gwmpas Siff.[b]
Roedd Saul yn chwilio amdano drwy'r amser. Ond wnaeth Duw ddim gadael iddo'i ddal.
15 Pan oedd Dafydd yn Horesh yn anialwch Siff, roedd ganddo ofn am fod Saul wedi dod
yno i geisio'i ladd e. 16 Ond dyma Jonathan, mab Saul, yn mynd draw i Horesh at Dafydd i'w
annog i drystio Duw. 17 Dwedodd wrtho, "Paid bod ag ofn! Fydd fy nhad Saul ddim yn dod
o hyd i ti. Ti fydd brenin Israel a bydda i'n ddirprwy i ti. Mae dad yn gwybod hyn yn iawn."
18 Ar ôl i'r ddau ymrwymo o flaen yr ARGLWYDD i fod yn ffyddlon i'w gilydd, dyma Dafydd yn
aros yn Horesh ac aeth Jonathan adre.

19 Aeth rhai o bobl Siff at Saul i Gibea a dweud wrtho, "Wyt ti'n gwybod fod Dafydd
yn cuddio wrth ein hymyl ni? Mae yn y cuddfannau wrth Horesh, ar Fryn Hachila i'r de
o Jeshimon.[c] 20 Tyrd i lawr pryd bynnag wyt ti eisiau, O frenin. Awn ni'n gyfrifol am ei roi e'n
dy afael di." 21 Ac meddai Saul wrthyn nhw, "Dych chi wedi bod yn garedig iawn ata i. Bendith
yr ARGLWYDD arnoch chi! 22 Ewch i baratoi. Gwnewch yn siŵr ble mae e, a phwy sydd wedi'i weld
e yno. Maen nhw'n dweud i mi ei fod yn un cyfrwys. 23 Ffeindiwch allan lle yn union mae e'n
cuddio. Pan fyddwch chi'n berffaith siŵr, dewch yn ôl ata i, a bydda i'n dod gyda chi. Bydda
i'n dod o hyd iddo ble bynnag mae e, yng nghanol pobl Jwda i gyd."

24 Felly dyma nhw'n mynd yn ôl i Siff, o flaen Saul. Roedd Dafydd a'i ddynion yn anialwch
Maon,[ch] yn Nyffryn Araba i'r de o Jeshimon. 25 A dyma Saul a'i ddynion yn mynd i chwilio
amdano. Ond dyma Dafydd yn cael gwybod, ac aeth i lawr i le o'r enw Y Graig, ac aros yno
yn anialwch Maon. 26 Clywodd Saul am hyn ac aeth ar ôl Dafydd i anialwch Maon. Roedd
Saul un ochr i'r mynydd pan oedd Dafydd a'i ddynion yr ochr arall. Roedd Dafydd yn brysio
i geisio osgoi Saul, ond roedd Saul a'i filwyr ar fin amgylchynu Dafydd a'i ddynion a'u dal
nhw. 27 Ond yna daeth neges yn dweud wrth Saul am frysio'n ôl adre am fod y Philistiaid
wedi ymosod ar y wlad. 28 Felly roedd rhaid i Saul stopio mynd ar ôl Dafydd a mynd i ymladd
yn erbyn y Philistiaid. (Dyna pam mae'r lle yn cael ei alw yn Graig y Gwahanu.)
29 Yna aeth Dafydd i fyny o'r fan honno ac aros mewn lle saff yn En-gedi.[d]

Dafydd yn arbed bywyd Saul

24 Pan ddaeth Saul yn ôl ar ôl bod yn ymladd yn erbyn y Philistiaid dyma nhw'n dweud
wrtho fod Dafydd yn anialwch En-gedi. 2 Dewisodd Saul dair mil o filwyr gorau Israel,
a mynd i Greigiau'r Geifr Gwyllt i chwilio am Dafydd. 3 Ar y ffordd, wrth ymyl corlannau'r
defaid, roedd yna ogof. Roedd Saul eisiau mynd i'r tŷ bach, felly aeth i mewn i'r ogof. Roedd
Dafydd a'i ddynion yn cuddio ym mhen draw'r ogof ar y pryd. 4 A dyma'r dynion yn dweud
wrth Dafydd, "Dyma ti'r diwrnod y dwedodd yr ARGLWYDD wrthot ti amdano, 'Bydda i'n rhoi dy
elyn yn dy afael, a chei wneud fel y mynni gydag e.' " A dyma Dafydd yn mynd draw yn ddistaw
bach, a thorri cornel clogyn Saul i ffwrdd. 5 Ond wedyn roedd ei gydwybod yn ei boeni am ei
fod wedi torri cornel y clogyn. 6 Meddai wrth ei ddynion, "Ddylwn i ddim bod wedi gwneud
y fath beth. Sut allwn i wneud dim yn erbyn fy meistr? Fe ydy'r brenin wedi'i eneinio gan yr
ARGLWYDD." 7 A dyma Dafydd yn rhwystro ei ddynion rhag ymosod ar Saul. Felly dyma Saul yn
mynd allan o'r ogof ac ymlaen ar ei ffordd.

8 Yna dyma Dafydd yn mynd allan a gweiddi ar ei ôl, "Fy mrenin! Meistr!" Trodd Saul rownd
i edrych, a dyma Dafydd yn ymgrymu iddo â'i wyneb ar lawr. 9 Wedyn dyma Dafydd yn gofyn
i Saul, "Pam wyt ti'n gwrando ar y straeon fy mod i eisiau gwneud niwed i ti? 10 Ti wedi gweld

---

b 23:14 *Siff* Tua un deg tair milltir i'r de-ddwyrain o Ceila. c 23:19 *Jeshimon* Lle yn yr anialwch wrth ymyl ffin ddeheuol Jwda, ger y Môr Marw. ch 23:24 *Maon* Tua pedair milltir a hanner i'r de o Siff. d 23:29 *En-gedi* Gwerddon ar lan y Môr Marw, tua un deg wyth milltir i'r de-ddwyrain o Hebron, a heb fod yn bell o Masada.

drosot dy hun heddiw fod Duw wedi dy roi di yn fy ngafael i pan oeddet ti'n yr ogof. Roedd
rhai yn annog fi i dy ladd di, ond wnes i ddim codi llaw yn erbyn fy meistr. Ti ydy'r un mae'r
ARGLWYDD wedi'i eneinio'n frenin! 11 Edrych, syr. Ie, edrych – dyma gornel dy glogyn di yn fy
llaw i. Gwnes i dorri cornel dy glogyn, ond wnes i ddim dy ladd di. Dw i eisiau i ti ddeall nad
ydw i'n gwrthryfela nac yn bwriadu dim drwg i ti. Dw i ddim wedi gwneud cam â thi er dy
fod ti ar fy ôl i ac yn ceisio fy lladd i. 12 Caiff yr ARGLWYDD farnu rhyngon ni'n dau. Caiff e ddial
arnat ti, ond wna i ddim dy gyffwrdd. 13 Fel mae'r hen ddihareb yn dweud, 'O'r rhai drwg y daw
drygioni.' Wna i ddim drwg i ti. 14 Ar ôl pwy mae brenin Israel wedi dod allan? Pwy wyt ti'n
ceisio'i ddal? Dw i'n neb. Ci marw ydw i! Chwannen! 15 Boed i'r ARGLWYDD farnu rhyngon ni'n
dau. Bydd e'n ystyried yr achos ac yn dadlau o'm plaid i. Bydd e'n fy achub i o dy afael di!"
16 Ar ôl i Dafydd ddweud hyn, dyma Saul yn ei ateb, "Ai ti sydd yna go iawn, Dafydd,
machgen i?" A dyma fe'n dechrau crio'n uchel. 17 Yna dyma fe'n dweud, "Ti'n well dyn na
fi. Ti wedi bod yn dda ata i er fy mod i wedi ceisio gwneud drwg i ti. 18 Ti wedi dangos hynny
heddiw drwy fod yn garedig ata i. Roedd yr ARGLWYDD wedi rhoi'r cyfle i ti fy lladd i, ond wnest
ti ddim. 19 Pan mae dyn yn dod o hyd i'w elyn, ydy e'n ei ollwng e'n rhydd? Boed i'r ARGLWYDD
fod yn dda atat ti am beth wnest ti i mi heddiw. 20 Gwranda, dw i'n gwybod yn iawn mai ti
fydd yn frenin, a bydd teyrnas Israel yn llwyddo yn dy law di. 21 Addo i mi, o flaen yr ARGLWYDD,
na fyddi di'n lladd fy mhlant i gyd, gan adael neb i gario enw'r teulu yn ei flaen."
22 Ar ôl i Dafydd addo hynny ar lw i Saul, dyma Saul yn mynd adre, ac aeth Dafydd
a'i ddynion yn ôl i fyny i'w guddfan.

Marwolaeth Samuel

25 Dyma Samuel yn marw, a daeth pobl Israel i gyd at ei gilydd i alaru amdano. Cafodd
ei gladdu ger ei gartref yn Rama.

Dafydd yn priodi Abigail

1 Aeth Dafydd i lawr i anialwch Maon.[dd] 2 Roedd yna ddyn cyfoethog iawn yn byw yn Maon,
yn cadw tir wrth ymyl Carmel.[e] Roedd ganddo dair mil o ddefaid a mil o eifr. Roedd e yn
Carmel yn cneifio'i ddefaid. 3 Nabal[f] oedd enw'r dyn, ac Abigail oedd enw ei wraig. Roedd hi'n
ddynes ddoeth, hardd iawn, ond roedd e'n ddyn blin ac annifyr. Roedd e'n dod o deulu Caleb.
4 Pan oedd Dafydd yn yr anialwch clywodd fod Nabal yn cneifio yn Carmel. 5 Dyma fe'n
anfon deg o'i weision ifanc ato. Meddai wrthyn nhw, "Ewch i weld Nabal yn Carmel, a'i gyfarch
e i mi. 6 Dwedwch wrtho, 'Heddwch a llwyddiant i ti a dy deulu! Gobeithio y cei di flwyddyn
dda! 7 Rôn i'n clywed dy fod yn cneifio. Pan oedd dy fugeiliaid di gyda ni yn Carmel, wnaethon
ni ddim tarfu arnyn nhw na dwyn dim. 8 Gofyn di i dy weision; gallan nhw ddweud wrthot ti
mai felly roedd hi. Felly, wnei di fod yn garedig at fy ngweision i? Maen nhw wedi dod i dy
weld ar ddydd gŵyl. Oes gen ti rywbeth i'w sbario i'w roi i dy weision ac i dy was Dafydd?' "
9 Felly dyma'r gweision ifanc yn mynd ac yn cyfarch Nabal ar ran Dafydd, yn union fel
roedd e wedi dweud wrthyn nhw. Dyma nhw'n disgwyl 10 iddo ateb. Yna meddai Nabal.
"Dafydd? Pwy mae e'n feddwl ydy e? Mab Jesse? Mae yna gymaint o weision yn rhedeg
i ffwrdd oddi wrth eu meistri y dyddiau yma! 11 Pam ddylwn i roi fy mara a'm dŵr a'm cig,
sydd wedi'i baratoi i'r cneifwyr, i ryw griw o ddynion dw i'n gwybod dim byd amdanyn nhw?"
12 Felly dyma weision Dafydd yn mynd yn ôl, a dweud y cwbl wrtho. Pan glywodd Dafydd
beth oedd wedi digwydd, 13 dyma fe'n gorchymyn i'w ddynion, "Pawb i wisgo'i gleddyf!" Ac
wedi iddyn nhw i gyd wneud hynny, aeth tua pedwar cant ohonyn nhw gyda Dafydd, gan
adael dau gant ar ôl gyda'r offer.

---

dd 25:1 *Maon* Felly'r LXX. Hebraeg, *Paran*. Mae nifer o gyfieithiadau yn dilyn yr LXX yma ar sail yr hanes sy'n dilyn. Er, roedd Paran yn bell iawn i'r de, ac felly'n le delfrydol i guddio oddi wrth Saul. Roedd pobl Israel wedi treulio amser yno ar ôl gadael Sinai adeg yr Exodus (Numeri 10:12). e 25:2,3 *Carmel* Ychydig dros filltir i'r gogledd o Maon yn anialwch de Jwda. f 25:3 *Nabal* sef, "ffŵl" (cf. 1 Samuel 25:25).

14 Yn y cyfamser, roedd un o weision Nabal wedi dweud wrth Abigail, "Roedd Dafydd wedi
anfon negeswyr o'r anialwch i gyfarch y meistr, ond dyma fe'n gweiddi a rhegi arnyn nhw.
15 Roedden nhw wedi bod yn dda iawn wrthon ni. Wnaethon nhw ddim tarfu arnon ni, na dwyn
dim yr holl amser roedden ni gyda'n gilydd yng nghefn gwlad. 16 Roedden nhw fel wal o'n
cwmpas ni yn ein hamddiffyn ni nos a dydd yr holl amser y buon ni'n gofalu am y defaid yn
yr ardal honno. 17 Rhaid i ti feddwl am rywbeth. Mae'n amlwg fod trychineb yn aros y meistr
a'i deulu i gyd. Ond mae e'n greadur mor gas, does dim pwynt i neb ddweud dim wrtho!"

18 Dyma Abigail yn brysio i gasglu bwyd a'i roi ar gefn asynnod: dau gan torth o fara, dwy
botel groen o win, pum dafad wedi'u paratoi, pum sachaid o rawn wedi'i grasu, can swp
o rhesins a dau gant o fariau ffigys. 19 Yna dyma hi'n dweud wrth ei gweision, "Ewch chi ar
y blaen. Dof fi ar eich ôl." Ond ddwedodd hi ddim am hyn wrth ei gŵr Nabal.

20 Roedd hi'n marchogaeth ar gefn asyn ac yn pasio heibo yng nghysgod y mynydd pan
ddaeth Dafydd a'i ddynion i'w chyfarfod o'r cyfeiriad arall. 21 Roedd Dafydd wedi bod yn
meddwl, "Roedd hi'n wastraff amser llwyr i mi warchod eiddo'r dyn yna yn yr anialwch!
Gymerais i ddim oddi arno, a dyma fe nawr yn talu drwg am dda i mi. 22 Boed i Dduw ddial
arna i os gwna i adael un o'i ddynion[ff] e yn dal yn fyw erbyn y bore!"

23 Pan welodd Abigail Dafydd, dyma hi'n disgyn oddi ar ei hasyn ar frys. Dyma hi'n mynd
ar ei gliniau ac ymgrymu ar lawr o'i flaen. 24 A dyma hi'n dweud, "Arna i mae'r bai, syr. Plîs
gwranda ar dy forwyn, i mi gael egluro. 25 Paid cymryd sylw o beth mae'r dyn annifyr yna,
Nabal, yn ei ddweud. Ffŵl ydy ystyr ei enw, a ffŵl ydy e. Wnes i, dy forwyn, ddim gweld
y gweision wnest ti eu hanfon. 26 A nawr, syr, heb unrhyw amheuaeth,[g] mae'r ARGLWYDD am
dy gadw di rhag tywallt gwaed a dial drosot ti dy hun. Boed i dy elynion, a phawb sydd am
wneud drwg i ti, fod fel Nabal. 27 Dw i wedi dod â rhodd i ti, syr, i ti ei roi i'r dynion ifanc
sy'n dy ganlyn. 28 Plîs maddau i mi am fusnesa. Mae Duw yn mynd i sicrhau dy linach di, syr,
am byth. Brwydrau'r ARGLWYDD wyt ti'n eu hymladd. Dwyt ti erioed wedi gwneud dim byd
o'i le! 29 Os bydd rhywun yn codi yn dy erbyn a cheisio dy ladd di, bydd yr ARGLWYDD dy Dduw
yn dy gadw di'n saff. Ond bydd bywyd dy elyn yn cael ei daflu i ffwrdd fel carreg o ffon
dafl! 30 Pan fydd yr ARGLWYDD wedi gwneud popeth mae e wedi addo i ti, a dy wneud di'n
arweinydd Israel, 31 fydd dy gydwybod ddim yn dy boeni am dy fod wedi tywallt gwaed am
ddim rheswm, a dial drosot ti dy hun. A phan fydd yr ARGLWYDD wedi gwneud hyn i gyd i'm
meistr, cofia amdana i, dy forwyn."

32 Dyma Dafydd yn ateb, "Bendith ar yr ARGLWYDD, Duw Israel, am iddo dy anfon di ata i!
33 Diolch i ti am dy gyngor doeth, a bendith Duw arnat ti. Ti wedi fy rhwystro i, heddiw, rhag
tywallt gwaed yn ddiangen a dial trosof fy hun. 34 Yn wir i ti,[ng] oni bai dy fod ti wedi brysio
i ddod ata i, fyddai gan Nabal ddim un dyn[h] ar ôl yn fyw erbyn y bore. Mae'r ARGLWYDD, Duw
Israel, wedi fy rhwystro i rhag gwneud drwg heddiw." 35 Yna dyma Dafydd yn cymryd y pethau
ddaeth hi â nhw iddo. "Dos adre'n dawel dy feddwl. Dw i wedi gwrando, a bydda i'n gwneud
beth rwyt ti eisiau."

36 Pan aeth Abigail yn ôl at Nabal roedd yn cynnal parti mawr fel petai'n frenin. Roedd
yn cael amser da ac wedi meddwi'n gaib. Felly ddwedodd Abigail ddim byd o gwbl wrtho
tan y bore. 37 Yna'r bore wedyn, ar ôl iddo sobri, dyma hi'n dweud yr hanes i gyd wrtho. Pan
glywodd Nabal, dyma fe'n cael strôc. Roedd yn gorwedd wedi'i barlysu. 38 Rhyw ddeg diwrnod
wedyn dyma Duw yn ei daro, a buodd farw.

39 Pan glywodd Dafydd fod Nabal wedi marw, dyma fe'n dweud, "Bendith ar yr ARGLWYDD!
Mae wedi dial drosto i am y sarhad ges i gan Nabal. Mae wedi fy nghadw i rhag gwneud
drwg ac wedi talu nôl i Nabal." Yna dyma Dafydd yn anfon neges at Abigail yn gofyn iddi
ei briodi e. 40 Aeth gweision Dafydd i Carmel at Abigail a dweud wrthi, "Mae Dafydd wedi'n
hanfon ni i ofyn i ti ei briodi e." 41 Cododd Abigail a plygu'n isel o'u blaenau nhw, a dweud,

---

ff 25:22 *o'i ddynion* Hebraeg, "un sy'n piso ar bared". g 25:26 *heb unrhyw amheuaeth* Hebraeg, "mor sicr â bod yr ARGLWYDD yn fyw, a dy fod tithau'n fyw,". ng 25:34 *Yn wir i ti* Hebraeg, "Mor sicr â bod yr ARGLWYDD, Duw Israel, yn fyw." h 25:34 *dyn* Hebraeg, "un sy'n piso ar bared".

"Byddwn i, eich morwyn chi, yn hapus i fod yn gaethferch sy'n golchi traed gweision fy meistr."
42Yna dyma hi'n brysio ar gefn ei hasyn, a mynd â phum morwyn gyda hi. Aeth yn ôl gyda
gweision Dafydd, a dod yn wraig iddo.
43Roedd Dafydd wedi priodi Achinoam o Jesreel hefyd. Roedd y ddwy yn wragedd iddo.
44(Roedd Saul wedi rhoi ei ferch Michal, oedd wedi bod yn wraig i Dafydd, i Paltiel fab Laish
o dref Galîm.)

Dafydd yn arbed bywyd Saul eto

26 Dyma bobl Siff yn mynd i Gibea i weld Saul eto, a dweud wrtho fod Dafydd yn
cuddio ar Fryn Hachila wrth ymyl Jeshimon.[i] 2Felly, aeth Saul i lawr i anialwch Siff,
gyda thair mil o filwyr gorau Israel, i chwilio am Dafydd. 3Dyma Saul yn codi gwersyll wrth
y ffordd fawr ar Fryn Hachila wrth ymyl Jeshimon. Roedd Dafydd yn aros allan yn yr anialwch,
a chlywodd fod Saul wedi dod ar ei ôl. 4Felly dyma fe'n anfon ysbiwyr i wneud yn berffaith
siŵr fod Saul yno.
5Dyma Dafydd yn mynd draw i'r lle roedd Saul a'i filwyr yn gwersylla. Gwelodd ble roedd
Saul ac Abner fab Ner (capten ei fyddin) yn cysgu. Roedd Saul yn y canol, a'i filwyr wedi
gwersylla o'i gwmpas. 6Yna gofynnodd Dafydd i Achimelech yr Hethiad, ac i frawd Joab, sef
Abishai fab Serwia,[l] "Pwy ddaw i lawr gyda mi i wersyll Saul?" A dyma Abishai yn ateb, "Dof
i hefo ti." 7Felly ar ôl iddi nosi, dyma Dafydd ac Abishai yn mynd i ganol y milwyr. A dyna
lle roedd Saul yn cysgu. Roedd ei waywffon wedi'i gwthio i'r ddaear wrth ei ben, ac roedd
Abner a'r milwyr yn gorwedd o'i gwmpas. 8"Mae Duw wedi rhoi dy elyn yn dy afael di heddiw,"
meddai Abishai wrth Dafydd. "Gad i mi ei drywanu a'i hoelio i'r ddaear gyda'r waywffon. Un
ergyd sydd ei angen." 9Ond dyma Dafydd yn ei ateb, "Na, paid â'i ladd! Alli di ddim gwneud
niwed i'r un mae'r Arglwydd wedi'i eneinio'n frenin a bod yn ddieuog! 10Yr Arglwydd ei hun
fydd yn ei daro. Naill ai bydd ei amser yn dod, a bydd e'n marw, neu bydd e'n mynd i ryfel ac
yn cael ei ladd. 11Duw am helpo rhag i mi wneud niwed i'r un mae'r Arglwydd wedi'i eneinio'n
frenin! Tyrd, cymer y waywffon sydd wrth ei ben, a'i botel ddŵr, a gad i ni fynd o ma." 12Felly
dyma Dafydd yn cymryd y waywffon a'r botel ddŵr oedd wrth ben Saul, a dianc heb i neb
weld na chlywed dim, na hyd yn oed troi yn ei gwsg. Roedd yr Arglwydd wedi gwneud iddyn
nhw i gyd gysgu'n drwm.
13Aeth Dafydd yn ôl i'r ochr draw a sefyll ar gopa'r mynydd, yn ddigon pell oddi wrth wersyll
Saul. 14Yna dyma fe'n gweiddi ar y fyddin ac ar Abner fab Ner. "Wyt ti ddim am ateb, Abner?"
meddai. "Pwy sydd galw ar y brenin?" meddai Abner. 15"Wel! Ti ddim llawer o ddyn!" meddai
Dafydd. "Rôn i'n meddwl mai ti oedd pennaeth byddin Israel! Pam wnest ti ddim gwarchod
dy feistr? Daeth un o'm milwyr draw acw i'w ladd e – dy feistr di, ie, dy frenin di! 16Wnest ti
ddim job dda iawn. Dych chi i gyd yn haeddu marw am beidio amddiffyn eich meistr, yr un
wnaeth yr Arglwydd ei eneinio'n frenin. Dos i edrych ble mae gwaywffon y brenin, a'r botel
ddŵr oedd wrth ei ben!"
17Dyma Saul yn nabod llais Dafydd. "Ai ti sydd yna Dafydd, machgen i?" meddai. A dyma
Dafydd yn ateb, "Ie, fy meistr y brenin, fi sydd yma. 18Pam wyt ti wedi dod ar fy ôl i, syr? Be
dw i wedi'i wneud? Pa ddrwg wnes i? 19Gad i'm meistr y brenin wrando ar beth sydd gan dy
was i'w ddweud. Os mai'r Arglwydd sydd wedi dy annog di i wneud hyn, dylai gael ei offrwm.
Ond os mai pobl feidrol wnaeth, byddan nhw'n cael eu melltithio ganddo! Maen nhw wedi fy
ngyrru i allan o dir yr Arglwydd ei hun, fel petaen nhw'n dweud, 'Dos i addoli duwiau eraill!'
20Paid gadael i mi farw mewn gwlad arall, yn bell oddi wrth yr Arglwydd! Mae brenin Israel
yn chwilio am chwannen! Mae fel rhywun sy'n hela petris yn y bryniau!"
21Yna dyma Saul yn ateb, "Dw i ar fai. Tyrd yn ôl Dafydd, machgen i. Wna i ddim niwed i ti
eto. Ti wedi arbed fy mywyd i heddiw. Dw i wedi bod yn wirion ac wedi gwneud camgymeriad

---

i 26:1 *Jeshimon* Lle yn yr anialwch wrth ymyl ffin ddeheuol Jwda, ger y Môr Marw. l 26:6 *Serwia* Roedd Serwia yn chwaer i Dafydd (gw. 1 Cronicl 2:16), felly roedd Abishai yn nai iddo.

26:1 1 Samuel 23:19

mawr!" 22 Atebodd Dafydd, "Dyma waywffon y brenin. Gad i un o'r bechgyn ddod draw i'w
nôl hi. 23 Mae'r ARGLWYDD yn talu i ddyn am fod yn onest ac yn ffyddlon. Rhoddodd gyfle i mi
dy ladd di heddiw, ond doeddwn i ddim yn fodlon gwneud niwed i'r dyn mae'r ARGLWYDD
wedi'i eneinio'n frenin. 24 Fel gwnes i arbed dy fywyd di, boed i'r ARGLWYDD arbed fy mywyd
i a'm hachub o bob helynt." 25 A dyma Saul yn ei ateb, "Bendith arnat ti Dafydd, machgen
i. Does dim amheuaeth dy fod ti'n mynd i lwyddo."
Felly aeth Dafydd i ffwrdd a dyma Saul yn mynd yn ôl adre.

Dafydd yn byw gyda'r Philistiaid

27 Meddyliodd Dafydd, "Mae Saul yn mynd i'm lladd i un o'r dyddiau yma. Y peth
gorau i mi fyddai dianc i wlad y Philistiaid. Wedyn bydd Saul yn rhoi'r gorau i geisio
dod o hyd i mi yn ngwlad Israel. Bydda i o leia wedi llwyddo i ddianc o'i afael." 2 Felly dyma
fe a'i chwe chant o ddynion yn croesi drosodd i dref Gath at y Brenin Achish, mab Maoch.
3 Arhosodd Dafydd, a'i ddynion a'u teuluoedd, gydag Achish yn Gath. Roedd dwy wraig Dafydd
gydag e hefyd, sef Achinoam o Jesreel ac Abigail o Carmel (gweddw Nabal). 4 Pan glywodd
Saul fod Dafydd wedi dianc i Gath, dyma fe'n rhoi'r gorau i chwilio amdano.
5 Gofynnodd Dafydd i Achish, "Plîs ga i fynd i fyw yn un o'r trefi cefn gwlad? Ddylwn i, dy
was, ddim bod yn byw yn ninas y brenin." 6 Felly dyma Achish yn rhoi tref Siclag[ll] i Dafydd
y diwrnod hwnnw. (A dyna pam mae Siclag yn dal i berthyn i deyrnas Jwda hyd heddiw.)
7 Buodd Dafydd yn byw yng nghefn gwlad Philistia am flwyddyn a phedwar mis. 8 Byddai'n
mynd allan gyda'i ddynion i ymosod ar y Geshwriaid, y Gisriaid a'r Amaleciaid. (Roedden nhw
wedi bod yn byw yn yr ardal ers amser maith, o Shwr hyd at wlad yr Aifft.) 9 Pan fyddai Dafydd yn
ymosod ar ardal byddai'n lladd pawb, yn ddynion a merched. Wedyn byddai'n cymryd y defaid,
gwartheg, asynnod, camelod a'r dillad, a mynd â nhw i Achish. 10 Os byddai Achish yn gofyn, "Ble
wnest ti ymosod y tro yma?", byddai Dafydd yn ateb, "Negef Jwda," neu "Negef Ierachmeël," neu
"Negef y Ceneaid." 11 Doedd e byth yn gadael neb yn fyw, dynion na merched, rhag ofn iddyn nhw
ddod i Gath a dweud beth roedd e'n wneud go iawn. A dyma fuodd Dafydd yn ei wneud yr holl
amser roedd yn aros yng nghefn gwlad Philistia. 12 Roedd Achish yn trystio Dafydd ac yn meddwl,
"Mae'n siŵr fod ei bobl yn Israel yn ei ffieiddio'n llwyr erbyn hyn! Bydd e'n was i mi am byth."

Saul yn mynd at wrach yn En-dor

28 Tua'r adeg yna, dyma'r Philistiaid yn casglu eu byddinoedd at ei gilydd i fynd allan
i ryfela yn erbyn Israel. A dyma Achish yn dweud wrth Dafydd, "Dw i eisiau i ti ddeall
mod i'n disgwyl i ti a dy ddynion ddod gyda mi." 2 Ac meddai Dafydd, "Iawn, cei weld drosot
dy hun be alla i, dy was, ei wneud!" A dyma Achish yn ei ateb, "Iawn, cei fod yn warchodwr
personol i mi o hyn ymlaen."
3 Roedd Samuel wedi marw, ac roedd Israel gyfan wedi galaru ar ei ôl a'i gladdu heb fod
yn bell o'i gartref yn Rama. Roedd Saul wedi gyrru'r bobl oedd yn ymhél ag ysbrydion a'r
rhai oedd yn siarad â'r meirw allan o'r wlad.
4 Roedd y Philistiaid wedi casglu at ei gilydd a chodi gwersyll yn Shwnem.[m] Felly dyma Saul
yn casglu byddin gyfan Israel at ei gilydd a chodi gwersyll yn Gilboa.[n] 5 Ond pan welodd Saul
wersyll y Philistiaid roedd wedi dychryn am ei fywyd. 6 Felly dyma fe'n gofyn am help gan yr
ARGLWYDD, ond doedd yr ARGLWYDD ddim yn ei ateb – drwy freuddwyd, drwy'r Wrim (oedd gan
offeiriad), na drwy broffwydi. 7 Felly dyma Saul yn dweud wrth ei swyddogion, "Ewch i chwilio
am wraig sy'n gallu dewino, i mi fynd ati hi i gael ei holi." A dyma'i swyddogion yn ei ateb,
"Mae yna wraig sy'n dewino yn En-dor.[o]" 8 Felly dyma Saul yn newid ei ddillad a chymryd arno

---

ll 27:6 *Siclag* Roedd Siclag rhyw un deg pum milltir i'r de-ddwyrain o Gasa. m 28:4 *Shwnem* Roedd Shwnem ychydig dros 3 milltir i'r gogledd o Jesreel. n 28:4 *Gilboa* Y gadwyn o fryniau ar ochr ddeheuol Dyffryn Jesreel. o 28:7 *En-dor* Tua chwe milltir i'r gogledd o Gilboa, yr ochr arall i wersyll y Philistiaid yn Shwnem.
28:3 1 Samuel 25:1

fod yn rhywun arall. Aeth â dau ddyn gydag e, a mynd i weld y wraig ganol nos. Meddai wrthi,
"Consuria i mi, a galw i fyny y person dw i'n gofyn amdano." 9 Dyma'r wraig yn ei ateb, "Ti'n
gwybod yn iawn be mae Saul wedi'i wneud. Mae wedi gyrru pawb sy'n ymhél ag ysbrydion
ac yn siarad â'r meirw allan o'r wlad. Wyt ti'n ceisio gosod trap i'm lladd i?" 10 Ond dyma
Saul yn addo ar lw o flaen yr ARGLWYDD, "Mor sicr â bod yr ARGLWYDD yn fyw, fydd dim byd drwg
yn digwydd i ti am wneud hyn." 11 Felly dyma'r wraig yn gofyn iddo, "Pwy wyt ti eisiau i mi ei
alw i ti?" A dyma fe'n ateb, "Galw Samuel i fyny ata i."

12 Pan welodd hi Samuel, dyma'r ddynes yn rhoi sgrech. "Pam wnest ti fy nhwyllo i?" meddai,
"Saul wyt ti!" 13 Dyma'r brenin yn dweud wrthi, "Paid bod ag ofn. Dwed be rwyt ti'n weld."
Ac meddai'r wraig wrth Saul, "Dw i'n gweld ysbryd yn dod i fyny o'r ddaear." 14 "Sut un ydy
e?" meddai Saul. A dyma hi'n ateb, "Hen ŵr ydy e, ac mae'n gwisgo clogyn." Roedd Saul yn
gwybod mai Samuel oedd e, a dyma fe'n mynd ar ei liniau a plygu â'i wyneb ar lawr.

15 Dyma Samuel yn gofyn i Saul, "Pam wyt ti wedi tarfu arna i, a'm galw i fyny?" A dyma
Saul yn ateb, "Dw i mewn helynt. Mae'r Philistiaid wedi dod i ryfela yn fy erbyn i, ac mae Duw
wedi troi cefn arna i. Dydy e ddim yn fy ateb i drwy'r proffwydi na drwy freuddwydion. Dyna
pam dw i wedi dy alw di. Dw i eisiau i ti ddweud wrtho i be i'w wneud." 16 Dyma Samuel yn ei
ateb, "Os ydy'r ARGLWYDD wedi troi cefn arnat ti a throi'n elyn i ti, pam ti'n troi ata i? 17 Mae'r
ARGLWYDD wedi gwneud yn union beth wnes i broffwydo! Mae e wedi rhwygo'r deyrnas oddi
arnat ti a'i rhoi hi i Dafydd. 18 Wnest ti ddim gwrando ar yr ARGLWYDD, na gwneud beth oedd
e eisiau i ti ei wneud i'r Amaleciaid. Dyna pam mae e'n gwneud hyn i ti nawr. 19 Bydd e'n dy
roi di ac Israel yn nwylo'r Philistiaid. Erbyn fory byddi di a dy feibion yn yr un lle â fi. Bydd yr
ARGLWYDD wedi rhoi byddin Israel yn nwylo'r Philistiaid."

20 Pan glywodd Saul beth ddwedodd Samuel dyma fe'n syrthio ar ei hyd ar lawr. Roedd
wedi dychryn drwyddo, a doedd ganddo ddim nerth o gwbl am ei fod heb fwyta drwy'r dydd
na'r nos. 21 Roedd y wraig yn gweld gymaint roedd Saul wedi dychryn, ac meddai wrtho, "Dw
i, dy forwyn, wedi gwneud beth roeddet ti eisiau. Rôn i'n mentro fy mywyd yn gwrando arnat
ti. 22 Nawr, gwrando di arna i. Gad i mi roi ychydig o fwyd i ti. Pan fyddi wedi cael dy nerth
yn ôl cei fynd ar dy daith." 23 Ond gwrthod wnaeth Saul, a dweud ei fod e ddim eisiau bwyta.
Ar ôl i'w weision a'r wraig bwyso a phwyso arno dyma fe'n gwrando yn y diwedd. Cododd
oddi ar lawr ac eistedd ar y gwely. 24 Roedd gan y wraig lo gwryw wedi'i besgi, felly dyma hi'n
brysio i'w ladd. Wedyn, dyma hi'n cymryd blawd a phobi bara heb furum ynddo. 25 Gosododd
y bwyd o flaen Saul a'i weision. Yna ar ôl iddyn nhw fwyta, dyma nhw'n gadael y noson honno.

Y Philistiaid yn gwrthod help Dafydd

29 Roedd y Philistiaid wedi casglu at ei gilydd yn Affec, a dyma Israel yn codi gwersyll
wrth y ffynnon yn Jesreel. 2 Roedd llywodraethwyr y Philistiaid yn archwilio eu
hunedau milwrol (unedau o gannoedd a miloedd), ac yn y cefn roedd Dafydd a'i ddynion
yn cael eu harchwilio gydag unedau Achish. 3 "Pwy ydy'r Hebreaid yma?" holodd capteiniaid
y Philistiaid. "Dafydd ydy e," meddai Achish wrthyn nhw. "Roedd e'n arfer bod yn was i Saul,
brenin Israel. Ond mae e wedi bod gyda mi bellach ers blwyddyn a mwy. Dydy e wedi gwneud
dim o'i le o'r diwrnod y daeth e drosodd aton ni." 4 Ond roedd capteiniaid y Philistiaid yn
wyllt hefo Achish, "Anfon y dyn yn ei ôl! Gad iddo fynd yn ôl i ble bynnag roist ti iddo fyw.
Paid gadael iddo ddod i ymladd gyda ni, rhag ofn iddo droi yn ein herbyn ni yng nghanol
y frwydr. Pa ffordd well fyddai iddo ennill ffafr ei feistr eto na gyda phennau'r dynion yma?
5 Hwn ydy'r Dafydd roedden nhw'n canu amdano wrth ddawnsio,

'Mae Saul wedi lladd miloedd,
ond Dafydd ddegau o filoedd!' "

6 Felly dyma Achish yn galw Dafydd ato a dweud, "Mor siŵr â bod yr ARGLWYDD yn fyw, dw
i'n gwybod dy fod ti'n ddyn gonest. Byddwn i wrth fy modd yn dy gael di'n mynd allan

28:17 1 Samuel 15:28 28:18 1 Samuel 15:3-9

gyda ni i ymladd. Dwyt ti wedi gwneud dim o'i le o'r diwrnod y dest ti drosodd aton ni. Ond
dydy'r arweinwyr eraill ddim yn hapus. 7 Felly, dos yn ôl heb wneud ffws. Paid gwneud dim
byd i'w pechu nhw."

8 "Ond be dw i wedi'i wneud o'i le?" meddai Dafydd. "O'r diwrnod y dois i atat ti hyd heddiw,
pa fai wyt ti wedi'i gael yn dy was? Pam ga i ddim dod i ryfela yn erbyn gelynion fy meistr,
y brenin?" 9 Atebodd Achish e, "Dw i'n gwybod dy fod ti mor ddibynnol ag angel Duw! Ond mae
arweinwyr eraill y Philistiaid wedi dweud na chei di fynd i ryfela gyda nhw. 10 Felly, coda'n gynnar
bore fory, ti a gweision dy feistr sydd gyda ti. Gallwch fynd cyn gynted ag y bydd hi'n olau."

11 Felly dyma Dafydd a'i ddynion yn codi ben bore, a mynd yn ôl i wlad y Philistiaid. Ac
aeth y Philistiaid i fyny i Jesreel.

Dafydd yn achub teuluoedd ei filwyr

30 Erbyn i Dafydd a'i ddynion gyrraedd yn ôl i Siclag ddeuddydd wedyn, roedd yr
Amaleciaid wedi bod yno ac wedi ymosod ar dde Jwda a Siclag. Roedden nhw wedi
llosgi Siclag, 2 ac wedi cymryd y gwragedd oedd yno yn gaethion, hen ac ifanc. Doedden nhw
ddim wedi lladd neb, ond wedi mynd â nhw i ffwrdd gyda nhw.

3 Roedd y dre wedi'i llosgi pan gyrhaeddodd Dafydd yno. Roedd eu gwragedd a'u plant
wedi'u cymryd yn gaethion. 4 A dyma Dafydd a'i ddynion yn dechrau crio'n uchel nes eu bod
nhw'n rhy wan i grio ddim mwy. 5 Roedd gwragedd Dafydd wedi'u cymryd yn gaeth hefyd, sef
Achinoam o Jesreel ac Abigail, gweddw Nabal o Carmel. 6 Roedd Dafydd mewn trwbwl. Roedd
y dynion yn bygwth taflu cerrig ato i'w ladd, am eu bod nhw i gyd mor chwerw am beth oedd
wedi digwydd i'w plant. Ond cafodd Dafydd nerth gan yr ARGLWYDD ei Dduw.

7 Yna dyma Dafydd yn galw'r offeiriad, Abiathar fab Achimelech, a dweud wrtho, "Tyrd â'r
effod i mi." Daeth Abiathar a'r effod iddo. 8 A dyma Dafydd yn gofyn i'r ARGLWYDD, "Os af i ar
ôl y rhai wnaeth ymosod, wna i eu dal nhw?" A dyma'r ARGLWYDD yn ei ateb, "Dos ar eu holau.
Byddi'n eu dal nhw ac yn llwyddo i achub y rhai sydd wedi cael eu cipio!"

9 Felly i ffwrdd a Dafydd, a'i chwe chant o ddynion gydag e. Dyma nhw'n cyrraedd Wadi
Besor,[p] a dyma rai o'r dynion yn aros yno. 10 Aeth Dafydd yn ei flaen gyda pedwar cant o'r
dynion. (Roedd dau gant wedi aros ar ôl am eu bod yn rhy flinedig i groesi Wadi Besor.)

11 Dyma nhw'n dod o hyd i ddyn o'r Aifft mewn cae, a mynd â fe at Dafydd. Dyma nhw'n
rhoi ychydig o fwyd iddo a diod o ddŵr. 12 Wedyn dyma nhw'n rhoi bar o ffigys a dau lond
dwrn o rhesins iddo, a daeth ato'i hun. Doedd e ddim wedi cael dim byd i'w fwyta na'i yfed
ers tri diwrnod.

13 Dyma Dafydd yn ei holi, "O ble ti'n dod? Pwy ydy dy feistr di?" A dyma'r bachgen yn
ateb, "Dw i'n dod o'r Aifft ac yn gaethwas i un o'r Amaleciaid. Gadawodd fy meistr fi yma
dridiau yn ôl am fy mod i'n sâl. 14 Roedden ni newydd ymosod ar Negef y Cerethiaid,[ph] ar
ardal Jwda a Negef Caleb. Ac roedden ni wedi rhoi Siclag ar dân." 15 Dyma Dafydd yn gofyn
iddo, "Wnei di'n harwain ni at y criw wnaeth ymosod?" A dyma fe'n ateb, "Addo i mi o flaen
dy Dduw na wnei di fy lladd i na'm rhoi i yn ôl i'm meistr, a gwna i dy arwain di atyn nhw."

16 Pan aeth e â Dafydd atyn nhw, roedden nhw dros bobman. Roedden nhw'n bwyta ac yn
yfed ac yn dathlu am eu bod wedi llwyddo i ddwyn cymaint o wlad y Philistiaid ac o Jwda.
17 Yna cyn iddi wawrio dyma Dafydd a'i fyddin yn ymosod arnyn nhw. Buon nhw'n ymladd
drwy'r dydd nes oedd hi'n dechrau nosi. Yr unig rai wnaeth lwyddo i ddianc oedd rhyw bedwar
cant o ddynion ifanc wnaeth ffoi ar gefn camelod. 18 Llwyddodd Dafydd i achub popeth oedd
yr Amaleciaid wedi'i gymryd, gan gynnwys ei ddwy wraig. 19 Doedd neb ar goll, o'r ifancaf
i'r hynaf, gan gynnwys y plant. Cafodd bawb a phopeth oedd wedi'i ddwyn yn ôl. 20 Yna
cymerodd Dafydd y defaid a'r gwartheg a'u gyrru nhw o flaen gweddill ei anifeiliaid. Roedd
pawb yn dweud, "Dyma wobr Dafydd!"

---

p 30:9 *Wadi Besor* Rhyw 15 milltir i'r de o Siclag. ph 30:14 Enw arall ar y Philistiaid, oedd yn dod o Creta yn wreiddiol.

[21]Aeth Dafydd yn ôl i Wadi Besor, at y dau gant o ddynion oedd wedi bod yn rhy flinedig
i'w ddilyn. Dyma'r dynion yn dod allan i'w gyfarfod e a'i filwyr. Pan gwrddon nhw dyma
Dafydd yn eu cyfarch. [22]Ond roedd rhai o'r dynion oedd wedi mynd gyda Dafydd yn ddynion
drwg, a dechreuon nhw godi stŵr a dweud, "Pam ddylai'r rhain gael siâr o'r ysbail? Wnaethon
nhw ddim dod gyda ni! Gad i bob un ohonyn nhw gymryd ei wraig a'i blant yn ôl, ond wedyn
rhaid iddyn nhw adael!" [23]Ond meddai Dafydd, "Na, peidiwch gwneud hynny ar ôl popeth
mae'r ARGLWYDD wedi'i roi i ni! Fe ydy'r un wnaeth ofalu amdanon ni, a rhoi'r dynion wnaeth
ymosod arnon ni yn ei gafael. [24]Does neb yn mynd i wrando arnoch chi yn siarad fel yna!
Bydd siâr pawb yr un fath – y rhai aeth i ymladd a'r rhai arhosodd gyda'r offer. Bydd pawb
yn cael yr un faint." [25]A dyna'r rheol a'r drefn yn Israel hyd heddiw.
[26]Wedi i Dafydd ddod yn ôl i Siclag, dyma fe'n anfon peth o'r ysbail i'r arweinwyr yn
Jwda roedd e'n ffrindiau gyda nhw. "Dyma i chi rodd o ysbail gelynion yr ARGLWYDD!" meddai.
[27]Anfonodd beth i'r lleoedd canlynol: Bethel, Ramoth yn y Negef, a Iattir; [28]Aroer, Siffmoth,
Eshtemoa, [29]a Rachal; trefi'r Ierachmeëliaid a'r Ceneaid; [30]Horma, Bor-ashan, Athach,
[31]a Hebron; ac i bobman arall roedd e wedi bod gyda'i ddynion o bryd i'w gilydd.

Saul a'i feibion yn marw

(1 Cronicl 10:1-14)

31 Dyma'r Philistiaid yn dod ac ymladd yn erbyn Israel, ac roedd rhaid i filwyr Israel ffoi.
Cafodd llawer iawn ohonyn nhw eu lladd ar fynydd Gilboa. [2]Yna dyma'r Philistiaid
yn mynd ar ôl Saul a'i feibion, a dyma nhw'n llwyddo i ladd y meibion – Jonathan, Abinadab
a Malci-shwa. [3]Roedd y frwydr yn ffyrnig o gwmpas Saul, a dyma'r bwasaethwyr yn ei daro
a'i anafu'n ddifrifol. [4]Dyma Saul yn dweud wrth y gwas oedd yn cario'i arfau, "Cymer dy
gleddyf a thrywana fi. Paid gadael i'r paganiaid yma ddod i'm cam-drin i a'm lladd i." Ond
roedd gan y gwas ofn gwneud hynny; felly dyma Saul yn cymryd ei gleddyf a syrthio arno.
[5]Pan welodd y gwas fod Saul wedi marw, dyma fe hefyd yn syrthio ar ei gleddyf a marw
gydag e. [6]Felly cafodd Saul a tri o'i feibion, y gwas oedd yn cario'i arfau a'i filwyr i gyd, eu
lladd y diwrnod hwnnw.
[7]Dyma bobl Israel oedd yr ochr draw i'r dyffryn, a'r tu draw i'r Iorddonen, yn clywed fod
milwyr Israel wedi ffoi, a bod Saul a'i feibion wedi cael eu lladd. Felly dyma nhw'n gadael
eu trefi a ffoi; a symudodd y Philistiaid i fyw ynddyn nhw.
[8]Y diwrnod ar ôl y frwydr pan aeth y Philistiaid i ddwyn oddi ar y cyrff meirw, daethon
nhw o hyd i Saul a'i dri mab yn gorwedd yn farw ar fynydd Gilboa. [9]Dyma nhw'n torri pen
Saul i ffwrdd a chymryd ei arfau, yna anfon negeswyr drwy wlad y Philistiaid i gyhoeddi'r
newyddion da yn nhemlau eu duwiau ac wrth y bobl. [10]Wedyn dyma nhw'n rhoi arfau Saul
yn nheml y dduwies Ashtart, ac yn crogi ei gorff ar waliau Beth-shan.
[11]Pan glywodd pobl Jabesh yn Gilead beth roedd y Philistiaid wedi'i wneud i Saul, [12]aeth
eu milwyr i gyd allan a theithio drwy'r nos. Dyma nhw'n cymryd cyrff Saul a'i feibion oddi
ar waliau Beth-shan, mynd â nhw i Jabesh a'u llosgi yno. [13]Wedyn, dyma nhw'n cymryd yr
esgyrn a'u claddu o dan y goeden tamarisg[r] yn Jabesh, ac ymprydio am wythnos.[rh]

---

r 31:13 *goeden tamarisg* Coeden fytholwyrdd oedd yn rhoi lot o gysgod i bobl. rh 31:11-13 *Pan glywodd … wythnos* Mae'n siŵr fod pobl Jabesh yn Gilead yn cofio'r gymwynas wnaeth Saul â nhw, yn eu hachub rhag yr Ammoniaid (gw. 1 Samuel 11).

30:24 Numeri 31:25-54

2 Samuel

Dafydd yn clywed fod Saul wedi marw

1 Roedd Saul wedi marw, a Dafydd wedi mynd yn ôl i Siclag ar ôl gorchfygu'r Amaleciaid.
Roedd wedi bod yno am ddeuddydd [2]pan ddaeth dyn ato y diwrnod wedyn o wersyll Saul.
Roedd y dyn wedi rhwygo'i ddillad a rhoi pridd ar ei ben. Dyma fe'n dod at Dafydd a mynd
ar ei liniau ac ymgrymu o'i flaen. [3]"O ble wyt ti wedi dod?" gofynnodd Dafydd. A dyma fe'n
ateb, "Wedi dianc o wersyll Israel ydw i." [4]"Dwed wrtho i, beth sydd wedi digwydd?" holodd
Dafydd. A dyma'r dyn yn dweud, "Roedd rhaid i filwyr Israel ffoi, a chafodd llawer ohonyn
nhw eu hanafu a'u lladd. Mae Saul a'i fab Jonathan wedi'u lladd hefyd!" [5]A dyma Dafydd
yn gofyn iddo, "Sut wyt ti'n gwybod fod Saul a Jonathan wedi marw?" [6]A dyma fe'n ateb,
"Rôn i ar Fynydd Gilboa, a dyma fi'n digwydd dod ar draws Saul yn pwyso ar ei waywffon.
Roedd cerbydau rhyfel a marchogion y gelyn yn dod yn agos ato. [7]Trodd rownd, a dyma fe'n
fy ngweld i a galw arna i. 'Dyma fi,' meddwn i. [8]'Pwy wyt ti?' gofynnodd. A dyma fi'n ateb,
'Amaleciad ydw i.' [9]A dyma fe'n crefu arna i, 'Tyrd yma a'm lladd i. Dw i'n wan ofnadwy,
a prin yn dal yn fyw.' [10]Felly dyma fi'n mynd draw ato a'i ladd, achos roeddwn i'n gweld
ei fod wedi'i anafu'n ddrwg, ac ar fin marw. Yna dyma fi'n cymryd ei goron a'i freichled,
a dod â nhw yma i ti syr."

[11]Dyma Dafydd yn rhwygo'i ddillad; a gwnaeth y dynion oedd gydag e yr un fath. [12]Buon
nhw'n galaru, yn wylo ac ymprydio drwy'r dydd dros Saul a'i fab Jonathan, a dros fyddin yr
Arglwydd, pobl Israel oedd wedi cael eu lladd yn y frwydr.

[13]Gofynnodd Dafydd i'r dyn ifanc oedd wedi dod â'r neges iddo, "Un o ble wyt ti?" "Mab
i Amaleciad wnaeth symud yma i fyw ydw i," atebodd y dyn. [14]"Sut bod gen ti ddim ofn
lladd y dyn roedd yr Arglwydd wedi'i eneinio'n frenin?" meddai Dafydd. [15]Yna galwodd un
o'i filwyr draw, a dweud wrtho, "Tyrd yma. Lladd e!" A dyma'r milwr yn ei ladd yn y fan
a'r lle. [16]Roedd Dafydd wedi dweud wrtho, "Arnat ti mae'r bai dy fod ti'n mynd i farw.
Ti wedi tystio yn dy erbyn dy hun drwy ddweud mai ti laddodd yr un roedd yr Arglwydd
wedi'i eneinio'n frenin."

Cân Dafydd, er cof am Saul a Jonathan

[17]Dyma Dafydd yn cyfansoddi'r gân yma i alaru am Saul a'i fab Jonathan. [18](Dwedodd
fod pobl Jwda i'w dysgu hi – Cân y Bwa. Mae hi i'w chael yn *Sgrôl Iashar*):[a]

19 Mae ysblander Israel yn gorwedd yn farw ar ei bryniau.
O, mae'r arwyr dewr wedi syrthio!
20 Peidiwch dweud am y peth yn Gath,
peidiwch sôn am hyn ar strydoedd Ashcelon[b] –
rhag i ferched y Philistiaid orfoleddu,
a merched y paganiaid ddathlu.

21 Boed dim mwy o wlith a glaw ar fynyddoedd Gilboa!
Dim mwy o gnydau'n tyfu yno!
Dyna lle cafodd tarianau'r arwyr eu baeddu;
mae tarian Saul yn dirywio, heb ei rhwbio ag olew.
22 Roedd bwa saeth Jonathan bob amser yn tynnu gwaed
ac yn taro cnawd milwyr y gelyn.
Doedd cleddyf Saul byth yn dod yn ôl yn lân.

---

a 1:18 *Sgrôl Iashar* sef "Sgrôl y Cyfiawn". Casgliad o gerddi rhyfel falle. b 1:20 *Gath ... Ashcelon* Dwy o brif drefi'r Philistiaid.

23 Saul a Jonathan – mor annwyl, mor boblogaidd!
Gyda'i gilydd wrth fyw ac wrth farw!
Yn gyflymach nag eryrod,
yn gryfach na llewod.
24 Ferched Israel, wylwch am Saul.
Fe oedd yn rhoi dillad drud i chi
a thlysau aur i'w haddurno.

25 Mae'r arwyr dewr wedi syrthio'n y frwydr.
Mae Jonathan yn gorwedd yn farw ar y bryniau.
26 Dw i'n galaru ar dy ôl di Jonathan, fy mrawd.
Roeddet ti mor annwyl i mi.
Roedd dy gariad[c] di ata i mor sbesial,
roedd yn well na chariad merched.
27 O, mae'r arwyr dewr wedi syrthio;
mae'r arfau rhyfel wedi mynd!

Dafydd yn cael ei wneud yn frenin Jwda

2 Beth amser wedyn, dyma Dafydd yn gweddïo ar yr Arglwydd a gofyn, "Ddylwn i symud
i fyw i un o drefi Jwda?" A dyma'r Arglwydd yn ateb, "Ie, dos!". "I ba un?" meddai Dafydd.
"I Hebron,"[ch] oedd yr ateb. 2 Felly aeth Dafydd yno, gyda'i ddwy wraig, Achinoam o Jesreel[d] ac
Abigail, gweddw Nabal o Carmel. 3 A dyma'r dynion oedd wedi bod gydag e, a'u teuluoedd,
yn mynd gyda Dafydd i fyw yn y trefi yn ardal Hebron. 4 Yna dyma ddynion Jwda yn dod ac
eneinio Dafydd yn frenin ar bobl Jwda.
Clywodd Dafydd mai pobl Jabesh yn Gilead oedd wedi claddu Saul. 5 Felly dyma fe'n
anfon neges atyn nhw, "Bendith yr Arglwydd arnoch chi am fod mor deyrngar i'ch meistr
Saul, a'i gladdu. 6 Boed i'r Arglwydd fod yn garedig a ffyddlon i chi. Dw i hefyd yn mynd i'ch
gwobrwyo chi am wneud hyn. 7 Peidiwch bod ag ofn. Byddwch yn ddewr! Er bod eich meistr,
Saul, wedi marw, mae pobl Jwda wedi fy eneinio i yn frenin arnyn nhw."

Ish-bosheth yn cael ei wneud yn frenin Israel

8 Yn y cyfamser, roedd Abner fab Ner,[dd] un o gapteiniaid byddin Saul, wedi cymryd Ish-bosheth,
mab Saul, a mynd ag e drosodd i Machanaîm.[e] 9 Yno roedd wedi'i wneud e'n frenin ar Israel gyfan
– gan gynnwys ardal Gilead, pobl Asher, Jesreel, Effraim a Benjamin. 10 Roedd Ish-bosheth, mab Saul,
yn bedwar deg oed pan ddaeth yn frenin ar Israel. Bu'n frenin arnyn nhw am ddwy flynedd. Ond
roedd pobl Jwda yn dilyn Dafydd. 11 Bu Dafydd yn frenin yn Hebron am saith mlynedd a hanner.

Rhyfel rhwng Israel a Jwda

12 Yna dyma Abner fab Ner a swyddogion milwrol Ish-bosheth, mab Saul, yn mynd
o Machanaîm i Gibeon.[f] 13 A dyma Joab, mab Serwia,[ff] a swyddogion milwrol Dafydd yn mynd
allan i'w cyfarfod nhw. Dyma'r ddau grŵp yn aros, un bob ochr i'r pwll yn Gibeon. 14 Dyma
Abner yn gweiddi draw at Joab, "Gad i rai o'r milwyr ifanc ymladd yn erbyn ei gilydd o'n
blaenau ni." A dyma Joab yn cytuno. 15 Felly dyma nhw'n cyfri un deg dau o lwyth Benjamin

---

c 1:26 *dy gariad* Mae testunau hynafol o'r Dwyrain Canol yn sôn am frenhinoedd oedd mewn cynghrair gwleidyddol â'i gilydd yn 'caru' ei gilydd (gw. hefyd 1 Brenhinoedd 5:1). ch 2:1 *Hebron* 19 milltir i'r de-orllewin o Jerwsalem. Y dref uchaf yn Israel – 3,000 o droedfeddi uwch lefel y môr. Ciriath-arba oedd enw'r dre ar un adeg (gw. Genesis 23:2; 35:27; Josua 15:54). d 2:2 *Jesreel* Nid y dref yn Nyffryn Jesreel yn y gogledd oedd hon, ond tref ym mryniau Jwda, heb fod yn bell o Carmel (gw. Josua 15:55-56). dd 2:8 *mab Ner* Roedd Abner yn gefnder i Saul (gw. 1 Samuel 14:50). e 2:8 *Machanaîm* Tref bwysig i'r dwyrain o afon Iorddonen. f 2:12 *Gibeon* Chwe milltir i'r gogledd o Jerwsalem. ff 2:13 *mab Serwia* Chwaer Dafydd oedd Serwia, felly roedd Joab yn nai i Dafydd (gw. 1 Cronicl 2:12-17, a'r troednodyn yn 2 Samuel 17:25).

ar ochr Ish-bosheth, ac un deg dau o swyddogion Dafydd. 16Wrth reslo gyda'i gilydd dyma
pob un yn gwthio'i gleddyf i ochr ei wrthwynebydd, a dyma nhw i gyd yn syrthio'n farw.
(Dyna pam maen nhw'n galw'r lle hwnnw yn Gibeon yn 'Faes y Llafnau'.) 17Roedd yr ymladd
yn galed y diwrnod hwnnw, a chafodd Abner a byddin Israel eu trechu gan filwyr Dafydd.

18Roedd tri mab Serwia[g] yno, sef Joab, Abishai ac Asahel. Roedd Asahel yn gallu rhedeg mor
gyflym â gasél, 19a dyma fe'n mynd ar ôl Abner. Roedd yn gwbl benderfynol o'i ddal. 20Dyma
Abner yn troi i edrych yn ôl a galw arno, "Ai ti ydy e Asahel?" "Ie, fi!" meddai Asahel. 21"Dos ar
ôl rhywun arall. Dal un o'r milwyr ifanc a chymryd ei arfau e," meddai Abner wrtho. Ond doedd
Asahel ddim yn fodlon rhoi'r gorau iddi. 22Galwodd Abner arno eto, "Tro yn ôl! Does gen i ddim
eisiau dy ladd di. Sut allwn i wynebu Joab dy frawd?" 23Ond roedd Asahel yn gwrthod stopio. Felly
dyma Abner yn ei daro yn ei fol â bôn ei waywffon, nes iddi ddod allan drwy'i gefn. Syrthiodd
Asahel yn farw yn y fan a'r lle. Roedd pawb aeth heibio lle roedd Asahel wedi marw yn sefyll yn syn.

24Yna dyma Joab ac Abishai yn mynd ar ôl Abner. Erbyn iddi nosi roedden nhw wedi
cyrraedd bryn Amma sydd gyferbyn â Giach, i gyfeiriad anialwch Gibeon. 25Roedd dynion
Benjamin wedi casglu at ei gilydd yno ac yn sefyll gydag Abner yn un grŵp ar ben y bryn.
26A dyma Abner yn gweiddi ar Joab, "Ydyn ni'n mynd i ddal ati i ladd ein gilydd am byth? Os
daliwn ni ati bydd pethau yn ofnadwy o chwerw yn y diwedd. Dwed wrth dy ddynion am stopio
mynd ar ôl eu brodyr!" 27Dyma Joab yn ei ateb, "Petaet ti heb ddweud hyn, mor sicr â bod
Duw yn fyw, byddai'r dynion wedi dal ati i fynd ar eich ôl chi drwy'r nos!" 28Yna dyma Joab
yn chwythu'r corn hwrdd,[ng] a dyma nhw'n stopio mynd ar ôl Israel, a rhoi'r gorau i'r ymladd.

29Y noson honno dyma Abner a'i ddynion yn croesi Dyffryn Iorddonen, a martsio yn eu
blaenau drwy'r bore wedyn nes cyrraedd yn ôl i Machanaîm. 30Roedd Joab wedi stopio mynd
ar ôl Abner, a dyma fe'n galw'i filwyr at ei gilydd. Dim ond un deg naw o ddynion Dafydd
oedd wedi'u colli, ar wahân i Asahel. 31Ond roedd milwyr Dafydd wedi rhoi crasfa go iawn
i ddynion Benjamin, sef byddin Abner – roedd tri chant chwe deg ohonyn nhw wedi'u lladd.
32Dyma Joab a'i filwyr yn cymryd corff Asahel a'i gladdu ym medd ei dad yn Bethlehem.
Wedyn, dyma nhw'n teithio drwy'r nos a chyrraedd yn ôl i Hebron wrth iddi wawrio.

3 Aeth y rhyfel rhwng pobl Saul a phobl Dafydd ymlaen am amser hir. Roedd ochr Dafydd
yn mynd yn gryfach ac yn gryfach, a dilynwyr Saul yn mynd yn wannach.

Meibion Dafydd gafodd eu geni yn Hebron

(1 Cronicl 3:1-4)

2Cafodd Dafydd nifer o feibion pan oedd yn byw yn Hebron.
Amnon oedd yr hynaf, plentyn Achinoam o Jesreel.
3Yr ail oedd Cileab, plentyn Abigail o Carmel, gweddw Nabal.
Y trydydd oedd Absalom, mab Maacha oedd yn ferch i Talmai, brenin Geshwr.[h]
4Y pedwerydd oedd Adoneia, mab Haggith.
Y pumed oedd Sheffateia mab Abital.
5Y chweched oedd Ithream, plentyn Egla, gwraig arall i Dafydd.
Cafodd y bechgyn yma i gyd eu geni pan oedd Dafydd yn byw yn Hebron.

Abner yn newid ochr a chefnogi Dafydd

6Wrth i'r rhyfel fynd yn ei flaen rhwng pobl Saul a phobl Dafydd, roedd Abner yn ennill mwy
a mwy o ddylanwad iddo'i hun ar ochr Saul. 7Pan oedd Saul yn fyw roedd ganddo bartner[i] o'r
enw Ritspa, merch Aia. A dyma Ish-bosheth, mab Saul, yn cyhuddo Abner a gofyn iddo, "Pam
wnest ti gysgu gyda phartner fy nhad?" 8Gwylltiodd Abner pan ddwedodd hynny, ac meddai,
"Ai rhyw gi o Jwda ydw i? Hyd yn hyn dw i wedi aros yn ffyddlon i deulu Saul dy dad, a'i frodyr

g 2:18 *Serwia* Chwaer Dafydd – gw. 1 Cronicl 2:16. ng 2:28 *corn hwrdd* Hebraeg, *shoffar.* h 3:3 *Geshwr* Teyrnas fechan yn Syria, i'r gogledd-ddwyrain o Lyn Galilea. i 3:7 *bartner* Mae'r gair Hebraeg yn air am feistres neu bartner cyfreithlon oedd ddim yn wraig i ddyn yn ystyr lawnaf y gair.

a'i ffrindiau; a wnes i ddim dy fradychu di i ochr Dafydd. A beth wyt ti'n wneud? – fy nghyhuddo
i o bechu gyda'r wraig yna! 9Boed i Dduw ddial arna i os na wna i dros Dafydd yr union beth
mae'r ARGLWYDD wedi'i addo iddo. 10Bydd y frenhiniaeth yn cael ei chymryd oddi ar deulu Saul.
Bydda i'n helpu i wneud Dafydd yn frenin ar Israel a Jwda, yr holl ffordd o Dan yn y gogledd
i Beersheba[l] yn y de." 11Wnaeth Ish-bosheth ddim ei ateb yn ôl o gwbl, am fod ganddo ofn Abner.
12Yna dyma Abner yn anfon neges at Dafydd. "Pwy sy'n rheoli'r wlad yma go iawn? Gwna
di gytundeb gyda mi, a gwna i helpu i droi Israel gyfan atat ti." 13Atebodd Dafydd, "Iawn,
ond ar un amod. Tyrd â Michal merch Saul gyda ti. Cei ddod ata i wedyn."
14Anfonodd Dafydd neges at Ish-bosheth, mab Saul. "Rho fy ngwraig Michal yn ôl i mi.
Gwnes i gasglu blaengrwyn cant o Philistiaid i'w chael hi." 15Felly dyma Ish-bosheth yn gyrru
dynion i'w chymryd hi oddi ar ei gŵr, Paltiel fab Laish. 16A dyma'i gŵr yn ei dilyn hi yn wylo
yr holl ffordd i Bachwrîm.[ll] Ond wedi i Abner ddweud wrtho am fynd adre, dyma fe'n troi'n ôl.
17Yn y cyfamser, roedd Abner wedi cael gair gydag arweinwyr Israel. "Ers amser nawr, dych
chi wedi bod eisiau cael Dafydd yn frenin. 18Wel, gwnewch hynny! Mae'r ARGLWYDD wedi dweud
amdano, 'Dw i'n mynd i ddefnyddio Dafydd i achub pobl Israel oddi wrth y Philistiaid ac oddi
wrth eu gelynion i gyd.' " 19Yna aeth i gael gair gyda phobl Benjamin.[m]
Yna dyma Abner yn mynd i Hebron i ddweud wrth Dafydd beth oedd Israel a llwyth
Benjamin wedi'i gytuno. 20Aeth â dau ddeg o ddynion gydag e, a dyma Dafydd yn cynnal
gwledd iddyn nhw. 21Dwedodd Abner wrth Dafydd, "Gad i mi fynd i gasglu Israel gyfan at fy
meistr y brenin. Cân nhw wneud cytundeb gyda ti. Wedyn byddi'n frenin ar y cwbl roeddet ti
wedi gobeithio amdano." A dyma Dafydd yn gadael i Abner fynd yn heddychlon.

Joab yn dial ar Abner

22Yna dyma Joab a rhai o ddynion Dafydd yn cyrraedd yn ôl. Roedden nhw wedi bod ar
gyrch ac wedi dod â llawer o bethau yn ôl gyda nhw. (Doedd Abner ddim yn Hebron erbyn
hynny, am fod Dafydd wedi gadael iddo fynd yn heddychlon.) 23Pan ddaeth Joab a'i filwyr
yn ôl, clywodd fod Abner fab Ner wedi bod gyda'r brenin, a'i fod wedi gadael iddo fynd yn
heddychlon. 24Aeth Joab at y brenin a dweud, "Beth wyt ti'n wneud? Mae Abner wedi bod
yma gyda ti, a ti wedi gadael iddo fynd! 25Ti'n gwybod sut un ydy Abner. Dod i ysbïo arnat
ti oedd e! Ffeindio allan beth ydy dy symudiadau di, a beth wyt ti'n ei wneud!"
26Ar ôl gadael Dafydd dyma Joab yn anfon dynion gyda neges i alw Abner yn ôl, a daeth
yn ôl gyda nhw o ffynnon Sira. (Doedd Dafydd yn gwybod dim am y peth.) 27Wrth i Abner
gyrraedd Hebron dyma Joab yn mynd ag e o'r neilltu wrth y giât, fel petai am gael gair
cyfrinachol gydag e. Ond yna dyma fe'n trywanu Abner yn ei fol gyda dagr, a'i ladd. Gwnaeth
hyn i ddial arno am ladd ei frawd Asahel.
28Dim ond wedyn y clywodd Dafydd beth oedd wedi digwydd. "Dw i a'm pobl yn ddieuog
o flaen yr ARGLWYDD am ladd Abner fab Ner," meddai. 29"Ar Joab mae'r bai. Caiff e a'i deulu
dalu'r pris! Bydd rhywun o deulu Joab bob amser yn diodde o glefyd heintus ar ei bidyn, neu
wahanglwyf, yn cerdded gyda baglau,[n] wedi'i daro gan gleddyf, neu heb ddigon o fwyd!"
30(Felly, roedd Joab a'i frawd Abishai wedi llofruddio Abner am ei fod e wedi lladd eu brawd
Asahel yn y frwydr yn Gibeon.)
31Dyma Dafydd yn dweud wrth Joab a phawb oedd gydag e, "Rhwygwch eich dillad,
gwisgwch sachliain, a galaru o flaen corff Abner." Cerddodd y Brenin Dafydd ei hun tu ôl
i'r arch, 32a dyma nhw'n claddu Abner yn Hebron. Roedd y brenin yn crio'n uchel wrth fedd
Abner, ac roedd pawb arall yn crio hefyd. 33Yna dyma'r brenin yn canu cân i alaru am Abner:

---

l 3:10 *Dan ... Beersheba* Roedd Dan wrth droed Mynydd Hermon yn y gogledd ar y llwybr masnach i Damascus. Roedd Beersheba 23 milltir i'r de-orllewin o Hebron ar y prif lwybr masnach i'r Aifft. ll 3:16 *Bachwrîm* Roedd Bachwrîm ar y ffordd rhwng Jericho a Jerwsalem, ar dir llwyth Benjamin. m 3:19 *pobl Benjamin* Y llwyth roedd Saul ei hun yn perthyn iddo. n 3:29 *yn cerdded gyda baglau* Neu, *ar droellen* – sef yn trin gwlân (oedd yn cael ei ystyried yn waith merch).

3:14 1 Samuel 18:20-27 3:30 2 Samuel 2:12-23

"Oedd rhaid i Abner farw fel ffŵl?
34 Doeddet ddim wedi dy glymu;
doedd dy draed ddim mewn cyffion;
Ond syrthiaist fel dyn wedi'i ladd gan rai drwg."

A dyma pawb yn wylo drosto eto.
35 Roedd ei ddynion yn ceisio perswadio Dafydd i fwyta rhywbeth cyn iddi nosi. Ond roedd
Dafydd wedi addo ar lw, "Boed i Dduw ddial arna i os gwna i fwyta darn o fara neu unrhyw
beth arall cyn i'r haul fachlud!" 36 Roedd hynny wedi plesio pobl yn fawr. Yn wir roedd popeth
roedd y brenin yn ei wneud yn eu plesio nhw. 37 Roedd pawb, gan gynnwys pobl Israel, yn
gweld fod gan y brenin ddim byd i'w wneud â llofruddio Abner fab Ner.
38 Dwedodd y brenin wrth ei swyddogion, "Ydych chi'n sylweddoli fod arweinydd milwrol
mawr wedi marw yn Israel heddiw? 39 Er fy mod i wedi cael fy ngwneud yn frenin, dw i wedi
bod yn ddi-asgwrn-cefn heddiw. Mae'r dynion yma, meibion Serwia,[o] yn rhy wyllt i mi ddelio
hefo nhw. Boed i'r ARGLWYDD dalu yn ôl i'r un sydd wedi gwneud y drwg yma!"

Ish-bosheth yn cael ei ladd

4 Pan glywodd Ish-bosheth, mab Saul, fod Abner wedi'i ladd yn Hebron roedd wedi
anobeithio'n llwyr, ac roedd Israel gyfan wedi dychryn. 2 Roedd gan Ish-bosheth ddau
ddyn yn gapteiniaid yn ei fyddin, Baana a Rechab. Roedden nhw'n feibion i Rimmon o Beëroth[p]
ac yn perthyn i lwyth Benjamin. (Roedd Beëroth yn cael ei gyfri fel rhan o Benjamin. 3 Roedd pobl
wreiddiol Beëroth wedi ffoi i Gittaïm, ac maen nhw'n dal i fyw yno hyd heddiw fel mewnfudwyr.)
4 Roedd gan Jonathan, mab Saul, fab o'r enw Meffibosheth oedd yn gloff. Roedd e'n bump
oed pan ddaeth y newydd o Jesreel fod Saul a Jonathan wedi'u lladd. Dyma'i nyrs yn gafael
ynddo i ffoi, ond wrth iddi ruthro dyma fe'n cwympo, a dyna pryd aeth e'n gloff.
5 Aeth Rechab a Baana, meibion Rimmon o Beëroth, i dŷ Ish-bosheth. Roedd hi'n ganol
dydd a'r haul ar ei boethaf, ac roedd Ish-bosheth yn gorffwys. 6 Aethon nhw i mewn i'w dŷ
gan esgus eu bod yn nôl gwenith, ond dyma nhw'n ei drywanu yn ei fol. Wedyn dyma'r ddau
yn dianc. 7 Roedden nhw wedi mynd i'r tŷ tra oedd Ish-bosheth yn ei ystafell yn gorffwys ar ei
wely. Ar ôl ei drywanu a'i ladd, dyma nhw'n torri ei ben i ffwrdd. Yna cymryd y pen, a theithio
drwy'r nos ar hyd ffordd yr Araba. 8 Dyma nhw'n dod â phen Ish-bosheth i'r brenin Dafydd yn
Hebron, a dweud wrtho, "Dyma ben Ish-bosheth, mab Saul, dy elyn oedd yn ceisio dy ladd di.
Heddiw mae'r ARGLWYDD wedi dial ar Saul a'i deulu ar ran ein meistr y brenin."
9 Ond dyma Dafydd yn eu hateb nhw: "Mor sicr a bod yr ARGLWYDD yn fyw, yr un sydd wedi
fy achub i o bob helynt. 10 Pan ddaeth rhyw ddyn ata i yn Siclag i ddweud fod Saul wedi
marw, roedd yn meddwl ei fod yn dod â newyddion da. Ond gafaelais ynddo a'i ladd! Dyna
oedd y wobr gafodd hwnnw am ei 'newyddion da'! 11 Dych chi wedi lladd dyn diniwed tra
oedd yn cysgu yn ei dŷ ei hun! Rhaid i mi wneud i chi dalu am dywallt ei waed e, a chael
gwared â chi oddi ar wyneb y ddaear yma!" 12 Felly dyma Dafydd yn gorchymyn i'w filwyr
ladd y ddau. Dyma nhw'n gwneud hynny, torri eu dwylo a'u traed i ffwrdd, a hongian y cyrff
wrth y pwll yn Hebron. Ond dyma nhw'n cymryd pen Ish-bosheth, a'i gladdu lle roedd bedd
Abner, yn Hebron.

Dafydd yn frenin ar Israel gyfan

(1 Cronicl 11:1-9; 14:1-7)

5 Dyma'r rhai oedd yn arwain llwythau Israel i gyd yn dod i Hebron at Dafydd, a dweud
wrtho, "Edrych, dŷn ni'n perthyn i'n gilydd. 2 Ar un adeg, pan oedd Saul yn frenin, ti oedd
yn arwain byddin Israel i ryfel a dod â nhw yn ôl adre. Mae'r ARGLWYDD wedi dweud wrthot

o 3:39 *Serwia* Chwaer Dafydd – gw. 1 Cronicl 2:16. p 4:2 *Beëroth* Tref ryw 9 milltir i'r gogledd o Jerwsalem.
4:4 1 Samuel 29:1,11; 31:6 4:10 2 Samuel 1:2-16

ti, 'Ti sydd i ofalu am[ph] Israel, fy mhobl i. Ti fydd yn eu harwain nhw.' " 3Felly pan ddaeth
arweinwyr Israel i Hebron at Dafydd, dyma'r brenin yn gwneud cytundeb â nhw o flaen yr
ARGLWYDD. A dyma nhw'n ei eneinio'n frenin ar Israel gyfan.
4Roedd Dafydd yn dri deg oed pan ddaeth yn frenin, a bu'n frenin am bedwar deg
o flynyddoedd. 5Bu'n frenin ar Jwda yn Hebron am saith mlynedd a hanner, ac yna yn frenin
yn Jerwsalem ar Jwda ac Israel gyfan am dri deg tair o flynyddoedd.

Dafydd yn concro Jerwsalem

6Aeth y brenin a'i filwyr i Jerwsalem i ymladd yn erbyn y Jebwsiaid (y bobl oedd yn byw
yn yr ardal honno). "Ddoi di byth i mewn yma!" medden nhw. "Byddai hyd yn oed pobl
ddall a chloff yn gallu dy droi di'n ôl!" Doedden nhw ddim yn credu y gallai Dafydd eu
gorchfygu nhw. 7Ond llwyddodd Dafydd i ennill caer Seion (sef Dinas Dafydd). 8Roedd
wedi dweud y diwrnod hwnnw, "Y ffordd mae rhywun yn mynd i goncro'r Jebwsiaid ydy
drwy fynd i fyny'r siafft ddŵr. Dyna sut mae ymosod ar y 'bobl ddall a chloff' yna sy'n
casáu Dafydd gymaint." (A dyna sydd tu ôl i'r dywediad, "Dydy'r dall a'r cloff ddim yn
cael mynd i mewn i'r tŷ.")[r]
9Aeth Dafydd i fyw i'r gaer, a'i galw yn Ddinas Dafydd. Dyma fe'n adeiladu o'i chwmpas,
o'r terasau at y palas. 10Roedd Dafydd yn mynd yn fwy a mwy pwerus, achos roedd yr ARGLWYDD,
y Duw hollbwerus, gydag e.
11Dyma Hiram, brenin Tyrus, yn anfon negeswyr at Dafydd. Anfonodd seiri coed a seiri
maen gyda nhw, a choed cedrwydd, i adeiladu palas i Dafydd. 12Roedd Dafydd yn gweld
mai'r ARGLWYDD oedd wedi'i wneud yn frenin ar Israel, ac wedi gwneud i'w deyrnas lwyddo'n
fawr er mwyn ei bobl Israel.
13Wedi iddo symud o Hebron i Jerwsalem dyma Dafydd yn cymryd mwy o gariadon[rh]
a gwragedd, ac yn cael mwy o blant eto. 14Dyma enwau'r plant gafodd eu geni iddo yn
Jerwsalem: Shammwa, Shofaf, Nathan, Solomon, 15Ifchar, Elishwa, Neffeg, Jaffîa, 16Elishama,
Eliada ac Eliffelet.

Dafydd yn concro'r Philistiaid

(1 Cronicl 14:8-17)

17Pan glywodd y Philistiaid fod Dafydd wedi cael ei eneinio'n frenin ar Israel, dyma'u byddin
gyfan yn mynd allan i chwilio amdano. Clywodd Dafydd am hyn, ac aeth i lawr i'r gaer.[s]
18Roedd byddin y Philistiaid wedi cyrraedd; roedden nhw ym mhobman drwy Ddyffryn Reffaïm.[t]
19Dyma Dafydd yn gofyn i'r ARGLWYDD, "Ddylwn i fynd i ymladd yn erbyn y Philistiaid? Fyddi
di'n gwneud i mi ennill?" Atebodd yr ARGLWYDD, "Dos i fyny, achos bydda i'n rhoi'r Philistiaid
i ti." 20Felly aeth Dafydd i Baal-peratsîm a'u trechu nhw yno. "Mae Duw wedi gwneud i mi
dorri drwy fy ngelynion fel llifogydd o ddŵr," meddai. A dyna pam wnaeth e alw'r lle hwnnw
yn Baal-peratsîm.[th] 21Roedd y Philistiaid wedi gadael eu heilun-dduwiau ar ôl, felly dyma
Dafydd a'i ddynion yn eu cymryd nhw i ffwrdd.
22Ond dyma'r Philistiaid yn ymosod eto. Roedden nhw ym mhobman drwy Ddyffryn Reffaïm.
23A dyma Dafydd yn mynd i ofyn eto i'r ARGLWYDD beth i'w wneud. Y tro yma cafodd yr ateb,
"Paid ymosod arnyn nhw o'r tu blaen. Dos rownd y tu cefn iddyn nhw ac ymosod o gyfeiriad
y coed balsam. 24Pan fyddi'n clywed sŵn cyffro yn y coed, gweithreda ar unwaith. Dyna'r
arwydd fod yr ARGLWYDD yn mynd o dy flaen di i daro byddin y Philistiaid." 25Felly dyma Dafydd
yn gwneud fel roedd yr ARGLWYDD wedi dweud wrtho, a tharo'r Philistiaid yr holl ffordd o Geba
i gyrion Geser.

---

ph 5:2 *ofalu am* Hebraeg, "bugeilio". r 5:8 *Dydy'r dall ... i'r tŷ* Falle fod yma gyfeiriad at Lefiticus 21:17-23.
rh 5:13 *gariadon* Mae'r gair Hebraeg yn air am feistres neu bartner cyfreithlon oedd ddim yn wraig i ddyn yn ystyr lawnaf y gair. s 5:17 *i'r gaer* sef Adwlam mae'n debyg – 1 Samuel 22:1; 2 Samuel 23:14.
t 5:18 *Reffaïm* Dyffryn oedd ryw 3 milltir i'r de-orllewin o Jerwsalem. th 5:20 *Baal-peratsîm* sef "y meistr sy'n byrstio allan".

Symud Arch yr Ymrwymiad i Jerwsalem

(1 Cronicl 13:1-14; 15:25 — 16:6,43)

6 Unwaith eto dyma Dafydd yn casglu milwyr gorau Israel at ei gilydd. Roedd yna dri
deg mil ohonyn nhw. 2Dyma nhw'n mynd gyda Dafydd i Baäla yn Jwda i nôl Arch
Duw. Roedd yr enw 'Arch Duw' yn cyfeirio at yr ARGLWYDD hollbwerus, sy'n eistedd ar ei
orsedd uwchben y cerwbiaid. 3-4Dyma nhw'n rhoi Arch Duw ar gert newydd a'i symud hi
o dŷ Abinadab, oedd ar ben bryn. Roedd Wssa ac Achïo, meibion Abinadab, yn arwain y cert
– Wssa wrth ymyl yr Arch, ac Achïo'n cerdded o'i blaen. 5Ac roedd Dafydd a phobl Israel i gyd
yn dathlu'n llawn hwyl o flaen yr ARGLWYDD, ac yn canu i gyfeiliant pob math o offerynnau.
Roedd ganddyn nhw delynau a nablau, drymiau, castanetau a symbalau.
6Pan gyrhaeddon nhw lawr dyrnu Nachon, dyma'r ychen yn baglu, a dyma Wssa yn estyn
ei law a gafael yn Arch Duw. 7Roedd yr ARGLWYDD wedi digio gydag Wssa am y fath amarch.
Cafodd ei daro'n farw yn y fan a'r lle wrth ymyl Arch Duw. 8Roedd Dafydd wedi gwylltio fod
yr ARGLWYDD wedi ymosod ar Wssa; a dyma fe'n galw'r lle yn Perets-Wssa (sef 'ffrwydriad yn
erbyn Wssa'). Dyna ydy enw'r lle hyd heddiw.
9Roedd yr ARGLWYDD wedi codi ofn ar Dafydd y diwrnod hwnnw. "Sut all Arch yr ARGLWYDD
ddod ata i?" meddai. 10Doedd e ddim yn fodlon gadael i Arch yr ARGLWYDD fynd gydag
e i Ddinas Dafydd. Aeth â hi i dŷ Obed-edom, dyn o Gath. 11Arhosodd Arch yr ARGLWYDD yn
nhŷ Obed-edom am dri mis. A dyma'r ARGLWYDD yn bendithio Obed-edom a'i deulu i gyd.
12Daeth Dafydd i glywed fod yr ARGLWYDD wedi bendithio Obed-edom a'i deulu am fod Arch
Duw yno. Felly dyma fe'n mynd i dŷ Obed-edom i'w nôl hi, a mynd â hi i Ddinas Dafydd, gyda
dathlu mawr. 13Pan oedd y rhai oedd yn cario Arch yr ARGLWYDD wedi cerdded dim ond chwe cham,
dyma Dafydd yn aberthu ych a llo wedi'i besgi i Dduw. 14Roedd Dafydd yn gwisgo effod o liain
main, ac yn dawnsio â'i holl egni o flaen yr ARGLWYDD. 15Roedd e a holl bobl Israel yn hebrwng
Arch yr ARGLWYDD gan weiddi'n llawen a chanu'r corn hwrdd.[u] 16Wrth i Arch yr ARGLWYDD gyrraedd
Dinas Dafydd, roedd Michal, merch Saul, yn edrych allan drwy'r ffenest. Pan welodd hi'r brenin yn
neidio a dawnsio o flaen yr ARGLWYDD, doedd hi'n teimlo dim byd ond dirmyg tuag ato.
17Dyma nhw'n dod ag Arch yr ARGLWYDD, a'i gosod yn ei lle yn y babell roedd Dafydd
wedi'i chodi iddi. Yna dyma Dafydd yn cyflwyno offrymau i'w llosgi ac offrymau i gydnabod
daioni'r ARGLWYDD. 18Wedi i Dafydd orffen offrymu'r anifeiliaid, dyma fe'n bendithio'r bobl
ar ran yr ARGLWYDD hollbwerus. 19Ac wedyn dyma fe'n rhannu bwyd i holl bobl Israel, y dynion
a'r merched. Cafodd pawb dorth o fara, teisen ddatys a theisen rhesin. Yna aeth pawb adre.
20Pan aeth Dafydd adre i fendithio ei deulu ei hun, dyma Michal, merch Saul, yn dod allan
i'w gyfarfod. Ac meddai wrtho, "Wel, wel! Dylech fod wedi gweld brenin Israel heddiw! Dyna
lle roedd e'n fflachio o flaen caethferched ei swyddogion, yn dangos popeth iddyn nhw fel
rhyw ffŵl coman!" 21Ond dyma Dafydd yn ei hateb, "Na, dawnsio o flaen yr ARGLWYDD oeddwn
i – yr un wnaeth fy newis i yn lle dy dad a dy deulu di. Dewisodd fi yn arweinydd ar bobl Israel,
pobl yr ARGLWYDD. O'i flaen e 22dw i'n fodlon gwneud mwy o ffŵl ohono i fy hun. Falle fod gen
ti gywilydd ohono i, ond bydd y caethferched rwyt ti'n sôn amdanyn nhw yn fy mharchu i!"
23Wnaeth Michal, merch Saul, ddim cael plant o gwbl.

Addewid yr ARGLWYDD i Dafydd

(1 Cronicl 17:1-15)

7 Roedd yr ARGLWYDD wedi rhoi heddwch i'r wlad, ac roedd y Brenin Dafydd wedi setlo i lawr
yn ei balas. 2A dyma'r brenin yn dweud wrth y proffwyd Nathan, "Edrych! Dw i'n byw
yma mewn palas crand o goed cedrwydd, tra mae Arch Duw yn dal mewn pabell." 3A dyma
Nathan yn ateb, "Mae'r ARGLWYDD gyda ti. Gwna beth bynnag wyt ti'n feddwl sy'n iawn."
4Ond y noson honno dyma'r ARGLWYDD yn rhoi neges i Nathan, 5"Dos i ddweud wrth fy
ngwas Dafydd, 'Dyma mae'r ARGLWYDD yn ei ddweud: Wyt ti'n meddwl dy fod ti'n mynd

---

u 6:15 *corn hwrdd* Hebraeg, *shoffar*.

i adeiladu teml i mi fyw ynddi? 6Dw i erioed wedi byw mewn teml, o'r diwrnod pan ddes
i â phobl Israel allan o'r Aifft hyd heddiw. Dw i wedi bod yn mynd o le i le mewn pabell. 7Ble
bynnag roeddwn i'n teithio gyda phobl Israel, wnes i erioed gwyno i'r rhai wnes i eu penodi
i ofalu am[w] lwythau Israel, "Pam dych chi ddim wedi adeiladu teml o goed cedrwydd i mi?" '
8"Felly, dywed wrth fy ngwas Dafydd, 'Dyma mae'r ARGLWYDD hollbwerus yn ei ddweud:
"Fi wnaeth dy gymryd di o'r caeau lle roeddet yn bugeilio defaid, a dy wneud di'n arweinydd
ar fy mhobl Israel. 9Dw i wedi bod gyda ti ble bynnag rwyt ti wedi mynd, ac wedi dinistrio
dy elynion o dy flaen di. Dw i'n mynd i dy wneud di'n enwog drwy'r byd i gyd. 10Dw i'n
mynd i roi lle i fy mhobl Israel fyw. Byddan nhw'n setlo yno, a fydd neb yn tarfu arnyn
nhw. Fydd dynion creulon ddim yn achosi helynt iddyn nhw fel o'r blaen, 11pan oeddwn
i wedi penodi barnwyr i'w harwain nhw. Bellach, dw i wedi rhoi heddwch i ti oddi wrth
dy holl elynion." Mae'r ARGLWYDD yn cyhoeddi: "Fi, yr ARGLWYDD, sy'n mynd i adeiladu tŷ
i ti – llinach frenhinol!

12 Ar ôl i ti farw a chael dy gladdu,
bydda i'n codi un o dy linach yn dy le – mab i ti.
A bydda i'n gwneud ei deyrnas e yn gadarn.
13 Bydd e'n adeiladu teml i'm anrhydeddu i;
a bydda i'n gwneud yn siŵr y bydd e'n teyrnasu am byth.
14 Bydda i yn dad iddo, a bydd e'n fab i mi.
Pan fydd e'n gwneud drwg
bydda i'n defnyddio pobl i'w gosbi.
15 Ond fydda i ddim yn stopio bod yn ffyddlon iddo,
yn wahanol i Saul pan wnes i ei symud e o dy ffordd di.
16 Bydd dy deulu di yn teyrnasu o mlaen i am byth.
Bydd dy orsedd yn gadarn fel y graig." ' "

17Felly dyma Nathan yn mynd a dweud y cwbl wrth Dafydd.

Gweddi Dafydd

(1 Cronicl 17:16-27)

18Yna dyma'r Brenin Dafydd yn mynd i mewn i eistedd o flaen yr ARGLWYDD. "Feistr, ARGLWYDD,
pwy ydw i? Dw i'n neb, na'm teulu chwaith. Ac eto ti wedi dod â fi mor bell! 19Ac fel petai
hynny ddim yn ddigon, Feistr, ARGLWYDD, ti wedi siarad am y dyfodol pell yn llinach dy was! Ai
dyma'r ffordd wyt ti'n arfer delio gyda phobl, ARGLWYDD? 20Beth alla i ddweud? Ti'n gwybod
sut un ydy dy was, fy Meistr, ARGLWYDD. 21Am dy fod wedi addo gwneud, ac am mai dyna oedd
dy fwriad, ti wedi gwneud y pethau mawr yma a dweud wrtho i amdanyn nhw.
22"O, Feistr, ARGLWYDD, rwyt ti mor fawr! Does neb tebyg i ti! Does yna ddim duw arall yn
bod heblaw ti. Dŷn ni wedi clywed am neb yr un fath â ti! 23A phwy sy'n debyg i dy bobl di,
Israel? Mae hi'n wlad unigryw ar y ddaear – yn wlad aeth Duw i'w gollwng yn rhydd a'u
gwneud yn bobl iddo'i hun. Ti'n enwog am wneud pethau rhyfeddol pan wnest ti achub dy
bobl o'r Aifft a gyrru'r cenhedloedd paganaidd a'u duwiau allan o'r tir oedd gen ti ar eu
cyfer nhw. 24Ti wedi gwneud Israel yn bobl i ti dy hun am byth. Rwyt ti, ARGLWYDD, wedi dod
yn Dduw iddyn nhw. 25Felly, ARGLWYDD Dduw, tyrd a'r addewid yma amdana i a'm teulu yn
wir. Gwna fel rwyt ti wedi addo. 26Wedyn byddi'n enwog am byth. Bydd pobl yn dweud, 'Yr
ARGLWYDD hollbwerus ydy Duw Israel.' A bydd llinach dy was Dafydd yn gadarn fel y graig,
27am dy fod ti, yr ARGLWYDD hollbwerus, Duw Israel, wedi addo y byddi'n adeiladu tŷ i mi.
A dyna pam mae dy was yn meiddio gweddïo fel hyn arnat ti. 28Nawr, ARGLWYDD, fy meistr, ti
ydy'r Duw go iawn, ac mae dy eiriau di'n wir. Rwyt ti wedi addo gwneud y peth da yma i mi.
29Felly, plîs bendithia linach dy was, iddi aros yn gadarn gyda ti am byth. Meistr, ARGLWYDD,
am mai ti sy'n bendithio, bydd dy fendith yn aros ar fy llinach i am byth."

w 7:7 *ofalu am* Hebraeg, "bugeilio".

Llwyddiant milwrol Dafydd

(1 Cronicl 18:1-17)

8 Beth amser wedyn, dyma Dafydd yn concro'r Philistiaid ac yn eu gorfodi nhw i ildio
iddo. 2Wedyn dyma fe'n concro Moab. Gwnaeth i'r dynion orwedd mewn rhes ar lawr,
a dyma fe'n eu mesur nhw'n grwpiau gyda llinyn. Roedd dau hyd y llinyn i gael eu lladd, ac
un hyd llinyn i gael byw. A dyna sut daeth Moab o dan awdurdod Dafydd a thalu trethi iddo.
3Yna dyma Dafydd yn concro Hadadeser fab Rechob, brenin talaith Soba yn Syria. Roedd
hwnnw ar ei ffordd i geisio cael yr ardal ar lan afon Ewffrates yn ôl o dan ei awdurdod. 4Ond
dyma Dafydd yn dal mil saith gant o'i farchogion a dau ddeg mil o'i filwyr traed. Cadwodd
gant o'r ceffylau, ond gwneud y gweddill i gyd yn gloff. 5A phan ddaeth Syriaid talaith
Damascus i helpu Hadadeser, lladdodd byddin Dafydd ddau ddeg dwy fil ohonyn nhw hefyd.
6Wedyn, dyma Dafydd yn gosod garsiynau o filwyr ar dir Syria yn Damascus. Daeth y Syriaid
o dan ei awdurdod, a gorfod talu trethi iddo. Roedd yr Arglwydd yn gwneud i Dafydd ennill
pob brwydr ble bynnag roedd e'n mynd. 7Aeth Dafydd â'r tarianau aur oedd gan swyddogion
Hadadeser i Jerwsalem. 8Cymerodd lot fawr o bres hefyd o Betach a Berothai, trefi Hadadeser.
9Pan glywodd Toi, brenin Chamath,[y] fod Dafydd wedi concro byddin Hadadeser i gyd,
10dyma fe'n anfon ei fab Joram at Dafydd i geisio telerau heddwch, ac i longyfarch Dafydd
ar ei lwyddiant. (Roedd Hadadeser wedi bod yn rhyfela byth a hefyd yn erbyn Toi.) Aeth
Joram â phob math o gelfi aur ac arian a phres gydag e; 11a dyma Dafydd yn cysegru'r cwbl
i'r Arglwydd. Roedd wedi gwneud yr un peth gyda'r holl arian ac aur roedd wedi'i gymryd o'r
gwledydd wnaeth e eu concro, 12sef Edom, Moab, pobl Ammon, y Philistiaid a'r Amaleciaid,
a'r ysbail roedd wedi'i gymryd oddi ar Hadadeser fab Rechob, brenin Soba. 13Daeth Dafydd
yn enwog hefyd ar ôl iddo daro un deg wyth mil o filwyr Edom[a] yn Nyffryn yr Halen. 14A dyma
fe'n gosod garsiynau ar hyd a lled Edom. Daeth Edom i gyd o dan ei awdurdod a gorfod talu
trethi iddo. Roedd yr Arglwydd yn rhoi buddugoliaeth i Dafydd ble bynnag roedd e'n mynd.
15Roedd Dafydd yn frenin ar Israel gyfan. Roedd yn trin ei bobl i gyd yn gyfiawn ac yn
deg. 16Joab (mab Serwia[b]) oedd pennaeth y fyddin. Jehosaffat fab Achilwd oedd cofnodydd
y brenin. 17Sadoc fab Achitwf ac Achimelech fab Abiathar oedd yr offeiriaid. Seraia oedd ei
ysgrifennydd gwladol. 18Benaia fab Jehoiada oedd pennaeth gwarchodlu personol y brenin
(Cretiaid[c] a Pelethiaid). Ac roedd meibion Dafydd yn offeiriaid.

Dafydd a Meffibosheth, mab Jonathan

9 Dyma Dafydd yn gofyn, "Oes yna unrhyw un yn dal ar ôl o deulu Saul, i mi fod yn garedig
ato fel gwnes i addo i Jonathan?" 2A dyma ddyn o'r enw Siba oedd wedi bod yn was
i Saul yn cael ei alw at Dafydd. Gofynnodd y brenin iddo, "Ti ydy Siba?" Atebodd, "Ie, syr, fi ydy
dy was." 3Dyma'r brenin yn ei holi, "Oes yna unrhyw un o deulu Saul yn dal yn fyw, i mi fod
yn garedig ato fel gwnes i addo o flaen Duw?" Atebodd Siba, "Oes. Mae yna fab i Jonathan
sy'n dal yn fyw. Mae e'n anabl. Mae e'n gloff yn ei ddwy droed." 4"Ble mae e?" meddai'r
brenin. A dyma Siba'n dweud, "Mae e yn Lo-defâr, yn aros gyda Machir fab Ammiel." 5Felly
dyma'r Brenin Dafydd yn anfon i'w nôl o dŷ Machir.
6Pan ddaeth Meffibosheth (mab Jonathan ac ŵyr Saul) at y Brenin Dafydd, dyma fe'n
mynd ar ei liniau ac ymgrymu o'i flaen â'i wyneb ar lawr. "Meffibosheth?" meddai Dafydd.
Ac atebodd, "Ie, syr, dy was di." 7"Paid bod ag ofn," meddai Dafydd wrtho, "Dw i'n mynd i fod
yn garedig atat ti, fel gwnes i addo i dy dad Jonathan. Dw i am roi tir dy daid Saul yn ôl i ti,
a byddi'n cael bwyta wrth fy mwrdd i yn rheolaidd." 8Dyma Meffibosheth yn ymgrymu eto
a dweud, "Pwy ydw i? Pam ddylet ti gymryd sylw o gi marw fel fi?"

---

y 8:9 *Chamath* Dinas bwysig ar afon Orontes, tua 120 milltir i'r gogledd o Damascus. a 8:13 *Edom* Hebraeg, "Aram" (sef Syria) – ond gw. 2 Cronicl 18:12, hefyd 2 Brenhinoedd 14:7. b 8:16 *mab Serwia* Chwaer Dafydd oedd Serwia, felly roedd Joab yn nai i Dafydd (gw. 1 Cronicl 2:12-17, a'r troednodyn yn 2 Samuel 17:25).
c 8:18 Hebraeg, Cerethiaid, sy'n enw arall ar y Cretiaid.
9:1 1 Samuel 20:14-16

9 Yna dyma'r brenin yn galw am Siba, gwas Saul. Ac meddai wrtho, "Dw i wedi rhoi popeth
oedd piau Saul a'i deulu i ŵyr dy feistr. 10 Dw i eisiau i ti a dy feibion, a dy weision i gyd, ofalu
am y tir iddo. Bydd cynnyrch y tir yn fwyd i deulu dy feistr. Ond bydd Meffibosheth yn bwyta
wrth fy mwrdd i yn rheolaidd." (Roedd gan Siba un deg pump o feibion a dau ddeg o weision.)
11 Dyma Siba yn ateb, "Bydd dy was yn gwneud popeth mae fy meistr, y brenin, wedi'i orchymyn."
Felly cafodd Meffibosheth fwyta'n rheolaidd wrth fwrdd y brenin, fel petai'n un o feibion
y brenin ei hun. 12 Roedd gan Meffibosheth fab bach o'r enw Micha. Roedd teulu Siba i gyd,
a'i weision, yn gweithio i Meffibosheth. 13 Ond roedd Meffibosheth ei hun yn byw yn Jerwsalem,
ac yn cael bwyta'n rheolaidd wrth fwrdd y brenin. Roedd e'n anabl – yn gloff yn ei ddwy droed.

Dafydd yn concro'r Ammoniaid

(1 Cronicl 19:1-19)

10 Beth amser wedyn dyma frenin yr Ammoniaid yn marw, a dyma'i fab, Chanŵn, yn
dod yn frenin yn ei le. 2 Dyma Dafydd yn dweud, "Dw i am fod yn garedig at Chanŵn
fab Nachash,[ch] am fod ei dad wedi bod yn garedig ata i." Felly dyma fe'n anfon ei weision
i gydymdeimlo â Chanŵn ar golli ei dad. Ond pan ddaeth gweision Dafydd i wlad Ammon, 3 dyma
swyddogion y wlad yn dweud wrth eu meistr, "Wyt ti wir yn meddwl mai i ddangos parch at dy dad
mae Dafydd wedi anfon y dynion yma i gydymdeimlo? Dim o gwbl! Mae'n debyg ei fod wedi anfon
ei weision i ysbïo ac archwilio'r ddinas, er mwyn ei choncro hi!" 4 Felly dyma Chanŵn yn dal gweision
Dafydd a siafio hanner barf pob un, a thorri eu dillad yn eu canol, fel bod eu tinau yn y golwg. Yna
eu gyrru nhw adre. 5 Pan glywodd Dafydd am hyn, anfonodd ddynion i'w cyfarfod. Roedd arnyn nhw
gywilydd garw. Awgrymodd y dylen nhw aros yn Jericho nes bod barf pob un wedi tyfu eto.
6 Dyma bobl Ammon yn dod i sylweddoli fod beth wnaethon nhw wedi ypsetio Dafydd.
Felly dyma nhw'n llogi dau ddeg mil o filwyr traed gan y Syriaid yn Beth-rechob a Soba, mil
o filwyr gan frenin Maacha,[d] a deuddeg mil o Tob.[dd] 7 Pan glywodd Dafydd hyn, dyma fe'n
anfon Joab allan gyda milwyr gorau'r fyddin gyfan. 8 Yna dyma'r Ammoniaid yn dod allan
a threfnu eu byddin yn rhengoedd o flaen giatiau'r ddinas. Ond roedd byddin y Syriaid o Soba
a Rechob, a milwyr Tob a Maacha yn paratoi i ymladd ar y tir agored.
9 Roedd Joab yn gweld y byddai'n rhaid iddo ymladd o'r tu blaen a'r tu ôl. Felly dyma
fe'n dewis rhai o filwyr gorau byddin Israel i wynebu'r Syriaid. 10 A dyma fe'n cael ei frawd,
Abishai, i arwain gweddill y fyddin yn erbyn yr Ammoniaid. 11 "Os bydd y Syriaid yn gryfach
na ni," meddai, "tyrd ti i'n helpu ni. Ac os bydd yr Ammoniaid yn gryfach na chi, gwna i ddod
i'ch helpu chi. 12 Gad i ni fod yn ddewr! Er mwyn ein pobl, ac er mwyn trefi ein Duw. Bydd yr
ARGLWYDD yn gwneud beth mae e'n wybod sydd orau."
13 Felly dyma Joab a'i filwyr yn mynd allan i ymladd yn erbyn y Syriaid, a dyma'r Syriaid
yn ffoi oddi wrthyn nhw. 14 Pan welodd yr Ammoniaid fod y Syriaid yn ffoi, dyma nhw hefyd
yn ffoi o flaen Abishai a dianc i mewn i'r ddinas. A dyma Joab yn stopio rhyfela yn erbyn yr
Ammoniaid, a mynd yn ôl i Jerwsalem.
15 Roedd y Syriaid yn gweld eu bod wedi colli'r dydd yn erbyn Israel, felly dyma nhw'n
casglu at ei gilydd unwaith eto. 16 Dyma Hadadeser yn anfon am y Syriaid oedd yn byw yr
ochr draw i afon Ewffrates, i ddod allan atyn nhw i Chelam. Shofach oedd enw'r cadfridog
oedd yn arwain byddin Hadadeser.
17 Pan glywodd Dafydd am hyn, dyma fe'n galw byddin Israel gyfan at ei gilydd. A dyma
nhw'n croesi afon Iorddonen a dod i Chelam. Roedd y Syriaid wrthi'n trefnu'u hunain yn
rhengoedd i wynebu byddin Dafydd, a dyma nhw'n dechrau ymladd. 18 Ond dyma fyddin
y Syriaid yn ffoi eto o flaen yr Israeliaid. Roedd byddin Dafydd wedi lladd saith gant o filwyr

---

ch 10:2 *Nachash* Roedd y Brenin Nachash wedi bod yn elyn i Saul, a falle fod ei gyfeillgarwch â Dafydd yn mynd yn ôl i'r cyfnod pan oedd Saul yn ceisio dal Dafydd i'w ladd. d 10:6 *Maacha* Teyrnas fach rhwng Gilead yn y de a Mynydd Hermon yn y gogledd (gw. 1 Cronicl 19:6). dd 10:6 *Beth-rechob a Soba* dwy dref i'r gogledd o Fynydd Hermon; *Maacha* Teyrnas Syriaidd fechan i'r dwyrain o afon Iorddonen; *Tob* Tref oedd ddeuddeg milltir i'r de-ddwyrain o Lyn Galilea.

cerbyd y Syriaid, a phedwar deg mil o filwyr traed. Cafodd Shofach, cadfridog byddin y Syriaid,
ei ladd yn y frwydr hefyd. 19 Pan welodd y brenhinoedd oedd ar ochr Hadadeser eu bod wedi
colli'r dydd, dyma nhw'n gwneud heddwch gydag Israel, a dod o dan ei hawdurdod. Roedd
gan y Syriaid ofn helpu'r Ammoniaid ar ôl hynny.

Dafydd a Bathseba

11 Yn y gwanwyn, sef yr adeg pan fyddai brenhinoedd yn arfer mynd i ryfela, dyma
Dafydd yn anfon Joab a'i fyddin allan. Dyma Joab a'i swyddogion, a holl fyddin
Israel, yn mynd ac yn trechu byddin yr Ammoniaid a chodi gwarchae at ddinas Rabba.[e] Ond
arhosodd Dafydd yn Jerwsalem.
2 Yn hwyr un p'nawn, dyma Dafydd yn codi ar ôl bod yn gorffwys, a mynd i gerdded ar do
fflat y palas. O'r fan honno dyma fe'n digwydd gweld gwraig yn ymolchi. Roedd hi'n wraig
arbennig o hardd. 3 Dyma Dafydd yn anfon rhywun i ddarganfod pwy oedd hi, a daeth hwnnw
yn ôl gyda'r ateb, “Bathseba ferch Eliam, gwraig Wreia yr Hethiad,[f] ydy hi.” 4 Felly dyma Dafydd
yn anfon negeswyr i'w nôl hi. Ac wedi iddi ddod dyma fe'n cael rhyw gyda hi. (Roedd hi
newydd fod drwy'r ddefod o buro'i hun ar ôl ei misglwyf.) Yna dyma hi'n mynd yn ôl adre.
5 Pan wnaeth hi ddarganfod ei bod hi'n disgwyl babi, dyma hi'n anfon neges at Dafydd
i ddweud wrtho. 6 Felly dyma Dafydd yn anfon neges at Joab, yn gofyn iddo anfon Wreia yr
Hethiad ato. A dyma Joab yn gwneud hynny. 7 Pan gyrhaeddodd Wreia, dyma Dafydd yn ei
holi sut oedd Joab a'r fyddin, a beth oedd hanes y rhyfel. 8 Yna dyma Dafydd yn dweud wrtho,
“Dos adre i ymlacio.”[ff] A phan adawodd Wreia y palas, dyma'r brenin yn anfon anrheg ar ei
ôl. 9 Ond wnaeth Wreia ddim mynd adre. Arhosodd gyda'r gweision eraill wrth ddrws y palas.
10 Pan glywodd Dafydd fod Wreia heb fynd adre, galwodd amdano a gofyn iddo, “Pam wnest
ti ddim mynd adre neithiwr? Ti wedi bod i ffwrdd ers amser hir.” 11 Atebodd Wreia, “Mae'r
Arch, a milwyr Israel a Jwda yn aros mewn pebyll. Mae Joab, y capten, a'r swyddogion eraill,
yn gwersylla yn yr awyr agored. Fyddai hi'n iawn i mi fynd adre i fwyta ac yfed a chysgu gyda
ngwraig? Ar fy llw,[g] allwn i byth wneud y fath beth!”
12 Felly dyma Dafydd yn dweud wrtho, “Aros yma am ddiwrnod arall. Gwna i dy anfon di yn
ôl yfory.” Felly dyma Wreia yn aros yn Jerwsalem am ddiwrnod arall. Drannoeth 13 dyma Dafydd
yn gwahodd Wreia i fwyta ac yfed gydag e, ac yn ei feddwi. Ond pan aeth Wreia allan gyda'r
nos dyma fe'n cysgu allan eto gyda gweision ei feistr. Aeth e ddim adre. 14 Felly, y bore wedyn,
dyma Dafydd yn gofyn i Wreia fynd â llythyr i Joab. 15 Dyma beth roedd wedi'i ysgrifennu yn
y llythyr, “Rho Wreia yn y rheng flaen lle mae'r brwydro galetaf. Yna ciliwch yn ôl oddi wrtho,
a'i adael i gael ei daro a'i ladd.” 16 Roedd Joab wedi bod yn gwylio dinas Rabba, a dyma fe'n
rhoi Wreia lle roedd yn gwybod fod milwyr gorau'r gelyn yn ymladd. 17 Dyma filwyr y gelyn yn
mentro allan i ymosod, a chafodd Wreia a nifer o filwyr eraill Dafydd eu lladd.
18 Yna dyma Joab yn anfon adroddiad at Dafydd i ddweud beth oedd wedi digwydd yn y frwydr.
19 Dwedodd wrth y negesydd, “Pan fyddi'n rhoi'r adroddiad o beth ddigwyddodd i'r brenin, 20 falle
y bydd e'n gwylltio a dechrau holi: ‘Pam aethoch chi mor agos i'r ddinas i ymladd? Oeddech
chi ddim yn sylweddoli y bydden nhw'n saethu o ben y waliau? 21 Pwy laddodd Abimelech
fab Gideon[ng] yn Thebes? Gwraig yn gollwng maen melin arno o ben y wal! Pam aethoch chi
mor agos i'r wal?’ Yna dywed wrtho ‘Cafodd dy was Wreia yr Hethiad ei ladd hefyd.’ ” 22 Felly,
dyma'r negesydd yn mynd ac yn rhoi'r adroddiad yn llawn i Dafydd. 23 Meddai wrtho, “Daeth
milwyr y gelyn allan i ymladd ar y tir agored. Ond dyma ni'n eu gyrru nhw yn ôl yr holl ffordd
at giât y ddinas. 24 Ond wedyn dyma'r bwasaethwyr yn saethu o ben y wal, a lladd rhai o dy

---

e 11:1 *Rabba* Prifddinas yr Ammoniaid (yn yr ardal lle mae Amman heddiw, sef prifddinas Gwlad yr Iorddonen).
f 11:3 *Wreia yr Hethiad* Roedd Wreia yn un o'r ‘Tri deg’ (milwyr gorau Dafydd) – gw. 2 Samuel 23:39.
ff 11:8 *ymlacio* Hebraeg, “golchi dy draed”. Gall fod ystyr dwbl i'r Hebraeg, gan fod traed yn cael ei ddefnyddio fel mwythair am yr organau rhywiol. g 11:11 *ar fy llw* Hebraeg, “mor sicr â dy fod ti'n fyw”. ng 11:21 *Gideon* Hebraeg, *Jerwbbesheth* – gw. Barnwyr 6:32.
11:11 1 Samuel 21:5 11:21 Barnwyr 9:50-55

swyddogion. Roedd dy was Wreia yr Hethiad yn un ohonyn nhw." 25Yna dyma Dafydd yn dweud
wrth y negesydd, "Dwed wrth Joab, 'Paid poeni am y peth. Fel yna mae hi mewn rhyfel. Rhai'n cael
eu lladd, eraill ddim. Brwydra'n galetach yn erbyn y ddinas, a'i choncro!' Annog e yn ei flaen!"
26Pan glywodd Bathseba fod ei gŵr wedi marw, bu'n galaru amdano. 27Ond wedi i'r cyfnod
o alaru ddod i ben, dyma Dafydd yn anfon amdani a dod â hi i'w balas. Dyma hi'n dod yn
wraig iddo, a chafodd fab iddo.

Y proffwyd Nathan yn ceryddu Dafydd

Ond doedd yr ARGLWYDD ddim yn hapus o gwbl am beth roedd Dafydd wedi'i wneud,
12 a dyma fe'n anfon y proffwyd Nathan at Dafydd. Daeth ato a dweud wrtho: "Un tro roedd
yna ddau ddyn yn byw yn rhyw dre. Roedd un yn gyfoethog a'r llall yn dlawd. 2Roedd gan
y dyn cyfoethog lond gwlad o ddefaid a gwartheg. 3Ond doedd gan y dyn tlawd ddim ond un oen
banw fach roedd wedi'i phrynu a'i magu. Roedd yr oen wedi tyfu gydag e a'i blant. Roedd yn
bwyta ac yn yfed gyda nhw, ac yn cysgu yn ei freichiau, fel petai'n ferch fach iddo. 4Cafodd y dyn
cyfoethog ymwelydd. Ond doedd e ddim am ladd un o'i ddefaid neu ei wartheg ei hun i wneud
bwyd iddo. Felly dyma fe'n cymryd oen y dyn tlawd a gwneud pryd o fwyd i'w ymwelydd o hwnnw."
5Roedd Dafydd wedi gwylltio'n lân pan glywodd hyn. Dwedodd wrth Nathan, "Mor sicr
â bod yr ARGLWYDD yn fyw, mae'r dyn yna'n haeddu marw! 6Rhaid iddo roi pedwar oen yn ôl
i'r dyn tlawd am wneud y fath beth, ac am fod mor ddideimlad!"
7A dyma Nathan yn ateb Dafydd, "Ti ydy'r dyn! Dyma mae'r ARGLWYDD, Duw Israel, yn ei ddweud:
'Fi wnaeth dy osod di yn frenin ar Israel. Fi hefyd wnaeth dy achub di oddi wrth Saul. 8Dw i wedi rhoi
eiddo dy feistr i ti, a'i wragedd. A dw i wedi rhoi pobl Israel a Jwda i ti hefyd. A phetai hynny ddim
yn ddigon byddwn wedi rhoi mwy eto i ti. 9Pam wyt ti wedi fy sarhau i, yr ARGLWYDD, drwy wneud
peth mor ofnadwy? Ti wedi lladd Wreia yr Hethiad, a chymryd ei wraig yn wraig i ti dy hun. Ie, ti
wnaeth ei ladd, gyda chleddyf yr Ammoniaid! 10Felly bydd cysgod y cleddyf arnat ti a dy deulu bob
amser. Ti wedi fy sarhau i drwy gymryd gwraig Wreia yr Hethiad i ti dy hun!' 11Dyma mae'r ARGLWYDD
yn ei ddweud: 'Dw i'n mynd i greu helynt i ti o fewn dy deulu dy hun. Bydda i'n cymryd dy wragedd
di a'u rhoi nhw i ddyn arall. Bydd e'n cysgu gyda dy wragedd di yn gwbl agored. 12Er dy fod ti wedi
trio cuddio beth wnest ti, bydd pobl Israel i gyd yn gweld beth dw i'n mynd i'w wneud!' "

Dafydd yn cyffesu ei bechod

13Dyma Dafydd yn ateb, "Dw i wedi pechu yn erbyn yr ARGLWYDD."
A dyma Nathan yn dweud, "Wyt, ond mae'r ARGLWYDD hefyd wedi maddau dy bechod.
Ti ddim yn mynd i farw. 14Ond am dy fod ti wedi bod mor amharchus o'r ARGLWYDD, bydd
y plentyn gafodd ei eni yn marw."
15Yna aeth Nathan yn ôl adre.

Plentyn Dafydd a Bathseba yn marw

Dyma'r ARGLWYDD yn gwneud y babi gafodd gwraig Wreia i Dafydd yn sâl iawn 16A dyma
Dafydd yn mynd ati i bledio'n daer ar yr ARGLWYDD i'w wella. Roedd yn mynd heb fwyd, ac
yn cysgu ar lawr bob nos. 17Daeth ei gynghorwyr ato i geisio'i berswadio i godi oddi ar lawr,
ond gwrthod wnaeth e, a gwrthod bwyta dim gyda nhw.
18Ar ôl saith diwrnod dyma'r plentyn yn marw. Roedd gan swyddogion Dafydd ofn mynd
i ddweud wrtho. "Doedd e'n cymryd dim sylw ohonon ni pan oedd y plentyn yn dal yn fyw,"
medden nhw. "Sut allwn ni ddweud wrtho fod y plentyn wedi marw? Bydd e'n gwneud
rhywbeth ofnadwy iddo'i hun." 19Ond pan sylwodd Dafydd fod ei swyddogion yn sibrwd,
roedd yn amau fod y plentyn wedi marw. Felly gofynnodd iddyn nhw, "Ydy'r plentyn wedi
marw?" A dyma nhw'n ateb, "Ydy, mae wedi marw."

12:6 Exodus 22:1 12:13 Salm 51

20Yna dyma Dafydd yn codi oddi ar lawr, yn ymolchi, rhoi olew ar ei wyneb a newid ei
ddillad. Aeth i babell yr ARGLWYDD i addoli. Wedyn aeth yn ôl adre i'r palas a bwyta pryd o fwyd.
21A dyma'i swyddogion yn gofyn iddo, "Pam wyt ti'n ymddwyn fel yma? Pan oedd y plentyn
yn dal yn fyw roeddet ti'n crio ac yn ymprydio. Ond nawr mae'r plentyn wedi marw dyma
ti'n codi ac yn bwyta!" 22Atebodd Dafydd, "Tra oedd y plentyn yn dal yn fyw rôn i'n ymprydio
ac yn crio. Rôn i'n meddwl falle y byddai'r ARGLWYDD yn tosturio ac yn gadael i'r plentyn fyw.
23Ond nawr mae e wedi marw. Does dim pwynt gwrthod bwyd bellach. Alla i ddim dod ag
e'n ôl. Bydda i'n mynd ato fe, ond wnaiff e ddim dod yn ôl ata i."

Geni Solomon

24Yna dyma Dafydd yn mynd i gysuro ei wraig, Bathseba. Cysgodd gyda hi a chael rhyw
gyda hi. Cafodd hi fab iddo, a dyma nhw'n ei alw yn Solomon. Roedd yr ARGLWYDD yn caru'r
plentyn, 25a dyma fe'n rhoi neges drwy'r proffwyd Nathan yn dweud y dylai gael ei alw'n
Iedidia, sef "Mae'r ARGLWYDD yn ei garu."

Dafydd yn concro Rabba

(1 Cronicl 20:1b-3)

26Roedd Joab yn dal i ryfela yn erbyn Rabba, prifddinas yr Ammoniaid, a llwyddodd
i ddal y gaer frenhinol. 27Anfonodd neges at Dafydd, "Dw i wedi ymosod ar Rabba, ac wedi
cipio cronfa ddŵr y ddinas. 28Mae'n bryd i ti gasglu gweddill y fyddin, a dod yma i warchae
ar y ddinas. Wedyn ti fydd wedi'i choncro, nid fi, a fydd hi ddim yn cael ei henwi ar fy
ôl i." 29Felly dyma Dafydd yn casglu'r fyddin i gyd a mynd i Rabba i ymladd yn ei herbyn
a'i choncro. 30Dyma fe'n cymryd coron eu brenin nhw a'i rhoi ar ei ben ei hun. Roedd y goron
wedi'i gwneud o dri deg cilogram o aur, ac roedd gem werthfawr arni. Casglodd Dafydd lot
fawr o ysbail o'r ddinas hefyd. 31Symudodd y bobl allan, a'u gorfodi nhw i weithio iddo gyda
llifau, ceibiau a bwyeill haearn, a'u hanfon i'r gwaith brics.

Gwnaeth Dafydd yr un peth gyda pob un o drefi'r Ammoniaid. Yna aeth yn ôl i Jerwsalem
gyda'i fyddin.

Amnon yn treisio Tamar

13 Yna beth amser wedyn digwyddodd hyn:
Roedd gan Absalom, mab Dafydd, chwaer o'r enw Tamar, oedd yn arbennig o hardd.
Roedd Amnon, mab arall i Dafydd, yn ei ffansïo hi. 2Roedd ei deimladau ati mor gryf roedd yn
gwneud ei hun yn sâl. Roedd Tamar wedi cyrraedd oed priodi ac yn wyryf, ond doedd Amnon
ddim yn gweld unrhyw ffordd y gallai e ei chael hi. 3Ond roedd gan Amnon ffrind o'r enw
Jonadab (mab Shamma,[h] brawd Dafydd). Roedd Jonadab yn ddyn cyfrwys iawn. 4Dyma fe'n
gofyn i Amnon, "Beth sy'n bod? Ti ydy mab y brenin. Pam wyt ti mor ddigalon drwy'r amser?
Wnei di ddim dweud wrtho i beth sydd?" A dyma Amnon yn ateb, "Dw i mewn cariad hefo
Tamar, chwaer Absalom."

5Yna dyma Jonadab yn dweud wrtho, "Dos i orwedd ar dy wely ac esgus bod yn sâl. Wedyn,
pan fydd dy dad yn dod i dy weld, dywed wrtho, 'Plîs gad i Tamar, fy chwaer, ddod i wneud bwyd
i mi. Gad iddi ei baratoi o mlaen i, ac wedyn fy mwydo i.' " 6Felly dyma Amnon yn mynd i'w wely
a smalio bod yn sâl. Daeth y brenin i'w weld, a dyma Amnon yn dweud wrtho, "Plîs gad i Tamar,
fy chwaer, ddod i baratoi cacennau sbesial o mlaen i, ac wedyn fy mwydo i." 7Dyma Dafydd yn
anfon neges at Tamar yn y palas, yn dweud wrthi am fynd i dŷ ei brawd Amnon i wneud bwyd
iddo. 8Felly dyma Tamar yn mynd i dŷ Amnon, lle roedd yn gorwedd. Cymerodd does a'i baratoi
o'i flaen a'i goginio. 9Ond pan ddaeth â'r bwyd ato, dyma Amnon yn gwrthod bwyta. Yna dyma
fe'n gorchymyn i'w weision, "Pawb allan o ma!", a dyma nhw i gyd yn mynd allan.

---

h 13:3 *Shamma* Hebraeg, *Shimea* – ffurf arall ar yr un enw (gw. 1 Samuel 16:9; 17:13).

10Wedyn dyma Amnon yn dweud wrth Tamar, "Tyrd â'r bwyd i'r ystafell wely, a gwna i fwyta
yno." Felly dyma Tamar yn mynd â'r bwyd oedd hi newydd ei baratoi at ei brawd Amnon
i'r ystafell wely. 11Ond wrth iddi ei annog i fwyta, dyma fe'n gafael ynddi a dweud, "Tyrd
i'r gwely hefo fi, chwaer." 12"Na! frawd, paid!" meddai hi. "Paid treisio fi. Dydy pobl Israel
ddim yn gwneud pethau fel yna. Paid gwneud peth mor erchyll. 13Allwn i ddim byw gyda'r
cywilydd. A fyddai neb yn Israel yn dy barchu di am wneud peth mor erchyll. Plîs paid. Gofyn
i'n tad, y brenin; wnaiff e ddim gwrthod fy rhoi i ti."[i] 14Ond doedd Amnon ddim am wrando
arni. Roedd yn gryfach na hi, a dyma fe'n ei dal hi i lawr a'i threisio. 15Ond wedyn dyma fe'n
dechrau teimlo casineb llwyr ati. Roedd yn ei chasáu hi nawr fwy nag roedd yn ei charu hi
o'r blaen. A dyma fe'n dweud wrthi, "Cod! Dos o ma!" 16A dyma Tamar yn ei ateb, "Na! Plîs
paid! Mae fy anfon i ffwrdd nawr yn waeth na beth rwyt ti newydd ei wneud!" Ond doedd
e ddim am wrando arni. 17A dyma fe'n galw'i was ystafell, a dweud wrtho, "Dos â hon allan
o ma, a chloi'r drws tu ôl iddi!" 18Felly dyma'r gwas yn ei thaflu allan, a bolltio'r drws ar ei
hôl. Roedd hi mewn gwisg laes (y math o wisg fyddai merched dibriod y brenin yn arfer ei
wisgo). 19Yna dyma Tamar yn rhwygo'r wisg a rhoi lludw ar ei phen. Aeth i ffwrdd â'i dwylo
dros ei hwyneb, yn crio'n uchel.

20Dyma Absalom, ei brawd, yn gofyn iddi, "Ydy'r brawd yna sydd gen ti, Amnon, wedi
gwneud rhywbeth i ti? Paid dweud dim am y peth gan ei fod yn frawd i ti. Ond paid ti â phoeni."
Yna aeth Tamar i aros yn nhŷ ei brawd Absalom, yn unig ac wedi torri ei chalon.

21Pan glywodd y Brenin Dafydd am bopeth oedd wedi digwydd, roedd yn flin ofnadwy.
22Roedd Absalom yn gwrthod siarad gydag Amnon, run gair; roedd yn ei gasáu am beth
wnaeth e i'w chwaer Tamar.

Absalom yn dial ar Amnon

23Aeth dwy flynedd heibio. Roedd gweision Absalom yn cneifio yn Baal-chatsor,[l] wrth ymyl
tref o'r enw Effraim. A dyma Absalom yn gwahodd meibion y brenin i gyd i barti. 24Aeth
at y brenin hefyd a dweud, "Mae'r dynion acw'n cneifio. Tyrd aton ni i'r parti, a thyrd â dy
swyddogion hefyd." 25Atebodd y brenin, "Na, machgen i, ddown ni ddim i gyd, neu byddwn
ni'n faich arnat ti." Er i Absalom bwyso arno, doedd e ddim yn fodlon mynd. Ond dyma fe
yn ei fendithio. 26Wedyn, dyma Absalom yn dweud, "Os ddoi di dy hun ddim, plîs gad i'm
brawd Amnon ddod." Holodd y brenin, "Pam fyddet ti eisiau iddo fe fynd gyda ti?" 27Ond
roedd Absalom yn dal i bwyso arno, ac yn y diwedd dyma'r brenin yn anfon Amnon a'i feibion
eraill i gyd. A dyma Absalom yn paratoi gwledd digon da i frenin.[ll]

28Dwedodd Absalom wrth ei weision, "Gwyliwch Amnon. Dw i eisiau i chi aros nes bydd
e ychydig yn chwil. Wedyn pan fydda i'n dweud, lladdwch e. Peidiwch bod ofn. Fi sydd wedi
dweud wrthoch chi i wneud hyn. Byddwch yn ddewr!" 29Felly dyma weision Absalom yn lladd
Amnon. A dyma feibion eraill y brenin yn codi, neidio ar eu mulod, a dianc.

30Tra oedden nhw ar eu ffordd adre, clywodd Dafydd si fod Absalom wedi lladd ei feibion
e i gyd, a bod dim un ohonyn nhw'n dal yn fyw. 31Felly cododd y brenin, rhwygo'i ddillad
a gorwedd ar lawr. Ac roedd ei weision i gyd yn sefyll o'i gwmpas, wedi rhwygo'u dillad nhw
hefyd. 32Ond yna dyma Jonadab (mab Shamma,[m] brawd Dafydd) yn dweud, "Syr, paid meddwl
fod dy feibion i gyd wedi'i lladd. Dim ond Amnon fydd wedi marw. Mae Absalom wedi bod
yn cynllunio i wneud hyn ers i Amnon dreisio ei chwaer e, Tamar. 33Ddylai'r brenin ddim
credu'r stori fod ei feibion i gyd wedi'u lladd. Dim ond Amnon sydd wedi marw, 34a bydd
Absalom wedi dianc."

Yna dyma'r gwyliwr oedd ar ddyletswydd yn edrych allan a gweld tyrfa o bobl yn dod
heibio'r bryn o gyfeiriad trefi Beth-choron. 35A dyma Jonadab yn dweud wrth y brenin, "Edrych,

---

i 13:13 Doedd priodas o'r fath ddim yn dderbyniol yn ôl y Gyfraith (Lefiticus 18:9,11; 20:17), er fod enghreifftiau yn gynharach yn hanes Israel (Genesis 20:12). l 13:23 *Baal-chatsor* Tua 15 milltir i'r gogledd o Jerwsalem. ll 13:27 *A dyma ... i frenin* Fel rhai llawysgrifau. m 13:32 *Shamma* Hebraeg, *Shimea* – ffurf arall ar yr un enw (gw. 1 Samuel 16:9; 17:13).

dy feibion sy'n dod, fel gwnes i ddweud!" 36 A'r eiliad honno dyma feibion y brenin yn cyrraedd,
yn crio'n uchel. A dyma'r brenin ei hun a'i swyddogion i gyd yn dechrau beichio crio hefyd.
37 Buodd Dafydd yn galaru am ei fab Amnon[n] am amser hir.
Roedd Absalom wedi dianc at Talmai[o] fab Amihwd, brenin Geshwr. 38 Arhosodd yn Geshwr
am dair blynedd. 39 Erbyn hynny, roedd Dafydd wedi dod dros farwolaeth Amnon, ac wedi
dechrau hiraethu am Absalom.

Dafydd yn caniatáu i Absalom ddod yn ôl i Jerwsalem

14 Roedd Joab (mab Serwia) wedi sylwi fod Dafydd ddim yn gallu stopio meddwl am
Absalom. 2 Felly dyma fe'n anfon rhywun i nôl gwraig ddoeth oedd yn byw yn Tecoa.[p]
Meddai wrthi, "Dw i eisiau i ti esgus dy fod yn galaru. Rho ddillad galar amdanat, peidio
gwisgo colur, a gwneud i ti dy hun edrych fel rhywun sydd wedi bod yn galaru am amser
hir iawn. 3 Yna dos at y brenin a dweud fel yma: ..." (Dyma Joab yn dweud wrthi yn union
beth i'w ddweud.) 4 Felly dyma'r wraig o Tecoa yn mynd at y brenin. Aeth ar ei gliniau ac
ymgrymu o'i flaen gyda'i hwyneb ar lawr. "Plîs helpa fi, o frenin." 5 "Beth sy'n bod?" meddai
Dafydd. A dyma hi'n ateb, "Gwraig weddw ydw i. Mae'r gŵr wedi marw. 6 Roedd gen i ddau
fab, a dyma nhw'n dechrau ymladd allan yng nghefn gwlad. Doedd yna neb o gwmpas i'w
gwahanu nhw, a dyma un yn taro'r llall a'i ladd. 7 A nawr mae aelodau'r clan i gyd wedi troi
yn fy erbyn i, ac yn mynnu, 'Rho dy fab i ni. Rhaid iddo farw am lofruddio ei frawd.' Ond fe
ydy'r etifedd. Os gwnân nhw hynny, bydd y fflam olaf sydd gen i wedi diffodd! Fydd yna neb
ar ôl i gadw enw'r gŵr yn fyw."
8 Dyma'r brenin Dafydd yn dweud wrth y wraig, "Dos adre. Gwna i setlo'r achos i ti."
9 A dyma'r wraig yn dweud wrth y brenin, "Os bydd unrhyw broblem, arna i a'm teulu mae'r
bai. Does dim bai o gwbl ar fy meistr y brenin a'i orsedd." 10 Ond dyma'r brenin yn ateb, "Os
bydd unrhyw un yn cwestiynu'r peth, gwna i ddelio gydag e. Fydd e ddim yn dy blagio di
byth eto!" 11 A dyma hi'n gofyn, "Plîs wnei di addo i mi o flaen yr ARGLWYDD dy Dduw, na fydd
y perthynas agosaf yn mynnu dial ar fy mab a thywallt mwy o waed eto?" "Ar fy llw," meddai'r
brenin, "fydd neb yn cyffwrdd blewyn o wallt ei ben!"
12 Yna dyma'r wraig yn gofyn, "Plîs ga i ddweud un peth arall wrthot ti, syr?" "Ie, beth?"
meddai'r brenin. 13 A dyma hi'n dweud, "Pam wyt ti wedi gwneud yr un math o beth yn erbyn
pobl Dduw? Drwy roi'r dyfarniad yna i mi rwyt ti'n barnu dy hun yn euog. Ti ddim wedi
gadael i dy fab, sy'n alltud, ddod yn ôl adre. 14 Rhaid i ni i gyd farw rywbryd. Dŷn ni fel dŵr
yn cael ei dywallt ar y tir a neb yn gallu ei gasglu'n ôl. Dydy Duw ddim yn cymryd bywyd
rhywun cyn pryd; ond mae e'n trefnu ffordd i ddod â'r un sydd wedi'i alltudio yn ôl adre.
15 Nawr, dw i wedi dod i siarad â'r brenin, fy meistr, am fod pobl yn codi ofn arna i. Rôn i'n
meddwl, 'Os gwna i siarad â'r brenin falle y bydd e'n gwneud beth dw i'n ei ofyn. 16 Bydd
y brenin yn siŵr o wrando. Bydd e'n fy achub i oddi wrth yr un sydd am fy ngyrru i a'm mab
o'r etifeddiaeth roddodd Duw i ni.' 17 Rôn i'n meddwl, 'Bydd ateb y brenin yn dod â chysur
i mi. Achos mae'r brenin fel angel Duw, yn gwybod y gwahaniaeth rhwng da a drwg.' Boed
i'r ARGLWYDD dy Dduw fod gyda ti!"
18 A dyma'r Brenin Dafydd yn ei hateb, "Dw i eisiau gwybod un peth. Paid cuddio dim oddi
wrtho i." "Gofyn, syr," meddai'r wraig. 19 "Ai Joab sydd wedi dy gael i wneud hyn?" meddai.
A dyma'r wraig yn ateb, "Ie, alla i ddim gwadu'r peth syr. Joab drefnodd y cwbl, a dweud
wrtho i beth i'w ddweud. 20 Roedd e eisiau i ti edrych ar y sefyllfa o safbwynt gwahanol. Ond
rwyt ti, syr, yn ddoeth fel angel Dduw. Ti'n deall popeth sy'n digwydd yn y wlad."
21 Yna dyma'r brenin yn galw Joab, "O'r gorau! Dyna wna i. Dos i nôl y bachgen Absalom."
22 Dyma Joab yn ymgrymu â'i wyneb ar lawr o flaen y brenin, a diolch iddo. Meddai wrtho,

---

n 13:37 *Amnon* Amnon oedd mab hynaf Dafydd, a'r un fyddai wedi'i olynu fel brenin. o 13:37,38 *Talmai* Taid Absalom, sef tad ei fam. (gw. 3:3). p 14:2 *Tecoa* Pentref oedd rhyw ddeuddeg milltir i'r de-ddwyrain o Jerwsalem.

14:7 Numeri 35:19-21 14:14 Numeri 35:28

"Heddiw dw i'n gwybod fod gen ti ffydd yno i, dy was. Ti wedi caniatáu fy nghais i." 23 Felly
dyma Joab yn mynd i lawr i Geshwr a dod ag Absalom yn ôl i Jerwsalem. 24 Ond roedd y brenin
wedi dweud, "Rhaid iddo fynd i'w dŷ ei hun. Gaiff e ddim fy ngweld i." Felly dyma Absalom
yn mynd i'w dŷ ei hun, heb gael gweld y brenin.

Absalom yn cael gweld ei dad Dafydd eto

25 Roedd Absalom yn cael ei ystyried y dyn mwyaf golygus yn Israel. Dyn cryf, iach, gyda'r
corff perffaith. 26 Roedd yn arfer torri ei wallt yn fyr bob blwyddyn am fod ei wallt wedi tyfu
mor drwchus. Ar ôl torri ei wallt byddai'n ei bwyso, ac roedd dros ddau gilogram (yn ôl y safon
brenhinol). 27 Roedd gan Absalom dri mab ac un ferch. Enw'r ferch oedd Tamar, ac roedd hi'n
ferch arbennig o hardd.

28 Roedd Absalom wedi bod yn Jerwsalem am ddwy flynedd heb gael gweld y brenin,
29 a dyma fe'n anfon neges at Joab i geisio'i gael i drefnu iddo gael gweld y brenin. Ond
roedd Joab yn gwrthod mynd ato. Dyma fe'n anfon amdano eto, ond roedd Joab yn dal
i wrthod mynd. 30 Felly dyma Absalom yn dweud wrth ei weision, "Mae gan Joab gae o haidd
nesa at fy nhir i. Ewch i'w roi ar dân." A dyma weision Absalom yn gwneud hynny. 31 Yna aeth
Joab ar ei union i dŷ Absalom. "Pam mae dy weision di wedi rhoi fy nghae i ar dân?" meddai.
32 A dyma Absalom yn ateb, "Edrych, gwnes i anfon neges atat ti am fy mod eisiau i ti fynd
at y brenin, a gofyn iddo pam wnaeth e ddod â fi yn ôl o Geshwr os nad oedd e eisiau fy
ngweld i. Byddai wedi bod yn well i mi aros yno! Nawr, dw i eisiau gweld y brenin. Os ydw
i wedi gwneud rhywbeth o'i le, gad iddo fy lladd i!"

33 Felly, dyma Joab yn mynd at y brenin a dweud hynny wrtho. Dyma'r brenin yn galw am
Absalom, a dyma Absalom yn dod ato ac ymgrymu o'i flaen â'i wyneb ar lawr. A dyma'r
brenin yn ei gyfarch gyda chusan.

Gwrthryfel Absalom

15 Beth amser wedyn dyma Absalom yn paratoi cerbyd a cheffylau iddo'i hun, a hanner
cant o warchodwyr personol. 2 Byddai'n codi'n fore a sefyll ar ochr y ffordd wrth giât
y ddinas. Pan oedd unrhyw un yn dod heibio gydag achos cyfreithiol i'w setlo gan y brenin,
byddai Absalom yn ei alw draw. Byddai'n gofyn iddo, "Un o ble wyt ti?" Os oedd hwnnw'n
dweud ei fod yn perthyn i un o lwythau Israel, 3 byddai Absalom yn dweud wrtho, "Gwranda,
mae gen ti achos cryf, ond does gan y brenin neb ar gael i wrando arnat ti." 4 Wedyn byddai'n
ychwanegu, "Piti na fyddwn ni'n cael fy ngwneud yn farnwr yn y wlad yma! Byddai pawb
oedd ag achos ganddo yn gallu dod ata i. Byddwn i'n gwneud yn siŵr eu bod nhw'n cael
tegwch." 5 Hefyd, pan fyddai rhywun yn dod ato ac ymgrymu o'i flaen, byddai Absalom yn
estyn ei law a'i gofleidio a rhoi cusan iddo. 6 Roedd yn gwneud hyn i bawb o Israel oedd yn dod
i ofyn am gyfiawnder gan y brenin. A dyna sut wnaeth Absalom ennill cefnogaeth pobl Israel.
7 Ar ôl pedair blynedd,[ph] dyma Absalom yn gofyn i'r brenin, "Plîs ga i fynd i Hebron i gyflawni
adduned wnes i i'r ARGLWYDD? 8 Pan oeddwn i'n byw yn Geshwr yn Syria, gwnes i addo ar lw:
'Os bydd yr ARGLWYDD yn mynd â fi'n ôl i Jerwsalem, gwna i addoli'r ARGLWYDD yn Hebron.' "
9 A dyma'r brenin yn ei ateb, "Dos, a bendith arnat ti." Felly dyma Absalom yn mynd i ffwrdd
i Hebron.

10 Ond yna dyma Absalom yn anfon negeswyr cudd at lwythau Israel i gyd i ddweud, "Pan
fyddwch chi'n clywed sŵn y corn hwrdd,[r] cyhoeddwch: 'Mae Absalom yn frenin yn Hebron.' "
11 Roedd dau gant o ddynion wedi mynd gydag Absalom o Jerwsalem. Roedden nhw wedi
cael gwahoddiad ganddo, ac wedi mynd yn gwbl ddiniwed heb wybod dim am ei fwriadau.
12 Yna dyma Absalom yn cael Achitoffel, swyddog strategaeth Dafydd, i ddod ato o Gilo (y dre
lle roedd e'n byw) i gyflwyno aberthau gydag e. Roedd y cynllwyn yn cryfhau, a nifer y bobl
oedd o blaid Absalom yn cynyddu.

---

ph 15:7 *pedair blynedd* Hebraeg, "pedwar deg o flynyddoedd". **r 15:10** *corn hwrdd* Hebraeg, *shoffar.*

Dafydd yn dianc o Jerwsalem

13 Daeth neges at Dafydd i ddweud fod pobl Israel wedi troi at Absalom. 14 Felly dyma
Dafydd yn dweud wrth ei swyddogion yn Jerwsalem, "Rhaid i ni ffoi, neu wnawn ni ddim
dianc oddi wrth Absalom. Dewch! Brysiwch i ni adael, rhag iddo'n dal ni a lladd pawb yn
y ddinas!" 15 Dyma'r swyddogion yn ateb, "Mae dy weision yn barod i wneud beth bynnag
mae ein meistr, y brenin, yn ei benderfynu."

16 Felly dyma'r brenin yn gadael, a'i deulu a'i staff i gyd gydag e. Ond gadawodd ddeg
o'i gariadon[rh] i edrych ar ôl y palas. 17 Wrth iddo fynd, a'r bobl i gyd yn ei ddilyn, dyma nhw'n
aros wrth y Tŷ Pellaf. 18 Safodd yno tra oedd ei warchodlu i gyd yn mynd heibio (Cretiaid[s]
a Pelethiaid) a'r chwe chant o ddynion oedd wedi'i ddilyn o Gath. Wrth iddyn nhw fynd heibio
19 dyma'r brenin yn galw ar Itai (oedd o Gath), "Pam ddylet ti ddod gyda ni? Dos yn ôl ac
aros gyda'r brenin newydd. Un o'r tu allan wyt ti, yn alltud ac yn bell oddi cartref. 20 Dim ond
newydd gyrraedd wyt ti. Alla i ddim gwneud i ti grwydro o le i le ar fy ôl i! Dos yn ôl, a dos
â dy bobl gyda ti. A boed i'r Duw ffyddlon dy amddiffyn di." 21 Ond dyma Itai yn ateb, "Mor
sicr â bod yr ARGLWYDD yn fyw, a'm meistr y brenin yn fyw, bydda i'n mynd ble bynnag fyddi
di'n mynd – hyd yn oed os fydd hynny'n golygu marw gyda ti." 22 A dyma Dafydd yn dweud
wrtho, "Dos yn dy flaen, felly." Ac aeth Itai yn ei flaen gyda'i ddynion i gyd a'u teuluoedd.

23 Roedd pawb yn crio'n uchel wrth i'r fyddin fynd heibio. Dyma'r brenin yn croesi Dyffryn
Cidron ac aethon nhw i gyd ymlaen i gyfeiriad yr anialwch. 24 Roedd Sadoc ac Abiathar yr
offeiriaid yno, a'r Lefiaid yn cario Arch Ymrwymiad Duw. Dyma nhw'n gosod yr Arch i lawr,
a wnaethon nhw ddim ei chodi eto nes oedd y bobl i gyd wedi gadael y ddinas. 25 Yna dyma'r
brenin yn dweud wrth Sadoc, "Dos ag Arch Duw yn ôl i'r ddinas. Os bydd yr ARGLWYDD yn
garedig ata i, bydd yn dod â fi'n ôl i'w gweld hi a'i chartref eto. 26 Ond os ydy e'n dweud
nad ydy e fy eisiau i bellach, dw i'n fodlon iddo wneud beth bynnag mae eisiau gyda mi."

27 Yna dyma'r brenin yn dweud wrth Sadoc yr offeiriad, "Wyt ti'n deall? Dos yn ôl i'r ddinas
yn dawel fach, ti ac Abiathar a'ch meibion – Achimaäts, dy fab di, a Jonathan, mab Abiathar.
28 Bydda i'n aros wrth y rhydau ar y ffordd i'r anialwch nes bydda i wedi clywed gynnoch
chi." 29 Felly dyma Sadoc ac Abiathar yn mynd ag Arch Duw yn ôl i Jerwsalem, ac aros yno.

30 Aeth Dafydd yn ei flaen i fyny Mynydd yr Olewydd, yn crio wrth fynd. Roedd yn
cuddio'i ben a doedd dim am ei draed. Ac roedd pawb arall oedd gydag e wedi gorchuddio'u
pennau ac yn crio hefyd. 31 Clywodd Dafydd fod Achitoffel yn un o'r rhai oedd wedi cynllwynio
gydag Absalom, dyma fe'n gweddïo, "ARGLWYDD, plîs gwna gyngor Achitoffel yn gyngor gwirion."

32 Wrth i Dafydd gyrraedd copa'r bryn lle roedd pobl yn arfer addoli, dyma Chwshai yr
Arciad[t] yn dod i'w gyfarfod, wedi rhwygo'i ddillad a rhoi pridd ar ei ben. 33 Dyma Dafydd yn
dweud wrtho, "Os doi di gyda mi, byddi'n faich arna i; 34 ond os ei di yn ôl i'r ddinas, dywed
wrth Absalom, 'Dw i am fod yn was i ti, o frenin. Mae'n wir mod i wedi bod yn was i Dafydd dy
dad, ond nawr dw i am fod yn was i ti.' Wedyn byddi'n gallu drysu cyngor Achitoffel. 35 Bydd
Sadoc ac Abiathar yr offeiriaid yna gyda ti. Rhanna gyda nhw bopeth fyddi di'n ei glywed yn
y palas brenhinol. 36 Mae eu meibion gyda nhw hefyd, Achimaäts fab Sadoc, a Jonathan fab
Abiathar. Gallwch eu hanfon nhw ata i i ddweud beth sy'n digwydd."

37 Felly dyma Chwshai, ffrind Dafydd, yn cyrraedd Jerwsalem pan oedd Absalom ar fin
mynd i mewn i'r ddinas.

Dafydd a Siba

16 Roedd Dafydd newydd fynd dros gopa'r bryn pan ddaeth Siba, gwas Meffibosheth, i'w
gyfarfod. Roedd ganddo ddau asyn wedi'u cyfrwyo yn cario dau gan torth, can swp

rh 15:16 *gariadon* Mae'r gair Hebraeg yn air am feistres neu bartner cyfreithlon oedd ddim yn wraig i ddyn yn ystyr lawnaf y gair. s 15:18 Hebraeg, Cerethiaid, sy'n enw arall ar y Cretiaid. t 15:32 *Arciad* Roedd yr Arciaid yn perthyn i lwyth Benjamin (gw. Josua 16:2).
15:18 2 Samuel 8:18

o rhesins, can swp o ffigys aeddfed a photel groen o win. 2 A dyma'r brenin yn gofyn, "Beth ydy'r
rhain sydd gen ti?" Atebodd Siba, "Mae'r asynnod i ti a dy deulu farchogaeth arnyn nhw. Mae'r
bara a'r ffrwythau i'r milwyr eu bwyta. Ac mae'r gwin i unrhyw un fydd yn llewygu yn yr anialwch."
3 Yna dyma'r brenin yn gofyn iddo, "Ble mae Meffibosheth, ŵyr dy feistr?" "Mae wedi aros yn
Jerwsalem," meddai Siba. "Mae'n meddwl y bydd pobl Israel yn rhoi gorsedd ei daid yn ôl iddo fe
nawr." 4 A dyma'r brenin yn dweud wrth Siba, "Os felly, dw i'n rhoi popeth oedd piau Meffibosheth
i ti!" A dyma Siba'n dweud, "Dw i'n plygu o dy flaen di, fy meistr a'm brenin. Ti'n rhy garedig ata i."

Shimei yn melltithio Dafydd

5 Pan ddaeth Dafydd i Bachwrîm,[th] dyma ddyn o'r enw Shimei fab Gera (oedd yn perthyn
i deulu Saul) yn dod allan o'r pentref. Roedd yn rhegi Dafydd yn ddi-stop 6 ac yn taflu cerrig
ato, ac at y swyddogion, y milwyr a'r gwarchodlu oedd bob ochr iddo. 7 Roedd Shimei yn
gweiddi a rhegi, "Dos o ma! Dos o ma, y llofrudd ddiawl! 8 Mae'r Arglwydd yn talu'n ôl i ti
am ladd teulu Saul. Roeddet ti wedi dwyn yr orsedd oddi arno, a nawr mae'r Arglwydd wedi
rhoi'r deyrnas i dy fab Absalom. Maen dy dro di i fod mewn helynt, y llofrudd!"
9 Dyma Abishai (mab Serwia) yn dweud wrth y brenin, "Pam ddylai ci marw fel hwnna
gael rhegi fy meistr, y brenin? Gad i mi fynd a thorri ei ben i ffwrdd!" 10 Ond dyma'r brenin
yn ateb, "Dydy e ddim o'ch busnes chi, feibion Serwia. Os ydy e'n fy rhegi fel hyn am fod yr
Arglwydd wedi dweud wrtho am fy melltithio i, pwy ydych chi i'w stopio?" 11 A dyma Dafydd
yn dweud wrth Abishai a'i swyddogion, "Mae fy mab i fy hun yn ceisio fy lladd i! Meddyliwch!
Mae gan y dyn yma o lwyth Benjamin lot mwy o reswm i fod eisiau gwneud hynny! Gadewch
lonydd iddo regi os mai'r Arglwydd sydd wedi dweud wrtho am wneud hynny. 12 Falle y bydd
yr Arglwydd yn gweld mod i'n cael cam, ac yn gwneud da i mi yn lle'r holl felltithio yma."
13 Felly aeth Dafydd a'i filwyr yn eu blaenau ar y ffordd. Ond roedd Shimei yn cadw i fyny
â nhw ar ochr y bryn gyferbyn, ac yn rhegi a thaflu cerrig a phridd atyn nhw. 14 Roedd y brenin
a'r bobl i gyd wedi blino'n lân erbyn iddyn nhw gyrraedd, felly dyma nhw'n cymryd seibiant.

Achitoffel yn rhoi cyngor i Absalom

15 Yn y cyfamser, roedd Absalom, a byddin Israel gyfan, wedi cyrraedd Jerwsalem. Roedd
Achitoffel gydag e. 16 Yna dyma ffrind Dafydd, Chwshai yr Arciad, yn mynd i gyfarch Absalom
a dweud, "Hir oes i'r brenin! Hir oes i'r brenin!" 17 Gofynnodd Absalom iddo, "Ai dyma beth
ydy bod yn driw i dy ffrind, Dafydd? Pam est ti ddim gydag e?" 18 A dyma Chwshai yn ateb,
"Na, dw i'n driw i'r un mae'r Arglwydd a'r bobl yma, sef pobl Israel i gyd, wedi'i ddewis. Gyda
hwnnw bydda i'n aros. 19 A beth bynnag, rwyt ti'n fab iddo! Pam ddylwn i ddim dy wasanaethu
di? Gwna i dy wasanaethu di fel gwnes i wasanaethu dy dad."
20 Dyma Absalom yn gofyn i Achitoffel, "Rho gyngor i ni. Be ddylen ni ei wneud nesa?"
21 A dyma Achitoffel yn ateb, "Cysga gyda phartneriaid[u] dy dad – y rhai wnaeth e eu gadael
i edrych ar ôl y palas. Bydd pawb yn Israel yn gwybod wedyn dy fod wedi troi dy dad yn dy
erbyn yn llwyr, a bydd hynny'n rhoi hyder i bawb sydd ar dy ochr di." 22 Felly dyma nhw'n
codi pabell i Absalom ar do fflat y palas, lle roedd pawb yn gallu gweld. A dyma Absalom yn
mynd yno a chael rhyw gyda chariadon ei dad i gyd.
23 (Yr adeg yna, roedd cyngor Achitoffel yn cael ei ystyried fel petai Duw ei hun wedi siarad.
Dyna sut roedd Dafydd yn ei weld, a nawr Absalom hefyd.)

Chwshai yn camarwain Absalom

17 Yna dyma Achitoffel yn dweud wrth Absalom, "Gad i mi gymryd 12,000 o ddynion,
a mynd allan ar ôl Dafydd, heno! 2 Bydd e wedi blino'n lân ac yn wan erbyn i mi ddal

th 16:5 *Bachwrîm* Roedd Bachwrîm ar y ffordd rhwng Jericho a Jerwsalem, ar dir llwyth Benjamin.
u 16:21 *phartneriaid* Mae'r gair Hebraeg yn air am feistres neu bartner cyfreithlon oedd ddim yn wraig i ddyn
yn ystyr lawnaf y gair.

i fyny ag e. Bydda i'n ei ddychryn, a bydd ei fyddin yn dianc mewn panig. Dim ond y brenin
wna i ei ladd. 3Gwna i ddod â gweddill y bobl yn ôl atat ti. Dim ond un dyn sydd angen ei
ladd. Fydd neb arall yn cael niwed."

4Roedd yn swnio'n gynllun da i Absalom ac arweinwyr Israel i gyd. 5Ond yna dyma Absalom
yn dweud, "Dewch â Chwshai yr Arciad yma, i ni weld beth sydd ganddo fe i'w ddweud." 6Pan
ddaeth Chwshai, dyma Absalom yn dweud wrtho beth oedd cyngor Achitoffel. "Beth ydy dy
farn di? Ydy e'n gyngor da? Ac os ddim, beth wyt ti'n awgrymu?" 7Dyma Chwshai yn ateb, "Na,
dydy cyngor Achitoffel ddim yn dda y tro yma. 8Mae dy dad a'i ddynion yn filwyr dewr. Ti'n
gwybod hynny'n iawn. Maen nhw'n gallu bod mor filain ag arth wyllt wedi colli ei chenawon!
Mae e wedi hen arfer rhyfela. Fyddai e byth yn cysgu'r nos gyda'i ddynion. 9Mae'n siŵr ei
fod yn cuddio mewn rhyw ogof neu rywle tebyg. Petai e'n ymosod ar dy ddynion di gyntaf,
a rhai ohonyn nhw'n cael eu lladd, byddai'r stori'n mynd ar led fod byddin Absalom wedi
cael crasfa. 10Byddai hyd yn oed y milwyr mwyaf dewr – y rhai sy'n gryfion fel llewod – yn
digalonni. Mae pobl Israel i gyd yn gwybod fod dy dad wedi hen arfer rhyfela, a bod y dynion
sydd gydag e'n filwyr profiadol. 11Dyma fy nghyngor i: Casgla ddynion Israel i gyd at ei gilydd,
pawb – o Dan yn y gogledd i Beersheba[w] yn y de (Byddin fydd fel y tywod ar lan y môr, yn
amhosib i'w chyfrif!) A dw i'n meddwl y dylet ti dy hun eu harwain nhw i'r frwydr. 12Wedyn,
ble bynnag mae e, byddwn ni'n disgyn arno fel gwlith ar y ddaear. Fydd e na neb arall sydd
gydag e'n cael eu gadael yn fyw! 13A hyd yn oed os bydd e'n llwyddo i ddianc i ryw dref
gaerog, bydd dynion Israel yn tynnu'r waliau i lawr gyda rhaffau a llusgo'r dref i lawr i'r
dyffryn. Fydd dim un garreg fechan ar ôl!" 14A dyma Absalom ac arweinwyr Israel yn ymateb,
"Mae cyngor Chwshai yn well na chyngor Achitoffel." A dyna sut gwnaeth yr ARGLWYDD ddrysu
cyngor da Achitoffel er mwyn achosi helynt i Absalom.

Dafydd yn dianc i Machanaîm[y]

15Yna dyma Chwshai yn mynd i ddweud wrth Sadoc ac Abiathar yr offeiriaid beth oedd
cyngor Achitoffel i Absalom, a beth oedd e ei hun wedi'i ddweud. 16"Anfonwch neges ar frys
at Dafydd i ddweud wrtho am beidio aros dros nos wrth rydau'r anialwch," meddai. "Dwedwch
wrtho am groesi'r Iorddonen yn syth, rhag ofn iddo fe a phawb sydd gydag e gael eu lladd."

17Roedd Jonathan ac Achimaäts (meibion yr offeiriaid) yn aros yn En-rogel.[a] Felly byddai
morwyn yn mynd â negeseuon iddyn nhw, a hwythau wedyn yn mynd â'r negeseuon ymlaen
i'r brenin Dafydd. (Doedd wiw iddyn nhw gael eu gweld yn mynd i mewn i Jerwsalem.) 18Ond
roedd rhyw fachgen ifanc wedi'u gweld nhw, a mynd i ddweud wrth Absalom. Felly dyma'r
ddau yn gadael ar frys, ac aethon nhw i dŷ rhyw ddyn yn Bachwrîm. Roedd gan hwnnw bydew
yn ei fuarth, a dyma nhw'n dringo i lawr i'r pydew. 19Yna dyma wraig y dyn yn rhoi gorchudd
dros geg y pydew a thaenu grawn drosto, fel bod dim i'w weld.

20Pan ddaeth gweision Absalom at y tŷ dyma nhw'n gofyn i'r wraig, "Ble mae Achimaäts
a Jonathan?" A dyma hi'n ateb, "Maen nhw wedi croesi'r nant." Aeth y dynion i chwilio
amdanyn nhw, ond methu dod o hyd iddyn nhw. Felly dyma nhw'n mynd yn ôl i Jerwsalem.

21Pan oedden nhw wedi mynd, dyma Achimaäts a Jonathan yn dringo allan o'r pydew
a mynd i roi'r neges i'r Brenin Dafydd. Dyma nhw'n dweud wrtho am frysio i groesi'r afon,
a beth oedd cyngor Achitoffel yn ei erbyn. 22Felly dyma Dafydd a'i fyddin yn croesi afon
Iorddonen. Roedden nhw i gyd wedi croesi cyn iddi wawrio y bore wedyn.

23Pan welodd Achitoffel fod ei gyngor wedi'i wrthod, dyma fe'n cyfrwyo'i asyn a mynd adre.
Ar ôl rhoi trefn ar ei bethau, dyma fe'n crogi ei hun; a chafodd ei gladdu ym medd y teulu.

24Roedd Dafydd wedi hen gyrraedd Machanaîm erbyn i Absalom a byddin Israel i gyd
groesi'r Iorddonen. 25Roedd Absalom wedi penodi Amasa yn bennaeth y fyddin yn lle Joab.

---

w 17:11 *Dan ... Beersheba* Roedd Dan wrth droed Mynydd Hermon yn y gogledd ar y llwybr masnach i Damascus. Roedd Beersheba 23 milltir i'r de-orllewin o Hebron ar y prif lwybr masnach i'r Aifft. y 17:14 Tref bwysig i'r dwyrain o afon Iorddonen. Hon oedd canolfan Ish-bosheth pan gafodd ei wneud yn frenin ar ôl ei dad Saul (2 Samuel 2:8-10). a 17:17 *En-rogel* sef, Ffynnon y Pannwr.

(Roedd Amasa yn fab i Ismaeliad[b] o'r enw Ithra ac Abigail, merch Nachash a chwaer Serwia,
mam Joab.)[c] 26Felly dyma Absalom a byddin Israel yn codi gwersyll yn ardal Gilead.
27Wrth i Dafydd gyrraedd Machanaîm, dyma Shobi fab Nachash[ch] o Rabba'r Ammoniaid,
Machir fab Ammiel o Lo-defâr, a Barsilai o Gilead, o Rogelîm, 28yn dod â gwlâu, powlenni,
a llestri iddo. Dyma nhw hefyd yn dod â bwyd i Dafydd a'r milwyr oedd gydag e – gwenith,
haidd, blawd, grawn wedi'i grasu, ffa, ffacbys, 29mêl, caws colfran o laeth dafad a chaws
o laeth buwch. Roedden nhw'n gwybod y byddai pawb eisiau bwyd ac wedi blino, ac yn
sychedig ar ôl bod allan yn yr anialwch.

Absalom yn cael ei ladd

18 Dyma Dafydd yn casglu'r milwyr oedd gydag e at ei gilydd, a phenodi capteiniaid ar
unedau o fil ac o gant. 2Yna anfonodd nhw allan yn dair catrawd. Roedd un o dan
awdurdod Joab, un o dan ei frawd Abishai (mab Serwia), a'r llall o dan Itai o Gath. A dyma
fe'n dweud wrthyn nhw, "Dw i'n hun am ddod allan i ymladd gyda chi hefyd." 3Ond dyma'r
dynion yn ateb, "Na, paid. Petai'n rhaid i ni ffoi am ein bywydau fyddai neb yn malio – hyd yn
oed petai hanner y fyddin yn cael eu lladd! Ond rwyt ti'n werth deg mil ohonon ni. Byddai'n
fwy o help i ni petaet ti'n aros yn y dre." 4Atebodd y brenin, "Os mai dyna dych chi'n feddwl
sydd orau, dyna wna i."
Yna safodd y brenin wrth giât y dre wrth i'r dynion fynd allan fesul catrawd. 5A dyma fe'n
gweiddi ar Joab, Abishai ac Itai, "Er fy mwyn i, byddwch yn garedig at y bachgen Absalom."
(Roedd y fyddin gyfan wedi'i glywed yn rhoi'r gorchymyn yma i'w swyddogion.) 6Dyma nhw'n
mynd allan i frwydro yn erbyn byddin Israel. Roedd y brwydro yng Nghoedwig Effraim, 7a dyma
ddilynwyr Dafydd yn gorchfygu byddin Israel. Roedd colledion mawr. Cafodd dau ddeg mil eu
lladd y diwrnod hwnnw. 8Roedd y brwydro wedi lledu i bobman, a chafodd mwy o ddynion
eu lladd o achos peryglon y goedwig na gafodd eu lladd â'r cleddyf!
9Yn ystod y frwydr dyma rai o ddynion Dafydd yn dod ar draws Absalom. Roedd yn reidio ar
gefn ei ful. Wrth i'r mul fynd o dan ganghennau rhyw goeden fawr, dyma ben Absalom yn cael
ei ddal yn y goeden. Aeth y mul yn ei flaen, a gadael Absalom yn hongian yn yr awyr. 10Gwelodd
un o'r dynion beth ddigwyddodd a mynd i ddweud wrth Joab, "Dw i newydd weld Absalom yn
hongian o goeden fawr." 11Atebodd Joab, "Beth? Welaist ti e? Pam wnes ddim ei ladd e yn y fan
a'r lle? Byddwn i wedi rhoi deg darn arian a medal[d] i ti." 12Ond dyma'r dyn yn dweud, "Hyd yn
oed petawn i'n cael mil o ddarnau arian, fyddwn ni ddim yn cyffwrdd mab y brenin! Clywodd
pawb y brenin yn dy siarsio di ac Abishai ac Itai i ofalu am y bachgen Absalom. 13Petawn i wedi
gwneud rhywbeth iddo byddai'r brenin yn siŵr o fod wedi clywed, a byddet ti wedi gadael i mi
gymryd y bai!" 14Dyma Joab yn ei ateb, "Dw i ddim am wastraffu amser fel yma." A dyma fe'n
cymryd tair gwaywffon a'u gwthio nhw drwy galon Absalom pan oedd yn dal yn fyw yn y goeden.
15Yna dyma'r deg llanc oedd yn gofalu am arfau Joab yn casglu o gwmpas Absalom, a'i ladd.
16Yna chwythodd Joab y corn hwrdd,[dd] a dyma nhw'n rhoi'r gorau i fynd ar ôl byddin Israel
am fod Joab wedi'u galw'n ôl. 17Cafodd corff Absalom ei daflu i bydew dwfn yn y goedwig,
a dyma nhw'n gosod pentwr mawr o gerrig drosto. Yn y cyfamser, roedd milwyr Israel i gyd
wedi dianc am adre.
18Pan oedd yn dal yn fyw roedd Absalom wedi codi cofgolofn iddo'i hun yn Nyffryn y Brenin
am fod ganddo fe ddim mab i gadw ei enw i fynd.[e] Roedd wedi gosod ei enw ei hun arni,
a hyd heddiw mae'r golofn yn cael ei galw yn 'Gofeb Absalom'.

---

b 17:25 Fel rhai llawysgrifau Groeg (cf. 1 Cronicl 2:17); Hebraeg, "Israeliad". c 17:25 *Amasa ... Serwia, mam Joab* Roedd Abigail a Serwia (mam Joab) yn chwiorydd, a Dafydd yn hanner brawd iddyn nhw (yr un fam, ond tad gwahanol). Felly roedd Amasa yn nai i Dafydd (gw. 1 Cronicl 2:12-17). ch 17:27 *Shobi fab Nachash* Mae'n bosib mai Dafydd wnaeth ei benodi yn frenin yn lle ei frawd Chanŵn ar ôl concro Rabba – 2 Samuel 10:1-3, 12:26-31. d 18:11 *medal* Hebraeg, "belt", sef gwregys i arwisgo milwr am wneud rhywbeth arwrol. dd 18:16 *corn hwrdd* Hebraeg, *shoffar.* e 18:18 *ddim mab* ... Yn ôl 14:27 roedd gan Absalom dri mab, ond falle eu bod nhw wedi marw erbyn hyn.

17:27 2 Samuel 9:4-5

Dafydd yn clywed fod Absalom wedi marw

19 Dyma Achimaäts, mab Sadoc, yn gofyn i Joab, "Gad i mi redeg i roi'r newyddion da i'r
brenin fod yr ARGLWYDD wedi'i achub o afael ei elynion." 20 Ond dyma Joab yn ateb, "Na, gei
di ddim mynd â'r newyddion iddo heddiw. Cei fynd â newyddion da iddo rywbryd eto. Ond
dydy e ddim yn newyddion da i'r brenin fod ei fab wedi marw." 21 Yna dyma Joab yn dweud
wrth filwr du o Affrica,[f] "Dos di i ddweud wrth y brenin beth rwyt ti wedi'i weld heddiw." Ar
ôl ymgrymu o flaen Joab i ffwrdd â fe. 22 Ond roedd Achimaäts, mab Sadoc, yn dal i grefu
ar Joab, "Plîs, plîs, gad i mi fynd hefyd ar ôl y dyn yna o Affrica." Dyma Joab yn gofyn iddo,
"Pam wyt ti mor awyddus i fynd, machgen i? Fydd yna ddim gwobr i ti." 23 Ond roedd yn dal
i bledio, "Plîs, dw i eisiau mynd." Felly dyma Joab yn gadael iddo fynd. A dyma Achimaäts yn
rhedeg ar hyd gwastatir yr Iorddonen, a phasio'r Affricanwr.

24 Roedd Dafydd yn eistedd rhwng y giât fewnol a'r giât allanol. Aeth gwyliwr i fyny i ben
y to uwchben y giât. Edrychodd allan a gweld dyn yn rhedeg ar ei ben ei hun. 25 A dyma
fe'n galw i lawr i ddweud wrth y brenin. A dyma'r brenin yn dweud, "Os ydy e ar ei ben ei
hun mae'n rhaid bod ganddo newyddion." Ond wrth i'r rhedwr ddod yn agosach, 26 dyma'r
gwyliwr yn gweld dyn arall. A dyma fe'n galw ar yr un oedd yn gwarchod y giât, "Mae yna
ddyn arall yn dod, yn rhedeg ar ei ben ei hun." A dyma'r brenin yn dweud, "Mae gan hwn
newyddion hefyd." 27 Yna dyma'r gwyliwr yn dweud, "Dw i'n meddwl mai Achimaäts fab Sadoc
ydy'r rhedwr cyntaf." A dyma'r brenin yn ateb, "Dyn da ydy e. Mae'n dod â newyddion da."

28 Yna dyma Achimaäts yn cyrraedd a chyfarch y brenin ac ymgrymu â'i wyneb ar lawr
o'i flaen, a dweud, "Bendith ar yr ARGLWYDD dy Dduw! Mae wedi trechu'r dynion oedd wedi troi
yn erbyn y brenin!" 29 A dyma'r brenin yn gofyn, "Ydy'r bachgen Absalom yn iawn?" Ac meddai
Achimaäts, "Roedd rhyw helynt mawr pan anfonodd Joab was y brenin a minnau i ffwrdd. Ond
dw i ddim yn gwybod beth oedd yn digwydd." 30 "Symud i'r ochr, a sefyll yna" meddai'r brenin.
A dyma Achimaäts yn gwneud hynny. 31 Yna dyma'r milwr o Affrica yn cyrraedd a dweud,
"Newyddion da i'm meistr, y brenin! Mae'r ARGLWYDD wedi dy achub di o afael y rhai oedd wedi
codi yn dy erbyn." 32 A dyma'r brenin yn holi'r dyn, "Ydy'r bachgen Absalom yn iawn?" A dyma
fe'n ateb, "O na fyddai dy elynion i gyd a phawb sy'n codi yn dy erbyn fel y dyn ifanc yna!"

33 Roedd y brenin wedi ypsetio'n lân. Aeth i fyny i'r ystafell uwchben y giât yn crio, a dweud
drosodd a throsodd, "O fy mab! O, Absalom fy mab i! Fy mab Absalom! Pam ges i ddim marw
yn dy le di? O Absalom, fy mab! O, fy mab i."

Joab yn ceryddu'r brenin

19 Dyma rywun yn dweud wrth Joab. "Mae'r brenin yn crio ac yn galaru am Absalom."
2 Pan glywodd y fyddin fod y brenin wedi torri ei galon am fod ei fab wedi marw,
dyma'r fuddugoliaeth yn troi'n ddiwrnod o alar i bawb. 3 Pan ddaeth y fyddin yn ôl
i Machanaîm, roedden nhw'n llusgo i mewn i'r dre fel byddin yn llawn cywilydd am eu
bod wedi colli'r frwydr. 4 Roedd y brenin â'i wyneb yn ei ddwylo, yn crio'n uchel, "O fy mab
Absalom! Absalom, fy mab i, fy mab i!"

5 Dyma Joab yn mynd i'r tŷ at y brenin, a dweud, "Mae dy weision wedi achub dy fywyd di
a bywydau dy blant, dy wragedd a dy gariadon[ff] heddiw. A dyma ti, yn codi cywilydd arnyn
nhw i gyd! 6 Rwyt ti fel petaet ti'n caru'r rhai sy'n dy gasáu, ac yn casáu'r rhai sy'n dy garu
di! Mae'n amlwg fod dy swyddogion a'r dynion yma i gyd yn golygu dim i ti. Mae'n siŵr
y byddai'n well gen ti petai Absalom yn dal yn fyw, a ninnau i gyd wedi marw! 7 Nawr, dos
allan yna i longyfarch ac annog dy weision. Dw i'n addo i ti o flaen yr ARGLWYDD, os na ei di
allan fydd gen ti neb ar dy ochr di erbyn heno. Bydd pethau'n waeth arnat ti na fuon nhw
erioed o'r blaen!" 8 Felly dyma'r brenin yn codi, a mynd allan i eistedd wrth giât y ddinas. Pan
ddywedwyd wrth y bobl ei fod yno, dyma nhw i gyd yn mynd i sefyll o'i flaen.

---

f 18:21 *Affrica* Hebraeg, *Cwsh*. Yr ardal i'r de o wlad yr Aifft, sef gogledd Swdan heddiw. ff 19:5 *gariadon* Mae'r gair Hebraeg yn air am feistres neu bartner cyfreithlon oedd ddim yn wraig i ddyn yn ystyr lawnaf y gair.

Dafydd yn mynd yn ôl i Jerwsalem

Roedd milwyr Israel (oedd wedi cefnogi Absalom) i gyd wedi dianc am adre. [9]Roedd yna
lot fawr o drafod a dadlau drwy lwythau Israel i gyd. Roedd pobl yn dweud, "Y brenin wnaeth
ein hachub ni o afael ein gelynion. Achubodd ni o afael y Philistiaid, ond mae e wedi ffoi o'r
wlad o achos Absalom! [10]A nawr mae Absalom, gafodd ei wneud yn frenin arnon ni, wedi
cael ei ladd yn y frwydr. Pam yr oedi? Ddylen ni ddim gofyn i Dafydd ddod yn ôl?"
[11]Dyma'r Brenin Dafydd yn anfon neges at Sadoc ac Abiathar, yr offeiriaid: "Gofynnwch
i arweinwyr Jwda, 'Pam ddylech chi fod y rhai olaf i ofyn i mi ddod yn ôl? Dw i wedi clywed
fod Israel i gyd yn barod! [12]Dŷn ni'n perthyn i'n gilydd! Dŷn ni'r un cig a gwaed! Pam
ddylech chi fod y rhai olaf i ofyn i mi ddod yn ôl?' [13]Hefyd rhowch y neges yma i Amasa:
'Ti'n perthyn yn agos i mi. Dw i'n addo i ti o flaen Duw mai ti fydd pennaeth y fyddin yn lle
Joab o hyn ymlaen.' " [14]Felly llwyddodd i ennill cefnogaeth pobl Jwda i gyd – roedden nhw'n
hollol unfrydol. A dyma nhw'n anfon neges at y brenin, "Tyrd yn ôl, ti a dy ddynion i gyd."
[15]Dyma'r brenin yn cychwyn am yn ôl. Pan gyrhaeddodd afon Iorddonen roedd pobl Jwda
wedi dod i Gilgal i'w gyfarfod a'i hebrwng dros yr afon. [16]Roedd Shimei fab Gera (oedd
o Bachwrîm,[g] ac o lwyth Benjamin) wedi brysio i lawr hefyd gyda phobl Jwda, i gyfarfod
y Brenin Dafydd. [17]Roedd mil o ddynion o lwyth Benjamin gydag e, gan gynnwys Siba, gwas
teulu Saul, a'i un deg pump mab a dau ddeg o weision. Roedden nhw wedi croesi'r dŵr
i gyfarfod y brenin, [18]ac yn cario pethau yn ôl ac ymlaen dros y rhyd, er mwyn helpu teulu'r
brenin drosodd ac ennill ei ffafr. Ar ôl iddo groesi'r afon, dyma Shimei fab Gera yn taflu ei
hun ar lawr o flaen y brenin, [19]a dweud wrtho, "Paid dal dig wrtho i, syr. Paid meddwl am
beth wnes i y diwrnod hwnnw est ti allan o Jerwsalem.[ng] Plîs wnei di anghofio'r cwbl. [20]Dw
i'n gwybod mod i wedi gwneud peth drwg. Dyna pam mai fi ydy'r cyntaf o deulu Joseff i gyd
i ddod i dy gyfarfod di, fy meistr, y brenin."
[21]Dyma Abishai (mab Serwia) yn dweud, "Dylai Shimei farw! Roedd e'n rhegi yr un mae'r
ARGLWYDD wedi'i eneinio'n frenin!" [22]Ond dyma Dafydd yn ei ateb, "Dydy hyn ddim o'ch
busnes chi feibion Serwia! Pam dych chi'n tynnu'n groes i mi? Ddylai neb yn Israel gael ei
ladd heddiw. Meddyliwch! Dw i'n frenin ar Israel unwaith eto." [23]Yna dyma'r brenin yn addo
ar lw i Shimei, "Fyddi di ddim yn cael dy ladd."

Dafydd a Meffibosheth yn cymodi

[24]Roedd Meffibosheth, ŵyr Saul, wedi dod i gyfarfod y brenin hefyd. Doedd e ddim wedi
trin ei draed, trimio'i farf na golchi ei ddillad o'r diwrnod wnaeth y brenin adael Jerwsalem
hyd nes iddo gyrraedd yn ôl yn saff. [25]Pan ddaeth e o Jerwsalem i gyfarfod y brenin, dyma'r
brenin yn gofyn iddo, "Pam wnest ti ddim dod gyda mi, Meffibosheth?" [26]Dyma fe'n ateb,
"Meistr, fy mrenin. Fy ngwas wnaeth fy nhwyllo i. Am fy mod i'n gloff, rôn i wedi dweud wrtho
am gyfrwyo asyn i mi ddod gyda ti. [27]Ond dyma fe'n gadael a dweud celwydd amdana i wrth
y brenin. Ond fy mrenin, syr, rwyt ti fel angel Duw. Gwna beth rwyt ti'n feddwl sydd orau.
[28]Roedd fy nheulu i gyd yn haeddu cael eu lladd gen ti, ond ces i eistedd i fwyta wrth dy fwrdd
di. Sut alla i gwyno?" [29]A dyma'r brenin yn ateb, "Does dim angen dweud dim mwy. Dyma dw
i wedi'i benderfynu: Fod y tir i gael ei rannu rhyngot ti a Siba." [30]"Gad iddo fe gymryd y cwbl,"
meddai Meffibosheth, "Beth sy'n bwysig i mi ydy dy fod ti, syr, wedi dod yn ôl adre'n saff."

Barsilai yn cael mynd adre

[31]Roedd Barsilai o Gilead wedi dod i lawr o Rogelîm, ac wedi croesi'r Iorddonen i hebrwng
y brenin ar ei ffordd. [32]Roedd yn hen iawn – yn wyth deg oed – ac wedi gofalu am y brenin tra
oedd yn aros yn Machanaîm. Roedd yn ddyn pwysig iawn. [33]Dyma'r brenin yn dweud wrtho,

---

g 19:16 *Bachwrîm* Roedd Bachwrîm ar y ffordd rhwng Jericho a Jerwsalem, ar dir llwyth Benjamin.
ng 19:19 gw. 2 Samuel 16:5-13.
19:32 1 Samuel 17:27-29

"Tyrd gyda mi i Jerwsalem, a gwna i dy gynnal di yno." 34 Ond dyma Barsilai yn ateb, "Na, does
dim pwynt i mi ddod i Jerwsalem. Fydda i ddim byw yn hir iawn eto. 35 Dw i'n wyth deg oed,
ac yn dda i ddim i neb. Dw i ddim yn cael yr un blas ar fwyd a diod ag oeddwn i. Alla i ddim
clywed dynion a merched yn canu. Pam ddylwn i fod yn fwrn ar fy meistr, y brenin? 36 Gwna
i ddod gyda ti beth o'r ffordd yr ochr draw i'r Iorddonen, ond does dim angen i'r brenin roi'r
fath wobr i mi. 37 Plîs, gad i mi fynd adre i farw yn y dref lle mae dad a mam wedi cael eu
claddu. Ond mae dy was Cimham[h] yma, gad iddo fe fynd gyda ti yn fy lle i, syr. Cei roi beth
bynnag wyt eisiau iddo fe." 38 Dyma'r brenin yn ateb, "Iawn, caiff Cimham ddod gyda mi,
a gwna i roi iddo fe beth fyddwn i wedi'i roi ti. A chei dithau beth rwyt ti eisiau."

39 Felly dyma'r bobl i gyd yn croesi'r Iorddonen gyda'r brenin. Roedd y brenin wedi cusanu
ffarwél i Barsilai a'i fendithio, ac roedd Barsilai wedi mynd adre. 40 Pan aeth y brenin drosodd
i Gilgal aeth Cimham gydag e.

Jwda ac Israel yn ffraeo am y brenin

Roedd milwyr Jwda i gyd a hanner rhai Israel wedi dod i hebrwng y brenin dros yr afon.
41 Ond dechreuodd dynion Israel i gyd fynd at y brenin, yn gofyn iddo, "Pam mae'n brodyr ni,
pobl Jwda, wedi sleifio'r brenin a'i deulu ar draws yr afon gyda'i filwyr i gyd?"

42 "I'n llwyth ni mae'r brenin yn perthyn," meddai dynion Jwda. "Pam dych chi'n codi helynt
am y peth? Ydyn ni wedi cael bwyd yn dâl ganddo? Neu wobr o ryw fath?"

43 A dyma ddynion Israel yn ateb yn ôl, "Mae gynnon ni ddeg gwaith cymaint o hawl ar
y brenin â chi! Pam dych chi'n ein bychanu ni fel yma? Ni oedd y rhai cyntaf i awgrymu dod
â'r brenin yn ôl!" Ond roedd dynion Jwda'n dweud pethau tipyn mwy cas na dynion Israel.

Gwrthryfel Sheba

20 Roedd yna ddyn o lwyth Benjamin yno ar y pryd – Sheba fab Bichri, dyn drwg oedd
yn codi twrw. Dyma fe'n chwythu'r corn hwrdd[i] a gweiddi,

"Does gynnon ni ddim i'w wneud â Dafydd;
Dŷn ni ddim yn perthyn i deulu Jesse!
Yn ôl adre bobl Israel!"

2 Felly dyma ddynion Israel i gyd yn gadael Dafydd a dilyn Sheba fab Bichri. Ond arhosodd
dynion Jwda gyda'r brenin a mynd gydag e o afon Iorddonen i Jerwsalem.

3 Ar ôl cyrraedd y palas yn Jerwsalem dyma Dafydd yn trefnu fod y deg cariad[l] roedd
e wedi'u gadael i ofalu am y palas i'w cadw dan warchodaeth. Trefnodd fod ganddyn nhw
bopeth roedden nhw'i angen, ond gafodd e ddim perthynas gyda nhw byth eto. Buon nhw'n
byw fel gweddwon, dan glo am weddill eu bywydau.

4 Yna dyma Dafydd yn dweud wrth Amasa, "Dos i gasglu milwyr Jwda ata i, a bydd yn ôl
yma cyn pen tridiau." 5 I ffwrdd ag Amasa i gasglu milwyr Jwda at ei gilydd, ond cymerodd
fwy o amser nag a roddodd Dafydd iddo. 6 Felly dyma Dafydd yn dweud wrth Abishai, "Mae
Sheba fab Bichri yn mynd i achosi mwy o helynt i mi nag Absalom! Cymer y dynion sydd gen
i a dos ar ei ôl, rhag iddo gipio trefi caerog oddi arnon ni a llwyddo i ddianc." 7 Felly dyma
ddynion Joab yn gadael Jerwsalem gyda gwarchodlu'r brenin (Cretiaid[ll] a Pelethiaid) a'r
milwyr gorau eraill i gyd, a mynd ar ôl Sheba fab Bichri.

8 Pan gyrhaeddon nhw'r graig fawr sydd yn Gibeon[m] roedd Amasa yn dod i'w cyfarfod. Roedd
Joab yn ei lifrai milwrol, gyda chleddyf yn ei wain ar y belt oedd am ei ganol. Wrth iddo gamu
ymlaen dyma'r cleddyf yn syrthio ar lawr. 9 Dyma fe'n cyfarch Amasa, "Sut wyt ti frawd?" Yna

h 19:37 *Cimham* Mab Barsilai falle. Mae rhai llawysgrifau yn ychwanegu'r geiriau *fy mab* yma. i 20:1 *corn hwrdd* Hebraeg, *shoffar.* l 20:3 *cariad* Mae'r gair Hebraeg yn air am feistres neu bartner cyfreithlon oedd ddim yn wraig i ddyn yn ystyr lawnaf y gair. ll 20:7 Hebraeg, Cerethiaid, sy'n enw arall ar y Cretiaid. m 20:8 *Gibeon* Tua 6 milltir i'r gogledd o Jerwsalem.

gafaelodd ym marf Amasa gyda'i law dde wrth ei gyfarch gyda chusan. 10Doedd Amasa ddim
wedi sylwi fod dagr yn llaw chwith Joab, a dyma Joab yn ei drywanu yn ei fol nes i'w berfedd
dywallt ar lawr. Doedd dim rhaid ei drywanu yr ail waith, roedd yr ergyd gyntaf wedi'i ladd.

Yna dyma Joab a'i frawd Abishai yn mynd yn ei blaenau ar ôl Sheba fab Bichri. 11Dyma
un o swyddogion ifanc Joab yn sefyll wrth gorff Amasa a gweiddi, "Pawb sydd o blaid Joab
ac yn cefnogi Dafydd, dilynwch Joab!" 12(Roedd Amasa yn gorwedd yno mewn pwll o waed
ar ganol y ffordd.) Pan welodd y swyddog fod y milwyr i gyd yn aros i edrych ar y corff yn
lle mynd heibio, dyma fe'n llusgo'r corff o'r ffordd i'r cae a thaflu clogyn drosto. 13Wedi i'r
corff gael ei symud o'r ffordd dyma'r fyddin i gyd yn dilyn Joab i fynd ar ôl Sheba fab Bichri.

14Roedd Sheba wedi teithio o gwmpas llwythau Israel i gyd, a chyrraedd Abel-beth-maacha.[n]
Roedd y llwythau eraill wedi'i wrthod, ond cafodd ei bobl ei hun, y Bichriaid, i'w ganlyn. 15Yna
dyma Joab a'i ddynion yn cyrraedd yno, a gwarchae ar Abel-beth-maacha. Roedden nhw wedi
codi ramp yn erbyn wal y dref. Wrth i filwyr Joab geisio torri drwy'r wal a'i chwalu, 16dyma ryw
wraig ddoeth o'r dref yn gweiddi arnyn nhw, "Gwrandwch! Gwrandwch! Dwedwch wrth Joab am
ddod yma. Mae gen i rywbeth i'w ddweud wrtho." 17Pan aeth Joab ati, dyma'r wraig yn gofyn
iddo, "Ai ti ydy Joab?" "Ie," meddai. A dyma hi'n dweud, "Gwranda, mae gan dy forwyn awgrym."
"Dw i'n gwrando," meddai. 18A dyma hi'n dweud wrtho, "Mae yna hen ddywediad, 'Os ydych chi
eisiau setlo unrhyw fater, ewch i ofyn cyngor yn Abel.' 19Dw i'n un o'r rhai ffyddlon sydd eisiau
gweld heddwch yn Israel. Ond rwyt ti yma'n ceisio dinistrio un o drefi pwysica'r wlad. Pam wyt
ti eisiau difetha tref sy'n perthyn i'r ARGLWYDD?" 20Dyma Joab yn ateb, "Dim o'r fath beth! Dw
i ddim eisiau dinistrio na difetha'r dre! 21Dim fel yna mae hi o gwbl. Mae yna ddyn o fryniau
Effraim o'r enw Sheba fab Bichri wedi troi yn erbyn y Brenin Dafydd. Dim ond i chi roi'r dyn
hwnnw i mi, gwna i adael llonydd i'r dre." "Iawn," meddai'r wraig, "Gwnawn ni daflu ei ben e dros
wal y dre i ti!" 22Yna dyma'r wraig yn mynd i rannu ei chyngor doeth gyda'r bobl. A dyma nhw'n
torri pen Sheba fab Bichri, a'i daflu allan i Joab. Felly dyma Joab yn chwythu'r corn hwrdd,[o]
a gadawodd y fyddin y dre ac aeth pawb adre. Aeth Joab ei hun yn ôl i Jerwsalem at y brenin.

Swyddogion Dafydd

23Joab oedd pennaeth byddin gyfan Israel. Benaia fab Jehoiada oedd yn arwain gwarchodlu
personol y brenin (Cretiaid[p] a Pelethiaid). 24Adoniram oedd yn gyfrifol am y gweithlu gorfodol.
Jehosaffat fab Achilwd oedd cofnodydd y brenin. 25Shefa oedd yr Ysgrifennydd Gwladol. Sadoc
ac Abiathar oedd yr offeiriaid. 26Ac Ira o deulu Jair oedd caplan personol Dafydd.

Pobl Gibeon yn dial ar ddisgynyddion Saul

21 Yn ystod cyfnod Dafydd fel brenin roedd yna newyn aeth ymlaen am dair blynedd
iawn. Dyma Dafydd yn gofyn i'r ARGLWYDD pam. A dwedodd yr ARGLWYDD wrtho, "Am
fod Saul a'i deulu yn euog o lofruddio pobl Gibeon." 2(Doedd pobl Gibeon ddim yn Israeliaid.
Nhw oedd yn weddill o'r Amoriaid, ac roedd yr Israeliaid wedi addo byw yn heddychlon
â nhw.[ph] Ond roedd Saul wedi ceisio cael gwared â nhw am ei fod mor frwd dros Israel a Jwda.)
Felly dyma'r Brenin Dafydd yn galw pobl Gibeon ato iddo gael siarad â nhw. 3Gofynnodd iddyn
nhw, "Beth alla i wneud i chi? Sut alla i wneud iawn am hyn, fel eich bod chi'n bendithio pobl
yr ARGLWYDD?" 4A dyma nhw'n ateb, "Dydy arian byth yn mynd i wneud iawn am beth wnaeth
Saul a'i deulu. Ac allwn ni ddim dial drwy ladd unrhyw un yn Israel." "Felly, dwedwch beth
ydych chi eisiau," meddai Dafydd. 5A dyma nhw'n ateb, "Saul oedd yr un oedd eisiau'n difa
ni a chael gwared â ni'n llwyr o Israel. 6Rho saith o'i ddisgynyddion e i ni. Gwnawn ni eu crogi
o flaen yr ARGLWYDD yn Gibea, tref Saul, yr un gafodd ei ddewis gan yr ARGLWYDD." A dyma'r
Brenin Dafydd yn ateb, "Iawn, gwna i eu rhoi nhw i chi." 7Ond dyma'r brenin yn arbed bywyd

n 20:14 *Abel-beth-maacha* Tref gaerog amddiffynnol heb fod yn bell o Dan yng ngogledd y wlad (tua 25 milltir i'r gogledd o Lyn Galilea). o 20:22 *corn hwrdd* Hebraeg, *shoffar.* p 20:23 Hebraeg, Cerethiaid, sy'n enw arall ar y Cretiaid. ph 21:2 *Doedd pobl Gibeon ... heddychlon â nhw* gw. Josua 9:22-27.

Meffibosheth (mab Jonathan ac ŵyr Saul) am fod Dafydd a Jonathan wedi gwneud addewid
i'w gilydd o flaen yr Arglwydd. 8 Cymerodd y ddau fab gafodd Ritspa (merch Aia) i Saul, sef
Armoni a Meffibosheth; hefyd pum mab Merab,[r] merch Saul, oedd yn wraig i Adriel fab Barsilai
o Mechola. 9 Rhoddodd nhw yn nwylo pobl Gibeon, i'w crogi ar y mynydd o flaen yr Arglwydd.
Cafodd y saith eu lladd gyda'i gilydd. Roedd hyn reit ar ddechrau'r cynhaeaf haidd. 10-11 Dyma
Ritspa (partner[rh] Saul a mam dau o'r rhai gafodd eu lladd) yn cymryd sachliain a'i daenu ar
graig iddi ei hun. Arhosodd yno drwy gydol y cynhaeaf haidd, hyd nes i dymor y glaw ddod.[s]
Wnaeth hi ddim gadael i adar ddisgyn at y cyrff yn ystod y dydd, nac anifeiliaid gwyllt yn y nos.
Clywodd Dafydd beth oedd Ritspa wedi'i wneud, 12 felly aeth i Jabesh yn Gilead a gofyn
i'r awdurdodau yno am esgyrn Saul a Jonathan. (Pobl Jabesh oedd wedi dwyn cyrff y ddau
o'r sgwâr yn Beth-shan, lle roedd y Philistiaid wedi'u crogi nhw ar ôl iddyn nhw gael eu lladd
yn y frwydr yn Gilboa.) 13 Dyma Dafydd yn cymryd esgyrn Saul a Jonathan o Jabesh. Wedyn
dyma nhw'n casglu esgyrn y rhai oedd wedi cael eu crogi, 14 a'u claddu gydag esgyrn Saul
a Jonathan ym medd Cish (tad Saul) yn Sela, yn ardal Benjamin.
Ar ôl iddyn nhw wneud popeth roedd y brenin wedi'i orchymyn, dyma'r Arglwydd yn ateb
gweddïau pobl dros y wlad.

Brwydrau rhwng Israel a'r Philistiaid

(1 Cronicl 20:4-8)

15 Buodd yna ryfel arall rhwng y Philistiaid a'r Israeliaid, ac aeth Dafydd a'i filwyr i lawr
i ymladd yn erbyn y Philistiaid. Roedd Dafydd wedi blino'n lân 16 ac roedd Ishbi-benob (un
o ddisgynyddion y Reffaiaid) ar fin ei ladd. Roedd ei waywffon yn pwyso tri cilogram a hanner,
ac roedd ganddo gleddyf newydd. 17 Ond dyma Abishai[t] (mab Serwia) yn dod i helpu Dafydd
a tharo'r Philistiad a'i ladd. Ar ôl y digwyddiad hwnnw dyma filwyr Dafydd yn tyngu iddo,
"Gei di ddim dod allan i frwydro gyda ni eto! Does gynnon ni ddim eisiau i lamp Israel gael
ei diffodd!"

18 Beth amser wedyn roedd brwydr arall yn erbyn y Philistiaid, yn Gob. Y tro hwnnw
dyma Sibechai o Chwsha yn lladd Saff, un arall o ddisgynyddion y Reffaiaid. 19 Yna mewn
brwydr arall eto yn erbyn y Philistiaid yn Gob, dyma Elchanan fab Jair o Fethlehem yn
lladd brawd[th] Goliath o Gath (yr un oedd â gwaywffon gyda choes iddi oedd fel trawst
ffrâm gwehydd!) 20 Yna roedd brwydr arall eto yn Gath. Y tro yma roedd cawr o ddyn
gyda chwe bys ar bob llaw ac ar ei ddwy droed – dau ddeg pedwar o fysedd i gyd. (Roedd
hwn hefyd yn un o ddisgynyddion y Reffaiaid.) 21 Roedd yn gwneud hwyl am ben byddin
Israel, a dyma Jonathan, mab Shamma[u] brawd Dafydd, yn ei ladd e. 22 Roedd y pedwar
yma gafodd eu lladd yn ddisgynyddion i'r Reffaiaid o Gath, a Dafydd a'i filwyr wnaeth
ladd pob un ohonyn nhw.

Cân o fawl i'r Arglwydd

(Salm 18)

22 Dyma eiriau'r gân wnaeth Dafydd ei chanu i'r Arglwydd ar ôl i'r Arglwydd ei achub
o ddwylo ei holl elynion ac o afael Saul:

2 Mae'r Arglwydd fel craig i mi,
yn gastell ac yn achubwr.

---

r 21:8 *Merab* "Merab" sydd mewn dwy lawysgrif Hebraeg a rhai llawysgrifau o'r LXX. "Michal" sydd yn y mwyafrif o'r llawysgrifau, sef merch Saul oedd yn un o wragedd Dafydd, ond gafodd hi ddim plant (gw. 2 Samuel 6:23). rh 21:10-11 *partner* Mae'r gair Hebraeg yn air am feistres neu bartner cyfreithlon oedd ddim yn wraig i ddyn yn ystyr lawnaf y gair. s 21:10 *drwy gydol ... y glaw ddod* Cyfnod o tua chwe mis, o ddiwedd mis Mawrth i ddiwedd mis Medi. t 21:17 *Abishai* nai Dafydd, a brawd Joab. th 21:19 *brawd* Hebraeg yma heb 'brawd'. Ond gw. 1 Cronicl 20:5. u 21:21 *Shamma* Hebraeg, *Shimea* – ffurf arall ar yr un enw (gw. 1 Samuel 16:9; 17:13).

21:7 1 Samuel 18:1-4; 20:14-17,42 21:12 1 Samuel 31:8-13 21:19 1 Samuel 17:7 22:1 1 Samuel 23:7-14

3 Mae fy Nuw yn graig i mi lechu dani;
yn darian, yn gryfder ac yn hafan ddiogel.
Mae'n fy achub i rhag trais.
4 Galwais ar yr ARGLWYDD sy'n haeddu ei foli,
ac achubodd fi oddi wrth fy ngelynion.

5 Rôn i'n boddi dan donnau marwolaeth;
roedd llifogydd dinistr yn fy llethu.
6 Roedd rhaffau byd y meirw o'm cwmpas,
a maglau marwolaeth o'm blaen.
7 Galwais ar yr ARGLWYDD o ganol fy helynt,
a gweiddi ar fy Nuw.
Roedd yn ei deml, a chlywodd fy llais;
gwrandawodd arna i'n galw.

8 Yna dyma'r ddaear yn symud a chrynu.
Roedd sylfeini'r nefoedd yn crynu
ac yn ysgwyd, am ei fod wedi digio.
9 Daeth mwg allan o'i ffroenau,
a thân dinistriol o'i geg;
roedd marwor yn tasgu ohono.
10 Agorodd yr awyr fel llenni a daeth i lawr.
Roedd cwmwl trwchus dan ei draed.
11 Marchogai ar gerwbiaid yn hedfan;
a chodi ar adenydd y gwynt.
12 Gwisgodd dywyllwch drosto – cymylau duon stormus;
a gwnaeth gymylau trwchus yr awyr yn ffau o'i gwmpas.
13 Roedd golau disglair o'i flaen a'r mellt fel marwor tanllyd.

14 Yna taranodd yr ARGLWYDD o'r awyr –
sŵn llais y Goruchaf yn galw.
15 Taflodd ei saethau a chwalu'r gelyn;
roedd ei folltau mellt yn eu gyrru ar ffo.
16 Daeth gwely'r môr i'r golwg;
ac roedd sylfeini'r ddaear yn noeth
wrth i'r ARGLWYDD ruo,
a chwythu anadl o'i ffroenau.

17 Estynnodd i lawr o'r uchelder a gafael ynof;
tynnodd fi allan o'r dŵr dwfn.
18 Achubodd fi o afael y gelyn ffyrnig –
y rhai sy'n fy nghasáu oedd yn gryfach na mi.
19 Dyma nhw'n ymosod pan oeddwn mewn helbul,
ond dyma'r ARGLWYDD yn fy helpu i.
20 Daeth â fi allan i ryddid!
Achubodd fi am ei fod wrth ei fodd gyda mi.

21 Mae'r ARGLWYDD wedi bod yn deg â mi.
Dw i wedi byw'n gyfiawn; mae fy nwylo'n lân,
ac mae wedi rhoi fy ngwobr i mi.
22 Do, dw i wedi dilyn yr ARGLWYDD yn ffyddlon,
heb droi cefn ar Dduw na gwneud drwg.
23 Dw i wedi cadw ei ddeddfau'n ofalus;
dw i ddim wedi anwybyddu ei reolau.

24 Dw i wedi bod yn ddi-fai
ac yn ofalus i beidio pechu yn ei erbyn.
25 Mae'r Arglwydd wedi rhoi fy ngwobr i mi.
Dw i wedi byw'n gyfiawn,
ac mae e wedi gweld bod fy nwylo'n lân.

26 Rwyt ti'n ffyddlon i'r rhai sy'n ffyddlon,
ac yn deg â'r rhai di-euog.
27 Mae'r rhai di-fai yn dy brofi'n ddi-fai,
ond rwyt ti'n fwy craff na'r rhai anonest.
28 Ti'n achub pobl sy'n dioddef,
ond yn torri crib y rhai balch.

29 Ie, ti ydy fy lamp i, o Arglwydd,
ti'n rhoi golau i mi yn y tywyllwch.
30 Gyda ti gallaf ruthro allan i'r frwydr;
gallaf neidio unrhyw wal gyda help fy Nuw!
31 Mae Duw yn gwneud beth sy'n iawn;
mae'r Arglwydd yn dweud beth sy'n wir.
Mae fel tarian yn amddiffyn pawb sy'n troi ato.

32 Oes duw arall ond yr Arglwydd?
Oes craig arall ar wahân i'n Duw ni?
33 Fe ydy'r Duw sy'n fy amddiffyn â'i nerth –
mae'n symud pob rhwystr o'm blaen.
34 Mae'n rhoi coesau fel carw i mi;
fydda i byth yn llithro ar y creigiau uchel.
35 Dysgodd fi sut i ymladd –
dw i'n gallu plygu bwa o bres!

36 Rwyt wedi fy amddiffyn fel tarian.
Mae dy ofal wedi gwneud i mi lwyddo.
37 Ti wnaeth i mi frasgamu ymlaen
a wnes i ddim baglu.
38 Es ar ôl fy ngelynion, a'u difa nhw;
wnes i ddim troi'n ôl nes roedden nhw wedi darfod.
39 Bydda i'n eu dinistrio a'u taro,
nes byddan nhw'n methu codi;
bydda i'n eu sathru nhw dan draed.

40 Ti roddodd y nerth i mi ymladd;
ti wnaeth i'r gelyn blygu o'm blaen;
41 Ti wnaeth iddyn nhw gilio yn ôl.
Dinistriais y rhai oedd yn fy nghasáu yn llwyr.
42 Roedden nhw'n edrych am help,
ond doedd neb i'w hachub!
Roedden nhw'n troi at yr Arglwydd hyd yn oed!
Ond wnaeth e ddim ateb.
43 Dyma fi'n eu malu nhw fel llwch ar lawr;
a'u sathru dan draed fel baw ar y strydoedd.

44 Achubaist fi o afael y rhai oedd yn ymladd yn fy erbyn.
Gwnest fi'n bennaeth ar y gwledydd.

Mae pobloedd wyddwn i ddim amdanyn nhw
yn derbyn fy awdurdod.
45 Mae estroniaid yn crynu o'm blaen.
Maen nhw'n plygu wrth glywed amdana i!
46 Mae pobloedd estron wedi colli pob hyder,
ac yn crynu wrth ddod allan o'u cuddfannau.

47 Ydy, mae'r ARGLWYDD yn fyw!
Bendith ar y graig sy'n fy amddiffyn i!
Boed i Dduw, wnaeth fy achub i, gael ei anrhydeddu!
48 Fe ydy'r Duw sydd wedi dial ar fy rhan i,
a gwneud i bobloedd blygu o'm blaen.
49 Fe ydy'r Duw sydd wedi fy achub i rhag fy ngelynion,
a'm cipio o afael y rhai sy'n fy nghasáu.
Mae wedi fy achub o ddwylo dynion treisgar.

50 Felly, O ARGLWYDD,
bydda i'n dy foli di o flaen y cenhedloedd
ac yn canu mawl i dy enw:
51 Mae'n rhoi buddugoliaeth i'w frenin –
un fuddugoliaeth fawr ar ôl y llall!
Mae'n aros yn ffyddlon i'w eneiniog –
i Dafydd, ac i'w ddisgynyddion am byth.

Geiriau olaf Dafydd

23 Dyma eiriau olaf Dafydd:

"Neges Dafydd fab Jesse.
Neges yr un gafodd ei godi'n arweinydd,
a'i eneinio gan Dduw Jacob.
Neges hoff ganwr Israel.

2 Roedd Ysbryd yr ARGLWYDD yn siarad trwof fi;
ei neges e oeddwn i'n ei rhannu.
3 Mae Duw Israel wedi siarad,
a dyma mae Craig Israel yn ei ddweud:
'Mae'r un sy'n llywodraethu'n deg,
gan roi parch i Dduw,
4 fel golau haul ar fore braf digwmwl
yn gwneud i'r glaswellt dyfu o'r ddaear
a sgleinio ar ôl y glaw.'

5 Ie, dyna sut mae Duw'n gweld fy nheulu!
Mae wedi gwneud ymrwymiad am byth i mi.
Mae'r cwbl wedi'i drefnu – mae'n siŵr o ddigwydd!
Bydd yr ARGLWYDD yn gwneud i mi lwyddo
ac yn dod â'r cwbl dw i eisiau yn wir.

6 Ond mae dynion drwg fel drain
sy'n dda i ddim ond i'w torri i lawr.
Does neb yn gafael ynddyn nhw â'u dwylo,
7 dim ond gydag arf haearn neu goes gwaywffon.
Mae tân yn eu llosgi'n ulw yn y fan a'r lle!"

Milwyr dewr Dafydd

(1 Cronicl 11:10-41)

8 Dyma enwau milwyr dewr Dafydd:
Iashofam[w] yr Hachmoniad oedd pennaeth 'Y Tri'. Roedd e wedi lladd wyth gant
o ddynion gyda'i waywffon mewn un frwydr.
9 Yna'r nesa ato fe o'r 'Tri Dewr' oedd Eleasar fab Dodo o deulu Achoach. Roedd
e gyda Dafydd yn herio'r Philistiaid pan wnaethon nhw gasglu i ryfel yn Pas-
dammîm. Roedd gweddill byddin Israel wedi ffoi, 10 ond dyma fe'n sefyll ei dir ac
ymladd yn erbyn y Philistiaid. Roedd ei law wedi blino gymaint, ond wnaeth e ddim
gollwng ei gleddyf. Dyma'r ARGLWYDD yn rhoi buddugoliaeth fawr iddo y diwrnod
hwnnw. Yna daeth y fyddin yn ôl, ond dim ond i ddwyn pethau oddi ar y cyrff!
11 Y nesaf wedyn oedd Samma fab Age o deulu Harar. Un tro roedd byddin y Philistiaid
wedi casglu yn Lechi lle roedd cae o ffacbys. Dyma fyddin Israel yn ffoi o flaen
y Philistiaid, 12 ond roedd Samma wedi sefyll ei dir yng nghanol y cae, i'w
amddiffyn. Roedd wedi ymosod ar y Philistiaid, a dyma'r ARGLWYDD yn rhoi
buddugoliaeth fawr iddo.
13 Un tro, adeg y cynhaeaf, aeth tri o'r 'Tri deg' i lawr at Dafydd i Ogof Adwlam.[y] Roedd
mintai o Philistiaid yn gwersylla yn Nyffryn Reffaïm.[a] 14 Roedd Dafydd yn y gaer ar y pryd, tra
oedd prif wersyll garsiwn y Philistiaid yn Bethlehem. 15 Un diwrnod roedd syched ar Dafydd,
a dyma fe'n dweud, "Mor braf fyddai cael diod o ddŵr o'r ffynnon sydd wrth giât Bethlehem!"
16 Felly dyma'r 'Tri Dewr' yn mynd drwy ganol gwersyll y Philistiaid a chodi dŵr o'r ffynnon
wrth giât Bethlehem. Dyma nhw'n dod â'r dŵr i Dafydd, ond gwrthododd ei yfed. A dyma
fe'n ei dywallt ar lawr yn offrwm i'r ARGLWYDD, 17 a dweud, "ARGLWYDD, allwn i byth wneud y fath
beth! Byddai fel yfed gwaed y dynion wnaeth fentro'u bywydau i'w nôl." Roedd yn gwrthod
ei yfed. (Dyna un enghraifft o beth wnaeth y 'Tri Dewr'.)
18 Abishai, brawd Joab a mab Serwia, oedd pennaeth y 'Tri deg'. Roedd e wedi lladd tri
chant o ddynion gyda'i waywffon un tro. Roedd e'n enwog fel y Tri. 19 A dweud
y gwir, roedd yn fwy enwog na nhw, a fe oedd eu capten nhw. Ond doedd e ddim
yn un o'r 'Tri'.
20 Roedd Benaia fab Jehoiada o Cabseël[b] yn ddyn dewr hefyd. Roedd e wedi gwneud
llawer o bethau dewr. Roedd wedi lladd dau o arwyr Moab. Roedd wedi mynd
i lawr a lladd llew oedd wedi syrthio i bydew ar ddiwrnod o eira. 21 Roedd hefyd
wedi lladd cawr o ddyn o'r Aifft. Roedd gan yr Eifftiwr waywffon yn ei law, ond dim
ond pastwn oedd gan Benaia. Dyma fe'n ymosod arno, dwyn y waywffon oddi ar yr
Eifftiwr, a'i ladd gyda hi. 22 Pethau fel yna wnaeth Benaia fab Jehoiada yn enwog
fel y 'Tri Dewr'. 23 Roedd y Tri deg arwr yn meddwl yn uchel ohono, er nad oedd yn
un o'r 'Tri'. A dyma Dafydd yn ei wneud yn bennaeth ar ei warchodwyr personol.
24 Yna gweddill y 'Tri deg' oedd:
Asahel, brawd Joab,
Elchanan fab Dodo o Bethlehem,
25 Shamma o Charod,
Elicâ o Charod,
26 Chelets o Pelet,
Ira fab Iccesh o Tecoa,
27 Abieser o Anathoth,
Mefwnnai o Chwsha,
28 Salmon o deulu Achoach,
Maharai o Netoffa,
29 Cheleb fab Baana o Netoffa,
Itai fab Ribai o Gibea yn Benjamin,
30 Benaia o Pirathon,
Hidai o Wadi Gaash,
31 Abi-albon o Arba,
Asmafeth o Bachwrîm,
32 Eliachba o Shaalbon,
Meibion Iashen,
Jonathan fab 33 Shamma o Harar,
Achîam fab Sharar o Harar,

---

w 23:8 fel 1 Cronicl 11:11; Hebraeg *Ioshef-bashefet*. LXX *Jeshbaal*. y 23:13 Rhyw ddeuddeg milltir i'r de-orllewin o Bethlehem. a 23:13 *Reffaïm* Dyffryn oedd ryw 3 milltir i'r de-orllewin o Jerwsalem.
b 23:20 *Cabseël* Ar ffin ddeheuol Jwda, heb fod yn bell o Edom (cf. Josua 15:21).

34 Eliffelet fab Achasbai o Maacha,
Eliam fab Achitoffel o Gilo,
35 Chetsrai o Carmel,[c]
Paarai o Arba,
36 Igal fab Nathan o Soba,
Bani o Gad,
37 Selec o Ammon,
Nachrai o Beëroth (oedd yn cario
arfau Joab, mab Serwia),
38 Ira yr Ithriad,
Gareb yr Ithriad,
39 ac Wreia yr Hethiad.

(Tri deg saith i gyd.)

Dafydd yn pechu drwy gynnal cyfrifiad

(1 Cronicl 21:1-27)

24 Dro arall roedd yr ARGLWYDD wedi digio'n lân gydag Israel. Dyma fe'n gwneud i Dafydd
achosi trwbwl iddyn nhw drwy orchymyn cyfrifiad o Israel a Jwda. 2 Felly dyma'r brenin
yn dweud wrth Joab, pennaeth ei fyddin, "Dw i eisiau i ti gynnal cyfrifiad o holl lwythau Israel,
o Dan yn y gogledd i Beersheba[ch] yn y de, i mi gael gwybod faint o bobl sydd gen i." 3 Ond
dyma Joab yn ateb y brenin, "O na fyddai'r ARGLWYDD dy Dduw yn gadael i ti fyw i weld byddin
ganwaith fwy nag sydd gen ti! Ond syr, pam fyddet ti eisiau gwneud y fath beth?" 4 Ond roedd
y brenin yn benderfynol, er gwaetha gwrthwynebiad Joab a chapteiniaid y fyddin. Felly dyma
nhw'n mynd ati i gyfri pobl Israel, fel roedd y brenin wedi dweud.

5 Dyma nhw'n croesi afon Iorddonen, ac yn dechrau yn Aroer, i'r de o'r ddinas sydd yng nghanol
y dyffryn. Yna dyma nhw'n mynd i'r sychnant ar diriogaeth Gad, ac i dref Iaser. 6 Ymlaen wedyn
i ardal Gilead, a tref Cadesh ar dir yr Hethiaid, yna Dan ac Îon, a rownd i Sidon. 7 Yna i lawr i dref
gaerog Tyrus a holl drefi'r Hefiaid a'r Canaaneaid, ac ymlaen i gyfeiriad y de nes cyrraedd yr holl
ffordd i Beersheba yn anialwch Jwda. 8 Cymerodd naw mis a thair wythnos cyn iddyn nhw gyrraedd
yn ôl yn Jerwsalem, ar ôl teithio drwy'r wlad i gyd. 9 Yna dyma Joab yn rhoi canlyniadau'r cyfrifiad
i'r brenin. Roedd yna 800,000 o ddynion dewr Israel allai ymladd yn y fyddin, a 500,000 yn Jwda.

10 Ond wedi iddo gyfri'r bobl, roedd cydwybod Dafydd yn ei boeni. A dyma fe'n dweud wrth
yr ARGLWYDD, "Dw i wedi pechu'n ofnadwy drwy wneud hyn. Plîs wnei di faddau i mi ARGLWYDD?
Dw i wedi gwneud peth gwirion."

11 Erbyn i Dafydd godi'r bore wedyn roedd yr ARGLWYDD wedi rhoi neges i Gad, proffwyd y llys:
12 "Dos i ddweud wrth Dafydd, 'Dyma mae'r ARGLWYDD yn ei ddweud: Dw i'n rhoi tri dewis i ti.
Dewis pa un wyt ti am i mi ei wneud.' " 13 Felly dyma Gad yn mynd at Dafydd a dweud, "Pa
un wnei di ddewis? Tair blynedd o newyn yn y wlad? Neu dri mis o ffoi o flaen dy elynion?
Neu dri diwrnod o bla drwy'r wlad? Meddwl yn ofalus cyn dweud wrtho i pa ateb dw i i'w
roi i'r un sydd wedi f'anfon i." 14 Meddai Dafydd wrth Gad, "Mae'n ddewis caled! Ond mae'r
ARGLWYDD mor drugarog! Byddai'n well gen i gael fy nghosbi ganddo fe na gan ddynion."

15 Felly'r bore hwnnw dyma'r ARGLWYDD yn anfon haint ar wlad Israel wnaeth bara am
dri diwrnod, a buodd saith deg mil o bobl o bob rhan o'r wlad farw. 16 Ond wrth i'r angel
bwyntio ei fys at Jerwsalem i'w difa, dyma'r ARGLWYDD yn teimlo'n sori am y niwed oedd yn
cael ei wneud. A dyma fe'n rhoi gorchymyn i'r angel oedd wrthi'n difa'r bobl, "Dyna ddigon!
Stopia nawr!" (Ar y pryd roedd yr angel yn sefyll wrth ymyl llawr dyrnu Arafna y Jebwsiad.)

17 Pan welodd Dafydd yr angel yn taro'r bobl, dyma fe'n dweud, "ARGLWYDD, fi sydd wedi
pechu a gwneud y drwg! Wnaeth y bobl ddiniwed[d] yma ddim byd o'i le. Cosba fi a'm teulu!"

Dafydd yn codi allor i'r ARGLWYDD

18 Y diwrnod hwnnw dyma Gad yn mynd at Dafydd a dweud wrtho, "Dos, a chodi allor i'r
ARGLWYDD ar lawr dyrnu Arafna y Jebwsiad." 19 Felly dyma Dafydd yn mynd a gwneud beth

---

c 23:35 *Carmel* Pentref tua naw milltir i'r de o Hebron (nid y Carmel yng ngogledd Israel). ch 24:2 *Dan ... Beersheba* Roedd Dan wrth droed Mynydd Hermon yn y gogledd ar y llwybr masnach i Damascus. Roedd Beersheba 23 milltir i'r de-orllewin o Hebron ar y prif lwybr masnach i'r Aifft. d 24:17 *bobl ddiniwed* Hebraeg, "defaid".

roedd yr Arglwydd wedi'i ddweud wrth Gad. 20 Pan welodd Arafna y brenin a'i weision yn dod
ato, dyma fe'n ymgrymu o'i flaen â'i wyneb ar lawr. 21 "Pam mae fy meistr, y brenin, wedi
dod yma ata i?" meddai. A dyma Dafydd yn ateb, "I brynu dy lawr dyrnu di. Dw i eisiau codi
allor i'r Arglwydd i stopio'r pla yma ladd y bobl." 22 Dyma Arafna'n ateb, "Syr, cymer beth
bynnag wyt ti eisiau. Cymer yr ychen i'w llosgi'n aberth, a defnyddia'r sled dyrnu a iau'r
ychen yn goed tân. 23 Dw i am roi'r cwbl i'm meistr, y brenin. Gobeithio bydd yr Arglwydd dy
Dduw yn derbyn beth wyt ti'n wneud." 24 Ond dyma'r brenin yn ei ateb, "Na, mae'n rhaid
i mi dalu'r pris llawn i ti. Dw i ddim yn mynd i gyflwyno aberthau i'w llosgi i'r Arglwydd sydd
wedi costio dim byd i mi."

Felly dyma Dafydd yn prynu'r llawr dyrnu a'r ychen am bum deg darn arian. 25 Wedyn
adeiladodd allor i'r Arglwydd yno, a chyflwyno arni aberthau i'w llosgi ac offrymau i gydnabod
daioni'r Arglwydd. A dyma'r Arglwydd yn ateb ei weddi a stopio'r pla oedd yn mynd drwy'r
wlad.

1 Brenhinoedd

Y brenin Dafydd yn hen ddyn

1 Roedd y Brenin Dafydd wedi mynd yn hen iawn. Er iddyn nhw roi blancedi drosto roedd
yn methu cadw'n gynnes. 2 Dyma'i weision yn dweud wrtho, "Meistr. Gad i ni chwilio
am ferch ifanc i dy nyrsio di a gofalu amdanat ti. Bydd hi'n gallu gorwedd gyda ti, a chadw
ein meistr, y brenin, yn gynnes." 3 Felly, dyma nhw'n chwilio drwy wlad Israel i gyd am ferch
ifanc hardd, a ffeindio Abisag o Shwnem,[a] a mynd â hi at y brenin. 4 Roedd hi'n ferch hynod
o hardd. A hi fuodd yn edrych ar ôl y brenin a'i nyrsio. Ond wnaeth e ddim cael perthynas
rywiol gyda hi.

Adoneia yn cyhoeddi ei hun yn frenin

5 Yna dyma Adoneia, mab Dafydd a Haggith, yn dechrau cael syniadau ac yn cyhoeddi,
"Dw i am fod yn frenin." Felly, dyma fe'n casglu cerbydau a cheffylau iddo'i hun, a threfnu
cael hanner cant o warchodwyr personol. 6 (Wnaeth ei dad ddim ymyrryd o gwbl, a gofyn
iddo, "Beth wyt ti'n wneud?" Roedd Adoneia yn ddyn golygus iawn, a fe oedd y nesaf i gael
ei eni ar ôl Absalom.)[b] 7 Dyma Adoneia'n trafod gyda Joab, mab Serwia, a gydag Abiathar yr
offeiriad. A dyma'r ddau'n ei gefnogi a'i helpu. 8 Ond wnaeth Sadoc yr offeiriad, na Benaia
fab Jehoiada, na Nathan y proffwyd, na Shimei, na Rei, na gwarchodlu personol Dafydd ddim
ochri gydag Adoneia.

9 Dyma Adoneia yn mynd i graig Socheleth sy'n agos i En-rogel,[c] ac aberthu defaid, ychen
a lloi wedi'u pesgi yno. Roedd wedi gwahodd ei frodyr i gyd a holl swyddogion y brenin
oedd yn dod o Jwda. 10 Ond doedd e ddim wedi gwahodd Nathan y proffwyd, na Benaia, na
gwarchodlu personol Dafydd, na Solomon ei frawd chwaith.

11 Dyma Nathan yn dweud wrth Bathseba, mam Solomon, "Wyt ti wedi clywed fod Adoneia,
mab Haggith, wedi gwneud ei hun yn frenin heb i Dafydd wybod? 12 Gwranda, i mi roi cyngor
i ti sut i achub dy fywyd dy hun a bywyd Solomon dy fab. 13 Dos at y Brenin Dafydd a dweud
wrtho, 'Fy mrenin, syr, wnest ti ddim addo i mi mai fy mab i, Solomon, fyddai'n frenin ar dy ôl
di? Dwedaist mai fe fyddai'n eistedd ar dy orsedd di. Felly sut bod Adoneia'n frenin?' 14 Wedyn
tra rwyt ti wrthi'n siarad â'r brenin dof i i mewn ar dy ôl di ac ategu'r hyn ti'n ddweud."

15 Felly dyma Bathseba'n mynd i mewn i ystafell y brenin. (Roedd y brenin yn hen iawn, ac
roedd Abisag, y ferch o Shwnem, yn gofalu amdano.) 16 Dyma Bathseba'n plygu i lawr o flaen
y brenin, a dyma'r brenin yn gofyn iddi, "Beth sydd?" 17 "Syr," meddai Bathseba, "Wnest ti addo
o flaen yr Arglwydd mai Solomon, fy mab i, fyddai'n frenin ar dy ôl di, ac mai fe fyddai'n
eistedd ar dy orsedd di. 18 Ond nawr mae Adoneia wedi'i wneud yn frenin, a dwyt ti, syr, yn
gwybod dim am y peth! 19 Mae wedi aberthu llond lle o wartheg, lloi wedi'u pesgi a defaid,
ac wedi gwahodd dy feibion di i gyd ato, ac Abiathar yr offeiriad a Joab, pennaeth y fyddin.
Ond gafodd dy was Solomon ddim gwahoddiad. 20 Syr, mae Israel gyfan yn disgwyl i ti, y brenin,
ddweud wrthyn nhw pwy sydd i deyrnasu ar dy ôl di. 21 Syr, os na wnei di, ar ôl i ti farw bydda
i a Solomon yn cael ein trin fel troseddwyr."

22 Tra oedd hi'n siarad â'r brenin, dyma Nathan y proffwyd yn cyrraedd. 23 Dyma ddweud
wrth y brenin, "Mae Nathan y proffwyd yma", a dyma fe'n mynd i mewn ac yn ymgrymu
o flaen y brenin â'i wyneb ar lawr. 24 Yna dyma Nathan yn gofyn, "Fy mrenin, syr, wnest ti
ddweud mai Adoneia sydd i fod yn frenin ar dy ôl di, ac mai fe sydd i eistedd ar dy orsedd

---

a 1:3,4 *Shwnem* Tref yng ngogledd Israel, heb fod yn bell o ddyffryn Jesreel. b 1:6 *Absalom* Gan fod Absalom wedi marw, Adoneia bellach oedd yr hynaf o feibion Dafydd oedd yn dal yn fyw. c 1:9 *En-rogel* sef, Ffynnon y Pannwr.

1:11 2 Samuel 12:24

di? 25 Achos heddiw mae wedi aberthu llwythi o wartheg, lloi wedi'u pesgi a defaid, ac wedi
gwahodd dy feibion i gyd, arweinwyr y fyddin ac Abiathar yr offeiriad. A dyna lle maen nhw'n
bwyta ac yn yfed gydag e ac yn gweiddi, 'Hir oes i'r Brenin Adoneia!' 26 Ond wnaeth e ddim
rhoi gwahoddiad i mi, dy was di, nac i Sadoc yr offeiriad, na Benaia fab Jehoiada, nac i dy
was Solomon chwaith. 27 Ydy fy meistr, y brenin, wedi gwneud hyn heb ddweud wrthon ni
pwy oedd i deyrnasu ar dy ôl?"

Solomon yn cael ei wneud yn frenin

28 Yna dyma'r Brenin Dafydd yn dweud, "Galwch Bathseba yn ôl yma!" A dyma hi'n dod
a sefyll o'i flaen. 29 A dyma'r brenin yn addo iddi, "Mor sicr â bod yr ARGLWYDD yn fyw, yr un
sydd wedi fy achub i o bob helynt: 30 fel gwnes i addo i ti o flaen yr ARGLWYDD, Duw Israel, dw
i'n dweud eto heddiw mai dy fab di, Solomon, sydd i fod yn frenin ar fy ôl i. Fe sydd i eistedd
ar yr orsedd yn fy lle i." 31 Dyma Bathseba'n plygu'n isel o flaen y brenin, a dweud, "Fy Mrenin
Dafydd, boed i ti fyw am byth!"

32 Yna dyma'r Brenin Dafydd yn dweud, "Galwch Sadoc yr offeiriad, Nathan y proffwyd
a Benaia fab Jehoiada yma." Wedi iddyn nhw ddod, 33 dyma'r brenin yn dweud wrthyn nhw,
"Cymerwch fy ngweision i gyd gyda chi, rhowch Solomon i farchogaeth ar gefn fy mul i, ac
ewch â fe i lawr i Gihon. 34 Yno, dych chi, Sadoc yr offeiriad a Nathan y proffwyd, i'w eneinio'n
frenin ar Israel. Yna dych chi i chwythu'r corn hwrdd[ch] a gweiddi, 'Hir oes i'r Brenin Solomon!'
35 Wedyn dewch ag e yn ôl yma i eistedd ar fy ngorsedd i. Fe ydy'r un fydd yn frenin yn fy lle
i. Dw i wedi gorchymyn mai fe sydd i deyrnasu ar Israel a Jwda." 36 A dyma Benaia fab Jehoiada
yn ateb y brenin, "Ie wir! Boed i'r ARGLWYDD dy Dduw di, fy meistr y brenin, gadarnhau hynny.
37 Fel mae'r ARGLWYDD wedi bod gyda ti, fy mrenin, bydd gyda Solomon hefyd. A boed iddo
wneud y frenhiniaeth honno hyd yn oed yn fwy llewyrchus na dy frenhiniaeth di, fy meistr,
y Brenin Dafydd."

38 Felly dyma Sadoc yr offeiriad, Nathan y proffwyd a Benaia fab Jehoiada, a gwarchodlu'r
brenin (Cretiaid[d] a Pelethiaid), yn rhoi Solomon i farchogaeth ar ful y Brenin Dafydd a mynd
i lawr i Gihon. 39 Wedyn, dyma Sadoc yr offeiriad yn cymryd y corn o olew olewydd o'r babell
ac yn ei dywallt ar ben Solomon a'i eneinio'n frenin. Yna dyma nhw'n canu'r corn hwrdd
ac roedd pawb yn gweiddi, "Hir oes i'r Brenin Solomon!" 40 A dyma pawb yn ei ddilyn yn ôl
i Jerwsalem, yn canu offerynnau chwyth a gwneud cymaint o stŵr wrth ddathlu nes bod
y ddaear yn atseinio.

41 Roedd Adoneia, a'r holl bobl roedd e wedi'u gwahodd ato, wrthi'n gorffen bwyta pan
glywon nhw'r sŵn. Pan glywodd Joab sŵn y corn hwrdd, dyma fe'n gofyn, "Beth ydy'r holl
dwrw yna yn y ddinas?" 42 Wrth iddo siarad dyma Jonathan, mab Abiathar yr offeiriad, yn
cyrraedd. A dyma Adoneia'n dweud wrtho, "Tyrd i mewn. Ti'n ddyn da, ac mae'n siŵr fod
gen ti newyddion da i ni." 43 Ond dyma Jonathan yn ateb, "Na, dim o gwbl, syr. Mae'r Brenin
Dafydd wedi gwneud Solomon yn frenin. 44 Dyma fe'n anfon Sadoc yr offeiriad, Nathan
y proffwyd a Benaia fab Jehoiada gyda'i warchodlu (y Cretiaid a'r Pelethiaid), a rhoi Solomon
i farchogaeth ar ful y brenin. 45 Yna dyma Sadoc yr offeiriad a Nathan y proffwyd yn ei eneinio
fe'n frenin yn Gihon. Wedyn, dyma nhw'n mynd yn ôl i fyny i Jerwsalem yn dathlu, ac mae'r
ddinas yn llawn cynnwrf. Dyna ydy'r sŵn dych chi'n ei glywed. 46 Mae Solomon bellach
yn eistedd ar orsedd y brenin. 47 Pan aeth y swyddogion i gyd i longyfarch y Brenin Dafydd,
dyma nhw'n dweud wrtho, 'Boed i Dduw wneud Solomon yn fwy enwog na ti, a gwneud
ei deyrnasiad e'n fwy llwyddiannus!' Roedd y brenin yn plygu i addoli Duw ar ei wely
48 a'i ymateb oedd, 'Bendith ar yr ARGLWYDD, Duw Israel. Heddiw mae wedi rhoi olynydd i mi
ar yr orsedd, a dw i wedi cael byw i weld y peth!' "

49 Dyma bawb oedd Adoneia wedi'u gwahodd ato yn panicio, codi ar eu traed a gwasgaru
i bob cyfeiriad. 50 Roedd gan Adoneia ei hun ofn Solomon hefyd, a dyma fe'n mynd a gafael

ch 1:34 *corn hwrdd* Hebraeg, *shoffar.* d 1:38 Hebraeg, Cerethiaid, sy'n enw arall ar y Cretiaid.

yng nghyrn yr allor. 51 Dyma nhw'n dweud wrth Solomon, "Mae gan Adoneia dy ofn di. Mae e'n
gafael yng nghyrn yr allor ac yn dweud, 'Dw i eisiau i'r Brenin Solomon addo y bydd e ddim yn
fy lladd i â'r cleddyf.' " 52 A dyma Solomon yn dweud, "Os bydd e'n ffyddlon, fydd dim blewyn
ar ei ben yn cael niwed. Ond os bydd e'n gwneud rhywbeth drwg, bydd yn marw." 53 Felly
dyma Solomon yn anfon dynion i ddod ag e i lawr o'r allor, a dyma fe'n dod ac ymgrymu
i lawr o flaen Solomon; a dyma Solomon yn dweud wrtho, "Dos adre."

Cyngor Dafydd i Solomon

2 Pan oedd Dafydd ar fin marw, dyma fe'n rhoi siars i'w fab Solomon. 2 "Fydda i ddim byw
yn hir iawn eto," meddai. "Rhaid i ti fod yn gryf a dangos dy fod yn ddyn! 3 Gwna beth
mae'r ARGLWYDD dy Dduw yn ei ofyn gen ti, a byw fel mae e eisiau. Rhaid i ti gadw'i reolau, ei
orchmynion, y canllawiau a'r gofynion i gyd sydd yng Nghyfraith Moses. Fel yna byddi di'n
llwyddo beth bynnag wnei di a beth bynnag fydd rhaid i ti ei wynebu. 4 A bydd yr ARGLWYDD
wedi cadw ei addewid i mi: 'Os bydd dy ddisgynyddion di yn gwylio'u ffyrdd ac yn gwneud
eu gorau glas i fyw'n ffyddlon i mi, yna bydd un o dy deulu di ar orsedd Israel am byth.'
5 "Ti'n gwybod yn iawn beth wnaeth Joab, mab Serwia, i mi. Sôn ydw i am y ffordd wnaeth
e ladd Abner fab Ner ac Amasa fab Jether,[dd] dau o arweinwyr byddin Israel. Lladdodd nhw
mewn gwaed oer, a hynny mewn cyfnod o heddwch. Gadawodd staen gwaedlyd rhyfel ar
y belt am ei ganol a'r sandalau oedd ar ei draed. 6 Gwna di fel rwyt ti'n gweld orau, ond paid
gadael iddo fyw i farw'n dawel yn ei henaint.
7 "Ond bydd yn garedig at feibion Barsilai o Gilead. Gad iddyn nhw fwyta wrth dy fwrdd.
Roedden nhw wedi gofalu amdana i pan oedd raid i mi ffoi oddi wrth dy frawd Absalom.
8 "A cofia am Shimei fab Gera o Bachwrîm yn Benjamin. Roedd e wedi fy rhegi a'm melltithio
i pan oeddwn i'n ar fy ffordd i Machanaîm. Ond wedyn daeth i lawr at yr Iorddonen i'm
cyfarfod i pan oeddwn ar fy ffordd yn ôl, a dyma fi'n addo iddo ar fy llw, 'Wna i ddim dy
ladd di.' 9 Ond nawr, paid ti â'i adael heb ei gosbi. Ti'n ddyn doeth ac yn gwybod beth i'w
wneud – gad iddo ddioddef marwolaeth waedlyd."

Marwolaeth Dafydd

10 Pan fuodd Dafydd farw cafodd ei gladdu yn Ninas Dafydd. 11 Roedd wedi bod yn frenin
ar Israel am bedwar deg o flynyddoedd. Bu'n teyrnasu yn Hebron am saith mlynedd ac yna
yn Jerwsalem[e] am dri deg tair o flynyddoedd. 12 Yna dyma Solomon yn dod yn frenin yn lle ei
dad, a gwneud y deyrnas yn ddiogel ac yn gryf.

Adoneia'n cael ei ladd

13 Aeth Adoneia, mab Haggith, i weld Bathseba, mam Solomon. "Wyt ti'n dod yma'n
heddychlon?" gofynnodd iddo. "Ydw", meddai, 14 "Mae gen i rywbeth i'w ofyn i ti." "Beth
ydy hwnnw?" meddai hithau. 15 A dyma fe'n dweud, "Ti'n gwybod mai fi ddylai fod wedi
bod yn frenin. Dyna oedd pobl Israel i gyd yn ei ddisgwyl. Ond fy mrawd gafodd deyrnasu,
a'r ARGLWYDD wnaeth drefnu hynny. 16 Mae gen i un peth dw eisiau ofyn gen ti. Paid gwrthod
fi." A dyma hi'n dweud, "Dos yn dy flaen." 17 "Wnei di ofyn i'r Brenin Solomon roi Abisag
o Shwnem yn wraig i mi. Fydd e ddim yn dy wrthod di." 18 "Iawn", meddai Bathseba. "Gwna
i ofyn i'r brenin ar dy ran di."
19 Felly, dyma Bathseba yn mynd at y Brenin Solomon i ofyn iddo ar ran Adoneia. Dyma'r
brenin yn codi i'w chyfarch ac yn ymgrymu o'i blaen hi cyn eistedd yn ôl ar ei orsedd. Yna
dyma fe'n galw am gadair i'w fam, a dyma hi'n eistedd ar ei ochr dde. 20 A dyma hi'n dweud
wrtho, "Mae gen i rywbeth bach i'w ofyn gen ti. Paid gwrthod fi." A dyma fe'n ateb, "Gofyn

---

dd 2:5 *Abner fab Ner* – gw. 2 Samuel 3:27; *Amasa fab Jether* – gw. 2 Samuel 20:10. e 2:11 *Jerwsalem* Hebraeg, "dinas Dafydd".
2:8 2 Samuel 19:16-23

di mam. Wna i ddim dy wrthod di." 21 A dyma hi'n dweud, "Rho Abisag, y ferch o Shwnem,
yn wraig i dy frawd Adoneia." 22 A dyma'r Brenin Solomon yn ateb ei fam, "Pam mai dim
ond gofyn am Abisag o Shwnem wyt ti i Adoneia? Waeth i ti ofyn am y deyrnas iddo hefyd,
achos mae e'n hŷn na fi, ac mae Abiathar yr offeiriad a Joab, mab Serwia, yn ei gefnogi e."
23 Yna dyma'r Brenin Solomon yn tyngu llw i'r ARGLWYDD, "Boed i Dduw ddial arna i os fydd
Adoneia yn talu gyda'i fywyd am ofyn y fath beth! 24 Mor sicr â bod yr ARGLWYDD yn fyw (yr un
sydd wedi rhoi gorsedd fy nhad Dafydd i mi, a sicrhau llinach i mi fel gwnaeth e addo), bydd
Adoneia yn marw heddiw!" 25 Yna dyma'r Brenin Solomon yn anfon Benaia fab Jehoiada ar
ei ôl. A dyma hwnnw'n ymosod ar Adoneia a'i ladd.

26 Yna dyma'r brenin yn dweud wrth Abiathar yr offeiriad, "Dos adre i Anathoth, i dy fro
dy hun. Ti'n haeddu marw ond wna i ddim dy ladd di, dim ond am dy fod wedi cario Arch yr
ARGLWYDD, ein Meistr, o flaen Dafydd fy nhad, ac wedi dioddef gydag e pan oedd pethau'n
anodd." 27 Felly drwy ddiarddel Abiathar o fod yn offeiriad i'r ARGLWYDD, dyma Solomon yn
cyflawni beth ddwedodd yr ARGLWYDD yn Seilo am ddisgynyddion Eli.

Joab yn cael ei ladd

28 Pan glywodd Joab beth oedd wedi digwydd, dyma fe'n ffoi i babell yr ARGLWYDD a gafael
yng nghyrn yr allor. (Roedd Joab wedi cefnogi Adoneia; er doedd e ddim wedi cefnogi
Absalom.) 29 Pan glywodd y Brenin Solomon fod Joab wedi ffoi at yr allor ym mhabell yr
ARGLWYDD, dyma fe'n dweud wrth Benaia fab Jehoiada i fynd yno a tharo Joab. 30 Pan ddaeth
Benaia at babell yr ARGLWYDD, dyma fe'n galw ar Joab, "Mae'r brenin yn gorchymyn i ti ddod
allan." Ond dyma Joab yn ateb, "Na! Mae'n well gen i farw yma!" Felly dyma Benaia'n
mynd yn ôl at y brenin a dweud wrtho beth oedd Joab wedi'i ddweud. 31 A dyma'r brenin yn
dweud, "Gwna fel dwedodd e – lladd e yno, a'i gladdu. Byddi'n clirio fi a fy nheulu o'r bai am
yr holl waed wnaeth Joab ei dywallt. 32 Mae'r ARGLWYDD yn talu'n ôl iddo am ladd dau ddyn
llawer gwell na fe'i hun – Abner fab Ner, capten byddin Israel, ac Amasa fab Jether, capten
byddin Jwda – a gwneud hynny heb yn wybod i'm tad Dafydd. 33 Bydd Joab a'i deulu yn
euog am byth am eu lladd nhw. Ond bydd yr ARGLWYDD yn rhoi heddwch a llwyddiant i Dafydd
a'i ddisgynyddion, ei deulu a'i deyrnas, am byth." 34 Felly dyma Benaia fab Jehoiada yn mynd
ac ymosod ar Joab a'i ladd. Cafodd ei gladdu yn ei gartref yng nghefn gwlad. 35 Yna dyma'r
brenin yn penodi Benaia fab Jehoiada yn gapten ar y fyddin yn lle Joab, a Sadoc yr offeiriad
i gymryd swydd Abiathar.

36 Wedyn dyma'r brenin yn anfon am Shimei, a dweud wrtho, "Adeilada dŷ i ti dy hun yn
Jerwsalem. Paid mynd o ma i unman. 37 Os gwnei di adael, a hyd yn oed croesi Dyffryn Cidron,
byddi'n cael dy ladd. Dy fai di a neb arall fydd hynny." 38 A dyma Shimei yn dweud, "Iawn, syr,
fy mrenin, gwna i fel ti'n dweud." A buodd Shimei yn byw yn Jerwsalem am amser hir iawn.

39 Ond ar ôl tair blynedd dyma ddau o weision Shimei yn rhedeg i ffwrdd at Achish fab
Maacha, brenin Gath. A dyma rywun yn dweud wrth Shimei, "Mae dy weision di yn Gath".
40 Felly dyma Shimei yn rhoi cyfrwy ar ei asyn a mynd i Gath i chwilio am ei weision, a dod
â nhw'n ôl. 41 Pan glywodd Solomon fod Shimei wedi bod i Gath ac yn ôl, 42 dyma fe'n anfon
am Shimei a dweud wrtho, "Wyt ti'n cofio i mi wneud i ti dyngu llw o flaen yr ARGLWYDD a dy
rybuddio di i beidio gadael y ddinas a mynd allan o gwbl, neu y byddet ti'n siŵr o farw?
Dwedaist ti, 'Iawn, dw i'n cytuno i hynny.' 43 Felly, pam wyt ti heb gadw dy addewid i'r ARGLWYDD,
ac ufuddhau i'r gorchymyn wnes ei roi i ti?" 44 Aeth y brenin yn ei flaen i ddweud wrth Shimei,
"Ti'n gwybod yn iawn faint o ddrwg wnest ti i Dafydd, fy nhad. Wel mae'r ARGLWYDD am dy
gosbi am dy ddrygioni. 45 Ond bydd yn fy mendithio i, y Brenin Solomon, ac yn gwneud yn siŵr
fod teyrnas Dafydd yn aros am byth." 46 Rhoddodd y brenin orchymyn i Benaia fab Jehoiada,
a dyma fe'n ymosod ar Shimei a'i ladd.

Dyna sut roedd Solomon wedi gwneud yn siŵr fod ei afael ar y deyrnas yn gwbl ddiogel.

2:27 1 Samuel 2:27-36 2:28 2 Samuel 17:25; 18:1-15

Duw yn rhoi doethineb i Solomon

(2 Cronicl 1:1-13)

3 Dyma Solomon yn gwneud cytundeb gwleidyddol gyda'r Pharo,[f] brenin yr Aifft, drwy briodi
ei ferch. Daeth â hi i fyw i ddinas Dafydd tra oedd yn gorffen adeiladu palas iddo'i hun,
teml i'r ARGLWYDD a'r waliau o gwmpas Jerwsalem. 2Yr adeg yna, roedd y bobl yn dal i aberthu
anifeiliaid ar allorau lleol am nad oedd teml i anrhydeddu'r ARGLWYDD wedi'i hadeiladu eto. 3Roedd
Solomon yn caru'r ARGLWYDD ac yn dilyn yr un polisïau â'i dad, Dafydd. Er, roedd e hefyd yn aberthu
anifeiliaid ac yn llosgi arogldarth wrth yr allorau lleol. 4Byddai'n mynd i Gibeon, am mai'r allor leol
yno oedd yr un bwysicaf. Aberthodd fil o anifeiliaid yno, yn offrymau i'w llosgi'n llwyr.
5Yna un noson pan oedd yn Gibeon dyma Solomon yn cael breuddwyd. Gwelodd yr ARGLWYDD
yn dod ato a gofyn iddo, "Beth wyt ti eisiau i mi ei roi i ti?" 6Atebodd Solomon, "Roeddet
ti'n garedig iawn at Dafydd fy nhad wrth iddo fyw yn ffyddlon i ti, yn gywir ac yn onest. Ac
rwyt ti wedi dal ati i fod yn arbennig o garedig drwy adael i mi, ei fab, fod yn frenin yn ei le.
7A nawr, ARGLWYDD, fy Nuw, ti wedi fy ngwneud i yn frenin yn lle fy nhad Dafydd. Ond dyn
ifanc dibrofiad ydw i, 8a dyma fi yng nghanol y bobl rwyt ti wedi'u dewis. Mae yna gymaint
ohonyn nhw mae'n amhosibl eu cyfrif nhw i gyd! 9Rho i mi'r gallu i wrando a deall, er mwyn
i mi lywodraethu dy bobl di'n iawn a gallu dweud y gwahaniaeth rhwng drwg a da. Fel arall,
pa obaith sydd i unrhyw un lywodraethu cenedl mor fawr?"
10Roedd ateb Solomon a'r hyn roedd wedi gofyn amdano yn plesio yr ARGLWYDD yn
fawr. 11A dyma Duw'n dweud wrtho, "Am mai dyna rwyt ti wedi gofyn amdano – y gallu
i lywodraethu yn ddoeth – a dy fod ti ddim wedi gofyn am gael byw yn hir, neu am gyfoeth
mawr, neu i dy elynion gael eu lladd, 12dw i'n mynd i roi'r hyn rwyt ti eisiau i ti. Dw i'n mynd
i dy wneud di'n fwy doeth a deallus nag unrhyw un ddaeth o dy flaen neu ddaw ar dy ôl.
13Ond dw i hefyd yn mynd i roi i ti beth wnest ti ddim gofyn amdano, cyfoeth ac anrhydedd.
Fydd yna ddim brenin tebyg i ti tra byddi byw. 14Ac os byddi di'n byw yn ufudd i mi ac yn
cadw fy rheolau i fel roedd dy dad Dafydd yn gwneud, bydda i'n rhoi oes hir i ti."
15Yna dyma Solomon yn deffro a sylweddoli ei fod wedi bod yn breuddwydio. Aeth
i Jerwsalem a sefyll o flaen Arch ymrwymiad yr ARGLWYDD. Cyflwynodd offrymau i'w llosgi ac
offrymau i ofyn am fendith yr ARGLWYDD, a chynnal gwledd i'w swyddogion i gyd.
16Yn fuan wedyn, dyma ddwy ferch yn mynd at y brenin. Roedden nhw'n buteiniaid. 17Dyma
un o'r merched yn dweud, "Syr, dw i a'r ferch yma yn byw yn yr un tŷ. Ces i fabi tra oedden
ni gyda'n gilydd yn y tŷ. 18Yna dridiau wedyn dyma hithau'n cael babi. Doedd yna neb arall
yn y tŷ, dim ond ni'n dwy. 19Un noson dyma'i mab hi'n marw; roedd hi wedi gorwedd arno.
20Cododd yn y nos a chymryd fy mab i oedd wrth fy ymyl tra oeddwn i'n cysgu. Cymrodd fy
mab i i'w chôl a rhoi ei phlentyn marw hi yn fy mreichiau i. 21Pan wnes i ddeffro yn y bore
i fwydo'r babi, roedd e wedi marw. Ond wrth edrych yn fanwl, dyma fi'n sylweddoli mai nid
fy mab i oedd e." 22Yna dyma'r ferch arall yn dweud, "Na! Fy mab i ydy'r un byw. Dy fab di
sydd wedi marw." A dyma'r gyntaf yn ateb, "Nage, yr un marw ydy dy fab di. Fy mab i ydy'r
un byw." Roedd y ddwy ohonyn nhw'n dadlau â'i gilydd fel hyn o flaen y brenin.
23Yna dyma'r brenin yn dweud, "Mae un ohonoch chi'n dweud, 'Fy mab i ydy hwn; mae dy
fab di wedi marw', a'r llall yn dweud, 'Na! Dy fab di sydd wedi marw; fy mab i ydy'r un byw.' "
24Yna dyma'r brenin yn gorchymyn i'w weision, "Dewch â chleddyf i mi." A dyma nhw'n dod
ag un iddo. 25Wedyn dyma'r brenin yn dweud, "Torrwch y plentyn byw yn ei hanner, a rhowch
hanner bob un iddyn nhw." 26Ond dyma fam y plentyn byw yn ymateb a dweud wrth y brenin,
"Syr, rho'r plentyn byw iddi hi. Da chi paid â'i ladd e." (Roedd hi'n torri ei chalon wrth feddwl
am y plentyn yn cael ei ladd.) Ond roedd y llall yn dweud, "Os nad ydw i'n ei gael e, gei di
mohono chwaith – rhannwch e!" 27Yna dyma'r brenin yn dweud, "Rhowch y plentyn byw i'r
wraig gyntaf. Peidiwch ei ladd e. Hi ydy'r fam."

---

f 3:1 *y Pharo* Siamwn falle (oedd yn teyrnasu o tua 976 i 974 CC). Mae'n enghraifft brin o ferch i'r Pharo yn cael priodi rhywun oedd ddim yn Eifftiwr.

28 Pan glywodd pobl Israel am y ffordd roedd y brenin wedi setlo'r achos, roedden nhw'n rhyfeddu. Roedden nhw'n gweld fod Duw wedi rhoi doethineb anghyffredin iddo allu barnu fel yma.

Swyddogion Solomon

4 Roedd Solomon yn frenin ar Israel gyfan.
2 Dyma'i swyddogion:
Asareia fab Sadoc oedd yr offeiriad.
3 Elichoreff ac Achïa, meibion Shisha, oedd ei ysgrifenyddion.
Jehosaffat fab Achilwd oedd y cofnodydd swyddogol.
4 Benaia fab Jehoiada oedd pennaeth y fyddin,
a Sadoc ac Abiathar yn offeiriaid.
5 Asareia fab Nathan oedd pennaeth swyddogion y rhanbarthau;
yna Sabwd fab Nathan yn offeiriad ac yn gynghorwr y brenin.
6 Achishar oedd yn rhedeg y palas a gofalu am holl eiddo'r brenin,
ac Adoniram fab Afda oedd swyddog y gweithlu gorfodol.

7 Yna roedd gan Solomon ddeuddeg swyddog rhanbarthol dros wahanol ardaloedd yn Israel.
Roedden nhw'n gyfrifol am ddarparu bwyd i'r brenin a'i lys – pob un yn gyfrifol am un mis
y flwyddyn. 8 Dyma'u henwau nhw:
Ben-chŵr: ar fryniau Effraim;
9 Ben-decar: yn Macats, Shaalfîm, Beth-shemesh ac Elon-beth-chanan;
10 Ben-chesed: yn Arwboth (roedd ei ardal e'n cynnwys Socho a holl ardal Cheffer);
11 Ben-abinadab: yn Naffath-dor i gyd (roedd e wedi priodi Taffath, merch Solomon);
12 Baana fab Achilwd: yn Taanach, Megido a'r rhan o Beth-shean sydd wrth ymyl Sarethan, o dan Jesreel. Roedd ei ardal yn mynd o Beth-shean hyd at Abel-mechola a'r tu hwnt i Iocmeam;
13 Ben-geber: yn Ramoth-gilead. Roedd ei ardal e'n cynnwys gwersylloedd Jair mab Manasse, yn Gilead, ac ardal Argob yn Bashan oedd yn cynnwys chwe deg o drefi mawr, pob un gyda waliau cadarn a barrau pres ar eu giatiau;
14 Achinadab fab Ido: yn Machanaîm;
15 Achimaäts: yn Nafftali (fe wnaeth briodi Basemath, merch Solomon);
16 Baana fab Chwshai: yn Asher ac yn Aloth;
17 Jehosaffat fab Parŵach: yn Issachar;
18 Shimei fab Ela: yn Benjamin;
19 a Geber fab Wri: yn ardal Gilead (sef y wlad oedd yn perthyn ar un adeg i Sihon brenin yr Amoriaid ac Og brenin Bashan). Fe oedd yr unig swyddog yn y rhanbarth hwnnw i gyd.

20 Roedd poblogaeth fawr yn Jwda ac Israel, roedd pobl fel y tywod ar lan y môr, ond roedd
ganddyn nhw ddigon i'w fwyta a'i yfed ac roedden nhw'n hapus.

Llwyddiant Solomon

21 Roedd Solomon yn llywodraethu ar yr holl ardaloedd o afon Ewffrates i wlad y Philistiaid ac i lawr at y ffin gyda'r Aifft. Roedd y teyrnasoedd yma i gyd yn talu trethi iddo, ac yn gwasanaethu Solomon ar hyd ei oes.
22 Dyma beth oedd ei angen ar lys Solomon bob dydd:
– tri deg mesur o'r blawd gorau
– chwe deg mesur o flawd cyffredin,
23 – deg o loi wedi'u pesgi,
– dau ddeg o loi oedd allan ar y borfa,
– cant o ddefaid.

Roedd hyn heb sôn am y ceirw, gaseliaid, iyrchod a gwahanol fathau o ffowls. [24]Achos
roedd y llys brenhinol mor fawr – roedd yn rheoli'r holl ardaloedd i'r gorllewin o Tiffsa ar lan
afon Ewffrates i lawr i Gasa, ac roedd heddwch rhyngddo a'r gwledydd o'i gwmpas. [25]Pan
oedd Solomon yn fyw, roedd pawb yn Jwda ac Israel yn teimlo'n saff. Roedd gan bawb, o Dan
yn y gogledd i Beersheba[ff] yn y de, gartref a thir i allu mwynhau cynnyrch eu gwinwydd a'u
coed ffigys. [26]Roedd gan Solomon hefyd stablau i ddal 40,000 o geffylau cerbyd, ac roedd
ganddo 12,000 o farchogion.
[27]Roedd y swyddogion rhanbarthol yn darparu bwyd ar gyfer y Brenin Solomon a phawb
yn ei lys. Roedd pob un yn gyfrifol am fis, ac yn gwneud yn siŵr nad oedd y llys yn brin
o ddim. [28]Roedd gan bob un hefyd stablau penodol i fynd â haidd a gwellt iddyn nhw i'w
roi i'r ceffylau a'r meirch.

Doethineb Solomon

[29]Roedd Duw wedi rhoi doethineb a deall eithriadol i Solomon. Roedd ei wybodaeth
yn ddiddiwedd, fel y tywod ar lan y môr. [30]Roedd yn fwy doeth nag unrhyw un o ddynion
doeth y dwyrain a'r Aifft. [31]Doedd neb doethach nag e. Roedd yn ddoethach nag Ethan yr
Esrachiad, Heman hefyd, a Calcol a Darda, meibion Machol. Roedd yn enwog drwy'r gwledydd
o'i gwmpas i gyd. [32]Roedd wedi llunio tair mil o ddiarhebion a chyfansoddi mil a phump
o ganeuon. [33]Roedd yn gallu siarad am blanhigion, o'r coed cedrwydd mawr yn Libanus i'r
isop sy'n tyfu ar waliau. Roedd hefyd yn gallu sôn am anifeiliaid, adar, ymlusgiaid a phryfed
a physgod. [34]Roedd brenhinoedd y gwledydd i gyd yn anfon pobl at Solomon i wrando ar
ei ddoethineb.

Solomon yn gofyn i Hiram am goed i adeiladu'r Deml

(2 Cronicl 2:1-16)

5 Dyma Hiram, brenin Tyrus, yn clywed fod Solomon wedi cael ei wneud yn frenin yn lle
ei dad. A dyma fe'n anfon llysgenhadon i'w longyfarch, achos roedd Hiram wedi bod
yn ffrindiau da gyda Dafydd ar hyd ei oes. [2]Felly dyma Solomon yn anfon neges yn ôl ato,
[3]"Ti'n gwybod fod fy nhad, Dafydd, ddim wedi gallu adeiladu teml i anrhydeddu'r ARGLWYDD
ei Dduw. Roedd cymaint o ryfeloedd i'w hymladd cyn i'r ARGLWYDD ei helpu i goncro'i elynion
i gyd. [4]Ond bellach, diolch i'r ARGLWYDD Dduw, mae gynnon ni heddwch llwyr. Does dim un
gelyn yn ymosod arnon ni nac yn ein bygwth ni. [5]Felly dw i am adeiladu teml i anrhydeddu'r
ARGLWYDD fy Nuw. Roedd e wedi dweud wrth fy nhad Dafydd, 'Dy fab di, yr un fydd yn frenin
ar dy ôl di, fydd yn adeiladu teml i mi.' [6]Felly, rho orchymyn i dorri coed cedrwydd o Libanus
i mi. Gall y gweithwyr sydd gen i weithio gyda dy weithwyr di. Gwna i dalu iddyn nhw beth
bynnag rwyt ti'n ddweud. Ti'n gwybod yn iawn nad oes gynnon ni neb sy'n gallu trin coed
fel pobl Sidon."
[7]Roedd Hiram yn hapus iawn pan gafodd neges Solomon. A dyma fe'n dweud, "Bendith
ar yr ARGLWYDD heddiw, *am iddo roi* mab mor ddoeth i Dafydd i fod yn frenin ar y genedl fawr
yna." [8]A dyma Hiram yn anfon neges yn ôl at Solomon, yn dweud, "Dw i wedi cael dy neges
di. Cei faint bynnag wyt ti eisiau o goed cedrwydd a choed pinwydd. [9]Gwnaiff fy ngweision
i ddod â nhw i lawr o Libanus at y môr. Yno byddan nhw'n eu gwneud yn rafftiau, a mynd
â nhw i ble bynnag rwyt ti'n ddweud. Wedyn byddwn ni'n eu dadlwytho, a chaiff dy weision
di eu cymryd nhw. Cei di dalu drwy gyflenwi'r bwyd sydd ei angen ar fy llys brenhinol i."
[10]Felly, dyma Hiram yn rhoi i Solomon yr holl goed cedrwydd a choed pinwydd oedd e eisiau.
[11]Roedd Solomon yn rhoi dau ddeg mil o fesurau o wenith a chant dau ddeg mil o alwyni
o olew olewydd pur i Hiram bob blwyddyn. [12]Felly, roedd yr ARGLWYDD wedi rhoi doethineb
i Solomon, fel gwnaeth e addo. A dyma Hiram a Solomon yn gwneud cytundeb heddwch.

---

ff 4:25 *Dan ... Beersheba* Roedd Dan wrth droed Mynydd Hermon yn y gogledd ar y llwybr masnach i Damascus. Roedd Beersheba 23 milltir i'r de-orllewin o Hebron ar y prif lwybr masnach i'r Aifft.

Gweithwyr Solomon

[13]Dyma Solomon yn casglu tri deg mil o ddynion o bob rhan o Israel, a'u gorfodi i weithio
iddo yn ddigyflog. [14]Roedd yn eu gyrru nhw i Libanus bob yn ddeg mil. Roedden nhw'n
gweithio yn Libanus am fis ac yna'n cael dau fis gartref. Adoniram oedd y swyddog oedd yn
gyfrifol am y gweithlu gorfodol.

[15]Yn ogystal â'r rhain roedd gan Solomon saith deg mil o labrwyr ac wyth deg mil
o chwarelwyr yn y bryniau, [16]heb sôn am y tair mil tri chant o fformyn oedd yn arolygu'r
gweithwyr. [17]Roedd y brenin wedi gorchymyn iddyn nhw ddod â cherrig anferth, cerrig costus
wedi'u naddu'n barod i adeiladu sylfeini'r deml. [18]Roedd dynion o Gebal yn helpu adeiladwyr
Solomon a Hiram i naddu'r cerrig a pharatoi'r coed ar gyfer adeiladu'r deml.

Adeiladu'r Deml

6 Dechreuodd Solomon adeiladu teml yr ARGLWYDD yn ystod ei bedwaredd flwyddyn fel
brenin, yn yr ail fis, sef mis Sif.[g] Roedd hi'n bedwar cant wyth deg o flynyddoedd ers
i bobl Israel ddod allan o wlad yr Aifft. [2]Roedd y deml yn ddau ddeg saith metr o hyd, naw
metr o led, ac un deg tri metr a hanner o uchder. [3]Roedd cyntedd o flaen y deml yn naw metr
o hyd ac yn bedwar metr a hanner o led. [4]Dyma nhw'n gwneud ffenestri latis i'r deml. [5]Yna
dyma nhw'n codi estyniad, o gwmpas waliau'r prif adeilad a'r cysegr, gydag ystafelloedd
ochr ynddo. [6]Roedd llawr isaf yr estyniad yn ddau fetr ar draws, y llawr canol yn ddau fetr
a hanner a'r trydydd yn dri metr. Roedd siliau ar waliau allanol y deml, fel bod dim rhaid
gosod y trawstiau yn y waliau eu hunain. [7]Roedd y deml yn cael ei hadeiladu gyda cherrig
oedd wedi cael eu paratoi yn barod yn y chwarel. Felly doedd dim sŵn morthwyl na chaib nac
unrhyw offer haearn arall i'w glywed yn y deml wrth iddyn nhw adeiladu. [8]Roedd y drws i'r
ystafelloedd ar y llawr isaf ar ochr ddeheuol y deml. Wedyn roedd grisiau tro yn mynd i fyny
i'r llawr canol, ac yna ymlaen i'r trydydd llawr. [9]Ar ôl gorffen adeiladu'r deml ei hun, dyma
nhw'n rhoi to drosti wedi'i wneud o drawstiau a phaneli o gedrwydd. [10]Yna codi'r ystafelloedd
o'i chwmpas – pob un yn ddau fetr o uchder, gyda trawstiau o goed cedrwydd yn eu dal yn
sownd i waliau'r deml ei hun.

[11]Yna dyma'r ARGLWYDD yn dweud wrth Solomon: [12-13]"Os byddi di'n byw fel dw i'n dweud,
yn cadw fy neddfau, yn gwrando ar fy ngorchmynion ac yn ufudd iddyn nhw, yna bydda i'n
cadw'r addewid wnes i i dy dad Dafydd. Bydda i'n byw gyda phobl Israel yn y deml yma rwyt
ti wedi'i chodi a fydda i byth yn troi cefn arnyn nhw."

[14]Felly, dyma Solomon yn gorffen adeiladu'r deml.

Tu mewn y Deml

(2 Cronicl 3:8-14)

[15]Roedd y waliau tu mewn yn baneli o goed cedrwydd, o'r llawr i'r to. Roedd tu mewn
y deml yn bren i gyd, a'r llawr yn blanciau o goed pinwydd. [16]Roedd y naw metr pellaf, yng
nghefn yr adeilad, yn gell ar wahân, tu ôl i bared o goed cedrwydd wedi'i godi o'r llawr i'r to.
Hwn oedd y cysegr mwyaf sanctaidd. [17]Roedd prif neuadd y deml, o flaen y cysegr mewnol, yn
un deg wyth metr o hyd. [18]Roedd y pren tu mewn i'r deml wedi'i gerfio drosto gyda ffrwyth
cicaion a blodau agored. Roedd yn baneli cedrwydd i gyd; doedd dim un garreg yn y golwg.

[19]Roedd cell gysegredig y tu mewn i'r deml ar gyfer Arch Ymrwymiad yr ARGLWYDD. [20]Roedd
y gell yn naw metr o hyd, naw metr o led a naw metr o uchder. Cafodd ei gorchuddio'n llwyr
gydag aur pur. A'r allor o gedrwydd yr un fath. [21]Roedd tu mewn y deml i gyd wedi'i orchuddio
gydag aur pur. Roedd cadwyni aur o flaen y gell gysegredig fewnol, ac roedd y gell ei hun
wedi'i gorchuddio ag aur hefyd. [22]Roedd aur pur yn gorchuddio pob twll a chornel o'r deml,
gan gynnwys yr allor oedd yn y gell fewnol gysegredig.

---

g 6:1 *mis Sif* Ail fis y calendr Hebreig, o tua canol Ebrill i ganol Mai.

23 Yn y cysegr mewnol dyma fe'n gwneud dau gerwb o goed olewydd. Roedden nhw'n
bedwar metr a hanner o daldra. 24 Roedd pob adain yn ddau fetr a chwarter o hyd – pedwar
metr a hanner o flaen un adain i flaen yr adain arall. 25 Roedd y ddau gerwb yr un maint
a'i gilydd, ac roedd siâp y ddau yr un fath. 26 Roedd y ddau yn bedwar metr a hanner o daldra.
27 Dyma Solomon yn rhoi'r ddau gerwb ochr yn ochr yn y cysegr mewnol, gyda'u hadenydd ar
led. Roedd adain y cyntaf yn cyffwrdd y wal un ochr i'r gell, ac adain y llall yn cyffwrdd y wal ar
yr ochr arall. Ac roedd ail adain y ddau gerwb yn cyffwrdd ei gilydd yn y canol. 28 Roedd y ddau
gerwb wedi'u gorchuddio gydag aur. 29 Roedd waliau'r deml i gyd (waliau'r brif neuadd a'r
cysegr mewnol) wedi'u cerfio drostyn nhw gyda lluniau o gerwbiaid, coed palmwydd a blodau
agored. 30 Roedd y llawr wedi'i orchuddio gydag aur (yn y brif neuadd a'r cysegr mewnol).
31 Roedd drysau o goed olewydd i fynd i mewn i'r gell fewnol gysegredig. Roedd pyst a lintel
y drws yn bumochrog. 32 Roedd y ddau ddrws gyda cerwbiaid, coed palmwydd a blodau agored
wedi'u cerfio arnyn nhw, ac roedd y cwbl gyda haen o aur yn ei orchuddio. 33 Roedd pyst
y drysau i fynd i mewn i brif neuadd y deml yn sgwâr, a'r rhain hefyd wedi'u gwneud o goed
olewydd. 34 Ond roedd y ddau ddrws eu hunain yn goed pinwydd. Roedd y ddau ddrws wedi'u
gwneud o ddau ddarn oedd yn plygu yn ôl ar ei gilydd. 35 Roedd cerwbiaid, coed palmwydd
a blodau agored wedi'u cerfio arnyn nhw, ac roedd y cwbl wedi'i orchuddio gyda haen o aur,
hyd yn oed y gwaith cerfio. 36 Roedd y wal o gwmpas yr iard fewnol (sef yr iard agosaf at y deml
ei hun) wedi'i hadeiladu gyda thair rhes o gerrig wedi'u naddu, ac yna paneli o goed cedrwydd.
37 Roedden nhw wedi dechrau adeiladu'r deml ym mis Sif, yn ystod pedwaredd flwyddyn
Solomon fel brenin. 38 Cafodd pob manylyn o'r gwaith ei orffen ym mis Bwl, sef yr wythfed
mis,[ng] o flwyddyn un deg un o'i deyrnasiad. Felly, roedd y deml wedi cymryd saith mlynedd
i'w hadeiladu.

Palas Solomon

7 Ond roedd palas Solomon wedi cymryd un deg tair o flynyddoedd i'w adeiladu. 2 Galwodd
e'n Blas Coedwig Libanus. Roedd yn bedwar deg pedwar metr o hyd, dau ddeg dau metr
o led ac un deg tri metr a hanner o uchder. Roedd tair[h] rhes o bileri cedrwydd ynddo, ac ar
ben y pileri roedd trawstiau o gedrwydd. 3 Wedyn roedd to o gedrwydd uwchben y trawstiau
oedd yn gorwedd ar y pedwar deg pum piler (un deg pump ym mhob rhes). 4 Ac roedd yna dri
set o dair o ffenestri'n wynebu'i gilydd. 5 Roedd fframiau'r drysau a'r ffenestri'n siâp petryal.
6 Roedd yna neuadd golofnog oedd yn ddau ddeg dau metr o hyd ac un deg tri metr
a hanner o led. O flaen hon roedd cyntedd gyda pileri a chanopi drosto.
7 Yna gwnaeth Neuadd yr Orsedd, lle roedd yn barnu'r bobl (y Neuadd Farn). Roedd hi'n
goed cedrwydd i gyd o'r llawr i'r to. 8 Roedd y tŷ lle roedd Solomon yn byw yr ochr draw i iard
oedd tu cefn i'r Neuadd yma, ac wedi'i adeiladu i gynllun tebyg. Roedd e hefyd wedi adeiladu
palas arall tebyg i'w wraig, sef merch y Pharo.[i]
9 Roedd yr adeiladau i gyd wedi'u codi'n gyfan gwbl gyda'r cerrig gorau, oedd wedi'u
naddu i'w maint a'u llyfnhau wedyn gyda llif. Ac roedd yr iard fawr y tu allan yr un fath.
10 Roedd y sylfeini wedi'u gwneud o gerrig anferth drudfawr, rhai yn mesur pedwar metr
a hanner, a rhai eraill yn dri metr a hanner. 11 Ar y sylfeini hynny roedd popeth wedi'i adeiladu
gyda'r cerrig gorau, pob un wedi'i naddu i'r maint cywir, a gyda choed cedrwydd. 12 O gwmpas
yr iard fawr roedd wal wedi'i hadeiladu gyda thair rhes o gerrig wedi'u naddu ac yna paneli
o goed cedrwydd. Roedd yr un fath â iard fewnol a chyntedd Teml yr ARGLWYDD.

Gwaith Hiram y crefftwr pres

13 Yna dyma'r Brenin Solomon yn anfon i Tyrus am ddyn o'r enw Hiram. 14 Roedd Hiram
yn grefftwr medrus, profiadol yn gweithio gyda pres. Roedd yn fab i wraig weddw o lwyth

ng 6:38 *wythfed mis* Bwl, wythfed mis y calendr Hebreig, o tua canol Hydref i ganol Tachwedd. h 7:2 *tair* Hebraeg, "pedair" (ond gw. adn. 3). i 7:8 *Pharo* Siamwn falle (oedd yn teyrnasu o tua 976 i 974 CC).

Nafftali, ac roedd ei dad (oedd yn dod o Tyrus) wedi bod yn weithiwr pres o'i flaen. Roedd gan Hiram allu arbennig i drin pres. Daeth at y Brenin Solomon a gwneud yr holl waith pres iddo.

Y ddau biler pres

(2 Cronicl 3:15-17)

[15]Hiram wnaeth y ddau biler pres – oedd bron naw metr o uchder a dau fetr ar draws. [16]Yna
gwnaeth gapiau i'w gosod ar dop y ddau biler. Roedd y capiau yma, o bres wedi'i gastio, dros
ddau fetr o uchder. [17]Roedd rhwyllwaith gyda saith rhes o batrymau tebyg i gadwyni wedi'u
plethu o gwmpas y capiau, [18]a hefyd dwy res o bomgranadau, nes bod top y pileri wedi'u
gorchuddio. [19]Roedd top y ddau biler yn y cyntedd yn agor allan yn siâp liliau oedd bron dau
fetr o uchder. [20]Ar dop y ddau biler, uwchben y darn crwn gyda'r patrymau o gadwyni wedi'u
plethu, roedd dau gant o bomgranadau yn rhesi o'u cwmpas.

[21]Dyma Hiram yn gosod y ddau biler yn y cyntedd o flaen y brif neuadd yn y deml. Galwodd
yr un ar y dde yn Iachîn a'r un ar y chwith yn Boas. [22]Roedd top y pileri yn agor allan yn siâp
liliau. Felly cafodd y gwaith ar y pileri ei orffen.

"Y Môr".

(2 Cronicl 4:2-5)

[23]Yna dyma fe'n gwneud basn anferth i ddal dŵr. Roedd hwn wedi'i wneud o bres
wedi'i gastio, ac yn cael ei alw 'Y Môr'. Roedd yn bedwar metr a hanner ar draws o un ochr
i'r llall, dros ddau fetr o ddyfnder ac un deg tri metr a hanner o'i hamgylch. [24]O gwmpas
'Y Môr', o dan y rhimyn, roedd dwy res o addurniadau bach siâp ffrwyth cicaion, un bob rhyw
bedwar centimetr a hanner. [25]Roedd 'Y Môr' wedi'i osod ar gefn un deg dau o ychen. Roedd
tri yn wynebu tua'r gogledd, tri tua'r gorllewin, tri tua'r de a thri tua'r dwyrain. Roedden
nhw i gyd yn wynebu tuag allan gyda'u cynffonnau at i mewn. [26]Roedd y basn tua lled
dwrn o drwch, ac roedd ei ymyl fel ymyl cwpan siâp blodyn lili. Roedd yn dal tua pedwar
deg pum mil litr o ddŵr.

Y troliau pres

[27]Gwnaeth Hiram ddeg troli ddŵr o bres hefyd. Roedd pob un yn ddau fetr o hyd, yn
ddau o led a bron yn fetr a hanner o uchder. [28]Dyma gynllun y troliau: roedd ganddyn nhw
fframiau yn dal paneli ar yr ochr. [29]Roedd y paneli wedi'u haddurno gyda lluniau o lewod,
ychen a cherwbiaid. Ar y fframiau, uwchben ac o dan y llewod a'r ychen, roedd patrymau
wedi'u plethu. [30]Roedd gan bob troli bedair olwyn bres ar echelau pres. Ar bob cornel roedd
silff fach i'r ddysgl eistedd arni. Roedd y rhain yn rhan o'r troli ac wedi'u haddurno gyda
phlethiadau. [31]Tu mewn i'r troli roedd ffrâm crwn, pedwar deg pump centimetr o ddyfnder,
i ddal y ddysgl. Roedd yn gylch saith deg centimetr ar draws. O gwmpas y geg roedd border
o addurniadau. Roedd y paneli'n sgwâr ac nid crwn. [32]Roedd pedair olwyn o dan y paneli,
ac roedd soced i ddal echel pob olwyn yn sownd yn y ffrâm. Saith deg centimetr oedd uchder
yr olwynion. [33]Roedd yr olwynion wedi'u gwneud fel olwynion cerbyd rhyfel. Roedd yr echel,
yr ymyl, y sbôcs a'r both i gyd o fetel wedi'i gastio. [34]Roedd pedair silff fach ar bedair cornel
y troli, ac roedd y silffoedd wedi'u gwneud yn rhan o'r ffrâm. [35]Ar dop y troli roedd cylch
crwn dau ddeg centimetr o uchder. Ar ei dop hefyd roedd cylchoedd a phaneli yn sownd
ynddo. [36]Roedd wedi cerfio cerwbiaid, llewod a choed palmwydd ar y paneli roedd y cylchoedd
yn sownd iddyn nhw. Roedd y rhain wedi'u cerfio ble bynnag roedd lle iddyn nhw, ac o'u
cwmpas nhw roedd patrymau wedi'u plethu. [37]Roedd y deg troli dŵr yr un fath. Roedd wedi
defnyddio'r un mowld. Roedd pob un yr un maint a'r un siâp.

[38]Yna dyma fe'n gwneud deg dysgl bres. Roedd pob dysgl yn ddau fetr o led ac yn dal
wyth gant wyth deg litr. Roedd un ddysgl ar gyfer pob un o'r deg troli. [39]Dyma fe'n gosod
pum troli ar ochr y de yn y deml, a phump ar ochr y gogledd. Roedd 'Y Môr' yn y gornel oedd
i'r de-ddwyrain o'r deml.

40Dyma Hiram hefyd yn gwneud dysglau, rhawiau a phowlenni. Gorffennodd y cwbl o'r
gwaith roedd y Brenin Solomon wedi'i roi iddo i'w wneud ar deml yr ARGLWYDD.

Rhestr o'r eitemau wnaeth e i'r Deml

(2 Cronicl 4:11 – 5:1)

41Roedd wedi gwneud: y ddau biler, y capiau i'w gosod ar ben y ddau biler, dau set
o batrymau wedi'u plethu i fynd dros y capiau, 42pedwar cant o bomgranadau i'w gosod yn
ddwy res ar y ddau set o batrymau oedd wedi'u plethu ar y capiau ar ben y pileri. 43Hefyd
y deg troli ddŵr, a'r deg dysgl i fynd ar y deg troli, 44y basn anferth oedd yn cael ei alw 'Y Môr',
gyda'r un deg dau o ychen oddi tano, 45a hefyd y bwcedi lludw, rhawiau a phowlenni taenellu.
Roedd yr holl gelfi yma wnaeth Hiram i'r Brenin Solomon ar gyfer teml yr ARGLWYDD wedi'u
gwneud o bres gloyw. 46Roedd y cwbl wedi cael eu castio mewn clai yn y ffowndri sydd rhwng
Swccoth a Sarethan, yn ardal yr Iorddonen. 47Wnaeth Solomon ddim pwyso'r cwbl am fod
cymaint ohonyn nhw; does dim posib gwybod beth oedd eu pwysau.
48Dyma Solomon yn gwneud yr holl bethau yma ar gyfer teml yr ARGLWYDD hefyd: yr
allor aur, y bwrdd aur roedden nhw'n gosod y bara cysegredig arno o flaen yr ARGLWYDD,
49y canwyllbrennau o aur pur wrth y fynedfa i'r gell fewnol gysegredig (pump ar yr ochr dde
a phump ar y chwith). Hefyd roedd y blodau, y lampau a'r gefeiliau wedi'u gwneud o aur.
50Yna y powlenni taenellu, y sisyrnau, y dysglau, y llwyau, a'r padellau tân, i gyd o aur pur.
Roedd socedi'r drysau i'r cysegr mewnol (y Lle Mwyaf Sanctaidd) ac i brif neuadd y deml
wedi'u gwneud o aur hefyd.
51Wedi i'r Brenin Solomon orffen adeiladu'r deml i'r ARGLWYDD, dyma fe'n dod â'r holl
bethau roedd ei dad Dafydd wedi'u cysegru i Dduw (arian, aur a chelfi eraill), a'u rhoi yn
stordai teml yr ARGLWYDD.

Solomon yn symud Arch Duw i'r Deml

(2 Cronicl 5:2 – 6:2)

8 Dyma Solomon yn galw arweinwyr Israel (pennaeth pob llwyth a phob teulu) ato
i Jerwsalem. Roedd Arch Ymrwymiad yr ARGLWYDD i gael ei symud o Ddinas Dafydd (sef
Seion) i'w chartref newydd yn y deml. 2Roedd pobl Israel i gyd wedi dod at y brenin adeg
Gŵyl y Pebyll ym mis Ethanim (sef y seithfed mis).[I] 3Wedi i'r arweinwyr i gyd gyrraedd, dyma'r
seremoni yn dechrau. Dyma'r offeiriaid yn codi'r Arch. 4Yna dyma'r offeiriaid a'r Lefiaid yn
cario Arch Duw, pabell presenoldeb Duw a'r holl gelfi cysegredig oedd yn y babell. 5Roedd
y Brenin Solomon, a holl bobl Israel oedd gydag e, yn mynd o flaen yr Arch ac yn aberthu defaid
a gwartheg i Dduw. Cafodd cymaint o anifeiliaid eu haberthu roedd hi'n amhosibl eu cyfri i gyd!
6Dyma'r offeiriaid yn mynd ag Arch Ymrwymiad Duw i mewn i'r deml a'i gosod yn ei lle
yn y gell fewnol, sef y Lle Mwyaf Sanctaidd, o dan adenydd y cerwbiaid. 7Roedd adenydd
y cerwbiaid wedi'u lledu dros ble roedd yr Arch yn eistedd. Roedd eu hadenydd yn cysgodi'r
Arch a'i pholion. 8Ond roedd y polion mor hir, roedd hi'n bosibl gweld eu pennau nhw o'r
ystafell oedd o flaen y Gell Gysegredig Fewnol; ond doedden nhw ddim i'w gweld o'r tu allan.
Maen nhw yno hyd heddiw. 9Does yna ddim byd yn yr Arch ond y ddwy lechen garreg roedd
Moses wedi'u rhoi ynddi yn Sinai,[II] sef llechi'r ymrwymiad roedd yr ARGLWYDD wedi'i wneud
gyda phobl Israel pan ddaeth â nhw allan o wlad yr Aifft.
10Wrth i'r offeiriaid ddod allan o'r Lle Sanctaidd dyma gwmwl yn llenwi Teml yr ARGLWYDD.
11Roedd yr offeiriaid yn methu gwneud eu gwaith oherwydd y cwmwl. Roedd ysblander yr
ARGLWYDD yn llenwi ei Deml. 12Yna dyma Solomon yn dweud: "Mae'r ARGLWYDD yn dweud ei
fod yn byw mewn cwmwl tywyll. 13ARGLWYDD, dyma fi wedi adeiladu teml wych i ti; lle i ti fyw
ynddo am byth."

I 8:2 *seithfed mis* Ethanim, seithfed mis y calendr Hebreig, o tua canol Medi i ganol Hydref. II 8:9 *Sinai*
Hebraeg, "Horeb", sef enw arall ar Fynydd Sinai.

Solomon yn annerch y bobl

(2 Cronicl 6:3-11)

14Yna dyma'r brenin yn troi i wynebu'r gynulleidfa a bendithio holl bobl Israel oedd yn
sefyll yno: 15"Bendith ar yr ARGLWYDD, Duw Israel! Mae wedi gwneud y cwbl roedd wedi'i addo
i Dafydd fy nhad. Roedd wedi dweud: 16'Ers i mi ddod â'm pobl Israel allan o'r Aifft, wnes
i ddim dewis un ddinas arbennig o blith llwythau Israel i adeiladu teml i fyw ynddi. Ond
gwnes i ddewis Dafydd i arwain fy mhobl Israel.' 17Roedd fy nhad, Dafydd, wir eisiau adeiladu
teml i anrhydeddu'r ARGLWYDD, Duw Israel. 18Ond dwedodd yr ARGLWYDD wrtho, 'Ti eisiau
adeiladu teml i mi, ac mae'r bwriad yn un da. 19Ond nid ti fydd yn ei hadeiladu. Mab i ti
fydd yn adeiladu teml i mi.' 20A bellach mae'r ARGLWYDD wedi gwneud beth roedd wedi'i addo.
Dw i wedi dod yn frenin ar Israel yn lle fy nhad Dafydd, a dw i wedi adeiladu'r deml yma
i anrhydeddu'r ARGLWYDD, Duw Israel. 21Dw i wedi gwneud lle i'r Arch sy'n dal yr ymrwymiad
wnaeth yr ARGLWYDD gyda'n hynafiaid pan ddaeth â nhw allan o wlad yr Aifft."

Solomon yn gweddïo yn y Deml

(2 Cronicl 6:12-42)

22Yna o flaen pawb, dyma Solomon yn mynd i sefyll o flaen yr Allor. Cododd ei ddwylo i'r
awyr, 23a gweddïo,

"O ARGLWYDD, Duw Israel, does dim Duw tebyg i ti yn y nefoedd uchod nac i lawr yma ar
y ddaear! Ti mor ffyddlon, yn cadw dy ymrwymiad i dy weision, y rhai sydd wir eisiau bod yn
ufudd i ti. 24Ti wedi cadw dy addewid i Dafydd fy nhad. Heddiw, yma, ti wedi gwneud beth
wnest ti ei addo. 25Nawr, ARGLWYDD, Duw Israel, cadw'r addewid arall wnest ti i Dafydd, fy
nhad. Dyma wnest ti ddweud: 'Bydd un o dy deulu di ar orsedd Israel am byth, dim ond i dy
ddisgynyddion di fod yn ofalus eu bod yn byw yn ffyddlon i mi fel rwyt ti wedi gwneud.' 26Felly
nawr, O Dduw Israel, gad i'r hyn wnest ti ei ddweud wrth fy nhad, dy was Dafydd, ddod yn wir.

27Wrth gwrs, dydy Duw ddim wir yn gallu byw ar y ddaear! Dydy'r awyr i gyd a'r
nefoedd uchod ddim digon mawr i dy ddal di! Felly pa obaith sydd i'r deml yma dw
i wedi'i hadeiladu? 28Ond plîs gwrando fy ngweddi yn gofyn am dy help di, O ARGLWYDD
fy Nuw. Ateb fi, wrth i mi weddïo'n daer arnat ti heddiw. 29Cadw dy lygaid ar y deml yma
nos a dydd. Gwnest ti ddweud, 'Dyma ble bydda i'n byw.' Felly ateb weddi dy was dros
y lle hwn. 30Gwranda ar beth mae dy was a dy bobl Israel yn ei weddïo'n daer am y lle
yma. Gwranda yn y nefoedd, lle rwyt ti'n byw. Clyw ni a maddau i ni.

31Os ydy rhywun wedi cael ei gyhuddo o wneud drwg i'w gymydog ac yn mynnu ei fod
yn ddieuog o flaen yr allor yn y deml yma, 32yna gwrando di o'r nefoedd a gweithredu.
Barna di rhyngon nhw. Cosba'r un sy'n euog, a gadael i'r dieuog fynd yn rhydd. Rho i'r
ddau beth maen nhw'n ei haeddu.

33Pan fydd dy bobl Israel yn cael eu concro gan y gelyn am bechu yn dy erbyn di, os
byddan nhw'n troi yn ôl atat ti, yn cydnabod pwy wyt ti ac yn gweddïo am dy help di yn
y deml yma, 34yna gwrando di o'r nefoedd. Maddau bechod dy bobl Israel, a thyrd â nhw'n
ôl i'r wlad wnest ti ei rhoi i'w hynafiaid.

35Pan fydd dim glaw yn disgyn, am fod y bobl wedi pechu yn dy erbyn di. Os byddan
nhw'n troi at y lle yma i weddïo arnat ti, yn cydnabod pwy wyt ti, ac yn stopio pechu am
dy fod yn eu cosbi nhw 36yna gwrando di o'r nefoedd. Maddau i dy bobl Israel. Dysga nhw
beth ydy'r ffordd iawn i fyw, ac anfon law eto ar y tir yma rwyt ti wedi'i roi i dy bobl ei gadw.

37Pan fydd y wlad yn cael ei tharo gan newyn neu bla – am fod y cnydau wedi'u difetha
gan ormod o wres neu ormod o law, neu am eu bod wedi cael eu difa gan locustiaid, neu am
fod gelynion wedi ymosod ar y wlad ac yn gwarchae ar ei dinasoedd. Beth bynnag fydd yr
helynt neu'r broblem, 38gwrando di ar bob gweddi. Gwrando pan fydd unrhyw un o dy bobl
Israel yn troi at y deml yma ac yn tywallt ei faich o dy flaen di. 39Gwrando yn y nefoedd lle
rwyt ti'n byw, a maddau. Ti'n deall pobl i'r dim, felly rho i bob un beth mae'n ei haeddu.

(Ti ydy'r unig un sy'n gwybod yn iawn beth sydd ar galon pob person byw.) [40]Fel yna
byddan nhw'n dy barchu di tra byddan nhw'n byw yn y wlad wyt ti wedi'i rhoi i'w hynafiaid.
[41]A bydd pobl o wledydd eraill yn dod yma i addoli ar ôl clywed amdanat ti. [42]Byddan
nhw wedi clywed am dy enw da di, a'r ffaith dy fod ti'n gallu gwneud pethau mor anhygoel.
Pan ddaw pobl felly i'r deml hon i weddïo, [43]gwrando yn y nefoedd lle rwyt ti'n byw. Gwna
beth mae'r bobl hynny'n ei ofyn gen ti. Wedyn bydd pobl drwy'r byd i gyd yn dod i dy
nabod di ac yn dy barchu di, yr un fath â phobl Israel. Byddan nhw'n gwybod fod y deml
yma wedi'i hadeiladu i dy anrhydeddu di.

[44]Hefyd pan fydd dy bobl yn mynd i ryfel yn erbyn eu gelynion, ble bynnag fyddi di'n
eu hanfon nhw. Os byddan nhw'n troi tuag at y ddinas rwyt ti wedi'i dewis a'r deml dw
i wedi'i hadeiladu i ti, ac yn gweddïo arnat ti ARGLWYDD, [45]yna gwrando o'r nefoedd ar eu
gweddi nhw am help, a gweithredu ar eu rhan nhw.

[46]Ond pan fydd dy bobl wedi pechu yn dy erbyn di (achos does neb sydd byth yn pechu),
a tithau'n wyllt gyda nhw, byddi'n gadael i'r gelyn eu dal nhw a'u cymryd yn gaeth i'w
gwlad eu hunain, ble bynnag mae honno. [47]Yna, yn y wlad ble maen nhw'n gaeth, byddan
nhw'n callio ac yn newid eu ffyrdd. Byddan nhw'n troi yn ôl atat ti ac yn pledio'n daer
gan ddweud, 'Dŷn ni wedi pechu a bod yn anffyddlon a gwneud drwg.' [48]Byddan nhw'n
troi yn ôl atat ti o ddifrif yng ngwlad y gelyn lle cawson nhw eu cymryd. Byddan nhw'n troi
i weddïo tuag at eu gwlad a'r ddinas rwyt ti wedi'i dewis, a'r deml dw i wedi'i hadeiladu
i ti. [49]Gwranda o'r nefoedd ar eu gweddi nhw am help, a'u cefnogi nhw. [50]Maddau i dy
bobl yr holl bechodau a'r pethau drwg maen nhw wedi'u gwneud yn dy erbyn di. Gwna
i'r rhai sydd wedi'u concro nhw eu trin nhw'n garedig. [51]Wedi'r cwbl, dy bobl sbesial di
ydyn nhw, am mai ti ddaeth â nhw allan o'r Aifft, allan o'r ffwrnais haearn.

[52]Gwranda ar fy ngweddi, ac ar dy bobl Israel pan maen nhw'n gofyn am help. Ateb
nhw bob tro maen nhw'n galw arnat ti. [53]Achos rwyt ti wedi'u dewis nhw yn bobl sbesial
i ti dy hun allan o holl bobl y byd. Ie, dyna ddwedaist ti drwy Moses dy was wrth i ti ddod
â'n hynafiaid allan o wlad yr Aifft, o Feistr, ARGLWYDD."

[54]Wedi i Solomon orffen gweddïo, a gofyn y pethau yma i gyd i'r ARGLWYDD, dyma fe'n
codi ar ei draed. (Roedd wedi bod ar ei liniau o flaen allor yr ARGLWYDD a'i ddwylo ar led tua'r
nefoedd.) [55]Dyma fe'n sefyll a bendithio holl bobl Israel â llais uchel:

[56]"Bendith ar yr ARGLWYDD! Mae wedi rhoi heddwch i'w bobl Israel, fel gwnaeth e addo. Mae
wedi cadw pob un o'r addewidion gwych wnaeth e drwy Moses ei was. [57]Dw i'n gweddïo y bydd
yr ARGLWYDD ein Duw gyda ni fel roedd gyda'n hynafiaid. Dw i'n gweddïo na fydd e byth yn troi
ei gefn arnon ni a'n gadael ni. [58]Dw i'n gweddïo y bydd e'n rhoi'r awydd ynon ni i fod yn ufudd
i'r holl orchmynion, rheolau a chanllawiau roddodd e i'n hynafiaid. [59]Dw i'n gweddïo y bydd yr
ARGLWYDD bob amser yn cofio geiriau'r weddi yma, ac yn cefnogi ei was a'i bobl Israel o ddydd
i ddydd fel bo'r angen. [60]Wedyn bydd pobl y byd i gyd yn dod i ddeall mai'r ARGLWYDD ydy'r unig
Dduw go iawn – does dim duw arall. [61]Dw i'n gweddïo y byddwch chi'n byw yn hollol ffyddlon
i'r ARGLWYDD ein Duw, yn cadw ei reolau a'i orchmynion fel dych chi'n gwneud heddiw."

Solomon yn cysegru'r Deml

(2 Cronicl 7:4-10)

[62]Roedd y brenin, a phobl Israel i gyd, yn aberthu anifeiliaid i'r ARGLWYDD. [63]Dyma Solomon yn
lladd dau ddeg dau o filoedd o wartheg a chant dau ddeg mil o ddefaid fel offrwm i gydnabod
daioni'r ARGLWYDD. Dyna sut gwnaeth Solomon, a holl bobl Israel, gyflwyno'r deml i'r ARGLWYDD.

[64]Y diwrnod hwnnw hefyd, dyma'r brenin yn cysegru canol yr iard o flaen teml yr ARGLWYDD.
Dyna lle wnaeth e offrymu aberthau i'w llosgi'n llwyr, yr offrymau o rawn, a braster yr
offrymau i gydnabod daioni'r ARGLWYDD. Roedd yr allor bres oedd o flaen yr ARGLWYDD yn rhy
fach i ddal yr holl offrymau.

8:51 Deuteronomium 4:20

65 Bu Solomon, a phobl Israel i gyd yn dathlu ac yn cadw Gŵyl i'r ARGLWYDD ein Duw am
bythefnos lawn. Roedd tyrfa fawr yno o bob rhan o'r wlad, o Fwlch Chamath yn y gogledd
yr holl ffordd i Wadi'r Aifft yn y de. 66 Y diwrnod wedyn, dyma fe'n anfon y bobl adre. Dyma
nhw'n bendithio'r brenin a mynd adre'n hapus, am fod yr ARGLWYDD wedi gwneud cymaint
o bethau da i'w was Dafydd ac i'w bobl Israel.

Duw yn siarad â Solomon eto

(2 Cronicl 7:11-22)

9 Roedd Solomon wedi gorffen adeiladu teml yr ARGLWYDD, palas y brenin, a phopeth arall
roedd wedi bod eisiau'i wneud. 2 A dyma'r ARGLWYDD yn dod at Solomon am yr ail dro, fel
roedd wedi gwneud yn Gibeon. 3 A dyma fe'n dweud, "Dw i wedi clywed dy weddïau a'r cwbl
roeddet ti'n gofyn i mi ei wneud. A dw wedi cysegru'r deml yma rwyt ti wedi'i hadeiladu yn
lle i mi fy hun am byth. Bydda i yna bob amser. 4 Dw i eisiau i ti fyw yn onest ac yn deg fel dy
dad Dafydd, a gwneud popeth dw i'n ddweud – bod yn ufudd i'r rheolau a'r canllawiau dw
i wedi'u rhoi. 5 Yna bydda i'n gwneud i dy deulu di deyrnasu ar Israel am byth. Dyna wnes
i addo i Dafydd dy Dad: 'Un o dy deulu di fydd ar orsedd Israel am byth.' 6 Ond os byddi di
neu dy blant yn troi cefn arna i, a ddim yn dilyn y canllawiau a'r rheolau dw i wedi'u rhoi i chi;
os byddwch chi'n addoli duwiau eraill, 7 yna bydda i'n gyrru Israel allan o'r tir dw i wedi'i roi
iddyn nhw. A bydda i'n troi cefn ar y deml yma dw i wedi chysegru i mi fy hun. Ac wedyn bydd
Israel yn destun sbort ac yn jôc i bawb. 8 Bydd y deml yma yn bentwr o gerrig. Bydd pawb sy'n
mynd heibio yn chwibanu mewn rhyfeddod ac yn gofyn, 'Pam mae'r ARGLWYDD wedi gwneud
hyn i'r wlad ac i'r deml yma?' 9 A bydd eraill yn ateb, 'Am eu bod nhw wedi troi cefn ar yr
ARGLWYDD eu Duw, yr un ddaeth â nhw allan o wlad yr Aifft. Maen nhw wedi cymryd duwiau
eraill i'w dilyn a'u haddoli. Dyna pam mae'r ARGLWYDD wedi gadael i'r dinistr yma ddigwydd.' "

Pethau eraill wnaeth Solomon

(2 Cronicl 8:1-18)

10 Roedd dau ddeg mlynedd wedi mynd heibio ers i Solomon ddechrau codi'r ddau adeilad –
teml yr ARGLWYDD a'r palas brenhinol. 11 A dyma'r Brenin Solomon yn cynnig dau ddeg o bentrefi
yn Galilea i Hiram, brenin Tyrus, am fod Hiram wedi rhoi iddo goed cedrwydd a choed pinwydd
a hynny o aur oedd Solomon eisiau. 12 Ond pan aeth Hiram i weld y trefi roedd Solomon wedi'u
rhoi iddo, doedd e ddim yn hapus. 13 Dyma fe'n dweud, "Beth ydy'r trefi diwerth yma rwyt ti
wedi'u rhoi i mi, frawd?" A dyma fe'n galw'r ardal yn Wlad Cabwl – sef 'da i ddim'. A dyna mae'r
ardal yn cael ei galw hyd heddiw. 14 (Roedd Hiram wedi rhoi pedair tunnell o aur i Solomon.)

15 Dyma'r manylion am y gweithlu gorfodol wnaeth Solomon ei godi – i adeiladu teml yr
ARGLWYDD, ei balas, y terasau a waliau Jerwsalem, a hefyd caerau amddiffynnol Chatsor, Megido
a Geser. 16 (Roedd y Pharo, brenin yr Aifft, wedi concro dinas Geser. Roedd wedi'i llosgi'n
ulw a lladd y Canaaneaid oedd yn byw yno. Yna roedd wedi'i rhoi yn anrheg priodas i'w
ferch, gwraig Solomon.[m] 17 Felly dyma Solomon yn ailadeiladu Geser.) Hefyd Beth-choron Isaf,
18 Baalath, a Tamar yn yr anialwch. 19 Adeiladodd y canolfannau lle roedd ei storfeydd, a'r
trefi ar gyfer y cerbydau a'r ceffylau rhyfel. Roedd Solomon yn adeiladu beth bynnag roedd
e eisiau, yn Jerwsalem, yn Libanus ac ar hyd a lled y wlad.

20 Roedd yna lawer o bobl yn dal i fyw yn y wlad oedd ddim yn Israeliaid – Amoriaid,
Hethiaid, Peresiaid, Hefiaid a Jebwsiaid. Roedden nhw'n gorfod gweithio heb dâl i Solomon.
21 (Roedden nhw'n dal yn y wlad, am fod Israel wedi methu cael gwared â nhw i gyd pan
wnaethon nhw goncro'r wlad.) Dyma Solomon yn gorfodi'r bobl yma i weithio iddo'n ddi-dâl.

---

m 9:16 *i'w ferch, gwraig Solomon* Roedd y Pharo (Siamwn falle, oedd yn teyrnasu o tua 976 i 974 CC) wedi rhoi ei ferch yn wraig i'r brenin Solomon. Mae'n enghraifft brin o ferch i'r Pharo yn cael priodi rhywun oedd ddim yn Eifftiwr.

9:2 1 Brenhinoedd 3:5; 2 Cronicl 1:7

A dyna'r drefn hyd heddiw. 22Wnaeth Solomon ddim gorfodi pobl Israel i weithio iddo fel
caethweision. Nhw oedd ei filwyr, ei weision, ei swyddogion, ei gerbydwyr, capteiniaid ei
gerbydau a'i farchogion. 23Ac roedd yna bum cant pum deg ohonyn nhw yn arolygu prosiectau
adeiladu Solomon a gwneud yn siŵr fod y gweithwyr yn gwneud eu gwaith.

24Ar ôl i ferch y Pharo symud i fyw o ddinas Dafydd i'r palas roedd Solomon wedi'i adeiladu
iddi, dyma Solomon yn adeiladu'r terasau.

25Dair gwaith y flwyddyn roedd Solomon yn aberthu anifeiliaid yn offrymau i'w llosgi ar yr
allor roedd wedi'i hadeiladu, yn cyflwyno offrymau o rawn i'r Arglwydd ac yn llosgi arogldarth
gyda nhw. Roedd wedi gorffen y gwaith o adeiladu'r deml.

26Dyma Solomon hefyd yn adeiladu llynges iddo'i hun yn Etsion-geber, sy'n agos i Elat
ar lan y Môr Coch[n] yng ngwlad Edom. 27A dyma Hiram yn anfon rhai o'i forwyr profiadol
e i fynd gyda gweision Solomon yn y llongau. 28A dyma nhw'n hwylio i Offir a dod â tua un
deg chwech tunnell o aur o'r fan honno i'r Brenin Solomon.

Brenhines Sheba yn ymweld â Solomon

(2 Cronicl 9:1-12)

10 Roedd brenhines Sheba wedi clywed mor enwog oedd Solomon, a'r clod roedd yn ei
roi i'r Arglwydd. Felly dyma hi'n dod i roi prawf iddo drwy ofyn cwestiynau anodd.
2Cyrhaeddodd Jerwsalem gyda'i gwarchodlu yn grand i gyd, gyda nifer fawr o gamelod yn
cario perlysiau, a lot fawr o aur a gemau gwerthfawr. Aeth i weld Solomon, a'i holi am bob
peth oedd ar ei meddwl. 3Roedd Solomon yn gallu ateb ei chwestiynau i gyd. Doedd dim byd
yn rhy anodd iddo ei esbonio iddi.

4-5Roedd y frenhines wedi'i syfrdanu wrth weld mor ddoeth oedd Solomon. Hefyd wrth weld
y palas roedd wedi'i adeiladu, y bwydydd ar ei fwrdd, yr holl swyddogion oedd yn eistedd yno,
pawb oedd yn gweini arno, eu gwisgoedd, a'r wetars i gyd. A hefyd yr holl aberthau roedd yn
eu llosgi i'r Arglwydd yn y deml. 6A dyma hi'n dweud wrth y brenin, "Mae popeth wnes i glywed
amdanat ti yn wir – yr holl bethau rwyt ti wedi'u cyflawni, ac mor ddoeth wyt ti. 7Doeddwn
i ddim wedi credu'r peth nes i mi ddod yma a gweld y cwbl â'm llygaid fy hun. Wir, doedden
nhw ddim wedi dweud yr hanner wrtho i! Mae dy ddoethineb a dy gyfoeth di'n fwy o lawer
na beth ddywedwyd wrtho i. 8Mae'r bobl yma wedi'u bendithio'n fawr – y gweision sy'n
gweini arnat ti o ddydd i ddydd ac yn cael clywed dy ddoethineb di. 9Bendith ar yr Arglwydd
dy Dduw wnaeth dy ddewis di i eistedd ar orsedd Israel! Mae wedi dy wneud di yn frenin am
ei fod yn caru Israel, i ti lywodraethu'n gyfiawn ac yn deg."

10A dyma hi'n rhoi pedair tunnell a hanner o aur, llwythi o berlysiau a gemau gwerthfawr
i'r brenin. Welwyd erioed gymaint o berlysiau â'r hyn roedd brenhines Sheba wedi'i roi i'r
Brenin Solomon.

Cyfoeth Solomon

(2 Cronicl 9:13-28)

11(Roedd llongau Hiram, oedd yn cario aur o Offir, wedi dod â llwythi lawer o goed arbennig
hefyd, sef pren Almug, a gemau gwerthfawr. 12Dyma'r brenin yn gwneud grisiau i deml yr
Arglwydd a phalas y brenin o'r pren Almug, a hefyd telynau a nablau i'r cerddorion. Does
neb wedi gweld cymaint o bren Almug ers hynny!)

13Wedyn, dyma'r Brenin Solomon yn rhoi popeth roedd hi eisiau i frenhines Sheba. Roedd
hyn ar ben y cwbl roedd e wedi'i roi iddi o'i haelioni ei hun. A dyma hi'n mynd yn ôl adre
i'w gwlad ei hun gyda'i gweision.

14Roedd Solomon yn derbyn dau ddeg pum tunnell[o] o aur bob blwyddyn, 15heb gyfri'r
hyn roedd yn ei dderbyn mewn trethi gan fasnachwyr, y farchnad sbeis, brenhinoedd Arabia

---

n 9:26 *Môr Coch* Hebraeg, "Môr y Brwyn". o 10:14 *dau ddeg pum tunnell* Hebraeg, 'chwe chant chwe deg chwech talent'.

a llywodraethwyr y rhanbarthau. 16 Gwnaeth Solomon ddau gant o darianau mawr o aur
wedi'i guro. Roedd yna tua saith cilogram o aur ym mhob tarian! 17 Hefyd, tri chant o darianau
bach, gyda bron dau cilogram[p] o aur ym mhob un o'r rheiny. A dyma fe'n eu gosod nhw i fyny
yn Plas Coedwig Libanus. 18 Wedyn, dyma'r Brenin Solomon yn gwneud gorsedd fawr o ifori,
wedi'i gorchuddio gydag aur coeth. 19 Roedd yna chwe gris i fyny at yr orsedd. Roedd pen llo ar
gefn yr orsedd a llew yn sefyll wrth ymyl y breichiau bob ochr. 20 Wedyn roedd un deg dau o lewod
yn sefyll ar y grisiau, un bob ochr i bob gris. Doedd gan yr un deyrnas arall orsedd debyg iddi!

21 Roedd holl gwpanau y Brenin Solomon wedi'u gwneud o aur, a llestri Plas Coedwig
Libanus i gyd o aur pur. Doedd dim byd wedi'i wneud o arian, achos doedd arian ddim yn
cael ei gyfri'n werthfawr iawn bryd hynny. 22 Roedd gan Solomon fflyd o longau masnach
mawr[ph] yn hwylio'r môr gyda llongau Hiram. Bob tair blynedd roedd y llongau hynny'n dod
yn ôl gydag aur, arian, ifori, mwncïod a pheunod.[r]

23 Felly roedd y Brenin Solomon yn fwy cyfoethog ac yn ddoethach nag unrhyw frenin arall
yn unman. 24 Ac roedd y byd i gyd eisiau dod i ymweld â Solomon i wrando ar y doethineb
roedd yr ARGLWYDD wedi'i roi iddo. 25 Bob blwyddyn roedd pobl yn dod â rhoddion iddo: llestri
arian, llestri aur, dillad, arfau, perlysiau, ceffylau a mulod.

26 Roedd Solomon hefyd wedi casglu cerbydau a cheffylau rhyfel. Roedd ganddo fil pedwar
cant o gerbydau, ac un deg dwy o filoedd o geffylau. Roedd yn eu cadw yn y trefi cerbydau
ac yn Jerwsalem. 27 Roedd arian mor gyffredin â cherrig yn Jerwsalem, a choed cedrwydd mor
gyffredin â'r coed sycamor sy'n tyfu ym mhobman ar yr iseldir. 28 Roedd ceffylau Solomon
wedi'u mewnforio o'r Aifft a Cwe.[rh] Roedd masnachwyr y brenin yn eu prynu nhw yn Cwe.
29 Roedden nhw'n talu chwe chant o ddarnau arian am gerbyd o'r Aifft, a chant pum deg darn
arian am geffyl. Roedden nhw hefyd yn eu gwerthu ymlaen i frenhinoedd yr Hethiaid a'r Syriaid.

Solomon yn anufudd i'r ARGLWYDD

11 Cafodd y Brenin Solomon berthynas gyda lot fawr o ferched o wledydd eraill. Yn
ogystal â merch y Pharo, roedd ganddo gariadon o Moab, Ammon, Edom, Sidon ac
o blith yr Hethiaid. 2 Dyma'r gwledydd roedd yr ARGLWYDD wedi rhybuddio pobl Israel amdanyn
nhw: "Peidiwch cael perthynas gyda nhw. Maen nhw'n siŵr o'ch denu chi ar ôl eu duwiau."
Ond roedd Solomon yn dal i gael perthynas rywiol gyda nhw i gyd. 3 Roedd ganddo saith gant
o wragedd a thri chant o gariadon.[s] Ac roedden nhw'n ei arwain ar gyfeiliorn. 4 Wrth iddo
fynd yn hŷn dyma'i wragedd yn ei ddenu ar ôl duwiau dieithr. Wnaeth e ddim aros yn gwbl
ffyddlon i'r ARGLWYDD fel Dafydd ei dad. 5 Aeth Solomon i addoli Ashtart, duwies y Sidoniaid,
a Milcom, eilun ffiaidd pobl Ammon.[t] 6 Roedd yn gwneud pethau drwg iawn yng ngolwg yr
ARGLWYDD. Doedd e ddim yn ei ddilyn yn ffyddlon fel gwnaeth ei dad Dafydd. 7 Aeth Solomon
mor bell â chodi allor baganaidd i addoli Chemosh (eilun ffiaidd Moab) a Molech (eilun
ffiaidd yr Ammoniaid) ar ben y bryn sydd i'r dwyrain o Jerwsalem. 8 Roedd yn gwneud yr un
peth i bob un o'i wragedd, iddyn nhw allu llosgi arogldarth ac aberthu anifeiliaid i'w duwiau.

9 Roedd yr ARGLWYDD yn wirioneddol flin gyda Solomon am ei fod wedi troi i ffwrdd oddi wrtho.
Yr ARGLWYDD oedd e, Duw Israel oedd wedi dod at Solomon ddwywaith, 10 a'i siarsio i beidio
gwneud hyn a mynd ar ôl duwiau eraill. Ond doedd Solomon ddim wedi gwrando. 11 Felly dyma'r
ARGLWYDD yn dweud wrth Solomon, "Am dy fod ti'n ymddwyn fel yma, ac yn cymryd dim sylw o'r
ymrwymiad wnes i a'r rheolau rois i i ti, dw i'n mynd i gymryd y deyrnas oddi arnat ti a'i rhoi hi
i dy was. 12 Ond o barch at Dafydd dy dad, wna i ddim gwneud hyn yn ystod dy oes di. Bydda i'n
cymryd y deyrnas oddi ar dy fab di. 13 Wna i ddim ei chymryd hi i gyd. Dw i am adael un llwyth
i dy fab o barch at fy ngwas Dafydd, a Jerwsalem, y ddinas dw i wedi'i dewis."

p 10:17 *dau cilogram* Hebraeg, "tri mina". ph 10:22 *llongau masnach mawr* Hebraeg, "Llongau Tarshish", sef porthladd yn Sbaen. r 10:22 *peunod* neu *babŵns*. rh 10:28,29 *Aifft a Cwe* neu, *Mwsri a Cwe*. Roedd Mwsri a Cwe yn Cilicia, yr ardal sy'n cael eu nabod fel De-ddwyrain Twrci heddiw. s 11:3 *cariadon* Mae'r gair Hebraeg yn air am feistres neu bartner cyfreithlon oedd ddim yn wraig i ddyn yn ystyr lawnaf y gair.
t 11:5 *Milcom* Un o dduwiau Ammon. Enw arall arno oedd Molech – 2 Brenhinoedd 23:10; Jeremeia 32:35.

Gelynion Solomon

[14]Yna dyma'r ARGLWYDD yn gwneud i Hadad, o deulu brenhinol Edom, godi yn erbyn Solomon.
[15]Yn ôl yn y cyfnod pan oedd Dafydd yn ymladd Edom roedd Joab, pennaeth ei fyddin, wedi
lladd dynion Edom i gyd. Roedd wedi mynd yno i gladdu milwyr Israel oedd wedi syrthio yn
y frwydr. [16]Arhosodd Joab a byddin Israel yno am chwe mis, nes bod dynion Edom i gyd wedi'u
lladd. [17]Ond roedd Hadad wedi dianc, a mynd i'r Aifft gyda rhai o swyddogion ei dad. (Dim
ond bachgen ifanc oedd e ar y pryd.) [18]Aethon nhw o Midian i Paran, lle'r ymunodd dynion
eraill gyda nhw, cyn mynd ymlaen i'r Aifft. Dyma nhw'n mynd at y Pharo, brenin yr Aifft,
a chael lle i fyw, bwyd, a hyd yn oed peth tir ganddo. [19]Roedd y Pharo'n hoff iawn o Hadad,
a dyma fe'n rhoi ei chwaer-yng-nghyfraith (sef chwaer y Frenhines Tachpenes) yn wraig
iddo. [20]Cafodd chwaer Tachpenes fab i Hadad, a'i alw yn Genwbath, a trefnodd Tachpenes
i Genwbath gael ei fagu yn y palas brenhinol gyda phlant y Pharo ei hun.
[21]Pan glywodd Hadad fod Dafydd wedi marw, a Joab hefyd (capten byddin Israel), dyma
fe'n gofyn i'r Pharo, "Wnei di adael i mi fynd adre i'm gwlad fy hun?" [22]A dyma'r Pharo'n
gofyn, "Pam? Beth wyt ti'n brin ohono dy fod eisiau mynd i dy wlad dy hun?" "Dim o gwbl,"
atebodd Hadad, "ond plîs gad i mi fynd."
[23]Gelyn arall wnaeth Duw ei godi yn erbyn Solomon oedd Reson, mab Eliada. Roedd Reson
wedi rhedeg i ffwrdd oddi wrth ei feistr, y Brenin Hadadeser o Soba. [24]Roedd wedi casglu criw
o ddynion o'i gwmpas ac yn arwain gang o wrthryfelwyr. Pan goncrodd Dafydd Soba, roedd
Reson a'i ddynion wedi dianc ac yna wedi cipio Damascus, a chafodd ei wneud yn frenin yno.
[25]Roedd yn elyn i Israel drwy gydol cyfnod Solomon ac yn gwneud gymaint o ddrwg â Hadad.
Roedd yn gas ganddo Israel. Fe oedd yn frenin ar Syria.

Addewid Duw i Jeroboam

[26]Un arall wnaeth droi yn erbyn y Brenin Solomon oedd Jeroboam, un o'i swyddogion.
Roedd Jeroboam fab Nebat yn dod o Sereda yn Effraim, ac roedd ei fam, Serŵa, yn wraig
weddw. [27]Dyma pam wnaeth e wrthryfela yn erbyn y brenin: Roedd Solomon wedi bod yn
adeiladu'r terasau, ac wedi trwsio'r bylchau oedd yn wal dinas ei dad Dafydd. [28]Roedd hi'n
amlwg fod Jeroboam yn ddyn abl. Pan welodd Solomon fod y dyn ifanc yma yn weithiwr da,
dyma fe'n ei wneud yn fforman ar y gweithwyr o lwyth Joseff.
[29]Un diwrnod roedd Jeroboam wedi mynd allan o Jerwsalem. A dyma'r proffwyd Achïa o Seilo
yn ei gyfarfod ar y ffordd, yn gwisgo clogyn newydd sbon. Roedd y ddau ar eu pennau'u hunain
yng nghefn gwlad. [30]Dyma Achïa yn cymryd y clogyn, a'i rwygo yn un deg dau o ddarnau.
[31]A dyma fe'n dweud wrth Jeroboam, "Cymer di ddeg darn. Dyma mae'r ARGLWYDD, Duw Israel,
yn ei ddweud: Dw i am gymryd teyrnas Israel oddi ar Solomon, a rhoi deg llwyth i ti. [32]Bydd
un llwyth yn cael ei gadael iddo fe, o barch at Dafydd fy ngwas, ac at Jerwsalem, y ddinas dw
i wedi'i dewis o'r llwythau i gyd i fod yn ddinas i mi. [33]Dw i'n gwneud hyn am eu bod nhw wedi
troi cefn arna i. Maen nhw wedi addoli Ashtart (duwies Sidon), Chemosh (duw Moab), a Milcom
(duw pobl Ammon). Dŷn nhw ddim wedi byw fel dw i'n dweud, gwneud beth sy'n iawn gen
i, nac wedi bod yn ufudd i'r rheolau a'r canllawiau rois i iddyn nhw, fel gwnaeth Dafydd, tad
Solomon. [34]Ond dw i ddim am gymryd y deyrnas gyfan oddi arno. Dw i am adael iddo fe fod yn
frenin tra bydd e byw, o barch at Dafydd, y gwas wnes i ei ddewis – roedd e'n cadw fy rheolau
a'm deddfau i. [35]Bydda i'n cymryd y deyrnas oddi ar fab Solomon, ac yn rhoi deg llwyth i ti.
[36]Dw i am adael un llwyth i'w fab fel y bydd llinach Dafydd fel lamp yn dal i losgi o mlaen i yn
Jerwsalem, y ddinas dw i wedi dewis byw ynddi. [37]Ond dw i'n dy ddewis di i fod yn frenin ar
Israel; byddi'n teyrnasu ar y cyfan rwyt ti'n ddymuno. [38]Rhaid i ti fod yn ufudd i mi, byw fel
dw i'n dweud, a gwneud beth sy'n iawn gen i – cadw'n ufudd i'm rheolau a'm canllawiau fel
roedd fy ngwas Dafydd yn gwneud. Os gwnei di hynny, bydda i gyda ti, a bydda i'n rhoi llinach
i ti yn union fel gwnes i i Dafydd. Bydda i'n rhoi Israel i ti. [39]Dw i'n mynd i gosbi disgynyddion
Dafydd o achos beth sydd wedi digwydd; ond ddim am byth."

40 Ceisiodd Solomon ladd Jeroboam. Ond dyma Jeroboam yn dianc i'r Aifft at y Brenin
Shishac. Arhosodd yno nes i Solomon farw.

Marwolaeth Solomon

(2 Cronicl 9:29-31)

41 Mae gweddill hanes Solomon – y cwbl wnaeth e ei gyflawni, a'i ddoethineb – i'w gweld
yn y sgrôl *Hanes Solomon.* 42 Bu Solomon yn teyrnasu yn Jerwsalem ar Israel gyfan am bedwar
deg o flynyddoedd. 43 Pan fuodd Solomon farw, cafodd ei gladdu yn Ninas Dafydd ei dad.
A dyma Rehoboam, ei fab, yn dod yn frenin yn ei le.

Gwrthryfel yn codi yn erbyn Rehoboam

(2 Cronicl 10:1-19)

12 Dyma Rehoboam yn mynd i Sichem, lle roedd pobl Israel gyfan wedi dod i'w wneud yn
frenin. 2 Roedd Jeroboam fab Nebat yn dal yn yr Aifft ar y pryd, wedi ffoi yno oddi wrth
y Brenin Solomon. Roedd yn dal yn yr Aifft pan glywodd beth oedd yn digwydd. 3 Ond dyma
bobl Israel yn anfon amdano, a dyma fe'n mynd gyda nhw i weld Rehoboam. 4 "Roedd dy dad
yn ein gweithio ni'n galed, ac yn gwneud bywyd yn faich. Os gwnei di symud y baich a gwneud
pethau'n haws i ni, gwnawn ni dy wasanaethu di." 5 Dyma Rehoboam yn dweud wrthyn nhw,
"Dewch yn ôl mewn deuddydd, i mi gael meddwl am y peth." A dyma nhw'n ei adael.
6 Dyma'r Brenin Rehoboam yn gofyn am farn y cynghorwyr hŷn (y rhai oedd yn gweithio
i Solomon ei dad pan oedd yn dal yn fyw). "Beth ydy'ch cyngor chi? Sut ddylwn ni ateb y bobl yma?"
7 A dyma nhw'n dweud, "Os byddi di'n garedig a dangos dy fod eisiau eu helpu nhw, byddan nhw'n
weision ffyddlon i ti am byth." 8 Ond dyma Rehoboam yn anwybyddu'u cyngor nhw, ac yn troi at
y cynghorwyr ifanc yn y llys oedd yr un oed ag e. 9 Dyma fe'n gofyn iddyn nhw, "Beth ydy'ch barn
chi? Beth ddylwn i ddweud wrth y bobl yma sy'n gofyn i mi symud y baich roddodd fy nhad arnyn
nhw?" 10 A dyma'r dynion ifainc yn dweud wrtho, "Dwed wrth y bobl yna sy'n cwyno ac yn gofyn
i ti symud y baich roedd dy dad wedi'i roi arnyn nhw, 'Mae fy mys bach i yn mynd i fod yn gryfach
na dad![th] 11 Oedd fy nhad wedi rhoi baich trwm arnoch chi? Bydda i'n rhoi baich trymach! Oedd fy
nhad yn defnyddio chwip i'ch cosbi chi? Bydda i'n defnyddio chwip fydd yn rhwygo'ch cnawd chi!'"
12 Dyma Jeroboam, a'r bobl oedd gydag e, yn mynd yn ôl at Rehoboam ar ôl deuddydd,
fel roedd y brenin wedi dweud. 13 A dyma'r brenin yn siarad yn chwyrn gyda'r bobl, ac yn
anwybyddu cyngor y dynion hŷn 14 a gwrando ar y dynion ifanc. "Oedd fy nhad yn drwm
arnoch chi?" meddai. "Wel, bydda i'n pwyso'n drymach! Oedd fy nhad yn defnyddio chwip
i'ch cosbi chi? Bydda i'n defnyddio chwip fydd yn rhwygo'ch cnawd chi!" 15 Roedd y brenin
yn gwrthod gwrando ar y bobl. Ond roedd llaw'r ARGLWYDD tu ôl i'r cwbl oedd yn digwydd,
er mwyn i'r neges roedd wedi'i rhoi i Jeroboam fab Nebat drwy Achïa o Seilo ddod yn wir.
16 Pan welodd y bobl fod y brenin yn gwrthod gwrando arnyn nhw, dyma nhw'n rhoi'r
neges yma iddo:

"Beth sydd gynnon ni i'w wneud â Dafydd?
Dŷn ni ddim yn perthyn i deulu Jesse!
Yn ôl adre bobl Israel!
Cadw dy linach dy hun, Dafydd!"

Felly dyma bobl Israel yn mynd adre. 17 (Er, roedd rhai o bobl Israel yn byw yn nhrefi Jwda,
a Rehoboam oedd eu brenin nhw.)
18 Dyma'r Brenin Rehoboam yn anfon Adoniram, swyddog y gweithlu gorfodol, at bobl
Israel, ond dyma nhw'n taflu cerrig ato a'i ladd. Felly dyma'r Brenin Rehoboam yn neidio yn
ei gerbyd a dianc yn ôl i Jerwsalem. 19 Mae gwrthryfel llwythau Israel yn erbyn disgynyddion
Dafydd wedi para hyd heddiw.

---

th 12:10 *Mae ... dad* Hebraeg "Mae fy mys bach i yn dewach na chlun fy nhad."

20 Pan glywodd pobl Israel fod Jeroboam wedi dod yn ôl, dyma nhw'n galw pawb at ei
gilydd. Yna dyma nhw'n anfon amdano a'i wneud e'n frenin ar Israel gyfan. Dim ond llwyth
Jwda[u] oedd yn aros yn ffyddlon i deulu brenhinol Dafydd.

Proffwydoliaeth Shemaia

(2 Cronicl 11:1-4)

21 Daeth Rehoboam, mab Solomon, yn ôl i Jerwsalem a galw dynion Jwda a llwyth Benjamin
at ei gilydd. Roedd ganddo gant wyth deg mil o filwyr profiadol i fynd i ryfel yn erbyn Israel
a cheisio ennill y deyrnas yn ôl. 22 Ond cafodd Shemaia y proffwyd[w] neges gan Dduw. 23 "Dwed
hyn wrth Rehoboam brenin Jwda ac wrth bobl Jwda a Benjamin, a phawb arall: 24 'Mae'r
ARGLWYDD yn dweud, "Peidiwch mynd i ryfel yn erbyn eich brodyr, pobl Israel. Ewch adre i gyd,
am mai fi sydd wedi gwneud i hyn ddigwydd." ' " A dyma nhw'n gwrando ar yr ARGLWYDD
a mynd yn ôl adre fel roedd e wedi dweud.

Jeroboam yn gwneud dau darw aur

25 Dyma Jeroboam yn adeiladu caer Sichem yn y bryniau yn Effraim, a mynd i fyw yno.
Ond wedyn dyma fe'n adeiladu Penuel, a symud yno. 26 Roedd Jeroboam yn ofni y byddai'r
frenhiniaeth yn mynd yn ôl i deulu Dafydd. 27 Roedd yn ofni petai'r bobl yn mynd i aberthu
yn nheml yr ARGLWYDD yn Jerwsalem, y bydden nhw'n cael eu denu yn ôl at eu hen feistr,
Rehoboam, brenin Jwda, ac y byddai e'i hun yn cael ei ladd ganddyn nhw. 28 Ar ôl trafod
gyda'i gynghorwyr, dyma fe'n gwneud dau darw ifanc o aur, a dweud wrth y bobl, "Mae'n
ormod o drafferth i chi fynd i fyny i Jerwsalem i addoli. O Israel! Dyma'r duwiau ddaeth â chi
allan o wlad yr Aifft!" 29 A dyma fe'n gosod un tarw aur yn Bethel, a'r llall yn Dan. 30 Gwnaeth
i Israel bechu yn ofnadwy. Aeth y bobl ag un ohonyn nhw mewn prosesiwn yr holl ffordd i Dan!
31 Dyma fe'n adeiladu temlau lle roedd allorau lleol, a gwneud pob math o bobl yn offeiriaid
– pobl oedd ddim o lwyth Lefi. 32 A dyma fe'n sefydlu Gŵyl ar y pymthegfed diwrnod o'r
wythfed mis, fel yr un yn Jwda. Yna dyma fe'n mynd at yr allor yn Bethel i aberthu anifeiliaid
i'r teirw roedd wedi'u gwneud. Yn Bethel hefyd dyma fe'n apwyntio offeiriaid i'r allorau roedd
e wedi'u codi. 33 Ar y pymthegfed diwrnod o'r wythfed mis (dyddiad roedd wedi'i ddewis
o'i ben a'i bastwn ei hun), dyma Jeroboam yn aberthu anifeiliaid ar yr allor wnaeth e yn Bethel.
Roedd wedi sefydlu Gŵyl i bobl Israel, ac wedi mynd i fyny ei hun at yr allor i losgi arogldarth.

Proffwyd yn ceryddu Jeroboam

13 Pan oedd Jeroboam yn sefyll wrth yr allor yn Bethel yn llosgi arogldarth, dyma
broffwyd[y] yn cyrraedd yno o Jwda, wedi'i anfon gan yr ARGLWYDD. 2 Dyma fe'n cyhoeddi
neges gan yr ARGLWYDD yn erbyn yr allor: "O allor, allor!" meddai, "Dyma mae'r ARGLWYDD yn
ei ddweud. 'Bydd plentyn yn cael ei eni i deulu Dafydd. Joseia fydd ei enw. Bydd e'n lladd
offeiriaid yr allorau lleol sy'n dod yma i losgi arogldarth! Bydd esgyrn dynol yn cael eu llosgi
arnat ti! 3 Ac mae'r ARGLWYDD yn rhoi'r arwydd yma heddiw:

> Bydd yr allor yn cael ei dryllio,
> a'r lludw sydd arni'n syrthio ar lawr.' "

4 Pan glywodd y brenin beth ddwedodd y proffwyd am yr allor yn Bethel, dyma fe'n estyn
ei law allan dros yr allor. "Arestiwch e!" meddai. A dyma'r fraich oedd wedi'i hestyn allan
yn cael ei pharlysu. Doedd e ddim yn gallu ei thynnu'n ôl. 5 Ac yna dyma'r allor yn dryllio
a'r lludw arni yn syrthio ar lawr, yn union fel roedd y proffwyd wedi dweud wrth gyhoeddi
neges yr ARGLWYDD. 6 Ymateb y brenin oedd pledio ar y proffwyd, "Gweddïa ar yr ARGLWYDD dy

---

u 12:20 *Israel ... Jwda* O hyn ymlaen mae "Israel" yn cyfeirio at deyrnas y gogledd. "Jwda" oedd yr enw ar deyrnas y de. w 12:22 *y proffwyd* Hebraeg, "dyn Duw". y 13:1 *broffwyd* Hebraeg, "dyn Duw".
12:28 Exodus 32:4

Dduw, a gofyn iddo wella fy mraich i." A dyma'r proffwyd yn gweddïo ar yr ARGLWYDD, a dyma
fraich y brenin yn cael ei gwneud yn iach fel o'r blaen. 7Yna dyma'r brenin yn dweud wrth
y proffwyd, "Tyrd adre gyda mi i gael rhywbeth i'w fwyta. Dw i eisiau rhoi anrheg i ti." 8Ond
dyma'r proffwyd yn ei ateb, "Hyd yn oed petaet ti'n rhoi hanner dy eiddo i mi, fyddwn ni ddim
yn mynd gyda ti i fwyta dim nac i yfed dŵr yn y lle yma. 9Achos dwedodd y ARGLWYDD yn glir
wrtho i, 'Paid bwyta nac yfed dim yno, a phaid mynd adre'r ffordd aethost ti yno.' " 10Felly
dyma fe'n troi am adre ar hyd ffordd wahanol i'r ffordd ddaeth e i Fethel.

11Roedd yna broffwyd arall, dyn hen iawn, yn byw yn Bethel. Dyma'i feibion yn dweud
wrtho am beth oedd wedi digwydd yn Bethel y diwrnod hwnnw, a beth oedd y proffwyd
wedi'i ddweud wrth y brenin. 12A dyma fe'n eu holi, "Pa ffordd aeth e?" Esboniodd ei feibion
iddo pa ffordd roedd y proffwyd o Jwda wedi mynd. 13Yna dyma fe'n gofyn iddyn nhw gyfrwyo
asyn iddo. Dyma nhw'n gwneud hynny, ac aeth ar ei gefn 14a mynd ar ôl y proffwyd.

Daeth o hyd iddo yn eistedd o dan goeden dderwen, a gofynnodd iddo, "Ai ti ydy'r proffwyd
ddaeth o Jwda?" A dyma hwnnw'n ateb, "Ie." 15Yna dyma fe'n dweud wrtho, "Tyrd adre gyda mi
am damaid o fwyd." 16Ond dyma'r proffwyd yn ateb, "Alla i ddim mynd yn ôl gyda ti, na bwyta
ac yfed dim yn y lle yma. 17Dwedodd yr ARGLWYDD yn glir wrtho i, 'Paid bwyta dim nac yfed dŵr
yno, a phaid mynd adre'r ffordd aethost ti yno.' " 18Ond dyma'r hen broffwyd yn dweud, "Dw
i hefyd yn broffwyd fel ti. Mae angel wedi rhoi neges i mi gan yr ARGLWYDD yn dweud wrtho i am
fynd â ti yn ôl adre gyda mi i ti gael rhywbeth i'w fwyta a'i yfed." Ond dweud celwydd oedd e.
19Felly dyma'r proffwyd o Bethel yn mynd yn ôl gydag e i gael bwyd a diod yn ei dŷ.

20Tra oedden nhw'n bwyta dyma'r hen broffwyd oedd wedi'i ddenu'n ôl yn cael neges gan
yr ARGLWYDD, ac 21yn dweud wrth y proffwyd o Jwda, "Dyma mae'r ARGLWYDD yn ei ddweud: 'Ti
wedi bod yn anufudd, a ddim wedi gwrando ar y gorchymyn roddodd yr ARGLWYDD dy Dduw
i ti. 22Ti wedi dod yn ôl i fwyta ac yfed yn y lle yma, er ei fod wedi dweud wrthot ti am beidio
gwneud hynny. Felly fydd dy gorff di ddim yn cael ei gladdu ym medd dy deulu.' " 23Ar ôl iddo
orffen bwyta, dyma'r hen broffwyd o Bethel yn cyfrwyo ei asyn i'r proffwyd o Jwda. 24Pan
oedd ar ei ffordd, dyma lew yn ymosod arno a'i ladd. Dyna lle roedd ei gorff yn gorwedd ar
ochr y ffordd, a'r asyn a'r llew yn sefyll wrth ei ymyl.

25Dyma ryw bobl oedd yn digwydd mynd heibio yn gweld y corff ar ochr y ffordd a'r llew
yn sefyll wrth ei ymyl. A dyma nhw'n sôn am y peth yn y dre lle roedd yr hen broffwyd yn byw.
26Pan glywodd yr hen broffwyd am y peth, dyma fe'n dweud, "Y proffwyd fuodd yn anufudd
i'r ARGLWYDD ydy e. Mae'r ARGLWYDD wedi gadael i lew ei larpio a'i ladd, yn union fel gwnaeth
e ddweud." 27Yna gofynnodd i'w feibion gyfrwyo ei asyn iddo. Wedi iddyn nhw wneud hynny
28dyma fe'n mynd a dod o hyd i'r corff ar ochr y ffordd, gyda'r llew a'r asyn yn sefyll wrth ei
ymyl. (Doedd y llew ddim wedi bwyta'r corff nac ymosod ar yr asyn.) 29Dyma'r hen broffwyd
yn codi'r corff ar yr asyn a mynd yn ôl i'r dre i alaru drosto a'i gladdu. 30Rhoddodd y corff
yn ei fedd ei hun, a galaru a dweud, "O, fy mrawd!" 31Wedi iddo ei gladdu, dyma fe'n dweud
wrth ei feibion, "Pan fydda i'n marw, claddwch fi yn yr un bedd â'r proffwyd, a gosod fy
esgyrn i wrth ymyl ei esgyrn e. 32Bydd y neges roddodd yr ARGLWYDD iddo i'w chyhoeddi, yn
erbyn allor Bethel a holl demlau lleol Samaria, yn siŵr o ddod yn wir."

33Ond hyd yn oed ar ôl i hyn ddigwydd, wnaeth Jeroboam ddim stopio gwneud pethau
drwg. Roedd yn dal i wneud pob math o bobl yn offeiriad i'w allorau. Roedd yn apwyntio pwy
bynnag oedd yn ffansïo'r job. 34Y pechod yma oedd y rheswm pam gafodd teulu brenhinol
Jeroboam ei chwalu a'i ddileu oddi ar wyneb y ddaear.

Mab Jeroboam yn marw

14 Yr adeg yna dyma Abeia, mab Jeroboam, yn cael ei daro'n wael. 2A dyma Jeroboam
yn dweud wrth ei wraig, "Rho ddillad gwahanol amdanat fel bod neb yn gwybod
mai ngwraig i wyt ti. Yna dos i Seilo, lle mae'r proffwyd Achïa yn byw. Fe oedd y proffwyd
ddwedodd wrtho i y byddwn ni'n frenin ar y bobl yma. 3Cymer ddeg torth, bisgedi a phot o fêl
i'w rhoi iddo. Bydd e'n dweud wrthot ti beth sy'n mynd i ddigwydd i'r bachgen."

4Felly dyma wraig Jeroboam yn gwneud fel roedd ei gŵr wedi dweud wrthi, a mynd i dŷ
Achïa yn Seilo. Roedd Achïa yn ddall, wedi colli ei olwg yn ei henaint. 5Ond dyma'r ARGLWYDD
yn dweud wrtho, "Mae gwraig Jeroboam yn dod atat ti i holi ynglŷn â'i mab sy'n sâl. Pan
ddaw hi bydd yn cymryd arni fod yn rhywun arall. Dyma beth rwyt ti i'w ddweud wrthi: ..."
6Pan glywodd Achïa sŵn ei thraed hi wrth y drws, dyma fe'n galw, "Tyrd i mewn, wraig
Jeroboam! Pam wyt ti'n cymryd arnat dy fod yn rhywun arall? Mae gen i newyddion drwg i ti. 7Dos,
a dweud wrth Jeroboam, 'Dyma mae'r ARGLWYDD, Duw Israel, yn ei ddweud: Dw i wedi dy gymryd di
o blith y bobl a dy wneud di'n arweinydd ar fy mhobl Israel. 8Dw i wedi cymryd y deyrnas oddi ar
deulu Dafydd a'i rhoi i ti. Ond yn wahanol i'm gwas Dafydd, ti ddim wedi cadw fy ngorchmynion
na'm dilyn i o ddifri, a gwneud beth sy'n iawn gen i. 9Ti wedi gwneud mwy o ddrwg na phawb
aeth o dy flaen di. Ti wedi ngwylltio i drwy wneud duwiau eraill – delwau o fetel. Ti wedi fy nhaflu
i o'r ffordd. 10Felly bydda i'n gwneud drwg i dy linach brenhinol di Jeroboam.

Bydda i'n cael gwared â phob dyn[a] yn Israel,
y caeth a'r rhydd.
Bydda i'n carthu teulu brenhinol Jeroboam
ac yn llosgi'r carthion nes bod dim ar ôl!
11 Bydd pobl Jeroboam sy'n marw yn y ddinas
yn cael eu bwyta gan y cŵn.
Bydd y rhai sy'n marw yng nghefn gwlad
yn cael eu bwyta gan yr adar!
– dw i, yr ARGLWYDD wedi dweud!'

12"Dos di adre. Pan fyddi'n cyrraedd y ddinas bydd y plentyn yn marw. 13Bydd pobl Israel
i gyd yn galaru ar ei ôl ac yn mynd i'w angladd. Fe fydd yr unig un o deulu Jeroboam fydd yn
cael ei gladdu'n barchus, am mai fe ydy'r unig un o'r teulu mae'r ARGLWYDD, Duw Israel, wedi
gweld unrhyw ddaioni ynddo. 14Bydd yr ARGLWYDD yn codi brenin iddo'i hun fydd yn difa teulu
Jeroboam yn llwyr. Bydd hyn yn digwydd ar unwaith! A beth ddaw wedyn? 15Bydd yr ARGLWYDD
yn taro Israel fel brwynen yn cael ei chwipio yn llif yr afon. Bydd yn ei thynnu o'r tir da yma
roddodd i'w hynafiaid ac yn gyrru'r bobl ar chwâl yr ochr draw i afon Ewffrates. Bydd yn gwneud
hyn am eu bod wedi'i wylltio drwy godi polion pren i'r dduwies Ashera. 16Bydd yr ARGLWYDD yn
troi ei gefn ar Israel o achos yr eilunod mae Jeroboam wedi'u codi, i achosi i bobl Israel bechu."
17Felly dyma wraig Jeroboam yn mynd yn ôl i Tirtsa. Wrth iddi gyrraedd drws y tŷ, dyma'r
bachgen yn marw. 18A dyma nhw'n ei gladdu a daeth Israel i gyd i alaru ar ei ôl, yn union
fel roedd yr ARGLWYDD wedi dweud drwy ei was y proffwyd Achïa.
19Mae gweddill hanes Jeroboam, hanes ei ryfeloedd a'i deyrnasiad, i'w weld yn y sgrôl
Hanes Brenhinoedd Israel. 20Roedd Jeroboam wedi bod yn frenin am ddau ddeg dwy
o flynyddoedd. Ar ôl iddo farw daeth Nadab ei fab yn frenin yn ei le.

Rehoboam, brenin Jwda

(2 Cronicl 11:5 – 12:15)

21Rehoboam, mab Solomon, oedd brenin Jwda. Roedd yn bedwar deg un oed pan ddaeth
yn frenin, a bu'n frenin yn Jerwsalem am un deg saith o flynyddoedd (Jerwsalem – y ddinas
roedd ARGLWYDD wedi'i dewis allan o holl lwythau Israel i fyw ynddi.) Naamâ, gwraig o wlad
Ammon, oedd mam Rehoboam.
22Roedd pobl Jwda yn gwneud pethau drwg iawn yng ngolwg yr ARGLWYDD, ac yn ei ddigio fwy
nag roedd eu hynafiaid wedi gwneud. 23Roedden nhw'n codi allorau lleol, colofnau cysegredig
i Baal a pholion y dduwies Ashera ar ben bryniau ac o dan pob coeden ddeiliog. 24Roedd yna
hyd yn oed ddynion oedd yn buteiniaid teml yn y wlad. Roedden nhw'n gwneud pethau cwbl
ffiaidd, dim gwahanol i'r bobloedd roedd yr ARGLWYDD wedi'u gyrru allan o'r wlad o flaen Israel.

a 14:10 *dyn* Hebraeg, "un sy'n piso ar bared".

25Yna, yn ystod pumed flwyddyn Rehoboam fel brenin dyma Shishac, brenin yr Aifft,
yn ymosod ar Jerwsalem. 26Dyma fe'n dwyn trysorau teml yr ARGLWYDD a phalas y brenin
– y cwbl i gyd, gan gynnwys yr holl darianau aur roedd Solomon wedi'u gwneud! 27Dyma'r
Brenin Rehoboam yn gwneud tarianau o bres yn eu lle, a'u rhoi nhw yng ngofal swyddogion
y gwarchodlu oedd yn amddiffyn palas y brenin. 28Bob tro roedd y brenin yn mynd i'r deml,
roedd y gwarchodlu brenhinol yn eu cario ac yna'n mynd â nhw'n ôl i ystafell y gwarchodlu.
29Mae gweddill hanes Rehoboam, a'r cwbl wnaeth e ei gyflawni, i'w weld yn y sgrôl *Hanes
Brenhinoedd Jwda.* 30Roedd Rehoboam a Jeroboam yn rhyfela yn erbyn ei gilydd drwy'r amser.
31Pan fu farw, cafodd Rehoboam ei gladdu gyda'i hynafiaid yn ninas Dafydd. Naamâ, gwraig
o wlad Ammon oedd ei fam. A'i fab, Abeiam, ddaeth yn frenin yn ei le.

Abeiam, brenin Jwda

(2 Cronicl 13:1 – 14:1)

15 Daeth Abeiam yn frenin ar Jwda pan oedd Jeroboam fab Nebat wedi bod yn frenin
Israel ers un deg wyth o flynyddoedd. 2Bu'n frenin yn Jerwsalem am dair blynedd.
Enw ei fam oedd Maacha, merch Afishalom. 3Roedd yn gwneud yr un pethau drwg â'i dad
o'i flaen. Doedd e ddim yn gwbl ffyddlon i'r ARGLWYDD fel roedd y Brenin Dafydd wedi bod.
4Ond am ei fod yn un o ddisgynyddion Dafydd dyma'r ARGLWYDD ei Dduw yn cadw'r llinach
yn fyw yn Jerwsalem, drwy roi mab iddo i'w olynu fel brenin a gwneud Jerwsalem yn ddiogel.
5Roedd hyn am fod Dafydd wedi plesio'r ARGLWYDD, ac wedi bod yn gwbl ufudd iddo ar hyd
ei oes (heblaw am beth wnaeth e i Wreia yr Hethiad). 6Roedd y rhyfel rhwng Rehoboam
a Jeroboam wedi para tra oedd Abeiam yn fyw.
7Mae gweddill hanes Abeiam, a'r cwbl wnaeth e ei gyflawni, i'w weld yn y sgrôl *Hanes
Brenhinoedd Jwda.* Roedd y rhyfel wedi para rhwng Abeiam a Jeroboam. 8Pan fu farw, cafodd
Abeiam ei gladdu yn ninas Dafydd. Daeth Asa ei fab yn frenin yn ei le.

Asa, brenin Jwda

(2 Cronicl 15:16 – 16:6)

9Roedd Jeroboam wedi bod yn frenin ar Israel am ugain mlynedd pan ddaeth Asa yn
frenin ar Jwda. 10Bu'n frenin yn Jerwsalem am bedwar deg un o flynyddoedd. Maacha, merch
Afishalom oedd ei nain.
11Fel y Brenin Dafydd, ei hynafiad, roedd Asa yn gwneud beth oedd yn plesio'r ARGLWYDD.
12Gyrrodd y dynion oedd yn buteiniaid teml allan o'r wlad, a chael gwared â'r holl eilunod
ffiaidd roedd ei gyndadau wedi'u gwneud. 13Roedd hyd yn oed wedi diswyddo ei nain, Maacha,
o fod yn fam frenhines am ei bod wedi gwneud polyn Ashera ffiaidd. Torrodd y polyn i lawr,
a'i losgi wrth Ddyffryn Cidron. 14Er ei fod heb gael gwared â'r allorau lleol, roedd Asa yn
ffyddlon i'r ARGLWYDD ar hyd ei oes. 15Daeth â'r celfi roedd e a'i dad wedi'u cysegru (rhai aur,
arian, a llestri eraill), a'u gosod yn nheml yr ARGLWYDD.
16Roedd Asa, brenin Jwda yn rhyfela yn erbyn Baasha, brenin Israel drwy'r amser. 17Dyma
Baasha, brenin Israel, yn ymosod ar Jwda, ac yn adeiladu Rama yn gaer filwrol i rwystro pobl rhag
mynd a dod i diriogaeth Asa brenin Jwda. 18Felly dyma Asa yn cymryd y cwbl o'r arian a'r aur
oedd ar ôl yn stordai teml yr ARGLWYDD a stordai palas y brenin, a rhoi'r cwbl i'w weision i fynd
i Damascus at Ben-hadad,[b] brenin Syria (sef mab Tabrimon ac ŵyr Chesion), gyda'r neges yma:

> 19"Dw i eisiau gwneud cytundeb heddwch gyda ti, fel roedd yn arfer bod rhwng fy nhad
> a dy dad di. Dw i'n anfon y rhodd yma o arian ac aur i ti. Dw i eisiau i ti dorri'r cytundeb
> sydd rhyngot ti a Baasha, brenin Israel, er mwyn iddo stopio ymosod arnon ni."

20Dyma Ben-hadad yn derbyn cynnig y Brenin Asa, a dyma fe'n dweud wrth swyddogion ei
fyddin am ymosod ar drefi Israel. Felly dyma nhw'n mynd a tharo Ïon, Dan, Abel-beth-maacha
a thir llwyth Nafftali i gyd, gan gynnwys ardal Cinnereth.

---

b 15:18 *Ben-hadad* Ben-hadad I, brenin Syria rhwng 885 CC a 865 CC.

21 Pan glywodd Baasha am y peth, dyma fe'n stopio adeiladu Rama a symud ei fyddin yn
ôl i Tirtsa. 22 Yna dyma'r Brenin Asa yn gorchymyn i bobl Jwda – pawb yn ddieithriad – i fynd
i nôl y cerrig a'r coed roedd Baasha wedi bod yn eu defnyddio i adeiladu Rama. A dyma Asa
yn eu defnyddio nhw i adeiladau Geba yn Benjamin a Mitspa.
23 Mae gweddill hanes Asa, ei lwyddiant milwrol a'r cwbl wnaeth e ei gyflawni, a rhestr o'r
holl drefi wnaeth e eu hadeiladu, i'w weld yn y sgrôl *Hanes Brenhinoedd Jwda.* Ond pan oedd
yn hen roedd Asa'n dioddef yn ddifrifol o'r gowt. 24 Pan fuodd Asa farw, cafodd ei gladdu
gyda'i hynafiaid yn ninas Dafydd. Daeth ei fab Jehosaffat yn frenin yn ei le.

Nadab, brenin Israel

25 Yn ystod ail flwyddyn Asa yn frenin ar Jwda, cafodd Nadab, mab Jeroboam, ei wneud yn
frenin Israel. Bu Nadab yn frenin am ddwy flynedd. 26 Gwnaeth bethau drwg iawn yng ngolwg
yr Arglwydd. Roedd yn ymddwyn fel ei dad, ac yn gwneud i Israel bechu. 27 Dyma Baasha
fab Achïa o lwyth Issachar yn cynllwynio yn erbyn Nadab a'i lofruddio yn Gibbethon, ar dir
y Philistiaid. Roedd Nadab a byddin Israel yn gwarchae ar Gibbethon ar y pryd. 28 Lladdodd
Baasha fe yn ystod trydedd flwyddyn Asa fel brenin Jwda. A daeth Baasha yn frenin ar Israel
yn lle Nadab. 29 Yn syth ar ôl dod yn frenin dyma fe'n lladd pob aelod o deulu Jeroboam.
Gafodd neb o'r teulu brenhinol ei adael ar ôl, fel roedd yr Arglwydd wedi rhybuddio drwy ei
was Achïa o Seilo. 30 Digwyddodd hyn o achos yr eilunod wnaeth Jeroboam eu codi, i achosi
i bobl Israel bechu. Roedd wedi gwylltio'r Arglwydd, Duw Israel.
31 Mae gweddill hanes Nadab, a'r cwbl wnaeth e ei gyflawni, i'w weld yn y sgrôl *Hanes
Brenhinoedd Israel.* 32 Roedd Asa, brenin Jwda, a Baasha, brenin Israel yn rhyfela yn erbyn
ei gilydd drwy'r amser.

Baasha, brenin Israel

33 Yn ystod trydedd flwyddyn Asa fel brenin Jwda, daeth Baasha yn frenin ar Israel yn ninas Tirtsa.
Bu Baasha'n frenin am ddau ddeg pedair o flynyddoedd. 34 Gwnaeth Baasha bethau drwg iawn yng
ngolwg yr Arglwydd. Roedd yn ymddwyn yr un fath â Jeroboam, ac yn gwneud i Israel bechu.
16 Dyma Jehw fab Chanani yn cael neges gan yr Arglwydd i'w rhoi i Baasha. 2 "Gwnes
i dy godi di o'r llwch a dy wneud yn arweinydd fy mhobl Israel, ond ti wedi ymddwyn
fel Jeroboam a gwneud i'm pobl bechu. Dw i wedi gwylltio'n lân gyda nhw. 3 Felly, dw i'n
mynd i gael gwared â dy deulu di, Baasha. Bydda i'n gwneud yr un peth i dy deulu di ag
a wnes i i deulu Jeroboam fab Nebat.

4 Bydd pobl Baasha sy'n marw yn y ddinas
  yn cael eu bwyta gan y cŵn.
Bydd y rhai sy'n marw yng nghefn gwlad
  yn cael eu bwyta gan yr adar!"

5 Mae gweddill hanes Baasha – y cwbl wnaeth e ei gyflawni a'i lwyddiant milwrol – i'w
weld yn y sgrôl *Hanes Brenhinoedd Israel.* 6 Pan fu Baasha farw cafodd ei gladdu yn Tirtsa.
Daeth Ela, ei fab, yn frenin yn ei le.
7 Roedd yr Arglwydd wedi rhoi neges i Baasha a'i deulu drwy'r proffwyd Jehw fab Chanani.
Roedd yr holl ddrwg wnaeth Baasha wedi gwylltio'r Arglwydd, gan gynnwys y ffordd wnaeth
e ddelio gyda theulu Jeroboam. Doedd e'i hun ddim gwahanol!

Ela, brenin Israel

8 Daeth Ela yn frenin ar Israel pan oedd Asa wedi bod yn frenin Jwda ers dau ddeg chwech
o flynyddoedd. Bu Ela'n frenin yn Tirtsa am ddwy flynedd. 9 Ond dyma Simri, un o'i swyddogion
oedd yn gapten ar hanner y cerbydau rhyfel, yn cynllwynio yn ei erbyn. Roedd y brenin wedi
meddwi ar ôl bod yn yfed yn drwm yn nhŷ Artsa (sef prif swyddog palas y brenin yn Tirtsa).

10Aeth Simri i mewn, ymosod ar Ela a'i ladd. (Digwyddodd hyn pan oedd Asa wedi bod yn
frenin Jwda ers dau ddeg saith o flynyddoedd.) A dyma Simri yn dod yn frenin ar Israel yn lle Ela.
11Yn syth ar ôl dod yn frenin dyma Simri yn lladd pawb o deulu brenhinol Baasha. Wnaeth
e ddim gadael yr un dyn na bachgen[c] yn fyw – lladdodd aelodau'r teulu a'i ffrindiau i gyd.
12Felly roedd Simri wedi difa teulu Baasha yn llwyr, yn union fel roedd Duw wedi rhybuddio
drwy Jehw y proffwyd. 13Digwyddodd hyn i gyd oherwydd yr holl bethau drwg roedd Baasha
a'i fab Ela wedi'u gwneud. Roedden nhw wedi gwneud i Israel bechu, a gwylltio'r ARGLWYDD
gyda'u holl eilunod diwerth.
14Mae gweddill hanes Ela, a'r cwbl wnaeth e ei gyflawni, i'w weld yn y sgrôl *Hanes
Brenhinoedd Israel.*

Simri, brenin Israel

15Daeth Simri yn frenin ar Israel pan oedd Asa wedi bod yn frenin Jwda ers dau ddeg saith
o flynyddoedd. Bu Simri'n frenin Israel yn Tirtsa am saith diwrnod. Roedd byddin Israel yn
ymosod ar Gibbethon, un o drefi'r Philistiaid, ar y pryd. 16Dyma'r neges yn cyrraedd y gwersyll
fod Simri wedi cynllwynio yn erbyn y brenin a'i ladd. Felly, y diwrnod hwnnw yn y gwersyll,
dyma'r fyddin yn gwneud Omri, eu cadfridog, yn frenin ar Israel. 17A dyma Omri a'i fyddin yn
gadael Gibbethon a mynd i warchae ar Tirtsa, prifddinas Israel. 18Roedd Simri'n gweld bod
y ddinas wedi'i chipio, felly dyma fe'n mynd i gaer y palas, rhoi'r palas ar dân, a bu farw yn
y fflamau. 19Roedd hyn wedi digwydd am fod Simri wedi pechu. Gwnaeth bethau drwg iawn
yng ngolwg yr ARGLWYDD, fel gwnaeth Jeroboam; roedd e hefyd wedi gwneud i Israel bechu.
20Mae gweddill hanes Simri, a hanes ei gynllwyn, i'w weld yn y sgrôl *Hanes Brenhinoedd Israel.*

Omri, brenin Israel

21Yn y cyfnod yma roedd pobl Israel wedi rhannu'n ddwy garfan. Roedd hanner y boblogaeth
eisiau gwneud Tibni fab Ginath yn frenin, a'r hanner arall yn cefnogi Omri. 22Ond roedd dilynwyr
Omri yn gryfach na chefnogwyr Tibni fab Ginath. Bu farw Tibni, a daeth Omri yn frenin.
23Daeth Omri yn frenin ar Israel pan oedd Asa wedi bod yn frenin Jwda ers tri deg un
o flynyddoedd. Bu Omri yn frenin am un deg dwy o flynyddoedd, chwech ohonyn nhw yn Tirtsa.
24Prynodd Omri fryn Samaria gan Shemer am saith deg cilogram o arian. Dyma fe'n adeiladu
tref ar y bryn a'i galw'n Samaria, ar ôl Shemer, cyn-berchennog y mynydd.
25Gwnaeth Omri fwy o ddrwg yng ngolwg yr ARGLWYDD na neb o'i flaen. 26Roedd yn
ymddwyn yr un fath â Jeroboam fab Nebat; roedd yn gwneud i Israel hefyd bechu a gwylltio
yr ARGLWYDD, Duw Israel, gyda'u holl eilunod diwerth.
27Mae gweddill hanes Omri – y cwbl wnaeth e ei gyflawni a'i lwyddiant milwrol – i'w
weld yn y sgrôl *Hanes Brenhinoedd Israel.* 28Pan fu farw Omri, cafodd ei gladdu yn Samaria.
A dyma Ahab, ei fab, yn dod yn frenin yn ei le.

Ahab, brenin Israel

29Pan ddaeth Ahab fab Omri, yn frenin ar Israel, roedd Asa wedi bod yn frenin Jwda ers tri
deg saith o flynyddoedd. Bu Ahab yn frenin yn Samaria am ddau ddeg dwy o flynyddoedd.
30Gwnaeth Ahab fwy o ddrwg yng ngolwg yr ARGLWYDD na neb o'i flaen. 31Doedd dilyn yr
eilunod wnaeth Jeroboam fab Nebat eu codi ddim digon ganddo. Priododd Jesebel (merch
Ethbaal brenin y Sidoniaid) ac yna dechrau plygu ac addoli'r Baal! 32Adeiladodd deml i Baal
yn Samaria a rhoi allor i Baal ynddi. 33Cododd bolyn i Ashera hefyd. Roedd Ahab wedi gwneud
mwy i wylltio'r ARGLWYDD, Duw Israel, nag unrhyw frenin o'i flaen.
34Yn y cyfnod pan oedd Ahab yn frenin, dyma Chiel o Bethel yn ailadeiladu Jericho.
Aberthodd ei fab hynaf, Abiram, wrth osod sylfeini'r ddinas, a'i fab ifancaf, Segwf, pan

c 16:11 *un dyn na bachgen* Hebraeg, "un sy'n piso ar bared".

oedd wedi gorffen y gwaith ac yn gosod y giatiau yn eu lle. Dyma'n union roedd yr Arglwydd
wedi'i ddweud fyddai'n digwydd, drwy Josua fab Nwn.

Elias yn cyhoeddi y byddai dim glaw

17 Dyma Elias, o Tishbe yn Gilead, yn dweud wrth Ahab, "Mor sicr â bod yr Arglwydd, Duw
Israel, yn fyw (y Duw dw i'n ei addoli), fydd yna ddim gwlith na glaw y blynyddoedd nesaf
yma nes i mi ddweud yn wahanol." [2]Yna dyma'r Arglwydd yn dweud wrth Elias, [3]"Dos i ffwrdd i'r
dwyrain. Dos i guddio wrth ymyl Nant Cerith yr ochr arall i afon Iorddonen. [4]Cei ddŵr i'w yfed
o'r nant, a dw i wedi dweud wrth y cigfrain am ddod â bwyd i ti yno." [5]Dyma Elias yn gwneud
fel roedd yr Arglwydd wedi dweud, a mynd i fyw wrth Nant Cerith yr ochr arall i afon Iorddonen.
[6]Roedd cigfrain yn dod â bara a chig iddo bob bore a gyda'r nos, ac roedd yn yfed dŵr o'r nant.

Elias a'r wraig weddw yn Sareffath

[7]Ond ar ôl peth amser dyma'r nant yn sychu am ei bod hi heb fwrw glaw yn y wlad o gwbl.
[8]A dyma'r Arglwydd yn dweud wrtho, [9]"Cod, a dos i fyw i Sareffath[ch] yn ardal Sidon. Dw i wedi
dweud wrth wraig weddw sy'n byw yno i roi bwyd i ti." [10]Felly dyma Elias yn mynd i Sareffath.
Pan gyrhaeddodd giatiau'r dref gwelodd wraig weddw yn casglu coed tân. Dyma fe'n galw
arni, "Plîs wnei di roi ychydig o ddŵr i mi i'w yfed." [11]Wrth iddi fynd i nôl peth dyma fe'n galw
ar ei hôl, "Wnei di ddod â rhywbeth bach i mi ei fwyta hefyd?" [12]Ond dyma hi'n ateb, "Wir i ti,
mor sicr â bod yr Arglwydd dy Dduw yn fyw, does gen i ddim byd i ti. Llond dwrn o flawd mewn
potyn ac ychydig o olew olewydd mewn jwg sydd gen i ar ôl. Rôn i wrthi'n casglu ychydig
o goed tân i wneud un pryd olaf i mi a'm mab. Ar ôl i ni fwyta hwnnw byddwn ni'n llwgu."
[13]Ond dyma Elias yn dweud wrthi, "Paid bod ag ofn. Dos i wneud hynny. Ond gwna fymryn
o fara i mi gyntaf, a thyrd ag e allan yma. Cei baratoi rhywbeth i ti a dy fab wedyn. [14]Achos
dyma mae'r Arglwydd, Duw Israel, yn ei ddweud: Ddaw'r blawd yn y potyn ddim i ben, a fydd
yr olew yn y jar ddim yn darfod nes bydd yr Arglwydd wedi anfon glaw unwaith eto." [15]Felly
dyma hi'n mynd a gwneud fel roedd Elias wedi dweud wrthi. Ac roedd digon o fwyd bob
dydd i Elias ac iddi hi a'i theulu. [16]Ddaeth y blawd yn y potyn ddim i ben, a wnaeth yr olew
yn y jar ddim darfod, yn union fel roedd yr Arglwydd wedi addo drwy Elias.
[17]Beth amser wedyn dyma fab y wraig oedd biau'r tŷ yn cael ei daro'n wael. Aeth y salwch
o ddrwg i waeth, nes yn y diwedd iddo stopio anadlu. [18]A dyma'r wraig yn dweud wrth Elias, "Pa
ddrwg dw i wedi'i wneud i ti, broffwyd Duw? Wyt ti wedi dod yma i'm cosbi i am fy mhechod
a lladd fy mab?" [19]Dyma Elias yn ateb, "Rho dy fab i mi." A dyma fe'n cymryd y bachgen
o'i breichiau, a'i gario i fyny i'r llofft lle roedd yn aros, a'i roi i orwedd ar y gwely. [20]Yna dyma
fe'n galw ar yr Arglwydd, "O Arglwydd fy Nuw, wyt ti wir am wneud drwg i'r weddw yma sydd
wedi rhoi llety i mi, drwy ladd ei mab hi?" [21]Dyma fe'n ymestyn ei hun dros y bachgen dair gwaith,
a galw ar yr Arglwydd: "O Arglwydd, fy Nuw, plîs tyrd â'r bachgen yma yn ôl yn fyw!" [22]A dyma'r
Arglwydd yn gwrando ar weddi Elias, a dechreuodd y bachgen anadlu eto. Roedd yn fyw!
[23]Yna cododd Elias y bachgen a mynd ag e i lawr y grisiau yn ôl i'w fam, a dweud wrthi,
"Edrych, mae dy fab yn fyw!" [24]A dyma'r wraig yn dweud wrth Elias, "Nawr dw i'n gwybod dy
fod ti'n broffwyd[d] go iawn, a bod yr Arglwydd wir yn siarad trwot ti."

Elias yn cyfarfod Obadeia, gwas y Brenin Ahab

18 Ar ôl amser hir, yn ystod y drydedd flwyddyn o sychder, dyma'r Arglwydd yn dweud
wrth Elias. "Dos, a dangos dy hun i Ahab. Dw i'n mynd i anfon glaw ar y tir." [2]Felly
dyma Elias yn mynd i weld Ahab.

---

ch 17:9 *Sareffath* Tref ar arfordir Môr y Canoldir, tua 10 milltir i'r de o Sidon. d 17:24 *broffwyd* Hebraeg, "dyn Duw".

16:34 Josua 6:26

Roedd y newyn yn ddrwg iawn yn Samaria erbyn hynny. 3Dyma Ahab yn galw Obadeia,
y swyddog oedd yn gyfrifol am redeg y palas. (Roedd Obadeia yn ddyn oedd yn addoli'r
ARGLWYDD yn ffyddlon. 4Pan oedd Jesebel yn lladd proffwydi'r ARGLWYDD, roedd Obadeia wedi
cymryd cant o broffwydi a'u cuddio nhw fesul pum deg mewn dwy ogof. Ac roedd yn rhoi
bwyd iddyn nhw, a dŵr i'w yfed.) 5Dyma Ahab yn dweud wrth Obadeia, "Rhaid i ni fynd drwy'r
wlad i gyd, at bob ffynnon a nant. Falle y down ni o hyd i ychydig borfa i gadw'r ceffylau a'r
mulod yn fyw, yn lle bod rhaid i ni golli pob un anifail." 6A dyma nhw'n rhannu'r wlad gyfan
rhyngddyn nhw. Aeth Ahab i un cyfeiriad a dyma Obadeia yn mynd y ffordd arall.
7Wrth i Obadeia fynd ar ei ffordd dyma Elias yn dod i'w gyfarfod. Dyma Obadeia'n nabod
Elias, a dyma fe'n plygu ar ei liniau o'i flaen a dweud, "Ai ti ydy e go iawn, fy meistr, Elias?"
8"Ie, fi ydy e," meddai Elias. "Dos i ddweud wrth dy feistr fy mod i yn ôl." 9Dyma Obadeia'n
ateb, "Beth dw i wedi'i wneud o'i le? Wyt ti eisiau i Ahab fy lladd i? 10Mor sicr â bod yr
ARGLWYDD dy Dduw yn fyw, mae fy meistr wedi anfon i bob gwlad a theyrnas i chwilio amdanat
ti! Os dŷn nhw'n dweud dy fod ti ddim yno, mae'n gwneud iddyn dyngu llw eu bod nhw
heb ddod o hyd i ti. 11A dyma ti'n dweud wrtho i, 'Dos i ddweud wrth dy feistr, "Mae Elias yn
ôl"!' 12Y funud bydda i'n dy adael di, bydd Ysbryd yr ARGLWYDD yn dy gario di i ffwrdd i rywle,
a fydd gen i ddim syniad i ble. Os gwna i ddweud wrth Ahab fy mod wedi dy weld di, ac yntau
wedyn yn methu dod o hyd i ti, bydd e'n fy lladd i! Dw i wedi addoli'r ARGLWYDD yn ffyddlon
ers pan oeddwn i'n fachgen. 13Oes neb wedi dweud wrthot ti beth wnes i pan oedd Jesebel
yn lladd proffwydi'r ARGLWYDD? Gwnes i guddio cant o'i broffwydi, fesul pum deg, mewn dwy
ogof, a rhoi bwyd iddyn nhw a dŵr i'w yfed. 14A nawr, dyma ti'n gofyn i mi fynd i ddweud wrth
Ahab 'Mae Elias yn ôl'! Bydd e'n fy lladd i!" 15Ond dyma Elias yn addo iddo, "Mor sicr â bod yr
ARGLWYDD hollbwerus yn fyw (y Duw dw i'n ei wasanaethu), bydda i'n cyfarfod Ahab heddiw."

Elias yn cyfarfod y Brenin Ahab

16Felly dyma Obadeia'n mynd i ddweud wrth Ahab. A dyma Ahab yn dod i gyfarfod Elias.
17Pan welodd Ahab Elias dyma fe'n dweud, "Ai ti ydy e go iawn? – yr un sy'n creu helynt i Israel!"
18Dyma Elias yn ateb, "Nid fi sydd wedi creu helynt i Israel. Ti a theulu dy dad sydd wedi gwrthod
gwneud beth mae'r ARGLWYDD yn ei ddweud, a ti wedi addoli delwau o Baal! 19Dw i eisiau i ti
gasglu pobl Israel i gyd at ei gilydd wrth Fynydd Carmel. Tyrd â'r holl broffwydi mae Jesebel yn eu
cynnal yno – pedwar cant pum deg o broffwydi Baal a phedwar cant o broffwydi'r dduwies Ashera."

Elias a proffwydi Baal ar Fynydd Carmel

20Felly dyma Ahab yn anfon neges at holl bobl Israel, a dod â'r proffwydi i gyd at ei gilydd
i Fynydd Carmel. 21Dyma Elias yn sefyll o flaen y bobl i gyd a gofyn iddyn nhw, "Am faint mwy
dych chi'n mynd i eistedd ar y ffens? Os mai'r ARGLWYDD ydy'r Duw go iawn, dilynwch e, ond
os Baal ydy e, dilynwch hwnnw!" Ddwedodd neb yr un gair. 22Felly dyma Elias yn dweud wrth
y bobl, "Fi ydy'r unig un sydd ar ôl o broffwydi'r ARGLWYDD, ond mae yna bedwar cant pum
deg o broffwydi Baal yma. 23Dewch â dau darw ifanc yma. Cân nhw ddewis un tarw, yna ei
dorri'n ddarnau, a'i osod ar y coed. Ond dŷn nhw ddim i gynnau tân oddi tano. Gwna i yr
un fath gyda'r tarw arall – ei osod ar y coed, ond dim cynnau tân oddi tano. 24Galwch chi ar
eich duw chi, a gwna i alw ar yr ARGLWYDD. Y duw sy'n anfon tân fydd yn dangos mai fe ydy'r
Duw go iawn." A dyma'r bobl yn ymateb, "Syniad da! Iawn!"
25Yna dyma Elias yn dweud wrth broffwydi Baal, "Ewch chi gyntaf. Mae yna lawer ohonoch chi,
felly dewiswch darw, a'i baratoi. Yna galwch ar eich duw, ond peidiwch cynnau tân." 26Felly dyma
nhw'n cymryd y tarw roedden nhw wedi'i gael, ei baratoi a'i osod ar yr allor. A dyma nhw'n galw
ar Baal drwy'r bore, nes oedd hi'n ganol dydd, "Baal, ateb ni!" Ond ddigwyddodd dim byd – dim
siw na miw. Roedden nhw'n dawnsio'n wyllt o gwmpas yr allor roedden nhw wedi'i chodi. 27Yna
tua canol dydd dyma Elias yn dechrau gwneud hwyl am eu pennau nhw. "Rhaid i chi weiddi'n
uwch! Dewch, duw ydy e! Falle ei fod e'n myfyrio, neu wedi mynd i'r tŷ bach, neu wedi mynd ar

daith i rywle. Neu falle ei fod e'n cysgu, a bod angen ei ddeffro!" 28A dyma nhw'n gweiddi'n uwch,
a dechrau torri eu hunain gyda chyllyll a gwaywffyn (dyna oedd y ddefod arferol). Roedd eu cyrff yn
waed i gyd. 29Buon nhw wrthi'n proffwydo'n wallgof drwy'r p'nawn nes ei bod yn amser offrymu
aberth yr hwyr. Ond doedd dim byd yn digwydd, dim siw na miw – neb yn cymryd unrhyw sylw.

30Yna dyma Elias yn galw'r bobl draw ato. Ar ôl iddyn nhw gasglu o'i gwmpas, dyma
Elias yn trwsio allor yr ARGLWYDD oedd wedi cael ei dryllio. 31Cymerodd un deg dwy o gerrig
– un ar gyfer pob un o lwythau Jacob (yr un roedd yr ARGLWYDD wedi rhoi'r enw Israel iddo).
32A dyma fe'n defnyddio'r cerrig i godi allor i'r ARGLWYDD. Yna dyma fe'n cloddio ffos eithaf
dwfn[dd] o gwmpas yr allor. 33Wedyn gosododd y coed ar yr allor, torri'r tarw yn ddarnau a'i roi
ar y coed. 34Yna dyma fe'n dweud, "Ewch i lenwi pedwar jar mawr â dŵr, a'i dywallt ar yr
offrwm ac ar y coed." Ar ôl iddyn nhw wneud hynny, dyma Elias yn dweud, "Gwnewch yr un
peth eto," a dyma wnaethon nhw. "Ac eto," meddai, a dyma nhw'n gwneud y drydedd waith.
35Roedd yr allor yn socian, a'r dŵr wedi llenwi'r ffos o'i chwmpas.

36Pan ddaeth hi'n amser i offrymu aberth yr hwyr, dyma Elias yn camu at yr allor, a dweud,
"O ARGLWYDD, Duw Abraham, Isaac ac Israel, gad i bawb wybod heddiw mai ti ydy Duw Israel,
ac mai dy was di ydw i. Dangos fy mod i'n gwneud hyn am mai ti sydd wedi dweud wrtho
i. 37Ateb fi, O ARGLWYDD, ateb fi, er mwyn i'r bobl yma wybod mai ti ydy'r Duw go iawn, a dy
fod ti'n eu troi nhw'n ôl atat ti."

38Yna'n sydyn dyma dân yn disgyn oddi wrth yr ARGLWYDD a llosgi'r offrwm, y coed, y cerrig
a'r pridd, a hyd yn oed sychu'r dŵr oedd yn y ffos. 39Pan welodd y bobl beth ddigwyddodd,
dyma nhw'n syrthio ar eu gliniau a'u hwynebau ar lawr, a gweiddi, "Yr ARGLWYDD ydy'r Duw
go iawn! Yr ARGLWYDD ydy'r Duw go iawn!" 40Yna dyma Elias yn dweud, "Daliwch broffwydi
Baal! Peidiwch gadael i'r un ohonyn nhw ddianc!" Ar ôl iddyn nhw gael eu dal, dyma Elias
yn mynd â nhw i lawr at afon Cison a'u lladd nhw i gyd yno.

Elias yn gweddïo am law

41Yna dyma Elias yn dweud wrth Ahab, "Dos i fwyta ac yfed, achos mae yna sŵn glaw trwm
yn dod." 42Felly dyma Ahab yn mynd i fwyta ac yfed, ond aeth Elias i fyny i gopa mynydd Carmel.
Plygodd i lawr i weddïo, â'i wyneb ar lawr rhwng ei liniau. 43A dyma fe'n dweud wrth ei was,
"Dos i fyny i edrych allan dros y môr." Dyma'r gwas yn mynd i edrych, a dweud, "Does dim byd
yna". Saith gwaith roedd rhaid i Elias ddweud, "Dos eto". 44Yna'r seithfed tro dyma'r gwas yn
dweud, "Mae yna gwmwl bach, dim mwy na dwrn dyn, yn codi o'r môr." A dyma Elias yn dweud,
"Brysia i ddweud wrth Ahab, 'Dringa i dy gerbyd a dos adre, rhag i ti gael dy ddal yn y storm.' "
45Cyn pen dim roedd cymylau duon yn yr awyr, gwynt yn chwythu a glaw trwm. Roedd Ahab yn
gyrru i fynd yn ôl i Jesreel. 46A dyma'r ARGLWYDD yn rhoi nerth goruwchnaturiol i Elias. Dyma fe'n
rhwymo'i wisg am ei ganol a rhedeg o flaen cerbyd Ahab yr holl ffordd i Jesreel.

Elias yn dianc am ei fywyd

19 Dyma Ahab yn dweud wrth Jesebel beth roedd Elias wedi'i wneud, a'i fod wedi lladd
y proffwydi i gyd. 2Yna dyma Jesebel yn anfon neges at Elias i ddweud, "Boed i'r
duwiau fy melltithio i os na fydda i, erbyn yr adeg yma yfory, wedi dy ladd di fel gwnest ti eu
lladd nhw!" 3Roedd Elias wedi dychryn a dyma fe'n dianc am ei fywyd.

Aeth i Beersheba yn Jwda, gadael ei was yno 4a cherdded yn ei flaen drwy'r dydd i'r anialwch.
Yna dyma fe'n eistedd o dan lwyn banadl a gofyn am gael marw. "Dw i wedi cael digon! ARGLWYDD,
cymer fy mywyd i. Dw i ddim gwell na'm hynafiaid." 5Yna dyma fe'n gorwedd i lawr a syrthio
i gysgu dan y llwyn. A dyma angel yn dod a rhoi pwt iddo a dweud, "Cod, bwyta." 6Edrychodd, ac
roedd yna fara fflat wedi'i bobi ar gerrig poeth, a jwg o ddŵr wrth ei ymyl. Dyma fe'n bwyta ac
yfed ac yna mynd yn ôl i gysgu eto. 7Daeth angel yr ARGLWYDD ato eto, rhoi pwt iddo a dweud, "Cod,

dd 18:32 *eithaf dwfn* Hebraeg, "digon dwfn i ddal dau fesur o had".

bwyta, achos mae taith hir o dy flaen di." 8Felly dyma fe'n codi, bwyta ac yfed. Yna, ar ôl bwyta,
cerddodd yn ei flaen ddydd a nos am bedwar deg diwrnod, a chyrraedd Sinai,[e] mynydd yr ARGLWYDD.

Duw yn siarad ag Elias wrth fynydd Sinai

9Aeth i mewn i ogof i dreulio'r nos. Yna'n sydyn, dyma'r ARGLWYDD yn siarad ag e, "Be wyt ti'n
wneud yma, Elias?" 10A dyma fe'n ateb, "Dw i wedi bod yn hollol ffyddlon i'r ARGLWYDD, y Duw
hollbwerus. Ond mae pobl Israel wedi troi cefn ar dy ymrwymiad iddyn nhw. Maen nhw wedi chwalu
dy allorau a lladd dy broffwydi. A dyma fi, yr unig un sydd ar ôl, ac maen nhw eisiau fy lladd i hefyd!"
11Dyma'r ARGLWYDD yn dweud wrtho, "Dos allan a sefyll ar y mynydd o mlaen i." Yna dyma wynt
stormus yn chwythu o flaen yr ARGLWYDD a tharo'r mynydd a'r creigiau nes achosi tirlithriad; ond
doedd yr ARGLWYDD ddim yn y gwynt. Ar ôl y gwynt roedd yna ddaeargryn; ond doedd yr ARGLWYDD
ddim yn y daeargryn. 12Wedyn ar ôl y daeargryn daeth tân; ond doedd yr ARGLWYDD ddim yn y tân.
Wedyn ar ôl tân roedd yna ddistawrwydd llwyr.[f] 13Pan glywodd Elias hyn, dyma fe'n lapio'i glogyn
dros ei wyneb a mynd i sefyll wrth geg yr ogof. A dyma lais yn gofyn iddo, "Be wyt ti'n wneud yma
Elias?" 14A dyma fe'n ateb, "Dw i wedi bod yn hollol ffyddlon i'r ARGLWYDD, y Duw hollbwerus. Ond
mae pobl Israel wedi troi cefn ar dy ymrwymiad iddyn nhw. Maen nhw wedi chwalu dy allorau di
a lladd dy broffwydi. A dyma fi, yr unig un sydd ar ôl, ac maen nhw eisiau fy lladd i hefyd!"

15Dyma'r ARGLWYDD yn dweud wrtho, "Dos yn ôl y ffordd daethost ti, a mynd ymlaen
i anialwch Damascus. Yno, eneinia Hasael yn frenin ar Syria. 16Wedyn rwyt i eneinio Jehw fab
Nimshi yn frenin ar Israel, ac Eliseus fab Shaffat o Abel-mechola i gymryd dy le di fel proffwyd.
17Bydd Jehw yn lladd pwy bynnag fydd yn dianc rhag cleddyf Hasael, a bydd Eliseus yn lladd
pwy bynnag fydd yn dianc rhag cleddyf Jehw. 18A gyda llaw, mae gen i saith mil o bobl yn
Israel sydd heb fynd i lawr ar eu gliniau i addoli Baal, a chusanu ei ddelw."

Galwad Eliseus

19Felly dyma Elias yn mynd, ac yn dod o hyd i Eliseus fab Shaffat yn aredig. Roedd un deg dau
o barau o ychen yno i gyd, ac roedd Eliseus yn gweithio gyda'r pâr olaf. Dyma Elias yn mynd
heibio ac yn taflu ei glogyn dros Eliseus wrth basio. 20A dyma Eliseus yn gadael yr ychen, rhedeg
ar ôl Elias, a dweud wrtho, "Plîs gad i mi fynd i ffarwelio â dad a mam gyntaf, ac wedyn dof i ar
dy ôl di." A dyma Elias yn ateb, "Iawn, dos yn ôl, ond meddylia di beth dw i newydd ei wneud i ti."

21Felly dyma Eliseus yn mynd yn ei ôl. Lladdodd y ddau ych oedd ganddo, a defnyddio'r
gêr a'r iau i wneud tân gyda nhw. Coginiodd y cig ar y tân, a dyma bobl y pentref i gyd yn
cael bwyta. Yna dyma fe'n mynd ar ôl Elias, i fod yn was iddo.

Syria yn ymosod ar Israel

20 Dyma Ben-hadad, brenin Syria, yn casglu ei fyddin i gyd. Roedd yna dri deg dau
o frenhinoedd gydag e, gyda'u cerbydau a'u ceffylau. Aeth i warchae ar Samaria ac
ymosod arni. 2A dyma fe'n anfon neges i'r ddinas at y Brenin Ahab. 3"Dyma mae Ben-hadad
yn ei ddweud: 'Fi piau dy arian di a dy aur di. Fi piau dy hoff wragedd di a dy blant di hefyd.' "
4A dyma frenin Israel yn ateb, "Iawn, fy mrenin, fy meistr! Ti sydd biau fi a phopeth sydd gen
i." 5Yna dyma'r negeswyr yn dod yn ôl ato eto a dweud, "Dyma mae Ben-hadad yn ei ddweud:
'Dw i eisoes wedi dweud wrthot ti am roi dy arian, dy aur, dy wragedd a dy blant i mi. 6Tua'r
adeg yma yfory dw i'n mynd i anfon fy ngweision atat ti, a byddan nhw'n chwilio drwy dy
balas di a thai dy swyddogion, ac yn cymryd popeth gwerthfawr oddi arnat ti.' "

7Dyma frenin Israel yn galw holl arweinwyr y wlad at ei gilydd, a dweud, "Gwrandwch,
mae'r dyn yma am greu helynt go iawn. Pan wnaeth e hawlio'r gwragedd a'r plant a'r holl
arian a'r aur sydd gen i, wnes i ddim ei wrthod e." 8A dyma'r arweinwyr a'r bobl yn dweud

---

e 19:8 *Sinai* Hebraeg, "Horeb", sef enw arall ar Fynydd Sinai. f 19:12 *distawrwydd llwyr* neu *awel ysgafn* neu *llais tawel yn sibrwd*.

wrtho, "Paid gwrando arno! Paid cytuno." 9 Felly dyma Ahab yn dweud wrth negeswyr Ben-
hadad, "Dwedwch wrth fy meistr, y brenin, 'Dw i'n fodlon gwneud popeth wnest ti ofyn y tro
cyntaf, ond alla i ddim cytuno i hyn.' " A dyma'r negeswyr yn mynd â'r ateb yn ôl i'w meistr.
10 Yna dyma Ben-hadad yn anfon neges arall, "Boed i'r duwiau fy melltithio i, os bydd unrhyw
beth ar ôl o Samaria ond llond dwrn o lwch i bob un o'r dynion sy'n fy nilyn i ei godi." 11 Ateb
brenin Israel oedd, "Paid brolio wrth godi dy arfau; dim ond pan fyddi'n eu rhoi i lawr!" 12 Roedd
Ben-hadad yn diota yn ei babell gyda'r brenhinoedd eraill pan gafodd yr ateb yma. A dyma
fe'n dweud wrth ei filwyr, "Paratowch i ymosod!" A dyma nhw'n paratoi i ymosod ar y ddinas.

Yr ARGLWYDD yn achub Israel

13 Yr un pryd, dyma broffwyd yn mynd i weld Ahab, brenin Israel, a dweud wrtho, "Dyma
mae'r ARGLWYDD yn ei ddweud: 'Wyt ti'n gweld y fyddin anferth yna? Heddiw dw i'n mynd i'w
rhoi nhw'n dy law di, a byddi'n gwybod wedyn mai fi ydy'r ARGLWYDD.' " 14 A dyma Ahab yn
gofyn, "Sut?" "Drwy swyddogion ifanc y taleithiau," meddai'r proffwyd. Yna dyma Ahab yn
gofyn, "Pwy fydd yn ymosod gyntaf?" "Ti," meddai'r proffwyd. 15 Felly dyma Ahab yn casglu
swyddogion ifainc y taleithiau at ei gilydd, ac roedd yna ddau gant tri deg dau ohonyn nhw.
Wedyn dyma fe'n casglu byddin Israel, ac roedd yna saith mil ohonyn nhw.
16-17 Dyma nhw'n mynd allan tua hanner dydd, gyda swyddogion ifanc y taleithiau yn eu
harwain. Roedd Ben-hadad a'r tri deg dau brenin oedd gydag e wedi yfed eu hunain yn chwil yn
eu pebyll. A dyma'i sgowtiaid yn dod a dweud wrtho, "Mae yna filwyr yn dod allan o Samaria."
18 Dyma Ben-hadad yn dweud: "Daliwch nhw'n fyw – sdim ots os ydyn nhw am wneud heddwch
neu am ymladd." 19 Swyddogion ifanc y taleithiau oedd yn arwain byddin Israel allan. 20 A dyma
nhw'n taro milwyr y gelyn nes i'r Syriaid orfod ffoi. Aeth Israel er eu holau, ond llwyddodd Ben-
hadad i ddianc ar gefn ceffyl gyda'i farchogion. 21 A dyna sut wnaeth brenin Israel orchfygu holl
gerbydau a marchogion y gelyn. Cafodd y Syriaid eu trechu'n llwyr.
22 Yna dyma'r proffwyd yn mynd at frenin Israel a dweud wrtho, "Rhaid i ti gryfhau'r
amddiffynfeydd, a meddwl yn ofalus beth i'w wneud. Achos yn y gwanwyn bydd brenin
Syria yn ymosod eto."

Syria yn ymosod ar Israel eto

23 Dyma swyddogion brenin Syria yn dweud wrtho, "Duw'r bryniau ydy eu duw nhw, a dyna
pam wnaethon nhw'n curo ni. Os gwnawn ni eu hymladd nhw ar y gwastadedd byddwn
ni'n siŵr o ennill. 24 Dylen ni gael capteniaid milwrol i arwain y fyddin yn lle'r brenhinoedd
yma. 25 Yna casglu byddin at ei gilydd yn lle'r un wnest ti ei cholli, gyda'r un faint o geffylau
a cherbydau. Os gwnawn ni i ymladd gyda nhw ar y gwastadedd, byddwn ni'n siŵr o ennill."
A dyma Ben-hadad yn gwneud beth roedden nhw'n ei awgrymu.
26 Felly yn y gwanwyn dyma Ben-hadad yn casglu byddin Syria at ei gilydd, a mynd i ymladd
yn erbyn Israel yn Affec. 27 Roedd byddin Israel eisoes wedi'i galw allan ac wedi derbyn eu
cyflenwadau, a dyma nhw'n mynd i ryfel. Ond roedd byddin Israel, gyferbyn â'r Syriaid, yn
edrych fel dwy ddiadell fach o eifr o'i chymharu â byddin Syria oedd yn llenwi'r wlad!
28 Yna dyma'r proffwyd yn mynd i weld brenin Israel, a dweud wrtho: "Dyma mae'r ARGLWYDD
yn ei ddweud: 'Am fod Syria wedi dweud mai Duw'r bryniau ydy'r ARGLWYDD, dim Duw'r
dyffrynnoedd, dw i'n mynd i roi'r fyddin anferth yma yn dy law di. Byddi'n gwybod wedyn
mai fi ydy'r ARGLWYDD.' "
29 Bu'r ddwy fyddin yn gwersylla gyferbyn â'i gilydd am saith diwrnod. Yna ar y seithfed
diwrnod dyma'r ymladd yn dechrau. Lladdodd milwyr Israel gan mil o wŷr traed Syria mewn
un diwrnod! 30 Dyma'r gweddill yn ffoi i Affec, ond syrthiodd wal y ddinas a lladd dau ddeg
saith mil ohonyn nhw. Roedd Ben-hadad wedi dianc i'r ddinas, ac yn cuddio mewn ystafell
fewnol yno. 31 A dyma'i swyddogion yn dweud wrtho, "Gwranda, dŷn ni wedi clywed fod
brenhinoedd Israel yn garedig. Gad i ni wisgo sachliain, rhoi rhaffau am ein gyddfau a mynd

allan at frenin Israel. Falle y bydd e'n arbed dy fywyd di." 32 Felly dyma nhw'n gwisgo sachliain
a rhoi rhaffau am eu gyddfau a mynd allan at frenin Israel, a dweud, "Mae dy was, Ben-hadad
yn gofyn, 'Plîs, gad i mi fyw.' "
"Beth? Ydy e'n dal yn fyw?" meddai brenin Israel, "Mae e fel brawd[ff] i mi." 33 Roedd y dynion
yn cymryd hyn fel arwydd da, a dyma nhw'n ymateb yn syth, "Ie, dy frawd di ydy Ben-hadad."
Felly dyma Ahab yn dweud, "Ewch i'w nôl e." A phan ddaeth Ben-hadad dyma Ahab yn ei
dderbyn i'w gerbyd. 34 Dyma Ben-hadad yn dweud wrtho, "Dw i am roi'r trefi wnaeth fy nhad
eu cymryd oddi ar dy dad di yn ôl i ti. A cei di sefydlu canolfannau marchnata yn Damascus,
fel roedd fy nhad i wedi gwneud yn Samaria." A dyma Ahab yn dweud, "Gwna i dy ollwng
di'n rhydd ar yr amodau yma." Felly dyma'r ddau'n gwneud cytundeb heddwch, a dyma
Ben-hadad yn cael mynd yn rhydd.

Proffwyd yn ceryddu Ahab

35 Dyma'r Arglwydd yn dweud wrth un oedd yn aelod o urdd o broffwydi i ddweud wrth un
arall, "Taro fi!" Ond dyma'r llall yn gwrthod. 36 Felly meddai wrtho, "Am i ti wrthod gwrando
ar yr Arglwydd, pan fyddi di'n fy ngadael i bydd llew yn ymosod arnat ti." Ac wrth iddo fynd
oddi wrtho dyma lew yn ymosod arno a'i ladd. 37 Yna dyma'r proffwyd yn dweud wrth ddyn
arall, "Taro fi!" A dyma hwnnw'n taro'r proffwyd yn galed a'i anafu.[g] 38 Yna aeth y proffwyd
i ddisgwyl ar ochr y ffordd am y brenin. Roedd wedi cuddio ei wyneb rhag iddo gael ei nabod.
39 Pan ddaeth y brenin heibio, dyma'r proffwyd yn galw arno. "Rôn i yng nghanol y frwydr
a dyma rywun yn rhoi carcharor i mi ofalu amdano. 'Gwylia hwn!' meddai wrtho i, 'Os bydd
e'n dianc byddi di'n talu â'th fywyd, neu dalu dirwy o dri deg pum cilogram o arian.' 40 Ond tra
oedd dy was yn brysur yn gwneud hyn a'r llall, dyma'r carcharor yn diflannu." Dyma'r brenin
yn ei ateb, "Ti wedi dweud dy hun beth ydy'r gosb, ac felly bydd hi." 41 Ar unwaith dyma'r
proffwyd yn dangos ei wyneb, a dyma frenin Israel yn sylweddoli ei fod yn un o'r proffwydi.
42 Yna dyma'r proffwyd yn dweud wrth y brenin, "Dyma mae'r Arglwydd yn ei ddweud: 'Am
i ti ollwng yn rhydd y dyn roeddwn i wedi dweud oedd i farw, byddi di'n marw yn ei le, a bydd
dy bobl di yn dioddef yn lle ei bobl e.' "
43 Aeth brenin Israel yn ôl adre i Samaria yn sarrug a blin.

Gwinllan Naboth

21 Wedyn dyma hyn yn digwydd: Roedd gan ddyn o'r enw Naboth, o Jesreel, winllan reit
wrth ymyl palas Ahab, brenin Samaria. 2 A dyma Ahab yn gwneud cynnig i Naboth,
"Rho dy winllan i mi, i mi gael ei throi hi'n ardd lysiau gan ei bod hi reit wrth ymyl y palas.
Gwna i roi gwinllan well i ti'n ei lle hi. Neu, os wyt ti eisiau, gwna i dalu pris teg i ti amdani."
3 Ond dyma Naboth yn gwrthod, "Na, dim ar unrhyw gyfri! Mae'r tir wedi perthyn i'r teulu ers
cenedlaethau; allwn i byth ei rhoi hi i ti." 4 Felly dyma Ahab yn mynd yn ôl i'r palas yn sarrug
a blin am fod Naboth wedi gwrthod rhoi'r winllan iddo. Dyma fe'n gorwedd ar ei wely wedi
pwdu, a gwrthod bwyta. 5 Yna dyma Jesebel, ei wraig, yn dod ato a gofyn, "Pam wyt ti mewn
hwyliau mor ddrwg ac yn gwrthod bwyta?" 6 A dyma fe'n dweud, "Gwnes i ofyn i Naboth
werthu ei winllan i mi; neu os oedd yn well ganddo, gwnes i gynnig ei chyfnewid hi am winllan
arall. Ond mae e wedi gwrthod rhoi'r winllan i mi." 7 A dyma Jesebel yn dweud, "Wyt ti'n frenin
Israel neu ddim? Tyrd, bwyta rywbeth. Cod dy galon! Gwna i gael gafael ar winllan Naboth i ti."
8 Aeth ati i ysgrifennu llythyrau yn enw Ahab, rhoi sêl y brenin arnyn nhw, a'u hanfon at
yr arweinwyr a'r bobl bwysig oedd yn byw yn yr un gymuned â Naboth. 9 Dyma ysgrifennodd
hi: "Cyhoeddwch ddiwrnod o ymprydio, a rhoi Naboth i eistedd mewn lle amlwg o flaen pawb.

---

ff 20:32 *brawd* Roedd y gair 'brawd' yn air cyffredin mewn cytundebau rhwng gwledydd yn y cyfnod yma,.
g 20:37 "Taro fi!" ... a'i anafu Mae'n debyg fod y proffwyd eisiau cymryd arno ei fod yn filwr wedi'i anafu – gw. adn. 39-40.
21:3 Numeri 36:7

10 Yna ffeindiwch ddau ddyn drwg a'u gosod nhw i eistedd gyferbyn ag e, a'u cael nhw
i gyhuddo Naboth yn gyhoeddus o fod wedi melltithio Duw a'r brenin. Wedyn ewch ag e allan
a thaflu cerrig ato nes bydd wedi marw."
11 Dyma arweinwyr a phobl bwysig y gymuned yn gwneud yn union fel roedd Jesebel wedi
dweud yn y llythyrau. 12 Dyma nhw'n cyhoeddi diwrnod o ympryd, ac yn rhoi Naboth mewn
lle amlwg o flaen y bobl. 13 Dyma ddau ddyn drwg yn eistedd gyferbyn â Naboth, a'i gyhuddo
o flaen pawb, a dweud, "Mae Naboth wedi melltithio Duw a'r brenin!" Felly dyma nhw'n
mynd â Naboth allan o'r dre a thaflu cerrig ato nes roedd wedi marw. 14 Yna, dyma nhw'n
anfon neges at Jesebel, "Mae Naboth wedi cael ei ladd gyda cherrig."
15 Y funud y clywodd Jesebel fod Naboth wedi marw, dyma hi'n dweud wrth Ahab, "Cod,
cymer y winllan roedd Naboth o Jesreel wedi gwrthod ei gwerthu i ti. Dydy Naboth ddim yn
fyw; mae e wedi marw." 16 Pan glywodd Ahab fod Naboth wedi marw, dyma fe'n mynd i lawr
i'r winllan i'w hawlio hi iddo'i hun.
17 Ond yna, dyma'r ARGLWYDD yn dweud wrth Elias, 18 "Dos i gyfarfod Ahab, brenin Israel, yn
Samaria. Cei hyd iddo yng ngwinllan Naboth. Mae wedi mynd yno i hawlio'r winllan iddo'i hun.
19 Dwed wrtho, 'Dyma mae'r ARGLWYDD yn ei ddweud: Ar ôl llofruddio'r dyn, wyt ti hefyd am
ddwyn ei eiddo?' Dwed wrtho hefyd, 'Dyma mae'r ARGLWYDD yn ei ddweud: Lle bu'r cŵn yn
llyfu gwaed Naboth, bydd cŵn yn llyfu dy waed di hefyd – ie, ti!' "
20 Dyma Ahab yn dweud wrth Elias, "Felly, fy ngelyn i, ti wedi dod o hyd i mi!" A dyma Elias
yn ateb, "Ydw, dw i wedi dod o hyd i ti. Ti'n benderfynol o wneud pethau sy'n ddrwg yng
ngolwg yr ARGLWYDD! 21 Mae'r ARGLWYDD yn dweud, 'Dw i'n mynd i wneud drwg i ti, a dod â dy
linach i ben. Bydda i'n cael gwared â phob dyn a bachgen[ng] yn Israel, sy'n perthyn i Ahab,
y caeth a'r rhydd. 22 Bydda i'n gwneud yr un peth i dy linach di ag a wnes i i Jeroboam fab
Nebat a Baasha fab Achïa am dy fod ti wedi fy ngwylltio i a gwneud i Israel bechu.' 23 A dyma
mae'r ARGLWYDD yn ei ddweud am Jesebel, 'Bydd cŵn yn bwyta Jesebel o fewn waliau Jesreel.'

24 'Bydd pobl Ahab sy'n marw yn y ddinas
  yn cael eu bwyta gan y cŵn.
Bydd y rhai sy'n marw yng nghefn gwlad
  yn cael eu bwyta gan yr adar!' "

25 (Fuodd yna neb tebyg i Ahab, oedd mor benderfynol o wneud pethau oedd yn ddrwg yng
ngolwg yr ARGLWYDD; ac roedd Jesebel ei wraig yn ei annog e. 26 Roedd yn gwneud pethau hollol
afiach, yn addoli eilunod diwerth yn union yr un fath â'r Amoriaid, y bobl roedd yr ARGLWYDD
wedi'u gyrru allan o'r wlad o flaen Israel.)
27 Pan glywodd Ahab neges Elias, dyma fe'n rhwygo'i ddillad a gwisgo sachliain, a mynd
heb fwyd. Roedd yn cysgu mewn sachliain ac yn cerdded o gwmpas yn isel ei ysbryd. 28 Yna
dyma'r ARGLWYDD yn dweud wrth Elias, 29 "Wyt ti wedi gweld fel mae Ahab wedi plygu mewn
cywilydd o mlaen i? Am ei fod yn edifar, wna i ddim dod â'r drwg yn ystod ei fywyd e. Bydda
i'n dinistrio'i linach pan fydd ei fab yn frenin."

Jehosaffat ac Ahab

(2 Cronicl 18:2-8)

22 Aeth tair blynedd heibio heb i Israel a Syria fynd i ryfel yn erbyn ei gilydd. 2 Yn
ystod y drydedd flwyddyn aeth Jehosaffat, brenin Jwda, i ymweld â brenin Israel.
3 Tra oedd e yno, dyma frenin Israel yn dweud wrth ei swyddogion, "Dych chi'n gwybod yn
iawn mai ni sydd biau Ramoth-gilead, ond dŷn ni wedi gwneud dim i'w chymryd yn ôl oddi
ar frenin Syria." 4 A dyma fe'n gofyn i Jehosaffat, "Ddoi di gyda mi i ymladd am Ramoth-
gilead?" Atebodd Jehosaffat, "Dw i gyda ti, a bydd fy myddin i gyda dy fyddin di!" 5 Yna dyma
Jehosaffat yn ychwanegu, "Ond gad i ni'n gyntaf holi beth mae'r ARGLWYDD yn ei ddweud."

---

ng 21:21 *dyn a bachgen* Hebraeg, "un sy'n piso ar bared".

6 Felly dyma frenin Israel yn casglu'r proffwydi at ei gilydd – roedd tua pedwar cant ohonyn
nhw. Gofynnodd iddyn nhw, "Ddylwn i ymosod ar Ramoth-gilead neu ddim?" A dyma nhw'n
ateb, "Dos! Bydd y Meistr yn rhoi buddugoliaeth i'r brenin!" 7 Ond dyma Jehosaffat yn gofyn,
"Oes yna ddim un o broffwydi'r ARGLWYDD yma, i ni ofyn iddo fe hefyd?" 8 A dyma frenin Israel
yn ateb, "Oes, mae yna un dyn gallwn holi'r ARGLWYDD drwyddo. Ond dw i'n ei gasáu e, achos
dydy e byth yn proffwydo dim byd da i mi, dim ond drwg. Ei enw e ydy Michea fab Imla." "Paid
siarad fel yna," meddai Jehosaffat. 9 Felly dyma frenin Israel yn galw swyddog draw a dweud
wrtho, "Brysia! Tyrd â Michea fab Imla yma."

Proffwydoliaeth Michea

(2 Cronicl 18:9-27)

10 Roedd brenin Israel a Jehosaffat, brenin Jwda, yn eu gwisgoedd brenhinol yn eistedd ar
orseddau yn y sgwâr wrth y giât i ddinas Samaria. O'u blaenau roedd yr holl broffwydi wrthi'n
proffwydo. 11 Dyma Sedeceia fab Cenaana yn gwneud cyrn haearn. A dyma fe'n cyhoeddi,
"Dyma mae'r ARGLWYDD yn ei ddweud: 'Byddi di'n cornio'r Syriaid gyda'r rhain, ac yn eu difa
nhw.' " 12 Ac roedd y proffwydi eraill i gyd yn dweud yr un fath. "Dos i ymosod ar Ramoth-gilead.
Byddi'n ennill y frwydr! Mae'r ARGLWYDD yn mynd i roi buddugoliaeth i ti."
13 Dyma'r un oedd wedi mynd i nôl Michea yn dweud wrtho, "Gwranda, mae'r proffwydi
i gyd yn cytuno fod y brenin yn mynd i lwyddo. Dwed di'r un peth, a proffwyda lwyddiant
iddo." 14 Ond dyma Michea'n ei ateb, "Mor sicr â bod yr ARGLWYDD yn fyw, fydda i ond yn dweud
beth fydd yr ARGLWYDD yn ei ddweud wrtho i."
15 Pan ddaeth e at y brenin dyma'r brenin yn gofyn iddo, "Michea, ddylwn i ymosod ar
Ramoth-gilead neu ddim?" A dyma fe'n ateb, "Dos di! Byddi'n llwyddo. Bydd yr ARGLWYDD
yn rhoi buddugoliaeth i'r brenin." 16 Ond dyma'r brenin yn dweud wrtho, "Faint o weithiau
ydw i wedi gwneud i ti addo o flaen yr ARGLWYDD y byddi'n dweud dim byd ond y gwir wrtho
i?" 17 A dyma Michea'n dweud,

"Gwelais Israel gyfan ar wasgar dros y bryniau,
fel defaid heb fugail.
A dyma'r ARGLWYDD yn dweud,
'Does ganddyn nhw ddim meistri.
Dylen nhw i gyd fynd adre'n dawel.' "

18 A dyma frenin Israel yn dweud wrth Jehosaffat, "Wnes i ddim dweud wrthot ti? Dydy hwn
byth yn proffwydo dim byd da i mi, dim ond drwg."
19 A dyma Michea'n dweud eto, "Felly, gwrando ar neges yr ARGLWYDD. Gwelais yr ARGLWYDD yn
eistedd ar ei orsedd, a'i fyddin o angylion yn sefyll bob ochr iddo. 20 A dyma'r ARGLWYDD yn gofyn,
'Pwy sy'n gallu twyllo Ahab, a gwneud iddo ymosod ar Ramoth-gilead a chael ei ladd yno?' Ac
roedd pawb yn cynnig syniadau gwahanol. 21 Ond yna dyma ysbryd yn dod a sefyll o flaen yr
ARGLWYDD, a dweud, 'Gwna i ei dwyllo fe.' A dyma'r ARGLWYDD yn gofyn iddo, 'Sut?' 22 'Gwna i fynd
allan fel ysbryd celwyddog a siarad drwy ei broffwydi e,' meddai. A dyma'r ARGLWYDD yn dweud,
'Dos i wneud hynny. Byddi'n llwyddo i'w dwyllo.' 23 Felly, wyt ti'n gweld? Mae'r ARGLWYDD wedi
gwneud i dy broffwydi di i gyd ddweud celwydd. Mae'r ARGLWYDD am wneud drwg i ti."
24 Yna dyma Sedeceia fab Cenaana yn camu ymlaen a rhoi dyrnod i Michea ar ei ên, a gofyn,
"Sut wnaeth Ysbryd yr ARGLWYDD fy ngadael i a dechrau siarad â ti?" 25 A dyma Michea'n ateb,
"Cei weld ar y diwrnod hwnnw pan fyddi di'n chwilio am ystafell o'r golwg yn rhywle i guddio
ynddi!"
26 Yna dyma frenin Israel yn dweud, "Arestiwch Michea a'i roi yng ngofal Amon, rheolwr
y ddinas, a Joas fy mab. 27 Dwedwch wrthyn nhw, 'Mae'r brenin yn dweud, "Cadwch hwn yn
y carchar, a rhoi dim byd ond ychydig fara a dŵr iddo nes bydda i wedi dod yn ôl yn saff." ' "
28 A dyma Michea'n dweud, "Os ddoi di yn ôl yn saff, dydy'r ARGLWYDD ddim wedi siarad trwof
fi." A dyma fe'n dweud wrth y bobl oedd yno, "Cofiwch chi beth ddwedais i!"

Ahab yn cael ei ladd yn y frwydr

(2 Cronicl 18:28-34)

29Dyma frenin Israel a Jehosaffat, brenin Jwda, yn mynd i ymosod ar Ramoth-gilead.
30A dyma frenin Israel yn dweud wrth Jehosaffat, "Dw i'n mynd i wisgo dillad gwahanol
i fynd i ryfel, ond gwisga di dy ddillad brenhinol." Felly dyma frenin Israel yn newid ei ddillad
a mynd i'r frwydr.
31Roedd brenin Syria wedi rhoi gorchymyn i'r tri deg dau capten oedd ganddo ar ei gerbydau,
"Peidiwch poeni ymladd gyda neb, yn filwyr cyffredin na swyddogion, dim ond gyda brenin
Israel." 32Pan welodd y capteiniaid Jehosaffat dyma nhw'n dweud, "Mae'n rhaid mai fe ydy
brenin Israel!" Felly dyma nhw'n troi i fynd ar ei ôl. Ond wrth i Jehosaffat weiddi 33dyma nhw'n
gweld mai nid brenin Israel oedd e, a dyma nhw'n gadael llonydd iddo. 34Yna dyma rhyw filwr
yn digwydd saethu â'i fwa ar hap a tharo brenin Israel rhwng dau ddarn o'i arfwisg. A dyma'r
brenin yn dweud wrth yrrwr ei gerbyd, "Tro yn ôl! Dos â fi allan o'r frwydr. Dw i wedi cael fy
anafu!" 35Aeth y frwydr yn ei blaen drwy'r dydd. Roedd y Brenin Ahab yn cael ei ddal i fyny
yn ei gerbyd yn gwylio'r Syriaid. Yna gyda'r nos dyma fe'n marw. Roedd y gwaed o'i anaf
wedi rhedeg dros lawr y cerbyd.
36Wrth i'r haul fachlud dyma waedd yn lledu drwy rengoedd y fyddin, "Mae ar ben! Pawb
am adre i'w dref a'i ardal ei hun." 37Roedd y brenin wedi marw, a dyma nhw'n mynd ag
e i Samaria, a'i gladdu yno. 38Dyma nhw'n golchi'r cerbyd wrth bwll Samaria (lle roedd
puteiniaid yn arfer ymolchi). A daeth cŵn yno i lyfu'r gwaed, yn union fel roedd yr ARGLWYDD
wedi dweud.
39Mae gweddill hanes Ahab, a'r cwbl wnaeth e ei gyflawni (hanes y palas ifori a'r holl drefi
wnaeth e adeiladu) i'w gweld yn y sgrôl *Hanes Brenhinoedd Israel.* 40Bu farw Ahab, a daeth
ei fab Ahaseia yn frenin yn ei le.

Jehosaffat, brenin Jwda

(2 Cronicl 20:31 – 21:1)

41Daeth Jehosaffat mab Asa yn frenin ar Jwda pan oedd Ahab wedi bod yn frenin Israel ers
pedair blynedd. 42Roedd Jehosaffat yn dri deg pump pan ddaeth yn frenin, a bu'n frenin yn
Jerwsalem am ddau ddeg pump o flynyddoedd. Aswba, merch Shilchi oedd ei fam.
43Fel Asa, ei dad, gwnaeth Jehosaffat beth oedd yn plesio'r ARGLWYDD. Ond wnaeth e ddim
cael gwared â'r allorau lleol, ac roedd y bobl yn dal i aberthu anifeiliaid a llosgi arogldarth
arnyn nhw. 44Ac roedd Jehosaffat wedi gwneud cytundeb heddwch gyda brenin Israel.
45Mae gweddill hanes Jehosaffat – y cwbl wnaeth e lwyddo i'w wneud a'r rhyfeloedd
wnaeth e eu hymladd – i'w gweld yn y sgrôl *Hanes Brenhinoedd Jwda.* 46Roedd e hefyd
wedi gyrru allan o'r wlad weddill y puteiniaid teml oedd yn dal yno yng nghyfnod ei dad Asa.
47Doedd gan Edom ddim brenin ar y pryd, dim ond rhaglaw.
48Adeiladodd Jehosaffat longau masnach mawr[h] i fynd i Offir am aur; ond wnaethon nhw
cyrraedd am eu bod wedi'u dryllio yn Etsion-geber. 49Roedd Ahaseia, mab Ahab, wedi awgrymu
i Jehosaffat, "Gad i'n gweision ni forio gyda'i gilydd ar y llongau." Ond roedd Jehosaffat wedi
gwrthod. 50Pan fuodd Jehosaffat farw, cafodd ei gladdu gyda'i hynafiaid yn ninas Dafydd.
Daeth ei fab Jehoram yn frenin yn ei le.
51Roedd Jehosaffat wedi bod yn frenin ar Jwda am un deg saith o flynyddoedd pan ddaeth
Ahaseia mab Ahab yn frenin ar Israel yn Samaria. Bu'n frenin ar Israel am ddwy flynedd.
52Gwnaeth bethau drwg iawn yng ngolwg yr ARGLWYDD, ac ymddwyn fel ei dad a'i fam, ac
fel Jeroboam fab Nebat oedd wedi achosi i bobl Israel bechu. 53Roedd yn addoli Baal ac
yn ymgrymu iddo. Roedd yn gwylltio'r ARGLWYDD, Duw Israel, yn union fel gwnaeth ei dad.

---

h 22:48 *llongau masnach mawr* Hebraeg, "Llongau Tarshish", sef porthladd yn Sbaen.

2 Brenhinoedd

Elias yn condemnio'r brenin Ahaseia

1 Ar ôl i'r brenin Ahab farw, dyma wlad Moab yn gwrthryfela yn erbyn Israel.
2Tua'r un adeg dyma'r Brenin Ahaseia yn syrthio o ffenest llofft ei balas yn Samaria
a chael ei anafu. Dyma fe'n anfon negeswyr a dweud wrthyn nhw, "Ewch i holi Baal-sebwb,
duw Ecron,[a] os bydda i'n gwella o'r anaf yma." 3Ond roedd angel yr ARGLWYDD wedi dweud
wrth Elias o Tishbe, "Dos i gyfarfod negeswyr Brenin Samaria, a gofyn iddyn nhw, 'Ai am fod
yna ddim Duw yn Israel dych chi'n mynd i holi Baal-sebwb, duw Ecron? 4Felly, dyma mae'r
ARGLWYDD yn ei ddweud: Fyddi di ddim yn codi o'r gwely yna. Ti'n mynd i farw!' " Yna dyma
Elias yn mynd i ffwrdd.
5Aeth y negeswyr yn ôl at Ahaseia, a dyma fe'n gofyn iddyn nhw, "Pam dych chi wedi dod
y ôl?" 6A dyma nhw'n ateb, "Daeth rhyw ddyn aton ni a dweud, 'Ewch yn ôl at y brenin sydd
wedi'ch anfon chi a dweud wrtho, "Ai am fod yna ddim Duw yn Israel wyt ti'n anfon dynion
i holi Baal-sebwb, duw Ecron? Felly, dyma mae'r ARGLWYDD yn ei ddweud: Fyddi di ddim yn
codi o'r gwely yna. Ti'n mynd i farw!" ' " 7"Disgrifiwch y dyn i mi," meddai'r brenin. 8A dyma
nhw'n ateb, "Dyn blewog, ac roedd ganddo felt ledr am ei ganol." Meddai'r brenin, "Elias,
y boi yna o Tishbe oedd e!"
9Yna dyma'r brenin yn anfon un o gapteiniaid ei fyddin gyda hanner cant o ddynion i ddal
Elias. Roedd Elias yn eistedd ar ben bryn; a dyma'r capten yn mynd ato a dweud, "Broffwyd
Duw, mae'r brenin yn dweud wrthot ti am ddod i lawr." 10Ond dyma Elias yn ei ateb, "Os
dw i wir yn broffwyd Duw, bydd tân yn dod i lawr o'r awyr ac yn dy ladd di a dy ddynion!"
A dyna'n union ddigwyddodd! Daeth tân i lawr o'r awyr a'i ladd e a'i filwyr.
11Felly dyma'r brenin yn anfon capten gyda hanner cant arall o ddynion i ddal Elias. Aeth
hwnnw eto at Elias a galw arno, "Broffwyd Duw, brysia! Mae'r brenin yn dweud wrthot ti am
ddod i lawr." 12Ond dyma Elias yn ateb eto, "Os dw i wir yn broffwyd Duw, bydd tân yn dod
i lawr o'r awyr ac yn dy ladd di a dy ddynion!" A dyna ddigwyddodd eto! Daeth tân i lawr
oddi wrth Dduw a lladd y capten a'i filwyr.
13Yna dyma'r brenin yn anfon trydydd capten gyda hanner cant o ddynion. Pan ddaeth hwnnw
at Elias, dyma fe'n mynd ar ei liniau o'i flaen a chrefu arno. "Broffwyd Duw, plîs, arbed fy mywyd
i a bywyd dy weision, y dynion yma. 14Dw i'n gwybod fod tân wedi dod i lawr o'r awyr a lladd
y ddau gapten cyntaf a'u dynion. Plîs arbed fy mywyd i!" 15A dyma angel yr ARGLWYDD yn dweud
wrth Elias, "Dos i lawr gydag e, paid bod ag ofn." Felly dyma Elias yn mynd gydag e at y brenin.
16Dyma Elias yn dweud wrth y brenin, "Mae'r ARGLWYDD yn dweud, 'Oes yna ddim Duw yn
Israel i'w holi? Am dy fod ti wedi troi at Baal-sebwb, duw Ecron, fyddi di ddim yn codi o'r
gwely yna, ti'n mynd i farw!' " 17A dyna ddigwyddodd. Buodd Ahaseia farw, yn union fel
roedd yr ARGLWYDD wedi dweud drwy Elias.
Doedd ganddo ddim mab, felly dyma'i frawd Joram yn dod yn frenin yn ei le. Roedd hyn
yn ystod ail flwyddyn Jehoram fab Jehosaffat yn frenin ar Jwda.
18Mae gweddill hanes Ahaseia, a'r cwbl wnaeth e ei gyflawni, i'w weld yn y sgrôl *Hanes
Brenhinoedd Israel.*

Duw yn cymryd Elias i'r nefoedd

2 Roedd yr ARGLWYDD ar fin cymryd Elias i'r nefoedd mewn chwyrlwynt. Roedd Elias ac
Eliseus yn gadael Gilgal, 2a dyma Elias yn dweud wrth Eliseus, "Aros di yma. Mae'r
ARGLWYDD eisiau i mi fynd ymlaen i Bethel.[b]" Ond dyma Eliseus yn ateb, "Mor sicr â bod yr

---

a 1:2 *Ecron* Un o bum tref y Philistiaid (gw. 1 Samuel 6:17), oedd tua 40 milltir i'r de-orllewin o Samaria.
b 2:2 Taith o ryw 8 milltir.

ARGLWYDD yn fyw, a tithau'n fyw, wna i ddim dy adael di." A dyma nhw'n mynd i Bethel. 3Daeth
aelodau o urdd proffwydi Bethel allan i gyfarfod Eliseus, a dweud wrtho, "Wyt ti'n gwybod fod
yr ARGLWYDD am gymryd dy feistr oddi arnat ti heddiw?" "Ydw, dw i'n gwybod, ond peidiwch
sôn am y peth," meddai Eliseus.
4Yna dyma Elias yn dweud wrth Eliseus, "Aros di yma. Mae'r ARGLWYDD eisiau i mi fynd
i Jericho.[c]" Ond dyma Eliseus yn ateb, "Mor sicr â bod yr ARGLWYDD yn fyw, a tithau'n fyw, wna
i ddim dy adael di." A dyma nhw'n dod i Jericho. 5Daeth aelodau o urdd proffwydi Jericho at
Eliseus, a dweud wrtho, "Wyt ti'n gwybod fod yr ARGLWYDD am gymryd dy feistr oddi arnat ti
heddiw?" "Ydw, dw i'n gwybod, ond peidiwch sôn am y peth," meddai Eliseus.
6Yna dyma Elias yn dweud wrth Eliseus, "Aros di yma. Mae'r ARGLWYDD eisiau i mi fynd at
afon Iorddonen.[ch]" Ond dyma Eliseus yn ateb, "Mor sicr â bod yr ARGLWYDD yn fyw, a tithau'n
fyw, wna i ddim dy adael di." A dyma'r ddau'n mynd yn eu blaenau. 7Roedd pum deg aelod
o'r urdd o broffwydi wedi'u dilyn nhw, a phan oedd y ddau'n sefyll ar lan yr afon, roedd
y proffwydi yn eu gwylio nhw o bell. 8Dyma Elias yn cymryd ei glogyn a'i rolio, a tharo'r dŵr
gydag e. Dyma lwybr yn agor drwy'r afon, a dyma'r ddau'n croesi drosodd ar dir sych. 9Yna
ar ôl iddyn nhw groesi, dyma Elias yn gofyn i Eliseus, "Dwed wrtho i be ga i wneud i ti cyn
i mi gael fy nghymryd oddi wrthot ti?" "Plîs gad i mi gael siâr ddwbl[d] o dy ysbryd di," meddai
Eliseus. 10Atebodd Elias, "Ti wedi gofyn am rhywbeth anodd. Os byddi di'n fy ngweld i'n cael
fy nghymryd i ffwrdd, fe'i cei. Os ddim, gei di ddim."
11Yna wrth iddyn nhw fynd yn eu blaenau yn sgwrsio dyma gerbyd o fflamau tân yn
cael ei dynnu gan geffylau o dân yn dod rhyngddyn nhw, a chipio Elias i fyny i'r nefoedd
mewn chwyrlwynt. 12Gwelodd Eliseus e, a dyma fe'n gweiddi, "Fy nhad, fy nhad! Ti oedd
arfau a byddin Israel!"[dd] Yna diflannodd o'i olwg. A dyma Eliseus yn gafael yn ei ddillad a'u
rhwygo'n ddau. 13Dyma fe'n codi clogyn Elias, oedd wedi syrthio oddi arno, a mynd yn ôl at
lan afon Iorddonen. 14Gafaelodd yn y clogyn oedd wedi syrthio oddi ar Elias, a gofyn, "Ydy'r
ARGLWYDD, Duw Elias, wedi'n gadael hefyd?" Yna dyma fe'n taro'r dŵr gyda'r clogyn a dyma
lwybr yn agor drwy'r afon, a chroesodd Eliseus i'r ochr arall.
15Pan welodd proffwydi Jericho beth ddigwyddodd, dyma nhw'n dweud, "Mae ysbryd Elias
wedi disgyn ar Eliseus." A dyma nhw'n mynd ato a plygu i lawr o'i flaen, 16a dweud, "Edrych
syr, mae gynnon ni bum deg o ddynion abl yma. Gad iddyn nhw fynd i chwilio am dy feistr,
rhag ofn bod y gwynt cryf anfonodd yr ARGLWYDD wedi'i ollwng ar ben rhyw fynydd neu yn rhyw
gwm." Atebodd Eliseus, "Na, peidiwch a'u hanfon nhw." 17Ond buon nhw'n pwyso arno nes
iddo ddechrau teimlo'n annifyr. Felly yn y diwedd dyma fe'n cytuno, a dyma'r proffwydi'n
anfon y dynion i chwilio am Elias. Buon nhw'n chwilio am dri diwrnod ond methu cael hyd
iddo. 18Arhosodd Eliseus yn Jericho nes iddyn nhw ddod yn ôl ato. A dyma fe'n dweud wrthyn
nhw, "Wel? Wnes i ddim dweud wrthoch chi am beidio mynd?"

Eliseus yn gwneud gwyrthiau

19Dyma bobl y dre yn dweud wrth Eliseus, "Mae'r dre yma mewn safle da, fel ti'n gweld,
syr. Ond mae'r dŵr yn wael a dydy'r cnydau ddim yn tyfu." 20"Dewch â jar newydd i mi, a rhoi
halen ynddo," meddai Eliseus. Felly dyma nhw'n gwneud hynny, 21a dyma Eliseus yn mynd at
lygad y ffynnon a thaflu'r halen i mewn iddi; yna dweud, "Dyma mae'r ARGLWYDD yn ei ddweud:
'Dw i'n puro'r dŵr yma. Fydd e ddim yn achosi marwolaeth nac anffrwythlondeb byth eto.' "
22Ac mae'r dŵr yn bur hyd heddiw, yn union fel roedd Eliseus wedi dweud.
23Aeth Eliseus o Jericho yn ôl i Bethel. Pan oedd e ar ei ffordd dyma griw o fechgyn ifanc
yn dod allan o'r dre a dechrau gwneud hwyl am ei ben. Roedden nhw'n gweiddi, "Bacha
hi,[e] y moelyn! Bacha hi, y moelyn!" 24Dyma fe'n troi rownd a rhythu arnyn nhw, a galw ar yr

---

c 2:4 Taith o ryw 12 milltir i'r de-ddwyrain o Bethel. ch 2:6 Taith o tua 3 milltir i'r dwyrain o Jericho.
d 2:9 *siâr ddwbl* Roedd Eliseus yn gofyn am gael etifeddu rôl broffwydol ei feistr Elias, gw. Deuteronomium 21:16,17. dd 2:12 *Ti oedd ... Israel* Hebraeg, "Cerbyd a marchogion Israel!". e 2:23 *Bacha hi* Hebraeg, "Dos i fyny", a allai fod yn rheg bygythiol.

ARGLWYDD i'w melltithio nhw. A dyma ddwy arth yn dod allan o'r goedwig a llarpio pedwar
deg dau o'r bechgyn.
25 Aeth Eliseus ymlaen i Fynydd Carmel, ac wedyn yn ôl i Samaria.

Rhyfel rhwng Israel a Moab

3 Pan oedd Jehosaffat wedi bod yn frenin ar Jwda am un deg wyth o flynyddoedd, dyma
Joram, mab Ahab, yn dod yn frenin ar Israel yn Samaria. Bu'n frenin am un deg dwy
o flynyddoedd. 2 Gwnaeth bethau drwg iawn yng ngolwg yr ARGLWYDD. Ond doedd e ddim mor
ddrwg â'i dad a'i fam. Roedd e wedi cael gwared â'r golofn gysegredig i Baal roedd ei dad
wedi'i gwneud. 3 Ond roedd yn dal i addoli'r eilunod roedd Jeroboam fab Nebat wedi'u codi,
i achosi i bobl Israel bechu. Roedd yn gwrthod yn lân cael gwared â nhw.
4 Roedd Mesha, brenin Moab yn cadw defaid. Roedd rhaid iddo dalu treth bob blwyddyn
i frenin Israel – can mil o ŵyn a gwlân can mil o hyrddod. 5 Ond pan fu farw'r brenin Ahab,
dyma frenin Moab yn gwrthryfela yn erbyn brenin newydd Israel. 6 Felly dyma'r Brenin Joram
yn mynd allan o Samaria a galw byddin Israel i gyd at ei gilydd. 7 A dyma fe'n anfon neges at
Jehosaffat, brenin Jwda, yn dweud, "Mae brenin Moab wedi gwrthryfela yn fy erbyn i. Ddoi di
gyda mi i ryfel yn erbyn Moab?" A dyma Jehosaffat yn ateb, "Dw i gyda ti, a bydd fy myddin
i gyda dy fyddin di." 8 Yna dyma fe'n gofyn, "Pa ffordd awn ni?" A dyma Joram yn ateb, "Ar
hyd y ffordd drwy anialwch Edom."
9 Felly dyma frenin Israel, brenin Jwda a brenin Edom yn mynd y ffordd hir rownd. Cymerodd
saith diwrnod, a dyma nhw'n rhedeg allan o ddŵr – doedd ganddyn nhw ddim dŵr i'r milwyr
na'r anifeiliaid oedd gyda nhw. 10 "O, na!" meddai brenin Israel, "Ydy'r ARGLWYDD wedi'n
galw ni dri brenin allan er mwyn i frenin Moab ein curo ni?" 11 Yna dyma Jehosaffat yn gofyn,
"Oes yna un o broffwydi'r ARGLWYDD yma, i ni holi'r ARGLWYDD drwyddo?" "Oes," meddai un
o weision Joram, "Eliseus fab Shaffat, oedd yn arfer helpu[f] Elias." 12 A dyma Jehosaffat yn
dweud, "Mae e'n un sy'n deall meddwl yr ARGLWYDD." Felly aeth brenin Israel, Jehosaffat
a brenin Edom i'w weld.
13 Dyma Eliseus yn dweud wrth frenin Israel, "Gad lonydd i mi. Dos at broffwydi dy dad
neu broffwydi dy fam!" Ond dyma frenin Israel yn ateb, "Na, yr ARGLWYDD sydd wedi'n galw
ni dri brenin allan er mwyn i frenin Moab ein curo ni!" 14 A dyma Eliseus yn ateb, "Yr ARGLWYDD
hollbwerus ydy'r un dw i'n ei wasanaethu. Mor sicr â'i fod e'n fyw, fyddwn i'n cymryd dim
sylw ohonot ti o gwbl oni bai am y parch sydd gen i at y Brenin Jehosaffat. 15 Nawr dewch
â rhywun sy'n canu'r delyn ata i." Wrth i'r telynor ganu dyma Eliseus yn dod dan ddylanwad
yr ARGLWYDD. 16 A dyma fe'n dweud, "Dyma mae'r ARGLWYDD yn ei ddweud: 'Gwnewch ffosydd yn
y dyffryn yma.' 17 Ie, dyma mae'r ARGLWYDD yn ei ddweud: 'Welwch chi ddim gwynt na glaw, ond
bydd y dyffryn yma'n llawn dŵr. Byddwch chi a'ch anifeiliaid yn cael yfed.' 18 Mae'n beth mor
hawdd i'r ARGLWYDD ei wneud. A byddwch chi'n ennill y frwydr yn erbyn Moab hefyd. 19 Dych
chi i ddinistrio'r caerau amddiffynnol a'r trefi pwysig i gyd. Dych chi i dorri'r coed ffrwythau
i gyd, llenwi pob ffynnon gyda phridd, a difetha pob darn o dir da gyda cherrig." 20 Yna'r bore
wedyn, tua'r adeg roedden nhw'n arfer cyflwyno aberth i'r ARGLWYDD, dyma ddŵr yn dechrau
llifo i lawr o gyfeiriad Edom a llenwi pobman.
21 Roedd pobl Moab wedi clywed fod y brenhinoedd yn ymosod. Felly dyma nhw'n galw
at ei gilydd bawb oedd ddigon hen i gario arfau, a mynd i ddisgwyl wrth y ffin. 22 Pan godon
nhw'r bore wedyn, roedden nhw'n gweld yr haul yn tywynnu ar y dŵr yn y pellter. Roedd yn
edrych yn goch fel gwaed i bobl Moab. 23 "Mae'n rhaid bod y brenhinoedd wedi ymladd yn
erbyn ei gilydd," medden nhw. "Dewch, bobl Moab, i gasglu'r ysbail!"
24 Ond pan gyrhaeddon nhw wersyll Israel, dyma fyddin Israel yn codi ac ymosod arnyn nhw,
nes i Moab orfod ffoi. Aeth byddin Israel ar eu holau a'u taro. 25 Dyma nhw'n dinistrio'r trefi
i gyd, ac roedd pob dyn yn taflu carreg ar y tir da nes roedd y caeau'n llawn cerrig. Dyma

f 3:11 *helpu* Hebraeg, "tywallt dŵr dros ddwylo".

nhw hefyd yn llenwi pob ffynnon gyda phridd, a thorri i lawr pob coeden ffrwythau. Yn y diwedd dim ond Cir-chareseth oedd ar ôl. A dyma'r milwyr gyda ffyn tafl yn ei hamgylchynu ac ymosod arni hithau hefyd.
26Pan welodd brenin Moab ei fod yn colli'r frwydr, dyma fe'n mynd â saith gant o filwyr gyda chleddyfau i geisio torri drwy rengoedd brenin Edom; ond methu wnaeth e.
27Yna dyma fe'n cymryd ei fab hynaf, yr un oedd i fod yn frenin ar ei ôl, a'i losgi'n aberth ar ben y wal.

Trodd pethau'n ffyrnig yn erbyn Israel, a dyma nhw'n rhoi'r gorau i'r frwydr a mynd yn ôl i'w gwlad eu hunain.

Eliseus yn helpu gwraig weddw dlawd

4 Dyma wraig un oedd yn aelod o'r urdd o broffwydi yn dod at Eliseus a pledio am ei help. "Roedd fy ngŵr i'n un o dy ddynion di," meddai, "ac fel ti'n gwybod, roedd e'n ddyn duwiol. Ond mae e wedi marw, a nawr mae rhywun roedd e mewn dyled iddo wedi dod i gasglu'r ddyled, ac mae am gymryd fy nau fab yn gaethweision."
2Dyma Eliseus yn ateb, "Be alla i wneud? Dwed wrtho i, be sydd gen ti'n y tŷ?" "Does gen i ddim byd ond jar bach o olew, syr," meddai.
3Yna dyma Eliseus yn dweud wrthi, "Dos i fenthyg llestri gan dy gymdogion. Byddi angen casglu cymaint ag y medri o lestri gweigion.
4Yna dos i'r tŷ gyda dy feibion, a chau'r drws tu ôl i ti. Tywallt olew i bob un llestr a rhoi'r rhai llawn ar un ochr."
5Felly dyma hi'n mynd i wneud hynny, ac yn cau'r drws arni hi a'i dau fab. Wrth i'w meibion ddod â mwy a mwy o lestri iddi, roedd hi'n eu llenwi gyda'r olew.
6Pan oedd hi wedi llenwi'r llestri i gyd, dyma hi'n dweud wrth ei mab, "Tyrd â photyn arall i mi." Ond dyma fe'n ateb, "Does dim mwy ar ôl." A dyma'r olew yn darfod.

7Pan aeth hi i ddweud wrth y proffwyd beth oedd wedi digwydd, dyma fe'n dweud wrthi, "Dos i werthu'r olew a thalu dy ddyledion. Wedyn cei di a dy feibion fyw ar yr arian fydd dros ben."

Y wraig gyfoethog o Shwnem a'i mab

8Un tro roedd Eliseus yn pasio heibio Shwnem.ff Roedd yna wraig bwysig yn byw yno, a dyma hi'n mynnu bod Eliseus yn bwyta gyda hi. Felly bob tro roedd Eliseus yn mynd heibio Shwnem roedd e'n arfer galw heibio am bryd o fwyd.

9Roedd y wraig wedi bod yn siarad â'i gŵr, "Gwranda, dw i'n siŵr fod y dyn sy'n galw heibio yma o hyd yn broffwyd arbennig – yn ddyn sanctaidd iawn.
10Gad i ni wneud llofft fach ar y to, a rhoi gwely a bwrdd a chadair a lamp yno. Wedyn pan fydd e'n galw heibio, bydd ganddo le i aros."

11Felly pan alwodd heibio'r tro wedyn, dyma Eliseus yn aros yn y llofft.
12Dwedodd wrth Gehasi, ei was, am alw'r wraig. A dyma hi'n dod ato.
13Roedd Eliseus wedi gofyn iddo ddweud wrthi, "Ti wedi mynd i'r holl drafferth yma. Be allwn ni ei wneud i ti? Alla i ddweud gair da ar dy ran di wrth y brenin, neu wrth bennaeth y fyddin?" Ond dyma hi'n ateb, "Na, mae'r teulu o'm cwmpas i, ac mae gen i bopeth dw i angen."
14Felly dyma Eliseus yn gofyn i Gehasi, "Be allwn ni wneud drosti?" A dyma Gehasi'n ateb, "Wel, does ganddi hi ddim mab, ac mae ei gŵr hi'n mynd yn hen."
15"Dwed wrthi am ddod yma," meddai Eliseus. Felly dyma Gehasi yn ei galw hi draw, a dyma hi'n dod a sefyll wrth y drws.
16A dyma Eliseus yn dweud wrthi, "Yr adeg yma'r flwyddyn nesaf, bydd gen ti fab yn dy freichiau." A dyma hi'n ymateb, "Syr, na! Rwyt ti'n broffwyd Duw. Paid dweud celwydd wrtho i."
17Ond cyn hir roedd hi'n disgwyl babi, a tua'r un adeg y flwyddyn wedyn cafodd mab ei eni iddi, yn union fel roedd Eliseus wedi dweud.
18Ychydig flynyddoedd ar ôl hynny, pan oedd y bachgen ddigon hen, roedd wedi mynd allan at ei dad adeg y cynhaeaf.
19Yn sydyn dyma fe'n gweiddi ar ei dad, "O, fy mhen! Mae fy mhen i'n brifo." Dwedodd y tad wrth un o'r gweision, "Dos ag e at ei fam."
20Dyma hwnnw'n ei

ff 4:8 *Shwnem* Tref yn Israel, tua hanner ffordd rhwng Samaria a Mynydd Carmel. Roedd Shwnem tua 25 milltir i'r gogledd o Samaria.

gario yn ôl at ei fam, a bu'n eistedd ar ei glin drwy'r bore. Ond yna ganol dydd dyma fe'n
marw. 21 Dyma hi'n ei gario i fyny i lofft y proffwyd, a'i roi i orwedd ar y gwely. Yna dyma
hi'n mynd allan 22 a galw ar ei gŵr, "Dw i angen mynd i weld y proffwyd. Gad i mi gael un o'r
gweision ac asen i mi fynd i'w weld ar frys ac yna dod yn ôl." 23 "Pam wyt ti angen mynd i'w
weld e heddiw?" meddai'r gŵr. "Dydy hi ddim yn ŵyl y lleuad newydd nac yn Saboth." "Paid
poeni, mae popeth yn iawn," meddai hithau. 24 Yna ar ôl i'r asen gael ei chyfrwyo, dyma hi'n
dweud wrth y gwas, "Tyrd, gad i ni fynd yn gyflym. Paid arafu oni bai mod i'n dweud wrthot
ti." 25 Ac i ffwrdd â hi i Fynydd Carmel i weld y proffwyd.[g]

Gwelodd Eliseus hi'n dod o bell, a dyma fe'n dweud wrth Gehasi ei was, "Edrych, y wraig
o Shwnem sydd acw. 26 Brysia, rhed i'w chyfarfod, a gofyn iddi os ydy popeth yn iawn gyda
hi a'i gŵr, a'i phlentyn." Yr ateb roddodd hi i Gehasi oedd, "Ydy, mae popeth yn iawn." 27 Ond
pan gyrhaeddodd hi'r proffwyd ar y mynydd dyma hi'n gafael yn ei draed. Daeth Gehasi ati
gan feddwl ei symud, ond dyma'r proffwyd yn dweud wrtho, "Paid. Gad lonydd iddi. Mae
rhywbeth mawr yn ei phoeni. Ond dydy'r ARGLWYDD ddim wedi dweud wrtho i beth ydy e."
28 Yna dyma hi'n dweud wrtho, "Syr, wnes i ofyn i ti am fab? Wnes i ddim pledio arnat ti
i beidio dweud celwydd wrtho i?"

29 Yna dyma Eliseus yn dweud wrth Gehasi, "Clyma dy wisg am dy ganol, a dos. Cymer fy
ffon i. Paid stopio i gyfarch neb ar y ffordd. Dos a chyffwrdd wyneb y bachgen gyda'r ffon."
30 Ond dyma fam y plentyn yn dweud, "Mor sicr â bod yr ARGLWYDD yn fyw, a tithau'n fyw, dw
i ddim am fynd yn ôl hebot ti." Felly dyma Eliseus yn mynd gyda hi. 31 Roedd Gehasi wedi
mynd o'u blaenau nhw, ac wedi rhoi'r ffon ar wyneb y bachgen. Ond doedd yna dim ymateb
o gwbl. Felly aeth yn ôl i'w cyfarfod a dweud, "Wnaeth y bachgen ddim deffro."

32 Pan gyrhaeddodd Eliseus y tŷ, dyna lle roedd y bachgen yn gorwedd yn farw ar ei wely.
33 Dyma fe'n cau'r drws tu ôl iddo a gweddïo ar yr ARGLWYDD. 34 Yna dyma fe'n mynd at
y plentyn a gorwedd arno, gan roi ei geg ar geg y plentyn, ei lygaid ar ei lygaid a'i ddwylo ar
ei ddwylo. Dyma fe'n ymestyn drosto nes i gorff y plentyn dwymo. 35 Yna cododd Eliseus ar ei
draed a bu'n cerdded yn ôl a blaen yn y tŷ. Wedyn aeth e'n ôl a gorwedd ar gorff y bachgen
eto, a dyma'r bachgen yn tisian saith gwaith ac yn agor ei lygaid.

36 Galwodd Eliseus ar Gehasi a dweud wrtho, "Gofyn i fam y bachgen ddod yma." Dyma
Gehasi'n ei galw, a phan ddaeth hi dyma Eliseus yn dweud wrthi, "Cymer dy fab." 37 Dyma
hi'n syrthio ar ei gliniau wrth ei draed. Yna dyma hi'n codi ei mab a mynd allan.

Dwy wyrth arall

38 Aeth Eliseus yn ôl i Gilgal, ac roedd yna newyn yn y wlad ar y pryd. Roedd aelodau o'r
urdd o broffwydi yn ymweld ag Eliseus, a dyma fe'n dweud wrth ei was, "Rho grochan mawr
ar y tân i ferwi cawl iddyn nhw." 39 Roedd un o'r proffwydi wedi mynd allan i gasglu llysiau.
Daeth ar draws rhyw blanhigyn gwyllt tebyg i winwydden, a chasglu cymaint o'r ffrwyth ag
y gallai ei gario yn ei glogyn. Daeth yn ôl a'u torri'n fân ac yna eu taflu i'r crochan cawl, er
nad oedd yn gwybod beth oedden nhw. 40 Yna dyma godi'r cawl i'w rannu i'r dynion. Ond
wrth ei flasu dyma nhw'n gweiddi, "Broffwyd Duw, mae'r cawl yma'n wenwynig!" Allen
nhw ddim ei fwyta. 41 "Dewch â blawd i mi," meddai Eliseus. Yna dyma fe'n taflu'r blawd i'r
crochan, a dweud, "Iawn, gallwch ei rannu nawr, i'r dynion gael bwyta". A doedd dim byd
drwg yn y crochan.

42 Dyma ddyn o Baal-shalisha yn dod â bara wedi'i wneud o ffrwyth cynta'r cynhaeaf i'r
proffwyd – dau ddeg torth haidd a thywysennau o rawn aeddfed. Dyma Eliseus yn dweud,
"Rhowch nhw i'r dynion gael bwyta." 43 Ond dyma'r un oedd yn gweini yn dweud, "Sut alla
i fwydo cant o ddynion gyda hyn?" "Rho fe iddyn nhw," meddai Eliseus, "achos mae'r ARGLWYDD
wedi dweud y byddan nhw'n bwyta, a bydd peth dros ben." 44 Felly dyma fe'n rhoi'r bara
iddyn nhw, ac roedd peth dros ben, fel roedd yr ARGLWYDD wedi dweud.

g 4:25 *Ac i ffwrdd ... i weld y proffwyd* Taith o tua 25 milltir.

Iacháu Namaan, pennaeth byddin Syria

5 Roedd yna ddyn pwysig yn Syria o'r enw Naaman, pennaeth y fyddin, ac roedd gan
ei feistr, y brenin, barch mawr ato. Drwyddo fe roedd yr ARGLWYDD wedi rhoi llwyddiant
milwrol i wlad Syria. Ond yna cafodd y milwr dewr yma ei daro'n wael gan glefyd heintus
ar y croen.
2 Un tro pan oedd milwyr Syria yn ymosod ar Israel, roedden nhw wedi cymryd merch
ifanc yn gaeth. Roedd hi'n gweithio fel morwyn i wraig Naaman. 3 A dyma hi'n dweud wrth
ei meistres, "Dyna biti na fyddai'r meistr yn gallu mynd i weld y proffwyd sydd yn Samaria.
Gallai e ei wella." 4 Aeth Naaman i rannu gyda'i feistr, y brenin, beth roedd yr eneth o wlad
Israel wedi'i ddweud. 5 A dyma frenin Syria'n dweud wrtho, "Dos yno. Gwna i ysgrifennu
llythyr at frenin Israel."
Felly i ffwrdd â Naaman. Aeth â tri chant pedwar deg cilogram o arian, chwe deg wyth
cilogram o aur a deg set o ddillad gydag e. 6 A dyma fe'n mynd â llythyr ei feistr at frenin
Israel. Roedd y llythyr yn dweud, "Dw i'n anfon fy ngwas Naaman atat ti er mwyn i ti ei wella
o'r afiechyd sydd ar ei groen." 7 Ar ôl darllen y llythyr dyma frenin Israel yn rhwygo'i ddillad
a gweiddi, "Ai Duw ydw i? Oes gen i awdurdod dros fywyd a marwolaeth, neu awdurdod
i iacháu'r dyn yma mae e wedi'i anfon ata i? Gwyliwch chi, chwilio am esgus i ymosod arnon
ni mae e!" 8 Ond pan glywodd y proffwyd Eliseus fod y brenin wedi rhwygo'i ddillad, dyma
fe'n anfon neges ato: "Pam wyt ti wedi rhwygo dy ddillad? Anfon e ata i, iddo gael gwybod
bod yna broffwyd yn Israel."
9 Felly dyma Naaman yn mynd, gyda'i feirch a'i gerbydau, a sefyll y tu allan i dŷ Eliseus.
10 A dyma Eliseus yn anfon neges ato. "Dos i ymolchi saith gwaith yn afon Iorddonen, a bydd
dy groen di'n gwella a byddi'n lân eto." 11 Ond dyma Naaman yn gwylltio a mynd i ffwrdd.
"Rôn i'n disgwyl iddo ddod allan ata i, a sefyll a gweddïo ar yr ARGLWYDD ei Dduw, symud ei
law dros y man lle mae'r afiechyd, a'm gwella i. 12 A beth bynnag, onid ydy afonydd Abana
a Parpar yn Damascus yn well na holl afonydd Israel gyda'i gilydd? Allwn i ddim bod wedi
ymolchi yn y rheiny i gael fy iacháu?" Ac i ffwrdd ag e mewn tymer. 13 Ond dyma'i weision yn
mynd ato, a dweud, "Syr, petai'r proffwyd wedi gofyn i ti wneud rhywbeth anodd, oni fyddet
wedi'i wneud o? Y cwbl mae e'n ei ofyn ydy, 'Dos i ymolchi, a byddi'n lân.' " 14 Felly dyma
fe'n mynd ac ymdrochi saith gwaith yn afon Iorddonen fel roedd y proffwyd wedi dweud.
A dyma'i groen yn dod yn lân fel croen plentyn bach.
15 Yna dyma fe, a'i filwyr i gyd, yn mynd yn ôl at y proffwyd. Safodd o'i flaen a dweud wrtho,
"Dw i'n gwybod nawr fod yna ddim Duw go iawn yn unman arall ond yn Israel! Plîs, wnei
di dderbyn anrheg gen i, dy was?" 16 Ond dyma Eliseus yn ateb, "Mor sicr â bod yr ARGLWYDD
dw i'n ei wasanaethu yn fyw, wna i gymryd dim gen ti." Ac er i Namaan bwyso arno roedd
yn dal i wrthod. 17 Yna yn y diwedd dyma Naaman yn gofyn iddo, "Os wnei di ddim derbyn
rhodd, yna plîs wnei di roi llwyth o bridd i mi – digon i ddau ful ei gario. Achos o hyn ymlaen
fydda i ddim yn cyflwyno offrwm ac aberth i unrhyw dduw arall, dim ond i'r ARGLWYDD. 18 Er,
mae yna un peth bach dw i'n gobeithio y bydd yr ARGLWYDD yn ei faddau i mi: Pan fydd fy
meistr, y brenin, yn mynd i deml Rimmon i addoli, bydd yn pwyso ar fy mraich i. Bydd rhaid
i mi ymgrymu o flaen Rimmon pan fydd e'n gwneud hynny. Gobeithio bydd yr ARGLWYDD yn
maddau i mi am hyn." 19 A dyma Eliseus yn dweud, "Dos adre'n dawel dy feddwl."
Doedd Naaman ddim wedi mynd yn bell, 20 pan feddyliodd Gehasi, gwas y proffwyd Eliseus:
"Mae fy meistr wedi gwneud pethau'n rhy hawdd i'r Syriad yna, Namaan, drwy wrthod derbyn
beth roedd yn ei gynnig iddo. Mor sicr â bod yr ARGLWYDD yn fyw, dw i'n mynd ar ei ôl i gael
rhywbeth ganddo." 21 Felly dyma fe'n brysio ar ôl Naaman.
Pan welodd Naaman rywun yn rhedeg ar ei ôl, daeth i lawr o'i gerbyd i'w gyfarfod, a gofyn,
"Ydy popeth y iawn?" 22 A dyma Gehasi yn ateb, "Ydy, mae popeth yn iawn. Mae fy meistr wedi
f'anfon i ddweud fod dau broffwyd ifanc newydd gyrraedd o fryniau Effraim. Plîs wnei di roi tri

---

5:7 Deuteronomium 32:39

deg cilogram o arian a dau set o ddillad iddyn nhw?" 23 "Ar bob cyfri," meddai Naaman, "gad
i mi roi dwywaith hynny i ti." Roedd yn mynnu, a dyma fe'n rhoi chwe deg cilogram o arian
mewn dau fag, gyda dau set o ddillad. A dyma fe'n eu rhoi nhw i ddau was i'w cario i Gehasi.
24 Wedi iddyn nhw gyrraedd y bryn, dyma Gehasi'n cymryd yr arian a'r dillad ganddyn nhw
a'u cuddio nhw yn y tŷ. Yna dyma fe'n anfon y dynion i ffwrdd.
25 Pan aeth Gehasi at ei feistr, dyma Eliseus yn gofyn iddo, "Ble wyt ti wedi bod Gehasi?"
A dyma fe'n ateb, "Dw i ddim wedi bod i unman yn arbennig." 26 A dyma Eliseus yn dweud
wrtho, "Rôn i wedi mynd gyda ti yn yr ysbryd pan ddaeth y dyn i lawr o'i gerbyd i dy gyfarfod
di. Wnest ti ddim derbyn arian i brynu dillad a gerddi olewydd a gwinllannoedd a defaid
a gwartheg a gweision a morynion? 27 Bydd y clefyd heintus roedd Naaman yn dioddef ohono
arnat ti a dy deulu am byth!"

Aeth Gehasi i ffwrdd oddi wrtho, ac roedd y clefyd ar ei groen yn wyn fel yr eira.

Eliseus yn gwneud i ben bwyell arnofio

6 Un diwrnod dyma aelodau'r urdd o broffwydi'n dweud wrth Eliseus, "Edrych, mae'r
lle yma lle dŷn ni'n cyfarfod gyda ti yn rhy fach. 2 Beth am i ni fynd at afon Iorddonen.
Gallwn ni i gyd gymryd coed oddi yno, a mynd ati i adeiladu lle newydd i ni gyfarfod."

"Iawn, ewch chi," meddai Eliseus.

3 Ond dyma un ohonyn nhw'n gofyn iddo, "Plîs wnei di ddod gyda ni?" A dyma fe'n cytuno,
4 a mynd gyda nhw.

Pan gyrhaeddon nhw afon Iorddonen dyma nhw'n dechrau torri coed. 5 Roedd un ohonyn
nhw wrthi'n torri trawst, a dyma ben ei fwyell yn syrthio i'r dŵr. A dyma fe'n gweiddi, "O, syr!
Bwyell wedi'i benthyg oedd hi!"

6 Dyma broffwyd Duw yn gofyn iddo, "Ble syrthiodd hi?"

Dangosodd iddo ble, ac yna dyma Eliseus yn torri cangen o bren, a'i thaflu i'r fan, a dyma'r
fwyell yn dod i'r wyneb.

7 "Gafael ynddi," meddai Eliseus. A dyma'r proffwyd ifanc yn estyn ei law a chodi'r fwyell
o'r dŵr.

Eliseus yn rhwystro byddin Syria

8 Pan oedd brenin Syria yn rhyfela yn erbyn Israel, roedd e'n trafod y strategaeth
gyda'i swyddogion milwrol. Byddai'n penderfynu codi gwersyll yn rhywle, i ymosod ar Israel.
9 Ond wedyn byddai Eliseus, proffwyd Duw, yn anfon neges at frenin Israel i ddweud wrtho
am fod yn ofalus wrth fynd heibio'r lle arbennig hwnnw, am fod byddin Syria'n dod yno
i ymosod. 10 Wedyn byddai brenin Israel yn anfon milwyr yno i amddiffyn y lle. Roedd hyn yn
digwydd dro ar ôl tro.

11 Roedd brenin Syria wedi cynhyrfu o achos hyn. A dyma fe'n galw'i swyddogion at ei gilydd,
a dweud, "Dwedwch wrtho i, pa un ohonoch chi sy'n helpu brenin Israel?"

12 Dyma un ohonyn nhw'n ateb, "Fy mrenin. Does neb ohonon ni'n gwneud hynny, syr.
Eliseus y proffwyd yn Israel ydy e! Mae hyd yn oed yn rhannu gyda brenin Israel beth ti'n
ddweud yn dy ystafell wely!"

13 Felly dyma'r brenin yn dweud, "Ffeindiwch e i mi, er mwyn i mi anfon dynion yno i'w
ddal e!"

Dyma nhw'n darganfod fod Eliseus yn Dothan,[ng] a mynd i ddweud wrth y brenin. 14 Felly
dyma'r brenin yn anfon byddin gref yno, gyda cheffylau a cherbydau. A dyma nhw'n cyrraedd
yno yn y nos ac yn amgylchynu'r dre.

15 Yn gynnar y bore wedyn dyma was Eliseus yn codi a mynd allan. A dyna lle roedd byddin
Syria gyda cheffylau a cherbydau wedi amgylchynu'r dre. A dyma'r bachgen yn dweud wrth
Eliseus, "O na! Feistr, be wnawn ni?"

---

ng 6:13 *Dothan* Tua 10 milltir i'r gogledd o Samaria.

16Ond dyma Eliseus yn ateb, "Paid dychryn. Mae yna fwy ar ein hochr ni nag sydd gyda
nhw." 17Yna dyma Eliseus yn gweddïo, "ARGLWYDD, agor ei lygaid iddo weld." A dyma'r ARGLWYDD
yn agor llygaid y bachgen, ac roedd e'n gweld fod y bryn yn llawn ceffylau a cherbydau fel
fflamau tân o gwmpas Eliseus.
18Wrth i fyddin Syria ddod yn nes, dyma Eliseus yn gweddïo, "ARGLWYDD, wnei di daro'r bobl
yma'n ddall." A dyma nhw'n cael eu dallu, fel roedd Eliseus wedi gofyn.
19Yna dyma Eliseus yn mynd atyn nhw a dweud, "Dim y ffordd yma, na'r dre yma dych chi
eisiau. Dewch ar fy ôl i. Gwna i fynd â chi at y dyn dych chi'n chwilio amdano." A dyma fe'n
eu harwain nhw i Samaria.
20Ar ôl iddyn nhw gyrraedd, dyma Eliseus yn gweddïo eto, "ARGLWYDD, agor eu llygaid nhw
iddyn nhw allu gweld." Dyma'r ARGLWYDD yn agor eu llygaid, ac roedden nhw'n gweld eu bod
yng nghanol tref Samaria.
21Pan welodd brenin Israel nhw dyma fe'n gofyn i Eliseus, "Fy nhad, ddylwn i eu lladd
nhw'n syth?"
22"Na, paid lladd nhw," meddai Eliseus. "Fyddet ti'n lladd pobl wedi'u dal mewn brwydr? Na.
Rho rywbeth i'w fwyta a'i yfed iddyn nhw, ac wedyn gadael iddyn nhw fynd yn ôl at eu meistr."
23Felly dyma'r brenin yn trefnu gwledd fawr iddyn nhw, a dyma nhw'n bwyta ac yn yfed.
Wedyn dyma nhw'n mynd yn ôl at eu meistr.
O hynny ymlaen dyma fyddin Syria yn stopio ymosod ar wlad Israel.

Ben-hadad, brenin Syria, yn ymosod ar Samaria

24Flynyddoedd wedyn dyma Ben-hadad, brenin Syria, yn casglu ei fyddin at ei gilydd a mynd
i godi gwarchae ar Samaria. 25O ganlyniad doedd dim bwyd yn Samaria. Roedd y sefyllfa
mor ddrwg nes bod pen asyn yn costio wyth deg o ddarnau arian, a phowlen fach o dail
colomennod[h] yn costio pum darn arian.
26Pan oedd brenin Israel yn cerdded ar waliau'r dref, dyma rhyw wraig yn gweiddi arno,
"O frenin, syr, helpa fi!" 27Ond dyma fe'n ateb, "Na, rhaid i'r ARGLWYDD dy helpu di. Sut alla
i dy helpu di? Mae'r llawr dyrnu a'r cafn gwin yn wag!" 28Wedyn dyma'r brenin yn gofyn
iddi, "Beth sy'n bod?"
A dyma hi'n ateb, "Roedd y wraig yma wedi dweud wrtho i, 'Rho dy fab di i ni ei fwyta
heddiw, a gwnawn ni fwyta fy mab i yfory.' 29Felly dyma ni'n berwi fy mab i, a'i fwyta. Yna'r
diwrnod wedyn dyma fi'n dweud wrthi, 'Tyrd â dy fab di i ni gael ei fwyta fe nawr.' Ond roedd
hi wedi cuddio ei mab."
30Pan glywodd y brenin hyn dyma fe'n rhwygo'i ddillad. Gan ei fod yn cerdded ar y waliau,
roedd pawb yn gallu gweld ei fod e'n gwisgo sachliain oddi tanodd. 31A dyma'r brenin yn
dweud, "Boed i Dduw ddial arna i os bydd pen Eliseus yn dal ar ei ysgwyddau erbyn diwedd
y dydd!"
32Roedd Eliseus yn digwydd bod yn ei dŷ, ag arweinwyr Samaria o'i gwmpas. Roedd y brenin
wedi anfon un o'i ddynion i'w arestio. Ond cyn iddo gyrraedd roedd Eliseus wedi dweud wrth
yr arweinwyr o'i gwmpas, "Ydych chi'n gwybod beth? Mae'r cyw llofrudd yna wedi anfon dyn
i dorri fy mhen i i ffwrdd. Pan fydd e'n cyrraedd, caewch y drws a'i rwystro rhag dod i mewn.
Dw i'n siŵr y bydd y brenin ei hun ddim yn bell tu ôl iddo!"
33Doedd Eliseus ddim wedi gorffen siarad pan gyrhaeddodd y negesydd. A dyma fe'n
dweud, "Yr ARGLWYDD sydd wedi achosi'r drwg yma. Pam ddylwn i ddisgwyl help ganddo?"

7
A dyma Eliseus yn ei ateb, "Gwranda ar neges yr ARGLWYDD. 'Dyma mae'r ARGLWYDD yn
ei ddweud: Yr adeg yma fory, yn y farchnad wrth giât Samaria, bydd un darn arian
yn ddigon i brynu sachaid o flawd mân, neu ddwy lond sach o haidd!' " 2A dyma swyddog
agosa'r brenin, ei brif gynorthwywr, yn ateb proffwyd Duw. "Hyd yn oed petai'r ARGLWYDD yn

h 6:25 *powlen fach o dail colomennod* Does neb yn siŵr beth oedd hwn. Falle ei fod yn cael ei ddefnyddio fel tanwydd, neu'n enw cyffredin ar ryw lysieuyn neu hadau o ryw fath.

agor llifddorau'r awyr iddi lawio ar y ddaear, allai hynny byth digwydd!" Ond dyma Eliseus
ateb, "Cei weld y peth â dy lygaid dy hun, ond gei di ddim bwyta dim ohono."

Byddin Syria wedi gadael

3 Tu allan i giât y ddinas roedd pedwar dyn oedd yn dioddef o glefyd heintus ar y croen.
Dyma nhw'n dweud wrth ei gilydd, "Pam ydyn ni'n aros yn y fan yma i farw? 4 Os awn ni
i mewn i'r ddinas, byddwn ni'n marw, achos does yna ddim bwyd yno. Os arhoswn ni yma,
dŷn ni'n mynd i farw hefyd. Felly dewch i ni fynd drosodd at fyddin Syria. Falle y gwnân nhw'n
lladd ni, ond mae yna bosibilrwydd yn gwnân nhw adael i ni fyw." 5 Felly'r noson honno, dyma
nhw'n mynd i wersyll byddin Syria. Ond wrth iddyn nhw gyrraedd cyrion y gwersyll dyma
nhw'n sylweddoli fod yna neb yno. 6 Roedd yr Arglwydd wedi gwneud i fyddin Syria feddwl
eu bod yn clywed sŵn byddin enfawr yn dod gyda ceffylau a cherbydau. Roedden nhw'n
meddwl fod brenin Israel wedi talu i frenhinoedd yr Hethiaid a'r Aifft i ymosod arnyn nhw.
7 Felly roedden nhw wedi dianc gyda'r nos. Roedden nhw wedi gadael eu pebyll, a'u ceffylau
a'u hasynnod, a'r gwersyll fel roedd e, a ffoi am eu bywydau.

8 Pan ddaeth y dynion oedd yn dioddef o'r clefyd heintus ar y croen at gyrion y gwersyll
aethon nhw i mewn i un o'r pebyll a buon nhw'n bwyta ac yfed ynddi. Yna dyma nhw'n
cymryd arian, aur a dillad ohoni, a mynd i guddio'r cwbl. Wedyn dyma nhw'n mynd
i babell arall, a dwyn o honno hefyd. 9 Ond yna dyma nhw'n dweud wrth ei gilydd,
"Dydy hyn ddim yn iawn! Mae hi'n ddiwrnod i ddathlu, a dŷn ni wedi dweud dim wrth
neb. Allwn ni ddim aros tan y bore; fyddai hynny ddim yn iawn. Dewch, rhaid i ni fynd
i ddweud wrthyn nhw yn y palas." 10 Felly dyma nhw'n mynd yn ôl i Samaria a galw ar
y wylwyr y giatiau, "Dŷn ni wedi bod i wersyll byddin Syria, a doedd yna neb yno o gwbl.
Glywon ni'r un siw na miw. Ond roedd y ceffylau a'r asynnod yno wedi'u clymu, a'r
pebyll yn dal i sefyll." 11 Yna dyma'r gwylwyr yn pasio'r neges ymlaen i balas y brenin.
12 Cododd y brenin o'i wely a dweud wrth ei swyddogion, "Ddweda i wrthoch chi beth
mae Syria'n ei wneud. Maen nhw'n gwybod fod newyn yma, ac maen nhw wedi gadael
y gwersyll a mynd i guddio i gefn gwlad. Maen nhw'n disgwyl i ni fynd allan i chwilio
am fwyd, ac wedyn byddan nhw'n ein dal ni, ac yn dod i mewn i'r ddinas." 13 Ond dyma
un o'r swyddogion yn awgrymu, "Gad i ni ddewis pump o'r ceffylau sydd ar ôl, ac anfon
dynion allan i weld beth sy'n digwydd. Os cân nhw eu lladd, fydd hynny ddim gwaeth
na beth sy'n mynd i ddigwydd i bobl Israel i gyd os arhoswn ni yma – mae hi wedi
darfod arnon ni fel mae hi."

14 Felly dyma nhw'n cymryd dau gerbyd rhyfel, a dyma'r brenin anfon dynion ar ôl
byddin Syria i weld beth oedd yn digwydd. 15 Aethon nhw ar eu holau cyn belled ac afon
Iorddonen. (Roedd dillad a thaclau o bob math ar lawr ym mhobman ar y ffordd, wedi'u
taflu i ffwrdd gan y Syriaid yn eu brys.) Yna dyma'r sgowtiaid yn mynd yn ôl i ddweud
wrth y brenin. 16 Wedyn aeth pobl Samaria allan i wersyll byddin Syria a helpu eu hunain
i beth bynnag roedden nhw'n dod o hyd iddo. A daeth hi'n wir fod un darn arian yn
ddigon i brynu sachaid o flawd mân neu ddwy lond sach o haidd, yn union fel roedd
Arglwydd wedi dweud.

17 Roedd y brenin wedi anfon ei brif gynorthwywr i reoli pethau wrth giât y ddinas. Ond wrth
i'r dyrfa ruthro allan, cafodd ei sathru dan draed a bu farw. Roedd hyn hefyd wedi digwydd
yn union fel roedd Eliseus, proffwyd yr Arglwydd, wedi dweud pan oedd y brenin wedi ceisio ei
arestio. 18 Neges y proffwyd i'r brenin oedd, "Bydd un darn arian yn ddigon i brynu dwy lond
sach o haidd neu sachaid o flawd mân! Bydd hyn yn digwydd yr adeg yma fory, yn y farchnad
wrth giât Samaria." 19 Ond roedd swyddog agosa'r brenin, ei brif gynorthwywr, wedi ateb
proffwyd Duw, "Hyd yn oed petai'r Arglwydd yn agor llifddorau'r awyr iddi lawio ar y ddaear,
allai hynny byth digwydd!" Ac roedd Eliseus wedi ateb, "Cei weld y peth â dy lygaid dy hun,
ond gei di ddim bwyta dim ohono." 20 A dyna'n union oedd wedi digwydd. Roedd e wedi cael
ei sathru dan draed a marw wrth giât y ddinas.

Y wraig o Shwnem yn cael ei thir yn ôl

8 Roedd Eliseus wedi dweud wrth y wraig y daeth e a'i mab hi yn ôl yn fyw,[i] "Dylet ti
a dy deulu symud i fyw i rywle arall dros dro. Mae'r ARGLWYDD wedi dweud fod newyn
yn mynd i daro Israel am saith mlynedd." 2 Ac roedd hi wedi gwneud fel roedd y proffwyd
yn dweud. Roedd hi a'i theulu wedi mynd i fyw i wlad y Philistiaid. 3 Yna, ar ddiwedd y saith
mlynedd, dyma hi a'i theulu'n dod yn ôl. A dyma hi'n mynd at y brenin i apelio am gael ei
thŷ a'i thir yn ôl.
4 Yn digwydd bod, roedd y brenin wrthi'n siarad â Gehasi, gwas Eliseus. Roedd e wedi gofyn
i Gehasi ddweud wrtho am yr holl bethau rhyfeddol roedd Eliseus wedi'u gwneud. 5 A tra
oedd Gehasi yn adrodd hanes Eliseus yn dod â'r bachgen marw yn ôl yn fyw, dyma'r wraig
(sef mam y bachgen) yn cyrraedd i ofyn am ei thŷ a'i thir. A dyma Gehasi'n dweud, "Syr, fy
mrenin, hon ydy'r union wraig roeddwn i'n sôn amdani; ei mab hi wnaeth Eliseus ei godi yn
ôl yn fyw!" 6 Dyma'r brenin yn ei holi hi, a dyma hi'n dweud yr hanes i gyd wrtho. Yna dyma
fe'n penodi swyddog i ofalu amdani, a dweud wrtho, "Rho ei heiddo i gyd yn ôl iddi; a hefyd
gynnyrch y tir am y cyfnod y buodd hi i ffwrdd."

Eliseus yn cyfarfod Hasael, swyddog brenin Syria

7 Aeth Eliseus i Damascus, prifddinas Syria. Roedd Ben-hadad, brenin Syria yn sâl. Pan
ddwedon nhw wrth y brenin fod proffwyd Duw wedi cyrraedd, 8 dyma'r brenin yn dweud wrth
Hasael, ei swyddog, "Dos i weld y proffwyd, a dos â rhodd gyda ti. Gofyn iddo holi'r ARGLWYDD
os bydda i'n gwella o'r salwch yma." 9 Felly, dyma Hasael yn mynd i weld y proffwyd, gyda
rhodd iddo – pethau gorau Damascus wedi'u llwytho ar bedwar deg o gamelod. Safodd
o'i flaen a dweud, "Mae dy was, Ben-hadad, brenin Syria, eisiau gwybod fydd e'n gwella
o'i salwch?" 10 Dyma Eliseus yn ateb, "Dos a dywed wrtho, 'Rwyt ti'n bendant yn mynd i wella,'
– er fod yr ARGLWYDD wedi dangos i mi y bydd e'n marw." 11 Roedd Eliseus yn syllu ar Hasael, nes
iddo ddechrau teimlo'n anghyfforddus. Yna dyma'r proffwyd yn dechrau crio. 12 Gofynnodd
Hasael iddo, "Pam wyt ti'n crio, syr?" A dyma Eliseus yn ateb, "Am mod i'n gwybod y niwed
wyt ti'n mynd i'w wneud i bobl Israel. Ti'n mynd i losgi'n trefi ni a lladd ein dynion ifanc
yn y rhyfel. Byddi'n curo'n plant bach i farwolaeth, ac yn rhwygo'r gwragedd beichiog yn
agored." 13 A dyma Hasael yn gofyn, "Sut allwn i wneud pethau mor ofnadwy? Dw i ddim gwell
na ci bach." Atebodd Eliseus, "Mae'r ARGLWYDD wedi dangos i mi y byddi di'n frenin ar Syria."
14 Yna dyma fe'n gadael Eliseus a mynd yn ôl at ei feistr. Pan ofynnodd hwnnw iddo, "Beth
ddwedodd Eliseus wrthot ti?" Dyma fe'n ateb, "Dwedodd dy fod ti'n bendant yn mynd
i wella." 15 Ond y diwrnod wedyn, dyma Hasael yn cymryd blanced a'i gwlychu, ac yna ei
rhoi dros wyneb Ben-hadad a'i fygu. Dyna sut bu farw Ben-hadad, a dyma Hasael yn dod
yn frenin yn ei le.

Jehoram, brenin Jwda

(2 Cronicl 21:2-20)

16 Roedd Joram, mab Ahab, wedi bod yn frenin ar Israel ers pum mlynedd pan gafodd
Jehoram, mab Jehosaffat, ei wneud yn frenin ar Jwda. 17 Roedd yn dri deg dau pan ddaeth
yn frenin, a bu'n teyrnasu yn Jerwsalem am wyth mlynedd. 18 Ond roedd yn ymddwyn yr un
fath â brenhinoedd Israel ac Ahab a'i deulu. Roedd wedi priodi merch Ahab, ac yn gwneud
pethau drwg iawn yng ngolwg yr ARGLWYDD. 19 (Ond doedd yr ARGLWYDD ddim am ddinistrio
Jwda o achos ei was Dafydd. Roedd wedi addo iddo byddai ei linach yn teyrnasu am byth.)
20 Yn ei gyfnod e dyma Edom yn gwrthryfela yn erbyn Jwda, a dewis eu brenin eu
hunain. 21 Felly dyma Jehoram yn croesi i Sair gyda'i gerbydau rhyfel. Roedd byddin Edom
wedi'i amgylchynu, a dyma fe'n ymosod arnyn nhw ganol nos. Ond colli'r frwydr wnaeth

---

i 8:1 *Eliseus ... yn fyw* gw. 4:8-37.

e, a dyma'i fyddin yn ffoi adre. 22Mae Edom yn dal i wrthryfela yn erbyn Jwda hyd heddiw.
Roedd tref Libna[l] hefyd wedi gwrthryfela yr un pryd.
23Mae gweddill hanes Jehoram, a chofnod o'r cwbl wnaeth e ei gyflawni, i'w weld yn y sgrôl
Hanes Brenhinoedd Jwda. 24Pan fuodd Jehoram farw cafodd ei gladdu gyda'i hynafiaid yn
Ninas Dafydd, a dyma'i fab, Ahaseia, yn dod yn frenin yn ei le.

Ahaseia, brenin Jwda

(2 Cronicl 22:1-6)

25Roedd Joram, mab Ahab, wedi bod yn frenin ar Israel am un deg dwy o flynyddoedd pan
gafodd Ahaseia, mab Jehoram, ei wneud yn frenin ar Jwda. 26Roedd Ahaseia yn ddau ddeg
dau pan ddaeth yn frenin ar Jwda, a bu'n frenin am flwyddyn. Ei fam oedd Athaleia, wyres
Omri, brenin Israel. 27Roedd yn ymddwyn yr un fath ag Ahab a'i deulu. Roedd yn perthyn
iddo drwy briodas, ac yn gwneud pethau drwg iawn yng ngolwg yr ARGLWYDD.
28Ymunodd gyda Joram, mab Ahab, i ryfela yn erbyn Hasael, brenin Syria, yn Ramoth-gilead.
Cafodd Joram ei anafu yn y frwydr, 29ac aeth yn ôl i Jesreel i geisio gwella o'i glwyfau. Aeth
Ahaseia, brenin Jwda, yno i ymweld ag e, achos roedd e'n wael iawn.

Jehw yn dod yn frenin ar Israel

9 Dyma Eliseus, y proffwyd, yn galw un o aelodau'r urdd o broffwydi, a dweud wrtho,
"Clyma dy wisg am dy ganol, cymer y botel yma o olew olewydd, a dos i Ramoth-gilead.
2Wedi i ti gyrraedd yno, edrych am Jehw (mab Jehosaffat ac ŵyr i Nimshi). Dos ag e o ganol ei
ffrindiau i ystafell ar wahân. 3Yna cymer y botel a thywallt yr olew ar ei ben a dweud, 'Dyma
mae'r ARGLWYDD yn ei ddweud: Dw i'n dy eneinio di yn frenin ar Israel.' Wedyn agor y drws
a rheda i ffwrdd heb oedi."
4Dyma'r proffwyd ifanc yn mynd i Ramoth-gilead. 5Pan gyrhaeddodd e, dyna lle roedd
swyddogion y fyddin yn cyfarfod â'i gilydd. "Capten, mae gen i neges i ti," meddai. A dyma
Jehw yn gofyn, "I ba un ohonon ni?" "I ti, syr," meddai'r proffwyd. 6Felly dyma Jehw yn codi
a mynd i mewn i'r tŷ. Dyma'r proffwyd yn tywallt yr olew ar ei ben a dweud, "Dyma mae'r
ARGLWYDD, Duw Israel, yn ei ddweud: 'Dw i'n dy eneinio di yn frenin ar Israel, pobl yr ARGLWYDD.
7Rwyt i ddinistrio teulu Ahab. Dyna sut bydda i'n dial ar Jesebel am ladd fy ngweision
y proffwydi, a phawb arall oedd yn gwasanaethu'r ARGLWYDD. 8Dw i'n mynd i roi diwedd ar
linach Ahab. Bydda i'n cael gwared â phob dyn a bachgen[ll] yn Israel, sy'n perthyn i Ahab,
y caeth a'r rhydd. 9Bydda i'n gwneud yr un peth i linach Ahab ag a wnes i i Jeroboam fab
Nebat a Baasha fab Achïa. 10Bydd cŵn yn bwyta corff Jesebel yn ardal Jesreel. Fydd hi ddim
yn cael ei chladdu.'" Yna dyma'r proffwyd yn agor y drws a rhedeg i ffwrdd.
11Pan aeth Jehw allan at swyddogion eraill ei feistr, dyma nhw'n gofyn iddo, "Ydy popeth
yn iawn? Pam wnaeth yr idiot yna ddod i dy weld di?" A dyma fe'n ateb, "O, dych chi'n
gwybod am y math yna o foi a'i rwdlan." 12"Ti a dy gelwyddau!" medden nhw, "Dwed wrthon
ni beth ddwedodd e." Felly dyma fe'n dweud wrthyn nhw, "Dyma beth ddwedodd e, 'Mae'r
ARGLWYDD yn dweud: "Dw i'n dy eneinio di yn frenin ar Israel." ' " 13Heb oedi dim, dyma pob
un ohonyn nhw yn gafael yn ei glogyn a'i roi dan draed Jehw ar ben y grisiau. Wedyn dyma'r
corn hwrdd[m] yn cael ei ganu, a phawb yn gweiddi, "Jehw ydy'r brenin!"

Jehw yn lladd Joram ac Ahaseia

14Felly dyma Jehw yn cynllwynio yn erbyn Joram. (Roedd Joram wedi bod gyda byddin
Israel yn Ramoth-gilead, yn amddiffyn y wlad rhag Hasael,[n] brenin Syria. 15Ond roedd e wedi
cael ei anafu, ac wedi mynd yn ôl i Jesreel i wella o'i glwyfau.) A dyma Jehw yn dweud wrth

---

l 8:22 *Libna* Tref ar y ffin rhwng Philistia a Jwda, sy'n golygu fod Jehoram yn wynebu gwrthryfel o bob cyfeiriad.
ll 9:8 *dyn a bachgen* Hebraeg, "un sy'n piso ar bared". m 9:13 *corn hwrdd* Hebraeg, *shoffar.* n 9:14 *Hasael* brenin Syria 842–805 CC gw. 1 Brenhinoedd 19:15.

ei ddilynwyr, "Os ydych chi wir ar fy ochr i, peidiwch gadael i neb ddianc o'r ddinas i'w
rhybuddio nhw yn Jesreel." 16 Yna dyma Jehw yn mynd yn ei gerbyd i Jesreel, lle roedd Joram
yn gorwedd yn wael. (Roedd Ahaseia, brenin Jwda, wedi mynd i ymweld â Joram ar y pryd.)
17 Roedd gwyliwr ar ddyletswydd ar dŵr tref Jesreel. A dyma fe'n gweld Jehw a'i filwyr yn
dod. Dyma fe'n gweiddi, "Dw i'n gweld milwyr yn dod!" Dyma Joram yn gorchymyn, "Anfonwch
farchog allan i'w cyfarfod i ofyn ydyn nhw'n dod yn heddychlon." 18 Felly dyma'r marchog yn
mynd i'w cyfarfod, a gofyn, "Mae'r brenin yn gofyn, 'Ydych chi'n dod yn heddychlon?' " Dyma
Jehw yn ateb, "Dim o dy fusnes di! Dilyn di fi." Dyma'r gwyliwr yn Jesreel yn dweud, "Aeth
y marchog atyn nhw, ond dydy e ddim yn dod yn ôl." 19 Felly dyma Joram yn anfon ail farchog.
Aeth hwnnw atyn nhw a gofyn, "Mae'r brenin yn gofyn, 'Ydych chi'n dod yn heddychlon?' "
A dyma Jehw yn ateb eto, "Dim o dy fusnes di! Dilyn di fi." 20 A dyma'r gwyliwr yn Jesreel yn
dweud eto, "Aeth y marchog atyn nhw, ond dydy e ddim yn dod yn ôl. Mae pwy bynnag sy'n
y cerbyd ar y blaen yn gyrru'n hurt; mae'n gyrru fel Jehw fab Nimshi!" 21 Yna dyma Joram yn
dweud, "Gwnewch y cerbyd yn barod i mi." Pan oedden nhw wedi gwneud hynny, dyma Joram,
brenin Israel, ac Ahaseia, brenin Jwda, yn mynd allan yn eu cerbydau eu hunain i gyfarfod
Jehw. Dyma nhw'n cwrdd ar y darn o dir oedd yn arfer perthyn i Naboth o Jesreel.
22 Dyma Joram yn gofyn i Jehw, "Ydy popeth yn iawn, Jehw?" Ond dyma Jehw yn ateb, "Fydd
pethau byth yn iawn tra mae dy fam di, Jesebel, yn gwthio pobl i addoli eilunod a dewino!"
23 Yna dyma Joram yn troi ei gerbyd i geisio dianc, ac yn gweiddi ar Ahaseia, "Mae'n frad,
Ahaseia!" 24 Ond dyma Jehw yn anelu ei fwa a saethu Joram rhwng ei ysgwyddau. Aeth y saeth
drwy ei galon, a syrthiodd yn farw yn ei gerbyd. 25 Wedyn dyma Jehw yn dweud wrth Bidcar,
ei is-gapten, "Cymer y corff a'i daflu ar y darn tir oedd yn arfer perthyn i Naboth o Jesreel.
Wyt ti'n cofio? Pan oedd y ddau ohonon ni'n gwasanaethu Ahab ei dad, roedd yr ARGLWYDD
wedi cyhoeddi hyn yn ei erbyn: 26 'Yn wir dw i wedi gweld gwaed Naboth a'i feibion, ddoe,'
meddai'r ARGLWYDD. 'A bydda i'n talu'n ôl i ti ar yr union ddarn yma o dir.' Felly cymer y corff
a'i daflu ar y darn tir yna fel dwedodd yr ARGLWYDD."
27 Pan welodd Ahaseia, brenin Jwda, beth ddigwyddodd, dyma fe'n ffoi i gyfeiriad Beth-
haggan. A dyma Jehw yn mynd ar ei ôl a gorchymyn i'w filwyr, "Saethwch e hefyd!" A dyma
nhw'n ei saethu yn ei gerbyd ar yr allt sy'n mynd i fyny i Gwr, wrth ymyl Ibleam. Ond llwyddodd
i ddianc i Megido, a dyna lle buodd e farw. 28 Aeth ei weision a'r corff yn ôl i Jerwsalem,
a'i gladdu yn ei fedd gyda'i hynafiaid yn Ninas Dafydd.
29 Roedd Joram wedi bod yn frenin Israel am un deg un o flynyddoedd pan gafodd Ahaseia
ei wneud yn frenin ar Jwda.

Lladd Jesebel

30 Dyma Jehw yn mynd i Jesreel. Pan glywodd Jesebel ei fod yn dod dyma hi'n rhoi colur ar ei
llygaid, gwneud ei gwallt a phwyso allan o'r ffenest. 31 Pan gyrhaeddodd Jehw wrth giât y dref,
dyma hi'n galw arno, "Wyt ti'n dod yn heddychlon? Ti ddim gwell na Simri,[o] wnaeth lofruddio
ei feistr!" 32 Dyma Jehw yn edrych i fyny a gofyn, "Pwy sydd ar fy ochr i? Rhywun?" A dyma
ddau neu dri o swyddogion y palas yn edrych i lawr arno. 33 "Taflwch hi allan drwy'r ffenest,"
meddai wrthyn nhw. A dyma nhw'n ei thaflu hi i lawr. Pan darodd hi'r llawr dyma'i gwaed
yn sblasio ar y wal ac ar y ceffylau, a dyma Jehw yn gyrru ei gerbyd drosti.
34 Aeth i mewn a bwyta ac yfed. Yna dyma fe'n dweud, "Ewch i gladdu corff y ddynes
ddiawledig yna. Roedd hi yn ferch i frenin, wedi'r cwbl." 35 Ond pan aethon nhw i'w chladdu
hi, doedd dim byd ar ôl ond ei phenglog, ei thraed a'i dwylo. 36 Dyma nhw'n mynd i ddweud
wrth Jehw, a dyma fe'n ateb, "Dyna'n union beth ddwedodd yr ARGLWYDD fyddai'n digwydd.
Y proffwyd Elias o Tishbe ddwedodd, 'Bydd cŵn yn bwyta corff Jesebel yn ardal Jesreel.
37 A bydd darnau o'i chorff fel tail ar wyneb y tir yn Jesreel. Fydd neb yn gallu ei nabod.' "

---

o 9:31 *Simri* Simri wnaeth ladd y Brenin Ela a'i deulu, er mwyn gwneud ei hun yn frenin. Ond fuodd e ddim ond yn frenin am saith diwrnod (gw. 1 Brenhinoedd 16:8-20).

9:16 2 Brenhinoedd 8:28-29 9:26 1 Brenhinoedd 21:19 9:36 1 Brenhinoedd 21:23

Jehw yn lladd teulu Ahab

10 Roedd gan Ahab saith deg o feibion yn Samaria. Felly dyma Jehw yn anfon llythyrau
at swyddogion ac arweinwyr Jesreel, ac at y rhai oedd yn gofalu am feibion Ahab.
Dyma oedd y llythyr yn ei ddweud: 2“Mae meibion eich meistr i gyd gyda chi, ac mae gynnoch
chi gerbydau a cheffylau, dinas gaerog ac arfau. Felly, pan dderbyniwch chi'r llythyr yma,
3dewiswch chi y gorau a'r mwyaf abl o feibion eich meistr a'i wneud yn frenin yn lle ei dad.
Ond yna byddwch barod i amddiffyn llinach eich meistr.” 4Roedden nhw wedi dychryn am
eu bywydau. “Mae dau frenin wedi methu ei stopio fe. Pa obaith sydd gynnon ni?” medden
nhw. 5Felly dyma bennaeth y palas, pennaeth y ddinas, yr arweinwyr a'r rhai oedd â gofal am
deulu Ahab, yn anfon y neges yma at Jehw: “Dŷn ni am fod yn weision i ti! Dŷn ni'n fodlon
gwneud beth bynnag rwyt ti eisiau. Dŷn ni'n bwriadu gwneud neb arall yn frenin. Gwna di
beth ti'n feddwl sy'n iawn.”

6Anfonodd Jehw lythyr arall atyn nhw: “Os ydych chi wir ar fy ochr i, ac am fod yn ufudd
i mi, yna torrwch bennau meibion Ahab i gyd, a dewch â nhw ata i i Jesreel erbyn yr adeg
yma fory.” Pobl bwysig dinas Samaria oedd wedi bod yn magu y saith deg o feibion oedd gan
y Brenin Ahab. 7Ond ar ôl derbyn llythyr Jehw, dyma nhw'n eu dal nhw a lladd y cwbl. Yna
dyma nhw'n rhoi eu pennau mewn basgedi a'u hanfon i Jesreel. 8Pan ddaeth y neges fod
y pennau wedi cyrraedd, dyma Jehw yn dweud, “Rhowch nhw mewn dau bentwr wrth giât
y ddinas, a'i gadael nhw yno tan y bore.”

9Yna'r bore wedyn dyma Jehw yn mynd allan yno, a dweud wrth y bobl, “Dych chi ddim
ar fai. Fi ydy'r un wnaeth gynllwynio yn erbyn y Brenin Joram, fy meistr, a'i ladd. Ond pwy
laddodd y rhain? 10Mae'n hollol amlwg fod popeth ddwedodd yr ARGLWYDD yn erbyn teulu
Ahab wedi dod yn wir. Fe sydd wedi gwneud yn union fel roedd wedi'i addo drwy ei was
Elias.” 11Yna dyma Jehw yn mynd ati i ladd pawb oedd ar ôl o deulu Ahab yn Jesreel, y rhai
oedd wedi bod mewn swyddi amlwg yn ei lys, ei ffrindiau a'r offeiriaid oedd gydag e. Gafodd
neb ei adael yn fyw.

Jehw yn lladd perthnasau y Brenin Ahaseia

12Dyma Jehw yn cychwyn am Samaria. Ar y ffordd yno, wrth Beth-eced y Bugeiliaid, 13dyma
fe'n dod ar draws rhai o berthnasau Ahaseia, brenin Jwda. “Pwy ydych chi?” gofynnodd iddyn
nhw. A dyma nhw'n ateb, “Perthnasau i Ahaseia. Dŷn ni ar ein ffordd i ymweld â plant y brenin
a phlant y fam-frenhines.” 14Yna dyma Jehw'n gorchymyn i'w filwyr, “Daliwch nhw'n fyw!”
Dyma nhw'n eu dal nhw, ac yna mynd â nhw at bydew Beth-eced a'u lladd nhw i gyd yno,
pedwar deg dau ohonyn nhw.

15Wrth adael y fan honno dyma Jehw yn dod ar draws Jonadab fab Rechab oedd wedi bod
yn chwilio amdano. Dyma Jehw'n ei gyfarch a gofyn iddo, “Wyt ti'n fy nghefnogi i fel dw i ti?”
“Ydw,” meddai Jonadab. “Felly rho dy law i mi,” meddai Jehw. Dyma fe'n estyn ei law, a dyma
Jehw yn ei godi ato i'w gerbyd. 16Yna dwedodd wrtho, “Tyrd gyda mi, i ti gael gweld gymaint
dw i ar dân dros yr ARGLWYDD.” A dyma Jonadab yn mynd gydag e yn ei gerbyd 17i Samaria.
Ar ôl cyrraedd yno, dyma Jehw yn lladd pawb oedd ar ôl o deulu Ahab, yn union fel roedd yr
ARGLWYDD wedi dweud wrth Elias.

Jehw yn lladd addolwyr Baal

18Wedyn, casglodd Jehw y bobl i gyd at ei gilydd, a dweud, wrthyn nhw, “Roedd Ahab yn
addoli Baal rhywfaint, ond dw i, Jehw, yn mynd i'w addoli o ddifrif. 19Dw i am gynnal aberth
mawr i Baal. Felly galwch broffwydi Baal i gyd at ei gilydd, a'i addolwyr a'i offeiriaid. Peidiwch
a gadael neb allan. Bydd unrhyw un sy'n absennol yn cael ei ladd.” (Ond tric cyfrwys oedd
y cwbl. Roedd Jehw yn bwriadu lladd addolwyr Baal.) 20Yna dyma Jehw yn gorchymyn, “Trefnwch
ddathliad sbesial i addoli Baal!” A dyma nhw'n gwneud hynny. 21Dyma Jehw yn anfon neges
i bob rhan o wlad Israel. A dyma bawb oedd yn addoli Baal yn dod at ei gilydd – doedd neb yn

absennol. Roedd teml Baal yn llawn i'r ymylon! 22Yna dyma Jehw yn dweud wrth yr un oedd yn
gofalu am y gwisgoedd, "Tyrd â gwisg i bob un o'r addolwyr." A dyma fe'n gwneud hynny. 23Yna
dyma Jehw a Jonadab fab Rechab yn mynd i deml Baal. A dyma Jehw yn dweud wrth addolwyr
Baal, "Gwnewch yn siŵr fod yna neb yma sy'n addoli'r Arglwydd. Dim ond addolwyr Baal sydd
i fod yma." 24Yna dyma nhw'n dechrau aberthu a chyflwyno offrymau i'w llosgi i Baal. Roedd
Jehw wedi gosod wyth deg o ddynion tu allan i'r deml. Ac roedd wedi dweud wrthyn nhw, "Os
bydd rhywun yn gadael i un o'r bobl yma ddianc, bydd yn talu gyda'i fywyd!"
25Ar ôl gorffen cyflwyno'r offrwm i'w losgi, dyma Jehw yn rhoi gorchymyn i'r gwarchodlu
a'i swyddogion, "Ewch i mewn a lladdwch bawb. Peidiwch gadael i neb ddianc." A dyma
nhw'n eu lladd nhw i gyd a gadael y cyrff yn gorwedd yno. Yna dyma'r gwarchodlu a'r
swyddogion yn rhuthro i mewn i gysegr mewnol teml Baal, 26a chymryd y golofn gysegredig
allan a'i llosgi. 27Dyma nhw'n dinistrio'r golofn a theml Baal hefyd. Mae'r safle'n cael ei
ddefnyddio fel toiledau cyhoeddus hyd heddiw.
28Felly roedd Jehw wedi cael gwared ag addoli Baal o wlad Israel. 29Ond wnaeth e ddim
stopio pobl addoli'r eilunod roedd Jeroboam fab Nebat wedi'u codi, i achosi i bobl Israel
bechu. Roedd y ddau darw ifanc aur yn dal yn Bethel ac yn Dan.
30Yna dyma'r Arglwydd yn dweud wrth Jehw, "Ti wedi gwneud yn dda iawn a'm
plesio i, a gwneud beth roeddwn i eisiau'i weld yn digwydd i linach Ahab. Felly, bydd dy
ddisgynyddion di yn teyrnasu ar wlad Israel am bedair cenhedlaeth ar dy ôl." 31Ac eto doedd
Jehw ddim yn gwbl ufudd i ddeddfau'r Arglwydd, Duw Israel. Wnaeth e ddim troi cefn ar yr
eilunod roedd Jeroboam wedi'u codi i wneud i Israel bechu.
32Tua'r adeg yna dyma'r Arglwydd yn dechrau cymryd tir oddi ar Israel. Roedd Hasael yn
ymosod ar ffiniau Israel i gyd. 33Concrodd diroedd Gilead, sydd i'r dwyrain o afon Iorddonen
(sef tir llwythau Gad, Reuben a Manasse). Tir sy'n ymestyn yr holl ffordd o dref Aroer yn
nyffryn Arnon, drwy Gilead i ardal Bashan.
34Mae gweddill hanes Jehw – y cwbl wnaeth e a'i lwyddiant milwrol – i'w weld yn y sgrôl
Hanes Brenhinoedd Israel. 35Pan fuodd Jehw farw, cafodd ei gladdu yn Samaria, a dyma'i fab,
Jehoachas, yn dod yn frenin yn ei le. 36Roedd Jehw wedi bod yn frenin ar Israel am ddau
ddeg wyth o flynyddoedd.

Athaleia, brenhines Jwda

(2 Cronicl 22:10—23:15)

11 Pan glywodd Athaleia fod ei mab Ahaseia (brenin Jwda) wedi marw, dyma hi'n
mynd ati i gael gwared â'r llinach frenhinol i gyd. 2Ond roedd gan Ahaseia chwaer,
Jehosheba, merch i'r brenin Jehoram. Dyma hi'n cymryd Joas, mab Ahaseia, a'i sleifio i ffwrdd
oddi wrth aelodau eraill y teulu brenhinol cyn iddyn nhw gael eu lladd. A dyma fe'n cael ei
guddio gyda'i nyrs yn un o ystafelloedd gwely'r offeiriaid yn y deml.[p] Felly wnaeth Athaleia
ddim dod o hyd iddo, a chafodd e mo'i ladd ganddi. 3Bu'n cuddio gyda'i nyrs yn y deml am
chwe mlynedd, tra oedd Athaleia'n rheoli'r wlad.
4Yna yn y seithfed flwyddyn dyma Jehoiada yn galw capteniaid y Cariaid (oedd yn arwain
unedau o gannoedd) a'r gwarchodlu brenhinol i fynd i'w weld. Dyma fe'n cyfarfod gyda nhw,
ac ar ôl dod i gytundeb, yn gwneud iddyn nhw gymryd llw yn y deml. Yna dyma fe'n dangos
mab y brenin iddyn nhw, 5a gorchymyn, "Dyma dych chi i'w wneud: Ar y Saboth bydd un
rhan o dair o'r unedau sydd ar ddyletswydd, yn gwarchod y palas. 6Bydd un rhan o dair wedi
cymryd eu lle wrth giât Swr, a'r gweddill wrth y giât sydd tu ôl i'r gwarchodlu brenhinol. 7Bydd
y ddwy uned sydd ddim ar ddyletswydd ar y Saboth yn dod i warchod y deml ac amddiffyn
y brenin. 8Rhaid i chi sefyll o'i gwmpas gyda'ch arfau yn eich dwylo. Os bydd unrhyw un
yn dod yn agos atoch, lladdwch e. Dych chi i aros gyda'r brenin ble bynnag mae'n mynd."

p 11:2 *un o ... y deml* Hebraeg, "ystafell fewnol y gwlâu." Gan fod Jehosheba yn wraig i offeiriad (2 Cronicl 22:11) byddai'n bosib iddi guddio ei nai yn un o ystafelloedd preifat yr offeiriaid yn y deml (gw. adn. 3).

[9]Dyma gapteiniaid yr unedau yn gwneud yn union fel roedd Jehoiada'r offeiriad wedi
dweud. Dyma pob un yn cymryd ei uned (y rhai oedd ar ddyletswydd ar y Saboth a'r rhai
oedd yn rhydd), a dod â nhw at Jehoiada. [10]Dyma'r offeiriad yn rhoi gwaywffyn a tharianau
i'r capteniaid, sef arfau y Brenin Dafydd oedd yn cael eu cadw yn nheml yr ARGLWYDD. [11]Yna
dyma'r gwarchodlu brenhinol yn cymryd eu lle, gyda'u harfau yn eu dwylo. Roedden
nhw'n sefyll mewn llinell o un ochr i'r deml i'r llall, wrth yr allor ac ym mhob rhan o'r deml,
i amddiffyn y brenin. [12]Wedyn dyma Jehoiada yn dod â mab y brenin allan, a rhoi'r goron ar
ei ben a chopi o'r rheolau sy'n dweud sut i lywodraethu. A dyma nhw'n cyhoeddi mai Joas
oedd y brenin, ei eneinio drwy dywallt olew ar ei ben, curo dwylo a gweiddi, "Hir oes i'r brenin!"
[13]Dyma Athaleia'n clywed sŵn y gwarchodlu a'r bobl, a mynd atyn nhw i'r deml. [14]Yno
dyma hi'n gweld y brenin yn sefyll wrth y piler yn ôl y ddefod. Roedd y capteiniaid a'r
trwmpedwyr o'i gwmpas, y bobl i gyd yn dathlu a'r utgyrn yn canu ffanffer. Pan welodd hi
hyn i gyd, dyma hi'n rhwygo'i dillad a sgrechian gweiddi, "Brad! Brad!" [15]Yna dyma Jehoiada'r
offeiriad yn galw capteniaid y gwarchodlu, oedd yn arwain y milwyr, a dweud wrthyn nhw,
"Ewch â hi allan o'r deml heibio'r rhengoedd, a lladdwch unrhyw un sydd gyda hi. Rhaid
peidio ei lladd yn y deml." [16]Felly dyma nhw'n ei harestio hi a mynd â hi i'r palas brenhinol
drwy'r fynedfa i'r stablau. A dyna lle cafodd hi ei lladd.

Jehoiada'r offeiriad yn newid pethau

(2 Cronicl 23:16-21)

[17]Dyma Jehoiada yn selio'r ymrwymiad rhwng yr ARGLWYDD â'r brenin a'i bobl, iddyn nhw
fod yn bobl ffyddlon i'r ARGLWYDD. Gwnaeth gytundeb rhwng y brenin a'r bobl hefyd.
[18]Yna aeth y dyrfa i gyd i mewn i deml Baal a'i dinistrio. Dyma nhw'n chwalu'r allorau
a malu'r delwau i gyd yn ddarnau mân, a chafodd Mattan, offeiriad Baal, ei ladd o flaen
yr allorau.

Roedd Jehoiada'r offeiriad wedi gosod gwarchodlu i wylio teml yr ARGLWYDD. [19]Yna dyma
fe'n galw capteniaid y Cariaid (oedd yn arwain unedau o gannoedd) a'r gwarchodlu brenhinol,
a'r bobl i gyd. A dyma nhw'n arwain y brenin mewn prosesiwn o'r deml i'r palas drwy Giât
y Gwarchodlu Brenhinol. A dyma'r brenin yn eistedd ar yr orsedd. [20]Roedd pawb drwy'r wlad
i gyd yn dathlu. Roedd y ddinas yn heddychlon eto, ac Athaleia wedi cael ei lladd yn y palas.

Joas yn frenin ar Jwda

(2 Cronicl 24:1-16)

[21]Dim ond saith oed oedd Joas pan gafodd ei wneud yn frenin ar Jwda.
12 Cafodd Joas ei wneud yn frenin yn ystod seithfed flwyddyn Jehw fel brenin Israel. Bu'n
frenin yn Jerwsalem am bedwar deg o flynyddoedd. Enw ei fam oedd Tsifia, ac roedd
hi'n dod o Beersheba. [2]Yr holl amser y buodd e'n frenin, gwnaeth Joas beth oedd yn plesio'r
ARGLWYDD, fel roedd Jehoiada'r offeiriad wedi'i ddysgu. [3]Ond er hynny wnaeth e ddim cael
gwared â'r allorau lleol. Roedd y bobl yn dal i aberthu anifeiliaid a llosgi arogldarth arnyn nhw.
[4]Dwedodd Joas wrth yr offeiriaid, "Cymrwch yr arian sydd wedi cael ei gysegru i'r deml
– treth y cyfrifiad, y pris dalwyd am unigolion, a'r rhoddion gwirfoddol. [5]A defnyddiwch yr
arian o'ch incwm personol hefyd i dalu am atgyweirio'r deml." [6]Ond hyd yn oed pan oedd
Joas wedi bod yn frenin am ddau ddeg tair o flynyddoedd, doedd yr offeiriaid yn dal ddim
wedi atgyweirio'r deml. [7]Felly dyma'r Brenin Joas yn galw Jehoiada a'r offeiriaid eraill i'w
weld, a gofyn iddyn nhw, "Pam dych chi ddim wedi atgyweirio'r deml? O hyn ymlaen dych
chi ddim i gadw unrhyw arian sy'n cael ei roi i chi. Rhaid i'r cwbl fynd tuag at atgyweirio'r
deml." [8]Felly dyma'r offeiriaid yn cytuno i beidio cymryd mwy o arian gan y bobl, ac i roi
heibio'r cyfrifoldeb i atgyweirio'r deml.
[9]Dyma Jehoiada'r offeiriad yn cymryd cist a gwneud twll yn y caead. Yna dyma fe'n rhoi'r
gist ar yr ochr dde i'r allor, wrth y fynedfa i'r deml. Roedd y porthorion yn rhoi'r holl arian

roedd pobl yn ei gyfrannu yn y gist. 10 Pan oedden nhw'n gweld fod y gist yn llawn, roedd
ysgrifennydd y brenin a'r archoffeiriad yn cyfri'r arian a'i roi mewn bagiau. 11 Yna roedden
nhw'n ei roi i'r fformyn oedd yn gyfrifol am y gwaith atgyweirio. Roedden nhw wedyn yn ei
ddefnyddio i dalu'r seiri coed a'r adeiladwyr oedd yn gweithio ar y deml – 12 i'r dynion oedd
yn adeiladu'r waliau a'r seiri maen, a hefyd i brynu coed, cerrig wedi'u naddu ac unrhyw
beth arall oedd angen ar gyfer y gwaith. 13 Tra oedd y gwaith o atgyweirio'r deml yn digwydd,
gafodd dim o'r arian ei ddefnyddio i dalu am bowlenni arian, sisyrnau, dysglau, utgyrn nac
unrhyw gelfi aur ac arian eraill i'r deml. 14 Roedd y cwbl yn cael ei roi i'r fformyn oedd yn
arolygu'r gwaith o atgyweirio teml yr ARGLWYDD. 15 Doedd dim rhaid cadw cyfrifon manwl o'r
arian oedd yn cael ei roi iddyn nhw, am eu bod yn gwbl onest. 16 (Ond doedd yr arian oedd
yn cael ei dalu gyda'r offrwm i gyfaddef bai a'r aberth i buro o bechod ddim yn dod i'r deml.
Yr offeiriaid oedd yn cael hwnnw.)

Diwedd teyrnasiad Joas

17 Bryd hynny dyma Hasael, brenin Syria, yn ymosod ar dre Gath a'i choncro. Yna dyma
fe'n penderfynu ymosod ar Jerwsalem. 18 Ond dyma Joas, brenin Jwda, yn talu arian mawr
iddo beidio ymosod. Cymerodd Joas y cwbl roedd e a'r brenhinoedd o'i flaen (sef Jehosaffat,
Jehoram ac Ahaseia) wedi'i gysegru i'r ARGLWYDD. Cymerodd yr aur oedd yn stordai'r deml
a'r palas hefyd, ac anfon y cwbl i Hasael brenin Syria; a dyma Hasael a'i fyddin yn troi'n ôl
a pheidio ymosod ar Jerwsalem.

19 Mae gweddill hanes Joas, a'r cwbl wnaeth e ei gyflawni, i'w weld yn y sgrôl, *Hanes
Brenhinoedd Jwda.* 20-21 Dyma Iosafad fab Shimeath a Iehosafad fab Shomer, swyddogion
Joas, yn cynllwynio yn ei erbyn a'i ladd yn Beth-milo (sydd ar y ffordd i lawr i Sila). Cafodd ei
gladdu gyda'i hynafiaid yn Ninas Dafydd, a dyma'i fab, Amaseia, yn dod yn frenin yn ei le.

Jehoachas, brenin Israel

13 Pan oedd Joas fab Ahaseia wedi bod yn frenin ar Jwda am ddau ddeg tair
o flynyddoedd, dyma Jehoachas, mab Jehw, yn dod yn frenin ar Israel. Bu'n frenin
yn Samaria am un deg saith o flynyddoedd. 2 Gwnaeth bethau drwg iawn yng ngolwg yr
ARGLWYDD. Roedd e'n dal i addoli'r eilunod wnaeth Jeroboam fab Nebat eu codi, y rhai oedd
wedi gwneud i Israel bechu; wnaeth e ddim troi cefn arnyn nhw.

3 Roedd yr ARGLWYDD yn wirioneddol flin gyda phobl Israel. Dyma fe'n gadael i Hasael,
brenin Syria a'i fab Ben-hadad, eu rheoli nhw am flynyddoedd lawer. 4 Ond dyma Jehoachas yn
gweddïo ar yr ARGLWYDD, a dyma'r ARGLWYDD yn gwrando am ei fod wedi gweld fel roedd Israel
yn dioddef o dan frenin Syria. 5 Felly dyma'r ARGLWYDD yn anfon un i achub Israel oddi wrth
Syria, a chafodd y bobl fynd i fyw yn eu cartrefi eu hunain eto, fel o'r blaen. 6 Ond wnaethon
nhw ddim troi'u cefnau ar eilunod teulu Jeroboam oedd wedi gwneud i Israel bechu. Roedden
nhw'n dal ati i bechu fel o'r blaen. Roedd hyd yn oed polyn i'r dduwies Ashera yn dal yn
Samaria. 7 Doedd gan Jehoachas ddim byddin ar ôl chwaith, dim ond pum deg o geffylau,
deg cerbyd a deg mil o filwyr troed. Roedd brenin Syria wedi'u dinistrio nhw a'u sathru nhw
dan draed fel llwch mân ar lawr dyrnu.

8 Mae gweddill hanes Jehoachas – y cwbl wnaeth e a'i lwyddiant milwrol – i'w weld
yn y sgrôl *Hanes Brenhinoedd Israel.* 9 Bu Jehoachas farw a chael ei gladdu yn Samaria,
a dyma'i fab, Jehoas yn dod yn frenin yn ei le.

Jehoas, brenin Israel

10 Roedd Joas wedi bod yn frenin ar Jwda am dri deg saith o flynyddoedd pan ddaeth Jehoas
fab Jehoachas yn frenin ar Israel. Bu'n frenin yn Samaria am un deg chwech o flynyddoedd.

12:16 Lefiticus 5:16

11 Gwnaeth yntau hefyd bethau drwg iawn yng ngolwg yr ARGLWYDD, a gwrthod troi cefn ar yr eilunod roedd Jeroboam fab Nebat wedi'u codi, i achosi i bobl Israel bechu. Roedd e'n byw yr un fath.

12 Mae gweddill hanes Jehoas – y cwbl wnaeth e, ei lwyddiant milwrol a'i ddewrder yn y rhyfel yn erbyn Amaseia, brenin Jwda – i'w weld yn y sgrôl *Hanes Brenhinoedd Israel.* 13 Pan fuodd Jehoas farw cafodd ei gladdu yn Samaria gyda brenhinoedd Israel, a dyma'i fab, Jeroboam, yn eistedd ar yr orsedd yn ei le.

Proffwydoliaeth olaf Eliseus cyn iddo farw

14 Pan oedd Eliseus yn sâl ac ar ei wely angau aeth Jehoas, brenin Israel, i'w weld. Dyma Jehoas yn torri i lawr i grio o'i flaen a dweud, "Fy nhad, fy nhad! Ti ydy arfau a byddin Israel!"[ph] 15 Meddai Eliseus wrtho, "Tyrd â dy fwa a dy saethau yma." A dyma fe'n gwneud hynny. 16 Wedyn dyma Eliseus yn dweud wrtho, "Gafael yn y bwa." Yna dyma Eliseus yn rhoi ei ddwylo ar ddwylo'r brenin. 17 Wedyn dyma fe'n dweud wrtho, "Agor y ffenest sy'n wynebu'r dwyrain." Dyma fe'n agor y ffenest. Yna dyma Eliseus yn dweud, "Saetha!" A dyma fe'n saethu. "Mae'r saeth yna'n symbol o fuddugoliaeth yr ARGLWYDD. Saeth buddugoliaeth dros Syria. Byddi di'n ymosod ar Syria yn Affec ac yn ei difa nhw'n llwyr." 18 Yna dyma Eliseus yn dweud wrtho, "Cymer y saethau, a tharo'r llawr gyda nhw." Felly dyma'r brenin yn gafael yn y saethau a tharo'r llawr dair gwaith, ac yna stopio. 19 Roedd y proffwyd yn flin gydag e. "Dylet ti fod wedi taro'r llawr bump neu chwe gwaith! Byddai hynny'n dangos dy fod yn mynd i ddinistrio Syria'n llwyr. Ond nawr dim ond tair gwaith fyddi di'n eu curo nhw."

20 Bu farw Eliseus a chafodd ei gladdu.

Roedd criwiau o ddynion o Moab yn arfer ymosod ar y wlad bob gwanwyn. 21 Un tro digwyddodd hynny pan oedd rhyw ddyn yn cael ei gladdu. Dyma'r bobl oedd yn ei gladdu yn gweld un o'r criwiau yna o Moab yn dod, felly dyma nhw'n taflu corff y dyn marw i mewn i fedd Eliseus a dianc. Pan gyffyrddodd y corff esgyrn Eliseus, daeth yn ôl yn fyw a chodi ar ei draed.

Rhyfel rhwng Israel a Syria

22 Roedd Hasael, brenin Syria, wedi bod yn cam-drin Israel ar hyd cyfnod Jehoachas fel brenin. 23 Ond dyma'r ARGLWYDD yn tosturio a dangos trugaredd atyn nhw. Roedd yn garedig atyn nhw oherwydd ei ymrwymiad gydag Abraham, Isaac a Jacob. (Hyd heddiw mae e'n dal i wrthod eu dinistrio nhw na chael gwared â nhw!)

24 Pan fuodd Hasael, brenin Syria, farw, daeth ei fab Ben-hadad[r] yn frenin yn ei le. 25 Yna dyma Jehoas fab Jehoachas yn ennill tair brwydr yn erbyn Ben-hadad a chymryd yn ôl y trefi roedd Hasael wedi'u dwyn oddi ar ei dad.

Amaseia, brenin Jwda

(2 Cronicl 25:1-28)

14 Dyma Amaseia, mab Joas, yn dod yn frenin ar Jwda yn ail flwyddyn Jehoas fab Jehoachas fel brenin Israel. 2 Roedd yn ddau ddeg pump pan ddaeth yn frenin, a bu'n frenin am ddau ddeg naw o flynyddoedd. Enw ei fam oedd Iehoadan, ac roedd hi'n dod o Jerwsalem. 3 Roedd Amaseia yn gwneud beth oedd yn plesio'r ARGLWYDD, er, ddim fel gwnaeth y Brenin Dafydd, ei hynafiad. Roedd yn union yr un fath â'i dad Joas. 4 Wnaeth yntau ddim cael gwared â'r allorau lleol, ac roedd y bobl yn dal i aberthu anifeiliaid a llosgi arogldarth arnyn nhw.

5 Ar ôl gwneud yn siŵr fod ei afael ar y deyrnas yn ddiogel, dyma fe'n dienyddio'r swyddogion hynny oedd wedi llofruddio ei dad, y brenin. 6 Ond wnaeth e ddim lladd plant

ph 13:14 *Ti ydy ... Israel* Hebraeg, "Cerbyd a marchogion Israel!" gw. 2 Brenhinoedd 2:12. r 13:24 *Ben-hadad* Ben-hadad III, brenin Syria o tua 796 CC i 792 CC.

y llofruddion, am fod sgrôl Cyfraith Moses yn dweud fod yr ARGLWYDD wedi gorchymyn:
“Ddylai rhieni ddim cael eu lladd am droseddau'u plant, na'r plant am droseddau'u rhieni.
Dim ond y troseddwr ei hun ddylai farw.”[rh]
7 Lladdodd ddeg mil o filwyr Edom yn Nyffryn yr Halen, a chipio dinas Sela yn y frwydr.
Newidiodd ei henw i Iocteël; a dyna'r enw arni hyd heddiw. 8 Yna dyma Amaseia'n anfon
negeswyr at Jehoas, brenin Israel (mab Jehoachas ac ŵyr Jehw). Y neges oedd, “Tyrd, gad
i ni wynebu'n gilydd mewn brwydr.” 9 Dyma Jehoas, brenin Israel, yn anfon neges yn ôl at
Amaseia yn dweud:

> “Un tro yn Libanus dyma ddraenen fach yn afon neges at goeden gedrwydd fawr i ddweud,
> ‘Rho dy ferch yn wraig i fy mab i.’ Ond dyma anifail gwyllt yn dod heibio a sathru'r ddraenen
> dan draed!
> 10 Mae'n wir dy fod ti wedi gorchfygu Edom Amaseia, ond mae wedi mynd i dy ben di!
> Mwynha dy lwyddiant ac aros adre. Wyt ti'n edrych am drwbwl? Dw i'n dy rybuddio di,
> byddi di a dy deyrnas yn syrthio gyda'ch gilydd!”

11 Ond doedd Amaseia ddim am wrando. Felly dyma Jehoas, brenin Israel, yn mynd i ryfel yn
ei erbyn. Dyma'r ddwy fyddin yn dod wyneb yn wyneb yn Beth-shemesh ar dir Jwda. 12 Byddin
Israel wnaeth ennill y frwydr, a dyma filwyr Jwda i gyd yn dianc am adre. 13 Roedd Jehoas,
brenin Israel, wedi dal Amaseia, brenin Jwda, yn Beth-shemesh. Yna dyma fe'n mynd ymlaen
i Jerwsalem a chwalu waliau'r ddinas o Giât Effraim at Giât y Gornel, pellter o bron i ddau
can metr. 14 Cymerodd yr holl aur ac arian, a'r llestri oedd yn y deml ac yn storfa'r palas.
Cymerodd wystlon hefyd, ac yna mynd yn ôl i Samaria.
15 Mae gweddill hanes Jehoas – y cwbl wnaeth e, ei lwyddiant milwrol a'i ddewrder yn
y rhyfel yn erbyn Amaseia, brenin Jwda – i'w weld yn y sgrôl *Hanes Brenhinoedd Israel.*
16 Pan fuodd Jehoas farw cafodd ei gladdu yn Samaria gyda brenhinoedd Israel, a dyma'i fab,
Jeroboam, yn dod yn frenin yn ei le.
17 Buodd Amaseia fab Joas, brenin Jwda, fyw am un deg pump o flynyddoedd ar ôl i Jehoas,
brenin Israel, farw. 18 Mae gweddill hanes Amaseia i'w gael yn y sgrôl *Hanes Brenhinoedd Jwda.*
19 Am fod rhyw bobl yn Jerwsalem wedi cynllwynio yn ei erbyn, dyma fe'n dianc i Lachish. Ond
dyma nhw'n anfon dynion ar ei ôl a'i ladd yno. 20 Cafodd y corff ei gymryd yn ôl i Jerwsalem ar
geffylau, a chafodd ei gladdu yn Ninas Dafydd gyda'i hynafiaid. 21 Yna dyma bobl Jwda i gyd
yn cymryd Wseia,[s] mab Amaseia, oedd yn un deg chwech oed, a'i wneud e'n frenin yn lle ei
dad. 22 (Wseia wnaeth ennill tref Elat yn ôl i Jwda a'i hailadeiladu ar ôl i'w dad Amaseia farw.)

Jeroboam II, brenin Israel

23 Pan oedd Amaseia fab Joas, wedi bod yn frenin Jwda am un deg pump o flynyddoedd,
dyma Jeroboam fab Jehoas yn dod yn frenin ar Israel. Bu'n frenin yn Samaria am bedwar deg
un o flynyddoedd. 24 Gwnaeth bethau drwg iawn yng ngolwg yr ARGLWYDD, a gwrthod troi cefn
ar yr eilunod roedd Jeroboam fab Nebat wedi'u codi, i achosi i bobl Israel bechu. 25 Enillodd
dir yn ôl i Israel nes bod y ffin yn mynd o Fwlch Chamath yn y gogledd i'r Môr Marw[t] yn y de.
Roedd yr ARGLWYDD, Duw Israel, wedi dweud y byddai'n gwneud hynny drwy ei was Jona fab
Amittai, y proffwyd o Gath-heffer. 26 Roedd yr ARGLWYDD wedi gweld bod pobl Israel yn cael
eu cam-drin yn erchyll; doedd neb o gwbl ar ôl, caeth na rhydd, i'w helpu nhw. 27 Ond doedd
yr ARGLWYDD ddim am gael gwared ag Israel yn llwyr, felly dyma fe'n anfon Jeroboam fab
Jehoas i'w hachub nhw.
28 Mae gweddill hanes Jeroboam – y cwbl wnaeth e ei gyflawni a'i lwyddiant milwrol
yn adennill rheolaeth dros drefi Damascus a Chamath – i gyd i'w gweld yn y sgrôl *Hanes
Brenhinoedd Israel.* 29 Bu farw Jeroboam a chafodd ei gladdu gyda brenhinoedd Israel. A dyma
Sechareia, ei fab, yn dod yn frenin yn ei le.

---

rh 14:6 Deuteronomium 24:16. s 14:21 Hebraeg, “Asareia” – enw arall ar Wseia. t 14:25 Hebraeg, “Môr yr Araba”.

Wseia, brenin Jwda

(2 Cronicl 26:1-23)

15 Pan oedd Jeroboam wedi bod yn frenin ar Israel am ddau ddeg saith o flynyddoedd,
dyma Wseia,[th] mab Amaseia, yn dod yn frenin ar Jwda. 2 Un deg chwech oedd e pan
ddaeth yn frenin, a bu'n frenin yn Jerwsalem am bum deg dwy o flynyddoedd. Enw ei fam
oedd Iecholeia, ac roedd hi'n dod o Jerwsalem. 3 Fel ei dad Amaseia roedd Wseia yn gwneud
beth oedd yn plesio'r ARGLWYDD. 4 Ond wnaeth e ddim cael gwared â'r allorau lleol, ac roedd
y bobl yn dal i aberthu anifeiliaid a llosgi arogldarth arnyn nhw.
5 Dyma'r ARGLWYDD yn ei daro'n wael – bu'n dioddef o glefyd heintus ar y croen nes iddo
farw. Roedd rhaid iddo fyw ar wahân i bawb am weddill ei oes. Jotham, mab y brenin, oedd
yn rhedeg y palas ac yn rheoli'r wlad bryd hynny.
6 Mae gweddill hanes Wseia, a'r cwbl wnaeth e ei gyflawni, i'w weld yn y sgrôl *Hanes
Brenhinoedd Jwda*. 7 Pan fuodd Wseia farw, cafodd ei gladdu gyda'i hynafiaid yn Ninas Dafydd.
Yna daeth Jotham, ei fab, yn frenin yn ei le.

Sechareia, brenin Israel

8 Pan oedd Wseia wedi bod yn frenin ar Jwda am dri deg naw o flynyddoedd daeth Sechareia
fab Jeroboam yn frenin ar Israel. Bu'n frenin yn Samaria am chwe mis. 9 Gwnaeth bethau
drwg iawn yng ngolwg yr ARGLWYDD fel ei hynafiaid o'i flaen. Wnaeth e ddim troi cefn ar yr
eilunod roedd Jeroboam fab Nebat wedi'u codi, i achosi i bobl Israel bechu. 10 Dyma Shalwm
fab Jabesh, yn cynllwynio yn ei erbyn a'i ladd o flaen pawb, yna dod yn frenin yn ei le.
11 Mae gweddill hanes Sechareia i'w gael yn y sgrôl *Hanes Brenhinoedd Israel*. 12 Roedd
y neges roddodd yr ARGLWYDD i Jehw wedi dod yn wir: "Bydd dy ddisgynyddion di yn teyrnasu
ar wlad Israel am bedair cenhedlaeth ar dy ôl." A dyna'n union oedd wedi digwydd.[u]

Shalwm, brenin Israel

13 Roedd Wseia wedi bod yn frenin ar Jwda am dri deg naw o flynyddoedd pan ddaeth
Shalwm fab Jabesh yn frenin ar Israel. Bu'n frenin yn Samaria am fis. 14 Roedd Menachem fab
Gadi wedi dod o Tirtsa i Samaria, lladd Shalwm, a chymryd ei le fel brenin. 15 Mae gweddill
hanes Shalwm, a'r cynllwyn drefnodd e, i'w gweld yn y sgrôl *Hanes Brenhinoedd Israel*. 16 Pan
ddaeth Menachem o Tirtsa aeth i ymosod ar dre Tiffsa am i'r bobl yno wrthod ei dderbyn.
Lladdodd bawb oedd yn byw yn y dre ac yn yr ardal o'i chwmpas, a hyd yn oed rhwygo'n
agored yr holl wragedd beichiog oedd yno.

Menachem, brenin Israel

17 Roedd Wseia wedi bod yn frenin ar Jwda am dri deg naw o flynyddoedd pan ddaeth
Menachem fab Gadi yn frenin ar Israel. Bu'n frenin yn Samaria am ddeg mlynedd. 18 Gwnaeth
bethau drwg iawn yng ngolwg yr ARGLWYDD ar hyd ei oes. Wnaeth e ddim troi cefn ar yr eilunod
roedd Jeroboam fab Nebat wedi'u codi, i achosi i bobl Israel bechu.
19 Pan oedd Menachem yn frenin dyma Tiglath-Pileser,[w] brenin Asyria, yn ymosod ar y wlad.
Ond dyma Menachem yn rhoi tri deg tair tunnell o arian iddo, er mwyn ennill ei gefnogaeth
a chadw'i afael yn ei safle fel brenin. 20 Roedd Menachem wedi codi'r arian drwy drethu
pobl gyfoethog Israel. Cododd dreth o dros bum can gram o arian ar bob un ohonyn nhw,
a'i dalu i frenin Asyria. Felly dyma fyddin Tiglath-Pileser yn troi'n ôl; wnaethon nhw ddim
aros yn y wlad.

---

th 15:1 Hebraeg, "Asareia" – enw arall ar Wseia. (A'r un fath drwy'r bennod). u 15:12 *A dyna'n ... digwydd* Y pedair cenhedlaeth ddilynodd Jehw fel brenhinoedd Israel oedd Jehoachas 814–798 CC, Jehoas 798–782 CC, Jeroboam II 782–753 CC a Sechareia 753 CC (am 6 mis). w 15:19 *Tiglath-Pileser* Hebraeg, *Pwl*, oedd yn llysenw ar Tiglath-Pileser, brenin Asyria o 745 i 727 CC.

21 Mae gweddill hanes Menachem, a'r cwbl wnaeth e ei gyflawni, i'w weld yn y sgrôl
Hanes Brenhinoedd Israel. 22 Pan fu farw Menachem, dyma'i fab, Pecacheia, yn dod yn
frenin yn ei le.

Pecacheia, brenin Israel

23 Roedd Wseia wedi bod yn frenin ar Jwda am bum deg o flynyddoedd pan ddaeth
Pecacheia, mab Menachem, yn frenin ar Israel. Bu'n frenin yn Samaria am ddwy flynedd.
24 Gwnaeth bethau drwg iawn yng ngolwg yr ARGLWYDD. Wnaeth e ddim troi cefn ar yr eilunod
roedd Jeroboam fab Nebat wedi'u codi, i achosi i bobl Israel bechu. 25 Dyma'i is-gapten, Pecach
fab Remaleia, yn cynllwynio yn ei erbyn. Aeth gyda hanner cant o ddynion o Gilead, a thorri
i mewn i gaer y palas a lladd y Brenin Pecacheia, Argob ac Arie. Yna dyma Pecach yn cymryd
ei le fel brenin. 26 Mae gweddill hanes Pecacheia, a'r cwbl wnaeth e ei gyflawni, i'w weld yn
y sgrôl *Hanes Brenhinoedd Israel.*

Pecach, brenin Israel

27 Roedd Wseia wedi bod yn frenin ar Jwda am bum deg dwy o flynyddoedd, pan ddaeth
Pecach fab Remaleia, yn frenin ar Israel. Bu'n frenin yn Samaria am ugain mlynedd. 28 Gwnaeth
bethau drwg iawn yng ngolwg yr ARGLWYDD. Wnaeth e ddim troi cefn ar yr eilunod roedd
Jeroboam fab Nebat wedi'u codi, i achosi i bobl Israel bechu.
29 Pan oedd Pecach yn frenin ar Israel, dyma Tiglath-pileser, brenin Asyria, yn dod a gorchfygu
gogledd y wlad i gyd – trefi Îon, Abel-beth-maacha, Ianoach, Cedesh, a Chatsor, hefyd
ardaloedd Gilead, Galilea, a thir Nafftali i gyd. A dyma fe'n mynd â'r bobl i gyd yn gaethion
i Asyria.
30 Yna dyma Hoshea fab Ela yn cynllwynio yn erbyn Pecach, ei ladd, a dod yn frenin yn
ei le. Digwyddodd hyn pan oedd Jotham fab Wseia, wedi bod yn frenin am ugain mlynedd.
31 Mae gweddill hanes Pecach, a'r cwbl wnaeth e ei gyflawni, i'w weld yn y sgrôl *Hanes
Brenhinoedd Israel.*

Jotham, brenin Jwda

(2 Cronicl 27:1-9)

32 Yn ystod yr ail flwyddyn i Pecach fab Remaleia fel brenin ar Israel, daeth Jotham fab
Wseia yn frenin at Jwda. 33 Roedd yn ddau ddeg pump pan ddaeth yn frenin, a bu'n frenin
yn Jerwsalem am un deg chwech o flynyddoedd. Enw ei fam oedd Ierwsa, merch Sadoc. 34 Fel
ei dad Wseia, roedd yn gwneud beth oedd yn plesio'r ARGLWYDD. 35 Ond wnaeth e ddim cael
gwared â'r allorau lleol, ac roedd y bobl yn dal i aberthu anifeiliaid a llosgi arogldarth arnyn
nhw. Jotham wnaeth adeiladu Giât Uchaf y deml.
36 Mae gweddill hanes Jotham, a'r cwbl wnaeth e ei gyflawni, i'w weld yn y sgrôl *Hanes
Brenhinoedd Jwda.* 37 Dyma pryd wnaeth yr ARGLWYDD ddechrau anfon Resin, brenin Syria,
a Pecach fab Remaleia, i ymosod ar Jwda. 38 Pan fuodd Jotham farw, cafodd ei gladdu
gyda'i hynafiaid yn Ninas Dafydd; a daeth ei fab Ahas yn frenin yn ei le.

Ahas, brenin Jwda

(2 Cronicl 28:1-27)

16 Pan oedd Pecach fab Remaleia wedi bod yn frenin ar Israel am un deg saith
o flynyddoedd daeth Ahas fab Jotham yn frenin ar Jwda. 2 Roedd Ahas yn ugain oed
pan ddaeth yn frenin, a bu'n frenin yn Jerwsalem am un deg chwech o flynyddoedd. Ond
wnaeth e ddim plesio'r ARGLWYDD ei Dduw fel roedd y Brenin Dafydd wedi gwneud. 3 Roedd
yn ymddwyn yr un fath â brenhinoedd Israel. Ac yn waeth fyth, dyma fe'n llosgi ei fab yn
aberth – arferiad cwbl ffiaidd y bobloedd roedd yr ARGLWYDD wedi'u gyrru allan o'r wlad

o flaen Israel. 4Roedd yn aberthu anifeiliaid a llosgi arogldarth ar yr allorau lleol ar y bryniau
ac o dan pob coeden ddeiliog.
5Yna dyma Resin, brenin Syria, a Pecach fab Remaleia, brenin Israel, yn dod i ryfela yn
erbyn Jerwsalem. Dyma nhw'n gwarchae ar Ahas, ond roedden nhw'n methu ei goncro.
6(Tua'r adeg yna hefyd roedd Resin, brenin Syria, wedi llwyddo i ennill dinas Elat yn ôl
i Syria. Gyrrodd bobl Jwda allan o Elat, a daeth pobl o Edom yn ôl i fyw yno. Maen nhw'n
dal yno hyd heddiw.) 7Yna dyma Ahas yn anfon y neges yma at Tiglath-pileser, brenin
Asyria: "Dy was di ydw i, a dw i'n dibynnu arnat ti.[y] Mae brenin Syria a brenin Israel yn
ymosod arna i. Plîs wnei di ddod i'm hachub i." 8Roedd Ahas wedi cymryd yr aur a'r arian
oedd yn y deml ac yn storfa'r palas, a'i anfon yn dâl i frenin Asyria. 9A dyma frenin Asyria
yn cytuno ac yn anfon ei fyddin i ymosod ar Syria. Dyma nhw'n concro dinas Damascus,
cymryd y bobl yno yn gaethion i Cir a lladd y Brenin Resin.
10Pan aeth y Brenin Ahas i gyfarfod Tiglath-pileser, brenin Asyria, yn Damascus, dyma
fe'n gweld yr allor oedd yno. Anfonodd fodel o'r allor, ei chynllun a'r holl fanylion am sut
roedd wedi cael ei gwneud, at Wreia yr offeiriad. 11A dyma Wreia yr offeiriad yn gwneud
copi o'r allor oedd yn union fel y cynllun anfonodd y Brenin Ahas iddo. Roedd yr allor
yn barod erbyn i'r brenin Ahas gyrraedd yn ôl o Damascus. 12Pan aeth y brenin i weld
yr allor dyma fe'n mynd i fyny ati 13a chyflwyno offrwm i'w losgi ac offrwm o rawn arni.
Tywalltodd offrwm o ddiod arni, a sblasio gwaed yr offrwm arni, i gydnabod daioni'r
ARGLWYDD. 14Yna dyma fe'n symud yr Allor Bres oedd yn arfer bod o flaen yr ARGLWYDD.
Symudodd hi o du blaen y deml (roedd hi rhwng yr allor newydd a'r cysegr,) a'i gosod
ar yr ochr, i'r gogledd o'r allor newydd. 15Yna dyma'r Brenin Ahas yn dweud wrth Wreia
yr offeiriad: "Yr allor fawr sydd i gael ei defnyddio o hyn ymlaen. Defnyddiwch hi i losgi
offrwm y bore arni, a'r offrwm o rawn gyda'r nos, yr offrymau brenhinol i gyd, a'r offrymau
dros y bobl gyffredin – offrymau i'w llosgi, offrymau o rawn ac offrymau o ddiod. Arni
hi hefyd dych chi i sblasio gwaed yr holl anifeiliaid sy'n cael eu haberthu. Bydd yr allor
bres ar gyfer fy nefnydd personol i." 16A dyma Wreia'n gwneud popeth fel roedd y Brenin
Ahas wedi dweud wrtho.
17Tynnodd y Brenin Ahas y fframiau oddi ar y troliau a symud y dysglau oddi arnyn nhw.
Yna dyma fe'n cymryd 'Y Môr' (sef y ddysgl fawr oedd ar gefn yr ychen pres) a'i gosod
ar lwyfan o garreg. 18Wedyn symudodd y llwybr dan do oedd yn cael ei ddefnyddio ar
y Saboth, a'r fynedfa allanol oedd wedi'i hadeiladu i'r brenin fynd i'r deml. Gwnaeth
hyn i gyd o achos brenin Asyria.
19Mae gweddill hanes Ahas, a'r cwbl wnaeth e ei gyflawni, i'w weld yn y sgrôl *Hanes
Brenhinoedd Jwda.* 20Pan fuodd Ahas farw, cafodd ei gladdu gyda'i hynafiaid yn Ninas
Dafydd. A dyma Heseceia, ei fab, yn dod yn frenin yn ei le.

Hoshea, brenin Israel

17 Pan oedd Ahas wedi bod yn frenin ar Jwda am un deg dwy o flynyddoedd daeth
Hoshea fab Ela yn frenin ar Israel. Bu'n frenin yn Samaria am naw mlynedd.
2Gwnaeth bethau drwg iawn yng ngolwg yr ARGLWYDD, ond doedd e ddim mor ddrwg â'r
brenhinoedd oedd wedi bod o'i flaen.
3Dyma Shalmaneser,[a] brenin Asyria, yn ymosod ar Hoshea. Felly dyma Hoshea yn dod yn
was i frenin Asyria a dechrau talu trethi iddo. 4Ond wedyn dyma frenin Asyria yn darganfod
fod Hoshea yn cynllwynio yn ei erbyn. Roedd wedi anfon negeswyr at So,[b] brenin yr Aifft,
ac wedi gwrthod talu'r trethi blynyddol i Asyria. Y canlyniad oedd i frenin Asyria ei arestio
a'i roi yn y carchar.

---

y 16:7 Hebraeg, "dy fab." Ffordd o ddweud ei fod yn ymostwng i Tiglath-Pileser. a 17:3 *Shalmaneser, brenin Asyria* Shalmaneser V oedd hwn, Mab Tiglath-Pileser III. Roedd yn frenin Asyria o 727 i 722 CC.
b 17:4 Osorcon IV (730–715 CC) o bosib.
16:9 Amos 1:5

Diwedd Teyrnas Israel

5 Wedyn, dyma frenin Asyria'n ymosod ar wlad Israel. Aeth i Samaria a bu'n gwarchae arni
am bron ddwy flynedd.[c] 6 Roedd Hoshea wedi bod yn frenin am naw mlynedd pan gafodd
Samaria ei choncro. Aeth brenin Asyria[ch] â'r bobl yn gaethion i'w wlad ei hun. Anfonodd rai
i fyw i dref Halach, eraill i fyw ar lan afon Habor yn Gosan, ac eraill eto i drefi Media.
7 Roedd hyn wedi digwydd am fod pobl Israel wedi bod yn anufudd i'r ARGLWYDD eu Duw –
y Duw oedd wedi'u rhyddhau nhw o afael y Pharo a dod â nhw allan o'r Aifft. Roedden nhw
wedi troi i addoli duwiau eraill 8 a dilyn arferion y bobloedd roedd yr ARGLWYDD wedi'u gyrru
allan o'r wlad o flaen Israel. Roedden nhw wedi dilyn esiampl brenhinoedd Israel. 9 Roedden
nhw'n gwneud pethau o'r golwg oedd yn gwbl groes i ffordd yr ARGLWYDD. Roedden nhw wedi
adeiladu allorau lleol ym mhobman – yn y pentrefi bychain a'r trefi caerog mawr. 10 Roedden
nhw hefyd yn codi colofnau cysegredig i Baal a pholion y dduwies Ashera wrth yr allorau lleol
oedd ar y bryniau ac o dan pob coeden ddeiliog. 11 Roedden nhw'n llosgi arogldarth ar yr
allorau lleol, yn union fel y bobloedd roedd yr ARGLWYDD wedi'u gyrru allan o'u blaenau nhw.
Roedd y pethau drwg yma yn digio'r ARGLWYDD. 12 Roedden nhw'n addoli eilunod ffiaidd er
bod yr ARGLWYDD wedi dweud wrthyn nhw am beidio.
13 Roedd yr ARGLWYDD wedi anfon proffwydi a rhai oedd yn cael gweledigaethau i rybuddio
Israel a Jwda. Roedd wedi dweud, drwyddyn nhw, "Rhaid i chi droi cefn ar y drwg a chadw'r
gorchmynion a'r rheolau sy'n y Gyfraith rois i i'ch hynafiaid chi. Dw i wedi anfon y proffwydi
i'ch atgoffa chi ohonyn nhw." 14 Ond doedden nhw ddim am wrando. Roedden nhw'n hollol
benstiff, fel eu hynafiaid oedd yn gwrthod trystio'r ARGLWYDD eu Duw. 15 Roedden nhw wedi
gwrthod ei reolau a'r ymrwymiad roedd wedi'i wneud gyda'u hynafiaid. Wnaethon nhw
ddim gwrando ar ei rybuddion, ond mynd ar ôl eilunod diwerth. Roedden nhw'n gwneud
eu hunain yn ddiwerth, ac yn dynwared y gwledydd o'u cwmpas, er fod yr ARGLWYDD wedi
dweud wrthyn nhw am beidio gwneud hynny. 16 Roedden nhw wedi anwybyddu gorchmynion
yr ARGLWYDD eu Duw. Roedden nhw wedi gwneud delwau metel o ddau darw ifanc, a chodi
polyn i'r dduwies Ashera. Roedden nhw'n plygu i'r haul a'r lleuad a'r sêr, ac yn addoli Baal.
17 Roedden nhw hyd yn oed yn llosgi eu plant yn aberth, yn dewino ac yn darogan. Roedden
nhw'n benderfynol o wneud pethau oedd yn ddrwg yng ngolwg yr ARGLWYDD, a'i bryfocio.
18 Roedd yr ARGLWYDD yn wirioneddol flin gyda phobl Israel, a dyma fe'n eu gyrru nhw o'i olwg.
Dim ond llwyth Jwda oedd ar ôl. 19 Ond doedd Jwda chwaith ddim yn cadw gorchmynion
yr ARGLWYDD eu Duw. Roedden nhw hefyd yn dilyn arferion Israel. 20 Roedd yr ARGLWYDD wedi
gwrthod pobl Israel i gyd, a'u cosbi nhw drwy adael i bobl eraill eu rheibio a'u dinistrio nhw.
Gyrrodd nhw o'i olwg yn llwyr.
21 Pan wnaeth Duw rwygo Israel oddi wrth linach Dafydd dyma nhw'n gwneud Jeroboam
fab Nebat yn frenin. Roedd e wedi arwain pobl Israel i ffwrdd oddi wrth yr ARGLWYDD a gwneud
iddyn nhw bechu'n ofnadwy. 22 Dyma'r bobl yn addoli eilunod Jeroboam, a wnaethon nhw
ddim troi cefn arnyn nhw o gwbl. 23 Felly dyma'r ARGLWYDD yn gyrru Israel allan o'i olwg fel
roedd wedi rhybuddio y byddai'n gwneud drwy ei weision y proffwydi. Cafodd pobl Israel eu
symud o'u gwlad eu hunain i Asyria, ac maen nhw'n dal yno heddiw.

Brenin Asyria yn symud pobl o wledydd eraill i Israel

24 Dyma frenin Asyria yn cymryd pobl oedd yn byw yn Babilon, Cwtha, Afa, Chamath
a Seffarfaîm, a'u symud nhw i fyw i drefi Samaria yn lle pobl Israel. Felly dyma nhw'n cymryd
Samaria drosodd, a byw yn ei threfi. 25 Pan ddaethon nhw yno i ddechrau doedden nhw ddim
yn addoli'r ARGLWYDD; felly dyma'r ARGLWYDD yn anfon llewod atyn nhw, a dyma'r llewod yn

---

c 17:5 *bron ddwy flynedd* Hebraeg, "tair blynedd", sy'n cyfrif yn y ffordd Hebreig. Gall olygu dim ond rhan fach o'r flwyddyn gyntaf a rhan fach o'r drydedd flwyddyn. ch 17:6 *brenin Asyria* Sargon II, olynydd Shalmaneser, oedd brenin Asyria erbyn hyn. Buodd Shalmaneser farw ar ôl concro Samaria (722 CC) ond cyn i'r bobl gael eu cymryd i ffwrdd yn gaethion (720 CC). Roedd Sargon II yn teyrnasu ar Asyria o 721 i 705 CC, ac mae llawysgrifau hynafol o Asyria yn dweud ei fod wedi caethgludo 27,290 o bobl.

lladd rhai pobl. 26 Dwedwyd wrth frenin Asyria, “Dydy'r bobloedd rwyt ti wedi'u symud i drefi
Samaria ddim yn gwybod defodau duw'r wlad. Mae e wedi anfon llewod atyn nhw, ac mae'r
rheiny yn eu lladd nhw.” 27 Felly dyma frenin Asyria yn gorchymyn: “Anfonwch un o'r offeiriaid
gafodd eu cymryd oddi yno yn ôl. Bydd e'n gallu byw gyda nhw a'u dysgu nhw beth mae
duw'r wlad yn ei ddisgwyl.” 28 A dyma un o'r offeiriaid oedd wedi cael ei gymryd o Samaria
yn cael ei anfon yn ôl yno. Roedd yn byw yn Bethel ac yn dysgu'r bobl sut i barchu'r ARGLWYDD.
29 Ond roedd y gwahanol bobloedd oedd yn byw yno yn gwneud delwau o'u duwiau eu
hunain hefyd, ac yn eu gosod nhw yn yr temlau lle roedd pobl Samaria wedi codi allorau lleol.
Roedd pob un o'r gwahanol grwpiau o bobl yn gwneud hyn yn y trefi lle roedden nhw'n byw.
30 Dyma'r bobl o Babilon yn gwneud eilun o Swccoth-benoth, pobl Cwth yn gwneud Nergal,
pobl Chamath yn gwneud Ashima 31 a'r Afiaid yn gwneud Nibchas a Tartac. Roedd pobl
Seffarfaîm yn llosgi eu plant yn aberth i'w duwiau, Adram-melech ac Anam-melech. 32 Ond
roedden nhw'n addoli'r ARGLWYDD ar yr un pryd! Ac roedden nhw'n dewis pob math o bobl
i fod yn offeiriad ac i arwain y defodau wrth yr allorau lleol yn y canolfannau hynny. 33 Felly
roedden nhw'n addoli'r ARGLWYDD ac yn gwasanaethu eu duwiau eu hunain ar yr un pryd –
ac yn cadw defodau'r gwledydd o lle roedden nhw'n dod. 34 Maen nhw'n dal i ddilyn yr un
hen arferion hyd heddiw. Dŷn nhw ddim wir yn parchu'r ARGLWYDD, nac yn ufudd i'r rheolau,
y gorchmynion, y deddfau a'r gofynion gafodd eu rhoi i ddisgynyddion Jacob, yr un wnaeth
Duw roi'r enw Israel iddo. 35 Roedd yr ARGLWYDD wedi gwneud ymrwymiad gyda'r bobl hynny,
a rhoi'r gorchymyn yma iddyn nhw: “Peidiwch addoli duwiau eraill. Peidiwch plygu o'u blaen,
eu gwasanaethu nac aberthu iddyn nhw. 36 Dim ond fi, yr ARGLWYDD dych chi i'w addoli. Fi
ddaeth â chi allan o wlad yr Aifft gyda nerth a grym mawr. Fi ydy'r un dych chi i'w addoli
ac aberthu anifeiliaid iddo. 37 A dych chi i gadw y rheolau, gorchmynion, deddfau a gofynion
wnes i eu hysgrifennu i chi. Peidiwch addoli duwiau eraill. 38 Peidiwch anghofio'r ymrwymiad
dw i wedi'i wneud gyda chi, a pheidiwch addoli duwiau eraill. 39 Fi, yr ARGLWYDD eich Duw dych
chi i'w addoli, a bydda i'n eich achub chi oddi wrth eich gelynion i gyd.”
40 Ond wnaethon nhw ddim gwrando. Roedden nhw'n dal i ddilyn yr un hen arferion.
41 Roedd y gwahanol grwpiau yma o bobl i gyd yn addoli'r ARGLWYDD, ond roedden nhw hefyd
yn gwasanaethu eu heilun-dduwiau ar yr un pryd. Ac mae eu plant a'u plant hwythau yn dal
i wneud yr un fath â'u hynafiaid hyd heddiw.

Heseceia, brenin Jwda

(2 Cronicl 29:1,2; 31:1)

18 Daeth Heseceia fab Ahas yn frenin ar Jwda yn ystod trydedd flwyddyn Hoshea fab
Ela fel brenin Israel. 2 Dau ddeg pump oedd oed Heseceia pan ddaeth yn frenin,
a bu'n frenin yn Jerwsalem am ddau ddeg naw o flynyddoedd. Enw ei fam oedd Abeia,[d]
merch Sechareia. 3 Fel y Brenin Dafydd, ei hynafiad, roedd yn gwneud beth oedd yn plesio'r
ARGLWYDD. 4 Dyma fe'n cael gwared â'r allorau lleol, malu'r colofnau cysegredig a thorri polion
y dduwies Ashera i lawr. A dyma fe hefyd yn dryllio'r sarff bres oedd Moses wedi gwneud,
am fod pobl Israel yn llosgi arogldarth iddi a'i galw'n Nechwshtan.[dd] 5 Roedd Heseceia'n
trystio'r ARGLWYDD, Duw Israel. Fuodd yna ddim brenin tebyg iddo yn Jwda, o'i flaen nac ar
ei ôl. 6 Roedd yn hollol ffyddlon i'r ARGLWYDD ac yn cadw'r gorchmynion roddodd yr ARGLWYDD
i Moses. 7 Roedd yr ARGLWYDD gydag e, ac roedd yn llwyddo beth bynnag roedd e'n ei wneud.
Gwrthryfelodd yn erbyn brenin Asyria[e] a gwrthod ei wasanaethu. 8 Concrodd wlad y Philistiaid
yn llwyr – o'r pentrefi lleiaf i'r trefi caerog mawr. Roedd yn rheoli'r wlad yr holl ffordd i dref
Gasa a'r ardaloedd o'i chwmpas.
9 Yn ystod pedwaredd flwyddyn Heseceia fel brenin (a seithfed flwyddyn Hoshea fab Ela fel
brenin ar Israel) daeth Shalmaneser, brenin Asyria, ac ymosod ar Samaria. Buodd yn gwarchae

d 18:2 Hebraeg, *Abi*, cf. 2 Cronicl 29:1. dd 18:4 *Nechwshtan* gw. Numeri 21:8,9. Roedd *Nechwshtan* yn llysenw oedd yn swnio'n debyg i'r geiriau Hebraeg am “neidr bres”. e 18:7 *brenin Asyria* Senacherib oedd hwn o bosib – brenin Asyria o 705 i 681 CC.

arni [10]am bron ddwy flynedd[f] cyn llwyddo i'w choncro. Felly cafodd Samaria ei choncro yn
ystod chweched flwyddyn Heseceia fel brenin, a nawfed blwyddyn Hoshea yn frenin ar Israel,
[11]a dyma frenin Asyria[ff] yn cymryd pobl Israel yn gaethion i Asyria. Anfonodd rai i fyw i dref
Halach, eraill i fyw ar lan afon Habor yn Gosan, ac eraill eto i drefi Media. [12]Roedd hyn
wedi digwydd am fod pobl Israel heb wrando ar ARGLWYDD eu Duw. Roedden nhw wedi torri
amodau'r ymrwymiad wnaeth e gyda nhw, ac wedi diystyru'r gorchmynion roedd ei was
Moses wedi'u rhoi iddyn nhw.

Asyria yn ymosod ar Jwda, a bygwth Jerwsalem

(2 Cronicl 32:1-19; Eseia 36:1-22)

[13]Pan oedd Heseceia wedi bod yn frenin am bron un deg pedair o flynyddoedd, dyma
Senacherib, brenin Asyria, yn ymosod ar drefi amddiffynnol Jwda, a'u dal nhw. [14]Felly anfonodd
Heseceia, brenin Jwda, y neges yma at frenin Asyria, oedd yn Lachish: "Dw i wedi bod ar fai.
Os gwnei di droi'n ôl, gwna i dalu faint bynnag wyt ti'n ei ofyn." A dyma frenin Asyria yn rhoi
dirwy o ddeg tunnell o arian a thunnell o aur i Heseceia, brenin Jwda. [15]Felly dyma Heseceia'n
rhoi'r holl arian allai ddod o hyd iddo yn y deml ac yn storfa'r palas i Asyria. [16]Dyna pryd
wnaeth e stripio'r aur oedd ar ddrysau'r deml a'u fframiau, i dalu brenin Asyria.

[17]Er hynny dyma frenin Asyria yn anfon ei brif swyddog milwrol, ei brif gynghorydd, a phrif
swyddog ei balas o Lachish at y Brenin Heseceia yn Jerwsalem, gyda byddin enfawr. Dyma
nhw'n cyrraedd Jerwsalem a mynd i sefyll wrth sianel ddŵr y gronfa uchaf, sydd ar ffordd
Maes y Golchwr. [18]Dyma nhw'n galw ar y brenin, ac aeth Eliacim fab Chilceia, arolygwr y palas,
allan i'w cyfarfod, gyda Shefna yr ysgrifennydd a Ioach fab Asaff, y cofnodydd. [19]Dwedodd
prif swyddog Asyria wrthyn nhw am roi'r neges yma i Heseceia: "Dyma mae'r Ymerawdwr,
brenin Asyria yn ei ddweud: 'Beth sy'n dy wneud di mor hyderus? [20]Siarad gwag ydy honni
fod gen ti'r strategaeth a'r gallu milwrol angenrheidiol! Pwy wyt ti'n pwyso arno go iawn, dy
fod yn beiddio gwrthryfela yn fy erbyn i? [21]Ai'r Aifft wyt ti'n ei drystio? Dydy'r ffon fagl yna
ddim gwell na brwynen wedi hollti, ac mae'n torri llaw ac yn anafu pwy bynnag sy'n pwyso
arni! Dyna sy'n digwydd i bawb sy'n trystio'r Pharo, brenin yr Aifft.

[22]" 'Neu ydych chi am ddweud wrtho i eich bod yn trystio'r ARGLWYDD eich Duw? Onid
ydy Heseceia wedi cael gwared â'i ganolfannau addoli lleol a'i allorau e, a dweud wrth
bobl Jwda mai dim ond wrth yr allor yn Jerwsalem maen nhw i addoli? [23]Tyrd nawr, beth
am drafod telerau gyda fy meistr, brenin Asyria: betia i di, petawn i'n rhoi dwy fil o geffylau
i ti, na fyddai gen ti ddigon o ddynion i'w reidio nhw! [24]Felly sut alli di wrthod cynnig gan
ddirprwy un o weision lleia fy meistr hyd yn oed? Ti ddim yn mynd i fynnu dal ati i drystio'r
Aifft am gerbydau a marchogion, siawns? [25]A beth bynnag, wyt ti'n meddwl fy mod i wedi
martsio yn erbyn y wlad yma i'w dinistrio hi heb i'r ARGLWYDD fy helpu i? Yr ARGLWYDD ei hun
ddwedodd wrtho i: "Dos i ymladd yn erbyn y wlad yna a'i dinistrio hi!"'"

[26]Dyma Eliacim fab Chilceia, Shefna, a Ioach yn dweud wrth y prif swyddog, "Plîs siarada yn
Aramaeg hefo dy weision; dŷn ni'n deall yr iaith honno. Paid siarad hefo ni yn Hebraeg yng
nghlyw'r bobl sydd ar y waliau." [27]Ond dyma'r prif swyddog yn ateb, "Ydych chi'n meddwl
mai atoch chi a'ch meistr yn unig mae fy meistr i wedi f'anfon i ddweud hyn? Na, mae'r
neges i bawb sydd ar y waliau hefyd. Byddan nhw, fel chithau, yn gorfod bwyta'u cachu ac
yfed eu piso eu hunain."

[28]Yna dyma'r prif swyddog yn camu ymlaen, ac yn gweiddi'n uchel yn Hebraeg, "Gwrandwch
beth mae'r Ymerawdwr, brenin Asyria, yn ei ddweud! [29]Peidiwch gadael i Heseceia eich twyllo
chi, achos fydd e ddim yn gallu'ch achub chi. [30]A pheidiwch gadael iddo eich cael chi i drystio'r
ARGLWYDD, a dweud wrthoch chi, 'Bydd yr ARGLWYDD yn ein hachub ni. Fydd y ddinas yma ddim

---

f 18:10 *bron ddwy flynedd* Hebraeg, "tair blynedd", sy'n cyfrif yn y ffordd Hebreig. Gall olygu dim ond rhan fach o'r flwyddyn gyntaf a rhan fach o'r drydedd flwyddyn. ff 18:11 *brenin Asyria* Sargon II, olynydd Shalmaneser. Gw y nodyn yn 17:6.
18:21 Eseciel 29:6-7

yn syrthio i ddwylo brenin Asyria!’ [31] Peidiwch gwrando arno! Dyma mae brenin Asyria'n ei
ddweud: ‘Derbyniwch y telerau dw i'n eu cynnig; dewch allan ata i, a bydd pob un ohonoch
chi'n cael bwyta o'i winwydden a'i goeden ffigys, ac yn cael yfed dŵr o'i ffynnon ei hun.
[32] Wedyn bydda i'n mynd â chi i wlad debyg i'ch gwlad chi – gwlad o fara a sudd grawnwin,
o gaeau ŷd a gwinllannoedd, gwlad o olewydd, olew a mêl. Cewch fyw yno yn lle marw.

“ ‘Peidiwch gadael i Heseceia eich camarwain chi wrth ddweud, “Bydd yr ARGLWYDD yn ein
hachub ni.” [33] Wnaeth duwiau'r gwledydd eraill achub eu tir nhw rhag brenin Asyria? [34] Ble
roedd duwiau Chamath ac Arpad? Ble roedd duwiau Seffarfaîm, Hena ac Ifa? Wnaethon nhw
achub Samaria o'm gafael i? [35] Pa un o'r duwiau yma i gyd achubodd eu gwlad o'm gafael
i? Felly, sut mae'r ARGLWYDD yn mynd i achub Jerwsalem o'm gafael i?’ ” [36] Ond roedd pawb yn
cadw'n dawel ac yn dweud dim, achos roedd y brenin wedi gorchymyn: “Peidiwch â'i ateb e.”

[37] A dyma Eliacim fab Chilceia, arolygwr y palas, Shefna yr ysgrifennydd a Ioach fab Asaff,
y cofnodydd, yn mynd at Heseceia a'u dillad wedi'u rhwygo, a dweud wrtho beth oedd
y swyddog o Asyria wedi'i ddweud.

Heseceia'n gofyn am help Duw

(Eseia 37:1-13)

19 Pan glywodd y Brenin Heseceia hyn, dyma fe'n rhwygo'i ddillad, gwisgo sachliain
a mynd i deml yr ARGLWYDD. [2] A dyma fe'n anfon Eliacim, arolygwr y palas, Shefna, yr
ysgrifennydd, a rhai o'r offeiriaid hynaf at y proffwyd Eseia fab Amos. Roedden nhw hefyd yn
gwisgo sachliain. [3] A dyma nhw'n dweud wrtho, “Mae Heseceia'n dweud: ‘Mae hi'n ddiwrnod
o argyfwng, o gerydd ac o gywilydd, fel petai plant ar fin cael eu geni a'r fam heb ddigon
o nerth i'w geni nhw. [4] Petaet ti'n gweddïo dros y rhai ohonon ni sy'n dal ar ôl yn y ddinas,
falle y byddai'r ARGLWYDD dy Dduw yn cymryd sylw o beth ddwedodd y swyddog gafodd ei
anfon gan frenin Asyria i enllibio'r Duw byw, ac yn ei gosbi.’ ”

[5] Pan aeth gweision y Brenin Heseceia at Eseia, [6] dyma Eseia'n dweud wrthyn nhw,
“Dwedwch wrth eich meistr: ‘Dyma mae'r ARGLWYDD yn ei ddweud: “Paid gadael i'r ffaith fod
gweision bach brenin Asyria yn gwneud sbort am fy mhen i dy ddychryn di. [7] Dw i'n mynd
i godi ofn arno fe. Bydd e'n clywed si am rywbeth ac yn mynd yn ôl i'w wlad ei hun. Bydda
i'n gwneud iddo gael ei ladd â'r cleddyf yn ei wlad ei hun.” ’ ”

[8] Yn y cyfamser, roedd prif swyddog brenin Asyria wedi mynd yn ôl a darganfod fod ei feistr
wedi gadael Lachish a'i fod yn ymladd yn erbyn tref Libna. [9] Roedd wedi clywed fod y Brenin
Tirhaca (oedd o dras Affricanaidd)[g] ar ei ffordd i ymosod arno. Felly, dyma fe'n anfon negeswyr
at Heseceia eto: [10] “Dwedwch wrth Heseceia, brenin Jwda: ‘Peidiwch gadael i'r Duw dych chi'n
ei drystio eich twyllo chi i feddwl na fydd Jerwsalem yn syrthio i ddwylo brenin Asyria. [11] Dych
chi'n gwybod yn iawn fod brenhinoedd Asyria wedi dinistrio'r gwledydd eraill i gyd. Ydych
chi'n mynd i ddianc? [12] Gafodd y gwledydd ddinistriodd fy rhagflaenwyr eu hachub gan eu
duwiau? – Beth am Gosan, Haran, Retseff, a phobl Eden oedd yn Telassar? [13] Ble mae brenin
Chamath? Neu frenin Arpad? Neu frenhinoedd Lahir, Seffarfaîm, Hena, ac Ifa?’ ”

Heseceia'n gweddïo

(Eseia 37:14-20)

[14] Ar ôl i Heseceia gymryd y llythyr gan y negeswyr, a'i ddarllen, aeth i'r deml a'i osod allan
o flaen yr ARGLWYDD. [15] Yna dyma Heseceia'n gweddïo:

“O ARGLWYDD, Duw Israel, sy'n eistedd ar dy orsedd uwchben y cerwbiaid. Ti sydd Dduw – yr
unig un – dros deyrnasoedd y byd i gyd. Ti wnaeth greu'r bydysawd a'r ddaear. [16] O ARGLWYDD,
plîs gwrando! Agor dy lygaid, ARGLWYDD! Edrych! Gwranda ar beth mae Senacherib yn ei
ddweud. Mae e wedi anfon neges sy'n enllibio'r Duw byw!

---

g 19:9 *y Brenin Tirhaca (oedd o dras Affricanaidd)* Roedd Tirhaca yn frenin ar yr Aifft o tua 690 i 664 CC.
19:15 Exodus 20:11

[17]ARGLWYDD, mae'n wir fod brenhinoedd Asyria wedi dinistrio'r bobloedd i gyd, a'u tiroedd,
[18]ac wedi llosgi eu duwiau nhw. Ond doedden nhw ddim yn dduwiau go iawn, dim ond
coed neu gerrig wedi'u cerfio gan bobl, i'w haddoli. [19]Felly nawr, O ARGLWYDD ein Duw,
plîs achub ni o'i afael, er mwyn i deyrnasoedd y byd i gyd wybod mai ti ydy'r ARGLWYDD, yr
unig Dduw go iawn."

Ateb Duw i Heseceia

(Eseia 37:21-35)

[20]Yna dyma Eseia fab Amos yn anfon y neges yma at Heseceia:
"Dyma mae'r ARGLWYDD, Duw Israel, yn ei ddweud: Dw i wedi clywed dy weddi di am Senacherib,
brenin Asyria, [21]a dyma dw i, yr ARGLWYDD, yn ei ddweud yn ei erbyn:

Mae'r forwyn hardd, Seion, yn dy ddirmygu di!
Mae hi'n gwneud hwyl ar dy ben!
Mae Jerwsalem hardd yn ysgwyd ei phen
tu ôl i dy gefn.
22 Pwy wyt ti'n ei enllibio a'i wawdio?
Yn erbyn pwy wyt ti'n codi dy lais,
ac yn troi dy lygaid yn sarhaus?
Yn erbyn Un Sanctaidd Israel!

23 Rwyt ti wedi defnyddio dy negeswyr
i enllibio'r Meistr, a dweud,
'Gyda'r holl gerbydau rhyfel sydd gen i
dringais i ben y mynyddoedd uchaf, ac i ben draw Libanus.
Torrais i lawr y coed cedrwydd talaf, a'r coed pinwydd gorau,
er mwyn cyrraedd copa uchaf y llechweddau coediog.
24 Dw i wedi cloddio ffynhonnau ac yfed dŵr mewn lleoedd estron.
Sychais holl ganghennau afon Nîl hefo gwadn fy nhraed.'

25 Mae'n rhaid dy fod wedi clywed!
Fi sydd wedi trefnu'r cwbl ers talwm –
mae'r cwbl wedi'i gynllunio ers amser maith,
a nawr dw i'n troi'r cwbl yn ffaith:
i ti droi caerau yn bentyrrau o rwbel.
26 Does gan y bobl sy'n byw ynddyn nhw ddim nerth,
maen nhw'n ddigalon, ac wedi'u cywilyddio.
Maen nhw fel planhigion mewn cae, neu dyfiant ar ben to
wedi'i grino gan wynt y dwyrain.
27 Dw i'n gwybod popeth amdanat ti – dy symudiadau di i gyd,
a sut rwyt ti wedi bod yn strancio yn fy erbyn i.
28 Am dy fod ti wedi strancio yn fy erbyn i,
a minnau wedi gorfod gwrando ar dy eiriau haerllug,
dw i'n mynd i roi bachyn drwy dy drwyn a ffrwyn yn dy geg,
a gwneud i ti fynd yn ôl y ffordd daethost."

[29]"A dyma fydd yr arwydd i ti, Heseceia, fod hyn yn wir:

Byddi'n bwyta beth sy'n tyfu ohono'i hun eleni,
a'r flwyddyn nesa beth fydd wedi tyfu o hwnnw.
Ond y flwyddyn wedyn cewch hau a medi,
plannu gwinllannoedd a bwyta'u ffrwyth nhw.

30 Bydd y bobl yn Jwda sydd wedi dianc a'u gadael ar ôl
yn bwrw eu gwreiddiau eto, ac yn dwyn ffrwyth.
31 Bydd y rhai sy'n weddill yn lledu allan o Jerwsalem;
y rhai wnaeth ddianc o Fynydd Seion.
Mae'r ARGLWYDD hollbwerus yn benderfynol
o wneud hyn i gyd.

32 Felly, dyma mae'r ARGLWYDD yn ei ddweud am frenin Asyria:

'Fydd e ddim yn dod i mewn i'r ddinas yma.
Fydd e ddim yn saethu saeth i mewn iddi;
fydd e ddim yn ymosod arni hefo tarian,
nac yn codi rampiau i warchae yn ei herbyn.
33 Bydd e'n mynd yn ôl y ffordd ddaeth e.
Na, fydd e ddim yn dod i mewn i'r ddinas yma.'
—yr ARGLWYDD sy'n dweud hyn.

34 'Dw i'n mynd i amddiffyn ac achub y ddinas yma, er mwyn cadw fy enw da, ac am fy mod
i wedi addo gwneud hynny i Dafydd, fy ngwas.' "

Sennacherib, brenin Asyria, yn marw

(Eseia 37:36-38)

35 A'r noson honno dyma angel yr ARGLWYDD yn mynd allan ac yn taro cant wyth deg pum mil
o filwyr Asyria. Erbyn y bore wedyn roedden nhw i gyd yn gyrff meirw. 36 Felly dyma Senacherib,
brenin Asyria, yn codi ei wersyll, mynd yn ôl i Ninefe ac aros yno.
37 Un diwrnod, pan oedd e'n addoli yn nheml ei dduw Nisroch, dyma'i feibion, Adram-melech
a Saretser, yn ei ladd gyda'r cleddyf ac yna'n dianc i ardal Ararat.[ng] A dyma fab arall iddo,
Esar-chadon,[h] yn dod yn frenin yn ei le.

Heseceia'n cael ei daro'n wael, a bron yn marw

(2 Cronicl 32:24-26; Eseia 38:1-8,21-22)

20 Tua'r adeg yna roedd Heseceia'n sâl. Roedd yn ddifrifol wael, a bu bron iddo farw.
Daeth y proffwyd Eseia fab Amos ato a dweud wrtho, "Dyma mae'r ARGLWYDD yn ei
ddweud: rho drefn ar dy bethau, achos ti'n mynd i farw; fyddi di ddim yn gwella." 2 Ond dyma
Heseceia yn troi at y wal ac yn gweddïo, 3 "O ARGLWYDD, plîs cofia sut dw i wedi byw yn hollol
ffyddlon i ti. Dw i bob amser wedi gwneud beth oedd yn dy blesio di." Roedd yn beichio crio.
4 Cyn bod Eseia wedi gadael iard ganol y palas, dyma'r ARGLWYDD yn siarad ag e. 5 "Dos
yn ôl i ddweud wrth Heseceia, arweinydd fy mhobl, 'Dyma mae'r ARGLWYDD yn ei ddweud,
Duw Dafydd dy dad: Dw i wedi gwrando ar dy weddi di, ac wedi gweld dy ddagrau di.
Dw i'n mynd i dy iacháu di. Y diwrnod ar ôl yfory byddi'n mynd i deml yr ARGLWYDD. 6 Dw
i'n mynd i roi un deg pump mlynedd arall i ti. Dw i'n mynd i dy achub di a'r ddinas yma
o afael brenin Asyria. Bydda i'n amddiffyn y ddinas yma, er mwyn cadw fy enw da, ac am
fy mod i wedi addo gwneud hynny i Dafydd, fy ngwas.' " 7 Yna dyma Eseia'n dweud, "Ewch
i nôl bar o ffigys wedi'u gwasgu a'i roi ar y chwydd sydd wedi casglu, a bydd yn gwella."
8 Gofynnodd Heseceia i Eseia, "Pa arwydd ga i y bydd yr ARGLWYDD yn fy ngwella ac y bydda
i'n mynd i fyny i'w deml y diwrnod ar ôl fory?" 9 Ac roedd Eseia wedi ateb, "Dyma'r arwydd
mae'r ARGLWYDD yn ei roi i ti i ddangos ei fod am wneud beth mae'n ddweud: 'Wyt ti eisiau i'r
cysgod ar y deial haul symud ymlaen ddeg gris, neu yn ôl ddeg gris?' " 10 A dyma Heseceia'n
ateb, "Mae'n hawdd i gysgod symud ymlaen ddeg gris. Ond sut all e fynd yn ôl ddeg gris?"

---

ng 19:37 *Ararat* Ardal yn Armenia ein dyddiau ni. h 19:37 *Esar-chadon* Roedd yn teyrnasu ar Asyria o 681 i 669 CC.

11Yna dyma'r proffwyd Eseia'n gweddïo, a dyma'r ARGLWYDD yn gwneud i'r cysgod symud
yn ôl ddeg gris ar ddeial haul Ahas.

Camgymeriad Heseceia

(Eseia 39:1-8; 2 Cronicl 32:32-33)

12Tua'r un pryd anfonodd Merodach-baladan, mab Baladan, brenin Babilon, negeswyr gyda
llythyrau ac anrheg i Heseceia – roedd wedi clywed ei fod yn sâl. 13Roedd Heseceia wrth ei
fodd eu bod nhw wedi dod, a dangosodd ei drysordy iddyn nhw – yr arian, yr aur, y perlysiau,
a'r olew persawrus. Dangosodd ei stordy arfau iddyn nhw hefyd, a phopeth arall yn ei stordai.
Dangosodd bopeth yn ei balas a'i deyrnas gyfan iddyn nhw!

14Yna dyma'r proffwyd Eseia yn mynd at y Brenin Heseceia, a gofyn iddo: "Beth ddwedodd
y dynion yna wrthot ti? O ble daethon nhw?" Atebodd Heseceia. "Daethon nhw ata i o wlad
bell iawn – o Babilon." 15Gofynnodd Eseia wedyn, "Beth welon nhw yn dy balas di?" A dyma
Heseceia'n ateb, "Popeth sydd gen i. Does dim byd yn fy stordai i gyd na welon nhw." 16A dyma
Eseia'n dweud wrth Heseceia, "Gwranda ar neges yr ARGLWYDD: 17'Edrych! Mae'r amser yn
dod pan fydd popeth sydd yn dy balas di, popeth gasglodd dy ragflaenwyr di hyd heddiw,
yn cael ei gario i ffwrdd i Babilon. Fydd dim byd ar ôl!' meddai'r ARGLWYDD. 18'Bydd rhai o dy
deulu di, ie, dy ddisgynyddion di dy hun, yn cael eu cymryd i ffwrdd ac yn gwasanaethu fel
swyddogion ym mhalas brenin Babilon.' " 19A dyma Heseceia yn dweud wrth Eseia, "Mae'r
neges rwyt ti wedi'i rhannu gan yr ARGLWYDD yn dda." Meddyliodd, "Be wedyn? O leia bydd
heddwch a diogelwch tra dw i'n fyw."

20Mae gweddill hanes Heseceia – ei lwyddiant milwrol a'r ffaith iddo adeiladu'r gronfa
ddŵr a'r sianel i gario dŵr i'r ddinas – i'w gweld yn y sgrôl *Hanes Brenhinoedd Jwda*. 21Pan
fu Heseceia farw, dyma Manasse, ei fab, yn dod yn frenin yn ei le.

Manasse, brenin Jwda

(2 Cronicl 33:1-20)

21 Un deg dau oedd Manasse pan ddaeth yn frenin, a bu'n frenin yn Jerwsalem am bum
deg pump o flynyddoedd. Enw ei fam oedd Hefftsiba. 2Gwnaeth bethau drwg iawn
yng ngolwg yr ARGLWYDD, pethau cwbl ffiaidd, fel y bobloedd roedd yr ARGLWYDD wedi'u gyrru
allan o'r wlad o flaen Israel. 3Roedd wedi ailgodi'r allorau lleol gafodd eu dinistrio gan ei dad,
Heseceia. Cododd allorau i Baal a pholion i'r dduwies Ashera, fel roedd y Brenin Ahab wedi
gwneud yn Israel. Roedd yn plygu i lawr i'r sêr ac yn eu haddoli nhw. 4Dyma fe hyd yn oed yn
adeiladu allorau paganaidd yn y deml – yn y lle roedd yr ARGLWYDD wedi dweud amdano, "Dw
i am osod fy enw yn Jerwsalem." 5Cododd allorau i'r sêr yn y ddwy iard yn y deml. 6Llosgodd
ei fab yn aberth, ac roedd yn ymarfer dewiniaeth ac yn darogan. Roedd yn ymhél ag ysbrydion
a phobl oedd yn siarad â'r meirw. Gwnaeth lawer iawn o bethau drwg yng ngolwg yr ARGLWYDD,
a'i bryfocio. 7Roedd hyd yn oed wedi gwneud delw o'r dduwies Ashera a'i gosod yn y deml!
– yn y lle roedd yr ARGLWYDD wedi dweud wrth Dafydd a'i fab Solomon amdano, "Dw i wedi
dewis Jerwsalem o blith llwythau Israel i gyd, a bydda i'n byw yn y deml yma am byth. 8Wna
i ddim gyrru Israel allan o'r tir dw i wedi'i roi i'w hynafiaid, cyn belled â'u bod nhw'n gofalu
gwneud beth dw i'n ei orchymyn iddyn nhw, sef cadw'r Gyfraith wnaeth fy ngwas Moses ei
rhoi iddyn nhw." 9Ond wnaethon nhw ddim gwrando. Ac roedd Manasse'n eu harwain nhw
i wneud mwy o ddrwg na'r bobloedd roedd yr ARGLWYDD wedi'u gyrru allan o flaen Israel!

10Felly dyma'r ARGLWYDD yn dweud drwy ei broffwydi: 11"Mae Manasse, brenin Jwda wedi
gwneud pethau ffiaidd, ac wedi pechu'n waeth na'r Amoriaid oedd o'i flaen. Mae wedi gwneud
i bobl Jwda bechu hefyd, drwy addoli ei eilunod ffiaidd. 12Felly dyma mae'r ARGLWYDD, Duw Israel,
yn ei ddweud: Dw i'n mynd i ddod â dinistr ar Jerwsalem a Jwda. Bydd pawb fydd yn clywed
am y peth yn gegagored. 13Dw i'n mynd i wneud i Jerwsalem beth wnes i i Samaria ac i linach
Ahab. Bydda i'n sychu Jerwsalem yn lân fel mae rhywun yn sychu dysgl a'i throi hi wyneb

i waered. 14Bydda i'n gwrthod y rhai sydd ar ôl o'm pobl, a'u rhoi nhw i'w gelynion. Byddan
nhw fel ysbail i'w gasglu a gwobrau rhyfel i'w gelynion. 15Mae hyn am eu bod wedi gwneud
pethau drwg, ac wedi fy nigio i, o'r diwrnod y daeth eu hynafiaid allan o'r Aifft hyd heddiw!"
16Ar ben popeth arall roedd Manasse wedi lladd lot fawr o bobl ddiniwed – roedd staen
eu gwaed ar bob stryd yn Jerwsalem! Hyn heb sôn am y ffaith ei fod wedi arwain pobl Jwda
i bechu a gwneud pethau oedd yn ddrwg yng ngolwg yr ARGLWYDD.
17Mae gweddill hanes Manasse, a'r pethau wnaeth e gyflawni (gan gynnwys yr holl bethau
drwg wnaeth e), i'w gweld yn y sgrôl *Hanes Brenhinoedd Jwda.* 18Pan fuodd Manasse farw,
cafodd ei gladdu yng ngardd y palas, sef gardd Wssa. A dyma Amon, ei fab, yn dod yn frenin
yn ei le.

Amon, brenin Jwda

(2 Cronicl 33:21-25)

19Roedd Amon yn ddau ddeg dau pan ddaeth yn frenin, a bu'n frenin yn Jerwsalem am
ddwy flynedd. Enw ei fam oedd Meshwlemeth (merch Charwts o Iotba). 20Gwnaeth yntau
bethau drwg iawn yng ngolwg yr ARGLWYDD, yr un fath â'i dad Manasse. 21Roedd yn ymddwyn
fel ei dad ac yn gwasanaethu ac addoli'r un eilunod ffiaidd. 22Roedd wedi troi ei gefn ar yr
ARGLWYDD, Duw ei hynafiaid, ac wedi gwrthod ei ddilyn.
23Yna dyma rai o swyddogion y Brenin Amon yn cynllwynio yn ei erbyn a'i ladd yn ei balas.
24Ond wedyn dyma bobl y wlad yn dienyddio pawb oedd wedi bod yn rhan o'r cynllwyn yn
erbyn Amon. A dyma nhw'n gwneud Joseia, ei fab, yn frenin yn ei le.
25Mae gweddill hanes yr hyn wnaeth Amon ei gyflawni i'w weld yn y sgrôl *Hanes
Brenhinoedd Jwda.* 26Dyma nhw'n ei gladdu yn ei fedd yng ngardd Wssa, ac yna daeth
Joseia ei fab yn frenin yn ei le.

Joseia, brenin Jwda

(2 Cronicl 34:1-2,8-11)

22 Wyth oed oedd Joseia pan ddaeth yn frenin, a bu'n frenin yn Jerwsalem am dri
deg un o flynyddoedd. Enw ei fam oedd Iedida (merch Adaia o Botscath). 2Roedd
yn gwneud beth oedd yn plesio'r ARGLWYDD, ac yn dilyn esiampl y Brenin Dafydd, ei hynafiad,
heb grwydro oddi wrth hynny o gwbl.
3Pan oedd Joseia wedi bod yn frenin am un deg wyth o flynyddoedd, dyma fe'n anfon ei
ysgrifennydd, Shaffan (mab Atsaleia ac ŵyr Meshwlam), i deml yr ARGLWYDD. 4Dyma fe'n dweud
wrtho, "Dos at Chilceia, yr archoffeiriad. Mae i gyfri'r arian mae'r porthorion wedi'i gasglu gan
y bobl pan maen nhw'n dod i'r deml. 5Wedyn mae'r arian i'w roi i'r rhai sy'n goruchwylio'r
gwaith ar y deml. Ac mae'r rheiny i dalu'r gweithwyr sy'n gwneud y gwaith atgyweirio – 6sef
y seiri coed, adeiladwyr a'r seiri maen – ac i brynu coed a cherrig wedi'u naddu'n barod
i atgyweirio'r deml. 7Does dim rhaid cadw cyfrifon manwl o'r arian fydd yn cael ei roi iddyn
nhw, am eu bod yn weithwyr gonest."

Chilceia yn darganfod sgrôl y Gyfraith

(2 Cronicl 34:14-28)

8Dyma Chilceia, yr archoffeiriad, yn dweud wrth Shaffan yr ysgrifennydd, "Dw i wedi ffeindio
sgrôl o'r Gyfraith yn y deml!" A dyma fe'n rhoi'r sgrôl i Shaffan, iddo ei darllen. 9Yna dyma
Shaffan yn mynd yn ôl i roi adroddiad i'r brenin: "Mae dy weision wedi cyfri'r arian oedd yn
y deml, ac wedi'i drosglwyddo i'r dynion sy'n goruchwylio'r gwaith ar y deml." 10Yna meddai,
"Mae Chilceia'r offeiriad wedi rhoi sgrôl i mi." A dyma fe'n ei darllen i'r brenin.
11Wedi iddo glywed beth roedd sgrôl y Gyfraith yn ei ddweud, dyma'r brenin yn
rhwygo'i ddillad. 12Yna dyma fe'n galw am Chilceia'r offeiriad, Achicam fab Shaffan, Achbor
fab Michaia, Shaffan yr ysgrifennydd ac Asaia ei was personol. 13A dyma fe'n dweud wrthyn

nhw, "Ewch i holi'r ARGLWYDD, ar fy rhan i a phobl Jwda i gyd, am beth mae'r sgrôl yma'n
ddweud. Mae'r ARGLWYDD yn wirioneddol flin gyda ni am fod ein hynafiaid heb wneud beth
mae'r sgrôl yma'n ddweud."
[14]Felly dyma Chilceia, Achicam, Achbor, Shaffan ac Asaia yn mynd at y broffwydes Hulda.
Roedd hi'n wraig i Shalwm (mab Ticfa ac ŵyr Charchas) oedd yn gofalu am y gwisgoedd.
Roedd hi'n byw yn Jerwsalem yn y rhan newydd o'r ddinas. A dyma nhw'n dweud yr hanes
wrthi. [15]Yna dyma hi'n dweud, "Dyma mae'r ARGLWYDD, Duw Israel, yn ei ddweud: 'Dwedwch
wrth y dyn wnaeth eich anfon chi ata i, [16]mod i'n mynd i ddod â dinistr ofnadwy ar y wlad
yma ac ar y bobl sy'n byw yma. Bydd yn union fel mae'r sgrôl mae brenin Jwda wedi'i ddarllen
yn dweud. [17]Dw i wedi gwylltio'n lân gyda nhw, a does dim yn mynd i newid hynny. Maen
nhw wedi bod yn llosgi arogldarth i dduwiau eraill, a'm gwylltio i gyda'r delwau maen nhw
wedi'u gwneud.' [18]Ond dwedwch hefyd wrth frenin Jwda, sydd wedi'ch anfon chi i holi'r
ARGLWYDD, 'Dyma mae'r ARGLWYDD yn ei ddweud am beth rwyt ti wedi'i glywed: [19]"Am dy
fod ti wedi teimlo i'r byw ac edifarhau pan glywaist ti fy mod i wedi rhybuddio'r lle yma, ac
y byddwn i'n eu gwneud nhw'n esiampl o bobl wedi'u melltithio; am i ti rwygo dy ddillad
ac wylo o mlaen i, dw i wedi gwrando," — yr ARGLWYDD sy'n dweud hyn. [20]"Cei di farw a chael
dy gladdu mewn heddwch. Fydd dim rhaid i ti fyw i weld y dinistr ofnadwy fydd yn dod ar
y wlad yma." ' " A dyma'r dynion yn mynd â'r neges yn ôl i'r brenin.

Diwygiadau crefyddol y Brenin Joseia

(2 Cronicl 34:3-7,29-33)

23 Dyma'r brenin Joseia yn galw arweinwyr Jwda i gyd at ei gilydd yn Jerwsalem.
[2]Yna dyma fe'n mynd i'r deml, ac roedd pobl Jwda a Jerwsalem, yr offeiriaid a'r
proffwydi gydag e. Roedd pawb yno, o'r ifancaf i'r hynaf. Yna dyma sgrôl yr ymrwymiad
oedd wedi'i darganfod yn y deml yn cael ei darllen yng nghlyw pawb. [3]A dyma'r brenin
yn sefyll wrth y piler ac addo o flaen yr ARGLWYDD, i wneud ei orau glas i ddilyn yr ARGLWYDD
a chadw'i orchmynion, ei ofynion, a'i reolau. Roedd yn addo cadw amodau'r ymrwymiad
oedd yn y sgrôl. A dyma'r bobl yn sefyll i ddangos eu bod yn cytuno.
[4]Yna dyma'r brenin yn gorchymyn i Chilceia'r archoffeiriad a'r offeiriaid cynorthwyol
a'r porthorion i gymryd allan o'r deml bopeth oedd yn cael ei ddefnyddio i addoli Baal a'r
dduwies Ashera a'r sêr. A dyma fe'n llosgi'r cwbl y tu allan i Jerwsalem ar gaeau teras Cidron,
cyn mynd â'r lludw i Bethel. [5]Yna dyma fe'n sacio'r offeiriaid ffals oedd wedi'u penodi gan
frenhinoedd Jwda i losgi arogldarth ar yr allorau lleol yn nhrefi Jwda o gwmpas Jerwsalem
(llosgi arogldarth i Baal, ac i'r haul, lleuad, planedau a sêr). [6]Dyma fe hefyd yn symud polyn
y dduwies Ashera o'r deml, a mynd ag e allan o Jerwsalem i Ddyffryn Cidron, a'i losgi yno.
Cafodd beth oedd ar ôl ei falu yn llwch mân, yna cafodd y llwch ei daflu i'r fynwent gyhoeddus.
[7]Wedyn, dyma fe'n chwalu ystafelloedd y dynion oedd yn buteinwyr cwltig yn y deml, wrth
ymyl lle roedd y merched yn gwau llenni ar gyfer Ashera.
[8]Dyma fe'n symud yr offeiriaid i gyd o drefi Jwda, a difetha'r holl allorau lleol lle buon
nhw'n llosgi arogldarth — o Geba i Beersheba. Wedyn, dyma fe'n chwalu'r allorau i'r gafr-
ddemoniaid oedd wrth giât Josua, rheolwr y ddinas — ar y chwith wrth fynd drwy'r giât i'r
ddinas. [9]Doedd offeiriaid yr allorau lleol ddim yn cael gwasanaethu wrth allor yr ARGLWYDD
yn Jerwsalem. Ond roedden nhw'n cael bwyta'r bara heb furum ynddo gyda'u cyd-offeiriaid.
[10]Dyma fe'n difetha'r Toffet oedd yn nyffryn Ben-hinnom, rhag i neb losgi ei fab neu ferch
yn aberth i'r duw Molech. [11]A dyma fe'n cael gwared â'r ceffylau oedd brenhinoedd Jwda
wedi'u cysegru i'r haul (roedden nhw yn yr iard, wrth y fynedfa i'r deml, wrth ymyl tŷ Nathan-
melech, swyddog y palas), a llosgi cerbydau'r haul hefyd. [12]Yna dyma fe'n chwalu'r allorau oedd
brenhinoedd Jwda wedi'u codi ar y to uwchben llofft Ahas, a'r allorau roedd Manasse wedi'u
hadeiladu yn y ddwy iard yn y deml. Malodd nhw'n lwch mân a thaflu'r llwch i Ddyffryn Cidron.

23:10 Jeremeia 7:31-32; 19:6-14

13 Wedyn chwalu'r allorau lleol paganaidd oedd i'r dwyrain o Jerwsalem ac i'r de o Fynydd
y Llygredd, y rhai oedd wedi'u hadeiladu gan y Brenin Solomon i'r duwiau ffiaidd, Ashtart
(duwies Sidon), Chemosh (duw Moab), a Milcom (duw pobl Ammon). 14 Dyma Joseia'n malu'r
colofnau cysegredig, torri i lawr bolion y dduwies Ashera a gwasgaru esgyrn dynol lle roedden
nhw'n arfer bod. 15 Dyma fe hyd yn oed yn chwalu'r allor oedd Jeroboam fab Nebat wedi'i chodi
yn Bethel (yr un wnaeth i Israel bechu). Tynnodd yr allor a'r man sanctaidd i lawr a'u llosgi.
Malodd yr allor leol yn llwch mân a llosgi polion y dduwies Ashera. 16 Pan drôdd rownd dyma
Joseia'n sylwi fod beddau ar ochr y bryn. Felly dyma fe'n anfon dynion i nôl esgyrn dynol o'r
beddau a'u llosgi nhw ar yr allor, i'w llygru hi. A dyna sut daeth y neges roddodd yr Arglwydd
drwy ei broffwyd yn wir, pan oedd Jeroboam yn sefyll wrth yr allor yn ystod rhyw Ŵyl.[i]

Yna dyma'r Brenin Joseia yn digwydd sylwi ar fedd y proffwyd oedd wedi dweud y byddai
hyn i gyd yn digwydd. 17 "Beth ydy'r garreg fedd yna?" gofynnodd. A dyma bobl Bethel yn ateb,
"Dyna fedd y proffwyd ddaeth o Jwda a proffwydo'n union beth rwyt ti wedi'i wneud ar allor
Bethel." 18 A dyma Joseia'n dweud, "Gadwch lonydd iddo fe. Does neb i ymyrryd â'i esgyrn
e." Felly dyma nhw'n gadael llonydd i'w esgyrn e, ac esgyrn y proffwyd arall o ardal Samaria
oedd wedi'i gladdu yna.[l]

19 Roedd Joseia hefyd wedi cael gwared â'r temlau ar allorau lleol oedd yn nhrefi Samaria.
Brenhinoedd Israel oedd wedi codi'r rheiny, ac wedi digio'r Arglwydd drwy wneud hynny.
Gwnaeth Joseia yr un peth i'r allorau hynny ag roedd wedi'i wneud i'r allor leol yn Bethel.
20 Dyma fe'n lladd offeiriaid y temlau, a llosgi esgyrn dynol ar yr allorau.

Yna, ar ôl gwneud hyn i gyd, dyma Joseia'n mynd yn ôl i Jerwsalem.

Joseia'n dathlu'r Pasg

(2 Cronicl 35:1-19)

21 Dyma'r brenin Joseia yn gorchymyn i'r bobl, "Dych chi i ddathlu Pasg yr Arglwydd eich
Duw, yn union fel mae'n dweud yn sgrôl yr ymrwymiad yma." 22 Doedd y Pasg ddim wedi
cael ei gadw fel yma ers cyfnod y barnwyr – dim drwy holl gyfnod brenhinoedd Israel a Jwda.
23 Roedd Joseia wedi bod yn frenin am un deg wyth o flynyddoedd pan gynhaliwyd y Pasg
yma i'r Arglwydd yn Jerwsalem.

Diwygiadau eraill Joseia

24 Roedd Joseia hefyd wedi cael gwared â phawb oedd yn ymhél ag ysbrydion ac yn
siarad â'r meirw, pob eilun-ddelw teuluol a'r eilunod ffiaidd eraill oedd i'w gweld yn Jwda
a Jerwsalem. Gwnaeth ei orau glas i gadw gofynion y gyfraith oedd ar y sgrôl roedd Chilceia'r
offeiriad wedi dod o hyd iddi yn y deml. 25 Fuodd yna ddim brenin tebyg iddo o'i flaen nac
ar ei ôl. Roedd wedi troi at yr Arglwydd â'i holl galon, ei holl enaid a'i holl nerth, i wneud fel
mae Cyfraith Moses yn gofyn.

26 Ac eto, roedd yr Arglwydd yn dal yn ddig gyda Jwda; roedd yr holl bethau oedd Manasse
wedi'u gwneud wedi'i ddigio fe gymaint. 27 Dwedodd, "Dw i'n mynd i droi cefn ar Jwda fel
dw i wedi gwneud gydag Israel. Dw i'n mynd i wrthod Jerwsalem, y ddinas yma roeddwn
i wedi'i dewis – a'r deml y dwedais i amdani, 'Dyma ble bydda i'n byw.' "

Diwedd teyrnasiad Joseia

(2 Cronicl 35:20—36:1)

28 Mae gweddill hanes Joseia, a'r cwbl wnaeth e ei gyflawni, i'w weld yn y sgrôl *Hanes
Brenhinoedd Jwda.* 29 Yn ystod cyfnod Joseia roedd Pharo Necho, brenin yr Aifft, wedi mynd
at afon Ewffrates i helpu brenin Asyria. Dyma Joseia yn arwain ei fyddin allan i ymladd yn ei

---

i 23:16 *drwy ei broffwyd ... rhyw Ŵyl* gw. 1 Brenhinoedd 13:1,2. l 23:18 *y proffwyd ... Samaria* gw.
1 Brenhinoedd 13:32.

erbyn, ond cafodd Joseia ei ladd yn y frwydr yn Megido gan Pharo Necho. 30Aeth ei weision
â'i gorff yn ôl o Megido i Jerwsalem mewn cerbyd rhyfel, a chafodd ei gladdu yn ei fedd ei
hun. Yna dyma bobl y wlad yn cymryd Jehoachas, mab Joseia, a'i eneinio'n frenin yn lle ei dad.

Jehoachas brenin Jwda

(2 Cronicl 36:2-4)

31 Roedd Jehoachas yn ddau ddeg tri pan ddaeth yn frenin, a bu'n frenin yn Jerwsalem
am dri mis. Enw ei fam oedd Chamwtal (merch Jeremeia o Libna[ll]). 32Gwnaeth bethau drwg
iawn yng ngolwg yr ARGLWYDD fel ei hynafiaid o'i flaen. 33Dyma Pharo Necho yn ei ddal
a'i gadw yn y ddalfa yn Ribla[m] yn ardal Chamath, a dod â'i deyrnasiad yn Jerwsalem i ben.
Ar ôl gosod treth ar y wlad o dair tunnell a chwarter o arian a tri deg cilogram o aur, 34dyma
Pharo Necho'n gwneud Eliacim (mab arall i Joseia) yn frenin yn lle ei dad, a newid ei enw
i Jehoiacim. Yna cymryd Jehoachas i lawr i'r Aifft, a dyna lle buodd hwnnw farw.
35Roedd Jehoiacim yn talu'r arian a'r aur oedd y Pharo yn ei hawlio, ond i wneud hynny
roedd rhaid iddo drethu'r wlad i gyd. Casglodd yr arian i dalu Pharo Necho drwy godi treth
oedd yn seiliedig ar faint o eiddo oedd gan bob un.

Jehoiacim brenin Jwda

(2 Cronicl 36:5)

36Roedd Jehoiacim yn ddau ddeg pump oed pan gafodd ei wneud yn frenin, a bu'n frenin
yn Jerwsalem am un deg un o flynyddoedd. Enw ei fam oedd Sefwda (merch Pedaia o dref
Rwma). 37Gwnaeth bethau drwg iawn yng ngolwg yr ARGLWYDD fel ei hynafiaid o'i flaen.

Babilon yn ymosod ar Jwda

(2 Cronicl 36:6-8)

24 Pan oedd Jehoiacim yn frenin, dyma Nebwchadnesar,[n] brenin Babilon, yn ymosod
ar y wlad. Buodd Jehoiacim dan ei reolaeth am dair blynedd.[o] Ond yna dyma fe'n
gwrthryfela. 2Dyma'r ARGLWYDD yn anfon grwpiau o filwyr o Babilon, Syria, Moab ac Ammon
i ymosod ar Jwda. A dyma nhw'n dinistrio'r wlad fel roedd yr ARGLWYDD wedi rhybuddio drwy
ei weision y proffwydi. 3Does dim amheuaeth mai'r ARGLWYDD wnaeth drefnu i hyn ddigwydd.
Roedd e am eu gyrru nhw o'i olwg o achos yr holl bethau drwg roedd Manasse wedi'u gwneud.
4Roedd wedi lladd pobl ddiniwed, ac roedd staen eu gwaed ym mhobman drwy Jerwsalem,
a doedd yr ARGLWYDD ddim am faddau hynny.
5Mae gweddill hanes Jehoiacim, a'r cwbl wnaeth e ei gyflawni, i'w weld yn y sgrôl *Hanes
Brenhinoedd Jwda.* 6Pan fuodd Jehoiacim farw daeth ei fab Jehoiachin yn frenin yn ei le.
7Wnaeth brenin yr Aifft ddim dod allan o'i wlad i ymladd eto, am fod brenin Babilon wedi
concro'r holl diroedd roedd e'n arfer eu rheoli, o Wadi'r Aifft i afon Ewffrates.

Jehoiachin, brenin Jwda

(2 Cronicl 36:9-10)

8Un deg wyth oed oedd Jehoiachin pan ddaeth yn frenin, a bu'n frenin yn Jerwsalem am
dri mis. Enw ei fam oedd Nechwshta (merch Elnathan o Jerwsalem). 9Gwnaeth bethau drwg
iawn yng ngolwg yr ARGLWYDD fel ei dad o'i flaen.
10Yr adeg yma dyma fyddin Nebwchadnesar, brenin Babilon, yn dod a gwarchae[p] ar
Jerwsalem. 11Tra oedden nhw'n gwarchae arni dyma Nebwchadnesar ei hun yn dod i arwain

---

ll 23:31 *Jeremeia o Libna* Nid y proffwyd (gw. Jeremeia 1:1). m 23:33 *Ribla* tref ar lan afon Orontes yng ngogledd Libanus. n 24:1 *Nebwchadnesar* Roedd yn teyrnasu ar Babilon o 605 i 562 CC. o 24:1 *am dair blynedd* 604–601 CC mae'n debyg. p 24:10 *gwarchae* Pan oedd byddin yn ymosod ar ddinas roedd yn amgylchynu'r ddinas a'i thorri i ffwrdd fel bod neb yn gallu mynd i mewn nac allan.

23:30 Jeremeia 22:10-12 23:35 Jeremeia 22:13-19 24:7 Jeremeia 22:24-30

yr ymosodiad. 12 A dyma Jehoiachin, brenin Jwda, yn ildio ac yn mynd allan at frenin Babilon
gyda'i fam, gweinidogion y llywodraeth, ei gapteiniaid a swyddogion y palas. Roedd
Nebwchadnesar wedi bod yn frenin am wyth mlynedd pan gymerodd Jehoiachin yn garcharor.[ph]
13 Dyma Nebwchadnesar yn cymryd trysorau'r deml i gyd hefyd, a thrysorau'r palas, a malu'r
holl lestri aur roedd y Brenin Solomon wedi'u gwneud i'r deml. Digwyddodd y cwbl yn union
fel roedd yr ARGLWYDD wedi rhybuddio.[r] 14 A dyma fe'n cymryd pobl Jerwsalem yn gaethion,
gan gynnwys y capteniaid a'r milwyr dewr, y crefftwyr a'r gweithwyr metel – deg mil o bobl
i gyd. Doedd neb ar ôl ond y werin dlawd.
15 Aeth â Jehoiachin yn gaeth i Babilon, gyda'i fam a'i wragedd, swyddogion y palas a phobl
fawr y wlad i gyd. 16 Aeth â'r saith mil o filwyr oedd yn y wlad yn gaethion, a'r mil o ofaint
a gweithwyr metel – pob milwr dewr oedd yn gallu ymladd. 17 Yna dyma frenin Babilon yn
gwneud Mataneia (ewythr Jehoiachin) yn frenin, a newid ei enw i Sedeceia.

Sedeceia, brenin Jwda

(2 Cronicl 36:11-12; Jeremeia 52:1-3a)

18 Roedd Sedeceia yn ddau ddeg un oed pan gafodd ei benodi'n frenin.[rh] Bu'n teyrnasu yn
Jerwsalem am un deg un o flynyddoedd. Enw ei fam oedd Chamwtal (merch Jeremeia o Libna[s]).
19 Gwnaeth bethau drwg iawn yng ngolwg yr ARGLWYDD, yn union fel y Brenin Jehoiacim. 20 Felly
gyrrodd yr ARGLWYDD bobl Jerwsalem a Jwda o'i olwg am ei fod mor ddig hefo nhw. Ond yna
dyma Sedeceia yn gwrthryfela yn erbyn brenin Babilon.

Jerwsalem yn cael ei choncro

(2 Cronicl 36:13-21; Jeremeia 52:3b-11)

25 Dyma Nebwchadnesar, brenin Babilon, yn dod â'i fyddin gyfan i ymosod ar Jerwsalem.
Digwyddodd hyn ar y degfed diwrnod o'r degfed mis o nawfed flwyddyn Sedeceia fel
brenin.[t] Dyma nhw'n gwersylla o gwmpas y ddinas, ac yn codi rampiau i warchae arni. 2 Buon
nhw'n gwarchae ar y ddinas am flwyddyn a hanner (blwyddyn un deg un Sedeceia fel brenin).
3 Erbyn y nawfed diwrnod o'r pedwerydd mis[th] y flwyddyn honno roedd y newyn yn y ddinas
mor ddrwg doedd gan y werin bobl ddim byd o gwbl i'w fwyta. 4 Dyma'r gelyn yn llwyddo
i fylchu wal y ddinas. A dyma filwyr Jwda i gyd yn ceisio dianc, a mynd allan o'r ddinas ganol
nos drwy'r giât sydd rhwng y ddwy wal wrth ymyl gardd y brenin. Dyma nhw'n dianc i gyfeiriad
Dyffryn Iorddonen.[u] (Roedd y Babiloniaid yn amgylchynu'r ddinas.) 5 Ond aeth byddin Babilon
ar ôl y Brenin Sedeceia. Cafodd ei ddal ar wastatir Jericho, a dyma'i fyddin gyfan yn cael ei
gyrru ar chwâl. 6 Dyma nhw'n mynd â'r brenin Sedeceia i sefyll ei brawf o flaen brenin Babilon
yn Ribla. 7 Cafodd Sedeceia ei orfodi i edrych ar ei feibion yn cael eu lladd. Wedyn, dyma nhw'n
tynnu llygaid Sedeceia allan a'i roi mewn cadwyni pres cyn mynd ag e'n gaeth i Babilon.

Y deml yn cael ei dinistrio

(Jeremeia 52:12-27)

8 Rhyw fis yn ddiweddarach, dyma Nebwsaradan, capten y gwarchodlu brenhinol, un
o swyddogion pwysica brenin Babilon, yn cyrraedd Jerwsalem (Roedd hyn ar y degfed diwrnod
o'r pumed mis, a Nebwchadnesar wedi bod yn frenin Babilon ers un deg naw o flynyddoedd.)
9 Dyma fe'n rhoi teml yr ARGLWYDD, palas y brenin, a'r tai yn Jerwsalem i gyd ar dân. Llosgodd
yr adeiladau pwysig i gyd. 10 Wedyn dyma fyddin Babilon, oedd gyda'r capten, yn bwrw'r
waliau o gwmpas Jerwsalem i lawr. 11 A dyma Nebwsaradan yn mynd â'r bobl oedd wedi'u

---

ph 24:12 *wyth mlynedd* Digwyddodd hyn i gyd yn 597 CC. r 24:13 *rhybuddio* gw. 20:16-18.
rh 24:18 *benodi'n frenin* Gan Nebwchadnesar (gw. Jeremeia 37:1). s 24:18 *Jeremeia o Libna* Nid
y proffwyd (gw. Jeremeia 1:1). t 25:1 *degfed diwrnod ... brenin* Yr union ddyddiad fyddai Ionawr 14, 588 CC.
th 25:3 *pedwerydd mis* Yr union ddyddiad fyddai Gorffennaf 18, 586 CC. u 25:4 *Dyffryn Iorddonen* Hebraeg,
"Araba".

gadael ar ôl yn y ddinas, y milwyr oedd wedi mynd drosodd at y gelyn ac unrhyw grefftwyr
oedd ar ôl, yn gaethion i Babilon. 12 Ond gadawodd rai o'r bobl mwyaf tlawd yn y wlad, a rhoi
gwinllannoedd a thir iddyn nhw edrych ar ei ôl.
13 Wedyn, dyma'r Babiloniaid yn malu'r offer pres oedd yn y deml – y ddwy golofn bres,
y trolïau dŵr pres, a'r basn mawr pres oedd yn cael ei alw 'Y Môr'. A dyma nhw'n cario'r
metel yn ôl i Babilon. 14 Dyma nhw hefyd yn cymryd y bwcedi lludw, y rhawiau, y sisyrnau,
y powlenni arogldarth, a phopeth arall o bres oedd yn cael ei ddefnyddio yn yr addoliad.
15 Cymerodd capten y gwarchodlu y padellau a'r dysglau – popeth oedd wedi'i wneud o aur
pur neu arian. 16 Roedd cymaint o bres yn y ddau biler, y gronfa ddŵr a'r trolïau oedd Solomon
wedi'u gwneud ar gyfer y deml, roedd y cwbl yn ormod i'w bwyso. 17 Roedd y pileri yn wyth
metr o uchder, gyda capan pres ar y top, ac roedd hwnnw yn fetr a hanner o uchder. O gwmpas
top y capan roedd rhwyllwaith cain a phomgranadau yn ei haddurno, y cwbl wedi'i wneud
o bres. Roedd y ddau biler yn union yr un fath.
18 Cymerodd capten y gwarchodlu brenhinol rai pobl yn garcharorion hefyd. Aeth â Seraia
(y prif-offeiriad), Seffaneia (yr offeiriad cynorthwyol), a tri porthor y deml. 19 Wedyn o'r ddinas
cymerodd swyddog y llys oedd yn gyfrifol am y milwyr, pump o gynghorwyr y brenin oedd wedi
cael eu darganfod yn cuddio yn y ddinas, un o'r swyddogion oedd yn drafftio pobl i ymladd
yn y fyddin, a chwe deg o'i ddynion gafodd eu darganfod yn y ddinas. 20 Aeth Nebwsaradan,
capten y gwarchodlu, â nhw at frenin Babilon i Ribla, 21 a dyma'r brenin yn eu curo nhw a'u
dienyddio nhw yno. Felly roedd pobl Jwda wedi cael eu caethgludo o'u tir.

Gedaleia yn rheoli Jwda

(Jeremeia 40:7-9; 41:1-3)

22 Dyma Nebwchadnesar, brenin Babilon, yn penodi Gedaleia (mab Achicam ac ŵyr
i Shaffan), yn llywodraethwr dros y bobl roedd wedi'u gadael ar ôl yng ngwlad Jwda.
23 Pan glywodd swyddogion byddin Jwda a'u milwyr fod brenin Babilon wedi penodi Gedaleia
i reoli'r wlad, dyma nhw'n mynd i'w gyfarfod yn Mitspa: Ishmael fab Nethaneia, Iochanan fab
Careach, Seraia fab Tanchwmeth o Netoffa, a Iaasaneia (mab y Maachathiad). Daeth y rhain
i gyd gyda'u milwyr. 24 A dyma Gedaleia yn addo ar lw iddyn nhw, "Does dim rhaid i chi fod ag
ofn swyddogion Babilon. Arhoswch yn y wlad a gwasanaethu brenin Babilon, a bydd popeth
yn iawn." 25 Ond yna yn y seithfed mis dyma Ishmael, oedd yn perthyn i'r teulu brenhinol (mab
Nethaneia ac ŵyr i Elishama), yn mynd i Mitspa gyda deg o'i ddynion a lladd Gedaleia a'r
dynion o Jwda a Babilon oedd yno gydag e. 26 Yna dyma'r boblogaeth i gyd (o'r ifancaf i'r hynaf)
a swyddogion y fyddin, yn ffoi i'r Aifft am eu bod ofn beth fyddai'r Babiloniaid yn ei wneud.

Y brenin Jehoiachin yn y gaethglud

(Jeremeia 52:31-34)

27 Roedd Jehoiachin, brenin Jwda, wedi bod yn garcharor am dri deg saith o flynyddoedd
pan ddaeth Efil-merodach[w] yn frenin ar Babilon. Ar y seithfed ar hugain o'r deuddegfed mis[y]
y flwyddyn honno dyma Efil-merodach yn rhyddhau Jehoiachin o garchar. 28 Buodd yn garedig
ato, a'i anrhydeddu fwy nag unrhyw un o'r brenhinoedd eraill oedd gydag e yn Babilon.
29 Felly dyma Jehoiachin yn newid o'i ddillad carchar. Cafodd eistedd i fwyta'n rheolaidd wrth
fwrdd brenin Babilon, 30 ac roedd yn derbyn lwfans dyddiol gan y brenin am weddill ei fywyd.

---

w 25:27 *Efil-merodach* Mab Nebwchadnesar oedd yn teyrnasu ar Babilon o 562 i 560 CC. y 25:27 *deuddegfed mis* Adar, sef deuddegfed mis y calendr Hebreig, o tua canol Chwefror i ganol Mawrth.

1 Cronicl

O Adda i feibion Noa

(Genesis 5:1-32)

1 Adda, Seth, Enosh, [2]Cenan, Mahalal-el, Iered, [3]Enoch, Methwsela, Lamech, [4]Noa, Shem, Cham, a Jaffeth.

Disgynyddion Jaffeth

(Genesis 10:2-4)

[5]Meibion Jaffeth: Gomer, Magog, Madai, Iafan, Twbal, Meshech, a Tiras.
[6]Disgynyddion Gomer oedd pobl Ashcenas, Riffath, a Togarma.
[7]Disgynyddion Iafan oedd pobl Elisha, Tarshish, Cittim, a Rhodos.

Disgynyddion Cham

(Genesis 10:6-8,13-18)

[8]Meibion Cham: Cwsh, Mitsraïm, Pwt, a Canaan.
[9]Disgynyddion Cwsh oedd pobl Seba, Hafila, Sabta, Raama, a Sabtecha.
Disgynyddion Raama oedd pobl Sheba a Dedan.
[10]Cafodd Cwsh fab arall o'r enw Nimrod: y concwerwr cyntaf ar y ddaear.
[11]Disgynyddion Mitsraïm oedd y Lydiaid, Anamiaid, Lehabiaid (pobl Libia), Nafftwiaid,
[12]Pathrwsiaid, Caslwchiaid (y daeth y Philistiaid ohonyn nhw), a'r Cafftoriaid.
[13]Disgynyddion Canaan oedd pobl Sidon (o'i fab hynaf), a'r Hethiaid, [14]y Jebwsiaid,
Amoriaid, Girgasiaid, [15]Hefiaid, Arciaid, Siniaid, [16]Arfadiaid, Semariaid, a phobl Chamath.

Disgynyddion Shem

(Genesis 10:22-29; 11:10-26)

[17]Meibion Shem: Elam, Ashŵr, Arffacsad, Lwd, ac Aram.
Disgynyddion Aram[a] oedd pobl Us, Chwl, Gether, a Meshech.
[18]Arffacsad oedd tad Shelach, a Shelach oedd tad Eber. [19]Roedd gan Eber ddau fab –
cafodd un ei alw'n Peleg, am mai dyna pryd y cafodd ieithoedd y byd eu rhannu.[b] Enw ei
frawd oedd Ioctan.
[20]Disgynyddion Ioctan oedd pobl Almodad, Sheleff, Chatsar-mafeth, Ierach, [21]Hadoram,
Wsal, Dicla, [22]Obal, Abima-el, Sheba, [23]Offir, Hafila, a Iobab. Roedd y rhain i gyd yn
ddisgynyddion i Ioctan.
[24]Cangen arall o deulu Shem:[c] Shem, drwy Arffacsad, Shelach, [25]Eber, Peleg, Reu, [26]Serwg,
Nachor, Tera, [27]i Abram (sef Abraham).

[28]Meibion Abraham: Isaac ac Ishmael. [29]A dyma'u disgynyddion nhw:

Disgynyddion Ishmael

(Genesis 25:13-15)

Nebaioth oedd mab hynaf Ishmael, wedyn Cedar, Adbe-el, Mifsam, [30]Mishma, Dwma, Massa,
Hadad, Tema, [31]Ietwr, Naffish a Cedema. Y rhain oedd meibion Ishmael.

---

a 1:17 Dydy'r geiriau *Meibion Aram* ddim yn yr Hebraeg. Ond gw. Genesis 10:23. b 1:19 Hebraeg, *palag.*
c 1:24 *Cangen ... Sem* Dydy'r geiriau yma ddim yn yr Hebraeg.

Disgynyddion Abraham drwy Cetwra

(Genesis 25:1-4)

32 Meibion Cetwra, partner[ch] Abraham: Simran, Iocsan, Medan, Midian, Ishbac a Shwach.
Meibion Iocsan: Sheba, a Dedan.
33 Meibion Midian: Effa, Effer, Chanoch, Abida, ac Eldaä. Roedd y rhain i gyd yn
ddisgynyddion i Cetwra.

Disgynyddion Isaac

34 Abraham oedd tad Isaac. A meibion Isaac oedd Esau ac Israel.

Disgynyddion Esau

(Genesis 36:10-19)

35 Meibion Esau: Eliffas, Reuel, Iewsh, Ialam, a Cora.
36 Meibion Eliffas: Teman, Omar, Seffi, Gatam, Cenas, a (drwy Timna) Amalec.
37 Meibion Reuel: Nachath, Serach, Shamma, a Missa.

Disgynyddion Seir

(Genesis 36:20-30)

38 Meibion Seir: Lotan, Shofal, Sibeon, Ana, Dishon, Etser a Dishan.
39 Meibion Lotan: Chori, a Homam (A Timna oedd chwaer Lotan.)
40 Meibion Shofal: Alïan, Manachath, Ebal, Sheffo ac Onam.
Meibion Sibeon: Aia, ac Ana.
41 Mab Ana: Dishon.
Meibion Dishon: Chemdan, Eshban, Ithran a Ceran.
42 Meibion Etser: Bilhan, Saafan, a Iacân.
Meibion Dishan: Us ac Aran.

Brenhinoedd Edom

(Genesis 36:31-43)

43 Dyma enwau brenhinoedd gwlad Edom yn y cyfnod cyn i Israel gael brenin:
Bela fab Beor, oedd yn dod o dref Dinhaba.
44 Ar ôl i Bela farw dyma Iobab fab Serach o Bosra yn dod yn frenin yn ei le.
45 Ar ôl i Iobab farw, Chwsham o ardal Teman ddaeth yn frenin.
46 Ar ôl i Chwsham farw, Hadad fab Bedad o dre Afith ddaeth yn frenin. (Hadad wnaeth
orchfygu Midian mewn brwydr yn Moab.)
47 Ar ôl i Hadad farw dyma Samla o Masreca yn dod yn frenin.
48 Ar ôl i Samla farw, Saul o Rehoboth ar afon Ewffrates ddaeth yn frenin.
49 Ar ôl i Saul farw dyma Baal-chanan fab Achbor yn dod yn frenin.
50 Wedyn ar ôl i Baal-chanan farw dyma Hadad o dre Pai yn dod yn frenin. Enw ei
wraig oedd Mehetafél (merch Matred ac wyres Me-sahab). 51 Yna dyma Hadad yn
marw.

Arweinwyr Llwythau Edom

A dyma enwau arweinwyr Edom: Timna, Alfa, Ietheth, 52 Oholibama, Ela, Pinon, 53 Cenas,
Teman, Miftsar, 54 Magdiel ac Iram. Y rhain oedd arweinwyr llwythau Edom.

---

ch 1:32 *partner* Mae'r gair Hebraeg yn air am feistres neu bartner cyfreithlon oedd ddim yn wraig i ddyn yn ystyr lawnaf y gair.

Meibion Israel (sef Jacob)

(Genesis 35:23-26)

2 Dyma feibion Israel: Reuben, Simeon, Lefi, Jwda, Issachar, a Sabulon. 2 Dan, Joseff,
Benjamin, Nafftali, Gad, ac Asher.

Disgynyddion Jwda

3 Meibion Jwda: Er, Onan a Shela. (Cafodd y tri yma eu geni i wraig o Canaan, sef merch
Shwa.) Roedd Er, mab hynaf Jwda, yn gwneud pethau oedd ddim yn plesio'r ARGLWYDD, felly
dyma'r ARGLWYDD yn ei ladd e. 4 Yna dyma Tamar, merch-yng-nghyfraith Jwda yn cael dau fab
iddo – sef Perets a Serach. Felly roedd gan Jwda bump mab i gyd.

5 Meibion Perets: Hesron a Chamŵl.

6 Meibion Serach: Simri, Ethan, Heman, Calcol a Dara – pump i gyd.

7 Mab Carmi: Achar, yr un achosodd helynt i Israel drwy ddwyn beth oedd wedi'i gysegru
i Dduw.

8 Mab Ethan: Asareia.

9 Meibion Hesron: Ierachmeël, Ram a Caleb.[d]

O Ram i Dafydd

10 Ram oedd tad Aminadab,
Aminadab oedd tad Nachshon, pennaeth llwyth Jwda.
11 Nachshon oedd tad Salma,
a Salma oedd tad Boas.
12 Boas oedd tad Obed,
ac Obed oedd tad Jesse.

13 Jesse oedd tad Eliab (ei fab hynaf), yna Abinadab, Shamma,[dd] 14 Nethanel, Radai, 15 Otsem
a Dafydd. 16 A'u chwiorydd nhw oedd Serwia ac Abigail. Roedd gan Serwia dri mab – Abishai,
Joab ac Asahel. 17 Cafodd Abigail fab o'r enw Amasa, a'r tad oedd Jether yr Ismaeliad.

Disgynyddion Caleb

18 Cafodd Caleb fab Hesron blant gyda'i wraig Aswba a gyda Ierioth. Ei meibion hi oedd
Ieser, Shofaf ac Ardon. 19 Pan fuodd Aswba farw, dyma Caleb yn priodi Effrath, a chafodd hi
fab arall iddo, sef Hur. 20 Hur oedd tad Wri, ac Wri oedd tad Betsalel.

21 Dyma Hesron yn cael rhyw gyda merch i Machir (tad Gilead). Roedd e wedi'i phriodi pan
oedd yn chwe deg oed. A dyma hi'n cael mab iddo, sef Segwf.

22 Segwf oedd tad Jair, oedd yn berchen dau ddeg tri o bentrefi yn ardal Gilead. 23 (Ond dyma
Geshwr a Syria yn dal pentrefi Jair, a tref Cenath hefyd gyda'r chwe deg pentref o'i chwmpas.)
Roedd y rhain i gyd yn ddisgynyddion i Machir, tad Gilead.

24 Ar ôl i Hesron farw dyma Caleb ei fab yn cael rhyw gydag Effrath, gweddw ei dad. A dyma
hi'n cael mab iddo fe, sef Ashchwr, ddaeth yn dad i Tecoa.

Disgynyddion Ierachmeël

25 Meibion Ierachmeël, mab hynaf Hesron: Ram (yr hynaf), Bwna, Oren, Otsem ac Achïa.
26 Ac roedd gan Ierachmeël wraig arall o'r enw Atara, a hi oedd mam Onam.

27 Meibion Ram (mab hynaf Ierachmeël): Maas, Iamîn ac Ecer.

28 Meibion Onam: Shammai a Iada.
Meibion Shammai: Nadab ac Afishŵr.

---

d 2:9 *Caleb* Hebraeg, "Celwbai". Ond gw. adn. 18. dd 2:13 *Shamma* Hebraeg, *Shimea* – ffurf arall ar yr un enw (gw. 1 Samuel 16:9; 17:13).

[29]Gwraig Afishŵr oedd Abihaïl, gafodd ddau blentyn iddo, sef Achban a Molid.
[30]Meibion Nadab: Seled ac Apaïm. (Buodd Seled farw heb gael plant.)
[31]Mab Apaïm: Ishi.
Mab Ishi: Sheshan.
Mab Sheshan: Achlai.
[32]Meibion Iada (brawd Shammai): Jether a Jonathan. (Buodd Jether farw heb gael plant.)
[33]Meibion Jonathan: Peleth a Sasa.
Roedd y rhain i gyd yn ddisgynyddion i Ierachmeël.
[34]Doedd gan Sheshan ddim meibion, dim ond merched. Roedd ganddo was o'r enw Iarcha
oedd yn Eifftiwr. [35]A dyma Sheshan yn rhoi un o'i ferched yn wraig i Iarcha, a dyma hi'n cael
mab iddo, sef Attai.

[36] Attai oedd tad Nathan,
Nathan oedd tad Safad,
[37] Safad oedd tad Efflal,
Efflal oedd tad Obed,
[38] Obed oedd tad Jehw,
Jehw oedd tad Asareia,
[39] Asareia oedd tad Chelets,
Chelets oedd tad Elasa,
[40] Elasa oedd tad Sismai,
Sismai oedd tad Shalwm,
[41] Shalwm oedd tad Iecameia,
a Iecameia oedd tad Elishama.

Mwy o ddisgynyddion Caleb

[42]Meibion Caleb, brawd Ierachmeël: Mesha (ei fab hynaf), oedd yn dad i Siff, a Maresha (ei ail fab), oedd yn dad i Hebron.
[43]Meibion Hebron: Cora, Tapŵach, Recem a Shema.
[44] Shema oedd tad Racham, oedd yn dad i Iorceam.
Recem oedd tad Shammai.
[45] Mab Shammai oedd Maon, oedd yn dad i Beth-tswr.
[46]Dyma Effa, partner[e] Caleb, yn geni Charan, Motsa a Gases. Charan oedd tad Gases.
[47]Meibion Iahdai: Regem, Jotham, Geshan, Pelet, Effa a Shaäff.
[48]Dyma Maacha, partner Caleb, yn geni Shefer a Tirchana. [49]Hi hefyd oedd mam Shaäff
oedd yn dad i Madmanna, a Shefa oedd yn dad i Machbena a Gibea. Merch arall Caleb
oedd Achsa.
[50]Roedd y rhain i gyd yn ddisgynyddion i Caleb.
Meibion Hur, mab hynaf Effrath, gwraig Caleb: Shofal (hynafiad pobl Ciriath-iearîm), [51]Salma
(hynafiad pobl Bethlehem), a Chareff (hynafiad pobl Beth-gader).
[52]Disgynyddion Shofal, hynafiad Ciriath-iearîm, oedd Haroe a hanner y Menwchoiaid,
[53]llwythau Ciriath-iearîm – yr Ithriaid, Pwthiaid, Shwmathiaid, a'r Mishraiaid. (Roedd y Soriaid a'r Eshtaoliaid yn ddisgynyddion i'r grwpiau yma hefyd.)
[54]Disgynyddion Salma: pobl Bethlehem, y Netoffathiaid, Atroth-beth-joab, hanner arall
y Manachathiaid, y Soriaid, [55]a theuluoedd yr ysgrifenyddion oedd yn byw yn Iabets, sef
y Tirathiaid, Shimeathiaid, a'r Swchathiaid. Y rhain ydy'r Ceneaid, sy'n ddisgynyddion i Chamath, tad Beth-rechab.

Meibion Dafydd

3 Dyma'r meibion gafodd Dafydd pan oedd yn byw yn Hebron:
Amnon oedd yr hynaf, plentyn Achinoam o Jesreel.
Yr ail oedd Daniel, plentyn Abigail o Carmel, gweddw Nabal.
[2] Y trydydd oedd Absalom, mab Maacha oedd yn ferch i Talmai, brenin Geshwr.
Y pedwerydd oedd Adoneia, mab Haggith.

---

e 2:46 *partner* Mae'r gair Hebraeg yn air am feistres neu bartner cyfreithlon oedd ddim yn wraig i ddyn yn ystyr llawnaf y gair.

3 Y pumed oedd Sheffateia mab Abital.
Y chweched oedd Ithream, plentyn Egla, gwraig arall iddo.
4 Cafodd y chwech yma eu geni pan oedd Dafydd yn Hebron. Roedd yn frenin yno am saith mlynedd a hanner.
Yna roedd yn frenin yn Jerwsalem am dri deg tair o flynyddoedd. 5 A dyma'r meibion gafodd
e yno: Shamma,[f] Shofaf, Nathan, a Solomon. Mam y pedwar oedd Bathseba ferch Ammiel.
6 Naw mab arall Dafydd oedd: Ifchar, Elishwa, Eliffelet, 7 Noga, Neffeg, Jaffïa, 8 Elishama,
Eliada, ac Eliffelet.
9 Meibion Dafydd oedd y rhain i gyd, heb gyfri plant ei bartneriaid.[ff] Tamar oedd eu chwaer nhw.

Disgynyddion Solomon

10 Mab Solomon oedd Rehoboam, wedyn Abeia, ei fab e, ac yn y blaen drwy Asa, Jehosaffat,
11 Jehoram, Ahaseia, Joas, 12 Amaseia, Asareia,[g] Jotham, 13 Ahas, Heseceia, Manasse, 14 Amon,
a Joseia 15 a'i bedwar mab e, Iochanan (yr hynaf), yna Jehoiacim, Sedeceia, a Shalwm.[ng]
16 Jehoiacim oedd tad Jehoiachin[h] a Sedeceia.

Disgynyddion Jehoiachin

17 Meibion Jehoiachin (gafodd ei gaethgludo): Shealtiel, 18 Malciram, Pedaia, Shenatsar,
Iecameia, Hoshama, a Nedabeia.
19 Meibion Pedaia: Serwbabel a Shimei.
Meibion Serwbabel: Meshwlam a Chananeia; a Shlomit oedd eu chwaer nhw. 20 Hefyd pump
arall, sef Chashwfa, Ohel, Berecheia, Chasadeia, a Iwshaf-chesed.
21 Disgynyddion Chananeia: Plateia a Ieshaia, meibion Reffaia, meibion Arnan, meibion Obadeia, a meibion Shechaneia.
22 Disgynyddion Shechaneia: Shemaia a'i feibion: Chattwsh, Igal, Barïach, Nearia, a Shaffat – chwech i gyd.
23 Meibion Nearia: Elioenai, Heseceia, ac Asricam, tri.
24 Meibion Elioenai: Hodafiâ, Eliashif, Pelaia, Accwf, Iochanan, Delaia, ac Anani – saith i gyd.

Disgynyddion eraill Jwda

4 Disgynyddion Jwda: Perets, Hesron, Carmi, Hur, a Shofal.
2 Roedd Reaia fab Shofal yn dad i Iachath. Yna Iachath oedd tad Achwmai a Lahad.
Y rhain oedd teuluoedd y Soriaid.
3 Dyma feibion Etam: Jesreel, Ishma ac Idbash: ac enw eu chwaer nhw oedd Hatselelpôni.
4 Penuel oedd tad Gedor, ac Eser oedd tad Chwsha. Roedd y rhain yn ddisgynyddion i Hur, mab hynaf Effrath a hynafiad pobl Bethlehem.
5 Roedd gan Ashchwr, tad Tecoa, ddwy wraig, sef Chela a Naära: 6 Naära oedd mam
Achwsam, Cheffer, Temeni, a Haachashtari. Y rhain oedd meibion Naära. 7 Yna meibion Chela
oedd Sereth, Sochar, Ethnan 8 a Cots (tad Anwf a Hatsobeba), a hefyd hynafiad teuluoedd Achar-chel fab Harwm.
9 Roedd Iabets yn cael ei barchu fwy na'i frodyr. (Rhoddodd ei fam yr enw Iabets iddo am ei
bod wedi cael poenau ofnadwy pan gafodd e ei eni.) 10 Gweddïodd Iabets ar Dduw Israel, "Plîs bendithia fi, a rhoi mwy o dir i mi! Cynnal fi! Cadw fi'n saff fel bod dim rhaid i mi ddioddef!" A dyma Duw yn ateb ei weddi.

---

f 3:5 *Shamma* Hebraeg, *Shimma* – ffurf arall ar yr un enw (gw. 1 Samuel 16:9; 17:13). ff 3:9 *bartneriaid* Mae'r gair Hebraeg yn air am feistres neu bartner cyfreithlon oedd ddim yn wraig i ddyn yn ystyr lawnaf y gair.
g 3:12 Hebraeg, "Asareia" – enw arall ar Wseia. ng 3:15 *Shalwm* Enw arall ar Jehoachas mae'n debyg (cf. 2 Brenhinoedd 23:30; Jeremeia 22:11). h 3:16 *Jehoiachin* Hebraeg, Jechoneia, oedd yn enw arall ar Jehoiachin.

Rhestrau teuluol eraill

11 Celwb oedd brawd Shwcha a thad Mechir, a Mechir oedd tad Eshton. 12 Eshton oedd tad
Beth-raffa, Paseach a Techinna (tad Ir-nachash). Dyma bobl Recha.
13 Meibion Cenas: Othniel a Seraia.
Meibion Othniel: Chathath a Meonothai.
14 Meonothai oedd tad Offra.
Seraia oedd tad Joab, hynafiad y bobl sy'n byw yn Ge-charashîm[i] (sy'n cael yr enw am eu
bod nhw yn grefftwyr).
15 Meibion Caleb fab Jeffwnne: Irw, Ela, a Naäm.
Mab Ela: Cenas.
16 Meibion Jehalelel: Siff, Siffa, Tireia, ac Asarel.
17 Meibion Esra: Jether, Mered, Effer a Ialon.
Dyma wraig Mered (Bithia) yn cael plant: Miriam, Shammai, ac Ishbach oedd yn dad
i Eshtemoa. 18 Ei wraig e o Jwda oedd mam Iered (tad Gedor), Heber (tad Socho) a Iecwthiel
(tad Sanoach). Roedd y rhain i gyd yn ddisgynyddion i Bitheia, merch y Pharo, oedd wedi
priodi Mered.
19 Meibion gwraig Hodeia, chwaer Nacham: tad Ceila y Garmiad ac Eshtemoa y Maachathiad.
20 Meibion Shimon: Amnon, Rinna, Ben-chanan, a Tilon.
Disgynyddion Ishi: Socheth a Ben-socheth.

Disgynyddion Shela

21 Meibion Shela fab Jwda: Er (tad Lecha), Lada (tad Maresha), teuluoedd y gweithwyr lliain
main yn Beth-ashbea, 22 Iocim, dynion Cosefa, Joash a Saraff – y ddau yn arweinwyr yn Moab
a Iashwfi Lechem. (Mae'r hanesion yma yn dod o archifau hynafol.) 23 Roedden nhw'n gwneud
crochenwaith, yn byw yn Netaîm a Gedera, ac yn gweithio i'r brenin.

Disgynyddion Simeon

24 Disgynyddion Simeon: Nemwel, Iamîn, Iarîf, Serach, a Saul, 25 wedyn Shalwm ei fab
e, Mifsam ei fab yntau, a Mishma mab hwnnw.
26 Disgynyddion Mishma: Chamwel ei fab, Saccwr ei ŵyr a Shimei ei or-ŵyr.
27 Roedd gan Shimei un deg chwech mab a chwe merch. Ond doedd gan ei frodyr ddim
llawer o feibion, felly wnaeth llwyth Simeon ddim tyfu cymaint â llwyth Jwda. 28 Roedden nhw'n
byw yn Beersheba, Molada, Chatsar-shwal, 29 Bilha, Etsem, Tolad, 30 Bethwel, Horma, Siclag,
31 Beth-marcaboth, Chatsar-swsîm, Beth-biri, a Shaaraim. Y rhain oedd eu trefi nhw nes bod Dafydd
yn frenin. 32 Pump o'u pentrefi nhw oedd Etam, Ain, Rimmon, Tochen ac Ashan; 33 a phentrefi eraill
o gwmpas y trefi yma yr holl ffordd i Baal. Dyna lle roedden nhw'n byw. Ac roedden nhw'n cadw
cofrestr deuluol. 34 Yr arweinwyr oedd: Meshofaf, Iamlech, Iosha fab Amaseia, 35 Joel, Jehw fab
Ioshifia (mab Seraia ac ŵyr Asiel), 36 Elioenai, Iacofa, Ishochaia, Asaia, Adiel, Isimiel, Benaia, 37 Sisa
fab Shiffi (mab Alon, mab Iedaia, mab Shimri, mab Shemaia). 38 Y rhain sydd wedi'u henwi oedd
pennau'r teuluoedd. Roedd eu niferoedd yn tyfu'n gyflym, 39 a dyma nhw'n mynd at Fwlch Gedor,
i'r dwyrain o'r dyffryn, i chwilio am borfa i'w defaid. 40 Dyma nhw'n dod o hyd i dir pori da yno.
Roedd yn wlad eang, ac roedden nhw'n saff ac yn cael llonydd yno. Rhai o ddisgynyddion Cham
oedd wedi bod yn byw yno o'u blaenau nhw. 41 Ond pan oedd Heseceia yn frenin ar Jwda, dyma'r
dynion oedd wedi'u rhestru yn ymosod ar bentrefi'r Chamiaid, a'r Mewniaid oedd yn byw yno
hefyd. Dyma nhw'n eu dinistrio nhw'n llwyr, a chymryd eu tiroedd oddi arnyn nhw, er mwyn cael
porfa i'w defaid a'u geifr. 42 Dan arweiniad Plateia, Nearia, Reffaia ac Wssiel (meibion Ishi), dyma
bum cant o ddynion o lwyth Simeon yn mynd i fryniau Seir 43 a lladd gweddill yr Amaleciaid oedd
wedi dianc yno'n ffoaduriaid. Mae disgynyddion Simeon wedi byw yno ers hynny.

---

i 4:14 *Ge-charashîm* sef, Dyffryn y crefftwyr.

Disgynyddion Reuben

5 Meibion Reuben, mab hynaf Israel (Reuben oedd y mab hynaf, ond am ei fod wedi cael rhyw
gydag un o gariadon ei dad, dyma fe'n colli safle'r mab hynaf. Meibion Joseff, mab Israel,
gafodd y safle yna yn ei le. Felly dydy'r achau ddim yn cael eu cyfrif yn ôl trefn geni. [2]Er bod Jwda
wedi dod yn gryfach na'i frodyr, ac arweinydd wedi codi o'i ddisgynyddion, roedd safle'r mab
hynaf yn mynd i Joseff.) [3]Meibion Reuben (mab hynaf Israel): Chanoch, Palw, Hesron, a Carmi.
[4]Disgynyddion Joel: Shemaia ei fab, wedyn Gog mab hwnnw, ac ymlaen drwy Shimei, [5]Micha,
Reaia, Baal, [6]i Beëra oedd wedi cael ei gymryd yn gaeth gan Tiglath-pileser, brenin Asyria. Beëra
oedd pennaeth llwyth Reuben. [7]Dyma'i frodyr wedi'u rhestru yn ôl y drefn yn y cofrestrau teuluol:
Y pennaeth oedd Jeiel, yna Sechareia, [8]yna Bela fab Asas, ŵyr Shema a gor-ŵyr Joel. Roedd
y rhain yn byw yn Aroer, a'u tir yn ymestyn i Nebo a Baal-meon. [9]I'r dwyrain roedd eu tir yn
cyrraedd ymyl yr anialwch sydd yr ochr yma i afon Ewffrates. Roedd angen y tir yma i gyd am fod
ganddyn nhw ormod o anifeiliaid i'w cadw yn Gilead. [10]Pan oedd Saul yn frenin dyma nhw'n
ymosod ar yr Hagriaid a'u trechu nhw. Dyma nhw'n cymryd y tir i gyd sydd i'r dwyrain o Gilead.

Disgynyddion Gad

[11]Roedd disgynyddion Gad yn byw wrth eu hymyl, yn Bashan, a'r holl ffordd i Salca
yn y dwyrain: [12]Joel oedd yr arweinydd, wedyn Shaffam, Ianai a Shaffat yn Bashan. [13]Eu
perthnasau nhw, arweinwyr saith clan arall, oedd Michael, Meshwlam, Sheba, Iorai, Iacan,
Sïa, ac Eber. [14]Roedd y rhain i gyd yn ddisgynyddion i Afichaïl fab Chwri, mab Iaroach, mab
Gilead, mab Michael, mab Ieshishai, mab Iachdo, mab Bws. [15]Achi, mab Afdiel ac ŵyr i Gwni
oedd pennaeth y clan. [16]Roedden nhw'n byw yn Gilead ac ym mhentrefi Bashan, a drwy dir
pori Saron i'r pen draw pellaf. [17]Cafodd y rhain i gyd eu rhestru yn y cofrestrau teuluol pan
oedd Jotham yn frenin Jwda, a Jeroboam yn frenin ar Israel.

Y llwythau wnaeth setlo i'r dwyrain o'r Iorddonen

[18]Rhwng y tri llwyth (Reuben, Gad a hanner llwyth Manasse) roedd 44,760 o ddynion dewr
oedd yn gallu ymladd. Roedd y rhain yn cario tarian a chleddyf, yn gallu trin bwa saeth, ac yn
rhyfelwyr da. [19]Dyma nhw'n ymosod ar yr Hagriaid, Ietwr, Naffish, a Nodab. [20]Cawson nhw
help Duw i ymladd, a llwyddo i drechu'r Hagriaid a phawb oedd gyda nhw. Roedden nhw
wedi galw ar Dduw yng nghanol y frwydr, a gofyn iddo am help. A dyma Duw yn gwrando
arnyn nhw am eu bod nhw wedi ymddiried ynddo. [21]Yna dyma nhw'n cymryd anifeiliaid yr
Hagriaid – 50,000 o gamelod, 250,000 o ddefaid, a 2,000 o asynnod. Dyma nhw hefyd yn
cymryd 100,000 o bobl yn gaethion. [22]Am mai rhyfel Duw oedd hwn cafodd llawer iawn o'r
gelynion eu lladd. Buon nhw'n byw ar dir yr Hagriaid hyd amser y gaethglud.
[23]Dyma hanner llwyth Manasse yn setlo yn yr ardal hefyd. Roedd yna gymaint ohonyn nhw
nes iddyn nhw ymledu o Bashan i Baal-hermon, Senir a Mynydd Hermon. [24]Dyma benaethiaid
eu teuluoedd nhw: Effer, Ishi, Eliel, Asriel, Jeremeia, Hodafiâ, a Iachdiel. Roedd y penaethiaid
hyn yn filwyr profiadol ac yn enwog.

Caethgludo'r llwythau oedd yn byw i'r dwyrain o'r Iorddonen

[25]Ond dyma nhw'n troi'u cefnau ar Dduw eu hynafiaid a mynd ar ôl duwiau pobl y wlad
(y bobl oedd Duw wedi'u dinistrio o'u blaenau). [26]Felly dyma Duw yn annog Pwl, sef Tiglath-
pileser, brenin Asyria, i fynd â phobl Reuben, Gad a hanner llwyth Manasse i'r gaethglud. Dyma
fe'n mynd â nhw i Halach, Habor, Hara ac at afon Gosan. Ac maen nhw yno hyd heddiw.

Llinach y prif offeiriaid (Disgynyddion Lefi)

6 Meibion Lefi: Gershon, Cohath, a Merari.
[2]Disgynyddion Cohath: Amram, Its'har, Hebron, ac Wssiel.

3 Plant Amram: Aaron, Moses, a Miriam.
Meibion Aaron: Nadab, Abihw, Eleasar, ac Ithamar.
4 Eleasar oedd tad Phineas, Phineas yn dad i Afishŵa, 5 Afishŵa i Bwcci, a Bwcci i Wssi. 6 Wssi
oedd tad Seracheia, Seracheia yn dad i Meraioth. 7 Meraioth oedd tad Amareia, ac Amareia yn dad
i Achitwf. 8 Achitwf oedd tad Sadoc, a Sadoc yn dad i Achimaäts. 9 Achimaäts oedd tad Asareia, ac
Asareia oedd tad Iochanan. 10 A Iochanan oedd tad yr Asareia oedd yn offeiriad yn y deml roedd
Solomon wedi'i hadeiladu yn Jerwsalem. 11 Asareia oedd tad Amareia, ac roedd Amareia yn dad
i Achitwf. 12 Achitwf oedd tad Sadoc, a Sadoc yn dad i Shalwm. 13 Roedd Shalwm yn dad i Chilceia,
Chilceia i Asareia, 14 Asareia i Seraia, a Seraia i Iehotsadac. 15 Cafodd Iehotsadac ei gymryd yn gaeth
pan wnaeth yr Arglwydd ddefnyddio Nebwchadnesar i gymryd pobl Jwda a Jerwsalem i'r gaethglud.

Claniau y Lefiaid

16 Meibion Lefi: Gershom, Cohath, a Merari.
17 Meibion Gershom: Libni a Shimei.
18 Meibion Cohath: Amram, Its'har, Hebron, ac Wssiel.
19 Meibion Merari: Machli a Mwshi.
Dyma'r claniau o Lefiaid bob yn deulu.
20 Disgynyddion Gershom: Libni, ei fab, wedyn Iachath ei fab e, ac i lawr y cenedlaethau
drwy Simma, 21 Ioach, Ido, Serach, i Ieatrai.
22 Disgynyddion Cohath: Aminadab, ei fab, wedyn Cora, ei fab e, ac i lawr y cenedlaethau
drwy Assir, 23 Elcana, Ebiasaff, Assir, 24 Tachath, Wriel, Wseia, i Saul.
25 Disgynyddion Elcana: Amasai ac Achimoth, 26 wedyn ei fab Elcana, a'i fab e, Soffai, ac
i lawr drwy Nachath, 27 Eliab, Ierocham, a'i fab e Elcana.
28 Meibion Samuel: Joel,[l] y mab hynaf, ac Abeia, yr ail.
29 Disgynyddion Merari: Machli, ei fab Libni, wedyn ei fab e Shimei ac i lawr y cenedlaethau
drwy Wssa, 30 Shimea, Haggia, yna Asaia.

Cerddorion y Deml

31 Dyma'r rhai oedd Dafydd wedi'u penodi i arwain y gerddoriaeth yn y cysegr, ar ôl i'r arch
gael ei gosod yno. 32 Buon nhw'n arwain y gerddoriaeth o flaen cysegr pabell presenoldeb
Duw nes i Solomon adeiladu'r deml yn Jerwsalem. Roedden nhw ar ddyletswydd yn y drefn
oedd wedi'i gosod.
33 Dyma'r rhai oedd yn y swydd yma, nhw a'u meibion:
Disgynyddion Cohath: Heman y cerddor, mab Joel oedd a'i linach yn estyn yn ôl drwy
Samuel, 34 Elcana, Ierocham, Eliel, Toach, 35 Swff, Elcana, Machat, Amasai, 36 Elcana, Joel,
Asareia, Seffaneia, 37 Tachath, Assir, Ebiasaff, Cora, 38 Its'har, Cohath, i Lefi.
39 Yna Asaff, un arall o lwyth Lefi, oedd yn ei helpu. Asaff oedd mab Berecheia, a'i linach yn
estyn yn ôl drwy Shimea, 40 Michael, Baaseia, Malcîa, 41 Ethni, Serach, Adaia, 42 Ethan, Simma,
Shimei, 43 Iachath, a Gershom, i Lefi.
44 Yna, yn eu helpu nhw, roedd eraill o lwyth Lefi oedd yn ddisgynyddion i Merari. Eu
harweinydd nhw oedd Ethan fab Cishi, oedd a'i linach yn estyn yn ôl drwy Afdi, Malŵch,
45 Chashafeia, Amaseia, Chilceia, 46 Amtsi, Bani, Shemer, 47 Machli, Mwshi, a Merari, i Lefi.
48 Roedd gweddill y Lefiaid yn gyfrifol am bopeth arall roedd angen ei wneud yn y tabernacl,
sef cysegr Duw.

Disgynyddion Aaron

49 Ond Aaron a'i feibion oedd yn gweini wrth yr allor lle roedd anifeiliaid yn cael eu llosgi
a'r allor lle roedd arogldarth yn cael ei losgi. Nhw, felly, oedd yn gwneud y gwaith yn y Lle

l 6:28 *Joel* Mae'r enw ar goll yn yr Hebraeg.

Mwyaf Sanctaidd. Roedden nhw'n gwneud pethau'n iawn rhwng Duw ac Israel, fel roedd
Moses gwas yr ARGLWYDD wedi gorchymyn.
[50]Dyma ddisgynyddion Aaron: Eleasar ei fab, wedyn Phineas ei fab e, ac ymlaen drwy
Afishŵa, [51]Bwcci, Wssi, Seracheia, [52]Meraioth, Amareia, Achitwf, [53]Sadoc, ac Achimaäts.

Trefi a thir y Lefiaid

[54]A dyma'r ardaloedd lle roedd disgynyddion Aaron yn byw:
Yr ardaloedd gafodd eu rhoi i glan Cohath (Nhw oedd y grŵp cyntaf i gael eu rhan): [55]Dyma
nhw'n cael tref Hebron yn Jwda, a'r tir pori o'i chwmpas. [56](Ond roedd caeau'r dref a'r pentrefi
o'i chwmpas wedi'u rhoi i Caleb fab Jeffwnne.) [57]Cafodd disgynyddion Aaron y trefi lloches
canlynol hefyd: Hebron, Libna, Iattir, Eshtemoa, [58]Cholon, Debir, [59]Ashan, a Beth-shemesh, a'r
tir pori o gwmpas pob un. [60]Yna o fewn tiriogaeth llwyth Benjamin dyma nhw'n cael Geba,
Alemeth, Anathoth, a'r tir pori o gwmpas y rheiny.
Felly cafodd eu claniau nhw un deg tair o drefi i gyd. [61]A chafodd gweddill disgynyddion
Cohath ddeg pentref oedd o fewn i diriogaeth hanner llwyth Manasse.
[62]Cafodd claniau Gershom un deg tair o drefi oedd o fewn tiriogaeth llwythau Issachar,
Asher, Nafftali a Manasse.
[63]Cafodd claniau Merari un deg dwy o drefi oedd o fewn tiriogaeth llwythau Reuben, Gad
a Sabulon.
[64]Rhoddodd pobl Israel y trefi yma, a'r tir pori o'u cwmpas, i lwyth Lefi. [65]Roedd y trefi yma,
o diriogaeth Jwda, Simeon a Benjamin, wedi'u henwi ymlaen llaw.
[66]Cafodd rhai o deuluoedd disgynyddion Cohath dir o fewn tiriogaeth llwyth Effraim.
[67]Sichem, ym mryniau Effraim, Geser, [68]Iocmeam, a Beth-choron, [69]Aialon, a Gath-rimmon a'r
tir pori o gwmpas pob un. [70]O diriogaeth hanner llwyth Manasse dyma weddill disgynyddion
Cohath yn cael Aner a Bileam, a'r tir pori o'u cwmpas nhw.
[71]Dyma'r trefi gafodd eu rhoi i ddisgynyddion Gershom: O hanner llwyth Manasse dyma
nhw'n rhoi Golan yn Bashan ac Ashtaroth, a'r tir pori o'u cwmpas nhw. [72]O diriogaeth llwyth
Issachar: Cedesh, Daberath, [73]Ramoth, ac Anem, a'r tir pori o gwmpas pob un. [74]O diriogaeth
llwyth Asher: Mashal, Abdon, [75]Chwcoc, a Rechob, a'r tir pori o gwmpas pob un. [76]O diriogaeth
llwyth Nafftali: Cedesh yn Galilea, Chammôn, a Ciriathaim, a'r tir pori o gwmpas y rheiny.
[77]Dyma'r trefi gafodd eu rhoi i deuluoedd gweddill disgynyddion Merari: O diriogaeth
llwyth Sabulon: Rimmon a Tabor a'r tir pori o'u cwmpas. [78]O diriogaeth llwyth Reuben, yr
ochr draw i afon Iorddonen i'r dwyrain o Jericho: Betser yn yr anialwch, Iahats, [79]Cedemoth,
a Meffaäth, a'r tir pori o gwmpas pob un o'r rheiny. [80]O diriogaeth llwyth Gad: Ramoth yn
Gilead, Machanaîm, [81]Cheshbon, a Iaser, a'r tir pori o gwmpas pob un.

Disgynyddion Issachar

7 Meibion Issachar (pedwar i gyd): Tola, Pwa, Iashŵf a Shimron.
[2]Meibion Tola: Wssi, Reffaia, Ieriel, Iachmai, Ibsam a Shemwel. Nhw oedd pennau
teuluoedd Tola. Roedd yna 22,600 o ddynion dewr wedi'u rhestru yn y cofrestrau teuluol
adeg Dafydd.
[3]Mab Wssi: Israchïa.
Meibion Israchïa: Michael, Obadeia, Joel ac Ishïa. (Roedd y pump ohonyn nhw yn
benaethiaid.)
[4]Yn ôl y cofrestrau teuluol, roedd 36,000 o ddynion yn barod i ryfela am fod ganddyn nhw lot
o wragedd a phlant. [5]Roedd cyfanswm o 87,000 o ddynion dewr wedi'u rhestru ar gofrestrau
teuluol claniau Issachar.

Disgynyddion Benjamin

[6]Meibion Benjamin (tri i gyd): Bela, Becher, a Iediael.

[7]Meibion Bela: Etsbon, Wssi, Wssiel, Ierimoth, ac Iri. Roedd y pump ohonyn nhw yn
benaethiaid eu teuluoedd. Roedd 22,034 wedi'u rhestru yn y cofrestrau teuluol.
[8]Meibion Becher: Semira, Ioash, Elieser, Elioenai, Omri, Ieremoth, Abeia, Anathoth, ac
Alemeth. Roedd y rhain i gyd yn feibion i Becher. [9]Roedd 20,200 o benaethiaid teulu
a rhyfelwyr wedi'u rhestru yn eu cofrestrau teuluol.
[10]Mab Iediael: Bilhan.
Meibion Bilhan: Iewsh, Benjamin, Ehwd, Cenaana, Seithan, Tarshish, ac Achishachar. [11]Roedd
y rhain i gyd yn ddisgynyddion Iediael. Roedd 17,200 o benaethiaid teulu a rhyfelwyr yn barod
i ymladd wedi'u rhestru yn eu cofrestrau teuluol.
[12]Roedd y Shwpiaid a'r Chwpiaid yn ddisgynyddion i Ir; a'r Chwshiaid yn ddisgynyddion
i Acher.

Disgynyddion Nafftali

[13]Meibion Nafftali: Iachtseël, Gwni, Ietser, a Shalwm – meibion Bilha.

Disgynyddion Manasse

[14]Meibion Manasse: Asriel (gafodd ei eni i bartner[II] Syriaidd Manasse. A'i phlentyn hi hefyd
oedd Machir, tad Gilead. [15]Priododd Machir un o wragedd y Chwpiaid a'r Shwpiaid, ac roedd
ganddo chwaer o'r enw Maacha.) Yna ail fab Manasse oedd Seloffchad. (Dim ond merched
gafodd hwnnw yn blant.) [16]Dyma Maacha, gwraig Machir, yn cael mab, a'i alw yn Peresh.
Roedd ganddo frawd o'r enw Sheresh, ac enw ei feibion oedd Wlam a Recem.
[17]Mab Wlam: Bedan.
Y rhain oedd disgynyddion Gilead, mab Machir ac ŵyr Manasse. [18]Ei chwaer Hamolecheth
oedd mam Ish-hod, Abieser a Machla.
[19]Meibion Shemida oedd Acheian, Sichem, Lichi, ac Aniam.

Disgynyddion Effraim

[20]Disgynyddion Effraim: Shwtelach, ei fab Bered, wedyn i lawr y cenedlaethau drwy Tachath,
Elada, Tachath, [21]Safad, i Shwtelach. (Cafodd Eser ac Elead, dau fab arall Effraim, eu lladd gan rai
o ddisgynyddion Gath oedd yn byw yn y wlad, pan aethon nhw i lawr i ddwyn eu gwartheg. [22]Bu
Effraim, eu tad, yn galaru amdanyn nhw am amser maith, a dyma'i frodyr yn dod i'w gysuro.)
[23]Yna dyma fe'n cysgu gyda'i wraig a dyma hi'n beichiogi ac yn cael bachgen arall. Galwodd
Effraim e yn Bereia, am fod pethau wedi bod yn ddrwg ar ei deulu. [24](Merch Bereia oedd Sheëra,
wnaeth adeiladu Beth-choron Isaf ac Uchaf, a hefyd Wssen-sheëra.) [25]Reffach oedd ei fab, Resheff
yn fab i hwnnw, yna i lawr drwy Telach, Tachan, [26]Ladan, Amihwd, Elishama, [27]Nwn, i Josua.
[28]Roedd eu tir nhw a'u cartrefi yn cynnwys Bethel a'i phentrefi, ac yn ymestyn i'r dwyrain
at Naäran, ac i'r gorllewin at Geser a'i phentrefi. Hefyd Sichem a'i phentrefi cyn belled ag
Aia a'i phentrefi yn y gogledd. [29]Ar ffiniau tiriogaeth Manasse roedd trefi Beth-shean Taanach,
Megido a Dor a'r pentrefi o'u cwmpas. Disgynyddion Joseff, mab Israel, oedd yn byw yno.

Disgynyddion Asher

[30]Meibion Asher: Imna, Ishfa, Ishfi, a Bereia. A Serach oedd eu chwaer.
[31]Meibion Bereia: Heber a Malciel, oedd yn dad i Birsaith. [32]Heber oedd tad Jafflet, Shomer,
a Chotham. A Shwa oedd eu chwaer.
[33]Meibion Jafflet: Pasach, Bimhal, ac Ashfat. Y rhain oedd meibion Jafflet.
[34]Meibion ei frawd Shemer: Roga, Chwba, ac Aram.
[35]Meibion ei frawd Helem: Soffach, Imna, Shelesh, ac Amal.

II 7:14 *bartner* Mae'r gair Hebraeg yn air am feistres neu bartner cyfreithlon oedd ddim yn wraig i ddyn yn ystyr lawnaf y gair.

[36]Meibion Soffach: Swa, Char-neffer, Shwal, Beri, Imra, [37]Betser, Hod, Shamma, Shilsha,
Ithran, a Beëra.
[38]Meibion Jether: Jeffwnne, Pispa, ac Arach.
[39]Meibion Wla: Arach, Channiel, a Ritsia.
[40]Roedd y rhain i gyd yn ddisgynyddion Asher. Roedden nhw i gyd yn benaethiaid teulu, yn
filwyr dewr ac arweinwyr medrus. Roedd 26,000 o filwyr yn barod i ymladd wedi'u rhestru
yn y cofrestrau teuluol.

Disgynyddion Benjamin

8 Roedd gan Benjamin bump mab: Bela, yr hynaf, wedyn Ashbel, Achrach, [2]Nocha, a Raffa.
[3]Meibion Bela: Adar, Gera, Abihwd [4]Afishŵa, Naaman, Achoach [5]Gera, Sheffwffân,
a Chwram.
[6]Dyma ddisgynyddion Echwd (oedd yn benaethiaid y teuluoedd o Geba gafodd eu gorfodi
i symud i Manachath): [7]Naaman, Achïa a Gera. Gera wnaeth arwain y symudiad. Roedd yn
dad i Wssa ac Achichwd.
[8]Cafodd Shacharaîm feibion yn Moab ar ôl ysgaru ei wragedd Chwshîm a Baara.
[9]Gyda'i wraig Chodesh cafodd feibion: Iobab, Sibia, Mesha, Malcam, [10]Iewts, Sochia, a Mirma.
Dyma'r meibion ganddo oedd yn arweinwyr teuluoedd. [11]O Chwshîm cafodd Afitwf ac Elpaäl.
[12]Meibion Elpaäl: Eber, Misham, Shemed (wnaeth adeiladu Ono a Lod a'r pentrefi o'u
cwmpas), [13]Bereia a Shema. Nhw oedd penaethiaid y teuluoedd oedd yn byw yn Aialon,
wnaeth yrru pobl Gath i ffwrdd.
[14]Achïo, Shashac, Ieremoth, [15]Sebadeia, Arad, Eder, [16]Michael, Ishpa, a Iocha oedd meibion
Bereia.
[17]Sebadeia, Meshwlam, Chisci, Heber, [18]Ishmerai, Islïa, a Iobab oedd meibion Elpaäl.
[19]Iacîm, Sichri, Sabdi, [20]Elienai, Silthai, Eliel, [21]Adaia, Beraia, a Shimrath oedd meibion Shimei.
[22]Ishpan, Eber, Eliel, [23]Abdon, Sichri, Chanan, [24]Chananeia, Elam, Antothïa, [25]Iffdeia,
a Penuel oedd meibion Shashac.
[26]Shamsherai, Shechareia, Athaleia, [27]Iaaresheia, Eliâ, a Sichri oedd meibion Ierocham.
[28]Y rhain oedd penaethiaid y teuluoedd oedd yn cael eu rhestru yn y cofrestrau teuluol.
Roedden nhw'n byw yn Jerwsalem.
[29]Roedd tad Gibeon yn byw yn Gibeon (ac enw ei wraig oedd Maacha). [30]Enw ei fab hynaf
oedd Abdon, wedyn cafodd Swr, Cish, Baal, Nadab, [31]Gedor, Achïo, Secher a Milcoth.
[32]Micloth oedd tad Shimea. Roedden nhw hefyd yn byw yn Jerwsalem gyda'i perthnasau.

Teulu Saul

(1 Cronicl 9:35-44)

[33]Ner oedd tad Cish, a Cish oedd tad Saul. Saul oedd tad Jonathan, Malci-shwa, Abinadab
ac Eshbaal.[m]
[34]Mab Jonathan: Merib-baal.[n] Merib-baal oedd tad Micha.
[35]Meibion Micha: Pithon, Melech, Tarea, ac Achas.
[36]Achas oedd tad Iehoada, a Iehoada oedd tad Alemeth, Asmafeth a Simri.
Simri oedd tad Motsa, [37]a Motsa oedd tad Binea. Raffa oedd enw mab Binea, Elasa yn fab
i Raffa, ac Atsel yn fab i Elasa.
[38]Roedd gan Atsel chwe mab: Asricam, Bocherŵ, wedyn Ishmael, Sheareia, Obadeia,
a Chanan. Roedd y rhain i gyd yn feibion i Atsel.
[39]Meibion ei frawd Eshec: Wlam oedd yr hynaf, wedyn Iewsh, wedyn Eliffelet.
[40]Roedd meibion Wlam yn ddynion dewr ac yn gallu trin bwa saeth. Roedd ganddyn nhw
gant pum deg o feibion ac wyrion. Roedd y rhain i gyd yn ddisgynyddion i Benjamin.

---

m 8:33 *Eshbaal* Enw arall ar Ish-bosheth gw. 2 Samuel 2:8. n 8:34 *Merib-baal* enw arall ar Meffibosheth – gw. 2 Samuel 4:4.

9 Cafodd cofrestrau teuluol eu cadw i bobl Israel i gyd. Maen nhw i'w gweld yn sgrôl
Hanes Brenhinoedd Israel.

Y bobl ddaeth yn ôl o'r gaethglud i Jerwsalem

Roedd pobl Jwda wedi cael eu cymryd yn gaeth i Babilon am eu bod wedi bod yn anufudd.
2Y rhai cyntaf o'r Israeliaid i ddod yn ôl i fyw yn eu hardaloedd a'u trefi eu hunain oedd yr
offeiriaid, y Lefiaid a gweision y deml. 3Dyma rai o bobl llwythau Jwda, Benjamin, Effraim
a Manasse yn setlo yn Jerwsalem.
4-6Roedd 690 o bobl o lwyth Jwda wedi setlo yn Jerwsalem: Teulu Wthai fab Amihwd, mab
Omri, mab Imri, mab Bani, oedd yn un o ddisgynyddion Perets fab Jwda. Teulu Asaia, un
o ddisgynyddion Shela. Teulu Iewel, un o ddisgynyddion Serach.
7O ddisgynyddion Benjamin: Salw fab Meshwlam, mab Hodafiâ, mab Hasenŵa. 8Ibneia
fab Ierocham. Ela, mab Wssi ac ŵyr i Michri. Meshwlam fab Sheffateia, mab Reuel, mab Ibnïa.
9Roedd 956 o'u perthnasau nhw wedi'u rhestru yn y rhestrau teuluol. Roedd y dynion yma
i gyd yn benaethiaid eu teuluoedd.

Yr Offeiriaid yn Jerwsalem

10O'r offeiriaid: Idaïa; Iehoiarif; Iachîn; 11Asareia fab Chilceia, mab Meshwlam, mab
Sadoc, mab Meraioth, mab Achitwf (oedd yn brif swyddog yn nheml Dduw); 12Adaia fab
Ierocham, mab Pashchwr, mab Malcîa; a Maasai fab Adiel, mab Iachsera, mab Meshwlam,
mab Meshilemith, mab Immer; 13a pherthnasau iddyn nhw oedd yn benaethiaid eu teuluoedd.
1,760 o ddynion oedd yn gallu cyflawni'r gwahanol dasgau oedd i'w gwneud yn nheml Dduw.

Y Lefiaid yn Jerwsalem

14O'r Lefiaid: Shemaia fab Chashwf, mab Asricam, mab Chashafeia, oedd yn perthyn i glan
Merari; 15Bacbacâr; Cheresh; Galal; Mataneia fab Micha, mab Sichri, mab Asaff; 16Obadeia
fab Shemaia, mab Galal, mab Iedwthwn; a Berecheia fab Asa, mab Elcana, oedd wedi byw
yn y pentrefi yn ardal Netoffa.

Gofalwyr y deml

17Gofalwyr y giatiau: Shalwm, Accwf, Talmon, Achiman, a'u perthnasau. (Shalwm oedd
y pennaeth.) 18Cyn hyn, nhw oedd y gwylwyr yng ngwersylloedd y Lefiaid i'r dwyrain o Giât
y Brenin. 19Shalwm fab Core, mab Ebiasaff, mab Cora, a'i berthnasau ar ochr ei dad (sef
y Corahiaid), oedd yn gyfrifol am warchod y fynedfa i'r cysegr. Eu hynafiaid nhw oedd wedi
bod yn gyfrifol am warchod y fynedfa i wersyll yr ARGLWYDD. 20Phineas fab Eleasar, oedd
yn arolygu'r gwaith ers talwm, ac roedd yr ARGLWYDD wedi bod gydag e. 21A Sechareia fab
Meshelemeia oedd yn gwarchod y fynedfa i babell presenoldeb Duw.
22Roedd yna ddau gant un deg dau ohonyn nhw i gyd wedi cael eu dewis i warchod
y fynedfa. Roedd eu henwau wedi'u rhestru yng nghofrestrau teuluol eu pentrefi. Y brenin
Dafydd a Samuel y proffwyd oedd wedi'u penodi i'w swyddi. 23Felly nhw a'u disgynyddion
oedd i ofalu am warchod y fynedfa i gysegr yr ARGLWYDD (sef y Tabernacl). 24Roedden nhw i'w
warchod ar y pedair ochr: i'r dwyrain, gorllewin, gogledd a de. 25Roedd eu perthnasau o'r
pentrefi yn dod atyn nhw bob hyn a hyn i wasanaethu gyda nhw am saith diwrnod. 26Roedd
y pedwar prif ofalwr yn swyddogion y gellid eu trystio, ag yn gyfrifol am warchod y stordai lle
roedd trysorau'r cysegr. 27Roedden nhw ar wyliadwriaeth drwy'r nos o gwmpas cysegr Duw.
Nhw oedd yn gyfrifol amdano ac yn agor y drysau bob bore.

Lefiaid eraill

28Roedd rhai ohonyn nhw'n gyfrifol am lestri'r gwasanaeth. Roedden nhw i gyfri'r cwbl
wrth eu cymryd allan a'u cadw. 29Roedd eraill yn gofalu am ddodrefn ac offer y lle sanctaidd.
Nhw oedd â gofal am y blawd mân, y gwin, yr olew olewydd, y thus a'r perlysiau hefyd. 30(Ond

dim ond offeiriaid oedd yn cael cymysgu'r perlysiau.) 31 Roedd Matitheia, un o'r Lefiaid (mab
hynaf Shalwm o glan Cora) yn gyfrifol am bobi'r bara ar gyfer yr offrymau. 32 Roedd rhai o'u
perthnasau, oedd yn perthyn i'r un clan, yn gyfrifol am baratoi'r bara oedd yn cael ei osod
yn bentwr bob Saboth.
33 Roedd y cantorion oedd yn benaethiaid ar deuluoedd y Lefiaid yn aros mewn ystafelloedd,
ac yn rhydd o ddyletswyddau eraill. Roedd eu gwaith nhw yn mynd yn ei flaen ddydd a nos.
34 Y rhain oedd penaethiaid teuluoedd llwyth Lefi, fel roedden nhw wedi'u rhestru yn
y cofrestrau teuluol. Roedden nhw'n byw yn Jerwsalem.

Rhestr Achau Saul

(1 Cronicl 8:29-38)

35 Roedd Jeiel (tad Gibeon) yn byw yn nhre Gibeon (ac enw ei wraig oedd Maacha). 36 Abdon
oedd enw ei fab hynaf, wedyn Swr, Cish, Baal, Ner, Nadab, 37 Gedor, Achïo, Sechareia, a Micloth.
38 Micloth oedd tad Shimeam. Roedden nhw hefyd yn byw gyda'i perthnasau yn Jerwsalem.
39 Ner oedd tad Cish, a Cish oedd tad Saul. Wedyn Saul oedd tad Jonathan, Malci-shwa,
Abinadab, ac Eshbaal.[o]
40 Mab Jonathan: Merib-baal,[p] a Merib-baal oedd tad Micha.
41 Meibion Micha: Pithon, Melech, Tarea, ac Achas.[ph]
42 Achas oedd tad Iada,[r] a Iada oedd tad Alemeth, Asmafeth a Simri.
Simri oedd tad Motsa, 43 a Motsa oedd tad Binea. Reffaia oedd enw mab Binea, Elasa yn
fab i Reffaia, ac Atsel yn fab i Elasa.
44 Roedd gan Atsel chwe mab: Asricam, Bocherŵ, wedyn Ishmael, Sheareia, Obadeia,
a Chanan. Roedd y rhain i gyd yn feibion i Atsel.

Saul yn lladd ei hun

(1 Samuel 31:1-13)

10 Dyma'r Philistiaid yn dod i ryfela yn erbyn Israel. Roedd rhaid i filwyr Israel ffoi,
a syrthiodd llawer ohonyn nhw'n farw ar fynydd Gilboa. 2 Roedd y Philistiaid reit tu ôl
i Saul a'i feibion, a dyma nhw'n llwyddo i ladd ei feibion, Jonathan, Abinadab a Malci-shwa.
3 Roedd y frwydr yn ffyrnig o gwmpas Saul, a dyma'r bwasaethwyr yn ei daro, a'i anafu'n
ddrwg.
4 Dyma Saul yn dweud wrth y gwas oedd yn cario'i arfau, "Cymer dy gleddyf a thrywana
fi. Paid gadael i'r paganiaid yma ddod a'm poenydio i." Ond roedd gan y gwas ofn gwneud
hynny. Felly dyma Saul yn cymryd y cleddyf ac yn syrthio arno. 5 Pan welodd y gwas fod Saul
wedi marw, dyma fe hefyd yn syrthio ar ei gleddyf a marw. 6 Felly cafodd Saul a tri o'i feibion,
a'i deulu i gyd eu lladd gyda'i gilydd.
7 Dyma bobl Israel oedd yr ochr draw i'r dyffryn yn clywed fod y milwyr wedi ffoi, a bod Saul
a'i feibion wedi cael eu lladd. Felly dyma nhw'n gadael eu trefi a ffoi. A dyma'r Philistiaid
yn dod i fyw ynddyn nhw.
8 Y diwrnod ar ôl y frwydr dyma'r Philistiaid yn dod i ddwyn oddi ar y cyrff meirw. A dyma
nhw'n dod o hyd i Saul a'i feibion yn gorwedd yn farw ar fynydd Gilboa. 9 Dyma nhw'n cymryd
ei arfau oddi arno, torri ei ben i ffwrdd, ac anfon negeswyr drwy wlad y Philistiaid i gyhoeddi'r
newyddion da yn nhemlau eu duwiau ac wrth y bobl. 10 Wedyn dyma nhw'n rhoi arfau Saul
yn nheml eu duwiau, a hongian ei ben yn nheml y duw Dagon.
11 Pan glywodd pobl Jabesh yn Gilead am bopeth roedd y Philistiaid wedi'i wneud i Saul,
12 dyma'r milwyr yn mynd allan i nôl cyrff Saul a'i feibion a mynd â nhw i Jabesh. Dyma nhw'n
cymryd yr esgyrn a'u claddu o dan y goeden dderwen yn Jabesh, ac ymprydio am wythnos.

---

o 9:39 *Eshbaal* Enw arall ar Ish-bosheth gw. 2 Samuel 2:8. p 9:40 *Merib-baal* enw arall ar Meffibosheth – gw. 2 Samuel 4:4. ph 9:41 *ac Achas* ddim yn yr Hebraeg, ond gw. y Syrieg a'r Fwlgat, ac adn. 36. r 9:42 *Iada* fel rhai llawysgrifau Hebraeg, a'r LXX. Hebraeg, *Iara*.

13 Buodd Saul farw am ei fod wedi bod yn anffyddlon ac anufudd i'r ARGLWYDD. Roedd
e hyd yn oed wedi troi at ddewiniaeth, 14 yn lle gofyn am arweiniad yr ARGLWYDD. Felly dyma'r
ARGLWYDD yn ei ladd ac yn rhoi ei frenhiniaeth i Dafydd fab Jesse.

Dafydd yn frenin ar Israel gyfan

(2 Samuel 5:1-3)

11 Dyma bobl Israel i gyd yn dod at ei gilydd yn Hebron at Dafydd, a dweud
wrtho, "Edrych, dŷn ni'n perthyn i'n gilydd. 2 Ar un adeg, pan oedd Saul yn
frenin, ti oedd yn arwain byddin Israel i ryfel ac yna dod â nhw adre. Mae'r ARGLWYDD
dy Dduw wedi dweud wrthot ti, 'Ti sydd i ofalu am[rh] Israel, fy mhobl i. Ti fydd yn eu
harwain nhw.' "

3 Felly pan ddaeth arweinwyr Israel i Hebron at Dafydd, dyma'r brenin yn gwneud cytundeb
â nhw o flaen yr ARGLWYDD. A dyma nhw'n ei eneinio'n frenin ar Israel gyfan, fel roedd Duw
wedi addo drwy Samuel.

Dafydd yn concro Jerwsalem

4 Aeth Dafydd a byddin Israel i ymosod ar Jerwsalem, sef Jebws. (Y Jebwsiaid oedd wedi
byw yn yr ardal honno erioed.) 5 A dyma bobl Jebws yn dweud wrth Dafydd, "Ddoi di byth
i mewn yma!" Ond llwyddodd Dafydd i ennill caer Seion (sef Dinas Dafydd). 6 Roedd Dafydd
wedi dweud, "Bydd pwy bynnag sy'n arwain yr ymosodiad ar y Jebwsiaid yn cael ei wneud
yn bennaeth y fyddin!" Joab fab Serwia wnaeth arwain yr ymosodiad, a daeth yn bennaeth
y fyddin. 7 Aeth Dafydd i fyw i'r gaer, a dyna pam mae'n cael ei galw yn Ddinas Dafydd.
8 Dyma fe'n adeiladu o'i chwmpas, o'r terasau at y waliau allanol. A dyma Joab yn ailadeiladu
gweddill y ddinas. 9 Roedd Dafydd yn mynd yn fwy a mwy pwerus, achos roedd yr ARGLWYDD
hollbwerus gydag e.

Milwyr dewr Dafydd

(2 Samuel 23:8-39)

10 Dyma arweinwyr byddin Dafydd wnaeth helpu i sefydlu ei deyrnas fel brenin Israel gyfan,
fel roedd yr ARGLWYDD wedi addo. 11 Dyma restr o'i filwyr dewr:
Iashofam yr Hachmoniad oedd pennaeth y swyddogion. Roedd e wedi lladd tri chant
o ddynion gyda'i waywffon mewn un frwydr.
12 Yna nesa ato fe roedd Eleasar fab Dodo o deulu Achoach, un o'r 'Tri Dewr'. 13 Roedd
e gyda Dafydd yn herio'r Philistiaid pan wnaethon nhw gasglu i ryfel yn Pas-
dammîm. Wrth ymyl cae oedd yn llawn o haidd, roedd y fyddin wedi ffoi oddi
wrth y Philistiaid. 14 Ond yna dyma nhw'n sefyll eu tir yng nghanol y cae hwnnw.
Dyma nhw'n ei amddiffyn ac yn taro'r Philistiaid, a dyma'r ARGLWYDD yn rhoi
buddugoliaeth fawr iddyn nhw.

15 Dyma dri o'r tri deg arweinydd yn mynd i lawr at Dafydd at y graig sydd wrth ymyl Ogof
Adwlam. Roedd mintai o Philistiaid yn gwersylla yn Nyffryn Reffaïm. 16 Roedd Dafydd yn y gaer
ar y pryd, tra oedd prif garsiwn milwrol y Philistiaid yn Bethlehem. 17 Un diwrnod roedd syched
ar Dafydd, a dyma fe'n dweud, "Mor braf fyddai cael diod o ddŵr o'r ffynnon sydd wrth giât
Bethlehem!" 18 Felly dyma'r 'Tri Dewr' yn mynd drwy ganol gwersyll y Philistiaid a chodi dŵr
o'r ffynnon wrth giât Bethlehem. Dyma nhw'n dod â'r dŵr i Dafydd, ond gwrthododd ei
yfed. A dyma fe'n ei dywallt yn offrwm i'r ARGLWYDD, 19 a dweud, "O Dduw, allwn i byth wneud
y fath beth! Byddai fel yfed gwaed y dynion wnaeth fentro'u bywydau i'w nôl." Roedd yn
gwrthod ei yfed am fod y dynion wedi mentro'u bywydau i'w nôl. Dyna un enghraifft o beth
wnaeth y 'Tri Dewr'.

---

rh 11:2 *ofalu am* Hebraeg, "bugeilio".

[20]Abishai, brawd Joab, oedd pennaeth y 'Tri dewr'. Roedd e wedi lladd tri chant o ddynion
gyda'i waywffon un tro. Roedd yn enwog fel y Tri. [21]A dweud y gwir, roedd e'n fwy enwog na
nhw, a fe oedd eu capten nhw. Ond doedd e'i hun ddim yn un o'r 'Tri'.
[22]Roedd Benaia fab Jehoiada o Cabseël, yn ddyn dewr hefyd. Roedd e wedi gwneud llawer
o bethau dewr. Roedd wedi lladd dau o arwyr Moab. Roedd wedi mynd i lawr a lladd llew
oedd wedi syrthio i bydew ar ddiwrnod o eira. [23]Roedd wedi lladd cawr o ddyn o'r Aifft, saith
troedfedd a hanner o daldra. Roedd gan yr Eifftiwr waywffon fawr fel carfan gwehydd yn ei
law, ond dim ond pastwn oedd gan Benaia. Dyma fe'n ymosod arno, dwyn y waywffon oddi
ar yr Eifftiwr, a'i ladd gyda hi. [24]Pethau fel yna wnaeth Benaia fab Jehoiada yn enwog fel
y 'Tri Dewr'. [25]Roedd y Tri deg arwr yn meddwl yn uchel ohono, er nad oedd yn un o'r 'Tri'.
A dyma Dafydd yn ei wneud yn bennaeth ar ei warchodwyr personol.
[26]Dyma restr o'r milwyr dewr eraill: Asahel, brawd Joab, Elchanan fab Dodo o Bethlehem,
[27]Shamoth o Haror, Chelets o Pelon, [28]Ira fab Iccesh o Tecoa, Abieser o Anathoth, [29]Sibechai
o Chwsha, Ilai o deulu Achoach, [30]Maharai o Netoffa, Cheled fab Baana o Netoffa, [31]Ithai fab
Ribai o Gibea Benjamin, Benaia o Pirathon, [32]Chwrai o Wadi Gaash, Abiel o Arba, [33]Asmafeth
o Bachwrîm, Eliachba o Shaalbon, [34]meibion Hashem o Gison, Jonathan fab Sage o Harar,
[35]Achîam fab Sachar o Harar, Eliffal fab Wr [36]Cheffer o Mecherath, Achïa o Pelon [37]Chetsro
o Carmel, Naärai fab Esbai, [38]Joel brawd Nathan, Mifchar fab Hagri, [39]Selec o Ammon, Nachrai
o Beroth (oedd yn cario arfau Joab, mab Serwia), [40]Ira yr Ithriad, Gareb yr Ithriad, [41]Wreia yr
Hethiad, Safad fab Achlai [42]Adina fab Shisa, arweinydd llwyth Reuben, a'r tri deg o filwyr
oedd gydag e, [43]Chanan fab Maacha, Ioshaffat o Mithna, [44]Wsïa o Ashtaroth, Shama a Jeiel,
meibion Chotham o Aroer, [45]Iediael fab Shimri, a Iocha ei frawd, o Tis, [46]Eliel y Machafiad,
Ierifai a Ioshafeia, meibion Elnaäm, ac Ithma o Moab, [47]Eliel, Obed, a Iaäsiel o Soba.

Y dynion wnaeth ymuno gyda Dafydd yn Siclag

O lwyth Benjamin

12 Dyma enwau'r dynion wnaeth ymuno gyda Dafydd yn Siclag, pan oedd yn dal i guddio
oddi wrth Saul fab Cish. (Roedden nhw'n rhai o'r rhyfelwyr wnaeth frwydro drosto, [2]ac
yn gallu defnyddio bwa saeth neu ffon dafl gyda'r llaw dde a'r chwith. Roedden nhw o lwyth
Benjamin, sef yr un llwyth â Saul): [3]Achieser oedd yr arweinydd, a Joash, meibion Shemaa
o Gibea; Jesiel a Pelet, meibion Asmafeth; Beracha, Jehw o Anathoth, [4]Ishmaïa o Gibeon (un
o arweinwyr y tri deg milwr dewr), Jeremeia, Iachsiel, Iochanan, Iosafad o Gedera, [5]Elwsai,
Ierimoth, Bealeia, Shemareia, Sheffateia o Charwff, [6]Elcana, Ishïa, Asarel, Ioeser, Iashofam,
o glan Cora, [7]Ioela a Sebadeia, meibion Ierocham o Gedor.

O lwyth Gad

[8]Dyma rai o lwyth Gad yn dod at Dafydd i'w gaer yn yr anialwch. Roedd y rhain yn ddynion
dewr, yn filwyr wedi profi eu hunain mewn rhyfel. Roedden nhw'n cario tarianau a gwaywffyn.
Roedd golwg fel llewod arnyn nhw, ac roedden nhw'n gallu rhedeg mor gyflym â gasél ar
y bryniau. [9]Eser oedd y pennaeth, wedyn, mewn trefn, Obadeia, Eliab, [10]Mishmanna, Jeremeia,
[11]Attai, Eliel, [12]Iochanan, Elsabad [13]Jeremeia, a Machbanai. [14]Nhw oedd y capteniaid o lwyth
Gad. Roedd cant o ddynion dan y lleiaf ohonyn nhw a dros fil o dan y mwyaf. [15]Dyma'r rhai
oedd wedi croesi'r Iorddonen yn ystod y mis cyntaf, pan oedd hi wedi gorlifo ei glannau
i gyd. Roedden nhw wedi gwneud i bawb oedd yn byw yn y dyffrynnoedd, i'r dwyrain ac i'r
gorllewin, ffoi o'u blaenau.

Eraill o lwythau Benjamin a Jwda

[16]Dyma rai o lwyth Benjamin a llwyth Jwda hefyd, yn dod i'r gaer at Dafydd. [17]Dyma Dafydd
yn mynd allan i'w cyfarfod nhw, a dweud, "Os ydych wedi dod yn heddychlon i fy helpu
i, yna dw i'n barod i ymuno â chi. Ond os ydych chi wedi dod i fy mradychu i'm gelynion, yna
bydd Duw ein hynafiaid yn gweld hynny ac yn eich cosbi. Dw i wedi gwneud dim o'i le i chi."

18 A dyma ysbryd yn dod ar Amasai, pennaeth y tri deg, a dyma fe'n canu:

"Dŷn ni gyda ti Dafydd!
Ar dy ochr di fab Jesse!
Heddwch a llwyddiant i ti;
a heddwch i'r rhai sy'n dy helpu.
Yn wir, mae dy Dduw yn dy helpu."

Felly dyma Dafydd yn eu derbyn nhw ac yn eu gwneud yn gapteiniaid ar griwiau ymosod.

O Lwyth Manasse

19 Roedd rhai o lwyth Manasse wedi dod drosodd at Dafydd pan aeth gyda'r Philistiaid
i ymladd yn erbyn Saul. Ond wnaethon nhw ddim helpu'r Philistiaid achos, ar ôl trafod, dyma
arweinwyr y Philistiaid yn eu hanfon i ffwrdd. Roedden nhw'n wedi trafod â'i gilydd a dweud,
"Petai e'n mynd drosodd at ei feistr, Saul, bydden ni'n cael ein lladd!" 20 Pan oedd Dafydd ar
ei ffordd i Siclag, dyma'r dynion yma o lwyth Manasse yn ymuno gydag e: Adnach, Iosafad,
Iediael, Michael, Josabad, Elihw a Silthai. Roedden nhw i gyd yn gapteiniaid ar unedau o fil
yn Manasse. 21 Buon nhw'n help mawr i Dafydd pan oedd criwiau o filwyr yn ymosod, am eu
bod yn filwyr dewr ac yn gapteiniaid yn y fyddin. 22 Yr adeg yna roedd dynion yn dod drosodd
at Dafydd bob dydd, nes bod ei fyddin wedi tyfu'n fyddin enfawr.

Rhestr o ddilynwyr Dafydd yn Hebron

23 Dyma gofnod o'r milwyr a'u harweinwyr wnaeth ymuno gyda Dafydd yn Hebron, i'w
wneud yn frenin yn lle Saul (fel roedd yr ARGLWYDD wedi dweud):

24 O lwyth Jwda – 6,800 o filwyr arfog yn cario tarianau a gwaywffyn.
25 O lwyth Simeon – 7,100 o filwyr dewr.
26 O lwyth Lefi – 4,600. 27 Daeth Jehoiada (arweinydd disgynyddion Aaron) a 3,700 o ddynion,
28 a Sadoc, milwr ifanc, a 22 arweinydd o'i glan.
29 O lwyth Benjamin (sef y llwyth roedd Saul yn perthyn iddo) – 3,000. Roedd y rhan fwya ohonyn nhw, cyn hynny, wedi bod yn deyrngar i Saul.
30 O lwyth Effraim – 20,800 o filwyr, pob un yn enwog yn ei glan ei hun.
31 O hanner llwyth Manasse – 18,000 wedi cael eu dewis i ddod i wneud Dafydd yn frenin.
32 O lwyth Issachar – 200 o gapteiniaid a'u perthnasau i gyd oddi tanyn nhw. Roedden nhw'n deall arwyddion yr amserau, ac yn gwybod beth oedd y peth gorau i Israel ei wneud.
33 O lwyth Sabulon – 50,000 o filwyr arfog yn barod i'r frwydr ac yn hollol deyrngar i Dafydd.
34 O lwyth Nafftali – 1,000 o swyddogion a 37,000 o filwyr yn cario tarianau a gwaywffyn.
35 O lwyth Dan – 28,600 o ddynion yn barod i ymladd.
36 O lwyth Asher – 40,000 o filwyr yn barod i ymladd.
37 O'r ochr draw i afon Iorddonen (llwythau Reuben, Gad, a hanner llwyth Manasse) – 120,000 o ddynion yn cario pob math o arfau.

38 Roedd y dynion yma i gyd yn barod i fynd i ryfel. Roedden nhw wedi dod i Hebron i wneud
Dafydd yn frenin ar Israel gyfan. Ac roedd gweddill pobl Israel yn cytuno mai Dafydd ddylai
fod yn frenin. 39 Buon nhw yno yn gwledda gyda Dafydd am dri diwrnod. Roedd eu perthnasau
wedi darparu bwydydd iddyn nhw. 40 Hefyd roedd pobl eraill, o mor bell ag Issachar, Sabulon
a Nafftali, yn dod â bwyd iddyn nhw ar asynnod, camelod, mulod ac ychen. Roedd yno lwythi
enfawr o flawd, cacennau ffigys, sypiau o rhesins, gwin, olew olewydd, cig eidion a chig oen.
Roedd Israel yn dathlu!

Dafydd eisiau symud yr Arch

(2 Samuel 6:1-11)

13 Dyma Dafydd yn gofyn am gyngor ei swyddogion milwrol (gan gynnwys capteiniaid yr unedau o fil ac o gant). 2 Dwedodd wrth y gynulleidfa gyfan, "Os mai dyna dych chi eisiau, ac os ydy'r ARGLWYDD ein Duw yn cytuno, gadewch i ni anfon at bawb ym mhob rhan o Israel, ac at yr offeiriaid a'r Lefiaid yn eu trefi, i'w gwahodd nhw ddod i ymuno gyda ni. 3 Gadewch i ni symud Arch ein Duw yn ôl yma. Wnaethon ni ddim gofyn am ei arweiniad o gwbl pan oedd Saul yn frenin." 4 A dyma'r gynulleidfa'n cytuno. Roedd pawb yn teimlo mai dyna oedd y peth iawn i'w wneud. 5 Felly dyma Dafydd yn galw pobl Israel i gyd at ei gilydd – o afon Shichor yn yr Aifft i Lebo-chamath, er mwyn symud Arch Duw yno o Ciriath-iearîm. 6 Dyma Dafydd a phobl Israel i gyd yn mynd i Baäla (sef Ciriath-iearîm) yn Jwda, i nôl Arch Duw. Roedd yr enw 'Arch Duw' yn cyfeirio at yr ARGLWYDD sy'n eistedd ar ei orsedd uwchben y cerwbiaid.

7 Dyma nhw'n gosod yr Arch ar gert newydd, a'i symud hi o dŷ Abinadab, gydag Wssa ac Achïo yn arwain y cert. 8 Roedd Dafydd a phobl Israel i gyd yn dathlu'n llawn hwyl o flaen Duw, ac yn canu i gyfeiliant telynau a nablau, tambwrinau, symbalau ac utgyrn. 9 Pan gyrhaeddon nhw lawr dyrnu Cidon, dyma'r ychen yn baglu, a dyma Wssa yn estyn ei law i afael yn yr Arch. 10 Roedd yr ARGLWYDD wedi digio gydag Wssa, a dyma fe'n ei daro'n farw am estyn ei law a chyffwrdd yr Arch. Bu farw yn y fan a'r lle o flaen Duw. 11 Roedd Dafydd wedi gwylltio fod yr ARGLWYDD wedi ymosod ar Wssa; a dyma fe'n galw'r lle yn Perets-Wssa (sef 'y ffrwydriad yn erbyn Wssa'). Dyna ydy enw'r lle hyd heddiw. 12 Roedd Duw wedi codi ofn ar Dafydd y diwrnod hwnnw. "Sut all Arch Duw ddod ata i?" meddai. 13 Felly wnaeth Dafydd ddim mynd â'r Arch adre i Ddinas Dafydd. Aeth â hi i dŷ Obed-edom, dyn o Gath. 14 Arhosodd Arch yr ARGLWYDD yn y tŷ gyda theulu Obed-edom am dri mis. A dyma'r ARGLWYDD yn bendithio teulu Obed-edom a phopeth oedd ganddo.

Dylanwad Dafydd yn tyfu

(2 Samuel 5:11-16)

14 Dyma Huram, brenin Tyrus, yn anfon negeswyr at Dafydd. Anfonodd seiri coed a seiri maen gyda nhw, a choed cedrwydd, i adeiladu palas i Dafydd. 2 Roedd Dafydd yn gweld mai'r ARGLWYDD oedd wedi'i wneud yn frenin ar Israel ac wedi gwneud i'w deyrnas lwyddo'n fawr, er mwyn ei bobl Israel.

3 Yn Jerwsalem dyma Dafydd yn cymryd mwy o wragedd, ac yn cael mwy o blant eto. 4 Dyma enwau'r plant gafodd e yn Jerwsalem: Shammwa, Shofaf, Nathan, Solomon, 5 Ifchar, Elishwa, Elpelet, 6 Noga, Neffeg, Jaffia, 7 Elishama, Beëliada ac Eliffelet.

Ennill brwydr yn erbyn y Philistiaid

(2 Samuel 5:17-25)

8 Pan glywodd y Philistiaid fod Dafydd wedi cael ei eneinio'n frenin ar Israel i gyd, dyma'u byddin gyfan yn mynd allan i chwilio amdano. Clywodd Dafydd am hyn, ac aeth allan i ymladd yn eu herbyn nhw. 9 Roedd byddin y Philistiaid wedi dod ac ymosod ar Ddyffryn Reffaïm.[s]

10 Dyma Dafydd yn gofyn i Dduw, "Ddylwn i fynd i ymladd yn erbyn y Philistiaid? Fyddi di'n gwneud i mi ennill?" Atebodd yr ARGLWYDD, "Dos i fyny, achos bydda i'n eu rhoi nhw i ti."

11 Felly aeth i Baal-peratsîm a'u trechu nhw yno. Dwedodd Dafydd, "Mae Duw wedi gwneud i mi dorri drwy fy ngelynion fel llifogydd o ddŵr." A dyna pam wnaeth e alw'r lle hwnnw yn Baal-peratsîm.[t] 12 Roedd y Philistiaid wedi gadael eu heilun-dduwiau ar ôl, a dyma Dafydd yn gorchymyn iddyn nhw gael eu llosgi.

13 Dyma'r Philistiaid yn ymosod eto ar y dyffryn. 14 A dyma Dafydd yn mynd i ofyn eto i Dduw beth i'w wneud. Y tro yma cafodd yr ateb, "Paid ymosod arnyn nhw o'r tu blaen. Dos rownd

---

s 14:9 *Reffaïm* Dyffryn oedd ryw 3 milltir i'r de-orllewin o Jerwsalem. t 14:11 *Baal-peratsîm* sef "y meistr sy'n byrstio allan".

y tu cefn iddyn nhw ac ymosod o gyfeiriad y coed balsam. 15 Pan fyddi'n clywed sŵn cyffro
yn y coed, ymosod ar unwaith. Dyna'r arwydd fod Duw yn mynd o dy flaen di i daro byddin
y Philistiaid." 16 Felly dyma Dafydd yn gwneud fel roedd Duw wedi dweud wrtho, a dyma
nhw'n taro byddin y Philistiaid yr holl ffordd o Gibeon i gyrion Geser.
17 Roedd Dafydd yn enwog ym mhobman; roedd yr ARGLWYDD wedi gwneud i'r gwledydd
i gyd ei ofni.

Paratoi i symud yr Arch i Jerwsalem

15 Dyma Dafydd yn codi nifer o adeiladau yn Ninas Dafydd. A dyma fe'n paratoi
lle i Arch Duw, a gosod pabell yn barod iddi. 2 Yna dyma Dafydd yn dweud, "Dim
ond y Lefiaid sydd i gario Arch Duw, neb arall. Nhw mae'r ARGLWYDD wedi'u dewis i gario'r
Arch ac i'w wasanaethu am byth." 3 Dyma Dafydd yn galw pobl Israel i gyd at ei gilydd yn
Jerwsalem, i symud Arch yr ARGLWYDD i'r lle'r roedd wedi'i baratoi ar ei chyfer. 4 Dyma fe'n
galw disgynyddion Aaron a'r Lefiaid at ei gilydd hefyd:
5 Disgynyddion Cohath: Wriel, yr arweinydd, a 120 o'i berthnasau.
6 Disgynyddion Merari: Asaia, yr arweinydd, a 220 o'i berthnasau.
7 Disgynyddion Gershom: Joel, yr arweinydd, a 130 o'i berthnasau.
8 Disgynyddion Elitsaffan: Shemaia, yr arweinydd, a 200 o'i berthnasau.
9 Disgynyddion Hebron: Eliel, yr arweinydd, ac 80 o'i berthnasau.
10 Disgynyddion Wssiel: Aminadab, yr arweinydd, a 112 o'i berthnasau.
11 Yna dyma Dafydd yn galw'r offeiriaid, Sadoc ac Abiathar, a'r Lefiaid, Wriel, Asaia, Joel,
Shemaia, Eliel ac Aminadab. 12 A dyma fe'n dweud wrthyn nhw, "Chi ydy arweinwyr y Lefiaid.
Rhaid i chi a'ch perthnasau fynd drwy'r ddefod o buro eich hunain, i symud Arch yr ARGLWYDD,
Duw Israel, i'r lle dw i wedi'i baratoi iddi. 13 Roedd yr ARGLWYDD wedi'n cosbi ni y tro cyntaf am
eich bod chi ddim gyda ni, a'n bod heb ofyn iddo am y ffordd iawn i'w symud."
14 Felly dyma'r offeiriad a'r Lefiaid yn cysegru eu hunain i symud Arch yr ARGLWYDD, Duw
Israel. 15 A dyma'r Lefiaid yn cario Arch Duw ar eu hysgwyddau gyda pholion, am fod Moses
wedi dweud mai dyna oedd yr ARGLWYDD wedi'i orchymyn.
16 Yna dyma Dafydd yn dweud wrth arweinwyr y Lefiad i ddewis rhai o'u perthnasau oedd
yn gerddorion i ganu offerynnau cerdd, nablau, telynau a symbalau, ac i ganu'n llawen. 17 Felly
dyma'r Lefiaid yn penodi Heman fab Joel; un o'i berthnasau, Asaff fab Berecheia; ac un
o ddisgynyddion Merari, Ethan fab Cwshaia. 18 Yna cafodd rhai o'u perthnasau eu dewis
i'w helpu: Sechareia, Iaäsiel, Shemiramoth, Iechiel, Wnni, Eliab, Benaia, Maaseia, Matitheia,
Eliffelehw, Micneia ac Obed-Edom a Jeiel oedd yn gwylio'r giatiau.
19 Roedd y cerddorion Heman, Asaff ac Ethan i seinio'r symbalau pres; 20 Sechareia, Asiel,
Shemiramoth, Iechiel, Wnni, Eliab, Maaseia, a Benaia i ganu telynau bach; 21 Matitheia,
Eliffelehw, Micneia, Obed-Edom, Jeiel ac Asaseia i ganu'r telynau mawr, gydag arweinydd yn
eu harwain. 22 Cenaneia, pennaeth y Lefiaid, oedd arweinydd y côr, am fod ganddo brofiad
yn y maes; 23 wedyn Berecheia ac Elcana yn gofalu am yr Arch, 24 a'r offeiriaid Shefaneia,
Ioshaffat, Nethanel, Amasai, Sechareia, Benaia ac Elieser, yn canu'r utgyrn o flaen yr Arch.
Roedd Obed-Edom a Iecheia hefyd yn gwylio'r Arch.

Symud yr Arch i Jerwsalem

(2 Samuel 6:12-16)

25 Felly dyma Dafydd, ac arweinwyr Israel, a chapteiniaid yr unedau o fil, yn mynd i dŷ
Obed-edom i nôl Arch Ymrwymiad yr ARGLWYDD i Jerwsalem, gyda dathlu mawr. 26 Am fod
Duw yn helpu'r Lefiaid i gario Arch Ymrwymiad yr ARGLWYDD, dyma nhw'n aberthu saith
tarw ifanc a saith hwrdd. 27 Roedd Dafydd a'r Lefiaid oedd yn cario'r arch, y cerddorion,
a Cenaneia, arweinydd y côr, mewn gwisgoedd o liain main. Roedd Dafydd yn gwisgo
effod hefyd, sef crys offeiriad. 28 Felly dyma Israel gyfan yn hebrwng Arch Ymrwymiad

yr ARGLWYDD gan weiddi, a chanu'r corn hwrdd[th] ac utgyrn, symbalau, nablau a thelynau.
29 Wrth i Arch yr ARGLWYDD gyrraedd Dinas Dafydd, roedd Michal merch Saul yn edrych allan
drwy'r ffenest. Pan welodd hi'r brenin Dafydd yn neidio a dawnsio, doedd hi'n teimlo dim
byd ond dirmyg tuag ato.

Dafydd yn arwain yr addoliad

(2 Samuel 6:17-22)

16 Dyma nhw'n dod ag Arch Duw a'i gosod yn y babell roedd Dafydd wedi'i chodi iddi.
Yna dyma nhw'n cyflwyno offrymau i'w llosgi ac offrymau i ofyn am fendith Duw.
2 Ar ôl cyflwyno'r offrymau yma, dyma Dafydd yn bendithio'r bobl yn enw'r ARGLWYDD. 3 Yna
dyma fe'n rhannu bwyd i bawb yn Israel – dynion a merched. Cafodd pawb dorth o fara,
teisen datys a theisen rhesin. 4 Yna dyma fe'n penodi rhai o'r Lefiaid i arwain yr addoliad
o flaen Arch yr ARGLWYDD, i ailadrodd yr hanes wrth ganu a moli'r ARGLWYDD, Duw Israel. 5 Asaff
oedd y pennaeth, a Sechareia yn ei helpu. Roedd Jeiel, Shemiramoth, Iechiel, Matitheia, Eliab,
Benaia, Obed-Edom, a Jeiel yn canu nablau a thelynau gwahanol, ac Asaff yn taro'r symbalau;
6 a'r offeiriaid, Benaia a Iachsiel yn canu utgyrn yn rheolaidd o flaen Arch Ymrwymiad Duw.
7 Ar y diwrnod hwnnw rhoddodd Dafydd i Asaff a'i gyfeillion, y gân hon o ddiolch:

Salm o ddiolch

(Salm 105:1-15; Salm 96:1-13; Salm 106:1,47-48)

8 Diolchwch i'r ARGLWYDD, a galw ar ei enw!
Dwedwch wrth bawb beth mae wedi'i wneud.
9 Canwch iddo, a defnyddio cerddoriaeth i'w foli!
Dwedwch am y pethau rhyfeddol mae'n eu gwneud.
10 Broliwch ei enw sanctaidd!
Boed i bawb sy'n ceisio'r ARGLWYDD ddathlu.
11 Dewch at yr ARGLWYDD, profwch ei nerth;
ceisiwch ei gwmni bob amser.
12 Cofiwch y pethau rhyfeddol a wnaeth –
ei wyrthiau, a'r cwbl mae wedi ei ddyfarnu!

13 Ie, chi blant ei was Israel;
plant Jacob mae wedi'u dewis.
14 Yr ARGLWYDD ein Duw ni ydy e;
yr un sy'n barnu'r ddaear gyfan.
15 Cofiwch ei ymrwymiad bob amser,
a'i addewid am fil o genedlaethau –
16 yr ymrwymiad wnaeth e i Abraham,
a'r addewid wnaeth e ar lw i Isaac.
17 Yna ei gadarnhau yn rheol i Jacob –
ymrwymiad i Israel oedd i bara am byth!
18 "Dw i'n rhoi gwlad Canaan i chi" meddai,
"yn etifeddiaeth i chi ei meddiannu."

19 Dim ond criw bach ohonoch chi oedd –
rhyw lond dwrn yn byw yno dros dro,
20 ac yn crwydro o un wlad i'r llall,
ac o un deyrnas i'r llall.
21 Wnaeth e ddim gadael i neb eu gormesu nhw;
roedd wedi rhybuddio brenhinoedd amdanyn nhw:

th 15:28 *corn hwrdd* Hebraeg, *shoffar.*

22 "Peidiwch cyffwrdd fy mhobl sbesial[u] i;
peidiwch gwneud niwed i'm proffwydi."

23 Y ddaear gyfan, canwch i'r ARGLWYDD!
a dweud bob dydd sut mae e'n achub.
24 Dwedwch wrth y cenhedloedd mor wych ydy e;
wrth yr holl bobloedd am y pethau rhyfeddol mae'n eu gwneud.

25 Mae'r ARGLWYDD yn Dduw mawr, ac yn haeddu ei foli!
Mae'n haeddu ei barchu fwy na'r 'duwiau' eraill i gyd.
26 Eilunod diwerth ydy duwiau'r holl bobloedd,
ond yr ARGLWYDD wnaeth greu'r nefoedd!
27 Mae ei ysblander a'i urddas yn amlwg;
mae cryfder a llawenydd yn ei bresenoldeb.
28 Dewch bobl y cenhedloedd! Cyhoeddwch!
Cyhoeddwch mor wych ac mor gryf ydy'r ARGLWYDD!
29 Cyhoeddwch mor wych ydy ei enw da!
Dewch o'i flaen i gyflwyno rhodd iddo!
Plygwch i addoli'r ARGLWYDD
sydd mor hardd yn ei gysegr!

30 Crynwch o'i flaen, bawb drwy'r byd!
Mae'r ddaear yn saff, does dim modd ei symud.
31 Boed i'r nefoedd a'r ddaear ddathlu'n llawen!
Dwedwch ymysg y cenhedloedd,
"Yr ARGLWYDD sy'n teyrnasu!"
32 Boed i'r môr a phopeth sydd ynddo weiddi!
Boed i'r caeau a'u cnydau ddathlu!
33 Bydd holl goed y goedwig yn siffrwd yn llawen
o flaen yr ARGLWYDD, am ei fod e'n dod –
mae'n dod i roi trefn ar y ddaear!

34 Diolchwch i'r ARGLWYDD!
Mae e mor dda aton ni;
Mae ei haelioni yn ddiddiwedd.
35 Dwedwch, "Achub ni, O Dduw yr achubwr!
Casgla ni ac achub ni o blith y cenhedloedd!
Wedyn byddwn ni'n diolch i ti, y Duw sanctaidd,
ac yn brolio'r cwbl wyt ti wedi'i wneud."
36 Bendith ar yr ARGLWYDD, Duw Israel,
o hyn ymlaen ac i dragwyddoldeb!
A dyma'r bobl i gyd yn dweud, "Amen! Haleliwia!"

Dafydd yn penodi rhai i arwain yr addoliad

37 Dyma Dafydd yn penodi Asaff a'i frodyr i arwain yr addoliad o flaen Arch Ymrwymiad yr
ARGLWYDD, ac i wneud popeth oedd angen ei wneud bob dydd. 38 Gyda nhw roedd Obed-Edom
a'i chwe deg wyth o frodyr. Obed-edom, mab Iedwthwn, a Chosa oedd yn gofalu am y giatiau.
39 (Roedd wedi gadael Sadoc yr offeiriad, a'r offeiriaid eraill, i wasanaethu o flaen tabernacl
yr ARGLWYDD wrth yr allor leol yn Gibeon. 40 Roedden nhw i losgi offrymau i'r ARGLWYDD ar allor
yr aberthau. Roedden nhw i wneud hyn bob bore a gyda'r nos fel mae'n dweud yn y gyfraith
oedd yr ARGLWYDD wedi'i rhoi i Israel.) 41 Yno gyda nhw roedd Heman, Iedwthwn ac eraill. Roedd

u 16:22 *fy mhobl sbesial* Hebraeg, "fy rhai eneiniog".

y rhain wedi'u dewis wrth eu henwau i ddiolch i'r ARGLWYDD (Mae ei haelioni yn ddiddiwedd!)
42 Heman a Iedwthwn oedd yn gofalu am yr utgyrn a'r symbalau a'r offerynnau cerdd eraill
oedd yn cael eu defnyddio i foli Duw. A meibion Iedwthwn oedd yn gwarchod y fynedfa.
43 Yna dyma'r bobl i gyd yn mynd adre, ac aeth Dafydd yn ôl i fendithio ei deulu ei hun.

Addewid Duw i Dafydd

(2 Samuel 7:1-17)

17 Pan oedd Dafydd wedi setlo i lawr yn ei balas, dyma fe'n dweud wrth y proffwyd
Nathan, "Edrych! Dw i'n byw yma mewn palas crand o goed cedrwydd, tra mae Arch
yr ARGLWYDD yn dal mewn pabell." 2 A dyma Nathan yn ateb, "Mae Duw gyda ti. Gwna beth
bynnag wyt ti'n feddwl sy'n iawn."
3 Ond y noson honno dyma Duw yn dweud wrth Nathan, 4 "Dos i ddweud wrth fy ngwas
Dafydd, 'Dyma mae'r ARGLWYDD yn ei ddweud: Ti ddim i adeiladu teml i mi fyw ynddi. 5 Dw
i erioed wedi byw mewn teml, o'r diwrnod pan ddes i â phobl Israel allan o'r Aifft hyd heddiw.
Dw i wedi bod yn mynd o babell i babell. 6 Ble bynnag roeddwn i'n teithio gyda phobl Israel,
wnes i erioed gwyno i'r arweinwyr oedd yn gofalu am bobl Israel, "Pam dych chi ddim wedi
adeiladu teml o goed cedrwydd i mi?"'
7 "Felly, dywed wrth fy ngwas Dafydd, 'Dyma mae'r ARGLWYDD hollbwerus yn ei ddweud: Fi
wnaeth dy gymryd di o'r caeau lle roeddet yn bugeilio defaid, a dy wneud di'n arweinydd ar
fy mhobl Israel. 8 Dw i wedi bod gyda ti ble bynnag rwyt ti wedi mynd, ac wedi dinistrio dy
elynion o dy flaen di. Dw i'n mynd i dy wneud di'n enwog go iawn drwy'r byd i gyd. 9 Dw i'n
mynd i roi lle i fy mhobl Israel fyw. Byddan nhw'n setlo yno, a fydd neb yn tarfu arnyn nhw.
Fydd dynion creulon ddim yn achosi helynt iddyn nhw fel o'r blaen, 10 pan oeddwn i wedi
penodi barnwyr i'w harwain nhw. Bellach, dw i'n mynd i drechu dy elynion di. Dw i'n dweud
fod yr ARGLWYDD yn mynd i adeiladu tŷ i ti – llinach frenhinol!

11 Ar ôl i ti farw a chael dy gladdu,
bydda i'n codi un o dy linach di yn dy le – mab i ti.
A bydda i'n gwneud ei deyrnas e'n gadarn.
12 Bydd e'n adeiladu teml i mi,
A bydda i'n gwneud iddo deyrnasu am byth.
13 Bydda i yn dad iddo, a bydd e'n fab i mi.
Fydda i ddim yn stopio bod yn ffyddlon iddo fe,
yn wahanol i'r un o dy flaen di.
14 Bydda i'n gwneud iddo deyrnasu am byth.
Bydd ei orsedd yn gadarn fel y graig.' "

15 Dyma Nathan yn mynd a dweud y cwbl wrth Dafydd.

Gweddi Dafydd

(2 Samuel 7:18-29)

16 Yna dyma'r Brenin Dafydd yn mynd i mewn i eistedd o flaen yr ARGLWYDD. "O ARGLWYDD
Dduw, pwy ydw i? Dw i'n neb, na'm teulu chwaith. Ac eto ti wedi dod â fi mor bell! 17 Ac fel
petai hynny ddim yn ddigon, O Dduw, ti wedi siarad am y dyfodol pell yn llinach dy was! Ti'n
delio gyda mi fel petawn i'n rhywun pwysig, o ARGLWYDD Dduw. 18 Beth alla i ddweud? Ti wedi
rhoi anrhydedd i dy was, ac yn gwybod sut un ydw i. 19 ARGLWYDD, am dy fod wedi addo gwneud,
ac am mai dyna oedd dy fwriad, ti wedi gwneud y pethau mawr yma i ddangos mor fawr wyt ti.
20 "ARGLWYDD, does neb tebyg i ti! Does yna ddim duw arall yn bod heblaw ti. Dŷn ni wedi
clywed am neb yr un fath â ti! 21 A phwy sy'n debyg i dy bobl di, Israel? Mae hi'n wlad unigryw
ar y ddaear. Aeth Duw i'w gollwng yn rhydd, a'u gwneud yn bobl iddo'i hun. Ti'n enwog am
wneud pethau rhyfeddol pan wnest ti achub dy bobl o'r Aifft a gyrru'r cenhedloedd paganaidd
allan o'r tir oedd gen ti ar eu cyfer nhw. 22 Ti wedi gwneud Israel yn bobl i ti dy hun am byth.

Rwyt ti, ARGLWYDD, wedi dod yn Dduw iddyn nhw. 23 Felly, ARGLWYDD, tyrd a'r addewid yma
amdana i a'm teulu yn wir. Gwna fel ti wedi addo. 24 Wedyn byddi'n sicr yn enwog am byth.
Bydd pobl yn dweud, 'Yr ARGLWYDD hollbwerus ydy Duw Israel.' A bydd llinach dy was Dafydd
yn gadarn fel y graig, 25 am dy fod ti, Dduw Israel, wedi addo y byddi'n adeiladu tŷ i mi. A dyna
pam mae dy was yn meiddio gweddïo arnat ti. 26 Nawr, ARGLWYDD, ti ydy'r Duw go iawn. Rwyt
ti wedi addo gwneud y peth da yma i dy was. 27 Felly, bendithia linach dy was, iddi aros yn
gadarn gyda ti am byth. ARGLWYDD, rwyt wedi'i bendithio, a bydd dy fendith yn aros am byth."

Llwyddiant milwrol Dafydd

(2 Samuel 8:1-18)

18 Ar ôl hyn dyma Dafydd yn concro'r Philistiaid, ac yn dwyn rheolaeth Gath a'r pentrefi
o'i chwmpas oddi arnyn nhw.
2 Wedyn dyma fe'n concro Moab. A daeth Moab o dan awdurdod Dafydd a thalu trethi iddo.
3 Yna dyma Dafydd yn concro Hadadeser, brenin talaith Soba wrth Chamath. Roedd e ar ei
ffordd i geisio cael yr ardal ar lan afon Ewffrates yn ôl o dan ei awdurdod. 4 Ond dyma Dafydd
yn dal mil o'i gerbydau rhyfel, saith mil o'i farchogion a dau ddeg mil o'i filwyr traed. Cadwodd
gant o'r ceffylau, ond gwneud y gweddill i gyd yn gloff. 5 Daeth Syriaid talaith Damascus i helpu
Hadadeser, ond lladdodd byddin Dafydd ddau ddeg dwy fil ohonyn nhw hefyd.
6 Wedyn, dyma Dafydd yn gosod garsiynau o filwyr ar dir Syria yn Damascus. Daethon nhw
hefyd o dan ei awdurdod, a gorfod talu trethi iddo. Roedd yr ARGLWYDD yn gwneud i Dafydd
ennill pob brwydr ble bynnag roedd e'n mynd. 7 Aeth Dafydd â'r tarianau aur oedd gan
swyddogion Hadadeser i Jerwsalem. 8 Cymerodd lot fawr o bres hefyd o Tifchath a Cwn, trefi
Hadadeser. (Defnyddiodd Solomon y pres i wneud y basn mawr oedd yn cael ei alw "Y Môr,"
a hefyd y pileri ac offer arall o bres.)
9 Pan glywodd Toi, brenin Chamath, fod Dafydd wedi concro Hadadeser, brenin Soba,
a'i fyddin i gyd, 10 dyma fe'n anfon ei fab Hadoram ato i geisio telerau heddwch, ac i longyfarch
Dafydd ar ei lwyddiant. (Roedd Hadadeser wedi bod yn rhyfela byth a hefyd yn erbyn Toi.) Ac
aeth â pob math o gelfi aur ac arian a phres gydag e. 11 A dyma Dafydd yn cysegru'r cwbl i'r
ARGLWYDD. Roedd wedi gwneud yr un peth gyda'r holl arian ac aur roedd wedi'i gymryd o'r
gwledydd wnaeth e eu concro, sef: Edom, Moab, pobl Ammon, y Philistiaid a'r Amaleciaid.
12 Roedd Abishai fab Serwia wedi lladd un deg wyth mil o filwyr Edom yn Nyffryn yr Halen.
13 A dyma fe'n gosod garsiynau yn Edom. Daeth Edom i gyd o dan ei awdurdod a gorfod
talu trethi iddo. Roedd yr ARGLWYDD yn rhoi buddugoliaeth i Dafydd ble bynnag roedd yn mynd.

Swyddogion Dafydd

14 Roedd Dafydd yn frenin ar Israel gyfan. Roedd yn trin ei bobl i gyd yn gyfiawn ac yn
deg. 15 Joab (mab Serwia[w]) oedd pennaeth y fyddin. Jehosaffat fab Achilwd oedd cofnodydd
y brenin. 16 Sadoc fab Achitwf ac Abimelech fab Abiathar oedd yr offeiriaid. Shafsha oedd ei
ysgrifennydd gwladol. 17 Benaia fab Jehoiada oedd pennaeth gwarchodlu personol y brenin
(Cretiaid[y] a Pelethiaid). Ac roedd meibion Dafydd yn brif swyddogion hefyd.

Dafydd yn concro'r Ammoniaid

(2 Samuel 10:1-19)

19 Beth amser wedyn dyma Nachash, brenin yr Ammoniaid, yn marw, a'i fab yn dod
yn frenin yn ei le. 2 Dyma Dafydd yn dweud, "Dw i am fod yn garedig at Chanŵn
fab Nachash, am fod ei dad wedi bod yn garedig ata i." Felly dyma fe'n anfon ei weision
i gydymdeimlo ag e ar golli ei dad. Ond pan ddaeth gweision Dafydd i wlad Ammon

---

w 18:15 *fab Serwia* Chwaer Dafydd oedd Serwia, felly roedd Joab yn nai i Dafydd (gw. 1 Cronicl 2:12-17, a'r troednodyn yn 2 Samuel 17:25). y 18:17 Hebraeg, Cerethiaid, sy'n enw arall ar y Cretiaid.

i gydymdeimlo â Chanŵn; 3dyma swyddogion y wlad yn dweud wrtho, "Wyt ti wir yn meddwl
mai i ddangos parch at dy dad mae Dafydd wedi anfon y dynion yma i gydymdeimlo? Dim
o gwbl! Mae'n debyg fod ei weision wedi dod atat ti i ysbïo ac archwilio'r wlad!" 4Felly dyma
Chanŵn yn dal gweision Dafydd a'i siafio nhw, a thorri eu dillad yn eu canol, fel bod eu tinau
yn y golwg. Yna eu gyrru nhw adre. 5Dyma negeswyr yn dod a dweud wrth Dafydd beth oedd
wedi digwydd, anfonodd ddynion i'w cyfarfod. Roedd arnyn nhw gywilydd garw. Awgrymodd
y dylen nhw aros yn Jericho nes bod barf pob un wedi tyfu eto.
6Dyma bobl Ammon yn dod i sylweddoli fod beth wnaethon nhw wedi ypsetio Dafydd.
Felly dyma Chanŵn a phobl Ammon yn anfon tri deg tair tunnell o arian i logi cerbydau
a marchogion gan Aram-naharaîm, Aram-maacha a Soba. 7Dyma nhw'n llogi 32,000
o gerbydau, a dyma frenin Maacha a'i fyddin yn dod ac yn gwersylla o flaen Medeba. A dyma
ddynion Ammon yn dod at ei gilydd o'u trefi er mwyn mynd allan i frwydro. 8Pan glywodd
Dafydd hyn, dyma fe'n anfon Joab allan gyda milwyr gorau'r fyddin gyfan. 9Yna dyma'r
Ammoniaid yn dod allan a threfnu eu byddin yn rhengoedd o flaen giatiau'r ddinas. Ond
roedd y brenhinoedd oedd wedi dod i ymladd ar eu pennau'u hunain ar dir agored.
10Dyma Joab yn gweld y byddai'n rhaid iddo ymladd o'r tu blaen a'r tu ôl. Felly dyma fe'n dewis
rhai o filwyr gorau byddin Israel i wynebu'r Syriaid. 11A dyma fe'n cael ei frawd, Abishai, i arwain
gweddill y fyddin yn erbyn yr Ammoniaid. 12"Os bydd y Syriaid yn gryfach na ni," meddai, "tyrd ti i'n
helpu ni. Ac os bydd yr Ammoniaid yn gryfach na chi, gwna i eich helpu chi. 13Gad i ni fod yn ddewr!
Er mwyn ein pobl, ac er mwyn trefi ein Duw. Bydd yr Arglwydd yn gwneud fel mae'n gweld yn dda."
14Felly dyma Joab a'i filwyr yn mynd allan i ymladd yn erbyn y Syriaid, a dyma'r Syriaid yn
ffoi oddi wrthyn nhw. 15Pan welodd yr Ammoniaid fod y Syriaid yn ffoi, dyma nhw hefyd yn ffoi
o flaen Abishai, ei frawd, a dianc i mewn i'r ddinas. A dyma Joab yn mynd yn ôl i Jerwsalem.
16Roedd y Syriaid yn gweld eu bod wedi colli'r dydd yn erbyn Israel, felly dyma nhw'n anfon
am fwy o filwyr. A dyma'r Syriaid oedd yn byw yr ochr draw i afon Ewffrates yn dod. Shofach
oedd y cadfridog yn arwain byddin Hadadeser.
17Pan glywodd Dafydd am hyn, dyma fe'n galw byddin Israel gyfan at ei gilydd. A dyma
nhw'n croesi afon Iorddonen a dod i Chelam. A dyma Dafydd yn gosod ei fyddin yn rhengoedd
i wynebu y Syriaid, ac yn dechrau ymladd yn eu herbyn. 18Dyma fyddin y Syriaid yn ffoi
eto o flaen yr Israeliaid. Roedd byddin Dafydd wedi lladd saith mil o filwyr cerbyd y Syriaid,
a phedwar deg mil o filwyr traed. Lladdodd Shofach, cadfridog byddin y Syriaid, hefyd. 19Pan
welodd milwyr Hadadeser eu bod wedi colli'r dydd, dyma nhw'n gwneud heddwch â Dafydd,
a dod o dan ei awdurdod. Felly, doedd y Syriaid ddim yn fodlon helpu'r Ammoniaid eto.

Dafydd yn concro Rabba

(2 Samuel 12:26-31)

20 Yn y gwanwyn, sef yr adeg pan fyddai brenhinoedd yn arfer mynd i ryfela, dyma
Joab yn arwain ei fyddin i ryfel a dinistrio gwlad yr Ammoniaid. Dyma fe'n gwarchae
ar Rabba tra oedd Dafydd yn dal yn Jerwsalem, a dyma Joab yn concro Rabba a'i dinistrio.
2Dyma Dafydd yn cymryd coron eu brenin nhw a'i rhoi ar ei ben ei hun. Roedd y goron
wedi'i gwneud o dri deg cilogram o aur, ac roedd gem werthfawr arni. Casglodd Dafydd lot
fawr o ysbail o'r ddinas hefyd. 3Symudodd y bobl allan, a'u gorfodi nhw i weithio iddo gyda
llifau, ceibiau a bwyeill. Gwnaeth Dafydd yr un peth gyda phob un o drefi'r Ammoniaid. Yna
aeth yn ôl i Jerwsalem gyda'i fyddin gyfan.

Brwydrau rhwng Israel a'r Philistiaid

(2 Samuel 21:15-22)

4Beth amser wedyn roedd brwydr arall yn erbyn y Philistiaid, yn Geser. Y tro hwnnw dyma
Sibechai o Chwsha yn lladd Sipai, un o ddisgynyddion y Reffaiaid. Roedd y Philistiaid wedi'u
trechu'n llwyr.

5 Mewn brwydr arall eto yn erbyn y Philistiaid, dyma Elchanan fab Jair yn lladd Lachmi,
brawd Goliath o Gath (yr un oedd â gwaywffon gyda choes iddi oedd fel trawst ffrâm
gwehydd!)
6 Yna roedd brwydr arall eto yn Gath. Y tro yma roedd cawr o ddyn gyda chwe bys ar ei
ddwylo a'i draed – dau ddeg pedwar o fysedd i gyd. (Roedd hwn hefyd yn un o ddisgynyddion
y Reffaiaid.) 7 Roedd yn gwneud hwyl am ben Israel, a dyma Jonathan, mab Shamma[a] brawd
Dafydd, yn ei ladd e. 8 Roedd y rhain yn ddisgynyddion i'r Reffaiaid o Gath, a Dafydd a'i filwyr
wnaeth ladd pob un.

Dafydd yn pechu drwy gyfri ei filwyr

(2 Samuel 24:1-17)

21 Dyma Satan yn codi yn erbyn Israel, a gwneud i Dafydd gyfri faint o filwyr oedd
gan Israel. 2 Felly dyma'r brenin yn dweud wrth Joab ac arweinwyr ei fyddin, "Dw
i eisiau i chi gyfri faint o filwyr sydd yn Israel, o Beersheba yn y de i Dan yn y gogledd. Yna
adrodd yn ôl i mi gael gwybod faint ohonyn nhw sydd." 3 Ond dyma Joab yn ei ateb, "O na
fyddai'r ARGLWYDD yn gwneud y fyddin ganwaith yn fwy! Ond fy mrenin, syr, ydyn nhw ddim
i gyd yn gwasanaethu fy meistr? Pam wyt ti eisiau gwneud y fath beth? Pam gwneud Israel
yn euog?" 4 Ond y brenin gafodd ei ffordd, a dyma Joab yn teithio drwy Israel i gyd, cyn dod
yn ôl i Jerwsalem.
5 Yna dyma Joab yn rhoi canlyniadau'r cyfrifiad i Dafydd. Roedd yna un pwynt un miliwn
o ddynion Israel allai ymladd yn y fyddin – pedwar cant saith deg mil yn Jwda yn unig.
6 Wnaeth Joab ddim cyfri llwythau Lefi a Benjamin, am ei fod yn anhapus iawn gyda gorchymyn
y brenin.
7 Roedd y peth wedi digio Duw hefyd, felly dyma fe'n cosbi Israel. 8 A dyma Dafydd yn dweud
wrth Dduw, "Dw i wedi pechu'n ofnadwy drwy wneud hyn. Plîs wnei di faddau i mi? Dw i wedi
gwneud peth gwirion." 9 Yna dyma'r ARGLWYDD yn dweud wrth Gad, proffwyd Dafydd: 10 "Dos
i ddweud wrth Dafydd, 'Dyma mae'r ARGLWYDD yn ei ddweud: Dw i'n rhoi tri dewis i ti. Dewis
pa un wyt ti am i mi ei wneud.' " 11 Dyma Gad yn mynd at Dafydd a dweud wrtho, "Dyma
mae'r ARGLWYDD yn ei ddweud: 'Dewis un o'r rhain – 12 Tair blynedd o newyn, tri mis o gael
eich erlid gan eich gelynion a'ch lladd mewn rhyfel, neu dri diwrnod o gael eich taro gan yr
ARGLWYDD, pan fydd haint yn lledu drwy'r wlad ac angel yr ARGLWYDD yn lladd pobl drwy dir Israel
i gyd.' Meddwl yn ofalus cyn dweud wrtho i pa ateb dw i i'w roi i'r un sydd wedi f'anfon i."
13 Meddai Dafydd wrth Gad, "Mae'n ddewis caled! Ond mae'r ARGLWYDD mor drugarog!
Byddai'n well gen i gael fy nghosbi ganddo fe na gan ddynion." 14 Felly dyma'r ARGLWYDD yn
anfon pla ar wlad Israel, a buodd saith deg mil o bobl farw. 15 Dyma Duw yn anfon angel
i ddinistrio Jerwsalem. Ond wrth iddo wneud hynny, dyma'r ARGLWYDD yn teimlo'n sori am
y niwed. Dyma fe'n rhoi gorchymyn i'r angel oedd wrthi'n difa'r bobl, "Dyna ddigon! Stopia
nawr!" (Ar y pryd roedd yr angel yn sefyll wrth ymyl llawr dyrnu Ornan y Jebwsiad.)
16 Dyma Dafydd yn gweld angel yr ARGLWYDD yn sefyll rhwng y ddaear a'r awyr a'r cleddyf yn ei
law yn pwyntio at Jerwsalem. A dyma Dafydd a'r arweinwyr, oedd yn gwisgo sachliain, yn plygu
gyda'u hwynebau ar lawr. 17 A dyma Dafydd yn gweddïo ar Dduw, "Onid fi wnaeth benderfynu
cyfri'r milwyr? Fi sydd wedi pechu a gwneud y drwg ofnadwy yma! Wnaeth y bobl ddiniwed[b]
yma ddim byd o'i le. O ARGLWYDD Dduw, cosba fi a'm teulu, a symud y pla oddi wrth dy bobl."

Dafydd yn codi allor

(2 Samuel 24:18-25)

18 Felly dyma angel yr ARGLWYDD yn anfon Gad i ddweud wrth Dafydd am fynd i godi allor
i'r ARGLWYDD ar lawr dyrnu Ornan y Jebwsiad. 19 Felly dyma Dafydd yn mynd a gwneud beth

a 20:7 *Shamma* Hebraeg, *Shimea* – ffurf arall ar yr un enw (gw. 1 Samuel 16:9; 17:13). b 21:17 *bobl ddiniwed* Hebraeg, "defaid".

roedd yr Arglwydd wedi gofyn i Gad ei ddweud ar ei ran. [20]Roedd Ornan wrthi'n dyrnu ŷd
pan drodd a gweld yr angel, a dyma fe a'i bedwar mab yn mynd i guddio. [21]Yna dyma Ornan
yn gweld Dafydd yn dod ato, a dyma fe'n dod allan o'r llawr dyrnu ac yn ymgrymu o flaen
Dafydd â'i wyneb ar lawr. [22]A dyma Dafydd yn dweud wrth Ornan, "Dw i eisiau i ti werthu'r
llawr dyrnu i mi, er mwyn i mi godi allor i'r Arglwydd – gwna i dalu'r pris llawn i ti – i stopio'r
pla yma ladd y bobl." [23]Dyma Ornan yn dweud wrth Dafydd, "Syr, cymer e, a gwneud beth
bynnag wyt ti eisiau. Cymer yr ychen i'w llosgi'n aberth, a defnyddia'r sled dyrnu'n goed tân,
a'r gwenith yn offrwm o rawn. Cymer y cwbl." [24]Ond dyma'r Brenin Dafydd yn ateb Ornan, "Na,
mae'n rhaid i mi dalu'r pris llawn i ti. Dw i ddim yn mynd i gyflwyno dy eiddo di yn offrwm
i'r Arglwydd, neu aberthau i'w llosgi sydd wedi costio dim byd i mi." [25]Felly dyma Dafydd yn
prynu'r lle gan Ornan am chwe chan darn aur. [26]Wedyn adeiladodd allor i'r Arglwydd yno,
a chyflwyno arni aberthau i'w llosgi ac offrymau i gydnabod daioni'r Arglwydd. A dyma'r
Arglwydd yn ymateb drwy anfon tân i lawr o'r awyr a llosgi y aberth ar yr allor. [27]Dyma'r
Arglwydd yn gorchymyn i'r angel gadw ei gleddyf.

[28]Pan welodd Dafydd fod yr Arglwydd wedi ateb ei weddi ar lawr dyrnu Ornan y Jebwsiad,
dyma fe'n llosgi aberth yno. [29]Yr adeg honno, roedd Tabernacl yr Arglwydd (yr un roedd Moses
wedi'i hadeiladu yn yr anialwch), a'r allor i losgi aberthau arni, wrth yr allor leol yn Gibeon.
[30]Ond doedd Dafydd ddim yn gallu mynd yno i ofyn am arweiniad Duw am fod arno ofn
cleddyf angel yr Arglwydd.

22 Dyma Dafydd yn dweud, "Dyma'r safle lle bydd teml yr Arglwydd Duw, a'r allor
i losgi aberthau dros Israel."

Paratoadau i adeiladu'r Deml

[2]Yna dyma Dafydd yn rhoi gorchymyn i gasglu'r mewnfudwyr oedd yn byw yng ngwlad Israel
at ei gilydd. Dyma fe'n penodi seiri maen i baratoi cerrig ar gyfer adeiladu teml Dduw. [3]A dyma
fe'n casglu lot fawr o haearn i wneud hoelion a cholfachau ar gyfer y drysau, a chymaint
o efydd, doedd dim posib ei bwyso. [4]Doedd dim posib cyfri'r holl goed cedrwydd chwaith.
(Roedd pobl Sidon a Tyrus wedi dod â llawer iawn ohono iddo.)

[5]"Mae Solomon, fy mab, yn ifanc ac yn ddibrofiad," meddai Dafydd. "Mae'n rhaid i'r deml
fydd yn cael ei hadeiladu i'r Arglwydd fod mor wych, bydd yn enwog ac yn cael ei hedmygu
drwy'r byd i gyd. Dyna pam dw i'n paratoi ar ei chyfer." Felly roedd Dafydd wedi gwneud
paratoadau mawr cyn iddo farw. [6]A dyma Dafydd yn galw'i fab, Solomon, a rhoi gorchymyn
iddo adeiladu teml i anrhydeddu'r Arglwydd, Duw Israel. [7]Dwedodd wrtho, "Fy mab, roeddwn
i wir eisiau adeiladu teml i anrhydeddu'r Arglwydd fy Nuw. [8]Ond dyma'r Arglwydd yn dweud
wrtho i, 'Rwyt ti wedi lladd gormod o bobl ac wedi ymladd llawer o frwydrau. Felly gei di
ddim adeiladu teml i mi, o achos yr holl waed sydd wedi'i dywallt. [9]Ond gwranda, byddi'n
cael mab, a bydd e'n ddyn heddychlon. Bydda i'n gwneud i'r holl elynion o'i gwmpas roi
llonydd iddo. Ei enw fydd Solomon, a bydd Israel yn cael heddwch a thawelwch yn y cyfnod
pan fydd e'n frenin. [10]Bydd e'n adeiladu'r deml i mi. Bydd e'n fab i mi a bydda i'n dad iddo
fe. Bydda i'n gwneud i'w linach deyrnasu ar Israel am byth.'

[11]"Nawr, fy mab, boed i'r Arglwydd fod gyda ti! Boed i ti lwyddo, ac adeiladu teml i'r
Arglwydd dy Dduw, fel dwedodd e. [12]A boed i'r Arglwydd roi doethineb a dealltwriaeth
i ti, pan fyddi di'n gyfrifol am Israel, i ti fod yn ufudd i gyfraith yr Arglwydd dy Dduw.
[13]Byddi'n siŵr o lwyddo os byddi'n cadw'n ofalus y rheolau a'r canllawiau roddodd yr
Arglwydd i Moses ar gyfer pobl Israel. Bydd yn gryf ac yn ddewr; paid bod ag ofn na
phanicio. [14]Edrych, er mod i'n siomedig, dw i wedi casglu beth sydd ei angen i adeiladu
teml yr Arglwydd: bron 4,000 o dunelli o aur, 40,000 o dunelli o arian, a chymaint o efydd
a haearn does dim posib ei bwyso! Coed a cherrig hefyd. A byddi di'n casglu mwy eto.
[15]Mae gen ti lawer iawn o weithwyr hefyd, rhai i dorri cerrig, eraill yn seiri maen a seiri
coed, a chrefftwyr o bob math, [16]i weithio gydag aur, arian, efydd a haearn. Felly bwrw
iddi! A boed i'r Arglwydd fod gyda ti!"

17Yna dyma Dafydd yn rhoi gorchymyn i swyddogion Israel i helpu ei fab Solomon. 18"Mae'r
ARGLWYDD, eich Duw, gyda chi! Mae wedi rhoi heddwch i'r wlad. Mae wedi rhoi'r gwledydd
o'n cwmpas i mi, ac maen nhw i gyd bellach dan awdurdod yr ARGLWYDD a'i bobl. 19Nawr,
rhowch eich hunain yn llwyr i'r ARGLWYDD eich Duw. Ewch ati i adeiladu teml i anrhydeddu'r
ARGLWYDD Dduw, fel y gallwch ddod ag Arch Ymrwymiad yr ARGLWYDD ar holl lestri sanctaidd
i'r deml fydd wedi'i hadeiladu i'w anrhydeddu".

23 Pan oedd Dafydd wedi mynd yn hen ac yn dod i ddiwedd ei oes, dyma fe'n gwneud
ei fab Solomon yn frenin ar Israel.

Cyfrifoldebau'r Lefiaid

2Yna dyma fe'n galw holl arweinwyr Israel, yr offeiriaid a'r Lefiaid at ei gilydd. 3Cafodd
y Lefiaid oedd yn dri deg oed neu'n hŷn eu cyfrif, ac roedd yna 38,000 ohonyn nhw. 4A dyma
Dafydd yn dweud, "Mae 24,000 i fod i arolygu gwaith Teml yr ARGLWYDD; 6,000 i fod yn
swyddogion ac yn farnwyr; 54,000 i fod yn ofalwyr yn gwylio'r giatiau; a 4,000 i arwain y mawl
i'r ARGLWYDD gyda'r offerynnau cerdd dw i wedi'u darparu ar gyfer yr addoliad." 6A dyma Dafydd
yn eu rhannu nhw'n grwpiau wedi'u henwi ar ôl meibion Lefi: Gershon, Cohath a Merari.

Y Lefiaid o glan Gershon

7Dau fab Gershon oedd Ladan a Shimei.
8 Meibion Ladan: Iechiel yr hynaf, Setham, a Joel – tri.
9 Meibion Shimei: Shlomith, Chasiel, a Haran – tri. Nhw oedd arweinwyr teulu Ladan.
10 Meibion Shimei: Iachath, Sina, Iewsh, a Bereia. Dyma feibion Shimei – pedwar.
11 Iachath oedd yr hynaf, wedyn Sisa. Doedd gan Iewsh a Bereia ddim llawer
o feibion, felly roedden nhw'n cael eu cyfrif fel un teulu.

Y Lefiaid o glan Cohath

12Meibion Cohath: Amram, Its'har, Hebron, ac Wssiel – pedwar.
13 Meibion Amram: Aaron a Moses. Cafodd Aaron a'i ddisgynyddion eu dewis i fod bob
amser yn gyfrifol am yr offer cysegredig, i offrymu aberthau o flaen yr ARGLWYDD, ei
wasanaethu a'i addoli. 14Roedd meibion Moses, dyn Duw, yn cael eu cyfrif yn rhan
o lwyth Lefi.
15 Meibion Moses: Gershom ac Elieser
16 Disgynyddion Gershom: Shefwel oedd yr hynaf.
17 Disgynyddion Elieser: Rechafia oedd yr hynaf. (Doedd gan Elieser ddim mwy o feibion,
ond cafodd Rechafia lot fawr o feibion).
18 Meibion Its'har: Shlomith oedd yr hynaf.
19 Meibion Hebron: Ierïa oedd yr hynaf, Amareia yn ail, Iachsiel yn drydydd, ac Icameam
yn bedwerydd.
20 Meibion Wssiel: Micha oedd yr hynaf, ac Ishïa yn ail.

Y Lefiaid o glan Merari

21Meibion Merari: Machli a Mwshi.
Meibion Machli: Eleasar a Cish. 22(Bu Eleasar farw heb gael meibion, dim ond
merched. A dyma'u cefndryd, meibion Cish, yn eu priodi nhw)
23 Meibion Mwshi: Machli, Eder, a Ieremoth – tri.
24Dyma ddisgynyddion Lefi yn ôl eu claniau – pob un wedi cael ei restru wrth ei enw o dan
enw ei benteulu. Roedd pob un oedd dros ugain oed i wasanaethu yr ARGLWYDD yn y deml.
25Roedd Dafydd wedi dweud fod yr ARGLWYDD, Duw Israel, wedi rhoi heddwch i'w bobl, ac
wedi dod i aros yn Jerwsalem am byth. 26Felly, bellach, doedd dim rhaid i'r Lefiaid gario'r
tabernacl a'r holl offer ar ei gyfer. 27Y peth olaf roedd Dafydd wedi'i ddweud oedd fod rhaid
rhifo'r Lefiaid oedd yn dau ddeg oed neu'n hŷn.

[28]Gwaith y Lefiaid oedd helpu'r offeiriaid, disgynyddion Aaron, wrth iddyn nhw wasanaethu
yn nheml yr ARGLWYDD. Nhw oedd yn gofalu am yr iard a'r stordai, am olchi'r llestri cysegredig
ac unrhyw beth arall oedd angen ei wneud yn nheml Dduw. [29]Nhw oedd yn gyfrifol am
y bara oedd yn cael ei osod yn bentwr bob dydd, y blawd mân ar gyfer yr offrwm o rawn,
y bisgedi tenau, y cacennau radell, a'r holl gymysgu a'r pwyso a'r mesur. [30]Roedden nhw
i fod yn bresennol bob bore i ddiolch i'r ARGLWYDD a chanu mawl iddo. Hefyd bob gyda'r
nos, [31]a phan oedd aberth yn cael ei losgi ar y Saboth, yn fisol ar ŵyl y lleuad newydd, ac
ar y gwyliau crefyddol eraill. Roedd yn rhaid i'r nifer cywir ohonyn nhw fod yn bresennol
bob tro. [32]Nhw hefyd oedd yn gyfrifol am babell presenoldeb Duw a'r cysegr sanctaidd.
Roedden nhw'n helpu'r offeiriaid, disgynyddion Aaron, wrth iddyn nhw wasanaethu yn
nheml yr ARGLWYDD.

Trefnu'r grwpiau o Offeiriaid

24 Dyma sut cafodd disgynyddion Aaron eu rhannu'n grwpiau:
Meibion Aaron:
Nadab, Abihw, Eleasar, ac Ithamar.
[2](Buodd Nadab ac Abihw farw cyn eu tad, a doedd ganddyn nhw ddim plant. Roedd Eleasar
ac Ithamar yn gwasanaethu fel offeiriaid.)
[3]Dyma Dafydd, gyda help Sadoc (oedd yn ddisgynnydd i Eleasar), ac Achimelech (oedd yn
ddisgynnydd i Ithamar), yn rhannu'r offeiriaid yn grwpiau oedd â chyfrifoldebau arbennig.
[4]Roedd mwy o arweinwyr yn ddisgynyddion i Eleasar nag oedd i Ithamar, a dyma sut
cawson nhw eu rhannu: un deg chwech arweinydd oedd yn ddisgynyddion i Eleasar,
ac wyth oedd yn ddisgynyddion i Ithamar. [5]Er mwyn bod yn deg, cafodd coelbren ei
ddefnyddio i'w rhannu nhw, fel bod pob un oedd yn gwasanaethu yn arweinwyr yn
y cysegr wedi'u dewis gan Dduw. [6]Dyma'r ysgrifennydd, Shemaia fab Nethanel (oedd
yn Lefiad) yn ysgrifennu'r enwau i gyd o flaen y brenin, ei swyddogion, Sadoc yr offeiriad,
Achimelech fab Abiathar, ac arweinwyr yr offeiriad a'r Lefiaid. Roedd un yn cael ei ddewis
drwy ddefnyddio coelbren o deulu Eleasar, ac yna'r nesaf o deulu Ithamar. [7-18]A dyma'r
drefn fel cawson nhw eu dewis:

1. Iehoiarif
2. Idaïa
3. Charîm
4. Seorîm
5. Malcïa
6. Miamin
7. Hacots
8. Abeia
9. Ieshŵa
10. Shechaneia
11. Eliashif
12. Iacîm
13. Chwpa
14. Ieshebëab
15. Bilga
16. Immer
17. Chesir
18. Hapitsets
19. Pethacheia
20. Iechescel
21. Iachîn
22. Gamwl
23. Delaia
24. Maaseia

[19]A dyna'r drefn roedden nhw'n gwneud eu gwaith yn y deml, yn ôl y canllawiau roedd
Aaron, eu hynafiad, wedi'u gosod, fel roedd yr ARGLWYDD Dduw wedi dweud wrtho.

Gweddill y Lefiaid

[20]Dyma weddill y Lefiaid: Shwfa-el, o ddisgynyddion Amram; Iechdeia, o ddisgynyddion
Shwfa-el; [21]Ishïa, mab hynaf Rechabeia, o ddisgynyddion Rechabeia. [22]Shlomoth o'r Its'hariaid;
Iachath, o ddisgynyddion Shlomoth.
[23]Disgynyddion Hebron: Ierïa yn arwain, yna Amareia, Iachsiel, ac Icameam.
[24]Disgynyddion Wssiel: Micha, a Shamîr (un o feibion Micha).

25 Brawd Micha: Ishïa, a Sechareia (un o feibion Ishïa).
26 Disgynyddion Merari: Machli a Mwshi.
Mab Iaäseia: Beno.
27 Disgynyddion Merari, o Iaäseia: Beno, Shoham, Saccwr ac Ifri.
28 O Machli: Eleasar, oedd heb feibion.
29 O Cish: Ierachmeël.
30 Disgynyddion Mwshi: Machli, Eder, a Ierimoth.
(Y rhain oedd y Lefiaid, wedi'u rhestru yn ôl eu teuluoedd.)
31 Yn union fel gyda'i perthnasau
yr offeiriaid, disgynyddion Aaron, cafodd coelbren ei ddefnyddio o flaen y Brenin Dafydd,
Sadoc, Achimelech, penaethiaid teuluoedd, yr offeiriaid a'r Lefiaid. Doedd safle ac oedran
ddim yn cael ei ystyried.

Trefnu y Cerddorion

25 Dyma Dafydd a swyddogion y fyddin yn dewis rhai o ddisgynyddion Asaff, Heman
a Iedwthwn i broffwydo i gyfeiliant telynau, nablau a symbalau. Dyma'r dynion
gafodd y gwaith yma:
2 Meibion Asaff: Saccwr, Joseff, Nethaneia, ac Asarela, dan arweiniad eu tad Asaff, oedd
yn proffwydo pan oedd y brenin yn dweud.
3 Meibion Iedwthwn: Gedaleia, Seri, Ishaeia, Chashafeia, a Matitheia – chwech,[c] dan
arweiniad eu tad Iedwthwn. Roedd yn proffwydo wrth ganu'r delyn, yn diolch ac yn moli'r
ARGLWYDD.
4 Meibion Heman: Bwcïa, Mataneia, Wssiel, Shefwel, Ierimoth, Chananeia, Chanani, Eliatha,
Gidalti, Romamti-Eser, Ioshbecashâ, Maloti, Hothir, a Machsiôt.
5 Roedd y rhain i gyd yn feibion
i Heman, proffwyd y brenin. Roedd Duw wedi addo'r meibion yma iddo i'w wneud yn ddyn
oedd yn uchel ei barch. Roedd Duw wedi rhoi un deg pedwar o feibion a thair merch iddo.
6 Roedd tadau y rhain yn eu harolygu. Cerddorion teml yr ARGLWYDD oedden nhw, yn canu
symbalau, nablau a thelynau yn yr addoliad. Y brenin ei hun oedd yn arolygu Asaff, Iedwthwn
a Heman.
7 Roedd 288 ohonyn nhw yn canu o flaen yr ARGLWYDD; i gyd yn gerddorion dawnus
a phrofiadol.
8 Dyma nhw'n defnyddio coelbren i benderfynu pryd roedden nhw ar ddyletswydd. Doedd
oedran ddim yn cael ei ystyried, na p'run ai oedden nhw'n athrawon neu'n ddisgyblion.
9-31 A dyma'r drefn y cawson nhw eu dewis:

1. Joseff o glan Asaff, ei feibion ac aelodau o'i deulu — 12[ch]
2. Gedaleia, ei feibion ac aelodau o'i deulu — 12
3. Saccwr, ei feibion ac aelodau o'i deulu — 12
4. Itsri,[d] ei feibion ac aelodau o'i deulu — 12
5. Nethaneia, ei feibion ac aelodau o'i deulu — 12
6. Bwcïa, ei feibion ac aelodau o'i deulu — 12
7. Iesarela,[dd] ei feibion ac aelodau o'i deulu — 12
8. Ieshaia, ei feibion ac aelodau o'i deulu — 12
9. Mataneia, ei feibion ac aelodau o'i deulu — 12
10. Shimei, ei feibion ac aelodau o'i deulu — 12
11. Wssiel,[e] ei feibion ac aelodau o'i deulu — 12
12. Chashafeia, ei feibion ac aelodau o'i deulu — 12
13. Shwfa-el, ei feibion ac aelodau o'i deulu — 12
14. Matitheia, ei feibion ac aelodau o'i deulu — 12

: 25:3 Pump enw sydd yn y rhestr. Mae un llawysgrif Hebraeg, a'r LXX yn ychwanegu'r enw *Shimei* ar ôl *Ishaia* gw. adn. 17). ch 25:9 *ei feibion ac aelodau o'i deulu – 12* Mae'n debyg fod y rhif yma wedi'i adael allan o'r Hebraeg yn ddamweiniol (gw. gweddill y rhestr, sef adn. 10-31). Hebddo 276 ydy'r cyfanswm, nid 288 fel mae adn. 7 yn dweud. d 25:11 *Itsri* Ffurf arall ar yr enw *Tseri* (adn. 3). dd 25:14 *Iesarela* Ffurf arall ar yr enw *Asarela* (adn. 2). e 25:18 Hebraeg, "Asarel" sy'n ffurf arall ar yr enw *Wssiel* (gw. 1 Cronicl 25:4).

15.	Ieremoth, ei feibion ac aelodau o'i deulu	— 12
16.	Chananeia, ei feibion ac aelodau o'i deulu	— 12
17.	Ioshbecashâ, ei feibion ac aelodau o'i deulu	— 12
18.	Chanani, ei feibion ac aelodau o'i deulu	— 12
19.	Maloti, ei feibion ac aelodau o'i deulu	— 12
20.	Eliatha, ei feibion ac aelodau o'i deulu	— 12
21.	Hothir, ei feibion ac aelodau o'i deulu	— 12
22.	Gidalti, ei feibion ac aelodau o'i deulu	— 12
23.	Machsiôt, ei feibion ac aelodau o'i deulu	— 12
24.	Romamti-Eser, ei feibion ac aelodau o'i deulu	— 12

Grwpiau'r Gofalwyr

26 Dyma wahanol grwpiau gofalwyr y giatiau:
Disgynyddion Cora: Meshelemeia, mab Core (oedd yn un o feibion Asaff)
2 Meibion Meshelemeia: Sechareia, yr hynaf, wedyn Iediael, Sebadeia, Iathniel, 3 Elam,
Iehochanan, ac Elihoenai.
4 Yna meibion Obed-Edom: Shemaia, yr hynaf, wedyn Iehosafad, Ioach, Sachar,
Nethanel, 5 Ammiel, Issachar, a Pewlthai. (Roedd Duw wedi bendithio Obed-Edom
yn fawr.)
6 Roedd gan ei fab Shemaia feibion hefyd. Roedden nhw'n benaethiaid eu
teuluoedd, ac yn cael eu parchu'n fawr. 7 Meibion Shemaia oedd: Othni, Reffael,
Obed, ac Elsabad. Roedd ei berthnasau, Elihw a Semacheia, yn cael eu parchu'n
fawr hefyd. 8 Roedd y rhain i gyd yn ddisgynyddion i Obed-Edom. Roedd parch
mawr atyn nhw, eu meibion a'u perthnasau. Roedden nhw i gyd yn ddynion
abl iawn i wneud eu gwaith. Roedd chwe deg dau ohonyn nhw yn perthyn
i Obed-Edom.
9 Roedd gan Meshelemeia feibion a pherthnasau uchel eu parch – un deg wyth i gyd.
10 Roedd gan Chosa, un o ddisgynyddion Merari, feibion: Shimri oedd y mab cyntaf (er
nad fe oedd yr hynaf – ei dad oedd wedi rhoi'r safle cyntaf iddo). 11 Yna Chilceia yn
ail, Tefaleia yn drydydd, a Sechareia yn bedwerydd. Nifer meibion a pherthnasau
Chosa oedd un deg tri.
12 Roedd y grwpiau yma o ofalwyr wedi'u henwi ar ôl penaethiaid y teuluoedd, ac fel eu
perthnasau roedd ganddyn nhw gyfrifoldebau penodol yn y deml. 13 Y coelbren oedd yn cael
ei ddefnyddio i benderfynu pa giât oedd pawb yn gyfrifol amdani. Doedd oedran ddim yn
cael ei ystyried. 14 A dyma sut y cawson nhw eu dewis:
Aeth giât y dwyrain i ofal Shelemeia;
giât y gogledd i'w fab Sechareia (dyn oedd yn arbennig o ddoeth);
15 giât y de i Obed-edom (ei feibion e oedd yn gyfrifol am y stordai);
16 yna giât y gorllewin (a giât Shalecheth oedd ar y ffordd uchaf) i Shwpîm a Chosa.
Roedd eu dyletswyddau'n cael eu rhannu'n gyfartal. 17 Bob dydd roedd chwech Lefiad ar
ddyletswydd i'r dwyrain, pedwar i'r gogledd a phedwar i'r de. Roedd dau ar ddyletswydd
gyda'i gilydd yn y stordai. 18 Wedyn wrth yr iard i'r gorllewin roedd pedwar ar ddyletswydd
ar y ffordd a dau yn yr iard.
19 (Y rhain oedd y grwpiau o ofalwyr oedd yn ddisgynyddion i Cora a Merari.)

Y rhai oedd yn gofalu am y Stordai

20 Rhai o'r Lefiaid oedd hefyd yn gyfrifol am stordai teml Dduw a'r stordai lle roedd
y rhoddion yn cael eu cadw. 21 Roedd disgynyddion Ladan (oedd yn ddisgynyddion i Gershon
drwy Ladan, ac yn arweinwyr eu clan) yn cynnwys Iechieli, 22 meibion Iechieli, Setham, a'i frawd
Joel. Nhw oedd yn gyfrifol am stordai teml Dduw.

23 Wedyn dyma'r arweinwyr oedd yn ddisgynyddion i Amram, Its'har, Hebron ac Wssiel:
24 Shefwel, un o ddisgynyddion Gershom fab Moses, oedd arolygwr y stordai. 25 Roedd ei
berthnasau drwy Elieser yn cynnwys: Rechabeia ei fab, wedyn Ishaeia ei fab e, ac i lawr
y cenedlaethau drwy Joram, Sichri i Shlomith. 26 Shlomoth a'i berthnasau oedd yn gyfrifol
am yr holl stordai lle roedd y pethau oedd wedi'u cysegru gan y Brenin Dafydd yn cael eu
cadw. (A pethau wedi'u cysegru gan benaethiaid teuluoedd oedd yn gapteiniaid unedau
o fil ac o gant, a swyddogion eraill y fyddin. 27 Roedden nhw wedi cysegru peth o'r ysbail
gafodd ei gasglu, a'i gyfrannu tuag at gynnal a chadw teml yr ARGLWYDD.) 28 Roedden nhw
hefyd yn gyfrifol am bopeth gafodd ei gysegru gan y proffwyd Samuel, Saul fab Cish, Abner
fab Ner, a Joab fab Serwia. Shlomith a'i berthnasau oedd yn gyfrifol am bopeth oedd wedi
cael ei gysegru.

Cyfrifoldebau'r Lefiaid eraill

29 Roedd Cenaniahw o glan Its'har, a'i feibion, yn gyfrifol am waith tu allan i'r deml, fel swyddogion a barnwyr dros bobl Israel.

30 Wedyn cafodd Chashafeia o glan Hebron a'i berthnasau (1,700 o ddynion abl) gyfrifoldebau yn Israel i'r gorllewin o'r Iorddonen. Roedden nhw'n gwneud gwaith yr ARGLWYDD ac yn gwasanaethu'r brenin.

31 Ierïa oedd pennaeth clan Hebron yn ôl y cofrestrau teuluol. (Pan oedd Dafydd wedi bod yn
frenin am bedwar deg o flynyddoedd, dyma nhw'n chwilio drwy'r cofrestrau, a darganfod fod
dynion abl o glan Hebron yn byw yn Iaser yn Gilead.) 32 Roedd gan Ierïa 2,700 o berthnasau
oedd yn benaethiaid teuluoedd. A dyma'r Brenin Dafydd yn rhoi'r cyfrifoldeb iddyn nhw dros
lwythau Reuben, Gad a hanner llwyth Manasse. Roedden nhw hefyd yn gwneud gwaith yr
ARGLWYDD ac yn gwasanaethu'r brenin.

Adrannau'r Fyddin

27 Dyma restr o benaethiaid teuluoedd Israel oedd yn gapteiniaid yn y fyddin (ar unedau o fil ac o gant), a'r swyddogion oedd yn gwasanaethu'r brenin mewn gwahanol ffyrdd. Roedd pob adran yn gwasanaethu am un mis y flwyddyn, ac roedd 24,000 o ddynion ym mhob adran.

2 Mis 1 – Iashofam fab Safdiel
a'i adran o 24,000. 3 (Roedd yn
un o ddisgynyddion Perets ac yn
bennaeth ar swyddogion y fyddin
i gyd yn y mis cyntaf.)

4 Mis 2 – Dodai, un o ddisgynyddion Achoach (gyda Micloth yn gapten) a'i adran o 24,000.

5 Mis 3 – Y trydydd arweinydd oedd
Benaia, mab Jehoiada'r offeiriad,
a'i adran o 24,000. 6 (Dyma'r
Benaia oedd yn arwain y tri deg
milwr dewr. Ei fab Amisafad oedd
capten yr adran.)

7 Mis 4 – Asahel, brawd Joab (Sebadeia ei fab wnaeth ei olynu), a'i adran o 24,000.

8 Mis 5 – Shamhwth o glan Israch a'i adran o 24,000.

9 Mis 6 – Ira fab Iccesh o Tecoa, a'i adran o 24,000.

10 Mis 7 – Chelets o Pelon, un o ddisgynyddion Effraim, a'i adran o 24,000.

11 Mis 8 – Sibechai o Chwsha, oedd yn perthyn i glan Serach, a'i adran o 24,000.

12 Mis 9 – Abieser o Anathoth, un o ddisgynyddion Benjamin, a'i adran o 24,000.

13 Mis 10 – Maharai o Netoffa, oedd yn perthyn i glan Serach, a'i adran o 24,000.

14 Mis 11 – Benaia o Pirathon, un o ddisgynyddion Effraim, a'i adran o 24,000.

15 Mis 12 – Cheldai o Netoffa, un o ddisgynyddion Othniel, a'i adran o 24,000.

Arweinwyr Llwythau Israel

16-22 Y swyddogion oedd yn arwain llwythau Israel:

Swyddog	Llwyth
Elieser fab Sichri	Reuben
Sheffateia fab Maacha	Simeon
Chashafeia fab Cemwel	Lefi
Sadoc	disgynyddion Aaron
Elihw (brawd Dafydd)	Jwda
Omri, mab Michael	Issachar
Ishmaïa fab Obadeia	Sabulon
Ierimoth fab Asriel	Nafftali
Hoshea fab Asaseia	Effraim
Joel fab Pedaia	hanner llwyth Manasse
Ido fab Sechareia	hanner llwyth Manasse (yn Gilead)
Iaäsiel fab Abner	Benjamin
Asarel fab Ierocham	Dan

Y rhain oedd yn arwain llwythau Israel.
23 Wnaeth Dafydd ddim cyfrif y bechgyn dan ugain oed. Roedd yr ARGLWYDD wedi addo
gwneud pobl Israel mor niferus a'r sêr yn yr awyr. 24 Roedd Joab fab Serwia wedi dechrau
cyfrif y dynion, ond wnaeth e ddim gorffen. Roedd Duw yn ddig gydag Israel am y peth, felly
wnaeth y nifer ddim cael ei gofnodi yn y sgrôl, *Hanes y Brenin Dafydd.*

Swyddogion y Brenin Dafydd

25 Asmafeth fab Adiel oedd yn gyfrifol am stordai'r brenin;
Jonathan fab Wseia yn gyfrifol am y stordai brenhinol yn y trefi, pentrefi a'r caerau yn Israel;
26 Esri fab Celwb yn gyfrifol am y gweithwyr amaethyddol;
27 Shimei o Rama yn gyfrifol am y gwinllannoedd;
Sabdi o Sheffam yn gyfrifol am y gwin oedd yn cael ei storio yn y gwinllannoedd;
28 Baal-chanan o Geder yn gyfrifol am y coed olewydd a'r coed sycamorwydd ar yr iseldir;
Ioash oedd yn gyfrifol am y stordai i gadw olew olewydd;
29 Sitrai o Saron oedd yn gyfrifol am y gwartheg oedd yn pori yn Saron;
Shaffat fab Adlai oedd yn gyfrifol am y gwartheg yn y dyffrynnoedd.
30 Ofil yr Ismaeliad yn gyfrifol am y camelod;
Iechdeia o Meronoth yn gyfrifol am yr asennod;
31 Iasis yr Hagriad yn gyfrifol am y defaid a'r geifr.
Roedd pob un o'r rhain yn swyddogion oedd yn gyfrifol am eiddo y Brenin Dafydd.

Cynghorwyr personol Dafydd

32 Roedd Jonathan, ewythr Dafydd, yn strategydd doeth ac yn ysgrifennydd;
Iechiel fab Hachmoni oedd yn gofalu am feibion y brenin;
33 Achitoffel oedd swyddog strategaeth y brenin;
Roedd Chwshai'r Arciad yn ffrind agos i'r brenin.
34 Jehoiada fab Benaia ac Abiathar wnaeth olynu Achitoffel.
Joab oedd pennaeth byddin y brenin.

Cyfarwyddiadau Dafydd i Solomon

28 Dyma Dafydd yn galw swyddogion Israel i gyd at ei gilydd i Jerwsalem – arweinwyr
y llwythau, swyddogion unedau'r fyddin, capteiniaid unedau o fil ac o gant,
y swyddogion oedd yn gyfrifol am eiddo ac anifeiliaid y brenin a'i feibion, swyddogion y palas,
y milwyr, a'r arwyr milwrol i gyd.
2 Dyma'r Brenin Dafydd yn codi ar ei draed a dweud: "Fy mrodyr a'm pobl, gwrandwch.
Rôn i wir eisiau adeiladu teml lle gellid gosod Arch Ymrwymiad yr ARGLWYDD fel stôl droed
i'n Duw. Dw i wedi gwneud y paratoadau ar gyfer ei hadeiladu. 3 Ond dyma Duw yn dweud
wrtho i, 'Gei di ddim adeiladu teml i'm hanrhydeddu i, am dy fod ti'n ryfelwr, ac wedi lladd
lot o bobl.'
4 "Yr ARGLWYDD, Duw Israel, ddewisodd fi o deulu fy nhad i fod yn frenin ar Israel am byth.
Roedd wedi dewis llwyth Jwda i arwain, a theulu fy nhad o fewn Jwda, ac yna dewisodd
fi o blith fy mrodyr, a'm gwneud i yn frenin ar Israel gyfan. 5 Ac o'r holl feibion mae'r
ARGLWYDD wedi'u rhoi i mi, mae wedi dewis Solomon i fod yn frenin ar fy ôl, i deyrnasu ar
ei ran. 6 Dwedodd wrtho i, 'Dy fab Solomon ydy'r un fydd yn adeiladu teml i mi, a'r iardiau
o'i chwmpas. Dw i wedi'i ddewis e i fod yn fab i mi, a bydda i'n dad iddo fe. 7 Bydda i'n sefydlu
ei deyrnas am byth, os bydd e'n dal ati i gadw fy ngorchmynion a'm rheolau i, fel rwyt ti'n
gwneud.' 8 Felly, o flaen Israel gyfan, cynulliad pobl yr ARGLWYDD, a Duw ei hun yn dyst, dw
i'n dweud: Gwnewch yn siŵr eich bod chi'n cadw gorchmynion yr ARGLWYDD eich Duw, i chi
feddiannu'r wlad dda yma, a'i gadael hi'n etifeddiaeth i'ch plant am byth.
9 "A tithau, Solomon fy mab, gwna'n siŵr dy fod yn nabod Duw dy dad. Rho dy hun yn llwyr
i'w addoli a'i wasanaethu yn frwd. Mae'r ARGLWYDD yn gwybod beth sy'n mynd drwy feddwl
pawb, ac yn gwybod pam maen nhw'n gwneud pethau. Os byddi di'n ceisio'r ARGLWYDD go
iawn, bydd e'n gadael i ti ddod o hyd iddo. Ond os byddi di'n troi cefn arno, bydd e'n dy
wrthod di am byth. 10 Mae'r ARGLWYDD wedi dy ddewis di i adeiladu teml yn gysegr iddo. Felly
bydd yn gryf a bwrw iddi!"
11 Dyma Dafydd yn rhoi'r cynlluniau ar gyfer y deml i'w fab Solomon – cynlluniau'r cyntedd,
yr adeiladau, y trysordai, y lloriau uchaf, yr ystafelloedd mewnol, a'r cysegr lle roedd caead yr
Arch. 12 Rhoddodd gynlluniau popeth oedd e wedi'i ddychmygu am iard y deml, yr ystafelloedd
o'i chwmpas, stordai teml Dduw a'r stordai lle roedd y rhoddion wedi'u cysegru i Dduw yn
cael eu cadw.
13 Rhoddodd y cyfarwyddiadau ar gyfer y gwahanol grwpiau o offeiriaid a Lefiaid iddo,
y gwahanol gyfrifoldebau a'r offer oedd i gael eu defnyddio wrth iddyn nhw wasanaethu
yn nheml yr ARGLWYDD.
14 Rhoddodd iddo restr o faint yn union o aur ac arian oedd i gael ei ddefnyddio i wneud
y llestri a'r offer gwahanol fyddai'n cael eu defnyddio yn yr addoliad – 15 y menora aur a'r
lampau oedd arni, y rhai arian a'r lampau oedd arnyn nhw (roedd pob manylyn yn cael ei
bwyso); 16 yr aur ar gyfer y byrddau lle roedd y bara'n cael ei osod yn bentwr (faint o aur oedd
i'w ddefnyddio i wneud pob un, a faint o arian oedd i'w ddefnyddio i wneud y byrddau arian);
17 a'r aur pur oedd i gael ei ddefnyddio i wneud y ffyrc, y dysglau a'r jygiau, y powlenni bach
aur a'r powlenni bach arian (union bwysau pob un), 18 a'r aur wedi'i buro ar gyfer gwneud
allor yr arogldarth.
Rhoddodd iddo'r cynllun ar gyfer sedd y cerwbiaid aur oedd yn lledu eu hadenydd i gysgodi
Arch Ymrwymiad yr ARGLWYDD.
19 "Dw i wedi ysgrifennu'r cwbl i lawr yn fanwl, yn union fel roedd yr ARGLWYDD wedi fy
arwain i," 20 meddai Dafydd wrth Solomon. "Bydd yn gryf a dewr! Bwrw iddi! Paid bod ag
ofn na phanicio! Mae'r ARGLWYDD Dduw, fy Nuw i, gyda ti. Fydd e ddim yn dy adael di nac yn
troi cefn arnat ti nes bydd y gwaith yma i gyd ar deml yr ARGLWYDD wedi'i orffen. 21 Dyma sut
mae'r offeiriaid a'r Lefiaid wedi'u rhannu'n grwpiau i wneud holl waith teml Dduw. Mae'r
gweithwyr a'r crefftwyr yn barod i dy helpu i wneud y cwbl. Mae'r swyddogion a'r bobl i gyd
yn barod i wneud beth bynnag wyt ti'n ddweud."

Rhoddion tuag at adeiladu'r Deml

29 Dyma'r Brenin Dafydd yn dweud wrth y gynulleidfa: “Llanc ifanc dibrofiad ydy fy
mab Solomon, yr un mae Duw wedi'i ddewis i wneud hyn. Mae'r dasg o'i flaen
yn un fawr, achos nid adeilad i ddyn fydd hwn, ond i'r ARGLWYDD Dduw. [2]Dw i wedi gwneud
fy ngorau glas i ddarparu popeth sydd ei angen i wneud y gwaith – aur, arian, pres, haearn
a choed, heb sôn am lot fawr o feini gwerthfawr, fel onics (a morter glas i'w gosod nhw a'r
meini eraill), gemau gwerthfawr o bob math, a marmor. [3]Ond dw i hefyd am gyfrannu fy holl
drysorau personol tuag at y gwaith, am fod teml Dduw mor bwysig yn fy ngolwg i. Bydd hyn
yn ychwanegol at bopeth arall dw i wedi'i ddarparu ar gyfer y gwaith. [4]Mae'n cynnwys mwy
na 100 tunnell o aur Offir a dros 250 tunnell o arian coeth, i orchuddio waliau'r adeilad,
[5]a'r gwaith arall sydd i'w wneud gan y crefftwyr. Felly pwy arall sydd am gyfrannu heddiw
tuag at adeiladu teml Dduw?”
[6]Dyma benaethiaid y teuluoedd, arweinwyr y llwythau, capteiniaid yr unedau o fil ac o gant,
a'r swyddogion oedd yn arolygu gwaith y brenin yn cyfrannu at y gwaith. [7]Dyma gafodd ei
roi ganddyn nhw: dros 180 tunnell o aur, 10,000 o ddarnau aur, 375 tunnell o arian, a 3,750
tunnell o haearn. [8]Dyma pawb yn cyfrannu eu gemau gwerthfawr i drysordy teml yr ARGLWYDD
hefyd, oedd dan ofal Iechiel o deulu Gershon. [9]Roedd pawb wrth eu boddau fod cymaint
wedi'i gasglu, a bod pawb wedi bod mor barod i roi. Roedd y Brenin Dafydd hefyd wrth ei fodd.

Dafydd yn moli'r ARGLWYDD

[10]Dyma Dafydd yn moli'r ARGLWYDD o flaen y gynulleidfa gyfan: “O ARGLWYDD, Duw ein tad
Israel, rwyt ti'n haeddu dy fendithio am byth bythoedd! [11]O ARGLWYDD, ti ydy'r Duw mawr, cryf,
godidog, ac enwog sy'n teyrnasu dros bopeth yn y nefoedd a'r ddaear! Ti ydy'r un sy'n ben
ar y cwbl i gyd! [12]Oddi wrthot ti mae pob cyfoeth ac anrhydedd yn dod, achos ti sy'n rheoli'r
cwbl i gyd. Gen ti mae pob cryfder a nerth, a ti sy'n rhoi nerth i bobl, ac yn eu gwneud nhw'n
enwog. [13]Diolch i ti ein Duw! Dŷn ni'n moli dy enw bendigedig di!
[14]“Ond pwy ydw i, a phwy ydy fy mhobl i, ein bod ni'n gallu cyfrannu fel yma? Y gwir ydy,
oddi wrthot ti mae popeth yn dod yn y pen draw. Dŷn ni ddim ond yn rhoi yn ôl i ti beth sydd
biau ti. [15]O dy flaen di, dŷn ni fel ffoaduriaid yn crwydro, fel ein hynafiaid. Mae'r hamser
ni ar y ddaear yma yn pasio heibio fel cysgod. Does dim byd sicr amdano. [16]O ARGLWYDD ein
Duw, dŷn ni wedi casglu'r holl gyfoeth yma i adeiladu teml i ti a dy anrhydeddu di, ond ti
sydd wedi'i roi e i gyd mewn gwirionedd; ti sydd biau'r cwbl. [17]Dw i'n gwybod, O Dduw, dy
fod ti'n gwybod beth sydd ar feddwl rhywun, ac yn falch pan mae rhywun yn onest. Ti'n
gwybod mod i'n gwneud hyn am resymau da, a dw i wedi gweld y bobl yma'n cyfrannu'n
frwd ac yn llawen. [18]O ARGLWYDD, Duw ein hynafiaid, Abraham, Isaac ac Israel, gwna i dy bobl
bob amser fod eisiau gwneud beth ti'n ddweud. Gwna nhw'n hollol ffyddlon i ti. [19]A gwna fy
mab Solomon yn awyddus i ufuddhau i dy orchmynion, rheolau a gofynion, a gorffen adeiladu
y deml yma dw i wedi gwneud y paratoadau ar ei chyfer.”
[20]Yna dyma Dafydd yn annerch y gynulleidfa: “Bendithiwch yr ARGLWYDD eich Duw!”
A dyma'r gynulleidfa gyfan yn moli'r ARGLWYDD, Duw eu hynafiaid. A dyma nhw'n plygu
i lawr yn isel o flaen yr ARGLWYDD a'r brenin.

Dafydd yn enwi Solomon i'w olynu fel brenin

[21]Y diwrnod wedyn dyma nhw'n aberthu anifeiliaid a chyflwyno offrymau i'w llosgi i'r
ARGLWYDD (mil o deirw, mil o hyrddod, a mil o ŵyn). Hefyd yr offrymau o ddiod oedd i fynd
gyda nhw, a llawer iawn o aberthau eraill dros bobl Israel i gyd. [22]Roedden nhw'n dathlu ac
yn gwledda o flaen yr ARGLWYDD.
Yna dyma nhw'n gwneud Solomon, mab Dafydd, yn frenin. Dyma nhw'n ei eneinio'n frenin,
ac yn eneinio Sadoc yn offeiriad. [23]Dyma Solomon yn eistedd ar orsedd yr ARGLWYDD yn lle
ei dad Dafydd. Roedd yn frenin llwyddiannus iawn, ac roedd pobl Israel i gyd yn ffyddlon

iddo. 24 Dyma'r swyddogion i gyd, arweinwyr y fyddin, a meibion y Brenin Dafydd, yn addo
bod yn deyrngar i'r Brenin Solomon. 25 Dyma'r ARGLWYDD yn gwneud Solomon yn frenin mawr,
a'i wneud yn enwocach nag unrhyw frenin o'i flaen.

Crynodeb o deyrnasiad Dafydd

26 Roedd Dafydd fab Jesse wedi bod yn teyrnasu ar Israel gyfan. 27 Bu'n frenin ar Israel am
bedwar deg o flynyddoedd. Bu'n teyrnasu yn Hebron am saith mlynedd ac yna yn Jerwsalem[f]
am dri deg tair o flynyddoedd. 28 Yna bu farw yn hen ddyn. Roedd wedi cael bywyd hir, cyfoeth
ac anrhydedd. A dyma Solomon ei fab yn dod yn frenin yn ei le. 29 Mae'r cwbl wnaeth y Brenin
Dafydd ei gyflawni, o'r dechrau i'r diwedd, i'w gweld yn *Negeseuon Samuel y Gweledydd*,
Negeseuon y Proffwyd Nathan, a *Negeseuon Gad y Gweledydd.* 30 Mae'r ffeithiau i gyd yna,
hanes ei lwyddiannau milwrol a phopeth ddigwyddodd iddo fe, Israel, a'r gwledydd o gwmpas.

f 29:27 *Jerwsalem* Hebraeg, "dinas Dafydd".

2 Cronicl

Duw yn rhoi doethineb i Solomon

(1 Brenhinoedd 3:1-15)

1 Roedd Solomon fab Dafydd wedi sefydlu ei awdurdod dros ei deyrnas, achos roedd yr
ARGLWYDD ei Dduw yn ei helpu ac wedi'i wneud yn frenin pwerus iawn. 2 Dyma Solomon
yn galw arweinwyr Israel i gyd at ei gilydd – arweinwyr y fyddin (sef capteiniaid ar unedau
o fil ac o gant), y barnwyr, a holl arweinwyr Israel oedd yn benaethiaid teuluoedd. 3 A dyma
Solomon a'r bobl i gyd yn mynd i addoli wrth yr allor leol yn Gibeon, gan mai dyna lle
roedd pabell presenoldeb Duw – yr un roedd Moses, gwas yr ARGLWYDD, wedi'i gwneud yn yr
anialwch. 4 (Roedd Dafydd wedi dod ag Arch Duw o Ciriath-iearîm i Jerwsalem, sef y lle roedd
wedi'i baratoi iddi, ac wedi codi pabell iddi yno. 5 Ond roedd yr allor bres wnaeth Betsalel, mab
Wri ac ŵyr Hur, o flaen Tabernacl yr ARGLWYDD.) Dyna lle'r aethon nhw i geisio Duw. 6 A dyma
Solomon yn mynd at yr allor bres o flaen yr ARGLWYDD, ac offrymu mil o aberthau i'w llosgi arni.
7 Y noson honno dyma Duw yn dod at Solomon a gofyn iddo, "Beth wyt ti eisiau i mi ei
roi i ti?" 8 A dyma Solomon yn ateb, "Roeddet ti'n garedig iawn at Dafydd fy nhad, ac rwyt
wedi fy ngwneud i yn frenin yn ei le. 9 O, ARGLWYDD Dduw, gwna i'r addewid honno wnest ti
i Dafydd fy nhad ddod yn wir. Ti wedi fy ngwneud i'n frenin ar gymaint o bobl ag sydd o lwch
ar y ddaear. 10 Rho i mi'r ddoethineb a'r wybodaeth sydd ei angen i lywodraethu'r bobl yma'n
iawn. Fel arall, pa obaith sydd i unrhyw un lywodraethu cenedl mor fawr?" 11 A dyma Duw'n
ateb Solomon, "Am mai dyna rwyt ti eisiau, y ddoethineb a'r wybodaeth i lywodraethu'r
bobl yma'n iawn – a dy fod ddim wedi gofyn am feddiannau, cyfoeth, ac anrhydedd, neu i'r
rhai sy'n dy gasáu gael eu lladd; wnest ti ddim hyd yn oed gofyn am gael byw yn hir – 12 dw
i'n mynd i roi doethineb a gwybodaeth i ti. Ond dw i hefyd yn mynd i roi mwy o gyfoeth,
meddiannau, ac anrhydedd i ti nag unrhyw frenin ddaeth o dy flaen neu ddaw ar dy ôl."
13 Felly dyma Solomon yn gadael pabell presenoldeb Duw oedd wrth yr allor yn Gibeon,
a mynd yn ôl i Jerwsalem, lle roedd yn teyrnasu ar Israel.

Cyfoeth Solomon

(1 Brenhinoedd 10:26-29)

14 Roedd Solomon hefyd wedi casglu cerbydau a cheffylau rhyfel. Roedd ganddo fil pedwar
cant o gerbydau, ac un deg dwy o filoedd o geffylau. Roedd yn eu cadw yn y trefi cerbydau ac
yn Jerwsalem. 15 Roedd arian ac aur mor gyffredin â cherrig yn Jerwsalem, a choed cedrwydd mor
gyffredin â'r coed sycamor sy'n tyfu ym mhobman ar yr iseldir. 16 Roedd ceffylau Solomon wedi'u
mewnforio o'r Aifft a Cwe.[a] Roedd masnachwyr y brenin yn eu prynu nhw yn Cwe. 17 Roedden
nhw'n talu chwe chant o ddarnau arian am gerbyd o'r Aifft, a chant pum deg darn arian am
geffyl. Roedden nhw hefyd yn eu gwerthu ymlaen i frenhinoedd yr Hethiaid a'r Syriaid.

Casglu deunyddiau i adeiladu'r deml

(1 Brenhinoedd 5:1-18)

2 Dyma Solomon yn gorchymyn adeiladu teml i anrhydeddu'r ARGLWYDD a phalas brenhinol
iddo'i hun. 2 *Roedd gan Solomon* 70,000 o labrwyr, 80,000 o chwarelwyr yn y bryniau,
a 3,600 o fformyn i arolygu'r gweithwyr.
3 Dyma Solomon yn anfon neges at Huram, brenin Tyrus: "Wnei di fy helpu i, fel gwnest
ti helpu fy nhad Dafydd? Gwnest ti anfon coed cedrwydd iddo fe i adeiladu ei balas. 4 Dw

---

a 1:16 *Aifft a Cwe* neu, *Mwsri a Cwe*. Roedd Mwsri a Cwe yn yr ardaloedd sy'n cael eu nabod fel De-ddwyrain
Twrci heddiw.

i'n mynd i adeiladu teml i anrhydeddu'r ARGLWYDD fy Nuw. Bydd yn cael ei chysegru i losgi
arogldarth persawrus iddo, gosod y bara o'i flaen, a chyflwyno offrymau sydd i'w llosgi'n
llwyr iddo bob bore a nos, ar y Sabothau, y lleuadau newydd ac unrhyw adegau eraill mae'r
ARGLWYDD ein Duw yn eu pennu. Mae pobl Israel i fod i wneud y pethau yma bob amser. [5]Dw
i'n mynd i adeiladu teml wych iddo, am fod ein Duw ni yn fwy na'r duwiau eraill i gyd. [6]Ond
wedyn, pwy sy'n gallu adeiladu teml iddo fe, gan fod yr awyr a'r nefoedd uchod ddim digon
mawr iddo? Pwy ydw i i adeiladu teml iddo! Dim ond lle i aberthu iddo fydd hi.
[7]"Anfon grefftwr medrus ata i sy'n gweithio gydag aur, arian, pres a haearn, a hefyd lliain
porffor, coch a glas, ac yn gallu cerfio. Gall e weithio gyda'r crefftwyr sydd gen i yma yn
Jerwsalem a Jwda, y rhai wnaeth fy nhad Dafydd eu dewis. [8]Ac mae gen ti weision sy'n
arbenigo mewn trin coed yn Libanus. Felly anfon goed i mi hefyd – cedrwydd, pinwydd, a pren
algwm. Gall y gweithwyr sydd gen i helpu dy weithwyr di [9]i gasglu digonedd o goed i mi, achos
mae'r deml dw i'n mynd i'w hadeiladu yn mynd i fod yn un fawr, wych. [10]Gwna i dalu i dy
weision di am dorri'r coed – dwy fil o dunelli o wenith, dwy fil o dunelli o haidd, cant dau
ddeg mil o alwyni o win, a chant dau ddeg mil o alwyni o olew olewydd."
[11]Dyma Huram, brenin Tyrus yn anfon llythyr yn ôl at Solomon, yn dweud, "Mae'r ARGLWYDD
wedi dy wneud di'n frenin ar ei bobl am ei fod yn eu caru nhw." [12]Dwedodd hefyd, "Bendith
ar yr ARGLWYDD, Duw Israel, yr un wnaeth greu'r nefoedd a'r ddaear! Mae wedi rhoi mab
doeth i Dafydd – mab llawn dirnadaeth a deall. Bydd yn adeiladu teml i'r ARGLWYDD, a phalas
brenhinol iddo'i hun. [13]Dw i'n mynd i anfon crefftwr sy'n feistr yn ei waith atat ti, sef Huram-
afi. [14]Mae ei fam yn dod o lwyth Dan, ond ei dad o Tyrus. Mae e'n gallu gweithio gydag aur,
arian, pres, haearn, carreg a choed, a hefyd lliain main porffor, glas a coch. Mae'n gallu cerfio
unrhyw gynllun sy'n cael ei roi iddo. Gall e weithio gyda dy grefftwyr di a'r rhai ddewisodd
Dafydd dy dad. [15]Felly anfon y gwenith, haidd, olew olewydd a'r gwin rwyt ti wedi'i addo i ni,
[16]a gwnawn ni ddarparu'r holl goed sydd gen ti ei angen o Libanus, a'i anfon dros y môr ar
rafftiau i Jopa. Gelli di wedyn drefnu i symud y cwbl i Jerwsalem."
[17]Dyma Solomon yn cynnal cyfrifiad o'r holl fewnfudwyr oedd yn byw yn Israel, yn dilyn
y cyfrifiad roedd Dafydd ei dad wedi'i gynnal. Roedd yna 153,600 i gyd. [18]Dyma fe'n gwneud
70,000 ohonyn nhw yn labrwyr, 80,000 i weithio yn y chwareli yn y bryniau, a 3,600 ohonyn
nhw yn arolygwyr i wneud yn siŵr fod y gwaith i gyd yn cael ei wneud.

Dechrau adeiladu'r Deml

(1 Brenhinoedd 6:1-38; 7:15-22)

3 Yna dechreuodd Solomon adeiladu teml yr ARGLWYDD ar fryn Moreia yn Jerwsalem, yn
y lle roedd Dafydd wedi dweud, sef ar lawr dyrnu Ornan y Jebwsiad. Dyna lle roedd yr
ARGLWYDD wedi cyfarfod Dafydd. [2]Dechreuodd adeiladu ar ail ddiwrnod yr ail fis o'i bedwaredd
flwyddyn fel brenin.[b]
[3]A dyma fesuriadau sylfeini'r Deml roedd Solomon yn ei hadeiladu: dau ddeg saith metr
o hyd a naw metr o led (yr hen fesuriadau oedd yn cael eu defnyddio). [4]Roedd y cyntedd
o flaen y deml yn naw metr o hyd, yn erbyn ffrynt y deml, ac roedd yn naw[c] metr o uchder.
Roedd tu mewn yr ystafell wedi'i gorchuddio gydag aur pur.
[5]Rhoddodd baneli o goed pinwydd ar waliau mewnol y brif neuadd, a gorchuddio'r
cwbl gydag aur pur wedi'i addurno gyda coed palmwydd a chadwyni. [6]Roedd y deml
wedi'i haddurno gyda meini gwerthfawr, ac aur o Parfaîm [7]i orchuddio trawstiau'r to,
y rhiniogau, y waliau a'r drysau. Roedd cerwbiaid wedi'u cerfio yn addurno'r waliau.
[8]Gwnaeth y cysegr mwyaf sanctaidd yn naw metr o hyd a naw metr o led, a'i orchuddio
gyda 20 tunnell o aur pur. [9]Roedd yr hoelion aur yn pwyso pum cant saith deg gram yr
un. Roedd wedi gorchuddio'r ystafelloedd uchaf gydag aur hefyd. [10]Yna yn y cysegr mwyaf

---

b 3:2 Byddai hyn tua Ebrill – Mai, 966 CC. c 3:4 Fel rhai llawysgrifau Groeg a Syrieg, sy'n dweud *20 cufydd* (sef tua 9 metr); Mae'r Hebraeg yn dweud *120 cufydd*, sydd dros 54 metr.

sanctaidd gwnaeth ddau gerwb a'u gorchuddio nhw gydag aur. 11 Roedd adenydd y ddau
gerwb yn ymestyn 9 metr ar draws. Roedd un o adenydd y cerwb cyntaf yn cyffwrdd wal y deml,
ac adenydd y ddau gerwb yn cyffwrdd ei gilydd yn y canol. 12 Wedyn roedd aden arall yr ail
gerwb yn cyffwrdd y wal yr ochr arall i'r deml. 13 Roedd yr adenydd gyda'i gilydd yn ymestyn
naw metr ar draws. Roedden nhw'n sefyll yn syth, ac yn wynebu at i mewn. 14 Gwnaeth len
o ddefnydd glas, porffor, coch a lliain main, gyda lluniau o gerwbiaid wedi'i frodio arno.
15 O flaen y deml gwnaeth ddau biler oedd yn un deg chwech metr o uchder, gyda cap oedd
dros ddau fetr o uchder ar dop y ddau. 16 Gwnaeth gadwyni, fel y rhai yn y cysegr, i addurno
top y pileri. A gwnaeth gant o dlysau siâp pomgranadau i'w gosod ar y cadwyni. 17 Gosododd
y ddau biler o flaen y brif neuadd yn y deml – un ar y dde a'r llall ar y chwith. Galwodd yr un
oedd ar y dde yn Iachîn a'r un oedd ar y chwith yn Boas.

Dodrefn y Deml

(1 Brenhinoedd 7:23-51)

4 Dyma fe'n gwneud allor o bres, naw metr sgwâr a phedwar metr a hanner o daldra.
2 Yna dyma fe'n gwneud basn anferth i ddal dŵr. Roedd hwn wedi'i wneud o bres
wedi'i gastio, ac yn cael ei alw 'Y Môr'. Roedd yn bedwar metr a hanner ar draws o un ochr i'r
llall, dros ddau fetr o ddyfnder ac un deg tri metr a hanner o'i hamgylch. 3 O gwmpas 'Y Môr',
o dan y rhimyn, roedd dwy res o addurniadau bach yn edrych fel teirw, un bob rhyw bedwar
centimetr a hanner. 4 Roedd 'Y Môr' wedi'i osod ar gefn un deg dau o ychen. Roedd tri yn
wynebu tua'r gogledd, tri tua'r gorllewin, tri tua'r de a thri tua'r dwyrain. Roedden nhw i gyd
yn wynebu tuag allan gyda'u cynffonnau at i mewn. 5 Roedd y basn tua lled dwrn o drwch,
ac roedd ei ymyl fel ymyl cwpan siâp blodyn lili. Roedd yn dal tua saith deg mil litr o ddŵr.
6 Gwnaeth ddeg dysgl bres hefyd, a gosod pump ar ochr y de a phump ar ochr y gogledd.
Roedd yr offer i gyflwyno'r aberthau oedd i'w llosgi yn cael eu golchi yn y rhain, ond roedd
yr offeiriaid yn ymolchi yn y basn mawr oedd yn cael ei alw 'Y Môr'.
7 Yna dyma fe'n gwneud deg stand aur i ddal lampau, yn unol â'r patrwm, a'u gosod yn
y deml. Roedd pump ar yr ochr dde a phump ar y chwith.
8 Ac yna dyma fe'n gwneud deg bwrdd, a gosod y rhain yn y deml, pump ar yr ochr dde
a phump ar y chwith. Gwnaeth gant o fowlenni aur hefyd.
9 Wedyn, dyma fe'n gwneud iard yr offeiriaid a'r cwrt mawr a'r drysau oedd wedi'u
gorchuddio gyda pres. 10 Yna gosododd 'Y Môr' i'r de-ddwyrain o'r deml.
11 Huram wnaeth y bwcedi lludw, y rhawiau a'r powlenni taenellu hefyd.
Gorffennodd y cwbl o'r gwaith roedd y Brenin Solomon wedi'i roi iddo i'w wneud ar deml Dduw.
12 Roedd wedi gwneud: y ddau biler, y capiau i'w gosod ar ben y ddau biler, dau set o batrymau
wedi'u plethu i fynd dros y capiau, 13 pedwar cant o bomgranadau i'w gosod yn ddwy res ar y ddau
set o batrymau oedd wedi'u plethu ar y capiau ar ben y pileri. 14 Hefyd y deg troli ddŵr, a'r deg
dysgl i fynd ar y deg troli, 15 y basn anferth oedd yn cael ei alw 'Y Môr', gyda'r un deg dau o ychen
oddi tano, 16 a hefyd y bwcedi lludw, y rhawiau a'r ffyrc. Roedd yr holl gelfi yma wnaeth Huram i'r
Brenin Solomon ar gyfer teml yr Arglwydd wedi'u gwneud o bres gloyw. 17 Roedd y cwbl wedi cael
eu castio mewn clai yn y ffowndri sydd rhwng Swccoth a Sereda, wrth afon Iorddonen. 18 Gwnaeth
Solomon gymaint o'r pethau yma, doedd dim posib gwybod beth oedd eu pwysau.
19 Dyma Solomon yn gwneud yr holl bethau yma ar gyfer teml yr Arglwydd hefyd: yr allor aur,
a'r byrddau roedden nhw'n rhoi'r bara arno oedd i'w osod o flaen Duw, 20 y canwyllbrennau
o aur pur, a'u lampau yn llosgi yn ôl y ddefod, wrth y fynedfa i'r gell fewnol gysegredig.
21 Hefyd roedd y blodau, y lampau a'r gefeiliau wedi'u gwneud o aur pur. 22 Yna y powlenni
taenellu, y sisyrnau, y dysglau, y llwyau, a'r padellau tân, i gyd o aur pur. Roedd socedi'r drysau
i'r cysegr mewnol (y Lle Mwyaf Sanctaidd) ac i brif neuadd y deml wedi'u gwneud o aur hefyd.
5 Wedi i Solomon orffen adeiladu'r deml i'r Arglwydd, dyma fe'n dod â'r holl bethau
roedd ei dad Dafydd wedi'u cysegru i Dduw (arian, aur a chelfi eraill), a'u rhoi yn
stordai teml Dduw.

Symud yr Arch i'r deml

(1 Brenhinoedd 8:1-9)

2 Yna dyma Solomon yn galw arweinwyr Israel (pennaeth pob llwyth a phob teulu) ato
i Jerwsalem. Roedd Arch Ymrwymiad yr ARGLWYDD i gael ei symud o Ddinas Dafydd (sef Seion)
i'w chartref newydd yn y deml. 3 Roedd pobl Israel i gyd wedi dod at y brenin adeg Gŵyl
y Pebyll yn y seithfed mis.[ch]

4 Wedi i'r arweinwyr i gyd gyrraedd, dyma'r seremoni yn dechrau. Dyma'r Lefiaid yn codi'r
Arch. 5 Yna dyma'r offeiriaid a'r Lefiaid yn cario Arch Duw, pabell presenoldeb Duw a'r holl
gelfi cysegredig oedd yn y babell. 6 Roedd y Brenin Solomon, a holl bobl Israel oedd gydag e, yn
mynd o flaen yr Arch ac yn aberthu defaid a gwartheg i Dduw. Cafodd cymaint o anifeiliaid
eu haberthu roedd hi'n amhosibl eu cyfri i gyd!

7 Dyma'r offeiriaid yn mynd ag Arch Ymrwymiad Duw i mewn i'r deml a'i gosod yn ei lle
yn y gell fewnol, sef y Lle Mwyaf Sanctaidd, o dan adenydd y cerwbiaid. 8 Roedd adenydd
y cerwbiaid wedi'u lledu dros ble roedd yr Arch yn eistedd. Roedd eu hadenydd yn cysgodi'r
Arch a'i pholion. 9 Ond roedd y polion mor hir, roedd hi'n bosibl gweld eu pennau nhw o'r
ystafell o flaen y Gell Gysegredig Fewnol; ond doedden nhw ddim i'w gweld o'r tu allan.
Maen nhw yno hyd heddiw. 10 Does yna ddim byd yn yr Arch ond y ddwy lechen roedd Moses
wedi'u rhoi ynddi yn Sinai,[d] sef llechi'r ymrwymiad roedd yr ARGLWYDD wedi'i wneud gyda
phobl Israel pan ddaeth â nhw allan o'r Aifft.

11 Dyma'r offeiriaid yn dod allan o'r Lle Sanctaidd. Roedd pob un ohonyn nhw, o bob
grŵp, wedi cysegru eu hunain. 12 Roedd yr holl Lefiaid oedd yn gerddorion – Asaff, Heman
a Iedwthwn, gyda'u meibion a'u brodyr – yn gwisgo dillad o liain main gwyn. Roedden nhw'n
sefyll i'r dwyrain o'r allor yn canu eu symbalau, nablau a thelynau. Wrth eu hymyl roedd cant
dau ddeg o offeiriaid yn canu utgyrn. 13 Roedd y cerddorion a'r trwmpedwyr fel un, yn canu
gyda'i gilydd i roi mawl a diolch i'r ARGLWYDD. I gyfeiliant yr utgyrn, y symbalau a'r offerynnau
eraill, roedd pawb yn moli'r ARGLWYDD a chanu'r geiriau,

> "Mae e mor dda aton ni;
> Mae ei haelioni yn ddiddiwedd!"

Tra oedden nhw'n canu fel hyn daeth cwmwl a llenwi'r deml. 14 Doedd yr offeiriaid ddim
yn gallu cario ymlaen gyda'i gwaith o achos y cwmwl. Roedd ysblander yr ARGLWYDD yn llenwi
Teml Dduw.

Solomon yn canmol yr ARGLWYDD

(1 Brenhinoedd 8:12-21)

6 Yna dyma Solomon yn dweud: "Mae'r ARGLWYDD yn dweud ei fod yn byw mewn cwmwl
tywyll. 2 ARGLWYDD, dyma fi wedi adeiladu teml wych i ti; lle i ti fyw ynddo am byth."

3 Yna dyma'r brenin yn troi i wynebu'r gynulleidfa a bendithio holl bobl Israel oedd yn sefyll yno:
4 "Bendith ar yr ARGLWYDD, Duw Israel! Mae wedi gwneud y cwbl roedd wedi'i addo i Dafydd fy nhad.
Roedd wedi dweud: 5 'Ers i mi ddod â'm pobl allan o wlad yr Aifft, wnes i ddim dewis un ddinas
arbennig o blith llwythau Israel i adeiladu teml i fyw ynddi. A wnes i ddim dewis dyn i arwain fy
mhobl Israel chwaith. 6 Ond nawr dw i wedi dewis Jerwsalem i aros yno, a Dafydd i arwain fy mhobl
Israel.' 7 Roedd fy nhad, Dafydd, wir eisiau adeiladu teml i anrhydeddu'r ARGLWYDD, Duw Israel. 8 Ond
dwedodd yr ARGLWYDD wrtho, 'Ti eisiau adeiladu teml i mi, ac mae'r bwriad yn un da. 9 Ond nid ti
fydd yn ei hadeiladu. Mab i ti fydd yn adeiladu teml i mi.' 10 A bellach mae'r ARGLWYDD wedi gwneud
beth roedd wedi'i addo. Dw i wedi dod yn frenin ar Israel yn lle fy nhad Dafydd, a dw i wedi
adeiladu'r deml yma i anrhydeddu'r ARGLWYDD, Duw Israel. 11 Dw i wedi gosod yno yr Arch sy'n dal
yr ymrwymiad wnaeth yr ARGLWYDD gyda phobl Israel."

---

ch 5:3 *seithfed mis* Ethanim, seithfed mis y calendr Hebreig, o tua canol Medi i ganol Hydref. d 5:10 *Sinai* Hebraeg, "Horeb", sef enw arall ar Fynydd Sinai.

Gweddi Solomon yn y Gwasanaeth Cysegru

(1 Brenhinoedd 8:22-53)

12Yna o flaen pawb, dyma fe'n mynd i sefyll o flaen yr Allor. Cododd ei ddwylo i'r awyr.
13(Roedd Solomon wedi gwneud llwyfan o bres a'i osod yng nghanol yr iard. Roedd y llwyfan
tua dwy fedr sgwâr, a dros fedr o uchder.) Safodd ar y llwyfan, yna mynd ar ei liniau o flaen
pobl Israel i gyd a chodi ei ddwylo i'r awyr, 14a gweddïo,

"O Arglwydd, Duw Israel, does dim Duw tebyg i ti yn y nefoedd na'r ddaear! Ti mor
ffyddlon, yn cadw dy ymrwymiad i dy weision, y rhai sydd wir eisiau bod yn ufudd i ti.
15Ti wedi cadw dy addewid i Dafydd fy nhad. Heddiw, yma, ti wedi gwneud beth wnest
ti ei addo. 16Nawr, Arglwydd, Duw Israel, cadw'r addewid arall wnest ti i Dafydd, fy nhad.
Dyma wnest ti ddweud: 'Bydd un o dy deulu di ar orsedd Israel am byth, dim ond i dy
ddisgynyddion di fod yn ofalus eu bod yn byw yn ffyddlon i'm cyfraith fel rwyt ti wedi
gwneud.' 17Felly nawr, O Arglwydd, Duw Israel, gad i'r hyn wnest ti ei ddweud wrth fy nhad,
dy was Dafydd, ddod yn wir.

18Wrth gwrs, dydy Duw ddim wir yn gallu byw gyda'r ddynoliaeth ar y ddaear! Dydy'r
awyr i gyd a'r nefoedd uchod ddim digon mawr i dy ddal di! Felly pa obaith sydd i'r
deml yma dw i wedi'i hadeiladu? 19Ond plîs gwrando fy ngweddi yn gofyn am dy help di,
O Arglwydd fy Nuw. Ateb fi, wrth i mi weddïo'n daer arnat ti. 20Cadw dy lygaid ar y deml yma
nos a dydd. Gwnest ti ddweud y byddi di'n byw yma. Felly ateb weddi dy was dros y lle hwn.

21Gwranda ar beth mae dy was a dy bobl Israel yn ei weddïo'n daer am y lle yma.
Gwranda yn y nefoedd, lle rwyt ti'n byw. Clyw ni a maddau i ni.

22Os ydy rhywun wedi cael ei gyhuddo o wneud drwg i'w gymydog ac yn mynnu ei fod
yn ddieuog o flaen yr allor yn y deml yma, 23yna gwrando di o'r nefoedd a gweithredu.
Barna di rhyngon nhw. Cosba'r un sy'n euog, a gadael i'r dieuog fynd yn rhydd. Rho i'r
ddau beth maen nhw'n ei haeddu.

24Pan fydd dy bobl Israel yn cael eu concro gan y gelyn am bechu yn dy erbyn di, os
byddan nhw'n troi yn ôl atat ti, yn cydnabod pwy wyt ti ac yn gweddïo am dy help di yn
y deml yma, 25yna gwrando di o'r nefoedd. Maddau bechod dy bobl Israel, a thyrd â nhw'n
ôl i'r wlad wnest ti ei rhoi iddyn nhw a'u hynafiaid.

26Pan fydd dim glaw yn disgyn, am fod y bobl wedi pechu yn dy erbyn di. Os byddan
nhw'n troi at y lle yma i weddïo arnat ti, yn cydnabod pwy wyt ti, ac yn stopio pechu am
dy fod yn eu cosbi nhw 27yna gwrando di o'r nefoedd. Maddau i dy bobl Israel. Dysga nhw
beth ydy'r ffordd iawn i fyw, ac anfon law eto ar y tir yma rwyt ti wedi'i roi i dy bobl ei gadw.

28Pan fydd y wlad yn cael ei tharo gan newyn neu bla – am fod y cnydau wedi'u difetha
gan ormod o wres neu ormod o law, neu am eu bod wedi cael eu difa gan locustiaid, neu
am fod gelynion wedi ymosod ar y wlad ac yn gwarchae ar ei dinasoedd. Beth bynnag fydd
yr helynt neu'r broblem, 29gwrando di ar bob gweddi. Gwranda pan fydd unrhyw un o dy
bobl Israel yn troi at y deml yma ac yn tywallt ei ofid o dy flaen di. 30Gwranda yn y nefoedd
lle rwyt ti'n byw, a maddau. Rho i bob un beth mae'n ei haeddu. (Ti ydy'r unig un sy'n
gwybod yn iawn beth sydd ar galon pob person byw.) 31Fel yna byddan nhw'n dy barchu di
ac yn byw fel rwyt ti eisiau tra byddan nhw'n byw yn y wlad wyt ti wedi'i rhoi i'w hynafiaid.

32A bydd pobl o wledydd eraill yn dod yma i addoli ar ôl clywed amdanat ti – am dy
enw da di, a'r ffaith dy fod ti'n gallu gwneud pethau mor anhygoel. Pan ddaw pobl felly
i'r deml hon i weddïo, 33gwrando yn y nefoedd lle rwyt ti'n byw. Gwna beth mae'r bobl
hynny'n ei ofyn gen ti. Wedyn bydd pobl drwy'r byd i gyd yn dod i dy nabod di ac yn dy
barchu di, yr un fath â phobl Israel. Byddan nhw'n gwybod fod y deml yma wedi'i hadeiladu
i dy anrhydeddu di.

34Hefyd pan fydd dy bobl yn mynd i ryfel yn erbyn eu gelynion, ble bynnag fyddi di'n
eu hanfon nhw. Os byddan nhw'n troi tuag at y ddinas yma rwyt ti wedi'i dewis a'r deml
dw i wedi'i hadeiladu i ti, ac yn gweddïo arnat ti, 35yna gwrando o'r nefoedd ar eu gweddi
nhw am help, a gweithredu ar eu rhan nhw.

[36]Ond pan fydd dy bobl wedi pechu yn dy erbyn di (achos does neb sydd byth yn pechu!)
a thithau'n wyllt gyda nhw, byddi'n gadael i'r gelyn eu dal nhw a'u cymryd yn gaeth i'w
gwlad eu hunain, ble bynnag mae honno. [37]Yna, yn y wlad ble maen nhw'n gaeth, byddan
nhw'n callio ac yn newid eu ffyrdd. Byddan nhw'n troi yn ôl atat ti ac yn pledio'n daer gan
ddweud, 'Dŷn ni wedi pechu a bod yn anffyddlon a gwneud drwg.' [38]Byddan nhw'n troi yn
ôl atat ti o ddifrif yn y wlad lle cawson nhw eu cymryd. Byddan nhw'n troi i weddïo tuag at
eu gwlad a'r ddinas rwyt ti wedi'i dewis, a'r deml dw i wedi'i hadeiladu i ti. [39]Gwranda o'r
nefoedd ar eu gweddi nhw am help, a'u cefnogi nhw. Maddau i dy bobl yr holl bechodau
a'r pethau drwg maen nhw wedi'u gwneud yn dy erbyn di.
[40]Felly, o Dduw, edrych a gwrando ar y gweddïau sy'n cael eu hoffrymu yn y lle yma.
[41]A nawr, o ARGLWYDD Dduw, dos i fyny i dy gartref – ti a dy Arch bwerus! Ac ARGLWYDD Dduw,
boed i dy offeiriaid brofi dy achubiaeth. A boed i'r rhai sy'n ffyddlon i ti lawenhau yn dy
ddaioni. [42]O ARGLWYDD Dduw, paid troi cefn ar yr un wyt wedi'i eneinio. Cofia'r bendithion
gafodd eu haddo i dy was Dafydd."

Cysegru'r Deml

(1 Brenhinoedd 8:62-66)

7 Wrth i Solomon orffen gweddïo, daeth tân i lawr o'r awyr a llosgi'r offrwm a'r aberthau.
Roedd ysblander yr ARGLWYDD yn llenwi'r deml. [2]Roedd yr offeiriaid yn methu mynd
i mewn i deml yr ARGLWYDD am fod ysblander yr ARGLWYDD yn llenwi ei deml. [3]Pan welodd pobl
Israel y tân yn dod i lawr ac ysblander yr ARGLWYDD ar y deml, dyma nhw'n plygu ar eu gliniau
a'u hwynebau ar y palmant. Roedden nhw'n addoli'r ARGLWYDD a diolch iddo drwy ddweud,

"Mae e mor dda aton ni;
Mae ei haelioni yn ddiddiwedd!"

[4]Roedd y brenin, a'r bobl i gyd, yn aberthu anifeiliaid i'r ARGLWYDD. [5]Dyma'r brenin
Solomon yn lladd dau ddeg dau o filoedd o wartheg a chant dau ddeg mil o ddefaid. Dyna
sut gwnaeth Solomon, a'r holl bobl, gyflwyno'r deml i Dduw. [6]Roedd yr offeiriaid yn sefyll
yn eu lle, gyda'r Lefiaid oedd yn canu'r offerynnau i foli'r ARGLWYDD. (Yr offerynnau oedd
y Brenin Dafydd wedi'u gwneud a'u defnyddio ganddo i addoli a chanu, "Mae ei haelioni
yn ddiddiwedd!") Gyferbyn â'r Lefiaid roedd yr offeiriaid yn canu'r utgyrn, tra oedd y dyrfa
yn sefyll. [7]Dyma Solomon yn cysegru canol yr iard o flaen teml yr ARGLWYDD. Dyna ble wnaeth
e offrymu aberthau i'w llosgi'n llwyr, a braster yr offrymau i gydnabod daioni'r ARGLWYDD.
Roedd yr allor bres wnaeth Solomon yn rhy fach i ddal yr holl offrymau. [8]Bu Solomon, a phobl
Israel i gyd yn dathlu a chadw Gŵyl am saith diwrnod. Roedd tyrfa fawr yno o bob rhan o'r
wlad, o Fwlch Chamath yn y gogledd yr holl ffordd i Wadi'r Aifft yn y de.
[9]Yna ar yr wythfed diwrnod dyma nhw'n cynnal cyfarfod. Roedden nhw wedi cysegru'r
allor am saith diwrnod a dathlu'r Ŵyl am saith diwrnod arall. [10]Ar y trydydd ar hugain o'r
seithfed mis dyma Solomon yn anfon y bobl adre. A dyma pawb yn gadael yn hapus ac ar
ben eu digon am fod yr ARGLWYDD wedi bod mor dda i Dafydd a Solomon ac i'w bobl Israel.

Duw yn siarad â Solomon

(2 Brenhinoedd 9:1-9)

[11]Roedd Solomon wedi gorffen adeiladu teml yr ARGLWYDD a phalas y brenin. Gwnaeth
bopeth roedd wedi bod eisiau'i wneud i'r deml a'r palas. [12]A dyma'r ARGLWYDD yn dod at
Solomon yn y nos, a dweud wrtho, "Dw i wedi ateb dy weddi a dewis y lle yma yn deml lle
mae aberthau i'w cyflwyno. [13]Pan fydda i'n gwneud iddi stopio glawio, neu'n galw locustiaid
i ddifa cnydau'r tir, neu'n taro fy mhobl gyda haint, [14]os bydd fy mhobl, ie fy mhobl i, yn
cyfaddef eu bai, gweddïo arna i a'm ceisio i a stopio gwneud pethau drwg, yna bydda i'n
gwrando o'r nefoedd; bydda i'n maddau eu pechod ac yn iacháu eu gwlad.

15 “Bydda i'n gwrando ar y gweddïau sy'n cael eu cyflwyno yn y lle yma. 16 Dw i wedi dewis
a chysegru'r deml yma i fod yn gartref i mi am byth. Bydda i'n gofalu am y lle bob amser.
17 “Dw i eisiau i ti fyw fel gwnaeth dy dad Dafydd, a gwneud popeth dw i'n ddweud – bod
yn ufudd i'r rheolau a'r canllawiau dw i wedi'u rhoi. 18 Yna bydda i'n gwneud i dy deulu di
deyrnasu fel gwnes i addo i Dafydd dy Dad: ‘Un o dy deulu di fydd yn teyrnasu ar Israel am byth.’
19 “Ond os byddwch chi'n troi cefn arna i, a ddim yn dilyn y canllawiau a'r rheolau dw
i wedi'u rhoi i chi; os byddwch chi'n addoli duwiau eraill, 20 yna bydda i'n eu chwynnu nhw
o'r tir dw i wedi'i roi iddyn nhw. Bydda i'n troi cefn ar y deml yma dw i wedi chysegru i mi
fy hun. A bydda i'n eich gwneud chi'n destun sbort ac yn jôc i bawb. 21 Ie, y deml yma hefyd,
oedd yn adeilad mor wych – bydd pawb sy'n mynd heibio yn rhyfeddu ac yn gofyn, ‘Pam
mae'r ARGLWYDD wedi gwneud hyn i'r wlad ac i'r deml yma?’ 22 A bydd eraill yn ateb, ‘Am eu
bod nhw wedi troi cefn ar yr ARGLWYDD, Duw eu hynafiaid, ddaeth â nhw allan o wlad yr Aifft.
Maen nhw wedi cymryd duwiau eraill i'w dilyn a'u haddoli. Dyna pam mae'r ARGLWYDD wedi
gadael i'r dinistr yma ddigwydd.’ ”

Prosiectau adeiladu a llwyddiant Solomon

(1 Brenhinoedd 9:10-28)

8 Roedd dau ddeg mlynedd wedi mynd heibio ers i Solomon ddechrau adeiladu teml yr
ARGLWYDD a'r palas. 2 Aeth ati i ailadeiladu'r trefi roedd Huram wedi'u rhoi iddo, a symud
rhai o bobl Israel i fyw yno. 3 Aeth Solomon i ymladd yn erbyn tref Chamath-soba, a'i choncro.
4 Adeiladodd Tadmor yn yr anialwch, a'r holl ganolfannau lle roedd ei storfeydd yn Chamath.
5 Gwnaeth Beth-choron uchaf a Beth-choron isaf yn gaerau amddiffynnol gyda waliau a giatiau
y gellid eu cloi gyda barrau, 6 hefyd Baalath. Adeiladodd y canolfannau lle roedd ei storfeydd,
a'r trefi ar gyfer y cerbydau a'r ceffylau rhyfel. Roedd Solomon yn adeiladu beth bynnag roedd
e eisiau, yn Jerwsalem, yn Libanus ac ar hyd a lled y wlad.
7 Roedd yna lawer o bobl yn dal i fyw yn y wlad oedd ddim yn Israeliaid – Hethiaid, Amoriaid,
Peresiaid, Hefiaid a Jebwsiaid. 8 (Roedd disgynyddion y bobl yma'n dal yn y wlad, am fod Israel
wedi methu cael gwared â nhw i gyd pan wnaethon nhw goncro'r wlad.) Dyma Solomon yn
gorfodi'r bobl yma i weithio iddo'n ddi-dâl. A dyna'r drefn hyd heddiw. 9 Wnaeth Solomon
ddim gorfodi pobl Israel i weithio iddo fel caethweision. Nhw oedd ei filwyr, ei brif-swyddogion,
capteiniaid ei gerbydau a'i farchogion. 10 Roedd yna ddau gant pum deg ohonyn nhw yn
gweithio i'r Brenin Solomon fel arolygwyr dros y bobl.
11 Yna dyma Solomon yn symud merch y Pharo o ddinas Dafydd i'r palas roedd
e wedi'i adeiladu iddi. “Does dim gwraig i mi yn cael byw ym mhalas Dafydd, brenin Israel –
achos mae ble bynnag mae Arch yr ARGLWYDD wedi bod yn gysegredig.”
12 Yna dyma Solomon yn cyflwyno aberthau i'w llosgi i'r ARGLWYDD ar yr allor roedd
wedi'i chodi o flaen cyntedd y deml. 13 Roedd yn gwneud hyn yn union fel roedd Moses wedi
gorchymyn – bob dydd, ar bob Saboth, ar ŵyl y lleuad newydd bob mis, ac ar y tair gŵyl fawr
arall bob blwyddyn (sef Gŵyl y Bara Croyw, Gŵyl y Cynhaeaf[dd] a Gŵyl y Pebyll). 14 Fel roedd
ei dad Dafydd wedi gorchymyn, trefnodd yr offeiriaid mewn grwpiau gwahanol i gyflawni eu
cyfrifoldebau. Trefnodd y Lefiaid i arwain y mawl ac i helpu'r offeiriaid fel roedd angen pob
dydd. Hefyd gosododd ofalwyr y giatiau yn eu grwpiau i fod yn gyfrifol am y gwahanol giatiau.
Roedd Dafydd, dyn Duw, wedi trefnu hyn i gyd. 15 Wnaethon nhw ddim anghofio unrhyw un
o orchmynion y brenin am yr offeiriaid, y Lefiaid, y trysordai a phopeth arall. 16 Cafodd yr holl
waith orchmynnodd Solomon ei wneud, o'r diwrnod y cafodd y sylfeini eu gosod nes roedd
y deml wedi'i gorffen. Dyna sut cafodd teml yr ARGLWYDD ei hadeiladu.
17 Yna dyma Solomon yn mynd i Etsion-geber, ac i Elat ar yr arfordir yng ngwlad Edom.
18 A dyma Huram yn anfon llongau a morwyr profiadol i fynd gyda'i weision i Offir, a dod
â tua un deg chwech tunnell o aur o'r fan honno i'r Brenin Solomon.

---

dd 8:13 *Gŵyl y Cynhaeaf* Hebraeg, “Gŵyl yr Wythnosau”.

Ymweliad Brenhines Sheba

(1 Brenhinoedd 10:1-13)

9 Roedd brenhines Sheba wedi clywed mor enwog oedd Solomon. Felly dyma hi'n dod
i roi prawf iddo drwy ofyn cwestiynau anodd. Daeth i Jerwsalem gyda'i gwarchodlu yn
grand i gyd, gyda nifer fawr o gamelod yn cario perlysiau, a lot fawr o aur a gemau gwerthfawr.
Aeth i weld Solomon, a'i holi am bob peth oedd ar ei meddwl. 2 Roedd Solomon yn gallu ateb
ei chwestiynau i gyd. Doedd dim byd yn rhy anodd iddo ei esbonio iddi.
3 Roedd y frenhines wedi'i syfrdanu wrth weld mor ddoeth oedd Solomon. A hefyd wrth weld
y palas roedd wedi'i adeiladu, 4 y bwydydd ar ei fwrdd, yr holl swyddogion oedd yn eistedd
yno, pawb oedd yn gweini arno, eu gwisgoedd, a'r wetars i gyd. A hefyd yr holl aberthau
roedd yn eu llosgi i'r ARGLWYDD yn y deml. 5 A dyma hi'n dweud wrth y brenin, "Mae popeth
wnes i glywed amdanat ti'n wir – yr holl bethau rwyt ti wedi'u cyflawni, ac mor ddoeth wyt ti.
6 Doeddwn i ddim wedi credu'r peth nes i mi ddod yma a gweld y cwbl â'm llygaid fy hun. Wir,
doedden nhw ddim wedi dweud yr hanner wrtho i! Mae dy ddoethineb mawr yn fwy o lawer
na beth ddywedwyd wrtho i. 7 Mae'r bobl yma wedi'u bendithio'n fawr – y gweision sy'n
gweini arnat ti o ddydd i ddydd ac yn cael clywed dy ddoethineb di. 8 Bendith ar yr ARGLWYDD
dy Dduw wnaeth dy ddewis di i deyrnasu ar ei ran! Am fod dy Dduw yn caru Israel ac eisiau
iddyn nhw aros am byth, mae wedi dy wneud di yn frenin, i ti lywodraethu'n gyfiawn ac yn deg."
9 A dyma hi'n rhoi pedair tunnell a hanner o aur, llwythi o berlysiau a gemau gwerthfawr
i'r brenin. Welwyd erioed gymaint o berlysiau â'r hyn roedd brenhines Sheba wedi'i roi i'r
Brenin Solomon. 10 (Roedd gweision Huram hefyd, gyda help gweision Solomon, wedi cario
aur o Offir, a llwythi lawer o goed algwm, a gemau gwerthfawr. 11 Dyma'r brenin yn gwneud
grisiau i deml yr ARGLWYDD a phalas y brenin o'r pren algwm, a hefyd telynau a nablau i'r
cerddorion. Doedd neb wedi gweld dim byd tebyg iddyn nhw yng ngwlad Jwda cyn hynny!)
12 Wedyn, dyma'r Brenin Solomon yn rhoi popeth roedd hi eisiau i frenhines Sheba – mwy nag
roedd hi wedi'i roi i'r brenin. A dyma hi'n mynd yn ôl adre i'w gwlad ei hun gyda'i gweision.

Cyfoeth Solomon

(1 Brenhinoedd 10:14-25)

13 Roedd Solomon yn derbyn dau ddeg pum tunnell o aur bob blwyddyn, 14 heb gyfri'r hyn
roedd yn ei dderbyn mewn trethi gan fasnachwyr a'r farchnad sbeis. Roedd holl frenhinoedd
Arabia a llywodraethwyr y rhanbarthau hefyd yn rhoi arian ac aur i Solomon.
15 Gwnaeth Solomon ddau gant o darianau mawr o aur wedi'i guro. Roedd yna tua saith
cilogram o aur ym mhob tarian! 16 Hefyd, tri chant o darianau bach, gyda bron dau gilogram
o aur ym mhob un o'r rheiny. A dyma fe'n eu gosod nhw i fyny ym Mhlas Coedwig Libanus.
17 Wedyn, dyma'r Brenin Solomon yn gwneud gorsedd fawr o ifori wedi'i gorchuddio gydag aur
pur. 18 Roedd yna chwe gris i fyny at yr orsedd. Roedd stôl droed aur o'i blaen a llew yn sefyll
wrth ymyl y breichiau bob ochr. 19 Wedyn roedd un deg dau o lewod yn sefyll ar y grisiau, un
bob ochr i bob gris. Doedd gan yr un deyrnas arall orsedd debyg iddi! 20 Roedd holl gwpanau
y Brenin Solomon wedi'u gwneud o aur, a llestri Plas Coedwig Libanus i gyd o aur pur. Doedd
dim byd wedi'i wneud o arian, achos doedd arian ddim yn cael ei gyfri'n werthfawr iawn
bryd hynny. 21 Roedd gan Solomon fflyd o longau masnach mawr[e] gyda gweision Huram
yn eu hwylio. Bob tair blynedd roedd y llongau hynny'n dod yn ôl gydag aur, arian, ifori,
mwncïod a pheunod.[f]
22 Felly roedd y Brenin Solomon yn fwy cyfoethog ac yn ddoethach nag unrhyw frenin arall
yn unman. 23 Ac roedd brenhinoedd y byd i gyd eisiau dod i ymweld â Solomon i wrando ar
y doethineb roedd yr ARGLWYDD wedi'i roi iddo. 24 Bob blwyddyn roedd pobl yn dod â rhoddion
iddo: llestri arian, llestri aur, dillad, arfau, perlysiau, ceffylau a mulod.

---

e 9:21 *llongau masnach mawr* Hebraeg, "Llongau Tarshish", sef porthladd yn Sbaen. f 9:21 *peunod* neu *babŵns*.

25 Roedd gan Solomon stablau i bedair mil o geffylau cerbyd rhyfel, ac un deg dwy o filoedd
o geffylau. Roedd yn eu cadw nhw mewn rhai trefi penodol ac yn Jerwsalem. 26 Roedd yn
rheoli'r holl wledydd o afon Ewffrates i wlad y Philistiaid, i lawr at y ffin gyda'r Aifft. 27 Roedd
arian mor gyffredin â cherrig yn Jerwsalem, a choed cedrwydd mor gyffredin â'r coed sycamor
sy'n tyfu ym mhobman ar yr iseldir. 28 Roedd ceffylau Solomon wedi'u mewnforio o'r Aifft
a'r gwledydd eraill i gyd.

Crynodeb o deyrnasiad Solomon

(1 Brenhinoedd 11:41-43)

29 Mae gweddill hanes Solomon, o'r dechrau i'r diwedd, i'w weld yn *Negeseuon y Proffwyd
Nathan*, *Proffwydoliaeth Achïa o Seilo* a *Gweledigaethau y Proffwyd Ido am Jeroboam
fab Nebat*. 30 Roedd Solomon yn teyrnasu yn Jerwsalem ar Israel gyfan am bedwar deg
o flynyddoedd. 31 Pan fuodd Solomon farw, dyma nhw'n ei gladdu e yn Ninas Dafydd ei dad.
A dyma Rehoboam, ei fab, yn dod yn frenin yn ei le.

Llwythau'r gogledd yn gwrthryfela

(1 Brenhinoedd 12:1-20)

10 Dyma Rehoboam yn mynd i Sichem, lle roedd pobl Israel gyfan wedi dod i'w wneud
yn frenin. 2 Roedd Jeroboam fab Nebat yn yr Aifft ar y pryd, wedi ffoi yno oddi wrth
y Brenin Solomon. Roedd yn dal yn yr Aifft pan glywodd beth oedd yn digwydd. 3 Ond dyma
bobl Israel yn anfon amdano, a dyma fe'n mynd gyda nhw i weld Rehoboam. 4 "Roedd dy dad
yn ein gweithio ni'n galed, ac yn gwneud bywyd yn faich. Os gwnei di symud y baich a gwneud
pethau'n haws i ni, gwnawn ni dy wasanaethu di." 5 Dyma Rehoboam yn dweud wrthyn nhw,
"Dewch yn ôl mewn deuddydd, i mi gael meddwl am y peth." A dyma nhw'n ei adael.

6 Dyma'r Brenin Rehoboam yn gofyn am farn y cynghorwyr hŷn (y rhai oedd yn gweithio
i Solomon ei dad pan oedd yn dal yn fyw). "Beth ydy'ch cyngor chi? Sut ddylwn ni ateb y bobl
yma?" 7 A dyma nhw'n dweud, "Os byddi di'n garedig a dangos dy fod eisiau eu helpu nhw,
byddan nhw'n weision ffyddlon i ti am byth." 8 Ond dyma Rehoboam yn anwybyddu'u cyngor
nhw, ac yn troi at y cynghorwyr ifanc yn y llys oedd yr un oed ag e. 9 Dyma fe'n gofyn iddyn
nhw, "Beth ydy'ch barn chi? Beth ddylwn i ddweud wrth y bobl yma sy'n gofyn i mi symud
y baich roddodd fy nhad arnyn nhw?" 10 A dyma'r dynion ifainc yn dweud wrtho, "Dwed wrth
y bobl yna sy'n cwyno ac yn gofyn i ti symud y baich roedd dy dad wedi'i roi arnyn nhw, 'Mae
fy mys bach i yn mynd i fod yn gryfach na dad![ff] 11 Oedd fy nhad wedi rhoi baich trwm arnoch
chi? Bydda i'n rhoi baich trymach! Oedd fy nhad yn defnyddio chwip i'ch cosbi chi? Bydda
i'n defnyddio chwip fydd yn rhwygo'ch cnawd chi!' "

12 Dyma Jeroboam, a'r bobl oedd gydag e, yn mynd yn ôl at Rehoboam ar ôl deuddydd, fel
roedd y brenin wedi dweud. 13 Dyma'r brenin Rehoboam yn siarad yn chwyrn gyda nhw ac
yn anwybyddu cyngor y dynion hŷn, 14 a gwrando ar y dynion ifanc. "Oedd fy nhad yn drwm
arnoch chi?" meddai. "Wel, bydda i'n pwyso'n drymach! Oedd fy nhad yn defnyddio chwip
i'ch cosbi chi? Bydda i'n defnyddio chwip fydd yn rhwygo'ch cnawd chi!" 15 Roedd y brenin
yn gwrthod gwrando ar y bobl. Ond roedd llaw Duw tu ôl i'r cwbl oedd yn digwydd, er mwyn
i'r neges roedd wedi'i rhoi i Jeroboam fab Nebat drwy Achïa o Seilo ddod yn wir.

16 Gwelodd y bobl fod y brenin yn gwrthod gwrando arnyn nhw, a dyma nhw'n rhoi'r neges
yma iddo:

"Beth sydd gynnon ni i'w wneud â Dafydd?
  Dŷn ni ddim yn perthyn i deulu Jesse!
Yn ôl adre bobl Israel!
  Cadw dy linach dy hun, Dafydd!"

---

ff 10:10 *Mae … dad* Hebraeg "Mae fy mys bach i yn dewach na chlun fy nhad."

Felly dyma bobl Israel yn mynd adre. 17 (Er, roedd rhai o bobl Israel yn byw yn nhrefi Jwda,
a Rehoboam oedd eu brenin nhw.)
18 Dyma'r Brenin Rehoboam yn anfon Adoniram, swyddog y gweithlu gorfodol at bobl
Israel, ond dyma nhw'n taflu cerrig ato a'i ladd. Felly dyma'r Brenin Rehoboam yn neidio yn
ei gerbyd a dianc yn ôl i Jerwsalem. 19 Mae gwrthryfel llwythau Israel yn erbyn disgynyddion
Dafydd wedi para hyd heddiw.

Proffwydoliaeth Shemaia

(1 Brenhinoedd 12:21-24)

11 Daeth Rehoboam yn ôl i Jerwsalem a galw dynion Jwda a llwyth Benjamin at ei
gilydd. Roedd ganddo gant wyth deg mil o filwyr profiadol i fynd i ryfel yn erbyn
Israel a cheisio ennill y deyrnas yn ôl. 2 Ond cafodd Shemaia y proffwyd neges gan yr ARGLWYDD.
3 "Dwed hyn wrth Rehoboam brenin Jwda ac wrth bobl Israel yn Jwda a Benjamin: 4 'Mae'r
ARGLWYDD yn dweud, "Peidiwch mynd i ryfel yn erbyn eich brodyr. Ewch adre i gyd, am mai fi
sydd wedi gwneud i hyn ddigwydd."' " A dyma nhw'n gwrando ar yr ARGLWYDD a wnaethon
nhw ddim ymosod ar Jeroboam.

Rehoboam yn frenin Jwda

5 Roedd Rehoboam yn byw yn Jerwsalem. Trodd nifer o drefi yn Jwda yn gaerau amddiffynnol:
6 Bethlehem, Etam, Tecoa, 7 Beth-Tswr, Socho, Adwlam, 8 Gath, Maresha, Siff, 9 Adoraim, Lachish,
Aseca, 10 Sora, Aialon, a Hebron. Dyma'r trefi amddiffynnol oedd yn Jwda a Benjamin. 11 Dyma
fe'n cryfhau'r amddiffynfeydd, gosod swyddogion milwrol yno, ac adeiladu stordai i gadw
bwyd, olew olewydd a gwin. 12 Roedd tarianau a gwaywffyn ym mhob un o'r trefi. Gwnaeth
nhw'n hollol saff, a dyna sut cadwodd ei afael ar Jwda a Benjamin.

Offeiriaid a Lefiaid yn symud i Jerwsalem

13 Roedd yr offeiriaid a'r Lefiaid o bob rhan o Israel yn ei gefnogi. 14 Roedd y Lefiaid hyd yn oed
wedi gadael eu tir a'u heiddo a symud i Jwda ac i Jerwsalem, achos roedd Jeroboam a'i feibion
wedi'u rhwystro nhw rhag bod yn offeiriaid i'r ARGLWYDD. 15 Roedd wedi penodi ei offeiriaid ei hun
i wasanaethu wrth yr allorau lleol, ac arwain y bobl i addoli gafr-ddemoniaid a'r teirw ifanc roedd
e wedi'u gwneud. 16 A dyma bawb o lwythau Israel oedd eisiau addoli'r ARGLWYDD, Duw Israel, yn
dilyn y Lefiaid i Jerwsalem. Yno roedden nhw'n gallu cyflwyno aberthau i'r ARGLWYDD, Duw eu
hynafiaid. 17 Roedden nhw'n cryfhau teyrnas Jwda, ac am dair blynedd roedden nhw'n cefnogi
Rehoboam fab Solomon. Buon nhw'n cadw gorchmynion Dafydd a Solomon am y tair blynedd.

Teulu Rehoboam

18 Dyma Rehoboam yn priodi Machalath, oedd yn ferch i Ierimoth (un o feibion Dafydd) ac
Abihaïl (oedd yn ferch i Eliab fab Jesse). 19 Cawson nhw dri o feibion, sef Iewsh, Shemareia
a Saham. 20 Yna, ar ei hôl hi, dyma fe'n priodi Maacha, merch Absalom. Dyma hi'n cael plant
hefyd, sef Abeia, Attai, Sisa a Shlomith. 21 Roedd Rehoboam yn caru Maacha (merch Absalom)
fwy na'i wragedd eraill a'i gariadon. (Roedd ganddo un deg wyth o wragedd a chwe deg
o bartneriaid,[g] a chafodd ddau ddeg wyth o feibion a chwe deg o ferched.)
22 Dyma Rehoboam yn penodi Abeia, oedd yn fab i Maacha, yn bennaeth ar ei frodyr; roedd
e eisiau iddo fod yn frenin ar ei ôl. 23 Yn ddoeth iawn gwnaeth ei feibion i gyd yn gyfrifol am
wahanol drefi amddiffynnol drwy Jwda a Benjamin. Dyma fe'n rhoi digon o fwyd iddyn nhw
a darparu digon o wragedd ar eu cyfer.

---

g 11:21 *o bartneriaid* Mae'r gair Hebraeg yn air am feistres neu bartner cyfreithlon oedd ddim yn wraig i ddyn yn ystyr lawnaf y gair.

11:15 Lefiticus 17:7; Eseia 13:21; 34:14

Yr Aifft yn ymosod ar Jwda

(1 Brenhinoedd 14:25-28)

12 Pan oedd teyrnas Rehoboam wedi'i sefydlu a'i chryfhau, dyma fe a phobl Jwda i gyd
yn troi cefn ar gyfraith yr ARGLWYDD. 2 Felly, yn ystod pumed flwyddyn Rehoboam fel
brenin dyma Shishac, brenin yr Aifft, yn ymosod ar Jerwsalem. Roedden nhw wedi bod yn
anffyddlon i'r ARGLWYDD. 3 Roedd gan Shishac 1,200 o gerbydau rhyfel, 60,000 o farchogion,
a gormod o filwyr i'w cyfrif! Roedden nhw wedi dod gydag e o'r Aifft, ac yn cynnwys milwyr
o Libia, Swccoth ac Affrica.[ng] 4 Dyma fe'n concro trefi amddiffynnol Jwda ac yn mynd i ymosod
ar Jerwsalem.
5 Roedd Rehoboam ac arweinwyr Jwda wedi dod at ei gilydd i Jerwsalem o achos ymosodiaid
Shishac. Dyma'r proffwyd Shemaia yn mynd atyn nhw a dweud wrthyn nhw, "Dyma mae'r
ARGLWYDD yn ei ddweud: 'Am eich bod chi wedi troi cefn arna i, dw i wedi troi cefn arnoch
chi. Dw i'n mynd i adael i Shishac eich dal chi.'" 6 Yna dyma arweinwyr Israel a'r brenin yn
cyfaddef eu bai a dweud, "Mae'r ARGLWYDD yn iawn." 7 Pan welodd yr ARGLWYDD eu bod nhw
wedi syrthio ar eu bai, dyma fe'n rhoi'r neges yma i Shemaia: "Am eu bod wedi syrthio ar eu
bai wna i ddim eu dinistrio nhw. Cân nhw eu hachub yn fuan. Dw i ddim yn mynd i ddefnyddio
Shishac i dywallt fy llid ar Jerwsalem. 8 Ond er hynny bydd rhaid iddyn nhw fod yn weision
iddo, a byddan nhw'n dod i ddeall y gwahaniaeth rhwng fy ngwasanaethu i a gwasanaethu
teyrnasoedd y byd."
9 Felly dyma Shishac, brenin yr Aifft, yn ymosod ar Jerwsalem, a dwyn trysorau teml yr
ARGLWYDD a'r palas brenhinol – cymerodd y cwbl, gan gynnwys yr holl darianau aur roedd
Solomon wedi'u gwneud! 10 Roedd rhaid i'r brenin Rehoboam wneud tarianau pres yn
eu lle i'w rhoi i swyddogion y gwarchodlu brenhinol oedd yn amddiffyn y palas. 11 Roedd
y gwarchodlu brenhinol yn eu defnyddio bob tro roedd y brenin yn mynd i'r deml, ond yna'n
mynd â nhw'n ôl i ystafell y gwarchodlu.
12 Pan syrthiodd Rehoboam ar ei fai wnaeth yr ARGLWYDD ddim ei ddinistrio'n llwyr. Yna
buodd pethau'n dda ar Jwda.

Crynodeb o deyrnasiad Rehoboam

13 Dyma Rehoboam yn cryfhau ei deyrnas yn Jerwsalem. Roedd e'n bedwar deg un pan
gafodd ei wneud yn frenin, a bu'n teyrnasu yn Jerwsalem am un deg a saith o flynyddoedd.
Jerwsalem, y ddinas roedd yr ARGLWYDD wedi dewis byw ynddi o holl lwythau Israel. Enw mam
Rehoboam oedd Naamâ, ac roedd hi'n dod o wlad Ammon. 14 Ond roedd yn frenin drwg am
ei fod heb ddilyn yr ARGLWYDD o ddifrif.
15 Mae hanes Rehoboam, o'r dechrau i'r diwedd, a hanes ei deulu, i'w weld yn *Negeseuon
Shemaia y Proffwyd ac Ido y Gweledydd.* Roedd Rehoboam yn rhyfela yn erbyn Jeroboam,
brenin Israel, drwy gydol ei deyrnasiad. 16 Pan fu farw, cafodd Rehoboam ei gladdu
gyda'i hynafiaid yn ninas Dafydd. Ei fab Abeia ddaeth yn frenin yn ei le.

Abeia yn frenin Jwda

(1 Brenhinoedd 15:1-8)

13 Daeth Abeia yn frenin ar Jwda pan oedd Jeroboam wedi bod yn frenin Israel ers un
deg wyth o flynyddoedd. 2 Bu'n frenin yn Jerwsalem am dair blynedd. Enw ei fam
oedd Michaia, merch Wriel o Gibea.
Dyma ryfel yn dechrau rhwng Abeia a Jeroboam. 3 Aeth Abeia allan i ryfel gyda byddin
o filwyr dewr. Roedd ganddo bedwar can mil o ddynion arbennig. Dyma Jeroboam yn dod allan
yn ei erbyn gyda byddin o wyth can mil o filwyr profiadol dewr. 4 Dyma Abeia'n sefyll ar Fynydd
Semaraïm sydd ym mryniau Effraim, a dweud, "Jeroboam ac Israel gyfan, gwrandwch arna i.

---

ng 12:3 *Affrica* Hebraeg, *Cwsh*. Yr ardal i'r de o wlad yr Aifft, sef gogledd Swdan heddiw.

[5]Onid ydych chi'n gwybod bod yr ARGLWYDD, Duw Israel, wedi ymrwymo i roi'r frenhiniaeth
i Dafydd a'i ddisgynyddion am byth? – a fydd hynny byth yn newid.[h] [6]Ond mae Jeroboam
fab Nebat, gwas Solomon mab Dafydd, wedi gwrthryfela yn erbyn ei feistr. [7]Casglodd griw
o rapsgaliwns diwerth o'i gwmpas. Yna dyma fe'n herio Rehoboam, mab Solomon, pan oedd
e'n ifanc ac ofnus a heb ddigon o nerth i sefyll yn ei erbyn.
[8]"A nawr dyma chi yn bwriadu sefyll yn erbyn teyrnas yr ARGLWYDD sydd wedi cael ei rhoi
i ddisgynyddion Dafydd. Dych chi'n llu mawr gyda'r ddau darw aur mae Jeroboam wedi
gwneud i fod yn dduwiau i chi. [9]Ond dych chi wedi cael gwared a'r offeiriaid, meibion Aaron
a'r Lefiaid, ac wedi gwneud offeiriaid eraill i chi'ch hunain fel y cenhedloedd. Bellach mae
unrhyw un sy'n dod i gysegru ei hunan gyda tharw ifanc a saith hwrdd yn cael bod yn offeiriad
i'r duw sydd ddim yn dduw. [10]Ond ein Duw ni ydy'r ARGLWYDD, a dŷn ni heb droi oddi wrtho.
Meibion Aaron ydy'n hoffeiriaid sy'n ei wasanaethu, a'r Lefiaid yn eu helpu. [11]Maen nhw'n
llosgi aberthau ac arogldarth persawrus i'r ARGLWYDD bob bore a hwyr. Nhw hefyd sy'n rhoi'r
bara i'w osod ar y bwrdd sanctaidd, ac yn cynnau'r lampau ar y ganhwyllbren aur bob gyda'r
nos. Dŷn ni'n dal i gadw gorchmynion yr ARGLWYDD ein Duw, ond dych chi wedi troi oddi wrtho.
[12]Sylwch, Duw ydy'n capten ni a thrwmpedau ei offeiriaid e sy'n ein galw i ryfel. Bobl Israel,
peidiwch ag ymladd yn erbyn Duw eich hynafiaid. Fyddwch chi ddim yn llwyddo."
[13]Dyma Jeroboam yn anfon rhai o'i filwyr i fod yn barod i ymosod o'r tu cefn i fyddin Jwda.
Felly tra oedd e'n wynebu Jwda, roedd eraill yn barod i ymosod o'r tu cefn. [14]Dyma filwyr
Jwda yn gweld y byddai'n rhaid iddyn nhw ymladd o'r tu blaen a'r tu ôl, a dyma nhw'n galw
ar yr ARGLWYDD. Dyma'r offeiriad yn canu'r utgyrn, [15]a dynion Jwda yn rhoi bloedd i ymosod,
a dyma Duw yn taro Jeroboam a byddin Israel gyfan o flaen Abeia a byddin Jwda.
[16]Dyma fyddin Israel yn ffoi o flaen Jwda, a dyma Duw yn eu rhoi yng ngafael dynion Jwda.
[17]Lladdodd Abeia a'i ddynion nifer fawr ohonyn nhw. Roedd pum can mil o ddynion gorau
Israel wedi syrthio'n farw. [18]Collodd Israel y frwydr y diwrnod hwnnw, ac enillodd Jwda am ei
bod wedi dibynnu ar yr ARGLWYDD, Duw eu hynafiaid. [19]Dyma Abeia yn ymlid ar ôl Jeroboam
a chymryd oddi arno drefi Bethel, Ieshana ac Effron a'r pentrefi o'u cwmpas.
[20]Wnaeth Jeroboam ddim ennill grym yn ôl yn ystod cyfnod Abeia. Yna dyma'r ARGLWYDD yn
ei daro a bu farw. [21]Yn y cyfamser, roedd Abeia'n dod yn fwy a mwy pwerus. Roedd ganddo
un deg pedair o wragedd, ac roedd yn dad i ddau ddeg dau o feibion ac un deg chwech
o ferched. [22]Mae gweddill hanes Abeia, beth wnaeth e a'r pethau ddwedodd e, i'w gweld
yn ysgrifau'r proffwyd Ido.

Asa yn frenin Jwda

14 Pan fu farw, cafodd Abeia ei gladdu yn ninas Dafydd. Daeth Asa ei fab yn frenin yn
ei le. Pan ddaeth e'n frenin roedd heddwch yn y wlad am ddeg mlynedd. [2]Roedd Asa
yn gwneud beth oedd yn dda ac yn plesio'r ARGLWYDD. [3]Dyma fe'n cael gwared â'r allorau
paganaidd a'r temlau lleol, malu'r colofnau cysegredig a thorri i lawr bolion y dduwies Ashera.
[4]Dyma fe'n dweud wrth bobl Jwda fod rhaid iddyn nhw addoli'r ARGLWYDD, Duw eu hynafiaid,
a chadw ei ddysgeidiaeth a'i orchmynion. [5]Dyma fe'n cael gwared â'r holl allorau lleol a'r
llestri dal arogldarth o drefi Jwda. Roedd heddwch yn y wlad pan oedd e'n frenin.
[6]Dyma Asa'n adeiladu trefi amddiffynnol yn Jwda tra oedd y wlad yn dawel. Doedd dim
rhyfel yn y cyfnod hwnnw am fod yr ARGLWYDD wedi rhoi heddwch iddo. [7]Dwedodd Asa wrth
bobl Jwda, "Gadewch i ni adeiladu'r trefi yma gyda waliau a thyrau o'u cwmpas, a giatiau
gyda barrau i'w cloi. Mae'r wlad yma'n dal gynnon ni am ein bod wedi ceisio yr ARGLWYDD
ein Duw. Dŷn ni wedi'i geisio, ac mae e wedi rhoi heddwch i ni o bob cyfeiriad." Felly dyma
nhw'n adeiladu ac roedden nhw'n llwyddiannus iawn.
[8]Roedd gan Asa 300,000 o filwyr yn Jwda yn cario tarianau mawr a gwaywffyn. Gyda nhw
roedd 280,000 o ddynion o lwyth Benjamin wedi'u harfogi gyda tharianau bach a bwasaeth.

h 13:5 *fydd hyn … newid* Hebraeg, "drwy ymrwymiad halen" (cf. Lefiticus 2:13 a Numeri 18:19).

Roedden nhw i gyd yn filwr profiadol. 9 Un tro dyma Serach o Cwsh yn nwyrain Affrica yn
ymosod arnyn nhw gyda byddin o filiwn o ddynion a thri chant o gerbydau rhyfel. Wrth iddyn
nhw gyrraedd Maresha 10 roedd Asa a'i fyddin yn Nyffryn Seffatha (heb fod yn bell o Maresha)
yn trefnu'u hunain yn rhengoedd i'w gwrthwynebu.
11 Dyma Asa'n gweddïo ar yr ARGLWYDD ei Dduw: "ARGLWYDD, dim ond ti sy'n gallu helpu'r
gwan pan mae byddin enfawr yn dod yn eu herbyn nhw. Helpa ni ARGLWYDD ein Duw, dŷn ni'n
dibynnu arnat ti. Dŷn ni wedi dod allan yn erbyn y fyddin enfawr yma ar dy ran di. O ARGLWYDD
ein Duw, paid gadael i ddyn ennill yn dy erbyn di."
12 Felly dyma'r ARGLWYDD yn galluogi'r brenin Asa a byddin Jwda i orchfygu'r fyddin o Cwsh
yn nwyrain Affrica. Dyma'r Affricanwyr yn ffoi 13 gydag Asa a'i fyddin yn mynd ar eu holau
cyn belled â Gerar. Cafodd byddin Cwsh ei difa'n llwyr gan yr ARGLWYDD a'i fyddin. A dyma
Asa a'i ddynion yn casglu lot fawr o ysbail. 14 Dyma nhw'n concro'r trefi o gwmpas Gerar
i gyd, am fod yr ARGLWYDD wedi gwneud i'r rheiny banicio. A dyma filwyr Jwda yn casglu
llwythi o bethau gwerthfawr o'r trefi hynny hefyd. 15 A dyma nhw'n ymosod ar bebyll y rhai
oedd yn gofalu am yr anifeiliaid, a dwyn llawer iawn o ddefaid a chamelod cyn mynd yn
ôl i Jerwsalem.

Diwygiadau Crefyddol Asa

15 1 Dyma ysbryd Duw yn dod ar Asareia fab Oded, 2 a dyma fe'n mynd at y Brenin Asa
a dweud: "Gwrandwch arna i, Asa a phobl Jwda a Benjamin i gyd. Bydd yr ARGLWYDD
gyda chi tra dych chi'n ffyddlon iddo fe. Bydd e'n ymateb pan fyddwch chi'n ei geisio. Ond
os byddwch chi'n troi'ch cefn arno, bydd e'n troi ei gefn arnoch chi. 3 Roedd Israel heb y Duw
go iawn am amser maith, heb offeiriaid i'w dysgu a heb Gyfraith. 4 Ond yn eu helynt dyma
nhw'n troi at yr ARGLWYDD, Duw Israel. Dyma nhw'n ei geisio, a dyma fe'n ymateb. 5 Yr adeg
yna doedd hi ddim yn saff i neb fynd a dod, am fod yna helyntion ofnadwy yn y gwledydd
i gyd. 6 Roedd un wlad yn dinistrio'r llall, a'r trefi yn dinistrio'i gilydd, am fod Duw wedi dod
â phob math o helyntion arnyn nhw. 7 Ond byddwch chi'n ddewr a pheidio llaesu dwylo,
oherwydd fe gewch chi wobr am eich gwaith."
8 Roedd Asa'n teimlo'n llawer mwy hyderus ar ôl clywed beth ddwedodd y proffwyd
Oded. Dyma fe'n cael gwared â'r holl eilunod ffiaidd oedd yn Jwda a Benjamin a'r trefi
roedd wedi'u concro ym mryniau Effraim. Yna dyma fe'n trwsio'r allor oedd o flaen cyntedd
teml yr ARGLWYDD.
9 Casglodd bobl Jwda a Benjamin at ei gilydd, gyda phobl llwythau Effraim, Manasse
a Simeon oedd wedi dod atyn nhw i fyw (Roedd llawer iawn o bobl wedi symud o Israel i Jwda
ar ôl gweld fod yr ARGLWYDD ei Dduw gydag Asa.) 10 Dyma nhw'n dod i Jerwsalem yn y trydydd
mis pan oedd Asa wedi bod yn frenin am un deg pump o flynyddoedd. 11 Dyma nhw'n aberthu
i'r ARGLWYDD rai o'r anifeiliaid roedden nhw wedi'u cymryd yn ysbail, gan gynnwys saith
gant o wartheg a saith mil o ddefaid. 12 Wedyn, dyma nhw'n gwneud ymrwymiad i geisio yr
ARGLWYDD, Duw eu hynafiaid, o ddifrif. 13 Byddai pawb oedd yn gwrthod gwneud hynny yn cael
eu lladd, hen ac ifanc, dynion a merched. 14 Dyma nhw'n tyngu llw i'r ARGLWYDD gan weiddi,
canu utgyrn a chwythu'r corn hwrdd.[i] 15 Roedd pobl Jwda i gyd yn hapus i gymryd y llw, achos
roedden nhw'n hollol o ddifrif. Roedden nhw wedi ceisio'r ARGLWYDD, ac roedd yntau wedi
ymateb. Roedd yr ARGLWYDD wedi rhoi heddwch iddyn nhw o bob cyfeiriad.
16 Yna dyma'r Brenin Asa yn diswyddo ei nain, Maacha, o fod yn fam-frenhines, am ei
bod wedi gwneud polyn Ashera ffiaidd. Torrodd y polyn i lawr, ei falu'n fân, a'i losgi wrth
Ddyffryn Cidron. 17 Er ei fod heb gael gwared â'r allorau lleol yn Israel roedd Asa yn ffyddlon
i'r ARGLWYDD ar hyd ei oes. 18 Daeth â'r celfi roedd e a'i dad wedi'u cysegru (rhai aur, arian,
a llestri eraill), a'u gosod yn nheml Dduw.
19 Fuodd dim rhyfel arall nes oedd Asa wedi bod yn frenin am dri deg pump o flynyddoedd.

---

i 15:14 *corn hwrdd* Hebraeg, *shoffar.*

Blynyddoedd olaf teyrnasiad Asa

(1 Brenhinoedd 15:17-22)

16 Pan oedd Asa wedi bod yn frenin ers bron dri deg chwech o flynyddoedd, dyma Baasha,
brenin Israel, yn ymosod ar Jwda ac yn adeiladu Rama yn gaer filwrol i rwystro pobl
rhag mynd a dod i diriogaeth Asa brenin Jwda. 2 Dyma Asa yn cymryd y cwbl o'r arian a'r
aur oedd ar ôl yn stordai teml yr ARGLWYDD a stordai palas y brenin, a'i anfon gyda'r neges
yma i Ben-hadad,[I] brenin Syria, yn Damascus:

3 "Dw i eisiau gwneud cytundeb heddwch gyda ti, fel roedd yn arfer bod rhwng fy nhad
a dy dad di. Dw i'n anfon yr arian a'r aur yma i ti. Dw i eisiau i ti dorri'r cytundeb sydd
rhyngot ti a Baasha, brenin Israel, er mwyn iddo stopio ymosod arnon ni."

4 Dyma Ben-hadad yn derbyn cynnig y Brenin Asa, a dyma fe'n dweud wrth swyddogion
ei fyddin am ymosod ar drefi Israel. Dyma nhw'n taro Îon, Dan, Abel-maim a chanolfannau
storfeydd Nafftali. 5 Pan glywodd Baasha am hyn, dyma fe'n rhoi'r gorau i'r prosiect o adeiladu
Rama. 6 Yna dyma'r Brenin Asa yn anfon pobl Jwda i nôl y cerrig a'r coed roedd Baasha wedi
bod yn eu defnyddio i adeiladu Rama. Yna dyma Asa yn eu defnyddio nhw i adeiladau Geba
yn Benjamin a Mitspa.

Neges y proffwyd Chanani

7 Tua'r adeg honno dyma'r proffwyd Chanani yn mynd at Asa, brenin Jwda, a dweud
wrtho, "Am dy fod wedi gofyn am help brenin Syria yn lle trystio'r ARGLWYDD, dy Dduw, wnei
di byth orchfygu byddin Syria. 8 Oedd gan yr Affricaniaid a'r Libiaid ddim byddinoedd mawr
gyda llawer iawn o gerbydau a marchogion? Ond am dy fod wedi trystio'r ARGLWYDD dyma
fe'n gadael i ti ennill y frwydr. 9 Mae'r ARGLWYDD yn gwylio popeth sy'n digwydd ar y ddaear,
ac yn barod i helpu'r rhai sy'n ei drystio fe'n llwyr. Ti wedi bod yn ffŵl. Byddi di'n ymladd
rhyfeloedd yn ddi-stop o hyn ymlaen."

10 Roedd Asa wedi gwylltio gyda'r proffwyd am siarad fel yna, a dyma fe'n ei roi yn y carchar.
Bryd hynny dechreuodd Asa orthrymu rhai o'r bobl hefyd.

Crynodeb o deyrnasiad Asa

(1 Brenhinoedd 15:23-24)

11 Mae hanes Asa, o'r dechrau i'r diwedd, i'w weld yn y sgrôl *Hanes Brenhinoedd Jwda
ac Israel.* 12 Pan oedd Asa wedi bod yn frenin am bron dri deg naw o flynyddoedd dyma fe'n
dechrau dioddef o glefyd ar ei draed. Er ei fod e'n dioddef yn ddifrifol o'r afiechyd wnaeth
e ddim gofyn am help yr ARGLWYDD, dim ond y meddygon. 13 Pan fuodd Asa farw, ar ôl bod yn
frenin am dros bedwar deg o flynyddoedd; 14 cafodd ei gladdu yn y bedd roedd e wedi trefnu
ei chloddio o'r graig yn ninas Dafydd. Cafodd ei roi i orwedd ar elor oedd wedi'i gorchuddio
gyda pherlysiau a gwahanol bersawrau. A dyma nhw'n llosgi coelcerth enfawr i'w anrhydeddu.

Jehosaffat yn frenin Jwda

17 Daeth ei fab Jehosaffat yn frenin yn ei le, ac aeth ati i gryfhau'r deyrnas iddi allu
gwrthsefyll Israel. 2 Rhoddodd filwyr yn y trefi amddiffynnol a gosod garsiynau drwy
wlad Jwda i gyd, ac yn y trefi roedd Asa ei dad wedi'i hennill oddi ar Effraim.

3 Roedd yr ARGLWYDD gyda Jehosaffat am ei fod, ar ddechrau ei deyrnasiad, yn dilyn ffyrdd ei
hynafiad Dafydd. Doedd e ddim yn addoli duwiau Baal. 4 Roedd yn addoli Duw ei hynafiaid ac
yn cadw'i orchmynion, yn wahanol i bobl Israel. 5 Felly dyma'r ARGLWYDD yn gwneud ei deyrnas
yn gadarn. Roedd pobl Jwda i gyd yn dod ag anrhegion i Jehosaffat, a daeth yn gyfoethog
iawn, ac roedd parch mawr ato. 6 Roedd yn benderfynol o ddilyn yr ARGLWYDD a chael gwared
â'r holl allorau lleol a pholion y dduwies Ashera o Jwda.

I 16:2 *Ben-hadad* Ben-hadad I, brenin Syria rhwng 885 CC a 865 CC.

7Yn ystod ei drydedd flwyddyn fel brenin dyma Jehosaffat yn anfon pump o'i swyddogion
allan i drefi Jwda i ddysgu'r bobl am Gyfraith Duw. Enwau'r pump oedd Ben-chaîl, Obadeia,
Sechareia, Nethanel a Michaia. 8Ac roedd naw o Lefiaid yn eu helpu, sef Shemaia, Nethaneia,
Sebadeia, Asahel, Shemiramoth, Jonathan, Adoneia, Tobeia a Tob-adoneia. Roedd Elishama
a Joram yr offeiriaid gyda nhw hefyd. 9Buon nhw'n teithio o gwmpas trefi Jwda i gyd yn
dysgu'r bobl o Lyfr Cyfraith yr ARGLWYDD.
10Roedd yr ARGLWYDD wedi codi ofn ar y gwledydd o gwmpas Jwda, a doedd neb am fynd
i ryfel yn erbyn Jehosaffat. 11Dyma rai o'r Philistiaid yn dod ag anrhegion a llwyth o arian
i Jehosaffat, i dalu teyrnged iddo fel brenin. Daeth yr Arabiaid ag anifeiliaid iddo: 7,700
o hyrddod a 7,700 o fychod geifr. 12Roedd Jehosaffat yn fwy a mwy pwerus, ac adeiladodd
gaerau a chanolfannau storio yn Jwda. 13Roedd ganddo lot fawr wedi'i gadw yn y canolfannau
hynny, a byddin o filwyr profiadol yn Jerwsalem. 14Roedd y rhain wedi'u rhannu yn ôl eu
llwythau fel hyn:

Capteiniaid ar unedau o fil o Jwda:

Adna – yn gapten ar dri chan mil o filwyr profiadol, dewr.

15 Iehochanan – yn gapten ar 280,000.

16 Amaseia fab Sichri (oedd wedi gwirfoddoli i wasanaethu yr ARGLWYDD) – roedd 200,000 o filwyr profiadol, dewr gydag e.

17Wedyn o lwyth Benjamin:

Eliada, oedd yn filwr profiadol a dewr. Roedd 200,000 o filwyr gydag e yn cario bwasaeth a tharian.

18 Iehosafad – gyda 180,000 o filwyr arfog.

19Roedd y rhain i gyd yn gwasanaethu'r brenin, heb sôn am y rhai oedd wedi'u gosod yn
y caerau amddiffynnol ar hyd a lled Jwda.

Jehosaffat ac Ahab

(1 Brenhinoedd 22:1-9)

18 Roedd Jehosaffat yn gyfoethog iawn ac roedd parch mawr ato. Ond dyma fe'n
gwneud cytundeb gwleidyddol gydag Ahab, a'i selio drwy gael ei fab i briodi merch
Ahab. 2Yna rai blynyddoedd yn ddiweddarach dyma fe'n mynd i ymweld ag Ahab yn Samaria.
Dyma Ahab yn lladd llawer iawn o ddefaid a gwartheg i baratoi gwledd fawr i anrhydeddu
Jehosaffat a'i swyddogion, a'i berswadio i fynd gydag e i ymosod ar Ramoth-gilead. 3Dyma
Ahab, brenin Israel, yn gofyn i Jehosaffat, "Ddoi di gyda mi i ymladd am Ramoth-gilead?"
Atebodd Jehosaffat, "Dw i gyda ti. Bydd fy myddin yn dy helpu yn y frwydr." 4Yna dyma
Jehosaffat yn ychwanegu, "Ond gad i ni'n gyntaf holi beth mae'r ARGLWYDD yn ei ddweud."
5Felly dyma frenin Israel yn casglu'r proffwydi at ei gilydd – roedd tua pedwar cant ohonyn
nhw. Gofynnodd iddyn nhw, "Ddylwn i ymosod ar Ramoth-gilead neu ddim?" A dyma nhw'n
ateb, "Dos! Bydd Duw yn rhoi buddugoliaeth i'r brenin!" 6Ond dyma Jehosaffat yn gofyn,
"Oes yna ddim un o broffwydi'r ARGLWYDD yma, i ni ofyn iddo fe hefyd?" 7A dyma frenin Israel
yn ateb, "Oes, mae yna un dyn gallwn holi'r ARGLWYDD drwyddo. Ond dw i'n ei gasáu e, achos
dydy e erioed wedi proffwydo dim byd da i mi, dim ond drwg. Ei enw e ydy Michea fab Imla."
"Paid siarad fel yna," meddai Jehosaffat. 8Felly dyma frenin Israel yn galw swyddog draw
a dweud wrtho, "Brysia! Tyrd â Michea fab Imla yma."

Proffwydoliaeth Michea

(1 Brenhinoedd 22:10-28)

9Roedd brenin Israel a Jehosaffat, brenin Jwda, yn eu gwisgoedd brenhinol, yn eistedd ar
orseddau yn y sgwâr wrth giât i ddinas Samaria. O'u blaenau roedd yr holl broffwydi wrthi'n
proffwydo. 10Dyma Sedeceia fab Cenaana yn gwneud cyrn haearn. A dyma fe'n cyhoeddi,
"Dyma mae'r ARGLWYDD yn ei ddweud: 'Byddi di'n cornio'r Syriaid gyda'r rhain, ac yn eu difa

nhw.' " [11]Ac roedd y proffwydi eraill i gyd yn dweud yr un fath. "Dos i ymosod ar Ramoth-gilead.
Byddi'n ennill y frwydr! Mae'r ARGLWYDD yn mynd i roi buddugoliaeth i ti."
[12]Dyma'r un oedd wedi mynd i nôl Michea yn dweud wrtho, "Gwranda, mae'r proffwydi
i gyd yn cytuno fod y brenin yn mynd i lwyddo. Dwed di'r un peth, a proffwyda lwyddiant
iddo." [13]Ond dyma Michea'n ei ateb, "Mor sicr â bod yr ARGLWYDD yn fyw, fydda i ond yn dweud
beth fydd Duw yn ei ddweud wrtho i."
[14]Pan ddaeth e at y brenin dyma'r brenin yn gofyn iddo, "Michea, ddylwn i ymosod ar
Ramoth-gilead neu ddim?" A dyma fe'n ateb, "Dos di! Byddi'n llwyddo. Bydd Duw yn rhoi
buddugoliaeth i ti!" [15]Ond dyma'r brenin yn dweud wrtho, "Faint o weithiau ydw i wedi
gwneud i ti addo o flaen yr ARGLWYDD y byddi'n dweud dim byd ond y gwir wrtho i?" [16]A dyma
Michea'n dweud,

"Gwelais Israel gyfan ar wasgar dros y bryniau,
fel defaid heb fugail.
A dyma'r ARGLWYDD yn dweud,
'Does ganddyn nhw ddim meistri.
Dylen nhw i gyd fynd adre'n dawel.' "

[17]A dyma frenin Israel yn dweud wrth Jehosaffat, "Wnes i ddim dweud wrthot ti? Dydy hwn
byth yn proffwydo dim byd da i mi, dim ond drwg."
[18]A dyma Michea'n dweud, "Felly, gwrando ar neges yr ARGLWYDD. Gwelais yr ARGLWYDD yn
eistedd ar ei orsedd, a'i fyddin o angylion yn sefyll bob ochr iddo. [19]A dyma'r ARGLWYDD yn
gofyn, 'Pwy sy'n gallu twyllo Ahab, brenin Israel, a gwneud iddo ymosod ar Ramoth-gilead
a chael ei ladd yno?' Ac roedd pawb yn cynnig syniadau gwahanol. [20]Ond yna dyma ysbryd
yn dod a sefyll o flaen yr ARGLWYDD, a dweud, 'Gwna i ei dwyllo fe.' A dyma'r ARGLWYDD yn gofyn
iddo, 'Sut?' [21]'Gwna i fynd allan fel ysbryd celwyddog a siarad drwy ei broffwydi e,' meddai.
A dyma'r ARGLWYDD yn dweud, 'Dos i wneud hynny. Byddi'n llwyddo i'w dwyllo.' [22]Felly, wyt
ti'n gweld? Mae'r ARGLWYDD wedi gwneud i dy broffwydi di ddweud celwydd. Mae'r ARGLWYDD
am wneud drwg i ti."
[23]Yna dyma Sedeceia fab Cenaana yn camu ymlaen a rhoi dyrnod i Michea ar ei ên, a gofyn,
"Sut wnaeth Ysbryd yr ARGLWYDD fy ngadael i a dechrau siarad â ti?"
[24]A dyma Michea'n ateb, "Cei weld ar y diwrnod hwnnw pan fyddi di'n chwilio am ystafell
o'r golwg yn rhywle i guddio ynddi!"
[25]Yna dyma frenin Israel yn dweud, "Arestiwch Michea a'i roi yng ngofal Amon, rheolwr
y ddinas, a Joas fy mab. [26]Dwedwch wrthyn nhw, 'Mae'r brenin yn dweud, "Cadwch hwn yn
y carchar, a rhoi dim byd ond ychydig fara a dŵr iddo nes bydda i wedi dod yn ôl yn saff." ' "
[27]A dyma Michea'n dweud, "Os ddoi di yn ôl yn saff, dydy'r ARGLWYDD ddim wedi siarad trwof
fi." A dyma fe'n dweud wrth y bobl oedd yno, "Cofiwch chi beth ddwedais i!"

Ahab yn cael ei ladd yn y frwydr

(1 Brenhinoedd 22:29-35)

[28]Dyma frenin Israel a Jehosaffat, brenin Jwda, yn mynd i ymosod ar Ramoth-gilead.
[29]A dyma frenin Israel yn dweud wrth Jehosaffat, "Dw i'n mynd i wisgo dillad gwahanol
i fynd i ryfel, ond gwisga di dy ddillad brenhinol." Felly dyma frenin Israel yn newid ei ddillad
a dyma nhw'n mynd i'r frwydr.
[30]Roedd brenin Syria wedi rhoi gorchymyn i'r capteiniaid oedd ganddo ar ei gerbydau,
"Peidiwch poeni ymladd gyda neb, yn filwyr cyffredin na swyddogion, dim ond gyda brenin
Israel." [31]Pan welodd y capteiniaid Jehosaffat dyma nhw'n dweud, "Mae'n rhaid mai fe ydy
brenin Israel!" Felly dyma nhw'n troi i fynd ar ei ôl. Ond wrth i Jehosaffat weiddi, dyma'r
ARGLWYDD yn ei helpu. Dyma Duw yn eu harwain nhw i ffwrdd oddi wrtho. [32]Roedden nhw'n
gweld mai nid brenin Israel oedd e, a dyma nhw'n gadael llonydd iddo. [33]Yna dyma rhyw
filwr yn digwydd saethu â'i fwa ar hap a tharo brenin Israel rhwng dau ddarn o'i arfwisg.

A dyma'r brenin yn dweud wrth yrrwr ei gerbyd, "Tro yn ôl! Dos â fi allan o'r frwydr. Dw i wedi
cael fy anafu!" 34Aeth y frwydr yn ei blaen drwy'r dydd. Roedd brenin Israel yn cael ei ddal
i fyny yn ei gerbyd yn gwylio'r Syriaid. Yna gyda'r nos, wrth i'r haul fachlud, dyma fe'n marw.
19 Pan gyrhaeddodd Jehosaffat adre'n ôl yn saff i'r palas yn Jerwsalem, 2dyma'r
proffwyd Jehw fab Chanani yn mynd i'w weld. Dyma fe'n dweud wrth y brenin,
"Ydy'n iawn dy fod ti'n helpu'r dyn drwg yna, Ahab, a gwneud ffrindiau hefo pobl sy'n casáu
yr ARGLWYDD? Mae'r ARGLWYDD wedi digio go iawn hefo ti am wneud y fath beth. 3Ac eto ti wedi
gwneud pethau da. Rwyt ti wedi cael gwared â pholion y dduwies Ashera o'r wlad ac wedi
bod yn benderfynol o ddilyn yr ARGLWYDD."

Jehosaffat yn penodi barnwyr

4Roedd Jehosaffat yn byw yn Jerwsalem, ond roedd yn mynd allan at y bobl i bob rhan
o'r wlad, o Beersheba i fryniau Effraim, i'w hannog nhw i droi'n ôl at yr ARGLWYDD, Duw
ei hynafiaid. 5Penododd farnwyr ym mhob un o drefi caerog Jwda, 6a dweud wrthyn nhw,
"Gwyliwch beth dych chi'n wneud. Dim plesio pobl ydy'ch gwaith chi. Dych chi'n barnu ar ran
yr ARGLWYDD, a bydd e gyda chi wrth i chi wneud hynny. 7Dangoswch barch ato a gwneud beth
sy'n iawn. Dydy'r ARGLWYDD ddim yn hoffi anghyfiawnder, dangos ffafriaeth na derbyn breib."
8Yn Jerwsalem dyma Jehosaffat hefyd yn penodi Lefiaid, offeiriaid a rhai o benaethiaid
Israel i farnu ar ran yr ARGLWYDD ac i ddyfarnu unrhyw achosion rhwng y bobl. 9Dyma fe'n
dweud wrthyn nhw, "Rhaid i chi ddangos parch at yr ARGLWYDD a gwneud y gwaith yn onest ac
yn ddidwyll. 10Pan fydd eich pobl sy'n byw yn y pentrefi yn dod ag achos atoch, rhybuddiwch
nhw i beidio pechu yn erbyn yr ARGLWYDD. (Bydd achosion o dywallt gwaed a materion eraill
yn ymwneud â'r gyfraith a deddfau a rheolau gwahanol.) Os na wnewch chi eu rhybuddio
nhw bydd Duw yn ddig gyda chi a'ch cydweithwyr. Ond os byddwch chi'n ufudd, fyddwch chi
ddim yn euog. 11Amareia'r offeiriad fydd â'r gair olaf ar unrhyw fater yn ymwneud â cyfraith
yr ARGLWYDD. A Sebadeia fab Ishmael, arweinydd llwyth Jwda, fydd yn delio gyda phopeth sy'n
ymwneud â'r brenin. Bydd y Lefiaid yn gweithredu fel swyddogion gweinyddol. Gwnewch eich
gwaith yn hyderus! Bydd yr ARGLWYDD gyda'r rhai sy'n gwneud job dda ohoni!"

Llwyddiant milwrol Jehosaffat

20 Beth amser wedyn dyma fyddinoedd Moab ac Ammon, a rhai o'r Mewniaid gyda
nhw, yn dod i ryfela yn erbyn Jehosaffat. 2Daeth negeswyr i ddweud wrth Jehosaffat,
"Mae yna fyddin enfawr yn dod yn dy erbyn o gyfeiriad Edom, yr ochr draw i'r Môr Marw. Maen
nhw yn Chatsason-tamar yn barod!" (Enw arall ar En-gedi oedd Chatsason-tamar.) 3Roedd
Jehosaffat wedi dychryn wrth glywed hyn, a dyma fe'n troi at yr ARGLWYDD am arweiniad.
Gorchmynnodd fod pawb yn Jwda i ymprydio. 4Felly dyma bobl Jwda yn dod at ei gilydd
i ofyn i'r ARGLWYDD am help. Roedden nhw wedi dod o bob un o drefi Jwda.
5Safodd Jehosaffat gyda'r dyrfa o flaen yr iard newydd yn y deml. 6A dyma fe'n gweddïo,
"O ARGLWYDD, Duw ein hynafiaid, onid ti ydy'r Duw yn y nefoedd sy'n llywodraethu dros
holl deyrnasoedd y byd? Ti'n Dduw nerthol a grymus, a does neb yn gallu sefyll yn dy
erbyn. 7Onid ti, ein Duw, wnaeth yrru'r bobl oedd yn byw yn y wlad yma allan o flaen dy
bobl Israel? Ti wnaeth roi'r tir yma i ddisgynyddion Abraham dy ffrind, am byth. 8Maen
nhw wedi byw yma, ac wedi adeiladu teml i dy anrhydeddu di, gan gredu, 9'Os daw unrhyw
drychineb, fel byddin yn ymosod, cael ein barnu drwy haint neu newyn, gallwn ddod i sefyll
yma o dy flaen, o flaen y deml (gan dy fod ti'n bresennol yma). Gallwn alw arnat ti a byddi'n
gwrando ac yn ein hachub ni.' 10Ond nawr mae byddinoedd Ammon, Moab a Mynydd Sei
yn ymosod arnon ni! Dyma'r bobloedd wnest ti ddim gadael i Israel eu concro ar y fford
allan o'r Aifft. Roedd rhaid i bobl Israel fynd heibio iddyn nhw a pheidio'u difa. 11Ac edrych
sut maen nhw'n talu'n ôl i ni nawr! Maen nhw'n dod i'n gyrru ni allan o'r tir wnest ti e
roi i ni. 12Ein Duw, plîs wnei di eu cosbi nhw? Dŷn ni ddim ddigon cryf i wrthsefyll y fyddi

enfawr yma sy'n ymosod arnon ni. Dŷn ni ddim yn gwybod beth i'w wneud. Dŷn ni'n troi
atat ti am help."
13 Roedd dynion Jwda i gyd yn sefyll o flaen yr ARGLWYDD gyda'i babis bach, eu gwragedd a'u
plant. 14 Yna yng nghanol y dyrfa dyma Ysbryd yr ARGLWYDD yn disgyn ar un o'r Lefiaid o dylwyth
Asaff, sef Iachsiel fab Sechareia (ŵyr i Benaia fab Jeiel, mab Mataneia). 15 Dyma fe'n dweud,
"Gwrandwch bobl Jwda, a chi sy'n byw yn Jerwsalem, a'r Brenin Jehosaffat. Dyma mae'r ARGLWYDD yn ei ddweud wrthoch chi, 'Peidiwch bod ag ofn a pheidiwch panicio am y fyddin fawr yma. Brwydr Duw ydy hon nid eich brwydr chi.
16 Ewch allan yn eu herbyn yfory pan fyddan nhw'n dod i fyny drwy Fwlch Sis. Byddan nhw ym mhen draw'r ceunant, o flaen Anialwch Ierwel.
17 Fyddwch chi ddim yn gorfod ymladd y frwydr yma. Byddwch yn sefyll lle rydych chi, ac yn gweld yr ARGLWYDD yn eich achub, bobl Jwda a Jerwsalem. Peidiwch bod ag ofn na phanicio. Ewch allan yn eu herbyn yfory; mae'r ARGLWYDD gyda chi!' "
18 Yna dyma Jehosaffat yn ymgrymu â'i wyneb ar lawr, a dyma bobl Jwda a'r rhai oedd yn
byw yn Jerwsalem yn plygu i lawr i addoli'r ARGLWYDD.
19 Yna dyma'r Lefiaid o deulu Cohath a theulu Cora yn sefyll a chanu mawl i'r ARGLWYDD, Duw Israel, ar dop eu lleisiau.
20 Yn gynnar y bore wedyn dyma nhw'n martsio allan i gyfeiriad Anialwch Tecoa. Pan oedden nhw ar fin gadael dyma Jehosaffat yn sefyll a dweud, "Gwrandwch arna i bobl Jwda, a chi sy'n byw yn Jerwsalem. Os gwnewch chi drystio'r ARGLWYDD eich Duw, byddwch yn iawn. Credwch beth ddwedodd ei broffwydi a byddwch yn llwyddo."
21 Ar ôl trafod gyda'r bobl dyma fe'n gosod cerddorion o flaen y fyddin i addoli'r ARGLWYDD sydd mor hardd yn ei gysegr, a chanu,

"Diolchwch i'r ARGLWYDD;
Mae ei haelioni yn ddiddiwedd!"

22 Wrth iddyn nhw ddechrau gweiddi a moli dyma'r ARGLWYDD yn cael grwpiau i ymosod ar fyddinoedd Ammon, Moab a Mynydd Seir oedd yn dod i ryfela yn erbyn Jwda, a'u trechu nhw.
23 Dyma filwyr Ammon a Moab yn ymosod ar filwyr Mynydd Seir a'u dinistrio nhw'n llwyr. Ar ôl iddyn nhw wneud hynny dyma nhw'n ymosod ar ei gilydd.
24 Erbyn i fyddin Jwda gyrraedd y tŵr gwylio sy'n edrych allan i'r anialwch, y cwbl oedd ar ôl o'r fyddin fawr oedd cyrff marw ar lawr. Roedden nhw i gyd wedi'u lladd!
25 Dyma Jehosaffat a'i filwyr yn mynd i gasglu beth allen nhw, a chael cymaint o offer, dillad a phethau gwerthfawr, roedd gormod ohono i'w gario! Cymerodd dri diwrnod cyfan iddyn nhw gasglu'r cwbl!
26 Ar y pedwerydd diwrnod dyma pawb yn casglu at ei gilydd yn Nyffryn Beracha i addoli'r ARGLWYDD (Dyna pam mae'r lle yn cael ei alw yn Ddyffryn Beracha – sef Dyffryn y Fendith – hyd heddiw.)
27 Yna dyma Jehosaffat yn arwain y dynion i gyd yn ôl i Jerwsalem yn llawen. Roedd yr ARGLWYDD wedi rhoi rheswm da iddyn nhw ddathlu!
28 Dyma nhw'n mynd i mewn i'r ddinas i sŵn nablau, telynau ac utgyrn, a dyma nhw'n mynd yn syth i deml yr ARGLWYDD.
29 Roedd gan y gwledydd o'u cwmpas ofn Duw ar ôl clywed sut roedd yr ARGLWYDD wedi ymladd yn erbyn gelynion Israel.
30 Cafodd teyrnas Jehosaffat heddwch; roedd Duw wedi rhoi heddwch iddo o bob cyfeiriad.

Crynodeb o deyrnasiad Jehosaffat

(1 Brenhinoedd 22:41-50)

31 Daeth Jehosaffat yn frenin ar Jwda pan oedd yn dri deg pump. Bu'n frenin yn Jerwsalem am ddau ddeg pump o flynyddoedd. Aswba, merch Shilchi oedd ei fam.
32 Fel Asa, ei dad, gwnaeth Jehosaffat bethau oedd yn plesio'r ARGLWYDD.
33 Ond gafodd yr allorau lleol ddim eu cymryd i ffwrdd, a doedd y bobl yn dal ddim yn hollol ffyddlon i Dduw eu hynafiaid.
34 Mae gweddill hanes Jehosaffat, o'r dechrau i'r diwedd, i'w cael yn *Negeseuon Jehw fab Chanani*, sydd wedi'i gadw yn y sgrôl, *Hanes Brenhinoedd Israel.*
35 Yn ddiweddarach dyma Jehosaffat, brenin Jwda yn dod i gytundeb gydag Ahaseia, brenin Israel, oedd yn frenin

drwg. 36Dyma nhw'n cytuno i adeiladu llongau masnach mawr[ll] ym mhorthladd Etsion-geber.
37A dyma Elieser fab Dodafa o Maresha yn proffwydo yn erbyn Jehosaffat, "Am dy fod ti wedi
dod i gytundeb gydag Ahaseia, bydd yr ARGLWYDD yn dryllio dy waith." A chafodd y llongau
eu dryllio, a wnaethon nhw erioed hwylio.

Jehoram yn frenin Jwda

(2 Brenhinoedd 8:17-24)

21 Pan fuodd Jehosaffat farw, cafodd ei gladdu gyda'i hynafiaid yn ninas Dafydd. Daeth
ei fab Jehoram yn frenin yn ei le.
2Roedd gan Jehoram frodyr, sef Asareia, Iechiel, Sechareia, Asareiahw, Michael
a Sheffateia. Roedd y rhain i gyd yn feibion i Jehosaffat, brenin Jwda. 3Roedd eu tad wedi
rhoi llwythi o anrhegion iddyn nhw o arian, aur a gemau yn ogystal a trefi amddiffynnol
yn Jwda. Ond Jehoram gafodd fod yn frenin am mai fe oedd yr hynaf. 4Ar ôl sefydlu
ei hun yn frenin ar deyrnas ei dad, dyma fe'n lladd ei frodyr i gyd a rhai o arweinwyr
Jwda hefyd. 5Roedd Jehoram yn dri deg dau pan ddaeth yn frenin, a bu'n teyrnasu
yn Jerwsalem am wyth mlynedd. 6Roedd yn ymddwyn yr un fath â brenhinoedd Israel
ac Ahab a'i deulu. Roedd wedi priodi merch Ahab, ac yn gwneud pethau drwg iawn
yng ngolwg yr ARGLWYDD. 7Ond doedd yr ARGLWYDD ddim am ddinistrio teulu Dafydd am
ei fod wedi gwneud ymrwymiad i Dafydd. Roedd wedi addo iddo byddai ei linach yn
teyrnasu am byth.
8Yn ei gyfnod e dyma Edom yn gwrthryfela yn erbyn Jwda, a dewis eu brenin eu hunain.
9Felly dyma Jehoram yn croesi gyda'i swyddogion a'i gerbydau rhyfel. Roedd byddin Edom
wedi'i amgylchynu, a dyma fe'n ymosod arnyn nhw ganol nos. Ond colli'r frwydr wnaeth e.
10Mae Edom yn dal i wrthryfela yn erbyn Jwda hyd heddiw.

Roedd tref Libna[m] hefyd wedi gwrthryfela yr un pryd, ac ennill annibyniaeth. Roedd hyn
wedi digwydd am fod Jehoram wedi troi cefn ar yr ARGLWYDD, Duw ei hynafiaid. 11Roedd wedi
codi allorau lleol ar y bryniau yn Jwda, ac annog pobl Jerwsalem i addoli duwiau eraill. Roedd
wedi arwain pobl Jwda ar gyfeiliorn.
12Dyma Jehoram yn cael llythyr oddi wrth Elias, y proffwyd, yn dweud, "Dyma mae'r
ARGLWYDD, Duw dy hynafiad Dafydd yn ei ddweud. 'Ti ddim wedi ymddwyn yr un fath
â Jehosaffat, dy dad ac Asa, brenin Jwda. 13Ti wedi ymddwyn fel brenhinoedd Israel,
ac arwain pobl Jwda a'r rhai sy'n byw yn Jerwsalem i droi cefn ar yr ARGLWYDD, fel
mae Ahab a'i deulu wedi gwneud yn Israel. Ac yn waeth na hynny, rwyt ti wedi lladd
dy frodyr, ac roedden nhw'n well dynion na ti. 14Felly mae'r ARGLWYDD yn mynd i daro
dy bobl, dy feibion, dy wragedd a phopeth sydd biau ti. 15A byddi di'n mynd yn sâl
ac yn dioddef yn hir o afiechyd ar y bol fydd yn mynd o ddrwg i waeth nes bydd dy
goluddyn yn dod allan.' "
16Dyma'r ARGLWYDD yn annog y Philistiaid a'r Arabiaid oedd yn byw ar gyrion Dwyrain
Affrica i godi yn erbyn Jehoram. 17Dyma nhw'n ymosod ar Jwda, chwalu'r amddiffynfeydd,
dwyn popeth gwerthfawr o balas y brenin, a chymryd ei feibion a'i wragedd yn gaethion.
Ahaseia,[n] ei fab ifancaf, oedd yr unig un gafodd ei adael ar ôl. 18Ar ben hyn i gyd
dyma'r ARGLWYDD yn achosi i Jehoram ddioddef o salwch marwol yn ei fol. 19Ar ôl tua
dwy flynedd, dyma'i goluddyn yn disgyn allan oherwydd y salwch, a bu farw mewn
poen ofnadwy. Wnaeth ei bobl ddim cynnau tân i'w anrhydeddu, fel roedden nhw'n
arfer gwneud gyda'u hynafiaid.
20Roedd Jehoram yn dri deg dau pan ddaeth yn frenin, a bu'n teyrnasu yn Jerwsalem am
wyth mlynedd. Doedd neb yn ei golli pan fuodd e farw. Cafodd ei gladdu yn Ninas Dafydd
ond dim ym mynwent y brenhinoedd.

---

ll 20:36 *llongau masnach mawr* Hebraeg, "Llongau Tarshish" – sef llongau allai deithio'n bell ar y môr mawr.
m 21:10 *Libna* Tref ar y ffin rhwng Philistia a Jwda, sy'n golygu fod Jehoram yn wynebu gwrthryfel o bob cyfeiriad. n 21:17 *Ahaseia* Hebraeg, Jehoachas (enw arall arno).

Ahaseia yn frenin Jwda

(2 Brenhinoedd 8:25-29; 9:21-28)

22 Dyma bobl Jerwsalem yn gwneud Ahaseia, mab ifancaf Jehoram, yn frenin yn ei le.
Roedd y fyddin wnaeth ymosod ar Jwda gyda'r Arabiaid wedi lladd y meibion hŷn
i gyd. Felly daeth Ahaseia (mab Jehoram) yn frenin ar Jwda. 2 Roedd Ahaseia yn ddau ddeg
dau[o] pan ddaeth yn frenin, a bu'n frenin am flwyddyn. Ei fam oedd Athaleia, wyres Omri.
3 Roedd yn ymddwyn yr un fath ag Ahab a'i deulu, a'i fam oedd yn ei arwain i wneud drwg.
4 Gwnaeth bethau drwg iawn yng ngolwg yr ARGLWYDD, fel roedd teulu Ahab wedi gwneud. Ar
ôl i'w dad farw, nhw oedd yn ei gynghori, a dyna wnaeth arwain at ei gwymp. 5 Dyma fe'n
gwrando ar eu cyngor a mynd gyda Joram fab Ahab, brenin Israel i ryfela yn erbyn Hasael,[p]
brenin Syria, yn Ramoth-gilead. Cafodd Joram ei anafu yn y frwydr, 6 ac aeth yn ôl i Jesreel
i geisio gwella o'i glwyfau. Aeth Ahaseia,[ph] brenin Jwda, yno i ymweld ag e, am ei fod yn
wael iawn.

7 Roedd Duw wedi penderfynu y byddai'r ymweliad yma yn arwain at ddiwedd Joram. Tra
oedd yno, dyma Ahaseia'n mynd allan gyda Joram yn erbyn Jehw fab Nimshi. (Roedd yr
ARGLWYDD wedi penodi Jehw i ladd teulu Ahab i gyd.) 8 Tra oedd Jehw wrthi'n cosbi teulu Ahab,
dyma fe'n dod ar draws rhai o arweinwyr Jwda a meibion brodyr Ahaseia oedd yn teithio gydag
e. A dyma Jehw yn eu lladd yn y fan a'r lle. 9 Wedyn dyma fe'n anfon ei ddynion i chwilio am
Ahaseia, a chafodd ei ddal yn cuddio yn Samaria. Pan aethon nhw ag e at Jehw, dyma Jehw
yn ei ladd. Ond dyma nhw yn rhoi angladd iawn iddo, gan ei fod yn ŵyr i Jehosaffat oedd wedi
dilyn yr ARGLWYDD â'i holl galon. Doedd neb ar ôl o deulu Ahaseia yn ddigon cryf i fod yn frenin.

Athaleia yn frenhines Jwda

(2 Brenhinoedd 11:1-3)

10 Pan glywodd Athaleia fod ei mab Ahaseia wedi marw, dyma hi'n mynd ati i gael gwared
â llinach frenhinol Jwda i gyd. 11 Ond dyma Jehosheba,[r] merch i'r brenin Jehoram, yn cymryd
Joas, mab ei brawd Ahaseia, a'i sleifio i ffwrdd oddi wrth aelodau eraill y teulu brenhinol cyn
iddyn nhw gael eu lladd. Cuddiodd e gyda'i nyrs yn un o ystafelloedd gwely'r offeiriaid yn
y deml. (Roedd Jehosheba yn ferch i'r brenin Jehoram, yn wraig i Jehoiada'r offeiriad, ac yn
chwaer i Ahaseia.) Felly wnaeth Athaleia ddim dod o hyd i Joas, a chafodd e mo'i ladd ganddi.
12 Bu'n cuddio gyda'i nyrs yn y deml am chwe mlynedd, tra oedd Athaleia'n rheoli'r wlad.

Gwrthryfel yn erbyn Athaleia

(2 Brenhinoedd 11:4-16)

23 Yna yn y seithfed flwyddyn dyma Jehoiada yn mentro gweithredu. Dyma fe'n gwneud
cytundeb gyda'r swyddogion milwrol oedd yn arwain unedau o gannoedd: Asareia
fab Ierocham, Ishmael fab Iehochanan, Asareia fab Obed, Maaseia fab Adaia, ac Elishaffat
fab Sichri. 2 Dyma'r dynion yma yn teithio o gwmpas Jwda ac yn casglu'r Lefiaid i gyd o'r trefi
ac arweinwyr claniau Israel. A dyma nhw i gyd yn mynd i Jerwsalem. 3 Dyma'r gynulleidfa
yn ymrwymo yn y deml i fod yn ffyddlon i'r brenin. A dyma Jehoiada yn datgan, "Dyma fab
y brenin! Bydd e'n teyrnasu fel dwedodd yr ARGLWYDD am ddisgynyddion Dafydd. 4 Dyma dych
chi i'w wneud: Bydd un rhan o dair ohonoch chi offeiriaid a Lefiaid sydd ar ddyletswydd ar
y Saboth yn gwarchod y drysau. 5 Bydd un rhan o dair yn gwarchod y palas, ac un rhan o dair
wrth Giât y Sylfaen. Bydd pawb arall yn mynd i sefyll yn iard teml yr ARGLWYDD. 6 Does neb
i fynd i mewn i deml yr ARGLWYDD ond yr offeiriad a'r Lefiaid sydd ar ddyletswydd. Gallan nhw
fynd i mewn am eu bod yn lân yn seremonïol. Rhaid i bawb arall wneud fel mae'r ARGLWYDD

---

o 22:2 Hebraeg, pedwar deg dau. Ond gw. 2 Brenhinoedd 8:26 a rhai llawysgrifau Groeg a Syrieg.
p 22:5 *Hasael* brenin Syria o 842 i 805 CC gw. 1 Brenhinoedd 19:15. ph 22:6 *Ahaseia* Mwyafrif y llawysgrifau
Hebraeg, *Asareia*. Rhai llawysgrifau Hebraeg, yr LXX a'r Syrieg, *Ahareia* – gw. 2 Brenhinoedd 8:29.
r 22:11 Hebraeg, Jehoshabeath.

wedi dweud wrthyn nhw. 7 Rhaid i'r Lefiaid sefyll o gwmpas y brenin gydag arfau yn eu dwylo.
Os bydd unrhyw un yn dod i mewn i'r deml, rhaid ei ladd. Bydd y Lefiaid gyda'r brenin ble
bynnag mae'n mynd."
8 Dyma'r Lefiaid a phobl Jwda yn gwneud yn union fel roedd Jehoiada'r offeiriad wedi
dweud. Dyma pob un yn cymryd ei uned – y rhai oedd ar ddyletswydd ar y Saboth a'r rhai
oedd yn rhydd (Wnaeth Jehoiada ddim eu rhyddhau nhw o'u dyletswydd.) 9 A dyma Jehoiada'r
offeiriad yn rhoi gwaywffyn a tharianau bach a mawr i'r capteniaid, sef arfau y Brenin Dafydd
oedd yn cael eu cadw yn nheml yr Arglwydd. 10 Yna dyma fe'n eu gosod yn eu lle i warchod
y brenin, gyda'u harfau yn eu dwylo. Roedden nhw'n sefyll mewn llinell o un ochr y deml i'r
llall, wrth yr allor ac ym mhob rhan o'r deml, i amddiffyn y brenin. 11 Wedyn dyma Jehoiada
a'i feibion yn dod â mab y brenin allan, a rhoi'r goron ar ei ben a chopi o'r rheolau sy'n
dweud sut i lywodraethu. A dyma nhw'n cyhoeddi mai Joas oedd y brenin, ei eneinio drwy
dywallt olew ar ei ben, a gweiddi, "Hir oes i'r brenin!"
12 Dyma Athaleia'n clywed sŵn y cyffro a'r bobl yn canmol y brenin, a dyma hi'n mynd
atyn nhw i'r deml. 13 Yno dyma hi'n gweld y brenin yn sefyll wrth y piler wrth y fynedfa. Roedd
y capteiniaid a'r trwmpedwyr o'i gwmpas, y bobl i gyd yn dathlu, yr utgyrn yn canu ffanffer
a'r cerddorion gyda'u hofferynnau yn arwain y dathlu.
Pan welodd hyn i gyd, dyma hi'n rhwygo'i dillad a sgrechian gweiddi, "Brad! Brad!"
14 Yna dyma Jehoiada'r offeiriad yn galw capteniaid y gwarchodlu, oedd yn arwain y milwyr,
a dweud wrthyn nhw, "Ewch â hi allan o'r deml heibio'r rhengoedd, a lladdwch unrhyw un
sydd gyda hi. Rhaid peidio ei lladd yn y deml." 15 Felly dyma nhw'n ei harestio hi a mynd â hi
i'r palas brenhinol drwy'r fynedfa i'r stablau. A dyna lle cafodd hi ei lladd.

Jehoiada'r offeiriad yn newid pethau

(2 Brenhinoedd 11:17-20)

16 Dyma Jehoiada yn selio'r ymrwymiad rhyngddo'i hun, y bobl, a'r brenin, iddyn nhw fod
yn bobl ffyddlon i'r Arglwydd.
17 Yna aeth y dyrfa i gyd i mewn i deml Baal a'i dinistrio. Dyma nhw'n chwalu'r allorau
a malu'r delwau i gyd yn ddarnau mân, a chafodd Mattan, offeiriad Baal, ei ladd o flaen
yr allorau.
18 Roedd Jehoiada wedi gosod gwarchodlu i wylio teml yr Arglwydd, a rhoi eu cyfrifoldebau
i'r offeiriaid o lwyth Lefi, fel roedd Dafydd wedi trefnu. Nhw oedd yn gyfrifol am yr aberthau
oedd i'w llosgi i'r Arglwydd, fel mae cyfraith Moses yn dweud, a hefyd y dathlu a'r gerddoriaeth,
fel roedd Dafydd wedi trefnu. 19 Gosododd ofalwyr i wylio giatiau teml yr Arglwydd, i wneud
yn siŵr fod neb oedd yn aflan mewn rhyw ffordd yn gallu mynd i mewn.
20 Yna dyma fe'n galw capteniaid yr unedau o gannoedd, yr arweinwyr, a'r swyddogion.
A dyma'r dyrfa gyfan yn eu dilyn nhw ac yn arwain y brenin mewn prosesiwn, o'r deml i'r
palas drwy'r Giât Uchaf. A dyma nhw'n gosod y brenin i eistedd ar yr orsedd. 21 Roedd pawb
drwy'r wlad i gyd yn dathlu. Roedd y ddinas yn heddychlon eto, ac Athaleia wedi cael ei lladd.

Joas yn frenin Jwda

(2 Brenhinoedd 12:1-16)

24 Dim ond saith oed oedd Joas pan gafodd ei wneud yn frenin ar Jwda. Bu'n frenin
yn Jerwsalem am bedwar deg o flynyddoedd. Enw ei fam oedd Tsifia, ac roedd hi'n
dod o Beersheba. 2 Pan oedd Jehoiada'r offeiriad yn dal yn fyw, gwnaeth Joas beth oedd yn
plesio'r Arglwydd. 3 Jehoiada wnaeth ddewis dwy wraig iddo, a chafodd y ddwy blant iddo
– meibion a merched.
4 Dyma Joas yn penderfynu atgyweirio teml yr Arglwydd. 5 Galwodd yr offeiriaid a'r Lefiaid at
ei gilydd, a dweud wrthyn nhw, "Ewch i drefi Jwda i gyd a chasglu'r dreth flynyddol gan bobl
Israel, i drwsio teml eich Duw. A gwnewch y peth ar unwaith!" Ond dyma'r Lefiaid yn oedi.

6Felly dyma'r brenin yn galw Jehoiada'r archoffeiriad i fynd i'w weld, a gofyn iddo, "Pam wyt ti ddim wedi cael y Lefiaid i gasglu'r dreth osododd Moses ar bobl Israel tuag at gynnal pabell y dystiolaeth? Roedden nhw i fod i fynd allan drwy Jwda a Jerwsalem yn ei gasglu." 7(Roedd y wraig ddrwg yna, Athaleia, a'i meibion, wedi torri i mewn i deml Dduw a defnyddio llestri cysegredig teml yr ARGLWYDD i addoli duwiau Baal!) 8Felly dyma'r brenin yn gorchymyn gwneud cist i'w gosod tu allan i'r giât oedd yn arwain i deml yr ARGLWYDD. 9Wedyn, dyma neges yn cael ei hanfon allan drwy Jwda a Jerwsalem yn gorchymyn i'r bobl ddod i dalu'r dreth roedd Moses, gwas Duw, wedi'i gosod ar bobl Israel yn yr anialwch. 10A dyma'r arweinwyr a'r bobl i gyd yn gwneud hynny'n frwd, ac yn taflu'r arian i'r gist nes oedd hi'n llawn. 11Wedyn pan oedd y Lefiaid yn gweld fod y gist yn llawn, roedden nhw'n mynd â hi at swyddogion y brenin. Yna roedd ysgrifennydd y brenin a'r prif-offeiriad yn gwagio'r gist ac yna mynd â hi yn ôl i'w lle. Roedd hyn yn digwydd bob dydd am amser hir, a dyma nhw'n casglu lot fawr o arian. 12Wedyn roedd y brenin a Jehoiada yn rhoi'r arian i'r dynion oedd yn arolygu'r gwaith ar deml yr ARGLWYDD. 13Roedden nhw'n ei ddefnyddio i gyflogi seiri maen a seiri coed, gweithwyr haearn a chrefftwyr pres i atgyweirio a thrwsio teml yr ARGLWYDD. 14Pan oedden nhw wedi gorffen eu gwaith, dyma nhw'n mynd â'r arian oedd yn weddill yn ôl i'r brenin a Jehoiada. Cafodd yr arian hwnnw ei ddefnyddio i wneud offer i deml yr ARGLWYDD – offer ar gyfer y gwasanaethau a'r offrymau i'w llosgi, powlenni arogldarth, a llestri eraill o aur ac arian. Roedd offrymau i'w llosgi yn cael eu cyflwyno'n gyson yn y deml ar hyd y cyfnod pan oedd Jehoiada yn fyw.

15Dyma Jehoiada yn byw i fod yn hen iawn. Bu farw yn gant tri deg oed. 16Cafodd ei gladdu yn ninas Dafydd gyda'r brenhinoedd, am ei fod wedi gwneud cymaint o dda i Israel ar ran Duw a'i deml.

Troi cefn ar yr ARGLWYDD

17Ar ôl i Jehoiada farw, dyma arweinwyr Jwda yn dod i gydnabod y brenin. Ond dyma fe'n gwrando ar eu cyngor nhw, 18troi cefn ar deml yr ARGLWYDD, Duw eu hynafiaid, a dechrau addoli'r dduwies Ashera a'r delwau. Roedd Duw wedi digio go iawn hefo pobl Jwda a Jerwsalem am iddyn nhw wneud hyn. 19Anfonodd yr ARGLWYDD broffwydi atyn nhw i'w cael i droi'n ôl ato, ond doedden nhw'n cymryd dim sylw. 20Daeth ysbryd yr ARGLWYDD ar Sechareia (mab Jehoiada'r offeiriad), a dyma fe'n sefyll o flaen y bobl a chyhoeddi, "Dyma mae Duw'n ddweud. 'Pam dych chi'n torri gorchmynion yr ARGLWYDD? Fyddwch chi ddim yn llwyddo. Am i chi droi cefn ar yr ARGLWYDD, mae e wedi troi cefn arnoch chi.' " 21Ond dyma nhw'n cynllwynio yn ei erbyn, a dyma'r brenin yn gorchymyn ei ladd drwy daflu cerrig ato yn iard y deml. 22Wnaeth Joas y brenin ddim meddwl mor ffyddlon oedd Jehoiada (tad Sechareia) wedi bod iddo, a dyma fe'n lladd ei fab. Wrth iddo farw, dyma Sechareia'n dweud, "Boed i'r ARGLWYDD weld hyn a dy ddal di'n gyfrifol."

Diwedd teyrnasiad Joas

23Ar ddiwedd y flwyddyn honno, dyma fyddin Syria'n dod i ryfela yn erbyn Joas. Dyma nhw'n ymosod ar Jwda a Jerwsalem ac yn lladd yr arweinwyr i gyd, a dwyn popeth o werth a'i gymryd i frenin Damascus. 24Er mai byddin fechan anfonodd Syria, dyma'r ARGLWYDD yn rhoi buddugoliaeth iddyn nhw dros fyddin llawer mwy Jwda, am fod pobl Jwda wedi troi cefn ar yr ARGLWYDD, Duw eu hynafiaid. Cafodd Joas beth roedd e'n ei haeddu. 25Roedd e wedi'i anafu'n ddrwg yn y frwydr, ac ar ôl i fyddin Syria adael dyma weision Joas yn cynllwynio yn ei erbyn am ei fod wedi lladd mab Jehoiada'r offeiriad. Dyma nhw'n ei lofruddio yn ei wely. Cafodd ei gladdu yn Ninas Dafydd, ond ddim ym mynwent y brenhinoedd. 26Y rhai wnaeth gynllwynio yn ei erbyn oedd Safad, mab Shimeath (gwraig o wlad Ammon), a Iehosafad, mab Shimrith (gwraig o Moab).

27Mae hanes ei feibion a'r nifer fawr o negeseuon gan Dduw yn ei erbyn, a'i hanes yn atgyweirio'r deml wedi'u cadw i gyd yn yr ysgrifau yn sgrôl *Hanes Brenhinoedd Israel.* Daeth ei fab Amaseia yn frenin yn ei le.

Amaseia yn frenin Jwda

(2 Brenhinoedd 14:2-6)

25 Roedd Amaseia'n ddau ddeg pump pan ddaeth yn frenin, a bu'n frenin am ddau ddeg
naw o flynyddoedd. Enw ei fam oedd Iehoadan, ac roedd hi'n dod o Jerwsalem. 2 Roedd
yn gwneud beth oedd yn plesio'r ARGLWYDD, er, doedd e ddim yn hollol ffyddlon. 3 Wedi iddo wneud
yn siŵr fod ei afael ar y deyrnas yn ddiogel, dyma fe'n dienyddio'r swyddogion hynny oedd wedi
llofruddio ei dad, y brenin. 4 Ond wnaeth e ddim lladd eu plant nhw, am mai dyna oedd sgrôl Moses
yn ei ddweud. Dyma'r gorchymyn oedd yr ARGLWYDD wedi'i roi: "Ddylai rhieni ddim cael eu lladd am
droseddau'u plant, na'r plant am droseddau'u rhieni. Y troseddwr ei hun ddylai farw."[rh]

Rhyfel yn erbyn Edom

(2 Brenhinoedd 14:7)

5 Dyma Amaseia'n casglu dynion Jwda at ei gilydd a rhoi trefn ar ei fyddin drwy benodi
capteniaid ar unedau o fil a chapteiniaid ar unedau o gant, a gosod teuluoedd Jwda
a Benjamin yn yr unedau hynny. Dyma fe'n cyfrif y rhai oedd yn ugain oed neu'n hŷn, ac
roedd yna 300,000 o ddynion da yn barod i ymladd gyda gwaywffyn a tharianau.
6 Talodd dros dair mil cilogram o arian i gyflogi can mil o filwyr o Israel hefyd. 7 Ond daeth
proffwyd ato a dweud, "O Frenin, paid mynd â milwyr Israel allan gyda ti. Dydy'r ARGLWYDD
ddim gyda Israel, sef dynion Effraim. 8 Hyd yn oed os byddi'n ymladd yn galed, bydd Duw
yn gadael i dy elynion ennill y frwydr. Mae Duw yn gallu helpu byddin a threchu byddin."
9 "Ond dw i wedi talu arian mawr i fyddin Israel – dros dair mil cilogram o arian," meddai
Amaseia. A dyma'r proffwyd yn ateb, "Mae'r ARGLWYDD yn gallu rhoi lot mwy na hynny i ti."
10 Felly dyma Amaseia'n anfon y milwyr oedd wedi dod o Effraim adre. Roedden nhw'n ddig
gyda Jwda, a dyma nhw'n mynd yn ôl i'w gwlad eu hunain wedi gwylltio'n lân.
11 Yna dyma Amaseia'n magu plwc ac arwain ei fyddin i ryfel yn Nyffryn yr Halen, a lladd deg
mil o filwyr Edom. 12 Roedden nhw wedi dal deg mil arall yn fyw. Dyma nhw'n eu harwain i ben
clogwyn a'u gwthio dros yr ymyl, a chawson nhw i gyd eu lladd ar y creigiau islaw. 13 Yn y cyfamser
dyma'r milwyr oedd Amaseia wedi'u hanfon adre yn ymosod ar drefi Jwda rhwng Samaria a Beth-
choron. Cafodd tair mil o bobl eu lladd ganddyn nhw a dyma nhw'n dwyn lot fawr o ysbail.
14 Ar ôl ennill y frwydr yn erbyn byddin Edom, dyma Amaseia'n dod â'u duwiau nhw gydag
e. Gwnaeth nhw'n dduwiau iddo'i hun, a'u haddoli a llosgi arogldarth o'u blaen. 15 Roedd yr
ARGLWYDD yn ddig gydag Amaseia a dyma fe'n anfon proffwyd ato gyda'r neges yma, "Pam wyt
ti'n troi at y duwiau yma oedd yn methu achub eu pobl eu hunain o dy afael?" 16 Ond dyma
Amaseia yn torri ar ei draws. "Ydw i wedi dy benodi di yn gynghorwr brenhinol? Cau dy geg!
Neu bydda i'n gorchymyn i ti gael dy ladd!" Dyma'r proffwyd yn stopio, ond yna ychwanegu,
"Bydd Duw yn dy ladd di am wneud hyn a pheidio gwrando arna i."

Rhyfel yn erbyn Israel

(2 Brenhinoedd 14:8-20)

17 Yna dyma Amaseia, brenin Jwda, yn derbyn cyngor ei gynghorwyr, ac yn anfon neges at
Jehoas brenin Israel (mab Jehoachas ac ŵyr Jehw). Y neges oedd, "Tyrd, gad i ni wynebu'n
gilydd mewn brwydr." 18 Dyma Jehoas, brenin Israel, yn anfon neges yn ôl at Amaseia yn dweud:

"Un tro yn Libanus dyma ddraenen fach yn afon neges at goeden gedrwydd fawr i ddweud,
'Rho dy ferch yn wraig i fy mab i.' Ond dyma anifail gwyllt yn dod heibio a sathru'r ddraenen
dan draed!
19 Ti'n dweud dy fod wedi gorchfygu Edom, ond mae wedi mynd i dy ben di! Mwynha
dy lwyddiant nawr ac aros adre. Wyt ti'n edrych am drwbwl? Dw i'n dy rybuddio di, byddi
di a dy deyrnas yn syrthio gyda'ch gilydd!"

---

rh 25:4 Deuteronomium 24:16.

[20]Ond doedd Amaseia ddim am wrando. (Duw oedd tu ôl i'r peth – roedd e am i'r gelyn eu
gorchfygu nhw am eu bod nhw wedi mynd ar ôl duwiau Edom.) [21]Felly dyma Jehoas, brenin
Israel, yn mynd i ryfel yn ei erbyn. Dyma'r ddwy fyddin yn dod wyneb yn wyneb yn Beth-
shemesh ar dir Jwda. [22]Byddin Israel wnaeth ennill y frwydr, a dyma filwyr Jwda i gyd yn dianc
am adre. [23]Roedd Jehoas, brenin Israel, wedi dal Amaseia, brenin Jwda, yn Beth-shemesh. Yna
dyma fe'n mynd ag e i Jerwsalem a chwalu waliau'r ddinas o Giât Effraim at Giât y Gornel,
pellter o bron i ddau can metr. [24]Yna cymerodd yr holl aur ac arian, a'r llestri oedd yn y deml
dan ofal Obed-Edom. Cymerodd drysorau'r palas hefyd, a gwystlon, cyn mynd yn ôl i Samaria.
[25]Buodd Amaseia fab Joas, brenin Jwda, fyw am un deg pump o flynyddoedd ar ôl i Jehoas,
brenin Israel, farw. [26]Mae gweddill hanes Amaseia, o'r dechrau i'r diwedd, i'w gael yn
y sgrôl *Brenhinoedd Jwda ac Israel.* [27]Pan wnaeth e droi cefn ar yr ARGLWYDD dyma rhywrai yn
Jerwsalem yn cynllwynio yn ei erbyn, a dyma fe'n dianc i Lachish. Ond dyma nhw'n anfon
dynion ar ei ôl a'i ladd yno. [28]Cafodd y corff ei gymryd yn ôl ar geffylau, a chafodd ei gladdu
yn Ninas Dafydd gyda'i hynafiaid.

Wseia yn frenin Jwda

(2 Brenhinoedd 14:21-22; 15:1-7)

26 Dyma bobl Jwda yn cymryd Wseia, oedd yn un deg chwech oed, a'i wneud yn frenin
yn lle ei dad Amaseia. [2]Adeiladodd Wseia dref Elat a'i hadfer i Jwda ar ôl i'r brenin
Amaseia farw. [3]Un deg chwech oedd e pan ddaeth yn frenin, a bu'n frenin yn Jerwsalem am
bum deg dwy o flynyddoedd. Enw ei fam oedd Iecholeia, ac roedd hi'n dod o Jerwsalem. [4]Fel
ei dad Amaseia roedd Wseia yn gwneud beth oedd yn plesio'r ARGLWYDD.
[5]Sechareia oedd cynghorydd ysbrydol Wseia, a tra oedd Sechareia'n fyw roedd Wseia'n
dilyn yr ARGLWYDD, ac roedd Duw yn gwneud iddo lwyddo. [6]Aeth i ryfel yn erbyn y Philistiaid,
a chwalu waliau Gath, Iabne ac Ashdod. Wedyn adeiladodd drefi yn ardal Ashdod ac ar
hyd a lled tiriogaeth y Philistiaid. [7]Roedd Duw wedi'i helpu yn ei ymgyrchoedd yn erbyn
y Philistiaid, yr Arabiaid oedd yn byw yn Gwr-baal, a'r Mewniaid. [8]Roedd yr Ammoniaid yn
talu trethi iddo hefyd, a daeth yn enwog hyd at ffiniau gwlad yr Aifft am ei fod mor gryf.
[9]Dyma Wseia'n adeiladu a chryfhau tyrau amddiffynnol yn Jerwsalem, wrth Giât y Gornel,
Giât y Dyffryn a lle mae'r ongl yn y wal. [10]Adeiladodd dyrau amddiffynnol a chloddio pydewau
yn yr anialwch hefyd, gan fod ganddo lawer o anifeiliaid yn Seffela ac ar y gwastadedd. Roedd
yn hoff iawn o ffermio. Roedd ganddo weithiwr yn trin y tir a gofalu am y gwinllannoedd ar
y bryniau ac yn Carmel.
[11]Roedd gan Wseia fyddin o filwyr yn barod i ryfela. Roedden nhw wedi cael eu trefnu yn
gatrawdau gan Jeiel yr ysgrifennydd a Maaseia oedd yn swyddog yn y fyddin. Chananeia, un
o swyddogion y brenin, oedd yn goruchwylio'r cyfan. [12]Roedd yna 2,600 o bennau teuluoedd
yn arwain catrawd o filwyr yn y fyddin. [13]Roedd byddin o 370,500 o filwyr ganddyn nhw, yn
barod i amddiffyn y brenin yn erbyn ei elynion. [14]Dyma Wseia'n paratoi digon o darianau,
gwaywffyn, helmedau, arfwisg, bwâu a ffyn tafl a cherrig i'r fyddin gyfan. [15]Dyma fe'n cael
pobl i ddyfeisio peiriannau rhyfel a'u gosod ar dyrau a chorneli waliau Jerwsalem. Roedd
y rhain yn gallu taflu saethau a cherrig mawr. Roedd Duw wedi helpu Wseia a'i wneud yn
arweinydd pwerus iawn, ac roedd yn enwog yn bell ac agos.

Pechod Wseia a'i gosb

[16]Ond wrth fynd yn gryf dyma fe'n troi'n falch. Ac aeth ei falchder yn drech nag e. Bu'n
anffyddlon i'r ARGLWYDD ei Dduw. Aeth i mewn i deml yr ARGLWYDD a llosgi arogldarth ar allor
yr arogldarth. [17]Dyma Asareia ac wyth deg o offeiriaid dewr yn mynd ar ei ôl. [18]Dyma nhw'n
herio Wseia a dweud wrtho, "Nid dy le di, Wseia, ydy llosgi arogldarth i'r ARGLWYDD. Cyfrifoldeb
yr offeiriaid, disgynyddion Aaron, ydy gwneud hynny. Maen nhw wedi cael eu neilltuo'n
arbennig i'r gwaith. Dos allan o'r deml. Ti wedi bod yn anffyddlon, a fydd yr ARGLWYDD ddim

yn dy anrhydeddu di am hyn." 19 Roedd Wseia wedi gwylltio. Roedd ganddo lestr o arogldarth
yn ei law, ac wrth iddo arthio a gweiddi ar yr offeiriaid dyma glefyd heintus yn torri allan ar ei
dalcen. Digwyddodd hyn o flaen llygaid yr offeiriaid, yn y deml wrth ymyl allor yr arogldarth.
20 Pan welodd Asareia'r archoffeiriad, a'r offeiriaid eraill, y dolur ar ei dalcen, dyma nhw'n
ei hel allan ar frys. Yn wir roedd e ei hun yn brysio i fynd allan gan mai'r ARGLWYDD oedd
wedi'i daro'n wael. 21 Bu Wseia'n dioddef o glefyd heintus ar y croen nes iddo farw. Roedd
rhaid iddo fyw ar wahân i bawb arall, a doedd e ddim yn cael mynd i deml yr ARGLWYDD. Ei
fab Jotham oedd yn rhedeg y palas ac yn rheoli'r wlad bryd hynny.
22 Mae gweddill hanes Wseia, o'r dechrau i'r diwedd, wedi'i ysgrifennu gan y proffwyd Eseia
fab Amos. 23 Pan fu farw, cafodd Wseia ei gladdu heb fod yn bell o ble claddwyd ei hynafiaid,
ond mewn mynwent arall oedd yn perthyn i'r brenhinoedd. (Cafodd ei osod ar wahân am ei
fod yn dioddef o glefyd heintus ar y croen.) A daeth ei fab Jotham yn frenin yn ei le.

Jotham yn frenin Jwda

(2 Brenhinoedd 15:32-38)

27 Roedd Jotham yn ddau ddeg pum pan ddaeth yn frenin, a bu'n frenin yn Jerwsalem
am un deg chwech o flynyddoedd. Enw ei fam oedd Ierwsa, merch Sadoc. 2 Fel ei dad
Wseia, roedd yn gwneud beth oedd yn plesio'r ARGLWYDD. (Ond wnaeth e ddim beiddio torri
rheolau'r deml fel y gwnaeth ei dad.) Ac eto roedd y bobl yn dal i bechu.
3 Jotham adeiladodd Giât Uchaf y deml, a gwnaeth lot o waith yn ailadeiladu'r wal wrth fryn
Offel. 4 Adeiladodd drefi ar fryniau Jwda, a chaerau a thyrau amddiffynnol yn y coedwigoedd.
5 Aeth i ryfel yn erbyn brenin yr Ammoniaid, a'i drechu. Talodd yr Ammoniaid dros dair mil
cilogram o arian, mil o dunelli o wenith a mil o dunelli o haidd iddo. Roedd rhaid iddyn nhw
dalu yr un faint y ddwy flynedd ganlynol hefyd.
6 Aeth Jotham yn fwy a mwy pwerus, am ei fod yn benderfynol ei fod yn mynd i blesio yr
ARGLWYDD ei Dduw. 7 Mae gweddill hanes ei deyrnasiad, ei ymgyrchoedd milwrol a'r cwbl wnaeth
e ei gyflawni, i'w gweld yn y sgrôl *Brenhinoedd Israel a Jwda.* 8 Roedd Jotham yn ddau ddeg
pump pan ddaeth yn frenin, a bu'n frenin yn Jerwsalem am un deg chwech o flynyddoedd. 9 Pan
fu Jotham farw, dyma nhw'n ei gladdu yn Ninas Dafydd; a daeth ei fab Ahas yn frenin yn ei le.

Ahas yn frenin Jwda

(2 Brenhinoedd 16:1-4)

28 Roedd Ahas yn ugain oed pan ddaeth yn frenin, a bu'n frenin yn Jerwsalem am
un deg chwech o flynyddoedd. Ond wnaeth e ddim plesio'r ARGLWYDD fel gwnaeth
y Brenin Dafydd. 2 Roedd yn ymddwyn yr un fath â brenhinoedd Israel. Yn waeth na hynny,
gwnaeth ddelwau metel o dduwiau Baal, 3 aberthu iddyn nhw yn Nyffryn Ben-hinnom, a llosgi
ei fab yn aberth – arferiad cwbl ffiaidd y bobloedd roedd yr ARGLWYDD wedi'u gyrru allan o'r
wlad o flaen Israel. 4 Roedd yn aberthu anifeiliaid a llosgi arogldarth ar yr allorau lleol ar
y bryniau ac o dan pob coeden ddeiliog.

Rhyfel yn erbyn Syria ac Israel

(2 Brenhinoedd 16:5)

5 Felly dyma'r ARGLWYDD yn gadael i frenin Syria ymosod arno a'i goncro. Cafodd llawer
o'r bobl eu cymryd yn gaeth i Damascus. Wedyn dyma frenin Israel yn ei orchfygu hefyd,
a chafodd llawer iawn o'i fyddin eu lladd. 6 Lladdwyd 120,000 o filwyr Jwda mewn un diwrnod
gan fyddin Pecach fab Remaleia, brenin Israel. Digwyddodd hyn i gyd am fod Jwda wedi troi
cefn ar yr ARGLWYDD, Duw eu hynafiaid. 7 Roedd Sichri, un o arwyr Effraim, wedi lladd Maaseia
mab y brenin, Asricam prif swyddog y palas, ac Elcana y swyddog uchaf yn y deyrnas ar ôl
y brenin ei hun. 8 Cymerodd yr Israeliaid 200,000 o bobl yn gaeth – gwragedd a phlant. Ac
roedden nhw wedi dwyn lot fawr o bethau gwerthfawr hefyd a mynd â'r cwbl yn ôl i Samaria.

Y proffwyd Oded

9 Roedd yna broffwyd i'r ARGLWYDD o'r enw Oded yn Samaria. Dyma fe'n mynd i gyfarfod
y fyddin wrth iddyn nhw gyrraedd y ddinas, a dwedodd wrthyn nhw, "Gwrandwch. Roedd
yr ARGLWYDD, Duw eich hynafiaid, wedi digio gyda Jwda, a gadawodd i chi eu trechu nhw.
Ond dych chi wedi mynd dros ben llestri, a lladd yn gwbl ddidrugaredd, ac mae Duw wedi
sylwi. 10 A dyma chi nawr yn bwriadu gorfodi pobl Jwda a Jerwsalem i fod yn gaethweision
a chaethferched i chi. Ydych chi hefyd ddim wedi gwneud drwg yng ngolwg yr ARGLWYDD eich
Duw? 11 Nawr, gwrandwch arna i. Anfonwch y rhai dych chi wedi'u cymryd yn gaeth yn ôl
adre. Mae'r ARGLWYDD wedi gwylltio gyda chi."
12 Yna dyma rai o arweinwyr Effraim (sef Asareia fab Iehochanan, Berecheia fab Meshilemoth,
Iechisceia fab Shalwm ac Amasa fab Hadlai), yn mynd i wynebu'r rhai oedd wedi dod yn ôl
o'r frwydr. 13 Dyma nhw'n dweud wrthyn nhw, "Gewch chi ddim dod â'r bobl gymeroch chi'n
gaethion yma, i'n gwneud ni'n euog hefyd. Mae'r ARGLWYDD wedi digio gydag Israel fel y mae
hi, heb fynd i wneud pethau'n waeth." 14 Felly o flaen yr arweinwyr a phawb dyma'r milwyr
yn rhyddhau'r bobl oedd wedi'u cymryd yn gaeth, a rhoi popeth roedden nhw wedi'i gymryd
yn ysbail yn ôl.
15 Cafodd dynion eu dewis i ofalu am y bobl. Dyma nhw'n ffeindio dillad o'r ysbail i'r rhai
oedd yn noeth eu gwisgo, rhoi sandalau, bwyd a diod iddyn nhw, ac olew i'w rwbio ar eu croen.
Yna dyma nhw'n rhoi pawb oedd yn methu cerdded ar asynnod, a mynd â nhw i gyd yn ôl at
eu perthnasau i Jericho, dinas y palmwydd. Wedyn dyma'r dynion yn dod yn ôl adre i Samaria.

Ahas yn cau y Deml

(2 Brenhinoedd 16:7-9)

16 Bryd hynny dyma'r Brenin Ahas yn gofyn i frenin Asyria am help. 17 Roedd byddin Edom
wedi ymosod ar Jwda unwaith eto a chymryd pobl yn gaeth. 18 Roedd y Philistiaid hefyd wedi
bod yn ymosod ar drefi Jwda yn yr iseldir a'r Negef. Roedden nhw wedi concro a setlo yn
Beth-shemesh, Aialon a Gederoth, a hefyd Socho, Timna a Gimso a'r pentrefi o'u cwmpas.
19 Roedd yr ARGLWYDD yn dysgu gwers i Jwda am fod Ahas yn anffyddlon i'r ARGLWYDD ac wedi
gadael i bethau fynd allan o reolaeth yn llwyr. 20 Daeth Tiglath-pileser brenin Asyria ato, ond
gwnaeth bethau'n waeth iddo yn lle ei helpu. 21 Cymerodd Ahas drysorau o'r deml, y palas,
ac o dai ei swyddogion a rhoi'r cwbl i frenin Asyria. Ond wnaeth hynny ddim ei helpu e.
22 Drwy'r holl drafferthion i gyd roedd Ahas yn mynd o ddrwg i waeth, ac yn fwy anffyddlon
nag erioed. 23 Dechreuodd aberthu i dduwiau Damascus oedd wedi'i orchfygu. Roedd yn meddwl,
"Gwnaeth duwiau Syria eu helpu nhw. Os gwna i aberthu iddyn nhw, falle y gwnân nhw fy helpu
i." Ond achosodd hynny ei gwymp e a Jwda gyfan. 24 Dyma Ahas yn casglu holl lestri'r deml a'u
malu'n ddarnau. Yna dyma fe'n cau drysau teml yr ARGLWYDD a chodi allorau paganaidd ar gornel
pob stryd yn Jerwsalem. 25 Cododd allorau lleol ym mhob tref yn Jwda i losgi arogldarth i dduwiau
eraill. Roedd yr ARGLWYDD, Duw ei hynafiaid, wedi gwylltio'n lân gydag e.
26 Mae gweddill hanes Ahas, a'r hyn wnaeth e, o'r dechrau i'r diwedd, i'w gweld yn y sgrôl
Brenhinoedd Jwda ac Israel. 27 Pan fuodd Ahas farw, dyma nhw'n ei gladdu gyda'i hynafiaid
yn y ddinas, sef Jerwsalem. Wnaethon nhw ddim ei osod ym mynwent brenhinoedd Israel.
A dyma Heseceia, ei fab, yn dod yn frenin yn ei le.

Heseceia yn frenin Jwda

(2 Brenhinoedd 18:1-3)

29 Daeth Heseceia yn frenin pan oedd yn ddau ddeg pump, a bu'n frenin yn Jerwsalem
am ddau ddeg naw o flynyddoedd. Enw ei fam oedd Abeia,[s] merch Sechareia. 2 Fel
y Brenin Dafydd, ei hynafiad, roedd yn gwneud beth oedd yn plesio'r ARGLWYDD.

---

s 29:1 Hebraeg, *Abi*, cf. 2 Cronicl 29:1.

Heseceia yn ailagor y Deml

3Yn syth ar ôl iddo ddod yn frenin, dyma Heseceia'n agor drysau teml yr ARGLWYDD a'u trwsio.
4Dyma fe'n casglu'r offeiriad a'r Lefiaid at ei gilydd yn y sgwâr ar ochr ddwyreiniol y deml,
5a'u hannerch, "Chi Lefiaid, gwrandwch arna i. Ewch drwy'r ddefod o buro eich hunan cyn
mynd ati i gysegru teml yr ARGLWYDD, Duw eich hynafiaid. Taflwch bopeth sy'n aflan allan o'r
Lle Sanctaidd. 6Mae'n hynafiaid wedi bod yn anffyddlon a gwneud pethau oedd ddim yn
plesio'r ARGLWYDD. Roedden nhw wedi troi cefn arno fe a'i deml. 7Dyma nhw'n cau drysau'r
cyntedd a diffodd y lampau. Doedden nhw ddim yn llosgi arogldarth na chyflwyno aberthau
yn y lle yma gafodd ei gysegru i Dduw Israel. 8Dyna pam roedd yr ARGLWYDD wedi digio gyda
Jwda a Jerwsalem. Mae'n gwbl amlwg fod beth sydd wedi digwydd yn ofnadwy; mae'n
achos dychryn a rhyfeddod i bobl. 9Dyna pam cafodd dynion eu lladd yn y rhyfel, ac wedyn
eu gwragedd a'u plant yn cael eu cymryd yn gaethion.
10"Nawr, dw i eisiau gwneud ymrwymiad i'r ARGLWYDD, Duw Israel. Falle wedyn y bydd e'n
stopio bod mor ddig gyda ni. 11Felly, ffrindiau, peidiwch bod yn esgeulus. Mae'r ARGLWYDD
wedi'ch dewis chi i'w wasanaethu ac i losgi arogldarth iddo."
12A dyma'r Lefiaid yma yn codi i wneud beth roedd y brenin yn ei orchymyn:

Disgynyddion Cohath: Machat fab Amasai a Joel fab Asareia
Disgynyddion Merari: Cish fab Afdi ac Asareia fab Jehalelel
Disgynyddion Gershon: Ioach fab Simma ac Eden fab Ioach
13 Disgynyddion Elitsaffan: Shimri a Jeiel
Disgynyddion Asaff: Sechareia a Mataneia
14 Disgynyddion Heman: Iechiel a Shimei
Disgynyddion Iedwthwn: Shemaia ac Wssiel.

15Yna dyma nhw'n casglu gweddill y Lefiaid at ei gilydd a mynd drwy'r ddefod o buro'u
hunain. Ac wedyn mynd ati i gysegru teml yr ARGLWYDD, fel roedd y brenin wedi dweud. Roedden
nhw'n gwneud popeth yn union fel roedd yr ARGLWYDD wedi gorchymyn. 16Aeth yr offeiriaid
i mewn i'r deml i'w phuro. A dyma nhw'n dod â phopeth oedd yn aflan allan i'r iard, cyn
i'r Lefiaid fynd a'r cwbl allan i Ddyffryn Cidron. 17Roedd y gwaith glanhau wedi dechrau ar
ddiwrnod cynta'r mis cyntaf. Mewn wythnos roedden nhw wedi cyrraedd cyntedd teml yr
ARGLWYDD. Wedyn am wythnos arall buon nhw'n cysegru'r deml, a chafodd y gwaith ei orffen
ar ddiwrnod un deg chwech o'r mis.

Ailgysegru'r Deml

18Yna dyma nhw'n mynd at y Brenin Heseceia a dweud, "Dŷn ni wedi cysegru teml yr
ARGLWYDD i gyd, yr allor i losgi aberthau a'i hoffer i gyd, a'r bwrdd mae'r bara i'w osod yn
bentwr arno gyda'i holl lestri. 19Dŷn ni hefyd wedi cysegru'r holl lestri wnaeth y Brenin Ahas
eu taflu allan pan oedd yn anffyddlon i Dduw. Maen nhw yn ôl o flaen yr allor."
20Yna'n gynnar y bore wedyn dyma Heseceia'n galw arweinwyr y ddinas at ei gilydd a mynd
i deml yr ARGLWYDD. 21Aethon nhw â saith tarw ifanc, saith hwrdd, saith oen a saith bwch gafr
yn aberth dros bechod y deyrnas, y deml a gwlad Jwda. A dyma'r brenin yn gofyn i'r offeiriaid
(disgynyddion Aaron) eu llosgi'n offrymau ar allor yr ARGLWYDD. 22Felly dyma'r offeiriaid yn
lladd y teirw a sblasio'r gwaed o gwmpas yr allor. Yna gwneud yr un peth gyda'r hyrddod a'r
ŵyn. 23Yna'n olaf dyma nhw'n dod â'r bwch geifr (oedd i fod yn offrwm i lanhau o bechod)
at y brenin a'r bobl eraill oedd yno iddyn nhw osod eu dwylo ar ben y geifr. 24Wedyn, dyma'r
offeiriaid yn eu lladd a rhoi'r gwaed ar yr allor yn offrwm dros bechodau Israel gyfan. Roedd
y brenin wedi dweud fod yr offrymau i'w llosgi a'r aberthau dros bechodau Israel gyfan.
25Yna dyma'r Brenin Heseceia yn gosod y Lefiaid yn eu lle yn nheml yr ARGLWYDD gyda
symbalau, nablau a thelynau, fel roedd y Brenin Dafydd wedi dweud. (Yr ARGLWYDD oedd wedi
rhoi'r cyfarwyddiadau yma drwy Gad, proffwyd y brenin a'r proffwyd Nathan.) 26Felly roedd
y Lefiaid yn sefyll gydag offerynnau'r Brenin Dafydd, a'r offeiriaid gydag utgyrn. 27A dyma

Heseceia'n rhoi'r gair iddyn nhw losgi'r offrymau ar yr allor. Wrth iddyn nhw ddechrau gwneud
hynny dyma ddechrau canu mawl i'r ARGLWYDD i gyfeiliant yr utgyrn ac offerynnau Dafydd,
brenin Israel. 28 Roedd y gynulleidfa gyfan yn plygu i lawr i addoli, y cantorion yn canu a'r
utgyrn yn seinio nes i'r offrwm orffen llosgi.
29 Ar ôl llosgi'r offrwm dyma'r brenin a phawb oedd gydag e yn plygu i lawr ac addoli. 30 Yna
dyma'r Brenin Heseceia yn dweud wrth y Lefiaid am foli'r ARGLWYDD drwy ganu'r caneuon
ysgrifennodd y Brenin Dafydd a'r proffwyd Asaff. Felly buon nhw wrthi'n canu'n llawen ac
yn plygu i lawr ac yn addoli. 31 Yna dyma Heseceia'n dweud, "Nawr dych chi wedi rhoi eich
hunain yn llwyr i'r ARGLWYDD. Dewch i aberthu ac i gyflwyno offrymau diolch iddo." Felly dyma'r
bobl yn dod ag aberthau ac offrymau diolch, ac roedd rhai yn awyddus i ddod ag anifeiliaid
yn offrymau i'w llosgi hefyd.
32 Dyma faint o anifeiliaid gafodd eu rhoi gan y gynulleidfa: 70 tarw, 100 o hyrddod a 200
o ddefaid yn offrymau i'w llosgi. 33 Roedd 600 o deirw a 3,000 o ddefaid eraill wedi cael eu
rhoi, 34 ond doedd dim digon o offeiriaid i'w blingo nhw i gyd. Felly roedd rhaid i'r Lefiaid eu
helpu nhw i orffen y gwaith nes bod digon o offeiriaid wedi mynd drwy'r ddefod o buro'u
hunain. (Roedd y Lefiaid wedi bod yn fwy gofalus i fynd drwy'r defodau na'r offeiriaid.) 35 Yn
ogystal â'r anifeiliaid i'w llosgi, roedd yna lawer iawn o fraster o'r offrymau diolch, a hefyd
yr offrymau o ddiod oedd i fynd gyda phob offrwm i'w losgi.
Felly dyma nhw'n ailddechrau addoli'r ARGLWYDD yn y deml. 36 Ac roedd Heseceia a'r bobl
i gyd yn dathlu fod Duw wedi galluogi'r cwbl i ddigwydd mor gyflym.

Paratoadau i ddathlu'r Pasg

30 Dyma Heseceia yn anfon neges allan drwy Israel a Jwda gyfan. Anfonodd lythyrau at
lwythau Effraim a Manasse hefyd. Roedd yn galw pawb i ddod i'r deml yn Jerwsalem
i ddathlu Pasg yr ARGLWYDD, Duw Israel. 2 Roedd y brenin wedi cytuno gyda'r arweinwyr a phobl
Jerwsalem i gadw'r Pasg yn yr ail fis. 3 Roedden nhw'n methu ei gadw ar yr adeg iawn am
fod dim digon o offeiriaid wedi bod drwy'r ddefod o gysegru eu hunain, a doedd y bobl ddim
wedi cael cyfle i ddod i Jerwsalem. 4 Felly roedd y brenin a'r bobl yn meddwl mai dyma'r
cynllun gorau. 5 Dyma nhw'n anfon neges allan drwy Israel gyfan, o Beersheba yn y de i Dan
yn y gogledd. Roedd pawb i ddod i Jerwsalem i gadw Pasg i'r ARGLWYDD, Duw Israel. Doedden
nhw ddim wedi bod yn cadw'r Pasg fel Gŵyl genedlaethol, fel roedd y Gyfraith yn dweud.
6 Cafodd negeswyr eu hanfon allan i bobman yn Israel a Jwda gyda llythyr oddi wrth y brenin
a'r arweinwyr. A dyma oedd y llythyr yn ei ddweud:

"Bobl Israel, trowch yn ôl at yr ARGLWYDD, Duw Abraham, Isaac ac Israel, iddo fe droi'n
ôl atoch chi, yr ychydig sydd wedi dianc o afael brenhinoedd Asyria. 7 Peidiwch bod fel
eich tadau a'ch brodyr oedd yn anffyddlon i'r ARGLWYDD, Duw eu hynafiaid. Dyna pam
cawson nhw eu cosbi ganddo, fel dych chi'n gweld. 8 Peidiwch bod yn ystyfnig fel eich
tadau. Byddwch yn ufudd i'r ARGLWYDD, a dewch i'r deml sydd wedi'i chysegru ganddo am
byth. Addolwch yr ARGLWYDD eich Duw, iddo stopio bod mor ddig gyda chi. 9 Os gwnewch
chi droi'n ôl at yr ARGLWYDD, bydd y rhai sydd wedi cymryd eich plant a'ch perthnasau'n
gaeth yn dangos trugaredd arnyn nhw. Byddan nhw'n eu hanfon yn ôl i'r wlad yma. Mae'r
ARGLWYDD eich Duw mor garedig a thrugarog. Fydd e ddim yn eich gwrthod chi os trowch
chi'n ôl ato fe."

Dathlu Gŵyl y Pasg

10 Aeth y negeswyr i bob tref yn Effraim a Manasse, cyn belled a Sabulon. Ond roedd y bobl
yn chwerthin a gwneud hwyl am eu pennau. 11 Dim ond rhai pobl o Asher, Manasse a Sabulon
wnaeth ufuddhau a mynd i Jerwsalem. 12 Yn Jwda, roedd Duw wedi creu awydd yn y bobl
i gyd i ufuddhau i'r brenin a'r swyddogion oedd wedi gwneud beth roedd yr ARGLWYDD yn ei
orchymyn. 13 Felly yn yr ail fis daeth tyrfa enfawr o bobl i Jerwsalem i gadw Gŵyl y Bara Croyw.

14 A dyma nhw'n mynd ati i gael gwared â'r allorau oedd yn Jerwsalem, a thaflu'r holl allorau
i losgi arogldarth i Ddyffryn Cidron.
15 Cafodd oen y Pasg ei ladd ar y pedwerydd ar ddeg o'r ail fis. Cododd hyn gywilydd ar yr
offeiriaid a'r Lefiaid, a dyma nhw'n mynd ati i gysegru eu hunain i fynd i deml yr ARGLWYDD
i gyflwyno offrymau llosg. 16 Dyma nhw'n sefyll yn eu lleoedd cywir, fel roedd cyfraith Moses,
dyn Duw, yn dweud. Yna roedd yr offeiriaid yn derbyn gwaed yr anifeiliaid gan y Leifiaid
a'i sblasio o gwmpas yr allor. 17 Gan fod llawer o bobl yno oedd heb fynd drwy'r ddefod
o buro'u hunain, y Lefiaid oedd yn lladd yr ŵyn dros bawb oedd yn methu cyflwyno'r offrwm
eu hunain. 18 Roedd y mwyafrif o bobl Effraim, Manasse, Issachar a Sabulon yn aflan, a heb fod
drwy'r ddefod o buro'u hunain. Er hynny dyma nhw'n bwyta o'r Pasg yn groes i beth mae'r
Gyfraith yn ei ddweud. Ond dyma Heseceia'n gweddïo drostyn nhw, "Boed i'r ARGLWYDD da,
faddau 19 i bawb sydd wir am ddilyn eu Duw, sef yr ARGLWYDD, Duw eu hynafiaid, er nad ydyn
nhw wedi cysegru eu hunain fel mae defod puro'r deml yn gofyn." 20 A dyma'r ARGLWYDD yn
gwrando ar weddi Heseceia, a iacháu'r bobl.
21 Roedd pobl Israel yn Jerwsalem yn dathlu Gŵyl y Bara Croyw yn llawen am saith diwrnod.
Roedd y Lefiaid a'r offeiriaid yn moli'r ARGLWYDD bob dydd, ac yn canu ei glod yn uchel ar
offerynnau cerdd. 22 Roedd Heseceia'n canmol y Lefiaid am eu dawn wrth addoli'r ARGLWYDD.
Aeth y gwledda ymlaen am saith diwrnod. Roedden nhw'n cyflwyno offrymau i ofyn am
fendith yr ARGLWYDD ac yn cyffesu eu pechodau i'r ARGLWYDD, Duw eu hynafiaid.
23 Yna dyma pawb yn cytuno i gadw'r Ŵyl am saith diwrnod arall. Felly dyma nhw'n dal
ati i ddathlu'n llawen am wythnos arall. 24 Roedd Heseceia wedi rhoi mil o deirw a saith
mil a ddefaid a geifr i'r gynulleidfa. A dyma'r arweinwyr yn rhoi mil arall o deirw a deg mil
o ddefaid a geifr iddyn nhw. A aeth llawer iawn mwy o offeiriaid drwy'r ddefod o buro'u
hunain. 25 Roedd pobl Jwda yno, a'r offeiriaid a'r Lefiaid, yr holl bobl oedd wedi dod
o Israel, a'r mewnfudwyr oedd wedi dod o Israel i fyw yn Jwda – roedd pawb yno'n dathlu
gyda'i gilydd. 26 Hwn oedd y dathliad mwyaf fuodd yn Jerwsalem ers pan oedd Solomon fab
Dafydd yn frenin ar Israel. 27 Dyma'r offeiriaid a'r Lefiaid yn sefyll i fendithio'r bobl. Clywodd
yr ARGLWYDD nhw o'i le sanctaidd yn y nefoedd.

Diwygiadau Crefyddol Heseceia

31 Pan oedd yr Ŵyl drosodd, dyma'r holl bobl oedd wedi bod yn bresennol yn mynd
allan i drefi Jwda, Benjamin, Effraim a Manasse a malu'r colofnau cysegredig, torri
i lawr bolion y dduwies Ashera a chwalu'r allorau lleol drwy holl Jwda. Wedyn dyma nhw
i gyd yn mynd adre i'w trefi eu hunain.
2 Dyma Heseceia'n gosod yr offeiriaid a'r Lefiaid mewn grwpiau gwahanol i gyflawni eu
dyletswyddau – sef cyflwyno'r offrymau i'w llosgi a'r offrymau i ofyn am fendith yr ARGLWYDD,
ac i weini, rhoi diolch a chanu mawl wrth y giatiau i deml yr ARGLWYDD.
3 Roedd y brenin yn rhoi cyfran o'i anifeiliaid ei hun yn offrymau i'w llosgi'n llwyr bob bore
a nos, ar y Sabothau, y lleuadau newydd ac unrhyw adegau eraill wedi'u pennu yn y Gyfraith.
4 Yna dyma fe'n gorchymyn i'r bobl oedd yn byw yn Jerwsalem i gyfrannu siâr yr offeiriaid a'r
Lefiaid fel roedd Cyfraith yr ARGLWYDD yn dweud. 5 Pan glywodd pobl Israel hyn dyma nhw'n
ymateb drwy ddod â'r gyfran gyntaf o'r ŷd, sudd grawnwin, olew olewydd, mêl a phopeth
arall oedd yn tyfu yn eu caeau. Daethon nhw â lot fawr o stwff – un rhan o ddeg o bopeth.
6 Roedd pobl Israel a Jwda oedd yn byw yn nhrefi Jwda hefyd yn cyfrannu un o bob deg o'u
teirw a'u defaid, a phopeth arall roedden nhw wedi'i osod o'r neilltu i'w roi i'r ARGLWYDD.
Cafodd y cwbl ei osod yn bentyrrau. 7 Dechreuodd y pentyrru yn y trydydd mis, ac roedd hi'r
seithfed mis erbyn iddyn nhw orffen. 8 Pan welodd Heseceia a'i swyddogion yr holl bentyrrau,
dyma nhw'n bendithio'r ARGLWYDD a'i bobl Israel.
9 Yna dyma Heseceia'n holi'r offeiriaid a'r Lefiaid am y pentyrrau. 10 A dyma Asareia
yr archoffeiriad, oedd o deulu Sadoc, yn dweud "Ers i'r bobl ddechrau dod â rhoddion i'r
deml dŷn ni wedi cael digonedd i'w fwyta, ac mae lot fawr dros ben. Mae'r ARGLWYDD wedi

bendithio'i bobl, ac mae yna gymaint o stwff dros ben." [11]Felly dyma Heseceia'n gorchymyn
iddyn nhw baratoi stordai yn nheml yr Arglwydd. Dyma nhw'n gwneud felly, [12]a dod â'r
offrymau, y degymau, a'r pethau oedd wedi'u cysegru i'r Arglwydd. Un o'r Lefiaid, Conaneia,
oedd yn gyfrifol am y gwaith, a'i frawd Shimei yn ddirprwy iddo. [13]Yna dyma'r Brenin Heseceia
ac Asareia, pennaeth y deml, yn trefnu i Iechiel, Asaseia, Nachath, Asahel, Ierimoth, Iosafad,
Eliel, Ismacheia, Machat a Benaia i weithio oddi tanyn nhw.

[14]Core fab Imna, Lefiad oedd yn gwarchod y giât ddwyreiniol, oedd yn gyfrifol am yr
offrymau gwirfoddol. Fe hefyd oedd i ddosbarthu'r rhoddion oedd wedi'u cyflwyno i'r Arglwydd,
a'r eitemau wedi'u cysegru. [15]Wedyn roedd Eden, Miniamîn, Ieshŵa, Shemaia, Amareia
a Shechaneia yn ei helpu yn nhrefi'r offeiriad. Roedden nhw i fod i rannu'r rhoddion yn deg
rhwng y gwahanol deuluoedd o offeiriaid, ifanc a hen fel ei gilydd. [16]Roedd pob gwryw oedd
dros dair oed ar y cofrestrau teuluol i dderbyn rhoddion – y rhai fyddai yn eu tro yn mynd
i deml yr Arglwydd i gyflawni dyletswyddau'r grŵp roedden nhw'n perthyn iddi. [17]Hefyd yr
offeiriaid oedd wedi'u rhestru yn y cofrestrau teuluol, a'r Lefiaid oedd dros ugain oed ac wedi'u
rhestru yn ôl eu dyletswyddau a'u grwpiau. [18]A'r plant lleiaf hefyd, y gwragedd, a'r meibion a'r
merched i gyd – pawb oedd ar y cofrestrau teuluol. Roedden nhw i gyd wedi bod yn ffyddlon
a chysegru eu hunain. [19]Wedyn roedd rhai wedi cael eu dewis ym mhob tref i rannu eu siâr
i ddisgynyddion Aaron, sef yr offeiriad oedd yn byw yn yr ardal o gwmpas pob tref. Roedd
pob gwryw o deulu offeiriadol a phob un o'r Lefiaid oedd ar y cofrestrau teuluol i gael eu siâr.

[20]Trefnodd y Brenin Heseceia fod hyn i ddigwydd drwy Jwda gyfan. Gwnaeth beth oedd
yn dda; gwnaeth y peth iawn; ac roedd yn ffyddlon yng ngolwg yr Arglwydd ei Dduw. [21]Aeth
ati o ddifrif i ailsefydlu gwasanaeth teml Dduw ac i fod yn ufudd i'r Gyfraith a dilyn ei Dduw.
Ac fe lwyddodd.

Asyria yn ymosod ar Jwda

(2 Brenhinoedd 18:13-37; 19:14-19,35-37; Eseia 36:1-22; 37:8-38)

32 Ar ôl i Heseceia fod mor ffyddlon yn gwneud y pethau yma, dyma Senacherib, brenin
Asyria yn ymosod ar Jwda. Dyma fe'n gwersylla o gwmpas y trefi amddiffynnol gyda'r
bwriad o'u dal nhw. [2]Pan welodd Heseceia fod Senacherib yn bwriadu ymosod ar Jerwsalem,
[3]dyma fe'n cyfarfod gyda'i swyddogion a'i arweinwyr milwrol a phenderfynu cau'r ffynhonnau
dŵr oedd tu allan i'r ddinas. [4]Daeth tyrfa o weithwyr at ei gilydd i fynd ati i gau'r ffynhonnau
i gyd, a'r nant oedd yn rhedeg drwy ganol y wlad. "Pam ddylai brenhinoedd Asyria gael
digon o ddŵr pan maen nhw'n dod yma?" medden nhw. [5]Wedyn, dyma'r Brenin Heseceia yn
cryfhau'r amddiffynfeydd drwy drwsio'r waliau oedd wedi cwympo, codi tyrau amddiffynnol,
adeiladu ail wal ar yr ochr allan, a chryfhau terasau dinas Dafydd. Gorchmynnodd wneud
llawer iawn mwy o arfau a tharianau hefyd.

[6]Yna dyma fe'n penodi swyddogion milwrol dros y fyddin a'u casglu at ei gilydd yn y sgwâr
o flaen giât y ddinas. A dyma fe'n eu hannog nhw a dweud, [7]"Byddwch yn gryf a dewr!
Peidiwch bod ag ofn na phanicio am fod brenin Asyria a'i fyddin ar eu ffordd. Mae yna Un
gyda ni sy'n gryfach na'r rhai sydd gyda fe. [8]Dim ond cryfder dynol sydd ganddo fe, ond
mae'r Arglwydd ein Duw gyda ni i'n helpu ni ac i ymladd ein brwydrau!" Roedd pawb yn
teimlo'n well ar ôl clywed geiriau'r brenin.

[9]Pan oedd Senacherib, brenin Asyria, a'i fyddin yn ymosod ar Lachish, dyma fe'n anfon ei
weision i Jerwsalem gyda neges i Heseceia brenin Jwda a phawb oedd yn byw yn y ddinas.
Dyma oedd y neges:

[10]"Mae Senacherib brenin Asyria yn dweud, 'Dw i wedi amgylchynu Jerwsalem. Beth
sy'n eich gwneud chi mor siŵr y byddwch chi'n iawn? [11]"Bydd yr Arglwydd ein Duw yn ein
hachub ni o afael brenin Asyria," meddai Heseceia. Ond mae e'n eich twyllo chi. Byddwch yn
marw o newyn a syched! [12]Onid ydy Heseceia wedi cael gwared â'i ganolfannau addoli lleol
a'i allorau e, a dweud wrth bobl Jwda mai dim ond wrth un allor maen nhw i fod i addoli?
[13]Ydych chi ddim yn sylweddoli beth dw i a'm hynafiaid wedi'i wneud i'r holl wledydd

eraill? Wnaeth duwiau'r gwledydd hynny fy rhwystro i rhag cymryd eu tiroedd nhw? 14Pa
un o dduwiau'r gwledydd gafodd eu dinistrio gan fy hynafiaid wnaeth lwyddo i achub eu
pobl o'm gafael i? Beth sy'n gwneud i chi feddwl y bydd eich Duw chi yn gwneud hynny?
15Felly peidiwch gadael i Heseceia eich twyllo a'ch camarwain chi. Peidiwch â'i gredu
e. Wnaeth dim un o dduwiau'r gwledydd a'r teyrnasoedd eraill achub eu pobl o'n gafael
ni. Felly pa obaith sydd gan eich duwiau chi o wneud hynny?' "
16Aeth gweision Senacherib ymlaen i ddweud llawer mwy o bethau tebyg yn erbyn yr
ARGLWYDD Dduw a'i was Heseceia. 17Roedd Senacherib wedi ysgrifennu pethau oedd yn gwneud
hwyl am ben yr ARGLWYDD, Duw Israel, ac yn ei sarhau. "Doedd duwiau y gwledydd eraill
ddim yn gallu achub eu pobl o'm gafael i. A fydd duw Heseceia ddim yn gallu achub ei bobl
e chwaith." 18Yna dyma'r negeswyr yn gweiddi'n uchel yn Hebraeg ar bobl Jerwsalem oedd
ar y waliau. Y bwriad oedd eu dychryn nhw, fel bod Asyria'n gallu cymryd y ddinas. 19Roedden
nhw'n siarad am Dduw Jerwsalem fel petai'n un o'r duwiau roedd pobl y gwledydd eraill
wedi'u gwneud iddyn nhw'u hunain.
20Felly dyma'r Brenin Heseceia a'r proffwyd Eseia fab Amos yn gweddïo, a galw'n daer
ar Dduw yn y nefoedd am y peth. 21A dyma'r ARGLWYDD yn anfon angel a lladd holl filwyr,
capteniaid a swyddogion byddin Asyria. Ac roedd rhaid i Senacherib fynd yn ôl i'w wlad ei
hun wedi'i gywilyddio. Aeth i mewn i deml ei dduw, a dyma rai o'i feibion ei hun yn ei daro
i lawr a'i ladd gyda'r cleddyf. 22A dyna sut gwnaeth yr ARGLWYDD achub Heseceia a phobl
Jerwsalem o afael Senacherib, brenin Asyria a phob gelyn arall o'u cwmpas. 23O'r adeg
yna ymlaen roedd Heseceia'n cael ei barchu gan y gwledydd eraill i gyd. Roedd llawer yn
dod i Jerwsalem i roi offrwm i'r ARGLWYDD ac anrhegion gwerthfawr i Heseceia, brenin Jwda.

Heseceia'n gwella ar ôl bod yn sâl

(2 Brenhinoedd 20:1-3,12-19; Eseia 38:1-3; 39:1-8)

24Tua'r adeg yna roedd Heseceia'n sâl. Roedd yn ddifrifol wael – a bu bron iddo farw. Dyma
fe'n gweddïo ar yr ARGLWYDD, a dyma'r ARGLWYDD yn ei ateb a rhoi arwydd iddo y byddai'n
gwella. 25Ond doedd Heseceia ddim wedi gwerthfawrogi beth wnaeth yr ARGLWYDD iddo.
Roedd e'n falch, ac roedd yr ARGLWYDD yn ddig gydag e, a gyda Jwda a Jerwsalem. 26Ond ar
ôl hynny, roedd Heseceia'n sori am iddo fod mor falch, a phobl Jerwsalem hefyd. Felly doedd
yr ARGLWYDD ddim yn ddig hefo nhw wedyn tra oedd Heseceia'n dal yn fyw.

Cyfoeth Heseceia

27Roedd Heseceia'n gyfoethog iawn ac yn cael ei barchu'n fawr. Adeiladodd stordai i gadw
ei holl eiddo – arian, aur, gemau gwerthfawr, perlysiau, tarianau a phob math o bethau
gwerthfawr eraill. 28Adeiladodd ysguboriau i ddal y gwenith, y sudd grawnwin a'r olew; beudai
i'r gwahanol anifeiliaid a chorlannau i'r defaid a'r geifr. 29Adeiladodd drefi lawer, a phrynu
nifer fawr o ddefaid, geifr a gwartheg hefyd. Roedd Duw wedi'i wneud e'n hynod o gyfoethog.
30Heseceia hefyd gaeodd darddiad uchaf nant Gihon a chyfeirio'r dŵr i lawr i Ddinas Dafydd
yn y gorllewin. Roedd Heseceia'n llwyddiannus beth bynnag roedd e'n wneud. 31Pan anfonodd
swyddogion Babilon negeswyr ato i'w holi am yr arwydd oedd wedi digwydd yn y wlad,
dyma'r ARGLWYDD yn gadael llonydd iddo, i'w brofi a gweld beth oedd ei gymhellion go iawn.

Crynodeb o deyrnasiad Heseceia

(2 Brenhinoedd 20:20-21)

32Mae gweddill hanes Heseceia, a'r pethau da wnaeth e i'w gweld yng ngweledigaeth
y proffwyd Eseia fab Amos yn sgrôl *Hanes Brenhinoedd Israel.* 33Pan fu Heseceia farw, dyma
nhw'n ei gladdu yn rhan bwysicaf y fynwent i ddisgynyddion Dafydd. Roedd pobl Jwda
a Jerwsalem yno i'w anrhydeddu pan gafodd ei gladdu. A dyma Manasse, ei fab, yn dod
yn frenin yn ei le.

Manasse yn frenin Jwda

(2 Brenhinoedd 21:1-9)

33 Un deg dau oedd Manasse pan ddaeth yn frenin, a bu'n frenin yn Jerwsalem am
bum deg pump o flynyddoedd. 2 Gwnaeth bethau drwg iawn yng ngolwg yr ARGLWYDD,
pethau cwbl ffiaidd, fel y bobloedd roedd yr ARGLWYDD wedi'u gyrru allan o'r wlad o flaen
Israel. 3 Roedd wedi ailgodi'r allorau lleol gafodd eu chwalu gan ei dad, Heseceia. Cododd
allorau i dduwiau Baal, a pholion i'r dduwies Ashera. Roedd yn plygu i lawr i'r sêr ac yn eu
haddoli nhw. 4 Dyma fe hyd yn oed yn adeiladu allorau paganaidd yn y deml – yn y lle roedd
yr ARGLWYDD wedi dweud amdano, "Bydd fy enw yn Jerwsalem am byth." 5 Cododd allorau i'r
sêr yn y ddwy iard yn y deml. 6 Llosgodd ei fab yn aberth yn nyffryn Ben-hinnom, ac roedd yn
ymarfer dewiniaeth, darogan a swynion. Roedd yn ymhél ag ysbrydion a phobl oedd yn siarad
â'r meirw. Gwnaeth lawer iawn o bethau drwg yng ngolwg yr ARGLWYDD, a'i bryfocio. 7 Roedd
hyd yn oed wedi gwneud delw o eilun-dduw a'i gosod yn y deml! – yn y lle roedd Duw wedi
dweud wrth Dafydd a'i fab Solomon amdani, "Dw i wedi dewis Jerwsalem o blith llwythau
Israel i gyd, a bydda i'n byw yn y deml yma am byth. 8 Wna i ddim symud Israel allan o'r tir dw
i wedi'i roi i'w hynafiaid, cyn belled â'u bod nhw'n gofalu gwneud beth dw i'n ei orchymyn
iddyn nhw, sef cadw'r Cyfraith, y rheolau a'r canllawiau gafodd eu rhoi drwy Moses." 9 Ond
wnaethon nhw ddim gwrando. Ac roedd Manasse'n eu harwain nhw i wneud mwy o ddrwg
na'r bobloedd roedd yr ARGLWYDD wedi'u gyrru allan o flaen Israel!
10 Roedd yr ARGLWYDD wedi rhybuddio Manasse a'i bobl, ond doedden nhw'n cymryd dim
sylw o gwbl. 11 Felly dyma'r ARGLWYDD yn dod ag arweinwyr byddin Asyria yn ei erbyn. Dyma
nhw'n dal Manasse, rhoi bachyn yn ei drwyn a'i roi mewn cadwyni pres, a mynd ag e'n gaeth
i Babilon. 12 Yng nghanol y creisis dyma fe'n gweddïo ar yr ARGLWYDD ei Dduw, ac edifarhau go
iawn o flaen Duw ei hynafiaid. 13 Clywodd yr ARGLWYDD ei weddi a gwrando ar ei gais, a dod
ag e'n ôl i fod yn frenin yn Jerwsalem. A dyna sut daeth Manasse i ddeall mai'r ARGLWYDD
oedd Dduw.
14 Wedi hyn dyma Manasse yn ailadeiladu wal allanol Dinas Dafydd, o'r gorllewin i ddyffryn
Gihon at Giât y Pysgod ac yna o gwmpas y terasau. Roedd hi'n wal uchel iawn. Gosododd
swyddogion milwrol yn holl drefi amddiffynnol Jwda hefyd. 15 Yna dyma fe'n cael gwared
â'r duwiau paganaidd a'r ddelw honno o deml yr ARGLWYDD, a'r holl allorau roedd e wedi'u
hadeiladu ar fryn y deml ac yn Jerwsalem. Taflodd nhw allan o'r ddinas, 16 ac yna atgyweirio
allor yr ARGLWYDD a chyflwyno arni offrymau i gydnabod daioni'r ARGLWYDD. Yna dyma fe'n
gorchymyn fod pobl Jwda i addoli'r ARGLWYDD, Duw Israel. 17 Roedd y bobl yn dal i aberthu ar
yr allorau lleol, ond dim ond i'r ARGLWYDD eu Duw.

Crynodeb o deyrnasiad Manasse

(2 Brenhinoedd 21:17-18)

18 Mae gweddill hanes Manasse, gan gynnwys ei weddi ar Dduw, a beth roedd y proffwydi
wedi'i ddweud wrtho ar ran yr ARGLWYDD, Duw Israel, i'w gweld yn *Hanes Brenhinoedd Israel.*
19 Mae *Negeseuon y Proffwydi*[t] hefyd yn cynnwys ei weddi a sut wnaeth Duw ymateb, cofnod
o'i bechodau a'r holl bethau drwg wnaeth e, a lleoliad yr allorau lleol a pholion y dduwies
Ashera a'r delwau cerrig gododd e cyn iddo gyfaddef ei fai. 20 Pan fuodd Manasse farw cafodd
ei gladdu yn ei balas. A dyma Amon ei fab yn dod yn frenin yn ei le.

Amon yn frenin Jwda

(2 Brenhinoedd 21:19-26)

21 Roedd Amon yn ddau ddeg dau pan ddaeth yn frenin, a bu'n frenin yn Jerwsalem am
ddwy flynedd. 22 Gwnaeth bethau drwg iawn yng ngolwg yr ARGLWYDD, yr un fath â'i dad

---

t 33:19 *Negeseuon y Proffwydi* Felly'r Roeg. Hebraeg, *Negeseuon Hosai.*

Manasse. Roedd yn aberthu i'r holl ddelwau cerrig roedd ei dad wedi'u gwneud, ac yn eu
haddoli. 23 A wnaeth Amon ddim troi yn ôl at yr ARGLWYDD fel ei dad. Gwnaeth fwy a mwy
o bethau drwg. 24 Yna dyma rai o'i swyddogion yn cynllwynio yn ei erbyn a'i ladd yn ei balas.
25 Ond wedyn dyma bobl y wlad yn dienyddio pawb oedd wedi bod yn rhan o'r cynllwyn yn
erbyn Amon. A dyma nhw'n gwneud Joseia, ei fab, yn frenin yn ei le.

Joseia yn frenin ar Jwda

(2 Brenhinoedd 22:1-6)

34 Wyth oed oedd Joseia pan ddaeth yn frenin, a bu'n frenin yn Jerwsalem am dri deg
un o flynyddoedd. 2 Roedd yn gwneud beth oedd yn plesio'r ARGLWYDD, ac yn dilyn
esiampl y Brenin Dafydd, ei hynafiad, heb grwydro oddi wrth hynny o gwbl.
3 Pan oedd wedi bod yn frenin am wyth mlynedd, ac yn dal yn fachgen ifanc un deg chwech
oed, dechreuodd addoli Duw fel y Brenin Dafydd. Yna pan oedd yn ugain oed aeth ati i lanhau
a phuro Jwda a Jerwsalem drwy gael gwared â'r holl allorau lleol, polion y dduwies Ashera,
y delwau cerrig a'r delwau o fetel tawdd. 4 Gorchmynnodd fod allorau Baal i gael eu chwalu,
a'r allorau arogldarth uwch eu pennau. Cafodd polion y dduwies Ashera eu torri i lawr, a'r
eilunod a'r delwau o fetel eu malu. Roedden nhw'n eu malu'n llwch mân, ac yna'n taflu'r
llwch ar feddau'r bobl oedd wedi bod yn aberthu arnyn nhw. 5 Yna cafodd esgyrn yr offeiriaid
paganaidd eu llosgi ar eu hallorau eu hunain.
Ar ôl puro Jwda a Jerwsalem, 6 dyma fe'n gwneud yr un fath yn y trefi ac adfeilion y pentrefi
o'u cwmpas yn ardaloedd Manasse, Effraim a Simeon, a chyn belled a Nafftali. 7 Chwalodd yr
allorau a'r polion Ashera, malu'r delwau yn llwch mân, a dinistrio'r allorau arogldarth drwy
diroedd gwlad Israel i gyd. Yna aeth yn ôl i Jerwsalem.
8 Pan oedd wedi bod yn frenin am un deg wyth o flynyddoedd roedd yn dal i buro'r wlad
a'r deml. Anfonodd Shaffan fab Atsaleia, gyda Maaseia, rheolwr y ddinas a Ioach fab
Ioachas y cofnodydd, i atgyweirio teml yr ARGLWYDD ei Dduw. 9 Dyma nhw'n mynd at Chilceia,
yr archoffeiriad, a rhoi'r arian oedd wedi'i gasglu yn y deml iddo. Roedd y Lefiaid oedd yn
gwarchod y drysau wedi'i gasglu gan bobl Manasse ac Effraim, a phawb oedd ar ôl yn Israel,
a hefyd pobl Jwda, Benjamin a'r rhai oedd yn byw yn Jerwsalem. 10 A dyma nhw'n ei basio
ymlaen i'r rhai oedd yn goruchwylio'r gwaith ar y deml, i dalu'r gweithwyr oedd yn gwneud
y gwaith atgyweirio. 11 Cafodd yr arian ei roi i'r seiri coed a'r adeiladwyr i brynu cerrig wedi'u
naddu, a choed ar gyfer y trawstiau a'r distiau, i atgyweirio'r adeiladau roedd brenhinoedd
Jwda wedi'u hesgeuluso. 12 Roedd y gweithwyr yn onest ac yn gydwybodol. Lefiaid oedd yn
goruchwylio – Iachath ac Obadeia oedd yn ddisgynyddion Merari, a Sechareia a Meshwlam yn
ddisgynyddion i Cohath. Roedd Lefiaid eraill oedd yn gerddorion dawnus 13 yn goruchwylio'r
labrwyr a'r gweithwyr eraill. Roedd rhai o'r Lefiaid yn ysgrifenyddion, neu yn swyddogion
neu yn gofalu am y drysau.

Hilcea yn darganfod sgrôl y Gyfraith

(2 Brenhinoedd 22:8-20)

14 Wrth iddyn nhw ddod â'r arian oedd wedi'i roi yn y deml allan, dyma Chilceia yr offeiriad
yn ffeindio sgrôl o'r Gyfraith roddodd yr ARGLWYDD i Moses. 15 Felly dyma Chilceia'n dweud
wrth Shaffan yr ysgrifennydd, "Dw i wedi ffeindio sgrôl o'r Gyfraith yn y deml!" A dyma fe'n
rhoi'r sgrôl i Shaffan. 16 Yna dyma Shaffan yn mynd â'r sgrôl a dweud wrth y brenin, "Mae
dy weision wedi gwneud popeth wnest ti ddweud wrthyn nhw. 17 Maen nhw wedi cyfri'r arian
oedd yn y deml, ac wedi'i drosglwyddo i'r dynion sy'n goruchwylio ac i'r gweithwyr." 18 Yna
aeth Shaffan yn ei flaen i ddweud wrth y brenin, "Mae Chilceia'r offeiriad wedi rhoi'r sgrôl
yma i mi." A dyma fe'n darllen ohoni i'r brenin. 19 Pan glywodd y brenin eiriau'r Gyfraith, dyma
fe'n rhwygo'i ddillad. 20 Yna dyma fe'n galw am Chilceia, Achicam fab Shaffan, Abdon fab
Micha, Shaffan yr ysgrifennydd ac Asaia ei was personol. 21 A dyma fe'n dweud wrthyn nhw,

"Ewch i holi'r ARGLWYDD ar fy rhan i a'r bobl sydd ar ôl yn Israel a Jwda, am beth mae'r sgrôl
yma'n ddweud. Mae'r ARGLWYDD yn wirioneddol flin gyda ni am fod ein hynafiaid heb fod yn
ufudd iddo a gwneud beth mae'r sgrôl yma'n ddweud."
22 Felly dyma Chilceia a'r rhai eraill ddewisodd y brenin yn mynd at Hulda y broffwydes. Roedd
hi'n wraig i Shalwm (mab Ticfa ac ŵyr Chasra) oedd yn gofalu am y gwisgoedd. Roedd hi'n byw
yn Jerwsalem yn y rhan newydd o'r ddinas. A dyma nhw'n dweud yr hanes wrthi. 23 Yna dyma
hi'n dweud, "Dyma mae'r ARGLWYDD, Duw Israel, yn ei ddweud: 'Dwedwch wrth y dyn wnaeth
eich anfon chi ata i 24 mod i'n mynd i ddod â dinistr ofnadwy ar y wlad yma ac ar y bobl sy'n byw
yma. Bydd yn union fel mae'r melltithion yn y sgrôl sydd wedi'i darllen i frenin Jwda yn dweud.
25 Dw i wedi gwylltio'n lân gyda nhw, a does dim yn mynd i newid hynny. Maen nhw wedi bod yn
llosgi arogldarth i dduwiau eraill, a'm gwylltio i gyda'r delwau maen nhw wedi'u gwneud.' 26 Ond
dwedwch hefyd wrth frenin Jwda, sydd wedi'ch anfon chi i holi'r ARGLWYDD, 'Dyma mae'r ARGLWYDD
yn ei ddweud am beth rwyt ti wedi'i glywed: 27 "Am dy fod ti wedi teimlo i'r byw ac edifarhau pan
glywaist ti fy mod i wedi rhybuddio'r lle yma; am dy fod ti wedi edifarhau a rhwygo dy ddillad
ac wylo o mlaen i, dw i wedi gwrando," —yr ARGLWYDD sy'n dweud hyn. 28 "Cei di farw a chael dy
gladdu mewn heddwch. Fydd dim rhaid i ti fyw i weld y dinistr ofnadwy fydd yn dod ar y wlad
yma a'i phobl." ' " A dyma'r dynion yn mynd â'r neges yn ôl i'r brenin.

Diwygiadau Crefyddol Joseia

(2 Brenhinoedd 23:1-20)

29 Dyma'r brenin Joseia yn galw arweinwyr Jwda i gyd at ei gilydd yn Jerwsalem. 30 Yna dyma
fe'n mynd i'r deml, ac roedd pobl Jwda a Jerwsalem, yr offeiriaid a'r Lefiaid gydag e. Roedd
pawb yno, o'r ifancaf i'r hynaf. Yna dyma sgrôl yr ymrwymiad oedd wedi'i darganfod yn y deml
yn cael ei darllen yng nghlyw pawb. 31 A dyma'r brenin yn sefyll yn ei le ac addo o flaen yr
ARGLWYDD, i wneud ei orau glas i ddilyn yr ARGLWYDD a chadw'i orchmynion, ei ofynion a'i reolau.
Roedd yn addo cadw amodau'r ymrwymiad oedd yn y sgrôl. 32 A dyma fe'n galw ar bawb yn
Jerwsalem a Benjamin i wneud yr un fath. Gwnaeth pobl Jerwsalem hynny, ac adnewyddu'r
ymrwymiad gyda Duw eu hynafiaid. 33 Felly dyma Joseia'n cael gwared a'r holl bethau ffiaidd
oedd yn Israel, ac annog pobl Israel i gyd i addoli'r ARGLWYDD eu Duw. A tra buodd e'n frenin
wnaethon nhw ddim stopio addoli'r ARGLWYDD, Duw eu hynafiaid.

Joseia'n dathlu'r Pasg

(2 Brenhinoedd 23:21-23)

35 Dyma Joseia'n dathlu Gŵyl y Pasg i'r ARGLWYDD yn Jerwsalem. Cafodd ŵyn y Pasg eu
lladd ar y pedwerydd ar ddeg o'r mis cyntaf. 2 Roedd Joseia wedi trefnu dyletswyddau
yr offeiriaid, a'u hannog i wneud eu gwaith yn nheml yr ARGLWYDD. 3 Wedyn dyma fe'n dweud
wrth y Lefiaid oedd i ddysgu pobl Israel am yr offrymau a'r aberthau oedd i'w cysegru i'r
ARGLWYDD, "Gosodwch yr Arch Sanctaidd yn y deml wnaeth Solomon, mab Dafydd brenin Israel,
ei hadeiladu. Does dim angen i chi ei chario ar eich ysgwyddau bellach. Nawr rhowch eich
hunain i wasanaethu'r ARGLWYDD eich Duw a'i bobl Israel! 4 Trefnwch eich hunain yn grwpiau
yn ôl eich teuluoedd fel roedd y Brenin Dafydd a Solomon ei fab wedi dweud. 5 Safwch yn
y deml i helpu'r bobl o'r llwyth mae eich teulu chi yn ei gynrychioli. 6 Lladdwch ŵyn y Pasg,
mynd drwy'r ddefod o buro eich hunain, a pharatoi popeth i'ch pobl allu gwneud beth roedd
yr ARGLWYDD wedi'i ddweud drwy Moses."
7 Roedd Joseia wedi rhoi ei anifeiliaid ei hun i'r bobl i'w cyflwyno'n offrwm – 30,000
o ŵyn a geifr ifanc, a 3,000 o deirw ifanc. 8 Rhoddodd ei swyddogion hefyd anifeiliaid yn
offrymau gwirfoddol i'r bobl, yr offeiriaid a'r Lefiaid. Rhoddodd Chilceia, Sechareia a Iechiel,
prif swyddogion teml Dduw 2,600 o ŵyn a geifr ifanc a 300 o wartheg. 9 Rhoddodd Conaneia
a'i frodyr Shemaia a Nethanel, a Chashafeia, Jeiel a Iosafad, arweinwyr y Lefiaid 5,000 o ŵyn
a geifr ifanc ar gyfer aberth y Pasg a 500 o wartheg.

10 Pan oedd popeth yn barod, dyma'r offeiriaid yn sefyll yn eu lle, a'r Lefiaid yn eu grwpiau,
fel roedd y brenin wedi gorchymyn. 11 Yna dyma nhw'n lladd ŵyn y Pasg, a dyma'r offeiriaid yn
sblasio'r gwaed o gwmpas yr allor tra oedd y Lefiaid yn blingo'r anifeiliaid. 12 Roedden nhw'n
rhoi'r offrymau oedd i'w llosgi'n llwyr ar un ochr a'u rhannu i'r bobl yn eu grwpiau teuluol er
mwyn i'r rheiny eu cyflwyno i'r ARGLWYDD fel mae'n dweud yn Sgrôl Moses. (Roedden nhw'n
gwneud yr un peth gyda'r gwartheg hefyd.) 13 Wedyn roedden nhw'n rhostio ŵyn y Pasg ar
dân agored yn ôl y ddefod, a berwi'r offrymau sanctaidd mewn crochanau, pedyll a dysglau
cyn eu rhannu'n gyflym i'r bobl. 14 Wedyn roedd rhaid i'r Lefiaid baratoi ar gyfer eu hunain
a'r offeiriaid. Roedd yr offeiriaid, disgynyddion Aaron, yn dal i losgi'r offrymau a'r braster
pan oedd hi'n dechrau nosi. Roedd y Lefiaid yn paratoi ar eu cyfer eu hunain a'r offeiriaid,
sef disgynyddion Aaron. 15 Roedd disgynyddion Asaff, sef y cantorion, yn aros yn eu lle fel
roedd Dafydd, Asaff, Heman a Iedwthwn (proffwyd y brenin) wedi dweud. Ac roedd y rhai
oedd yn gofalu am y giatiau yn aros lle roedden nhw. Doedd dim rhaid iddyn nhw adael eu
lleoedd am fod y Lefiaid eraill yn paratoi eu hoffrymau nhw.

16 Felly cafodd y paratoadau ar gyfer dathlu Pasg yr ARGLWYDD eu gwneud i gyd y diwrnod
hwnnw. Cafodd yr offrymau oedd i'w llosgi'n llwyr eu cyflwyno i gyd ar allor yr ARGLWYDD fel
roedd y Brenin Joseia wedi gorchymyn. 17 Felly dyma holl bobl Israel oedd yn bresennol yn
cadw'r Pasg yr adeg honno, a Gŵyl y Bara Croyw am saith diwrnod. 18 Doedd Pasg tebyg ddim
wedi'i gadw yn Israel ers cyfnod y proffwyd Samuel. Doedd dim un o frenhinoedd Israel wedi
cynnal Pasg tebyg i'r un yma. Roedd y Brenin Joseia, yr offeiriaid a'r Lefiaid, pobl Jwda ac
Israel i gyd yno, heb sôn am bawb oedd yn byw yn Jerwsalem. 19 Roedd Joseia wedi bod yn
frenin am un deg wyth o flynyddoedd pan gynhaliwyd y Pasg yma.

Joseia'n cael ei ladd mewn brwydr

(2 Brenhinoedd 23:28-30)

20 Ar ôl i Joseia gael trefn ar bopeth yn y deml, dyma Necho, brenin yr Aifft, yn dod i frwydro
yn Carcemish ar lan afon Ewffrates. Aeth Joseia a'i fyddin allan i ymladd yn ei erbyn. 21 Ond
dyma Necho yn anfon negeswyr ato, "Beth sydd gan hyn i'w wneud â ti, frenin Jwda? Dw
i ddim yn ymosod arnat ti; teyrnas arall dw i'n ei rhyfela. Mae Duw gyda mi, ac wedi dweud
wrtho i am frysio, felly stopia ymyrryd rhag i mi dy ddinistrio di." 22 Ond wnaeth Joseia ddim
troi yn ôl. Dyma fe'n newid ei ddillad i geisio cuddio pwy oedd e. Wnaeth e ddim gwrando
ar Necho, er mai Duw oedd wedi rhoi'r neges iddo. Felly aeth allan i ryfela yn ei erbyn ar
wastatir Megido.

23 Cafodd y Brenin Joseia ei saethu gan fwasaethwyr. A dyma fe'n dweud wrth ei weision,
"Ewch â fi o'ma. Dw i wedi cael fy anafu'n ddrwg!" 24 Felly dyma'i weision yn ei symud
o'i gerbyd i gerbyd arall, a mynd ag e yn ôl i Jerwsalem. Ond bu farw, a chafodd ei gladdu
ym mynwent ei hynafiaid. Roedd pobl Jwda a Jerwsalem i gyd yn galaru ar ei ôl. 25 Ysgrifennodd
Jeremeia gerddi i alaru ar ôl Joseia, ac mae cantorion yn dal i'w canu hyd heddiw. Mae'n
draddodiad yn Israel i'w canu nhw. Maen nhw wedi'u cadw yn *Llyfr y Galarnadau.*

26 Mae gweddill hanes Joseia, ei ymrwymiad i gadw beth mae Cyfraith yr ARGLWYDD yn ei
ddweud, 27 a phopeth arall wnaeth e o'r dechrau i'r diwedd, i'w gweld yn y sgrôl *Brenhinoedd
Jwda ac Israel.*

Jehoachas yn frenin Jwda

(2 Brenhinoedd 23:30-35)

36 Dyma bobl y wlad yn cymryd Jehoachas, mab Joseia, a'i wneud yn frenin yn
Jerwsalem yn lle ei dad. 2 Roedd e'n ddau ddeg tri pan ddaeth yn frenin, a bu'n
frenin yn Jerwsalem am dri mis. 3 Dyma, Necho, brenin yr Aifft yn ei gymryd o Jerwsalem
a rhoi treth ar y wlad o dair mil cilogram o arian a tri deg cilogram o aur. 4 Wedyn dyma fe'n

36:0 Jeremeia 22:10-12

gwneud Eliacim, brawd Jehoachas, yn frenin ar Jwda a Jerwsalem, a newid ei enw i Jehoiacim.
Yna cymryd Jehoachas, brawd y brenin, i lawr i'r Aifft.

Jehoiacim yn frenin Jwda

(2 Brenhinoedd 23:36—24:7)

5 Roedd Jehoiacim yn ddau ddeg pump oed pan gafodd ei wneud yn frenin, a bu'n frenin yn
Jerwsalem am un deg un o flynyddoedd. Gwnaeth bethau drwg iawn yng ngolwg yr ARGLWYDD
ei Dduw. 6 Dyma Nebwchadnesar, brenin Babilon, yn ymosod ar y wlad. Dyma fe'n ei roi
mewn cadwyni pres a mynd ag e'n gaeth i Babilon. 7 Cymerodd Nebwchadnesar rai o lestri
teml yr ARGLWYDD a mynd â nhw i Babilon a'u gosod yn ei balas ei hun. 8 Mae gweddill hanes
Jehoiacim, a'r pethau ffiaidd wnaeth e, a'r cyhuddiadau yn ei erbyn, i'w gweld yn sgrôl *Hanes
Brenhinoedd Israel a Jwda.* A daeth ei fab, Jehoiachin, yn frenin yn ei le.

Jehoiachin yn frenin Jwda

(2 Brenhinoedd 24:8-17)

9 Un deg wyth oed oedd Jehoiachin pan ddaeth yn frenin, a bu'n frenin yn Jerwsalem am
dri mis a deg diwrnod. Gwnaeth bethau drwg iawn yng ngolwg yr ARGLWYDD. 10 Yn y gwanwyn
dyma Nebwchadnesar yn anfon rhai i'w gymryd e i Babilon, a llestri gwerthfawr o deml yr
ARGLWYDD hefyd. A dyma frenin Babilon yn gwneud perthynas iddo, Sedeceia, yn frenin ar
Jwda a Jerwsalem.

Sedeceia yn frenin Jwda

(2 Brenhinoedd 24:18-20; Jeremeia 52:1-3a)

11 Roedd Sedeceia yn ddau ddeg un oed pan gafodd ei benodi'n frenin.[th] Bu'n teyrnasu yn
Jerwsalem am un deg un o flynyddoedd. 12 Gwnaeth bethau drwg iawn yng ngolwg yr ARGLWYDD
ei Dduw, a gwrthododd wrando ar y proffwyd Jeremeia oedd yn rhoi neges Duw iddo. 13 Dyma
fe'n gwrthryfela yn erbyn y Brenin Nebwchadnesar, er fod hwnnw wedi gwneud iddo addo
o flaen Duw y byddai'n deyrngar iddo. Trodd yn ystyfnig a phenstiff a gwrthod troi yn ôl at
yr ARGLWYDD, Duw Israel. 14 Roedd arweinwyr yr offeiriaid a'r bobl hefyd yn anffyddlon, ac yn
gwneud yr un math o bethau ffiaidd a'r gwledydd paganaidd. Dyma nhw'n llygru'r deml
oedd wedi'i chysegru i'r ARGLWYDD yn Jerwsalem. 15 Anfonodd yr ARGLWYDD, Duw eu hynafiaid,
broffwydi i'w rhybuddio nhw dro ar ôl tro, am ei fod yn Dduw oedd yn tosturio wrth ei bobl
a'i deml. 16 Ond roedden nhw'n gwneud hwyl am ben negeswyr Duw, yn cymryd eu geiriau'n
ysgafn a dirmygu ei broffwydi. Yn y diwedd roedd yr ARGLWYDD mor ddig gyda nhw doedd dim
byd allai neb ei wneud i atal y farn.

Byddin Babilon yn dinistrio Jerwsalem

(2 Brenhinoedd 15:1-20; Jeremeia 52:3b-11)

17 Anfonodd Duw frenin Babilon yn eu herbyn. Dyma hwnnw'n lladd y dynion ifainc â'r
cleddyf yn y deml. Gafodd neb eu harbed – y dynion a'r merched ifainc, na'r hen a'r oedrannus.
Gadawodd yr ARGLWYDD iddo'u lladd nhw i gyd. 18 Cymerodd bopeth o deml Dduw, bach a mawr,
popeth oedd yn stordai'r deml, a trysorau'r brenin a'i swyddogion, a mynd â'r cwbl i Babilon.
19 Wedyn, dyma'r fyddin yn llosgi teml Dduw a bwrw waliau Jerwsalem i lawr. Dyma nhw'n
llosgi'r palasau brenhinol a dinistrio popeth gwerthfawr oedd yno. 20 A dyma fe'n mynd
â phawb oedd heb gael eu lladd yn gaethion i Babilon. Yno buon nhw'n gaethweision i'r
brenin a'i feibion nes i'r Persiaid deyrnasu. 21 Felly daeth beth ddwedodd yr ARGLWYDD drwy
Jeremeia yn wir. Cafodd y tir ei Sabothau, arhosodd heb ei drin am saith deg mlynedd.

---

th 36:11 *benodi'n frenin* Gan Nebwchadnesar (gw. Jeremeia 37:1).
36:4 Jeremeia 22:13-19 36:8 Jeremeia 22:24-30 36:21 Lefiticus 25:1-7 36:21 Jeremeia 25:11

Cyrus yn gadael i'r caethion fynd yn ôl i Jerwsalem

(Esra 1:1-4)

22 Lai na blwyddyn ar ôl i Cyrus ddod yn frenin Persia,[u] dyma'r ARGLWYDD yn gwneud beth
wnaeth e addo drwy Jeremeia.[w] Dyma fe'n ysgogi Cyrus i anfon datganiad allan drwy'r
deyrnas i gyd. Dyma'r datganiad:

23 "Dyma mae Cyrus, brenin Persia yn ei ddweud. 'Mae'r ARGLWYDD, Duw'r nefoedd, wedi
rhoi teyrnasoedd y byd i gyd i mi. Ac mae e wedi gorchymyn i mi adeiladu teml iddo yn
Jerwsalem yn Jwda. Pwy ohonoch chi sy'n perthyn i'w bobl? Boed i'r ARGLWYDD eich Duw
fynd gyda chi yn ôl i Jerwsalem!' "

---

u 36:22 *Lai na blwyddyn … frenin Persia* 538 CC mae'n debyg. Roedd Cyrus wedi concro Babilon yn 539 CC.
w 36:22 *Jeremeia* Proffwydodd Jeremeia y byddai pobl Israel yn cael eu rhyddhau o Babilon ar ôl saith deg mlynedd (gw. Jeremeia 25:11; 29:10).

Esra

Cyrus yn gadael i'r caethion fynd yn ôl

(2 Cronicl 36:22-23)

1 Llai na blwyddyn ar ôl i Cyrus ddod yn frenin Persia,[a] dyma'r ARGLWYDD yn gwneud beth wnaeth e addo drwy Jeremeia.[b] Dyma fe'n ysgogi Cyrus i anfon datganiad allan drwy'r deyrnas i gyd. Dyma'r datganiad:

2 "Dyma mae Cyrus, brenin Persia yn ei ddweud. 'Mae'r ARGLWYDD, Duw'r nefoedd, wedi rhoi teyrnasoedd y byd i gyd i mi. Ac mae e wedi gorchymyn i mi adeiladu teml iddo yn Jerwsalem yn Jwda. 3 Os ydych chi'n perthyn i'w bobl cewch fynd yn ôl i Jerwsalem i adeiladu teml yno i'r ARGLWYDD, Duw Israel – sef y duw sydd yn Jerwsalem. A Duw fyddo gyda chi! 4 Dylai pawb arall, sy'n aros lle rydych chi, helpu'r rhai sy'n mynd yn ôl, drwy roi arian ac aur, cyfarpar ac anifeiliaid iddyn nhw. Hefyd offrymau gwirfoddol ar gyfer teml Duw yn Jerwsalem.' "

Paratoi i ddod yn ôl o Babilon

5 Felly dyma arweinwyr llwythau Jwda a Benjamin a'r offeiriaid a'r Lefiaid yn paratoi i fynd yn ôl – pawb oedd wedi'u hysbrydoli gan Dduw i fynd i adeiladu teml yr ARGLWYDD yn Jerwsalem. 6 Ac roedd eu cymdogion i gyd yn eu helpu nhw, drwy roi llestri o arian ac aur iddyn nhw, cyfarpar, anifeiliaid, a lot fawr o anrhegion drud eraill, heb sôn am yr offrymau gwirfoddol.

7 Yna dyma'r Brenin Cyrus yn dod â'r holl lestri oedd Nebwchadnesar[c] wedi'u cymryd o deml yr ARGLWYDD yn Jerwsalem i'w gosod yn nheml ei dduw ei hun. 8 Rhoddodd nhw i Mithredath, ei drysorydd, a'i gael i gyfri'r cwbl a'u cyflwyno i Sheshbatsar, pennaeth Jwda, 9-10 Dyma'r rhestr o eitemau:

– 30 dysgl aur
– 1,000 o ddysglau arian
– 29 eitem arall o arian
– 30 powlen aur
– 410 o bowlenni arian gwahanol
– 1,000 o lestri eraill

11 Felly cyfanswm y llestri aur ac arian oedd 5,400. Daeth Sheshbatsar â nhw i gyd i Jerwsalem pan ddaeth y caethion yn ôl o Babilon.

Rhestr o'r bobl ddaeth yn ôl

(Nehemeia 7:4-73)

2 Dyma restr o bobl y dalaith ddaeth allan o Babilon. Cawson nhw eu cymryd yn gaeth yno gan Nebwchadnesar, brenin Babilon. Daeth pob un yn ôl i Jerwsalem ac i'r trefi eraill yn Jwda lle roedden nhw'n arfer byw. 2 Yr arweinwyr oedd Serwbabel, Ieshŵa, Nehemeia, Seraia, Reëlaia, Mordecai, Bilshan, Mispar, Bigfai, Rechwm a Baana.

Dyma faint o bobl Israel ddaeth yn ôl:

3 Teulu Parosh: 2,172
4 Teulu Sheffateia: 372
5 Teulu Arach: 775
6 Teulu Pachath-Moab (o deuluoedd Ieshŵa a Joab): 2,812
7 Teulu Elam: 1,254
8 Teulu Sattw: 945
9 Teulu Saccai: 760
10 Teulu Bani: 642
11 Teulu Bebai: 623
12 Teulu Asgad: 1,222
13 Teulu Adonicam: 666

---

a 1:1 *Llai na blwyddyn ... frenin Persia* 538 CC mae'n debyg. Roedd Cyrus wedi concro Babilon yn 539 CC.
b 1:1 *Jeremeia* Proffwydodd Jeremeia y byddai pobl Israel yn cael eu rhyddhau o Babilon ar ôl saith deg mlynedd (gw. Jeremeia 25:11; 29:10). c 1:7 *Nebwchadnesar* Nebwchadnesar II, oedd yn teyrnasu yn Babilon o 605 i 562 CC Yn 586 CC dinistriodd Jerwsalem a mynd â llawer o'r bobl yn gaeth i Babilon.

14 Teulu Bigfai: 2,056
15 Teulu Adin: 454
16 Teulu Ater (sef disgynyddion Heseceia): 98
17 Teulu Betsai: 323
18 Teulu Iora: 112
19 Teulu Chashŵm: 223
20 Teulu Gibbar: 95
21 Dynion Bethlehem: 123
22 Dynion Netoffa: 56
23 Dynion Anathoth: 128
24 Dynion Asmafeth: 42
25 Dynion Ciriath-iearîm, Ceffira a Beëroth: 743
26 Dynion Rama a Geba: 621
27 Dynion Michmas: 122
28 Dynion Bethel ac Ai: 223
29 Pobl Nebo: 52
30 Pobl Magbish: 156
31 Pobl yr Elam arall: 1,254
32 Pobl Charîm: 320
33 Pobl Lod, Hadid ac Ono: 725
34 Pobl Jericho: 345
35 Pobl Senaâ: 3,630

36 Yr offeiriaid:
Teulu Idaïa (o linach Ieshŵa): 973
37 Teulu Immer: 1,052
38 Teulu Pashchwr: 1,247
39 Teulu Charîm: 1,017

40 Y Lefiaid:
Teulu Ieshŵa a Cadmiel (o deulu Hodafiâ): 74

41 Y cantorion:
Teulu Asaff: 128

42 Gofalwyr y giatiau:
Teuluoedd Shalwm, Ater, Talmon, Accwf, Chatita a Shobai: 139

43 Gweision y deml:
Teulu Sicha
Teulu Chaswffa
Teulu Tabbaoth
44 Teulu Ceros
Teulu Sïaha
Teulu Padon
45 Teulu Lebana
Teulu Hagaba
Teulu Accwf
46 Teulu Hagab
Teulu Shalmai
Teulu Chanan
47 Teulu Gidel
Teulu Gachâr
Teulu Reaia
48 Teulu Resin
Teulu Necoda
Teulu Gassam
49 Teulu Wssa
Teulu Paseach
Teulu Besai
50 Teulu Asna
Teulu Mewnîm
Teulu Neffwsîm
51 Teulu Bacbwc
Teulu Chacwffa
Teulu Charchwr
52 Teulu Batslwth
Teulu Mechida
Teulu Charsha
53 Teulu Barcos
Teulu Sisera
Teulu Temach
54 Teulu Netsïach
Teulu Chatiffa.

55 Teuluoedd gweision Solomon:
Teulu Sotai
Teulu Hassoffereth
Teulu Perwda
56 Teulu Jala
Teulu Darcon
Teulu Gidel
57 Teulu Sheffateia
Teulu Chattil
Teulu Pochereth-hatsbaîm
Teulu Ami

58 Cyfanswm gweision y deml a theuluoedd gweision Solomon: 392

59 Daeth pobl eraill o drefi Tel-melach, Tel-harsha, Cerwb, Adon, ac Immer hefyd (ond doedd
y rhain ddim yn gallu profi eu bod nhw a'u teuluoedd yn dod o Israel yn wreiddiol):
60 Teulu Delaia, teulu Tobeia a theulu Necoda: 652

61 Wedyn teuluoedd yr offeiriaid, sef teuluoedd Hafaia, Hacots, a Barsilai (dyn oedd wedi
priodi un o ferched Barsilai o Gilead, ac wedi cymryd ei enw).

62 Roedd y rhain hefyd wedi chwilio am gofnod o'u teuluoedd yn y rhestrau achau ac wedi
methu ffeindio dim byd. Felly cawson nhw eu rhwystro rhag gwasanaethu fel offeiriaid.
63 Dwedodd y llywodraethwr[ch] nad oedden nhw i gael bwyta'r bwyd oedd wedi'i gysegru
nes byddai offeiriad yn codi oedd yn gallu penderfynu drwy ddefnyddio'r Wrim a'r Thwmim.
64 Cyfanswm y bobl aeth yn ôl oedd 42,360, 65 (heb gyfri'r 7,337 o weision a morynion oedd
ganddyn nhw. Roedd yna 200 o gantorion – dynion a merched – gyda nhw hefyd). 66 Roedd
ganddyn nhw 736 o geffylau, 245 o fulod, 67 435 o gamelod a 6,720 o asynnod.
68 Pan gyrhaeddon nhw deml yr ARGLWYDD yn Jerwsalem, dyma rhai o benaethiaid y claniau
yn cyfrannu'n hael tuag at ailadeiladu teml Dduw ar ei safle wreiddiol. 69 Rhoddodd pob un
gymaint ag y gallen nhw ei fforddio tuag at y gwaith: tua 500 cilogram o aur,[d] 2,800 cilogram
arian,[dd] a 100 o wisgoedd i'r offeiriaid.
70 Felly dyma'r offeiriaid, Lefiaid, cantorion, gofalwyr y giatiau a gweision y deml i gyd yn
setlo i lawr yn eu trefi eu hunain. Ac aeth gweddill pobl Israel yn ôl i fyw i'w trefi hwythau hefyd.

Ailadeiladu'r allor, a dechrau aberthu

3 Roedd pobl Israel i gyd wedi setlo i lawr yn eu trefi. Yna yn y seithfed mis[e] dyma pawb
yn dod at ei gilydd i Jerwsalem. 2 A dyma Ieshŵa fab Iotsadac a'r offeiriaid oedd gydag
e, a Serwbabel fab Shealtiel a'i ffrindiau, yn ailadeiladu allor Duw Israel. Wedyn gallen nhw
ddod ag offrymau i'w llosgi a dilyn y cyfarwyddiadau roedd Duw wedi'u rhoi i Moses, ei
broffwyd. 3 Er bod ganddyn nhw ofn y bobl leol,[f] dyma nhw'n gosod yr allor ar ei safle wreiddiol,
a dechrau llosgi offrymau i'r ARGLWYDD arni bob bore a nos. 4 Dyma nhw'n dathlu Gŵyl y Pebyll,
a chyflwyno'r nifer cywir o offrymau i'w llosgi bob dydd, fel roedd y cyfarwyddiadau'n dweud.
5 Wedyn dyma nhw'n dod â'r offrymau arferol oedd i'w llosgi – yr offrymau misol ar ŵyl
y lleuad newydd, a'r offrymau ar gyfer y gwyliau eraill pan oedd pobl yn dod at ei gilydd
i addoli; a hefyd yr offrymau roedd pobl yn eu rhoi yn wirfoddol. 6 Dechreuon nhw losgi
offrymau i'r ARGLWYDD ar ddiwrnod cynta'r seithfed mis. Ond doedd y gwaith o ailadeiladu
teml yr ARGLWYDD ddim wedi dechrau eto.

Dechrau ailadeiladu'r Deml

7 Felly dyma'r bobl yn rhoi arian i gyflogi seiri maen a seiri coed i weithio ar y Deml. A dyma
nhw'n prynu coed cedrwydd gan bobl Sidon a Tyrus a thalu am y rheiny gyda cyflenwad
o fwyd, diodydd ac olew olewydd. Roedden nhw'n dod â'r coed i lawr o fryniau Libanus
i'r arfordir, ac yna ar rafftiau i borthladd Jopa.[ff] Roedd y Brenin Cyrus o Persia wedi rhoi
caniatâd i hyn ddigwydd.
8 Dyma'r gwaith o adeiladu teml Dduw yn dechrau flwyddyn a mis ar ôl iddyn nhw ddod
yn ôl o Babilon i Jerwsalem. Serwbabel fab Shealtiel a Ieshŵa fab Iotsadac ddechreuodd

---

ch 2:63 *llywodraethwr* Mae'r un teitl Persiaidd yn cael ei ddefnyddio am Nehemeia yn Nehemeia 8:9; 10:1.
d 2:69 *500 cilogram o aur.* Hebraeg, "61,000 drachma aur". dd 2:69 *2,800 cilogram o arian.* Hebraeg, "mina arian". e 3:1 *seithfed mis* Tishri (neu Ethanim), sef seithfed mis y calendr Hebreig, o tua canol Medi i ganol Hydref. Hwn oedd y mis pwysica yn grefyddol: gyda Gŵyl yr Utgyrn ar y diwrnod cyntaf (Lefiticus 23:23-25; Numeri 29:1-6), Dydd y Cymod ar y degfed (Lefiticus 16:29-31), a Gŵyl y Pebyll am wythnos o'r pymthegfed ymlaen (Lefiticus 23:39-43). f 3:3 *y bobl leol* Pobl o wledydd eraill oedd wedi symud i'r wlad yn ystod cyfnod y gaethglud (gw. Esra 4:2). ff 3:7 *Jopa* Roedd porthladd Jopa ryw 36 milltir o Jerwsalem (gw. 2 Cronicl 2:16).
2:63 Numeri 27:21 3:4 Numeri 29:12-38 3:5 Numeri 28:11-15

y gwaith, gyda'r offeiriaid, y Lefiaid, a phawb arall oedd wedi dod yn ôl i Jerwsalem o'r
gaethglud. A dyma nhw'n penodi Lefiaid oedd dros ugain oed i arolygu'r gwaith oedd yn
cael ei wneud ar deml yr ARGLWYDD. 9Dyma Ieshŵa yn penodi ei feibion a'i berthnasau ei hun,
Cadmiel a Binnŵi (sef meibion Hodafïa), i fod yn gyfrifol am y gweithwyr. Hefyd meibion
Chenadad, a'u meibion nhw, a'u perthnasau o lwyth Lefi.
10Pan gafodd sylfeini teml yr ARGLWYDD eu gosod, dyma'r offeiriaid yn eu gwisgoedd
seremonïol yn canu utgyrn, a'r Lefiaid (sef meibion Asaff) yn taro symbalau, i foli'r ARGLWYDD.
Roedden nhw'n dilyn y drefn roedd Dafydd, brenin Israel, wedi'i gosod. 11Roedden nhw'n
canu mewn antiffoni, wrth foli ac addoli'r ARGLWYDD:

"Mae e mor dda aton ni;
Mae ei haelioni i Israel yn ddiddiwedd!"

A dyma'r dyrfa i gyd yn gweiddi'n uchel a moli'r ARGLWYDD am fod sylfeini'r deml wedi'u
gosod. 12Ond yng nghanol yr holl weiddi a'r dathlu, roedd llawer o'r offeiriaid, Lefiaid a'r
arweinwyr hŷn yn beichio crio. Roedden nhw'n cofio'r deml fel roedd hi, pan oedd hi'n dal
i sefyll. 13Ond doedd neb wir yn gallu gwahaniaethu rhwng sŵn y dathlu a sŵn y crio. Roedd
pobl yn gweiddi mor uchel roedd i'w glywed o bell.

Gwrthwynebiad yn codi

4 Pan ddeallodd gelynion pobl Jwda a Benjamin fod y rhai ddaeth yn ôl o'r gaethglud wedi
dechrau ailadeiladu teml i'r ARGLWYDD, Duw Israel, 2dyma nhw'n mynd at Serwbabel a'r
arweinwyr eraill, a dweud, "Gadewch i ni'ch helpu chi. Dŷn ni wedi bod yn addoli eich Duw
chi ac yn aberthu iddo ers i Esar-chadon,[g] brenin Asyria, ein symud ni yma."
3Ond dyma Serwbabel, Ieshŵa ac arweinwyr eraill Israel yn ateb, "Na, gewch chi ddim
helpu i adeiladu teml i'n Duw ni. Ni sy'n mynd i'w hadeiladu ein hunain, i'r ARGLWYDD, Duw
Israel. Mae Cyrus, brenin Persia, wedi gorchymyn i ni wneud hynny."
4Yna dyma'r bobl leol yn dechrau creu trafferthion i bobl Jwda a gwneud iddyn nhw
ddechrau colli plwc. 5Roedden nhw'n breibio swyddogion y llywodraeth i achosi problemau
a rhwystro'r gwaith rhag mynd yn ei flaen. Roedd hyn yn digwydd yr holl flynyddoedd y bu
Cyrus yn frenin Persia, hyd gyfnod y Brenin Dareius.[ng]

Gwrthwynebu ailadeiladu waliau'r ddinas dros hanner canrif yn ddiweddarach

6Pan ddaeth Ahasferus yn frenin[h] dyma nhw'n dod â cyhuddiad arall yn erbyn pobl Jwda
a Jerwsalem. 7Ac wedyn pan oedd Artaxerxes[i] yn frenin ar Persia, dyma Bishlam, Mithredath,
Tafél a'u cydweithwyr, yn ysgrifennu ato fe. Roedd y llythyr wedi'i ysgrifennu yn Aramaeg,
ac yna ei gyfieithu.[l]
8Dyma oedd y llythyr am Jerwsalem yn ei ddweud – wedi'i anfon at y Brenin Artaxerxes
gan Rechwm yr uwch-swyddog a Shimshai yr ysgrifennydd:
9"Llythyr oddi wrth Rechwm yr uwch-swyddog, Shimshai yr ysgrifennydd, a'u cydweithwyr
– yn farnwyr, arolygwyr, swyddogion, ac ysgrifenyddion. Hefyd pobl Erech, Babilon, a Shwshan
(sef yr Elamiaid), 10a phawb arall gafodd eu symud i fyw yn Samaria a threfi Traws-Ewffrates
gan y brenin mawr ac enwog, Ashwrbanipal."[ll] 11(Mae hwn yn gopi o'r llythyr gafodd ei anfon:)

---

g 4:2 *Esar-chadon, brenin Asyria* Roedd yn teyrnasu o 681 i 669 CC Mae'n bosib fod y bobl yma wedi cael eu symud i Israel yn 677 CC, pan goncrodd Esar-chadon Syria. ng 4:5 *Cyrus ... Dareius* Roedd Cyrus yn teyrnasu o 559 i 530 CC; Roedd Dareius I Hystaspes, neu Dareius Fawr, yn teyrnasu o 522 i 486 CC. h 4:6 *Pan ddaeth Ahasferus yn frenin* Diwedd 486 neu ddechrau 485 CC. i 4:7 *Artaxerxes ... Persia* Artaxerxes I (oedd yn teyrnasu o 465 i 424 CC). l 4:7 *ei gyfieithu* Mae'r Hebraeg yn ychwanegu'r gair *Aramaeg* – nodyn golygyddol sy'n dynodi newid yn iaith y llyfr. Mae Esra 4:8 – 6:18 ac Esra 7:12-26 yn Aramaeg, tra mae gweddill y llyfr yn Hebraeg. Aramaeg oedd iaith weinyddol Ymerodraeth Persia. ll 4:10 *Ashwrbanipal* Brenin Asyria o 669 i 633 (neu 627) CC.

"At y Brenin Artaxerxes, oddi wrth dy weision yn Traws-Ewffrates.
[12]Dylai'r brenin wybod fod yr Iddewon ddaeth aton ni yma oddi wrthoch chi wedi mynd
i Jerwsalem, ac maen nhw'n ailadeiladu'r ddinas wrthryfelgar, afiach yna. Maen nhw bron
â gorffen y waliau, ac yn trwsio ei sylfeini. [13]A dylai'r brenin sylweddoli y bydd ar ei golled
os bydd y gwaith yma'n cael ei orffen. Fydd dim mwy o drethi na thollau yn cael eu talu
ganddyn nhw wedyn!
[14]Fel rhai sy'n deyrngar i'r brenin,[m] fydden ni ddim eisiau i'r brenin gael ei
ddifrïo. Roedden ni eisiau iddo wybod am hyn, [15]er mwyn iddo orchymyn archwilio cofnodion
ei ragflaenwyr. Bydd e'n darganfod wedyn fod Jerwsalem wedi achosi dim byd ond trwbwl
i frenhinoedd a thaleithiau. Mae un helynt ar ôl y llall wedi codi o'i mewn o'r dechrau.
A dyna'n union pam cafodd y ddinas ei dinistrio!
[16]Felly, dŷn ni eisiau rhybuddio'r brenin, os bydd y ddinas yma'n cael ei hailadeiladu, a'r
waliau yn cael eu gorffen, fydd e ddim yn gallu cadw rheolaeth ar y rhan yma o'i deyrnas
yn Traws-Ewffrates."
[17]A dyma'r brenin yn anfon yr ateb yma:
"At Rechwm yr uwch-swyddog, Shimshai yr ysgrifennydd, a'u cydweithwyr yn Samaria
a'r rhannau eraill o Traws-Ewffrates:
Cyfarchion! [18]Cafodd y llythyr wnaethoch chi ei anfon aton ni ei gyfieithu a'i ddarllen
o mlaen i. [19]Felly dyma fi'n gorchymyn edrych i mewn i'r mater, a mae'n wir fod pobl
y ddinas yma wedi achosi helynt i frenhinoedd o'r dechrau. [20]Mae brenhinoedd pwerus
wedi bod yn teyrnasu dros Jerwsalem ac ardal gyfan Traws-Ewffrates, ac wedi bod yn derbyn
trethi a thollau. [21]Felly dw i am i chi orchymyn fod y gwaith i stopio, ac na ddylai'r ddinas
gael ei hailadeiladu nes bydda i wedi dweud fel arall. [22]Gwnewch yn siŵr eich bod chi'n
gwneud hyn. Dŷn ni ddim eisiau i'r frenhiniaeth fod ar ei cholled."
[23]Yn syth ar ôl i lythyr y Brenin Artaxerxes gael ei ddarllen i Rechwm, Shimshai a'u
cydweithwyr, dyma nhw'n brysio draw at yr Iddewon yn Jerwsalem. Roedden nhw'n bygwth
ymyrraeth filwrol os nad oedd y gwaith yn stopio.

Yn ôl i ailadeiladu'r deml yng nghyfnod Dareius Fawr

[24]Felly roedd y gwaith o ailadeiladu teml Dduw yn Jerwsalem wedi dod i stop. Wnaeth
y gwaith ddim ailddechrau hyd ail flwyddyn teyrnasiad y Brenin Dareius o Persia.[n]

5 Yna dyma'r proffwydi Haggai a Sechareia fab Ido yn proffwydo am yr Iddewon
oedd yn Jwda a Jerwsalem. Roedden nhw'n siarad gydag awdurdod Duw Israel.
[2]A dyma Serwbabel fab Shealtiel a Ieshŵa fab Iotsadac yn dechrau eto ar y gwaith
o ailadeiladu teml Dduw yn Jerwsalem. Roedd proffwydi Duw yn eu hannog nhw a'u
helpu nhw.
[3]Ond wedyn dyma Tatnai (llywodraethwr talaith Traws-Ewffrates) a Shethar-bosnai
a'i cydweithwyr yn mynd atyn nhw, a gofyn, "Pwy sydd wedi rhoi caniatâd i chi ailadeiladu'r
deml yma, a gorffen codi'r waliau?" [4]A dyma nhw'n gofyn hefyd, "Beth ydy enwau'r dynion
sy'n gwneud yr adeiladu?"
[5]Ond roedd Duw yn gofalu amdanyn nhw, a doedd dim rhaid iddyn nhw stopio nes oedd
adroddiad wedi'i anfon at Dareius, a llythyr am y peth wedi'i anfon yn ôl.

Llythyr Tatnai at y Brenin Dareius

[6]Dyma gopi o'r llythyr wnaeth Tatnai (llywodraethwr talaith Traws-Ewffrates), Shethar-
bosnai a swyddogion yn y dalaith, ei anfon at y Brenin Dareius. [7]Roedd yn darllen fel yma:
At y Brenin Dareius: Cyfarchion!

---

m 4:14 *deyrngar i'r brenin* Aramaeg "dŷn ni wedi halltu halen y palas". n 4:24 *Roedd y gwaith ... y Brenin Dareius o Persia* Mae'r adnod yma yn ailafael yn yr hanes am ailadeiladu'r deml (gw. adn. 4-5), ar ôl cyfeirio wrth basio at y gwrthwynebiad i ailadeiladu waliau'r ddinas dros hanner canrif yn ddiweddarach.

8 Dylai'r brenin wybod ein bod ni wedi mynd i dalaith Jwda. Yno mae teml y Duw mawr
yn cael ei hadeiladu gyda cherrig anferth, ac mae trawstiau pren yn cael eu gosod yn
y waliau. Maen nhw wrthi'n brysur yn gwneud y gwaith, ac mae'n mynd yn ei flaen yn dda.
9 Dyma ni'n gofyn i'r arweinwyr, "Pwy sydd wedi rhoi caniatâd i chi ailadeiladu'r deml
yma, a gorffen codi'r waliau?" 10 A dyma ni'n gofyn beth oedd eu henwau nhw, er mwyn rhoi
gwybod i chi mewn ysgrifen pwy ydy'r arweinwyr. 11 A dyma'r ateb gawson ni, "Gweision Duw
y nefoedd a'r ddaear ydyn ni. Dŷn ni'n ailadeiladu'r deml yma gafodd ei chodi ganrifoedd
yn ôl gan un o frenhinoedd mwyaf Israel. 12 Ond ar ôl i'n hynafiaid ni ddigio Duw'r nefoedd,
dyma fe'n gadael i Nebwchadnesar, brenin Babilon, eu concro nhw. Dinistriodd y deml
a chymryd y bobl yn gaethion i Babilon. 13 Ond yna, yn ystod ei flwyddyn gyntaf fel brenin,
dyma Cyrus brenin Babilon yn gorchymyn fod teml Dduw i gael ei hadeiladu eto. 14 Dyma
fe hyd yn oed yn rhoi llestri aur ac arian y deml yn ôl (y rhai oedd Nebwchadnesar wedi'u
cymryd o Jerwsalem i'w balas yn Babilon). Rhoddodd Cyrus nhw i ddyn o'r enw Sheshbatsar,
oedd wedi'i benodi'n llywodraethwr ar Jwda, 15 a dweud wrtho, 'Dos â'r llestri yma yn ôl i'w
gosod yn y deml yn Jerwsalem. Mae teml Dduw i gael ei hadeiladu eto ar y safle cywir.' 16 Felly
dyma Sheshbatsar yn mynd ati i osod sylfeini teml Dduw yn Jerwsalem, ac mae'r gwaith
adeiladu yn dal i fynd yn ei flaen, ac yn dal heb ei orffen.

17 Felly os ydy'r brenin yn hapus i wneud hynny, gallai orchymyn chwilio drwy'r archifau
brenhinol yn Babilon, i weld os gwnaeth y Brenin Cyrus orchymyn ailadeiladu'r deml yn
Jerwsalem ai peidio. Wedyn falle y gallai'r brenin anfon i ddweud wrthon ni beth mae
e eisiau i ni ei wneud."

Dareius yn dod o hyd i orchymyn Cyrus a chadarnhau fod yr ailadeiladu i fynd yn ei flaen

6 Dyma'r brenin Dareius yn gorchymyn chwilio drwy'r archifau brenhinol oedd yn cael eu
cadw yn Babilon. 2 Cafwyd hyd i sgrôl yn y gaer ddinesig yn Echbetana,° talaith Media.
A dyma oedd wedi'i ysgrifennu arni:

"Memorandwm: 3 Yn ystod blwyddyn gyntaf Cyrus yn frenin, dyma fe'n rhoi gorchymyn am
deml Dduw yn Jerwsalem: 'Mae'r deml i gael ei hailadeiladu fel lle i gyflwyno aberthau. Dylai'r
sylfeini gael eu gosod, ac yna dylid ei hadeiladu yn 27 metr o uchder a 27 metr o led, 4 gyda
thair rhes o gerrig anferth, ac un rhes o goed. Bydd y trysorlys brenhinol yn talu am y gwaith.
5 Yna hefyd, mae'r llestri aur ac arian wnaeth Nebwchadnesar eu cymryd i Babilon i gael eu
rhoi yn ôl. Maen nhw i gael eu gosod ble maen nhw i fod, sef yn y deml yn Jerwsalem.' "
6 Felly dyma Dareius yn ateb Tatnai (llywodraethwr talaith Traws-Ewffrates), Shethar-bosnai,
a swyddogion y dalaith:

"Rhaid i chi gadw o'r ffordd, 7 a gadael i'r gwaith ar deml Dduw fynd yn ei flaen. Gadewch
i lywodraethwr ac arweinwyr Jwda fwrw ymlaen gyda'r gwaith o ailadeiladu teml Dduw
lle mae hi i fod.

8 Dw i hefyd yn gorchymyn eich bod chi i helpu arweinwyr yr Iddewon fel bod y gwaith
yn mynd yn ei flaen yn ddi-rwystr. Mae'r costau i gyd i'w talu allan o drethi talaith Traws-
Ewffrates, sy'n cael eu cadw yn y trysorlys brenhinol. 9 Dylid gwneud yn siŵr bob dydd eu
bod nhw'n cael popeth sydd ei angen – teirw, hyrddod, ac ŵyn yn offrymau i'w llosgi
i Dduw y nefoedd, gwenith, halen, gwin ac olew olewydd – beth bynnag mae'r offeiriaid
yn Jerwsalem yn gofyn amdano. 10 Wedyn byddan nhw'n gallu offrymu arogldarth i Dduw
y nefoedd, a gweddïo dros y brenin a'i feibion.

11 A dw i'n rhybuddio y bydd unrhyw un sy'n newid y gorchymyn yma yn marw – bydd
trawst pren yn cael ei gymryd o'i dŷ a bydd y person hwnnw yn cael ei rwymo i'r trawst
a'i drywanu'n farw. Wedyn bydd ei dŷ yn cael ei chwalu am ei fod wedi gwneud y fath beth.

° 6:2 Safle presennol Hamadan, Iran. Tua 280 milltir i'r gogledd-ddwyrain o Babilon. Roedd y brenin yn byw yn Babilon yn y gaeaf, yn Shwshan yn y gwanwyn, ac yn Echbetana yn yr haf.

12 Boed i'r Duw sy'n byw yn Jerwsalem ddinistrio unrhyw frenin neu wlad sy'n ceisio
newid hyn er mwyn chwalu'r deml yno. Dw i, Dareius, wedi rhoi'r gorchymyn, a dw i'n
disgwyl i'r cwbl gael ei gadw i'r llythyren!"

Y Deml yn Cael ei Chysegru

13 Dyma Tatnai (llywodraethwr talaith Traws-Ewffrates), Shethar-bosnai, a'i cydweithwyr yn
gwneud yn union beth roedd y Brenin Dareius wedi'i orchymyn. 14 Roedd arweinwyr yr Iddewon
yn dal ati i adeiladu, ac yn llwyddiannus iawn, tra oedd Haggai a Sechareia fab Ido yn dal
ati i broffwydo. A dyma nhw'n gorffen y gwaith adeiladu roedd Duw Israel wedi'i orchymyn,
a hefyd Cyrus, Dareius ac Artaxerxes, brenhinoedd Persia. 15 Dyma nhw'n gorffen adeiladu'r
deml ar y trydydd o fis Adar,[p] yn chweched flwyddyn teyrnasiad y Brenin Dareius.[ph]
16 Trefnodd pobl Israel ddathliad i gysegru'r deml. Roedd pawb yno – yr offeiriaid, y Lefiaid,
a phawb arall ddaeth yn ôl o'r gaethglud. 17 Cafodd cant o deirw eu hoffrymu, dau gant
o hyrddod, pedwar cant o ŵyn, ac un deg dau bwch gafr dros bechodau pobl Israel (un ar
ran pob llwyth). 18 Yna, fel mae sgrôl Moses yn dweud, dyma nhw'n rhannu'r offeiriaid a'r
Lefiaid yn grwpiau, i fod yn gyfrifol am addoliad Duw yn Jerwsalem.[r]

Dathlu Gŵyl y Pasg

19 Dyma'r bobl oedd wedi dod yn ôl o'r gaethglud yn dathlu'r Pasg ar y pedwerydd ar ddeg
o'r mis cyntaf.[rh] 20 Roedd yr offeiriaid a'r Lefiaid wedi mynd drwy'r ddefod o buro'u hunain
ac wedi'u cysegru. Felly dyma nhw'n lladd ŵyn y Pasg ar ran y bobl oedd wedi dod yn ôl o'r
gaethglud, ac ar ran yr offeiriaid eraill a nhw eu hunain. 21 Cafodd aberthau'r Pasg eu bwyta
gan bobl Israel a phawb arall oedd wedi ymuno gyda nhw a throi cefn ar arferion paganaidd
pobloedd eraill y wlad er mwyn dilyn yr ARGLWYDD, Duw Israel. 22 A dyma nhw'n dathlu Gŵyl
y Bara Croyw yn llawen am saith diwrnod. Roedden nhw mor hapus am fod yr ARGLWYDD wedi
newid agwedd brenin Asyria tuag atyn nhw, a gwneud iddo'u helpu nhw gyda'r gwaith
o adeiladu teml Dduw, Duw Israel.

Esra yn arwain grŵp arall o bobl yn ôl i Jerwsalem

7 Flynyddoedd wedyn,[s] pan oedd Artaxerxes[t] yn frenin Persia, dyma Esra yn symud i Jerwsalem
o Babilon. (Esra oedd mab Seraia ac ŵyr Asareia fab Chilceia, 2 ac roedd ei deulu yn
ymestyn yn ôl drwy Shalwm, Sadoc, Achitwf, 3 Amareia, Asareia, Meraioth, 4 Seracheia, Wssi, Bwcci,
5 Afishŵa, Phineas ac Eleasar, i Aaron y prif-offeiriad.) 6 Hwn oedd yr Esra ddaeth yn ôl o Babilon.
Roedd yn arbenigwr yn y Gyfraith roddodd yr ARGLWYDD, Duw Israel, i Moses. Roedd y Brenin
Artaxerxes wedi rhoi iddo bopeth roedd wedi gofyn amdano, am fod llaw yr ARGLWYDD ei Dduw arno.
7 Yn ystod seithfed flwyddyn teyrnasiad y Brenin Artaxerxes,[th] dyma Esra yn arwain rhai o bobl
Israel yn ôl i Jerwsalem (gan gynnwys rhai o'r offeiriaid, Lefiaid, cantorion, gofalwyr y giatiau,
a gweision y deml). 8 Cyrhaeddodd Jerwsalem yn y pumed mis o'r flwyddyn honno. 9 Roedd
wedi trefnu i ddechrau'r daith ar ddiwrnod cynta'r flwyddyn,[u] ac wedi cyrraedd Jerwsalem ar
ddiwrnod cynta'r pumed mis.[w] Roedd Duw gydag e. 10 Roedd Esra yn ddyn oedd wedi rhoi ei
fywyd i astudio cyfraith yr ARGLWYDD, i'w chadw, ac i ddysgu beth oedd ei gofynion i bobl Israel.

---

p 6:15 *Adar* Deuddegfed mis y calendr Hebreig, o tua canol Chwefror i ganol Mawrth. ph 6:15 *chweched ... Dareius* 515 CC. r 6:18 Dyma ddiwedd yr adran sydd yn yr iaith Aramaeg (Esra 4:8 – 6:18). Hebraeg ydy iaith y gwreiddiol o adn. 19 ymlaen, er fod Aramaeg yn cael ei defnyddio eto yn Esra 7:12-26. rh 6:19 *mis cyntaf* Nisan, mis cyntaf y calendr Hebreig, o tua canol Mawrth i ganol Ebrill. s 7:1 Tua 58 mlynedd ar ôl hanes cysegru'r deml yn pennod 6. t 7:1 *Artaxerxes* Artaxerxes I (oedd yn teyrnasu 465–425 CC). th 7:7 *seithfed flwyddyn ... Artaxerxes* 458 CC. u 7:9 *flwyddyn* Hebraeg, "mis cyntaf", sef Abib (sydd hefyd yn cael ei alw yn Nisan). Mis cyntaf y calendr Hebreig sy'n rhedeg o tua canol Mawrth i ganol Ebrill. w 7:9 *pumed mis* Af, pumed mis y calendr Hebreig, o tua canol Gorffennaf i ganol Awst. Roedd y daith o Babilon i Jerwsalem yn daith o tua 800 milltir.

6:19 Lefiticus 23:5

Llythyr Artaxerxes i Esra

11 Dyma gopi o'r llythyr roddodd y Brenin Artaxerxes i Esra yr offeiriad oedd yn arbenigwr
yn y Gyfraith (sef gorchmynion yr ARGLWYDD a'i ganllawiau i Israel):
12[y] "Artaxerxes, sy'n frenin ar frenhinoedd,
At Esra, yr offeiriad a'r arbenigwr yn y Gyfraith mae Duw'r nefoedd wedi'i rhoi i ni.
Cyfarchion!
13 Rwyf wedi rhoi gorchymyn yn dweud fod unrhyw un o bobl Israel sy'n byw yn y deyrnas,
ac eisiau mynd gyda ti i Jerwsalem i gael gwneud hynny – hyd yn oed offeiriaid a Lefiaid.
14 Mae'r brenin, a'i saith cynghorwr, yn dy awdurdodi di i gynnal ymchwiliad i weld os ydy
cyfraith dy Dduw yn cael ei chadw.
15 Rwyt hefyd i fynd ag arian ac aur gyda ti. Mae'r brenin a'i gynghorwyr am roi offrwm
gwirfoddol i Dduw Israel sy'n byw yn Jerwsalem. 16 Hefyd cei fynd a'r holl arian a'r aur
fyddi wedi llwyddo i'w gasglu gan dy bobl dy hun a'r offeiriaid sy'n byw yma yn nhalaith
Babilon, ac sydd eisiau cyfrannu at deml eu Duw yn Jerwsalem. 17 Mae'r arian yma i'w
ddefnyddio i brynu teirw, hyrddod, ŵyn, a'r offrymau o rawn a diod sy'n mynd gyda nhw.
Dos â nhw at allor teml dy Dduw yn Jerwsalem. 18 Wedyn gelli ddefnyddio unrhyw arian
ac aur sy'n weddill i wneud beth bynnag wyt ti a dy gyd-offeiriaid yn ei feddwl sydd orau
– beth bynnag wyt ti'n feddwl mae dy Dduw eisiau. 19 Dos â'r llestri sydd wedi'u rhoi i ti
ar gyfer gwasanaeth y deml, a'u rhoi nhw i dy Dduw yn Jerwsalem. 20 Ac os oes rhywbeth
arall sydd ei angen i'r deml, gelli gymryd yr arian i dalu amdano o'r trysordy brenhinol.
21 Dw i, y Brenin Artaxerxes, yn gorchymyn penaethiaid trysordai Traws-Ewffrates i roi
i Esra'r offeiriad (yr arbenigwr yng Nghyfraith Duw'r nefoedd) beth bynnag mae'n gofyn
amdano. 22 Gallwch roi iddo hyd at dair tunnell a hanner o arian, 10 tunnell o wenith, 2,000
litr o win, 2,000 litr o olew olewydd, a faint bynnag o halen mae'n gofyn amdano. 23 Dylid
rhoi i'r deml, beth bynnag mae Duw'r nefoedd eisiau. Dw i ddim eisiau iddo ddigio gydag
Ymerodraeth y brenin a'i feibion. 24 Hefyd, dw i eisiau i chi ddeall fod gynnoch chi ddim
awdurdod i godi trethi na thollau o unrhyw fath ar yr offeiriaid, y Lefiaid, y cerddorion,
y porthorion, gweision y deml nac unrhyw un arall sy'n gofalu am deml y Duw yma.
25 Yna ti, Esra. Defnyddia'r ddoethineb mae dy Dduw wedi'i rhoi i ti i ddewis barnwyr
a swyddogion llys. Wedyn byddan nhw'n gallu delio gydag achosion y bobl hynny yn
rhanbarth Traws-Ewffrates sy'n gyfarwydd â chyfraith dy Dduw; a dylid hyfforddi'r rhai
hynny sydd ddim yn gwybod y Gyfraith. 26 Bydd unrhyw un sy'n torri cyfraith dy Dduw
a chyfreithiau'r brenin yn cael eu cosbi gyda'r ddedfryd briodol – cael eu dienyddio, cael
eu halltudio, colli eu heiddo neu gael eu carcharu."

Esra yn moli'r ARGLWYDD

27 Bendith ar yr ARGLWYDD, Duw ein hynafiaid, sydd wedi gwneud i'r brenin fod eisiau
cefnogi'r deml yn Jerwsalem! 28 Mae wedi peri i'r brenin, ei gynghorwyr, a'i swyddogion pwysig
eraill, fod mor garedig tuag ata i. Rôn i'n teimlo'n fwy a mwy hyderus wrth weld fod llaw yr
ARGLWYDD arna i. A dyma fi'n casglu nifer o arweinwyr pobl Israel i fynd i Jerwsalem gyda mi.

Yr arweinwyr aeth yn ôl gydag Esra

8 Dyma'r penaethiaid, a'r bobl oedd yn perthyn i'w rhestrau teuluol nhw, ddaeth yn ôl
gyda mi o Babilon. Artaxerxes oedd brenin Persia ar y pryd.[a]
2-3 Gershom, o deulu Phineas;
Daniel, o deulu Ithamar;
Chattwsh fab Shechaneia, o deulu'r brenin Dafydd;

---

y 7:12 Mae Esra 7:12-26 wedi'i ysgrifennu yn yr iaith Aramaeg. Aramaeg oedd iaith weinyddol Ymerodraeth Persia. a 8:1 Artaxerxes oedd pumed brenin Persia. Digwyddodd hyn 80 mlynedd ar ôl i'r dyrfa gyntaf fynd yn ôl dan arweiniad Serwbabel, pan oedd Cyrus yn frenin Persia.

Sechareia, o deulu Parosh (a 150 o ddynion oedd wedi'u cofrestru yn ôl eu teuluoedd);
4 Elihoenai fab Seracheia, o deulu Pachath-Moab (a 200 o ddynion);
5 Shechaneia fab Iachasiel, o deulu Sattw[b] (a 300 o ddynion);
6 Efed fab Jonathan, o deulu Adin (a 50 o ddynion);
7 Ieshaia fab Athaleia, o deulu Elam (a 70 o ddynion);
8 Sebadeia fab Michael, o deulu Sheffateia (ac 80 o ddynion);
9 Obadeia fab Iechiel, o deulu Joab (a 218 o ddynion gydag e);
10 Shlomith fab Iosiffïa, o deulu Bani[c] (a 160 o ddynion gydag e);
11 Sechareia fab Bebai, o deulu Bebai (a 28 o ddynion);
12 Iochanan fab Haccatan, o deulu Asgad (a 110 o ddynion);
13 a'r rhai ddaeth wedyn, o deulu Adonicam. Eu henwau nhw oedd Eliffelet, Jeiel a Shemaia (a 60 o ddynion);
14 Wthai a Saccwr, o deulu Bigfai (a 70 o ddynion).

Esra'n dod o hyd i Lefiaid i weithio yn y deml

15 Dyma fi'n eu casglu nhw at ei gilydd wrth y gamlas sy'n rhedeg i Ahafâ. Buon ni'n
gwersylla yno am dri diwrnod. Roedd pobl gyffredin ac offeiriaid yno gyda ni, ond dyma fi'n
darganfod fod dim Lefiaid. 16 Felly dyma fi'n anfon am Elieser, Ariel, Shemaia, Elnathan, Iarîf,
Elnathan, Nathan, Sechareia, a Meshwlam, oedd yn arweinwyr, ac am Ioiarîf ac Elnathan, oedd
yn athrawon. 17 A dyma fi'n eu hanfon nhw at Ido, oedd yn bennaeth yn Casiffia. Dwedais
wrthyn nhw am ofyn i Ido a'i berthnasau, oedd yn weision y deml, i anfon dynion aton ni
fyddai'n gweithio yn nheml ein Duw.
18 Roedd Duw gyda ni, a dyma nhw'n anfon crefftwr aton ni o deulu Machli (mab Lefi ac ŵyr
i Israel), sef Sherefeia. A daeth ei feibion a'i frodyr gydag e – 18 o ddynion i gyd. 19 Chashafeia
hefyd, gyda Ieshaia, o deulu Merari, a'i frodyr a'i feibion e, sef 20 o ddynion. 20 A hefyd, rhai
oedd yn weision y deml (y rhai roedd y Brenin Dafydd a'i swyddogion wedi'u penodi i helpu'r
Lefiaid) – 220 ohonyn nhw. A dyma enwau pob un ohonyn nhw yn cael eu rhestru.

Y bobl yn ymprydio a gweddïo cyn cychwyn ar eu taith

21 Yna dyma fi'n galw ar bawb oedd yno, wrth Gamlas Ahafâ, i ymprydio a plygu o flaen
ein Duw, a gofyn iddo roi siwrnai saff i ni a'n plant a'n holl eiddo. 22 Doedd gen i mo'r wyneb
i ofyn i'r brenin roi milwyr a marchogion i'n hamddiffyn ni ar y ffordd. Wedi'r cwbl, roedden
ni wedi dweud wrth y brenin, "Mae Duw'n gofalu am bawb sy'n ei geisio, ond mae'n ddig
iawn hefo pawb sy'n troi cefn arno." 23 Felly buon ni'n ymprydio a gweddïo'n daer ar Dduw
am hyn, a dyma fe'n ein hateb ni.

Anrhegion i'r deml

24 Yna dyma fi'n dewis un deg dau o arweinwyr yr offeiriaid, a hefyd Sherefeia, Chashafeia
a deg o'u perthnasau. 25 Dyma fi'n pwyso'r arian, yr aur a'r llestri oedd i fynd i deml ein Duw
a rhoi'r cwbl yn eu gofal nhw (sef y pethau roedd y brenin, ei gynghorwyr a'i swyddogion,
a phawb o bobl Israel oedd yn Babilon, wedi'i gyfrannu):
26 – 22 tunnell o arian;
– Llestri arian oedd yn pwyso 3.4 tunnell;
– 3.4 tunnell o aur;
27 – 20 powlen aur yn pwyso 8.4 cilogram;
– Dau lestr rhyfeddol o gain wedi'u gwneud o bres wedi'i loywi, mor werthfawr ag aur.

---

b 8:5 *o deulu Sattw* fel yr LXX (y cyfieithiad Groeg o'r Hen Destament). Dydy'r geiriau yma ddim yn yr Hebraeg.
c 8:10 *o deulu Bani* fel rhai llawysgrifau o'r LXX (y cyfieithiad Groeg o'r Hen Destament). Dydy'r geiriau yma ddim yn yr Hebraeg.

28 Yna dyma fi'n dweud wrthyn nhw, "Dych chi wedi'ch cysegru i'r ARGLWYDD, yn union
fel mae'r llestri yma wedi'u cysegru. Offrwm gwirfoddol i'r ARGLWYDD, Duw eich hynafiaid,
ydy'r arian a'r aur yma. 29 Dw i eisiau i chi ofalu amdano nes byddwch chi'n pwyso'r cwbl
o flaen arweinwyr yr offeiriaid, y Lefiaid, a phenaethiaid teuluoedd Israel, yn stordai teml yr
ARGLWYDD yn Jerwsalem."
30 Felly dyma'r offeiriaid a'r Lefiaid yn cymryd gofal o'r arian, yr aur a'r llestri oedd wedi
cael eu pwyso, i fynd â nhw i deml ein Duw yn Jerwsalem.

Y daith yn ôl i Jerwsalem

31 Dyma ni'n dechrau ar y daith o Gamlas Ahafâ i Jerwsalem ar y deuddegfed diwrnod o'r
mis cyntaf.[ch] Roedd Duw gyda ni, a dyma fe'n ein hachub ni rhag ein gelynion a rhag lladron
ar y daith. 32 Ar ôl cyrraedd Jerwsalem dyma ni'n gorffwys am dri diwrnod. 33 Yna'r diwrnod
wedyn dyma ni'n mynd i'r deml i bwyso'r arian a'r aur a'r llestri, a rhoi'r cwbl yng ngofal
Meremoth fab Wreia, yr offeiriad. Roedd Eleasar fab Phineas gydag e, a dau Lefiad, sef Iosafad
fab Ieshŵa a Noadeia fab Binnŵi. 34 Cafodd popeth ei gyfri, ei bwyso a'i gofnodi yn y fan a'r lle.
35 Yna dyma'r bobl oedd wedi dod yn ôl o'r gaethglud yn cyflwyno offrymau i'w llosgi i Dduw
Israel – un deg dau o deirw dros bobl Israel i gyd, naw deg chwech hwrdd, a saith deg saith oen
gwryw. Hefyd un deg dau bwch gafr yn offrwm dros bechod. Roedd y cwbl i gael ei losgi'n llwyr
i'r ARGLWYDD. 36 Wedyn dyma nhw'n cyflwyno gorchmynion y brenin i raglawiaid a llywodraethwyr
Traws-Ewffrates, a gwnaeth y rheiny bopeth allen nhw i helpu'r bobl a'r gwaith ar deml Dduw.

Problem priodasau cymysg

9 Ar ôl hyn i gyd dyma'r penaethiaid yn dod ata i a dweud, "Mae pobl Israel a'r offeiriaid
a'r Lefiaid yn byw yr un fath â'r bobl baganaidd o'u cwmpas nhw. Maen nhw'n mynd
drwy'r defodau ffiaidd roedd y Canaaneaid, Hethiaid, Peresiaid, Hefiaid a Jebwsiaid, pobl
Ammon, Moab, yr Aifft, a'r Amoriaid yn eu gwneud. 2 Maen nhw hyd yn oed wedi priodi rhai
o ferched y bobloedd yma, fel bod pobl sanctaidd Duw wedi cymysgu gyda'r bobl leol. Ac
yn waeth na hynny, yr arweinwyr a'r swyddogion oedd y rhai cyntaf i fod yn anffyddlon!"
3 Pan glywais hyn dyma fi'n rhwygo fy nillad, tynnu gwallt fy mhen a'm barf ac eistedd ar
lawr. Rôn i mewn sioc. 4 A dyma pawb oedd wir yn parchu beth roedd Duw Israel yn ei ddweud
yn casglu o'm cwmpas i, am fod y bobl ddaeth yn ôl o'r gaethglud wedi bod mor anffyddlon.
Bues i'n eistedd yna nes oedd hi'n amser offrwm yr hwyr.
5 Pan ddaeth hi'n amser offrwm yr hwyr dyma fi'n codi, a'm dillad wedi'u rhwygo. Yna
mynd ar fy ngliniau, dal fy nwylo ar led flaen yr ARGLWYDD fy Nuw, 6 a gweddïo,
"O Dduw! Mae gen i ormod o gywilydd dy wynebu di, fy Nuw. Dŷn ni wedi cael ein
llethu'n llwyr gan ein pechodau, ac mae'n heuogrwydd wedi cyrraedd yr holl ffordd i'r
nefoedd. 7 Dŷn ni wedi pechu o ddyddiau'n hynafiaid hyd heddiw. A dyna pam dŷn ni, a'n
brenhinoedd a'n hoffeiriaid wedi cael ein cam-drin gan frenhinoedd gwledydd eraill – wedi
colli brwydrau, cael ein cymryd yn gaethion, colli popeth a chael ein cywilyddio. A dyna
sut mae hi arnon ni heddiw.
8 Ond nawr, yn ddiweddar, rwyt ti ARGLWYDD ein Duw wedi bod yn garedig aton ni. Ti wedi
gadael i rai ohonon ni ddod yn ôl, ac wedi gadael i ni setlo i lawr yn dy ddinas sanctaidd. Ti
wedi'n gwneud ni'n wirioneddol hapus, ac wedi'n rhyddhau ni o'n caethiwed. 9 Roedden
ni'n gaeth, ond wnest ti ddim ein gadael ni'n gaeth. Ti wedi gwneud i frenhinoedd Persia
fod yn garedig aton ni. Ti wedi rhoi bywyd newydd i ni, a chyfle i ailadeiladu teml ein Duw,
a dod yn ôl i fyw yn saff yn Jwda a Jerwsalem.
10 Ond nawr, beth allwn ni ei ddweud, O Dduw? Dŷn ni wedi gwrthod gwrando ar beth
roeddet ti'n ddweud 11 drwy dy weision y proffwydi. Roedden nhw wedi dweud wrthon ni:

ch 8:31 *mis cyntaf* Abib (sydd hefyd yn cael ei alw yn Nisan), sef mis cyntaf y calendr Hebreig, o tua canol Mawrth i ganol Ebrill.

'Mae'r tir dych chi'n mynd iddo wedi'i lygru gan arferion drwg y bobl sy'n byw yno. Maen
nhw wedi llenwi'r wlad gyda'r pethau ffiaidd maen nhw'n eu gwneud. 12 Felly peidiwch
gadael i'ch plant briodi eu plant nhw. Peidiwch gwneud dim i'w helpu nhw i lwyddo
a ffynnu. Wedyn byddwch chi'n gryf, ac yn mwynhau holl gynnyrch da'r tir, a byddwch yn
gallu pasio'r cwbl ymlaen i'ch disgynyddion am byth.'

13 Mae'r cwbl sydd wedi digwydd i ni yn ganlyniad yr holl ddrwg dŷn ni wedi'i wneud. Ac
eto, ein Duw, wnest ti mo'n cosbi ni gymaint ag oedden ni'n ei haeddu, gan dy fod wedi dod
â rhai ohonon ni yn ôl. 14 Felly ydyn ni'n mynd i dorri dy orchmynion di eto, a chymysgu drwy
briodas gyda'r bobl yma sy'n gwneud pethau mor ffiaidd? Fyddai hynny ddim yn gwneud
i ti ddigio cymaint gyda ni nes ein difetha ni'n llwyr, a gadael neb ar ôl? 15 O Arglwydd, Duw
Israel, rwyt ti'n gwneud beth sy'n iawn, a dyna pam mai criw bach ohonon ni sydd ar ôl
heddiw. A dyma ni, yn sefyll o dy flaen di yn euog. Does gynnon ni ddim troed i sefyll arni."

Y bobl yn cyffesu eu bod wedi pechu

10 Tra oedd Esra yn gweddïo ac yn cyffesu, ac yn crio ar ei hyd ar lawr o flaen teml
Dduw, roedd tyrfa fawr o bobl Israel – dynion, merched, a phlant – wedi casglu
o'i gwmpas. Roedden nhw i gyd yn beichio crio. 2 A dyma Shechaneia fab Iechiel, o deulu
Elam, yn dweud wrth Esra:

"Dŷn ni wedi bod yn anffyddlon i Dduw yn priodi merched y bobloedd eraill sy'n byw yma.
Ac eto mae gobaith i Israel er gwaetha'r cwbl. 3 Gad i ni wneud ymrwymiad i'n Duw i yrru'r
gwragedd yma a'u plant i ffwrdd, fel rwyt ti a'r rhai eraill sy'n parchu gorchmynion Duw yn
cynghori. Gad i ni wneud hynny fel mae'r Gyfraith yn dweud. 4 Tyrd, mae'n rhaid i ti wneud
rhywbeth am y sefyllfa. Bwrw iddi. Dŷn ni tu cefn i ti."

5 Felly dyma Esra yn codi a chael arweinwyr yr offeiriaid a'r Lefiaid a phobl Israel i gyd
i addo gwneud hyn. A dyma nhw i gyd yn addo ar lw y bydden nhw'n ufuddhau. 6 Yna dyma
Esra yn gadael y deml, a mynd i aros yn ystafell Iehochanan fab Eliashif. Wnaeth e ddim
bwyta na hyd yn oed yfed dŵr tra oedd e yno; roedd e mor drist fod y bobl ddaeth yn ôl o'r
gaethglud wedi bod mor anffyddlon.

7 Yna cafodd cyhoeddiad ei anfon allan drwy Jwda a Jerwsalem, yn galw ar bawb ddaeth
yn ôl o'r gaethglud i ddod at ei gilydd yn Jerwsalem. 8 Byddai'r rhai oedd ddim yno o fewn
tri diwrnod yn colli eu heiddo i gyd. Dyna oedd penderfyniad y swyddogion a'r arweinwyr.
Byddai'r bobl hynny yn cael eu diarddel o gymdeithas y rhai ddaeth yn ôl o'r gaethglud.

9 Felly daeth pawb o Jwda a Benjamin at ei gilydd i Jerwsalem o fewn tri diwrnod (ar yr
ugeinfed diwrnod o'r nawfed mis[d]). Roedden nhw i gyd yn sefyll yn y sgwâr o flaen teml yr
Arglwydd. Roedd pawb yn nerfus iawn, ac yn crynu yn y glaw.

10 Yna dyma Esra'r offeiriad yn sefyll i'w hannerch nhw, "Dych chi wedi bod yn anffyddlon,
yn cymryd merched y bobloedd eraill yn wragedd. Mae hyn wedi gwneud Israel yn fwy euog
fyth o flaen Duw! 11 Mae'n bryd i chi anrhydeddu'r Arglwydd, Duw eich tadau, a gwneud
beth mae e eisiau. Rhaid i chi dorri pob cysylltiad gyda'r bobl a'r gwragedd paganaidd yma."

12 *A dyma pawb oedd* yno yn ateb gyda'i gilydd, "Iawn, rhaid i ni wneud fel ti'n dweud! 13 Ond
mae yna lot fawr ohonon ni, ac mae'n glawio'n drwm. Allwn ni ddim sefyll allan yma. Dydy'r
mater ddim yn mynd i gael ei setlo mewn rhyw ddiwrnod neu ddau, am fod gormod ohonon ni
wedi pechu yn hyn o beth. 14 Gall y penaethiaid weithredu ar ran pawb. Wedyn gosod dyddiad
penodol i bob tref, i bawb yn y dref honno sydd wedi cymryd gwragedd o blith y bobloedd eraill,
i ddod yma. Gall arweinwyr a barnwyr y dref ddod gyda nhw, nes bydd Duw ddim mor ffyrnig
hefo ni am beth wnaethon ni." 15 (Yr unig rai oedd yn erbyn y cynllun yma oedd Jonathan fab
Asahel a Iachseia fab Ticfa, gyda cefnogaeth Meshwlam a Shabbethai y Lefiad.)

16 Felly aeth y bobl yn eu blaenau gyda'r cynllun. Dyma Esra'r offeiriad yn dewis dynion
oedd yn arweinwyr yn eu clan, a'u rhestru nhw wrth eu henwau. A dyma nhw'n dechrau

---

d 10:9 *nawfed mis* Cislef, sef nawfed mis y calendr Hebreig, o tua canol Tachwedd i ganol Rhagfyr.

mynd ati i ddelio gyda'r mater ar ddiwrnod cynta'r degfed mis.[dd] 17Roedd hi'n ddiwrnod cynta'r flwyddyn[e] ganlynol erbyn iddyn nhw orffen delio gyda'r holl ddynion oedd wedi priodi gwragedd paganaidd.

Y dynion oedd wedi priodi gwragedd paganaidd

Offeiriaid

18Dyma restr o'r offeiriaid oedd wedi cymryd gwragedd paganaidd:

O deulu Ieshŵa fab Iotsadac a'i frodyr: Maaseia, Elieser, Iarîf a Gedaleia. 19(Dyma nhw'n addo gyrru eu gwragedd i ffwrdd, ac yn cyflwyno hwrdd yn offrwm i gyfaddef eu bai.)

20 O deulu Immer: Chanani a Sebadeia

21 O deulu Charîm: Maaseia, Eliâ, Shemaia, Iechiel ac Wseia.

22 O deulu Pashchwr: Elioenai, Maaseia, Ishmael, Nethanel, Iosafad, ac Elasa.

Lefiaid

23 O'r Lefiaid: Iosafad, Shimei, Celaia (sef Celita), Pethacheia, Jwda ac Elieser.

Cantorion

24 O'r cantorion: Eliashif.

Gofalwyr y giatiau

O'r rhai oedd yn gofalu am y giatiau: Shalwm, Telem ac Wri.

Pobl eraill

25Yna pobl gyffredin Israel:

O deulu Parosh: Rameia, Iesïa, Malcîa, Miamin, Eleasar, Malcîa a Benaia.

26 O deulu Elam: Mataneia, Sechareia, Iechiel, Afdi, Ieremoth ac Eliâ.

27 O deulu Sattw: Elioenai, Eliashif, Mataneia, Ieremoth, Safad ac Asisa.

28 O deulu Bebai: Iehochanan, Chananeia, Sabbai, ac Athlai.

29 O deulu Bani: Meshwlam, Malŵch, Adaia, Iashŵf, Sheal a Ieremoth.

30 O deulu Pachath-Moab: Adna, Celal, Benaia, Maaseia, Mataneia, Betsalel, Binnŵi a Manasse.

31 O deulu Charîm: Elieser, Ishïa, Malcîa, Shemaia, Simeon, 32Benjamin, Malŵch, a Shemareia.

33 O deulu Chashŵm: Matenai, Matata, Safad, Eliffelet, Ieremai, Manasse a Shimei.

34 O deulu Bani: Maadai, Amram, Ŵel, 35Benaia, Bedeia, Celwhw, 36Faneia, Meremoth, Eliashif, 37Mataneia, Matenai, a Iaäsai.

38 O deulu Binnŵi: Shimei, 39Shelemeia, Nathan, Adaia, 40Machnadebai, Shashai, Sharai, 41Asarel, Shelemeia, Shemareia, 42Shalwm, Amareia, a Joseff.

43 O deulu Nebo: Jeiel, Matitheia, Safad, Sefina, Iadai, Joel a Benaia.

44Roedd y rhain i gyd wedi cymryd gwragedd paganaidd, ac roedd rhai ohonyn nhw wedi cael plant gyda'r gwragedd hynny.

---

dd 10:16 *degfed mis* Tebeth, sef degfed mis y calendr Hebreig, o tua canol Rhagfyr i ganol Ionawr.
e 10:17 *flwyddyn* Hebraeg, "mis cyntaf", sef Abib (sydd hefyd yn cael ei alw yn Nisan). Mis cyntaf y calendr Hebreig sy'n rhedeg o tua canol Mawrth i ganol Ebrill.
10:19 Lefiticus 5:18

Nehemeia

Nehemeia yn clywed am stad Jerwsalem

1 Dyma adroddiad gan Nehemeia[a] fab Hachaleia:
Roedd hi'n fis Cislef[b] yn ugeinfed flwyddyn teyrnasiad Artaxerxes,[c] ac roeddwn i yn
y gaer ddinesig yn Shwshan.[ch] 2Dyma Chanani (oedd yn perthyn i mi) a dynion eraill o Jwda,
yn dod i'm gweld i. A dyma fi'n eu holi nhw am yr Iddewon oedd wedi gadael y gaethglud,
a sut oedd pethau yn Jerwsalem.
3A dyma nhw'n ateb, "Mae hi'n galed ar y bobl sydd wedi mynd yn ôl i'r dalaith o'r
gaethglud.[d] Maen nhw'n cael amser anodd. Mae wal Jerwsalem wedi'i chwalu, a'r giatiau
wedi'u llosgi."

Gweddi Nehemeia

4Pan glywais hyn i gyd, dyma fi'n eistedd i lawr. Rôn i'n crio ac yn galaru am ddyddiau, a bues
i'n ymprydio ac yn gweddïo ar Dduw y nefoedd. 5A dyma fi'n dweud, "O ARGLWYDD, Duw'r
nefoedd, plîs! Ti'n Dduw mawr a rhyfeddol, yn Dduw mor hael, ac yn cadw dy ymrwymiad i'r
rhai sy'n dy garu di ac yn gwneud beth ti'n ddweud. 6O, plîs edrych a gwrando ar weddi dy was.
Gwranda ar beth dw i'n ei weddïo ddydd a nos ar ran dy weision, pobl Israel. Dw i'n cyffesu ein
bod ni wedi pechu yn dy erbyn di – fi a'm teulu, a phobl Israel i gyd. 7Dŷn ni wedi ymddwyn yn
ofnadwy, a heb gadw'r gorchmynion, y rheolau a'r canllawiau wnest ti eu rhoi i dy was Moses.
8Plîs cofia beth ddwedaist ti wrth Moses:[dd] 'Os byddwch chi'n anffyddlon, bydda i'n eich gyrru
chi ar chwâl drwy'r gwledydd. 9Ond os byddwch chi'n troi a gwneud beth dw i'n ddweud, hyd
yn oed os ydy'r bobl wedi'u chwalu i ben draw'r byd, bydda i'n eu casglu nhw yn ôl i'r lle dw
i wedi dewis byw ynddo.' 10Dy weision di, dy bobl di ydyn nhw, ac rwyt wedi defnyddio dy rym i'w
gollwng nhw'n rhydd. 11Plîs, o ARGLWYDD, gwrando ar weddi dy was, ac ar weddïau pawb arall sy'n
awyddus i dy barchu di. Helpa dy was i lwyddo heddiw, a gwna i'r dyn yma fod yn garedig ata i."
Fi oedd y bwtler oedd yn dod â gwin i'r brenin.

Nehemeia'n gofyn am gael mynd i Jerwsalem

2 Yna yn mis Nisan[e] yn ugeinfed flwyddyn teyrnasiad Artaxerxes, rôn i'n gweini ar y brenin
fel arfer, a mynd â gwin iddo. Ond dyma'r tro cyntaf i mi erioed edrych yn drist o'i flaen.
2A dyma'r brenin yn gofyn i mi, "Pam wyt ti'n edrych mor ddiflas? Ti ddim yn sâl. Ond mae'n
amlwg fod rhywbeth yn dy boeni di."
Pan ddwedodd hynny, roedd gen i ofn. 3A dyma fi'n ei ateb, "O frenin, boed i ti fyw am
byth! Sut alla i beidio edrych yn drist pan mae'r ddinas ble mae fy hynafiaid wedi'u claddu
yn adfeilion, a'i giatiau wedi'u llosgi?"
4A dyma'r brenin yn gofyn, "Beth wyt ti eisiau gen i?" Dyma fi'n gweddïo'n dawel ar Dduw
y nefoedd, 5ac yna dweud wrth y brenin, "Os ydy'r brenin yn gweld yn dda, ac os ydy'ch
gwas wedi'ch plesio chi, plîs anfonwch fi'n ôl i Jwda lle mae fy hynafiaid wedi'u claddu,
i adeiladu'r ddinas eto."
6Yna dyma'r brenin, gyda'i wraig yn eistedd wrth ei ymyl, yn gofyn, "Am faint fyddet ti
i ffwrdd, a pryd fyddet ti yn ôl?" Gan fod y brenin yn barod i adael i mi fynd, dyma fi'n rhoi

---

a 1:1 Ystyr yr enw *Nehemeia* yn Hebraeg ydy "mae'r ARGLWYDD yn cysuro". b 1:1 *Cislef* Nawfed mis y calendr Hebreig, o tua canol Tachwedd i ganol Rhagfyr. c 1:1 *Artaxerxes* Artaxerxes I, oedd yn teyrnasu ar Persia o 465 i 425 CC. ch 1:1 *Shwshan* Prifddinas talaith Elam, lle roedd brenhinoedd Persia yn aros dros y gaeaf.
d 1:3 *mynd yn ôl ... gaethglud* Falle fod y geiriad Hebraeg yn cynnwys disgynyddion y bobl hynny oedd wedi gadael ar ôl pan gafodd Jerwsalem ei choncro hefyd. dd 1:8 Mae adn. 8-9 yn crynhoi beth sydd yn Deuteronomium 30:1-4. e 2:1 *Nisan* neu Abib, sef mis cyntaf y calendr Hebreig, o tua canol Mawrth i ganol Ebrill.

dyddiad iddo. 7A dyma fi'n dweud wrtho, "Os ydy'ch mawrhydi yn gweld yn dda, wnewch
chi roi dogfennau i mi eu dangos i lywodraethwyr Traws-Ewffrates, i wneud yn siŵr fy mod
yn cyrraedd Jwda'n saff. 8Hefyd, llythyr i Asaff, sy'n gofalu am goedwig y brenin, iddo roi
coed i mi – coed i wneud trawstiau ar gyfer giatiau'r gaer sydd wrth ymyl y deml, waliau'r
ddinas, a'r tŷ fydda i'n aros ynddo." A dyma'r brenin yn rhoi caniatâd i mi, achos roedd hi'n
amlwg fod Duw gyda mi.

Nehemeia am ailadeiladu'r waliau

9Dyma fi'n mynd at lywodraethwyr Traws-Ewffrates, a chyflwyno'r dogfennau gefais gan
y brenin iddyn nhw. Roedd y brenin wedi rhoi swyddogion o'r fyddin a marchogion i fynd
gyda mi. 10Ond doedd Sanbalat[f] o Choron, a Tobeia[ff] (y swyddog o Ammon), ddim yn hapus
o gwbl fod rhywun wedi cael ei anfon i helpu pobl Israel.

11Dri diwrnod ar ôl i mi gyrraedd Jerwsalem, 12dyma fi'n codi ganol nos a mynd allan
gyda'r ychydig ddynion oedd gen i. Yr unig anifail oedd gyda ni oedd yr un roeddwn i'n
reidio ar ei gefn. Doeddwn i ddim wedi dweud wrth neb beth roedd Duw wedi rhoi awydd yn
fy nghalon i i'w wneud yn Jerwsalem. 13Dyma fi'n mynd allan drwy Giât y Dyffryn ganol nos,
a throi i gyfeiriad Ffynnon y Ddraig a Giât y Sbwriel i edrych ar gyflwr y waliau oedd wedi'u
chwalu a'r giatiau oedd wedi'u llosgi. 14Es ymlaen at Giât y Ffynnon a Pwll y Brenin, ond
wedyn doedd dim posib i'r anifail fynd ddim pellach. 15Tra oedd hi'n dal yn dywyll dyma fi'n
mynd i lawr i Ddyffryn Cidron ac edrych ar gyflwr y waliau o'r fan honno. Wedyn trois yn ôl,
a mynd yn ôl i'r ddinas drwy Giât y Dyffryn. 16Doedd swyddogion y ddinas ddim yn gwybod
lle roeddwn i wedi bod, na beth roeddwn i wedi bod yn ei wneud. Doeddwn i ddim wedi
dweud wrth neb o'r Iddewon hyd yn hyn – yr offeiriaid, y bobl gyfoethog na'r swyddogion,
nac unrhyw un arall o'r gweithwyr.

17Yna dyma fi'n dweud wrthyn nhw, "Dych chi'n gwybod mor anodd ydy pethau yma:
mae Jerwsalem yn adfeilion a'i giatiau wedi'u llosgi. Dewch! Gadewch i ni ailadeiladu wal
Jerwsalem, a dod â'r sefyllfa warthus yma i ben." 18Dwedais yr hanes wrthyn nhw, fel roedd
Duw wedi bod gyda mi, a beth roedd y brenin wedi'i ddweud wrtho i. A dyma nhw'n ymateb,
"Gadewch i ni ddechrau adeiladu ar unwaith!" A dyma nhw'n annog ei gilydd i fynd ati
i wneud y gwaith pwysig yma.

19Ond pan glywodd Sanbalat o Choron, Tobeia, y swyddog o Ammon, a Geshem yr Arab[g] am
ein cynlluniau, dyma nhw'n dechrau gwneud hwyl am ein pennau a'n henllibio ni. "Beth dych
chi'n wneud? Ydych chi'n meddwl gwrthryfela yn erbyn y brenin?" 20A dyma fi'n ateb, "Gyda
help Duw byddwn ni'n llwyddo. Ei weision e ydyn ni, a dŷn ni'n mynd i ddechrau ailadeiladu'r
ddinas yma. Does yna ddim lle i chi yma, a dych chi erioed wedi bod â hawl i Jerwsalem."

Ailadeiladu'r Waliau

3 Dyma Eliashif yr archoffeiriad a'i gyd-offeiriaid yn mynd ati i adeiladu Giât y Defaid.[ng]
Yna ei chysegru a gosod y drysau yn eu lle. Nhw wnaeth y gwaith hyd at Dŵr y Cant
a Tŵr Chanan-el. 2Yna dynion Jericho wnaeth adeiladu'r darn nesaf, a Saccwr fab Imri y darn
ar ôl hwnnw.

3Teulu Hasenaa wnaeth adeiladu Giât y Pysgod, a gosod ei thrawstiau a'r drysau, y bolltau
a'r barrau yn eu lle. 4Meremoth fab Wreia ac ŵyr i Hacots wnaeth drwsio'r darn nesaf.
Meshwlam fab Berecheia ac ŵyr i Meshesafel y darn wedyn. Sadoc fab Baana y darn ar ôl
hwnnw, 5a dynion Tecoa[h] ar y darn nesaf wedyn. Ond doedd arweinwyr Tecoa ddim yn fodlon
helpu gyda'r gwaith oedd yr arolygwyr wedi'i roi iddyn nhw.

---

f 2:10 *Sanbalat* Enw Babilonaidd sy'n golygu "Mae Sin (duw'r lleuad) wedi rhoi bywyd". ff 2:10 *Tobeia* Enw sy'n golygu, "Mae'r Arglwydd yn dda". g 2:19 *Geshem yr Arab* Yn ôl ffynonellau eraill, Geshem oedd brenin Cedar, yng ngogledd Arabia. Roedd yn arwain cynghrair enfawr o lwythau Arabaidd yn ymestyn o anialwch Syria i ddelta afon Nîl. ng 3:1 *Giât y Defaid* oedd y giât agosaf at y Deml. h 3:5 pentref oedd rhyw 12 milltir i'r de-ddwyrain o Jerwsalem.

[6]Ioiada fab Paseach a Meshwlam fab Besodeia oedd yn gweithio ar Giât Ieshana.[i] Nhw
wnaeth osod y trawstiau a'r drysau, y bolltau a'r barrau yn eu lle. [7]Yna roedd Melatia o Gibeon
a Iadon o Meronoth yn gweithio ar y darn nesaf gyda dynion eraill o Gibeon a Mitspa (lle
roedd llywodraethwr Traws-Ewffrates yn byw). [8]Wedyn roedd Wssiel fab Charhaia (aelod o Urdd
y Gofaint Aur) yn atgyweirio'r darn nesaf, a Chananeia (aelod o Urdd y Gwerthwyr Persawr) yn
atgyweirio'r darn ar ôl hwnnw. Nhw wnaeth drwsio wal Jerwsalem yr holl ffordd at y Wal Lydan.
[9]Reffaia fab Hur, pennaeth hanner ardal Jerwsalem, oedd yn gweithio ar y darn nesaf.
[10]Iedaia fab Charwmaff ar y darn ar ôl hwnnw, gyferbyn â'i dŷ, a Chattwsh fab Chashafneia
ar y darn wedyn. [11]Roedd Malcîa fab Charîm a Chashwf fab Pachath-Moab yn gweithio ar
ddarn arall ac ar Dŵr y Poptai. [12]Yna roedd Shalwm fab Halochesh, pennaeth hanner arall
ardal Jerwsalem, yn gweithio ar y darn nesaf, gyda'i ferched yn ei helpu.
[13]Chanŵn a phobl Sanoach[l] oedd yn gweithio ar Giât y Dyffryn. Nhw wnaeth ei hailadeiladu,
a gosod ei drysau, ei bolltau a'i barrau yn eu lle. Nhw hefyd wnaeth y gwaith ar y wal yr holl
ffordd at Giât y Sbwriel – 450 metr i gyd.
[14]Malcîa fab Rechab, pennaeth Ardal Beth-hacerem, oedd yn gweithio ar Giât y Sbwriel. Fe
wnaeth ei hailadeiladu, a gosod y drysau, y bolltau a'r barrau yn eu lle.
[15]Wedyn Shalwn fab Colchose, pennaeth ardal Mitspa, oedd yn gweithio ar Giât y Ffynnon.
Ailadeiladodd hi, rhoi to arni, a gosod y drysau, bolltau a barrau yn eu lle. A fe hefyd wnaeth
ailadeiladu'r wal o Bwll Siloam (wrth ymyl y gerddi brenhinol) yr holl ffordd at y grisiau sy'n
mynd i lawr o Ddinas Dafydd. [16]Yna Nehemeia fab Asbwc, pennaeth hanner ardal Beth-tswr,[ll]
oedd yn gweithio ar y darn nesaf, yr holl ffordd at fynwent Dafydd, y pwll artiffisial a barics
y fyddin.

Lefiaid oedd yn gweithio ar y wal

[17]Lefiaid oedd yn gweithio ar y darnau nesaf – Rechwm fab Bani, ac wedyn Chashafeia,
pennaeth hanner ardal Ceila.[m] [18]Yna Lefiaid eraill – Binnŵi[n] fab Chenadad, pennaeth hanner
arall ardal Ceila. [19]Ar ei ôl e, Eser fab Ieshŵa, pennaeth tref Mitspa, yn gweithio ar y darn
gyferbyn â'r llethr i fyny at y storfa arfau lle mae'r bwtres. [20]Wedyn Barŵch fab Sabbai yn
gweithio ar y darn rhwng y bwtres a'r drws i dŷ Eliashif yr Archoffeiriad. [21]A Meremoth fab
Wreia ac ŵyr Hacots yn gweithio ar ddarn arall o ddrws tŷ Eliashif i dalcen y tŷ.

Offeiriaid oedd yn gweithio ar y wal

[22]Yr offeiriaid oedd yn gweithio ar y darn nesaf – dynion oedd yn byw yn y cylch. [23]Wedyn
Benjamin a Chashwf yn gweithio gyferbyn â'u tŷ nhw. Asareia fab Maaseia ac ŵyr Ananeia,
yn gweithio wrth ymyl ei dŷ e. [24]Binnŵi fab Chenadad yn gweithio ar y darn nesaf, o dŷ
Asareia at y bwtres ar y gornel. [25]Wedyn Palal fab Wsai yn gweithio gyferbyn â'r bwtres a'r
tŵr sy'n sticio allan o'r palas uchaf wrth ymyl iard y gwarchodlu. Yna roedd Pedaia fab Parosh
[26]a gweision y deml oedd yn byw ar Fryn Offel yn gweithio ar y darn i fyny at Giât y Dŵr i'r
dwyrain lle mae'r tŵr sy'n sticio allan. [27]Wedyn dynion Tecoa eto yn gweithio ar y darn o'r
tŵr mawr hwnnw i wal Bryn Offel.
[28]Offeiriaid oedd yn gweithio yr ochr uchaf i Giât y Ceffylau hefyd, pob un o flaen ei dŷ ei
hun. [29]Sadoc fab Immer yn gweithio gyferbyn â'i dŷ e, a Shemaia fab Shechaneia, porthor
Giât y Dwyrain, yn gweithio ar y darn nesaf. [30]Wedyn Chananeia fab Shelemeia a Chanŵn,
chweched mab Salaff, yn gweithio ar ddarn arall. Yna, ar eu holau nhw, Meshwlam fab
Berecheia yn gweithio ar y darn gyferbyn â'r ystafell lle roedd e'n byw. [31]Wedyn Malcîa, un o'r
gofaint aur, yn gweithio ar y darn hyd at lety gweision y deml a'r masnachwyr, gyferbyn â Giât
y Mwstro, ac i fyny at yr ystafell uwchben y gornel. [32]Yna roedd y gofaint aur a'r masnachwyr
yn gweithio ar y darn olaf, o'r ystafell uwchben y gornel at Giât y Defaid.

---

i 3:6 Roedd tref Ieshana tua 15 milltir i'r gogledd o Jerwsalem. l 3:13 *Sanoach* Tref oedd 14 milltir i'r de-orllewin o Jerwsalem. ll 3:16 *Beth-tswr* Tref oedd tua 15 milltir i'r de o Jerwsalem. m 3:17 *Ceila* Tref tua 17 milltir i'r de-orllewin o Jerwsalem. n 3:18 *Binnŵi* fel rhai llawysgrifau Hebraeg, a'r fersiynau. Hebraeg, Bafai.

Gwrthwynebiad swyddogion y dalaith

4 Pan glywodd Sanbalat ein bod ni'n ailadeiladu'r waliau dyma fe'n gwylltio'n lân
a dechrau galw'r Iddewon yn bob enw dan haul. 2 Dyma fe'n dechrau dweud o flaen
ei ffrindiau a milwyr Samaria, "Beth mae'r Iddewon pathetig yma'n meddwl maen nhw'n
wneud? Ydyn nhw'n meddwl y gallan nhw wneud y gwaith eu hunain? Fyddan nhw'n offrymu
aberthau eto? Ydych chi'n meddwl y gwnân nhw orffen y gwaith heddiw? Ydyn nhw'n meddwl
y gallan nhw ddod â'r cerrig yma sydd wedi llosgi yn ôl yn fyw?"
3 A dyma Tobeia o Ammon, oedd yn sefyll gydag e, yn dweud, "Byddai'r wal maen nhw'n
ei chodi yn chwalu petai llwynog yn dringo arni!"
4 "O ein Duw, gwrando arnyn nhw'n ein bychanu ni! Tro eu dirmyg arnyn nhw eu hunain!
Gwna iddyn nhw gael eu cipio i ffwrdd fel caethion i wlad estron! 5 Paid maddau iddyn nhw
na cuddio'u pechodau o dy olwg! Maen nhw wedi cythruddo'r rhai sy'n adeiladu!"
6 Felly dyma ni'n ailadeiladu'r wal. Roedd hi'n gyfan hyd at hanner ei huchder ac roedd
y bobl yn frwd i weithio.
7 Ond pan glywodd Sanbalat a Tobeia, yr Arabiaid, pobl Ammon a phobl Ashdod[o] fod
y gwaith o adfer waliau Jerwsalem yn dod yn ei flaen cystal, a bod y bylchau yn y wal yn
cael eu cau, roedden nhw'n wyllt. 8 A dyma nhw'n cynllwynio gyda'i gilydd i ymosod ar
Jerwsalem a chreu helynt. 9 Felly dyma ni'n gweddïo ar ein Duw, a gosod gwylwyr i edrych
allan amdanyn nhw ddydd a nos. 10 Roedd pobl Jwda'n dweud, "Mae'r gweithwyr yn blino
a stryffaglu, ac mae cymaint o rwbel. Does dim gobaith i ni adeiladu a gorffen y gwaith
ar y wal yma!" 11 Yna roedd ein gelynion yn brolio, "Cyn iddyn nhw sylweddoli beth sy'n
digwydd, byddwn ni yn eu canol yn eu lladd nhw, a bydd y gwaith yn dod i ben!" 12 Ac
roedd yr Iddewon oedd yn byw wrth eu hymyl nhw wedi'n rhybuddio ni lawer gwaith am
eu cynllwynion yn ein herbyn ni.
13 Felly dyma fi'n gosod pobl i amddiffyn y rhannau isaf, tu ôl i'r wal yn y mannau
mwyaf agored. Gosodais nhw bob yn glan, gyda cleddyfau, gwaywffyn a bwâu. 14 Yna ar
ôl edrych dros y cwbl, dyma fi'n codi i annerch yr arweinwyr, y swyddogion, a gweddill
y bobl, a dweud, "Peidiwch bod â'u hofn nhw. Cofiwch mor fawr a rhyfeddol ydy'r Meistr!
Byddwch barod i ymladd dros eich pobl, eich meibion, eich merched, eich gwragedd
a'ch cartrefi!"
15 Pan glywodd ein gelynion ein bod ni'n gwybod am eu cynllwyn, dyma Duw yn eu rhwystro
nhw. Felly dyma pawb yn mynd yn ôl i weithio ar y wal. 16 O'r diwrnod hwnnw ymlaen roedd
hanner y dynion ifanc oedd gen i yn adeiladu a'r hanner arall yn amddiffyn. Roedd ganddyn
nhw arfwisg, ac roedden nhw'n cario gwaywffyn, tarianau a bwâu. Roedd y swyddogion
yn sefyll tu ôl i bobl Jwda 17 oedd yn adeiladu'r wal. Roedd y rhai oedd yn cario beichiau
yn gwneud hynny gydag un llaw, ac yn dal arf yn y llaw arall. 18 Ac roedd gan bob un o'r
adeiladwyr gleddyf wedi'i strapio am ei ganol tra oedd yn gweithio. Ond roedd canwr y corn
hwrdd[p] yn aros gyda mi.
19 Yna dyma fi'n dweud wrth yr arweinwyr, y swyddogion a gweddill y bobl, "Mae gynnon
ni lot o waith caled i'w wneud, a dŷn ni'n bell oddi wrth ein gilydd ar y wal. 20 Pan fyddwch
chi'n clywed y corn hwrdd yn cael ei ganu, dylai pawb gasglu at ei gilydd yno. Bydd ein Duw
yn ymladd droson ni!"
21 Felly dyma ni'n bwrw ymlaen gyda'r gwaith o fore gwyn tan nos, gyda'r hanner ohonon
ni'n cario gwaywffyn. 22 Peth arall ddwedais i bryd hynny oedd, "Dylai pawb aros dros nos
yn Jerwsalem (*y gweithwyr a'r rhai sy'n eu hamddiffyn*). Byddan nhw'n gwarchod y ddinas
dros nos, ac yn gweithio yn ystod y dydd." 23 Roedden ni i gyd yn cysgu yn ein dillad gwaith
– fi a'm gweision, y gweithwyr a'r gwylwyr oedd gyda ni. Ac roedd pawb yn cario arf yn ei
law bob amser.

---

o 4:7 *Sanbalat ... Ashdod* Roedd y gwrthwynebiad o bob cyfeiriad – Sanbalat, o Samaria i'r gogledd, yr Arabiaid o'r de, Tobeia a phobl Ammon o'r dwyrain, a phobl Ashdod o'r gorllewin. p 4:18 *corn hwrdd* Hebraeg, *shoffar.*
4:5 Jeremeia 18:23

Cam-drin pobl dlawd

5 Ond wedyn dyma rai o'r dynion a'u gwragedd yn dechrau cwyno a protestio am eu cyd-
Iddewon. 2 Roedd rhai yn dweud, "Mae gynnon ni deuluoedd mawr, ac mae angen lot
o ŷd arnon ni i allu bwyta a byw." 3 Roedd eraill yn dweud, "Dŷn ni'n gorfod morgeisio ein tir
a'n gwinllannoedd a'n tai er mwyn prynu ŷd i osgoi llwgu." 4 Ac eraill eto, "Dŷn ni wedi gorfod
benthyg arian i dalu trethi i'r brenin ar ein tir a'n gwinllannoedd. 5 Dŷn ni wedi gorfod rhoi'n
meibion a'n merched i weithio fel caethweision i bobl er ein bod ni a'n plant o'r un genedl
ac yn rhannu'r un gwaed â nhw. Mae rhai o'n merched wedi cael eu cymryd oddi arnon ni,
a dŷn ni'n gallu gwneud dim am y peth, am fod ein tir a'n gwinllannoedd yn nwylo pobl eraill."
6 Rôn i'n wyllt pan glywais i am hyn i gyd. 7 Yna ar ôl ystyried y sefyllfa'n ofalus, dyma fi'n
penderfynu mynd at y bobl gyfoethog a'r swyddogion i gwyno: "Dych chi i gyd yn codi llogau
ar ddyledion eich pobl eich hunain!"

A dyma fi'n galw cyfarfod cyhoeddus i ddelio gyda'r peth. 8 Dwedais yno, "Dŷn ni wedi
gwneud popeth allwn ni i brynu'n ôl ein cyd-Iddewon sydd wedi'u gwerthu i'r cenhedloedd.
A nawr dyma chi'n gwerthu'ch pobl eich hunain i'ch gilydd!" Doedden nhw'n gallu dweud
dim. Doedd ganddyn nhw ddim ateb.
9 Yna dyma fi'n dweud, "Dydy beth dych chi'n ei wneud ddim yn iawn! Dylech fyw mewn
ffordd sy'n dangos parch at Dduw. Fyddai ddim rhaid i chi ddiodde eich gelynion, y cenhedloedd,
yn eich gwawdio chi wedyn! 10 Dw i a'm perthnasau a'r rhai sydd gyda ni yn benthyg arian ac
ŷd i bobl. Rhaid stopio'r busnes yma o gymryd tir a thai pobl i dalu dyledion! 11 Rhowch bopeth
yn ôl iddyn nhw heddiw – eu caeau, eu gwinllannoedd, eu coed olewydd a'u tai, a'r llogau dych
chi'n eu cymryd am fenthyg arian, ŷd, sudd grawnwin, ac olew olewydd iddyn nhw."
12 A dyma nhw'n ateb, "Gwnawn ni roi'r cwbl yn ôl, a stopio hawlio dim oddi arnyn nhw.
Byddwn ni'n gwneud yn union fel rwyt ti'n dweud." Yna dyma fi'n galw am offeiriaid
a gwneud i'r bobl gyfoethog a'r swyddogion fynd ar eu llw y bydden nhw'n cadw eu gair.
13 A dyma fi'n ysgwyd popeth o bocedi fy nillad, a dweud, "Dyma fydd Duw yn ei wneud i chi
os fyddwch chi ddim yn cadw'ch gair. Byddwch yn colli'ch tai a'ch eiddo. Bydd yn eich ysgwyd
chi a byddwch yn colli popeth!" A dyma pawb yn y gynulleidfa yn ateb, "Ia, wir! Amen!" ac
addoli'r ARGLWYDD. Yna gwnaeth y bobl beth roedden nhw wedi'i addo.

Haelioni Nehemeia

14 O'r diwrnod cyntaf y ces i fy ngwneud yn llywodraethwr Jwda – sef o'r ugeinfed flwyddyn
i flwyddyn tri deg dau o deyrnasiad y Brenin Artaxerxes[ph] (un deg dwy o flynyddoedd i gyd)
– wnes i a'm teulu ddim bwyta'r bwyd oedd yn cael ei roi i'r llywodraethwr. 15 Roedd
y llywodraethwyr o mlaen i wedi gosod beichiau trwm ar y bobl, a chymryd bwyd a gwin
oddi arnyn nhw ar ben y dreth o 40 darn arian. Roedd eu staff yn galed ar y bobl hefyd. Ond
wnes i ddim ymddwyn felly, am fy mod i'n parchu Duw. 16 Es i ati fel pawb arall i weithio
ar y wal, a wnes i ddim prynu tir i mi fy hun. Ac roedd fy staff i gyd yn gweithio yno hefyd.
17 Roedd cant a hanner o bobl, swyddogion yr Iddewon, yn bwyta gyda mi'n rheolaidd, heb
sôn am ymwelwyr oedd yn dod o wledydd eraill. 18 Bob dydd roedd un ych, chwech o'r defaid
gorau, a ffowls yn cael eu paratoi i mi, heb sôn am ddigonedd o win o bob math oedd yn
cael ei roi i mi bob deg diwrnod. Er hynny, wnes i ddim hawlio'r bwyd oedd yn cael ei roi i'r
llywodraethwr, am fod y baich yn drwm ar y bobl.
19 O Dduw, cofia hyn o'm plaid i – popeth dw i wedi'i wneud i'r bobl yma.

Cynllwyn yn erbyn Nehemeia

6 Clywodd Sanbalat, Tobeia, Geshem yr Arab, a'r gelynion eraill fy mod wedi ailadeiladu'r
wal a chau'r bylchau i gyd (er fod drysau'r giatiau ddim wedi'u gosod yn eu lle bryd

ph 5:14 sef 445–433 CC.

hynny). 2 A dyma fi'n cael neges gan Sanbalat a Geshem yn gofyn i mi eu cyfarfod yn un o'r
pentrefi ar wastatir Ono.[r] Ond roedden nhw'n bwriadu gwneud rhyw ddrwg i mi. 3 Felly dyma
fi'n anfon neges yn ôl yn dweud, "Dw i'n gwneud gwaith pwysig, ac felly alla i ddim dod. Alla
i ddim gadael i'r gwaith stopio er mwyn dod i'ch cyfarfod chi."
4 Dyma nhw'n cysylltu i ofyn yr un peth bedair gwaith, a rhois yr un ateb iddyn nhw bob
tro. 5 Yna'r pumed tro dyma Sanbalat yn anfon ei was gyda llythyr agored yn ei law. 6 Dyma
oedd y llythyr yn ei ddweud:

"Mae yna si yn mynd o gwmpas (ac mae Geshem wedi cadarnhau hyn), dy fod ti a'r
Iddewon yn bwriadu gwrthryfela, ac mai dyna pam dych chi'n adeiladu'r waliau. A'r sôn
ydy dy fod ti am fod yn frenin arnyn nhw. 7 Maen nhw'n dweud dy fod wedi penodi proffwydi
yn Jerwsalem i gyhoeddi, 'Mae brenin yn Jwda!'
Bydd brenin Persia yn dod i glywed am y sibrydion yma. Felly tyrd! Gad i ni drafod y mater."

8 Dyma fi'n anfon neges yn ôl ato yn dweud, "Dydy'r pethau rwyt ti'n ddweud amdanon
ni ddim yn wir. Ffrwyth dy ddychymyg di ydy'r cwbl!" 9 (Ceisio'n dychryn ni roedden nhw, gan
feddwl y bydden ni'n llaesu dwylo ac y byddai'r gwaith ddim yn cael ei orffen. Ond roedd
hyn wedi fy ngwneud i'n fwy penderfynol fyth.)
10 Yna es i weld Shemaia fab Delaia ac ŵyr Mehetafél, oedd ddim yn gallu gadael ei dŷ.
A dyma fe'n dweud, "Gad i ni gyfarfod yn y cysegr – cysegr Duw yn y Deml, a chloi ein hunain
i mewn. Maen nhw'n dod i dy ladd di; dod i dy ladd di yn y nos."
11 Ond dyma fi'n ateb, "Ydy'n iawn i ddyn fel fi redeg i ffwrdd? A sut all dyn cyffredin fel
fi fynd i mewn i'r cysegr a chael byw? Na, wna i ddim mynd." 12 Roedd hi'n amlwg fod Duw
ddim yn siarad drwyddo – Tobeia a Sanbalat oedd wedi'i dalu i roi'r broffwydoliaeth yna.
13 Roedd wedi cael ei dalu i'm dychryn i, er mwyn i mi bechu drwy wneud beth roedd e'n ei
awgrymu. Byddai hynny wedyn wedi arwain at sgandal a rhoi enw drwg i mi.
14 O Dduw, cofia beth mae Tobeia a Sanbalat wedi'i wneud – a hefyd Noadeia y broffwydes,
a'r proffwydi eraill sy'n trio fy nychryn i.

Gorffen adeiladu'r wal

15 Cafodd y wal ei gorffen ar y pumed ar hugain o fis Elwl[rh] – dim ond pum deg dau
diwrnod gymrodd y gwaith! 16 Roedd ein gelynion, a'r gwledydd o'n cwmpas, wedi dychryn
a digalonni pan glywon nhw fod y gwaith wedi'i orffen. Allen nhw ddim gwadu fod Duw
wedi'n helpu ni i wneud hyn.
17 Drwy'r cyfnod yma roedd pobl bwysig Jwda a Tobeia wedi bod yn ysgrifennu'n ôl ac
ymlaen at ei gilydd. 18 Roedd yna lawer o bobl yn Jwda wedi addo cefnogi Tobeia am ddau
reswm: roedd yn fab-yng-nghyfraith i Shechaneia fab Arach, ac roedd ei fab Iehochanan wedi
priodi merch Meshwlam fab Berecheia. 19 Roedden nhw'n dweud wrtho i am yr holl bethau
da roedd e'n eu gwneud, ac yna'n dweud wrtho fe beth ddwedais i. Wedyn roedd Tobeia'n
anfon llythyrau bygythiol ata i.

Trefniadau diogelwch Jerwsalem

7 Roedd y wal wedi'i gorffen, drysau'r giatiau wedi'u gosod yn eu lle, a gofalwyr y giatiau,
cantorion a Lefiaid wedi'u penodi. 2 A dyma fi'n apwyntio Chanani (perthynas i mi),
a Chananeia, pennaeth y gaer, i fod yn gyfrifol am Jerwsalem. Roedd Chananeia'n ddyn
y gallwn ei drystio, ac yn fwy duwiol na'r rhan fwya o bobl. 3 Dwedais wrthyn nhw, "Ddylai
giatiau'r ddinas ddim bod ar agor pan mae'r haul yn boeth ganol dydd. Dylen nhw aros
dan glo nes bod y gofalwyr yn ôl ar ddyletswydd. A rhaid i chi osod rhai o bobl Jerwsalem yn
wylwyr ar y waliau, ac eraill wrth eu tai."

---

r 6:2 *Ono* 20 milltir i'r gogledd-orllewin o Jerwsalem, ar ffin Jwda. rh 6:15 *Elwl* Roedd mis Elwl yn calendr
Babilon yn cyfateb i chweched mis y calendr Hebreig, o tua canol Awst i ganol Medi.
6:11 Numeri 18:7

Rhestr o'r bobl ddaeth yn ôl o Babilon

(Esra 2:1-70)

4 Roedd digon o le yn y ddinas, a dim llawer o bobl yn byw ynddi. Doedd bron ddim tai
wedi'u hadeiladu ynddi bryd hynny. 5 A dyma Duw yn rhoi syniad i mi, i alw'r arweinwyr a'r
swyddogion a'r bobl gyffredin at ei gilydd, a'u cofrestru nhw yn ôl eu teuluoedd.
Dyma fi'n dod o hyd i restrau teuluol y rhai ddaeth yn ôl yn wreiddiol. A dyma beth oedd
wedi'i gofnodi:

6 Dyma restr o bobl y dalaith ddaeth allan o Babilon. Cawson nhw eu cymryd yn gaeth
yno gan Nebwchadnesar, brenin Babilon. Daeth pob un yn ôl i Jerwsalem ac i'r trefi eraill
yn Jwda lle roedden nhw'n arfer byw. 7 Yr arweinwyr oedd Serwbabel, Ieshŵa, Nehemeia,
Asareia, Raameia, Nachamani, Mordecai, Bilshan, Mispar, Bigfai, Nechwm a Baana.

Dyma faint o bobl Israel ddaeth yn ôl:

8 Teulu Parosh: 2,172
9 Teulu Sheffateia: 372
10 Teulu Arach: 652
11 Teulu Pachath-Moab (o deuluoedd Ieshŵa a Joab): 2,818
12 Teulu Elam: 1,254
13 Teulu Sattw: 845
14 Teulu Saccai: 760
15 Teulu Binnŵi: 648
16 Teulu Bebai: 628
17 Teulu Asgad: 1,322
18 Teulu Adonicam: 667
19 Teulu Bigfai: 2,067
20 Teulu Adin: 655
21 Teulu Ater (sef disgynyddion Chisceia): 98
22 Teulu Chashŵm: 328
23 Teulu Betsai: 324
24 Teulu Charîff: 112
25 Teulu Gibeon: 95
26 Dynion Bethlehem a Netoffa: 188
27 Dynion Anathoth: 128
28 Dynion Beth-asmafeth: 42
29 Dynion Ciriath-iearîm, Ceffira a Beëroth: 743
30 Dynion Rama a Geba: 621
31 Dynion Michmas: 122
32 Dynion Bethel ac Ai: 123
33 Pobl y Nebo arall: 52
34 Pobl yr Elam arall: 1,254
35 Pobl Charîm: 320
36 Pobl Jericho: 345
37 Pobl Lod, Hadid ac Ono: 721
38 Pobl Senaâ: 3,930

39 Yr offeiriaid:
Teulu Idaïa (o linach Ieshŵa): 973
40 Teulu Immer: 1,052
41 Teulu Pashchwr: 1,247
42 Teulu Charîm: 1,017

43 Y Lefiaid:
Teulu Ieshŵa (drwy Cadmiel o deulu Hodefa): 74

44 Y cantorion:
Teulu Asaff: 148

45 Gofalwyr y giatiau:
Teuluoedd Shalwm, Ater, Talmon, Accwf, Chatita a Shobai: 138

46 Gweision y deml:
Teulu Sicha
Teulu Chaswffa
Teulu Tabbaoth
47 Teulu Ceros
Teulu Sïa
Teulu Padon
48 Teulu Lebana
Teulu Hagaba
Teulu Shalmai
49 Teulu Chanan
Teulu Gidel
Teulu Gachâr

50 Teulu Reaia
Teulu Resin
Teulu Necoda
51 Teulu Gassam
Teulu Wssa
Teulu Paseach
52 Teulu Besai
Teulu Mewnîm
Teulu Neffwshesîm
53 Teulu Bacbwc
Teulu Chacwffa
Teulu Charchwr
54 Teulu Batslith
Teulu Mechida
Teulu Charsha
55 Teulu Barcos
Teulu Sisera
Teulu Temach
56 Teulu Netsïach
Teulu Chatiffa.

57 Teuluoedd gweision Solomon:
Teulu Sotai
Teulu Soffereth
Teulu Perida
58 Teulu Jala
Teulu Darcon
Teulu Gidel
59 Teulu Sheffateia
Teulu Chattil
Teulu Pochereth-hatsbaîm
Teulu Amon.

60 Cyfanswm gweision y deml a theuluoedd gweision Solomon: 392.

61 Daeth pobl eraill o drefi Tel-melach, Tel-harsha, Cerwb, Adon, ac Immer (ond doedd y rhain
ddim yn gallu profi eu bod nhw a'u teuluoedd yn dod o Israel yn wreiddiol):
62 Teulu Delaia, teulu Tobeia a theulu Necoda: 652

63 Wedyn yr offeiriaid, sef teuluoedd Hafaia, Hacots, a Barsilai (dyn oedd wedi priodi un
o ferched Barsilai o Gilead, ac wedi cymryd ei enw).

64 Roedd y rhain hefyd wedi chwilio am gofnod o'u teuluoedd yn y rhestrau achau, ond
wedi methu ffeindio dim byd. Felly cawson nhw eu rhwystro rhag gwasanaethu fel offeiriaid.
65 Dwedodd y llywodraethwr nad oedden nhw i gael bwyta'r bwyd oedd wedi'i gysegru, nes
byddai offeiriad yn codi oedd yn gallu penderfynu drwy ddefnyddio'r Wrim a'r Thwmim.
66 Cyfanswm y bobl aeth yn ôl oedd 42,360, 67 (heb gyfri'r 7,337 o weision a morynion oedd
ganddyn nhw; ac roedd 245 o gantorion – dynion a merched – gyda nhw hefyd). 68-69 Roedd
ganddyn nhw 736 o geffylau, 245 o fulod, 435 o gamelod a 6,720 o asynnod.
70 Dyma rai o benaethiaid y claniau yn cyfrannu tuag at y gwaith.
Y llywodraethwr – 8 cilogram o aur,[s] 50 powlen, a 530 o wisgoedd i'r offeiriaid.
71 Penaethiaid y claniau – 160 cilogram o aur[t] a 1,300 cilogram o arian.[th]
72 Yna cyfraniad gweddill y bobl oedd 160 cilogram o aur a 1,200 cilogram[u] o arian, a 67 o wisgoedd i'r offeiriaid.
73 Felly dyma'r offeiriaid, Lefiaid, cantorion, gofalwyr y giatiau a gweision y deml i gyd yn
setlo i lawr yn eu trefi eu hunain. Ac aeth gweddill pobl Israel yn ôl i fyw i'w trefi hwythau
hefyd.

Y Gyfraith yn cael ei darllen, a'r bobl yn ymateb

Pan ddaeth y seithfed mis,[w] aeth pobl Israel o'u trefi
8 a dod at ei gilydd yn Jerwsalem yn y sgwâr o flaen Giât y Dŵr. Dyma nhw'n gofyn
i Esra'r ysgrifennydd ddod yno gyda Llyfr Cyfraith Moses oedd yr ARGLWYDD wedi'i roi
i bobl Israel. 2 Felly ar ddiwrnod cynta'r seithfed mis dyma Esra'r offeiriad yn dod a darllen
y cyfarwyddiadau i'r gynulleidfa oedd yno – yn ddynion a merched, a phawb oedd yn

s 7:70 *8 cilogram o aur.* Hebraeg, "1,000 drachma aur". t 7:71 *168 cilogram o aur.* Hebraeg, "20,000 drachma aur". th 7:71 *1,250 cilogram o arian* Hebraeg, "2,200 mina o arian". u 7:72 *1,200 cilogram o arian* Hebraeg, "2,000 mina o arian". w 7:73 *seithfed mis* Tishri (neu Ethanim), seithfed mis y calendr Hebreig, o tua canol Medi i ganol Hydref.
7:65 Numeri 27:21

ddigon hen i ddeall. [3]Bu'n darllen iddyn nhw yn y sgwâr o flaen Giât y Dŵr o'r bore
bach hyd ganol dydd. Roedd pawb yn gwrando'n astud ar beth roedd sgrôl y Gyfraith
yn ei ddweud.
[4]Roedd Esra'n sefyll ar lwyfan uchel o goed oedd wedi'i godi'n unswydd. Roedd Matitheia,
Shema, Anaia, Wreia, Chilcïa, a Maaseia yn sefyll ar ei ochr dde iddo, a Pedaia, Mishael,
Malcîa, Chashŵm, Chashbadana, Sechareia a Meshwlam ar y chwith.
[5]Dyma Esra yn agor y sgrôl. (Roedd pawb yn ei weld yn gwneud hyn, gan ei fod i fyny ar
y llwyfan.) Pan agorodd y sgrôl, dyma'r bobl i gyd yn sefyll ar eu traed. [6]Yna dyma Esra yn
bendithio yr ARGLWYDD, y Duw mawr. A dyma'r bobl yn ateb, "Amen! Amen!" a chodi eu dwylo.
Yna dyma nhw'n plygu'n isel i addoli'r ARGLWYDD, a'i hwynebau ar lawr.
[7]Tra oedd y bobl yn sefyll yno, roedd nifer o Lefiaid yn dysgu'r Gyfraith iddyn nhw –
Ieshŵa, Bani, Sherefeia, Iamîn, Accwf, Shabbethai, Hodeia, Maaseia, Celita, Asareia, Iosafad,
Chanan, a Pelaia. [8]Roedden nhw'n darllen o sgrôl y Gyfraith bob yn adran, ac yna yn ei
esbonio, fel bod y bobl yn deall beth oedd yn cael ei ddarllen.
[9]Roedd y bobl wedi dechrau crio wrth wrando ar y Gyfraith yn cael ei darllen iddyn nhw.
A dyma Nehemeia y llywodraethwr, Esra yr offeiriad a'r ysgrifennydd, a'r Lefiaid oedd yn
rhoi'r esboniad, yn dweud, "Mae heddiw'n ddiwrnod wedi'i gysegru i'r ARGLWYDD eich Duw.
Peidiwch galaru a chrio. [10]Ewch i ddathlu a mwynhau pryd o fwyd a diod felys, a chofiwch
rannu gyda'r rhai sydd heb ddim. Mae heddiw'n ddiwrnod wedi'i gysegru i'r Meistr. Peidiwch
bod yn drist – bod yn llawen yn yr ARGLWYDD sy'n rhoi nerth i chi!"
[11]Yna dyma'r Lefiaid yn tawelu'r bobl, a dweud, "Ust! Stopiwch grio. Mae heddiw'n
ddiwrnod cysegredig." [12]Felly dyma'r bobl i gyd yn mynd i ffwrdd i fwyta ac yfed a rhannu
beth oedd ganddyn nhw'n llawen – achos roedden nhw wedi deall beth oedd wedi cael ei
ddysgu iddyn nhw.

Yr ail ddiwrnod

[13]Yna'r diwrnod wedyn dyma benaethiaid y claniau, yr offeiriaid a'r Lefiaid yn cyfarfod
gydag Esra yr ysgrifennydd i astudio eto beth roedd y Gyfraith yn ei ddweud. [14]A dyma nhw'n
darganfod fod yr ARGLWYDD wedi rhoi gorchymyn drwy Moses fod pobl Israel i fyw mewn
llochesau dros dro yn ystod yr Ŵyl yn y seithfed mis. [15]Roedden nhw i fod i gyhoeddi'r neges
yma drwy'r trefi i gyd, ac yn Jerwsalem: "Ewch i'r bryniau i gasglu canghennau deiliog pob
math o goed – olewydd, myrtwydd, palmwydd ac yn y blaen – i godi'r llochesau gyda nhw.
Dyna sydd wedi'i ysgrifennu yn y Gyfraith."
[16]Felly dyma'r bobl yn mynd allan a dod â'r canghennau yn ôl gyda nhw i godi llochesau
iddyn nhw'u hunain – ar ben to eu tai, neu yn yr iard, yn iard y deml ac yn sgwâr Giât y Dŵr
a Giât Effraim. [17]Aeth pawb oedd wedi dod yn ôl o'r gaethglud ati i godi llochesau dros dro
i fyw ynddyn nhw dros yr Ŵyl. Doedd pobl Israel ddim wedi gwneud fel yma ers dyddiau Josua
fab Nwn. Roedd pawb yn dathlu'n llawen. [18]Dyma Esra yn darllen o Lyfr Cyfraith Duw bob
dydd, o ddechrau'r Ŵyl i'w diwedd. Dyma nhw'n cadw'r Ŵyl am saith diwrnod, ac yna yn ôl
y drefn dod at ei gilydd i addoli eto.

Y bobl yn cyffesu eu pechodau

9 Ar y pedwerydd ar hugain o'r un mis dyma bobl Israel yn dod at ei gilydd eto.
Roedden nhw'n ymprydio, yn gwisgo sachliain, ac wedi taflu pridd ar eu pennau.
[2]Dyma'r rhai oedd yn ddisgynyddion go iawn i bobl Israel yn gwahanu eu hunain oddi
wrth bobl o wledydd eraill, a sefyll i gyffesu eu bod nhw a'u hynafiaid wedi pechu
a gwneud drwg. [3]Buon nhw'n sefyll yno am dair awr, tra oedd Cyfraith yr ARGLWYDD
eu Duw yn cael ei darllen o'r sgrôl, ac yna am dair awr arall yn cyffesu eu pechodau
a plygu i lawr i addoli.

8:14 Lefiticus 23:42   8:15 Lefiticus 23:40   8:18 Deuteronomium 31:11

[4]Yna dyma'r Lefiaid – Ieshŵa, Bani, Cadmiel, Shefaneia, Bwnni, Sherefeia, Bani, a Cenani
– yn sefyll ar y grisiau yn crio a galw'n uchel ar yr ARGLWYDD eu Duw. [5]Wedyn dyma grŵp arall
o Lefiaid – Ieshŵa, Cadmiel, Bani, Chashafneia, Sherefeia, Hodeia, Shefaneia, a Pethacheia
– yn cyhoeddi, "Safwch ar eich traed a bendithio yr ARGLWYDD eich Duw!"

"Bendith arnat ti, O ARGLWYDD ein Duw, o hyn ymlaen ac i dragwyddoldeb! Boed i dy enw gwych di gael ei fendithio, er nad ydy geiriau'n ddigon i fynegi'r fendith a'r mawl!

6 Ti ydy'r ARGLWYDD, a dim ond ti.
Ti wnaeth greu yr awyr, y gofod a'r holl sêr;
y ddaear a phopeth sydd arni,
a'r moroedd a phopeth sydd ynddynt.
Ti sydd yn cynnal y cwbl,
ac mae tyrfa'r nefoedd yn plygu o dy flaen di.

7 Ti ydy'r ARGLWYDD Dduw wnaeth ddewis Abram,
a'i arwain allan o Ur yn Babilonia,
a rhoi'r enw Abraham iddo.
8 Pan welaist ei fod yn ffyddlon
dyma ti'n ymrwymo gydag e
i roi gwlad Canaan i'w ddisgynyddion –
tir yr Hethiaid a'r Amoriaid,
y Peresiaid, y Jebwsiaid a'r Girgasiaid.
A dyma ti'n cadw dy air,
am dy fod ti'n gwneud beth sy'n iawn.

9 Gwelaist ein hynafiaid yn dioddef yn yr Aifft,
a chlywaist nhw'n gweiddi am help wrth y Môr Coch.[y]
10 Yna gwnest wyrthiau rhyfeddol i daro'r Pharo
a'i swyddogion, a phobl y wlad, am fod mor greulon.
Ti'n enwog am y pethau yma hyd heddiw.
11 Dyma ti'n hollti'r môr o'u blaenau nhw,
iddyn nhw gerdded drwy'r môr ar dir sych!
Yna dyma ti'n taflu'r rhai oedd yn ceisio'u dal i'r dŵr dwfn,
a dyma nhw'n suddo fel carreg dan y tonnau mawr.

12 Ti wnaeth arwain dy bobl gyda cholofn o niwl yn y dydd,
a cholofn o dân i oleuo'r ffordd yn y nos.
13 Dyma ti'n dod i lawr ar Fynydd Sinai,
a siarad gyda nhw o'r nefoedd.
Rhoddaist ganllawiau teg, dysgeidiaeth wir,
rheolau a gorchmynion da.
14 Eu dysgu nhw fod y Saboth yn gysegredig,
a chael Moses i ddysgu
dy orchmynion, dy reolau a'th ddysgeidiaeth iddyn nhw.

15 Rhoist fara o'r nefoedd iddyn nhw pan oedden nhw eisiau bwyd;
a dod â dŵr o'r graig pan oedden nhw'n sychedig.
Yna dwedaist wrthyn nhw am fynd i gymryd y tir
roeddet ti wedi addo ei roi iddyn nhw.

16 Ond roedd ein hynafiaid yn falch ac ystyfnig,
a wnaethon nhw ddim gwrando ar dy orchmynion di.

---

y 9:9 *Môr Coch* Hebraeg, "Môr y Brwyn".

17 Gwrthodon nhw wrando, ac anghofio'r gwyrthiau
roeddet ti wedi'u gwneud yn eu plith nhw.
Dyma nhw'n gwrthryfela, a dewis arweinydd
i'w harwain nhw yn ôl i'r Aifft.
Ond rwyt ti'n Dduw sydd yn maddau,
rwyt ti mor garedig a thrugarog,
mor amyneddgar ac mor anhygoel o hael!
Wnest ti ddim hyd yn oed troi cefn arnyn nhw
18 pan wnaethon nhw eilun metel ar siâp tarw ifanc
a honni, 'Dyma'r duw ddaeth â chi allan o'r Aifft!'
neu pan oedden nhw'n cablu yn ofnadwy.

19 Am dy fod ti mor drugarog,
wnest ti ddim troi cefn arnyn nhw yn yr anialwch.
Roedd y golofn o niwl yn dal i'w harwain yn y dydd,
a'r golofn dân yn dal i oleuo'r ffordd iddyn nhw yn y nos.
20 Dyma ti'n rhoi dy ysbryd da i'w dysgu nhw.
Wnest ti ddim stopio rhoi manna iddyn nhw i'w fwyta,
a dal i roi dŵr i dorri eu syched.
21 Dyma ti'n eu cynnal nhw am bedwar deg mlynedd.
Er eu bod yn yr anialwch, doedden nhw'n brin o ddim;
wnaeth eu dillad ddim treulio, a'u traed ddim chwyddo.

22 Yna dyma ti'n rhoi teyrnasoedd a phobloedd iddyn nhw,
a rhannu pob cornel o'r tir rhyngddyn nhw.
Dyma nhw'n meddiannu tir Sihon, brenin Cheshbon,
a thir Og, brenin Bashan.
23 Dyma ti'n rhoi cymaint o ddisgynyddion iddyn nhw
ag sydd o sêr yn yr awyr.
A dod â nhw i'r tir roeddet ti wedi dweud
wrth eu tadau eu bod i'w feddiannu.

24 A dyma'r disgynyddion yn mynd i mewn a'i gymryd.
Ti wnaeth goncro'r Canaaneaid oedd yn byw yn y wlad.
Ti wnaeth roi'r fuddugoliaeth iddyn nhw –
iddyn nhw wneud fel y mynnan nhw â'r bobl a'u brenhinoedd.
25 Dyma nhw'n concro trefi caerog
a chymryd tir ffrwythlon.
Meddiannu tai yn llawn o bethau da,
pydewau wedi'u cloddio, gwinllannoedd,
gerddi olewydd, a digonedd o goed ffrwythau.
Cafodd pawb ddigon i'w fwyta, a phesgi;
roedden nhw'n byw'n fras ar dy holl ddaioni.

26 Ond dyma nhw'n dechrau bod yn anufudd
a gwrthryfela yn dy erbyn.
Troi cefn ar dy Gyfraith a lladd dy broffwydi
fu'n eu siarsio i droi'n ôl atat ti
– roedden nhw'n cablu yn ofnadwy.

27 Felly dyma ti'n gadael i'w gelynion
eu gorchfygu a'u gorthrymu.

9:17 Exodus 34:6 9:21 Deuteronomium 8:4

Ond dyma nhw'n gweiddi am dy help
o ganol eu trafferthion,
a dyma ti'n gwrando o'r nefoedd.
Am dy fod ti mor barod i dosturio,
dyma ti'n anfon rhai i'w hachub o afael eu gelynion.

28 Ond yna, pan oedden nhw'n gyfforddus eto,
dyma nhw'n mynd yn ôl i'w ffyrdd drwg.
Felly dyma ti'n gadael i'w gelynion
gael y llaw uchaf arnyn nhw.
Wedyn bydden nhw'n gweiddi am dy help di eto,
a byddet tithau'n gwrando o'r nefoedd
ac yn eu hachub nhw dro ar ôl tro
am dy fod mor drugarog.

29 Yna roeddet ti'n eu siarsio i droi'n ôl at dy Gyfraith di,
ond roedden nhw'n falch ac yn gwrthod gwrando ar dy orchmynion.
Dyma nhw'n gwrthod dy ganllawiau –
y rhai sy'n rhoi bywyd i'r sawl sy'n ufudd iddyn nhw.
Aethon nhw'n fwy a mwy ystyfnig;
a gwrthryfela yn lle bod yn ufudd.
30 Buost mor amyneddgar hefo nhw, am flynyddoedd lawer.
Buodd dy Ysbryd yn eu siarsio drwy'r proffwydi.
Ond doedden nhw ddim am wrando,
felly dyma ti'n gadael i bobloedd gwledydd eraill eu gorchfygu.
31 Ac eto, am dy fod ti mor drugarog,
wnest ti ddim cael gwared â nhw yn llwyr;
wnest ti ddim troi dy gefn arnyn nhw.
Rwyt ti mor garedig a thrugarog!

32 Felly, o ein Duw – y Duw mawr, pwerus, rhyfeddol,
sy'n cadw dy ymrwymiad ac sydd mor hael –
dŷn ni wedi dioddef caledi ers dyddiau brenhinoedd Asyria
(ni y bobl, ein brenhinoedd, arweinwyr, offeiriaid, proffwydi, a'n hynafiaid);
paid meddwl mai peth bach ydy hyn.
33 Roeddet ti'n iawn yn gadael i'r cwbl ddigwydd i ni.
Rwyt ti wedi bod yn ffyddlon; ni sydd wedi bod ar fai.
34 Wnaeth ein brenhinoedd a'n harweinwyr,
ein hoffeiriaid a'n hynafiaid,
ddim cadw dy gyfraith, dy ganllawiau a'th orchmynion.
35 Wnaethon nhw ddim dy wasanaethu di
na throi cefn ar eu ffyrdd drwg,
hyd yn oed pan oedd popeth ganddyn nhw:
teyrnas, dy ddaioni rhyfeddol tuag atyn nhw,
a'r tir da a ffrwythlon wnest ti ei roi iddyn nhw.

36 A dyma ni, heddiw, yn gaethweision
yn y tir ffrwythlon wnest ti ei roi i'n hynafiaid!
Ydyn, dŷn ni'n gaethweision yma!
37 Mae'r holl gnydau sy'n tyfu yma
yn mynd i'r brenhinoedd rwyt ti wedi'u rhoi i'n rheoli,
o achos ein pechodau.

Maen nhw'n ein rheoli ni a'n hanifeiliaid,
ac yn gwneud fel y mynnan nhw!
Mae hi'n galed arnon ni!

Y bobl yn addo bod yn ffyddlon

38"O achos hyn i gyd dŷn ni, bobl Israel, yn gwneud ymrwymiad ysgrifenedig. Mae ein harweinwyr, ein Lefiaid a'n hoffeiriaid wedi arwyddo'r ddogfen, a'i selio."

Offeiriaid

10 Dyma'r enwau oedd ar y copi: Nehemeia y llywodraethwr (mab Hachaleia), a Sedeceia,
2Seraia, Asareia, Jeremeia, 3Pashchwr, Amareia, Malcîa, 4Chattwsh, Shefaneia, Malŵch,
5Charîm, Meremoth, Obadeia, 6Daniel, Ginnethon, Barŵch, 7Meshwlam, Abeia, Miamin,
8Maaseia, Bilgai, a Shemaia. (Y rhain oedd yr offeiriaid.)

Lefiaid

9Yna'r Lefiaid: Ieshŵa fab Asaneia, Binnŵi o glan Chenadad, a Cadmiel. 10Hefyd: Shefaneia,
Hodeia, Celita, Pelaia, Chanan, 11Micha, Rechob, Chashafeia, 12Saccwr, Sherefeia, Shefaneia,
13Hodeia, Bani, a Beninw.

Arweinwyr y bobl

14Yna penaethiaid y bobl: Parosh, Pachath-Moab, Elam, Sattw, Bani, 15Bwnni, Asgad, Bebai,
16Adoneia, Bigfai, Adin, 17Ater, Chisceia, Asswr, 18Hodeia, Chashŵm, Betsai, 19Charîff, Anathoth,
Nebai, 20Magpiash, Meshwlam, Chesir, 21Meshesafel, Sadoc, Iadwa, 22Plateia, Chanan, Anaia,
23Hoshea, Chananeia, Chashwf, 24Halochesh, Pilcha, Shofec, 25Rechwm, Chashafna, Maaseia,
26Achïa, Chanan, Anan, 27Malŵch, Charîm, a Baana.

Yr Ymrwymiad

28-29Dyma weddill y bobl yn ymuno gyda'r arweinwyr i dyngu llw y bydden nhw'n ufudd i'r Gyfraith roddodd Duw i'w was Moses. (Roedd hyn yn cynnwys yr offeiriaid, Lefiaid, gofalwyr y giatiau, cantorion, gweision y deml, a phawb oedd wedi gwahanu eu hunain oddi wrth y bobl o wledydd eraill er mwyn bod yn ufudd i gyfraith Duw. Hefyd eu gwragedd, a'u meibion a'u merched, a phawb oedd yn ddigon hen i ddeall.) Os bydden nhw'n anufudd, roedden nhw'n cytuno y bydden nhw dan felltith. Ond roedden nhw'n addo y bydden nhw'n cadw gorchmynion yr ARGLWYDD ein Meistr, a'i reolau a'i ganllawiau.

30"Wnawn ni ddim rhoi'n merched yn wragedd i'r bobl baganaidd o'n cwmpas, na chymryd eu merched nhw yn wragedd i'n meibion ni.

31Os bydd y bobloedd eraill yn ceisio gwerthu grawn neu unrhyw nwyddau ar y Saboth (neu ddiwrnod cysegredig arall) wnawn ni ddim prynu ganddyn nhw.

Bob saith mlynedd byddwn ni'n gadael ein caeau heb eu trin ac yn canslo pob dyled.

32Dŷn ni hefyd yn derbyn fod rhaid talu treth flynyddol o un rhan o dair o sicl (sef bron 4 gram o arian) i deml Dduw.
33Bydd hwn yn cael ei ddefnyddio i dalu am y torthau sydd i'w gosod ar fwrdd o flaen Duw, a'r gwahanol offrymau – yr offrwm dyddiol o rawn a'r offrwm i'w losgi, offrymau'r Sabothau, yr offrymau misol ar ŵyl y lleuad newydd a'r gwyliau eraill, unrhyw offrymau eraill sydd wedi'u cysegru i Dduw, a'r offrymau puro o bechod sy'n gwneud pethau'n iawn rhwng pobl Israel a Duw. Hefyd unrhyw waith arall sydd i'w wneud i'r deml.

34Dŷn ni (yr offeiriaid, Lefiaid a'r bobl gyffredin) wedi trefnu (drwy fwrw coelbren) pryd yn ystod y flwyddyn mae pob teulu i ddarparu coed i'w llosgi ar allor yr ARGLWYDD ein Duw yn y deml, fel mae'n dweud yn y Gyfraith.
35A dŷn ni'n addo hefyd y byddwn ni, bob blwyddyn, yn dod â ffrwythau cyntaf y tir a ffrwyth cyntaf pob coeden i deml yr ARGLWYDD.

36 Byddwn ni hefyd yn dod â'n meibion hynaf, a'r anifeiliaid cyntaf i gael eu geni,
i deml Dduw i'w cyflwyno i'r offeiriaid sy'n gwasanaethu yno, fel mae'r Gyfraith yn
dweud.
37 Byddwn hefyd yn rhoi'r gorau o'n toes, grawn, ffrwythau, sudd grawnwin ac olew
olewydd, i'r offeiriaid yn stordai teml ein Duw. A hefyd un rhan o ddeg o'n cnydau i'w
rhoi i'r Lefiaid (gan mai'r Lefiaid sy'n casglu'r ddegfed ran yn y trefi lle dŷn ni'n gweithio).
38 Bydd offeiriad – un o ddisgynyddion Aaron – gyda'r Lefiaid pan mae'r gyfran yma'n cael
ei gasglu. Yna bydd y Lefiaid yn mynd â degfed ran o'r hyn gasglwyd i stordai teml Dduw.
39 Bydd pobl Israel a'r Lefiaid yn mynd â'r cyfraniadau yma (o rawn, sudd grawnwin, ac
olew olewydd) i'r stordai lle mae holl offer y deml yn cael ei gadw. Dyna hefyd lle mae'r
offeiriaid, gofalwyr y giatiau a'r cantorion yn aros.

Dŷn ni'n addo na fyddwn ni'n esgeuluso teml ein Duw."

Y bobl aeth i fyw i Jerwsalem

11 Roedd arweinwyr y bobl wedi setlo yn Jerwsalem. A dyma gweddill y bobl yn taflu
coelbren i benderfynu pwy arall oedd i symud i fyw i'r ddinas gysegredig. Roedd un
o bob deg i fynd i Jerwsalem, a'r gweddill i fyw yn y trefi eraill. 2 A dyma'r bobl yn bendithio'r
dynion hynny wnaeth wirfoddoli i aros yn Jerwsalem.
3 Dyma restr o arweinwyr y dalaith wnaeth setlo yn Jerwsalem (Roedd y rhan fwya o bobl
Israel yn byw yn eu tai eu hunain yn y trefi eraill yn Jwda – a'r offeiriaid, Lefiaid, gweithwyr
y deml, a disgynyddion gweision Solomon. 4 Ond symudodd rhai o ddisgynyddion Jwda
a Benjamin i fyw yn Jerwsalem.)

O lwyth Jwda:

Athaia fab Wseia (mab Sechareia, mab Amareia, mab Sheffateia, mab Mahalal-el, o glan Perets);

5 Maaseia fab Barŵch (mab Colchose, mab Chasaia, mab Adaia, mab Ioiarîf, mab Sechareia, o glan Shela fab Jwda).

6 (Cyfanswm disgynyddion Perets, y bobl ddewr wnaeth setlo yn Jerwsalem oedd 468.)

7 O lwyth Benjamin:

Salw fab Meshwlam (mab Ioed, mab Pedaia, mab Colaia, mab Maaseia, mab Ithiel,
mab Ieshaia,) 8 a'r rhai oedd yn ei ddilyn, Gabai a Salai – 928 i gyd. 9 (Joel fab
Sichri oedd y swyddog oedd yn gyfrifol amdanyn nhw, a Jwda fab Hasenŵa oedd
ei ddirprwy yn y ddinas.)

10 O'r offeiriaid:

Idaïa fab Ioiarîf, Iachîn, 11 Seraia fab Chilceia (mab Meshwlam, mab Sadoc, mab
Meraioth, mab Achitwf) sef archoffeiriad teml Dduw, 12 a'i perthnasau oedd yn
gweithio gyda nhw yn y deml – 822.

Adaia fab Ierocham (mab Pelaleia, mab Amtsi, mab Sechareia, mab Pashchwr, mab
Malcîa), 13 a'i perthnasau oedd yn arweinwyr y clan – 242;

Amash'sai fab Asarel (mab Achsai, mab Meshilemoth, mab Immer,) 14 a'i berthnasau,
y dynion dewr eraill oedd yn gweithio gydag e – 128. (Safdiel fab Hagedolîm oedd
y swyddog yn gyfrifol amdanyn nhw.)

15 O'r Lefiaid:

Shemaia fab Chashwf (mab Asricam, mab Chashafeia fab Bwnni);

16 *Shabbethai a Iosafad*, arweinwyr y Lefiaid, oedd yn gyfrifol am y gwaith allanol ar deml Dduw;

17 Mataneia fab Micha (mab Sabdi ac ŵyr i Asaff), oedd yn arwain y gweddi ar mawl;

Bacbwceia oedd ei ddirprwy; ac

Afda fab Shammwa (mab Galal, mab Iedwthwn).

18 (Cyfanswm y Lefiaid oedd yn byw yn y ddinas sanctaidd oedd 284).

[19]Yna gofalwyr y giatiau:
Accwf, Talmon a'r rhai oedd yn gwarchod y giatiau gyda nhw – 172.
[20]Roedd gweddill pobl Israel, a gweddill yr offeiriaid a'r Lefiaid, yn byw yn eu tai eu hunain yn y trefi eraill yn Jwda.
[21]Roedd gweithwyr y deml yn byw yn Offel, a Sicha a Gishpa oedd yn gyfrifol amdanyn nhw.
[22]Rheolwr y Lefiaid yn Jerwsalem oedd Wssi fab Bani (mab Chashafeia, mab Mataneia, mab Micha), oedd yn un o ddisgynyddion Asaff, sef y cantorion oedd yn arwain yr addoliad
yn nheml Dduw. [23]Roedd brenin Persia wedi gorchymyn fod cyfran i'w roi iddyn nhw bob
dydd. [24]Ac roedd Pethacheia fab Meshesafel (o glan Serach o lwyth Jwda) ar gael i roi cyngor i'r brenin am faterion yn ymwneud â'r bobl.

Y bobl oedd yn byw tu allan i Jerwsalem

[25]I droi at y pentrefi a'r tiroedd o'u cwmpas nhw:
Dyma bobl llwyth Jwda yn setlo yn Ciriath-arba a'r pentrefi o'i chwmpas, Dibon a'i phentrefi,
Icaftseël a'i phentrefi, [26]Ieshŵa, Molada, Beth-pelet, [27]Chatsar-shwal, a Beersheba a'i phentrefi,
[28]Siclag a Mechona a'i phentrefi, [29]En-rimmon, Sora, Iarmwth, [30]Sanoach, Adwlam, a'u pentrefi. Lachish a'i thiroedd, ac Aseca a'i phentrefi. Roedden nhw wedi setlo drwy'r wlad i gyd, o Beersheba yn y de i ddyffryn Hinnom yn y gogledd.
[31]Dyma bobl llwyth Benjamin yn setlo yn Geba, Michmas, Ai, a Bethel a'i phentrefi, [32]yn
Anathoth, Nob, Ananeia, [33]Chatsor, Rama, Gittaïm, [34]Hadid, Seboïm, Nefalat, [35]Lod, Ono,
a Dyffryn y Crefftwyr. [36]A dyma rai o'r Lefiaid oedd yn Jwda yn symud i fyw i Benjamin.

Rhestr o offeiriaid a Lefiaid

12 Dyma'r offeiriaid a'r Lefiaid ddaeth yn ôl i Jerwsalem o Babilon gyda Serwbabel fab Shealtiel a Ieshŵa:

Offeiriaid:

Seraia, Jeremeia, Esra,
[2] Amareia, Malŵch, Chattwsh,
[3] Shechaneia, Rechwm, Meremoth,
[4] Ido, Gintoi, Abeia,
[5] Miamin, Maadia, Bilga
[6] Shemaia, Ioiarîf, Idaïa,
[7] Salw, Amoc, Chilceia, ac Idaïa.
(Nhw oedd penaethiaid yr offeiriaid a'u cydweithwyr yng nghyfnod Ieshŵa.)

Lefiaid:

[8] Ieshŵa, Binnŵi, Cadmiel, Sherefeia, Jwda, a Mataneia yn gyfrifol am y caneuon mawl.
[9] Bacbwceia ac Wnni a'u cydweithwyr yn sefyll gyferbyn â nhw yn y gwasanaethau.

Disgynyddion Ieshŵa

[10]Roedd Ieshŵa yn dad i Ioiacîm, Ioiacîm yn dad i Eliashif, Eliashif yn dad i Ioiada, [11] Ioiada
yn dad i Jonathan, a Jonathan yn dad i Iadwa.

Arweinwyr claniau'r offeiriaid

[12-21] Dyma'r offeiriaid oedd yn arweinwyr eu clan pan oedd Ioiacîm yn archoffeiriad:

12:1 Esra 2:1-2

Offeiriad	Clan	Offeiriad	Clan
Meraia	– o glan Seraia	...[a]	– o glan Miniamîn
Chananeia	– o glan Jeremeia	Piltai	– o glan Moadeia
Meshwlam	– o glan Esra	Shammwa	– o glan Bilga
Iehochanan	– o glan Amareia	Jonathan	– o glan Shemaia
Jonathan	– o glan Malŵch	Matenai	– o glan Ioiarîf
Joseff	– o glan Shefaneia	Wssi	– o glan Idaïa
Adna	– o glan Charîm	Calai	– o glan Salw
Chelcai	– o glan Meraioth	Eber	– o glan Amoc
Sechareia	– o glan Ido	Chashafeia	– o glan Chilceia
Meshwlam	– o glan Ginnethon	Nethanel	– o glan Idaïa
Sichri	– o glan Abeia		

Cofnod o glaniau yr offeiriaid a'r Lefiaid

22 Wedyn, fel yr offeiriaid, cafodd y Lefiaid oedd yn arweinwyr eu claniau nhw eu rhestru
(o gyfnod yr archoffeiriaid Eliashif, Ioiada, Iochanan a Iadwa hyd deyrnasiad Dareius o Persia).
23 Roedd cofrestr o'r Lefiaid oedd yn arweinwyr claniau hyd gyfnod Iochanan wedi'i gadw yn
sgrôl y cofnodion hanesyddol.
24 Arweinwyr y Lefiaid: Chashafeia, Sherefeia, Ieshŵa, Binnŵi,[b] a Cadmiel. Yna eu
cydweithwyr oedd yn sefyll gyferbyn â nhw i foli a diolch i Dduw. (Roedd un côr yn wynebu
y llall fel roedd Dafydd, dyn Duw, wedi dweud.)
25 Yna Mataneia, Bacbwceia, Obadeia, Meshwlam, Talmon ac Accwf yn ofalwyr yn gwarchod
y drysau i'r stordai wrth y giatiau. 26 Roedd y rhain i gyd yn gweithio yn y cyfnod pan oedd
Ioiacîm (mab Ieshŵa fab Iotsadac) yn archoffeiriad, Nehemeia yn llywodraethwr, ac Esra'r
offeiriad yn arbenigwr yn y Gyfraith.

Cysegru Waliau Jerwsalem

27 Pan oedd wal Jerwsalem yn cael ei chysegru, dyma'r Lefiaid o bobman yn cael eu
galw i Jerwsalem i gymryd rhan yn y dathlu. Roedden nhw yno yn canu caneuon o ddiolch
i gyfeiliant symbalau, nablau a thelynau. 28 Roedd y cantorion wedi'u casglu hefyd, o'r ardal
o gwmpas Jerwsalem a phentrefi Netoffa, 29 Beth-gilgal, a'r wlad o gwmpas Geba ac Asmafeth.
(Roedd y cantorion wedi codi pentrefi iddyn nhw'u hunain o gwmpas Jerwsalem.)
30 Pan oedd yr offeiriaid a'r Lefiaid wedi mynd drwy'r ddefod o buro'u hunain, dyma nhw'n
cysegru'r bobl, y giatiau, a'r wal.
31 Trefnais i arweinwyr Jwda sefyll ar dop y wal, a chael dau gôr i ganu mawl. Roedd un
côr i arwain yr orymdaith ar y wal i gyfeiriad y de at Giât y Sbwriel. 32 Yn eu dilyn nhw roedd
Hoshaia a hanner arweinwyr Jwda. 33 Wedyn Asareia, Esra a Meshwlam, 34 Jwda, Benjamin,
Shemaia, a Jeremeia – 35 offeiriaid gydag utgyrn. Yna'n olaf Sechareia fab Jonathan (mab
Shemaia, mab Mataneia, mab Michaia, mab Saccwr, mab Asaff) 36 a'i gyd-gerddorion –
Shemaia, Asarel, Milalai, Gilalai, Maai, Nethanel, Jwda, a Chanani – gyda'r offerynnau cerdd
oedd y brenin duwiol Dafydd wedi'u dewis. (Esra yr arbenigwr yn y Gyfraith oedd yn arwain
y grŵp yma.) 37 Dyma nhw'n mynd dros Giât y Ffynnon, yna yn syth ymlaen i fyny grisiau
Dinas Dafydd, heibio ei balas ac at Giât y Dŵr sydd i'r dwyrain.
38 Wedyn roedd yr ail gôr i fynd i'r cyfeiriad arall. Dyma fi'n eu dilyn nhw ar hyd y wal
gyda hanner arall yr arweinwyr. Aethon ni heibio Tŵr y Poptai at y Wal Lydan, 39 dros Giât
Effraim, Giât Ieshana, Giât y Pysgod, Tŵr Chanan-el, a Tŵr y Cant, at Giât y Defaid, a stopio
wrth Giât y Gwarchodwyr.

a 12:17 Mae'r enw ar goll yn y rhestr Hebraeg. b 12:24 fel adn. 8. Hebraeg, "fab".

Esther

Y gwleddoedd brenhinol

1 Roedd hi'r cyfnod pan oedd Ahasferus[a] yn frenin Persia (yr Ahasferus oedd yn teyrnasu
ar gant dau ddeg saith o daleithiau o India i Affrica.[b]) 2 Roedd yn teyrnasu o'r gaer
ddinesig yn Shwshan.[c] 3 Yn ystod ei drydedd flwyddyn fel brenin dyma fe'n cynnal gwledd
fawr i'w swyddogion i gyd. Roedd penaethiaid byddin Persia a Media yno, a llywodraethwyr
y taleithiau, a phawb arall o bwys. 4 Roedd Ahasferus eisiau i bawb oedd yno wybod mor
bwysig ac mor anhygoel gyfoethog oedd e, a'i weld yn ei holl ysblander brenhinol.
Parodd y dathliadau am amser hir – chwe mis cyfan i fod yn fanwl gywir. 5 Yna ar ddiwedd
y chwe mis dyma fe'n cynnal gwledd oedd yn para am wythnos. Roedd pawb oedd yn Shwshan
ar y pryd yn cael mynd, o'r bobl fawr i'r bobl fwya cyffredin. Roedd y wledd yn cael ei chynnal
yn yr iard yng ngerddi'r palas brenhinol. 6 Roedd pobman wedi'i addurno gyda llenni o liain
main gwyn a phorffor. Roedd cylchoedd arian yn dal y llenni ar gordyn wedi'i wneud o liain
main a gwlân porffor, ac roedden nhw'n hongian rhwng colofnau marmor. Ac roedd soffas
o aur ac arian ar balmant hardd oedd â phatrymau drwyddo o feini ffelsbar, marmor, mam
y perl, a cherrig lliwgar eraill. 7 Roedd pobl yn yfed diodydd o gwpanau aur, ac roedd digonedd
o'r gwin brenhinol gorau i bawb, a'r brenin yn talu am y cwbl. 8 Gallai pobl yfed faint fynnen
nhw. Roedd y brenin wedi dweud wrth y wetars i gyd am roi i bawb faint bynnag oedden
nhw eisiau. 9 Ar yr un pryd roedd y Frenhines Fashti yn cynnal gwledd i'r gwragedd i gyd ym
mhalas y Brenin Ahasferus.

Fashti yn anufudd i'r brenin

10 Ar ddiwrnod ola'r wledd roedd y gwin wedi mynd i ben y brenin, a dyma fe'n gorchymyn
i'w saith ystafellydd (sef Mehwman, Bistha, Charbona, Bigtha, Abagtha, Sethar, a Carcas)
11 ddod â'r frenhines Fashti o'i flaen, yn gwisgo'i choron frenhinol. Roedd y brenin eisiau i'w
westeion a'i swyddogion weld mor hardd oedd hi – roedd hi'n wraig hynod o ddeniadol.
12 Ond pan ddwedodd yr ystafellyddion wrthi beth oedd y brenin eisiau dyma'r frenhines yn
gwrthod mynd. Roedd y brenin wedi gwylltio'n lân – roedd yn gynddeiriog!
13 Dyma fe'n galw'i gynghorwyr ato – dynion doeth oedd yn deall yr amserau. (Roedd yn
arfer gan frenin ofyn am gyngor dynion oedd yn arbenigwyr yn y gyfraith.) 14 Y dynion agosaf
ato oedd Carshena, Shethar, Admatha, Tarshish, Meres, Marsena, a Memwchan. Nhw oedd
uchel-swyddogion Persia a Media, y dynion mwyaf dylanwadol yn y deyrnas, ac roedden nhw'n
cyfarfod gyda'r brenin yn rheolaidd.
15 Dyma'r brenin yn gofyn iddyn nhw, "Beth ddylai ddigwydd i'r Frenhines Fashti? Beth mae'r
gyfraith yn ei ddweud pan mae brenhines yn gwrthod gwneud beth mae'r brenin yn ei orchymyn?"
16 Dyma Memwchan yn ymateb, "Nid dim ond y brenin sydd wedi'i sarhau gan y frenhines
Fashti. Mae hi wedi pechu yn erbyn y swyddogion a'r bobl i gyd o'r taleithiau sy'n cael eu
rheoli gan y Brenin Ahasferus. 17 Bydd gwragedd ym mhobman yn clywed am y peth a gwneud
yr un fath, a dangos dim parch at eu gwŷr. Byddan nhw'n dweud, 'Os ydy'r frenhines Fashti
ddim yn ufuddhau i'w gŵr hi, y Brenin Ahasferus, pam ddylen ni?' 18 Cyn diwedd y dydd bydd
gwragedd uchel-swyddogion Persia a Media yn clywed beth wnaeth y frenhines, ac yn gwneud
yr un fath i'w gwŷr! Fydd yna ddim diwedd ar y sarhau a'r ffraeo! 19 Os ydy'r brenin yn cytuno,
dylai anfon allan ddatganiad brenhinol am y peth, a'i ysgrifennu yn llyfrau cyfraith Persia
a Media, fel bod dim modd ei newid. Ddylai Fashti ddim cael gweld y Brenin Ahasferus byth
eto, a dylai'r brenin roi ei theitl i un arall fyddai'n frenhines well na hi. 20 Dylai dyfarniad

a 1:1 *Ahasferus* Roedd yn teyrnasu o 486/485 i 465 CC. b 1:1 *Affrica* Hebraeg, *Cwsh*. Yr ardal i'r de o wlad
yr Aifft, sef gogledd Swdan heddiw. c 1:2 Roedd Shwshan 200 milltir i'r gogledd-ddwyrain o Babilon.

y brenin gael ei gyhoeddi drwy'r deyrnas fawr yma'n gyfan. Wedyn bydd gwragedd yn parchu
eu gŵyr, beth bynnag ydy eu safle cymdeithasol nhw."
21 Roedd y brenin a'r swyddogion eraill yn hoffi awgrym Memwchan, felly dyna wnaeth e.
22 Anfonodd lythyrau allan i'r taleithiau i gyd. Roedd pob llythyr wedi'i ysgrifennu yn iaith
y dalaith honno. Roedd yn dweud fod pob dyn i reoli ei deulu ei hun, ac y dylid siarad ei
famiaith ei hun yn y cartref.

Esther yn cael ei dewis yn frenhines yn lle Fashti

2 Beth amser wedyn pan oedd y Brenin Ahasferus wedi dod dros y cwbl, roedd yn meddwl
am Fashti a beth wnaeth hi, ac am y gosb gafodd hi. 2 A dyma swyddogion y brenin yn
dweud, "Dylid chwilio am ferched ifanc hardd i'ch mawrhydi. 3 Gellid penodi swyddogion
drwy'r taleithiau i gyd i gasglu'r holl ferched ifanc hardd yn y deyrnas at ei gilydd i Shwshan.
Wedyn gallai Hegai, yr eunuch[ch] sy'n gyfrifol am yr harîm, wneud yn siŵr eu bod nhw'n cael
triniaethau harddwch a choluron. 4 Ar ôl hynny, gall y brenin ddewis y ferch sy'n ei blesio
fwya i fod yn frenhines yn lle Fashti." Roedd y brenin yn hoffi'r syniad, felly dyna wnaeth e.
5 Roedd yna Iddew o'r enw Mordecai yn byw yn Shwshan. Roedd yn perthyn i lwyth
Benjamin, ac yn fab i Jair (mab Shimei ac ŵyr i Cish, 6 oedd yn un o'r grŵp o bobl wnaeth
Nebwchadnesar, brenin Babilon, eu cymryd yn gaeth o Jerwsalem gyda Jehoiachin,[d] brenin
Jwda). 7 Roedd Mordecai wedi magu ei gyfnither, Hadassa (sef Esther). Roedd ei thad a'i mam
wedi marw, ac roedd Mordecai wedi'i mabwysiadu a'i magu fel petai'n ferch iddo fe ei hun.
Roedd hi wedi tyfu'n ferch ifanc siapus a hynod o ddeniadol.
8 Pan roddodd y Brenin Ahasferus y gorchymyn i edrych am ferched hardd iddo, cafodd
llawer iawn o ferched ifanc eu cymryd i gaer Shwshan, ac roedd Esther yn un ohonyn nhw.
Cafodd hi a'r merched eraill eu cymryd i'r palas brenhinol, a'u rhoi dan ofal Hegai. 9 Gwnaeth
Esther argraff ar Hegai o'r dechrau. Roedd e'n ei hoffi'n fawr, ac aeth ati ar unwaith i roi
coluron iddi a bwyd arbennig, a rhoddodd saith morwyn wedi'u dewis o balas y brenin iddi.
Yna rhoddodd yr ystafelloedd gorau yn llety'r harîm iddi hi a'i morynion.
10 Doedd Esther wedi dweud dim wrth neb am ei chefndir a'i theulu, am fod Mordecai wedi
dweud wrthi am beidio. 11 Roedd yn awyddus iawn i wybod sut roedd hi'n dod yn ei blaen,
a beth oedd yn digwydd iddi. Felly bob dydd byddai Mordecai'n cerdded yn ôl ac ymlaen
wrth ymyl iard y tŷ lle roedd y merched yn byw.
12 Aeth blwyddyn gyfan heibio pan oedd y merched yn cael eu paratoi, cyn i'w tro nhw ddod
i fynd at y Brenin Ahasferus. Roedd pob un ohonyn nhw yn gorfod mynd drwy driniaethau
harddwch gyntaf – chwe mis pan oedd eu croen yn cael ei drin gydag olew olewydd a myrr,
a chwe mis pan oedden nhw'n cael persawrau a choluron. 13 Dim ond wedyn y byddai merch
yn barod i fynd at y brenin, a byddai'n cael gwisgo pa ddillad bynnag fyddai hi'n ei ddewis
o lety'r harîm. 14 Byddai'n mynd ato gyda'r nos, ac yna'r bore wedyn yn mynd i ran arall
o lety'r harîm, lle roedd cariadon[dd] y brenin yn aros, a Shaasgas, un o ystafellyddion y brenin
yn gofalu amdanyn nhw. Fyddai'r merched yma ddim yn mynd yn ôl at y brenin oni bai fod
y brenin wedi'i blesio'n fawr gan un ohonyn nhw ac yn gofyn yn benodol amdani.
15 Pan ddaeth tro Esther i fynd at y brenin, aeth hi a dim gyda hi ond beth oedd Hegai, oedd
yn gofalu am y merched, wedi'i awgrymu iddi. Roedd pawb welodd hi yn meddwl ei bod hi'n
hynod o hardd. 16 Felly dyma Esther yn mynd at y Brenin Ahasferus yn ei balas, yn y degfed
mis (sef Tebeth[e]) o'i seithfed flwyddyn fel brenin. 17 Roedd y brenin yn hoffi Esther fwy na'r
merched eraill i gyd. Syrthiodd mewn cariad gyda hi, a'i choroni yn frenhines yn lle Fashti.
18 A dyma fe'n trefnu gwledd fawr i'w swyddogion i gyd – gwledd Esther. Trefnodd wyliau
cyhoeddus drwy'r taleithiau i gyd, a rhannu rhoddion i bawb ar ei gost ei hun.

---

ch 2:3 *eunuch* dyn wedi'i ysbaddu (ei bidyn wedi'i dorri i ffwrdd), oedd yn gweithio fel swyddog neu ystafellydd ym mhalas y brenin. d 2:6 *Jehoiachin* Hebraeg, Jechoneia, oedd yn enw arall ar Jehoiachin.
dd 2:14 *cariadon* Mae'r gair Hebraeg yn air am feistres neu bartner cyfreithlon oedd ddim yn wraig i ddyn yn ystyr lawnaf y gair. e 2:16 *Tebeth* Degfed mis y calendr Hebreig, o tua canol Rhagfyr i ganol Ionawr.

Mordecai yn darganfod cynllwyn i ladd y brenin

[19]Pan oedd y merched ifanc yn cael eu galw at ei gilydd am yr ail waith, roedd Mordecai
wedi'i benodi'n swyddog yn y llys brenhinol. [20]Doedd Esther yn dal ddim wedi dweud dim
am ei theulu a'i chefndir, fel roedd Mordecai wedi'i chynghori. Roedd hi'n dal yn ufuddhau
iddo, fel roedd hi wedi gwneud ers pan oedd e'n ei magu hi. [21]Bryd hynny, pan oedd Mordecai
yn eistedd yn y llys, roedd dau o weision y brenin, Bigthan a Teresh, oedd yn gwarchod drws
ystafell y brenin, wedi gwylltio ac yn cynllwynio i ladd y Brenin Ahasferus. [22]Pan glywodd
Mordecai am y cynllwyn, dwedodd am y peth wrth y Frenhines Esther, ac aeth Esther
i ddweud wrth y brenin ar ei ran. [23]Dyma'r brenin yn cael ei swyddogion i ymchwilio i'r mater,
a darganfod ei fod yn wir. Felly cafodd y ddau eu crogi. A dyma bopeth oedd wedi digwydd
yn cael ei ysgrifennu o flaen y brenin yn sgrôl Cofnodion yr Ymerodraeth.

Haman yn cynllwynio i ladd yr Iddewon

3 Rywbryd wedyn, dyma'r Brenin Ahasferus yn rhoi dyrchafiad i ddyn o'r enw Haman
fab Hammedatha, oedd yn dod o dras Agag. Cafodd ei benodi i swydd uwch na'r
swyddogion eraill i gyd. [2]Roedd y brenin wedi gorchymyn fod swyddogion eraill y llys brenhinol
i fod i ymgrymu i Haman a dangos parch ato. Ond doedd Mordecai ddim am wneud hynny.
[3]Dyma rai o swyddogion eraill y brenin yn gofyn i Mordecai pam roedd e'n gwrthod ufuddhau
i orchymyn y brenin. [4]Er eu bod nhw wedi siarad ag e am y peth dro ar ôl tro, doedd e ddim yn
fodlon gwrando. Ond roedd e wedi esbonio iddyn nhw ei fod e'n Iddew. Felly dyma'r swyddogion
yn mynd i siarad am y peth gyda Haman, i weld os byddai safiad Mordecai'n cael ei ganiatáu.
[5]Pan glywodd Haman fod Mordecai'n gwrthod ymgrymu iddo a dangos parch ato, aeth yn
lloerig. [6]Doedd delio gyda Mordecai ei hun ddim yn ddigon ganddo. Felly pan ddaeth i ddeall fod
Mordecai yn Iddew, dyma Haman yn penderfynu lladd pob Iddew drwy deyrnas Ahasferus i gyd.
[7]Yn y mis cyntaf (sef Nisan[f]) o'r ddeuddegfed flwyddyn i Ahasferus fel brenin, dyma Haman
yn mynd drwy'r ddefod o daflu'r pŵr (sef math o ddeis), i benderfynu ar ddyddiad a mis
i ladd yr Iddewon. Roedd y dyddiad gafodd ei ddewis yn ystod y deuddegfed mis (sef Adar[ff]).
[8]Yna dyma Haman yn mynd at y Brenin Ahasferus, a dweud wrtho, "Mae yna un grŵp
o bobl ar wasgar drwy daleithiau dy deyrnas di, sy'n cadw ar wahân i bawb arall. Maen nhw'n
cadw eu cyfreithiau eu hunain a ddim yn ufuddhau i gyfreithiau'r brenin. Ddylai'r brenin
ddim gadael iddyn nhw wneud hyn. [9]Os ydy'r brenin yn cytuno, dylid dyfarnu eu bod nhw
i gyd i gael eu lladd. Dw i'n addo talu dros 300 tunnell o arian i'r trysordy brenhinol i gael
swyddogion i drefnu hyn i gyd."
[10]Felly dyma'r brenin yn tynnu ei sêl-fodrwy a'i rhoi hi i Haman, oedd yn casáu'r Iddewon.
[11]A dyma'r brenin yn dweud wrtho, "Cei wneud beth bynnag rwyt ti eisiau gyda'r arian a'r
bobl yna rwyt ti'n sôn amdanyn nhw."
[12]Felly ar y trydydd ar ddeg o'r mis cyntaf dyma ysgrifenyddion y brenin yn cael eu galw.
A chafodd popeth wnaeth Haman ei orchymyn ei ysgrifennu mewn llythyrau at y rhaglawiaid
a'r llywodraethwyr a swyddogion y taleithiau i gyd. Roedd llythyr pob talaith unigol yn cael
ei ysgrifennu yn iaith y dalaith honno. Roedd y llythyrau yn cael eu hanfon yn enw'r Brenin
Ahasferus, ac wedi'u selio gyda'i sêl-fodrwy e. [13]Roedd negeswyr yn mynd â'r llythyrau
i daleithiau'r deyrnas, yn gorchymyn dinistrio'r Iddewon yn llwyr, a'u lladd nhw i gyd – pobl
ifanc a phobl mewn oed, gwragedd a phlant. Wedyn roedd eu heiddo i gyd i gael ei gymryd.
Roedd hyn i ddigwydd ar y trydydd ar ddeg o'r deuddegfed mis (sef Adar). [14]Roedd copi o'r
ddogfen yma i fynd i bob talaith, ac i'w gwneud yn gyfraith ynddyn nhw i gyd. Roedd pawb
i gael gwybod am y peth, er mwyn paratoi ar gyfer y diwrnod hwnnw.
[15]Felly dyma'r negeswyr yn mynd allan ar frys ar orchymyn y brenin. Roedd y gorchymyn
wedi'i gyhoeddi yn y gaer ddinesig yn Shwshan.

---

f 3:7 *Nisan* neu Abib, sef mis cyntaf y calendr Hebreig, o tua canol Mawrth i ganol Ebrill. ff 3:7 *Adar* sef deuddegfed mis y calendr Hebreig, o tua canol Chwefror i ganol Mawrth.

Tra oedd y brenin a Haman yn eistedd i lawr yn yfed gyda'i gilydd, roedd pobl y ddinas
wedi drysu'n lân.

Esther yn mentro'i bywyd i achub ei phobl

4 Pan glywodd Mordecai am y peth, dyma fe'n rhwygo'i ddillad, gwisgo sachliain a rhoi
lludw ar ei ben. Yna dyma fe'n mynd drwy'r ddinas yn gweiddi'n uchel mewn llais
chwerw. 2Ond aeth e ddim pellach na giât y palas – doedd neb yn cael mynd drwy'r giât
honno yn gwisgo sachliain. 3Drwy'r taleithiau i gyd, ble bynnag roedd datganiad a chyfraith
y brenin yn cael ei chyhoeddi, roedd yr Iddewon yn galaru, yn ymprydio ac yn udo wylo. Roedd
y rhan fwya ohonyn nhw'n gorwedd i gysgu ar sachliain a lludw.
4Pan ddwedodd morynion ac ystafellyddion Esther wrthi am Mordecai, roedd hi wedi ypsetio'n
ofnadwy. Dyma hi'n anfon dillad i Mordecai eu gwisgo yn lle'r sachliain, ond roedd yn gwrthod eu
cymryd. 5Felly dyma Esther yn galw am Hathach, un o ystafellyddion y brenin oedd wedi'i benodi
i ofalu amdani, a dweud wrtho am fynd i ddarganfod beth oedd yn bod ar Mordecai. 6Dyma
Hathach yn mynd i weld Mordecai yn y sgwâr tu allan i giât y palas. 7A dyma Mordecai yn
dweud wrtho am bopeth oedd wedi digwydd, a faint o arian oedd Haman wedi addo ei dalu i'r
trysordy brenhinol petai'r Iddewon yn cael eu lladd. 8A dyma fe'n rhoi copi ysgrifenedig i Hathach
o'r gorchymyn oedd wedi'i ddosbarthu yn Shwshan yn dweud fod yr Iddewon i gael eu lladd.
Gofynnodd i Hathach ei ddangos i Esther ac esbonio iddi beth oedd yn digwydd, a dweud wrthi fod
rhaid iddi fynd at y brenin i bledio ac apelio arno i arbed ei phobl. 9Felly dyma Hathach yn mynd yn
ôl a rhannu gydag Esther beth oedd Mordecai eisiau iddi'i wneud.
10Yna dyma Esther yn anfon Hathach yn ôl at Mordecai i ddweud wrtho, 11"Mae swyddogion
a gweision y brenin drwy'r taleithiau i gyd yn gwybod beth mae'r gyfraith yn ddweud fydd yn
digwydd i unrhyw un sy'n mynd i weld y brenin heb gael gwahoddiad – mae'r person hwnnw
i farw, oni bai fod y brenin yn arbed ei fywyd drwy estyn y deyrnwialen aur ato fe neu hi. Dw
i ddim wedi cael gwahoddiad i fynd i weld y brenin ers mis cyfan!"
12Pan ddwedodd Hathach wrth Mordecai beth oedd Esther yn ei ddweud, 13dyma Mordecai
yn anfon yr ateb yma yn ôl: "Paid meddwl am funud y byddi di'n osgoi cael dy ladd fel pob
Iddew arall am dy fod ti'n byw yn y palas. 14Os byddi di'n gwrthod dweud dim yr adeg yma,
bydd rhywbeth yn digwydd o gyfeiriad arall i achub ac amddiffyn yr Iddewon, ond byddi di
a theulu dy dad yn marw. Falle mai dyma'n union pam wyt ti wedi dod yn rhan o'r teulu
brenhinol ar yr adeg yma!"
15Yna dyma Esther yn anfon ateb yn ôl at Mordecai: 16"Wnei di gasglu'r Iddewon sy'n byw
yn Shwshan at ei gilydd a'u cael nhw i ymprydio drosto i? Peidiwch bwyta nac yfed am dri
diwrnod, ddydd na nos. Bydda i a'r morynion sydd gen i yn ymprydio hefyd. Wedyn gwna
i fynd i weld y brenin, er fod hynny'n golygu torri'r gyfraith. Dw i'n barod i farw os oes rhaid."
17Felly dyma Mordecai yn mynd ati i wneud popeth fel roedd Esther wedi dweud wrtho.

Gwledd gyntaf Esther

5 Ar y trydydd diwrnod o'i hympryd, dyma Esther yn gwisgo'i dillad brenhinol, a mynd
i gyntedd mewnol y palas tu allan i neuadd y brenin. Roedd y brenin yno, yn eistedd
ar ei orsedd gyferbyn â'r drws. 2Pan welodd fod y Frenhines Esther yn sefyll yn y cyntedd
tu allan, roedd e wrth ei fodd. Dyma fe'n estyn y deyrnwialen aur oedd yn ei law at Esther,
a dyma hithau yn mynd ato ac yn cyffwrdd blaen y deyrnwialen. 3A dyma'r brenin yn gofyn
iddi, "Y Frenhines Esther, beth alla i wneud i ti i? Beth wyt ti eisiau? Dw i'n fodlon rhoi hyd
at hanner y deyrnas i ti!" 4Dyma Esther yn ateb, "Os ydy'r brenin yn gweld yn dda, byddwn
i'n hoffi iddo fe a Haman ddod heddiw i wledd dw i wedi'i pharatoi." 5A dyma'r brenin yn
gorchymyn, "Ewch i nôl Haman ar unwaith, i ni wneud beth mae Esther yn ei ofyn." Felly
dyma'r brenin a Haman yn mynd i'r wledd roedd Esther wedi'i pharatoi.

4:3 Eseia 58:5

6 Tra'n yfed gwin yn y wledd, dyma'r brenin yn gofyn i Esther, "Gofyn am beth bynnag wyt
ti eisiau, ac fe'i cei. Be fyddet ti'n hoffi i mi ei wneud? Gofyn am gymaint â hanner y deyrnas
os wyt ti eisiau, a dyna gei di!" 7 A dyma Esther yn ateb, "Dyma beth faswn i'n hoffi: 8 Os ydw
i wedi plesio'r brenin a'i fod yn gweld yn dda i roi i mi beth dw i eisiau, baswn i'n hoffi iddo
fe a Haman ddod eto fory i wledd arall dw i wedi'i pharatoi. Gwna i ddweud wrth y brenin
beth dw i eisiau bryd hynny."

Haman eisiau lladd Mordecai

9 Aeth Haman i ffwrdd y diwrnod hwnnw yn teimlo'n rêl boi. Ond yna dyma fe'n gweld
Mordecai yn y llys brenhinol yn gwrthod codi iddo na dangos parch ato. Roedd Haman wedi
gwylltio'n lân. Roedd e'n berwi! 10 Ond dyma fe'n llwyddo i reoli ei dymer, ac aeth yn ei
flaen adre.
Ar ôl cyrraedd adre dyma fe'n galw'i ffrindiau at ei gilydd, a'i wraig Seresh. 11 A dyma fe'n
dechrau brolio am ei gyfoeth mawr, y nifer o feibion oedd ganddo, a'r ffaith fod y brenin
wedi'i anrhydeddu e a'i osod e'n uwch na'r swyddogion eraill i gyd. 12 Ac aeth ymlaen
i ddweud, "A ces wahoddiad gan y Frenhines Esther i fynd gyda'r brenin i'r wledd roedd hi
wedi'i pharatoi. Fi oedd yr unig un! A dw i wedi cael gwahoddiad i fynd yn ôl gyda'r brenin
eto fory. 13 Ond fydda i byth yn hapus tra mae Mordecai yr Iddew yna yn dal yn ei swydd."
14 Yna dyma'i wraig a'i ffrindiau i gyd yn dweud wrtho, "Adeilada grocbren anferth, dau ddeg
pum metr o uchder. Yna bore fory, dos i ddweud wrth y brenin am grogi Mordecai arno. Wedyn
cei fynd i'r cinio gyda'r brenin, a mwynhau dy hun." Roedd Haman yn meddwl fod hynny'n
syniad gwych. A dyma fe'n trefnu i'r crocbren gael ei adeiladu.

Mordecai'n cael ei anrhydeddu

6 Y noson honno roedd y brenin yn methu cysgu. Felly dyma fe'n galw am y sgrôl oedd
â hanes digwyddiadau pwysig yr Ymerodraeth ynddi, a chafodd ei darllen iddo. 2 A dyma
nhw'n dod at y cofnod fod Mordecai wedi rhoi gwybod am y cynllwyn i ladd y Brenin Ahasferus,
gan y ddau was oedd yn gwarchod drws ystafell y brenin, sef Bigthan a Teresh. 3 Dyma'r
brenin yn gofyn, "Beth gafodd ei wneud i anrhydeddu Mordecai am beth wnaeth e?" A dyma
gweision y brenin yn ateb, "Dim byd o gwbl."
4 Y funud honno roedd Haman wedi cyrraedd y cyntedd tu allan i'r neuadd frenhinol, i awgrymu
i'r brenin y dylai Mordecai gael ei grogi ar y crocbren oedd wedi'i adeiladu iddo. A dyma'r brenin
yn gofyn, "Pwy sydd yn y cyntedd tu allan?" 5 "Haman sydd yna," meddai'r gweision. A dyma'r
brenin yn dweud, "Gadewch iddo ddod i mewn." 6 Pan ddaeth Haman i mewn, dyma'r brenin yn
gofyn iddo, "Beth ddylid ei wneud os ydy'r brenin wir eisiau anrhydeddu rhywun?" Roedd Haman
yn meddwl mai fe oedd yr un oedd y brenin eisiau'i anrhydeddu, 7 felly dyma fe'n dweud, "Os
ydy'r brenin am anrhydeddu rhywun, 8 dylai ei arwisgo gyda mantell frenhinol, a'i osod ar geffyl
mae'r brenin ei hun wedi'i farchogaeth – un sy'n gwisgo arwyddlun y frenhiniaeth ar ei dalcen.
9 Dylai un o brif swyddogion y brenin gymryd y fantell a'r ceffyl ac arwisgo'r dyn mae'r brenin am
ei anrhydeddu, ei roi i farchogaeth ar y ceffyl, a'i arwain drwy sgwâr y ddinas. A dylid cyhoeddi
o'i flaen, 'Dyma sy'n cael ei wneud i'r dyn mae'r brenin am ei anrhydeddu!' " 10 Yna dyma'r brenin
yn dweud wrth Haman, "Iawn, dos ar frys. Cymer di'r fantell a'r ceffyl, a gwna hynny i Mordecai yr
Iddew sy'n eistedd yn y llys brenhinol. Gwna bopeth yn union fel gwnest ti ddisgrifio."
11 Felly dyma Haman yn cymryd y fantell a'r ceffyl ac yn arwisgo Mordecai. Wedyn dyma
fe'n ei arwain ar y march drwy ganol y ddinas, yn cyhoeddi o'i flaen, "Dyma sy'n cael ei
wneud i'r dyn mae'r brenin am ei anrhydeddu!" 12 Ar ôl hyn i gyd, aeth Mordecai yn ôl i'r llys
brenhinol, a dyma Haman yn brysio adre yn hollol ddigalon yn cuddio'i ben mewn cywilydd.
13 Yna aeth i ddweud beth oedd wedi digwydd wrth ei wraig a'i ffrindiau i gyd. A dyma'r
cynghorwyr a'i wraig Seresh yn ymateb, "Mae ar ben arnat ti os mai Iddew ydy'r Mordecai
yma wyt ti wedi dechrau syrthio o'i flaen, does gen ti ddim gobaith!"

Ail wledd Esther

14 Tra oedden nhw'n dal i siarad ag e, dyma weision y brenin yn cyrraedd ac yn mynd
â Haman ar frys i'r wledd roedd Esther wedi'i pharatoi.
7 Felly dyma'r brenin a Haman yn mynd i wledda gyda'r Frenhines Esther 2 am yr ail waith.
Tra'n yfed gwin yn y wledd, dyma'r brenin yn gofyn i Esther, "Y Frenhines Esther. Gofynna
am beth bynnag wyt ti eisiau, ac fe'i cei. Beth fyddet ti'n hoffi i mi ei wneud i ti? Gofyn am
gymaint â hanner y deyrnas os wyt ti eisiau, a dyna gei di!" 3 A dyma Esther yn ateb, "Os ydw
i wedi plesio'r brenin, a'i fod yn gweld yn dda i roi i mi beth dw i eisiau, arbed fy mywyd i a'm
pobl. Dyna dw i eisiau. 4 Dŷn ni wedi cael ein gwerthu i gael ein lladd a'n dinistrio'n llwyr!
Petaen ni wedi cael ein gwerthu'n gaethweision a chaethferched fyddwn i wedi dweud dim.
Fyddai trafferth felly ddim digon pwysig i boeni'r brenin amdano." 5 A dyma'r Brenin Ahasferus
yn gofyn i Esther, "Pwy sydd wedi gwneud hyn? Pwy fyddai'n meiddio gwneud y fath beth?"
6 A dyma Esther yn ateb, "Dyn drwg sy'n ein casáu ni! Dyma fe – Haman!"
Roedd Haman wedi dychryn am ei fywyd o flaen y brenin a'r frenhines. 7 Roedd y brenin
wedi gwylltio'n lân, a dyma fe'n codi o'r bwrdd a mynd allan i ardd y palas. Yna dyma Haman
yn dechrau pledio ar y Frenhines Esther i arbed ei fywyd. Roedd yn gweld fod y brenin yn mynd
i drefnu i'w ladd yn y ffordd fwya creulon. 8 Pan ddaeth y brenin yn ôl i mewn o'r ardd, roedd
Haman yn taflu ei hun ar y soffa roedd Esther yn gorwedd arni. A dyma'r brenin yn gweiddi,
"Ydy e am dreisio'r frenhines hefyd, a minnau'n dal yn yr adeilad!"
Wrth i'r brenin ddweud hyn, dyma'i weision yn rhoi mwgwd dros ben Haman. 9 A dyma
Charbona, un o'r gweision, yn dweud, "Mae Haman wedi adeiladu crocbren i grogi Mordecai,
y dyn oedd wedi achub bywyd y brenin. Mae'r crocbren heb fod yn bell o'i dŷ, ac yn ddau
ddeg pum metr o uchder." "Crogwch Haman arno!" meddai'r brenin. 10 Felly cafodd Haman
ei grogi ar y crocbren oedd wedi'i fwriadu i Mordecai. Dyma dymer y brenin yn tawelu wedyn.

Mordecai yn cael dyrchafiad

8 Y diwrnod hwnnw, dyma'r Brenin Ahasferus yn rhoi ystad Haman, gelyn yr Iddewon,
i'r Frenhines Esther. Yna dyma Mordecai yn cael ei alw i sefyll o flaen y brenin. (Roedd
Esther wedi dweud wrth y brenin eu bod nhw'n perthyn.) 2 A dyma'r brenin yn cymryd ei sêl-
fodrwy (sef yr un oedd Haman wedi bod yn ei gwisgo), a'i rhoi hi i Mordecai. Wedyn, dyma
Esther yn penodi Mordecai i redeg ystad Haman.

Deddf yn caniatáu i'r Iddewon amddiffyn eu hunain

3 Dyma Esther yn mynd i siarad â'r brenin eto. Syrthiodd wrth ei draed yn crio, a chrefu am
drugaredd. Roedd ganddi eisiau iddo wrthdroi cynllun drwg Haman yr Agagiad yn erbyn yr
Iddewon. 4 A dyma'r brenin yn estyn ei deyrnwialen aur ati. Cododd Esther ar ei thraed o'i flaen
5 a gofyn iddo, "Os ydw i wedi plesio'r brenin, ac os ydy e'n gweld yn dda i fod yn garedig ata
i a rhoi i mi beth dw i eisiau, wnaiff e orchymyn mewn ysgrifen fod bwriad drwg Haman fab
Hammedatha, yr Agagiad, i ladd pob Iddew drwy'r taleithiau i gyd, yn cael ei ddiddymu? 6 Sut alla
i eistedd yn ôl a gwylio'r fath drychineb yn digwydd i'm pobl, a'm teulu i gyd yn cael eu lladd?"
7 A dyma'r Brenin Ahasferus yn dweud wrth y Frenhines Esther ac wrth Mordecai, "Dw
i wedi rhoi ystad Haman i Esther, ac wedi crogi Haman am ei fod wedi bwriadu ymosod ar yr
Iddewon. 8 A nawr cewch chi ysgrifennu ar fy rhan beth bynnag dych chi'n deimlo sy'n iawn
i'w wneud gyda'r Iddewon, a selio'r ddogfen gyda fy sêl-fodrwy i. Mae'n amhosib newid deddf
sydd wedi'i hysgrifennu yn enw'r brenin, ac wedi'i selio gyda'i sêl-fodrwy e."
9 Felly ar y trydydd ar hugain o'r trydydd mis, sef Sifan,[g] dyma ysgrifenyddion y brenin yn
cael eu galw. A dyma nhw'n ysgrifennu popeth roedd Mordecai yn ei orchymyn – at yr Iddewon,

---

g 8:9 *Sifan* Trydydd mis y calendr Hebreig, o tua canol Mai i ganol Mehefin. Roedd dau fis a deg diwrnod wedi mynd heibio ers i Haman gyhoeddi'r gorchymyn fod yr Iddewon i gael eu lladd (gw. 3:7,12).

ac at raglawiaid, llywodraethwyr a swyddogion pob talaith o India i Affrica (cant dau ddeg
saith o daleithiau i gyd). Roedd llythyr pob talaith yn cael ei ysgrifennu yn iaith y dalaith honno,
a'r llythyr at yr Iddewon yn eu hiaith nhw. 10Roedd Mordecai yn ysgrifennu ar ran y Brenin
Ahasferus, a chafodd y llythyrau eu selio gyda sêl-fodrwy y brenin. Yna dyma'r llythyrau yn cael
eu dosbarthu gan negeswyr oedd yn marchogaeth y ceffylau cyflymaf yn y stablau brenhinol.
11Rhoddodd y brenin ganiatâd i'r Iddewon ddod at ei gilydd i amddiffyn eu hunain.
Roedden nhw'n cael lladd a dinistrio milwyr unrhyw dalaith oedd yn ymosod arnyn nhw, lladd
eu gwragedd a'u plant, a chymryd eu heiddo oddi arnyn nhw. 12Roedd hyn i gyd i ddigwydd
drwy bob talaith oedd dan reolaeth y Brenin Ahasferus, ar un diwrnod penodol, sef y trydydd
ar ddeg o'r deuddegfed mis (Mis Adar). 13Roedd copi o'r ddogfen yma i fynd i bob talaith,
ac i'w gwneud yn gyfraith ynddyn nhw i gyd. Roedd pawb i gael gwybod am y peth. Wedyn
byddai'r Iddewon yn barod ar gyfer y diwrnod hwnnw, i ddial ar eu gelynion.
14Dyma'r negeswyr yn rhuthro allan ar frys, ar gefn ceffylau o'r stablau brenhinol,
a gorchymyn y brenin ganddyn nhw. Cafodd y gyfraith ei chyhoeddi yn y gaer ddinesig yn
Shwshan hefyd.
15Pan aeth Mordecai allan oddi wrth y brenin, roedd wedi'i arwisgo mewn dillad brenhinol
o borffor a gwyn. Roedd twrban euraid mawr ar ei ben, a mantell o liain main porffor ar ei
ysgwyddau. Roedd pawb yn Shwshan yn dathlu, 16ac roedd yr Iddewon wrth eu boddau ac
yn cael eu parchu gan bawb. 17Yn y taleithiau a'r trefi i gyd lle roedd gorchymyn y brenin
wedi'i gyhoeddi, roedd yr Iddewon wedi cymryd gwyliau i ddathlu a gwledda. Ac roedd llawer
o bobl eraill yn honni eu bod wedi troi'n Iddewon, am fod ganddyn nhw gymaint o ofn beth
fyddai'r Iddewon yn ei wneud iddyn nhw.

Yr Iddewon yn trechu eu gelynion

9 Roedd gorchymyn y brenin i gael ei weithredu ar y trydydd ar ddeg o'r deuddegfed mis
(sef Adar). Dyna'r diwrnod roedd gelynion yr Iddewon wedi tybio eu bod nhw'n mynd
i gael eu trechu nhw. Ond y gwrthwyneb ddigwyddodd – cafodd yr Iddewon drechu eu gelynion.
2Dyma'r Iddewon yn casglu at ei gilydd yn y trefi drwy'r holl daleithiau roedd y Brenin
Ahasferus yn eu rheoli. Roedden nhw'n barod i ymosod ar unrhyw un oedd yn bwriadu gwneud
drwg iddyn nhw. Ond roedd ofn yr Iddewon wedi gafael yn y bobl i gyd, a doedd neb yn gallu
sefyll yn eu herbyn nhw. 3Roedd swyddogion y taleithiau, y rhaglawiaid a'r llywodraethwyr
a phawb oedd yn gwasanaethu'r brenin, yn helpu'r Iddewon am fod ganddyn nhw i gyd ofn
Mordecai. 4Roedd Mordecai yn ddyn pwysig iawn yn y palas, ac roedd pawb drwy'r taleithiau
i gyd wedi clywed amdano wrth iddo fynd yn fwy a mwy dylanwadol.
5Dyma'r Iddewon yn taro'u gelynion i gyd, eu lladd a'u dinistrio. Roedden nhw'n
gwneud fel y mynnan nhw. 6Cafodd pum cant o bobl eu lladd yn y gaer ddinesig yn
Shwshan. 7-10Cafodd deg mab Haman eu lladd, sef Parshandatha, Dalffon, Aspatha, Poratha,
Adalïa, Aridatha, Parmashta, Arisai, Aridai a Faisata. Ond wnaethon nhw ddim cymryd eu
heiddo nhw.
11Yr un diwrnod, dyma rywun yn dweud wrth y brenin faint o bobl oedd wedi cael eu lladd yn
Shwshan. 12A dyma'r brenin yn dweud wrth Esther, "Mae'r Iddewon wedi lladd pum cant o bobl
yn y gaer yma yn Shwshan yn unig, a deg mab Haman hefyd. Beth maen nhw wedi'i wneud yn
y taleithiau eraill, tybed? Gofyn am beth bynnag wyt ti eisiau, ac fe'i cei. Beth wyt ti eisiau i mi ei
wneud? Dyna gei di!" 13A dyma Esther yn ateb, "Os ydy'r brenin yn gweld yn dda, rho ganiatâd i'r
Iddewon yn Shwshan wneud yr un peth yfory ag a wnaethon nhw heddiw; a gad i gyrff deg mab
Haman gael eu hongian ar y crocbren." 14Felly dyma'r brenin yn gorchymyn i hynny gael ei wneud.
Cafodd cyfraith ei phasio ar gyfer tref Shwshan, a chafodd cyrff meibion Haman eu hongian yn
gyhoeddus. 15Dyma'r Iddewon yn Shwshan yn casglu at ei gilydd ar y pedwerydd ar ddeg o fis
Adar, a dyma nhw'n lladd tri chant arall. Ond wnaethon nhw ddim cymryd eu heiddo nhw.
16-17Roedd gweddill Iddewon y taleithiau wedi dod at ei gilydd y diwrnod cynt i amddiffyn
eu hunain, a chawson nhw lonydd gan eu gelynion. Roedden nhw wedi lladd saith deg pum

mil o elynion i gyd, ond wnaethon nhw ddim cymryd eu heiddo nhw. A'r diwrnod wedyn, ar y pedwerydd ar ddeg o fis Adar, cawson nhw orffwys. Cafodd y diwrnod hwnnw ei wneud yn ddydd Gŵyl, i ddathlu a chynnal partïon. [18]Ond roedd Iddewon yn Shwshan wedi dod at ei gilydd i ymladd ar y trydydd ar ddeg a'r pedwerydd ar ddeg, felly dyma nhw'n gorffwys ar y pymthegfed, a gwneud hwnnw yn ddydd Gŵyl i ddathlu a chynnal partïon. [19](A dyna pam mae'r Iddewon sy'n byw yng nghefn gwlad ac mewn pentrefi gwledig yn cadw'r pedwerydd ar ddeg o fis Adar fel diwrnod sbesial i fwynhau'u hunain a phartïo, i gael gwyliau a rhoi anrhegion o fwyd i'w gilydd.)

Gŵyl Pwrim

[20]Ysgrifennodd Mordecai hanes popeth oedd wedi digwydd. Wedyn anfonodd lythyrau at yr Iddewon ym mhobman, drwy'r holl daleithiau oedd o dan reolaeth y Brenin Ahasferus, [21]yn cadarnhau eu bod nhw i gymryd gwyliau bob blwyddyn ar y pedwerydd ar ddeg a'r pymthegfed o fis Adar. [22]Ar y dyddiadau yna y cawson nhw lonydd gan eu gelynion – pan drodd eu trafferthion yn llawenydd a'u galar yn ddathlu. Roedden nhw i fod yn ddyddiau o bartïo a chael hwyl, rhoi anrhegion o fwyd i'w gilydd, a rhannu gyda phobl dlawd oedd mewn angen.

[23]Felly dyma'r Iddewon yn ymrwymo i wneud yr un peth bob blwyddyn, a chadw'r Ŵyl fel roedd Mordecai wedi dweud yn ei lythyr. [24]Roedd gelyn pob Iddew, sef Haman fab Hammedatha o dras Agag, wedi cynllwynio yn erbyn yr Iddewon i'w lladd nhw. Roedd wedi mynd drwy'r ddefod o daflu'r pŵr (sef math o ddeis) gyda'r bwriad o'u dinistrio a'u lladd nhw. [25]Ond pan glywodd y brenin am y cynllwyn, dyma fe'n gorchymyn mewn ysgrifen fod y pethau drwg roedd Haman wedi'u bwriadu yn erbyn yr Iddewon i ddigwydd i Haman ei hun. A dyma fe a chyrff ei feibion yn cael eu crogi. [26]A'r rheswm pam mae'r Ŵyl yn cael ei galw yn Pwrim, ydy ar ôl y gair pŵr. O achos yr hyn oedd wedi'i ysgrifennu yn y llythyr, a'r cwbl roedden nhw wedi mynd drwyddo, [27]dyma'r Iddewon yn ymrwymo y bydden nhw a'u disgynyddion, a phawb arall oedd eisiau ymuno gyda nhw, yn cadw'r ddau ddiwrnod yma yn wyliau bob blwyddyn. [28]Roedd y dyddiau yma i'w cofio a'u dathlu bob blwyddyn gan bob teulu ym mhob cenhedlaeth drwy'r taleithiau a'r trefi i gyd. Roedd yr Iddewon i wneud yn siŵr eu bod nhw a'u disgynyddion yn cadw gwyliau'r Pwrim bob amser.

[29]A dyma'r Frenhines Esther ferch Afichaïl, gyda help Mordecai yr Iddew, yn ysgrifennu llythyr i gadarnhau beth oedd yn yr ail lythyr am Ŵyl Pwrim. [30]Cafodd llythyrau eu hanfon i'r Iddewon yn y cant dau ddeg saith talaith oedd dan reolaeth y Brenin Ahasferus, yn galw am heddwch a sefydlogrwydd. [31]Roedd y llythyrau yma yn dweud pryd yn union roedd Gŵyl Pwrim i gael ei chynnal. Roedd Mordecai yr Iddew wedi rhoi'r gorchymyn, a'r Frenhines Esther wedi cadarnhau y mater. A dyma'r bobl yn ymrwymo ar eu rhan eu hunain a'i disgynyddion i'w cadw, yn union fel roedden nhw wedi ymrwymo i gadw'r dyddiau i ymprydio a galaru. [32]Felly roedd gorchymyn Esther wedi cadarnhau trefniadau'r Pwrim, a chafodd y cwbl ei ysgrifennu i lawr.

Mordecai yn fwy a mwy enwog

10 Roedd y Brenin Ahasferus yn gwneud i bawb dalu trethi gorfodol – yr holl ffordd i'r arfordir a'r ynysoedd ar ymylon y deyrnas. [2]Mae'r cwbl wnaeth e ei gyflawni, ei lwyddiannau milwrol, a'r datganiad am statws Mordecai pan roddodd y brenin ddyrchafiad iddo, wedi'u cofnodi yn sgrôl *Hanes Brenhinoedd Media a Persia.* [3]Mordecai oedd y swyddog uchaf yn y deyrnas, ar ôl y brenin ei hun. Roedd yn arwr i'r Iddewon ac yn cael ei edmygu'n fawr gan ei bobl i gyd. Roedd yn gwneud ei orau glas dros ei bobl, ac yn ceisio gwneud yn siŵr y byddai'r cenedlaethau i ddod yn saff.

Job

Y dyn Job, a'i deulu

1 Un tro roedd dyn o'r enw Job yn byw yng ngwlad Us.[a] Roedd yn ddyn gonest, yn trin pobl
eraill yn deg, ac yn ddyn oedd yn addoli Duw o ddifri ac yn cadw draw oddi wrth ddrwg.
2 Roedd ganddo saith mab a thair merch. 3 A dyma restr o'i holl eiddo: saith mil o ddefaid, tair
mil o gamelod, pum cant pâr o ychen a phum cant o asennod, a nifer fawr iawn o weithwyr.
Roedd yn fwy cyfoethog nag unrhyw un arall o bobl y dwyrain i gyd.
4 Roedd ei feibion yn arfer cynnal partïon yn eu cartrefi, pob un yn ei dro ar ddiwrnod penodol
o'r wythnos. Bydden nhw'n gwahodd eu tair chwaer i fwyta ac yfed gyda nhw. 5 Pan oedd yr
wythnos o bartïo drosodd, byddai Job yn anfon amdanyn nhw iddyn nhw fynd drwy'r ddefod
o gael eu glanhau. Byddai'n codi'n gynnar yn y bore, ac yn cyflwyno offrymau i'w llosgi i Dduw
ar eu rhan nhw i gyd. Roedd yn meddwl, "Falle fod fy mhlant i wedi pechu, ac wedi melltithio
Duw." Roedd Job yn gwneud hyn yn rheolaidd.

Duw a Satan

6 Un diwrnod dyma'r bodau nefol yn dod i sefyll o flaen yr Arglwydd, a dyma Satan[b] yn dod
gyda nhw. 7 Gofynnodd yr Arglwydd i Satan, "Ble wyt ti wedi bod?" Atebodd Satan yr Arglwydd,
"Dim ond crwydro yma ac acw ar y ddaear."
8 A dyma'r Arglwydd yn gofyn i Satan, "Wyt ti wedi sylwi ar fy ngwas Job? Does neb tebyg
iddo ar wyneb y ddaear. Mae'n ddyn gonest ac yn trin pobl eraill yn deg; mae'n addoli Duw
o ddifri ac yn cadw draw oddi wrth ddrwg."
9 Atebodd Satan, "Ond mae dy addoli di yn fanteisiol iddo! 10 Y ffaith ydy, rwyt ti wedi gosod
ffens o'i gwmpas i'w amddiffyn, ac o gwmpas ei deulu a phopeth sydd ganddo. Ti'n gadael
iddo lwyddo beth bynnag mae'n ei wneud. Mae ganddo ddigon o anifeiliaid i lenwi'r wlad i gyd!
11 Ond petaet ti'n cymryd y cwbl oddi arno, byddai'n dy felltithio di yn dy wyneb!"
12 Felly dyma'r Arglwydd yn dweud wrth Satan, "Edrych, cei wneud beth bynnag rwyt ti eisiau
i'w eiddo; ond paid cyffwrdd Job ei hun."
Yna dyma Satan yn mynd allan oddi wrth yr Arglwydd.

Trasiedïau yn dod i brofi Job

13 Un diwrnod, roedd meibion a merched Job yn bwyta ac yn yfed gwin mewn parti yn nhŷ'r
brawd hynaf. 14 A dyma negesydd yn dod at Job a dweud, "Roedd yr ychen yn aredig, a'r asennod
yn pori heb fod yn bell oddi wrthyn nhw, 15 a dyma'r Sabeaid yn ymosod ac yn eu cymryd nhw
i gyd, a lladd y gweision gyda'r cleddyf. Fi ydy'r unig un lwyddodd i ddianc i ddweud wrthot ti."
16 Tra oedd yn dal i siarad, dyma negesydd arall yn cyrraedd a dweud, "Mae mellten wedi
lladd y defaid i gyd a'r gweision oedd yn gofalu amdanyn nhw – mae'r cwbl wedi mynd! Fi
ydy'r unig un lwyddodd i ddianc i ddweud wrthot ti."
17 Tra oedd hwn yn dal i siarad, daeth negesydd arall eto, a dweud, "Mae Caldeaid[c] wedi dwyn
y camelod i gyd. Roedd tair mintai ohonyn nhw, yn ymosod o wahanol gyfeiriadau. Maen nhw wedi
cymryd y cwbl, ac wedi lladd y gweision i gyd. Fi ydy'r unig un lwyddodd i ddianc i ddweud wrthot ti."
18 A tra oedd hwn yn dal i siarad dyma un arall yn dod ac yn dweud, "Roedd dy feibion a dy
ferched di'n bwyta ac yn yfed gwin yn nhŷ'r brawd hynaf, 19 ac yn sydyn dyma gorwynt ofnadwy
yn chwythu dros yr anialwch ac yn taro'r tŷ. Syrthiodd yr adeilad ar ben y bobl ifanc a'u lladd
nhw i gyd! Fi ydy'r unig un lwyddodd i ddianc i ddweud wrthot ti."

---

a 1:1 *Us* Does neb yn gwybod yn union ble roedd Us. b 1:6 *Satan* "y gwrthwynebwr" neu "y cyhuddwr".
c 1:17 *Caldeaid* Hen enw ar bobl Babilonia.

Job yn addoli'r ARGLWYDD

20 Dyma Job yn codi ar ei draed ac yn rhwygo'i ddillad. Yna siafiodd ei ben a mynd ar ei
liniau o flaen Duw â'i wyneb ar lawr, 21 a dweud:

> "Ces i fy ngeni heb ddim,
>   a bydda i'n marw heb ddim.
> Yr ARGLWYDD wnaeth roi popeth i mi,
>   a'r ARGLWYDD sydd wedi cymryd popeth oddi arna i.
> Boed i enw'r ARGLWYDD gael ei foli!"

22 Er gwaetha'r cwbl, wnaeth Job ddim pechu na rhoi'r bai ar Dduw.

Duw a Satan – yr ail ddadl

2 Daeth y diwrnod eto i'r bodau nefol ddod o flaen yr ARGLWYDD. A dyma Satan yn dod gyda
nhw i sefyll o flaen yr ARGLWYDD. 2 Gofynnodd yr ARGLWYDD i Satan, "Ble wyt ti wedi bod?"
Atebodd Satan yr ARGLWYDD, "Dim ond yn crwydro yma ac acw ar y ddaear."
3 A dyma'r ARGLWYDD yn gofyn iddo, "Wyt ti wedi sylwi ar fy ngwas Job? Does neb tebyg
iddo ar wyneb y ddaear. Mae'n ddyn gonest ac yn trin pobl eraill yn deg; mae'n addoli Duw
o ddifri ac yn cadw draw oddi wrth ddrwg. Ac mae mor ffyddlon ag erioed er dy fod ti wedi
fy annog i ddod â dinistr arno heb achos."
4 Atebodd Satan, "Croen am groen! – mae pobl yn fodlon colli popeth i achub eu bywydau!
5 Petaet ti'n ei daro ag afiechyd a gwneud iddo ddioddef, byddai'n dy felltithio di yn dy
wyneb!"
6 Felly dyma'r ARGLWYDD yn dweud wrtho, "Edrych, cei wneud beth bynnag wyt ti eisiau
iddo; ond rhaid i ti ei gadw'n fyw."

Job yn colli ei iechyd

7 Felly dyma Satan yn mynd allan oddi wrth yr ARGLWYDD ac yn taro Job â briwiau cas
o'i gorun i'w sawdl.
8 A dyma Job yn cymryd darn o botyn i grafu ei friwiau, a mynd i eistedd yn y lludw ar
y domen sbwriel. 9 Ac meddai ei wraig wrtho, "Ti'n dal mor ffyddlon ag erioed, wyt ti? Melltithia
Dduw, er mwyn i ti gael marw!"
10 Ond atebodd Job hi, "Ti'n siarad fel y byddai gwraig ddwl, ddi-Dduw yn siarad! Dŷn ni'n
derbyn popeth da gan Dduw; oni ddylen ni dderbyn y drwg hefyd?"
Er gwaetha'r cwbl, wnaeth Job ddweud dim i bechu yn erbyn Duw.

Ffrindiau Job yn dod i'w weld

11 Pan glywodd tri o ffrindiau Job am y trychinebau ofnadwy oedd wedi digwydd iddo,
dyma nhw'n penderfynu mynd i'w weld. Y tri oedd Eliffas o Teman, Bildad o Shwach, a Soffar
o Naamâ. Dyma nhw'n cyfarfod â'i gilydd, a mynd ato i gydymdeimlo a cheisio ei gysuro.
12 Pan welon nhw e o bell, doedden nhw prin yn ei nabod, a dyma nhw'n dechrau wylo'n
uchel. Dyma'r tri yn rhwygo'u dillad ac yn taflu pridd i'r awyr.
13 Buon nhw'n eistedd gydag e ar lawr ddydd a nos am wythnos. Ddwedodd neb yr un gair
wrtho, achos roedden nhw'n gweld ei fod e'n dioddef yn ofnadwy.

Job yn drist ei fod wedi cael ei eni

3 Job oedd y cyntaf i siarad, a melltithiodd y diwrnod y cafodd ei eni. 2 Dyma ddwedodd e:

> 3 "O na fyddai'r diwrnod y ces i fy ngeni
>   yn cael ei ddileu o hanes! –

y noson honno y dwedodd rhywun,
'Mae bachgen wedi'i eni!'
4 O na fyddai'r diwrnod hwnnw yn dywyllwch,
fel petai'r Duw sydd uchod heb erioed ei alw i fod,
a golau dydd heb wawrio arno!
5 O na fyddai tywyllwch dudew yn ei guddio;
a chwmwl yn gorwedd drosto,
a'r düwch yn ei ddychryn i ffwrdd!
6 O na fyddai tywyllwch dudew wedi cipio'r noson honno,
fel na fyddai'n cael ei chyfrif yn un o ddyddiau'r flwyddyn,
ac na fyddai i'w gweld ar galendr y misoedd!
7 O na fyddai'r noson honno wedi bod yn ddiffrwyth,[ch]
heb sŵn neb yn dathlu'n llawen ynddi!

8 O na fyddai'r rhai sy'n dewino wedi melltithio'r diwrnod hwnnw –
y rhai sy'n gallu deffro'r ddraig yn y môr![d]
9 O na fyddai'r sêr wedi diffodd y noson honno,
a'r bore wedi disgwyl yn ofer am y golau,
a heb weld pelydrau'r wawr –
10 am ei bod heb gloi drysau croth fy mam,
a'm rhwystro rhag gweld trybini.

Job yn cwyno fod rhaid iddo ddioddef byw

11 Pam wnes i ddim cael fy ngeni'n farw,
neu ddarfod wrth ddod allan o'r groth?
12 Pam oedd gliniau yn disgwyl amdana i,
a bronnau i mi ddechrau eu sugno?
13 Heb hynny byddwn yn gorwedd yn dawel,
yn cysgu'n drwm a gorffwys yn y bedd,
14 gyda brenhinoedd a'u cynghorwyr,
y rhai fu'n codi palasau sydd bellach yn adfeilion;
15 gydag arweinwyr oedd â digon o aur,
ac wedi llenwi eu tai ag arian.
16 Pam na ches i fy nghuddio fel erthyl marw,
neu fabi wnaeth ddim gweld y golau?
17 Yn y bedd mae holl brysurdeb pobl ddrwg wedi peidio,
a'r gweithwyr oedd dan orthrwm yn cael gorffwys.
18 Mae caethion yn cael ymlacio'n llwyr,
heb lais y meistri gwaith yn gweiddi.
19 Mae pobl fawr a chyffredin yno fel ei gilydd,
a'r caethwas yn rhydd rhag ei feistr.

20 Pam mae Duw'n rhoi golau i'r un sy'n dioddef,
a bywyd i'r rhai sy'n chwerw eu hysbryd?
21 Maen nhw'n ysu am gael marw, ond yn methu –
yn chwilio am hynny yn fwy na thrysor cudd.
22 Maen nhw'n hapus, ac yn dathlu'n llawen
pan maen nhw'n cyrraedd y bedd.
23 Pam rhoi bywyd i berson heb bwrpas,
a'i gau i mewn rhag dianc o'i drybini?

ch 3:7 *ddiffrwyth* h.y. fod dim plant wedi cael eu geni y noson honno. d 3:8 *ddraig yn y môr* Hebraeg, *Lefiathan*.

24 Yn lle bwyta dw i'n gwneud dim ond ochneidio;
dw i'n griddfan ac yn beichio crio.
25 Mae'r hyn oeddwn yn ei ofni wedi digwydd;
yr hyn oedd yn peri arswyd wedi dod yn wir.
26 Does gen i ddim llonydd, dim heddwch,
dim gorffwys – dim ond trafferthion."

Y cylch cyntaf o ddadleuon

(Job 4:1 — 14:22)

Ymateb Eliffas: mae'r dieuog yn llwyddo

4 A dyma Eliffas o Teman yn ymateb:

2 "Wnei di faddau i mi os gwna i fentro dweud gair?
Mae'n anodd peidio dweud rhywbeth!
3 Meddylia gymaint o bobl wnest ti eu dysgu,
a'r holl rai gwan wnest ti eu hannog a'u helpu.
4 Roedd dy eiriau yn cynnal y rhai oedd yn baglu,
ac yn cryfhau'r rhai oedd yn simsanu.
5 Ond nawr, mae wedi digwydd i ti,
a fedri di ddim godde'r peth;
mae drwg wedi dy daro,
a dyma ti'n anobeithio!
6 Ydy dy grefydd ddim yn dy gynnal?
Ydy dy fywyd da ddim yn rhoi gobaith i ti?

7 Meddylia am eiliad, gafodd rhywun dieuog ei ddifa erioed?
Ble cafodd y rhai sy'n byw'n iawn eu difa'n llwyr?
8 Fel yma dw i'n ei gweld hi: y rhai sy'n aredig drygioni
ac yn hau helynt sy'n medi cynhaeaf hynny!
9 Mae Duw yn chwythu arnyn nhw,
ac maen nhw'n cael eu difa;
maen nhw'n diflannu gydag anadl ei ffroenau.
10 Maen nhw fel y llew yn rhuo, a'i rai bach yn cwyno,
pan mae dannedd y llewod ifanc wedi'u torri.
11 Heb ysglyfaeth mae'r llew cryf yn marw,
a chenawon y llewes yn mynd ar wasgar.

Gweledigaeth Eliffas

12 Ces neges yn dawel o'r dirgel,
dim ond sibrydiad bach a glywais.
13 Yng nghanol breuddwydion dryslyd y nos,
pan mae pobl yn cysgu'n drwm.
14 Rôn i wedi dychryn, ac yn crynu trwof;
roedd fel ias drwy fy esgyrn i gyd!
15 Teimlais awel yn pasio heibio i'm hwyneb,
a gwnaeth i flew fy nghorff sefyll.
16 Roedd siâp rhywun yn sefyll o'm blaen,
ond doeddwn i ddim yn ei nabod.
Tawelwch, ac yna clywais ei lais yn sibrwd:

17 'Ydy person dynol yn fwy cyfiawn na Duw?
Ydy pobl yn fwy pur na'r Un wnaeth nhw?
18 Os ydy Duw ddim yn trystio ei weision,
ac yn cyhuddo'i angylion o fod yn ffôl,
19 pa obaith sydd i'r rhai sy'n byw mewn corff o bridd,
ac yn tarddu o'r llwch –
y rhai y gellir eu gwasgu fel gwyfyn!
20 Gallan nhw gael eu sathru'n farw,
unrhyw bryd rhwng gwawr a machlud,
a'u difa'n llwyr am byth, heb neb yn cymryd sylw.
21 Mae rhaffau eu pebyll daearol yn cael eu codi,
ac maen nhw'n marw mewn anwybodaeth.'

5 Galw am help! Fydd rhywun yn dy ateb di?
At ba un o'r angylion sanctaidd wyt ti'n mynd i droi?
2 Mae'r ffŵl byrbwyll yn marw o ddiffyg amynedd,
a'r person dwl pan mae'n dal dig.
3 Dw i wedi gweld y ffŵl yn llwyddo a gwreiddio,
ond yna'n sydyn roedd ei gartref wedi'i felltithio.
4 Dydy ei blant byth yn saff –
byddan nhw'n colli'r achos yn y llys, heb neb i'w hachub.
5 Bydd pobl newynog yn bwyta ei gnydau,
a'i gario i ffwrdd i'w guddio;[dd]
a'r rhai sy'n llwgu yn ysu am ei gyfoeth.
6 Dydy profiadau drwg ddim yn tyfu o'r pridd,
na thrafferthion yn egino o'r ddaear;
7 ond mae pobl yn cael eu geni i drafferthion,
mor siŵr ag mae gwreichion yn hedfan i fyny.

8 Petawn i'n ti, byddwn i'n troi at Dduw,
ac yn gosod fy achos o'i flaen.
9 Mae e'n gwneud pethau mawr, tu hwnt i'n deall ni,
cymaint o bethau rhyfeddol, ni ellir eu cyfri!
10 Mae e'n anfon glaw i'r ddaear,
ac yn dyfrio'r caeau.
11 Mae e'n codi'r rhai sy'n isel,
ac yn gwneud y rhai sy'n galaru yn ddiogel.
12 Mae e'n drysu cynlluniau'r cyfrwys,
i'w hatal rhag llwyddo.
13 Mae'n gwneud i glyfrwch pobl eu baglu nhw;
mae cynlluniau'r cyfrwys yn mynd o chwith.
14 Maen nhw'n cael eu hunain mewn tywyllwch yng ngolau dydd,
ac yn ymbalfalu ganol dydd fel petai'n nos!
15 Ond mae e'n achub y tlawd rhag eu geiriau creulon,
a'r anghenus o afael y rhai cryf.
16 Felly mae gobaith i'r tlawd,
ac mae anghyfiawnder yn gorfod tewi!

17 Mae'r rhai mae Duw'n eu ceryddu wedi'u bendithio'n fawr;
felly paid gwrthod disgyblaeth y Duw sy'n rheoli popeth!
18 Mae e'n anafu, ond hefyd yn rhwymo'r anaf;
mae'n dolurio, ond mae ei ddwylo hefyd yn iacháu.

dd 5:5 Un cyfieithiad posibl *a'i gario ... guddio;* Hebraeg, "ac i ffwrdd o'r drain mae'n ei gymryd".

19 Bydd yn dy achub rhag un trychineb ar ôl y llall;
chei di ddim niwed byth.
20 Mewn newyn bydd yn dy ryddhau o afael marwolaeth,
ac mewn rhyfel, o afael y cleddyf.
21 Byddi'n cael dy amddiffyn rhag y tafod maleisus;
a fyddi di ddim yn ofni dinistr pan ddaw yn agos.
22 Byddi'n gwawdio dinistr a newyn,
a fydd gen ti ddim ofn anifeiliaid gwyllt.
23 Bydd cerrig yn cytuno i gadw draw o dy dir,
a fydd anifeiliaid gwyllt ddim yn ymosod arnat ti.
24 Byddi'n gwybod fod dy gartref yn ddiogel,
ac wrth archwilio dy anifeiliaid, fydd dim un ar goll.
25 Byddi'n siŵr o gael llawer iawn o blant;
bydd dy ddisgynyddion fel glaswellt ar y tir.
26 Byddi mewn oedran mawr pan gyrhaeddi'r bedd,
fel ysgub o wenith yn cael ei chasglu yn ei thymor.
27 Edrych! Dŷn ni wedi astudio hyn yn fanwl, ac mae'n wir.
Felly gwrando, a meddylia sut mae'n berthnasol i ti."

Job yn cwyno fod Duw wedi'i daro

6 A dyma Job yn ateb:

2 "Petai fy rhwystredigaeth yn cael ei phwyso,
a'm helyntion yn cael eu rhoi mewn clorian,
3 bydden nhw'n drymach na holl dywod y môr!
Dim syndod fy mod i wedi siarad yn fyrbwyll!
4 Mae saethau'r Duw Hollalluog yn fy nghorff,
ac mae fy ysbryd wedi sugno eu gwenwyn.
Mae'r dychryn mae Duw yn ei achosi
fel rhes o filwyr yn ymosod arna i.
5 Ydy asyn gwyllt yn nadu pan mae ganddo laswellt?
Ydy ych yn brefu pan mae ganddo borfa?
6 Ydy bwyd di-flas yn cael ei fwyta heb halen?
Oes blas ar y gwynnwy?
7 Dw i'n gwrthod eu cyffwrdd nhw;
maen nhw'n gwneud i mi fod eisiau chwydu.

Job yn anobeithio

8 O na fyddwn i'n cael fy nymuniad,
a bod Duw yn rhoi i mi beth dw i eisiau.
9 O na fyddai Duw yn fodlon fy lladd fel pryf,
drwy godi ei law a'm taro i lawr!
10 Faint bynnag o boen fyddai'n rhaid i mi ei ddiodde,
byddai'n gysur i mi
fy mod heb wrthod geiriau'r Un Sanctaidd.
11 Does gen i mo'r cryfder i ddal ati;
beth ydy'r pwynt o aros yn fyw?
12 Oes gen i gryfder fel y graig?
Oes gen i gnawd fel pres?

13 Y gwir ydy, does gen i ddim nerth o gwbl!
Alla i wneud dim i helpu fy hunan.

Job wedi'i siomi yn ei ffrindiau

14 Dylai rhywun sy'n anobeithio gael ffrindiau sy'n ffyddlon,
hyd yn oed os ydy e'n troi ei gefn ar yr Un sy'n rheoli popeth;
15 ond alla i ddim dibynnu o gwbl arnoch chi, frodyr!
Dych chi fel sychnant lle roedd dŵr yn gorlifo ar un adeg,
16 fel ffrwd sy'n dywyll o dan rew
ac wedi'i chuddio o dan eira;
17 ond cyn gynted ag y mae'n meirioli mae'n sychu
– yn y gwres tanbaid mae hi'n diflannu.
18 Mae carafanau camelod yn gadael eu llwybr,
ac yn troi am y tir anial, ond mae'r ffrwd wedi mynd.
19 Mae carafanau Tema yn chwilio am y dŵr,
a marchnatwyr Sheba[e] yn gobeithio dod o hyd iddo.
20 Maen nhw mor hyderus, ond byddan nhw'n cael eu siomi;
byddan nhw'n cyrraedd y lle, ac yn sefyll yno'n syfrdan.
21 Ac felly dych chi! Fel nant wedi sychu, yn dda i ddim!
Dych chi'n gweld fy helynt, ac yn cael eich dychryn.
22 Ydw i wedi dweud, 'Rhowch rodd i mi!'
neu, 'Talwch gildwrn drosto i o'ch cyfoeth'?
23 'Achubwch fi o afael y gelyn!'
neu, 'Rhyddhewch fi o afael y gormeswyr!'?

Job yn mynnu ei fod yn ddieuog

24 Dangoswch i mi beth wnes i, a bydda i'n tewi;
esboniwch i mi beth wnes i o'i le!
25 Mae geiriau gonest yn gallu bod yn greulon!
Ond beth mae'ch cerydd chi yn ei brofi?
26 Ydy hi'n iawn i chi geryddu â'ch geiriau
wrth gyhuddo dyn diobaith o siarad gwag?
27 Mae fel gamblo gyda bywyd yr amddifad,
neu roi bywyd eich cyfaill ar ocsiwn!
28 Nawr dewch! Edrychwch arna i!
Fyddwn i'n dweud celwydd yn eich wynebau chi?
29 Dewch! Plîs peidiwch bod mor annheg!
Meddyliwch eto! Mae fy ngonestrwydd i yn y fantol.
30 Na, dw i ddim yn dweud celwydd,
a dw i'n gwybod y gwahaniaeth rhwng drwg a da.

Job yn cwyno fod bywyd yn galed

7 Pam mae bywyd dyn ar y ddaear mor galed?
Mae ei ddyddiau fel dyddiau gwas cyflog –
2 fel caethwas yn dyheu am gysgod,
neu was cyflog yn disgwyl am ei dâl.

e 6:19 *Tema ... Sheba* Tema: gogledd-orllewin Arabia; Sheba: de-orllewin Arabia.

3 Mis ar ôl mis o fyw dibwrpas,
a nosweithiau diddiwedd o dristwch.
4 Pan dw i'n gorwedd i lawr, dw i'n meddwl,
'Pryd dw i'n mynd i fedru codi?'
Mae'r nos yn llusgo'n araf,
a dw i'n troi a throsi nes iddi wawrio.
5 Mae briwiau a chrachod dros fy nghorff i gyd;
mae'r croen wedi cracio ac yn casglu.
6 Mae dyddiau fy mywyd wedi hedfan fel gwennol gwehydd,
ac yn dod i ben mewn anobaith.
7 O Dduw, cofia mai anadl ydy fy mywyd!
Wna i ddim profi pleser byth eto.
8 Fydd y llygaid sy'n edrych arna i'n fy ngweld i ddim mwy;
bydda i wedi diflannu mewn chwinciad.
9 Fel cwmwl yn chwalu ac yn diflannu,
dydy'r un sy'n mynd i'r bedd byth yn dod yn ôl i fyny;
10 fydd e byth yn mynd adre eto;
a fydd y lle roedd yn byw ddim yn ei gofio.
11 Felly, dw i ddim am gadw'n dawel!
Dw i'n mynd i rannu fy ngwewyr meddwl;
dw i'n teimlo'n chwerw, a dw i'n mynd i gwyno.
12 Ai'r môr ydw i, neu anghenfil y dyfroedd,[f]
i ti orfod fy nghadw yn gaeth?
13 Pan dw i'n meddwl, 'Bydd mynd i'r gwely'n gysur,
a gorffwys yn gwneud i mi deimlo'n well,'
14 ti'n fy nychryn â breuddwydion,
ac yn codi braw â hunllefau.
15 Byddai'n well gen i gael fy stranglo;
mae marwolaeth yn well na bodolaeth.
16 Dw i wedi cael llond bol,
does gen i ddim eisiau byw ddim mwy.
Gad lonydd i mi, mae fy nyddiau'n mynd heibio fel mwg.

17 Beth ydy person dynol, i ti boeni amdano,
a rhoi cymaint o sylw iddo?
18 Ti'n ei archwilio bob bore,
ac yn ei brofi bob munud.
19 Wyt ti byth yn mynd i edrych i ffwrdd?
Rho gyfle i mi lyncu fy mhoeryn!
20 Os dw i wedi pechu, beth dw i wedi'i wneud i ti,
ti Wyliwr pobl?
Pam dewis fi yn darged?
Ydw i wedi troi'n gymaint o faich i ti?
21 Pam wnei di ddim maddau i mi am droseddu,
a chael gwared â'm pechod?
Achos bydda i'n gorwedd yn farw cyn pen dim;
byddi'n edrych amdana i, ond bydda i wedi mynd."

f 7:12 *môr ... anghenfil y dyfroedd* Mae "anghenfil y dyfroedd" yn cyfieithu'r gair Hebraeg *Tannin*, oedd yn anghenfil tebyg i Lefiathan (3:8), Rahab (9:13), a Behemoth (40:15). Yn ôl 38:8-11, mae Duw yn cadw'r môr yn gaeth drwy osod ffiniau iddo.

Ymateb Bildad: dylai Job droi at Dduw

8 Dyma Bildad o Shwach yn ymateb:

2 “Am faint wyt ti'n mynd i ddal ati i siarad fel yma?
Mae dy eiriau'n wyllt fel gwynt stormus!
3 Ydy Duw yn gwyrdroi cyfiawnder?
Ydy'r Un sy'n rheoli popeth yn ystumio beth sy'n iawn?
4 Roedd dy feibion wedi pechu yn ei erbyn,
ac mae e wedi gadael iddyn nhw wynebu canlyniadau eu gwrthryfel.
5 Ond os gwnei di droi at Dduw
a gofyn i'r Duw sy'n rheoli popeth dy helpu,
6 os wyt ti'n ddi-fai ac yn byw yn iawn,
bydd e'n dy amddiffyn di,
ac yn dy adfer i dy gyflwr cyfiawn.
7 Er bod dy ddechrau'n fach,
bydd dy lwyddiant yn fawr i'r dyfodol.

8 Gofyn i'r genhedlaeth sydd wedi mynd heibio,
meddylia am yr hyn wnaeth pobl ddarganfod ers talwm.
9 (Achos dim ond yn ddiweddar y daethon ni i'r golwg, a dŷn ni'n gwybod dim;
a dydy'n dyddiau ni ar y ddaear yn ddim ond cysgod.)
10 Byddan nhw'n siŵr o dy ddysgu,
ac esbonio beth wnaethon nhw ei ddeall.

11 Ydy papurfrwyn yn gallu tyfu heb gors?
Ydy brwyn yn gallu tyfu heb ddŵr?
12 Wrth ddechrau tyfu, cyn bod yn barod i'w torri,
bydden nhw'n gwywo'n gynt na'r glaswellt.
13 Dyna sy'n digwydd i'r rhai sy'n anghofio Duw;
mae gobaith yr annuwiol yn diflannu –
14 mae fel gafael mewn edau frau,
neu bwyso ar we pry cop.
15 Mae'n pwyso arno ac yn syrthio;
mae'n gafael ynddo i godi, ond yn methu.
16 Dan wenau'r haul mae'n blanhigyn iach
wedi'i ddyfrio, a'i frigau'n lledu drwy'r ardd.
17 Mae ei wreiddiau'n lapio am bentwr o gerrig,
ac yn edrych am le rhwng y meini.
18 Ond pan mae'n cael ei godi a'i ddiwreiddio,
bydd yr ardd lle roedd yn tyfu yn dweud,
‘Dw i erioed wedi dy weld di.’
19 Dyna fydd ei ddiwedd hapus!
A bydd planhigion eraill yn tyfu yn ei le.

20 Edrych! Dydy Duw ddim yn gwrthod pobl onest
nac yn helpu pobl ddrwg!
21 Bydd yn gwneud i ti chwerthin unwaith eto,
a byddi'n gweiddi'n llawen!
22 Bydd dy elynion yn cael eu cywilyddio,
a bydd pebyll pobl ddrwg yn diflannu.”

Job yn ymateb: does dim canolwr

9 Dyma Job yn ateb:

2 "Wrth gwrs, dw i'n gwybod fod hyn i gyd yn wir!
Sut all person dynol fod yn gyfiawn o flaen Duw?
3 Er y carai rhywun ddadlau ei achos gydag e,
fyddai rhywun ddim yn gallu ateb un o bob mil o'i gwestiynau!
4 Mae Duw mor ddoeth a grymus –
pwy sydd wedi'i herio a dod allan yn un darn?

5 Mae e'n symud mynyddoedd heb rybudd,
ac yn eu bwrw wyneb i waered yn ei ddig.
6 Mae'n ysgwyd y ddaear o'i lle,
nes bod ei cholofnau'n crynu.
7 Mae'n rhoi gorchymyn i'r haul beidio tywynnu,
ac yn cloi y sêr dan sêl.
8 Mae e'n lledu'r awyr,
ac yn sathru tonnau'r môr.
9 Fe wnaeth yr Arth ac Orion,
Pleiades a chlystyrau sêr y de.
10 Mae'n gwneud pethau mawr, tu hwnt i'n deall ni,
a phethau rhyfeddol na ellir byth eu cyfrif.
11 Ond petai'n pasio heibio allwn i mo'i weld;
mae'n symud yn ei flaen heb i mi sylwi.
12 Petai'n cymryd rhywbeth, pwy all ei stopio?
Pwy fyddai'n meiddio dweud, 'Beth wyt ti'n wneud?'
13 Duw ydy e, a dydy e ddim yn atal ei ddigofaint;
mae helpwyr bwystfil y môr[ff] wedi'u bwrw i lawr.

14 Felly pa obaith sydd i mi ei ateb,
a dod o hyd i ddadleuon yn ei erbyn?
15 Er fy mod i'n ddieuog, alla i mo'i ateb,
dim ond pledio am drugaredd gan fy Marnwr.
16 Hyd yn oed petai'n ymateb i'm gwŷs,
allwn i ddim bod yn siŵr y byddai'n gwrando arna i –
17 oherwydd mae'n fy sathru i am y nesa peth i ddim,
ac wedi fy anafu drosodd a throsodd am ddim rheswm.
18 Dydy e ddim yn rhoi cyfle i mi ddal fy ngwynt,
dim ond fy llenwi â gwenwyn chwerw!
19 Os mai prawf cryfder ydy hyn – fe ydy'r Un cry!
Os mai cwestiwn o bwy sy'n iawn – pwy sy'n mynd i'w alw e i'r llys?
20 Er fy mod i'n ddieuog, byddai fy ngeiriau'n fy nghondemnio i;
er fy mod i'n ddi-fai, byddai e'n dangos i mi fy mod yn euog.

21 Dydw i ddim ar fai,
ond dw i'n poeni dim beth fydd yn digwydd i mi;
dw i wedi cael llond bol ar fywyd!
22 'Does dim gwahaniaeth!', dyna dw i'n ddweud,
'Mae e'n dinistrio'r di-fai a'r euog fel ei gilydd.'
23 Pan mae ei chwip yn dod â marwolaeth sydyn,
mae e'n chwerthin ar anobaith y dieuog.

ff 9:13 *bwystfil y môr* Hebraeg, *Rahab*.

24 Mae'r tir wedi'i roi yn nwylo pobl ddrwg,
ac mae Duw'n rhoi mwgwd dros lygaid ei barnwyr.
Os nad fe sy'n gwneud hyn, yna pwy sydd?

25 Mae dyddiau fy mywyd yn mynd heibio'n gynt na rhedwr;
yn rhuthro i ffwrdd heb i mi weld hapusrwydd.
26 Maen nhw'n llithro heibio fel cychod brwyn,
neu fel eryr yn disgyn ar ei ysglyfaeth.
27 Os dweda i, 'Dw i'n mynd i stopio cwyno,
dw i am wenu a bod yn hapus,'
28 dw i'n dychryn wrth feddwl beth fydda i'n ei ddiodde nesa.
Dw i'n gwybod wnei di ddim gadael i mi fynd!
29 Dw i'n cael fy nghyfri'n euog beth bynnag,
felly beth ydy'r pwynt ymdrechu?
30 Petawn i'n ymolchi â sebon,
ac yn sgwrio fy nwylo â soda,
31 byddet ti'n fy suddo mewn carthion
nes bod hyd yn oed fy nillad yn ffiaidd i mi.

32 Nid creadur dynol fel fi ydy Duw, felly alla i ddim dweud,
'Gad i ni fynd i gyfraith!'
33 O na fyddai canolwr rhyngon ni,
i osod ei law ar y naill a'r llall ohonon ni!
34 Rhywun i symud gwialen Duw oddi arna i
fel bod dim rhaid i mi ddychryn ac arswydo o'i flaen.
35 Byddwn i'n siarad yn agored wedyn, heb ofni;
ond fel mae pethau, alla i ddim gwneud hynny.

Job yn cwyno

10

Mae'n gas gen i orfod byw!
Ydw, dw i'n mynd i gwyno,
a dweud mor chwerw dw i'n teimlo.
2 Dweud wrth Dduw, 'Paid condemnio fi heb achos!
Gad i mi wybod pam ti'n ymosod arna i.'
3 Wyt ti'n mwynhau cam-drin pobl?
Taflu i ffwrdd waith dy ddwylo,
a gwenu ar gynlluniau pobl ddrwg?
4 Wyt ti'n edrych ar bethau drwy lygaid dynol?
Wyt ti'n deall pethau fel mae pobl yn eu gweld nhw?
5 Ydy dy fywyd di mor fyr â bywyd rhywun meidrol?
Ydy dy flynyddoedd di'n mynd heibio fel ein blynyddoedd ni?
6 Ai dyna pam ti'n chwilio am fy meiau i
a cheisio dod o hyd i'm pechod?
7 Ti'n gwybod yn iawn nad ydw i'n euog,
ond all neb fy achub o dy ddwylo di.

8 Dy ddwylo di wnaeth fy naddu i a'm creu,
ond yna dyma ti'n troi i'm dinistrio'n llwyr!
9 Cofia mai ti wnaeth fy siapio i fel clai.
Wyt ti'n mynd i wneud llwch ohono i eto?
10 Ti dywalltodd fi fel llaeth i'r groth,
a'm ceulo fel caws ym mol fy mam.

11 Gwisgaist fi â chnawd a chroen,
a gweu fy esgyrn a'm gewynnau at ei gilydd.
12 Ti roddodd fywyd i mi, a gofalu amdana i –
dy ofal di sydd wedi fy nghadw i'n fyw.

13 Ond roeddet ti'n cuddio dy gynllun go iawn.
Dw i'n gwybod mai dyma oedd dy fwriad:
14 Fy ngwylio i, i weld fyddwn i'n pechu,
ac wedyn gwrthod gadael i mi fynd.
15 Os ydw i'n euog – mae ar ben arna i!
Ond hyd yn oed os ydw i'n ddieuog, alla i ddim codi fy mhen;
dw i'n llawn cywilydd ac wedi cael llond bol o ofid.
16 Os coda i fy mhen, rwyt yn fy hela fel llew,
i ddangos dy hun yn rhyfeddol – a hynny ar fy nhraul i!
17 Ti'n galw tystion newydd yn fy erbyn,
ac yn troi'n fwy a mwy dig gyda mi;
dod â byddin newydd yn fy erbyn o hyd.

18 Felly pam wnest ti adael i mi ddod allan o'r groth?
Pam wnes i ddim marw bryd hynny, cyn i neb fy ngweld i? –
19 Byddai'n braf petawn i erioed wedi bodoli,
neu wedi cael fy nghario o'r groth i'r bedd!
20 Mae fy nyddiau i mor brin, felly stopia!
Gad lonydd i mi, i mi gael ychydig o gysur!
21 Cyn i mi fynd – heb fyth ddod yn ôl –
i wlad y tywyllwch dudew,
22 i dir y gwyll a'r fagddu,
lle does ond cysgodion ac anhrefn,
a lle mae'r golau ei hun fel tywyllwch."

Ymateb Soffar: "Ti'n haeddu gwaeth!"

11 A dyma Soffar o Naamâ yn ymateb:

2 "Mae'n rhaid ateb y malu awyr diddiwedd yma!
Ydy siarad di-baid yn gwneud rhywun yn iawn?
3 Wyt ti'n meddwl y bydd dy barablu di'n gwneud i ddynion dewi?
Oes neb yn mynd i dy geryddu di am dy siarad gwawdlyd?
4 Ti'n dweud, 'Mae beth dw i'n gredu yn iawn,
a dw i'n lân yn dy olwg di, O Dduw.'
5 O na fyddai Duw yn dweud rhywbeth,
yn dy ateb di drosto'i hun,
6 ac yn dangos i ti beth ydy doethineb go iawn!
Mae dwy ochr i bob stori!
Byddet ti'n gweld fod Duw yn dy gosbi lai nag wyt ti'n ei haeddu!

7 Wyt ti'n meddwl dy fod yn deall hanfod Duw?
Wyt ti wedi darganfod ffiniau i allu'r Un sy'n rheoli popeth?
8 Mae'n uwch na'r nefoedd – beth alli di ei wneud?
Mae'n ddyfnach nag Annwn[g] – beth wyt ti'n ei wybod?

g 11:8 *Annwn* Hebraeg, *Sheol*, sef "y byd tanddaearol lle mae'r meirw yn mynd".

9 Mae'n fwy na'r ddaear
ac yn lletach na'r môr.
10 Os ydy Duw'n dod heibio ac arestio rhywun,
a mynd ag e i'r llys, pwy sy'n gallu ei rwystro?
11 Achos mae e'n nabod y rhai sy'n twyllo;
pan mae'n gweld drygioni, mae'n delio ag e.
12 Ond mae mor amhosib i ddyn dwl droi'n ddoeth
ag ydy hi i asyn gwyllt gael ei eni'n ddof!

13 Os gwnei di droi at Dduw,
ac estyn dy ddwylo ato mewn gweddi –
14 troi cefn ar y drwg rwyt ti wedi'i wneud,
a pheidio rhoi lle i anghyfiawnder –
15 yna byddi'n dal dy ben yn uchel, heb gywilydd,
ac yn gallu sefyll yn gadarn, heb ofn.
16 Byddi'n anghofio dy holl drybini –
bydd fel dŵr wedi mynd dan y bont.
17 Bydd bywyd yn brafiach na chanol dydd,
a'r adegau mwyaf tywyll yn olau fel y bore!
18 Byddi'n teimlo'n saff, am fod gen ti obaith;
yn edrych o dy gwmpas ac yn gorffwys yn ddiogel.
19 Byddi'n gorwedd i lawr, heb angen bod ofn;
a bydd llawer yn ceisio ennill dy ffafr.

20 Ond fydd pobl ddrwg yn gweld dim o hyn.
Does dim dianc iddyn nhw!
Eu hunig obaith fydd cael marw."

Job yn ymateb: Duw wnaeth hyn

12 Dyma Job yn ateb:

2 "Mae'n amlwg eich bod chi'n bobl mor bwysig!
Fydd doethineb ddim yn bod ar ôl i chi fynd!
3 Ond mae gen innau feddwl hefyd –
dw i ddim gwaeth na chi.
Mae pawb yn gwybod y pethau yna!
4 Ond dw i wedi troi'n destun sbort i'm ffrindiau –
ie fi, oedd yn galw ar Dduw ac yn cael ateb.
Fi, y dyn da a gonest – yn destun sbort!
5 *Mae pobl gyfforddus eu byd yn wfftio fy helyntion* –
'Dyna sy'n digwydd pan mae dyn yn llithro!'
6 Ond mae lladron yn cael bywyd braf,
a'r rhai sy'n herio Duw yn byw yn saff –
ac yn cario eu duw yn eu dwylo!

7 Ond meddwch chi:
'Gofyn i'r anifeiliaid – byddan nhw'n dy ddysgu;
neu i'r adar – byddan nhw'n dweud wrthot ti.
8 Neu gofyn i'r ddaear – bydd hi'n dy ddysgu,
ac i bysgod y môr ddangos y ffordd i ti.

9 Pa un ohonyn nhw sydd ddim yn gwybod
mai Duw sydd wedi gwneud hyn?
10 Yn ei law e mae bywyd pob creadur
ac anadl pob person byw.
11 Ydy'r glust ddim yn profi geiriau
fel mae'r geg yn blasu bwyd?
12 Onid pobl mewn oed sy'n ddoeth,
a'r rhai sydd wedi byw'n hir sy'n deall?'

13 Duw ydy'r un doeth a chryf;
ganddo fe y mae cyngor a deall.
14 Does dim ailadeiladu beth mae e wedi'i chwalu;
na dianc i'r sawl mae e wedi'i garcharu.
15 Pan mae'n dal y glawogydd yn ôl, mae sychder yn dilyn;
pan mae e'n eu gollwng yn rhydd, maen nhw'n boddi'r tir.

16 Duw ydy'r un cryf a medrus;
mae'r un sydd ar goll a'r un sy'n camarwain
yn atebol iddo.
17 Mae'n arwain cynghorwyr i ffwrdd yn noeth,
ac yn gwneud i farnwyr edrych fel ffyliaid.
18 Mae'n tynnu gwisg brenhinoedd oddi arnyn nhw,
ac yn rhwymo gwisg caethwas amdanyn nhw.
19 Mae'n arwain offeiriaid i ffwrdd yn noeth,
ac yn bwrw swyddogion y deml i lawr.
20 Mae'n cau cegau'r cynghorwyr ffyddlon,
ac yn diddymu cyngor y dynion doeth.
21 Mae'n dwyn anfri ar dywysogion,
ac yn diarfogi'r rhyfelwr cryf.

22 Mae'n datguddio pethau dirgel y tywyllwch,
ac yn dod â phethau tywyll i'r golau.
23 Mae'n gwneud i wledydd dyfu, ac yna'n eu dinistrio;
mae'n estyn ffiniau'r gwledydd ac yna'n eu chwalu.
24 Mae'n gwneud i arweinwyr y bobl fynd o'u pwyll,
ac yn eu gadael i grwydro mewn anialwch heb lwybrau;
25 yn ymbalfalu heb olau yn y tywyllwch,
ac yn sigledig ar eu traed fel meddwon.

Job yn dadlau ei achos

13 Ydw, dw i wedi gweld hyn i gyd;
dw i wedi'i glywed a'i ddeall.
2 Dw i'n gwybod cystal â chi;
dw i ddim gwaeth na chi!
3 Ond dw i eisiau siarad â'r Duw sy'n rheoli popeth;[ng]
dw i am ddadlau fy achos gyda Duw.

4 Dych chi'n palu celwyddau i guddio'r gwir!
Cwacs! Dyna beth ydych chi.
5 O na fyddech chi'n cau eich cegau!
Dyna fyddai'r peth callaf i chi ei wneud.

ng 13:3 Hebraeg, *El Shadai*.

6 Gwrandwch ar beth sydd gen i i'w ddweud;
rhowch gyfle i mi ddadlau fy achos.
7 Ydych chi'n dweud y pethau annheg yma ar ran Duw?
Ydych chi'n dweud celwydd er ei fwyn e?
8 Ydych chi am adael i Dduw ddweud rhywbeth?
Neu oes angen i chi ei amddiffyn e?
9 Sut fydd hi arnoch chi pan fydd e'n eich archwilio chi?
Neu allwch chi ei dwyllo fe fel dych chi'n twyllo pobl?
10 Bydd e'n siŵr o'ch ceryddu chi
am ddangos ffafr annheg ar y slei.
11 Bydd ei ysblander yn codi arswyd arnoch chi,
a bydd ei ofn yn cydio ynoch.
12 Geiriau gwag ydy'ch dywediadau slic chi;
atebion disylwedd, yn frau fel clai.

13 Byddwch ddistaw, i mi gael cyfle i siarad.
Beth bynnag fydd yn digwydd i mi,
14 dw i ddim am ollwng gafael!
Dw i'n fodlon mentro fy mywyd!
15 Falle y bydd e'n fy lladd i; dw i heb obaith!
Ond dw i'n mynd i amddiffyn fy hun o'i flaen e.
16 Yn wir, gallai hyn droi i fod yn achubiaeth i mi –
fyddai'r annuwiol byth yn meiddio sefyll o'i flaen.

17 Gwrandwch yn ofalus arna i;
clywch beth sydd gen i i'w ddweud.
18 Cewch weld, dw i wedi paratoi fy amddiffyniad,
a dw i'n gwybod mai fi sy'n iawn.
19 Petai rhywun yn gallu profi'r achos yn fy erbyn
byddwn i'n tewi wedyn a disgwyl marw.

20 Ond gwna ddau beth i mi, O Dduw,
fel bod dim rhaid i mi guddio oddi wrthot ti:
21 Tyn dy law yn ôl,
a stopia godi dychryn arna i.
22 Yna galw fi i gyfri, a bydda i'n ymateb;
neu gad i mi siarad gyntaf, i ti fy ateb i.

23 Sawl gwaith dw i wedi gwneud camgymeriad a phechu?
Dangos i mi'r pechod a'r gwrthryfel yn dy erbyn di.
24 Pam wyt ti'n cuddio oddi wrtho i?
Pam wyt ti'n fy nhrin i fel gelyn?
25 Pam pryfocio deilen sy'n cael ei chwythu gan wynt?
Pam rhedeg ar ôl us wedi sychu?

26 Rwyt wedi dyfarnu cosb chwerw i mi,
a gwneud i mi dalu am gamgymeriadau fy ieuenctid.
27 Rwyt ti wedi rhoi fy nhraed mewn cyffion,
ac yn gwylio popeth dw i'n ei wneud –
rwyt ti'n marcio pob cam dw i'n ei gymryd.
28 Dw i'n darfod fel rhywbeth yn pydru,
neu ddilledyn wedi'i ddifetha gan wyfyn.

Mae pawb yn marw yn y diwedd

14 Byr ydy bywyd dyn, wedi'i eni o wraig,
ac mae ei ddyddiau yn llawn trafferthion.
2 Mae'n blodeuo ac yna'n gwywo;
mae'n diflannu fel cysgod, a byth yn aros.
3 Ai ar un felly wyt ti'n syllu?
Wyt ti am fy rhoi i ar brawf?

4 Pwy all wneud yr aflan yn lân?
Does neb!
5 Mae dyddiau rhywun wedi'u rhifo;
ti'n gwybod faint o fisoedd fydd e'n byw
ac wedi gosod ffin fydd e byth yn ei chroesi.
6 Edrych i ffwrdd a gad lonydd iddo,
fel gwas cyflog wedi gorffen ei waith.

7 Mae gobaith i goeden dyfu eto
ar ôl cael ei thorri i lawr.
Fydd ei blagur newydd ddim yn methu.
8 Er bod ei gwreiddiau'n hen yn y pridd,
a'i boncyff wedi dechrau pydru,
9 mae'n synhwyro dŵr ac yn blaguro eto,
a'i brigau'n tyfu fel petai newydd ei phlannu.

10 Ond mae'r dyn cryfaf yn marw heb gryfder;
mae'n anadlu am y tro olaf, ac mae wedi mynd.
11 Fel dŵr yn diflannu o lyn,
neu afon yn llifo i ffwrdd ac yn sychu.
12 Mae pobl feidrol yn gorwedd a byth yn codi;
fydd dim deffro na chodi o'u cwsg
tra bydd yr awyr yn dal i fod.

13 O na fyddet ti'n fy nghuddio'n saff yn y bedd,[h]
a'm cadw o'r golwg nes i dy ddigofaint fynd heibio;
yna gosod amser penodol i'm cofio i eto.
14 Ar ôl i rywun farw, fydd e'n cael byw eto?
Ar hyd fy mywyd caled byddwn i'n disgwyl
i rywun ddod i'm rhyddhau.
15 Byddet ti'n galw, a byddwn innau'n dod;
byddet yn hiraethu am waith dy ddwylo.
16 Byddet ti'n gofalu amdana i bob cam,
heb wylio am fy mhechod o hyd.
17 Byddai pob trosedd o'r golwg mewn bag wedi'i selio,
a'm pechod wedi'i guddio dan orchudd.

18 Ond na, fel mae mynyddoedd yn cael eu herydu,
a chreigiau yn syrthio o'u lle;
19 neu fel mae dŵr yn gwneud carreg yn llyfn,
a glaw trwm yn golchi ymaith bridd y ddaear;
dyna sut rwyt ti'n lladd gobaith rhywun.
20 Ti'n ei drechu'n llwyr – mae ar ben arno!
Rwyt yn ei anffurfio ac yn ei anfon i ffwrdd.

---

h 14:13 *y bedd* Hebraeg, *Sheol*, sef "y byd tanddaearol lle mae'r meirw yn mynd".

21 Fydd e ddim yn gwybod os bydd ei feibion yn cael anrhydedd;
nac yn ymwybodol os cân nhw eu bychanu.
22 Dydy e'n teimlo dim ond ei boen ei hun
ac yn poeni dim am neb arall."

Yr ail gylch o ddadleuon
(Job 15:1 — 21:34)

Ymateb Eliffas: Dydy Job ddim yn parchu Duw

15 A dyma Eliffas o Teman yn ymateb:

2 "Ydy dyn doeth yn ateb drwy falu awyr?
Ti'n llawn o wynt poeth y dwyrain!
3 Ydy e'n dadlau ei achos drwy siarad lol,
a defnyddio dim ond geiriau gwag?

4 Dwyt ti'n dangos dim parch at Dduw,
ac yn rhwystro eraill rhag myfyrio arno!
5 Dy bechod sy'n gwneud i ti ddweud y fath bethau;
rwyt ti mor gyfrwys yn y ffordd ti'n siarad.
6 Dy eiriau dy hun sy'n dy gondemnio – nid fi;
mae dy geg yn tystio yn dy erbyn di!

7 Ai ti oedd y dyn cyntaf i gael ei eni?
Oeddet ti'n bodoli cyn y bryniau?
8 Oeddet ti wedi clustfeinio ar gyfrinachau Duw?
Ai ti ydy'r unig un doeth?
9 Beth wyt ti'n ei wybod yn fwy na ni?
Beth wyt ti'n ei ddeall nad ydyn ni'n ei ddeall?
10 Mae oedran a gwallt gwyn o'n plaid ni –
dw i wedi byw yn hirach na dy dad!

11 Ydy'r cysur mae Duw'n ei gynnig ddim yn ddigon?
Mae ei eiriau mor garedig a thyner.
12 Pam wyt ti'n gadael i deimladau dy reoli?
Mae dy lygaid yn dangos dy fod wedi gwylltio.
13 Sut alli di golli dy dymer gyda Duw,
a gadael i'r fath eiriau groesi dy wefusau!

14 Sut all person meidrol fod yn lân?
Neu un wedi'i eni o wraig honni mai fe sy'n iawn?
15 Os ydy Duw ddim yn gallu trystio ei angylion,
a'r byd nefol ddim yn lân yn ei olwg,
16 sut mae'n edrych ar ddynoliaeth ffiaidd, lygredig,
sy'n gwneud drwg fel mae'n yfed dŵr!

17 Gwna i ddangos i ti, os gwnei di wrando.
Gwna i ddweud beth dw i wedi'i weld –
18 pethau mae dynion doeth wedi'u dangos,
pethau wedi'u dysgu gan eu tadau.
19 Cafodd y tir ei roi iddyn nhw,
a doedd pobl estron ddim yn eu plith nhw.

20 Mae'r dyn drwg yn dioddef poen ar hyd ei fywyd;
a'r gormeswr creulon drwy gydol ei holl flynyddoedd.
21 Mae'n clywed sŵn sy'n ei fygwth o hyd,
a phan mae bywyd yn braf mae'r dinistrydd yn dod.
22 Does ganddo ddim gobaith dianc o'r tywyllwch;
ac mae'n gwybod y bydd y cleddyf yn ei ladd.

23 Mae'n crwydro – bydd yn fwyd i fwlturiaid;
ac mae'n gwybod fod y diwrnod tywyll yn dod.
24 Mae'n cael ei ddychryn gan ofid
a'i lethu gan bryder,
fel brenin ar fin mynd i ryfel;
25 am ei fod wedi codi ei ddwrn i fygwth Duw,
a gwrthwynebu'r Duw sy'n rheoli popeth;
26 wedi'i herio ac ymosod arno
â'i darian drwchus gref!

27 Er ei fod yn llond ei groen ac yn iach
a'i lwynau'n gryfion,
28 mae'n byw mewn trefi fydd yn cael eu dinistrio,
ac mewn tai lle bydd neb ar ôl;
rhai fydd yn ddim mwy na pentwr o rwbel.
29 Fydd e ddim yn aros yn gyfoethog,
a fydd yr hyn sydd ganddo ddim yn para;
fydd ganddo ddim eiddo ar wasgar drwy'r wlad.

30 Fydd e ddim yn dianc o'r tywyllwch.
Fel coeden a'r fflamau wedi llosgi ei brigau;
bydd Duw yn anadlu arno, a bydd yn diflannu.
31 Dylai beidio trystio'r hyn sy'n ddiwerth, a'i dwyllo ei hun,
fydd dim yn cael ei dalu'n ôl iddo.
32 Bydd yn gwywo o flaen ei amser,
cyn i'w frigau gael cyfle i flaguro.

33 Bydd fel gwinwydden yn gollwng ei grawnwin;
neu goeden olewydd yn bwrw ei blodau.
34 Mae cwmni pobl annuwiol fel coeden ddiffrwyth;
ac mae tân yn llosgi pebyll y rhai sy'n derbyn breib.
35 Maen nhw'n beichiogi helynt, yn esgor ar bechod,
a'r plentyn yn y groth ydy twyll."

Job yn ymateb: cysurwyr gwael!

16 Dyma Job yn ateb:

2 "Dw i wedi clywed hyn i gyd o'r blaen;
dych chi i gyd yn gysurwyr gwael!
3 Oes dim diwedd i'r malu awyr yma?
Beth sy'n dy gorddi di fod rhaid i ti gael y gair olaf?
4 Gallwn innau siarad â chi yr un fath
petaech chi yn fy lle i.
Gallwn i eich drysu chi â geiriau diddiwedd,
ac ysgwyd fy mhen arnoch chi.

5 Ond eich calonogi chi fyddwn i'n wneud;
eich cysuro chi, a lleddfu'r poen.
6 Ond alla i ddweud dim i leddfu fy mhoen fy hun;
ac os ydw i'n cadw'n dawel dydy'r poen ddim llai.

7 Y ffaith ydy, mae Duw wedi fy mlino'n lân!
Mae e wedi dinistrio fy nheulu.
8 Dw i'n crebachu yn ei law –
dw i'n ddim ond croen ac esgyrn
ac mae hynny'n tystio yn fy erbyn i.
9 Mae e'n ddig, ac wedi fy rhwygo'n ddarnau;
ac mae'n ysgyrnygu ei ddannedd arna i.
Mae'n rhythu fel gelyn, 10 ac mae pobl yn chwerthin
ac yn gwneud sbort am fy mhen.
Maen nhw'n rhoi slap sarhaus i mi,
ac yn uno gyda'i gilydd yn fy erbyn.
11 Mae Duw wedi fy ngadael i'r annuwiol,
ac wedi fy nhaflu i ddwylo dynion drwg.

12 Roedd bywyd yn ddibryder, ond chwalodd y cwbl;
gafaelodd yn fy ngwar a'm malu'n ddarnau mân.
Mae wedi fy newis fel targed,
13 ac mae ei saethwyr o'm cwmpas.
Mae wedi trywanu fy mherfedd yn ddidrugaredd,
ac mae fy ngwaed[i] wedi'i dywallt ar lawr.
14 Dw i fel wal mae'n torri drwyddi dro ar ôl tro,
ac mae e'n rhuthro yn fy erbyn fel rhyfelwr.

15 Mae sachliain yn sownd i'm croen;
a chladdwyd pob nerth oedd gen i yn y llwch.
16 Ar ôl wylo'n chwerw mae fy wyneb yn goch,
ac mae cysgodion tywyll dan fy llygaid.
17 Ond dw i ddim wedi gwneud niwed i neb,
ac mae fy ngweddïau'n ddidwyll.

18 Ddaear, paid gorchuddio fy ngwaed!
Paid gadael i'm protest fynd o'r golwg!
19 Hyd yn oed nawr, mae gen i dyst yn y nefoedd;
mae Un all sefyll gyda mi yn yr uchelder!
20 Ond mae fy ffrindiau'n fy nirmygu,
tra dw i'n wylo dagrau o flaen Duw.
21 O na fyddai e'n dadlau achos creadur meidrol,
fel rhywun yn amddiffyn ei ffrind.
22 Does gen i ddim llawer o flynyddoedd i fynd
cyn y bydda i'n cerdded y llwybr di-droi'n-ôl.

Anobaith Job

17

Dw i wedi torri fy nghalon,
mae fy nyddiau'n diffodd;
dim ond y bedd sydd o'm blaen.

---

i 16:13 *fy ngwaed* Hebraeg, "bustl".

2 Mae pawb o'm cwmpas yn gwawdio,
mae fy llygaid yn gorfod diodde'u pryfocio.
3 Cynnig dy hun yn fechnïydd drosto i!
Pwy arall sy'n fodlon gwarantu ar fy rhan?
4 Ti wedi dallu'r rhain; dŷn nhw ddim yn deall,
felly fyddan nhw ddim yn llwyddo.
5 Maen nhw fel dyn yn cynnig gwledd i'w ffrindiau
tra mae ei blant ei hun yn llwgu.

6 Dw i wedi cael fy ngwneud yn destun sbort i'r bobl;
maen nhw'n poeri yn fy wyneb.
7 Mae fy llygaid yn pylu oherwydd y gofid,
a'm corff i gyd yn ddim ond cysgod.
8 Mae pobl dda yn methu credu'r peth,
a'r un heb fai yn cael ei gythruddo gan yr annuwiol.
9 Mae'r rhai cyfiawn yn cadw eu hunain yn bur,
a'r rhai glân eu dwylo yn mynd o nerth i nerth.
10 Felly dewch yn eich blaen i ymosod arna i eto!
Does dim dyn doeth i'w gael yn eich plith chi!

11 Mae fy mywyd ar ben,
a'm cynlluniau wedi'u chwalu –
pethau oeddwn i wir eisiau eu gwneud.
12 Mae'r ffrindiau yma'n dweud fod nos yn ddydd!
'Mae'n olau!' medden nhw, a hithau'n hollol dywyll!
13 Dw i'n edrych ymlaen at gartrefu yn y bedd,
a gwneud fy ngwely yn y tywyllwch;
14 Dw i'n dweud wrth y bedd, 'Fy nhad i wyt ti,'
ac wrth y cynrhon, 'Fy mam!', 'Fy chwaer!' –
15 Felly, ble mae fy ngobaith i?
Oes rhywun yn gweld unrhyw obaith i mi?
16 Fydd gobaith yn mynd gyda mi drwy giatiau marwolaeth?
Fyddwn ni'n mynd i lawr gyda'n gilydd i'r pridd?"

Ymateb Bildad: pobl ddrwg mae Duw'n eu cosbi

18 A dyma Bildad o Shwach yn ymateb:

2 "Pryd wyt ti'n mynd i stopio siarad fel yma?
Meddylia am funud, i ni gael cyfle i drafod.
3 Pam wyt ti'n ein trin ni fel anifeiliaid direswm,
ac yn ein hystyried ni'n dwp?
4 Cei rwygo dy hun yn ddarnau yn dy wylltineb,
ond a fydd trefn pethau yn cael ei newid er dy fwyn di?
Fydd y creigiau yn cael eu symud o'u lle?

5 Na, mae golau'r rhai drwg yn cael ei ddiffodd;
fydd ei fflam e ddim yn ailgynnau.
6 Mae'r golau yn ei babell yn gwanhau,
a'r lamp uwch ei ben yn diffodd.
7 Bydd ei gamau hyderus yn troi'n betrus,
a'i gynlluniau ei hun yn ei faglu.

8 Mae'n cerdded yn syth i'r rhwyd,
ac yn camu ar y fagl.
9 Mae ei droed yn cael ei dal mewn trap,
a'r fagl yn tynhau amdani.
10 Mae rhaff wedi'i chuddio ar y ddaear i'w ddal;
mae magl ar ei lwybr.

11 Mae'n cael ei ddychryn o bob cyfeiriad,
ac mae ofnau'n ei ddilyn i bobman.
12 Mae trychineb yn ysu amdano,
a dinistr yn disgwyl iddo lithro.
13 Mae ei groen yn cael ei fwyta gan afiechyd,
a'i gorff yn dioddef y farwolaeth fwya erchyll.
14 Mae'n cael ei lusgo allan o'i babell ddiogel,
a'i alw i ymddangos o flaen brenin braw.

15 Mae tân yn byw yn ei babell,
a brwmstan yn cael ei chwalu dros ei gartref.
16 Mae ei wreiddiau yn crino oddi tano,
a'i ganghennau'n gwywo uwch ei ben.
17 Mae pawb drwy'r wlad wedi anghofio amdano;
does dim sôn am ei enw yn unman.

18 Mae'n cael ei wthio o'r golau i'r tywyllwch,
a'i yrru i ffwrdd o'r byd.
19 Heb blant na pherthnasau i'w enw,
a neb ar ôl lle roedd yn byw.
20 Bydd pobl y gorllewin yn synnu at ei dynged,
a phobl y dwyrain wedi dychryn yn lân.
21 Ond dyna beth sy'n digwydd i'r rhai drwg;
felly mae hi ar bobl sydd ddim yn nabod Duw."

Job yn ymateb: mae fy Amddiffynnwr yn fyw

19 Dyma Job yn ateb:

2 "Am faint mwy dych chi'n mynd i'm poenydio,
a'm dryllio gyda'ch areithio?
3 Dych chi'n fy nwrdio i dro ar ôl tro,
ac yn ymosod arna i'n gwbl haerllug.
4 A hyd yn oed petai'n wir fy mod ar fai,
dim ond fi fyddai'n dioddef wedyn!
5 Ond mae'n rhaid i chi ddangos eich bod chi'n well na fi,
a defnyddio'r hyn dw i'n ddiodde i brofi eich pwynt!
6 Dylech weld fod Duw wedi gwneud cam â mi;
mae wedi f'amgylchynu ac yn gwarchae yn fy erbyn.

7 Dw i'n gweiddi, 'Trais!' ond does neb yn ateb;
gweiddi am help, ond does dim tegwch.
8 Mae Duw wedi blocio fy ffordd; alla i ddim dianc!
Mae wedi gwneud fy llwybr yn dywyll.

9 Mae wedi dwyn fy urddas oddi arna i,
a thynnu'r goron oddi ar fy mhen.
10 Mae wedi fy mwrw i lawr yn llwyr – mae hi ar ben arna i!
Mae fy ngobaith wedi mynd, fel coeden wedi'i diwreiddio.
11 Mae e wedi gwylltio'n lân gyda mi,
ac yn fy nhrin fel un o'i elynion.
12 Mae ei fyddin yn ymosod gyda'i gilydd,
wedi codi rampiau i warchae yn fy erbyn
a gwersylla o gwmpas fy mhabell.

13 Mae wedi gwneud i'm perthnasau gadw draw;
dydy'r bobl sy'n fy nabod i ddim eisiau gwybod.
14 Mae fy nghymdogion wedi troi cefn arna i,
a'm ffrindiau gorau wedi anghofio amdana i.
15 Mae fy morynion yn fy nhrin i fel dieithryn –
fel petawn i'n rhywun o wlad arall.
16 Dw i'n galw fy ngwas, ond dydy e ddim yn ateb,
er fy mod yn crefu arno i ddod.

17 Mae fy anadl yn atgas i'm gwraig,
a dw i'n drewi'n ffiaidd i'm teulu.
18 Mae hyd yn oed plant bach yn gwneud sbort am fy mhen;
pan dw i'n codi, maen nhw'n gwawdio.
19 Mae fy ffrindiau agosaf yn fy ffieiddio;
a'r rhai dw i'n eu caru wedi troi yn fy erbyn.
20 Dw i'n ddim byd ond croen ac esgyrn
a dw i'n dal yma o drwch blewyn!
21 Byddwch yn garedig ata i! Chi ydy fy ffrindiau!
Mae Duw wedi fy nharo i!
22 Pam mae'n rhaid i chi hefyd fy erlid, fel Duw?
Oes yna ddim diwedd ar eich ymosodiadau?

23 O na fyddai fy ngeiriau yn cael eu hysgrifennu i lawr,
a'u cofnodi'n glir mewn sgrôl;
24 eu naddu ar graig gyda chŷn haearn,
a'u llenwi â phlwm i gael eu gweld am byth!
25 Ond dw i'n gwybod fod fy Amddiffynnwr yn fyw,
ac yn y diwedd y bydd yn sefyll ar y ddaear i dystio ar fy rhan,
26 hyd yn oed ar ôl i'm croen i gael ei ddifa.
Ond cael gweld Duw tra dw i'n dal yn fyw[l] – dyna dw i eisiau,
27 ei weld drosof fy hun;
i'm llygaid i ei weld, nid rhywun arall:
dw i'n hiraethu am hynny fwy na dim.

28 Wrth ofyn, 'Sut allwn ni ei erlid e?'
ac wrth ddweud, 'Arno fe'i hun mae'r bai!'
29 dylech chi ofni cael eich cosbi eich hunain –
mae eich dicter chi'n haeddu ei gosbi â'r cleddyf!
Cofiwch fod yna farn i ddod!"

l 19:26 *dal yn fyw* Hebraeg, "yn fy nghorff".

Ymateb Soffar: bydd pobl ddrwg yn dioddef

20 Yna dyma Soffar o Naamâ yn ymateb:

2 "Dw i ddim yn hapus o gwbl!
Dw i'n teimlo fod rhaid i mi ateb.
3 Dw i wedi gwrando arnat ti'n ceryddu a sarhau,
ac mae pob rheswm yn fy nghymell i ateb:

4 Wyt ti ddim yn sylweddoli? Ers cyn cof,
pan gafodd pobl eu gosod ar y ddaear gyntaf –
5 dydy pobl ddrwg ddim yn cael dathlu'n hir.
Fydd yr annuwiol ddim ond yn hapus dros dro.
6 Er i'w falchder dyfu'n dal,
nes i'w ben gyffwrdd y cymylau,
7 bydd yn pydru fel ei garthion, ac yn diflannu am byth!
Bydd y rhai oedd yn ei nabod yn gofyn, 'Ble'r aeth e?'
8 Bydd wedi hedfan i ffwrdd fel breuddwyd wedi'i hanghofio;
fel gweledigaeth ddaeth yn y nos ac yna diflannu.
9 Fydd y bobl oedd yn sylwi arno ddim yn ei weld eto;
fydd e ddim yno, lle roedd yn amlwg o'r blaen.
10 Bydd rhaid i'w feibion dalu'n ôl i'r tlodion;
bydd ei blant yn gollwng gafael ar ei gyfoeth.
11 Yn ifanc, a'i esgyrn yn llawn egni,
bydd yn gorwedd yn y llwch heb ddim.

12 Er bod drygioni'n blasu'n felys iddo,
a'i fod yn ei gadw o'r golwg dan ei dafod,
13 i gadw'r blas yn ei geg,
a cheisio ei rwystro rhag darfod;
14 bydd yn suro yn ei stumog,
ac fel gwenwyn gwiber yn ei fol.
15 Bydd yn chwydu'r holl gyfoeth a lyncodd;
bydd Duw yn gwneud iddo gyfogi.
16 Roedd wedi sugno gwenwyn y wiber;
ac mae neidr arall yn ei frathu a'i ladd.
17 Fydd e ddim yn cael mwynhau'r nentydd,
yr afonydd a'r ffrydiau diddiwedd o fêl a chaws colfran.
18 Fydd e ddim yn gallu cadw'r holl elw a lyncodd;
fydd e ddim yn cael mwynhau ffrwyth ei fasnachu.
19 Pam? Am ei fod wedi sathru'r tlodion a'u gadael i ddioddef,
ac wedi dwyn tai wnaeth e ddim eu hadeiladu.
20 Ond dydy e byth yn cael ei fodloni,
a dydy ei chwant am fwy byth yn ei adael.
21 Does dim byd ar ôl iddo ei lowcio,
felly fydd ei lwyddiant ddim yn gallu para.
22 Pan fydd ar ben ei ddigon, mae argyfwng yn dod,
a phob math o helyntion yn dod ar ei draws.
23 Tra mae'n stwffio'i fol
bydd Duw yn anfon tân ei ddigofaint yn ei erbyn,
ac yn tywallt ei saethau i lawr arno.

24 Wrth iddo ddianc rhag yr arfau haearn
bydd saeth bres yn ei drywanu.
25 Wrth geisio ei thynnu allan o'i gefn,
a blaen y saeth o'i iau,
mae dychryn yn dod drosto.
26 Mae tywyllwch dudew yn disgwyl am ei drysorau,
a bydd tân heb ei gynnau gan berson dynol yn ei losgi'n ulw,
ac yn difa popeth sydd ar ôl yn ei babell.
27 Bydd y nefoedd yn dod â'i ddrygioni i'r golwg;
bydd y ddaear yn codi i'w gyhuddo.
28 Bydd ei gartref yn cael ei ysgubo i ffwrdd gan lifogydd,
gan y llifeiriant ar ddydd digofaint Duw.
29 Dyma dynged pobl ddrwg;
dyma'r etifeddiaeth fydd Duw yn ei rhoi iddyn nhw."

Job yn ymateb: mae pobl ddrwg yn llwyddo!

21 Dyma Job yn ateb:

2 "Gwrandwch yn ofalus ar beth dw i'n ddweud;
rhowch cyn lleied â hynny o gysur i mi!
3 Rhowch gyfle i mi,
ac ar ôl i mi gael dweud fy mhwt cewch wneud sbort.
4 Ai cwyn yn erbyn person meidrol sydd gen i?
Felly pam ga i ddim bod ychydig yn flin?
5 Edrychwch arna i. Bydd hyn yn eich dychryn chi.
Rhowch eich llaw dros eich ceg.
6 Dw i'n arswydo wrth feddwl am y peth!
Mae fy nghorff yn crynu drwyddo.

7 Pam mae'r rhai drwg yn cael dal i fyw
a heneiddio a mynd yn fwy a mwy pwerus?
8 Mae eu plant yn cael bywyd da gyda nhw,
ac maen nhw'n byw i weld plant eu plant.
9 Mae eu cartrefi'n saff, does dim rhaid ofni,
a dŷn nhw ddim yn profi gwialen Duw'n eu cosbi.
10 Mae eu teirw'n bridio heb fethu,
a'u gwartheg yn cael lloi heb golli'r un.
11 Mae eu plant bach yn cael rhedeg yn rhydd,
ac yn prancio o gwmpas yn hapus fel ŵyn,
12 yn canu'n llon gyda'r tambwrîn a'r delyn,
a mwynhau gwrando ar alaw'r ffliwt.
13 Maen nhw'n cael byw yn braf am flynyddoedd,
ac yna marw'n dawel a mynd i'r bedd mewn heddwch.
14 Eu hagwedd at Dduw ydy, 'Gad lonydd i ni,
does gynnon ni ddim eisiau gwybod am dy ffyrdd di!
15 Pwy ydy'r Un sy'n rheoli popeth? Pam ddylen ni ei wasanaethu?
Beth ydy'r pwynt i ni weddïo arno?'
16 Ond dŷn nhw ddim yn llwyddo yn eu nerth eu hunain.
Dydy ffordd y rhai drwg o feddwl yn gwneud dim sens i mi!

17 Pa mor aml mae lamp pobl ddrwg yn cael ei diffodd yn annisgwyl?
Pa mor aml mae trychineb yn dod ar eu traws?
Pa mor aml mae Duw'n gwneud iddyn nhw ddiodde am ei fod yn ddig?
18 Pa mor aml maen nhw'n cael eu chwythu i ffwrdd fel gwellt,
neu fel us yn cael ei gipio ymaith gan y gwynt?
19 Ydy Duw yn cosbi plant yr annuwiol yn eu lle?
Dylai gosbi'r annuwiol eu hunain – iddyn nhw ddysgu eu gwers!
20 Gad iddyn nhw brofi dinistr eu hunain,
ac yfed o ddigofaint yr Un sy'n rheoli popeth!
21 Dŷn nhw'n poeni dim beth fydd yn digwydd i'w teuluoedd
pan fydd eu dyddiau eu hunain wedi dod i ben!

22 All rhywun ddysgu gwers i Dduw?
Onid fe sy'n barnu'r angylion yn y nefoedd uchod?
23 Mae un dyn yn marw pan mae'n iach ac yn ffit,
yn braf ei fyd ac yn ofni dim;
24 yn edrych yn dda,
a'i esgyrn yn gryfion.
25 Mae un arall yn marw yn ddyn chwerw,
heb wybod beth ydy bod yn hapus.
26 Ond mae'r ddau fel ei gilydd yn gorwedd yn y pridd
a chynrhon drostyn nhw i gyd.

27 O ydw, dw i'n gwybod beth sydd ar eich meddyliau chi,
a'r drwg dych chi'n bwriadu ei wneud i mi.
28 Dych chi'n gofyn, 'Ble mae tŷ'r gŵr bonheddig?
Ble mae cartrefi'r bobl ddrwg wedi mynd?'
29 Ydych chi ddim wedi gofyn i'r rhai sy'n teithio?
Allwch chi ddim gwrthod eu tystiolaeth nhw:
30 fod pobl ddrwg yn cael eu harbed pan mae trychineb yn dod,
ac yn dianc ar y dydd pan mae Duw'n ddig?
31 Does neb yn ceryddu dyn felly am ei ffyrdd;
neb yn talu nôl iddo am beth mae wedi'i wneud.
32 Pan mae'n cael ei gario i'r fynwent,
mae rhywrai'n gwylio dros ei fedd.
33 Mae gorwedd dan bridd y dyffryn yn felys iddo,
a phawb yn ei ddilyn mewn prosesiwn;
ac aeth tyrfa fawr yno o'i flaen.
34 Felly, sut allwch chi fy nghysuro i gyda'ch nonsens?
Dydy'ch atebion chi yn ddim byd ond twyll!"

Y trydydd cylch o ddadleuon
(Job 22:1 – 27:23)

Ymateb Eliffas: mae Job yn ddyn drwg iawn

22 A dyma Eliffas o Teman yn ymateb:

2 "All person dynol fod o unrhyw help i Dduw?
Ydy dyn doeth o unrhyw fudd iddo?
3 Ydy'r Un sy'n rheoli popeth ar ei ennill os wyt ti'n ddieuog?
Oes mantais iddo dy fod ti'n byw yn iawn?

4 Ydy e'n dy alw i gyfri am dy fod wedi byw'n dduwiol?
Ai dyna pam mae e'n dy farnu di?
5 Na, mae'n rhaid dy fod wedi gwneud drwg,
ac wedi pechu'n ddiddiwedd,
6 wedi cymryd gwystl oddi ar bobl heb achos,
a'u gadael nhw yn noeth, heb ddillad.
7 Wnest ti ddim rhoi dŵr i'r sychedig ei yfed,
na bara i'w fwyta i bobl oedd yn newynu.
8 Roeddet ti'n ddyn pwerus, yn berchen tir
ac yn byw arno, ac mor freintiedig;
9 ond yn troi gweddwon i ffwrdd heb ddim,
ac yn dwyn eu hawliau oddi ar blant amddifad.
10 Dyna pam wyt ti wedi dy ddal yn y picil yma,
ac yn sydyn yn cael dy hun mewn panig.
11 Mae hi mor dywyll arnat ti, alli di weld dim,
ac mae'r llifogydd ar fin dy foddi di!

12 Ydy Duw ddim yn y nefoedd uchod?
Edrych ar y sêr pellaf, sy mor uchel!
13 Ond rwyt ti'n dweud, 'Beth mae Duw'n ei wybod?
Ydy e'n gallu barnu drwy'r cymylau duon?
14 Dydy e ddim yn gweld, am fod cymylau yn ei guddio
wrth iddo gerdded o gwmpas yn entrychion y nefoedd!'
15 Wyt ti am ddilyn yr un hen ffordd dywyll
mae pobl annuwiol wedi'i cherdded?
16 Cawson nhw eu cipio i ffwrdd o flaen eu hamser,
pan lifodd y dilyw dros eu sylfeini.
17 Roedden nhw'n dweud wrth Dduw, 'Gad lonydd i ni!'
a 'Beth mae'r Un sy'n rheoli popeth yn gallu ei wneud i ni?'
18 Ac eto Duw oedd yn llenwi eu tai â phethau da!
Dydy ffordd pobl ddrwg o feddwl yn gwneud dim sens i mi!
19 Mae'r rhai cyfiawn yn gweld eu dinistr, ac yn llawen;
mae'r diniwed yn eu gwawdio nhw.
20 'Mae'r rhai cas wedi'u dinistrio,
a'u cyfoeth wedi'i losgi gan dân.'

21 Ildia dy hun i Dduw, i ti brofi ei heddwch,
wedyn bydd pethau da yn digwydd i ti.
22 Plîs! Derbyn beth mae e'n ceisio'i ddysgu i ti,
a thrysora ei neges yn dy galon.
23 Os gwnei di droi nôl at yr Un sy'n rheoli popeth, cei dy adfer.
Os gwnei di stopio ymddwyn yn anghyfiawn.
24 Os gwnei di drin dy aur fel petai'n ddim ond pridd,
aur pur Offir yn ddim gwell na cherrig mewn nant,
25 yna yr Un sy'n rheoli popeth fydd dy aur di,
fe fydd fel arian gwerthfawr.
26 Bydd yr Un sy'n rheoli popeth yn dy wefreiddio,
a byddi'n gallu edrych eto ar Dduw.
27 Byddi'n gweddïo arno, a bydd e'n gwrando arnat ti,
a byddi'n cadw dy addewidion iddo.
28 Pan fyddi'n penderfynu gwneud rhywbeth, byddi'n llwyddo,
a bydd golau'n disgleirio ar dy ffyrdd.

29 Pan fydd pobl mewn trafferthion, byddi'n galw 'Helpa nhw!'
a bydd Duw yn achub y digalon.
30 Bydd hyd yn oed yn achub yr euog;
bydd yn dianc am fod dy ddwylo di'n lân."

Job yn ymateb: ble mae Duw?

23 Dyma Job yn ateb:

2 "Dw i am gwyno yn ei erbyn eto heddiw;
mae e'n dal i'm cosbi er fy mod i'n griddfan.
3 O na fyddwn i'n gwybod ble i ddod o hyd iddo,
a sut i gyrraedd ei orsedd, lle mae'n barnu!
4 Byddwn yn gosod fy achos ger ei fron
ac yn cyflwyno llond ceg o ddadleuon iddo.
5 Byddwn i'n gweld wedyn sut byddai'n fy ateb i
a dechrau deall beth mae'n ddweud wrtho i.
6 Fyddai e'n fy sathru drwy ddadlau yn fy erbyn?
Na, byddai'n rhoi gwrandawiad teg i mi.
7 Yno gall dyn gonest gyflwyno ei achos o'i flaen.
Byddai fy marnwr yn fy nghael yn ddieuog am byth!

8 Dw i'n edrych i'r dwyrain, a dydy e ddim yno;
i'r gorllewin, ond dw i'n dal ddim yn ei weld.
9 Edrych i'r gogledd, a methu dod o hyd iddo;
i'r de, ond does dim sôn amdano.
10 Ond mae e'n gwybod popeth amdana i;
wedi iddo fy mhrofi, bydda i'n dod allan fel aur pur.
11 Dw i wedi'i ddilyn yn ffyddlon,
ac wedi cadw ei ffyrdd heb wyro.
12 Dw i ddim wedi tynnu'n groes i'w orchmynion;
a dw i wedi trysori ei eiriau'n fwy na dim byd.

13 Fe ydy'r unig Un; pwy all newid ei feddwl?
Mae'n gwneud beth bynnag mae e eisiau.
14 Bydd yn cyflawni ei gynllun ar fy nghyfer i,
fel llawer o gynlluniau eraill sydd ganddo.
15 Dyna pam dw i wedi dychryn o'i flaen;
mae meddwl am y peth yn codi ofn arna i.
16 Mae Duw wedi gwneud i mi anobeithio;
mae'r Un sy'n rheoli popeth yn codi arswyd arna i!
17 Ond er gwaetha'r tywyllwch, dw i ddim wedi tewi –
y tywyllwch dudew ddaeth drosto i.

Pam nad ydy Duw yn cosbi'r rhai drwg?

24 Pam nad ydy'r Un sy'n rheoli popeth yn cadw dyddiau barn?
Pam nad ydy'r rhai sy'n ei nabod yn cael gweld hynny?
2 Mae pobl ddrwg yn dwyn tir drwy symud ffiniau,
ac yn cymryd praidd pobl eraill i'w bugeilio.
3 Maen nhw'n dwyn asynnod yr amddifad,
ac yn cadw ych y weddw sydd mewn dyled.

4 Maen nhw'n gwthio'r anghenus o'r ffordd,
ac mae pobl dlawd yn gorfod mynd i guddio.
5 Fel asynnod gwyllt yn yr anialwch,
mae'r tlodion yn mynd allan i weithio,
ac yn chwilio am fwyd ar dir diffaith –
bwyd iddyn nhw a'u plant.
6 Maen nhw'n casglu cnwd ebran o gaeau pobl eraill,
a lloffa grawnwin o winllannoedd pobl ddrwg.
7 Maen nhw'n treulio'r nos yn noeth a heb ddillad,
heb orchudd i'w hamddiffyn rhag yr oerni.
8 Maen nhw'n wlyb domen yn y glaw trwm,
ac yn swatio gyda'i gilydd dan loches y graig.
9 Mae plentyn y weddw'n cael ei gipio o'r fron,
a babanod y tlawd yn cael eu cymryd am ddyled.
10 Maen nhw'n crwydro o gwmpas yn noeth, heb ddillad,
ac yn llwgu wrth gario ysgubau pobl eraill.
11 Maen nhw'n gwasgu'r olewydd rhwng y meini,
ac yn sathru'r grawnwin i'r cafnau, ond yn sychedig.
12 Mae pobl yn griddfan marw yn y ddinas;
a dynion wedi'u hanafu yn gweiddi am help;
ond dydy Duw'n cyhuddo neb am wneud y drwg.

13 Mae rhai pobl yn gwrthod y golau;
dŷn nhw ddim yn gwybod am ei ffyrdd
nac yn aros ar ei lwybrau.
14 Mae'r llofrudd yn codi cyn iddi wawrio
i ladd y tlawd a'r anghenus;
mae e fel y lleidr yn y nos.
15 Mae'r un sy'n godinebu yn disgwyl iddi dywyllu;
mae'n gwisgo mwgwd ar ei wyneb,
gan feddwl, 'Fydd neb yn fy nabod i.'
16 Mae lladron yn torri i mewn i dai pobl yn y nos,
ond yn cuddio o'r golwg drwy'r dydd –
dŷn nhw ddim eisiau gwybod am y golau.
17 Maen nhw i gyd yn gweld y bore fel tywyllwch;
dyna pryd mae ofn yn gafael ynddyn nhw.

18 Mae rhywun felly fel ewyn ar wyneb y dŵr.
Boed i'w dir e gael ei felltithio;
boed i neb alw heibio i'w winllannoedd!
19 Fel sychder a gwres yn gwneud i ddŵr eira ddiflannu,
mae'r bedd yn cipio'r rhai sydd wedi pechu.
20 Mae'r groth yn ei anghofio,
a'r cynrhon yn gwledda arno;
a fydd neb yn ei gofio eto;
bydd y drwg yn cael ei dorri i lawr fel coeden.
21 Maen nhw'n manteisio ar wraig ddi-blant,
ac yn cam-drin y weddw.
22 Ond mae Duw'n gallu cael gwared â'r rhai pwerus,
pan mae e'n codi, all neb fod yn siŵr y caiff fyw.
23 Mae'n gadael iddyn nhw gredu eu bod yn saff,
ond yn cadw golwg ar beth maen nhw'n ei wneud.

24 Maen nhw'n bwysig am ychydig, ond yna'n diflannu;
maen nhw'n syrthio ac yn crino fel glaswellt,
ac yn gwywo fel pen y dywysen.
25 Os nad ydy hyn yn wir, pwy sydd am wrthbrofi'r peth
a dangos mod i'n siarad nonsens?"

Ymateb Bildad: dydy dyn ddim yn gyfiawn

25 A dyma Bildad o Shwach yn ymateb:

2 "Mae gan Dduw awdurdod a gallu dychrynllyd,
ac mae'n sefydlu heddwch yn y nefoedd uchod.
3 A ellir cyfrif ei fyddinoedd?
Ydy ei olau e ddim yn disgleirio ar bawb?
4 Sut all person dynol fod yn iawn gyda Duw?
Sut all un sydd wedi'i eni o wraig fod yn lân?
5 Os nad ydy'r lleuad yn ddisglair,
na'r sêr yn lân yn ei olwg,
6 pa obaith sydd i berson dynol, sydd fel pryfyn,
creadur meidrol, sy'n ddim ond pryf genwair?"

Job yn torri ar ei draws: mae Duw mor fawr

26 A dyma Job yn ateb:

2 "O, ti'n gymaint o help i'r gwan!
Ti wedi cynnal braich yr un sydd heb nerth!
3 Mae dy gyngor mor werthfawr i rywun sydd mor ddwl!
Ti wedi bod mor hael yn rhannu dy ddoethineb!
4 Pwy wnaeth ddysgu hyn i gyd i ti?
Pwy sy'n dy ysbrydoli i siarad fel yma?

5 Mae'r meirw yn crynu o flaen Duw –
pawb sy'n byw yn y byd dan y dŵr.
6 Mae Annwn[ll] yn noeth o'i flaen,
ac Abadon[m] heb orchudd i'w guddio.
7 Duw sy'n lledu'r sêr dros yr anhrefn,
ac yn hongian y ddaear uwch y gwagle.
8 Mae'n rhwymo'r dŵr yn ei gymylau trwchus,
ond does yr un yn byrstio dan y pwysau.
9 Mae'n cuddio wyneb y lleuad llawn
drwy ledu ei gymylau drosto.
10 Mae'n marcio'r gorwel ar wyneb y moroedd,
fel terfyn rhwng y golau a'r tywyllwch.
11 Mae colofnau'r nefoedd yn crynu,
wedi'u dychryn gan ei gerydd.
12 Mae'n gallu tawelu'r môr;
trawodd fwystfil y môr[n] i lawr drwy ei ddoethineb.
13 Mae ei wynt yn clirio'r awyr;
trywanodd y sarff wibiog â'i law.

---

ll 26:6 *Annwn* Hebraeg, *Sheol*, sef "y byd tanddaearol lle mae'r meirw yn mynd". m 26:6 *Abadon*, sef "lle dinistr". n 26:12 *fwystfil y môr* Hebraeg, *Rahab*.

14 A dydy hyn prin yn cyffwrdd ei allu!
Mae fel rhyw sibrydiad bach tawel.
Pwy all ddychmygu holl rym ei nerth?"

Job am fod yn gwbl onest

27 Yna dyma Job yn mynd yn ei flaen i ddweud:

2 "Mor sicr â'i fod yn fyw, dydy Duw ddim wedi bod yn deg!
Mae'r Un sy'n rheoli popeth wedi gwneud fy enaid yn chwerw!
3 Tra mae bywyd yn dal ynof i,
ac anadl Duw yn fy ffroenau,
4 wna i byth ddweud gair o gelwydd,
na siarad yn dwyllodrus.
5 Wna i byth gytuno mai chi sy'n iawn!
Bydda i'n onest hyd fy medd –
6 Dw i'n dal i fynnu mai fi sy'n iawn;
mae fy nghydwybod i'n glir!

7 Boed i'm gelyn gael ei drin fel un drwg;
yr un sy'n ymosod arna i, fel yr anghyfiawn.
8 Pa obaith sydd i'r annuwiol pan mae'n marw,
a Duw yn dwyn ei fywyd oddi arno?
9 Fydd Duw yn gwrando arno'n gweiddi
pan fydd mewn trafferthion?
10 Fydd e'n ymgolli yn yr Un sy'n rheoli popeth?
Fydd e'n galw ar Dduw yn ddi-baid?

11 Dysgaf i i chi am nerth Duw,
heb guddio dim o fwriad yr Un sy'n rheoli popeth.
12 Dych chi wedi gweld y peth eich hunain,
felly pam dych chi'n dal i siarad y fath nonsens?

13 Dyma mae pobl ddrwg yn ei gael gan Dduw,
a'r gormeswr yn ei dderbyn gan yr Un sy'n rheoli popeth:
14 Er iddo gael llawer o blant – cânt eu taro â'r cleddyf;
fydd gan ei deulu ddim digon o fwyd.
15 Bydd y rhai sy'n goroesi yn marw o'r pla,
a fydd dim amser i'r gweddwon alaru.
16 Er casglu pentwr o arian fel pridd,
a thomen o ddillad fel baw –
17 gall gasglu'r cwbl, ond y cyfiawn fydd yn eu gwisgo,
a'r diniwed fydd yn rhannu'r arian.
18 Mae'r tŷ mae'n ei godi yn frau fel cocŵn gwyfyn,
neu'r lloches dros dro mae'r gwyliwr yn ei chreu.
19 Mae'n mynd i'w wely yn gyfoethog, ond am y tro olaf;
pan fydd yn agor ei lygaid bydd y cwbl wedi mynd.
20 Mae dychryn yn dod drosto fel ffrydlif,
a'r storm yn ei gipio yn y nos.
21 Mae gwynt y dwyrain yn ei godi a'i gymryd,
a'i ysgubo i ffwrdd o'i le;

22 mae'n ei daro'n ddidrugaredd
wrth iddo drio'i orau i ddianc o'i afael;
23 mae'n curo'i ddwylo'n wawdlyd,
a chwibanu wrth ei yrru o'i le.

Duw a doethineb

28 Mae cloddfa i arian,
a lle i aur gael ei buro.
2 Mae haearn yn cael ei dynnu o'r ddaear,
a chopr yn cael ei doddi o'r garreg.
3 Mae dynion yn mynd â golau i'r tywyllwch,
ac yn chwilio ym mhob cilfach
am y mwynau sydd yn y tywyllwch dudew.
4 Maen nhw'n agor siafft ymhell oddi wrth bawb,
mewn lleoedd nad oes neb wedi cerdded,
ac yn siglo wrth hongian ymhell o olwg pobl.
5 Ar y ddaear mae bwyd yn tyfu,
ond islaw mae tân yn ei thoddi.
6 Mae saffir i'w gael yn y cerrig,
ac aur yn ei llwch hefyd.
7 All aderyn rheibus ddim mynd ato;
all llygad barcud ddim gweld y llwybr yno.
8 Fu anifeiliaid rheibus ddim yn troedio yno;
does dim llew wedi pasio heibio.

9 Mae chwarelwyr yn taro'r graig galed,
ac yn symud sylfeini'r mynyddoedd.
10 Maen nhw'n agor siafftiau yn y creigiau,
ac yn edrych am bethau gwerthfawr.
11 Maen nhw'n archwilio ble mae afonydd yn tarddu
a dod â'r hyn oedd o'r golwg i'r golau.

12 Ond ble mae dod o hyd i ddoethineb?
Ble mae deall i'w gael?
13 Does neb yn gwybod ble mae;
dydy e ddim i'w gael ar dir y byw.
14 Mae'r dyfnder yn dweud, 'Dydy e ddim yma,'
a'r môr yn dweud, 'Dydy e ddim gen i.'

15 Does dim modd ei brynu gyda bar o aur,
na thalu amdano drwy bwyso arian.
16 Ellir ddim ei brynu gydag aur Offir,[o]
nac onics gwerthfawr, na saffir chwaith.
17 Dydy aur na grisial ddim cystal,
ac ni ellir ffeirio llestri o aur pur amdano.
18 Dydy cwrel a grisial ddim gwerth sôn amdanyn nhw;
mae pris doethineb yn uwch na pherlau.
19 Dydy topas Affrica[p] yn werth dim o'i gymharu,
a dydy aur pur ddim yn ddigon i'w brynu.

---

o 28:16 *Offir* Does dim sicrwydd ble roedd Offir. Affrica neu India falle. Roedd aur Offir yn cael ei ystyried fel yr aur gorau. p 28:19 *Affrica* Hebraeg, *Cwsh*. Yr ardal i'r de o wlad yr Aifft, sef gogledd Swdan heddiw.

20 O ble mae doethineb yn dod?
Ym mhle mae deall i'w gael?
21 Mae wedi'i guddio oddi wrth bopeth byw,
hyd yn oed yr adar yn yr awyr.
22 Mae Abadon[ph] a Marwolaeth yn dweud,
'Dŷn ni ond wedi clywed rhyw si amdano.'

23 Dim ond Duw sy'n gwybod sut i'w gyrraedd;
mae e'n gwybod o ble mae'n dod.
24 Mae e'n gweld i bedwar ban byd;
mae'n gweld popeth sydd dan yr haul.
25 Pan benderfynodd pa mor gryf ydy'r gwynt,
a mesur maint y dyfroedd;
26 pan osododd reolau i'r glaw
a llwybr i'r mellt a'r taranau,
27 gwelodd ddoethineb, a mesur ei werth;
ei sefydlu a'i archwilio'n ofalus.

28 A dwedodd wrth y ddynoliaeth:
'Parchu'r ARGLWYDD – dyna sy'n ddoeth;
peth call ydy troi cefn ar ddrygioni.' "

Job yn crynhoi ei achos

29 Yna aeth Job yn ei flaen i ddweud:

2 "O na fyddai pethau fel roedden nhw o'r blaen,
pan oedd Duw yn gofalu amdana i.
3 Roedd golau ei lamp uwch fy mhen,
ac rôn i'n cerdded drwy'r tywyllwch yn ei olau e.
4 Roedd popeth yn mynd yn iawn,
ac roedd Duw fel ffrind agos i'r teulu.
5 Roedd yr Un sy'n rheoli popeth gyda mi bryd hynny,
a'm plant i gyd o'm cwmpas i.
6 Rôn i'n byw yn fras – ar ben fy nigon,[r]
roedd ffrydiau o olew yn llifo rhwng y meini.

7 Rôn i'n cerdded drwy giât y ddinas,
ac yn eistedd ar y cyngor yn y sgwâr.
8 Roedd dynion ifanc yn camu o'r ffordd i mi,
a'r dynion hŷn yn codi ar eu traed.
9 Roedd yr arweinwyr yn dal eu tafodau,
ac yn rhoi eu llaw dros eu cegau.
10 Roedd y swyddogion yn cadw'n dawel,
fel petai eu tafodau wedi glynu wrth dop y geg.

11 Roedd pawb oedd yn gwrando arna i'n canmol,
a phawb oedd yn fy ngweld yn siarad yn dda,
12 am fy mod i'n achub y tlawd oedd yn galw am help,
a'r plentyn amddifad oedd heb neb i'w helpu.

ph 28:22 *Abadon,* sef "lle dinistr". r 29:6 Hebraeg, "Rôn i'n trochi fy nhraed mewn caws colfran."

13 Roedd pobl oedd bron wedi marw yn fy mendithio,
ac roeddwn i'n gwneud i'r weddw ganu'n llawen.
14 Roedd cyfiawnder fel gwisg amdana i,
a thegwch fel mantell a thwrban.
15 Rôn i'n llygaid i'r dall
ac yn draed i'r cloff.
16 Rôn i'n dad i'r rhai mewn angen,
ac yn gwrando ar achos y rhai dieithr.
17 Rôn i'n dryllio dannedd y dyn drwg,
ac yn gwneud iddo ollwng ei ysglyfaeth.

18 Dyma roeddwn i'n ei dybio:
'Bydda i'n aros gyda'm teulu nes i mi farw,
ac yn cael byw am flynyddoedd lawer.
19 Bydda i fel coeden a'i gwreiddiau'n cyrraedd y dŵr,
a'r gwlith yn aros ar ei changhennau.
20 Bydd fy nerth yn cael ei adnewyddu,
a'm bwa yn newydd yn fy llaw.'

21 Roedd pobl yn gwrando'n astud arna i,
ac yn cadw'n dawel wrth i mi roi cyngor.
22 Ar ôl i mi siarad doedd gan neb ddim mwy i'w ddweud –
roedd fy ngeiriau yn disgyn yn dyner ar eu clustiau.
23 Roedd disgwyl i mi siarad fel disgwyl am law,
disgwyl yn frwd am y glaw yn y gwanwyn.
24 Pan fyddwn i'n gwenu, bydden nhw wrth eu boddau;
doedden nhw ddim eisiau fy nigio i.
25 Fi oedd yn dangos y ffordd, fi oedd yn ben;
rôn i fel brenin yng nghanol ei filwyr;
rôn i'n cysuro'r rhai sy'n galaru.

30 Ond bellach mae hogiau ifanc
yn gwenu'n wawdlyd arna i,
rhai y byddwn i'n rhoi mwy o sylw
i'm cŵn defaid[rh] nag i'w tadau nhw!
2 Dynion rhy wan i fod o iws i mi –
dynion wedi colli pob cryfder;
3 dynion sy'n denau o angen a newyn,
yn crwydro'r tir sych,
a'r diffeithwch anial yn y nos.
4 Maen nhw'n casglu planhigion gwyllt,
a gwreiddiau'r banadl i gadw'n gynnes;
5 dynion wedi'u gyrru allan o gymdeithas,
a phobl yn gweiddi arnyn nhw fel lladron.
6 Maen nhw'n byw ar waelod ceunentydd,
mewn tyllau yn y ddaear ac ogofâu.
7 Maen nhw'n brefu fel anifeiliaid yng nghanol y chwyn,
ac yn swatio gyda'i gilydd dan y llwyni.
8 Pobl ddwl a da i ddim,
wedi'u gyrru i ffwrdd o gymdeithas.

---

rh 30:1 *cŵn defaid* Roedd cŵn yn cael eu dirmygu yn y cyfnod, am eu bod yn greaduriaid rheibus (cf. Eseia 56:10-12).

9 Ond bellach dw i'n gocyn hitio iddyn nhw;
ac yn ddim byd ond testun sbort.
10 Maen nhw'n fy ffieiddio i, ac yn cadw draw oddi wrtho i;
ac yn poeri'n fy wyneb heb feddwl ddwywaith.
11 Am fod Duw wedi datod llinyn fy mwa a'm poenydio i,
maen nhw'n ymosod arna i'n ddi-stop.
12 Fel gang o lanciau'n codi twrw ar un ochr,
i'm bwrw oddi ar fy nhraed;
maen nhw'n codi rampiau i warchae a dinistrio.
13 Maen nhw'n sefyll ar fy llwybr i'm rhwystro,
ac yn llwyddo i'm llorio,
heb angen unrhyw help.
14 Fel byddin yn llifo drwy fwlch llydan,
yn rholio i mewn wrth i'r waliau syrthio.
15 Mae dychryn yn dod drosto i,
fel gwynt yn ysgubo fy urddas i ffwrdd;
mae'r gobaith o ddianc wedi diflannu fel cwmwl.

16 Bellach mae fy enaid yn drist,
a dyddiau dioddef wedi gafael ynof fi.
17 Mae poenau yn fy esgyrn drwy'r nos,
a gewynnau'r corff yn cnoi'n ddi-baid.
18 Mae Duw wedi gafael yn dynn yn fy nillad,
a'm tagu gyda choler fy nghrys.
19 Mae e wedi fy nhaflu i'r mwd;
dw i'n ddim byd ond llwch a lludw.

20 O Dduw, dw i'n gweiddi am dy help, ond does dim ateb;
dw i'n sefyll o dy flaen, ond dwyt ti'n cymryd dim sylw.
21 Rwyt ti wedi troi mor greulon tuag ata i;
a'm taro mor galed ag y medri.
22 Ti wedi fy nghodi ar y corwynt;
a'm taflu o gwmpas yn y storm.
23 Dw i'n gwybod mod i'n mynd i farw,
a mynd i'r lle sydd wedi'i bennu i bopeth byw.

24 Wnes i erioed godi fy llaw i daro
rhywun oedd yn galw am help yn ei drybini!
25 Rôn i'n wylo dros y rhai oedd yn cael amser caled,
ac yn torri fy nghalon dros y tlawd.
26 Ond wrth ddisgwyl y da, ddaeth dim ond drwg;
wrth edrych am olau, daeth tywyllwch.
27 Dw i'n corddi y tu mewn i mi,
wrth wynebu dydd ar ôl dydd o ddioddef.
28 Mae fy nghroen wedi duo, ond nid yn yr haul;
dw i'n sefyll yn y sgwâr ac yn pledio am help.
29 Dw i'n swnio fel brawd i'r siacal,
neu gymar i'r estrys.
30 Mae fy nghroen wedi tywyllu,
a'm corff drwyddo yn llosgi gan wres.
31 Felly, mae fy nhelyn yn canu alaw drist,
a'm ffliwt yn cyfeilio i'r rhai sy'n galaru.

Apêl olaf Job

31 Dw i wedi ymrwymo
i beidio llygadu merch ifanc.
2 Beth fyddai rhywun felly'n ei dderbyn gan Dduw?
Beth fyddai'n ei gael gan yr Un uchod sy'n rheoli popeth?
3 Onid i'r annuwiol mae dinistr yn cael ei roi,
a thrychineb i'r un sy'n gwneud drwg?
4 Ydy e ddim wedi gweld sut dw i wedi byw?
Ydy e ddim wedi gwylio pob cam?

5 Ydw i wedi cymysgu gyda'r rhai celwyddog,
neu wedi bod yn rhy barod i dwyllo?
6 Dylai fy mhwyso i ar glorian sy'n gywir,
iddo weld fy mod i'n gwbl ddieuog.

7 Os ydw i wedi crwydro o'i ffyrdd
a gadael i'm llygaid ddenu'r galon,
neu os oes staen drygioni ar fy nwylo,
8 yna boed i eraill fwyta'r cynhaeaf wnes i ei hau,
ac i'r cnwd a blannais gael ei ddinistrio!

9 Os cafodd fy nghalon ei hudo gan wraig rhywun arall,
a minnau'n dechrau loetran wrth ddrws ei thŷ,
10 boed i'm gwraig i falu blawd i ddyn arall,
a boed i ddynion eraill orwedd gyda hi!
11 Am i mi wneud peth mor ffiaidd –
pechod sy'n haeddu ei gosbi.
12 Mae fel tân sy'n dinistrio'n llwyr,[5]
ac yn llosgi fy eiddo i gyd.

13 Ydw i wedi diystyru cwyn caethwas
neu forwyn yn fy erbyn erioed?
14 Beth wnawn i pe byddai Duw yn codi
i edrych ar y mater? Sut fyddwn i'n ei ateb?
15 Onid Duw greodd nhw, fel fi, yn y groth?
Onid yr un Duw sy wedi'n gwneud ni i gyd?

16 Ydw i wedi gwrthod helpu'r tlawd,
neu siomi'r weddw oedd yn disgwyl rhywbeth?
17 Ydw i wedi bwyta ar fy mhen fy hun,
a gwrthod ei rannu gyda'r amddifad?
18 Na, dw i wedi'i fagu fel tad bob amser,
a helpu'r weddw ar hyd fy mywyd.
19 Wnes i erioed adael neb yn rhewi heb ddillad,
na gadael rhywun tlawd heb gôt.
20 Bydden nhw'n diolch i mi o waelod calon
wrth i wlân fy nefaid eu cadw'n gynnes.
21 Os gwnes i fygwth yr amddifad,
wrth weld fod gen i gefnogaeth yn y llys,
22 yna boed i'm hysgwydd gael ei thynnu o'i lle,
a'm braich gael ei thorri wrth y penelin.

31:12 *dinistrio'n llwyr* Hebraeg, "dinistrio i Abadon" (sef 'lle dinistr').

23 Roedd gen i ofn i Dduw anfon dinistr;
allwn i byth wynebu ei fawredd!

24 Ydw i wedi rhoi fy hyder mewn aur,
a theimlo'n saff am fod gen i aur coeth?
25 Wnes i orfoleddu yn y cyfoeth,
a'r holl feddiannau oedd gen i?
26 Wnes i edrych ar yr haul yn tywynnu,
a'r lleuad yn symud yn ei ysblander,
27 nes i'm calon gael ei hudo'n dawel fach,
a'm llaw yn taflu cusan i'w haddoli?
28 Byddai hynny hefyd yn bechod i'w gosbi –
byddwn wedi gwadu'r Duw sydd uchod.

29 Oeddwn i'n falch pan oedd fy ngelyn mewn helynt,
neu'n cael gwefr o weld pethau'n ddrwg arno?
30 Na, wnes i ddweud dim yn ei erbyn
na'i felltithio yn y gobaith y byddai'n marw.
31 Oes unrhyw un o'm teulu wedi dweud,
'Pam gafodd hwn a hwn ddim croeso wrth fwrdd Job?'
32 Doedd dim rhaid i'r crwydryn gysgu allan ar y stryd,
am fod fy nrws yn agored i deithwyr.

33 Ydw i wedi ceisio cuddio fy meiau fel Adda,
neu gladdu fy mhechod dan fy mantell,
34 am fod gen i ofn barn y dyrfa,
a dirmyg pawb o'm cwmpas
– cadw'n dawel a dewis peidio mynd allan?

35 O na fyddai gen i rywun i wrando arna i!
Dw i'n llofnodi f'amddiffyniad!
Boed i'r Un sy'n rheoli popeth fy ateb!
Boed i'r un sy'n cyhuddo ddod â gwŷs ddilys yn fy erbyn!
36 Byddwn i'n ei chario'n gyhoeddus,
a'i gwisgo fel coron ar fy mhen.
37 Byddwn yn rhoi cyfrif iddo am bob cam,
ac yn camu o'i flaen yn hyderus fel tywysog.

38 Os ydy'r tir wedi gweiddi yn fy erbyn,
a'i gwysi wedi wylo â'i gilydd –
39 Os ydw i wedi dwyn ei gnwd heb dalu,
ac achosi i'r tenantiaid lwgu,
40 yna boed i fieri dyfu yn lle gwenith,
a chwyn ffiaidd yn lle haidd!"

Roedd Job wedi gorffen siarad.

Araith Elihw
(Job 32:1 — 37:24)

32 Felly dyma'r tri dyn yn stopio dadlau gyda Job, am ei fod mor siŵr ei fod yn iawn.
[2]Ond roedd Elihw fab Barachel o deulu Bws, oedd yn perthyn i glan Ram, wed
gwylltio'n lân gyda Job am fynnu mai fe oedd yn iawn ac nid Duw. [3]Roedd yn wyllt gyda'
tri chyfaill hefyd, oedd yn condemnio Job ac eto'n methu ei ateb. [4]Roedd Elihw wedi cadw'

dawel tra oedden nhw'n siarad â Job, am eu bod nhw'n hŷn nag e. 5Ond pan welodd Elihw
nad oedd y tri yn gallu ateb Job, roedd e wedi gwylltio'n lân.

Ymateb cyntaf Elihw

6Yna, dymar Elihw fab Barachel o deulu Bws yn dweud fel hyn:

"Dyn ifanc dw i, a dych chi i gyd yn hen;
felly dw i wedi bod yn cadw'n dawel
ac yn rhy swil i ddweud be dw i'n feddwl.
7 Dwedais wrthof fy hun, 'Gad i'r dynion hŷn siarad;
rho gyfle i'r rhai sydd â phrofiad blynyddoedd lawer i ddangos doethineb.'
8 Ond Ysbryd Duw yn rhywun,
anadl yr Un sy'n rheoli popeth sy'n gwneud iddo ddeall.
9 Nid dim ond pobl mewn oed sy'n ddoeth,
does dim rhaid bod yn hen i farnu beth sy'n iawn.
10 Felly dw i'n dweud, 'Gwrandwch arna i,
a gadewch i mi ddweud be dw i'n feddwl.'

11 Dw i wedi bod yn disgwyl i chi orffen siarad,
ac yn gwrando'n ofalus ar eich dadleuon chi,
wrth i chi drafod y pethau hyn.
12 Ond mae'n gwbl amlwg i mi
fod dim un ohonoch chi'n gallu ateb Job,
a gwrthbrofi'r hyn mae wedi'i ddweud.
13 A pheidiwch dweud, 'Y peth doeth i'w wneud ydy hyn –
Gadael i Dduw ei geryddu, nid dyn!'
14 Dydy Job ddim wedi dadlau gyda fi eto,
a dw i ddim yn mynd i'w ateb gyda'ch dadleuon chi.

15 Mae'r tri yma mewn sioc, heb ateb bellach;
does ganddyn nhw ddim byd ar ôl i'w ddweud.
16 Oes rhaid i mi ddal i ddisgwyl, a nhw'n dawel?
Maen nhw wedi stopio dadlau, a ddim yn ateb.
17 Mae fy nhro i wedi dod i ddweud fy mhwt,
cyfle i mi ddweud be dw i'n feddwl.
18 Mae gen i gymaint i'w ddweud,
alla i ddim peidio dweud rhywbeth.
19 Dw i'n teimlo fel potel o win sydd angen ei hagor;
fel poteli crwyn newydd sydd ar fin byrstio.
20 Mae'n rhaid i mi siarad, does gen i ddim dewis.
Gadewch i mi ddweud rhywbeth, i'w ateb.
21 Dw i ddim yn mynd i gadw ochr neb,
na seboni drwy roi teitlau parchus i bobl;
22 dw i ddim yn gwybod sut i seboni –
petawn i'n gwneud hynny,
byddai'r Duw a'm gwnaeth i yn fy symud yn ddigon buan!

Elihw yn ceryddu Job

33 Felly, Job, gwrando beth sydd gen i i'w ddweud.
Gwranda'n ofalus ar fy ngeiriau i.
2 Edrych, dw i am agor fy ngheg,
a gadael i'm tafod ddweud ei ddweud.

3 Dw i'n mynd i siarad yn onest,
a dweud fy marn yn gwbl agored.
4 Ysbryd Duw luniodd fi;
anadl yr Un sy'n rheoli popeth sy'n fy nghadw i'n fyw.
5 Ateb fi, os wyt ti'n gallu;
gwna dy safiad, a dadlau yn fy erbyn i.
6 Dŷn ni'n dau yr un fath yng ngolwg Duw;
ces innau hefyd fy ngwneud o'r pridd.
7 Felly does dim byd i ti ei ofni;
fydda i ddim yn llawdrwm arnat ti.

8 Dyma wyt ti wedi'i ddweud,
(clywais dy eiriau di'n glir):
9 'Dw i'n ddieuog, heb wneud dim o'i le;
dw i'n lân, a heb bechu.
10 Ond mae Duw wedi troi yn fy erbyn;
mae'n fy nhrin i fel gelyn.
11 Mae wedi rhoi fy nhraed mewn cyffion,
ac yn gwylio popeth dw i'n ei wneud.'

12 Ti ddim yn iawn. A gwna i ddweud pam:
mae Duw yn fwy na dyn.
13 Pam wyt ti'n dadlau yn ei erbyn?
Oes rhaid iddo ateb pob cwestiwn?
14 Mae Duw yn siarad mewn un ffordd un tro,
ac mewn ffordd wahanol dro arall –
ond er hynny dydy pobl ddim yn deall.
15 Mewn breuddwyd, neu weledigaeth yn y nos,
pan mae pobl yn cysgu'n drwm,
pan maen nhw'n gorwedd ar eu gwlâu,
16 mae e'n gwneud i bobl wrando –
yn eu dychryn nhw gyda rhybudd
17 i beidio gwneud rhywbeth,
a'u stopio nhw rhag bod mor falch.
18 Mae'n achub bywyd rhywun o bwll y bedd,
rhag iddo groesi afon marwolaeth.
19 Mae'n disgyblu un sy'n sâl yn ei wely
a chryndod di-baid drwy ei esgyrn.
20 Mae bwyd yn codi cyfog arno;
does ganddo awydd dim byd blasus.
21 Mae wedi colli cymaint o bwysau,
nes bod ei esgyrn i gyd yn y golwg.
22 Mae'n agos iawn at y bedd,
bron â'i gipio gan negeswyr marwolaeth.

23 Ond os daw angel at ei ochr
(dim ond un o'i blaid, un o blith y mil)
i ddadlau ei hawl drosto –
24 yna bydd Duw yn drugarog wrtho.
'Achubwch e rhag mynd i lawr i'r bedd;
dw i wedi cael y pris i'w ollwng yn rhydd.'
25 Yna bydd ei groen yn iach fel pan oedd yn ifanc;
bydd ei egni yn ôl fel yn nyddiau ieuenctid!

26 Bydd yn gweddïo, a bydd Duw'n gwrando;
bydd yn gweiddi'n llawen wrth fynd i'w bresenoldeb,
a bydd Duw yn ei adfer i berthynas iawn ag e'i hun.
27 Bydd yn canu o flaen pobl,
'Pechais, a gwneud y peth anghywir,
ond ches i mo'r gosb rôn i'n ei haeddu.
28 Mae e wedi fy achub o afael y bedd;
dw i'n dal yn fyw, ac yn gweld y golau!'
29 Yn wir, mae Duw yn gwneud hyn
drosodd a throsodd:
30 achub bywyd o bwll y bedd,
iddo gael gweld goleuni bywyd.

31 Edrych, Job, gwranda arna i;
gwrando'n dawel i mi gael siarad.
32 Os oes gen ti rywbeth i'w ddweud, ateb fi;
dywed, achos dw i eisiau dangos dy fod ti'n iawn.
33 Ond os oes gen ti ddim i'w ddweud, gwranda arna i;
gwrando'n dawel, ac fe ddysga i beth sy'n ddoeth i ti."

Ail ymateb Elihw: mae Duw yn gyfiawn

34 Yna dwedodd Elihw:

2 "Gwrandwch be dw i'n ddweud, chi ddynion doeth;
dych chi'n ddynion deallus, felly gwrandwch yn astud.
3 Mae'r glust yn profi geiriau
fel mae'r geg yn blasu bwyd.
4 Gadewch i ni ystyried beth sy'n wir;
a phenderfynu rhyngon beth sy'n iawn.

5 Mae Job wedi dweud, 'Dw i'n ddieuog;
dydy Duw ddim wedi bod yn deg â mi.
6 Fi sy'n iawn. Ydw i i fod i ddweud celwydd?
Dw i wedi fy anafu, a does dim gwella ar y clwyf,
er fy mod heb droseddu.'
7 Oes rhywun tebyg i Job?
Mae'n dangos dirmyg fel yfed dŵr!
8 Mae'n cadw cwmni cnafon
ac yn ymddwyn fel pobl ddrwg!
9 Achos mae wedi dweud, 'Does dim pwynt
byw i blesio Duw.'

10 Felly, gwrandwch, chi ddynion deallus,
Fyddai Duw byth yn gwneud drwg;
a'r Un sy'n rheoli popeth yn gwneud dim o'i le!
11 Mae e'n talu i bobl am yr hyn maen nhw'n ei wneud,
mae pawb yn cael beth maen nhw'n ei haeddu!
12 Dydy Duw yn sicr ddim yn gwneud drwg;
dydy'r Un sy'n rheoli popeth ddim yn gwyrdroi cyfiawnder.
13 Pwy roddodd y ddaear yn ei ofal?
Pwy roddodd hawl iddo roi trefn ar y byd?

14 Petai'n dewis, gallai gymryd
ei ysbryd a'i anadl yn ôl,
15 a byddai pob creadur byw yn marw,
a'r ddynoliaeth yn mynd yn ôl i'r pridd.

16 Gwranda, os wyt ti'n ddyn deallus;
gwrando'n astud ar beth dw i'n ddweud.
17 Ydy rhywun sy'n casáu cyfiawnder yn gallu llywodraethu?
Wyt ti'n mynd i gondemnio'r Un Grymus a Chyfiawn
18 sy'n dweud wrth frenin, 'Y pwdryn diwerth!'
ac wrth wŷr bonheddig, 'Y cnafon drwg!'?
19 Dydy e ddim yn ochri gyda thywysogion,
nac yn ffafrio'r cyfoethog ar draul y tlawd;
am mai gwaith ei ddwylo e ydyn nhw i gyd!
20 Maen nhw'n marw yn sydyn yng nghanol y nos;
mae'r bobl bwysig yn cael eu hysgwyd, ac yn diflannu;
mae'r pwerus yn cael eu symud o'r ffordd yn hawdd.
21 Mae e'n cadw golwg ar beth maen nhw'n ei wneud;
mae'n gwybod am bob symudiad.
22 Does dim tywyllwch na chwmwl
lle gall pobl ddrwg guddio.
23 Nid lle pobl ydy gosod amser
i ddod o flaen Duw i gael eu barnu!
24 Mae'n dryllio arweinwyr heb gynnal ymchwiliad,
ac yn gosod eraill i gymryd eu lle.
25 Am ei fod yn gwybod beth maen nhw'n ei wneud,
mae'n eu dymchwel dros nos, a'u dryllio.
26 Mae'n eu taro nhw i lawr fel pobl ddrwg,
ac yn gwneud hynny o flaen pawb,
27 am eu bod nhw wedi bod yn anffyddlon iddo,
a gwrthod cymryd sylw o'i ffyrdd.
28 Maen nhw wedi achosi i'r tlodion alw arno,
a gwneud iddo wrando ar gri'r anghenus.
29 Os ydy Duw'n cadw'n dawel, pwy sydd i'w feirniadu?
Os ydy e'n cuddio, pwy all ddod o hyd iddo?
Ond mae e'n dal i wylio dros wledydd a dynoliaeth,
30 rhag i rywun annuwiol deyrnasu
a gosod maglau i'r bobl.

31 Ond os dywed rhywun wrth Dduw,
'Dw i'n euog, a wna i ddim troseddu eto.
32 Dysga fi am y drwg dw i ddim yn ei weld.
Os dw i wedi gwneud drwg, wna i ddim yr un peth eto.'
33 Wyt ti'n credu y dylai Duw dalu'n ôl iddo,
gan dy fod yn gwrthod gwrando?
Ti sydd i ddewis, nid fi;
gad i ni glywed beth sydd gen ti i'w ddweud.

34 Bydd dynion deallus yn dweud wrtho i
– unrhyw ddyn doeth sy'n gwrando arna i –
35 'Mae Job wedi dweud pethau dwl;
dydy ei eiriau'n gwneud dim sens.'

36 Dylai gael ei gosbi i'r eithaf
am siarad fel mae pobl ddrwg yn siarad.
37 Mae e wedi gwneud mwy na phechu –
mae e wedi gwrthryfela a gwawdio Duw yn ein plith ni,
a chyhuddo Duw'n ddi-stop."

Trydydd ymateb Elihw: condemnio Job

35 Yna dwedodd Elihw:

2 "Wyt ti'n meddwl ei bod hi'n iawn
i ti ddweud, 'Fi sy'n iawn, nid Duw'?
3 A dweud wrtho, 'Pa fantais ydy e i ti?'
a 'Beth ydw i'n ennill o beidio pechu?'
4 Gad i mi dy ateb di –
ti, a dy ffrindiau gyda ti.
5 Edrych i fyny i'r awyr, ac ystyria;
edrych ar y cymylau ymhell uwch dy ben.
6 Os wyt ti'n pechu, sut mae hynny'n effeithio ar Dduw?
Os wyt ti'n troseddu dro ar ôl tro,
beth wyt ti'n ei wneud iddo fe?
7 Os wyt ti'n gwneud beth sy'n iawn,
sut mae hynny'n helpu Duw?
Beth mae e'n ei dderbyn gen ti?

8 Pobl eraill sy'n diodde pan wyt ti'n gwneud drwg,
neu'n cael eu helpu pan wyt ti'n gwneud beth sy'n iawn.
9 Mae pobl sy'n cael eu gorthrymu yn gweiddi am help,
ac yn galw am rywun i'w hachub o afael y rhai pwerus.
10 Ond does neb yn dweud, 'Ble mae Duw, fy Nghrëwr,
sy'n rhoi testun cân i mi pan mae'n nos dywyll?
11 Ble mae'r Duw sy'n dysgu mwy i ni na'r anifeiliaid,
ac sy'n ein gwneud ni'n fwy doeth na'r adar?'
12 Ydyn, mae'r bobl yn gweiddi, ond dydy e ddim yn ateb,
am eu bod nhw'n bobl ddrwg a balch.
13 Dŷn nhw ddim o ddifrif – a dydy Duw ddim yn gwrando;
dydy'r Un sy'n rheoli popeth yn cymryd dim sylw.
14 Felly, pam gwrando arnat ti, sy'n cwyno nad wyt yn ei weld,
fod dy achos o'i flaen, a dy fod yn aros am ymateb?
15 A hyd yn oed yn honni nad ydy e'n cosbi yn ei ddig,
ac nad ydy e'n poeni dim am bechod!
16 Mae Job yn siarad nonsens;
mae'n mwydro ymlaen heb ddeall dim."

Elihw yn sôn am fawredd Duw

36 A dyma Elihw yn mynd ymlaen i ddweud:

2 "Bydd yn amyneddgar â fi am ychydig,
mae gen i fwy i'w ddweud ar ran Duw.
3 Dw i wedi derbyn gwybodaeth o bell,
a dw i am ddangos mai fy Nghrëwr sy'n iawn.

4 Wir i ti, heb air o gelwydd,
mae'r un sydd o dy flaen di wedi deall y cwbl.

5 Mae Duw yn rymus, ond dydy e ddim yn ddirmygus;
mae'n rymus ac yn gwybod beth mae'n ei wneud.
6 Dydy e ddim yn gadael i bobl ddrwg fyw;
mae'n sicrhau cyfiawnder i'r rhai sy'n dioddef.
7 Mae e'n gofalu am y rhai sy'n gwneud beth sy'n iawn.
Mae'n eu hanrhydeddu nhw,
a'u gosod ar orseddau fel brenhinoedd.
8 Ond os ydyn nhw'n gaeth mewn cyffion,
wedi'u rhwymo â rhwydi gorthrwm,
9 mae e'n dangos iddyn nhw beth wnaethon nhw
i droseddu, a bod mor haerllug.
10 Mae e'n gwneud iddyn nhw wrando drwy eu disgyblu,
a dweud wrthyn nhw am droi cefn ar eu drygioni.
11 Os gwnân nhw wrando a bod yn ufudd iddo,
byddan nhw'n llwyddo am weddill eu bywydau,
ac yn cael blynyddoedd o hapusrwydd.
12 Ond os na fyddan nhw'n gwrando,
byddan nhw'n croesi afon marwolaeth,
ac yn darfod heb ddeall dim.
13 Mae pobl annuwiol yn achosi dig;
dŷn nhw ddim yn gweiddi am help pan mae Duw'n eu disgyblu.
14 Maen nhw'n marw'n ifanc,
ar ôl treulio'u bywydau gyda phuteiniaid teml.
15 Ond mae Duw'n defnyddio dioddefaint i achub pobl,
ac yn defnyddio poen i'w cael nhw i wrando.

16 Y gwir ydy, mae am dy ddenu di oddi wrth ddibyn gofid,
o'r gornel gyfyng i le agored;
at fwrdd yn llawn o fwyd blasus.
17 Ond rwyt ti'n wynebu barn Duw ar bobl ddrwg,
a does dim dianc rhag ei farn gyfiawn.
18 Gwylia rhag i ti gael dy hudo gan gyfoeth,
ac i faint y breib dy arwain ar gyfeiliorn.
19 Fyddai dy holl gyfoeth o unrhyw help yn dy helbul?
Na fyddai, na dy holl ddylanwad chwaith!
20 Paid dyheu am y nos,
pan mae pobl yn cael eu cipio i ffwrdd.
21 Gwylia rhag troi at y drwg –
dyna pam ti'n dioddef ac yn cael dy brofi.

22 Edrych, mae nerth Duw yn aruthrol.
Pwy sy'n athro tebyg iddo?
23 Pwy sy'n dweud wrtho beth i'w wneud?
Pwy sy'n gallu dweud, 'Ti wedi gwneud peth drwg'?
24 Cofia mai dy le di ydy canmol ei waith,
sef y rheswm pam mae pobl yn ei foli ar gân.
25 Mae'r ddynoliaeth i gyd wedi gweld ei waith,
mae pobl feidrol yn syllu arno o bell.

26 Ydy, mae Duw yn fawr – y tu hwnt i'n deall ni;
does dim modd cyfri hyd ei oes e!
27 Mae'n codi dafnau o ddŵr
sy'n diferu'n law mân fel tarth.
28 Mae'r cymylau'n tywallt y glaw,
mae'n arllwys yn gawodydd ar y ddaear.
29 Oes rhywun yn deall sut mae'r cymylau'n lledu,
a'r taranau sydd yn ei bafiliwn?
30 Edrych, mae'r mellt yn lledu o'i gwmpas,
ac yn goleuo gwaelod y môr.
31 Dyma sut mae'n barnu'r cenhedloedd,
ac yn rhoi digonedd o fwyd iddyn nhw.
32 Mae'n dal y mellt yn ei ddwylo,
ac yn gwneud iddyn nhw daro'r targed.
33 Mae sŵn ei daranau'n dweud ei fod yn dod
mewn storm, yn angerdd ei lid.

37 Ac ydy, mae fy nghalon i'n crynu
ac yn colli curiad.
2 Gwrandwch ar ei lais yn rhuo,
ac ar ei eiriau'n atseinio!
3 Mae ei fellt yn fflachio drwy'r awyr –
ac yn mynd i ben draw'r byd.
4 Yna wedyn, mae'n rhuo eto,
a'i lais cryf yn taranu;
mae'r mellt wedi hen ddiflannu pan glywir ei lais.
5 Mae sŵn llais Duw'n taranu yn rhyfeddol!
Ac mae'n gwneud pethau gwyrthiol, tu hwnt i'n deall ni.
6 Mae'n dweud wrth yr eira, 'Disgyn ar y ddaear!'
neu wrth y glaw trwm, 'Arllwys i lawr!'
7 Mae'n stopio pawb rhag gweithio,
mae pobl yn gorfod sefyll yn segur.
8 Mae anifeiliaid yn mynd i gysgodi,
ac i guddio yn eu gwâl.
9 Mae'r corwynt yn codi o'r de,
ac oerni o wyntoedd y gogledd.
10 Anadl Duw sy'n dod â rhew,
ac mae'r llynnoedd yn rhewi'n galed.
11 Mae'n llenwi'r cymylau trwchus â gwlybaniaeth
ac yn anfon mellt ar wasgar o'r cymylau.
12 *Mae'n gwneud* i'r cymylau droi a throelli,
ac yn gwneud beth mae Duw'n ei orchymyn
dros wyneb y ddaear i gyd.
13 Mae'n gwneud hyn naill ai i gosbi'r tir,
neu i ddangos ei gariad ffyddlon.

14 Gwranda ar hyn, Job:
aros i ystyried y pethau rhyfeddol mae Duw'n eu gwneud.
15 Wyt ti'n deall sut mae Duw'n trefnu'r cwbl,
ac yn gwneud i'r mellt fflachio o'r cymylau?
16 Wyt ti'n deall sut mae'r cymylau'n aros yn yr awyr –
gwaith rhyfeddol Duw, sy'n deall popeth yn berffaith?

17 Ti, sy'n chwysu yn dy ddillad
pan mae'n glòs ac yn boeth dan wynt y de.
18 Alli di helpu Duw i ledu'r awyr,
sy'n galed fel drych metel?
19 Dwed wrthon ni beth i'w ddweud wrtho!
Dŷn ni ddim yn gwybod, mae hi'n dywyll arnon ni.
20 Fyddwn i ddim yn meiddio gofyn am gael siarad!
Ydy dyn meidrol yn gofyn am gael ei lyncu ganddo?

21 Does neb yn gallu edrych ar yr haul
pan mae'n disgleirio yn yr awyr,
ar ôl i'r gwynt ddod a chlirio'r cymylau i ffwrdd.
22 Fel pelydrau euraid yn llewyrchu o'r gogledd,
mae ysblander Duw yn syfrdanol!
23 Mae'r Un sy'n rheoli popeth y tu hwnt i'n cyrraedd ni;
mae ei nerth mor aruthrol fawr!
Mae'n gyfiawn ac yn gwneud beth sy'n iawn,
a dydy e ddim yn gorthrymu neb.
24 Dyna pam mae pobl yn ei ofni.
Dydy e'n cymryd dim sylw
o'r rhai sy'n ddoeth yn eu golwg eu hunain."

Duw yn siarad â Job

38 Yna dyma'r Arglwydd yn ateb Job o'r storm ac yn dweud:

2 "Pwy ydy hwn sy'n amau fy nghynllun i,
ac yn siarad heb ddeall dim?
3 Torcha dy lewys fel dyn!
Fi fydd yn gofyn y cwestiynau, a gei di ateb.

4 Ble roeddet ti pan osodais i sylfeini'r ddaear?
Ateb fi os wyt ti'n gwybod y cwbl!
5 Pwy benderfynodd beth fyddai ei maint?
– ti'n siŵr o fod yn gwybod!
Pwy wnaeth ddefnyddio llinyn i'w mesur?
6 Ar beth y gosodwyd ei sylfeini?
Pwy osododd ei chonglfaen?
7 Ble roeddet ti pan oedd sêr y bore yn canu gyda'i gilydd
a holl angylion Duw yn gweiddi'n llawen?
8 Pwy gaeodd y drysau ar y môr
wrth iddo arllwys allan o'r groth?
9 Fi roddodd gymylau yn wisg amdano,
a'i lapio mewn niwl trwchus.
10 Fi osododd derfyn iddo,
a'i gadw tu ôl i ddrysau wedi'u bolltio.
11 Dwedais, 'Cei di ddod hyd yma, ond dim pellach;
dyma lle mae ymchwydd dy donnau yn stopio!'

12 Wyt ti erioed wedi gorchymyn i'r bore ddod,
a dangos i'r wawr ble i dorri,
13 a sut i ledu a gafael yn ymylon y ddaear,
ac ysgwyd y rhai drwg oddi arni?

14 Mae ei siâp yn dod i'r golwg fel clai dan sêl,
a ffurfiau'r tir i'w gweld fel plygion dilledyn.
15 Mae'r golau'n tarfu ar y rhai drwg,
ac mae'r fraich sy'n treisio'n cael ei thorri.

16 Wyt ti wedi bod at y ffynhonnau sy'n llenwi'r môr,
neu gerdded mannau dirgel y dyfnder?
17 Ydy giatiau marwolaeth wedi'u dangos i ti?
Wyt ti wedi gweld y giatiau i'r tywyllwch dudew?
18 Oes gen ti syniad mor fawr ydy'r ddaear?
Os wyt ti'n gwybod hyn i gyd – dywed wrtho i!
19 Pa ffordd mae mynd i ble mae'r golau'n byw?
O ble mae'r tywyllwch yn dod?
20 Wyt ti'n gallu dangos ble mae ffiniau'r ddau,
a dangos iddyn nhw sut i fynd adre?
21 Mae'n siŵr dy fod, gan dy fod wedi dy eni bryd hynny,
ac wedi bod yn fyw ers cymaint o flynyddoedd!

22 Wyt ti wedi bod i mewn yn stordai'r eira,
neu wedi gweld y storfeydd o genllysg
23 sy'n cael eu cadw ar gyfer y dyddiau anodd,
pan mae brwydrau a rhyfeloedd?
24 Sut mae mynd i ble mae'r mellt yn cael eu gwasgaru?
O ble daw gwynt y dwyrain i chwythu drwy'r byd?

25 Pwy gerfiodd sianelau i'r stormydd glaw,
a llwybrau i'r mellt a'r taranau,
26 iddi lawio ar dir lle does neb yn byw,
ac anialwch sydd heb unrhyw un yno?
27 Mae'r tir anial sych yn cael ei socian,
ac mae glaswellt yn tyfu drosto.
28 Oes tad gan y glaw?
Pwy genhedlodd y defnynnau gwlith?
29 O groth pwy y daeth y rhew?
Pwy roddodd enedigaeth i'r barrug,
30 pan mae'r dŵr yn troi'n galed,
ac wyneb y dyfroedd yn rhewi?

31 Alli di blethu Pleiades
neu ddatod belt Orion?
32 Alli di ddod â'r planedau allan yn eu tymor,
neu dywys yr Arth Fawr a'r Arth Fach?
33 Wyt ti'n gyfarwydd â threfn y cosmos,
a sut mae'n effeithio ar y ddaear?
34 Alli di roi gorchymyn i'r cymylau
i arllwys dŵr ar dy ben fel llif?
35 Alli di alw ar y mellt i fflachio,
a'u cael nhw i ateb, 'Dyma ni'?
36 Pwy sy'n rhoi doethineb i'r galon
a deall i'r meddwl?
37 Pwy sy'n ddigon clyfar i gyfri'r cymylau?
Pwy sy'n gallu arllwys dŵr o gostreli'r awyr

38 a gwneud i'r pridd lifo fel llaid,
ac i'r talpiau o bridd lynu wrth ei gilydd?

39 Wyt ti'n gallu hela ysglyfaeth i'r llewes,
a rhoi bwyd i'r llewod ifanc
40 sy'n gorwedd yn eu gwâl,
neu'n llechu dan y llwyni am helfa?
41 Pwy sy'n rhoi bwyd i'r gigfran
pan mae ei chywion yn galw ar Dduw
a hithau'n hedfan o gwmpas heb ddim?

39 Wyt ti'n gwybod pryd mae geifr mynydd yn cael eu geni?
Wyt ti wedi gwylio'r ceirw yn esgor ar rai bach?
2 Wyt ti wedi cyfri'r misoedd tra maen nhw'n disgwyl?
Wyt ti'n gwybod pryd yn union maen nhw'n geni rhai bach,
3 yn crymu wrth roi genedigaeth,
ac yn bwrw eu brych?
4 Mae'r rhai bach yn tyfu'n iach, allan yng nghefn gwlad;
yna'n gadael y fam, a byth yn dod yn ôl.

5 Pwy wnaeth ollwng yr asyn gwyllt,
a datod ei ffrwyn iddo fynd yn rhydd?
6 Rhoi'r anialwch yn gartref iddo,
a'r tir diffaith yn lle iddo fyw.
7 Mae'n gwawdio twrw'r dre,
ac yn fyddar i floedd unrhyw feistr.
8 Mae'n crwydro'r mynyddoedd am borfa,
yn chwilio am laswellt i'w fwyta.

9 Fyddai'r ych gwyllt yn fodlon gweithio i ti,
ac aros dros nos wrth gafn bwydo?
10 Alli di ei gadw yn y gŵys gyda rhaff?
Fydd e'n dy ddilyn ac yn trin y tir?
11 Alli di ddibynnu arno gan ei fod mor gryf,
a gadael iddo wneud dy waith caled yn dy le?
12 Fyddet ti'n disgwyl iddo i ddod yn ôl
a chasglu dy rawn i'r llawr dyrnu?

13 Mae adenydd yr estrys yn ysgwyd yn llawen;
ond does ganddi ddim plu i hedfan fel y garan!
14 Mae hi'n dodwy ei hwyau ar lawr,
ac yn eu gadael i gynhesu ar y tywod,
15 heb feddwl y gallen nhw gael eu sathru,
ac y gallai anifail gwyllt eu malu dan draed.
16 Mae'n trin ei chywion yn greulon,
fel petaen nhw ddim yn perthyn iddi;
dydy hi'n poeni dim y gallai ei llafur fod yn ofer.
17 Gadawodd Duw hi heb ddoethineb,
roddodd e ddim mymryn o ddeall iddi.
18 Ond pan mae'n codi a dechrau rhedeg,
mae'n chwerthin am ben y ceffyl a'i farchog!

19 Ai ti sy'n rhoi cryfder i geffyl?
Ai ti wisgodd ei wddf â'r mwng?

20 Ai ti sy'n gwneud iddo neidio fel y locust,
a chreu dychryn wrth weryru?
21 Mae'n curo llawr y dyffryn â'i garnau,
ac yn rhuthro'n frwd i'r frwydr.
22 Does ganddo ddim ofn; does dim yn ei ddychryn;
dydy e ddim yn cilio oddi wrth y cleddyf.
23 Mae llond cawell o saethau'n chwyrlïo heibio iddo,
a'r waywffon a'r cleddyf yn fflachio.
24 Mae'n llawn cynnwrf, ac yn carlamu'n wyllt;
mae'n methu aros yn llonydd pan mae'r corn hwrdd[t] yn seinio.
25 Mae'n synhwyro'r frwydr o bell;
mae'n gweryru wrth glywed y corn hwrdd,
a gwaedd swyddogion yn bloeddio gorchmynion.

26 Ai dy ddoethineb di sy'n gwneud i'r hebog hedfan,
a lledu ei adenydd i droi tua'r de?
27 Ai dy orchymyn di sy'n gwneud i'r fwltur hofran,
a gosod ei nyth ar y creigiau uchel?
28 Mae'n byw ar y graig, lle mae'n treulio'r nos;
mae'r clogwyn yn gaer ddiogel iddo.
29 Oddi yno mae'n chwilio am fwyd,
ac yn syllu arno o bell;
30 bydd ei gywion yn llowcio gwaed.
Ble mae corff marw, mae'r fwltur yno."

40 Dyma'r ARGLWYDD yn dweud wrth Job:

2 "Ydy'r un sy'n dadlau gyda'r Hollalluog am ddal i'w gywiro?
Beth am i ti sy'n beirniadu Duw roi ateb i mi!"

3 A dyma Job yn ateb:

4 "Mae'n wir, dw i'n neb. Beth alla i ddweud?
Dw i'n mynd i gadw'n dawel.
5 Dw i wedi siarad gormod, ac alla i ddim ateb eto.
Dw i am ddweud dim mwy."

6 Yna dyma'r ARGLWYDD yn ateb Job o'r storm ac yn dweud:

7 "Torcha dy lewys fel dyn!
Fi fydd yn gofyn y cwestiynau, a gei di ateb.
8 Wyt ti'n gwadu fy mod i'n Dduw cyfiawn?
Wyt ti'n fy nghondemnio i er mwyn profi mai ti sy'n iawn?
9 Wyt ti mor gryf ag ydw i?
Ydy dy lais di'n gallu taranu fel fy llais i?
10 Os felly, addurna dy hun ag anrhydedd a mawrhydi.
Gwisga dy hun ag ysblander ac urddas.
11 Dangos i bawb mor ddig wyt ti;
dos ar ôl y bobl falch, a'u rhoi nhw yn eu lle.
12 Dos ar ôl y bobl falch, a'u cywilyddio nhw;
sathra'r rhai drwg yn y fan a'r lle!
13 Cladda nhw yn y llwch,
a'u cloi nhw yn y bedd.

t 39:24 *corn hwrdd* Hebraeg, *shoffar*.

14 Gwna i gyfaddef wedyn
dy fod ti'n ddigon cryf i achub dy hun!

15 Edrych ar y Behemoth, a greais i fel y creais i ti;
mae e'n bwyta glaswellt fel ych.
16 Edrych mor gryf ydy ei gluniau,
ac ar gryfder cyhyrau ei fol.
17 Mae'n codi ei gynffon fel coeden dal;
mae gewynnau ei gluniau wedi'u gweu i'w gilydd.
18 Mae ei esgyrn fel pibellau pres,
a'i goesau fel barrau haearn.
19 Dyma'r creadur cryfaf a greodd Duw;
dim ond ei Grëwr all dynnu'r cleddyf a'i ladd.
20 Y bryniau sy'n rhoi bwyd iddo,
lle mae'r holl anifeiliaid gwyllt eraill yn chwarae.
21 Mae'n mynd i orwedd dan y llwyn deiliog,
o'r golwg yng nghanol brwyn y gors.
22 Mae'r llwyn yn ei guddio dan ei gysgod,
a'r coed helyg sydd o'i gwmpas ger y nant.
23 Dydy e ddim yn dychryn pan mae'r afon wedi chwyddo;
mae'n ddigyffro wrth i ddŵr yr Iorddonen ruthro drosto.
24 All unrhyw un ei ddal tra mae'n gwylio,
neu wthio bachyn drwy ei drwyn?

41

Alli di ddal y Lefiathan â bachyn pysgota?
Alli di rwymo ei dafod â rhaff?
2 Alli di roi cylch yn ei drwyn,
neu wthio bachyn drwy ei ên?
3 Fydd e'n pledio'n daer am drugaredd?
Fydd e'n seboni wrth siarad gyda ti?
4 Fydd e'n ceisio dod i gytundeb,
ac addo bod yn gaethwas i ti am byth?
5 Alli di chwarae gydag e fel aderyn,
neu ei rwymo i ddifyrru dy forynion?
6 Fydd pysgotwyr yn bargeinio amdano?
Fydd e'n cael ei rannu rhwng y masnachwyr?
7 Alli di drywanu ei groen gyda phicellau,
neu roi bachau pysgota yn ei geg?
8 Gafael ynddo, a dychmyga'r frwydr –
fyddet ti ddim yn gwneud yr un peth eto!
9 Pam? Am nad oes gobaith ei ddal;
mae hyd yn oed ei olwg yn torri calon rhywun.
10 Does neb yn ddigon dewr i ddeffro hwn,
felly pwy sy'n mynd i sefyll yn fy erbyn i?
11 Pwy sydd wedi rhoi i mi nes bod dyled arna i iddo?
Fi sydd biau popeth dan y nef!

12 Dw i ddim am fod yn dawel am ei goesau,
ei gryfder, a'i gorff gosgeiddig.
13 Pwy sy'n gallu tynnu ei gôt oddi arno,
neu drywanu ei arfwisg blethog?
14 Pwy sy'n gallu gwthio ei geg ar agor?
Mae'r dannedd sydd o'i chwmpas yn frawychus.

15 Mae ei gefn fel rhesi o darianau,
wedi'u cloi i'w gilydd gan sêl.
16 Mae un yn cyffwrdd y llall;
maen nhw'n hollol dynn yn erbyn ei gilydd.
17 Maen nhw wedi glynu wrth ei gilydd,
a does dim modd eu gwahanu nhw.
18 Mae'n fflachio mellt wrth disian.
Mae ei lygaid fel pelydrau'r wawr.
19 Mae fflamau yn llifo o'i geg,
a gwreichion yn tasgu ohoni.
20 Mae mwg yn dod allan o'i ffroenau
fel crochan berw yn stemio.
21 Mae ei anadl yn cynnau marwor,
ac mae fflamau'n dod allan o'i geg.

22 Mae ei wddf mor gryf,
a nerth yn llamu allan o'i flaen.
23 Mae plygion ei gnawd yn glynu wrth ei gilydd;
maen nhw'n dynn amdano, a does dim modd eu symud.
24 Mae ei galon yn galed fel y graig,
yn solet fel maen melin.
25 Pan mae'n codi mae'r rhai cryfaf yn dychryn;
wrth iddo gynhyrfu maen nhw'n camu'n ôl.
26 Dydy ei daro gyda'r cleddyf yn cael dim effaith,
na gwaywffon, na saeth, na phicell.
27 Mae'n trin haearn fel gwellt,
a phres fel pren wedi pydru.
28 Dydy saethau ddim yn gwneud iddo ffoi,
ac mae cerrig tafl fel us yn ei olwg.
29 Mae pastwn fel gwelltyn yn ei daro,
ac mae'n chwerthin ar y cleddyf sy'n clecian.
30 Oddi tano mae fel darnau o botyn wedi torri,
ac mae'n gadael ei ôl yn y llaid fel sled ddyrnu.
31 Mae'n gwneud i'r dŵr dwfn ferwi fel crochan,
ac i'r môr gorddi fel eli'n cael ei gymysgu.
32 Mae'n gadael llwybr gloyw ar ei ôl,
ac mae'r dŵr dwfn yn edrych fel gwallt gwyn.
33 Does dim byd tebyg iddo'n fyw ar y ddaear;
creadur sy'n ofni dim byd.
34 Mae'n edrych i lawr ar bob anifail cryf;
mae'n frenin ar bopeth balch."

Job yn cyfaddef ei fai

42 Yna dyma Job yn dweud wrth yr Arglwydd:

2 "Dw i'n gwybod dy fod ti'n gallu gwneud unrhyw beth;
does dim modd rhwystro dy gynlluniau di.
3 'Pwy ydy hwn sy'n amau fy nghynllun i,
ac yn deall dim?' meddet ti.
Ti'n iawn, dw i wedi siarad am bethau doeddwn i ddim yn eu deall;
pethau oedd y tu hwnt i mi, pethau allwn i mo'u dirnad nhw.

4 'Gwranda arna i, a gwna i siarad;
Fi fydd yn gofyn y cwestiynau, a gei di ateb,' meddet ti.
5 O'r blaen, wedi clywed amdanat ti oeddwn i,
ond nawr dw i wedi dy weld drosof fy hun.
6 Felly, dw i'n tynnu'r cwbl yn ôl,
ac yn edifarhau mewn llwch a lludw."

Duw yn barnu'r tri ffrind

7 Ar ôl i'r Arglwydd siarad â Job, dyma fe'n dweud wrth Eliffas o Teman, "Dw i'n ddig iawn
gyda ti a dy ddau ffrind, am beidio dweud beth sy'n wir amdana i, yn wahanol i fy ngwas Job.
8 Felly cymerwch saith tarw a saith hwrdd a mynd at fy ngwas Job a chyflwyno offrwm i'w
losgi drosoch eich hunain. Bydd fy ngwas Job yn gweddïo drosoch chi, a bydda i'n gwrando
arno. Felly fydda i ddim yn delio gyda chi fel dych chi'n haeddu am beidio dweud beth sy'n
wir amdana i, yn wahanol i fy ngwas Job."
9 Felly dyma Eliffas o Teman, Bildad o Shwach a Soffar o Naamâ yn mynd a gwneud beth
ddwedodd yr Arglwydd wrthyn nhw, a dyma'r Arglwydd yn gwrando ar weddi Job.

Duw yn bendithio Job

10 Ar ôl i Job weddïo dros ei ffrindiau, dyma'r Arglwydd yn rhoi yn ôl iddo y cwbl oedd
wedi'i golli – yn wir rhoddodd yr Arglwydd iddo ddwywaith cymaint ag o'r blaen.
11 Daeth ei frodyr a'i chwiorydd, a'i hen ffrindiau i gyd, i'w dŷ am bryd o fwyd, ac
i gydymdeimlo gydag e a'i gysuro achos yr holl drasiedïau roedd yr Arglwydd wedi'u dwyn
arno. Rhoddodd pob un ohonyn nhw arian a modrwy aur iddo.
12 Dyma'r Arglwydd yn bendithio Job fwy yn y blynyddoedd ar ôl hynny nag roedd wedi ei
wneud yn y blynyddoedd cyn hynny. Roedd ganddo un deg pedair mil o ddefaid, chwe mil
o gamelod, mil o barau o ychen, a mil o asennod. 13 Hefyd cafodd saith mab a thair merch.
14 Enw'r ferch hynaf oedd Jemima, Cetsia oedd enw'r ail, a Ceren-hapwch oedd y drydedd.
15 Doedd dim merched harddach i'w cael yn unman, a rhoddodd Job etifeddiaeth iddyn nhw
fel i'w brodyr.
16 Cafodd Job fyw am gant pedwar deg o flynyddoedd ar ôl hynny, a gwelodd bedair
cenhedlaeth o'i ddisgynyddion. 17 Felly, roedd Job yn hen ŵr mewn oedran mawr pan fuodd
e farw.

Y Salmau

Mae'r Salmau wedi'u rhannu yn bump adran, neu 'lyfr'. Cafodd y rhan fwya o'r Salmau yn Llyfr 1 a 2 eu hysgrifennu gan y Brenin Dafydd. Cafodd llawer o'r Salmau yn Llyfr 3 eu hysgrifennu gan Asaff neu bobl Cora. Dyma'r pump 'llyfr' neu adran:

Llyfr 1 (1 – 41)
Llyfr 2 (42 – 72)
Llyfr 3 (73 – 89)
Llyfr 4 (90 – 106)
Llyfr 5 (107 – 150)

LLYFR UN
(Salmau 1 – 41)

Bendith Duw

1 Mae'r un sy'n gwrthod gwrando ar gyngor pobl ddrwg
wedi'i fendithio'n fawr;
yr un sydd ddim yn cadw cwmni pechaduriaid,
nac yn eistedd gyda'r rhai
sy'n gwneud dim byd ond dilorni pobl eraill;
2 yr un sydd wrth ei fodd
yn gwneud beth mae'r ARGLWYDD eisiau,
ac yn myfyrio ar y pethau mae'n eu dysgu[a] ddydd a nos.
3 Bydd fel coeden wedi'i phlannu wrth ffrydiau o ddŵr,
yn dwyn ffrwyth yn ei thymor,
a'i dail byth yn gwywo.
Beth bynnag mae'n ei wneud, bydd yn llwyddo.

4 Ond fydd hi ddim felly ar y rhai drwg!
Byddan nhw fel us
yn cael eu chwythu i ffwrdd gan y gwynt.
5 Fydd y rhai drwg ddim yn gallu gwrthsefyll y farn.
Fydd pechaduriaid ddim yn cael sefyll
gyda'r dyrfa o rai cyfiawn.
6 Mae'r ARGLWYDD yn gofalu am y rhai sy'n ei ddilyn,
ond bydd y rhai drwg yn cael eu difa.

Y brenin mae'r ARGLWYDD wedi'i ddewis

2 Pam mae'r cenhedloedd yn gwrthryfela?
Pam mae pobloedd yn gwastraffu eu hamser yn cynllwynio?
2 Mae brenhinoedd daearol yn gwneud safiad;
ac mae'r llywodraethwyr yn dod at ei gilydd i ymladd
yn erbyn yr ARGLWYDD a'r un mae wedi'i ddewis,[b] y brenin.
3 "Gadewch i ni dorri'n rhydd o'u cadwynau,
a thaflu'r rhaffau sy'n ein rhwymo i ffwrdd!"

---

a 1:2 *y pethau mae'n eu dysgu* Hebraeg, *Torâ*, sef 'y Gyfraith', neu'r cyfarwyddiadau roddodd Duw i Moses.
b 2:2 *wedi'i ddewis* Hebraeg, "eneiniog".
1:3 Jeremeia 17:7,8

4 Mae'r Un sydd ar ei orsedd yn y nefoedd yn chwerthin –
maen nhw'n destun sbort i'r ARGLWYDD!
5 Wedyn mae'n eu dychryn am ei fod mor ffyrnig,
ac yn dweud wrthyn nhw'n ddig:
6 "Dw i wedi gosod fy mrenin yn Seion,
fy mynydd cysegredig!"

7 Gadewch i mi ddweud beth mae'r ARGLWYDD wedi'i ddatgan:
dwedodd wrtho i,
"Ti ydy fy mab i;
heddiw des i'n dad i ti.
8 Dim ond i ti ofyn,
cei etifeddu'r cenhedloedd.
Bydd dy ystad di'n ymestyn i ben draw'r byd.
9 Byddi'n eu malu â phastwn haearn
yn ddarnau mân, fel darn o grochenwaith."

10 Felly, chi frenhinoedd, byddwch ddoeth;
dysgwch eich gwers, chi arweinwyr daearol!
11 Gwasanaethwch yr ARGLWYDD gyda pharch;
byddwch yn falch ei fod wedi'ch dychryn chi!
12 Plygwch, a thalu teyrnged i'r[c] mab;
neu bydd yn digio, a cewch eich difa
pan fydd yn dangos mor ddig ydy e.

Mae pawb sy'n troi ato am loches
wedi'u bendithio'n fawr!

Gweddi yn y bore

3 ***Salm gan Dafydd pan oedd yn ffoi oddi wrth ei fab Absalom.***
O ARGLWYDD, mae gen i gymaint o elynion!
Mae cymaint o bobl yn ymosod arna i.
2 Mae cymaint ohonyn nhw'n dweud,
"Fydd Duw ddim yn dod i'w achub e!" *Saib*
3 Ond ARGLWYDD, rwyt ti fel tarian o'm cwmpas.
Ti ydy'r Un dw i'n brolio amdano!
Ti ydy'r Un sy'n rhoi hyder i mi.
4 Dim ond i mi weiddi'n uchel ar yr ARGLWYDD,
bydd e'n fy ateb i o'i fynydd cysegredig. *Saib*
5 Dw i wedi gallu gorwedd i lawr, cysgu a deffro,
am fod yr ARGLWYDD yn gofalu amdana i.
6 Does gen i ddim ofn y miloedd o filwyr
sy'n ymosod arna i o bob cyfeiriad.

7 Cod, ARGLWYDD!
Achub fi, O fy Nuw.
Rho glatsien iawn i'm gelynion i gyd.
Torra ddannedd y rhai drwg.
8 "Yr ARGLWYDD sy'n achub!"
Rwyt ti'n bendithio dy bobl! *Saib*

c 2:12 *a thalu teyrnged i'r* Hebraeg, "a cusanu'r".
3:0 2 Samuel 15:13 — 17:22

Gweddi am help

4

I'r arweinydd cerdd: Salm i gyfeiliant offerynnau llinynnol. Salm Dafydd.

O Dduw, ateb fi pan dw i'n galw arnat!
Ti ydy'r un sy'n achub fy ngham!
Dw i mewn argyfwng, ond gelli di ddod â fi allan ohono.
Dangos drugaredd ata i, a gwrando ar fy ngweddi.

2 "Chi bobl feidrol,
am faint fydd fy enw'n cael ei sarhau?
Am faint ydych chi'n mynd i roi'ch bryd ar bethau diwerth,
a dilyn pethau twyllodrus?" *Saib*

3 Deallwch fod yr ARGLWYDD yn cadw'r rhai ffyddlon iddo'i hun!
Mae'r ARGLWYDD yn clywed pan dw i'n galw arno.
4 Dylech chi grynu mewn ofn, a stopio pechu!
Myfyriwch ar y peth ar eich gwely, a dechreuwch wylo.
5 Dewch â chyflwyno'r aberthau iawn iddo;
trowch a trystio'r ARGLWYDD.

6 Mae llawer yn gofyn, "Pryd welwn ni ddyddiau da eto?"
O ARGLWYDD, wnei di fod yn garedig aton ni?
7 Gwna fi'n hapus eto, fel yr adeg
pan mae'r cnydau ŷd a grawnwin yn llwyddo.
8 Bydda i'n gallu gorwedd i lawr a chysgu'n dawel,
am dy fod ti, O ARGLWYDD, yn fy nghadw i'n saff.

Gweddi yn y bore

5

I'r arweinydd cerdd: Salm i gyfeiliant ffliwt. Salm Dafydd.

Gwranda ar beth dw i'n ddweud, O ARGLWYDD;
ystyria yn ofalus beth sy'n fy mhoeni i.
2 Cymer sylw ohono i'n gweiddi am help,
oherwydd arnat ti dw i'n gweddïo
fy Mrenin a'm Duw.
3 Gwranda arna i ben bore, O ARGLWYDD;
dw i'n pledio fy achos wrth iddi wawrio,
ac yn disgwyl am ateb.

4 Ti ddim yn Dduw sy'n mwynhau drygioni;
dydy pobl ddrwg ddim yn gallu aros yn dy gwmni.
5 Dydy'r rhai sy'n brolio ddim yn gallu sefyll o dy flaen di;
ti'n casáu'r rhai sy'n gwneud drwg.
6 Byddi'n dinistrio'r rhai sy'n dweud celwydd;
mae'n gas gen ti bobl sy'n dreisgar ac yn twyllo, O ARGLWYDD.

7 Ond dw i'n gallu mynd i mewn i dy dŷ di
am fod dy gariad di mor anhygoel.
Plygaf i addoli mewn rhyfeddod yn dy deml sanctaidd.
8 O ARGLWYDD, arwain fi i wneud beth sy'n iawn.
Mae yna rai sy'n fy ngwylio i ac am ymosod arna i;
plîs symud y rhwystrau sydd ar y ffordd o'm blaen i.

9 Achos dŷn nhw ddim yn dweud y gwir;
eu hawydd dyfnaf ydy dinistrio pobl!

Mae eu geiriau'n drewi fel bedd agored,
a'u tafodau slic yn gwneud dim byd ond seboni.

10 Dinistria nhw, O Dduw!
Gwna i'w cynlluniau nhw eu baglu!
Tafla nhw i ffwrdd am eu bod wedi tynnu'n groes gymaint!
Maen nhw wedi gwrthryfela yn dy erbyn di!

11 Ond gad i bawb sy'n troi atat ti
am loches fod yn llawen!
Gad iddyn nhw orfoleddu am byth!
Cysgoda drostyn nhw,
er mwyn i'r rhai sy'n caru dy enw di gael dathlu.
12 Oherwydd byddi di'n bendithio'r rhai cyfiawn, O ARGLWYDD;
bydd dy ffafr fel tarian fawr o'u cwmpas nhw.

Gweddi daer am help

6 ***I'r arweinydd cerdd: Salm i gyfeiliant offerynnau llinynnol. Ar yr wythfed.*[ch] *Salm Dafydd.***

O ARGLWYDD, paid bod yn ddig a'm cosbi i,
paid dweud y drefn yn dy wylltineb.
2 Bydd yn garedig ata i, ARGLWYDD, achos dw i mor wan.
Iachâ fi, ARGLWYDD, dw i'n crynu at yr asgwrn.
3 Dw i wedi dychryn am fy mywyd,
ac rwyt ti, ARGLWYDD ...
– O, am faint mwy?

4 ARGLWYDD, tyrd! Achub fi!
Dangos mor ffyddlon wyt ti. Gollwng fi'n rhydd!
5 Dydy'r rhai sydd wedi marw ddim yn dy gofio di.
Pwy sy'n dy foli di yn ei fedd?

6 Dw i wedi blino tuchan.
Mae fy ngwely'n wlyb gan ddagrau bob nos;
mae dagrau wedi socian lle dw i'n gorwedd.
7 Mae fy llygaid wedi mynd yn wan gan flinder,
dw i wedi ymlâdd o achos fy holl elynion.

8 Ewch i ffwrdd, chi sy'n gwneud drwg!
Mae'r ARGLWYDD wedi fy nghlywed i'n crio.
9 Mae wedi fy nghlywed i'n pledio am help.
Bydd yr ARGLWYDD yn ateb fy ngweddi.
10 Bydd fy holl elynion yn cael eu siomi a'u dychryn.
Byddan nhw'n troi yn ôl yn sydyn, wedi'u siomi.

Mae Duw yn gyfiawn

7 ***Salm alar gan Dafydd. Canodd hi i'r Arglwydd am Cwsh, un o lwyth Benjamin.***

O ARGLWYDD, fy Nuw, dw i'n troi atat ti am loches.
Helpa fi i ddianc oddi wrth y rhai sy'n fy erlid. Achub fi,
2 rhag iddyn nhw, fel llew, fy rhwygo'n ddarnau,
ie, yn ddarnau mân, nes bod neb yn gallu fy achub.

---

ch 6:0 *wythfed* Falle mai cyfeiriad at offeryn cerdd gydag wyth tant sydd yma.

3 O ARGLWYDD, fy Nuw, os ydy e'n wir –
os ydw i'n euog o wneud drwg,
4 os ydw i wedi bradychu fy ffrind
(ie, fi, yr un a achubodd fy ngelyn am ddim gwobr),
5 yna gad i'r gelyn ddod ar fy ôl i, a'm dal i.
Gad iddo fy sathru dan draed,
a'm gadael i orwedd mewn cywilydd ar lawr. *Saib*

6 Cod, ARGLWYDD! Dangos dy fod ti'n ddig,
a sefyll yn erbyn ymosodiadau ffyrnig y gelyn!
Symud! Tyrd i ymladd ar fy rhan i,
a dangos sut rwyt ti'n mynd i'w barnu nhw!
7 Mae'r bobloedd wedi ymgasglu o dy gwmpas;
eistedd di ar dy orsedd uwch eu pennau!

8 Mae'r ARGLWYDD yn barnu'r cenhedloedd!
Achub fy ngham, O ARGLWYDD,
achos dw i wedi gwneud beth sy'n iawn. Dw i ddim ar fai.
9 O Dduw cyfiawn, yr un sy'n treiddio'r meddwl a'r gydwybod,
stopia'r holl ddrygioni mae pobl yn ei wneud.
Ond gwna'r rhai sy'n gwneud beth sy'n iawn yn gadarn.

10 Mae'r Duw mawr fel tarian i mi;
mae'n achub yr un sy'n byw'n iawn.
11 Mae Duw yn farnwr cyfiawn,
ond mae'n dangos bob dydd ei fod wedi digio
12 wrth y rhai sydd ddim yn troi cefn ar bechod.
Mae'n rhoi min ar ei gleddyf,
yn plygu ei fwa ac yn anelu.
13 Mae'n paratoi arfau marwol
ac yn defnyddio saethau tanllyd
i ymladd yn eu herbyn.

14 Edrychwch! Mae'r dyn drwg wrthi eto!
Mae'n feichiog o ddrygioni,
ac yn geni dim byd ond twyll!
15 Ond ar ôl cloddio twll dwfn i eraill,
bydd yn syrthio i'w drap ei hun!
16 Bydd y drwg mae'n ei wneud yn ei daro'n ôl,
a'i drais yn ei fwrw ar ei dalcen.

17 A bydda i'n moli'r ARGLWYDD am fod mor gyfiawn,
ac yn canu emyn o fawl i enw'r ARGLWYDD Goruchaf.

Mae Duw mor fawr!

8

I'r arweinydd cerdd: Salm ar yr alaw "Y Gwinwryf". Salm Dafydd.

O ARGLWYDD, ein brenin,
mae dy enw di mor fawr drwy'r byd i gyd!
Mae dy ysblander yn gorchuddio'r nefoedd yn gyfan!
2 Gyda lleisiau plant bach a babanod
rwyt yn dangos dy nerth, yn wyneb dy elynion,
i roi diwedd ar y gelyn sy'n hoffi dial.

3 Wrth edrych allan i'r gofod, a gweld gwaith dy fysedd,
y lleuad a'r sêr a osodaist yn eu lle,
4 Beth ydy pobl i ti boeni amdanyn nhw?
Pam cymryd sylw o un person dynol?
5 Rwyt wedi'i wneud ond ychydig is na'r bodau nefol,
ac wedi'i goroni ag ysblander a mawredd!

6 Rwyt wedi'i wneud yn feistr ar waith dy ddwylo,
a gosod popeth dan ei awdurdod –
7 defaid ac ychen o bob math,
a hyd yn oed yr anifeiliaid gwyllt;
8 yr adar sy'n hedfan, y pysgod sydd yn y môr,
a phopeth arall sy'n teithio ar gerrynt y moroedd.

9 O Arglwydd, ein brenin,
mae dy enw di mor fawr drwy'r byd i gyd!

Diolch i Dduw am ei gyfiawnder

9 *I'r arweinydd cerdd: Salm i leisiau merched. Salm Dafydd.*
Addolaf di, Arglwydd, o waelod calon;
a sôn am yr holl bethau rhyfeddol wnest ti.
2 Byddaf yn llawen, a gorfoleddaf ynot.
Canaf emyn o fawl i dy enw, y Goruchaf.

3 Pan mae fy ngelynion yn ceisio dianc,
maen nhw'n baglu ac yn cael eu dinistrio o dy flaen di,
4 am dy fod ti'n camu i mewn a gweithredu ar fy rhan i.
Ti'n eistedd ar yr orsedd ac yn dyfarnu'n gyfiawn.

5 Ti sy'n ceryddu'r cenhedloedd,
yn dinistrio'r rhai drwg,
ac yn cael gwared â nhw am byth bythoedd!
6 Mae hi ar ben ar y gelyn!
Mae eu trefi'n adfeilion,
a fydd neb yn cofio ble roedden nhw.

7 Ond mae'r Arglwydd yn teyrnasu am byth!
Mae ar ei orsedd, yn barod i farnu.
8 Bydd yn barnu'n deg,
ac yn llywodraethu'r gwledydd yn gyfiawn.

9 Mae'r Arglwydd yn hafan ddiogel
i'r rhai sy'n cael eu gorthrymu –
yn hafan pan maen nhw mewn trafferthion.
10 Mae'r rhai sy'n dy nabod di yn dy drystio di.
Ti ddim yn troi cefn ar y rhai sy'n dy geisio di, O Arglwydd.

11 Canwch fawl i'r Arglwydd sy'n teyrnasu yn Seion!
Dwedwch wrth bawb beth mae wedi'i wneud!
12 Dydy e ddim yn diystyru cri y rhai sy'n dioddef;
mae'r un sy'n dial ar y llofruddion yn gofalu amdanyn nhw.

13 Dangos drugaredd ata i, O Arglwydd;
edrych fel mae'r rhai sy'n fy nghasáu yn gwneud i mi ddioddef.
Dim ond ti all fy nghadw rhag mynd drwy giatiau marwolaeth.

14 Wedyn bydda i'n dy foli di
o fewn giatiau Seion hardd.
Bydda i'n dathlu am dy fod wedi fy achub i!

15 Mae'r cenhedloedd wedi llithro i'r twll wnaethon nhw ei gloddio,
a'u traed wedi mynd yn sownd yn y rhwyd wnaethon nhw ei chuddio.
16 Mae'r ARGLWYDD wedi dangos sut un ydy e!
Mae e'n gwneud beth sy'n iawn.
Mae'r rhai drwg wedi'u dal gan eu dyfais eu hunain.

(Yn ddwys:) *Saib*

17 Bydd y rhai drwg yn mynd i fyd y meirw.
Dyna dynged y cenhedloedd sy'n diystyru Duw!
18 Ond fydd y rhai mewn angen ddim yn cael eu hanghofio am byth;
fydd gobaith ddim yn diflannu i'r rhai sy'n cael eu cam-drin.

19 Cod, O ARGLWYDD!
Paid gadael i ddynion meidrol gael eu ffordd!
Boed i'r cenhedloedd gael eu barnu gen ti!
20 Dychryn nhw, O ARGLWYDD!
Gad iddyn nhw wybod mai dim ond dynol ydyn nhw! *Saib*

Gweddi am gyfiawnder

10 O ARGLWYDD, pam wyt ti'n cadw draw?
Pam wyt ti'n aros o'r golwg pan mae pethau'n anodd arna i?
2 Mae'r rhai drwg mor hy! Maen nhw'n hela'r tlawd –
gwna iddyn nhw gael eu dal gan eu dyfais eu hunain!

3 Mae'r un drwg yn brolio ei fod yn cael ei ffordd ei hun,
a'r lleidr yn melltithio a dirmygu'r ARGLWYDD.
4 Mae'r un drwg mor falch, yn swancio
ac yn dweud wrth ddirmygu'r ARGLWYDD:
"Dydy e ddim yn galw neb i gyfri;
dydy Duw ddim yn bodoli!"
5 Ydy, mae'n meddwl y bydd e'n llwyddo bob amser.
Dydy e'n gwybod dim am dy safonau di,
ac mae'n wfftio pawb sy'n ei wrthwynebu.

6 Mae'n meddwl wrtho'i hun, "Dw i'n hollol saff.
Mae popeth yn iawn! Fydda i byth mewn trafferthion."
7 Mae e mor gegog – yn llawn melltith a thwyll a gormes,
a'i dafod yn gwneud dim ond drwg ac achosi trafferthion!

8 Mae'n cuddio wrth y pentrefi, yn barod i ymosod;
mae'n neidio o'i guddfan a lladd y dieuog –
unrhyw un sy'n ddigon anffodus.
9 Mae'n disgwyl yn ei guddfan fel llew yn ei ffau,
yn barod i ddal y truan a'i gam-drin;
ac mae'n ei ddal yn ei rwyd.
10 Mae'n plygu i lawr, yn swatio,
ac mae rhywun anlwcus yn syrthio i'w grafangau.

11 Mae'n dweud wrtho'i hun, "Dydy Duw ddim yn poeni!
Dydy e'n cymryd dim sylw.
Dydy e byth yn edrych!"

12 Cod, O ARGLWYDD!
Cod dy law i'w daro, O Dduw!
Paid anghofio'r rhai sy'n cael eu gorthrymu.
13 Pam ddylai dyn drwg gael dilorni Duw
a meddwl dy fod ti'n galw neb i gyfri?

14 Rwyt ti'n gweld y cwbl –
ti'n sylwi ar y poen a'r dioddefaint.
A byddi'n talu'n ôl!
Mae'r un oedd yn anlwcus yn dy drystio di,
am mai ti sy'n helpu plant amddifad.
15 Torra rym y dyn drwg!
Galw fe i gyfrif am y drygioni
roedd e'n meddwl na fyddet ti'n ei weld.
16 Mae'r ARGLWYDD yn frenin am byth
a bydd y cenhedloedd yn diflannu o'r tir!
17 Ti'n gwrando ar lais y rhai sy'n cael eu gorthrymu
yn crefu arnat, O ARGLWYDD.
Byddan nhw'n teimlo'n saff
am dy fod ti'n gwrando arnyn nhw.
18 Unwaith eto byddi'n rhoi cyfiawnder
i'r amddifad a'r rhai sy'n cael eu sathru;
byddi'n stopio dynion meidrol rhag eu gormesu.

Trystio'r ARGLWYDD

11

I'r arweinydd cerdd: Salm Dafydd.
Dw i wedi troi at yr ARGLWYDD i'm cadw'n saff.
Felly sut allwch chi ddweud wrtho i:
"Dianc i'r mynyddoedd fel aderyn!"?
2 "Gwylia dy hun!
Mae'r rhai drwg yn plygu eu bwa,
ac yn gosod saeth ar y llinyn
i saethu o'r cysgodion
at y rhai sy'n byw'n gywir!"
3 Pan mae'r sylfeini wedi chwalu,
beth all y cyfiawn ei gyflawni?

4 Mae'r ARGLWYDD yn ei balas sanctaidd!
Ie, yr ARGLWYDD – mae ei orsedd yn y nefoedd!
Mae e'n gweld y cwbl!
Mae'n edrych yn fanwl ar y ddynoliaeth.
5 Mae'r ARGLWYDD yn gwylio y rhai cyfiawn,
ond mae'n casáu y rhai drwg a'r rhai sy'n hoffi trais.
6 Bydd yn tywallt tân a lafa ar y rhai drwg!
Corwynt dinistriol maen nhw'n ei haeddu!

7 Ydy, mae'r ARGLWYDD yn gyfiawn.
Mae'n caru gweld cyfiawnder,
a bydd y rhai sy'n byw'n gywir yn cael gweld ei wyneb.

Gweddi am help

12 ***I'r arweinydd cerdd: Ar yr wythfed.*** [d] ***Salm Dafydd.***
Help, ARGLWYDD!
Does neb ffyddlon ar ôl!
Mae'r rhai sy'n driw wedi diflannu.
2 Mae pawb yn dweud celwydd wrth ei gilydd;
maen nhw'n seboni ond yn ddauwynebog.
3 Boed i'r ARGLWYDD roi stop ar eu geiriau ffals,
a rhoi taw ar bob tafod sy'n brolio!
4 "Gallwn wneud unrhyw beth!" medden nhw.
"Gallwn ddweud beth leiciwn ni!
Dŷn ni'n atebol i neb!"

5 Ond meddai'r ARGLWYDD:
"Am fod yr anghenus yn dioddef trais,
a'r tlawd yn griddfan mewn poen,
dw i'n mynd i weithredu.
Bydda i'n ei gadw'n saff;
ie, dyna mae'n dyheu amdano."

6 Mae geiriau'r ARGLWYDD yn wir.
Maen nhw fel arian wedi'i buro mewn ffwrnais bridd,
neu aur wedi'i goethi'n drwyadl.
7 Byddi'n gofalu amdanon ni, ARGLWYDD,
Byddwn ni'n saff o afael y genhedlaeth ddrwg yma
8 sy'n cerdded o gwmpas yn falch,
a phobl yn canmol y pethau ofnadwy maen nhw'n eu gwneud!

Gweddi am help

13 ***I'r arweinydd cerdd: Salm Dafydd.***
Am faint mwy, ARGLWYDD?
Wyt ti'n mynd i'm diystyru i am byth?
Am faint mwy rwyt ti'n mynd i droi cefn arna i?
2 Am faint mwy mae'n rhaid i mi boeni f'enaid,
a dal i ddioddef fel yma bob dydd?
Am faint mwy mae'r gelyn i gael y llaw uchaf?

3 Edrych arna i!
Ateb fi, O ARGLWYDD, fy Nuw!
Adfywia fi,
rhag i mi suddo i gwsg marwolaeth;
4 rhag i'r gelyn ddweud, "Dw i wedi ennill!"
ac i'r rhai sy'n fy nghasáu ddathlu wrth i mi syrthio.

5 Ond na, dw i'n trystio dy fod ti'n ffyddlon!
Bydda i'n gorfoleddu am dy fod wedi f'achub i.

---

d 12:0 *wythfed* Falle mai cyfeiriad at offeryn cerdd gydag wyth tant sydd yma.

Bydda i'n canu mawl i ti, ARGLWYDD,
am achub fy ngham.

Drygioni'r galon ddynol

(Salm 53)

14 ***I'r arweinydd cerdd: Salm Dafydd.***
Dim ond ffŵl sy'n meddwl wrtho'i hun,
"Dydy Duw ddim yn bodoli."
Mae pobl yn gwneud pob math o bethau ffiaidd;
does neb yn gwneud daioni.
2 Mae'r ARGLWYDD yn edrych i lawr
o'r nefoedd ar y ddynoliaeth
i weld a oes unrhyw un call;
unrhyw un sy'n ceisio Duw.
3 Ond mae pawb wedi troi cefn arno,
ac yn gwbl lygredig.
Does neb yn gwneud daioni –
dim un!

4 Ydyn nhw wir mor dwp – yr holl rhai drwg
sy'n llarpio fy mhobl fel taen nhw'n llowcio bwyd,
a byth yn galw ar yr ARGLWYDD?
5 Byddan nhw'n dychryn am eu bywydau,
am fod Duw yn gofalu am y rhai cyfiawn.
6 Dych chi'n ceisio drysu hyder yr anghenus,
ond mae'r ARGLWYDD yn ei gadw'n saff.

7 O, dw i eisiau i'r un sy'n achub Israel ddod o Seion!
Pan fydd yr ARGLWYDD yn troi'r sefyllfa rownd
bydd Jacob yn gorfoleddu,
a bydd Israel mor hapus!

Sut mae Duw am i ni fyw?

15 *Salm Dafydd.*
ARGLWYDD, pwy sy'n cael aros yn dy babell di?
Pwy sy'n cael byw ar dy fynydd cysegredig?
2 Y sawl sy'n byw bywyd di-fai,
yn gwneud beth sy'n iawn,
ac yn dweud y gwir bob amser.
3 Dydy e ddim yn defnyddio'i dafod i wneud drwg,
i wneud niwed i neb,
na gwneud hwyl am ben pobl eraill.
4 Mae'n ffieiddio'r rhai mae Duw'n eu gwrthod,
ond yn anrhydeddu'r rhai sy'n parchu'r ARGLWYDD.
Mae'n cadw ei air hyd yn oed pan mae hynny'n gostus iddo.
5 Dydy e ddim yn ceisio gwneud elw wrth fenthyg arian,
na derbyn breib i gondemnio'r dieuog.
Fydd yr un sy'n byw felly byth yn cael ei ysgwyd.

15:5 Lefiticus 25:35-38; Deuteronomium 23:19,20

Y dewis gorau – trystio Duw

16

Wedi'i chofnodi gan Dafydd.
Amddiffyn fi, O Dduw;
dw i'n troi atat ti am loches.
2 Dwedais wrth yr ARGLWYDD,
"Ti ydy fy Meistr i;
mae fy lles i'n dibynnu arnat ti."

3 Y bobl dduwiol yn y wlad ydy fy arwyr,
dw i wrth fy modd gyda nhw.
4 Ond bydd y rhai sy'n dilyn duwiau eraill
yn cael llwyth o drafferthion!
Dw i eisiau dim i'w wneud â'u hoffrymau o waed.
Dw i ddim am eu henwi nhw hyd yn oed!

5 Ti, ARGLWYDD, ydy'r un dw i eisiau.
Mae fy nyfodol i yn dy law di.
6 Rwyt ti wedi rhoi tir da i mi;
mae gen i etifeddiaeth hyfryd.

7 Bendithiaf yr ARGLWYDD am fy arwain i,
ac am siarad gyda mi yn y nos.
8 Dw i mor ymwybodol fod yr ARGLWYDD gyda mi.
Mae'n sefyll wrth fy ochr, a fydd dim byd yn fy ysgwyd.
9 Felly, mae fy nghalon i'n llawen;
dw i'n gorfoleddu!
Dw i'n gwybod y bydda i'n saff!

10 Wnei di ddim gadael i mi fynd i fyd y meirw,
na gadael i'r un sydd wedi cysegru ei hun i ti bydru yn y bedd.
11 Rwyt wedi dangos y ffordd i fywyd i mi;
bydd bod gyda ti yn fy llenwi â llawenydd
a hyfrydwch diddiwedd bob amser.

Gweddi am gyfiawnder

17

Gweddi Dafydd.
O ARGLWYDD, dw i'n gofyn am gyfiawnder.
Gwranda arna i'n galw arnat ti.
Clyw fy ngweddi,
sy'n gwbl ddidwyll.

2 Ti sy'n gallu rhoi cyfiawnder i *mi*.
Mae dy lygaid yn gweld y gwir.
3 Rwyt wedi dod ata i yn y nos, chwilio fy meddyliau,
fy mhwyso a'm mesur a chael dim byd o'i le.
Dw i'n benderfynol o beidio dweud dim i dy dramgwyddo di.
4 Dw i'n gweld beth mae pobl eraill yn ei wneud,
ond dw i wedi cadw at beth rwyt ti'n ddweud,
ac wedi cadw draw oddi wrth ffyrdd lladron.
5 Dw i wedi dilyn dy lwybrau di,
a heb grwydro oddi ar y ffordd o gwbl.

6 Dw i'n galw arnat ti,
achos byddi di'n ateb, O Dduw.
Gwranda arna i.
Clyw beth dw i'n ddweud.
7 Dangos mor ffyddlon wyt ti
drwy wneud pethau rhyfeddol!
Ti sy'n gallu achub y rhai sy'n troi atat
i'w hamddiffyn rhag yr ymosodwyr.
8 Amddiffyn fi fel cannwyll dy lygad.
Cuddia fi dan gysgod dy adenydd.

9 Cuddia fi oddi wrth y rhai drwg sy'n ymosod arna i,
y gelynion o'm cwmpas sydd eisiau fy lladd.
10 Maen nhw'n gwbl ddidrugaredd!
Maen nhw mor falch wrth gega!

11 Maen nhw wedi fy amgylchynu i,
ac maen nhw am fy mwrw i'r llawr.
12 Maen nhw fel llew yn edrych am ysglyfaeth,
neu lew ifanc yn llechu o'r golwg.

13 Cod, Arglwydd!
Dos allan yn eu herbyn.
Taro nhw i lawr gyda dy gleddyf!
Achub fi rhag y rhai drwg;
14 achub fi o afael y llofruddion, Arglwydd!
Lladd nhw! Paid gadael iddyn nhw fyw!

Ond i'r rhai sy'n werthfawr yn dy olwg –
rwyt yn llenwi eu boliau,
mae eu plant yn cael eu bodloni
a byddan nhw'n gadael digonedd i'w rhai bach.
15 Caf gyfiawnder, a bydda i'n gweld dy wyneb!
Pan fyddaf yn deffro, bydd dy weld yn ddigon i mi!

Dathlu gofal Duw

(2 Samuel 22:1-51)

18

I'r arweinydd cerdd: Salm gan Dafydd, gwas yr Arglwydd. Canodd eiriau'r gân hon ar ôl i'r Arglwydd ei achub o ddwylo ei holl elynion, ac o afael Saul. Dyma ddwedodd e:

Dw i'n dy garu di, Arglwydd;
ti sy'n rhoi nerth i mi.
2 Mae'r Arglwydd fel craig i mi,
yn gastell ac yn achubwr.
Mae fy Nuw yn graig i mi lechu dani,
yn darian, yn gryfder ac yn hafan ddiogel.

3 Galwais ar yr Arglwydd sy'n haeddu ei foli,
ac achubodd fi oddi wrth fy ngelynion.
4 Rôn i'n boddi dan donnau marwolaeth;
roedd llifogydd dinistr yn fy llethu.

18:0 1 Samuel 23:7-14

5 Roedd rhaffau byd y meirw o'm cwmpas,
a maglau marwolaeth o'm blaen.
6 Galwais ar yr ARGLWYDD o ganol fy helynt,
a gweiddi ar fy Nuw.
Roedd yn ei deml, a chlywodd fy llais;
gwrandawodd arna i'n galw.

7 Yna, dyma'r ddaear yn symud a chrynu.
Roedd sylfeini'r mynyddoedd yn crynu
ac yn ysgwyd am ei fod wedi digio.
8 Daeth mwg allan o'i ffroenau,
a thân dinistriol o'i geg;
roedd marwor yn tasgu ohono.
9 Agorodd yr awyr fel llenni a daeth i lawr.
Roedd cwmwl trwchus dan ei draed.
10 Marchogai ar gerwbiaid yn hedfan,
a chodi ar adenydd y gwynt.
11 Gwisgodd dywyllwch fel gorchudd drosto – cymylau duon stormus,
a gwnaeth gymylau trwchus yr awyr yn ffau o'i gwmpas.
12 Roedd golau disglair o'i flaen;
saethodd mellt o'r cymylau,
cenllysg a marwor tanllyd.

13 Yna taranodd yr ARGLWYDD yn yr awyr –
sŵn llais y Goruchaf yn galw.[dd]
14 Taflodd ei saethau a chwalu'r gelyn;
roedd ei folltau mellt yn eu gyrru ar ffo.
15 Daeth gwely'r môr i'r golwg;
ac roedd sylfeini'r ddaear yn noeth
wrth i ti ruo, O ARGLWYDD,
a chwythu anadl o dy ffroenau.

16 Estynnodd i lawr o'r uchelder a gafael ynof;
tynnodd fi allan o'r dŵr dwfn.
17 Achubodd fi o afael y gelyn ffyrnig,
a'r rhai sy'n fy nghasáu oedd yn gryfach na mi.
18 Dyma nhw'n ymosod pan oeddwn mewn helbul,
ond dyma'r ARGLWYDD yn fy helpu i.
19 Daeth â fi allan i ryddid!
Achubodd fi am ei fod wrth ei fodd gyda mi.

20 Mae'r ARGLWYDD wedi bod yn deg â mi.
Dw i wedi byw'n gyfiawn; mae fy nwylo'n lân
ac mae wedi rhoi fy ngwobr i mi.
21 Do, dw i wedi dilyn yr ARGLWYDD yn ffyddlon,
heb droi cefn ar Dduw na gwneud drwg.
22 Dw i wedi cadw ei ddeddfau'n ofalus;
dw i ddim wedi anwybyddu ei reolau.
23 Dw i wedi bod yn ddi-fai
ac yn ofalus i beidio pechu yn ei erbyn.

dd 18:13 *yn galw* Hebraeg yn ychwanegu "cenllysg a marwor tanllyd" (o adn. 12 mae'n debyg).

24 Mae'r ARGLWYDD wedi rhoi fy ngwobr i mi.
Dw i wedi byw'n gyfiawn,
ac mae e wedi gweld bod fy nwylo'n lân.

25 Rwyt ti'n ffyddlon i'r rhai sy'n ffyddlon,
ac yn deg â'r rhai di-euog.
26 Mae'r rhai di-fai yn dy brofi'n ddi-fai,
ond rwyt ti'n fwy craff na'r rhai anonest.
27 Ti'n achub pobl sy'n dioddef,
ond yn torri crib y rhai balch.

28 Ie, ti sy'n goleuo fy lamp, o ARGLWYDD;
fy Nuw sy'n rhoi golau i mi yn y tywyllwch.
29 Gyda ti gallaf ruthro allan i'r frwydr;
gallaf neidio unrhyw wal gyda help fy Nuw!
30 Mae Duw yn gwneud beth sy'n iawn;
mae'r ARGLWYDD yn dweud beth sy'n wir.
Mae fel tarian yn amddiffyn pawb sy'n troi ato.

31 Oes duw arall ond yr ARGLWYDD?
Oes craig arall ar wahân i'n Duw ni?
32 Fe ydy'r Duw sy'n rhoi nerth i mi –
mae'n symud pob rhwystr o'm blaen.
33 Mae'n rhoi coesau fel carw i mi;
fydda i byth yn llithro ar y creigiau uchel.
34 Dysgodd fi sut i ymladd –
dw i'n gallu plygu bwa o bres!

35 Rwyt wedi fy amddiffyn fel tarian;
mae dy law gref yn fy nghynnal.
Mae dy ofal wedi gwneud i mi lwyddo.
36 Ti wnaeth i mi frasgamu ymlaen
a wnes i ddim baglu.

37 Es ar ôl fy ngelynion, a'u dal nhw;
wnes i ddim troi'n ôl nes roedden nhw wedi darfod.
38 Dyma fi'n eu taro nhw i lawr,
nes eu bod yn methu codi;
roeddwn i'n eu sathru nhw dan draed.

39 Ti roddodd y nerth i mi ymladd;
ti wnaeth i'r gelyn blygu o'm blaen.
40 Ti wnaeth iddyn nhw gilio yn ôl.
Dinistriais y rhai oedd yn fy nghasáu yn llwyr.

41 Roedden nhw'n galw am help,
ond doedd neb i'w hachub!
Roedden nhw'n galw ar yr ARGLWYDD hyd yn oed!
Ond wnaeth e ddim ateb.
42 Dyma fi'n eu malu nhw'n llwch i'w chwythu i ffwrdd gan y gwynt;
a'u taflu i ffwrdd fel baw ar y strydoedd.

43 Achubaist fi o afael y rhai oedd yn ymladd yn fy erbyn.
Gwnest fi'n bennaeth ar y gwledydd.
Mae pobloedd wyddwn i ddim amdanyn nhw
yn derbyn fy awdurdod.

44 Maen nhw'n plygu wrth glywed amdana i –
ie, estroniaid yn crynu o'm blaen!
45 Mae pobloedd estron wedi colli pob hyder,
ac yn crynu wrth ddod allan o'u cuddfannau.

46 Ydy, mae'r ARGLWYDD yn fyw!
Bendith ar y graig sy'n fy amddiffyn i!
Boed i Dduw, wnaeth fy achub i, gael ei anrhydeddu!
47 Fe ydy'r Duw sydd wedi dial ar fy rhan i,
a gwneud i bobloedd blygu o'm blaen.
48 Fe ydy'r Duw sydd wedi fy achub i rhag fy ngelynion,
a'm cipio o afael y rhai sy'n fy nghasáu.
Mae wedi fy achub o ddwylo dynion treisgar.

49 Felly, O ARGLWYDD,
bydda i'n dy foli di o flaen y cenhedloedd
ac yn canu mawl i dy enw:
50 mae'n rhoi buddugoliaeth i'w frenin –
un fuddugoliaeth fawr ar ôl y llall!
Mae'n aros yn ffyddlon i'w eneiniog –
i Dafydd, ac i'w ddisgynyddion am byth.

Y greadigaeth yn dangos ysblander Duw

19

I'r arweinydd cerdd: Salm Dafydd.

Mae'r nefoedd yn dangos ysblander Duw,
a'r awyr yn dweud am grefftwaith ei ddwylo.
2 Mae'r neges yn mynd allan bob dydd;
mae i'w gweld yn amlwg bob nos!
3 Does dim llais go iawn, na geiriau,
na dim i'w glywed yn llythrennol.
4 Ond mae pawb wedi clywed beth maen nhw'n ddweud;
a'r neges wedi mynd i ben draw'r byd!

Cododd babell i'r haul yn yr awyr.
5 Mae'n dod allan fel priodfab o'i ystafell;
neu athletwr yn frwd i redeg ras.
6 Mae'n codi ar y gorwel,
ac yn symud o un pen i'r llall.
Does dim yn gallu cuddio rhag ei wres.

7 Mae dysgeidiaeth yr ARGLWYDD yn berffaith –
mae'n rhoi bywyd newydd i mi!
Mae rheolau yr ARGLWYDD yn glir
ac yn gwneud y person mwyaf cyffredin yn ddoeth.
8 Mae cyngor yr ARGLWYDD yn dangos beth sy'n iawn
ac yn gwneud y galon yn llawen.
Mae arweiniad yr ARGLWYDD yn bur
ac yn ein goleuo ni.
9 Mae'r gorchymyn i barchu'r ARGLWYDD yn glir
ac yn aros bob amser.
Mae dyfarniad yr ARGLWYDD yn gywir –
mae e'n gwbl deg bob amser.

10 Mae'r pethau yma'n fwy gwerthfawr nag aur –
ie, llwythi o aur coeth!
Maen nhw'n felysach na'r mêl
sy'n diferu o'r diliau.
11 Ydyn, maen nhw'n rhoi goleuni i dy was;
ac mae gwobr fawr i'r rhai sy'n ufuddhau.

12 Ond pwy sy'n gweld ei feiau ei hun?
O, maddau i mi pan dw i'n pechu heb wybod,
13 a chadw fi rhag pechu'n fwriadol.
Paid gadael i bechod reoli fy mywyd i.
Yna byddaf yn ddi-fai,
a dieuog o droseddu yn dy erbyn.
14 Gad i'r cwbl dw i'n ei ddweud a'i feddwl
dy blesio di,
O ARGLWYDD, fy nghraig a'm hachubwr.

Bydd Duw yn achub y brenin

20 ***I'r arweinydd cerdd: Salm Dafydd.***
Boed i'r ARGLWYDD dy ateb pan wyt mewn trafferthion;
boed i Dduw Jacob dy gadw di'n saff.
2 Boed iddo anfon help o'r cysegr,
a rhoi nerth i ti o Seion.
3 Boed iddo gofio dy holl offrymau,
a derbyn dy offrymau sydd i'w llosgi. *Saib*
4 Boed iddo roi i ti beth wyt ti eisiau,
a dod â dy gynlluniau di i gyd yn wir.
5 Wedyn byddwn yn bloeddio'n llawen am dy fod wedi ennill y frwydr!
Byddwn yn codi baner i enw ein Duw.
Boed i'r ARGLWYDD roi i ti bopeth rwyt ti'n gofyn amdano!

6 Dw i'n gwybod y bydd yr ARGLWYDD
yn achub ei eneiniog, y brenin.
Bydd yn ei ateb o'r cysegr yn y nefoedd
ac yn rhoi buddugoliaeth ryfeddol iddo, drwy ei nerth.

7 Mae rhai'n brolio yn eu cerbydau rhyfel a'u meirch,
ond dŷn ni'n brolio'r ARGLWYDD ein Duw.
8 Byddan nhw'n syrthio ar lawr,
ond byddwn ni'n sefyll yn gadarn.
9 Bydd yr ARGLWYDD yn achub y brenin.
Bydd yn ateb pan fyddwn ni'n galw arno.

Y brenin yn dathlu gofal Duw

21 ***I'r arweinydd cerdd: Salm Dafydd.***
O ARGLWYDD, mae'r brenin yn llawen
am dy fod ti'n ei nerthu;
mae'n gorfoleddu'n fawr
am dy fod yn rhoi'r fuddugoliaeth iddo!
2 Ti wedi rhoi iddo beth oedd e eisiau,
wnest ti ddim gwrthod beth roedd e'n gofyn amdano. *Saib*

3 Ti'n ei fendithio â phopeth da,
ac yn gosod coron o aur pur ar ei ben.
4 Gofynnodd i ti ei gadw'n fyw, a dyma ti'n rhoi bywyd iddo –
bywyd hir a llinach brenhinol fydd yn aros.
5 Mae'n enwog am dy fod wedi rhoi'r fuddugoliaeth iddo.
Ti wedi rhoi iddo ysblander ac urddas.
6 Ti wedi rhoi bendithion fydd yn para am byth,
a'r boddhad a'r llawenydd o fod yn dy gwmni.
7 Ydy, mae'r brenin yn trystio'r Arglwydd.
Mae'n gwybod fod y Duw Goruchaf yn ffyddlon,
felly fydd dim byd yn ei ysgwyd.

8 Byddi'n llwyddo i ddal dy holl elynion;
byddi'n rhy gryf i'r rhai sy'n dy gasáu.
9 Pan fyddi'n dod i'r golwg
byddi'n eu llosgi nhw mewn ffwrnais.
Mae'r Arglwydd yn ddig,
a bydd yn eu dinistrio nhw;
bydd tân yn eu llosgi nhw.
10 Byddi'n cael gwared â'u disgynyddion o'r ddaear;
byddan nhw'n diflannu o blith y ddynoliaeth.
11 Roedden nhw eisiau gwneud niwed i ti;
roedd ganddyn nhw gynllun
ond allen nhw byth lwyddo.
12 Ti'n gwneud iddyn nhw droi yn ôl
drwy gymryd dy fwa ac anelu dy saethau atyn nhw.

13 Cod, Arglwydd, dangos dy nerth!
Byddwn yn canu mawl i ti am wneud pethau mor fawr.

Cri ingol a chân o fawl

22

I'r arweinydd cerdd: ar yr alaw "Ewig y wawr". Salm Dafydd.
Fy Nuw, fy Nuw,
pam wyt ti wedi troi dy gefn arna i?
Dw i'n griddfan mewn poen,
pam wyt ti ddim yn fy achub i?
2 Fy Nuw, dw i'n galw arnat ti drwy'r dydd,
ond ti ddim yn ateb.
Dw i'n dal ati drwy'r nos
heb orffwys o gwbl.

3 Ti ydy'r Duw Sanctaidd!
Rwyt ti'n eistedd ar dy orsedd,
ac yn derbyn mawl pobl Israel.
4 Ti oedd ein hynafiaid ni'n ei drystio.
Roedden nhw'n dy drystio di
a dyma ti'n eu hachub nhw.
5 Dyma nhw'n gweiddi arnat ti
a llwyddo i ddianc;
roedden nhw wedi dy drystio di,
a chawson nhw mo'u siomi.

6 Dw i'n neb. Pryf ydw i, nid dyn!
Dw i'n cael fy wfftio gan bobl, a'm dirmygu.
7 Dw i'n destun sbort i bawb.
Maen nhw'n gwneud ystumiau arna i,
ac yn ysgwyd eu pennau.
8 "Mae e wedi trystio'r ARGLWYDD;
felly gadewch i'r ARGLWYDD ei achub,
a'i ollwng e'n rhydd!
Mae e mor hoff ohono!"

9 Ti ddaeth â fi allan o'r groth.
Ti wnaeth i mi deimlo'n saff ar fron fy mam.
10 Dw i wedi dibynnu arnat ti o'r dechrau cyntaf.
Ti ydy fy Nuw i ers i mi gael fy ngeni.
11 Paid cadw draw!
Mae helyntion gerllaw
a does gen i neb i'm helpu.

12 Mae teirw o'm cwmpas ym mhobman.
Mae teirw cryfion Bashan[e] yn fy mygwth.
13 Maen nhw'n barod i'm llyncu i,
fel llewod yn rhuo ac yn rhwygo ysglyfaeth.
14 Dw i bron marw!
Mae fy esgyrn i gyd wedi dod o'u lle,
ac mae fy nghalon yn wan
fel cwyr yn toddi tu mewn i mi.
15 Mae fy egni wedi sychu fel potyn pridd.
Mae fy nhafod wedi glynu i dop fy ngheg.
Rwyt wedi fy rhoi i lwch marwolaeth.
16 Mae cŵn wedi casglu o'm cwmpas!
Criw o fwlis yn cau amdana i
ac yn fy nal i lawr gerfydd fy nwylo a'm traed.
17 Dw i'n ddim byd ond swp o esgyrn,
ac maen nhw'n syllu arna i a chwerthin.
18 Maen nhw'n rhannu fy nillad rhyngddyn nhw,
ac yn gamblo am fy nghrys.

19 O ARGLWYDD, paid ti cadw draw.
Ti sy'n rhoi nerth i mi. Brysia, helpa fi!
20 Achub fi rhag y cleddyf,
achub fy mywyd o afael y cŵn!
21 Gad i mi ddianc oddi wrth y llew;
achub fi rhag cyrn yr ych gwyllt.
Ateb fi!

22 Bydda i'n dweud wrth fy mrodyr sut un wyt ti;
ac yn canu mawl i ti gyda'r rhai sy'n dy addoli.
23 Ie, chi sy'n addoli'r ARGLWYDD, canwch fawl iddo!
Chi ddisgynyddion Jacob, anrhydeddwch e!
Chi bobl Israel i gyd, safwch o'i flaen mewn rhyfeddod!
24 Wnaeth e ddim dirmygu na diystyru cri'r anghenus;
wnaeth e ddim troi ei gefn arno.

e 22:12 *Bashan* Y tir i'r dwyrain o afon Iorddonen.

Pan oedd yn gweiddi am help,
gwrandawodd Duw.
25 Dyna pam dw i'n dy foli di yn y gynulleidfa fawr,
ac yn cadw fy addewidion o flaen y rhai sy'n dy addoli.

26 Bydd yr anghenus yn bwyta ac yn cael digon!
Bydd y rhai sy'n dilyn yr ARGLWYDD yn canu mawl iddo –
byddwch yn llawen bob amser!
27 Bydd pobl drwy'r byd i gyd
yn gwrando ac yn troi at yr ARGLWYDD.
Bydd pobl y gwledydd i gyd yn ei addoli,
28 am mai'r ARGLWYDD ydy'r Brenin!
Fe sy'n teyrnasu dros y cenhedloedd.

29 Bydd pawb sy'n iach yn plygu i'w addoli;
a phawb sydd ar fin marw – ar wely angau –
yn plygu glin o'i flaen!
30-31 Bydd plant yn ei wasanaethu;
a bydd enw'r ARGLWYDD yn cael ei gyhoeddi
i'r genhedlaeth sydd i ddod.
Byddan nhw'n dweud am ei gyfiawnder
wrth y rhai sydd ddim eto wedi'u geni!
Ie, dweud beth mae e wedi'i wneud!

Y bugail sy'n gofalu am ei bobl

23

Salm Dafydd.
Yr ARGLWYDD ydy fy mugail i;
mae gen i bopeth dw i angen.
2 Mae'n mynd â fi i orwedd mewn porfa hyfryd,
ac yn fy arwain at ddŵr glân sy'n llifo'n dawel.
3 Mae'n rhoi bywyd newydd i mi,
ac yn dangos i mi'r ffordd iawn i fynd.
Ydy, mae e'n enwog am ei ofal.
4 Hyd yn oed mewn ceunant tywyll dychrynllyd,
fydd gen i ddim ofn, am dy fod ti gyda mi.
Mae dy ffon a dy bastwn yn fy amddiffyn i.

5 Rwyt ti'n paratoi gwledd i mi
ac mae fy ngelynion yn gorfod gwylio.
Rwyt ti'n tywallt olew ar fy mhen.
Mae gen i fwy na digon!
6 Bydd dy ddaioni a dy ofal ffyddlon
gyda mi weddill fy mywyd.
A byddaf yn byw eto yn nhŷ'r ARGLWYDD
am byth.

Duw ydy'r Brenin mawr!

24

Salm Dafydd.
Yr ARGLWYDD piau'r ddaear a phopeth sydd ynddi:
y byd, a phawb sy'n byw ynddo.
2 Mae wedi gosod ei sylfeini ar y moroedd,
a'i sefydlu ar ffrydiau'r dyfnder.

3 Pwy sy'n cael dringo mynydd yr ARGLWYDD?
Pwy sy'n cael sefyll yn ei deml sanctaidd?
4 Yr un sy'n gwneud beth sy'n iawn a'i gymhellion yn bur;
yr un sydd ddim yn twyllo
neu'n addo rhywbeth heb fwriadu ei gyflawni.
5 Mae'r ARGLWYDD yn bendithio pobl felly;
byddan nhw'n cael eu derbyn
i berthynas iawn gyda'r Duw sy'n achub.
6 Dyma'r math o bobl sy'n cael troi ato:
y rhai sydd eisiau dy gwmni di, O Dduw Jacob. *Saib*

7 Giatiau'r ddinas, edrychwch!
Agorwch, chi ddrysau tragwyddol,
er mwyn i'r Brenin gwych gael dod i mewn!
8 Pwy ydy'r Brenin gwych yma?
Yr ARGLWYDD, cryf a dewr,
Yr ARGLWYDD sy'n ennill pob brwydr!
9 Giatiau'r ddinas, edrychwch!
Agorwch, chi ddrysau tragwyddol,
er mwyn i'r Brenin gwych gael dod i mewn!
10 Pwy ydy'r Brenin gwych yma? –
Yr ARGLWYDD hollbwerus!
Fe ydy'r Brenin gwych! *Saib*

Gweddi am arweiniad a help

25

Salm Dafydd.
O ARGLWYDD, dw i'n troi atat ti mewn gweddi.
2 Fy Nuw, dw i'n dy drystio di; paid â'm siomi;
paid gadael i'm gelynion gael hwyl am fy mhen.
3 Does neb sy'n dy drystio di yn cael ei siomi.
Y rhai sy'n twyllo fydd yn methu,
nhw fydd yn cael eu siomi!
4 Dw i eisiau dy ddilyn di, ARGLWYDD;
dysga dy ffyrdd i mi.
5 Arwain fi ar y ffordd iawn a dysga fi,
achos ti ydy'r Duw sy'n fy achub i.
Dw i'n dibynnu arnat ti bob amser.
6 O ARGLWYDD, cofia dy fod yn Dduw trugarog a ffyddlon –
un felly wyt ti wedi bod erioed!
7 Paid dal yn fy erbyn y pechodau
a'r holl bethau wnes i o'i le pan oeddwn i'n ifanc.
Bydd yn garedig ata i, ARGLWYDD;
rwyt ti'n Dduw mor ffyddlon.

8 Mae'r ARGLWYDD yn dda ac yn hollol deg,
felly mae e'n dangos i bechaduriaid sut dylen nhw fyw.
9 Mae'n dangos y ffordd iawn i'r rhai sy'n plygu iddo
ac yn eu dysgu nhw sut i fyw.
10 Mae'r ARGLWYDD bob amser yn ffyddlon,
ac mae'r rhai sy'n cadw amodau'r ymrwymiad wnaeth e
yn gallu dibynnu'n llwyr arno.

11 Er mwyn dy enw da, O Arglwydd,
maddau'r holl ddrwg dw i wedi'i wneud
– mae yna gymaint ohono!

12 Mae'r Arglwydd yn dangos i'r rhai sy'n ffyddlon iddo
sut dylen nhw fyw.
13 Byddan nhw'n mwynhau bywyd,
a bydd eu plant yn etifeddu'r tir.
14 Mae'r Arglwydd yn rhoi arweiniad i'w ddilynwyr ffyddlon,
ac mae'n dysgu iddyn nhw oblygiadau'r ymrwymiad wnaeth e.

15 Dw i'n troi at yr Arglwydd am help bob amser,
am mai fe sy'n fy ngollwng i'n rhydd o rwyd y gelyn.
16 Tyrd ata i, bydd yn garedig a helpa fi,
dw i ar fy mhen fy hun, ac yn dioddef.
17 Achub fi o'r helbul dw i ynddo;
gollwng fi'n rhydd o'r argyfwng yma.
18 Edrych arna i'n dioddef mewn poen.
Maddau fy holl bechodau.
19 Edrych gymaint o elynion sydd gen i;
maen nhw'n fy nghasáu i, ac am wneud niwed i mi!
20 Amddiffyn fi, ac achub fi!
Paid gadael i mi gael fy siomi,
achos dw i wedi troi atat ti am loches.
21 Amddiffyn fi, am fy mod i'n onest ac yn agored hefo ti;
dw i'n dibynnu arnat ti, Arglwydd!

22 O Dduw, gollwng Israel yn rhydd
o'i holl drafferthion!

Gweddi person gonest

26

Salm Dafydd.
Achub fy ngham, O Arglwydd,
dw i wedi bod yn onest.
Dw i wedi dy drystio di, Arglwydd,
bob amser.
2 Archwilia fi, Arglwydd; gosod fi ar brawf!
Treiddia i'm meddwl a'm cydwybod.
3 Dw i'n gwybod mor ffyddlon wyt ti –
a dyna sydd yn fy ysgogi i fynd ymlaen.

4 Dw i ddim yn derbyn cyngor gan bobl sy'n twyllo,
nac yn cymysgu gyda rhai sy'n anonest.
5 Dw i'n casáu cwmni dynion drwg,
ac yn gwrthod cyngor pobl felly.
6 Dw i'n golchi fy nwylo'n lân,
ac am gerdded o gwmpas dy allor, O Arglwydd.
7 Dw i eisiau diolch i ti,
a dweud am y pethau rhyfeddol wnest ti.

8 O Arglwydd, dw i'n caru'r deml lle rwyt ti'n byw;
y fan lle mae dy ysblander i'w weld.

9 Paid ysgubo fi i ffwrdd gyda phechaduriaid,
na'm lladd gyda'r bobl dreisgar
10 sydd bob amser yn cynllwynio rhyw ddrwg,
neu'n barod i gynnig breib.
11 Dw i wedi bod yn onest.
Gollwng fi'n rhydd! Bydd yn garedig ata i!
12 Dw i'n gwybod fy mod i'n saff.
Bydda i'n addoli'r ARGLWYDD eto gyda'i bobl.

Gweddi o ymroddiad i Dduw

27 *Salm Dafydd.*
Mae'r ARGLWYDD yn rhoi golau i mi, ac yn fy achub i;
does gen i ofn neb.
Mae'r ARGLWYDD fel caer yn fy amddiffyn i,
does neb yn fy nychryn.
2 Pan oedd dynion drwg yn ymosod arna i
i'm llarpio fel ysglyfaeth –
nhw (y gelynion oedd yn fy nghasáu),
ie, nhw wnaeth faglu a syrthio.
3 Petai byddin gyfan yn dod yn fy erbyn i,
fyddai gen i ddim ofn.
Petai rhyfel ar fin torri allan,
byddwn i'n gwbl hyderus.

4 Gofynnais i'r ARGLWYDD am un peth –
dyma beth dw i wir eisiau:
dw i eisiau aros yn nhŷ'r ARGLWYDD
am weddill fy mywyd,
i ryfeddu ar haelioni'r ARGLWYDD,
a myfyrio yn ei deml.
5 Bydd e'n fy nghuddio i pan dw i mewn perygl;
bydda i'n saff yn ei babell.
Bydd yn fy ngosod i ar graig ddiogel,
allan o gyrraedd y gelyn.
6 Bydda i'n ennill y frwydr
yn erbyn y gelynion sydd o'm cwmpas.
Bydda i'n cyflwyno aberthau i Dduw, ac yn gweiddi'n llawen.
Bydda i'n canu ac yn cyfansoddi cerddoriaeth i foli'r ARGLWYDD.

7 O ARGLWYDD, gwranda arna i'n galw arnat ti.
Bydd yn garedig ata i. Ateb fi!
8 Dw i'n gwybod dy fod ti'n dweud, "Ceisiwch fi."
Felly, ARGLWYDD, dw i'n dy geisio di.
9 Paid troi cefn arna i. Paid gwthio fi i ffwrdd.
Ti sy'n gallu fy helpu i.
Paid gwrthod fi! Paid â'm gadael i.
O Dduw, ti ydy'r un sy'n fy achub i.
10 Hyd yn oed petai dad a mam yn troi cefn arna i,
byddai'r ARGLWYDD yn gofalu amdana i.

11 Dangos i mi sut rwyt ti eisiau i mi fyw, O ARGLWYDD.
Arwain fi ar hyd y llwybr iawn,
achos mae'r rhai sy'n fy nghasáu yn fy ngwylio i.
12 Paid gadael i'm gelynion i gael eu ffordd.
Mae tystion celwyddog yn codi
ac yn tystio yn fy erbyn i.
13 Ond dw i'n gwybod yn iawn
y bydda i'n profi daioni'r ARGLWYDD
ar dir y byw!

14 Gobeithia yn yr ARGLWYDD.
Bydd yn ddewr ac yn hyderus.
Ie, gobeithia yn yr ARGLWYDD.

Gweddi am help

28

Salm Dafydd.
O ARGLWYDD, arnat ti dw i'n galw!
Paid diystyru fi – ti ydy fy nghraig i.
Os wnei di ddim ateb
bydda i'n siŵr o ddisgyn i'r bedd!
2 Gwranda arna i'n galw –
dw i'n erfyn am drugaredd!
Dw i'n estyn fy nwylo
at dy deml sanctaidd.

3 Paid llusgo fi i ffwrdd gyda'r rhai drwg,
y bobl hynny sy'n gwneud dim byd ond drwg.
Maen nhw'n dweud pethau sy'n swnio'n garedig
ond does dim byd ond malais yn y galon.
4 Tala nôl iddyn nhw am wneud y fath beth!
Rho iddyn nhw beth maen nhw'n ei haeddu!
Cosba nhw!
5 Dŷn nhw ddim yn deall
y ffordd mae'r ARGLWYDD yn gweithio.
Bydd e'n eu bwrw nhw i lawr,
a fyddan nhw byth yn codi eto!

6 Bendith ar yr ARGLWYDD!
Ydy, mae e wedi gwrando arna i'n erfyn am drugaredd!
7 Mae'r ARGLWYDD yn rhoi nerth i mi;
mae e'n darian i'm hamddiffyn.
Dw i'n ei drystio fe'n llwyr.
Daeth i'm helpu, a dw i wrth fy modd!
Felly dw i'n mynd i ganu mawl iddo!
8 Mae'r ARGLWYDD yn gwneud ei bobl yn gryf.
Mae e fel caer yn amddiffyn ac yn achub ei eneiniog, y brenin.
9 Achub dy bobl!
Bendithia dy bobl sbesial!
Gofala amdanyn nhw fel bugail
a'u cario yn dy freichiau bob amser!

Llais yr ARGLWYDD yn y storm

29

Salm Dafydd.
Dewch, angylion, Cyhoeddwch!
Cyhoeddwch mor wych ac mor gryf ydy'r ARGLWYDD!
2 Cyhoeddwch mor wych ydy ei enw da!
Plygwch i addoli'r ARGLWYDD
sydd mor hardd yn ei gysegr.

3 Mae llais yr ARGLWYDD i'w glywed uwchben y dŵr –
sŵn y Duw gwych yn taranu.
Mae'r ARGLWYDD yn taranu uwchben y dyfroedd mawr.
4 Mae llais yr ARGLWYDD yn rymus.
Mae llais yr ARGLWYDD yn urddasol.

5 Mae llais yr ARGLWYDD yn dryllio'r cedrwydd;
mae e'n dryllio coed cedrwydd Libanus.
6 Mae'n gwneud i Libanus brancio fel llo;
a Sirion[f] fel ych gwyllt ifanc.

7 Mae llais yr ARGLWYDD fel mellt yn fflachio.
8 Mae llais yr ARGLWYDD yn ysgwyd yr anialwch;
mae'r ARGLWYDD yn ysgwyd anialwch Cadesh.
9 Mae llais yr ARGLWYDD yn plygu'r coed mawr,
ac yn tynnu'r dail oddi ar y fforestydd.
Ac yn ei deml mae pawb yn gweiddi, "Rwyt ti'n wych!"

10 Mae'r ARGLWYDD ar ei orsedd uwchben y llifogydd.[ff]
Mae'r ARGLWYDD yn Frenin ar ei orsedd am byth.
11 Mae'r ARGLWYDD yn gwneud ei bobl yn gryf.
Mae'r ARGLWYDD yn rhoi heddwch i'w bobl.

Gweddi o ddiolch

30

Salm Dafydd. Cân ar gyfer cysegru'r deml.
Dw i'n dy ganmol di, O ARGLWYDD,
am i ti fy nghodi ar fy nhraed;
wnest ti ddim gadael i'm gelynion ddathlu.
2 O ARGLWYDD, fy Nuw,
gwaeddais arnat ti
a dyma ti'n fy iacháu i.
3 O ARGLWYDD, codaist fi allan o fyd y meirw,
a'm cadw rhag disgyn i'r bedd.

4 Canwch i'r ARGLWYDD, chi sy'n ei ddilyn yn ffyddlon,
a'i foli wrth gofio mor sanctaidd ydy e!
5 Dim ond am foment mae e'n ddig.
Pan mae'n dangos ei ffafr mae'n rhoi bywyd.
Gall rhywun fod yn crio wrth fynd i orwedd gyda'r nos;
ond erbyn y bore mae pawb yn dathlu'n llawen.

6 Roedd popeth yn mynd yn dda
a minnau'n meddwl, "All dim byd fynd o'i le."

---

f 29:6 *Sirion* Yr enw Phoenicaidd ar Fynydd Hermon – gw. Deuteronomium 3:9. ff 29:10 *llifogydd* Symbol o'r anhrefn sy'n bygwth y byd.

7 Pan oeddet ti'n dangos dy ffafr, ARGLWYDD,
roeddwn i'n gadarn fel y graig.
Ond dyma ti'n troi dy gefn arna i,
ac roedd arna i ofn am fy mywyd.

8 Dyma fi'n galw arnat ti, ARGLWYDD,
ac yn pledio arnat ti fy Meistr:
9 "Beth ydy'r pwynt os gwna i farw,
a disgyn i'r bedd?
Fydd fy llwch i'n gallu dy foli di?
Fydd e'n gallu sôn am dy ffyddlondeb?
10 Gwranda arna i, ARGLWYDD,
dangos drugaredd ata i.
O ARGLWYDD, helpa fi!"

11 Yna dyma ti'n troi fy nhristwch yn ddawns;
tynnu'r sachliain a rhoi gwisg i mi ddathlu!
12 Felly dw i'n mynd i ganu i ti gyda'm holl galon –
wna i ddim tewi!
O ARGLWYDD fy Nuw,
bydda i'n dy foli di bob amser.

Trystio Duw

31

I'r arweinydd cerdd: Salm Dafydd.

Dw i'n troi atat ti am loches, O ARGLWYDD;
paid gadael i mi gael fy siomi.
Rwyt ti'n gyfiawn, felly achub fi.
2 Gwranda arna i!
Achub fi'n fuan!
Bydd yn graig ddiogel i mi,
yn gaer lle bydda i'n hollol saff.
3 Ti ydy'r graig ddiogel yna; ti ydy'r gaer.
Cadw dy enw da,
dangos y ffordd i mi ac arwain fi.
4 Rhyddha fi o'r rhwyd sydd wedi'i gosod i'm dal i,
Ie, ti ydy fy lle diogel i.
5 Dw i'n rhoi fy mywyd yn dy ddwylo di.
Dw i'n gwybod y gwnei di fy rhyddhau i
achos ti, o ARGLWYDD, ydy'r Duw ffyddlon.

6 *Dw i'n casáu*'r rhai sy'n addoli eilunod diwerth;
ond dw i'n dy drystio di, ARGLWYDD.
7 Bydda i'n dathlu'n llawen am dy fod ti wedi bod yn ffyddlon.
Ti wedi gweld mor anodd mae hi arna i
ac yn gwybod am yr argyfwng dw i ynddo,
8 Paid gadael i'r gelyn fy nal i;
gad i mi ddianc i le agored.

9 Helpa fi, O ARGLWYDD,
mae hi'n argyfwng arna i.
Mae fy llygaid wedi mynd yn wan gan flinder –
fy nghorff i gyd, a dweud y gwir.

10 Dw i'n cael fy llethu gan boen;
mae fy mlynyddoedd yn dod i ben mewn tuchan.
Mae pechod wedi fy ngwneud i'n wan,
ac mae fy esgyrn yn frau.

11 Mae'r holl elynion sydd gen i
yn gwneud hwyl am fy mhen.
Mae fy ffrindiau yn arswydo;
mae pobl yn cadw draw pan maen nhw'n fy ngweld i ar y stryd.
12 Maen nhw wedi anghofio amdana i, fel petawn i wedi marw!
Dw i'n dda i ddim, fel jar sydd wedi torri.
13 Dw i'n clywed beth maen nhw'n ei sibrwd,
a'r straeon ofnadwy sy'n dod o bob cyfeiriad.
Maen nhw'n cynllwynio yn fy erbyn i;
maen nhw eisiau fy lladd i.

14 Ond dw i'n dy drystio di, O Arglwydd.
Dw i'n datgan yn glir, "Ti ydy fy Nuw i!"
15 Dw i'n dy ddwylo di
achub fi o afael y gelynion sydd ar fy ôl i.

16 Bydd yn garedig at dy was.
Dangos mor ffyddlon wyt ti; achub fi!
17 O Arglwydd, paid â'm siomi pan dw i'n galw arnat.
Gwna i'r rhai drwg gael eu siomi;
cau eu cegau nhw unwaith ac am byth.
18 Rho daw ar y rhai sy'n dweud celwydd,
y bobl hynny sy'n herio'r rhai sy'n byw'n iawn
ac mor haerllug a dirmygus ohonyn nhw.

19 Ond mae gen ti gymaint o bethau da
i'w rhoi i'r rhai sy'n dy addoli di.
O flaen pawb, byddi'n rhoi'r cwbl iddyn nhw,
sef y rhai sy'n troi atat ti am loches.
20 Rwyt ti gyda nhw, ac yn eu cuddio
rhag y dynion sy'n cynllwynio yn eu herbyn.
Ti'n cysgodi drostyn nhw
ac maen nhw'n saff
rhag y tafodau miniog sy'n ymosod.

21 Bendith ar yr Arglwydd!
Mae wedi bod yn anhygoel o ffyddlon
pan oedd y gelynion yn ymosod.
22 Rôn i mewn panig, ac yn meddwl,
"Ti ddim yn gweld beth sy'n digwydd i mi!"
Ond na, pan oeddwn i'n crefu am help
roeddet ti wedi clywed.

23 Felly carwch yr Arglwydd,
chi sy'n ei ddilyn yn ffyddlon.
Mae'r Arglwydd yn amddiffyn y rhai sy'n ffyddlon iddo,
ond mae'n talu'n ôl yn llawn i'r rhai sy'n haerllug.
24 Byddwch yn ddewr a hyderus,
chi sy'n credu y bydd yr Arglwydd yn eich ateb chi.

Cyffes a maddeuant

32 *Salm Dafydd. Mascîl.*
Mae'r un sydd wedi cael maddeuant am ei wrthryfel
wedi'i fendithio'n fawr,
mae ei bechodau wedi'u symud o'r golwg am byth.
2 Mae'r un dydy'r ARGLWYDD ddim yn dal ati
i gyfri ei fai yn ei erbyn wedi'i fendithio'n fawr –
yr un sydd heb dwyll yn agos i'w galon.

3 Pan oeddwn i'n cadw'n ddistaw am y peth,
roedd fy esgyrn yn troi'n frau
ac roeddwn i'n tuchan mewn poen drwy'r dydd.
4 Roeddet ti'n fy mhoenydio i nos a dydd;
doedd gen i ddim egni,
fel pan mae'r gwres yn llethol yn yr haf. *Saib*
5 Ond wedyn dyma fi'n cyfaddef fy mhechod.
Wnes i guddio dim byd.
"Dw i'n mynd i gyffesu'r cwbl i'r ARGLWYDD," meddwn i,
ac er fy mod i'n euog dyma ti'n maddau'r cwbl. *Saib*
6 Felly, pan mae rhywun sy'n dy ddilyn di'n ffyddlon
yn darganfod ei fod wedi pechu,
dylai weddïo arnat ti
rhag i'r dyfroedd peryglus ei ysgubo i ffwrdd.
7 Ti ydy'r lle saff i mi guddio!
Ti'n fy amddiffyn i rhag trafferthion.
Mae pobl o'm cwmpas yn dathlu'n llawen
am dy fod ti wedi fy achub i. *Saib*
8 Gadewch i mi ddangos y ffordd i chi,
a'ch helpu chi i wybod sut i fyw.
Gadewch i mi roi cyngor i chi, wyneb yn wyneb.
9 Peidiwch bod yn ystyfnig fel mul
sy'n gwrthod bod yn ufudd,
neu geffyl sydd angen ffrwyn i gadw rheolaeth arno.

10 Mae pobl ddrwg yn mynd i ddioddef yn fawr,
ond mae'r ARGLWYDD yn hollol ffyddlon
i'r rhai sy'n ei drystio fe.
11 Felly, chi sy'n gwneud beth sy'n iawn,
dathlwch beth mae'r ARGLWYDD wedi'i wneud. Gorfoleddwch!
Bloeddiwch yn llawen, bawb sy'n byw'n gywir!

Cân o fawl

33 Chi, rai cyfiawn, canwch yn llawen i'r ARGLWYDD!
Mae'n beth da i'r rhai sy'n byw'n gywir ei foli.
2 Molwch yr ARGLWYDD gyda'r delyn;
canwch iddo ar yr offeryn dectant.
3 Canwch gân newydd iddo
i gyfeiliant hyfryd a bwrlwm llawenydd.
4 Achos mae beth mae'r ARGLWYDD yn ei ddweud yn iawn;
ac mae'r cwbl mae'n ei wneud yn gywir.

5 Mae e'n caru beth sy'n deg ac yn gyfiawn,
ac mae ei ofal ffyddlon i'w weld drwy'r byd i gyd.

6 Dwedodd y gair, a dyma'r awyr yn cael ei chreu.
Anadlodd, a daeth y sêr a'r planedau i fod.
7 Mae e'n casglu dŵr y moroedd yn bentwr,
ac yn ei gadw yn ei stordai.
8 Dylai'r byd i gyd barchu'r ARGLWYDD!
Dylai pob person byw ei ofni!
9 Siaradodd, a digwyddodd y peth;
rhoddodd orchymyn, a dyna fu.

10 Mae'r ARGLWYDD yn drysu cynlluniau'r cenhedloedd,
ac yn rhwystro bwriadau pobloedd.
11 Beth mae'r ARGLWYDD yn ei fwriadu sy'n aros.
Mae ei gynlluniau e'n para ar hyd y cenedlaethau.
12 Mae'r genedl sydd â'r ARGLWYDD yn Dduw iddi
wedi'i bendithio'n fawr,
sef y bobl hynny mae wedi'u dewis yn eiddo iddo'i hun.

13 Mae'r ARGLWYDD yn edrych i lawr o'r nefoedd;
ac mae'n gweld y ddynoliaeth gyfan.
14 Mae'n syllu i lawr o'i orsedd
ar bawb sy'n byw ar y ddaear.
15 Mae wedi gwneud pawb yn wahanol,
ac mae'n sylwi ar bopeth maen nhw'n ei wneud.

16 Nid byddin fawr sy'n achub y brenin;
na'i gryfder ei hun sy'n achub milwr dewr.
17 Dydy march rhyfel ddim yn gallu ennill brwydr;
er ei fod mor gryf, dydy e ddim yn gallu achub.
18 Yr ARGLWYDD sy'n gofalu am ei bobl,
sef y rhai sy'n credu ei fod e'n ffyddlon.
19 Fe sy'n eu harbed nhw rhag cael eu lladd,
ac yn eu cadw nhw'n fyw mewn cyfnod o newyn.

20 Mae'n gobaith ni yn yr ARGLWYDD!
Fe sy'n ein helpu ni, ac yn darian i'n hamddiffyn.
21 Fe sy'n ein gwneud ni mor llawen!
Dŷn ni'n credu yn ei enw sanctaidd e.
22 O ARGLWYDD, gad i ni brofi dy haelioni,
gan ein bod wedi credu ynot ti.

Diolch i'r ARGLWYDD am ei ofal

34

Salm gan Dafydd. Smaliodd ei fod yn wallgof o flaen y brenin Abimelech. Cafodd ei anfon allan, ac aeth i ffwrdd yn saff.

Dw i am ganmol yr ARGLWYDD bob amser;
a'i foli'n ddi-baid!
2 Dw i am frolio'r ARGLWYDD.
Bydd y rhai sy'n cael eu cam-drin
yn clywed ac yn llawenhau!

34:0 1 Samuel 21

3 Dewch i ganmol yr ARGLWYDD gyda mi.
Gadewch i ni ei foli gyda'n gilydd!

4 Rôn i wedi troi at yr ARGLWYDD am help,
ac atebodd fi.
Achubodd fi o'm holl ofnau.
5 Mae'r rhai sy'n troi ato yn wên i gyd;
does dim mymryn o gywilydd ar eu hwynebau.
6 Dyma i chi ddyn anghenus wnaeth alw arno,
a dyma'r ARGLWYDD yn gwrando
ac yn ei achub o'i holl drafferthion.

7 Mae angel yr ARGLWYDD fel byddin
yn amddiffyn[g] y rhai sy'n ei ddilyn yn ffyddlon,
ac mae'n eu hachub nhw.
8 Profwch drosoch eich hunain mor dda ydy'r ARGLWYDD.
Mae'r rhai sy'n troi ato am loches wedi'u bendithio'n fawr.
9 Arhoswch yn ffyddlon i'r ARGLWYDD, chi sydd wedi'ch dewis ganddo,
mae gan y rhai sy'n ffyddlon iddo bopeth sydd arnyn nhw ei angen.
10 Mae llewod ifanc yn gallu bod heb fwyd ac yn llwgu weithiau,
ond fydd dim angen ar y rhai hynny sy'n troi at yr ARGLWYDD am help.

11 Dewch, blant, gwrandwch arna i.
Dysga i chi beth mae parchu'r ARGLWYDD yn ei olygu.
12 Ydych chi eisiau mwynhau bywyd?
Ydych chi eisiau byw yn hir a bod yn llwyddiannus?
13 Rhaid i chi reoli'ch tafod a stopio twyllo,
14 troi cefn ar ddrwg a gwneud beth sy'n dda;
a gwneud eich gorau i gael perthynas dda gyda phawb.

15 Mae'r ARGLWYDD yn gofalu am y rhai sy'n gwneud beth sy'n iawn,
ac yn gwrando'n astud pan maen nhw'n galw arno.
16 Ond mae e yn erbyn y rhai sy'n gwneud drygioni –
bydd yn cael gwared â phob atgof ohonyn nhw o'r ddaear.
17 Pan mae'r rhai sy'n byw'n iawn yn gweiddi am help,
mae'r ARGLWYDD yn gwrando
ac yn eu hachub nhw o'u holl drafferthion.
18 Mae'r ARGLWYDD yn agos at y rhai sydd wedi torri eu calonnau.
Mae e'n achub y rhai sydd wedi anobeithio.

19 Mae'r rhai sy'n byw yn iawn yn wynebu pob math o helyntion,
ond bydd yr ARGLWYDD yn eu hachub nhw drwy'r cwbl.
20 Mae'n amddiffyn eu hesgyrn;
fydd dim un yn cael ei dorri!
21 Mae pobl ddrwg yn cael eu dinistrio gan eu drygioni eu hunain.
Bydd y rhai sy'n casáu pobl dduwiol yn cael eu cosbi.
22 Ond mae'r rhai sy'n gwasanaethu'r ARGLWYDD
yn cael mynd yn rhydd!
Fydd y rhai sy'n troi ato fe am loches ddim yn cael eu cosbi.

---

g 34:7 *fel byddin yn amddiffyn* Hebraeg, "yn gwersylla o gwmpas".

Gweddi am help

35

Salm Dafydd.

O Arglwydd, delia gyda'r rhai sy'n ymladd yn fy erbyn.
Ymosod ar y rhai sy'n ymosod arna i!
2 Coda dy darian fach a'r un fawr,
a thyrd yma i'm helpu i!
3 Defnyddia dy waywffon a dy bicell
yn erbyn y rhai sydd ar fy ôl i.
Gad i mi dy glywed di'n dweud, "Gwna i dy achub di!"

4 Rhwystra'r rhai sydd am fy lladd i;
coda gywilydd arnyn nhw!
Gwna i'r rhai sydd eisiau gwneud niwed i mi
droi'n ôl mewn dychryn.
5 Gwna nhw fel us yn cael ei chwythu i ffwrdd gan y gwynt
wrth i angel yr Arglwydd ymosod arnyn nhw.
6 Pan fydd angel yr Arglwydd yn mynd ar eu holau,
gwna eu llwybr nhw yn dywyll ac yn llithrig.

7 Roedden nhw wedi gosod rhwyd i'm dal i,
a hynny am ddim rheswm.
Roedden nhw wedi cloddio twll i mi ddisgyn iddo.
8 Gwna i drychineb annisgwyl ddod ar eu traws nhw;
gad iddyn nhw gael eu dal yn eu rhwyd eu hunain.
Gwna iddyn nhw ddisgyn i lawr i dwll dinistr!

9 Bydda i, wedyn, yn gallu moli'r Arglwydd,
a llawenhau am ei fod wedi fy achub i!
10 Bydd y cwbl ohono i'n datgan,
"Pwy sy'n debyg i ti, Arglwydd?
Ti'n achub y gwan rhag un sy'n rhy gryf iddo –
achub y gwan a'r diamddiffyn
rhag yr un sydd am ddwyn oddi arno."

11 Mae tystion celwyddog yn codi
ac yn fy nghyhuddo i ar gam.
12 Maen nhw'n talu drwg i mi am yr holl ddaioni wnes i.
Maen nhw eisiau gweld diwedd arna i.
13 Pan oedden nhw'n sâl roeddwn i'n gwisgo sachliain,
ac yn mynd heb fwyd yn fwriadol.
Rôn i'n gweddïo drostyn nhw yn ddi-baid.
14 Rôn i'n cerdded o gwmpas yn galaru
fel y byddwn i'n galaru dros ffrind neu frawd.
Rôn i'n dal fy mhen yn isel fel un yn galaru ar ôl ei fam.

15 Ond roedden nhw wrth eu boddau pan wnes i faglu.
Dyma nhw'n dod at ei gilydd yn fy erbyn – wn i ddim pam;
roedden nhw'n llarpio fel anifeiliaid gwyllt.
16 Dynion annuwiol yn gwawdio am sbort,
ac yn ceisio dangos eu dannedd!

17 O Arglwydd, am faint wyt ti'n mynd
i sefyll yna'n gwylio'r cwbl?

Achub fi wrth iddyn nhw ymosod arna i;
cadw fi'n saff oddi wrth y llewod ifanc!
18 Wedyn bydda i'n diolch i ti yn y gynulleidfa fawr;
bydda i'n dy foli di o flaen tyrfa enfawr o bobl.

19 Paid gadael i'r rhai sy'n elynion heb reswm lawenhau,
nac i'r rhai sy'n fy nghasáu i heb achos wincio ar ei gilydd.
20 Dŷn nhw ddim am wneud lles i neb,
dim ond cynllwynio yn eu herbyn,
a thwyllo pobl ddiniwed.
21 A dyma nhw'n barod i'm llyncu innau,
"A-ha! Dŷn ni wedi dy ddal di!" medden nhw.

22 O ARGLWYDD, rwyt ti wedi gweld y cwbl,
felly paid cadw draw. Tyrd yma.
23 Symud, deffra, amddiffyn fi!
Fy Nuw a'm HARGLWYDD, ymladd drosto i!
24 Achub fy ngham, O ARGLWYDD fy Nuw,
am dy fod ti'n gyfiawn.
Paid gadael iddyn nhw ddal ati i wneud sbort.
25 Paid gadael iddyn nhw feddwl,
"A-ha! Dyma'n union beth roedden ni eisiau!"
Paid gadael iddyn nhw ddweud,
"Dŷn ni wedi'i ddinistrio!"
26 Rhwystra'r rhai sydd am wneud niwed i mi;
coda gywilydd arnyn nhw!
Cymer y rhai sydd wedi bod yn gwawdio mor falch
a gwisga nhw gyda chywilydd ac embaras!

27 Ond gad i'r rhai sydd am i ti achub fy ngham
weiddi'n llawen!
Gad iddyn nhw allu dweud bob amser,
"Yr ARGLWYDD sy'n rheoli!
Mae am weld ei was yn llwyddo."
28 Wedyn bydda i'n dweud wrth bawb
dy fod ti'n gwneud beth sy'n iawn.
Bydda i'n canu mawl i ti drwy'r dydd.

Drygioni pobl a daioni Duw

36 *I'r arweinydd cerdd: Salm gan Dafydd, gwas yr Arglwydd. Oracl.*
Mae'r duedd i droseddu yn ddwfn yng nghalon un drwg;
does ganddo ddim parch at Dduw o gwbl.
2 Mae e mor llawn ohono'i hun, mae'n ddall
ac yn methu gweld y drygioni i'w gasáu.
3 Mae popeth mae e'n ddweud yn ddrwg ac yn dwyllodrus;
dydy e'n poeni dim am wneud daioni.
4 Mae e'n gorwedd ar ei wely'n cynllwynio;
mae e'n dilyn llwybr sydd ddim yn dda,
ac yn gwrthod troi cefn ar ddrygioni.

5 O ARGLWYDD, mae dy ofal cariadus yn uwch na'r nefoedd;
mae dy ffyddlondeb di y tu hwnt i'r cymylau!

6 Mae dy haelioni di mor gadarn a'r mynyddoedd uchel;
mae dy gyfiawnder yn ddwfn fel y moroedd.
Ti'n gofalu am bobl ac anifeiliaid, ARGLWYDD.
7 Mae dy ofal cariadus mor werthfawr, O Dduw!
Mae'r ddynoliaeth yn saff dan gysgod dy adenydd.
8 Mae pobl yn cael bwyta o'r wledd sydd yn dy dŷ,
ac yn cael yfed dŵr dy afon hyfryd di.
9 Ti ydy'r ffynnon sy'n rhoi bywyd;
dy olau di sy'n rhoi'r gallu i ni weld.

10 Dal ati i ofalu am y rhai sy'n ffyddlon i ti,
ac achub gam y rhai sy'n byw'n gywir.
11 Paid gadael i'r rhai balch fy sathru dan draed,
nac i'r rhai drwg fy ngwneud i'n ddigartref.
12 Dw i'n gweld y rhai sy'n gwneud drygioni wedi syrthio.
Dacw nhw wedi'u bwrw i lawr; maen nhw'n methu codi!

Trystio'r ARGLWYDD a throi cefn ar ddrwg

37

Salm Dafydd.

Paid digio pan mae pobl ddrwg yn llwyddo;
paid bod yn genfigennus ohonyn nhw.
2 Byddan nhw'n gwywo'n ddigon sydyn, fel glaswellt,
ac yn diflannu fel egin gwan.
3 Trystia'r ARGLWYDD a gwna beth sy'n dda.
Setla i lawr yn y tir a mwynhau ei ffyddlondeb.
4 Ceisia ffafr yr ARGLWYDD bob amser,
a bydd e'n rhoi i ti bopeth rwyt ti eisiau.
5 Rho dy hun yn nwylo'r ARGLWYDD
a'i drystio fe; bydd e'n gweithredu ar dy ran di.
6 Bydd e'n achub dy gam di o flaen pawb.
Bydd y ffaith fod dy achos yn gyfiawn
mor amlwg â'r haul ganol dydd.

7 Bydd yn amyneddgar wrth ddisgwyl am yr ARGLWYDD.
Paid digio pan wyt ti'n gweld pobl eraill yn llwyddo
wrth ddilyn eu cynlluniau cyfrwys.
8 Paid gwylltio am y peth, na cholli dy dymer.
Paid digio. Drwg ddaw iddyn nhw yn y diwedd!
9 Bydd pobl ddrwg yn cael eu taflu allan,
ond bydd y rhai sy'n gobeithio yn yr ARGLWYDD
yn meddiannu'r tir!
10 Fydd y rhai drwg ddim i'w gweld yn unman mewn ychydig.
Byddi'n edrych amdanyn nhw, ond byddan nhw wedi mynd.
11 Y rhai sy'n cael eu cam-drin fydd yn meddiannu'r tir,
a byddan nhw'n mwynhau heddwch a llwyddiant.

12 Mae'r rhai drwg yn cynllwynio yn erbyn y rhai sy'n byw yn iawn,
ac yn ysgyrnygu eu dannedd fel anifeiliaid gwyllt.
13 Ond mae'r ARGLWYDD yn chwerthin am eu pennau;
mae e'n gwybod fod eu tro nhw'n dod!

14 Mae'r rhai drwg yn tynnu eu cleddyfau ac yn plygu eu bwâu,
i daro i lawr y rhai sy'n cael eu gorthrymu ac sydd mewn angen,
ac i ladd y rhai sy'n byw'n gywir.
15 Ond byddan nhw'n cael eu trywanu gan eu cleddyfau eu hunain,
a bydd eu bwâu yn cael eu torri!

16 Mae'r ychydig sydd gan berson sy'n byw yn iawn
yn well na'r holl gyfoeth sydd gan y rhai drwg.
17 Bydd pobl ddrwg yn colli eu grym,
ond mae'r ARGLWYDD yn cynnal y rhai sy'n byw yn iawn.
18 Mae'r ARGLWYDD yn gofalu amdanyn nhw bob dydd;
mae ganddyn nhw etifeddiaeth fydd yn para am byth.
19 Fydd dim cywilydd arnyn nhw pan fydd hi'n ddyddiau anodd;
pan fydd newyn bydd ganddyn nhw ddigon i'w fwyta.

20 Ond bydd y rhai drwg yn marw.
Bydd gelynion yr ARGLWYDD yn cael eu difa,
fel gwellt yn cael ei losgi mewn ffwrn.
21 Mae pobl ddrwg yn benthyg heb dalu'r ddyled yn ôl;
ond mae'r rhai sy'n byw yn iawn yn hael ac yn dal ati i roi.
22 Bydd y bobl mae Duw'n eu bendithio yn meddiannu'r tir,
ond y rhai mae'n eu melltithio yn cael eu gyrru i ffwrdd.

23 Mae'r ARGLWYDD yn sicrhau llwyddiant
yr un sy'n byw i'w blesio.
24 Bydd yn baglu weithiau,
ond fydd e ddim yn syrthio ar ei wyneb,
achos mae'r ARGLWYDD yn gafael yn ei law.

25 Rôn i'n ifanc ar un adeg, ond bellach dw i mewn oed.
Dw i erioed wedi gweld rhywun sy'n byw yn iawn
yn cael ei siomi gan Dduw,
na'i blant yn gorfod chwilio am fwyd.
26 Mae bob amser yn hael ac yn benthyg i eraill,
ac mae ei blant yn cael eu bendithio.

27 Tro dy gefn ar ddrwg a gwna beth sy'n dda,
a byddi'n saff am byth.
28 Mae'r ARGLWYDD yn caru beth sy'n gyfiawn,
a dydy e byth yn siomi'r rhai sy'n ffyddlon iddo.
Maen nhw'n saff bob amser;
ond bydd plant y rhai drwg yn cael eu gyrru i ffwrdd.

29 Bydd y rhai sy'n byw yn iawn yn meddiannu'r tir,
ac yn aros yno am byth.
30 Mae pobl dduwiol yn dweud pethau doeth,
ac yn hybu cyfiawnder.
31 Cyfraith Duw sy'n rheoli eu ffordd o feddwl,
a dŷn nhw byth yn llithro.

32 Mae'r rhai drwg yn disgwyl am gyfle
i ymosod ar y sawl sy'n byw yn iawn,
yn y gobaith o'i ladd;

33 ond fydd yr Arglwydd
ddim yn gadael iddo syrthio i'w dwylo;
fydd e ddim yn cael ei gondemnio yn y llys.

34 Disgwyl am yr Arglwydd!
Dos y ffordd mae e'n dweud
a bydd e'n rhoi'r gallu i ti feddiannu'r tir.
Byddi'n gweld y rhai drwg yn cael eu gyrru i ffwrdd.

35 Dw i wedi gweld pobl ddrwg, greulon,
yn llwyddo ac ymledu fel coeden ddeiliog yn ei chynefin.
36 Ond wedyn wrth basio heibio, sylwais eu bod wedi diflannu!
Rôn i'n chwilio, ond doedd dim sôn amdanyn nhw.

37 Edrych ar y rhai gonest! Noda'r rhai sy'n byw'n gywir!
Mae dyfodol i'r rhai sy'n hybu heddwch.
38 Ond bydd y rhai sy'n troseddu yn cael eu dinistrio'n llwyr.
Does dim dyfodol i'r rhai drwg.
39 Mae'r Arglwydd yn achub y rhai sy'n byw'n gywir,
ac yn eu hamddiffyn pan maen nhw mewn trafferthion.
40 Mae'r Arglwydd yn eu helpu ac yn eu hachub;
mae'n eu hachub o afael pobl ddrwg,
am eu bod wedi troi ato i'w hamddiffyn.

Gweddi un sy'n dioddef

38

Salm Dafydd. I'th atgoffa.
O Arglwydd, paid bod yn ddig a'm cosbi i,
a dweud y drefn yn dy wylltineb.
2 Mae dy saethau wedi fy anafu;
mae dy law wedi fy nharo i.

3 Dw i'n sâl yn gorfforol o achos dy ddigofaint di!
Does dim iechyd yn fy esgyrn am fy mod wedi pechu.
4 Dw i wedi cael fy llethu gan y drwg wnes i;
mae fel baich sy'n rhy drwm i'w gario.

5 Mae'r briwiau ar fy nghorff wedi casglu a dechrau drewi,
a'r cwbl am fy mod i wedi bod mor dwp.
6 Dw i wedi crymu. Mae gen i gywilydd ohono i'n hun.
Dw i'n cerdded o gwmpas yn isel fy ysbryd drwy'r dydd.

7 Mae fy ochrau'n boenus i gyd;
dw i'n teimlo'n sâl drwyddo i.
8 Mae rhyw boen mud yn fy llethu'n llwyr.
Dw i'n griddfan mewn gwewyr meddwl.

9 O Arglwydd, ti'n gwybod yn iawn be dw i eisiau!
Rwyt ti wedi nghlywed i'n griddfan.
10 *Mae fy nghalon i'n curo'n gyflym;*
does gen i ddim nerth, a dw i'n colli fy ngolwg.

11 Mae fy ffrindiau a'm teulu yn cadw draw oddi wrtho i;
a'm cymdogion yn sefyll yn bell i ffwrdd.

12 Mae'r rhai sydd am fy lladd i yn gosod trap i mi,
a'r rhai sydd am wneud niwed i mi yn siarad yn faleisus
ac yn dweud pethau twyllodrus drwy'r adeg.

13 Ond dw i'n ymateb fel tawn i'n fyddar – yn gwrthod gwrando.
Dw i'n ymddwyn fel rhywun sy'n fud – yn dweud dim.
14 Dw i'n clywed dim,
a dw i ddim am ddadlau gyda nhw.

15 Ond ARGLWYDD, dw i'n disgwyl amdanat ti;
byddi di'n eu hateb nhw, fy meistr a'm Duw.
16 Dw i'n gweddïo, "Paid rhoi'r pleser iddyn nhw o gael eu ffordd!"
Roedden nhw mor falch, ac yn gwawdio pan wnes i lithro.

17 Mae hi ar ben arna i!
Dw i mewn poen ofnadwy drwy'r adeg.
18 Dw i'n cyfaddef mod i wedi gwneud drwg.
Dw i'n poeni am fy mhechod.

19 Ond mae gen i gymaint o elynion heb achos,
cymaint o rai sy'n fy nghasáu i am ddim rheswm:
20 pobl sy'n talu drwg am dda,
ac yn tynnu'n groes am i mi geisio gwneud beth sy'n iawn.

21 Paid gadael fi, ARGLWYDD!
O Dduw, paid ti cadw draw!
22 Brysia! Helpa fi,
O ARGLWYDD, fy achubwr!

Mae bywyd mor fyr

39

I Iedwthwn,[ng] yr arweinydd cerdd. Salm Dafydd.

Dyma fi'n penderfynu, "Dw i'n mynd i wylio fy hun
a pheidio dweud dim byd i bechu.
Dw i'n mynd i gau fy ngheg
tra dw i yng nghwmni pobl ddrwg."

2 Rôn i'n hollol dawel,
yn brathu fy nhafod a dweud dim.
Ond roeddwn i'n troi'n fwy a mwy rhwystredig.
3 Roedd y tensiwn yno i'n mynd o ddrwg i waeth.
Rôn i'n methu ymatal.
A dyma fi'n dweud:

4 "O ARGLWYDD, beth ydy'r pwynt,
faint o amser sydd gen i ar ôl?
Bydda i wedi mynd mewn dim o amser!
5 Ti wedi gwneud bywyd mor fyr.
Dydy oes rhywun yn ddim byd yn dy olwg di.
Mae bywyd y cryfaf yn mynd heibio fel tarth." *Saib*
6 Mae pobl yn pasio drwy fywyd fel cysgodion.
Maen nhw'n casglu cyfoeth iddyn nhw'u hunain,
heb wybod pwy fydd yn ei gymryd yn y diwedd.

---

ng 39:0 *Iedwthwn* Un o gerddorion pwysica'r brenin Dafydd – gw. 1 Cronicl 16:41.

7 Beth alla i bwyso arno, felly, O ARGLWYDD?
Ti dy hun ydy fy unig obaith i!

8 Achub fi rhag canlyniadau fy ngwrthryfel.
Paid gadael i ffyliaid wneud hwyl am fy mhen.
9 Dw i'n fud, ac yn methu dweud dim
o achos beth rwyt ti wedi'i wneud.

10 Plîs, paid dal ati i'm taro!
Dw i wedi cael fy nghuro i farwolaeth, bron!
11 Ti'n disgyblu pobl mor llym am eu pechodau,
er mwyn i'r ysfa i bechu ddiflannu
fel gwyfyn yn colli ei nerth.
Ydy, mae bywyd pawb fel tarth. *Saib*
12 Clyw fy ngweddi, O ARGLWYDD.
Gwranda arna i'n gweiddi am help;
paid diystyru fy nagrau!
Dw i fel ffoadur, yn dibynnu arnat ti.
Fel fy hynafiaid dw i angen dy help.
13 Stopia syllu mor ddig arna i.
Gad i mi fod yn hapus unwaith eto,
cyn i mi farw a pheidio â bod.

Cân o fawl

40

I'r arweinydd cerdd: Salm Dafydd.

Ar ôl disgwyl yn frwd i'r ARGLWYDD wneud rhywbeth,
dyma fe'n troi ata i;
roedd wedi gwrando arna i'n gweiddi am help.
2 Cododd fi allan o'r pwll lleidiog
a'r mwd trwchus.
Rhoddodd fy nhraed ar graig,
a gwneud yn siŵr fy mod i ddim yn baglu.
3 Roedd gen i gân newydd i'w chanu –
cân o fawl i Dduw!
Bydd llawer o bobl yn gweld beth wnaeth e,
ac yn dod i drystio'r ARGLWYDD.

4 Mae'r un sy'n trystio'r ARGLWYDD wedi'i fendithio'n fawr.
Dydy e ddim yn troi am help at bobl
sy'n brolio'u hunain ac yn dweud celwydd.

5 O ARGLWYDD fy Nuw, rwyt ti wedi gwneud cymaint –
wedi gwneud pethau rhyfeddol i gyflawni dy bwrpas ynon ni.
Does neb yn gallu dy rwystro di.
Dw i eisiau sôn am y pethau hyn wrth bobl eraill,
ond mae yna ormod ohonyn nhw i'w cyfrif!

6 *Nid aberth* ac offrwm rwyt ti eisiau;
mae hynny'n gwbl amlwg i mi!
Ddim am aberthau i'w llosgi
ac offrymau dros bechod rwyt ti'n gofyn.

7-8 Felly dyma fi'n dweud,
"O Dduw, dw i'n dod i wneud beth rwyt ti eisiau –
fel mae wedi'i ysgrifennu amdana i yn y sgrôl."
Mae dy ddysgeidiaeth di'n rheoli fy mywyd i.
9 Dw i wedi dweud wrth y gynulleidfa fawr am dy gyfiawnder.
Dw i wedi dal dim yn ôl.
Ti'n gwybod hynny, O ARGLWYDD.
10 Wnes i ddim cadw'r peth i mi fy hun;
ond dweud wrth bawb dy fod ti'n Dduw ffyddlon ac yn achub!
Dw i ddim wedi cadw'n dawel am dy ofal ffyddlon di.

11 Tyrd, ARGLWYDD, paid atal dy dosturi oddi wrtho i.
Dy ofal ffyddlon di fydd yn fy amddiffyn i bob amser.
12 Mae peryglon di-ben-draw o'm cwmpas i ym mhobman.
Mae fy mhechodau wedi fy nal i.
Maen nhw wedi fy nallu!
Mae mwy ohonyn nhw nag sydd o wallt ar fy mhen!
Dw i wedi dod i ben fy nhennyn!
13 Plîs, ARGLWYDD, achub fi!
O ARGLWYDD, brysia i'm helpu!

14 Gwna i'r rhai sydd am fy lladd i
deimlo embaras a chywilydd.
Gwna i'r rhai sydd am wneud niwed i mi
droi yn ôl mewn cywilydd.
15 Gwna i'r rhai sy'n chwerthin ar fy mhen i
gael eu cywilyddio a'u dinistrio.

16 Ond gwna i bawb sy'n dy geisio di ddathlu'n llawen.
Gwna i'r rhai sy'n mwynhau dy weld ti'n achub ddweud,
"Mae'r ARGLWYDD mor fawr!"

17 Dw i mewn angen ac yn ddiamddiffyn,
ond mae gan yr ARGLWYDD ei fwriadau ar fy nghyfer.
Ti ydy'r un sy'n gallu fy helpu a'm hachub.
O fy Nuw, paid oedi!

Gweddi am iachâd

41

I'r arweinydd cerdd: Salm Dafydd.
Mae'r un sy'n garedig at y tlawd wedi'i fendithio'n fawr.
Bydd yr ARGLWYDD yn ei gadw'n saff pan mae mewn perygl.
2 Bydd yr ARGLWYDD yn ei amddiffyn ac yn achub ei fywyd,
A bydd yn profi *bendith* yn y tir.
Fydd e ddim yn gadael i'w elynion gael eu ffordd.
3 Bydd yr ARGLWYDD yn ei gynnal pan fydd yn sâl yn ei wely,
ac yn ei iacháu yn llwyr o'i afiechyd.

4 "O ARGLWYDD, dangos drugaredd ata i," meddwn i.
"Iachâ fi. Dw i'n cyfaddef mod i wedi pechu yn dy erbyn di."
5 Mae fy ngelynion yn dweud pethau cas amdana i,
"Pryd mae'n mynd i farw a chael ei anghofio?"

6 Mae rhywun yn ymweld â mi, ac yn cymryd arno ei fod yn ffrind;
ond ei fwriad ydy gwneud drwg i mi,
ac ar ôl mynd allan, mae'n lladd arna i.
7 Mae fy ngelynion yn sibrwd amdana i ymhlith ei gilydd,
ac yn cynllwynio i wneud niwed i mi.
8 "Mae'n diodde o afiechyd ofnadwy;
fydd e ddim yn codi o'i wely byth eto."
9 Mae hyd yn oed fy ffrind agos
– yr un roeddwn i'n ei drystio,
yr un fu'n bwyta wrth fy mwrdd i –
wedi troi yn fy erbyn i!

10 Felly, O Arglwydd, dangos drugaredd ata i;
gad i mi godi eto, i mi gael talu'n ôl iddyn nhw!

11 Ond dw i'n gwybod mod i'n dy blesio di:
a fydd y gelyn ddim yn bloeddio ei fod wedi ennill y fuddugoliaeth.
12 Rwyt ti'n fy nghynnal i am fy mod i'n onest gyda ti.
Dw i'n cael aros yn dy gwmni di am byth.

13 Ie, bendith ar yr Arglwydd, Duw Israel,
o hyn ymlaen ac i dragwyddoldeb!
Amen ac Amen.

LLYFR DAU
(Salmau 42 – 72)

Gweddi ffoadur

42 *I'r arweinydd cerdd: Mascîl gan Feibion Cora.*
Fel hydd yn brefu am ddiod o ddŵr,
dw i'n hiraethu go iawn amdanat ti, O Dduw.
2 Mae gen i syched am Dduw, y Duw byw;
O, pryd ga i fynd eto i sefyll o'i flaen yn ei deml?

3 Dw i'n methu bwyta, ac yn crio nos a dydd,
wrth iddyn nhw wawdio'n ddiddiwedd,
"Ble mae dy Dduw di, felly?"
4 Wrth gofio hyn i gyd dw i'n teimlo mor drist.
Cofio mynd gyda'r dyrfa i dŷ Dduw;
gweiddi a moli'n llawen gyda phawb arall
wrth ddathlu'r Ŵyl!

5 F'enaid, pam wyt ti'n teimlo mor isel?
Pam wyt ti mor anniddig?
Rho dy obaith yn Nuw!
Bydda i'n moli Duw eto
am iddo ymyrryd i'm *hachub i.*

6 *O fy* Nuw, dw i'n teimlo mor isel.
Felly dw i am feddwl amdanat ti
tra dw i'n ffoadur yma.

Yma mae'r Iorddonen yn tarddu
o fryniau Hermon a Mynydd Misar,
7 lle mae sŵn dwfn y rhaeadrau
yn galw ar ei gilydd.
Mae fel petai tonnau mawr dy fôr yn llifo drosto i!

8 Ond dw i'n profi gofal ffyddlon
yr ARGLWYDD drwy'r dydd;
ac yn y nos dw i'n canu cân o fawl iddo
ac yn gweddïo ar y Duw byw.
9 Dw i'n gofyn i Dduw, fy nghraig uchel,
"Pam wyt ti'n cymryd dim sylw ohono i?
Pam mae'n rhaid i mi gerdded o gwmpas yn drist,
am fod y gelynion yn fy ngham-drin i?"

10 Mae'r rhai sy'n fy nghasáu i yn gwawdio;
ac mae'n brathu i'r byw
wrth iddyn nhw wawdio'n ddiddiwedd,
"Ble mae dy Dduw di, felly?"

11 F'enaid, pam wyt ti'n teimlo mor isel?
Pam wyt ti mor anniddig?
Rho dy obaith yn Nuw!
Bydda i'n moli Duw eto
am iddo ymyrryd i'm hachub i.

Gweddi ffoadur

(Parhad o Salm 42)

43 Achub fy ngham, O Dduw!
Dadlau fy achos yn erbyn pobl anffyddlon.
Achub fi rhag y twyllwyr drwg!
2 Ti ydy fy Nuw i – fy nghaer ddiogel i;
felly pam wyt ti wedi fy ngwrthod?
Pam mae'n rhaid i mi gerdded o gwmpas yn drist,
am fod fy ngelynion yn fy ngham-drin i?

3 Rho dy olau i mi, gyda dy wirionedd,
i'm harwain.
Byddan nhw'n dod â fi yn ôl
at y mynydd sanctaidd lle rwyt ti'n byw.
4 Bydda i'n cael mynd at allor Duw,
y Duw sy'n fy ngwneud i mor hapus.
Bydda i'n dy foli di gyda'r delyn,
O Dduw, fy Nuw.

5 F'enaid, pam wyt ti'n teimlo mor isel?
Pam wyt ti mor anniddig?
Rho dy obaith yn Nuw!
Bydda i'n moli Duw eto
am iddo ymyrryd i'm hachub i.

Gweddi ar i Dduw wneud rhywbeth i helpu

44

I'r arweinydd cerdd: Mascîl gan Feibion Cora.

Dŷn ni wedi clywed, O Dduw,
ac mae'n hynafiaid wedi dweud wrthon ni
beth wnest ti yn eu dyddiau nhw,
ers talwm.
2 Gyda dy nerth symudaist genhedloedd,
a rhoi ein hynafiaid yn y tir yn eu lle.
Gwnaethost niwed i'r bobl oedd yn byw yno,
a gollwng ein hynafiaid ni yn rhydd.

3 Nid eu cleddyf roddodd y tir iddyn nhw;
wnaethon nhw ddim ennill y frwydr yn eu nerth eu hunain.
Na! Dy nerth di, dy allu di,
dy ffafr di tuag atyn nhw wnaeth y cwbl!
Roeddet ti o'u plaid nhw.
4 Ti ydy fy mrenin i, O Dduw,
yr un sy'n rhoi'r fuddugoliaeth i bobl Jacob!

5 Ti sy'n ein galluogi ni i yrru'n gelynion i ffwrdd.
Gyda dy nerth di dŷn ni'n sathru'r rhai sy'n ein herbyn.
6 Dw i ddim yn dibynnu ar fy mwa,
ac nid cleddyf sy'n rhoi'r fuddugoliaeth i mi.
7 Ti sy'n rhoi'r fuddugoliaeth dros y gelyn.
Ti sy'n codi cywilydd ar y rhai sy'n ein casáu ni.
8 Duw ydy'r un i frolio amdano bob amser.
Dw i am foli ei enw'n ddi-baid. *Saib*
9 Ond bellach rwyt ti wedi'n gwrthod ni,
a'n cywilyddio ni!
Ti ddim yn mynd allan gyda'n byddin ni.
10 Ti'n gwneud i ni ffoi oddi wrth ein gelynion.
Mae'n gelynion wedi cymryd popeth oddi arnon ni.
11 Rwyt wedi'n rhoi fel defaid i'w lladd a'u bwyta.
Rwyt wedi'n chwalu ni drwy'r gwledydd.
12 Rwyt wedi gwerthu dy bobl am y nesa peth i ddim,
wnest ti ddim gofyn pris uchel amdanyn nhw.
13 Rwyt wedi'n dwrdio ni o flaen ein cymdogion.
Dŷn ni'n destun sbort i bawb o'n cwmpas.
14 Mae'r cenhedloedd i gyd yn ein gwawdio ni,
pobl estron yn gwneud hwyl am ein pennau ni.

15 Does gen i ddim mymryn o urddas ar ôl.
Dw i'n teimlo dim byd ond cywilydd
16 o flaen y gelyn dialgar
sy'n gwawdio ac yn bychanu.

17 Mae hyn i gyd wedi digwydd i ni,
er na wnaethon ni dy wrthod di
na thorri amodau ein hymrwymiad i ti.
18 Dŷn ni ddim wedi bod yn anffyddlon i ti,
nac wedi crwydro oddi ar dy lwybrau di.

19 Ac eto rwyt ti wedi'n sathru ni,
a'n gadael ni fel adfail lle mae'r siacaliaid yn byw.
Rwyt wedi'n gorchuddio ni gyda thywyllwch dudew.

20 Petaen ni wedi anghofio enw Duw
ac estyn ein dwylo mewn gweddi at ryw dduw arall,
21 oni fyddai Duw wedi gweld hynny?
Mae e'n gwybod beth sy'n mynd drwy'n meddyliau ni.
22 O'th achos di dŷn ni'n wynebu marwolaeth drwy'r amser,
dŷn ni fel defaid ar eu ffordd i'r lladd-dy.

23 Symud! O Arglwydd, pam wyt ti'n cysgu?
Deffra! Paid gwrthod ni am byth!
24 Pam wyt ti'n edrych i ffwrdd,
ac yn cymryd dim sylw
o'r ffordd dŷn ni'n cael ein cam-drin a'n gorthrymu?
25 Dŷn ni'n gorwedd ar ein hwynebau yn y llwch,
ac yn methu codi oddi ar lawr.
26 Tyrd, helpa ni!
Dangos dy ofal ffyddlon, a gollwng ni'n rhydd.

Priodas y brenin

45

I'r arweinydd cerdd: Mascîl. Ar yr alaw "Y Lilïau" gan Feibion Cora. Cân serch.
Mae gen i destun cerdd hyfryd yn fy ysbrydoli.
Dw i am adrodd fy marddoniaeth i'r brenin;
mae fy nhafod fel ysgrifbin yn llaw awdur profiadol.

2 Ti ydy'r dyn mwya golygus sy'n bod,
ac mae dy eiriau mor garedig.
Mae'n dangos fod Duw wedi dy fendithio di bob amser.
3 Gwisga dy gleddyf ar dy glun, O ryfelwr!
Dangos dy ysblander a dy fawredd.
4 Dangos dy fawredd! Dos allan i ennill buddugoliaeth!
Marchoga dros y gwir a dros gyfiawnder.
Drwy dy nerth byddi'n cyflawni pethau rhyfeddol!
5 Bydd dy saethau miniog
yn trywanu calonnau dy elynion,
a bydd pobloedd yn syrthio wrth dy draed.

6 Byddi di, O Dduw, yn frenin ar yr orsedd am byth;
a byddi di'n teyrnasu mewn ffordd sy'n deg.
7 Ti'n caru beth sy'n iawn ac yn casáu drygioni;
felly mae Duw, ie, dy Dduw di, wedi dy eneinio di
a thywallt olew llawenydd arnat ti yn fwy na neb arall.
8 Mae arogl hyfryd myrr, aloes a chasia
ar dy ddillad i gyd.
Mae offerynnau llinynnol o balasau ifori
yn cael eu canu i dy ddifyrru di.

9 Mae tywysogesau ymhlith dy westeion,
ac mae dy briodferch yn sefyll wrth dy ochr,
yn gwisgo tlysau o aur coeth Offir.[h]

10 Clyw, o dywysoges! Gwrando'n astud!
Anghofia dy bobl a dy deulu.
11 Gad i'r brenin gael ei hudo gan dy harddwch!
Fe ydy dy feistr di bellach, felly ymostwng iddo.
12 Bydd pobl gyfoethog Tyrus yn ceisio dy ffafr,
ac yn dod ag anrhegion i ti.

13 Mae'r dywysoges yn anhygoel o hardd,
a'i gwisg briodas wedi'i brodio gyda gwaith aur manwl.
14 Mae hi'n cael ei harwain at y brenin,
ac mae gosgordd o forynion yn ei dilyn,
i'w chyflwyno i ti.
15 Maen nhw'n llawn bwrlwm wrth gael eu harwain
i mewn i balas y brenin.

16 Bydd dy feibion yn dy olynu yn llinach dy hynafiaid,
ac yn cael eu gwneud yn dywysogion yn y wlad.
17 Bydda i'n coffáu dy enw di ar hyd y cenedlaethau,
a bydd pobloedd yn dy ganmol di am byth bythoedd.

Mae Duw gyda ni!

46

I'r arweinydd cerdd. Cân i leisiau merched ifanc, gan feibion Cora.

Mae Duw yn ein cadw ni'n saff ac yn rhoi nerth i ni.
Mae e bob amser yna i'n helpu pan mae trafferthion.
2 Felly fydd gynnon ni ddim ofn
hyd yn oed petai'r ddaear yn ysgwyd,
a'r mynyddoedd yn syrthio i ganol y môr
3 gyda'i donnau gwyllt yn troelli ac yn ewynnu.
Mae'r mynyddoedd yn crynu wrth iddo ymchwyddo. *Saib*
4 Y mae afon! Mae ei chamlesi yn gwneud dinas Duw yn llawen.
Ie, y ddinas lle mae'r Duw Goruchaf yn byw.
5 Mae Duw yn ei chanol – fydd hi byth yn syrthio!
Bydd Duw yn dod i'w helpu yn y bore bach.
6 Mae gwledydd mewn cyffro, a theyrnasoedd yn syrthio.
Pan mae Duw yn taranu mae'r ddaear yn toddi.

7 Mae'r ARGLWYDD hollbwerus gyda ni!
Mae Duw Jacob yn gaer ddiogel i ni! *Saib*
8 Dewch i weld beth mae'r ARGLWYDD wedi'i wneud;
y difrod rhyfeddol mae wedi'i ddwyn ar y ddaear!
9 Mae'n dod â rhyfeloedd i ben drwy'r ddaear gyfan;
mae'n malu'r bwa ac yn torri'r waywffon,
ac yn llosgi cerbydau rhyfel mewn tân.
10 "Stopiwch! Mae'n bryd i chi ddeall mai Duw ydw i!
Dw i'n llawer uwch na'r cenhedloedd;
dw i'n llawer uwch na'r ddaear gyfan."

---

h 45:9 *Offir* Does dim sicrwydd ble roedd Offir. Affrica neu India falle. Roedd aur Offir yn cael ei ystyried fel yr aur gorau.

11 Mae'r ARGLWYDD hollbwerus gyda ni!
Mae Duw Jacob yn gaer ddiogel i ni! *Saib*

Y Brenin sy'n rheoli popeth

47

I'r arweinydd cerdd: Salm gan feibion Cora.
Holl bobloedd y byd, curwch ddwylo!
Gwaeddwch yn llawen wrth addoli Duw!
2 Mae'r ARGLWYDD Goruchaf yn Dduw i'w ryfeddu,
ac yn Frenin mawr dros y byd i gyd.
3 Mae'n gwneud i bobloedd ymostwng i ni,
ni sy'n eu rheoli nhw.
4 Dewisodd dir yn etifeddiaeth i ni –
tir i Jacob, y bobl mae wedi'u caru, ymfalchïo ynddo. *Saib*
5 Mae Duw wedi esgyn i'w orsedd, a'r dyrfa'n gweiddi'n llawen.
Aeth yr ARGLWYDD i fyny, a'r corn hwrdd[i] yn seinio!
6 Canwch fawl i Dduw, canwch!
canwch fawl i'n brenin ni, canwch!
7 Ydy, mae Duw yn frenin dros y byd i gyd;
Canwch gân hyfryd iddo!
8 Mae Duw yn teyrnasu dros y cenhedloedd.
Mae e'n eistedd ar ei orsedd sanctaidd.
9 Mae tywysogion y bobloedd wedi ymgasglu
gyda phobl Duw Abraham.
Mae awdurdod Duw dros lywodraethwyr[l] y byd;
mae e ymhell uwch eu pennau nhw i gyd.

Seion, dinas Duw

48

Cân. Salm gan feibion Cora.
Mae'r ARGLWYDD mor fawr
ac mae'n haeddu ei foli
yn ninas ein Duw
ar ei fynydd cysegredig –
2 y copa hardd sy'n gwneud yr holl fyd yn hapus.
Mynydd Seion, sydd fel copaon Saffon,[ll]
ydy dinas y Brenin mawr.
3 Mae Duw yn byw yn ei chaerau,
ac mae'n adnabyddus fel caer ddiogel.

4 Edrychwch! Mae brenhinoedd yn ffurfio cynghrair,
ac yn dod i ymosod gyda'i gilydd.
5 Ond ar ôl ei gweld roedden nhw'n fud,
wedi dychryn am eu bywydau,
ac yn dianc mewn panig!
6 Roedden nhw'n crynu drwyddynt,
ac yn gwingo fel gwraig yn geni plentyn,
7 neu longau Tarshish yn cael eu dryllio
gan wynt y dwyrain.

---

i 47:5 *corn hwrdd* Hebraeg, *shoffar.* l 47:9 *lywodraethwyr* Hebraeg, "tarianau", yn cynrychioli'r llywodraethwyr oedd i amddiffyn y bobl. ll 48:2 *Saffon* Yr enw ar fynydd mytholegol lle roedd y duwiau'n cyfarfod – gw. Eseia 14:13.

8 Dŷn ni bellach yn dystion
i'r math o beth y clywson ni amdano;
yn ninas yr ARGLWYDD hollbwerus,
sef dinas ein Duw –
mae e wedi'i gwneud hi'n ddiogel am byth! *Saib*
9 O Dduw, dŷn ni wedi bod yn myfyrio yn dy deml
am dy ofal ffyddlon.
10 O Dduw, rwyt ti'n enwog drwy'r byd i gyd,
ac yn haeddu dy foli!
Rwyt ti'n sicrhau cyfiawnder.
11 Mae Mynydd Seion yn gorfoleddu!
Mae pentrefi Jwda yn llawen,
o achos beth wnest ti.

12 Cerdda o gwmpas Seion,
dos reit rownd!
Cyfra'r tyrau,
13 edrych yn fanwl ar ei waliau,
a dos drwy ei chaerau,
er mwyn i ti allu dweud wrth y genhedlaeth nesa.
14 Dyma sut un ydy Duw, ein Duw ni, bob amser.
Bydd e'n ein harwain ni tra byddwn ni byw.

Mae mwy i fywyd na chyfoeth a meddiannau

49 ***I'r arweinydd cerdd: Salm gan feibion Cora.***
Gwrandwch ar hyn, chi'r bobloedd;
clywch, bawb drwy'r byd i gyd –
2 pobl o bob cefndir
yn gyfoethog ac yn dlawd.
3 Dw i'n mynd i rannu doethineb gyda chi,
a dweud pethau dwfn.
4 Dw i'n mynd i ddysgu cân am ddoethineb,
a'i chanu i gyfeiliant y delyn.

5 Pam ddylwn i ofni'r amserau anodd
pan mae drygioni'r rhai sy'n twyllo yn fy mygwth?
6 Maen nhw'n dibynnu ar eu cyfoeth,
ac yn brolio'r holl bethau sydd ganddyn nhw.
7 Ond all dyn ddim ei ryddhau ei hun,
na thalu i Dduw i'w ollwng yn rhydd!
8 (Mae pris bywyd yn rhy uchel;
waeth iddo adael y mater am byth!)

9 Ydy e'n mynd i allu byw am byth,
a pheidio gweld y bedd?
10 Na, mae hyd *yn oed pobl ddoeth yn marw.*
Mae bywyd ffyliaid gwyllt yn dod i ben,
ac maen nhw'n gadael eu cyfoeth i eraill.
11 Maen nhw'n aros yn eu beddau am byth;
byddan nhw yno ar hyd y cenedlaethau.
Mae pobl gyfoethog yn enwi tiroedd ar eu holau,

12 ond dydyn nhw eu hunain ddim yn aros.
Maen nhw, fel yr anifeiliaid, yn marw.
13 Dyna ydy tynged y rhai ffôl,
a diwedd pawb sy'n dilyn eu syniadau. *Saib*
14 Maen nhw'n cael eu gyrru i Annwn[m] fel defaid;
a marwolaeth yn eu bugeilio nhw.
Bydd y duwiol yn teyrnasu drostyn nhw pan ddaw'r wawr.
Bydd y bedd yn llyncu eu cyrff;
fyddan nhw ddim yn byw yn eu tai crand ddim mwy.
15 Ond bydd Duw yn achub fy mywyd i o grafangau'r bedd;
bydd e'n dal gafael ynof fi! *Saib*
16 Paid poeni pan mae dyn yn dod yn gyfoethog,
ac yn ennill mwy a mwy o eiddo.
17 Pan fydd e'n marw fydd e'n mynd â dim byd gydag e!
Fydd ei gyfoeth ddim yn ei ddilyn i lawr i'r bedd!
18 Gall longyfarch ei hun yn ystod ei fywyd
– "Mae pobl yn fy edmygu i am wneud mor dda" –
19 ond bydd yntau'n mynd at ei hynafiaid,
a fyddan nhw byth yn gweld golau dydd eto.
20 Dydy pobl gyfoethog ddim yn deall;
maen nhw, fel anifeiliaid, yn marw.

Addoli'r Duw go iawn

50 *Salm gan Asaff.*
Mae Duw, y Duw go iawn, sef yr ARGLWYDD, wedi siarad,
ac wedi galw pawb drwy'r byd i gyd i ddod at ei gilydd.
2 Mae Duw yn dod o Seion, y ddinas harddaf un;
mae wedi ymddangos yn ei holl ysblander!
3 Mae ein Duw yn dod, a fydd e ddim yn dawel –
mae tân yn difa popeth o'i flaen,
ac mae storm yn rhuo o'i gwmpas.
4 Mae'n galw ar y nefoedd uchod,
a'r ddaear isod, i dystio yn erbyn ei bobl.
5 "Galwch fy mhobl arbennig i mewn,
y rhai sydd wedi ymrwymo i mi drwy aberth."
6 Yna dyma'r nefoedd yn cyhoeddi ei fod yn gyfiawn,
am mai Duw ydy'r Barnwr. *Saib*
7 "Gwrandwch yn ofalus, fy mhobl! Dw i'n siarad.
Gwrando, Israel. Dw i'n tystio yn dy erbyn di.
Duw ydw i, dy Dduw di!
8 Dw i ddim yn dy geryddu di am aberthu i mi,
nac am gyflwyno offrymau i'w llosgi'n rheolaidd.
9 Ond does gen i ddim angen dy darw di,
na bwch gafr o dy gorlannau.
10 Fi piau holl greaduriaid y goedwig,
a'r anifeiliaid sy'n pori ar fil o fryniau.
11 Dw i'n nabod pob un o adar y mynydd,
a fi piau'r pryfed yn y caeau!

---

m 49:14 *Annwn* Hebraeg, *Sheol*, sef "y byd tanddaearol lle mae'r meirw yn mynd".

12 Petawn i eisiau bwyd, fyddwn i ddim yn gofyn i ti,
gan mai fi piau'r byd a phopeth sydd ynddo.
13 Ydw i angen cig eidion i'w fwyta,
neu waed geifr i'w yfed? – Na!
14 Cyflwyna dy offrwm diolch i Dduw,
a chadw dy addewidion i'r Goruchaf.
15 Galw arna i pan wyt mewn trafferthion,
ac fe wna i dy achub di, a byddi'n fy anrhydeddu i."

16 Ond dyma ddwedodd Duw wrth y rhai drwg:
"Pa hawl sydd gen ti i sôn am fy nghyfreithiau,
a thrafod yr ymrwymiad wnaethon ni?
17 Ti ddim eisiau dysgu gen i;
ti'n cymryd dim sylw o beth dw i'n ddweud!
18 Pan wyt ti'n gweld lleidr, rwyt ti'n ei helpu.
Ti'n cymysgu gyda dynion sy'n anffyddlon i'w gwragedd.
19 Ti'n dweud pethau drwg o hyd,
ac yn twyllo pobl wrth siarad.
20 Ti'n cynllwynio yn erbyn dy frawd,
ac yn gweld bai ar fab dy fam.

21 Am fy mod i'n dawel pan wnest ti'r pethau hyn,
roeddet ti'n meddwl fy mod i run fath â ti!
Ond dw i'n mynd i dy geryddu di,
a dwyn cyhuddiadau yn dy erbyn di.
22 Felly meddylia am y peth, ti sy'n anwybyddu Duw!
Neu bydda i'n dy rwygo di'n ddarnau,
a fydd neb yn gallu dy achub di!

23 Mae'r un sy'n cyflwyno offrwm diolch yn fy anrhydeddu i.
Bydd y person sy'n byw fel dw i am iddo fyw
yn cael gweld Duw yn dod i'w achub."

Gweddi am faddeuant

51

I'r arweinydd cerdd: Salm gan Dafydd, ar ôl i'r proffwyd Nathan fynd ato a'i geryddu am gysgu gyda Bathseba.

O Dduw, dangos drugaredd ata i;
rwyt ti mor llawn cariad.
Gan dy fod ti mor barod i dosturio,
wnei di ddileu'r gwrthryfel oedd yno i?
2 Golcha'r drygioni ohono i'n llwyr,
a phura fi o'm pechod.

3 Dw i'n cyfaddef mod i wedi tynnu'n groes,
a dw i'n ymwybodol iawn o'm methiant.
4 Yn dy erbyn di dw i wedi pechu, ie, dim ond ti,
a gwneud beth sy'n ddrwg yn dy olwg.
Mae beth rwyt ti'n ddweud yn hollol deg,
ac rwyt ti'n iawn i'm cosbi i.

5 Y gwir ydy, ces fy ngeni'n bechadur;
roedd y pechod yno pan wnaeth mam feichiogi arna i.

51:0 2 Samuel 12

6 Ond rwyt ti eisiau gonestrwydd y tu mewn;
rwyt ti eisiau i mi fod yn ddoeth.

7 Pura fi ag isop, i'm gwneud yn hollol lân;
golcha fi, nes bydda i'n lanach nag eira.
8 Gad i mi wybod beth ydy bod yn hapus eto;
rwyt ti wedi malu fy esgyrn – gad i mi lawenhau eto.
9 Paid edrych ar fy mhechodau i;
dilea'r drygioni i gyd.

10 Crea galon lân yno i, O Dduw,
a rhoi ysbryd penderfynol i mi unwaith eto.
11 Paid taflu fi i ffwrdd oddi wrthot ti,
na chymryd dy Ysbryd Glân oddi arna i.
12 Gad i mi brofi'r wefr eto o gael fy achub gen ti,
a gwna fi'n awyddus i fod yn ufudd i ti.
13 Wedyn bydda i'n dysgu'r rhai sy'n gwrthryfela i dy ddilyn di,
a bydd pechaduriaid yn troi atat ti.

14 Maddau i mi am fod wedi tywallt gwaed, O Dduw.
Ti ydy'r Duw sy'n fy achub i,
a bydda i'n canu am dy faddeuant di.
15 O ARGLWYDD, agor fy ngheg,
i mi gael dy foli.
16 Nid aberthau sy'n dy blesio di,
a dydy offrwm i'w losgi ddim yn dy fodloni di.
17 Yr aberthau wyt ti eisiau ydy ysbryd wedi'i ddryllio,
calon wedi'i thorri, ac ysbryd sy'n edifar –
wnei di ddim diystyru peth felly, O Dduw.

18 Gwna i Seion lwyddo! Helpa hi!
Adeilada waliau Jerwsalem unwaith eto!
19 Wedyn bydd aberthau sy'n cael eu cyflwyno'n iawn,
ac offrymau cyflawn i'w llosgi, yn dy blesio di;
a bydd teirw yn cael eu hoffrymu ar dy allor di.

Mae Duw yn barnu'r drwg ond yn dda at y rhai sy'n ffyddlon

52 ***I'r arweinydd cerdd: Mascîl. Salm gan Dafydd, pan aeth Doeg o Edom at Saul a dweud wrtho, "Mae Dafydd wedi dod i dŷ Achimelech."***
Wyt ti'n falch o'r drwg wnest ti,
ac yn meddwl dy fod ti'n dipyn o arwr?
Wel, dw i'n gwybod fod Duw yn ffyddlon!
2 Rwyt ti'n cynllwynio dinistr,
ac mae dy dafod di fel rasel finiog, y twyllwr!
3 Mae drwg yn well na da gen ti,
a chelwydd yn well na dweud y gwir. *Saib*
4 Ti'n hoffi dweud pethau sy'n gwneud niwed i bobl,
ac yn twyllo pobl.
5 Ond bydd Duw yn dy daro i lawr unwaith ac am byth.
Bydd yn dy gipio allan o dy babell,
ac yn dy lusgo i ffwrdd o dir y byw. *Saib*

52:0 1 Samuel 22

6 Bydd y rhai sy'n iawn gyda Duw yn gweld y peth,
ac wedi'u syfrdanu.
Byddan nhw'n chwerthin ar dy ben, ac yn dweud,
7 "Edrychwch! Dyma'r dyn oedd yn gwrthod troi at Dduw am help;
y dyn oedd yn pwyso ar ei gyfoeth,
ac yn meddwl ei fod yn dipyn o foi yn dinistrio pobl eraill!"

8 Ond dw i'n llwyddo fel coeden olewydd sy'n tyfu yn nhŷ Dduw!
Dw i'n trystio Duw am ei fod yn ffyddlon bob amser.
9 Bydda i'n dy foli di am byth, O Dduw,
am beth rwyt ti wedi'i wneud.
Dw i'n mynd i obeithio yn dy enw di.
Mae'r rhai sy'n ffyddlon i ti yn gwybod mor dda wyt ti!

Drygioni'r galon ddynol

(Salm 14)

53

I'r arweinydd cerdd: Mascîl ar yr alaw "Machalath". Salm Dafydd.

Dim ond ffŵl sy'n meddwl wrtho'i hun,
"Dydy Duw ddim yn bodoli."
Mae pobl yn gwneud pob math o bethau ffiaidd.
Does neb yn gwneud daioni!
2 Mae Duw yn edrych i lawr o'r nefoedd ar y ddynoliaeth
i weld a oes unrhyw un call,
unrhyw un sy'n ceisio Duw.
3 Ond mae pawb wedi troi cefn arno,
ac yn gwbl lygredig.
Does neb yn gwneud daioni –
dim un!

4 Ydyn nhw wir mor dwp? – Yr holl rhai drwg
sy'n llarpio fy mhobl fel taen nhw'n llowcio bwyd,
a byth yn galw ar yr ARGLWYDD?
5 Byddan nhw'n dychryn am eu bywydau
– fuodd erioed y fath beth o'r blaen –
Bydd Duw yn chwalu esgyrn y rhai sy'n ymosod arnat ti.
Byddi di'n codi cywilydd arnyn nhw,
am fod Duw wedi'u gwrthod nhw.

6 O, dw i eisiau i'r un sy'n achub Israel ddod o Seion!
Pan fydd Duw yn troi'r sefyllfa rownd
bydd Jacob yn gorfoleddu,
a bydd Israel mor hapus!

Gweddi am amddiffyn rhag y gelyn

54

I'r arweinydd cerdd: Mascîl i gyfeiliant offerynnau llinynnol. Salm gan Dafydd, pan aeth pobl Siff at Saul a dweud wrtho, "Mae Dafydd yn cuddio gyda ni."

O Dduw, tyrd ac achub fi!
Amddiffyn fi gyda dy holl nerth.
2 O Dduw, gwrando ar fy ngweddi!
Clyw beth dw i'n ddweud.

54:0 1 Samuel 23

3 Mae pobl estron wedi troi yn fy erbyn i.
Mae dynion creulon am fy lladd i.
Does dim bwys ganddyn nhw am Dduw. *Saib*
4 Ond Duw ydy'r un sy'n fy helpu i.
Yr ARGLWYDD sy'n fy nghadw i'n fyw.
5 Tro fwriadau drwg y gelynion yn eu herbyn!
Dinistria nhw, fel rwyt wedi addo gwneud.
6 Wedyn bydda i'n dod ag offrwm gwirfoddol i'w aberthu i ti.
Bydda i'n moli dy enw di, ARGLWYDD, am dy fod mor dda!
7 Ie, rwyt yn fy achub o'm holl drafferthion;
dw i'n gweld fy ngelynion yn cael eu gorchfygu!

Gweddi un wedi'i fradychu gan ei ffrind

55 ***I'r arweinydd cerdd: Mascîl i gyfeiliant offerynnau llinynnol. Salm Dafydd.***
Gwrando ar fy ngweddi, O Dduw;
paid diystyru fi'n galw am dy help!
2 Gwranda arna i, ac ateb fi.

Mae'r sefyllfa yma'n fy llethu;
dw i wedi drysu'n lân!
3 Mae'r gelyn yn gweiddi arna i,
ac yn bygwth pob math o ddrwg.
Dŷn nhw ond eisiau creu helynt
ac ymosod arna i'n wyllt.

4 Mae fy nghalon yn rasio tu mewn i mi.
Mae ofn marw wedi mynd yn drech na mi.
5 Mae ofn a dychryn wedi fy llethu i –
dw i'n methu stopio crynu!

6 "O na fyddai gen i adenydd fel colomen,
i mi gael hedfan i ffwrdd a gorffwys!
7 Byddwn i'n hedfan yn bell i ffwrdd,
ac yn aros yn yr anialwch. *Saib*
8 Byddwn i'n brysio i ffwrdd i guddio,
ymhell o'r storm a'r cythrwfl i gyd."

9 Dinistria nhw, ARGLWYDD,
a drysu eu cynlluniau nhw!
Dw i'n gweld dim byd ond trais a chweryla yn y ddinas.
10 Mae milwyr yn cerdded ei waliau i'w hamddiffyn ddydd a nos,
ond y tu mewn iddi mae'r drwg go iawn:
11 pobl yn bygwth ei gilydd ym mhobman –
dydy gormes a thwyll byth yn gadael ei strydoedd!

12 Nid y gelyn sy'n fy ngwawdio i
– gallwn oddef hynny;
nid y gelyn sy'n fy sarhau i
– gallwn guddio oddi wrth hwnnw;
13 ond ti, sy'n ddyn fel fi,
yn gyfaill agos, fy ffrind i!
14 Roedd dy gwmni di mor felys
wrth i ni gerdded gyda'n gilydd yn nhŷ Dduw.

15 Gad i'r gelynion yn sydyn gael eu taro'n farw!
Gad i'r bedd eu llyncu nhw'n fyw!
Does dim ond drygioni lle bynnag maen nhw.

16 Ond dw i'n mynd i alw ar Dduw,
a bydd yr ARGLWYDD yn fy achub i.
17 Dw i'n dal ati i gwyno a phledio,
fore, nos a chanol dydd.
Dw i'n gwybod y bydd e'n gwrando!
18 Bydd e'n dod â fi allan yn saff
o ganol yr ymladd,
er bod cymaint yn fy erbyn i.
19 Bydd Duw, sy'n teyrnasu o'r dechrau cyntaf,
yn gwrando arna i ac yn eu trechu nhw. *Saib*
Maen nhw'n gwrthod newid eu ffyrdd,
a dangos parch tuag at Dduw.

20 Ond am fy ffrind wnaeth droi yn fy erbyn i,
torri ei air wnaeth e.
21 Roedd yn seboni gyda'i eiriau,
ond ymosod oedd ei fwriad.
Roedd ei eiriau'n dyner fel olew,
ond cleddyfau noeth oedden nhw go iawn.

22 Rho dy feichiau trwm i'r ARGLWYDD;
bydd e'n edrych ar dy ôl di.
Wnaiff e ddim gadael i'r cyfiawn syrthio.
23 O Dduw, byddi di'n taflu'r rhai drwg i bwll dinistr –
Bydd y rhai sy'n lladd ac yn twyllo yn marw'n ifanc.
Ond dw i'n dy drystio di.

Gweddi un sy'n trystio Duw

56 ***I'r arweinydd cerdd: ar yr alaw "Colomen ar Goed Derw Pell". Wedi'i hysgrifennu gan Dafydd ar ôl iddo gael ei ddal gan y Philistiaid yn Gath.***

Dangos drugaredd ata i, O Dduw,
dw i'n cael fy erlid!
Mae'r gelynion yn ymosod arna i drwy'r amser.
2 Maen nhw'n fy ngwylio i ac yn fy erlid i'n ddi-baid.
Mae cymaint ohonyn nhw yn ymladd yn fy erbyn!

O Dduw, y Goruchaf.
3 Pan mae gen i ofn, dw i'n dy drystio di –
4 Duw, yr un dw i'n gwybod sy'n cadw ei air!
Dw i'n trystio Duw, does gen i ddim ofn.
Beth all dynion meidrol ei wneud i mi?

5 Maen nhw'n twistio fy ngeiriau
a dim ond eisiau gwneud niwed i mi.

56:0 1 Samuel 21

6 Maen nhw'n dod at ei gilydd i ysbïo arna i.
Maen nhw'n gwylio pob symudiad,
ac yn edrych am gyfle i'm lladd.
7 Wyt ti'n mynd i adael iddyn nhw lwyddo?
Bwrw nhw i lawr yn dy lid, O Dduw!

8 Ti'n cadw cofnod bob tro dw i'n ochneidio.
Ti'n casglu fy nagrau mewn costrel.
Mae'r cwbl wedi'i ysgrifennu yn dy lyfr.
9 Bydd y gelyn yn ffoi pan fydda i'n galw arnat ti.
Achos dw i'n gwybod un peth –
mae Duw ar fy ochr i.
10 Duw, yr un dw i'n gwybod sy'n cadw ei air!
Yr Arglwydd – dw i'n gwybod ei fod yn cadw ei air!
11 Dw i'n trystio Duw, does gen i ddim ofn.
Beth all dynion meidrol ei wneud i mi?

12 Dw i'n mynd i gadw fy addewidion, O Dduw,
a chyflwyno offrymau diolch i ti.
13 Ti wedi achub fy mywyd i,
a chadw fy nhraed rhag llithro.
Dw i'n gallu byw i ti, O Dduw,
a mwynhau goleuni bywyd.

Gweddi am help

57

I'r arweinydd cerdd: ar yr alaw "Paid dinistrio". Salm wedi'i hysgrifennu gan Dafydd pan oedd wedi ffoi rhag Saul i'r ogof.

Dangos drugaredd ata i, O Dduw,
dangos drugaredd ata i!
Dw i'n troi atat ti am loches.
Dw i am guddio dan dy adenydd di
nes bydd y storm yma wedi mynd heibio.
2 Dw i'n galw ar Dduw, y Goruchaf,
ar y Duw sydd mor dda tuag ata i.
3 Bydd yn anfon help o'r nefoedd i'm hachub.
Bydd yn herio'r rhai sy'n fy erlid. *Saib*
Bydd yn dangos ei ofal ffyddlon amdana i!

4 Mae llewod ffyrnig o'm cwmpas i ym mhobman,
rhai sy'n bwyta pobl.
Mae eu dannedd fel picellau neu saethau,
a'u tafodau fel cleddyfau miniog.

5 Dangos dy hun yn uwch na'r nefoedd, O Dduw,
i dy ysblander gael ei weld drwy'r byd i gyd!

6 Maen nhw wedi gosod rhwyd i geisio fy nal –
a minnau'n isel fy ysbryd.
Maen nhw wedi cloddio twll ar fy nghyfer i,
ond nhw fydd yn syrthio i mewn iddo! *Saib*

57:0 1 Samuel 22

7 Dw i'n benderfynol, O Dduw;
dw i'n hollol benderfynol.
Dw i'n mynd i ganu mawl i ti.
8 Deffro, fy enaid!
Deffro, nabl a thelyn!
Dw i'n mynd i ddeffro'r wawr gyda'm cân.

9 Dw i'n mynd i ddiolch i ti, O ARGLWYDD, o flaen pawb!
Dw i'n mynd i ganu mawl i ti o flaen pobl o bob cenedl!
10 Mae dy gariad di mor uchel â'r nefoedd,
a dy ffyddlondeb di yn uwch na'r cymylau.
11 Dangos dy hun yn uwch na'r nefoedd, O Dduw,
i dy ysblander gael ei weld drwy'r byd i gyd!

Gweddi ar i Dduw gosbi'r rhai drwg

58 *I'r arweinydd cerdd: ar yr alaw "Paid dinistrio". Salm wedi'i hysgrifennu gan Dafydd.*
Chi arweinwyr, ydych chi'n rhoi dedfryd gyfiawn?
Ydych chi'n barnu pobl yn deg?
2 Na! Dych chi'n anghyfiawn,
ac yn rhannu trais ym mhobman.

3 Mae rhai drwg felly'n troi cefn ers cael eu geni,
yn dweud celwydd a mynd eu ffordd eu hunain o'r dechrau.
4 Maen nhw'n brathu fel neidr wenwynig,
neu gobra sy'n cau ei chlustiau.
5 Mae'n gwrthod gwrando ar alaw'r swynwr,
er mor hyfryd ydy'r alaw i'w hudo.

6 Torra eu dannedd nhw, O Dduw!
Dryllia ddannedd y llewod ifanc, ARGLWYDD.
7 Gwna iddyn nhw ddiflannu fel dŵr mewn tir sych;
gwna iddyn nhw saethu saethau wedi'u torri.
8 Gwna nhw fel ôl malwen sy'n toddi wrth iddi symud;
neu blentyn wedi marw yn y groth cyn gweld golau dydd!

9 Bydd Duw yn eu hysgubo nhw i ffwrdd fel storm wyllt,
cyn i grochan deimlo gwres tân agored.
10 Bydd y duwiol mor hapus wrth weld dial ar yr annhegwch.
Byddan nhw'n trochi eu traed yng ngwaed y rhai drwg.
11 A bydd pobl yn dweud,
"Felly mae'r rhai sy'n gwneud beth sy'n iawn yn cael gwobr!
Mae yna Dduw sydd yn barnu ar y ddaear!"

Gweddi am amddiffyn rhag y gelyn

59 *I'r arweinydd cerdd: ar yr alaw "Paid dinistrio". Salm wedi'i hysgrifennu gan Dafydd pan oedd Saul wedi anfon dynion i wylio'i dŷ er mwyn ei ladd.*
Achub fi rhag fy ngelynion, O Dduw.
Amddiffyn fi rhag y rhai sy'n ymosod arna i.
2 Achub fi rhag y bobl ddrwg yma –
y rhai sy'n ceisio fy lladd i.

59:0 1 Samuel 19

3 Edrych arnyn nhw'n cuddio.
Maen nhw'n barod i ymosod.
Mae dynion cas yn disgwyl amdana i,
a minnau heb wneud dim byd
i'w croesi nhw, O Arglwydd.
4 Dw i ddim ar fai
ond maen nhw'n rhuthro i ymosod arna i.

Deffra! Gwna rywbeth i'm helpu!
5 O Arglwydd, y Duw hollbwerus,
ti ydy Duw Israel.
Symud! Tyrd i gosbi'r gwledydd!
Paid dangos trugaredd at y bradwyr! *Saib*
6 Maen nhw'n dod allan bob nos, yn udo fel y cŵn
sy'n prowla drwy'r ddinas.
7 Mae eu cegau'n glafoerio budreddi,
a'u geiriau creulon fel cleddyfau—
"Pwy sy'n clywed?" medden nhw.

8 Ond rwyt ti, Arglwydd, yn chwerthin am eu pennau.
Byddi di'n gwawdio'r cenhedloedd.
9 Ti ydy fy nerth i. Dw i'n disgwyl amdanat ti.
Rwyt ti, O Dduw, fel craig ddiogel i mi.
10 Ti ydy'r Duw ffyddlon fydd yn fy helpu;
byddi'n gadael i mi orfoleddu dros fy ngelynion.

11 Paid lladd nhw'n syth, neu bydd fy mhobl yn anghofio'r wers.
Anfon nhw ar chwâl gyda dy nerth, cyn eu llorio nhw,
O Arglwydd, ein tarian.
12 Gad iddyn nhw gael eu baglu
gan eu geiriau pechadurus
a'r pethau drwg maen nhw'n ddweud—
y balchder, y melltithion a'r celwyddau.
13 Dinistria nhw yn dy lid!
Difa nhw'n llwyr!
Yna bydd pawb drwy'r byd i gyd yn gwybod
fod Duw yn teyrnasu dros bobl Jacob. *Saib*
14 Maen nhw'n dod allan bob nos, yn udo fel cŵn
sy'n prowla drwy'r ddinas;
15 Maen nhw'n crwydro o gwmpas yn chwilio am fwyd,
ac yn udo nes iddyn nhw gael eu bodloni.

16 Ond bydda i'n canu am dy rym di,
ac yn gweiddi'n llawen bob bore am dy fod mor ffyddlon!
Rwyt ti'n graig saff i mi,
ac yn lle i mi guddio pan dw i mewn trafferthion.
17 Ti ydy fy nerth i, a dw i am ganu mawl i ti!
O Dduw, rwyt fel craig ddiogel i mi – y Duw ffyddlon.

Gweddi am help Duw yn y frwydr

60 ***I'r arweinydd cerdd: ar yr alaw "Lili'r Dystiolaeth". Salm wedi'i hysgrifennu gan Dafydd (i'w dysgu), pan oedd yn ymladd yn erbyn Syriaid Gogledd Mesopotamia[n] a Syriaid Soba, a Joab yn dod yn ôl ac yn gorchfygu Edom – byddin o ddeuddeg mil – yn Nyffryn yr Halen.***

O Dduw, rwyt ti wedi'n gwrthod ni
a bylchu ein hamddiffyn.
Buost yn ddig gyda ni.
Plîs, adfer ni!
2 Gwnaethost i'r tir grynu,
a'i hollti'n agored.
Selia'r holltau, cyn i'r cwbl syrthio!
3 Ti wedi rhoi amser caled i dy bobl,
a rhoi gwin i'w yfed sydd wedi'n gwneud ni'n chwil.
4 Coda faner i'r rhai sy'n dy ddilyn
allu dianc ati rhag saethau'r bwa. *Saib*
5 Defnyddia dy gryfder o'n plaid, ac ateb ni
er mwyn i dy rai annwyl gael eu hachub.

6 Mae Duw wedi addo yn ei gysegr:
"Dw i'n mynd i fwynhau rhannu Sichem,
a mesur dyffryn Swccoth.
7 Fi sydd biau Gilead
a Manasse hefyd.
Effraim ydy fy helmed i,
a Jwda ydy'r deyrnwialen.
8 Ond bydd Moab fel powlen ymolchi.
Byddaf yn taflu fy esgid at Edom,
ac yn dathlu ar ôl gorchfygu Philistia!"

9 Pwy sy'n gallu mynd â fi i'r ddinas ddiogel?
Pwy sy'n gallu fy arwain i Edom?
10 Onid ti, O Dduw?
Ond rwyt wedi'n gwrthod ni!
Wyt ti ddim am fynd allan gyda'n byddin, O Dduw?
11 Plîs, helpa ni i wynebu'r gelyn,
achos dydy help dynol yn dda i ddim.
12 Gyda Duw gallwn wneud pethau mawr –
bydd e'n sathru ein gelynion dan draed!

Gweddi am amddiffyn

61 ***I'r arweinydd cerdd: i gyfeiliant offerynnau llinynnol. Salm Dafydd.***

Gwranda arna i'n galw, O Dduw.
Gwranda ar fy ngweddi.
2 Dw i'n galw arnat ti o ben draw'r byd.
Pan dw i'n anobeithio,
arwain fi at graig uchel, ddiogel.
3 Achos rwyt ti'n lle saff i mi fynd;
yn gaer gref lle all fy ngelynion ddim dod.

---

n 60:0 Hebraeg, *Aram-naharaim.*
60:0 2 Samuel 8:3-8; 10:16-18; 1 Cronicl 18:3-11; 19:6-19

4 Gad i mi aros yn dy babell am byth,
yn saff dan gysgod dy adenydd. *Saib*
5 O Dduw, clywaist yr addewidion wnes i;
ti wedi rhoi etifeddiaeth i mi gyda'r rhai sy'n dy addoli.
6 Gad i'r brenin fyw am flynyddoedd eto!
Gad iddo fyw am genedlaethau lawer,
7 ac eistedd ar yr orsedd o flaen Duw am byth!
Gwylia drosto gyda dy gariad a dy ofal ffyddlon.
8 Yna byddaf yn canu mawl i dy enw am byth,
wrth i mi gadw fy addewidion i ti bob dydd.

Y Duw sy'n ein cadw'n saff

62

I'r arweinydd cerdd: ar yr alaw "Cyffes". Salm Dafydd.

Ydw, dw i'n disgwyl yn dawel am Dduw;
fe ydy'r un all fy achub i.
2 Ie, fe ydy'r graig lle dw i'n ddiogel;
lle i mi gysgodi sy'n hollol saff.

3 Pryd dych chi'n mynd i stopio ymosod ar ddyn,
ymosod arno i'w ddifa fel wal sydd ar fin syrthio,
neu ffens sy'n simsan?
4 Ydyn, maen nhw'n cynllunio i'w fwrw i lawr
o'i safle dylanwadol.
Maen nhw wrth eu boddau gyda chelwydd;
maen nhw'n dweud pethau sy'n swnio'n garedig,
ond yn ei felltithio yn eu calonnau. *Saib*
5 Ie, disgwyl di'n dawel am Dduw, fy enaid,
achos fe ydy dy obaith di.
6 Fe ydy'r graig lle dw i'n ddiogel;
lle i mi gysgodi sy'n hollol saff.
7 Mae Duw'n edrych ar ôl fy lles i,
ac mae'n rhoi nerth i mi.
Dw i'n gadarn fel y graig,
ac yn hollol saff gyda Duw.

8 Gallwch ei drystio fe bob amser, bobl!
Tywalltwch beth sydd ar eich calon o'i flaen.
Duw ydy'n hafan ddiogel ni. *Saib*
9 Dydy pobl gyffredin yn ddim byd ond anadl,
a phobl bwysig yn ddim ond rhith!
Rhowch nhw ar glorian ac mae hi'n codi! –
maen nhw i gyd yn pwyso llai nag anadl.
10 Peidiwch trystio trais i ennill cyfoeth.
Peidiwch rhoi'ch gobaith mewn lladrad.
Os ydych chi'n ennill cyfoeth mawr
peidiwch dibynnu arno.

11 Un peth mae Duw wedi'i ddweud,
ac mae wedi'i gadarnhau:
Duw ydy'r un nerthol,
12 Ie ti, O ARGLWYDD, ydy'r un ffyddlon,
sy'n rhoi i bawb beth maen nhw'n ei haeddu.

Hiraeth am Dduw

63

Salm gan Dafydd, pan oedd yn anialwch Jwda.

O Dduw, ti ydy fy Nuw i!
Dw i wir yn dy geisio di.
Mae fy enaid yn sychedu amdanat.
Mae fy nghorff yn dyheu amdanat,
fel tir sych ac anial sydd heb ddŵr.
2 Ydw, dw i wedi dy weld di yn y cysegr,
a gweld dy rym a dy ysblander!

3 Profi dy ffyddlondeb di ydy'r peth gorau am fywyd,
ac mae fy ngwefusau'n dy foli di!
4 Dw i'n mynd i dy foli fel yma am weddill fy mywyd;
codi fy nwylo mewn gweddi, a galw ar dy enw.

5 Dw i wedi fy modloni'n llwyr, fel ar ôl bwyta gwledd!
Dw i'n canu mawl i ti â gwefusau llawen.
6 Dw i'n meddwl amdanat wrth orwedd ar fy ngwely,
ac yn myfyrio arnat ti yng nghanol y nos;
7 Dw i'n cofio fel y gwnest ti fy helpu –
rôn i'n gorfoleddu,
yn saff dan gysgod dy adenydd.
8 Dw i am lynu'n dynn wrthot ti;
dy law gref di sy'n fy nghynnal i.

9 Bydd y rhai sy'n ceisio fy lladd i
yn mynd i lawr yn ddwfn i'r ddaear.
10 Bydd y rhai sydd am fy nharo gyda'r cleddyf
yn cael eu gadael yn fwyd i siacaliaid.
11 Ond bydd y brenin yn dathlu beth wnaeth Duw.
Bydd pawb sy'n tyngu llw iddo'n gorfoleddu,
pan fydd e'n cau cegau y rhai celwyddog!

Gweddi ar i Dduw amddiffyn

64

I'r arweinydd cerdd: Salm Dafydd.

Gwranda arna i, O Dduw, wrth i mi swnian.
Amddiffyn fi rhag y gelynion sy'n ymosod.
2 Cuddia fi oddi wrth y mob o ddynion drwg,
y gang sydd ddim ond am godi twrw.

3 Maen nhw'n hogi eu tafodau fel cleddyfau,
ac yn anelu eu geiriau creulon fel saethau.
4 Maen nhw'n cuddio er mwyn saethu'r dieuog –
ei saethu'n ddirybudd. Dŷn nhw'n ofni dim.
5 Maen nhw'n annog ei gilydd i wneud drwg,
ac yn siarad am osod trapiau,
gan feddwl, "Does neb yn ein gweld."
6 Maen nhw'n cynllwynio gyda'i gilydd,
"Y cynllun perffaith!" medden nhw.
(Mae'r galon a'r meddwl dynol mor ddwfn!)

63:0 1 Samuel 23 – 24

7 Ond bydd Duw yn eu taro nhw gyda'i saeth e;
yn sydyn byddan nhw wedi syrthio.
8 Bydd eu geiriau'n arwain at eu cwymp,
a bydd pawb fydd yn eu gweld yn ysgwyd eu pennau'n syn.
9 Bydd pawb yn sefyll yn syfrdan!
Byddan nhw'n siarad am beth wnaeth Duw,
ac yn dechrau deall sut mae e'n gweithredu.
10 Bydd y rhai sy'n byw'n gywir yn gorfoleddu yn yr ARGLWYDD,
ac yn dod o hyd i le saff ynddo fe.
Bydd pawb sy'n gwneud beth sy'n iawn yn dathlu.

Addoliad a diolch

65

I'r arweinydd cerdd: Salm Dafydd. Cân.
Safwn yn dawel, a dy addoli yn Seion, O Dduw,
a chyflawni'n haddewidion i ti.
2 Ti sy'n gwrando gweddïau,
boed i bob person byw ddod atat ti!
3 Pan mae'n holl bechodau yn ein llethu ni,
rwyt ti'n maddau'r gwrthryfel i gyd.
4 Y fath fendith sydd i'r rhai rwyt ti'n eu dewis,
a'u gwahodd i dreulio amser yn iard dy deml.
Llenwa ni â bendithion dy dŷ,
sef dy deml sanctaidd!

5 Ti'n gwneud pethau syfrdanol i wneud pethau'n iawn,
a'n hateb, O Dduw, ein hachubwr.
Mae pobl drwy'r byd i gyd,
ac ymhell dros y môr, yn dibynnu arnat ti.
6 Ti, yn dy nerth, roddodd y mynyddoedd yn eu lle;
rwyt ti mor gryf!
7 Ti sy'n tawelu'r môr stormus,
a'i donnau gwyllt,
a'r holl bobloedd sy'n codi terfysg.
8 Mae pobl ym mhen draw'r byd
wedi'u syfrdanu gan dy weithredoedd.
O'r dwyrain i'r gorllewin
maen nhw'n gweiddi'n llawen.

9 Ti'n gofalu am y ddaear, yn ei dyfrio
a'i gwneud yn hynod ffrwythlon.
Mae'r sianel ddwyfol yn gorlifo o ddŵr!
Ti'n rhoi ŷd i bobl
drwy baratoi'r tir fel yma.
10 Ti'n socian y cwysi
ac mae dŵr yn llifo i'r rhychau.
Ti'n mwydo'r tir â chawodydd,
ac yn bendithio'r cnwd sy'n tyfu.
11 Dy ddaioni di sy'n coroni'r flwyddyn.
Mae dy lwybrau'n diferu digonedd.
12 Mae hyd yn oed porfa'r anialwch yn diferu,
a'r bryniau wedi'u gwisgo â llawenydd.

13 Mae'r caeau wedi'u gorchuddio gyda defaid a geifr,
a'r dyffrynnoedd dan flanced o ŷd.
Maen nhw'n gweiddi ac yn canu'n llawen.

Cân o fawl a diolch

66

I'r arweinydd cerdd: cân. Salm.
Gwaeddwch yn uchel i Dduw,
holl bobl y byd!
2 Canwch gân i ddweud mor wych ydy e,
a'i foli'n hyfryd.
3 Dwedwch wrth Dduw,
"Mae dy weithredoedd di mor syfrdanol!
Am dy fod ti mor rymus mae dy elynion yn crynu o dy flaen.
4 Mae'r byd i gyd yn dy addoli,
ac yn canu mawl i ti!
Maen nhw'n dy foli di ar gân!" *Saib*
5 Dewch i weld beth wnaeth Duw.
Mae'r hyn wna ar ran pobl yn syfrdanol.
6 Trodd y môr yn dir sych,
a dyma nhw'n cerdded drwy'r afon!
Gadewch i ni ddathlu'r peth!
7 Mae e'n dal i deyrnasu yn ei nerth,
ac mae'n cadw ei lygaid ar y cenhedloedd;
felly peidiwch gwrthryfela a chodi yn ei erbyn. *Saib*
8 O bobloedd, bendithiwch ein Duw ni;
gadewch i ni glywed pobl yn ei foli!
9 Fe sy'n ein cadw ni'n fyw;
dydy e ddim wedi gadael i'n traed lithro.
10 Ti wedi'n profi ni, O Dduw,
a'n puro ni fel arian mewn ffwrnais.
11 Ti wedi'n dal ni mewn rhwyd,
a gwneud i ni ddioddef baich trwm.
12 Ti wedi gadael i bobl farchogaeth droson ni.
Dŷn ni wedi bod drwy ddŵr a thân,
ond ti wedi dod â ni drwy'r cwbl i brofi digonedd.

13 Dw i'n dod i dy deml ag offrymau llosg
ac yn cadw fy addewidion,
14 drwy wneud popeth wnes i addo
pan oeddwn i mewn trafferthion.
15 Dw i'n dod ag anifeiliaid wedi'u pesgi yn offrymau llosg –
arogl hyrddod yn cael eu llosgi,
teirw a geifr yn cael eu haberthu. *Saib*
16 Dewch i wrando, chi sy'n addoli Duw,
i mi ddweud wrthoch chi beth wnaeth e i mi.
17 Dyma fi'n gweiddi'n uchel arno am help
– roeddwn i'n barod i'w foli.
18 Petawn i'n euog o feddwl yn ddrwg amdano,
fyddai'r ARGLWYDD ddim wedi gwrando arna i.

19 Ond dyma Duw yn clywed,
a gwrando ar fy ngweddi.
20 Mae Duw yn haeddu ei foli!
Wnaeth e ddim diystyru fy ngweddi,
na bod yn anffyddlon i mi.

Cân o ddiolch i Dduw

67

I'r arweinydd cerdd: cân i gyfeiliant offerynnol. Salm.
O Dduw, dangos drugaredd aton ni a'n bendithio ni.
Bydd yn garedig aton ni. *Saib*
2 Wedyn bydd pawb drwy'r byd yn gwybod sut un wyt ti;
bydd y gwledydd i gyd yn gwybod dy fod ti'n gallu achub.
3 Bydd pobloedd yn dy foli, O Dduw;
bydd y bobloedd i gyd yn dy foli di!
4 Bydd y cenhedloedd yn dathlu ac yn gweiddi'n llawen,
am dy fod ti'n barnu'n hollol deg,
ac yn arwain cenhedloedd y ddaear. *Saib*
5 Bydd pobloedd yn dy foli, O Dduw;
bydd y bobloedd i gyd yn dy foli di!
6 Mae'r tir yn rhoi ei gynhaeaf i ni!
O Dduw, ein Duw, dal ati i'n bendithio.
7 O Dduw, bendithia ni!
Wedyn bydd pobl drwy'r byd i gyd
yn dy addoli.

Duw sy'n ennill y frwydr!

68

I'r arweinydd cerdd: Salm Dafydd. Cân.
Pan mae Duw yn codi,
mae'r gelynion yn cael eu gwasgaru;
mae'r rhai sydd yn ei erbyn yn dianc oddi wrtho.
2 Chwytha nhw i ffwrdd, fel mwg yn cael ei chwythu gan y gwynt!
Bydd pobl ddrwg yn cael eu difa gan Dduw,
fel cwyr yn cael ei doddi gan dân.
3 Ond bydd y rhai cyfiawn yn dathlu,
ac yn gorfoleddu o flaen Duw;
byddan nhw wrth eu boddau!

4 Canwch i Dduw! Canwch gân o fawl iddo,
a chanmol yr un sy'n marchogaeth y cymylau!
Yr ARGLWYDD ydy ei enw!
Dewch i ddathlu o'i flaen!
5 Tad plant amddifad, yr un sy'n amddiffyn gweddwon,
ie, Duw yn ei gysegr.
6 Mae Duw yn rhoi'r digartref mewn teulu,
ac yn gollwng caethion yn rhydd i sain cerddoriaeth.
Ond bydd y rhai sy'n gwrthryfela yn byw mewn anialwch.

7 O Dduw, pan oeddet ti'n arwain dy bobl allan,
ac yn martsio ar draws yr anialwch, *Saib*

8 dyma'r ddaear yn crynu, a'r awyr yn arllwys y glaw
o flaen Duw, yr un oedd ar Sinai,
o flaen Duw, sef Duw Israel.
9 Rhoist ddigonedd o law i'r tir, O Dduw,
ac adfer dy etifeddiaeth pan oedd yn gwywo.
10 Dyna ble mae dy bobl yn byw.
Buost yn dda, a rhoi yn hael i'r anghenus, O Dduw.

11 Mae'r ARGLWYDD yn dweud y gair,
ac mae tyrfa o ferched yn cyhoeddi'r newyddion da:
12 Mae'r brenhinoedd a'u byddinoedd yn ffoi ar frys,
a gwragedd tŷ yn rhannu'r ysbail.
13 "Er dy fod wedi aros adre rhwng y corlannau,
dyma i ti adenydd colomen wedi'u gorchuddio ag arian
a blaenau'r adenydd yn aur melyn coeth."
14 Pan oedd y Duw Hollalluog yn gwasgaru'r brenhinoedd,
roedd fel petai storm eira yn chwythu ar Fynydd Salmon!

15 O fynydd anferth, mynydd Bashan;[o]
O fynydd y copaon uchel, mynydd Bashan;
16 O fynydd y copaon uchel, pam wyt ti mor genfigennus
o'r mynydd mae Duw wedi'i ddewis i fyw arno?
Dyna lle bydd yr ARGLWYDD yn aros am byth!
17 Mae gan Dduw ddegau o filoedd o gerbydau,
a miloedd ar filoedd o filwyr.
Mae'r ARGLWYDD gyda nhw;
mae Duw Sinai wedi dod i'w gysegr.
18 Ti wedi mynd i fyny i'r ucheldir,
ac arwain caethion ar dy ôl,
a derbyn rhoddion gan bobl –
hyd yn oed gan y rhai oedd yn gwrthwynebu
i ti aros yno, ARGLWYDD Dduw.

19 Mae'r ARGLWYDD yn Dduw bendigedig!
Mae e'n edrych ar ein holau ni o ddydd i ddydd.
Duw ydy'n hachubwr ni! *Saib*
20 Ein Duw ni ydy'r Duw sy'n achub!
Gyda'r ARGLWYDD, ein Meistr, gallwn ddianc rhag marwolaeth.
21 Fe ydy'r Duw sy'n taro pennau ei elynion –
pob copa walltog sy'n euog o'i flaen.
22 Dwedodd yr ARGLWYDD,
"Bydda i'n dod â'r gelynion yn ôl o Bashan,
ie, hyd yn oed yn ôl o waelod y môr!
23 Byddi'n trochi dy draed yn eu gwaed,
a bydd tafodau dy gŵn yn cael eu siâr o'r cyrff."

24 Mae pobl yn gweld dy orymdaith, O Dduw,
yr orymdaith pan mae fy Nuw, fy mrenin,
yn mynd i'r cysegr:

---

o 68:15 *mynydd Bashan:* Bashan ydy'r ardal i'r dwyrain o afon Iorddonen sy'n cael ei hadnabod heddiw fel Ucheldir Golan. Mae'n debyg mai cyfeiriad sydd yma at Fynydd Hermon. i'r gogledd o Bashan.
68:16 Eseia 2:2; Micha 4:1

25 y cantorion ar y blaen, yna'r offerynnwr
yng nghanol y merched ifanc sy'n taro'r tambwrîn.
26 "Bendithiwch Dduw yn y gynulleidfa fawr!
Bendithiwch yr ARGLWYDD,
bawb sy'n tarddu o ffynnon Israel."
27 Dacw Benjamin, yr ifancaf, yn arwain;
penaethiaid Jwda yn dyrfa swnllyd;
penaethiaid Sabulon a Nafftali.

28 Mae dy Dduw yn dy wneud di'n gryf!
O Dduw, sydd wedi gweithredu ar ein rhan, dangos dy rym
29 wrth ddod o dy deml yn Jerwsalem.
Boed i frenhinoedd dalu teyrnged i ti!
30 Cerydda fwystfil y corsydd brwyn,
y gyr o deirw a'r bobl sy'n eu dilyn fel lloi!
Gwna iddyn nhw blygu o dy flaen a rhoi arian i ti'n rhodd.
Ti'n gyrru'r bobloedd sy'n mwynhau rhyfel ar chwâl!
31 Bydd llysgenhadon yn dod o'r Aifft,
a bydd pobl Affrica[p] yn brysio i dalu teyrnged i Dduw.

32 Canwch i Dduw, chi wledydd y byd!
Canwch fawl i'r ARGLWYDD. *Saib*
33 I'r un sy'n marchogaeth drwy'r awyr –
yr awyr sydd yno o'r dechrau.
Gwrandwch! Mae ei lais nerthol yn taranu.
34 Cyfaddefwch mor rymus ydy Duw!
Mae e'n teyrnasu yn ei holl ysblander dros Israel,
ac yn dangos ei rym yn yr awyr.
35 O Dduw, rwyt ti'n syfrdanol yn dod allan o dy gysegr!
Ie, Duw Israel sy'n rhoi grym a nerth i'w bobl.
Boed i Dduw gael ei anrhydeddu!

Cri am help

69

I'r arweinydd cerdd: ar yr alaw "Lilïau". Salm Dafydd.
Achub fi, O Dduw,
mae'r dŵr i fyny at fy ngwddf.
2 Dw i'n suddo mewn cors ddofn,
a does dim byd i mi sefyll arno.
Dw i mewn dyfroedd dyfnion,
ac yn cael fy ysgubo i ffwrdd gan y llifogydd.
3 Dw i wedi blino gweiddi am help;
mae fy ngwddf yn sych;
mae fy llygaid yn cau
ar ôl bod yn disgwyl yn obeithiol am Dduw.

4 Mae mwy o bobl yn fy nghasáu i
nag sydd o flew ar fy mhen.
Mae cymaint o bobl gelwyddog yn fy erbyn i,
ac eisiau fy nistrywio i.
Sut alla i roi yn ôl rywbeth dw i heb ei ddwyn?

---

p 68:31 *Affrica* Hebraeg, *Cwsh*. Yr ardal i'r de o wlad yr Aifft, sef gogledd Swdan heddiw.

5 O Dduw, rwyt ti'n gwybod gymaint o ffŵl ydw i.
Dydy'r pethau dw i'n euog o'u gwneud
ddim wedi'u cuddio oddi wrthot ti.
6 Paid gadael i'r rhai sy'n dy drystio di fod â chywilydd ohono i,
Feistr, ARGLWYDD hollbwerus.
Paid gadael i'r rhai sy'n dy ddilyn di gael eu bychanu,
O Dduw Israel.

7 Ti ydy'r rheswm pam dw i'n cael fy sarhau,
a'm cywilyddio.
8 Dydy fy nheulu ddim eisiau fy nabod i;
dw i fel rhywun estron i'm brodyr a'm chwiorydd.
9 Mae fy sêl dros dy dŷ di wedi fy meddiannu i;
dw i'n cael fy sarhau gan y rhai sy'n dy sarhau di.
10 Hyd yn oed pan oeddwn i'n wylo ac yn ymprydio
roeddwn i'n destun sbort.
11 Roedd pobl yn gwneud hwyl am fy mhen
pan oeddwn i'n gwisgo sachliain.
12 Mae'r rhai sy'n eistedd wrth giât y ddinas yn siarad amdana i;
a dw i'n destun cân i'r meddwon.
13 O ARGLWYDD, dw i'n gweddïo arnat ti
ac yn gofyn i ti ddangos ffafr ata i.

O Dduw, am dy fod ti mor ffyddlon,
ateb fi ac achub fi.
14 Tynna fi allan o'r mwd yma.
Paid gadael i mi suddo!
Achub fi rhag y bobl sy'n fy nghasáu i –
achub fi o'r dŵr dwfn.
15 Paid gadael i'r llifogydd fy ysgubo i ffwrdd!
Paid gadael i'r dyfnder fy llyncu.
Paid gadael i geg y pwll gau arna i.

16 Ateb fi, ARGLWYDD;
rwyt ti mor ffyddlon.
Tro ata i, gan dy fod ti mor drugarog;
17 Paid troi dy gefn ar dy was –
dw i mewn trafferthion,
felly brysia! Ateb fi!
18 Tyrd yma! Gollwng fi'n rhydd!
Gad i mi ddianc o afael y gelynion.

19 Ti'n gwybod fel dw i wedi cael fy sarhau,
a'm bychanu a'm cywilyddio.
Ti'n gweld y gelynion i gyd.
20 Mae'r sarhau wedi torri fy nghalon i.
Dw i'n anobeithio.
Dw i'n edrych am gydymdeimlad, ond yn cael dim;
am rai i'm cysuro, ond does neb.
21 Yn lle hynny maen nhw'n rhoi gwenwyn yn fy mwyd,
ac yn gwneud i mi yfed finegr i dorri fy syched.

22 Gad i'w bwrdd bwyd droi'n fagl iddyn nhw,
ac yn drap i'w ffrindiau nhw.

23 Gad iddyn nhw golli eu golwg a mynd yn ddall.
Gwna iddyn nhw grynu mewn ofn drwy'r adeg.
24 Tywallt dy ddicter arnyn nhw.
Gwylltia'n gynddeiriog gyda nhw.
25 Gwna eu gwersylloedd nhw'n anial,
heb neb yn byw yn eu pebyll!
26 Maen nhw'n blino y rhai rwyt ti wedi'u taro,
ac yn siarad am boen y rhai rwyt ti wedi'u hanafu.
27 Ychwanega hyn at y pethau maen nhw'n euog o'u gwneud.
Paid gadael iddyn nhw fynd yn rhydd!
28 Rhwbia'u henwau oddi ar sgrôl y rhai sy'n fyw,
Paid rhestru nhw gyda'r bobl sy'n iawn gyda ti.

29 Ond fi – yr un sy'n dioddef ac mewn poen –
O Dduw, achub fi a chadw fi'n saff.
30 Dw i'n mynd i ganu cân o fawl i Dduw,
a'i ganmol a diolch iddo.
31 Bydd hynny'n plesio'r Arglwydd fwy nag ych,
neu darw gyda chyrn a charnau.
32 Bydd pobl gyffredin yn gweld hyn ac yn dathlu.
Felly codwch eich calonnau, chi sy'n ceisio dilyn Duw!
33 Mae'r Arglwydd yn gwrando ar y rhai sydd mewn angen,
a dydy e ddim yn diystyru ei bobl sy'n gaeth.

34 Boed i'r nefoedd a'r ddaear ei foli,
a'r môr hefyd, a phopeth sydd ynddo!
35 Oherwydd bydd Duw yn achub Seion
ac yn adeiladu trefi Jwda eto.
Bydd y bobl sy'n ei wasanaethu
yn byw yno ac yn meddiannu'r wlad.
36 Bydd eu disgynyddion yn ei hetifeddu,
a bydd y rhai sy'n caru ei enw yn cael byw yno.

Gweddi am help

(Salm 40:13-17)

70

I'r arweinydd cerdd: Salm Dafydd. I'th atgoffa.
O Dduw, achub fi!
O Arglwydd, brysia i'm helpu!
2 Gwna i'r rhai sydd am fy lladd i
deimlo embaras a chywilydd.
Gwna i'r rhai sydd am wneud niwed i mi
droi yn ôl mewn cywilydd.
3 Gwna i'r rhai sy'n chwerthin ar fy mhen
droi yn ôl mewn cywilydd.

4 Ond gwna i bawb sy'n dy geisio di ddathlu'n llawen!
Gwna i'r rhai sy'n mwynhau dy weld ti'n achub ddweud,
"Mae Duw mor fawr!"
5 Dw i mewn angen ac yn ddiamddiffyn;
O Dduw, brysia ata i!
Ti ydy'r un sy'n gallu fy helpu a'm hachub.
O Arglwydd, paid oedi!

Gweddi rhywun mewn oed

71 Dw i'n troi atat ti am loches, O ARGLWYDD;
paid gadael i mi gael fy siomi.
2 Rwyt ti'n gyfiawn, felly achub fi a gollwng fi'n rhydd.
Gwranda arna i! Achub fi!
3 Bydd yn graig i mi gysgodi tani –
yn gaer lle bydda i'n hollol saff!
Ti ydy'r graig ddiogel yna; ti ydy'r gaer.

4 Fy Nuw, achub fi o ddwylo'r rhai drwg,
ac o afael y rhai anghyfiawn a chreulon.
5 Achos ti ydy fy ngobaith i,
fy meistr, fy ARGLWYDD.
Dw i wedi dy drystio di ers pan o'n i'n ifanc.
6 Dw i'n dibynnu arnat ti ers cyn i mi gael fy ngeni;
ti wedi gofalu amdana i o groth fy mam,
a thi ydy testun fy mawl bob amser.
7 Dw i wedi bod yn destun rhyfeddod i lawer,
am dy fod ti wedi bod yn lle saff, cadarn i mi.
8 Dw i'n dy foli di drwy'r adeg,
ac yn dy ganmol drwy'r dydd.

9 Paid taflu fi i ffwrdd yn fy henaint,
a'm gadael wrth i'r corff wanhau.
10 Mae fy ngelynion yn siarad amdana i,
a'r rhai sy'n gwylio fy mywyd yn cynllwynio.
11 "Mae Duw wedi'i adael," medden nhw.
"Ewch ar ei ôl, a'i ddal;
fydd neb yn dod i'w achub!"
12 O Dduw, paid mynd yn rhy bell!
Fy Nuw, brysia i'm helpu i!

13 Gad i'r rhai sy'n fy erbyn i gael eu cywilyddio'n llwyr.
Gad i'r rhai sydd am wneud niwed i mi
gael eu gwisgo mewn gwarth a chywilydd!
14 Ond bydda i'n gobeithio bob amser,
ac yn dal ati i dy foli di fwy a mwy.
15 Bydda i'n dweud am dy gyfiawnder.
Bydda i'n sôn yn ddi-baid am y ffordd rwyt ti'n achub;
mae cymaint i'w ddweud!
16 Dw i'n dod i ddweud am y pethau mawr rwyt ti'n eu gwneud
– fy meistr, fy ARGLWYDD –
a dathlu'r ffaith dy fod mor gyfiawn – ie, ti yn unig!

17 O Dduw, dw i wedi profi'r peth ers pan oeddwn i'n ifanc,
ac wedi bod yn sôn am y pethau rhyfeddol
rwyt ti'n eu gwneud hyd heddiw.
18 Dw i bellach yn hen a'm gwallt yn wyn,
ond paid gadael fi nawr, O Dduw.
Dw i eisiau dweud wrth y genhedlaeth sydd i ddod
am dy gryfder a'r pethau mawr rwyt ti'n eu gwneud.

19 Mae dy gyfiawnder yn cyrraedd y nefoedd, O Dduw!
Ti wedi gwneud pethau mor fawr –
O Dduw, does neb tebyg i ti!
20 Er i ti adael i mi wynebu pob math o brofiadau chwerw,
wnei di adael i mi fyw eto?
Wnei di fy nghodi eto o ddyfnderoedd y ddaear?
21 Adfer fy enw da!
Cysura fi unwaith eto.
22 Yna byddaf yn dy foli gyda'r nabl,
a chanmol dy ffyddlondeb, O fy Nuw!
Bydda i'n canu i ti gyda'r delyn,
O Un Sanctaidd Israel.
23 Bydda i'n gweiddi'n llawen,
ac yn canu i ti go iawn –
ie, â'm holl nerth, am i ti ngollwng i'n rhydd.
24 Fydda i ddim yn stopio sôn am dy gyfiawnder.
Bydd y rhai oedd am wneud niwed i mi yn cael eu siomi a'u cywilyddio!

Gweddi dros y brenin

72 *Gan Solomon.*
O Dduw, rho'r gallu i'r brenin i farnu'n deg,
a gwna i fab y brenin wneud beth sy'n iawn.
2 Helpa fe i farnu'r bobl yn ddiduedd,
a thrin dy bobl anghenus yn iawn.
3 Boed i'r mynyddoedd gyhoeddi heddwch
a'r bryniau gyfiawnder i'r bobl.
4 Bydd e'n amddiffyn achos pobl dlawd,
yn achub pawb sydd mewn angen
ac yn cosbi'r rhai sy'n eu cam-drin.

5 Bydd pobl yn dy addoli tra bydd haul yn yr awyr,
a'r lleuad yn goleuo, o un genhedlaeth i'r llall.
6 Bydd fel glaw mân yn disgyn ar dir ffrwythlon,
neu gawodydd trwm yn dyfrhau'r tir.
7 Gwna i gyfiawnder lwyddo yn ei ddyddiau,
ac i heddwch gynyddu tra bo'r lleuad yn yr awyr.

8 Boed iddo deyrnasu o fôr i fôr,
ac o afon Ewffrates i ben draw'r byd!
9 Gwna i lwythau'r anialwch blygu o'i flaen,
ac i'w elynion lyfu'r llwch.
10 Bydd brenhinoedd Tarshish[ph] a'r ynysoedd yn talu trethi iddo;
brenhinoedd Sheba a Seba[r] yn dod â rhoddion iddo.
11 Bydd y brenhinoedd i gyd yn plygu o'i flaen,
a'r cenhedloedd i gyd yn ei wasanaethu.

12 Mae'n achub y rhai sy'n galw arno mewn angen,
a'r tlawd sydd heb neb i'w helpu.
13 Mae'n gofalu am y gwan a'r anghenus,
ac yn achub y tlodion.

---

ph 72:10 *Tarshish* Porthladd yn Sbaen. r 72:10 *Sheba a Seba* Sheba: yn ne-orllewin Arabia; Seba: yn ne Arabia neu falle Affrica.

14 Mae'n eu rhyddhau nhw o afael gormes a thrais;
mae eu bywyd nhw'n werthfawr yn ei olwg.

15 Hir oes iddo!
Boed iddo dderbyn aur o Sheba;
boed i bobl weddïo drosto'n ddi-baid
a dymuno bendith Duw arno bob amser.
16 Boed digonedd o ŷd yn y wlad –
yn tyfu hyd at ben y mynyddoedd.
Boed i'r cnydau lwyddo fel coed Libanus.
Boed i bobl y trefi ffynnu fel glaswellt.
17 Boed iddo fod yn enwog am byth;
a boed i'w linach aros tra bod haul yn yr awyr.
Boed i bobl gael eu bendithio drwyddo,
ac i genhedloedd weld mor hapus ydy e.

18 Bendith ar yr ARGLWYDD Dduw!
Duw Israel, yr unig un sy'n gwneud pethau rhyfeddol.
19 Bendigedig fyddo'i enw gwych am byth!
Boed i'w ysblander lenwi'r byd i gyd.
Ie! Amen ac Amen.

20 Dyma ddiwedd y casgliad yma o weddïau Dafydd fab Jesse.

LLYFR TRI
(Salmau 73 – 89)

Bydd Duw yn barnu'n deg

73 ***Salm gan Asaff.***
Ydy wir, mae Duw mor dda wrth Israel;
wrth y rhai sydd â chalon lân.
2 Ond bu bron i mi faglu;
roeddwn i bron iawn â llithro.

3 Rôn i'n genfigennus o'r rhai balch,
wrth weld pobl ddrwg yn llwyddo.
4 Does dim byd yn eu rhwymo nhw;
maen nhw'n iach yn gorfforol.
5 Dŷn nhw ddim yn cael eu hunain i helyntion fel pobl eraill,
a ddim yn dioddef fel y gweddill ohonon ni.

6 Maen nhw'n gwisgo balchder fel cadwyn aur am eu gwddf,
a chreulondeb ydy'r wisg amdanyn nhw.
7 Maen nhw'n llond eu croen,
ac mor llawn ohonyn nhw eu hunain hefyd!
8 Maen nhw'n gwawdio ac yn siarad yn faleisus,
ac mor hunanhyderus wrth fygwth gormesu.
9 Maen nhw'n siarad fel petai piau nhw'r nefoedd,
ac yn strytian yn falch wrth drin y ddaear.

10 Ac mae pobl Dduw yn dilyn eu hesiampl,
ac yn llyncu eu llwyddiant fel dŵr.[rh]

---

rh 73:10 Hebraeg yr adnod hon yn aneglur.

11 "Na, fydd Duw ddim yn gwybod!" medden nhw.
"Ydy'r Goruchaf yn gwybod unrhyw beth?"
12 Edrychwch! Dyna sut rai ydy pobl ddrwg!
Yn malio dim, ac yn casglu cyfoeth.

13 Mae'n rhaid fy mod i wedi cadw fy nghalon yn lân i ddim byd,
wedi bod mor ddiniwed wrth olchi fy nwylo!
14 Dw i wedi cael fy mhlagio'n ddi-baid,
ac wedi dioddef rhyw gosb newydd bob bore.
15 Petawn i wedi siarad yn agored fel hyn
byddwn i wedi bradychu dy bobl di.
16 Rôn i'n ceisio deall y peth,
a doedd e'n gwneud dim sens,
17 nes i mi fynd i mewn i deml Dduw
a sylweddoli beth oedd tynged y rhai drwg!

18 Byddi'n eu gosod nhw mewn lleoedd llithrig,
ac yn gwneud iddyn nhw syrthio i ddinistr.
19 Byddan nhw'n cael eu dinistrio mewn chwinciad!
Byddan nhw'n cael eu hysgubo i ffwrdd gan ofn.
20 Fel breuddwyd ar ôl i rywun ddeffro,
byddi di'n deffro, O ARGLWYDD,
a fyddan nhw'n ddim byd ond atgof.

21 Dw i wedi bod yn chwerw fel finegr,
a gadael i'r cwbl gorddi tu mewn i mi.
22 Dw i wedi bod mor dwp ac afresymol.
Dw i wedi ymddwyn fel anifail gwyllt o dy flaen di.
23 Ac eto, dw i'n dal gyda ti;
rwyt ti'n gafael yn dynn ynof fi.
24 Ti sy'n dangos y ffordd ymlaen i mi,
a byddi'n fy nerbyn ac yn fy anrhydeddu.
25 Pwy sydd gen i yn y nefoedd ond ti?
A does gen i eisiau neb ond ti ar y ddaear chwaith.
26 Mae'r corff a'r meddwl yn pallu,
ond mae Duw'n graig ddiogel i mi bob amser.

27 Bydd y rhai sy'n bell oddi wrthot ti'n cael eu difa;
byddi'n dinistrio pawb sy'n anffyddlon i ti.
28 Ond dw i'n gwybod mai cadw'n agos at Dduw sydd orau.
Mae fy Meistr, yr ARGLWYDD, yn fy nghadw'n saff.
Dw i'n mynd i ddweud wrth bawb am beth rwyt ti wedi'i wneud!

Gweddi ar i Dduw achub y genedl

74

Mascîl gan Asaff.

O Dduw, pam wyt ti'n ddig gyda ni drwy'r amser?
Pam mae dy ffroenau'n mygu yn erbyn defaid dy borfa?
2 Cofia'r criw o bobl gymeraist ti i ti dy hun mor bell yn ôl,
y bobl ollyngaist yn rhydd i fod yn llwyth sbesial i ti!
Dyma Fynydd Seion, lle rwyt ti'n byw!

3 Brysia! Edrych ar yr adfeilion diddiwedd yma,
a'r holl niwed mae'r gelyn wedi'i wneud i dy deml!

4 Mae'r gelynion wedi rhuo wrth ddathlu eu concwest yn dy gysegr;
a gosod eu harwyddion a'u symbolau eu hunain yno.
5 Roedden nhw fel dynion yn chwifio bwyeill
wrth glirio drysni a choed,
6 yn dryllio'r holl waith cerfio cywrain
gyda bwyeill a morthwylion.
7 Yna rhoi dy gysegr ar dân,
a dinistrio'n llwyr y deml lle roeddet ti'n aros.
8 "Gadewch i ni ddinistrio'r cwbl!" medden nhw.
A dyma nhw'n llosgi pob cysegr i Dduw yn y tir.
9 Does dim arwydd o obaith i'w weld!
Does dim proffwyd ar ôl,
neb sy'n gwybod am faint mae hyn yn mynd i bara.

10 O Dduw, am faint mwy mae'r gelyn yn mynd i wawdio?
Ydy e'n mynd i gael sarhau dy enw di am byth?
11 Pam wyt ti ddim yn gwneud rhywbeth?
Pam wyt ti'n dal yn ôl? Plîs, gwna rywbeth!

12 O Dduw, ti ydy fy Mrenin i o'r dechrau!
Ti ydy'r Duw sy'n gweithredu ac yn achub ar y ddaear!
13 Ti, yn dy nerth, wnaeth hollti'r môr.
Ti ddrylliodd bennau'r ddraig yn y dŵr.
14 Ti sathrodd bennau Lefiathan,[s]
a'i adael yn fwyd i greaduriaid yr anialwch.
15 Ti agorodd y ffynhonnau a'r nentydd,
a sychu llif yr afonydd.
16 Ti sy'n rheoli'r dydd a'r nos;
ti osododd y lleuad a'r haul yn eu lle.
17 Ti roddodd dymhorau i'r ddaear;
haf a gaeaf – ti drefnodd y cwbl!

18 Cofia fel mae'r gelyn wedi dy wawdio di, ARGLWYDD;
fel mae pobl ffôl wedi dy sarhau di.
19 Paid rhoi dy golomen i'r bwystfil!
Paid anghofio dy bobl druan yn llwyr.
20 Cofia'r ymrwymiad wnest ti!
Mae lleoedd tywyll sy'n guddfan i greulondeb ym mhobman.
21 Paid gadael i'r bobl sy'n dioddef droi'n ôl yn siomedig.
Gad i'r tlawd a'r anghenus foli dy enw.
22 Cod, O Dduw, a dadlau dy achos!
Cofia fod ffyliaid yn dy wawdio drwy'r adeg.
23 Paid diystyru twrw'r gelynion,
a bloeddio diddiwedd y rhai sy'n dy wrthwynebu di.

Y Duw sy'n barnu'n deg

75

I'r arweinydd cerdd: ar yr alaw "Paid dinistrio". Salm gan Asaff. Cân.

1 Dŷn ni'n diolch i ti, O Dduw;
ie, diolch i ti!

---

s 74:13,14 *môr ... y ddraig ... Lefiathan* tri symbol o anhrefn ym mytholeg y Dwyrain Canol. Mae Duw yn gryfach na'r grymoedd yma.
74:13 Exodus 14:21

Rwyt ti wrth law bob amser,
ac mae pobl yn sôn am y pethau rhyfeddol rwyt ti'n eu gwneud.
2 Meddai Duw, "Mae amser wedi'i drefnu
pan fydda i'n barnu'n deg.
3 Pan mae'r ddaear a phawb sy'n byw arni yn crynu,
fi sy'n cadw ei cholofnau'n gadarn. *Saib*
4 Dw i'n dweud wrth y balch, 'Peidiwch brolio!'
ac wrth y rhai drwg, 'Peidiwch bod yn rhy siŵr ohonoch eich hunain!
5 Peidiwch codi eich cyrn yn uchel
a bod mor heriol wrth siarad.' "

6 Nid o'r gorllewin na'r dwyrain,
nac o'r anialwch y daw buddugoliaeth –
7 Duw ydy'r un sy'n barnu;
fe sy'n tynnu un i lawr ac yn codi un arall.
8 Oes, mae cwpan yn llaw'r ARGLWYDD
ac mae'r gwin ynddi yn ewynnu ac wedi'i gymysgu.
Bydd yn ei dywallt allan,
a bydd y rhai drwg ar y ddaear yn ei yfed –
yn yfed pob diferyn!

9 Ond bydda i'n ei glodfori am byth,
ac yn canu mawl i Dduw Jacob, sy'n dweud,
10 "Bydda i'n torri cyrn y rhai drwg,
ac yn rhoi'r fuddugoliaeth i'r rhai sy'n gwneud beth sy'n iawn."

Y Duw sy'n ennill pob brwydr

76

I'r arweinydd cerdd. Salm gan Asaff i gyfeiliant offerynnol. Cân.
Mae pawb yn Jwda'n gwybod am Dduw;
mae ganddo enw da yn Israel.
2 Mae'n byw ar Fynydd Seion,
yn Jerwsalem, dinas heddwch.
3 Dyna lle torrodd e'r saethau tanllyd,
y darian, y cleddyf, a'r holl arfau rhyfel. *Saib*
4 Ti ydy'r Un Disglair, yr Un Hardd
sy'n dod i lawr o'r mynyddoedd
ar ôl trechu dy elynion.
5 Cafodd eu milwyr dewr eu hysbeilio!
Maen nhw'n 'cysgu' am y tro olaf!
Doedd y rhyfelwr cryfaf ddim yn gallu codi bys!
6 Dyma ti'n rhoi bloedd, O Dduw Jacob,
ac roedd pob marchog a gyrrwr cerbyd yn farw.

7 O, rwyt ti mor rhyfeddol!
Pwy sy'n gallu sefyll yn dy erbyn
pan wyt ti'n ddig?
8 Wrth i ti gyhoeddi dy ddedfryd o'r nefoedd,
roedd y ddaear wedi'i pharlysu gan ofn,
9 wrth weld Duw yn codi i farnu
ac achub y rhai sy'n cael eu cam-drin yn y tir. *Saib*
10 Bydd rhai mwyaf ffyrnig y ddaear yn dy gydnabod
pan fyddi'n dangos dy ddigofaint yn llawn.

11 Gwnewch addunedau i'r ARGLWYDD eich Duw, a'u cadw!
Boed i bawb sydd o'i gwmpas ddod â rhoddion
i'r Duw sydd i'w ofni!
12 Mae'n torri crib y llywodraethwyr balch,
ac yn dychryn brenhinoedd y ddaear.

Cysur pan mae gofid

77

I'r arweinydd cerdd: Salm gan Asaff ar yr alaw "Cyffes".

Dw i'n gweiddi'n uchel ar Dduw,
yn gweiddi'n uchel ar iddo wrando arna i.
2 Dw i mewn helbul, ac yn troi at yr ARGLWYDD;
dw i wedi bod yn estyn fy nwylo ato mewn gweddi drwy'r nos,
ond ches i ddim cysur.
3 Dw i wedi bod yn ocheneidio wrth feddwl am Dduw,
dw i wedi bod yn myfyrio arno – ond yn anobeithio. *Saib*
4 Ti sydd wedi fy nghadw i'n effro;
dw i mor boenus, wn i ddim beth i'w ddweud.
5 Dw i wedi bod yn meddwl am yr hen ddyddiau,
flynyddoedd lawer yn ôl.
6 Cofio'r gân roeddwn i'n arfer ei chanu.
Meddwl drwy'r nos am y peth, a chwilio am ateb.

7 "Ydy'r ARGLWYDD wedi troi cefn arnon ni am byth?
Ydy e'n mynd i ddangos ei ffafr aton ni eto?
8 Ydy ei ffyddlondeb e wedi dod i ben yn llwyr?
Ydy'r addewidion wnaeth e byth yn mynd i gael eu cyflawni?
9 Ydy Duw wedi anghofio sut i ddangos trugaredd?
Ydy ei ddig yn gryfach na'i dosturi?" *Saib*
10 "Mae meddwl y fath beth yn codi cyfog arna i:
fod y Goruchaf wedi newid ei ffyrdd."
11 Dw i'n mynd i atgoffa fy hun beth wnaeth yr ARGLWYDD –
ydw, dw i'n cofio'r pethau rhyfeddol wnest ti ers talwm!
12 Dw i'n mynd i gofio am bopeth wnest ti,
a myfyrio ar y cwbl.

13 O Dduw, mae dy ffyrdd di'n gwbl unigryw!
Oes yna dduw tebyg i'n Duw ni?
14 Na! Ti ydy'r Duw sy'n gwneud pethau anhygoel!
Ti wedi dangos dy nerth i'r bobloedd i gyd.
15 Ti wnaeth ollwng dy bobl yn rhydd gyda dy fraich gref,
sef disgynyddion Jacob a Joseff. *Saib*
16 Dyma'r dyfroedd yn dy weld di, O Dduw,
dyma'r dyfroedd yn dy weld di ac yn cynhyrfu.
Roedd y môr dwfn yn crynu mewn ofn!
17 Roedd y cymylau'n tywallt y glaw,
yr awyr yn taranu,
a dy saethau yn fflachio ym mhobman.
18 Roedd dy lais i'w glywed yn taranu yn y storm;
dy fellt yn goleuo'r byd,
a'r ddaear yn crynu drwyddi.

19 Agoraist ffordd drwy'r môr;
cerddaist drwy'r dyfroedd cryfion,
er bod neb yn gweld olion dy draed.
20 Dyma ti'n arwain dy bobl fel praidd
dan ofal Moses ac Aaron.

Duw a'i bobl

78

Mascîl gan Asaff.

Gwrandwch arna i'n eich dysgu, fy mhobl!
Trowch i wrando ar beth dw i'n ddweud.
2 Dw i'n mynd i adrodd straeon,
a dweud am bethau o'r gorffennol sy'n ddirgelwch:
3 pethau glywson ni, a'u dysgu
am fod ein hynafiaid wedi adrodd y stori.
4 A byddwn ni'n eu rhannu gyda'n plant,
ac yn dweud wrth y genhedlaeth nesaf.
Dweud fod yr Arglwydd yn haeddu ei foli!
Sôn am ei nerth a'r pethau rhyfeddol a wnaeth.

5 Rhoddodd ei reolau i bobl Jacob,
a sefydlu ei gyfraith yn Israel.
Gorchmynnodd i'n hynafiaid
eu dysgu i'w plant,
6 er mwyn i'r genhedlaeth nesaf wybod
sef y plant sydd heb eu geni eto –
iddyn nhw, yn eu tro, ddysgu eu plant.
7 Iddyn nhw ddysgu trystio Duw
a pheidio anghofio'r pethau mawr mae'n eu gwneud.
Iddyn nhw fod yn ufudd i'w orchmynion,
8 yn lle bod fel eu hynafiaid
yn tynnu'n groes ac yn ystyfnig;
cenhedlaeth oedd yn anghyson,
ac yn anffyddlon i Dduw.

9 Fel dynion Effraim, bwasaethwyr gwych,
yn troi cefn yng nghanol y frwydr.
10 Wnaethon nhw ddim cadw eu hymrwymiad i Dduw,
na gwrando ar ei ddysgeidiaeth.
11 Roedden nhw wedi anghofio'r cwbl wnaeth e,
a'r pethau rhyfeddol oedd wedi eu dangos iddyn nhw.

12 Gwnaeth bethau rhyfeddol o flaen eu hynafiaid
yn yr Aifft, ar wastatir Soan.[t]
13 Holltodd y môr a'u harwain nhw drwyddo,
a gwneud i'r dŵr sefyll i fyny fel wal.
14 Eu harwain gyda chwmwl yn ystod y dydd,
ac yna tân disglair drwy'r nos.
15 Holltodd greigiau yn yr anialwch,
a rhoi digonedd o ddŵr iddyn nhw i'w yfed.
16 Nentydd yn arllwys o'r graig;
dŵr yn llifo fel afonydd!

t 78:12 *Soan* Tref ar ochr ddwyreiniol delta afon Nîl.

17 Ond roedden nhw'n dal i bechu yn ei erbyn,
a herio'r Duw Goruchaf yn yr anialwch.
18 Roedden nhw'n fwriadol yn rhoi Duw ar brawf
drwy hawlio'r bwyd roedden nhw'n crefu amdano.
19 Roedden nhw'n sarhau Duw drwy ofyn,
"Ydy'r gallu gan Dduw i wneud hyn?
All e baratoi gwledd i ni yn yr anialwch?
20 Mae'n wir ei fod wedi taro'r graig,
a bod dŵr wedi pistyllio allan
a llifo fel afonydd.
Ond ydy e'n gallu rhoi bwyd i ni hefyd?
Ydy e'n gallu rhoi cig i'w bobl?"

21 Roedd yr Arglwydd yn gynddeiriog pan glywodd hyn.
Roedd fel tân yn llosgi yn erbyn pobl Jacob.
Roedd wedi gwylltio'n lân gydag Israel,
22 am eu bod nhw heb drystio Duw,
a chredu ei fod yn gallu achub.

23 Ond rhoddodd orchymyn i'r awyr uwch eu pennau,
ac agorodd ddrysau'r nefoedd.
24 Glawiodd fanna iddyn nhw i'w fwyta;
rhoddodd ŷd o'r nefoedd iddyn nhw!
25 Cafodd y bobl fwyta bara'r angylion!
Roedd digonedd o fwyd i bawb.

26 Yna gwnaeth i wynt y dwyrain chwythu yn yr awyr,
ac arweiniodd wynt y de drwy ei nerth.
27 Roedd hi'n glawio cig fel llwch,
adar yn hedfan – cymaint â'r tywod ar lan y môr!
28 Gwnaeth iddyn nhw ddisgyn yng nghanol y gwersyll,
o gwmpas y babell lle roedd e'i hun yn aros.
29 Felly cawson nhw fwy na digon i'w fwyta;
rhoddodd iddyn nhw'r bwyd roedden nhw'n crefu amdano.
30 Ond cyn iddyn nhw orffen bwyta,
pan oedd y bwyd yn dal yn eu cegau,
31 dyma Duw yn dangos mor ddig oedd e!
Lladdodd y rhai cryfaf ohonyn nhw,
a tharo i lawr rai ifanc Israel.
32 Ond hyd yn oed wedyn roedden nhw'n dal i bechu!
Doedden nhw ddim yn credu yn ei allu rhyfeddol.

33 Yn sydyn roedd Duw wedi dod â'u dyddiau i ben;
daeth y diwedd mewn trychineb annisgwyl.
34 Pan oedd Duw yn eu taro, dyma nhw'n ei geisio;
roedden nhw'n troi'n ôl ato ac yn hiraethu amdano.
35 Dyma nhw'n cofio mai Duw oedd eu Craig
ac mai'r Duw Goruchaf oedd wedi'u rhyddhau nhw.
36 Ond doedd eu geiriau'n ddim byd ond rhagrith;
roedden nhw'n dweud celwydd.
37 Doedden nhw ddim wir o ddifrif,
nac yn ffyddlon i'w hymrwymiad.

38 Ac eto, mae Duw mor drugarog!
Roedd yn maddau iddyn nhw am fod mor wamal;
wnaeth e ddim eu dinistrio nhw.
Roedd yn ffrwyno'i deimladau dro ar ôl tro,
yn lle arllwys ei ddicter ffyrnig arnyn nhw.
39 Roedd yn cofio mai pobl feidrol oedden nhw –
chwa o wynt yn pasio heibio heb ddod yn ôl.

40 Roedden nhw wedi gwrthryfela mor aml yn yr anialwch,
a pheri gofid iddo yn y tir diffaith.
41 Rhoi Duw ar brawf dro ar ôl tro,
a digio Un Sanctaidd Israel.
42 Anghofio beth wnaeth e
pan ollyngodd nhw'n rhydd o afael y gelyn.
43 Roedd wedi dangos iddyn nhw yn yr Aifft,
a gwneud pethau rhyfeddol ar wastatir Soan:[th]

44 Trodd yr afonydd yn waed,
fel eu bod nhw'n methu yfed y dŵr.
45 Anfonodd haid o bryfed i'w pigo
a llyffantod i ddifetha'r wlad.
46 Trawodd eu cnydau â phla o lindys,
ffrwyth y tir â phla o locustiaid.
47 Dinistriodd y gwinwydd â chenllysg,
a'r coed sycamorwydd â rhew.
48 Trawodd y cenllysg eu gwartheg,
a'r mellt eu preiddiau.

49 Dangosodd ei fod yn ddig gyda nhw,
yn wyllt gynddeiriog! Tarodd nhw â thrybini,
ac anfon criw o angylion dinistriol
50 i agor llwybr i'w lid.
Wnaeth e ddim arbed eu bywydau,
ond anfon haint i'w dinistrio nhw.
51 Trawodd y mab hynaf ym mhob teulu yn yr Aifft,
ffrwyth cyntaf eu cyfathrach ym mhebyll Cham.

52 Yna aeth â'i bobl allan fel defaid,
a'u harwain fel praidd yn yr anialwch.
53 Arweiniodd nhw'n saff a heb ofn,
ond cafodd y gelynion eu llyncu yn y môr.

54 Yna daeth â nhw i'w dir cysegredig,
i'r mynydd oedd wedi'i gymryd drwy rym.
55 Gyrrodd allan genhedloedd o'u blaenau,
a rhannu'r tir rhyngddyn nhw;
gwnaeth i lwythau Israel setlo yn eu lle.

56 Ond dyma nhw'n rhoi'r Duw Goruchaf ar brawf eto!
Gwrthryfela yn ei erbyn,
a pheidio gwneud beth oedd yn ei ofyn.

th 78:43 *Soan* gw. y nodyn ar 78:12.

57 Dyma nhw'n troi eu cefnau arno,
a bod yn anffyddlon fel eu hynafiaid;
roedden nhw fel bwa llac – yn dda i ddim!
58 Roedd eu hallorau paganaidd yn ei ddigio;
a'u delwau metel yn ei wneud yn eiddigeddus.

59 Clywodd Duw nhw wrthi, ac roedd yn gynddeiriog;
a gwrthododd Israel yn llwyr.
60 Trodd ei gefn ar ei dabernacl yn Seilo,
sef y babell lle roedd yn byw gyda'i bobl.
61 Gadawodd i'w Arch gael ei dal;
rhoddodd ei ysblander yn nwylo'r gelyn!
62 Gadawodd i'w bobl gael eu lladd â'r cleddyf;
roedd wedi gwylltio gyda'i etifeddiaeth.
63 Daeth tân i ddinistrio'r dynion ifanc,
ac roedd merched ifanc yn marw cyn priodi.
64 Tarodd y cleddyf eu hoffeiriaid i lawr,
a doedd dim amser i'r gweddwon alaru.

65 Ond yna dyma'r Meistr yn deffro!
Roedd fel milwr gwallgo wedi cael gormod o win.
66 Gyrrodd ei elynion yn eu holau
a chodi cywilydd arnyn nhw am byth.

67 Ond yna gadawodd dir Joseff,
a pheidio dewis llwyth Effraim.
68 Dewisodd lwyth Jwda,
a Mynydd Seion mae mor hoff ohono.
69 Cododd ei deml yn uchel fel y nefoedd,
ac yn ddiogel fel y ddaear, sydd wedi'i sefydlu am byth.

70 Dewisodd Dafydd, ei was,
a'i gymryd oddi wrth y corlannau;
71 o fod yn gofalu am y defaid
i ofalu am ei bobl Jacob,
sef Israel, ei etifeddiaeth.
72 Gofalodd amdanyn nhw gydag ymroddiad llwyr;
a'u harwain mor fedrus.

Gweddi i achub y genedl

79 *Salm gan Asaff.*
O Dduw, mae'r gwledydd paganaidd wedi cymryd dy dir.
Maen nhw wedi halogi dy deml sanctaidd
a throi Jerwsalem yn bentwr o gerrig.
2 Maen nhw wedi gadael cyrff dy weision
yn fwyd i'r adar,
a chnawd dy bobl ffyddlon i anifeiliaid gwyllt.
3 Mae gwaed dy bobl yn llifo
fel dŵr o gwmpas Jerwsalem,
a does neb i gladdu'r cyrff.

78:61 1 Samuel 4:1-11 78:70 1 Samuel 16:12

4 Dŷn ni'n gyff gwawd i'n cymdogion;
ac yn destun sbort a dirmyg i bawb o'n cwmpas.

5 Am faint mwy, O ARGLWYDD?
Fyddi di'n ddig am byth?
Fydd dy eiddigedd, sy'n llosgi fel tân, byth yn diffodd?

6 Tywallt dy lid ar y bobloedd sydd ddim yn dy nabod
a'r teyrnasoedd hynny sydd ddim yn dy addoli!
7 Nhw ydy'r rhai sydd wedi llarpio Jacob
a dinistrio'i gartref.

8 Aethon ni ar gyfeiliorn, ond paid dal hynny yn ein herbyn.
Brysia! Dangos dosturi aton ni,
achos dŷn ni mewn trafferthion go iawn!
9 Helpa ni, O Dduw ein hachubwr,
er mwyn dy enw da.
Achub ni a maddau ein pechodau,
er mwyn dy enw da.

10 Pam ddylai'r paganiaid gael dweud,
"Ble mae eu Duw nhw?"
Gad i ni dy weld di'n rhoi gwers i'r cenhedloedd,
a thalu'n ôl iddyn nhw am dywallt gwaed dy weision.
11 Gwrando ar y carcharorion rhyfel yn griddfan!
Defnyddia dy nerth i arbed
y rhai sydd wedi'u condemnio i farwolaeth!
12 Tala nôl yn llawn i'n cymdogion!
Maen nhw wedi dy enllibio di, Feistr.

13 Yna byddwn ni, dy bobl
a phraidd dy borfa,
yn ddiolchgar i ti am byth
ac yn dy foli di ar hyd y cenedlaethau!

Gweddi i adfer y genedl

80 ***I'r arweinydd cerdd: Salm gan Asaff ar "Liliau'r Dystiolaeth".***
Gwrando, o fugail Israel
sy'n arwain Joseff fel praidd.
Ti sydd wedi dy orseddu uwchben y cerwbiaid,
disgleiria 2 o flaen Effraim, Benjamin, a Manasse!
Dangos dy nerth i ni, a thyrd i'n hachub!
3 Adfer ni, O Dduw!
Gwena'n garedig arnon ni. Achub ni!

4 O ARGLWYDD Dduw hollbwerus,
am faint mwy rwyt ti'n mynd i fod yn ddig
gyda gweddïau dy bobl?
5 Ti wedi'u bwydo nhw â dagrau,
a gwneud iddyn nhw yfed dagrau wrth y gasgen.

79:7 Jeremeia 10:25 80:3,7,19 Numeri 6:25; Daniel 9:17

6 Ti wedi troi ein cymdogion yn ein herbyn;
mae'n gelynion yn gwneud sbort ar ein pennau.
7 O Dduw hollbwerus, adfer ni!
Gwena'n garedig arnon ni! Achub ni!

8 Cymeraist winwydden o'r Aifft,
a gyrru cenhedloedd i ffwrdd er mwyn ei thrawsblannu hi.
9 Cliriaist le iddi,
er mwyn iddi fwrw gwreiddiau
a llenwi'r tir.
10 Roedd ei chysgod dros y mynyddoedd,
a'i changhennau fel rhai coed cedrwydd.
11 Roedd ei changhennau'n cyrraedd at y môr,[u]
a'i brigau at afon Ewffrates.

12 Pam wnest ti fwrw'r wal o'i chwmpas i lawr,
fel bod pwy bynnag sy'n pasio heibio yn pigo'i ffrwyth?
13 Mae'r baedd gwyllt wedi tyrchu o dani,
a'r pryfed yn bwyta ei dail.
14 O Dduw hollbwerus, tro yn ôl aton ni!
Edrych i lawr o'r nefoedd
ac archwilia gyflwr dy winwydden!
15 Ti dy hun wnaeth ei phlannu,
a gwneud iddi dyfu.
16 Ond bellach mae hi wedi'i llosgi a'i thorri i lawr!
Mae wedi'i difetha gan dy gerydd di.

17 Nertha'r dyn rwyt wedi'i ddewis,
yr un dynol rwyt wedi'i wneud yn gryf.
18 Wnawn ni ddim troi cefn arnat ti.
Adfywia ni, a byddwn ni'n galw ar dy enw.
19 O Arglwydd Dduw hollbwerus, adfer ni!
Gwena'n garedig arnon ni. Achub ni!

Cân i'r Ŵyl

81

I'r arweinydd cerdd: Salm Asaff, ar yr alaw, "Y Gwinwryf".
Canwch yn llawen i Dduw, ein nerth!
Gwaeddwch yn uchel ar Dduw Jacob!
2 Canwch gân, taro'r drwm,
a chanu'r delyn fwyn a'r nabl!
3 Seiniwch y corn hwrdd[w] ar y lleuad newydd,
ar ddechrau'r Ŵyl pan mae'r lleuad yn llawn.
4 Dyma'r drefn yn Israel;
gorchymyn wedi'i roi gan Dduw Jacob.
5 Rhoddodd hi'n rheol i bobl Joseff
pan ymosododd ar yr Aifft i'w gollwng yn rhydd.

Dw i'n clywed iaith dw i ddim yn ei deall –
6 "Cymerais y baich oddi ar dy ysgwyddau,
a dy ollwng yn rhydd o orfod cario'r fasged.

---

u 80:11 *y môr* sef Môr y Canoldir. w 81:3 *corn hwrdd* Hebraeg, *shoffar*.

7 Dyma ti'n gweiddi yn dy argyfwng, a dyma fi'n dy achub;
atebais di o'r lle dirgel lle mae'r taranau.
Yna dy roi ar brawf wrth Ffynnon Meriba. *Saib*
8 Gwrandwch, fy mhobl, dw i'n eich rhybuddio chi!
O na fyddet ti'n gwrando arna i, Israel!
9 Ti ddim i gael duw arall
na phlygu i lawr i addoli duw estron.
10 Fi, yr ARGLWYDD ydy dy Dduw di.
Fi ddaeth â ti allan o wlad yr Aifft.
Agor dy geg, a bydda i'n dy fwydo!

11 Ond wnaeth fy mhobl ddim gwrando.
Wnaeth Israel ddim ufuddhau i mi;
12 felly dyma fi'n gadael iddyn nhw fod yn ystyfnig
a gwneud beth bynnag roedden nhw eisiau.

13 O na fyddai fy mhobl yn gwrando arna i!
O na fyddai Israel yn fy nilyn i!
14 Byddwn i'n trechu eu gelynion nhw yn syth;
ac yn ymosod ar y rhai sy'n eu gwrthwynebu nhw."
15 (Boed i'r rhai sy'n casáu'r ARGLWYDD wingo o'i flaen –
dyna eu tynged nhw am byth!)
16 "Byddwn i'n bwydo Israel â'r ŷd gorau,
ac yn dy fodloni gyda mêl o'r graig."

Duw, y Brenin Mawr

82

Salm gan Asaff.
Mae Duw'n sefyll i fyny yn y cyngor dwyfol,
ac yn cyhoeddi dedfryd yng nghanol y 'duwiau'.
2 "Am faint ydych chi'n mynd i farnu'n anghyfiawn
a dangos ffafr at y rhai sy'n gwneud drwg?" *Saib*
3 "Dylech roi dedfryd o blaid y gwan a'r amddifad!
Sefyll dros hawliau'r rhai anghenus sy'n cael eu gorthrymu!
4 Cadw'r rhai sy'n wan a di-rym yn saff
a'u hachub nhw o afael pobl ddrwg!"

5 Ond dŷn nhw'n deall dim.
Maen nhw'n crwydro yn y tywyllwch,
tra mae sylfeini'r ddaear yn ysgwyd!

6 Dywedais, "Duwiau ydych chi,
meibion y Duw Goruchaf bob un ohonoch.
7 Ond byddwch yn marw fel pobl feidrol;
byddwch yn syrthio fel unrhyw arweinydd dynol."
8 Cod, O Dduw, i farnu'r byd!
Dy etifeddiaeth di ydy'r cenhedloedd i gyd.

81:7 Exodus 17:7; Numeri 20:13

Gweddi am help i drechu'r gelynion

83

Cân. Salm gan Asaff.
O Dduw, paid bod yn ddistaw!
Paid diystyru ni a gwneud dim!
2 Edrych! Mae dy elynion di'n codi twrw.
Mae'r rhai sy'n dy gasáu di yn codi eu pennau.

3 Maen nhw mor gyfrwys, ac yn cynllwynio yn erbyn dy bobl di.
Maen nhw am wneud niwed i'r rhai rwyt ti'n eu trysori!
4 Maen nhw'n dweud, "Gadewch i ni eu difa nhw'n llwyr!
Fydd dim sôn am genedl Israel byth mwy."
5 Maen nhw'n unfrydol yn eu bwriad,
ac wedi ffurfio cynghrair yn dy erbyn di –
6 pobl Edom a'r Ismaeliaid, Moab a'r Hagriaid,
7 Gebal, Ammon, ac Amalec, Philistia a phobl Tyrus.
8 Mae Asyria wedi ymuno â nhw hefyd,
i roi help llaw i ddisgynyddion Lot.[y] *Saib*
9 Delia gyda nhw fel y gwnest ti gyda Midian –
fel y gwnest ti i Sisera a Jabin,
wrth afon Cison.
10 Cawson nhw eu dinistrio yn En-dor.
Roedd eu cyrff fel tail ar wyneb y tir!
11 Delia gyda'u harweinwyr nhw
fel y gwnest ti gydag Oreb a Seëb.
Gwna eu tywysogion nhw
fel Seba a Tsalmwna,
12 oedd am ddwyn y tir i gyd oddi ar Dduw.

13 O fy Nuw, trin nhw fel plu ysgall,
neu us yn cael ei chwythu gan y gwynt!
14 Difa nhw, fel mae tân yn llosgi coedwig,
a'i fflamau'n lledu dros y bryniau.
15 Dos ar eu hôl nhw â'th storm,
a'u dychryn nhw â'th gorwynt.
16 Coda gywilydd arnyn nhw,
a gwna iddyn nhw dy gydnabod di, O ARGLWYDD.
17 Cywilydd a dychryn fydd byth yn dod i ben!
Gad iddyn nhw farw yn eu gwarth!
18 Byddan nhw'n deall wedyn mai ti ydy'r ARGLWYDD,
ie, ti yn unig!
Ti ydy'r Duw Goruchaf sy'n rheoli'r byd i gyd!

Hiraeth am Dŷ Dduw

84

I'r arweinydd cerdd: Salm meibion Cora, ar yr alaw, "Y Gwinwryf".
Mae lle rwyt ti'n byw mor hyfryd,
O ARGLWYDD hollbwerus!

---

y 83:8 *disgynyddion Lot* Sef y Moabiaid a'r Ammoniaid. Merch hynaf Lot oedd mam y Moabiaid, a'i ferch ifancaf oedd mam yr Ammoniaid (gw. Genesis 19:30-38).

83:9 Barnwyr 7 – 8   83:9 Barnwyr 4 – 5   83:11 Barnwyr 7:24-25   83:11 Barnwyr 8:1-21

2 Dw i'n hiraethu; ydw, dw i'n ysu
am gael mynd i deml yr ARGLWYDD.
Mae'r cyfan ohono i'n gweiddi'n llawen ar y Duw byw!

3 Mae hyd yn oed aderyn y to wedi gwneud ei gartref yno!
Mae'r wennol wedi gwneud nyth iddi'i hun,
i fagu ei chywion wrth ymyl dy allor di,
O ARGLWYDD hollbwerus,
fy Mrenin a'm Duw.

4 Y fath fendith sydd i'r rhai sy'n aros yn dy dŷ di,
y rhai sy'n dy addoli di drwy'r adeg! *Saib*
5 Y fath fendith sydd i'r rhai rwyt ti'n eu cadw nhw'n saff,
wrth iddyn nhw deithio'n frwd ar bererindod i dy deml!
6 Wrth iddyn nhw basio drwy ddyffryn Bacha,
byddi di wedi ei droi yn llawn ffynhonnau.
Bydd y glaw cynnar[a] wedi tywallt ei fendithion arno.
7 Byddan nhw'n symud ymlaen o nerth i nerth,
a byddan nhw i gyd yn ymddangos o flaen Duw yn Seion.

8 O ARGLWYDD Dduw hollbwerus,
gwrando ar fy ngweddi!
Clyw fi, O Dduw Jacob. *Saib*
9 Edrych ar y brenin, ein tarian ni, O Dduw!
Edrych yn ffafriol ar yr un wnest ti ei eneinio.
10 Mae un diwrnod yn dy deml yn well na miloedd yn rhywle arall!
Byddai'n well gen i aros ar drothwy tŷ fy Nuw
na mynd i loetran yng nghartrefi pobl ddrwg.
11 Mae'r ARGLWYDD Dduw yn haul ac yn darian i'n hamddiffyn ni!
Mae'r ARGLWYDD yn garedig ac yn rhannu ei ysblander gyda ni.
Mae e'n rhoi popeth da i'r rhai sy'n byw yn onest.
12 O ARGLWYDD hollbwerus,
y fath fendith sydd i rywun sy'n dy drystio di!

Gweddi am les y genedl

85

I'r arweinydd cerdd: Salm gan feibion Cora.
O ARGLWYDD, ti wedi bod yn garedig wrth dy dir,
ac wedi rhoi llwyddiant i Jacob eto.
2 Ti wedi symud euogrwydd dy bobl,
a maddau eu pechodau i gyd. *Saib*
3 Ti wedi tynnu dy lid yn ôl,
a throi cefn ar dy wylltineb.
4 Tro ni'n ôl, O Dduw, ein hachubwr!
Rho heibio dy ddicter tuag aton ni.
5 Wyt ti'n mynd i fod yn ddig gyda ni am byth?
Wyt ti'n mynd i aros yn wyllt am genedlaethau?
6 Plîs, wnei di'n hadfywio ni unwaith eto,
i dy bobl gael dathlu beth wnest ti!
7 O ARGLWYDD, dangos dy gariad ffyddlon i ni.
Plîs, achub ni!

---

a 84:6 *glaw cynnar* Roedd y glaw cynnar yn dod yn Hydref/Tachwedd, a'r glaw diweddar yn Mawrth/Ebrill.

8 Dw i'n mynd i wrando beth sydd gan Dduw i'w ddweud.
Ydy wir! Mae'r ARGLWYDD yn addo heddwch
i'r rhai sy'n ei ddilyn yn ffyddlon –
ond rhaid iddyn nhw beidio troi'n ôl at eu ffolineb!
9 Mae e'n barod iawn i achub y rhai sy'n ei ddilyn e;
wedyn bydd ei ysblander i'w weld yn ein tir eto.
10 Bydd cariad a gwirionedd yn dod at ei gilydd;
bydd cyfiawnder a heddwch yn cusanu.
11 Bydd gwirionedd yn tarddu o'r tir,
a chyfiawnder yn edrych i lawr o'r nefoedd.
12 Bydd yr ARGLWYDD yn rhoi pethau da i ni;
a bydd y tir yn rhoi ei gnydau.
13 Bydd cyfiawnder yn mynd o'i flaen
ac yn paratoi'r ffordd iddo.

Gweddi am help

86

Gweddi. Salm Dafydd.
Gwranda, O ARGLWYDD, ac ateb fi!
Dw i'n wan ac yn ddiamddiffyn.
2 Cadw fi'n saff. Dw i'n ffyddlon i ti!
Achub dy was. Ti ydy fy Nuw
a dw i'n dy drystio di.
3 Dangos drugaredd ata i, O ARGLWYDD!
Dw i wedi bod yn gweiddi arnat ti'n ddi-baid.
4 Gwna dy was yn llawen eto!
Dw i'n gweddïo'n daer arnat ti, ARGLWYDD.

5 Rwyt ti, ARGLWYDD, yn dda ac yn maddau.
Rwyt ti mor anhygoel o hael at y rhai sy'n galw arnat ti.
6 Gwranda ar fy ngweddi, O ARGLWYDD!
Edrych, dw i'n erfyn am drugaredd!
7 Dw i mewn trafferthion ac yn galw arnat,
am mai ti sy'n gallu fy ateb i.

8 Does dim un o'r duwiau eraill yn debyg i ti, ARGLWYDD.
Does neb arall yn gallu gwneud y pethau rwyt ti'n eu gwneud.
9 Bydd yr holl genhedloedd rwyt ti wedi'u creu
yn dod ac yn plygu o dy flaen di, O ARGLWYDD.
Byddan nhw'n anrhydeddu dy enw di,
10 am dy fod ti'n Dduw mawr
ac yn gwneud pethau anhygoel.
Ti ydy'r unig Dduw go iawn!

11 Dysga fi sut i fyw, O ARGLWYDD,
i mi dy ddilyn di'n ffyddlon.
Gwna fi'n benderfynol o dy addoli di'n iawn.
12 Bydda i'n dy addoli o waelod calon, O ARGLWYDD fy Nuw,
ac yn anrhydeddu dy enw am byth.
13 Mae dy gariad tuag ata i mor fawr!
Ti wedi fy achub i o ddyfnder Annwn.[b]

b 86:13 *Annwn* Hebraeg, *Sheol*, sef "y byd tanddaearol lle mae'r meirw yn mynd".

5 Mae'r pethau rhyfeddol rwyt ti'n eu gwneud
yn cael eu canmol yn y nefoedd, O ARGLWYDD,
a dy ffyddlondeb hefyd gan yr angylion sanctaidd!
6 Pwy sy'n debyg i'r ARGLWYDD yn y cymylau uchod?
Pa un o'r bodau nefol sy'n debyg i'r ARGLWYDD?
7 Duw ydy'r un sy'n codi braw ar yr angylion sanctaidd;
mae e mor syfrdanol i'r rhai sydd o'i gwmpas.
8 O ARGLWYDD Dduw hollbwerus,
Oes rhywun mor gryf â ti, ARGLWYDD?
Mae ffyddlondeb yn dy amgylchynu!

9 Ti sy'n rheoli'r môr mawr:
pan mae ei donnau'n codi, rwyt ti'n eu tawelu.
10 Ti sathrodd yr anghenfil Rahab; roedd fel corff marw!
Ti chwalodd dy elynion gyda dy fraich gref.
11 Ti sydd biau'r nefoedd, a'r ddaear hefyd;
ti wnaeth y byd a phopeth sydd ynddo.
12 Ti greodd y gogledd a'r de;
mae mynyddoedd Tabor a Hermon yn canu'n llawen i ti.
13 Mae dy fraich di mor bwerus,
ac mae dy law di mor gref.
Mae dy law dde wedi'i chodi'n fuddugoliaethus.
14 Tegwch a chyfiawnder ydy sylfaen dy orsedd.
Cariad ffyddlon a gwirionedd sy'n dy nodweddu di.

15 Mae'r rhai sy'n dy addoli di'n frwd wedi'u bendithio'n fawr!
O ARGLWYDD, nhw sy'n profi dy ffafr di.
16 Maen nhw'n llawenhau ynot ti drwy'r dydd;
ac yn cael eu cynnal gan dy gyfiawnder.
17 Ti sy'n rhoi nerth ac ysblander iddyn nhw.
Dy ffafr di sy'n rhoi'r fuddugoliaeth i ni!
18 Ti, ARGLWYDD, ydy'n tarian.
Ti ydy'n brenin ni, Un Sanctaidd Israel.

19 Un tro, dyma ti'n siarad
gyda dy ddilynwyr ffyddlon mewn gweledigaeth.
"Dw i wedi rhoi nerth i ryfelwr," meddet ti;
"dw i wedi codi bachgen ifanc o blith y bobl.
20 Dw i wedi dod o hyd i Dafydd, fy ngwas;
a'i eneinio'n frenin gyda'r olew sanctaidd.
21 Bydda i'n ei gynnal e,
ac yn rhoi nerth iddo.
22 Fydd dim un o'i elynion yn ei gael i dalu teyrnged iddo,
a fydd dim un gormeswr yn ei ddarostwng.
23 Bydda i'n sathru ei elynion o'i flaen;
ac yn taro i lawr y rhai sy'n ei gasáu.
24 Bydd e'n cael profi fy ffyddlondeb a'm cariad;
a bydda i'n ei anfon i ennill buddugoliaeth.
25 Bydda i'n gosod ei law chwith dros y môr,
a'i law dde ar yr afonydd.
26 Bydd e'n dweud wrtho i,
'Ti ydy fy Nhad i, fy Nuw, a'r graig sy'n fy achub i.'

27 Bydda i'n ei wneud e'n fab hynaf i mi,
yn uwch na holl frenhinoedd y byd.
28 Bydda i'n aros yn ffyddlon iddo am byth;
mae fy ymrwymiad iddo'n hollol ddiogel.
29 Bydd ei ddisgynyddion yn ei olynu am byth,
a'i orsedd yn para mor hir â'r nefoedd.

30 Os bydd ei feibion yn troi cefn ar fy nysgeidiaeth
ac yn gwrthod gwneud beth dw i'n ddweud;
31 os byddan nhw'n torri fy rheolau i,
a ddim yn cadw fy ngorchmynion i,
32 bydda i'n eu cosbi nhw gyda gwialen am eu gwrthryfel;
gyda plâu am iddyn nhw fynd ar gyfeiliorn.
33 Ond fydda i ddim yn stopio'i garu e,
a fydda i ddim yn anffyddlon iddo.
34 Fydda i ddim yn torri'r ymrwymiad wnes i;
bydda i'n gwneud beth wnes i addo iddo.
35 Dw i, y Duw sanctaidd, wedi tyngu llw,
na fydda i byth yn twyllo Dafydd.
36 Bydd ei linach yn aros am byth,
a'i orsedd yn para tra mae haul o'm blaen i.
37 Mae wedi'i sefydlu am byth, fel mae'r lleuad
yn dyst ffyddlon i mi yn yr awyr." *Saib*
38 Ond rwyt wedi'i wrthod, a'i wthio i'r naill ochr!
Rwyt wedi gwylltio gyda'r brenin, dy eneiniog.
39 Rwyt wedi dileu'r ymrwymiad i dy was;
ac wedi llusgo'i goron drwy'r baw.
40 Rwyt wedi bwrw ei waliau i lawr,
a gwneud ei gaerau'n adfeilion.
41 Mae pawb sy'n pasio heibio yn dwyn oddi arno.
Mae e'n destun sbort i'w gymdogion!
42 Ti wedi gadael i'r rhai sy'n ei gasáu ei goncro,
a rhoi achos i'w elynion i gyd ddathlu.
43 Rwyt wedi troi min ei gleddyf arno fe'i hun,
a heb ei helpu yn y frwydr.
44 Rwyt wedi dod â'i deyrnasiad gwych i ben,
ac wedi bwrw ei orsedd i lawr.
45 Rwyt wedi'i droi'n hen ddyn cyn pryd;
ac wedi'i orchuddio â chywilydd. *Saib*
46 Am faint mwy, O ARGLWYDD?
Wyt ti wedi troi dy gefn arnon ni am byth?
Fydd dy lid di'n llosgi fel tân am byth?
47 Cofia mor fyr ydy fy mywyd!
Wyt ti wedi creu'r ddynoliaeth i ddim byd?
48 Does neb byw yn gallu osgoi marw.
Pwy sy'n gallu achub ei hun o afael y bedd? *Saib*
49 O ARGLWYDD, ble mae'r cariad hwnnw
wnest ti ei addo'n bendant i Dafydd?
50 Cofia, ARGLWYDD, sut mae dy weision wedi'u cam-drin;
a'r baich dw i wedi'i gario
wrth i baganiaid wneud hwyl am ein pennau.

51 Cofia sut mae dy elynion wedi'n cam-drin ni, O ARGLWYDD,
ac wedi cam-drin dy eneiniog lle bynnag mae'n mynd.

52 Bendith ar yr ARGLWYDD am byth!
Amen ac Amen.

LLYFR PEDWAR
(Salmau 90 — 106)

Duw y ddynoliaeth gyfan

90 ***Gweddi Moses, dyn Duw.***
Fy Meistr, rwyt ti wedi bod yn lle saff i ni guddio
ar hyd y cenedlaethau.
2 Cyn i'r mynyddoedd gael eu geni,
a chyn bod y ddaear a'r byd yn bodoli,
roeddet ti'n Dduw, o dragwyddoldeb pell.
3 Ti sy'n anfon pobl yn ôl i'r pridd
drwy ddweud, "Ewch yn ôl, chi bobl feidrol!"
4 Mae mil o flynyddoedd yn dy olwg di
fel diwrnod sydd wedi pasio heibio,
neu fel gwylfa nos.

5 Ond mae pobl yn cael eu llethu gan gwsg,
ac yna fel glaswellt yn adfywio yn y bore.
6 Mae'n tyfu ac yn llawn bywyd yn y bore,
ond erbyn iddi nosi mae wedi gwywo a sychu.
7 Dyna sut dŷn ni'n gwywo pan wyt ti'n gwylltio;
mae dy lid yn ein dychryn ni am ein bywydau.
8 Ti'n gwybod am ein methiant ni i gyd,
ac yn gweld ein pechodau cudd ni.
9 Mae'n bywydau ni'n mynd heibio dan dy ddig;
mae'n blynyddoedd ni'n darfod fel ochenaid.
10 Dŷn ni'n byw am saith deg o flynyddoedd,
wyth deg os cawn ni iechyd;
ond mae'r gorau ohonyn nhw'n llawn trafferthion!
Maen nhw'n mynd heibio mor sydyn!
A dyna ni wedi mynd!

11 Does neb eto wedi profi holl rym dy lid.
Mae dy ddig yn hawlio parch!
12 Felly dysga ni i wneud y gorau o'n dyddiau,
a gwna ni'n ddoeth.

13 Tro yn ôl aton ni, ARGLWYDD!
Faint mwy mae'n rhaid i ni ddisgwyl?
Dangos drugaredd at dy weision.
14 Gad i ni brofi dy gariad ffyddlon yn y bore,
yn gwneud i ni ganu'n llawen bob dydd!
15 Gad i ni brofi hapusrwydd am yr un cyfnod
ag rwyt ti wedi'n cosbi ni –
sef y blynyddoedd hynny pan mae popeth wedi mynd o'i le.

16 Gad i dy weision dy weld ti'n gwneud pethau mawr eto!
Gad i'n plant ni weld mor wych wyt ti!
17 Boed i'r Meistr, ein Duw ni, fod yn garedig aton ni.
Gwna i'n hymdrechion ni lwyddo.
Ie, gwna i'n hymdrechion ni lwyddo!

Duw sy'n ein cadw'n saff

91 Bydd y sawl mae'r Duw Goruchaf yn ei amddiffyn
yn aros yn saff dan gysgod yr Hollalluog.
2 Dywedais, "Arglwydd, rwyt ti'n gaer ddiogel,
yn lle hollol saff i mi fynd.
Ti ydy fy Nuw i, yr un dw i'n ei drystio."

3 Bydd Duw yn dy achub di o drap yr heliwr,
a rhag y pla marwol.
4 Bydd e'n rhoi ei adain drosot ti,
a byddi'n saff o dan blu ei adenydd.
Mae'r ffaith fod Duw yn dweud y gwir
yn darian sy'n dy amddiffyn di.
5 Paid bod ag ofn dim sy'n dy ddychryn yn y nos,
na'r saeth sy'n hedfan yn y dydd;
6 yr haint sy'n llechu yn y tywyllwch,
na'r dinistr sy'n taro'n sydyn ganol dydd.

7 Gall mil o ddynion syrthio ar dy law chwith,
a deg mil ar y dde,
ond fyddi di ddim yn cael dy gyffwrdd.
8 Byddi'n cael gweld drosot ti dy hun –
byddi'n gweld y rhai drwg yn cael eu cosbi.
9 Wyt, rwyt ti'n lle saff i mi guddio, Arglwydd!

Gad i'r Duw Goruchaf fod yn hafan ddiogel i ti,
10 a fyddi di ddim yn cael unrhyw niwed.
Fydd dim haint yn dod yn agos i dy gartref di.
11 Achos bydd e'n gorchymyn i'w angylion
dy amddiffyn di lle bynnag rwyt ti'n mynd.
12 Byddan nhw'n dy ddal yn eu breichiau
fel na fyddi'n taro dy droed ar garreg.
13 Byddi di'n sathru'r llew a'r cobra dan draed;
fydd llewod ifanc a nadroedd ddim yn beryg i ti.

14 "Dw i'n mynd i gadw'r un sy'n ffyddlon i mi yn saff," meddai'r Arglwydd;
"bydda i'n amddiffyn yr un sy'n fy nabod i.
15 Pan fydd e'n galw arna i, bydda i'n ateb.
Bydda i gydag e drwy bob argyfwng.
Bydda i'n ei achub e ac yn ei anrhydeddu.
16 Bydd e'n cael byw i oedran teg,
a mwynhau bywyd, am fy mod wedi'i achub."

Cân o fawl

92

Salm. Cân ar gyfer y dydd Saboth.

Mae'n beth da diolch i'r ARGLWYDD,
a chanu mawl i dy enw di, y Duw Goruchaf.
2 Canu yn y bore am dy gariad,
a chyda'r nos am dy ffyddlondeb,
3 i gyfeiliant offeryn dectant a nabl
a thannau'r delyn.

4 Ti'n fy ngwneud i mor hapus, O ARGLWYDD;
a dw i'n canu'n uchel o achos y cwbl rwyt ti'n wneud.
5 Ti'n gwneud pethau mawr, O ARGLWYDD!
Mae dy feddyliau di mor ddwfn.
6 Dim ond twpsyn sydd ddim yn gweld hynny;
dim ond ffŵl fyddai ddim yn deall!

7 Mae pobl ddrwg yn llwyddo – ond maen nhw fel glaswellt.
Er bod y rhai sy'n gwneud drwg fel petaen nhw'n blodeuo,
byddan nhw'n cael eu dinistrio am byth!
8 Ond ti ydy'r Un sydd uwchlaw popeth,
a hynny am byth, O ARGLWYDD.
9 Bydd dy elynion di, ARGLWYDD,
bydd dy elynion di'n cael eu dinistrio!
Bydd pawb sy'n gwneud drygioni yn cael eu gwasgaru!

10 Ti wedi fy ngwneud i'n gryf fel ych gwyllt;
ti wedi fy eneinio i ag olew iraidd.
11 Bydda i'n cael gweld y gelynion sy'n fy ngwylio yn cael eu trechu;
a chlywed y rhai drwg sy'n ymosod arna i'n chwalu.
12 Ond bydd y rhai cyfiawn yn blodeuo fel palmwydd;
ac yn tyfu'n gryf fel coed cedrwydd yn Libanus.
13 Maen nhw wedi'u plannu yn nheml yr ARGLWYDD,
ac yn blodeuo yn yr iard sydd yno.
14 Byddan nhw'n dal i roi ffrwyth pan fyddan nhw'n hen;
byddan nhw'n dal yn ffres ac yn llawn sudd.
15 Maen nhw'n cyhoeddi fod yr ARGLWYDD yn gyfiawn –
mae e'n graig saff i mi,
a does dim anghyfiawnder yn agos ato.

Duw, y Brenin

93

Yr ARGLWYDD sy'n teyrnasu!
Mae wedi'i arwisgo'n hardd.
Mae'r ARGLWYDD wedi'i arwisgo,
a'i gryfder fel gwregys am ei ganol.
Mae'r ddaear yn saff, a does dim modd ei symud!
2 Cest dy orseddu'n frenin amser maith yn ôl;
ti wedi bodoli bob amser!

3 Roedd y tonnau'n codi'n uchel, O ARGLWYDD,
roedd sŵn y tonnau fel taranau,
sŵn y tonnau trwm yn torri.

4 Ond roedd yr ARGLWYDD, sydd yn uwch na'r cwbl,
yn gryfach na sŵn y dyfroedd mawr,
ac yn gryfach na thonnau mawr y môr.

5 Mae dy orchmynion di yn hollol sicr.
Sancteiddrwydd sy'n addurno dy dŷ,
O ARGLWYDD, a hynny am byth!

Duw, y Barnwr

94

O Dduw sy'n dial pob cam. O ARGLWYDD!
O Dduw sy'n dial pob cam, disgleiria!
2 Cod ar dy draed, Farnwr y ddaear,
a rhoi beth maen nhw'n ei haeddu i'r rhai balch!

3 Am faint mwy mae'r rhai drwg, O ARGLWYDD –
am faint mwy mae'r rhai drwg i gael dathlu?
4 Maen nhw'n chwydu eu geiriau balch
wrth frolio'u hunain.
5 Maen nhw'n sathru dy bobl dan draed, O ARGLWYDD,
ac yn cam-drin dy etifeddiaeth.
6 Maen nhw'n lladd y gweddwon a'r mewnfudwyr,
ac yn llofruddio'r plant amddifad.
7 Maen nhw'n meddwl, "Dydy'r ARGLWYDD ddim yn gweld,
dydy Duw Jacob yn cymryd dim sylw."

8 Chi bobl dwp, mae'n bryd i chi ddeall!
Chi ffyliaid, pryd dych chi'n mynd i gallio?
9 Ydy'r un roddodd siâp i'r glust ddim yn clywed?
Ydy'r un wnaeth greu y llygad ddim yn gweld?
10 Ydy'r un sy'n disgyblu'r cenhedloedd ddim yn cosbi? –
Fe ydy'r un sy'n dysgu gwersi i'r ddynoliaeth!
11 Mae'r ARGLWYDD yn gwybod fod cynlluniau dynol
yn wastraff amser, fel tarth yn diflannu!

12 Mae'r un sy'n cael ei ddisgyblu gen ti wedi'i fendithio'n fawr, ARGLWYDD;
yr un rwyt ti'n dysgu dy gyfraith iddo.
13 Mae'n dawel ei feddwl pan mae pethau'n anodd.
Mae'n gwybod y bydd y rhai drwg yn syrthio i dwll.
14 Fydd yr ARGLWYDD ddim yn siomi ei bobl.
Fydd e ddim yn troi cefn ar ei etifeddiaeth.
15 Cyfiawnder fydd yn cario'r dydd,
a'r rhai sy'n byw'n gywir yn ei ddilyn.

16 Oes rhywun am ochri gyda fi yn erbyn y rhai drwg?
Oes rhywun am sefyll hefo fi yn erbyn pobl ddrwg?
17 Na, byddai ar ben arna i
oni bai fod yr ARGLWYDD wedi fy helpu!
18 Pan oeddwn i'n dweud, "Dw i'n llithro! Mae ar ben arna i!"
roedd dy ffyddlondeb di, O ARGLWYDD, yn fy nghynnal.
19 Pan oeddwn i'n poeni am bob math o bethau,
roedd dy gefnogaeth di yn fy ngwneud i'n llawen.

20 Wyt ti'n gallu partneru gyda llywodraeth anghyfiawn
sy'n achosi dioddefaint drwy ei deddfau?

21 Maen nhw'n casglu at ei gilydd yn erbyn y cyfiawn,
ac yn condemnio pobl ddiniwed i farwolaeth.

22 Ond mae'r ARGLWYDD yn gaer ddiogel i mi;
mae fy Nuw yn graig lle dw i'n hollol saff.
23 Bydd e'n talu'n ôl iddyn nhw am eu drygioni!
Bydd e'n defnyddio'u drygioni eu hunain i'w dinistrio!
Bydd yr ARGLWYDD ein Duw yn eu dinistrio nhw!

Cân o fawl

95 Dewch, gadewch i ni ganu'n llawen i'r ARGLWYDD,
a gweiddi'n mawl i'r Graig sy'n ein hachub!
2 Gadewch i ni fynd ato yn llawn diolch;
gweiddi'n uchel a chanu mawl iddo!

3 Achos yr ARGLWYDD ydy'r Duw mawr,
y Brenin mawr sy'n uwch na'r 'duwiau' i gyd.
4 Mae mannau dyfna'r ddaear yn ei ddwylo,
a chopaon y mynyddoedd hefyd!
5 Fe sydd biau'r môr, am mai fe wnaeth ei greu;
a'r tir hefyd, gan mai ei ddwylo fe wnaeth ei siapio.
6 Dewch, gadewch i ni ei addoli ac ymgrymu iddo,
mynd ar ein gliniau o flaen yr ARGLWYDD, ein Crëwr.
7 Fe ydy'n Duw ni, a ni ydy ei bobl e;
y defaid mae'n gofalu amdanyn nhw.

O na fyddech chi'n gwrando arno heddiw!
8 "Peidiwch bod yn ystyfnig fel yn Meriba,
neu ar y diwrnod hwnnw yn Massa, yn yr anialwch.
9 Yno roedd eich hynafiaid wedi herio fy awdurdod,
a phrofi fy amynedd, er eu bod wedi gweld beth wnes i!
10 Am bedwar deg mlynedd rôn i'n eu ffieiddio nhw:
'Maen nhw'n bobl hollol anwadal,' meddwn i;
'dŷn nhw ddim eisiau fy nilyn i.'
11 Felly digiais, a dweud ar lw,
'Chân nhw byth fynd i'r lle sy'n saff i orffwys gyda mi!' "

Duw sy'n teyrnasu dros bopeth

(1 Cronicl 16:23-33)

96 Canwch gân newydd i'r ARGLWYDD.
Y ddaear gyfan, canwch i'r ARGLWYDD!
2 Canwch i'r ARGLWYDD, canmolwch ei enw,
a dweud bob dydd sut mae e'n achub.
3 Dwedwch wrth y cenhedloedd mor wych ydy e;
wrth yr holl bobloedd am y pethau rhyfeddol mae'n eu gwneud.

4 Mae'r ARGLWYDD yn Dduw mawr ac yn haeddu ei foli!
Mae'n haeddu ei barchu'n fwy na'r 'duwiau' eraill i gyd.
5 Eilunod diwerth ydy duwiau'r holl bobloedd,
ond yr ARGLWYDD wnaeth greu'r nefoedd!

95:8 Exodus 17:1-7; Numeri 20:1-13

6 Mae ei ysblander a'i urddas yn amlwg;
mae ei gryfder a'i harddwch yn ei deml.

7 Dewch, bobl y cenhedloedd! Cyhoeddwch!
Cyhoeddwch mor wych ac mor gryf ydy'r ARGLWYDD!
8 Cyhoeddwch mor wych ydy ei enw da!
Dewch i'w deml i gyflwyno rhodd iddo!
9 Plygwch i addoli'r ARGLWYDD
sydd mor hardd yn ei gysegr!
Crynwch o'i flaen, bawb drwy'r byd!
10 Dwedwch ymysg y cenhedloedd,
"Yr ARGLWYDD sy'n teyrnasu!"
Felly mae'r ddaear yn saff, does dim modd ei symud.
Bydd e'n barnu'r byd yn deg.

11 Boed i'r nefoedd a'r ddaear ddathlu'n llawen.
Boed i'r môr a phopeth sydd ynddo weiddi.
12 Boed i'r caeau a'u cnydau ddathlu.
Bydd holl goed y goedwig yn siffrwd yn llawen
13 o flaen yr ARGLWYDD, am ei fod yn dod –
mae'n dod i roi trefn ar y ddaear.
Bydd yn barnu'r byd yn hollol deg,
a'r bobloedd i gyd ar sail beth sy'n wir.

Duw yn teyrnasu dros bopeth

97

Yr ARGLWYDD sy'n teyrnasu!
Gall y ddaear ddathlu,
a'r ynysoedd i gyd lawenhau!
2 Mae cwmwl trwchus o'i gwmpas;
a'i orsedd wedi'i sylfaenu ar degwch a chyfiawnder.
3 Mae tân yn mynd allan o'i flaen,
ac yn llosgi ei elynion ym mhobman.
4 Mae ei fellt yn goleuo'r byd;
a'r ddaear yn gwingo wrth ei weld.
5 Mae'r mynyddoedd yn toddi fel cwyr o flaen yr ARGLWYDD,
o flaen Meistr y ddaear gyfan.
6 Mae'r nefoedd yn cyhoeddi ei fod yn gyfiawn,
a'r bobloedd i gyd yn gweld ei ysblander.

7 Mae'r rhai sy'n addoli eilun-dduwiau yn cywilyddio –
y rhai oedd mor falch o'u delwau diwerth.
Mae'r 'duwiau' i gyd yn plygu o'i flaen.

8 Roedd Seion yn hapus pan glywodd hyn,
ac roedd pentrefi Jwda'n dathlu
am dy fod ti'n barnu'n deg, O ARGLWYDD.
9 Achos rwyt ti, ARGLWYDD, yn Dduw dros yr holl fyd;
rwyt ti'n llawer gwell na'r holl 'dduwiau' eraill i gyd.

10 Mae'r ARGLWYDD yn caru'r rhai sy'n casáu drygioni.
Mae e'n amddiffyn y rhai sy'n ffyddlon iddo,
ac yn eu hachub nhw o afael pobl ddrwg.

11 Mae golau'n disgleirio ar y rhai sy'n byw'n gywir,
a llawenydd ar y rhai sy'n onest.
12 Chi, rai cyfiawn, byddwch yn llawen yn yr ARGLWYDD,
a'i foli wrth gofio mor sanctaidd ydy e!

Duw yn rheoli'r byd

98

Salm

Canwch gân newydd i'r ARGLWYDD,
am ei fod wedi gwneud pethau anhygoel!
Mae ei fraich gref,
wedi ennill y fuddugoliaeth iddo.
2 Mae'r ARGLWYDD wedi dangos ei allu i achub!
Mae wedi dangos i'r cenhedloedd ei fod yn Dduw cyfiawn.
3 Mae wedi cofio'i gariad a'i ffyddlondeb i bobl Israel;
ac mae pawb drwy'r byd i gyd wedi gweld Duw yn achub.

4 Dewch, bawb drwy'r byd i gyd,
gwaeddwch yn uchel i'r ARGLWYDD!
Gweiddi'n llawen, a chanu mawl iddo!
5 Canwch fawl ar y delyn i'r ARGLWYDD;
canwch gân hyfryd i gyfeiliant y delyn!
6 Seiniwch yr utgyrn a chwythu'r corn hwrdd.[d]
Dewch, bawb drwy'r byd i gyd,
gwaeddwch yn uchel i'r ARGLWYDD, y Brenin!

7 Boed i'r môr a phopeth sydd ynddo weiddi;
a'r byd hefyd, a phawb sy'n byw ynddo.
8 Boed i'r afonydd guro dwylo,
ac i'r mynyddoedd ganu'n llawen gyda'i gilydd
9 o flaen yr ARGLWYDD!
Achos mae e'n dod i roi trefn ar y ddaear.
Bydd e'n barnu'r byd yn hollol deg,
a'r bobloedd yn gwbl gyfiawn.

Duw, y Brenin Mawr

99

Yr ARGLWYDD sy'n teyrnasu,
felly dylai'r gwledydd grynu!
Boed i'r ddaear gyfan grynu
o flaen yr un sydd wedi'i orseddu
uwchben y cerwbiaid!
2 Yr ARGLWYDD ydy'r Duw mawr yn Seion,
yr un sy'n rheoli'r holl bobloedd.

3 Boed i bawb dy addoli di – y Duw mawr, rhyfeddol!
Ti ydy'r Duw sanctaidd!
4 Ti ydy'r brenin cryf sy'n caru cyfiawnder!
Ti ydy'r un sydd wedi dangos beth ydy tegwch,
ac yn hybu cyfiawnder a chwarae teg yn Jacob.

---

d 98:6 *corn hwrdd* Hebraeg, *shoffar.*

5 Addolwch yr ARGLWYDD ein Duw!
Ymgrymwch i lawr wrth ei stôl droed.
Mae e'n sanctaidd.

6 Roedd Moses, ac Aaron ei offeiriad,
a Samuel yn galw ar ei enw –
roedden nhw'n galw ar yr ARGLWYDD,
ac roedd e'n ateb.
7 Siaradodd gyda nhw o'r golofn o niwl.
Roedden nhw'n ufudd i'w orchmynion,
a'r rheolau roddodd e iddyn nhw.

8 O ARGLWYDD ein Duw, roeddet ti'n eu hateb nhw.
Roeddet ti'n Dduw oedd yn barod i faddau iddyn nhw,
ond roeddet ti hefyd yn eu galw i gyfrif am eu drygioni.

9 Addolwch yr ARGLWYDD ein Duw!
Ymgrymwch i lawr ar ei fynydd cysegredig,
achos mae'r ARGLWYDD ein Duw yn sanctaidd!

Emyn o fawl

100

Salm o ddiolch.
Gwaeddwch yn uchel i'r ARGLWYDD
holl bobl y byd!
2 Addolwch yr ARGLWYDD yn llawen;
a dod o'i flaen gan ddathlu!
3 Cyffeswch mai'r ARGLWYDD sydd Dduw;
fe ydy'r un a'n gwnaeth ni,
a ni ydy ei bobl e –
y defaid mae'n gofalu amdanyn nhw.

4 Ewch drwy'r giatiau gan ddiolch iddo,
ac i mewn i'w deml yn ei foli!
Rhowch ddiolch iddo!
A bendithio'i enw!
5 Achos mae'r ARGLWYDD mor dda!
Mae ei haelioni yn ddiddiwedd;
ac mae'n aros yn ffyddlon o un genhedlaeth i'r llall.

Addewid brenin

101

Salm Dafydd.
Canaf am ffyddlondeb a chyfiawnder.
Canaf gân i ti, O ARGLWYDD!
2 Canaf delyneg am dy ffordd berffaith.
Pryd wyt ti'n mynd i ddod ata i?
Dw i wedi byw bywyd didwyll yn y palas.
3 Dw i ddim am ystyried bod yn anonest;
dw i'n casáu twyll,
ac am gael dim i'w wneud â'r peth.
4 Does gen i ddim meddwl mochaidd,
a dw i am gael dim i'w wneud â'r drwg.

99:5 1 Cronicl 28:2

5 Dw i'n rhoi taw ar bwy bynnag sy'n enllibio'i gymydog yn y dirgel.
Alla i ddim diodde pobl falch sy'n llawn ohonyn nhw eu hunain.

6 Dw i wedi edrych am y bobl ffyddlon yn y wlad,
i'w cael nhw i fyw gyda mi.
Dim ond pobl onest
sy'n cael gweithio i mi.
7 Does neb sy'n twyllo
yn cael byw yn y palas.
Does neb sy'n dweud celwydd
yn cael cadw cwmni i mi.
8 Dw i bob amser yn rhoi taw
ar y rhai sy'n gwneud drwg yn y wlad.
Dw i'n cael gwared â'r rhai sy'n gwneud drwg
o ddinas yr ARGLWYDD.

Gweddi person ifanc sydd mewn trafferthion

102

Gweddi rhywun sy'n diodde, ac yn tywallt ei galon o flaen yr Arglwydd.

O ARGLWYDD, clyw fy ngweddi;
gwrando arna i'n gweiddi am help.
2 Paid troi cefn arna i
pan dw i mewn trafferthion.
Gwranda arna i!
Rho ateb buan i mi pan dw i'n galw.

3 Mae fy mywyd i'n diflannu fel mwg,
ac mae fy esgyrn yn llosgi fel marwor poeth.
4 Dw i mor ddigalon, ac yn gwywo fel glaswellt.
Dw i ddim yn teimlo fel bwyta hyd yn oed.
5 Dw i ddim yn stopio tuchan;
mae fy esgyrn i'w gweld drwy fy nghroen.

6 Dw i fel jac-y-do yn yr anialwch;
fel tylluan yng nghanol adfeilion.
7 Dw i'n methu cysgu.
Dw i fel aderyn unig ar ben tŷ.
8 Mae fy ngelynion yn fy enllibio drwy'r dydd;
maen nhw'n fy rhegi ac yn gwneud sbort am fy mhen.

9 Lludw ydy'r unig fwyd sydd gen i,
ac mae fy niod wedi'i gymysgu â dagrau,
10 am dy fod ti'n ddig ac wedi gwylltio hefo fi.
Rwyt ti wedi gafael yno i, a'm taflu i ffwrdd fel baw!
11 Mae fy mywyd fel cysgod ar ddiwedd y dydd;
dw i'n gwywo fel glaswellt.

12 Ond byddi di, ARGLWYDD, ar dy orsedd am byth!
Mae pobl yn galw ar dy enw ar hyd y cenedlaethau!
13 Byddi di'n codi ac yn dangos trugaredd at Seion eto.
Mae'n bryd i ti fod yn garedig ati.
Mae'r amser i wneud hynny wedi dod.
14 Mae dy weision yn caru ei meini,
ac yn teimlo i'r byw wrth weld y rwbel!

15 Wedyn bydd y cenhedloedd yn parchu enw'r ARGLWYDD.
Bydd brenhinoedd y byd i gyd yn ofni ei ysblander.
16 Bydd yr ARGLWYDD yn ailadeiladu Seion!
Bydd yn cael ei weld yn ei holl ysblander.
17 Achos mae e'n gwrando ar weddi y rhai sydd mewn angen;
dydy e ddim yn diystyru eu cri nhw.

18 Dylai hyn gael ei ysgrifennu i lawr ar gyfer y dyfodol,
er mwyn i bobl sydd heb gael eu geni eto foli'r ARGLWYDD.
19 Bydd yr ARGLWYDD yn edrych i lawr o'i gysegr uchel iawn,
Bydd yn edrych i lawr ar y ddaear o'r nefoedd uchod,
20 ac yn gwrando ar riddfan y rhai oedd yn gaeth.
Bydd yn rhyddhau'r rhai oedd wedi'u condemnio i farwolaeth.
21 Wedyn bydd enw'r ARGLWYDD yn cael ei gyhoeddi o Seion,
a bydd e'n cael ei addoli yn Jerwsalem.
22 Bydd pobl o'r gwledydd i gyd
yn dod at ei gilydd i addoli'r ARGLWYDD.

23 Mae wedi ysigo fy nerth i ar ganol y daith,
Mae wedi penderfynu rhoi bywyd byr i mi.
24 "O Dduw, paid cymryd fi
hanner ffordd drwy fy mywyd!
Rwyt ti'n aros ar hyd y cenedlaethau.
25 Ti osododd y ddaear yn ei lle ers talwm;
a gwaith dy ddwylo di ydy'r sêr a'r planedau.
26 Byddan nhw'n darfod, ond rwyt ti'n aros.
Byddan nhw'n mynd yn hen fel dillad wedi'u gwisgo.
Byddi di'n eu tynnu fel dilledyn, a byddan nhw wedi mynd.
27 Ond rwyt ti yn aros am byth –
dwyt ti byth yn mynd yn hen!
28 Bydd plant dy weision yn dal i gael byw yma,
a bydd eu plant nhw yn saff yn dy bresenoldeb di."

Cariad Duw

103

Salm Dafydd.
Fy enaid, bendithia'r ARGLWYDD!
Y cwbl ohono i, bendithia'i enw sanctaidd.
2 Fy enaid, bendithia'r ARGLWYDD!
Paid anghofio'r holl bethau caredig a wnaeth.
3 Mae wedi maddau dy fethiant i gyd,
ac wedi iacháu pob salwch oedd arnat.
4 Mae wedi dy gadw di rhag mynd i'r bedd,
ac wedi dy goroni gyda'i gariad a'i drugaredd.
5 Mae wedi rhoi mwy na digon o bethau da i ti,
nes gwneud i ti deimlo'n ifanc eto,
yn gryf ac yn llawn bywyd fel eryr!

6 Mae'r ARGLWYDD bob amser yn deg,
ac yn rhoi cyfiawnder i'r rhai sy'n cael eu gorthrymu.
7 Dwedodd wrth Moses sut oedd e am i ni fyw,
a dangosodd i bobl Israel beth allai ei wneud.

8 Mae'r ARGLWYDD mor drugarog a charedig,
mor amyneddgar ac anhygoel o hael!
9 Dydy e ddim yn ceryddu pobl yn ddiddiwedd,
nac yn dal dig am byth.
10 Wnaeth e ddim delio gyda'n pechodau ni fel roedden ni'n haeddu,
na thalu'n ôl i ni am ein holl fethiant.
11 Fel mae'r nefoedd yn uchel uwchben y ddaear,
mae ei gariad ffyddlon fel tŵr dros y rhai sy'n ei barchu.
12 Mor bell ag y mae'r dwyrain o'r gorllewin,
mae wedi symud y gosb am i ni wrthryfela.
13 Fel mae tad yn caru ei blant,
mae'r ARGLWYDD yn caru'r rhai sy'n ei barchu.

14 Ydy, mae e'n gwybod am ein defnydd ni;
mae'n cofio mai dim ond pridd ydyn ni.
15 Mae bywyd dynol fel glaswellt –
mae fel blodyn gwyllt, yn tyfu dros dro;
16 pan mae'r gwynt yn dod heibio, mae wedi mynd;
lle roedd gynt, does dim sôn amdano.
17 Ond mae cariad yr ARGLWYDD at y rhai sy'n ei barchu
yn para am byth bythoedd!
Mae e'n cadw ei air i genedlaethau o blant –
18 sef y rhai sy'n ffyddlon i'w ymrwymiad
ac sy'n gofalu gwneud beth mae e'n ddweud.

19 Mae'r ARGLWYDD wedi sefydlu ei orsedd yn y nefoedd,
ac mae'n teyrnasu yn frenin dros bopeth!
20 Bendithiwch yr ARGLWYDD, ei angylion –
chi, rai cryfion sy'n gwneud beth mae'n ei ddweud,
sy'n gwrando ac yn ufudd iddo.
21 Bendithiwch yr ARGLWYDD, ei holl fyddinoedd –
chi weision sy'n ei wasanaethu.
22 Bendithiwch yr ARGLWYDD, bopeth mae wedi'i greu –
ym mhobman lle mae e'n teyrnasu.
Fy enaid, bendithia'r ARGLWYDD!

Cân o fawl i'r Crëwr

104

Fy enaid, bendithia'r ARGLWYDD!
O ARGLWYDD, fy Nuw, rwyt ti mor fawr!
Rwyt wedi dy wisgo ag ysblander ac urddas.
2 Mae clogyn o oleuni wedi'i lapio amdanat.
Ti wnaeth ledu'r awyr fel pabell uwch ein pennau.
3 Ti wnaeth osod trawstiau dy balas yn uwch fyth,
a gwneud dy gerbyd o'r cymylau
i deithio ar adenydd y gwynt.
4 Ti sy'n gwneud y gwyntoedd yn negeswyr i ti,
a fflamau o dân yn weision.

5 Ti wnaeth osod y ddaear ar ei sylfeini,
er mwyn iddi beidio gwegian byth.

103:8 Exodus 34:6

6 Roedd y dyfroedd dwfn yn ei gorchuddio fel gwisg;
roedd dŵr uwchben y mynyddoedd.
7 Ond dyma ti'n gweiddi, a dyma nhw'n ffoi,
a rhuthro i ffwrdd rhag dy daranau swnllyd;
8 cododd y mynyddoedd, suddodd y dyffrynnoedd
ac aeth y dŵr i'r lle roeddet ti wedi'i baratoi iddo.
9 Gosodaist ffiniau allai'r moroedd mo'u croesi,
i'w rhwystro rhag gorchuddio'r ddaear byth eto.

10 Ti sy'n gwneud i nentydd lifo rhwng yr hafnau,
a ffeindio'u ffordd i lawr rhwng y mynyddoedd.
11 Mae'r anifeiliaid gwyllt yn cael yfed,
a'r asynnod gwyllt yn torri eu syched.
12 Mae adar yn nythu wrth eu hymyl
ac yn canu yng nghanol y dail.
13 Ti sy'n dyfrio'r mynyddoedd o dy balas uchel.
Ti'n llenwi'r ddaear â ffrwythau.

14 Ti sy'n rhoi glaswellt i'r gwartheg,
planhigion i bobl eu tyfu
iddyn nhw gael bwyd o'r tir –
15 gwin i godi calon,
olew i roi sglein ar eu hwynebau,
a bara i'w cadw nhw'n fyw.
16 Mae'r coed anferth yn cael digon i'w yfed –
y cedrwydd blannodd yr Arglwydd yn Libanus
17 lle mae'r adar yn nythu,
a'r coed pinwydd ble mae'r storc yn cartrefu.
18 Mae'r mynyddoedd uchel yn gynefin i'r geifr gwyllt,
a'r clogwyni yn lloches i'r brochod.

19 Ti wnaeth y lleuad i nodi'r tymhorau,
a'r haul, sy'n gwybod pryd i fachlud.
20 Ti sy'n dod â'r tywyllwch iddi nosi,
pan mae anifeiliaid y goedwig yn dod allan.
21 Mae'r llewod yn rhuo am ysglyfaeth
ac yn gofyn i Dduw am eu bwyd.
22 Wedyn, pan mae'r haul yn codi,
maen nhw'n mynd i'w ffeuau i orffwys.
23 A dyna pryd mae pobl yn deffro,
a mynd allan i weithio nes iddi nosi.
24 O Arglwydd, rwyt wedi creu
cymaint o wahanol bethau!
Rwyt wedi gwneud y cwbl mor ddoeth.
Mae'r ddaear yn llawn o dy greaduriaid di!

25 Draw acw mae'r môr mawr sy'n lledu i bob cyfeiriad,
a phethau byw na ellid byth eu cyfri ynddo –
creaduriaid bach a mawr.
26 Mae'r llongau'n teithio arno,
a'r morfil[dd] a greaist i chwarae ynddo.

---

dd 104:26 *morfil* Hebraeg, *Lefiathan.*

27 Maen nhw i gyd yn dibynnu arnat ti
i roi bwyd iddyn nhw pan mae ei angen.
28 Ti sy'n ei roi a nhw sy'n ei fwyta.
Ti'n agor dy law ac maen nhw'n cael eu digoni.
29 Pan wyt ti'n troi dy gefn arnyn nhw, maen nhw'n dychryn.
Pan wyt ti'n cymryd eu hanadl oddi arnyn nhw,
maen nhw'n marw ac yn mynd yn ôl i'r pridd.
30 Ond pan wyt ti'n anadlu, maen nhw'n cael eu creu,
ac mae'r tir yn cael ei adfywio.

31 Boed i ysblander yr ARGLWYDD gael ei weld am byth!
Boed i'r ARGLWYDD fwynhau'r cwbl a wnaeth!
32 Dim ond iddo edrych ar y ddaear, mae hi'n crynu!
Pan mae'n cyffwrdd y mynyddoedd, maen nhw'n mygu!
33 Dw i'n mynd i ganu i'r ARGLWYDD tra bydda i byw,
moli fy Nuw ar gerddoriaeth tra bydda i.
34 Boed i'm myfyrdod ei blesio.

Dw i'n mynd i fod yn llawen yn yr ARGLWYDD.
35 Boed i bechaduriaid gael eu dinistrio o'r tir,
ac i bobl ddrwg beidio â bod ddim mwy.
Fy enaid, bendithia'r ARGLWYDD!

Haleliwia!

Duw a'i bobl

(1 Cronicl 16:8-22)

105 Diolchwch i'r ARGLWYDD, a galw ar ei enw!
Dwedwch wrth bawb beth mae wedi'i wneud.
2 Canwch iddo, a defnyddio cerddoriaeth i'w foli!
Dwedwch am y pethau rhyfeddol mae'n eu gwneud.
3 Broliwch ei enw sanctaidd!
Boed i bawb sy'n ceisio'r ARGLWYDD ddathlu.
4 Dewch at yr ARGLWYDD, profwch ei nerth;
ceisiwch ei gwmni bob amser.
5 Cofiwch y pethau rhyfeddol a wnaeth –
ei wyrthiau, a'r cwbl mae wedi ei ddyfarnu.

6 Ie, chi blant ei was Abraham;
plant Jacob mae wedi'u dewis.
7 Yr ARGLWYDD ein Duw ni ydy e,
yr un sy'n barnu'r ddaear gyfan.
8 Mae e'n cofio'i ymrwymiad bob amser,
a'i addewid am fil o genedlaethau –
9 yr ymrwymiad wnaeth e i Abraham,
a'r addewid wnaeth ar lw i Isaac.
10 Yna, ei gadarnhau yn rheol i Jacob –
ymrwymiad i Israel oedd i bara am byth!
11 "Dw i'n rhoi gwlad Canaan i chi," meddai,
"yn etifeddiaeth i chi ei meddiannu."

12 Dim ond criw bach ohonyn nhw oedd –
rhyw lond dwrn yn byw yno dros dro,

13 ac yn crwydro o un wlad i'r llall,
ac o un deyrnas i'r llall.
14 Wnaeth e ddim gadael i neb eu gormesu nhw;
roedd wedi rhybuddio brenhinoedd amdanyn nhw:
15 "Peidiwch cyffwrdd fy mhobl sbesial[e] i;
peidiwch gwneud niwed i'm proffwydi."

16 Ond wedyn daeth newyn ar y wlad;
cymerodd eu bwyd oddi arnyn nhw.
17 Ond roedd wedi anfon un o'u blaenau,
sef Joseff, gafodd ei werthu fel caethwas.
18 Roedd ei draed mewn cyffion;
roedd coler haearn am ei wddf,
19 nes i'w eiriau ddod yn wir
ac i neges yr ARGLWYDD ei brofi'n iawn.
20 Dyma'r brenin yn ei ryddhau o'r carchar;
llywodraethwr y cenhedloedd yn ei ollwng yn rhydd.
21 Gwnaeth e'n gyfrifol am ei balas,
a rhoi iddo'r awdurdod i reoli popeth oedd ganddo.
22 Disgyblu'r arweinwyr eraill fel y mynnai,
a dysgu doethineb i'r cynghorwyr hŷn.

23 Yna dyma Israel yn symud i'r Aifft;
aeth Jacob i fyw dros dro yn nhir Cham.
24 Gwnaeth Duw i'w bobl gael llawer o blant,
llawer mwy na'u gelynion nhw.
25 Dechreuodd y gelynion gasáu ei bobl,
a cham-drin ei weision.
26 Wedyn, dyma Duw yn anfon ei was Moses,
ac Aaron, yr un oedd wedi'i ddewis.
27 Dyma nhw'n dweud am yr arwyddion gwyrthiol
roedd Duw yn mynd i'w gwneud yn nhir Cham:
28 Anfon tywyllwch, ac roedd hi'n dywyll iawn!
Wnaethon nhw ddim herio beth ddwedodd.
29 Troi eu dŵr nhw yn waed
nes i'r pysgod i gyd farw.
30 Llenwi'r wlad hefo llyffantod –
hyd yn oed y palasau brenhinol.
31 Rhoddodd orchymyn, a daeth haid o bryfed –
gwybed drwy'r tir ym mhobman.
32 Anfonodd stormydd cenllysg yn lle glaw,
a mellt drwy'r wlad i gyd.
33 Taro'u gwinwydd a'u coed ffigys,
a bwrw coed i lawr drwy'r wlad.
34 Gorchymyn anfon locustiaid –
llawer iawn gormod ohonyn nhw i'w cyfri.
35 Roedden nhw'n difetha'r planhigion i gyd,
ac yn bwyta popeth oedd yn tyfu ar y tir!
36 Yna lladd plentyn hynaf pob teulu drwy'r wlad –
ffrwyth cyntaf eu cyfathrach.

e 105:15 *fy mhobl sbesial* Hebraeg, "fy rhai eneiniog".

37 Daeth ag Israel allan yn cario arian ac aur!
Doedd neb drwy'r llwythau i gyd yn baglu.
38 Roedd pobl yr Aifft mor falch pan aethon nhw,
achos roedd Israel wedi codi dychryn arnyn nhw.
39 Wedyn rhoddodd Duw gwmwl i'w cysgodi,
a tân i roi golau yn y nos.
40 Dyma nhw'n gofyn am fwyd, a dyma soflieir yn dod;
rhoddodd ddigonedd o fwyd iddyn nhw o'r awyr.
41 Holltodd graig, nes bod dŵr yn pistyllio allan ohoni;
roedd yn llifo fel afon drwy dir sych.

42 Oedd, roedd Duw'n cofio'r addewid cysegredig
roedd wedi'i wneud i'w was Abraham.
43 Daeth â'i bobl allan yn dathlu!
Roedd y rhai wedi'u dewis ganddo'n bloeddio canu.
44 Rhoddodd dir y cenhedloedd iddyn nhw;
cawson nhw fwynhau ffrwyth llafur pobl eraill.
45 Gwnaeth hyn er mwyn iddyn nhw gadw'i reolau
a bod yn ufudd i'w ddysgeidiaeth.
Haleliwia!

Daioni'r ARGLWYDD i'w bobl

106

Haleliwia!
Diolchwch i'r ARGLWYDD!
Mae e mor dda aton ni;
mae ei haelioni yn ddiddiwedd!
2 Pwy sy'n gallu dweud am yr holl bethau mawr
mae'r ARGLWYDD wedi'u gwneud?
Pwy sy'n gallu dweud cymaint mae e'n haeddu ei foli?
3 Y fath fendith sydd i'r rhai sy'n byw yn gywir,
ac yn gwneud beth sy'n iawn bob amser!

4 Cofia fi, O ARGLWYDD, pan fyddi di'n helpu dy bobl;
sylwa arna i pan fyddi di'n eu hachub nhw!
5 Dw i eisiau gweld y rhai rwyt ti wedi'u dewis yn llwyddo;
dw i eisiau rhannu eu llawenydd nhw,
a dathlu gyda dy bobl di.
6 Dŷn ni, fel ein hynafiaid, wedi pechu yn dy erbyn di;
dŷn ni wedi mynd ar gyfeiliorn, a gwneud drwg.
7 Wnaeth ein hynafiaid yn yr Aifft ddim gwerthfawrogi dy wyrthiau rhyfeddol.
Dyma nhw'n anghofio popeth wnest ti yn dy gariad,
a gwrthryfela yn erbyn y Duw Goruchaf wrth y Môr Coch.[f]

8 Ac eto achubodd nhw, er mwyn ei enw da,
ac er mwyn dangos ei nerth.
9 Gwaeddodd ar y Môr Coch a'i sychu!
Yna eu harwain drwy'r dyfnder, fel petai'n dir anial.
10 Cadwodd nhw'n saff rhag y rhai oedd yn eu casáu,
a'u rhyddhau o afael y gelyn.
11 Dyma'r dŵr yn llifo'n ôl dros y gelynion,
gan adael dim un ar ôl yn fyw.

f 106:7,9 *Môr Coch* Hebraeg, "Môr y Brwyn".

12 Roedden nhw'n credu beth ddwedodd e wedyn,
ac yn canu mawl iddo!

13 Ond dyma nhw'n anghofio'r cwbl wnaeth e'n fuan iawn!
Wnaethon nhw ddim disgwyl am ei arweiniad.
14 Roedden nhw'n ysu am gael cig yn yr anialwch,
a dyma nhw'n rhoi Duw ar brawf yn y tir sych.
15 Rhoddodd iddyn nhw beth roedden nhw eisiau,
ond yna eu taro nhw gyda chlefyd oedd yn eu gwneud yn wan.

16 Roedd pobl yn y gwersyll yn genfigennus o Moses,
ac o Aaron, yr un roedd yr ARGLWYDD wedi'i gysegru.
17 Agorodd y ddaear a llyncu Dathan,
a gorchuddio'r rhai oedd gydag Abiram.
18 Cafodd tân ei gynnau yn eu plith nhw,
a dyma'r fflamau'n llosgi'r bobl ddrwg hynny.

19 Wedyn dyma nhw'n gwneud eilun o darw yn Sinai,[ff]
a phlygu i addoli delw o fetel!
20 Cyfnewid y Duw bendigedig
am ddelw o ych sy'n bwyta glaswellt.
21 Roedden nhw wedi anghofio'r Duw achubodd nhw!
Anghofio'r Duw wnaeth bethau mor fawr yn yr Aifft –
22 y gwyrthiau rhyfeddol yn nhir Cham,
a'r pethau anhygoel wrth y Môr Coch.[g]
23 Pan oedd Duw yn bygwth eu dinistrio nhw,
dyma Moses, y dyn oedd wedi'i ddewis,
yn sefyll yn y bwlch
ac yn troi ei lid i ffwrdd oddi wrthyn nhw.

24 Wedyn dyma nhw'n gwrthod y tir hyfryd,
ac yn gwrthod credu'r addewid roddodd e.
25 Roedden nhw'n cwyno yn eu pebyll
ac yn gwrthod bod yn ufudd i'r ARGLWYDD.
26 Felly dyma Duw yn addo ar lw
y byddai'n eu lladd nhw yn yr anialwch!
27 Byddai'n gwasgaru eu disgynyddion i'r cenhedloedd
a'u chwalu nhw drwy'r gwledydd.

28 A dyma nhw'n dechrau addoli Baal-peor,
a bwyta aberthau wedi'u cyflwyno i bethau marw!
29 Roedd beth wnaethon nhw'n gwneud Duw yn ddig,
a dyma bla yn mynd ar led yn eu plith.
30 Yna dyma Phineas[ng] yn ymyrryd,
a dyma'r pla yn stopio.
31 Cafodd ei dderbyn i berthynas iawn gyda Duw,
a hynny am byth!

32 Dyma nhw'n digio Duw eto wrth Ffynnon Meriba
a bu'n rhaid i Moses ddiodde o'u hachos.

---

ff 106:19 *Sinai* Hebraeg, "Horeb", sef enw arall ar Fynydd Sinai. g 106:22 *Môr Coch* Hebraeg, "Môr y Brwyn".
ng 106:30 *Phineas* Ŵyr Aaron.
106:16-18 Numeri 16:1-40 106:28 Numeri 25:3-5 106:30 Numeri 25:1-13 106:32,33 Numeri 20:2-13

33 Roedden nhw wedi'i wneud e mor chwerw
nes iddo ddweud pethau byrbwyll.

34 Wedyn, wnaethon nhw ddim dinistrio'r cenhedloedd
fel roedd yr ARGLWYDD wedi gorchymyn.
35 Yn lle hynny dyma nhw'n cymysgu gyda'r cenhedloedd
a dechrau byw yr un fath â nhw.
36 Roedden nhw'n addoli eu duwiau,
a dyma hynny'n gwneud iddyn nhw faglu.
37 Dyma nhw'n aberthu eu meibion
a'u merched i gythreuliaid!
38 Ie, tywallt gwaed plant diniwed
– gwaed eu meibion a'u merched eu hunain –
a'u haberthu nhw i eilun-dduwiau Canaan.
Roedd y tir wedi'i lygru gan y gwaed gafodd ei dywallt.

39 Roedd beth wnaethon nhw'n eu llygru nhw;
roedden nhw'n ymddwyn yn anffyddlon.
40 Felly dyma'r ARGLWYDD yn gwylltio'n lân hefo nhw!
Roedd yn ffieiddio ei bobl ei hun!
41 Dyma fe'n eu rhoi nhw yn nwylo'r cenhedloedd;
a gadael i'w gelynion eu rheoli.
42 Roedd gelynion yn eu gormesu;
roedden nhw dan eu rheolaeth nhw'n llwyr!

43 Er bod Duw wedi'u hachub nhw dro ar ôl tro,
roedden nhw'n dal yn ystyfnig ac yn tynnu'n groes.
Aeth pethau o ddrwg i waeth o achos eu drygioni.
44 Ond pan oedd Duw'n gweld eu bod nhw mewn trybini
ac yn eu clywed nhw'n gweiddi am help,
45 roedd yn cofio'r ymrwymiad wnaeth e iddyn nhw
ac yn ymatal o achos ei gariad atyn nhw.
46 Gwnaeth i bawb oedd yn eu dal nhw'n gaeth
fod yn garedig atyn nhw.

47 Achub ni, O ARGLWYDD ein Duw!
Casgla ni at ein gilydd o blith y cenhedloedd!
Wedyn byddwn ni'n diolch i ti, y Duw sanctaidd,
ac yn brolio'r cwbl rwyt ti wedi'i wneud.
48 Bendith ar yr ARGLWYDD, Duw Israel,
o hyn ymlaen ac i dragwyddoldeb!
Gadewch i'r bobl i gyd ddweud, "Amen!"

Haleliwia!

LLYFR PUMP
(Salmau 107 – 150)

Canmol daioni Duw

107

Diolchwch i'r ARGLWYDD!
Mae e mor dda aton ni!
Mae ei haelioni yn ddiddiwedd!

2 Gadewch i'r rhai mae'r ARGLWYDD wedi'u gollwng yn rhydd ddweud hyn,
ie, y rhai sydd wedi'u rhyddhau o afael y gelyn.
3 Maen nhw'n cael eu casglu o'r gwledydd eraill,
o'r dwyrain, gorllewin, gogledd a de.

4 Roedden nhw'n crwydro ar goll yn yr anialwch gwyllt,
ac yn methu dod o hyd i dre lle gallen nhw fyw.
5 Roedden nhw eisiau bwyd ac roedd syched arnyn nhw,
ac roedden nhw wedi colli pob egni.

6 Dyma nhw'n galw ar yr ARGLWYDD yn eu trybini,
a dyma fe'n eu hachub o'u trafferthion,
7 ac yn eu harwain nhw'n syth
i le y gallen nhw setlo i lawr ynddo.

8 Gadewch iddyn nhw ddiolch i'r ARGLWYDD am ei gariad ffyddlon,
a'r pethau rhyfeddol mae wedi'u gwneud ar ran pobl!
9 Mae wedi rhoi diod i'r sychedig,
a bwyd da i'r rhai oedd yn llwgu.

10 Roedd rhai yn byw mewn tywyllwch dudew,
ac yn gaeth mewn cadwyni haearn,
11 am eu bod nhw wedi gwrthod gwrando ar Dduw,
a gwrthod gwneud beth roedd y Goruchaf eisiau.
12 Deliodd hefo nhw drwy wneud iddyn nhw ddiodde.
Roedden nhw'n baglu, a doedd neb i'w helpu.

13 Yna dyma nhw'n galw ar yr ARGLWYDD yn eu trybini,
a dyma fe'n eu hachub o'u trafferthion.
14 Daeth â nhw allan o'r tywyllwch,
a thorri'r rhaffau oedd yn eu rhwymo.

15 Gadewch iddyn nhw ddiolch i'r ARGLWYDD am ei gariad ffyddlon,
a'r pethau rhyfeddol mae wedi'u gwneud ar ran pobl!
16 Mae wedi dryllio'r drysau pres,
a thorri'r barrau haearn.

17 Buodd rhai yn anfoesol, ac roedd rhaid iddyn nhw ddiodde
am bechu a chamfihafio.
18 Roedden nhw'n methu cadw eu bwyd i lawr,
ac roedden nhw'n agos at farw.

19 Ond dyma nhw'n galw ar yr ARGLWYDD yn eu trybini,
a dyma fe'n eu hachub o'u trafferthion.
20 Dyma fe'n gorchymyn iddyn nhw gael eu hiacháu,
ac yn eu hachub nhw o bwll marwolaeth.

21 Gadewch iddyn nhw ddiolch i'r ARGLWYDD am ei gariad ffyddlon,
a'r pethau rhyfeddol mae wedi'u gwneud ar ran pobl!
22 Gadewch iddyn nhw gyflwyno offrymau diolch iddo,
a chanu'n llawen am y cwbl mae wedi'i wneud!

23 Aeth rhai eraill ar longau i'r môr,
i ennill bywoliaeth ar y môr mawr.
24 Cawson nhw hefyd weld beth allai'r ARGLWYDD ei wneud,
y pethau rhyfeddol wnaeth e ar y moroedd dwfn.

25 Roedd yn rhoi gorchymyn i wynt stormus godi,
ac yn gwneud i'r tonnau godi'n uchel.
26 I fyny i'r awyr, ac i lawr i'r dyfnder â nhw!
Roedd ganddyn nhw ofn am eu bywydau.
27 Roedd y cwch yn siglo a gwegian fel rhywun wedi meddwi,
a doedd eu holl brofiad ar y môr yn dda i ddim.

28 Dyma nhw'n galw ar yr Arglwydd yn eu trybini,
a dyma fe'n eu hachub o'u trafferthion.
29 Gwnaeth i'r storm dawelu;
roedd y tonnau'n llonydd.
30 Roedden nhw mor falch fod y storm wedi tawelu,
ac aeth Duw â nhw i'r porthladd o'u dewis.

31 Gadewch iddyn nhw ddiolch i'r Arglwydd am ei gariad ffyddlon,
a'r pethau rhyfeddol mae wedi'u gwneud ar ran pobl!
32 Gadewch iddyn nhw ei ganmol yn y gynulleidfa,
a'i foli o flaen yr arweinwyr.

33 Mae e'n gallu troi afonydd yn anialwch,
a ffynhonnau dŵr yn grasdir sych,
34 tir ffrwythlon yn dir diffaith
am fod y bobl sy'n byw yno mor ddrwg.

35 Neu gall droi'r anialwch yn byllau dŵr,
a'r tir sych yn ffynhonnau!
36 Yna rhoi pobl newynog i fyw yno,
ac adeiladu tref i setlo i lawr ynddi.
37 Maen nhw'n hau hadau yn y caeau
ac yn plannu coed gwinwydd,
ac yn cael cynhaeaf mawr.
38 Mae'n eu bendithio a rhoi llawer o blant iddyn nhw,
a dydy e ddim yn gadael iddyn nhw golli anifeiliaid.

39 Bydd y rhai sy'n gorthrymu[h] yn colli eu pobl,
yn dioddef pwysau gormes, trafferthion a thristwch.
40 Mae Duw yn dwyn anfri ar dywysogion,
ac yn eu gadael i grwydro mewn anialwch heb lwybrau.

41 Ond mae'n cadw'r rhai sydd mewn angen yn saff,
rhag iddyn nhw ddiodde,
ac yn cynyddu eu teuluoedd fel preiddiau.
42 Mae'r rhai sy'n byw yn gywir yn gweld hyn ac yn dathlu –
ond mae'r rhai drwg yn gorfod tewi.
43 Dylai'r rhai sy'n ddoeth gymryd sylw o'r pethau hyn,
a myfyrio ar gariad ffyddlon yr Arglwydd.

Gweddi am help yn erbyn y gelyn

(Salm 57:7-11; 60:5-12)

108

Cân. Salm Dafydd.

1 Dw i'n gwbl benderfynol, O Dduw.
Dw i am ymroi yn llwyr i ganu mawl i ti.

h 107:39 Dydy'r geiriau *rhai sy'n gorthrymu* ddim yn yr Hebraeg. Hebraeg, "nhw".

2 Deffro, nabl a thelyn!
Dw i am ddeffro'r wawr gyda'm cân.
3 Dw i'n mynd i ddiolch i ti, O ARGLWYDD, o flaen pawb.
Dw i'n mynd i ganu mawl i ti o flaen pobl o bob cenedl.
4 Mae dy gariad di'n uwch na'r nefoedd,
a dy ffyddlondeb di'n uwch na'r cymylau!

5 Dangos dy hun yn uwch na'r nefoedd, O Dduw,
i dy ysblander gael ei weld drwy'r byd i gyd!
6 Defnyddia dy gryfder o'n plaid, ac ateb ni
er mwyn i dy rai annwyl gael eu hachub.

7 Mae Duw wedi addo yn ei gysegr:
"Dw i'n mynd i fwynhau rhannu Sichem,
a mesur dyffryn Swccoth.
8 Fi sydd biau Gilead, a Manasse hefyd;
Effraim ydy fy helmed i a Jwda ydy'r deyrnwialen.
9 Ond bydd Moab fel powlen ymolchi.
Byddaf yn taflu fy esgid at Edom,
ac yn gorfoleddu ar ôl gorchfygu Philistia!"

10 Pwy sy'n gallu mynd â fi i'r ddinas ddiogel?
Pwy sy'n gallu fy arwain i Edom?
11 Onid ti, O Dduw?
Ond rwyt wedi'n gwrthod ni!
Wyt ti ddim am fynd allan gyda'n byddin, O Dduw?
12 Plîs, helpa ni i wynebu'r gelyn,
achos dydy help dynol yn dda i ddim.
13 Gyda Duw gallwn wneud pethau mawr –
bydd e'n sathru ein gelynion dan draed!

Cwyn rhywun sydd mewn trafferthion

109

I'r arweinydd cerdd: Salm gan Dafydd.
O Dduw, yr un dw i'n ei addoli,
paid diystyru fi.
2 Mae pobl ddrwg a thwyllodrus
yn siarad yn fy erbyn i,
ac yn dweud celwydd amdana i.
3 Maen nhw o'm cwmpas ym mhobman gyda'u geiriau cas;
yn ymosod arna i am ddim rheswm.
4 Dw i'n dangos cariad, ac maen nhw'n cyhuddo!
Ond dw i'n dal i weddïo drostyn nhw.
5 Maen nhw'n talu drwg am dda,
a chasineb am gariad.

6 "Anfon rywun drwg i ymosod arno!" medden nhw,
"Gwna i rywun ei gyhuddo a mynd ag e i'r llys!
7 Anfon e i sefyll ei brawf,
a chael ei ddedfrydu'n euog!
Ystyria ei weddi yn bechod.
8 Paid gadael iddo gael byw'n hir!
Gad i rywun arall gymryd ei waith.

9 Gwna ei blant yn amddifad,
a'i wraig yn weddw!
10 Gwna i'w blant grwydro o adfeilion eu cartref,
i gardota am fwyd.
11 Gwna i'r un mae mewn dyled iddo gymryd ei eiddo i gyd,
ac i bobl ddieithr gymryd ei gyfoeth!
12 Paid gadael i rywun fod yn garedig ato;
na dangos tosturi at ei blant!
13 Dinistria ei ddisgynyddion i gyd;
gwna i enw'r teulu ddiflannu mewn un genhedlaeth!

14 Boed i'r ARGLWYDD gofio drygioni ei gyndadau,
a boed i bechod ei fam byth ddiflannu.
15 Boed i'r ARGLWYDD eu cofio nhw bob amser,
ac i'w henwau gael eu torri allan o hanes!
16 Dydy e erioed wedi dangos cariad!
Mae wedi erlid pobl dlawd ac anghenus,
a gyrru'r un sy'n ddigalon i'w farwolaeth.
17 Roedd e wrth ei fodd yn melltithio pobl
– felly melltithia di fe!
Doedd e byth yn bendithio pobl
– cadw fendith yn bell oddi wrtho!
18 Roedd melltithio iddo fel gwisgo'i ddillad!
Roedd fel dŵr yn ei socian,
neu olew wedi treiddio i'w esgyrn.
19 Gwna felltith yn glogyn iddo'i wisgo
gyda belt yn ei rwymo bob amser."

20 Boed i'r ARGLWYDD dalu yn ôl i'm cyhuddwyr,
y rhai sy'n dweud y pethau drwg yma amdana i.
21 Ond nawr, O ARGLWYDD, fy meistr,
gwna rywbeth i'm helpu, er mwyn dy enw da.
Mae dy gariad ffyddlon mor dda, felly achub fi!
22 Dw i'n dlawd ac yn anghenus,
ac mae fy nghalon yn rasio o achos fy helbul.
23 Dw i'n diflannu fel cysgod ar ddiwedd y dydd.
Dw i fel locust yn cael ei chwythu i ffwrdd.
24 Mae fy ngliniau yn wan ar ôl mynd heb fwyd;
dw i wedi colli pwysau, ac yn denau fel styllen.
25 Dw i'n ddim byd ond testun sbort i bobl!
Maen nhw'n edrych arna i ac yn ysgwyd eu pennau.

26 Helpa fi, O ARGLWYDD, fy Nuw;
achub fi am fod dy gariad mor ffyddlon.
27 Wedyn bydd pobl yn gwybod mai dyna wyt ti'n wneud,
ac mai ti, O ARGLWYDD, sydd wedi fy achub i.
28 Maen nhw'n melltithio, ond bendithia di fi!
Wrth iddyn nhw ymosod, drysa di nhw,
a bydd dy was yn dathlu!
29 Bydd y cyhuddwyr yn cael eu cywilyddio,
byddan nhw'n gwisgo embaras fel clogyn.
30 Ond bydda i'n canu mawl i'r ARGLWYDD;
ac yn ei ganmol yng nghanol y dyrfa fawr,

31 Mae e'n sefyll gyda'r un sydd mewn angen,
ac yn ei achub o afael y rhai sy'n ei gondemnio.

Yr ARGLWYDD a'r brenin ddewisodd

110

Salm gan Dafydd.
Dwedodd yr ARGLWYDD wrth fy arglwydd,
"Eistedd yma yn y sedd anrhydedd
nes i mi wneud dy elynion yn stôl dan dy draed di."
2 Bydd yr ARGLWYDD yn estyn dy deyrnas o Seion,
a byddi'n rheoli'r gelynion sydd o dy gwmpas!
3 Mae dy bobl yn barod i dy ddilyn i'r frwydr.
Ar y bryniau sanctaidd
bydd byddin ifanc yn dod atat
fel gwlith yn codi o groth y wawr.

4 Mae'r ARGLWYDD wedi tyngu llw,
a fydd e ddim yn torri ei air,
"Rwyt ti'n offeiriad am byth, yr un fath â Melchisedec."
5 Mae'r ARGLWYDD, sydd ar dy ochr dde di,
yn sathru brenhinoedd ar y diwrnod pan mae'n ddig.
6 Mae'n cosbi'r cenhedloedd,
yn pentyrru'r cyrff marw
ac yn sathru eu harweinwyr drwy'r byd i gyd.
7 Ond bydd e'n yfed o'r nant ar ochr y ffordd,
ac yn codi ar ei draed yn fuddugol.

Cân o fawl i'r ARGLWYDD

111

Haleliwia!
Dw i'n diolch i'r ARGLWYDD o waelod calon,
o flaen y gynulleidfa o'i bobl ffyddlon.
2 Mae'r ARGLWYDD yn gwneud pethau mor fawr!
Maen nhw'n bleser pur i bawb sy'n myfyrio arnyn nhw.
3 Mae'r cwbl yn dangos ei ysblander a'i urddas,
a'i fod e bob amser yn ffyddlon.

4 Mae pawb yn sôn am y pethau rhyfeddol mae'n eu gwneud!
Mae'r ARGLWYDD mor garedig a thrugarog!
5 Mae e'n rhoi bwyd i'w rai ffyddlon;
mae bob amser yn cofio'r ymrwymiad wnaeth e.
6 Dwedodd wrth ei bobl y byddai'n gwneud pethau mawr,
a rhoi tir cenhedloedd eraill iddyn nhw.
7 Mae e wedi bod yn ffyddlon ac yn gyfiawn.

Mae'r pethau mae'n eu dysgu yn gwbl ddibynadwy,
8 ac yn sefyll am byth.
Maen nhw'n ffyddlon ac yn deg.
9 Mae wedi gollwng ei bobl yn rhydd,
ac wedi sicrhau fod ei ymrwymiad yn sefyll bob amser.
Mae ei enw'n sanctaidd ac i gael ei barchu.
10 Parchu'r ARGLWYDD ydy'r cam cyntaf i fod yn ddoeth.
Mae pawb sy'n gwneud hynny yn gwneud y peth call.
Mae e'n haeddu ei foli am byth!

Y fendith sydd i'r person duwiol

112 Haleliwia!
Mae bendith fawr i'r un sy'n parchu'r ARGLWYDD
ac wrth ei fodd yn gwneud beth mae'n ei ddweud.
2 Bydd ei ddisgynyddion yn llwyddiannus,
cenhedlaeth o bobl dduwiol yn cael eu bendithio.
3 Bydd e'n gyfoethog,
a bob amser yn byw'n gywir.

4 Mae golau'n disgleirio yn y tywyllwch i'r duwiol;
y sawl sy'n garedig, yn drugarog ac yn gwneud beth sy'n iawn.
5 Mae pethau'n mynd yn dda i'r un sy'n hael wrth fenthyg
ac yn rheoli ei fusnes yn gyfiawn.
6 Fydd dim byd yn tarfu arno;
bydd pobl yn cofio ei fod wedi byw'n gywir.
7 Does ganddo ddim ofn newyddion drwg;
mae e'n trystio'r ARGLWYDD yn llwyr.
8 Mae e'n dawel ei feddwl, ac yn ofni dim;
mae'n disgwyl gweld ei elynion yn syrthio yn y diwedd.
9 Mae e'n rhannu ac yn rhoi yn hael i'r tlodion;
bydd pobl yn cofio'i haelioni bob amser.
Bydd yn llwyddo ac yn cael ei anrhydeddu.

10 Bydd pobl ddrwg yn gwylltio pan welan nhw hyn.
Byddan nhw'n ysgyrnygu eu dannedd, ac yn colli pob hyder,
am fod eu gobeithion nhw wedi diflannu.

Moli daioni'r ARGLWYDD

113 Haleliwia!
Molwch e, weision yr ARGLWYDD!
Molwch enw'r ARGLWYDD!
2 Boed i enw'r ARGLWYDD gael ei fendithio,
nawr ac am byth.
3 Boed i enw'r ARGLWYDD gael ei foli
drwy'r byd i gyd!

4 Yr ARGLWYDD sy'n teyrnasu dros yr holl genhedloedd!
Mae ei ysblander yn uwch na'r nefoedd.
5 Does neb tebyg i'r ARGLWYDD ein Duw,
sy'n eistedd ar ei orsedd uchel!
6 Mae'n plygu i lawr i edrych
ar y nefoedd a'r ddaear oddi tano.

7 Mae e'n codi pobl dlawd o'r baw,
a'r rhai sydd mewn angen o'r domen sbwriel.
8 Mae'n eu gosod i eistedd gyda'r bobl fawr,
ie, gydag arweinwyr ei bobl.
9 Mae'n rhoi cartref i'r wraig ddi-blant,
ac yn ei gwneud hi'n fam hapus.

Haleliwia!

Cân y Pasg

114

Pan aeth pobl Israel allan o'r Aifft –
pan adawodd teulu Jacob y wlad
lle roedden nhw'n siarad iaith estron –
2 daeth Jwda yn dir cysegredig,
ac Israel yn deyrnas iddo.

3 Dyma'r Môr Coch[i] yn eu gweld nhw'n dod
ac yn symud o'r ffordd.
Dyma lif yr Iorddonen yn cael ei ddal yn ôl.
4 Roedd y mynyddoedd yn neidio fel hyrddod,
a'r bryniau yn prancio fel ŵyn.

5 Beth wnaeth i ti symud o'r ffordd, fôr?
Beth wnaeth dy ddal di yn ôl, Iorddonen?
6 Beth wnaeth i chi neidio fel hyrddod, fynyddoedd?
Beth wnaeth i chi brancio fel ŵyn, fryniau?

7 Cryna, ddaear, am fod yr ARGLWYDD yn dod!
Mae Duw Jacob ar ei ffordd!
8 Y Duw wnaeth droi'r graig yn bwll o ddŵr.
Do, llifodd ffynnon ddŵr o garreg fflint!

Yr unig Dduw go iawn

115

Nid ni, O ARGLWYDD, nid ni –
ti sy'n haeddu'r anrhydedd i gyd,
am ddangos y fath gariad a ffyddlondeb.
2 Pam ddylai pobl y cenhedloedd ddweud,
"Ble mae eu Duw nhw nawr?"
3 Y gwir ydy fod Duw yn y nefoedd,
ac yn gwneud beth bynnag mae e eisiau!

4 Dydy eu heilunod nhw'n ddim ond arian ac aur
wedi'u siapio gan ddwylo dynol.
5 Mae ganddyn nhw gegau, ond allan nhw ddim siarad;
llygaid, ond allan nhw ddim gweld;
6 clustiau, ond allan nhw ddim clywed;
trwynau, ond allan nhw ddim arogli;
7 dwylo, ond allan nhw ddim teimlo;
traed, ond allan nhw ddim cerdded;
a dydy eu gyddfau ddim yn gallu gwneud sŵn!
8 Mae'r bobl sy'n eu gwneud nhw,
a'r bobl sydd yn eu haddoli nhw,
yn troi'n debyg iddyn nhw!

9 Israel, cred di yn yr ARGLWYDD!
Fe sy'n dy helpu di ac yn dy amddiffyn di.
10 Chi offeiriaid, credwch yn yr ARGLWYDD!
Fe sy'n eich helpu ac yn eich amddiffyn chi.
11 Chi sy'n addoli'r ARGLWYDD, credwch yn yr ARGLWYDD!
Fe sy'n eich helpu chi ac yn eich amddiffyn chi.

---

i 114:3 *Môr Coch* Hebraeg, "Môr y Brwyn".

12 Mae'r ARGLWYDD yn cofio amdanon ni,
a bydd yn ein bendithio ni –
bydd yn bendithio pobl Israel;
bydd yn bendithio teulu Aaron;
13 bydd yn bendithio'r rhai sy'n addoli'r ARGLWYDD,
yn ifanc ac yn hen.

14 Boed i'r ARGLWYDD roi plant i chi;
ie, i chi a'ch plant hefyd!
15 Boed i'r ARGLWYDD, wnaeth greu'r nefoedd a'r ddaear,
eich bendithio chi!
16 Yr ARGLWYDD sydd biau'r nefoedd,
ond mae wedi rhoi'r ddaear yng ngofal y ddynoliaeth.
17 Dydy'r meirw ddim yn gallu moli'r ARGLWYDD,
maen nhw wedi mynd i dawelwch y bedd.
18 Ond dŷn ni'n mynd i foli'r ARGLWYDD
o hyn allan, ac am byth!

Haleliwia!

Rhywun wedi'i achub rhag marw yn moli Duw

116 Dw i wir yn caru'r ARGLWYDD
am ei fod yn gwrando ar fy ngweddi.
2 Mae e'n troi i wrando arna i
a dw i'n mynd i ddal ati i alw arno bob amser.
3 Roedd rhaffau marwolaeth wedi'u rhwymo amdana i;
roedd ofn y bedd wedi gafael ynof fi.
Rôn i mewn helbul! Roedd fy sefyllfa'n druenus!
4 A dyma fi'n galw ar yr ARGLWYDD,
"O ARGLWYDD, plîs, achub fi!"

5 Mae'r ARGLWYDD mor hael a charedig;
ydy, mae ein Duw ni mor drugarog.
6 Mae'r ARGLWYDD yn amddiffyn pobl gyffredin;
achubodd fi pan oeddwn i'n teimlo mor isel.
7 Ond bellach dw i'n gallu ymlacio eto.
Mae'r ARGLWYDD wedi achub fy ngham!

8 Wyt, rwyt ti wedi achub fy mywyd i,
cymryd y dagrau i ffwrdd,
a'm cadw i rhag baglu.
9 Dw i'n mynd i fyw'n ffyddlon i'r ARGLWYDD
ar dir y byw.
10 Rôn i'n credu ynddo pan ddwedais,
"Dw i'n diodde'n ofnadwy,"
11 ond yna dweud mewn panig,
"Alla i ddim trystio unrhyw un."

12 Sut alla i dalu nôl i'r ARGLWYDD
am fod mor dda tuag ata i?
13 Dyma offrwm o win i ddiolch iddo am fy achub,
a dw i am alw ar enw'r ARGLWYDD.

14 Dw i am gadw fy addewidion i'r ARGLWYDD
o flaen ei bobl.

15 Mae bywyd[l] pob un o'i bobl ffyddlon
yn werthfawr yng ngolwg yr ARGLWYDD.
16 Plîs, ARGLWYDD,
dw i wir yn un o dy weision
ac yn blentyn i dy forwyn.
Rwyt ti wedi datod y clymau oedd yn fy rhwymo i.
17 Dw i'n cyflwyno offrwm i ddiolch i ti
ac yn galw ar enw'r ARGLWYDD.
18 Dw i am gadw fy addewidion i'r ARGLWYDD
o flaen y bobl sy'n ei addoli
19 yn ei deml yn Jerwsalem.
Haleliwia!

Molwch yr ARGLWYDD!

117 Molwch yr ARGLWYDD, chi genhedloedd i gyd!
Canwch fawl iddo, holl bobloedd y byd!
2 Mae ei gariad tuag aton ni mor fawr!
Mae'r ARGLWYDD bob amser yn ffyddlon.
Haleliwia!

Gweddi o ddiolch am ddaioni Duw

118 Diolchwch i'r ARGLWYDD!
Mae e mor dda aton ni!
"Mae ei haelioni yn ddiddiwedd."
2 Gadewch i Israel gyfan ddweud,
"Mae ei haelioni yn ddiddiwedd."
3 Gadewch i'r offeiriaid ddweud,
"Mae ei haelioni yn ddiddiwedd."
4 Gadewch i bawb arall sy'n addoli'r ARGLWYDD ddweud,
"Mae ei haelioni yn ddiddiwedd."

5 Rôn i mewn helbul, a dyma fi'n galw ar yr ARGLWYDD.
Dyma'r ARGLWYDD yn ateb ac yn fy helpu i ddianc.
6 Mae'r ARGLWYDD ar fy ochr,
felly fydd gen i ddim ofn.
Beth all pobl ei wneud i mi?
7 Mae'r ARGLWYDD ar fy ochr i'm helpu,
felly bydda i'n gweld fy ngelynion yn syrthio.
8 Mae'n llawer gwell troi at yr ARGLWYDD am loches
na trystio pobl feidrol!
9 Mae'n llawer gwell troi at yr ARGLWYDD am loches
na trystio'r arweinwyr.

10 Roedd y paganiaid yn ymosod arna i;
ond dyma'r ARGLWYDD yn fy helpu i'w gyrru nhw i ffwrdd.

l 116:15 Hebraeg, "marwolaeth". Gellid cyfieithu'r adnod, "Mae marwolaeth pob un o'i bobl ffyddlon yn gostus yng ngolwg yr ARGLWYDD" (cf. Salm 72:14).

11 Roedden nhw'n ymosod arna i o bob cyfeiriad;
ond dyma'r ARGLWYDD yn fy helpu i'w gyrru nhw i ffwrdd.
12 Roedden nhw o'm cwmpas i fel haid o wenyn;
ond dyma nhw'n diflannu mor sydyn â drain yn llosgi.
Dyma'r ARGLWYDD yn fy helpu i'w gyrru i ffwrdd.
13 Roedden nhw'n gwasgu arna i'n galed,
a bu bron i mi syrthio;
ond dyma'r ARGLWYDD yn fy helpu.

14 Yr ARGLWYDD sy'n rhoi nerth a chân i mi!
Fe sydd wedi fy achub i.
15 Mae pobl Dduw i'w clywed yn canu am y fuddugoliaeth yn eu pebyll,
"Mae'r ARGLWYDD mor gryf!
16 Mae'r ARGLWYDD yn fuddugol!
Mae'r ARGLWYDD mor gryf!"
17 Dw i'n fyw! Wnes i ddim marw!
Bydda i'n dweud beth wnaeth yr ARGLWYDD!
18 Roedd yr ARGLWYDD wedi fy nghosbi'n llym,
ond wnaeth e ddim gadael i mi gael fy lladd.
19 Agorwch giatiau cyfiawnder i mi
er mwyn i mi fynd i mewn i ddiolch i'r ARGLWYDD!

20 Giât yr ARGLWYDD ydy hon –
dim ond y rhai cyfiawn sy'n cael mynd drwyddi.
21 Diolch i ti am ateb fy ngweddi,
ac am fy achub i.
22 Mae'r garreg wrthododd yr adeiladwyr
wedi cael ei gwneud yn garreg sylfaen.
23 Yr ARGLWYDD wnaeth hyn,
mae'r peth yn rhyfeddol yn ein golwg!
24 Mae heddiw'n ddiwrnod i'r ARGLWYDD –
gadewch i ni ddathlu a bod yn llawen!

25 O ARGLWYDD, plîs achub ni!‖
O ARGLWYDD, gwna i ni lwyddo!
26 Mae'r un sy'n dod i gynrychioli'r ARGLWYDD
wedi'i fendithio'n fawr –
Bendith arnoch chi i gyd o deml yr ARGLWYDD!
27 Yr ARGLWYDD ydy'r Duw go iawn,
ac mae wedi rhoi ei olau i ni.
Gadewch i ni ddathlu!
Ewch at yr allor gyda changhennau coed palmwydd.
28 Ti ydy fy Nuw i a dw i'n diolch i ti!
Ti ydy fy Nuw i a dw i'n dy ganmol di!

29 Diolchwch i'r ARGLWYDD!
Mae e mor dda aton ni!
"Mae ei haelioni yn ddiddiwedd."

‖ 118:25 Hebraeg, "Hosanna!".
118:14 Exodus 15:2; Eseia 12:2

Cyfraith yr Arglwydd

119

(Aleff)

Mae'r rhai sy'n byw yn iawn,
ac yn gwneud beth mae cyfraith yr Arglwydd yn ei ddweud
wedi'u bendithio'n fawr!
2 Mae'r rhai sy'n gwneud beth mae'n ddweud,
ac yn rhoi eu hunain yn llwyr iddo
wedi'u bendithio'n fawr!
3 Dŷn nhw'n gwneud dim drwg,
ond yn ymddwyn fel mae e eisiau.
4 Ti wedi gorchymyn fod dy ofynion
i gael eu cadw'n ofalus.
5 O na fyddwn i bob amser yn ymddwyn
fel mae dy ddeddfau di'n dweud!
6 Wedyn fyddwn i ddim yn teimlo cywilydd
wrth feddwl am dy orchmynion di.
7 Dw i'n diolch i ti o waelod calon
wrth ddysgu mor deg ydy dy reolau.
8 Dw i'n mynd i gadw dy ddeddfau;
felly paid troi cefn arna i'n llwyr!

(Bet)

9 Sut mae llanc ifanc i ddal ati i fyw bywyd glân? –
drwy wneud fel rwyt ti'n dweud.
10 Dw i wedi rhoi fy hun yn llwyr i ti;
paid gadael i mi grwydro oddi wrth dy orchmynion di.
11 Dw i'n trysori dy neges di yn fy nghalon,
er mwyn peidio pechu yn dy erbyn.
12 Rwyt ti'n fendigedig, O Arglwydd!
Dysga dy ddeddfau i mi.
13 Dw i'n ailadrodd yn uchel
y rheolau rwyt ti wedi'u rhoi.
14 Mae byw fel rwyt ti'n dweud
yn rhoi mwy o lawenydd na'r cyfoeth mwya.
15 Dw i am fyfyrio ar dy ofynion,
a chadw fy llygaid ar dy ffyrdd.
16 Mae dy ddeddfau di'n rhoi'r pleser mwya i mi!
Dw i ddim am anghofio beth rwyt ti'n ddweud.

(Gimel)

17 Helpa dy was!
Cadw fi'n fyw i mi allu gwneud beth ti'n ei ddweud.
18 Agor fy llygaid, i mi allu deall
y pethau rhyfeddol rwyt ti'n eu dysgu.
19 Dw i ddim ond ar y ddaear yma dros dro.
Paid cuddio dy orchmynion oddi wrtho i.
20 Dw i'n ysu am gael gwybod
beth ydy dy ddyfarniad di.
21 Rwyt ti'n ceryddu pobl falch,
ac yn melltithio'r rhai sy'n crwydro oddi wrth dy orchmynion di.
22 Wnei di symud yr holl wawdio a'r cam-drin i ffwrdd?
Dw i'n cadw dy reolau di.

23 Er bod arweinwyr yn cynllwynio yn fy erbyn i,
mae dy was yn astudio dy ddeddfau.
24 Mae dy ofynion di'n hyfrydwch pur i mi,
ac yn rhoi arweiniad cyson i mi.

(Dalet)

25 Dw i'n methu codi o'r llwch!
Adfywia fi fel rwyt wedi addo!
26 Dyma fi'n dweud beth oedd yn digwydd, a dyma ti'n ateb.
Dysga dy ddeddfau i mi.
27 Gad i mi ddeall sut mae byw yn ffyddlon i dy ofynion,
a bydda i'n myfyrio ar y pethau rhyfeddol rwyt ti'n eu gwneud.
28 Mae tristwch yn fy lladd i!
Cod fi ar fy nhraed fel gwnest ti addo!
29 Symud unrhyw dwyll sydd ynof fi;
a rho dy ddysgeidiaeth i mi.
30 Dw i wedi dewis byw'n ffyddlon i ti,
a chadw fy llygaid ar dy reolau di.
31 Dw i'n dal gafael yn dy orchmynion;
ARGLWYDD, paid siomi fi!
32 Dw i wir eisiau byw'n ffyddlon i dy orchmynion;
helpa fi i weld y darlun mawr.

(He)

33 O ARGLWYDD, dysga fi i fyw
fel mae dy gyfraith di'n dweud;
a'i dilyn i'r diwedd.
34 Helpa fi i ddeall, a bydda i'n cadw dy ddysgeidiaeth di;
bydda i'n ymroi i wneud popeth mae'n ei ofyn.

35 Arwain fi i ddilyn llwybr dy orchmynion;
dyna dw i eisiau'i wneud.
36 Gwna fi'n awyddus i gadw dy amodau di
yn lle bod eisiau llwyddo'n faterol.
37 Cadw fi rhag edrych ar bethau diwerth!
Gad i mi brofi bywyd wrth ddilyn dy ffyrdd di!
38 Gwna beth wnest ti ei addo i dy was,
i ennyn parch ac addoliad ynof fi.
39 Cymer yr holl wawdio ofnadwy i ffwrdd,
Mae dy ddedfryd di bob amser yn iawn.
40 Dw i'n dyheu am wneud beth rwyt ti'n ei ofyn;
rho fywyd newydd i mi drwy dy ffyddlondeb.

(Faf)

41 Gad i mi brofi dy gariad, O ARGLWYDD.
Achub fi, fel rwyt ti wedi addo.
42 Wedyn bydda i'n gallu ateb y rhai sy'n fy enllibio,
gan fy mod i'n credu beth rwyt ti'n ei ddweud.
43 Paid rhwystro fi rhag dweud beth sy'n wir,
dw i wedi rhoi fy ngobaith yn dy ddyfarniad di.
44 Wedyn bydda i'n ufudd i dy ddysgeidiaeth di
am byth bythoedd!
45 Gad i mi gerdded yn rhydd
am fy mod i wedi ymroi i wneud beth rwyt ti eisiau.

46 Bydda i'n dweud wrth frenhinoedd am dy ofynion.
Fydd gen i ddim cywilydd.
47 Mae dy orchmynion yn rhoi'r pleser mwya i mi,
dw i wir yn eu caru nhw!
48 Dw i'n cydnabod ac yn caru dy orchmynion,
ac yn myfyrio ar dy ddeddfau.

(Tsayin)

49 Cofia beth ddwedaist ti wrth dy was –
dyna beth sydd wedi rhoi gobaith i mi.
50 Yr hyn sy'n gysur i mi pan dw i'n isel
ydy fod dy addewidion di yn rhoi bywyd i mi.
51 Mae pobl falch wedi bod yn fy ngwawdio i'n greulon,
ond dw i ddim wedi gwyro oddi wrth dy ddysgeidiaeth di.
52 Dw i'n cofio dy reolau ers talwm, O Arglwydd,
ac mae hynny'n rhoi cysur i mi.
53 Dw i'n gwylltio'n lân wrth feddwl am y bobl ddrwg hynny
sy'n gwrthod dy ddysgeidiaeth di.
54 Dy ddeddfau di fu'n destun i'm cân
ble bynnag dw i wedi byw!
55 Dw i'n cofio dy enw di yn y nos, O Arglwydd,
ac yn gwneud beth rwyt ti'n ei ddysgu.
56 Dyna dw i wedi'i wneud bob amser –
ufuddhau i dy ofynion di.

(Chet)

57 Ti, Arglwydd, ydy fy nghyfran i:
Dw i'n addo gwneud fel rwyt ti'n dweud.
58 Dw i'n erfyn arnat ti o waelod calon:
dangos drugaredd ata i, fel rwyt wedi addo gwneud.
59 Dw i wedi bod yn meddwl am fy mywyd,
ac wedi penderfynu troi yn ôl at dy ofynion di.
60 Heb unrhyw oedi, dw i'n brysio
i wneud beth rwyt ti'n ei orchymyn.
61 Mae pobl ddrwg yn gosod trapiau i bob cyfeiriad,
ond dw i ddim yn anghofio dy ddysgeidiaeth di.
62 Ganol nos dw i'n codi i ddiolch
am dy fod ti'n dyfarnu'n gyfiawn.
63 Dw i'n ffrind i bawb sy'n dy ddilyn di,
ac yn gwneud beth rwyt ti'n ei ofyn.
64 Mae dy gariad di, O Arglwydd, yn llenwi'r ddaear!
Dysga dy ddeddfau i mi.

(Tet)

65 Rwyt wedi bod yn dda tuag ata i
fel y gwnest ti addo, O Arglwydd.
66 Rho'r gallu i mi wybod beth sy'n iawn;
dw i'n trystio dy orchmynion di.
67 Rôn i'n arfer mynd ar gyfeiliorn, ac roeddwn i'n dioddef,
ond bellach dw i'n gwneud beth rwyt ti'n ddweud.
68 Rwyt ti'n dda, ac yn gwneud beth sy'n dda:
dysga dy ddeddfau i mi.
69 Mae pobl falch wedi bod yn palu celwydd amdana i,
ond dw i'n gwneud popeth alla i i gadw dy orchmynion.

70 Pobl cwbl ddideimlad ydyn nhw,
ond dw i wrth fy modd gyda dy ddysgeidiaeth di.
71 Roedd yn beth da i mi orfod dioddef,
er mwyn i mi ddysgu cadw dy ddeddfau.
72 Mae beth rwyt ti'n ei ddysgu yn fwy gwerthfawr
na miloedd o ddarnau arian ac aur.

(Iod)

73 Ti sydd wedi fy ngwneud i a'm siapio i;
helpa fi i ddeall er mwyn dysgu dy orchmynion di.
74 Bydd pawb sy'n dy barchu mor hapus wrth weld y newid ynof fi,
am mai dy eiriau di sy'n rhoi gobaith i mi.
75 O Arglwydd, dw i'n gwybod fod beth rwyt ti'n ei benderfynu yn iawn;
roeddet ti'n fy nisgyblu i am dy fod ti mor ffyddlon i mi.
76 Gad i dy gariad ffyddlon di roi cysur i mi,
fel gwnest ti addo i dy was.
77 Mae dy ddysgeidiaeth di'n rhoi'r pleser mwya i mi
felly gad i mi brofi dy dosturi, a chael byw.
78 Gad i'r rhai balch gael eu cywilyddio am wneud drwg i mi ar gam!
Dw i'n mynd i astudio dy ofynion di.
79 Gwna i'r rhai sy'n dy barchu ac yn dilyn dy reolau
fy nerbyn i yn ôl.
80 Gwna i mi roi fy hun yn llwyr i ddilyn dy ddeddfau
fel bydd dim cywilydd arna i.

(Caff)

81 Dw i'n dyheu i ti fy achub i!
Dy eiriau di sy'n rhoi gobaith i mi!
82 Mae fy llygaid yn blino wrth ddisgwyl i ti wneud beth rwyt wedi'i addo:
"Pryd wyt ti'n mynd i'm cysuro i?" meddwn i.
83 Dw i fel potel groen wedi crebachu gan fwg!
Ond dw i ddim wedi diystyru dy ddeddfau.
84 Am faint mwy mae'n rhaid i mi ddisgwyl?
Pryd wyt ti'n mynd i gosbi'r rhai sy'n fy erlid i?
85 Dydy'r bobl falch yna ddim yn cadw dy gyfraith di;
maen nhw wedi cloddio tyllau i geisio fy nal i.
86 Dw i'n gallu dibynnu'n llwyr ar dy orchmynion di;
mae'r bobl yma'n fy erlid i ar gam! Helpa fi!
87 Maen nhw bron â'm lladd i;
ond dw i ddim wedi troi cefn ar dy orchmynion di.
88 Yn dy gariad ffyddlon, cadw fi'n fyw,
a bydda i'n gwneud popeth rwyt ti'n ei ofyn.

(Lamed)

89 Dw i'n gallu dibynnu ar dy eiriau di, Arglwydd;
maen nhw'n ddiogel yn y nefoedd am byth.
90 Ti wedi bod yn ffyddlon ar hyd y cenedlaethau!
Ti roddodd y ddaear yn ei lle, ac mae'n aros yno.
91 Mae popeth yn disgwyl dy arweiniad di,
mae'r cwbl yn dy wasanaethu di.
92 Byddwn i wedi marw o iselder
oni bai fy mod wrth fy modd gyda dy ddysgeidiaeth.
93 Wna i byth anghofio dy reolau di,
rwyt ti wedi rhoi bywyd newydd i mi drwyddyn nhw.

94 Ti sydd biau fi. Achub fi!
Dw i wedi ymroi i wneud beth wyt ti eisiau.
95 Mae dynion drwg eisiau fy ninistrio,
ond dw i'n myfyrio ar dy orchmynion.
96 Mae yna ben draw i bopeth arall,
ond mae dy orchmynion di'n ddiderfyn!

(Mem)

97 O, dw i wrth fy modd hefo dy ddysgeidiaeth di!
Dw i'n myfyrio ynddi drwy'r dydd.
98 Mae dy orchmynion di gyda mi bob amser;
maen nhw'n fy ngwneud i'n gallach na'm gelynion;
99 Dw i wedi dod i ddeall mwy na'm hathrawon i gyd,
am fy mod i'n myfyrio ar dy ddeddfau di.
100 Dw i wedi dod i ddeall yn well na'r rhai mewn oed,
am fy mod i'n cadw dy ofynion di.
101 Dw i wedi cadw draw o bob llwybr drwg
er mwyn gwneud beth rwyt ti'n ddweud.
102 Dw i ddim wedi troi cefn ar dy reolau di,
am mai ti dy hun sydd wedi fy nysgu i.
103 Mae'r pethau rwyt ti'n eu dweud mor dda,
maen nhw'n felys fel mêl.
104 Dy orchmynion di sy'n rhoi deall i mi,
ac felly dw i'n casáu pob ffordd ffals.

(Nwn)

105 Mae dy eiriau di yn lamp i'm traed,
ac yn goleuo fy llwybr.
106 Dw i wedi addo ar lw
y bydda i'n derbyn dy ddedfryd gyfiawn.
107 Dw i'n dioddef yn ofnadwy;
O Arglwydd, adfywia fi, fel rwyt wedi addo!
108 O Arglwydd, derbyn fy offrwm o fawl,
a dysga dy ddeddfau i mi.
109 Er bod fy mywyd mewn perygl drwy'r adeg,
dw i ddim wedi diystyru dy ddysgeidiaeth di.
110 Mae pobl ddrwg wedi gosod trap i mi,
ond dw i ddim wedi crwydro oddi wrth dy ofynion.
111 Mae dy ddeddfau di wedi cael eu rhoi i mi am byth;
maen nhw'n bleser pur i mi!
112 Dw i'n benderfynol o ddilyn dy ddeddfau:
mae'r wobr yn para am byth.

(Samech)

113 Dw i'n casáu pobl ddauwynebog,
ond dw i wrth fy modd hefo dy ddysgeidiaeth di.
114 Ti ydy'r lle saff i mi guddio! Ti ydy'r darian sy'n fy amddiffyn!
Dy eiriau di sy'n rhoi gobaith i mi!
115 Ewch i ffwrdd, chi sy'n gwneud drwg!
Dw i'n bwriadu cadw gorchmynion fy Nuw.
116 Cynnal fi, fel rwyt wedi addo, i mi gael byw;
paid gadael i mi gael fy siomi.
117 Cynnal fi a chadw fi'n saff,
a bydda i'n myfyrio ar dy ddeddfau di bob amser.

118 Ti'n gwrthod y rhai sy'n crwydro oddi wrth dy ddeddfau –
pobl ffals a thwyllodrus ydyn nhw.
119 Ti'n taflu pobl ddrwg y byd i ffwrdd fel sothach!
Felly dw i wrth fy modd hefo dy ddeddfau di.
120 Mae meddwl amdanat ti'n codi croen gŵydd arna i;
mae dy reolau di'n ddigon i godi ofn arna i.

(Ayin)

121 Dw i wedi gwneud beth sy'n iawn ac yn dda;
paid gadael fi yn nwylo'r rhai sydd am wneud drwg i mi.
122 Plîs, addo y byddi'n cadw dy was yn saff.
Stopia'r bobl falch yma rhag fy ngormesu.
123 Mae fy llygaid wedi blino disgwyl i ti fy achub i,
ac i dy addewid sicr ddod yn wir.
124 Dangos dy haelioni rhyfeddol at dy was;
dysga dy ddeddfau i mi.
125 Dy was di ydw i. Helpa fi i ddeall
a gwybod yn union beth rwyt ti'n ei orchymyn.
126 Mae'n bryd i ti weithredu, Arglwydd!
Mae'r bobl yma'n torri dy reolau.
127 Dw i'n meddwl y byd o dy orchmynion di;
mwy nag aur, yr aur mwyaf coeth.
128 Dw i'n dilyn dy ofynion di yn fanwl;
dw i'n casáu pob ffordd ffals.

(Pe)

129 Mae dy ddeddfau di yn rhyfeddol,
a dyna pam dw i'n eu cadw nhw.
130 Mae dy eiriau di yn goleuo materion,
ac yn rhoi deall i bobl gyffredin.
131 Dw i'n dyheu, dw i'n disgwyl yn gegagored
ac yn ysu am dy orchmynion di.
132 Tro ata i, a bydd yn garedig ata i;
dyna rwyt ti'n ei wneud i'r rhai sy'n caru dy enw di.
133 Dangos di'r ffordd ymlaen i mi;
paid gadael i'r rhai drwg gael y llaw uchaf arna i!
134 Gollwng fi'n rhydd o afael y rhai sy'n fy ngormesu,
er mwyn i mi wneud beth rwyt ti'n ei ddweud.
135 Bydd yn garedig at dy was,
a dysga dy ddeddfau i mi.
136 Mae'r dagrau yn llifo fel afon gen i
am fod pobl ddim yn ufudd i dy ddysgeidiaeth di.

(Tsadi)

137 Rwyt ti yn gyfiawn, O Arglwydd;
ac mae dy reolau di yn gwbl deg.
138 Mae'r deddfau rwyt ti wedi'u rhoi yn gyfiawn,
ac yn gwbl ddibynadwy.
139 Dw i'n gwylltio'n lân
wrth weld fy ngelynion yn diystyru beth rwyt ti'n ddweud.
140 Mae dy eiriau di wedi'u profi'n wir,
ac mae dy was wrth ei fodd gyda nhw.
141 Er fy mod i'n cael fy mychanu a'm dirmygu,
dw i ddim wedi diystyru dy orchmynion di.

142 Mae dy gyfiawnder di yn para am byth;
mae dy ddysgeidiaeth di yn wir.
143 Pan dw i mewn trafferthion ac mewn trybini,
mae dy orchmynion di'n hyfrydwch pur i mi.
144 Mae dy reolau cyfiawn yn para am byth;
rho'r gallu i mi eu deall, i mi gael byw.

(Coff)

145 Dw i'n gweiddi arnat ti o waelod calon!
"Ateb fi, ARGLWYDD,
er mwyn i mi gadw dy ddeddfau."
146 Dw i'n gweiddi arnat ti, "Achub fi,
er mwyn i mi gadw dy reolau."
147 Dw i'n codi cyn iddi wawrio i alw am dy help!
Dy eiriau di sy'n rhoi gobaith i mi!
148 Dw i'n dal yn effro cyn i wylfa'r nos ddechrau,
ac yn myfyrio ar dy eiriau.
149 Gwranda arna i, yn unol â dy gariad ffyddlon;
O ARGLWYDD, rho fywyd i mi, yn unol â dy gyfiawnder!
150 Mae'r rhai sydd am wneud drwg i mi yn dod yn nes!
Maen nhw'n bell iawn o dy ddysgeidiaeth di.
151 Ond rwyt ti bob amser yn agos, ARGLWYDD,
ac mae dy orchmynion di i gyd yn wir.
152 Dw i wedi dysgu ers talwm
fod dy reolau di yn aros am byth.

(Resh)

153 Edrych fel dw i'n dioddef, ac achub fi!
Dw i ddim wedi diystyru dy ddysgeidiaeth di.

154 Dadlau fy achos a helpa fi!
Cadw fi'n saff, fel rwyt wedi addo gwneud.
155 Does gan y rhai drwg ddim gobaith cael eu hachub gen ti;
dŷn nhw ddim yn ymroi i wneud beth rwyt ti eisiau.
156 Rwyt ti mor drugarog, O ARGLWYDD;
adfywia fi yn unol â dy gyfiawnder!
157 Mae gen i lawer iawn o elynion yn fy erlid i;
ond dw i ddim wedi gwyro oddi wrth dy ddeddfau di.
158 Mae gweld pobl heb ffydd yn codi pwys arna i,
am eu bod nhw ddim yn cadw dy reolau di.
159 Dw i wrth fy modd hefo dy ofynion!
O ARGLWYDD, cadw fi'n saff, fel rwyt wedi addo.
160 Mae popeth rwyt ti'n ddweud yn gwbl ddibynadwy;
mae pob un o dy reolau cyfiawn yn para am byth.

(Sin)

161 Mae'r awdurdodau wedi fy erlid i ar gam!
Ond mae dy eiriau di'n rhoi gwefr i mi.
162 Mae dy eiriau di yn fy ngwneud i mor hapus,
fel rhywun sydd wedi dod o hyd i drysor gwerthfawr.
163 Dw i'n casáu ac yn ffieiddio diffyg ffydd;
ond dw i wrth fy modd hefo dy ddysgeidiaeth di.
164 Dw i'n dy addoli di saith gwaith y dydd
am dy fod ti'n dyfarnu'n gyfiawn.

165 Mae'r rhai sy'n caru dy ddysgeidiaeth di yn gwbl saff;
does dim yn gwneud iddyn nhw faglu.
166 Dw i'n edrych ymlaen at gael fy achub gen ti, O ARGLWYDD!
Dw i'n cadw dy orchmynion di;
167 dw i'n ufuddhau i dy ddeddfau di
ac yn eu caru nhw'n fawr.
168 Dw i'n ufuddhau i dy orchmynion a dy ddeddfau di.
Ti'n gwybod yn iawn am bopeth dw i'n wneud.

(Taf)

169 Gwranda arna i'n pledio o dy flaen di, O ARGLWYDD;
helpa fi i ddeall, fel rwyt ti'n addo gwneud.
170 Dw i'n cyflwyno beth dw i'n ofyn amdano i ti.
Achub fi fel rwyt wedi addo.
171 Bydd moliant yn llifo oddi ar fy ngwefusau,
am dy fod ti'n dysgu dy ddeddfau i mi.
172 Bydd fy nhafod yn canu am dy eiriau,
am fod dy reolau di i gyd yn gyfiawn.
173 Estyn dy law i'm helpu.
Dw i wedi dewis dilyn dy orchmynion di.
174 Dw i'n dyheu i ti fy achub i, ARGLWYDD;
mae dy ddysgeidiaeth di'n hyfrydwch pur i mi.
175 Gad i mi fyw, i mi gael dy foli!
gad i dy reolau di fy helpu i.
176 Dw i wedi crwydro fel dafad oedd ar goll.
Tyrd i edrych amdana i!
Dw i ddim wedi diystyru dy orchmynion di.

Gweddi am help

120

Cân yr orymdaith.
Yn fy argyfwng dyma fi'n galw ar yr ARGLWYDD
ac atebodd fi!

2 "O ARGLWYDD, achub fi rhag gwefusau celwyddog,
a thafodau twyllodrus!"
3 Dyma gei di ganddo
– ie, dyma fydd dy gosb –
ti, dafod twyllodrus:
4 saethau miniog y milwyr
wedi'u llunio ar dân golosg!

5 Dw i wedi bod mor ddigalon,
yn gorfod byw dros dro yn Meshech,
ac aros yng nghanol pebyll Cedar.[m]
6 Dw i wedi cael llond bol ar fyw
yng nghanol pobl sy'n casáu heddwch.
7 Dw i'n siarad am heddwch,
ac maen nhw eisiau rhyfela!

m 120:5 *Meshech ... Cedar* Meshech: gwlad i'r de o'r Môr Du; Cedar: llwyth o bobl oedd yn byw yn yr anialwch i'r de-ddwyrain o Israel.

Yr ARGLWYDD sy'n gofalu amdanat

121

Cân yr orymdaith.
Dw i'n edrych i fyny i'r mynyddoedd.
O ble daw help i mi?
2 Daw help oddi wrth yr ARGLWYDD,
yr Un wnaeth greu'r nefoedd a'r ddaear.

3 Fydd e ddim yn gadael i dy droed lithro;
dydy'r Un sy'n gofalu amdanat ddim yn cysgu.
4 Wrth gwrs! Dydy'r un sy'n gofalu am Israel
ddim yn gorffwys na chysgu!
5 Yr ARGLWYDD sy'n gofalu amdanat ti;
mae'r ARGLWYDD wrth dy ochr di
yn dy amddiffyn di.

6 Fydd yr haul ddim yn dy lethu di ganol dydd,
na'r lleuad yn effeithio arnat ti yn y nos.
7 Bydd yr ARGLWYDD yn dy amddiffyn rhag pob perygl;
bydd yn dy gadw di'n fyw.
8 Bydd yr ARGLWYDD yn dy gadw di'n saff
ble bynnag ei di,
o hyn allan ac am byth.

Canmol Jerwsalem

122

Cân yr orymdaith. Salm Dafydd.
Rôn i wrth fy modd pan ddwedon nhw wrtho i,
"Gadewch i ni fynd i deml yr ARGLWYDD."
2 Dyma ni'n sefyll y tu mewn i dy giatiau,
O Jerwsalem!

3 Mae Jerwsalem yn ddinas wedi'i hadeiladu,
i bobl ddod at ei gilydd ynddi.
4 Mae'r llwythau'n mynd ar bererindod iddi,
ie, llwythau'r ARGLWYDD.
Mae'n ddyletswydd ar bobl Israel
i roi diolch i'r ARGLWYDD.
5 Dyma lle mae'r llysoedd barn yn eistedd,
llysoedd barn llywodraeth Dafydd.

6 Gweddïwch am heddwch i Jerwsalem:
"Boed i'r rhai sy'n dy garu di lwyddo.
7 Boed heddwch y tu mewn i dy waliau,
a diogelwch o fewn dy gaerau."
8 Er mwyn fy mhobl a'm ffrindiau
dw i'n gweddïo am heddwch i ti.
9 Er mwyn teml yr ARGLWYDD ein Duw,
dw i'n gofyn am lwyddiant i ti.

Gweddi am drugaredd

123

Cân yr orymdaith.
Dw i'n edrych i fyny arnat ti
sydd wedi dy orseddu yn y nefoedd.

2 Fel mae llygaid caethweision yn edrych ar law eu meistri,
neu lygaid caethforwyn yn edrych ar law ei meistres,
mae ein llygaid ni yn edrych ar yr ARGLWYDD ein Duw,
ac yn disgwyl iddo ddangos ei ffafr.

3 Bydd yn garedig aton ni, O ARGLWYDD,
dangos drugaredd!
Dŷn ni wedi cael ein sarhau hen ddigon.
4 Dŷn ni wedi cael llond bol ar fod
yn destun sbort i bobl hunanfodlon,
a chael ein sarhau gan rai balch.

Mae'r ARGLWYDD gyda'i bobl

124

Cân yr orymdaith. Salm Dafydd.
Oni bai fod yr ARGLWYDD ar ein hochr ni
– gall Israel ddweud yn glir –
2 oni bai fod yr ARGLWYDD ar ein hochr ni
pan oedd dynion yn ymosod arnon ni,
3 bydden nhw wedi'n llyncu ni'n fyw.
Roedden nhw mor ffyrnig yn ein herbyn!
4 Bydden ni wedi'n llethu'n llwyr gan y dyfroedd
ac wedi boddi yn y llifogydd!
5 Byddai rhuthr y dŵr wedi'n llethu.

6 Bendith ar yr ARGLWYDD!
Wnaeth e ddim gadael
i'w dannedd ein rhwygo ni.
7 Dŷn ni fel aderyn wedi dianc o drap yr heliwr;
torrodd y trap a dyma ni'n llwyddo i ddianc.
8 Yr ARGLWYDD wnaeth ein helpu –
crëwr y nefoedd a'r ddaear.

Mae pobl Dduw yn saff

125

Cân yr orymdaith.
Mae'r rhai sy'n trystio'r ARGLWYDD
fel Mynydd Seion –
does dim posib ei symud,
mae yna bob amser.
2 Fel mae Jerwsalem gyda bryniau o'i chwmpas,
mae'r ARGLWYDD yn cofleidio'i bobl
o hyn allan ac am byth.

3 Fydd teyrnwialen drygioni ddim yn cael aros
ar y tir sydd wedi'i roi i'r rhai cyfiawn,
rhag i'r rhai cyfiawn droi at ddrygioni.

4 Bydd yn dda, O ARGLWYDD, at y rhai da,
sef y rhai hynny sy'n byw yn iawn.
5 Ond am y bobl sy'n dilyn eu ffyrdd troëdig –
boed i'r ARGLWYDD eu symud nhw o'r ffordd
gyda'r rhai sy'n gwneud drwg.

Heddwch i Israel!

Gweddi am help Duw

126

Cân yr orymdaith.
Ar ôl i'r ARGLWYDD roi llwyddiant i Seion eto,
roedden ni fel rhai'n breuddwydio –
2 roedden ni'n chwerthin yn uchel,
ac yn canu'n llon.
Roedd pobl y cenhedloedd yn dweud:
"Mae'r ARGLWYDD wedi gwneud pethau mawr iddyn nhw!"
3 Ydy, mae'r ARGLWYDD wedi gwneud pethau mawr i ni.
Dŷn ni mor hapus!

4 O ARGLWYDD, wnei di roi llwyddiant i ni eto,
fel pan mae ffrydiau dŵr yn llifo yn anialwch y Negef?
5 Bydd y rhai sy'n wylo wrth hau
yn canu'n llawen wrth fedi'r cynhaeaf.
6 Mae'r un sy'n cario'i sach o hadau
yn crio wrth fynd i hau.
Ond bydd yr un sy'n cario'r ysgubau
yn dod adre dan ganu'n llon!

Canmol daioni Duw

127

Cân yr orymdaith. Salm Solomon.
Os ydy'r ARGLWYDD ddim yn adeiladu'r tŷ,
mae'r adeiladwyr yn gweithio'n galed i ddim pwrpas.
Os ydy'r ARGLWYDD ddim yn amddiffyn dinas,
mae'r gwyliwr yn cadw'n effro i ddim byd.
2 Does dim pwynt codi'n fore
nac aros ar eich traed yn hwyr
i weithio'n galed er mwyn cael bwyd i'w fwyta.
Ie, Duw sy'n darparu ar gyfer y rhai mae'n eu caru,
a hynny tra maen nhw'n cysgu.

3 Ac ie, yr ARGLWYDD sy'n rhoi meibion i bobl;
gwobr ganddo fe ydy ffrwyth y groth.
4 Mae meibion sy'n cael eu geni i ddyn pan mae'n ifanc
fel saethau yn llaw'r milwr.
5 Mae'r dyn sy'n llenwi ei gawell gyda nhw
wedi'i fendithio'n fawr!
Fydd e ddim yn cael ei gywilyddio
wrth ddadlau gyda'i elynion wrth giât y ddinas.

Y fendith o fod yn ufudd i'r ARGLWYDD

128

Cân yr orymdaith.
Mae'r un sy'n parchu'r ARGLWYDD
ac yn gwneud beth mae e eisiau,
wedi'i fendithio'n fawr.
2 Byddi'n bwyta beth fuost ti'n
gweithio mor galed i'w dyfu.
Byddi'n cael dy fendithio, a byddi'n llwyddo!

3 Bydd dy wraig fel gwinwydden ffrwythlon yn dy dŷ.
Bydd dy feibion o gwmpas dy fwrdd
fel blagur ar goeden olewydd.
4 Dyna i ti sut mae'r dyn sy'n parchu'r ARGLWYDD
yn cael ei fendithio!

5 Boed i'r ARGLWYDD dy fendithio di o Seion!
Cei weld Jerwsalem yn llwyddo
am weddill dy fywyd,
6 A byddi'n cael byw i weld dy wyrion.
Heddwch i Israel!

Gweddi yn erbyn y gelynion

129

Cân yr orymdaith.
"Maen nhw wedi ymosod arna i lawer gwaith
ers pan oeddwn i'n ifanc,"
gall Israel ddweud.
2 "Maen nhw wedi ymosod arna i lawer gwaith
ers pan oeddwn i'n ifanc,
ond dŷn nhw ddim wedi fy nhrechu i."
3 Mae dynion wedi aredig ar fy nghefn
ac agor cwysi hir.
4 Ond mae'r ARGLWYDD yn ffyddlon,
ac wedi torri'r rhaffau sy'n tynnu aradr y rhai drwg.

5 Gwna i bawb sy'n casáu Seion
gael eu cywilyddio a'u gyrru yn ôl!
6 Gwna nhw fel glaswellt ar ben to
yn gwywo cyn ei dynnu:
7 dim digon i lenwi dwrn yr un sy'n medi,
na breichiau'r un sy'n casglu'r ysgubau!
8 A fydd y rhai sy'n pasio heibio ddim yn dweud,
"Bendith yr ARGLWYDD arnoch chi!
Bendith arnoch chi yn enw'r ARGLWYDD."

Gweddi am help

130

Cân yr orymdaith.
Dw i mewn dyfroedd dyfnion, ARGLWYDD,
a dw i'n galw arnat ti.
2 O ARGLWYDD, gwrando ar fy nghri.
Gwranda arna i'n galw arnat ti.
Dw i'n erfyn yn daer am drugaredd!

3 O ARGLWYDD, os wyt ti'n cadw golwg ar bechodau,
pa obaith sydd i unrhyw un?
4 Ond rwyt ti'n barod i faddau,
ac felly mae pobl yn dy addoli di.

5 Dw i'n troi at yr ARGLWYDD;
dw i'n troi ato ac yn disgwyl yn llawn gobaith.
Dw i'n trystio beth mae e'n ddweud.

6 Dw i'n dyheu i'r Meistr ddod
fwy na'r gwylwyr yn disgwyl am y bore,
ie, y gwylwyr am y bore.

7 O Israel, trystia'r ARGLWYDD!
Mae cariad yr ARGLWYDD mor ffyddlon,
ac mae e mor barod i'n gollwng ni'n rhydd!
8 Fe ydy'r un fydd yn rhyddhau Israel
o ganlyniadau ei holl ddrygioni!

Trystio'r ARGLWYDD

131

Cân yr orymdaith. Salm Dafydd.
O ARGLWYDD, dw i ddim yn berson balch
nac yn edrych i lawr ar bobl eraill.
Dw i ddim yn chwilio am enwogrwydd
nac yn gwneud pethau sy'n rhy anodd i mi.

2 Dw i wedi dysgu bod yn dawel a diddig,
fel plentyn bach yn saff ym mreichiau ei fam.
Ydw, dw i'n dawel a bodlon
fel plentyn yn cael ei gario.

3 O Israel, trystia'r ARGLWYDD
o hyn allan ac am byth.

Canmol y Deml

132

Cân yr orymdaith.
O ARGLWYDD, paid anghofio Dafydd.
Roedd e wedi cael amser mor galed.
2 Roedd e wedi addo i'r ARGLWYDD
a thyngu llw i Un Cryf Jacob:
3 "Dw i ddim am fynd i'r tŷ,
na dringo i'm gwely;
4 dw i ddim am adael i'm llygaid orffwys,
na chau fy amrannau,
5 nes dod o hyd i le i'r ARGLWYDD,
ie, rhywle i Un Cryf Jacob fyw."

6 Clywson fod yr Arch yn Effrata;
a dod o hyd iddi yng nghefn gwlad Jaar.[n]
7 Gadewch i ni fynd i mewn i'w dabernacl,
ac ymgrymu wrth ei stôl droed!

8 O ARGLWYDD, dos i fyny i dy deml
gyda dy Arch bwerus!
9 Boed i dy offeiriaid wisgo cyfiawnder,
boed i'r rhai sy'n ffyddlon i ti weiddi'n llawen!
10 Paid troi cefn ar yr un rwyt wedi'i eneinio
o achos Dafydd dy was.

---

n 132:6 *Jaar* Cyfeiriad at Ciriath-iearîm (gw. 1 Samuel 6:21 — 7:2).
132:7 1 Cronicl 28:2

11 Roedd yr Arglwydd wedi addo i Dafydd
– aeth ar ei lw, a dydy e ddim yn torri ei air –
"Dw i'n mynd i osod un o dy ddisgynyddion di ar dy orsedd.
12 Os bydd dy feibion yn cadw'r ymrwymiad wnaethon ni
a'r amodau dw i wedi'u gosod iddyn nhw,
bydd dy linach frenhinol yn para am byth."
13 Mae'r Arglwydd wedi dewis Seion;
mae e wedi penderfynu aros yno.
14 "Dyma lle bydda i'n gorffwys am byth," meddai,
"dw i'n mynd i deyrnasu yma. Ie, dyna dw i eisiau.
15 Dw i'n mynd i'w gwneud hi'n ddinas lwyddiannus,
a rhoi digonedd o fwyd i'r rhai anghenus ynddi.
16 Dw i'n mynd i roi achubiaeth yn wisg i'w hoffeiriaid,
a bydd ei rhai ffyddlon yn gweiddi'n llawen!
17 Dw i'n mynd i godi olynydd cryf i Dafydd;
bydd fel lamp wedi'i rhoi i oleuo'r bobl.
18 Bydda i'n gwisgo ei elynion mewn cywilydd,
ond bydd coron yn disgleirio ar ei ben e."

Y fendith o fod gyda'n gilydd

133

Cân yr orymdaith. Salm Dafydd.
Mae mor dda, ydy, mae mor hyfryd
pan mae pobl Dduw yn eistedd gyda'i gilydd.
2 Mae fel olew persawrus
yn llifo i lawr dros y farf –
dros farf Aaron
ac i lawr dros goler ei fantell.
3 Mae fel gwlith Hermon
yn disgyn ar fryniau Seion!
Dyna lle mae'r Arglwydd
wedi gorchymyn i'r fendith fod –
bywyd am byth!

Galwad i foli Duw

134

Cân yr orymdaith.
Dewch! Bendithiwch yr Arglwydd,
bawb ohonoch chi sy'n gwasanaethu'r Arglwydd,
ac yn sefyll drwy'r nos yn nheml yr Arglwydd.
2 Codwch eich dwylo, a'u hestyn allan tua'r cysegr!
Bendithiwch yr Arglwydd!
3 Boed i'r Arglwydd, sydd wedi creu'r nefoedd a'r ddaear,
eich bendithio chi o Seion!

Emyn o fawl

135

Haleliwia!
Molwch enw'r Arglwydd!
Addolwch e, chi sy'n gwasanaethu'r Arglwydd
2 ac sy'n sefyll yn nheml yr Arglwydd,
yn yr iard sydd yn nhŷ Dduw.

3 Molwch yr ARGLWYDD, am fod yr ARGLWYDD mor dda!
Canwch i'w enw, mae'n hyfryd cael gwneud hynny!
4 Mae'r ARGLWYDD wedi dewis pobl Jacob iddo'i hun,
ac Israel fel ei drysor sbesial.

5 Dw i'n gwybod fod yr ARGLWYDD yn fawr;
mae ein Duw ni yn well na'r 'duwiau' eraill i gyd.
6 Mae'r ARGLWYDD yn gwneud beth bynnag mae e eisiau,
yn y nefoedd, ar y ddaear,
ac i lawr i waelodion y moroedd dwfn.
7 Mae e'n gwneud i'r cymylau godi ym mhen draw'r ddaear;
mae'n anfon mellt gyda'r glaw,
ac yn dod â'r gwynt allan o'i stordai.

8 Fe wnaeth daro plentyn hynaf pob teulu yn yr Aifft,
a'r anifeiliaid cyntafanedig hefyd.
9 Gwnaeth arwyddion gwyrthiol yn yr Aifft
yn erbyn y Pharo a'i weision i gyd;
10 Concrodd lawer o wledydd
a lladd nifer o frenhinoedd –
11 Sihon, brenin yr Amoriaid,
Og, brenin Bashan,
a theuluoedd brenhinol Canaan i gyd.
12 Rhoddodd eu tir yn etifeddiaeth –
yn etifeddiaeth i'w bobl Israel.

13 O ARGLWYDD, mae dy enw di'n para am byth,
ac yn cael ei gofio ar hyd y cenedlaethau.
14 Mae'r ARGLWYDD yn amddiffyn ei bobl
ac yn tosturio wrth ei weision.
15 Dydy eilunod y cenhedloedd yn ddim byd ond arian ac aur,
wedi'u siapio gan ddwylo dynol.
16 Mae ganddyn nhw gegau, ond allan nhw ddim siarad;
llygaid, ond allan nhw ddim gweld;
17 clustiau, ond allan nhw ddim clywed.
Does dim bywyd ynddyn nhw!
18 Mae'r bobl sy'n eu gwneud nhw,
a'r bobl sydd yn eu haddoli hefyd,
yn troi'n debyg iddyn nhw!

19 Bendithiwch yr ARGLWYDD, chi bobl Israel!
Bendithiwch yr ARGLWYDD, chi offeiriaid!
20 Bendithiwch yr ARGLWYDD, chi Lefiaid!
Bendithiwch yr ARGLWYDD, chi rai ffyddlon yr ARGLWYDD!
21 Boed i'r ARGLWYDD, sy'n byw yn Jerwsalem,
gael ei fendithio yn Seion!

Haleliwia!

Diolch am ddaioni'r ARGLWYDD

136

Diolchwch i'r ARGLWYDD!
Mae e mor dda aton ni!
"Mae ei haelioni yn ddiddiwedd."

2 Rhowch ddiolch i'r Duw sy'n uwch na'r duwiau i gyd!
"Mae ei haelioni yn ddiddiwedd."
3 Rhowch ddiolch i Arglwydd yr Arglwyddi!
"Mae ei haelioni yn ddiddiwedd."

4 Fe ydy'r unig un sydd wedi gwneud gwyrthiau rhyfeddol.
"Mae ei haelioni yn ddiddiwedd."
5 Fe sydd wedi creu'r nefoedd drwy ei allu.
"Mae ei haelioni yn ddiddiwedd."
6 Fe sydd wedi lledu'r ddaear dros y dyfroedd.
"Mae ei haelioni yn ddiddiwedd."
7 Fe sydd wedi gwneud y goleuadau mawr –
"Mae ei haelioni yn ddiddiwedd."
8 Yr haul i reoli'r dydd,
"Mae ei haelioni yn ddiddiwedd."
9 a'r lleuad a'r sêr i reoli'r nos.
"Mae ei haelioni yn ddiddiwedd."

10 Fe wnaeth daro plant hynaf yr Aifft,
"Mae ei haelioni yn ddiddiwedd."
11 a dod ag Israel allan o'u canol nhw,
"Mae ei haelioni yn ddiddiwedd."
12 gyda nerth a chryfder rhyfeddol.
"Mae ei haelioni yn ddiddiwedd."
13 Fe wnaeth hollti'r Môr Coch,[o]
"Mae ei haelioni yn ddiddiwedd."
14 a gadael i Israel fynd drwy ei ganol.
"Mae ei haelioni yn ddiddiwedd."
15 Fe wnaeth daflu'r Pharo a'i fyddin i'r Môr Coch,
"Mae ei haelioni yn ddiddiwedd."
16 ac arwain ei bobl drwy'r anialwch.
"Mae ei haelioni yn ddiddiwedd."

17 Fe wnaeth daro brenhinoedd cryfion i lawr,
"Mae ei haelioni yn ddiddiwedd."
18 a lladd brenhinoedd enwog –
"Mae ei haelioni yn ddiddiwedd."
19 Sihon, brenin yr Amoriaid,
"Mae ei haelioni yn ddiddiwedd."
20 ac Og, brenin Bashan.
"Mae ei haelioni yn ddiddiwedd."
21 *Rhoddodd eu tir yn etifeddiaeth;*
"Mae ei haelioni yn ddiddiwedd."
22 yn etifeddiaeth i bobl Israel, sy'n ei wasanaethu.
"Mae ei haelioni yn ddiddiwedd."

23 Cofiodd amdanon ni pan oedden ni'n isel,
"Mae ei haelioni yn ddiddiwedd."
24 a'n hachub ni o afael ein gelynion.
"Mae ei haelioni yn ddiddiwedd."

---

o 136:13 *Môr Coch* Hebraeg, "Môr y Brwyn".

25 Fe sy'n rhoi bwyd i bob creadur byw.
"Mae ei haelioni yn ddiddiwedd."
26 Rhowch ddiolch i'r Duw sy'n y nefoedd!
"Mae ei haelioni yn ddiddiwedd."

Cân o alar yn y gaethglud

137 Wrth afonydd Babilon,
dyma ni'n eistedd ac yn wylo
wrth gofio am Seion.
2 Dyma ni'n hongian ein telynau
ar y coed poplys yno.
3 Roedd y rhai oedd yn ein dal ni'n gaeth eisiau i ni ganu,
a'n poenydwyr yn ein piwsio i'w difyrru:
"Canwch un o ganeuon Seion i ni!"
4 Sut allen ni ganu caneuon yr Arglwydd
ar dir estron?

5 Os anghofia i di, Jerwsalem,
boed i'm llaw dde gael ei pharlysu.
6 Boed i'm tafod lynu wrth dop fy ngheg
petawn i'n anghofio amdanat ti,
a phetai Jerwsalem yn ddim pwysicach
na phopeth arall sy'n rhoi pleser i mi.

7 Cofia, O Arglwydd, beth wnaeth pobl Edom
y diwrnod hwnnw pan syrthiodd Jerwsalem.
Roedden nhw'n gweiddi, "Chwalwch hi!
Chwalwch hi i'w sylfeini!"
8 Babilon hardd, byddi dithau'n cael dy ddinistrio!
Bydd yr un fydd yn talu'n ôl i ti
ac yn dy drin fel gwnest ti'n trin ni,
yn cael ei fendithio'n fawr!
9 Bydd yr un fydd yn gafael yn dy blant di
ac yn eu hyrddio nhw yn erbyn y creigiau
yn cael ei fendithio'n fawr!

Gweddi o ddiolch

138 *Salm Dafydd.*
Dw i'n diolch i ti o waelod calon,
ac yn canu mawl i ti o flaen y duwiau!
2 Dw i'n ymgrymu i gyfeiriad dy deml sanctaidd
ac yn moli dy enw am dy gariad a dy ffyddlondeb.
Mae dy enw a dy addewid di yn well na phopeth sy'n bod.
3 Dyma fi'n galw, a dyma ti'n ateb,
yn fy ysbrydoli, a rhoi hyder i mi.

4 Bydd brenhinoedd y byd i gyd yn diolch i ti, O Arglwydd,
pan fyddan nhw'n clywed y cwbl rwyt ti'n ei addo.
5 Byddan nhw'n canu am weithredoedd yr Arglwydd:
"Mae dy ysblander di, Arglwydd, mor fawr!"

137:7 Obadeia 1:12-14

6 Er bod yr ARGLWYDD mor fawr,
mae'n gofalu am y gwylaidd;
ac mae'n gwybod o bell am y balch.
7 Pan dw i mewn trafferthion,
rwyt yn fy achub o afael y gelyn gwyllt;
ti'n estyn dy law gref i'm helpu.
8 Bydd yr ARGLWYDD yn talu'n ôl ar fy rhan i!
O ARGLWYDD, mae dy haelioni yn ddiddiwedd!
Paid troi cefn ar dy bobl, gwaith dy ddwylo!

Gofal Duw amdana i

139 ***I'r arweinydd cerdd: Salm Dafydd.***
O ARGLWYDD, rwyt ti'n fy archwilio i,
ac yn gwybod popeth amdana i.
2 Ti'n gwybod pryd dw i'n eistedd ac yn codi;
ti'n gwybod beth sydd ar fy meddwl i o bell.
3 Ti'n cadw golwg arna i'n teithio ac yn gorffwys;
yn wir, ti'n gwybod am bopeth dw i'n wneud.
4 Ti'n gwybod beth dw i'n mynd i'w ddweud
cyn i mi agor fy ngheg, ARGLWYDD.
5 Rwyt ti yna o mlaen i a'r tu ôl i mi,
mae dy law di arna i i'm hamddiffyn.
6 Ti'n gwybod popeth amdana i! Mae tu hwnt i mi –
mae'n ddirgelwch llwyr, mae'n ormod i mi ei ddeall.

7 Ble alla i fynd oddi wrth dy Ysbryd?
I ble alla i ddianc oddi wrthot ti?
8 Petawn i'n mynd i fyny i'r nefoedd, rwyt ti yno;
petawn i'n gorwedd i lawr yn Annwn,[p] dyna ti eto!
9 Petawn i'n hedfan i ffwrdd gyda'r wawr
ac yn mynd i fyw dros y môr,
10 byddai dy law yno hefyd, i'm harwain;
byddai dy law dde yn gafael yn dynn ynof fi.
11 Petawn i'n gofyn i'r tywyllwch fy nghuddio,
ac i'r golau o'm cwmpas droi'n nos,
12 dydy hyd yn oed tywyllwch ddim yn dywyll i ti!
Mae'r nos yn olau fel y dydd i ti;
mae goleuni a thywyllwch yr un fath!

13 Ti greodd fy meddwl a'm teimladau;
a'm plethu i yng nghroth fy mam.
14 Dw i'n dy foli di,
am fod dy waith di mor syfrdanol a rhyfeddol!
Mae'r cwbl rwyt ti'n ei wneud yn anhygoel!
Ti'n fy nabod i i'r dim!
15 Roeddet ti'n gweld fy ffrâm i
pan oeddwn i'n cael fy siapio yn y dirgel,
ac yn cael fy ngweu at ei gilydd yn nyfnder y ddaear.
16 Roeddet ti'n fy ngweld i cyn bod siâp arna i!

---

p 139:8 *Annwn* Hebraeg, *Sheol*, sef "y byd tanddaearol lle mae'r meirw yn mynd".

Roedd hyd fy mywyd wedi'i drefnu –
pob diwrnod wedi'i gofnodi yn dy lyfr,
a hynny cyn i un fynd heibio!
17 O Dduw, mae dy feddyliau di'n rhy ddwfn i mi;
mae gormod ohonyn nhw i'w deall!
18 Petawn i'n ceisio'u cyfri nhw,
byddai mwy nag sydd o ronynnau tywod!
Bob tro dw i'n deffro
rwyt ti'n dal yna gyda mi!

19 O Dduw, pam wnei di ddim lladd y rhai drwg,
a gwneud i'r dynion treisgar yma fynd i ffwrdd?
20 Maen nhw'n dweud pethau maleisus amdanat ti.
Dy elynion di ydyn nhw! Maen nhw'n dweud celwydd!.
21 O ARGLWYDD, mae'n gas gen i'r rhai sy'n dy gasáu di.
Mae'r bobl sy'n dy herio yn codi pwys arna i.
22 Dw i'n eu casáu nhw â chas perffaith.
Maen nhw'n elynion i mi hefyd.

23 Archwilia fi, O Dduw, i weld beth sydd ar fy meddwl;
treiddia'n ddwfn, a deall fel dw i'n poeni.
24 Edrych i weld a ydw i'n gwneud rhywbeth o'i le,
ac arwain fi ar hyd yr hen lwybr.

Gweddi ar Dduw i'm cadw'n saff

140

I'r arweinydd cerdd: Salm Dafydd.
Achub fi, O ARGLWYDD, rhag pobl ddrwg.
Cadw fi'n saff rhag y dynion treisiol
2 sy'n cynllwynio i wneud drwg i mi,
ac yn ymosod a chreu helynt.
3 Mae ganddyn nhw dafodau miniog;
maen nhw'n brathu fel nadroedd,
ac mae gwenwyn neidr dan eu gwefusau. *Saib*
4 O ARGLWYDD, paid gadael i bobl ddrwg gael gafael ynof fi!
Cadw fi'n saff rhag y dynion treisiol
sydd eisiau fy maglu i.
5 Mae dynion balch yn cuddio trap i mi;
pobl lygredig yn lledu rhwydau i mi;
ac yn gosod maglau ar fy llwybr. *Saib*
6 Dwedais wrth yr ARGLWYDD: "Ti ydy fy Nuw i."
Gwranda, O ARGLWYDD, wrth i mi erfyn am drugaredd!
7 O ARGLWYDD, Meistr, ti ydy'r un cryf sy'n achub;
ti oedd yn gysgod i mi yn y frwydr.
8 O ARGLWYDD, paid gadael i'r rhai drwg gael eu ffordd!
Paid gadael i'w cynllwyn nhw lwyddo,
rhag iddyn nhw ymffrostio. *Saib*
9 Ac am y rhai sydd o'm cwmpas i –
boed i'r pethau drwg maen nhw wedi eu dweud eu llethu!
10 Boed i farwor tanllyd ddisgyn arnyn nhw!
Boed iddyn nhw gael eu taflu i bydewau, byth i godi eto!
11 Paid gadael i enllibwyr aros yn y tir.
Gad i ddrygioni'r dynion treisgar eu hela nhw a'u bwrw nhw i lawr.

12 Dw i'n gwybod y bydd yr ARGLWYDD
yn gweithredu ar ran y rhai sy'n diodde.
Bydd yn sicrhau cyfiawnder i'r rhai mewn angen.
13 Bydd y rhai cyfiawn yn sicr yn moli dy enw di!
Bydd y rhai sy'n byw'n gywir yn aros yn dy gwmni di.

Gweddi am help

141

Salm Dafydd.
ARGLWYDD, dw i'n galw arnat: brysia! Helpa fi!
Gwranda arna i'n galw arnat ti.
2 Derbyn fy ngweddi fel offrwm o arogldarth,
a'm dwylo sydd wedi'u codi fel aberth yr hwyr.

3 O ARGLWYDD, gwarchod fy ngheg
a gwylia ddrws fy ngwefusau.
4 Paid gadael i mi feddwl dweud dim byd drwg,
na gwneud dim gyda dynion sydd felly!
Cadw fi rhag bwyta'u danteithion.
5 Boed i rywun sy'n byw'n gywir ddod i'm taro i,
a'm ceryddu mewn cariad!
Dyna'r olew gorau – boed i'm pen beidio'i wrthod.
Dw i'n gweddïo o hyd ac o hyd yn erbyn eu drygioni.
6 Pan fyddan nhw'n syrthio i ddwylo'r Graig, eu Barnwr,
byddan nhw'n gwerthfawrogi beth ddwedais i.

7 Fel petai rhywun yn aredig ac yn troi'r pridd,
mae ein hesgyrn wedi'u gwasgaru wrth geg Annwn.[ph]
8 Arnat ti dw i'n edrych, O ARGLWYDD, fy Meistr;
dw i'n dod atat am loches, paid a'm gadael mewn perygl!
9 Cadw fi i ffwrdd o'r trapiau maen nhw wedi'u gosod,
ac oddi wrth faglau'r rhai drwg.
10 Gad iddyn nhw syrthio i'w rhwydi eu hunain,
tra dw i'n llwyddo i ddianc.

Gweddi am help

142

Mascîl. Salm gan Dafydd, pan oedd yn yr ogof. Gweddi.
Dw i'n gweiddi'n uchel ar yr ARGLWYDD;
dw i'n pledio ar i'r ARGLWYDD fy helpu.
2 Dw i'n tywallt y cwbl sy'n fy mhoeni o'i flaen,
ac yn dweud wrtho am fy holl drafferthion.

3 Pan dw i wedi anobeithio'n llwyr,
rwyt ti'n gwylio pa ffordd dw i'n mynd.
Maen nhw wedi cuddio magl
ar y llwybr o mlaen i.
4 Dw i'n edrych i'r dde –
ond does neb yn cymryd sylw ohono i.
Mae dianc yn amhosib –
does neb yn poeni amdana i.

---

ph 141:7 *Annwn* Hebraeg, *Sheol*, sef "y byd tanddaearol lle mae'r meirw yn mynd".
142:0 1 Samuel 22

5 Dw i'n gweiddi arnat ti, ARGLWYDD;
a dweud, "Ti ydy'r unig le saff i mi fynd,
does gen i neb arall ar dir y byw!"
6 Gwranda arna i'n gweiddi, dw i'n teimlo mor isel.
Achub fi o afael y rhai sydd ar fy ôl;
maen nhw'n rhy gryf i mi.
7 Gollwng fi'n rhydd o'r carchar yma,
er mwyn i mi foli dy enw di.
Bydd y rhai cyfiawn yn casglu o'm cwmpas
am dy fod ti wedi achub fy ngham.

Gweddi am help

143

Salm Dafydd.

O ARGLWYDD, gwrando ar fy ngweddi.
Gwranda arna i'n pledio am dy help di!
Ti'n Dduw ffyddlon a chyfiawn, felly, plîs ateb fi.
2 Paid rhoi dy was ar brawf,
achos does neb yn ddieuog yn dy olwg di.

3 Mae'r gelyn wedi dod ar fy ôl i,
ac wedi fy sathru i'r llawr.
Mae wedi gwneud i mi eistedd yn y tywyllwch
fel y rhai sydd wedi marw ers talwm.
4 Dw i'n anobeithio,
dw i wedi fy mharlysu gan ddychryn!

5 Ond wedyn dw i'n cofio am beth wnest ti yn y gorffennol,
ac yn myfyrio ar y cwbl wnest ti ei gyflawni.
6 Dw i'n estyn fy nwylo allan atat ti.
Dw i fel tir sych yn hiraethu am law! *Saib*
7 Brysia! Ateb fi, ARGLWYDD!
Alla i ddim diodde dim mwy!
Paid troi i ffwrdd oddi wrtho i,
neu bydda i'n syrthio i bwll marwolaeth.
8 Gad i mi glywed am dy gariad ffyddlon di yn y bore,
achos dw i'n dy drystio di.
Gad i mi wybod pa ffordd i fynd –
dw i'n dyheu amdanat ti!
9 Achub fi o afael y gelyn, O ARGLWYDD;
dw i'n rhedeg atat ti am gysgod.

10 Dysga fi i wneud beth wyt ti eisiau,
achos Ti ydy fy Nuw i.
Boed i dy Ysbryd hael di fy arwain
i rywle saff.
11 Achub fi, O ARGLWYDD, er mwyn dy enw da.
Ti'n Dduw cyfiawn, felly arwain fi allan o'r helynt yma.
12 Rwyt ti mor ffyddlon. Delia gyda'r gelynion!
Dinistria'r rhai sy'n ymosod arna i,
achos dy was di ydw i.

Diolch am fuddugoliaeth

144 *Salm Dafydd.*
Bendith ar yr ARGLWYDD, fy nghraig i!
Mae e wedi dysgu fy nwylo i ymladd,
a'm bysedd i frwydro.
2 Mae'r Un ffyddlon fel castell o'm cwmpas;
fy hafan ddiogel a'r un sy'n fy achub i.
Fy nharian, a'r un dw i'n cysgodi ynddo.
Mae e'n gwneud i wledydd eraill ymostwng i mi.

3 O ARGLWYDD, beth ydy pobl i ti boeni amdanyn nhw?
Pam ddylet ti feddwl ddwywaith am berson dynol?
4 Mae pobl fel tarth.
Mae bywyd fel cysgod yn pasio heibio.

5 O ARGLWYDD, gwthia'r awyr o'r ffordd, a thyrd i lawr!
Cyffwrdd y mynyddoedd, a gwna iddyn nhw fygu!
6 Gwna i fellt fflachio a chwala'r gelyn!
Anfon dy saethau i lawr a'u gyrru nhw ar ffo!
7 Estyn dy law i lawr o'r entrychion.
Achub fi! Tynna fi allan o'r dŵr dwfn!
Achub fi o afael estroniaid
8 sy'n dweud celwyddau
ac sy'n torri pob addewid.

9 O Dduw, dw i am ganu cân newydd i ti,
i gyfeiliant offeryn dectant.
10 Canu i ti sydd wedi rhoi buddugoliaeth i frenhinoedd,
ac achub dy was Dafydd rhag y cleddyf marwol.
11 Achub fi o afael estroniaid
sy'n dweud celwyddau
ac sy'n torri pob addewid.

12 Bydd ein meibion fel planhigion ifanc
wedi tyfu yn eu hieuenctid;
a'n merched fel y pileri ar gorneli'r palas,
wedi'u cerfio i harddu'r adeilad.
13 Bydd ein hysguboriau'n llawn
o bob math o fwyd;
a bydd miloedd o ddefaid,
ie, degau o filoedd, yn ein caeau.
14 Bydd ein gwartheg yn iach –
heb bla a heb erthyliad;
a fydd dim wylo yn y strydoedd.
15 Mae pobl mor ffodus pan mae pethau felly.
Mae'r bobl sydd â'r ARGLWYDD yn Dduw iddyn nhw
wedi'u bendithio'n fawr!

Emyn o fawl

145 *Cân o fawl. Salm Dafydd.*
Dw i'n mynd i dy ganmol di, fy Nuw a'm brenin,
a bendithio dy enw di am byth bythoedd!

2 Dw i eisiau dy ganmol di bob dydd
a dy foli di am byth bythoedd!
3 Mae'r ARGLWYDD yn fawr, ac yn haeddu ei foli!
Mae ei fawredd tu hwnt i'n deall ni.

4 Bydd un genhedlaeth yn dweud wrth y nesa am dy weithredoedd,
ac yn canmol y pethau mawr rwyt ti'n eu gwneud.
5 Byddan nhw'n dweud mor rhyfeddol ydy dy ysblander a dy fawredd,
a bydda i'n sôn am y pethau anhygoel rwyt ti'n eu gwneud.
6 Bydd pobl yn sôn am y pethau syfrdanol rwyt ti'n eu gwneud,
a bydda i'n adrodd hanes dy weithredoedd mawr.
7 Byddan nhw'n cyhoeddi dy ddaioni diddiwedd di,
ac yn canu'n llawen am dy gyfiawnder.

8 Mae'r ARGLWYDD mor garedig a thrugarog;
mor amyneddgar ac anhygoel o hael!
9 Mae'r ARGLWYDD yn dda wrth bawb;
mae'n dangos tosturi at bopeth mae wedi'i wneud.
10 Mae'r cwbl rwyt ti wedi'i greu yn dy foli di, O ARGLWYDD!
Ac mae'r rhai sydd wedi profi dy gariad ffyddlon yn dy fendithio!

11 Byddan nhw'n dweud am ysblander dy deyrnasiad,
ac yn siarad am dy nerth,
12 er mwyn i'r ddynoliaeth wybod am y pethau mawr rwyt ti'n eu gwneud,
ac am ysblander dy deyrnasiad.
13 Mae dy deyrnasiad yn para drwy'r oesoedd,
ac mae dy awdurdod yn para ar hyd y cenedlaethau!

Mae'r ARGLWYDD yn cadw ei air,
ac yn ffyddlon ym mhopeth mae'n ei wneud.[r]
14 Mae'r ARGLWYDD yn cynnal pawb sy'n syrthio,
ac yn gwneud i bawb sydd wedi'u plygu drosodd sefyll yn syth.
15 Mae popeth byw yn edrych yn ddisgwylgar arnat ti,
a ti'n rhoi bwyd iddyn nhw pan mae ei angen.
16 Mae dy law di yn agored; rwyt ti mor hael!
Ti'n rhoi'r bwyd sydd ei angen i bob creadur byw.

17 Mae'r ARGLWYDD yn gyfiawn bob amser,
ac yn ffyddlon ym mhopeth mae'n ei wneud.
18 Mae'r ARGLWYDD yn agos at y rhai sy'n galw arno;
at bawb sy'n ddidwyll pan maen nhw'n galw arno.
19 Mae'n rhoi eu dymuniad i'r rhai sy'n ei barchu;
mae'n eu clywed nhw'n galw, ac yn eu hachub.
20 Mae'r ARGLWYDD yn amddiffyn pawb sy'n ei garu,
ond bydd yn dinistrio'r rhai drwg i gyd.

21 Bydda i'n cyhoeddi fod yr ARGLWYDD i'w foli,
a bydd pob creadur byw yn bendithio'i enw sanctaidd,
... am byth bythoedd!

---

r 145:13 *Mae'r ... wneud* Mae'r geiriau yma mewn un llawysgrif Hebreig. Hefyd yn un o sgroliau'r Môr Marw ac yn y cyfieithiadau Groeg a Syrieg.
145:8 Exodus 34:6

Moli'r Duw sy'n achub

146

Haleliwia!
Mola'r ARGLWYDD, meddwn i wrthof fy hun!
2 Dw i'n mynd i foli'r ARGLWYDD ar hyd fy mywyd,
a chanu mawl i'm Duw tra dw i'n bodoli!

3 Paid trystio'r rhai sy'n teyrnasu –
dyn meidrol sydd ddim yn gallu achub.
4 Mae'r anadl yn mynd allan ohono,
ac mae'n mynd yn ôl i'r pridd;
a'r diwrnod hwnnw mae ei holl bolisïau yn dod i ben!

5 Mae'r un mae Duw Jacob yn ei helpu wedi'i fendithio'n fawr,
yr un sy'n dibynnu ar yr ARGLWYDD ei Dduw –
6 y Duw a wnaeth y nefoedd, y ddaear,
y môr a phopeth sydd ynddyn nhw.

Mae e bob amser yn cadw ei air,
7 yn rhoi cyfiawnder i'r rhai sy'n cael eu gorthrymu,
a bwyd i'r rhai newynog.

Mae'r ARGLWYDD yn gollwng carcharorion yn rhydd.
8 Mae'r ARGLWYDD yn rhoi eu golwg i bobl ddall.
Mae'r ARGLWYDD yn gwneud i bawb sydd wedi'u plygu drosodd sefyll yn syth.
Mae'r ARGLWYDD yn caru'r rhai sy'n gwneud beth sy'n iawn.
9 Mae'r ARGLWYDD yn gofalu am y mewnfudwyr
ac yn cynnal y plant amddifad a'r gweddwon.
Ond mae e'n gwneud i'r rhai drwg golli eu ffordd.

10 Bydd yr ARGLWYDD yn teyrnasu am byth;
dy Dduw di, Seion, ar hyd y cenedlaethau.

Haleliwia!

Moli'r Duw sydd mor gryf

147

Haleliwia!
Mae mor dda canu mawl i Dduw!
Mae'n beth hyfryd rhoi iddo'r mawl mae'n ei haeddu.
2 Mae'r ARGLWYDD yn ailadeiladu Jerwsalem,
ac yn casglu pobl Israel sydd wedi bod yn alltudion.
3 Mae e'n iacháu'r rhai sydd wedi torri eu calonnau,
ac yn rhwymo'u briwiau.

4 Mae e wedi cyfri'r sêr i gyd,
a rhoi enw i bob un ohonyn nhw.
5 Mae'n Meistr ni mor fawr, ac mor gryf!
Mae ei ddeall yn ddi-ben-draw!
6 Mae'r ARGLWYDD yn rhoi hyder i'r rhai sy'n cael eu gorthrymu,
ond yn bwrw'r rhai drwg i'r llawr.

7 Canwch gân o fawl i'r ARGLWYDD,
a chreu alaw i Dduw ar y delyn fach.
8 Mae'n gorchuddio'r awyr gyda chymylau,
ac yn rhoi glaw i'r ddaear.

Mae'n gwneud i laswellt dyfu ar y mynyddoedd,
9 yn rhoi bwyd i bob anifail gwyllt,
ac i gywion y gigfran pan maen nhw'n galw.

10 Dydy cryfder ceffyl ddim yn creu argraff arno,
a dydy cyflymder rhedwr ddim yn ei ryfeddu.
11 Y bobl sy'n ei barchu sy'n plesio'r ARGLWYDD;
y rhai hynny sy'n rhoi eu gobaith yn ei gariad ffyddlon.

12 O Jerwsalem, canmol yr ARGLWYDD!
O Seion, mola dy Dduw!
13 Mae e wedi gwneud barrau dy giatiau yn gryf,
ac wedi bendithio dy blant o dy fewn.
14 Mae'n gwneud dy dir yn ddiogel,
ac yn rhoi digonedd o'r ŷd gorau i ti.

15 Mae'n anfon ei orchymyn drwy'r ddaear,
ac mae'n cael ei wneud ar unwaith.
16 Mae'n anfon eira fel gwlân,
yn gwasgaru barrug fel lludw,
17 ac yn taflu cenllysg fel briwsion.
Pwy sy'n gallu goddef yr oerni mae'n ei anfon?
18 Wedyn mae'n gorchymyn i'r cwbl feirioli —
mae'n anadlu arno ac mae'r dŵr yn llifo.

19 Mae wedi rhoi ei neges i Jacob,
ei ddeddfau a'i ganllawiau i bobl Israel.
20 Wnaeth e ddim hynny i unrhyw wlad arall;
dŷn nhw'n gwybod dim am ei reolau.

Haleliwia!

Galw ar bopeth i foli Duw

148

Haleliwia!
Molwch yr ARGLWYDD o'r nefoedd!
Molwch e o'r uchder.
2 Molwch e, ei holl angylion.
Molwch e, ei holl fyddinoedd.
3 Molwch e, haul a lleuad.
Molwch e, yr holl sêr.
4 Molwch e, y nefoedd uchod,
a'r dŵr sydd uwchben y nefoedd.
5 Boed iddyn nhw foli enw'r ARGLWYDD,
am mai fe orchymynodd iddyn nhw gael eu creu.
6 Fe roddodd nhw yn eu lle am byth bythoedd,
a gosod trefn fydd byth yn newid.

7 Molwch yr ARGLWYDD, chi sydd ar y ddaear,
a'r holl forfilod mawr yn y môr dwfn.
8 Y mellt a'r cenllysg, yr eira a'r niwl,
a'r gwynt stormus sy'n ufudd iddo;
9 y mynyddoedd a'r bryniau i gyd,
y coed ffrwythau a'r coed cedrwydd;
10 pob anifail gwyllt a dof,
ymlusgiaid ac adar;

11 yr holl frenhinoedd a'r gwahanol bobloedd,
yr arweinwyr a'r barnwyr i gyd;
12 bechgyn a merched
hen ac ifanc gyda'i gilydd.
13 Boed iddyn nhw foli enw'r ARGLWYDD!

Mae ei enw e'n uwch na'r cwbl;
mae ei ysblander yn gorchuddio'r nefoedd a'r ddaear!
14 Mae wedi rhoi buddugoliaeth i'w bobl,
ac enw da i bawb sydd wedi profi ei gariad ffyddlon,
sef Israel, y bobl sy'n agos ato.
Haleliwia!

Emyn o fawl

149 Haleliwia!
Canwch gân newydd i'r ARGLWYDD,
Rhowch foliant iddo yn y gynulleidfa o'i bobl ffyddlon.
2 Boed i Israel lawenhau yn ei Chrëwr!
Boed i blant Seion gael eu gwefreiddio gan eu Brenin!
3 Boed iddyn nhw ei addoli gyda dawns;
ac ar y drwm a'r delyn fach.
4 Achos mae'r ARGLWYDD wrth ei fodd gyda'i bobl!
Mae'n gwisgo'r rhai sy'n cael eu gorthrymu gyda buddugoliaeth.

5 Boed i'r rhai sydd wedi profi ei gariad ffyddlon ddathlu,
a gweiddi'n llawen wrth orffwys ar eu clustogau.
6 Canu mawl i Dduw
gyda chleddyfau miniog yn eu dwylo,
7 yn barod i gosbi'r cenhedloedd,
a dial ar y bobloedd.
8 Gan rwymo'u brenhinoedd â chadwyni,
a'u pobl bwysig mewn hualau haearn.
9 Dyma'r ddedfryd gafodd ei chyhoeddi arnyn nhw;
a'r fraint fydd i'r rhai sydd wedi profi ei gariad ffyddlon.
Haleliwia!

Molwch yr ARGLWYDD!

150 Haleliwia!
Molwch Dduw yn ei deml.
Molwch e yn ei nefoedd gadarn.
2 Molwch e am wneud pethau mor fawr.
Molwch e am ei fod mor wych.

3 Molwch e drwy chwythu'r corn hwrdd.[rh]
Molwch e gyda'r nabl a'r delyn.
4 Molwch e gyda drwm a dawns.
Molwch e gyda llinynnau a ffliwt.
5 Molwch e gyda sŵn symbalau.
Molwch e gyda symbalau'n atseinio.

6 Boed i bopeth sy'n anadlu foli'r ARGLWYDD.
Haleliwia!

---

rh 150:3 *corn hwrdd* Hebraeg, *shoffar.*

Diarhebion

1 Diarhebion Solomon, mab Dafydd, brenin Israel:

Pwrpas y diarhebion

2 I dy helpu i fod yn ddoeth a dysgu byw yn iawn,
ac i ti ddeall beth sy'n gyngor call.
3 I ti ddysgu sut i fod yn bwyllog,
yn gyfiawn, yn gytbwys, ac yn deg.
4 I ddysgu rhai gwirion i fod yn gall,
a dangos y ffordd iawn i bobl ifanc.
5 (Bydd y doeth yn gwrando ac eisiau dysgu mwy,
a'r rhai sy'n gall yn derbyn arweiniad.)
6 Hefyd, i ti ddeall dihareb a gallu dehongli
dywediadau doeth a phosau.

Arwyddair y casgliad

7 Parchu'r ARGLWYDD ydy'r cam cyntaf at wybodaeth;
does gan ffyliaid ddim diddordeb mewn bod yn ddoeth na dysgu byw yn iawn.

Cyngor i bobl ifanc

8 Fy mab, gwrando ar beth mae dy dad yn ei ddweud,
a phaid anghofio beth ddysgodd dy fam i ti.
9 Bydd beth ddysgon nhw i ti fel torch hyfryd ar dy ben,
neu gadwyni hardd am dy wddf.

10 Fy mab, os ydy cwmni drwg yn ceisio dy ddenu di,
paid mynd gyda nhw.
11 Os dwedan nhw, "Tyrd gyda ni!
Gad i ni guddio i ymosod ar rywun;
mygio rhywun diniwed am ddim rheswm!
12 Gad i ni eu llyncu nhw'n fyw, fel y bedd;
a rhoi crasfa iawn iddyn nhw, nes byddan nhw bron â marw.
13 Cawn ni pob math o bethau gwerthfawr,
a llenwi ein tai gyda phethau wedi'u dwyn.
14 Tyrd gyda ni! Bydd yn fentrus –
byddwn yn rhannu popeth gawn ni."

15 Fy mab, paid mynd y ffordd yna;
cadw draw oddi wrthyn nhw.
16 Maen nhw'n rhuthro i wneud drwg;
maen nhw ar frys i dywallt gwaed.
17 Fel mae'r rhwyd sy'n cael ei gosod
yn golygu dim byd i'r aderyn,
18 dŷn nhw ddim yn gweld y perygl –
maen nhw'n dinistrio'u bywydau eu hunain!

1:1 1 Brenhinoedd 4:32

19 Ie, dyna sy'n digwydd i'r rhai sy'n elwa ar draul eraill;
mae ymddwyn felly yn difetha bywyd y person ei hun!

Doethineb yn galw

20 Mae doethineb yn gweiddi ar y strydoedd,
ac yn codi ei llais yn y sgwâr.
21 Mae'n sefyll ar gorneli'r strydoedd prysur ac yn galw allan;
ac yn dweud ei dweud wrth giatiau'r ddinas:
22 "Ydych chi, bobl wirion, yn mwynhau anwybodaeth?
Ydych chi sy'n gwawdio am ddal ati?
A chi rai dwl, ydych chi byth eisiau dysgu?

23 Peidiwch diystyru beth dw i'n ddweud!
Dw i'n mynd i dywallt fy nghalon,
a dweud beth sydd ar fy meddwl wrthoch chi.
24 Roeddech chi wedi gwrthod ymateb pan o'n i'n galw,
ac yn cymryd dim sylw pan wnes i estyn llaw atoch chi.
25 Roeddech chi'n diystyru'r cyngor oedd gen i
ac yn gwrthod gwrando arna i'n ceryddu.

26 Ond fi fydd yn chwerthin pan fyddwch chi mewn trafferthion;
fi fydd yn gwawdio pan fyddwch chi'n panicio!
27 Bydd dychryn yn dod arnoch chi fel storm,
a thrychineb yn eich taro chi fel corwynt!
Byddwch mewn helbul ac mewn argyfwng go iawn.
28 Byddwch chi'n galw arna i bryd hynny,
ond fydda i ddim yn ateb;
byddwch chi'n chwilio'n daer amdana i,
ond yn methu dod o hyd i mi.

29 Roeddech chi wedi gwrthod dysgu,
ac wedi dangos dim parch at yr Arglwydd.
30 Gwrthod y cyngor rois i,
a chymryd dim sylw pan oeddwn i'n dweud y drefn.
31 Felly bydd rhaid i chi wynebu canlyniadau eich ffyrdd,
a byddwch wedi cael llond bol ar eich cynlluniau.

32 Bydd anufudd-dod pobl wirion yn eu lladd nhw,
a difaterwch pobl ddwl yn eu dinistrio.
33 Ond bydd pwy bynnag sy'n gwrando arna i yn saff,
yn dawel eu meddwl, ac yn ofni dim."

Manteision bod yn ddoeth

2 Fy mab, os byddi di'n derbyn beth dw i'n ddweud,
ac yn trysori'r hyn dw i'n ei orchymyn;
2 os gwnei di wrando'n astud ar ddoethineb,
a cheisio deall yn iawn;
3 os byddi di'n gofyn am gyngor doeth,
ac yn awyddus i ddeall yn iawn;
4 os byddi'n ceisio doethineb fel arian
ac yn chwilio amdani fel am drysor wedi'i guddio,

5 yna byddi di'n deall sut i barchu'r ARGLWYDD
a byddi'n dod i wybod am Dduw.

6 Achos yr ARGLWYDD sy'n rhoi doethineb;
beth mae e'n ddweud sy'n rhoi gwybodaeth a deall.
7 Mae'n rhoi llwyddiant i'r un sy'n gwneud beth sy'n iawn –
ac mae fel tarian i amddiffyn y sawl sy'n byw yn onest.
8 Mae'n gwneud yn siŵr fod cyfiawnder yn llwyddo,
ac mae'n gwarchod y rhai sy'n ffyddlon iddo.

9 Byddi'n deall beth sy'n iawn, yn gytbwys, ac yn deg
– ie, popeth sy'n dda.
10 Pan fydd doethineb yn rheoli dy ffordd o feddwl
a gwybod beth sydd orau yn dy gofleidio di,
11 bydd y ffordd wnei di ei dilyn yn saff,
a bydd deall yn dy warchod.

12 Bydd yn dy gadw di rhag dilyn y drwg,
a rhag y bobl hynny sy'n twyllo o hyd –
13 y rhai sydd wedi troi cefn ar ffyrdd gonest
i ddilyn llwybrau tywyll.
14 Maen nhw wrth eu boddau'n gwneud drwg
ac yn mwynhau twyllo –
15 pobl anonest ydyn nhw,
ac maen nhw'n dilyn ffyrdd troellog.

16 Bydd yn dy achub di rhag y wraig anfoesol,
yr un lac ei moesau sy'n fflyrtian drwy'r adeg,
17 yr un sydd wedi gadael ei gŵr,
a diystyru'r addewidion wnaeth hi o flaen Duw.
18 Mae ei thŷ hi yn llwybr llithrig i farwolaeth;
mae ei dilyn hi yn arwain i fyd y meirw.[a]
19 Does neb sy'n mynd ati hi'n gallu troi yn ôl,
a chael eu hunain ar lwybr bywyd unwaith eto.

20 Dilyn di ffordd y rhai sy'n byw yn dda,
cadw at lwybrau'r rhai sy'n gwneud beth sy'n iawn.
21 Y rhai sy'n gwneud beth sy'n iawn fydd yn byw yn y tir,
y rhai sy'n byw'n onest fydd yn cael aros yno.
22 Bydd pobl ddrwg yn cael eu gyrru i ffwrdd,
a'r rhai sy'n twyllo yn cael eu rhwygo o'r tir.

Cyngor i bobl ifanc

3 Fy mab, paid anghofio beth dw i'n ei ddysgu i ti;
cadw'r pethau dw i'n eu gorchymyn yn dy galon.
2 Byddi'n byw yn hirach ac yn cael blynyddoedd da;
bydd eu dilyn nhw yn gwneud byd o les i ti.

3 Bydd yn garedig ac yn ffyddlon bob amser;
clyma bethau felly fel cadwyn am dy wddf,
ysgrifenna nhw ar lech ar dy galon.

a 2:18 *i fyd y meirw* Hebraeg, "cysgodion". Cyfeiriad at y meirw yn Sheol – gw. Job 26:5 a Salm 88:10.

4 Yna byddi'n cael dy dderbyn, ac yn cael enw da
gan Dduw a chan bobl eraill.

5 Trystia'r ARGLWYDD yn llwyr;
paid dibynnu ar dy syniadau dy hun.
6 Gwrando arno fe bob amser,
a bydd e'n dangos y ffordd iawn i ti.

7 Paid meddwl dy fod ti'n glyfar;
dangos barch at yr ARGLWYDD
a throi dy gefn ar ddrygioni.
8 Bydd byw felly'n cadw dy gorff yn iach,
ac yn gwneud byd o les i ti.

9 Defnyddia dy gyfoeth i anrhydeddu'r ARGLWYDD;
rho siâr cyntaf dy gnydau iddo fe.
10 Wedyn bydd dy ysguboriau yn llawn,
a dy gafnau yn llawn o sudd grawnwin.

11 Fy mab, paid diystyru disgyblaeth yr ARGLWYDD,
na thorri dy galon pan mae e'n dy gywiro di.
12 Achos mae'r ARGLWYDD yn disgyblu'r rhai mae'n eu caru,
fel mae tad yn cosbi'r plentyn mae mor falch ohono.

13 Y fath fendith sydd i'r sawl sy'n darganfod doethineb,
ac yn llwyddo i ddeall.
14 Mae'n gwneud mwy o elw nag arian,
ac yn talu'n ôl lawer mwy nag aur.
15 Mae hi'n fwy gwerthfawr na gemau;
does dim trysor tebyg iddi.
16 Mae bywyd llawn yn ei llaw dde,
a chyfoeth ac anrhydedd yn ei llaw chwith.
17 Mae ei ffyrdd yn llawn haelioni,
a'i llwybrau yn arwain i heddwch a diogelwch.
18 Mae hi fel coeden sy'n rhoi bywyd i'r rhai sy'n gafael ynddi,
ac mae'r rhai sy'n dal gafael ynddi mor hapus!

19 Doethineb yr ARGLWYDD osododd sylfeini'r ddaear;
a'i ddeall e wnaeth drefnu'r bydysawd.
20 Ei drefn e wnaeth i'r ffynhonnau dŵr dorri allan,
ac i'r awyr roi dafnau o wlith.

21 Fy mab, paid colli golwg ar gyngor doeth a'r ffordd iawn;
dal dy afael ynddyn nhw.
22 Byddan nhw'n rhoi bywyd i ti
ac yn addurn hardd am dy wddf.
23 Yna byddi'n cerdded drwy fywyd
yn saff a heb faglu.
24 Pan fyddi'n gorwedd i lawr, fydd dim byd i'w ofni;
byddi'n gorwedd ac yn gallu cysgu'n braf.
25 Fydd gen ti ddim ofn yr annisgwyl,
na'r drychineb sy'n dod ar bobl ddrwg.
26 Bydd yr ARGLWYDD yn rhoi hyder i ti;
bydd e'n dy gadw di rhag syrthio i drap.

27 Pan fydd gen ti'r cyfle i helpu rhywun,
paid gwrthod gwneud cymwynas â nhw.
28 Paid dweud wrth rywun, "Tyrd yn ôl rywbryd eto;
bydda i'n dy helpu di yfory," a thithau'n gallu gwneud hynny'n syth.
29 Paid meddwl gwneud drwg i rywun
pan mae'r person yna'n dy drystio di.
30 Paid codi ffrae gyda rhywun am ddim rheswm,
ac yntau heb wneud dim drwg i ti.
31 Paid bod yn genfigennus o rywun sy'n cam-drin pobl eraill,
na dilyn ei esiampl.

32 Mae'n gas gan yr Arglwydd bobl sy'n twyllo,
ond mae ganddo berthynas glòs gyda'r rhai sy'n onest.
33 Mae melltith yr Arglwydd ar dai pobl ddrwg,
ond mae e'n bendithio cartrefi'r rhai sy'n byw'n iawn.
34 Mae e'n dirmygu'r rhai sy'n gwawdio pobl eraill,
ond yn hael at y rhai gostyngedig.
35 Bydd pobl ddoeth yn cael eu canmol,
ond y rhai dwl yn cael eu cywilyddio.

Cyngor i bobl ifanc

4 Blant, clywch beth mae'ch tad yn ei ddysgu i chi.
Gwrandwch, i chi ddysgu sut i fod yn ddoeth.
2 Dw i'n dysgu beth sy'n dda,
felly peidiwch troi cefn ar beth dw i'n ddweud.
3 Rôn i'n blentyn ar un adeg,
yn unig blentyn, ac yn annwyl iawn yng ngolwg mam.
4 Roedd dad yn fy nysgu i, ac yn dweud wrtho i,
"Dal dy afael yn yr hyn dw i'n ddweud.
Gwna beth dw i'n ei orchymyn, i ti gael bywyd da.
5 Mynna fod yn ddoeth, mynna ddeall yn iawn;
paid anghofio, na throi cefn ar beth dw i'n ddweud.
6 Paid troi cefn ar ddoethineb – bydd hi'n dy warchod di;
os gwnei di ei charu, bydd hi'n dy amddiffyn di.
7 Mynna fod yn ddoeth o flaen popeth arall!
Petai'n costio popeth sydd gen ti – mynna ddeall.
8 Os byddi'n meddwl yn uchel ohoni, bydd hi'n dy helpu di;
cofleidia hi, a bydd hi'n dod ag anrhydedd i ti.
9 Bydd yn gosod torch hardd ar dy ben;
coron fydd yn dy anrhydeddu di."

10 Fy mab, gwrando'n ofalus ar beth dw i'n ddweud,
a byddi di'n cael byw yn hir.
11 Dw i wedi dy ddysgu di i fod yn ddoeth,
ac wedi dy osod di ar y llwybr iawn.
12 Byddi'n cerdded yn dy flaen yn hyderus;
byddi'n rhedeg heb faglu o gwbl.
13 Dal yn dynn yn beth wyt ti'n ddysgu, paid gollwng gafael.
Cadw'r cwbl yn saff – mae'n rhoi bywyd i ti!

14 Paid dilyn llwybrau pobl ddrwg;
paid mynd yr un ffordd â nhw.

15 Cadw draw! Paid mynd yn agos!
Tro rownd a mynd i'r cyfeiriad arall!
16 Allan nhw ddim cysgu heb fod wedi gwneud drwg.
Maen nhw'n colli cwsg os nad ydyn nhw wedi baglu rhywun.
17 Drygioni ydy'r bara sy'n eu cadw nhw'n fyw,
A thrais ydy'r gwin maen nhw'n ei yfed!
18 Mae llwybr y rhai sy'n byw yn iawn yn ddisglair fel y wawr,
ac yn goleuo fwyfwy nes bydd hi'n ganol dydd.
19 Ond mae ffordd pobl ddrwg yn dywyll;
dŷn nhw ddim yn gwybod beth fydd yn eu baglu nhw.

20 Fy mab, gwrando ar beth dw i'n ddweud;
gwrando'n astud ar fy ngeiriau.
21 Paid colli golwg arnyn nhw;
cadw nhw'n agos at dy galon.
22 Maen nhw'n rhoi bywyd i'r un sy'n eu cael,
ac iechyd i'r corff cyfan.
23 Gwarchod dy galon o flaen pob dim arall,
achos dyna ffynhonnell dy fywyd.
24 Paid dweud celwydd;
paid dweud pethau i dwyllo pobl.
25 Edrych yn syth o dy flaen,
cadw dy olwg ar ble rwyt ti'n mynd.
26 Gwylia'r ffordd rwyt ti'n mynd,
a byddi'n gwneud y peth iawn.
27 Paid crwydro i'r dde na'r chwith;
cadw draw oddi wrth beth sy'n ddrwg.

Bod yn ffyddlon i dy wraig

5 Fy mab, clyw, dyma gyngor doeth i ti;
gwrando'n ofalus ar beth dw i'n ddweud.
2 Er mwyn i ti fynd y ffordd iawn,
ac i dy eiriau bob amser fod yn ddoeth.

3 Mae gwefusau'r wraig anfoesol yn diferu fel mêl,
a'i geiriau hudol yn llyfn fel olew;
4 Ond mae hi'n troi allan i fod yn chwerw fel y wermod,
ac yn finiog fel cleddyf.
5 Mae ei dilyn hi yn arwain at farwolaeth;
mae ei chamau yn arwain i'r bedd.
6 Dydy hi'n gwybod dim am fywyd go iawn;
mae hi ar goll – a ddim yn sylweddoli hynny.

7 Felly, fy mab, gwrando'n ofalus arna i,
a phaid troi cefn ar beth dw i'n ddweud.
8 Cadw draw oddi wrthi hi!
Paid mynd yn agos at ddrws ei thŷ hi,
9 rhag i ti golli pob hunan-barch,
ac i'w gŵr creulon gymryd dy fywyd oddi arnat ti.
10 Rhag i bobl ddieithr lyncu dy gyfoeth di,
ac i rywun arall gael popeth rwyt ti wedi gweithio'n galed amdano.

11 Wedyn byddi'n griddfan yn y diwedd,
pan fydd dy gorff wedi'i ddifetha.
12 Byddi'n dweud,
"Pam wnes i gasáu disgyblaeth gymaint?
Pam wnes i wrthod cymryd sylw o gerydd?
13 Pam wnes i ddim gwrando ar fy athrawon,
a chymryd sylw o'r rhai oedd yn fy nysgu i?
14 Bu bron i bopeth chwalu'n llwyr i mi,
a hynny o flaen pawb yn y gymdeithas."

15 Yfed ddŵr o dy ffynnon dy hun,
ei dŵr ffres hi, a dim un arall.
16 Fyddet ti eisiau i ddŵr dy ffynnon di
lifo allan i'r strydoedd?
17 Na, cadw hi i ti dy hun,
paid gadael i neb arall ei chael.
18 Gad i dy ffynnon gael ei bendithio!
Mwynha dy hun gyda'r wraig briodaist ti pan oeddet ti'n ifanc
19 – dy ewig hyfryd, dy afr dlos.
Gad i'w bronnau roi boddhad i ti,
i ti ymgolli yn ei chariad bob amser.
20 Fy mab, pam gwirioni ar ferch anfoesol?
Ydy anwesu bronnau gwraig rhywun arall yn iawn?
21 Cofia fod Duw yn gweld popeth ti'n wneud.
Mae'n gweld y cwbl, o'r dechrau i'r diwedd.
22 Bydd yr un sy'n gwneud drwg yn cael ei ddal gan ei ddrygioni –
bydd wedi'i rwymo gan raffau ei bechod ei hun.
23 Bydd yn marw am fod ganddo ddim disgyblaeth,
ac wedi meddwi ar chwarae'r ffŵl.

Paid bod yn ffŵl

6 Fy mab, dywed dy fod wedi gwarantu benthyciad rhywun,
ac wedi cytuno i dalu ei ddyledion.
2 Os wyt mewn picil, wedi dy ddal gan dy eiriau
ac wedi dy rwymo gan beth ddwedaist ti,
3 dyma ddylet ti ei wneud i ryddhau dy hun
(achos rwyt ti wedi chwarae i ddwylo'r person arall):
dos ato i bledio am gael dy ryddhau. Dos, a'i blagio!
4 Paid oedi! – Dim cwsg na gorffwys
nes bydd y mater wedi'i setlo.
5 Achub dy hun, fel carw yn dianc rhag yr heliwr,
neu aderyn yn dianc o law'r adarwr.

Paid bod yn ddiog

6 Ti'r diogyn, edrych ar y morgrugyn;
astudia'i ffyrdd, a dysga sut i fod yn ddoeth.
7 Does ganddo ddim arweinydd,
swyddog, na rheolwr,
8 ac eto mae'n mynd ati i gasglu bwyd yn yr haf,
a storio'r hyn sydd arno'i angen adeg y cynhaeaf.

9 Am faint wyt ti'n mynd i orweddian yn dy wely, y diogyn?
Pryd wyt ti'n mynd i ddeffro a gwneud rhywbeth?
10 "Ychydig bach mwy o gwsg,
pum munud arall!
Swatio'n gyfforddus yn y gwely am ychydig."
11 Ond bydd tlodi yn dy daro di fel lleidr creulon;
bydd prinder yn ymosod arnat ti fel milwr arfog!

Beth sy'n digwydd i bobl ddrwg

12 Dydy'r un sy'n mynd o gwmpas yn twyllo
yn ddim byd ond cnaf drwg!
13 Mae'n wincio ar bobl drwy'r adeg,
mae ei draed yn aflonydd,
ac mae'n pwyntio bys at bawb.
14 Ei unig fwriad ydy creu helynt!
Mae wastad eisiau dechrau ffrae.
15 Bydd trychineb annisgwyl yn ei daro!
Yn sydyn bydd yn torri, a fydd dim gwella arno!

16 Dyma chwe peth mae'r Arglwydd yn eu casáu;
ac un arall sy'n ffiaidd ganddo:
17 llygaid balch, tafod celwyddog,
dwylo sy'n tywallt gwaed pobl ddiniwed,
18 calon sy'n cynllwynio drwg,
traed sy'n brysio i wneud drwg,
19 tyst sy'n dweud celwydd,
a rhywun sy'n dechrau ffrae mewn teulu.

Rhybudd rhag anfoesoldeb rhywiol

20 Fy mab, gwna beth orchmynnodd dy dad i ti;
paid troi dy gefn ar beth ddysgodd dy fam i ti.
21 Cadw nhw ar flaen dy feddwl bob amser;
gwisga nhw fel cadwyn am dy wddf.
22 Ble bynnag fyddi di'n mynd, byddan nhw'n dy arwain di;
pan fyddi'n gorwedd i orffwys, byddan nhw'n edrych ar dy ôl di;
pan fyddi di'n deffro, byddan nhw'n rhoi cyngor i ti.

23 Mae gorchymyn fel lamp,
a dysgeidiaeth fel golau,
ac mae cerydd a disgyblaeth yn arwain i fywyd.
24 Bydd yn dy gadw rhag y ferch ddrwg,
a rhag y wraig anfoesol.
25 Paid gadael i'r awydd i'w chael hi afael ynot ti,
na gadael iddi hi dy drapio di drwy fflyrtian â'i llygaid.
26 Mae putain yn dy adael gyda dim ond torth o fara;
ond mae gwraig dyn arall yn cymryd popeth – gall gostio dy fywyd!

27 Ydy dyn yn gallu cario marwor poeth yn ei boced
heb losgi ei ddillad?
28 Ydy dyn yn gallu cerdded ar farwor
heb losgi ei draed?

29 Mae cysgu gyda gwraig dyn arall yr un fath;
does neb sy'n gwneud hynny yn osgoi cael ei gosbi.
30 Does neb yn dirmygu lleidr
sy'n dwyn am fod eisiau bwyd arno.
31 Ond os ydy e'n cael ei ddal, rhaid iddo dalu'n llawn;
bydd yn colli popeth sydd ganddo.
32 Does gan y rhai sy'n godinebu ddim sens o gwbl;
dim ond rhywun sydd am ddinistrio'i hun sy'n gwneud peth felly.
33 Bydd yn cael ei guro a'i gam-drin;
a fydd y cywilydd byth yn ei adael.
34 Bydd gŵr y wraig yn wyllt gynddeiriog;
fydd e'n dangos dim trugaredd pan ddaw'r cyfle i ddial.
35 Fydd e ddim yn fodlon ystyried unrhyw iawndal;
bydd yn gwrthod dy arian, faint bynnag wnei di ei gynnig iddo.

Ffolineb bod yn anffyddlon

7 Fy mab, gwna beth dw i'n ddweud,
a thrysori'r hyn dw i'n ei orchymyn.
2 Gwna beth dw i'n ei orchymyn, i ti gael bywyd da;
paid tynnu dy lygad oddi ar y pethau dw i'n eu dysgu.
3 Cadw nhw fel modrwy ar dy fys;
ysgrifenna nhw ar lech dy galon.
4 Dwed wrth ddoethineb, "Ti fel chwaer i mi,"
a gwna gyngor doeth yn ffrind gorau.
5 Bydd yn dy warchod di rhag y wraig anfoesol;
rhag yr un lac ei moesau sy'n fflyrtian drwy'r adeg.

6 Rôn i'n sefyll yn y tŷ,
ac yn edrych allan drwy'r ffenest.
7 Gwelais fachgen ifanc a dim sens ganddo
gyda chriw gwyllt o bobl ifanc.
8 Roedd yn croesi'r stryd at y groesffordd
sy'n arwain at ei thŷ hi.
9 Roedd hi'n hwyr yn y dydd,
ac yn dechrau nosi a thywyllu.

10 Yn sydyn, dyma'r wraig yn dod allan i'w gyfarfod,
wedi'i gwisgo fel putain – roedd ei bwriad hi'n amlwg.
11 (Dynes swnllyd, ddigywilydd,
sydd byth yn aros adre.
12 Ar y stryd un funud, yn y sgwâr y funud nesa,
yn loetran ar bob cornel.)
13 Mae hi'n gafael yn y bachgen a'i gusanu,
ac yn dweud yn bowld:
14 "Tyrd, mae gen i fwyd adre – cig yr offrwm rois i;
dw i wedi gwneud popeth oedd ei angen.
15 A dyma fi, wedi dod allan i dy gyfarfod di –
roeddwn i'n edrych amdanat ti, a dyma ti!
16 Dw i wedi paratoi'r gwely!
Mae yna gynfasau glân arno,
a chwilt lliwgar, hyfryd o'r Aifft.

17 Mae'n arogli'n hyfryd o bersawr –
myrr, aloes, a sinamon.
18 Tyrd, gad i ni ymgolli mewn pleserau rhywiol;
mwynhau ein hunain yn caru drwy'r nos.
19 Dydy'r gŵr ddim adre –
mae e wedi mynd ar daith bell.
20 Mae e wedi mynd gyda'i arian, ar fusnes,
a fydd e ddim yn ôl tan ddiwedd y mis."

21 Dyma hi'n llwyddo i'w berswadio;
roedd wedi'i ddenu gyda'i fflyrtian.
22 Dyma'r llanc yn mynd ar ei hôl ar unwaith,
fel ych yn mynd i'r lladd-dy,
neu garw yn neidio i drap
23 cyn i saeth ei drywanu!
Roedd fel aderyn wedi hedfan yn syth i'r rhwyd,
heb sylweddoli ei fod yn mynd i golli ei fywyd.

24 Nawr gwrandwch arna i, fechgyn;
gwrandwch yn ofalus ar beth dw i'n ddweud:
25 peidiwch hyd yn oed meddwl amdani;
peidiwch mynd yn agos ati.
26 Mae hi wedi achosi i lawer un syrthio;
mae yna fyddin o ddynion cryf wedi diodde!
27 Mae ei thŷ hi yn drafford i'r bedd,
a'i ystafell wely yn siambr marwolaeth!

Doethineb yn galw

8 Mae doethineb yn galw,
a deall yn codi ei lais.
2 Mae hi'n sefyll ar fannau uchaf y dref,
wrth ymyl y croesffyrdd,
3 ac wrth ymyl giatiau'r ddinas.
Mae hi'n gweiddi wrth y fynedfa,

4 "Dw i'n galw arnoch chi i gyd, bobl!
Dw i'n galw ar y ddynoliaeth gyfan.
5 Chi rai gwirion, dysgwch sut mae bod yn gall;
chi bobl ddwl, dysgwch chithau rywbeth.

6 Gwrandwch, achos mae gen i bethau gwych i'w dweud;
dw i am ddweud beth sy'n iawn wrthoch chi.
7 Dw i bob amser yn dweud y gwir;
mae'n gas gen i gelwydd.
8 Mae pob gair dw i'n ei ddweud yn iawn,
does dim twyll, dim celwydd.
9 Mae'r peth yn amlwg i unrhyw un sy'n gall,
ac mae unrhyw un craff yn gweld eu bod yn iawn.
10 Cymer beth dw i'n ei ddysgu, mae'n well nag arian;
ac mae'r arweiniad dw i'n ei roi yn well na'r aur gorau."

11 Ydy, mae doethineb yn well na gemau gwerthfawr;
does dim byd tebyg iddi.

12 “Dw i, Doethineb, yn byw gyda callineb;
fi sy'n dangos y ffordd iawn i bobl.
13 Mae parchu'r ARGLWYDD yn golygu casáu'r drwg.
Dw i'n casáu balchder snobyddlyd,
pob ymddygiad drwg a thwyll.
14 Fi sy'n rhoi cyngor doeth,
fi ydy'r ffordd orau a fi sy'n rhoi cryfder.
15 Fi sy'n rhoi'r gallu i frenhinoedd deyrnasu,
ac i lywodraethwyr lunio cyfreithiau cyfiawn.
16 Dw i'n galluogi arweinwyr i reoli,
a phobl fawr a barnwyr i wneud y peth iawn.
17 Dw i'n caru'r rhai sy'n fy ngharu i,
ac mae'r rhai sy'n chwilio amdana i yn fy nghael.
18 Dw i'n rhoi cyfoeth ac anrhydedd i bobl,
cyfoeth sy'n para, a thegwch.
19 Mae fy ffrwyth i'n well nag aur, ie, aur coeth,
a'r cynnyrch sydd gen i yn well na'r arian gorau.
20 Dw i'n dangos y ffordd i fyw'n gyfiawn,
a gwneud beth sy'n iawn ac yn deg.
21 Dw i'n rhoi etifeddiaeth gyfoethog i'r rhai sy'n fy ngharu,
ac yn llenwi eu trysordai nhw.

22 Roedd yr ARGLWYDD wedi fy ngeni i
cyn iddo wneud dim byd arall.
23 Ces fy apwyntio yn bell, bell yn ôl,
ar y dechrau cyntaf, cyn i'r ddaear fodoli.
24 Doedd y moroedd ddim yno pan gyrhaeddais i,
a doedd dim ffynhonnau yn llawn dŵr.
25 Doedd y mynyddoedd ddim wedi'u gosod yn eu lle,
a doedd y bryniau ddim yn bodoli.
26 Doedd y ddaear a chefn gwlad ddim yna,
na hyd yn oed y talpiau cyntaf o bridd.
27 Rôn i yno pan roddodd Duw y bydysawd yn ei le,
a phan farciodd y gorwel ar wyneb y moroedd;
28 pan roddodd y cymylau yn yr awyr,
a phan wnaeth i'r ffynhonnau ddechrau tasgu dŵr;
29 pan osododd ffiniau i'r môr,
fel bod y dŵr ddim yn anufudd iddo;
a phan osododd sylfeini'r ddaear.
30 Rôn i yno fel crefftwr,
yn rhoi pleser pur iddo bob dydd
wrth ddawnsio a dathlu'n ddi-stop o'i flaen.
31 Rôn i'n dawnsio ar wyneb y ddaear,
ac roedd y ddynoliaeth yn rhoi pleser pur i mi.

32 Nawr, blant, gwrandwch arna i;
mae'r rhai sy'n gwneud beth dw i'n ddweud mor hapus.

8:12 Diarhebion 1:4

33 Gwrandwch ar beth dw i'n ddweud a byddwch ddoeth;
peidiwch troi cefn arno.
34 Mae'r rhai sy'n gwrando arna i yn derbyn y fath fendith,
maen nhw'n gwylio amdana i wrth y drws bob dydd,
yn disgwyl i mi ddod allan.
35 Mae'r rhai sy'n chwilio amdana i yn cael bywyd;
mae'r ARGLWYDD yn dda atyn nhw.
36 Ond mae'r rhai sy'n pasio heibio i mi yn peryglu eu hunain;
mae pawb sy'n fy nghasáu i yn caru marwolaeth."

Doethineb a Ffolineb

9 Mae Doethineb wedi adeiladu ei thŷ;
ac mae wedi naddu saith colofn iddo.
2 Mae hi wedi paratoi gwledd,
cymysgu'r gwin,
a gosod y bwrdd.
3 Mae hi wedi anfon ei morynion allan
i alw ar bobl drwy'r dre.
4 Mae'n dweud wrth bobl sy'n brin o synnwyr cyffredin,
"Dewch yma, chi bobl wirion!
5 Dewch i fwyta gyda mi,
ac yfed y gwin dw i wedi'i gymysgu.
6 Stopiwch fod mor ddwl, i chi gael byw;
dechreuwch gerdded ffordd gall."

7 Ceisia gywiro rhywun balch sy'n gwawdio a chei lond ceg!
Cerydda rywun drwg a byddi'n cael dy gam-drin.
8 Cerydda'r un balch sy'n gwawdio, a bydd yn dy gasáu di;
ond os gwnei di geryddu'r doeth bydd e'n diolch i ti.
9 Rho gyngor i'r doeth, a byddan nhw'n ddoethach;
dysga'r rhai sy'n byw yn iawn a byddan nhw'n dysgu mwy.
10 Parchu'r ARGLWYDD ydy'r cam cyntaf i fod yn ddoeth,
ac mae nabod yr Un Sanctaidd yn rhoi deall.
11 Trwof fi byddi di'n cael byw yn hir;
byddi'n cael blynyddoedd ychwanegol.
12 Os wyt ti'n ddoeth, mae hynny'n beth da i ti;
ond os wyt ti'n falch, ti fydd yn wynebu'r canlyniadau.

Ffolineb yn galw

13 Mae'r wraig arall, sef Ffolineb, yn gwneud lot o sŵn;
mae hi'n wirion, ac yn deall dim byd.
14 Mae hi'n eistedd wrth ddrws ei thŷ,
neu ar fainc mewn lle amlwg yn y dre.
15 Mae hi'n galw ar y rhai sy'n pasio heibio
ac yn meindio'u busnes eu hunain.
16 Mae'n dweud wrth bobl sy'n brin o synnwyr cyffredin,
"Dewch yma, chi bobl wirion!
17 Mae dŵr sydd wedi'i ddwyn yn felys,
a bara sy'n cael ei fwyta ar y slei yn flasus!"

18 Ond dŷn nhw ddim yn sylweddoli mai byd yr ysbrydion sydd y ffordd yna,
a bod y rhai dderbyniodd ei gwahoddiad yn gwledda yn y bedd!

Diarhebion Solomon – Y Casgliad cyntaf

10 Diarhebion Solomon:

Mae plentyn doeth yn gwneud ei dad yn hapus;
ond mae plentyn ffôl yn gwneud ei fam yn drist.

2 Dydy ennill ffortiwn drwy dwyll o ddim lles,
ond mae gonestrwydd yn achub bywyd o berygl marwol.

3 Dydy'r ARGLWYDD ddim yn gadael i rywun cyfiawn lwgu,
ond mae'n rhwystro'r rhai drwg rhag cael beth maen nhw eisiau.

4 Mae diogi yn arwain i dlodi,
ond gwaith caled yn ennill cyfoeth.

5 Mae'r un sy'n casglu ei gnwd yn yr haf yn gall,
ond yr un sy'n cysgu drwy'r cynhaeaf yn achosi cywilydd.

6 Mae cawodydd o fendith yn disgyn ar y cyfiawn,
ond mae geiriau pobl ddrwg yn cuddio creulondeb.

7 Mae'n fendith cofio am rywun cyfiawn,
ond bydd enw'r drwg yn pydru.

8 Mae'r un sy'n ddoeth yn derbyn cyngor,
ond mae'r ffŵl sy'n siarad dwli yn syrthio.

9 Mae'r un sy'n byw yn onest yn byw'n ddibryder,
ond bydd y gwir yn dod i'r golwg am yr un sy'n twyllo.

10 Mae'r un sy'n wincio o hyd yn creu helynt,
ond mae'r sawl sy'n ceryddu'n agored yn dod â heddwch.[b]

11 Mae geiriau person cyfiawn yn ffynnon sy'n rhoi bywyd,
ond mae geiriau pobl ddrwg yn cuddio creulondeb.

12 Mae casineb yn codi twrw,
ond mae cariad yn cuddio pob bai.

13 Mae pobl gall yn siarad yn ddoeth,
ond gwialen sydd ei hangen ar rai sydd heb synnwyr cyffredin.

14 Mae pobl ddoeth yn storio gwybodaeth,
ond mae siarad dwl yn dod â dinistr yn agos.

15 Mae holl eiddo'r cyfoethog fel caer ddiogel,
ond tlodi'r tlawd yn ddinistr.

16 Gwobr y person sy'n byw'n iawn ydy bywyd,
ond cosb am bechod ydy cyflog pobl ddrwg.

17 Mae derbyn cyngor yn arwain i fywyd,
ond gwrthod gwrando ar gerydd yn arwain ar gyfeiliorn.

---

b 10:10 *ond mae'r sawl... heddwch* yn ôl y testun Groeg. Hebraeg, "ond mae'r ffŵl sy'n siarad dwli yn syrthio" (gw. adn. 8).
10:10 Diarhebion 6:13

18 Mae'r un sy'n cuddio casineb yn twyllo,
a'r sawl sy'n enllibio pobl eraill yn ffŵl.

19 Mae siarad gormod yn siŵr o dramgwyddo rhywun;
mae'r person call yn brathu ei dafod.

20 Mae geiriau person da fel arian gwerthfawr,
ond dydy syniadau pobl ddrwg yn dda i ddim.

21 Mae cyngor person da yn fwyd i gynnal pobl,
ond mae ffyliaid yn marw o ddiffyg synnwyr cyffredin.

22 Bendith yr ARGLWYDD sy'n cyfoethogi bywyd,
dydy ymdrech ddynol yn ychwanegu dim ato.

23 Mae ffŵl yn cael sbort wrth wneud drygau,
ond doethineb sy'n rhoi mwynhad i bobl gall.

24 Bydd yr hyn mae pobl ddrwg yn ei ofni yn digwydd iddyn nhw;
ond bydd rhai sy'n byw'n iawn yn cael beth maen nhw eisiau.

25 Fydd dim sôn am bobl ddrwg pan fydd y corwynt wedi mynd heibio,
ond mae sylfeini'r rhai sy'n byw'n iawn yn aros yn gadarn.

26 Mae anfon rhywun diog ar neges
fel yfed finegr neu gael mwg yn eich llygaid.

27 Mae parchu'r ARGLWYDD yn rhoi bywyd hir i chi,
ond mae blynyddoedd y rhai drwg yn cael eu byrhau.

28 Gall y cyfiawn edrych ymlaen at lawenydd,
ond does gan bobl ddrwg ddim gobaith.

29 Mae'r ARGLWYDD yn gaer i amddiffyn y rhai sy'n byw yn iawn,
ond bydd pobl ddrwg yn cael eu dinistrio.

30 Fydd y cyfiawn byth yn cael ei symud,
ond fydd y rhai drwg ddim yn cael byw yn y tir.

31 Mae'r rhai sy'n gwneud beth sy'n iawn yn siarad yn gall,
ond bydd y rhai sy'n twyllo yn cael eu tewi.

32 Mae'r cyfiawn yn gwybod beth sy'n iawn i'w ddweud;
ond mae pobl ddrwg yn twyllo.

11 Mae'n gas gan yr ARGLWYDD glorian dwyllodrus,
ond mae defnyddio pwysau cywir wrth ei fodd.

2 Mae snobyddiaeth yn arwain at gywilydd;
pobl wylaidd ydy'r rhai doeth.

3 Mae gonestrwydd yn arwain y rhai sy'n gwneud beth sy'n iawn,
ond mae twyll yn dinistrio'r rhai sy'n twyllo.

4 Fydd cyfoeth yn dda i ddim ar ddydd y farn,
ond mae byw yn iawn yn achub bywyd.

5 Mae cyfiawnder rhywun gonest yn dangos y ffordd iawn iddo,
ond mae'r un sy'n gwneud drwg yn syrthio o achos ei ddrygioni.

6 Mae cyfiawnder rhywun gonest yn ei achub
ond mae'r un sy'n twyllo yn cael ei ddal gan ei driciau.

7 Pan mae rhywun drwg yn marw, dyna ni – does dim gobaith;
dydy'r cyfoeth oedd ganddo yn dda i ddim bellach.

8 Mae'r cyfiawn yn cael ei achub rhag helyntion,
a'r un sy'n gwneud drwg yn gorfod cymryd ei le!

9 Mae'r annuwiol yn dinistrio pobl gyda'i eiriau,
ond mae'r cyfiawn yn deall hynny ac yn cael ei arbed.

10 Pan mae'r cyfiawn yn llwyddo mae'r ddinas wrth ei bodd;
mae gweiddi llawen ynddi pan mae'r rhai drwg yn cael eu dinistrio.

11 Mae dinas yn ffynnu pan mae pobl dda yn cael eu bendithio,
ond mae geiriau pobl ddrwg yn ei dinistrio hi.

12 Does dim sens gan rywun sy'n bychanu pobl eraill;
mae'r person call yn cadw'n dawel.

13 Mae'r un sy'n hel clecs yn bradychu cyfrinach,
ond mae ffrind go iawn yn cadw cyfrinach.

14 Heb arweiniad clir mae gwlad yn methu;
mae llwyddiant yn dod gyda digon o gyngor doeth.

15 Mae gwarantu benthyciad i rywun dieithr yn gofyn am drwbwl;
gwell bod yn saff a gwrthod.

16 Mae gwraig hael yn ennill parch;
mae dynion creulon yn cipio cyfoeth.

17 Mae person caredig yn gwneud lles iddo'i hun,
a rhywun sy'n greulon yn achosi trwbwl iddo'i hun.

18 Dydy'r elw mae pobl ddrwg yn ei wneud yn ddim byd ond rhith,
ond mae'r rhai sy'n gweithio dros gyfiawnder yn cael gwobr go iawn.

19 Mae gwir gyfiawnder yn arwain at fywyd,
ond dilyn y drwg yn arwain at farwolaeth.

20 Mae'n gas gan yr ARGLWYDD bobl sy'n twyllo,
ond mae'r rhai sy'n byw yn onest yn rhoi pleser iddo.

21 Fydd pobl ddrwg yn sicr ddim yn osgoi cosb,
ond bydd y rhai sy'n byw'n iawn yn cael mynd yn rhydd.

22 Mae gwraig hardd heb sens
fel modrwy aur yn nhrwyn hwch.

23 Dim ond daioni mae'r cyfiawn eisiau'i weld,
ond mae gobaith pobl ddrwg yn arwain i ddigofaint.

24 Mae un yn rhoi yn hael, ac yn ennill mwy o gyfoeth,
ac un arall yn grintachlyd, ac ar ei golled.

25 Mae'r bobl sy'n fendith i eraill yn llwyddo,
a'r rhai sy'n rhoi dŵr i eraill yn cael eu diwallu.

26 Mae'r un sy'n cadw ei ŷd iddo'i hun yn haeddu melltith,
ond mae'r un sy'n ei werthu yn cael ei fendithio.

11:13 Lefiticus 19:16

27 Mae'r un sy'n ymdrechu i wneud da yn ennill ffafr,
ond drwg ddaw ar y rhai sy'n edrych am helynt.

28 Bydd rhywun sy'n dibynnu ar ei gyfoeth yn syrthio,
ond y rhai sy'n byw yn iawn yn blodeuo.

29 Bydd yr un sy'n creu trwbwl i'w deulu yn etifeddu dim;
bydd y ffŵl yn gaethwas i rywun sydd wedi bod yn ddoeth.

30 Mae byw yn iawn yn dwyn ffrwyth,
fel coeden sy'n rhoi bywyd;
ond mae trais yn lladd pobl.[c]

31 Os ydy'r rhai sy'n gwneud beth sy'n iawn yn cael eu tâl ar y ddaear,
beth ddaw o'r rhai drwg sy'n anufudd i Dduw?

12 Mae rhywun sy'n barod i gael ei gywiro yn caru gwybodaeth,
ond mae'r un sy'n gwrthod derbyn cerydd yn ddwl!

2 Mae pobl dda yn profi ffafr yr Arglwydd,
ond mae'r rhai sydd â chynlluniau cyfrwys yn cael eu cosbi ganddo.

3 Dydy drygioni ddim yn rhoi sylfaen gadarn i fywyd,
ond mae gwreiddiau dwfn gan y rhai sy'n byw yn iawn.

4 Mae gwraig dda yn gwneud i'w gŵr deimlo fel brenin,
ond mae un sy'n codi cywilydd arno fel cancr i'r esgyrn.

5 Mae bwriadau'r rhai sy'n byw yn iawn yn dda,
ond cyngor pobl ddrwg yn dwyllodrus.

6 Mae geiriau pobl ddrwg yn barod i ymosod a lladd,
ond bydd beth mae pobl gyfiawn yn ei ddweud yn eu hachub nhw.

7 Mae pobl ddrwg yn cael eu dymchwel ac yn diflannu,
ond mae cartrefi pobl dda yn sefyll yn gadarn.

8 Mae person deallus yn cael enw da,
ond mae'r rhai sy'n twyllo yn cael eu dirmygu.

9 Mae'n well bod yn neb o bwys a gweithio i gynnal eich hun
na chymryd arnoch eich bod yn rhywun ac eto heb fwyd.

10 Mae pobl dda yn gofalu am eu hanifeiliaid,
ond mae hyd yn oed 'tosturi' pobl ddrwg yn greulon!

11 Bydd yr un sy'n trin ei dir yn cael digon o fwyd,
ond does dim sens gan yr un sy'n gwastraffu amser.

12 Mae pobl ddrwg yn blysio am ffrwyth eu drygioni,
ond gwreiddiau'r cyfiawn sy'n rhoi cnwd.

13 Mae geiriau pobl ddrwg yn eu baglu nhw,
ond mae'r un sy'n gwneud y peth iawn yn osgoi trafferthion.

14 Mae rhywun yn derbyn canlyniadau beth mae'n ei ddweud,
ac yn cael ei dalu am beth mae'n ei wneud.

---

c 11:30 *ond mae trais yn lladd pobl* Hebraeg, "mae'r un sy'n cymryd pobl yn ddoeth" (cf. Salm 31:13).

15 Mae'r ffŵl byrbwyll yn meddwl ei fod e'n gwybod orau,
ond mae'r person doeth yn derbyn cyngor.

16 Mae'r ffŵl yn dangos ar unwaith ei fod wedi gwylltio,
ond mae'r person call yn anwybyddu'r ffaith ei fod wedi'i sarhau.

17 Mae tyst gonest yn dweud y gwir,
ond tyst celwyddog yn twyllo.

18 Mae siarad yn fyrbwyll fel cleddyf yn trywanu,
ond mae geiriau doeth yn iacháu.

19 Mae geiriau gwir yn aros bob amser,
ond celwydd, mae wedi mynd mewn chwinciad.

20 Twyllo ydy bwriad y rhai sy'n cynllwynio i wneud drwg;
ond mae'r rhai sy'n hybu heddwch yn profi llawenydd.

21 Fydd y rhai sy'n gwneud beth sy'n iawn ddim yn cael niwed,
ond bydd pobl ddrwg yn cael llwythi o drafferthion.

22 Mae'n gas gan yr Arglwydd gelwydd,
ond mae'r rhai sy'n dweud y gwir yn ei blesio.

23 Mae person call yn cuddio beth mae'n ei wybod,
ond mae ffyliaid yn cyhoeddi eu nonsens.

24 Pobl sy'n gweithio'n galed fydd yn arweinwyr;
bydd y rhai diog yn cael eu hunain yn gaethweision.

25 Mae pryder yn gallu llethu rhywun,
ond mae gair caredig yn codi calon.

26 Mae'r un sy'n gwneud beth sy'n iawn yn dangos y ffordd i'w ffrind,
ond mae person drwg yn arwain rhywun ar gyfeiliorn.

27 Does gan rywun diog byth helfa i'w rhostio,
ond mae gan y gweithiwr caled gyfoeth gwerthfawr.

28 Mae byw yn iawn yn arwain i fywyd,
ond ffordd arall yn arwain i farwolaeth.

13 Mae plentyn doeth yn gwrando pan mae ei dad yn ei gywiro,
ond dydy plant sy'n meddwl eu bod nhw'n gwybod yn well
ddim yn gwrando ar gerydd.

2 Mae canlyniadau da i eiriau caredig,
ond dydy'r twyllwr yn cynnig dim byd ond trais.

3 Mae'r person sy'n ffrwyno'i dafod yn diogelu ei hun,
ond yr un sy'n methu cau ei geg yn dinistrio'i hun.

4 Mae'r person diog eisiau pethau, ond yn cael dim;
ond bydd y person gweithgar yn cael popeth mae e eisiau.

5 Mae'r person cyfiawn yn casáu celwydd,
ond y person drwg yn dwyn cywilydd a gwarth arno'i hun.

6 Mae cyfiawnder yn amddiffyn y rhai sy'n byw yn iawn,
ond mae'r pechadur yn cael ei faglu gan ei ddrygioni.

7 Mae un heb ddim yn cymryd arno ei fod yn gyfoethog,
ac un arall yn gyfoethog yn cymryd arno ei fod yn dlawd.

8 Gall y cyfoethog gael ei fygwth am ei gyfoeth,
ond dydy'r person tlawd ddim yn cael y broblem yna.

9 Mae golau'r cyfiawn yn disgleirio'n llachar,
ond mae'r person drwg fel lamp sy'n diffodd.

10 Dydy balchder yn gwneud dim ond creu trafferthion;
mae pobl ddoeth yn derbyn cyngor.

11 Mae cyfoeth gafodd ei ennill heb ymdrech yn diflannu'n hawdd,
ond bydd cyfoeth sydd wedi'i gasglu o dipyn i beth yn cynyddu.

12 Mae gobaith sy'n cael ei ohirio yn torri'r galon,
ond mae dymuniad sy'n dod yn wir fel pren sy'n rhoi bywyd.

13 Bydd pethau'n mynd yn ddrwg i'r un sy'n gwrthod cyngor,
ond bydd y person sy'n gwrando ar orchymyn yn cael ei wobrwyo.

14 Mae dysgu gan rai doeth fel ffynnon sy'n rhoi bywyd,
ac yn cadw rhywun rhag syrthio i faglau marwolaeth.

15 Mae dangos tipyn o sens yn ennill ffafr,
ond mae byw fel twyllwr yn arwain at ddinistr.

16 Mae pawb call yn gwneud beth sy'n ddoeth,
ond mae'r ffŵl yn dangos ei dwpdra.

17 Mae negesydd gwael yn achosi dinistr,
ond mae negesydd ffyddlon yn dod ag iachâd.

18 Tlodi a chywilydd fydd i'r un sy'n gwrthod cael ei gywiro;
ond bydd y sawl sy'n gwrando ar gerydd yn cael ei ganmol.

19 Mae dymuniad wedi'i gyflawni yn beth melys,
ond mae'n gas gan ffyliaid droi cefn ar ddrwg.

20 Mae cwmni pobl ddoeth yn eich gwneud chi'n ddoeth,
ond mae cadw cwmni ffyliaid yn gofyn am drwbwl.

21 Mae helyntion yn dilyn pechaduriaid,
ond bydd bywyd yn dda i'r rhai sy'n byw'n gyfiawn.

22 Mae person da yn gadael etifeddiaeth i'w wyrion a'i wyresau,
ond mae cyfoeth pechaduriaid yn mynd i'r rhai sy'n byw'n gyfiawn.

23 Mae digon o fwyd yn tyfu ar dir pobl dlawd,
ond mae anghyfiawnder yn ei ysgubo i ffwrdd.

24 Mae'r sawl sy'n atal y wialen yn casáu ei blentyn;
mae'r un sy'n ei garu yn ei ddisgyblu o'r dechrau cyntaf.

25 Mae gan bobl gyfiawn ddigon i'w fwyta,
ond boliau gwag sydd gan bobl ddrwg.

14 Mae gwraig ddoeth yn adeiladu ei chartref,
ond mae'r un ffôl yn ei rwygo i lawr â'i dwylo ei hun.

2 Mae'r person sy'n byw'n iawn yn parchu'r ARGLWYDD,
ond mae'r rhai sy'n twyllo yn ei ddirmygu.

3 Mae siarad balch y ffŵl yn wialen ar ei gefn,
ond mae geiriau'r doeth yn ei amddiffyn.

4 Heb ychen, mae'r cafn bwydo yn wag;
mae cryfder ychen yn dod â chynhaeaf mawr.

5 Dydy tyst gonest ddim yn dweud celwydd;
ond mae tyst ffals yn palu celwyddau.

6 Mae gwawdiwr yn chwilio am ddoethineb, ac yn methu ei gael;
ond mae person deallus yn dysgu'n rhwydd.

7 Cadw draw o gwmni person ffôl,
achos wnei di ddysgu dim ganddo.

8 Mae person call yn gwybod ble mae e'n mynd,
ond mae ffyliaid yn mynd ar goll yn eu ffolineb.

9 Mae ffyliaid yn gwawdio offrwm dros euogrwydd,
ond mae'r rhai sy'n byw yn iawn yn profi ffafr Duw.

10 Dim ond y galon ei hun sy'n gwybod pa mor chwerw ydy hi,
a does neb arall yn gallu rhannu'i llawenydd.

11 Bydd tai pobl ddrwg yn syrthio,
ond bydd cartre'r un sy'n byw'n iawn yn llwyddo.

12 Mae yna ffordd o fyw sy'n edrych yn iawn i bobl,
ond arwain i farwolaeth mae hi yn y pen draw.

13 Gall y galon fod yn drist hyd yn oed pan mae rhywun yn chwerthin,
ac mae hapusrwydd yn gallu troi'n dristwch yn y diwedd.

14 Bydd pobl ddiegwyddor yn wynebu canlyniadau eu ffyrdd,
ond pobl dda yn cael eu gwobrwyo am eu gweithredoedd.

15 Mae'r twpsyn yn fodlon credu unrhyw beth,
ond mae'r person call yn fwy gofalus.

16 Mae rhywun doeth yn cymryd gofal, ac yn troi cefn ar ddrygioni,
ond mae'r ffŵl yn rhy hyderus ac yn rhuthro i mewn yn fyrbwyll.

17 Mae rhywun sy'n fyr ei dymer yn gwneud pethau ffôl,
ac mae'n gas gan bobl rai sydd â chynllluniau cyfrwys.

18 Mae pobl ddiniwed yn etifeddu ffolineb,
ond pobl gall yn cael eu coroni â gwybodaeth.

19 Bydd pobl ddrwg yn ymgrymu o flaen y da,
a'r rhai wnaeth ddrwg yn disgwyl wrth giatiau'r cyfiawn.

20 Mae hyd yn oed cymdogion y person tlawd yn ei gasáu,
ond mae gan y cyfoethog lot o ffrindiau.

21 Mae rhywun sy'n malio dim am bobl eraill yn pechu,
ond mae bendith fawr i'r rhai sy'n helpu pobl mewn angen.

22 Onid ydy'r rhai sy'n cynllwynio drwg yn mynd ar goll?
Ond mae'r rhai sy'n bwriadu gwneud daioni yn garedig ac yn ffyddlon.

23 Mae elw i bob gwaith caled,
ond mae gwneud dim ond siarad yn arwain i dlodi.

24 Mae'r doeth yn cael cyfoeth yn goron,
ond ffolineb ydy torch ffyliaid.

25 Mae tyst sy'n dweud y gwir yn achub bywydau,
ond mae'r un sy'n palu celwyddau yn dwyllwr.

26 Mae parchu'r ARGLWYDD yn rhoi hyder,
ac yn lle diogel i blant rhywun gysgodi.

27 Mae parchu'r ARGLWYDD yn ffynnon sy'n rhoi bywyd,
ac yn troi rhywun oddi wrth faglau marwolaeth.

28 Mae bod yn frenin ar boblogaeth fawr yn anrhydedd,
ond heb bobl dydy llywodraethwr yn neb.

29 Mae rheoli'ch tymer yn beth call iawn i'w wneud,
ond mae colli'ch tymer yn dangos eich bod yn ddwl.

30 Mae ysbryd tawel yn iechyd i'r corff,
ond cenfigen fel cancr yn pydru'r esgyrn.

31 Mae'r un sy'n gormesu'r tlawd yn amharchu ei Grëwr,
ond mae bod yn garedig at rywun mewn angen yn anrhydeddu Duw.

32 Mae pobl ddrwg yn cael eu dymchwel gan eu drygioni eu hunain,
ond mae gonestrwydd y rhai sy'n gwneud beth sy'n iawn yn eu cadw
nhw'n saff.

33 Mae doethineb yn eistedd yn gyfforddus ym meddwl rhywun sy'n synhwyrol,
ond ydy ffyliaid yn gwybod amdano o gwbl?

34 Mae cyfiawnder yn gwneud gwlad yn un wych,
ond pechod yn dwyn gwarth ar bobl.

35 Mae'r brenin yn dangos ffafr at was da,
ond yn digio wrth un sy'n dda i ddim.

15 Mae ateb caredig yn tawelu tymer,
ond dweud pethau cas yn gwylltio pobl.

2 Mae geiriau person doeth yn hybu gwybodaeth,
ond mae cegau ffyliaid yn chwydu ffolineb.

3 Mae'r ARGLWYDD yn gweld popeth,
mae'n gwylio'r drwg a'r da.

4 Mae gair caredig fel coeden sy'n rhoi bywyd,
ond mae dweud celwydd yn torri calon.

5 Mae'r ffŵl yn diystyru disgyblaeth ei dad,
ond mae'r sawl sy'n gwrando ar gerydd yn gall.

6 Mae digon o gyfoeth yn nhŷ person cyfiawn,
ond trafferthion fydd unig gyflog pobl ddrwg.

7 Mae pobl ddoeth yn rhannu gwybodaeth;
ond dydy ffyliaid ddim yn gwneud hynny.

8 Mae'n gas gan yr ARGLWYDD offrymau pobl ddrwg,
ond mae gweddi'r rhai sy'n byw yn iawn yn ei blesio.

9 Mae'n gas gan yr ARGLWYDD ymddygiad pobl ddrwg,
ond mae'n caru'r rhai sy'n trio byw'n iawn.

10 Mae'r un sydd wedi troi cefn ar y ffordd yn cael ei ddisgyblu'n llym;
bydd yr un sy'n gwrthod cael ei gywiro yn marw.

11 Mae'r ARGLWYDD yn gweld beth sy'n digwydd yn Annwn,[ch]
felly mae'n sicr yn gwybod beth sy'n mynd drwy feddyliau pobl!

12 Dydy'r un sy'n gwawdio pobl eraill ddim yn hoffi cael ei gywiro;
dydy e ddim yn fodlon gofyn cyngor gan rywun doeth.

13 Mae calon lawen yn rhoi gwên ar yr wyneb,
ond mae calon drist yn llethu'r ysbryd.

14 Mae person call eisiau dysgu mwy,
ond mae ffŵl yn cael ei fwydo ar ffolineb.

15 Mae pobl sy'n diodde yn cael bywyd caled,
ond mae bodlonrwydd fel gwledd ddiddiwedd.

16 Mae ychydig bach gan rywun sy'n parchu'r ARGLWYDD
yn well na chyfoeth mawr gyda helbulon.

17 Mae platiaid o lysiau lle mae cariad
yn well na gwledd o gig eidion â chasineb.

18 Mae rhywun sy'n fyr ei dymer yn creu helynt,
ond mae person amyneddgar yn tawelu ffrae.

19 Mae'r ffordd mae person diog yn ymddwyn fel llwyn o fieri,
ond mae llwybr yr un sy'n gwneud beth sy'n iawn fel priffordd agored.

20 Mae plentyn doeth yn gwneud ei dad yn hapus,
ond plentyn ffôl yn dangos dim parch at ei fam.

21 Mae chwarae'r ffŵl yn hwyl i rywun heb sens,
ond mae person call yn cadw ar y llwybr iawn.

22 Mae cynlluniau'n mynd ar chwâl heb ymgynghori,
ond yn llwyddo pan fydd llawer yn rhoi cyngor.

23 Mae ateb parod yn gwneud rhywun yn hapus,
ac mor dda ydy gair yn ei bryd!

24 Mae llwybr bywyd ar i fyny i'r doeth,
ac yn ei droi oddi wrth Annwn[d] isod.

25 Bydd yr ARGLWYDD yn chwalu tŷ'r balch,
ond mae'n gwneud eiddo'r weddw yn ddiogel.

26 Mae'n gas gan yr ARGLWYDD feddyliau drwg,
ond mae geiriau caredig yn bur yn ei olwg.

27 Mae rhywun sy'n elwa ar draul eraill yn creu trwbwl i'w deulu,
ond bydd yr un sy'n gwrthod breib yn cael byw.

---

ch 15:11 *Annwn* Hebraeg, "Sheol ac Abadon". *Sheol*, sef "y byd tanddaearol lle mae'r meirw yn mynd"; *Abadon*, sef "lle dinistr". d 15:24 *Annwn* Hebraeg, *Sheol*, sef "y byd tanddaearol lle mae'r meirw yn mynd".
15:20 Diarhebion 10:1

28 Mae'r person cyfiawn yn meddwl cyn ateb,
tra mae'r person drwg yn chwydu aflendid.

29 Mae'r ARGLWYDD yn cadw draw oddi wrth bobl ddrwg,
ond mae'n gwrando ar weddi'r rhai sy'n byw'n gywir.

30 Mae gwên yn llonni'r galon,
a newyddion da yn rhoi cryfder i'r corff.

31 Mae'r glust sy'n gwrando ar gerydd buddiol
yn byw yng nghwmni'r doeth.

32 Mae'r un sy'n gwrthod cael ei gywiro yn ei gasáu ei hun,
ond yr un sy'n gwrando ar gerydd yn dangos synnwyr.

33 Mae parchu'r ARGLWYDD yn dysgu rhywun i fod yn ddoeth,
a gostyngeiddrwydd yn arwain i anrhydedd.

16 Mae pobl yn gallu gwneud penderfyniadau,
ond yr ARGLWYDD sydd a'r gair olaf.

2 Mae pobl bob amser yn meddwl eu bod yn gwneud y peth iawn,
ond mae'r ARGLWYDD yn pwyso a mesur y cymhellion.

3 Rho bopeth wnei di yn nwylo'r ARGLWYDD,
a bydd dy gynlluniau'n llwyddo.

4 Mae gan yr ARGLWYDD bwrpas i bopeth mae'n ei wneud,
hyd yn oed pobl ddrwg ar gyfer dydd dinistr.

5 Mae'n gas gan yr ARGLWYDD bobl falch;
fyddan nhw'n sicr ddim yn osgoi cael eu cosbi.

6 Mae caredigrwydd a ffyddlondeb yn cuddio beiau pobl eraill,
a dangos parch at yr ARGLWYDD yn troi rhywun oddi wrth ddrwg.

7 Pan mae ymddygiad rhywun yn plesio'r ARGLWYDD,
mae hyd yn oed ei elynion yn troi'n ffrindiau.

8 Mae'n well cael ychydig a byw'n iawn,
na chael cyfoeth mawr drwy fod yn anonest.

9 Mae pobl yn gallu cynllunio beth i'w wneud,
ond yr ARGLWYDD sy'n arwain y ffordd.

10 Y brenin sy'n dweud beth ydy beth;
dydy e byth yn barnu'n annheg.

11 Mae'r ARGLWYDD eisiau clorian deg;
rhaid i bob un o'r pwysau sydd yn y god fod yn gywir.

12 Mae brenhinoedd yn casáu torcyfraith,
am mai cyfiawnder sy'n gwneud gorsedd yn ddiogel.

13 Mae dweud y gwir yn ennill ffafr brenhinoedd;
maen nhw'n hoffi pobl onest.

14 Mae gwylltio brenin yn arwain i farwolaeth
ond bydd person doeth yn gallu ei dawelu.

15 Mae gwên ar wyneb y brenin yn arwain i fywyd;
mae ei ffafr fel cwmwl glaw yn y gwanwyn.

16 Mae dysgu bod yn ddoeth yn llawer gwell nag aur;
a chael deall yn well nag arian.

17 Mae ffordd glir o flaen yr un sy'n osgoi drygioni;
ac mae'r person sy'n gwylio ble mae'n mynd yn saff.

18 Mae balchder yn dod o flaen dinistr,
a brolio cyn baglu.

19 Mae'n well bod yn ostyngedig gyda'r anghenus
na rhannu ysbail gyda'r balch.

20 Mae'r un sy'n gwrando ar neges Duw yn llwyddo,
a'r un sy'n trystio'r Arglwydd yn hapus.

21 Mae'r person doeth yn cael ei gyfri'n gall,
ac mae geiriau caredig yn helpu rhywun i ddysgu.

22 Mae synnwyr cyffredin fel ffynnon sy'n rhoi bywyd i rywun,
ond mae ffyliaid yn talu'r pris am eu ffolineb.

23 Mae person doeth yn meddwl cyn siarad;
mae ei eiriau'n dwyn perswâd.

24 Mae geiriau caredig fel diliau mêl,
yn felys eu blas ac yn iach i'r corff.

25 Mae yna ffordd o fyw sy'n edrych yn iawn i bobl,
ond arwain i farwolaeth mae hi yn y pen draw.

26 Mae'r angen am fwyd yn gwneud i rywun weithio'n galed,
a bol gwag yn ei yrru yn ei flaen.

27 Mae dihiryn drwg yn chwilio am helynt,
ac mae ei eiriau'n gwneud niwed fel tân.

28 Mae person croes yn achosi cynnen,
a'r un sy'n hel clecs yn chwalu ffrindiau.

29 Mae person treisgar yn denu pobl,
ac yn eu harwain nhw i wneud pethau sydd ddim yn dda.

30 Mae'n wincio pan mae'n bwriadu twyllo,
a rhoi ei fys ar ei wefusau wrth wneud drwg.

31 Mae gwallt gwyn fel coron hardd;
mae i'w chael wrth fyw yn gyfiawn.

32 Mae ymatal yn well nag ymosod,
a rheoli'r tymer yn well na choncro dinas.

33 Mae'r deis yn cael ei daflu,
ond mae'r canlyniad yn llaw'r Arglwydd.

17 Mae crystyn sych a thipyn o heddwch
yn well na gwledd fawr lle mae pobl yn ffraeo.

2 Bydd gwas da yn rheoli mab sy'n achos cywilydd,
a bydd yn rhannu'r etifeddiaeth fel un o'r teulu.

3 Tawddlestr i arian, a ffwrnais i aur,
ond yr Arglwydd sy'n profi'r galon.

4 Mae'r rhai sy'n gwneud drwg yn gwrando ar gyngor drwg;
a'r un sy'n dweud celwydd yn rhoi sylw i eiriau maleisus.

5 Mae'r sawl sy'n chwerthin ar y tlawd yn amharchu ei Grëwr;
a bydd yr un sy'n mwynhau gweld trychineb yn cael ei gosbi.

6 Coron pobl mewn oed ydy eu hwyrion a'u hwyresau,
a balchder plant ydy eu rhieni.

7 Dydy geiriau gwych ddim yn gweddu i ffŵl;
llai fyth celwydd i ŵr bonheddig.

8 Mae breib fel swyn i'r un sy'n ei gynnig;
lle bynnag mae'n troi, mae'n llwyddo.

9 Mae'r sawl sy'n cuddio bai yn ceisio cyfeillgarwch,
ond yr un sy'n hel clecs yn colli ffrindiau.

10 Mae gair o gerydd yn gwneud mwy o argraff ar ddyn doeth
na chwipio ffŵl gant o weithiau.

11 Dydy rhywun drwg ddim ond eisiau gwrthryfela;
felly bydd swyddog creulon yn cael ei anfon yn ei erbyn.

12 Gwell cyfarfod arthes wedi colli ei chenawon
na ffŵl yn siarad nonsens.

13 Fydd trafferthion byth yn gadael tŷ
rhywun sy'n talu drwg am dda.

14 Mae dechrau ffrae fel crac mewn argae;
gwell tewi cyn i bethau fynd yn draed moch.

15 Dau beth sy'n gas gan yr ARGLWYDD –
gollwng yr euog yn rhydd a chosbi'r dieuog.

16 Wnaiff arian yn llaw ffŵl ddim prynu doethineb.
Pam talu am wersi, ac yntau ddim eisiau deall?

17 Mae ffrind yn ffyddlon bob amser;
a brawd wedi'i eni i helpu mewn helbul.

18 Does dim sens gan rywun
sy'n cytuno i dalu dyled rhywun arall.

19 Mae'r un sy'n hoffi tramgwyddo yn hoffi trafferthion,
a'r un sy'n brolio yn gofyn am drwbwl.

20 Fydd yr un sy'n twyllo ddim yn llwyddo;
mae'r rhai sy'n edrych am helynt yn mynd i drafferthion.

21 Mae'r un sy'n magu plentyn ffôl yn profi tristwch;
does dim mwynhad i dad plentyn gwirion.

22 Mae llawenydd yn iechyd i'r corff;
ond mae iselder ysbryd yn sychu'r esgyrn.

23 Person drwg sy'n derbyn breib yn dawel bach
i wyrdroi cyfiawnder.

17:18 Diarhebion 6:1-5; 22:26   17:23 Deuteronomium 16:19

24 Mae'r person craff yn gweld yn glir beth sy'n ddoeth,
ond dydy'r ffŵl ddim yn gwybod ble i edrych.

25 Mae plentyn ffôl yn achosi gofid i'w dad
a dolur calon i'w fam.

26 Dydy cosbi rhywun dieuog ddim yn iawn;
byddai fel rhoi curfa i swyddog llys am fod yn onest.

27 Mae'r un sy'n brathu ei dafod yn dangos synnwyr cyffredin,
a'r person pwyllog yn dangos ei fod yn gall.

28 Gall hyd yn oed ffŵl sy'n cadw'n dawel gael ei ystyried yn ddoeth,
a'r un sy'n cau ei geg, yn ddeallus.

18

Mae'r un sy'n cadw ar wahân yn plesio ei hun,
ac yn gwrthod unrhyw gyngor doeth.

2 Does gan ffŵl ddim awydd o gwbl i ddeall,
dim ond lleisio'i farn ei hun.

3 Mae dirmyg yn dilyn y drwg,
a gwawdio yn dilyn gwarth.

4 Mae geiriau rhywun fel dŵr dwfn –
ffynnon o ddoethineb fel nant yn llifo.

5 Dydy dangos ffafr at yr euog ddim yn beth da,
na gwrthod cyfiawnder i'r dieuog.

6 Mae geiriau ffŵl yn achosi ffrae;
mae'n gofyn am drwbwl!

7 Mae siarad ffŵl yn arwain i ddinistr;
mae'n cael ei rwydo gan ei eiriau ei hun.

8 Mae gwrando ar glecs fel bwyd blasus –
mae'r cwbl yn cael ei lyncu.

9 Mae'r un sy'n ddiog yn ei waith
yn perthyn yn agos i'r fandal.

10 Mae enw'r Arglwydd fel tŵr solet;
mae'r rhai sy'n byw'n iawn yn rhedeg ato i fod yn saff.

11 Ond caer ddiogel y cyfoethog ydy ei gyfoeth;
mae'n dychmygu ei fod yn wal uchel i'w amddiffyn.

12 Cyn i'r chwalfa ddod roedd digon o frolio;
gostyngeiddrwydd sy'n arwain i anrhydedd.

13 Mae ateb rhywun yn ôl cyn gwrando arno
yn beth dwl i'w wneud, ac yn dangos diffyg parch.

14 Gall ysbryd rhywun ei gynnal drwy afiechyd;
ond mae iselder ysbryd yn faich trwm i'w gario.

15 Mae'r person call am ddysgu mwy,
ac mae'r doeth yn chwilio am wybodaeth.

16 Mae rhoi rhodd i rywun yn agor drysau
i gyfarfod pobl bwysig.

17 Mae'r cyntaf i gyflwyno ei dystiolaeth yn ymddangos yn iawn
nes i rywun ddod a'i groesholi.

18 Mae taflu coelbren yn rhoi terfyn ar ffraeo,
ac yn setlo dadl ffyrnig.

19 Mae perthynas wedi digio yn ystyfnig fel caer;
a chwerylon fel barrau i gloi giatiau castell.

20 Rhaid i rywun ddysgu byw gyda'i eiriau;
mae dweud y peth iawn yn rhoi boddhad.

21 Mae'r tafod yn gallu rhoi bywyd a marwolaeth;
ac mae'r rhai sy'n hoffi siarad yn gorfod byw gyda'u geiriau.

22 Mae'r dyn sydd wedi ffeindio gwraig yn hapus;
mae'r Arglwydd wedi bod yn dda ato.

23 Mae'r person tlawd yn pledio am help,
ond mae'r cyfoethog yn ei ateb yn swta.

24 Mae rhai ffrindiau'n gallu brifo rhywun,
ond mae ffrind go iawn yn fwy ffyddlon na brawd.

19

Mae'n well bod yn dlawd ac yn onest
nag yn ffŵl sy'n dweud celwydd.

2 Dydy sêl heb ddeall ddim yn beth da;
mae'r rhai sydd ar ormod o frys yn colli'r ffordd.

3 Ffolineb pobl sy'n difetha'u bywydau,
ond maen nhw'n dal dig yn erbyn yr Arglwydd.

4 Mae cyfoeth yn denu llawer o ffrindiau,
ond mae ffrind person tlawd yn troi cefn arno.

5 Bydd tyst celwyddog yn cael ei gosbi;
fydd rhywun sy'n palu celwyddau ddim yn dianc.

6 Mae llawer yn crafu i ennill ffafr pobl bwysig,
ac mae pawb eisiau bod yn ffrindiau gyda rhywun hael.

7 Mae perthnasau rhywun tlawd eisiau cael gwared ag e;
does dim syndod fod ei ffrindiau'n ei osgoi!
Mae'n gofyn am help, ond does dim ymateb.

8 Mae'r person doeth yn caru ei fywyd,
a'r un sy'n gwneud yn siŵr ei fod yn deall yn hapus.

9 Bydd tyst celwyddog yn cael ei gosbi;
mae wedi darfod ar rywun sy'n palu celwyddau.

10 Dydy byw'n foethus ddim yn gweddu i ffŵl;
llai fyth, caethwas yn rheoli ei feistr.

11 Mae rhywun call yn rheoli ei dymer;
mae i'w ganmol am faddau i rywun sy'n pechu yn ei erbyn.

12 Mae brenin dig fel llew yn rhuo,
ond mae ei ffafr fel gwlith ar laswellt.

13 Mae plentyn ffôl yn achosi trafferthion i'w dad,
a gwraig sy'n swnian fel dŵr yn diferu'n ddi-baid.

14 Mae plant yn etifeddu tŷ ac eiddo gan eu rhieni,
ond yr ARGLWYDD sy'n rhoi gwraig ddoeth.

15 Mae diogi yn achosi trwmgwsg;
bydd y person diog yn llwgu.

16 Mae'r sawl sy'n cadw'r gorchmynion yn cael byw,
ond bydd yr un sy'n diystyru ei ffyrdd yn marw.

17 Mae rhoi yn hael i'r tlawd fel benthyg i'r ARGLWYDD;
bydd e'n talu'n ôl iddo am fod mor garedig.

18 Disgybla dy blentyn tra mae gobaith iddo,
ond paid colli dy limpyn yn llwyr.

19 Mae'r un sy'n fyr ei dymer yn gorfod talu'r pris;
os wyt am ei helpu, byddi'n gorfod gwneud hynny fwy nag unwaith.

20 Gwrando ar gyngor, a bydd barod i dderbyn cerydd,
a byddi'n ddoeth yn y diwedd.

21 Mae gan bobl bob math o gynlluniau,
ond cynllun yr ARGLWYDD fydd yn cael ei gyflawni.

22 Mae ffyddlondeb yn beth dymunol mewn person;
gwell bod yn dlawd na dweud celwydd.

23 Mae parchu'r ARGLWYDD yn arwain i fywyd;
mae person felly yn dawel ei feddwl, ac yn ofni dim drwg.

24 Mae'r diogyn yn estyn am fwyd,
ond yn rhy ddiog i'w godi at ei geg!

25 Cura'r un sy'n gwawdio, a bydd y gwirion yn dysgu gwers;
cywira rywun call a bydd yn dysgu mwy fyth.

26 Mae plentyn sy'n dwyn oddi ar ei dad ac yn gyrru ei fam o'i chartref
yn achos cywilydd a gwarth.

27 Fy mab, os byddi'n stopio gwrando pan wyt ti'n cael dy gywiro,
byddi wedi troi dy gefn ar ddoethineb.

28 Mae tyst sy'n twyllo yn dibrisio cyfiawnder,
a phobl ddrwg wrth eu boddau gyda chelwydd.

29 Bydd y rhai sy'n gwawdio yn cael eu cosbi
a'r ffyliaid yn cael eu curo.

20 Mae gwin yn gwawdio, a chwrw yn creu helynt;
dydy'r rhai sy'n meddwi ddim yn ddoeth.

2 Mae brenin sy'n bygwth fel llew yn rhuo;
mae'r sawl sy'n ei wylltio yn mentro'i fywyd.

3 Mae gwrthod ffraeo yn beth call i'w wneud,
gall unrhyw ffŵl godi helynt.

4 Os nad ydy'r dyn diog yn aredig yn y gwanwyn,
pan ddaw'r cynhaeaf, fydd e'n cael dim byd.

5 Mae bwriad y meddwl dynol fel dŵr dwfn,
ond gall person deallus ei ddwyn i'r golwg.

6 Mae llawer o bobl yn honni bod yn ffrindiau triw,
ond pwy allwch chi ei drystio go iawn?

7 Pan mae rhywun yn byw bywyd cyfiawn a gonest,
mae ei blant wedi'u bendithio'n fawr.

8 Mae brenin sy'n eistedd ar yr orsedd i farnu
yn gallu gwahaniaethu rhwng drwg a da.

9 Oes unrhyw un yn gallu dweud,
"Dw i wedi cadw fy nghalon yn lân;
dw i'n hollol lân a heb bechod"?

10 Mae twyllo wrth bwyso a mesur
yn rhywbeth sy'n gas gan yr ARGLWYDD.

11 Mae'r ffordd mae person ifanc yn ymddwyn
yn dangos ydy e'n gymeriad glân a gonest ai peidio.

12 Y glust sy'n clywed a'r llygad sy'n gweld –
yr ARGLWYDD wnaeth y ddwy.

13 Paid bod yn rhy hoff o dy gwsg, rhag i ti fynd yn dlawd;
cadw'n effro, a bydd gen ti ddigon i'w fwyta.

14 Mae'r prynwr yn dadlau, "Dydy e ddim yn werth rhyw lawer,"
ond yna'n mynd i ffwrdd ac yn brolio'i hun am gael bargen.

15 Mae digonedd o aur i'w gael, a pherlau hefyd;
mae geiriau doeth fel gem werthfawr.

16 Cymer ei wisg, gan ei fod wedi gwarantu benthyciad rhywun;
cadw hi'n warant os gwnaeth hynny dros bobl ddieithr.

17 Falle fod bwyd sydd wedi'i ddwyn yn flasus,
ond bydd dy geg yn llawn graean yn y diwedd.

18 Mae cyngor da yn gwneud i gynlluniau lwyddo;
ewch i ryfel gyda strategaeth glir.

19 Mae'r un sy'n hel clecs yn methu cadw cyfrinach;
paid cael dim i'w wneud â'r llac ei dafod.

20 Os ydy rhywun yn melltithio'i dad neu ei fam,
bydd ei lamp yn diffodd mewn tywyllwch dudew.

21 Pan mae rhywun yn derbyn etifeddiaeth yn rhy hawdd,
fydd dim bendith yn y diwedd.

22 Paid dweud, "Bydda i'n talu'r pwyth yn ôl!"
Disgwyl i'r ARGLWYDD achub dy gam di.

23 Mae twyllo wrth bwyso nwyddau yn gas gan yr ARGLWYDD;
dydy clorian dwyllodrus ddim yn dda.

20:19 Lefiticus 19:16

24 Yr ARGLWYDD sy'n trefnu'r ffordd mae rhywun yn mynd;
sut all unrhyw un wybod beth sydd o'i flaen?

25 Mae'n gamgymeriad i rywun gyflwyno rhodd i Dduw yn fyrbwyll,
a dim ond meddwl wedyn beth wnaeth e addo ei wneud.

26 Mae brenin doeth yn gwahanu'r drwg oddi wrth y da,
ac yna'n troi'r olwyn sy'n eu dyrnu nhw.

27 Mae'r gydwybod fel lamp gan yr ARGLWYDD,
yn chwilio'n ddwfn beth sydd yn y galon.

28 Cariad a ffyddlondeb sy'n amddiffyn y brenin,
a'i gariad e sy'n ei gadw ar yr orsedd.

29 Mae pobl yn edmygu cryfder dynion ifanc,
ond gwallt gwyn sy'n rhoi urddas i bobl mewn oed.

30 Mae dioddefaint a chleisiau yn cael gwared â drwg,
ac yn delio gyda'r person y tu mewn.

21

Mae penderfyniadau[dd] y brenin fel sianel ddŵr yn llaw'r ARGLWYDD;
mae'n ei arwain i ble bynnag mae e eisiau.

2 Mae pobl bob amser yn meddwl eu bod yn gwneud y peth iawn,
ond mae'r ARGLWYDD yn pwyso a mesur y cymhellion.

3 Mae cael rhywun yn gwneud beth sy'n gyfiawn ac yn deg
yn well gan yr ARGLWYDD nag aberthau.

4 Mae snobyddiaeth a balchder
– sy'n nodweddu pobl ddrwg – yn bechod.

5 Mae llwyddiant yn dod o gynllunio gofalus a gwaith caled,
ond dydy brys gwyllt ddim ond yn arwain i dlodi.

6 Mae ffortiwn wedi'i hennill drwy ddweud celwydd
fel tarth sy'n diflannu – magl i farwolaeth.

7 Mae pobl ddrwg yn cael eu llusgo i ffwrdd gan eu trais,
maen nhw'n gwrthod gwneud beth sy'n iawn.

8 Mae pobl yn gallu bod yn dwyllodrus ac yn rhyfedd,
ond mae'r sawl sy'n bur yn gwneud beth sy'n iawn.

9 Mae byw mewn cornel yn yr atig[e]
yn well na rhannu cartref gyda gwraig gecrus.

10 Mae person drwg yn ysu am gael gwneud drwg,
ac yn dangos dim trugaredd at bobl eraill.

11 Pan mae'r gwawdiwr yn cael ei gosbi mae'r gwirion yn dysgu gwers,
ond mae'r person doeth yn dysgu wrth wrando.

12 Mae'r Duw cyfiawn yn gweld cartrefi pobl ddrwg;
bydd yn dod â dinistr arnyn nhw.

---

dd 21:1 *penderfyniadau* Hebraeg, "calon". e 21:9 *yn yr atig* Hebraeg, "ar do tŷ".
20:28 Salm 89:24

13 Os ydy rhywun yn gwrthod gwrando ar gri'r tlawd,
bydd e'n gweiddi hefyd, a fydd neb yn ei ateb.

14 Mae rhodd gyfrinachol yn tawelu llid,
a childwrn yn tewi'r un sydd wedi colli ei dymer.

15 Mae'r rhai cyfiawn wrth eu bodd yn gwneud beth sy'n iawn,
ond mae'n ddychryn i bobl ddrwg.

16 Bydd pwy bynnag sy'n crwydro oddi ar y llwybr iawn
yn cael ei hun yn gorffwys gyda'r ysbrydion.

17 Bydd y sawl sydd ddim ond eisiau bywyd o bleser yn cael ei hun yn dlawd;
dydy gwin a bywyd moethus ddim yn gwneud rhywun yn gyfoethog.

18 Bydd y drwg yn talu'r pris yn lle'r cyfiawn,
a'r twyllwr yn diodde yn lle'r un sy'n onest.

19 Mae'n well byw mewn tir anial
na gorfod diodde gwraig gecrus a blin.

20 Mae'r person doeth yn cynilo,
ond mae person ffôl yn gwario'r cwbl sydd ganddo.

21 Mae'r un sy'n ceisio gwneud beth sy'n iawn a bod yn garedig
yn cael bywyd, llwyddiant ac enw da.

22 Mae dyn doeth yn gallu concro dinas sydd â byddin bwerus
a bwrw i lawr y gaer roedden nhw'n teimlo'n saff ynddi.

23 Mae'r person sy'n gwylio beth mae'n ei ddweud ac yn ffrwyno'i dafod
yn cadw ei hun allan o drafferthion.

24 Mae'r person balch, haerllug
– yr un sy'n gwawdio pobl eraill –
yn gwneud pethau cwbl ddigywilydd.

25 Mae blys person diog yn ddigon i'w ladd,
am ei fod yn gwrthod gweithio â'i ddwylo.

26 Mae'n dyheu ac yn ysu am fwy drwy'r adeg,
tra mae'r person cyfiawn yn rhoi yn ddi-baid.

27 Mae'n gas gan Dduw aberth sy'n cael ei gyflwyno gan rywun drwg,
yn enwedig os ydy ei fwriad wrth ddod ag e yn ddrwg.

28 Mae tyst celwyddog yn cael ei dewi;
y tyst oedd wedi gwrando sy'n cael y gair ola.

29 Mae person drwg yn smalio ac yn bwrw yn ei flaen,
ond mae'r person gonest yn meddwl ble mae'n mynd.

30 Does dim doethineb na deall na chyngor
sy'n gallu ennill y dydd ar yr Arglwydd.

31 Mae milwyr wedi paratoi meirch ar gyfer y rhyfel,
ond yr Arglwydd sy'n rhoi'r fuddugoliaeth.

22 Mae enw da yn well na chyfoeth mawr,
a charedigrwydd yn well nag arian ac aur.

2 Mae un peth sy'n wir am y cyfoethog a'r tlawd:
yr ARGLWYDD wnaeth greu'r ddau ohonyn nhw.

3 Mae'r person call yn gweld problem ac yn ei hosgoi;
ond y gwirion yn bwrw yn ei flaen ac yn gorfod talu'r pris.

4 Mae gostyngeiddrwydd a pharch at yr ARGLWYDD
yn arwain i gyfoeth, anrhydedd a bywyd.

5 Mae drain a maglau ar lwybr pobl sy'n twyllo,
ond mae'r person sy'n ofalus yn cadw draw oddi wrthyn nhw.

6 Dysga blentyn y ffordd orau i fyw,
a fydd e ddim yn troi cefn arni pan fydd e'n hŷn.

7 Fel mae'r cyfoethog yn rheoli'r tlawd,
mae'r un sydd mewn dyled yn gaethwas i'r benthyciwr.

8 Bydd y rhai sy'n hau drygioni yn medi helyntion,
a bydd eu gwialen greulon yn cael ei thorri.

9 Bydd person hael yn cael ei fendithio
am rannu ei fwyd gyda'r tlawd.

10 Taflwch allan yr un sy'n creu helynt, a bydd y cweryla'n peidio,
bydd y ffraeo a'r sarhau yn stopio.

11 Pwy bynnag sy'n ddidwyll a'i eiriau'n garedig,
bydd yn ffrindiau gyda'r brenin.

12 Mae'r ARGLWYDD yn gofalu am yr un sy'n gwybod y gwir,
ond mae'n tanseilio beth mae'r twyllwr yn ei ddweud.

13 Mae'r diogyn yn dweud, "Mae yna lew yna!
Mae'n beryg bywyd i fynd allan i'r stryd."

14 Mae fflyrtian y wraig anfoesol fel pwll dwfn;
mae'r rhai sy'n digio'r ARGLWYDD yn syrthio iddo.

15 Pan mae ffolineb wedi cael gafael ar feddwl person ifanc,
bydd gwialen disgyblaeth yn cael gwared ag e.

16 Dydy gwneud arian drwy gam-drin pobl dlawd,
neu roi anrhegion i'r cyfoethog, yn ddim byd ond colled!

Y Tri Deg Cyngor Doeth

17 Gwranda'n astud ar beth mae'r doethion wedi'i ddweud,
a meddylia am y pethau dw i'n eu dysgu i ti.
18 Mae'n beth da i'r rhain wreiddio'n ddwfn ynot ti
ac iddyn nhw fod ar flaen dy dafod bob amser.
19 Dw i am eu rhannu nhw hefo ti heddiw – ie, ti –
er mwyn i ti drystio'r ARGLWYDD.
20 Dw i wedi'u hysgrifennu nhw i lawr –
"Y Tri Deg Cyngor Doeth",
21 i ti ddysgu'r gwir, a beth sy'n iawn,
a mynd â'r atebion iawn i'r rhai wnaeth dy anfon di.

22 Paid dwyn oddi ar y tlawd, achos maen nhw'n dlawd,
na chymryd mantais o bobl mewn angen yn y llys.

23 Bydd yr Arglwydd yn sefyll hefo nhw,
ac yn gorthrymu'r rhai sy'n eu gorthrymu nhw.

24 Paid gwneud ffrindiau gyda rhywun piwis,
na chadw cwmni rhywun sydd â thymer wyllt,
25 rhag i ti hefyd droi felly,
a methu dianc.

26 Paid bod yn rhy barod i gytuno
i dalu dyledion rhywun arall;
27 Os na fyddi di'n gallu talu
byddi'n colli popeth, hyd yn oed dy wely!

28 Paid symud yr hen ffiniau
gafodd eu gosod gan dy hynafiaid.

29 Pan weli di rywun sy'n fedrus yn ei waith –
bydd hwnnw'n gwasanaethu brenhinoedd,
nid pobl does neb wedi clywed amdanyn nhw.

23 Pan wyt ti'n eistedd i lawr i fwyta gyda llywodraethwr,
gwylia'n ofalus sut rwyt ti'n ymddwyn;
2 dal yn ôl, paid llowcio dy fwyd.
3 Paid stwffio dy hun ar ei ddanteithion,
mae'n siŵr ei fod e eisiau rhywbeth gen ti!

4 Paid lladd dy hun yn ceisio gwneud arian;
bydd yn ddigon call i ymatal.
5 Cyn i ti droi rownd mae e wedi mynd!
Mae'n magu adenydd ac yn hedfan i ffwrdd fel eryr.

6 Paid bwyta wrth fwrdd person cybyddlyd;
paid stwffio dy hun gyda'i ddanteithion.
7 Mae e'n cadw cyfri o bopeth wyt ti'n ei fwyta!
Mae'n dweud, "Tyrd, bwyta ac yfed faint fynni di,"
ond dydy e ddim yn meddwl hynny go iawn.
8 Byddi'n chwydu'r ychydig rwyt wedi'i fwyta,
ac wedi gwastraffu dy eiriau caredig.

9 Paid dweud gormod wrth ffŵl;
fydd e'n gwneud dim ond gwawdio dy eiriau doeth di.

10 Paid symud yr hen ffiniau,
a dwyn tir oddi ar yr amddifad;
11 mae'r Un sy'n eu hamddiffyn nhw yn gryf,
a bydd yn cymryd eu hachos yn dy erbyn di.

12 Penderfyna dy fod eisiau dysgu
a gwrando ar eiriau doeth.

13 Paid bod ag ofn disgyblu dy blentyn;
dydy gwialen ddim yn mynd i'w ladd e.
14 Defnyddia'r wialen
a byddi'n achub ei fywyd.

22:26 Diarhebion 6:1-5; 17:18

15 Fy mab, os dysgi di fod yn ddoeth,
bydda i'n hapus iawn.
16 Bydda i wrth fy modd
yn dy glywed di'n dweud beth sy'n iawn.

17 Paid cenfigennu wrth y rhai sy'n pechu –
bydd di'n ffyddlon i Dduw bob amser.
18 Wedyn bydd pethau'n iawn yn y diwedd,
a bydd gen ti obaith fydd byth yn dy siomi.

19 Gwranda, fy mab, a bydd ddoeth;
penderfyna ddilyn y ffordd iawn.
20 Paid cael gormod i'w wneud gyda'r rhai sy'n goryfed,
ac yn stwffio'u hunain hefo bwyd.
21 Bydd y rhai sy'n meddwi a gorfwyta yn mynd yn dlawd;
fydd ganddyn nhw ddim egni, a byddan nhw mewn carpiau.

22 Gwranda ar dy dad, ddaeth â ti i'r byd;
a phaid diystyru dy fam pan fydd hi'n hen.

23 Gafael yn y gwirionedd, a phaid â'i ollwng,
doethineb hefyd, a disgyblaeth a deall!

24 Os ydy plentyn yn gwneud beth sy'n iawn
bydd ei dad mor hapus;
mae plentyn doeth yn rhoi'r fath bleser i'w rieni.
25 Bydd dy dad a dy fam wrth eu boddau;
felly gwna'r un ddaeth â ti i'r byd yn hapus!

26 Dw i eisiau dy sylw di, fy mab;
gwylia'n ofalus, a dysga gen i.
27 Mae putain fel pwll dwfn,
a gwraig anfoesol fel pydew cul.
28 Mae hi'n disgwyl amdanat ti fel lleidr;
ac yn gwneud mwy a mwy o ddynion yn anffyddlon i'w gwragedd.

29 Pwy sy'n teimlo'n wael ac yn druenus?
Pwy sy'n ffraeo ac yn dadlau drwy'r adeg?
Pwy sy'n cael damweiniau diangen?
Pwy sydd â llygaid cochion?
30 Y rhai sy'n yfed i'r oriau mân,
ac yn trio rhyw ddiod newydd o hyd.
31 Paid llygadu'r gwin coch yna
sy'n edrych mor ddeniadol yn y gwydr
ac yn mynd i lawr mor dda.
32 Bydd yn dy frathu fel neidr yn y diwedd;
bydd fel brathiad gwiber.
33 Byddi'n gweld pethau rhyfedd,
a bydd dy feddwl wedi drysu'n lân.
34 Bydd fel mynd i dy wely mewn storm ar y môr,
neu geisio gorwedd i gysgu ar ben yr hwylbren.
35 "Ces fy nharo, ond wnes i deimlo dim byd;
ces fy nghuro, ond dw i'n cofio dim am y peth.
Pryd dw i'n mynd i sobri?
– Dw i angen diod arall."

24

Paid cenfigennu wrth bobl ddrwg,
na bod eisiau cadw cwmni iddyn nhw.
2 Dŷn nhw'n meddwl am ddim byd ond trais
a sut i wneud drwg i bobl eraill.

3 Mae'n cymryd gallu i adeiladu tŷ,
a deall i osod seiliau cadarn iddo.
4 Mae angen gwybodaeth i lenwi'r ystafelloedd
gyda phob math o bethau gwerthfawr a hardd.

5 Mae person doeth yn gryf,
a pherson deallus yn ddylanwadol.
6 Mae angen strategaeth i ymladd brwydr,
a digon o gyngor doeth i ennill buddugoliaeth.

7 Mae doethineb allan o gyrraedd y ffŵl;
does ganddo ddim i'w ddweud pan mae'r arweinwyr yn cyfarfod.

8 Mae'r sawl sy'n cynllunio i wneud drwg
yn cael yr enw o fod yn gyfrwys.
9 Mae castiau'r ffŵl yn bechod,
ac mae'n gas gan bobl berson sy'n gwawdio.

10 Os wyt ti'n un i golli hyder dan bwysau,
mae gen ti angen mwy o nerth.

11 Achub y rhai sy'n cael eu llusgo i ffwrdd i'w lladd!
Bydd barod i helpu'r rhai sy'n baglu i'r bedd.
12 Os byddi di'n dweud, "Ond doedden ni'n gwybod dim am y peth,"
cofia fod yr Un sy'n pwyso'r galon yn gweld y gwir!
Mae Duw yn dy wylio di, ac mae e'n gwybod;
a bydd pawb yn cael beth maen nhw'n ei haeddu.

13 Fy mab, bwyta fêl – mae'n dda i ti –
ac mae diliau mêl yn felys yn dy geg.
14 A'r un modd mae doethineb yn dda i ti.
Os wyt ti'n ddoeth, byddi'n iawn yn y diwedd,
a bydd gen ti obaith fydd byth yn dy siomi.

15 Paid llechu fel lleidr tu allan i gartref dyn da,
a phaid torri i mewn i'w dŷ.
16 Gelli faglu pobl dda dro ar ôl tro,
ond byddan nhw'n codi ar eu traed;
tra mae un anffawd yn ddigon i fwrw pobl ddrwg i lawr.

17 Paid dathlu pan mae dy elyn yn syrthio;
paid bod yn falch os ydy e'n cael ei fwrw i lawr,
18 rhag i'r ARGLWYDD weld y peth, a bod yn flin hefo ti;
wedyn bydd e'n arbed y gelyn rhag y gosb.

19 Paid digio pan mae pobl ddrwg yn llwyddo;
paid bod yn genfigennus ohonyn nhw –
20 does dim dyfodol iddyn nhw.
Mae'r person drwg fel lamp sy'n diffodd.

21 Fy mab, dylet ti barchu'r ARGLWYDD a'r brenin,
a pheidio cadw cwmni'r rhai sy'n gwrthryfela.

22 Yn sydyn bydd dinistr yn dod arnyn nhw;
pwy ŵyr faint o ddrwg allan nhw ei achosi?

Casgliad o ddywediadau doeth

23 Dyma fwy o eiriau'r doethion:

Dydy dangos ffafriaeth wrth farnu ddim yn beth da.
24 Bydd barnwr sy'n gollwng yr euog yn rhydd
yn cael ei felltithio gan bobl,
a'i gondemnio gan wledydd;
25 ond bydd bywyd yn braf i'r un sy'n barnu'n deg;
bydd e'n cael ei fendithio'n fawr.

26 Mae rhoi ateb gonest
fel cusan ar y gwefusau.

27 Rho drefn ar dy waith tu allan,
a chael y caeau'n barod i'w plannu,
ac wedyn mynd ati i adeiladu dy dŷ.

28 Paid rhoi tystiolaeth yn erbyn rhywun heb achos da,
a phaid camarwain pobl.
29 Paid dweud, "Dw i'n mynd i dalu'r pwyth yn ôl!
Bydda i'n dial arno am beth wnaeth e."

30 Rôn i'n pasio heibio cae y dyn diog,
a gwinllan un sydd heb sens.
31 Roedd drain wedi tyfu drosto,
a chwyn ym mhobman,
a'r wal gerrig o'i gwmpas wedi syrthio.
32 Wrth edrych a meddwl am y peth,
roedd beth welais i'n dysgu gwers i mi:
33 "Ychydig bach mwy o gwsg,
pum munud arall!
Swatio'n gyfforddus yn y gwely am ychydig."
34 Ond bydd tlodi yn dy daro di fel lleidr creulon;
bydd prinder yn ymosod arnat ti fel milwr arfog.

Diarhebion Solomon – Casgliad Heseceia

25 Diarhebion Solomon ydy'r rhain hefyd, wedi'u casglu gan weision Heseceia, brenin Jwda:

2 Braint Duw ydy cadw pethau'n ddirgelwch;
braint brenhinoedd ydy chwilio a darganfod.

3 Fel mae'r awyr yn rhy uchel, a'r ddaear yn rhy ddofn,
does neb yn gwybod beth sy'n mynd drwy feddwl brenhinoedd.

4 Ar ôl gwahanu'r amhuredd o'r arian,
mae'r gof yn gallu creu llestr hardd.
5 Ar ôl symud y rhai drwg o ŵydd y brenin
bydd cyfiawnder yn gwneud ei orsedd yn ddiogel.

25:5 Salm 97:2

6 Paid canmol dy hun o flaen y brenin,
a mynd i eistedd yn y seddi pwysig.
7 Mae'n well cael rhywun yn dweud, "Symud i fyny,"
na chael dy gywilyddio o flaen pobl bwysig.

8 Paid bod ar ormod o frys i fynd i'r llys
am dy fod wedi gweld rhywbeth.
Beth os bydd rhywun arall yn dweud yn groes i ti?
9 Trafod y peth yn breifat gyda'r person hwnnw,
a phaid dweud am y peth wrth neb arall.
10 Does gen ti ddim eisiau i rywun dy gondemnio di,
ac i ti gael enw drwg am byth.

11 Mae gair o ganmoliaeth
fel gemwaith aur mewn tlws arian.

12 Mae gwrando ar gerydd gan rywun doeth
fel modrwy aur neu dlws o aur coeth.

13 Mae negesydd ffyddlon yn adfywio ysbryd ei feistri,
fel dŵr oer ar ddiwrnod poeth o gynhaeaf.

14 Cymylau a gwynt, ond dim glaw –
felly mae'r un sy'n brolio'i haelioni, ond byth yn rhoi.

15 Gyda tipyn o amynedd gellir perswadio llywodraethwr,
ac mae geiriau tyner yn delio gyda gwrthwynebiad.

16 Pan gei fêl, paid cymryd mwy nag wyt ei angen,
rhag i ti fwyta gormod, a chwydu'r cwbl i fyny.

17 Paid mynd i dŷ rhywun arall yn rhy aml,
rhag iddo gael llond bol, a throi yn dy erbyn di.

18 Mae tyst sy'n dweud celwydd mewn achos llys
yn gwneud niwed fel pastwn neu gleddyf neu saeth finiog.

19 Mae trystio rhywun sy'n ddi-ddal mewn amser anodd
fel diodde o'r ddannodd neu fod yn simsan ar dy draed.

20 Mae canu caneuon i rywun sydd â chalon drist
fel tynnu dillad ar ddiwrnod oer, neu roi halen ar friw.

21 Os ydy dy elyn yn llwgu, rho fwyd iddo;
os ydy e'n sychedig, rho ddŵr iddo i'w yfed.
22 Byddi'n tywallt marwor tanllyd ar ei ben,
a bydd yr ARGLWYDD yn rhoi dy wobr i ti.

23 Mae gwynt y gogledd yn dod â glaw,
a thafod sy'n bradychu cyfrinach yn dod â gwg.

24 Mae byw mewn cornel yn yr atig[f]
yn well na rhannu cartref gyda gwraig gecrus.

25 Mae derbyn newyddion da o wlad bell
fel diod o ddŵr oer i wddf sych.

---

f 25:24 *yn yr atig* Hebraeg, "ar do tŷ".
25:24 Diarhebion 21:9

26 Mae dyn da sy'n plygu i ddyn drwg
fel ffynnon yn llawn mwd neu bydew wedi'i ddifetha.

27 Dydy bwyta gormod o fêl ddim yn beth da,
a dydy edrych am ganmoliaeth ddim yn iawn.

28 Mae rhywun sy'n methu rheoli ei dymer
fel dinas a'i waliau wedi'u bwrw i lawr.

26

Fel eira yn yr haf a glaw adeg cynhaeaf,
dydy anrhydedd ddim yn siwtio ffŵl.

2 Fel aderyn y to yn gwibio heibio neu wennol yn hedfan,
dydy melltith heb ei haeddu ddim yn gorffwys.

3 Chwip i geffyl a ffrwyn i asyn,
a gwialen i gefn ffyliaid.

4 Paid ateb ffŵl fel mae e'n siarad,
neu byddi di'n debyg iddo;
5 ateb ffŵl fel mae e'n siarad,
a bydd e'n meddwl ei fod e'n glyfar.

6 Mae anfon neges drwy law ffŵl
fel rhywun yn mwynhau gwneud niwed iddo'i hun.

7 Mae dihareb yn cael ei hadrodd gan ffŵl
fel coesau rhywun cloff yn hongian yn llipa.

8 Mae rhoi anrhydedd i ffŵl
mor wirion â rhwymo carreg mewn ffon dafl.

9 Mae dihareb yn cael ei hadrodd gan ffŵl,
fel llwyn o fieri yn llaw meddwyn.

10 Mae'r un sy'n cyflogi ffŵl neu feddwyn
fel bwasaethwr yn anafu pawb sy'n mynd heibio.

11 Mae ffŵl sy'n ailadrodd beth wnaeth e,
fel ci yn mynd yn ôl at ei chwŷd.

12 Mae mwy o obaith i ffŵl
nag i rywun sy'n meddwl ei fod yn gwybod popeth.

13 Mae'r diogyn yn dweud, "Mae yna lew ar y ffordd!
Mae e'n rhydd yn y stryd!"

14 Mae diogyn yn troi ar ei wely
fel drws yn siglo'n ôl a blaen ar ei golfachau!

15 Mae'r diogyn yn estyn ei law am fwyd,
ond yn blino gorfod ei godi i'w geg.

16 Mae'r diogyn yn meddwl ei fod e'n gallach
na saith o bobl sy'n rhoi cyngor da.

17 Mae busnesa yn ffrae rhywun arall
fel gafael mewn ci peryglus wrth ei glustiau.

18-19 Mae twyllo rhywun arall ac wedyn dweud, "Dim ond jôc oedd e,"
fel dyn gwallgo yn taflu ffaglau tân a saethau marwol i bob cyfeiriad.

20 Mae tân yn diffodd os nad oes coed i'w llosgi,
ac mae ffrae yn tawelu os nad oes rhywun yn hel clecs.
21 Ond mae rhywun sy'n dechrau ffrae
fel rhoi glo ar farwor neu goed ar y tân.

22 Mae gwrando ar glecs fel bwyd blasus –
mae'r cwbl yn cael ei lyncu.

23 Mae tafod sy'n rhy barod a bwriad sy'n ddrwg
fel farnis clir ar botyn pridd.

24 Mae gelyn yn smalio,
ond ei fwriad ydy twyllo;
25 paid â'i gredu pan mae'n dweud pethau caredig,
achos mae pob math o bethau ffiaidd ar ei feddwl.
26 Mae'n cuddio'i gasineb drwy dwyll,
ond bydd ei ddrygioni yn dod yn amlwg i bawb.

27 Mae rhywun yn gallu cloddio twll a syrthio i'w drap ei hun;
pan mae rhywun yn rholio carreg, gall rolio yn ôl drosto!

28 Mae tafod celwyddog yn casáu'r rhai mae'n eu brifo;
ac mae seboni yn arwain i ddinistr.

27

Paid brolio am beth wnei di yfory,
ti ddim yn gwybod beth all ddigwydd mewn diwrnod.

2 Gad i rywun arall dy ganmol di,
paid ti â brolio dy hun.

3 Mae carreg yn drom ac mae pwysau i dywod,
ond mae ffŵl sy'n pryfocio yn waeth na'r ddau.

4 Mae gwylltio yn greulon a cholli tymer yn llethu,
ond mae cenfigen yn waeth na'r ddau.

5 Mae cerydd gonest
yn well na pheidio dangos cariad.

6 Mae'n well cael eich brifo gan ffrind
na chael eich cusanu'n ddi-baid gan rywun sy'n eich casáu.

7 Mae rhywun sydd wedi cael digon i'w fwyta yn gwrthod mêl,
ond i'r sawl sy'n llwgu, mae'r peth mwyaf chwerw yn blasu'n felys.

8 Mae rhywun sydd wedi gadael ei gartref
fel aderyn wedi gadael ei nyth.

9 Fel mae olew a phersawr yn gwneud rhywun yn hapus,
mae cyngor ffrind yn gwneud bywyd yn felys.

10 Paid troi cefn ar ffrind neu un o ffrindiau'r teulu,
a fydd dim rhaid i ti redeg i dŷ perthynas pan fyddi mewn trafferthion.
Mae ffrind sy'n agos yn well na pherthynas pell.

11 Bydd ddoeth, fy mab, a gwna fi'n hapus,
er mwyn i mi fedru ateb y rhai sy'n gwneud sbort am fy mhen.

12 Mae'r person call yn gweld perygl ac yn ei osgoi,
ond y gwirion yn bwrw yn ei flaen ac yn gorfod talu'r pris.

13 Cymer ei wisg, gan ei fod wedi gwarantu benthyciad rhywun arall;
cadw hi'n warant os gwnaeth hynny dros wraig anfoesol.

14 Mae gweiddi'n uchel wrth gyfarch ffrind yn gynnar yn y bore
yn gallu bod yn fwy o felltith na dim arall.

15 Mae gwraig gecrus yr un fath â
diwrnod pan mae hi'n glawio'n ddi-stop;
16 mae rhoi taw arni fel ceisio stopio'r gwynt rhag chwythu,
neu ddal olew yn y llaw.

17 Fel haearn yn hogi haearn,
mae un person yn hogi meddwl rhywun arall.

18 Yr un sy'n gofalu am y goeden ffigys sydd yn bwyta ei ffrwyth,
a bydd y gwas sy'n gofalu am ei feistr yn cael ei anrhydeddu.

19 Fel adlewyrchiad o'r wyneb mewn dŵr,
mae'r bersonoliaeth yn adlewyrchu beth sy'n y galon.

20 Dydy Annwn[ff] ac Abadon[g] byth yn cael digon,
a dydy'r llygad dynol byth yn fodlon chwaith.

21 Tawddlestr i arian, a ffwrnais i aur,
a chanmoliaeth i brofi sut un ydy person.

22 Gelli falu'r ffŵl fel ŷd gyda phestl mewn mortar
ond fydd ei ffolineb ddim yn ei adael.

23 Edrych ar ôl dy ddefaid yn iawn,
a gofala am y geifr;
24 achos dydy cyfoeth ddim yn para am byth,
a dydy coron ddim yn aros bob amser.
25 Ar ôl cario'r gwair mae'r glaswellt yn tyfu eto,
ac ar ôl i gnwd y bryniau gael ei gasglu,
26 bydd yr ŵyn yn rhoi dillad i ti
a'r bychod geifr yn talu am y tir.
27 A bydd digon o laeth geifr
i ti fwydo dy deulu,
a chadw dy forynion.

28

Mae pobl ddrwg yn ffoi pan does neb ar eu holau,
ond mae'r rhai sy'n gwneud beth sy'n iawn yn hyderus fel llew ifanc.

2 Pan mae gwlad mewn anhrefn mae pawb eisiau arwain,
ond mae'n cymryd arweinydd doeth a deallus i'w gwneud hi'n sefydlog.

3 Mae person tlawd sy'n gormesu pobl eraill sydd mewn angen
fel storm o law trwm sy'n dinistrio cnydau.

4 Mae'r rhai sy'n gwrthod Cyfraith Dduw yn canmol pobl ddrwg,
ond mae'r rhai sy'n cadw'r Gyfraith yn eu gwrthwynebu nhw.

5 Dydy pobl ddrwg ddim yn gwybod beth ydy cyfiawnder,
ond mae'r rhai sy'n ceisio'r Arglwydd yn ei ddeall i'r dim.

---

ff 27:20 *Annwn* Hebraeg, *Sheol*, sef "y byd tanddaearol lle mae'r meirw yn mynd". g 27:20 *Abadon* sef, "lle dinistr".

6 Mae'n well bod yn dlawd ac yn onest
nag yn gyfoethog ac yn ddauwynebog.

7 Mae plentyn doeth yn gwrando ar beth sy'n cael ei ddysgu iddo
ond mae'r un sy'n cymysgu gyda criw da i ddim yn codi cywilydd ar ei dad.

8 Mae yna un sy'n gwneud arian drwy godi llogau uchel,
ond bydd ei gyfoeth yn mynd i rywun sy'n garedig at y tlawd.

9 Mae'n gas gan Dduw wrando ar weddi
rhywun sy'n gwrthod gwrando ar y Gyfraith.

10 Bydd rhywun sy'n camarwain pobl dda, a'u cael nhw i wneud drwg
yn syrthio i mewn i'w drap ei hun,
ond bydd pethau'n mynd yn dda i'r un sy'n onest.

11 Mae person cyfoethog yn meddwl ei fod e'n glyfar,
ond mae'r person tlawd sy'n gall yn gweld drwyddo.

12 Pan mae pobl dda yn ennill, mae dathlu mawr,
ond pan mae pobl ddrwg yn dod i rym, mae pawb yn cuddio.

13 Fydd y sawl sy'n cuddio'i feiau ddim yn llwyddo;
yr un sy'n cyfaddef ac yn stopio gwneud pethau felly sy'n cael trugaredd.

14 Mae'r un sy'n dangos gofal wedi'i fendithio'n fawr,
ond mae person penstiff yn syrthio i bob math o drafferthion.

15 Mae llywodraethwr drwg dros bobl dlawd
fel llew yn rhuo neu arth yn prowla.

16 Arweinydd heb sens sy'n gormesu o hyd;
yr un sy'n gwrthod elwa ar draul eraill sy'n cael byw'n hir.

17 Bydd yr un sy'n euog o lofruddio
yn ffoi hyd ei fedd – ddylai neb ei helpu.

18 Bydd yr un sy'n byw'n onest yn saff,
ond bydd person dauwynebog yn siŵr o syrthio.

19 Bydd y sawl sy'n trin ei dir yn cael digon o fwyd,
ond yr un sy'n gwastraffu amser yn cael dim ond tlodi.

20 Bydd y person cydwybodol yn cael ei fendithio'n fawr,
ond yr un sydd ond eisiau gwneud arian sydyn yn cael ei gosbi.

21 Dydy dangos ffafriaeth ddim yn beth da,
ond mae rhai pobl yn fodlon gwneud drwg am damaid o fara!

22 Mae person cybyddlyd eisiau gwneud arian sydyn,
heb sylweddoli mai colled sy'n dod iddo.

23 Mae'r un sy'n barod i roi gair o gerydd
yn cael mwy o barch yn y diwedd na'r un sy'n seboni.

24 Mae'r un sy'n dwyn oddi ar ei dad a'i fam,
ac yna'n dweud, "Wnes i ddim byd o'i le,"
yn ffrind i lofrudd.

28:14 gw. Diarhebion 14:16

25 Mae person hunanol yn creu helynt,
ond mae'r un sy'n trystio'r ARGLWYDD yn llwyddo.

26 Mae trystio'r hunan yn beth twp i'w wneud,
ond mae'r sawl sy'n ymddwyn yn gall yn saff.

27 Fydd dim angen ar y sawl sy'n rhoi i'r tlodion,
ond mae'r un sy'n cau ei lygaid i'r angen yn cael ei felltithio go iawn.

28 Pan mae pobl ddrwg yn dod i rym, mae pawb yn cuddio,
ond pan maen nhw'n syrthio, bydd y rhai cyfiawn yn llwyddo.

29

Pan mae rhywun yn troi'n ystyfnig ar ôl cael ei geryddu dro ar ôl tro,
yn sydyn bydd e'n torri, a fydd dim gwella arno.

2 Pan mae pobl dda yn llwyddo, mae dathlu mawr,
ond pan mae'r rhai drwg yn rheoli, mae pobl yn griddfan.

3 Mae'r un sy'n caru doethineb yn gwneud ei dad yn hapus,
ond bydd y dyn sy'n cadw cwmni puteiniaid yn gwastraffu ei eiddo.

4 Mae brenin yn gwneud gwlad yn sefydlog drwy weithredu'n gyfiawn,
ond mae'r un sy'n trethu'r bobl yn drwm yn ei rhwygo i lawr.

5 Mae'r un sy'n seboni ei gyfaill
yn taenu rhwyd i'w ddal ynddi.

6 Mae pobl ddrwg yn cael eu trapio gan eu drygioni,
ond mae'r cyfiawn yn hapus ac yn canu'n braf.

7 Mae gan y cyfiawn gonsýrn am hawliau pobl dlawd,
ond dydy pobl ddrwg ddim yn gweld pam y dylid poeni.

8 Mae'r rhai sy'n gwawdio pobl eraill yn creu helynt,
ond mae'r doeth yn tawelu dig.

9 Pan mae person doeth yn mynd â ffŵl i gyfraith,
bydd digon o arthio a gwawdio, ond dim heddwch!

10 Mae llofruddion yn casáu pobl onest,
ond mae'r rhai cyfiawn yn eu hamddiffyn nhw.

11 Mae'r ffŵl yn colli ei limpyn yn lân,
ond mae'r doeth yn rheoli ei dymer.

12 Pan mae llywodraethwr yn gwrando ar gelwydd,
mae ei swyddogion i gyd yn ddrwg.

13 Mae un peth sy'n wir am y cyfoethog a'r tlawd:
yr ARGLWYDD sydd wedi rhoi bywyd i'r ddau.

14 Os ydy brenin yn trin pobl dlawd yn deg
bydd ei orsedd yn ddiogel bob amser.

15 Mae gwialen a cherydd yn gwneud plentyn yn ddoeth,
ond mae plentyn afreolus yn codi cywilydd ar ei fam.

16 Pan mae pobl ddrwg mewn grym, mae mwy o droseddu,
ond bydd y cyfiawn yn gweld eu cwymp.

17 Disgybla dy blentyn i fod yn dawel dy feddwl,
a bydd bywyd yn bleserus i ti.

18 Heb weledigaeth gan Dduw does dim rheolaeth ar bobl,
ond mae'r rhai sy'n cadw'r Gyfraith wedi'u bendithio'n fawr.

19 Dydy geiriau ddim yn ddigon i ddisgyblu gwas;
falle ei fod e'n deall, ond fydd e ddim yn gwrando.

20 Mae mwy o obaith i ffŵl
nag i rywun sy'n rhy barod ei dafod.

21 Pan mae caethwas wedi'i sbwylio ers yn blentyn,
fydd dim ond trafferthion yn y diwedd.

22 Mae'r un sy'n fyr ei dymer yn creu helynt,
a'r un sy'n gwylltio'n hawdd yn troseddu'n aml.

23 Mae balchder yn arwain i gywilydd,
ond bydd person gostyngedig yn cael ei anrhydeddu.

24 Mae rhywun sy'n helpu lleidr yn elyn iddo'i hun;
mae'n cael ei alw i dystio, ond yn dweud dim.

25 Mae bod ag ofn pobl yn drap peryglus,
ond mae'r un sy'n trystio'r ARGLWYDD yn saff.

26 Mae llawer yn ceisio ennill ffafr llywodraethwr,
ond yr ARGLWYDD sy'n rhoi cyfiawnder i bobl.

27 Mae pobl dda yn casáu'r rhai sy'n gwneud drwg,
ac mae'r rhai sy'n gwneud drwg yn casáu'r rhai sy'n gwneud beth sy'n iawn.

Geiriau Agwr

30 Geiriau Agwr fab Iace, o Massa.[ng] Dyma neges y dyn:

Nid Duw ydw i. Nid Duw ydw i; dydy'r gallu ddim gen i.[h]
2 Dw i'n greadur rhy ddwl i fod yn ddynol!
Does gen i ddim sens.
3 Dw i heb ddysgu bod yn ddoeth,
a dw i'n gwybod dim am yr Un Sanctaidd.

4 Pwy sydd wedi mynd i fyny i'r nefoedd, a dod yn ôl i lawr eto?
Pwy sydd wedi gallu dal gafael yn y gwynt?
Pwy sydd wedi lapio'r moroedd mewn mantell?
Pwy sydd wedi mesur y ddaear o un pen i'r llall?
Beth ydy ei enw e, ac enw ei fab? – Dywed os wyt ti'n gwybod.

5 Mae pob un o eiriau Duw wedi'u profi.
Mae e'n darian i amddiffyn y rhai sy'n ei drystio.
6 Paid ychwanegu dim at ei eiriau,
rhag iddo dy geryddu di, a phrofi dy fod ti'n dweud celwydd.

7 Dw i'n gofyn am ddau beth gen ti –
rho nhw i mi cyn i mi farw:

---

ng 30:1 *Massa* Ardal yng ngogledd Arabia – gw. Genesis 25:14; 1 Cronicl 1:30. h 30:1 *Nid ... gen i* Un ystyr posib – Hebraeg yn aneglur iawn.

8 Yn gyntaf, cadw fi rhag dweud celwydd a thwyllo;
ac yn ail, paid rhoi tlodi na chyfoeth i mi,
ond rho ddigon o fwyd i mi bob dydd.
9 Ie, cadw fi rhag teimlo fod popeth gen i,
ac yna dy wrthod di, a dweud,
"Pwy ydy'r ARGLWYDD?"
A chadw fi rhag dwyn am fy mod yn dlawd,
a rhoi enw drwg i Dduw.

10 Paid hel straeon am gaethwas wrth ei feistr,
rhag iddo dy felltithio di, ac i ti orfod talu'r pris.

11 Mae yna bobl sy'n melltithio'u tadau,
ac sydd ddim yn fendith i'w mamau.
12 Mae yna bobl sy'n meddwl eu bod nhw'n dda,
ond sydd heb eu glanhau o garthion eu pechod.
13 Mae yna bobl sydd mor snobyddlyd;
maen nhw'n meddwl eu bod nhw'n well na pawb arall!
14 Mae yna bobl sydd â dannedd fel cleddyfau,
a'u brathiad fel cyllyll.
Maen nhw'n llarpio pobl dlawd y tir,
a'r rhai hynny sydd mewn angen.

15 Mae gan y gele ddwy ferch,
"Rho fwy!" a "Rho fwy!"

Mae tri peth sydd byth yn fodlon,
pedwar sydd byth yn dweud, "Dyna ddigon!":
16 y bedd, croth ddiffrwyth, tir sydd angen dŵr, a thân –
dydy'r rhain byth yn dweud "Digon!"

17 Llygad sy'n gwneud sbort am dad
ac yn malio dim am wrando ar mam –
bydd hi'n cael ei thynnu allan gan gigfrain,
a'i bwyta gan y fwltur.

18 Mae tri peth y tu hwnt i mi,
pedwar fydda i byth yn eu darganfod:
19 ffordd yr eryr drwy'r awyr;
ffordd y neidr dros graig;
llwybr llong yn hwylio'r moroedd;
a llwybr cariad dyn a merch.

20 Ond ffordd gwraig anffyddlon i'w gŵr ydy:
bwyta, sychu ei cheg,
a dweud, "Wnes i ddim byd o'i le."

21 Mae tri peth yn gwneud i'r ddaear grynu,
pedwar peth all hi ddim eu diodde:
22 caethwas yn cael ei wneud yn frenin;
ffŵl yn cael gormod i'w fwyta;
23 gwraig heb ei charu yn priodi;
a morwyn yn cymryd gŵr ei meistres.

24 Mae pedwar peth ar y ddaear sy'n fach,
ond sy'n ddoeth dros ben:

25 morgrug, sy'n greaduriaid bach gwan,
ond sy'n casglu eu bwyd yn yr haf.
26 Brochod y graig, sydd ddim yn gryf chwaith,
ond sy'n gwneud eu cartrefi yn y creigiau.
27 locustiaid, sydd heb frenin i'w rheoli,
ond sy'n mynd allan mewn rhengoedd trefnus;
28 a madfallod – gelli eu dal yn dy law,
ond gallan nhw fynd i mewn i balasau brenhinoedd!

29 Mae tri peth sy'n cerdded yn urddasol,
pedwar sy'n symud mor hardd:
30 y llew, y cryfaf o'r anifeiliaid,
sy'n ffoi oddi wrth ddim byd.
31 ceiliog yn torsythu, bwch gafr,
a brenin yn arwain ei bobl.

32 Os wyt ti wedi actio'r ffŵl wrth frolio,
neu wedi bod yn cynllwynio drwg,
dal dy dafod!

33 Fel mae corddi llaeth yn gwneud menyn,
a tharo'r trwyn yn tynnu gwaed,
mae gwylltio pobl yn arwain i wrthdaro.

Geiriau Lemwel – Cyngor i frenin

31 Y pethau ddysgodd Lemwel, brenin Massa,[i] gan ei fam:

2 O fy mab!
O blentyn annwyl fy nghroth,
y mab wnes i ei gyflwyno i Dduw.
3 Paid gwastraffu dy nerth i gyd ar ferched,
a rhoi dy holl egni i'r rhai sy'n dinistrio brenhinoedd.

4 O Lemwel, ddylai brenhinoedd ddim yfed gwin,
ac arweinwyr ddim ysu am gwrw,
5 rhag iddyn nhw yfed ac anghofio'r deddfau,
a sathru ar hawliau'r tlodion.
6 Rhowch ddiod feddwol i'r rhai sy'n marw
a gwin i'r un sy'n diodde'n chwerw.
7 Gadewch iddyn nhw yfed i anghofio'u tlodi,
a fydd dim rhaid iddyn nhw gofio'u trafferthion.

8 Siarad ar ran y bobl hynny sydd heb lais,
ac amddiffyn y rhai sydd wedi colli popeth.
9 Coda dy lais o'u plaid nhw, barna'n gyfiawn,
a dadlau dros hawliau'r rhai mewn angen a'r tlawd.

Gwraig dda

10 Pwy sy'n gallu dod o hyd i wraig dda?
Mae hi'n fwy gwerthfawr na gemau.

i 31:1 *Massa* Ardal yng ngogledd Arabia – gw. Genesis 25:14; 1 Cronicl 1:30.

11 Mae ei gŵr yn ymddiried ynddi'n llwyr,
ac ar ei ennill bob amser.
12 Mae hi'n dda iddo bob amser,
a byth yn gwneud drwg.

13 Mae hi'n edrych am wlân a defnydd arall
ac yn mwynhau gweu a gwnïo.
14 Mae hi fel fflyd o longau masnach
yn cario bwyd o wledydd pell.
15 Mae hi'n codi yn yr oriau mân
i baratoi bwyd i'w theulu,
a rhoi gwaith i'w morynion.

16 Mae hi'n meddwl yn ofalus cyn prynu cae,
a defnyddio'i harian i blannu gwinllan ynddo.
17 Mae hi'n bwrw iddi'n frwd,
ac yn gweithio'n galed.
18 Mae hi'n gwneud yn siŵr fod ei busnes yn llwyddo;
dydy ei lamp ddim yn diffodd drwy'r nos.

19 Mae hi'n brysur yn nyddu â'i dwylo,
a'i bysedd yn trin y gwlân.
20 Mae hi'n rhoi yn hael i'r tlodion,
ac yn helpu pwy bynnag sydd mewn angen.
21 Dydy hi ddim yn poeni am ei theulu pan ddaw eira,
am fod digon o ddillad cynnes ganddyn nhw.

22 Mae hi'n gwneud cwiltiau i'r gwely,
a dillad o liain main drud.
23 Mae ei gŵr yn adnabyddus ar gyngor y ddinas,
ac yn eistedd gyda'r arweinwyr i gyd.
24 Mae hi'n gwneud defnydd i'w werthu,
a dillad i'r masnachwyr eu prynu.

25 Mae hi'n wraig o gymeriad cryf ac urddasol,
ac yn edrych ymlaen i'r dyfodol yn hyderus.
26 Mae hi'n siarad yn ddoeth bob amser,
ac yn garedig wrth ddysgu eraill.
27 Mae hi'n gofalu am y teulu i gyd,
a dydy hi byth yn segur.

28 Mae ei phlant yn tyfu ac yn meddwl y byd ohoni;
ac mae ei gŵr yn ei chanmol i'r cymylau,
29 "Mae yna lawer o ferched da i'w cael,
ond rwyt ti'n well na nhw i gyd."

30 Mae prydferthwch yn gallu twyllo,
a harddwch yn arwynebol.
Gwraig sy'n parchu'r ARGLWYDD
sydd yn haeddu cael ei chanmol.
31 Rhowch glod iddi am beth mae wedi'i gyflawni,
a boed i arweinwyr y ddinas ei chanmol am ei gwaith.

Y Pregethwr

Cyflwyniad: mae popeth yn ddiystyr

1 Geiriau yr Athro, mab Dafydd, brenin yn Jerwsalem.

2 Mae'n ddiystyr! – meddai'r Athro – Dydy e'n gwneud dim sens!
Mae'r cwbl yn hollol absw´rd!
3 Beth ydy'r pwynt gwneud unrhyw beth?
Beth sydd i'w ennill o weithio'n galed yn y byd yma?

4 Mae un genhedlaeth yn mynd ac un arall yn dod,
ond dydy'r byd ddim yn newid o gwbl.
5 Mae'r haul yn codi ac yn machlud,
yna rhuthro'n ôl i'r un lle, i godi eto.
6 Mae'r gwynt yn chwythu i'r de,
ac yna'n troi i'r gogledd.
Mae'n troi ac yn troi, cyn dod yn ôl
i'r un lle yn y diwedd.
7 Mae'r nentydd i gyd yn llifo i'r môr,
ac eto dydy'r môr byth yn llawn;
maen nhw'n mynd yn ôl
i lifo o'r un lle eto.
8 Mae'r cwbl yn un cylch diddiwedd!
Dydy hi ddim posib dweud popeth.
Dydy'r llygad byth wedi gweld digon,
na'r glust wedi clywed nes ei bod yn fodlon.
9 Fydd dim yn wahanol yn y dyfodol –
Yr un pethau fydd yn cael eu gwneud ag o'r blaen;
does dim byd newydd dan yr haul!

10 Weithiau mae pobl yn dweud am rywbeth,
"Edrychwch, dyma i chi beth newydd!"
Ond mae wedi digwydd o'r blaen, ymhell yn ôl,
o flaen ein hamser ni.
11 Does neb yn cofio pawb sydd wedi mynd,
a fydd neb yn y dyfodol yn cofio pawb
aeth o'u blaenau nhw chwaith.

Yr Athro yn edrych am atebion

12 Roeddwn i, yr Athro, yn frenin ar wlad Israel yn Jerwsalem. 13 Dyma fi'n mynd ati o ddifrif
i astudio ac edrych yn fanwl ar bopeth sy'n digwydd yn y byd. Mae'n waith caled, wedi'i roi
gan Dduw i'r ddynoliaeth. 14 Edrychais ar bopeth oedd yn cael ei wneud ar y ddaear, a dod
i'r casgliad fod dim atebion slic – mae fel ceisio rheoli'r gwynt.

15 Does dim modd sythu rhywbeth sydd wedi'i blygu,
na chyfrif rhywbeth sydd ddim yna!

16 Meddyliais, "Dw i'n fwy llwyddiannus ac yn ddoethach na neb sydd wedi teyrnasu yn
Jerwsalem o mlaen i. Mae gen i ddoethineb a gwybodaeth." 17 Dyma fi'n mynd ati o ddifrif

i geisio deall gwerth doethineb, a deall pam mae pobl yn gwneud pethau mor hurt a ffôl. Ond
dw i wedi dod i'r casgliad ei bod yn dasg amhosib, fel ceisio rheoli'r gwynt.

18 Po fwya'r doethineb, mwya'r dolur;
mae gwybod mwy yn arwain i fwy o boen calon.

Profi pleser

2 Meddyliais, "Reit, dw i'n mynd i weld beth sydd gan bleser i'w gynnig!" Ond wedyn
dod i'r casgliad mai nid dyna'r ateb chwaith. 2"Mae byw dim ond i gael hwyl a sbri yn
hurt!" meddwn i. Ac am fyw i bleser, dwedais, "Beth ydy'r pwynt?"
3Dyma fi'n ceisio gweld fyddai codi'r galon gyda gwin, nes dechrau actio'r ffŵl, yn ateb.
Ceisio bod yn ddoeth oeddwn i. Rôn i eisiau gweld a oedd hynny'n beth da i bobl ei wneud
yn yr amser byr sydd ganddyn nhw ar y ddaear.
4Wedyn dyma fi'n casglu mwy a mwy o eiddo. Dyma fi'n adeiladu tai i mi fy hun, ac yn
plannu gwinllannoedd. 5Dyma fi'n cynllunio gerddi a pharciau brenhinol i mi fy hun, ac yn
plannu pob math o goed ffrwythau ynddyn nhw. 6Yna adeiladu pyllau dŵr – digon i ddyfrio'r
holl goed oedd gen i'n tyfu. 7Prynais weithwyr i mi fy hun – dynion a merched, ac roedd gen
i weision eraill oedd wedi'u geni yn y tŷ brenhinol. Roedd gen i fwy o wartheg a defaid nag
unrhyw un oedd wedi bod yn Jerwsalem o mlaen i. 8Dyma fi'n casglu arian ac aur i mi fy hun
hefyd, a thrysorau gwerthfawr brenhinoedd a thaleithiau eraill. Roedd gen i gantorion (dynion
a merched) i'm difyrru, a digonedd o bleser rhywiol – harîm o ferched hardd.
9Oedd, roedd gen i fwy o gyfoeth nag unrhyw un oedd wedi bod o mlaen i yn Jerwsalem.
Ond yn dal i geisio bod yn ddoeth. 10Rôn i'n cael beth bynnag oedd yn cymryd fy ffansi. Rôn
i'n gallu profi pob pleser, fel y mynnwn i. Rôn i'n mwynhau'r gwaith caled, a dyna oedd fy
ngwobr i am fy ymdrech.
11Ond yna dechreuais feddwl am y cwbl roeddwn i wedi'i gyflawni, a'r holl ymdrech oedd
wedi mynd i mewn i gael popeth oedd gen i – a dod i'r casgliad ei fod yn gwneud dim sens,
a bod y cwbl fel ceisio rheoli'r gwynt. Beth mae rhywun yn ei ennill yn y pen draw? 12Beth
mwy fydd y brenin nesaf yn gallu ei wneud? Dim ond beth sydd wedi'i gyflawni eisoes!

Doethineb a Ffolineb

Dechreuais feddwl eto am y gwahaniaeth rhwng doethineb a'r pethau hurt a ffôl mae
pobl yn eu gwneud. 13Des i'r casgliad fod mwy o bwynt i ddoethineb na ffolineb – mae fel
y gwahaniaeth rhwng golau a thywyllwch.

14 "Mae pobl ddoeth yn gwybod ble maen nhw'n mynd,
ond mae ffyliaid yn cerdded mewn tywyllwch."

Ond wedyn, yr un dynged sy'n disgwyl y naill a'r llall. 15Meddyliais, "Yr un peth fydd yn
digwydd i mi ac i'r ffŵl yn y diwedd! Felly beth ydy'r pwynt bod mor ddoeth?" Des i'r casgliad
fod hyn hefyd yn gwneud dim sens. 16Fydd dyn doeth, fel y ffŵl, ddim yn cael ei gofio yn
hir iawn. Byddan nhw wedi cael eu hanghofio yn y dyfodol. Mae'n ofnadwy! Mae'r doeth
yn marw yn union yr un fath â'r rhai ffôl. 17Felly roeddwn i'n casáu bywyd, am fod popeth
sy'n digwydd yn y byd yn hollol annheg yn fy ngolwg i. Mae'r cwbl mor ddiystyr – mae fel
ceisio rheoli'r gwynt.

Gweithio'n galed i ddim byd

18Rôn i'n casáu'r ffaith fy mod i wedi gweithio mor galed i gael pethau ar y ddaear yma, ac
wedyn fod rhaid i mi adael y cwbl i'r un fyddai'n dod ar fy ôl i. 19A phwy a ŵyr fydd y person
hwnnw'n ddoeth neu'n ffŵl? Ond bydd e'n dal i reoli'r holl gyfoeth dw i wedi gweithio mor
galed amdano a defnyddio fy noethineb i'w gael. Dydy hyn chwaith yn gwneud dim sens!

[20]Rôn i'n hollol ddigalon wrth feddwl am bopeth roeddwn i wedi'i gyflawni ar y ddaear.
[21]Mae rhywun yn gweithio'n galed ac yn defnyddio'i holl ddoethineb a'i wybodaeth a'i allu
i gael y cwbl, ac wedyn mae'n ei basio ymlaen i rywun sydd wedi gwneud dim i'w ennill.
Dydy'r peth yn gwneud dim sens ac mae'n hollol annheg.
[22]Beth mae rhywun yn ei ennill ar ôl yr holl ymdrech diddiwedd? [23]Dim ond pryder a rhwystre-
digaeth drwy'r dydd, ac wedyn methu ymlacio yn y nos hyd yn oed! Dydy e'n gwneud dim sens!

Cyngor yr Athro – mwynhau bywyd

[24]Y peth gorau all rhywun ei wneud ydy bwyta, yfed a mwynhau ei waith. A dyma fi'n
sylweddoli mai Duw sy'n rhoi hyn i gyd i ni. [25]Heb Dduw does neb yn gallu bwyta na mwynhau
bywyd go iawn. [26]Duw sy'n rhoi'r doethineb a'r gallu i fwynhau ei hun i'r sawl sy'n ei blesio.
Ond dim ond yr holl drafferth o gasglu a phentyrru eiddo mae'r un sydd ddim yn ei blesio yn
ei gael – a hynny i ddim byd yn y diwedd ond i'w basio ymlaen i rywun sydd yn plesio Duw!
Mae'n anodd gwneud sens o'r cwbl – mae fel ceisio rheoli'r gwynt.

Amser i bopeth

3 Mae amser wedi'i bennu i bopeth,
amser penodol i bopeth sy'n digwydd yn y byd:
2 amser i gael eich geni ac amser i farw,
amser i blannu ac amser i godi beth blannwyd;
3 amser i ladd ac amser i iacháu,
amser i chwalu rhywbeth ac amser i adeiladu;
4 amser i wylo ac amser i chwerthin,
amser i alaru ac amser i ddawnsio;
5 amser i daflu cerrig i ffwrdd ac amser i gasglu cerrig,
amser i gofleidio ac amser i beidio cofleidio;
6 amser i chwilio ac amser i dderbyn fod rhywbeth ar goll,
amser i gadw rhywbeth ac amser i daflu i ffwrdd;
7 amser i rwygo ac amser i bwytho,
amser i gadw'n dawel ac amser i siarad;
8 amser i garu ac amser i gasáu;
amser i ryfel ac amser i heddwch.

[9]Felly, beth mae'r gweithiwr yn ei ennill ar ôl ei holl ymdrech?

Duw ac amser

[10]Dw i wedi ystyried yr holl bethau mae Duw wedi'u rhoi i bobl eu gwneud: [11]Mae Duw'n
gwneud i bopeth ddigwydd yn berffaith ar yr amser iawn. Mae hefyd wedi gwneud pobl yn
ymwybodol o'r tragwyddol, ond dydy pobl ddim yn gallu darganfod popeth mae Duw'n
bwriadu ei wneud yn ystod eu bywydau.
[12]Felly des i'r casgliad mai'r peth gorau all pobl ei wneud ydy bod yn hapus a mwynhau eu
hunain tra byddan nhw byw. [13]Rhodd Duw i bawb ydy iddyn nhw fwyta ac yfed a mwynhau
eu holl weithgareddau.
[14]Des i'r casgliad hefyd fod popeth mae Duw yn ei wneud yn aros am byth: does dim
modd ychwanegu ato, na thynnu dim oddi wrtho. Mae Duw wedi gwneud pethau fel hyn er
mwyn i bobl ei barchu.

15 "Mae popeth a fu yn dal i fod,
a phopeth fydd fel popeth sydd.
Mae Duw'n gwneud eto
beth sydd wedi mynd heibio."

Problem Anghyfiawnder

16 Peth arall dw i'n ei weld o hyd ac o hyd: lle byddwn i'n disgwyl cyfiawnder a thegwch
mae drygioni!
17 Meddyliais, "Bydd Duw yn barnu'r bobl sy'n gwneud beth sy'n iawn a'r rhai sy'n gwneud
drygioni. Mae amser wedi'i bennu i bopeth, a bydd pob gweithred yn cael ei barnu." 18 Wedyn
meddyliais, "Mae Duw yn gwneud i bobl weld eu bod nhw ddim gwell nag anifeiliaid." 19 Mae
tynged pobl ac anifeiliaid yn union yr un fath: mae'r naill a'r llall yn marw, a'r un anadl
sy'n eu cadw nhw'n fyw. Dydy pobl ddim gwell nag anifeiliaid. Dydy e'n gwneud dim sens!
20 Mae'r ddau'n mynd i'r un lle yn y pen draw; mae'r ddau wedi dod o'r pridd ac yn mynd
yn ôl i'r pridd. 21 Does neb wir yn gwybod fod ysbryd pobl yn codi i fyny, ac ysbryd anifeiliaid
yn mynd i lawr i'r ddaear.

Cyngor yr Athro – mwynhau bywyd

22 Felly des i'r casgliad mai'r peth gorau all rhywun ei wneud ydy mwynhau ei waith. Dyna ei unig wobr. Pwy ŵyr beth fydd yn digwydd ar ôl iddo farw?

Sylwadau ar fywyd

4 Dyma fi'n ystyried yr holl orthrwm sy'n digwydd yn y byd. Gwelais ddagrau'r rhai sy'n
cael eu gorthrymu, ond doedd neb yn eu cysuro nhw. Doedd neb i'w hachub nhw o afael
y gorthrymwyr. 2 Roedd rhaid i mi longyfarch y rhai oedd eisoes wedi marw, am eu bod yn well
eu byd na'r rhai sy'n dal yn fyw. 3 Ond mae'n well fyth ar y rhai hynny sydd ddim wedi cael
eu geni, a ddim yn gorfod edrych ar yr holl ddrygioni sy'n digwydd yn y byd!

4 Yna dyma fi'n ystyried holl waith caled a thalentau pobl. Dydy hynny i gyd yn ddim byd ond cystadleuaeth rhwng pobl a'i gilydd! Does dim sens yn y peth! Mae fel ceisio rheoli'r gwynt!

5 "Mae'r ffŵl yn plethu ei freichiau
ac yn gwastraffu ei fywyd,"

6 Ac eto,

"Mae un llond llaw gyda gorffwys
yn well na dau lond llaw o ganlyniad i orweithio."

Ydy, mae fel ceisio rheoli'r gwynt!

Mantais cwmni

7 Yna dyma fi'n ystyried rhywbeth arall sy'n gwneud dim sens o gwbl: 8 Rhywun sydd ar ei
ben ei hun yn llwyr – heb gymar na phlant na pherthnasau – ac eto'n gweithio'n ddi-stop,
a byth yn fodlon gyda beth sydd ganddo. "Pam dw i'n gwneud hyn, ac amddifadu fy hun
o fwynhad?" meddai. Dydy peth felly yn gwneud dim sens! Mae'n drist iawn.
9 "Mae dau gyda'i gilydd yn well nag un." Wrth weithio gyda'i gilydd mae'r ddau berson
ar eu hennill. 10 Os bydd un yn syrthio, bydd y llall yn gallu ei helpu i godi. Ond druan o'r
person sydd ar ei ben ei hun, heb neb i'w helpu i godi. 11 Hefyd, "Os ydy dau yn gorwedd
gyda'i gilydd, maen nhw'n cadw'n gynnes." Ond sut mae rhywun i fod i gadw'n gynnes pan
fydd ar ei ben ei hun? 12 "Pan fydd rhywun yn ymosod, mae dau yn fwy tebygol o'i rwystro
nag un." "Dydy rhaff deircainc ddim yn hawdd i'w thorri!"

13 "Mae bachgen ifanc doeth o gefndir tlawd yn well
na brenin mewn oed sy'n ffôl ac yn gwrthod derbyn cyngor."

3:20 Genesis 3:19

14 Hyd yn oed os oedd e'n y carchar cyn dod i reoli,
ac wedi'i eni'n dlawd yn y wlad y byddai'n teyrnasu arni.

15 Yna dyma fi'n gweld yr holl bobl sy'n byw yn y byd yn sefyll o gwmpas bachgen ifanc
arall fyddai'n ei olynu. 16 Doedd dim posib cyfri'r holl bobl roedd yn eu harwain! Ac eto fydd
y cenedlaethau i ddod ddim yn gwerthfawrogi hwnnw. Dydy hyn chwaith yn gwneud dim
sens – mae fel ceisio rheoli'r gwynt.

Dangos parch at Dduw

5 Gwylia beth rwyt ti'n ei wneud wrth fynd i addoli Duw. Dos yno i wrando, ddim i gyflwyno offrwm ffyliaid, oherwydd dydy'r rheiny ddim yn gwybod eu bod nhw'n gwneud rhywbeth o'i le.

2 Paid bod yn rhy barod dy dafod, ac ar ormod o frys
i ddweud dy farn wrth Dduw.
Mae Duw yn y nefoedd a tithau ar y ddaear.
Dylet ti bwyso a mesur dy eiriau.
3 "Mae hunllefau'n dod wrth boeni gormod,
a siarad ffôl wrth ddweud gormod."

4 Pan wyt ti'n gwneud adduned i Dduw, paid oedi cyn ei chyflawni. Dydy Duw ddim
yn cael ei blesio gan ffyliaid. Gwna beth rwyt ti wedi addo'i wneud. 5 Mae'n well
peidio gwneud adduned yn y lle cyntaf na gwneud un ac wedyn peidio'i chyflawni!
6 Paid gadael i dy eiriau wneud i ti bechu, ac wedyn ceisio dadlau o flaen yr offeiriad,
"Camgymeriad oedd e!" Paid digio Duw, a gwneud iddo ddinistrio popeth rwyt wedi
gweithio amdano!

7 "Mae gormod o freuddwydio
ac o wneud addewidion gwag."

Dangos di barch at Dduw.

Gormes ac anghyfiawnder

8 Os wyt ti'n gweld pobl dlawd yn cael eu gormesu, hawliau'n cael eu gwrthod ac
anghyfiawnder mewn rhyw wlad, paid rhyfeddu at y peth! Mae pob swyddog yn atebol i'w
oruchwyliwr, ac mae rhai uwch fyth dros y rheiny wedyn. 9 Mae cynnyrch y tir i fod i bawb – ac
mae'r brenin i fod i feithrin hyn![a]

Nid arian ydy'r ateb

10 "Dydy rhywun sydd ag obsesiwn am arian
byth yn fodlon fod ganddo ddigon;
na'r un sy'n caru cyfoeth
yn hapus gyda'i enillion."

Dydy e'n gwneud dim sens!

11 "Po fwya'r llwyddiant,
mwya'r bobl sydd i'w cynnal ganddo."

Felly, beth mae'r perchennog yn ei ennill heblaw fod ganddo rywbeth i edrych arno?

---

a 5:9 Un ystyr posib. Hebraeg yn aneglur iawn.
5:5 Deuteronomium 23:21-22

12 "Mae gorffwys yn felys i weithiwr cyffredin,
faint bynnag sydd ganddo i'w fwyta,
ond mae'r ffaith fod gan y cyfoethog fwy na digon
yn ei rwystro rhag cysgu'n dawel."

13 Dyma rywbeth ofnadwy dw i wedi sylwi arno, ond mae'n digwydd o hyd: pobl yn cadw
eu cyfoeth iddyn nhw'u hunain rhag ofn i rhyw anffawd ddigwydd. 14 Ond yna mae'n colli'r
cwbl drwy ryw bwl o anlwc. Er ei fod wedi cael mab, does ganddo ddim i'w basio ymlaen
i'r mab hwnnw. 15 Mae plentyn yn cael ei eni i'r byd heb ddim, ac mae'n gadael y byd heb
ddim. Does neb yn gallu mynd a'i gyfoeth gydag e. 16 Mae'n beth trist ofnadwy. Yn union
fel mae'n dod i'r byd heb ddim, mae'n gadael heb ddim. Felly faint gwell ydy e? Beth ydy'r
pwynt ymdrechu i ddim byd? 17 Mae'n treulio'i fywyd i gyd dan gwmwl marwolaeth – yn
rhwystredig, yn dioddef o salwch ac yn flin.

Cyngor yr Athro – mwynhau bywyd

18 Dim ond un peth dw i'n ei weld sy'n dda ac yn llesol go iawn: fod rhywun yn bwyta ac
yn yfed ac yn mwynhau ei waith caled yn y byd yma am yr ychydig amser mae Duw wedi'i roi
iddo. Dyna'i wobr. 19 Ac os ydy Duw wedi rhoi cyfoeth ac eiddo iddo, a'r gallu i'w mwynhau,
derbyn ei wobr a chael pleser yn y cwbl mae'n ei wneud – rhodd gan Dduw ydy'r pethau
yma i gyd. 20 Pan mae Duw wedi llenwi ei fywyd â llawenydd, dydy rhywun felly ddim yn poeni
rhyw lawer fod bywyd mor fyr.

Mwy o sylwadau ar fywyd

6 Rhywbeth ofnadwy arall dw i wedi sylwi arno yn y byd, ac mae'n effeithio ar lot o bobl:
2 Mae Duw weithiau'n rhoi cymaint o arian, eiddo a chyfoeth i berson nes bod ganddo
bopeth mae arno ei angen a'i eisiau. Ond wedyn dydy Duw ddim yn rhoi'r gallu iddo fwynhau'r
cwbl! Yn lle hynny mae rhywun arall yn cael ei fwynhau. Does dim sens i'r peth! Mae'n ofnadwy!
3 Hyd yn oed petai rhywun yn cael cant o blant ac yn byw i oedran mawr – sdim ots faint
o flynyddoedd! Gallai fyw am byth![b] Os nad ydy e'n cael mwynhau ei lwyddiant, mae babi
sy'n cael ei eni'n farw yn well ei fyd na rhywun felly! 4 Ac i beth mae hwnnw'n cael ei eni?
Mae'n ddiystyr! Mae'n diflannu i'r tywyllwch, a does neb yn gwybod ei enw na dim arall
amdano. 5 Dydy e ddim wedi profi gwres yr haul. Ond o leia mae'n cael gorffwys, felly'n well
ei fyd na'r person arall!
6 Neu cymrwch fod rhywun yn cael byw am ddwy fil o flynyddoedd ond heb brofi unrhyw
lwyddiant materol. Onid i'r un lle maen nhw i gyd yn mynd yn y pen draw?

7 "Mae pawb yn gweithio'n galed i gael bwyd i'w fwyta,
ond dydy'r stumog byth yn fodlon."

8 Felly, pa fantais sydd gan rhywun doeth dros y ffŵl? Pa fantais sydd gan rywun tlawd sy'n
gwybod sut i fyw mewn perthynas ag eraill?

9 "Mae bod yn fodlon gyda'r hyn sydd gynnoch chi
yn well na breuddwydio am gael mwy o hyd."

Dydy'r pethau yma i gyd yn gwneud dim sens – mae fel ceisio rheoli'r gwynt.
10 Mae *popeth sy'n digwydd* wedi'i drefnu ymlaen llaw. Mae pobl yn gwybod mai creaduriaid
dynol ydyn nhw. All pobl ddim dadlau gyda Duw am eu tynged, gan ei fod e'n llawer cryfach.
11 Dydy dadlau diddiwedd yn helpu dim. Beth sy'n cael ei ennill? 12 Pwy sy'n gwybod beth
ydy'r peth gorau i rywun ei wneud gyda'i fywyd? Dim ond am gyfnod byr mae'n cael byw,

---

b 6:3 *Gallai ... byth!* Hebraeg, "os nad ydy e'n cael ei gladdu".
6:3 Salm 49:9; 89:48

ac mae ei fywyd llawn cwestiynau yn mynd heibio mewn chwinciad. Oes yna unrhyw un yn rhywle sy'n gallu dweud beth fydd yn digwydd yn y dyfodol?

Doethineb i fyw

7 "Mae enw da yn well na phersawr drud,"
a'r diwrnod dych chi'n marw yn well na dydd eich geni.
2 Mae'n well mynd i gartref lle mae pawb yn galaru
nag i dŷ lle mae pawb yn cael parti.
Marw fydd y diwedd i bawb,
a dylai pobl ystyried hynny.
3 Mae tristwch yn well na chwerthin –
er bod tristwch ar yr wyneb, gall wneud lles i'r galon.
4 Mae'r doeth yn meddwl am ystyr marwolaeth,
ond ffyliaid yn meddwl am ddim ond miri.
5 Mae'n well gwrando ar y doeth yn rhoi cerydd
nag ar ffyliaid yn canu eich clodydd.
6 Oherwydd mae sŵn ffŵl yn chwerthin
fel brigau yn clecian wrth losgi dan grochan.
Mae'n ddiystyr!

7 Mae gormesu'n gwneud i'r doeth edrych fel ffŵl,
ac mae breib yn llygru barn pobl.

8 "Mae gorffen rhywbeth yn well na'i ddechrau,"
ac "Mae amynedd yn well na balchder."

9 Paid gwylltio'n rhy sydyn;
gwylltineb sydd yng nghalon ffyliaid.

10 Paid gofyn, "Pam oedd pethau gymaint gwell ers talwm?"
Dydy'r rhai doeth ddim yn meddwl felly.

11 Mae doethineb, fel etifeddiaeth, yn beth da
ac yn fanteisiol i bob person byw,
12 oherwydd mae doethineb, fel arian,
yn gysgod i'n cadw'n saff.
Ond mantais doethineb ydy hyn:
mae doethineb yn cadw'r doeth yn fyw.

13 Ystyriwch bopeth mae Duw wedi'i wneud! Pwy sy'n gallu sythu beth mae e wedi'i blygu?
14 Felly mwynhewch fywyd pan mae pethau'n mynd yn dda; ond pan mae popeth yn mynd
o'i le, cofiwch hyn: Duw sydd tu ôl i'r naill a'r llall, felly all neb wybod yn iawn beth fydd yn
digwydd yn y dyfodol.

Cwestiynau anodd bywyd

15 Yn ystod fy mywyd llawn penbleth, dw i wedi gweld y cwbl: rhywun sy'n ffyddlon i Dduw
yn marw'n ifanc er ei holl ddaioni, a rhywun drwg yn cael byw'n hir er gwaetha'i holl ddrygioni.
16 Paid bod yn rhy siŵr ohonot ti dy hun, dy fod yn berson cyfiawn a doeth, rhag i ti gael dy
siomi! 17 A phaid rhoi dy hun yn llwyr i ddrygioni ac ymddwyn fel ffŵl. Pam ddylet ti farw
cyn dy amser? 18 Y peth gorau i'w wneud ydy dal gafael yn y naill gyngor a'r llall, oherwydd
mae'r person sy'n parchu Duw yn osgoi'r ddau eithaf.

19 "Mae doethineb yn rhoi mwy o rym i rywun
na deg o lywodraethwyr mewn dinas."

20 "Does neb drwy'r byd i gyd mor gyfiawn
nes ei fod yn gwneud dim ond da, a byth yn pechu."
21 Hefyd, "Paid cymryd sylw o bopeth sy'n cael ei ddweud,
rhag i ti glywed dy was yn dweud pethau drwg amdanat ti!"
22 Oherwydd mae'n dda i ti gofio dy fod ti dy hun
wedi dweud pethau drwg am bobl eraill lawer gwaith.

23 Ceisiais ddefnyddio fy noethineb i ddeall y cwbl, ond methu cael atebion. 24 Mae'n anodd
deall popeth sy'n digwydd – mae'r pethau yma yn llawer rhy ddwfn i unrhyw un ddarganfod
yr atebion i gyd.

Byw'n ddoeth

25 Dyma fi'n troi fy sylw i astudio ac ymchwilio'n fanwl i geisio deall beth ydy doethineb,
a pha mor dwp ydy drygioni, ac mor wallgof ydy ffolineb. 26 Dw i wedi darganfod mai peth
chwerw iawn ydy'r wraig[c] sydd fel magl heliwr, yn rhwydo dyn, a'i breichiau amdano fel
cadwyni. Mae'r dyn sy'n plesio Duw yn llwyddo i ddianc o'i gafael, ond mae'r un sy'n pechu
yn cael ei ddal ganddi. 27 Dyma'r casgliad dw i wedi dod iddo, meddai'r Athro – wrth geisio
deall y cwbl o dipyn i beth: 28 (Dw i wedi bod yn ymchwilio iddo'n gyson, ond heb eto gael
ateb digonol, fel maen nhw'n dweud, "Cefais ddim ond un dyn mewn mil, ond dw i ddim wedi
darganfod gwraig yn eu plith nhw o gwbl.") 29 Yr un casgliad dw i wedi dod iddo ydy hwn:
gwnaeth Duw y ddynoliaeth yn gyfiawn, ond maen nhw i gyd wedi dilyn pob math o syniadau.

8

Pwy sy'n ddoeth go iawn? Pwy sy'n gallu esbonio pethau?

"Mae doethineb rhywun yn gwneud i'w wyneb oleuo,
Ac mae'r olwg galed ar ei wyneb yn diflannu."

Ufudd-dod i'r Brenin

2 Dw i'n dweud,

"Gwranda ar orchymyn y brenin –
gan dy fod wedi tyngu llw o flaen Duw i wneud hynny."
3 Paid bod ar frys i fynd o'i bresenoldeb;
a phaid oedi pan fydd pethau'n anghysurus.
Gall y brenin wneud unrhyw beth mae'n ei ddewis.
4 Mae gan y brenin awdurdod llwyr,
a does gan neb hawl i ofyn iddo, "Beth wyt ti'n wneud?"
5 Fydd yr un sy'n ufudd iddo ddim yn cael ei hun i drafferthion.
Mae'r person doeth yn deall fod amser a threfn i bopeth.
6 Mae amser penodol a threfn i bopeth.
Ond mae'r perygl o ryw drasiedi'n digwydd
yn pwyso'n drwm ar bobl.
7 Does neb yn gwybod beth sy'n mynd i ddigwydd,
hyd yn oed pan mae ar fin digwydd. Pwy sy'n gallu dweud?

8 A does gan neb y gallu i ddal ati i anadlu pan mae'n marw; does neb yn gallu gohirio'r
foment y bydd yn marw. All milwr ddim cael ei ryddhau o ganol y frwydr, a'r un modd all
gwneud drwg ddim achub pobl ddrwg.
9 Wrth i mi fynd ati o ddifrif i feddwl am bopeth sy'n digwydd yn y byd, dw i wedi sylweddoli
hyn: mae gan rai pobl awdurdod dros eraill i wneud niwed iddyn nhw.

---

c 7:26 Yn Diarhebion 5 – 9 mae "gwraig" yn ddarlun o ddoethineb a ffolineb. Mae'n bosib fod "gwraig" yma hefyd yn ddarlun o ffolineb.

Esiampl ddrwg

10 Yna gwelais bobl ddrwg yn cael angladd parchus. Roedden nhw'n arfer mynd a dod o'r
lle sanctaidd, tra oedd y rhai yn y ddinas oedd wedi byw yn iawn yn cael eu hanghofio.[ch] Beth
ydy'r pwynt? 11 Os ydy drygioni ddim yn cael ei gosbi ar unwaith, mae pobl yn cael eu hannog
i wneud drwg. 12 Mae pechadur yn cyflawni'r un drwg ganwaith, ac yn dal i gael byw'n hir.
Ond dw i'n gwybod yn iawn y bydd hi'n well ar y rhai sy'n parchu Duw yn y pen draw, am
eu bod nhw'n dangos parch ato. 13 Fydd hi ddim yn dda ar y rhai sy'n gwneud pethau drwg,
oherwydd, fel cysgod, fyddan nhw ddim yn aros yn hir, am nad ydyn nhw'n parchu Duw. 14 Ond
wedyn, dyma beth sy'n gwneud dim sens yn y byd yma: mae rhai pobl sydd wedi byw yn ufudd
i Dduw yn cael eu trin fel petaen nhw wedi gwneud drwg; ac mae rhai pobl ddrwg sy'n cael
eu trin fel petaen nhw wedi byw yn iawn! Fel dw i'n dweud, dydy'r peth yn gwneud dim sens!

Cyngor yr Athro – mwynhau bywyd

15 Felly dw i'n argymell y dylid mwynhau bywyd. Y peth gorau all rhywun ei wneud ar
y ddaear yma ydy bwyta, yfed a mwynhau ei hun. Mae'r pleserau yma yn rhywbeth mae Duw
yn eu rhoi iddo ochr yn ochr â'i holl waith caled yn ystod ei fywyd.

Sylwadau ar fywyd

16 Es i ati o ddifrif i geisio ddeall beth ydy doethineb ac edrych yn fanwl ar bopeth sy'n
digwydd yn y byd – hyd yn oed mynd heb gwsg nos a dydd – 17 ac ystyried popeth mae Duw
wedi'i wneud. Y gwir ydy does neb yn deall popeth sy'n digwydd yn y byd. Sdim ots pa mor
galed mae pobl yn trio, does neb yn deall go iawn. Hyd yn oed os oes rhai pobl glyfar yn
honni eu bod nhw'n gwybod, dŷn nhw ddim wir yn deall.

Yr un dynged i bawb

9 Felly ystyriais y cwbl yn fanwl, i geisio deall trefn popeth. A dod i'r casgliad fod y bobl sy'n
gwneud beth sy'n iawn (y rhai doeth a'r cwbl maen nhw'n ei wneud) yn llaw Duw. Fyddan
nhw'n cael eu caru neu eu casáu? Does neb yn gwybod beth sydd o'u blaenau nhw. 2 A'r un
dynged sy'n disgwyl pawb: y rhai sy'n gwneud beth sy'n iawn, a'r rhai drwg, y rhai sy'n barod
i addoli, a'r rhai sydd ddim; yr un sy'n cyflwyno aberth i Dduw, a'r un sydd ddim yn aberthu. Mae'r
un peth yn digwydd i'r bobl sy'n plesio Duw ac i'r rhai sydd ddim; i'r un sy'n tyngu llw i Dduw, a'r
un sy'n gwrthod gwneud hynny. 3 Dyna sydd mor annheg am yr hyn sy'n digwydd yn y byd: yr un
dynged sy'n wynebu pawb! Mae pawb fel petaen nhw am wneud drwg; mae'r ffordd maen nhw'n
byw yn wallgof! A beth sy'n dod wedyn? – Marwolaeth! 4 Does dim eithriadau! O leia mae gan
rywun sy'n fyw rywbeth i edrych ymlaen ato – "Mae ci byw yn well ei fyd na llew marw". 5 Mae'r
byw yn gwybod eu bod nhw'n mynd i farw, ond dydy'r meirw'n gwybod dim byd! Does dim gwobr
arall yn eu disgwyl nhw, ac mae pawb yn eu hanghofio nhw. 6 Beth oedden nhw'n ei garu, beth
oedden nhw'n ei gasáu, a'r hyn oedd yn eu gwneud nhw'n genfigennus – mae'r cwbl wedi hen
fynd! Does ganddyn nhw ddim rhan byth eto yn yr hyn sy'n digwydd yn y byd.

Cyngor yr Athro – mwynhau bywyd

7 Dos, mwynha dy fwyd ac yfa dy win yn llawen! Dyna mae Duw am i ti ei wneud. 8 Gwisga
dy ddillad gorau,[d] a pharatoi dy hun i fynd allan i fwynhau.[dd] 9 Mwynha fywyd gyda'r wraig
rwyt ti'n ei charu am y cyfnod byr wyt ti yn y byd dryslyd yma. Mae'n rhodd Duw i ti am dy
holl waith caled ar y ddaear. 10 Gwna dy orau glas, beth bynnag wyt ti'n ei wneud. Fydd dim
cyfle i weithio na myfyrio, dim gwybodaeth na doethineb ym myd y meirw lle rwyt ti'n mynd.

---

ch 8:10 Mae ystyr yr Hebraeg yn yr adnod yma yn ansicr. d 9:8 Hebraeg, "gwisga ddillad gwynion bob amser".
dd 9:8 Hebraeg, "a rho ddigon o olew ar dy ben".

Sylwadau ar fywyd

11 Yna, ystyriais eto yr hyn sy'n digwydd yn y byd:
dydy'r cyflymaf ddim bob amser yn ennill y ras,
na'r cryfaf yn ennill y frwydr;
dydy'r doethaf ddim yn llwyddo bob tro,
na'r clyfraf yn cael y cyfoeth;
dydy'r un sy'n nabod eraill ddim bob amser yn cael ei ffafrio.
Mae damweiniau'n gallu digwydd i bawb.
12 Does neb yn gwybod pryd ddaw ei amser.
Fel pysgod yn cael eu dal mewn rhwyd,
neu adar mewn magl,
mae rhyw anffawd yn gallu dod ar draws pobl yn gwbl ddirybudd.

13 Dyma enghraifft o rywbeth welais i'n digwydd, gafodd effaith fawr arna i: 14 Roedd tref
fechan lle nad oedd llawer o bobl yn byw. Daeth brenin cryf i ymosod arni, ei hamgylchynu
ac adeiladu rampiau mawr i warchae yn ei herbyn. 15 Ond roedd dyn tlawd oedd yn ddoeth
iawn yn byw yn y dref. Dyma fe'n llwyddo i achub y dref drwy ei ddoethineb. Ac eto doedd
neb yn ei gofio!
16 Dw i wedi dweud: "Mae doethineb yn well na grym." Mae hynny'n wir hyd yn oed os ydy
doethineb y dyn tlawd yn cael ei dirmygu a'i eiriau'n cael eu diystyru.

Doethineb a Ffolineb

17 Mae'n well gwrando ar eiriau pwyllog y doeth
nag ar lywodraethwr yn gweiddi yng nghanol ffyliaid.
18 Mae doethineb yn well nag arfau rhyfel
ond mae un weithred ffôl yn gallu dinistrio llawer o dda.

10 Mae pryfed marw'n gwneud i bersawr ddrewi,
ac mae ychydig ffolineb yn gallu troi'r fantol yn erbyn doethineb mawr.
2 Mae gogwydd y doeth at y da,
ond mae'r ffŵl yn dewis y drwg.
3 Mae'r ffordd mae'r ffŵl yn ymddwyn
yn dangos i bawb ei fod yn dwpsyn!
4 Pan mae'r llywodraethwr wedi gwylltio gyda ti, paid symud;
wrth i ti beidio cynhyrfu bydd ei dymer e'n tawelu.

5 Dyma beth ofnadwy arall dw i wedi'i weld –
camgymeriad mae llywodraethwr yn gallu ei wneud:
6 Ffyliaid yn cael eu gosod mewn safle o awdurdod,
a phobl fonheddig yn cael eu hunain ar y gwaelod.
7 Dw i wedi gweld caethweision ar gefn ceffylau
a thywysogion yn cerdded ar droed fel gweision.

8 Gall rhywun sy'n cloddio twll syrthio i mewn iddo,
a'r un sy'n torri drwy wal gerrig gael ei frathu gan neidr.
9 Gall gweithiwr mewn chwarel gael ei anafu gan y meini,
a'r un sy'n hollti coed gael niwed gan y coed.
10 Os nad oes min ar y fwyell, os na chafodd ei hogi,
rhaid i rywun ddefnyddio mwy o egni.
Mae doethineb bob amser yn helpu!

11 Os ydy neidr yn brathu cyn cael ei swyno,
mae'r swynwr wedi methu!

12 Mae geiriau'r doeth yn ennill ffafr,
ond mae'r ffŵl yn dinistrio'i hun gyda'i eiriau.
13 Mae'n dechrau drwy siarad dwli,
ac yn darfod drwy ddweud pethau hollol wallgof.
14 Mae'r ffŵl yn siarad gormod!
Does neb yn gwybod beth sy'n mynd i ddigwydd,
hyd yn oed pan mae ar fin digwydd. Pwy sy'n gallu dweud?
15 Mae gwaith yn blino'r ffŵl yn lân,
dydy e byth yn gwybod ble mae e'n mynd.

16 Gwae'r wlad sydd â brenin plentynnaidd,
a'i thywysogion yn dechrau gwledda'n gynnar yn y bore!
17 Ond mae'n braf ar bobl sydd â'u brenin yn gallu rheoli,
a'u tywysogion yn gwybod pryd mae'n iawn i wledda
– dan reolaeth, ac nid i feddwi!

18 Mae to sy'n syrthio yn ganlyniad diogi;
mae'n gollwng dŵr am fod dim wedi'i wneud.

19 Mae bwyd yn cael ei baratoi i'w fwynhau,
ac mae gwin yn gwneud bywyd yn llon,
ond wrth gwrs arian ydy'r ateb i bopeth!

20 Paid hyd yn oed meddwl beirniadu'r brenin,
na melltithio pobl gyfoethog yn dy ystafell wely.
Gallai aderyn bach ddweud wrth eraill,
neu ailadrodd beth ddwedaist ti.

11 "Bydd yn hael a rhannu dy gynnyrch[e] –
ac ymhen amser fe gei dy dalu'n ôl.
2 Rho beth ohono i nifer o wahanol bobl,
wyddost ti ddim beth all fynd o'i le yn dy fywyd."

3 Pan mae'r cymylau'n dduon,
byddan nhw'n tywallt glaw ar y ddaear.

Sdim ots i ba gyfeiriad mae coeden yn syrthio,
bydd yn aros lle syrthiodd.

4 Fydd ffermwr sy'n disgwyl tywydd perffaith byth yn hau,
a'r un sy'n gwylio pob cwmwl byth yn medi cynhaeaf.

5 *Yn union* fel na elli wybod sut mae anadl bywyd
yn mynd i gorff plentyn yng nghroth ei fam,
alli di ddim rhagweld beth fydd Duw'n ei wneud,
a fe sydd wedi creu popeth.
6 Hau dy had yn y bore,
a phaid segura gyda'r nos;
wyddost ti ddim pa un fydd yn llwyddo –
y naill neu'r llall, neu'r ddau fel ei gilydd.

---

e 11:1 Hebraeg, "Tafla dy fara ar wyneb y dyfroedd." Idiom sy'n disgrifio haelioni.

Cyngor yr Athro – mwynhau bywyd

7 "Mae golau bywyd[f] mor felys,
ac mae'n hyfryd cael gweld yr haul!"
8 Os ydy rhywun yn cael oes hir,
dylai fwynhau'r blynyddoedd i gyd,
ond rhaid cofio fod dyddiau tywyll marwolaeth yn hirach.
Mae popeth sydd i ddod yn ddirgelwch!

Cyngor i bobl ifanc fod yn ddoeth

9 Ti'n ifanc! Mwynha dy hun tra mae gen ti gyfle!
Cei ddigon o hwyl a sbri pan wyt ti'n ifanc.
Gwna be fynni di – beth bynnag sy'n cymryd dy ffansi –
ond cofia y bydd Duw yn dy alw i gyfrif am y cwbl.
10 Paid cael dy lethu gan boenau bywyd,
a chadwa dy hun yn iach!
Dydy ieuenctid a gwallt du ddim yn para'n hir!

12 Cofia dy Grëwr tra rwyt yn ifanc,
cyn i'r dyddiau anodd gyrraedd
a'r blynyddoedd ddod pan fyddi'n dweud,
"Dw i'n cael dim pleser ynddyn nhw."
2 Cyn i'r haul a golau'r lleuad a'r sêr droi'n dywyll,
a'r cymylau'n dod yn ôl eto ar ôl y glaw:
3 pan mae gwylwyr y tŷ yn crynu,
a dynion cryf yn crymu;
y rhai sy'n malu'r grawn yn y felin yn mynd yn brin,
a'r rhai sy'n edrych drwy'r ffenestri yn colli eu golwg;
4 pan mae'r drysau i'r stryd wedi cau,
a sŵn y felin yn malu wedi tawelu;
pan mae rhywun yn cael ei ddeffro'n gynnar gan gân aderyn
er fod holl seiniau byd natur yn distewi;
5 pan mae gan rywun ofn uchder
ac ofn mynd allan ar y stryd;
pan mae blodau'r pren almon yn troi'n wyn,
y ceiliog rhedyn yn llusgo symud,
a chwant rhywiol wedi hen fynd;
pan mae pobl yn mynd i'w cartref tragwyddol,
a'r galarwyr yn dod allan ar y stryd.
6 Cyn i'r llinyn arian dorri
ac i'r fowlen aur falu,
a'r llestr wrth y ffynnon yn deilchion,
a'r olwyn i'w godi wedi torri wrth y pydew.
7 Pan mae'r corff yn mynd yn ôl i'r pridd fel yr oedd,
ac anadl bywyd yn mynd yn ôl at Dduw,
yr un a'i rhoddodd.

8 Mae'n ddiystyr! – meddai'r Athro – Dydy'r cwbl yn gwneud dim sens!

f 11:7 *golau bywyd* Hebraeg, "golau". Mae golau yn ddarlun o fywyd, a thywyllwch yn ddarlun o farwolaeth.

Ôl-nodyn gan y golygydd

9 Roedd yr Athro yn ddyn doeth, a dysgodd ddoethineb i'r bobl. Bu'n pwyso a mesur
gwirionedd llawer o ddywediadau, ac yn eu gosod mewn trefn. 10 Roedd yr Athro yn ceisio
dod o hyd i ddywediadau oedd wrth ei fodd, ac wrth ysgrifennu roedd yn dweud y gwir plaen.
11 Mae dywediadau'r doeth yn procio'r meddwl; maen nhw'n brathu weithiau, fel hoelion
mewn ffon i yrru anifeiliaid. Yr un Bugail sydd wedi rhoi'r casgliad i gyd i ni.
12 Un rhybudd olaf, fy mab. Gellid ysgrifennu llyfrau diddiwedd am y pethau yma, ac mae
astudio yn waith caled sydd byth yn dod i ben.
13 I grynhoi, y cwbl sydd i'w ddweud yn y diwedd ydy hyn: addola Dduw a gwna beth mae
e'n ddweud! Dyna beth ddylai pawb ei wneud. 14 Oherwydd bydd Duw yn galw pawb i gyfrif
am bopeth wnaethon nhw – hyd yn oed beth oedd o'r golwg – y da a'r drwg.

Caniad Solomon

1 Cân serch orau Solomon.

Y gerdd gyntaf – Cariad

Y ferch wrth ei chariad:[a]

2 Tyrd, cusana fi drosodd a throsodd!
Mae dy anwesu cariadus yn well na gwin,
3 ac arogl dy bersawr mor hyfryd.
Rwyt fel yr olew persawrus gorau –
does dim syndod fod merched ifanc
yn dy garu di.

4 Tyrd, cymer fi gyda ti;
gad i ni frysio! Fy mrenin,
dos â fi i dy ystafell wely.
Gad i ni fwynhau a chael pleser;
mae profi gwefr dy gyffyrddiad
yn well na gwin.[b]
Mae'n ddigon teg fod merched ifanc
yn dy garu di.

Y ferch wrth ferched Jerwsalem:

5 Ferched Jerwsalem,
mae fy nghroen yn ddu ond dw i'n hardd –
yn dywyll fel pebyll duon pobl Cedar,[c]
a hardd fel llenni palas Solomon.
6 Peidiwch syllu arna i am fy mod yn ddu
a'r haul wedi rhoi croen tywyll i mi.
Roedd fy mrodyr wedi gwylltio gyda mi,
a gwneud i mi ofalu am y gwinllannoedd;
ond methais ofalu amdana i fy hun.

Y ferch wrth ei chariad:

7 Fy nghariad, dywed wrtho i,
Ble rwyt ti'n arwain dy ddefaid?
Ble fyddan nhw'n gorffwys ganol dydd?
Dwed wrtho i, rhag i mi orfod gwisgo fêl
a chrwydro o gwmpas preiddiau dy ffrindiau.

---

a 1:1 *Y ferch wrth ei chariad* Dydy'r testun Hebraeg ddim yn dweud pwy sy'n siarad. Mae'r cyfieithiad hwn yn nodi pwy sy'n debygol o fod yn siarad ar sail cenedl geiriau. (Mae'n weddol amlwg yn yr Hebraeg pwy sy'n siarad gan fod yr iaith Hebraeg yn defnyddio ffurfiau gwrywaidd a benywaidd gwahanol i enwau, berfau, ansoddeiriau a rhagenwau. Er hynny, mae cyfieithiadau gwahanol yn amrywio rhywfaint yn eu barn).
b 1:4 *mae profi ... gwin* Mae'r Hebraeg yr un fath â'r ail linell yn adn. 2. Mae'r cyfieithiad yn wahanol i geisio cyfleu ystyr lawn y darlun yn y gwreiddiol. c 1:5 *pobl Cedar* Llwyth nomadig o'r dwyrain, ac mae'n debyg eu bod yn gwneud eu pebyll o groen geifr duon (gw. Jeremeia 49:28; Eseia 60:7).

Merched Jerwsalem wrth y ferch:

8 O'r harddaf o ferched! Os nad wyt yn gwybod,
dilyn olion traed y praidd
a bwyda dy eifr wrth wersyll y bugeiliaid.

Y cariad wrth y ferch:

9 F'anwylyd, rwyt fel y gaseg ifanc harddaf
sy'n tynnu cerbydau'r Pharo.
10 Mae tlysau ar dy fochau hardd,
a chadwyn o emau hyfryd am dy wddf.
11 Dw i am roi tlysau aur i ti,
wedi'u haddurno ag arian.

Y ferch ifanc:

12 Tra oedd fy mrenin yn gorwedd ar ei wely,
roedd arogl fy mhersawr yn llenwi'r awyr.
13 Mae fy nghariad fel cwdyn o fyrr hyfryd
yn gorwedd drwy'r nos rhwng fy mronnau.
14 Mae fy nghariad fel tusw o flodau henna
o winllannoedd ffrwythlon En-gedi.[ch]

Y cariad wrth y ferch ifanc:

15 O, rwyt mor hardd, f'anwylyd!
O, rwyt mor hardd!
Mae dy lygaid fel colomennod.

Y ferch wrth ei chariad:

16 O, rwyt mor olygus, fy nghariad –
ac mor hyfryd!
Mae'r gwyrddni fel canopi o'n cwmpas
yn gorchuddio'n gwely.
17 Mae canghennau'r coed cedrwydd
fel trawstiau yn y to uwch ein pen;
a'r coed pinwydd fel paneli.

Y ferch wrth ei chariad:

2 Un blodyn saffrwn ar wastatir Saron
ydw i; dim ond lili fach o'r dyffryn.

Y cariad wrth y ferch:

2 F'anwylyd, o'i gymharu â merched eraill
rwyt ti fel lili yng nghanol mieri.

Y ferch wrth ei chariad:

3 Fy nghariad, o'i gymharu â dynion eraill
rwyt ti fel coeden afalau
yng nghanol y goedwig.
Mae'n hyfryd cael eistedd dan dy gysgod,
ac mae dy ffrwyth â'i flas mor felys.

---

ch 1:14 *En-gedi* Gwerddon i'r gorllewin o'r Môr Marw.

Y ferch:

4 Aeth â fi i mewn i'r gwindy
a'm gorchuddio â'i gariad.
5 Helpwch fi! Adfywiwch fi
gyda ffrwythau melys ac afalau –
dw i'n glaf o gariad.
6 Mae ei law chwith dan fy mhen,
a'i law dde yn fy anwesu.

7 Ferched Jerwsalem, dw i'n pledio arnoch
o flaen y gasél a'r ewig gwyllt:
Peidiwch trio cyffroi cariad rhywiol
nes mae'n barod.

Yr ail gerdd – Gwefr cariad

Y ferch:

8 Ust! Fy nghariad sydd yna!
Edrychwch! Dyma fe'n dod,
yn llamu dros y mynyddoedd
ac yn neidio dros y bryniau
9 fel gasél neu garw ifanc.
Mae yma! Yr ochr arall i'r wal!
Mae'n edrych drwy'r ffenest
ac yn sbecian drwy'r dellt.

10 Mae'n galw arna i:
"F'anwylyd, tyrd!
Gad i ni fynd, fy un hardd.
11 Edrych! Mae'r gaeaf drosodd;
mae'r glaw trwm wedi hen fynd.
12 Mae blodau gwyllt i'w gweld ym mhobman,
y tymor pan mae'r cread yn canu
a cŵan y durtur i'w glywed drwy'r wlad.
13 Mae'r ffrwyth ar y coed ffigys yn aeddfedu
a'r blodau ar y gwinwydd yn arogli'n hyfryd.
F'anwylyd, tyrd!
Gad i ni fynd, fy un hardd."

Y cariad:

14 Fy ngholomen, rwyt o'm cyrraedd
o'r golwg yn holltau'r graig
a'r ogofâu ar y clogwyni!
Gad i mi dy weld
a chlywed dy lais;
mae sŵn dy lais mor swynol,
a'th olwg mor ddeniadol.

Y ferch:

15 Daliwch lwynogod, y llwynogod bach
sydd am ddifetha gwinllannoedd –
a'n gwinllannoedd yn blodeuo.

16 Fi piau nghariad, a fe piau fi;
mae e'n pori yng nghanol y lilïau.
17 Tyrd, fy nghariad, hyd nes iddi wawrio
ac i gysgodion y nos ddiflannu –
bydd fel gasél neu garw ifanc
yn croesi'r hafnau rhwng y bryniau creigiog.

3 Wrth orwedd ar fy ngwely yn y nos
byddai gen i hiraeth am fy nghariad;
dyheu am ei gwmni, ond methu ei gael.
2 "Dw i'n mynd i godi i edrych amdano yn y dre –
crwydro'r strydoedd a'r sgwariau
yn chwilio am fy nghariad."
Dyheu am ei gwmni, ond methu ei gael.

3 Dyma'r gwylwyr nos yn fy ngweld
wrth grwydro ar batrôl o gwmpas y dre.
Gofynnais, "Welsoch chi fy nghariad?"
4 Prin rôn i wedi'u pasio
pan ddes i o hyd i'm cariad!
Gafaelais ynddo'n dynn a gwrthod ei ollwng
nes mynd ag e i dŷ fy mam,
i'w hystafell wely.

5 Ferched Jerwsalem, dw i'n pledio arnoch
o flaen y gasél a'r ewig gwyllt:
Peidiwch trio cyffroi cariad rhywiol
nes mae'n barod.

Y drydedd gerdd – Y briodas

Y ferch

6 Beth sy'n dod o gyfeiriad yr anialwch,
yn codi llwch fel colofnau o fwg?
Fel mwg yr arogldarth yn codi o'r allor –
myrr a thus a phob powdr persawrus
sydd ar werth gan fasnachwyr teithiol.

7 Edrychwch! Soffa gludo Solomon ydy hi!
Mae chwe deg o filwyr o'i gwmpas –
arwyr dewr Israel.
8 Mae gan bob un ei gleddyf yn barod,
ac maen nhw wedi'u hyfforddi i ryfela.
Mae cleddyf pob un ar ei glun
i'w amddiffyn rhag peryglon y nos.

9 Mae gan Solomon gadair gludo
wedi'i gwneud o goed o Libanus.
10 Mae ei pholion o arian
a'i ffrâm o aur;
ei sedd o ddefnydd porffor
a'r tu mewn wedi'i addurno â chariad.

11 Ferched Jerwsalem, dewch allan!
Dewch, ferched Seion i syllu ar Solomon
yn gwisgo'r goron gafodd gan ei fam
ar ddiwrnod ei briodas –
diwrnod hapusaf ei fywyd!

Y cariad:

4

O, rwyt mor hardd, f'anwylyd!
O, rwyt mor hardd!
Mae dy lygaid fel colomennod
y tu ôl i'r fêl.
Mae dy wallt du yn llifo fel praidd o eifr
yn dod i lawr o fynydd Gilead.
2 Mae dy ddannedd yn wyn
fel rhes o ddefaid newydd eu cneifio a'u golchi.
Maen nhw i gyd yn berffaith;[d]
does dim un ar goll.
3 Mae dy wefusau fel edau goch,
a'th geg mor siapus.
Tu ôl i'r fêl mae dy fochau
a'u gwrid fel pomgranadau.
4 Mae dy wddf fel tŵr Dafydd
a'r rhesi o gerrig o'i gwmpas;
mil o darianau yn hongian arno,
fel arfau milwyr arwrol.

5 Mae dy fronnau yn berffaith
fel dwy gasél ifanc, efeilliaid
yn pori ymysg y lilïau.
6 Rhaid i mi fynd a dringo
mynydd myrr a bryn thus,
ac aros yno hyd nes iddi wawrio
ac i gysgodion y nos ddiflannu.
7 Mae popeth amdanat mor hardd, f'anwylyd!
Ti'n berffaith!

8 Tyrd gyda mi o Libanus, fy nghariad,
tyrd gyda mi o fryniau Libanus.
Tyrd i lawr o gopa Amana,
o ben Senir, sef copa Hermon.
Tyrd i lawr o ffeuau'r llewod
a lloches y llewpard.

9 Ti wedi cipio fy nghalon, ferch annwyl, fy nghariad.
Ti wedi cipio fy nghalon gydag un edrychiad,
un em yn dy gadwyn.

10 Mae dy gyffyrddiad mor hyfryd, ferch annwyl, fy nghariad.
Mae dy anwesu cariadus gymaint gwell na gwin,
ac arogl dy bersawr yn well na pherlysiau.

---

d 4:2 *i gyd yn berffaith* Hebraeg, "Mae gan bob un ei efaill".
4:6 Caniad Solomon 2:17 4:8 Deuteronomium 3:9

11 Mae dy gusan yn felys, fy nghariad,
yn diferu fel diliau mêl.
Mae mêl a llaeth dan dy dafod,
ac mae sawr dy ddillad fel persawr Libanus.

12 Fy merch annwyl, fy nghariad –
rwyt fel gardd breifat dan glo,
yn ffynnon gaiff neb yfed ohoni.
13 Rwyt yn ardd baradwysaidd o bomgranadau,
yn llawn o'r ffrwyth gorau.
Gardd bersawrus hudolus
o henna hyfryd, 14 nard a saffrwn,
sbeisiau pêr a sinamon,
thus o wahanol fathau,
myrr ac aloes –
pob un o'r perlysiau drutaf.
15 Ti ydy'r ffynnon yn yr ardd –
ffynnon o ddŵr glân gloyw
yn llifo i lawr bryniau Libanus.

Y ferch:

16 Deffra, wynt y gogledd; tyrd, wynt y de!
Chwytha ar fy ngardd
i ledu sawr ei pherlysiau.
Tyrd i mewn i dy ardd, fy nghariad,
a gwledda ar ei ffrwyth gorau.

Y cariad:

5 Dw i'n dod i'm gardd, ferch annwyl, fy nghariad –
i gasglu fy myrr a'm perlysiau,
i flasu'r diliau a'r mêl,
ac i yfed y gwin a'r llaeth.

Y gwesteion:

Mwynhewch y wledd, gariadon!
Yfwch a meddwi ar anwesu a charu!

Y bedwaredd gerdd

Y ferch:

2 Rôn i'n gorffwys, ond roedd fy meddwl yn effro.
Ust! Llais fy nghariad; mae'n curo –

Y cariad:

"Agor i mi ddod i mewn, f'anwylyd,
fy nghariad, fy ngholomen berffaith.
Mae fy ngwallt yn wlyb gan wlith,
a'm pen yn llaith gan niwl y nos."

Y ferch:

3 "Ond dw i'n noeth, heb ddim amdana i.
Ti am i mi wisgo eto, wyt ti?
A dw i wedi golchi fy nhraed.[dd]
Oes rhaid i mi eu baeddu eto?"

4 Yna gwthiodd ei law i agor y drws,[e]
a theimlais wefr yn mynd drwyddo i.
5 Codais i'w adael i mewn;
roedd fy nwylo'n diferu o fyrr –
roedd y myrr yn llifo i lawr fy mysedd
pan afaelais yn yr handlen.
6 Agorais y drws i'm cariad,
ond roedd e wedi troi a mynd!
Suddodd fy nghalon o'm mewn pan aeth.

Chwiliais amdano, ond methu ei gael;
galwais arno, ond doedd dim ateb.
7 Dyma'r gwylwyr nos yn fy ngweld
wrth grwydro ar batrôl o gwmpas y dre.
Dyma nhw'n fy nghuro a'm cam-drin
a rhwygo fy nghlogyn oddi arna i –
y gwylwyr nos oedd yn gwarchod waliau'r ddinas!

8 Ferched Jerwsalem, gwrandwch –
os dewch chi o hyd i'm cariad,
dwedwch wrtho mod i'n glaf o gariad.

Y merched wrth y ferch:

9 O'r harddaf o ferched,
beth sy'n gwneud dy gariad
yn well na dynion eraill?
Beth sy'n gwneud dy gariad
yn well na dynion eraill,
i ti grefu mor daer â hyn?

Y ferch:

10 Mae nghariad yn ffit ac yn iach;
mae'n sefyll allan yng nghanol y dyrfa.
11 Mae ei wyneb a'i wedd fel aur pur,
a'i wallt cyrliog yn ddu fel y frân.
12 Mae ei lygaid fel colomennod wrth nentydd dŵr,
yn wyn fel llaeth ac yn berffaith yn eu lle.
13 Mae arogl ei fochau fel gwely o berlysiau,
a chusan ei wefusau fel y lili
yn diferu o fyrr.

14 Mae ei freichiau cyhyrog fel aur
wedi'u haddurno â meini gwerthfawr;
a'i gorff lluniaidd fel ifori llyfn
wedi'i orchuddio â meini saffir.

---

dd 5:3 *fy nhraed* Gall fod ystyr dwbl yma, gyda 'traed' yn cael ei ddefnyddio fel mwythair am yr organau rhywiol. Mae'n sicr yn wir am y gair 'llaw' yn adn. 4. e 5:4 *i agor y drws* Hebraeg, "drwy'r twll".

15 Mae ei goesau fel pileri o farmor
wedi'u gosod ar sylfaen o aur pur.
Mae e'n sefyll fel mynyddoedd Libanus
a'u coed cedrwydd urddasol.
16 Mae ei gusan mor felys;
mae popeth amdano'n ddeniadol!
Dyna fy nghariad, dyna fy nghymar,
ferched Jerwsalem.

Merched Jerwsalem:

6 Ble'r aeth dy gariad, ti'r harddaf o ferched?
Ble'r aeth e?
Gad i ni chwilio amdano gyda'n gilydd.

Y ferch:

2 Mae nghariad wedi mynd i lawr i'w ardd –
i'w welyau o berlysiau.
Mae wedi mynd i bori yn y gerddi,
a chasglu'r lilïau.
3 Fy nghariad piau fi, a fi piau nghariad;
mae e'n pori yng nghanol y lilïau.

Y bumed gerdd

Y cariad:

4 F'anwylyd, rwyt ti'n hardd fel dinas Tirtsa,[f]
ac mor hyfryd â Jerwsalem.
Yn odidog! Yn gwbl syfrdanol![ff]
5 Paid edrych arna i –
mae dy lygaid yn fy aflonyddu!
Mae dy wallt du yn llifo fel praidd o eifr
yn dod i lawr o fynydd Gilead.
6 Mae dy ddannedd yn wyn
fel rhes o ddefaid newydd eu golchi.
Maen nhw i gyd yn berffaith;[g]
does dim un ar goll.
7 Tu ôl i'r fêl mae dy fochau
a'u gwrid fel pomgranadau.

8 Gallwn gael chwe deg brenhines,
wyth deg o bartneriaid,[ng]
a merched ifanc di-rif!
9 Ond mae hi'n unigryw,
fy ngholomen berffaith.
Merch arbennig ei mam;
hoff un yr un â'i cenhedlodd.
Mae pob merch ifanc sy'n ei gweld
yn ei hedmygu.

---

f 6:4 *Tirtsa* Ar ôl i Solomon farw dyma lwythau'r gogledd, dan arweiniad Jeroboam, yn gwahanu oddi wrth Jwda yn y de. Tirtsa oedd prifddinas y deyrnas ogleddol am dros hanner can mlynedd – gw. 1 Brenhinoedd 14:17; 15:21,33; 16:6,8,15,23. ff 6:4 *Yn odidog! Yn gwbl syfrdanol!* Hebraeg yn aneglur. g 6:6 *i gyd yn berffaith* Hebraeg, "Mae gan bob un ei efaill". ng 6:8 *bartneriaid* Mae'r gair Hebraeg yn air am feistres neu bartner cyfreithlon oedd ddim yn wraig i ddyn yn ystyr lawnaf y gair.

Mae pob brenhines a chariad
yn canu am ei harddwch:
10 "Pwy ydy hon sy'n codi fel y wawr?
Pwy ydy hi? – mor hardd â'r lleuad llawn,
mor bur â phelydrau'r haul.
Yn odidog! Yn gwbl syfrdanol!"

11 Es i lawr i'r berllan lle mae'r coed cnau,
i weld y tyfiant yn y dyffryn;
i weld a oedd y winwydden wedi blaguro,
a'r pomgranadau'n blodeuo.
12 Rôn i wedi cynhyrfu'n lân.
Tyrd, rho fyrr dy gariad i mi,
o ferch fy mhobl fonheddig.[h]

13 Tyrd yma! Tyrd yma ti'r un berffaith!
Tyrd yma! Tyrd yma i mi edrych arnat ti.

Y ferch:

Pam? Fyddet ti am edrych arna i, dy un berffaith,
fel un yn dawnsio yng nghanol y gwersyll?

Y cariad:

7 Mae dy draed yn dy sandalau mor hardd,
o ferch fonheddig.
Mae dy gluniau mor siapus –
fel gemwaith gan grefftwr medrus.
2 Mae dy wain ddirgel fel cwpan gron
yn llawn o'r gwin cymysg gorau.
Mae dy fol fel pentwr o wenith
a chylch o lilïau o'i gwmpas.
3 Mae dy fronnau yn berffaith
fel dwy gasél ifanc, efeilliaid.
4 Mae dy wddf fel tŵr o ifori,
a'th lygaid fel llynnoedd Cheshbon
ger mynedfa Bath-rabbîm.
Mae dy drwyn hardd fel y tŵr yn Libanus
sy'n wynebu dinas Damascus.
5 Ti'n dal dy ben yn uchel
fel Mynydd Carmel
ac mae dy wallt hardd fel edafedd drud
yn dal y brenin yn gaeth yn ei dresi.

6 O, rwyt mor hardd! Mor hyfryd!
Ti'n fy hudo, fy nghariad!
7 Ti'n dal fel coeden balmwydd,
a'th fronnau'n llawn fel ei sypiau o ddatys.
8 Dw i am ddod a dringo'r goeden
a gafael yn ei ffrwythau.
Mae dy fronnau fel sypiau o rawnwin,
a'u sawr yn felys fel afalau.

h 6:12 Ystyr yr Hebraeg yn aneglur.

9 Mae dy gusanau fel y gwin gorau
yn llifo'n rhydd ar fy ngwefusau
wrth i ni fynd i gysgu.

Y ferch:

10 Fy nghariad piau fi,
ac mae f'eisiau.
11 Tyrd, fy nghariad, gad i ni fynd i'r caeau;
gad i ni dreulio'r nos rhwng y blodau henna.
12 Gad i ni godi'n gynnar
a mynd lawr i'r gwinllannoedd,
i weld os ydy'r winwydden wedi blaguro
a'u blodau wedi agor;
ac i weld os ydy'r pomgranadau'n blodeuo –
yno gwnaf roi fy hun i ti.
13 Yno bydd persawr hyfryd y mandragorau[i]
yn llenwi'r awyr,
a danteithion pleser wrth ein drysau –
y cwbl dw i wedi'i gadw
i'w rannu gyda ti, fy nghariad.

Y ferch:

8 O na fyddet ti fel brawd bach i mi,
wedi'i fagu ar fron fy mam;
byddwn yn dy gusanu di'n agored,
a fyddai neb yn meddwl yn ddrwg amdana i.

2 Af â ti i dŷ fy mam,
yr un ddysgodd bopeth i mi.
Rhof i ti win yn gymysg â pherlysiau,
gwin melys fy mhomgranadau.

3 Mae ei law chwith dan fy mhen,
a'i law dde yn fy anwesu.

4 Ferched Jerwsalem, dw i'n pledio arnoch:
Pam trio cyffroi cariad rhywiol
cyn ei fod yn barod?

Cerdd i gloi

Merched Jerwsalem:

5 Pwy sy'n dod o gyfeiriad yr anialwch
yn pwyso ar fraich ei chariad?

Y ferch:

Cynhyrfais di dan y goeden afalau.
Dyna ble gwnaeth dy fam dy genhedlu,
a dyna ble cest ti dy eni.
6 Gosod fi fel sêl ar dy galon,
fel sêl-fodrwy ar dy law.

---

i 7:13 *mandragorau* neu "ffrwythau cariad". Roedd pobl y credu fod bwyta'r ffrwyth yma yn cyffroi chwant rhywiol ac yn helpu merched i feichiogi (cf. Genesis 30:14-16).

Mae gafael cariad yn gryf fel marwolaeth,
ac mae nwyd angerddol mor ddi-ildio â'r bedd.
Mae ei fflamau'n fflachio'n wyllt,
fel tân sy'n llosgi'n wenfflam.
7 All dyfroedd y môr ddim diffodd cariad;
all llifogydd mo'i ysgubo i ffwrdd.
Petai rhywun yn cynnig ei gyfoeth i gyd amdano,
byddai'n ddim byd ond testun sbort.

Brodyr y ferch:
8 Mae gynnon ni chwaer fach
a'i bronnau heb dyfu.
Beth wnawn ni i'w helpu
pan gaiff ei haddo i'w phriodi?
9 Os ydy hi'n saff fel wal,
gallwn ei haddurno gyda thyrau arian!
Os ydy hi fel drws,
gallwn ei bordio gyda coed cedrwydd!

Y ferch:
10 Roeddwn i fel wal,
ond bellach mae fy mronnau fel tyrau,
felly dw i'n gwbl aeddfed yn ei olwg e.

11 Roedd gan Solomon winllan yn Baal-hamon,
a rhoddodd y winllan ar rent i denantiaid.
Byddai pob un yn talu mil o ddarnau arian am ei ffrwyth.
12 Mae'r mil o ddarnau arian i ti, Solomon,
a dau gant i'r rhai sy'n gofalu am ei ffrwyth;
ond mae fy ngwinllan i i mi'n unig.

Y cariad:
13 Ti sy'n aros yn y gerddi,
mae yna ffrindiau'n gwrando am dy lais;
ond gad i mi fod yr un sy'n ei glywed.

Y ferch:
14 Brysia, fy nghariad! –
bydd fel gasél neu garw ifanc
ar fynyddoedd y perlysiau.

Eseia

1 *Gweledigaeth Eseia fab Amos.*

(Dyma welodd e am Jwda a Jerwsalem yn ystod y blynyddoedd pan oedd Wseia, Jotham, Ahas, a Heseceia yn frenhinoedd Jwda.)[a]

Gwlad euog

2 Gwranda, nefoedd! Clyw, ddaear!
Mae'r Arglwydd yn dweud:
"Dw i wedi magu plant a gofalu amdanyn nhw –
ond maen nhw wedi gwrthryfela yn fy erbyn i.
3 Mae ych yn nabod ei berchennog
ac asyn yn gwybod lle mae cafn bwydo ei feistr:
ond dydy Israel ddim yn fy nabod i;
dydy fy mhobl i'n cymryd dim sylw!"

4 O! druan ohonot ti'r wlad sy'n pechu!
Pobl sy'n llawn drygioni!
Nythaid o rai sy'n gwneud drwg!
Plant pwdr!
Maen nhw wedi troi cefn ar yr Arglwydd
a dirmygu Un Sanctaidd Israel;
maen nhw wedi pellhau oddi wrtho.

5 Pam dych chi'n dal ati i wrthryfela?
Ydych chi eisiau cael eich curo eto?
Mae briwiau ar bob pen
a'r corff yn hollol wan.
6 Does unman yn iach
o'r corun i'r sawdl:
dim ond clwyfau a chleisiau,
a briwiau agored –
heb eu gwella na'u rhwymo,
a heb olew i'w hesmwytho.
7 Mae eich gwlad fel anialwch,
a'ch dinasoedd wedi'u llosgi'n ulw.
Mae dieithriaid yn bwyta eich cnydau
o flaen eich llygaid –
anialwch wedi'i ddinistrio gan estroniaid!

8 Dim ond Seion hardd sydd ar ôl –
fel caban yng nghanol gwinllan,
neu gwt mewn gardd lysiau;
fel dinas yn cael ei gwarchae.

---

a 1:1 *frenhinoedd Jwda* Wseia (783–742 CC); Jotham (742–735 CC); Ahas (735–715 CC); Heseceia (715–687 CC).
1:1 2 Brenhinoedd 15:1-7; 15:32 – 16:20; 18:1 – 20:21; 2 Cronicl 26:1 – 32:33

9 Oni bai fod yr ARGLWYDD hollbwerus
wedi gadael i rai pobl fyw,
bydden ni wedi'n dinistrio fel Sodom,
neu wedi diflannu'n llwyr fel Gomorra.[b]

10 Gwrandwch ar neges yr ARGLWYDD,
arweinwyr Sodom!
Gwrandwch ar beth mae Duw'n ei ddysgu i chi,
bobl Gomorra!
11 "Beth ydy pwynt eich holl aberthau chi?"
meddai'r ARGLWYDD.
"Dw i wedi cael llond bol o hyrddod yn offrymau i'w llosgi,
o fraster anifeiliaid a gwaed teirw.
Dw i ddim eisiau'ch ŵyn a'ch bychod geifr chi.
12 Dych chi'n ymddangos o'm blaen i –
ond pwy ofynnodd i chi ddod
i stompio drwy'r deml?

13 Stopiwch ddod â'ch offrymau diystyr!
Mae'r arogldarth yn troi arna i!
Dych chi'n dathlu gŵyl y lleuad newydd a'r Sabothau,
ac yn cynnal cyfarfodydd eraill,
Ond alla i ddim diodde'r drygioni
sy'n mynd gyda'ch dathliadau crefyddol chi.
14 Dw i'n casáu'r lleuadau newydd
a'ch gwyliau eraill chi.
Maen nhw'n faich arna i;
alla i mo'u diodde nhw.
15 Pan fyddwch chi'n codi'ch dwylo i weddïo,
bydda i'n edrych i ffwrdd.
Gallwch chi weddïo faint fynnoch chi,
ond fydda i ddim yn gwrando.
Mae gwaed ar eich dwylo chi!
16 Ymolchwch! Byddwch yn lân!
Ewch â'r pethau drwg dych chi'n eu gwneud
allan o'm golwg i!
Stopiwch wneud drwg;
17 dysgwch wneud da.
Brwydrwch dros gyfiawnder,
o blaid y rhai sy'n cael eu gorthrymu.
Cefnogwch hawliau plant amddifad,
a dadlau dros achos y weddw.

18 Dewch, gadewch i ni ddeall ein gilydd,"
— meddai'r ARGLWYDD.
"Os ydy'ch pechodau chi'n goch llachar,
gallan nhw droi'n wyn fel yr eira;
os ydyn nhw'n goch tywyll,
gallan nhw fod yn wyn fel gwlân.

---

b 1:9 *Sodom ... Gomorra* Dwy ddinas hynafol gafodd eu dinistrio gan Dduw am fod eu pobl mor ddrwg (gw. Genesis 19:1-29).
1:11-14 Amos 5:21,22

19 Os dych chi'n fodlon gwrando a gwneud be dw i'n ddweud,
cewch fwyta cynnyrch da'r tir;
20 ond os byddwch chi'n ystyfnig ac yn gwrthod gwrando,
byddwch chi'n cael eich difa â'r cleddyf,"
—mae'r ARGLWYDD wedi dweud.

Y ddinas ddrwg

21 Ond o! Mae Seion wedi troi'n butain.
Roedd hi'n ddinas ffyddlon,
yn llawn o bobl yn gwneud beth oedd yn iawn.
Cyfiawnder oedd yn arfer byw ynddi –
ond bellach llofruddion.

22 Mae dy arian wedi'i droi'n amhuredd;
mae dy win wedi'i gymysgu â dŵr!
23 Mae dy arweinwyr wedi gwrthryfela,
ac yn ffrindiau i ladron;
maen nhw i gyd yn hoffi breib,
ac yn chwilio am wobr.
Wnân nhw ddim amddiffyn plentyn amddifad
na gwrando ar achos y weddw.

24 Felly, dyma mae'r Meistr yn ei ddweud
(yr ARGLWYDD hollbwerus),
Arwr Israel –
"O! bydda i'n dangos fy llid i'r rhai sy'n fy erbyn!
Bydda i'n dial ar fy ngelynion!
25 Bydda i'n ymosod arnat
ac yn symud dy amhuredd â thoddydd.
Bydda i'n cael gwared â'r slag i gyd!
26 Bydda i'n rhoi barnwyr gonest i ti fel o'r blaen,
a chynghorwyr doeth, fel roedden nhw ers talwm.
Wedyn byddi di'n cael dy alw
'Y Ddinas Gyfiawn', 'Tref Ffyddlon'."

27 Bydd Seion yn cael ei gollwng yn rhydd pan ddaw'r dyfarniad;
a'r rhai sy'n troi'n ôl yn cael cyfiawnder.
28 Ond bydd y rhai sydd wedi gwrthryfela a phechu yn cael eu sathru;
bydd hi wedi darfod ar y rhai sydd wedi troi cefn ar yr ARGLWYDD.

29 Bydd gynnoch chi gywilydd o'r coed derw cysegredig
roeddech chi mor hoff ohonyn nhw.
Byddwch chi wedi drysu o achos
y gerddi paganaidd[c] roeddech wedi'u dewis.
30 Byddwch fel coeden dderwen
â'i dail wedi gwywo,
neu fel gardd sydd heb ddŵr.
31 Bydd y rhai cryf fel fflwff,
a'u gwaith fel gwreichionen.
Bydd y ddau yn llosgi gyda'i gilydd,
a neb yn gallu diffodd y tân!

---

c 1:29 *gerddi paganaidd* Roedd pobl yn credu fod cysegru gardd i dduw ffrwythlondeb yn sicrhau cnydau da.

Heddwch fydd yn para am byth

(Micha 4:1-3)

2 Y neges gafodd Eseia fab Amos am Jwda a Jerwsalem:

2 Yn y dyfodol, bydd mynydd teml yr ARGLWYDD
wedi'i osod yn ben ar y mynyddoedd eraill,
a'i godi'n uwch na'r bryniau.
Bydd y gwledydd i gyd yn llifo yno,
3 a llawer o bobl yn mynd yno a dweud:
"Dewch! Gadewch i ni ddringo Mynydd yr ARGLWYDD,[ch]
a mynd i deml Duw Jacob,
iddo ddysgu ei ffyrdd i ni,
ac i ninnau fyw fel mae e am i ni fyw."

Achos o Seion y bydd yr arweiniad yn dod,
a neges yr ARGLWYDD o Jerwsalem.
4 Bydd e'n barnu achosion rhwng y cenhedloedd
ac yn setlo dadleuon rhwng pobloedd lawer.
Byddan nhw'n curo'u cleddyfau yn sychau aradr
a'u gwaywffyn yn grymanau tocio.
Fydd gwledydd ddim yn ymladd ei gilydd,
nac yn hyfforddi milwyr i fynd i ryfel.

5 Bobl Jacob – dewch!
gadewch i ni fyw yng ngolau'r ARGLWYDD.

Pobl anufudd

6 Achos rwyt ti wedi gwrthod dy bobl,
pobl Jacob,
am eu bod nhw'n llawn o ofergoelion y dwyrain,
yn dweud ffortiwn fel y Philistiaid
ac yn gwneud busnes gydag estroniaid.
7 Mae'r wlad yn llawn o arian ac aur;
does dim diwedd ar eu trysorau.
Mae'r wlad yn llawn o feirch rhyfel;
does dim diwedd ar eu cerbydau rhyfel.
8 Mae'r wlad yn llawn eilunod diwerth,
ac maen nhw'n plygu i addoli gwaith eu dwylo –
pethau maen nhw eu hunain wedi'u creu!
9 Bydd pobl yn cael eu darostwng
a phawb yn cywilyddio –
paid maddau iddyn nhw!

Duw yn barnu

10 Ewch i guddio yn y graig,
a chladdu eich hunain yn y llwch,
rhag i ysblander a mawredd yr ARGLWYDD
eich dychryn chi!

---

ch 2:3 *Mynydd yr ARGLWYDD* Mynydd Seion, y bryn yn Jerwsalem lle roedd y deml wedi'i hadeiladu.
2:4 Joel 3:10   2:4 Salm 46:9

11 Bydd y ddynoliaeth yn cael ei darostwng am ei balchder,
a hunanhyder pobl feidrol yn cael ei dorri.
Dim ond yr ARGLWYDD fydd yn cael ei ganmol
bryd hynny!

12 Mae gan yr ARGLWYDD hollbwerus ddiwrnod arbennig
i ddelio gyda phob un balch a snobyddlyd,
a phawb sy'n canmol eu hunain – i dorri eu crib nhw!
13 Bydd yn delio gyda cedrwydd Libanus,
sydd mor dal ac urddasol;
gyda choed derw Bashan;
14 gyda'r holl fynyddoedd uchel
a'r bryniau balch;
15 gyda phob tŵr uchel,
a phob wal solet;
16 gyda llongau masnach Tarshish,[d]
a'r cychod pleser i gyd.
17 Dyna pryd bydd balchder y ddynoliaeth yn cael ei dynnu i lawr,
a hunanhyder pobl yn syrthio.
Dim ond yr ARGLWYDD
fydd yn cael ei ganmol bryd hynny!
18 Bydd yr eilunod diwerth yn diflannu.

19 Bydd pobl yn mynd i guddio mewn ogofâu yn y creigiau
a thyllau yn y ddaear –
rhag i ysblander a mawredd yr ARGLWYDD
eu dychryn pan fydd yn dod
ac yn gwneud i'r ddaear grynu.

20 Bryd hynny, bydd pobl
yn taflu'r eilunod arian a'r eilunod aur
i'r tyrchod daear a'r ystlumod –
yr eilunod wnaethon nhw i'w haddoli.
21 Byddan nhw'n mynd i guddio mewn ogofâu yn y creigiau,
a hafnau yn y clogwyni,
rhag i ysblander a mawredd yr ARGLWYDD
eu dychryn pan fydd yn dod
ac yn gwneud i'r ddaear grynu.

22 Peidiwch rhoi'ch ffydd mewn pobl
sydd â dim byd ond anadl yn eu ffroenau!
Achos pa werth sydd iddyn nhw?

Barn ar Jerwsalem a Jwda

3 Edrychwch!
Mae'r Meistr, yr ARGLWYDD hollbwerus
yn mynd i gymryd o Jerwsalem a Jwda
bopeth sy'n eu cynnal a'u cadw nhw:
bwyd a dŵr,

d 2:16 *Tarshish* Porthladd yn Sbaen. Mae'n debyg fod "llongau Tarshish" yn cyfeirio at longau masnach mawr oedd yn croesi'r moroedd.

2 arwyr a milwyr dewr;
barnwr a phroffwyd,
yr un sy'n dewino a'r arweinydd;
3 grŵp-gapten a swyddog,
strategydd a hudwr medrus,
a'r un sy'n sibrwd swynau.

4 Bydda i'n rhoi bechgyn i lywodraethu arnyn nhw,
a bwlis creulon i'w rheoli nhw.
5 Bydd y bobl yn gorthrymu ei gilydd –
un yn erbyn y llall.
Bydd pobl ifanc yn ymosod ar hen bobl,
a phobl gyffredin yn ymosod ar y bonheddig.

6 Bydd dyn yn gafael yn ei gyfaill
yn nhŷ ei dad, a dweud:
"Mae gen ti gôt –
bydd di'n feistr arnon ni.
Cei di wneud rhywbeth o'r llanast yma,"
7 Ond bydd y llall yn protestio, ac yn dweud,
"Alla i ddim gwella'ch briwiau chi;
does gen i ddim bwyd yn y tŷ
a does gen i ddim côt chwaith.
Peidiwch gwneud fi'n feistr arnoch chi!"

8 Mae Jerwsalem yn gwegian,
a Jwda wedi syrthio,
am ddweud a gwneud pethau
yn erbyn yr ARGLWYDD,
a herio'i fawredd.
9 Mae eu ffafriaeth wrth farnu yn tystio yn eu herbyn;
maen nhw'n arddangos eu pechod fel Sodom,
heb geisio cuddio dim!
Gwae nhw! Maen nhw wedi
dod â dinistr arnyn nhw eu hunain.

10 Dywed:
Bydd hi'n dda ar y rhai sy'n gwneud beth sy'n iawn;
byddan nhw'n cael bwyta ffrwyth eu gweithredoedd.
11 Ond gwae y rhai sy'n gwneud drwg,
bydd pethau'n ddrwg arnyn nhw;
byddan nhw'n cael blas o'r hyn wnaethon nhw i bobl eraill.

12 Bydd plant yn feistri ar fy mhobl,
a merched yn eu rheoli.
O fy mhobl,
mae dy arweinwyr yn dy gamarwain;
maen nhw wedi dy ddrysu.

Duw yn barnu

13 Mae'r ARGLWYDD yn sefyll i ddadlau ei achos,
mae'n codi ar ei draed i farnu'r bobloedd.

3:9 Deuteronomium 1:17; 16:19; Diarhebion 24:23; 28:21

14 Mae'r ARGLWYDD yn dod â'r cyhuddiad yma
yn erbyn arweinwyr a thywysogion ei bobl:
"Chi ydy'r rhai sydd wedi dinistrio'r winllan![dd]
Mae'r hyn sydd wedi'i ddwyn oddi ar y tlawd
yn eich tai chi.
15 Sut allech chi feiddio sathru fy mhobl i,
a gorthrymu'r rhai tlawd?"
— meddai'r Meistr, yr ARGLWYDD hollbwerus.

Merched Jerwsalem

16 Yna dwedodd yr ARGLWYDD:

"Mae merched Seion mor falch,
yn dal eu pennau i fyny,
yn fflyrtian â'u llygaid
ac yn cerdded gyda chamau bach awgrymog,
a'u tlysau ar eu traed yn tincian wrth iddyn nhw fynd."
17 Felly bydd y Meistr yn gwneud i rash
ddod ar bennau merched Seion.
Bydd yr ARGLWYDD yn siafio'u talcennau nhw.

18 Bryd hynny, bydd yr ARGLWYDD yn cael gwared â'u tlysau nhw – y tlysau traed, y rhubanau, yr
addurniadau siâp cilgant, 19 y clustdlysau, y breichledau, a'r fêl; 20 y diadem, y cadwyni, a'r sash;
y ffiolau persawr a'r swyndlysau; 21 y sêl-fodrwy a'r fodrwy drwyn; 22 y dillad hardd, y cotiau,
a'r siôl; y pyrsiau, 23 y gwisgoedd sidan, a'r dillad lliain; y twrban a'r clogyn.
24 Wedyn –

yn lle persawr bydd pydredd;
yn lle'r rhwymyn bydd rhaff;
yn lle steil gwallt bydd moelni;
yn lle mantell wedi'i brodio bydd sachliain.
Ie, cywilydd yn lle harddwch.

25 Bydd dy ddynion yn cael eu lladd â'r cleddyf,
a'th filwyr yn syrthio yn y frwydr.
26 Bydd galaru wrth giatiau'r ddinas –
a hithau wedi'i gwagio
ac yn eistedd ar lawr.

4 Bryd hynny,
bydd saith o ferched yn gafael mewn un dyn,
ac yn dweud, "Gad i ni dy briodi di –
Gwnawn fwyta ein bwyd ein hunain,
a gwisgo'n dillad ein hunain.
Ond cymer ein cywilydd ni i ffwrdd!"[e]

Bydd yr ARGLWYDD yn bendithio'i bobl

2 Bryd hynny,
bydd blaguryn yr ARGLWYDD
yn rhoi harddwch ac ysblander,

dd 3:14 *winllan* darlun o wlad Israel (gw. 5:1-7). e 4:1 *cymer ein cywilydd i ffwrdd* Os oedd gwraig heb ŵr a phlant, roedd yn achos cywilydd mawr.

a bydd ffrwyth y tir
yn cynnig urddas a mawredd
i'r ychydig rai fydd ar ôl yn Israel.

3 Bydd y rhai sydd ar ôl yn Seion
ac wedi'u gadael yn Jerwsalem
yn cael eu galw'n sanctaidd –
pawb yn Jerwsalem sydd i fod i gael byw.

4 Pan fydd yr Arglwydd wedi glanhau
budreddi merched Seion,
bydd yn cael gwared ag euogrwydd Jerwsalem –
drwy farnu a charthu.

5 Bydd yr Arglwydd yn dod â chwmwl yn y dydd
a thân yn llosgi yn y nos,
a'u gosod uwchben y cysegr a'r man cyfarfod ar Fynydd Seion.
Yn wir, bydd ei ysblander yn hongian fel canopi dros bopeth.
6 Bydd fel caban i gysgodi rhag y gwres yn ystod y dydd,
ac yn lloches i gysgodi rhag y storm o law.

Cân am y winllan

5 Gad i mi ganu cân i'm cariad annwyl –
cân fy nghariad am ei winllan.
Roedd gan fy nghariad winllan
ar fryn oedd yn ffrwythlon iawn.
2 Palodd y tir a chlirio'r cerrig,
a phlannu gwinwydden arbennig ynddi.
Adeiladodd dŵr gwylio yn ei chanol,
a naddu gwinwasg ynddi.
Roedd yn disgwyl cael grawnwin da,
ond gafodd e ddim ond rhai drwg.

3 Felly, chi bobl Jerwsalem
a'r rhai sy'n byw yn Jwda –
beth ydy'ch barn chi?
Beth ddylwn i ei wneud gyda'm gwinllan?
4 Oedd yna rywbeth mwy
y gallwn ei wneud i'm gwinllan
nag a wnes i?
Pan oeddwn i'n disgwyl cael grawnwin da,
pam ges i ddim ond rhai drwg?

5 Nawr, gadewch i mi ddweud wrthoch chi
be dw i'n mynd i wneud gyda'm gwinllan:
dw i'n mynd i symud ei chlawdd iddi gael ei dinistrio,
a chwalu'r wal iddi gael ei sathru dan draed.
6 Bydda i'n ei gwneud yn dir diffaith;
fydd neb yn ei thocio na'i chwynnu,
a bydd yn tyfu'n wyllt gyda mieri a drain.
A bydda i'n gorchymyn i'r cymylau
beidio glawio arni.

4:5 Exodus 13:21; 24:16; 40:36-38

7 Gwinllan yr ARGLWYDD hollbwerus
ydy pobl Israel,
a'r planhigion ofalodd amdanyn nhw
ydy pobl Jwda.
Roedd yn disgwyl gweld cyfiawnder,
ond trais a gafodd.
Roedd yn disgwyl am degwch,
ond gwaedd daer a glywodd!

Condemnio anghyfiawnder cymdeithasol

8 Gwae y rhai sy'n cydio tŷ wrth dŷ,
ac yn ychwanegu cae at gae,
nes bod dim lle i neb arall
fyw yn y wlad!

9 Dw i wedi clywed yr ARGLWYDD hollbwerus yn dweud:

Bydd llawer o dai yn cael eu dinistrio,
fydd neb yn byw yn y tai mawr, crand.
10 Bydd deg acer o winllan
yn rhoi llai na chwe galwyn o win;
a chae lle heuwyd deg mesur o had
yn rhoi dim ond un mesur yn ôl.

11 Gwae'r rhai sy'n codi'n fore i yfed diod feddwol
ac yn aros ar eu traed gyda'r nos
dan ddylanwad gwin.
12 Maen nhw'n cael partïon
gyda'r delyn a'r nabl,
y drwm a'r pib – a'r gwin,
ond yn cymryd dim sylw o'r ARGLWYDD,
nac yn gweld beth mae'n ei wneud.
13 Felly, bydd fy mhobl yn cael eu caethgludo
am beidio cymryd sylw.
Bydd y bobl bwysig yn marw o newyn,
a'r werin yn gwywo gan syched.

14 Bydd chwant bwyd ar fyd y meirw;
bydd yn agor ei geg yn anferth,
a bydd ysblander Jerwsalem a'i chyffro,
ei sŵn a'i sbri yn llithro i lawr iddo.

15 Bydd pobl yn cael eu darostwng
a phawb yn cywilyddio;
bydd llygaid y balch wedi syrthio.
16 Ond bydd yr ARGLWYDD hollbwerus
wedi'i ddyrchafu drwy ei gyfiawnder;
a'r Duw sanctaidd
wedi profi ei fod yn sanctaidd drwy ei degwch.
17 Bydd ŵyn yn pori yno fel yn eu cynefin,
a chrwydriaid yn bwyta yn adfeilion y cyfoethog.

18 Gwae'r rhai sy'n llusgo drygioni gyda rhaffau twyll,
a llusgo pechod ar eu holau fel trol!
19 Y rhai sy'n dweud,
"Gadewch iddo wneud rhywbeth yn sydyn,
i ni gael gweld;
gadewch i ni weld pwrpas Un Sanctaidd Israel,
i ni gael gwybod beth ydy e!"

20 Gwae'r rhai sy'n galw drwg yn dda
a da yn ddrwg,
sy'n dweud fod tywyllwch yn olau
a golau yn dywyllwch,
sy'n galw'r chwerw yn felys
a'r melys yn chwerw!

21 Gwae'r rhai sy'n meddwl eu bod nhw'n ddoeth,
ac yn ystyried eu hunain mor glyfar!

22 Gwae'r rhai sy'n arwyr wrth yfed gwin –
ac yn meddwl eu bod nhw'n rêl bois wrth gymysgu'r diodydd;
23 y rhai sy'n gollwng troseddwyr yn rhydd am freib,
ac yn gwrthod rhoi dedfryd gyfiawn i'r dieuog.

24 Felly, fel gwellt yn llosgi yn y fflamau
a gwair yn crino yn y gwres,
bydd eu gwreiddiau yn pydru
a'u blagur yn cael ei chwythu ymaith fel llwch.
Am eu bod wedi gwrthod beth mae'r ARGLWYDD hollbwerus yn ei ddysgu,
a chymryd dim sylw o neges Un Sanctaidd Israel.

25 Dyna pam roedd yr ARGLWYDD wedi digio gyda'i bobl.
Dyna pam wnaeth e droi yn eu herbyn nhw, a'u taro nhw.
Roedd y mynyddoedd yn crynu,
a'r cyrff yn gorwedd fel sbwriel ar y strydoedd.

Ac eto wnaeth Duw ddim tawelu,
roedd yn dal yn eu herbyn nhw.

26 Bydd e'n codi baner i alw cenedl o bell,
ac yn chwibanu ar un o ben draw'r byd.
Ac edrychwch, maen nhw'n dod ar ras wyllt!
27 Does neb yn blino nac yn baglu'n y rhengoedd,
neb yn pendwmpian nac yn cysgu,
neb â'i felt wedi'i ddatod, na charrai ei esgid wedi torri.
28 Mae eu saethau'n finiog,
a'u bwâu i gyd yn dynn.
Mae carnau'r meirch yn galed fel carreg,
ac olwynion eu cerbydau yn troi fel corwynt.

29 Mae eu rhuad fel llew,
maen nhw'n rhuo fel llewod ifanc
sy'n chwyrnu wrth ddal yr ysglyfaeth
a'i lusgo i ffwrdd – all neb ei achub!

5:23 Deuteronomium 16:19; Diarhebion 17:23

30 Bryd hynny, bydd sŵn y rhuo
fel tonnau'r môr yn taro'r tir.
Wrth edrych tua'r tir
gwelir tywyllwch ac argyfwng,
a'r golau'n troi'n dywyllwch yn y cymylau o ewyn.

Eseia'n gweld yr Arglwydd yn y deml

6 Yn y flwyddyn y buodd y Brenin Wseia farw,[f] gwelais y Meistr yn eistedd ar orsedd uchel,
ac ymylon ei wisg yn llenwi'r deml. 2 Roedd seraffiaid[ff] yn hofran uwch ei ben, ac roedd
gan bob un ohonyn nhw chwe adain: dwy i guddio'i wyneb, dwy i guddio'i goesau, a dwy
i hedfan. 3 Ac roedd un yn galw ar y llall, ac yn dweud,

"Sanctaidd! Sanctaidd! Mor sanctaidd
ydy'r Arglwydd hollbwerus!
Mae ei ysblander yn llenwi'r ddaear gyfan!"

4 Roedd sylfeini ffrâm y drws yn ysgwyd wrth iddyn nhw alw, a'r neuadd yn llenwi gyda mwg.
5 Gwaeddais yn uchel, "Gwae fi! Mae hi ar ben arna i! Dyn gyda gwefusau aflan ydw i, a dw
i'n byw yng nghanol pobl gyda gwefusau aflan; ac eto dw i wedi gweld y Brenin gyda'm
llygaid fy hun – yr Arglwydd hollbwerus." 6 Yna dyma un o'r seraffiaid yn hedfan ata i, ac
roedd ganddo farworyn poeth wedi'i gymryd oddi ar yr allor mewn gefel. 7 Cyffyrddodd fy
ngwefusau gydag e, a dweud, "Edrych, mae hwn wedi cyffwrdd dy wefusau di, felly mae dy
euogrwydd di wedi mynd, a thalwyd iawn am dy bechod."
8 Yna clywais lais fy Arglwydd yn dweud: "Pwy dw i'n mynd i'w anfon? Pwy sy'n barod
i fynd ar ein rhan ni?" A dyma fi'n dweud, "Dyma fi; anfon fi." 9 Yna dwedodd, "Dos, a dweud
wrth y bobl yma:

'Gwrandwch yn astud, ond peidiwch â deall;
edrychwch yn ofalus, ond peidiwch â dirnad.'

10 Gwna nhw'n ystyfnig,
tro eu clustiau'n fyddar,
a chau eu llygaid –
rhag iddyn nhw weld â'u llygaid,
clywed â'u clustiau,
deall go iawn,
a throi a chael eu hiacháu."

11 Dyma fi'n gofyn, "Am faint o amser, fy Arglwydd?" A dyma fe'n ateb:

"Nes bydd trefi wedi'u dinistrio
a neb yn byw ynddyn nhw:
tai heb bobl ynddyn nhw,
a'r tir wedi'i ddifetha a'i adael yn ddiffaith."

12 Bydd yr Arglwydd yn gyrru'r boblogaeth i ffwrdd –
a bydd llawer iawn o ardaloedd gwag drwy'r wlad.
13 Ond os bydd un rhan o ddeg ar ôl,
fydd honno eto'n cael ei losgi?

---

f 6:1 *y flwyddyn y buodd y Brenin Wseia farw* 742 CC mae'n debyg. ff 6:2 *seraffiaid* Ystyr *seraff* ydy "un sy'n llosgi".
6:1 2 Brenhinoedd 15:7; 2 Cronicl 26:23

"Bydd fel coeden anferth neu dderwen wedi'i thorri i lawr,
a dim ond boncyff ar ôl.
Ond bydd y boncyff yn ddechrau newydd,
fel had sanctaidd."

Eseia'n cynnig gobaith i'r Brenin Ahas

7 Yn y cyfnod pan oedd Ahas (mab Jotham ac ŵyr i Wseia) yn frenin ar Jwda, dyma
Resin (brenin Syria) a Pecach fab Remaleia (brenin Israel) yn ymosod ar Jerwsalem; ond
wnaethon nhw ddim llwyddo i'w gorchfygu hi.
2 Pan ddaeth y newyddion i balas brenhinol Dafydd fod Syria ac Effraim[g] mewn cynghrair,
roedd y brenin a'r bobl wedi cynhyrfu. Roedden nhw fel coed yn y goedwig yn ysgwyd
o flaen y gwynt. 3 Felly dwedodd yr ARGLWYDD wrth Eseia, "Dos hefo dy fab Shear-iashŵf[ng]
i gyfarfod ag Ahas wrth derfyn y sianel ddŵr sy'n dod o'r gronfa uchaf, ar ffordd Maes
y Golchwr. 4 Dwed wrtho: 'Paid panicio. Paid bod ag ofn. Does dim rhaid torri dy galon am
fod Resin a'r Syriaid a mab Remaleia wedi gwylltio – dau stwmp ydyn nhw; dim mwy na
ffaglau myglyd!' 5 Mae'r Syriaid – hefo Effraim a mab Remaleia – wedi cynllwynio yn dy
erbyn di, a dweud, 6 'Gadewch i ni ymosod ar Jwda, codi ofn arni a'i gorchfygu. Yna gallwn
osod mab Tafél yn frenin arni.'
7 "Ond dyma mae'r Meistr, yr ARGLWYDD, yn ei ddweud:

Fydd y cynllun ddim yn llwyddo,
Fydd y peth ddim yn digwydd.
8-9 Damascus ydy prifddinas Syria,
a Resin ydy pennaeth Damascus.
Samaria ydy prifddinas Effraim,
a Remaleia ydy pennaeth Samaria.
Mewn llai na chwe deg pum mlynedd
bydd Effraim wedi chwalu a pheidio â bod yn bobl.
Os na wnewch chi gredu,
wnewch chi'n sicr ddim sefyll."

10 Dyma'r ARGLWYDD yn siarad gydag Ahas eto: 11 "Gofyn i'r ARGLWYDD dy Dduw roi arwydd
i ti – unrhyw beth, does dim ffiniau." 12 Ond dyma Ahas yn ateb, "Na wna i, dw i ddim am
roi'r ARGLWYDD ar brawf." 13 Yna dwedodd Eseia, "Gwrandwch, balas Dafydd. Ydy e ddim yn
ddigon eich bod chi'n trethu amynedd pobl heb orfod trethu amynedd fy Nuw hefyd? 14 Felly,
mae'r Meistr ei hun yn mynd i roi arwydd i chi! Edrychwch, bydd y ferch ifanc yn feichiog,
ac yn cael mab – a bydd y plentyn yn cael ei alw yn Emaniwel.[h] 15 Cyn iddo ddod i wybod
y gwahaniaeth rhwng drwg a da, bydd yn bwyta caws colfran a mêl. 16 Cyn iddo allu gwrthod
y drwg a dewis y da, bydd tir y ddau frenin rwyt ti'n eu hofni wedi'i adael yn wag. 17 Bydd
yr ARGLWYDD yn gwneud i ti a dy bobl a phalas dy dad fynd drwy gyfnod na fu ei debyg ers
i Effraim[i] wrthryfela yn erbyn Jwda – bydd yn dod â brenin Asyria yma."
18 Bryd hynny,

bydd yr ARGLWYDD yn chwibanu ar y gwybed
sydd yn afonydd pell yr Aifft
a'r gwenyn sydd yng ngwlad Asyria.

---

g 7:2 *Effraim* Effraim oedd prif lwyth teyrnas Israel, ac mae'n aml yn cynrychioli'r wlad yn gyfan.
ng 7:3 *Shear-iashŵf* Ystyr yr enw ydy "Ychydig fydd yn dod yn ôl" (gw. 10:20-22). h 7:14 *Emaniwel* Ystyr yr enw Hebraeg ydy "Mae Duw gyda ni". i 7:17 *Effraim* Effraim oedd prif lwyth teyrnas Israel, ac mae'n aml yn cynrychioli'r wlad yn gyfan.
7:1 2 Brenhinoedd 16:5; 2 Cronicl 28:5-6 7:14 Mathew 1:23

19 Byddan nhw'n dod ac yn glanio
yn y cymoedd cul, serth
a'r hafnau sydd yn y creigiau,
yn y llwyni drain
a'r lleoedd i ddyfrio anifeiliaid.

20 Bryd hynny,
bydd y Meistr yn defnyddio'r rasel
mae wedi'i llogi yr ochr draw i afon Ewffrates
(sef brenin Asyria)
i siafio'r pen a'r blew ar y rhannau preifat;
a bydd yn siafio'r farf hefyd.

21 Bryd hynny,
bydd dyn yn cadw heffer a dwy afr.
22 Byddan nhw'n rhoi digon o laeth
iddo fwyta caws colfran.
Caws colfran a mêl fydd bwyd
pawb sydd ar ôl yn y wlad.

23 Bryd hynny,
bydd pobman lle roedd mil o goed gwinwydd
(oedd yn werth mil o ddarnau arian)
yn anialwch o ddrain a mieri.
24 Dim ond gyda bwa saeth fydd dynion yn mynd yno,
am fod y tir i gyd yn anialwch o ddrain a mieri.
25 Fydd neb yn mynd i'r bryniau
i drin y tir gyda chaib
am fod cymaint o ddrain a mieri.
Yn lle hynny bydd yn dir agored
i wartheg a defaid bori arno.

Rhybudd a gobaith

8 Yna dwedodd yr Arglwydd wrtho i, "Dos i nôl hysbysfwrdd mawr ac ysgrifenna arno'n
glir 'I Maher-shalal-has-bas'."[I] 2 Dyma fi'n cymryd dau dyst gyda mi, dynion y gallwn
i ddibynnu arnyn nhw, sef Wreia yr offeiriad a Sechareia fab Ieberecheia. 3 Wedyn dyma fi'n
gorwedd gyda'm gwraig a dyma hi'n beichiogi. Bachgen gafodd hi, a dyma'r Arglwydd yn
dweud wrtho i, "Galw fe'n Maher-shalal-has-bas, 4 achos cyn i'r bachgen allu dweud 'dad' neu
'mam', bydd brenin Asyria wedi cymryd cyfoeth Damascus a Samaria i gyd."

Mae Asyria'n dod

5 A dyma'r Arglwydd yn siarad gyda mi eto:

6 "Mae'r bobl yma wedi gwrthod dŵr Siloa,[II]
sy'n llifo'n dawel,
ac wedi plesio Resin a mab Remaleia.
7 Felly, bydd y Meistr yn gwneud i holl ddŵr cryf
yr Ewffrates lifo drostyn nhw –
sef brenin Asyria a'i fyddin.

I 8:1 *Maher-shalal-has-bas* Ystyr yr enw Hebraeg ydy "difrod sydyn, ysbeilio cyflym". II 8:6 *dŵr Siloa* Nant oedd yn llifo o ffynnon ar ochr ddwyreiniol Jerwsalem.

Bydd fel afon yn torri allan o'i sianelau,
ac yn gorlifo'i glannau.
8 Bydd yn rhedeg drwy Jwda fel llifogydd
ac yn codi at y gwddf.

Mae ei adenydd wedi'u lledu
dros dy dir i gyd, Emaniwel!"

9 Casglwch i ryfel, chi bobloedd – ond cewch eich dryllio!
Gwrandwch, chi sydd ym mhen draw'r byd:
paratowch i ryfela – ond cewch eich dryllio;
paratowch i ryfela – ond cewch eich dryllio!
10 Cynlluniwch strategaeth – ond bydd yn methu!
Cytunwch beth i'w wneud – ond fydd e ddim yn llwyddo.
Achos mae Duw gyda ni!

Yr Arglwydd yn annog Eseia

11 Dyma ddwedodd yr Arglwydd wrtho i – fel petai'n gafael ynof fi a'm rhybuddio i beidio mynd yr un ffordd â'r bobl yma:

12 "Peidiwch dweud, 'Cynllwyn ydy e!'
bob tro mae'r bobl yma'n dweud fod cynllwyn!
Does dim rhaid dychryn na bod ag ofn
beth maen nhw'n ei ofni.
13 Yr Arglwydd hollbwerus ydy'r un i'w barchu!
Fe ydy'r unig un i'w ofni,
a dychryn rhagddo!
14 Bydd e'n gysegr –
ond i ddau deulu brenhinol Israel
bydd yn garreg sy'n baglu pobl
a chraig sy'n gwneud iddyn nhw syrthio.
Bydd fel trap neu fagl
i'r rhai sy'n byw yn Jerwsalem.
15 Bydd llawer yn baglu,
yn syrthio ac yn cael eu dryllio;
ac eraill yn cael eu rhwymo a'u dal."

Tystiolaeth Eseia

16 Bydd y rhybudd yma'n cael ei rwymo, a'r ddysgeidiaeth yn cael ei selio a'i chadw gan fy nisgyblion i. 17 Dw i'n mynd i ddisgwyl am yr Arglwydd, er ei fod e wedi troi cefn ar bobl Jacob – dw i'n ei drystio fe! 18 Dyma fi, a'r plant mae'r Arglwydd wedi'u rhoi i mi. Maen nhw'n arwyddion ac yn rhybudd i Israel oddi wrth yr Arglwydd hollbwerus, sy'n byw ar Fynydd Seion.

19 Bydd pobl yn dweud wrthoch chi,
"Ewch i holi'r swynwyr a'r dewiniaid
sy'n sgrechian a griddfan.
Oni ddylai pobl geisio'u 'duwiau' –
holi'r meirw ar ran y byw?"

20 "At y gyfraith a'r dystiolaeth!
Os nad ydyn nhw'n siarad yn gyson â'r neges yma,
maen nhw yn y tywyllwch."

21 Maen nhw'n cerdded o gwmpas
mewn eisiau a newyn.
Am eu bod yn llwgu byddan nhw'n gwylltio
ac yn melltithio'u brenin a'u 'duwiau',
wrth edrych i fyny.

22 Wrth edrych ar y tir
does dim i'w weld ond trwbwl a thywyllwch,
düwch a gwewyr meddwl –
bydd wedi'i daflu i dywyllwch dudew.

9 Ond fydd y tywyllwch ddim yn para
i'r tir aeth drwy'r fath argyfwng!
Y tro cyntaf, cafodd tir Sabulon
a thir Nafftali eu cywilyddio;
ond yn y dyfodol bydd Duw
yn dod ag anrhydedd i Galilea'r Cenhedloedd,
ar Ffordd y Môr,
a'r ardal yr ochr arall i afon Iorddonen.

Y rhyfel drosodd

2 Mae'r bobl oedd yn byw yn y tywyllwch
wedi gweld golau llachar.
Mae golau wedi gwawrio
ar y rhai oedd yn byw dan gysgod marwolaeth.
3 Ti wedi lluosogi'r genedl,
a'i gwneud yn hapus iawn;
maen nhw'n dathlu o dy flaen di
fel ffermwyr adeg y cynhaeaf,
neu filwyr yn cael sbri wrth rannu'r ysbail.

4 Achos rwyt ti wedi torri'r iau
oedd yn faich arnyn nhw,
a'r ffon oedd yn curo'u cefnau nhw
– sef gwialen y meistr gwaith –
fel y gwnest ti bryd hynny yn Midian.[m]
5 Bydd yr esgidiau fu'n sathru maes y gâd,
a'r gwisgoedd gafodd eu rholio mewn gwaed,
yn cael eu taflu i'r fflamau i'w llosgi.

6 Achos mae plentyn wedi cael ei eni i ni,
mab wedi cael ei roi i ni.
Bydd e'n cael y cyfrifoldeb o lywodraethu.
A bydd yn cael ei alw yn
Strategydd rhyfeddol, y Duw arwrol,
Tad yr oesoedd, Tywysog heddwch.
7 Fydd ei lywodraeth ddim yn stopio tyfu,
a bydd yn dod â llwyddiant di-ben-draw
i orsedd Dafydd a'i deyrnas.

---

m 9:4 Pan wnaeth Gideon drechu byddin Midian yn Nyffryn Jesreel (gw. Barnwyr 6-8).

Bydd yn ei sefydlu a'i chryfhau
a theyrnasu'n gyfiawn ac yn deg
o hyn allan, ac am byth.
Mae'r ARGLWYDD hollbwerus yn benderfynol
o wneud hyn i gyd.

Duw yn cosbi Israel

8 Dyma'r neges anfonodd y Meistr yn erbyn Jacob, a dyna ddigwyddodd i Israel. 9 Roedd
y bobl i gyd yn cydnabod hynny – Effraim[n] a'r rhai sy'n byw yn Samaria. Roedden nhw'n
falch ac yn ystyfnig, ac yn honni:

10 "Mae'r blociau pridd wedi syrthio,
ond byddwn yn ailadeiladu hefo cerrig nadd!
Mae'r coed sycamor wedi'u torri i lawr,
ond gadewch i ni dyfu cedrwydd yn eu lle!"

11 Yna, gadawodd yr ARGLWYDD i elynion Resin ei gorchfygu hi.

Roedd e wedi arfogi ei gelynion –
12 daeth Syria o'r dwyrain a Philistia o'r gorllewin;
roedd eu cegau'n llydan agored,
a dyma nhw'n llyncu tir Israel.

Eto, wnaeth Duw ddim stopio bod yn ddig,
roedd yn dal yn eu herbyn nhw.

13 Dydy'r bobl ddim wedi troi'n ôl
at yr un wnaeth eu taro nhw;
dŷn nhw ddim wedi ceisio'r ARGLWYDD hollbwerus.
14 Felly bydd yr ARGLWYDD yn torri
pen a chynffon Israel,
y gangen balmwydd a'r frwynen
ar yr un diwrnod.
15 Yr arweinwyr a'r bobl bwysig – nhw ydy'r pen;
y proffwydi sy'n dysgu celwydd – nhw ydy'r gynffon.
16 Mae'r arweinwyr wedi camarwain,
a'r rhai sy'n eu dilyn wedi llyncu'r cwbl.
17 Dyna pam nad ydy'r ARGLWYDD yn hapus gyda'r bobl ifanc;
dydy e ddim yn gallu cysuro'r plant amddifad a'r gweddwon.
Maen nhw i gyd yn annuwiol ac yn ddrwg;
maen nhw i gyd yn dweud pethau dwl.

Eto, wnaeth Duw ddim stopio bod yn ddig,
roedd yn dal yn eu herbyn nhw.

18 Mae drygioni yn llosgi fel tân,
ac yn dinistrio'r drain a'r mieri;
mae'n llosgi drwy ddrysni'r coed
nes bod y mwg yn codi'n golofnau.

19 Pan mae'r ARGLWYDD hollbwerus wedi digio,
mae'r wlad yn llosgi.

---

n 9:9 *Effraim* Effraim oedd prif lwyth teyrnas Israel, ac mae'n aml yn cynrychioli'r wlad yn gyfan.

Mae'r bobl fel tanwydd,
a does neb yn poeni am neb arall.
20 Maen nhw'n torri cig fan yma,
ond yn dal i newynu;
maen nhw'n bwyta fan acw
ond ddim yn cael digon.
Maen nhw'n brathu ac anafu ei gilydd –
21 Manasse'n ymosod ar Effraim
ac Effraim ar Manasse,
a'r ddau yn ymladd yn erbyn Jwda!

Eto, wnaeth Duw ddim stopio bod yn ddig,
Roedd yn dal yn eu herbyn nhw.

10 Gwae'r rhai sy'n rhoi dyfarniad anghyfiawn
ac ysgrifennu deddfau sy'n gormesu pobl.
2 Maen nhw'n dwyn cyfiawnder oddi ar bobl dlawd,
a chymryd eu hawliau oddi ar yr anghenus.
Maen nhw'n dwyn oddi ar y gweddwon,
ac yn ysbeilio plant amddifad!
3 Beth wnewch chi ar ddiwrnod y cosbi,
pan fydd dinistr yn dod o bell?
At bwy fyddwch chi'n rhedeg am help?
I ble'r ewch chi i guddio eich trysor?
4 Bydd rhaid crymu gyda'r carcharorion eraill,
neu syrthio gyda phawb arall sy'n cael eu lladd!

Eto, wnaeth Duw ddim stopio bod yn ddig,
Roedd yn dal yn eu herbyn nhw.

Duw yn defnyddio ac yn cosbi Asyria

5 Gwae Asyria, y wialen dw i'n ei defnyddio pan dw i'n ddig.
Mae'r ffon sy'n dangos fy mod i wedi gwylltio yn ei llaw hi.
6 Dw i'n ei hanfon yn erbyn cenedl annuwiol,
ac yn dweud wrthi am ymosod ar y bobl sy'n fy nigio i,
i ysbeilio a rheibio a'u sathru dan draed fel baw ar y stryd.

7 Ond dim dyna ydy bwriad Asyria –
rhywbeth arall sydd ganddi hi mewn golwg.
Ei bwriad hi ydy dinistrio,
a difa gwledydd yn llwyr – llawer ohonyn nhw!

8 Mae'n meddwl,
"Mae brenhinoedd wedi dod yn swyddogion i mi.
9 Onid ydy Calno yr un fath â Carcemish,
a Chamath fel Arpad,
a Samaria fel Damascus?[o]
10 Gan fy mod i wedi cael gafael
yn y gwledydd hynny a'u heilun-dduwiau –

---

o 10:9 *Calno ... Carcemish ... Chamath ... Arpad ... Samaria ... Damascus* Roedd Asyria wedi concro'r dinasoedd hyn rhwng 740 a 717 CC – Calno (gogledd Syria), Carcemish (ar afon Ewffrates), Chamath (ar afon Orontes), Arpad (ger Aleppo, gogledd Syria), Samaria, a Damascus.
10:5-34 Eseia 14:24-27; Nahum 1:1 – 3:19; Seffaneia 2:13-15

gwledydd oedd â llawer mwy o ddelwau
na Jerwsalem a Samaria –
11 bydda i'n gwneud yr un peth i Jerwsalem a'i heilunod
ag a wnes i i Samaria a'i delwau."

12 Ond pan fydd y Meistr wedi gorffen delio gyda Mynydd Seion a Jerwsalem, bydd e'n cosbi
brenin Asyria am fod mor falch ac mor llawn ohono'i hun. 13 Am feddwl fel hyn:

"Dw i wedi gwneud y cwbl am fy mod i mor gryf.
Roedd gen i strategaeth glyfar,
a dw i wedi dileu ffiniau gwledydd.
Dw i wedi cymryd eu trysorau nhw,
ac wedi bwrw brenhinoedd i lawr fel tarw.
14 Cefais afael ar gyfoeth y gwledydd
mor hawdd â dwyn wyau o nyth:
heb neb yn fflapio'i adenydd
nac yn agor ei big i drydar."

15 Ydy bwyell o unrhyw werth heb rywun i'w thrin?
Ydy llif yn bwysicach na'r un sy'n ei defnyddio?
Fel petai gwialen yn chwifio'r dyn sy'n ei chodi!
Fel petai ffon yn codi'r person sydd ddim yn bren!

16 Felly, bydd y Meistr – yr ARGLWYDD hollbwerus –
yn anfon afiechyd fydd yn nychu ei filwyr iach;
bydd twymyn yn taro'i ysblander
ac yn llosgi fel tân.
17 Bydd Golau Israel yn troi'n dân,
a'r Un Sanctaidd yn fflam.
Bydd yn llosgi'r drain a'r mieri mewn diwrnod,
18 a dinistrio'r goedwig a'r berllan yn llwyr.
Bydd fel bywyd dyn sâl yn diflannu.
19 Bydd cyn lleied o goed ar ôl,
bydd plentyn bach yn gallu eu cyfri!

Dim ond criw bach fydd ar ôl

20 Bryd hynny,
fydd y rhai sydd ar ôl yn Israel
a'r rhai hynny o bobl Jacob sydd wedi dianc
ddim yn pwyso ar y genedl wnaeth eu gorthrymu nhw;
Byddan nhw'n pwyso'n llwyr
ar yr ARGLWYDD, Un sanctaidd Israel.
21 Bydd rhan fechan,
ie, rhan fechan o Jacob
yn troi yn ôl at y Duw cryf.

22 Israel, hyd yn oed petai dy bobl
mor niferus â thywod y môr,
dim ond nifer fechan fydd yn dod yn ôl.
Mae'r dinistr yn sicr.
Mae'r gosb sydd wedi'i haeddu yn dod fel llifogydd!
23 Mae fy Meistr, yr ARGLWYDD hollbwerus,
yn barod i ddod â'r dinistr sydd wedi'i ddyfarnu ar y tir.

[24]Felly, dyma mae fy Meistr, yr ARGLWYDD hollbwerus, yn ei ddweud: "O fy mhobl, sy'n
byw yn Seion, peidiwch bod ag ofn Asyria – er iddi dy daro di gyda'i gwialen a dy fygwth
gyda'i ffon fel y gwnaeth yr Eifftiaid. [25]Yn fuan iawn bydd fy llid wedi'i dawelu, a bydda i'n
troi i'w dinistrio nhw."
[26]Bydd yr ARGLWYDD hollbwerus yn chwifio'i chwip uwch eu pennau, fel y gwnaeth pan
drawodd Midian wrth Graig Oreb. Bydd yn codi ei wialen fel y gwnaeth dros yr Eifftiaid
wrth y môr.
[27]Bryd hynny,

bydd y pwysau'n cael ei symud oddi ar dy ysgwyddau di,
a bydd iau Asyria'n cael ei thorri oddi ar dy war
am ei fod mor hunanfodlon.

Y gelyn yn ymosod

28 Daeth y gelyn ac ymosod ar Aiath,[p]
ac yna aeth ymlaen i Migron
cyn paratoi ei gêr yn Michmas.
29 Yna croesi'r bwlch
ac aros yn Geba[ph] dros nos.
Roedd Rama wedi dychryn,
a phobl Gibea, tref Saul, yn ffoi.
30 "Rho sgrech, Bath-galîm!
Gwrando'n astud, Laisha!
Ateb hi, Anathoth!"
31 Mae Madmena yn ffoi,
a phobl Gebîm yn cuddio.
32 Heddiw mae'r gelyn yn Nob[r]
yn ysgwyd ei ddwrn bygythiol
yn erbyn Mynydd Seion
a bryn Jerwsalem!
33 Edrych! Mae'r Meistr—yr ARGLWYDD hollbwerus—
yn mynd i hollti canghennau'r coed gyda nerth brawychus.
Bydd yn torri'r coed talaf i lawr,
a bydd y rhai uchel yn syrthio.
34 Bydd yn torri drwy ddrysni'r goedwig gyda bwyell,
a bydd coed mawr Libanus yn cwympo.

Heddwch o'r diwedd

11 Ond bydd brigyn newydd yn tyfu o foncyff Jesse,[rh]
a changen ffrwythlon yn tyfu o'i wreiddiau.
2 Bydd ysbryd yr ARGLWYDD yn gorffwys arno:
ysbryd doethineb rhyfeddol,
ysbryd strategaeth sicr,
ysbryd defosiwn a pharch at yr ARGLWYDD.
3 Bydd wrth ei fodd yn ufuddhau i'r ARGLWYDD:
fydd e ddim yn barnu ar sail yr olwg gyntaf,
nac yn gwneud penderfyniad ar sail rhyw si.

---

p 10:28 *Aiath* Byddai'r gelyn o'r gogledd yn pasio drwy'r lleoedd sy'n cael eu henwi yn adn. 28-32 ar ei ffordd i Jerwsalem. ph 10:29 *Geba* Tua pum milltir o Jerwsalem. r 10:32 *Nob* Rhyw ddwy filltir i'r gogledd o Jerwsalem. rh 11:1 *o foncyff Jesse* Jesse oedd tad y Brenin Dafydd.

4 Bydd yn barnu achos pobl dlawd yn deg
ac yn rhoi dyfarniad cyfiawn i'r rhai sy'n cael eu cam-drin yn y tir.
Bydd ei eiriau fel gwialen yn taro'r ddaear
a bydd yn lladd y rhai drwg gyda'i anadl.
5 Bydd cyfiawnder a ffyddlondeb
fel belt am ei ganol.

6 Bydd y blaidd yn cyd-fyw gyda'r oen,
a'r llewpard yn gorwedd i lawr gyda'r myn gafr.
Bydd y llo a'r llew ifanc yn pori gyda'i gilydd,
a bachgen bach yn gofalu amdanyn nhw.
7 Bydd y fuwch a'r arth yn pori gyda'i gilydd,
a'u rhai ifanc yn cydorwedd;
a bydd y llew yn bwyta gwellt fel ych.
8 Bydd babi bach yn chwarae wrth nyth y cobra
a phlentyn bach yn rhoi ei law ar dwll y wiber.

9 Fydd neb yn gwneud drwg
nac yn dinistrio dim
ar y mynydd sydd wedi'i gysegru i mi.
Fel mae'r môr yn llawn dop o ddŵr,
bydd y ddaear yn llawn pobl sy'n nabod yr ARGLWYDD.

Duw yn rhyddhau ei bobl

10 Bryd hynny,
bydd y ffaith fod boncyff Jesse yn dal i sefyll
yn arwydd clir i'r bobloedd –
bydd cenhedloedd yn dod ato am gyngor,
a bydd ei le yn ysblennydd.

11 Bryd hynny, bydd y Meistr yn mynd ati i ryddhau gweddill ei bobl o wlad Asyria – a hefyd
o'r Aifft, Pathros, Dwyrain Affrica,[s] Elam, Babilonia, Chamath, a'r ynysoedd.

12 Bydd yn codi baner i alw'r cenhedloedd,
ac yn casglu'r bobl gafodd eu halltudio o Israel.
Bydd yn casglu pobl Jwda gafodd eu gwasgaru
o bedwar ban byd.

13 Yna bydd cenfigen Effraim[t] yn darfod
a bydd yr elyniaeth rhyngddi a Jwda yn dod i ben.
Fydd Effraim ddim yn cenfigennu wrth Jwda,
a fydd Jwda ddim yn plagio Effraim.
14 Byddan nhw'n ymosod ar y Philistiaid i'r gorllewin,
ac yn ysbeilio pobl y dwyrain gyda'i gilydd.
Bydd Edom a Moab yn cael eu rheoli ganddyn nhw,
a bydd pobl Ammon fel gwas bach iddyn nhw.

15 Bydd yr ARGLWYDD yn sychu Môr yr Aifft.
Bydd yn codi ei law dros afon Ewffrates
ac yn anfon gwynt ffyrnig i'w hollti'n saith sychnant,
er mwyn gallu ei chroesi heb wlychu'r traed.

---

s 11:11 *Dwyrain Affrica* Hebraeg, *Cwsh*. Yr ardal i'r de o wlad yr Aifft, sef gogledd Swdan heddiw.
t 11:13 *Effraim* Effraim oedd prif lwyth teyrnas Israel, ac mae'n aml yn cynrychioli'r wlad yn gyfan.
11:6-9 Eseia 65:25

16 Felly bydd priffordd ar gyfer gweddill ei bobl
sydd wedi'u gadael yn Asyria,
fel yr un oedd i bobl Israel
pan ddaethon nhw allan o wlad yr Aifft.

Emyn o fawl

12 Bryd hynny, byddi'n dweud:

"Dw i eisiau diolch i ti, O Arglwydd!
Er dy fod wedi digio gyda fi,
rwyt wedi troi oddi wrth dy lid a'm cysuro.
2 Edrychwch ar y Duw sydd wedi fy achub i!
Bydda i'n ei drystio, a fydd gen i ddim ofn.
Yr Arglwydd sy'n rhoi nerth a chân i mi!
Yr Arglwydd sydd wedi fy achub i."

3 Byddwch yn codi dŵr yn llawen
o ffynhonnau achubiaeth.
4 Byddwch yn dweud bryd hynny:
"Diolchwch i'r Arglwydd, a galw ar ei enw.
Dwedwch wrth bobl y gwledydd beth wnaeth e;
cyhoeddwch fod ei enw wedi'i godi'n uchel.
5 Canwch salmau i'r Arglwydd,
am iddo wneud peth mawr!
Gwnewch yn siŵr fod y byd i gyd
yn gwybod am y peth!

6 Bloeddiwch ganu'n llawen,
chi sy'n byw yn Seion!
Mae'r Un sydd yn eich plith yn fawr –
Un Sanctaidd Israel."

Negeseuon am y gwledydd[th]

Bydd Babilon yn cael ei chosbi

13 Y neges gafodd Eseia fab Amos am Babilon:

2 "Codwch faner ar ben mynydd,
a gweiddi'n uchel arnyn nhw!
Codwch eich llaw i'w galw
i mewn drwy giatiau'r bobl bwysig!
3 Dw i wedi rhoi gorchymyn i'r rhai dw i wedi'u dewis,
a galw fy milwyr cryfion i ddangos mor ddig dw i;
milwyr balch sy'n brolio."

4 Gwrandwch! Mae sŵn cynnwrf ar y mynyddoedd –
fel byddin enfawr;
Gwrandwch! Sŵn twrw'r gwledydd!
Cenhedloedd yn casglu at ei gilydd!

---

th 13:0 Mae proffwydi eraill yn rhoi negeseuon tebyg am y gwledydd o gwmpas Israel – gw. Amos 1-2; Jeremeia 46-51; Eseciel 25-32. Mae'n ein hatgoffa mai Duw ydy'r unig wir Dduw, a'i fod yn teyrnasu dros y gwledydd i gyd.
12:2 Exodus 15:2; Salm 118:14 13:1 – 14:23 Eseia 47:1-15; Jeremeia 50:1 – 51:64

Mae'r ARGLWYDD hollbwerus
yn casglu byddin i ryfel!
5 Maen nhw'n dod o wlad bell,
y tu hwnt i'r gorwel –
yr ARGLWYDD ac arfau ei lid,
yn dod i ddinistrio'r holl dir!

6 Udwch! Mae dydd barn yr ARGLWYDD yn agos!
Mae'n dod fel dinistr oddi wrth yr Un sy'n rheoli popeth.
7 Felly, bydd pob llaw yn llipa,
a phawb wedi digalonni [8]a'u llethu gan ddychryn.
Bydd poen a phryder wedi gafael ynddyn nhw,
a byddan nhw'n gwingo mewn poen
fel gwraig yn cael babi.
Byddan nhw'n syllu'n syn ar ei gilydd,
a'u hwynebau'n gwrido o gywilydd.

9 Ydy! Mae dydd barn yr ARGLWYDD yn dod;
dydd creulon ei lid ffyrnig a thanbaid,
i droi'r ddaear yn anialwch diffaith,
a chael gwared â phechaduriaid ohoni.
10 Fydd y sêr a'u clystyrau
ddim yn rhoi golau.
Bydd yr haul yn dywyll pan fydd yn codi,
a'r lleuad ddim yn llewyrchu.

11 "Bydda i'n cosbi'r byd am ei holl ddrygioni,
a phobl ddrwg am eu pechod.
Bydda i'n rhoi diwedd ar falchder pobl haerllug,
ac yn torri crib y rhai creulon.
12 Bydd pobl yn fwy prin nag aur pur –
yn fwy prin nag aur Offir.[u]
13 Bydda i'n gwneud i'r awyr grynu,
ac i'r ddaear ysgwyd o'i lle."
Mae'r ARGLWYDD hollbwerus yn barnu
ar ddiwrnod ei lid ffyrnig.

14 Bydd pawb yn troi at ei bobl ei hun
ac yn dianc i'w gynefin;
fel gasél yn dianc pan mae'n cael ei hela,
neu ddefaid ar wasgar a neb i'w casglu.
15 Bydd pob un sy'n cael ei ddarganfod yn cael ei drywanu,
a phob un sy'n cael ei ddal yn cael ei ladd â'r cleddyf.
16 Bydd eu plant bach yn cael eu curo i farwolaeth,
a'u lladd o flaen eu llygaid;
bydd eu cartrefi'n cael eu gwagio,
a'u gwragedd yn cael eu treisio.

17 "Ond edrychwch,
dw i'n codi'r Mediaid[w] yn eu herbyn nhw.

---

u 13:12 *Offir* Does dim sicrwydd ble roedd Offir. Affrica neu India falle. Roedd aur Offir yn cael ei ystyried fel yr aur gorau. w 13:17 *Mediaid* Pobl o'r ardal i'r gogledd-ddwyrain o Babilon. Daethon nhw'n rhan o Ymerodraeth Persia.
13:6 Joel 1:15

Fydd arian ddim yn rhwystro'r rheiny,
nac aur yn eu denu i droi.
18 Bydd eu bwâu yn taro'r dynion ifanc i lawr.
Fydd dim tosturi at fabis bach,
a fyddan nhw ddim yn arbed bywyd y plant."

19 Bydd Babilon, y deyrnas harddaf
– ysblander a balchder ei phobl –
wedi'i bwrw i lawr gan Dduw
fel Sodom a Gomorra.
20 Fydd neb yn byw yno byth eto,
neb o gwbl ar hyd y cenedlaethau –
dim Bedowin yn codi ei babell,
na bugail yn gorffwys ei braidd.
21 Bydd ysbrydion yr anialwch yn gorwedd yno,
a'r tai yn llawn creaduriaid yn udo.
Bydd y dylluan yn byw yno,
a'r gafr-ddemoniaid yn llamu o gwmpas.
22 Bydd bwganod yn sgrechian yn ei hadfeilion,
a siacaliaid yn ei phlastai.
Mae ei hamser bron ar ben;
fydd ei dyddiau ddim yn cael eu hestyn.

Pobl yr Arglwydd yn dod adre

14 Ond bydd yr Arglwydd yn maddau i Jacob,
ac yn dewis Israel unwaith eto.
Bydd yn eu gosod nhw yn eu tir eu hunain,
a bydd ffoaduriaid yn ymuno gyda nhw
ac yn uniaethu gyda phobl Jacob.
2 Bydd pobloedd eraill yn eu harwain yn ôl i'w mamwlad.
Bydd pobl Jacob yn rhannu tir yr Arglwydd rhyngddyn nhw,
i'w drin gan eu gweision a'u morynion.
Byddan nhw'n caethiwo'r rhai wnaeth eu caethiwo nhw,
ac yn feistri ar y rhai wnaeth eu gorthrymu nhw.

Marwolaeth brenin Babilon!

3 Pan fydd yr Arglwydd wedi rhoi llonydd i ti o dy holl drafferthion a dy helbulon, a'r holl waith caled pan oeddet ti'n gaethwas, 4 byddi'n adrodd y gerdd ddychan yma am frenin Babilon:

"Ble *mae*'r gormeswr wedi diflannu?
Mae ei falchder wedi dod i ben!
5 Mae'r Arglwydd wedi torri ffon y rhai drwg,
a gwialen y gormeswyr.
6 Roedd yn ddig ac yn taro cenhedloedd
yn ddi-stop.
Roedd yn sathru pobloedd yn ddidrugaredd
a'u herlid yn ddi-baid.
7 Bellach mae'r ddaear yn dawel a digyffro,
ac mae'r bobl yn canu'n llawen.

13:19 Genesis 19:24 13:21 Lefiticus 17:7; 2 Cronicl 11:15; Eseia 34:14

8 Mae hyd yn oed y coed pinwydd yn hapus,
a'r coed cedrwydd yn Libanus yn canu:
'Ers i ti gael dy fwrw i lawr,
dydy'r torrwr coed ddim yn dod yn ein herbyn ni!'

9 Mae byd y meirw isod mewn cyffro,
yn barod i dy groesawu di –
bydd y meirw'n deffro, sef arweinwyr y byd,
a bydd brenhinoedd gwledydd y ddaear
yn codi oddi ar eu gorseddau.
10 Byddan nhw i gyd yn dy gyfarch di,
'Felly, ti hyd yn oed – rwyt tithau'n wan fel ni!
11 Mae dy holl rwysg a sain cerdd dy liwtiau
wedi eu tynnu i lawr i Annwn![y]
Bydd y cynrhon yn wely oddi tanat
a phryfed genwair yn flanced drosot ti!

12 Y fath gwymp!
Rwyt ti, seren ddisglair, mab y wawr,
wedi syrthio o'r nefoedd!
Ti wedi dy dorri i lawr i'r ddaear –
ti oedd yn sathru'r holl wledydd!
13 Roeddet ti'n meddwl i ti dy hun,
"Dw i'n mynd i ddringo i'r nefoedd,
a gosod fy ngorsedd yn uwch na sêr Duw.
Dw i'n mynd i eistedd ar fynydd y gynulleidfa
yn y gogledd pell.[a]
14 Dw i'n mynd i ddringo ar gefn y cymylau,
a gwneud fy hun fel y Duw Goruchaf."
15 O'r fath gwymp –
rwyt wedi dod i lawr i fyd y meirw,
i'r lle dyfnaf yn y Pwll!

16 Mae pobl yn dy weld ac yn syllu arnat, ac yn pendroni:
"Ai hwn ydy'r dyn wnaeth i'r ddaear grynu,
a dychryn teyrnasoedd?
17 Ai fe ydy'r un drodd y byd yn anialwch,
a dinistrio'i ddinasoedd –
heb fyth ryddhau ei garcharorion i fynd adre?"'

18 Mae brenhinoedd y gwledydd i gyd – pob un ohonyn nhw –
yn gorwedd yn grand yn eu beddau eu hunain.
19 Ond ti? – Cest ti dy adael heb dy gladdu,
yn ffiaidd, fel ffetws wedi'i erthylu.
Fel corff marw yn y dillad a wisgai
pan gafodd ei drywanu â'r cleddyf.
Fel y rhai sy'n syrthio i waelod y pwll,
neu gorff yn cael ei sathru dan draed.
20 Gei di ddim angladd fel brenhinoedd eraill,
am dy fod ti wedi dinistrio dy wlad dy hun
a lladd dy bobl dy hun.

---

y 14:11 *Annwn* Hebraeg, *Sheol*, sef "y byd tanddaearol lle mae'r meirw yn mynd". a 14:13 *gogledd pell* Hebraeg, *Saffon*, sef y mynydd mytholegol mae Salm 48:2 yn cyfeirio ato.

Boed i neb fyth eto gofio'r
fath hil o bobl ddrwg!

21 Paratowch floc i ddienyddio'i feibion
o achos drygioni eu tad.
Peidiwch gadael iddyn nhw godi i feddiannu'r tir
a llenwi'r byd gyda'i dinasoedd!"

Bydd Duw yn cosbi Babilon

22 Dyma mae'r ARGLWYDD hollbwerus yn ei ddweud:

"Bydda i'n codi yn eu herbyn nhw.
Bydda i'n dileu pob enw o Babilon,
a lladd phawb sy'n dal ar ôl yno,
eu plant a'u disgynyddion i gyd.
23 Bydda i'n llenwi'r wlad â draenogod
a'i throi'n gors o byllau dŵr mwdlyd.
Bydda i'n ei hysgubo i ffwrdd hefo brwsh dinistr."
— yr ARGLWYDD hollbwerus sy'n dweud hyn.

Duw yn cosbi Asyria

24 Mae'r ARGLWYDD hollbwerus wedi tyngu llw:

"Bydd popeth yn digwydd yn union fel dwedais i;
bydd fy nghynlluniau'n dod yn wir.
25 Bydda i'n dryllio grym Asyria yn fy nhir,
ac yn ei sathru ar fy mryniau.
Bydd ei hiau yn cael ei thynnu oddi ar fy mhobl,
a'r baich trwm yn disgyn oddi ar eu cefnau.
26 Dyna'r cynllun sydd gen i
ar gyfer y ddaear gyfan.
Dyna pam mae fy llaw yn barod
i ddelio gyda'r cenhedloedd i gyd."
27 Mae gan yr ARGLWYDD hollbwerus gynllun –
pwy sy'n mynd i'w rwystro?
Mae ei law yn barod i weithredu –
pwy sy'n mynd i'w ddal yn ôl?

Cosbi'r Philistiaid

28 Neges gafodd ei rhoi yn y flwyddyn y buodd y Brenin Ahas farw:[b]

29 Peidiwch dathlu, chi'r Philistiaid i gyd,
am fod y ffon fuodd yn eich curo chi wedi'i thorri.
O wreiddyn y neidr bydd gwiber yn codi,
gwiber wibiog fydd ei ffrwyth.
30 Bydd y tlotaf o'r tlawd yn cael pori,
a'r rhai anghenus yn gorwedd yn ddiogel.

---

b 14:28 *Brenin Ahas farw* sef y flwyddyn 715 CC.
14:24-27 Eseia 10:5-34; Nahum 1:1 — 3:19; Seffaneia 2:13-15 14:28 2 Brenhinoedd 16:20; 2 Cronicl 28:27
14:29-31 Jeremeia 47:1-7; Eseciel 25:15-17; Joel 3:4-8; Amos 1:6-8; Seffaneia 2:4-7; Sechareia 9:5-7

Ond bydda i'n defnyddio newyn i ddinistrio dy wreiddyn,
a bydd yn lladd pawb sydd ar ôl.

31 Udwch wrth y giatiau a sgrechian yn y ddinas;
mae Philistia i gyd mewn dychryn!
Achos mae cwmwl yn dod o'r gogledd,
a does neb yn ei rengoedd yn llusgo'i draed.
32 Beth ydy'r ateb i negeswyr y genedl?
Fod yr ARGLWYDD wedi gwneud Seion yn saff,
a bod lloches yno i'w bobl anghenus.

Cosbi Moab

15 Neges am Moab:

Do, cafodd ei dinistrio mewn noson,
cafodd Ar yn Moab ei difrodi'n llwyr.
Do, cafodd ei dinistrio mewn noson,
cafodd Cir yn Moab ei difrodi'n llwyr.
2 Maen nhw wedi mynd i'r deml,
ac i'r allor leol yn Dibon i wylo.
Mae Moab yn udo
am beth ddigwyddodd i Nebo a Medeba.
Mae pob pen yn foel, pob barf wedi'i siafio,
3 ac maen nhw'n gwisgo sachliain yn y strydoedd.
Mae pawb yn udo ac yn beichio crio
ar bennau'r tai ac yn y sgwariau.
4 Mae sgrechian yn Cheshbon ac Elealê,
ac mae'r sŵn i'w glywed mor bell â Iahats.
Felly, mae milwyr Moab yn gweiddi
a chrynu drwyddynt mewn ofn.

5 Mae fy nghalon yn gwaedu dros Moab –
a'r ffoaduriaid sy'n dianc i Soar ac Eglath-shalisheia.
Maen nhw'n wylo wrth ddringo llethr Lwchith.
Mae gwaedd dinistr yn codi ar y ffordd i Choronaïm.
6 Mae dyfroedd Nimrim wedi sychu;
mae'r glaswellt wedi gwywo a phob tyfiant yn methu.
Mae pob planhigyn wedi diflannu.

7 Felly, maen nhw'n cario'u cynilion a'u heiddo
dros Sychnant yr Helyg.
8 Ydy, mae sŵn y sgrechian wedi lledu
drwy wlad Moab i gyd:
mae'r udo i'w glywed mor bell ag Eglaim,
hyd yn oed yn Beër-elim!
9 Mae dyfroedd Dimon yn llawn gwaed.

Ond dw i'n mynd i wneud pethau'n waeth eto i Dimon:
bydd llew yn ymosod ar weddill Moab,
a'r rhai sydd ar ôl yn y tir.

15:1 – 16:14 Eseia 25:10-12; Jeremeia 48:1-47; Eseciel 25:8-11; Amos 2:1-3; Seffaneia 2:8-11

16 Anfon oen oddi wrth lywodraethwr y wlad,
o Sela yn yr anialwch i Fynydd Seion hardd:
2 "Mae merched Moab wrth rydau Arnon,
fel adar wedi'u tarfu a'u gyrru o'r nyth.

3 Rhowch gyngor! Gwnewch benderfyniad!
Rhowch gysgod i ni rhag y gelyn,
fel oerni'r nos rhwng gwres dau ddydd.
Cuddiwch ein ffoaduriaid!
Peidiwch bradychu'r rhai sy'n ffoi.
4 Rhowch loches i ffoaduriaid Moab;
cuddiwch nhw rhag y gelyn sy'n dinistrio."

Pan fydd yr un creulon wedi diflannu
a'r ysbeilio wedi dod i ben,
a'r gormeswyr wedi diflannu o'r tir,
5 bydd brenin dibynadwy yn cael ei orseddu –
un o deulu Dafydd.
Bydd yn teyrnasu'n ffyddlon,
bydd yn frwd dros gyfiawnder
ac yn hybu tegwch.

6 "Dŷn ni wedi clywed am falchder Moab –
mae ei phobl mor falch –
yn snobyddlyd, yn brolio ac mor haerllug,
ond mae ei brolio hi'n wag."
7 Felly, mae Moab yn udo;
mae pawb yn Moab yn udo!
Mae'r rhai a anafwyd yn griddfan
am deisennau ffrwyth melys Cir-chareseth.
8 Mae'r ffrwyth ar gaeau teras Cheshbon
a gwinllannoedd Sibma wedi gwywo.
Mae'r rhai sy'n rheoli'r cenhedloedd
wedi torri eu gwinwydd gorau.
Roedden nhw'n cyrraedd hyd at Iaser,
ac yn ymestyn i'r anialwch;
roedd eu brigau wedi ymledu
ac yn cyrraedd at y môr.

9 Felly dw i'n wylo gyda Iaser dros winwydd Sibma.
Gwlychaf di â'm dagrau, Cheshbon ac Elealê,
am fod y gweiddi llawen am ffrwythau aeddfed
dy gynhaeaf wedi dod i ben.
10 Mae'r miri a'r hwyl wedi'i ysgubo i ffwrdd o'r gerddi.
Does dim canu na sŵn dathlu i'w glywed yn y gwinllannoedd.
Does neb yn sathru'r grawnwin i'r cafnau –
mae'r bwrlwm wedi tewi.

11 Felly mae fy mol yn murmur dros Moab fel tannau telyn,
a'r cwbl sydd yno i dros Cir-chareseth.

6:6 Jeremeia 48:29-30

12 Pan mae pobl Moab yn mynd at yr allor leol,
ac yn gweddïo'n daer yn y cysegr,
fydd dim byd yn tycio.

13Dyna'r neges roddodd yr ARGLWYDD i Moab o'r blaen. 14Ond mae'r ARGLWYDD yn dweud nawr: mewn tair blynedd union[c] bydd poblogaeth anferth Moab yn crebachu. Fydd dim hyd yn oed llond dwrn ar ôl – neb o bwys.

Cosbi Damascus

17 Neges am Damascus:

"Edrychwch ar Damascus!
Dydy hi ddim yn ddinas bellach –
pentwr o gerrig ydy hi!
2 Bydd ei phentrefi yn wag am byth –
lle i breiddiau orwedd heb neb i'w dychryn.
3 Bydd trefi caerog Effraim,[ch]
a sofraniaeth Damascus yn diflannu.
Bydd y rhai sydd ar ôl yn Syria
yn yr un cyflwr 'gwych' ag Israel!"
– yr ARGLWYDD hollbwerus sy'n dweud hyn.

4 "Bryd hynny, bydd gwychder Jacob wedi pylu,
a'i gorff iach yn denau fel sgerbwd.
5 Yn lle bod fel cae o ŷd yn cael ei gynaeafu,
a breichiau'r medelwr yn llawn,
bydd fel y tywysennau sy'n cael eu lloffa yn Nyffryn Reffaïm –
6 dim ond ychydig loffion fydd ar ôl.
Bydd fel ysgwyd coeden olewydd,
a dim ond dau neu dri ffrwyth yn disgyn o'r brigau uchaf,
a phedair neu bump o'r prif ganghennau,"
– meddai'r ARGLWYDD, Duw Israel.
7 Bryd hynny, bydd pobl yn troi at eu Crëwr.
Byddan nhw'n edrych at Un Sanctaidd Israel am help,
8 yn lle syllu ar yr allorau godon nhw,
polion y dduwies Ashera a'r llestri dal arogldarth
– eu gwaith llaw eu hunain.

9Bryd hynny, bydd eu trefi caerog fel yr adfeilion adawyd gan yr Amoriaid a'r Hefiaid pan ymosododd Israel arnyn nhw – wedi'u dinistrio'n llwyr.

10 Rwyt wedi anghofio'r Duw wnaeth dy achub;
ac anwybyddu'r Graig – dy gaer ddiogel.
Felly rwyt yn trin gerddi i'r 'Anwylyd',[d]
a plannu sbrigyn i dduw estron!
11 Ti'n codi ffens o'i gwmpas y diwrnod rwyt yn ei blannu;
ei weld yn blaguro y bore hwnnw
a disgwyl pentwr o gynhaeaf!
Ond y cwbl gei di fydd pryder a phoen na ellir ei gwella!

---

c 16:14 *tair blynedd union* Hebraeg, "fel tair blynedd, fel blynyddoedd gweithiwr" h.y. yn cael eu cyfri'n fanwl gywir. ch 17:3 *Effraim* Effraim oedd prif lwyth teyrnas Israel, ac mae'n aml yn cynrychioli'r wlad yn gyfan.
d 17:10 *Anwylyd* Yr enw ar ryw dduw ffrwythlondeb, mae'n debyg.
17:1-3 Jeremeia 49:23-27; Amos 1:3-5; Sechareia 9:1

Duw yn cosbi gelynion ei bobl

12 Gwae! Mae byddinoedd y gwledydd yn dod!
Maen nhw'n rhuo fel tonnau'r môr;
mae sŵn y rhuo fel sŵn dŵr mawr yn llifo.
13 Ond er bod y bobl yn rhuo fel sŵn dŵr mawr,
bydd Duw'n eu ceryddu, a byddan nhw'n ffoi.
Byddan nhw'n cael eu gyrru fel mân us o flaen y gwynt,
neu blu ysgall o flaen corwynt.
14 Fin nos, daw dychryn sydyn,
ond erbyn y bore does dim ar ôl.

Dyna fydd yn digwydd i'r rhai sy'n ein hysbeilio,
dyna sy'n disgwyl y rhai sy'n ein rheibio!

Duw yn cosbi Ethiopia

18 Gwae wlad yr adenydd chwim
wrth afonydd dwyrain Affrica! [dd]
Mae'n anfon negeswyr dros y môr,
mewn cychod brwyn ar wyneb y dŵr.
2 Ewch, negeswyr cyflym,
at genedl o bobl dal gyda chroen llyfn –
pobl sy'n cael eu hofni ym mhobman;
cenedl gref sy'n hoffi ymladd,
sydd â'i thir wedi'i rannu gan afonydd.

3 "Gwrandwch, bawb drwy'r byd i gyd,
pawb sy'n byw ar y ddaear:
byddwch yn ei weld!
– fel baner ar ben y bryniau;
byddwch yn ei glywed!
– fel sŵn y corn hwrdd[e] yn cael ei chwythu!"

4 Dyma ddwedodd yr Arglwydd wrtho i:

"Dw i'n mynd i aros yn llonydd ac edrych o'm lle –
fel tes yr haul yn tywynnu,
neu gwmwl gwlith yng ngwres y cynhaeaf."

5 Adeg y cynhaeaf grawn, pan mae'r blagur wedi mynd,
a'r grawnwin yn dechrau aeddfedu,
bydd yn torri'r brigau gyda chyllell,
ac yn tocio'r canghennau sy'n lledu.
6 Bydd y cwbl yn cael ei adael
i'r eryrod ar y mynydd ac i'r anifeiliaid gwyllt.
Bydd yr adar yn byw drwy'r haf arnyn nhw,
a'r anifeiliaid gwyllt drwy'r gaeaf.

7 Bryd hynny bydd pobl dal gyda chroen llyfn
yn dod â rhoddion i'r Arglwydd hollbwerus –

---

dd 18:1 *dwyrain Affrica* Hebraeg, *Cwsh*, sef yr ardal i'r de o'r Aifft, yn cynnwys rhannau o Swdan ac Ethiopia heddiw. e 18:3 *corn hwrdd* Hebraeg, *shoffar*.
18:1-7 Seffaneia 2:12

pobl sy'n cael eu hofni ym mhobman,
cenedl gref sy'n hoffi ymladd,
sydd â'i thir wedi'i rannu gan afonydd.
Dônt i'r lle mae enw'r ARGLWYDD hollbwerus arno:
i Fynydd Seion.

Duw yn cosbi'r Aifft

19 Neges am yr Aifft:

Edrychwch! Mae'r ARGLWYDD yn marchogaeth
ar gwmwl cyflym, ac yn dod i'r Aifft.
Bydd eilunod diwerth yr Aifft yn crynu o'i flaen,
a bydd yr Eifftiaid yn digalonni.
2 "Achos bydd gwrthdaro sifil yn yr Aifft;
bydd yr Eifftwyr yn ymladd ei gilydd, un yn erbyn y llall,
dinas yn erbyn dinas, teyrnas yn erbyn teyrnas.
3 Bydd yr Aifft wedi anobeithio,
a bydda i wedi drysu ei chynlluniau.
Byddan nhw'n troi at eu heilunod diwerth am arweiniad,
ac at yr ysbrydegwyr, y dewiniaid a'r rhai sy'n dweud ffortiwn.
4 Bydda i'n rhoi'r Eifftiaid yn nwylo meistri gwaith caled,
a bydd brenin creulon yn teyrnasu arnyn nhw."
—y Meistr, yr ARGLWYDD hollbwerus sy'n dweud hyn.

5 Bydd afon Nîl yn sychu a gwely'r afon yn grasdir sych.
6 Bydd y camlesi yn drewi, canghennau afon Nîl yn sychu,
a'r brwyn a'r hesg yn pydru.
7 Bydd y tir ar y delta yn ddiffaith,
a bydd popeth sy'n cael ei hau ar y lan
yn crino ac yn cael ei chwythu i ffwrdd –
fydd dim ar ôl.
8 Bydd y pysgotwyr yn galaru ac yn cwyno –
pawb sy'n taflu bachyn i'r afon,
neu'n bwrw rhwyd ar wyneb y dŵr.
9 Bydd y gweithwyr llin yn gofidio hefyd,
y rhai sy'n cribo a'r gwehyddion.
10 Bydd y rhai sy'n gwneud brethyn wedi'u llethu gan bryder,
a phawb sy'n cael eu cyflogi wedi torri eu calonnau.

11 Mae arweinwyr Soan[f] yn ffyliaid.
Mae cynghorwyr mwya doeth y Pharo
yn dweud pethau cwbl hurt!
Sut allwch chi ddweud wrth y Pharo,
"Dw i'n un o'r rhai doeth,
o urdd yr hen frenhinoedd"?

12 Ble *maen nhw*? Ble mae dy rai doeth di?
Gad iddyn nhw ddweud wrthot ti a deall
beth mae'r ARGLWYDD hollbwerus yn bwriadu ei wneud i'r Aifft.

---

f 19:11 *Soan* Tref ar ddelta afon Nîl.
19:1-25 Jeremeia 46:2-26; Eseciel 29:1 – 32:32

13 Mae arweinwyr Soan yn ffyliaid,
ac arweinwyr Memffis[ff] wedi'u twyllo;
Mae penaethiaid ei llwythau
wedi arwain yr Aifft ar gyfeiliorn.
14 Mae'r ARGLWYDD wedi'i chymysgu a'i drysu,
a gwneud iddi faglu dros bobman,
fel meddwyn yn mynd igam-ogam yn ei gyfog.
15 All neb wneud dim i helpu'r Aifft –
pen na chynffon, cangen balmwydd na brwynen.

16 Bryd hynny bydd yr Eifftiaid yn wan fel merched. Byddan nhw'n crynu mewn ofn am fod
yr ARGLWYDD hollbwerus yn codi ei law i'w taro nhw. 17 Bydd sôn am Jwda'n codi dychryn ar yr
Aifft. Bydd pawb fydd yn cofio'i arwyddion, yn crynu wrth feddwl am beth mae'r ARGLWYDD
hollbwerus yn bwriadu ei wneud iddyn nhw.
18 Bryd hynny bydd pum tref yn yr Aifft yn siarad iaith Canaan ac yn tyngu llw o ffyddlondeb
i'r ARGLWYDD hollbwerus. Dinas yr Haul[g] fydd enw un ohonyn nhw.
19 Bryd hynny bydd allor i'r ARGLWYDD yng nghanol yr Aifft, a cholofn wedi'i chysegru
i'r ARGLWYDD ar y ffin. 20 Bydd yn arwydd i atgoffa'r Aifft pwy ydy'r ARGLWYDD hollbwerus.
Pan fyddan nhw'n gweiddi ar yr ARGLWYDD am help yn erbyn y rhai sy'n eu gorthrymu nhw,
bydd e'n anfon un i'w hachub nhw ac ymladd drostyn nhw. 21 Achos bydd yr ARGLWYDD yn
datguddio'i hun i'r Eifftiaid, a byddan nhw'n dod i'w nabod e bryd hynny. Byddan nhw'n
ei addoli gydag aberth ac offrwm o rawn, yn gwneud addunedau iddo, ac yn eu cadw. 22 Os
bydd yr ARGLWYDD yn taro'r Aifft gyda phla, bydd yn ei tharo ac yna yn ei gwella. Os byddan
nhw'n troi yn ôl at yr ARGLWYDD, bydd e'n ymateb iddyn nhw ac yn eu hiacháu nhw.
23 Bryd hynny, bydd priffordd o'r Aifft i Asyria. Bydd yr Asyriaid yn mynd i'r Aifft, a'r Eifftiaid
yn mynd i Asyria, a bydd yr Eifftiaid a'r Asyriaid yn addoli gyda'i gilydd.
24 Bryd hynny, Israel fydd y trydydd partner gyda'r Aifft ac Asyria, a byddan nhw'n fendith
ar y ddaear. 25 Bydd yr ARGLWYDD hollbwerus yn eu bendithio nhw, ac yn dweud, "Bendith ar yr
Aifft, fy mhobl, ac ar Asyria, gwaith fy llaw, ac ar Israel, fy etifeddiaeth."

Eseia'n proffwydo cwymp yr Aifft a theyrnas Cwsh

20 Roedd hi'r flwyddyn yr anfonodd Sargon, brenin Asyria, ei brif swyddog milwrol
i ymosod ar dref Ashdod,[ng] a'i choncro. 2 Dyma'r ARGLWYDD yn siarad gydag Eseia
fab Amos, a dweud, "Dos, datod y sachliain oddi amdanat, a thynna dy sandalau i ffwrdd."
A dyma Eseia yn gwneud hynny, a cherdded o gwmpas yn noeth a heb ddim am ei draed.
3 Yna dyma'r ARGLWYDD yn dweud, "Arwydd ydy hwn sy'n rhybudd i'r Aifft a theyrnas Cwsh
yn nwyrain Affrica:[h] Fel mae fy ngwas Eseia wedi cerdded o gwmpas am dair blynedd yn noeth
a heb ddim am ei draed, 4 bydd brenin Asyria yn arwain yr Eifftiaid i ffwrdd, ac yn caethgludo
pobl Cwsh – ifanc a hen, yn noeth a heb ddim am eu traed, a'u tinau yn y golwg – bydd yn
sarhad ar yr Aifft! 5 Byddan nhw'n ddigalon, a bydd ganddyn nhw gywilydd o'r Affricaniaid
(y rhai roedden nhw wedi gobeithio ynddyn nhw), a'r Aifft (y rhai roedden nhw'n eu brolio).
6 "Bryd hynny, bydd y rhai sy'n byw ar yr arfordir yma yn dweud, 'Os ydy hyn wedi digwydd
i'r Aifft, pa obaith sydd i ni? Roedden ni wedi gobeithio mai nhw fyddai'n ein helpu ni ac yn
ein hachub rhag brenin Asyria.' "

---

ff 19:13 Hebraeg *Noff.* g 19:18 *Dinas yr Haul* Dyna sydd yn rhai llawysgrifau Hebraeg, Sgroliau'r Môr Marw, ac un cyfieithiad hynafol. (*Dinas Distryw* sydd yn y mwyafrif o lawysgrifau Hebraeg.) Cyfeiriad sydd yma at Heliopolis, sy'n golygu "Dinas yr Haul" (gw. Jeremeia 43:13). ng 20:1 *Ashdod* Concrodd y Brenin Sargon II o Asyria dref y Philistiaid yn 711 CC. h 20:3 *Cwsh ... Affrica* Hebraeg, *Cwsh*. Teyrnas i'r de o wlad yr Aifft, sef gogledd Swdan heddiw.
19:15 Eseia 9:13

Cwymp Babilon[i]

21

Neges am "yr Anialwch wrth y môr" (sef Babilon):

Fel y gwyntoedd stormus sy'n rhuthro drwy'r Negef,
mae e'n dod o'r anialwch, o wlad sydd i'w hofni.

2 Cafodd weledigaeth erchyll ei rhoi i mi:
"Mae'r bradwr yn bradychu, a'r dinistrydd yn dinistrio!
Ymlaen, Elam! Gwarchae arni, Media!
Dw i am roi taw ar y griddfan mae wedi'i achosi."

3 Yn sydyn, mae fy nghorff yn ddolur i gyd;
Mae poenau yn gafael yno i
fel gwraig mewn poen wrth gael babi.
Dw i wedi fy llethu gan beth dw i'n ei glywed,
ac wedi dychryn gan beth dw i'n ei weld.
4 Mae'r galon yn pwmpio a dw i'n crynu mewn panig.
Mae fy mreuddwyd am wawr newydd wedi troi'n hunllef:
5 Mae "Trefnwch wledd"
wedi troi'n "Gosodwch wylwyr!"
"Bwytwch ac yfwch!"
wedi troi'n "Codwch swyddogion! Paratowch y tarianau!"

6 Achos dyma ddwedodd y Meistr wrtho i:
"Dos, gosod wyliwr i edrych allan,
a dweud beth mae'n ei weld.
7 Pan fydd yn gweld cerbyd gyda phâr o geffylau,
marchog ar asyn neu farchog ar gamel,
dylai ddal sylw a gwylio'n ofalus."

8 Yna mae'r gwyliwr yn gweiddi'n uchel:
"Meistr, dw i wedi sefyll ar y tŵr gwylio drwy'r dydd,
ac wedi edrych allan bob nos.
9 Ac edrych draw! Mae rhywun yn dod –
dyn mewn cerbyd gyda phâr o geffylau!"
Ac mae'n gweiddi'n uchel,
"Mae wedi syrthio! Mae Babilon wedi syrthio!
Mae'r delwau o'i holl dduwiau yn ddarnau mân ar lawr!"
10 Chi sydd wedi dioddef – fy mhobl ar fy llawr dyrnu:
dw i wedi dweud wrthoch chi
beth glywais i gan yr Arglwydd hollbwerus,
Duw Israel.

Cosbi Edom

11 Neges am Dwma:

Mae rhywun yn galw arna i o Seir:[l]
"Wyliwr, faint o'r nos sydd ar ôl?
Wyliwr, faint o'r nos sydd ar ôl?"

i 21:0 *Babilon* Cafodd Babilon ei choncro gan y Brenin Cyrus a'i fyddin yn 539 CC. l 21:11 *Dwma ... Seir* Dwma: gwerddon (*oasis*) yn anialwch gogledd Arabia. Seir: ardal fynyddig yn Edom, i'r de-orllewin o'r Môr Marw

12 Atebodd y gwyliwr,
"Mae'r bore yn dod, ond daw'r nos yn ôl.
Os ydych chi am ofyn eto, gofynnwch.
Trowch! Dewch yn ôl!"

Cosbi Arabia

13 Neges am Arabia:

Cuddiwch yn nrysni'r anialwch, chi grwydriaid Dedan![ll]
14 Rhowch ddiod o ddŵr i'r sychedig, chi sy'n byw yn Tema;[m]
rhowch fara i'r ffoaduriaid.
15 Maen nhw'n dianc rhag y rhyfel,
rhag y cleddyf sydd wedi'i dynnu o'r wain,
rhag y bwa sy'n barod i saethu,
a rhag caledi'r frwydr.

16 Achos dyma ddwedodd fy Meistr wrtho i: "Mewn blwyddyn union[n] bydd ysblander Cedar[o]
wedi darfod; 17 nifer fach iawn o arwyr Cedar sy'n saethu gyda'r bwa fydd ar ôl." Mae'r
ARGLWYDD, Duw Israel, wedi dweud.

Cosbi Jerwsalem

22 Neges am 'Ddyffryn y Weledigaeth':[p]

Beth sy'n digwydd yma?
Pam mae pawb wedi mynd i ben y toeau?
2 Roeddet ti mor llawn bwrlwm –
yn ddinas mor swnllyd;
yn dre oedd yn llawn miri!

Nid cleddyf wnaeth ladd dy feirwon,
na'r frwydr chwaith.
3 Rhedodd dy arweinwyr.,
a dianc i le pell i ffwrdd;
cafodd pawb oedd ar ôl eu dal
heb help run bwasaethwr.

4 Dyna pam dw i'n dweud,
"Gadewch lonydd i mi,
gadewch i mi wylo'n chwerw!
Peidiwch boddran ceisio fy nghysuro
am fod fy mhobl druan wedi'u dinistrio."
5 Ydy, mae fy Meistr, yr ARGLWYDD hollbwerus,
wedi trefnu diwrnod o banig, sathru, a dryswch –
yn Nyffryn y Weledigaeth mae sŵn waliau'n syrthio,
a phobl yn gweiddi ar y mynydd.
6 Mae Elam wedi codi'r gawell saethau,
gyda'i marchogion a'i cherbydau,
ac mae milwyr Cir wedi paratoi eu tarianau.

---

ll 21:13 *Dedan* Ardal yng ngogledd-orllewin Arabia. m 21:14 *Tema* Ardal yng ngogledd Arabia.
n 21:16 *blwyddyn union* Hebraeg, "mewn blwyddyn, fel blynyddoedd gweithiwr" h.y. yn cael eu cyfri'n fanwl gywir. o 21:16 *Cedar* Ardal yn anialwch Arabia. p 22:1 *Dyffryn y Weledigaeth* Cyfeiriad at Jerwsalem (gw. adn. 5). Dyma lle roedd Eseia'n proffwydo.

7 Mae dy ddyffrynnoedd, dy dir gorau,
yn llawn cerbydau,
a'r marchogion yn rhengoedd tu allan i'r giatiau.
8 Mae'r sgrîn oedd yn amddiffyn Jwda wedi'i symud.

Felly, bryd hynny, dyma chi'n mynd
i Blas y Goedwig[ph] i nôl yr arfau.
9 Roeddech chi'n gweld fod llawer iawn o fylchau
yn waliau Dinas Dafydd.
Dyma gasglu dŵr o'r Llyn Isaf,
10 cyfri'r tai yn Jerwsalem a chwalu rhai
er mwyn gwneud waliau'r ddinas yn ddiogel.
11 Yna adeiladu cronfa rhwng y ddwy wal
i ddal dŵr yr hen lyn.
Ond gymeroch chi ddim sylw o'r Un wnaeth y cwbl,
na meddwl am yr Un oedd wedi cynllunio hyn ers talwm.

12 Bryd hynny dyma fy Meistr, yr Arglwydd hollbwerus,
yn galw ar bobl i wylo a galaru,
i siafio'r pen a gwisgo sachliain.
13 Ond yn lle hynny roedd hwyl a miri,
lladd gwartheg a defaid, bwyta cig ac yfed gwin.
"Gadewch i ni gael parti ac yfed,
falle byddwn ni'n marw fory!"

14 Rôn i wedi clywed yr Arglwydd hollbwerus yn dweud: "Fydd dim byd yn gwneud iawn am y pechod yma nes i chi farw." Ie, dyna ddwedodd fy Meistr, yr Arglwydd hollbwerus.

Rhybudd i Shefna

15 Mae fy Meistr, yr Arglwydd hollbwerus yn dweud, "Dos i ofyn i'r swyddog – y Shefna yna sy'n gyfrifol am y palas:

16 'Beth sy'n digwydd yma?
Pwy roddodd ganiatâd i ti dorri bedd i ti dy hun yma?
Torri bedd i ti dy hun mewn lle pwysig;
naddu lle i ti dy hun gael gorffwys yn y graig!

17 Mae'r Arglwydd yn mynd i dy daflu di i ffwrdd –
dy hyrddio di'n bell, ti bwysigyn!
Bydd yn dy lapio di'n dynn,
18 yn dy rolio i fyny fel pelen
ac yn dy daflu i ffwrdd i wlad eang iawn!
A dyna ble byddi di'n marw.
Yr unig gerbydau crand i gario dy gorff
fydd y cywilydd ddaeth ar dŷ dy feistr!
19 Dw i'n mynd i dy ddiswyddo di!
Byddi di'n cael dy fwrw i lawr o dy safle!

20 Bryd hynny bydda i'n galw ar fy ngwas Eliacim fab Chilceia, 21 ac yn ei arwisgo fe gyda dy grys di, a'r sash sydd am dy ganol. Bydda i'n rhoi dy awdurdod di iddo fe, a bydd e'n gofalu am bawb sy'n byw yn Jerwsalem a phobl Jwda i gyd. 22 Bydda i'n rhoi allwedd tŷ Dafydd iddo. Fydd neb yn gallu cau yr hyn mae'n ei agor, nac agor yr hyn mae e'n ei gau. 23 Bydda i'n ei

---

ph 22:8 *i Blas y Goedwig* Adeiladwyd gan y Brenin Solomon (1 Brenhinoedd 7:2).

osod yn gadarn yn ei le – fel hoelen wedi'i tharo i wal. Bydd e'n cael y sedd anrhydedd yn
nhŷ ei dad. 24 Bydd y cyfrifoldeb am deulu ei dad arno fe: pawb, o'r egin a'r dail; bydd y llestri
bach i gyd, y powlenni a'r gwahanol jariau yn hongian arno.' "
25 "Bryd hynny," – meddai'r ARGLWYDD hollbwerus – "bydd yr hoelen oedd mor sownd yn dod
yn rhydd. Bydd yn cael ei thorri a bydd yn syrthio, a bydd y llwyth oedd yn hongian arni yn
cael ei dynnu i lawr." Mae'r ARGLWYDD wedi dweud!

Cosbi Tyrus

23

Neges am Tyrus:

Udwch, longau masnach Tarshish![r]
Does dim porthladd i fynd adre iddo
– achos mae wedi'i ddryllio!
Cafodd y newyddion ei gyhoeddi o Cyprus.

2 Galarwch, chi sy'n byw ar yr arfordir,
chi fasnachwyr Sidon.
Maen nhw wedi croesi'r môr i'w chyflenwi,
3 wedi croesi'r dyfroedd mawr
gyda had o Sihor a chynhaeaf afon Nîl;
dyna oedd ei henillion –
hi oedd marchnad y gwledydd.

4 Cywilydd arnat ti, Sidon,
achos mae'r môr – y gaer ddiogel honno – wedi dweud,
"Fi ydy'r un sydd heb ddiodde poenau wrth gael plant.
Dw i heb fagu bechgyn na merched ifanc!"
5 Pan fydd yr Aifft yn clywed am y peth
byddan nhw'n gwingo mewn poen
wrth glywed am Tyrus.

6 Croeswch drosodd i Tarshish –
udwch, chi sy'n byw ar yr arfordir!
7 Ai dyma'r ddinas gawsoch chi'r fath firi ynddi –
y ddinas sydd â hanes mor hen iddi?
Ai hon deithiodd mor bell i fasnachu?

8 Pwy drefnodd i hyn ddigwydd i Tyrus,
y ddinas oedd yn gwisgo coron,
a'i masnachwyr yn dywysogion
ac yn bobl mor bwysig?
9 Yr ARGLWYDD hollbwerus drefnodd y peth –
i ddirmygu ei balchder yn ei harddwch,
a chodi cywilydd ar y bobl bwysig i gyd.

10 Hwyliwch adre, bobl Tarshish,
i drin eich tir fel y rhai sy'n ffermio wrth afon Nîl;
does dim harbwr i chi yma bellach.

11 Pan gododd yr ARGLWYDD ei law dros y môr
gwnaeth i deyrnasoedd grynu mewn ofn!

---

r 23:1,14 *Tarshish* Porthladd yn Sbaen. Mae'n debyg fod "llongau Tarshish" yn cyfeirio at longau masnach mawr oedd yn croesi'r moroedd.
23:1-18 Eseciel 26:1 – 28:19; Joel 3:4-8; Amos 1:9-10; Sechareia 9:1-4; Mathew 11:21-22; Luc 10:13-14

Yr ARGLWYDD roddodd orchymyn
i ddinistrio trefi caerog Canaan.
12 Dwedodd, “Dyna ddigon o dy rialtwch,
ferch Sidon, sydd wedi'i gorthrymu.”

Dos! Cod, a chroesa drosodd i Cyprus,
ond fyddi di ddim yn cael llonydd yno chwaith!
13 Edrychwch ar wlad Babilonia –
y bobl sydd wedi peidio â bod!
Rhoddodd Asyria nhw i'r anifeiliaid gwyllt.
Codi tyrau i warchae arni,
ysbeilio'i phlastai a'i throi yn adfeilion.
14 Udwch, longau masnach Tarshish,
achos mae eich caer ddiogel wedi'i dinistrio!

15 Bryd hynny bydd Tyrus yn cael ei anghofio am saith deg mlynedd, sef hyd bywyd brenin.
Ond ar ôl hynny bydd Tyrus fel y gân honno am y butain:

16 Cymer delyn, crwydra'r ddinas,
butain a anghofiwyd;
Cân dy alaw unwaith eto,
i wneud i bobl gofio.

17 Achos, ar ôl saith deg mlynedd, bydd yr ARGLWYDD yn adfer Tyrus eto; bydd yn mynd yn ôl
i werthu ei hun fel putain, a denu holl wledydd y byd i wneud busnes gyda hi. 18 Ond bydd
ei helw a'i henillion yn cael eu cysegru i'r ARGLWYDD; fyddan nhw ddim yn cael eu cadw a'u storio. Bydd ei helw yn mynd i'r rhai sy'n agos at yr ARGLWYDD, iddyn nhw gael digonedd o fwyd, a'r dillad gorau.

Cosbi'r wlad

24 Edrych! Mae'r ARGLWYDD
yn difetha'r tir a'i adael yn wag!
Mae'n ei droi â'i ben i lawr,
ac yn gwasgaru'r rhai sy'n byw arno.

2 Bydd yr un peth yn digwydd
i'r offeiriad ac i'r bobl gyffredin,
i'r gwas a'i feistr,
i'r forwyn a'i meistres,
i'r gwerthwr a'r prynwr,
i'r benthyciwr a'r un sy'n benthyg,
i'r credydwr a'r un mewn dyled.

3 Bydd y tir yn hollol wag – wedi'i ysbeilio'n llwyr.
Yr ARGLWYDD sydd wedi dweud.
4 Mae'r tir yn sych; mae'n gwywo.
Mae'r byd yn gwanio; mae'n gwywo.
Mae ei phobl bwysica yn wan.

5 Mae'r tir ei hun wedi'i lygru
gan y rhai sy'n byw arno.
Maen nhw wedi anwybyddu'r ddysgeidiaeth,
newid y deddfau, a thorri'r ymrwymiad oedd i fod am byth.

6 Dyna pam mae'r wlad wedi'i melltithio'n llwyr,
a'i phobl yn cael eu cosbi.
Dyna pam mae'r rhai sy'n byw ar y tir wedi diflannu,
nes bod bron neb ar ôl.

7 Mae'r sudd grawnwin yn sychu
a'r coed gwinwydd yn gwywo,
a'r holl hwyl a'r miri'n troi'n riddfan.
8 Mae sŵn llawen y tambwrîn wedi tewi,
yr holl firi swnllyd wedi peidio,
a sain hyfryd y delyn yn dawel.
9 Does neb yn canu wrth yfed gwin,
ac mae'r cwrw yn blasu'n chwerw.

10 Dinas mewn anhrefn wedi'i dryllio!
Pob tŷ wedi'i gau i fyny, rhag i rywun fynd iddo.
11 Mae pobl yn gweiddi am win ar y strydoedd:
mae pob hwyl wedi peidio,
a miri wedi'i daflu allan o'r wlad.

12 Mae'r ddinas wedi'i gadael mewn llanast llwyr,
a'i giatiau wedi'u dryllio'n ddarnau.
13 Fel yna bydd hi yn y tir,
ymhlith y gwledydd:
Fel coeden olewydd sy'n cael ei hysgwyd,
a'r lloffa sy'n digwydd pan mae'r cynhaeaf grawnwin drosodd.

14 Ond bydd rhai'n codi eu lleisiau
ac yn gweiddi'n llawen!
Bydd rhai'n canu clod o'r gorllewin
am fod yr Arglwydd mor fawreddog.
15 Felly, addolwch yr Arglwydd yn y dwyrain
ac ar arfordir ac ynysoedd y gorllewin —
addolwch enw'r Arglwydd, Duw Israel.

16 Mae canu i'w glywed o ben draw'r byd:
"Mae'r Un Cyfiawn mor wych!"
Ond wedyn dw i'n dweud:
"Mae ar ben arna i! Mae ar ben arna i! Gwae fi!
Mae bradwyr yn bradychu!
Bradwyr yn bradychu â'u brad!"
17 Panig, pydew a thrap
i bawb sy'n byw yn y wlad!
18 Bydd pawb sy'n ffoi mewn dychryn
yn disgyn i lawr i dwll.
A bydd pawb sy'n dringo o'r twll
yn cael ei ddal mewn trap!
Mae'r llifddorau wedi'u hagor yn yr awyr,
ac mae sylfeini'r ddaear yn crynu.

24:18 Jeremeia 48:43-44

19 Mae'r tir wedi cracio drosto;
mae wedi hollti'n ddarnau,
ac yn cael ei erydu'n llwyr.
20 Mae'r tir yn gwegian fel meddwyn,
ac yn sigledig fel cwt gwyliwr.
Bydd yn cael ei lorio gan euogrwydd,
bydd yn syrthio, a byth yn codi eto!

21 Bryd hynny, bydd yr ARGLWYDD
yn cosbi pwerau'r awyr uchod
a brenhinoedd y ddaear isod.
22 Byddan nhw'n cael eu casglu at ei gilydd
fel carcharorion mewn dwnsiwn,
a'u cloi yn y carchar,
i wynebu eu tynged ar ôl amser hir.

23 Bydd y lleuad yn cywilyddio a'r haul yn swil,
pan fydd yr ARGLWYDD hollbwerus yn teyrnasu
ar Fynydd Seion ac yn Jerwsalem,
yn ei holl ysblander o flaen arweinwyr y bobl.

Cân o fawl i Dduw

25 ARGLWYDD, ti ydy fy Nuw i!
Dw i'n dy ganmol di, dw i'n moli dy enw!
Ti wedi gwneud peth rhyfeddol –
rhywbeth gafodd ei gynllunio ymhell yn ôl;
ti'n gwbl ddibynadwy!
2 Ti wedi troi dinas y gelyn yn bentwr o gerrig,
troi'r gaer amddiffynnol yn adfeilion!
Gaiff y palas estron fyth ei ailadeiladu!

3 Felly bydd gwledydd cryfion yn dy anrhydeddu di,
a threfi'r cenhedloedd creulon yn dy barchu di!

4 Ond rwyt ti'n dal yn lle diogel i'r rhai tlawd guddio,
yn lle i'r anghenus gysgodi mewn argyfwng,
yn lloches rhag y storm, cysgod rhag gwres yr haul.
Pan mae pobl greulon yn ein taro fel storm o law trwm,
5 neu fel gwres yr haul yn crasu'r tir,
rwyt ti'n tewi twrw'r estroniaid.
Mae fel cysgod cwmwl yn dod i leddfu'r gwres,
ac mae cân y gormeswr creulon yn cael ei dewi.

Duw yn paratoi gwledd

6 Ar y mynydd hwn bydd yr ARGLWYDD hollbwerus
yn paratoi gwledd o fwyd blasus i'r cenhedloedd i gyd:
gwledd o winoedd aeddfed,
bwyd blasus gyda'r gwin gorau.
7 Ar y mynydd hwn bydd yn dinistrio'r llen
sy'n gorchuddio wynebau'r bobloedd,
a'r gorchudd sy'n bwrw cysgod dros y cenhedloedd i gyd.

8 Bydd marwolaeth wedi'i lyncu am byth.
Bydd fy Meistr, yr ARGLWYDD,
yn sychu'r dagrau oddi ar bob wyneb,
a symud y cywilydd sydd wedi bod ar ei bobl o'r tir.
— mae'r ARGLWYDD wedi dweud.

9 Bryd hynny bydd y bobl yn dweud:

"Dyma'n Duw ni, yr un roedden ni'n disgwyl iddo'n hachub.
Dyma'r ARGLWYDD roedden ni'n ei drystio.
Gadewch i ni ddathlu a mwynhau ei achubiaeth."
10 Ydy, mae llaw yr ARGLWYDD yn gorffwys ar y mynydd hwn.

Cosbi Moab

Bydd Moab yn cael ei sathru ganddo
fel gwellt yn cael ei sathru mewn tomen.
11 Bydd yn estyn ei ddwylo ar led yn ei chanol,
fel nofiwr yn estyn ei ddwylo i nofio.
Bydd yn gwneud i falchder Moab suddo
hefo symudiad ei ddwylo.
12 Bydd y waliau diogel sy'n eu hamddiffyn
yn cael eu bwrw i lawr ganddo;
bydd yn eu chwalu i'r llawr –
nes byddan nhw yn y llwch.

Cân o fuddugoliaeth

26 Bryd hynny, bydd y gân hon yn cael ei chanu yng ngwlad Jwda:

Mae gynnon ni ddinas gref;
achubiaeth ydy ei waliau mewnol ac allanol hi.
2 Agorwch y giatiau,
i'r genedl gyfiawn ddod i mewn
a gweld ei ffyddlondeb.
3 Mae'r rhai sy'n dy drystio di
yn gallu bod yn hollol dawel eu meddwl.
4 Trystiwch yr ARGLWYDD bob amser,
achos, wir, mae'r ARGLWYDD yn graig am byth.

5 Mae'n tynnu'r rhai balch i lawr.
Mae'n gwneud i'r ddinas saff syrthio –
syrthio i'r llawr nes bydd yn y llwch.
6 Mae'n cael ei sathru dan draed –
traed y rhai anghenus, a sodlau'r rhai tlawd.

7 Mae'r llwybr yn wastad i'r un sy'n gwneud beth sy'n iawn;
rwyt ti'n gwneud ffordd y cyfiawn yn llyfn.
8 Dŷn ni'n edrych atat ti, O ARGLWYDD, i wneud y peth iawn;
cofio dy enw di ydy'n hiraeth dyfnaf ni.
9 Yn y nos dw i'n dyheu amdanat o waelod calon,
mae'r cwbl sydd ynof yn dy geisio di'n daer;
achos pan mae'r hyn sy'n iawn yn dy olwg di'n cael ei wneud yn y wlad,
maen nhw'n dysgu beth sy'n iawn i bawb yn y byd.

25:10-12 Eseia 15:1 — 16:14; Jeremeia 48:1-47; Eseciel 25:8-11; Amos 2:1-3; Seffaneia 2:8-11

10 Pan mae'r un sy'n gwneud drwg yn cael ei esgusodi,
dydy e ddim yn dysgu beth sy'n iawn.
Mae'n dal i wneud drwg mewn gwlad o bobl onest –
dydy e'n dangos dim parch at fawredd yr ARGLWYDD.

11 ARGLWYDD, rwyt ar fin gweithredu
ond dŷn nhw ddim wedi sylwi.
Gad iddyn nhw gywilyddio wrth weld
dy sêl dros dy bobl,
a'th dân yn llosgi dy elynion.

12 O ARGLWYDD! Ti wedi rhoi heddwch perffaith i ni;
Ti sydd wedi cyflawni'r cwbl ar ein rhan!
13 O ARGLWYDD ein Duw,
mae meistri eraill wedi bod yn ein rheoli,
ond dim ond ti oedden ni'n ei gydnabod.
14 Mae'r lleill wedi marw, a fyddan nhw ddim yn byw;
cysgodion ydyn nhw, a wnân nhw byth godi.
Ti wnaeth benderfynu eu tynged,
eu dinistrio a chael gwared â phob atgof ohonyn nhw.
15 Ti wedi gwneud i'r genedl dyfu, O ARGLWYDD,
Ti wedi gwneud i'r genedl dyfu, ac ennill anrhydedd i ti dy hun.
Ti wedi estyn ffiniau'r wlad.

16 ARGLWYDD, pan oedd hi'n argyfwng arnyn nhw
dyma nhw'n dy geisio di.
Roeddet ti wedi'u ceryddu nhw
am yr holl sibrwd swynion.
17 Roedden ni o dy flaen di, O ARGLWYDD,
fel gwraig ar fin cael plentyn,
yn gwingo ac yn sgrechian mewn poen.
18 Ond os oedden ni'n feichiog, os oedden ni'n gwingo,
doedden ni'n geni dim byd ond gwynt.
Gafodd y wlad mo'i hachub,
a doedd dim plant wedi'u geni i fyw yn y tir.

19 Ond bydd dy feirw di yn dod yn fyw!
Bydd cyrff marw yn codi eto!
Deffrwch a chanwch yn llawen,
chi sy'n byw yn y pridd!
Bydd dy olau fel gwlith y bore
yn rhoi bywyd i dir y meirwon.

20 Ewch, fy mhobl! Ewch i'ch ystafelloedd,
a chloi'r drysau ar eich hôl.
Cuddiwch am funud fach, nes i'w lid basio heibio.
21 Achos mae'r ARGLWYDD yn dod allan
i gosbi pobl y ddaear am eu drygioni.
Bydd y tir yn dangos y trais fu arno,
a ddim yn cuddio'r rhai gafodd eu lladd byth mwy.

26:19 Daniel 12:2

Achub Israel

27 Bryd hynny,
bydd yr ARGLWYDD
yn cosbi Lefiathan, y neidr wibiog,
gyda'i gleddyf llym, mawr a didostur –
Lefiathan, y neidr droellog;
a bydd yn lladd Rahab, anghenfil y môr.[rh]

2 Bryd hynny byddwch yn canu'r gân, "Y Winllan Hyfryd".

3 Fi, yr ARGLWYDD, sy'n gofalu amdani,
ac yn ei dyfrio hi bob amser.
Dw i'n ei gwylio hi nos a dydd,
rhag i rywun wneud niwed iddi.
4 Dw i ddim yn ddig bellach:
petai rhywun yn rhoi drain a mieri i mi,
byddwn yn mynd allan i ryfel yn eu herbyn,
ac yn eu llosgi nhw'n ulw.
5 Ond os ydyn nhw am i mi eu hamddiffyn nhw,
rhaid iddyn nhw wneud heddwch hefo fi;
ie, rhaid iddyn nhw wneud heddwch hefo fi.

6 Mae'r amser yn dod pan fydd Jacob yn bwrw gwreiddiau,
ac Israel yn tyfu ac yn blodeuo –
bydd y byd i gyd yn llawn o'i ffrwyth.
7 Gafodd e ei daro fel yr un wnaeth ei daro fe?
Wnaeth e ddiodde lladdfa debyg i'r un wnaeth ei ladd e?
8 Cafodd ei yrru i ffwrdd a'i gaethgludo i'w alw i gyfrif.
Cafodd ei chwythu i ffwrdd gan wynt cryf ar ddydd y storm.
9 Felly, dyma sut mae gwneud iawn am fai Jacob,
a dyma fydd canlyniad symud ei bechod:
Bydd cerrig yr allor yn cael eu malu i gyd
fel petaen nhw'n garreg galch –
a pholion y dduwies Ashera a'r llestri dal arogldarth
wedi'u torri i gyd.

10 Mae'r ddinas gaerog wedi'i gadael yn wag,
cartrefi gwag wedi'u gadael fel tir diffaith.
Mae lloi yn pori yno, yn gorwedd i lawr
ac yn bwyta popeth sydd ar y canghennau.
11 Yna mae'r brigau'n sychu ac yn torri,
ac mae merched yn dod ac yn cynnau tân hefo nhw.
Pobl oedd ddim yn deall oedden nhw;
felly doedd Duw'n dangos dim trugaredd,
doedd eu Crëwr yn dangos dim caredigrwydd atyn nhw.

12 Bryd hynny, bydd yr ARGLWYDD yn ysgwyd y goeden, o afon Ewffrates i Wadi'r Aifft;[s]
a byddwch chi, blant Israel, yn cael eich casglu bob yn un! 13 Bryd hynny, bydd y corn hwrdd[t]

rh 27:1 *Lefiathan ... môr* Roedd y bwystfilod mytholegol yma yn cynrychioli grymoedd anhrefn, a'r cenhedloedd oedd yn gormesu Israel. s 27:12 *o afon Ewffrates i Wadi'r Aifft* Dyma ffiniau traddodiadol y tir roedd Duw wedi ei addo i'w bobl. gw. Genesis 15:18; Exodus 23:31. t 27:13 *corn hwrdd* Hebraeg, *shoffar.*
27:1 Job 41:1; Salm 74:14; 104:26

yn cael ei ganu; bydd y rhai oedd ar goll yng ngwlad Asyria, a'r rhai oedd wedi cael eu gyrru i wlad yr Aifft, yn dod i addoli'r ARGLWYDD ar y mynydd cysegredig,[th] yn Jerwsalem.

Cosbi Samaria

28 Gwae Samaria!
Bydd coron falch meddwon Effraim[u] yn syrthio,
a'i harddwch yn ddim ond blodau wedi gwywo –
blodau oedd yn tyfu ar ben dyffryn ffrwythlon.
Maen nhw'n chwil gaib!

2 Edrychwch! Mae gan y Meistr un cryf a dewr
sydd fel storm o genllysg, ie, drycin ddinistriol –
fel storm pan mae'r glaw yn arllwys i lawr
ac yn bwrw popeth i'r llawr.

3 Bydd coron falch meddwon Effraim
wedi'i sathru dan draed, 4a'i blodau wedi gwywo –
y blodau oedd yn tyfu ar ben dyffryn ffrwythlon.
Byddan nhw fel ffigysen gynnar cyn i'r cynhaeaf ddod.
Bydd rhywun yn sylwi arni
ac yn ei llyncu yr eiliad mae'n gafael ynddi.

5Bryd hynny,
bydd yr ARGLWYDD hollbwerus yn goron hardd,
ac yn dorch wedi'i phlethu'n hyfryd
i'r bobl fydd wedi'u gadael ar ôl.
6 Bydd yn rhoi arweiniad i'r un sy'n eistedd i farnu,
a nerth i'r rhai sy'n amddiffyn giatiau'r ddinas.

Proffwydi meddw Jwda

7 Ond mae'r rhain wedi meddwi'n gaib ar win;
maen nhw'n chwil ar ôl yfed cwrw.
Mae'r offeiriad a'r proffwyd
wedi meddwi'n gaib ar gwrw
a drysu'n lân ar win.
Maen nhw'n chwil ar ôl yfed cwrw,
a'u gweledigaethau'n ddryslyd;
maen nhw'n baglu wrth farnu.
8 Mae chwŷd a charthion dros y byrddau i gyd;
does dim lle'n lân o gwbl.

9 "Pwy mae e'n gallu ei ddysgu?
I bwy fyddai e'n gallu esbonio rhywbeth?
I blantos bach sydd newydd ddod oddi ar y frest falle!
10 Fel ailadrodd llythrennau'r wyddor,
'a, b', 'a, b',
'c, ch, d', 'c, ch, d',
tyrd yma, bach; fan yma, bach!"

---

th 27:13 *mynydd cysegredig* gw. 2:3. u 28:1 *Effraim* Effraim oedd prif lwyth teyrnas Israel, ac mae'n aml yn cynrychioli'r wlad yn gyfan.

11 O'r gorau, bydd yn siarad gyda nhw
fel un yn siarad yn aneglur mewn iaith estron.
12 Roedd wedi dweud wrthyn nhw yn y gorffennol:
"Dyma le saff, lle i'r blinedig orffwys;
dyma le i chi orwedd i lawr."
Ond doedd neb yn fodlon gwrando.

13 Felly dyma neges yr Arglwydd iddyn nhw:
" 'a, b', 'a, b',
'c, ch, d', 'c, ch, d',
tyrd yma, bach; fan yma, bach!"
Wrth geisio codi i gamu yn eu blaenau
byddan nhw'n syrthio ar eu tinau,
yn cael eu dryllio a'u rhwymo a'u dal.

Conglfaen yn Seion

14 Felly dyma neges yr Arglwydd
i chi sy'n gwawdio,
chi arweinwyr y bobl yn Jerwsalem!
15 Chi sy'n brolio,
"Dŷn ni wedi gwneud cytundeb â Marwolaeth,
a tharo bargen i osgoi'r bedd.
Pan fydd y dinistr yn ysgubo heibio,
fydd e ddim yn ein cyffwrdd ni.
Dŷn ni wedi gwneud twyll yn lle i guddio,
a chelwydd yn lle saff i gysgodi."

16 Dyma mae fy Meistr, yr Arglwydd, yn ei ddweud:

"Edrychwch, dw i'n mynd i osod carreg yn Seion,
carreg ddiogel,
conglfaen gwerthfawr,
sylfaen hollol gadarn.
Fydd pwy bynnag sy'n credu ddim yn panicio.

17 Bydda i'n gwneud cyfiawnder yn llinyn mesur,
a thegwch yn llinyn plwm.
Bydd cenllysg yn ysgubo'r twyll, sef eich lle i guddio,
a bydd dŵr y llifogydd yn boddi'ch lle saff i gysgodi.
18 Bydd eich cytundeb hefo Marwolaeth yn cael ei dorri,
a'ch bargen gyda'r bedd yn chwalu.
Pan fydd y dinistr yn ysgubo heibio,
chi fydd yn diodde'r difrod.
19 Bydd yn eich taro chi
bob tro y bydd yn dod.
Bydd yn dod un bore ar ôl y llall,
bob dydd a bob nos."

Bydd deall y neges yma
yn achosi dychryn ofnadwy.
20 Mae'r gwely'n rhy fyr i ymestyn arno,
a'r garthen yn rhy gul i rywun ei lapio amdano!

21 Bydd yr ARGLWYDD yn codi
fel y gwnaeth ar Fynydd Peratsîm;[w]
bydd yn cyffroi i wneud ei waith
fel y gwnaeth yn Nyffryn Gibeon[y] –
ond bydd yn waith rhyfedd!
Bydd yn cyflawni'r dasg –
ond bydd yn dasg ddieithr!

22 Felly, stopiwch wawdio,
rhag i'ch rhwymau gael eu tynhau.
Dw i wedi clywed fy Meistr, yr ARGLWYDD hollbwerus,
yn gorchymyn dinistrio'r wlad gyfan.

Doethineb Duw

23 Gwrandwch yn astud ar hyn!
Gwnewch yn siŵr eich bod yn clywed be dw i'n ddweud.
24 Ydy'r sawl sy'n aredig
yn aredig drwy'r amser heb hau?
Ydy e'n troi'r tir a'i lyfnu'n ddi-baid?
25 Ar ôl ei lefelu, onid ydy e'n
gwasgaru ffenigl a hadau cwmin?
Onid ydy e'n hau gwenith mewn rhes,
haidd yn ei le, a sbelt yn ei wely?
26 Ei Dduw sy'n ei ddysgu;
mae'n dysgu'r ffordd iawn iddo.

27 Dydy ffenigl ddim yn cael ei ddyrnu gyda sled,
na cwmin gydag olwyn trol.
Mae ffenigl yn cael ei guro hefo ffon,
a chwmin gyda gwialen.
28 Mae gwenith yn cael ei falu,
ond ddim yn ddiddiwedd.
Mae olwyn trol yn rholio drosto,
ond dydy'r ceffylau ddim yn ei sathru.
29 A'r ARGLWYDD hollbwerus sydd wedi trefnu hyn hefyd –
Mae ganddo gynllun gwych,
ac mae'n rhyfeddol o ddoeth.

Bydd Jerwsalem yn dioddef

29 Gwae Ariel![a]
Ariel, y ddinas lle roedd Dafydd yn byw!
Mae'r blynyddoedd yn mynd heibio
a'r gwyliau yn pasio yn eu tro.
2 Ond dw i'n mynd i'w phoenydio,
a bydd yn griddfan ac ochneidio.
Bydd Ariel yn allor i aberthu i mi.

---

w 28:21 *Fynydd Peratsîm* Cyfeiriad at fuddugoliaeth Dafydd yn erbyn y Philistiaid yn Baal-peratsîm (2 Samuel 5:17-21). y 28:21 *Gibeon* Cyfeiriad at fuddugoliaeth Josua yn Gibeon (Josua 10:1-11). a 29:1 *Ariel* Enw ar Jerwsalem.

3 Bydda i'n gwersylla o dy gwmpas,
yn gwarchae arnat hefo byddin
ac offer gwarchae i ymosod arnat ti.
4 Byddi'n cael dy dynnu i lawr, a byddi'n galw o'r pridd;
bydd dy eiriau fel rhywun yn mwmian o'r llwch.
Byddi'n swnio fel ysbryd yn codi o'r pridd;
bydd dy eiriau fel rhywun yn sibrwd o'r llwch.

5 A bydd y dyrfa greulon ddaeth yn dy erbyn
yn cael ei malu fel llwch mân.
Bydd y dyrfa o ormeswyr
fel us yn cael ei chwythu i ffwrdd.
Yn sydyn, mewn chwinciad,
6 bydd yr Arglwydd hollbwerus yn eu cosbi
gyda tharan, daeargryn a sŵn byddarol,
gyda corwynt, storm, a thân yn dinistrio.

7 A bydd yr holl genhedloedd wnaeth ryfela yn erbyn Ariel
– ymosod arni, ei gwarchae a'i gormesu –
fel breuddwyd, neu weledigaeth yn y nos.
8 Bydd fel rhywun sy'n llwgu'n breuddwydio ei fod yn bwyta,
ac yna'n deffro a'i fol yn dal yn wag;
neu rywun sydd â syched arno yn breuddwydio ei fod yn yfed,
ac yna'n deffro yn teimlo'n wan a'i geg yn sych grimp.
Felly bydd hi ar yr holl genhedloedd
sy'n rhyfela yn erbyn Mynydd Seion.

9 Arhoswch. Cewch eich syfrdanu!
Ydych chi'n hollol ddall?
Wedi meddwi – ond ddim ar win!
Yn chwil – ond ddim ar gwrw!
10 Mae'r Arglwydd wedi'ch gwneud chi'n gysglyd.
Mae e wedi cau eich llygaid chi'r proffwydi,
ac wedi rhoi mwgwd dros eich pennau chi sy'n cael gweledigaethau.

11 Mae pob gweledigaeth fel neges mewn dogfen sydd wedi'i selio. Mae'n cael ei rhoi
i rywun sy'n gallu darllen, gan ofyn iddo, "Darllen hwn i mi", ond mae hwnnw'n ateb, "Alla
i ddim, mae wedi'i selio." 12 Yna mae'n cael ei rhoi i rywun sydd ddim yn gallu darllen, gan
ofyn i hwnnw, "Darllen hwn i mi", a'i ateb e ydy, "Dw i ddim yn gallu darllen."

13 Dyma ddwedodd y Meistr:

Mae'r bobl yma'n dod ata i
ac yn dweud pethau gwych amdana i,
ond mae eu calonnau'n bell oddi wrtho i.
Dydy eu haddoliad nhw yn ddim ond
traddodiad dynol wedi'i ddysgu iddyn nhw.
14 Felly, dw i'n mynd i syfrdanu'r bobl yma
dro ar ôl tro gydag un rhyfeddod ar ôl y llall.
Ond bydd doethineb y deallus yn darfod,
a chrebwyll pobl glyfar wedi'i guddio.

Gobaith i'r dyfodol

15 Gwae'r rhai sy'n ceisio cuddio'u cynlluniau
oddi wrth yr ARGLWYDD,
y rhai sy'n gweithio yn y tywyllwch,
ac yn dweud, "Pwy sy'n ein gweld ni?"
"Pwy sy'n gwybod amdanon ni?"
16 Dych chi mor droëdig!
Ydy'r crochenydd i gael ei ystyried fel clai?
Fel petai'r hyn gafodd ei greu yn dweud am yr un a'i gwnaeth,
"Wnaeth e mohono i!"
Neu'r hyn gafodd ei siapio yn dweud am yr un a'i siapiodd,
"Dydy e'n deall dim!"

17 Yn fuan iawn, oni fydd Libanus
yn cael ei throi'n berllan,
a Carmel yn cael ei ystyried yn goedwig.
18 Bryd hynny, bydd y byddar yn clywed geiriau o lyfr,
a bydd llygaid pobl ddall yn gweld
ar ôl bod mewn tywyllwch dudew.
19 Bydd y rhai sy'n cael eu gorthrymu
yn llawenhau yn yr ARGLWYDD,
a'r bobl dlotaf yn gorfoleddu
yn Un Sanctaidd Israel.

20 Fydd dim gormeswyr o hynny ymlaen,
a bydd y rhai sy'n gwawdio yn peidio â bod;
bydd pawb sy'n dal ati i wneud drwg
yn cael eu torri i ffwrdd –
21 y rhai sy'n gwneud i rywun edrych fel troseddwr,
ac yn gosod trap i'r un sy'n erlyn yn y llys wrth giatiau'r ddinas,
a gwneud iddo droi ymaith achos cyfiawn gyda dadl wag.

22 Felly, dyma mae'r ARGLWYDD yn ei ddweud wrth Deulu Jacob – y Duw brynodd ryddid
i Abraham:

Fydd Jacob ddim yn cael ei gywilyddio eto!
Fydd ei wyneb ddim yn gwelwi eto!
23 Achos pan fyddan nhw'n gweld eu plant
a beth fydda i wedi'i wneud yn eu plith,
byddan nhw'n anrhydeddu fy enw i.
Bydd pobl yn anrhydeddu Un Sanctaidd Jacob
Ac yn dangos parch go iawn at Dduw Israel.
24 Bydd y rhai sydd wedi mynd ar gyfeiliorn yn dod i ddeall,
a'r rhai sy'n cwyno o hyd wedi dysgu gwers.

Peidio disgwyl help o'r Aifft

30 "Gwae chi, blant ystyfnig," meddai'r ARGLWYDD –
"yn gwneud cynlluniau sy'n groes i be dw i eisiau,
a ffurfio cynghreiriau wnes i ddim eu hysbrydoli!
A'r canlyniad? –
Pentyrru un pechod ar y llall!

2 Rhuthro i lawr i'r Aifft heb ofyn i mi,
a gofyn i'r Pharo eu hamddiffyn
a'u cuddio dan gysgod yr Aifft.

3 Ond bydd cael y Pharo i amddiffyn yn codi cywilydd,
a bydd cuddio dan gysgod yr Aifft yn siom mawr,
4 er bod ganddo swyddogion yn Soan
a llysgenhadon mor bell â Chanes.[b]
5 Cânt eu cywilyddio'n llwyr,
am fod yr Aifft yn dda i ddim iddyn nhw –
dim help o gwbl!
Fyddan nhw'n elwa dim,
ond yn profi siom a chywilydd."

6 Neges am 'Anifeiliaid y Negef':

Yn nhir trafferthion a chaledi,
gwlad y llewes a'r llew cry,
y neidr a'r wiber wibiog,
maen nhw'n cario'u cyfoeth ar gefn asynnod,
a'u trysorau ar gefn camelod,
ar ran pobl sy'n dda i ddim.

7 Mae'r Aifft yn ddiwerth! Dŷn nhw ddim help o gwbl!
Felly, dw i'n ei galw hi'n "Yr un falch sy'n fud."

Pobl anufudd

8 Tyrd nawr, ysgrifenna hyn ar lechen a'i gofnodi mewn sgrôl,
i fod yn dystiolaeth barhaol i'r dyfodol.
9 Achos maen nhw'n bobl anufudd ac yn blant sy'n twyllo –
plant sy'n gwrthod gwrando
ar beth mae'r ARGLWYDD yn ei ddysgu.
10 Pobl sy'n dweud wrth y rhai sy'n cael gweledigaethau,
"Peidiwch â cheisio gweledigaeth,"
ac wrth y proffwydi, "Peidiwch proffwydo
a dweud wrthon ni beth sy'n iawn.
Dwedwch bethau neis – er eu bod yn gelwydd!
11 Trowch o'r ffordd! Ewch oddi ar y llwybr iawn!
Stopiwch ein hatgoffa ni am Un Sanctaidd Israel!"

12 Felly, dyma mae Un Sanctaidd Israel yn ei ddweud:

Am eich bod wedi gwrthod y neges yma,
a dewis rhoi'ch ffydd mewn gormeswr twyllodrus –
13 bydd y bai yma fel wal uchel yn bochio,
ac yn sydyn, mewn chwinciad, mae'n syrthio.
14 Bydd yn torri'n ddarnau,
fel jwg pridd yn cael ei falu'n deilchion –
bydd wedi darfod.
Fydd dim un darn yn ddigon o faint
i godi marwor o badell dân neu wagio dŵr o bwll.

15 Dyma mae'r Meistr, yr ARGLWYDD, Un Sanctaidd Israel, yn ei ddweud:

---

b 30:4 *Soan ... Chanes* Roedd Soan yng ngogledd-ddwyrain yr Aifft; roedd Chanes i lawr yn y de.

"Os trowch yn ôl a trystio cewch eich achub;
wrth aros yn llonydd a chredu y cewch fuddugoliaeth."
Ond dych chi ddim yn fodlon gwneud hynny.
16 "Na," meddech chi.
"Gadewch i ni ddianc ar gefn meirch!" –
a dyna wnewch chi.
"Gadewch i ni farchogaeth yn gyflym!" –
ond bydd y rhai sydd ar eich ôl yn gyflymach!
17 Bydd un gelyn yn bygwth a mil yn dianc;
pump yn bygwth a phawb yn dianc.
Bydd cyn lleied ar ôl, byddan nhw fel
polyn fflag ar ben bryn,
neu faner ar ben mynydd.

Duw eisiau bendithio'i bobl

18 Ond mae'r Arglwydd wir eisiau bod yn garedig atoch chi;
bydd yn siŵr o godi i faddau i chi.
Achos mae'r Arglwydd yn Dduw cyfiawn,
ac mae'r rhai sy'n disgwyl amdano yn cael bendith fawr!

19 Wir i chi, bobl Seion – chi sy'n byw yn Jerwsalem – fyddwch chi ddim yn wylo wedyn. Bydd
e'n garedig atoch chi pan fyddwch chi'n galw. Bydd e'n ateb yr eiliad mae'n eich clywed chi.
20 Er bod y Meistr wedi rhoi helynt i chi'n fwyd, a dioddefaint yn ddŵr, fydd y Duw sy'n eich
tywys ddim yn cuddio mwyach, byddwch yn ei weld yn eich arwain. 21 Wrth wyro i'r dde neu
droi i'r chwith, byddwch yn clywed llais y tu ôl i chi'n dweud: "Dyma'r ffordd; ewch y ffordd
yma!" 22 Byddwch yn ffieiddio'r delwau wedi'u gorchuddio ag arian, a'r delwau metel ag aur
yn eu gorchuddio. Byddwch yn eu taflu i ffwrdd fel cadach misglwyf, ac yn dweud, "Budreddi!"
23 Bydd e'n rhoi glaw i'r had rwyt wedi'i hau yn y pridd, a bydd y tir yn rhoi cnwd da,
cyfoethog. Bydd digonedd o borfa i dy anifeiliaid bryd hynny, 24 a bydd yr ychen a'r asynnod
sy'n gweithio ar y tir yn cael eu bwydo gyda'r ebran gorau, wedi'i nithio â fforch a rhaw.
25 Bydd nentydd a ffrydiau o ddŵr yn llifo ar bob mynydd a bryn uchel – ar ddiwrnod
y lladdfa fawr pan fydd y tyrau amddiffynnol yn syrthio. 26 Bydd y lleuad yn disgleirio fel yr
haul, a bydd yr haul yn disgleirio saith gwaith cryfach nag arfer (fel golau saith diwrnod mewn
un!) ar y diwrnod pan fydd yr Arglwydd yn rhwymo briwiau ei bobl, ac yn iacháu'r anafiadau
gawson nhw pan darodd e nhw.

Cosbi Asyria

27 Edrychwch! Mae'r Arglwydd ei hun
yn dod o bell, yn wyllt gynddeiriog,
yn corddi o'i fewn.
Mae'n siarad yn ddig, a'i eiriau fel tân yn difa.
28 Mae ei dymer fel llifogydd gwyllt
yn cyrraedd at y gwddf.

Bydd yn ysgwyd y cenhedloedd
mewn gogr i'w dinistrio,
ac yn rhoi ffrwyn yng ngheg pobloedd
i'w harwain ar gyfeiliorn.
29 Ond byddwch chi'n canu,
fel petai'n noson i ddathlu gŵyl.

30:17 Josua 23:10

Byddwch yn llawen ac yn dawnsio i gyfeiliant pib
wrth fynd i fynydd yr ARGLWYDD, Craig Israel.

30 Bydd yr ARGLWYDD yn bloeddio'n uchel,
a bydd ei fraich gref yn dod i lawr
ac yn eu taro'n wyllt gynddeiriog,
fel fflamau tân yn difa,
neu gorwynt, storm a chenllysg.
31 Bydd llais yr ARGLWYDD yn chwalu Asyria,
sef y wialen ddefnyddiodd i daro.
32 Bydd yn eu waldio gyda'r pastwn ddewisodd
ac yn eu curo i gyfeiliant drymiau a thelynau,
pan fydd yn mynd allan i ryfel yn eu herbyn.

33 Mae'r goelcerth angladdol wedi'i pharatoi cyn hyn;
mae'n barod ar gyfer eu brenin.
Mae'r pwll tân yn ddwfn ac yn llydan,
ac mae digon o goed i'w tanio.
Bydd anadl yr ARGLWYDD
fel llif lafa yn dod i'w llosgi.

Peidiwch trystio'r Aifft

31 Gwae'r rhai sy'n mynd i lawr i'r Aifft am help,
a'u ffydd mewn ceffylau rhyfel:
y rhai sy'n dibynnu ar eu holl gerbydau
a'u nifer fawr o farchogion,
yn lle edrych ar Un Sanctaidd Israel
a gofyn am help yr ARGLWYDD.

2 Ond mae e hefyd yn ddoeth!
Mae e'n dod â thrwbwl,
a dydy e ddim yn torri ei air.
Bydd yn codi yn erbyn y genedl ddrwg
a'r rhai sy'n ei helpu i bechu.

3 Pobl feidrol ydy'r Eifftiaid, nid Duw,
a'u ceffylau yn gnawd, nid ysbryd!
Pan fydd yr ARGLWYDD yn estyn ei law,
bydd yr helpwr yn baglu
a'r un sy'n cael ei help yn syrthio –
bydd hi wedi darfod ar y ddau gyda'i gilydd!

4 Dyma mae'r ARGLWYDD wedi'i ddweud wrtho i:

Fel mae llew, neu lew ifanc,
yn rhuo uwchben ei ysglyfaeth,
a ddim yn dychryn wrth glywed sŵn
criw o fugeiliaid yn dod ar ei ôl;
dyna sut bydd yr ARGLWYDD hollbwerus yn dod i lawr
i ymladd dros Fynydd Seion ar ei bryn.

31:1 Salm 20:7

5 Fel mae adar yn hofran yn yr awyr,
bydd yr ARGLWYDD hollbwerus
yn amddiffyn Jerwsalem.
Bydd yn ei hamddiffyn a'i hachub,
yn ei harbed a'i rhyddhau.

6 Blant Israel, trowch yn ôl at yr Un dych chi wedi gwrthryfela mor ddifrifol yn ei erbyn. 7 Bryd
hynny bydd pob un ohonoch yn gwrthod yr eilunod o arian ac aur a wnaeth eich dwylo
pechadurus.

8 "Bydd Asyria'n cael ei difa,
ond nid gan gleddyf dynol;
cleddyf Duw fydd yn eu taro.
Byddan nhw'n ffoi rhag y cleddyf,
ond bydd eu milwyr gorau'n gaethweision.
9 Bydd eu 'craig' yn diflannu mewn dychryn,
a'u swyddogion yn ffoi rhag baner eu gelyn."
Dyna mae'r ARGLWYDD yn ei ddweud –
yr un sydd â'i dân yn Seion,
a'i ffwrnais yn Jerwsalem.

Bydd cyfiawnder yn teyrnasu

32 Edrychwch, bydd brenin yn teyrnasu yn gyfiawn,
a'i dywysogion yn rheoli yn deg.
2 Bydd pob un ohonyn nhw fel cysgod rhag y gwynt
a lloches rhag y storm,
fel nentydd o ddŵr mewn tir sych
neu gysgod craig enfawr mewn crasdir.

3 Bydd llygaid y rhai sy'n gweld yn edrych,
a chlustiau'r rhai sy'n clywed yn gwrando.
4 Bydd y difeddwl yn oedi ac yn sylwi,
a thafod y rhai sydd ag atal dweud yn siarad yn glir.
5 Fydd y ffŵl ddim yn cael ei alw'n ŵr bonheddig,
na'r twyllwr yn cael ei anrhydeddu.

6 Achos dweud pethau ffôl mae ffŵl
a chynllunio i wneud pethau drwg.
Mae'n ymddwyn yn annuwiol
ac yn dweud celwydd am yr ARGLWYDD.
Mae'n gadael y newynog hefo stumog wag
ac yn gwrthod rhoi diod i'r sychedig.

7 Mae arfau'r twyllwr yn ddrwg.
Mae'n cynllunio i wneud drwg –
dinistrio pobl dlawd drwy eu twyllo
a cham-drin yr anghenus yn y llys.
8 Ond mae bwriadau'r person anrhydeddus yn dda,
ac mae bob amser yn gwneud beth sy'n nobl.

Cosbi gwragedd Jerwsalem

9 Chi wragedd cyfforddus, safwch!
Gwrandwch arna i!

Chi ferched heb bryder yn y byd,
gwrandwch beth dw i'n ddweud!
10 Mewn llai na blwyddyn,
cewch chi sydd mor hyderus eich ysgwyd.
Bydd y cynhaeaf grawnwin yn methu,
a dim ffrwyth i'w gasglu.
11 Dylech chi sy'n gyfforddus ddechrau poeni!
Dylech chi sydd mor ddibryder ddechrau crynu!
Tynnwch eich dillad! Stripiwch!
Gwisgwch sachliain am eich canol,
12 ac am y bronnau sy'n galaru!

Dros y caeau hyfryd a'r coed gwinwydd ffrwythlon,
13 dros dir fy mhobl bydd drain a mieri yn tyfu.
Ie, dros yr holl dai hyfryd a'r dre llawn miri.
14 Bydd y palas wedi'i adael a'r ddinas boblog yn wag.
Bydd y tyrau amddiffyn ar y bryniau
yn troi'n foelydd am byth –
yn gynefin i asynnod gwyllt a phorfa i breiddiau.

15 Dyna sut bydd hi, nes i ysbryd oddi uchod gael ei dywallt arnon ni,
i'r anialwch gael ei droi'n gaeau ffrwythlon,
a'r caeau droi'n goedwig.
16 Bryd hynny, bydd cyfiawnder yn aros yn yr anialwch
a thegwch yn cartrefu yn y caeau;
17 bydd cyfiawnder yn arwain i heddwch,
ac wedyn bydd llonydd a diogelwch am byth.
18 Bydd fy mhobl yn byw mewn cymunedau saff,
tai diogel, a lleoedd i orffwys yn dawel.

19 Er i'r goedwig gael ei thorri i lawr gan genllysg
ac i'r ddinas orwedd mewn cywilydd,
20 y fath fendith fydd i chi sy'n hau wrth ffrydiau dŵr,
ac yn gollwng yr ych a'r asyn yn rhydd i bori.

Bydd Jerwsalem yn saff

33 Gwae ti'r dinistriwr sydd heb gael dy ddinistrio,
ti'r bradwr sydd heb gael dy fradychu!
Pan fyddi wedi gorffen dinistrio, cei di dy ddinistrio;
pan fyddi wedi gorffen bradychu, cei di dy fradychu!

2 O ARGLWYDD, bydd yn drugarog wrthon ni!
Dŷn ni'n disgwyl amdanat ti.
Bydd di yn nerth i ni yn y bore,
ac achub ni pan dŷn ni mewn trwbwl.

3 Pan wyt ti'n rhuo mae pobl yn ffoi!
Pan wyt ti'n codi mae cenhedloedd yn gwasgaru!
4 Mae'r cwbl maen nhw'n ei adael yn cael ei gasglu
fel petai lindys neu haid o locustiaid wedi disgyn arno.

5 Mae'r ARGLWYDD mor ardderchog!
Mae'n byw yn yr uchelder!
Mae'n llenwi Seion gyda chyfiawnder a thegwch.

6 Fe sy'n rhoi sicrwydd iddi bob amser.
Stôr helaeth o achubiaeth, doethineb, gwybodaeth,
a pharch at yr ARGLWYDD – dyna'i drysor iddi.

7 Gwrandwch! Mae eu harwr yn gweiddi y tu allan!
Mae negeswyr heddwch yn wylo'n chwerw!
8 Mae'r priffyrdd yn wag!
Mae'r teithwyr wedi diflannu!
Mae'r cytundebau wedi'u torri,
a'r tystion yn cael eu dirmygu.
Does dim parch at fywyd dynol.

9 Y fath alar! Mae'r tir wedi darfod amdano!
Mae Libanus yn crino a gwywo!
Mae Saron fel tir anial,
a Bashan a Carmel wedi colli eu dail.

Yr ARGLWYDD yn rhybuddio'i elynion

10 "Dw i'n mynd i godi nawr," meddai'r ARGLWYDD,
"dw i'n mynd i godi i fyny; cewch weld mor uchel ydw i!
11 Dim ond us dych chi'n ei feichiogi;
dim ond gwellt fydd yn cael ei eni!
Mae eich ysbryd fel tân fydd yn eich dinistrio chi!
12 Bydd eich pobl fel calch wedi'i losgi,
neu ddrain wedi'u torri a'u rhoi ar dân.

13 Chi sy'n bell i ffwrdd, gwrandwch beth dw i wedi'i wneud!
A chi sy'n agos, gwelwch mor nerthol ydw i."

14 Mae pechaduriaid Seion wedi dychryn,
Mae'r rhai annuwiol yn crynu mewn ofn.
"Pwy all oroesi yn y tân dinistriol yma?
Pwy all fyw gyda fflamau sydd byth yn diffodd?"

15 Yr un sy'n gwneud beth sy'n iawn ac yn dweud y gwir,
sy'n gwrthod elwa drwy dwyll, na derbyn breib,
yn gwrthod gwrando ar gynllwyn i dywallt gwaed,
ac yn cau ei lygaid rhag cael ei ddenu i wneud drwg.
16 Person felly fydd yn saff rhag y cwbl,
a chreigiau uchel yn gaer o'i gwmpas.
Bydd bwyd yn cael ei roi i'w gynnal
a bydd digonedd o ddŵr iddo.

Y dyfodol gwych

17 Byddi'n gweld brenin yn ei holl ysblander,
a thir eang yn ymestyn i'r pellter.
18 Byddi'n cofio am yr ofn a fu unwaith,
"Ble mae'r un oedd yn cyfri'r trethi?
Ble mae'r un oedd yn pwyso'r arian?
Ble mae'r un oedd yn cyfri'r tyrau?"
19 Fyddi di ddim yn gweld y bobl farbaraidd yna eto –
yn siarad iaith doeddet ti ddim yn ei deall,
ac yn paldaruo'n ddiystyr.

20 Dychmyga Seion,
dinas ein gwyliau crefyddol!
Byddi'n gweld Jerwsalem fel lle tawel i fyw –
pabell does dim rhaid ei phacio,
gyda phegiau fydd neb yn eu tynnu byth eto,
a rhaffau fydd byth yn torri.

21 Bydd yr ARGLWYDD yno gyda ni yn ei fawredd!
Ardal o afonydd a ffrydiau llydan yn llifo,
ond heb longau sy'n cael eu rhwyfo
na llongau hwylio mawr yn mynd heibio.
22 Yr ARGLWYDD ydy'n barnwr ni,
yr ARGLWYDD ydy'n llywodraethwr ni,
yr ARGLWYDD ydy'n brenin ni –
fe ydy'r un fydd yn ein hachub ni!
23 Byddi'n cael dy ddarn o dir
a fyddan nhw ddim yn gallu gosod eu polyn fflag
na chodi eu baner yno.
Bydd digonedd o ysbail i gael ei rhannu,
a bydd hyd yn oed y cloff yn cael ei siâr.
24 Fydd neb sy'n byw yno'n dweud, "Dw i'n sâl!"
Bydd y bobl sy'n byw yno
wedi cael maddeuant am bob bai.

Barnu'r gwledydd i gyd

34 Dewch yma, chi wledydd, i wrando!
Gwrandwch ar hyn, chi bobloedd y byd!
Boed i'r ddaear a phawb arni wrando –
y byd, a phopeth sydd ynddo.

2 Mae'r ARGLWYDD wedi digio gyda'r gwledydd;
mae'n wyllt gyda'u holl fyddinoedd,
a bydd yn eu dinistrio a'u lladd nhw.
3 Bydd y rhai gaiff eu lladd yn cael eu taflu allan –
bydd y drewdod yn ofnadwy
a bydd y mynyddoedd wedi'u trochi â'u gwaed.
4 Bydd y sêr i gyd yn diffodd,
a'r awyr yn cael ei rholio fel sgrôl.
Bydd y sêr i gyd yn syrthio
fel dail yn disgyn o'r winwydden,
neu ffrwyth aeddfed oddi ar goeden ffigys.

5 "Bydd fy nghleddyf i'w weld yn yr awyr,
ac edrychwch, bydd yn syrthio ar Edom,
ar y bobl dw i wedi'u dedfrydu i'w difrodi."

6 Mae'r ARGLWYDD am drochi ei gleddyf mewn gwaed,
a'i fodloni gyda braster anifeiliaid –
gwaed ŵyn a bychod geifr,
a'r braster ar arennau hyrddod.

34:5-17 Eseia 63:1-6; Jeremeia 49:7-22; Eseciel 25:12-14; 35:1-15; Amos 1:11-12; Obadeia 1-14; Malachi 1:2-5

Ydy, mae'r ARGLWYDD yn cynnal aberth yn Bosra,
a lladdfa yn Edom.
7 Bydd ychen gwyllt yn syrthio gyda nhw,
bustych a theirw.
Bydd eu tir wedi socian mewn gwaed,
a'r llawr wedi'i orchuddio gan fraster.

8 Mae gan yr ARGLWYDD ddydd i ddial –
mae'n bryd i dalu'r pwyth yn ôl ar ran Seion.
9 Bydd afonydd o byg yn gorlifo yn Edom,
a bydd ei phridd yn troi'n lafa.
Bydd ei thir yn troi'n byg sy'n llosgi,
10 a fydd y tân ddim yn diffodd ddydd na nos;
bydd mwg yn codi ohono am byth.

Bydd yn gorwedd yn adfeilion am genedlaethau;
fydd neb yn cerdded y ffordd honno byth bythoedd.
11 Bydd tylluanod a draenogod yn ei meddiannu;
y dylluan wen a'r gigfran fydd yn nythu yno.
Bydd Duw yn ei mesur i achosi anhrefn
ac yn ei phwyso i'w gwagio.

12 I ble'r aeth ei huchelwyr?
Does dim y fath beth â theyrnas ar ôl!
Mae ei harweinwyr i gyd wedi diflannu.
13 Bydd drain yn tyfu yn ei phlastai,
danadl a mieri yn ei threfi caerog.
Bydd y wlad yn gartref i siacaliaid,
ac yn dir i'r estrys fyw ynddo.
14 Bydd ysbrydion yr anialwch a bwganod yn cyfarfod yno,
a'r gafr-ddemoniaid yn galw ar ei gilydd.
Yno bydd creaduriaid y nos yn gorffwys ac yn nythu,
15 a neidr wenwynig yn gorwedd ar ei hwyau,
i'w deor a gofalu amdanyn nhw.
Bydd adar rheibus hefyd yn casglu yno,
pob un gyda'i gymar.

16 Astudiwch a darllenwch sgroliau'r ARGLWYDD,
heb adael dim allan, a heb golli llinell.
Yr ARGLWYDD sydd wedi gorchymyn y cwbl,
a'i ysbryd e sydd wedi'u casglu at ei gilydd.
17 Fe sydd wedi rhoi ei siâr i bob un
ac wedi rhannu'r tir rhyngddyn nhw hefo llinyn mesur.
Bydd yn etifeddiaeth iddyn nhw am byth –
byddan nhw'n byw yno ar hyd yr oesoedd.

Ysblander Duw yn dod i'r golwg

35 Bydd yr anialwch a'r tir sych yn llawen,
bydd y diffeithwch yn dathlu ac yn blodeuo –
yn blodeuo'n sydyn fel saffrwn.

34:14 Lefiticus 17:7; 2 Cronicl 11:15; Eseia 13:21

2 Bydd yn dathlu'n llawen ac yn gweiddi;
bydd ysblander Libanus yn cael ei roi iddi,
a harddwch Carmel a Saron.
Byddan nhw'n gweld ysblander yr ARGLWYDD,
a harddwch ein Duw ni.

3 Cryfhewch y dwylo llesg;
a gwnewch y gliniau gwan yn gadarn.
4 Dwedwch wrth y rhai ofnus,
"Byddwch yn ddewr, peidiwch bod ag ofn.
Edrychwch ar eich Duw – mae e'n dod i ddial ar eich gelynion!
Y tâl dwyfol!
Ydy, mae e'i hun yn dod i'ch achub chi!"

5 Bydd llygaid pobl ddall yn cael eu hagor,
a chlustiau pobl fyddar hefyd.
6 Bydd y cloff yn neidio fel hydd,
a'r mud yn gweiddi'n llawen!
Achos bydd dŵr yn tasgu yn yr anialwch,
ac afonydd yn llifo yn y diffeithwch.
7 Bydd y tywod poeth yn troi'n bwll dŵr,
a'r tir sych yn ffynhonnau'n ffrydio.
Bydd y fan lle roedd siacaliaid yn gorweddian
yn troi'n gorsydd o frwyn.

8 Bydd priffordd, ie, ffordd yno
sy'n cael ei galw, 'Y Ffordd Sanctaidd'.
Fydd neb sy'n aflan yn cael teithio arni –
mae ar gyfer y rhai sy'n cerdded y Ffordd.
Fydd ffyliaid ddim yn crwydro ar ei hyd.
9 Fydd dim llew yno,
a fydd anifail gwyllt ddim yn dod yn agos ati –
fydd dim i'w gael yno.
Ond bydd y rhai sydd wedi'u rhyddhau
yn cerdded ar ei hyd.
10 Bydd y bobl ollyngodd yr ARGLWYDD yn rhydd
yn dod yn ôl i Seion yn bloeddio canu!
Bydd y llawenydd sy'n para am byth
yn goron ar eu pennau!
Byddan nhw'n cael eu gwefreiddio gan hwyl a gorfoledd,
am fod galar a griddfan wedi dianc i ffwrdd.

Yr Asyriaid yn bygwth Jerwsalem

(2 Brenhinoedd 18:13-27; 2 Cronicl 32:1-19)

36 Pan oedd Heseceia wedi bod yn frenin am bron un deg pedair o flynyddoedd, dyma
Senacherib, brenin Asyria, yn ymosod ar drefi amddiffynnol Jwda a'u dal nhw. 2Yna
dyma frenin Asyria yn anfon prif swyddog ei balas o Lachish at y Brenin Heseceia yn Jerwsalem,
a byddin enfawr gydag e. Dyma'r prif swyddog yn aros wrth sianel ddŵr y gronfa uchaf, ar
ffordd Maes y Golchwr. 3Ac aeth Eliacim fab Chilceia, arolygwr y palas, allan i'w gyfarfod
gyda Shefna yr ysgrifennydd, a Ioach fab Asaff, y cofnodydd.

4Dwedodd prif swyddog Asyria wrthyn nhw am roi'r neges yma i Heseceia: "Dyma mae'r
Ymerawdwr, brenin Asyria, yn ei ddweud: 'Beth sy'n dy wneud di mor hyderus? 5Siarad gwag

ydy honni fod gen ti'r strategaeth a'r gallu milwrol angenrheidiol! Pwy wyt ti'n pwyso arno
go iawn, dy fod yn beiddio gwrthryfela yn fy erbyn i? 6 Ai'r Aifft wyt ti'n ei drystio? Dydy'r
ffon fagl yna ddim gwell na brwynen wedi hollti, ac mae'n torri llaw ac yn anafu pwy bynnag
sy'n pwyso arni. Dyna sy'n digwydd i bawb sy'n trystio'r Pharo, brenin yr Aifft. 7 Neu ydych
chi am ddweud wrtho i eich bod yn trystio'r ARGLWYDD eich Duw? Onid ydy Heseceia wedi
cael gwared â'i ganolfannau addoli lleol a'i allorau e, a dweud wrth bobl Jwda mai dim ond
wrth yr allor yn Jerwsalem maen nhw i addoli? 8 Tyrd nawr, beth am drafod telerau gyda fy
meistr, brenin Asyria: betia i di, petawn i'n rhoi dwy fil o geffylau i ti, na fyddai gen ti ddigon
o ddynion i'w reidio nhw! 9 Felly sut alli di wrthod cynnig gan ddirprwy un o weision lleia fy
meistr hyd yn oed? Ti ddim yn mynd i fynnu dal ati i drystio'r Aifft am gerbydau a marchogion,
siawns? 10 A beth bynnag, wyt ti'n meddwl fy mod i wedi martsio yn erbyn y wlad yma i'w
dinistrio hi heb i'r ARGLWYDD fy helpu i? Yr ARGLWYDD ei hun ddwedodd wrtho i: "Dos i ymladd
yn erbyn y wlad yna a'i dinistrio hi!" ' "

11 Dyma Eliacim, Shefna, a Ioach yn dweud wrth y prif swyddog, "Plîs siarada yn Aramaeg
hefo dy weision; dŷn ni'n deall yr iaith honno. Paid siarad hefo ni yn Hebraeg yng nghlyw'r
bobl sydd ar y waliau." 12 Ond dyma'r prif swyddog yn ateb, "Ydych chi'n meddwl mai atoch
chi a'ch meistr yn unig mae fy meistr i wedi f'anfon i ddweud hyn? Na, mae'r neges i bawb
sydd ar y waliau hefyd. Byddan nhw, fel chithau, yn gorfod bwyta'u cachu ac yfed eu piso
eu hunain."

13 Yna dyma'r prif swyddog yn camu ymlaen, ac yn gweiddi'n uchel yn Hebraeg,
14 "Gwrandwch beth mae'r Ymerawdwr, brenin Asyria, yn ei ddweud! Peidiwch gadael
i Heseceia eich twyllo chi, achos fydd e ddim yn gallu'ch achub chi. 15 A pheidiwch
gadael iddo eich cael chi i drystio'r ARGLWYDD, a dweud wrthoch chi, 'Bydd yr ARGLWYDD
yn ein hachub ni. Fydd y ddinas yma ddim yn syrthio i ddwylo brenin Asyria!' 16 Peidiwch
gwrando arno! Dyma mae brenin Asyria'n ei ddweud: 'Derbyniwch y telerau dw i'n
eu cynnig; dewch allan ata i, a bydd pob un ohonoch chi'n cael bwyta o'i winwydden
a'i goeden ffigys, ac yn cael yfed dŵr o'i ffynnon ei hun. 17 Wedyn bydda i'n mynd â chi
i wlad debyg i'ch gwlad chi – gwlad o fara a sudd grawnwin, o gaeau ŷd a gwinllannoedd.
18 Gwyliwch rhag i Heseceia eich camarwain chi wrth ddweud, "Bydd yr ARGLWYDD yn ein
hachub ni." Wnaeth duwiau'r gwledydd eraill achub eu tir nhw rhag brenin Asyria?
19 Ble roedd duwiau Chamath ac Arpad? Ble roedd duwiau Seffarfaîm? Wnaethon nhw
achub Samaria o'm gafael i? 20 Pa un o'r duwiau yma i gyd achubodd eu gwlad o'm
gafael i? Felly, sut mae'r ARGLWYDD yn mynd i achub Jerwsalem o'm gafael i?' " 21 Ond
roedd pawb yn cadw'n dawel ac yn dweud dim, achos roedd y brenin wedi gorchymyn:
"Peidiwch â'i ateb e."

22 A dyma Eliacim fab Chilceia, arolygwr y palas, Shefna yr ysgrifennydd a Ioach fab Asaff,
y cofnodydd, yn mynd at Heseceia a'u dillad wedi'u rhwygo, a dweud wrtho beth oedd
y swyddog o Asyria wedi'i ddweud.

Heseceia'n gofyn am gyngor Eseia

(2 Brenhinoedd 19:1-13)

37 Pan glywodd y Brenin Heseceia hyn, dyma fe'n rhwygo'i ddillad, gwisgo sachliain
a mynd i deml yr ARGLWYDD. 2 A dyma fe'n anfon Eliacim, arolygwr y palas, Shefna, yr
ysgrifennydd, a rhai o'r offeiriaid hynaf at y proffwyd Eseia fab Amos. Roedden nhw hefyd yn
gwisgo sachliain. 3 A dyma nhw'n dweud wrtho, "Mae Heseceia'n dweud: 'Mae hi'n ddiwrnod
o argyfwng, o gerydd ac o gywilydd, fel petai plant ar fin cael eu geni a'r fam heb ddigon
o nerth i'w geni nhw. 4 Petaet ti'n gweddïo dros y rhai ohonon ni sy'n dal ar ôl yn y ddinas,
falle y byddai'r ARGLWYDD dy Dduw yn cymryd sylw o beth ddwedodd y swyddog gafodd ei
anfon gan frenin Asyria i enllibio'r Duw byw, ac yn ei gosbi.' "

36:6 Eseciel 29:6-7

[5]Pan aeth gweision y Brenin Heseceia at Eseia, [6]dyma Eseia'n dweud wrthyn nhw,
"Dwedwch wrth eich meistr: 'Dyma mae'r ARGLWYDD yn ei ddweud: "Paid gadael i'r ffaith fod
gweision bach brenin Asyria yn gwneud sbort am fy mhen i dy ddychryn di.

7 Dw i'n mynd i godi ofn arno fe.
Bydd e'n clywed si am rywbeth
ac yn mynd yn ôl i'w wlad ei hun.
Bydda i'n gwneud iddo gael ei ladd
â'r cleddyf yn ei wlad ei hun." '"

Yr Asyriaid yn bygwth eto

(2 Brenhinoedd 19:8-13)

[8]Yn y cyfamser, roedd prif swyddog brenin Asyria wedi mynd yn ôl a darganfod fod
ei feistr wedi gadael Lachish a'i fod yn ymladd yn erbyn tref Libna. [9]Roedd wedi clywed
fod y Brenin Tirhaca (oedd o dras Affricanaidd)[c] ar ei ffordd i ymosod arno. Felly, dyma
fe'n anfon negeswyr at Heseceia eto: [10]"Dwedwch wrth Heseceia, brenin Jwda: 'Peidiwch
gadael i'r Duw dych chi'n ei drystio eich twyllo chi i feddwl na fydd Jerwsalem yn syrthio
i ddwylo brenin Asyria. [11]Dych chi'n gwybod yn iawn fod brenhinoedd Asyria wedi dinistrio'r
gwledydd eraill i gyd. Ydych chi'n mynd i ddianc? [12]Gafodd y gwledydd ddinistriodd fy
rhagflaenwyr eu hachub gan eu duwiau? – Beth am Gosan, Haran, Retseff, a phobl Eden
oedd yn Telassar? [13]Ble mae brenin Chamath? Neu frenin Arpad? Neu frenhinoedd Lahir,
Seffarfaîm, Hena, ac Ifa?' "

Heseceia'n gweddïo

(2 Brenhinoedd 19:14-19)

[14]Ar ôl i Heseceia gymryd y llythyr gan y negeswyr, a'i ddarllen, aeth i'r deml a'i osod allan
o flaen yr ARGLWYDD. [15]Yna dyma Heseceia'n gweddïo:

[16]"O ARGLWYDD hollbwerus, Duw Israel, sy'n eistedd ar dy orsedd uwchben y cerwbiaid.
Ti sydd Dduw – yr unig un – dros deyrnasoedd y byd i gyd. Ti wnaeth greu'r bydysawd
a'r ddaear. [17]O ARGLWYDD, plîs gwrando! Agor dy lygaid, ARGLWYDD! Edrych! Gwranda
ar beth mae Senacherib yn ei ddweud. Mae e wedi anfon neges sy'n enllibio'r Duw byw!

[18]ARGLWYDD, mae'n wir fod brenhinoedd Asyria wedi dinistrio'r bobloedd i gyd, a'u tiroedd,
[19]ac wedi llosgi eu duwiau nhw. Ond doedden nhw ddim yn dduwiau go iawn, dim ond
coed neu gerrig wedi'u cerfio gan bobl, i'w haddoli. [20]Felly nawr, O ARGLWYDD ein Duw,
achub ni o'i afael, er mwyn i deyrnasoedd y byd i gyd wybod mai ti ydy'r ARGLWYDD, yr
unig un go iawn."

Eseia'n rhoi ateb yr ARGLWYDD i Heseceia

(2 Brenhinoedd 19:20-34)

[21]Yna dyma Eseia fab Amos yn anfon y neges yma at Heseceia: "Dyma mae'r ARGLWYDD,
Duw Israel, yn ei ddweud: 'Am dy fod ti wedi gweddïo am Senacherib, brenin Asyria, [22]dyma
dw i, yr ARGLWYDD, yn ei ddweud yn ei erbyn:

"Mae'r forwyn hardd, Seion, yn dy ddirmygu di!
Mae hi'n gwneud hwyl ar dy ben!
Mae Jerwsalem hardd yn ysgwyd ei phen
tu ôl i dy gefn.

---

c 37:9 *y Brenin Tirhaca (oedd o dras Affricanaidd)* Roedd Tirhaca yn frenin ar yr Aifft o tua 690 i 664 CC.
37:16 Exodus 20:11

23 Pwy wyt ti'n ei enllibio a'i wawdio?
Yn erbyn pwy wyt ti'n codi dy lais,
ac yn troi dy lygaid yn sarhaus?
Yn erbyn Un Sanctaidd Israel!

24 Ti wedi defnyddio dy weision
i enllibio'r Meistr, a dweud,
'Gyda'r holl gerbydau rhyfel sydd gen i
dringais i ben y mynyddoedd uchaf, ac i ben draw Libanus.
Torrais i lawr y coed cedrwydd talaf, a'r coed pinwydd gorau,
er mwyn cyrraedd copa uchaf y llechweddau coediog.
25 Dw i wedi cloddio ffynhonnau ac yfed o'u dŵr.
Sychais holl ganghennau afon Nîl hefo gwadn fy nhraed.'
26 Mae'n rhaid dy fod wedi clywed!
Fi sydd wedi trefnu'r cwbl ers talwm –
mae'r cwbl wedi'i gynllunio ers amser maith,
a nawr dw i'n troi'r cwbl yn ffaith:
i ti droi caerau yn bentyrrau o rwbel.
27 Does gan y bobl sy'n byw ynddyn nhw ddim nerth,
maen nhw'n ddigalon, ac wedi'u cywilyddio.
Maen nhw fel planhigion mewn cae, neu dyfiant ar ben to
wedi'i grino gan wynt y dwyrain.

28 Dw i'n gwybod popeth amdanat ti
– dy symudiadau di i gyd,
a sut rwyt ti wedi bod yn strancio yn fy erbyn i.
29 Am dy fod ti wedi strancio yn fy erbyn i,
a minnau wedi gorfod gwrando ar dy eiriau haerllug,
dw i'n mynd i roi bachyn drwy dy drwyn a ffrwyn yn dy geg,
a gwneud i ti fynd yn ôl y ffordd daethost."

30 A dyma fydd yr arwydd i ti, Heseceia, fod hyn yn wir:
Byddi'n bwyta beth sy'n tyfu ohono'i hun eleni,
a'r flwyddyn nesa beth fydd wedi tyfu o hwnnw.
Ond y flwyddyn wedyn cewch hau a medi,
plannu gwinllannoedd a bwyta'u ffrwyth nhw.
31 Bydd y bobl yn Jwda sydd wedi dianc a'u gadael ar ôl
yn bwrw eu gwreiddiau eto, ac yn dwyn ffrwyth.
32 Bydd y rhai sy'n weddill yn lledu allan o Jerwsalem;
y rhai o Fynydd Seion wnaeth ddianc.
Mae'r Arglwydd hollbwerus yn benderfynol
o wneud hyn i gyd.'
33 Felly, dyma mae'r Arglwydd yn ei ddweud am frenin Asyria:

'Fydd e ddim yn dod i mewn i'r ddinas yma.
Fydd e ddim yn saethu saeth i mewn iddi;
fydd e ddim yn ymosod arni hefo tarian,
nac yn codi rampiau i warchae yn ei herbyn.
34 Bydd e'n mynd yn ôl y ffordd ddaeth e.
Na, fydd e ddim yn dod i mewn i'r ddinas yma.'
—yr Arglwydd sy'n dweud hyn.

35 'Dw i'n mynd i amddiffyn ac achub y ddinas yma, er mwyn cadw fy enw da, ac am fy mod
i wedi addo gwneud hynny i Dafydd, fy ngwas.' "

Sennacherib, brenin Asyria, yn marw

(2 Brenhinoedd 19:35-37)

36 A dyma angel yr ARGLWYDD yn mynd allan ac yn taro cant wyth deg pum mil o filwyr Asyria.
Erbyn y bore wedyn roedden nhw i gyd yn gyrff meirw. 37 Felly dyma Senacherib, brenin Asyria,
yn codi ei wersyll, mynd yn ôl i Ninefe ac aros yno.
38 Un diwrnod, pan oedd e'n addoli yn nheml ei dduw Nisroch, dyma'i feibion, Adram-melech
a Saretser, yn ei ladd gyda'r cleddyf ac yna'n dianc i ardal Ararat.[ch] A dyma fab arall iddo,
Esar-chadon,[d] yn dod yn frenin yn ei le.

Heseceia'n cael ei daro'n wael, a bron yn marw

(2 Brenhinoedd 20:1-11; 2 Cronicl 32:24-26)

38 Tua'r adeg yna roedd Heseceia'n sâl. Roedd yn ddifrifol wael, a bu bron iddo farw.
Daeth y proffwyd Eseia fab Amos ato a dweud wrtho, "Dyma mae'r ARGLWYDD yn ei
ddweud: rho drefn ar dy bethau, achos ti'n mynd i farw; fyddi di ddim yn gwella." 2 Ond dyma
Heseceia yn troi at y wal ac yn gweddïo, 3 "O ARGLWYDD, plîs cofia sut dw i wedi byw yn hollol
ffyddlon i ti. Dw i bob amser wedi gwneud beth oedd yn dy blesio di." Roedd yn beichio crio.
4 Yna dyma'r ARGLWYDD yn rhoi neges i Eseia: 5 "Dos yn ôl i ddweud wrth Heseceia: 'Dyma
mae'r ARGLWYDD yn ei ddweud (Duw Dafydd dy dad): "Dw i wedi gwrando ar dy weddi di,
ac wedi gweld dy ddagrau di. Dw i'n mynd i roi un deg pump mlynedd arall i ti. 6 Dw i'n
mynd i dy achub di a'r ddinas yma o afael brenin Asyria. Bydda i'n amddiffyn y ddinas
yma. 7 A dyma'r arwydd mae'r ARGLWYDD yn ei roi i ti i brofi y bydd e'n gwneud beth mae
e wedi'i addo: 8 Edrych! Dw i'n mynd i wneud i'r cysgod sydd wedi disgyn ar risiau Ahas fynd
yn ôl i fyny ddeg gris." ' " Yna dyma gysgod yr haul yn codi oddi ar ddeg o'r grisiau yr oedd
eisoes wedi disgyn arnyn nhw.
9 Dyma ysgrifennodd Heseceia, brenin Jwda, ar ôl iddo wella o'i salwch:

10 "Meddyliais,
'Dw i'n mynd i farw, a minnau'n ddim ond canol oed.
Dw i wedi cael fy anfon drwy giatiau Annwn[dd]
am weddill fy nyddiau.'

11 Meddyliais:
'Ga i byth weld yr ARGLWYDD
yn y bywyd hwn eto,
nac edrych ar y ddynoliaeth
fel y rhai sydd wedi peidio â bod.'
12 Mae fy mywyd wedi'i gymryd oddi arna i
a'i symud fel pabell bugail.
Roedd fy mywyd wedi ei rolio i fyny fel lliain
wedi'i dorri i ffwrdd o'r wŷdd.
Rhwng y bore a'r nos byddet wedi rhoi diwedd arna i.
13 Yn y bore, roedd fel petai llew yn malu fy esgyrn i gyd.
Rhwng y bore a'r nos byddet wedi rhoi diwedd arna i.
14 Dw i'n trydar fel gwennol neu durtur,
ac yn cŵan fel colomen,
wrth i'm llygaid blinedig fethu edrych i fyny.

---

ch 37:38 *Ararat* Ardal yn Armenia ein dyddiau ni. d 37:38 *Esar-chadon* Roedd yn teyrnasu ar Asyria o 681 i 669 CC. dd 38:10 *Annwn* Hebraeg, *Sheol*, sef "y byd tanddaearol lle mae'r meirw yn mynd".

'Fy ARGLWYDD, dw i'n cael fy llethu!
Achub fi!'
15 Beth alla i ei ddweud?

Dwedodd wrtho i beth fyddai'n ei wneud,
a dyna wnaeth e!
Roedd rhaid i mi gerdded yn ofalus
am fod fy enaid mor chwerw.
16 Mae fy arglwydd wedi fy nghuddio,
ac mae bywyd yn fy nghalon eto.
Mae'r ARGLWYDD wedi rhoi gorffwys i mi.
'Rwyt ti'n fy iacháu ac wedi fy nghadw'n fyw.'
17 Yn wir, roedd yr holl chwerwder yma
yn lles i mi:
'Ceraist fi, a'm hachub o bwll difodiant,
a thaflu fy holl bechodau tu ôl i ti.'
18 'Dydy'r rhai sydd yn Annwn[e] ddim yn diolch i ti,
a dydy'r rhai sydd wedi marw ddim yn dy foli di.
Dydy'r rhai sydd wedi disgyn i'r pwll
ddim yn gobeithio yn dy ffyddlondeb di.
19 Y rhai byw, dim ond y rhai byw
sy'n gallu diolch i ti fel dw i'n gwneud heddiw.
Mae tad yn dweud wrth ei blant
am dy ffyddlondeb di:
20 mae'r ARGLWYDD wedi'n hachub ni!
Gadewch i ni ganu offerynnau cerdd
yn nheml yr ARGLWYDD
weddill ein bywydau!' "

21 Roedd Eseia wedi dweud, "Ewch i nôl bar o ffigys wedi'u gwasgu a'i roi ar y chwydd sydd
wedi casglu, a bydd yn gwella." 22 Roedd Heseceia wedi gofyn, "Pa arwydd ga i y bydda i'n
mynd i fyny i deml yr ARGLWYDD eto?"

Camgymeriad Heseceia

(2 Brenhinoedd 20:12-19)

39 Tua'r un pryd anfonodd Merodach-baladan, mab Baladan, brenin Babilon, negeswyr
gyda llythyrau ac anrheg i Heseceia – roedd wedi clywed ei fod yn sâl ac wedi gwella.
2 Roedd Heseceia wrth ei fodd eu bod nhw wedi dod, a dangosodd ei drysordy iddyn nhw – yr
arian, yr aur, y perlysiau, a'r olew persawrus. Dangosodd ei stordy arfau iddyn nhw hefyd,
a phopeth arall yn ei stordai. Dangosodd bopeth yn ei balas a'i deyrnas gyfan iddyn nhw!
3 Yna dyma'r proffwyd Eseia yn mynd at y Brenin Heseceia, a gofyn iddo: "Beth ddwedodd
y dynion yna wrthot ti? O ble daethon nhw?" Atebodd Heseceia. "Daethon nhw ata i o wlad
bell iawn – o Babilon." 4 Gofynnodd Eseia wedyn, "Beth welon nhw yn dy balas di?" A dyma
Heseceia'n ateb, "Popeth sydd gen i. Does dim byd yn fy stordai i gyd na welon nhw." 5 A dyma
Eseia'n dweud wrth Heseceia, "Gwranda ar neges yr ARGLWYDD hollbwerus: 6 'Edrych! Mae'r
amser yn dod pan fydd popeth sydd yn dy balas di, popeth gasglodd dy ragflaenwyr di hyd
heddiw, yn cael ei gario i ffwrdd i Babilon. Fydd dim byd ar ôl!' meddai'r ARGLWYDD. 7 Bydd rhai
o dy deulu di, ie, dy ddisgynyddion di dy hun, yn cael eu cymryd i ffwrdd ac yn gwasanaethu
fel swyddogion ym mhalas brenin Babilon."

e 38:18 *Annwn* Hebraeg, *Sheol*, sef "y byd tanddaearol lle mae'r meirw yn mynd".
39:7 Daniel 1:1-7; 2 Brenhinoedd 24:10-16; 2 Cronicl 36:10

[8]Dyma Heseceia yn dweud wrth Eseia, "Mae'r neges rwyt ti wedi'i rhannu gan yr Arglwydd yn dda." Meddyliodd, "Be wedyn? O leia bydd heddwch a diogelwch tra dw i'n fyw."

Cysuro pobl Dduw

40 "Cysurwch nhw; cysurwch fy mhobl i," –
dyna mae eich Duw yn ei ddweud.
2 "Byddwch yn garedig wrth Jerwsalem,
a dweud wrthi fod y dyddiau caled drosodd;
mae hi wedi derbyn y gosb am ei drygioni.
Yn wir, mae'r Arglwydd wedi gwneud iddi
dalu'n llawn am ei holl bechodau."

3 Mae llais yn gweiddi'n uchel:
"Cliriwch y ffordd i'r Arglwydd
yn yr anialwch;
gwnewch briffordd syth i Dduw
drwy'r diffeithwch!
4 Bydd pob dyffryn yn cael ei lenwi,
pob mynydd a bryn yn cael ei lefelu.
Bydd y tir anwastad yn cael ei wneud yn llyfn,
a bydd cribau'r mynyddoedd yn dir gwastad.
5 Bydd ysblander yr Arglwydd yn dod i'r golwg,
a bydd y ddynoliaeth gyfan yn ei weld yr un pryd."
—mae'r Arglwydd wedi dweud.

6 Mae'r llais yn dweud, "Gwaedda!"
Ac un arall yn gofyn, "Gweiddi be?"
"Mae pobl feidrol fel glaswellt," meddai,
"a ffyddlondeb dynol fel blodyn gwyllt;
7 mae'r glaswellt yn crino a'r blodyn yn gwywo
pan mae'r Arglwydd yn chwythu arnyn nhw."
Ie, glaswellt ydy'r bobl.
8 Mae'r glaswellt yn crino, a'r blodyn yn gwywo,
ond mae neges yr Arglwydd yn aros am byth!

9 Seion, sy'n cyhoeddi newyddion da,
dringa i ben mynydd uchel!
Ie, Jerwsalem, sy'n cyhoeddi newyddion da,
gwaedda'n uchel!
Gwaedda! Paid bod ag ofn!
Dwed wrth drefi Jwda:
"Dyma'ch Duw chi!"

10 Edrych! Mae'r Meistr, yr Arglwydd,
yn dod fel milwr cryf
i deyrnasu gyda nerth.
Edrych! Mae ei wobr ganddo;
mae'n dod â'i roddion o'i flaen.

11 Bydd yn bwydo'i braidd fel bugail;
bydd yn codi'r ŵyn yn ei freichiau
ac yn eu cario yn ei gôl,
tra'n arwain y defaid sy'n eu magu.

Does neb tebyg i'r Duw byw

12 Pwy sydd wedi dal y moroedd yng nghledr ei law,
a mesur yr awyr rhwng ei fysedd?
Pwy sydd wedi dal pridd y ddaear mewn padell,
pwyso'r mynyddoedd mewn mantol
a'r bryniau gyda chlorian?
13 Pwy sydd wedi gosod ffiniau i ysbryd yr ARGLWYDD,
neu roi arweiniad iddo fel ei gynghorydd personol?
14 Gyda pwy mae Duw'n trafod i gael gwybod beth i'w wneud?
Pwy sy'n ei ddysgu i wneud y peth iawn?
Pwy sy'n rhoi gwybodaeth iddo?
Pwy sy'n ei helpu i ddeall?

15 Dydy'r cenhedloedd ond diferyn mewn bwced,
dim mwy na llwch ar glorian!
Dydy'r ynysoedd yn ddim mwy na llwch mân.
16 Does dim digon o goed tân yn Libanus,
na digon o anifeiliaid chwaith,
i baratoi offrwm teilwng i'w losgi iddo.
17 Dydy'r gwledydd i gyd yn ddim o'i gymharu ag e –
maen nhw fel rhywbeth dibwys yn ei olwg,
yn llai na dim byd!

18 Felly, i bwy mae Duw yn debyg yn eich barn chi?
Gyda beth allwch chi ei gymharu?
19 Eilun? Cerfiwr sy'n siapio hwnnw,
a gof yn ei orchuddio ag aur
a gwneud bachau i'w ddal yn ei le!
20 Mae'r sawl sy'n rhy dlawd
yn dewis pren fydd ddim yn pydru,
ac yn edrych am y crefftwr gorau
i wneud eilun sydd ddim yn symud!

21 Ydych chi ddim yn gwybod?
Ydych chi ddim wedi clywed?
Oes neb wedi dweud wrthoch chi o'r dechrau?
Ydych chi ddim yn deall sut gafodd y ddaear ei sylfaenu?
22 Fe ydy'r Un sy'n eistedd uwchben y ddaear,
ac mae'r bobl sy'n byw arni fel ceiliogod rhedyn o'i flaen.
Fe ydy'r Un sy'n taenu'r awyr fel llenni,
ac yn ei lledu allan fel pabell i fyw ynddi.
23 Fe ydy'r un sy'n gwneud y pwysigion yn neb,
a'r rhai sy'n llywodraethu ar y ddaear yn ddim.
24 Prin eu bod wedi'u plannu,
prin eu bod wedi'u hau,
prin eu bod wedi bwrw gwreiddiau yn y tir –

40:11 Eseciel 34:15; Ioan 10:11

mae e'n chwythu arnyn nhw ac maen nhw'n gwywo,
ac mae gwynt stormus yn eu cario i ffwrdd fel us.

25 "I bwy dw i'n debyg yn eich barn chi?
Oes rhywun arall cystal?"

—meddai'r Un Sanctaidd.

26 Edrychwch i fyny ar y sêr!
Pwy wnaeth eu creu nhw?
Pwy sy'n eu galw nhw allan bob yn un?
Pwy sy'n galw pob un wrth ei enw?
Mae e mor gryf ac mor anhygoel o nerthol –
does dim un ohonyn nhw ar goll.

27 Jacob, pam wyt ti'n dweud,
"Dydy'r Arglwydd ddim yn gweld beth sy'n digwydd i mi"?
Israel, pam wyt ti'n honni,
"Dydy Duw yn cymryd dim sylw o'm hachos i"?

28 Wyt ti ddim yn gwybod?
Wyt ti ddim wedi clywed?
Yr Arglwydd ydy'r Duw tragwyddol!
Fe sydd wedi creu'r ddaear gyfan.
Dydy ei nerth e ddim yn pallu;
Dydy e byth yn blino.
Mae e'n rhy ddoeth i unrhyw un ei ddeall!

29 Fe sy'n gwneud y gwan yn gryf,
ac yn rhoi egni i'r blinedig.
30 Mae pobl ifanc yn pallu ac yn blino,
a'r rhai mwya ffit yn baglu ac yn syrthio;
31 ond bydd y rhai sy'n pwyso ar yr Arglwydd
yn cael nerth newydd.
Byddan nhw'n hedfan i fyny fel eryrod,
yn rhedeg heb flino
a cherdded ymlaen heb stopio.

Yr Arglwydd yn helpu Israel

41 Byddwch dawel a gwrando, ynysoedd;
dw i am i'r bobloedd gael nerth newydd.
Boed iddyn nhw nesáu i ddweud eu dweud.
Gadewch i ni ddod at ein gilydd yn y llys barn.

2 Pwy sydd wedi codi'r un o'r dwyrain?[f]
Pwy mae Cyfiawnder yn ei alw i'w ddilyn?
Mae'n rhoi gwledydd iddo eu concro,
ac i fwrw eu brenhinoedd i lawr.
Mae ei gleddyf yn eu gwneud fel llwch,
a'i fwa yn eu gyrru ar chwâl fel us.
3 Mae'n mynd ar eu holau,
ac yn pasio heibio'n ddianaf;
dydy ei draed ddim yn cyffwrdd y llawr!

---

f 41:2 *un o'r dwyrain* Cyrus, Ymerawdwr Persia (gw. 45:1).

4 Pwy sydd wedi gwneud hyn i gyd?
Pwy alwodd y cenedlaethau o'r dechrau? –
Fi, yr ARGLWYDD, oedd yno ar y dechrau
a bydda i yno yn y diwedd hefyd. Fi ydy e!

5 Mae'r ynysoedd yn gweld, ac maen nhw'n ofni;
mae pob cwr o'r ddaear yn crynu.
Dyma nhw'n dod, maen nhw'n agos!
6 Maen nhw'n helpu ei gilydd,
ac mae un yn annog y llall, "Bydd yn ddewr!"
7 Mae'r saer coed yn annog y gof aur,
a'r un sy'n bwrw gyda'r morthwyl
yn annog yr un sy'n taro'r einion.
Mae'n canmol y gwaith sodro, "Mae'n dda!"
ac yna'n ei hoelio'n saff, a dweud,
"Fydd hwnna ddim yn symud!"

8 Ond Israel, ti ydy fy ngwas i,
Jacob, ti dw i wedi'i ddewis –
disgynyddion Abraham, fy ffrind i.
9 Des i â ti yma o bell,
a'th alw o ben draw'r byd,
a dweud wrthot ti: "Ti ydy fy ngwas i."
Dw i wedi dy ddewis di!
Dw i ddim wedi troi cefn arnat ti!
10 Paid bod ag ofn, achos dw i gyda ti.
Paid dychryn – fi ydy dy Dduw di!
Dw i'n dy nerthu di ac yn dy helpu di,
dw i'n dy gynnal di ac yn dy achub di hefo fy llaw dde.

11 Bydd pawb sy'n codi yn dy erbyn di
yn cael eu cywilyddio a'u drysu.
Bydd y rhai sy'n ymladd yn dy erbyn di
yn diflannu ac yn marw.
12 Byddi'n edrych am y rhai sy'n ymosod arnat ti
ac yn methu dod o hyd iddyn nhw.
Bydd y rhai sy'n rhyfela yn dy erbyn di
yn diflannu ac yn peidio â bod.
13 Fi, yr ARGLWYDD, ydy dy Dduw di,
yn rhoi cryfder i dy law dde di,
ac yn dweud wrthot ti: "Paid bod ag ofn.
Bydda i'n dy helpu di."

14 Paid bod ag ofn, y pryf Jacob,
y lindys bach Israel –
Bydda i'n dy helpu di!
– meddai'r ARGLWYDD.
Fi sy'n dy ryddhau di, sef Un Sanctaidd Israel.

15 Bydda i'n dy wneud di yn sled ddyrnu –
un newydd, hefo llawer iawn o ddannedd.

41:8 2 Cronicl 20:7   41:10 Exodus 3:12

Byddi'n dyrnu mynyddoedd a'u malu
ac yn gwneud bryniau fel us.
16 Byddi'n eu nithio nhw,
a bydd gwynt stormus yn eu chwythu i ffwrdd.
Bydd corwynt yn eu gyrru ar chwâl.
Ond byddi di'n llawenhau yn yr Arglwydd,
Ac yn canu mawl i Un Sanctaidd Israel.

17 Ond am y bobl dlawd ac anghenus
sy'n chwilio am ddŵr ac yn methu cael dim,
ac sydd bron tagu gan syched,
bydda i, yr Arglwydd, yn eu hateb nhw;
fydda i, Duw Israel, ddim yn eu gadael nhw.
18 Bydda i'n gwneud i nentydd lifo ar y bryniau anial,
ac yn agor ffynhonnau yn y dyffrynnoedd.
Bydda i'n troi'r anialwch yn byllau dŵr,
a'r tir sych yn ffynhonnau.
19 Bydda i'n plannu coed cedrwydd yno,
coed acasia, myrtwydd, ac olewydd;
bydda i'n gosod coed cypres,
coed llwyfen a choed pinwydd hefyd –
20 er mwyn i bobl weld a gwybod,
ystyried a sylweddoli
mai'r Arglwydd sydd wedi gwneud hyn,
ac mai Un Sanctaidd Israel sydd wedi peri iddo ddigwydd.

Yr Arglwydd yn herio'r duwiau ffals

21 "Cyflwynwch eich achos," meddai'r Arglwydd.
"Sut ydych chi am bledio?" meddai Brenin Jacob.
22 "Dewch â'ch duwiau yma i ddweud wrthon ni
beth sy'n mynd i ddigwydd.
Beth am ddweud wrthon ni beth broffwydon nhw yn y gorffennol –
i ni allu penderfynu wrth weld y canlyniadau,
neu ddweud beth sy'n mynd i ddigwydd yn y dyfodol?
23 Dwedwch wrthon ni beth sydd i ddod,
er mwyn i ni gael gwybod eich bod chi'n dduwiau!
Gwnewch rywbeth – da neu ddrwg –
fydd yn gwneud i ni ryfeddu!
24 Ond y gwir ydy, dych chi ddim yn bod;
allwch chi wneud dim byd o gwbl!
Mae rhywun sy'n dewis eich addoli chi yn ffiaidd!

25 Fi wnaeth godi'r un o'r gogledd, ac mae wedi dod:
yr un o'r dwyrain sy'n galw ar fy enw i.
Mae wedi sathru arweinwyr fel sathru mwd
neu fel mae crochenydd yn sathru clai.

26 Pwy arall ddwedodd am hyn wrthon ni o'r dechrau?
Pwy wnaeth ddweud am y peth ymlaen llaw,
i ni allu dweud, 'Roedd e'n iawn!'?
Wnaeth neb sôn am y peth – ddwedodd neb ddim.
Na, does neb wedi'ch clywed chi'n dweud gair!

27 Fi wnaeth ddweud gyntaf wrth Seion:
'Edrychwch! Maen nhw'n dod!'
Fi wnaeth anfon negesydd gyda newyddion da i Jerwsalem!
28 Dw i'n edrych, a does yr un o'r rhain
yn gallu rhoi cyngor nac ateb cwestiwn gen i.
29 Y gwir ydy, eu bod nhw'n afreal –
dŷn nhw'n gallu gwneud dim byd o gwbl!
Mae eu delwau metel mor ddisylwedd ag anadl!

Gwas yr Arglwydd

42 Dyma fy ngwas, yr un dw i'n ei gynnal,
yr un dw i wedi'i ddewis ac sydd wrth fy modd i!
Rhof fy ysbryd iddo,
a bydd yn dysgu cyfiawnder i'r cenhedloedd.
2 Fydd e ddim yn gweiddi a chodi ei lais,
nac yn gadael i neb glywed ei lais ar y strydoedd.
3 Fydd e ddim yn torri brwynen fregus
nac yn diffodd llin sy'n mygu.
Bydd e'n dangos y ffordd iawn i ni.
4 Fydd e ddim yn methu nac yn anobeithio
nes iddo sefydlu'r ffordd iawn ar y ddaear.
Mae'r ynysoedd yn disgwyl am ei ddysgeidiaeth."

5 Dyma mae'r Arglwydd Dduw yn ei ddweud – yr un greodd yr awyr, a'i lledu allan, yr un wnaeth siapio'r ddaear a phopeth ynddi, yr un sy'n rhoi anadl i'r bobl sy'n byw arni, a bywyd i'r rhai sy'n cerdded arni:

6 "Fi ydy'r Arglwydd,
dw i wedi dy alw i wneud beth sy'n iawn,
a gafael yn dy law.
Dw i'n gofalu amdanat ti,
ac yn dy benodi'n ganolwr fy ymrwymiad i bobl,
ac yn olau i genhedloedd –
7 i agor llygaid y dall,
rhyddhau carcharorion o'u celloedd,
a'r rhai sy'n byw yn y tywyllwch o'r carchar.

8 Fi ydy'r Arglwydd, dyna fy enw i.
Dw i ddim yn rhannu fy ysblander gyda neb arall,
na rhoi'r clod dw i'n ei haeddu i ddelwau.
9 Mae'r pethau cyntaf ddwedais wedi dod yn wir,
a nawr dw i'n cyhoeddi pethau newydd.
Dw i'n gadael i chi glywed amdanyn nhw
cyn iddyn nhw ddechrau digwydd."

Canu cân o fawl i'r Arglwydd

10 Canwch gân newydd i'r Arglwydd,
canwch ei glod o ben draw'r byd –
chi sy'n hwylio ar y môr, a'r holl greaduriaid sydd ynddo,
a chi sy'n byw ar yr ynysoedd!
11 Boed i'r anialwch a'i drefi godi eu lleisiau,
a'r pentrefi lle mae crwydriaid Cedar yn byw.

Canwch yn llawen, chi sy'n byw yn Sela,
a gweiddi'n uchel o ben y mynyddoedd.
12 Boed iddyn nhw roi clod i'r ARGLWYDD,
a dweud am ei ysblander ar yr ynysoedd.

13 Mae'r ARGLWYDD yn mynd allan fel milwr
ar dân ac yn frwd i ymladd yn y rhyfel.
Mae e'n gweiddi – yn wir, mae e'n rhuo
wrth ymosod ar ei elynion.

Duw yn addo helpu ei bobl

14 "Dw i wedi bod yn ddistaw yn rhy hir –
wedi cadw'n dawel, a dal fy hun yn ôl.
Ond nawr, fel gwraig yn cael plentyn,
dw i'n sgrechian a gwingo a griddfan.
15 Dw i'n mynd i ddifetha'r bryniau a'r mynyddoedd,
a gwneud i bob tyfiant wywo.
Dw i'n mynd i wneud yr afonydd yn sych,
a sychu'r pyllau dŵr hefyd.

16 Dw i'n mynd i arwain y rhai sy'n ddall
ar hyd ffordd sy'n newydd,
a gwneud iddyn nhw gerdded
ar hyd llwybrau sy'n ddieithr iddyn nhw.
Bydda i'n gwneud y tywyllwch yn olau o'u blaen
ac yn gwneud y tir anwastad yn llyfn.
Dyma dw i'n addo ei wneud –
a dw i'n cadw fy ngair.

Methiant Israel i wrando ac i weld

17 Bydd y rhai sy'n trystio eilunod
yn cael eu gyrru'n ôl a'u cywilyddio,
sef y rhai sy'n dweud wrth ddelwau metel,
'Chi ydy'n duwiau ni!' "
18 Gwrandwch, chi'r rhai byddar;
ac edrychwch, chi sy'n ddall!
19 Pwy sy'n ddall fel fy ngwas,
neu'n fyddar fel y negesydd dw i'n ei anfon?
Pwy sy'n ddall fel yr un dw i wedi ymrwymo iddo?
Pwy sy'n ddall fel gwas yr ARGLWYDD?
20 Er dy fod yn gweld llawer, ti ddim yn ystyried;
er bod gen ti glustiau, ti ddim yn gwrando.
21 Roedd yr ARGLWYDD wedi'i blesio ei fod yn gyfiawn,
a'i fod yn gwneud yn fawr o'r gyfraith, ac yn ei chadw.

22 Ond mae'r bobl hyn wedi colli popeth:
maen nhw i gyd wedi'u dal mewn tyllau,
a'u carcharu mewn celloedd.
Maen nhw'n ysglyfaeth, a does neb i'w hachub;
maen nhw'n ysbail, a does neb yn dweud, "Rho nhw'n ôl!"

23 Pwy sy'n barod i wrando ar hyn?
Gwrandwch yn astud o hyn ymlaen!
24 Pwy adawodd i Jacob gael ei ysbeilio,
a rhoi Israel i'r lladron?
Yr ARGLWYDD, wrth gwrs –
yr un wnaethon nhw bechu yn ei erbyn!

Doedden nhw ddim am fyw fel roedd e eisiau,
na bod yn ufudd i'w ddysgeidiaeth.
25 Felly dyma fe'n tywallt ei lid arnyn nhw,
a thrais rhyfel.
Roedd y fflamau o'u cwmpas ym mhobman,
ond wnaethon nhw ddim dysgu'r wers.
Cawson nhw eu llosgi,
ond gymron nhw ddim sylw.

Yr ARGLWYDD yn achub ei bobl

43 Nawr, dyma mae'r ARGLWYDD yn ei ddweud – yr un wnaeth dy greu di, Jacob, a rhoi siâp i ti, Israel:

"Paid bod ag ofn! Dw i wedi dy ollwng di'n rhydd!
Dw i wedi dy alw wrth dy enw! Fi piau ti!
2 Pan fyddi di'n mynd drwy lifogydd, bydda i gyda ti;
neu drwy afonydd, fyddan nhw ddim yn dy gario di i ffwrdd.
Wrth i ti gerdded drwy dân, fyddi di'n cael dim niwed;
fydd y fflamau ddim yn dy losgi di.
3 Achos fi ydy'r ARGLWYDD dy Dduw di,
Un Sanctaidd Israel, dy Achubwr di!
Rhoddais yr Aifft yn dâl amdanat ti,
Cwsh[ff] a Seba yn dy le di.
4 Dw i'n dy drysori di ac yn dy garu di,
achos ti'n werthfawr yn fy ngolwg i.
Dw i'n barod i roi'r ddynoliaeth yn gyfnewid amdanat ti,
a'r bobloedd yn dy le di.

5 Paid bod ag ofn, achos dw i gyda ti.
Bydda i'n dod â'th ddisgynyddion di yn ôl o'r dwyrain,
ac yn dy gasglu di o'r gorllewin.
6 Bydda i'n dweud wrth y gogledd, 'Gollwng nhw!'
ac wrth y de, 'Paid dal neb yn ôl!'
Tyrd â'm meibion i o wledydd pell,
a'm merched o ben draw'r byd –
7 pawb sydd â'm henw i arnyn nhw,
ac wedi'u creu i ddangos fy ysblander i.
Ie, fi wnaeth eu siapio a'u gwneud nhw.

Pobl Israel yn dystion i Dduw

8 Dewch â nhw allan,
y rhai sy'n ddall er bod ganddyn nhw lygaid,
ac yn fyddar er bod ganddyn nhw glustiau.

---

ff 43:3 *Cwsh* Teyrnas yn nwyrain Affrica oedd i'r de o wlad yr Aifft, sef gogledd Swdan heddiw.

9 Mae'r cenhedloedd i gyd wedi dod at ei gilydd,
a gwledydd y byd wedi ymgasglu.
Pa un o'u duwiau nhw soniodd am hyn,
a dweud ymlaen llaw am beth sydd wedi digwydd?
Gadewch iddyn nhw alw tystion i brofi eu hunain,
er mwyn i bobl eu clywed, a dweud, 'Mae'n wir!' "

10 "Chi ydy fy nhystion i,"

—meddai'r Arglwydd,

"a'r gwas dw i wedi'i ddewis
i wybod ac i gadarnhau
eich bod chi'n deall mai fi ydy e.
Doedd dim duw o'm blaen i,
a fydd yna ddim un ar fy ôl i.
11 Fi, ie fi ydy'r unig Arglwydd,
a does neb ond fi yn gallu achub.
12 Fi wnaeth ddweud ymlaen llaw,
fi wnaeth achub, fi wnaeth ei gyhoeddi,
dim rhyw dduw dieithr –
a dych chi'n dystion o'r peth."

—meddai'r Arglwydd.

"Fi ydy'r unig Dduw,
13 Fi ydy e o'r dechrau cyntaf!
Does neb yn gallu cipio rhywun oddi arna i.
Pan dw i'n gwneud rhywbeth,
does neb yn gallu ei ddadwneud."

Dianc o Babilon

14 Dyma mae'r Arglwydd yn ei ddweud – yr un sy'n dy ryddhau, Un Sanctaidd Israel:

"Dw i'n mynd i'w anfon e i Babilon er dy fwyn di.
Bydda i'n bwrw ei barrau haearn i lawr,
a throi bloeddio llawen y Babiloniaid yn alar.
15 Fi ydy'ch Un Sanctaidd chi, yr Arglwydd,
eich Brenin chi, yr un greodd Israel."

16 Dyma mae'r Arglwydd yn ei ddweud – yr un agorodd ffordd drwy'r môr a llwybr drwy'r
dyfroedd mawr, 17 yr un ddinistriodd gerbydau a cheffylau, a'r fyddin ddewr i gyd (Maen
nhw'n gorwedd gyda'i gilydd, a fyddan nhw ddim yn codi. Cawson nhw eu diffodd, fel diffodd
cannwyll):

18 "Peidiwch hel atgofion am y gorffennol,
a dim ond meddwl am beth ddigwyddodd o'r blaen!
19 Edrychwch, dw i'n gwneud rhywbeth newydd!
Mae ar fin digwydd!
Ydych chi ddim yn ei weld?
Dw i'n mynd i agor ffordd drwy'r anialwch,
a rhoi afonydd yn y tir diffaith.
20 Bydd anifeiliaid gwyllt yn diolch i mi,
y siacaliaid a'r estrys,

am fy mod wedi rhoi dŵr yn yr anialwch,
ac afonydd mewn tir diffaith,
i roi diod i'r bobl dw i wedi'u dewis –
21 y bobl wnes i eu llunio i mi fy hun,
iddyn nhw fy moli i."

Pechod Israel

22 "Ond ti ddim wedi galw arna i, Jacob;
rwyt ti wedi blino arna i, Israel.
23 Ti ddim wedi dod â dafad yn offrwm i'w losgi i mi,
nac wedi fy anrhydeddu gydag aberthau.
Dw i ddim wedi pwyso arnat ti am offrwm o rawn,
na dy boeni di am yr arogldarth o thus.
24 Ti ddim wedi prynu sbeisiau pêr i mi
na'm llenwi gyda braster dy aberthau.
Yn lle hynny, rwyt ti wedi rhoi baich dy bechodau arna i,
a'm blino gyda dy ddrygioni.
25 Fi, ie, fi – er fy mwyn fy hun –
ydy'r un sy'n dileu dy wrthryfel di,
ac yn anghofio am dy bechodau di.

26 Atgoffa fi. Gad i ni drafod gyda'n gilydd.
Gad i mi glywed dy ochr di o'r stori;
ceisia di brofi dy fod yn ddieuog!
27 Pechodd dy dad cyntaf yn fy erbyn i,
wedyn cododd dy arweinwyr yn fy erbyn i.
28 Felly dyma fi'n halogi arweinwyr y cysegr,
a gadael i Jacob gael ei alltudio
ac i Israel fod yn destun sbort."

Yr Arglwydd wedi dewis Israel

44 Ond gwrando nawr, Jacob, fy ngwas,
ac Israel, yr un dw i wedi'i dewis.

2 Dyma mae'r Arglwydd a'th wnaeth di yn ei ddweud – yr un wnaeth dy siapio di yn y groth; yr un sy'n dy helpu:

"Paid bod ag ofn, Jacob, fy ngwas,
Israel,[g] yr un dw i wedi'i dewis.
3 Fel dw i'n tywallt dŵr ar y ddaear sychedig,
a glaw ar dir sych,
bydda i'n tywallt fy Ysbryd ar dy ddisgynyddion di,
a'm bendith ar dy blant.
4 Byddan nhw'n tyfu fel glaswellt,
ac fel coed helyg ar lan ffrydiau o ddŵr.
5 Bydd un yn dweud, 'Dw i'n perthyn i'r Arglwydd',
un arall yn cymryd yr enw 'Jacob',
ac un arall eto yn ysgrifennu ar ei law 'eiddo'r Arglwydd'
ac yn galw'i hun yn 'Israel'."

g 44:2 *Israel* Hebraeg, *Jeshwrwn*. Llysenw am Israel oedd yn golygu "yr un gonest".

6 Dyma mae'r ARGLWYDD, Brenin Israel, yn ei ddweud – yr un sy'n eu rhyddhau nhw, yr ARGLWYDD hollbwerus:

"Fi ydy'r cyntaf, a fi ydy'r olaf!
Does dim duw arall yn bod ar wahân i mi.
7 Pwy sy'n debyg i mi?
Boed iddo honni'r peth a dadlau ei achos!
Dwedais i wrth bobl ers talwm beth oedd i ddod;
beth am iddo fe ddweud beth sy'n mynd i ddigwydd?
8 Peidiwch bod ag ofn! Peidiwch dychryn!
Ydw i ddim wedi dweud wrthoch chi ers talwm?
Do, dw i wedi dweud, a chi ydy'r tystion!
Oes yna unrhyw dduw arall ar wahân i mi?
Na, does dim Craig arall; dw i ddim yn gwybod am un!

Ffolineb addoli eilunod

9 Mae'r rhai sy'n gwneud eilunod
yn gwastraffu eu hamser.
Dydy'r pethau maen nhw mor hoff ohonyn nhw
yn dda i ddim!
A dydy'r rhai sy'n tystio iddyn nhw ddim yn gweld!
Dŷn nhw'n gwybod dim –
ac felly maen nhw'n cael eu cywilyddio.

10 Pwy sy'n ddigon dwl i wneud duw
neu gastio delw all wneud dim?
11 Mae pawb sy'n gweithio arno
yn cael eu cywilyddio.
Crefftwyr, ie, ond creaduriaid meidrol ydyn nhw.
Gadewch iddyn nhw ddod at ei gilydd i wneud safiad!
Byddan nhw'n cael eu dychryn a'u cywilyddio.

12 Mae'r gof yn defnyddio'i offer
i baratoi'r metel ar y tân.
Mae'n ei siapio gyda morthwyl,
ac yn gweithio arno gyda nerth bôn braich.
Ond pan mae eisiau bwyd arno, mae ei nerth yn pallu;
heb yfed dŵr, byddai'n llewygu.

13 Mae'r saer coed yn ei fesur gyda llinyn,
ac yn ei farcio gyda phensil;
mae'n ei lyfnhau gyda phlaen,
ac yn ei farcio gyda chwmpawd.
Yna mae'n ei gerfio ar siâp dynol,
yn gwneud iddo edrych fel bod dynol, a'i osod mewn teml.
14 Mae'n torri coed cedrwydd;
mae'n dewis coeden gypres neu dderwen
sydd wedi tyfu'n gryf yng nghanol y goedwig.
Mae'n plannu coed pinwydd,
ac mae'r glaw yn gwneud iddyn nhw dyfu.
15 Mae'n defnyddio peth o'r coed fel coed tân
i gadw ei hun yn gynnes.

Mae'n cynnau tân i bobi bara gydag e
ac yn defnyddio'r gweddill i wneud duw i'w addoli!
Mae'n cerfio eilun, ac yna'n plygu iddo!
16 Mae'n llosgi ei hanner yn y tân
ac yn rhostio cig arno.
Mae'n bwyta'r cig nes bod ei fol yn llawn,
ac yn cynhesu o flaen y tân, ac yn dweud,
'O, mae tân go iawn mor braf!'
17 Wedyn mae'n defnyddio beth sydd ar ôl
i wneud eilun yn dduw iddo'i hun.
Mae'n plygu o'i flaen, ac yn ei addoli.
Mae'n gweddïo arno a dweud,
'Achub fi – ti ydy fy Nuw i!'

18 Dŷn nhw'n gwybod dim! Dŷn nhw ddim yn meddwl!
Maen nhw wedi mynd yn ddall,
ac mae eu meddyliau ar gau.
19 Dŷn nhw ddim yn meddwl am funud,
dŷn nhw'n gwybod nac yn deall dim:
'Dw i wedi llosgi ei hanner yn y tân,
wedi pobi bara arno a rhostio cig i'w fwyta –
yna gwneud y gweddill yn eilun ffiaidd,
a plygu i lawr i ddarn o bren!'

20 Mae e'n bwyta ar bentwr o ludw.
Mae ei feddwl wedi mynd ar gyfeiliorn.
Mae'n methu achub ei hun na dod rownd i gyfaddef,
'Twyll ydy'r peth sydd yn fy llaw i!'

Yr Arglwydd, y Crëwr a'r Achubwr

21 Cofia'r pethau yma, Jacob
achos ti ydy fy ngwas i, Israel.
Fi wnaeth dy siapio di, ac rwyt ti'n was i mi –
fydda i ddim yn dy anghofio di, Israel.
22 Dw i wedi ysgubo dy wrthryfel di i ffwrdd fel cwmwl,
a dy bechodau di fel niwl –
tro yn ôl ata i! Dw i wedi dy ryddhau di."

23 Canwch fawl, nefoedd, achos mae'r Arglwydd wedi'i wneud!
Gwaeddwch yn uchel, ddyfnderoedd y ddaear!
Bloeddiwch, fynyddoedd, a'r fforestydd a'u holl goed!
Achos mae'r Arglwydd wedi rhyddhau Jacob,
ac wedi dangos ei ysblander yn Israel.

24 Dyma mae'r Arglwydd yn ei ddweud – yr un sy'n dy ryddhau di, yr un wnaeth dy siapio di yn y groth:

"Fi, yr Arglwydd, sydd wedi gwneud y cwbl:
fi fy hun wnaeth daenu'r awyr,
a lledu'r ddaear ar fy mhen fy hun.
25 Fi sy'n torri swynion dewiniaid,
ac yn gwneud ffyliaid o'r rhai sy'n darogan;

gwneud i'r doethion lyncu eu geiriau,
a gwneud nonsens o'u gwybodaeth nhw.
26 Dw i'n cadarnhau'r hyn mae fy ngwas yn ei ddweud,
ac yn gwneud beth mae ei negeswyr yn ei gynghori.
Dw i'n dweud wrth Jerwsalem, 'Bydd pobl yn byw ynot ti',
ac wrth bentrefi Jwda, 'Byddwch yn cael eich adeiladu;
dw i'n mynd i ailgodi'r adfeilion.'

27 Fi ydy'r un ddwedodd wrth y môr, 'Bydd sych!'
ac wrth yr afonydd, 'Dw i'n mynd i'ch sychu chi!'
28 A fi hefyd sy'n dweud wrth Cyrus, 'Fy mugail wyt ti.'
Bydd e'n gwneud beth dw i eisiau!
Bydd yn dweud wrth Jerwsalem, 'Cei dy adeiladu eto',
ac wrth y Deml: 'Cei dy ailsefydlu'."

Cyrus yn ufuddhau i'r Arglwydd

45 Dyma mae'r Arglwydd yn ei ddweud wrth Cyrus, yr un mae wedi'i eneinio, yr un
mae wedi gafael yn ei law, iddo sathru gwledydd o'i flaen a diarfogi brenhinoedd,
yr un mae wedi agor drysau iddo heb adael unrhyw giât ar gau:

2 "Dw i'n mynd o dy flaen di
i fwrw waliau dinasoedd i lawr,
dryllio drysau pres a thorri'r barrau haearn.
3 Dw i'n mynd i roi i ti drysorau sydd yn y tywyllwch,
stôr o gyfoeth wedi'i guddio o'r golwg –
er mwyn i ti wybod mai fi, yr Arglwydd,
Duw Israel, sydd wedi dy alw di wrth dy enw.
4 Dw i wedi dy alw di wrth dy enw
er mwyn fy ngwas Jacob,
ac er mwyn Israel, yr un dw i wedi'i ddewis.
Dw i'n mynd i roi teitl i ti,
er nad wyt ti'n fy nabod.
5 Fi ydy'r Arglwydd a does dim un arall;
does dim duw ar wahân i mi.
Dw i'n mynd i dy arfogi di,
er nad wyt ti'n fy nabod.
6 Dw i eisiau i bawb, o'r dwyrain i'r gorllewin,
wybod fod neb arall ond fi.
Fi ydy'r Arglwydd a does dim un arall.
7 Fi sy'n rhoi golau, ac yn creu twyllwch,
yn dod â heddwch ac yn creu trwbwl –
Fi, yr Arglwydd, sy'n gwneud y cwbl.

8 Arllwys law i lawr, o awyr!
Glawiwch gyfiawnder, gymylau!
Agor, ddaear, er mwyn i achubiaeth dyfu,
ac i degwch flaguro.
Fi, yr Arglwydd, sydd wedi gwneud hyn."

44:28 2 Cronicl 36:23; Esra 1:2

Rhybudd yr ARGLWYDD

9 Gwae'r sawl sy'n dadlau gyda'i Wneuthurwr,
ac yntau'n ddim byd ond darn o lestr wedi torri ar lawr!
Ydy'r clai yn dweud wrth y crochenydd,
"Beth yn y byd wyt ti'n wneud?"
neu, "Does dim dolen ar dy waith"?
10 Gwae'r un sy'n dweud wrth dad,
"Beth wyt ti'n ei genhedlu?"
neu wrth fam, "Beth wyt ti'n ei eni?"

11 Dyma mae'r ARGLWYDD yn ei ddweud – Un Sanctaidd Israel wnaeth ei siapio:

"Dych chi'n fy holi am ddyfodol fy mhlant?
Dych chi am ddweud wrtho i beth i'w wneud?
12 Fi wnaeth y ddaear, a chreu'r ddynoliaeth arni.
Fi fy hun wnaeth ledu'r awyr a rhoi trefn ar y sêr.
13 A fi sydd wedi codi Cyrus i achub
ac wedi gwneud y ffordd o'i flaen yn rhwydd.
Bydd e'n ailadeiladu fy ninas i,
ac yn gollwng fy mhobl gafodd eu caethgludo yn rhydd
heb unrhyw dâl na gwobr,"
—meddai'r ARGLWYDD hollbwerus.

14 Dyma mae'r ARGLWYDD yn ei ddweud:

"Bydd cyfoeth yr Aifft ac enillion Affrica[ng]
a'r Sabeaid tal yn dod yn eiddo i ti.
Byddan nhw'n dy ddilyn di mewn cadwyni,
yn plygu o dy flaen ac yn pledio:
'Dim ond gyda ti mae Duw,
a does dim duw arall o gwbl!' "

15 Ti'n sicr yn Dduw sy'n cuddio'i hun,
O Dduw Israel, yr un sy'n achub!
16 Bydd y rhai sy'n cerfio eilunod
yn teimlo cywilydd ac embaras –
byddan nhw i gyd yn sleifio i ffwrdd mewn cywilydd.
17 Mae Israel yn saff gyda'r ARGLWYDD
ac yn cael ei hachub am byth!
Fydd hi ddim yn profi cywilydd nac embaras
byth bythoedd!

18 Dyma mae'r ARGLWYDD yn ei ddweud, sef Crëwr y nefoedd, yr unig Dduw, a wnaeth y ddaear, ei siapio a'i gosod yn ei lle – nid i fod yn ddiffaith, ond i bobl fyw arni:

"Fi ydy'r ARGLWYDD, does dim un arall.
19 Dw i ddim wedi siarad yn gyfrinachol,
mewn rhyw le tywyll.
Wnes i ddim dweud wrth blant Jacob,
'Edrychwch amdana i i ddim pwrpas.' –
Dw i, yr ARGLWYDD, yn dweud beth sy'n iawn,
ac yn dweud y gwir.

ng 45:14 *Affrica* Hebraeg, *Cwsh*. Yr ardal i'r de o wlad yr Aifft, sef gogledd Swdan heddiw.

20 Dewch yma! Dewch ata i gyda'ch gilydd,
chi ffoaduriaid y cenhedloedd!
Dydy'r rhai sy'n cario delwau pren yn gwybod dim,
na'r rhai sy'n gweddïo ar dduwiau
sydd ddim yn gallu achub!
21 Cyflwynwch eich tystiolaeth –
gadewch iddyn nhw drafod gyda'i gilydd!
Pwy ddwedodd am hyn ymlaen llaw?
Pwy soniodd am y peth o'r dechrau?
Onid fi, yr ARGLWYDD?
Does dim duw arall yn bod ar wahân i mi!
Fi ydy'r Duw cyfiawn sy'n achub –
does dim un arall!

22 Dewch o ben draw'r byd;
trowch ata i i gael eich achub!
Achos fi ydy Duw, a does dim un arall.
23 Dw i wedi mynd ar fy llw, dw i'n dweud y gwir,
fydda i'n cymryd dim yn ôl:
'Bydd pob glin yn plygu i mi,
a phob tafod yn tyngu i mi!
24 Byddan nhw'n dweud: "Ydy, mae'r ARGLWYDD
yn Dduw cyfiawn a chryf!" ' "

Bydd y rhai gododd yn ei erbyn
yn troi ato mewn cywilydd.
25 Bydd disgynyddion Israel
yn cael eu hachub gan yr ARGLWYDD
ac yn canu mawl iddo.

Duwiau diwerth Babilon

46 Mae Bel ar ei liniau,
a Nabw[h] yn gorwedd ar ei wyneb.
Baich ar gefn anifeiliaid ydy eu delwau nhw,
pethau mae'n rhaid eu cario – llwyth trwm
ar gefn anifeiliaid blinedig!
2 Maen nhw hefyd wedi syrthio a phlygu gyda'i gilydd;
doedd dim modd arbed y llwyth,
ac maen nhw ar eu ffordd i'r gaethglud.

3 "Gwrandwch arna i, bobl Jacob,
a phawb sydd ar ôl o bobl Israel.
Fi wnaeth eich cario chi pan oeddech chi yn y groth,
a dw i wedi'ch cynnal chi ers i chi gael eich geni.
4 A bydd pethau yr un fath pan fyddwch chi'n hen;
bydda i'n dal i'ch cario chi pan fydd eich gwallt wedi troi'n wyn!
Fi wnaeth chi, a fi sy'n eich cario chi –
fi sy'n gwneud y cario, a fi sy'n achub.
5 Pwy sy'n cymharu hefo fi?
Oes rhywun tebyg i mi?

h 46:1 *Bel ... Nabw* Bel: enw arall ar Merodach, prif dduw'r Babiloniaid. Nabw: duw arall gan y Babiloniaid.

Dwedwch i bwy dw i'n debyg?
Oes rhywun sydd yr un fath â mi?

6 Mae rhai pobl yn gwagio'r aur o'u pwrs
ac yn pwyso'u harian mewn clorian,
yna'n talu gweithiwr metel i wneud duw iddyn nhw,
ac wedyn yn ei addoli a syrthio ar eu hwynebau o'i flaen!
7 Mae'n rhaid iddyn nhw ei gario ar eu hysgwyddau,
ac wedyn maen nhw'n ei osod ar ei draed,
a dydy e ddim yn gallu symud!
Os ydy rhywun yn galw arno, dydy e ddim yn ateb;
a dydy e ddim yn gallu achub neb o'i drafferthion!

8 Cofiwch chi hynny, a dal gafael yn y ffaith!
Meddyliwch am y peth, chi wrthryfelwyr!
9 Cofiwch beth dw i wedi'i wneud yn y gorffennol.
Achos fi sydd Dduw, a does dim un arall yn bod.
Fi ydy Duw, a does neb tebyg i mi.
10 Dw i'n dweud o'r dechrau beth fydd yn digwydd ar y diwedd,
ac yn dangos ymlaen llaw bethau sydd heb ddigwydd eto.
Dw i'n dweud: 'Bydd fy nghynllun i yn digwydd;
dw i'n cyflawni popeth dw i'n ei fwriadu.'

11 Fi alwodd yr aderyn rheibus yna o'r dwyrain,[i]
yr un ddaeth o bell i gyflawni fy mhwrpas i.
Pan dw i'n dweud rhywbeth, mae'n siŵr o ddigwydd;
fi sydd wedi'i gynllunio, a bydda i'n siŵr o'i wneud!
12 Gwrandwch arna i, chi bobl benstiff,
sy'n cadw draw oddi wrth beth sy'n iawn:
13 dw i ar fin gwneud pethau'n iawn;
dydy hyn ddim yn y dyfodol pell –
fydd achubiaeth ddim yn cael ei gohirio.
Dw i'n mynd i achub Seion!
A rhoi fy ysblander i Israel!"

Bydd Babilon yn syrthio

47 "I lawr â ti! Eistedd yn y llwch,
o wyryf, ferch Babilon.
Eistedd ar lawr, ferch y Babiloniaid,
mae dy ddyddiau ar yr orsedd wedi darfod.
Gei di ddim dy alw yn dyner ac yn dlos byth eto.

2 Gafael yn y felin law i falu blawd.
Tyn dy fêl, rhwyga dy wisg,
a dangos dy goesau wrth gerdded drwy afonydd.[l]
3 Byddi'n gwbl noeth, a bydd
dy rannau preifat yn y golwg.
Dw i'n mynd i ddial,
a fydd neb yn fy rhwystro i."

---

i 46:11 *aderyn rheibus yna o'r dwyrain* gw. 41:2. l 47:2 *gerdded drwy afonydd* Cyfeiriad at fynd i gaethglud, mae'n debyg.
47:1-15 Eseia 13:1 – 14:23; Jeremeia 50:1; 51:64

4 Dyna mae'r un sy'n ein gollwng ni'n rhydd yn ei ddweud
— yr ARGLWYDD hollbwerus ydy ei enw —
Un Sanctaidd Israel.

5 "Eistedd yn dawel! Dos i'r tywyllwch, ferch y Babiloniaid.
Gei di ddim dy alw yn 'Feistres y Teyrnasoedd' byth eto.

6 Rôn wedi digio gyda'm pobl,
felly cosbais fy etifeddiaeth;
rhoddais nhw yn dy ddwylo di,
ond wnest ti ddangos dim trugaredd atyn nhw.
Roeddet ti hyd yn oed yn cam-drin pobl mewn oed.
7 'Fi fydd y feistres am byth,' meddet ti.
Wnest ti ddim meddwl am funud
beth fyddai'n digwydd yn y diwedd.

8 Felly, gwrando ar hyn, ti sy wedi dy sbwylio —
ti sy'n ofni neb na dim, ac yn meddwl,
'Fi ydy'r un – does neb tebyg i mi!
Fydda i byth yn weddw,
nac yn gwybod beth ydy colli plant.'
9 Ond yn sydyn bydd y ddau beth
yn digwydd ar yr un diwrnod:
colli dy blant a chael dy hun yn weddw.

Byddi'n cael dy lethu'n llwyr ganddyn nhw,
er gwaetha dy holl ddewino a'th swynion gorau.
10 Roeddet ti mor hunanfodlon yn dy ddrygioni,
ac yn meddwl, 'Does neb yn fy ngweld i.'
Roedd dy ddoethineb a dy glyfrwch
yn dy arwain ar gyfeiliorn,
ac roeddet ti'n dweud wrthot ti dy hun,
'Fi ydy'r un – does neb tebyg i mi!'

11 Ond mae dinistr yn dod,
a fydd dy holl swynion ddim yn ei gadw draw.
Mae trychineb ar fin disgyn,
a fyddi di ddim yn gallu ei droi i ffwrdd.
Yn sydyn bydd dinistr yn dod arnat heb yn wybod.

12 Dal ati gyda dy swynion a'th ddewino –
rwyt wedi bod yn ymarfer ers pan oeddet ti'n blentyn!
Falle y cei di help! Falle gwnei di ddychryn y gelyn!

13 Ti'n gwastraffu dy amser yn gwrando ar holl gynghorion
y rhai sy'n syllu i'r awyr ac yn darllen y sêr,
ac yn dweud o fis i fis beth sy'n mynd i ddigwydd i ti!
Gad iddyn nhw sefyll i fyny a dy achub di!

14 Maen nhw fel gwellt yn cael ei losgi'n y tân.
Allan nhw ddim achub eu hunain
rhag gwres y fflamau cryfion.

47:7 Galarnad 1:9 47:8 Seffaneia 2:15

Nid glo i dwymo wrtho ydy hwn,
neu dân i eistedd o'i flaen!
15 Dyna faint o help ydyn nhw i ti –
y rhai buost ti'n delio gyda nhw ers pan oeddet ti'n blentyn.
Maen nhw i gyd wedi mynd eu ffordd eu hunain,
a does neb ar ôl i dy achub di!"

Yr ARGLWYDD yn cywiro'i bobl

48 Gwrandwch ar hyn, bobl Jacob –
chi sy'n cael eich galw wrth yr enw 'Israel'
ac yn ddisgynyddion i Jwda,
sy'n tyngu i enw'r ARGLWYDD
ac yn galw ar Dduw Israel –
ond heb fod yn ddidwyll wrth wneud hynny.
2 (Maen nhw'n galw eu hunain yn 'bobl y ddinas sanctaidd',
ac yn honni pwyso ar Dduw Israel,
sef yr ARGLWYDD hollbwerus):

3 "Dw i wedi sôn ers talwm am y pethau fyddai'n digwydd;
dwedais yn glir i bawb glywed.
Yna'n sydyn gweithredais, a dyma nhw'n digwydd.
4 Rôn i'n gwybod mor benstiff wyt ti –
mae gewynnau dy wddf fel haearn
a dy dalcen yn galed fel pres.
5 Dyna pam wnes i roi gwybod i ti'n bell yn ôl,
a dweud yn glir cyn i ddim ddigwydd –
rhag i ti ddweud, 'Fy eilun-dduw wnaeth hyn,
fy eilun a'm delw metel wnaeth ei drefnu.'
6 Ti wedi clywed hyn i gyd; edrych,
pam wnei di ddim cydnabod y peth?

A nawr dw i'n mynd i ddweud pethau newydd,
pethau cudd allet ti ddim eu gwybod o'r blaen
7 pethau newydd sbon, ddim o'r gorffennol.
Ti ddim wedi clywed hyn cyn heddiw,
rhag i ti ddweud, 'Rôn i'n gwybod hynny!'
8 Ti ddim wedi clywed, a ti ddim yn gwybod;
allet ti ddim bod wedi clywed hyn o'r blaen.

Er fy mod i'n gwybod dy fod ti'n twyllo
ac yn cael dy alw'n rebel ers i ti gael dy eni,
9 dw i wedi atal fy llid er mwyn cadw fy enw da
a bod yn amyneddgar er mwyn i mi gael fy moli;
dw i wedi ymatal rhag dy ddinistrio di.
10 Edrych, dw i wedi dy buro di, ond nid fel arian;
dw i wedi dy brofi di yn ffwrnais dioddefaint.
11 Er fy mwyn fy hun yn unig dw i'n gwneud hyn –
pam ddylai fy enw da gael ei halogi?
Dw i ddim yn rhannu fy ysblander gyda neb arall!

Rhyddhau Israel

12 Gwrandwch arna i, bobl Jacob,
ac Israel, y rhai dw i wedi'u galw:
Fi ydy e – fi ydy'r cyntaf,
a fi ydy'r olaf hefyd.
13 Gosodais sylfeini'r ddaear gyda'm dwylo fy hun,
a lledu'r awyr gyda'm llaw dde.
Dw i'n eu galw nhw,
ac maen nhw'n sefyll gyda'i gilydd.

14 'Dewch at eich gilydd i gyd, a gwrando!
Pa un o'ch duwiau ddwedodd am y pethau yma? –
y bydd ffrind[ll] yr ARGLWYDD
yn cyflawni ei fwriad yn erbyn Babilon,
ac yn defnyddio'i holl nerth yn erbyn pobl Caldea.'[m]
15 Fi ddwedodd! Fi alwodd e.
Fi ddaeth ag e allan, a bydd yn llwyddo.
16 Dewch ata i yma i glywed hyn:
'Dw i ddim wedi siarad yn gyfrinachol erioed;
a phan mae'n digwydd dw i yna.' "

Felly nawr mae fy Meistr, sef yr ARGLWYDD,
wedi fy anfon i gyda'i ysbryd.

17 Dyma mae'r ARGLWYDD sy'n dy ollwng yn rhydd yn ei ddweud – Un Sanctaidd Israel:

"Fi ydy'r ARGLWYDD dy Dduw,
sy'n dy ddysgu di er dy les,
ac yn dy arwain di ar hyd y ffordd y dylet ti fynd.
18 O na fyddet ti wedi gwrando ar fy ngorchmynion!
Byddai dy heddwch yn llifo fel afon,
a dy gyfiawnder fel tonnau'r môr.
19 Byddai gen ti ddisgynyddion fel y tywod,
a plant mor niferus â'r gronynnau o dywod.
Fyddai eu henw nhw ddim wedi'i dorri i ffwrdd
a'i ddileu o'm gŵydd i.

20 Ewch allan ar frys o Babilon,
dianc oddi wrth bobl Caldea!
Dwedwch beth sy'n digwydd a gweiddi'n llawen.
Cyhoeddwch y peth!
Anfonwch y neges i ben draw'r byd!
Dwedwch: 'Mae'r ARGLWYDD wedi gollwng
ei was Jacob yn rhydd!
21 Wnaethon nhw ddim profi syched,
er iddo eu harwain nhw drwy'r anialwch.
Gwnaeth i ddŵr lifo o'r graig iddyn nhw;
holltodd y graig a dyma ddŵr yn tasgu allan.'

22 Does dim heddwch i bobl ddrwg."
—yr ARGLWYDD sy'n dweud hyn.

---

ll 48:14 *ffrind* Cyfeiriad at Cyrus (gw. 44:28; 45:1). m 48:14,20 *Caldea* Hen enw ar wlad Babilon.
48:22 Eseia 57:21

Gwas yr Arglwydd

49

Gwrandwch arna i, ynysoedd!
Daliwch sylw, chi bobloedd o bell:
Galwodd yr Arglwydd fi cyn i mi gael fy ngeni;
rhoddodd fy enw i mi pan oeddwn i'n dal yng nghroth fy mam.
2 Gwnaeth fy ngheg fel cleddyf miniog,
a chuddiodd fi dan gysgod ei law.
Gwnaeth fi fel saeth loyw,
a chuddiodd fi yn ei gawell.

3 Dwedodd wrtho i, "Ti ydy fy ngwas i,
Israel, y caf fy anrhydeddu drwyddi."
4 Meddyliais fy mod wedi gweithio'n galed i ddim byd,
a gwastraffu fy holl egni i ddim pwrpas.
Ond mae fy achos yn llaw'r Arglwydd,
a bydd fy Nuw yn rhoi fy ngwobr i mi.

5 Nawr, mae'r Arglwydd,
wnaeth fy llunio i yn y groth i fod yn was iddo,
yn dweud ei fod am adfer pobl Jacob
a dod ag Israel yn ôl ato'i hun.
Bydda i wedi fy anrhydeddu yng ngolwg yr Arglwydd,
am mai Duw sy'n fy nerthu i.
6 Yna dwedodd, "Mae'n beth rhy fach i ti fod yn was i mi
dim ond i godi llwythau Jacob ar eu traed
ac adfer yr ychydig rai fydd ar ôl yn Israel.
Bydda i'n dy wneud di yn olau i'r cenhedloedd,
er mwyn i bobl o ben draw'r byd gael eu hachub."

7 Dyma mae'r Arglwydd sy'n rhyddhau Israel – yr Un Sanctaidd – yn ei ddweud wrth yr un
sy'n cael ei dirmygu; wrth genedl sy'n cael ei ffieiddio, a gwas y rhai sy'n llywodraethu:

"Bydd brenhinoedd yn gweld ac yn codi ar eu traed,
a bydd tywysogion yn ymgrymu,
am fod yr Arglwydd, sydd wedi bod mor ffyddlon,
Un Sanctaidd Israel wedi dy ddewis di."

Adfer Jerwsalem

8 Dyma mae'r Arglwydd yn ei ddweud:

"Bydda i'n dy ateb di pan fydd yr amser yn iawn,
ac yn dy helpu di pan ddaw'r dydd i mi achub.
Fi sydd wedi dy siapio di,
a dy benodi di'n ganolwr fy ymrwymiad i'r bobl –
bydda i'n adfer y wlad,
ac yn rhoi'r hawliau ar y tir yn ôl i'w phobl.
9 Byddi'n dweud wrth garcharorion, 'Cewch fod yn rhydd',
ac wrth y rhai sydd yn y tywyllwch, 'Dewch i'r golwg'.

Byddan nhw fel defaid yn pori ar ochr y ffyrdd,
ac yn cael porfa ar lethrau'r bryniau.
10 Fydd dim syched nac eisiau bwyd arnyn nhw;
fydd y gwynt poeth a'r haul ddim yn eu taro nhw.

Achos bydd yr un sy'n eu caru nhw yn eu harwain,
ac yn mynd â nhw at ffynhonnau o ddŵr.
11 Bydda i'n gwneud y mynyddoedd yn ffordd agored,
ac yn adeiladu priffyrdd amlwg."
12 Edrychwch! Mae rhai'n dod o bell.
Edrychwch! Mae rhai'n dod o'r gogledd,
eraill o'r gorllewin, a rhai o wlad Sinim.

13 Cân, nefoedd, a dathla, ddaear!
Torrwch allan i ganu'n llawen, fynyddoedd!
Achos mae'r Arglwydd wedi cysuro'i bobl,
ac wedi tosturio wrth y rhai fu'n dioddef.

14 "Dwedodd Seion, 'Mae'r Arglwydd wedi troi cefn arna i;
mae fy Meistr wedi fy anghofio i.'
15 Ydy gwraig yn gallu anghofio'r babi ar ei bron?
Ydy hi'n gallu peidio dangos tosturi at ei phlentyn?
Hyd yn oed petaen nhw'n anghofio,
fyddwn i'n sicr ddim yn dy anghofio di!
16 Dw i wedi cerfio dy enw ar gledrau fy nwylo!
Wna i byth golli golwg ar dy waliau di.
17 Bydd dy adeiladwyr yn gweithio'n gyflymach
na'r rhai wnaeth dy ddinistrio di;
mae'r rhai achosodd y fath lanast wedi mynd!
18 Edrych o dy gwmpas!
Maen nhw i gyd yn ymgasglu! Maen nhw'n dod atat ti!

Mor sicr â'r ffaith fy mod i'n fyw,"
—yr Arglwydd sy'n dweud hyn,
"byddi di'n eu gwisgo nhw fel gemau,
ac fel priodferch yn ei gwisg briodas.
19 Er dy fod wedi dy daro,
dy ddifetha a dy ddinistrio fel gwlad,
bellach fydd dim digon o le i bawb sydd am fyw ynot ti,
a bydd y rhai wnaeth dy ddinistrio yn bell i ffwrdd.
20 Bydd y plant gafodd eu geni yn y cyfnod o golled
yn dweud yn dy glyw di,
'Mae hi'n rhy gyfyng yn y lle yma;
symudwch i wneud lle i ni!'
21 A byddi di'n meddwl i ti dy hun,
'Pwy gafodd y plant yma i mi?
Rôn i'n weddw ac yn methu cael plant.
Rôn wedi cael fy ngwrthod a'm gadael –
felly pwy fagodd y rhain?
Rôn wedi fy ngadael ar fy mhen fy hun –
felly o ble daeth y rhain i gyd?' "

22 Dyma mae'r Meistr, yr Arglwydd, yn ei ddweud:

"Dw i'n gwneud arwydd i alw'r cenhedloedd,
ac yn codi fy maner i'r bobloedd.
Byddan nhw'n cario dy feibion yn eu côl,
a dy ferched ar eu hysgwyddau.

23 Bydd brenhinoedd yn gofalu amdanat ti,
a breninesau yn famau maeth.
Byddan nhw'n plygu o'th flaen a'u hwynebau ar lawr,
ac yn llyfu'r llwch wrth dy draed di.
A byddi di'n deall mai fi ydy'r ARGLWYDD –
fydd y rhai sydd â'u gobaith ynof fi ddim yn cael eu siomi.

24 Ydy'n bosib dwyn ysbail oddi ar ryfelwr,
neu ryddhau caethion o law gormeswr?"
25 Wel, dyma mae'r ARGLWYDD yn ei ddweud:
"Bydd caethion yn cael eu cymryd oddi ar ryfelwr,
ac ysbail yn cael ei dwyn oddi ar ormeswr;
Bydda i'n ymladd gyda dy elynion di,
ac yn achub dy blant di.
26 Bydda i'n gwneud i dy ormeswyr fwyta eu cnawd eu hunain;
byddan nhw'n meddwi ar eu gwaed eu hunain, fel ar win melys.
A bydd y ddynoliaeth gyfan yn gwybod
mai fi ydy'r ARGLWYDD sy'n dy achub di ac yn dy ollwng yn rhydd –
Un Cryf Jacob!"

Pechod Israel ac ufudd-dod y gwas

50 Dyma mae'r ARGLWYDD yn ei ddweud:
"Ble mae'r dystysgrif ysgariad rois i i'ch mam
pan anfonais hi i ffwrdd?
I bwy oeddwn i mewn dyled
nes gorfod eich gwerthu chi iddyn nhw?
Cawsoch eich gwerthu am fod mor ddrwg;
cafodd eich mam ei hanfon i ffwrdd am eich bod wedi gwrthryfela.

2 Pam oedd neb yna pan ddes i?
Pam wnaeth neb ateb pan oeddwn i'n galw?
Ydy fy llaw i'n rhy wan i ryddhau?
Ydw i'n rhy wan i achub?
Edrychwch! Fi wnaeth geryddu'r môr a'i sychu!
Galla i droi afonydd yn anialwch!
Roedd pysgod yn pydru am eu bod heb ddŵr,
wedi marw o syched!
3 Galla i wisgo'r awyr mewn du
a'i gorchuddio â sachliain."

Y gwas yn dal ati

4 Rhoddodd fy Meistr, yr ARGLWYDD,
dafod i mi siarad ar ei ran;
dw i wedi dysgu sut i gysuro'r blinedig.
Bob bore mae'n fy neffro i ac yn fy nghael i wrando
fel mae disgybl yn gwrando ac yn dysgu.
5 Mae fy Meistr, yr ARGLWYDD, wedi fy nysgu i wrando,
a dw i ddim wedi gwrthryfela
na throi fy nghefn arno.

6 Rhoddais fy nghefn i'r rhai oedd yn fy chwipio,
a'm gên i'r rhai oedd yn tynnu'r farf.

Wnes i ddim cuddio fy wyneb
oddi wrth yr amarch a'r poeri.
7 Mae fy Meistr, yr ARGLWYDD, yn fy helpu –
felly dw i ddim yn derbyn yr amarch.
Dw i'n gwneud fy wyneb yn galed fel fflint,
a dw i'n gwybod na fydda i'n cywilyddio.

8 Mae'r un sy'n fy amddiffyn i wrth fy ymyl –
pwy sy'n meiddio ymladd yn fy erbyn?
Gadewch i ni wynebu'n gilydd!
pwy sydd am fy ngwrthwynebu i?
Gadewch iddo ddod ata i!
9 Mae fy Meistr, yr ARGLWYDD yn fy helpu i –
pwy sy'n mynd i'm cael yn euog o wneud drwg?
Edrychwch! Byddan nhw'n treulio fel dilledyn;
bydd gwyfyn yn eu difetha nhw.

10 Pwy ohonoch sy'n parchu'r ARGLWYDD?
Pwy sy'n gwrando ar lais ei was?
Dylai'r sawl sy'n cerdded mewn tywyllwch dudew,
heb olau ganddo o gwbl,
drystio'r ARGLWYDD
a phwyso ar ei Dduw.
11 Ond chi sy'n cynnau'ch tân eich hunain
ac yn paratoi ffaglau –
cerddwch yng ngolau fflam eich tân
a'r ffaglau ydych wedi'u tanio!
Dyma fydd yn dod i chi o'm llaw i:
byddwch chi'n gorwedd i gael eich poenydio!

Yr ARGLWYDD yn cysuro

51 "Gwrandwch arna i, chi sy'n awyddus i wneud beth sy'n iawn,
ac yn ceisio'r ARGLWYDD:
ystyriwch y graig y cawsoch eich naddu ohoni,
a'r chwarel y cawsoch eich cloddio ohoni.
2 Meddyliwch am Abraham, eich tad,
a Sara, y cawsoch eich geni iddi.
Roedd ar ei ben ei hun pan wnes i alw arno,
ond bendithiais e, a'i wneud yn llawer.

3 Bydd yr ARGLWYDD yn cysuro Seion,
bydd yn cysuro'i hadfeilion.
Bydd yn gwneud ei hanialwch fel Eden,
a'i diffeithwch fel gardd yr ARGLWYDD.
Bydd llawenydd a dathlu i'w clywed ynddi,
lleisiau'n diolch a sŵn canu.

4 Gwrandwch arna i, fy mhobl;
daliwch sylw, fy nghenedl.
Achos bydda i'n dysgu pobl,
a bydd fy nghyfiawnder yn olau i'r bobloedd.

51:2 Genesis 14:18-20

5 Dw i ar fin gwneud pethau'n iawn,
dw i ar fy ffordd i achub,
a bydd fy mraich gref yn rheoli pobloedd.
Bydd yr ynysoedd yn troi ata i,
ac yn disgwyl yn frwd i mi ddangos fy nerth.

6 Edrychwch i fyny i'r awyr,
ac edrychwch ar y ddaear islaw:
bydd yr awyr yn gwasgaru fel mwg,
y ddaear yn treulio fel dillad,
a'r bobl sy'n byw arni yn marw fel gwybed,
ond mae fy achubiaeth i yn aros am byth,
a'm cyfiawnder ddim yn pallu.

7 Gwrandwch arna i, chi sy'n gwybod beth sy'n iawn,
y bobl sydd â'm cyfraith yn eu calonnau.
Peidiwch bod ag ofn pan mae pobl feidrol yn eich sarhau chi,
na digalonni pan maen nhw'n gwneud sbort.
8 Bydd gwyfyn yn eu bwyta fel dilledyn,
a'r pryf dillad yn eu llyncu fel gwlân.
Bydd fy nghyfiawnder yn para am byth,
a'm hachubiaeth o un genhedlaeth i'r llall."

9 Deffra, deffra! Dangos dy nerth,
o fraich yr ARGLWYDD!
Deffra, fel yn yr hen ddyddiau,
yn yr amser a fu!
Onid ti dorrodd Rahab[n] yn ddarnau,
a thrywanu'r ddraig?
10 Onid ti sychodd y môr,
a dŵr y dyfnder mawr?
Onid ti wnaeth ddyfnder y môr
yn ffordd i'r rhai gafodd eu rhyddhau gerdded arni?

11 Bydd y bobl ollyngodd yr ARGLWYDD yn rhydd
yn dod yn ôl i Seion yn bloeddio canu!
Bydd y llawenydd sy'n para am byth
yn goron ar eu pennau!
Byddan nhw'n cael eu gwefreiddio
gan hwyl a gorfoledd,
am fod galar a griddfan wedi dianc i ffwrdd.

12 "Fi, fi ydy'r un sy'n eich cysuro chi!
Pam wyt ti'n ofni dyn meidrol –
pobl feidrol sydd fel glaswellt?
13 Wyt ti wedi anghofio'r ARGLWYDD sydd wedi dy greu di?
Yr un wnaeth ledu'r awyr a gosod sylfeini'r ddaear!
Pam mae gen ti ofn am dy fywyd drwy'r amser,
fod y gormeswr wedi gwylltio
ac yn barod i dy daro di i lawr?
Ble mae llid y gormeswr beth bynnag?

---

n 51:9 *Rahab* Anghenfil chwedlonol y môr, grym anhrefn a drygioni, oedd weithiau'n cynrychioli gwlad yr Aifft.

14 Bydd yr un caeth yn cael ei ryddhau ar frys!
Fydd e ddim yn marw yn ei gell nac yn llwgu.
15 Fi ydy'r ARGLWYDD dy Dduw di
sy'n corddi'r môr yn donnau mawr
– yr ARGLWYDD hollbwerus ydy fy enw i.
16 Dw i wedi rhoi neges i ti ei rhannu
ac wedi dy amddiffyn di dan gysgod fy llaw;
Fi roddodd yr awyr yn ei lle a gwneud y ddaear yn gadarn!
A dw i wedi dweud wrth Seion: 'Fy mhobl i ydych chi!' "

Rhybudd i Jerwsalem

17 Deffra! Deffra!
Saf ar dy draed, Jerwsalem –
ti sydd wedi yfed o'r gwpan
roddodd yr ARGLWYDD i ti yn ei lid!
Ti sydd wedi yfed y gwpan feddwol i'w gwaelod!

18 Does yr un o'r meibion gafodd eu geni iddi yn ei harwain;
does dim un o'r meibion fagodd hi yn gafael yn ei llaw.
19 Mae dau beth wedi digwydd i ti:
llanast a dinistr – pwy sy'n cydymdeimlo gyda ti?
newyn a'r cleddyf – sut alla i dy gysuro di?
20 Mae dy blant wedi llewygu!
Maen nhw'n gorwedd ar gornel pob stryd,
fel antelop wedi'i ddal mewn rhwyd –
yn feddw gan ddigofaint yr ARGLWYDD,
wedi'u ceryddu gan dy Dduw.

21 Felly, gwrando ar hyn, ti'r un druenus
sydd wedi meddwi, ond ddim ar win!
22 Dyma mae dy feistr, yr ARGLWYDD, yn ei ddweud,
y Duw sy'n dadlau achos ei bobl:
"Edrych! Dw i wedi cymryd y gwpan feddwol o dy law di,
y gostrel rois i i ti yn fy llid.
Does dim rhaid i ti yfed ohoni byth eto!
23 Bydda i'n ei rhoi yn nwylo'r rhai wnaeth dy ormesu
a dweud wrthot ti, 'Gorwedd i lawr, i ni gerdded drosot ti.'
Roedd rhaid i ti roi dy gefn i fod
fel stryd i bobl ei sathru."

Jerwsalem yn cael dathlu

52 Deffra! Deffra! Dangos dy nerth, Seion!
Gwisga dy ddillad hardd,
Jerwsalem, y ddinas sanctaidd!
Fydd y paganiaid aflan sydd heb eu henwaedu
byth yn dod i mewn i ti eto.
2 Cod ar dy draed, ac ysgwyd y llwch oddi arnat,
eistedd ar dy orsedd, Jerwsalem!
Tynna'r gefynnau oddi am dy wddf
Seion, y gaethferch hardd!

3 Dyma mae'r ARGLWYDD yn ei ddweud:

"Cawsoch eich gwerthu am ddim,
a fydd arian ddim yn eich rhyddhau chi."

4 Dyma mae'r Meistr, yr ARGLWYDD, yn ei ddweud:

"I ddechrau, aeth fy mhobl i fyw dros dro yn yr Aifft;
ac wedyn dyma Asyria yn eu gormesu nhw.
5 Felly, beth sy'n digwydd yma?"
—meddai'r ARGLWYDD.
"Mae fy mhobl wedi'u cipio i ffwrdd am ddim rheswm,
ac mae'r rhai sy'n eu rheoli yn gwawdio."
—meddai'r ARGLWYDD.
"Mae pethau drwg yn cael eu dweud amdana i drwy'r amser.
6 Ond bryd hynny bydd fy mhobl yn fy nabod,
ac yn gwybod mai fi ydy'r un sy'n dweud,
'Dyma fi!'"

7 Mae mor wych gweld negesydd
yn dod dros y mynyddoedd
yn cyhoeddi fod heddwch.
Mae ganddo newyddion da –
mae e'n cyhoeddi achubiaeth
ac yn dweud wrth Seion,
"Dy Dduw di sy'n teyrnasu!"

8 Clyw! Mae'r rhai sy'n gwylio dy furiau yn galw;
maen nhw'n gweiddi'n llawen gyda'i gilydd!
Maen nhw'n gweld, o flaen eu llygaid,
yr ARGLWYDD yn dod yn ôl i Seion.

9 Gwaeddwch chithau hefyd,
adfeilion Jerwsalem!
Mae'r ARGLWYDD yn cysuro'i bobl
ac yn mynd i ollwng Jerwsalem yn rhydd.
10 Mae'r ARGLWYDD wedi dangos ei nerth
i'r cenhedloedd i gyd,
ac mae pobl o ben draw'r byd yn gweld
ein Duw ni yn achub.

11 Ewch! Ewch! I ffwrdd â chi!
Peidiwch cyffwrdd dim byd aflan!
Chi sy'n cario llestri'r ARGLWYDD,
cadwch eich hunain yn lân wrth fynd allan oddi yno.
12 Ond does dim rhaid i chi adael ar frys
na dianc fel ffoaduriaid,
achos mae'r ARGLWYDD yn mynd o'ch blaen chi,
ac mae Duw Israel yn eich amddiffyn o'r tu cefn.

Y gwas sy'n dioddef

13 "Edrychwch! Bydd fy ngwas yn llwyddo;
bydd yn cael ei ganmol a'i godi yn uchel iawn.

52:11 gw. Jeremeia 27:16; 28:3 ac Esra 1:7-10

14 Fel roedd llawer wedi dychryn o'i weld
yn edrych mor ofnadwy – prin yn ddynol
(doedd e ddim yn edrych fel dyn),
15 bydd e'n puro[o] llawer o genhedloedd.
Bydd brenhinoedd yn fud o'i flaen –
byddan nhw'n gweld rhywbeth oedd heb ei egluro,
ac yn deall rhywbeth roedden nhw heb glywed amdano.

53 Pwy fyddai'n credu'r neges glywon ni?
Oes rhywun wedi gweld un grymus yr ARGLWYDD?
2 Wrth iddo dyfu o'i flaen
doedd e'n ddim mwy na brigyn,
neu wreiddyn mewn tir sych.
O ran ei olwg, doedd dim yn ein denu i edrych arno,
dim oedd yn ei wneud yn arbennig o ddeniadol.
3 Cafodd ei ddirmygu a'i wrthod gan bobl;
yn ddyn wnaeth ddiodde, yn gyfarwydd â phoen.
Roedd pobl yn troi eu hwynebau i ffwrdd oddi wrtho;
cafodd ei ddirmygu, a wnaethon ni mo'i werthfawrogi.

4 Ac eto, cymerodd ein salwch ni arno'i hun,
a diodde ein poenau ni yn ein lle.
Roedden ni'n meddwl ei fod yn cael ei gosbi,
a'i guro a'i gam-drin gan Dduw.
5 Do, cafodd ei anafu am ein bod ni wedi gwrthryfela,
cafodd ei sathru am ein bod ni ar fai.
Cafodd ei gosbi i wneud pethau'n iawn i ni;
ac am iddo fe gael ei guro cawson ni ein hiacháu.
6 Dŷn ni i gyd wedi crwydro fel defaid –
pob un wedi mynd ei ffordd ei hun;
ond mae'r ARGLWYDD wedi rhoi
ein pechod ni i gyd arno fe.

7 Cafodd ei gam-drin a'i boenydio,
wnaeth e ddweud dim,
fel oen yn cael ei arwain i'r lladd-dy.
Yn union fel mae dafad yn dawel pan mae'n cael ei chneifio,
wnaeth e ddweud dim.
8 Cafodd ei gymryd i ffwrdd heb achos llys teg –
a phwy oedd yn malio beth oedd yn digwydd iddo?
Cafodd ei dorri i ffwrdd o dir y byw,
a'i daro am fod fy mhobl i wedi gwrthryfela.

9 Y bwriad oedd ei gladdu gyda throseddwyr,
ond cafodd fedd un cyfoethog.
Roedd wedi gweithredu'n ddi-drais,
a ddim wedi twyllo neb.
10 Ac eto, yr ARGLWYDD wnaeth benderfynu ei gleisio,
ac achosi iddo ddiodde.

---

o 52:15 *puro* Hebraeg, "taenellu".

Wrth roi ei hun yn offrwm dros bechod,
bydd yn gweld ei blant ac yn cael byw yn hir.
Bydd yn cyflawni bwriadau'r ARGLWYDD.
11 Ar ôl y dioddef i gyd bydd yn gweld beth wnaeth,
a bydd yn gwbl fodlon.

Bydd fy ngwas cyfiawn yn gwneud llawer o bobl yn gyfiawn,
ac yn cario baich eu beiau ar ei ysgwyddau.
12 Felly, y dyrfa yna fydd ei siâr e,
a bydd yn rhannu'r ysbail gyda'r rhai cryfion,
am ei fod wedi rhoi ei hun i farw,
a'i gyfri'n un o'r gwrthryfelwyr.
Cymerodd bechodau llawer o bobl arno'i hun
ac ymyrryd ar ran gwrthryfelwyr."

Dyfodol gwych i Seion

54

"Cân yn llawen, ti sy'n methu cael plant,
ac sydd erioed wedi geni plentyn!
Bloeddia ganu'n llawen,
ti sydd heb brofi poenau wrth eni plentyn!
Bydd gan y wraig sydd ar ei phen ei hun
fwy o blant na'r wraig sydd wedi priodi."
—yr ARGLWYDD sy'n dweud hyn.

2 "Gwna fwy o le i dy babell,
a lledu'r llenni lle rwyt ti'n byw!
Estyn nhw allan! Paid dal yn ôl!
Gwna'r rhaffau'n hirach, rho'r pegiau'n sownd.
3 Byddi'n ymledu allan i bob cyfeiriad!
Bydd dy ddisgynyddion yn meddiannu gwledydd eraill,
ac yn byw mewn dinasoedd gafodd eu gadael yn adfeilion.

4 Paid bod ag ofn, gei di ddim dy wrthod.
Paid synnu, gei di ddim dy siomi!
Byddi'n anghofio cywilydd dy ieuenctid,
ac yn cofio dim am warth dy gyfnod fel gweddw.
5 Mae'r un wnaeth dy greu di wedi dy briodi di!
Yr ARGLWYDD hollbwerus ydy ei enw e.
Bydd Un Sanctaidd Israel yn dy ollwng di'n rhydd –
ie, 'Duw yr holl daear'.

6 Mae'r ARGLWYDD yn dy alw di yn ôl –
fel gwraig oedd wedi'i gadael ac yn anobeithio,
gwraig ifanc oedd wedi'i hanfon i ffwrdd."
—yr ARGLWYDD sy'n dweud hyn.

7 "Gwrthodais di am ennyd fach,
ond gyda thosturi mawr bydda i'n dod â ti'n ôl.
8 Rôn i wedi gwylltio am foment,
ac wedi troi i ffwrdd oddi wrthot ti.
Ond gyda chariad sy'n para am byth
bydda i'n garedig atat ti eto,"
—meddai'r ARGLWYDD, sy'n dy ollwng di'n rhydd.

9 "Mae'r un fath â'r dilyw yng nghyfnod Noa.
Fel gwnes i addo bryd hynny
na fyddai'r ddaear yn cael ei boddi byth eto,
dw i'n addo i chi
na fydda i'n ddig hefo chi, nac yn eich cosbi eto.
10 Falle y bydd y mynyddoedd yn symud
a'r bryniau'n cael eu hysgwyd,
ond bydd fy nghariad i atoch chi yn aros,
a fydd fy ymrwymiad heddwch ddim yn siglo,"
—meddai'r ARGLWYDD, sy'n dy garu di.

Dyfodol Jerwsalem

11 "Ti sydd mor druenus, wedi dy daro
gan stormydd a heb dy gysuro!
Dw i'n mynd i osod dy gerrig mewn morter glas,
a defnyddio saffir fel dy sylfeini.
12 Bydda i'n gwneud dy dyrau o emau,
dy giatiau o risial coch,
a bydd dy waliau i gyd yn feini gwerthfawr.
13 Bydd pob un o dy blant yn cael eu dysgu gan yr ARGLWYDD,
a bydd dy blant yn profi heddwch mawr.
14 Byddi wedi dy sylfaenu ar gyfiawnder,
a fyddi di ddim yn cael dy orthrymu.

Fydd dim rhaid i ti fod ag ofn,
a fydd dychryn ddim yn dod yn agos atat ti.
15 Os bydd rhywun eisiau ymladd hefo ti,
nid fi fydd tu ôl i hynny:
bydd pwy bynnag sydd eisiau ymladd hefo ti
yn syrthio, am mai ti wyt ti.

16 Os fi wnaeth greu'r gof
sy'n chwythu'r tân marwor gyda'i fegin,
i wneud offer ar gyfer ei waith;
fi hefyd sy'n creu'r dinistriwr i ddinistrio.
17 Ond fydd yr arfau sydd wedi'u llunio i dy daro di
ddim yn llwyddo,
a bydd y rhai sy'n codi i dystio yn dy erbyn
yn cael eu condemnio.
Dyna ydy etifeddiaeth gweision yr ARGLWYDD,
a'r hyn dw i wedi'i wneud iddyn nhw."
—yr ARGLWYDD sy'n dweud hyn.

Gwahoddiad yr ARGLWYDD

55 "Hei! Os oes syched arnoch chi, dewch at y dŵr!
Os nad oes gynnoch chi arian, dewch beth bynnag!
Prynwch a bwytwch.
Dewch! Prynwch win a llaeth heb arian – mae am ddim!
2 Pam gwario'ch arian ar rywbeth sydd ddim yn fwyd,
a'ch cyflog ar rywbeth sydd ddim yn bodloni?

54:9 Genesis 9:8-17

Gwrandwch yn ofalus arna i!
Cewch fwyta bwyd blasus, a mwynhau danteithion.
3 Gwrandwch arna i, a dewch yma.
Os gwnewch chi wrando, cewch fyw!
Bydda i'n gwneud ymrwymiad hefo chi
fydd yn para am byth –
fel y bendithion sicr wnes i eu haddo i Dafydd.
4 Gwnes i e'n dyst i bobloedd,
yn arweinydd yn rheoli gwledydd."
5 Byddi di'n galw ar genedl wyt ti ddim yn ei nabod,
a bydd cenedl sydd ddim yn dy nabod di
yn rhedeg atat ti – o achos yr ARGLWYDD dy Dduw,
Un Sanctaidd Israel sydd wedi dy anrhydeddu di.

6 Dewch at yr ARGLWYDD tra mae ar gael!
Galwch arno tra mae'n agos!
7 Rhaid i'r euog droi cefn ar eu ffyrdd drwg,
a'r rhai sy'n creu helynt ar eu bwriadau –
troi'n ôl at yr ARGLWYDD, iddo ddangos trugaredd;
troi at ein Duw ni, achos mae e mor barod i faddau.

8 Dydy fy mwriadau i ddim yr un fath â'ch bwriadau chi,
a dydy fy ffyrdd i ddim yr un fath â'ch ffyrdd chi
— yr ARGLWYDD sy'n dweud hyn.
9 Fel mae'r nefoedd gymaint uwch na'r ddaear,
mae fy ffyrdd i yn uwch na'ch ffyrdd chi,
a'm bwriadau i yn well na'ch bwriadau chi.

10 Ond fel y glaw a'r eira sy'n disgyn o'r awyr
a ddim yn mynd yn ôl nes dyfrio'r ddaear
gan wneud i blanhigion dyfu
a rhoi hadau i'w hau a bwyd i'w fwyta,
11 felly mae'r neges dw i'n ei chyhoeddi:
dydy hi ddim yn dod yn ôl heb wneud ei gwaith –
mae'n gwneud beth dw i eisiau,
ac yn llwyddo i gyflawni ei phwrpas.

12 Ie, byddwch chi'n mynd allan yn llawen
ac yn cael eich arwain mewn heddwch.
Bydd y mynyddoedd a'r bryniau'n bloeddio canu o'ch blaen,
a'r coed i gyd yn curo dwylo.
13 Bydd coed pinwydd yn tyfu yn lle drain,
a llwyni myrtwydd yn lle mieri.
Byddan nhw'n sefyll yno i atgoffa pobl am yr ARGLWYDD,
fel arwydd parhaol fydd ddim yn cael ei dynnu i lawr.

Pobl o bob gwlad yn perthyn i Dduw

56 Dyma mae'r ARGLWYDD yn ei ddweud:

"Gwnewch beth sy'n iawn! Gwnewch beth sy'n deg!
Dw i ar fin achub, a dangos fy nghyfiawnder.

55:3 Jeremeia 31:31; 32:40; Eseciel 16:60; 37:26   55:3 Salm 89:49

2 Y fath fendith fydd i'r bobl sy'n gwneud hyn,
a'r rhai hynny sy'n dal gafael yn y peth –
y rhai sy'n cadw'r Saboth, heb ei wneud yn aflan,
ac yn stopio'u hunain rhag gwneud drwg.

3 Ddylai'r estron sydd wedi ymrwymo i'r ARGLWYDD ddim dweud:
'Mae'r ARGLWYDD yn fy nghadw i ar wahân i'w bobl.'
A ddylai'r eunuch[p] ddim dweud,
'Coeden sydd wedi gwywo ydw i.' "
4 Achos dyma mae'r ARGLWYDD yn ei ddweud:

"I'r eunuchiaid hynny sy'n cadw fy Sabothau
– sy'n dewis gwneud beth dw i eisiau
ac yn glynu'n ffyddlon i'r ymrwymiad wnes i –
5 dw i'n mynd i godi cofeb
yn fy nhŷ, y tu mewn i'w waliau:
rhywbeth gwell na meibion a merched,
a rhoi enw iddyn nhw fydd yn para am byth.

6 Ac i'r bobl estron sydd wedi ymrwymo
i wasanaethu'r ARGLWYDD, ei garu,
a dod yn weision iddo –
pawb sy'n cadw'r Saboth heb ei wneud yn aflan,
ac sy'n glynu'n ffyddlon i'r ymrwymiad wnes i –
7 Bydda i'n eu harwain at fy mynydd cysegredig[ph]
i ddathlu'n llawen yn fy nhŷ gweddi.
Bydd croeso iddyn nhw ddod ag offrymau i'w llosgi
ac aberthau i'w cyflwyno ar fy allor i;
achos bydd fy nhŷ i yn cael ei alw
yn dŷ gweddi i'r holl genhedloedd."

8 Dyma mae'r Meistr, yr ARGLWYDD, yn ei ddweud, yr un sy'n casglu ffoaduriaid Israel at ei
gilydd: "Dw i'n mynd i gasglu mwy eto at y rhai sydd eisoes wedi'u casglu."

Duw yn addo cosbi arweinwyr drwg y wlad

9 "Dewch i fwyta, chi anifeiliaid gwyllt!
Dewch, holl anifeiliaid y goedwig!
10 Mae'r gwylwyr[r] i gyd yn ddall, ac yn deall dim.
Maen nhw fel cŵn mud sy'n methu cyfarth –
yn breuddwydio, yn gorweddian, ac wrth eu bodd yn pendwmpian.
11 Ond maen nhw hefyd yn gŵn barus
sydd byth yn gwybod pryd maen nhw wedi cael digon;
bugeiliaid sy'n deall dim!
Mae pob un wedi mynd ei ffordd ei hun,
ac maen nhw i gyd yn ceisio elwa rywsut.
12 'Dewch, dw i am nôl gwin!
Gadewch i ni feddwi ar gwrw!
Cawn wneud yr un fath yfory –
bydd hyd yn oed yn well!'

---

p 56:3 *eunuch* dyn wedi'i ysbaddu (ei bidyn wedi'i dorri i ffwrdd), oedd yn gweithio fel swyddog neu was ystafell ym mhalas y brenin. ph 56:7 *mynydd cysegredig* gw. 2:3. r 56:10 *gwylwyr* cyfeiriad at yr offeiriaid a'r proffwydi, sef yr arweinwyr ysbrydol, mae'n debyg.

Pobl ffyddlon Duw yn dioddef

57 Mae rhywun cyfiawn yn marw,
a does neb yn malio.
Mae pobl ffyddlon yn cael eu cymryd,
a does neb yn sylweddoli
fod y cyfiawn yn cael eu symud
i'w harbed rhag y drwg sy'n dod.
2 Bydd y rhai sy'n gwneud beth sy'n iawn
yn profi heddwch,
ac yn cael gorffwys ar eu gwlâu.

3 Dewch yma, chi blant y rhai sy'n dweud ffortiwn,
disgynyddion y rhai sy'n godinebu ac yn puteinio!
4 Am ben bwy ydych chi'n gwneud sbort?
Ar bwy ydych chi'n gwneud ystumiau
ac yn tynnu tafod?
Dych chi'n blant i rebeliaid,
yn ddisgynyddion rhai sy'n dweud celwydd,
5 a'ch nwydau rhywiol yn llosgi wrth addoli
dan bob coeden ddeiliog.
Chi sy'n aberthu plant yn y dyffrynnoedd,
ac yn hafnau'r creigiau.

6 Cerrig llithrig y nant ydy dy gyfran di;
mentra di gyda nhw!
Iddyn nhw rwyt ti wedi tywallt dy offrwm o ddiod,
a chyflwyno dy offrwm o fwyd.
Ddylwn i ymatal rhag dial yn wyneb hyn i gyd?

7 Rwyt yn gwneud dy wely ar ben pob mynydd uchel,
ac yn mynd yno i gyflwyno dy aberthau.
8 Er bod arwydd wedi'i osod tu ôl i ffrâm drws dy dŷ,
ti wedi ngadael i a gorwedd yn agored ar dy wely.
Ti wedi ymrwymo dy hun i'r duwiau,
wedi mwynhau gorweddian yn noeth
a dewis dilyn dy chwantau.[rh]

9 Yna, mynd i lawr i weld y brenin
gyda rhoddion o olew a llwyth o bersawr.
Anfonaist negeswyr at un oedd yn bell i ffwrdd,
hyd yn oed i Annwn![s]
10 Er bod yr holl deithio'n dy flino,
wnest ti ddim rhoi i fyny!
Llwyddaist i gael digon o egni i ddal ati.

11 Pwy oedd yn dy boeni
a gwneud i ti ofni a dweud celwydd?
Doeddet ti ddim yn meddwl amdana i
nac yn cymryd unrhyw sylw ohono i.

---

rh 57:8 *a dewis ... chwantau* Hebraeg, "a syllu ar eu pidyn". s 57:9 *Annwn* Hebraeg, *Sheol*, sef "y byd tanddaearol lle mae'r meirw yn mynd".
57:8 Deuteronomium 6:9

Ai'r rheswm wyt ti ddim yn fy ofni i
ydy mod i wedi bod yn ddistaw mor hir?
12 Gwna i ddweud beth dw i'n feddwl o dy weithredoedd da:
fydd y rheiny ddim yn gallu dy helpu!
13 A fydd dy gasgliad o dduwiau ddim yn dy helpu
pan fyddi di'n gweiddi –
does dim bywyd nac anadl ynddyn nhw!
Ond bydd y rhai sy'n troi ata i yn meddiannu'r tir
ac yn etifeddu fy mynydd cysegredig i.

Duw yn addo helpu ei bobl

14 Dyma fydd yn cael ei ddweud:

Adeiladwch! Adeiladwch! Cliriwch y ffordd!
Symudwch bob rhwystr o ffordd fy mhobl!
15 Dyma mae'r Un uchel iawn yn ei ddweud,
yr un sy'n aros am byth, a'i enw'n sanctaidd:
Dw i'n byw mewn lle uchel a sanctaidd,
ond dw i hefyd gyda'r rhai gostyngedig sydd wedi'u sathru –
dw i'n adfywio'r rhai gostyngedig,
ac yn codi calon y rhai sydd wedi'u sathru.

16 Dw i ddim yn mynd i ddadlau drwy'r adeg,
na dal dig am byth.
Dw i ddim eisiau i ysbryd y bobl ballu,
gan mai fi sy'n rhoi anadl iddyn nhw fyw.
17 Rôn i'n ddig am eu bod yn elwa drwy drais.
Dyma fi'n eu taro, a throi i ffwrdd wedi digio,
ond roedden nhw'n dal i fynd eu ffordd eu hunain!

18 Do, dw i wedi gweld beth maen nhw'n ei wneud,
ond dw i'n mynd i'w hiacháu nhw.
Dw i'n mynd i'w harwain a'u cysuro;
cysuro'r rhai sy'n galaru,
19 a rhoi lle iddyn nhw ddathlu:
heddwch a llwyddiant i bawb yn bell ac agos!
Dw i'n mynd i'w hiacháu nhw,"
— meddai'r Arglwydd.

20 "Ond bydd y rhai drwg fel môr stormus
sy'n methu bod yn dawel,
a'i ddŵr yn corddi'r llaid a'r baw.
21 Fydd dim heddwch i bobl ddrwg,"
— meddai fy Nuw.

Ymprydio go iawn

58 "Gwaedda mor uchel ag y medri di, heb ddal yn ôl;
Cod dy lais fel sain corn hwrdd![t]
Dwed wrth fy mhobl eu bod nhw wedi gwrthryfela,
ac wrth bobl Jacob eu bod nhw wedi pechu.

---

t 58:1 *corn hwrdd* Hebraeg, *shoffar.*
57:21 Eseia 48:22

2 Maen nhw'n troi ata i bob dydd,
ac yn awyddus i ddysgu am fy ffyrdd.
Yn ôl pob golwg maen nhw'n genedl sy'n gwneud beth sy'n iawn
ac sydd heb droi cefn ar ddysgeidiaeth eu Duw.
Maen nhw'n gofyn i mi am y ffordd iawn,
ac yn awyddus i glosio at Dduw.

3 'Pam oeddet ti ddim yn edrych
pan oedden ni'n ymprydio?' medden nhw,
'Pam oeddet ti ddim yn cymryd sylw
pan oedden ni'n cosbi ein hunain?'
Am eich bod chi'n ymprydio i blesio'ch hunain
ac yn cam-drin eich gweithwyr yr un pryd!
4 Dych chi'n ymprydio i ffraeo a ffustio,

Dim dyna'r ffordd i ymprydio
os ydych chi eisiau i Dduw wrando.
5 Ai dyma sut ymprydio dw i eisiau –
diwrnod pan mae pobl yn llwgu eu hunain,
ac yn plygu eu pennau fel planhigyn sy'n gwywo?
Diwrnod i orwedd ar sachliain a lludw?
Ai dyna beth wyt ti'n ei alw'n ymprydio,
yn ddiwrnod sy'n plesio'r ARGLWYDD?

6 Na, dyma'r math o ymprydio dw i eisiau:
cael gwared â chadwyni anghyfiawnder,
datod rhaffau'r iau
a gollwng y rhai sy'n cael eu gormesu yn rhydd;
dryllio popeth sy'n rhoi baich ar bobl.
7 Rhannu dy fwyd gyda'r newynog,
rhoi lle i fyw i'r rhai tlawd sy'n ddigartref
a rhoi dillad i rywun rwyt yn ei weld yn noeth;
peidio ceisio osgoi gofalu am dy deulu.

8 Wedyn bydd dy olau'n disgleirio fel y wawr,
a byddi'n cael dy adfer yn fuan.
Bydd dy gyfiawnder yn mynd o dy flaen di,
a bydd ysblander yr ARGLWYDD yn dy amddiffyn o'r tu ôl.
9 Wedyn, byddi'n galw, a bydd yr ARGLWYDD yn ateb;
byddi'n gweiddi, a bydd e'n dweud, 'Dw i yma'.

Rhaid cael gwared â'r iau sy'n gorthrymu,
stopio pwyntio bys a siarad yn gas.
10 Rhaid i ti wneud popeth fedri i helpu'r newynog,
a chwrdd ag anghenion y rhai sy'n diodde.
Wedyn bydd dy olau'n disgleirio yn y tywyllwch,
a bydd dy dristwch yn troi'n olau fel canol dydd!
11 Bydd yr ARGLWYDD yn dy arwain bob amser,
yn torri dy syched pan wyt ti mewn anialwch poeth,
ac yn dy wneud yn gryf.

Byddi fel gardd wedi'i dyfrio,
neu ffynnon ddŵr sydd byth yn sychu.

12 Byddi'n ailgodi'r hen adfeilion,
ac yn adeiladu ar yr hen sylfeini.
Byddi'n cael dy alw yn
'atgyweiriwr y waliau' ac yn
'adferwr y strydoedd', i bobl fyw yno.

Cadw'r Saboth

13 Os gwnei di stopio teithio ar y Saboth,
a plesio dy hun ar fy niwrnod sbesial i;
os gwnei di alw'r Saboth yn bleser,
parchu diwrnod sbesial yr ARGLWYDD,
dangos parch ato drwy beidio gwneud beth wyt ti eisiau,
plesio dy hun, a siarad fel y mynni –
14 wedyn gelli ddisgwyl i'r ARGLWYDD gael ei blesio.
Byddi'n llwyddo, a fydd dim yn dy rwystro,[th]
a chei fwynhau etifeddiaeth Jacob, dy dad."
— mae'r ARGLWYDD wedi dweud.

Condemnio anghyfiawnder cymdeithasol

59 Edrychwch, dydy'r ARGLWYDD ddim yn rhy wan i achub;
a dydy e ddim yn rhy fyddar i glywed!
2 Mae eich drygioni chi
wedi'ch gwahanu chi oddi wrth Dduw.
Eich pechodau chi sydd wedi gwneud iddo guddio'i wyneb
a gwrthod gwrando arnoch chi.
3 Mae tywallt gwaed yn gwneud eich dwylo'n aflan,
a phechod yn baeddu eich bysedd.
Mae eich gwefusau'n dweud celwydd
a'ch tafod yn sibrwd twyll.
4 Does neb yn sefyll dros beth sy'n iawn,
a neb sy'n mynd i'r llys yn onest,
ond yn dibynnu ar eiriau gwag a chelwydd.
Maen nhw'n achosi drygioni
ac yn esgor ar drafferthion.

5 Maen nhw wedi deor wyau nadroedd,
ac yn nyddu gwe pry copyn.
Bydd pwy bynnag sy'n bwyta'r wyau hynny'n marw,
ac os bydd un yn torri, mae neidr yn dod allan ohono.
6 Dydy'r gwe pry copyn ddim yn gwneud dillad;
allan nhw ddim gwisgo'r hyn maen nhw'n ei nyddu.
Mae popeth maen nhw'n ei wneud yn ddrwg,
ac maen nhw'n llawn trais.
7 Maen nhw'n rhedeg at y drwg,
ac yn barod iawn i ladd pobl ddiniwed.
Maen nhw bob amser yn meddwl am wneud drwg,
ac yn achosi llanast a dinistr.
8 Dŷn nhw'n gwybod dim am wir heddwch,
a byth yn gwneud beth sy'n iawn.

---

th 58:14 *Llwyddo, a fydd dim yn dy rwystro* Hebraeg, "marchogaeth ar fannau uchel y ddaear".

Mae'r ffyrdd maen nhw'n eu dilyn yn droellog,
a fydd dim heddwch i'r rhai sy'n cerdded y ffordd honno.

Cyffesu pechod

9 Felly, dyna pam nad ydy'r sefyllfa wedi'i sortio,
ac nad ydy Duw wedi gwneud pethau'n iawn.
Dŷn ni'n disgwyl am olau, ond does dim ond tywyllwch,
yn edrych am lygedyn o obaith, ond yn crwydro yn y gwyll.
10 Dŷn ni'n ymbalfalu wrth y wal fel pobl ddall,
yn ceisio teimlo'n ffordd fel rhai sydd ddim yn gweld.
Dŷn ni'n baglu ganol dydd, fel petai wedi tywyllu;
dŷn ni fel cyrff meirw pan ddylen ni fod yn llawn egni.

11 Dŷn ni i gyd yn chwyrnu'n ddig fel eirth
neu'n cwyno a cŵan fel colomennod.
Dŷn ni'n edrych am gyfiawnder, ond ddim yn ei gael;
am achubiaeth, ond mae allan o'n cyrraedd.
12 Dŷn ni wedi gwrthryfela mor aml yn dy erbyn di,
mae'n pechodau yn tystio yn ein herbyn ni.
Y gwir ydy, dŷn ni'n dal i wrthryfela,
a dŷn ni'n gwybod yn iawn ein bod wedi methu:
13 gwrthryfela, gwadu'r Arglwydd
a throi cefn ar Dduw;
cymryd mantais anghyfiawn, bradychu,
a phalu celwyddau!

14 Felly mae'r hyn sy'n iawn yn cael ei wthio i ffwrdd
a chyfiawnder yn cadw draw.
Mae gwirionedd yn baglu yn y gymdeithas,
a gonestrwydd yn methu dod i mewn.
15 Mae gwirionedd wedi diflannu,
ac mae'r un sy'n troi cefn ar ddrwg yn cael ei ysbeilio.

Yr Arglwydd yn paratoi i achub ei bobl

Pan welodd yr Arglwydd fod dim cyfiawnder,
roedd yn anhapus iawn.
16 Pan welodd nad oedd neb o gwbl yn ymyrryd,
roedd yn arswydo.
Ond yna, dyma fe'i hun yn mynd ati i achub,
a'i gyfiawnder yn ei yrru'n ei flaen.

17 Gwisgodd gyfiawnder fel arfwisg,
ac achubiaeth yn helmed ar ei ben.
Rhoddodd ddillad dial amdano,
a gwisgo sêl fel mantell.
18 Bydd yn rhoi i bawb beth maen nhw'n ei haeddu –
llid i'r rhai sydd yn ei wrthwynebu, a chosb i'w elynion;
bydd yn talu'n ôl yn llawn i ben draw'r byd.

19 Bydd pobl o'r gorllewin yn parchu enw'r Arglwydd,
a phobl o'r dwyrain yn gweld ei ysblander.

59:16 Eseia 63:5

Bydd e'n dod fel afon sy'n llifo'n gryf,
ac ysbryd yr ARGLWYDD yn ei yrru yn ei flaen.
20 "Bydd e'n dod i Jerwsalem i ollwng yn rhydd,
ac at y rhai yn Jacob sy'n troi cefn ar eu gwrthryfel,"
—yr ARGLWYDD sy'n dweud hyn.

21 Dyma fy ymrwymiad i iddyn nhw, meddai'r ARGLWYDD: "Bydd fy Ysbryd i arnat ti, a fydd
y neges dw i wedi'i rhoi i ti ddim yn dy adael di; byddi di a dy blant, a phlant dy blant, yn ei
chofio o hyn allan ac am byth."
—yr ARGLWYDD sy'n dweud hyn.

Diwrnod newydd i Jerwsalem

60 "Cod! Disgleiria! Mae dy olau wedi dod.
Mae ysblander yr ARGLWYDD wedi gwawrio arnat!
2 Er bod tywyllwch yn gorchuddio'r ddaear
a thywyllwch dudew dros y gwledydd,
bydd yr ARGLWYDD yn tywynnu arnat ti,
a bydd ei ysblander i'w weld arnat.
3 Bydd cenhedloedd yn dod at dy oleuni,
a brenhinoedd yn troi at dy wawr ddisglair.

4 Edrych o dy gwmpas!
Maen nhw i gyd yn ymgasglu! Maen nhw'n dod atat ti!
Bydd dy feibion yn dod o wledydd pell,
a dy ferched yn cael eu cario adre.
5 Pan weli hyn byddi'n wên i gyd;
bydd dy galon yn curo wrth brofi'r wefr.

Bydd cyfoeth y moroedd yn cael ei roi i ti,
a chyfoeth y gwledydd yn dod atat.
6 Bydd gyrroedd o gamelod yn llenwi dy strydoedd,
camelod o Midian, Effa a Sheba.[u]
Byddan nhw'n cario aur a thus,
ac yn canu mawl i'r ARGLWYDD.
7 Bydd holl ddefaid a geifr Cedar yn cael eu casglu atat,
a bydd hyrddod Nebaioth[w] yna i ti eu defnyddio;
byddan nhw'n aberthau derbyniol ar fy allor i.
Bydda i'n gwneud fy nhŷ hardd yn harddach fyth!

8 Pwy ydy'r rhain sy'n symud fel cwmwl,
ac yn hedfan fel colomennod i'w nythod?
9 Mae cychod yr ynysoedd yn ymgasglu,
a llongau masnach Tarshish[y] ar y blaen.
Maen nhw'n dod â dy blant o bell,
a'u harian a'u haur hefo nhw,
i'w cyflwyno i'r ARGLWYDD dy Dduw –
Un Sanctaidd Israel, sydd wedi dy anrhydeddu.

10 Bydd estroniaid yn ailadeiladu dy waliau,
a'u brenhinoedd nhw yn dy wasanaethu di.

---

u 60:6 *Midian, Effa a Sheba* Midian: ardal yn anialwch Arabia; Effa: un o'r brif deuluoedd llwyth Midian; Sheba: yn ne-orllewin Arabia. w 60:7 *Cedar ... Nebaioth* Ardaloedd yng ngogledd Arabia. y 60:9 *Tarshish* Porthladd yn Sbaen. Mae'n debyg fod "llongau Tarshish" yn cyfeirio at longau masnach mawr oedd yn croesi'r moroedd.

Achos, er fy mod wedi dy daro di pan oeddwn i'n ddig,
dw i am ddangos tosturi a bod yn garedig.
11 Bydd dy giatiau ar agor drwy'r amser;
fyddan nhw ddim yn cael eu cau ddydd na nos –
er mwyn i gyfoeth y cenhedloedd
a'u brenhinoedd gael ei gario i mewn.
12 Bydd y wlad neu'r deyrnas
sy'n gwrthod dy wasanaethu yn syrthio;
bydd y gwledydd hynny'n cael eu dinistrio'n llwyr.

13 Bydd coed gorau Libanus yn dod i ti –
coed cypres, planwydd a phinwydd i harddu fy nghysegr,
ac anrhydeddu'r lle mae fy nhraed i'n gorffwys.
14 Bydd plant y rhai oedd yn dy ormesu
yn dod o dy flaen ac ymgrymu.
Bydd y rhai oedd yn dy gasáu
yn plygu'n isel ar y llawr wrth dy draed di.
Byddan nhw'n dy alw di yn 'Ddinas yr ARGLWYDD',
a 'Seion Un Sanctaidd Israel'.

15 Yn lle bod wedi dy wrthod,
a dy gasáu, a neb yn mynd drwot ti,
bydda i'n dy wneud di'n destun balchder am byth –
yn llawenydd o un genhedlaeth i'r llall.
16 Byddi'n yfed o laeth y cenhedloedd,
ac yn sugno bronnau brenhinoedd.
Wedyn byddi di'n gwybod
mai fi ydy'r ARGLWYDD sy'n dy achub,
Ie, fi, Un Cryf Jacob, sy'n dy ollwng di'n rhydd.

17 Bydda i'n dod ag aur yn lle pres ac arian yn lle haearn,
pres yn lle coed a haearn yn lle cerrig.
'Heddwch' fydd yn llywodraethu arnat,
a 'Cyfiawnder' fydd dy feistr.
18 Fydd neb yn gweiddi 'Trais!' yn y wlad byth eto,
a fydd dim dinistr o fewn dy ffiniau.

Byddi'n galw dy waliau yn 'Achubiaeth'
a dy giatiau yn 'Foliant'.
19 Fydd dim angen yr haul i oleuo'r dydd,
na llewyrch y lleuad yn olau yn y nos.
Yr ARGLWYDD fydd dy olau di am byth,
a bydd ysblander dy Dduw yn disgleirio arnat.
20 Fydd dy haul ddim yn machlud byth mwy,
a llewyrch y lleuad ddim yn cilio;
yr ARGLWYDD fydd dy olau di am byth,
a bydd dy gyfnod o alaru drosodd.

21 Bydd dy bobl i gyd yn gyfiawn,
ac yn etifeddu'r tir am byth.
Nhw ydy'r blagur dw i wedi'i blannu,
gwaith fy llaw sy'n fy anrhydeddu.
22 Bydd yr un fechan yn troi yn llwyth,
a'r lleiaf yn troi'n genedl fawr.

Fi ydy'r ARGLWYDD!
Pan ddaw'r amser iawn bydda i'n gwneud hyn ar frys!"

Blwyddyn ffafr yr ARGLWYDD

61 Mae Ysbryd fy Meistr, yr ARGLWYDD, arna i,
am fod yr ARGLWYDD wedi fy eneinio i'w wasanaethu.
Mae wedi fy anfon i gyhoeddi
newyddion da i'r tlodion,
i drin briwiau'r rhai sydd wedi torri eu calonnau,
a chyhoeddi fod y rhai sy'n gaeth i gael rhyddid,
ac i ollwng carcharorion yn rhydd;
2 i gyhoeddi fod blwyddyn ffafr yr ARGLWYDD yma,
a'r diwrnod pan fydd Duw yn dial;
i gysuro'r rhai sy'n galaru –
3 ac i roi i alarwyr Seion
dwrban ar eu pennau yn lle lludw,
ac olew llawenydd yn lle galar,
mantell mawl yn lle ysbryd anobaith.

Byddan nhw'n cael eu galw yn goed hardd,
wedi'u plannu gan yr ARGLWYDD i arddangos ei ysblander.
4 Byddan nhw'n ailadeiladu'r hen hen adfeilion,
yn codi lleoedd oedd wedi'u dinistrio,
ac yn adfer trefi oedd wedi'u difa
a heb neb yn byw ynddyn nhw ers cenedlaethau.

5 Bydd dieithriaid yn gofalu am dy ddefaid di,
ac estroniaid yn aredig y tir ac yn trin y coed gwinwydd.
6 Byddwch chi'n cael eich galw yn 'Offeiriaid yr ARGLWYDD',
'Gweision Duw' fydd y teitl arnoch chi.
Byddwch chi'n bwydo ar gyfoeth y cenhedloedd
ac yn mwynhau eu holl drysorau nhw.
7 Yn lle'r cywilydd byddwch chi'n derbyn siâr ddwbl,
ac yn lle'r gwarth byddwch chi'n dathlu yn eich etifeddiaeth.
Felly, byddan nhw'n etifeddu siâr ddwbl yn eu tir,
ac yn profi llawenydd fydd yn para am byth.

8 Fi ydy'r ARGLWYDD; dw i'n caru cyfiawnder,
ac yn casáu gweld lladrata'r offrwm sydd i'w losgi.
Bydda i'n siŵr o roi eu gwobr iddyn nhw,
a bydda i'n gwneud ymrwymiad gyda nhw fydd yn para am byth.
9 Bydd eu plant yn adnabyddus ymhlith y cenhedloedd,
a'u disgynyddion ymhlith y bobloedd.
Bydd pawb sy'n eu gweld nhw'n cydnabod
mai nhw ydy'r rhai mae'r ARGLWYDD wedi'u bendithio.

10 Mae'r ARGLWYDD yn fy ngwneud i mor llawen,
ac mae fy Nuw yn fy ngwefreiddio i.
Mae e wedi fy ngwisgo ag achubiaeth
a rhoi cyfiawnder yn fantell o'm cwmpas.
Dw i fel priodfab yn gwisgo twrban hardd,
neu briodferch wedi'i haddurno â'i thlysau.

11 Fel mae planhigion yn tyfu o'r ddaear,
a ffrwythau'n tyfu yn yr ardd,
bydd fy Meistr, yr ARGLWYDD,
yn gwneud i gyfiawnder a moliant
dyfu yng ngŵydd y cenhedloedd i gyd.

Achub Jerwsalem

62 "Er mwyn Seion dw i ddim yn mynd i dewi!
Er mwyn Jerwsalem dw i ddim yn mynd i orffwys,
nes bydd ei chyfiawnder yn disgleirio fel golau llachar
a'i hachubiaeth yn llosgi fel ffagl."
2 Bydd y gwledydd yn gweld dy gyfiawnder,
a'r holl frenhinoedd yn gweld dy ysblander;
a byddi di'n cael enw newydd
gan yr ARGLWYDD ei hun.
3 Byddi fel coron hardd yn llaw yr ARGLWYDD,
neu dwrban brenhinol yn llaw dy Dduw.

4 Gei di byth eto yr enw 'Gwrthodedig',
a fydd dy wlad ddim yn cael ei galw yn 'Anialwch'.
Na, byddi'n cael dy alw 'Fy hyfrydwch',
a bydd dy wlad yn cael yr enw 'Fy mhriod'.
Achos bydd yr ARGLWYDD wrth ei fodd gyda ti,
a bydd dy wlad fel gwraig ffrwythlon iddo.
5 Fel mae bachgen yn priodi merch ifanc,
bydd dy blant yn dy briodi di;
ac fel mae priodfab wrth ei fodd gyda'i wraig,
bydd dy Dduw wrth ei fodd gyda ti.

6 Dw i'n gosod gwylwyr ar dy waliau di, O Jerwsalem.
Fyddan nhw ddim yn dawel nos na dydd!
Chi sy'n gweddïo ar yr ARGLWYDD, peidiwch tewi;
7 peidiwch rhoi llonydd iddo nes iddo adfer Jerwsalem,
a'i gwneud yn destun mawl drwy'r byd.

8 Mae'r ARGLWYDD wedi tyngu llw i'w gryfder:
"Dw i ddim yn mynd i roi dy ŷd
yn fwyd i dy elynion byth eto!
A fydd plant estroniaid ddim yn yfed y gwin
wnest ti weithio mor galed amdano.
9 Bydd y rhai sy'n medi'r cynhaeaf yn ei fwyta
ac yn moli'r ARGLWYDD.
A bydd y rhai sy'n casglu'r grawnwin
yn yfed y sudd yn fy nghysegr sanctaidd."

10 Dewch i mewn! Dewch i mewn drwy'r giatiau!
Cliriwch y ffordd i'r bobl ddod!
Adeiladwch! Adeiladwch brifffordd!
Symudwch bob carreg sy'n rhwystr!
Codwch faner dros y bobloedd!

62:10 Eseia 11:12; 49:22

11 Mae'r ARGLWYDD wedi cyhoeddi hyn
drwy'r byd i gyd:
"Dwedwch wrth Seion annwyl,
'Edrych! Mae dy Achubwr yn dod!
Edrych! Mae ei wobr ganddo;
mae'n dod â'i roddion o'i flaen.' "

12 Byddan nhw'n cael eu galw, "Y Bobl Sanctaidd.
Pobl Rydd yr ARGLWYDD."
A byddi di, Jerwsalem, yn cael dy alw,
"Yr un gafodd ei cheisio,"
"Dinas heb ei gwrthod".

Yr ARGLWYDD yn cosbi'r cenhedloedd

63 Pwy ydy hwn sy'n dod o Edom –
o Bosra[a] a'i ddillad yn goch?
Pwy ydy'r un, yn ei wisgoedd brenhinol,
sy'n martsio'n hyderus a diflino.
"Fi ydy e, sy'n cyhoeddi cyfiawnder;
yr un sy'n gallu achub."

2 Pam mae dy ddillad yn goch?
Maen nhw fel dillad un sy'n sathru grawnwin.
3 "Dw i wedi sathru'r grawnwin fy hun;
doedd neb o gwbl gyda fi.
Sathrais nhw yn fy llid,
a'u gwasgu dan draed yn fy nicter,
nes i'w gwaed nhw sblasio ar fy nillad;
dw i wedi staenio fy nillad i gyd.

4 Roedd y diwrnod i ddial ar fy meddwl,
a'r flwyddyn i ollwng yn rhydd wedi dod.
5 Pan edrychais, doedd neb yno i helpu;
rôn i'n synnu fod neb yno i roi cymorth.
Felly dyma fi'n mynd ati i achub,
a'm dicter yn fy ngyrru ymlaen.
6 Sathrais genhedloedd yn fy llid,
a'u meddwi nhw gyda fy llid,
a thywallt eu gwaed ar lawr."

Gweddi ac addoliad

7 Dw i'n mynd i atgoffa pobl mor hael a charedig ydy'r ARGLWYDD,
a dw i'n mynd i ganu ei glod –
am y cwbl mae'r ARGLWYDD wedi'i wneud i ni,
a'r holl bethau da mae e wedi'u gwneud i bobl Israel.
Mae e mor drugarog ac mor hael!

---

a 63:1 *Bosra* Prifddinas Edom.
63:1-6 Eseia 34:5-17; Jeremeia 49:7-22; Eseciel 25:12-14; 35:1-15; Amos 1:11-12; Obadeia 1-14; Malachi 1:2-5
63:5 Eseia 59:16

8 Meddyliodd: "Fy mhobl i ydyn nhw,
plant fydd ddim yn anffyddlon."
Felly dyma fe'n eu hachub nhw.
9 Pan oedden nhw'n diodde roedd e'n diodde hefyd,
a dyma fe'n anfon ei angel i'w hachub.
Yn ei gariad a'i drugaredd,
daeth i'w gollwng nhw'n rhydd.
Cododd nhw, a'u cario nhw
ar hyd y cyfnod hwnnw.

10 Ond dyma nhw'n gwrthryfela,
ac yn tristáu ei Ysbryd Glân.
Felly trodd yn elyn iddyn nhw,
ac ymladd yn eu herbyn nhw.
11 Yna dyma fe'n cofio'r hen ddyddiau –
Moses ... a'i bobl!

Ble mae'r Un ddaeth â nhw drwy'r Môr
gyda bugeiliaid ei braidd?
Ble mae'r Un wnaeth roi
ei Ysbryd Glân yn eu plith nhw –
12 yr Un wnaeth roi ei nerth i Moses?
Ble mae'r Un wnaeth hollti'r môr o'u blaenau
a gwneud enw iddo'i hun am byth?
13 Ble mae'r Un wnaeth eu harwain nhw drwy'r dyfnder
fel ceffyl yn carlamu ar dir agored?
14 Rhoddodd Ysbryd yr Arglwydd orffwys iddyn nhw,
fel gwartheg yn mynd i lawr i'r dyffryn.
Dyna sut wnest ti arwain dy bobl
a gwneud enw gwych i ti dy hun!

Gweddi am help

15 Edrych i lawr o'r nefoedd,
o'r lle sanctaidd a hardd lle rwyt ti'n byw!
Ble mae dy sêl a dy nerth di bellach?
Ble mae hiraeth dy galon a dy gariad?
Paid dal yn ôl, 16 achos ti ydy'n Tad ni!
Hyd yn oed petai Abraham ddim yn cymryd sylw,
ac Israel ddim yn ein nabod ni,
ti ydy'n Tad ni, O Arglwydd!
Ti ydy'r Un sy'n ein rhyddhau ni! –
Dyna dy enw di ers y dyddiau hynny.

17 Arglwydd, pam wyt ti wedi gadael i ni grwydro
oddi ar dy ffyrdd di?
Pam wyt ti wedi'n gwneud ni'n ystyfnig
nes ein bod ddim yn dy barchu di?
Maddau i ni, er mwyn dy weision,
dy lwythau di dy hun!
18 Cafodd dy bobl feddiannu'r tir am gyfnod byr,
ond wedyn sathrodd dy elynion dy gysegr dan draed.

63:13 Exodus 14:21

19 Ni oedd dy bobl di o'r dechrau –
wnest ti erioed lywodraethu drostyn nhw,
a gawson nhw erioed eu henwi ar dy ôl di.

64 O na fyddet ti'n rhwygo'r awyr a dod i lawr,
nes bod y mynyddoedd yn crynu o dy flaen di –
2 byddai fel tân yn llosgi brigau sych,
neu'n gwneud i ddŵr ferwi –
i dy elynion ddod i wybod pwy wyt ti
ac i'r cenhedloedd grynu o dy flaen di!
3 Roeddet ti'n arfer gwneud pethau syfrdanol,
cwbl annisgwyl!
Roeddet ti'n dod i lawr
ac roedd y mynyddoedd yn crynu o dy flaen.

4 Does neb erioed wedi clywed
a does neb wedi gweld Duw tebyg i ti,
sy'n gweithredu o blaid y rhai sy'n ei drystio fe.
5 Ti'n helpu'r rhai sy'n mwynhau gwneud beth sy'n iawn,
ac sy'n cofio sut un wyt ti.
Er dy fod ti'n ddig am ein bod ni'n pechu o hyd,
gallen ni ddal gael ein hachub!

6 Ond bellach dŷn ni i gyd fel rhywbeth aflan,
mae hyd yn oed ein gorau ni fel dillad isaf budron.
Dŷn ni i gyd wedi gwywo fel deilen,
Ac mae'n methiant, fel y gwynt, yn ein chwythu i ffwrdd.
7 Does neb yn galw ar dy enw di,
nac yn gwneud ymdrech i ddal gafael ynot ti.
Ti wedi troi i ffwrdd oddi wrthon ni,
a gwneud i ni wynebu'n methiant!

8 Ac eto, ARGLWYDD, ti ydy'n Tad ni!
Gwaith dy ddwylo di ydyn ni –
ni ydy'r clai a thi ydy'r crochenydd.
9 Paid gwylltio'n llwyr hefo ni, ARGLWYDD!
Paid dal dig am ein methiant am byth!
Edrych arnon ni i gyd, dy bobl!

10 Mae dy drefi sanctaidd yn anialwch!
Mae Seion yn anialwch,
a Jerwsalem yn adfeilion.
11 Mae'r deml gysegredig a hardd
lle roedd ein hynafiaid yn dy foli di,
wedi cael ei llosgi'n ulw.
Mae ein trysorau'n bentwr o rwbel.

12 Wyt ti'n mynd i ddal i ymatal
er gwaetha hyn i gyd, ARGLWYDD?
Wyt ti'n mynd i sefyll yna'n dawel
tra dŷn ni'n cael ein cosbi mor drwm?

Bydd yr ARGLWYDD yn cosbi'r euog

65 "Rôn i yno i rai oedd ddim yn gofyn amdana i;
dangosais fy hun i rai oedd ddim yn chwilio amdana i.
Dywedais, 'Dyma fi! Dyma fi!'
wrth wlad oedd ddim yn galw ar fy enw.

2 Bues i'n estyn fy llaw drwy'r amser
at bobl oedd yn gwrthryfela –
pobl yn gwneud beth oedd ddim yn dda,
ac yn dilyn eu mympwy eu hunain.
3 Roedden nhw'n fy nigio o hyd ac o hyd –
yn aberthu yn y gerddi paganaidd[b]
ac yn llosgi aberthau ar allor frics;
4 yn eistedd yng nghanol beddau,
ac yn treulio'r nos mewn mannau cudd;
yn bwyta cig moch
a phowlenni o gawl gyda cig aflan ynddo;
5 neu'n dweud, 'Cadw draw!
Dw i'n rhy lân i ti ddod yn agos ata i!'
Mae pobl fel yna'n gwneud i mi wylltio,
mae fel tân sy'n dal i losgi drwy'r dydd.

6 Edrychwch! Mae wedi'i gofnodi o mlaen i!
Dw i ddim am ei ddiystyru –
dw i'n mynd i dalu'n ôl yn llawn:
Talu'n ôl i bob un ohonyn nhw am eu pechodau,
7 a phechodau eu hynafiaid hefyd."
—meddai'r ARGLWYDD.
"Roedden nhw'n llosgi arogldarth ar y mynyddoedd,
ac yn fy enllibio i ar y bryniau.
Bydda i'n talu'n ôl iddyn nhw'n llawn
am bopeth wnaethon nhw o'r dechrau cyntaf!"

8 Dyma mae'r ARGLWYDD yn ei ddweud:

"Fel mae sudd da mewn swp o rawnwin,
a rhywun yn dweud, 'Paid difetha fe; mae daioni ynddo',
felly y bydda i'n gwneud er mwyn fy ngweision –
fydda i ddim yn eu dinistrio nhw i gyd.

9 Bydda i'n rhoi disgynyddion i Jacob,
a phobl i etifeddu fy mynyddoedd yn Jwda.
Bydd y rhai dw i wedi'u dewis yn eu meddiannu,
a bydd fy ngweision yn byw yno.
10 Bydd Saron yn borfa i ddefaid,
a Dyffryn Achor,[c] sy'n lle i wartheg orwedd,
yn eiddo i'r bobl sy'n fy ngheisio i.

11 Ond chi sydd wedi troi cefn ar yr ARGLWYDD,
a diystyru fy mynydd cysegredig[ch] i;

---

b 65:3 *gerddi paganaidd* gw. 1:29. c 65:10 *Saron ... Dyffryn Achor* Saron: yr iseldir ar arfordir y gorllewin; Dyffryn Achor: yn y dwyrain, wrth ymyl Jericho. Mae'r ddau le gyda'i gilydd yn cynrychioli'r wlad i gyd.
ch 65:11 *mynydd cysegredig* gw. 2:3.
65:3 Exodus 20:25; Deuteronomium 27:5-6 65:4 Lefiticus 11:7; Deuteronomium 14:8

chi sy'n gosod bwrdd i'r duw 'Ffawd',
ac yn llenwi cwpanau o win i'r duw 'Tynged'.
12 Dw i'n eich condemnio i gael eich lladd â'r cleddyf!
Byddwch chi'n penlinio i gael eich dienyddio –
achos roeddwn i'n galw, a wnaethoch chi ddim ateb;
roeddwn i'n siarad, a wnaethoch chi ddim gwrando.
Roeddech chi'n gwneud pethau oeddwn i'n eu casáu,
ac yn dewis pethau oedd ddim yn fy mhlesio."

13 Felly dyma mae fy Meistr, yr ARGLWYDD, yn ei ddweud:

"Bydd fy ngweision yn bwyta, a chithau'n llwgu.
Bydd fy ngweision yn yfed, a chithau'n sychedu.
Bydd fy ngweision yn llawen, a chithau'n cael eich cywilyddio.
14 Bydd fy ngweision yn canu'n braf, a chithau'n wylo mewn poen,
ac yn griddfan mewn gwewyr meddwl.
15 Bydd eich enw yn cael ei ddefnyddio fel melltith
gan y rhai dw i wedi'u dewis.
Bydd y Meistr, yr ARGLWYDD, yn dy ladd di!
Ond bydd enw hollol wahanol gan ei weision.
16 Bydd pwy bynnag drwy'r byd sy'n derbyn bendith
yn ei gael wrth geisio bendith gan y Duw ffyddlon;
a'r sawl yn unman sy'n tyngu llw o ffyddlondeb
yn ei gael wrth dyngu llw i enw'r Duw ffyddlon.
Bydd trafferthion y gorffennol yn cael eu hanghofio,
ac wedi'u cuddio o'm golwg.

Nefoedd newydd a daear newydd

17 Achos dw i'n mynd i greu
nefoedd newydd a daear newydd!
Bydd pethau'r gorffennol wedi'u hanghofio;
fyddan nhw ddim yn croesi'r meddwl.
18 Ie, dathlwch a mwynhau am byth
yr hyn dw i'n mynd i'w greu.

Achos dw i'n mynd i greu
Jerwsalem i fod yn hyfrydwch,
a'i phobl yn rheswm i ddathlu.
19 Bydd Jerwsalem yn hyfrydwch i mi,
a'm pobl yn gwneud i mi ddathlu.
Fydd sŵn crio a sgrechian
ddim i'w glywed yno byth eto.
20 Fydd babis bach ddim yn marw'n ifanc,
na phobl mewn oed yn marw'n gynnar.
Bydd rhywun sy'n marw yn gant oed
yn cael ei ystyried yn llanc ifanc,
a'r un sy'n marw heb gyrraedd y cant
yn cael ei ystyried dan felltith.
21 Byddan nhw'n adeiladu tai ac yn byw ynddyn nhw;
byddan nhw'n plannu gwinllannoedd ac yn bwyta'u ffrwyth.

65:17 Eseia 66:22; 2 Pedr 3:13; Datguddiad 21:1

22 Fyddan nhw ddim yn adeiladu tai i rywun arall fyw ynddyn nhw,
nac yn plannu i rywun arall fwyta'r ffrwyth.
Bydd fy mhobl yn byw mor hir â choeden;
bydd y rhai dw i wedi'u dewis
yn cael mwynhau'n llawn waith eu dwylo.
23 Fyddan nhw ddim yn gweithio'n galed i ddim byd;
fyddan nhw ddim yn magu plant i'w colli.
Byddan nhw'n bobl wedi'u bendithio gan yr ARGLWYDD,
a'u plant gyda nhw hefyd.

24 Bydda i'n ateb cyn iddyn nhw alw arna i;
bydda i wedi clywed cyn iddyn nhw orffen siarad.
25 Bydd y blaidd a'r oen yn pori gyda'i gilydd,
a bydd y llew yn bwyta gwellt fel ych;
ond llwch y ddaear fydd bwyd y neidr.
Fyddan nhw'n gwneud dim drwg na niwed
yn fy mynydd cysegredig[d] i."
—yr ARGLWYDD sy'n dweud hyn.

Barn a gobaith

66 Dyma mae'r ARGLWYDD yn ei ddweud:
"Y nefoedd ydy fy ngorsedd i,
a'r ddaear ydy fy stôl droed i.
Ble allech chi adeiladu teml fel yna i mi?
Ble dych chi am ei roi i mi i orffwys?
2 Onid fi sydd wedi creu popeth sy'n bodoli?
Fi ddaeth â nhw i fod!"
—yr ARGLWYDD sy'n dweud hyn.
"Ac eto dyma pwy dw i'n cymryd sylw ohonyn nhw:
Y rhai tlawd sy'n teimlo'n annigonol
ac sy'n parchu fy neges.

3 Ond am y bobl sy'n lladd ych ac yna'n llofruddio rhywun,
yn aberthu oen ac yna'n torri gwddf ci,
yn cyflwyno offrwm o rawn ac yna'n aberthu gwaed moch,
yn llosgi arogldarth ac yna'n addoli eilun-dduwiau –
maen nhw wedi dewis mynd eu ffordd eu hunain
ac yn mwynhau gwneud y pethau ffiaidd yma –
4 bydda i'n dewis eu cosbi nhw'n llym,
a throi eu hofnau gwaetha'n realiti.
Pan oeddwn i'n galw, wnaeth neb ateb;
pan oeddwn i'n siarad, doedd neb yn gwrando.
Roedden nhw'n gwneud pethau roeddwn i'n eu casáu,
ac yn dewis pethau oedd ddim yn fy mhlesio."

5 Gwrandwch ar neges yr ARGLWYDD,
chi sy'n parchu beth mae'n ei ddweud!
Mae eich pobl eich hunain yn eich casáu chi
a'ch cau chi allan am sefyll drosto i.

---

d 65:25 *mynydd cysegredig* gw. 2:3.
65:25 Eseia 11:6-9

Maen nhw'n dweud yn wawdlyd:
"Boed i'r ARGLWYDD gael ei anrhydeddu,
i ni eich gweld chi'n cael eich gwneud yn hapus."
Ond byddan nhw'n cael eu cywilyddio.
6 Gwrandwch! Mae twrw yn dod o'r ddinas
a sŵn yn dod o'r deml,
sŵn yr ARGLWYDD yn talu'n ôl i'w elynion.

7 All gwraig gael plentyn heb boenau geni?
All hi eni mab cyn i'r pyliau ddechrau?
8 Na! Pwy glywodd am y fath beth?
Pwy welodd rywbeth felly'n digwydd?
Ydy gwlad yn geni plant mewn diwrnod?
Ydy cenedl yn dod i fod mewn moment?
Ond dyma Seion newydd ddechrau esgor
ac mae eisoes wedi cael ei phlant!

9 "Fyddwn i'n gadael i'r dŵr dorri heb eni plentyn?"
—yr ARGLWYDD sy'n gofyn.
"Fyddwn i'n dechrau'r broses eni, ac yna'n ei rhwystro?"
—ie, dy Dduw sy'n gofyn.

10 Byddwch yn llawen dros Jerwsalem
a dathlu gyda hi,
bawb ohonoch chi sy'n ei charu!
Ymunwch yn y dathlu,
chi fu'n galaru drosti –
11 i chi gael sugno'i bronnau a chael eich bodloni,
cael blas wrth lepian ar hyfrydwch ei thethi.

12 Dyma mae'r ARGLWYDD yn ei ddweud:

"Dw i'n rhoi iddi heddwch perffaith fel afon,
a bydd cyfoeth y cenhedloedd fel ffrwd yn gorlifo iddi.
Byddwch yn cael sugno'i bronnau a'ch cario fel babi,
ac yn chwarae ar ei gliniau fel plentyn bach.
13 Bydda i'n eich cysuro chi fel mam yn cysuro'i phlentyn;
byddwch chi'n cael eich cysuro yn Jerwsalem."
14 Byddwch wrth eich bodd wrth weld hyn,
a bydd eich corff cyfan yn cael ei adnewyddu.
Bydd hi'n amlwg fod nerth yr ARGLWYDD gyda'i weision,
ond ei fod wedi digio gyda'i elynion.

15 Ydy, mae'r ARGLWYDD yn dod mewn tân
ac mae sŵn ei gerbydau fel corwynt.
Mae'n dod i ddangos ei fod yn ddig,
ac i geryddu gyda fflamau tân.
16 Achos bydd yr ARGLWYDD yn barnu pawb
hefo tân a gyda'i gleddyf,
a bydd llawer yn cael eu lladd ganddo.

17 "Mae hi ar ben ar bawb sy'n cysegru eu hunain a mynd drwy'r ddefod o 'buro' eu hunain
i ddilyn yr un yn y canol ac addoli yn y gerddi paganaidd, gan wledda ar gig moch a phethau
ffiaidd eraill fel llygod," meddai'r ARGLWYDD.

18 “Dw i'n gwybod beth maen nhw'n ei wneud a'i feddwl. Dw i'n mynd i gasglu'r gwledydd
i gyd, a phobl o bob iaith, iddyn nhw ddod a gweld fy ysblander i. 19 Bydda i'n gosod arwydd yn
eu canol nhw, ac yn anfon at y cenhedloedd rai o'r bobl fydd wedi llwyddo i ddianc: i Tarshish,
at y Libiaid a'r Lydiaid (y rhai sy'n defnyddio bwa saeth); i Twbal, Groeg, a'r ynysoedd pell sydd
heb glywed sôn amdana i na gweld fy ysblander i. Byddan nhw'n dweud wrth y cenhedloedd
am fy ysblander i. 20 A byddan nhw'n dod â'ch perthnasau o'r gwledydd i gyd yn offrwm i'r
ARGLWYDD; dod â nhw ar gefn ceffylau, mewn wagenni a throliau, ar gefn mulod a chamelod,
i Jerwsalem, fy mynydd sanctaidd,” meddai'r ARGLWYDD, “yn union fel mae pobl Israel yn dod
ag offrwm o rawn i deml yr ARGLWYDD mewn llestr glân. 21 A bydda i'n dewis rhai ohonyn nhw
i fod yn offeiriaid ac yn Lefiaid,” meddai'r ARGLWYDD.

22 “Fel y bydd y nefoedd newydd a'r ddaear newydd
    dw i'n mynd i'w gwneud yn aros am byth o'm blaen i,”
        —meddai'r ARGLWYDD,
“felly y bydd eich plant a'ch enw chi yn aros.
23 O un ŵyl y lleuad newydd i'r llall,
    ac o un Saboth i Saboth arall,
    bydd pawb yn dod i addoli o mlaen i.”
        —yr ARGLWYDD sy'n dweud hyn.
24 “Byddan nhw'n mynd allan ac yn gweld
    cyrff y rhai hynny oedd wedi gwrthryfela yn fy erbyn i:
Fydd y cynrhon ynddyn nhw ddim yn marw,
    na'r tân sy'n eu llosgi nhw yn diffodd;
    byddan nhw'n ffiaidd yng ngolwg pawb.”

Jeremeia

1. Bydd Duw yn cosbi Jwda
(1:1 — 12:17)

Cyflwyniad

1 Neges Jeremeia, mab Chilceia, oedd yn offeiriad yn Anathoth[a] (tref ar dir llwyth Benjamin).
2 Roedd yr ARGLWYDD wedi rhoi neges iddo am y tro cyntaf pan oedd Joseia[b] fab Amon wedi
bod yn frenin ar Jwda ers un deg tair o flynyddoedd. 3 Dyma Duw yn dal ati i roi negeseuon
iddo pan oedd Jehoiacim,[c] mab Joseia, yn frenin, ac wedyn am yr un deg un mlynedd y buodd
Sedeceia[ch] (mab arall Joseia) yn frenin. Yn y pumed mis[d] yn y flwyddyn olaf honno, cafodd
pobl Jerwsalem eu cymryd i ffwrdd yn gaethion.

Duw yn galw Jeremeia i fod yn broffwyd

4 Dyma'r ARGLWYDD yn rhoi'r neges yma i mi:

5 "Rôn i'n dy nabod di cyn i mi dy siapio di yn y groth,
ac wedi dy ddewis di cyn i ti gael dy eni,
a dy benodi di'n broffwyd i siarad â gwledydd y byd."

6 "O! Feistr, ARGLWYDD!" meddwn i. "Alla i ddim siarad ar dy ran di, dw i'n rhy ifanc." 7 Ond
dyma'r ARGLWYDD yn ateb,

"Paid dweud, 'Dw i'n rhy ifanc.'
Byddi di'n mynd i ble dw i'n dy anfon di
ac yn dweud beth dw i'n ddweud wrthot ti.
8 Paid bod ag ofn pobl," meddai'r ARGLWYDD
"achos dw i gyda ti i ofalu amdanat."

9 Wedyn dyma'r ARGLWYDD yn estyn ei law ac yn cyffwrdd fy ngheg i, a dweud,

"Dyna ti. Dw i'n rhoi fy ngeiriau i yn dy geg di.
10 Ydw, dw i wedi dy benodi di heddiw
a rhoi awdurdod i ti dros wledydd a theyrnasoedd.
Byddi'n tynnu o'r gwraidd ac yn chwalu,
yn dinistrio ac yn bwrw i lawr,
yn adeiladu ac yn plannu."

Dwy weledigaeth

11 Dyma'r ARGLWYDD yn dweud wrtho i, "Jeremeia, beth wyt ti'n weld?" A dyma fi'n ateb,
"Dw i'n gweld cangen o goeden almon."[dd] 12 A dyma'r ARGLWYDD yn dweud, "Ie, yn hollol. Dw
i'n gwylio[e] i wneud yn siŵr y bydd beth dw i'n ddweud yn dod yn wir."
13 Yna'r ail waith dyma'r ARGLWYDD yn dweud wrtho i, "Beth wyt ti'n weld?" A dyma fi'n ateb,
"Dw i'n gweld crochan yn berwi, ac mae ar fin cael ei dywallt o gyfeiriad y gogledd." 14 "Ie,"

---

a 1:1 *Anathoth* Tref, neu bentref, oedd ryw dair milltir i'r gogledd-ddwyrain o Jerwsalem. (Ras el-Charwbe, sydd tua hanner milltir i'r de o Anata heddiw). b 1:2 *Joseia* yn frenin o 640 i 609 CC. c 1:3 *Jehoiacim* yn frenin o 609 i 598 CC. ch 1:3 *Sedeceia* yn frenin o 598 i 587 CC. d 1:3 *pumed mis* Af, sef pumed mis y calendr Hebreig, o tua canol Gorffennaf i ganol Awst. dd 1:11 *coeden almon* Hebraeg, *shaced.* Y goeden almon oedd yn gyntaf i flodeuo yn y gwanwyn. e 1:12 Hebraeg, *shoced*.

1:2 2 Brenhinoedd 22:3 — 23:27; 2 Cronicl 34:8 — 35:19 1:3 2 Brenhinoedd 23:36 — 24:7; 2 Cronicl 36:5-8
1:3 2 Brenhinoedd 24:18 — 25:21; 2 Cronicl 36:11-21

meddai'r ARGLWYDD wrtho i, "bydd dinistr yn cael ei dywallt ar bobl y wlad yma o gyfeiriad
y gogledd. 15 Edrych, dw i'n mynd i alw ar bobloedd a brenhinoedd y gogledd."
—yr ARGLWYDD sy'n dweud hyn.

" 'Byddan nhw'n gosod eu gorseddau
wrth giatiau Jerwsalem.
Byddan nhw'n ymosod ar y waliau o'i chwmpas,
ac ar drefi eraill Jwda i gyd.'

16 "Bydda i'n cyhoeddi'r ddedfryd yn erbyn fy mhobl, ac yn eu cosbi nhw am yr holl bethau
drwg maen nhw wedi'i wneud – sef troi cefn arna i a llosgi arogldarth i dduwiau eraill. Addoli
pethau maen nhw wedi'u gwneud gyda'i dwylo eu hunain!
17 "Ond ti, Jeremeia, bydd di'n barod. Dos, a dweud wrthyn nhw bopeth dw i'n ddweud
wrthot ti. Paid bod â'u hofn nhw, neu bydda i'n dy ddychryn di o'u blaenau nhw. 18 Ond
heddiw dw i'n dy wneud di fel tref gaerog, neu fel colofn haearn neu wal bres. Byddi'n
gwneud safiad yn erbyn y wlad i gyd, yn erbyn brenhinoedd Jwda, ei swyddogion, ei hoffeiriaid
a'i phobl. 19 Byddan nhw'n trio dy wrthwynebu di, ond yn methu, am fy mod i gyda ti yn
edrych ar dy ôl," meddai'r ARGLWYDD.

Duw yn pledio ar Jwda i newid ei ffyrdd

2 Dyma'r ARGLWYDD yn rhoi neges arall i mi: 2 "Dos, a gwna'n siŵr fod pobl Jerwsalem yn
clywed y neges yma. Dyma mae'r ARGLWYDD yn ei ddweud:

'Dw i'n cofio mor awyddus oeddet ti i'm plesio i,
a'r cariad roeddet ti'n ei ddangos,
fel merch ifanc ar fin priodi.
Dyma ti'n fy nilyn i drwy'r anialwch
mewn tir oedd heb ei drin.
3 Roedd Israel wedi'i chysegru i'r ARGLWYDD,
fel ffrwyth cyntaf ei gynhaeaf.
Roedd pawb oedd yn ei chyffwrdd
yn cael eu cyfri'n euog,
a byddai dinistr yn dod arnyn nhw.' "
—yr ARGLWYDD sy'n dweud hyn.

Pechod yr hynafiaid

4 Gwrandwch ar neges yr ARGLWYDD, bobl Jacob – llwythau Israel i gyd. 5 Dyma mae'r ARGLWYDD
yn ei ddweud:

"Pa fai gafodd eich hynafiaid yno i
eu bod wedi crwydro mor bell oddi wrtho i?
Dilyn delwau diwerth,
a gwneud eu hunain yn dda i ddim.
6 Wnaethon nhw ddim gofyn,
'Ble mae'r ARGLWYDD
ddaeth â ni allan o wlad yr Aifft,
a'n harwain ni drwy'r anialwch –
ein harwain drwy dir diffaith
oedd yn llawn tyllau, tir sych a thywyll,
tir does neb yn mynd drwyddo,
a lle does neb yn byw?'

7 Des i â chi i dir ffrwythlon
a gadael i chi fwynhau ei ffrwyth a'i gynnyrch da.
Ond pan aethoch i mewn yno
dyma chi'n llygru'r tir,
a gwneud y wlad rois i'n etifeddiaeth i chi
yn ffiaidd yn fy ngolwg i.
8 Wnaeth yr offeiriaid ddim gofyn,
'Ble mae'r ARGLWYDD?'
Doedd y rhai sy'n dysgu'r Gyfraith
ddim yn fy nabod i.
Roedd yr arweinwyr[f] yn gwrthryfela yn fy erbyn,
a'r proffwydi'n rhoi negeseuon ar ran y duw Baal,
ac yn dilyn delwau diwerth.

Achos Duw yn erbyn ei bobl

9 Felly, dyma fi eto'n dod â cyhuddiad yn eich erbyn chi,
a bydda i'n cyhuddo eich disgynyddion chi hefyd."
—yr ARGLWYDD sy'n dweud hyn.
10 "Ewch drosodd i ynys Cyprus i weld,
neu anfonwch rywun i Cedar i ymchwilio.[ff]
Ydy'r fath beth wedi digwydd erioed o'r blaen?
11 Oes gwlad arall wedi newid ei duwiau?
(A dydy'r rheiny ddim yn dduwiau go iawn!)
Ond mae fy mhobl i wedi fy ffeirio i, y Duw gwych,
am 'dduwiau' sy'n ddim ond delwau diwerth.
12 Mae'r nefoedd mewn sioc
fod y fath beth yn gallu digwydd!
Mae'n ddychryn! Mae'r peth yn syfrdanol!"
—yr ARGLWYDD sy'n dweud hyn.
13 "Mae fy mhobl wedi gwneud dau beth drwg:
maen nhw wedi troi cefn arna i,
y ffynnon o ddŵr glân gloyw,
a chloddio pydewau iddyn nhw'u hunain –
pydewau wedi cracio sydd ddim yn dal dŵr!"

Canlyniadau troi cefn ar Dduw

14 "Ydy Israel yn gaethwas? Na!
Gafodd e ei eni'n gaethwas? Naddo!
Felly, pam mae e'n cael ei gipio gan y gelyn?
15 Mae'r gelyn yn rhuo drosto
fel llewod ifanc yn rhuo'n swnllyd.
Mae'r wlad wedi'i difetha,
a'i threfi'n adfeilion
heb neb yn byw yno bellach.
16 A daw milwyr yr Aifft, o drefi Memffis a Tachpanches
i siafio'ch pennau chi,[g] bobl Israel.

---

f 2:8 Hebraeg, "bugeiliaid". ff 2:10 *Ewch ... i ymchwilio* h.y. edrychwch yn unrhyw le o'r gorllewin pell i'r dwyrain pell. g 2:16 *siafio'ch pennau chi* h.y. i'w cywilyddio nhw a'u gwneud yn gaethweision.
2:8 Jeremeia 22:16

17 Ti, Israel, ddaeth â hyn arnat dy hun,
drwy droi dy gefn ar yr ARGLWYDD dy Dduw
pan oedd e'n dangos y ffordd i ti.

18 Felly beth ydy pwynt mynd i lawr i'r Aifft
neu droi at Asyria am help?
Ydy yfed dŵr afon Nîl[ng] neu'r Ewffrates
yn mynd i dy helpu di?

19 Bydd dy ddrygioni'n dod â'i gosb,
a'r ffaith i ti droi cefn arna i
yn dysgu gwers i ti.
Cei weld fod troi cefn ar yr ARGLWYDD dy Dduw
a dangos dim parch tuag ata i
yn ddrwg iawn ac yn gwneud niwed mawr,"
—meddai'r Meistr, yr ARGLWYDD hollbwerus.

Pobl Dduw yn addoli Baal

20 "Ymhell bell yn ôl torrais yr iau oedd ar dy war
a dryllio'r rhaffau oedd yn dy rwymo;
ond dyma ti'n dweud, 'Wna i ddim dy wasanaethu di!'
Felly addolaist dy 'dduwiau' ar ben pob bryn
a than pob coeden ddeiliog,
a gorweddian ar led fel putain.

21 Rôn i wedi dy blannu di yn y tir
fel gwinwydden arbennig o'r math gorau.
Sut wnest ti droi'n winwydden wyllt
a'i ffrwyth yn ddrwg a drewllyd?

22 Gelli drio defnyddio powdr golchi
a llwythi o sebon i geisio ymolchi,
ond dw i'n dal i weld staen dy euogrwydd di."
—y Meistr, yr ARGLWYDD sy'n dweud hyn.

23 "Sut elli di ddweud, 'Dw i ddim yn aflan.
Wnes i ddim addoli duwiau Baal'?
Meddylia beth wnest ti yn y dyffryn![h]
Rwyt fel camel ifanc yn rhuthro i bob cyfeiriad
a ddim yn gwybod ble i droi!

24 Rwyt fel asen wyllt wedi'i magu yn yr anialwch
yn sniffian yr awyr am gymar pan mae'n amser paru.
Does dim modd ei dal hi'n ôl pan mae'r nwyd yna.
Does dim rhaid i'r asynnod flino yn rhedeg ar ei hôl,
mae hi yna'n disgwyl amdanyn nhw adeg paru.

25 Paid gadael i dy esgidiau dreulio
a dy wddf sychu yn rhedeg ar ôl duwiau eraill.
Ond meddet ti, 'Na, does dim pwynt!
Dw i'n caru'r duwiau eraill yna,
a dw i am fynd ar eu holau nhw eto.'

---

ng 2:18 *afon Nîl* Hebraeg, *Shichor* (sef cangen ddwyreiniol afon Nîl). h 2:23 *y dyffryn* Cyfeiriad at Ddyffryn Hinnom – gw. 2 Brenhinoedd 23:10; Jeremeia 7:31; 19:2-6; 32:35.
2:21 Eseia 5:1-7

Cywilydd ar bobl Israel

26 Fel lleidr, dydy Israel ddim ond yn teimlo cywilydd
pan mae wedi cael ei ddal!
Brenhinoedd a swyddogion, offeiriaid a phroffwydi
– maen nhw i gyd yr un fath.
27 Maen nhw'n dweud wrth ddarn o bren, 'Ti ydy fy nhad i!'
ac wrth garreg, 'Ti ydy fy mam, ddaeth â fi i'r byd!'
Ydyn, maen nhw wedi troi cefn arna i
yn lle troi ata i.
Ond wedyn, pan maen nhw mewn trafferthion
maen nhw'n gweiddi arna i, 'Tyrd, achub ni!'
28 Felly, ble mae'r duwiau rwyt ti wedi'u gwneud i ti dy hun?
Gad iddyn nhw ddod i dy achub di, os gallan nhw,
pan wyt ti mewn trafferthion!
Wedi'r cwbl, Jwda, mae gen ti gymaint o dduwiau
ag sydd gen ti o drefi!
29 Pam dych chi'n rhoi'r bai arna i?
Chi ydy'r rhai sydd wedi gwrthryfela yn fy erbyn i."
—yr Arglwydd sy'n dweud hyn.

30 "Dyma fi'n cosbi dy bobl, ond doedd dim pwynt;
doedden nhw ddim yn fodlon cael eu cywiro.
Chi eich hunain laddodd eich proffwydi
fel llew ffyrnig yn ymosod ar ei brae."

31 Bobl, gwrandwch beth mae'r Arglwydd yn ei ddweud!
"Ydw i wedi bod fel anialwch i Israel?
Ydw i wedi bod fel tir tywyll i chi?
Felly, pam mae fy mhobl yn dweud,
'Dŷn ni'n rhydd i wneud beth leiciwn ni.
Dŷn ni ddim am droi atat byth eto'?
32 Ydy merch ifanc yn anghofio gwisgo'i thlysau?
Ydy priodferch yn anghofio'i gwisg briodas?
Na! – Ond mae fy mhobl wedi fy anghofio i
ers gormod o flynyddoedd i'w cyfri.

33 Ti'n un da iawn
am redeg ar ôl dy gariadon.
Byddai'r butain fwya profiadol
yn dysgu lot fawr gen ti!
34 Ar ben hynny, mae olion gwaed
y tlawd a'r diniwed ar eich dillad,
er eich bod chi ddim wedi'u dal nhw
yn torri i mewn i'ch tai.

Ac eto, er gwaetha'r cwbl 35 ti'n dal i ddweud,
'Dw i wedi gwneud dim byd o'i le;
does bosib ei fod e'n dal yn ddig hefo fi!'
Gwylia dy hun! Dw i'n mynd i dy farnu di
am ddweud, 'Dw i ddim wedi pechu.'

2:34 Exodus 22:2

36 Pam wyt ti'n ei chael hi mor hawdd newid ochr?
Gofyn am help un, ac wedyn y llall!
Byddi di'n cael dy siomi gan yr Aifft
yn union fel y cest ti dy siomi gan Asyria.
37 Byddi'n dod allan o'r sefyllfa yma
hefo dy ddwylo dros dy wyneb mewn cywilydd.
Mae'r Arglwydd wedi gwrthod y rhai rwyt ti'n pwyso arnyn nhw;
fyddi di ddim yn llwyddo gyda'u help nhw.

Israel Anffyddlon

3 Os ydy dyn yn ysgaru ei wraig,
a hithau wedyn yn ei adael ac yn priodi rhywun arall,
dydy'r dyn cyntaf ddim yn gallu ei chymryd hi yn ôl.
Byddai gwneud hynny'n llygru'r tir!

Ti wedi actio fel putain gyda dy holl gariadon;
felly wyt ti'n meddwl y cei di ddod yn ôl ata i?"
—yr Arglwydd sy'n dweud hyn.

2 "Edrych ar y bryniau o dy gwmpas!
Oes rhywle rwyt heb orwedd i gael rhyw?
Roeddet ti'n eistedd ar ochr y ffordd,
fel Bedowin yn yr anialwch,
yn disgwyl amdanyn nhw!
Ti wedi llygru'r tir
gyda dy holl buteinio a'th ddrygioni.
3 Dyna pam does dim glaw wedi bod,
a dim sôn am gawodydd y gwanwyn.

Ond roeddet ti mor benstiff â phutain
ac yn teimlo dim cywilydd o gwbl.
4 Ac eto dyma ti'n galw arna i, 'Fy nhad!
Ti wedi bod yn ffrind agos ers pan o'n i'n ifanc –
5 Wyt ti'n mynd i ddal dig am byth?
Wyt ti ddim yn mynd i aros felly, nac wyt?'
Ie, dyna beth ti'n ddweud,
ond yna'n dal i wneud
cymaint o ddrwg ag y medri di!"

Rhaid i Israel a Jwda droi yn ôl at Dduw

6 Pan oedd Joseia yn frenin[i] dwedodd yr Arglwydd wrtho i, "Ti wedi gweld beth wnaeth Israel
chwit-chwat – mynd i ben pob bryn uchel a gorwedd dan bob coeden ddeiliog a chwarae'r butain
drwy addoli duwiau eraill. 7 Hyd yn oed wedyn, roeddwn i'n gobeithio y byddai hi'n troi'n ôl ata
i. Ond wnaeth hi ddim. Ac roedd Jwda, ei chwaer anffyddlon, wedi gweld y cwbl. 8 Gwelodd fi'n rhoi
papurau ysgariad i Israel ac yn ei hanfon hi i ffwrdd am fod yn anffyddlon i mi mor aml, drwy addoli
duwiau eraill. Ond wnaeth hynny ddim gwahaniaeth i Jwda. Dyma hithau'n mynd ac yn puteinio
yn union yr un fath! 9 Roedd Israel yn cymryd y cwbl mor ysgafn, ac roedd hi wedi llygru'r tir drwy
addoli duwiau o bren a charreg. 10 Ond er gwaetha hyn i gyd, dydy Jwda, ei chwaer anffyddlon, ddim
wedi troi'n ôl ata i go iawn. Dydy hi ddim ond yn esgus bod yn sori," meddai'r Arglwydd.

---

i 3:6 *Joseia yn frenin* sef 640 i 609 CC.
3:1 Deuteronomium 24:1-4 3:5 Eseciel 23:2-27

[11] A dyma'r ARGLWYDD yn dweud wrtho i, "Roedd Israel chwit-chwat yn well na Jwda anffyddlon! [12] Felly, dos i wledydd y gogledd i ddweud wrth bobl Israel,

'Tro yn ôl ata i, Israel anffyddlon!' meddai'r ARGLWYDD.
'Dw i ddim yn mynd i edrych yn flin arnat ti o hyn ymlaen.
Dw i'n Dduw trugarog! Fydda i ddim yn dal dig am byth.
13 Dim ond i ti gyfaddef dy fai –
cyfaddef dy fod wedi gwrthryfela
yn erbyn yr ARGLWYDD dy Dduw
a rhoi dy hun i dduwiau eraill dan bob coeden ddeiliog,
cyfaddef dy fod ti ddim wedi gwrando arna i,' meddai'r ARGLWYDD.

[14] " 'Trowch yn ôl ata i, bobl anffyddlon,' meddai'r ARGLWYDD. 'Fi ydy'ch gŵr chi go iawn.
Bydda i'n mynd â chi'n ôl i Seion – bob yn un o'r pentrefi a bob yn ddau o'r gwahanol
deuluoedd. [15] Bydda i'n rhoi arweinwyr[I] i chi sy'n ffyddlon i mi. Byddan nhw'n gofalu
amdanoch chi'n ddoeth ac yn ddeallus.' [16] Bydd y boblogaeth yn cynyddu eto, a bryd
hynny," meddai'r ARGLWYDD, "fydd pobl ddim yn dweud pethau fel, 'Mae gynnon ni Arch
ymrwymiad yr ARGLWYDD!' Fydd y peth ddim yn croesi'r meddwl. Fyddan nhw ddim yn ei
chofio hi nac yn ei cholli hi! A fydd dim angen gwneud un newydd. [17] Bryd hynny bydd
dinas Jerwsalem yn cael ei galw yn orsedd yr ARGLWYDD. Bydd pobl o wledydd y byd i gyd
yn dod at ei gilydd yno i addoli'r ARGLWYDD. Fyddan nhw ddim yn dal ati'n ystyfnig i ddilyn
y duedd sydd ynddyn nhw i wneud drwg. [18] Bryd hynny bydd pobl Jwda a phobl Israel yn
teithio yn ôl gyda'i gilydd o'r gaethglud yn y gogledd.[II] Byddan nhw'n dod yn ôl i'r wlad
rois i i'w hynafiaid i'w hetifeddu."

Troi'n ôl at Dduw

19 "Rôn i'n arfer meddwl,
'Dw i'n mynd i dy drin di fel mab!
Dw i'n mynd i roi'r tir hyfryd yma i ti –
yr etifeddiaeth orau yn y byd i gyd!'
Rôn i'n arfer meddwl
y byddet ti'n fy ngalw i 'Fy nhad'
a byth yn troi cefn arna i.
20 Ond yn lle hynny,
buoch yn anffyddlon i mi, bobl Israel,
fel gwraig sy'n anffyddlon i'w gŵr."
— yr ARGLWYDD sy'n dweud hyn.

21 Mae lleisiau i'w clywed ar ben y bryniau,
sŵn pobl Israel yn crio ac yn pledio ar eu 'duwiau'.
Maen nhw wedi anghofio'r ARGLWYDD eu Duw
a chrwydro mor bell oddi wrtho!
22 "Dewch yn ôl ata i, bobl anffyddlon;
gadewch i mi eich gwella chi!"

"Iawn! Dyma ni'n dod," meddai'r bobl.
"Ti ydy'r ARGLWYDD ein Duw ni.
23 Dydy eilun-dduwiau'r bryniau yn ddim ond twyll,
a'r holl rialtwch wrth addoli ar y mynyddoedd.
Yr ARGLWYDD ein Duw ydy'r unig un all achub Israel.

I 3:15 Hebraeg, "bugeiliaid". II 3:18 *yn y gogledd* Asyria, lle cafodd pobl Israel eu cymryd yn gaethion yn 722 CC, a Babilon, lle byddai pobl Jwda yn cael eu cymryd yn gaethion yn 586 CC.

24 Ond mae Baal, y duw ffiaidd yna, wedi llyncu'r cwbl
wnaeth ein hynafiaid weithio mor galed amdano o'r dechrau
– eu defaid a'u gwartheg, eu meibion a'u merched.
25 Gadewch i ni orwedd mewn cywilydd,
a'n gwarth fel blanced droson ni.
Dŷn ni a'n hynafiaid wedi pechu
yn erbyn yr ARGLWYDD ein Duw
o'r dechrau cyntaf hyd heddiw.
Dŷn ni ddim wedi bod yn ufudd iddo o gwbl."

Galwad i droi'n ôl

4 "Dim ond i ti droi yn ôl, o Israel," meddai'r ARGLWYDD
"Ie, troi yn ôl!
Cael gwared â'r eilun-dduwiau ffiaidd yna o'm golwg i
a stopio crwydro o hyn ymlaen;
2 dweud y gwir, a bod yn onest wrth dyngu llw,
'Mor sicr â bod yr ARGLWYDD yn fyw!'
Wedyn bydd y cenhedloedd am iddo'u bendithio nhw,
a byddan nhw'n ymffrostio ynddo."

3 Ie, dyma mae'r ARGLWYDD yn ei ddweud wrthoch chi, bobl Jwda a Jerwsalem:

"Rhaid i chi drin y tir caled,
a pheidio hau had da yng nghanol drain;
4 rhoi eich hunain yn llwyr i'r ARGLWYDD,
newid eich agwedd a chael gwared â phob rhwystr.[m]
Os na wnewch chi, bydda i'n ddig.
Bydda i fel tân yn llosgi a neb yn gallu ei ddiffodd,
o achos yr holl ddrwg dych chi wedi'i wneud."

Y gelyn o'r gogledd yn bygwth Jwda

Yr ARGLWYDD:

5 "Cyhoeddwch hyn yn Jwda,
a dweud wrth bawb yn Jerwsalem:
'Chwythwch y corn hwrdd[n] i rybuddio pobl drwy'r wlad i gyd.'
Gwaeddwch yn uchel,
'Dewch, rhaid dianc i'r trefi caerog!'
6 Codwch arwydd yn dweud, 'I Seion!'
Ffowch i le saff! Peidiwch sefyllian!
Dw i ar fin dod â dinistr o gyfeiriad y gogledd –
trychineb ofnadwy!
7 Mae llew wedi dod allan o'i ffau!
Mae'r un sy'n dinistrio cenhedloedd ar ei ffordd.
Mae'n dod i ddifetha'r wlad,
a gwneud ei threfi'n adfeilion lle bydd neb yn byw.
8 Felly gwisgwch sachliain, a galaru ac udo:
'Mae'r ARGLWYDD yn dal wedi digio'n lân hefo ni.' "

---

m 4:4 *Rhoi ... rhwystr.* Mae'r Hebraeg yma yn defnyddio'r darlun o enwaedu'r galon (gw. Deuteronomium 10:16; 30:6). n 4:5 *corn hwrdd* Hebraeg, *shoffar.*
4:3 Hosea 10:12

9 "Y diwrnod hwnnw," meddai'r ARGLWYDD,
"bydd y brenin a'i swyddogion wedi colli pob hyder.
Bydd yr offeiriaid yn syfrdan a'r proffwydi'n methu dweud gair."

10 Fy ymateb i oedd, "O! Feistr, ARGLWYDD, mae'n rhaid dy fod ti wedi twyllo'r bobl yma'n
llwyr, a Jerwsalem hefyd! Roeddet ti wedi addo heddwch i Jerwsalem, ond mae cleddyf yn
cyffwrdd ein gyddfau ni!"
11 Bryd hynny bydd yr ARGLWYDD yn dweud wrth y bobl yma ac wrth Jerwsalem, "Bydd gwynt
poeth o fryniau'r anialwch yn chwythu ar fy mhobl druan. Nid rhyw wynt ysgafn i nithio'r
had a chwythu'r us i ffwrdd fydd e. 12 Na, bydd yn wynt llawer rhy gryf i hynny! Dw i fy hun
yn mynd i'w barnu nhw."

Y gelyn o gwmpas Jerwsalem

13 Edrychwch! Mae'r gelyn yn dod fel cymylau'n casglu.
Mae sŵn ei gerbydau fel sŵn corwynt,
a'i geffylau yn gyflymach nag eryrod.
"Gwae ni, mae hi ar ben arnon ni!" meddai'r bobl.

14 O, Jerwsalem, golcha'r drwg o dy galon
i ti gael dy achub.
Am faint wyt ti'n mynd i ddal gafael
yn dy syniadau dinistriol?

15 Mae negeswyr yn dod i gyhoeddi dinistr
o dref Dan ac o fryniau Effraim.[o]
16 Cyhoeddwch i'r gwledydd o'i chwmpas, "Maen nhw yma!"
a dwedwch wrth Jerwsalem,
"Mae'r rhai sy'n ymosod ar ddinasoedd wedi dod o wlad bell,
ac yn bloeddio, 'I'r gad!' yn erbyn trefi Jwda."
17 Maen nhw'n cau amdani o bob cyfeiriad,
fel gwylwyr yn gofalu am gae.
"Ydy, mae hi wedi gwrthryfela yn fy erbyn i,"
meddai'r ARGLWYDD.

18 Ti wedi dod â hyn arnat dy hun,
achos y ffordd rwyt wedi byw a'r pethau rwyt wedi'u gwneud.
Bydd dy gosb yn brofiad chwerw!
Bydd fel cleddyf yn treiddio i'r byw!

Jeremeia'n torri ei galon dros ei bobl

Jeremeia:

19 O'r poen dw i'n ei deimlo!
Mae fel gwayw yn fy mol,
ac mae fy nghalon i'n pwmpio'n wyllt.
Alla i ddim cadw'n dawel
wrth glywed y corn hwrdd[p] yn seinio
a'r milwyr yn gweiddi "I'r gad!"

20 Mae un dinistr yn dod ar ôl y llall,
nes bod y wlad i gyd wedi'i difetha.

---

o 4:15 *Dan ... Effraim* Roedd bryniau Effraim i'r gogledd o Jerwsalem, a Dan yn bellach i'r gogledd eto. Byddai byddin y gelyn yn dod o gyfeiriad y gogledd. p 4:19 *corn hwrdd* Hebraeg, *shoffar.*

Yn sydyn mae pob pabell wedi'i dinistrio,
a'u llenni wedi'u rhwygo mewn chwinciad.
21 Am faint mae'n rhaid edrych ar faneri'r gelyn?
Am faint fydd raid i'r rhyfela fynd ymlaen?

Yr ARGLWYDD:
22 "Mae fy mhobl yn ffyliaid.
Dŷn nhw ddim yn fy nabod i go iawn.
Maen nhw fel plant heb ddim sens.
Dŷn nhw'n deall dim byd!
Maen nhw'n hen lawiau ar wneud drwg,
ond ddim yn gwybod sut i wneud beth sy'n dda."

Gweledigaeth Jeremeia o'r dinistr i ddod

Jeremeia:
23 Edrychais ar y ddaear, ac roedd yn anrhefn gwag.
Edrychais i'r awyr, a doedd dim golau!
24 Edrychais ar y mynyddoedd, ac roedden nhw'n crynu!
Roedd y bryniau i gyd yn gwegian.
25 Edrychais eto – doedd dim pobl yn unman,
ac roedd yr adar i gyd wedi hedfan i ffwrdd.
26 Edrychais, ac roedd y tir amaeth wedi troi'n anialwch,
a'r trefi i gyd yn adfeilion.
Yr ARGLWYDD oedd wedi achosi'r cwbl,
am ei fod wedi digio'n lân hefo ni.

27 Ie, dyma mae'r ARGLWYDD yn ei ddweud:
"Bydd y tir i gyd yn destun sioc
ond fydda i ddim yn ei ddinistrio'n llwyr.
28 Bydd y ddaear yn galaru,
a'r awyr wedi tywyllu.
Dw i wedi dweud yn glir beth dw i am ei wneud,
a dw i ddim yn bwriadu newid fy meddwl."

29 Mae sŵn y marchogion a'r bwasaethwyr yn dod,
ac mae pawb yn ffoi o'r trefi.
Maen nhw'n cuddio yn y llwyni, ac yn dringo'r clogwyni.
Mae'r trefi'n wag – does neb ar ôl ynddyn nhw!

30 A thithau'r ddinas sy'n mynd i gael dy ddinistrio:[ph]
Beth wyt ti'n wneud yn dy ddillad gorau?
Pam wyt ti'n addurno dy hun hefo dy dlysau?
Pam wyt ti'n rhoi colur ar dy lygaid?
Does dim pwynt i ti wisgo colur.
Mae dy 'gariadon' wedi dy wrthod;
maen nhw eisiau dy ladd di!

31 A dweud y gwir, dw i wedi clywed sŵn crio,
sŵn gwraig ifanc mewn poen wrth gael ei babi cyntaf,
sŵn Seion yn anadlu'n drwm, ac yn pledio am help:

ph 4:30 *A thithau ... ddinistrio* cyfeiriad at Jerwsalem.
4:23 Genesis 1:2

"Mae ar ben arna i!
Mae'r llofruddion yma wedi cael y gorau arna i."

Pechod Jerwsalem

Yr Arglwydd:

5 "Ewch yn ôl ac ymlaen drwy strydoedd Jerwsalem.
Edrychwch yn fanwl ym mhobman;
chwiliwch yn ei sgwariau cyhoeddus.
Os allwch chi ddod o hyd i un person
sy'n gwneud beth sy'n iawn ac yn onest,
gwna i faddau i'r ddinas gyfan!"
—yr Arglwydd sy'n dweud hyn.

Jeremeia:

2 Mae'r bobl yma'n tyngu llw,
"Mor sicr â bod yr Arglwydd yn fyw ..."
Ond y gwir ydy fod eu geiriau'n gelwydd!
3 O Arglwydd, onid gonestrwydd wyt ti eisiau?
Ti'n ei cosbi nhw, a dŷn nhw'n cymryd dim sylw.
Bron i ti eu dinistrio, ond maen nhw'n gwrthod cael eu cywiro.
Maen nhw mor ystyfnig, ac yn gwrthod newid eu ffyrdd.

4 Wedyn dyma fi'n meddwl, "Pobl dlawd gyffredin ydy'r rhain.
Maen nhw wedi ymddwyn yn ddwl;
dŷn nhw ddim yn gwybod beth mae'r Arglwydd eisiau,
a beth mae Duw yn ei ddisgwyl ganddyn nhw.
5 Gwna i fynd i siarad gyda'r arweinwyr.
Byddan nhw'n gwybod beth mae'r Arglwydd eisiau,
a beth mae Duw yn ei ddisgwyl ganddyn nhw."
Ond roedden nhw hefyd fel ychen wedi torri'r iau
yn gwrthod gadael i Dduw eu harwain nhw.

6 Felly, bydd y gelyn yn dod i ymosod fel llew o'r goedwig.
Bydd yn neidio arnyn nhw fel blaidd o'r anialwch.
Bydd fel llewpard yn stelcian tu allan i'w trefi,
a bydd unrhyw un sy'n mentro allan yn cael ei rwygo'n ddarnau!
Maen nhw wedi gwrthryfela
ac wedi troi cefn ar Dduw mor aml.

Sut all Duw faddau?

Yr Arglwydd:

7 "Jerwsalem – sut alla i faddau i ti am hyn?
Mae dy bobl wedi troi cefn arna i.
Maen nhw wedi cymryd llw i 'dduwiau'
sydd ddim yn bod!
Er fy mod i wedi rhoi popeth oedd ei angen iddyn nhw
dyma nhw'n ymddwyn fel gwraig sy'n anffyddlon i'w gŵr.
Maen nhw'n heidio i dai puteiniaid,
8 fel meirch cryfion yn awchu am gaseg;
pob un yn gweryru am wraig ei gymydog.

9 Ddylwn i ddim eu cosbi nhw am hyn?" meddai'r ARGLWYDD.
"Ddylwn i ddim dial ar wlad fel yma?"

Yr ARGLWYDD (wrth fyddin y gelyn):

10 "Ewch i lawr y rhesi o goed gwinwydd, a difetha,
ond peidiwch â'u dinistrio nhw'n llwyr.
Torrwch y canghennau sy'n blaguro i ffwrdd,
achos dŷn nhw ddim yn perthyn i'r ARGLWYDD.
11 Mae pobl Israel a Jwda wedi bod yn anffyddlon i mi."
—yr ARGLWYDD sy'n dweud hyn.

Bydd yr ARGLWYDD yn cosbi Israel

12 "Ydyn, maen nhw wedi gwrthod credu'r ARGLWYDD
a dweud pethau fel, 'Dydy e'n neb!
Does dim dinistr i ddod go iawn.
Welwn ni ddim rhyfel na newyn.
13 Mae'r proffwydi'n malu awyr!
Dydy Duw ddim wedi rhoi neges iddyn nhw!
Gadewch i'r hyn maen nhw'n ddweud
ddigwydd iddyn nhw'u hunain!' "

14 Felly, dyma mae'r ARGLWYDD, y Duw hollbwerus, yn ei ddweud:

"Am eu bod nhw'n dweud hyn,
dw i'n mynd i roi neges i ti fydd fel fflam dân
yn eu llosgi nhw fel petaen nhw'n goed tân."
15 "Gwranda Israel," meddai'r ARGLWYDD.
"Dw i'n mynd i ddod â gwlad o bell i ymosod arnat ti –
gwlad sydd wedi bod o gwmpas ers talwm.
Ti ddim yn siarad ei hiaith hi
nac yn deall beth mae'r bobl yn ei ddweud.
16 Mae ei milwyr i gyd yn gryfion,
a'i chawell saethau fel bedd agored.
17 Byddan nhw'n bwyta dy gnydau a dy fwyd.
Byddan nhw'n lladd dy feibion a dy ferched.
Byddan nhw'n bwyta dy ddefaid a dy wartheg.
Byddan nhw'n difetha dy goed gwinwydd a dy goed ffigys.
Byddan nhw'n ymosod, ac yn dinistrio dy gaerau amddiffynnol –
a thithau'n meddwl eu bod nhw mor saff!

18 "Ond hyd yn oed bryd hynny fydda i ddim yn eich dinistrio chi'n llwyr," meddai'r
ARGLWYDD. 19 "A Jeremeia, pan fydd y bobl yn gofyn, 'Pam mae'r ARGLWYDD ein Duw wedi
gwneud y pethau yma i ni?', byddi di'n ateb, 'Am eich bod wedi'i wrthod e, a gwasanaethu
duwiau estron yn eich gwlad eich hunain, byddwch chi'n gwasanaethu pobl estron mewn
gwlad ddieithr.' "

Duw yn rhybuddio'i bobl

20 "Dwedwch fel hyn wrth ddisgynyddion Jacob,
a chyhoeddwch y peth drwy Jwda:
21 'Gwrandwch, chi bobl ddwl sy'n deall dim –
chi sydd â llygaid, ond yn gweld dim,
chi sydd â chlustiau, ond yn clywed dim.

22 Oes gynnoch chi ddim parch ata i?' meddai'r ARGLWYDD.
'Ddylech chi ddim gwingo mewn ofn o mlaen i?
Fi roddodd dywod ar y traeth
fel ffin nad ydy'r môr i'w chroesi.
Er bod y tonnau'n hyrddio, fyddan nhw ddim yn llwyddo;
er eu bod nhw'n rhuo, ân nhw ddim heibio.

23 Ond mae'r bobl yma mor benstiff, ac yn tynnu'n groes;
maen nhw wedi troi cefn a mynd eu ffordd eu hunain.
24 Dŷn nhw ddim wir o ddifrif yn dweud,
"Gadewch i ni barchu'r ARGLWYDD ein Duw.
Mae'n rhoi'r glaw i ni yn y gwanwyn a'r hydref;
mae'n rhoi'r cynhaeaf i ni ar yr adeg iawn."
25 Mae'ch drygioni wedi rhoi stop ar y pethau yma!
Mae'ch pechodau chi wedi cadw'r glaw i ffwrdd.'

26 'Mae yna bobl ddrwg iawn ymhlith fy mhobl i.
Maen nhw fel helwyr adar yn cuddio ac yn gwylio,
ar ôl gosod trapiau i ddal pobl.
27 Fel caets sy'n llawn o adar wedi'u dal,
mae eu tai'n llawn o enillion eu twyll.
Dyna pam maen nhw mor gyfoethog a phwerus,
28 wedi pesgi ac yn edrych mor dda.
Does dim pen draw i'w drygioni nhw!
Dŷn nhw ddim yn rhoi cyfiawnder i'r amddifad,
nac yn amddiffyn hawliau pobl dlawd.
29 Ddylwn i ddim eu cosbi nhw am hyn?' meddai'r ARGLWYDD.
'Ddylwn i ddim dial ar wlad fel yma?'

30 Mae beth sy'n digwydd yn y wlad yma'n erchyll, mae'n warthus!
31 Mae'r proffwydi'n dweud celwydd,
a'r offeiriaid yn rheoli fel maen nhw eisiau.
Ac mae fy mhobl i wrth eu boddau gyda'r sefyllfa!
Ond beth wnewch chi pan ddaw'r cwbl i ben?"

Y rhybudd olaf i Jerwsalem

6 "Bobl Benjamin, ffowch i le saff!
A dianc o ganol Jerwsalem!
Chwythwch y corn hwrdd[r] yn Tecoa,
a chynnau tân yn Beth-hacerem i rybuddio'r bobl.
Mae byddin yn dod o'r gogledd i ddinistrio popeth.

2 Mae Seion hardd fel porfa hyfryd,
3 ond daw byddin iddi fel bugeiliaid yn arwain eu praidd.
Byddan nhw'n codi eu pebyll o'i chwmpas,
a bydd yn cael ei phori nes bydd dim ar ôl!
4 'Paratowch i ymladd yn ei herbyn!
Dewch! Gadewch i ni ymosod arni ganol dydd!'
'Hen dro, mae'n dechrau nosi –
mae'r haul yn machlud a'r cysgodion yn hir.'

---

r 6:1 *corn hwrdd* Hebraeg, *shoffar.*

5 'Sdim ots! Gadewch i ni ymosod ganol nos,
a dinistrio'i phalasau yn llwyr.'

6 Ie, dyma mae'r ARGLWYDD hollbwerus yn ei ddweud:
'Torrwch goed a chodi ramp i ymosod ar ei waliau.
Hi ydy'r ddinas sydd i'w chosbi;
does dim byd ond gormes ynddi!
7 Mae rhyw ddrwg yn tarddu ohoni'n ddi-baid,
fel dŵr yn llifo o ffynnon.
Sŵn trais a dinistr sydd i'w glywed ar ei strydoedd;
a dw i'n gweld dim ond pobl wedi'u hanafu ym mhobman.'

8 Felly dysga dy wers, Jerwsalem!
Neu bydda i'n troi yn dy erbyn, ac yn dy ddinistrio'n llwyr.
Fydd neb yn byw ynot ti!"

9 Dyma mae'r ARGLWYDD hollbwerus yn ei ddweud:
"Byddan nhw'n lloffa'n llwyr y rhai fydd wedi'u gadael ar ôl.
Byddan nhw fel casglwr grawnwin yn edrych dros y brigau yr ail waith
i wneud yn siŵr fod dim ffrwyth wedi'i adael."

Jeremeia:

10 "Ond pwy sy'n mynd i wrando
hyd yn oed os gwna i eu rhybuddio nhw?
Maen nhw'n gwrthod gwrando.
Dŷn nhw'n cymryd dim sylw!
Mae dy neges, ARGLWYDD, yn jôc –
does ganddyn nhw ddim eisiau ei chlywed!
11 Fel ti, dw i'n hollol ddig gyda nhw, ARGLWYDD;
alla i ddim ei ddal yn ôl."

Yr ARGLWYDD:

"Felly tywallt dy ddig ar y plant sy'n chwarae ar y stryd,
ac ar y criw o bobl ifanc.
Bydd cyplau priod yn cael eu cymryd i ffwrdd,
y bobl hŷn a'r henoed.
12 Bydd eu tai'n cael eu rhoi i'r gelynion,
a'u caeau, a'u gwragedd hefyd!
Dw i'n mynd i daro pawb sy'n byw yn y wlad yma!"
—yr ARGLWYDD sy'n dweud hyn.

13 "Maen nhw i gyd yn farus am elw anonest –
y bobl gyffredin a'r arweinwyr.
Hyd yn oed y proffwydi a'r offeiriaid –
maen nhw i gyd yn twyllo!
14 Mae'r help maen nhw'n ei gynnig yn arwynebol a gwag.
'Bydd popeth yn iawn,' medden nhw;
Ond dydy popeth ddim yn iawn!
15 Dylai fod cywilydd arnyn nhw am y fath beth!
Ond na! Does ganddyn nhw ddim mymryn o gywilydd.
Dŷn nhw ddim yn gwybod beth ydy gwrido!

Felly byddan nhw'n cael eu lladd gyda pawb arall.
Bydda i'n eu cosbi nhw, a byddan nhw'n syrthio."
—yr ARGLWYDD sy'n dweud hyn.

Y bobl yn gwrthod ffordd Duw

16 Dyma mae'r ARGLWYDD yn ei ddweud:

"Dych chi'n sefyll ar groesffordd,
felly holwch am yr hen lwybrau –
sef y ffordd sy'n arwain i fendith.
Ewch ar hyd honno a cewch orffwys wedyn."
Ond ymateb y bobl oedd, "Na, dim diolch!"

17 "Anfonais broffwydi fel gwylwyr i'ch rhybuddio chi.
Os ydy'r corn hwrdd[rh] yn rhoi rhybudd, rhaid i chi ymateb.
Ond roeddech chi'n gwrthod cymryd unrhyw sylw.

18 Felly, chi'r cenhedloedd, gwrandwch ar hyn.
Cewch weld beth fydd yn digwydd i'r bobl yma.
19 Gwranda dithau, ddaear. Dw i'n dod â dinistr ar y bobl yma.
Bydda i'n talu'n ôl iddyn nhw am eu holl gynllwynio.
Dŷn nhw ddim wedi cymryd sylw o beth dw i'n ddweud,
ac maen nhw wedi gwrthod beth dw i'n ddysgu iddyn nhw.

20 Beth ydy pwynt cyflwyno thus o Sheba i mi,
neu sbeisiau persawrus o wlad bell?
Dw i ddim yn gallu derbyn eich offrymau i'w llosgi,
a dydy'ch aberthau chi ddim yn plesio chwaith."

21 Felly, dyma mae'r ARGLWYDD yn ei ddweud:

"Dw i'n mynd i osod cerrig o'u blaenau nhw,
i wneud i'r bobl yma faglu a syrthio.
Bydd rhieni a phlant,
cymdogion a ffrindiau yn marw."

Y fyddin yn ymosod o'r gogledd

22 Dyma mae'r ARGLWYDD yn ei ddweud:

"Gwyliwch! Mae byddin yn dod o gyfeiriad y gogledd.
Mae gwlad gref ym mhen draw'r byd yn paratoi i fynd i ryfel.
23 Mae ei milwyr wedi gafael yn y bwa a'r cleddyf;
maen nhw'n greulon a fyddan nhw'n dangos dim trugaredd.
Mae sŵn eu ceffylau'n carlamu fel sŵn y môr yn rhuo.
Mae eu rhengoedd nhw mor ddisgybledig,
ac maen nhw'n dod yn eich erbyn chi, bobl Seion."

Y bobl:

24 "Dŷn ni wedi clywed amdanyn nhw,
does dim byd allwn ni ei wneud.
Mae dychryn wedi gafael ynon ni

rh 6:17 *corn hwrdd* Hebraeg, *shoffar.*

fel gwraig mewn poen wrth gael babi.
25 Paid mentro allan i gefn gwlad.
Paid mynd allan ar y ffyrdd.
Mae cleddyf y gelyn yn barod.
Does ond dychryn ym mhobman!"

Jeremeia:

26 "Fy mhobl annwyl, gwisgwch sachliain a rholio mewn lludw.
Galarwch ac wylwch fel petai eich unig blentyn wedi marw –
dyna'r golled fwya chwerw!
Mae'r gelyn sy'n dinistrio yn dod unrhyw funud!"

Yr Arglwydd:

27 "Jeremeia, dw i am i ti brofi fy mhobl,
fel un sy'n profi safon metel.
Dw i am i ti eu gwylio nhw, a phwyso a mesur."

Jeremeia:

28 "Maen nhw'n ofnadwy o benstiff, yn dweud celwyddau,
ac mor galed â haearn neu bres.
Maen nhw i gyd yn creu llanast llwyr!
29 Mae'r fegin yn chwythu'n ffyrnig, a'r tân yn poethi.
Ond mae gormod o amhurdeb i'r plwm ei symud.
Mae'r broses o buro wedi methu, a'r drwg yn dal yno.
30 'Arian diwerth' ydy'r enw arnyn nhw,
am fod yr Arglwydd wedi'u gwrthod nhw."

Jeremeia yn cyhoeddi neges Duw yn y Deml

7 Dyma neges arall roddodd yr Arglwydd i Jeremeia: [2]"Dos i sefyll wrth y giât i deml yr
Arglwydd, a chyhoeddi'r neges yma: 'Bobl Jwda, sy'n mynd i mewn drwy'r giatiau yma
i addoli'r Arglwydd, gwrandwch! [3]Mae'r Arglwydd hollbwerus, Duw Israel, yn dweud fod rhaid
i chi ddechrau newid eich ffyrdd. Os gwnewch chi, cewch chi aros yn eich gwlad. [4]Peidiwch
credu'r twyll sy'n addo y byddwch chi'n saff wrth ddweud, "Teml yr Arglwydd ydy hon! Teml
yr Arglwydd ydy hi! Teml yr Arglwydd!"
[5]" 'Rhaid i chi newid eich ffyrdd, dechrau trin pobl eraill yn deg, [6]peidio cam-drin mewnfudwyr,
plant amddifad a gwragedd gweddwon. Peidio lladd pobl ddiniwed ac addoli eilun-dduwiau
paganaidd. Dych chi ond yn gwneud drwg i chi'ch hunain! [7]Os newidiwch chi eich ffyrdd, bydda
i'n gadael i chi aros yn y wlad yma, sef y wlad rois i i'ch hynafiaid chi i'w chadw am byth bythoedd.
[8]" 'Ond dyma chi, yn credu'r celwydd fydd ddim help i chi yn y diwedd! [9]Ydy'n iawn eich
bod chi'n dwyn, llofruddio, godinebu, dweud celwydd ar lw, llosgi arogldarth i Baal, ac addoli
eilun-dduwiau dych chi'n gwybod dim amdanyn nhw, [10]ac wedyn yn dod i sefyll yn y deml
yma – fy nheml i – a dweud, "Dŷn ni'n saff!"? Yna cario ymlaen i wneud yr holl bethau ffiaidd
yna! [11]Ydy'r deml yma – fy nheml i – wedi troi'n guddfan i ladron? Gwyliwch eich hunain!
Dw i wedi gweld beth rydych chi'n wneud,' " meddai'r Arglwydd.
[12]" 'Ewch i Seilo, lle roeddwn i'n cael fy addoli o'r blaen.[s] Ewch i weld beth wnes i yno, o achos
yr holl bethau drwg wnaeth fy mhobl – pobl Israel. [13]A nawr, dych chi'n gwneud yr un pethau!' "

---

s 7:12 *Seilo ... o'r blaen* gw. Josua 18:31; 1 Samuel 1:3 etc. Roedd Seilo ryw 18 milltir i'r gogledd o Jerwsalem. Mae tystiolaeth archaeolegol yn dangos ei bod wedi'i dinistrio tua 1050 CC, gan y Philistiaid mae'n debyg, yn dilyn y frwydr y sonnir amdani yn 1 Samuel 4:1-11 (cf. Salm 78:60-61).
6:22-24 Jeremeia 50:41-43

meddai'r ARGLWYDD. " 'Dw i wedi ceisio dweud wrthoch chi dro ar ôl tro, ond doeddech chi ddim
am wrando. Rôn i'n galw arnoch chi, ond doeddech chi ddim am ateb. 14 Felly, dw i'n mynd
i ddinistrio'r deml yma dych chi'n meddwl fydd yn eich cadw chi'n saff – ie, fy nheml i fy hun. Dw
i'n mynd i ddinistrio'r lle yma rois i i chi a'ch hynafiaid, yn union fel y gwnes i ddinistrio Seilo!
15 Dw i'n mynd i'ch gyrru chi o'm golwg i, yn union fel gwnes i yrru pobl Israel i ffwrdd.' "[t]

Y bobl yn anufudd i Dduw

16 "A ti Jeremeia, paid gweddïo dros y bobl yma. Paid galw arna i na gweddïo drostyn nhw.
Paid pledio arna i i'w helpu nhw, achos fydda i ddim yn gwrando arnat ti. 17 Wyt ti ddim yn
gweld beth maen nhw'n ei wneud drwy drefi Jwda a strydoedd Jerwsalem? 18 Mae'r plant
yn casglu coed tân, y tadau'n cynnau'r tân a'r gwragedd yn paratoi toes i wneud cacennau
i'r dduwies maen nhw'n ei galw'n 'Frenhines y Nefoedd'![th] Maen nhw'n tywallt offrwm
o ddiod i dduwiau paganaidd dim ond i'm gwylltio i. 19 Ond dim fi ydy'r un sy'n cael ei frifo!"
meddai'r ARGLWYDD. "Brifo nhw'u hunain, a chywilyddio nhw'n hunain maen nhw yn y pen
draw." 20 Felly dyma mae'r Meistr, yr ARGLWYDD, yn ei ddweud: "Dw i'n wyllt gandryll, a bydda
i'n tywallt fy llid ar y lle yma. Bydd pobl ac anifeiliaid, coed a chnydau yn cael eu dinistrio.
Bydd fel tân sydd ddim yn diffodd."

21 Dyma mae'r ARGLWYDD hollbwerus, Duw Israel, yn ei ddweud: "Cymerwch gig yr offrwm
sydd i'w losgi'n llwyr a'i ychwanegu at yr aberthau eraill. Waeth i chi fwyta hwnnw hefyd!
22 Pan ddes i â'ch hynafiaid chi allan o wlad yr Aifft, nid rhoi rheolau iddyn nhw am offrymau
i'w llosgi ac aberthau wnes i. 23 Beth ddwedais i oedd, 'Gwrandwch ar beth dw i'n ddweud.
Bydda i'n Dduw i chi a byddwch chi'n bobl i mi. Dw i eisiau i chi fyw yn union fel dw i'n
dweud wrthoch chi, a bydd pethau'n mynd yn dda i chi.'

24 "Ond doedden nhw ddim am wrando na chymryd unrhyw sylw ohono i. Dim ond dilyn
y duedd ynddyn nhw i wneud drwg, a mynd yn bellach oddi wrtho i yn lle dod yn nes. 25 Ond
o'r diwrnod y daeth eich hynafiaid allan o'r Aifft hyd heddiw dw i wedi dal ati i anfon fy
ngweision, y proffwydi, atoch chi, dro ar ôl tro. 26 Ond doedd neb yn gwrando arna i nac yn
cymryd unrhyw sylw. Roedden nhw'n hollol benstiff – hyd yn oed yn waeth na'u hynafiaid.

27 "Dwed hyn i gyd wrthyn nhw, Jeremeia. Ond fyddan nhw ddim yn gwrando arnat ti. Byddi
di'n galw arnyn nhw, ond paid disgwyl iddyn nhw ymateb. 28 Dwed wrthyn nhw, 'Mae'r wlad
yma wedi gwrthod gwrando ar yr ARGLWYDD ei Duw, a gwrthod cael ei dysgu. Mae gonestrwydd
wedi diflannu! Dydy pobl ddim hyd yn oed yn honni ei ddilyn bellach!'

29 'Siafiwch eich gwallt, bobl Jerwsalem, a'i daflu i ffwrdd.
Canwch gân angladdol ar ben y bryniau.
Mae'r ARGLWYDD wedi'ch gwrthod, a throi ei gefn
ar y genhedlaeth yma sydd wedi'i ddigio.' "

30 "Dw i wedi gwrthod pobl Jwda am eu bod nhw wedi gwneud drwg," meddai'r ARGLWYDD.
"Maen nhw'n llygru fy nheml i drwy osod eilun-dduwiau ffiaidd ynddi. 31 Maen nhw hefyd wedi
codi allorau paganaidd yn Toffet[u] yn Nyffryn Ben-hinnom. Maen nhw'n aberthu eu plant
bach yn y tân! Wnes i erioed ddweud wrthyn nhw am wneud y fath beth. Fyddai peth felly
byth wedi croesi fy meddwl i!

32 "Felly mae'r amser yn dod," meddai'r ARGLWYDD, "pan fydd neb yn galw'r lle yn Toffet
neu ddyffryn Ben-hinnom. 'Dyffryn Llofruddiaeth' fydd enw'r lle. Fydd dim digon o le i gladdu
pawb fydd yn cael eu lladd yno. 33 Bydd cyrff dynol yn fwyd i adar ac anifeiliaid gwyllt. Fydd
yna neb ar ôl i'w dychryn nhw i ffwrdd. 34 Dw i'n mynd i roi taw ar sŵn pobl yn chwerthin
a joio ar strydoedd Jerwsalem, ac yn mwynhau eu hunain mewn parti priodas. Bydd y wlad
yn anialwch diffaith."

---

t 7:15 *yn union ... i ffwrdd* Cyfeiriad at beth ddigwyddodd i Israel yn 722 CC, pan gawson nhw eu concro gan Asyria. th 7:18 *Brenhines y Nefoedd* Y dduwies Asyriaidd Ishtar o bosibl. u 7:31 *Toffet* h.y. 'ffwrnais' neu 'le tân'.

8 Meddai'r ARGLWYDD, "Bryd hynny, bydd esgyrn brenhinoedd Jwda yn cael eu cymryd
allan o'u beddau, ac esgyrn y swyddogion hefyd, a'r offeiriaid a'r proffwydi, a phawb
arall oedd yn byw yn Jerwsalem. 2 Byddan nhw'n cael eu gosod allan dan yr haul a'r lleuad
a'r sêr. Dyma'r 'duwiau' roedden nhw'n eu caru a'u gwasanaethu, yn addo bod yn ffyddlon
iddyn nhw, yn ceisio arweiniad ganddyn nhw ac yn eu haddoli. A fydd yr esgyrn ddim yn cael
eu casglu eto i'w claddu. Byddan nhw'n gorwedd fel tail ar wyneb y tir!
3 "Bydd rhai o'r bobl ddrwg yma wedi byw drwy'r cwbl a'u hanfon i ffwrdd i leoedd eraill.
Ond byddai'n well gan y rheiny petaen nhw wedi marw!" — meddai'r ARGLWYDD hollbwerus.

Pechod y bobl a'u cosb

4 "Jeremeia, dywed wrthyn nhw mai dyma mae'r ARGLWYDD yn ei ddweud:

'Pan mae pobl yn syrthio, ydyn nhw ddim yn codi eto?
  Pan maen nhw'n colli'r ffordd, ydyn nhw ddim yn troi yn ôl?
5 Os felly, pam mae'r bobl yma'n dal i fynd y ffordd arall?
  Pam mae pobl Jerwsalem yn dal i droi cefn arna i?
  Maen nhw'n dal gafael mewn twyll,
  ac yn gwrthod troi'n ôl ata i.
6 Dw i wedi gwrando'n ofalus arnyn nhw,
  a dŷn nhw ddim yn dweud y gwir.
Does neb yn sori am y drwg maen nhw wedi'i wneud;
  neb yn dweud, "Dw i ar fai."
Maen nhw i gyd yn mynd eu ffordd eu hunain,
  fel ceffyl yn rhuthro i'r frwydr.
7 Mae'r crëyr yn gwybod pryd i fudo,
  a'r durtur, y wennol a'r garan.
Maen nhw i gyd yn dod yn ôl ar yr adeg iawn o'r flwyddyn.
  Ond dydy fy mhobl i'n cymryd dim sylw
o'r hyn dw i, yr ARGLWYDD, yn ei ofyn ganddyn nhw.

8 Sut allwch chi ddweud, "Dŷn ni'n ddoeth,
  mae Cyfraith yr ARGLWYDD gynnon ni"?
Y gwir ydy fod athrawon y gyfraith yn ysgrifennu pethau
  sy'n gwyrdroi beth mae'n ei ddweud go iawn.
9 Bydd y dynion doeth yn cael eu cywilyddio.
  Byddan nhw'n syfrdan wrth gael eu cymryd i'r ddalfa.
Nhw wnaeth wrthod neges yr ARGLWYDD –
  dydy hynny ddim yn ddoeth iawn!
10 Felly bydda i'n rhoi eu gwragedd i ddynion eraill,
  a'u tir i'w concwerwyr.
Maen nhw i gyd yn farus am elw anonest –
  y bobl gyffredin a'r arweinwyr.
  Hyd yn oed y proffwydi a'r offeiriaid –
  maen nhw i gyd yn twyllo!
11 Mae'r help *maen nhw'n ei gynnig* yn arwynebol a gwag.
  "Bydd popeth yn iawn," medden nhw;
  ond dydy popeth ddim yn iawn!
12 Dylai fod cywilydd arnyn nhw am y fath beth!
  Ond na! Does ganddyn nhw ddim mymryn o gywilydd.
  Dŷn nhw ddim yn gwybod beth ydy gwrido!

Felly byddan nhw'n cael eu lladd gyda pawb arall.
Bydda i'n eu cosbi nhw, a byddan nhw'n syrthio.' "
—yr ARGLWYDD sy'n dweud hyn.

13 "Pan oeddwn i eisiau casglu'r cynhaeaf," meddai'r ARGLWYDD,
"doedd dim grawnwin na ffigys yn tyfu ar y coed.
Roedd hyd yn oed y dail ar y coed wedi gwywo.
Roedden nhw wedi colli popeth rois i iddyn nhw."

Y bobl:

14 "Pam ydyn ni'n eistedd yma yn gwneud dim?
Gadewch i ni ddianc i'r trefi caerog, a marw yno.
Mae'r ARGLWYDD ein Duw wedi'n condemnio ni i farwolaeth.
Mae e wedi gwneud i ni yfed dŵr gwenwynig
am ein bod wedi pechu yn ei erbyn.
15 Roedden ni'n gobeithio y byddai popeth yn iawn,
ond i ddim pwrpas;
roedden ni'n edrych am amser gwell,
ond dim ond dychryn gawson ni.

16 Mae sŵn ceffylau'r gelyn yn ffroeni i'w glywed yn Dan.[w]
Mae pawb yn crynu mewn ofn wrth glywed y ceffylau'n gweryru.
Maen nhw ar eu ffordd i ddinistrio'r wlad a phopeth sydd ynddi!
Maen nhw'n dod i ddinistrio'r trefi, a phawb sy'n byw ynddyn nhw."

Yr ARGLWYDD:

17 "Ydw, dw i'n anfon byddin y gelyn i'ch plith chi,
fel nadroedd gwenwynig all neb eu swyno.
A byddan nhw'n eich brathu chi."
—yr ARGLWYDD sy'n dweud hyn.

Y proffwyd yn wylo dros y bobl

Jeremeia:

18 "Dw i wedi fy llethu gan dristwch.
Dw i'n teimlo'n sâl.
19 Gwrandwch ar fy mhobl druan yn gweiddi
ar hyd a lled y wlad:
'Ydy'r ARGLWYDD wedi gadael Seion?
Ydy ei Brenin hi ddim yno bellach?' "

Yr ARGLWYDD:

"Pam maen nhw wedi fy nigio i
gyda'u heilunod a'u delwau diwerth?
20 'Mae'r cynhaeaf heibio, mae'r haf wedi dod i ben,
a dŷn ni'n dal ddim wedi'n hachub,' medden nhw."

Jeremeia:

21 Dw i'n diodde wrth weld fy mhobl annwyl i'n diodde.
Dw i'n galaru; dw i'n anobeithio.

w 8:16 *Dan* Yr ardal fwyaf gogleddol yn Israel.

22 Oes yna ddim eli yn Gilead?
Oes dim meddyg yno?
Felly pam nad ydy briw fy mhobl wedi gwella?

9

[y] O na fyddai fy mhen yn ffynnon ddŵr
a'r dagrau yn pistyllio o'm llygaid,
Wedyn byddwn i'n crio ddydd a nos
am y rhai hynny o'm pobl sydd wedi cael eu lladd!

2 [a] O na fyddai gen i gaban yn yr anialwch –
llety lle mae teithwyr yn aros dros nos.
Wedyn byddwn i'n gallu dianc,
a mynd i ffwrdd oddi wrth fy mhobl.
Maen nhw i gyd wedi bod yn anffyddlon i Dduw.
Cynulleidfa o fradwyr ydyn nhw!

Yr Arglwydd:

3 "Mae eu tafodau fel bwa wedi'i blygu
i saethu celwyddau.
Maen nhw wedi dod yn bwerus yn y wlad
drwy fod yn anonest.
Ac maen nhw wedi mynd o ddrwg i waeth!
Does ganddyn nhw ddim eisiau fy nabod i."
—yr Arglwydd sy'n dweud hyn.

4 "Gwyliwch eich ffrindiau!
Allwch chi ddim trystio'ch perthnasau hyd yn oed!
Maen nhw i gyd yn twyllo'i gilydd,
ac yn dweud celwyddau cas am ei gilydd.
5 Mae pawb yn twyllo'u ffrindiau.
Does neb yn dweud y gwir.
Maen nhw wedi hen arfer dweud celwydd:
yn pechu, ac yn rhy wan i newid eu ffyrdd.
6 Pentyrru gormes ar ben gormes, a thwyll ar ben twyll!
Does ganddyn nhw ddim eisiau fy nabod i,"
—yr Arglwydd sy'n dweud hyn.

7 Felly, dyma mae'r Arglwydd hollbwerus yn ei ddweud:

"Dw i'n mynd i'w puro nhw mewn tân a'u profi nhw.
Beth arall alla i ei wneud â'm pobl druan?
8 Mae eu tafodau fel saethau marwol,
yn dweud celwydd drwy'r amser.
Maen nhw'n dweud eu bod yn dymuno'n dda i'w cymdogion,
ond yn eu calon yn bwriadu brad!
9 Ddylwn i ddim eu cosbi nhw am hyn?" meddai'r Arglwydd.
"Ddylwn i ddim dial ar wlad fel yma?"

Jeremeia:

10 Dw i'n mynd i grio'n uchel am y mynyddoedd,
a galaru dros diroedd pori'r anialwch.

---

y 9:1 Hebraeg 8:23. a 9:2 Hebraeg 9:1.

Maen nhw wedi llosgi, a does neb yn teithio'r ffordd honno.
Does dim sŵn anifeiliaid yn brefu.
Mae hyd yn oed yr adar a'r anifeiliaid gwyllt
wedi dianc oddi yno.

Yr ARGLWYDD:

11 "Bydda i'n gwneud Jerwsalem yn bentwr o rwbel,
ac yn lle i siacaliaid fyw.
Bydda i'n dinistrio pentrefi Jwda,
a fydd neb yn gallu byw ynddyn nhw."

12 Pwy sy'n ddigon doeth i ddeall pam mae hyn wedi digwydd? Gyda pwy mae'r ARGLWYDD
wedi siarad, er mwyn iddo esbonio'r peth?

Pam mae'r wlad wedi'i difetha'n llwyr,
a'r tir fel anialwch does neb yn teithio drwyddo?

13 A dyma'r ARGLWYDD yn ateb, "Am eu bod nhw wedi troi cefn ar y ddysgeidiaeth rois
i iddyn nhw. Dŷn nhw ddim wedi gwrando arna i, a gwneud beth rôn i'n ddweud.
14 Yn lle
hynny maen nhw wedi bod yn hollol ystyfnig a gwneud beth maen nhw eisiau, ac wedi
addoli'r duwiau Baal yr un fath â'u hynafiaid.
15 Felly, dyma dw i, Duw Israel, yr ARGLWYDD
hollbwerus, yn ei ddweud:

'Dw i'n mynd i roi profiadau chwerw yn fwyd i'r bobl,
a dŵr gwenwynig barn iddyn nhw i'w yfed.'

16 "Dw i'n mynd i'w gyrru nhw ar chwâl. Byddan nhw ar goll mewn gwledydd dŷn nhw, fel
eu hynafiaid, yn gwybod dim amdanyn nhw. Bydd byddinoedd eu gelynion yn mynd ar eu
holau nes bydda i wedi'u dinistrio nhw'n llwyr."

Galw ar y bobl i alaru

17 Dyma mae'r ARGLWYDD hollbwerus yn ei ddweud:

"Meddyliwch yn ofalus beth sy'n digwydd.
Galwch am y gwragedd sy'n galaru dros y meirw.
Anfonwch am y rhai mwyaf profiadol.
18 Ie, galwch arnyn nhw i ddod ar frys,
a dechrau wylofain yn uchel:
crio nes bydd y dagrau'n llifo, a'n llygaid ni'n socian.

19 Mae sŵn crio uchel i'w glywed yn Seion:
'Mae hi ar ben arnon ni!
Dŷn ni wedi'n cywilyddio'n llwyr.
Rhaid i ni adael ein gwlad,
achos maen nhw wedi chwalu'n tai ni i gyd.' "

20 "Felly, chi wragedd, gwrandwch beth mae'r ARGLWYDD yn ei ddweud. Gwrandwch yn ofalus
ar ei eiriau.

Dysgwch eich merched i alaru.
Dysgwch y gân angladdol yma i'ch gilydd:
21 'Mae marwolaeth wedi dringo drwy'r ffenestri;
mae wedi dod i mewn i'n palasau.
Mae wedi cipio ein plant oedd yn chwarae yn y strydoedd,
a'r bechgyn ifanc oedd yn cyfarfod yn y sgwâr yn y trefi.' "

22 Dyma mae'r Arglwydd yn ei ddweud:
"Bydd cyrff marw yn gorwedd
fel tail wedi'i wasgaru ar gae,
neu ŷd wedi'i dorri a'i adael yn sypiau,
a neb yn ei gasglu."

23 Dyma mae'r Arglwydd yn ei ddweud:

"Ddylai pobl glyfar ddim brolio'u clyfrwch,
na'r pwerus eu bod nhw'n bobl bwerus;
a ddylai pobl gyfoethog ddim brolio'u cyfoeth.
24 Dim ond un peth ddylai pobl frolio amdano:
eu bod nhw yn fy nabod i, ac wedi deall
mai fi ydy'r Arglwydd sy'n llawn cariad,
yn deg, ac yn gwneud beth sy'n iawn ar y ddaear.
A dw i eisiau i bobl wneud yr un fath."
—yr Arglwydd sy'n dweud hyn.

25 "Gwyliwch!" meddai'r Arglwydd. "Mae'r amser yn dod pan fydda i'n cosbi'r rhai sydd
ddim ond wedi cael enwaediad corfforol – 26 pobl yr Aifft, Jwda, Edom, Ammon, Moab, a'r
bobl sy'n byw ar ymylon yr anialwch. Does dim un ohonyn nhw wedi'u henwaedu go iawn,
a dydy calon pobl Israel ddim wedi'i henwaedu go iawn chwaith."

Mae addoli eilun-dduwiau wedi dod â dinistr

10 1-2 Bobl Israel, gwrandwch beth mae'r Arglwydd yn ei ddweud wrthoch chi:
"Peidiwch gwneud yr un fath â'r gwledydd paganaidd.
Peidiwch cymryd sylw o 'arwyddion' y sêr a'r planedau,
a gadael i bethau felly eich dychryn chi,
fel maen nhw'n dychryn y gwledydd hynny.
3 Dydy arferion paganaidd felly yn dda i ddim!

Mae coeden yn cael ei thorri i lawr yn y goedwig,
ac mae cerfiwr yn gwneud eilun ohoni gyda chŷn.
4 Wedyn mae'n ei addurno gydag arian ac aur,
ac yn defnyddio morthwyl a hoelion i'w ddal yn ei le,
rhag iddo syrthio!
5 Mae'r eilunod yma fel bwganod brain mewn gardd lysiau.
Allan nhw ddim siarad;
allan nhw ddim cerdded,
felly mae'n rhaid eu cario nhw i bobman.
Peidiwch bod â'u hofn nhw –
allan nhw wneud dim niwed i chi,
na gwneud dim i'ch helpu chi chwaith!"

Jeremeia:
6 "O Arglwydd, does dim un ohonyn nhw'n debyg i ti.
Ti ydy'r Duw mawr,
sy'n enwog am dy fod mor bwerus!
7 Ti ydy Brenin y cenhedloedd,
felly dylai pawb dy addoli di –
dyna wyt ti'n ei haeddu!

Dydy pobl fwya doeth y gwledydd i gyd
a'r teyrnasoedd yn ddim byd tebyg i ti.

8 Pobl wyllt a dwl ydyn nhw,
yn meddwl y gall eilun pren eu dysgu nhw![b]
9 Maen nhw'n dod ag arian wedi'i guro o Tarshish,
ac aur pur o Wffas, i orchuddio'r delwau.
Dim ond gwaith llaw cerfiwr a gof aur ydy'r rheiny;
a'u dillad glas a phorffor yn waith teiliwr medrus!
10 Yr ARGLWYDD ydy'r unig Dduw go iawn –
y Duw byw, sy'n frenin am byth!
Pan mae e'n ddig mae'r ddaear yn crynu.
Mae'r cenhedloedd yn cuddio oddi wrth ei ddicter."

11 (Dylech ddweud wrth y cenhedloedd: "Wnaeth y 'duwiau' yma ddim creu'r nefoedd a'r
ddaear. Byddan nhw i gyd yn diflannu – fydd dim sôn amdanyn nhw yn unman!")[c]

Emyn o fawl i Dduw

(Jeremeia 51:15-19)

12 Yr ARGLWYDD ddefnyddiodd ei rym i greu'r ddaear.
Fe ydy'r un osododd y byd yn ei le drwy ei ddoethineb,
a lledu'r awyr drwy ei ddeall.
13 Mae sŵn ei lais yn gwneud i'r awyr daranu.
Mae'n gwneud i gymylau ddod i'r golwg ar y gorwel.
Mae'n gwneud i fellt fflachio yng nghanol y glaw.
Mae'n dod â'r gwynt allan o'i stordai i chwythu.

14 Mae pobl mor ddwl! Dŷn nhw'n gwybod dim byd!
Bydd yr eilunod yn codi cywilydd ar y rhai a'u gwnaeth nhw.
Duwiau ffals ydy'r delwau;
does dim bywyd ynddyn nhw.
15 Dŷn nhw'n dda i ddim! Pethau i wneud sbort am eu pennau!
Mae'r amser yn dod pan gân nhw eu cosbi a'u dinistrio.
16 Dydy Duw Jacob ddim byd tebyg iddyn nhw.
Fe ydy'r un wnaeth greu pob peth,
ac mae pobl Israel yn bobl sbesial iddo.
Yr ARGLWYDD hollbwerus ydy ei enw!

Bydd y gelyn yn caethgludo

17 Mae'r gelyn o'ch cwmpas yn gwarchae,[ch]
felly heliwch eich pac yn barod i fynd!
18 Ie, dyma mae'r ARGLWYDD yn ei ddweud:
Dw i'n mynd i daflu'r bobl allan o'r wlad yma, nawr!
Maen nhw'n mynd i fod mewn helbul go iawn,
a byddan nhw'n teimlo'r peth i'r byw.

19 Meddai Jerwsalem, "Mae ar ben arna i!
Dw i wedi fy anafu'n ddifrifol.

---

b 10:8 Ystyr yr Hebraeg yn ansicr. c 10:11 Yr adnod yma ydy'r unig frawddeg Aramaeg yn llyfr Jeremeia. Mae'n bosib mai nodyn ar ymyl y ddalen oedd hi'n wreiddiol. ch 10:17 *gwarchae* Pan oedd byddin yn ymosod ar ddinas roedd yn amgylchynu'r ddinas a'i thorri i ffwrdd fel bod neb yn gallu mynd i mewn nac allan.

Rôn i'n arfer meddwl, 'Salwch ydy e
a bydda i'n dod drosto.'
20 Mae fy mhabell wedi'i dryllio,
a'r rhaffau i gyd wedi'u torri.
Mae fy mhlant wedi mynd,
a fyddan nhw ddim yn dod yn ôl.
Does neb ar ôl i godi'r babell eto,
nac i hongian y llenni tu mewn iddi.
21 Mae'r arweinwyr[d] wedi bod mor ddwl!
Dŷn nhw ddim wedi gofyn i'r ARGLWYDD am arweiniad.
Maen nhw wedi methu'n llwyr,
ac mae eu praidd nhw wedi'u gyrru ar chwâl.

22 Gwrandwch! Mae'r si ar led! Mae'n dod!
Sŵn twrw'r fyddin yn dod o gyfeiriad y gogledd.
Mae'n dod i droi trefi Jwda yn rwbel,
ac yn lle i siacaliaid fyw.

23 ARGLWYDD, dw i'n gwybod na all pobl reoli eu bywydau.
Dŷn nhw ddim yn gallu trefnu beth sy'n mynd i ddigwydd.
24 Felly, ARGLWYDD, cywira ni, ond paid bod yn rhy galed.
Paid gwylltio, neu fydd dim ohonon ni ar ôl.
25 Tywallt dy lid ar y bobloedd sydd ddim yn dy nabod,
a'r llwythau hynny sydd ddim yn dy addoli.
Nhw ydy'r rhai sydd wedi llarpio pobl Jacob –
wedi'u dinistrio nhw'n llwyr a gadael y wlad yn adfeilion."

Pobl Jwda wedi gwrthod gwrando

11 Dyma neges arall roddodd yr ARGLWYDD i Jeremeia: 2"Atgoffa bobl Jwda a'r rhai sy'n
byw yn Jerwsalem o amodau'r ymrwymiad wnes i gydag Israel. 3Dwed wrthyn nhw
fod yr ARGLWYDD, Duw Israel, yn dweud: 'Melltith ar bwy bynnag sy'n diystyru amodau'r
ymrwymiad. 4Pan ddes i â'ch hynafiaid chi allan o'r Aifft, o'r ffwrnais haearn, dwedais wrthyn
nhw, "Rhaid i chi wrando arna i a chadw'r amodau dw i'n eu gosod. Os gwnewch chi hynny,
byddwch chi'n bobl i mi, a bydda i'n Dduw i chi." 5Wedyn roeddwn i'n gallu rhoi beth wnes
i ei addo iddyn nhw – tir ffrwythlon lle mae llaeth a mêl yn llifo. A dyna'r wlad lle dych chi'n
byw heddiw.' " A dyma fi'n ateb, "Amen! Mae'n wir, ARGLWYDD!"

6Yna dyma'r ARGLWYDD yn dweud wrtho i: "Cyhoedda'r neges yma yn nhrefi Jwda ac ar
strydoedd Jerwsalem: 'Gwrandwch ar amodau'r ymrwymiad rhyngon ni, a'u cadw nhw.
7Rôn i wedi rhybuddio'ch hynafiaid chi pan ddes i â nhw allan o'r Aifft. A dw i wedi dal ati
i wneud hynny hyd heddiw, i'ch cael chi i wrando arna i. 8Ond doedd neb am wneud beth
roeddwn i'n ddweud na chymryd unrhyw sylw. Roedden nhw'n ystyfnig, ac yn dal ati i ddilyn
y duedd ynddyn nhw i wneud drwg. Felly, dw i wedi'u cosbi nhw, yn union fel roedd amodau'r
ymrwymiad yn dweud – am wrthod gwneud beth roeddwn i'n ddweud.' "

9A dyma'r ARGLWYDD yn dweud wrtho i: "Mae pobl Jwda a'r rhai sy'n byw yn Jerwsalem
wedi cynllwynio yn fy erbyn i. 10Maen nhw wedi mynd yn ôl a gwneud yr union bethau drwg
roedd eu hynafiaid yn eu gwneud. Maen nhw wedi gwrthod gwrando arna i, ac wedi addoli
duwiau eraill. Mae gwlad Israel a gwlad Jwda wedi torri amodau'r ymrwymiad wnes i gyda'u
hynafiaid nhw. 11 Felly, dyma dw i, yr ARGLWYDD, yn ei ddweud: 'Dw i'n mynd i ddod â dinistr
arnyn nhw, a fyddan nhw ddim yn gallu dianc. A phan fyddan nhw'n gweiddi arna i am help,

d 10:21 Hebraeg, "bugeiliaid".
10:25 Salm 79:6-7 11:3 Deuteronomium 27:15-26; 29:1,9 11:4 Deuteronomium 4:20

wna i ddim gwrando arnyn nhw. 12 Wedyn bydd pobl trefi Jwda a phobl Jerwsalem yn gweiddi
am help gan y duwiau maen nhw wedi bod yn llosgi arogldarth iddyn nhw. Ond fydd y duwiau
hynny yn sicr ddim yn gallu eu hachub nhw o'u trafferthion! 13 A hynny er bod gen ti, Jwda,
gymaint o dduwiau ag sydd gen ti o drefi! Ac er bod gan bobl Jerwsalem gymaint o allorau
ag sydd o strydoedd yn y ddinas, i losgi arogldarth i'r duw ffiaidd yna, Baal!'

14 "A ti, Jeremeia, paid gweddïo dros y bobl yma. Paid galw arna i na gweddïo drostyn nhw.
Paid pledio arna i i'w helpu nhw. Wna i ddim gwrando arnyn nhw pan fyddan nhw'n gweiddi
am help o ganol eu trafferthion.

15 Pa hawl sydd gan fy mhobl annwyl i ddod i'm teml
ar ôl gwneud cymaint o bethau erchyll?
Ydy aberthu cig anifeiliaid yn mynd i gael gwared â'r drygioni?
Fyddwch chi'n gallu bod yn hapus wedyn?
16 Roeddwn i, yr Arglwydd, wedi dy alw di
yn goeden olewydd ddeiliog gyda ffrwyth hyfryd arni.
Ond mae storm fawr ar y ffordd:
dw i'n mynd i dy roi di ar dân,
a byddi'n llosgi yn y fflamau gwyllt.
Fydd dy ganghennau di yn dda i ddim wedyn.

17 Mae'r Arglwydd hollbwerus, wnaeth dy blannu di yn y wlad, wedi cyhoeddi fod dinistr yn
dod arnat ti. Mae'n dod am fod gwledydd Israel a Jwda wedi gwneud drwg, a'm gwylltio
i drwy losgi arogldarth i Baal."

Jeremeia mewn perygl

18 Dangosodd yr Arglwydd – rôn i'n gwybod wedyn;
dangosodd beth roedden nhw'n bwriadu ei wneud.
19 Rôn i fel oen bach diniwed yn cael ei arwain i'r lladd-dy,
ddim yn sylweddoli mai yn fy erbyn roedd eu cynllwyn:
"Rhaid i ni ddinistrio'r goeden a'i ffrwyth!
Gadewch i ni ei ladd, a'i dorri o dir y byw,
a bydd pawb yn anghofio amdano."

20 "O Arglwydd hollbwerus, rwyt ti'n barnu'n deg!
Ti'n gweld beth mae pobl yn ei feddwl a'i fwriadu.
Tala nôl iddyn nhw am beth maen nhw'n ei wneud.
Dw i'n dy drystio di i ddelio gyda'r sefyllfa."

21 Felly, dyma mae'r Arglwydd yn ei ddweud am y dynion o Anathoth[dd] sydd eisiau fy lladd
i. (Roedden nhw wedi dweud y bydden nhw'n fy lladd i os nad oeddwn i'n stopio proffwydo
fel roedd yr Arglwydd yn dweud wrtho i.) 22 Dyma mae'r Arglwydd hollbwerus yn ei ddweud
amdanyn nhw: "Dw i'n mynd i'w cosbi nhw! Bydd eu bechgyn ifanc yn cael eu lladd yn
y rhyfel, a bydd eu plant yn marw o newyn. 23 Fydd yna neb ar ôl yn fyw! Mae'r amser iddyn
nhw gael eu cosbi wedi dod."

Jeremeia'n cwyno

12 Arglwydd, ti sydd bob amser yn iawn
pan dw i'n cwyno am rywbeth.
Ond mae'n rhaid i mi ofyn hyn:

dd 11:21 *Anathoth* Lle cafodd Jeremeia ei fagu (gw. 1:1).
11:19 Salm 44:22

Pam mae pobl ddrwg yn llwyddo?
Pam mae'r rhai sy'n twyllo yn cael bywyd mor hawdd?
2 Ti'n eu plannu nhw fel coed,
ac maen nhw'n bwrw gwreiddiau.
Maen nhw'n tyfu ac yn dwyn ffrwyth.
Maen nhw'n siarad amdanat ti drwy'r amser,
ond ti ddim yn bwysig iddyn nhw go iawn.

3 Ond rwyt ti'n fy nabod i, ARGLWYDD.
Ti'n fy ngwylio, ac wedi profi fy agwedd i atat ti.
Llusga'r bobl ddrwg yma i ffwrdd fel defaid i gael eu lladd;
cadw nhw o'r neilltu ar gyfer diwrnod y lladdfa.

4 Am faint mae'n rhaid i'r sychder aros,
a glaswellt y caeau fod wedi gwywo?
Mae'r anifeiliaid a'r adar wedi diflannu o'r tir
am fod y bobl sy'n byw yma mor ddrwg,
ac am eu bod nhw'n dweud,
"Dydy Duw ddim yn gweld beth dŷn ni'n ei wneud."

Duw yn ateb cwyn Jeremeia

Yr ARGLWYDD:

5 "Os ydy rhedeg ras gyda dynion yn dy flino di,
sut wyt ti'n mynd i fedru cystadlu gyda cheffylau?
Os wyt ti'n baglu ar y tir agored,
beth am yn y goedwig wyllt ar lan yr Iorddonen?
6 Y gwir ydy: mae hyd yn oed dy berthnasau
wedi dy fradychu di.
Maen nhw hefyd yn gweiddi'n groch yn dy erbyn di.
Felly paid â'u credu nhw,
hyd yn oed os ydyn nhw'n dweud pethau caredig.

7 Dw i wedi troi cefn ar fy nheml,
a gwrthod y bobl ddewisais.
Dw i'n mynd i roi'r bobl wnes i eu caru
yn nwylo'u gelynion.
8 Mae fy mhobl wedi troi arna i
fel llew yn y goedwig.
Maen nhw'n rhuo arna i,
felly dw i yn eu herbyn nhw.[e]

9 Mae'r wlad fel ffau hienas
ac adar rheibus yn hofran o'u cwmpas!
Casglwch yr anifeiliaid gwyllt i gyd.
Gadewch iddyn nhw ddod i ddinistrio.

10 Mae arweinwyr y gwledydd yn dinistrio fy ngwinllan,
a sathru'r tir ddewisais.
Byddan nhw'n troi'r wlad hyfryd
yn anialwch diffaith.

---

e 12:8 Hebraeg, "casáu nhw".
12:10 Eseia 5:1-7

11 Byddan nhw'n ei dinistrio hi'n llwyr,
nes bydd yn grastir gwag.
Bydd y tir i gyd wedi'i ddinistrio,
a does neb o gwbl yn malio.
12 Bydd byddin ddinistriol yn dod dros fryniau'r anialwch.
Nhw ydy'r cleddyf mae'r ARGLWYDD yn ei ddefnyddio
i ddod â dinistr o un pen o'r wlad i'r llall.
Fydd neb yn saff!

13 Mae fy mhobl wedi hau gwenith,
ond dim ond drain fyddan nhw'n eu casglu!
Maen nhw wedi gweithio'n galed i ddim byd.
Bydd eu cnydau bach yn achos cywilydd,
am fod yr ARGLWYDD wedi digio'n lân hefo nhw."

Duw yn bygwth cymdogion Israel

14 Dyma mae'r ARGLWYDD yn ei ddweud am y gwledydd drwg o'n cwmpas ni sy'n ymosod ar
y tir roddodd e i'w bobl Israel: "Dw i'n mynd i symud pobl y gwledydd hynny o'u tir, a gollwng
pobl Jwda yn rhydd o'u canol nhw. 15 Ond ar ôl symud y bobl, bydda i'n troi ac yn dangos
trugaredd atyn nhw, a rhoi eu tir yn ôl iddyn nhw i gyd. Bydd pawb yn mynd adre i'w wlad
ei hun. 16 Ond bydd rhaid iddyn nhw ddysgu byw fel fy mhobl i. Ar un adeg roedden nhw'n
dysgu fy mhobl i dyngu llw yn enw'r duw Baal. Ond bryd hynny byddan nhw'n dweud 'Mor
sicr â bod yr ARGLWYDD yn fyw', wrth dyngu llw, a byddan nhw hefyd yn cael eu hystyried yn
bobl i mi. 17 Os wnân nhw ddim gwrando, bydda i'n eu diwreiddio nhw ac yn eu dinistrio
nhw'n llwyr," meddai'r ARGLWYDD.

Yr ARGLWYDD yn dangos sut bydd e'n cosbi Jwda
(13:1 – 20:18)

Y lliain isaf roedd Jeremeia'n ei wisgo

13 Dyma'r ARGLWYDD yn dweud wrtho i: "Dos i brynu lliain isaf newydd, a'i wisgo am dy
ganol. A phaid â'i olchi." 2 Felly dyma fi'n prynu lliain isaf fel y dwedodd yr ARGLWYDD,
a'i wisgo am fy nghanol.
3 Wedyn dyma'r ARGLWYDD yn rhoi neges arall i mi, a dweud, 4 "Cymer y lliain isaf brynaist
ti, yr un rwyt ti'n ei wisgo, a dos at afon Ewffrates.[f] Cuddia fe yno mewn hollt yn y graig."
5 Felly dyma fi'n mynd ac yn ei guddio wrth yr Ewffrates, fel roedd yr ARGLWYDD wedi dweud.
6 Aeth amser maith heibio, a dyma'r ARGLWYDD yn dweud wrtho i, "Dos at afon Ewffrates
i nôl y lliain ddwedais i wrthot ti am ei guddio yno." 7 Felly dyma fi'n mynd yno a phalu am
y lliain lle roeddwn i wedi'i guddio. Roedd wedi'i ddifetha, ac yn dda i ddim.
8 A dyma fi'n cael neges arall gan yr ARGLWYDD 9 yn dweud, "Dyna sut bydda i'n difetha
balchder Jwda a Jerwsalem. 10 Mae'r bobl ddrwg yma'n gwrthod gwrando arna i. Maen nhw'n
ystyfnig ac yn mynnu gwneud beth maen nhw eisiau. Maen nhw'n addoli eilun-dduwiau
paganaidd. Felly byddan nhw'n cael eu difetha fel y lliain yma, sy'n dda i ddim bellach. 11 Yn
union fel lliain isaf wedi'i rwymo'n dynn am ganol dyn, roeddwn i wedi rhwymo pobl Israel
a Jwda amdana i," meddai'r ARGLWYDD. "Rôn i eisiau iddyn nhw fod yn bobl sbesial i mi, yn fy
anrhydeddu i, ac yn fy addoli i. Ond roedden nhw'n gwrthod gwrando."

---

f 13:4 *Ewffrates* neu Perath, afon fach ryw dair milltir i'r gogledd-ddwyrain o Anathoth. Mae enw Hebraeg y ddwy afon yr un fath.

Y jariau gwin

12"Felly dywed wrthyn nhw mai dyma mae'r Arglwydd, Duw Israel, yn ei ddweud: 'Mae pob
jar gwin[ff] i gael ei lenwi â gwin!' A byddan nhw'n ateb, 'Wrth gwrs! Dŷn ni'n gwybod hynny'n
iawn.' 13Yna dywed di wrthyn nhw mai dyma mae'r Arglwydd yn ei ddweud: 'Dw i'n mynd
i lenwi pobl y wlad yma nes byddan nhw'n feddw gaib – y brenhinoedd sy'n ddisgynyddion
i Dafydd, yr offeiriaid, y proffwydi, a phobl Jerwsalem i gyd. 14Bydda i'n eu malu nhw fel
jariau yn erbyn ei gilydd, rhieni a'u plant. Fydda i'n dangos dim trueni na thosturi atyn nhw.
Bydda i'n eu dinistrio nhw,' "

—yr Arglwydd sy'n dweud hyn.

Rhybudd olaf!

Jeremeia:

15 Gwrandwch! Peidiwch bod yn falch!
—mae'r Arglwydd wedi dweud.
16 Rhowch i'r Arglwydd eich Duw y parch mae'n ei haeddu
cyn iddo ddod â thywyllwch arnoch chi.
Cyn i chi faglu a syrthio
wrth iddi dywyllu ar y mynyddoedd.
Cyn i'r golau dych chi'n chwilio amdano
droi'n dristwch ac yn dywyllwch dudew.
17 Os wnewch chi ddim gwrando,
bydda i'n mynd o'r golwg i grio am eich bod mor falch.
Bydda i'n beichio crio, a bydd dagrau'n llifo,
am fod praidd yr Arglwydd wedi'i gymryd yn gaeth.

Yr Arglwydd:

18 "Dwed wrth y brenin a'r fam frenhines:[g]
'Dewch i lawr o'ch gorseddau ac eistedd yn y llwch.
Bydd eich coronau hardd yn cael eu cymryd oddi arnoch.
19 Bydd giatiau trefi'r Negef wedi'u cau,
a neb yn gallu eu hagor.
Bydd pobl Jwda i gyd yn cael eu caethgludo!' "

Jeremeia:

20 "Edrych, Jerwsalem. Mae'r gelyn yn dod o'r gogledd.
Ble mae'r praidd gafodd ei roi yn dy ofal di?
Ble mae'r 'defaid' roeddet ti mor falch ohonyn nhw?
21 Sut fyddi di'n teimlo pan fydd yr Arglwydd
yn gosod y rhai wnest ti ffrindiau gyda nhw
i dy reoli di?

Byddi'n gwingo mewn poen fel gwraig ar fin cael babi.
22 Byddi'n gofyn i ti dy hun,
'Pam mae'r pethau yma wedi digwydd i mi?
Pam mae fy nillad wedi'u rhwygo i ffwrdd?
Pam dw i wedi fy nhreisio fel hyn?'
A'r ateb ydy, am dy fod ti wedi gwneud cymaint o ddrwg!

---

ff 13:12 *jar gwin* Mae chwarae ar eiriau yn yr Hebraeg yma. Mae'r gair Hebraeg am "jar gwin" (*nefel*) yn debyg iawn i'r gair Hebraeg am "ffŵl" (*nafal*). g 13:18 *y brenin a'r fam frenhines* Jehoiachin a'i fam, gafodd eu cymryd yn gaeth gydag arweinwyr Jerwsalem yn 597 CC, gw.Jeremeia 22:26; 29:2; 2 Brenhinoedd 24:14-16.
13:16 Amos 5:18,20

23 Ydy dyn du[ng] yn gallu newid lliw ei groen?
Ydy'r llewpard yn gallu cael gwared â'i smotiau?
Na. A does dim gobaith i chi wneud da,
am eich bod wedi hen arfer gwneud drwg!"

Yr Arglwydd

24 "Dw i'n mynd i'ch gyrru chi ar chwâl,
fel us yn cael ei chwythu i bobman gan wynt yr anialwch.
25 Dyna beth sy'n dod i ti!
Dyna wyt ti'n ei haeddu.
Ti wedi fy anghofio i,
a throi at dduwiau ffals yn fy lle.
26 Bydda i'n gwneud i ti gywilyddio –
yn codi dy sgert dros dy wyneb
a bydd pawb yn gweld dy rannau preifat.
27 Dw i wedi gweld y pethau ffiaidd ti'n eu gwneud:
godinebu, a gweryru'n nwydus ar ôl duwiau eraill.
Ti wedi puteinio gyda nhw
ar ben y bryniau ac yn y caeau.
Mae hi ar ben arnat ti, Jerwsalem! Fyddi di byth yn lân!
Am faint mwy mae hyn i fynd ymlaen?"

14

Y negeseuon roddodd yr Arglwydd i Jeremeia am y sychder:

Y sychder mawr

Jeremeia:

2 "Mae pobl Jwda yn galaru.
Mae'r busnesau yn y trefi yn methu.
Mae pobl yn gorwedd ar lawr mewn anobaith.
Mae Jerwsalem yn gweiddi am help.
3 Mae'r meistri yn anfon eu gweision i nôl dŵr;
mae'r rheiny'n cyrraedd y pydewau
a'u cael yn hollol sych.
Maen nhw'n mynd yn ôl gyda llestri gwag,
yn siomedig ac yn ddigalon.
Maen nhw'n mynd yn ôl
yn cuddio'u pennau mewn cywilydd.
4 Mae'r tir wedi sychu a chracio
am nad ydy hi wedi glawio.
Mae'r gweision fferm yn ddigalon,
ac yn cuddio'u pennau mewn cywilydd.
5 Mae hyd yn oed yr ewig yn troi cefn
ar y carw bach sydd newydd ei eni,
am fod dim glaswellt ar ôl.
6 Mae'r asynnod gwyllt ar y bryniau moel
yn nadu fel siacaliaid.
Mae eu llygaid yn pylu
am fod dim porfa yn unman."

---

ng 13:23 *dyn du* Hebraeg, "rhywun o Cwsh". Yr ardal i'r de o wlad yr Aifft, sef gogledd Swdan heddiw.
13:24 Salm 1:4 13:26 Nahum 3:5

Pobl Jwda:

7 "O ARGLWYDD,
er bod ein pechodau yn tystio yn ein herbyn,
gwna rywbeth i'n helpu ni er mwyn dy enw da.
Dŷn ni wedi troi cefn arnat ti lawer gwaith,
ac wedi pechu yn dy erbyn di.
8 Ti ydy unig obaith Israel –
ein hachubwr pan oedden ni mewn trwbwl.

Pam wyt ti fel estron yn y wlad?
Pam wyt ti fel teithiwr sydd ddim ond yn aros am noson?
9 Pam ddylet ti ymddangos fel rhywun gwan,
neu arwr sydd ddim yn gallu achub ddim mwy?
Ond rwyt ti gyda ni, ARGLWYDD.
Dŷn ni'n cael ein nabod fel dy bobl di.
Paid troi dy gefn arnon ni!"

Yr ARGLWYDD:

10 Dyma mae'r ARGLWYDD yn ei ddweud am ei bobl:

"Maen nhw wrth eu bodd yn mynd i grwydro.
Maen nhw'n mynd ble bynnag maen nhw eisiau.
Felly dw i ddim yn eu derbyn nhw fel fy mhobl ddim mwy.
Bydda i'n cofio'r pethau drwg maen nhw wedi'u gwneud
ac yn eu cosbi nhw am eu pechodau."

11 A dyma'r ARGLWYDD yn dweud wrtho i: "Paid gweddïo dros y bobl yma. 12 Hyd yn oed os byddan
nhw'n ymprydio, fydda i'n cymryd dim sylw. Ac os byddan nhw'n offrymu aberth llosg ac offrwm
o rawn, fydda i ddim yn eu derbyn nhw. Bydda i'n eu dinistrio nhw â rhyfel, newyn a haint."
13 A dyma fi'n dweud, "Ond Feistr, ARGLWYDD, mae'r proffwydi'n dweud wrthyn nhw, 'Bydd
popeth yn iawn! Fydd dim rhyfel na newyn, dim ond heddwch a llwyddiant.' "
14 A dyma'r ARGLWYDD yn dweud wrtho i: "Mae'r proffwydi'n dweud celwydd. Maen nhw'n
honni eu bod nhw'n siarad drosto i, ond wnes i mo'u hanfon nhw. Wnes i ddim eu penodi
nhw na rhoi neges iddyn nhw. Maen nhw'n proffwydo gweledigaethau ffals ac yn darogan
pethau diwerth. Maen nhw'n twyllo'u hunain.
15 "Felly dyma dw i, yr ARGLWYDD, yn ei ddweud am y proffwydi sy'n hawlio eu bod nhw'n
siarad drosto i ac yn dweud fod dim rhyfel na newyn yn mynd i fod: 'Rhyfel a newyn fydd yn
lladd y proffwydi hynny.' 16 A bydd y bobl maen nhw'n proffwydo iddyn nhw hefyd yn marw
o ganlyniad i ryfel a newyn. Bydd eu cyrff yn cael eu taflu allan ar strydoedd Jerwsalem, a fydd
neb yno i'w claddu nhw na'u gwragedd na'u plant. Bydda i'n tywallt arnyn nhw beth maen
nhw'n ei haeddu am eu drygioni.

17 Dwed fel hyn wrthyn nhw, Jeremeia:

'Dw i'n colli dagrau nos a dydd;
alla i ddim stopio crio dros fy mhobl druan.
Mae'r wyryf annwyl wedi cael ergyd farwol.
Mae hi wedi cael ei hanafu'n ddifrifol.
18 Pan dw i'n mynd allan i gefn gwlad,
dw i'n gweld y rhai sydd wedi cael eu lladd gyda'r cleddyf.
Pan dw i'n cerdded drwy'r ddinas,
dw i'n gweld canlyniadau erchyll y newyn.
Mae'r proffwydi a'r offeiriaid yn mynd ymlaen â'u busnes;
dŷn nhw ddim yn deall beth sy'n digwydd.' "

Pobl Jwda:

19 "Arglwydd, wyt ti wir wedi gwrthod Jwda?
Wyt ti'n casáu Seion bellach?
Pam wyt ti wedi'n taro ni mor galed
nes bod dim gobaith i ni wella?
Roedden ni'n gobeithio y byddai popeth yn iawn,
ond i ddim pwrpas;
roedden ni'n edrych am amser gwell,
ond dim ond dychryn gawson ni.

20 Arglwydd, dŷn ni'n cyfadde'n drygioni,
a bod ein hynafiaid wedi gwneud drwg hefyd.
Dŷn ni wedi pechu go iawn yn dy erbyn di.
21 Arglwydd, er mwyn dy enw da, paid â'n gwrthod ni.
Paid dirmygu'r lle ble mae dy orsedd wych di.
Cofia'r ymrwymiad wnest ti hefo ni. Paid â'i dorri!

22 Oes un o eilunod diwerth y cenhedloedd yn gallu anfon glaw?
Neu ydy glaw yn dod o'r awyr ohono'i hun?
Wrth gwrs ddim!
Ti, Arglwydd Dduw, sy'n gwneud y cwbl,
A dyna pam mai ti ydy'n gobaith ni."

Bydd pobl Jwda'n cael eu cosbi

15 Yna dyma'r Arglwydd yn dweud hyn wrtho i: "Hyd yn oed petai Moses a Samuel yn
dod i bledio dros y bobl yma, fyddwn i ddim yn eu helpu nhw. Dos â nhw o ngolwg
i! Anfon nhw i ffwrdd! 2 Ac os byddan nhw'n gofyn, 'Ble awn ni?', dywed wrthyn nhw: 'Dyma
mae'r Arglwydd yn ei ddweud:

"Bydd y rhai sydd i farw o haint yn marw o haint.
Bydd y rhai sydd i farw yn y rhyfel yn marw yn y rhyfel.
Bydd y rhai sydd i farw o newyn yn marw o newyn.
Bydd y rhai sydd i gael eu cymryd yn gaethion yn cael eu cymryd yn gaethion." '

3 Bydd pedwar peth ofnadwy yn digwydd iddyn nhw," meddai'r Arglwydd: "Bydd y cleddyf yn
eu lladd. Bydd cŵn yn llusgo'r cyrff i ffwrdd. Bydd adar yn eu bwyta a'r anifeiliaid gwyllt yn
gorffen beth sydd ar ôl. 4 Bydd beth fydd yn digwydd iddyn nhw yn dychryn pobl y gwledydd
i gyd. Dyna'r gosb am beth wnaeth Manasse fab Heseceia, brenin Jwda, yn Jerwsalem."

Yr Arglwydd

5 "Pwy sy'n mynd i deimlo trueni drosot ti, Jerwsalem?
Fydd unrhyw un yn cydymdeimlo hefo ti?
Fydd unrhyw un yn stopio i holi sut wyt ti?

6 Ti wedi troi cefn arna i," meddai'r Arglwydd.
"Rwyt ti wedi mynd o ddrwg i waeth!
Felly dw i'n mynd i dy daro di a dy ddinistrio di.
Dw i wedi blino rhoi cyfle arall i ti o hyd.

15:4 2 Brenhinoedd 21; 23:26; 24:3

7 Dw i'n mynd i wahanu'r us a'r grawn
ym mhob un o drefi'r wlad.
Dw i'n mynd i ddinistrio fy mhobl, a mynd â'u plant i ffwrdd,
am eu bod nhw wedi gwrthod newid eu ffyrdd.
8 Bydd mwy o weddwon nag o dywod ar lan y môr.
Bydda i'n lladd dy filwyr ifanc ganol dydd,
a chwalu bywydau eu mamau.

Bydd dioddef a dychryn
yn dod drostyn nhw'n sydyn.
9 Bydd y fam oedd â saith o feibion
yn anadlu'n drwm mewn panig, ac yn llewygu.
Mae'r haul oedd yn disgleirio yn ei bywyd
wedi machlud ganol dydd.
Mae hi'n eistedd mewn cywilydd a gwarth.
A bydd y rhai sydd ar ôl yn cael eu lladd
gan gleddyf y gelyn,"
—yr Arglwydd sy'n dweud hyn.

Anobaith Jeremeia

10"O, mam! Dw i'n sori fy mod i wedi cael fy ngeni! Ble bynnag dw i'n mynd dw i'n dadlau
a thynnu'n groes i bobl! Dw i ddim wedi benthyg arian i neb na benthyg arian gan neb. Ond
mae pawb yn fy rhegi i!" 11 A dyma'r Arglwydd yn ateb: "Onid ydw i wedi dy wneud di'n gryf
am reswm da? Bydda i'n gwneud i dy elynion bledio am dy help di pan fyddan nhw mewn
trafferthion.[h]
12"Oes rhywun yn gallu torri haearn, haearn o'r gogledd gyda phres ynddo?"

Yr Arglwydd

13 "Am eich bod wedi pechu drwy'r wlad,
bydda i'n rhoi eich cyfoeth a'ch trysorau
yn ysbail i'ch gelynion.
14 Byddwch yn gwasanaethu eich gelynion
mewn gwlad ddieithr.
Mae fy llid yn llosgi fel tân fydd ddim yn diffodd."

Jeremeia

15 "Arglwydd, ti'n gwybod beth sy'n digwydd.
Cofia amdana i, a thyrd i'm helpu i.
Tyrd i dalu'n ôl i'r bobl hynny sy'n fy erlid i.
Paid bod mor amyneddgar nes gadael iddyn nhw fy lladd i.
Dw i'n diodde'r gwawdio er dy fwyn di.
16 Wrth i ti siarad rôn i'n llyncu pob gair;
roedd dy eiriau'n fy ngwneud i mor hapus –
rôn i wrth fy modd!
I ti dw i'n perthyn,
O Arglwydd, y Duw hollbwerus.

h 15:11 Ystyr yr Hebraeg yn ansicr.
15:10 Jeremeia 20:14-15

17 Wnes i ddim ymuno hefo pawb arall
yn chwerthin a joio.
Na, roeddwn i'n cadw ar wahân
am fod dy law di arna i.
Rôn i wedi gwylltio hefo nhw.

18 Felly, pam dw i'n dal i ddioddef?
Pam dw i'n gorfod goddef hyn i gyd –
fel petawn i wedi fy anafu, a'r briw yn gwrthod gwella?
Wyt ti'n mynd i'm siomi fel nant sydd wedi sychu, –
ffos â'i dŵr wedi diflannu?"

19 A dyma ateb yr Arglwydd:

Yr Arglwydd

"Rhaid i ti stopio siarad fel yna!
Gwna i dy gymryd di'n ôl wedyn,
a cei ddal ati i'm gwasanaethu i.
Dywed bethau gwerth eu dweud yn lle siarad rwtsh,
wedyn cei ddal ati i siarad ar fy rhan i.

Ti sydd i ddylanwadu arnyn nhw,
nid nhw'n dylanwadu arnat ti!

20 Dw i'n mynd i dy wneud di yn gryf fel wal bres.
Byddan nhw'n ymosod arnat ti
ond yn methu dy drechu di.
Bydda i'n edrych ar dy ôl di
ac yn dy achub di."
—yr Arglwydd sy'n dweud hyn.

21 "Bydda i'n dy achub di o afael y bobl ddrwg yma,
ac yn dy ryddhau o grafangau pobl greulon,"

Jeremeia ddim i briodi, galaru na mynd i barti

16 Dyma'r Arglwydd yn rhoi'r neges yma i mi: 2"Paid priodi na chael plant yn y wlad
yma. 3Achos dyma sy'n mynd i ddigwydd i'r plant fydd yn cael eu geni yma, ac i'w
mamau a'u tadau nhw: 4byddan nhw'n marw o afiechydon erchyll. Fydd neb yn galaru ar eu
hôl nhw, a neb yn eu claddu nhw. Byddan nhw'n gorwedd fel tail ar wyneb y tir, wedi'u lladd
yn y rhyfel neu wedi marw o newyn, a bydd yr adar a'r anifeiliaid gwyllt yn bwyta eu cyrff."
5Dyma mae'r Arglwydd yn ei ddweud: "Paid mynd i dŷ lle mae rhywun wedi marw. Paid
mynd i alaru nac i gydymdeimlo. Dw i ddim am roi llwyddiant na heddwch i'r bobl yma eto.
Dw i ddim am ddangos caredigrwydd na thrugaredd atyn nhw. 6Bydd yr arweinwyr a'r bobl
gyffredin yn marw yn y wlad yma. Fyddan nhw ddim yn cael eu claddu, a fydd neb yn galaru
ar eu hôl nhw. Fydd pobl ddim yn torri eu hunain â chyllyll a siafio'u pennau i ddangos mor
drist ydyn nhw. 7Fydd neb yn mynd â bwyd i'r rhai sy'n galaru, i godi eu calonnau nhw, na
rhoi gwin iddyn nhw chwaith, i'w cysuro ar ôl iddyn nhw golli mam neu dad.
8"Paid mynd i rywle lle mae pobl yn gwledda a phartïo chwaith. 9Dw i, yr Arglwydd
hollbwerus, Duw Israel, yn dweud fy mod i'n mynd i roi taw ar sŵn pobl yn chwerthin a joio
yn y wlad yma – sŵn pobl yn mwynhau eu hunain mewn parti priodas. Cewch fyw i weld
y peth yn digwydd!
10"Pan fyddi di'n dweud hyn i gyd wrth y bobl, byddan nhw'n siŵr o ofyn i ti, 'Pam mae'r
Arglwydd yn bygwth gwneud y pethau ofnadwy yma i ni? Beth ydyn ni wedi'i wneud o'i le? Sut

15:20 Jeremeia 1:18 16:6 Lefiticus 19:28; Deuteronomium 14:1

ydyn ni wedi pechu yn erbyn yr ARGLWYDD ein Duw?' 11 Dwed di wrthyn nhw mai dyma mae'r
ARGLWYDD yn ei ddweud: 'Am fod eich hynafiaid chi wedi troi cefn arna i. Aethon nhw i addoli
a gwasanaethu duwiau eraill, troi cefn arna i a gwrthod beth ddysgais i iddyn nhw. 12 Ond
dych chi'n waeth na'ch hynafiaid! Dych chi'n ystyfnig, yn dilyn y duedd ynoch chi i wneud
drwg, ac wedi gwrthod gwrando arna i. 13 Felly dw i'n mynd i'ch taflu chi allan o'r wlad yma,
a'ch gyrru chi i wlad dych chi a'ch hynafiaid yn gwybod dim amdani. Byddwch chi'n addoli
duwiau eraill yno, nos a dydd. Fydda i ddim yn teimlo'n sori drosoch chi!' "

Gobaith er gwaetha'r drychineb

14 "Ac eto, mae amser gwell i ddod," meddai'r ARGLWYDD. "Yn lle dweud, 'Mor sicr â bod
yr ARGLWYDD yn fyw, yr un achubodd bobl Israel o'r Aifft ...' 15 bydd pobl yn dweud, 'Mor sicr
â bod yr ARGLWYDD yn fyw, yr un achubodd bobl Israel o dir y gogledd ac o'r gwledydd lle
roedd wedi'u gyrru nhw.' Achos bryd hynny dw i'n mynd i ddod â nhw yn ôl i'r wlad rois
i i'w hynafiaid nhw."

16 Ond ar hyn o bryd, dyma mae'r ARGLWYDD yn ei ddweud: "Dw i'n anfon am y gelynion,
fydd yn dod i ddal y bobl yma fel pysgotwyr. Wedyn bydda i'n anfon am eraill i ddod fel
helwyr. Byddan nhw'n eu hela nhw o'r mynyddoedd a'r bryniau lle maen nhw'n cuddio yn
y creigiau. 17 Achos dw i'n gweld popeth maen nhw yn ei wneud – y cwbl! Allan nhw ddim
cuddio'u pechodau oddi wrtho i. 18 Rhaid iddyn nhw'n gyntaf ddiodde'r gosb lawn maen
nhw'n ei haeddu am eu drygioni a'u pechod. Maen nhw wedi llygru fy nhir i gyda delwau
marw o'u heilun-dduwiau ffiaidd, a llenwi fy etifeddiaeth â'u defodau afiach."

Hyder Jeremeia yn yr ARGLWYDD

Jeremeia:

19 "O ARGLWYDD, ti sy'n rhoi nerth i mi, ac yn fy amddiffyn;
ti ydy'r lle saff i mi ddianc iddo pan dw i mewn trafferthion.
Bydd cenhedloedd o bob rhan o'r byd
yn dod atat ti ac yn dweud:
'Roedd ein hynafiaid wedi'u magu i addoli delwau diwerth,
pethau da i ddim oedd yn gallu helpu neb.
20 Ydy pobl yn gallu gwneud eu duwiau eu hunain?
Na! Dydy pethau felly ddim yn dduwiau go iawn.' "

Yr ARGLWYDD

21 "Felly, dw i'n mynd i'w dysgu nhw," meddai'r ARGLWYDD. "Dw i'n mynd i ddangos
iddyn nhw unwaith ac am byth mor gryf ydw i, a byddan nhw'n gwybod mai'r ARGLWYDD
ydy fy enw i."

Cosbi Jwda am ei phechod

17 "Mae pechod pobl Jwda wedi'i gerfio
gyda chŷn haearn ar lech eu calonnau.
Mae fel arysgrif wedi'i chrafu
gyda diemwnt ar y cyrn ar gorneli'r allorau.
2 Dydy'r *plant yn gwybod am ddim byd*
ond am allorau paganaidd a pholion y dduwies Ashera!
Maen nhw wedi'u gosod wrth ymyl
pob coeden ddeiliog ar ben pob bryn,
3 ar y mynyddoedd ac yn y caeau.

Bydda i'n rhoi eich cyfoeth a'ch trysorau
yn ysbail i'ch gelynion.
Dyma'r pris fyddwch chi'n ei dalu
am yr holl bechu drwy'r wlad.
4 Byddwch chi'n colli gafael yn y wlad rois i'n etifeddiaeth i chi.
Byddwch yn gwasanaethu eich gelynion
mewn gwlad ddieithr.
Mae fy llid yn llosgi fel tân fydd ddim yn diffodd."

5 Dyma mae'r ARGLWYDD yn ei ddweud:

Yr ARGLWYDD

"Melltith ar y rhai sy'n trystio pobl feidrol
a chryfder dynol,
ac sydd wedi troi cefn arna i.
6 Byddan nhw'n sych fel prysglwyn ar dir anial,
heb ddim gobaith i'r dyfodol.
Byddan nhw'n aros yn yr anialwch poeth,
mewn tir diffaith lle does neb yn gallu byw.

7 Ond mae yna fendith fawr i'r rhai sy'n fy nhrystio i
ac yn rhoi eu hyder ynof fi.
8 Byddan nhw'n gryf fel coeden wedi'i phlannu ar lan afon,
a'i gwreiddiau'n ymwthio i'r dŵr.
Dydy'r gwres crasboeth yn poeni dim arni hi;
mae ei dail yn aros yn wyrdd.
A does dim lle i boeni pan ddaw blwyddyn o sychder;
bydd ei ffrwyth yn dal i dyfu arni.

9 Oes rhywun yn deall y galon ddynol?
Mae'n fwy twyllodrus na dim,
a does dim gwella arni.
10 Dw i, yr ARGLWYDD, yn chwilio'r galon
ac yn gwybod beth sydd ar feddyliau pobl.
Dw i'n rhoi i bawb beth maen nhw'n ei haeddu
am y ffordd maen nhw wedi ymddwyn.

11 Mae pobl sy'n gwneud arian drwy dwyll
fel petrisen yn eistedd ar wyau wnaeth hi mo'u dodwy.
Byddan nhw'n colli'r cwbl yn annisgwyl,
ac yn dangos yn y diwedd mai ffyliaid oedden nhw."

Jeremeia:

12 "ARGLWYDD, ti sydd ar dy orsedd wych,
yn uchel o'r dechrau cyntaf:
ti ydy'r lle saff i ni droi!
13 ARGLWYDD, ti ydy gobaith Israel,
a bydd pawb sy'n troi cefn arnat ti
yn cael eu cywilyddio.

17:8 Salm 1:3

Yr Arglwydd

Byddan nhw'n cael eu cofrestru ym myd y meirw
am iddyn nhw droi cefn arna i, yr Arglwydd,
y ffynnon o ddŵr glân croyw."

Jeremeia:

14 "Arglwydd, dim ond ti sy'n gallu fy iacháu;
dim ond ti sy'n gallu fy achub.
Ti ydy'r un dw i'n ei foli!
15 Gwrando beth maen nhw'n ddweud wrtho i!
'Beth am y neges yma gest ti gan yr Arglwydd?
Tyrd! Gad i ni ei weld yn digwydd!'
16 Gwnes i dy annog i atal y dinistr.
Doedd gen i ddim eisiau gweld
y diwrnod o drwbwl di-droi'n-ôl yn cyrraedd.

Ti'n gwybod yn iawn beth ddwedais i.
Roedd y cwbl yn agored o dy flaen di.
17 Paid dychryn fi;
ti ydy'r lle saff i mi guddio pan mae pethau'n ddrwg arna i.
18 Gwna i'r rhai sy'n fy erlid i gywilyddio;
paid codi cywilydd arna i.
Gad iddyn nhw gael eu siomi;
paid siomi fi.
Tyrd â'r dyddiau drwg arnyn nhw,
a dinistria nhw'n llwyr!"

Cadw'r Saboth

19 Dyma'r Arglwydd yn dweud wrtho i: "Dos i sefyll wrth Giât y Bobl lle mae brenhinoedd
Jwda yn mynd i mewn ac allan o'r ddinas. Yna dos at giatiau eraill y ddinas. 20 Dwed
wrth y bobl yno: 'Frenhinoedd Jwda, pobl Jwda, a phawb sy'n byw yn Jerwsalem, pawb
sy'n dod drwy'r giatiau yma, gwrandwch ar neges yr Arglwydd. 21 Gwyliwch am eich
bywydau eich bod chi ddim yn cario pethau i'w gwerthu drwy giatiau Jerwsalem ar
y Saboth. 22 Peidiwch cario dim allan o'ch tai chwaith, a mynd i weithio ar y Saboth. Dw
i eisiau i'r Saboth fod yn ddiwrnod sbesial, fel y dwedais i wrth eich hynafiaid. 23 Ond
wnaethon nhw ddim gwrando na chymryd unrhyw sylw. Roedden nhw'n hollol benstiff,
ac yn gwrthod dysgu gwers.'

24 " 'Ond os gwnewch chi wrando arna i,' meddai'r Arglwydd, 'peidio cario pethau i'w
gwerthu drwy giatiau Jerwsalem ar Saboth, cadw'r Saboth yn ddiwrnod sbesial, a pheidio
gweithio ar y diwrnod hwnnw, 25 bydd brenhinoedd, disgynyddion Dafydd, yn dal i ddod
drwy'r giatiau yma yn eu cerbydau ac ar geffylau. Bydd eu swyddogion yn dod gyda nhw,
a phobl Jwda a Jerwsalem hefyd. Bydd pobl yn byw yn y ddinas yma am byth. 26 Bydd pobl
yn dod yma o drefi Jwda a'r ardal o gwmpas Jerwsalem, o dir llwyth Benjamin, o'r iseldir yn
y gorllewin, o'r bryniau ac o'r Negef yn y de. Byddan nhw'n dod i deml yr Arglwydd gydag
offrymau i'w llosgi ac aberthau, offrymau o rawn ac arogldarth, ac offrymau diolch. 27 Ond
rhaid i chi wrando arna i, a chadw'r Saboth yn ddiwrnod sbesial, a pheidio cario pethau i'w
gwerthu drwy giatiau Jerwsalem ar y Saboth. Os wnewch chi ddim gwrando bydda i'n rhoi
giatiau Jerwsalem ar dân. Fydd y tân ddim yn diffodd, a bydd plastai Jerwsalem i gyd yn
cael eu llosgi'n ulw.' "

Y crochenydd a'r clai

18 Dyma'r ARGLWYDD yn rhoi neges arall i Jeremeia: [2]"Dos i lawr i weithdy'r crochenydd,
a bydda i'n siarad gyda ti yno." [3]Felly dyma fi'n mynd i lawr i'r crochendy,
a dyna lle roedd y crochenydd yn gweithio ar y droell. [4]Pan oedd rhywbeth o'i le ar
y potyn roedd yn ei wneud o'r clai, byddai'n dechrau eto, ac yn gwneud rhywbeth oedd
yn edrych yn iawn.

[5]A dyma'r ARGLWYDD yn rhoi neges i mi: [6]"Ydw i ddim yn gallu gwneud yr un peth i ti, wlad
Israel? Rwyt ti yn fy nwylo i fel mae'r clai yn nwylo'r crochenydd. [7]Galla i ddweud un funud
fy mod i'n mynd i chwynnu a chwalu a dinistrio gwlad arbennig. [8]Ond os ydy pobl y wlad dw
i'n ei bygwth yn stopio gwneud drwg, fydda i ddim yn ei dinistrio hi fel roeddwn i wedi dweud.
[9]Dro arall bydda i'n addo adeiladu gwlad neu deyrnas arbennig a'i gwneud hi'n sefydlog.
[10]Ond os ydy pobl y wlad honno'n gwneud drwg ac yn gwrthod gwrando arna i, fydda i ddim
yn gwneud y pethau da wnes i addo iddi.

[11]"Felly dywed wrth bobl Jwda a'r rhai sy'n byw yn Jerwsalem fod yr ARGLWYDD yn dweud:
'Dw i'n paratoi i wneud drwg i chi, ac yn bwriadu eich cosbi chi. Felly rhaid i bob un ohonoch
newid eich ffyrdd a stopio gwneud y pethau drwg dych chi'n eu gwneud.'

[12]"Ond byddan nhw'n dweud, 'Does dim pwynt. Dŷn ni'n mynd i ddal ati i wneud beth
dŷn ni eisiau.' "

Y bobl yn gwrthod yr ARGLWYDD

[13]Felly dyma mae'r ARGLWYDD yn ei ddweud:

"Gofyn i bobl y gwledydd eraill
os ydyn nhw wedi clywed am y fath beth!
Mae Jerwsalem, dinas lân Israel,
wedi gwneud peth cwbl ffiaidd!

[14] Ydy'r eira'n diflannu oddi ar lethrau creigiog Libanus?
Ydy nentydd oer y mynyddoedd pell yn stopio llifo? Nac ydyn.
[15] Ond mae fy mhobl wedi fy anghofio i.
Maen nhw'n llosgi arogldarth i eilun-dduwiau diwerth!
Gwnaeth hynny iddyn nhw faglu a gadael yr hen ffyrdd
a mynd ar goll ar lwybrau diarffordd.
[16] O ganlyniad, bydd pethau ofnadwy yn digwydd i'r wlad.
Fydd pobl ddim yn stopio chwibanu mewn rhyfeddod.
Bydd pawb sy'n pasio heibio yn dychryn
ac yn ysgwyd eu pennau'n syn.
[17] Dw i'n mynd i wneud i'w gelynion eu gyrru nhw ar chwâl,
fel tywod yn cael ei yrru gan wynt y dwyrain.
Bydda i'n troi cefn arnyn nhw
yn lle troi i'w helpu nhw pan ddaw'r drychineb."

Cynllwyn i ymosod ar Jeremeia

[18]A dyma'r bobl yn dweud, "Dewch, gadewch i ni ddelio hefo Jeremeia. Bydd offeiriaid yn
dal ar gael i roi arweiniad i ni, dynion doeth i roi cyngor i ni, a phroffwydi i roi neges Duw
i ni. Dewch, gadewch i ni ddod â cyhuddiadau yn ei erbyn. Fydd dim rhaid i ni wrando arno
fe o gwbl wedyn."

18:6 Eseia 45:9-11

Jeremeia:

19 "Arglwydd, wnei di ymateb, plîs?
Gwranda beth mae fy ngelynion yn ei ddweud.
20 Ydy'n iawn i dalu drwg am dda?
Maen nhw wedi cloddio twll i mi.
Wyt ti ddim yn cofio fel roeddwn i'n
pledio ar eu rhan nhw o dy flaen di?
Rôn i'n ceisio dy stopio di rhag bod yn ddig hefo nhw.

21 Felly gad i'w plant nhw lwgu!
Gad iddyn nhw farw yn y rhyfel!
Gwna eu gwragedd yn weddwon heb blant.
Gad i'r dynion hŷn gael eu lladd gan heintiau,
a'r bechgyn ifanc wrth ymladd yn y rhyfel.
22 Gad i sŵn sgrechian gael ei glywed yn y tai
wrth i gangiau o filwyr ymosod arnyn nhw'n ddirybudd.
Maen nhw wedi cloddio twll i mi
a gosod trapiau i geisio fy nal.

23 Arglwydd, rwyt ti'n gwybod
eu bod nhw'n bwriadu fy lladd i.
Paid maddau iddyn nhw eto.
Paid cuddio'u pechodau nhw o dy olwg.
Gad iddyn nhw faglu o dy flaen.
Delia gyda nhw yn dy lid."

Y jwg oedd wedi torri

19 Dyma'r Arglwydd yn dweud wrtho i: "Dos i brynu jwg gan y crochenydd. Wedyn, dos
ag arweinwyr y bobl a'r offeiriaid hynaf gyda ti 2 i ddyffryn Ben-hinnom sydd tu allan
i Giât y Sbwriel.[i] Yno, dywed wrthyn nhw beth dw i'n ddweud wrthot ti. 3 Dywed, 'Gwrandwch
ar neges yr Arglwydd, frenhinoedd Jwda a phobl Jerwsalem. Dyma mae'r Arglwydd hollbwerus,
Duw Israel, yn ei ddweud: "Dw i'n mynd i ddod â dinistr ofnadwy i'r lle yma. Bydd pawb fydd
yn clywed am y peth yn gegagored. 4 Mae'r bobl yma wedi troi cefn arna i, a gwneud y lle
yma fel lle estron. Maen nhw wedi llosgi arogldarth i dduwiau eraill – duwiau nad oedden
nhw na'u hynafiaid na brenhinoedd Jwda yn gwybod dim amdanyn nhw! Ac maen nhw wedi
tywallt gwaed plant diniwed yma! 5 Maen nhw wedi adeiladu allorau paganaidd, ac wedi
llosgi eu plant yn aberth i Baal. Wnes i erioed ddweud wrthyn nhw am wneud hynny. Fyddai'r
fath beth byth yn croesi fy meddwl i!
6 " ' "Felly mae'r amser yn dod," meddai'r Arglwydd, "pan fydd neb yn galw'r lle yn Toffet
neu ddyffryn Ben-hinnom. Dyffryn y Lladdfa fydd enw'r lle. 7 Bydda i'n drysu[l] cynlluniau pobl
Jwda a Jerwsalem. Byddan nhw'n cael eu lladd gan eu gelynion yn y rhyfel. Bydd adar ac
anifeiliaid gwyllt yn bwyta eu cyrff nhw. 8 Bydd y ddinas yma'n cael ei dinistrio'n llwyr. Bydd
pawb sy'n pasio heibio wedi dychryn am eu bywydau, ac yn chwibanu mewn rhyfeddod wrth
weld y dinistr. 9 Bydda i'n gwneud iddyn nhw fwyta'u meibion a'u merched. Byddan nhw'n
bwyta cyrff pobl am fod y sefyllfa wedi mynd mor ddrwg, a'r gelynion yn gwarchae[ll] arnyn
nhw ac yn rhoi'r fath bwysau arnyn nhw." '

---

i 19:2 *Giât y Sbwriel* Hebraeg, "giât y darnau o lestri" neu "giât y llestri wedi malu" (cf. Nehemeia 2:13; 3:13-14; 12:31). l 19:7 *drysu* Hebraeg, "gwagio". (Mae'r gair Hebraeg yn dod o'r un gwreiddyn â'r gair am 'jwg' yn adnod 1. Mae'r Hebraeg yn chwarae ar eiriau yma). ll 19:9 *gwarchae* Pan oedd byddin yn ymosod ar ddinas roedd yn amgylchynu'r ddinas a'i thorri i ffwrdd fel bod neb yn gallu mynd i mewn nac allan.
19:6 Jeremeia 7:31-32; 2 Brenhinoedd 23:10
19:9 Deuteronomium 28:53,55,57 (gw. 2 Brenhinoedd 6:28-29 a Galarnad 4:10)

[10]“Wedyn dw i eisiau i ti falu'r jwg yn deilchion o flaen y dynion fydd wedi mynd hefo ti,
[11]yna dweud wrthyn nhw fod yr ARGLWYDD hollbwerus yn dweud: ‘Dw i'n mynd i ddryllio'r
wlad yma a'r ddinas, yn union fel cafodd y jwg yma ei dorri'n deilchion. Does dim gobaith
ei drwsio! Bydd cyrff yn cael eu claddu yma yn Toffet nes bydd dim lle ar ôl! [12]A bydd hi'r
un fath ar y ddinas yma a'i phobl,’ meddai'r ARGLWYDD. ‘Bydd hi fel Toffet yma! [13]Am fod
pobl wedi aberthu i'r sêr, a thywallt offrwm o ddiod i dduwiau eraill ar doeau'r tai a thoeau
palasau brenhinoedd Jwda, bydd Jerwsalem hefyd wedi'i llygru gan gyrff yr un fath â Toffet.’ ”

Jeremeia'n cyhoeddi dinistr

[14]Ar ôl dod yn ôl o Toffet, lle roedd yr ARGLWYDD wedi'i anfon i broffwydo, dyma Jeremeia'n
mynd i deml yr ARGLWYDD a sefyll yn yr iard ac annerch y bobl yno. [15]“Dyma mae'r ARGLWYDD
hollbwerus, Duw Israel, yn ei ddweud: ‘Yn fuan iawn dw i'n mynd i ddod â dinistr ar y ddinas
yma a'r pentrefi sydd o'i chwmpas, yn union fel dwedais i. Mae'r bobl wedi bod mor benstiff,
a gwrthod gwrando arna i.’ ”

Arestio a cham-drin Jeremeia

20 Clywodd Pashchwr fab Immer beth ddwedodd Jeremeia. (Pashchwr oedd yr offeiriad
oedd yn gyfrifol am gadw trefn yn y deml.) [2]A dyma fe'n gorchymyn arestio Jeremeia,
ei guro a'i rwymo mewn cyffion wrth Giât Uchaf Benjamin yn y deml. [3]Y bore wedyn, dyma
Pashchwr yn gollwng Jeremeia'n rhydd. A dyma Jeremeia'n dweud wrtho, “Nid Pashchwr
mae'r ARGLWYDD yn dy alw di ond ‘Dychryn ym mhobman’. [4]Achos dyma mae'r ARGLWYDD yn
ei ddweud: ‘Byddi di a dy ffrindiau wedi dychryn am eich bywydau. Byddi'n edrych arnyn
nhw'n cael eu lladd gan eu gelynion. Dw i'n mynd i roi pobl Jwda yn nwylo brenin Babilon.
Bydd e'n cymryd rhai yn gaeth i Babilon, a bydd rhai yn cael eu lladd. [5]Bydd cyfoeth y ddinas
yma i gyd yn cael ei gario i ffwrdd i Babilon. Bydd y gelynion yn cymryd holl eiddo'r bobl,
popeth gwerthfawr sydd ganddyn nhw, a thrysorau brenhinol Jwda. [6]Byddi di a dy deulu, dy
weision a dy forynion i gyd, yn cael eich cymryd yn gaethion i Babilon. Dyna lle byddi di a dy
ffrindiau'n marw ac yn cael eich claddu, sef pawb y buost ti'n pregethu celwydd iddyn nhw
ac yn dweud y byddai popeth yn iawn.’ ”

Jeremeia'n cwyno am yr ymateb i'w neges

7 ARGLWYDD, ti wedi fy nhwyllo i,
  a dw innau wedi gadael i ti wneud hynny.
  Ti gafodd y llaw uchaf am dy fod ti'n gryfach na fi.
A dyma fi bellach yn ddim byd ond testun sbort i bobl.
  Mae pawb yn chwerthin am fy mhen i!
8 Bob tro dw i'n agor fy ngheg rhaid i mi weiddi,
  “Mae trais a dinistr yn dod!”
Mae neges yr ARGLWYDD yn fy ngwneud
  yn ddim byd ond jôc a thestun sbort i bobl drwy'r amser.

9 Dw i'n meddwl weithiau, “Wna i ddim sôn amdano eto.
  Dw i'n mynd i wrthod siarad ar ei ran!”
Ond wedyn mae ei neges fel tân y tu mewn i mi.
  Mae fel fflam yn llosgi yn fy esgyrn.
Dw i'n trio fy ngorau i'w ddal yn ôl,
  ond alla i ddim!
10 Dw i wedi clywed lot fawr o bobl yn hel straeon amdana i.
  “ ‘Dychryn ym mhobman’ wir!
  Gadewch i ni ddweud wrth yr awdurdodau amdano!”

Mae hyd yn oed y rhai oedd yn ffrindiau i mi
yn disgwyl i'm gweld i'n baglu:
"Falle y gallwn ei ddenu i wneud rhywbeth gwirion,
wedyn byddwn ni'n gallu dial arno!"

11 Ond mae'r ARGLWYDD hefo fi fel rhyfelwr ffyrnig.
Felly, y rhai sy'n fy erlid i fydd yn baglu.
Fyddan nhw ddim yn ennill!
Byddan nhw'n teimlo cywilydd mawr am eu methiant.
Fydd y gwarth byth yn cael ei anghofio!
12 O ARGLWYDD hollbwerus, sy'n profi'r rhai sy'n gwneud beth sy'n iawn.
Ti'n gwybod beth mae pobl yn ei feddwl a'i fwriadu.
Tala nôl iddyn nhw am beth maen nhw'n ei wneud.
Dw i'n dy drystio di i ddelio gyda'r sefyllfa.
13 Canwch i'r ARGLWYDD! Molwch yr ARGLWYDD!
Mae e'n achub y tlawd o afael pobl ddrwg.

14 Melltith ar y diwrnod ces i fy ngeni!
Does dim byd da am y diwrnod y cafodd mam fi.
15 Melltith ar y person roddodd y newyddion i dad
a'i wneud mor hapus wrth ddweud,
"Mae gen ti fab!"
16 Boed i'r person hwnnw fod fel y trefi hynny
gafodd eu dinistrio'n ddidrugaredd gan yr ARGLWYDD –
yn clywed sŵn sgrechian yn y bore,
a sŵn gweiddi yn y rhyfel ganol dydd!
17 Pam wnaeth e ddim fy lladd i cyn i mi ddod allan o'r groth?
Byddai croth fy mam yn fedd i mi,
a hithau'n feichiog am byth.
18 Pam oedd rhaid i mi gael fy ngeni o gwbl?
Dw i wedi gweld dim byd ond trafferthion a thristwch,
ac wedi profi dim byd ond cywilydd ar hyd fy mywyd!

Mae Duw yn mynd i farnu a chosbi Jwda a Jerwsalem
(21:1 – 29:32)

Proffwydo dinistr Jerwsalem

21 Dyma neges arall roddodd yr ARGLWYDD i Jeremeia, pan gafodd Pashchwr fab Malcîa a'r
offeiriad Seffaneia fab Maaseia eu danfon ato gan y Brenin Sedeceia. 2 "Wnei di
ofyn i'r ARGLWYDD ein helpu ni?" medden nhw. "Mae Nebwchadnesar, brenin Babilon, ar fin
ymosod arnon ni.[m] Falle y bydd yr ARGLWYDD yn gwneud gwyrth fel yn y gorffennol, ac yn ei
anfon i ffwrdd oddi wrthon ni."

3 A dyma oedd ateb Jeremeia: "Dyma mae'r ARGLWYDD, Duw Israel, yn ei ddweud: 4 'Mae
dy fyddin wedi mynd allan i ymladd yn erbyn byddin brenin Babilon, ond bydda i'n gwneud
iddyn nhw droi yn ôl. Bydda i'n dod â nhw yn ôl i'r ddinas yma. 5 Dw i'n wyllt, ac wedi digio'n
fawr hefo chi, a dw i fy hun yn mynd i ymladd yn eich erbyn chi gyda'm holl nerth a'm grym.
6 Dw i'n mynd i daro popeth byw yn y ddinas yma – yn bobl ac anifeiliaid. Byddan nhw'n
marw o haint erchyll. 7 Wedyn,' meddai'r ARGLWYDD, 'bydda i'n rhoi Sedeceia, brenin Jwda

m 21:2 Byddin y Brenin Nebwchadnesar o Babilon wnaeth ddinistrio Jerwsalem ym mis Gorffennaf 586 CC (gw. 2 Brenhinoedd 25:1-11; 2 Cronicl 36:17-21).
20:14 Jeremeia 15:10 20:16 Genesis 19:24-28

(a'i swyddogion a phawb arall fydd yn dal yn fyw, ar ôl yr haint y rhyfel a'r newyn) yn nwylo Nebwchadnesar, brenin Babilon. Bydd eu gelynion yn eu dal nhw, ac yn eu lladd â'r cleddyf. Fyddan nhw'n dangos dim piti. Fydd neb yn cael eu harbed. Fydd dim trugaredd o gwbl!'
8 "Yna dywed wrth bobl Jerwsalem mai dyma dw i, yr ARGLWYDD, yn ei ddweud wrthyn nhw: 'Dw i'n rhoi dewis i chi – ffordd bywyd neu ffordd marwolaeth. 9 Bydd y rhai sy'n aros yn
y ddinas yma yn cael eu lladd yn y rhyfel, neu'n marw o newyn neu haint. Ond bydd pawb
sy'n mynd allan ac yn ildio i'r Babiloniaid sy'n gwarchae ar y ddinas yma, yn cael byw. 10 Dw
i wedi penderfynu gwneud drwg i'r ddinas yma yn lle gwneud da. Dw i'n mynd i adael i frenin Babilon ei choncro hi, a bydd yn ei llosgi'n ulw.' "

— yr ARGLWYDD sy'n dweud hyn.

Barn ar deulu brenhinol Jwda

11-12 Dyma mae'r ARGLWYDD yn ei ddweud wrth deulu brenhinol Jwda, sy'n perthyn i linach Dafydd: "Gwrandwch ar neges yr ARGLWYDD –

'Gwnewch yn siŵr fod pobl yn cael tegwch yn y llysoedd.
Achubwch bobl sy'n dioddef
o grafangau'r rhai sy'n eu gormesu nhw.
Os na wnewch chi, bydda i'n ddig.
Bydda i fel tân yn llosgi a neb yn gallu ei ddiffodd,
o achos yr holl ddrwg dych chi wedi'i wneud.

13 Hei, ti sydd wedi dy orseddu uwchben y dyffryn
ar y byrdd-dir creigiog – dw i'n dy erbyn di!'
— yr ARGLWYDD sy'n dweud hyn.

'Dych chi'n dweud, "Fydd neb yn gallu ymosod arnon ni yma.
Does gan neb obaith dod i mewn aton ni!"
14 Ond dw i'n mynd i roi'r gosb dych chi'n ei haeddu i chi,'
— meddai'r ARGLWYDD.

'Bydda i'n rhoi dy balas[n] ar dân,
a bydd popeth o dy gwmpas yn cael ei losgi.' "

Neges i deulu brenhinol Jwda

22 Dyma mae'r ARGLWYDD yn ei ddweud: "Dos i lawr i balas brenin Jwda, a rho'r neges
yma iddo: 2 'Frenin Jwda, gwrando ar neges yr ARGLWYDD – ti sy'n perthyn i deulu
brenhinol Dafydd, dy swyddogion a phawb arall sy'n mynd drwy'r giatiau yma. 3 Mae'r
ARGLWYDD yn dweud: "Gwnewch beth sy'n gyfiawn ac yn deg, ac achubwch bobl sy'n dioddef o grafangau'r rhai sy'n eu gormesu nhw. Peidiwch cam-drin a chymryd mantais o fewnfudwyr, plant amddifad a gweddwon. A pheidiwch lladd pobl ddiniwed. 4 Os ewch chi ati i wneud
beth dw i'n ddweud, bydd disgynyddion Dafydd yn dal i deyrnasu. Byddan nhw'n dod drwy'r giatiau yma mewn cerbydau ac ar gefn ceffylau, gyda'u swyddogion a'u pobl. 5 Ond os
byddwch chi'n gwrthod gwrando, dw i'n addo ar fy llw y bydd y palas yma yn rwbel." ' " Yr ARGLWYDD sy'n dweud hyn.
6 Dyma mae'r ARGLWYDD yn ei ddweud am balas brenin Jwda:

"Ti fel tir ffrwythlon Gilead i mi,
neu fel y coed ar fynyddoedd Libanus.
Ond bydda i'n dy wneud di'n anialwch,
a fydd neb yn byw yn dy drefi di.

---

n 21:14 *dy balas* Hebraeg, "dy goedwig". Mae'n debyg mai cyfeiriad sydd yma at y palas adeiladodd Solomon, sef "Plas Coedwig Libanus" (gw. 1 Brenhinoedd 7:1-3).
21:8 Deuteronomium 30:15,19

7 Mae gen i rai sy'n barod i dy ddinistrio di,
pob un yn cario'i arfau.
Byddan nhw'n torri'r coed cedrwydd gorau,
ac yn taflu'r cwbl i'r tân.

8 "Bydd pobl o wledydd eraill yn pasio heibio'r ddinas yma, ac yn gofyn, 'Pam mae'r
ARGLWYDD wedi gwneud y fath beth i'r ddinas wych yma?' 9 A bydd yr ateb yn cael ei roi. 'Am
fod y bobl wedi troi cefn ar yr ymrwymiad i'r ARGLWYDD eu Duw, ac wedi addoli a gwasanaethu
duwiau eraill.' "

Neges am Jehoachas[o]

10 "Paid crio am fod y brenin wedi marw.[p]
Paid galaru ar ei ôl.
Crïa am y brenin sy'n cael ei gymryd i ffwrdd.[ph]
Fydd e ddim yn dod yn ôl adre,
Gaiff e byth weld ei wlad eto.

11 Achos dyma mae'r ARGLWYDD yn ei ddweud am Shalwm[r] fab Joseia brenin Jwda, ddaeth
i deyrnasu ar ôl ei dad, Joseia: 'Mae e wedi'i gymryd i ffwrdd, a fydd e byth yn dod yn ôl.
12 Bydd e'n marw yn y wlad lle cafodd ei gymryd yn gaeth. Fydd e byth yn gweld y wlad
yma eto.' "

Neges am Jehoiacim[rh]

13 "Gwae yr un anghyfiawn sy'n adeiladu ei balas,
yr un sy'n trin pobl yn annheg wrth godi'r lloriau uchaf.
Mae'n gwneud i'w bobl weithio am ddim;
dydy e ddim yn talu cyflog iddyn nhw.
14 Mae'n dweud wrtho'i hun,
'Dw i'n mynd i adeiladu palas gwych,
gyda llofftydd mawr a digon o ffenestri.
Dw i'n mynd i osod paneli o goed cedrwydd drwyddo,
a'i beintio yn goch llachar.'

15 Ydy bod â mwy o baneli cedrwydd
yn dy wneud di'n well brenin?
Meddylia am dy dad.
Roedd e'n hapus os oedd ganddo fwyd a diod.
Roedd yn gwneud beth oedd yn gyfiawn ac yn deg,
ac roedd pethau'n mynd yn dda gydag e.
16 Roedd yn amddiffyn hawliau pobl dlawd ac anghenus,
ac roedd pethau'n mynd yn dda.
Onid dyna beth mae fy nabod i yn ei olygu?"
—yr ARGLWYDD sy'n dweud hyn.

---

o 22:9 *Jehoachas* Roedd Jehoachas yn frenin Jwda am dri mis ar ôl i'r Brenin Joseia farw yn 609 CC. Cafodd ei gymryd i'r Aifft gan Pharo Necho, ac yno y bu farw (cf. 2 Brenhinoedd 23:31-34; 2 Cronicl 36:2-4).
p 22:10 *y brenin wedi marw* h.y. Joseia. ph 22:10 *y brenin ... i ffwrdd* h.y. Jehoachas (oedd hefyd yn cael ei alw yn Shalwm). Cafodd ei gymryd yn garcharor gan Pharo Necho, a bu farw yn yr Aifft (2 Brenhinoedd 23: 30-34).
r 22:11 *Shalwm* Enw arall ar Jehoachas. rh 22:12 *Jehoiacim* Cafodd Jehoiacim (brawd Jehoachas) ei wneud yn frenin ar Jwda gan Pharo Necho. Roedd yn teyrnasu o 609 i 598 CC. Trodd i gefnogi Nebwchadnesar ond yna gwrthryfela yn ei erbyn, a dyna wnaeth arwain at fyddin Babilon yn ymosod ar Jerwsalem yn 597 CC pan gafodd ei fab a llawer o arweinwyr eraill Jwda eu caethgludo (gw. 2 Brenhinoedd 23:34—24:16). Roedd Jehoiacim ei hun wedi marw cyn i hyn ddigwydd (2 Brenhinoedd 24:5-7).
22:16 Salm 72:1-4

17 "Ond rwyt ti'n hunanol ac yn anonest.
Ti'n lladd pobl ddiniwed,
yn twyllo ac yn gorthrymu'r bobl."

18 Felly, dyma mae'r ARGLWYDD yn ei ddweud am Jehoiacim fab Joseia, brenin Jwda:

"Fydd neb yn galaru ar ei ôl, a dweud,
'O, dw i mor drist, fy mrawd!
O, dw i mor drist, fy chwaer!'
Fydd neb yn dweud,
'O, druan o'n harglwydd ni!'
'O, druan o'r brenin!'
19 Fydd ei angladd ddim gwell na phan mae asyn yn marw –
Bydd ei gorff yn cael ei lusgo allan o'r ddinas
a'i daflu tu allan i giatiau Jerwsalem."

Neges am Jerwsalem

20 Dringwch fynyddoedd Libanus, a galaru yno.
Gwaeddwch yn uchel ar fryniau Bashan.
Ewch i alaru ar fynyddoedd Afarîm.[s]
Mae eich 'cariadon'[t] i gyd wedi'u concro!
21 Gwnes i eich rhybuddio pan oeddech chi'n byw'n ddibryder,
ond yr ymateb ges i oedd, "Dŷn ni ddim am wrando."
Dyma sut dych chi wedi bod o'r dechrau cyntaf –
dych chi erioed wedi bod yn barod i wrando.

22 Bydd eich arweinwyr[th] yn cael eu chwythu i ffwrdd gan y gwynt.
Bydd eich 'cariadon' i gyd wedi'u cymryd yn gaeth.
Bryd hynny bydd gynnoch chi gywilydd go iawn
o'r holl bethau drwg wnaethoch chi.
23 Falle eich bod chi'n teimlo'n reit saff,
fel aderyn yn nythu ar goed cedrwydd Libanus.
Ond byddwch yn griddfan mewn poen pan ddaw'r farn.
Byddwch fel gwraig mewn poen wrth gael babi.

Neges i Jehoiachin[u]

24 "Mor sicr â'm bod i fy hun yn fyw," meddai'r ARGLWYDD, "er dy fod ti, Jehoiachin fab
Jehoiacim, brenin Jwda, wedi bod yn sêl-fodrwy[w] ar fy llaw dde, bydda i'n dy dynnu
i ffwrdd. 25 Bydda i'n dy roi di yn nwylo'r rhai sydd eisiau dy ladd di, y rhai hynny rwyt
ti'n eu hofni nhw, sef Nebwchadnesar, brenin Babilon, a'i fyddin. 26 A bydda i'n dy daflu
di a dy fam i wlad ddieithr, a dyna lle byddwch chi'n marw. 27 Gewch chi byth ddod yn ôl
yma, er eich holl hiraeth."

---

s 22:20 *Libanus ... Bashan ... Afarîm* Mae mynyddoedd Libanus i'r gogledd, mynyddoedd Bashan i'r gogledd-ddwyrain, a mynyddoedd Afarîm i'r de-ddwyrain. O fynyddoedd Afarîm yn Moab y cafodd Moses edrych ar y wlad roedd Duw wedi'i haddo i'w bobl (gw. Deuteronomium 32:49), ac yno ar y copa uchaf, sef Mynydd Nebo, y buodd e farw (gw. Numeri 27:12; Deuteronomium 32:49). t 22:20 *cariadon* Cyfeiriad at y gwledydd roedd pobl Jwda'n pwyso arnyn nhw am help. th 22:22 Hebraeg, "bugeiliaid". u 22:24 Hebraeg, "Coneia", enw arall ar Jehoiachin; buodd yn frenin am dri mis yn 598 CC (gw. 2 Brenhinoedd 24:8-15; 2 Cronicl 36:9-10). Cafodd ei gymryd yn garcharor i Babilon, a bu yno am flynyddoedd lawer (Jeremeia 52:31-14; 2 Brenhinoedd 25:27-30). w 22:24 *sêl-fodrwy* Yn Haggai 2:23 mae'r un darlun yn cael ei ddefnyddio i ddisgrifio Serwbabel, ŵyr Jehoiachin (gw. 1 Cronicl 3:17-19; Mathew 1:12).

28 Ai jwg diwerth wedi'i dorri ydy'r dyn Jehoiachin
(fel potyn pridd does neb ei eisiau)?
Pam mae e a'i blant wedi'u taflu i ffwrdd
(wedi'u taflu i wlad ddieithr)?
29 Wlad, wlad, wlad,
gwrando ar neges yr ARGLWYDD.
30 Dyma mae'r ARGLWYDD yn ei ddweud:
"Gwnewch gofnod fod y dyn yma'n ddi-etifedd
(dyn fydd yn gweld dim llwyddiant)!
Fydd dim un o'i blant yn teyrnasu yn Jwda ar ei ôl.
Fydd neb yn ei ddilyn ar orsedd Dafydd."y

Gobaith i'r dyfodol

23 "Mae ar ben ar arweinwyr y wlad!" meddai'r ARGLWYDD. "Yn lle gofalu am fy mhobl
fel mae bugeiliaid yn gofalu am eu defaid, maen nhw'n gwneud niwed iddyn
nhw a'u gyrru nhw ar chwâl." 2 Felly dyma mae'r ARGLWYDD, Duw Israel, yn ei ddweud am
y 'bugeiliaid' yma sydd i fod i ofalu am fy mhobl: "Dych chi wedi chwalu'r praidd a gyrru'r
defaid i ffwrdd yn lle gofalu amdanyn nhw. Felly bydda i'n eich cosbi chi am y drwg dych
chi wedi'i wneud," meddai'r ARGLWYDD. 3 "Ond dw i'n mynd i gasglu'r defaid sydd ar ôl at ei
gilydd. Bydda i'n eu casglu nhw o'r gwledydd lle gwnes i eu gyrru nhw, a'u harwain nhw
yn ôl i'w corlan. Byddan nhw'n cael rhai bach a bydd mwy a mwy ohonyn nhw. 4 Bydda
i'n penodi arweinwyr fydd yn gofalu'n iawn amdanyn nhw. Fydd dim rhaid iddyn nhw
fod ag ofn. Fydd dim byd i'w dychryn nhw, a fydd dim un ohonyn nhw yn mynd ar goll,"
meddai'r ARGLWYDD.

5 "Mae'r amser yn dod," meddai'r ARGLWYDD,
"pan fydda i'n gwneud i flaguryn dyfu ar goeden deuluol Dafydd,
un fydd yn gwneud beth sy'n iawn.
Bydd e'n frenin fydd yn teyrnasu'n ddoeth.
Bydd e'n gwneud beth sy'n gyfiawn ac yn deg yn y wlad.
6 Bryd hynny bydd Jwda'n cael ei hachub
a bydd Israel yn saff.
Yr enw ar y brenin yma fydd,
'Yr ARGLWYDD sy'n rhoi cyfiawnder i ni.'

7 "Ac eto, mae amser gwell i ddod," meddai'r ARGLWYDD. "Yn lle dweud, 'Mor sicr â bod yr
ARGLWYDD yn fyw, yr un achubodd bobl Israel o'r Aifft ...' 8 bydd pobl yn dweud, 'Mor sicr â bod yr
ARGLWYDD yn fyw, yr un achubodd bobl Israel o dir y gogledd ac o'r gwledydd lle roedd wedi'u
gyrru nhw.' A bryd hynny byddan nhw'n cael byw yn eu gwlad eu hunain."

Barn Duw ar y proffwydi ffals

9 Neges am y proffwydi:

Jeremeia:

Dw i wedi cynhyrfu'n lân,
a dw i'n crynu drwyddo i.
Dw i fel dyn wedi meddwi,
fel rhywun sy'n chwil gaib.

---

y 22:30 *Fydd dim un ... ar orsedd Dafydd* Mae'r addewid yn 2 Samuel 7:13-16 wedi dod i ben. Roedd y sefydliad yn Jerwsalem wedi diystyru amodau'r addewid – Salm 132:11-12.
23:3 Deuteronomium 30:1-5

Alla i ddim diodde'r ffordd mae'r ARGLWYDD
a'i neges yn cael eu trin.

10 Mae'r wlad yn llawn pobl sy'n anffyddlon iddo.
Mae'r tir wedi sychu am ei fod wedi'i felltithio.
Does dim porfa yn yr anialwch – mae wedi gwywo.
A'r cwbl am eu bod nhw'n byw bywydau drwg
ac yn camddefnyddio'u grym.

Yr ARGLWYDD:

11 "Mae'r proffwydi a'r offeiriaid yn bobl annuwiol.
Dw i wedi gweld y pethau ofnadwy maen nhw'n eu gwneud
hyd yn oed yn y deml ei hun!"
—yr ARGLWYDD sy'n dweud hyn.

12 "Felly bydd eu llwybrau yn dywyll a llithrig.
Byddan nhw'n baglu ac yn syrthio.
Dw i'n mynd i ddod â dinistr arnyn nhw.
Mae'r amser iddyn nhw gael eu cosbi wedi dod."
—yr ARGLWYDD sy'n dweud hyn.

13 "Gwelais broffwydi Samaria gynt[a]
yn gwneud peth cwbl anweddus:
Roedden nhw'n proffwydo ar ran y duw Baal,
ac yn camarwain fy mhobl, Israel.

14 A nawr dw i'n gweld proffwydi Jerwsalem
yn gwneud rhywbeth yr un mor erchyll.
Maen nhw'n anffyddlon i mi ac yn dilyn celwydd!
Maen nhw'n annog y rhai sy'n gwneud drwg
yn lle ceisio'u cael nhw i stopio.
Maen nhw mor ddrwg â Sodom yn fy ngolwg i.
Mae pobl Jerwsalem fel pobl Gomorra."[b]

15 Felly, dyma mae'r ARGLWYDD hollbwerus yn ei ddweud am y proffwydi:

"Bydda i'n gwneud i'r bobl yma ddioddef yn chwerw,
ac yfed dŵr gwenwynig barn.
Mae proffwydi Jerwsalem yn gyfrifol
am ledaenu annuwioldeb drwy'r wlad i gyd."

16 Dyma mae'r ARGLWYDD hollbwerus yn ei ddweud:

"Peidiwch gwrando ar beth mae'r proffwydi yna'n ei ddweud –
maen nhw'n eich twyllo gyda'u gobaith gwag.
Maen nhw'n rhannu eu ffantasïau
yn lle beth mae'r ARGLWYDD yn ei ddweud.

17 Maen nhw'n dal ati i ddweud
wrth y rhai sy'n ddirmygus ohono i,
'Mae'r ARGLWYDD yn dweud y bydd popeth yn iawn!'
Maen nhw'n dweud wrth y rhai sy'n ystyfnig,
'Fydd dim byd drwg yn digwydd i chi.'

---

a 23:13 *Samaria gynt* Roedd Samaria, prifddinas teyrnas Israel yn y gogledd, wedi'i choncro gan fyddin Asyria bron 150 o flynyddoedd cyn hyn (yn 722 CC). b 23:14 *Sodom ... Gomorra* Dwy dref gafodd eu dinistrio gan yr ARGLWYDD am fod y bobl yno mor ddrwg (gw. Genesis 18:16 — 19:29).

18 Ond prun ohonyn nhw sy'n gwybod cynlluniau'r Arglwydd,
ac wedi clywed a deall beth mae e'n ddweud?
Prun ohonyn nhw sydd wedi gwrando arno?"

Jeremeia:

19 Gwyliwch chi! Bydd yr Arglwydd yn ddig.
Bydd yn dod fel storm.
Bydd fel corwynt dinistriol yn disgyn ar y rhai drwg.
20 Fydd llid yr Arglwydd ddim yn tawelu
nes bydd wedi gwneud popeth mae'n bwriadu ei wneud.
Byddwch chi'n dod i ddeall y peth yn iawn ryw ddydd.

Yr Arglwydd:

21 "Wnes i ddim anfon y proffwydi yma,
ond roedden nhw'n rhedeg i gyhoeddi eu neges.
Wnes i ddim rhoi neges iddyn nhw,
ond roedden nhw'n dal i broffwydo.
22 Petaen nhw wedi sefyll o'm blaen a gwrando,
bydden nhw wedi cyhoeddi fy neges i'm pobl.
Bydden nhw wedi gwneud iddyn nhw droi cefn ar ddrwg."

23 "Ai rhyw dduw bach lleol ydw i?" meddai'r Arglwydd.
"Onid fi ydy'r Duw sy'n gweld popeth o bell?"
24 "Pwy sy'n gallu cuddio oddi wrtho i?" meddai'r Arglwydd.
"Dw i ym mhobman drwy'r nefoedd a'r ddaear!"

25 "Dw i wedi clywed beth mae'r proffwydi'n ei ddweud. Maen nhw'n honni siarad drosto
i, ond yn dweud celwydd! 'Dw i wedi cael breuddwyd! Dw i wedi cael breuddwyd!' medden
nhw. 26 Am faint mae'n rhaid i hyn fynd ymlaen? Am faint maen nhw'n mynd i ddal ati
i ddweud celwydd? Maen nhw'n twyllo'u hunain! Ydyn nhw'n mynd i newid rywbryd? 27 Am
faint maen nhw'n mynd i rannu eu breuddwydion gyda'i gilydd, a cheisio cael fy mhobl
i anghofio pwy ydw i? Dyna beth wnaeth eu hynafiaid – anghofio amdana i ac addoli'r
duw Baal.

28 Gadewch i'r proffwyd gafodd freuddwyd
ei rhannu fel breuddwyd.
Ond dylai'r un dw i wedi rhoi neges iddo
gyhoeddi'r neges yna'n ffyddlon."

"Allwch chi ddim cymharu'r gwellt gyda'r grawn!"
meddai'r Arglwydd.
29 "Mae fy neges i fel tân yn llosgi,"
meddai'r Arglwydd.
"Mae fel gordd yn dryllio carreg."

30 "Felly, dw i eisiau i chi ddeall fy mod i yn erbyn y proffwydi hynny sy'n dwyn y neges oddi
ar ei gilydd," meddai'r Arglwydd. 31 "Dw i yn erbyn y proffwydi hynny sy'n dweud beth maen
nhw eisiau, ac yna'n honni, 'Dyma beth mae'r Arglwydd yn ei ddweud ...' 32 Dw i eisiau i chi
ddeall," meddai'r Arglwydd, "fy mod i yn erbyn y proffwydi hynny sy'n cyhoeddi'r celwydd
maen nhw wedi'i ddychmygu. Maen nhw'n camarwain fy mhobl gyda'u celwyddau a'u
honiadau anghyfrifol. Wnes i mo'u hanfon nhw na dweud wrthyn nhw beth i'w wneud. Dŷn
nhw ddim yn helpu'r bobl yma o gwbl," meddai'r Arglwydd.

Baich trwm yr ARGLWYDD

[33]Yna dyma'r ARGLWYDD yn dweud wrtho i, "Jeremeia, pan mae'r bobl yma, neu broffwyd
neu offeiriad, yn gofyn i ti, 'Beth ydy'r baich mae'r ARGLWYDD yn ei roi arnon ni nawr?' dywed
wrthyn nhw, 'Chi ydy'r baich, a dw i'n mynd i'ch taflu chi i ffwrdd,' [34]Ac os bydd proffwyd,
offeiriad, neu unrhyw un arall yn dweud, 'Mae'r ARGLWYDD yn rhoi baich trwm arnon ni,' bydda
i'n cosbi'r dyn hwnnw a'i deulu. [35]Dyma ddylech chi fod yn ei ofyn i'ch gilydd: 'Beth oedd ateb
yr ARGLWYDD?' neu 'Beth ddwedodd yr ARGLWYDD?' [36]Rhaid i chi stopio dweud fod yr ARGLWYDD
yn rhoi baich trwm arnoch chi. Y pethau dych chi'ch hunain yn eu dweud ydy'r 'baich'. Dych
chi wedi gwyrdroi neges ein Duw ni, yr ARGLWYDD hollbwerus, y Duw byw! [37]Beth ddylech chi
ei ofyn i'r proffwyd ydy, 'Beth oedd ateb yr ARGLWYDD?' neu 'Beth ddwedodd yr ARGLWYDD?' [38]Os
daliwch chi ati i ddweud, 'Mae'r ARGLWYDD yn rhoi baich trwm arnon ni,' dyma mae'r ARGLWYDD
yn ei ddweud: 'Dych chi'n dal i ddweud, "Mae'r ARGLWYDD yn rhoi baich trwm arnon ni," er fy
mod i wedi dweud yn glir wrthoch chi am beidio gwneud hynny. [39]Felly, dw i'n mynd i'ch codi
chi a'ch taflu chi i ffwrdd – chi a'r ddinas rois i i'ch hynafiaid chi. [40]Bydda i'n eich gwneud
chi'n jôc, a byddwch yn cael eich cywilyddio am byth.' "

Ffigys da a ffigys drwg

24 Roedd Nebwchadnesar, brenin Babilon, wedi cymryd Jehoiachin[c] fab Jehoiacim,
brenin Jwda, yn gaeth i Babilon. Cymerodd y swyddogion i gyd hefyd, a'r seiri coed
a'r gweithwyr metel. A dyma'r ARGLWYDD yn rhoi gweledigaeth i mi. Gwelais ddwy fasged
yn llawn ffigys wedi'u gosod o flaen teml yr ARGLWYDD. [2]Roedd y ffigys yn un fasged yn rhai
da iawn, fel ffigys wedi aeddfedu'n gynnar. Ond roedd y ffigys yn y fasged arall wedi mynd
yn ddrwg, a ddim yn ffit i'w bwyta. [3]Dyma'r ARGLWYDD yn gofyn i mi, "Beth wyt ti'n weld,
Jeremeia?" A dyma fi'n ateb, "Ffigys. Mae'r rhai da yn edrych yn hyfryd, ond mae'r lleill wedi
mynd yn rhy ddrwg i'w bwyta."

[4]Yna dyma fi'n cael y neges yma gan yr ARGLWYDD: [5]"Dyma dw i, yr ARGLWYDD, Duw Israel,
yn ei ddweud: 'Mae'r ffigys da yn cynrychioli'r bobl sydd wedi'u cymryd yn gaeth i wlad
y Babiloniaid. [6]Dw i wedi'u hanfon nhw yno er eu lles eu hunain, a dw i'n mynd i ddod
â nhw'n ôl i'r wlad yma. Bydda i'n eu hadeiladu nhw, dim eu bwrw nhw i lawr. Bydda i'n
eu plannu nhw yn y tir, dim yn eu tynnu fel chwyn. [7]Bydda i'n rhoi'r awydd ynddyn nhw
i gydnabod mai fi ydy'r ARGLWYDD. Nhw fydd fy mhobl i, a fi fydd eu Duw nhw. Byddan nhw'n
troi'n ôl ata i go iawn.'

[8]"Ond," meddai'r ARGLWYDD, "mae'r ffigys drwg yn cynrychioli Sedeceia[ch] brenin Jwda
a'i swyddogion, a'r bobl hynny sydd wedi'u gadael ar ôl yn Jerwsalem neu sydd wedi mynd
i fyw i'r Aifft. [9]Bydd beth fydd yn digwydd iddyn nhw yn dychryn pobl y gwledydd eraill i gyd.
Byddan nhw'n jôc. Bydda i'n gwneud esiampl ohonyn nhw. Byddan nhw'n destun sbort, ac
yn esiampl o bobl wedi'u melltithio. Dyna sut fydd hi arnyn nhw ble bynnag wna i eu gyrru
nhw. [10]Bydda i'n anfon rhyfel, newyn a haint i'w taro nhw nes byddan nhw wedi cael eu
dileu'n llwyr o'r wlad rois i iddyn nhw a'u hynafiaid."

Saith deg mlynedd am beidio gwrando

25 Cafodd Jeremeia neges gan yr ARGLWYDD am bobl Jwda yn ystod y bedwaredd flwyddyn
pan oedd Jehoiacim fab Joseia yn frenin ar Jwda[d] (hon hefyd oedd y flwyddyn
y cafodd Nebwchadnesar ei wneud yn frenin Babilon). [2]Dyma ddwedodd y proffwyd Jeremeia
wrth bobl Jwda a'r rhai oedd yn byw yn Jerwsalem: [3]"Mae'r ARGLWYDD wedi bod yn siarad
hefo fi ers dau ddeg tair o flynyddoedd – o'r adeg pan oedd Joseia[dd] fab Amon wedi bod

---

c 24:1 *Jehoiachin* Hebraeg, Jechoneia, oedd yn enw arall ar Jehoiachin. Roedd yn frenin am dri mis yn 598 CC cyn cael ei gymryd yn gaeth i Babilon. ch 24:8 *Sedeceia* yn frenin o 598 i 586 CC. d 25:1 *y bedwaredd ... ar Jwda* 605 CC. dd 25:3 *Joseia* yn frenin o 640 i 609 CC.

24:1 2 Brenhinoedd 24:14-17 24:8 Jeremeia 42:9-17

yn frenin am un deg tair o flynyddoedd hyd heddiw. Dw i wedi dweud wrthoch chi dro ar ôl
tro beth oedd ei neges, ond dych chi ddim wedi gwrando. 4 Ac mae'r ARGLWYDD wedi dal ati
i anfon ei weision y proffwydi atoch chi. Ond dych chi ddim wedi gwrando na chymryd unrhyw
sylw. 5 Y neges oedd, 'Rhaid i bob un ohonoch chi stopio gwneud y pethau drwg dych chi'n eu
gwneud; wedyn byddwch chi'n cael aros yn y wlad roddodd yr ARGLWYDD i chi a'ch hynafiaid
am byth bythoedd. 6 Stopiwch addoli a gwasanaethu duwiau eraill, a'm gwylltio i drwy blygu
i eilunod dych chi eich hunain wedi'u cerfio. Wedyn fydda i'n gwneud dim drwg i chi. 7 Ond
wnaethoch chi ddim gwrando arna i,' meddai'r ARGLWYDD. 'Dych chi wedi fy ngwylltio i gyda'ch
eilunod. Dych chi wedi dod â drwg arnoch chi'ch hunain.'

8 "Felly dyma mae'r ARGLWYDD hollbwerus yn ei ddweud: 'Dych chi ddim wedi gwrando
arna i. 9 Felly, dyma dw i, yr ARGLWYDD, yn mynd i'w wneud: dw i'n mynd i anfon am bobloedd
y gogledd, ac am fy ngwas i, Nebwchadnesar brenin Babilon. Dw i'n mynd i'w cael nhw
i ymosod ar y wlad yma a'i phobl ac ar y gwledydd o'i chwmpas hefyd. Dw i'n mynd i'w
dinistrio nhw'n llwyr. Bydd pethau ofnadwy yn digwydd yma. Fydd pobl ddim yn stopio
rhyfeddu at y llanast. 10 Bydda i'n rhoi taw ar sŵn pobl yn chwerthin a joio, ac yn mwynhau
eu hunain mewn parti priodas. Fydd dim sŵn maen melin yn troi, a dim golau lamp i'w weld
yn y tai. 11 Bydd y wlad yn anialwch diffaith. A bydd y gwledydd yn gorfod gwasanaethu
brenin Babilon am saith deg mlynedd.

12 " 'Ar ddiwedd y saith deg mlynedd bydda i'n cosbi brenin Babilon a'i wlad am y drwg
wnaethon nhw. Bydd gwlad y Babiloniaid yn cael ei dinistrio am byth. 13 Bydd popeth wnes
i ei fygwth yn digwydd iddi – popeth sydd wedi'i ysgrifennu yn y llyfr yma, sef beth mae
Jeremeia wedi'i broffwydo yn erbyn y gwledydd i gyd. 14 Bydd brenin a phobl Babilon yn
gorfod gwasanaethu brenhinoedd a gwledydd eraill. Bydda i'n talu'n ôl iddyn nhw am beth
wnaethon nhw.' "

Barn Duw ar Jwda a'r cenhedloedd eraill

15 Dyma mae'r ARGLWYDD, Duw Israel, yn ei ddweud wrtho i: "Cymer y gwpan yma gen i. Mae
hi'n llawn dop o win fy llid. Cymer hi, a gwna i'r gwledydd dw i'n dy anfon di atyn nhw yfed
ohoni. 16 Byddan nhw'n yfed, ac yn stagro yn ôl ac ymlaen. Bydd y rhyfel dw i'n ei anfon i'w
cosbi nhw yn eu gyrru nhw'n wallgof."

17 Felly dyma fi'n cymryd y gwpan o law'r ARGLWYDD, ac yn gwneud i'r holl wledydd lle'r
anfonodd fi yfed ohoni:

18 Jerwsalem a threfi Jwda, ei brenhinoedd a'i swyddogion. Byddan nhw'n cael eu
dinistrio a'u difetha'n llwyr. Bydd pobl yn chwibanu mewn rhyfeddod wrth
weld yr holl bethau dychrynllyd fydd yn digwydd, a bydd yn esiampl o wlad
wedi'i melltithio. Mae'n dechrau digwydd heddiw!

19 Yna'r Pharo (brenin yr Aifft) a'i weision a'i swyddogion, pobl yr Aifft i gyd, 20 a'r bobl
o dras gymysg sy'n byw yno.

Wedyn brenhinoedd gwlad Us, a brenhinoedd trefi'r Philistiaid i gyd: pobl Ashcelon,
Gasa, Ecron, a beth sydd ar ôl o Ashdod.[e]

21 Wedyn pobl Edom, Moab ac Ammon.

22 Brenhinoedd Tyrus a Sidon, a brenhinoedd y trefi eraill ar yr arfordir.

23 Pobl Dedan, Tema, Bws, a'r bobl sy'n byw ar ymylon yr anialwch.

24 Brenhinoedd Arabia a brenhinoedd y gwahanol lwythau nomadig yn yr anialwch.

25 Brenhinoedd Simri, Elam a Media[f] i gyd.

---

e 25:20 *beth sydd ar ôl o Ashdod* Cafodd ei choncro gan frenin yr Aifft ar ôl cael ei hamgylchynu am ddau ddeg naw o flynyddoedd. f 25:25 *Simri, Elam a Media* Does neb yn gwybod ble roedd Simri. Roedd Elam i'r dwyrain o wlad Babilon, a Media i'r gogledd-ddwyrain o Babilon.

25:11 Jeremeia 29:10; 2 Cronicl 36:21; Daniel 9:2 25:12 Eseia 47:6

[26] Brenhinoedd y gogledd i gyd, pell ac agos, a phob un gwlad sydd ar wyneb y ddaear.
Ac yn olaf bydd rhaid i frenin Babilon[ff] ei hun yfed o'r gwpan.

Yr Arglwydd:

[27] "Dwed di wrthyn nhw wedyn fod yr Arglwydd hollbwerus, Duw Israel, yn dweud: 'Yfwch
nes byddwch chi'n feddw ac yn chwydu. Yfwch nes byddwch yn syrthio ac yn methu codi ar
eich traed eto, o achos y rhyfel dw i'n ei anfon i'ch cosbi chi.'
[28] "Os byddan nhw'n gwrthod cymryd y gwpan gen ti ac yfed ohoni, dywed wrthyn nhw,
'Dyma mae'r Arglwydd hollbwerus yn ei ddweud: "Does gynnoch chi ddim dewis. Bydd rhaid
i chi yfed! [29] Gwyliwch chi, dw i wedi dechrau cosbi Jerwsalem, fy ninas i fy hun. Os felly, ydych
chi'n mynd i osgoi cael eich cosbi? Na! Dw i'n mynd i ddod â rhyfel ar bawb sy'n byw ar
y ddaear." Fi, yr Arglwydd hollbwerus, sy'n dweud hyn.'
[30] Felly, Jeremeia, proffwyda fel hyn yn eu herbyn nhw:

'Mae'r Arglwydd yn rhuo fel llew oddi uchod,
o'r lle sanctaidd lle mae'n byw.
Mae'n rhuo yn erbyn y bobl mae'n byw yn eu plith.
Bydd yn gweiddi fel un yn sathru'r grawnwin,
wrth gosbi pawb sy'n byw ar wyneb y ddaear.
[31] Bydd twrw'r frwydr yn atseinio drwy'r byd i gyd.
Mae'r Arglwydd yn cyhuddo'r cenhedloedd,
ac yn mynd i farnu'r ddynoliaeth gyfan.
Bydd pobl ddrwg yn cael eu lladd â'r cleddyf!' "
—yr Arglwydd sy'n dweud hyn.

[32] Dyma mae'r Arglwydd hollbwerus yn ei ddweud:

"Mae trychineb yn mynd i ddod ar un wlad ar ôl y llall.
Mae gwynt stormus ar fin dod o ben draw'r byd."

[33] Bydd y rhai fydd wedi'u lladd gan yr Arglwydd bryd hynny wedi'u gwasgaru ar hyd a lled
y byd. Fydd neb yn galaru ar eu hôl nhw, a neb yn casglu'r cyrff i'w claddu. Byddan nhw'n
gorwedd fel tail wedi'i wasgaru ar wyneb y tir.

[34] Dechreuwch udo a chrio, chi arweinwyr[g] y bobl!
Rholiwch yn y lludw, chi sy'n bugeilio praidd fy mhobl.
Mae diwrnod y lladdfa wedi dod.
Cewch eich gwasgaru.
Byddwch fel llestr gwerthfawr wedi syrthio a malu'n ddarnau.
[35] Fydd yr arweinwyr ddim yn gallu rhedeg i ffwrdd.
Fydd dim dianc i'r rhai sy'n bugeilio'r praidd!
[36] Gwrandwch ar sŵn yr arweinwyr yn crio!
Gwrandwch ar fugeiliaid y praidd yn udo!
Mae'r Arglwydd ar fin dinistrio'u tir nhw.
[37] Bydd y borfa dawel lle maen nhw'n aros yn anialwch difywyd
am fod yr Arglwydd wedi digio'n lân hefo nhw.
[38] Mae'r Arglwydd fel llew wedi dod allan o'i ffau.
Mae wedi digio'n lân a bydd y wlad yn cael ei difetha
gan gleddyf y gelyn.

ff 25:26 Hebraeg, *Sheshach*. Gair mwys am ddinas Babilon. Roedd y gair yn cael ei lunio drwy ddefnyddio llythyren olaf yr wyddor yn lle'r llythyren gyntaf, ac yn y blaen. g 25:34 Hebraeg, "bugeiliaid".

Jeremeia'n cyhoeddi neges Duw yn y deml

26 Pan ddaeth Jehoiacim fab Joseia yn frenin ar Jwda ces i'r neges yma gan yr ARGLWYDD:
2dyma'r ARGLWYDD yn dweud, "Dos i sefyll yn iard teml yr ARGLWYDD. Siarada gyda'r
bobl o holl drefi Jwda sydd wedi dod yno i addoli. Dwed wrthyn nhw bopeth fydda i'n ei
ddweud – pob gair! 3Falle y gwnân nhw wrando a stopio gwneud drwg. Wedyn fydda i ddim
yn eu dinistrio nhw fel roeddwn i wedi bwriadu gwneud am yr holl bethau drwg roedden
nhw'n eu gwneud. 4Dwed wrthyn nhw mai dyma mae'r ARGLWYDD yn ei ddweud: 'Rhaid
i chi wrando arna i, a byw fel dw i wedi'ch dysgu chi i fyw. 5Rhaid i chi wrando ar neges fy
ngweision y proffwydi. Dw i wedi'u hanfon nhw atoch chi dro ar ôl tro, ond dych chi wedi
cymryd dim sylw. 6Felly os daliwch chi i wrthod gwrando, bydda i'n dinistrio'r deml yma fel
gwnes i ddinistrio Seilo,[ng] a bydda i'n gwneud y ddinas yma'n esiampl i'r gwledydd o ddinas
sydd wedi'i melltithio.' "

Jeremeia'n cael ei roi ar brawf

7Roedd yr offeiriaid a'r proffwydi a'r bobl i gyd wedi clywed Jeremeia yn dweud y pethau
yma yn y deml. 8Ac yn syth ar ôl iddo orffen dweud popeth roedd yr ARGLWYDD wedi'i orchymyn
iddo, dyma'r offeiriaid a'r proffwydi a'r bobl i gyd yn gafael ynddo gan weiddi, "Ti'n mynd
i farw am hyn! 9Rhag dy gywilydd di, yn honni fod yr ARGLWYDD wedi dweud wrthot ti am
broffwydo'r fath bethau! Sut alli di broffwydo fod y deml yma'n mynd i gael ei dinistrio yr un
fath â Seilo, a bod dinas Jerwsalem yn mynd i gael ei chwalu, ac y bydd neb yn byw ynddi?"
A dyma'r bobl yn dechrau hel o gwmpas Jeremeia yn y deml.

10Pan glywodd swyddogion Jwda beth oedd yn digwydd, dyma nhw'n rhuthro draw o'r
palas brenhinol i deml yr ARGLWYDD ac yn cynnal achos llys wrth y Giât Newydd. 11Dyma'r
offeiriaid a'r proffwydi'n dweud wrth y llys a'r bobl beth oedd y cyhuddiad yn erbyn Jeremeia,
"Rhaid dedfrydu'r dyn yma i farwolaeth! Mae wedi proffwydo yn erbyn y ddinas yma. Dych
chi wedi'i glywed eich hunain."

12Yna dyma Jeremeia yn amddiffyn ei hun: "Yr ARGLWYDD sydd wedi fy anfon i, a dweud
wrtho i am broffwydo popeth rydych chi wedi fy nghlywed i'n ei ddweud yn erbyn y deml a'r
ddinas yma. 13Rhaid i chi newid eich ffyrdd, a gwneud beth mae'r ARGLWYDD eich Duw yn ei
ddweud. Os gwnewch chi hynny, fydd e ddim yn eich dinistrio chi fel roedd e wedi bygwth
gwneud. 14Ond dw i yn eich dwylo chi. Gwnewch chi beth bynnag dych chi'n feddwl sy'n
iawn. 15Ond deallwch hyn: os gwnewch chi fy lladd i, byddwch yn tywallt gwaed dyn dieuog.
Byddwch chi a'r ddinas yma a'i phobl yn gyfrifol am wneud hynny. Achos y ffaith ydy mai'r
ARGLWYDD sydd wedi fy anfon i i'ch rhybuddio chi."

16Dyma'r swyddogion a'r bobl yn dweud wrth yr offeiriaid a'r proffwydi, "Dydy'r dyn
yma ddim yn haeddu marw. Mae e wedi siarad ar ran yr ARGLWYDD ein Duw." 17A dyma rai
o arweinwyr hŷn Jwda yn codi a dweud wrth y dyrfa o bobl oedd yno, 18"Pan oedd Heseceia[h]
yn frenin ar Jwda, roedd Micha o Moresheth wedi proffwydo ac wedi dweud wrth y bobl,

'Dyma mae'r ARGLWYDD hollbwerus yn ei ddweud:
Bydd Seion yn cael ei haredig fel cae,
 a bydd Jerwsalem yn bentwr o gerrig.
Bydd y bryn lle mae'r deml yn sefyll,
 yn goedwig wedi tyfu'n wyllt.'

19Wnaeth Heseceia a phobl Jwda roi Micha i farwolaeth? Naddo! Dangosodd Heseceia barch
at yr ARGLWYDD a chrefu arno i fod yn garedig atyn nhw. Wedyn wnaeth yr ARGLWYDD ddim eu
dinistrio nhw fel roedd e wedi bygwth gwneud. Ond dŷn ni mewn peryg o wneud drwg mawr
i ni'n hunain!"

---

ng 26:6 *Seilo* Roedd y Tabernacl wedi bod yn Seilo ar un adeg. h 26:18 *Heseceia* yn frenin o 716 i 687 cc.
26:0 cf. Jeremeia 7 26:6 Jeremeia 7:12 26:18 Micha 3:12

[20]Roedd yna ddyn arall o'r enw Wreia fab Shemaia o Ciriath-iearîm yn proffwydo ar ran
yr ARGLWYDD. Roedd e hefyd wedi proffwydo yn erbyn y ddinas yma a'r wlad, yn union yr un
fath â Jeremeia. [21]Pan glywodd y Brenin Jehoiacim a'i warchodwyr a'i swyddogion beth oedd
y proffwyd yn ei ddweud, roedd yn mynd i'w ladd. Ond dyma Wreia'n clywed am y bwriad ac
yn dianc am ei fywyd i'r Aifft. [22]Anfonodd y Brenin Jehoiacim ddynion i'r Aifft i'w ddal (roedd
Elnathan fab Achbor yn un ohonyn nhw), [23]a dyma nhw'n dod ag Wreia yn ôl yn garcharor
at y Brenin Jehoiacim. Dyma Jehoiacim yn gorchymyn ei ladd gyda'r cleddyf, a chafodd ei
gorff ei gladdu ym mynwent y bobl gyffredin.
[24]Ond roedd Achicam fab Shaffan[i] o blaid Jeremeia, a gwrthododd drosglwyddo Jeremeia
i'r bobl i gael ei ladd.

Jeremeia'n gwisgo iau

27 Yn fuan ar ôl i Sedeceia fab Joseia ddod yn frenin ar Jwda[j] dyma'r ARGLWYDD yn rhoi'r
neges yma i Jeremeia: [2]Dyma ddwedodd yr ARGLWYDD wrtho i: "Gwna iau i ti dy hun,
a'i rhwymo am dy wddf gyda strapiau lledr. [3]Wedyn anfon neges at frenhinoedd Edom, Moab,
Ammon, Tyrus a Sidon. Rho'r neges i'r llysgenhadon maen nhw wedi'u hanfon at y Brenin
Sedeceia yn Jerwsalem. [4]Dyma'r neges: 'Mae Duw Israel, yr ARGLWYDD hollbwerus, yn dweud,
[5]"Fi ydy'r Duw wnaeth greu'r ddaear a'r holl bobl ac anifeiliaid sydd arni. Dw i'n Dduw cryf
a nerthol, a fi sy'n dewis pwy sy'n ei rheoli. [6]Dw i wedi penderfynu rhoi'ch gwledydd chi i gyd
yn nwylo fy ngwas, y Brenin Nebwchadnesar o Babilon. Mae hyd yn oed yr anifeiliaid gwyllt
yn ei wasanaethu e! [7]Bydd y gwledydd i gyd yn ei wasanaethu e, a'i fab a'i ŵyr. Ond wedyn
bydd yr amser yn dod pan fydd ei wlad e'n syrthio, a bydd nifer o wledydd eraill a brenhinoedd
mawr yn gorchfygu Babilon ac yn ei rheoli hi.
[8]" ' "Ond beth os bydd gwlad neu deyrnas yn gwrthod ymostwng i Nebwchadnesar, brenin
Babilon? Beth fydd yn digwydd i'r wlad sy'n gwrthod rhoi ei gwar dan iau Babilon? Bydda i fy
hun yn ei chosbi! Bydda i'n anfon rhyfel, newyn a haint, nes bydd Babilon wedi'u dinistrio
nhw yn llwyr. [9]Felly peidiwch gwrando ar eich proffwydi, na'r bobl hynny sy'n dweud ffortiwn
drwy ddehongli breuddwydion, cysylltu gyda'r meirw neu ddewino – y rhai sy'n dweud fydd
dim rhaid i chi wasanaethu brenin Babilon. [10]Maen nhw'n dweud celwydd. Os gwrandwch chi
arnyn nhw byddwch chi'n cael eich cymryd i ffwrdd yn bell o'ch gwlad. Bydda i'n eich gyrru
chi i ffwrdd, a byddwch yn marw yno. [11]Ond bydd y wlad sy'n rhoi ei gwar dan iau brenin
Babilon, a'i wasanaethu e, yn cael llonydd. Byddan nhw'n cael dal ati i drin eu tir a byw yn
eu gwlad eu hunain. Fi, yr ARGLWYDD sy'n dweud hyn." ' "
[12]Dwedais yr un peth wrth Sedeceia, brenin Jwda. "Rhaid i chi roi eich gwar dan iau brenin
Babilon, a'i wasanaethu e a'i bobl. Os gwnewch chi hynny cewch fyw. [13]Pam ddylet ti â'th bobl
gael eich lladd â'r cleddyf, neu drwy newyn a haint? Yn ôl yr ARGLWYDD dyna fydd yn digwydd
i unrhyw wlad sy'n gwrthod plygu i frenin Babilon. [14]Peidiwch gwrando ar y proffwydi sy'n
dweud wrthoch na fydd raid i chi wasanaethu brenin Babilon. Maen nhw'n dweud celwydd!
[15]'Wnes i mo'u hanfon nhw,' meddai'r ARGLWYDD. 'Maen nhw'n honni eu bod nhw'n siarad
drosto i, ond proffwydo celwydd maen nhw. Os gwrandwch chi arnyn nhw bydda i'n eich
gyrru chi i ffwrdd, a byddwch chi a'r proffwydi sy'n dweud celwydd yn marw yn y gaethglud.' "
[16]Wedyn dyma fi'n dweud wrth yr offeiriaid a'r bobl i gyd, "Dyma mae'r ARGLWYDD yn ei
ddweud: 'Peidiwch gwrando ar y proffwydi sy'n dweud wrthoch chi y bydd dodrefn a llestri
gwerthfawr y deml yn dod yn ôl o Babilon.' Maen nhw'n dweud celwydd. [17]Peidiwch gwrando
arnyn nhw. Os gwnewch chi wasanaethu brenin Babilon, cewch fyw. Pam ddylai'r ddinas yma
gael ei dinistrio? [18]Os ydyn nhw'n broffwydi go iawn ac os ydy'r ARGLWYDD yn siarad hefo
nhw, gwell iddyn nhw ddechrau gweddïo'n daer ar yr ARGLWYDD hollbwerus – gweddïo na

---

i 26:24 *Achicam fab Shaffan* Mae'n amlwg ei fod yn ddyn dylanwadol iawn. Cafodd ei fab, Gedaleia, ei wneud yn llywodraethwr Jwda ar ôl i Jerwsalem gael ei choncro yn 586 CC – gw. 2 Brenhinoedd 25:22. j 27:1 *Yn fuan ... frenin ar Jwda* Felly roedd hyn ar ôl i'r dyrfa gyntaf o bobl Jerwsalem gael eu caethgludo i Babilon.
27:9 Deuteronomium 18:9-13

fydd y dodrefn a'r llestri sydd ar ôl yn y deml a phalas y brenin yn cael eu cymryd i ffwrdd
i Babilon! 19Achos dyma mae'r ARGLWYDD hollbwerus yn ei ddweud am y pileri pres o flaen
y deml, y ddysgl fawr bres sy'n cael ei galw 'Y Môr', a'r troliau pres, ac am bob dodrefnyn arall
gwerthfawr sydd wedi'i adael yn y ddinas yma. 20(Dyma'r pethau adawodd Nebwchadnesar
brenin Babilon yn Jerwsalem pan aeth â Jehoiachin[ll] fab Jehoiacim, brenin Jwda, a phobl
bwysig Jerwsalem i gyd yn gaethion i Babilon.) 21Ie, dyma mae Duw Israel, yr ARGLWYDD
hollbwerus, yn ei ddweud am y pethau gwerthfawr sydd wedi'u gadael yn y deml a phalas
y brenin yn Jerwsalem: 22'Bydd y cwbl yn cael eu cario i ffwrdd i Babilon ac yn aros yno nes
bydda i'n dewis gwneud rhywbeth amdanyn nhw. Wedyn bydda i'n dod â nhw'n ôl i'r lle
yma eto,' Fi, yr ARGLWYDD, sy'n dweud hyn."

Jeremeia yn condemnio Hananeia

28 Yr un flwyddyn, ar ddechrau cyfnod Sedeceia fel brenin Jwda (sef pumed mis
y bedwaredd flwyddyn o'i deyrnasiad), dyma Hananeia fab Asswr, y proffwyd
o Gibeon, yn dweud wrth Jeremeia yn y deml o flaen yr offeiriaid a'r bobl i gyd: 2"Dyma
mae'r ARGLWYDD hollbwerus, Duw Israel, yn ei ddweud: 'Dw i'n mynd i dorri iau brenin Babilon!
3Mewn llai na dwy flynedd dw i'n mynd i ddod â phopeth wnaeth Nebwchadnesar brenin
Babilon ei gymryd o ma yn ôl. 4Dw i hefyd yn mynd i ddod â Jehoiachin fab Jehoiacim, brenin
Jwda, yn ôl, a phawb arall gafodd eu cymryd yn gaeth i Babilon.' Mae'r ARGLWYDD yn dweud,
'Dw i'n mynd i dorri iau brenin Babilon.' "

5A dyma'r proffwyd Jeremeia yn ateb y proffwyd Hananeia, o flaen yr offeiriaid a phawb
arall oedd yn y deml. 6"Amen! Boed i'r ARGLWYDD wneud hynny! Boed i'r ARGLWYDD ddod
â dy broffwydoliaeth di'n wir! O na fyddai'n gwneud hynny, a dod â holl offer y deml yn ôl
o Babilon, a'r bobl gafodd eu cymryd yno'n gaeth hefyd! 7Ond na, gwrando di nawr ar beth
sydd gen i i'w ddweud wrthot ti a'r bobl yma i gyd. 8Ers amser maith mae'r proffwydi ddaeth
o dy flaen di a fi wedi proffwydo fod rhyfel, trychinebau a heintiau yn mynd i daro llawer
o wledydd a theyrnasoedd mawr. 9Os oedd proffwyd yn proffwydo y byddai popeth yn iawn, yr
unig ffordd i wybod os oedd yr ARGLWYDD wedi'i anfon oedd pan fyddai ei neges yn dod yn wir."

10Yna dyma'r proffwyd Hananeia yn cymryd yr iau oddi ar war Jeremeia a'i thorri. 11A dyma
Hananeia yn datgan o flaen pawb: "Dyma mae'r ARGLWYDD yn ei ddweud: 'Mewn llai na dwy
flynedd dw i'n mynd i dynnu iau Nebwchadnesar, brenin Babilon, oddi ar war y gwledydd
i gyd, a'i thorri.' " Yna dyma'r proffwyd Jeremeia yn mynd i ffwrdd.

12Yn fuan ar ôl i Hananeia dorri'r iau oedd ar war Jeremeia, dyma'r ARGLWYDD yn rhoi'r
neges yma i Jeremeia: 13"Dos i ddweud wrth Hananeia fod yr ARGLWYDD yn dweud: 'Ti wedi
torri'r iau bren dim ond i roi un haearn yn ei lle! 14Dyma mae'r ARGLWYDD hollbwerus, Duw
Israel, yn ei ddweud: "Dw i wedi rhoi iau haearn ar war y gwledydd yma i gyd. Bydd rhaid
iddyn nhw wasanaethu Nebwchadnesar, brenin Babilon. Bydd hyd yn oed yr anifeiliaid gwyllt
yn ei wasanaethu e!" ' " 15Yna dyma'r proffwyd Jeremeia yn dweud wrth Hananeia, "Gwranda,
Hananeia. Dydy'r ARGLWYDD ddim wedi dy anfon di. Ti'n gwneud i'r bobl yma gredu celwydd!
16Felly, dyma mae'r ARGLWYDD yn ei ddweud: 'Mae hi ar ben arnat ti! Ti'n mynd i farw cyn
diwedd y flwyddyn yma, am dy fod ti wedi annog pobl i wrthryfela yn erbyn yr ARGLWYDD.' "

17A'r flwyddyn honno cyn pen deufis, roedd y proffwyd Hananeia wedi marw.

Llythyr Jeremeia at yr Iddewon yn Babilon

29 Dyma lythyr Jeremeia at yr arweinwyr oedd ar ôl, yr offeiriaid a'r proffwydi, a phawb arall
o Jerwsalem oedd wedi'u cymryd yn gaeth i Babilon gan y Brenin Nebwchadnesar.[m]

---

ll 27:20 *Jehoiachin* Hebraeg, Jechoneia, oedd yn enw arall ar Jehoiachin. m 29:1 *cymryd yn gaeth ... Nebwchadnesar* Roedd hyn wedi digwydd yn 598 CC – 2 Brenhinoedd 24:14-17.
28:9 Deuteronomium 18:22

2(Roedd hyn ar ôl i'r Brenin Jehoiachin[n] a'r fam frenhines, swyddogion y palas brenhinol,
arweinwyr Jwda a Jerwsalem, y seiri coed a'r gweithwyr metel i gyd gael eu cymryd i ffwrdd yn
gaeth o Jerwsalem.) 3Elasa fab Shaffan[o] a Gemareia fab Chilceia aeth â'r llythyr yno. Roedden
nhw wedi'u hanfon i Babilon at Nebwchadnesar gan Sedeceia, brenin Jwda. Dyma'r llythyr:

4Dyma mae'r ARGLWYDD hollbwerus, Duw Israel, yn ei ddweud wrth y bobl mae wedi'u
hanfon yn gaeth o Jerwsalem i Babilon: 5"Adeiladwch dai a setlo i lawr. Plannwch erddi
a bwyta'r hyn sy'n tyfu ynddyn nhw. 6Priodwch a chael plant. Dewiswch wragedd i'ch
meibion a gadael i'ch merched briodi, er mwyn iddyn nhw hefyd gael plant. Dw i eisiau
i'ch niferoedd chi dyfu, yn lle lleihau. 7Gweithiwch dros heddwch a llwyddiant y ddinas
lle dw i wedi mynd â chi'n gaeth. Gweddïwch ar yr ARGLWYDD drosti. Ei llwyddiant hi fydd
eich llwyddiant chi."

8Achos dyma mae'r ARGLWYDD hollbwerus, Duw Israel, yn ei ddweud: "Peidiwch gadael
i'r proffwydi sydd gyda chi, a'r rhai hynny sy'n dweud ffortiwn, eich twyllo chi. Peidiwch
cymryd sylw o'u breuddwydion. 9Maen nhw'n hawlio eu bod nhw'n siarad drosto i, ond
yn dweud celwydd! Wnes i mo'u hanfon nhw," meddai'r ARGLWYDD.

10Dyma mae'r ARGLWYDD yn ei ddweud: "Pan fydd Babilon wedi rheoli am saith deg
mlynedd bydda i'n cymryd sylw ohonoch chi eto. Dyna pryd y bydda i'n gwneud y pethau
da dw i wedi'u haddo, a dod â chi yn ôl yma i'ch gwlad eich hunain. 11Fi sy'n gwybod
beth dw i wedi'i gynllunio ar eich cyfer chi," meddai'r ARGLWYDD. "Dw i'n bwriadu eich
bendithio chi, dim gwneud niwed i chi. Dw i am roi dyfodol llawn gobaith i chi. 12Byddwch
yn galw arna i ac yn gweddïo, a bydda i'n gwrando. 13Os byddwch chi'n chwilio amdana
i o ddifri, â'ch holl galon, byddwch chi'n fy ffeindio i. 14Bydda i'n gadael i chi ddod o hyd
i mi," meddai'r ARGLWYDD. "Bydda i'n rhoi'r cwbl wnaethoch chi ei golli yn ôl i chi. Bydda
i'n eich casglu chi yn ôl o'r holl wledydd wnes i eich gyrru chi i ffwrdd iddyn nhw. Bydda
i'n dod â chi adre i'ch gwlad eich hunain."

15"Ond mae'r ARGLWYDD wedi rhoi proffwydi i ni yma yn Babilon," meddech chi. 16Felly
gwrandwch beth mae'r ARGLWYDD yn ei ddweud am y brenin sy'n eistedd ar orsedd Dafydd
yma yn Jerwsalem, ac am eich perthnasau sy'n dal i fyw yma a heb gael eu cymryd i ffwrdd
yn gaethion gyda chi. 17Dyma mae'r ARGLWYDD hollbwerus yn ei ddweud: "Dw i'n mynd
i anfon rhyfel, newyn a haint i'w taro nhw. Byddan nhw fel ffigys ffiaidd sydd ddim ffit
i'w bwyta. 18Dw i'n mynd i anfon rhyfel, newyn a haint i'w taro nhw. Bydd beth fydd yn
digwydd iddyn nhw yn dychryn pobl y gwledydd i gyd. Byddan nhw'n enghraifft o wlad
wedi'i melltithio. Bydd pethau ofnadwy yn digwydd, pethau fydd yn achosi i bobl chwibanu
mewn rhyfeddod. A byddan nhw'n destun sbort i'r gwledydd lle bydda i'n eu hanfon nhw'n
gaeth. 19Bydd hyn yn digwydd am eu bod nhw heb wrando na chymryd sylw o beth dw
i wedi'i ddweud dro ar ôl tro drwy fy ngweision y proffwydi," meddai'r ARGLWYDD.

20Felly – chi sydd wedi'ch gyrru i ffwrdd o Jerwsalem yn gaeth i Babilon – gwrandwch
ar neges yr ARGLWYDD. 21Dyma mae'r ARGLWYDD hollbwerus, Duw Israel, yn ei ddweud am
Ahab fab Colaia a Sedeceia fab Maaseia sy'n proffwydo celwydd ac yn hawlio eu bod
nhw'n siarad drosto i: "Dw i'n mynd i'w rhoi nhw yn nwylo Nebwchadnesar, brenin Babilon,
a bydd e'n eu lladd nhw o'ch blaenau chi. 22Bydd gan bobl Jwda sy'n gaeth yn Babilon
y dywediad yma wrth felltithio rhywun: 'Boed i'r ARGLWYDD dy wneud di fel Sedeceia ac Ahab,
gafodd eu llosgi'n fyw gan frenin Babilon!' 23Maen nhw wedi gwneud pethau gwarthus
yn Israel, wedi cysgu gyda gwragedd dynion eraill a dweud celwydd, tra'n honni eu bod
nhw'n siarad drosto i. Wnes i ddim dweud dim wrthyn nhw. Ond dw i'n gwybod yn iawn
ac wedi gweld beth maen nhw wedi'i wneud," meddai'r ARGLWYDD.

---

n 29:2 *Jehoiachin* Hebraeg, Jechoneia, oedd yn enw arall ar Jehoiachin. o 29:3 *Elasa fab Shaffan* Aelod o deulu dylanwadol iawn. Brawd i Achicam oedd wedi cefnogi Jeremeia flynyddoedd ynghynt, ac ewyrth i Gedaleia, gafodd ei wneud yn llywodraethwr Jwda ar ôl i Jerwsalem gael ei choncro yn 586 CC.

29:8 Deuteronomium 13:1-5 29:10 Jeremeia 25:11; 2 Cronicl 36:21; Daniel 9:2
29:11 Deuteronomium 4:29-31 29:13 Deuteronomium 6:5; 13:3

Ymateb i lythyr Shemaia

24Yna dywed wrth Shemaia o Nechelam: 25dyma mae'r ARGLWYDD hollbwerus, Duw Israel
yn ei ddweud: "Anfonaist lythyrau ar dy liwt dy hun at y bobl sydd yn Jerwsalem, ac at
Seffaneia fab Maaseia a'r offeiriaid eraill i gyd, yn dweud fel hyn, 26'Mae'r ARGLWYDD wedi
dy wneud di'n offeiriad yn lle Jehoiada, i fod yn gyfrifol am beth sy'n digwydd yn y deml,
a delio gydag unrhyw wallgofddyn sy'n dod yno a chymryd arno ei fod yn broffwyd. Dylet
ei ddal a rhoi coler haearn a chyffion arno. 27Felly pam wyt ti ddim wedi ceryddu Jeremeia
o Anathoth am gymryd arno ei fod yn broffwyd? 28Mae e wedi anfon neges aton ni yn
Babilon, yn dweud, "Dych chi'n mynd i fod yna am amser hir. Adeiladwch dai a setlo i lawr.
Plannwch erddi a bwyta'r hyn sy'n tyfu ynddyn nhw." '

29Darllenodd Seffaneia'r offeiriad y llythyr i Jeremeia. 30A dyma'r ARGLWYDD yn dweud
wrth Jeremeia, 31'Anfon y neges yma at y bobl sydd wedi'u cymryd yn gaeth i Babilon:
"Dyma mae'r ARGLWYDD yn ei ddweud am Shemaia o Nechelam: 'Mae Shemaia yn siarad fel
petai'n broffwyd, ond wnes i ddim ei anfon e. Mae e wedi gwneud i chi gredu celwydd!'
32Felly, dyma mae'r ARGLWYDD yn ei ddweud: 'Dw i'n mynd i gosbi Shemaia a'i deulu. Fydd
neb ohonyn nhw'n cael byw i weld y pethau da dw i'n mynd i'w gwneud i'm pobl. Fi, yr
ARGLWYDD sy'n dweud hyn. Mae e wedi annog pobl i wrthryfela yn fy erbyn i.' " ' "

Mae Duw yn mynd i ddod â'i bobl yn ôl i'w gwlad
(30:1 – 33:26)

Gobaith! – Duw yn addo adfer ei bobl

30 Neges arall roddodd yr ARGLWYDD i Jeremeia: 2"Dyma mae'r ARGLWYDD, Duw Israel, yn
ei ddweud: 'Dw i eisiau i ti ysgrifennu popeth dw i'n ei ddweud wrthot ti ar sgrôl.
3Mae'r amser yn dod,' meddai'r ARGLWYDD, 'pan fydda i'n rhoi'r cwbl wnaeth fy mhobl Israel
a Jwda ei golli yn ôl iddyn nhw. Dw i'n mynd i ddod â nhw'n ôl i'r wlad rois i i'w hynafiaid.
Byddan nhw'n ei chymryd hi'n ôl eto.' "

Bydd Israel a Jwda'n cael eu hachub

4Dyma'r neges roddodd yr ARGLWYDD i mi am bobl Israel a Jwda. 5"Dyma mae'r ARGLWYDD
yn ei ddweud:

'Sŵn pobl yn gweiddi mewn panig a dychryn sydd i'w glywed;
does dim sôn am heddwch!'
6 Ond meddyliwch am hyn:
ydy dyn yn gallu cael babi?
Na? Felly pam dw i'n gweld y dynion cryf yma i gyd
yn dal eu boliau fel gwraig yn cael babi?
Pam mae eu hwynebau nhw i gyd yn wyn fel y galchen?
7 O! Mae'n amser caled ofnadwy!
Does erioed gyfnod tebyg wedi bod o'r blaen.
Mae'n argyfwng ofnadwy ar bobl Jacob –
ac eto byddan nhw yn cael eu hachub."

8Yr ARGLWYDD *hollbwerus* sy'n dweud hyn, "Bryd hynny bydda i'n torri'r iau sydd ar eu gwar
a dryllio'r rhaffau sy'n eu dal yn gaeth. Fydd pobl estron ddim yn feistri arnyn nhw o hynny
ymlaen. 9Byddan nhw'n gwasanaethu'r ARGLWYDD eu Duw a'r un o linach Dafydd fydda i'n
ei wneud yn frenin arnyn nhw."

10 "Felly, peidiwch bod ag ofn, bobl Jacob, fy ngweision,"
—yr ARGLWYDD sy'n dweud hyn.

"Peidiwch anobeithio, bobl Israel.
Dw i'n mynd i'ch achub chi a'ch plant
o'r wlad bell lle buoch yn gaeth.
Bydd pobl Jacob yn dod yn ôl adre ac yn mwynhau heddwch.
Byddan nhw'n teimlo'n saff a fydd neb yn eu dychryn nhw.
11 Dw i gyda chi, i'ch achub chi,"
—yr ARGLWYDD sy'n dweud hyn.

"Dw i'n mynd i ddinistrio'r gwledydd hynny
lle gwnes i eich gyrru chi ar chwâl,
ond wna i ddim eich dinistrio chi.
Ydw, dw i'n mynd i'ch disgyblu,
ond dim ond faint dych chi'n ei haeddu;
alla i ddim peidio'ch cosbi chi o gwbl."

12 Dyma mae'r ARGLWYDD yn ei ddweud:

"Does dim modd gwella dy friwiau;
ti wedi dy anafu'n ddifrifol.
13 Does neb yn gallu dy helpu di.
Does dim eli i wella'r dolur;
does dim iachâd.
14 Mae dy 'gariadon'[p] i gyd wedi dy anghofio di.
Dŷn nhw'n poeni dim amdanat ti!

Dw i wedi dy daro di fel petawn i'n elyn;
rwyt wedi diodde cosb greulon,
am dy fod wedi bod mor ddrwg
ac wedi pechu mor aml.
15 Pam wyt ti'n cwyno am dy friwiau?
Does dim modd gwella dy boen
Dw i wedi gwneud hyn i gyd i ti
am dy fod ti wedi bod mor ddrwg
ac wedi pechu mor aml.

16 Ond bydd y rhai wnaeth dy larpio di yn cael eu llarpio.
Bydd dy elynion i gyd yn cael eu cymryd yn gaeth.
Bydd y rhai wnaeth dy ysbeilio yn cael eu hysbeilio,
a'r rhai wnaeth ddwyn dy drysorau yn colli popeth.
17 Ydw, dw i'n mynd i dy iacháu di;
dw i'n mynd i wella dy friwiau,"
—yr ARGLWYDD sy'n dweud hyn.
"*Roedden nhw'n dy alw di* 'yr un gafodd ei gwrthod'.
'Does neb yn poeni am Seion,' medden nhw."

18 Dyma mae'r ARGLWYDD yn ei ddweud:

"Dw i'n mynd i adfer tai pobl Jacob,
a thosturio wrth eu teuluoedd.
Bydd y ddinas yn cael ei chodi eto ar safle ei hadfeilion,
a'r palas yn cael ei ailadeiladu lle roedd o'r blaen.
19 Bydd canu mawl a diolch a sŵn pobl yn joio
i'w clywed yn dod oddi yno.

---

p 30:14 *gariadon* Cyfeiriad at y gwledydd roedd Jwda'n pwyso arnyn nhw am help.

Bydda i'n gwneud i'w poblogaeth dyfu yn lle lleihau;
bydda i'n eu hanrhydeddu yn lle eu bod yn cael eu bychanu.
20 Bydd disgynyddion Jacob yn profi'r bendithion fel o'r blaen.
Bydda i'n eu sefydlu nhw eto fel cymuned o bobl,
a bydda i'n cosbi pawb sydd am eu gorthrymu nhw.
21 Bydd eu harweinydd yn un o'u pobl eu hunain;
bydd yr un sy'n eu rheoli yn dod o'u plith.
Bydda i'n ei wahodd i ddod ata i, a bydd yn dod.
Pwy fyddai'n mentro dod heb gael gwahoddiad?"
—yr Arglwydd sy'n dweud hyn.

22 "Byddwch chi'n bobl i mi,
a bydda i'n Dduw i chi."

23 Gwyliwch chi! Mae'r Arglwydd yn ddig.
Mae'n dod fel storm,
fel corwynt dinistriol fydd yn disgyn ar y rhai drwg.
24 Fydd llid ffyrnig yr Arglwydd ddim yn tawelu
nes bydd wedi gwneud popeth mae'n bwriadu ei wneud.
Byddwch chi'n dod i ddeall y peth yn iawn ryw ddydd.

Israel yn dod adre

31 "Bryd hynny," meddai'r Arglwydd, "fi fydd Duw pob llwyth yn Israel, a byddan nhw
yn bobl i mi." 2 Dyma mae'r Arglwydd yn ei ddweud:

"Cafodd pobl Israel osgoi'r cleddyf
a profi ffafr Duw yn yr anialwch,
wrth iddyn nhw chwilio am le i orffwys.
3 Roedd yr Arglwydd wedi ymddangos iddo mewn gwlad bell,
a dweud, 'Mae fy nghariad i atat ti yn gariad sy'n para am byth,
a dyna pam dw i wedi aros yn ffyddlon i ti.

4 Bydda i'n dy ailadeiladu eto, o wyryf annwyl Israel!
Byddi'n gafael yn dy dambwrîn eto,
ac yn mynd allan i ddawnsio a joio.
5 Byddi'n plannu gwinllannoedd
ar fryniau Samaria unwaith eto.
A'r rhai fydd yn eu plannu
fydd yn cael mwynhau eu ffrwyth.
6 Mae'r amser yn dod pan fydd y gwylwyr
yn gweiddi ar fryniau Effraim:[ph]
"Dewch! Gadewch i ni fynd i fyny i Seion
i addoli'r Arglwydd ein Duw." ' "

7 Ie, dyma mae'r Arglwydd yn ei ddweud:

"Canwch yn llawen dros bobl Israel,
a gweiddi o blaid y wlad bwysicaf.
Gweiddi ac addoli gan ddweud,
'Achub dy bobl, o Arglwydd,
achub y rhai sydd ar ôl o Israel.'

ph 31:6 *Effraim* Effraim oedd prif lwyth teyrnas Israel, ac mae'n aml yn cynrychioli'r wlad yn gyfan.

8 'Ydw, dw i'n mynd i ddod â nhw o dir y gogledd;[r]
dw i'n mynd i'w casglu nhw o ben draw'r byd.
Bydd pobl ddall a chloff yn dod gyda nhw,
gwragedd beichiog hefyd, a'r rhai sydd ar fin cael plant.
Bydd tyrfa fawr yn dod yn ôl yma.
9 Byddan nhw'n dod yn eu dagrau,
yn gweddïo wrth i mi eu harwain yn ôl.
Bydda i'n eu harwain wrth ymyl afonydd o ddŵr
ac ar hyd llwybrau gwastad lle fyddan nhw ddim yn baglu.
Fi ydy tad Israel;
Effraim ydy fy mab hynaf.' "

10 Gwrandwch ar neges yr ARGLWYDD, chi'r cenhedloedd i gyd,
a'i chyhoeddi yn y gwledydd pell ar yr arfordir a'r ynysoedd:
"Bydd yr ARGLWYDD, wnaeth yrru pobl Israel ar chwâl,
yn eu casglu eto ac yn gofalu amdanyn nhw
fel bugail yn gofalu am ei braidd."
11 Mae'r ARGLWYDD yn mynd i ryddhau pobl Jacob.
Bydd yn eu gollwng nhw'n rhydd o afael yr un wnaeth eu trechu nhw.
12 Byddan nhw'n dod gan ganu'n frwd ar Fynydd Seion.
Byddan nhw'n wên i gyd am fod yr ARGLWYDD mor dda.
Mae'n rhoi ŷd, sudd grawnwin ac olew olewydd,
ŵyn a lloi bach.
Mae'n gwneud bywyd fel gardd hyfryd wedi'i dyfrio.
Fyddan nhw byth yn teimlo'n llesg a blinedig eto.

13 Yna bydd y merched ifanc yn dawnsio'n llawen,
a'r bechgyn ifanc a'r dynion hŷn yn dathlu gyda'i gilydd.
Bydda i'n troi eu galar yn llawenydd.
Bydda i'n eu cysuro nhw, a rhoi hapusrwydd yn lle tristwch.
14 Bydd gan yr offeiriaid fwy na digon o aberthau,
a bydd fy mhobl yn cael digonedd o bethau da,
—yr ARGLWYDD sy'n dweud hyn.

15 Dyma mae'r ARGLWYDD yn ei ddweud:

"Mae cri i'w chlywed yn Rama,[rh]
sŵn wylo chwerw a galaru mawr—
Rachel yn crio am ei phlant.
Mae'n gwrthod cael ei chysuro,
am eu bod nhw wedi mynd."

16 Dyma mae'r ARGLWYDD yn ei ddweud:

"Stopia grio. Paid colli mwy o ddagrau.
Dw i'n mynd i roi gwobr i ti am dy waith.
Bydd dy blant yn dod yn ôl o wlad y gelyn.
17 Mae gobaith i'r dyfodol," meddai'r ARGLWYDD
"Bydd dy blant yn dod yn ôl i'w gwlad eu hunain.

---

r 31:8 *dir y gogledd* Asyria, lle cafodd pobl Israel eu cymryd yn gaethion yn 722 CC, a Babilon, lle byddai pobl Jwda yn cael eu cymryd yn gaethion yn 586 CC. rh 31:15 *Rama* Tref oedd ryw 8 milltir i'r gogledd o Jerwsalem. Yn yr ardal yna, mewn lle o'r enw Seltsach, y cafodd Rachel (mam Joseff a Benjamin) ei chladdu (1 Samuel 10:2).
31:10 Eseia 40:11

18 Dw i wedi clywed pobl Effraim yn dweud yn drist,
'Roedden ni'n wyllt fel tarw ifanc heb ei ddofi.
Ti wedi'n disgyblu ni, a dŷn ni wedi dysgu'n gwers.
Gad i ni ddod yn ôl i berthynas iawn hefo ti.
Ti ydy'r ARGLWYDD ein Duw ni.
19 Roedden ni wedi troi cefn arnat ti,
ond bellach dŷn ni wedi troi'n ôl.
Ar ôl gweld ein bai
roedden ni wedi'n llethu gan alar am fod mor wirion!
Roedd gynnon ni gywilydd go iawn
am y ffordd roedden ni wedi ymddwyn pan oedden ni'n ifanc.'

Yr ARGLWYDD:
20 Yn wir mae pobl Effraim yn dal yn blant i mi!
Maen nhw'n blant annwyl yn fy ngolwg i.
Er fy mod wedi gorfod eu ceryddu nhw,
dw i'n dal yn eu caru nhw.
Mae'r teimladau mor gryf yno i,
alla i ddim peidio dangos trugaredd atyn nhw."
—yr ARGLWYDD sy'n dweud hyn.

Jeremeia:
21 O wyryf annwyl Israel! Cofia'r ffordd aethost ti.
Gosod arwyddion, a chodi mynegbyst
i ganfod y ffordd yn ôl.
Tyrd yn ôl! Tyrd adre
i dy drefi dy hun.
22 Am faint wyt ti'n mynd i oedi,
ferch anffyddlon?
Mae'r ARGLWYDD yn creu rhywbeth newydd –
mae fel benyw yn amddiffyn dyn!

Llwyddiant pobl Dduw

23 Dyma mae'r ARGLWYDD hollbwerus, Duw Israel, yn ei ddweud:

"Dw i'n mynd i roi'r cwbl wnaeth pobl Jwda ei golli yn ôl iddyn nhw,
a byddan nhw'n dweud eto am Jerwsalem:
'O fynydd cysegredig lle mae cyfiawnder yn byw,
boed i'r ARGLWYDD dy fendithio di!'
24 Bydd pobl yn byw gyda'i gilydd yn nhrefi Jwda unwaith eto.
Bydd yno ffermwyr a bugeiliaid crwydrol yn gofalu am eu praidd.
25 Bydda i'n rhoi diod i'r rhai sydd wedi blino,
ac yn adfywio'r rhai sy'n teimlo'n llesg."

26 Yn sydyn dyma fi'n deffro ac yn edrych o'm cwmpas. Rôn i wedi bod yn cysgu'n braf!
27 "Mae'r amser yn dod," meddai'r ARGLWYDD, "pan fydd poblogaeth fawr a digonedd
o anifeiliaid yn Israel a Jwda unwaith eto. 28 Yn union fel roeddwn i'n gwylio i wneud yn
siŵr eu bod nhw'n cael eu tynnu o'r gwraidd a'u chwalu, eu dinistrio a'u bwrw i lawr, yn
y dyfodol bydda i'n gwylio i wneud yn siŵr eu bod nhw'n cael eu hadeiladu a'u plannu'n
ddiogel," meddai'r ARGLWYDD.

31:28 Jeremeia 1:10

29 "Bryd hynny fydd pobl ddim yn dweud pethau fel:
'Mae'r rhieni wedi bwyta grawnwin surion
ond y plant sy'n diodde'r blas drwg.'

30 Bydd pawb yn marw am ei bechod ei hun. Pwy bynnag sy'n bwyta'r grawnwin surion fydd
yn diodde'r blas drwg."

Ymrwymiad newydd Duw

31 "Mae'r amser yn dod," meddai'r ARGLWYDD, "pan fydda i'n gwneud ymrwymiad newydd gyda
phobl Israel a Jwda. 32 Fydd hwn ddim yr un fath â'r un wnes i gyda'u hynafiaid (pan afaelais yn
eu llaw a'u harwain allan o'r Aifft). Roedden nhw wedi torri amodau'r ymrwymiad hwnnw, er fy
mod i wedi bod yn ŵr ffyddlon iddyn nhw. 33 Dyma'r ymrwymiad fydda i'n ei wneud gyda phobl
Israel bryd hynny," meddai'r ARGLWYDD: "Bydda i'n rhoi fy nghyfraith yn eu calonnau nhw, ac yn
ei hysgrifennu ar eu meddyliau nhw. Fi fydd eu Duw nhw, a nhw fydd fy mhobl i. 34 Fyddan nhw
ddim yn gorfod dysgu pobl eraill, a dweud wrth ei gilydd, 'Rhaid i ti ddod i nabod yr ARGLWYDD'.
Byddan nhw i gyd yn fy nabod i, y bobl gyffredin a'r arweinwyr, am fy mod i'n maddau iddyn
nhw am y pethau wnaethon nhw o'i le, ac yn anghofio'u pechodau am byth."

35 Dyma mae'r ARGLWYDD yn ei ddweud –
yr un sydd wedi gosod trefn i'r haul roi golau'n y dydd
a'r lleuad a'r sêr roi eu golau'n y nos,
yr un sy'n corddi'r môr yn donnau mawr –
yr ARGLWYDD hollbwerus ydy ei enw e:
36 "Byddai dileu pobl Israel fel cenedl
yr un fath â chael gwared â threfn natur!"

37 Dyma mae'r ARGLWYDD yn ei ddweud:
"Mae'n amhosib mesur yr awyr a'r gofod,
neu archwilio sylfeini'r ddaear.
Mae'r un mor amhosib i mi wrthod pobl Israel
am bopeth drwg maen nhw wedi'i wneud,"
—yr ARGLWYDD sy'n dweud hyn.

38 "Mae'r amser yn dod," meddai'r ARGLWYDD, "pan fydd dinas Jerwsalem yn cael ei hadeiladu
i mi eto, o Dŵr Chanan-el i Giât y Gornel. 39 Bydd ei ffiniau'n ymestyn i'r gorllewin at Fryn
Gareb ac yna'n troi i'r de i lawr i Goath. 40 Bydd hyd yn oed y dyffryn lle cafodd yr holl gyrff
marw a'u lludw eu taflu, a'r holl gaeau i lawr at Ddyffryn Cidron yn y dwyrain at gornel Giât
y Ceffylau, yn rhan o'r ddinas fydd wedi'i chysegru i'r ARGLWYDD. Fydd y ddinas ddim yn cael
ei chwynnu na'i bwrw i lawr byth eto."

Jeremeia'n prynu cae

32 Rhoddodd yr ARGLWYDD neges arall i Jeremeia pan oedd Sedeceia wedi bod yn frenin
ar Jwda ers deg mlynedd, bron.[s] Roedd hi'n flwyddyn un deg wyth o deyrnasiad
Nebwchadnesar, 2 ac roedd byddin Babilon yn gwarchae ar Jerwsalem. Roedd Jeremeia yn
y ddalfa yn iard y gwarchodlu ym mhalas brenin Jwda. 3 Sedeceia oedd wedi gorchymyn ei
gadw yno ar ôl ei holi pam ei fod yn proffwydo fod yr ARGLWYDD yn dweud: "Dw i'n mynd i roi'r
ddinas yma i frenin Babilon. Bydd e'n ei choncro hi. 4 Bydd y Brenin Sedeceia yn cael ei ddal,
a bydd yn cael ei osod i sefyll ei brawf o flaen brenin Babilon a'i wynebu'n bersonol. 5 Yna bydd
Sedeceia'n cael ei gymryd i Babilon, a bydd yn aros yno nes bydda i, yr ARGLWYDD, wedi gorffen
delio hefo fe. Gallwch ddal ati i ymladd yn erbyn y Babiloniaid, ond wnewch chi ddim ennill!"

---

s 32:1 *Sedeceia ... deg mlynedd, bron* h.y. yn 588 CC.
31:33 Eseciel 11:19-20; 36:26-27 31:35 Salm 136:7-9

6 Dyna pryd dwedodd Jeremeia, “Mae'r ARGLWYDD wedi rhoi'r neges yma i mi: 7 ‘Bydd
Chanamel, mab dy ewythr Shalwm, yn dod i dy weld di. Bydd yn gofyn i ti brynu'r cae sydd
ganddo yn Anathoth, am mai ti ydy'r perthynas agosaf, ac felly ti sydd â'r hawl cyntaf i'w
brynu.’ 8 A dyna'n union ddigwyddodd. Dyma Chanamel, cefnder i mi, yn dod i'm gweld yn
iard y gwarchodlu. Gofynnodd i mi, ‘Wyt ti eisiau prynu'r cae sydd gen i yn Anathoth, yn ardal
Benjamin? Ti sydd â'r hawl cyntaf i'w brynu am mai ti ydy'r perthynas agosaf. Pryna fe i ti dy
hun.’ Pan ddigwyddodd hyn, roeddwn i'n gwybod yn iawn fod yr ARGLWYDD wedi siarad gyda mi.
9 “Felly dyma fi'n prynu'r cae sydd yn Anathoth gan Chanamel, a thalu un deg saith darn
arian amdano. 10 Dyma fi'n arwyddo'r gweithredoedd a'u selio o flaen tystion, pwyso'r arian
mewn clorian a thalu iddo. 11 Roedd dau gopi o'r gweithredoedd – un wedi'i selio oedd
yn cynnwys amodau a thelerau'r cytundeb, a'r llall yn gopi agored. Wedyn, dyma fi'n eu
rhoi nhw 12 i Barŵch (mab Nereia ac ŵyr i Machseia). Gwnes hyn i gyd o flaen fy nghefnder
Chanamel a'r dynion oedd wedi ardystio'r gweithredoedd, a phawb arall o bobl Jwda oedd
yn eistedd yn iard y gwarchodlu. 13 Yna dyma fi'n dweud wrth Barŵch o'u blaenau nhw i gyd,
14 ‘Dyma mae'r ARGLWYDD hollbwerus, Duw Israel, yn ei ddweud: “Cymer y gweithredoedd yma,
y copi sydd wedi'i selio a'r un agored, a'u rhoi mewn jar pridd i'w cadw'n saff am amser
hir.” 15 Achos dyma mae'r ARGLWYDD hollbwerus, Duw Israel, yn ei ddweud: “Bydd tai a chaeau
a gwinllannoedd yn cael eu prynu yn y wlad yma eto.” ’

Gweddi Jeremeia

16 “Ar ôl rhoi'r gweithredoedd i Barŵch, dyma fi'n gweddïo ar yr ARGLWYDD:
17 ‘O, Feistr, ARGLWYDD! Ti ydy'r Duw cryf a nerthol sydd wedi creu'r nefoedd a'r ddaear.
Does dim byd yn rhy anodd i ti ei wneud. 18 Ti'n dangos cariad diddiwedd at filoedd. Ond
rwyt ti hefyd yn gadael i blant ddiodde am bechodau eu rhieni. Ti ydy'r Duw mawr, yr Un
grymus! Yr ARGLWYDD hollbwerus ydy dy enw di. 19 Ti ydy'r Duw doeth sy'n gwneud pethau
rhyfeddol. Ti'n gweld popeth mae pobl yn eu gwneud. Ti sy'n rhoi i bawb beth maen
nhw'n ei haeddu am y ffordd maen nhw wedi ymddwyn. 20 Ti wnaeth arwyddion gwyrthiol
a phethau rhyfeddol yng ngwlad yr Aifft. Ti'n enwog hyd heddiw yn Israel ac ar hyd a lled
y byd am beth wnest ti. 21 Defnyddiaist dy nerth rhyfeddol i ddod â'th bobl Israel allan
o wlad yr Aifft, a dychryn y bobl yno gyda'r gwyrthiau mwyaf syfrdanol. 22 Ac wedyn dyma
ti'n rhoi'r wlad ffrwythlon yma iddyn nhw – tir lle mae llaeth a mêl yn llifo! Dyna oeddet
ti wedi'i addo i'w hynafiaid nhw.
23 Ond pan ddaethon nhw i gymryd y wlad drosodd, wnaethon nhw ddim gwrando arnat
ti na byw fel roeddet ti wedi'u dysgu nhw. Wnaethon nhw ddim byd oeddet ti'n ei ddweud.
Dyma pam mae'r dinistr yma wedi dod arnyn nhw. 24 Mae rampiau gwarchae wedi'u codi
o gwmpas y ddinas, yn barod i'w chymryd hi. Mae'r rhyfela, y newyn a'r haint, yn siŵr
o arwain at y ddinas yma'n cael ei choncro gan y Babiloniaid. Fel y gweli, mae popeth yn
digwydd yn union fel gwnest ti rybuddio. 25 Ac eto, er bod y Babiloniaid yn mynd i goncro'r
ddinas yma, rwyt ti wedi dweud wrtho i am brynu'r cae yma, a chael tystion i wneud
y peth yn gyfreithlon.’ ”

Ateb Duw i Jeremeia

26 Dyma'r ARGLWYDD yn ateb Jeremeia: 27 “Yr ARGLWYDD ydw i, Duw'r ddynoliaeth gyfan.
Mae'n wir, does dim byd yn rhy anodd i mi ei wneud. 28 Felly, dyma dw i'n ei ddweud: ‘Dw
i'n mynd i roi'r ddinas yma yn nwylo'r Babiloniaid. Bydd Nebwchadnesar, brenin Babilon,
yn ei choncro. 29 Bydd byddin Babilon yn ymosod ac yn dod i mewn i'r ddinas yma, yn ei
rhoi ar dân ac yn ei llosgi'n ulw. Bydd y tai lle buodd pobl yn aberthu i Baal ar eu toeau
ac yn tywallt offrwm o ddiod i dduwiau eraill, yn cael eu llosgi. Roedd pethau fel yna'n
fy ngwylltio i. 30 Dydy pobl Israel a Jwda wedi gwneud dim byd ond drwg o'r dechrau

32:21 Deuteronomium 26:8 32:29 Jeremeia 19:13

cyntaf. Maen nhw wedi fy nigio i drwy addoli eilunod maen nhw eu hunain wedi'u cerfio,'
meddai'r ARGLWYDD. 31 'Mae'r ddinas yma wedi fy ngwylltio i'n lân o'r diwrnod pan gafodd
ei hadeiladu hyd heddiw. Felly rhaid i mi gael gwared â hi. 32 Mae pobl Israel a Jwda
wedi fy ngwylltio'n lân drwy wneud cymaint o bethau drwg – nhw a'u brenhinoedd a'u
swyddogion, yr offeiriaid a'r proffwydi, pobl Jwda i gyd, a phawb sy'n byw yn Jerwsalem!
33 Maen nhw wedi troi cefn arna i yn lle troi ata i! Dw i wedi ceisio'u dysgu nhw dro ar ôl
tro, ond roedden nhw'n gwrthod gwrando a chael eu cywiro. 34 Maen nhw'n llygru fy nheml
i drwy osod eilun-dduwiau ffiaidd ynddi. 35 Maen nhw hefyd wedi codi allorau paganaidd
i Baal yn Nyffryn Ben-hinnom. Maen nhw'n aberthu eu plant bach i Molech! Wnes i erioed
ddweud wrthyn nhw am wneud y fath beth. Fyddai peth felly byth wedi croesi fy meddwl
i! Mae wedi gwneud i Jwda bechu yn ofnadwy!'

36 " 'Mae'r rhyfel, a'r newyn a haint yn mynd i arwain at roi'r ddinas yma yn nwylo brenin
Babilon,' meddech chi. Gwir. Ond nawr dw i, yr ARGLWYDD, Duw Israel, am ddweud hyn am
y ddinas yma: 37 'Dw i'n mynd i gasglu fy mhobl yn ôl o'r gwledydd lle gwnes i eu gyrru nhw.
Rôn i wedi gwylltio'n lân hefo nhw. Rôn i'n ffyrnig! Ond dw i'n mynd i ddod â nhw'n ôl i'r lle
yma, a byddan nhw'n cael byw yma yn hollol saff. 38 Fi fydd eu Duw nhw, a nhw fydd fy mhobl
i. 39 Byddan nhw i gyd yn benderfynol o fyw yn ffyddlon i mi bob amser, a bydd hynny'n dda
iddyn nhw a'u plant ar eu holau. 40 Bydda i'n gwneud ymrwymiad gyda nhw fydd yn para am
byth – ymrwymiad i beidio stopio gwneud daioni iddyn nhw. Bydda i'n plannu ynddyn nhw
barch ata i fydd yn dod o waelod calon, a fyddan nhw byth yn troi cefn arna i eto. 41 Bydda
i wrth fy modd yn gwneud pethau da iddyn nhw. Bydda i'n eu plannu nhw yn y tir yma eto.
Bydda i'n ffyddlon iddyn nhw, ac yn rhoi fy hun yn llwyr i wneud hyn i gyd.'

42 "Ie, dyma dw i, yr ARGLWYDD, yn ei ddweud: 'Fel y bydda i'n dod â'r dinistr mawr yma arnyn
nhw, bydda i wedyn yn dod â'r holl bethau da dw i'n ei addo iddyn nhw.' 43 'Ond mae'r wlad
yma'n anialwch diffaith,' meddech chi. 'Does dim pobl nac anifeiliaid yn byw yma. Mae'r wlad
wedi'i choncro gan y Babiloniaid.' Ond gwrandwch, bydd caeau yn cael eu prynu yn y wlad
yma unwaith eto. 44 Bydd caeau yn cael eu prynu a'u gwerthu yma eto, a gweithredoedd yn
cael eu harwyddo a'u selio o flaen tystion. Bydd hyn yn digwydd yn nhir Benjamin, yr ardal
o gwmpas Jerwsalem, trefi Jwda, yn y bryniau, yn yr iseldir yn y gorllewin a'r Negef yn y de.
Bydda i'n rhoi'r cwbl wnaethon nhw ei golli yn ôl iddyn nhw," meddai'r ARGLWYDD.

Addewid arall fod gobaith i Israel a Jwda

33 Dyma'r ARGLWYDD yn rhoi neges i Jeremeia yr ail waith (roedd yn dal yn gaeth yn iard
y gwarchodlu ar y pryd): 2 "Fi, yr ARGLWYDD, sy'n gwneud hyn. Dw i'n cyflawni beth
dw i'n ei fwriadu. Yr ARGLWYDD ydy fy enw i. 3 Galwa arna i, a bydda i'n ateb. Gwna i ddangos
i ti bethau mawr cudd allet ti ddim eu gwybod ohonot dy hun.

4 "Dyma dw i, yr ARGLWYDD, Duw Israel, yn ei ddweud: 'Mae tai'r ddinas yma a hyd yn oed
y palasau brenhinol wedi'u chwalu i gael deunydd i amddiffyn rhag y rampiau gwarchae a'r
ymosodiadau. 5 Dych chi'n bwriadu ymladd y Babiloniaid, ond bydd y tai yma'n cael eu llenwi
hefo cyrff marw. Dw i'n mynd i daro pobl y ddinas yma yn ffyrnig. Dw i wedi troi cefn arnyn
nhw am eu bod nhw wedi gwneud cymaint o ddrwg.

6 " 'Ond bydda i'n iacháu'r ddinas yma eto. Dw i'n mynd i'w gwella hi a'i phobl, rhoi
heddwch iddyn nhw a'u cadw nhw'n saff am byth. 7 Bydda i'n rhoi popeth wnaeth Israel
a Jwda ei golli yn ôl iddyn nhw. Dw i'n mynd i'w hadeiladu nhw eto, fel roedden nhw o'r
blaen. 8 Dw i'n mynd i'w glanhau nhw o'u holl bechodau yn fy erbyn i. Bydda i'n maddau
eu pechodau a'u gwrthryfel yn fy erbyn i. 9 Bydd y gwledydd i gyd yn clywed am y pethau
da fydda i'n eu gwneud iddyn nhw. Bydd y ddinas yma'n fy ngwneud i'n enwog, ac yn
dod ag anrhydedd a mawl i mi, am fy mod i wedi gwneud ei phobl hi mor llawen. Bydd

---

32:35 Lefiticus 18:21; 20:2-5; Deuteronomium 12:31 32:37 Deuteronomium 30:1-5
32:40 Eseia 55:3; Jeremeia 31:31; Eseciel 16:60; 37:26

y gwledydd wedi dychryn am fy mod i wedi gwneud cymaint o dda i'r ddinas ac wedi rhoi
heddwch iddi.' "
10"Dyma mae'r ARGLWYDD yn ei ddweud: 'Dych chi'n dweud am y lle yma, "Mae'r wlad
yma'n anialwch diffaith. Does dim pobl nac anifeiliaid yn byw yma." Gwir! Yn fuan iawn bydd
pentrefi Jwda a strydoedd Jerwsalem yn wag – fydd neb yn byw yma, a fydd dim anifeiliaid
yma chwaith. Ac eto bydd sŵn
11 pobl yn chwerthin ac yn joio a mwynhau eu hunain mewn
parti priodas i'w glywed yma eto. A bydd sŵn pobl yn canu wrth fynd i'r deml i gyflwyno
offrwm diolch i'r ARGLWYDD:

"Diolchwch i'r ARGLWYDD hollbwerus.
Mae e mor dda aton ni;
mae ei haelioni yn ddiddiwedd!"

Dw i'n mynd i roi'r cwbl oedd gan y wlad ar y dechrau yn ôl iddi,' meddai'r ARGLWYDD.
12"Dyma mae'r ARGLWYDD hollbwerus yn ei ddweud: 'Mae'n wir – bydd y lle yma'n adfeilion,
heb bobl nac anifeiliaid yn byw yma. Ond yna ryw ddydd bydd bugeiliaid unwaith eto yn
arwain eu praidd i orffwys yma.
13 Bydd bugeiliaid yn cyfrif eu defaid wrth iddyn nhw fynd
i'r gorlan yn y pentrefi i gyd, yn y bryniau a'r iseldir i'r gorllewin, yn y Negef i'r de, ar dir
llwyth Benjamin, yn yr ardal o gwmpas Jerwsalem ac yn nhrefi Jwda i gyd. Fi, yr ARGLWYDD,
sy'n dweud hyn.
14" 'Mae'r amser yn dod,' meddai'r ARGLWYDD, 'pan fydda i'n gwneud beth dw i wedi addo
ei wneud i bobl Israel a Jwda.
15 Bryd hynny,
bydda i'n gwneud i flaguryn dyfu ar goeden deuluol Dafydd,
un fydd yn gwneud beth sy'n iawn.
Bydd e'n gwneud beth sy'n gyfiawn ac yn deg yn y wlad.
16 Bryd hynny bydd Jwda'n cael ei hachub,
a bydd Jerwsalem yn saff.
Bydd e'n cael ei alw,
"Yr ARGLWYDD sy'n rhoi cyfiawnder i ni".'

17"Dyma mae'r ARGLWYDD yn ei ddweud: 'Bydd un o ddisgynyddion Dafydd yn eistedd ar
orsedd Israel am byth.
18 A bydd yna bob amser offeiriaid o lwyth Lefi yn sefyll o'm blaen
i gyflwyno offrymau i'w llosgi, offrymau o rawn, ac aberthau.' "
19 Yna dyma'r ARGLWYDD yn rhoi'r neges yma i Jeremeia:
20"Dyma dw i, yr ARGLWYDD, yn
ei ddweud: 'Does neb yn gallu torri'r patrwm o nos a dydd yn dilyn ei gilydd mewn trefn.
21 A'r un fath, does neb yn gallu torri'r ymrwymiad dw i wedi'i wneud i Dafydd fy ngwas, sef
y bydd un o'i ddisgynyddion yn frenin bob amser. A does neb yn gallu torri'r ymrwymiad dw
i wedi'i wneud i lwyth Lefi chwaith.
22 Bydd cymaint o ddisgynyddion gan Dafydd fy ngwas,
â'r rhai o lwyth Lefi sy'n fy ngwasanaethu i. Byddan nhw fel y sêr yn yr awyr neu'r tywod ar
lan y môr – yn gwbl amhosib i'w cyfri!' "
23 Dyma'r ARGLWYDD yn rhoi'r neges yma i Jeremeia:
24"Mae'n siŵr dy fod ti wedi clywed
beth mae pobl yn ei ddweud – 'Mae'r ARGLWYDD wedi gwrthod y ddau deulu wnaeth
e ddewis!' Does ganddyn nhw ddim parch at fy mhobl i. Dŷn nhw ddim yn eu hystyried
nhw'n genedl ddim mwy.
25 Ond dw i, yr ARGLWYDD, yn addo hyn: dw i wedi gosod trefn
i reoli dydd a nos, ac wedi gosod deddfau i'r awyr a'r ddaear. Dydy'r pethau yna byth
yn mynd i gael eu newid.
26 A'r un modd dw i ddim yn mynd i wrthod disgynyddion
Jacob. Bydd un o ddisgynyddion Dafydd yn teyrnasu ar ddisgynyddion Abraham, Isaac
a Jacob. Byddan nhw'n cael popeth maen nhw wedi'i golli yn ôl. Dw i'n mynd i ddangos
trugaredd atyn nhw."

33:16 Jeremeia 23:5-6 33:21 2 Samuel 7:11-16 33:22 Genesis 15:5; 22:17; 32:12

Negeseuon Jeremeia i'r Brenin Sedeceia ac i'r Rechabiaid
(34:1 – 35:19)

Neges i Sedeceia, brenin Jwda

34 Roedd Nebwchadnesar, brenin Babilon, a'i fyddin (oedd yn cynnwys milwyr o'r
holl wledydd roedd wedi'u concro) yn ymosod ar Jerwsalem a'r trefi o'i chwmpas.
A dyna pryd rhoddodd yr Arglwydd neges arall i Jeremeia, [2]a dweud wrtho am fynd i ddweud
wrth Sedeceia, brenin Jwda: "Dyma mae'r Arglwydd yn ei ddweud: 'Dw i'n mynd i roi'r ddinas
yma yn nwylo brenin Babilon, a bydd yn ei llosgi'n ulw. [3]A fyddi di ddim yn dianc o'i afael.
Byddi'n cael dy ddal ac yn cael dy osod i sefyll dy brawf o'i flaen a'i wynebu'n bersonol.
Wedyn byddi'n cael dy gymryd i Babilon.' [4]Ond gwrando ar beth mae'r Arglwydd yn ei ddweud
amdanat ti, Sedeceia, brenin Jwda. Mae'n dweud: 'Fyddi di ddim yn cael dy ddienyddio.
[5]Byddi'n cael marw'n dawel. Byddan nhw'n llosgi arogldarth yn dy angladd di, yn union fel
gwnaethon nhw i'r brenhinoedd oedd o dy flaen di. Byddan nhw'n wylo ac yn galaru ar dy
ôl di, "O, ein meistr!" Dw i'n addo i ti. Fi, yr Arglwydd, sy'n dweud hyn.' "
[6]Felly, dyma'r proffwyd Jeremeia yn dweud hyn i gyd wrth Sedeceia, brenin Jwda. [7]Roedd
byddin brenin Babilon yn dal i ymladd yn erbyn Jerwsalem ar y pryd, a hefyd yn erbyn Lachish
ac Aseca,[t] yr unig gaerau amddiffynnol yn Jwda oedd yn dal eu tir.

Rhyddid i gaethweision

[8]Cafodd Jeremeia neges arall gan yr Arglwydd ar ôl i'r Brenin Sedeceia ymrwymo gyda'r
bobl yn Jerwsalem i ollwng eu caethweision yn rhydd. [9]Roedd pawb i fod i ryddhau'r dynion
a'r merched oedd yn gaethweision. Doedd neb i fod i gadw un o'u pobl eu hunain o Jwda yn
gaeth. [10]Cytunodd pawb, yr arweinwyr a'r bobl i gyd, ac ymrwymo i ollwng eu caethweision
yn rhydd – y dynion a'r merched oedd wedi bod yn gweithio iddyn nhw. Ar y dechrau dyma
nhw'n gwneud beth roedden nhw wedi'i addo. [11]Ond ar ôl hynny dyma nhw'n newid eu
meddyliau, a chymryd y dynion a'r merched yn ôl, a'u gorfodi i weithio fel caethweision eto.
[12]Dyna pryd rhoddodd yr Arglwydd y neges yma i Jeremeia: [13]"Dyma mae'r Arglwydd, Duw
Israel, yn ei ddweud: 'Pan ddes i â'ch hynafiaid chi allan o'r Aifft, a'u rhyddhau nhw o fod yn
gaethweision, gwnes i gytundeb gyda nhw: [14]"Bob saith mlynedd rhaid i chi ollwng yn rhydd
eich cydwladwyr Hebreig sydd wedi gwerthu eu hunain i chi ac wedi'ch gwasanaethu chi am
chwe mlynedd." Ond wnaeth eich hynafiaid ddim gwrando na chymryd unrhyw sylw ohono i.
[15]Ond yna'n ddiweddar dyma chi'n newid eich ffyrdd a gwneud beth roeddwn i eisiau. Dyma
chi'n gadael i'ch cydwladwyr fynd yn rhydd, ac mewn seremoni yn y deml ymrwymo i gadw
at hynny. [16]Ond wedyn dyma chi'n newid eich meddwl eto a dangos bod gynnoch chi ddim
parch ata i go iawn. Dyma chi'n cymryd y dynion a'r merched oedd wedi cael eu gollwng yn
rhydd i fyw eu bywydau eu hunain, a'u gwneud nhw'n gaethweision unwaith eto!
[17]" 'Felly, dyma dw i, yr Arglwydd, yn ei ddweud: "Dych chi ddim wedi gwrando arna i go
iawn. Dych chi ddim wedi gollwng eich cymdogion a'ch cydwladwyr yn rhydd. Felly dw i'n
mynd i roi rhyddid i ryfel, newyn a haint eich lladd chi." Fi, yr Arglwydd, sy'n dweud hyn. "Bydd
beth fydd yn digwydd i chi yn dychryn pobl y gwledydd i gyd. [18]Bydda i'n cosbi'r bobl hynny
sydd wedi torri amodau'r ymrwymiad. Bydda i'n eu gwneud nhw fel y llo gafodd ei dorri yn
ei hanner ganddyn nhw wrth dyngu'r llw a cherdded rhwng y darnau.[th] [19]Bydda i'n cosbi
swyddogion Jwda, swyddogion Jerwsalem, swyddogion y llys brenhinol, yr offeiriaid, a phawb
arall wnaeth gerdded rhwng y darnau o'r llo. [20]Byddan nhw'n cael eu rhoi yn nwylo'r gelynion
sydd am eu lladd nhw. Bydd eu cyrff yn fwyd i adar ac anifeiliaid gwyllt. [21]Bydd y Brenin

---

t 34:7 *Lachish ac Aseca* Roedd Lachish 23 milltir i'r de-ddwyrain o Jerwsalem, ac Aseca 18 milltir i'r gogledd o Lachish. th 34:18 *y llo ... y darnau* Mae hyn yn adlewyrchu'r ffordd roedd ymrwymiad o'r fath yn cael ei gadarnhau yn seremoniol (cf. Genesis 15:7-18a).

34:9 Deuteronomium 15:12; Exodus 21:1-6 34:14 Deuteronomium 15:1,12

Sedeceia a'i swyddogion yn cael eu rhoi yn nwylo'r gelynion hefyd. Mae brenin Babilon a'i fyddin wedi mynd i ffwrdd a stopio ymosod arnoch chi am y tro. 22 Ond dw i, yr ARGLWYDD, yn mynd i orchymyn iddyn nhw ddod yn ôl yn fuan iawn. Byddan nhw'n ymladd yn erbyn y ddinas yma, yn ei choncro, ac yn ei llosgi'n ulw. Bydd trefi Jwda yn cael eu dinistrio'n llwyr, a fydd neb yn byw yno." ' "

Esiampl y Rechabiaid ffyddlon

35 Dyma neges roddodd yr ARGLWYDD i Jeremeia pan oedd Jehoiacim fab Joseia yn frenin ar Jwda: 2 "Dos i'r gymuned lle mae'r Rechabiaid yn byw, i siarad â nhw a'u gwahodd nhw i deml yr ARGLWYDD. Dos â nhw i un o'r ystafelloedd ochr, a chynnig gwin iddyn nhw i'w yfed." 3 Felly dyma fi'n mynd i nôl Iaasaneia (mab Jeremeia ac ŵyr Hafatsiniâ) a'i frodyr a'i feibion, a gweddill y gymuned o Rechabiaid, 4 a mynd â nhw i deml yr ARGLWYDD. Es â nhw i'r ystafell lle roedd disgyblion y proffwyd Chanan fab Igdaleia yn aros – sef drws nesa i'r ystafell lle roedd swyddogion y deml yn aros, ac uwchben ystafell Maaseia fab Shalwm, prif borthor y deml. 5 Dyma fi'n rhoi jygiau o win a chwpanau o'u blaenau nhw, a dweud, "Cymerwch win." 6 Ond dyma nhw'n ateb, "Na. Dŷn ni ddim yn yfed gwin am fod Jonadab fab Rechab,[u] ein cyndad ni, wedi dweud wrthon ni am beidio. 'Ddylech chi na'ch plant fyth yfed gwin,' meddai. 7 'Peidiwch adeiladu tai. Peidiwch tyfu cnydau. A pheidiwch plannu na phrynu gwinllan. Dych chi i fyw mewn pebyll bob amser. Os gwnewch chi hynny, byddwch yn byw am hir yn y wlad lle rydych chi'n crwydro.' 8 Dŷn ni a'n gwragedd a'n plant bob amser wedi gwrando a bod yn ufudd i orchymyn Jonadab fab Rechab, ein cyndad. Dŷn ni erioed wedi yfed gwin 9 nac adeiladu tai; does gynnon ni ddim gwinllannoedd, caeau na chnydau, 10 a dŷn ni bob amser wedi byw mewn pebyll. Dŷn ni wedi gwrando a gwneud yn union beth ddwedodd ein cyndad Jonadab wrthon ni. 11 Ond pan ddaeth Nebwchadnesar brenin Babilon i ymosod ar y wlad, dyma ni'n penderfynu dianc i Jerwsalem oddi wrth fyddin Babilon a byddin Syria.[w] A dyna pam dŷn ni yma yn Jerwsalem."

12 Dyma'r ARGLWYDD yn rhoi'r neges yma i Jeremeia: 13 "Dyma mae'r ARGLWYDD hollbwerus, Duw Israel, am i ti ei ddweud wrth bobl Jwda a'r rhai sy'n byw yn Jerwsalem: 'Pam wnewch chi ddim dysgu gwers o hyn, a gwrando ar beth dw i'n ddweud?' meddai'r ARGLWYDD. 14 'Roedd Jonadab fab Rechab wedi dweud wrth ei ddisgynyddion am beidio yfed gwin, ac maen nhw wedi gwrando arno. Dŷn nhw erioed wedi yfed gwin. Ond dw i wedi bod yn siarad hefo chi dro ar ôl tro, a dych chi byth yn gwrando arna i. 15 Dw i wedi anfon un proffwyd ar ôl y llall i'ch rhybuddio chi, a dweud, "Rhaid i chi stopio gwneud y pethau drwg dych chi'n eu gwneud. Rhaid i chi newid eich ffyrdd a pheidio addoli a gwasanaethu eilun-dduwiau paganaidd, wedyn cewch fyw yn y wlad rois i i chi a'ch hynafiaid." Ond wnaethoch chi ddim cymryd unrhyw sylw na gwrando ar beth roeddwn i'n ddweud. 16 Mae disgynyddion Jonadab fab Rechab wedi gwneud beth ddwedodd e wrthyn nhw, ond dych chi ddim wedi bod yn ufudd i mi.' 17 Felly, dyma mae'r ARGLWYDD, y Duw hollbwerus, Duw Israel, yn ei ddweud: 'Dw i'n mynd i daro pobl Jwda a'r rhai sy'n byw yn Jerwsalem hefo pob dinistr dw i wedi'i fygwth. Dw i wedi siarad hefo nhw a dŷn nhw ddim wedi gwrando. Dw i wedi galw arnyn nhw a dŷn nhw ddim wedi ateb.' "

18 Yna dyma Jeremeia'n dweud wrth y gymuned o Rechabiaid: "Dyma mae'r ARGLWYDD hollbwerus, Duw Israel, yn ei ddweud: 'Dych chi wedi gwrando ar orchymyn eich cyndad Jonadab. Dych chi wedi gwneud popeth ddwedodd e wrthych chi ei wneud.' 19 Felly mae'r ARGLWYDD hollbwerus, Duw Israel, yn dweud hyn: 'Bydd un o ddisgynyddion Jonadab fab Rechab yn fy ngwasanaethu i bob amser.' "

---

u 35:6 *Jonadab fab Rechab* Roedd Jonadab yn byw bron 250 o flynyddoedd ynghynt – gw. 2 Brenhinoedd 10:15-31. Fel y Nasareaid (Numeri 6:1-21), doedd y Rechabiaid ddim yn yfed gwin am fod grawnwin yn symbol o fywyd crefyddol paganaidd y Canaaneaid. w 35:11 *byddin Syria* Roedd cynghrair rhwng Babilon a Syria ar y pryd – gw. 2 Brenhinoedd 24:2.

Jeremeia'n dioddef am gyhoeddi neges yr ARGLWYDD
(36:1 – 45:5)

Barŵch yn darllen y sgrôl yn y deml

36 Yn y bedwaredd flwyddyn pan oedd Jehoiacim fab Joseia yn frenin ar Jwda,[y] dyma'r
ARGLWYDD yn rhoi'r neges yma i Jeremeia: 2 "Cymer sgrôl,[a] ac ysgrifennu arni bopeth
dw i wedi'i ddweud wrthot ti am Israel a Jwda a'r gwledydd eraill i gyd. Ysgrifenna bopeth dw
i wedi'i ddweud ers i mi ddechrau siarad gyda ti yn y cyfnod pan oedd Joseia yn frenin. 3 Pan
fydd pobl Jwda yn clywed am yr holl bethau ofnadwy dw i'n bwriadu eu gwneud iddyn nhw,
falle y byddan nhw'n stopio gwneud yr holl bethau drwg maen nhw'n eu gwneud, a bydda
i'n maddau iddyn nhw am y drwg a'r pechod maen nhw wedi ei wneud."

4 Felly, dyma Jeremeia yn galw am Barŵch fab Nereia i'w helpu. Wrth i Jeremeia adrodd
pob un neges roedd yr ARGLWYDD wedi'i rhoi iddo, roedd Barŵch yn ysgrifennu'r cwbl i lawr
ar y sgrôl. 5 Wedyn dyma Jeremeia yn dweud wrth Barŵch, "Dw i'n cael fy rhwystro rhag
mynd i mewn i deml yr ARGLWYDD. 6 Felly dos di yno y tro nesa mae pobl trefi Jwda yn mynd
i ymprydio. Dw i eisiau i ti ddarllen yn gyhoeddus yr holl negeseuon rwyt ti wedi'u hysgrifennu
yn y sgrôl, yn union fel gwnes i eu hadrodd nhw. 7 Falle y gwnân nhw bledio ar yr ARGLWYDD
i faddau iddyn nhw, ac y gwnân nhw stopio gwneud y pethau drwg maen nhw wedi bod
yn eu gwneud. Mae'r ARGLWYDD wedi dweud yn glir ei fod e wedi gwylltio'n lân gyda nhw."
8 Felly dyma Barŵch yn gwneud yn union fel roedd Jeremeia wedi dweud wrtho. Aeth i deml
yr ARGLWYDD a darllen negeseuon yr ARGLWYDD o'r sgrôl.

9 Roedd pobl Jerwsalem a'r holl bobl oedd wedi dod i mewn o drefi Jwda yn cynnal ympryd.
Roedd hyn yn y nawfed mis[b] o'r bumed flwyddyn pan oedd Jehoiacim fab Joseia yn frenin
ar Jwda. 10 A dyma Barŵch yn mynd i deml yr ARGLWYDD, i ystafell Gemareia (mab Shaffan,
yr ysgrifennydd brenhinol).[c] Roedd ystafell Gemareia wrth iard uchaf y deml yn ymyl y Giât
Newydd. A dyma Barŵch yn darllen yn uchel o'r sgrôl bopeth oedd Jeremeia wedi'i ddweud
wrtho.

Darllen y sgrôl yn y palas

11 Dyma Michaia (mab Gemareia ac ŵyr i Shaffan) yn clywed Barŵch yn darllen y negeseuon
gan yr ARGLWYDD oedd yn y sgrôl. 12 Felly aeth i lawr i balas y brenin, a mynd i ystafell yr
ysgrifennydd brenhinol. Roedd swyddogion y llys brenhinol yno i gyd mewn cyfarfod: Elishama
yr ysgrifennydd, Delaia fab Shemaia, Elnathan fab Achbor, Gemareia fab Shaffan, Sedeceia
fab Chananeia a'r swyddogion eraill. 13 Dyma Michaia yn dweud wrthyn nhw am bopeth
roedd Barŵch wedi'i ddarllen yn gyhoeddus o'r sgrôl. 14 Felly dyma swyddogion y llys yn
anfon Iehwdi (oedd yn fab i Nethaneia, yn ŵyr i Shelemeia, ac yn or-ŵyr i Cwshi) at Barŵch
i'w nôl ac i ddweud wrtho am ddod â'r sgrôl roedd e wedi'i darllen gydag e. Felly dyma
Barŵch yn mynd atyn nhw a'r sgrôl gydag e. 15 "Eistedd i lawr a darllen y sgrôl i ni," medden
nhw. Felly dyma Barŵch yn ei darllen iddyn nhw. 16 Roedden nhw i gyd wedi dychryn yn lân
pan glywon nhw'r negeseuon. "Rhaid i ni ddweud wrth y brenin am hyn i gyd," medden nhw.
17 Yna dyma nhw'n gofyn i Barŵch, "Dwed wrthon ni, sut gest ti'r negeseuon yma i gyd? Ai
pethau ddwedodd Jeremeia ydyn nhw?" 18 "Ie," meddai Barŵch, "roedd Jeremeia'n adrodd
y cwbl, a finnau wedyn yn ysgrifennu'r cwbl mewn inc ar y sgrôl." 19 A dyma'r swyddogion
yn dweud wrth Barŵch, "Rhaid i ti a Jeremeia fynd i guddio, a pheidio gadael i neb wybod
ble rydych chi."

---

y 36:1 *y bedwaredd ... ar Jwda* 604–605 CC. a 36:2 *sgrôl* Rholyn o bapurfrwyn neu ledr gydag ysgrifen arno. b 36:9 *nawfed mis* Cislef, sef nawfed mis y calendr Hebreig, o tua canol Tachwedd i ganol Rhagfyr.
c 36:10 Roedd Gemareia yn frawd i Achicam – gw. Jeremeia 26:24. Cafodd Gedaleia (mab Achicam, a nai i Gemareia), ei wneud yn llywodraethwr Jwda ar ôl i Jerwsalem gael ei choncro yn 586 CC – gw. 2 Brenhinoedd 25:22.

Y Brenin Jehoiacim yn llosgi'r sgrôl

20 Dyma nhw'n cadw'r sgrôl yn saff yn ystafell Elishama, yr ysgrifennydd brenhinol. Wedyn
aethon nhw i ddweud wrth y brenin am y cwbl. 21 Dyma'r brenin yn anfon Iehwdi i nôl y sgrôl.
Aeth Iehwdi i'w nôl o ystafell Elishama, ac yna ei darllen i'r brenin a'r swyddogion oedd
yn sefyll o'i gwmpas. 22 Y nawfed mis[ch] oedd hi, ac roedd y brenin yn eistedd yn y gaeafdy
lle roedd tân yn llosgi mewn padell dân o'i flaen. 23 Bob tro roedd Iehwdi wedi darllen tair
neu bedair colofn byddai'r brenin yn eu torri i ffwrdd gyda chyllell fach a'u taflu i'r tân yn
y badell. Gwnaeth hyn nes roedd y sgrôl gyfan wedi'i llosgi. 24 Wnaeth y brenin a'i swyddogion
ddim cynhyrfu o gwbl pan glywon nhw'r negeseuon, a wnaethon nhw ddim rhwygo'u dillad
i ddangos eu bod nhw'n edifar. 25 Roedd Elnathan, Delaia a Gemareia wedi pledio ar y brenin
i beidio llosgi'r sgrôl, ond wnaeth e ddim gwrando arnyn nhw. 26 A dyma'r brenin yn gorchymyn
i Ierachmeël (un o'r tywysogion brenhinol), Seraia fab Asriel a Shelemeia fab Abdeël, arestio
Barŵch y copïwr a Jeremeia'r proffwyd. Ond roedd yr ARGLWYDD wedi'u cuddio nhw.

Jeremeia a Barŵch yn ysgrifennu sgrôl arall

27 Ar ôl i'r brenin losgi'r sgrôl (sef yr un roedd Barŵch wedi ysgrifennu arni bopeth roedd
Jeremeia wedi'i ddweud), dyma'r ARGLWYDD yn dweud wrth Jeremeia: 28 "Cymer sgrôl arall, ac
ysgrifennu arni bopeth oedd ar y sgrôl wreiddiol gafodd ei llosgi gan Jehoiacim. 29 Yna dywed
wrth Jehoiacim, brenin Jwda, fy mod i, yr ARGLWYDD, yn dweud: 'Rwyt wedi llosgi'r sgrôl, a gofyn
i Jeremeia pam wnaeth e ysgrifennu arni fod brenin Babilon yn mynd i ddod i ddinistrio'r
wlad yma, a chipio pobl ac anifeiliaid ohoni.' 30 Felly dyma mae'r ARGLWYDD yn ei ddweud am
Jehoiacim, brenin Jwda: 'Fydd neb o'i ddisgynyddion yn eistedd ar orsedd Dafydd. Pan fydd
e farw, fydd ei gorff ddim yn cael ei gladdu – bydd yn cael ei daflu i orwedd allan yn haul
poeth y dydd a barrug y nos. 31 Dw i'n mynd i'w gosbi e a'i ddisgynyddion a'i swyddogion
am yr holl bethau drwg maen nhw wedi'u gwneud. Bydda i'n eu taro nhw (a pobl Jerwsalem
a Jwda) hefo pob dinistr dw i wedi'i fygwth, am iddyn nhw ddal i wrthod gwrando.' "

32 Felly dyma Jeremeia'n rhoi sgrôl arall i Barŵch fab Nereia, y copïwr. A dyma Barŵch yn
ysgrifennu arni bopeth roedd Jeremeia'n ei ddweud – y negeseuon oedd ar y sgrôl gafodd ei
llosgi gan Jehoiacim, brenin Jwda. A chafodd llawer o negeseuon eraill tebyg eu hychwanegu.

Sedeceia yn gofyn am help Jeremeia

37 Sedeceia, mab i Joseia, wnaeth olynu Jehoiachin[d] fab Jehoiacim yn frenin ar Jwda.
Cafodd Sedeceia ei benodi'n frenin gan Nebwchadnesar, brenin Babilon. 2 Ond
wnaeth e a'i swyddogion, na'r bobl gyffredin chwaith, ddim gwrando ar beth roedd yr ARGLWYDD
yn ei ddweud drwy'r proffwyd Jeremeia.

3 Er hynny, dyma'r Brenin Sedeceia yn anfon Iehwchal fab Shelemeia a'r offeiriad Seffaneia
fab Maaseia at Jeremeia. Dwedodd wrthyn nhw am ofyn iddo, "Plîs gweddïa y bydd yr ARGLWYDD
ein Duw yn ein helpu ni." 4 (Ar y pryd roedd Jeremeia'n dal yn rhydd i fynd a dod. Doedd
e ddim eto wedi cael ei roi yn y carchar.) 5 Roedd byddin Babilon wedi stopio ymosod ar
Jerwsalem am y tro. Roedden nhw wedi clywed fod byddin y Pharo[dd] yn dod i fyny o'r Aifft,
ac felly dyma nhw'n gadael Jerwsalem.

6 A dyma'r ARGLWYDD yn rhoi neges i Jeremeia: 7 "Dyma mae'r ARGLWYDD, Duw Israel, yn
ei ddweud: Dwedwch wrth frenin Jwda wnaeth eich anfon chi ata i am help: 'Bydd byddin
y Pharo, sydd ar ei ffordd i'ch helpu chi, yn mynd yn ôl adre i'r Aifft, 8 a bydd y Babiloniaid
yn dod yn ôl i ymosod ar y ddinas yma. Byddan nhw'n ei choncro ac yn ei llosgi'n ulw.'
9 Mae'r ARGLWYDD yn dweud: 'Peidiwch twyllo'ch hunain i feddwl y bydd y Babiloniaid yn

---

ch 36:22 *nawfed mis* Cislef, sef nawfed mis y calendr Hebreig, o tua canol Tachwedd i ganol Rhagfyr.
d 37:1 Hebraeg, *Coneia*, enw arall ar Jehoiachin; buodd yn frenin am dri mis yn 598 CC. dd 37:5 *Pharo* Apries, oedd hefyd yn cael ei adnabod fel Hoffra, oedd yn frenin yr Aifft o 589 i 570 CC – gw. Jeremeia 44:30.
37:1 2 Brenhinoedd 24:17; 2 Cronicl 36:10

mynd i ffwrdd ac yn gadael llonydd i chi. Fyddan nhw ddim yn mynd i ffwrdd. 10 Hyd yn oed
petaech chi'n llwyddo i ddinistrio'r fyddin sy'n dod i ymladd yn eich erbyn chi, a gadael dim
ond llond dwrn o ddynion wedi'u hanafu yn gorwedd yn eu pebyll, bydden nhw'n codi eto
ac yn llosgi'r ddinas yma'n ulw.' "

Jeremeia'n cael ei garcharu

11 Roedd byddin Babilon wedi gadael Jerwsalem am fod byddin y Pharo ar ei ffordd, 12 a dyma
Jeremeia'n cychwyn allan o Jerwsalem i fynd adre i ardal Benjamin. Roedd yn mynd i dderbyn
ei siâr e o'r tir oedd piau'r teulu. 13 Ond pan gyrhaeddodd Giât Benjamin dyma gapten
y gwarchodlu, sef Ireia (mab Shelemeia ac ŵyr i Chananeia), yn ei stopio. "Ti'n mynd drosodd
at y Babiloniaid!" meddai wrtho. 14 Ond dyma Jeremeia'n ateb, "Na, dydy hynny ddim yn
wir. Dw i ddim yn mynd drosodd at y Babiloniaid." Ond roedd Ireia'n gwrthod gwrando
arno, a dyma fe'n arestio Jeremeia a mynd ag e at y swyddogion. 15 Roedd y swyddogion yn
wyllt gynddeiriog hefo Jeremeia. Ar ôl ei guro dyma nhw'n ei garcharu yn nhŷ Jonathan, yr
ysgrifennydd brenhinol – roedd y tŷ wedi cael ei droi'n garchar.
16 Felly roedd Jeremeia yn y carchar, wedi'i roi mewn dwnsiwn. A buodd yno am amser hir.
17 Dyma'r Brenin Sedeceia yn anfon am Jeremeia, a dod ag e i'r palas i'w holi'n gyfrinachol.
"Oes gen ti neges gan yr ARGLWYDD?" meddai. "Oes," meddai Jeremeia. "Ti'n mynd i gael dy roi
yn nwylo brenin Babilon!"
18 Wedyn dyma Jeremeia'n gofyn i'r brenin, "Pa ddrwg dw i wedi'i wneud i ti, neu i dy
swyddogion, neu i'r bobl yma? Pam dych chi wedi fy nhaflu i i'r carchar? 19 A ble mae'r
proffwydi hynny wnaeth broffwydo y byddai brenin Babilon ddim yn ymosod ar y wlad yma?
20 Plîs gwranda arna i, f'arglwydd frenin. Dw i'n pledio am drugaredd. Bydda i'n marw os
gwnei di f'anfon i'n ôl i'r carchar yna yn nhŷ Jonathan yr ysgrifennydd." 21 Felly dyma'r Brenin
Sedeceia yn gorchymyn cadw Jeremeia yn iard y gwarchodlu. Rhoddodd orchymyn hefyd ei fod
i gael dogn o fara ffres o Stryd y Pobyddion bob dydd, o leia tra oedd bara i'w gael yn y ddinas.
Felly cafodd Jeremeia ei gadw yn iard y gwarchodlu.

Jeremeia'n cael ei roi mewn pydew i farw

38 Roedd Sheffateia fab Mattan, Gedaleia fab Pashchwr, Iwchâl fab Shelemeia,
a Pashchwr fab Malcîa, wedi clywed beth oedd Jeremeia wedi bod yn ei ddweud
wrth y bobl. Roedd yn dweud, 2 "Dyma mae'r ARGLWYDD yn ei ddweud: 'Bydd pawb sy'n aros
yn y ddinas yma'n cael eu lladd yn y rhyfel, neu'n marw o newyn neu haint. Ond bydd y rhai
sy'n ildio i'r Babiloniaid yn cael byw.' 3 Dyma mae'r ARGLWYDD yn ei ddweud: 'Bydd y ddinas
yma'n cael ei rhoi yn nwylo byddin brenin Babilon. Byddan nhw'n ei choncro hi.' " 4 Felly
dyma'r pedwar swyddog yn mynd at y brenin a dweud, "Rhaid i'r dyn yma farw! Mae e'n
torri calonnau'r milwyr a'r bobl sydd ar ôl yn y ddinas yma. Dydy e ddim yn trio helpu'r bobl
yma o gwbl – gwneud niwed iddyn nhw mae e!" 5 "O'r gorau," meddai'r Brenin Sedeceia,
"gwnewch beth fynnoch chi ag e. Alla i ddim eich stopio chi." 6 Felly dyma nhw'n cymryd
Jeremeia a'i daflu i bydew Malcîa, aelod o'r teulu brenhinol. Mae'r pydew yn iard y gwarchodlu,
a dyma nhw'n ei ollwng i lawr iddo gyda rhaffau. Doedd dim dŵr yn y pydew, ond roedd mwd
ar y gwaelod. A dyma Jeremeia yn suddo i mewn i'r mwd.
7 Yna dyma Ebed-melech, dyn du o Affrica[e] oedd yn swyddog yn y llys brenhinol, yn clywed
eu bod nhw wedi rhoi Jeremeia yn y pydew. Roedd y brenin mewn achos llys wrth Giât
Benjamin ar y pryd. 8 Dyma Ebed-melech yn gadael y palas ac yn mynd i siarad â'r brenin. 9 "Fy
mrenin, syr," meddai, "mae'r dynion yna wedi gwneud peth drwg iawn yn y ffordd maen nhw
wedi trin y proffwyd Jeremeia. Maen nhw wedi'i daflu i mewn i'r pydew. Mae'n siŵr o lwgu
i farwolaeth yno achos does prin dim bwyd ar ôl yn y ddinas." 10 Felly dyma'r brenin yn rhoi'r
gorchymyn yma i Ebed-melech o Affrica: "Dos â thri deg o ddynion gyda ti, a thynnu'r proffwyd

e 38:7 *Affrica* Hebraeg, *Cwsh*. Yr ardal i'r de o wlad yr Aifft, sef gogledd Swdan heddiw.

Jeremeia allan o'r pydew cyn iddo farw." [11]Felly dyma Ebed-melech yn mynd â'r dynion gydag
e. Aeth i'r palas a nôl hen ddillad a charpiau o'r ystafell dan y trysordy. Gollyngodd nhw i lawr
i Jeremeia yn y pydew gyda rhaffau. [12]Wedyn dyma Ebed-melech yn dweud wrth Jeremeia,
"Rho'r carpiau a'r hen ddillad yma rhwng dy geseiliau a'r rhaffau." A dyma Jeremeia'n gwneud
hynny. [13]Yna dyma nhw'n tynnu Jeremeia allan o'r pydew gyda'r rhaffau. Ond roedd rhaid
i Jeremeia aros yn iard y gwarchodlu wedyn.

Sedeceia'n gofyn am gyngor Jeremeia

[14]Dyma'r Brenin Sedeceia yn anfon am y proffwyd Jeremeia i'w gyfarfod wrth y drydedd
fynedfa i deml yr Arglwydd. A dyma fe'n dweud wrth Jeremeia, "Dw i eisiau dy holi di. Paid
cuddio dim oddi wrtho i." [15]Ond dyma Jeremeia'n ateb, "Os gwna i ddweud y cwbl wrthot
ti, byddi'n fy lladd i. A wnei di ddim gwrando arna i os gwna i roi cyngor i ti beth bynnag."
[16]Ond dyma'r Brenin Sedeceia yn addo i Jeremeia, "Mor sicr â bod yr Arglwydd sy'n rhoi
bywyd i ni yn fyw, wna i ddim dy ladd di, a wna i ddim dy roi di yn nwylo'r dynion hynny
sydd eisiau dy ladd di chwaith."

[17]Felly dyma Jeremeia'n dweud wrth Sedeceia, "Dyma mae'r Arglwydd, y Duw hollbwerus,
Duw Israel, yn ei ddweud: 'Rhaid i ti ildio i swyddogion brenin Babilon. Os gwnei di, byddi di
a dy deulu yn cael byw, a fydd y ddinas yma ddim yn cael ei llosgi. [18]Ond os byddi'n gwrthod
ildio iddyn nhw, bydd y ddinas yma'n cael ei rhoi yn nwylo'r Babiloniaid, a byddan nhw'n ei
llosgi'n ulw. A fyddi di ddim yn dianc o'u gafael nhw chwaith.' "

[19]Dyma'r Brenin Sedeceia yn dweud wrth Jeremeia, "Mae gen i ofn y bobl hynny o Jwda
sydd wedi mynd drosodd at y Babiloniaid. Os bydd y Babiloniaid yn fy rhoi i'n eu dwylo nhw,
byddan nhw'n fy ngham-drin i." [20]"Na, fydd hynny ddim yn digwydd," meddai Jeremeia. "Gwna
di beth mae'r Arglwydd wedi'i ddweud drwyddo i, a bydd popeth yn iawn. Bydd dy fywyd yn
cael ei arbed. [21]Ond os gwnei di wrthod ildio, mae'r Arglwydd wedi dangos i mi beth fydd yn
digwydd – [22]bydd y merched sydd ar ôl yn y palas brenhinol yn cael eu cymryd at swyddogion
brenin Babilon, a dyma fydd yn cael ei ddweud amdanat ti:

'Mae dy ffrindiau wedi dy gamarwain di!
    Maen nhw wedi cael y gorau arnat ti!
Pan oedd dy draed yn sownd yn y mwd
    dyma nhw'n cerdded i ffwrdd!'

[23]Bydd dy wragedd a dy blant i gyd yn cael eu cymryd gan y Babiloniaid. A fyddi di dy hun
ddim yn dianc o'u gafael nhw chwaith – bydd brenin Babilon yn dy ddal di. A bydd y ddinas
yma'n cael ei llosgi'n ulw."

[24]"Paid gadael i neb wybod am y sgwrs yma," meddai Sedeceia wrth Jeremeia. "Os gwnei di,
bydd dy fywyd mewn perygl. [25]Petai'r swyddogion yn dod i glywed fy mod i wedi siarad gyda
ti ac yn dod atat i ofyn, 'Beth ddwedaist ti wrth y brenin? A beth ddwedodd e wrthot ti? Dwed
y cwbl wrthon ni, neu byddwn ni'n dy ladd di!' [26]Petai hynny'n digwydd, dywed wrthyn nhw,
'Rôn i'n pledio ar i'r brenin beidio fy anfon i'n ôl i'r dwnsiwn yn nhŷ Jonathan, i farw yno.' "

[27]A dyna ddigwyddodd. Pan ddaeth y swyddogion at Jeremeia i'w holi, dyma fe'n dweud
yn union beth oedd y brenin wedi'i orchymyn iddo. Wnaethon nhw ddim ei groesholi ddim
mwy, achos doedd neb wedi clywed y sgwrs rhwng Jeremeia a'r brenin. [28]Felly cafodd Jeremeia
ei gadw yn y ddalfa yn iard y gwarchodlu hyd y dydd pan gafodd Jerwsalem ei choncro.

Byddin Babilon yn concro Jerwsalem

39 Dyma Nebwchadnesar, brenin Babilon, yn dod â'i fyddin gyfan i ymosod ar Jerwsalem
a gwarchae arni. Digwyddodd hyn yn y degfed mis[f] o nawfed flwyddyn Sedeceia yn
frenin ar Jwda. [2]Buon nhw'n gwarchae arni am flwyddyn a hanner.

---

f 39:1 *y degfed mis* Tebeth, sef degfed mis y calendr Hebreig, o tua canol Rhagfyr i ganol Ionawr.

Yna ar y nawfed diwrnod o'r pedwerydd mis[ff] ym mlwyddyn un deg un o deyrnasiad
Sedeceia[g] dyma nhw'n torri drwy waliau'r ddinas. 3 Dyma swyddogion brenin Babilon yn dod ac
yn eistedd wrth y Giât Ganol – Nergal-sharetser o Samgar, Nebo-sarsechîm (prif swyddog y llys),
Nergal-sharetser (oedd yn uchel-swyddog), a'r swyddogion eraill i gyd. 4 Roedd y Brenin Sedeceia
a'i filwyr wedi dianc. Roedden nhw wedi gadael y ddinas yn ystod y nos, drwy ardd y brenin
ac yna allan drwy'r giât sydd rhwng y ddwy wal. Wedyn mynd i gyfeiriad Dyffryn Iorddonen.[ng]
5 Ond aeth byddin Babilon ar eu holau a dal Sedeceia ar wastatir Jericho. Dyma nhw'n mynd ag
e i sefyll ei brawf o flaen Nebwchadnesar, brenin Babilon, yn Ribla yn ardal Chamath.[h]
6 Cafodd Sedeceia ei orfodi i edrych ar ei feibion yn cael eu lladd gan frenin Babilon.
A chafodd pobl bwysig Jwda i gyd eu lladd ganddo hefyd. 7 Wedyn dyma fe'n tynnu llygaid
Sedeceia allan a'i roi mewn cadwyni pres cyn mynd ag e'n gaeth i Babilon. 8 Dyma'r
Babiloniaid yn llosgi'r palas brenhinol a thai'r bobl a bwrw waliau Jerwsalem i lawr. 9 Wedyn,
dyma Nebwsaradan, capten y gwarchodlu brenhinol, yn mynd â'r bobl oedd ar ôl yn y ddinas
yn gaeth i Babilon – gan gynnwys y bobl oedd wedi dianc ato o Jerwsalem yn gynharach. 10 Yr
unig bobl gafodd eu gadael ganddo yn Jwda oedd rhai o'r bobl gyffredin dlawd oedd heb
eiddo o gwbl. Rhoddodd gaeau a gwinllannoedd iddyn nhw i ofalu amdanyn nhw.

Jeremeia yn cael ei ollwng yn rhydd

11 Roedd Nebwchadnesar, brenin Babilon, wedi rhoi gorchymyn i Nebwsaradan, capten
y gwarchodlu brenhinol, am Jeremeia. 12 "Ffeindia Jeremeia, a gofalu amdano. Paid gwneud dim
drwg iddo. Gwna beth mae e'n ei ofyn i ti." 13 Felly dyma Nebwsaradan (capten y gwarchodlu
brenhinol), Nebwshasban (prif swyddog y llys), Nergal-sharetser (oedd yn uchel-swyddog),
a swyddogion eraill brenin Babilon 14 yn anfon am Jeremeia a mynd ag e o iard y gwarchodlu.
Yna dyma nhw'n cael Gedaleia (mab Achicam ac ŵyr i Shaffan) i ofalu amdano a mynd ag
e i'w dŷ. Ond dewisodd Jeremeia aros gyda'r bobl gyffredin.

Addewid Duw i Ebed-melech

15 Roedd yr ARGLWYDD wedi rhoi neges i Jeremeia pan oedd yn y ddalfa yn iard y gwarchodlu:
16 "Dos i ddweud wrth Ebed-melech yr Affricanwr:[i] Dyma mae'r ARGLWYDD hollbwerus, Duw
Israel, yn ei ddweud: 'Dw i'n mynd i wneud beth ddwedais i i'r ddinas yma – gwneud drwg
iddi yn lle gwneud da. A byddi di yma i weld y cwbl yn digwydd. 17 Ond bydda i'n dy arbed di
pan fydd y peth yn digwydd,' meddai'r ARGLWYDD. 'Fyddi di ddim yn cael dy ddal gan y bobl
rwyt ti'n eu hofni. 18 Bydda i'n dy achub di. Gei di ddim dy ladd yn y rhyfel. Byddi di'n cael
byw, am dy fod ti wedi trystio yno i.' " Yr ARGLWYDD sy'n dweud hyn.

Jeremeia'n aros gyda Gedaleia

40 Dyma neges arall roddodd yr ARGLWYDD i Jeremeia, pan gafodd ei ollwng yn rhydd
gan Nebwsaradan, capten y gwarchodlu brenhinol. Roedd yn Rama,[l] wedi'i rwymo
mewn cadwyni fel pawb arall o Jwda a Jerwsalem oedd yn cael eu cymryd yn gaeth i Babilon.
2 Yna, dyma Nebwsaradan yn cymryd Jeremeia o'r neilltu a dweud wrtho, "Roedd yr ARGLWYDD
dy Dduw wedi bygwth dinistrio'r lle yma, 3 a dyna wnaeth e. Mae wedi gwneud beth ddwedodd
e am eich bod chi wedi pechu yn ei erbyn a gwrthod gwrando arno. Dyna pam mae hyn
wedi digwydd i chi. 4 Nawr, dw i wedi tynnu dy gadwyni ac yn dy ollwng di'n rhydd. Os wyt
ti eisiau dod hefo fi i Babilon, tyrd, a gwna i edrych ar dy ôl di. Ond does dim rhaid i ti ddod
os wyt ti ddim eisiau. Ti'n rhydd i fynd i ble bynnag rwyt ti eisiau. 5 Os wyt ti am aros, dos
yn ôl at Gedaleia (mab Achicam ac ŵyr i Shaffan) sydd wedi'i benodi gan frenin Babilon yn

ff 39:2 *pedwerydd mis* Tammws, sef pedwerydd mis y calendr Hebreig, o tua canol Mehefin i ganol Gorffennaf.
g 39:2 sef 587 CC. ng 39:4 *Dyffryn Iorddonen* Hebraeg, "Araba". h 39:5 Roedd Ribla i'r gogledd o Israel, ar lan afon Orontes yn Syria. i 39:16 *Affricanwr* Hebraeg, *Cwsh*. Yr ardal i'r de o wlad yr Aifft, sef gogledd Swdan heddiw. l 40:1 *Rama* Roedd Rama ryw 8 milltir i'r gogledd o Jerwsalem.

llywodraethwr dros drefi Jwda. Aros gydag e a'r bobl yno. Neu dos i ble bynnag arall rwyt
ti eisiau." Yna ar ôl rhoi bwyd ac arian i Jeremeia, dyma gapten y gwarchodlu brenhinol yn
gadael iddo fynd. 6A dyma Jeremeia yn mynd i Mitspa[ll] at Gedaleia fab Achicam. Arhosodd
yno gyda'r bobl oedd wedi'u gadael ar ôl yn y wlad.

Gedaleia yn rheoli Jwda

(2 Brenhinoedd 25:22-24)

7Roedd rhai o swyddogion byddin Jwda a'u milwyr wedi bod yn cuddio yng nghefn gwlad.
Dyma nhw'n clywed fod brenin Babilon wedi penodi Gedaleia fab Achicam i reoli'r wlad,
a bod dynion, gwragedd a phlant mwya tlawd y wlad wedi'u gadael yno a heb eu cymryd
yn gaeth i Babilon. 8Felly dyma nhw'n mynd i gyfarfod â Gedaleia yn Mitspa – Ishmael fab
Nethaneia, Iochanan a Jonathan (meibion Careach), Seraia fab Tanchwmeth, meibion Effai
o Netoffa, a Iesaneia (mab y Maachathiad). Daeth y rhain i gyd gyda'u milwyr. 9A dyma
Gedaleia yn addo iddyn nhw, "Does dim rhaid i chi fod ag ofn ildio i'r Babiloniaid. Arhoswch
yn y wlad a gwasanaethu brenin Babilon, a bydd popeth yn iawn. 10Bydda i'n aros yn Mitspa
ac yn eich cynrychioli pan fydd y Babiloniaid yn dod i'n cyfarfod ni. Ewch chi i gasglu'r
cynhaeaf grawnwin, y ffigys aeddfed a'r olew, a'u storio mewn jariau. Cewch setlo i lawr yn
y trefi dych chi wedi'u cipio."

11Roedd llawer o bobl Jwda wedi dianc yn ffoaduriaid i Moab, gwlad Ammon, Edom
a gwledydd eraill, a dyma nhw'n clywed beth oedd wedi digwydd. Clywon nhw fod brenin
Babilon wedi gadael i rai pobl aros yn Jwda, a'i fod wedi penodi Gedaleia i reoli'r wlad. 12Felly
dyma'r bobl hynny i gyd yn dod adre i wlad Jwda o'r gwledydd lle roedden nhw wedi bod
yn ffoaduriaid, a mynd i Mitspa i gyfarfod Gedaleia. A dyma nhw hefyd yn casglu cynhaeaf
enfawr o rawnwin a ffigys.

Llofruddio Gedaleia

(2 Brenhinoedd 25:25-26)

13Un diwrnod dyma Iochanan fab Careach a swyddogion eraill y fyddin oedd wedi bod yn
cuddio yng nghefn gwlad yn mynd i Mitspa eto i gyfarfod Gedaleia. 14A dyma nhw'n dweud
wrtho, "Wyt ti'n gwybod fod Baalis, brenin Ammon, wedi anfon Ishmael fab Nethaneia
i dy lofruddio di?" Ond doedd Gedaleia ddim yn eu credu nhw. 15Wedyn, dyma Iochanan
fab Careach yn cael gair preifat hefo Gedaleia ym Mitspa. "Gad i mi fynd i ladd Ishmael
fab Nethaneia," meddai. "Fydd neb yn gwybod am y peth. Rhaid i ni beidio gadael iddo dy
lofruddio di, neu bydd pobl Jwda sydd wedi dy gefnogi di'n mynd ar chwâl, a bydd y rhai sydd
ar ôl yn Jwda yn diflannu!" 16Ond dyma Gedaleia yn ateb Iochanan, "Paid meiddio gwneud
y fath beth! Dydy beth rwyt ti'n ddweud am Ishmael ddim yn wir."

41 Yna, yn y seithfed mis[m] dyma Ishmael (mab Nethaneia ac ŵyr i Elishama) yn mynd
i gyfarfod â Gedaleia fab Achicam yn Mitspa. Roedd deg o ddynion eraill gydag
e. (Roedd Ishmael yn perthyn i'r teulu brenhinol, ac roedd wedi bod yn un o brif swyddogion
y Brenin Sedeceia.) Roedden nhw'n cael pryd o fwyd gyda'i gilydd yn Mitspa. 2Ond yn sydyn
dyma Ishmael a'r dynion oedd gydag e'n codi ac yn tynnu eu cleddyfau a lladd Gedaleia,
y dyn roedd brenin Babilon wedi'i benodi i reoli'r wlad. 3Lladdodd Ishmael hefyd bob un
o swyddogion Jwda oedd gyda Gedaleia yn Mitspa, a rhai milwyr o Babilon oedd yn digwydd
bod yno.

4Y diwrnod wedyn, cyn i neb glywed fod Gedaleia wedi'i lofruddio, 5dyma wyth deg
o ddynion yn cyrraedd yno o Sichem, Seilo a Samaria.[n] Roedden nhw wedi siafio'u barfau,

---

ll 40:6 *Mitspa* Roedd Mitspa rhyw wyth milltir i'r gogledd o Jerwsalem, rhyw bedair milltir ymhellach i'r gogledd na Rama. m 41:1 *seithfed mis* Tishri, neu Ethanim, sef seithfed mis y calendr Hebreig, o tua canol Medi i ganol Hydref. n 41:5 *Sichem, Seilo a Samaria* Tair canolfan addoli bwysig yn hen deyrnas y gogledd, sef Israel.
40:8 2 Brenhinoedd 25:25

rhwygo'u dillad a thorri eu hunain â chyllyll, ac yn dod ag offrymau o rawn ac arogldarth
i'w cyflwyno i'r ARGLWYDD yn y deml yn Jerwsalem. 6 Aeth Ishmael allan i'w cyfarfod nhw.
Roedd yn cymryd arno ei fod yn crio. A phan ddaeth atyn nhw, dyma fe'n dweud wrthyn
nhw, "Dewch i weld Gedaleia fab Achicam." 7 Ond pan aethon nhw i mewn i'r ddinas, dyma
Ishmael a'r dynion oedd gydag e'n eu lladd nhw hefyd a thaflu eu cyrff i bydew. 8 Llwyddodd
deg ohonyn nhw i arbed eu bywydau drwy ddweud wrth Ishmael, "Paid lladd ni. Mae gynnon
ni stôr o wenith, haidd, olew a mêl wedi'i guddio mewn cae." Felly wnaeth Ishmael ddim eu
lladd nhw gyda'r lleill.
9 Roedd y pydew lle taflodd Ishmael gyrff y dynion laddwyd yn un mawr. (Dyma'r pydew
oedd Asa,[o] brenin Jwda, wedi'i adeiladu pan oedd yn amddiffyn y ddinas rhag Baasha,[p]
brenin Israel.) Ond roedd Ishmael wedi llenwi'r pydew gyda'r cyrff! 10 Yna, dyma Ishmael yn
cymryd pawb oedd yn Mitspa yn gaeth – roedd hyn yn cynnwys merched o'r teulu brenhinol,
a phawb arall roedd Nebwsaradan, capten y gwarchodlu brenhinol, wedi'u gosod dan
awdurdod Gedaleia fab Achicam. Cymerodd Ishmael nhw i gyd yn gaeth a chychwyn ar ei
ffordd yn ôl i wlad Ammon.
11 Pan glywodd Iochanan fab Careach a swyddogion eraill y fyddin am y pethau erchyll
roedd Ishmael fab Nethaneia wedi'u gwneud, 12 dyma nhw'n mynd â'u milwyr i ymladd
yn ei erbyn. Cawson nhw hyd iddo wrth y pwll mawr yn Gibeon.[ph] 13 Roedd y bobl roedd
Ishmael wedi'u cymryd yn gaethion o Mitspa wrth eu boddau pan welon nhw Iochanan
a swyddogion eraill y fyddin gydag e. 14 Dyma nhw'n troi a mynd drosodd at Iochanan fab
Careach. 15 Ond llwyddodd Ishmael fab Nethaneia ac wyth o ddynion eraill i ddianc a chroesi
drosodd i wlad Ammon.
16 Dyma Iochanan fab Careach a swyddogion eraill y fyddin oedd gydag e yn arwain y bobl
oedd wedi'u hachub i ffwrdd. (Roedd dynion, gwragedd a phlant, a swyddogion y llys yn eu
plith, sef y bobl roedd Ishmael fab Nethaneia wedi'u cymryd yn gaeth o Mitspa ar ôl llofruddio
Gedaleia fab Achicam.) Ar ôl gadael Gibeon, 17 dyma nhw'n aros yn Llety Cimham, sydd wrth
ymyl Bethlehem.[r] Y bwriad oedd mynd i'r Aifft 18 i ddianc oddi wrth y Babiloniaid. Roedd
ganddyn nhw ofn beth fyddai'r Babiloniaid yn ei wneud am fod Ishmael fab Nethaneia wedi
llofruddio Gedaleia, y dyn roedd brenin Babilon wedi'i benodi i reoli'r wlad.

Y bobl yn gofyn i Jeremeia weddïo am arweiniad

42 Dyma swyddogion y fyddin i gyd, gan gynnwys Iochanan fab Careach a Iesaneia
fab Hoshaia, a phawb arall (y bobl gyffredin a'r arweinwyr) 2 yn mynd at y proffwyd
Jeremeia, a gofyn iddo, "Plîs wnei di weddïo ar yr ARGLWYDD dy Dduw droson ni – fel ti'n gweld
does ond criw bach ohonon ni ar ôl. 3 Gofyn i'r ARGLWYDD dy Dduw ddangos i ni ble i fynd a beth
i'w wneud." 4 A dyma Jeremeia yn ateb, "Iawn. Gwna i weddïo ar yr ARGLWYDD eich Duw fel dych
chi'n gofyn, a dweud wrthoch chi bopeth fydd yr ARGLWYDD yn ei ddweud. Gwna i guddio dim
byd." 5 A dyma nhw'n ateb Jeremeia, "Bydd yr ARGLWYDD ei hun yn dyst yn ein herbyn os na
wnawn ni yn union beth fydd e'n ei ddweud wrthon ni drwot ti. 6 Dŷn ni'n dy anfon di at yr
ARGLWYDD ein Duw, a sdim ots os fyddwn ni'n hoffi beth mae'n ei ddweud ai peidio, byddwn
ni'n gwrando arno. Os gwnawn ni hynny, bydd popeth yn iawn."

Duw yn ateb gweddi Jeremeia

7 Ddeg diwrnod wedyn dyma'r ARGLWYDD yn siarad â Jeremeia. 8 Felly, dyma Jeremeia yn galw
am Iochanan fab Careach a swyddogion eraill y fyddin, a gweddill y bobl – y bobl gyffredin
a'r arweinwyr. 9 Yna, dyma Jeremeia'n dweud wrthyn nhw, "Anfonoch chi fi at yr ARGLWYDD,
Duw Israel, gyda'ch cais; a dyma beth mae'r ARGLWYDD yn ei ddweud: 10 'Os gwnewch chi aros

o 41:9 *Asa* yn frenin o 911 i 870 CC. p 41:9 *Baasha* yn frenin o 909 i 886 CC. ph 41:12 *Gibeon* Roedd Gibeon ryw 6 milltir i'r gogledd-orllewin o Jerwsalem (gw. 2 Samuel 2:13). r 41:17 *Bethlehem* Roedd Bethlehem ryw 6 milltir i'r de o Jerwsalem, ar y ffordd oedd yn arwain i'r Aifft.

yn y wlad yma, bydda i'n eich adeiladu chi. Fydda i ddim yn eich bwrw chi i lawr. Bydda i'n
eich plannu chi yn y tir yma, a ddim yn eich tynnu fel chwyn. Dw i'n wirioneddol drist o fod
wedi'ch dinistrio chi. 11 Ond bellach does dim rhaid i chi fod ag ofn brenin Babilon. Peidiwch
bod â'i ofn, achos dw i gyda chi, i'ch achub chi o'i afael. 12 Dw i'n mynd i fod yn garedig
atoch chi, a gwneud iddo fe fod yn garedig atoch chi drwy adael i chi fynd yn ôl i'ch tir.'
13 "Os byddwch chi'n gwrthod gwrando ar yr ARGLWYDD eich Duw, a mynnu, 'Na, dŷn ni ddim
am aros yma, 14 dŷn ni am fynd i wlad yr Aifft i fyw. Fydd dim rhaid i ni wynebu rhyfel yno,
a chlywed sŵn y corn hwrdd[rh] yn ein galw i ymladd. Fydd dim rhaid i ni lwgu yno ...' 15 Os
dyna wnewch chi, dyma neges yr ARGLWYDD i chi sydd ar ôl o bobl Jwda. Dyma mae'r ARGLWYDD
hollbwerus, Duw Israel yn ei ddweud: 'Os ydych chi mor benderfynol o fynd i'r Aifft a setlo yno,
16 bydd y rhyfel dych chi'n ei ofni yn eich dilyn chi i wlad yr Aifft. Bydd y newyn dych chi'n
poeni amdano yn dod ar eich hôl chi hefyd, a byddwch chi'n marw yno. 17 Bydd pawb sy'n
penderfynu mynd i setlo yn yr Aifft yn cael eu lladd mewn rhyfel, neu yn marw o newyn neu
haint. Bydd y dinistr fydda i'n ei anfon arnyn nhw mor ofnadwy fel na fydd neb ar ôl yn fyw.'
18 "Dyma mae'r ARGLWYDD hollbwerus, Duw Israel, yn ei ddweud: 'Yn union fel gwnes i dywallt
fy llid mor ffyrnig ar bobl Jerwsalem, bydda i'n tywallt fy llid arnoch chi pan ewch chi i'r Aifft.
Bydd pethau ofnadwy yn digwydd i chi, a byddwch yn destun sbort ac yn esiampl o bobl
wedi'ch melltithio. A fyddwch chi ddim yn gweld y lle yma byth eto.'
19 "Chi bobl Jwda sydd ar ôl yma, mae'r ARGLWYDD yn dweud wrthoch chi, 'Peidiwch mynd
i'r Aifft.' Dw i am i chi ddeall fy mod i wedi'ch rhybuddio chi heddiw. 20 Dych chi'n gwneud
camgymeriad dybryd. Bydd yn costio'ch bywydau i chi! Chi anfonodd fi at yr ARGLWYDD Dduw.
'Gweddïa ar yr ARGLWYDD ein Duw droson ni,' meddech chi. 'Dwed wrthon ni beth mae'r ARGLWYDD
ein Duw yn ei ddweud, ac fe wnawn ni hynny.' 21 Wel, dyma fi wedi dweud wrthoch chi heddiw,
ond dych chi ddim am wrando. Dych chi ddim am wneud beth mae'r ARGLWYDD eich Duw wedi fy
anfon i i'w ddweud wrthoch chi. 22 Felly dw i eisiau i chi ddeall y byddwch chi'n cael eich lladd
â'r cleddyf, neu'n marw o newyn a haint yn y lle dych chi'n bwriadu mynd i fyw."

Jeremeia'n cael ei gymryd i'r Aifft

43 Pan oedd Jeremeia wedi gorffen dweud wrth y bobl beth oedd neges yr ARGLWYDD
eu Duw iddyn nhw, 2 dyma Asareia fab Hoshaia, Iochanan fab Careach a dynion
eraill oedd yn meddwl eu bod nhw'n gwybod yn well yn ateb Jeremeia, "Ti'n dweud celwydd!
Dydy'r ARGLWYDD ein Duw ddim wedi dweud wrthon ni am beidio mynd i fyw i'r Aifft. 3 Barŵch
fab Nereia sydd wedi dy annog di i ddweud hyn, er mwyn i'r Babiloniaid ein dal ni, a'n lladd
neu ein cymryd ni'n gaeth i Babilon."
4 Felly, wnaeth Iochanan fab Careach a swyddogion y fyddin a gweddill y bobl ddim aros
yn Jwda fel y dwedodd yr ARGLWYDD wrthyn nhw. 5 Dyma Iochanan a'r swyddogion eraill yn
mynd â'r bobl oedd ar ôl yn Jwda gyda nhw i'r Aifft. (Roedd ffoaduriaid gyda nhw, sef y rhai
oedd wedi dod yn ôl i fyw yn Jwda o'r gwledydd lle roedden nhw wedi dianc. 6 Hefyd y bobl
roedd Nebwsaradan, capten y gwarchodlu brenhinol, wedi'u gadael yng ngofal Gedaleia –
dynion, gwragedd, plant, a merched o'r teulu brenhinol. Aethon nhw hyd yn oed â'r proffwyd
Jeremeia a Barŵch fab Nereia gyda nhw.) 7 Aethon nhw i'r Aifft am eu bod nhw'n gwrthod
gwrando ar yr ARGLWYDD. A dyma nhw'n cyrraedd Tachpanches.

Jeremeia yn proffwydo y byddai Babilon yn ymosod ar yr Aifft

8 Yn Tachpanches dyma'r ARGLWYDD yn dweud wrth Jeremeia: 9 "Cymer gerrig mawr a'u claddu
nhw dan y pafin morter sydd o flaen y fynedfa i balas y Pharo yn Tachpanches. Dw i eisiau
i bobl Jwda dy weld ti'n gwneud hyn. 10 Wedyn dywed wrthyn nhw mai dyma mae'r ARGLWYDD

---

rh 42:14 *corn hwrdd* Hebraeg, *shoffar*.
42:11 Jeremeia 1:8,19; 30:10-11 42:12 Eseia 54:7 42:18 Deuteronomium 28:37
43:5 2 Brenhinoedd 25:26

hollbwerus, Duw Israel, yn ei ddweud: 'Dw i'n mynd i anfon am fy ngwas Nebwchadnesar,
brenin Babilon. Dw i'n mynd i osod ei orsedd e ar y cerrig yma dw i wedi'u claddu, a bydd
e'n codi canopi drosti. 11 Mae e'n dod i daro gwlad yr Aifft.

> Bydd y rhai sydd i farw o haint yn marw o haint.
> Bydd y rhai sydd i'w cymryd yn gaeth yn cael eu cymryd yn gaeth.
> Bydd y rhai sydd i farw yn y rhyfel yn marw yn y rhyfel.

12 Bydd e'n rhoi temlau duwiau'r Aifft ar dân. Bydd e'n llosgi'r delwau neu'n mynd â nhw
i ffwrdd. Bydd e'n clirio gwlad yr Aifft yn lân fel bugail yn pigo'r llau o'i ddillad. Wedyn bydd
e'n gadael y lle heb gael unrhyw niwed. 13 Bydd e'n malu obelisgau Heliopolis,[s] ac yn llosgi
temlau duwiau'r Aifft yn ulw.' "

Neges yr ARGLWYDD i bobl Jwda oedd yn yr Aifft

44 Dyma neges arall roddodd yr ARGLWYDD i Jeremeia am bobl Jwda oedd yn byw yn yr
Aifft, yn Migdol ger Tachpanches, a Memffis yn y gogledd, a thir Pathros i'r de hefyd:
2 "Dyma mae'r ARGLWYDD hollbwerus, Duw Israel, yn ei ddweud: 'Dych chi wedi gweld y dinistr
anfonais i ar Jerwsalem a threfi Jwda i gyd. Pentwr o gerrig ydyn nhw bellach, a does neb yn
byw ynddyn nhw. 3 Digwyddodd hyn i gyd am fod y bobl yno wedi gwneud cymaint o ddrwg,
a'm gwylltio i drwy addoli duwiau eraill a llosgi arogldarth iddyn nhw. Duwiau oedden nhw
doeddech chi na'ch hynafiaid yn gwybod dim amdanyn nhw. 4 Rôn i'n anfon fy ngweision
y proffwydi atoch chi dro ar ôl tro, yn pledio arnoch chi i beidio ymddwyn mor ffiaidd am fy
mod i'n casáu'r fath beth! 5 Ond wnaethoch chi ddim gwrando na chymryd unrhyw sylw ohono
i. Wnaeth y bobl ddim troi cefn ar eu drygioni na stopio offrymu i'r duwiau eraill. 6 Felly, dyma
fi'n tywallt fy llid yn ffyrnig arnyn nhw – roedd fel tân yn llosgi drwy drefi Jwda a strydoedd
Jerwsalem. Dyna pam maen nhw'n adfeilion diffaith hyd heddiw.'

7 "Felly nawr mae'r ARGLWYDD, y Duw hollbwerus, Duw Israel, yn gofyn: 'Pam dych chi'n dal
ati i wneud niwed i chi'ch hunain? Pam ddylai pob dyn, gwraig, plentyn a babi bach gael eu
cipio i ffwrdd o Jwda, fel bod neb o gwbl ar ôl? 8 Pam dych chi'n fy ngwylltio i drwy addoli
eilunod dych chi eich hunain wedi'u cerfio? Ac yma yn yr Aifft, lle daethoch chi i fyw, dych
chi'n llosgi arogldarth i dduwiau eraill. Ydych chi eisiau cael eich torri i ffwrdd? Ydych chi
eisiau bod yn esiampl o bobl wedi'u melltithio ac yn destun sbort yng ngolwg y gwledydd
i gyd? 9 Ydych chi wedi anghofio'r holl ddrwg wnaeth eich hynafiaid yng ngwlad Jwda ac ar
strydoedd Jerwsalem – y drwg wnaeth brenhinoedd Jwda a'u gwragedd, a chi eich hunain
a'ch gwragedd? 10 Does neb wedi dangos eu bod nhw'n sori o gwbl! Does neb wedi dangos
parch ata i, na byw'n ffyddlon i'r ddysgeidiaeth a'r rheolau rois i i chi a'ch hynafiaid.'

11 "Felly dyma mae'r ARGLWYDD hollbwerus, Duw Israel, yn ei ddweud: 'Dw i'n bendant yn
mynd i ddod â dinistr arnoch chi. Dw i'n mynd i gael gwared â chi'n llwyr. 12 Byddwch chi
i gyd yn marw – pawb oedd ar ôl yn Jwda ac a wnaeth benderfynu dod i fyw i'r Aifft, yn
bobl gyffredin ac arweinwyr. Byddwch chi i gyd yn cael eich lladd yn y rhyfel neu'n marw
o newyn. Bydd pethau ofnadwy yn digwydd i chi, a byddwch yn destun sbort ac yn esiampl
o bobl wedi'ch melltithio. 13 Dw i'n mynd i gosbi'r rhai sy'n byw yn yr Aifft, fel gwnes i gosbi
pobl Jerwsalem. Dw i'n mynd i'w taro nhw gyda rhyfel, newyn a haint. 14 Fydd neb o bobl
Jwda oedd ar ôl ag a aeth i lawr i'r Aifft yn dianc. Maen nhw'n hiraethu am gael mynd yn ôl
i wlad Jwda, ond gân nhw ddim – ar wahân i lond dwrn o ffoaduriaid.' "

15 Dyma'r dynion oedd yn gwybod bod eu gwragedd wedi bod yn llosgi arogldarth i dduwiau
eraill, a'r gwragedd oedd yno hefyd, yn ateb Jeremeia. (Roedd tyrfa fawr ohonyn nhw – sef pobl
Jwda oedd yn byw yn Pathros, de'r Aifft.) 16 "Ti'n dweud dy fod ti'n siarad ar ran yr ARGLWYDD.
Wel, dŷn ni ddim yn mynd i wrando arnat ti! 17 Dŷn ni wedi addo llosgi arogldarth a thywallt

---

s 43:13 *obelisgau Heliopolis* Canolfan addoli Amon-Re, duw'r haul. Roedd yn enwog am ei obelisgau. Roedd Heliopolis tua 6 milltir i'r gogledd-ddwyrain o ble mae dinas Cairo heddiw.

offrwm o ddiod i'r dduwies 'Brenhines y Nefoedd'.[t] Roedd ein hynafiaid a'n brenhinoedd a'n
harweinwyr yn gwneud hynny yn nhrefi Jwda ac ar strydoedd Jerwsalem, a bryd hynny roedd
gynnon ni ddigon o fwyd, roedd pethau'n dda arnon ni a doedd dim trafferthion. 18 Ond ers i ni
stopio llosgi arogldarth a thywallt offrwm o ddiod iddi,[th] dŷn ni wedi bod mewn angen – mae
llawer o'n pobl ni wedi cael eu lladd yn y rhyfel neu wedi marw o newyn." 19 A dyma'r gwragedd
oedd yno'n dweud, "Mae'n wir ein bod ni wedi bod yn llosgi arogldarth a thywallt offrwm
o ddiod i Frenhines y Nefoedd, ond wyt ti'n meddwl ein bod ni wedi bod yn gwneud cacennau
a thywallt offrwm o ddiod iddi heb fod ein gwŷr yn gwybod am y peth ac yn ein cefnogi?"

20 A dyma Jeremeia yn eu hateb nhw, y dynion a'u gwragedd: 21 "Wnaeth yr ARGLWYDD
ddim anghofio'r arogldarth wnaethoch chi ei losgi i eilun-dduwiau ar strydoedd Jerwsalem.
Roeddech chi a'ch hynafiaid, eich brenhinoedd a'ch swyddogion, a'r bobl gyffredin yn
gwneud hynny. 22 A doedd yr ARGLWYDD ddim yn gallu diodde'r holl ddrwg a'r pethau ffiaidd
roeddech chi'n eu gwneud. Cafodd y wlad ei dinistrio a'i difetha'n llwyr ganddo. Cafodd ei
gwneud yn esiampl o wlad wedi'i melltithio. Does neb yn byw yno heddiw. 23 Am eich bod
chi wedi llosgi arogldarth i dduwiau eraill, am eich bod chi wedi pechu yn erbyn yr ARGLWYDD
a gwrthod gwrando arno, am eich bod chi ddim wedi byw fel dysgodd e chi a chadw ei reolau
a'i ddeddfau – dyna pam mae'r dinistr yma wedi digwydd."

24 Yna, dyma Jeremeia yn dweud fel hyn wrthyn nhw, yn arbennig y gwragedd: "Gwrandwch
ar neges yr ARGLWYDD, chi bobl Jwda sydd yng ngwlad yr Aifft. 25 Dyma mae'r ARGLWYDD
hollbwerus, Duw Israel, yn ei ddweud: 'Dych chi'r gwragedd wedi gwneud yn union beth
roeddech chi'n ei ddweud! Roeddech chi'n dweud eich bod chi wedi addo llosgi arogldarth
a thywallt offrwm o ddiod i Frenhines y Nefoedd, ac mai dyna oeddech chi'n mynd i'w wneud.
Iawn! Ewch ymlaen! Cadwch eich gair!' 26 Ond gwrandwch ar beth sydd gan yr ARGLWYDD i'w
ddweud wrthoch chi: 'Dw i wedi tyngu llw i'm henw mawr fy hun,' meddai'r ARGLWYDD. 'Fydd
neb o bobl Jwda sydd yn yr Aifft yn galw arna i na dweud, "Mor sicr â bod yr ARGLWYDD, ein
Meistr, yn fyw ..." 27 Dw i'n gwylio, i wneud yn siŵr mai drwg fydd yn digwydd iddyn nhw, dim
da. Byddan nhw'n cael eu lladd yn y rhyfel ac yn marw o newyn. Fydd neb ar ôl! 28 Ychydig
iawn iawn fydd yn llwyddo i ddianc rhag y cleddyf. Byddan nhw'n mynd yn ôl o'r Aifft i wlad
Jwda. Bydd y bobl o Jwda ddaeth i fyw i wlad yr Aifft yn gwybod mai beth dw i'n ddweud
sy'n wir, nid beth maen nhw'n ddweud! 29 Byddwch chi'n gwybod wedyn fod y dinistr dw
i'n ei fygwth yn mynd i ddigwydd. A dyma'r prawf fy mod i'n mynd i'ch cosbi chi,' meddai'r
ARGLWYDD: 30 'Dw i'n mynd i roi Pharo Hoffra, brenin yr Aifft, yng ngafael y gelynion sydd
eisiau ei ladd.[u] Bydd yn union fel y gwnes i i Sedeceia, brenin Jwda, pan gafodd ei ddal gan
Nebwchadnesar, brenin Babilon, oedd am ei ladd e.' "

Neges i Barŵch

45 Dyma'r proffwyd Jeremeia yn rhoi neges i Barŵch fab Nereia, oedd yn ysgrifennu'r
cwbl roedd Jeremeia'n ei ddweud mewn sgrôl. (Roedd hyn yn ystod y bedwaredd
flwyddyn pan oedd Jehoiacim fab Joseia yn frenin ar Jwda[w]): 2-3 "Barŵch, rwyt ti'n dweud,
'Mae hi ar ben arna i! Mae'r ARGLWYDD wedi rhoi tristwch ar ben y boen oedd yna'n barod!
Dw i wedi blino tuchan. Alla i ddim gorffwys.' Wel, dyma mae'r ARGLWYDD, Duw Israel, yn
ei ddweud wrthot ti: 4 'Dw i'n mynd i fwrw i lawr beth dw i wedi'i adeiladu, a thynnu o'r
gwraidd beth dw i wedi'i blannu. Bydda i'n gwneud hyn drwy'r byd i gyd. 5 Ddylet ti ddim
disgwyl pethau mawr i ti dy hun. Dw i'n dod â dinistr ar y ddynoliaeth gyfan. Ond bydda i'n
dy gadw di'n fyw ble bynnag ei di.' "

— yr ARGLWYDD sy'n dweud hyn.

---

t 44:17 *Brenhines y Nefoedd* Y dduwies Asyriaidd Ishtar o bosibl. th 44:18 *stopio ... iddi* Falle fod yma gyfeiriad at ddiwygiadau'r Brenin Joseia. u 44:30 *Pharo Hoffra ... ei ladd* Roedd Hoffra, neu Apries, yn frenin yr Aifft o 589 i 570 CC, pan gafodd ei ladd gan Ahmosis II, ddaeth yn frenin yn ei le, a theyrnasu hyd 526 CC. w 45:1 *y bedwaredd ... ar Jwda* 604–605 CC.

44:27 Jeremeia 1:11-12 45:1 Jeremeia 36:1-4

Bydd Duw yn cosbi'r gwledydd[y]
(46:1 – 51:64)

46 Y negeseuon roddodd yr ARGLWYDD i Jeremeia am y gwledydd eraill.

Neges gyntaf am yr Aifft

2 Dyma'r neges am yr Aifft, ac am fyddin Pharo Necho, brenin yr Aifft, oedd yn gwersylla
yn Carcemish ar lan afon Ewffrates. (Cafodd y fyddin ei threchu gan Nebwchadnesar, brenin
Babilon, yn y bedwaredd flwyddyn pan oedd Jehoiacim fab Joseia yn frenin ar Jwda[a]):

3 "I'ch rhengoedd! Tarianau'n barod! I'r gad!
4 Harneisiwch y ceffylau i'r cerbydau!
Ar gefnau eich stalwyni!
Helmedau ymlaen! Pawb i'w le!
Rhowch fin ar eich picellau!
Arfwisg ymlaen!"

5 "Ond beth dw i'n weld?" meddai'r ARGLWYDD.
"Maen nhw wedi dychryn.
Maen nhw'n ffoi.
Mae'r milwyr dewr yn syrthio.
Maen nhw'n dianc am eu bywydau,
heb edrych yn ôl."
Does ond dychryn ym mhobman!
6 Dydy'r cyflymaf ddim yn gallu dianc;
dydy'r cryfaf ddim yn llwyddo i ffoi.
Maen nhw'n baglu ac yn syrthio
ar lan afon Ewffrates yn y gogledd.

7 Pwy ydy'r wlad sy'n codi fel afon Nîl
a'r afonydd sy'n llifo iddi, ac yn gorlifo?
8 Yr Aifft sy'n codi ac yn brolio
ei bod yn mynd i orchuddio'r ddaear fel llifogydd,
a dinistrio dinasoedd a'u pobl.

9 "Ymlaen! Rhuthrwch i'r frwydr, farchogion!
Gyrrwch yn wyllt yn eich cerbydau!
Martsiwch yn eich blaenau, filwyr traed –
y cynghreiriaid o Affrica[b] a Libia gyda'u tarianau;
a'r rhai o Lydia sy'n trin bwa saeth."

10 Ond mae beth fydd yn digwydd y diwrnod hwnnw
yn llaw'r Meistr, yr ARGLWYDD hollbwerus.
Diwrnod o dalu'n ôl i'w elynion.
Bydd y cleddyf yn difa nes cael digon;
bydd wedi meddwi ar eu gwaed!
Mae'r Meistr, yr ARGLWYDD hollbwerus,
yn eu cyflwyno nhw'n aberth
ar lan afon Ewffrates yn y gogledd.

---

y 46:0 Mae proffwydi eraill yn rhoi negeseuon tebyg am y gwledydd o gwmpas Israel – gw. Amos 1-2; Eseia 13-23; Eseciel 25-32. Mae'n ein hatgoffa mai Duw ydy'r unig wir Dduw, a'i fod yn teyrnasu dros y gwledydd i gyd. a 46:2 *y bedwaredd ... ar Jwda* 604–605 CC – gw. Jeremeia 25:1. b 46:9 *Affrica* Hebraeg, *Cwsh*. Yr ardal i'r de o wlad yr Aifft, sef gogledd Swdan heddiw.

11 Dos i fyny i Gilead i chwilio am eli,
o wyryf annwyl yr Aifft!
Gelli drio pob moddion dan haul,
ond i ddim pwrpas –
does dim gwella i fod i ti!
12 Bydd y gwledydd yn clywed am dy gywilydd.
Bydd sŵn dy gri am help yn mynd drwy'r byd i gyd.
Bydd dy filwyr cryfaf yn baglu dros ei gilydd,
ac yn syrthio gyda'i gilydd!

Ail neges am yr Aifft

13Y neges roddodd yr ARGLWYDD i Jeremeia am Nebwchadnesar, brenin Babilon, yn dod
i ymosod ar wlad yr Aifft:

14 "Cyhoeddwch hyn drwy wlad yr Aifft,
yn Migdol, Memffis a Tachpanches:
'Pawb i'w le! Byddwch barod i amddiffyn!
Mae pobman o'ch cwmpas
yn cael ei ddinistrio gan y gelyn.'
15 Pam mae dy dduw Apis[c] wedi ffoi?
Pam wnaeth dy darw ddim dal ei dir?
Am fod yr ARGLWYDD wedi'i fwrw i lawr!
16 Gwnaeth i lu o filwyr syrthio
a baglu dros ei gilydd wrth geisio dianc.
'Gadewch i ni fynd yn ôl at ein pobl,' medden nhw.
'Mynd yn ôl i'n gwledydd ein hunain,
a dianc rhag i'r gelyn ein lladd!'
17 Bydd y Pharo, brenin yr Aifft, yn cael y llysenw
'Ceg fawr wedi colli ei gyfle'."

18 "Mor sicr â'm bod i fy hun yn fyw," meddai'r Brenin
(yr ARGLWYDD hollbwerus ydy ei enw e),
"mae'r gelyn yn dod i ymosod ar yr Aifft.
Bydd yn sefyll fel Mynydd Tabor yng nghanol y bryniau,
neu Fynydd Carmel ar lan y môr.
19 'Paciwch eich bagiau, bobl yr Aifft,
yn barod i'ch cymryd yn gaeth!'
Mae Memffis yn mynd i gael ei difetha;
bydd yn adfeilion gyda neb yn byw yno.
20 Mae'r Aifft fel heffer a golwg da arni,
ond bydd haid o bryfed o'r gogledd yn dod a'i phigo.
21 Mae'r milwyr tâl sydd yn ei chanol
fel lloi wedi'u pesgi.
Ond byddan nhw hefyd yn troi a dianc gyda'i gilydd;
wnân nhw ddim sefyll eu tir.
Mae'r dydd y cân nhw eu dinistrio wedi dod;
mae'n bryd iddyn nhw gael eu cosbi.

c 46:15 *Apis* Tarw sanctaidd, oedd yn cael ei gadw mewn teml yn Memphis, yr Aifft, ac yn cael ei addoli fel duw.
46:14 Jeremeia 43:7-8; 44:1

22 Mae'r Aifft fel neidr yn llithro i ffwrdd yn dawel,
tra mae byddin y gelyn yn martsio'n hyderus.
Maen nhw'n dod yn ei herbyn gyda bwyeill,
fel dynion yn mynd i dorri coed.
23 Bydd yr Aifft fel coedwig drwchus yn cael ei thorri i lawr,
—yr ARGLWYDD sy'n dweud hyn.
Mae'r dyrfa sy'n dod yn ei herbyn fel haid o locustiaid!
Mae'n amhosib eu cyfri nhw!
24 Bydd pobl yr Aifft yn cael eu cywilyddio.
Byddan nhw'n cael eu concro gan fyddin o'r gogledd."

25Mae'r ARGLWYDD hollbwerus, Duw Israel, yn dweud: "Dw i'n mynd i gosbi Amon, sef duw
Thebes,[ch] a chosbi'r Aifft, ei duwiau a'i brenhinoedd. Dw i'n mynd i gosbi'r Pharo, a phawb
sy'n ei drystio fe. 26Dw i'n mynd i'w rhoi nhw yn nwylo'r rhai sydd eisiau eu lladd nhw – sef
Nebwchadnesar, brenin Babilon, a'i filwyr. Ond ar ôl hynny bydd pobl yn byw yng ngwlad yr
Aifft fel o'r blaen," meddai'r ARGLWYDD.

Gobaith i bobl Israel

27 "Felly, peidiwch bod ag ofn, bobl Jacob, fy ngweision,"
—yr ARGLWYDD sy'n dweud hyn.
"Peidiwch anobeithio, bobl Israel.
Dw i'n mynd i'ch achub chi a'ch plant
o'r wlad bell lle buoch yn gaeth.
Bydd pobl Jacob yn dod yn ôl adre ac yn mwynhau heddwch.
Byddan nhw'n teimlo'n saff a fydd neb yn eu dychryn nhw.
28 Peidiwch bod ag ofn, bobl Jacob, fy ngweision,"
—yr ARGLWYDD sy'n dweud hyn,
"dw i gyda chi.
Dw i'n mynd i ddinistrio'r gwledydd hynny
lle gwnes i eich gyrru chi ar chwâl,
ond wna i ddim eich dinistrio chi.
Bydda i'n eich disgyblu chi,
ond dim ond faint dych chi'n ei haeddu;
alla i ddim peidio'ch cosbi chi o gwbl."

Neges am drefi Philistia

47 Y neges roddodd yr ARGLWYDD i Jeremeia am y Philistiaid, cyn i'r Pharo ymosod ar
Gasa. 2Dyma mae'r ARGLWYDD yn ei ddweud:

"Edrychwch! Mae'r gelynion yn codi yn y gogledd fel afon ar fin gorlifo.
Byddan nhw'n dod fel llifogydd i orchuddio'r tir.
Byddan nhw'n dinistrio'r wlad a phopeth ynddi,
y trefi a phawb sy'n byw ynddyn nhw.
Bydd pobl yn gweiddi mewn dychryn,
a phopeth byw yn griddfan mewn poen.
3 Bydd sŵn y ceffylau'n carlamu,
y cerbydau'n clecian, a'r olwynion yn rymblan.

ch 46:25 *Amon, sef duw Thebes* Amon oedd brenin duwiau'r Aifft a duw sbesial y Pharo. Thebes (tua 400 milltir i'r de o Cairo) oedd prifddinas de'r Aifft, a chanolfan addoliad Amon.
46:24 Jeremeia 1:13-15 46:26 Jeremeia 43:10-12 47:2 Jeremeia 1:13-15

Bydd rhieni'n ffoi am eu bywydau
heb feddwl troi'n ôl i geisio achub eu plant
am fod arnyn nhw gymaint o ofn.

4 Mae'r diwrnod wedi dod i'r Philistiaid gael eu dinistrio,
a'r cynghreiriaid sydd ar ôl yn Tyrus a Sidon.
Ydw, dw i'r ARGLWYDD yn mynd i ddinistrio'r Philistiaid,
y bobl ddaeth drosodd o ynys Creta.[d]

5 Bydd pobl Gasa yn siafio'u pennau mewn galar,
a phobl Ashcelon yn cael eu taro'n fud.
Am faint ydych chi sydd ar ôl ar y gwastatir
yn mynd i ddal ati i dorri eich hunain â chyllyll?"

Y bobl:

6 "O! gleddyf yr ARGLWYDD,
am faint wyt ti'n mynd i ddal ati i ladd?
Dos yn ôl i'r wain!
Aros yno, a gorffwys!"

Jeremeia:

7 "Ond sut mae'n gallu gorffwys
pan mae'r ARGLWYDD wedi gorchymyn iddo?
Fe sydd wedi dweud wrtho am ymosod
ar dref Ashcelon a phobl yr arfordir."

Neges am Moab

48 Dyma mae'r ARGLWYDD hollbwerus, Duw Israel, yn ei ddweud am Moab:

"Mae hi ar ben ar dref Nebo! Bydd hi'n cael ei dinistrio.
Bydd Ciriathaim yn cael ei chywilyddio a'i choncro –
bydd y gaer yn cael ei chywilyddio a'i bwrw i lawr.

2 Fydd Moab ddim yn cael ei hedmygu eto!
Bu cynllwynio yn Cheshbon i'w dinistrio:
'Dewch! Gadewch i ni roi diwedd ar y wlad!'
Tref Madmen, cei dithau dy dawelu –
does dim dianc rhag y rhyfel i fod.

3 Gwrandwch ar y gweiddi yn Choronaïm!
'Dinistr llwyr! Mae'n adfeilion!'

4 Mae Moab wedi'i dryllio!
Bydd ei phlant yn gweiddi allan.

5 Byddan nhw'n dringo llethrau Lwchith
ac yn wylo'n chwerw wrth fynd.
Ar y ffordd i lawr i Choronaïm
bydd sŵn pobl yn gweiddi mewn dychryn.

6 'Ffowch am eich bywydau!
Byddwch fel prysglwyn unig yn yr anialwch.'

d 47:4 *Creta* Hebraeg, "Cafftor", enw arall ar Creta, o ble daeth hynafiaid y Philistiaid – gw. Deuteronomium 2:23; Amos 9:7.

7 Am dy fod wedi trystio dy ymdrechion a dy gyfoeth dy hun,
byddi di hefyd yn cael dy goncro.
Bydd dy dduw Chemosh yn cael ei gymryd i ffwrdd,
a'i offeiriaid a'i swyddogion gydag e.
8 Mae'r gelyn sy'n dinistrio yn dod i daro'r trefi i gyd;
fydd dim un yn dianc.
Bydd trefi'r dyffryn yn cael eu dinistrio,
a'r trefi ar y byrdd-dir uchel hefyd.
Dw i, yr ARGLWYDD, wedi dweud.
9 Cod garreg fedd i Moab,
achos bydd yn cael ei throi'n adfeilion.
Bydd ei threfi'n cael eu dinistrio
a fydd neb yn byw ynddyn nhw."

10(Melltith ar unrhyw un sy'n ddiog wrth wneud gwaith yr ARGLWYDD! Melltith ar unrhyw un sydd ddim yn defnyddio'i gleddyf i dywallt gwaed!)

Bydd yr ARGLWYDD yn dinistrio Moab

11 "Mae Moab wedi teimlo'n saff o'r dechrau cyntaf.
Mae hi wedi cael llonydd, fel gwin wedi hen setlo
a heb gael ei dywallt o un jar i'r llall.
Dydy hi erioed wedi cael ei chymryd yn gaeth;
mae fel gwin sydd wedi cadw ei flas a'i arogl.

12"Ond mae'r amser yn dod pan fydda i'n anfon dynion i'w selar i'w thywallt allan a malu'r
jariau'n ddarnau," meddai'r ARGLWYDD. 13"Bydd gan Moab gywilydd o'i heilun-dduw Chemosh,
fel roedd gan Israel gywilydd o'r llo roedd yn ei drystio yn Bethel.

14 Mae dynion Moab yn brolio,
'Dŷn ni'n arwyr!
Dŷn ni'n filwyr cryf!'
15 Ond mae'r un sy'n dinistrio Moab yn dod.
Bydd ei threfi'n cael eu concro,
a'i milwyr ifanc gorau'n cael eu lladd,"
—y Brenin, sef yr ARGLWYDD hollbwerus, sy'n dweud hyn.
16 "Mae dinistr Moab ar fin digwydd;
mae'r drwg ddaw arni'n dod yn fuan.
17 Galarwch drosti, chi wledydd sydd o'i chwmpas
a phawb sy'n gwybod amdani.
Dwedwch, 'O! Mae ei grym wedi'i golli;
mae'r deyrnwialen hardd wedi'i thorri!'

18 Dewch i lawr o'ch safle balch ac eistedd yn y baw,
chi sy'n byw yn Dibon.[dd]
Bydd yr un fydd yn dinistrio Moab yn ymosod
ac yn dymchwel y caerau sy'n eich amddiffyn.
19 Chi sy'n byw yn Aroer,[e]
safwch ar ochr y ffordd yn gwylio.
Gofynnwch i'r dynion a'r merched sy'n dianc,
'Beth sydd wedi digwydd?'

dd 48:18 *Dibon* prifddinas Moab. **e 48:19** *Aroer* Tref ar ffin ogleddol Moab, ar lan afon Arnon.
48:13 1 Brenhinoedd 12:28-32; Hosea 8:5-6; 10:5; Amos 7:10-17

20 Byddan nhw'n ateb:
'Mae Moab wedi'i chywilyddio
– mae wedi'i choncro.'
Udwch a chrio!
Cyhoeddwch ar lan afon Arnon
'Mae Moab wedi'i dinistrio.' "

21 Mae trefi'r byrdd-dir i gael eu barnu – Cholon, Iahats, Meffaäth, 22 Dibon, Nebo, Beth-
diblathaîm, 23 Ciriathaim, Beth-gamwl, Beth-meon, 24 Cerioth a Bosra. Bydd trefi Moab i gyd
yn cael eu cosbi – pell ac agos. 25 "Mae corn Moab wedi'i dorri, a'i nerth wedi dod i ben,"
meddai'r ARGLWYDD.

26 Roedd Moab yn brolio ei bod yn well na'r ARGLWYDD. Ond bydd fel meddwyn yn rholio yn
ei chwŷd. Bydd pawb yn chwerthin ar ei phen! 27 Onid chi, bobl Moab, oedd yn chwerthin ar
ben Israel? Roeddech yn ei thrin fel petai'n lleidr, ac yn ysgwyd eich pennau bob tro roedd
rhywun yn sôn amdani.

28 Bobl Moab, gadewch eich trefi
a mynd i fyw yn y creigiau,
fel colomennod yn nythu
ar y clogwyni uwchben y ceunant.

29 Dŷn ni wedi clywed am falchder Moab –
mae ei phobl mor falch:
yn hunandybus, yn brolio, yn snobyddlyd,
ac mor llawn ohoni ei hun!

30 "Dw innau'n gwybod mor filain ydy hi,"
—yr ARGLWYDD sy'n dweud hyn.
"Mae ei brolio hi'n wag ac yn cyflawni dim byd!

31 Felly, bydda i'n udo dros bobl Moab.
Bydda i'n crio dros Moab gyfan,
ac yn griddfan dros bobl Cir-cheres.[f]

32 Bydda i'n wylo dros winwydden Sibma
mwy na mae tref Iaser yn wylo drosti.
Roedd ei changhennau'n ymestyn i'r Môr Marw ar un adeg;
roedden nhw'n cyrraedd mor bell â Iaser.
Ond mae'r gelyn sy'n dinistrio'n mynd i ddifetha
ei chnydau o ffigys a grawnwin.

33 Bydd pleser a llawenydd yn diflannu'n llwyr
o dir ffrwythlon Moab.
Bydda i'n stopio'r gwin rhag llifo i'r cafnau;
fydd neb yn gweiddi'n llawen wrth sathru'r grawnwin –
bydd gweiddi, ond bydd y gweiddi'n wahanol.

34 "Bydd y gweiddi a'r galar yn Cheshbon i'w clywed yn Elealê a hyd yn oed Iahats. Bydd
y sŵn i'w glywed o Soar i Choronaïm ac Eglath-shalisheia. Bydd hyd yn oed dŵr Nimrim yn cael
ei sychu. 35 Fydd neb yn mynd i fyny i aberthu ar yr allorau paganaidd ac yn llosgi arogldarth
i dduwiau Moab," meddai'r ARGLWYDD. 36 "Felly bydd fy nghalon yn griddfan fel pibau dros
Moab. Pibau chwyth yn canu cân i alaru dros bobl Cir-cheres. Bydd y cyfoeth wnaethon nhw
ei gasglu'n diflannu.

---

f 48:31 *Cir-cheres* Hen brifddinas Moab. Tua 11 milltir i'r dwyrain o'r Môr Marw.
48:29 Eseia 16:6

[37]"Bydd pawb wedi siafio'r pen a'r farf. Bydd pawb wedi torri eu dwylo â chyllyll, ac yn
gwisgo sachliain. [38]Fydd dim byd ond galaru i'w glywed ar bennau'r tai ac yn y sgwariau.
Dw i'n mynd i dorri Moab fel potyn pridd does neb ei eisiau," meddai'r ARGLWYDD. [39]"Bydd
wedi'i dorri'n deilchion! Bydd y bobl yn udo! Bydd Moab yn troi ei chefn mewn cywilydd!
Bydd yn destun sbort ac yn olygfa ddychrynllyd i'r gwledydd o'i chwmpas."

Dim dianc i Moab

[40]Ie, dyma mae'r ARGLWYDD yn ei ddweud:

"Edrychwch! Bydd y gelyn fel eryr
yn lledu ei adenydd ac yn plymio i lawr ar Moab.
41 Bydd ei threfi'n cael eu meddiannu,
a'r caerau sy'n ei hamddiffyn yn cael eu dal.
Y diwrnod hwnnw bydd milwyr Moab wedi dychryn
fel gwraig ar fin cael babi!
42 Bydd Moab yn cael ei dinistrio ac yn peidio â bod yn genedl,
am ei bod hi wedi brolio ei bod yn well na'r ARGLWYDD.
43 Panig, pydew a thrap sydd o'ch blaenau chi, bobl Moab!
—yr ARGLWYDD sy'n dweud hyn.
44 Bydd pawb sy'n ffoi mewn dychryn yn disgyn i dwll.
A bydd pawb sy'n dringo o'r twll yn cael eu dal mewn trap!
Mae'r amser wedi dod i mi gosbi Moab,
—yr ARGLWYDD sy'n dweud hyn.

45 Bydd ffoaduriaid yn sefyll wedi ymlâdd
dan gysgod waliau Cheshbon.
Mae tân wedi lledu o Cheshbon,
fflamau o diriogaeth y Brenin Sihon.
Mae'n llosgi ar hyd ffiniau Moab
i ben y mynyddoedd yng ngwlad y bobl ryfelgar.
46 Mae hi ar ben arnat ti, Moab!
Dych chi, bobl sy'n addoli Chemosh, wedi'ch difa.
Mae eich meibion yn garcharorion,
a'ch merched wedi'u cymryd yn gaethion.
47 Ond yn y dyfodol,
bydda i'n rhoi'r cwbl gollodd Moab yn ôl iddi."
—yr ARGLWYDD sy'n dweud hyn.

Dyma ddiwedd y neges o farn ar Moab.

Neges am Ammon

49 Dyma mae'r ARGLWYDD yn ei ddweud am bobl Ammon:

"Oes gan Israel ddim disgynyddion?
Oes neb ohonyn nhw ar ôl i etifeddu'r tir?
Ai dyna pam dych chi sy'n addoli Milcom[ff]
wedi dwyn tir Gad[g] a setlo yn ei drefi?

ff 49:1 *Milcom* Un o dduwiau Ammon – 1 Brenhinoedd 11:5. Enw arall arno oedd Molech – 2 Brenhinoedd 23:10; Jeremeia 32:35. g 49:1 *tir Gad* roedd tir llwyth Gad i'r dwyrain o afon Iorddonen.

48:44 Eseia 24:17-18

2 Felly, mae'r amser yn dod,"
—yr ARGLWYDD sy'n dweud hyn,
"pan fydd sŵn rhyfel i'w glywed yn Rabba.
Bydd prifddinas Ammon yn domen o adfeilion,
a bydd ei phentrefi yn cael eu llosgi'n ulw.
Wedyn bydd Israel yn cymryd ei thir yn ôl
gan y rhai gymrodd ei thir oddi arni,"
—meddai'r ARGLWYDD.

3 "Udwch, bobl Cheshbon,[ng] am fod Ai wedi'i bwrw i lawr!
Gwaeddwch, chi sydd yn y pentrefi o gwmpas Rabba!
Gwisgwch sachliain a galarwch!
Rhedwch o gwmpas yn anafu eich hunain!
Bydd eich duw Milcom yn cael ei gymryd i ffwrdd,
a'i offeiriaid a'i swyddogion gydag e!
4 Pam dych chi'n brolio eich bod mor gryf?
Mae eich cryfder yn diflannu, bobl anffyddlon!
Roeddech yn trystio eich cyfoeth ac yn meddwl,
'Pwy fyddai'n meiddio ymosod arnon ni?'
5 Wel, dw i'n mynd i dy ddychryn di o bob cyfeiriad,"
meddai'r Meistr, yr ARGLWYDD hollbwerus.
"Byddi'n cael dy yrru ar chwâl,
a fydd neb yna i helpu'r ffoaduriaid.

6 "Ond wedyn bydda i'n rhoi'r cwbl gollodd Ammon yn ôl iddi."
—yr ARGLWYDD sy'n dweud hyn.

Neges am Edom

7 Dyma mae'r ARGLWYDD hollbwerus yn ei ddweud am Edom:
"Oes rhywun doeth ar ôl yn Teman?[h]
Oes neb call ar ôl i roi cyngor?
Ydy eu doethineb nhw wedi diflannu?
8 Ffowch! Trowch yn ôl!
Ewch i guddio'n bell, bobl Dedan![i]
Dw i'n dod â dinistr ar ddisgynyddion Esau,
mae'n amser i mi eu cosbi.

9 Petai casglwyr grawnwin yn dod atat ti,
oni fydden nhw'n gadael rhywbeth i'w loffa?
Petai lladron yn dod yn y nos,
fydden nhw ond yn dwyn beth roedden nhw eisiau!
10 Ond dw i'n mynd i gymryd popeth oddi ar bobl Esau.
Bydda i'n dod o hyd iddyn nhw;
fyddan nhw ddim yn gallu cuddio.
Bydd eu plant, eu perthnasau, a'u cymdogion i gyd
yn cael eu dinistrio. Fydd neb ar ôl!

ng 49:3 *Cheshbon* gw. 48:45; roedd Cheshbon ar y ffin rhwng Moab ac Ammon. h 49:7 *Teman* Tref bwysig yng ngogledd Edom, wedi'i henwi ar ôl ŵyr i Esau – gw. Genesis 36:10-11. Weithiau, roedd yn enw ar ogledd Edom i gyd. i 49:8 *Dedan* Enw llwyth oedd yn byw yn ne-ddwyrain Edom.
49:8 Genesis 36 49:9 Deuteronomium 24:19-22 49:9 Obadeia 1:5

11 Gadael dy blant amddifad gyda mi,
gwna i ofalu amdanyn nhw.
Bydd dy weddwon hefyd yn gallu dibynnu arna i."

12 Dyma mae'r ARGLWYDD yn ei ddweud: "Os oes rhaid i bobl ddiniwed ddiodde, wyt ti'n
meddwl y byddi di'n dianc? Na! Bydd rhaid i tithau yfed o gwpan barn. 13 Dw i wedi addo ar
lw," meddai'r ARGLWYDD. "Bydd Bosra[l] yn cael ei throi'n adfeilion. Bydd yn destun sbort. Bydd
yn cael ei dinistrio'n llwyr a'i gwneud yn enghraifft o bobl wedi'u melltithio. Bydd eu trefi
yn cael eu gadael yn adfeilion am byth."

Jeremeia:

14 "Ces i neges gan yr ARGLWYDD,
pan gafodd negesydd ei anfon i'r gwledydd, yn dweud,
'Dewch at eich gilydd i ymosod arni hi.
Gadewch i ni fynd i ryfel yn ei herbyn!' "

Yr ARGLWYDD:

15 "Dw i'n mynd i dy wneud di'n wlad fach wan;
bydd pawb yn cael hwyl ar dy ben.
16 Mae dy allu i ddychryn pobl
a dy falchder wedi dy dwyllo di.
Ti'n byw yn saff yng nghysgod y graig,
yn byw ar ben y mynydd –
ond hyd yn oed petaet ti'n gwneud dy nyth mor uchel â'r eryr,
bydda i'n dy dynnu di i lawr."

—yr ARGLWYDD sy'n dweud hyn.

17 "Bydd Edom yn cael ei dinistrio'n llwyr. Bydd pawb sy'n pasio heibio wedi dychryn am
eu bywydau ac yn chwibanu mewn rhyfeddod wrth weld y dinistr. 18 Bydd yn union yr un
fath â Sodom a Gomorra a'r pentrefi o'u cwmpas. Fydd neb yn byw nac yn setlo i lawr yno
eto," yr ARGLWYDD sy'n dweud hyn. 19 "Bydda i'n gyrru pobl Edom o'u tir, fel llew yn dod allan
o goedwig wyllt yr Iorddonen ac yn gyrru'r praidd yn y borfa agored ar chwâl. Bydda i'n dewis
yr hyrddod gorau i'w llarpio. Achos pwy sy'n debyg i mi? Pwy sy'n mynd i'm galw i gyfri? Pa
fugail sy'n gallu sefyll yn fy erbyn i?"

20 Dyma gynllun yr ARGLWYDD yn erbyn Edom. Dyma mae'n bwriadu ei wneud i bobl Teman.

"Bydd hyd yn oed yr ŵyn bach yn cael eu llusgo i ffwrdd.
Bydd eu corlan yn cael ei dinistrio am beth wnaethon nhw.
21 Bydd pobl y ddaear yn crynu wrth glywed am eu cwymp.
Bydd eu sŵn nhw'n gweiddi i'w glywed wrth y Môr Coch.[ll]
22 Edrychwch! Bydd y gelyn fel eryr yn codi i'r awyr,
yn lledu ei adenydd ac yn plymio i lawr ar Bosra.
Y diwrnod hwnnw bydd milwyr Edom wedi dychryn,
fel gwraig ar fin cael babi!"

Neges am Damascus

23 Neges am Damascus:

"Mae pobl Chamath ac Arpad[m] wedi drysu.
Maen nhw wedi clywed newyddion drwg.

l 49:13 *Bosra* Prifddinas Edom. ll 49:21 *Môr Coch* Hebraeg, "Môr y Brwyn". m 49:23 *Chamath ac Arpad* Dwy dref yn Syria.
49:14-16 Obadeia 1:1-4

Maen nhw'n poeni ac wedi cynhyrfu
fel môr stormus sy'n methu bod yn llonydd.
24 Mae pobl Damascus wedi colli pob hyder,
ac wedi ffoi mewn panig.
Mae poen a phryder wedi gafael ynddyn nhw,
fel gwraig ar fin cael babi.
25 Bydd y ddinas enwog yn wag cyn bo hir –
y ddinas oedd unwaith yn llawn bwrlwm a hwyl!
26 Bydd ei bechgyn ifanc yn syrthio'n farw ar ei strydoedd,
a'i milwyr i gyd yn cael eu lladd y diwrnod hwnnw,"
—yr ARGLWYDD hollbwerus sy'n dweud hyn.
27 "Bydda i'n llosgi waliau Damascus,
a bydd y tân yn dinistrio caerau amddiffynnol Ben-hadad."[n]

Neges am Cedar a Chatsor

28 Neges am Cedar[o] ac ardaloedd Chatsor, gafodd eu taro gan Nebwchadnesar, brenin Babilon: Dyma mae'r ARGLWYDD yn ei ddweud:

"Fyddin Babilon, codwch ac ymosod ar Cedar!
Dinistriwch bobl y dwyrain.
29 Cymerwch eu pebyll a'u preiddiau,
eu llenni a'u hoffer, a'u camelod i gario'r cwbl i ffwrdd.
Bydd pobl yn gweiddi: 'Does ond dychryn ym mhobman!'

30 Bobl Chatsor, rhedwch i ffwrdd;
ewch i guddio mewn ogofâu!
Mae Nebwchadnesar, brenin Babilon,
yn bwriadu ymosod arnoch chi.
Mae e'n bwriadu eich dinistrio chi!
31 Codwch, ac ymosod
ar wlad sy'n meddwl ei bod mor saff!"
—yr ARGLWYDD sy'n dweud hyn.
Does dim giatiau dwbl gyda barrau i'w hamddiffyn,
a does neb wrth ymyl i'w helpu.
32 Bydd y milwyr yn cymryd ei chamelod
a'i gyrroedd o wartheg yn ysbail.
Bydda i'n gyrru ar chwâl
bawb sy'n byw ar ymylon yr anialwch.
Daw dinistr arnyn nhw o bob cyfeiriad,
—yr ARGLWYDD sy'n dweud hyn.
33 Bydd Chatsor wedi'i throi'n adfeilion am byth.
Bydd yn lle i siacaliaid fyw –
fydd neb yn byw nac yn setlo i lawr yno.

---

n 49:27 *Ben-hadad* Enw neu deitl ar nifer o frenhinoedd Damascus (1 Brenhinoedd 15:18, 20; 2 Brenhinoedd 13:24). Ystyr yr enw ydy "mab Hadad". Hadad oedd Duw'r storm. o 49:28 *Cedar* Nifer o lwythau nomadig oedd yn bell i'r dwyrain (gw. Jeremeia 2:11).
49:27 Amos 1:4

Neges am Elam[p]

[34]Y neges roddodd yr Arglwydd i Jeremeia am wlad Elam, yn fuan ar ôl i Sedeceia gael ei
wneud yn frenin ar Jwda. [35]Dyma mae'r Arglwydd hollbwerus yn ei ddweud:

"Dw i'n mynd i ladd bwasaethwyr Elam,
sef asgwrn cefn eu grym milwrol.
36 Dw i'n mynd i ddod â gelynion
yn erbyn pobl Elam o bob cyfeiriad,
a byddan nhw'n cael eu gyrru ar chwâl.
Bydd ffoaduriaid o Elam yn dianc i bobman.
37 Bydd pobl Elam wedi'u dychryn yn lân
gan y gelynion sydd am eu lladd nhw.

Dw i wedi gwylltio'n lân hefo nhw,
a dw i'n mynd i'w dinistrio nhw,"
—yr Arglwydd sy'n dweud hyn.
"Bydda i'n anfon byddinoedd eu gelynion ar eu holau,
nes bydda i wedi'u dinistrio nhw'n llwyr.
38 Bydda i'n teyrnasu dros Elam.
Bydda i'n lladd eu brenin a'u swyddogion,"
—yr Arglwydd sy'n dweud hyn.

[39]"Ond wedyn bydda i'n rhoi'r cwbl gollodd Elam yn ôl iddi,"
—yr Arglwydd sy'n dweud hyn.

Neges am Babilon

50 Y neges roddodd yr Arglwydd am Babilon a gwlad Babilonia, drwy'r proffwyd
Jeremeia:

2 "Cyhoeddwch y newyddion drwy'r gwledydd i gyd;
peidiwch dal dim yn ôl.
Gwnewch yn siŵr fod pawb yn clywed ac yn deall:
'Mae Babilon yn mynd i syrthio!
Bydd y duw Bel yn cael ei gywilyddio!
Bydd Merodach[ph] yn cael ei falu!
Bydd eilun-dduwiau Babilon yn cael eu cywilyddio!
Bydd ei delwau diwerth yn cael eu malu.
3 Bydd gwlad yn ymosod arni o gyfeiriad y gogledd.
Bydd yn ei dinistrio hi'n llwyr, a fydd neb yn byw yno.
Bydd pobl ac anifeiliaid wedi dianc i ffwrdd.' "

Pobl Israel yn dod adre

4 "Bryd hynny," meddai'r Arglwydd,
"bydd pobl Israel a phobl Jwda yn dod adre gyda'i gilydd."
Byddan nhw'n crio wrth gerdded,
ac eisiau perthynas iawn gyda'u Duw eto.
5 Byddan nhw'n holi am y ffordd i Seion,
ac yna'n troi i'r cyfeiriad hwnnw.

---

p 49:33 *Elam* Gwlad i'r dwyrain o Babilon ac afon Tigris. De-orllewin Iran heddiw. Y brifddinas oedd Swsa.
ph 50:2 *Bel ... Merodach* Dau enw ar yr un duw.

Byddan nhw'n ymrwymo i fod yn ffyddlon i'r ARGLWYDD,
a fydd yr ymrwymiad hwnnw byth yn cael ei anghofio.

6 "Mae fy mhobl wedi bod fel defaid oedd ar goll.
Roedd eu bugeiliaid wedi gadael iddyn nhw grwydro i ffwrdd.
Maen nhw wedi bod yn crwydro ar y mynyddoedd –
crwydro o gopa un bryn i'r llall,
wedi anghofio'r ffordd yn ôl i'r gorlan.
7 Roedd pawb ddaeth ar eu traws yn eu llarpio.
Ond wedyn roedd y gelynion hynny'n dweud,
'Does dim bai arnon ni.
Maen nhw wedi pechu yn erbyn yr ARGLWYDD.
Fe oedd eu porfa go iawn nhw – unig obaith eu hynafiaid.' "

8"Ffowch o Babilon! Ewch allan o wlad y Babiloniaid! Am y cyntaf i adael – fel y bychod
geifr sy'n arwain y praidd. 9Dw i'n mynd i wneud i nifer o wledydd cryf o'r gogledd ymosod
ar Babilon. Byddan nhw'n trefnu'u hunain yn rhengoedd i ymosod arni, yn dod o'r gogledd
ac yn ei choncro hi. Bydd eu saethau'n taro'r targed bob tro, fel saethau'r milwyr gorau.

10 Bydd gwlad Babilonia yn cael ei hysbeilio.
Bydd milwyr y gelyn yn cymryd popeth maen nhw eisiau,"
—yr ARGLWYDD sy'n dweud hyn.

Babilon yn syrthio

Yr ARGLWYDD:

11 "Bobl Babilon, chi wnaeth ysbeilio gwlad fy mhobl i.
Roeddech chi mor hapus, ac yn dathlu.
Roeddech chi'n prancio o gwmpas fel lloi mewn cae.
Roeddech chi'n gweryru fel meirch.
12 Ond bydd Babilon eich mamwlad yn cael ei chywilyddio'n fawr,
a'r wlad lle cawsoch eich geni yn teimlo'r gwarth.
A dweud y gwir, hi fydd y lleiaf pwysig o'r gwledydd i gyd!
Bydd hi'n anialwch sych a diffaith."

Jeremeia:

13 Am fod yr ARGLWYDD wedi digio
fydd neb yn cael byw yno –
bydd Babilon yn cael ei dinistrio'n llwyr.
Bydd pawb sy'n pasio heibio wedi'u syfrdanu,
ac yn chwibanu wrth weld beth ddigwyddodd iddi.

Yr ARGLWYDD:

14 "Pawb i'w le, yn barod i ymosod ar Babilon!
Dewch, chi sy'n trin y bwa saeth,
saethwch ati! Defnyddiwch eich saethau i gyd!
Mae hi wedi pechu yn erbyn yr ARGLWYDD.
15 Gwaeddwch wrth ymosod o bob cyfeiriad.
Mae'n rhoi arwydd ei bod am ildio.
Mae ei thyrau amddiffynnol wedi syrthio,
a'i waliau wedi'u bwrw i lawr.
Fi, yr ARGLWYDD, sy'n dial arni.
Gwna i iddi beth wnaeth hi i eraill!

Bydd cleddyf yn taro'i thrysorau,
a bydd y cwbl yn cael ei gymryd i ffwrdd yn ysbail.
38 Bydd sychder yn taro'r wlad,
a bydd y cyflenwad dŵr yn dod i ben!
Achos mae'r wlad yn llawn o eilun-dduwiau
a delwau dychrynllyd sy'n eu gyrru nhw'n wallgof!
39 Felly, ysbrydion yr anialwch, bwganod ac estrys
fydd yn byw yn Babilon.
Fydd pobl yn byw yno byth eto –
neb o gwbl ar hyd y cenedlaethau.
40 Bydd yn union yr un fath â Sodom a Gomorra
a'r pentrefi o'u cwmpas.
Fydd neb yn byw nac yn setlo i lawr yno eto."
—yr Arglwydd sy'n dweud hyn.

41 "Gwyliwch! Mae byddin yn dod o gyfeiriad y gogledd.
Mae gwlad gref a brenhinoedd ym mhen draw'r byd
yn paratoi i fynd i ryfel.
42 Mae ei milwyr wedi gafael yn y bwa a'r cleddyf,
maen nhw'n greulon a fyddan nhw'n dangos dim trugaredd.
Mae sŵn eu ceffylau'n carlamu fel sŵn y môr yn rhuo.
Mae eu rhengoedd nhw mor ddisgybledig,
ac maen nhw'n dod yn eich erbyn chi, bobl Babilon."

43 Mae brenin Babilon wedi clywed amdanyn nhw.
Does dim byd all e ei wneud.
Mae dychryn wedi gafael ynddo,
fel gwraig mewn poen wrth gael babi.[t]

44"Bydda i'n gyrru pobl Babilon o'u tir, fel llew yn dod allan o goedwig wyllt yr Iorddonen ac yn gyrru'r praidd yn y borfa agored ar chwâl. Bydda i'n dewis yr hyrddod gorau i'w llarpio. Achos pwy sy'n debyg i mi? Pwy sy'n mynd i'm galw i i gyfri? Pa fugail sy'n gallu sefyll yn fy erbyn i?"

45Dyma gynllun yr Arglwydd yn erbyn Babilon. Dyma mae'n bwriadu ei wneud i wlad Babilonia:

"Bydd hyd yn oed yr ŵyn bach yn cael eu llusgo i ffwrdd.
Bydd eu corlan yn cael ei dinistrio am beth wnaethon nhw.
46 Bydd pobl y ddaear yn crynu wrth glywed fod Babilon wedi'i choncro.
Bydd eu sŵn nhw'n gweiddi i'w glywed drwy'r gwledydd i gyd."[th]

Barnu Babilonia

51 Dyma mae'r Arglwydd yn ei ddweud:
"Dw i'n mynd i ddod â corwynt dinistriol yn erbyn Babilon,
ac yn erbyn y bobl sy'n byw yn Babilonia.[u]

t 50:41-43 *Gwyliwch! mae byddin ... wrth gael babi.* Dyfyniad o Jeremeia 6:22-24. Yno Babilon oedd y gorthrymwr, ond yma mae byddin yn ymosod ar Babilon. th 50:44-46 *Bydda i'n gyrru ... drwy'r gwledydd i gyd* Dyfyniad o Jeremeia 49:19-21. Yno roedd Duw yn defnyddio Babilon i gyflawni ei fwriadau, ond yma mae Duw yn cosbi Babilon. u 51:1 *Babilonia* Hebraeg, *Leb-Camai* ("calon y rhai sy'n codi yn fy erbyn i".) Gair mwys am bobl Babilon. Roedd y gair yn cael ei lunio drwy ddefnyddio llythyren olaf yr wyddor yn lle'r llythyren gyntaf, ac yn y blaen.

2 Bydda i'n anfon pobl estron i'w nithio;
bydd fel gwynt yn chwythu'r us i ffwrdd.
Bydd y wlad yn cael ei gadael yn wag.
Byddan nhw'n ymosod o bob cyfeiriad
y diwrnod hwnnw pan fydd pethau'n ddrwg arni.

3 Peidiwch rhoi cyfle i'r bwasaethwr roi llinyn ar ei fwa;
nac amser iddo roi ei arfwisg amdano.
Lladdwch y bechgyn ifanc i gyd!
Dinistriwch y fyddin yn llwyr!"
4 Bydd pobl Babilon yn syrthio'n farw,
wedi'u hanafu ar strydoedd y ddinas.
5 Dydy Duw, yr ARGLWYDD hollbwerus,
ddim wedi troi cefn ar Israel a Jwda.
Mae gwlad Babilonia yn euog
o bechu yn erbyn Un sanctaidd Israel!

6 Ffowch o ganol Babilon!
Rhedwch am eich bywydau, bawb!
Does dim rhaid i chi ddiodde am ei bod hi'n cael ei chosbi.
Mae'r amser wedi dod i'r ARGLWYDD dalu'n ôl iddi.
Bydd yn rhoi iddi beth mae'n ei haeddu!

7 Roedd Babilon fel cwpan aur yn llaw'r ARGLWYDD.
Roedd wedi gwneud y byd i gyd yn feddw.
Roedd gwledydd wedi yfed y gwin ohoni,
ac wedi'u gyrru'n wallgof.
8 Ond yn sydyn mae Babilon yn mynd i syrthio a dryllio.
"Udwch drosti!
Dewch ag eli i wella'i briwiau!
Falle y bydd hi'n cael ei hiacháu!
9 'Bydden ni wedi ceisio helpu Babilon,
ond doedd dim modd ei helpu.
Gadewch i ni fynd adre i'n gwledydd ein hunain.
Mae'r farn sy'n dod arni'n anferthol!
Mae fel pentwr enfawr sy'n ymestyn i'r entrychion,
ac yn codi i'r cymylau!' "

Pobl Israel a Jwda:
10 "Mae'r ARGLWYDD wedi achub ein cam ni.
Dewch! Gadewch i ni fynd i ddweud wrth Seion
beth mae'r ARGLWYDD ein Duw wedi'i wneud."

Arweinwyr byddin Media:
11 "Rhowch fin ar y saethau!
Llanwch eich cewyll!"

(Mae'r ARGLWYDD yn gwneud i frenhinoedd Media[w] godi yn erbyn Babilon. Mae e'n bwriadu dinistrio Babilon. Dyna sut mae'r ARGLWYDD yn mynd i ddial arnyn nhw. Mae'n mynd i ddial arnyn nhw am beth wnaethon nhw i'w deml e.)

---

w 51:11 *brenhinoedd Media* Teyrnasoedd bach oedd yn rhan o Ymerodraeth Media.

12 "Rhowch yr arwydd i ymosod
ar waliau Babilon!
Dewch â mwy o filwyr!
Gosodwch wylwyr o'i chwmpas!
Paratowch grwpiau i ymosod arni!"
Mae'r ARGLWYDD yn mynd i wneud
beth mae wedi'i gynllunio yn erbyn pobl Babilon.

13 "Ti'n byw yng nghanol yr afonydd a'r camlesi.
Rwyt wedi casglu cymaint o drysorau.
Ond mae dy ddiwedd wedi dod;
mae edau dy fywyd ar fin cael ei thorri!"
14 Mae'r ARGLWYDD hollbwerus wedi addo ar lw,
"Dw i'n mynd i lenwi'r wlad â milwyr y gelyn.
Byddan nhw fel haid o locustiaid ym mhobman.
Byddan nhw'n gweiddi'n llawen
am eu bod wedi ennill y frwydr."

Emyn o fawl i Dduw

(Jeremeia 10:12-16)

15 Yr ARGLWYDD ddefnyddiodd ei rym i greu'r ddaear.
Fe ydy'r un osododd y byd yn ei le drwy ei ddoethineb,
a lledu'r awyr drwy ei ddeall.
16 Mae sŵn ei lais yn gwneud i'r awyr daranu.
Mae'n gwneud i gymylau ddod i'r golwg ar y gorwel.
Mae'n gwneud i fellt fflachio yng nghanol y glaw.
Mae'n dod â'r gwynt allan o'i stordai i chwythu.

17 Mae pobl mor ddwl! Dŷn nhw'n gwybod dim byd!
Bydd yr eilunod yn codi cywilydd ar y rhai a'u gwnaeth nhw.
Duwiau ffals ydy'r delwau;
does dim bywyd ynddyn nhw.
18 Dŷn nhw'n dda i ddim! Pethau i wneud sbort ohonyn nhw!
Mae'r amser yn dod pan gân nhw eu cosbi a'u dinistrio.
19 Dydy Duw Jacob ddim byd tebyg iddyn nhw.
Fe ydy'r un wnaeth greu pob peth,
ac mae pobl Israel yn bobl sbesial iddo.
Yr ARGLWYDD hollbwerus ydy ei enw!

Pastwn rhyfel yr ARGLWYDD

20 "Ti ydy fy mhastwn rhyfel i,
yr arf dw i'n ei ddefnyddio yn y frwydr.
Dw i wedi dryllio gwledydd gyda ti,
a dinistrio teyrnasoedd gyda ti.
21 Dw i wedi taro ceffylau a'u marchogion gyda ti,
cerbydau rhyfel a'r milwyr sy'n eu gyrru.
22 Dw i wedi taro dynion a merched –
dynion hŷn, bechgyn a merched ifanc.

23 Dw i wedi taro bugeiliaid a'u preiddiau,
ffermwyr a'r ychen maen nhw'n aredig gyda nhw.
Dw i wedi taro llywodraethwyr a swyddogion gyda ti.

Cosbi Babilon

24“Dw i'n mynd i dalu'n ôl i Babilon a phawb sy'n byw yn Babilonia am yr holl bethau
drwg wnaethon nhw yn Seion o flaen eich llygaid chi.”
—yr ARGLWYDD sy'n dweud hyn.

25 “Dw i yn dy erbyn di, Babilon!” meddai'r ARGLWYDD.
“Ti ydy'r llosgfynydd sy'n dinistrio'r byd i gyd.
Dw i'n mynd i dy daro di,
a dy rolio di i lawr oddi ar y clogwyni.
Byddi fel llosgfynydd mud.
26 Fydd neb yn defnyddio carreg ohonot ti
fel maen congl na charreg sylfaen.
Byddi'n adfeilion am byth.”
—yr ARGLWYDD sy'n dweud hyn.

27 “Rhowch arwydd clir a chwythu'r corn hwrdd[y]
i alw'r gwledydd i ryfel yn erbyn Babilon –
Ararat, Minni ac Ashcenas.[a]
Penodwch gadfridog i arwain yr ymosodiad.
Dewch â cheffylau rhyfel fel haid o locustiaid.
28 Paratowch wledydd i ymladd yn ei herbyn hi –
brenhinoedd Media, ei llywodraethwyr a'i swyddogion,
a'r gwledydd sy'n cael eu rheoli ganddi.”

29 Mae'r ddaear yn crynu ac yn gwingo mewn poen,
am fod bwriadau'r ARGLWYDD yn mynd i gael eu cyflawni.
Mae'n mynd i ddinistrio gwlad Babilon yn llwyr,
a fydd neb yn byw yno.
30 Bydd milwyr Babilon yn stopio ymladd.
Byddan nhw'n cuddio yn eu caerau.
Fydd ganddyn nhw ddim nerth i gario mlaen;
byddan nhw'n wan fel merched.
Bydd eu tai yn y ddinas yn cael eu llosgi.
Bydd barrau eu giatiau wedi'u torri.
31 Bydd negeswyr yn rhedeg, un ar ôl y llall,
i ddweud wrth frenin Babilon
fod y ddinas gyfan wedi cael ei dal.
32 Mae'r rhydau, lle gallai pobl ddianc, wedi eu cipio.
Mae'r corsydd brwyn, lle gallai pobl guddio, wedi'u llosgi.
Mae'r fyddin mewn panig.

33Dyma mae'r ARGLWYDD hollbwerus, Duw Israel yn ei ddweud:

“Bydd Babilon fel llawr dyrnu pan mae'n cael ei sathru.
Mae amser cynhaeaf yn dod yn fuan iawn!”

---

y 51:27 *corn hwrdd* Hebraeg, *shoffar.* a 51:27 *Ararat, Minni, ac Ashcenas* Teyrnasoedd i'r gogledd o Babilon oedd yn rhan o Ymerodraeth y Mediaid.

Bydd yr Arglwydd yn helpu ei bobl

Jerwsalem:

34 Nebwchadnesar, brenin Babilon, wnaeth fy llarpio,
a gyrru fy mhobl i ffwrdd.
Llyncodd fi fel anghenfil a llenwi ei fol gyda'm cyfoeth.
Gadawodd fi fel plât gwag wedi'i glirio'n llwyr.
35 "Rhaid i Babilon dalu am y ffordd gwnaeth hi ein treisio ni!"
meddai'r bobl sy'n byw yn Seion.
"Dial ar bobl Babilonia am dywallt gwaed fy mhobl,"
meddai Jerwsalem.

36 Felly, dyma beth mae'r Arglwydd yn ei ddweud:

"Dw i'n mynd i weithredu ar dy ran di.
Dw i'n mynd i dalu'n ôl i'r Babiloniaid am beth wnaethon nhw i ti.
Dw i'n mynd i wagio ei chyflenwad dŵr hi,
a sychu ei ffynhonnau.
37 Bydd Babilon yn bentwr o rwbel,
ac yn lle i siacaliaid fyw.
Bydd pethau ofnadwy yn digwydd yno
a bydd pobl yn chwibanu mewn rhyfeddod.
Fydd neb yn byw yno.

38 Byddan nhw'n rhuo fel llewod gyda'i gilydd,
ac yn chwyrnu fel rhai bach eisiau bwyd.
39 Wrth awchu am fwyd bydda i'n rhoi gwledd o'u blaenau,
ac yn eu meddwi nes byddan nhw'n chwil gaib.
Byddan nhw'n llewygu, ac yn syrthio i gysgu,
a fyddan nhw byth yn deffro eto,"
—yr Arglwydd sy'n dweud hyn.
40 "Bydda i'n eu harwain nhw fel ŵyn i'r lladd-dy,
neu hyrddod a bychod geifr sydd i gael eu haberthu."

Beth fydd yn digwydd i Babilon

41 "Meddyliwch! Bydd Babilon[b] yn cael ei dal!
Bydd y ddinas mae'r byd yn ei chanmol
yn cael ei choncro!
Bydd beth fydd yn digwydd i Babilon
yn dychryn y gwledydd i gyd!
42 Bydd y môr yn ysgubo drosti.
Bydd tonnau gwyllt yn ei gorchuddio hi.
43 Bydd beth fydd yn digwydd i'w threfi yn creu dychryn.
Bydd yn troi'n dir sych anial –
tir lle does neb yn byw
a heb bobl yn pasio drwyddo.

44 Dw i'n mynd i gosbi'r duw Bel yn Babilon.
Bydda i'n gwneud iddo chwydu beth mae wedi'i lyncu.
Fydd y gwledydd ddim yn llifo ato ddim mwy.
Bydd waliau Babilon yn syrthio!

---

b 51:41 Hebraeg, *Sheshach*. Gair mwys am ddinas Babilon. Roedd y gair yn cael ei lunio drwy ddefnyddio llythyren olaf yr wyddor yn lle'r llythyren gyntaf, ac yn y blaen.

45 Dewch allan ohoni, fy mhobl!
Rhedwch am eich bywydau, bob un ohonoch chi!
A dianc oddi wrth lid ffyrnig yr ARGLWYDD!
46 Peidiwch torri'ch calon na bod ag ofn
pan glywch y si'n mynd ar led drwy'r wlad.
Bydd un stori'n mynd o gwmpas un flwyddyn,
ac un arall y flwyddyn wedyn.
Bydd trais ofnadwy yn y wlad,
wrth i lywodraethwyr ymladd yn erbyn ei gilydd.

47 Mae'r amser yn dod
pan fydda i'n cosbi eilun-dduwiau Babilon.
Bydd y wlad i gyd yn cael ei chywilyddio,
a bydd pobl yn syrthio'n farw ym mhobman.
48 Bydd y nefoedd a'r ddaear a phopeth ynddyn nhw
yn canu'n llawen am beth fydd yn digwydd i Babilon.
Bydd byddin yn dod o gyfeiriad y gogledd i'w dinistrio nhw,"
—yr ARGLWYDD sy'n dweud hyn.
49 "Rhaid i Babilon syrthio, am ei bod wedi lladd cymaint o bobl Israel,
ac am ei bod wedi lladd cymaint o bobl drwy'r byd i gyd."

Neges Duw i bobl Israel yn Babilonia

50 Chi bobl wnaeth lwyddo i ddianc
rhag cael eich lladd gan gleddyf Babilon,
ewch allan ohoni ar frys! Peidiwch loetran!
Cofiwch yr ARGLWYDD yn y wlad bell.
Meddyliwch am Jerwsalem.

Y bobl:
51 "Mae gynnon ni gywilydd;
dŷn ni wedi cael ein sarhau.
Mae'r gwarth i'w weld ar ein hwynebau.
Aeth paganiaid i mewn
i'r lleoedd sanctaidd yn nheml yr ARGLWYDD."

Yr ARGLWYDD:
52 "Felly mae'r amser yn dod," meddai'r ARGLWYDD,
"pan fydda i'n cosbi eu heilun-dduwiau nhw,
a bydd pobl wedi'u hanafu yn griddfan mewn poen
drwy'r wlad i gyd.
53 Hyd yn oed petai waliau Babilon yn cyrraedd i'r awyr,
a'i chaerau'n anhygoel o gryf,
byddwn i'n anfon byddin i'w dinistrio hi,"
—yr ARGLWYDD sy'n dweud hyn.

Diwedd Babilon

54 Gwrandwch – pobl yn gweiddi yn Babilon!
Sŵn dinistr ofnadwy'n dod o wlad Babilonia!

51:51 Salm 74; 79

55 Mae'r ARGLWYDD yn mynd i ddinistrio Babilon.
Mae e'n mynd i roi taw ar ei thwrw!
Bydd sŵn y gelyn fel sŵn tonnau'n rhuo –
byddin a'i sŵn yn fyddarol.
56 Ydy, mae'r gelyn sy'n dinistrio'n ymosod!
Bydd milwyr Babilon yn cael eu dal,
a'i bwâu yn cael eu torri.
Mae'r ARGLWYDD yn Dduw sy'n cosbi.
Bydd yn talu'n ôl yn llawn iddyn nhw!
57 "Bydda i'n meddwi ei swyddogion a'i gwŷr doeth,
ei llywodraethwyr, ei phenaethiaid a'i milwyr.
Byddan nhw'n syrthio i gysgu am byth.
Fyddan nhw ddim yn deffro eto," meddai'r Brenin
— yr ARGLWYDD hollbwerus ydy ei enw e.

58 Dyma mae'r ARGLWYDD hollbwerus yn ei ddweud:

"Bydd wal drwchus dinas Babilon yn cael ei bwrw i lawr.
Bydd ei giatiau uchel yn cael eu llosgi.
Bydd ymdrechion y bobloedd i ddim byd.
Bydd holl lafur y gwledydd yn cael ei losgi!"

Jeremeia'n anfon y negeseuon i Babilon

59 Dyna'r negeseuon roedd y proffwyd Jeremeia wedi'u rhoi i Seraia (mab Nereia ac ŵyr
i Machseia).[c] Seraia oedd swyddog llety'r brenin, ac roedd wedi mynd gyda Sedeceia, brenin
Jwda, i Babilon yn y bedwaredd flwyddyn i Sedeceia fel brenin. 60 Roedd Jeremeia wedi
ysgrifennu mewn sgrôl am y dinistr ofnadwy oedd yn mynd i ddod ar Babilon. 61 Yna dwedodd
wrth Seraia: "Gwna'n siŵr dy fod yn darllen y cwbl yn uchel i'r bobl ar ôl cyrraedd Babilon.
62 Wedyn gweddïa, 'O ARGLWYDD, rwyt ti wedi dweud yn glir dy fod ti'n mynd i ddinistrio'r
lle yma. Fydd dim pobl nac anifeiliaid yn gallu byw yma. Bydd yn lle anial am byth.' 63 Ar
ôl darllen y sgrôl, rhwyma hi wrth garreg a'i thaflu i ganol afon Ewffrates. 64 Yna gwna'r
datganiad yma: 'Fel hyn bydd Babilon yn suddo, a fydd hi byth yn codi eto, o achos yr holl
ddinistr dw i'n ei anfon arni.'"

Dyma ddiwedd neges Jeremeia.

Gair i gloi – geiriau Jeremeia'n dod yn wir
(52:1-34)

Hanes Jerwsalem yn cael ei choncro
(2 Brenhinoedd 24:18—25:7)

52 Roedd Sedeceia yn ddau ddeg un oed pan gafodd ei benodi'n frenin.[ch] Bu'n teyrnasu
yn Jerwsalem am un deg un o flynyddoedd.[d] Enw ei fam oedd Chamwtal (merch
Jeremeia o Libna[dd]). 2 Gwnaeth bethau drwg iawn yng ngolwg yr ARGLWYDD, yn union fel
y Brenin Jehoiacim. 3 Felly gyrrodd yr ARGLWYDD bobl Jerwsalem a Jwda o'i olwg am ei fod
mor ddig hefo nhw.

---

c 51:59 *Seraia (mab Nereia ac ŵyr i Maaseia)* Brawd i Barŵch wnaeth helpu Jeremeia i ysgrifennu ei broffwydoliaethau (gw. 32:12; 36:4-10). ch 52:1 *benodi'n frenin* Gan Nebwchadnesar (gw. 37:1). d 52:1 *un deg un o flynyddoedd* o 598 i 586 CC. dd 52:1 *Jeremeia o Libna* Jeremeia arall, nid y proffwyd (gw. 1:1) Roedd Libna yn dref ar y ffin rhwng Jwda a Philistia.
51:58 Habacuc 2:13

Ond yna, dyma Sedeceia yn gwrthryfela yn erbyn brenin Babilon. 4A dyma Nebwchadnesar,
brenin Babilon, yn dod â'i fyddin gyfan i ymosod ar Jerwsalem. Digwyddodd hyn ar y degfed
diwrnod o'r degfed mis[e] yn nawfed flwyddyn Sedeceia fel brenin. Dyma nhw'n gwersylla
o gwmpas y ddinas, ac yn codi rampiau i warchae arni. 5Buon nhw'n gwarchae[f] ar y ddinas
am flwyddyn a hanner (blwyddyn un deg un Sedeceia fel brenin). 6Erbyn y nawfed diwrnod
o'r pedwerydd mis[ff] y flwyddyn honno roedd y newyn yn y ddinas mor ddrwg doedd gan
y werin bobl ddim byd o gwbl i'w fwyta. 7Dyma'r gelyn yn llwyddo i fylchu wal y ddinas.
A dyma filwyr Jwda i gyd yn ceisio dianc, a mynd allan o'r ddinas ganol nos drwy'r giât
sydd rhwng y ddwy wal wrth ymyl gardd y brenin. Dyma nhw'n dianc i gyfeiriad Dyffryn
Iorddonen.[g] (Roedd y Babiloniaid yn amgylchynu'r ddinas.) 8Ond aeth byddin Babilon ar
ôl y Brenin Sedeceia. Cafodd ei ddal ar wastatir Jericho, a dyma'i fyddin gyfan yn cael ei
gyrru ar chwâl. 9Dyma nhw'n mynd â'r brenin Sedeceia i sefyll ei brawf o flaen brenin
Babilon yn Ribla yn ardal Chamath. 10Cafodd Sedeceia ei orfodi i edrych ar ei feibion
yn cael eu lladd gan frenin Babilon. Cafodd swyddogion Jwda i gyd eu lladd ganddo yn
Ribla hefyd. 11Wedyn dyma fe'n tynnu llygaid Sedeceia allan a'i roi mewn cadwyni pres
cyn mynd ag e'n gaeth i Babilon. Yn Babilon cafodd Sedeceia ei roi yn y carchar, a dyna
lle bu nes iddo farw.

Y deml yn cael ei dinistrio

(2 Brenhinoedd 25:8-17)

12Rhyw fis yn ddiweddarach, dyma Nebwsaradan, capten y gwarchodlu brenhinol, un
o swyddogion pwysica brenin Babilon, yn cyrraedd Jerwsalem (Roedd hyn ar y degfed diwrnod
o'r pumed mis, a Nebwchadnesar wedi bod yn frenin Babilon ers un deg naw o flynyddoedd.)
13Dyma fe'n rhoi teml yr ARGLWYDD, palas y brenin, a'r tai yn Jerwsalem i gyd ar dân. Llosgodd
yr adeiladau pwysig i gyd. 14Wedyn dyma fyddin Babilon oedd gyda'r capten yn bwrw'r waliau
o gwmpas Jerwsalem i lawr. 15A dyma Nebwsaradan yn mynd â'r bobl dlawd a phawb oedd
wedi'u gadael ar ôl yn y ddinas, y milwyr oedd wedi mynd drosodd at y gelyn ac unrhyw
grefftwyr oedd ar ôl, yn gaethion i Babilon. 16Ond gadawodd rai o'r bobl mwyaf tlawd yn
y wlad, a rhoi gwinllannoedd a thir iddyn nhw edrych ar ei ôl.

17Wedyn dyma'r Babiloniaid yn malu'r offer pres oedd yn y deml – y ddwy golofn bres,
y troliau pres, a'r basn mawr pres oedd yn cael ei alw 'Y Môr'. A dyma nhw'n cario'r metel
yn ôl i Babilon. 18Dyma nhw hefyd yn cymryd y bwcedi lludw, y rhawiau, y sisyrnau, y dysglau,
y powlenni arogldarth, a phopeth arall o bres oedd yn cael ei ddefnyddio yn yr addoliad.
19Cymerodd capten y gwarchodlu bopeth oedd wedi'i wneud o aur neu arian – y powlenni
bach, y padellau, y dysglau, bwcedi lludw, y lampau ar stand, y padellau a phowlenni'r
offrwm o ddiod. 20Roedd cymaint o bres yn yr offer oedd y Brenin Solomon wedi'u gwneud
ar gyfer y deml – pres y ddau biler, y ddysgl bres fawr sy'n cael ei galw 'Y Môr', y deuddeg
tarw pres oedd dan y Môr, a'r troliau pres – roedd y cwbl yn ormod i'w bwyso. 21Roedd
y pileri yn wyth metr o uchder, ac roedd eu cylchedd yn bum metr a hanner; roedden nhw'n
wag y tu mewn, ac wedi'u gwneud o fetel oedd tua 75 milimetr o drwch. 22Ar dop y pileri
roedd capan pres oedd tua dau fetr o uchder. O gwmpas top y capan roedd rhwyllwaith
cain a phomgranadau yn ei haddurno, y cwbl wedi'i wneud o bres. Roedd y ddau biler yn
union yr un fath. 23Roedd 96 o bomgranadau ar yr ochrau, a chyfanswm o gant o gwmpas
y rhwyllwaith ar y top.

---

e 52:4 *y degfed mis* Tebeth, sef degfed mis y calendr Hebreig, o tua canol Rhagfyr i ganol Ionawr.
f 52:5 *gwarchae* Pan oedd byddin yn ymosod ar ddinas roedd yn amgylchynu'r ddinas a'i thorri i ffwrdd fel bod neb yn gallu mynd i mewn nac allan. ff 52:6 *pedwerydd mis* Tammws, sef pedwerydd mis y calendr Hebreig, o tua canol Mehefin i ganol Gorffennaf. Yr union ddyddiad fyddai Gorffennaf 18, 586 CC. g 52:7 *Dyffryn Iorddonen* Hebraeg, "Araba".

Pobl Jwda'n cael eu cymryd yn gaethion i Babilon

(2 Brenhinoedd 25:18-21)

24 Cymerodd capten y gwarchodlu brenhinol rai pobl yn garcharorion hefyd. Aeth â Seraia
(y prif-offeiriad), Seffaneia (yr offeiriad cynorthwyol), a tri porthor y deml. 25 Wedyn o'r ddinas
cymerodd swyddog y llys oedd yn gyfrifol am y milwyr, saith o gynghorwyr y brenin oedd wedi
cael eu darganfod yn cuddio yn y ddinas, un o'r swyddogion oedd yn drafftio pobl i ymladd
yn y fyddin, a chwe deg o'i ddynion gafodd eu darganfod yn y ddinas. 26 Aeth Nebwsaradan,
capten y gwarchodlu, â nhw at frenin Babilon i Ribla, 27 a dyma'r brenin yn eu curo nhw a'u
dienyddio nhw yno. Felly roedd pobl Jwda wedi cael eu caethgludo o'u tir.
28 Dyma nifer y bobl gafodd eu caethgludo gan Nebwchadnesar: Yn ei seithfed flwyddyn fel
brenin,[ng] 3,023 o bobl Jwda. 29 Ym mlwyddyn un deg wyth o'i deyrnasiad,[h] 832 o bobl. 30 Yna
ym mlwyddyn dau ddeg tri o'i deyrnasiad,[i] cymerodd Nebwsaradan, capten y gwarchodlu
brenhinol, 745 o Iddewon yn gaethion. Cafodd 4,600 o bobl eu caethgludo i gyd.

Y Brenin Jehoiachin yn y gaethglud

(2 Brenhinoedd 25:27-30)

31 Roedd Jehoiachin, brenin Jwda, wedi bod yn garcharor am dri deg saith o flynyddoedd
pan ddaeth Efil-merodach[l] yn frenin ar Babilon. Ar y pumed ar hugain o'r deuddegfed mis[ll]
y flwyddyn honno dyma Efil-merodach yn rhyddhau Jehoiachin o'r carchar. 32 Buodd yn garedig
ato, a'i anrhydeddu fwy nag unrhyw un o'r brenhinoedd eraill oedd gydag e yn Babilon.
33 Felly dyma Jehoiachin yn newid o'i ddillad carchar. Cafodd eistedd i fwyta'n rheolaidd wrth
fwrdd brenin Babilon, 34 ac roedd yn derbyn lwfans dyddiol gan y brenin am weddill ei fywyd.

---

ng 52:28 *seithfed flwyddyn fel brenin* 598–597 CC. h 52:29 *Ym mlwyddyn un deg wyth o'i deyrnasiad* 587–586 CC. i 52:30 *ym mlwyddyn dau ddeg tri o'i deyrnasiad* 583–582 CC. l 52:31 *Efil-merodach* Mab Nebwchadnesar oedd yn teyrnasu ar Babilon o 562 i 560 CC. ll 52:31 *deuddegfed mis* Adar, sef deuddegfed mis y calendr Hebreig, o tua canol Chwefror i ganol Mawrth.

Galarnad

Cerdd 1 – Dioddefaint Jerwsalem

Y proffwyd:

1 O! Mae'r ddinas oedd yn fwrlwm o bobl
yn eistedd mor unig!
Mae'r ddinas oedd yn enwog drwy'r byd
bellach yn wraig weddw.
Roedd hi fel tywysoges y taleithiau,
ond bellach mae'n gaethferch.

2 Mae hi'n beichio crio drwy'r nos,
a'r dagrau'n llifo i lawr ei hwyneb.
Does dim un o'i chariadon
yno i'w chysuro.
Mae ei ffrindiau i gyd wedi'i bradychu
ac wedi troi'n elynion iddi.

3 Mae pobl Jwda wedi'u cymryd i ffwrdd yn gaethion;
ar ôl diodde'n hir maen nhw'n gaethweision.
Maen nhw'n byw mewn gwledydd eraill
ac yn methu'n lân a setlo yno.
Mae'r gelynion oedd yn eu herlid wedi'u dal;
doedd ganddyn nhw ddim gobaith dianc.

4 Mae'r ffyrdd gwag i Jerwsalem yn galaru;
Does neb yn teithio i'r gwyliau i ddathlu.
Does dim pobl yn mynd drwy giatiau'r ddinas.
Dydy'r offeiriaid yn gwneud dim ond griddfan,
ac mae'r merched ifanc, oedd yno'n canu a dawnsio, yn drist.
Mae Jerwsalem mewn cyflwr truenus!

5 Ei gelynion sy'n ei rheoli,
ac mae bywyd mor braf iddyn nhw
am fod yr ARGLWYDD wedi'i chosbi hi
am wrthryfela yn ei erbyn mor aml.
Mae ei phlant wedi'u cymryd i ffwrdd
yn gaethion gan y gelyn.

6 Mae popeth oedd hi'n ymfalchïo ynddo
wedi'i gymryd oddi ar Jerwsalem.[a]
Roedd ei harweinwyr fel ceirw
yn methu dod o hyd i borfa,
ac yn rhy wan i ddianc oddi wrth yr heliwr.

7 Mae Jerwsalem, sy'n dlawd a digartref,
yn cofio ei holl drysorau –
sef y pethau gwerthfawr oedd piau hi o'r blaen.

---

a 1:6 Hebraeg, "merch Seion." Cymal sy'n cael ei ddefnyddio drwy'r llyfr i ddisgrifio dinas Jerwsalem.
1:5 Deuteronomium 28:41

Pan gafodd ei choncro gan ei gelynion
doedd neb yn barod i'w helpu.
Roedd ei gelynion wrth eu boddau,
ac yn chwerthin yn ddirmygus wrth iddi gael ei dinistrio.

8 Roedd Jerwsalem wedi pechu'n ofnadwy,
felly cafodd ei thaflu i ffwrdd fel peth aflan.
Mae pawb oedd yn ei hedmygu bellach yn gwneud sbort
wrth ei gweld hi'n noeth.
A dyna lle mae hithau'n griddfan ar lawr
ac yn cuddio'i hwyneb mewn cywilydd.

9 Wnaeth hi ddim meddwl beth fyddai'n digwydd yn y diwedd.
Mae gwaed ei misglwyf wedi difetha ei dillad.
Roedd ei chwymp yn rhyfeddol!
Doedd neb yno i'w chysuro.
"O ARGLWYDD, edrych arna i'n diodde!" meddai,
"Mae'r gelyn wedi fy nghuro."

10 Mae'r gelyn wedi cymryd
ei thrysorau hi i gyd.
Ydy, mae hi wedi gorfod gwylio milwyr paganaidd
yn mynd i mewn i'r deml sanctaidd.
Ie, y bobl wnest ti wrthod gadael iddyn nhw
fod yn rhan o'r gynulleidfa o addolwyr!

11 Mae pobl Jerwsalem yn griddfan
wrth chwilio am rywbeth i'w fwyta.
Maen nhw'n gorfod gwerthu popeth gwerthfawr
i gael bwyd i gadw'n fyw.

Jerwsalem:

"Edrych, ARGLWYDD,
dw i'n dda i ddim bellach!"

12 Ydy e ddim bwys i chi sy'n pasio heibio?
Edrychwch arna i'n iawn.
Oes rhywun wedi diodde fel dw i wedi diodde?
Yr ARGLWYDD wnaeth hyn i mi
pan oedd wedi digio'n lân.

13 Anfonodd dân i lawr o'r nefoedd,
oedd yn llosgi yn fy esgyrn.
Gosododd rwyd i'm dal i,
rhag i mi fynd ddim pellach.
Mae wedi fy ngadael ar fy mhen fy hun;
dw i'n teimlo'n sâl drwy'r amser.

14 Mae ngwrthryfel wedi'i rwymo fel iau ar fy ngwddf.
Duw ei hun sydd wedi'i rwymo.
Mae e wedi gosod ei iau ar fy ngwar,
a'm gwneud i'n hollol wan.

1:9 Eseia 47:7 1:10 2 Brenhinoedd 25:13-17 1:10 Deuteronomium 23:3

Mae'r Meistr wedi fy rhoi yn nwylo'r gelyn,
ac alla i wneud dim yn eu herbyn.

15 Mae'r Meistr wedi taflu allan y milwyr dewr
oedd yn fy amddiffyn.
Mae wedi galw byddin i ymladd yn fy erbyn
ac i sathru fy milwyr ifanc dan draed.
Ydy, mae'r Meistr wedi sathru pobl Jwda annwyl
fel sathru grawnwin mewn gwinwasg.

16 Dyna pam dw i'n crio.
Dyna pam mae'r dagrau'n llifo.
Does gen i neb wrth law i'm cysuro;
neb i godi fy nghalon.
Does gan fy mhlant ddim dyfodol.
Mae'r gelyn wedi'u gorchfygu.

Y proffwyd:

17 Mae Seion yn begian am help,
ond does neb yno i'w chysuro hi.
Mae'r ARGLWYDD wedi gorchymyn
i'r gwledydd o'u cwmpas ymosod ar bobl Jacob.
Mae Jerwsalem yn eu canol nhw
fel peth aflan y dylid ei daflu i ffwrdd.

Jerwsalem:

18 Yr ARGLWYDD sy'n iawn;
dw i wedi tynnu'n groes i beth ddwedodd e.
Gwrandwch arna i, bawb!
Edrychwch gymaint dw i'n ei ddiodde.
Mae fy merched a'm dynion ifanc
wedi cael eu cymryd i ffwrdd yn gaethion.

19 Rôn i'n galw ar fy ffrindiau am help
ond dyma nhw i gyd yn troi cefn arna i.
Bu farw'r offeiriaid a'r arweinwyr yn y ddinas
wrth edrych am fwyd i gadw eu hunain yn fyw.

20 ARGLWYDD, edrych mor ddrwg mae hi arna i!
Dw i'n corddi tu mewn.
Dw i'n torri fy nghalon,
achos dw i'n gwybod mod i wedi gwrthryfela'n llwyr.
Allan ar y stryd mae'r gelyn yn lladd;
yn y tai mae pobl yn marw o newyn.

21 Maen nhw wedi fy nghlywed i'n griddfan,
a does yna neb i'm cysuro.
Mae fy ngelynion wedi clywed am fy helyntion,
ac maen nhw'n falch dy fod wedi gwneud hyn i mi.
Brysied y diwrnod rwyt wedi sôn amdano,
pan gân nhw eu cosbi run fath â fi!

1:18 Nehemeia 9:33

22 Edrych ar yr holl bethau drwg maen nhw'n eu gwneud!
Delia hefo nhw fel rwyt wedi delio gyda mi
am wrthryfela yn dy erbyn o hyd ac o hyd.
Dw i'n methu stopio griddfan
ac wedi digalonni'n llwyr!

Cerdd 2 – Cosb Jerwsalem

Y proffwyd:

2 O! Mae'r Meistr wedi digio'n lân,
ac wedi rhoi Jerwsalem dan gwmwl tywyll!
Mae'r ddinas oedd yn ysblander Israel
wedi'i bwrw i lawr i'r llwch o'r nefoedd.
Yn ei lid ffyrnig, mae Duw wedi gwrthod ei deml,
sef ei stôl droed sydd ar y ddaear.

2 Mae wedi dinistrio cartrefi pobl Jacob
heb ddangos trugaredd o gwbl.
Yn ei ddig mae wedi dinistrio'r trefi caerog
oedd yn amddiffyn Jwda.[b]
Mae wedi bwrw i lawr y wlad a'i harweinwyr
ac achosi cywilydd mawr.

3 Yn ei lid ffyrnig mae wedi dinistrio
grym byddin Israel yn llwyr.
Stopiodd eu hamddiffyn nhw
pan oedd y gelyn yn ymosod.
Roedd fel tân yn llosgi drwy'r wlad
ac yn difa popeth ar dir Jacob.

4 Roedd fel gelyn yn anelu ei fwa saeth,
a'i law dde yn barod i saethu.
Lladdodd bawb oedd yn annwyl yn ei olwg.
Do, tywalltodd ei lid fel tân ar gartrefi Jerwsalem.

5 Roedd yr Arglwydd fel gelyn
yn dinistrio Israel.
Mae wedi dinistrio'r plastai i gyd,
a dymchwel ei chaerau amddiffynnol.
Bellach, dim ond griddfan a galar
sydd i'w glywed drwy wlad Jwda.

6 Mae wedi chwalu ei deml fel caban mewn gwinllan.
Mae wedi dinistrio canolfan y gwyliau sanctaidd.
Daeth pob Gŵyl grefyddol
a Saboth i ben yn Seion.
Yn ei lid ffyrnig trodd ei gefn
ar y brenin a'r offeiriaid.

7 Mae'r Meistr wedi gwrthod ei allor.
Mae wedi troi cefn ar ei deml.

b 2:2 *trefi caerog ... Jwda* Caerau fel Lachish ac Aseca – gw. Jeremeia 34:7.

Mae wedi gadael i'r gelyn
rwygo ei waliau i lawr.
Roedd sŵn y gelyn yn gweiddi yn nheml yr Arglwydd
fel sŵn pobl yn dathlu yno ar ddydd Gŵyl.

8 Roedd yr Arglwydd yn benderfynol
o droi waliau dinas Jerwsalem yn adfeilion.
Roedd wedi cynllunio'n ofalus beth i'w wneud,
ac aeth ati i'w dinistrio nhw'n llwyr.
Bellach mae'r waliau oedd yn amddiffyn y ddinas
yn gorwedd yn llesg fel pobl yn galaru.

9 Mae giatiau'r ddinas yn gorwedd ar lawr,
a'r barrau oedd yn eu cloi wedi malu.
Mae'r brenin a'r arweinwyr wedi'u cymryd yn gaeth.
Does neb i roi arweiniad o'r Gyfraith,
a does gan y proffwydi ddim gweledigaeth
gan yr Arglwydd.

10 Mae'r henoed sydd ar ôl yn Jerwsalem
yn eistedd ar lawr yn hollol dawel.
Maen nhw wedi taflu pridd ar eu pennau
ac yn gwisgo sachliain yn eu tristwch.
Mae merched ifanc Jerwsalem
yn syllu ar lawr yn ddigalon.

11 Mae fy llygaid innau'n llawn dagrau.
Mae fy stumog yn corddi y tu mewn i mi.
Mae'r hyn sydd wedi digwydd i'm pobl
yn fy ngwneud i'n sâl.
Mae plant a babis bach yn llwgu a llewygu
ar strydoedd y ddinas!

12 Mae plant yn galw ar eu mamau.
"Dw i eisiau bwyd. Dw i eisiau diod."
Maen nhw'n llewygu ar y strydoedd
fel milwyr wedi'u hanafu.
Maen nhw'n marw yn araf
ym mreichiau eu mamau.

13 Dw i ddim yn gwybod beth i'w ddweud.
Dw i wedi gweld dim byd tebyg.
Jerwsalem annwyl, beth alla i ei wneud i dy helpu di?
Mae dy anaf mor ddwfn â'r môr mawr;
does neb yn gallu dy iacháu.

14 Roedd gweledigaethau dy broffwydi
yn gelwydd ac yn dwyll!
Yn lle gwneud pethau'n iawn eto
drwy ddangos dy bechod i ti,
roedden nhw'n cyhoeddi pethau ffals
ac yn dy gamarwain di.

2:9 2 Brenhinoedd 24:14-15

15 Mae pawb sy'n pasio heibio
yn curo dwylo'n wawdlyd.
Maen nhw'n chwibanu'n ddirmygus
ac yn ysgwyd eu pennau ar Jerwsalem druan.
"Ha! Felly dyma'r un oedd yn cael ei disgrifio fel
'y ddinas harddaf un sy'n gwneud yr holl fyd yn hapus'?"

16 Mae dy elynion i gyd yn gwneud hwyl am dy ben;
yn gwawdio ac yn gwneud ystumiau arnat.
"Dŷn ni wedi'i dinistrio hi!" medden nhw.
"Roedden ni wedi edrych ymlaen at y diwrnod yma,
ac o'r diwedd mae wedi dod!"

17 Mae'r Arglwydd wedi gwneud beth oedd yn ei fwriadu.
Mae wedi gwneud beth oedd yn ei ddweud.
Roedd wedi bygwth hyn ers talwm.
Mae wedi dinistrio heb ddangos trugaredd.
Mae wedi gadael i'r gelyn ddathlu dy orchfygu,
ac ymffrostio fod ei fyddin mor bwerus.

18 Gwaeddwch yn daer ar yr Arglwydd!
O, waliau Jerwsalem, gadewch i'r dagrau
lifo fel afon ddydd a nos!
Peidiwch gorffwyso; peidiwch gadael i'r dagrau stopio!

19 Cod! Gwaedda am help yn y nos!
Gwna hynny drosodd a throsodd.
Tywallt beth sydd ar dy galon
o flaen yr Arglwydd!
Estyn dy ddwylo ato mewn gweddi,
i bledio dros y plant
sy'n marw o newyn ar gornel pob stryd.

20 Edrych! Arglwydd, meddylia am y peth!
I bwy arall wyt ti wedi gwneud hyn?
Ydy'n iawn fod gwragedd yn bwyta'r plant
maen nhw wedi gofalu amdanyn nhw?
Ddylai offeiriaid a phroffwydi
gael eu lladd yn nheml yr Arglwydd?

21 Mae hen ac ifanc yn gorwedd yn farw
ar lwch y strydoedd.
Bechgyn a merched ifanc
wedi'u taro â chleddyf y gelyn.
Ti wnaeth hyn pan ddangosaist dy lid ffyrnig.
Lleddaist nhw yn ddidrugaredd.

22 Cafodd y gelyn, oedd yn creu dychryn ym mhobman,
wahoddiad gen ti, fel petai'n ddydd Gŵyl.
Ond diwrnod i ti ddangos dy lid ffyrnig oedd e,
a doedd neb i ddianc na chael byw.
Do, lladdodd y gelyn y plant wnes i eu mwytho a'u magu.

2:15 Salm 50:2; 48:2 2:17 Lefiticus 26:14-16; Deuteronomium 28:25

Cerdd 3 – Cosb a Gobaith

Y proffwyd:

3 Dw i'n ddyn sy'n gwybod beth ydy dioddef.
Mae gwialen llid Duw wedi fy nisgyblu i.
2 Mae e wedi fy ngyrru i ffwrdd
i fyw yng nghanol tywyllwch dudew.
3 Ydy, mae wedi fy nharo i dro ar ôl tro,
yn ddi-stop.

4 Mae wedi curo fy nghorff yn ddim,
ac wedi torri fy esgyrn.
5 Mae fel byddin wedi fy amgylchynu,
yn ymosod arna i gyda gwasgfa chwerw.
6 Mae wedi gwneud i mi eistedd yn y tywyllwch
fel y rhai sydd wedi marw ers talwm.

7 Mae wedi cau amdana i, ac alla i ddim dianc.
Mae'n fy nal i lawr gyda chadwyni trwm.
8 Dw i'n gweiddi'n daer am help,
ond dydy e'n cymryd dim sylw.
9 Mae wedi blocio pob ffordd allan;
mae pob llwybr fel drysfa!

10 Mae e fel arth neu lew
yn barod i ymosod arna i.
11 Llusgodd fi i ffwrdd a'm rhwygo'n ddarnau.
Allwn i wneud dim i amddiffyn fy hun.
12 Anelodd ei fwa saeth ata i;
fi oedd ei darged.

13 Gollyngodd ei saethau
a'm trywanu yn fy mherfedd.
14 Mae fy mhobl wedi fy ngwneud i'n destun sbort,
ac yn fy ngwawdio i ar gân.
15 Mae e wedi gwneud i mi fwyta llysiau chwerw;
mae wedi llenwi fy mol gyda'r wermod.

16 Mae wedi gwneud i mi gnoi graean,
ac wedi rhwbio fy wyneb yn y baw.
17 Does gen i ddim tawelwch meddwl;
dw i wedi anghofio beth ydy bod yn hapus.
18 Dwedais, "Alla i ddim cario mlaen.
Dw i wedi colli pob gobaith yn yr Arglwydd."

19 Mae meddwl amdana i fy hun yn dlawd a digartref
yn brofiad chwerw!
20 Mae ar fy meddwl drwy'r amser,
ac mae'n fy ngwneud yn isel fy ysbryd.
21 Ond wedyn dw i'n cofio hyn,
a dyma sy'n rhoi gobaith i mi:

22 Mae cariad ffyddlon yr Arglwydd yn ddiddiwedd,
a'i garedigrwydd e'n para am byth.

3:10 Hosea 13:7-8; Amos 5:18-19 3:14 Deuteronomium 28:37

23 Maen nhw'n dod yn newydd bob bore.
"ARGLWYDD, rwyt ti mor anhygoel o ffyddlon!"
24 "Dim ond yr ARGLWYDD sydd gen i,"[c] meddwn i,
"felly ynddo fe dw i'n gobeithio."

25 Mae'r ARGLWYDD yn dda i'r rhai sy'n ei drystio,
ac i bwy bynnag sy'n troi ato am help.
26 Mae'n beth da i ni ddisgwyl yn amyneddgar
i'r ARGLWYDD ddod i'n hachub ni.
27 Mae'n beth da i rywun ddysgu ymostwng[ch]
tra mae'n dal yn ifanc.

28 Dylai rhywun eistedd yn dawel
pan mae'r ARGLWYDD yn ei ddisgyblu e.
29 Dylai orwedd ar ei wyneb ar lawr
yn y gobaith y bydd yr ARGLWYDD yn ymyrryd.
30 Dylai droi'r foch arall i'r sawl sy'n ei daro,
a bod yn fodlon cael ei gam-drin a'i enllibio.

31 Fydd yr Arglwydd ddim yn
ein gwrthod ni am byth.
32 Er ei fod yn gwneud i rywun ddiodde, bydd yn tosturio,
achos mae ei gariad e mor fawr.
33 Dydy e ddim eisiau gwneud i bobl ddioddef
nac achosi poen i bobl.

34 Os ydy carcharorion gwlad yn cael eu sathru,
35 a hawliau dynol yn cael eu diystyru,
a hynny o flaen y Duw Goruchaf ei hun;
36 os ydy cwrs cyfiawnder yn cael ei wyrdroi yn y llys
– ydy'r Arglwydd ddim yn gweld y cwbl?

37 Pwy sy'n gallu gorchymyn i unrhyw beth ddigwydd
heb i'r Arglwydd ei ganiatáu?
38 Onid y Duw Goruchaf sy'n dweud beth sy'n digwydd
– p'run ai dinistr neu fendith?
39 Pa hawl sydd gan rywun i gwyno
pan mae'n cael ei gosbi am ei bechod?

40 Gadewch i ni edrych yn fanwl ar ein ffordd o fyw,
a throi nôl at yr ARGLWYDD.
41 Gadewch i ni droi'n calonnau a chodi'n dwylo
at Dduw yn y nefoedd, a chyffesu,
42 "Dŷn ni wedi gwrthryfela'n ddifrifol,
a ti ddim wedi maddau i ni.

43 Rwyt wedi gwisgo dy lid amdanat a dod ar ein holau,
gan ladd pobl heb ddangos trugaredd.
44 Ti wedi cuddio dy hun mewn cwmwl
nes bod ein gweddïau ddim yn torri trwodd.
45 Ti wedi'n gwneud ni fel sbwriel a baw
yng ngolwg y bobloedd.

---

c 3:24 *Dim ond ... gen i* Hebraeg, "Yr ARGLWYDD ydy fy siâr i" (cf. Numeri 18:20). ch 3:27 *ddysgu ymostwng* Hebraeg, gymryd yr iau ar ei ysgwyddau.

46 Mae ein gelynion i gyd
yn gwneud hwyl am ein pennau.
47 Mae panig a'r pydew wedi'n dal ni,
difrod a dinistr."
48 Mae afonydd o ddagrau yn llifo o'm llygaid
am fod fy mhobl wedi cael eu dinistrio.

49 Mae'r dagrau'n llifo yn ddi-baid;
wnân nhw ddim stopio
50 nes bydd yr ARGLWYDD yn edrych i lawr
o'r nefoedd ac yn ein gweld ni.
51 Mae gweld beth sydd wedi digwydd i ferched ifanc fy ninas
yn fy ngwneud i mor drist.

52 Mae fy ngelynion wedi fy nal fel aderyn,
heb reswm da i wneud hynny.
53 Maen nhw wedi fy nhaflu i waelod pydew
ac yna ei gau gyda charreg.
54 Roedd y dŵr yn codi uwch fy mhen;
rôn i'n meddwl mod i'n mynd i foddi.

55 Ond dyma fi'n galw arnat ti am help, O ARGLWYDD,
o waelod y pydew.
56 Dyma ti'n fy nghlywed i'n pledio,
"Helpa fi! Paid gwrthod gwrando arna i!"
57 A dyma ti'n dod ata i pan o'n i'n galw,
a dweud, "Paid bod ag ofn!"

58 Fy Meistr, rwyt wedi dadlau fy achos;
rwyt wedi dod i'm hachub.
59 Ti wedi gweld y drwg gafodd ei wneud i mi, O ARGLWYDD,
felly wnei di farnu o'm plaid i?
60 Ti wedi gweld eu malais nhw,
a'r holl gynllwynio yn fy erbyn i.

61 Ti wedi'u clywed nhw'n gwawdio, O ARGLWYDD,
a'r holl gynllwynio yn fy erbyn i.
62 Mae'r rhai sy'n ymosod arna i yn sibrwd
ac yn hel straeon yn fy erbyn drwy'r amser.
63 Edrycha arnyn nhw! – O fore gwyn tan nos
maen nhw'n fy ngwawdio i ar gân.

64 Tala nôl iddyn nhw am beth wnaethon nhw, O ARGLWYDD;
rho iddyn nhw beth maen nhw'n ei haeddu.
65 Gyrra nhw'n wallgof!
Melltithia nhw!
66 Dos ar eu holau yn dy lid,
a'u dileu nhw oddi ar wyneb y ddaear, O ARGLWYDD.

Cerdd 4 – Dinistr Jerwsalem

Y proffwyd:

4 O! Mae'r aur wedi colli ei sglein.
Dydy'r aur pur ddim yn edrych fel aur ddim mwy!

Mae gemau gwerthfawr ar chwâl
ar gornel pob stryd.
2 Roedd plant gwerthfawr Seion
yn werth eu pwysau mewn aur.
Ond bellach – O! maen nhw mor ddiwerth
a photiau pridd wedi'u gwneud gan grochenydd!

3 Mae hyd yn oed y siacal yn magu ei rai bach
ac yn eu bwydo ar y fron,
ond mae fy mhobl i yn esgeulus o'u plant
fel yr estrys yn yr anialwch.[d]

4 Mae tafodau'r babanod yn glynu i dop eu cegau
am fod syched arnyn nhw.
Mae plant bach yn cardota am fwyd,
ond does neb yn rhoi unrhyw beth iddyn nhw.

5 Mae'r bobl oedd yn arfer gwledda ar fwydydd moethus
yn marw o newyn ar y strydoedd.
Mae'r rhai gafodd eu magu mewn dillad crand[dd]
yn crafu drwy'r sbwriel am rywbeth bach.

6 Mae fy mhobl wedi cael eu cosbi am eu pechod
fwy na gafodd Sodom am ei gwrthryfel.
Cafodd Sodom ei dinistrio'n sydyn gan Dduw,
heb i neb droi llaw i'w helpu.

7 Roedd arweinwyr Jerwsalem yn lanach na'r eira
ac wyn fel llaeth.
Roedd eu cyrff yn iach,
ac yn sgleinio fel cwrel neu saffir.

8 Ond bellach mae eu hwynebau yn ddu fel parddu.
Does neb yn eu nabod nhw ar y strydoedd.
Dŷn nhw'n ddim byd ond croen ac asgwrn,
ac mae eu croen wedi sychu fel pren.

9 Roedd y rhai gafodd eu lladd gyda'r cleddyf
yn fwy ffodus na'r rhai sy'n marw o newyn –
y rhai mae bywyd yn llifo'n araf ohonyn nhw,
am fod ganddyn nhw ddim i'w fwyta.

10 Pan gafodd fy mhobl eu dinistrio,
roedd mamau, oedd unwaith yn dyner,
yn coginio eu plant i'w bwyta!

11 Dyma'r ARGLWYDD yn bwrw arnom ei lid i gyd.
Tywalltodd ei ddig ffyrnig a chynnau tân
wnaeth losgi sylfeini Seion.

12 Doedd dim un brenin wedi dychmygu,
na neb arall drwy'r byd i gyd,

---

d 4:3 *estrys yn yr anialwch* Roedd cred fod yr estrys yn gadael ei hwyau ar lawr heb ofalu amdanyn nhw – gw. Job 39:13-18. dd 4:5 *dillad crand* Hebraeg, "ysgarlad". Roedd ysgarlad yn lliw brenhinol ac yn arwydd o gyfoeth.

4:6 Genesis 19:24-25; Eseciel 16:48-50 4:10 Deuteronomium 28:53-57

y gallai unrhyw elyn neu ymosodwr
goncro dinas Jerwsalem.

13 Ond dyna ddigwyddodd, am fod ei phroffwydi wedi pechu
a'i hoffeiriaid wedi gwrthryfela.
Nhw oedd gyfrifol am ladd pobl ddiniwed yn y ddinas.

14 Maen nhw'n crwydro'r strydoedd fel pobl ddall.
Does neb yn beiddio cyffwrdd eu dillad nhw,
am fod y gwaed wnaethon nhw ei dywallt
wedi'u gwneud nhw'n aflan.

15 Mae pobl yn gweiddi arnyn nhw, "Cadwch draw! Dych chi'n aflan!
Ewch i ffwrdd! Peidiwch cyffwrdd ni!"
Felly dyma nhw'n ffoi ac maen nhw'n crwydro o gwmpas
o un wlad i'r llall heb gael croeso yn unman.

16 Yr ARGLWYDD ei hun wnaeth eu gyrru ar chwâl,
a dydy e ddim yn gofalu amdanyn nhw ddim mwy.
Does neb yn dangos parch at yr offeiriaid,
a does neb yn malio am yr arweinwyr.

17 Roedd ein llygaid ni wedi blino
wrth i ni wastraffu'n hamser yn edrych am help.
Roedden ni'n edrych allan o'r tŵr gwylio
yn disgwyl am wlad wnaeth ddim dod i'n hachub ni.

18 Roedd ein gelynion yn ein hela bob cam o'r ffordd.
Doedd hi ddim yn saff i ni fynd allan i'r strydoedd hyd yn oed.
Roedd y diwedd yn agos; roedd ein dyddiau wedi'u rhifo;
oedd, roedd y diwedd wedi dod!

19 Daeth y gelyn ar ein holau.
Roedden nhw'n gyflymach nag eryrod.
Roedden nhw'n ein hela ni ar y bryniau,
ac yn disgwyl i ymosod arnon ni yn yr anialwch.

20 Cafodd anadl bywyd y genedl,
sef y brenin oedd wedi'i eneinio gan yr ARGLWYDD,
ei ddal mewn trap ganddyn nhw.
Dyma'r un oedden ni'n credu fyddai'n ein hamddiffyn,
a'n galluogi i oroesi yng nghanol y cenhedloedd.

21 Chwarddwch chi am y tro, bobl Edom,
a chi sy'n byw yn ngwlad Us,
ond mae'ch tro chi yn dod!
Bydd rhaid i chithau yfed o gwpan barn Duw,
nes byddwch chi'n feddw ac yn noeth.

22 Dych chi wedi cael eich cosbi, bobl Jerwsalem,
ond fyddwch chi ddim yn aros yn gaethion yn hir iawn.
Ond bydd Duw yn eich cosbi chi am eich pechod, bobl Edom.
Bydd eich drygioni yn dod i'r amlwg.

4:21 Salm 137:7; Obadeia 1:11-14

Cerdd 5 – Gweddi am drugaredd

Pobl Jerwsalem yn gweddïo am drugaredd.

5 ARGLWYDD, cofia beth sydd wedi digwydd i ni.
Edrycha arnon ni yn ein cywilydd!
2 Mae'n gwlad[e] wedi'i rhoi yn nwylo'r gelyn,
a'n cartrefi wedi'u meddiannu gan bobl estron.
3 Dŷn ni fel plant amddifad, heb dadau,
ac mae ein mamau fel gwragedd gweddwon.
4 Rhaid i ni brynu dŵr i'w yfed,
a thalu am y coed tân dŷn ni'n ei gasglu.
5 Dŷn ni'n cael ein gyrru fel anifeiliaid â iau ar eu gwarrau;
wedi blino'n lân, ac yn cael dim gorffwys.
6 Gwnaethon gytundeb gyda'r Aifft ac Asyria,
er mwyn cael digon o fwyd i fyw.
7 Roedd ein hynafiaid, sy'n farw bellach, wedi pechu;
a dŷn ni'n diodde canlyniadau eu drygioni nhw.
8 Mae caethweision yn feistri arnon ni,
a does neb yn gallu'n hachub ni o'u gafael nhw.
9 Dŷn ni'n gorfod mentro'n bywydau i nôl bwyd,
am fod lladron arfog yn cuddio yng nghefn gwlad.
10 Mae newyn yn achosi i ni ddiodde o dwymyn;
mae ein croen yn teimlo'n boeth fel ffwrn.
11 Mae'r gwragedd yn cael eu treisio yn Seion,
a'r merched ifanc yn nhrefi Jwda.
12 Mae'r gelyn wedi crogi ein harweinwyr,
a cham-drin y rhai hynaf ohonynt.
13 Mae'r dynion ifanc yn cael eu gorfodi i weithio'r maen melin,
a'r bechgyn yn baglu wrth gario llwyth o goed.
14 Dydy'r arweinwyr hŷn ddim yn cyfarfod wrth giât y ddinas,
ac mae'r bechgyn ifanc wedi stopio canu eu cerddoriaeth.
15 Mae pob llawenydd wedi diflannu;
yn lle dawnsio dŷn ni'n galaru.
16 Mae'r dathlu wedi dod i ben.
Gwae ni, dŷn ni wedi pechu!
17 Dŷn ni'n teimlo'n sâl, ac wedi colli pob hyder;
mae'r sbarc wedi diflannu o'n llygaid,
18 am fod Mynydd Seion yn gorwedd yn wag;
dim ond siacaliaid sydd yno'n prowla.
19 Ond rwyt ti, ARGLWYDD, yn teyrnasu am byth;
mae dy orsedd yn para ar hyd y cenedlaethau.
20 Pam wyt ti wedi anghofio amdanon ni?
Pam wyt ti wedi troi cefn arnon ni mor hir?
21 Tyn ni'n ôl atat dy hun, ARGLWYDD, i ni droi nôl.
Gwna ni eto fel roedden ni ers talwm.
22 Neu wyt ti wedi'n gwrthod ni'n llwyr?
Wyt ti wedi digio'n lân gyda ni?

---

e 5:2 *gwlad* Hebraeg, "etifeddiaeth", sy'n cyfeirio at y wlad roddodd Duw i Abraham – gw. Jeremeia 2:7; Deuteronomium 26:1.
5:7 Exodus 20:5

Eseciel

Eseciel yn gweld ysblander yr ARGLWYDD

1 Pan oeddwn i'n dri deg oed, roeddwn i'n byw wrth Gamlas Cebar yn Babilon gyda'r
bobl oedd wedi cael eu caethgludo yno o Jwda. Ar y pumed diwrnod o'r pedwerydd
mis[a] roedd fel petai'r nefoedd wedi agor, a Duw yn rhoi gweledigaethau i mi. 2 (Roedd hyn
bum mlynedd ar ôl i'r brenin Jehoiachin gael ei gymryd yn gaeth i Babilon.) 3 Offeiriad ydw
i, Eseciel fab Bwsi, a dyma'r ARGLWYDD yn rhoi neges i mi pan oeddwn i wrth Gamlas Cebar
yng ngwlad Babilon. Roedd yr ARGLWYDD wedi fy nghyffwrdd i yno!
4 Wrth i mi edrych, rôn i'n gweld storm yn dod o'r gogledd. Roedd cwmwl anferth, a mellt
yn fflachio, a golau llachar o'i gwmpas. Roedd ei ganol yn llachar fel tân mewn ffwrnais fetel.
5 Yna o'i ganol dyma bedwar ffigwr yn dod i'r golwg. Roedden nhw'n edrych fel creaduriaid
byw. Roedden nhw yr un siâp a phobl, 6 ond roedd gan bob un bedwar wyneb a phedair
adain. 7 Roedden nhw'n sefyll i fyny'n syth fel pobl, ond carnau llo oedd eu traed. Ac roedden
nhw'n gloywi fel pres wedi'i sgleinio. 8 Roedd ganddyn nhw freichiau a dwylo dynol o dan eu
hadenydd, ac roedd eu hadenydd nhw'n cyffwrdd ei gilydd. 9 Am fod ganddyn nhw bedwar
wyneb, doedden nhw ddim yn troi, dim ond symud yn syth yn eu blaenau i ba gyfeiriad
bynnag roedden nhw'n mynd.
10 Roedd gan bob un ohonyn nhw un wyneb dynol, wedyn wyneb llew ar yr ochr dde, wyneb
tarw ar y chwith, a wyneb eryr ar y cefn. 11 Roedden nhw'n dal eu hadenydd ar led – roedd
dwy aden gan bob un yn cyffwrdd adenydd y creaduriaid oedd bob ochr iddyn nhw, a'r ddwy
aden arall yn gorchuddio'u cyrff. 12 Roedden nhw'n mynd ble bynnag roedd yr ysbryd am
fynd – yn syth yn eu blaenau, heb droi o gwbl.
13 Yn eu canol roedd rhywbeth oedd yn edrych fel marwor yn llosgi, ac roedd y tân fel ffaglau
yn symud yn ôl ac ymlaen rhwng y creaduriaid byw. Roedd yn llosgi'n danbaid ac roedd
gwreichion yn saethu allan ohono i bob cyfeiriad, 14 ac roedd y creaduriaid byw eu hunain yn
symud yn ôl ac ymlaen fel fflachiadau mellt.
15 Wedyn sylwais fod olwyn ar lawr wrth ymyl pob un o'r pedwar creadur. 16 Roedd yr
olwynion yn sgleinio fel meini saffir. Roedd pob olwyn yr un fath, gydag olwyn arall tu mewn
iddyn nhw ar ongl sgwâr. 17 Felly pan oedden nhw'n symud roedden nhw'n gallu mynd
i unrhyw un o'r pedwar cyfeiriad heb orfod troi. 18 Roedd ymylon yr olwynion yn anferth, wedi'u
gorchuddio gyda llygaid. 19 Pan oedd y creaduriaid byw yn symud, roedd yr olwynion wrth eu
hymyl nhw'n symud. Pan oedd y creaduriaid yn codi oddi ar y ddaear, roedd yr olwynion yn
codi hefyd. 20 Roedd y creaduriaid yn mynd ble bynnag roedd yr ysbryd am fynd, ac roedd yr
olwynion yn codi gyda nhw am fod ysbryd y creaduriaid byw yn yr olwynion hefyd. 21 Roedd
yr olwynion yn symud ac yn stopio ac yn codi gyda'r creaduriaid am fod ysbryd y creaduriaid
byw yn yr olwynion.
22 Uwchben y creaduriaid byw roedd rhywbeth oedd yn edrych yn debyg i lwyfan oedd
yn sgleinio fel grisial. Roedd wedi'i ledu fel cromen uwch eu pennau. 23 Dyna lle roedd
y creaduriaid byw, o dan y llwyfan yma, gyda'u hadenydd yn ymestyn allan at ei gilydd. Roedd
gan bob un ohonyn nhw ddwy aden yn gorchuddio ei gorff hefyd. 24 Pan oedd y creaduriaid
yn hedfan, roeddwn i'n clywed sŵn eu hadenydd nhw – sŵn tebyg i raeadr, neu lais y Duw
mawr sy'n rheoli popeth, neu fyddin enfawr yn martsio. Wedyn pan oedden nhw'n stopio
roedden nhw'n rhoi eu hadenydd i lawr.
25 Dyma nhw'n stopio, a chlywais lais yn dod o'r llwyfan oedd uwch eu pennau. 26 Uwchben
y llwyfan roedd rhywbeth oedd yn edrych fel gorsedd wedi'i gwneud o saffir. Wedyn ar yr
orsedd roedd ffigwr oedd yn edrych fel person dynol. 27 O'i ganol i fyny roedd yn edrych fel

a 1:1 *y pumed diwrnod o'r pedwerydd mis* Gorffennaf 31, 593 CC mae'n debyg.

tân yn llosgi mewn ffwrnais fetel, ac o'i ganol i lawr fel fflamau tân. Roedd golau llachar yn disgleirio o'i gwmpas. 28 Roedd mor hardd â'r enfys yn y cymylau ar ôl iddi lawio.

Dyma fi'n sylweddoli mai ysblander yr ARGLWYDD ei hun oedd e, felly dyma fi'n mynd ar fy wyneb ar lawr.

A dyma fi'n clywed llais yn siarad â mi.

Yr ARGLWYDD yn dewis Eseciel

2 Dyma'r llais yn dweud, "Ddyn,[b] saf ar dy draed; dw i eisiau siarad â ti." 2 Dyma ysbryd yn dod i mewn i mi a gwneud i mi sefyll ar fy nhraed. A dyma'r llais oedd yn siarad â mi 3 yn dweud: "Ddyn, dw i'n dy anfon di at bobl Israel. Maen nhw wedi gwrthryfela yn fy erbyn i – nhw a'u hynafiaid hefyd. 4 Maen nhw'n bobl benstiff ac ystyfnig. Rwyt i ddweud wrthyn nhw, 'Dyma mae'r Meistr, yr ARGLWYDD, yn ei ddweud.' 5 Os byddan nhw'n gwrando neu beidio – wedi'r cwbl maen nhw'n griw o rebeliaid – byddan nhw o leia'n gwybod fod proffwyd wedi bod gyda nhw.

6 "Ond paid dychryn pan fyddan nhw'n dy fygwth di. Bydd fel cael mieri a drain o dy gwmpas di ym mhobman, neu eistedd yng nghanol sgorpionau – ond paid ti bod ag ofn wrth iddyn nhw fygwth ac edrych yn gas arnat ti. 7 Dwed di wrthyn nhw beth ydy'r neges gen i, os ydyn nhw am wrando neu beidio. Maen nhw'n griw anufudd. 8 Gwna di'n siŵr dy fod ti'n gwrando arna i. Paid ti â thynnu'n groes. Agor dy geg a bwyta'r hyn dw i'n ei roi i ti."

9 A dyna pryd gwelais i law wedi'i hestyn allan ata i. Roedd y llaw yn dal sgrôl.[c] 10 Dyma'r sgrôl yn cael ei hagor o mlaen i. Roedd ysgrifen ar y ddwy ochr – a'r teitl oedd "Caneuon o alar, tristwch a gwae".

3 A dyma'r llais yn dweud wrtho i, "Ddyn, bwyta'r sgrôl yma sydd o dy flaen, ac wedyn mynd i siarad gyda phobl Israel." 2 Felly dyma fi'n agor fy ngheg, a dyma fe'n bwydo'r sgrôl i mi. 3 A dyma fe'n dweud, "Ddyn, llenwa dy fol gyda'r sgrôl yma dw i'n ei rhoi i ti." A dyma fi'n ei bwyta. Roedd hi'n blasu'n felys fel mêl.

4 A dyma fe'n dweud wrtho i, "Ddyn, dos at bobl Israel a dweud beth ydy fy neges i iddyn nhw. 5 Dw i ddim yn dy anfon di at bobl sy'n siarad iaith wyt ti ddim yn ei deall. Pobl Israel ydyn nhw. 6 Petawn i'n dy anfon di at dyrfa o bobl sy'n siarad iaith wyt ti ddim yn ei deall, mae'n siŵr y byddai'r rheiny yn gwrando arnat ti! 7 Ond fydd pobl Israel ddim yn gwrando arnat ti, achos dŷn nhw ddim yn fodlon gwrando arna i. Maen nhw'n bobl ofnadwy o benstiff ac ystyfnig. 8 Felly dw i'n mynd i dy wneud di'r un mor benderfynol a phenstiff ag ydyn nhw! 9 Bydda i'n dy wneud di yn galed fel diemwnt (sy'n gletach na charreg fflint!) Paid bod ag ofn. Paid gadael iddyn nhw dy ddychryn di. Maen nhw'n griw o rebeliaid.

10 "Felly, gwranda di'n ofalus ar bopeth dw i'n ddweud, a'i gymryd o ddifrif. 11 Dos at dy gydwladwyr, y bobl gafodd eu symud yma yn gaethion gyda ti. Dwed wrthyn nhw, 'Dyma mae'r ARGLWYDD, y Meistr, yn ei ddweud.' Dw i am i ti wneud hyn os ydyn nhw'n dewis gwrando neu beidio."

12 Yna cododd yr ysbryd fi oddi ar y llawr. Clywais sŵn rymblan y tu ôl i mi wrth i ysblander yr ARGLWYDD godi o'i le. 13 Adenydd y creaduriaid byw oedd yn rhwbio yn erbyn ei gilydd, a sŵn yr olwynion wrth eu hymyl yn troi. Roedd fel sŵn rymblan mawr. 14 Cododd yr ysbryd fi oddi ar y llawr, a'm cario i ffwrdd. Rôn i'n teimlo'n flin ac yn llawn emosiwn. Roedd dylanwad yr ARGLWYDD arna i ac roedd yn rheoli beth oedd yn digwydd i mi yn llwyr.

15 Dyma fi'n cyrraedd Tel-abib,[ch] sydd wrth ymyl Camlas Cebar. Bues i yno am wythnos, yn eistedd yn syfrdan yng nghanol y bobl oedd wedi cael eu caethgludo.

---

b 2:1 *Ddyn* Hebraeg, "fab dyn", sy'n golygu "person dynol". c 2:9 *sgrôl* Rholyn o bapurfrwyn neu ledr gydag ysgrifen arno. ch 3:15 *Tel-abib* Sef, "twmpath y llifogydd". Ni ddylid ei gymysgu gyda dinas Tel Aviv yn Israel.

Penodi Eseciel yn Wyliwr

(Eseciel 33:1-9)

16Yna ar ôl wythnos dyma fi'n cael neges gan yr ARGLWYDD: 17"Ddyn, dw i'n dy benodi di yn
wyliwr i warchod pobl Israel. Rhaid i ti eu rhybuddio nhw pan fydda i'n rhoi neges i ti. 18Pan dw
i'n dweud wrth rywun drwg, 'Rwyt ti'n siŵr o farw,' a tithau ddim wedi'i rybuddio a'i annog
i newid ei ffyrdd a byw, bydd e'n marw am ei fod wedi pechu a bydda i'n dy ddal di'n gyfrifol
ei fod wedi marw. 19Ond os byddi di wedi'i rybuddio, ac yntau wedi gwrthod newid ei ffyrdd,
bydd e'n marw am ei fod wedi pechu ond byddi di wedi achub dy hun.

20"Ar y llaw arall, os ydy rhywun sydd fel arfer yn gwneud beth sy'n iawn yn newid ei ffyrdd
ac yn dechrau gwneud pethau drwg, bydda i'n achosi i rywbeth ddigwydd fydd yn gwneud
i'r person hwnnw syrthio. Bydd e'n marw. Os na fyddi di wedi'i rybuddio bydd e'n marw am
ei fod wedi pechu. Fydd y pethau da wnaeth e o'r blaen ddim yn cyfrif. A bydda i'n dy ddal
di'n gyfrifol am beth fydd yn digwydd. 21Ond os byddi di wedi'i rybuddio fe i beidio pechu,
ac yntau wedi gwrando arnat ti, bydd e'n cael byw, a byddi di hefyd wedi achub dy hun."

Eseciel yn methu siarad

22Dyma ddylanwad yr ARGLWYDD yn dod arna i, a dyma fe'n dweud, "Cod ar dy draed. Dos
allan i'r dyffryn, a bydda i'n siarad gyda ti yno." 23Felly dyma fi'n codi'n syth, ac yn mynd
allan i'r dyffryn. A dyma fi'n gweld ysblander yr ARGLWYDD eto, yn union yr un fath ag wrth
Gamlas Cebar. Syrthiais ar fy wyneb ar lawr. 24Ond yna dyma ysbryd yn mynd i mewn i mi ac
yn fy nghodi ar fy nhraed. A dyma'r ARGLWYDD yn dweud wrtho i, "Dos, a chau dy hun i mewn
yn dy dŷ. 25Bydd y bobl yma'n dy rwymo di gyda rhaffau, er mwyn dy rwystro di rhag cymysgu
gyda nhw y tu allan. 26Bydda i'n gwneud i dy dafod di sticio i dop dy geg a fyddi di ddim
yn gallu siarad na dweud wrthyn nhw beth maen nhw'n ei wneud o'i le. Maen nhw'n griw
o rebeliaid. 27Ond pan fydd gen i rywbeth i'w ddweud wrthot ti, bydda i'n agor dy geg di i ti
allu dweud wrthyn nhw, 'Dyma mae'r ARGLWYDD, y Meistr, yn ei ddweud.' Cân nhw ddewis os
ydyn nhw am wrando neu beidio. Maen nhw'n griw o rebeliaid."

Eseciel yn darlunio beth sy'n mynd i ddigwydd i Jwda a Jerwsalem

Dyma'r ARGLWYDD yn dweud:

4 "Ddyn, cymer fricsen fawr, ei gosod o dy flaen a thynnu llun map o ddinas Jerwsalem arni.
2Wedyn gwna fodel o fyddin yn gwarchae[d] arni: waliau gwarchae, ramp, gwersylloedd
milwyr ac offer fel hyrddod rhyfel o'i chwmpas. 3Yna cymer badell haearn, a'i gosod i fyny
fel wal haearn rhyngot ti a'r ddinas. Wedyn gwylia hi, drwy'r amser, fel taset ti'n gwarchae
arni. Mae beth fyddi di'n wneud yn rhybudd i bobl Israel.

4"Yna dw i eisiau i ti orwedd ar dy ochr chwith am dri chant naw deg diwrnod.[dd] Byddi'n
dioddef wrth orfod cario baich pechod pobl Israel 5(diwrnod am bob blwyddyn maen nhw wedi
pechu). Wedyn ar ôl i ti gario baich pechod pobl Israel, 6gorwedd ar dy ochr dde am bedwar
deg diwrnod. Byddi'n cario baich pechod pobl Jwda (sef diwrnod am bob blwyddyn eto).

7"Dal ati i wylio'r model o'r gwarchae ar Jerwsalem. Torcha dy lewys, a proffwyda yn erbyn
y ddinas. 8Bydda i'n dy rwymo di gyda rhaffau, a byddi'n methu symud na throi drosodd nes
bydd dyddiau'r gwarchae drosodd.

9"Wedyn cymer ŷd, haidd, ffa, ffacbys, miled a sbelt, a'u cadw mewn llestr gyda'i gilydd.
Defnyddia'r cymysgedd i wneud bara i ti dy hun. Dyna fyddi di'n ei fwyta pan fyddi'n
gorwedd ar dy ochr am dri chant naw deg diwrnod. 10Dim ond wyth owns y dydd fyddi di'n ei
gael i'w fwyta, a hynny yr un amser bob dydd. 11Wedyn ychydig dros hanner litr o ddŵr i'w

d 4:2 *gwarchae* Pan oedd byddin yn ymosod ar ddinas roedd yn amgylchynu'r ddinas a'i thorri i ffwrdd fel bod neb yn gallu mynd i mewn nac allan. dd 4:4 *tri chant naw deg diwrnod* Mae'n cynrychioli'r nifer o flynyddoedd ers i deml Solomon gael ei chodi.

3:15 Eseciel 33:1-20 3:19 Eseciel 33:7-9

yfed – hwnnw eto i'w yfed yr un amser bob dydd. 12 Gwna rywbeth fel bara haidd fflat ohono,
a defnyddio carthion dynol wedi'u sychu yn danwydd i'w bobi o flaen pawb. 13 Gwna hyn fel
darlun symbolaidd o'r ffaith y bydd pobl Israel yn bwyta bwyd sy'n aflan[e] ar ôl cael eu gyrru
i ganol y gwledydd paganaidd."

14 "O, na! Arglwydd, Meistr, Dw i erioed wedi bwyta dim byd sy'n 'aflan' o'r blaen – fel
carcas anifail oedd wedi marw ohono'i hun, neu un gafodd ei ladd gan anifeiliaid gwyllt,
neu unrhyw gig sy'n 'aflan'."

15 Felly dyma'r Arglwydd yn ateb, "Iawn, cei di ddefnyddio tail gwartheg yn lle carthion
dynol. Cei bobi dy fara ar hwnnw." 16 Yna aeth yn ei flaen i ddweud, "Yn fuan iawn fydd yna
ddim bwyd yn Jerwsalem. Bydd pobl yn poeni am fod bwyd yn brin, ac yn anobeithio am fod
y cyflenwad dŵr yn isel. 17 Byddan nhw'n edrych mewn dychryn ar ei gilydd yn llwgu. Byddan
nhw'n gwywo'n ddim o achos eu pechodau."

Y dinistr sy'n dod i Jerwsalem

Dyma'r Arglwydd yn dweud:

5 "Ddyn, dw i eisiau i ti gymryd cleddyf miniog, a'i ddefnyddio fel rasel i siafio dy ben a dy
farf. Wedyn cymer glorian i bwyso'r gwallt wyt ti wedi'i dorri, a'i rannu'n dri. 2 Rwyt
i losgi traean ohono yn y ddinas pan fydd y cyfnod o warchae symbolaidd drosodd. Yna
cymryd traean arall a'i dorri'n ddarnau mân gyda'r cleddyf o gwmpas y ddinas. Yna taflu'r
traean sydd ar ôl i'r gwynt ei chwalu i bobman. Dw i'n mynd i dynnu fy nghleddyf o'i wain,
a mynd ar eu holau nhw! 3 Ond cymer rhyw ychydig bach o'r gwallt a'i gadw'n saff yn dy
boced. 4 Byddi'n cymryd ychydig o hwnnw i'w losgi yn y tân. Bydd y tân hwnnw'n lledu ac
yn dinistrio Israel i gyd."

5 Dyma mae'r Meistr, yr Arglwydd yn ei ddweud: "Dyma Jerwsalem. Dw i wedi rhoi'r lle
canolog iddi hi, gyda'r gwledydd eraill i gyd o'i chwmpas. 6 Ond mae pobl Jerwsalem wedi
torri fy rheolau a gwrthod gwrando arna i, a gwneud mwy o ddrwg nag unrhyw wlad arall!"

7 Felly dyma mae'r Arglwydd, y Meistr yn ei ddweud:

"Dych chi'n achosi mwy o drafferth na'r gwledydd o'ch cwmpas chi i gyd! Dych chi wedi torri
fy rheolau a gwrthod gwrando arna i. Allwch chi ddim hyd yn oed cadw safonau'r gwledydd
paganaidd o'ch cwmpas chi! 8 Felly dw i'n mynd i ddelio gyda chi – ie, fi, yr Arglwydd. Dw i'n
eich erbyn chi! Dw i'n mynd i'ch cosbi chi, a bydd y gwledydd i gyd yn cael gweld y peth. 9 Dw
i'n mynd i wneud rhywbeth dw i erioed wedi'i wneud o'r blaen a fydda i byth yn ei wneud
eto, am eich bod chi wedi gwneud pethau mor ffiaidd. 10 Bydd pethau'n mynd mor wael yn
Jerwsalem, bydd rhieni'n bwyta'u plant a plant yn bwyta'u rhieni! Dw i'n mynd i'ch barnu
chi, a bydd y bobl hynny fydd yn llwyddo i oroesi yn cael eu gyrru ar chwâl i bob cyfeiriad."

11 "Mor sicr a'r ffaith fy mod i'n fyw," meddai'r Meistr, yr Arglwydd, "Am eich bod chi wedi
llygru fy lle sanctaidd i gyda'ch eilunod a'r holl bethau ffiaidd eraill dych chi wedi'u gwneud,
dw i'n mynd i'ch torri chi i ffwrdd. Fydd yna ddim trugaredd o gwbl! 12 Bydd traean poblogaeth
Jerwsalem yn marw yn y ddinas o haint a newyn. Bydd traean arall yn cael eu lladd yn y rhyfel.
A bydd y traean sydd ar ôl yn cael eu gyrru ar chwâl i bob cyfeiriad. Ond bydda i'n tynnu fy
nghleddyf o'i wain ac yn mynd ar eu holau nhw!"

13 "Ar ôl hynny, bydda i wedi tywallt hynny o ddigofaint sydd gen i arnyn nhw! Byddan nhw'n
gweld, wedyn, fy mod i wedi bod yn hollol o ddifri, ac wedi cael fy mrifo go iawn ganddyn nhw.
14 Fyddi di Jerwsalem yn ddim byd ond tomen o adfeilion. 15 Byddi'n destun sbort i bawb sy'n
pasio heibio. Bydd y gwledydd sydd o dy gwmpas wrth eu boddau yn enllibio ac yn cega pan
fydda i'n dy farnu di ac yn dy gosbi mor ffyrnig. Yr Arglwydd ydw i, a dw i wedi dweud beth
sydd i ddod! 16 Bydda i'n saethu saethau creulon newyn atoch chi, a'ch dinistrio chi. Fydd

---

e 4:13 *bwyd sy'n aflan* Roedd carthion dynol i fod i gael eu claddu tu allan i'r gwersyll (gw. Deuteronomium 23:12-13), felly fyddai'r bara yma ddim yn cael ei ystyried yn iawn i'w fwyta. Ond pan does dim dewis, mae pobl yn fodlon bwyta unrhyw beth.

4:16 Lefiticus 26:26

gynnoch chi ddim bwyd ar ôl. 17 Bydd newyn ac anifeiliaid gwyllt yn lladd eich plant chi. Bydd
afiechydon ofnadwy a thrais yn eich llethu chi. Bydda i'n anfon byddin i ymosod arnoch chi.
Yr ARGLWYDD ydw i, a dw i wedi dweud beth sydd i ddod!"

Mae hi ar ben ar Israel

6 Dyma'r ARGLWYDD yn dweud wrtho i: 2 "Ddyn, dw i eisiau i ti droi i wynebu mynyddoedd
Israel, a proffwydo yn eu herbyn nhw.
3 "Dywed, 'Fynyddoedd Israel, gwrandwch ar neges y Meistr, yr ARGLWYDD! Dyma mae e'n
ddweud wrth y mynyddoedd a'r bryniau, y ceunentydd a'r dyffrynnoedd: Dw i'n anfon byddin
i ymosod arnoch chi, a dinistrio'ch allorau paganaidd lleol chi. 4 Fydd yr allorau'n ddim byd
ond rwbel, a'r llestri i losgi arogldarth wedi'u malu'n ddarnau. Bydd pobl yn syrthio'n farw
o flaen eich eilunod da i ddim. 5 Bydd cyrff meirw yn gorwedd o'u blaen, ac esgyrn pobl ym
mhobman o gwmpas yr allorau. 6 Fydd dim dianc! Bydd eich trefi'n cael eu dinistrio'n llwyr,
a'r allorau paganaidd yn ddim byd ond rwbel. Bydd yr eilunod wedi'u malu a'u bwrw i lawr,
a'r llestri arogldarth yn ddarnau. Fydd dim byd o'ch gwaith llaw chi ar ôl! 7 Bydd cyrff marw
ym mhobman! Byddwch chi'n gwybod wedyn mai fi ydy'r ARGLWYDD.
8 " 'Ond bydda i'n gadael i rai ohonoch chi ddianc. Bydd y rheiny'n ffoaduriaid wedi'u gyrru
ar chwâl drwy'r gwledydd. 9 A byddan nhw'n cofio amdana i yno! Byddan nhw'n sylweddoli
sut roedden nhw'n torri fy nghalon i wrth fod mor anffyddlon a dilyn pa dduw bynnag oedd
yn cymryd eu ffansi. Bydd ganddyn nhw gymaint o gywilydd am eu bod wedi cymryd rhan
mewn defodau mor ffiaidd. 10 Byddan nhw'n deall mai fi ydy'r ARGLWYDD, ac mai nid bygythiad
gwag oedd y drychineb ddaeth arnyn nhw!' "
11 Dyma mae'r ARGLWYDD, y Meistr, yn ei ddweud:
"Dangos mor ddig wyt ti drwy ysgwyd dy ddwrn[f] a stampio dy draed, a gweiddi, 'Gwae!'
o achos yr holl bethau ffiaidd mae pobl Israel wedi'u gwneud. Byddan nhw'n cael eu lladd
gan gleddyf y gelyn, newyn, neu haint." 12 Bydd pobl yn marw ym mhobman! Bydd y rhai
sy'n bell i ffwrdd yn marw o afiechydon, y rhai sy'n agos yn cael eu lladd gan y gelyn, ac
unrhyw un sydd ar ôl yn marw o newyn. Bydda i'n tywallt hynny o ddigofaint sydd gen
i arnyn nhw! 13 Bydd eu cyrff marw yn gorwedd ym mhobman, am eu bod nhw wedi bod yn
llosgi arogldarth i'w heilunod. Bydd cyrff o gwmpas yr eilunod a'r allorau paganaidd, ar bob
bryn uchel a mynydd, a dan pob coeden ddeiliog. Byddan nhw'n deall wedyn mai fi ydy'r
ARGLWYDD! 14 Dw i'n mynd i'w taro nhw'n galed. Fydd eu tir nhw yn ddim byd ond anialwch
diffaith, yr holl ffordd o'r diffeithwch yn y de i Ribla[ff] yn y gogledd. Byddan nhw'n deall
wedyn mai fi ydy'r ARGLWYDD!

Mae'r diwedd yn dod!

7 Dyma'r ARGLWYDD yn dweud wrtho i: 2 "Ddyn, dyma mae'r ARGLWYDD, y Meistr, yn ei ddweud
wrth Israel: Mae'r diwedd yn dod! Mae'r diwedd yn dod ar y wlad gyfan! 3 Dw i wedi digio
go iawn. Dw i'n mynd i'ch cosbi chi am y ffordd dych chi wedi ymddwyn. Dw i'n mynd i'ch galw
chi i gyfri am yr holl bethau ffiaidd dych chi wedi'u gwneud. 4 Fydd yna ddim trugaredd i chi!
Dw i'n mynd i'ch galw chi i gyfri am eich ymddygiad, a bydd rhaid i chi wynebu canlyniadau
y pethau ffiaidd wnaethoch chi. Byddwch chi'n deall wedyn mai fi ydy'r ARGLWYDD.
5 "Dyma mae'r ARGLWYDD, y Meistr, yn ei ddweud: Mae yna drychineb ofnadwy yn dod, un
heb ei thebyg. 6 Mae'r diwedd yn dod! Mae'n dod go iawn! Mae hi ar ben arnoch chi! 7 Mae'r
farn yn dod ar bawb sy'n byw yn y wlad yma! Mae hi ar ben! Mae'r diwrnod mawr yn agos!
Bydd sŵn pobl yn gweiddi mewn panig ar y mynyddoedd yn lle sŵn pobl yn dathlu ac yn cael

---

f 6:11 *ysgwyd dy ddwrn* Hebraeg, "curo dy ddwylo", oedd yn arwydd eich bod wedi gwylltio. ff 6:14 *Ribla* Hebraeg, *Dibla.* Roedd tref Ribla ar lan afon Orontes yn ardal Chamath, sef gogledd Libanus (2 Brenhinoedd 23:33). Roedd Chamath ar ffin ogleddol Israel (Eseciel 47:14).

6:5 Lefiticus 26:30

hwyl. [8]Dw i'n mynd i dywallt fy llid arnoch chi nawr. Cewch weld gymaint dw i wedi gwylltio.
Dw i'n mynd i'ch cosbi chi am y ffordd dych chi wedi ymddwyn. Dw i'n mynd i'ch galw chi
i gyfri am yr holl bethau ffiaidd dych chi wedi'u gwneud. [9]Fydd yna ddim trugaredd! Dw i'n
mynd i'ch galw chi i gyfri am eich ymddygiad, a bydd rhaid i chi wynebu canlyniadau y pethau
ffiaidd wnaethoch chi. Byddwch chi'n deall wedyn mai fi, yr ARGLWYDD, sydd wedi'ch taro chi.
[10]"Edrychwch! Y diwrnod mawr! Mae'r farn ar ei ffordd! Mae anghyfiawnder a drygioni
wedi blodeuo! [11]Mae trais wedi troi'n wialen i gosbi drygioni. Fydd neb ar ôl – neb o'r werin,
neb o'r cyfoethog, neb o'r pwysigion. [12]Mae'n amser! Mae'r diwrnod wedi dod! Fydd y prynwr
ddim yn dathlu, na'r gwerthwr yn drist. Mae Duw wedi digio gyda phawb. [13]Fydd y gwerthwr
ddim yn cael yr eiddo'n ôl. Mae beth mae Duw wedi'i ddweud yn mynd i ddigwydd. Bydd
pawb yn cael eu cosbi am eu pechod.
[14]"Mae'r utgorn yn galw pawb i fod yn barod, ond does dim ymateb a does neb yn paratoi
i ymladd. Mae fy nigofaint i wedi'u parlysu nhw. [15]Mae cleddyfau'r gelyn yn barod y tu allan
i waliau'r ddinas. Mae haint a newyn yn disgwyl amdanyn nhw y tu mewn. Bydd pwy bynnag
sydd yng nghefn gwlad yn cael ei ladd â'r cleddyf, a bydd pawb yn y ddinas yn marw o newyn
a haint. [16]Bydd y rhai sy'n dianc yn rhedeg i'r mynyddoedd. Byddan nhw fel colomennod yn
cŵan wrth alaru am eu pechodau. [17]Fydd pobl ddim yn gwybod beth i'w wneud, a byddan
nhw'n gwlychu eu hunain mewn ofn. [18]Byddan nhw'n gwisgo sachliain, ac yn crynu mewn
ofn. Bydd y cywilydd i'w weld ar eu hwynebau, a byddan nhw wedi siafio'u pennau.
[19]"Fydd aur ac arian yn golygu dim iddyn nhw. Bydd fel sbwriel ar y stryd. Fydd eu cyfoeth
ddim yn eu hachub nhw ar y diwrnod pan fydd yr ARGLWYDD yn barnu! A fyddan nhw ddim yn
gallu prynu bwyd gydag e. Eu harian nhw wnaeth eu baglu nhw a'u harwain nhw i bechu!
[20]Roedden nhw wedi defnyddio'u tlysau hardd i wneud delwau ffiaidd – duwiau da i ddim. Ond
bydd y cwbl fel sbwriel afiach. [21]Bydda i'n ei roi yn ysbail i bobl o wledydd eraill. Bydd paganiaid
drwg yn ei gymryd ac yn poeri arno. [22]Bydda i'n edrych i ffwrdd tra maen nhw'n treisio fy nheml
i. Bydd fandaliaid yn dod i mewn i'r ddinas, yn ei threisio [23]ac yn creu hafoc llwyr. (Bydd hyn
i gyd yn digwydd o achos y tywallt gwaed ofnadwy sy'n y wlad a'r creulondeb sydd yn y ddinas.)
[24]Bydd y wlad waethaf un yn dod ac yn cymryd eu tai nhw. Bydda i'n rhoi taw ar eu holl falchder
ac yn dinistrio'r holl leoedd cysegredig sydd ganddyn nhw. [25]Byddan nhw wedi'u parlysu!
Byddan nhw'n ysu am heddwch, ond yn cael dim. [26]Bydd un drychineb ar ôl y llall, a dim byd
ond newyddion drwg. Fydd gan y proffwydi ddim gweledigaeth i'w gynnig. Fydd yr offeiriaid
ddim yn gallu rhoi arweiniad o'r Gyfraith, a fydd yr arweinwyr gwleidyddol ddim yn gwybod
beth i'w ddweud. [27]Bydd y brenin yn gwisgo dillad galar, a bydd y bobl gyffredin mewn sioc.
Bydda i'n delio gyda nhw am y ffordd maen nhw wedi bod yn byw, ac yn eu trin nhw fel roedden
nhw wedi trin pobl eraill. Byddan nhw'n deall wedyn mai fi ydy'r ARGLWYDD!"

Addoli Eilunod yn y Deml

8 Roedd hi chwe blynedd ar ôl i ni gael ein cymryd yn gaeth i Babilon, ar y pumed diwrnod
o'r chweched mis.[g] Rôn i'n eistedd yn y tŷ gydag arweinwyr Jwda o mlaen i. A dyma
ddylanwad yr ARGLWYDD yn dod arna i. [2]Wrth i mi edrych dyma fi'n gweld ffigwr oedd yn edrych
fel person dynol. O'i ganol i lawr roedd fel fflamau tân, ac o'i ganol i fyny roedd yn llachar fel
ffwrnais fetel. [3]Dyma fe'n estyn ei law a gafael yn fy ngwallt. Yna cododd yr ysbryd fi i fyny
i'r awyr a mynd â fi i Jerwsalem mewn gweledigaeth. Aeth â fi at ddrws y giât fewnol sy'n
wynebu'r gogledd, lle roedd y ddelw oedd wedi gwneud yr ARGLWYDD mor ddig. [4]A dyna lle roedd
ysblander Duw Israel o mlaen i, yn union yr un fath â'r hyn welais i yn y dyffryn y tro cyntaf.
[5]A dyma Duw'n dweud wrtho i: "Ddyn, edrych i gyfeiriad y gogledd." Dyma fi'n edrych,
a dyna lle roedd allor i'r ddelw oedd wedi gwneud Duw mor ddig. [6]"Edrych beth mae'r bobl
yn ei wneud!" meddai Duw. "Mae pobl Israel yn gwneud pethau cwbl ffiaidd, ac yn fy ngyrru
i allan o'r deml. Ond mae yna bethau gwaeth na hyn!"

---

g 8:1 *pumed diwrnod o'r chweched mis* Medi 17, 592 CC mae'n debyg (14 mis ar ôl y weledigaeth gyntaf).

[7]Dyma fe'n mynd â fi at fynedfa'r cyntedd. Wrth i mi edrych dyma fi'n gweld twll yn y wal.
[8]"Torra drwy'r twll," meddai Duw. Felly dyma fi'n gwthio drwy'r twll ac yn darganfod drws.
[9]"Dos i mewn, i ti gael gweld y pethau cwbl ffiaidd maen nhw'n eu gwneud yna!" meddai Duw
[10]Felly dyma fi'n mynd i mewn. Ar y waliau o mlaen i roedd lluniau o bob math o ymlusgiaid
a chreaduriaid ffiaidd eraill, a'r holl eilun-dduwiau mae pobl Israel wedi bod yn eu haddoli.
[11]Dyna lle roedd saith deg o arweinwyr Israel yn sefyll o flaen y lluniau yma oedd wedi'u cerfio
ar y waliau, a Iaasaneia fab Shaffan yn y canol. Roedd pob un ohonyn nhw yn dal llestr i losgi
arogldarth, ac roedd mwg yr arogldarth yn yr awyr ym mhobman. [12]A dyma Duw yn dweud
wrtho i: "Ddyn, wyt ti'n gweld beth mae arweinwyr Israel yn ei wneud yn y tywyllwch – pob
un ohonyn nhw o flaen ei hoff eilun? 'Dydy'r Arglwydd ddim yn gweld. Mae e wedi troi cefn
ar y wlad,' medden nhw. [13]Ond rwyt ti'n mynd i weld pethau gwaeth fyth!"
[14]Dyma fe'n mynd â fi at giât y gogledd yn y deml. A dyna lle roedd merched yn mynd
drwy'r ddefod o wylo ar ôl Tammws,[ng] duw ffrwythlondeb Babilon! [15]"Edrych ar hyn!" meddai
Duw wrtho i. "Ond mae gwaeth i ddod eto!"
[16]Dyma fe'n mynd â fi i iard fewnol teml yr Arglwydd. Ac yno, wrth y fynedfa i'r cysegr,
rhwng y cyntedd a'r allor, roedd tua dau ddeg pump o ddynion. Roedden nhw wedi troi'u
cefnau ar y cysegr, ac yn wynebu'r dwyrain a plygu i lawr i addoli'r haul! [17]"Edrych ar hyn!"
meddai Duw wrtho i eto. "Ai peth bach ydy'r ffaith fod pobl Jwda'n gwneud y pethau ffiaidd
yma? Maen nhw wedi fy ngwylltio i ddigon yn barod yn llenwi'r wlad hefo trais. A dyma nhw
eto yn codi dau fys ata i![h] [18]Bydda i'n ymateb yn ffyrnig! Fydd yna ddim trugaredd! Cân
nhw weiddi am drugaredd faint fynnan nhw, ond wna i ddim gwrando."

Lladd Addolwyr Eilunod

9 Wedyn dyma fi'n clywed Duw yn gweiddi'n uchel, "Dewch yma, chi sy'n mynd
i ddinistrio'r ddinas! Dewch gyda'ch arfau i wneud eich gwaith!"
[2]Gwelais chwe dyn yn dod o gyfeiriad y giât uchaf sy'n wynebu'r gogledd. Roedd gan bob un
arf, sef pastwn, yn ei law. Roedd dyn arall gyda nhw, mewn gwisg o liain, ac roedd ganddo offer
ysgrifennu wedi'i strapio am ei ganol. Dyma nhw'n dod i'r deml, a sefyll wrth ymyl yr allor bres.
[3]Dyma ysblander Duw Israel yn codi oddi ar y cerbyd a'r cerwbiaid ac yn symud at garreg
drws y deml. A dyma'r Arglwydd yn galw ar y dyn mewn gwisg o liain oedd yn cario'r offer
ysgrifennu, [4]a dweud wrtho: "Dos o gwmpas dinas Jerwsalem, a rho farc[i] ar dalcen pawb sy'n
galaru'n drist am yr holl bethau ffiaidd sy'n digwydd yma."
[5]Wedyn clywais e'n dweud wrth y lleill: "Ewch o gwmpas y ddinas ar ei ôl a lladd pawb
sydd heb eu marcio. Does neb i ddianc! Byddwch yn hollol ddidrugaredd! [6]Lladdwch nhw
i gyd – yr hen a'r ifanc, gwragedd a phlant! Ond peidiwch cyffwrdd unrhyw un sydd â marc
ar ei dalcen. Dechreuwch yma yn y deml."
Felly dyma nhw'n dechrau gyda'r arweinwyr oedd yn sefyll o flaen y deml. [7]"Gwnewch
y deml yn lle sydd wedi'i lygru, gyda chyrff marw ar lawr ym mhobman! Wedyn ewch allan
a lladd pobl drwy'r ddinas i gyd."
[8]Pan aethon nhw allan i'r ddinas ces fy ngadael yn sefyll yno ar fy mhen fy hun. A dyma
fi'n mynd ar fy wyneb ar lawr, a gweddïo'n uchel ar Dduw, "O, na! Arglwydd, Feistr. Wyt ti'n
mynd i ladd pawb sydd ar ôl yn Israel drwy dywallt dy lid ar Jerwsalem fel yma?" [9]A dyma fe'n
ateb, "Mae pobl Israel a Jwda wedi pechu yn ofnadwy yn fy erbyn i. Mae cymaint o dywallt
gwaed drwy'r wlad, ac anghyfiawnder yn y ddinas. Ac mae pobl yn dweud, 'Mae'r Arglwydd
wedi troi cefn ar y wlad. Dydy e ddim yn gweld beth bynnag!' [10]Felly, dw i ddim yn teimlo'n

---

ng 8:14 *Tammws* Roedd pobl yn credu fod y duw Tammws yn marw bob blwyddyn yn y tymor sych. Yn ystod y mis Tammws (o tua canol Mehefin i ganol Gorffennaf), roedd merched yn wylo a galaru ar ei ôl, yn y gobaith o ddod ag e'n ôl yn fyw (cf. Daniel 11:37). h 8:17 *codi dau fys ata i* Hebraeg, "rhoi'r brigyn wrth eu trwynau", sydd ym marn rhai yn idiom yn golygu sarhau neu amharchu rhywun. i 9:4 *farc* Hebraeg, *taf* – llythyren oedd yn cael ei hysgrifennu ar ffurf croes mewn hen lawysgrifen Hebraeg.
9:9 gw. Salm 94:5-7

sori drostyn nhw o gwbl. Fydd yna ddim trugaredd! Dw i'n mynd i dalu'n ôl iddyn nhw am
beth maen nhw wedi'i wneud!"
11 Wedyn, dyma'r dyn mewn gwisg o liain oedd yn cario offer ysgrifennu yn cyrraedd yn ôl,
a dweud, "Dw i wedi gwneud beth ddwedaist ti."

Ysblander Duw yn gadael y Deml

10 Yna wrth i mi edrych dyma fi'n gweld, ar y llwyfan uwchben y cerwbiaid, rywbeth
oedd yn edrych yn debyg i orsedd wedi'i gwneud o saffir yn dod i'r golwg. 2 A dyma'r
ARGLWYDD yn dweud wrth y dyn mewn gwisg o liain: "Dos rhwng yr olwynion o dan y cerwbiaid,
llenwi dy ddwylo gyda'r marwor poeth, a'u taflu nhw dros y ddinas i gyd."
A dyma fi'n ei weld yn mynd i nôl y marwor. 3 (Roedd y cerwbiaid yn sefyll i gyfeiriad y de
o'r deml ar y pryd, ac roedd cwmwl yn llenwi'r iard fewnol.) 4 Dyma ysblander yr ARGLWYDD
yn codi oddi ar y cerbyd a'r cerwbiaid ac yn symud at garreg drws y deml. Dyma'r cwmwl yn
llenwi'r deml i gyd, ac roedd ysblander yr ARGLWYDD yn disgleirio'n llachar yn yr iard fewnol.
5 Roedd sŵn adenydd y cerwbiaid i'w glywed o'r iard allanol. Roedd fel sŵn y Duw sy'n
rheoli popeth yn siarad.
6 Pan ddwedodd yr ARGLWYDD wrth y dyn mewn gwisg o liain, "Cymer beth o'r tân sydd rhwng
yr olwynion dan y cerwbiaid," dyma fe'n mynd a sefyll wrth ymyl un o'r olwynion. 7-8 Roedd
gan y cerwbiaid ddwylo a breichiau dynol o dan eu hadenydd. A dyma un o'r cerwbiaid yn
estyn ei law at y tân oedd rhyngddyn nhw, ac yn cymryd peth ohono a'i roi yn nwylo'r dyn
oedd mewn gwisg o liain. Ar ôl cymryd y tân dyma'r dyn yn mynd allan.
9 Wrth i mi edrych dyma fi'n sylwi ar y pedair olwyn wrth ymyl y cerwbiaid. Roedd un olwyn
wrth ymyl pob cerwb, ac roedden nhw'n sgleinio fel meini saffir. 10 Roedd y pedair olwyn yn
edrych yn union yr un fath â'i gilydd. Roedd fel petai olwyn arall y tu mewn iddyn nhw ar ongl
sgwâr. 11 Pan oedd y cerwbiaid yn symud roedden nhw'n gallu mynd i unrhyw un o'r pedwar
cyfeiriad heb orfod troi. Pa gyfeiriad bynnag roedden nhw'n mynd, roedd y wynebau eraill
yn eu dilyn, heb orfod troi. 12 Roedd eu cyrff yn gyfan – eu cefnau, eu dwylo a'u hadenydd –
wedi'u gorchuddio â llygaid, ac roedd olwynion y pedwar wedi'u gorchuddio â llygaid hefyd.
13 Clywais yr olwynion yn cael eu galw yn 'olwynion yn chwyrlïo'.
14 Roedd gan bob un o'r cerwbiaid bedwar wyneb: wyneb tarw,[l] wyneb dynol, wyneb llew
ac wyneb eryr. 15 A dyma'r cerwbiaid yn mynd at i fyny. Nhw oedd y creaduriaid byw roeddwn
i wedi'u gweld wrth Gamlas Cebar. 16 Pan oedd y cerwbiaid yn symud, roedd yr olwynion wrth
eu hymyl nhw'n symud. Pan oedd y cerwbiaid yn lledu eu hadenydd i godi oddi ar y ddaear,
roedd yr olwynion yn aros gyda nhw. 17 Pan oedd y cerwbiaid yn stopio neu'n codi, roedd
yr olwynion yn stopio a chodi gyda nhw, am fod ysbryd y creaduriaid byw yn yr olwynion.
18 A dyma ysblander yr ARGLWYDD yn symud i ffwrdd o'r deml, ac yn hofran uwchben
y cerwbiaid. 19 Ac wrth i mi edrych, dyma'r cerwbiaid yn lledu eu hadenydd ac yn codi oddi
ar y ddaear (a'r olwynion gyda nhw). Ond dyma nhw'n stopio wrth y fynedfa i giât ddwyreiniol
y deml, gydag ysblander Duw Israel yn hofran uwch eu pennau.
20 Nhw oedd y creaduriaid byw roeddwn i wedi'u gweld o dan Dduw Israel pan oeddwn
wrth Gamlas Cebar. Rôn i'n sylweddoli mai cerwbiaid oedden nhw. 21 Roedd gan bob un
bedwar wyneb a phedair aden, gyda breichiau a dwylo dynol o dan yr adenydd. 22 Roedd eu
hwynebau yn union yr un fath â'r rhai roeddwn i wedi'u gweld wrth Gamlas Cebar. Roedden
nhw'n symud yn syth yn eu blaenau.

Bydd Jerwsalem yn Syrthio

11 Dyma'r ysbryd yn fy nghodi ac yn mynd â fi at giât ddwyreiniol teml yr ARGLWYDD.
Yno, wrth y fynedfa i'r giât, dyma fi'n gweld dau ddeg pump o ddynion. Yn eu plith
roedd Iaasaneia fab Asswr a Plateia fab Benaia, oedd yn arweinwyr sifil. 2 A dyma'r ARGLWYDD

---

l 10:14 *tarw* Hebraeg, "y cerwb", ond gw. 1:10.

yn dweud wrtho i, "Ddyn, y dynion yma sydd yn cynllwynio drwg ac yn rhoi cyngor gwael
i bobl y ddinas. 3'Fydd dim angen adeiladu tai yn y dyfodol agos,' medden nhw. 'Y crochan
ydy'r ddinas yma, a ni ydy'r cig sy'n cael aros ynddo.' 4Felly, proffwyda yn eu herbyn nhw!
Gad iddyn nhw glywed y neges yn glir, ddyn!"
5A dyma Ysbryd yr ARGLWYDD yn dod arna i, a dwedodd wrtho i am ddweud: "Dyma neges
yr ARGLWYDD: 'Dyna beth ydych chi'n ddweud, ie? Wel, dw i'n gwybod beth sy'n mynd drwy
eich meddyliau chi! 6Chi sy'n gyfrifol am farwolaeth llawer iawn o bobl yn y ddinas yma.
Mae ei strydoedd yn llawn o gyrff y meirw.' 7Felly, dyma mae'r ARGLWYDD, y Meistr, yn ei
ddweud: 'Y ddinas yma ydy'r crochan, a'r holl gyrff meirw sydd wedi'u taflu ar y strydoedd
ydy'r cig. Chi ydy'r rhai dw i'n mynd i'w taflu allan! 8Mae gynnoch chi ofn i'r gelyn ymosod
gyda'i gleddyf. Wel, bydda i'n gwneud i'r gelyn hwnnw ymosod arnoch chi,' meddai'r Meistr,
yr ARGLWYDD. 9'Bydda i'n eich barnu chi, drwy eich taflu chi allan o'r ddinas a'ch rhoi chi
yn nwylo pobl o wlad arall. 10Byddwch chi'n cael eich lladd yn y rhyfel. Bydd y farn yma'n
digwydd o fewn ffiniau gwlad Israel, a byddwch chi'n deall wedyn mai fi ydy'r ARGLWYDD.
11Fydd y ddinas yma ddim yn grochan i chi, a nid chi fydd y cig ynddo! Bydda i'n eich barnu
chi ar dir Israel, 12a byddwch chi'n deall wedyn mai fi ydy'r ARGLWYDD. Dych chi wedi torri fy
rheolau i, a gwrthod gwrando arna i. Dych chi wedi ymddwyn fel pobl y gwledydd paganaidd
o'ch cwmpas chi!' "
13Wrth i mi gyhoeddi'r neges yma, dyma Plateia fab Benaia yn syrthio'n farw. A dyma fi'n
mynd ar fy wyneb ar lawr, a gweddïo'n uchel ar Dduw, "O na! ARGLWYDD, Feistr. Wyt ti'n mynd
i ladd pawb sydd ar ôl yn Israel?"

Gair o gysur i'r bobl yn y gaethglud

14Yna dyma'r ARGLWYDD yn rhoi neges arall i mi: 15"Ddyn, mae'r bobl sy'n byw yn Jerwsalem
wedi bod yn dweud am dy frodyr a dy berthnasau di a phawb o bobl Israel sydd wedi'u
cymryd yn gaethion, 'Maen nhw'n bell i ffwrdd oddi wrth yr ARGLWYDD. Mae'r wlad yma wedi
cael ei rhoi i ni bellach.'
16"Felly dywed di fel yma: 'Dyma mae'r ARGLWYDD, y Meistr, yn ei ddweud: Er fy mod i wedi'u
hanfon nhw yn bell i ffwrdd, a'u chwalu nhw drwy'r gwledydd eraill, dw i fy hun wedi bod
yn lle saff iddyn nhw aros dros dro yn y gwledydd hynny.'
17"Dwed fel yma: 'Dyma mae'r ARGLWYDD, y Meistr, yn ei ddweud wrthyn nhw: Dw i'n mynd
i'ch casglu chi o'r gwledydd lle dych chi ar chwâl, a dw i'n mynd i roi gwlad Israel yn ôl i chi.'
18"Byddan nhw'n dod yn ôl ac yn cael gwared â'r holl eilunod a'r pethau ffiaidd sy'n cael
eu gwneud yma. 19Bydda i'n rhoi calon newydd iddyn nhw, ac ysbryd newydd hefyd. Bydda
i'n cael gwared â'r galon galed, ystyfnig sydd ynddyn nhw, ac yn rhoi calon dyner iddyn nhw.
20Byddan nhw'n cadw fy rheolau i, ac yn gwneud beth dw i'n ddweud. Nhw fydd fy mhobl
i, a fi fydd eu Duw nhw. 21Ond am y bobl hynny sy'n addoli'r eilunod ac yn mynd drwy'r
defodau ffiaidd yma, bydda i'n talu'n ôl iddyn nhw am beth maen nhw wedi'i wneud." Dyma
mae'r ARGLWYDD, y Meistr, yn ei ddweud.

Ysblander Duw yn gadael Jerwsalem

22Yna dyma'r cerwbiaid yn lledu eu hadenydd i hedfan. Roedd yr olwynion wrth eu hymyl,
ac ysblander Duw Israel yn hofran uwch eu pennau. 23Dyma ysblander yr ARGLWYDD yn codi
a gadael y ddinas, yna aros uwchben y mynydd sydd i'r dwyrain o'r ddinas.‖ 24Yna cododd yr
ysbryd fi, ac aeth Ysbryd Duw a fi yn ôl yn fy ngweledigaeth at y caethion yn Babilon. A dyna
ddiwedd y weledigaeth.
25Felly dyma fi'n dweud wrth y bobl yn y gaethglud am bopeth roedd yr ARGLWYDD
wedi'i ddangos i mi.

‖ 11:23 *mynydd ... ddinas* Mynydd yr Olewydd. Crib tua dwy filltir a hanner o hyd i'r dwyrain o Jerwsalem.
11:5 Diarhebion 15:11

Y Gaethglud i Ddod

12 Dyma'r ARGLWYDD yn rhoi'r neges yma i mi: 2“Ddyn, mae'r bobl rwyt ti'n byw gyda
nhw yn griw o rebeliaid. Mae ganddyn nhw lygaid, ond dŷn nhw'n gweld dim byd!
Mae ganddyn nhw glustiau, ond dŷn nhw'n clywed dim byd! Criw o rebeliaid ydyn nhw!
3“Felly dyma dw i eisiau i ti ei wneud: Pacia dy fag fel taset ti'n ffoadur yn dianc o'i gartref
ac yn paratoi i fynd i ffwrdd i rywle arall. Gwna hyn yng ngolau dydd, fel bod pawb yn gallu
gweld beth ti'n wneud. Falle y gwnân nhw ddeall eu bod nhw'n griw anufudd. 4Gad iddyn
nhw dy weld di yn pacio dy fag gyda'r pethau rwyt ti eu hangen. Yna gyda'r nos rwyt i fynd
i ffwrdd o'u blaenau nhw, yn union fel byddai ffoadur yn gwneud. 5Gad iddyn nhw dy weld
di yn torri twll yn y wal, ac yn mynd â dy bac allan drwyddo. 6Yna rho dy bac ar dy gefn,
a cherdded i ffwrdd wrth iddi dywyllu. Gorchuddia dy wyneb, a phaid edrych yn ôl ar y tir.
Dw i'n dy ddefnyddio di fel darlun i ddysgu gwers i bobl Israel.”
7Felly dyma fi'n gwneud yn union beth ddwedodd Duw wrtho i. Yn ystod y dydd dyma
fi'n pacio pethau i fynd i ffwrdd fel ffoadur, ac yna pan oedd hi'n nosi dyma fi'n torri twll
drwy'r wal. Wedyn, o flaen llygaid pawb, dyma fi'n rhoi'r pecyn ar fy nghefn ac yn cerdded
i ffwrdd wrth iddi dywyllu.
8Y bore wedyn dyma fi'n cael neges gan yr ARGLWYDD: 9“Ddyn, roedd pobl Israel, y criw
o rebeliaid yna, wedi gofyn i ti, ‘Beth wyt ti'n wneud?’ 10Dwed wrthyn nhw, ‘Dyma mae'r ARGLWYDD,
y Meistr, yn ei ddweud: Mae'r neges yma i Sedeceia, pennaeth pobl Jerwsalem, ac i holl bobl
Israel sy'n dal yno.’ 11Esbonia dy fod ti'n ddarlun i ddysgu gwers iddyn nhw. Bydd yr hyn wnest
ti yn digwydd iddyn nhw. Byddan nhw'n ffoaduriaid, ac yn cael eu cymryd yn gaethion. 12Bydd
hyd yn oed Sedeceia, y pennaeth, yn codi ei bac fin nos, yn mynd allan drwy dwll yn y wal ac yn
gorchuddio ei wyneb am na fydd yn cael gweld y tir byth eto. 13Ond bydd e'n cael ei ddal. Bydda
i'n taflu fy rhwyd drosto, ac yn mynd ag e'n gaeth i Babilon. Ond fydd byth yn gweld y wlad honno
lle bydd e'n marw.[m] 14Bydd ei weision a'i forynion, a'i filwyr i gyd yn cael eu chwalu i bob cyfeiriad,
a bydd y gelyn yn mynd ar eu holau gyda'i gleddyf. 15Pan fydda i wedi'u gyrru nhw ar chwâl
drwy'r gwledydd paganaidd i gyd, byddan nhw'n sylweddoli mai fi ydy'r ARGLWYDD! 16Ond bydda
i'n gadael i griw bach ohonyn nhw fyw. Fydd cleddyf y gelyn, y newyn, a'r haint ddim yn lladd
y rheiny. Yn y gwledydd lle byddan nhw'n mynd dw i eisiau iddyn nhw gyfaddef yr holl bethau
ffiaidd maen nhw wedi'u gwneud. Byddan nhw'n deall wedyn mai fi ydy'r ARGLWYDD.”

Arwydd y proffwyd yn crynu

17Dyma'r ARGLWYDD yn rhoi'r neges yma i mi: 18“Cryna mewn ofn wrth fwyta dy fwyd,
a dychryn wrth yfed dy ddŵr. 19Yna rhanna'r neges yma: ‘Dyma mae'r ARGLWYDD, y Meistr, yn
ei ddweud am y bobl sy'n dal i fyw yn Israel a Jerwsalem: “Fyddan nhw ddim yn gallu bwyta
ac yfed heb grynu mewn ofn a phoeni am eu bywydau. Mae'r wlad yn mynd i gael ei difetha,
a byddan nhw'n colli popeth am iddyn nhw fod mor greulon. 20Bydd y trefi a'r pentrefi lle
mae pobl yn byw yn cael eu dinistrio, a bydd y tir yn cael ei adael yn ddiffaith. Byddwch chi'n
gwybod wedyn mai fi ydy'r ARGLWYDD.” ’ ”

Dywediad poblogaidd a neges amhoblogaidd

21Dyma'r ARGLWYDD yn rhoi'r neges yma i mi: 22“Ddyn, mae yna ddywediad yn Israel, ‘Mae
amser yn mynd heibio, a dydy'r proffwydoliaethau ddim wedi dod yn wir.’ 23Felly dywed di
wrthyn nhw, ‘Dyma mae'r ARGLWYDD, y Meistr, yn ei ddweud: Dw i'n mynd i roi stop ar y math
yna o siarad. Fydd pobl Israel ddim yn dweud hynny eto!’ Dwed wrthyn nhw, ‘Yn fuan iawn
bydd popeth dw i wedi'i ddangos yn dod yn wir! 24Fydd yna ddim mwy o weledigaethau
ffals a darogan pethau deniadol yn Israel. 25Fi, yr ARGLWYDD fydd yn siarad, a bydd beth dw

m 12:13 *mynd ag e'n gaeth ... bydd e'n marw* Yn ôl 2 Brenhinoedd 25:6,7, cafodd y Brenin Sedeceia ei ddallu cyn cael ei gymryd yn gaeth i Babilon. A dyna lle buodd e farw – Jeremeia 52:11.

i'n ddweud yn dod yn wir. Fydd dim mwy o oedi. Bydd beth dw i'n ddweud yn dod yn wir yn
eich cyfnod chi rebeliaid anufudd.' Dyna neges y Meistr, yr ARGLWYDD."
[26]Dyma'r ARGLWYDD yn rhoi'r neges yma i mi: [27]"Ddyn, wyt ti wedi clywed beth mae pobl
Israel yn ei ddweud? 'Sôn am rywbryd yn bell yn y dyfodol mae e. Fydd y broffwydoliaeth
ddim yn dod yn wir am amser hir iawn.' [28]Felly dywed di wrthyn nhw, 'Dyma mae'r ARGLWYDD,
y Meistr, yn ei ddweud: Fydd dim mwy o oedi! Bydd beth dw i'n ddweud yn dod yn wir!' "
Dyna neges y Meistr, yr ARGLWYDD.

Barn ar Broffwydi Celwyddog

13 Dyma'r ARGLWYDD yn rhoi'r neges yma i mi: [2]"Ddyn, dw i eisiau i ti broffwydo yn erbyn
y proffwydi hynny o Israel sy'n cyhoeddi ffrwyth eu dychymyg eu hunain a'i alw'n
'broffwydoliaeth'. Dwed wrthyn nhw, [3]'Dyma mae'r Meistr, yr ARGLWYDD, yn ei ddweud: Gwae'r
proffwydi yna sy'n dychmygu pethau a ddim yn gweld beth dw i'n ei ddangos sy'n digwydd
go iawn! [4]Israel, mae dy broffwydi fel siacaliaid yng nghanol adfeilion! [5]Dŷn nhw ddim wedi
mynd ati i drwsio'r bylchau yn y wal, er mwyn i bobl Israel allu sefyll yn gadarn ar y diwrnod
pan fydd yr ARGLWYDD yn barnu. [6]Dŷn nhw'n rhannu dim byd ond ffantasi a chelwydd! "Dyma
mae'r ARGLWYDD yn ei ddweud," medden nhw, ond wnaeth yr ARGLWYDD ddim eu hanfon nhw!
Ac maen nhw'n disgwyl i'w geiriau ddod yn wir! [7]Ond ffantasi pur a chelwydd ydy honni,
"Dyma mae'r ARGLWYDD yn ei ddweud," pan dw i ddim wedi dweud y fath beth.
[8]" 'Felly dyma mae'r ARGLWYDD, y Meistr yn ei ddweud: Dw i'n mynd i ddelio gyda chi,
achos dych chi wedi bod yn siarad nonsens ac yn cyhoeddi celwydd. [9]Dw i'n mynd i daro'r
proffwydi hynny sydd ond yn dychmygu pethau a dweud celwydd. Fyddan nhw ddim yn cael
bod ar y cyngor sy'n arwain fy mhobl, na hyd yn oed yn cael eu cyfri'n rhan o bobl Israel, nac
yn cael mynd i mewn i wlad Israel eto.' Byddwch chi'n gwybod wedyn mai fi ydy'r ARGLWYDD.
[10]"Ydyn, maen nhw wedi camarwain pobl. Maen nhw wedi dweud 'Bydd popeth yn iawn!'
pan nad ydy pethau'n iawn o gwbl. Mae fel adeiladu wal sych sydd braidd yn simsan, a phobl
yn meddwl y bydd peintio drosti yn ei gwneud hi'n saffach! [11]Dwed wrth y rhai sy'n peintio:
'Pan ddaw glaw trwm a chenllysg a gwynt stormus, [12]a'r wal wedi syrthio, bydd pobl yn gofyn,
"Beth ddigwyddodd i'ch gwaith chi?"
[13]" 'Felly dyma mae'r ARGLWYDD, y Meistr, yn ei ddweud: Dw i'n ddig, a dw i'n mynd i anfon
gwynt stormus, glaw trwm, a chenllysg fydd yn achosi difrod ofnadwy. [14]Bydda i'n chwalu'r
wal wnaethoch chi ei pheintio. Fydd dim ohoni'n sefyll. A phan fydd hi'n syrthio, byddwch
chithau'n cael eich dinistrio gyda hi, a byddwch chi'n deall wedyn mai fi ydy'r ARGLWYDD. [15]Dw
i'n mynd i dywallt hynny o ddigofaint sydd gen i ar y wal, ac ar y rhai fuodd yn ei pheintio. Ac
wedyn bydda i'n dweud, "Dyna ni, mae'r wal wedi mynd, a'r peintwyr hefyd – [16]sef y proffwydi
yna yn Israel oedd yn proffwydo am Jerwsalem ac yn dweud 'Bydd popeth yn iawn!' pan nad
oedd pethau'n iawn o gwbl." Dyna neges y Meistr, yr ARGLWYDD.'
[17]"Ddyn, dw i eisiau i ti droi at y merched hynny sy'n proffwydo dim byd ond ffrwyth
eu dychymyg eu hunain. Proffwyda yn eu herbyn nhw, [18]a dweud, 'Dyma mae'r ARGLWYDD,
y Meistr, yn ei ddweud: Gwae'r merched yna sy'n gwnïo breichledau hud i'w gwisgo ar yr
arddwrn, a sgarffiau hud i'w gwisgo ar y pen. Eu hunig fwriad ydy trapio pobl! Ydych chi'n
meddwl y cewch chi drapio fy mhobl i ac wedyn llwyddo i ddianc eich hunain? [19]Dych chi
wedi gwneud i bobl droi cefn arna i am lond dwrn o haidd ac ychydig dameidiau o fara. Drwy
ddweud celwydd wrth fy mhobl, sy'n mwynhau gwrando ar gelwydd, dych chi wedi lladd pobl
ddylai fod wedi cael byw, a chynnig bywyd i'r rhai ddylai farw!
[20]" 'Felly, dyma mae'r ARGLWYDD, y Meistr, yn ei ddweud: Deallwch chi fy mod i'n erbyn
y breichledau hud dych chi'n eu defnyddio i drapio pobl fel dal adar. Bydda i'n eu rhwygo
nhw oddi ar eich breichiau chi, a gollwng y bobl dych chi'n ceisio'u dal, yn rhydd. [21]Bydda
i'n tynnu'r sgarffiau hud oddi ar eich pennau chi, ac yn achub fy mhobl o'ch gafael chi. Dw
i ddim yn mynd i adael i chi ddal gafael ynddyn nhw ddim mwy. Byddwch chi'n gwybod
wedyn mai fi ydy'r ARGLWYDD.

22“ ‘Dych chi wedi lladd ysbryd pobl dda gyda'ch celwyddau (pobl fyddwn i byth eisiau
gwneud drwg iddyn nhw). A dych chi wedi annog pobl ddrwg i ddal ati i wneud drwg, yn lle troi
ac achub eu bywydau. 23 Ond gewch chi ddim cario mlaen gyda'ch ffantasi a'ch dewino! Dw i'n
mynd i achub fy mhobl o'ch gafael chi, a byddwch chi'n deall wedyn mai fi ydy'r ARGLWYDD.’ ”

Barn am Addoli Eilunod

14 Dyma rai o arweinwyr Israel yn dod ata i, ac yn eistedd o mlaen i. 2 Dyma'r ARGLWYDD
yn rhoi'r neges yma i mi: 3“Ddyn, mae'r dynion yma wedi troi at eilunod. Maen nhw
wedi rhoi sylw i bethau sy'n gwneud iddyn nhw bechu. Pam ddylwn i adael iddyn nhw ofyn
unrhyw beth i mi? 4 Felly dywed wrthyn nhw, ‘Dyma mae'r ARGLWYDD, y Meistr, yn ei ddweud:
Os ydy unrhyw un yn Israel yn troi at eilunod, a rhoi sylw i bethau sy'n gwneud iddyn nhw
bechu, ac wedyn yn dod at broffwyd i geisio arweiniad, bydda i, yr ARGLWYDD, yn rhoi iddyn
nhw'r ateb maen nhw a'u heilunod yn ei haeddu! 5 Bydda i'n gwneud hyn i'w galw nhw
i gyfri, am eu bod nhw wedi pellhau oddi wrtho i a mynd ar ôl eu heilunod i gyd.’
6“Felly dw i am i ti ddweud wrth bobl Israel, ‘Dyma mae'r ARGLWYDD, y Meistr, yn ei ddweud:
Trowch yn ôl ata i! Dw i eisiau i chi droi cefn ar eich eilunod, a stopio gwneud y pethau ffiaidd
dych chi wedi bod yn eu gwneud. 7 Os ydy unrhyw un yn Israel (hyd yn oed mewnfudwyr sy'n
byw yn y wlad) yn troi cefn arna i, mynd ar ôl eilunod a rhoi sylw i bethau sy'n gwneud iddyn
nhw bechu, ac wedyn yn mynd at broffwyd i geisio arweiniad, bydda i, yr ARGLWYDD, yn rhoi
iddyn nhw'r ateb maen nhw'n ei haeddu! 8 Bydda i'n troi yn erbyn pobl felly, ac yn eu gwneud
nhw'n destun sbort. Bydda i'n gwneud esiampl ohonyn nhw, ac yn eu torri nhw i ffwrdd
o gymdeithas fy mhobl. Byddwch chi'n gwybod wedyn mai fi ydy'r ARGLWYDD.
9“ ‘A phan fydd proffwyd yn cael ei dwyllo i roi neges sydd ddim yn wir, bydda i, yr ARGLWYDD,
yn gwneud ffŵl ohono. Bydda i'n ei daro a'i daflu allan o gymdeithas pobl Israel. 10 Bydd
y ddau ohonyn nhw'n cael eu cosbi am eu pechod – y proffwyd, a'r un oedd wedi mynd
ato i ofyn am arweiniad. 11 Wedyn fydd pobl Israel ddim yn crwydro oddi wrtho i, a llygru eu
hunain drwy wrthryfela yn fy erbyn i. Nhw fydd fy mhobl i, a fi fydd eu Duw nhw,’ ” meddai'r
Meistr, yr ARGLWYDD.

Noa, Daniel a Job

12 Dyma'r ARGLWYDD yn rhoi'r neges yma i mi: 13“Ddyn, os ydy gwlad yn pechu yn fy erbyn
i drwy fod yn anffyddlon, a finnau wedyn yn eu taro nhw drwy wneud bwyd yn brin, a pheri
i newyn ladd pobl ac anifeiliaid, 14 hyd yn oed petai Noa, Daniel[n] a Job yn byw yno, fyddai
eu daioni nhw yn achub neb ond nhw eu hunain.” Dyna ydy neges y Meistr, yr ARGLWYDD.
15“Neu petawn i'n gadael i anifeiliaid gwyllt fynd drwy'r wlad yn lladd y plant i gyd, a bod
neb yn gallu teithio drwy'r wlad am ei bod hi'n rhy beryglus. 16 Hyd yn oed petai'r tri dyn
yna'n byw yno ar y pryd, fyddai neb ond nhw eu hunain yn cael eu hachub. Byddai'r wlad
yn cael ei difetha'n llwyr, a fydden nhw ddim hyd yn oed yn gallu achub eu plant eu hunain,”
meddai'r Meistr, yr ARGLWYDD.
17“Neu petawn i'n gadael i fyddin ymosod ar y wlad, a dweud, ‘Mae cleddyf y gelyn i gael
lladd pobl ac anifeiliaid drwy'r wlad i gyd!’ 18 Hyd yn oed petai'r tri dyn yna'n byw yno ar
y pryd, fyddai neb ond nhw eu hunain yn cael eu hachub. Fydden nhw ddim hyd yn oed yn
gallu achub eu plant eu hunain,” meddai'r Meistr, yr ARGLWYDD.
19“Neu petawn i'n anfon afiechydon ofnadwy ac yn tywallt fy llid arnyn nhw, nes bod pobl
ac anifeiliaid yn marw. 20 Hyd yn oed petai Noa, Daniel a Job yn byw yno ar y pryd, fyddai
neb ond nhw eu hunain yn cael eu hachub. Fydden nhw ddim hyd yn oed yn gallu achub eu
plant eu hunain,” meddai'r Meistr, yr ARGLWYDD.
21“Dyma mae'r ARGLWYDD, y Meistr, yn ei ddweud: Bydd hi'n erchyll pan fydda i'n anfon y pedwar
yma i farnu Jerwsalem – cleddyf, newyn, anifeiliaid gwyllt, ac afiechydon ofnadwy – i ladd

n 14:14,20 *Daniel* neu, falle Danel – gw. Eseciel 28:3.

pobl ac anifeiliaid. [22]Ond creda neu beidio, bydd yna rai yn llwyddo i ddod allan yn fyw!
Byddan nhw'n dod yma i Babilon atat ti. Pan fyddi di'n gweld sut maen nhw'n ymddwyn,
byddi'n teimlo'n well am beth fydd wedi digwydd i Jerwsalem, a'r cwbl wnes i iddi. [23]Fyddi
di ddim yn teimlo mor ddrwg am y peth pan weli beth maen nhw'n ei wneud. Byddi'n gweld
fod gen i reswm da am wneud beth wnes i." Dyna neges y Meistr, yr ARGLWYDD.

Jerwsalem fel pren y Winwydden

15 Dyma'r ARGLWYDD yn rhoi'r neges yma i mi: [2]"Ddyn, o'r holl wahanol fathau o goed
sydd i'w cael, ydy pren y winwydden yn dda i rywbeth? [3]Wyt ti'n gallu gwneud
rhywbeth defnyddiol gydag e? Ydy o'n ddigon cryf i wneud peg i hongian pethau arno? [4]Na,
y gwir ydy, dydy e'n dda i ddim byd ond i'w losgi. Ac mae'n llosgi'n rhy gyflym beth bynnag!
Fydd yr hyn sydd ar ôl ohono wedyn yn dda i rywbeth? [5]Na. Os oedd e ddim yn ddefnyddiol
cyn ei losgi, sut all e fod o ddefnydd i unrhyw un pan mae e wedi'i losgi'n ulw?
[6]"Felly, dyma mae'r ARGLWYDD, y Meistr, yn ei ddweud: 'Mae pobl Jerwsalem fel pren
y winwydden. Dŷn nhw'n dda i ddim ond i gael eu llosgi! [7]Dw i wedi troi yn eu herbyn nhw.
Falle eu bod nhw wedi llwyddo i ddianc o'r tân unwaith, ond maen nhw'n dal yn mynd
i gael eu llosgi! Pan fydd hyn yn digwydd, byddwch chi'n deall wedyn mai fi ydy'r ARGLWYDD!
[8]Bydda i'n gwneud y tir yn anialwch diffaith, am eu bod nhw wedi bod yn anffyddlon i mi,' "
meddai'r Meistr, yr ARGLWYDD.

Jerwsalem fel gwraig anffyddlon

16 Dyma'r ARGLWYDD yn rhoi'r neges yma i mi: [2]"Ddyn, dw i eisiau i ti wneud i Jerwsalem
wynebu'r ffaith ei bod wedi gwneud pethau ffiaidd. [3]Dwed fel hyn, 'Dyma mae'r
ARGLWYDD, y Meistr, yn ei ddweud wrth Jerwsalem: I'r Canaaneaid paganaidd rwyt ti'n perthyn
go iawn! Ti wedi dy eni a dy fagu gyda nhw! Roedd dy dad yn Amoriad a dy fam yn Hethiad.[o]
[4]Pan gest ti dy eni gafodd dy linyn bogail mo'i dorri. Wnaeth neb dy olchi, rhwbio halen ar
dy gorff, na lapio cadachau geni amdanat ti. [5]Doedd neb yn poeni amdanat ti; neb yn teimlo
trueni drosot ti. Cest dy daflu allan i farw. Doedd gan neb dy eisiau di.
[6]" 'Yna dyma fi'n dod heibio ac yn dy weld di'n gorwedd ar lawr yn cicio. Ac wrth i ti orwedd
yna yn dy waed, dyma fi'n dweud, "Rhaid i ti fyw!" [7]Dyma fi'n gwneud i ti dyfu a llwyddo, fel
cnwd mewn cae. Ac yn wir, dyma ti'n tyfu ac yn aeddfedu yn wraig ifanc hardd gyda bronnau
llawn a gwallt hir hyfryd. Ond roeddet ti'n dal yn gwbl noeth.
[8]" 'Yna dyma fi'n dod heibio eto a gweld dy fod yn ddigon hen i gael rhyw. Dyma fi'n estyn
ymyl fy mantell dros dy gorff noeth di. Dyma fi'n addo bod yn ffyddlon i ti, ac yn dy briodi
di. Fy ngwraig i oeddet ti,' " meddai'r Meistr, yr ARGLWYDD.
[9]" 'Dyma fi'n dy olchi di â dŵr, golchi'r gwaed i ffwrdd, a rhwbio olew persawrus drosot ti.
[10]Rhoddais fantell hardd wedi'i brodio a sandalau lledr i ti eu gwisgo; a ddillad costus o liain
main drud a sidan. [11]Rhoddais dlysau a gemwaith i ti – breichledau ar dy fraich a chadwyn
am dy wddf, [12]modrwy i dy drwyn, clustdlysau, a choron hardd ar dy ben. [13]Roeddet wedi dy
harddu gydag arian ac aur, yn gwisgo dillad o liain main drud, sidan a defnydd wedi'i frodio'n
hardd. Roeddet ti'n bwyta'r bwyd gorau, wedi'i baratoi gyda blawd mân, mêl ac olew. Roeddet
ti'n hynod o hardd, ac yn edrych fel brenhines! [14]Roeddet ti'n enwog drwy'r byd am dy
harddwch. Roeddet ti'n berffaith, am fy mod i wedi rhoi popeth i dy wneud di mor hardd,' "
meddai'r Meistr, yr ARGLWYDD.
[15]" 'Ond aeth y cwbl i dy ben di. Dyma ti'n defnyddio dy enwogrwydd i ddechrau cysgu
o gwmpas. Roeddet ti fel putain yn cynnig dy gorff i bwy bynnag oedd yn pasio heibio. Gallai
unrhyw un dy gael di. [16]Roeddet ti'n defnyddio dy ddillad hardd i addurno allorau paganaidd,
ac yn gorwedd yno i buteinio! Mae'r peth yn anhygoel! [17]A dyma ti'n cymryd dy dlysau hardd
o aur ac arian i wneud delwau gwrywaidd anweddus a'u haddoli nhw yn fy lle i. [18]Wedyn

o 16:3 *Amoriaid ... Hethiad* Y rhai oedd yn byw yn Canaan cyn pobl Israel.

cymryd y defnydd wedi'i frodio i'w haddurno nhw, a chyflwyno fy olew a'm harogldarth i iddyn
nhw. 19 Roeddet ti hyd yn oed yn offrymu iddyn nhw y bwyd roeddwn i wedi'i roi i ti – bwyd
hyfryd oedd wedi'i baratoi gyda blawd mân, mêl ac olew. Ie, dyna'n union ddigwyddodd!' "
meddai'r Meistr, yr ARGLWYDD.
20 " 'Roeddet ti hyd yn oed yn aberthu dy blant, yn fechgyn a merched, fel bwyd i dy eilun-
dduwiau! Oedd dy buteindra ddim yn ddigon? 21 Oedd rhaid i ti ladd fy mhlant i hefyd, a'u
haberthu nhw i eilun-dduwiau paganaidd? 22 Ac yng nghanol y puteinio a'r holl bethau ffiaidd
yma roeddet ti'n eu gwneud, wnest ti ddim meddwl am funud beth oedd wedi digwydd pan
oeddet ti'n fabi bach newydd dy eni, yn gorwedd yn dy waed yn noeth ac yn cicio.

Jerwsalem y butain

23 " 'Gwae ti!' Dyna ydy neges y Meistr, yr ARGLWYDD. 'Ar ben yr holl ddrwg yma 24 ti wedi
codi stondin a phabell i ti dy hun ar bob stryd! 25 Ti'n codi dy stondin a chywilyddio dy hun
drwy ledu dy goesau i bwy bynnag oedd yn pasio heibio! 26 Roeddet ti'n puteinio gyda dy
gymdogion yr Eifftiaid, oedd bob amser yn barod i gael rhyw. Roeddet ti'n mynd o ddrwg
i waeth ac yn fy ngwylltio i'n lân. 27 Felly dyma fi'n dy daro di'n galed, ac yn cymryd tir oddi
arnat ti. Dyma fi'n gadael i dy elynion, y Philistiaid, dy reibio di. Roedd y ffordd roeddet ti'n
ymddwyn yn ddigon i godi embaras arnyn nhw hyd yn oed!
28 " 'Wedyn dyma ti'n rhoi dy hun i'r Asyriaid! Doeddet ti byth yn fodlon; byth wedi cael
digon. Roedd gen ti eisiau mwy o hyd! 29 A dyma roi dy hun i wlad y masnachwyr, sef Babilon.
Ond doedden nhw ddim yn dy fodloni di chwaith.
30 " 'Mae'n dangos mor wan wyt ti,' meddai'r Meistr, yr ARGLWYDD. 'Doedd gen ti ddim
cywilydd o gwbl, fel putain 31 yn codi stondin a phabell i ti dy hun ar bob stryd. Ond yn
wahanol i buteiniaid eraill, doeddet ti ddim yn derbyn unrhyw dâl!
32 " 'Gwraig anffyddlon wyt ti! Mae'n well gen ti roi dy hun i ddynion eraill nag i dy ŵr
dy hun! 33 Mae puteiniaid go iawn yn codi arian am eu gwasanaeth, ond dim ti! Na, rwyt
ti'n rhoi anrhegion i dy gariadon ac yn cynnig tâl er mwyn eu perswadio nhw i ddod o bob
cyfeiriad i dy gymryd di! 34 Ti ddim byd tebyg i'r puteiniaid sy'n cael eu talu am ryw. Does
neb wir dy eisiau di! Ti ddim yn cael dy dalu; rhaid i ti dalu iddyn nhw! Mae'r peth yn hollol
groes i'r arfer!

Barn Duw ar Jerwsalem

35 " 'Felly, gwrando ar neges yr ARGLWYDD i ti, butain – 36 Dyma mae'r ARGLWYDD, y Meistr, yn
ei ddweud: Rwyt ti wedi tywallt dy haelioni rhywiol yn ddi-stop, a thynnu dy ddillad i ddangos
popeth i dy gariadon. Ti wedi mynd ar ôl eilun-dduwiau ffiaidd, ac wedi lladd dy blant a'u
haberthu iddyn nhw. 37 Felly gwylia di beth dw i'n mynd i'w wneud: Dw i'n mynd i gasglu
dy gariadon di at ei gilydd – y rhai roeddet ti'n eu caru a'r rhai roeddet ti'n eu casáu. Dw
i'n mynd i'w casglu nhw o dy gwmpas di, ac yna dy stripio di'n noeth o'u blaenau nhw,
a byddan nhw'n gweld dy rannau preifat. 38 Bydda i'n cyhoeddi'r ddedfryd (sef beth mae
gwragedd sydd wedi godinebu neu lofruddio yn ei haeddu), yn tywallt fy nigofaint ac yn
gweinyddu'r gosb eithaf. 39 Bydda i'n gadael i dy gariadon ddinistrio dy allorau di, a bwrw
i lawr dy stondin. Byddan nhw'n rhwygo dy ddillad oddi arnat, yn dwyn y gemwaith hardd
sydd gen ti, ac yn dy adael di'n noeth. 40 Byddan nhw'n galw'r mob i ymosod arnat ti drwy
daflu cerrig, dy hacio di'n ddarnau gyda chleddyfau 41 a llosgi dy dai. Bydd llawer o wragedd
eraill yn gwylio hyn i gyd yn digwydd i ti. Dw i'n mynd i roi stop ar dy buteinio di! Fyddi di
byth yn talu rhywun i ddod atat ti eto.
42 " 'Ar ôl gwneud hynny bydda i'n gallu ymatal, a gadael llonydd i ti. Bydda i'n gallu bod
yn dawel. Fydd dim rhaid gwylltio ddim mwy.
43 " 'Am dy fod wedi anghofio'r dyddiau cynnar hynny, ac wedi fy ngwylltio i'n lân drwy
ymddwyn fel gwnest ti, dw i'n mynd i dalu yn ôl i ti,' " meddai'r Meistr, yr ARGLWYDD.

Fel y fam y bydd y ferch

" 'Ti wedi ymddwyn yn hollol ffiaidd, a hynny ar ben yr holl bethau anweddus eraill ti
wedi'u gwneud! 44Y dywediad mae pobl yn ei ddefnyddio wrth sôn amdanat ti, ydy: "Fel
y fam y bydd y ferch." 45Ti'n union fel dy fam! Roedd hithau'n casáu ei gŵr a'i phlant.
Ac roedd dy chwiorydd yr un fath. Hethiad oedd eich mam chi, ac Amoriad oedd eich
tad! 46Dy chwaer fawr di oedd Samaria, yn byw i'r gogledd gyda'i merched. A dy chwaer
fach di oedd Sodom, yn byw i'r de gyda'i merched hithau. 47Ti wedi ymddwyn yr un fath
â nhw, ac wedi copïo'u harferion ffiaidd nhw. Yn wir, mewn byr o dro rwyt ti wedi mynd
lot gwaeth na nhw!
48" 'Mor sicr â'r ffaith mai fi ydy'r Duw byw,' meddai'r Meistr, yr ARGLWYDD, 'doedd dy chwaer
Sodom a'i merched ddim yn ymddwyn mor ddrwg ag wyt ti a dy ferched wedi gwneud! 49Drwg
dy chwaer Sodom oedd ei bod hi'n mwynhau byw'n foethus, yn gorfwyta, yn gwbl ddi-hid ac
yn gwneud dim i helpu pobl dlawd oedd mewn angen. 50Roedden nhw'n snobyddlyd, ac yn
gwneud peth cwbl ffiaidd. Felly dyma fi'n cael gwared â nhw, fel rwyt ti'n gwybod yn iawn.
51Ac wedyn Samaria – wnaeth hi ddim hanner y drwg rwyt ti wedi'i wneud! Yn wir, mae dy
chwiorydd yn edrych yn reit ddiniwed o'u cymharu â ti! 52Dylet ti fod â chywilydd ohonot ti
dy hun. Mae dy ymddygiad di wedi bod yn erchyll; rwyt ti wedi gwneud iddyn nhw edrych yn
dda! Dylai'r fath beth godi cywilydd arnat ti!

Adfer Sodom a Samaria

53" 'Ryw ddydd dw i'n mynd i adfer eu sefyllfa nhw, Sodom a Samaria. A bydda i'n adfer
dy sefyllfa dithau hefyd, 54i ti deimlo cywilydd go iawn am beth wnest ti, yn gwneud iddyn
nhw deimlo'n eitha da! 55Bydd dy chwiorydd, Sodom a Samaria a'u pobl, yn cael eu hadfer
i'w safle cynt. A thithau yr un fath. 56Roedd Sodom yn destun sbort gen ti pan oedd pethau'n
mynd yn dda arnat ti, 57cyn i dy ddrygioni di ddod i'r golwg. Bellach ti dy hun ydy'r testun
sbort, gan bobl Edom a'i chymdogion y Philistiaid a phawb arall o dy gwmpas di. 58Rhaid
i ti dderbyn y canlyniadau am dy ymddygiad anweddus a'r holl bethau ffiaidd ti wedi'u
gwneud, meddai'r ARGLWYDD.

Ymrwymiad fydd yn para am byth

59" 'Dyma mae'r ARGLWYDD, y Meistr, yn ei ddweud: Ydw i'n mynd i ddelio gyda ti fel rwyt
ti'n haeddu am gymryd dy lw yn ysgafn a thorri'r ymrwymiad oedd rhyngon ni? 60Na, dw
i'n cofio'r ymrwymiad wnes i gyda ti pan oeddet ti'n ifanc, a bydda i'n gwneud ymrwymiad
gyda ti fydd yn para am byth. 61Wedyn byddi di'n cofio sut wnest ti ymddwyn, ac yn teimlo
cywilydd mawr pan fyddi di'n derbyn dy ddwy chwaer yn ôl, yr hynaf a'r ifancaf. Dw i'n
eu rhoi nhw i ti fel merched, er bod yr ymrwymiad wnes i ddim yn rhoi rheidrwydd arna
i i wneud hynny. 62Dyma'r ymrwymiad dw i'n ei wneud gyda ti, a byddi'n deall wedyn mai
fi ydy'r ARGLWYDD. 63Byddi'n cofio beth wnest ti, ac yn teimlo cywilydd mawr. Bydda i wedi
maddau'r cwbl i ti, a gwneud iawn am bopeth wnest ti, a fyddi di ddim yn meiddio dweud
gair,' " meddai'r Meistr, yr ARGLWYDD.

Stori'r ddau Eryr a'r Winwydden

17 Dyma'r ARGLWYDD yn rhoi'r neges yma i mi: 2"Ddyn, dyma bos i ti ei rannu gyda phobl
Israel. Stori iddyn nhw. 3Dyma mae'r ARGLWYDD, y Meistr, yn ei ddweud:

'Eryr mawr a'i adenydd enfawr
a'i blu hir ar eu blaenau.
Daeth eryr a'i wisg amryliw draw i Libanus.

16:60 Eseia 55:3; Jeremeia 31:31; 32:40; Eseciel 37:26

Pigo coron y goeden gedrwydd
4 a thorri ei brigyn uchaf.
Ei gario i ffwrdd i wlad masnachwyr,
a'i blannu yn ninas y farchnad.
5 Cymerodd un o hadau'r wlad
a'i blannu mewn pridd da,
yn sbrigyn wedi'i osod ar lan y dŵr
fel coeden helygen.
6 Blagurodd, a throi yn winwydden
yn tyfu a lledu'n isel.
Roedd ei gwreiddiau oddi tanodd
a'i changhennau'n ymestyn at yr eryr.
Tyfodd ei changhennau
a daeth dail ar ei brigau.
7 Ond roedd eryr mawr arall,
gydag adenydd enfawr a thrwch o blu hardd.
A dyma'r winwydden yn troi ei gwreiddiau at hwnnw,
ac yn ymestyn ei changhennau ato
i gael ei dyfrio ganddo.
8 Roedd wedi'i phlannu mewn pridd da
ar lan digonedd o ddŵr,
i'w changhennau ledu ac i ffrwyth dyfu arni,
yn winwydden hardd.'

9 Ond dyma mae'r Arglwydd, y Meistr, yn ei ddweud:

'Fydd hi'n llwyddo?
Na – bydd yr eryr yn ei chodi o'r gwraidd,
yn tynnu ei ffrwyth oddi arni a'i gadael i bydru.
Bydd ei dail ir yn gwywo.
Fydd dim angen byddin fawr gref
i dynnu ei gwreiddiau o'r pridd.
10 Ar ôl ei thrawsblannu, fydd hi'n llwyddo?
Na – bydd gwynt poeth y dwyrain yn chwythu
a bydd hi'n crino'n llwyr.
Bydd hi'n gwywo yn y tir lle tyfodd!' "

Esbonio'r stori

11 Dyma'r Arglwydd yn rhoi'r neges yma i mi: 12 "Dwed wrth rebeliaid anufudd Israel: 'Does
gynnoch chi ddim syniad am beth dw i'n sôn, nac oes?' Dwed wrthyn nhw, 'Dyma'r ystyr. Daeth
brenin Babilon i Jerwsalem a chymryd brenin Jwda[p] a'i swyddogion yn garcharorion i Babilon.
13 Wedyn, dyma frenin Babilon yn gwneud cytundeb gydag un o deulu brenhinol Jwda, a'i gael
i addo ar lw y byddai'n ufudd iddo. A gwnaeth yr un peth gyda rhai o bobl bwysig y wlad.
14 Roedd eisiau cadw'r wlad yn wan, a gwneud yn siŵr na fyddai hi'n gwrthryfela yn ei
erbyn. Os oedd hi am gadw ei hunaniaeth, byddai'n rhaid iddi gadw amodau'r cytundeb.
15 Ond dyma'r un wnaeth y cytundeb yn gwrthryfela yn erbyn brenin Babilon drwy anfon ei
lysgenhadon i'r Aifft i ofyn am geffylau rhyfel a byddin fawr. Fydd e'n llwyddo? Ydy e'n mynd
i allu torri'r cytundeb ac osgoi cael ei gosbi? 16 Na, bydd e'n cael ei ladd. Mor sicr â'r ffaith
mai fi ydy'r Duw byw,' meddai'r Arglwydd, 'bydd e'n marw yn Babilon, gwlad y brenin wnaeth

p 17:12 *brenin Jwda* y Brenin Jehoiachin (gw. 2 Brenhinoedd 24:10-12,15,16).
17:15 Jeremeia 37:5,11

y cytundeb gydag e'n y lle cyntaf a gadael iddo lywodraethu. 17 Fydd y Pharo gyda'i fyddin
fawr a'i holl rym milwrol ddim help o gwbl pan fydd Babilon yn ymosod ar Jerwsalem eto
ac yn codi rampiau a thyrau gwarchae yn ei herbyn. Bydd lot fawr o bobl yn cael eu lladd.
18 Roedd e wedi gwneud cytundeb ar lw ac yna ei dorri; addo bod yn ufudd ac yna torri ei air.
Gwylia di, fydd e ddim yn dianc!'

19 "Felly dyma mae'r ARGLWYDD, y Meistr yn ei ddweud: 'Mor sicr â'r ffaith mai fi ydy'r Duw
byw, dw i'n mynd i'w gosbi e am dorri ei ymrwymiad i mi a'r cytundeb wnaeth e o mlaen
i. 20 Bydd e'n cael ei ddal. Bydda i'n taflu fy rhwyd drosto a mynd ag e'n gaeth i Babilon,
a bydda i'n ei farnu yno am iddo fy mradychu i. 21 Bydd ei filwyr gorau'n cael eu lladd yn
y rhyfel, a'r gweddill yn cael eu gwasgaru i bob cyfeiriad. Byddwch chi'n gwybod wedyn mai
fi ydy'r ARGLWYDD sy'n dweud beth sydd i ddod.'

Y Goeden Newydd

22 "Dyma mae'r ARGLWYDD, y Meistr, yn ei ddweud: 'Dw i'n mynd i gymryd sbrigyn o ben
uchaf y goeden gedrwydd; bydda i'n ei bigo o goron y goeden, a'i blannu ar ben mynydd
uchel. 23 Bydda i'n ei blannu ar fynydd uchaf Israel. Bydd yn tyfu'n goeden gedrwydd hardd
ffrwythlon, a bydd adar o bob math yn nythu ynddi ac yn cysgodi dan ei changhennau. 24 Bydd
pob coeden yng nghefn gwlad yn cydnabod mai fi ydy'r ARGLWYDD. Fi sy'n gwneud y goeden
fawr yn fach a'r goeden fach yn fawr. Fi sy'n gwneud i goeden ir grino, ac i goeden farw
flaguro eto. Fi ydy'r ARGLWYDD, a bydd beth dw i'n ddweud yn digwydd!' "

Pawb yn atebol am ei fywyd ei hun

18 Dyma'r ARGLWYDD yn rhoi'r neges yma i mi: 2 "Beth ydy'r dywediad yna dych chi'n ei
ddefnyddio o hyd am wlad Israel,

'Mae'r rhieni wedi bwyta grawnwin surion,
ond y plant sy'n diodde'r blas drwg.'?

3 Mor sicr â'r ffaith mai fi ydy'r Duw byw," meddai'r ARGLWYDD, "fydd y dywediad yma ddim
i'w glywed yn Israel eto. 4 Mae pob unigolyn yn atebol i mi – y rhieni a'r plant fel ei gilydd.
Mae pob person yn marw am ei bechod ei hun.

5 "Meddyliwch am rywun sy'n gwneud beth sy'n iawn, ac yn ymddwyn yn gyfiawn ac yn
deg. 6 Dydy e ddim yn mynd at allorau paganaidd ar y mynyddoedd i fwyta o'r aberthau, nac
yn addoli eilun-dduwiau Israel. Dydy e ddim wedi cysgu gyda gwraig rhywun arall, nac yn cael
rhyw gyda gwraig pan mae'r misglwyf arni. 7 Dydy e'n cam-drin neb. Mae'n talu'n ôl beth
bynnag gafodd ei roi iddo'n ernes. Dydy e ddim yn dwyn oddi ar bobl eraill, ond yn rhannu
ei fwyd gyda'r newynog, a rhoi dillad i'r noeth. 8 Dydy e ddim yn cymryd mantais o bobl
drwy godi llog ar fenthyciad. Mae'n osgoi gwneud unrhyw beth sy'n anghyfiawn, ac mae
bob amser yn onest ac yn deg wrth drin pobl eraill. 9 Mae e'n gwneud beth dw i'n ddweud,
ac yn cadw fy rheolau i. Dyna beth ydy byw bywyd da! Bydd person felly yn sicr o gael byw,"
meddai'r Meistr, yr ARGLWYDD.

10 "Cymrwch wedyn fod mab y dyn yna'n troi allan i fod yn lleidr ac yn llofrudd. Mae'n
gwneud y pethau drwg yma i gyd 11 (pethau wnaeth ei dad ddim un ohonyn nhw): Mae'n
mynd at allorau paganaidd ar y mynyddoedd ac yn bwyta o'r aberthau. Mae'n cysgu gyda
gwraig rhywun arall. 12 Mae'n cam-drin pobl dlawd sydd mewn angen ac yn dwyn. Dydy
e ddim yn talu'n ôl beth gafodd ei roi iddo'n ernes. Mae'n addoli eilun-dduwiau, ac yn
gwneud pethau cwbl ffiaidd. 13 Ac mae'n cymryd mantais o bobl drwy godi llog uchel ar
fenthyciad. Fydd e'n cael byw? Na, dim o gwbl! Rhaid iddo farw am wneud pethau mor
ffiaidd. Arno fe fydd y bai.

18:7 Exodus 22:25; Deuteronomium 24:10-15 18:7 Deuteronomium 24:19-21
18:8 Exodus 22:25; Deuteronomium 23:19; Lefiticus 25:36-37

14 "Wedyn cymrwch fod hwnnw'n cael mab, sy'n gweld yr holl ddrwg mae ei dad yn ei
wneud ac yn penderfynu peidio dilyn ei esiampl. 15 Dydy e ddim yn mynd at allorau paganaidd
ar y mynyddoedd i fwyta o'r aberthau, nac yn addoli eilun-dduwiau Israel. Dydy e ddim wedi
cysgu gyda gwraig rhywun arall. 16 Dydy e'n cam-drin neb. Mae'n talu'n ôl beth bynnag gafodd
ei roi iddo'n ernes. Dydy e ddim yn dwyn oddi ar bobl eraill, ond yn rhannu ei fwyd gyda'r
newynog, a rhoi dillad i'r noeth. 17 Mae'n osgoi gwneud unrhyw beth sy'n anghyfiawn. Dydy
e ddim yn cymryd mantais o bobl drwy godi llog uchel ar fenthyciad. Mae'n cadw fy rheolau
i ac yn gwneud beth dw i'n ddweud.

"Fydd y dyn yma ddim yn cael ei gosbi am beth wnaeth ei dad! Bydd e'n cael byw. 18 Ond
bydd ei dad, oedd yn gorthrymu pobl a chymryd mantais annheg ohonyn nhw, yn dwyn
eiddo'i gydwladwyr a gwneud pob math o bethau drwg eraill, yn cael ei gosbi. Bydd rhaid
iddo farw. 19 'Beth?' meddech chi, 'Ydy'r mab ddim yn dioddef o gwbl am yr holl ddrwg
wnaeth ei dad?' Na, pan mae'r mab yn gwneud beth sy'n iawn ac yn deg, yn cadw fy rheolau
a gwneud beth dw i'n ddweud, bydd e'n cael byw. 20 Yr un sy'n pechu fydd yn marw. Fydd
mab ddim yn dioddef am y drwg wnaeth ei dad, a fydd tad ddim yn dioddef am ddrygioni ei
fab. Bydd y bobl sy'n gwneud beth sy'n iawn yn cael eu gwobr, a bydd pobl ddrwg yn cael
eu cosbi am beth wnaethon nhw.

21 "Ond os ydy rhywun sydd wedi gwneud pethau drwg yn troi cefn ar y ffordd yna o fyw
ac yn dechrau gwneud beth sy'n iawn ac yn deg a gwrando arna i, bydd e'n cael byw. Fydd
dim rhaid iddo farw. 22 Fydda i ddim yn cadw rhestr o'i holl bechodau e. Am ei fod e wedi
dechrau gwneud beth sy'n iawn bydd e'n cael byw.

23 "Ydw i'n mwynhau gweld pobl ddrwg yn marw?" meddai'r ARGLWYDD. "Wrth gwrs ddim!
Byddai'n well gen i eu gweld nhw'n troi cefn ar yr holl ddrwg a chael byw. 24 Ond wedyn, ar
y llaw arall, os bydd person da yn stopio gwneud beth sy'n iawn ac yn dechrau gwneud yr
holl bethau ffiaidd mae pobl ddrwg yn eu gwneud, fydd e'n cael byw? Na fydd. Bydda i'n
anghofio'r holl bethau da wnaeth e. Am ei fod e wedi bod yn anffyddlon i mi a phechu yn
fy erbyn i, bydd rhaid iddo farw.

25 " 'Ond dydy hynny ddim yn iawn!' meddech chi.

"Gwrandwch, bobl Israel: Ydych chi'n dweud fy mod i ddim yn gwneud y peth iawn? Onid
chi sydd ddim yn gwneud y peth iawn? 26 Pan mae pobl dda yn stopio gwneud beth sy'n iawn,
ac yn dechrau byw bywyd drwg, bydd rhaid iddyn nhw farw. Byddan nhw'n marw o achos
y pethau drwg maen nhw wedi'u gwneud. 27 A phan mae person drwg yn troi cefn ar y ffordd
yna o fyw, ac yn dechrau gwneud beth sy'n iawn ac yn deg, bydd e'n achub ei fywyd. 28 Am
ei fod wedi meddwl am y peth a phenderfynu stopio ymddwyn felly bydd e'n cael byw. Fydd
dim rhaid iddo farw.

29 "Ond mae pobl Israel yn dal i gwyno, 'Dydy hynny ddim yn iawn!' Ai fi ydy'r un sydd
ddim yn gwneud beth sy'n iawn, bobl Israel? Onid chi ydy'r rhai sydd ddim yn gwneud
y peth iawn?

30 "Felly, bobl Israel, bydda i'n barnu pob un ohonoch chi ar sail sut ydych chi wedi byw,"
meddai'r Meistr, yr ARGLWYDD. "Trowch gefn ar eich gwrthryfel, a fydd eich pechod ddim yn eich
dinistrio chi. 31 Stopiwch dynnu'n groes i mi, a chewch galon newydd ac ysbryd newydd! Pam
ddylech chi ddewis marw, bobl Israel? 32 Dw i ddim yn mwynhau gweld unrhyw un yn marw,"
meddai'r Meistr, yr ARGLWYDD. "Felly trowch gefn ar y cwbl, a cewch fyw!"

Cân i alaru am Israel

19 "Dw i am i ti ganu cân i alaru am arweinwyr Israel. 2 Dwed fel hyn:

'Sut un oedd dy fam di?
    Onid llewes gyda'r llewod,
    yn gorwedd gyda'r llewod ifanc
    ac yn magu ei chenawon?

3 Magodd un o'i chenawon,
a thyfodd i fod yn llew ifanc cryf.
Dysgodd sut i hela a rhwygo'i ysglyfaeth;
roedd yn bwyta cnawd dynol.
4 Clywodd y gwledydd o'i gwmpas amdano,
a chafodd ei ddal yn eu trap.
Dyma nhw'n ei gymryd gyda bachau
yn gaeth i'r Aifft.

5 Pan welodd y fam ei fod wedi mynd,
a bod ei gobaith wedi chwalu,
cymerodd un arall o'i chenawon,
a'i fagu i fod yn llew ifanc cryf.
6 Cerddodd yng nghanol y llewod,
wedi tyfu i fod yn llew ifanc cryf.
Dysgodd sut i hela a rhwygo'i ysglyfaeth;
roedd yn bwyta cnawd dynol.
7 Cymerodd y gweddwon iddo'i hun
a dinistrio'r trefi'n llwyr.
Pan oedd yn rhuo,
roedd yn codi ofn ar bawb drwy'r wlad.

8 Daeth byddinoedd y gwledydd o'i gwmpas
i ymosod arno.
Dyma nhw'n taflu eu rhwyd drosto
a'i ddal yn eu trap;
9 rhoi coler a bachyn am ei wddf,
a mynd ag e at frenin Babilon.
Cafodd ei ddal yn gaeth yn y carchar
fel bod ei ruo i'w glywed ddim mwy
ar fynyddoedd Israel.

10 Roedd dy fam fel gwinwydden gyda brigau hir
wedi'i phlannu ar lan y dŵr.
Roedd ei changhennau yn llawn ffrwyth
am fod digon o ddŵr iddi.
11 Tyfodd ei changhennau'n ddigon cryf
i wneud teyrnwialen brenin ohonyn nhw.
Tyfodd yn uchel at y cymylau;
roedd pawb yn ei gweld am ei bod mor dal ac mor ganghennog.

12 Ond cafodd ei thynnu o'r gwraidd a'i thaflu ar lawr.
Chwythodd gwynt poeth y dwyrain
a chrino ei changhennau ffrwythlon.
Llosgodd yn y tân.
13 Bellach mae wedi'i phlannu yn yr anialwch
mewn tir sych, cras.
14 Lledodd y tân o'i changen gref
a'i llosgi o'i gwraidd i'w brigau.
Doedd dim cangen ddigon cryf ar ôl
i wneud teyrnwialen ohoni.'
Dyma gân i alaru! Cân ar gyfer angladd ydy hi!"

Gwrthryfel Israel

20 Roedd hi'r seithfed flwyddyn ar ôl i ni gael ein cymryd yn gaeth i Babilon, ar y degfed
diwrnod o'r pumed mis.[ph] A dyma rai o arweinwyr Israel yn dod ac yn eistedd
o mlaen i a gofyn am arweiniad gan yr ARGLWYDD.
2 Dyma'r ARGLWYDD yn rhoi'r neges yma i mi: 3 "Ddyn, dywed wrth arweinwyr Israel, 'Dyma
mae'r ARGLWYDD, y Meistr, yn ei ddweud: Dych chi eisiau i mi roi arweiniad i chi, ydych chi?
Wel, mor sicr â'r ffaith mai fi ydy'r Duw byw, gewch chi ddim arweiniad gen i, meddai'r
Meistr, yr ARGLWYDD.'
4 "Ddyn, wyt ti'n barod i gyhoeddi'r farn? Wyt ti'n barod i gyhoeddi'r farn, a'u cael nhw
i wynebu'r pethau ffiaidd wnaeth eu hynafiaid? 5 Dwed wrthyn nhw, 'Dyma mae'r ARGLWYDD,
y Meistr, yn ei ddweud: Pan ddewisais Israel a chyflwyno fy hun i ddisgynyddion Jacob, dyma
fi'n tyngu llw ac yn addo iddyn nhw, "Fi ydy'r ARGLWYDD, eich Duw chi." 6 Dyma fi'n addo eu
rhyddhau nhw o wlad yr Aifft, a'u harwain nhw i wlad roeddwn i wedi'i dewis yn arbennig
ar eu cyfer. Tir lle roedd llaeth a mêl yn llifo! Y wlad harddaf o'r cwbl i gyd! 7 Dwedais, "Rhaid
i chi gael gwared â'r eilun-dduwiau ffiaidd dych chi'n eu haddoli. Stopiwch lygru'ch hunain
gydag eilunod yr Aifft. Fi ydy'r ARGLWYDD, eich Duw chi." 8 Ond roedden nhw'n tynnu'n groes
i mi, ac yn gwrthod gwrando. Wnaethon nhw ddim cael gwared â'i heilun-dduwiau ffiaidd,
na throi cefn ar eilunod yr Aifft. Dyma fi'n bygwth tywallt fy llid arnyn nhw, a dangos faint
roeddwn i wedi gwylltio pan oedden nhw'n dal yn yr Aifft, 9 ond wnes i ddim. Doeddwn
i ddim eisiau i fy enw da gael ei sarhau gan y bobl o'u cwmpas nhw. Rôn i am ddangos sut
un oeddwn i drwy ddod â nhw allan o'r Aifft.
10 " 'A dyna wnes i. Dod â nhw allan o wlad yr Aifft, a'u harwain nhw i'r anialwch. 11 Rhois
reolau iddyn nhw, a dweud sut roeddwn i eisiau iddyn nhw fyw. Byddai'r rhai fyddai'n gwneud
y pethau yma yn cael byw go iawn. 12 Dyma fi'n rhoi 'Sabothau'[r] iddyn nhw hefyd, i'w hatgoffa
nhw o'r berthynas rhyngon ni. Rôn i eisiau iddyn nhw ddeall fy mod i, yr ARGLWYDD, wedi'u
gwneud nhw'n wahanol, yn bobl sbesial i mi.
13 " 'Ond dyma bobl Israel yn gwrthryfela yn yr anialwch. Wnaethon nhw ddim cadw fy
rheolau na byw fel rôn i eisiau. (Byddai'r rhai sy'n gwneud y pethau yna wedi cael byw go
iawn!) A dyma nhw'n diystyru'r dyddiau Saboth yn llwyr hefyd. Rôn i'n bygwth tywallt fy llid
arnyn nhw yn y fan a'r lle; eu dinistrio nhw'n llwyr yn yr anialwch! 14 Ond wnes i ddim. Doeddwn
i ddim eisiau i fy enw da gael ei sarhau gan y bobl oedd wedi fy ngweld i'n dod â nhw allan
o'r Aifft. 15 Ond dyma fi'n tyngu ar lw yn yr anialwch, a dweud na fyddwn i'n eu harwain nhw
i'r wlad oedd gen i ar eu cyfer nhw – tir lle roedd llaeth a mêl yn llifo! Y wlad harddaf o'r cwbl
i gyd! 16 Roedden nhw wedi gwrthod cadw fy rheolau, wedi gwrthod byw fel rôn i eisiau, ac wedi
diystyru'r dyddiau Saboth rois i iddyn nhw. Pam? Am fod eu calonnau'n dal i ddilyn yr eilunod!
17 Ac eto, bod yn garedig atyn nhw wnes i. Wnes i ddim eu dinistrio nhw'n llwyr yn yr anialwch.
18 " 'Dyma fi'n dweud wrth eu plant yn yr anialwch: "Peidiwch byw yr un fath â'ch rhieni.
Peidiwch dilyn eu ffyrdd nhw, a llygru eich hunain yn addoli eu heilun-dduwiau. 19 Fi ydy'r
ARGLWYDD, eich Duw chi. Dw i eisiau i chi fyw fel dw i'n dweud a chadw fy rheolau i. 20 A dw
i eisiau i chi gadw'r dyddiau Saboth yn sbesial, i'ch atgoffa chi o'r berthynas sydd rhyngon
ni. Byddwch chi'n gwybod wedyn mai fi ydy'r ARGLWYDD eich Duw chi."
21 " 'Ond dyma'r plant yn gwrthryfela yn fy erbyn i hefyd. Wnaethon nhw ddim cadw fy
rheolau na byw fel rôn i eisiau. (Byddai'r rhai sy'n gwneud y pethau yna wedi cael byw go
iawn.) A dyma nhw'n diystyru'r dyddiau Saboth yn llwyr hefyd. Rôn i'n bygwth tywallt fy
llid arnyn nhw yn y fan a'r lle, yn yr anialwch. 22 Ond dyma fi'n dal yn ôl. Doeddwn i ddim
eisiau i fy enw da gael ei sarhau gan y bobl oedd wedi fy ngweld i'n dod â nhw allan o'r Aifft.
23 Ond dyma fi'n tyngu ar lw yn yr anialwch, a dweud y byddwn i'n eu gyrru nhw ar chwâl i'r
cenhedloedd, a'u gwasgaru nhw drwy'r gwledydd i gyd. 24 Roedden nhw wedi gwrthod cadw fy

---

ph 20:1 *degfed diwrnod o'r pumed mis* Awst 14, 591 CC mae'n debyg. r 20:12 *Sabothau* h.y. dyddiau arbennig i orffwys.
20:6 Exodus 6:3-8 20:11 Lefiticus 18:5 (gw. hefyd Eseciel 20:13,21)

rheolau, wedi gwrthod byw fel roeddwn i eisiau, ac wedi diystyru'r dyddiau Saboth rois i iddyn
nhw. Pam? Am fod eu calonnau'n dal i ddilyn yr eilunod! 25 Felly dyma fi'n gadael iddyn nhw
ddilyn rheolau oedd ddim yn dda iddyn nhw a chanllawiau oedd ddim yn rhoi bywyd go iawn.
26 Dyma fi'n gadael iddyn nhw lygru eu hunain gyda'r rhoddion roedden nhw'n ei cyflwyno
i'w duwiau – roedden nhw'n llosgi eu plentyn cyntaf yn aberth! Dylen nhw fod wedi gweld
mor erchyll oedd y fath beth. Rôn i eisiau iddyn nhw wybod mai fi ydy'r ARGLWYDD.'
27 "Ddyn, dw i eisiau i ti fynd i siarad gyda phobl Israel a dweud wrthyn nhw, 'Dyma mae'r
ARGLWYDD, y Meistr, yn ei ddweud: Mae eich hynafiaid wedi dal ati i ddangos dirmyg ata
i a bod yn anffyddlon. 28 Roedden nhw wedi cael dod i'r wlad roeddwn i wedi'i haddo iddyn
nhw. Ond y funud roedden nhw'n dod ar draws bryn uchel neu goeden ddeiliog, roedden
nhw'n aberthu ac yn cyflwyno offrymau oedd yn fy nigio i. Roedden nhw'n llosgi arogldarth
i'w duwiau ac yn tywallt offrymau o ddiod iddyn nhw. 29 A dyma fi'n gofyn iddyn nhw, "Beth
ydy'r allor baganaidd yma dych chi'n heidio ati?" ' " (Dyna pam mae'r lle'n cael ei alw 'Yr
Allor'[rh] hyd heddiw.)
30 "Felly, dywed wrth bobl Israel, 'Dyma mae'r ARGLWYDD, y Meistr, yn ei ddweud: Chithau
hefyd? Ydych chi'n mynd i lygru'ch hunain fel gwnaeth eich hynafiaid? Ydych chi'n mynd
i buteinio drwy addoli eilun-dduwiau ffiaidd? 31 Bob tro dych chi'n cyflwyno rhoddion i'ch
duwiau a llosgi'ch plentyn cyntaf yn aberth, dych chi'n llygru'ch hunain. Ydw i'n mynd i adael
i chi ofyn am arweiniad gen i, bobl Israel? Mor sicr â'r ffaith mai fi ydy'r Duw byw, meddai'r
Meistr, yr ARGLWYDD, gewch chi ddim arweiniad gen i!' "

Duw yn cosbi ac yn maddau

32 " ' "Dŷn ni'n mynd i fod yr un fath â pawb arall," meddech chi. "Fel pobl y gwledydd o'n
cwmpas ni sy'n addoli duwiau o bren a charreg." Ond fydd hynny byth yn digwydd. 33 Mor
sicr â'r ffaith mai fi ydy'r Duw byw,' meddai'r Meistr, yr ARGLWYDD, 'Fi fydd yn frenin arnoch
chi, a bydda i'n tywallt fy llid, ac yn teyrnasu gyda nerth a chryfder rhyfeddol. 34 Bydda i'n
dod â chi allan o ganol y bobloedd, ac yn eich casglu chi o'r gwledydd lle dych chi wedi'ch
gwasgaru. Ie, bydda i'n tywallt fy llid gyda nerth a chryfder rhyfeddol. 35 Bydda i'n dod â chi
allan i anialwch y cenhedloedd, a bydd rhaid i chi wynebu cael eich barnu yno. 36 Yn union fel
roedd rhaid i mi farnu eich hynafiaid yn anialwch yr Aifft, bydda i'n eich barnu chi,' meddai'r
Meistr, yr ARGLWYDD. 37 'Bydda i'n edrych ar bob un ohonoch chi'n ei dro, wrth i chi basio
dan fy ffon fugail, ac yn eich dal chi at amodau'r ymrwymiad rhyngon ni. 38 Bydda i'n cael
gwared â phawb sy'n gwrthryfela a thynnu'n groes i mi. Byddan nhw yn cael dod allan o'r
wlad maen nhw ynddi ar hyn o bryd, ond gân nhw ddim mynd yn ôl i wlad Israel! Byddwch
chi'n gwybod wedyn mai fi ydy'r ARGLWYDD.
39 " 'Bobl Israel, dyma mae'r ARGLWYDD, y Meistr, yn ei ddweud wrthoch chi: "Ewch, bob un
ohonoch chi – ewch i addoli'ch eilun-dduwiau! Ond wedyn, peidiwch sarhau fy enw sanctaidd
i gyda'ch rhoddion a'ch eilunod. 40 Dim ond ar y mynydd dw i wedi'i gysegru – sef mynydd
uchel Israel – y bydd pobl Israel yn fy addoli i, ie, pawb drwy'r wlad i gyd. Bydda i'n eu derbyn
nhw yno. Dyna ble dych chi i ddod â chyflwyno rhoddion ac offrymau ac aberthau sanctaidd
i mi. 41 Pan fydda i'n dod â chi allan o ganol y bobloedd a'ch casglu chi o'r gwledydd lle dych
chi wedi'ch gwasgaru, cewch eich derbyn gen i fel arogl hyfryd eich aberthau. A bydd pobl
y gwledydd yn gweld mai fi ydy'r Duw sanctaidd sydd gyda chi. 42 Byddwch chi'n gwybod
wedyn mai fi ydy'r ARGLWYDD, pan fydda i'n gadael i chi fynd yn ôl i wlad Israel, sef y wlad
wnes i addo ei rhoi i'ch hynafiaid. 43 Byddwch chi'n edrych yn ôl ac yn gweld beth wnaethoch
chi i lygru'ch hunain. Bydd gynnoch chi gywilydd eich bod wedi gwneud pethau mor ofnadwy.
44 A byddwch chi'n deall mai fi ydy'r ARGLWYDD, am fy mod i wedi delio gyda chi mewn ffordd
oedd yn diogelu fy enw da i, a dim fel roeddech chi'n ei haeddu am fod mor ddrwg a gwneud
pethau mor ffiaidd!" ' " Dyna neges y Meistr, yr ARGLWYDD.

---

rh 20:29 *Yr Allor* Hebraeg, *Bamah* sef y gair am gysegr neu allor leol i addoli duwiau paganaidd.

Proffwydoliaeth yn erbyn y De

45Yna dyma'r ARGLWYDD yn rhoi'r neges yma i mi: 46"Ddyn, dw i eisiau i ti droi i wynebu'r de,
a pregethu yn erbyn y de drwy gyhoeddi proffwydoliaeth yn erbyn coedwig y Negef. 47Dwed
wrth goedwig y Negef, 'Gwranda ar neges yr ARGLWYDD i ti. Dyma mae'r ARGLWYDD, y Meistr, yn
ei ddweud: Dw i'n mynd i gynnau tân yn dy ganol, a bydd yn llosgi'r coed gwyrdd yn ogystal
â'r coed sydd wedi crino. Fydd y fflamau tanbaid ddim yn diffodd, a bydd y tir i gyd, o'r de
i'r gogledd, wedi'i losgi'n ddu. 48Bydd pawb yn gweld mai fi, yr ARGLWYDD ddechreuodd y tân,
ac na fydd yn diffodd.' " 49"O ARGLWYDD, fy Meistr!" meddwn i, "Mae pawb yn cwyno fod beth
dw i'n ddweud yn ddim ond darluniau diystyr!"

Babilon – Cleddyf Duw

21 Dyma'r ARGLWYDD yn rhoi'r neges yma i mi: 2"Ddyn, dw i eisiau i ti droi i wynebu
Jerwsalem, a pregethu yn erbyn ei lleoedd cysegredig hi. Proffwyda yn erbyn Israel,
3a dweud, 'Dyma mae'r ARGLWYDD yn ei ddweud: Dw i'n mynd i ddelio gyda chi! Dw i'n mynd
i dynnu fy nghleddyf o'r wain a lladd pawb, y da a'r drwg! 4Ydw, dw i'n mynd i ladd y da
a'r drwg. Bydda i'n tynnu fy nghleddyf ac yn taro pawb, o'r de i'r gogledd! 5Bydd pawb
yn deall wedyn mai fi ydy'r ARGLWYDD, ac mai fi sydd wedi tynnu'r cleddyf, a fydd e ddim yn
mynd yn ôl i'r wain!'

6"Felly griddfan di, ddyn! Griddfan yn chwerw o'u blaenau a syrthio ar lawr yn dy ddyblau
fel petaet ti mewn poen. 7Pan fyddan nhw'n gofyn i ti, 'Beth sy'n bod?' dywed wrthyn nhw,
'Mae newyddion dychrynllyd ar ei ffordd. Bydd pawb wedi dychryn am eu bywydau, a ddim
yn gwybod beth i'w wneud. Byddan nhw'n teimlo'n gwbl ddiymadferth, ac yn gwlychu eu
hunain mewn ofn.' "

8Dyma'r ARGLWYDD yn rhoi'r neges yma i mi: 9"Ddyn, proffwyda fel yma, 'Dyma mae'r
ARGLWYDD yn ei ddweud:

Cleddyf! Cleddyf! Wedi'i hogi a'i sgleinio.
10 Wedi'i hogi i ladd, ac yn fflachio fel mellten.
Pwy sy'n chwerthin nawr?
Mae teyrnwialen Jwda wedi'i gwrthod
a phob ffon debyg iddi!
11 Mae'r cleddyf wedi'i roi i'w sgleinio
a'i ddal yng nghledr y llaw.
Mae wedi'i hogi a'i lanhau
i'w roi yn llaw y lladdwr.

12" 'Gwaedda, ddyn, galara! Mae'r cleddyf yn dod i daro fy mhobl, ac arweinwyr Israel i gyd!
Bydd y galar yn llethol! 13Ydy, mae'r profi'n dod! Pa obaith sydd pan mae teyrnwialen Jwda
wedi'i gwrthod?' meddai'r ARGLWYDD.

14"Dw i eisiau i ti broffwydo, ddyn, ac ysgwyd dy ddwrn[s] arnyn nhw. Dywed, 'Bydd y cleddyf
yn taro ddwywaith ... na, tair! Cleddyf i ladd! Bydd cleddyf y lladdfa fawr yn dod o bob
cyfeiriad! 15Bydd pawb yn wan gan ddychryn a bydd llawer iawn yn baglu a syrthio.

Mae cleddyf y lladdfa fawr
yn disgwyl wrth y giatiau i gyd.
O! Mae'n fflachio fel mellten
wrth gael ei chwifio i ladd!
16 Ergyd i'r dde, a slaes i'r chwith!
Mae'n taro â'i min ble bynnag y myn.

---

s 21:14 *ysgwyd dy ddwrn* Hebraeg, "curo dy ddwylo", oedd yn arwydd eich bod wedi gwylltio.

17 Byddaf finnau'n ysgwyd fy nwrn[t]
a dangos faint dw i wedi gwylltio.
Yr ARGLWYDD ydw i,
a dw i wedi dweud beth sydd i ddod.' "

Cleddyf brenin Babilon

18Dyma'r ARGLWYDD yn rhoi'r neges yma i mi: 19"Ddyn, dw i eisiau i ti wneud map a marcio
dwy ffordd y gallai cleddyf brenin Babilon ddod. Mae'r ddwy ffordd i ddechrau o'r un lle. Yna,
ble maen nhw'n fforchio dw i eisiau i ti godi arwydd ffordd yn pwyntio at y ddinas – 20Marcia
ddwy ffordd i'r cleddyf fynd – un i Rabba, dinas pobl Ammon, a'r llall i Jerwsalem, y gaer yn
Jwda. 21 Mae brenin Babilon[th] wedi stopio lle mae'r ffordd yn fforchio, ac yn ansicr pa ffordd
i fynd. Mae'n aros i ddewino: mae'n ysgwyd saethau, yn ceisio arweiniad ei eilun-ddelwau
teuluol, ac yn archwilio iau anifeiliaid wedi'u haberthu. 22Mae'n agor ei law dde, a dyna'r
arweiniad – i droi am Jerwsalem. Rhaid paratoi hyrddod rhyfel i fwrw'r giatiau, bloeddio'r
gorchymyn i ymosod, a chodi rampiau a thyrau gwarchae. 23Bydd pobl Jerwsalem yn meddwl
ei fod wedi gwneud camgymeriad, am eu bod wedi gwneud cytundeb gyda Babilon. Ond
mae'n dangos eu bod nhw'n euog, a byddan nhw'n cael eu cymryd yn gaeth.
24"Felly, dyma mae'r ARGLWYDD, y Meistr, yn ei ddweud: 'Dych chi wedi'i gwneud hi'n gwbl
amlwg eich bod chi'n euog. Dych chi wedi troseddu, a does gynnoch chi ddim cywilydd o'ch
pechod. Mae pawb yn ei weld! Felly byddwch chi yn cael eich cymryd yn gaeth.
25" 'A tithau, Sedeceia, dywysog llwgr a drwg Israel – mae dy ddiwrnod wedi dod. Ie, dydd
barn! 26Dyma mae'r ARGLWYDD, y Meistr, yn ei ddweud: Tynna dy goron oddi ar dy ben! Mae
pethau'n mynd i newid! Codi'r rhai sy'n 'neb', a thorri crib y balch! 27Adfeilion! Adfeilion!
Bydd y lle'n adfeilion llwyr! Fydd dim yn newid nes i'r un dw i wedi rhoi iddo'r hawl i farnu
ddod. Bydda i'n ei rhoi iddo fe.' "

Taro pobl Ammon

28"Ond yna, ddyn, proffwyda fel yma, 'Dyma mae'r ARGLWYDD, y Meistr, yn ei ddweud am
gosb pobl Ammon:

Cleddyf! Cleddyf yn cael ei chwifio i ladd.
Wedi'i sgleinio i ddifa ac yn fflachio fel mellten.
29 Mae gweledigaethau dy broffwydi'n ffug,
a'r arweiniad drwy ddewino yn gelwydd!
Mae'r cleddyf ar yddfau pobl lwgr a drwg.
Ydy, mae eich diwrnod wedi dod. Ie, dydd barn!

30" 'Fydd y cleddyf ddim yn ôl yn ei wain nes i mi eich barnu chi yn y wlad lle cawsoch
eich geni. 31 Dw i'n mynd i dywallt fy llid arnoch chi, a'ch ffrwydro gyda tân fy ffyrnigrwydd.
Bydda i'n eich rhoi chi yn nwylo dynion gwyllt sy'n gwybod sut i ddinistrio. 32Byddwch yn
danwydd i'r tân. Bydd eich gwaed wedi'i dywallt ar y tir. Fydd neb yn eich cofio. Yr ARGLWYDD
ydw i, a dw i wedi dweud beth sydd i ddod!' "

Pechodau Jerwsalem

22 Dyma'r ARGLWYDD yn rhoi'r neges yma i mi: 2"Wel ddyn, wyt ti'n barod i gyhoeddi'r
farn? Wnei di farnu dinas y tywallt gwaed? Gwna iddi wynebu'r ffaith ei bod wedi
gwneud pethau hollol ffiaidd! 3Dwed wrthi, 'Dyma mae'r ARGLWYDD, y Meistr, yn ei ddweud:
O ddinas, mae cymaint o waed wedi'i dywallt ynot ti, mae dydd barn wedi dod i ti. Mae

t 21:17 *ysgwyd fy nwrn* Hebraeg, "curo fy nwylo", oedd yn arwydd eich bod wedi gwylltio. th 21:21 *brenin Babilon* Nebwchadnesar.

cymaint o eilun-dduwiau ynot ti, rwyt ti wedi llygru dy hun yn llwyr. [4]Ti'n euog o lofruddiaeth
ac addoli eilun-dduwiau. Ti wedi gwneud i dy ddiwedd ddod yn agos. Dw i'n mynd i dy wneud
di'n destun sbort i'r gwledydd o dy gwmpas. Byddi di'n jôc drwy'r byd i gyd. [5]Bydd pawb
ym mhobman yn gwneud hwyl ar dy ben. Byddi'n enwog am dy ddrygioni a dy helyntion.
[6]" ' "Mae arweinwyr Israel sy'n byw ynot ti wedi defnyddio'i hawdurdod i dywallt gwaed.
[7]Mae yna bobl ynot ti sy'n dirmygu tad a mam, yn gormesu mewnfudwyr, ac yn cam-drin plant
amddifad a gwragedd gweddwon. [8]Mae dy bobl wedi trin y pethau sanctaidd sy'n cael eu
cyflwyno i mi yn ysgafn, ac wedi diystyru'r dyddiau Saboth rois i chi! [9]Mae rhai ynot ti wedi
dweud celwydd a hel clecs am bobl ac yn gyfrifol am dywallt eu gwaed. Mae eraill yn bwyta
aberthau paganaidd ar y mynyddoedd, ac yn gwneud pethau hollol ffiaidd. [10]Mae yna rai sy'n
cael rhyw gyda gwraig eu tad, neu'n gorfodi gwragedd sy'n diodde o'r misglwyf i gael rhyw
gyda nhw. [11]Mae un yn cam-drin gwraig ei gymydog yn rhywiol; ac un arall yn gorfodi ei ferch-
yng-nghyfraith i gael rhyw, neu'n treisio ei chwaer neu ei hanner chwaer. [12]Mae yna rai sy'n
derbyn tâl i lofruddio. Dych chi'n cymryd mantais o bobl drwy godi llog uchel ar fenthyciadau,
ac yn gorfodi arian oddi ar bobl. Dych chi wedi fy anghofio i," meddai'r ARGLWYDD, y Meistr.
[13]" ' "Dw i'n ysgwyd fy nwrn[u] arnoch chi. Mae'r holl elwa anonest yma, a'r holl dywallt
gwaed yn eich plith chi yn gwneud i mi wylltio. [14]Cawn weld faint o blwc sydd gynnoch chi!
Tybed pa mor ddewr fyddwch chi pan fydda i'n delio gyda chi? Fi ydy'r ARGLWYDD, a bydd beth
dw i'n ddweud yn digwydd! [15]Bydda i'n eich gyrru chi ar chwâl drwy'r gwledydd, ac yn rhoi
stop ar y cwbl. [16]Dw i'n fodlon i'm henw da i gael ei sarhau gan y cenhedloedd o'ch achos
chi. Byddwch chi'n gwybod wedyn mai fi ydy'r ARGLWYDD." ' "

Ffwrnais yr ARGLWYDD

[17]Dyma'r ARGLWYDD yn rhoi'r neges yma i mi: [18]"Ddyn, mae pobl Israel fel yr amhuredd sydd
ar ôl pan mae metel yn cael ei goethi mewn ffwrnais! Maen nhw fel y slag diwerth sy'n cael
ei adael pan mae copr, tin, haearn a phlwm yn cael ei goethi. [19]Felly, dyma mae'r ARGLWYDD,
y Meistr, yn ei ddweud: 'Am eich bod chi'n ddim byd ond amhuredd dw i'n mynd i'ch casglu
chi at eich gilydd i ganol Jerwsalem. [20]Dw i'n ddig, a dw i'n mynd i'ch casglu chi yno a'ch
toddi chi, yn union fel mae arian, copr, haearn, plwm a tin yn cael eu rhoi mewn ffwrnais i'w
toddi yn y tân. [21]Dw i'n mynd i'ch casglu chi yno, a'ch toddi chi gyda tân fy ffyrnigrwydd!
[22]Byddwch chi'n cael eich toddi fel arian mewn ffwrnais. Byddwch chi'n sylweddoli fy mod
i, yr ARGLWYDD, wedi tywallt fy llid ffyrnig arnoch chi!' "

Pechodau arweinwyr Israel

[23]Dyma'r ARGLWYDD yn rhoi'r neges yma i mi: [24]"Ddyn, dywed wrth Jerwsalem, 'Pan fydda
i'n dangos fy llid fydd dim glaw na hyd yn oed cawod ysgafn yn disgyn ar dy dir.' [25]Mae ei
harweinwyr yn cynllwynio fel llewod sy'n rhuo wrth rwygo'r ysglyfaeth. Maen nhw'n dwyn
arian a phopeth gwerthfawr oddi ar bobl, ac yn gadael llawer o wragedd yn weddwon. [26]Mae'r
offeiriaid yn torri fy nghyfraith ac yn halogi'r pethau sanctaidd sy'n cael eu cyflwyno i mi.
Dŷn nhw ddim yn gwahaniaethu rhwng y cysegredig a'r cyffredin, na rhwng y glân a'r aflan.
Maen nhw'n diystyru'r Sabothau rois i iddyn nhw. Maen nhw'n pardduo fy enw i! [27]Mae
ei swyddogion fel bleiddiaid yn rheibio – yn tywallt gwaed a dinistrio bywydau – er mwyn
elw anonest. [28]Mae ei phroffwydi yn honni eu bod wedi cael gweledigaeth neu neges gan
Dduw pan nad ydyn nhw go iawn. 'Dyma mae'r ARGLWYDD, y Meistr, yn ei ddweud,' medden
nhw. Ond dydy'r ARGLWYDD ddim wedi dweud y fath beth! Maen nhw'n meddwl fod peintio
drosti yn mynd i wneud wal simsan yn saff! [29]Mae pobl y wlad wedi bod yn gorthrymu'r bobl
dlawd sydd mewn angen, a dwyn oddi arnyn nhw. Maen nhw wedi gormesu mewnfudwyr
a'u trin nhw'n gwbl annheg.

---

u 22:13 *ysgwyd fy nwrn* Hebraeg, "curo fy nwylo", oedd yn arwydd eich bod wedi gwylltio.
22:9 Lefiticus 19:16 22:12 Deuteronomium 27:25 22:18 Eseia 1:22 22:28 Eseciel 13:10-15

30“Dyma fi'n edrych i weld os oedd rhywun fyddai'n trwsio'r wal ac yn sefyll yn y bwlch, fel
bod dim rhaid i mi ddinistrio'r ddinas. Ond doedd neb. 31 Felly dw i wedi tywallt fy llid arnyn
nhw, a'u dinistrio nhw gyda tân fy ffyrnigrwydd. Dw i'n talu'n ôl iddyn nhw am beth maen
nhw wedi'i wneud.” Dyma mae'r ARGLWYDD, y Meistr, yn ei ddweud.

Dwy chwaer anffyddlon

23 Dyma'r ARGLWYDD yn rhoi'r neges yma i mi: 2“Ddyn, roedd yna ddwy wraig oedd yn
ferched i'r un fam. 3 Pan oedden nhw'n ifanc iawn dyma nhw'n dechrau actio fel
puteiniaid yn yr Aifft. Roedden nhw'n gadael i ddynion afael yn eu bronnau ac anwesu eu
cyrff. 4 Enw'r chwaer hynaf oedd Ohola, ac enw'r ifancaf oedd Oholiba. Rôn i wedi'u priodi
nhw, a dyma nhw'n cael plant i mi. (Samaria ydy Ohola, a Jerwsalem ydy Oholiba.)
5“Roedd Ohola yn actio fel putain pan oedd hi hefo fi, ac yn ysu am gael rhyw
gyda'i chariadon – swyddogion milwrol Asyria 6 yn eu lifrai porffor, capteiniaid a swyddogion
eraill; dynion golygus i gyd, yn farchogion yn y cafalri. 7 Roedd hi'n rhoi ei hun iddyn nhw –
dynion ifanc gorau Asyria i gyd. Roedd hi'n halogi ei hun yn addoli eu heilun-dduwiau nhw
ac yn rhoi ei hun iddyn nhw. 8 Roedd hi'n dal ati i buteinio fel roedd hi'n gwneud pan yn ferch
ifanc yn yr Aifft, yn gadael i ddynion gael rhyw gyda hi, anwesu ei bronnau, a gwneud beth
bynnag roedden nhw eisiau. 9 Felly dyma fi'n gadael i'w chariadon, yr Asyriaid, ei chael hi –
dyna oedd hi eisiau. 10 Dyma nhw'n rhwygo'i dillad oddi arni, cymryd ei meibion a'i merched
yn gaethion ac yna ei lladd hi. Roedd ei henw'n warth. Roedd y merched i gyd yn meddwl ei
bod hi wedi cael beth roedd yn ei haeddu.
11“Er fod Oholiba, ei chwaer, wedi gweld hyn i gyd, dyma hi'n ymddwyn yn waeth fyth! Roedd
hi'n hollol wyllt – fel hwren hollol lac ei moesau! 12 Roedd hi'n ysu am gael rhyw gyda'r Asyriaid;
swyddogion a chapteiniaid, milwyr yn eu lifrai gwych, a marchogion yn y cafalri – dynion ifanc
golygus i gyd. 13 Rôn i'n gweld ei bod wedi halogi ei hun, a mynd yr un ffordd â'i chwaer.
14“Ond aeth hi ymlaen i wneud pethau llawer gwaeth na'i chwaer! Dyma hi'n gweld lluniau
o ddynion Babilon wedi'u cerfio'n goch llachar ar waliau. 15 Roedd pob un gyda sash am ei
ganol, a thwrban hardd ar ei ben. Roedden nhw'n edrych fel swyddogion milwrol; dynion
Babilon, o'r wlad oedd yn cael ei galw yn Caldea.[w] 16 Pan welodd hi'r lluniau roedd hi'n ysu
i'w cael nhw, a dyma hi'n anfon gwahoddiad iddyn nhw ddod ati. 17 Felly dyma'r Babiloniaid
yn dod ac yn neidio i'r gwely gyda hi. Dyma nhw'n ei halogi a'i threisio hi, nes iddi hi wedyn
droi yn eu herbyn nhw am beidio dangos parch ati.
18“A dyna sut wnes i ymateb iddi hi, am orwedd yn ôl a chynnig ei hun iddyn nhw mor
agored! Rôn i wedi ymateb yr un fath i'w chwaer. 19 Ond doedd hi'n poeni dim! Aeth o ddrwg
i waeth! Roedd hi'n dal i actio fel y butain yn yr Aifft pan oedd hi'n eneth ifanc! 20 Roedd
ganddi hiraeth am ei chariadon Eifftaidd oedd â pidynnau fel asynnod, ac yn bwrw had fel
stalwyni. 21 Dyna sut roedd hi'n cofio'i hymddygiad yn eneth ifanc, gyda dynion yr Aifft yn
anwesu ei chorff ac yn gafael yn ei bronnau.
22“Felly, Oholiba,[y] dyma mae'r ARGLWYDD, y Meistr, yn ei ddweud: Dw i'n mynd i wneud i'r
cariadon[a] wnest ti droi yn eu herbyn nhw godi yn dy erbyn di. Byddan nhw'n ymosod arnat ti
o bob cyfeiriad – 23 y Babiloniaid a phobl Caldea i gyd, llwythau Pecod, Shoa a Coa, a'r Asyriaid
i gyd. Dynion ifanc golygus, yn swyddogion a chapteiniaid, cadfridogion ac arwyr milwrol –
i gyd yn y cafalri. 24 Byddan nhw'n ymosod arnat ti gyda'i cerbydau, wagenni, a byddin enfawr.
Byddan nhw'n trefnu'u hunain yn rhengoedd o dy gwmpas di, gyda'u tarianau bach a mawr, ac
yn gwisgo'u helmedau. Bydda i'n gadael iddyn nhw ddelio gyda ti yn ôl eu harferion eu hunain.
25“Dw i wedi cynhyrfu, a dw i'n mynd i ddangos i ti mor wyllt ydw i! Bydd y fyddin sy'n
ymosod arnat ti yn dy drin di'n gwbl farbaraidd! Byddan nhw'n torri trwynau a chlustiau

w 23:15,23 *Caldea* Hen enw ar ddeheudir gwlad Babilon. y 23:22 *Oholiba* sef, Jerwsalem (gw. adnod 4).
a 23:22 *cariadon* Mae'r gair Hebraeg yn air am feistres neu bartner cyfreithlon oedd ddim yn wraig i ddyn yn
ystyr lawnaf y gair.
23:0 gw. Jeremeia 3:6-11

pobl i ffwrdd, ac yn lladd pawb yn gwbl ddidrugaredd. Byddan nhw'n cymryd dy blant yn
gaethion, a bydd pawb sydd ar ôl yn cael eu llosgi'n fyw. 26 Byddan nhw'n tynnu dillad pobl
oddi arnyn nhw, ac yn dwyn eu tlysau hardd. 27 Dw i'n mynd i roi stop ar dy ymddygiad
anweddus di, a'r holl buteinio ddechreuodd yn yr Aifft! Fyddi di ddim yn edrych yn ôl yn
hiraethus ar y dyddiau yna byth eto!

28 "Dyma mae'r Arglwydd, y Meistr, yn ei ddweud: Ydw, dw i'n mynd i dy roi di yn nwylo'r
bobl hynny rwyt ti'n eu casáu, sef y cariadon hynny wnest ti droi cefn arnyn nhw. 29 Byddan
nhw'n gas atat ti, yn cymryd popeth wyt ti wedi gweithio amdano ac yn dy adael di'n noeth.
Bydd pawb yn dy weld di'n noeth, fel pan oeddet ti'n byw'n anweddus ac yn puteinio. 30 Bydd
hyn i gyd yn digwydd am dy fod ti wedi puteino gyda gwledydd paganaidd a llygru dy hun
yn addoli eu heilun-dduwiau nhw. 31 Ti wedi mynd yr un ffordd â dy chwaer, a bydd cwpan
y farn yfodd hi ohono yn cael ei basio ymlaen i ti.

32 "Dyma mae'r Arglwydd, y Meistr, yn ei ddweud:

Byddi'n yfed o gwpan dy chwaer –
cwpan fawr, ddofn, yn llawn i'r ymylon
(a bydd pawb yn gwneud hwyl ar dy ben).
33 Byddi'n hollol feddw ac yn y felan:
Mae cwpan dy chwaer, Samaria,
yn gwpan dychryn a dinistr.
34 Byddi'n yfed pob diferyn
yna'i malu'n ddarnau a rhwygo dy fronnau.

Fi ydy'r Arglwydd, y Meistr, a dw i wedi dweud beth sydd i ddod.

35 "Dyma mae'r Arglwydd, y Meistr, yn ei ddweud: Am dy fod ti wedi anghofio amdana
i, a throi dy gefn yn llwyr arna i, bydd rhaid i ti wynebu canlyniadau'r ymddygiad anweddus
a'r puteinio."

36 A dyma'r Arglwydd yn dweud wrtho i, "Ddyn, Wyt ti'n barod i gyhoeddi'r farn ar Ohola
ac Oholiba?[b] Dwed wrthyn nhw mor ffiaidd maen nhw wedi bod! 37 Maen nhw wedi godinebu
a thywallt gwaed. Maen nhw wedi godinebu drwy addoli eilun-dduwiau, a thywallt gwaed eu
plant drwy eu llosgi'n aberth. 38 Ar ben y cwbl maen nhw wedi halogi'r cysegr a diystyru'r
dyddiau Saboth rois i iddyn nhw. 39 Yr un diwrnod ac roedden nhw'n lladd eu meibion i'r
eilun-dduwiau, roedden nhw'n dod i mewn i'r deml i addoli! Halogi'r cysegr, fy nhŷ i!

40 "Ac wedyn roedden nhw'n anfon negeswyr i wlad bell i ofyn am help. A beth wnest ti
pan wnaeth y rheiny gyrraedd? Cael bath, rhoi colur ar dy lygaid, a gwisgo dy dlysau. 41 Wedyn
gorwedd yn ôl ar soffa grand, a bwrdd llawn o'i blaen gydag arogldarth ac olew arno – fy
rhai i! 42 Roedd sŵn tyrfa o bobl yn diota a chael amser da gyda ti – dynion o bobman, hyd
yn oed Sabeaid o'r anialwch. Roedden nhw'n rhoi breichledau i'r chwiorydd, a tiaras hardd
i'w gwisgo ar eu pennau.

43 "A dyma fi'n dweud, 'Os ydyn nhw wir eisiau putain fel hon sydd wedi hen ddarfod
amdani, cân nhw gario ymlaen!' 44 A dyna ddigwyddodd. Dyma nhw'n mynd at y ddwy, Ohola
ac Oholiba, i gael rhyw. Merched hollol wyllt ac anfoesol! 45 Ond bydd dynion cyfiawn yn eu
barnu nhw, a rhoi'r gosb maen nhw'n ei haeddu am odinebu a thywallt gwaed. Dyna'n hollol
maen nhw'n euog o'i wneud.

46 "Felly, dyma mae'r Arglwydd, y Meistr, yn ei ddweud:

Dewch â byddin yn eu herbyn i greu dychryn
ac i ddwyn oddi arnyn nhw!
47 Bydd y fyddin yn eu lladd drwy daflu cerrig,
a'u taro i lawr gyda chleddyfau.
Bydd yn lladd eu plant ac yn llosgi eu tai!

b 23:36 *Ohola ac Oholiba* sef, Samaria a Jerwsalem (gw. adnod 4).

48Dw i'n mynd i roi stop ar yr holl ymddygiad anweddus yma, er mwyn i wragedd eraill ddysgu gwers a pheidio gwneud yr un peth. 49Byddan nhw'n talu'n ôl i ti am y ffordd rwyt ti wedi ymddwyn. Byddi'n cael dy gosbi am bechu gyda dy eilun-dduwiau. A byddi'n deall wedyn mai fi ydy'r Meistr, yr ARGLWYDD."

Y Crochan – Diwedd Jerwsalem

24 Roedd hi'r nawfed flwyddyn ar ôl i ni gael ein cymryd yn gaeth i Babilon, ar y degfed
diwrnod o'r degfed mis.[c] A dyma fi'n cael y neges yma gan yr ARGLWYDD: 2"Ddyn,
dw i eisiau i ti ysgrifennu dyddiad heddiw i lawr. Heddiw ydy'r union ddiwrnod mae brenin
Babilon wedi dechrau ymosod ar Jerwsalem. 3Rhanna'r darlun yma gyda rebeliaid anufudd
Israel: 'Dyma mae'r ARGLWYDD, y Meistr, yn ei ddweud:

Rho'r crochan ar y tân a'i lenwi â dŵr.
4 Rho ddarnau o gig ynddo,
y darnau gorau – y goes a'r ysgwydd.
Ei lenwi gyda'r esgyrn da
5 o'r anifeiliaid gorau.
Rho bentwr o goed tân oddi tano,
a berwi'r cig a'i goginio
a'r esgyrn yn dal ynddo.

6" 'Felly, dyma mae'r ARGLWYDD, y Meistr, yn ei ddweud:

Gwae ddinas y tywallt gwaed –
y crochan sy'n llawn budreddi;
budreddi sy'n dal ynddo!
Tynnwch y darnau allan bob yn un –
sdim ots am y drefn.
7 Mae'r gwaed dywalltwyd yn dal ynddi.
Cafodd ei dywallt ar garreg i bawb ei weld,
yn lle ei dywallt ar lawr i'r pridd ei lyncu.
8 Felly dw i'n mynd i dywallt ei gwaed hi
ar garreg agored, er mwyn i bawb weld
faint dw i wedi digio, ac mai fi sy'n dial arni!

9" 'Felly dyma mae'r ARGLWYDD, y Meistr, yn ei ddweud:

Gwae ddinas y tywallt gwaed!
Dw i'n mynd i gasglu pentwr o goed;
10 digon o goed i wneud tanllwyth o dân!
Coginio'r cig yn dda gyda digon o sbeisys.
Wedyn gwagio'r crochan a llosgi'r esgyrn.
11 Yna rhoi'r crochan gwag yn ôl ar y tân golosg,
a'i boethi nes bydd y copr yn gloywi,
a'r amhuredd o'i fewn yn toddi
a'r budreddi yn cael ei losgi.
12 Ond mae'r holl ymdrech i ddim pwrpas –
mae'r budreddi yn dal yna! Rhaid ei losgi!

13" 'Yr amhuredd ydy dy ymddygiad anweddus di. Dw i wedi ceisio dy lanhau di, ond i ddim
pwrpas. Fyddi di ddim yn lân eto nes bydda i wedi tywallt fy llid i gyd arnat ti. 14Yr ARGLWYDD
ydw i, a dw i wedi dweud beth sydd i ddod! Mae'r amser wedi dod i mi wneud rhywbeth!

c 24:1 *degfed diwrnod o'r degfed mis* Ionawr 15, 588 CC mae'n debyg.

Does dim troi'n ôl. Fydda i'n dangos dim piti, nac yn teimlo'n sori am y peth. Dw i'n mynd
i dy gosbi di am y cwbl rwyt ti wedi'i wneud, meddai'r ARGLWYDD, y Meistr.' "

Gwraig Eseciel yn marw

15Dyma'r ARGLWYDD yn rhoi'r neges yma i mi: 16"Ddyn, dw i'n gwybod fod hyn yn
mynd i fod yn ergyd galed, ond dw i'n mynd i gymryd y wraig wyt ti wedi gwirioni arni
oddi arnat ti. Ond paid galaru amdani. Paid wylo. Paid colli dagrau. 17Byddi'n drist, ond
cadwa'r peth i ti dy hun. Paid galaru'n gyhoeddus. Rho dwrban ar dy ben a sandalau
ar dy draed. Paid cuddio hanner isaf dy wyneb, na derbyn bwyd gan bobl sy'n dod atat
ti i gydymdeimlo."[ch]

18Y noson honno buodd fy ngwraig farw. Ond y bore wedyn dyma fi'n gwneud beth
ddywedwyd wrtho i, a mynd allan i bregethu. 19A dyma'r bobl yn gofyn i mi, "Beth ydy
ystyr hyn? Pam wyt fel yma?" 20A dyma fi'n dweud wrthyn nhw fod yr ARGLWYDD wedi rhoi'r
neges yma i mi: 21"Dwed wrth bobl Israel, 'Dyma mae'r ARGLWYDD, y Meistr, yn ei ddweud:
Dw i'n mynd i ddinistrio'r deml – ie, y deml sy'n gwneud i chi deimlo mor siŵr ohonoch
chi'ch hunain, yr un dych chi wedi gwirioni'n lân arni. Bydd y plant gafodd eu gadael ar
ôl yn Jwda yn cael eu lladd. 22Rhaid i chi wneud yr un fath â fi. Peidio cuddio hanner isaf
yr wyneb na derbyn bwyd gan bobl sydd eisiau cydymdeimlo. 23Gwisgo twrban ar eich
pennau a sandalau ar eich traed. Peidio galaru na wylo. Ond byddwch chi'n gwywo o'ch
mewn, o achos yr holl ddrwg dych chi wedi'i wneud. 24Dw i'n defnyddio Eseciel fel darlun
i ddysgu gwers i chi. Rhaid i chi wneud yr un fath. Byddwch chi'n gwybod wedyn mai fi
ydy'r Meistr, yr ARGLWYDD.'

25"A ti, ddyn, dyma fydd yn digwydd i ti ar y diwrnod y bydda i'n cymryd y ddinas sy'n eu
gwneud nhw mor hapus oddi arnyn nhw, a'r deml maen nhw a'u plant wedi gwirioni'n lân
arni: 26Ar y diwrnod hwnnw bydd ffoadur fydd wedi llwyddo i ddianc yn dod atat ti i ddweud
beth ddigwyddodd. 27A byddi di'n cael siarad yn rhydd eto. Byddi'n siarad â'r un wnaeth
ddianc, a ddim yn gorfod cadw'n dawel ddim mwy. Dw i'n dy ddefnyddio di fel darlun i ddysgu
gwers i bobl Israel, iddyn nhw ddeall mai fi ydy'r ARGLWYDD."

Negeseuon am y gwledydd[d]

Ammon

25 Dyma'r ARGLWYDD yn rhoi'r neges yma i mi: 2"Ddyn, dw i eisiau i ti droi i wynebu gwlad
Ammon a proffwydo yn eu herbyn nhw. 3Dwed wrth bobl Ammon, 'Gwrandwch ar
neges y Meistr, yr ARGLWYDD, i chi. Dyma mae'r ARGLWYDD, y Meistr, yn ei ddweud: "Ha, ha!"
meddech chi. Roeddech chi'n chwerthin pan gafodd y deml ei dinistrio, gwlad Israel ei gadael
yn anial, a phobl Jwda eu caethgludo. 4Ond gwyliwch chi'ch hunain! Dw i'n mynd i'ch gwneud
chi'n gaethweision i bobl y dwyrain. Maen nhw'n dod i godi eu pebyll a symud i fyw yn eich
plith chi. Byddan nhw'n cymryd eich ffrwythau chi ac yn yfed llaeth eich preiddiau chi. 5Bydda
i'n gwneud Rabba yn dir comin i gamelod bori arno ac Ammon yn gorlan i ddefaid. Byddwch
chi'n gwybod wedyn mai fi ydy'r ARGLWYDD.

6"Dyma mae'r ARGLWYDD, y Meistr, yn ei ddweud: 'Am eich bod chi wedi ysgwyd dwrn[dd]
a stampio'ch traed ar Israel, a dathlu a gweiddi hwrê yn sbeitlyd pan gafodd y wlad ei dinistrio,
7dw i'n mynd i'ch taro chi'n galed! Dw i'n mynd i adael i'r cenhedloedd eich cymryd chi.
Byddwch chi'n peidio bod yn genedl. Dw i'n mynd i'ch dinistrio chi'n llwyr. A byddwch chi'n
deall wedyn mai fi ydy'r ARGLWYDD!' "

---

ch 24:17 *cuddio ... i gydymdeimlo* Arwyddion fod rhywun yn galaru. d 25:0 Mae proffwydi eraill yn rhoi negeseuon tebyg am y gwledydd o gwmpas Israel – gw. Amos 1-2; Eseia 13-23; Jeremeia 46-51. Mae'n ein hatgoffa mai Duw ydy'r unig wir Dduw, a'i fod yn teyrnasu dros y gwledydd i gyd. dd 25:6 *ysgwyd dwrn* Hebraeg, "curo dwylo", oedd yn arwydd eich bod wedi gwylltio.

24:25-27 gw. Eseciel 33:21-22

Moab a Seir

8"Dyma mae'r Arglwydd, y Meistr, yn ei ddweud: 'Mae Moab a Seir yn honni fod pobl Jwda
ddim gwahanol i neb arall! 9Felly dyma dw i'n mynd i'w wneud iddyn nhw: dw i'n mynd
i agor ffin ddwyreiniol Moab a dinistrio'r trefi hyfryd sydd yno – Beth-ieshimoth, Baal-meon
a Ciriathaim. 10Dw i'n mynd i roi eich tir a'ch pobl yn nwylo'r llwythau o'r dwyrain. Bydd
Ammon yn peidio bod yn genedl. 11A dw i'n mynd i farnu Moab hefyd. Byddan nhw'n deall
wedyn mai fi ydy'r Arglwydd!' "

Edom

12"Dyma mae'r Arglwydd, y Meistr, yn ei ddweud: 'Mae pobl Edom yn euog. Am eu bod
wedi dal ati i ddial mor gas ar Jwda, maen nhw'n euog.' 13Ie, dyma mae'r Arglwydd, y Meistr,
yn ei ddweud: 'Dw i'n mynd i daro Edom yn galed, a lladd pawb sy'n byw yno, pobl ac
anifeiliaid. Bydd y wlad yn anialwch diffaith. Bydd pawb yn cael eu lladd yn y rhyfel, yr holl
ffordd o Teman[e] i Dedan yn y de. 14Bydda i'n defnyddio fy mhobl Israel i ddial ar Edom. Bydd
y ffordd fyddan nhw'n delio gydag Edom yn dangos faint dw i wedi gwylltio, a bydd pobl
Edom yn gwybod mai fi sy'n dial arnyn nhw, meddai'r Meistr, yr Arglwydd.' "

Philistia

15"Dyma mae'r Arglwydd, y Meistr, yn ei ddweud: 'Mae'r Philistiaid wedi bod yn gwbl
farbaraidd tuag at Jwda. Maen nhw wedi bod mor sbeitlyd tuag at Jwda, a bob amser wedi
bod eisiau'i dinistrio hi. 16Felly, dyma mae'r Arglwydd, y Meistr, yn ei ddweud: Gwyliwch chi!
Dw i'n mynd i daro'r Philistiaid yn galed. Dw i'n mynd i ladd y Cerethiaid[f] a dinistrio pawb
fydd ar ôl ar yr arfordir. 17Dw i'n mynd i ddial arnyn nhw a'u cosbi nhw'n wyllt. A phan fydda
i'n dial, byddan nhw'n deall wedyn mai fi ydy'r Arglwydd!' "

Tyrus[ff]

26 Roedd hi un deg un mlynedd ar ôl i ni gael ein cymryd yn gaeth i Babilon, ar ddiwrnod
cynta'r flwyddyn,[g] a dyma fi'n cael neges gan yr Arglwydd: 2"Ddyn, dyma mae Tyrus
wedi bod yn ei ddweud am Jerwsalem:

> 'Hwrê! Mae'r giât i'r ddinas fasnach ryngwladol
> wedi'i dryllio!
> Bydda i'n cael ei busnes!
> Dw i'n mynd i fod yn gyfoethog!
> Ydy, mae hi wedi'i dinistrio.'

3"Felly, dyma mae'r Arglwydd, y Meistr, yn ei ddweud: 'Gwyliwch eich hunain! Dw i'n mynd
i ddelio gyda chi! O, Tyrus! Mae byddinoedd y gwledydd yn dod yn dy erbyn di fel tonnau
gwyllt y môr. 4Byddan nhw'n dinistrio dy waliau ac yn bwrw'r tyrau amddiffynnol i lawr.'
Bydda i'n clirio'r rwbel oddi arni ac yn gadael dim ar ôl ond craig noeth. 5Bydd fel ynys yng
nghanol y môr, yn dda i ddim ond i daenu rhwydau pysgota. Fi ydy'r Arglwydd, y Meistr, a dw
i wedi dweud beth sydd i ddod. Bydd byddinoedd o wledydd eraill yn concro Tyrus, 6a bydd
y pentrefi yn yr ardal o'i chwmpas yn cael eu dinistrio yn y rhyfel. Byddan nhw'n deall wedyn
mai fi ydy'r Arglwydd.

7"Ie, dyma mae'r Arglwydd, y Meistr, yn ei ddweud: 'Gwyliwch chi! Dw i'n dod â'r brenin
Nebwchadnesar, yr un sy'n frenin ar frenhinoedd, i lawr o Babilon yn y gogledd, a bydd yn
ymosod ar Tyrus. Bydd ganddo geffylau, cerbydau rhyfel, marchogion a byddin enfawr. 8Bydd
yn dinistrio'r pentrefi gwledig o dy gwmpas di. Wedyn bydd yn codi tyrau gwarchae a rampiau

---

e 25:13 *Teman* Tref bwysig yng ngogledd Edom, wedi'i henwi ar ôl ŵyr i Esau – gw. Genesis 36:10-11.
f 25:16 Enw arall ar y Philistiaid, oedd wedi dod o Creta yn wreiddiol. ff 26:0 *Tyrus* Dinas borthladd enwog ar lan Môr y Canoldir, ryw 100 milltir i'r gogledd o Jerwsalem. Roedd wedi'i hadeiladu'n rhannol ar ynys.
g 26:1 *diwrnod cyntaf y flwyddyn* Ebrill 23, 587 CC mae'n debyg.

i ymosod arnat ti. Bydd llu o filwyr gyda'u tarianau yn dod yn dy erbyn di! 9 Bydd yn bwrw
dy waliau gyda'i hyrddod rhyfel ac yn chwalu dy dyrau amddiffynnol gyda'i arfau haearn.
10 Bydd y llwch fydd yn cael ei godi gan yr holl geffylau rhyfel yn dy orchuddio di! Bydd sŵn
y cafalri a'r holl wagenni a cherbydau rhyfel yn ddigon i ysgwyd dy waliau di. Bydd e'n dod
i mewn drwy dy giatiau yn fuddugoliaethus ar ôl i'w fyddin dorri drwy'r waliau. 11 Bydd
carnau'r ceffylau yn sathru dy strydoedd. Bydd dy bobl yn cael eu lladd â'r cleddyf, a bydd
dy golofnau enwog yn cael eu bwrw i lawr. 12 Byddan nhw'n dwyn dy gyfoeth a dy eiddo
i gyd. Byddan nhw'n bwrw dy waliau i lawr ac yn dinistrio dy dai gwych. Bydd y cerrig a'r
coed a'r rwbel i gyd yn cael ei daflu i'r môr. 13 Bydda i'n rhoi taw ar dy ganeuon di, a fydd
neb yn clywed sŵn dy delynau byth eto. 14 Fydd dim ar ôl ond craig noeth. Fyddi di'n ddim
byd ond lle i daenu rhwydau pysgota. Gei di byth dy adeiladu eto. Yr ARGLWYDD ydw i, a dw
i wedi dweud beth sydd i ddod!'

15 "Dyma mae'r ARGLWYDD, y Meistr, yn ei ddweud wrth Tyrus: 'Bydd yr arfordir cyfan yn
crynu pan fyddi di'n syrthio, a sŵn dy bobl wedi'u hanafu yn griddfan wedi'r lladdfa. 16 Bydd
llywodraethwyr yr arfordir i gyd yn camu i lawr o'u gorseddau. Byddan nhw'n tynnu eu
clogynnau brenhinol a'u dillad hardd. Dychryn fydd yr unig wisg amdanyn nhw. Byddan
nhw'n eistedd ar lawr yn crynu drwyddynt o achos beth fydd wedi digwydd i ti. 17 Byddan
nhw'n canu'r gân yma o alar ar dy ôl:

O ddinas enwog ar y môr,
 rwyt wedi dy ddinistrio!
Ti oedd yn rheoli'r tonnau,
 gyda dy bobl yn codi dychryn
 ar y ddynoliaeth gyfan.
18 Ond bellach mae'r arfordir yn crynu
 ar ddydd dy gwymp.
Mae'r ynysoedd i gyd mewn sioc
 am dy fod wedi mynd.'

19 "Dyma mae'r ARGLWYDD, y Meistr, yn ei ddweud: 'Bydda i'n dy wneud di yn anialwch
diffaith, fel trefi sy'n adfeilion gyda neb yn byw ynddyn nhw. Bydd fel tswnami, a thithau'n
cael dy foddi dan donnau gwyllt y môr. 20 Byddi'n cael dy hun yn y Pwll – pwll marwolaeth;
yn gorwedd yno gyda phobl sydd wedi marw ers talwm. Byddi'n adfeilion wedi dy gladdu yn
nyfnder y ddaear. Fydd neb yn byw ynot ti, a fyddi di byth eto'n cael dy barchu ar dir y byw.
21 Bydd dy ddiwedd yn erchyll. Fydd dim sôn amdanat ti o hynny ymlaen. Bydd pobl yn chwilio
amdanat ond yn methu dod o hyd i ti.' " Dyna neges y Meistr, yr ARGLWYDD.

Cân i alaru am Tyrus

27 Dyma'r ARGLWYDD yn rhoi'r neges yma i mi: 2 "Ddyn, dw i eisiau i ti ganu cân i alaru
ar ôl Tyrus. 3 Dwed wrth Tyrus, sy'n eistedd wrth borthladdoedd, ac yn ganolfan
fasnachol bwysig i weddill y byd: 'Dyma mae'r ARGLWYDD, y Meistr, yn ei ddweud:

O Tyrus, rwyt yn brolio mai ti
 ydy harddwch yn ei berffeithrwydd.
4 Gyda dy ffiniau yng nghanol y moroedd,
 cest dy lunio fel y llong berffaith –
5 dy fyrddau o goed pinwydd Senir
 a dy fast o goed cedrwydd Libanus.
6 Dy rwyfau o goed derw Bashan,
 a dy gorff yn bren cypres, o dde Cyprus,
 wedi'i addurno ag ifori.

7 Dy hwyl o liain main gorau'r Aifft
wedi'i brodio'n batrymau,
ac yn faner i bawb dy nabod.
Y llen dros y dec yn borffor a phiws;
defnydd o lannau Elisha.

8 Arweinwyr Sidon ac Arfad oedd dy rwyfwyr,
a dynion medrus Tyrus wrth yr helm yn forwyr.
9 Roedd arweinwyr Gebal ar dy fwrdd
yn trwsio unrhyw niwed.

Roedd y llongau i gyd a'u criwiau
yn galw yn dy borthladdoedd
i gyfnewid nwyddau.
10 Roedd dynion o wledydd pell
– Persia, Lydia a Libia – yn filwyr yn dy fyddin.
Yn hongian tarian a helmed ar dy waliau;
ac yn rhoi i ti enw gwych.

11 " 'Roedd dynion Arfad a Helech yn gwarchod dy waliau, a dynion Gammad ar y tyrau
amddiffynnol. Roedden nhw'n hongian eu cewyll saethau ar dy waliau, a gwneud dy harddwch
yn berffaith. 12 Roeddet ti'n masnachu gyda Tarshish[ng] bell, ac yn cyfnewid arian, haearn,
tin a phlwm am dy nwyddau. 13 Roedd Iafan, Twbal a Meshech yn cyfnewid caethweision
a nwyddau pres. 14 Beth-togarma yn cyfnewid ceffylau, meirch a mulod. 15 Roeddet ti'n
masnachu gyda phobl Rhodos, a llawer o ynysoedd eraill. Roedden nhw'n talu gydag ifori
a choed eboni. 16 Roedd Edom[h] yn delio gyda ti am dy fod yn gwerthu cymaint o bethau
gwahanol. Roedden nhw'n talu gyda meini gwerthfawr, defnydd porffor, defnydd wedi'i frodio,
lliain main drud, cwrel, a rhuddem. 17 A Jwda a gwlad Israel hefyd, yn cyfnewid gwenith
o Minnith, ffigys, mêl, olew olewydd a balm. 18 Roedd Damascus yn delio gyda ti am fod gen
ti gymaint o nwyddau ac am dy fod ti mor gyfoethog. Roedden nhw'n dod â gwin o Chelbon,
gwlân o Sachar, 19 a chasgenni o win o Isal. Haearn bwrw, powdr casia a sbeisiau persawrus
hefyd. 20 Roedd Dedan yn cynnig eu carthenni cyfrwy. 21 Arabia a shîcs Cedar yn gwerthu ŵyn,
hyrddod a geifr. 22 Masnachwyr Sheba a Raama yn cynnig eu perlysiau gorau, meini gwerthfawr
o bob math ac aur. 23 Roedd Haran, Canne ac Eden, a masnachwyr Sheba, Ashŵr a Cilmad
yn gwsmeriaid i ti hefyd, 24 yn cynnig dillad costus, defnydd porffor, brodwaith a charpedi
amryliw wedi'u clymu a'u plethu'n dynn. 25 Roedd llongau masnach mawr[i] yn cludo dy
nwyddau ar draws y moroedd.

Roeddet fel llong wedi'i llwytho'n llawn,
yng nghanol y moroedd.
26 Ond aeth dy rwyfwyr â ti
i ganol storm ar y môr mawr!
Daeth gwynt y dwyrain i dy ddryllio
yng nghanol y moroedd.

27 " 'Mae diwrnod dy ddryllio'n dod, a byddi'n suddo yng nghanol y môr, gyda dy gyfoeth i gyd, dy nwyddau, dy fasnach, dy forwyr, dy rwyfwyr, dy grefftwyr, dy fasnachwyr a dy filwyr – pawb sydd ar dy fwrdd.

28 Bydd y morwyr yn gweiddi
nes i gefn gwlad grynu.

---

ng 27:12 *Tarshish* Porthladd yn ne Sbaen. h 27:16 *Edom* Rhai llawysgrifau Hebraeg ac un cyfieithiad hynafol; mwyafrif y llawysgrifau Hebraeg, *Aram* sef Syria. i 27:25 *llongau masnach mawr* Hebraeg, "Llongau Tarshish", sef porthladd yn Sbaen.

29 Bydd rhwyfwyr a morwyr
yn gadael eu llongau a sefyll ar dir sych.
30 Byddan nhw'n galaru'n uchel
ac yn crio'n chwerw;
byddan nhw'n taflu pridd ar eu pennau
ac yn rholio mewn lludw.
31 Byddan nhw'n siafio'u pennau
ac yn gwisgo sachliain.
Byddan nhw'n wylo'n chwerw
wrth alaru ar dy ôl.
32 Yn nadu canu cân o alar
ar dy ôl:

"Pwy oedd fel Tyrus, fel tŵr yng nghanol y môr?"
33 Roedd dy nwyddau'n cael eu dadlwytho o'r moroedd,
i gwrdd ag angen pobloedd.
Roedd dy gyfoeth mawr a dy nwyddau
yn cyfoethogi brenhinoedd i ben draw'r byd!
34 Ond bellach rwyt yn llong wedi'i dryllio
yn gorwedd ar waelod y môr.
Mae dy nwyddau a'r criw i gyd
wedi suddo a boddi gyda ti.
35 Mae pobl yr arfordir i gyd wedi dychryn yn lân;
brenhinoedd yn crynu mewn braw,
a'r poen i'w weld ar eu hwynebau.
36 Mae masnachwyr y gwledydd
yn chwibanu mewn rhyfeddod arnat.
Roedd dy ddiwedd yn erchyll
a fydd dim sôn eto amdanat.' "

Diwedd brenin Tyrus

28 Dyma'r ARGLWYDD yn rhoi'r neges yma i mi: 2"Dwed wrth dywysog Tyrus,[I] 'Dyma mae'r
ARGLWYDD, y Meistr, yn ei ddweud: Ti mor falch! Ti'n meddwl dy fod ti'n dduw, ac yn
eistedd ar orsedd y duwiau yng nghanol y moroedd! Duw wir! Dim ond dyn meidrol wyt ti, er
dy fod yn honni pethau mor fawr. 3Ti'n meddwl dy fod ti'n fwy doeth na Daniel![II] Does dim
byd sy'n ddirgelwch i ti! 4Ti wedi defnyddio dy graffter a dy glyfrwch i gael mwy o gyfoeth.
Ti wedi casglu aur ac arian i dy goffrau. 5Ti wedi defnyddio dy graffter masnachol i gael mwy
o gyfoeth, ond mae dy gyfoeth wedi chwyddo dy ben. 6Felly, dyma mae'r ARGLWYDD, y Meistr,
yn ei ddweud: Am dy fod yn meddwl dy fod ti'n dduw 7dw i'n mynd i ddod â byddin o wlad
estron yn dy erbyn di – y wlad fwya creulon sydd. Byddan nhw'n tynnu eu cleddyfau ac yn
taro dy glyfrwch rhyfeddol a difetha dy ysblander. 8Byddi'n cael dy anfon i lawr i Bwll distryw
ac yn marw'n greulon yng nghanol y môr. 9Wyt ti'n mynd i ddal ati i honni dy fod yn dduw
pan fyddi wyneb yn wyneb â'r rhai fydd yn dy ladd? Dyn meidrol fyddi di yn eu golwg nhw,
nid duw! 10Byddi'n cael dy ladd yn y ffordd fwya creulon gan fyddin o wlad estron. Fi ydy'r
ARGLWYDD, y Meistr, a dw i wedi dweud beth sydd i ddod.' "
11Dyma'r ARGLWYDD yn rhoi'r neges yma i mi: 12"Ddyn, dw i eisiau i ti ganu cân i alaru ar ôl
brenin Tyrus. Dwed wrtho, 'Dyma mae'r ARGLWYDD, y Meistr, yn ei ddweud:

I 28:2 *dywysog Tyrus* Ethbaal II, brenin Tyrus o 750 i 739 CC. II 28:3 *Daniel* Falle mai cyfeiriad sydd yma at Danel, oedd yn arweinydd enwog yn chwedloniaeth Canaan. Dwedir fod ganddo ddoethineb goruwchnaturiol. Mae ei hanes wedi'i gadw mewn llenyddiaeth Wgaritig o ben uchaf arfordir Phenicia. (cf. Eseciel 14:14,20).

Roeddet ti'n batrwm o berffeithrwydd!
Mor ddoeth, ac yn rhyfeddol o hardd!
13 Roeddet ti'n byw yn Eden, gardd Duw.
Roeddet wedi dy addurno gyda gemau gwerthfawr
– rhuddem, topas, emrallt, saffir melyn,
onics, iasbis, saffir, glasfaen, a beryl.
Roedd y cwbl wedi'u gosod yn gywrain mewn aur pur,
ac wedi'u cyflwyno i ti ar y diwrnod cest ti dy greu.
14 Rôn i wedi dy osod yno,
gydag angel gwarcheidiol â'i adenydd ar led,
ar y mynydd wnaeth Duw ei gysegru.
Roeddet yn cerdded yng nghanol y gemau o dân.

15 O'r diwrnod y cest dy greu roeddet ti'n ymddwyn yn berffaith
... ond yna cest dy ddal yn pechu.
16 Roedd yr holl fasnachu wedi dy droi yn dreisiol.
Dyma ti'n pechu; dyma fi'n dy yrru i ffwrdd o fynydd Duw.
Roedd yr angel gwarcheidiol yn dy gadw draw o'r gemau o dân.
17 Roeddet wedi troi'n falch am dy fod mor hardd.
Camddefnyddio dy ddoethineb am dy fod mor llawn ohonot dy hun.
A dyna pam wnes i dy fwrw i lawr,
a gwneud sioe ohonot ti o flaen brenhinoedd eraill.
18 Roeddet wedi dinistrio dy leoedd cysegredig
o achos dy holl ddrygioni a'r twyllo wrth fasnachu.
Felly gwnes i dân gynnau y tu mewn i ti, a dy ddifa di.
Llosgaist yn dwr o ludw o flaen pawb.
19 Roedd pawb oedd yn dy nabod mewn sioc,
am fod dy ddiwedd wedi bod mor erchyll.' "

Sidon[m]

20 Dyma'r ARGLWYDD yn rhoi'r neges yma i mi: 21 "Ddyn, dw i eisiau i ti droi i wynebu Sidon,
a proffwydo yn ei herbyn hi. 22 Dwed fel yma, 'Dyma mae'r ARGLWYDD, y Meistr, yn ei ddweud:
Gwylia dy hun! Dw i'n mynd i ddelio gyda ti, Sidon. Dw i'n mynd i ddangos fy ysblander
yn dy ganol di. Bydd pobl yn gweld mai fi ydy'r ARGLWYDD pan fydda i'n ei barnu hi, ac yn
dangos y gallu sydd gen i a neb arall. 23 Bydda i'n anfon afiechydon ofnadwy a thrais ar ei
strydoedd. Bydd ei phobl yn cael eu lladd wrth i fyddin ymosod arni o bob cyfeiriad. Byddan
nhw'n deall wedyn mai fi ydy'r ARGLWYDD.

24 " 'Fydd pobl Israel ddim yn gorfod diodde eu cymdogion maleisus yn pigo ac yn rhwygo
fel drain a mieri. A byddan nhw hefyd yn deall mai fi ydy'r ARGLWYDD, y Meistr.

Gobaith i Israel

25 " 'Dyma mae'r ARGLWYDD, y Meistr, yn ei ddweud: Bydda i'n casglu pobl Israel at ei gilydd
o'r holl wledydd lle maen nhw ar chwâl. Bydda i'n dangos y gallu sydd gen i a neb arall i'r
gwledydd i gyd. Bydd pobl Israel yn byw unwaith eto yn y tir rois i i'm gwas Jacob. 26 Byddan
nhw'n cael byw yno'n saff, adeiladu tai a plannu gwinllannoedd. Byddan nhw'n cael byw
yn saff ar ôl i mi farnu'r cymdogion maleisus sydd o'u cwmpas nhw. Byddan nhw'n deall
wedyn mai fi ydy'r ARGLWYDD, eu Duw nhw.' "

m 28:19 *Sidon* Dinas ar arfordir Môr y Canoldir, 25 milltir i'r gogledd o Tyrus.

Yr Aifft

29 Roedd hi ddeg mlynedd ar ôl i ni gael ein cymryd yn gaeth i Babilon, ar y deuddegfed
diwrnod o'r degfed mis.[n] Dyma'r ARGLWYDD yn rhoi'r neges yma i mi: 2"Ddyn, dw
i eisiau i ti droi i wynebu'r Pharo,[o] brenin yr Aifft, a proffwydo yn ei erbyn e a holl wlad yr
Aifft. 3Dyma rwyt ti i'w ddweud, 'Dyma mae'r ARGLWYDD, y Meistr, yn ei ddweud:

Dw i'n mynd i ddelio gyda ti!
  y Pharo, brenin yr Aifft;
  y ddraig fawr sy'n gorwedd
  yng nghanol ei ffosydd.
"Fi piau afon Nîl," meddet ti,
  "a fi sydd wedi'i chreu hi."

4 Bydda i'n rhoi bachyn yn dy ên
  ac yn dy lusgo allan o'r dŵr
  gyda physgod o'r ffosydd yn
  glynu wrth dy groen.
5 Bydda i'n dy daflu i'r anialwch,
  ti a physgod y ffosydd.
Byddi'n gorwedd, heb dy gladdu,
  i farw ar dir agored –
  yn fwyd i'r anifeiliaid ac i'r adar.
6 Yna bydd pawb sy'n byw yn yr Aifft
  yn gweld mai fi ydy'r ARGLWYDD.

Rwyt wedi bod yn ffon fagl wan fel brwynen
  i bobl Israel bwyso arni.
7 Dyma nhw'n gafael ynot, ond dyma ti'n torri
  ac yn bwrw eu hysgwydd o'i lle.
Wrth iddyn nhw bwyso arnat dyma ti'n hollti
  a gadael eu cluniau'n sigledig.

8" 'Felly, dyma mae'r ARGLWYDD, y Meistr, yn ei ddweud: Dw i'n anfon byddin i ymosod
arnat ti, a bydd yr holl bobl a'r anifeiliaid yn cael eu lladd. 9Bydd yr Aifft yn dir diffaith gwag.
Byddan nhw'n deall wedyn mai fi ydy'r ARGLWYDD.
" 'Am dy fod wedi dweud, "Fi piau afon Nîl, a fi sydd wedi'i chreu hi," 10dw i'n mynd
i ddelio gyda ti a dy ffosydd. Dw i'n mynd i droi gwlad yr Aifft yn anialwch diffaith yr
holl ffordd o Migdol yn y gogledd i Aswan yn y de, sydd ar y ffin gydag Ethiopia.[p] 11Fydd
neb yn gallu byw yno am bedwar deg o flynyddoedd – fydd dim pobl nac anifeiliaid yn
crwydro yno. 12Bydda i'n gwneud gwlad yr Aifft yn anialwch gwaeth nag unrhyw wlad.
Bydd ei threfi a'i dinasoedd yn adfeilion. Bydd pobl yr Aifft yn cael eu gyrru ar chwâl drwy'r
gwledydd i gyd.
13" 'Ond yna, dyma mae'r ARGLWYDD, y Meistr, yn ei ddweud: Ar ddiwedd y pedwar deg
mlynedd bydda i'n casglu pobl yr Aifft o'r gwledydd lle roedden nhw ar chwâl. 14Bydda
i'n adfer sefyllfa pobl yr Aifft a dod â nhw yn ôl i ardal Pathros, i wlad eu mebyd. Ond
gwlad ddi-nod fydd yr Aifft. 15Bydd hi'n un o'r gwledydd lleia dylanwadol, a fydd hi byth
yn rheoli gwledydd eraill eto. 16A fydd Israel ddim yn pwyso arni byth eto. Bydd hi'n
atgoffa Israel o'i phechod yn troi at yr Aifft am help. Byddan nhw'n deall wedyn mai fi
ydy'r ARGLWYDD.' "

---

n 29:1 *deuddegfed diwrnod o'r degfed mis* Ionawr 7, 587 CC mae'n debyg. o 29:2 *Pharo* Apries, oedd hefyd yn cael ei adnabod fel Hoffra, oedd yn frenin yr Aifft o 589 i 570 CC – gw. Jeremeia 44:30 a 37:5,11.
p 29:10 *Ethiopia* Hebraeg, *Cwsh*, sef ardal i'r de o'r Aifft, yn cynnwys rhannau o Ethiopia a'r Swdan.
29:7 Eseia 36:6; 2 Brenhinoedd 18:21

Selio Tynged yr Aifft

17Roedd hi ddau ddeg saith mlynedd ar ôl i ni gael ein cymryd yn gaeth i Babilon, ar
ddiwrnod cynta'r flwyddyn.[ph] A dyma fi'n cael neges gan yr ARGLWYDD: 18"Ddyn, mae byddin
Nebwchadnesar brenin Babilon wedi brwydro'n galed yn erbyn Tyrus. Maen nhw wedi
gweithio'u bysedd at yr asgwrn,[r] ond dydy'r milwyr wedi ennill dim ar ôl yr holl ymdrech!
19Felly dyma mae'r ARGLWYDD, y Meistr, yn ei ddweud: Dw i'n mynd i roi gwlad yr Aifft yn nwylo
Nebwchadnesar, brenin Babilon. Bydd e'n cymryd holl gyfoeth y wlad ac yn ysbeilio'i thrysorau
i dalu cyflog i'w filwyr. 20Dw i'n mynd i roi gwlad yr Aifft iddo i'w ddigolledu am yr holl ymdrech
yn ymosod ar Tyrus. Mae e wedi bod yn gwneud hyn i mi." Dyna neges y Meistr, yr ARGLWYDD.
21"Bryd hynny bydda i'n gwneud Israel yn wlad gref unwaith eto, a bydd pobl yn gwrando
ar beth rwyt ti'n ddweud. Byddan nhw'n deall wedyn mai fi ydy'r ARGLWYDD."

Dydd Barn ar yr Aifft yn dod!

30 A dyma'r ARGLWYDD yn rhoi'r neges yma i mi: 2"Ddyn, proffwyda a dywed: 'Dyma
mae'r ARGLWYDD, y Meistr, yn ei ddweud:

Uda, "O na! Mae'r diwrnod wedi dod!"
3 Ydy, mae'r diwrnod mawr yn agos;
dydd barn yr ARGLWYDD!
Diwrnod o gymylau duon bygythiol;
amser anodd i'r gwledydd i gyd.
4 Mae byddin yn dod i ymosod ar yr Aifft
a bydd teyrnas Cwsh[rh] mewn panig
wrth weld pobl yr Aifft yn syrthio'n farw,
cyfoeth y wlad yn cael ei gario i ffwrdd
a'i sylfeini'n cael eu dinistrio.

5" 'Bydd pobl o ddwyrain Affrica, Pwt, Lydia a Libia sy'n byw yn yr Aifft, a hyd yn oed pobl
Israel[s] sy'n byw yno yn cael eu lladd yn y rhyfel.'
6Dyma mae'r ARGLWYDD yn ei ddweud:

'Bydd y rhai sy'n cefnogi'r Aifft yn syrthio.
Bydd ei balchder yn ei grym yn chwilfriw!
Bydd pawb yn cael eu lladd yn y brwydro
yr holl ffordd o Migdol i Aswan.' "
—y Meistr, yr ARGLWYDD, sy'n dweud hyn.

7" 'Bydd yr Aifft yn anialwch gwaeth nag unrhyw wlad. Bydd ei threfi a'i dinasoedd yn
adfeilion. 8Byddan nhw'n sylweddoli mai fi ydy'r ARGLWYDD pan fydda i'n cynnau tân yn yr Aifft
ac yn sathru pawb sy'n ei chefnogi. 9Pan fydd hynny'n digwydd bydda i'n anfon negeswyr
mewn llongau i ddychryn pobl ddibryder teyrnas Cwsh. Pan glywan nhw beth sy'n digwydd
i'r Aifft bydd panig yn dod drostyn nhw! Gwyliwch! Mae'n dod!' "
10" 'Dyma mae'r ARGLWYDD, y Meistr, yn ei ddweud: Dw i'n mynd i ddefnyddio Nebwchadnesar,
brenin Babilon, i roi diwedd ar fyddin enfawr yr Aifft. 11Bydd e a'i fyddin, byddin y wlad fwya
creulon yn y byd, yn dod i lawr i ddinistrio'r Aifft. Byddan nhw'n tynnu eu cleddyfau i ymosod,
ac yn llenwi'r wlad gyda chyrff marw. 12Bydda i'n sychu ei ffosydd, ac yn rhoi'r wlad yn
nwylo dynion drwg. Bydda i'n defnyddio byddin estron i ddinistrio'r wlad a phopeth ynddi.
Yr ARGLWYDD ydw i, a dw i wedi dweud beth sydd i ddod!
13" 'Dyma mae'r ARGLWYDD, y Meistr, yn ei ddweud: Dw i'n mynd i ddinistrio dy eilunod,
a chael gwared â duwiau diwerth Memffis. Fydd neb ar ôl i arwain gwlad yr Aifft. Bydd

---

ph 29:17 *ddiwrnod cynta'r flwyddyn* Ebrill 26, 571 CC mae'n debyg. r 29:18 Hebraeg, "wedi gwneud pob pen yn foel a phob ysgwydd yn gignoeth". rh 30:4,9 *Cwsh* Teyrnas i'r de o wlad yr Aifft, sef gogledd Swdan heddiw. s 30:5 *pobl Israel* Hebraeg, "meibion tir yr ymrwymiad".

dychryn drwy'r wlad i gyd. 14 Bydda i'n dinistrio Pathros, yn cynnau tân yn Soan ac yn cosbi
Thebes. 15 Bydda i'n tywallt fy llid ar gaer Pelwsiwm[t] ac yn lladd holl filwyr Thebes. 16 Ydw
dw i'n mynd i gynnau tân yn yr Aifft. Bydd Pelwsiwm yn gwingo mewn poen, Thebes yn
cael ei thorri i lawr a Memffis yn dioddef trais diddiwedd. 17 Bydd milwyr ifanc Heliopolis
a Bwbastis[th] yn cael eu lladd, a'r bobl i gyd yn cael eu cymryd i ffwrdd yn gaethion. 18 Bydd
hi'n ddiwrnod tywyll ar Tachpanches pan fydda i'n dod â grym gwleidyddol yr Aifft i ben.[u]
Bydd ei balchder yn ei grym wedi darfod. Bydd cwmwl yn ei gorchuddio, a bydd ei merched
yn cael eu cymryd i ffwrdd yn gaethion. 19 Dw i'n mynd i farnu'r Aifft. Byddan nhw'n deall
wedyn mai fi ydy'r ARGLWYDD.' "

Torri braich y Pharo

20 Roedd hi un deg un mlynedd ar ôl i ni gael ein cymryd yn gaeth i Babilon, ar y seithfed
diwrnod o'r mis cyntaf,[w] a dyma fi'n cael neges gan yr ARGLWYDD: 21 "Ddyn, dw i wedi torri
braich y Pharo, brenin yr Aifft. Dydy'r fraich ddim wedi cael ei rhwymo i roi cyfle iddi wella,
ac felly fydd hi byth yn ddigon cryf i drin cleddyf eto. 22 Felly, dyma mae'r ARGLWYDD, y Meistr,
yn ei ddweud: Gwyliwch chi! Dw i'n mynd i ddelio gyda'r Pharo, brenin yr Aifft. Dw i'n
mynd i dorri ei freichiau – y fraich gref, a'r un sydd eisoes wedi torri – a bydd ei gleddyf yn
syrthio ar lawr. 23 Bydd pobl yr Aifft yn cael eu gyrru ar chwâl drwy'r gwledydd i gyd. 24 Ond
bydda i'n cryfhau breichiau brenin Babilon, ac yn rhoi fy nghleddyf i yn ei law. Bydda i'n torri
breichiau'r Pharo, a bydd e'n griddfan mewn poen, fel dyn wedi'i anafu ac sydd ar fin marw.
25 Bydda i'n cryfhau breichiau brenin Babilon, ond bydd breichiau'r Pharo yn llipa. Byddan
nhw'n deall wedyn mai fi ydy'r ARGLWYDD, ac mai fi sydd wedi rhoi'r cleddyf yn llaw brenin
Babilon iddo ymosod ar wlad yr Aifft. 26 Bydd pobl yr Aifft yn cael eu gyrru ar chwâl drwy'r
gwledydd i gyd. Byddan nhw'n deall wedyn mai fi ydy'r ARGLWYDD!"

Torri'r Goeden Gedrwydd

31 Roedd hi un deg un mlynedd ar ôl i ni gael ein cymryd yn gaeth i Babilon, ar ddiwrnod
cynta'r trydydd mis.[y] A dyma fi'n cael y neges yma gan yr ARGLWYDD: 2 "Ddyn, dywed
wrth y Pharo,[a] brenin yr Aifft, a'i bobl i gyd:

'Oes rhywbeth sy'n cymharu â dy fawredd di?
3 Roedd Asyria fel coeden gedrwydd yn Libanus,
a'i changhennau hardd fel cysgod y goedwig.
Roedd yn aruthrol dal, a'i brigau uchaf yn y cymylau.
4 Y dŵr oedd yn gwneud iddi dyfu,
a'r ffynhonnau dwfn yn ei gwneud yn dal.
Roedd nentydd yn llifo o'i chwmpas;
a sianeli dŵr yn dyfrio'r coed i gyd.

5 Ond roedd y goeden hon yn dalach
na'r coed o'i chwmpas i gyd.
Canghennau mawr a brigau hir,
a'i gwreiddiau'n lledu at y dŵr.
6 Roedd yr adar i gyd yn nythu yn ei brigau,
a'r anifeiliaid gwyllt yn geni rhai bach dan ei changhennau.
Roedd y gwledydd mawr i gyd yn byw dan ei chysgod.

---

t 30:15,16 Hebraeg *Sin;*. Caer filwrol ar ffin gogledd-ddwyrain yr Aifft. th 30:17 Hebraeg, *On a Pi-beseth.*
u 30:18 *dod â grym ... i ben* Hebraeg, "torri iau yr Aifft". w 30:20 *seithfed diwrnod o'r mis cyntaf* Ebrill 29,
587 CC mae'n debyg. Roedd hyn 3 mis yn unig cyn i fyddin Babilon dorri drwy waliau Jerwsalem –
gw. 2 Brenhinoedd 25:3-4. y 31:1 *diwrnod cyntaf y trydydd mis* Mehefin 21, 587 CC mae'n debyg.
a 31:2 *Pharo* Apries, oedd hefyd yn cael ei adnabod fel Hoffra, oedd yn frenin yr Aifft o 589 i 570 CC.

7 Roedd yn rhyfeddol o hardd gyda'i changhennau hir,
a'i gwreiddiau'n ymestyn yn ddwfn at ddigonedd o ddŵr.
8 Doedd coed cedrwydd eraill gardd Duw ddim yn cystadlu â hi.
Doedd canghennau'r coed pinwydd ddim byd tebyg;
a'r coed planwydd yn ddim o'u cymharu â hi.
Doedd dim un o goed gardd Duw mor hardd â hon!
9 Fi wnaeth hi'n hardd gyda'i holl ganghennau.
Roedd coed Eden i gyd, gardd Duw, yn genfigennus ohoni.

10" 'Felly, dyma mae'r ARGLWYDD, y Meistr, yn ei ddweud: Am ei bod hi mor falch ohoni
ei hun, mor aruthrol dal gyda'i brigau uchaf yn y cymylau, 11 rhois hi yn nwylo arweinydd
y cenhedloedd, i'w chosbi am ei drygioni. Dw i wedi'i thaflu hi i ffwrdd. 12 Mae byddin
estron y wlad fwya creulon wedi'i thorri i lawr a'i gadael i orwedd ar y mynyddoedd. Mae ei
changhennau'n gorwedd ar chwâl yn y dyffrynnoedd a'r ceunentydd. Mae pawb oedd yn
cysgodi oddi tani wedi ffoi pan gafodd ei thaflu i ffwrdd. 13 Mae'r adar i gyd yn clwydo ar ei
boncyff marw, a'r anifeiliaid gwyllt yn cerdded dros ei changhennau.
14" 'Digwyddodd hyn i stopio i unrhyw goeden arall dyfu mor dal nes bod ei brigau uchaf
yn y cymylau. Byddan nhw i gyd, fel pobl feidrol, yn marw yn nyfnder y ddaear. Byddan nhw'n
ymuno gyda phawb arall sydd yn y Pwll.
15" 'Dyma mae'r ARGLWYDD, y Meistr, yn ei ddweud: Pan aeth Asyria i lawr i'r bedd, roedd
y dyfnder yn galaru amdani. Dyma fi'n dal yr afonydd yn ôl oddi wrthi. Gwisgais Libanus mewn
du, a gwneud i'r coed eraill i gyd wywo. 16 Roedd y gwledydd i gyd yn crynu pan glywon nhw
amdani'n syrthio, pan wnes i ei thaflu i lawr i fyd y meirw gyda phawb arall sydd yn y Pwll.
Yn y byd tanddaearol cafodd coed Eden i gyd a'r gorau o goed Libanus, pob un oedd wedi
cael digon o ddŵr, eu bodloni. 17 Roedd ei chefnogwyr i gyd (y gwledydd oedd wedi byw dan
ei chysgod) wedi mynd i lawr i fyd y meirw gyda hi, i ymuno gyda phawb arall oedd wedi'u
lladd â'r cleddyf.
18" 'Pa un o goed Eden sydd unrhyw beth tebyg i ti? Ond byddi dithau'n cael dy fwrw
i lawr i ddyfnder y ddaear gyda choed Eden. Byddi'n byw gyda'r paganiaid eraill gafodd
eu lladd â'r cleddyf!' Dyna fydd yn digwydd i'r Pharo a'i fyddin enfawr," meddai'r Meistr,
yr ARGLWYDD.

Cân i alaru ar ôl y Pharo

32 Roedd hi ddeuddeg mlynedd ar ôl i ni gael ein cymryd yn gaeth i Babilon, ar ddiwrnod
cynta'r deuddegfed mis,[b] a dyma fi'n cael neges gan yr ARGLWYDD: 2 "Ddyn, dw i eisiau
i ti ganu cân i alaru ar ôl y Pharo, brenin yr Aifft, a dweud wrtho:

'Roeddet ti'n gweld dy hun fel llew yng nghanol y gwledydd,
ond ti fwy fel draig yn y môr.
Rwyt ti'n sblasio yn y ffosydd,
yn corddi'r dŵr gyda dy draed
a baeddu'r ffosydd.'

3 Dyma mae'r ARGLWYDD, y Meistr, yn ei ddweud:

Bydda i'n taflu fy rhwyd drosot ti
(bydd tyrfa enfawr o bobl yno),
ac yn dy lusgo allan o'r dŵr gyda'm llusgrwyd.
4 Wedyn bydda i'n dy daflu di ar dir sych,
a bydd yr adar yn dod ac yn byw arnat ti,
a'r anifeiliaid gwyllt yn llenwi eu hunain arnat.

---

b 32:1 *diwrnod cynta'r deuddegfed mis* Mawrth 3, 585 CC mae'n debyg.

5 Bydd dy gig ar y mynyddoedd
a'r gweddillion yn y dyffrynnoedd.
6 Bydda i'n socian y tir gyda dy waed di,
yr holl ffordd i ben y mynyddoedd,
a bydd dy waed yn llenwi'r ceunentydd i gyd.
7 Pan fydda i'n dy ddiffodd bydda i'n rhoi gorchudd ar yr awyr,
ac yn diffodd y sêr i gyd.
Bydd cwmwl yn cuddio'r haul,
ac yn rhwystro'r lleuad rhag llewyrchu.
8 Bydd pob golau yn yr awyr yn diffodd,
a bydd tywyllwch drwy'r wlad i gyd,"
meddai'r Meistr, yr ARGLWYDD.

9"Bydd pobloedd lawer wedi cynhyrfu pan fydd y cenhedloedd yn clywed am dy ddinistr.
Hyd yn oed gwledydd dwyt ti erioed wedi clywed amdanyn nhw. 10Bydd pobl mewn sioc
o glywed beth fydd wedi digwydd i ti. Bydd brenhinoedd wedi dychryn am eu bywydau pan
fydda i'n chwifio fy nghleddyf o'u blaenau nhw. Ar y diwrnod y byddi di'n syrthio byddan
nhw'n crynu drwyddynt yn ofni am eu bywydau eu hunain."
11 Dyma mae'r ARGLWYDD, y Meistr, yn ei ddweud: Bydd cleddyf brenin Babilon yn ymosod
arnat ti.

12 Bydda i'n gwneud i gleddyfau milwyr cryfion
ladd dy fyddin enfawr di –
nhw ydy'r milwyr mwyaf creulon sydd.
Byddan nhw'n torri balchder yr Aifft,
a bydd ei byddin enfawr yn cael ei dinistrio.
13 Bydd yr anifeiliaid sy'n pori ar lan y dŵr
yn cael eu lladd i gyd.
Fydd y dŵr ddim yn cael ei faeddu eto
gan draed dynol na charnau anifeiliaid.
14 Bydd y dŵr drwy'r Aifft yn glir,
a'r afonydd yn llifo'n llyfn fel olew.
"Dyna neges y Meistr, yr ARGLWYDD.
15 Pan fydda i'n troi gwlad yr Aifft yn anialwch
ac yn dinistrio popeth sydd ynddi;
Pan fydda i'n lladd pawb sy'n byw yno,
byddan nhw'n sylweddoli mai fi ydy'r ARGLWYDD.

16"Dyma'r gân angladdol fyddan nhw'n ei chanu. Bydd merched y gwledydd i gyd yn ei
chanu ac yn galaru am yr Aifft a'i byddin enfawr." Dyna neges y Meistr, yr ARGLWYDD.

Byddin yr Aifft yn mynd i'r Pwll

17Ddeuddeg mlynedd ar ôl i ni gael ein cymryd yn gaeth i Babilon, ar y pymthegfed diwrnod
o'r un mis,[c] dyma fi'n cael neges gan yr ARGLWYDD. 18"Ddyn, uda dros fyddin yr Aifft. 'I lawr
â hi! I lawr â hi at drefi a dinasoedd y gwledydd pwerus eraill sydd yn nyfnder y ddaear. I lawr
â hi gyda phawb sy'n mynd i'r Pwll!'

19 Wyt ti'n harddach na'r gwledydd eraill? Na!
Dos i lawr i orwedd gyda'r gwledydd paganaidd.

c 32:17 *y pymthegfed diwrnod o'r un mis* Mawrth 17, 585 CC mae'n debyg.
32:16 gw. Eseia 14:15-20

20 Byddi'n gorwedd gyda phawb arall
sydd wedi'u lladd mewn rhyfel!
Mae'r cleddyf yn barod i'w taro nhw;
bydd yr Aifft a'i byddin yn cael eu llusgo i ffwrdd.
21 Bydd arweinwyr grymus y gwledydd
yn gwawdio'r Aifft a'i chefnogwyr:
'Dyma nhw wedi cyrraedd,
i orwedd gyda'r paganiaid eraill
sydd wedi'u lladd â'r cleddyf.'

22"Mae brenin Asyria yna, a beddau ei fyddin enfawr ym mhobman. Pob un wedi'i ladd
â'r cleddyf. 23Mae eu beddau yn gorchuddio llethrau dyfnaf y Pwll, ac mae ei chefnogwyr
o'i chwmpas. Ie, dyma nhw, y rhai oedd yn codi dychryn ar bawb drwy'r byd!
24"Mae Elam yna, a beddau ei byddin enfawr hithau ym mhobman. Pob un wedi'i ladd â'r
cleddyf. Hwythau'n baganiaid wedi mynd i lawr i ddyfnder y ddaear, ond ar un adeg yn codi
dychryn ar bawb drwy'r byd. Bellach maen nhw'n gorwedd mewn cywilydd gyda phawb arall
sy'n disgyn i'r Pwll! 25Mae hithau'n gorffwys gyda'r meirw, a beddau ei byddin enfawr ym
mhobman. Paganiaid wedi'u lladd â'r cleddyf am eu bod wedi codi dychryn ar bawb drwy'r
byd. Bellach maen nhw'n gorwedd mewn cywilydd gyda phawb arall sy'n disgyn i'r Pwll!
26"Mae Meshech a Twbal yna, a beddau eu byddinoedd hwythau ym mhobman. Paganiaid
wedi'u lladd â'r cleddyf am eu bod wedi codi dychryn ar bawb drwy'r byd. 27Dŷn nhw ddim
gydag arwyr dewr y gorffennol, wedi'u claddu'n anrhydeddus gyda'u harfau – gyda'r cleddyf
wedi'i osod dan y pen a'r darian yn gorwedd ar yr esgyrn. Roedden nhw hefyd yn codi dychryn
ar bawb drwy'r byd. 28A byddi dithau, y Pharo, yn gorwedd wedi dy dorri gyda'r paganiaid
eraill gafodd eu lladd â'r cleddyf!
29"Mae Edom yna, gyda'i brenhinoedd a'i phenaethiaid i gyd. Er eu bod mor gryf ar un
adeg, maen nhw'n gorwedd gyda'r rhai sydd wedi'u lladd â'r cleddyf. Maen nhw'n gorwedd
gyda'r paganiaid eraill sydd wedi mynd i lawr i'r Pwll.
30"Mae arweinwyr gwledydd y gogledd yno i gyd, a'r Sidoniaid. Y rhai oedd yn codi dychryn
bellach yn gorwedd mewn cywilydd gyda'r meirw – gyda'r paganiaid eraill gafodd eu lladd
â'r cleddyf. Maen nhw'n gorwedd mewn cywilydd gyda phawb arall sy'n disgyn i'r Pwll.
31"Bydd y Pharo yn eu gweld, ac yn cael ei gysuro mai nid ei fyddin enfawr e oedd yr unig
un i gael ei ladd â'r cleddyf," meddai'r Meistr, yr ARGLWYDD. 32"Er fy mod wedi'u defnyddio
nhw i godi dychryn ar bawb drwy'r byd, bydd y Pharo a'i fyddin yn gorwedd gyda'r paganiaid
eraill gafodd eu lladd â'r cleddyf." Dyna neges y Meistr, yr ARGLWYDD.

Eseciel yn Wyliwr

(Eseciel 3:16-21)

33 A dyma fi'n cael neges arall gan yr ARGLWYDD: 2"Ddyn, dywed hyn wrth dy bobl,
'Pan dw i'n gadael i fyddin ymosod ar wlad, mae pobl y wlad honno'n dewis un
o'u plith i fod yn wyliwr. 3Mae'n gweld byddin y gelyn yn dod ac yn chwythu'r corn hwrdd[ch]
i rybuddio'r bobl. 4Os ydy pobl yn clywed y corn hwrdd ond yn cymryd dim sylw, nhw fydd
ar fai pan gân nhw eu lladd. 5Roedden nhw wedi clywed y corn hwrdd, ond ei anwybyddu.
Arnyn nhw mae'r bai. Petaen nhw wedi gwrando bydden nhw'n dal yn fyw. 6Ond beth petai'r
gwyliwr heb ganu'r corn hwrdd i rybuddio'r bobl pan welodd y fyddin yn dod? Mae rhywun
yn cael ei ladd. Mae'r person hwnnw'n marw am ei fod e'i hun wedi pechu, ond bydda i'n
dal y gwyliwr yn gyfrifol am achosi iddo gael ei ladd.
7"Ddyn, ti dw i wedi'i benodi yn wyliwr i warchod pobl Israel. Rhaid i ti eu rhybuddio nhw
pan fydda i'n rhoi neges i ti. 8Pan dw i'n dweud wrth rywun drwg, 'Rwyt ti'n siŵr o farw,'

ch 33:3 *corn hwrdd* Hebraeg, *shoffar.*
33:7 Jeremeia 6:17

a thithau ddim yn ei rybuddio fod rhaid iddo newid ei ffyrdd, bydd e'n marw am ei fod wedi
pechu a bydda i'n dy ddal di'n gyfrifol ei fod wedi marw. [9]Ond os byddi di wedi'i rybuddio
i newid ei ffyrdd, ac yntau wedi gwrthod gwneud hynny, bydd e'n marw am ei fod wedi pechu
ond byddi di wedi achub dy hun.

Cyfrifoldeb yr unigolyn

[10]"Ddyn, dyma rwyt ti i'w ddweud wrth bobl Israel: 'Dych chi wedi bod yn dweud, "Mae hyn
i gyd yn digwydd am ein bod ni wedi gwrthryfela ac wedi pechu. Mae wedi darfod arnon ni.
Pa obaith sydd?" ' [11]Wel, dywed wrthyn nhw, 'Mor sicr â'r ffaith mai fi ydy'r Duw byw, dydy
gweld pobl ddrwg yn marw yn rhoi dim pleser i mi. Byddai'n well gen i iddyn nhw newid eu
ffyrdd a chael byw. Dewch bobl Israel, trowch gefn ar eich drygioni. Pam ddylech chi farw?'
[12]"Ddyn, dywed wrth dy bobl, 'Fydd daioni y bobl sy'n gwneud beth sy'n iawn ddim yn
eu hachub nhw pan fyddan nhw'n gwrthryfela. A fydd drygioni pobl ddrwg ddim yn eu
condemnio nhw os gwnân nhw newid eu ffyrdd a stopio gwneud drwg. Fydd yr holl bethau
da mae rhywun wedi'i gwneud ddim yn ei achub os ydy e'n dewis pechu wedyn.' [13]Os dw i'n
dweud wrth rywun sy'n gwneud beth sy'n iawn ei fod yn cael byw ac mae e'n dewis pechu
wedyn, bydd yr holl bethau da wnaeth e yn cael eu hanghofio. Bydd e'n marw am ei fod wedi
pechu. [14]Ond os ydw i'n dweud wrth rywun drwg, 'Rwyt ti'n siŵr o farw,' a hwnnw wedyn yn
troi cefn ar ei bechod a gwneud beth sy'n iawn ac yn dda [15](Os bydd e'n talu'n ôl beth gafodd
ei roi iddo'n ernes, yn rhoi beth mae wedi'i ddwyn yn ôl, yn cadw'r deddfau sy'n rhoi bywyd
ac yn peidio pechu) bydd e'n cael byw. Fydd e ddim yn marw. [16]Bydd y pechodau wnaeth
e yn cael eu hanghofio. Mae e'n gwneud beth sy'n iawn ac yn dda, a bydd e'n cael byw."
[17]"Ond mae dy bobl yn dweud, 'Dydy beth mae'r Meistr yn ei wneud ddim yn iawn!' Y gwir
ydy mai'r ffordd maen nhw'n ymddwyn sydd ddim yn iawn! [18]Pan mae pobl sy'n gwneud
beth sy'n iawn yn newid eu ffyrdd ac yn dewis gwneud drwg, byddan nhw'n marw. [19]Ond os
ydy pobl ddrwg yn troi cefn ar eu pechod ac yn gwneud beth sy'n iawn ac yn dda, byddan
nhw'n cael byw. [20]Ac eto, dych chi bobl Israel yn dweud, 'Dydy beth mae'r Meistr yn ei
wneud ddim yn iawn!' Felly, bobl Israel, bydda i'n barnu pob un ohonoch chi ar sail beth
dych chi wedi'i wneud."

Cwymp Jerwsalem

[21]Ddeuddeg mlynedd ar ôl i ni gael ein cymryd yn gaeth i Babilon, ar y pumed diwrnod o'r
degfed mis,[d] dyma ffoadur oedd wedi llwyddo i ddianc o Jerwsalem yn dod ata i a dweud,
"Mae'r ddinas wedi syrthio!" [22]Roedd yr ARGLWYDD wedi fy nghyffwrdd i y noson cynt, ac erbyn
i'r ffoadur gyrraedd y bore wedyn roeddwn i'n gallu siarad eto. Oeddwn, roeddwn i'n gallu
siarad; doeddwn i ddim yn fud.

Pechodau'r bobl

[23]Dyma'r ARGLWYDD yn rhoi'r neges yma i mi: [24]"Ddyn, mae'r rhai sy'n byw yng nghanol
adfeilion Israel yn siarad fel yma: 'Un dyn oedd Abraham, ac eto llwyddodd i feddiannu'r
wlad i gyd! Mae yna lot fawr ohonon ni. Mae'r wlad yma'n siŵr o gael ei rhoi i ni!' [25]Felly,
dywed wrthyn nhw, 'Dyma mae'r ARGLWYDD, y Meistr, yn ei ddweud: Dych chi'n bwyta cig sydd
â'r gwaed yn dal ynddo, yn addoli eilun-dduwiau ac yn lladd pobl ddiniwed. Ydych chi wir yn
meddwl y bydd y wlad yn cael ei rhoi i chi? [26]Dych chi'n dibynnu ar eich arfau, yn gwneud
pethau ffiaidd, ac yn cysgu gyda gwraig rhywun arall. Fydd y wlad yn cael ei rhoi i chi?'
[27]"Dwed hyn wrthyn nhw, 'Dyma mae'r ARGLWYDD, y Meistr, yn ei ddweud: Mor sicr â'r ffaith
mai fi ydy'r Duw byw, bydd y rhai sy'n byw yng nghanol yr adfeilion yn cael eu lladd â'r

---

d 33:21 *y pumed diwrnod o'r degfed mis* Ionawr 19, 585 CC mae'n debyg.
33:9 Eseciel 3:17-19 33:21-22 gw. Eseciel 3:26; 24:25-27

cleddyf, a phawb ar y tir agored yn fwyd i anifeiliaid gwyllt, a bydd y rhai sy'n cuddio mewn
cuddfannau saff ac ogofâu yn cael eu taro'n farw gan heintiau. 28 Bydda i'n troi'r wlad yn
anialwch diffaith. Bydd ei balchder yn ei grym yn dod i ben. Bydd mynyddoedd Israel mor anial,
fydd neb yn cerdded drostyn nhw.' 29 Byddan nhw'n sylweddoli mai fi ydy'r ARGLWYDD pan fydda
i'n troi'r wlad yn anialwch diffaith o achos yr holl bethau ffiaidd maen nhw wedi'u gwneud.

Gwrando arwynebol

30 "Ddyn, mae dy bobl yn siarad amdanat ti o gwmpas y ddinas ac ar y stepen drws, ac yn
dweud wrth ei gilydd, 'Dewch i wrando ar y neges gan yr ARGLWYDD.' 31 Mae tyrfa ohonyn nhw'n
dod ac yn eistedd o dy flaen di. Maen nhw'n gwrando ond dŷn nhw ddim yn gweithredu. Dŷn
nhw ddim yn gwneud beth dw i'n ddweud. Maen nhw'n gofyn am fwy ond gwneud arian ac
elwa ar draul pobl eraill ydy eu hobsesiwn nhw. 32 Adloniant ydy'r cwbl iddyn nhw. Ti fel canwr
yn canu caneuon serch. Mae gen ti lais hyfryd ac rwyt ti'n offerynnwr medrus. Maen nhw'n
gwrando ond dŷn nhw ddim yn gweithredu. 33 Pan fydd y cwbl yn dod yn wir – ac mae'n mynd
i ddigwydd – byddan nhw'n gwybod fod proffwyd wedi bod gyda nhw."

Bugeiliaid Israel

34 Dyma'r ARGLWYDD yn rhoi'r neges yma i mi: 2 "Ddyn, proffwyda yn erbyn bugeiliaid
Israel (sef yr arweinwyr). Dwed wrthyn nhw, 'Dyma mae'r ARGLWYDD, y Meistr, yn
ei ddweud: Gwae chi, fugeiliaid Israel, sy'n gofalu am neb ond chi'ch hunain! Oni ddylai
bugeiliaid ofalu am y praidd? 3 Dych chi'n yfed eu llaeth nhw, yn gwisgo'u gwlân ac yn lladd
yr ŵyn gorau i'w rhostio, ond dych chi ddim yn gofalu am y praidd! 4 Dych chi ddim wedi
helpu'r rhai gwan, gwella y rhai sy'n sâl na rhwymo briwiau y rhai sydd wedi'u hanafu. Dych
chi ddim wedi edrych am y rhai sydd wedi crwydro a mynd ar goll. Na, yn lle hynny, dych chi
wedi'u rheoli nhw a'u bygwth fel meistri creulon. 5 Bellach maen nhw ar chwâl am fod dim
bugail wedi gofalu amdanyn nhw. Maen nhw'n cael eu llarpio gan anifeiliaid gwyllt. 6 Mae fy
nefaid wedi crwydro dros y mynyddoedd a'r bryniau uchel i gyd. Maen nhw ar wasgar drwy'r
byd i gyd, a does neb yn edrych a chwilio amdanyn nhw.

7 " 'Felly, chi fugeiliaid, dyma neges yr ARGLWYDD i chi: 8 Mor sicr â'r ffaith mai fi ydy'r Duw
byw, meddai'r ARGLWYDD, y Meistr, mae fy nefaid yn cael eu llarpio gan anifeiliaid gwyllt am
fod dim bugail wedi gofalu amdanyn nhw. Mae'r bugeiliaid wedi gofalu amdanyn nhw eu
hunain yn lle mynd i edrych am y defaid. 9 Felly, chi fugeiliaid, dyma neges yr ARGLWYDD i chi:
10 Mae'r ARGLWYDD, y Meistr, yn dweud, "Dw i yn erbyn y bugeiliaid! Dw i'n ei dal nhw'n
gyfrifol, a fyddan nhw ddim yn cael gofalu am y praidd o hyn ymlaen. Na, fydd dim mwy
o ofalu am neb ond nhw eu hunain! Gân nhw ddim bwyta'r defaid eto; bydda i'n achub
y defaid o'u gafael nhw."

Yr ARGLWYDD fel y Bugail Da

11 " 'Dyma mae'r ARGLWYDD, y Meistr, yn ei ddweud: Dw i fy hun am fynd allan i chwilio am fy
nefaid. A dw i'n mynd i ddod o hyd iddyn nhw. 12 Fel mae bugail yn chwilio am ei braidd pan
maen nhw wedi mynd ar chwâl, bydda i'n dod o hyd i'm praidd i. Bydda i'n eu hachub nhw
o ble bynnag aethon nhw ar y diwrnod tywyll, stormus hwnnw. 13 Dw i'n mynd i ddod â nhw
adre o'r gwledydd eraill; dod â nhw yn ôl i'w tir eu hunain. Dw i'n mynd i adael iddyn nhw
bori ar fryniau a dyffrynnoedd Israel, ble bynnag mae porfa iddyn nhw. 14 Ydw, dw i'n mynd
i roi porfa iddyn nhw ar ben bryniau Israel. Byddan nhw'n gorwedd mewn porfa hyfryd ac
yn bwydo ar laswellt cyfoethog bryniau Israel. 15 Dw i fy hun yn mynd i ofalu amdanyn nhw,
a rhoi lle iddyn nhw orwedd i lawr, meddai'r Meistr, yr ARGLWYDD. 16 Dw i'n mynd i chwilio am
y rhai sydd ar goll, a dod â'r rhai sydd wedi crwydro yn ôl adre. Dw i'n mynd i rwymo briwiau

34:11-31 Jeremeia 23:1-2

y rhai sydd wedi'u hanafu, a helpu'r rhai sy'n wan. Ond bydd y rhai cyfoethog a chryf yn cael
eu dinistrio. Bydda i'n gofalu eu bod nhw'n cael beth maen nhw'n ei haeddu!
17" 'Ie, dyma beth mae'r ARGLWYDD, y Meistr, yn ei ddweud wrthoch chi'r defaid: Dw i'n
mynd i wahaniaethu rhwng un ddafad a'r llall, a rhwng yr hyrddod a'r bychod geifr. 18 Ydy
bwydo ar borfa dda ddim digon i chi? Oes rhaid i chi sathru gweddill y borfa hefyd? Wrth yfed
y dŵr glân oes rhaid i chi faeddu gweddill y dŵr drwy sathru'r mwd? 19 Pam ddylai gweddill fy
nefaid i orfod bwyta'r borfa sydd wedi'i sathru gynnoch chi ac yfed dŵr sydd wedi'i faeddu?
20" 'Felly, dyma mae'r ARGLWYDD, y Meistr, yn ei ddweud: Dw i'n mynd i wahaniaethu rhwng
y defaid tewion a'r defaid tenau. 21 Dych chi'r rhai cryfion wedi gwthio'r rhai gwan o'r ffordd.
Dych chi wedi'u cornio nhw a'i gyrru nhw i ffwrdd. 22 Ond dw i'n mynd i achub fy nefaid.
Fyddan nhw ddim yn cael eu cam-drin o hyn ymlaen. Ydw, dw i'n mynd i wahaniaethu rhwng
un ddafad a'r llall.
23" 'Dw i'n mynd i apwyntio un bugail i ofalu amdanyn nhw, sef fy ngwas Dafydd. Bydd
e'n fugail arnyn nhw. 24 Fi, yr ARGLWYDD fydd eu Duw nhw, a'm gwas Dafydd fydd pennaeth
y wlad i'w harwain nhw. Fi ydy'r ARGLWYDD, a dw i wedi dweud beth sydd i ddod.
25" 'Bydda i'n gwneud ymrwymiad i roi heddwch iddyn nhw. Bydda i'n cael gwared â'r
anifeiliaid gwyllt o'r tir. Byddan nhw'n saff i aros yn yr anialwch, ac yn gallu cysgu yn
y goedwig hyd yn oed. 26 Bydda i'n eu bendithio nhw, a'r ardaloedd o gwmpas fy mryn hefyd.
Bydd glaw yn disgyn ar yr adeg iawn; cawodydd yn dod â bendith! 27 Bydd ffrwythau'n tyfu
ar y coed yng nghefn gwlad, a chnydau yn tyfu o'r tir. Byddan nhw i gyd yn teimlo'n saff.
Byddan nhw'n gwybod mai fi ydy'r ARGLWYDD pan fydda i'n torri'r iau a'u gollwng nhw'n
rhydd o afael y rhai wnaeth eu caethiwo nhw, 28 a fydd gwledydd eraill byth eto'n eu dinistrio
nhw. Fydd anifeiliaid gwyllt ddim yn ymosod arnyn nhw. Byddan nhw'n hollol saff. Fyddan
nhw'n ofni dim. 29 Bydda i'n gwneud i'w cnydau nhw lwyddo, a fyddan nhw byth yn dioddef
o newyn eto. A fyddan nhw byth eto'n destun sbort i'r gwledydd o'u cwmpas. 30 Byddan nhw'n
gwybod yn iawn wedyn fy mod i, yr ARGLWYDD eu Duw, gyda nhw, ac mai nhw, pobl Israel, ydy
fy mhobl i.' " Dyna neges y Meistr, yr ARGLWYDD. 31 "Chi, fy nefaid i sy'n byw ar fy mhorfa i, ydy
fy mhobl i. A fi ydy'ch Duw chi," meddai'r Meistr, yr ARGLWYDD.

Proffwydoliaeth yn erbyn Edom

35 Dyma'r ARGLWYDD yn rhoi'r neges yma i mi: 2 "Ddyn, dw i eisiau i ti droi i wynebu
Edom,[dd] a proffwydo yn ei herbyn. 3 Dwed wrthi, 'Dyma mae'r ARGLWYDD, y Meistr,
yn ei ddweud:

Dw i'n mynd i ddelio gyda ti, Edom.
Dw i'n mynd i dy daro di'n galed,
a dy droi di yn anialwch diffaith!
4 Bydda i'n gwneud dy drefi'n adfeilion.
Byddi fel anialwch!
A byddwch chi'n deall wedyn mai fi ydy'r ARGLWYDD.

5" 'Rwyt ti bob amser wedi casáu pobl Israel. Roeddet ti'n ymosod arnyn nhw gyda'r
cleddyf pan oedden nhw mewn trafferthion, pan o'n i eisoes wedi'u cosbi nhw. 6 Felly, mor
sicr â'r ffaith mai fi ydy'r Duw byw, gan dy fod ti mor hoff o dywallt gwaed mae lladdfa ar
ei ffordd i ti! 7 Bydda i'n troi Edom yn anialwch diffaith. Bydd hyd yn oed y rhai sy'n pasio
trwodd yn cael eu lladd. 8 Bydd cyrff marw yn gorchuddio dy fynyddoedd. Bydd pobl wedi'u
lladd â'r cleddyf yn gorwedd ar y bryniau, yn y dyffrynnoedd ac ym mhob ceunant. 9 Byddi'n
adfeilion am byth. Fydd neb yn byw ynot ti. A byddwch chi'n deall wedyn mai fi ydy'r ARGLWYDD.
10" 'Roeddet ti'n dweud, "Bydd y ddwy wlad yna yn perthyn i mi! Bydda i'n eu cymryd nhw,"
– er bod yr ARGLWYDD yna. 11 Felly, mor sicr â'r ffaith mai fi ydy'r Duw byw,' meddai'r Meistr, yr

dd 35:2 *Edom* Hebraeg, "Mynydd Seir", sef enw arall ar Edom.

ARGLWYDD, 'dw i'n mynd i ddelio gyda ti fel rwyt ti'n haeddu, am fod mor gas a chenfigennus
a sbeitlyd. Bydda i'n dangos pwy ydw i iddyn nhw, drwy dy gosbi di. 12 Byddi'n gwybod wedyn
fy mod i, yr ARGLWYDD, wedi clywed yr holl bethau sarhaus rwyt ti wedi bod yn eu dweud am
fynyddoedd Israel. "Maen nhw wedi'u dinistrio," meddet ti, "Maen nhw yna ar blât i ni!"
13 Roeddet ti'n brolio dy hun a ddim yn stopio gwneud sbort am fy mhen i – ydw, dw i wedi
clywed y cwbl!' 14 Dyma mae'r ARGLWYDD, y Meistr, yn ei ddweud: 'Bydd y byd i gyd yn dathlu
pan fydda i'n dy droi di'n adfeilion. 15 Pan gafodd gwlad Israel ei dinistrio roeddet ti'n dathlu.
Ond nawr mae'r un peth yn mynd i ddigwydd i ti! Bydd Edom, ie pawb drwy'r wlad i gyd, yn
cael eu dinistrio! Byddan nhw'n deall wedyn mai fi ydy'r ARGLWYDD.' "

Bendithion ar Fynyddoedd Israel

36 "Ddyn, dw i eisiau i ti broffwydo wrth fynyddoedd Israel, a dweud: 'Israel fynyddig,
gwrando ar neges yr ARGLWYDD: 2 Mae'r gelyn wedi bod yn dy wawdio di. "Ha! ha!"
medden nhw, "Mae'r bryniau hynafol yna'n perthyn i ni bellach!" ' 3 Felly ddyn, proffwyda
a dweud: 'Dyma mae'r ARGLWYDD, y Meistr, yn ei ddweud: Mae dy elynion wedi ymosod arnat
ti o bob cyfeiriad, yn dinistrio ac yn dy gam-drin di. Mae gwledydd wedi dwyn dy dir di. Mae
pobl yn hel straeon ac yn gwneud jôcs amdanat ti. 4 Felly Israel, gwrando ar neges y Meistr,
yr ARGLWYDD. Dyma mae'r ARGLWYDD, y Meistr, yn ei ddweud wrth y mynyddoedd a'r bryniau,
y dyffrynnoedd a'r ceunentydd, yr holl adfeilion a'r trefi gwag sydd wedi'u dinistrio a'i dilorni
gan y gwledydd sydd ar ôl o dy gwmpas – 5 Ie, dyma mae'r ARGLWYDD, y Meistr, yn ei ddweud:
Dw i'n wyllt gyda'r gwledydd yna ac wedi siarad yn gryf yn eu herbyn nhw. Yn arbennig Edom,
sydd wedi bod mor sbeitlyd tuag ata i. Roedd hi wrth ei bodd yn cymryd y tir oddi arna i.'

6 "Felly dw i eisiau i ti broffwydo am wlad Israel, a dweud wrth y mynyddoedd a'r bryniau,
y dyffrynnoedd a'r ceunentydd, 'Dyma mae'r ARGLWYDD, y Meistr, yn ei ddweud: Dw i'n wyllt
gyda'r gwledydd yna am dy fod ti wedi gorfod eu diodde nhw'n dy fychanu di. 7 Dyma mae'r
ARGLWYDD, y Meistr, yn ei ddweud: Dw i'n addo i ti – mae ei tro nhw i gael eu bychanu yn dod!

8 " 'Ond bydd dy ganghennau di yn tyfu, Israel fynyddig, a bydd ffrwythau'n pwyso'n drwm
arnyn nhw; ffrwythau ar gyfer fy mhobl, Israel. Byddan nhw'n dod yn ôl adre'n fuan! 9 Gwranda,
dw i ar dy ochr di. Dw i'n mynd i dy helpu di. Bydd y tir yn cael ei aredig eto, a chnydau'n
cael eu plannu. 10 Bydd dy boblogaeth yn tyfu drwy'r wlad i gyd. Bydd pobl yn byw yn dy drefi,
a'r adfeilion yn cael eu hadeiladu. 11 Bydd y wlad yn fwrlwm o fywyd eto – pobl ac anifeiliaid
yn magu rhai bach. Bydd pobl yn byw ynot ti unwaith eto, a bydd pethau'n well arnat ti nag
erioed o'r blaen. Byddwch chi'n gwybod wedyn mai fi ydy'r ARGLWYDD. 12 Bydda i'n dod â'm
pobl Israel yn ôl i bob rhan o'r wlad. Byddan nhw'n etifeddu'r tir. A fyddi di ddim yn cymryd
eu plant oddi arnyn nhw byth eto.

13 " 'Dyma mae'r ARGLWYDD, y Meistr, yn ei ddweud: Mae pobl yn cael hwyl ar dy ben di,
ac yn dweud, "Mae Israel yn wlad sy'n dinistrio'i phobl ei hun – fydd dim plant ar ôl yno!"
14 Ond fyddwch chi ddim yn dinistrio'ch pobl a cholli'ch plant o hyn ymlaen, meddai'r Meistr,
yr ARGLWYDD. 15 Fydda i ddim yn gadael i'r gwledydd eraill eich sarhau chi. Fydd dim rhaid i chi
deimlo cywilydd o flaen pawb. Fyddwch chi ddim yn colli'ch plant.' " Dyna neges y Meistr,
yr ARGLWYDD.

Duw ar waith drwy Hanes Israel

16 Dyma'r ARGLWYDD yn rhoi'r neges yma i mi: 17 "Ddyn, pan oedd pobl Israel yn byw yn eu
gwlad eu hunain, roedden nhw wedi llygru'r wlad drwy'r ffordd roedden nhw'n ymddwyn.
Roedd yn aflan, fel gwraig pan mae'n dioddef o'r misglwyf. 18 Felly dw i wedi tywallt fy
llid arnyn nhw, am eu bod nhw wedi tywallt gwaed a llygru'r wlad gyda'u heilunod. 19 Dw
i wedi'u gyrru nhw ar chwâl drwy'r gwledydd. Dw i wedi'u cosbi nhw am y ffordd roedden
nhw'n ymddwyn.

36:9-11 Lefiticus 26:9

20“Ond wedyn, roedden nhw'n dal i sarhau fy enw sanctaidd ar ôl cyrraedd y gwledydd
hynny. Roedd pobl yn dweud amdanyn nhw, ‘Maen nhw i fod yn bobl yr ARGLWYDD, ond maen
nhw wedi colli eu tir!’ 21Rôn i'n poeni am fy enw da. Roedd yn cael ei sarhau gan bobl Israel
ble bynnag roedden nhw'n mynd.
22“Felly dywed wrth bobl Israel, ‘Dyma mae'r ARGLWYDD, y Meistr, yn ei ddweud: Dw i ddim
yn gwneud hyn er eich mwyn chi, bobl Israel, ond er mwyn cadw fy enw da – yr enw dych chi
wedi'i sarhau ym mhobman. 23Dw i'n mynd i ddangos mor wych ydy fy enw i – yr enw dych
chi wedi'i sarhau ym mhobman. Bydd y gwledydd i gyd yn deall mai fi ydy'r ARGLWYDD. Bydd
beth fydd yn digwydd i chi yn dangos yn glir iddyn nhw mor wych ydw i.
24“ ‘Bydda i'n eich casglu chi a dod â chi allan o'r gwledydd i gyd, a mynd â chi yn ôl
i'ch gwlad eich hunain. 25Bydda i'n taenellu dŵr glân arnoch chi, a byddwch chi'n cael eich
glanhau o bopeth sy'n eich gwneud chi'n aflan, ac yn stopio addoli eilun-dduwiau. 26Bydda
i'n rhoi calon newydd i chi, ac yn rhoi ysbryd newydd i chi. Byddai'n cymryd y galon garreg
ystyfnig i ffwrdd ac yn rhoi calon newydd dyner i chi. 27Dw i'n mynd i anadlu fy Ysbryd fy
hun i mewn i chi, i wneud yn siŵr eich bod chi'n ufudd i mi ac yn gwneud beth sy'n iawn.
28Wedyn byddwch chi'n cael byw yn y wlad rois i i'ch hynafiaid chi. Chi fydd fy mhobl i, a fi
fydd eich Duw chi. 29Bydda i'n eich achub chi o ganlyniadau'r holl bethau aflan wnaethoch
chi. Byddai'n gwneud i'r caeau roi cnydau mawr i chi, yn lle anfon newyn arnoch chi. 30Bydd
digonedd o ffrwythau'n tyfu ar y coed, a bydd cnydau'r caeau i gyd yn llwyddo. Fyddwch
chi byth eto'n gorfod cywilyddio am fod y gwledydd o'ch cwmpas chi'n eich gweld chi'n
diodde o newyn. 31Byddwch chi'n edrych yn ôl ac yn cofio'r holl bethau drwg wnaethoch chi,
ac yn teimlo cywilydd ofnadwy am yr holl bechodau a'r pethau ffiaidd wnaethoch chi. 32Ond
dw i eisiau i hyn fod yn glir: Dw i ddim yn gwneud hyn er eich mwyn chi, meddai'r ARGLWYDD,
y Meistr. Dylech chi fod â chywilydd go iawn o'r ffordd dych chi wedi ymddwyn!
33“ ‘Dyma mae'r ARGLWYDD, y Meistr, yn ei ddweud: Pan fydda i'n eich glanhau chi o'ch
pechodau, bydda i'n dod â phobl yn ôl i fyw yn y trefi. Bydd yr adfeilion yn cael eu hadeiladu
eto. 34Bydd y tir anial yn cael ei drin a'i aredig eto, yn lle bod pawb yn ei weld wedi tyfu'n
wyllt. 35Bydd pobl yn dweud, “Mae'r wlad yma oedd yn anial wedi troi i fod fel gardd Eden
unwaith eto. Mae'r trefi oedd yn adfeilion wedi'u hadeiladu eto, ac mae pobl yn byw ynddyn
nhw!” 36Bydd y gwledydd sydd ar ôl o'ch cwmpas chi yn sylweddoli mai fi sydd wedi achosi
i'r trefi gael eu hadeiladu ac i'r tir gael ei drin unwaith eto. Fi ydy'r ARGLWYDD, a bydd beth
dw i'n ddweud yn digwydd!’
37“Dyma mae'r ARGLWYDD, y Meistr, yn ei ddweud: Dw i'n mynd i adael i bobl Israel ofyn
i mi wneud hyn iddyn nhw. Bydd yna gymaint o bobl ag sydd o ddefaid yn y wlad! 38Bydd
fel yr holl ddefaid sy'n cael eu cymryd i'w haberthu yn Jerwsalem adeg y gwyliau crefyddol!
Bydd yr holl drefi oedd yn adfeilion yn llawn pobl unwaith eto! A bydd pawb yn deall wedyn
mai fi ydy'r ARGLWYDD.”

Dyffryn o Esgyrn Sychion yn dod yn fyw

37 Roedd dylanwad yr ARGLWYDD arna i, a dyma'i Ysbryd yn mynd â fi i ffwrdd ac yn fy
ngosod yng nghanol dyffryn llydan. Roedd y dyffryn yn llawn o esgyrn. 2Gwnaeth
i mi gerdded o gwmpas drwy'i canol nhw, yn ôl ac ymlaen. Roedden nhw ym mhobman!
Esgyrn sychion ar lawr y dyffryn i gyd. 3Yna gofynnodd i mi, “Ddyn, oes gobaith i'r esgyrn
yma ddod yn ôl yn fyw eto?” A dyma fi'n ateb, “Meistr, ARGLWYDD, dim ond ti sy'n gwybod
hynny.” 4Yna dyma fe'n gofyn i mi broffwydo dros yr esgyrn, a dweud wrthyn nhw: “Esgyrn
sychion, gwrandwch ar neges yr ARGLWYDD. 5Dyma mae'r ARGLWYDD, y Meistr, yn ei ddweud:
‘Dw i'n mynd i roi anadl ynoch chi, a dod â chi yn ôl yn fyw. 6Dw i'n mynd i roi cnawd arnoch
chi, gewynnau a chyhyrau, a rhoi croen amdanoch chi. Wedyn bydda i'n rhoi anadl ynoch
chi, a byddwch chi'n dod yn ôl yn fyw. Byddwch chi'n gwybod wedyn mai fi ydy'r ARGLWYDD.’ ”

36:27 Eseciel 11:19-20; Jeremeia 31:31-34 36:28 Exodus 6:7

[7]Felly, dyma fi'n proffwydo fel roedd Duw wedi dweud wrtho i. Ac wrth i mi wneud hynny
dyma fi'n clywed sŵn ratlo, a dyma'r esgyrn yn dod at ei gilydd, pob un yn ôl i'w le. [8]Wrth
i mi edrych dyma fi'n gweld gewynnau a chyhyrau'n dod arnyn nhw, a chroen yn ffurfio
amdanyn nhw, ond doedd dim anadl ynddyn nhw.
[9]A dyma'r ARGLWYDD yn dweud wrtho i, "Proffwyda i'r anadl ddod. Ddyn, proffwyda a dweud,
'Dyma mae'r ARGLWYDD, y Meistr, yn ei ddweud: Tyrd anadl, o'r pedwar gwynt. Anadla ar
y cyrff yma, iddyn nhw ddod yn ôl yn fyw.' " [10]Felly, dyma fi'n proffwydo fel roedd Duw wedi
dweud wrtho i a dyma nhw'n dechrau anadlu. Roedden nhw'n fyw! A dyma nhw'n sefyll ar
eu traed, yn un fyddin enfawr.
[11]Yna dyma'r ARGLWYDD yn dweud wrtho i, "Ddyn, pobl Israel ydy'r esgyrn yma. Maen nhw'n
dweud, 'Does dim gobaith! – dŷn ni wedi'n taflu i ffwrdd, fel esgyrn sychion.' [12]Ond dw
i eisiau i ti broffwydo a dweud wrthyn nhw, 'Dyma mae'r ARGLWYDD, y Meistr, yn ei ddweud:
Dw i'n mynd i agor eich beddau, a dod â chi allan yn fyw! O fy mhobl, dw i'n mynd i'ch
arwain chi yn ôl i wlad Israel! [13]Pan fydda i'n agor eich beddau a dod â chi allan, byddwch
chi'n deall wedyn mai fi ydy'r ARGLWYDD. [14]Dw i'n mynd i anadlu fy Ysbryd fy hun i mewn
i chi, a byddwch yn byw. Dw i'n mynd i'ch setlo chi i lawr yn ôl yn eich gwlad eich hunain,
a byddwch chi'n deall wedyn mai fi ydy'r ARGLWYDD. Mae beth dw i'n ddweud yn mynd
i ddigwydd,' " meddai'r ARGLWYDD.

Pobl Dduw yn un eto

[15]Dyma'r ARGLWYDD yn rhoi'r neges yma i mi: [16]"Ddyn, dw i eisiau i ti gymryd ffon, ac
ysgrifennu arni, 'Jwda a holl bobl Israel sydd gydag e.' Yna cymer ffon arall, ac ysgrifennu arni hi,
'ffon Joseff, sef Effraim, a holl bobl Israel sydd gydag e.' [17]Dal nhw gyda'i gilydd yn dy law, fel
un ffon. [18]Yna pan fydd dy bobl yn gofyn, 'Wyt ti am esbonio i ni beth rwyt ti'n wneud?' [19]Dwed
wrthyn nhw, 'Dyma mae'r ARGLWYDD, y Meistr, yn ei ddweud: Dw i'n mynd i gymryd y ffon sy'n
cynrychioli Joseff a'r llwythau sydd gydag e, a'i chysylltu hi gyda ffon Jwda. Byddan nhw'n un
ffon yn fy llaw i.' [20]Dal y ffyn rwyt ti wedi ysgrifennu arnyn nhw o'u blaenau, [21]a dweud fel yma,
'Dyma mae'r ARGLWYDD, y Meistr, yn ei ddweud: Dw i'n mynd i gasglu pobl Israel o'r gwledydd
lle'r aethon nhw. Dw i'n mynd i'w casglu nhw o'r gwledydd hynny, a dod â nhw adre i'w gwlad
eu hunain. [22]Dw i'n mynd i'w gwneud nhw'n un genedl eto, ar fynyddoedd Israel. Un brenin
fydd ganddyn nhw, a fyddan nhw byth eto wedi'u rhannu'n ddwy wlad ar wahân. [23]Fyddan nhw
ddim yn llygru eu hunain yn addoli eu heilunod ffiaidd, nac yn gwrthryfela yn fy erbyn i. Dw i'n
mynd i'w hachub nhw er eu bod nhw wedi troi oddi wrtho i a phechu. Dw i'n mynd i'w glanhau
nhw. Nhw fydd fy mhobl i, a fi fydd eu Duw nhw. [24]Fy ngwas Dafydd fydd yn frenin arnyn nhw.
Yr un bugail fydd ganddyn nhw i gyd. Byddan nhw'n ufudd i mi, ac yn gwneud beth sy'n iawn.
[25]" 'Byddan nhw'n byw ar y tir rois i i'm gwas Jacob, lle roedd eu hynafiaid yn byw. Byddan
nhw'n cael byw yno, a'u plant, a'u disgynyddion am byth. Fy ngwas Dafydd fydd eu pennaeth
nhw am byth. [26]Bydda i'n gwneud ymrwymiad i roi heddwch iddyn nhw – ymrwymiad fydd
yn para am byth. Bydda i'n eu setlo nhw yn y tir, yn gwneud i'r boblogaeth dyfu eto, a gosod
y deml yn eu canol nhw am byth. [27]Bydda i'n byw gyda nhw. Fi fydd eu Duw nhw, a nhw fydd
fy mhobl i. [28]Pan fydd fy nheml yn eu canol nhw am byth, bydd y cenhedloedd yn gwybod fy
mod i, yr ARGLWYDD, wedi cysegru Israel i mi fy hun.' "[e]

Y Frwydr Olaf

Gog yn offeryn yn llaw Duw

38 Dyma'r ARGLWYDD yn rhoi'r neges yma i mi [2]"Ddyn, dw i eisiau i ti droi i wynebu Gog
o dir Magog, sef y tywysog sy'n teyrnasu dros Meshech a Twbal. Proffwyda yn ei

---

e 37:24-28 Mae'r addewidion yma yn debyg i'r bendithion wnaeth Duw eu haddo i'w bobl ffyddlon yn Lefiticus 26:1-13.

37:26 Eseia 55:3; Jeremeia 31:31; 32:40; Eseciel 16:60

erbyn, 3a dweud: 'Dyma mae'r ARGLWYDD, y Meistr, yn ei ddweud: Dw i'n mynd i ddelio gyda
ti, Gog, tywysog Meshech a Twbal. 4Dw i'n mynd i dy droi di rownd, rhoi bachyn yn dy ên,
a dy arwain di a dy fyddin i ryfel – gyda dy geffylau a dy farchogion arfog, yn dyrfa enfawr
yn cario tarianau mawr a bach ac yn chwifio'u cleddyfau. 5Bydd byddinoedd Persia, dwyrain
Affrica[f] a Libia gyda nhw. Hwythau hefyd wedi'u harfogi gyda tharianau a helmedau. 6Hefyd
Gomer a'i byddin, a Beth-togarma o'r gogledd pell, a llawer o bobloedd eraill.

7" ' "Bydd barod – ti a phawb arall sydd gyda ti. Ti sydd i arwain. 8Ar ôl amser hir,
byddi'n cael dy alw i wlad Israel. Gwlad wedi'i hadfer ar ôl cael ei dinistrio gan ryfel. Gwlad
â'i phobl wedi'u casglu at ei gilydd ar y mynyddoedd oedd wedi bod yn anial am amser
hir. Pobl wedi dod adre ac yn teimlo'n saff yn eu gwlad. 9Byddi'n ymosod arnyn nhw fel
storm. Byddi di a dy fyddin, a byddinoedd yr holl wledydd eraill, fel cwmwl du yn dod dros
y wlad."

10" 'Dyma mae'r ARGLWYDD, y Meistr, yn ei ddweud: Bryd hynny byddi di'n cael syniad, ac yn
cynllwynio i wneud drwg. 11"Dw i am ymosod ar Israel. Gwlad o drefi heb waliau na giatiau
a barrau i'w hamddiffyn! Fydd ei phobl ddim yn disgwyl y peth; maen nhw'n teimlo mor
saff! 12Dw i'n mynd i ysbeilio a rheibio'r bobl sydd wedi'u casglu at ei gilydd o'r gwledydd,
yn byw lle roedd adfeilion, yn ffermio gwartheg a marchnata, ac yn meddwl mai nhw ydy
canolbwynt y byd!" 13Bydd Sheba a Dedan a marchnatwyr Tarshish yn gofyn, "Wyt ti wedi dod
i ysbeilio? Wyt ti wedi casglu dy fyddin i reibio'r wlad – cymryd yr arian a'r aur, y gwartheg
a phopeth arall sydd ganddyn nhw?" '

14"Felly ddyn, proffwyda a dywed wrth Gog: 'Dyma mae'r ARGLWYDD, y Meistr, yn ei ddweud:
Bryd hynny, pan fydd fy mhobl Israel yn teimlo'n saff, bydd rhywbeth yn tynnu dy sylw.
15Byddi'n gadael dy wlad yn y gogledd pell, ac yn dod gyda thyrfa enfawr – dy gafalri a dy
fyddin fawr. 16Byddi'n dod fel cwmwl du dros y wlad. Ac yn y dyfodol pan fydd hyn yn digwydd,
Gog, bydd y gwledydd i gyd yn cydnabod pwy ydw i. Bydd beth fydd yn digwydd i ti, Gog, yn
dangos yn glir iddyn nhw mor wych ydw i.

17" 'Dyma mae'r ARGLWYDD, y Meistr, yn ei ddweud: Ai ti ydy'r un gwnes i sôn amdano yn
y gorffennol drwy fy ngweision y proffwydi yn Israel? Roedden nhw'n proffwydo yn bell yn
ôl, flwyddyn ar ôl blwyddyn, y byddwn i'n dod â ti yn eu herbyn nhw.

Duw yn cosbi Gog

18" ' "Y diwrnod hwnnw, pan fydd Gog yn ymosod ar wlad Israel, bydda i wedi cynhyrfu,
a gwylltio'n lân. 19Bydd tân fy ffyrnigrwydd yn llosgi. Bydd daeargryn yn ysgwyd gwlad
Israel bryd hynny. 20Bydd pawb a phopeth yn crynu mewn ofn o mlaen i – pysgod, adar,
anifeiliaid gwyllt, creaduriaid bach a phryfed, a phob person byw! Bydd y mynyddoedd yn
cael eu bwrw i lawr, y clogwyni'n dryllio a phob wal sydd wedi'i hadeiladu yn syrthio.
21Bydda i'n galw am gleddyf i ymosod arnat ti ar fynyddoedd Israel, Gog," meddai'r Meistr, yr
ARGLWYDD. "Bydd dy filwyr yn dechrau ymladd yn erbyn ei gilydd. 22Bydda i'n barnu Gog
gydag afiechydon ofnadwy, a thrais. Bydd storm yn arllwys i lawr arno fe a'i fyddin, a phawb
arall sydd gyda nhw – cenllysg, tân a lafa. 23Dw i'n mynd i godi i fyny a dangos mor wych
ydw i. Bydda i'n dangos pwy ydw i i'r gwledydd i gyd. Byddan nhw'n deall wedyn mai fi
ydy'r ARGLWYDD." '

Cwymp Gog

39 "Ddyn, proffwyda yn erbyn Gog, a dweud, 'Dyma mae'r ARGLWYDD, y Meistr, yn ei
ddweud: Dw i'n mynd i ddelio gyda ti Gog, tywysog Meshech a Twbal! 2Dw i'n
mynd i dy droi di rownd, a dy lusgo di o'r gogledd pell i ymosod ar fynyddoedd Israel. 3Ond
wedyn bydda i'n taro'r bwa o dy law dde a'r saethau o dy law chwith. 4Byddi di a dy filwyr,
a phawb arall sydd gyda ti, yn syrthio'n farw ar fynyddoedd Israel. Byddi'n fwyd i bob math
o adar rheibus ac anifeiliaid gwyllt. 5Byddi'n disgyn yn farw ar dir agored. Fi ydy'r ARGLWYDD,

f 38:5 *dwyrain Affrica* Hebraeg, *Cwsh*. Yr ardal i'r de o wlad yr Aifft, sef gogledd Swdan heddiw.

y Meistr, a dw i wedi dweud beth sydd i ddod. 6 Bydda i'n anfon tân ar Magog a'r bobl sy'n
byw ar yr arfordir, ac sy'n teimlo'u bod nhw mor saff. Byddan nhw'n deall wedyn mai fi ydy'r
ARGLWYDD. 7 Dw i ddim yn mynd i adael i fy enw sanctaidd i gael ei sarhau o hyn allan. A bydd
y cenhedloedd yn deall wedyn mai fi ydy'r ARGLWYDD, Un Sanctaidd Israel.
8 " 'Mae'n dod! Ydy, mae'n mynd i ddigwydd!' meddai'r Meistr, yr ARGLWYDD. 'Dyma'r
diwrnod soniais i amdano. 9 Bydd y rhai sy'n byw yn y trefi yn Israel yn mynd allan i losgi'r
arfau rhyfel i gyd – y tarianau bach a mawr, pob bwa saeth, pastwn rhyfel a gwaywffon –
byddan nhw'n dal i'w llosgi am saith mlynedd! 10 Fydd dim angen coed o gefn gwlad na
thorri coed o'r fforestydd. Byddan nhw'n llosgi'r arfau. Byddan nhw'n ysbeilio a rheibio'r
bobl oedd wedi'u rheibio nhw,' meddai'r Meistr, yr ARGLWYDD.

Claddu Gog

11 " 'Bydda i wedi paratoi mynwent anferth yn Israel i Gog a'i filwyr – yn Nyffryn y Teithwyr,
i'r dwyrain o'r Môr Marw. Bydd y dyffryn yn cael ei gau i deithwyr, am fod Gog a'i fyddin i gyd
wedi'u claddu yno. Byddan nhw'n galw'r dyffryn yn Ddyffryn Hamon-Gog o hynny ymlaen.
12 Bydd yn cymryd saith mis i bobl Israel lanhau y tir o'r cyrff, a'u claddu nhw i gyd. 13 Bydd
pawb yn Israel yn gorfod helpu gyda'r gwaith. Bydd y diwrnod y bydda i'n dangos mor wych
ydw i yn ddiwrnod mawr i bobl Israel.
14 " 'Ar ddiwedd y saith mis bydd criwiau o ddynion yn cael eu penodi i chwilio drwy'r wlad
am unrhyw gyrff sydd wedi'u gadael ar ôl, a'u claddu nhw. Byddan nhw gwneud yn siŵr
fod y tir wedi'i lanhau'n gyfan gwbl. 15 Pan fydd un o'r dynion yn dod o hyd i asgwrn dynol
byddan nhw'n marcio'r fan gydag arwydd er mwyn i'r rhai sy'n eu claddu ei gymryd i ffwrdd
a'i gladdu yn y fynwent dorfol yn Nyffryn Hamon-Gog. 16 (Bydd tref o'r enw Hamonâ[ff] yno
hefyd.) Byddan nhw'n glanhau'r tir.'
17 "A ti, ddyn, dyma mae'r ARGLWYDD, y Meistr, yn ei ddweud: 'Galw'r adar a'r anifeiliaid
gwyllt at ei gilydd. Dwed wrthyn nhw, "Dewch yma. Dw i wedi paratoi lladdfa – gwledd i chi
ar fynyddoedd Israel! Dewch i fwyta eu cnawd ac yfed eu gwaed. 18 Cewch fwyta cyrff milwyr
ac yfed gwaed penaethiaid y gwledydd – hyrddod, ŵyn, bychod geifr, teirw, a lloi wedi'u pesgi
yn Bashan. 19 Byddwch yn stwffio eich hunain ar fraster, ac yn meddwi ar waed yn y wledd
dw i wedi'i pharatoi i chi. 20 Byddwch yn dod at fy mwrdd ac yn gwledda ar gnawd ceffylau
a marchogion, arwyr a milwyr o bob math," meddai'r Meistr, yr ARGLWYDD.

Adfer Israel

21 " 'Bydda i'n dangos fy ysblander i'r cenhedloedd. Bydd y gwledydd i gyd yn fy ngweld
i'n eu barnu nhw, ac mor rymus ydw i. 22 O hynny ymlaen, bydd pobl Israel yn deall mai fi
ydy'r ARGLWYDD eu Duw nhw. 23 Bydd y cenhedloedd yn deall fod pobl Israel wedi'u cymryd yn
gaeth am bechu drwy fod yn anffyddlon i mi. Felly dyma fi'n troi i ffwrdd oddi wrthyn nhw
ac yn gadael i'w gelynion eu lladd nhw. 24 Dyma nhw'n cael beth roedden nhw'n ei haeddu
am wneud pethau mor aflan a gwrthryfela yn fy erbyn i.'
25 "Felly, dyma mae'r ARGLWYDD, y Meistr, yn ei ddweud: 'Dw i'n mynd i adfer sefyllfa pobl
Jacob, a dangos trugaredd at bobl Israel. Dw i'n mynd i ddangos fy sêl dros fy enw sanctaidd.
26 Byddan nhw'n teimlo cywilydd go iawn am fod mor anffyddlon i mi, pan fyddan nhw'n byw
yn saff yn y wlad a neb yn eu dychryn nhw. 27 Bydda i'n dangos mor wych ydw i drwy beth
fydd yn digwydd iddyn nhw. Bydda i wedi dod â nhw adre o wledydd eu gelynion. 28 Byddan
nhw'n deall wedyn mai fi ydy'r ARGLWYDD eu Duw. Fi wnaeth eu cymryd nhw'n gaeth i'r
cenhedloedd, a fi fydd yn eu casglu nhw'n ôl i'w gwlad eu hunain. Fydda i'n gadael neb ar
ôl. 29 Fydda i ddim yn troi i ffwrdd oddi wrthyn nhw byth eto. Bydda i'n tywallt fy ysbryd ar
bobl Israel.' " Dyna neges y Meistr, yr ARGLWYDD.

---

ff 39:16 *Hamonâ* sef, 'tyrfa' neu 'haid'.

Gweledigaeth y Deml Newydd
(40:1 – 48:35)

Eseciel yn mynd i Jerwsalem

40 Roedd hi'n ddechrau'r flwyddyn, ddau ddeg pum mlynedd ar ôl i ni gael ein cymryd
yn gaeth i Babilon, ar y degfed diwrnod o'r mis cyntaf[g] (sef un deg pedair blynedd
ar ôl i ddinas Jerwsalem gael ei dinistrio). Roedd dylanwad yr ARGLWYDD arna i, a dyma
fe'n mynd â fi i wlad Israel. 2Aeth â fi yno mewn gweledigaeth a'm gosod ar ben mynydd
uchel iawn. Roedd adeiladau i'w gweld i gyfeiriad y de, tebyg i ddinas. 3Dyma fe'n mynd
â fi yno; ac yno'n sefyll o flaen giât y ddinas roedd dyn oedd yn ddisglair fel pres. Roedd
ganddo dâp mesur a ffon fesur yn ei law. 4Dwedodd wrtho i, "Ddyn, edrych yn ofalus
a gwrando'n astud. Dw i eisiau i ti sylwi'n fanwl ar bopeth dw i'n ddangos i ti. Dyna pam
mae Duw wedi dod â ti yma. Rwyt i fynd yn ôl a dweud wrth bobl Israel am bopeth rwyt ti
wedi'i weld."
5Roedd wal o gwmpas adeiladau'r deml. Roedd ffon fesur tua tri metr o hyd yn llaw y dyn.
Roedd y wal yn dri metr o drwch a tri metr o uchder.

Y Giât Allanol i'r Dwyrain

6Yna aeth at y giât oedd yn wynebu'r dwyrain. Dringodd i fyny'r grisiau a mesur y trothwy
allanol. Roedd yn dri metr o ddyfnder. 7Roedd cilfachau i'r gwarchodwyr bob ochr i'r fynedfa –
pob un yn dri metr sgwâr, gyda wal dau fetr a hanner rhyngddyn nhw. Roedd trothwy mewnol
y fynedfa i'r ystafell gyntedd o flaen cwrt y deml yn dri metr o ddyfnder. 8Yna mesurodd yr
ystafell gyntedd. 9Roedd yn bedwar metr o hyd, gyda colofnau oedd yn fetr o drwch. Roedd
y cyntedd hwn yn wynebu cwrt y deml. 10Roedd tair cilfach bob ochr i'r fynedfa, sef y giât
ddwyreiniol. Roedden nhw i gyd yr un faint, a'r waliau rhyngddyn nhw yn mesur yr un faint.
11Roedd lled y fynedfa yn bum metr a chwarter, a'i hyd bron yn saith metr. 12Roedd wal fach
hanner metr o daldra o flaen pob un o'r cilfachau, a'r cilfachau eu hunain yn dri metr sgwâr.
13Yna mesurodd led y fynedfa o'r to uwchben wal gefn un gilfach i'r to uwchben wal gefn
y gilfach gyferbyn â hi. Roedd yn un deg tri metr. 14Mesurodd y colofnau i gyd (o du blaen
y fynedfa i gwrt y deml), ac roedden nhw'n dri deg un metr a hanner o uchder. 15Mesurodd
y pellter o du blaen y fynedfa i du blaen yr ystafell gyntedd fewnol. Roedd yn ddau ddeg
chwech metr. 16Roedd yna ffenestri cul yn waliau cilfachau'r gwarchodwyr ac o gwmpas yr
ystafell gyntedd. Ac roedd y colofnau wedi'u haddurno gyda coed palmwydd.

Y Cwrt Allanol

17Yna aeth â fi allan i gwrt allanol y deml. Roedd yna bafin o gwmpas yr iard, a tri deg
o ystafelloedd o gwmpas y pafin. 18Roedd y pafin yn cysylltu'r giatiau, ac roedd yr un lled
â'r giatiau eu hunain. Dyma'r pafin isaf. 19Yna dyma fe'n mesur y pellter rhwng y tu mewn
i'r giât isaf a tu blaen yr iard fewnol. Roedd yn bum deg dau metr a hanner.

Giât y Gogledd

Aeth â fi wedyn o'r ochr ddwyreiniol i'r ochr ogleddol. 20Mesurodd hyd a lled y fynedfa i'r
iard allanol sy'n wynebu'r gogledd. 21Roedd y cilfachau (tair bob ochr), y colofnau a'r ystafell
gyntedd yr un fath â'r giât gyntaf: dau ddeg chwech metr o hyd ac un deg tri metr o led.
22Roedd y ffenestri, yr ystafell gyntedd a'r coed palmwydd yr un fath ag yn y giât ddwyreiniol.
Roedd saith gris i fyny at y giât ac roedd ystafell gyntedd ar yr ochr fewnol. 23Roedd giât
arall i'r iard fewnol gyferbyn a'r fynedfa ar yr ochr ogleddol, fel gyda'r fynedfa ddwyreiniol.
Mesurodd y pellter o'r naill i'r llall ac roedd yn bum deg dau metr a hanner.

---

g 40:1 *degfed diwrnod o'r mis cyntaf* Ebrill 19, 573 CC mae'n debyg.
40:0 Eseciel 37:26 40:2 Eseia 2:2

Giât y De

[24]Yna aeth â fi i'r ochr ddeheuol. Mesurodd y colofnau a'r cilfachau ar y giât ddeheuol ac
roedden nhw yr un faint â'r lleill. [25]Roedd y ffenestri yno a'r ffenestri yn yr ystafell gyntedd
yr un fath â'r lleill, ac roedd hyd a lled y fynedfa yr un fath hefyd, sef dau ddeg chwech metr
wrth un deg tri metr. [26]Roedd saith gris yn mynd i fyny at y giât, ac roedd ystafell gyntedd
ar yr ochr fewnol. Ac roedd coed palmwydd ar y colofnau, un bob ochr. [27]Roedd giât i'r iard
fewnol yn wynebu'r de hefyd. Mesurodd y pellter o un giât i'r llall, ac roedd yn bum deg
dau metr a hanner.

Tair Giât yr Iard Fewnol

[28]Yna aeth â fi i'r iard fewnol drwy'r giât ddeheuol. Mesurodd y fynedfa, ac roedd yr
un faint â'r lleill. [29]Roedd y cilfachau, y colofnau a'r ystafell gyntedd yr un faint â'r lleill;
roedd ei ffenestri'r un fath; ac roedd yn mesur dau ddeg chwech metr wrth un deg tri metr.
[30]Roedd cynteddau o'i chwmpas, yn un deg tri metr o hyd a dau fetr a hanner o led. [31]Roedd
yr ystafell gyntedd yn wynebu'r iard allanol. Roedd coed palmwydd ar ei cholofnau. Roedd
wyth gris i fyny at y giât.

[32]Yna aeth â fi i ochr ddwyreiniol yr iard fewnol. Mesurodd y fynedfa, ac roedd yr un faint
â'r lleill. [33]Roedd y cilfachau, y colofnau a'r ystafell gyntedd yr un faint â'r lleill; roedd ei
ffenestri'r un fath; ac roedd yn ddau ddeg chwech metr wrth un deg tri metr. [34]Roedd yr
ystafell gyntedd yn wynebu'r iard allanol. Roedd coed palmwydd ar ei cholofnau. Roedd
wyth gris i fyny at y giât.

[35]Yna aeth â fi at y giât ogleddol, a'i mesur. Roedd yr un faint â'r lleill – [36]y cilfachau,
y colofnau a'r ystafell gyntedd; roedd ei ffenestri'r un fath; ac roedd yn mesur dau ddeg
chwech metr wrth un deg tri metr. [37]Roedd yr ystafell gyntedd yn wynebu'r iard allanol. Roedd
coed palmwydd ar ei cholofnau. Roedd wyth gris i fyny at y giât.

Ystafelloedd lle roedd yr Offeiriaid yn gweithio

[38]Roedd drws i mewn i ystafell arall wrth ymyl ystafell y cyntedd. Dyma lle roedd yr offrymau
i'w llosgi yn cael eu golchi. [39]Yn ystafell gyntedd y fynedfa roedd dau fwrdd bob ochr, lle roedd
yr anifeiliaid ar gyfer y gwahanol offrymau yn cael eu lladd – yr offrwm i'w losgi, yr offrwm
i lanhau o bechod, a'r offrwm i gyfaddef bai. [40]Roedd byrddau tu allan i'r ystafell gyntedd
hefyd, dau bob ochr i'r grisiau sy'n mynd at fynedfa'r gogledd. [41]Felly roedd wyth bwrdd i gyd
– pedwar y tu allan i'r fynedfa a phedwar y tu mewn – lle roedd yr anifeiliaid i'w haberthu yn
cael eu lladd. [42]Roedd y pedwar bwrdd ar gyfer yr offrymau i'w llosgi wedi'u cerfio o garreg.
Roedden nhw tua wyth deg centimetr sgwâr, a hanner can centimetr o uchder. Roedd yr offer
oedd yn cael ei ddefnyddio i ladd yr anifeiliaid yn cael eu hongian ar [43]fachau 75 milimetr o hyd
oedd ar y waliau o gwmpas. Roedd cyrff yr anifeiliaid oedd i'w haberthu i'w gosod ar y byrddau.

[44]Y tu allan i'r giât yn yr iard fewnol roedd dwy ystafell – un wrth ochr y giât ogleddol yn
wynebu'r de, a'r llall wrth ochr y giât ddeheuol yn wynebu'r gogledd. [45]A dyma'r dyn yn
dweud wrtho i, "Ystafell yr offeiriaid sy'n gofalu am y deml ydy'r un sy'n wynebu'r de, [46]ac
ystafell yr offeiriaid sy'n gofalu am yr allor ydy'r un sy'n wynebu'r gogledd. Disgynyddion
Sadoc ydy'r dynion yma, sef yr unig rai o ddisgynyddion Lefi sy'n cael mynd yn agos at yr
ARGLWYDD i'w wasanaethu e."

[47]Yna mesurodd yr iard. Roedd yn bum deg dau metr a hanner sgwâr, gyda'r allor yn sefyll
o flaen y deml.

Adeilad Canolog y Deml

[48]Aeth â fi at gyntedd y deml ei hun a mesur ei dwy golofn. Roedden nhw tua dau fetr
a hanner sgwâr. Roedd y giât yn saith metr o led a'r waliau bob ochr yn fetr a hanner o drwch.
[49]Roedd hyd y cyntedd yn ddeg metr a hanner a'i led yn bum metr a thri chwarter, gyda deg
gris yn mynd i fyny ato a cholofnau bob ochr.

41 Yna dyma'r dyn yn mynd â fi i mewn i gysegr allanol adeilad y deml. Mesurodd
y colofnau bob ochr i'r fynedfa. Roedden nhw'n dri metr o led. 2Roedd y fynedfa
ei hun yn bum metr a chwarter, ac roedd y waliau bob ochr yn ddau fetr a hanner o drwch.
Roedd y cysegr allanol yn ddau ddeg un metr o hyd a deg metr a hanner o led.
3Yna aeth y dyn i mewn i'r cysegr mewnol.[ng] Mesurodd y colofnau bob ochr i'r fynedfa yn
fetr o led, y fynedfa ei hun yn dri metr, a'r waliau bob ochr i'r fynedfa yn dri metr a hanner.
4Roedd yr ystafell yn ddeg metr a hanner sgwâr, ar ben pella'r cysegr allanol. "Dyma'r Lle
Mwyaf Sanctaidd," meddai wrtho i.

Yr Ystafelloedd Ochr

5Yna mesurodd wal y deml, ac roedd hi'n dri metr o drwch. Roedd pob un o'r ystafelloedd
ochr o gwmpas y deml yn ddau fetr o led. 6Roedd yr ystafelloedd ochr ar dri llawr, tri deg ar
bob llawr. Roedd y trawstiau o dan yr ystafelloedd yma yn gorwedd ar siliau o gwmpas y wal.
Doedden nhw ddim wedi'u gosod yn wal y deml ei hun. 7Roedd yr ystafelloedd ar y llawr canol
yn lletach na'r rhai ar y llawr isaf, a'r rhai ar llawr uchaf yn lletach eto. Roedd grisiau yn arwain
o'r llawr isaf i'r llawr uchaf drwy'r llawr canol. 8Roedd y deml wedi'i hadeiladu ar deras tri
metr o uchder, ac roedd y teras yma'n rhoi sylfaen i'r ystafelloedd ochr. 9Roedd wal allanol yr
ystafelloedd ochr dros ddau fetr a hanner o drwch. Roedd lle agored rhwng ystafelloedd ochr
y deml 10a'r ystafelloedd ar wal allanol yr iard fewnol; roedd y lle agored yma o gwmpas y deml
i gyd ac yn ddeg metr a hanner o led. 11Roedd dau ddrws o bob ystafell ochr i'r lle agored – un
yn wynebu'r gogledd a'r llall yn wynebu'r de. Roedd dau fetr a hanner o deras o gwmpas y cwbl.

Yr adeilad i'r gorllewin o'r Deml

12Roedd yr adeilad oedd yn wynebu'r iard sydd ar wahân ar ochr orllewinol y deml yn
dri deg saith metr o led. Roedd wal allanol yr adeilad yn ddau fetr a hanner o drwch ac yn
bedwar deg saith metr o hyd.

Mesuriadau'r Deml

13Yna mesurodd y deml ei hun. Roedd yn bum deg dau metr a hanner o hyd, ac roedd yr
iard sydd ar wahân o'i chwmpas yn bum deg dau metr a hanner arall. 14Hefyd roedd lled
y deml a'r iard sydd ar wahân ar yr ochr ddwyreiniol iddi yn bum deg dau metr a hanner.
15Yna mesurodd hyd yr adeilad oedd yn wynebu'r iard sydd ar wahân tu cefn i'r deml
gyda'r galeri bob ochr, ac roedd yn bum deg dau metr a hanner.

Cynllun Mewnol y Cysegr Allanol a'r Cyntedd

Roedd tu mewn y cysegr allanol a'r cyntedd oedd yn wynebu'r cwrt 16wedi'u panelu mewn
pren i gyd. Roedd pob trothwy, y ffenestri culion a'r galerïau ar y tair ochr oedd yn wynebu'r
trothwy wedi'u panelu o'r llawr at y ffenestri. O gwmpas y ffenestri, 17ar y wal sydd uwchben
y fynedfa i'r cysegr mewnol ac ar y tu allan a'r tu mewn i'r cysegr mewnol ei hun 18roedd
y cwbl wedi'i addurno gyda cerwbiaid a choed palmwydd. Roedd coeden balmwydd a cherwb
bob yn ail. Roedd gan bob cerwb ddau wyneb – 19wyneb dyn ac wyneb llew. Roedd y rhain
wedi'u cerfio dros y deml i gyd. 20Roedden nhw'n addurno'r cysegr allanol i gyd, o'r llawr
i'r darn o wal sydd uwchben y fynedfa i'r cysegr mewnol.
21Roedd colofnau sgwâr bob ochr i fynedfa'r cysegr allanol. Yna o flaen y cysegr mewnol
roedd rhywbeth oedd yn edrych fel 22allor bren. Roedd yn fetr a hanner o uchder ac yn fetr
o hyd. Roedd ei gorneli, ei waelod a'i ochrau yn bren. A dyma'r dyn yn dweud wrtho i, "Dyma'r
bwrdd sy'n sefyll o flaen yr ARGLWYDD."
23Roedd drysau dwbl i mewn i'r cysegr allanol ac i'r cysegr mewnol, 24gyda'r drysau'n
agor at allan ac i mewn. 25Roedd cerwbiaid a choed palmwydd wedi'u cerfio ar ddrysau'r

---

ng 41:3 *aeth i mewn i'r cysegr mewnol* Er fod Eseciel (oedd yn offeiriad) wedi cael mynd i mewn i'r cyntedd a'r cysegr allanol, dydy e ddim yn mynd i mewn i'r cysegr mewnol.

cysegr allanol, yr un fath â'r rhai ar y waliau. Ac roedd canopi pren uwchben y cyntedd y tu
allan. 26Roedd ffenestri culion gyda coed palmwydd bob ochr iddyn nhw yn addurno waliau'r
cyntedd. Roedd canopïau uwchben ystafelloedd ochr y deml hefyd.

Blociau eraill o Ystafelloedd

42 Yna aeth y dyn â fi i'r iard allanol, i'r ochr ogleddol. Roedd bloc o ystafelloedd yno
gyferbyn â'r iard sydd ar wahân ac wrth ymyl yr adeilad ger y wal ogleddol. 2Roedd
yn bum deg dau metr a hanner o hyd ac yn ddau ddeg chwech metr a chwarter o led. 3Roedd
y bloc yma o ystafelloedd yn edrych dros yr iard fewnol oedd yn ddeg metr a hanner o led un
ochr, a dros bafin yr iard allanol ar yr ochr arall. Roedd wedi'i adeiladu ar dri llawr. 4O flaen
yr ystafelloedd roedd llwybr pum metr a chwarter o led a phum deg dau metr a hanner o hyd.
Roedd eu drysau'n wynebu'r gogledd. 5Roedd yr ystafelloedd ar y llawr uchaf yn fwy cul, am
fod y galerïau yn cymryd mwy o le nag ar y llawr isaf a'r llawr canol. 6Am eu bod ar dair lefel,
a heb golofnau i'w cynnal fel yr ystafelloedd yn yr iard, roedd yr ystafelloedd uwch wedi'u
gosod yn bellach yn ôl na'r rhai oddi tanyn nhw. 7Roedd wal dau ddeg chwech metr o hyd
rhwng yr ystafelloedd a'r iard allanol. 8Roedd y bloc o ystafelloedd oedd yn wynebu'r iard
allanol yn ddau ddeg chwech metr o hyd, ond y rhai oedd yn wynebu'r deml yn bum deg dau
metr a hanner. 9Roedd mynedfa i'r ystafelloedd isaf o'r iard allanol ar yr ochr ddwyreiniol.
10Ar yr ochr ddeheuol ar hyd wal yr iard allanol roedd bloc arall o ystafelloedd gyferbyn â'r
iard sydd ar wahân ac wrth ymyl yr adeilad ger y wal ogleddol. 11Roedd llwybr o'u blaenau
nhw. Roedden nhw'n union yr un fath â'r ystafelloedd ar yr ochr ogleddol. Roedden nhw yr
un hyd a lled â'r lleill, a'r drysau a phopeth arall yn yr un lle. 12Roedd y drysau'n wynebu'r
de, ac roedd mynedfa i'r ystafelloedd ar yr ochr ddwyreiniol.
13A dyma'r dyn yn dweud wrtho i: "Mae'r ystafelloedd yma i'r gogledd a'r de, ac sy'n
wynebu'r iard sydd ar wahân, yn ystafelloedd sydd wedi'u cysegru. Dyna lle mae'r offeiriaid sy'n
mynd at yr Arglwydd yn bwyta'r offrymau sanctaidd. Dyna lle byddan nhw'n gosod yr offrymau
– yr offrwm o rawn, yr offrwm i lanhau o bechod, a'r offrwm i gyfaddef bai. Mae'r ystafelloedd
yma wedi'u cysegru i'r pwrpas hwnnw. 14Dydy'r offeiriaid ddim i fynd yn syth allan o'r cysegr i'r
iard allanol. Rhaid iddyn nhw dynnu'r dillad cysegredig maen nhw wedi bod yn gweinidogaethu
ynddyn nhw a gwisgo dillad eraill cyn mynd allan i ble mae'r bobl yn cael mynd."

Mesur y Wal Allanol

15Ar ôl iddo orffen mesur y tu mewn i adeiladau'r deml, aeth y dyn â fi allan drwy'r giât
ddwyreiniol a mesur y tu allan i'r cwbl. 16Defnyddiodd ei ffon fesur ar yr ochr ddwyreiniol ac
roedd yn ddau gant chwe deg dau metr a hanner. 17-19Yna mesurodd yr ochr ogleddol, yr ochr
ddeheuol a'r ochr orllewinol, ac roedden nhw i gyd yr un faint. 20Mesurodd y wal ar y pedair
ochr. Roedd yn ddau cant chwe deg dau metr a hanner bob ffordd. Roedd y waliau yma'n
gwahanu'r cysegredig oddi wrth y cyffredin.

Ysblander Duw yn dod yn ôl

43 Yna aeth â fi at y giât oedd yn wynebu'r dwyrain. 2Yno gwelais ysblander Duw
Israel yn dod o gyfeiriad y dwyrain. Roedd ei sŵn yn debyg i sŵn rhaeadr ac roedd
ei ysblander yn goleuo'r ddaear i gyd. 3Roedd yr un fath â'r weledigaeth ges i pan ddaeth
e i ddinistrio'r ddinas, a'r un pan oeddwn i wrth Gamlas Cebar. Dyma fi'n mynd ar fy wyneb
ar lawr. 4A dyma ysblander yr Arglwydd yn mynd yn ôl i mewn i'r deml drwy'r giât oedd yn
wynebu'r dwyrain. 5Yna cododd yr ysbryd fi a mynd â fi i'r iard fewnol. A dyna lle roeddwn
i yn syllu ar ysblander yr Arglwydd yn llenwi'r deml.
6A dyma fi'n clywed llais yn siarad â mi o adeilad y deml. (Roedd y dyn yn dal i sefyll
wrth fy ymyl i.) 7Dwedodd y llais: "Ddyn, dyma lle mae fy ngorsedd i a'r lle i mi orffwys fy

---

43:0 gw. Eseciel 10

nhraed. Bydda i'n byw yma gyda phobl Israel am byth. Fydd pobl Israel a'u brenhinoedd
ddim yn sarhau fy enw sanctaidd i eto drwy eu puteindra ysbrydol na thrwy godi cofgolofnau
i'w brenhinoedd pan fyddan nhw'n marw. 8Wrth adeiladu eu palasau drws nesa i'm teml
i, gyda dim byd ond wal denau yn eu gwahanu nhw, roedden nhw'n sarhau fy enw sanctaidd
i drwy'r pethau ffiaidd roedden nhw'n eu gwneud. Felly dyma fi'n eu difa nhw pan oeddwn
i'n ddig. 9Ond nawr rhaid i'r puteinio ysbrydol stopio a rhaid i'r cofgolofnau brenhinol fynd,
ac wedyn bydda i'n byw gyda nhw am byth.

10"Beth dw i eisiau i ti ei wneud, ddyn, ydy disgrifio'r deml rwyt ti wedi'i gweld i bobl Israel,
er mwyn iddyn nhw fod â chywilydd o'u pechod. Gwna iddyn nhw astudio'r cynllun yn fanwl
11wedyn bydd ganddyn nhw gywilydd go iawn o beth wnaethon nhw. Dangos gynllun y deml
i gyd iddyn nhw – pob mynedfa a drws, y cyfarwyddiadau a'r rheolau i gyd. Tynna lun manwl o'r
cwbl iddyn nhw, er mwyn gwneud yn siŵr eu bod yn deall y cynllun ac yn cadw'n ffyddlon ato.

12"A dyma beth sydd raid ei ddeall am y deml – mae'n hollol sanctaidd! Mae top y mynydd
i gyd, lle mae'r deml i gael ei hadeiladu, wedi'i gysegru'n llwyr. Mae hon yn egwyddor gwbl
sylfaenol."

Yr Allor

13"A dyma fesuriadau'r allor: Mae ei gwter i fod yn bum deg dwy centimetr a hanner
o ddyfnder ac yn bum deg dwy centimetr a hanner o led, gydag ymyl o tua dau ddeg centimetr
o'i chwmpas. Uchder yr allor ei hun 14o'r llawr i'r sil isaf yn un metr, a lled y sil yn bum deg
dwy centimetr a hanner. Yna o'r sil gyntaf i'r ail sil, mae'n ddau fetr arall, a lled y sil honno
eto yn bum deg dwy centimetr a hanner. 15Wedyn mae top yr allor yn ddau fetr arall eto,
gyda corn yn codi o'r pedair cornel. 16Mae top yr allor ei hun yn chwe metr a chwarter o hyd
a chwe metr a chwarter o led, 17gyda sil sy'n ei gwneud yn saith metr a chwarter bob ffordd.
Mae'r ymyl yn ddau ddeg chwech centimetr gyda gwter bum deg dau centimetr a hanner
o led o'i chwmpas. Mae'r grisiau yn mynd i fyny ati o'r ochr ddwyreiniol."

Yr offrymau

18Wedyn dyma fe'n dweud, "Dyma mae'r Arglwydd, y Meistr, yn ei ddweud: 'Dyma'r rheolau
am yr offrymau i'w llosgi a'r gwaed sydd i'w sblasio ar yr allor pan fydd wedi'i hadeiladu.
19Rhaid rhoi tarw ifanc yn offrwm i lanhau o bechod i'r offeiriaid o lwyth Lefi sy'n
ddisgynyddion Sadoc ac sy'n dod ata i i'm gwasanaethu i. 20Dylid cymryd peth o'r gwaed
a'i roi ar bedwar corn yr allor, ar bedair cornel y sil a reit rownd yr ymyl. Bydd yn ei gwneud
yn lân ac yn iawn i'w defnyddio. 21Wedyn rhaid cymryd corff y tarw sy'n offrwm i lanhau
o bechod a'i losgi yn y lle iawn tu allan i'r cysegr.

22" 'Yna ar yr ail ddiwrnod rhaid offrymu bwch gafr sydd â dim o'i le arno yn offrwm
i lanhau o bechod. Byddan nhw'n glanhau yr allor, fel y gwnaethon nhw cyn offrymu'r tarw.
23Ar ôl ei glanhau, rhaid offrymu tarw ifanc sydd â dim byd o'i le arno a hefyd hwrdd sydd
â dim byd o'i le arno. 24Rhaid eu cyflwyno'n offrwm i'r Arglwydd. Bydd yr offeiriaid yn taenu
halen arnyn nhw, ac yna eu rhoi nhw'n offrwm i'w losgi'n llwyr i'r Arglwydd.

25" 'Rwyt i gyflwyno bwch gafr bob dydd am saith diwrnod, yn offrwm i lanhau o bechod,
a hefyd tarw ifanc a hwrdd, y ddau yn anifeiliaid heb unrhyw beth o'i le arnyn nhw. 26Am
saith diwrnod byddan nhw'n gwneud yr allor yn lân ac yn iawn i'w defnyddio. Dyna sut mae'r
allor i gael ei chysegru. 27Ar ôl gwneud hynny, o'r wythfed diwrnod ymlaen bydd yr offeiriaid
yn gallu cyflwyno offrymau i'w llosgi ac offrymau i gydnabod daioni'r Arglwydd; a bydda i'n
eich derbyn chi,' meddai'r Meistr, yr Arglwydd."

Giât y Dwyrain ar gau

44 Yna aeth y dyn â fi yn ôl at giât allanol y cysegr sy'n wynebu'r dwyrain, ond roedd
wedi'i chau. 2A dyma'r Arglwydd yn dweud wrtho i: "Bydd y giât yma yn aros

wedi'i chau. Does neb yn cael mynd drwyddi. Mae'r ARGLWYDD, Duw Israel, wedi mynd drwyddi,
felly rhaid iddi aros ar gau. 3 Dim ond pennaeth y wlad sydd i gael eistedd yn y fynedfa i fwyta
o flaen yr ARGLWYDD. Bydd yn mynd i mewn drwy'r cyntedd ochr ac yn mynd allan yr un ffordd."

Rheolau mynediad i'r Deml

4 Yna aeth y dyn â fi i'r iard fewnol drwy'r giât sy'n wynebu'r gogledd o flaen y deml.
Wrth i mi edrych, rôn i'n gweld ysblander yr ARGLWYDD yn llenwi'r deml a dyma fi'n mynd
ar fy wyneb ar lawr. 5 Dyma'r ARGLWYDD yn dweud wrtho i, "Ddyn, dw i am i ti sylwi ar hyn.
Edrych yn ofalus a gwrando'n astud ar bopeth dw i'n ei ddweud am reolau a deddfau teml
yr ARGLWYDD. Sylwa'n fanwl ar bob mynedfa i'r deml a'r drysau allan o'r cysegr. 6 Dwed wrth
y rebeliaid, pobl Israel, 'Dyma mae'r ARGLWYDD, y Meistr, yn ei ddweud: Dyna ddigon! Mae'r
holl bethau ffiaidd yma wedi mynd yn rhy bell! 7 Dych chi'n dod â phobl o'r tu allan i weithio
yn y cysegr, paganiaid llwyr sy'n dangos dim parch ata i. Dych chi'n llygru'r deml drwy gynnig
beth sydd biau fi – sef y braster a'r gwaed – iddyn nhw. Dych chi wedi torri'r ymrwymiad
rhyngon ni drwy wneud yr holl bethau ffiaidd yma. 8 Dych chi ddim wedi cadw'r rheolau wrth
drin y pethau sanctaidd; dych chi wedi gadael i baganiaid edrych ar ôl y lle yma! 9 Felly dyma
mae'r ARGLWYDD, y Meistr, yn ei ddweud: Dydy'r paganiaid sy'n byw gyda'm pobl Israel ddim
i gael mynd i mewn i'r cysegr eto.

Y Lefiaid fuodd yn anufudd

10 " 'Bydd y Lefiaid wnaeth droi cefn arna i a mynd ar ôl eilunod, fel pawb arall yn Israel,
yn cael eu dal yn gyfrifol am eu pechod. 11 Byddan nhw'n gweithio yn y cysegr ond dim ond
fel dynion diogelwch. Nhw hefyd fydd yn lladd yr anifeiliaid sydd i'w llosgi, a'r aberthau, yn
lle'r bobl eu hunain. Byddan nhw fel gweision i'r bobl. 12 Am eu bod nhw wedi helpu'r bobl
i addoli eilunod a gwneud i bobl Israel faglu a phechu yn fy erbyn i, ar fy llw, bydd rhaid iddyn
nhw wynebu canlyniadau eu pechod, meddai'r Meistr, yr ARGLWYDD. 13 Fyddan nhw ddim yn
cael dod yn agos ata i i wasanaethu fel offeiriaid, na chyffwrdd dim byd dw i wedi'i gysegru.
Bydd rhaid iddyn nhw fyw gyda'r cywilydd o fod wedi mynd drwy'r holl ddefodau ffiaidd yna.
14 Byddan nhw'n gweithio fel gofalwyr y deml ac yn gwneud yr holl waith cynnal a chadw ynddi.

Yr offeiriaid o lwyth Lefi

15 " 'Ond bydd yr offeiriaid o lwyth Lefi sy'n ddisgynyddion Sadoc, yn cael dod ata
i a gwasanaethu fel offeiriaid. Roedden nhw wedi dal ati i wneud eu gwaith yn ffyddlon yn
y deml pan oedd gweddill pobl Israel wedi troi cefn arna i a mynd i addoli eilunod. Byddan
nhw'n dod i gyflwyno braster a gwaed yr aberthau i mi.' " Dyna neges y Meistr, yr ARGLWYDD.
16 " 'Byddan nhw'n dod i mewn i'r cysegr i weini wrth fy mwrdd i a gwneud eu dyletswyddau.
17 " 'Pan fyddan nhw'n dod i mewn drwy giatiau'r iard fewnol rhaid iddyn nhw wisgo dillad
o liain. Dŷn nhw ddim i wisgo gwlân o gwbl pan maen nhw'n gwasanaethu yn yr iard fewnol
neu yn adeilad y Deml ei hun. 18 Rhaid iddyn nhw wisgo twrban o liain a dillad isaf o liain –
dim byd fyddai'n gwneud iddyn nhw chwysu. 19 Ond pan fyddan nhw'n mynd allan at y bobl
i'r iard allanol rhaid iddyn nhw newid eu dillad; cadw'r dillad roedden nhw'n gwasanaethu
ynddyn nhw yn yr ystafelloedd sydd wedi'u neilltuo i'r pwrpas hwnnw, a gwisgo'u dillad
bob dydd. Wedyn fyddan nhw ddim yn peryglu'r bobl drwy ddod â nhw i gysylltiad â'r
dillad sanctaidd.
20 " 'Rhaid iddyn nhw dorri eu gwallt yn rheolaidd – peidio siafio'u pennau, na thyfu eu
gwallt yn rhy hir. 21 Dydy offeiriad ddim i yfed gwin cyn mynd i mewn i'r iard fewnol. 22 Dŷn
nhw ddim i briodi gwraig weddw na gwraig sydd wedi cael ysgariad, dim ond un o ferched
Israel sy'n wyryf neu wraig weddw oedd yn briod ag offeiriad o'r blaen. 23 Byddan nhw'n

---

44:7 gw. 2 Brenhinoedd 11:4-7 44:21 Lefiticus 10:9 44:22 Lefiticus 21:7,13,14

dysgu'r bobl i wahaniaethu rhwng beth sy'n gysegredig a beth sy'n gyffredin, a dangos iddyn
nhw sut i wahaniaethu rhwng beth sy'n aflan ac yn lân.
24 " 'Pan mae pobl yn mynd ag achos i'r llys, yr offeiriaid fydd yn barnu ac yn gwneud yn
union beth dw i'n ddweud. Byddan nhw'n cadw'r deddfau a'r rheolau am y Gwyliau a'r
dyddiau Saboth dw i wedi'u trefnu.
25 " 'Rhaid iddyn nhw beidio gwneud eu hunain yn aflan drwy fynd yn agos at gorff marw,
ac eithrio corff tad, mam, mab, merch, brawd neu chwaer.
26 Pan fydd yr offeiriad yn lân eto
bydd rhaid iddo ddisgwyl am saith diwrnod arall
27 cyn mynd i mewn i'r cysegr. A phan fydd yn
mynd i'r iard fewnol i wasanaethu yn y cysegr eto, bydd rhaid iddo gyflwyno offrwm i lanhau
o bechod,' " meddai'r Meistr, yr ARGLWYDD.
28 " 'Fydd gan offeiriaid ddim tir nac eiddo. Fi ydy eu hunig etifeddiaeth nhw.
29 Yr offrymau
fydd eu bwyd nhw – sef yr offrwm o rawn, yr offrwm i lanhau o bechod, a'r offrwm i gyfaddef
bai, a beth bynnag arall sy'n cael ei gadw o'r neilltu i Dduw gan bobl Israel.
30 A'r offeiriaid
fydd piau ffrwythau cyntaf y cynhaeaf hefyd. Wrth i chi gyflwyno'r rhain, a'r offrwm cyntaf
o does hefyd, bydd yr ARGLWYDD yn bendithio eich cartrefi.
31 Dydy'r offeiriaid ddim i fwyta unrhyw
aderyn neu anifail sydd wedi marw ohono'i hun neu wedi cael ei ladd gan anifail gwyllt.

Rhannu'r Tir

Tir yr ARGLWYDD

45 " 'Pan fyddwch chi'n rhannu'r tir rhwng llwythau Israel, rhaid i chi roi cyfran ohono
i'r ARGLWYDD – darn o dir wedi'i gysegru'n arbennig. Mae i fod dros wyth milltir
o hyd a dros chwe milltir a hanner o led. Bydd yr ardal yna i gyd yn dir cysegredig.
2 (Mae
darn o dir 260 metr wrth 260 metr i'w ddefnyddio ar gyfer y Deml, a llain o dir agored gwag
o'i gwmpas sy'n 26 metr o led.)
3 Mesurwch ddarn o dir dros wyth milltir o hyd a thair milltir
a chwarter o led. Bydd y cysegr a'r Lle Mwyaf Sanctaidd wedi'i osod yn ei ganol.
4 Bydd yn dir
wedi'i gysegru'n arbennig. Tir i'r offeiriaid sy'n gwasanaethu yn y cysegr ac sy'n cael mynd
yn agos at yr ARGLWYDD i'w wasanaethu e. Dyna ble bydd yr offeiriaid yn byw, a dyna hefyd
ble bydd y Deml.
5 Wedyn bydd darn o dir wyth milltir o hyd a thair milltir a chwarter o led ar
gyfer pentrefi y Lefiaid sy'n gwasanaethu yn y deml.
6 " 'Wrth ochr y tir cysegredig yna, bydd darn o dir wyth milltir o hyd a dros filltir a hanner
o led, lle gall unrhyw un o bobl Israel fyw.

Tir y Pennaeth

7 " 'Wedyn bydd dau ddarn o dir ar gyfer pennaeth y wlad – un i'r gorllewin o'r tir cysegredig,
a'r llall i'r dwyrain. Bydd ei ffiniau'n gyfochrog â ffiniau tiroedd y llwythau.
8 Dyna'i diroedd
e yn Israel. Fydd arweinwyr y wlad ddim yn gormesu fy mhobl o hyn ymlaen. Byddan nhw'n
parchu ffiniau'r tir sydd wedi'i roi i bob un o lwythau Israel.

Rheolau i'r arweinwyr

9 " 'Dyma mae'r ARGLWYDD, y Meistr, yn ei ddweud: Dyna ddigon! Chi arweinwyr Israel,
stopiwch yr holl drais a'r gormes yma! Gwnewch beth sy'n iawn ac yn deg. Stopiwch daflu pobl
allan o'u cartrefi.
10 Defnyddiwch glorian sy'n gywir, a mesurau sych a hylifol cywir.
11 Dylai pob
mesur sych a hylifol fod yr un fath, ac yn gywir. Rhaid cael mesur safonol, a rhaid i bob mesur
arall fod yn gyson â'r safon hwnnw.[h]
12 A rhaid i werth arian fod yn gywir hefyd. Pum darn
arian yn bump go iawn, a deg yn ddeg. Rhaid bod hanner cant o ddarnau arian mewn mina.
13 " 'Dyma'r offrwm sydd i'w gyflwyno: un rhan o chwe deg o'r ŷd a'r haidd;
14 un rhan
o gant o'r olew olewydd;
15 ac un ddafad o bob praidd o ddau gant sy'n pori ar dir Israel.

---

h 45:11 *Rhaid cael ... hwnnw* Hebraeg, "rhaid i'r bath fod yn un rhan o ddeg o homer, a'r effa hefyd yn un rhan o ddeg o homer. Yr homer fydd y safon".

44:23 Lefiticus 10:10 44:24 Lefiticus 10:11; Deuteronomium 17:8; 21:5 44:25 Lefiticus 21:1-3
44:30 gw. Numeri 18:8-20 44:31 Lefiticus 22:8

Bydd y rhain yn cael eu defnyddio ar gyfer yr offrwm o rawn, yr offrwm sydd i'w losgi'n llwyr,
a'r offrwm i gydnabod daioni'r ARGLWYDD, i wneud pethau'n iawn rhyngddyn nhw a Duw,' "
meddai'r Meistr, yr ARGLWYDD. 16"Bydd pawb drwy'r wlad i gyd yn gyfrifol i ddod â chyflwyno'r
offrymau yma i bennaeth y wlad. 17Bydd y pennaeth wedyn yn gyfrifol am yr offrymau i'w
llosgi, yr offrymau o rawn a'r offrymau o ddiod ar gyfer y Gwyliau, yr offrymau misol a'r
Sabothau – pob un o wyliau crefyddol Israel. Fe fydd yn cyflwyno'r aberthau dros bechod, yr
offrymau o rawn, yr offrymau i'w llosgi'n llwyr a'r offrymau i gydnabod daioni'r ARGLWYDD,
er mwyn gwneud pethau'n iawn rhwng pobl Israel a Duw.

Y Gwyliau

(Exodus 12:1-20; Lefiticus 23:33-43)

18" 'Dyma mae'r ARGLWYDD, y Meistr, yn ei ddweud: Ar ddiwrnod cynta'r flwyddyn[i] rhaid
aberthu tarw ifanc sydd â dim byd o'i le arno i wneud y cysegr yn lân. 19Bydd yr offeiriad
yn cymryd peth o waed yr offrwm i lanhau o bechod a'i roi ar gilbyst drws y deml, ar bedair
cornel sil yr allor ac ar byst y giât i'r iard fewnol. 20Rhaid gwneud yr un peth ar y seithfed o'r
mis, ar ran unrhyw un sydd wedi pechu'n ddamweiniol neu heb wybod am y peth. Dyna sut
bydd yr offeiriad yn gwneud y deml yn lân.

21" 'Mae Gŵyl y Pasg i'w dathlu ar y pedwerydd ar ddeg o'r mis cyntaf, a rhaid bwyta bara
heb furum ynddo am saith diwrnod. 22Ar y diwrnod hwnnw mae pennaeth y wlad i ddarparu
tarw ifanc yn offrwm i lanhau o bechod ar ei ran ei hun a'r bobl. 23Yna am saith diwrnod yr
Ŵyl mae i gyflwyno anifeiliaid yn offrwm i gael eu llosgi'n llwyr i'r ARGLWYDD: saith tarw ifanc
a saith hwrdd bob dydd, pob un yn anifail â dim byd o'i le arno. Hefyd un bwch gafr bob
dydd yn offrwm i lanhau o bechod. 24Bydd e hefyd yn rhoi deg cilogram o rawn a phedwar litr
o olew olewydd gyda phob tarw a phob hwrdd. 25A bydd yn darparu'r un offrymau ar saith
diwrnod Gŵyl y Pebyll sy'n dechrau ar y pymthegfed diwrnod o'r seithfed mis[l] – sef yr offrwm
i lanhau o bechod, yr offrymau i'w llosgi, yr offrwm o rawn a'r olew olewydd.

Offrymau Pennaeth y Wlad

46 " 'Dyma mae'r ARGLWYDD, y Meistr, yn ei ddweud: Bydd y giât i'r iard fewnol sy'n
wynebu'r dwyrain wedi'i chau ar y chwe diwrnod gwaith; ond bydd yn cael ei hagor
ar y diwrnod Saboth ac ar ŵyl y lleuad newydd bob mis. 2Bydd pennaeth y wlad yn dod
i mewn drwy gyntedd allanol y giât. Bydd yn sefyll wrth ymyl pyst y giât tra bydd yr offeiriaid
yn cyflwyno'r offrwm sydd i'w losgi'n llwyr a'r offrwm i gydnabod daioni'r ARGLWYDD. Bydd
yn ymgrymu i addoli ar drothwy'r giât, ac yna'n mynd allan. Ond fydd y giât ddim yn cael ei
chau nes iddi nosi. 3Bydd y bobl gyffredin yn addoli tu allan i'r fynedfa honno ar y Sabothau
ac ar ŵyl y lleuad newydd bob mis.

4" 'Dyma fydd pennaeth y wlad yn ei roi yn offrwm i'w losgi bob Saboth: chwe oen ac un
hwrdd heb ddim byd o'i le arnyn nhw. 5Bydd deg cilogram o rawn yn cael ei offrymu gyda'r
hwrdd, a faint bynnag mae e eisiau'i roi gyda phob oen. Mae hefyd i roi galwyn o olew
olewydd gyda phob mesur o rawn. 6Ar ŵyl y lleuad newydd mae i offrymu tarw ifanc, chwe
oen ac un hwrdd – anifeiliaid sydd â dim byd o'i le arnyn nhw. 7Offrwm o rawn hefyd – sef
deg cilogram gyda'r tarw, deg cilogram gyda'r hwrdd, faint bynnag mae e eisiau ei roi gyda
phob oen, a galwyn o olew olewydd gyda phob mesur o rawn. 8Mae pennaeth y wlad i fynd
at y giât drwy'r cyntedd allanol, a mynd allan yr un ffordd.

9" 'Ond pan mae'r bobl gyffredin yn mynd i addoli'r ARGLWYDD ar y gwyliau crefyddol, mae pwy
bynnag sy'n mynd i mewn drwy giât y gogledd i fynd allan drwy giât y de, a'r ffordd arall. Does

---

i 45:18 *flwyddyn* Hebraeg, "mis cyntaf", sef Abib (sydd hefyd yn cael ei alw yn Nisan). Mis cyntaf y calendr Hebreig sy'n rhedeg o tua canol Mawrth i ganol Ebrill. l 45:25 *seithfed mis* Tishri (neu Ethanim), sef seithfed mis y calendr Hebreig, o tua canol Medi i ganol Hydref.

45:17 Numeri 28:11-15 45:18 Exodus 12:1-13; Deuteronomium 16:1,2

neb i fynd allan yr un ffordd ag yr aeth i mewn; rhaid iddyn nhw ddefnyddio'r giât gyferbyn. 10Ar
yr adegau yma bydd pennaeth y wlad yn mynd i mewn ac allan gyda gweddill y bobl.
11" 'Adeg y gwyliau crefyddol dylid cyflwyno deg cilogram o rawn gyda'r tarw, deg cilogram
gyda'r hwrdd, a faint bynnag mae rhywun eisiau gyda'r ŵyn. A galwyn o olew olewydd
gyda phob mesur o rawn. 12Pan mae pennaeth y wlad yn cyflwyno offrwm sy'n cael ei
roi'n wirfoddol, offrwm i'w losgi'n llwyr neu offrwm i gydnabod daioni'r ARGLWYDD, a hynny
o'i ddewis ei hun, bydd y giât sy'n wynebu'r dwyrain yn cael ei hagor iddo. Bydd yn cyflwyno'r
offrymau yn union fel mae'n gwneud ar y Saboth. Wedyn bydd yn mynd allan, a bydd y giât
yn cael ei chau tu ôl iddo.

Yr Offrwm dyddiol

13" 'Bob bore rhaid i oen blwydd oed sydd â dim byd o'i le arno gael ei gyflwyno yn offrwm
i'w losgi'n llwyr i'r ARGLWYDD. 14Gyda'r oen rhaid cyflwyno offrwm o rawn bob bore – tua dau
gilogram ac un rhan o dair o alwyn o olew olewydd i wlychu'r blawd. Fydd y rheol yma am yr
offrwm o rawn byth yn newid. 15Mae'r oen, yr offrwm o rawn a'r olew olewydd i'w gyflwyno
bob bore yn offrwm i'w losgi'n llwyr.

Y pennaeth a'r tir

16" 'Dyma mae'r ARGLWYDD, y Meistr, yn ei ddweud: Os ydy pennaeth y wlad yn rhoi tir i un
o'i feibion ei etifeddu, bydd y tir hwnnw'n perthyn iddo fe a'i ddisgynyddion am byth. 17Ond
os ydy e'n rhoi tir i un o'i weision, bydd yn perthyn i'r gwas hyd flwyddyn y rhyddhau;ll bryd
hynny bydd y pennaeth yn cael y tir yn ôl. Dim ond y meibion sy'n cael cadw'r etifeddiaeth
am byth. 18Ddylai pennaeth y wlad ddim cymryd tir pobl oddi arnyn nhw a'u gorfodi nhw
i adael eu cartrefi. Dim ond ei dir ei hun mae'n cael ei roi i'w feibion. Ddylai fy mhobl ddim
cael eu gyrru oddi ar eu tir.' "

Cegin yr Offeiriaid

19Wedyn aeth â fi drwy'r fynedfa sydd wrth ymyl y giât ac i mewn i ystafelloedd yr
offeiriaid oedd yn wynebu'r gogledd. Dangosodd ystafell i mi oedd reit ar y pen draw ar yr
ochr orllewinol. 20"Dyma lle mae'r offeiriaid yn berwi cig yr offrwm i gyfaddef bai a'r offrwm
i lanhau o bechod," meddai. "Dyma hefyd lle maen nhw'n pobi'r offrwm o rawn. Maen nhw'n
gwneud y cwbl yma er mwyn osgoi mynd â'r offrymau drwy'r iard allanol a pheryglu'r bobl
drwy ddod â nhw i gysylltiad â phethau sy'n sanctaidd."
21Wedyn aeth â fi allan i'r iard allanol a mynd â fi heibio pedair cornel yr iard. Roedd
cwrt bach arall ym mhob cornel: 22pedwar cwrt bach yr un maint, sef dau ddeg metr wrth
un deg pump. 23Roedd wal gerrig isel o gwmpas pob un ohonyn nhw, a nifer o leoedd tân ar
gyfer coginio wrth waelod y wal. 24"Dyma'r ceginau lle mae gweision y deml yn berwi'r cig
o aberthau y bobl," meddai wrtho i.

Dŵr sy'n rhoi Bywyd

47 Aeth y dyn â fi yn ôl at fynedfa'r deml ei hun. Gwelais fod dŵr yn tarddu allan o dan
drothwy y deml ac yn llifo i gyfeiriad y dwyrain (sef y cyfeiriad roedd y deml yn ei
wynebu). Roedd y dŵr yn llifo ar hyd wal ddeheuol y deml, i'r de o'r allor. 2Yna aeth y dyn
â fi allan drwy giât y gogledd a rownd at y giât allanol sy'n wynebu'r dwyrain. Yno roedd
y dŵr i'w weld yn pistyllio allan ar yr ochr ddeheuol i'r giât.
3Aeth y dyn allan i gyfeiriad y dwyrain gyda llinyn mesur yn ei law. Mesurodd 525 metr
ac yna fy arwain drwy'r dŵr. Roedd i fyny at fy fferau. 4Mesurodd 525 metr arall, ac yna fy

ll 46:17 *blwyddyn y rhyddhau* Dyma "Flwyddyn y Jiwbili". Roedd tir ac eiddo i'w roi yn ôl i'r perchennog gwreiddiol (gw. Lefiticus 25:10).

arwain drwy'r dŵr eto. Erbyn hyn roedd i fyny at fy ngliniau. Mesurodd 525 metr arall, ac
roedd y dŵr i fyny at fy nghanol. 5Yna mesurodd 525 metr arall ac roedd yn afon amhosib
i'w chroesi ar droed. Roedd y dŵr yn ddigon dwfn i nofio ynddo, ond doedd hi ddim yn bosib
cerdded drwyddo. 6Yna dwedodd wrtho i, "Ddyn, wyt ti wedi gweld hyn?"

Yna aeth â fi yn ôl i lan yr afon. 7Pan gyrhaeddais yno gwelais fod lot fawr o goed yn tyfu
bob ochr i'r afon. 8"Mae'r dŵr yma," meddai wrtho i, "yn llifo allan tua'r dwyrain, i lawr i'r
Dyffryn[m] lle mae'r Môr Marw. Pan mae'n gwagio i'r Môr, mae'r dŵr hallt yn troi yn ddŵr
glân, ffres. 9Lle bynnag mae'r afon yn llifo, bydd creaduriaid o bob math yn byw ac yn ffynnu.
Bydd llwythi o bysgod yn byw yn y Môr am fod yr afon wedi troi'r dŵr hallt yn ddŵr glân. Lle
bynnag mae'r dŵr yn llifo bydd bywyd yn llwyddo. 10Bydd pysgotwyr yn sefyll ar lan y Môr
Marw. Byddan nhw'n taenu eu rhwydi pysgota yr holl ffordd o En-gedi i En-eglaim. Bydd
y Môr Marw yn llawn pysgod o bob math, yn union fel Môr y Canoldir. 11Ond bydd y corsydd
a'r pyllau o'i gwmpas yn aros yn hallt. 12Bydd coed ffrwythau o bob math yn tyfu bob ochr
i'r afon. Fydd eu dail byth yn gwywo, a bydd ffrwyth yn tyfu arnyn nhw bob amser. Bydd
cnwd newydd yn tyfu arnyn nhw bob mis am fod eu dŵr yn llifo o'r cysegr. Bydd eu ffrwyth
yn fwyd, a'i dail yn iacháu."

Rhannu'r Tir

Ffiniau'r Tir

13Dyma mae'r Arglwydd, y Meistr, yn ei ddweud: Dyma'r ffiniau ar gyfer rhannu'r tir rhwng
deuddeg llwyth Israel. (Bydd Joseff yn cael dwy ran.) 14Mae'r tir i'w rannu'n gyfartal rhwng
y llwythau. Rôn i wedi'i addo i'ch hynafiaid, ac mae'n cael ei roi yn etifeddiaeth i chi.
15"A dyma'r ffiniau:
Bydd ffin y gogledd yn rhedeg o Fôr y Canoldir ar hyd ffordd Chethlon a Bwlch
Chamath i Sedad. 16Wedyn i Berotha a Sibraîm (sydd ar y ffin rhwng Damascus
a Chamath), ac yna'r holl ffordd i Chatser-hatticon (sydd ar y ffin gyda Chawran).
17Felly bydd y ffin yn rhedeg o Fôr y Canoldir i Chatsar-einon ar y ffin gyda
Damascus a Chamath i'r gogledd. Dyna ffin y gogledd.
18 Wedyn i'r dwyrain mae'r ffin yn rhedeg o'r pwynt yna rhwng Chawran a Damascus,
i lawr afon Iorddonen rhwng Israel a Gilead, ac wedyn heibio'r Môr Marw cyn
belled â Tamar yn y de. Dyna'r ffin i'r dwyrain.
19 Yn y de, bydd y ffin yn rhedeg ar draws o Tamar at Ffynnon Meriba yn Cadesh, ar hyd
Wadi'r Aifft ac allan i Fôr y Canoldir. Dyna ffin y de.
20 Wedyn i'r gorllewin, Môr y Canoldir ei hun fydd y ffin i fyny'r holl ffordd at bwynt
gyferbyn â Bwlch Chamath. Dyna ffin y gorllewin.

21"Dyma sut mae'r tir o fewn y ffiniau yma i gael ei rannu rhwng llwythau Israel. 22Mae
i'w rannu rhyngoch yn etifeddiaeth i chi a'r mewnfudwyr sy'n byw gyda chi ac yn magu eu
plant yn eich plith. Rhaid i chi eu trin nhw fel petaen nhw wedi'u geni yn Israeliaid. Maen
nhw i gael etifeddu tir fel pawb arall. 23Ble bynnag mae mewnfudwr yn byw, mae i gael tir
i'w etifeddu gyda phawb arall yn y llwyth hwnnw," meddai'r Meistr, yr Arglwydd.

Rhannu'r tir rhwng y llwythau

48 "Dyma enwau llwythau Israel, a'r tir mae pob un i'w dderbyn: Bydd Dan reit yn
y gogledd, wrth ymyl ffordd Chethlon i Fwlch Chamath, cyn belled â Chatsar-einan
ar y ffin gyda Damascus a Chamath i'r gogledd. Bydd tir Dan yn ymestyn ar draws y wlad
o'r dwyrain i'r gorllewin. 2Wedyn y nesaf i lawr, yn ffinio gyda Dan, ac eto'n ymestyn o'r
dwyrain i'r gorllewin, bydd Asher. 3Wedyn Nafftali, i'r de o Asher. 4Wedyn Manasse. 5Wedyn
Effraim. 6Wedyn Reuben. 7Ac wedyn Jwda. Pob un ohonyn nhw yn ymestyn ar draws y wlad
o'r dwyrain i'r gorllewin.

m 47:8 *Dyffryn* Hebraeg, "Araba".

Bydd yn chwalu'r teyrnasoedd eraill, ac yn dod â nhw i ben. Ond bydd y deyrnas hon yn aros
am byth. 45 Dyna ystyr y garreg gafodd ei thorri o ochr mynydd gan law anweledig, a malu'r
cwbl yn ddarnau – yr haearn, y pres, y crochenwaith, yr arian a'r aur. Mae'r Duw mawr wedi
dangos i'r brenin beth fydd yn digwydd yn y dyfodol. Dyna oedd y freuddwyd, ac mae'r
esboniad yn gywir hefyd."

Y brenin yn gwobrwyo Daniel

46 Dyma'r brenin Nebwchadnesar yn plygu o flaen Daniel â'i wyneb ar lawr, a gorchymyn
cyflwyno aberthau a llosgi arogldarth iddo. 47 Dwedodd wrth Daniel, "Ti ydy'r unig un sydd
wedi gallu datrys y dirgelwch. Felly, does dim amheuaeth fod dy Dduw di yn Dduw ar y duwiau
i gyd, ac yn feistr ar bob brenin. Mae e'n gallu datguddio pob dirgelwch!"
48 Dyma'r brenin yn rhoi un o swyddi uchaf y deyrnas i Daniel, ac yn rhoi llwythi o anrhegion
iddo. Gwnaeth Daniel yn llywodraethwr talaith Babilon gyfan, ac yn bennaeth dynion doeth
Babilon i gyd. 49 A gofynnodd Daniel i'r brenin apwyntio Shadrach, Meshach ac Abednego yn
rheolwyr gweinyddiaeth talaith Babilon. Roedd Daniel yn weinidog yn llywodraeth y brenin.

Duw yn achub Shadrach, Meshach, ac Abednego

Y gorchymyn i addoli'r Ddelw Aur

3 Dyma'r brenin Nebwchadnesar yn gwneud delw aur oedd yn 27 metr o uchder ac
yn dri metr o led. Cafodd y cerflun ei osod ar wastadedd Dwra yn nhalaith Babilon.
2 Yna anfonodd orchymyn allan yn galw penaethiaid y taleithiau, yr uchel-swyddogion
a'r llywodraethwyr i gyd at ei gilydd i seremoni dadorchuddio'r ddelw; hefyd rheolwyr
a chomisiynwyr, cynghorwyr y brenin, trysoryddion, barnwyr, ynadon, a phawb arall o bwys.
3 A dyma nhw i gyd yn dod i'r seremoni. Roedd pawb yno, yn sefyll o flaen y ddelw oedd
Nebwchadnesar wedi'i chodi.
4 Yna dyma swyddog yn cyhoeddi'n uchel, "Dyma orchymyn y brenin i bawb sydd yma, o bob
gwlad ac iaith: 5 Pan fydd y gerddoriaeth yn dechrau – y corn, ffliwt, telyn, trigon,[f] crythau,
pibau a'r offerynnau eraill – mae pawb i blygu i lawr ac addoli'r ddelw aur mae'r brenin
Nebwchadnesar wedi'i chodi. 6 Bydd pwy bynnag sy'n gwrthod plygu ac addoli'r ddelw, yn cael
eu taflu ar unwaith i mewn i ffwrnais o dân.[ff] 7 Felly yr eiliad y clywodd y bobl yr offerynnau i gyd,
dyma pawb, o bob gwlad ac iaith yn plygu i lawr ac yn addoli'r ddelw aur oedd Nebwchadnesar
wedi'i chodi. 8 Ond dyma rai o'r dynion doeth yn mynd at y brenin, a dechrau lladd ar yr Iddewon.
9 "O frenin! Boed i chi fyw am byth!" medden nhw. 10 "Roeddech chi wedi gorchymyn fod pawb
i blygu i lawr ac addoli'r ddelw aur pan oedden nhw'n clywed y gerddoriaeth yn dechrau. 11 A bod
pwy bynnag sy'n gwrthod plygu ac addoli'r ddelw, i gael eu taflu i mewn i ffwrnais o dân. 12 Ond
mae yna Iddewon yma – Shadrach, Meshach ac Abednego – gafodd eu penodi yn rheolwyr
talaith Babilon gynnoch chi. Maen nhw wedi gwrthod gwrando, eich mawrhydi. Dŷn nhw ddim yn
addoli eich duwiau chi, ac maen nhw'n gwrthod addoli y ddelw aur dych chi wedi'i chodi."
13 Dyma Nebwchadnesar yn gwylltio'n lân, ac yn gorchymyn dod â Shadrach, Meshach ac
Abednego o'i flaen. Felly dyma nhw'n dod â'r tri o flaen y brenin. 14 A dyma Nebwchadnesar
yn gofyn iddyn nhw, "Shadrach, Meshach ac Abednego. Ydy e'n wir eich bod chi ddim yn
addoli fy nuwiau i, a'ch bod chi wedi gwrthod addoli'r ddelw aur dw i wedi'i chodi? 15 Dw i'n
fodlon rhoi un cyfle arall i chi. Pan fyddwch chi'n clywed yr offerynnau, os ydych chi'n barod
i blygu i lawr ac addoli y ddelw dw i wedi'i chodi, bydd popeth yn iawn. Ond os byddwch
chi'n gwrthod, byddwch chi'n cael eich taflu ar unwaith i mewn i'r ffwrnais o dân. Pa dduw
sy'n mynd i'ch achub chi o'm gafael i wedyn?"
16 Ond dyma Shadrach, Meshach ac Abednego yn ateb y brenin, "Does dim pwynt i ni
eich ateb chi. 17 Os ydy'r Duw dŷn ni'n ei addoli yn bodoli, bydd e'n gallu'n hachub ni o'r

f 3:5 *trigon* Offeryn siap triongl gyda phedwar neu fwy o dannau arno – rhyw fath o delyn law. ff 3:6 *ffwrnais o dân* Roedd dienyddio rhywun drwy ei losgi yn rhywbeth oedd yn digwydd yn Babilon – gw. Jeremeia 29:22.

ffwrnais dân ac o'ch gafael chi, o frenin. 18Ond hyd yn oed os ydy e ddim yn gwneud hynny,
sdim gwahaniaeth. Does gynnon ni ddim bwriad addoli eich duwiau chi, na'r ddelw aur dych
chi wedi'i chodi."

Dedfrydu ffrindiau Daniel i farwolaeth

19Roedd Nebwchadnesar yn lloerig gyda Shadrach, Meshach ac Abednego. Roedd ei wyneb
yn dweud y cwbl! Rhoddodd orchymyn fod y ffwrnais i gael ei thanio saith gwaith poethach
nag arfer. 20Yna gorchmynnodd i ddynion cryf o'r fyddin rwymo Shadrach, Meshach ac
Abednego a'u taflu nhw i mewn i'r ffwrnais. 21A dyma'r tri yn cael eu rhwymo a'u taflu i'r
ffwrnais heb hyd yn oed dynnu eu dillad. Roedden nhw'n dal i wisgo'r cwbl – clogyn, trowsus,
twrban, a phob dilledyn arall. 22Am fod y brenin wedi gorchymyn gwneud y ffwrnais mor
eithafol o boeth, dyma'r fflamau'n llamu allan o'r ffwrnais a lladd y milwyr wrth iddyn nhw
daflu Shadrach, Meshach ac Abednego i'r tân.
23Felly dyma Shadrach, Meshach ac Abednego yn syrthio, wedi'u rhwymo'n dynn, i ganol
y tân yn y ffwrnais. 24Ond yna'n sydyn dyma'r Brenin Nebwchadnesar yn neidio ar ei
draed mewn braw. "Onid tri dyn wnaethon ni eu rhwymo a'u taflu i'r tân?" meddai wrth ei
gynghorwyr. "Ie, yn sicr," medden nhw. 25"Ond edrychwch!" gwaeddodd y brenin. "Dw i'n
gweld pedwar o bobl yn cerdded yn rhydd yng nghanol y tân. A dŷn nhw ddim wedi cael
unrhyw niwed! Ac mae'r pedwerydd yn edrych fel petai'n fod dwyfol."[g]

Rhyddhau y tri, a rhoi swyddi uchel iddyn nhw

26Dyma Nebwchadnesar yn mynd mor agos ag y gallai at ddrws y ffwrnais, a gweiddi:
"Shadrach, Meshach, Abednego, gweision y Duw Goruchaf. Dewch allan! Dewch yma!"
A dyma'r tri yn cerdded allan o'r tân. 27Dyma benaethiaid y taleithiau, yr uchel-swyddogion,
y llywodraethwyr a chynghorwyr y brenin i gyd yn casglu o'u cwmpas nhw. Doedd y tân ddim
wedi'u llosgi nhw o gwbl, dim un blewyn. Doedd dim niwed i'w dillad. Doedd dim hyd yn
oed arogl llosgi arnyn nhw!
28Ac meddai Nebwchadnesar, "Moliant i Dduw Shadrach, Meshach ac Abednego! Anfonodd
angel i achub ei weision oedd yn trystio ynddo. Roedden nhw'n fodlon herio gorchymyn y brenin,
a hyd yn oed marw cyn addoli unrhyw dduw ond eu Duw eu hunain. 29Felly dw i am ei wneud
yn ddeddf fod neb o unrhyw wlad neu iaith i ddweud unrhyw beth yn erbyn Duw Shadrach,
Meshach ac Abednego. Os gwnân nhw, bydd eu cyrff yn cael eu rhwygo'n ddarnau, a'u cartrefi
yn cael eu troi'n domen sbwriel! Achos does yr un Duw arall yn gallu achub fel yma."
30A dyma'r brenin yn rhoi dyrchafiad a swyddi gwell fyth yn nhalaith Babilon i Shadrach,
Meshach ac Abednego.

Salwch Nebwchadnesar

Llythyr Nebwchadnesar am ei ail freuddwyd

4 Y brenin Nebwchadnesar, at y bobl i gyd, o bob gwlad ac iaith – pawb drwy'r byd:
Heddwch a llwyddiant i chi i gyd! 2Dw i eisiau dweud wrthoch chi am y ffordd wyrthiol
mae'r Duw Goruchaf wedi dangos ei hun i mi.

3 Mae'r arwyddion mae'n eu rhoi yn rhyfeddol!
Mae ei wyrthiau yn syfrdanol!
Fe ydy'r un sy'n teyrnasu am byth,
ac yn rheoli popeth o un genhedlaeth i'r llall!

4Roeddwn i, Nebwchadnesar, yn byw'n foethus ac yn ymlacio adre yn y palas. 5Ond un
noson ces i freuddwyd wnaeth fy nychryn i go iawn. Roedd beth welais i yn hunllef ddychrynllyd.

g 3:25 *yn fod dwyfol* Aramaeg, "yn fab i'r duwiau", sy'n idiom am un o'r bodau oedd yn cael eu hystyried yn 'dduwiau' gan y bobl hynny oedd yn credu mewn aml-dduwiaeth.

[6]Felly dyma fi'n gorchymyn fod dynion doeth Babilon i gyd i gael eu galw, er mwyn iddyn nhw
ddweud wrtho i beth oedd ystyr ddirgel y freuddwyd. [7]Dyma'r dewiniaid, y swynwyr, y dynion
doeth a'r consurwyr i gyd yn dod, a dyma fi'n dweud wrthyn nhw beth oedd y freuddwyd.
Ond doedden nhw ddim yn gallu dweud wrtho i beth oedd hi'n ei olygu. [8]Ond wedyn dyma
Daniel yn dod (yr un gafodd ei alw'n Belteshasar, ar ôl y duw roeddwn i'n ei addoli) – mae
ysbryd y duwiau sanctaidd ynddo fe. A dyma fi'n dweud wrtho yntau beth oedd y freuddwyd.
[9]"Belteshasar. Ti ydy'r prif swynwr. Dw i'n gwybod fod ysbryd y duwiau sanctaidd ynot ti,
a does run dirgelwch yn peri penbleth i ti. Dw i eisiau i ti ddweud beth ydy ystyr y freuddwyd
yma. [10]Dyma beth welais i yn y freuddwyd:

Rôn i'n gweld coeden fawr yng nghanol y ddaear –
roedd hi'n anhygoel o dal.
11 Roedd y goeden yn tyfu'n fawr ac yn gref.
Roedd y goeden yn ymestyn mor uchel i'r awyr
roedd i'w gweld o bobman drwy'r byd i gyd.
12 Roedd ei dail yn hardd, ac roedd digonedd o ffrwyth arni –
digon o fwyd i bawb!
Roedd anifeiliaid gwyllt yn cysgodi dani,
ac adar yn nythu yn ei brigau.
Roedd popeth byw yn cael eu bwyd oddi arni.

[13]"Tra rôn i'n gweld hyn yn y freuddwyd, dyma angel[ng] sanctaidd yn dod i lawr o'r nefoedd.
[14]Dyma fe'n gweiddi'n uchel,

'Torrwch y goeden i lawr, a thorri ei changhennau i ffwrdd!
Tynnwch ei dail a chwalu ei ffrwyth!
Gyrrwch yr anifeiliaid i ffwrdd,
a heliwch yr adar o'i brigau!
15 Ond gadewch y boncyff a'r gwreiddiau yn y ddaear,
gyda rhwymyn o haearn a phres amdano.
Bydd y gwlith yn ei wlychu gyda'r glaswellt o'i gwmpas;
a bydd yn bwyta planhigion gwyllt gyda'r anifeiliaid.
16 Bydd yn sâl yn feddyliol ac yn meddwl ei fod yn anifail.[h]
Bydd yn aros felly am amser hir.[i]
17 Mae'r angylion[l] wedi cyhoeddi hyn,
a'r rhai sanctaidd wedi rhoi'r ddedfryd!

" 'Y bwriad ydy fod pob person byw i ddeall fod y Duw Goruchaf yn teyrnasu dros
lywodraethau'r byd. Mae'n gallu eu rhoi i bwy bynnag mae eisiau, hyd yn oed y person
mwyaf di-nod.' [18]Dyna'r freuddwyd ges i," meddai Nebwchadnesar. "Dw i eisiau i ti,
Belteshasar, ddweud beth mae'n ei olygu. Does neb arall o ddynion doeth y deyrnas wedi gallu
esbonio'r ystyr i mi. Ond dw i'n siŵr y byddi di'n gallu, am fod ysbryd y duwiau sanctaidd
ynot ti."

Daniel yn esbonio'r freuddwyd

[19]Roedd Daniel (oedd hefyd yn cael ei alw'n Belteshasar) dan deimlad am beth amser.
Roedd beth oedd yn mynd drwy ei feddwl yn ei ddychryn. Ond dyma'r brenin yn dweud
wrtho, "Belteshasar, paid poeni. Paid gadael i'r freuddwyd dy ddychryn di." Ac meddai
Belteshasar, "Meistr, o na fyddai'r freuddwyd wedi'i rhoi i'ch gelynion chi, a'i hystyr ar gyfer

ng 4:13 *angel* Aramaeg, "gwyliwr". Gair sy'n golygu 'un effro', ag a ddaeth i'w ddefnyddio'n gyson am 'angel' mewn llenyddiaeth Iddewig yn ddiweddarach. h 4:16 *meddwl ei fod yn anifail* Yr enw ar yr afiechyd meddwl yma ydy 'lycanthropedd' neu 'soanthropedd'. i 4:16 *amser hir* Aramaeg, "saith o gyfnodau". l 4:17 *angylion* gw. nodyn ar 4:13.

y rhai sy'n eich casáu chi! [20]Y goeden welsoch chi'n tyfu'n fawr ac yn gref, yn ymestyn
mor uchel i'r awyr nes ei bod i'w gweld o bobman drwy'r byd i gyd – [21]yr un gyda dail
hardd a digonedd o ffrwyth arni, a'r anifeiliaid gwyllt yn cysgodi dani, a'r adar yn nythu
yn ei brigau – [22]chi ydy'r goeden yna, eich mawrhydi. Dych chi'n frenin mawr a chryf.
Dych chi mor fawr, mae'ch awdurdod chi dros y byd i gyd. [23]Ond wedyn dyma chi'n gweld
angel[ll] yn dod i lawr o'r nefoedd, ac yn dweud, 'Torrwch y goeden i lawr, a'i dinistrio, ond
gadewch y boncyff yn y ddaear gyda rhwymyn o haearn a phres amdano. Fel y glaswellt
o'i gwmpas, bydd y gwlith yn ei wlychu, a bydd yn byw gyda'r anifeiliaid gwyllt am amser
hir.' [24]Dyma ystyr y freuddwyd, eich mawrhydi: Mae'r Duw Goruchaf wedi penderfynu mai
dyma sy'n mynd i ddigwydd i'm meistr, y brenin. [25]Byddwch chi'n cael eich cymryd allan
o gymdeithas, ac yn byw gyda'r anifeiliaid gwyllt. Byddwch chi'n bwyta glaswellt fel ychen,
ac allan yn yr awyr agored yn cael eich gwlychu gan wlith. Bydd amser hir[m] yn mynd heibio,
nes i chi ddeall fod y Duw Goruchaf yn teyrnasu dros lywodraethau'r byd, ac yn eu rhoi
i bwy bynnag mae eisiau. [26]Ond fel y boncyff a'r gwreiddiau yn cael eu gadael, byddwch
chi'n cael eich teyrnas yn ôl pan fyddwch chi'n cydnabod fod yr Un nefol yn rheoli'r cwbl.
[27]Felly plîs ga i roi cyngor i chi, eich mawrhydi. Trowch gefn ar eich pechod, a gwneud y peth
iawn. Stopiwch wneud pethau drwg, a dechrau bod yn garedig at bobl dlawd. Falle, wedyn,
y cewch chi ddal i fod yn llwyddiannus."

[28]Ond digwyddodd y cwbl i Nebwchadnesar. [29]Flwyddyn yn ddiweddarach pan oedd yn
cerdded ar do ei balas brenhinol yn Babilon, [30]dwedodd fel yma: "Edrychwch ar Babilon,
y ddinas wych yma! Fi sydd wedi adeiladu'r cwbl, yn ganolfan frenhinol i ddangos mor bwerus
ac mor fawr ydw i." [31]Doedd y brenin ddim wedi gorffen ei frawddeg pan glywodd lais o'r
nefoedd yn dweud: "Dyma sy'n cael ei ddweud wrthot ti, y Brenin Nebwchadnesar: mae dy
deyrnas wedi'i chymryd oddi arnat ti! [32]Byddi'n cael dy gymryd allan o gymdeithas, yn byw
gyda'r anifeiliaid gwyllt, ac yn bwyta glaswellt fel ychen. Bydd amser hir[n] yn mynd heibio
cyn i ti ddeall fod y Duw Goruchaf yn teyrnasu dros lywodraethau'r byd, ac yn eu rhoi i bwy
bynnag mae eisiau."

[33]A dyna ddigwyddodd yn syth wedyn. Daeth beth gafodd ei ddweud am Nebwchadnesar
yn wir. Cafodd ei gymryd allan o gymdeithas. Dechreuodd fwyta glaswellt, fel ychen. Roedd
ei gorff yn cael ei wlychu gan wlith yn yr awyr agored, nes bod ei wallt wedi tyfu fel plu eryr,
a'i ewinedd fel crafangau aderyn.

Nebwchadnesar yn addoli Duw

[34]"Ond yn y diwedd, dyma fi, Nebwchadnesar, yn troi at yr Un nefol, a ches fy iacháu yn
feddyliol. Dechreuais foli y Duw Goruchaf, ac addoli'r Un sy'n byw am byth.

Mae ei awdurdod yn para am byth,
ac mae'n teyrnasu o un genhedlaeth i'r llall.
[35]Dydy pobl y byd i gyd yn ddim o'i gymharu ag e.
Mae'n gwneud beth mae ei eisiau
gyda'r grymoedd nefol, a phobl ar y ddaear.
Does neb yn gallu ei stopio
na'i herio drwy ddweud, 'Beth wyt i'n wneud?'

[36]"Pan ges i fy iacháu, ces fynd yn ôl i fod yn frenin, gydag anrhydedd ac ysblander. Daeth
gweinidogion y llywodraeth a'r uchel-swyddogion i gyd i'm gwneud yn frenin unwaith eto.
Roedd gen i fwy o awdurdod nag erioed! [37]A dyna pam dw i'n addoli, ac yn rhoi'r clod a'r
anrhydedd i gyd i Frenin y nefoedd, sydd bob amser yn gwneud beth sy'n iawn ac yn deg.
Mae'n rhoi'r rhai balch yn eu lle!"

---

ll 4:23 *angel* gw. nodyn ar 4:13. m 4:25 *amser hir* Aramaeg, "saith cyfnod". n 4:32 *amser hir* Aramaeg, "saith cyfnod".

Y Brenin Belshasar a'r Ysgrifen ar y wal

Gwledd Belshasar

5 Roedd y Brenin Belshasar[o] wedi trefnu gwledd i fil o'i uchel-swyddogion. A dyna lle roedd
e'n yfed gwin o'u blaen nhw i gyd. 2 Pan oedd y gwin wedi mynd i'w ben dyma Belshasar
yn gorchymyn dod â'r llestri aur ac arian oedd ei ragflaenydd,[p] Nebwchadnesar, wedi'u cymryd
o'r deml yn Jerwsalem. Roedd am yfed ohonyn nhw, gyda'i uchel-swyddogion, ei wragedd
a'i gariadon i gyd. 3 Felly dyma nhw'n dod â'r llestri aur ac arian oedd wedi'u cymryd o deml
Duw yn Jerwsalem. A dyma'r brenin a'i uchel-swyddogion, ei wragedd a'i gariadon yn yfed
ohonyn nhw. 4 Wrth yfed y gwin roedden nhw'n canmol eu duwiau – eilun-dduwiau wedi'u
gwneud o aur, arian, pres, haearn, pren a charreg.

5 Yna'n sydyn roedd bysedd llaw ddynol i'w gweld yng ngolau'r lamp, yn ysgrifennu
rhywbeth ar wal blastr yr ystafell. Roedd y brenin yn gallu gweld y llaw yn ysgrifennu. 6 Aeth
yn welw gan ddychryn. Roedd ei goesau'n wan a'i liniau'n crynu. 7 Gwaeddodd yn uchel
a galw am ei ddewiniaid, y dynion doeth a'r swynwyr. Dwedodd wrthyn nhw, "Bydd pwy
bynnag sy'n darllen yr ysgrifen a dweud beth mae'n ei olygu yn cael ei anrhydeddu – bydd
yn cael ei wisgo mewn porffor, yn cael cadwyn aur am ei wddf, ac yn cael y drydedd swydd
uchaf yn y deyrnas."

8 Felly dyma'r dynion doeth i gyd yn dod i mewn, ond allai run ohonyn nhw ddarllen yr
ysgrifen na dweud beth oedd ei ystyr. 9 Erbyn hyn roedd y Brenin Belshasar wedi dychryn am
ei fywyd. Roedd yn wyn fel y galchen ac roedd ei uchel-swyddogion i gyd wedi drysu'n lân.

10 Pan glywodd y fam frenhines yr holl sŵn roedd y brenin a'i uchel-swyddogion yn ei wneud,
aeth i mewn i'r neuadd fwyta. "O frenin! Boed i ti fyw am byth!" meddai. "Paid dychryn. Paid
eistedd yna'n welw. 11 Mae yna ddyn yn dy deyrnas sydd ag ysbryd y duwiau sanctaidd ynddo.
Pan oedd Nebwchadnesar yn frenin, daeth yn amlwg fod gan y dyn yma ddirnadaeth, deall,
a doethineb fel petai'n un o'r duwiau ei hun. Gwnaeth Nebwchadnesar e'n brif swynwr, ac
roedd yn bennaeth ar yr dewiniaid, swynwyr a'r dynion doeth i gyd. 12 Roedd yna rywbeth
cwbl arbennig am y dyn yma, Daniel (gafodd yr enw Belteshasar gan y brenin). Roedd ganddo
feddwl anarferol o graff, gwybodaeth a gallu i esbonio ystyr breuddwydion, egluro posau,
a datrys problemau cymhleth. Galw am Daniel, a bydd e'n dweud wrthot ti beth mae'r
ysgrifen yn ei olygu."

Daniel yn esbonio'r ysgrifen

13 Felly dyma nhw'n dod â Daniel at y brenin. A dyma'r brenin yn gofyn iddo, "Ai ti ydy'r
Daniel gafodd ei gymryd yn gaeth o Jwda gan fy rhagflaenydd, y Brenin Nebwchadnesar?
14 Dw i wedi clywed fod ysbryd y duwiau sanctaidd ynot ti, a bod gen ti ddirnadaeth, a deall,
a doethineb anarferol. 15 Dw i wedi gofyn i'r dynion doeth a'r swynwyr ddarllen ac esbonio'r
ysgrifen yma i mi, ond dŷn nhw ddim yn gallu. 16 Ond dw i wedi cael ar ddeall dy fod ti'n gallu
dehongli pethau a datrys problemau cymhleth. Felly, os gelli di ei ddarllen a dweud wrtho
i beth mae'n ei olygu, byddi'n cael dy wisgo mewn porffor, yn cael cadwyn aur am dy wddf,
ac yn cael y drydedd swydd uchaf yn y deyrnas."

17 Ond dyma Daniel yn ateb y brenin, "Cadwch eich rhoddion a'u rhoi nhw i rywun arall.
Ond gwna i ddweud wrth y brenin beth ydy ystyr yr ysgrifen. 18 Eich mawrhydi, roedd y Duw
Goruchaf wedi rhoi awdurdod brenhinol ac ysblander mawr i Nebwchadnesar eich rhagflaenydd
chi. 19 Roedd Duw wedi'i wneud mor fawr nes bod gan bawb o bob gwlad ac iaith ei ofn.
Roedd yn lladd pwy bynnag roedd e'n dewis ei ladd, ac yn arbed pwy bynnag oedd e eisiau.
Doedd dim dal pwy fyddai e'n ei anrhydeddu, a phwy fyddai'n ei sathru nesa. 20 Ond trodd

---

o 5:1 *Belshasar* Mab hynaf Nabonidws, brenin Babilon o 556 i 539 CC Aeth Nabonidws i fyw i Teima (yn Arabia) am ddeg mlynedd, a gadael Babilon yng ngofal Belshasar. p 5:2 *ei ragflaenydd* Aramaeg, "tad". Roedd tri o frenhinoedd eraill ar Babilon rhwng Nebwchadnesar a Nabonidws (tad Belshasar). Ond yn y cyfnod hwnnw roedd unrhyw frenin a fu yn cael ei alw yn "dad" y brenin presennol.

5:4 gw. Eseia 44:9-20; 46:1-7

yn ddyn balch ac ystyfnig, a chymerodd Duw ei orsedd a'i anrhydedd oddi arno. 21 Cafodd
ei gymryd allan o gymdeithas. Roedd yn meddwl ei fod yn anifail ac yn byw gyda'r asynnod
gwyllt. Roedd yn bwyta glaswellt fel ychen, a'i gorff yn cael ei wlychu gan wlith yn yr awyr
agored. Bu felly nes iddo ddeall mai'r Duw Goruchaf sy'n teyrnasu dros lywodraethau'r byd,
a'i fod yn eu rhoi i bwy bynnag mae e eisiau.

22 "Er eich bod chi, Belshasar, yn gwybod hyn i gyd, dych chithau wedi bod yr un mor falch.
23 Dych chi wedi herio Arglwydd y nefoedd, drwy gymryd llestri ei deml a'u defnyddio nhw
i yfed gwin ohonyn nhw – chi a'ch uchel-swyddogion, gyda'ch gwragedd a'ch cariadon
i gyd. Ac wedyn dych chi wedi canmol eich duwiau o aur, arian, pres, haearn, pren a charreg
– duwiau sy'n gweld, clywed na deall dim! Ond dych chi ddim wedi canmol y Duw sy'n rhoi
anadl i chi fyw, ac sy'n dal eich bywyd a'ch tynged yn ei law! 24 Dyna pam anfonodd e'r llaw
i ysgrifennu'r neges yma.

25 "Dyma beth sydd wedi'i ysgrifennu: *MENE, MENE, TECEL, a PHARSIN* 26 A dyma ystyr
y geiriau: Ystyr MENE ydy 'cyfrif'. Mae dyddiau eich teyrnasiad wedi'u rhifo. Mae Duw'n dod
â nhw i ben. 27 Ystyr TECEL ydy 'pwyso'. Chi wedi'ch pwyso yn y glorian, a'ch cael yn brin.
28 Ystyr PARSIN ydy 'rhannu'. Mae'ch teyrnas wedi'i rhannu'n ei hanner a'i rhoi i Media
a Persia."[ph]

29 Dyma Belshasar yn gorchymyn fod Daniel i gael ei wisgo mewn porffor, i gael cadwyn
aur am ei wddf, ac i'w ddyrchafu i'r drydedd swydd uchaf yn y deyrnas. 30 Ond ar y noson
honno cafodd Belshasar, brenin Babilon, ei lofruddio.[r] 31 Daeth Dareius y Mediad yn frenin ar
y deyrnas. Roedd yn chwe deg dau oed.

Duw yn achub Daniel o ffau'r llewod

6 Dyma Dareius yn penderfynu rhannu'r deyrnas gyfan yn gant dau ddeg o daleithiau,
a phenodi pennaeth ar bob un. 2 Byddai penaethiaid y taleithiau yma yn atebol i dri
comisiynydd, ac roedd Daniel yn un o'r rheiny. Y tri comisiynydd oedd yn gofalu am bethau
ar ran y brenin. 3 Yn fuan iawn daeth hi'n amlwg fod Daniel yn llawer mwy galluog na'r
comisiynwyr eraill a phenaethiaid y taleithiau i gyd – roedd ganddo allu cwbl anarferol. Yn
wir, roedd y brenin yn bwriadu rhoi'r deyrnas i gyd dan ei ofal. 4 O ganlyniad i hynny roedd
y comisiynwyr eraill a phenaethiaid y taleithiau eisiau ffeindio bai ar y ffordd roedd Daniel yn
delio gyda gweinyddiaeth y deyrnas. Ond roedden nhw'n methu dod o hyd i unrhyw sgandal
na llygredd. Roedd Daniel yn gwbl ddibynadwy. Doedd dim tystiolaeth o unrhyw esgeulustod
na thwyll. 5 "Does gynnon ni ddim gobaith dod â cyhuddiad yn erbyn y Daniel yma, oni bai
ein bod yn dod o hyd i rywbeth sy'n gysylltiedig â chyfraith ei Dduw," medden nhw. 6 Felly
dyma'r comisiynwyr a phenaethiaid y taleithiau yn cynllwynio gyda'i gilydd, ac yn mynd at
y brenin a dweud wrtho, "Frenin Dareius, bydd fyw am byth! 7 Mae comisiynwyr y deyrnas, yr
uchel-swyddogion, penaethiaid y taleithiau, a chynghorwyr y brenin, a'r llywodraethwyr yn
meddwl y byddai'n syniad da i'r brenin wneud cyfraith newydd yn gorchymyn fel hyn: 'Am
dri deg diwrnod mae pawb i weddïo arnoch chi, eich mawrhydi. Os ydy rhywun yn gweddïo ar
unrhyw dduw neu ar unrhyw berson arall, bydd yn cael ei daflu i ffau'r llewod.' 8 Felly, eich
mawrhydi, cyhoeddwch y gwaharddiad ac arwyddo'r ddogfen, fel ei bod yn gwbl amhosib
i'w newid. Bydd yn rhan o gyfraith Media a Persia, sy'n aros, a byth i gael ei newid." 9 Felly
dyma'r Brenin Dareius yn arwyddo'r gwaharddiad.

10 Pan glywodd Daniel fod y gyfraith yma wedi'i harwyddo, aeth adre, a mynd ar ei liniau
i weddïo fel roedd wedi gwneud bob amser. Roedd ganddo ystafell i fyny'r grisiau, a'i ffenestri'n
agor i gyfeiriad Jerwsalem. Dyna lle roedd yn mynd dair gwaith bob dydd i weddïo ar Dduw
a diolch iddo. 11 Dyma'r dynion oedd wedi cynllwynio gyda'i gilydd yn mynd i dŷ Daniel, a'i gael
yno'n gweddïo ac yn gofyn i Dduw am help. 12 Felly dyma nhw'n mynd yn ôl at y brenin, ac yn

ph 5:28 *Persia* Yn Aramaeg mae'r gair am "Persia" yn swnio'n debyg iawn i'r gair am "rannu".
r 5:30 *cafodd Belshasar ... ei lofruddio* yn y flwyddyn 539 CC Byddai Daniel yn ddyn dros wyth deg oed erbyn
hyn.

ei atgoffa am y gwaharddiad. "Wnaethoch chi ddim arwyddo cyfraith yn gwahardd pobl am dri
deg diwrnod rhag gweddïo ar unrhyw dduw na neb arall ond chi eich hun, eich mawrhydi? Ac
yn dweud y byddai unrhyw un sy'n gwneud hynny yn cael ei daflu i'r llewod?" "Do, yn bendant,"
meddai'r brenin. "Mae bellach yn rhan o gyfraith Media a Persia, sydd byth i gael ei newid."
13 Yna dyma nhw'n dweud wrth y brenin, "Dydy'r dyn Daniel yna, oedd yn un o'r caethion
o Jwda, yn cymryd dim sylw ohonoch chi na'ch gwaharddiad eich mawrhydi. Mae'n dal ati
i weddïo ar ei Dduw dair gwaith bob dydd." 14 Pan glywodd y brenin hyn, doedd e ddim yn
hapus o gwbl. Roedd yn ceisio meddwl am ffordd i achub Daniel. Buodd wrthi drwy'r dydd
yn ceisio meddwl am ffordd y gallai ei helpu. 15 Ond gyda'r nos dyma'r dynion yn mynd yn ôl
gyda'i gilydd at y brenin, ac yn dweud wrtho, "Cofiwch, eich mawrhydi, fod y gwaharddiad
yn rhan o gyfraith Media a Persia. Dydy cyfraith sydd wedi cael ei harwyddo gan y brenin
byth i gael ei newid."
16 Felly dyma'r brenin yn gorchymyn dod â Daniel ato, a'i fod i gael ei daflu i ffau'r llewod.
Ond meddai'r brenin wrth Daniel, "Bydd dy Dduw, yr un rwyt ti'n ei addoli mor ffyddlon, yn
dy achub di." 17 Cafodd carreg fawr ei rhoi dros geg y ffau, a dyma'r brenin yn gosod ei sêl arni
gyda'i fodrwy, a'i uchel-swyddogion yr un fath, fel bod dim modd newid tynged Daniel. 18 Yna
dyma'r brenin yn mynd yn ôl i'w balas. Wnaeth e fwyta dim byd y noson honno. Gwrthododd
gael ei ddifyrru, ac roedd yn methu'n lân a chysgu drwy'r nos. 19 Pan oedd hi'n dechrau
gwawrio'r bore wedyn dyma'r brenin yn brysio yn ôl at ffau'r llewod, 20 ac wrth agosáu at
y ffau dyma fe'n galw ar Daniel mewn llais pryderus, "Daniel! Gwas y Duw byw. Ydy'r Duw
wyt ti'n ei addoli mor ffyddlon wedi gallu dy achub di rhag y llewod?"
21 A dyma Daniel yn ateb, "O frenin! Boed i chi fyw am byth! 22 Ydy, mae fy Nuw wedi
anfon ei angel i gau cegau'r llewod, a dŷn nhw ddim wedi mrifo i o gwbl. Achos roeddwn
i'n ddieuog yng ngolwg Duw – ac yn eich golwg chi hefyd, eich mawrhydi. Wnes i ddim
drwg i chi." 23 Roedd y brenin wrth ei fodd, a dyma fe'n gorchymyn codi Daniel allan o'r ffau.
Dyma nhw'n gwneud hynny, a doedd e ddim mymryn gwaeth, am ei fod wedi trystio'i Dduw.
24 Wedyn, dyma'r brenin yn gorchymyn fod y dynion oedd wedi ymosod mor giaidd ar Daniel
yn cael eu harestio, a'u taflu i ffau'r llewod – a'u gwragedd a'u plant gyda nhw. Cyn iddyn
nhw gyrraedd gwaelod y ffau roedd y llewod arnyn nhw ac wedi'u rhwygo nhw'n ddarnau.
25 Dyma'r brenin Dareius yn ysgrifennu at y bobl i gyd, o bob gwlad ac iaith – pawb drwy'r
byd i gyd: "Heddwch a llwyddiant i chi i gyd! 26 Dw i'n cyhoeddi fod pawb sy'n byw o fewn
ffiniau'r deyrnas dw i'n frenin arni, i ofni a pharchu Duw Daniel.

Fe ydy'r Duw byw ac mae e gyda ni bob amser!
Fydd ei deyrnas byth yn syrthio,
a bydd ei awdurdod yn aros am byth.
27 Mae e'n achub ei bobl ac yn gwneud gwyrthiau rhyfeddol
yn y nefoedd ac ar y ddaear.
Mae wedi achub Daniel o afael y llewod!"

28 Felly roedd Daniel yn llwyddiannus iawn yn ystod teyrnasiad Dareius, sef Cyrus o Persia.[rh]

Gweledigaethau Daniel
(7:1 – 12:13)

Gweledigaeth Daniel o'r Pedwar Creadur[s]

7 Yn ystod blwyddyn gyntaf teyrnasiad Belshasar,[t] brenin Babilon, cafodd Daniel freuddwyd
– gweledigaeth tra oedd yn cysgu yn ei wely. Ysgrifennodd grynodeb o'r freuddwyd.
2 "Yn y weledigaeth ges i y noson honno roedd storm fawr ar y môr, a gwyntoedd yn chwythu

rh 6:28 *Cyrus o Persia* yn frenin o 559 i 530 CC. s 7:0 *Pedwar Creadur* Mae'n bosib mai un ffynhonnell tu cefn i'r darluniau yma ydy Hosea 13:7-8. t 7:1 *blwyddyn gyntaf Belshasar* tua 553 CC Roedd Daniel tua 67 oed ar y pryd.

o bob cyfeiriad. 3 A dyma bedwar creadur mawr yn codi allan o'r môr, pob un ohonyn nhw'n
wahanol i'w gilydd.
4 "Roedd y cyntaf yn edrych fel llew, ond gydag adenydd fel eryr. Tra oeddwn i'n edrych,
cafodd yr adenydd eu rhwygo oddi arno. Yna cafodd ei godi nes ei fod yn sefyll ar ei draed
fel person dynol, a chafodd feddwl dynol.
5 "Wedyn dyma fi'n gweld ail greadur – un gwahanol. Roedd hwn yn edrych fel arth. Roedd
yn symud o ochr i ochr, ac roedd ganddo dair asen yn ei geg, rhwng ei ddannedd. A dyma
lais yn dweud wrtho, 'Dos! Ymosod, a llarpio llawer o bobl!'
6 "Yna, wrth i mi edrych, dyma greadur arall yn dod i'r golwg. Roedd hwn yn edrych fel
llewpard, ond roedd ganddo bedair o adenydd ar ei gefn, fel adenydd adar. Roedd gan
y creadur yma bedwar pen,[th] a chafodd awdurdod i lywodraethu.
7 "Wedyn, yn y weledigaeth ges i y noson honno, dyma bedwerydd creadur yn dod i'r
golwg. Roedd hwn yn un erchyll, dychrynllyd, ac yn ofnadwy o gryf. Roedd ganddo ddwy res
o ddannedd haearn. Roedd yn llarpio a chnoi, a sathru beth bynnag oedd ar ôl dan draed.
Roedd yn hollol wahanol i'r creaduriaid eraill, ac roedd ganddo ddeg corn.
8 "Tra oeddwn i'n edrych ar y cyrn, dyma gorn arall – un bach – yn codi rhyngddyn
nhw. Dyma dri o'r cyrn eraill yn cael eu gwthio o'u gwraidd i wneud lle i'r un bach.
Roedd gan y corn yma lygaid tebyg i lygaid person dynol, a cheg oedd yn brolio pethau
mawr.

Gweledigaeth o'r Un Hynafol a'r un oedd fel person dynol

9 Wrth i mi syllu,
cafodd gorseddau eu gosod i fyny,
a dyma'r Un Hynafol yn eistedd.
Roedd ei ddillad yn wyn fel eira,
a'i wallt fel gwlân oen.
Roedd ei orsedd yn fflamau tân,
a'i holwynion yn wenfflam.
10 Roedd afon o dân yn llifo
allan oddi wrtho.
Roedd miloedd ar filoedd yn ei wasanaethu,
a miliynau lawer yn sefyll o'i flaen.
Eisteddodd y llys, ac agorwyd y llyfrau.

11 "Rôn i'n dal i edrych wrth i'r corn bach ddal ati i frolio pethau mawr. Ac wrth i mi
edrych dyma'r pedwerydd creadur yn cael ei ladd a'i daflu i'r tân. 12 (Cafodd yr awdurdod
i lywodraethu ei gymryd oddi ar y creaduriaid eraill, er eu bod wedi cael byw am gyfnod ar
ôl hynny.)[u]

13 Yn fy ngweledigaeth y noson honno,
gwelais un oedd yn edrych fel person dynol[w]
yn dod ar gymylau'r awyr.
Aeth i fyny at yr Un Hynafol –
cafodd ei gymryd ato.
14 A derbyniodd awdurdod, anrhydedd a grym.
Roedd rhaid i bawb, o bob gwlad ac iaith ei anrhydeddu.

th 7:6 *bedwar pen* Pedwar brenin Persia falle – gw. 11:2. u 7:12 *am gyfnod ar ôl hynny* Aramaeg "am amser a chyfnod". w 7:13 *person dynol* Aramaeg, "mab y dyn". Roedd Iesu'n aml yn disgrifio'i hun fel 'Mab y Dyn'.
7:3 Datguddiad 13:1; 17:8 7:4-6 Datguddiad 13:2 7:7 Datguddiad 12:3; 13:1 7:8 Datguddiad 13:5,6
7:9 a Datguddiad 20:4; b Datguddiad 1:14 7:10 a Datguddiad 5:11; b Datguddiad 20:12
7:14 Datguddiad 11:15 7:14 Datguddiad 11:15

Mae ei awdurdod yn dragwyddol – fydd e byth yn dod i ben.
Fydd ei deyrnasiad byth yn cael ei dinistrio.

Esbonio'r weledigaeth

15"Rôn i, Daniel, wedi cynhyrfu'r tu mewn. Roedd y gweledigaethau wedi fy nychryn i.
16Dyma fi'n mynd at un o'r rhai oedd yn sefyll yno, a gofyn beth oedd ystyr y cwbl. A dyma
fe'n esbonio'r freuddwyd i mi.

17" 'Mae'r pedwar creadur mawr yn cynrychioli pedwar brenin daearol fydd yn teyrnasu.
18Ond yn y diwedd bydd pobl sanctaidd y Duw Goruchaf yn cael teyrnasu – byddan nhw'n
teyrnasu am byth!'

19"Ond wedyn roeddwn i eisiau gwybod mwy am y pedwerydd creadur, yr un oedd yn
hollol wahanol i'r lleill. Roedd hwnnw'n wirioneddol ddychrynllyd gyda'i ddannedd haearn
a'i grafangau pres. Roedd yn llarpio a chnoi, a sathru dan draed bopeth oedd yn dal i sefyll.
20Rôn i hefyd eisiau gwybod beth oedd y deg corn ar ei ben, a'r corn bach gododd wedyn
a gwneud i dri o'r lleill syrthio. Dyma'r corn oedd gyda llygaid, a cheg oedd yn brolio pethau
mawr. Roedd y corn yma'n edrych yn gryfach na'r lleill. 21 Rôn i'n gweld y corn yma yn brwydro
yn erbyn pobl sanctaidd Duw ac yn eu trechu nhw.y 22Dyna oedd yn digwydd hyd nes i'r
Un Hynafol ddod a barnu o blaid pobl sanctaidd y Duw Goruchaf. A dyma nhw wedyn yn
cael teyrnasu.

23"Dyma ddwedodd wrtho i:

'Mae'r pedwerydd creadur yn cynrychioli ymerodraeth
fydd yn wahanol i bob teyrnas arall.
Bydd yn llyncu'r byd i gyd,
ac yn sathru pawb a phopeth.
24 Mae'r deg corn yn cynrychioli deg brenin
fydd yn teyrnasu ar yr ymerodraeth.
Ond wedyn bydd brenin arall yn codi –
brenin gwahanol i'r lleill.
Bydd yn bwrw i lawr dri brenin o'i flaen.
25 Bydd yn herio'r Duw Goruchaf
ac yn cam-drin ei bobl sanctaidd.
Bydd yn ceisio newid yr amserau osodwyd yn y gyfraith,
a bydd pobl Dduw dan ei reolaeth
am gyfnod, dau gyfnod, a hanner cyfnod.
26 Yna wedi i'r llys eistedd
bydd ei awdurdod yn cael ei gymryd oddi arno,
a'i ddinistrio'n llwyr – am byth!
27 Bydd awdurdod brenhinol a grym
pob teyrnas dan y nef
yn cael ei roi i bobl sanctaidd Duw.
Mae Duw yn teyrnasu'n dragwyddol,
a bydd pob awdurdod arall yn ei wasanaethu
ac yn ufudd iddo.'

28A dyna ddiwedd y weledigaeth. Roeddwn i, Daniel, wedi dychryn. Rôn i'n welw. Ond cedwais
y cwbl i mi fy hun."

---

y 7:21 *corn bach ... trechu nhw* Antiochus IV Epiphanes mae'n debyg. Roedd yn teyrnasu o tua 175 i 164 CC ac yn hynod o greulon tuag at yr Iddewon.
7:18 Datguddiad 22:5 7:21 Datguddiad 13:7 7:22 Datguddiad 20:4 7:24 Datguddiad 17:12
7:25 Datguddiad 12:14; 13:5-6

Gweledigaeth yr hwrdd a'r bwch gafr

8 [a] Yn ystod trydedd flwyddyn teyrnasiad Belshatsar,[b] ces i, Daniel, weledigaeth arall.
Roedd hon yn dilyn yr un ges i o'r blaen. 2 Y tro hwn gwelais fy hun yn Shwshan,[c] y gaer
sydd yn nhalaith Elam. Rôn i'n sefyll wrth ymyl Camlas Wlai. 3 A gwelais hwrdd[ch] yn sefyll wrth
ymyl y gamlas. Roedd gan yr hwrdd ddau gorn hir, ond roedd un corn yn hirach na'r llall, er
ei fod wedi dechrau tyfu ar ôl y llall. 4 Roedd yr hwrdd yn rhuthro, ac yn ymosod ar bopeth i'r
gorllewin, gogledd a de. Doedd dim un anifail arall yn gallu sefyll yn ei erbyn na'i rwystro.
Roedd yn gwneud fel y mynnai, ac yn brolio'i hun.
5 Tra oeddwn i'n edrych ar hyn, dyma fwch gafr[d] yn dod dros y tir o gyfeiriad y gorllewin. Roedd
yn symud mor gyflym doedd ei draed ddim yn cyffwrdd y llawr. Roedd gan y bwch un corn amlwg[dd]
ar ganol ei dalcen. 6 Daeth at yr hwrdd gyda'r ddau gorn roeddwn i wedi'i weld wrth y gamlas,
a rhuthro'n ffyrnig yn ei erbyn. 7 Rôn i'n edrych arno'n ymosod yn wyllt ar yr hwrdd, a'i daro mor
galed nes iddo dorri dau gorn yr hwrdd. Doedd gan yr hwrdd ddim gobaith! Dyma'r bwch gafr yn
bwrw'r hwrdd i lawr, a'i sathru dan draed. Doedd neb yn gallu achub yr hwrdd o'i afael.[e] 8 Tyfodd
y bwch gafr mor fawr nes ei fod yn brolio fwy fyth. Ond pan oedd ar ei gryfaf, dyma'i gorn anferth
yn cael ei dorri. Yn ei le tyfodd pedwar corn mawr[f] oedd yn pwyntio, un i bob cyfeiriad.
9 Ond yna, allan o un ohonyn nhw, dyma gorn bach[ff] arall yn codi. Roedd yn fach i ddechrau,
ond tyfodd yn fawr iawn, ac ymestyn i gyfeiriad y de a'r dwyrain,[g] ac i gyfeiriad y Wlad
Hardd.[ng] 10 Tyfodd mor dal nes iddo gyrraedd y fyddin nefol, a bwrw rhai ohonyn nhw (sef y sêr)
i lawr, a'i sathru nhw dan draed. 11 Ond aeth mor bell â herio Tywysog y fyddin nefol. Stopiodd
yr aberthu dyddiol, a dinistrio'i deml. 12 Roedd ei fyddin yn sefyll yn erbyn yr aberthu dyddiol fel
gweithred o wrthryfel, a disodli'r gwir.[h] Roedd yn llwyddo i wneud beth bynnag oedd e eisiau.
13 Wedyn, dyma fi'n clywed un o'r bodau sanctaidd yn siarad, ac un sanctaidd arall yn gofyn
iddo. "Am faint mwy mae hyn yn mynd i fynd ymlaen – y gwrthryfel yma sy'n stopio'r aberthu
dyddiol, a'r deml a'r fyddin yn cael eu sathru dan draed?" 14 Atebodd y llall, "Am ddwy fil tri
chant bore a hwyr. Wedyn bydd y deml yn cael ei gwneud yn iawn eto."[i]

Yr angel Gabriel yn esbonio'r weledigaeth

15 Roeddwn i, Daniel, yn edrych ar hyn i gyd, ac yn ceisio gwneud sens o'r cwbl. Yna'n
sydyn, roedd un oedd yn edrych fel person dynol yn sefyll o mlaen i. 16 A dyma fi'n clywed llais
rhywun yn galw o gyfeiriad Camlas Wlai, "Gabriel, esbonia i'r dyn yma beth sy'n digwydd."
17 Felly dyma fe'n dod ata i. Roedd gen i ofn am fy mywyd, a dyma fi'n disgyn ar fy wyneb ar
lawr o'i flaen. A dyma fe'n dweud, "Ddyn, rhaid i ti ddeall mai gweledigaeth am y diwedd
ydy hon." 18 Wrth iddo ddweud hyn dyma fi'n llewygu. Roeddwn i'n fflat ar fy wyneb ar lawr.
Ond dyma fe'n cyffwrdd fi, a'm codi ar fy nhraed.

---

a 8:1 Yma mae'r iaith wreiddiol yn newid yn ôl i'r Hebraeg. b 8:1 *trydedd flwyddyn teyrnasiad Belshatsar*
551 CC, dwy flynedd ar ôl y weledigaeth gyntaf (gw. 7:1). Roedd Daniel tua 69 mlwydd oed ar y pryd.
c 8:2 *Shwshan* Tua 200 milltir i'r dwyrain o Babilon. ch 8:3 *hwrdd* Ymerodraeth Media-Persia – gw. adn. 20.
d 8:5 *fwch gafr* Groeg – gw. adn. 21. dd 8:5 *corn amlwg* Alecsander Fawr mae'n debyg. Daeth Alecsander
yn frenin Macedonia yn 336 CC Erbyn 331 CC roedd wedi concro Ymerodraeth Persia. e 8:6-7 *daeth at ...*
o'i afael Rhwng 334 a 331 CC enillodd Alecsander Fawr sawl buddugoliaeth yn erbyn Dareius III, a lledodd
ei Ymerodraeth o wlad Groeg i'r India. f 8:8 *pedwar corn mawr* Y pedwar cadfridog y rhannwyd teyrnas
Alecsander Fawr rhyngddyn nhw mae'n debyg – Cassander (Macedonia a Groeg), Lysimachus (Thrace a rhannau
o Asia Leiaf), Seleucus (Syria a thiroedd tua'r dwyrain), a Ptolemi (Yr Aifft). Bu farw Alecsander Fawr yn
323 CC, ac ar ôl blynyddoedd o ffraeo rhwng cadfridogion y fyddin, rhannodd yr Ymerodraeth yn bedair teyrnas
yn 301 CC. ff 8:9 *hwrdd* Antiochus IV Epiphanes mae'n debyg. Roedd yn teyrnasu o tua 175 i 164 CC ac yn
hynod o greulon tuag at yr Iddewon. g 8:9 *y de a'r dwyrain* Ymgyrchodd Antiochus yn erbyn yr Aifft yn y de
(1 Macabeaid 1:16-20) a'r Parthiaid i'r dwyrain (1 Macabeaid 3:27-37; 6:1-4). ng 8:9 *Y Wlad Hardd*
Disgrifiad o wlad Israel (cf. Jeremeia 3:19; Eseciel 20:6,15). h 8:12 *gwir* Cyfeiriad at lyfrau'r Gyfraith Iddewig,
y Torâ, mae'n debyg (gw. 1 Macabeaid 1:56). i 8:14 *y deml ... iawn eto* Cyfeiriad at Ailgysegru'r deml mae'n
debyg. Digwyddodd hyn ar Ragfyr 25, 165 CC Mae un o wyliau'r Iddewon, Gŵyl y Cysegriad (*Chanwca*), yn
dathlu'r digwyddiad.
8:10 Datguddiad 12:4

[19]Yna dwedodd, "Dw i'n mynd i ddweud wrthot ti beth fydd yn digwydd ar ddiwedd y cyfnod
o ddigofaint. Gweledigaeth am y diwedd ydy hon. [20]Mae'r hwrdd welaist ti, gyda dau gorn,
yn cynrychioli brenhinoedd Media a Persia. [21]Y bwch gafr welaist ti ydy brenin y Groegiaid,
a'r corn mawr ar ganol ei dalcen ydy'r brenin cyntaf. [22]Mae'r pedwar corn ddaeth yn lle'r un
gafodd ei dorri, yn dangos y bydd Ymerodraeth Groeg yn rhannu'n bedair teyrnas. Ond fydd
dim un ohonyn nhw mor gryf â'r gyntaf.

23 Pan fydd y teyrnasoedd yma ar fin dod i ben,
a'u gwrthryfel ar ei waethaf,
bydd brenin caled, twyllodrus yn codi.
24 Bydd yn troi'n bwerus iawn
(ond ddim drwy ei nerth ei hun).
Bydd yn achosi'r dinistr mwyaf ofnadwy.
Bydd yn llwyddo i wneud beth bynnag mae e eisiau.
Bydd yn dinistrio'r bobl mae'r angylion yn eu hamddiffyn.
25 Bydd yn llwyddo i dwyllo llawer drwy ei glyfrwch,
ac yn brolio ei fawredd ei hun.
Bydd yn dinistrio llawer o bobl sy'n meddwl eu bod yn saff.[l]
Bydd yn herio'r un sy'n Dywysog ar dywysogion,
ond yna'n sydyn bydd yn cael ei dorri gan law anweledig.

[26]Mae'r weledigaeth am y dwy fil tri chant bore a hwyr yn wir, ond i'w selio a'i chadw o'r
golwg. Mae'n sôn am amser yn y dyfodol pell."

[27]Roeddwn i, Daniel, yn swp sâl am rai dyddiau. Ond yna, ar ôl gwella, dyma fi'n cario
mlaen i weithio i'r brenin. Ond roedd y weledigaeth wedi fy syfrdanu. Doedd hi ddim yn
gwneud sens i mi.

Daniel yn gweddïo dros ei bobl

9 Dyma Dareius o Media,[ll] mab Ahasferus,[m] yn cael ei wneud yn frenin ar Ymerodraeth
Babilon. [2]Yn ystod blwyddyn gyntaf ei deyrnasiad[n] roeddwn i, Daniel, wedi bod yn
darllen yr ysgrifau sanctaidd. Dyma fi'n gweld fod yr ARGLWYDD wedi dweud wrth y proffwyd
Jeremeia y byddai Jerwsalem yn adfeilion am saith deg o flynyddoedd.[o]

[3]Felly dyma fi'n troi at Dduw, y Meistr, a pledio arno mewn gweddi. Rôn i'n ymprydio, yn
gwisgo sachliain, ac wedi rhoi lludw ar fy mhen. [4]Rôn i'n gweddïo ar yr ARGLWYDD fy Nuw,
a chyffesu, "O Feistr, plîs! Ti ydy'r Duw mawr a rhyfeddol! Ti'n Dduw ffyddlon sy'n cadw dy
ymrwymiad i'r bobl sy'n dy garu ac sy'n ufudd i ti. [5]Ond dŷn ni wedi pechu a gwneud beth
sy'n ddrwg. Dŷn ni wedi gwrthryfela, ac wedi troi cefn ar dy orchmynion di a dy safonau di.
[6]Dŷn ni wedi gwrthod gwrando ar dy weision, y proffwydi. Roedden nhw wedi siarad ar dy
ran di gyda'n brenhinoedd ni a'n harweinwyr, ein hynafiaid a'n pobl i gyd.

[7]"Feistr, rwyt ti wedi gwneud popeth yn iawn, ond does gynnon ni ddim ond lle i gywilyddio
– pobl Jwda a Jerwsalem, pobl Israel i gyd – y bobl sydd ar chwâl drwy'r gwledydd lle rwyt ti
wedi'u gyrru nhw am iddyn nhw dy fradychu di. [8]O ARGLWYDD, cywilydd arnon ni! – cywilydd
ar ein brenhinoedd a'n harweinwyr a'n hynafiaid i gyd. Dŷn ni wedi pechu yn dy erbyn di.
[9]Ond rwyt ti, ein Duw a'n Meistr ni, yn Dduw trugarog sy'n maddau, er ein bod ni wedi
gwrthryfela yn dy erbyn. [10]Wnaethon ni ddim talu sylw pan oeddet ti'n ein dysgu ni drwy dy
weision y proffwydi, ac yn dweud wrthon ni sut ddylen ni fyw.

---

l 8:25 *Bydd yn dinistrio ... saff* Cyfeiriad, falle, at yr ymosodiad annisgwyl ar Jerwsalem sy'n cael ei ddisgrifio yn 1 Macabeaid 1: 29-30. ll 9:1 *Dareius o Media* Mae ysgolheigion yn ansicr pwy yn union y cyfeirir ato.
m 9:1 *Ahasferus* Xerxes yn yr LXX. Mae'n bosib mai teitl brenhinol ydy'r enw Ahasferus yma. n 9:2 *blwyddyn gyntaf ei deyrnasiad* tua 538 CC mae'n debyg. Byddai Daniel yn ddyn yn ei wyth degau cynnar erbyn hyn.
o 9:2 *saith deg o flynyddoedd* gw. Jeremeia 25:11-13; 29:10.

8:25 Daniel 2:34,45 9:10 Jeremeia 25:4; 29:19

[11]"Mae pobl Israel i gyd wedi mynd yn rhy bell, ac wedi troi cefn arnat ti a diystyru beth
roeddet ti'n ddweud. Felly mae'r felltith roeddet ti wedi'n rhybuddio ni amdani mor ddifrifol
yng Nghyfraith Moses[p] wedi digwydd, am ein bod ni wedi pechu yn dy erbyn di. [12]Ti wedi
gwneud beth roeddet ti wedi'i fygwth i ni a'n harweinwyr. Mae wedi bod yn drychineb
ofnadwy. Does erioed y fath drwbwl wedi bod yn unman ag a ddigwyddodd yn Jerwsalem.
[13]Mae wedi digwydd yn union fel mae cyfraith Moses yn dweud. Ac eto dŷn ni ddim wedi
gwneud pethau'n iawn gyda'r ARGLWYDD ein Duw drwy droi cefn ar ein pechod a chydnabod
dy fod ti'n ffyddlon. [14]Roedd yr ARGLWYDD yn gwybod beth roedd e'n wneud, a daeth â'r
dinistr arnon ni. Mae popeth mae'r ARGLWYDD yn ei wneud yn iawn, a doedden ni ddim wedi
gwrando arno.

[15]"Felly, o Dduw ein Meistr ni, sy'n enwog hyd heddiw am dy gryfder yn arwain dy bobl
allan o wlad yr Aifft: dŷn ni wedi pechu a gwneud drwg. [16]O Feistr, rwyt ti bob amser yn
gwneud beth sy'n iawn; plîs stopia fod yn wyllt gyda dy ddinas, Jerwsalem, a'r mynydd rwyt
wedi'i gysegru. Am ein bod ni wedi pechu, a'n hynafiaid wedi gwneud cymaint o ddrwg,
dydy Jerwsalem a dy bobl di yn ddim byd ond testun sbort i bawb o'u cwmpas nhw! [17]Felly,
o Dduw, gwrando ar dy was yn pledio a gweddïo arnat ti. Er dy fwyn dy hun wnei di edrych
yn garedig[ph] eto ar dy deml sydd wedi'i dinistrio. [18]O Dduw, gwrando'n astud ar beth dw
i'n ofyn. Edrych ar stad y ddinas yma sy'n cael ei chysylltu â dy enw di! Dŷn ni ddim yn
gweddïo fel yma am ein bod ni'n honni ein bod wedi gwneud beth sy'n iawn, ond am dy fod
ti mor anhygoel o drugarog. [19]O Feistr, gwrando! O Feistr, maddau! O Feistr, edrych a gwna
rywbeth! O Dduw, paid oedi – er dy fwyn dy hun! Er mwyn dy ddinas, a'r bobl sy'n cael eu
cysylltu â dy enw di."

Gabriel yn esbonio'r weledigaeth

[20]Rôn i'n dal ati i weddïo, a chyffesu fy mhechod a phechod fy mhobl Israel, ac yn pledio ar
yr ARGLWYDD fy Nuw ar ran Jerwsalem a'r mynydd sydd wedi'i gysegru ganddo.[r] [21]A tra oeddwn
i'n gweddïo dyma Gabriel, yr un oedd yn y weledigaeth arall pan oeddwn i wedi fy llethu'n
llwyr, yn dod ata i tua amser offrwm yr hwyr. [22]Dyma fe'n esbonio i mi, "Dw i wedi dod yma
er mwyn i ti ddeall pethau'n iawn. [23]Cafodd yr ateb ei roi wrth i ti ddechrau gweddïo, a dw
i wedi dod yma i'w rannu gyda ti. Rwyt ti'n sbesial iawn yng ngolwg Duw. Felly gwrando'n
ofalus, i ti ddeall y weledigaeth.

[24] Mae saith deg cyfnod o saith[rh] wedi'u pennu
i dy bobl a'r ddinas sanctaidd
roi diwedd ar eu gwrthryfel.
I ddod â'r pechu i ben, delio gyda drygioni
a gwneud pethau'n iawn unwaith ac am byth.
I gadarnhau y weledigaeth broffwydol,
ac eneinio y Lle Mwyaf Sanctaidd.

[25]Felly rhaid i ti ddeall:

O'r amser pan gafodd y gorchymyn ei roi
i adfer ac ailadeiladu Jerwsalem
nes daw un wedi'i eneinio yn arweinydd,[s]
bydd saith cyfnod o saith.

---

p 9:11 *mae'r felltith ... nghyfraith Moses* gw. Lefiticus 26:27-45; Deuteronomium 28:15-68. ph 9:17 *edrych yn garedig* Hebraeg, "llewyrchu dy wyneb," sef gwenu'n garedig (cf. Numeri 6:25; Salm 80:3,7,19). r 9:20 *mynydd sydd wedi'i gysegru ganddo* y bryn roedd y deml wedi'i hadeiladu arni. rh 9:24 *saith deg cyfnod o saith* cf. Lefiticus 25:8. Roedd y rhifau 7 a 70 yn cynrychioli cyfnodau cyflawn, a 7 wedi'i luosi â 7 (sef 49) yn symbol o'r blynyddoedd cyn Blwyddyn y Rhyddhau. s 9:25 *un wedi'i eneinio'n arweinydd* Mae'r gair Hebraeg yn golygu "tywallt olew (ar ben rhywun)". Dyma sut oedd rhywun yn cael ei wneud yn offeiriad neu yn frenin.
9:15 Deuteronomium 6:21; 9:26; Jeremeia 32:20; Nehemeia 9:10

Bydd y ddinas yn cael ei hadfer a'i hailadeiladu
gyda strydoedd a ffosydd amddiffyn
am chwe deg dau cyfnod o saith.
Ond bydd hi'n amser caled, argyfyngus.
26 Ar ôl y chwe deg dau cyfnod o saith,
bydd yr un wedi'i eneinio yn cael ei dorri i ffwrdd,
bydd heb ddim.
Yna bydd y ddinas a'r deml yn cael eu dinistrio
gan fyddin arweinydd arall sydd i ddod.
Bydd y diwedd yn dod fel llif.
Bydd rhyfela'n para i'r diwedd.
Mae dinistr wedi'i gyhoeddi.
27 Bydd yn gwneud ymrwymiad gyda'r tyrfaoedd
am un cyfnod o saith.
Ond hanner ffordd drwy'r saith
bydd yn stopio'r aberthau a'r offrymau.
Yna ar yr adain bydd yn codi
eilun ffiaidd sy'n dinistrio,[t]
nes i'r dinistr sydd wedi'i ddyfarnu
ddod ar yr un sy'n dinistrio."

Gweledigaeth Daniel ar lan afon Tigris

10 Yn ystod trydedd flwyddyn teyrnasiad Cyrus,[th] brenin Persia, cafodd Daniel (oedd hefyd
yn cael ei alw'n Belteshasar) neges arall. Neges am rywbeth fyddai wir yn digwydd –
amser o ryfela a dioddef. Ac roedd Daniel wedi deall y neges a'r weledigaeth gafodd.
2 Ar y pryd, roeddwn i, Daniel, wedi bod yn galaru am dair wythnos lawn. 3 Rôn i'n bwyta bwyd
plaen – dim byd cyfoethog, dim cig na gwin. A wnes i ddim rhwbio olew ar fy nghorff nes oedd
y tair wythnos drosodd. 4 Yna ar y pedwerydd ar hugain o'r mis cyntaf[u] rôn i'n sefyll ar lan afon
fawr Tigris. 5 Gwelais ddyn yn sefyll o mlaen i mewn gwisg o liain, gyda belt o aur pur Wffas
am ei ganol. 6 Roedd ei gorff yn sgleinio fel meini saffir. Roedd ei wyneb yn llachar fel mellten,
a'i lygaid fel fflamau o dân. Roedd ei freichiau a'i goesau yn gloywi fel pres wedi'i sgleinio. Ac
roedd ei lais fel sŵn taranau. 7 Fi, Daniel, oedd yr unig un welodd hyn i gyd. Welodd y dynion
oedd gyda mi ddim byd. Ond roedden nhw wedi dychryn am eu bywydau, a dyma nhw'n rhedeg
i ffwrdd i guddio. 8 Felly dyna lle roeddwn i'n sefyll yno ar fy mhen fy hun yn gwylio'r cwbl. Rôn
i'n teimlo fy hun yn mynd yn wan. Doedd gen i ddim egni ar ôl. Rôn i'n hollol wan. 9 Pan glywais
e'n dechrau siarad dyma fi'n llewygu. Rôn i'n fflat ar fy wyneb ar lawr.
10 Ond yna dyma law yn fy nghyffwrdd, a'm codi ar fy nwylo a'm gliniau. 11 "Daniel," meddai,
"rwyt ti'n sbesial iawn yng ngolwg Duw. Gwranda ar beth dw i'n mynd i'w ddweud wrthot
ti. Saf ar dy draed. Dw i wedi cael fy anfon atat ti." Pan ddwedodd hyn, dyma fi'n sefyll
ar fy nhraed, ond rôn i'n dal i grynu. 12 Yna dwedodd, "Daniel, paid bod ag ofn. Mae Duw
wedi clywed dy weddi ers y diwrnod cyntaf i ti blygu o'i flaen i geisio deall. A dw i wedi dod
o achos dy weddi. 13 Ces fy nal yn ôl am dair wythnos gan arweinydd[w] teyrnas Persia. Ond

---

t 9:27 *Yna ar yr adain ... dinistrio* Falle fod hyn yn cyfeirio at beth ddigwyddodd yn 1 Macabeaid 1:54-57. Mae'n bosib fod "adain" yn cyfeirio at gyrn yr allor. Gwnaeth Antiochus IV ddefodau Iddewig yn anghyfreithlon (sef darllen y Gyfraith, cadw'r Saboth, ymarfer enwaediad a chyflwyno aberthau). Cysegrodd y Deml o'r newydd i'r duw Zews/Iau, codi delw o'r duw hwnnw yn y deml ac (yn ôl yr hanesydd Josephus) aberthu moch iddo ar yr allor. th 10:1 *trydedd flwyddyn teyrnasiad Cyrus* 536 CC Roedd Daniel tua wyth deg pedwar oed. u 10:4 *mis cyntaf* Nisan (oedd hefyd yn cael ei alw yn Abib), sef mis cyntaf y calendr Hebreig, o tua canol Mawrth i ganol Ebrill. Dyma pryd oedd Gŵyl y Pasg yn cael ei dathlu – gw. Exodus 12:2. w 10:13 *arweinydd* Hebraeg, "tywysog". Cyfeiriad at angel mae'n debyg.

9:27 Eseia 10:23 9:27 Daniel 11:31; 12:11; Mathew 24:15; Marc 13:14
10:5,6 Datguddiad 1:13-15; 2:18; 19:12

yna dyma Michael, un o'r prif arweinwyr, yn dod i'm helpu pan oeddwn i'n sefyll yn erbyn
brenhinoedd Persia ar fy mhen fy hun. 14Ond dw i yma nawr, i dy helpu di i ddeall beth sy'n
mynd i ddigwydd i dy bobl yn y dyfodol. Gweledigaeth am y dyfodol ydy hi."
15Tra oedd yn siarad roeddwn i'n edrych i lawr, ac yn methu dweud gair. 16Yna dyma un oedd
yn edrych fel person dynol yn cyffwrdd fy ngwefusau, a dyma fi'n dechrau siarad. "Syr," meddwn
i wrtho, "mae beth dw i wedi'i weld yn ormod i'w gymryd. Dw i'n teimlo'n hollol wan. 17Meistr,
sut alla i sydd ddim ond gwas, siarad â rhywun fel ti? Does gen i ddim nerth ar ôl. Dw i prin yn
gallu anadlu!" 18Yna dyma'r un oedd yn edrych fel person dynol yn fy nghyffwrdd i eto, a rhoi
nerth i mi. 19"Paid bod ag ofn," meddai. "Ti'n ddyn sbesial iawn yng ngolwg Duw. Bydd popeth
yn iawn. Bydd yn ddewr! Bydd yn ddewr go iawn!" Wrth iddo siarad roeddwn i'n teimlo fy hun
yn cryfhau. A dyma fi'n dweud, "Gelli siarad nawr, syr. Rwyt ti wedi gwneud i mi deimlo'n well."
20Yna meddai, "Wyt ti'n gwybod pam dw i wedi dod atat ti? Yn fuan iawn rhaid i mi fynd yn
ôl i ymladd yn erbyn arweinydd Persia. Ond ar ôl i mi wneud hynny, bydd arweinydd y Groegiaid
yn dod. 21Ond yn gyntaf, gad i mi ddweud wrthot ti beth sydd wedi'i ysgrifennu mewn llyfr sy'n
ddibynadwy. Does neb i'm helpu i yn eu herbyn nhw ond Michael, eich arweinydd chi.
11 A dw i wedi bod yn ymladd a'i helpu e ers blwyddyn gyntaf teyrnasiad Dareius
o Media."[y]

Neges yr angel i Daniel

Rhan un: y pedwar brenin a'u holynwyr

2"Nawr, gad i mi ddweud wrthot ti beth sydd wir yn mynd i ddigwydd: Mae tri brenin arall[a]
yn mynd i deyrnasu ar Persia. Ac wedyn pedwerydd,[b] fydd yn llawer mwy cyfoethog na nhw
i gyd. Bydd yn defnyddio'i gyfoeth i gael pawb i ymladd gydag e yn erbyn teyrnas y Groegiaid.
3Yna bydd brenin pwerus[c] yn codi. Bydd ganddo deyrnas anferth, a bydd yn gwneud beth
bynnag fydd e eisiau. 4Yn fuan ar ôl iddo ddod i rym bydd ei ymerodraeth yn rhannu'n bedair.
Ond dim ei blant fydd yn teyrnasu, a fydd y deyrnas ddim mor ddylanwadol ag oedd hi. Bydd
yn cael ei rhwygo gan eraill a'i rhannu rhyngddyn nhw.[ch]
5"Wedyn bydd brenin y de[d] yn dod i rym. Ond bydd un o'i swyddogion[dd] ei hun yn gryfach,
ac yn codi yn ei erbyn. Bydd ei deyrnas e yn fwy fyth. 6Ar ôl rhai blynyddoedd bydd cynghrair yn
cael ei sefydlu rhwng brenin y gogledd a brenin y de.[e] Bydd merch brenin y de[f] yn priodi brenin
y gogledd i selio'r cytundeb. Ond fydd ei dylanwad hi ddim yn para, a fydd e ddim yn aros
mewn grym chwaith. Bydd hi, ei gweision a'i morynion, ei phlentyn, a'i thad yn cael eu lladd.
"Ond yna 7bydd un o'i pherthnasau hi[ff] yn codi i'r orsedd yn lle ei dad. Bydd yn ymosod ar
fyddin brenin y gogledd,[g] yn meddiannu ei gaer, ac yn ennill buddugoliaeth fawr. 8Bydd yn
mynd â'i duwiau nhw yn ôl i'r Aifft, y delwau i gyd a'r holl lestri gwerthfawr o aur ac arian.
Ond bydd yn gadael llonydd i frenin y gogledd am rai blynyddoedd ar ôl hynny. 9Ac wedyn
bydd brenin y gogledd[ng] yn ymosod ar deyrnas brenin y de; ond fydd e ddim yn llwyddiannus
– bydd rhaid iddo fynd yn ôl i'w wlad ei hun. 10Yna bydd ei feibion[h] yn casglu byddin enfawr

---

y 11:1 *Dareius o Media* gw. 5:31. a 11:2 *tri brenin arall* Cambyses (tua 530–522 CC), Pseudo-Smerdis (tua 522 CC) a Dareius I Hystaspes (tua 522–486 CC) mae'n debyg. b 11:2 *pedwerydd* Xerxes I (tua 486–465 CC) mae'n debyg. c 11:3 *brenin pwerus* Alecsander Fawr (oedd yn teyrnasu o tua 336 i 323 CC) mae'n debyg. Concrodd Ymerodraeth Persia yn 330 CC. ch 11:4 *bydd ei ymerodraeth yn rhannu'n bedair ... rhyngddyn nhw* Y pedwar cadfridog y rhannwyd teyrnas Alecsander Fawr rhyngddyn nhw mae'n debyg – Cassander (Macedonia a Groeg), Lysimachus (Thrace a rhannau o Asia Leiaf), Seleucus (Syria a thiroedd tua'r dwyrain), a Ptolemi (Yr Aifft). Bu farw Alecsander Fawr yn 323 CC, ac ar ôl blynyddoedd o ffraeo rhwng cadfridogion y fyddin, rhannodd yr Ymerodraeth yn bedair teyrnas yn 301 CC. d 11:5 *brenin y de* Ptolemi I Soter (tua 322–285 CC) yn yr Aifft. dd 11:5 *un o'i swyddogion* Seleucus I Nicator (tua 312–280 CC) ddaeth i deyrnasu ar Syria a Mesopotamia. e 11:6 *brenin y gogledd a brenin y de* Antiochus II Theos (tua 261–246 CC) a Ptolemi II Philadelffws (tua 285–246 CC). f 11:6 *merch brenin y de* Berenice, merch Ptolemi II. ff 11:7 *un o'i pherthnasau hi* ei brawd, Ptolemi III Euergetes (tua 246-221 CC). g 11:7 *brenin y gogledd* Seleucus II Callinicus (tua 246–226 CC). ng 11:9 *brenin y gogledd* Ymosododd Seleucus II ar yr Aifft yn 242 CC, ond roedd rhaid iddo droi'n ôl. h 11:10 *ei feibion* Seleucus III Ceraunus (tua. 226–223 CC) ac Antiochus III, sef Antiochus Fawr (tua. 223–187 CC).

i fynd i ryfel, a bydd y fyddin yn dod fel llif ac yn ymosod dro ar ôl tro, gan dorri trwodd yr
holl ffordd at gaer brenin y de.
11“Bydd brenin y de[i] wedi'i gythruddo, ac yn dod allan i ymladd yn erbyn brenin y gogledd[l]
ac yn trechu'r fyddin enfawr oedd hwnnw wedi'i chasglu. 12Ar ôl llwyddo i yrru byddin y gelyn
i ffwrdd, bydd brenin y de yn meddwl ei fod yn anorchfygol. Bydd yn achosi hil-laddiad miloedd
ar filoedd o bobl. Ond fydd ei lwyddiant ddim yn para'n hir. 13Mewn ychydig flynyddoedd,
bydd brenin y gogledd yn dod yn ôl gyda byddin fwy fyth. Bydd yn ymosod ar y de gyda
byddin aruthrol fawr a digonedd o arfau.
14“Yn y cyfamser bydd llawer o rai eraill yn gwrthryfela yn erbyn brenin y de.[ll] Bydd eithafwyr
o blith dy bobl dy hun yn codi, yn breuddwydio y gallan nhw lwyddo, ond methu wnân nhw.
15Ond yna bydd brenin y gogledd yn dod ac yn codi rampiau gwarchae, a choncro dinas gaerog
ddiogel. Fydd byddin y de ddim yn llwyddo i'w hamddiffyn. Fydd y milwyr gorau yno ddim yn
gallu eu stopio nhw. 16Bydd yr ymosodwr yn gwneud beth bynnag mae e eisiau, a fydd neb
yn gallu ei rwystro. Bydd yn concro'r Wlad Hardd,[m] a bydd y gallu ganddo i'w dinistrio'n
llwyr. 17Ei nod fydd rheoli'r ymerodraeth gyfan. Bydd yn cynnig telerau heddwch ac yn cynnig
ffurfio cynghrair drwy roi un o'i ferched[n] yn wraig i frenin y de. Ei fwriad fydd dinistrio teyrnas
y de, ond fydd ei gynllun ddim yn llwyddo.
18“Bydd yn troi ei olygon wedyn at y dinasoedd o gwmpas Môr y Canoldir, ac yn concro
llawer ohonyn nhw. Ond bydd arweinydd byddin arall[o] yn rhoi stop ar y gormes. Bydd
y gormeswr yn cael ei ormesu! 19Felly bydd yn troi am adre i amddiffyn ei wlad ei hun, ond
bydd e'n syrthio, a bydd e'n diflannu unwaith ac am byth.
20“Bydd ei olynydd[p] yn anfon un allan[ph] i godi trethi afresymol i gynnal cyfoeth ac ysblander
y frenhiniaeth. Ond fydd e ddim yn teyrnasu'n hir. Bydd e'n marw, ond ddim yn gyhoeddus
nac mewn brwydr.

Rhan dau: y brenin drwg o'r gogledd

21“Ar ôl hwnnw bydd dyn cwbl ffiaidd[r] yn cymryd yr orsedd – er mai nid fe oedd yn yr
olyniaeth. Bydd yn llwyddo i gipio grym yn gwbl ddi-drafferth drwy gynllwyn a thwyll. 22Bydd
grym milwrol enfawr yn cael ei drechu a'i ddinistrio ganddo. A bydd yr arweinydd crefyddol
yn cael ei ladd hefyd.[rh] 23Bydd yn gwneud addewidion twyllodrus i sefydlu cytundebau
heddwch. Ond yna'n dwyn y grym i gyd gyda chriw bach o gefnogwyr. 24Wedyn, pan fydd pobl
gyfoethocaf y wlad yn teimlo'n saff, bydd yn gwneud rhywbeth na wnaeth neb o'i hynafiaid.
Bydd yn dwyn eu cyfoeth ac yn ei rannu i'w gefnogwyr. Yna bydd yn cynllunio i ymosod ar
drefi caerog eraill, ond fydd hyn ddim yn para'n hir iawn.
25“Bydd yn mynd ati i ddangos ei hun drwy godi byddin fawr yn erbyn brenin y de.[s] Bydd
brenin y de yn ymladd yn ei erbyn gyda byddin fwy fyth, ond ddim yn llwyddo am fod cynllwyn
yn ei erbyn. 26Bydd ei uchel-swyddogion ei hun yn ei dorri. Bydd ei fyddin yn cael ei hysgubo
i ffwrdd, a bydd llawer iawn yn cael eu lladd. 27Bydd y ddau frenin yn cyfarfod wrth y bwrdd
i drafod telerau heddwch. Ond bwriad y ddau fel ei gilydd fydd gwneud drwg i'r llall, a fyddan
nhw'n gwneud dim ond dweud celwydd wrth ei gilydd. Ond fydd hynny'n gwneud dim
gwahaniaeth am fod yr amser yn dod pan fydd y cwbl yn dod i ben. 28Bydd brenin y gogledd
yn mynd yn ôl i'w wlad ei hun gyda llwythi o gyfoeth. Ar ei ffordd yn ôl, ei fwriad fydd delio
gyda phobl yr ymrwymiad sanctaidd. Ar ôl gwneud hynny bydd yn mynd adre.

---

i 11:11 *brenin y de* Ptolemi IV Philopator (tua 221–203 CC). l 11:11 *brenin y gogledd* Antiochus III (tua 223–187 CC). ll 11:14 *brenin y de* Ptolemi V Epiphanes (tua 203–181 CC). m 11:16 *Wlad Hardd* gw. nodyn ar 8:9. n 11:17 *un o'i ferched* Cleopatra, merch Antiochus III. Rhoddodd hi yn wraig i Ptolemi V. o 11:18 *arweinydd byddin arall* Lwcius Cornelius Scipio, y cadfridog Rhufeinig, mae'n debyg. Enillodd Frwydr Magnesia yn erbyn Antiochus III yn 190 CC. p 11:20 *ei olynydd* Seleucus IV Philopator (tua 187–175 CC), mab Antiochus III. ph 11:20 *anfon un allan* Heliodorus, prif weinidog Seleucus IV mae'n debyg (gw. 2 Macabeaid 3). r 11:21 *dyn cwbl ffiaidd* Antiochus IV Epiphanes (tua 175–163 CC), brawd iau Seleucus IV. rh 11:22 *arweinydd crefyddol ... ladd* Onias III, yr archoffeiriad – gw. 2 Macabeaid 4. s 11:25 *brenin y de* Ptolemi VI Philometor (tua 181–146 CC).

29 "Y flwyddyn wedyn bydd yn ymosod ar y de eto, ond fydd pethau ddim yr un fath y tro yma.
30 Bydd llongau rhyfel o'r gorllewin[t] yn dod yn ei erbyn, a bydd yn colli ei hyder. Bydd yn troi yn
ôl, ac ar ei ffordd adre yn dangos ei rwystredigaeth drwy gam-drin pobl yr ymrwymiad sanctaidd.
Bydd yn gwobrwyo'r rhai sy'n troi cefn ar eu crefydd. 31 Bydd ei fyddin yn mynd i mewn i'r deml
ac yn ei halogi. Bydd yn stopio'r aberthu dyddiol, ac yn codi eilun ffiaidd sy'n dinistrio yno.[th]
32 Bydd yn defnyddio gweniaith i lygru'r rhai sydd wedi bod yn anffyddlon i'r ymrwymiad. Ond
bydd y bobl sy'n nabod Duw yn sefyll yn gryf yn ei erbyn.[u] 33 Bydd y rhai doeth yn dysgu trwch
y boblogaeth beth i'w wneud. Ond bydd cyfnod anodd yn dilyn, pan fydd llawer yn cael eu lladd
â'r cleddyf, eu llosgi, eu caethiwo, ac yn colli popeth. 34 Pan fydd hyn yn digwydd, byddan nhw'n
cael rhywfaint o help. Ond fydd llawer o'r rhai fydd yn ymuno â nhw ddim wir o ddifrif. 35 Bydd
hyd yn oed rhai o'r arweinwyr doeth yn syrthio. Bydd hyn yn rhan o'r coethi, y puro a'r glanhau
sydd i ddigwydd cyn i'r diwedd ddod. Ac mae'r diwedd hwnnw yn sicr o ddod.

36 "Bydd y brenin[w] yn gwneud beth bynnag mae e eisiau. Bydd yn brolio ei fod e'i hun
yn fwy na'r duwiau i gyd; a bydd yn dweud pethau hollol warthus yn erbyn y Duw mawr.
A bydd yn llwyddo i ddianc, nes bydd y cyfnod o ddigofaint wedi dod i ben. Mae beth sydd
wedi'i benderfynu yn mynd i ddigwydd. 37 Fydd e'n dangos dim parch at dduwiau ei hynafiaid,
hyd yn oed ffefryn y merched.[y] Fydd e'n dangos dim parch at unrhyw dduw. Bydd yn brolio
ei fod e'i hun yn fwy na nhw i gyd.[a] 38 Yn eu lle nhw bydd yn addoli duw'r canolfannau
milwrol – duw doedd ei hynafiaid yn gwybod dim amdano. Bydd yn tywallt aur, arian, gemau
ac anrhegion costus eraill arno. 39 Bydd yn ymosod ar ganolfannau milwrol eraill gyda help
duw estron. Bydd yn anrhydeddu'r rhai sy'n ildio iddo. Bydd yn rhoi awdurdod iddyn nhw ac
yn rhannu'r tir rhyngddyn nhw.

Rhan tri: y diwedd

40 "Yna yn y diwedd bydd brenin y de yn codi yn ei erbyn. Ond bydd brenin y gogledd yn
ei daro yn ôl yn galed gyda cerbydau, marchogion, a llynges o longau rhyfel. Bydd yn concro
gwledydd ac yn ysgubo drwyddyn nhw fel afon wedi gorlifo. 41 Bydd yn goresgyn y Wlad
Hardd.[b] Bydd llawer o wledydd yn cael eu concro, ond bydd Edom, Moab ac arweinwyr Ammon
yn cael dianc. 42 Wrth iddo ymestyn allan bydd yn taro un wlad ar ôl y llall. Fydd hyd yn oed yr
Aifft ddim yn dianc. 43 Bydd yn rheoli holl drysorau'r Aifft – yr aur, yr arian, a phopeth arall.
Bydd Libia a Cwsh[c] yn ildio iddo.

44 "Ond yna, bydd adroddiadau o'r dwyrain a'r gogledd yn achosi panig. Bydd yn mynd allan
yn wyllt i ddinistrio a lladd llawer iawn o bobl. 45 Bydd yn codi ei babell frenhinol i wersylla
rhwng Môr y Canoldir a'r Mynydd Cysegredig. Dyna ble bydd yn cwrdd â'i ddiwedd, a fydd
neb yn gallu ei helpu.

Rhan pedwar: y meirw yn dod yn ôl yn fyw

12 Bryd hynny bydd Michael yn codi –
yr arweinydd mawr sy'n gofalu am dy bobl.

---

t 11:30 *gorllewin* Hebraeg, *Cittim* – sef Cyprus, gw. Numeri 24:24. Pobl yn dod o gyfeiriad Môr y Canoldir yn y gorllewin. Cyfeiriad at fyddin Rhufain, dan arweiniad Gaius Popilius Laenas, sydd yma. Roedd yr Aifft wedi gofyn am help Rhufain. th 11:31 *Bydd ei fyddin ... trallod yno* Gwnaeth Antiochus IV ddefodau Iddewig yn anghyfreithlon (sef darllen y Gyfraith, cadw'r Saboth, ymarfer enwaediad a chyflwyno aberthau). Cysegrodd y Deml o'r newydd i'r duw Zews/Iau, codi delw o'r duw hwnnw yn y deml ac (yn ôl yr hanesydd Josephus) aberthu moch iddo ar yr allor. u 11:32 *sefyll yn gryf yn ei erbyn* Cyfeiriad at wrthryfel y Macabeaid, arweiniodd at gyfnod o annibyniaeth Iddewig. Cafodd y Deml ei hailgysegru yn Rhagfyr 164 CC ychydig dros dair blynedd ar ôl Antiochus IV ei halogi (gw. 1 Macabeaid 4:36-58). w 11:36 *y brenin* Mae'n debyg fod adn. 36-45 yn crynhoi sut gymeriad oedd Antiochus IV. Ond gall hefyd fod yn ddarlun o'r Anghrist, fydd yn dod yn y dyddiau olaf. y 11:37 *ffefryn y merched* Tammws-Adonis falle (cf. Eseciel 8:14). a 11:37 *bydd yn brolio ... nhw i gyd* Roedd yr arysgrif ar ddarnau arian Antiochus IV o tua 169 CC ymlaen yn darllen: "y Brenin Antiochus, Duw yn dangos ei hun, yr un sy'n dod â buddugoliaeth". b 11:41 *y Wlad Hardd* gw. y nodyn ar 8:9. c 11:43 *Cwsh* Teyrnas i'r de o wlad yr Aifft, sef gogledd Swdan heddiw.

11:30 1 Macabeaid 1:20-40; 2 Macabeaid 5:11-26 11:30 1 Macabeaid 1:41-64
11:31 Daniel 9:27; 12:11; Mathew 24:15; Marc 13:14 (gw. hefyd 1 Macabeaid 1:54)

Bydd amser caled – gwaeth na dim
mae'r wlad wedi'i brofi erioed o'r blaen.
Ond bydd dy bobl di yn dianc –
pawb sydd â'i henwau wedi'u hysgrifennu yn y llyfr.
2 Bydd llawer o'r rhai sy'n gorwedd yn farw,
wedi'u claddu ym mhridd y ddaear, yn deffro –
rhai i fywyd tragwyddol
ac eraill i gywilydd bodolaeth ffiaidd.
3 Ond bydd y rhai doeth yn disgleirio fel golau dydd.
Bydd y rhai sy'n arwain y werin bobl i fyw mewn perthynas iawn â Duw
yn disgleirio fel sêr am byth bythoedd.

4 "Rhaid i ti, Daniel, gadw'r neges yma'n gyfrinachol a selio'r sgrôl nes bydd y diwedd wedi
dod. Bydd llawer yn rhuthro yma ac acw yn ceisio deall beth sy'n digwydd."

Y diwedd

5 Yna dyma fi, Daniel, yn gweld dau arall yn sefyll yna – un bob ochr i'r afon. 6 Dyma un
ohonyn nhw'n dweud wrth y dyn oedd mewn gwisg o liain, oedd erbyn hyn yn sefyll uwchben
yr afon, "Pryd mae'r pethau mawr yma'n mynd i ddigwydd?" 7 A dyma'r dyn oedd mewn gwisg
o liain ac yn sefyll uwchben yr afon, yn codi ei ddwy law i'r awyr ac yn tyngu ar lw i'r Un sy'n
byw am byth: "Mae am gyfnod, dau gyfnod a hanner cyfnod. Wedyn pan fydd grym yr un sy'n
sathru pobl gysegredig Duw wedi dod i ben bydd y diwedd wedi dod."
8 Rôn i wedi'i glywed, ond ddim yn deall. Felly dyma fi'n gofyn, "Syr, beth fydd yn digwydd
yn y diwedd?" 9 Atebodd, "Dos di, Daniel. Mae'r neges yma i'w gadw'n gyfrinachol ac
wedi'i selio nes bydd y diwedd wedi dod. 10 Bydd llawer o bobl yn cael eu puro, eu glanhau
a'u coethi drwy'r cwbl. Ond bydd pobl ddrwg yn dal ati i wneud drwg. Fyddan nhw ddim yn
deall. Dim ond y rhai doeth fydd yn deall beth sy'n digwydd. 11 O'r amser pan fydd yr aberthu
dyddiol yn cael ei stopio a'r eilun ffiaidd sy'n dinistrio yn cael ei godi yn ei le, mae mil dau
gant naw deg o ddyddiau. 12 Mae'r rhai sy'n disgwyl yn ffyddlon nes bydd mil tri chant tri
deg pump o ddyddiau wedi mynd heibio wedi'u bendithio'n fawr.
13 "Felly dos di yn dy flaen. Gelli fod yn dawel dy feddwl. Pan ddaw'r diwedd, byddi di'n
codi i dderbyn dy wobr."

12:1 Jeremeia 30:7 12:2 Eseia 66:24 12:7 Daniel 7:25
12:11 Daniel 9:27; 11:31; Mathew 24:15; Marc 13:14 (gw. hefyd 1 Macabeaid 1:54)

Hosea

1 Dyma'r neges roddodd yr ARGLWYDD i Hosea fab Beëri. Roedd yn proffwydo pan oedd
Wseia, Jotham, Ahas a Heseceia yn frenhinoedd ar Jwda, a Jeroboam fab Jehoas,[a] yn
frenin ar Israel.

Gwraig a plant Hosea

2 Pan ddechreuodd yr ARGLWYDD siarad drwy Hosea, dwedodd wrtho: "Dos, a priodi gwraig
sy'n puteinio. Bydd hi'n puteinio ac yn cael plant siawns. Mae fel y wlad yma, sy'n puteinio
o hyd drwy droi cefn arna i, yr ARGLWYDD." 3 Felly dyma Hosea yn priodi Gomer, merch Diblaim.
Dyma hi'n cael ei hun yn feichiog, ac yn geni mab iddo. 4 A dyma'r ARGLWYDD yn dweud wrth
Hosea, "Galw fe'n Jesreel, achos yn fuan iawn dw i'n mynd i gosbi llinach frenhinol Jehw am
y tywallt gwaed yn Jesreel.[b] Dw i'n mynd i ddod â theyrnas Israel i ben. 5 Bydda i'n dinistrio
grym milwrol Israel yn Nyffryn Jesreel."
6 Pan oedd Gomer yn disgwyl babi eto, dyma hi'n cael merch y tro yma. A dyma'r ARGLWYDD
yn dweud wrth Hosea, "Galw hi'n Lo-rwhama (sef 'dim trugaredd'). Fydda i'n dangos dim
trugaredd at wlad Israel o hyn ymlaen. Maen nhw wedi fy mradychu i. 7 Ond bydda i'n dangos
trugaredd at wlad Jwda. Fi, yr ARGLWYDD eu Duw, fydd yn eu hachub nhw, nid arfau a grym
milwrol a rhyfela."[c]
8 Cyn gynted ag roedd Gomer wedi stopio bwydo Lo-rwhama ar y fron, roedd hi'n feichiog
eto, a dyma hi'n cael mab arall. 9 Dyma'r ARGLWYDD yn dweud, "Galw fe'n Lo-ammi (sef 'dim
fy mhobl'). Achos dych chi ddim yn bobl i mi, a dw i ddim yn Dduw i chi."

Gobaith i Israel

10 Ond yn y dyfodol, bydd poblogaeth Israel fel y tywod ar lan y môr – yn amhosib i'w cyfrif.
Yn yr union le lle dwedwyd wrthyn nhw, "Dych chi ddim yn bobl i mi" byddan nhw'n cael eu
galw yn "blant y Duw byw"! 11 Bydd pobl Jwda a phobl Israel yn uno gyda'i gilydd. Byddan
nhw'n dewis un arweinydd, ac yn codi eto o'r tir. Bydd hi'n ddiwrnod mawr i Jesreel![ch]
2 "Byddi'n galw dy frawd yn Ammi (sef 'fy mhobl'), a dy chwaer yn Rwhama (sef
'trugaredd')!

Israel y Wraig Anffyddlon

2 Plediwch yn daer gyda'ch mam
(Dydy hi ddim yn wraig i mi,
a dw i ddim yn ŵr iddi hi.)
Plediwch arni i stopio peintio ei hwyneb fel putain,
a dangos ei bronnau i bawb.

3 Neu bydda i'n rhwygo'i dillad oddi arni –
bydd hi'n hollol noeth, fel ar ddiwrnod ei geni.
Bydda i'n troi'r wlad yn anialwch.
Bydd fel tir sych; a bydd hi'n marw o syched.

---

a 1:1 *Wseia ... Jehoas* Wseia (781–740 CC), Jotham (740–736 CC), Ahas (736–716 CC), Heseceia (716–687 CC), a Jeroboam II (783–743 CC). b 1:4 *Jesreel* Dyna ble llofruddiodd Jehw Ahab, brenin Israel, a'r teulu brenhinol i gyd, a gwneud ei hun yn frenin (gw. 2 Brenhinoedd 9:21-28, 30-37; 10:10). c 1:7 *arfau ... rhyfela* Hebraeg, "bwâu, cleddyfau, brwydr, ceffylau a cherbydau". ch 1:11 *Jesreel* ystyr yr enw Hebraeg ydy "Duw yn hau". sy'n awgrymu tyfiant a llwyddiant.

1:1 2 Brenhinoedd 14:23 – 15:7; 15:32 – 16:20; 18:1 – 20:21; 2 Cronicl 26:1 – 27:8; 28:1 – 32:33
1:4 2 Brenhinoedd 10:11 1:10 Genesis 22:17; 32:12 1:10 Rhufeiniaid 9:26

4 Fydda i'n dangos dim trugaredd at ei phlant,
am mai plant siawns ydyn nhw, am iddi buteinio.
5 Hwren anffyddlon ydy eu mam nhw;
mae hi wedi ymddwyn yn warthus.
Roedd hi'n dweud: 'Dw i'n mynd at fy nghariadon.
Maen nhw'n rhoi bwyd a dŵr i mi,
gwlân, llin, olew, a diodydd.'

Yr Arglwydd yn ei disgyblu

6 Felly, dw i am gau ei ffordd gyda drain
a chodi wal i'w rhwystro,
fel ei bod hi'n colli ei ffordd.
7 Wedyn, pan fydd hi'n rhedeg ar ôl ei chariadon,
bydd hi'n methu'u cyrraedd nhw.
Bydd hi'n chwilio, ond yn methu'u ffeindio nhw.
Bydd hi'n dweud wedyn,
'Dw i am fynd yn ôl at fy ngŵr.
Roedd pethau lot gwell arna i bryd hynny.'

8 "Dydy hi ddim yn barod i gydnabod mai fi sy'n rhoi'r ŷd a'r sudd grawnwin a'r olew
olewydd iddi. A fi wnaeth roi'r holl arian a'r aur iddi hefyd – ond aeth ei phobl a rhoi'r
cwbl i Baal![d]

9 Felly, dw i'n mynd i gymryd yr ŷd yn ôl,
a'r cynhaeaf grawnwin hefyd.
Dw i'n mynd i gymryd yn ôl y gwlân a'r llin
oeddwn i wedi'i rhoi iddi i'w gwisgo.

10 Yn fuan iawn, dw i'n mynd i wneud iddi
sefyll yn noethlymun o flaen ei chariadon.
Fydd neb yn gallu ei helpu hi!

11 Bydd ei holl bartïo ar ben:
ei gwyliau crefyddol, ei dathliadau misol a'i Sabothau wythnosol –
pob un parti!

12 Bydda i'n difetha ei gwinllannoedd a'i choed ffigys –
roedd hi'n honni mai tâl gan ei chariadon oedd y cwbl.
Bydda i'n troi'r cwbl yn ddrysni llawn chwyn wedi tyfu'n wyllt;
dim ond anifeiliaid gwyllt fydd yn bwyta'u ffrwyth.

13 Bydda i'n ei chosbi am bob diwrnod y buodd hi'n
llosgi arogldarth i ddelwau o Baal.
Roedd hi'n gwisgo'i chlustdlysau a'i gemwaith
i fynd ar ôl ei chariadon, ond yn fy anghofio i!"
—yr Arglwydd sy'n dweud hyn.

Cariad Duw at ei bobl

14 "Felly, dw i'n mynd i'w denu hi yn ôl ata i.
Dw i'n mynd i'w harwain hi yn ôl i'r anialwch
a siarad yn rhamantus gyda hi eto.

d 2:8 *Baal* Duw ffrwythlondeb Canaan.

15 Wedyn, dw i'n mynd i roi ei gwinllannoedd iddi,
a throi Dyffryn y Drychineb[dd] yn Giât Gobaith
Bydd hi'n canu fel pan oedd hi'n ifanc,
pan ddaeth hi allan o wlad yr Aifft.

16 Bryd hynny," meddai'r ARGLWYDD,
"byddi'n galw fi, 'fy ngŵr';
fyddi di byth eto'n fy ngalw i, 'fy meistr'.[e]
17 Bydda i'n gwneud i ti anghofio enwau'r delwau o Baal;
fyddi di ddim yn eu defnyddio byth eto.

18 Bryd hynny, bydda i'n gwneud ymrwymiad
gyda'r anifeiliaid gwyllt, yr adar, a'r holl bryfed ar y ddaear
Bydda i'n cael gwared ag arfau rhyfel – y bwa saeth a'r cleddyf;
A bydd fy mhobl yn byw'n saff a dibryder.

19 Bydda i'n dy gymryd di'n wraig i mi am byth.
Bydda i'n dy drin di'n deg, yn gyfiawn,
ac yn dangos cariad a charedigrwydd atat.
20 Bydda i'n ffyddlon i ti bob amser,
a byddi di'n fy nabod i, yr ARGLWYDD.

21 Bryd hynny, bydda i'n ymateb i ti'n frwd,"
— yr ARGLWYDD sy'n dweud hyn.
"Bydda i'n rhoi cymylau i'r awyr, a bydd yr awyr yn rhoi glaw i'r tir.
22 Bydd y tir yn rhoi dŵr i'r ŷd, y grawnwin a'r olewydd.
A bydd ffrwyth y tir ar gael i Jesreel.[f]
23 Bydda i'n ei phlannu i mi fy hun yn y tir.
Bydd 'heb drugaredd' yn cael profi trugaredd.
Bydda i'n dweud wrth 'nid fy mhobl', 'dych chi'n bobl i mi'.
A byddan nhw'n ateb, 'Ti ydy'n Duw ni!'."

Cariad Duw yn cynnig gobaith

3 Dyma'r ARGLWYDD yn dweud wrtho i:
"Dos, a dangos gariad at dy wraig eto, er bod ganddi gariad arall a'i bod yn anffyddlon
i ti. Dyna'n union fel mae'r ARGLWYDD yn caru pobl Israel, er eu bod nhw'n troi at eilun-dduwiau
ac yn offrymu teisennau ffrwyth melys iddyn nhw."
2 Felly dyma fi'n mynd a thalu un deg pump darn arian a chan cilogram o haidd amdani.
3 A dyma fi'n dweud wrthi, "O hyn allan ti'n mynd i aros gyda mi. Ti ddim i weithio fel putain
na chael rhyw gydag unrhyw ddyn, hyd yn oed gyda fi."
4 Mae pobl Israel yn mynd i fod am amser hir heb frenin nac arweinydd eu hunain, heb
fedru aberthu, heb golofnau cysegredig, heb arweiniad offeiriad nac eilun-ddelwau teuluol.
5 Ond wedyn yn y dyfodol bydd pobl Israel yn troi yn ôl at yr ARGLWYDD eu Duw a'u brenin
o deulu Dafydd. Bryd hynny byddan nhw'n plygu i'r ARGLWYDD a'i barchu, ac yn profi eto
mor dda ydy e.

---

dd 2:15 *Dyffryn y Drychineb* neu *Dyffryn Achor*. Mae'r gair Hebraeg *Achor* ('trychineb') yn swnio fel *Achan* (gw. Josua 7:24-26). e 2:16 'fy ngŵr' ... 'fy meistr' Yn Hebraeg ystyr enw'r duw *Baal* ydy 'meistr'. Ond mae'r ARGLWYDD yn addo perthynas bersonol ddofn gyda'i bobl (fel gŵr a gwraig sy'n caru ei gilydd). f 2:22 *Jesreel* Ystyr yr enw ydy 'Duw yn hau/plannu' (gw. adn. 23). Ond mae yma chwarae ar eiriau hefyd. Mae'r enw Jesreel yn swnio'n debyg iawn yn yr Hebraeg i'r enw Israel.
2:23 Rhufeiniaid 9:25; 1 Pedr 2:10

Israel anffyddlon

4 Bobl Israel, gwrandwch ar y neges sydd gan yr ARGLWYDD i chi! Mae'r ARGLWYDD yn dwyn achos yn erbyn pobl y wlad. Does yna neb sy'n ffyddlon, neb sy'n garedig, neb sy'n nabod Duw go iawn. [2]Ond mae yna ddigon o regi, twyllo, llofruddio, dwyn a godinebu! Mae yna drais ym mhobman! [3]A dyna pam fydd y wlad yn methu a'i phobl yn mynd yn wan. Bydd hyd yn oed yr anifeiliaid gwyllt a'r adar a'r pysgod yn diflannu!

Yr ARGLWYDD yn cyhuddo'r offeiriaid

4 Peidiwch pwyntio'r bys at bobl eraill, a rhoi'r bai arnyn nhw.
Mae fy achos yn eich erbyn chi offeiriaid!
5 Byddwch yn baglu yng ngolau dydd,
a bydd eich proffwydi ffals yn baglu gyda chi yn y nos.
Bydd dychryn yn eich dinistrio![ff]
6 Mae fy mhobl yn cael eu dinistrio am nad ydyn nhw'n fy nabod i.

Dych chi offeiriaid ddim eisiau fy nabod i,
felly dw i ddim eisiau chi yn offeiriaid.
Dych chi wedi gwrthod dysgeidiaeth eich Duw
felly dw i'n mynd i wrthod eich plant chi.

7 Wrth i'r offeiriaid ennill mwy a mwy o gyfoeth
maen nhw'n pechu mwy yn fy erbyn i –
cyfnewid yr Un Gwych am beth gwarthus!
8 Maen nhw'n bwyta offrymau dros bechod fy mhobl!
Maen nhw eisiau i'r bobl bechu!
9 Ac mae'r bobl yn gwneud yr un fath â'r offeiriaid –
felly bydda i'n eu cosbi nhw i gyd am y drwg;
talu'n ôl iddyn nhw am beth maen nhw wedi'i wneud.

10 Byddan nhw'n bwyta, ond byth yn cael digon.
Byddan nhw'n cael rhyw, ond ddim yn cael plant.
Maen nhw wedi troi cefn ar yr ARGLWYDD
a bwrw ati i buteinio.

Yr ARGLWYDD yn condemnio addoli eilunod

11 Mae gwin wedi drysu fy mhobl!
12 Maen nhw'n troi at ddarn o bren am help,
a disgwyl ateb gan ffon hud rhyw swynwr!
Mae'r obsesiwn am ryw wedi gwneud iddyn nhw golli'r ffordd,
ac maen nhw'n puteinio eu hunain i ffwrdd oddi wrth eu Duw.

13 Maen nhw'n aberthu ar gopa'r mynyddoedd,
a llosgi arogldarth ar ben y bryniau –
dan gysgod hyfryd rhyw dderwen,
coeden boplys neu derebinth.
A'r canlyniad? Mae eich merched yn buteiniaid,
a'ch merched-yng-nghyfraith yn godinebu!

14 Ond pam ddylwn i gosbi dy ferched am buteinio,
a'th ferched-yng-nghyfraith am odinebu?

ff 4:5 *Bydd ... dinistrio* neu, "a bydda i'n dinistrio'ch mam".

Mae'r dynion yr un fath! – yn 'addoli' gyda hwren,
ac yn aberthu gyda phutain teml![g]
'Bydd pobl ddwl yn mynd i ddistryw!'
15 Er dy fod ti, O Israel, yn godinebu,
boed i Jwda osgoi pechu.
Paid mynd i gysegr Gilgal! Paid mynd i fyny i Beth-afen![ng]
Paid tyngu llw, "Fel mae'r ARGLWYDD yn fyw ..."
16 Mae Israel anufudd yn ystyfnig fel mul![h]
Cyn bo hir bydd yr ARGLWYDD yn ei gyrru allan i bori,
a bydd fel oen bach ar dir agored!

17 Mae pobl Effraim[i] yn briod ag eilunod –
gad iddyn nhw fod!
18 Ar ôl yfed yn drwm nes bod dim diod ar ôl,
maen nhw'n troi at buteiniaid cwltig
ac yn joio eu mochyndra digywilydd!
19 Ond bydd corwynt yn eu cipio,
a bydd eu haberthau'n achos cywilydd go iawn.

Bydd Israel a Jwda'n cael eu barnu

5 Gwrandwch, chi offeiriaid!
Daliwch sylw, bobl Israel!
Clywch, chi'r teulu brenhinol!
Mae'r farn ar fin dod arnoch!

Dych chi wedi bod fel trap i bobl Mitspa,
a rhwyd i ddal pobl Tabor;
2 yn wrthryfelwyr wedi achosi lladdfa ddifrifol,
a bydda i'n eich cosbi chi i gyd.

3 Dw i'n gwybod yn iawn am Effraim.[l]
Dydy Israel ddim yn gallu cuddio oddi wrtho i!
Rwyt ti Effraim wedi troi at buteinio –
mae Israel wedi'i llygru'n llwyr.
4 Mae eu drygioni'n eu rhwystro
rhag troi yn ôl at eu Duw.
Mae puteindra ysbrydol wedi'u meddiannu,
a dŷn nhw ddim yn nabod yr ARGLWYDD.
5 Mae balchder Israel yn tystio yn ei herbyn.

Bydd Israel ac Effraim yn syrthio o achos eu drygioni.
A bydd Jwda, hefyd, yn syrthio gyda nhw.
6 Wedyn, byddan nhw'n mynd at yr ARGLWYDD
gyda'i defaid a'u geifr a'u bustych.
Ond bydd yn rhy hwyr! Bydd e wedi'u gadael nhw.

---

g 4:14 *putain teml* Roedd y merched yma'n gweithio yn y temlau paganaidd lle roedd duwiau ffrwythlondeb yn cael eu haddoli. Roedd pobl yn credu fod cael rhyw gyda'r puteiniaid yma yn sicrhau cynaeafau llwyddiannus. ng 4:15 *Beth-afen* Ystyr *Beth-afen* ydy 'tŷ pechod' neu 'tŷ gwagedd/eilunod' – cyfeiriad at Bethel, sy'n golygu 'tŷ Duw' – gw. 1 Brenhinoedd 12:26-30 (cf. Hosea 5:8, 10:5 a 10:8). h 4:16 *mul* Hebraeg, "heffer". i 4:17 *Effraim* Effraim oedd prif lwyth teyrnas Israel, ac mae'n aml yn cynrychioli'r wlad yn gyfan.
l 5:3 *Effraim* Effraim oedd prif lwyth teyrnas Israel, ac mae'n aml yn cynrychioli'r wlad yn gyfan.

7 Maen nhw wedi bradychu'r ARGLWYDD
ac maen nhw wedi cael plant siawns.
Yn fuan iawn, ar ŵyl y lleuad newydd,
byddan nhw a'u tir yn cael eu difa.

Rhybudd fod y farn yn dod

8 Chwythwch y corn hwrdd[l] yn Gibea!
Canwch utgorn yn Rama!
Rhybuddiwch bobl Beth-afen![m]
Ti fydd gyntaf, Benjamin!
9 Bydd Effraim yn cael ei dinistrio ar ddydd y cosbi!
Mae beth dw i'n ddweud wrth lwythau Israel
yn mynd i ddigwydd.

10 Mae arweinwyr Jwda fel rhai sy'n symud terfyn i ddwyn tir;
a bydda i'n tywallt fy llid arnyn nhw fel llifogydd!
11 Bydd Effraim[n] yn cael ei orthrymu,
a'i sathru pan fydda i'n barnu;
am ei fod wedi penderfynu dilyn eilunod diwerth.

12 Bydda i fel gwyfyn yn difa Effraim,
fel pydredd i bobl Jwda.
13 Pan welodd Effraim ei fod yn sâl,
a Jwda'n gweld ei ddolur,
dyma Effraim yn troi at Asyria
am help gan 'y brenin mawr'.
Ond dydy e ddim yn gallu dy helpu.
Fydd e ddim yn gwella dy glwyf!

14 Fi sy'n ymosod ar Effraim a Jwda,
fel llew yn rhwygo'i ysglyfaeth.
Fi – ie, fi! Bydda i'n eu rhwygo nhw'n ddarnau
a'u cario nhw i ffwrdd.
Fydd neb yn gallu eu helpu.
15 Bydda i'n mynd yn ôl i'm ffau
nes byddan nhw'n cyfaddef eu bai.
Wedyn, byddan nhw'n chwilio amdana i;
yn eu helbul, byddan nhw'n chwilio'n daer amdana i:

Y bobl yn esgus troi at Dduw

6 "Dewch! Gadewch i ni droi'n ôl at yr ARGLWYDD.
Fe sydd wedi'n rhwygo'n ddarnau, ond bydd e'n iacháu!
Fe sydd wedi'n hanafu ni, ond bydd e'n gwella'r briwiau!
2 Bydd yn rhoi bywyd newydd i ni mewn ychydig;
bydd wedi'n codi ni'n ôl yn fyw mewn dim o dro.[o]
Cawn fyw yn ei gwmni, 3 a'i nabod yn iawn.

---

ll 5:8 *corn hwrdd* Hebraeg, *shoffar.* m 5:8 *Beth-afen* gw. y nodyn ar 4:15. Mae Gibea tua 5 milltir i'r gogledd o Jerwsalem, Rama tua 8 milltir, a Bethel tua 11 milltir. n 5:11 *Effraim* Effraim oedd prif lwyth teyrnas Israel, ac mae'n aml yn cynrychioli'r wlad yn gyfan. o 6:2 *mewn ychydig* Hebraeg, "ar ôl deuddydd"; *mewn dim o dro* Hebraeg, "ar y trydydd dydd".
5:10 Deuteronomium 27:17

Gadewch i ni fwrw iddi i gydnabod yr Arglwydd.
Bydd yn dod allan i'n hachub, mor sicr â bod y wawr yn torri.
Bydd yn dod fel glaw y gaeaf neu gawodydd y gwanwyn i ddyfrio'r tir."

4 O, beth wna i gyda chi, bobl Effraim?[p]
Beth wna i gyda chi, bobl Jwda?
Mae eich ffyddlondeb fel tarth y bore,
neu'r gwlith sy'n diflannu'n gynnar.
5 Dyna pam dw i wedi anfon y proffwydi i'ch taro.
Dw i'n mynd i'ch lladd chi fel y dwedais wrth gyhoeddi barn.
Mae'r farn yn siŵr o ddod, fel golau'r wawr.

6 Ffyddlondeb sy'n fy mhlesio, nid aberthau!
Nabod Duw, nid dim ond offrwm i'w losgi.
7 Maen nhw wedi sathru fy ymrwymiad fel Adda!
Maen nhw wedi fy mradychu i!
8 Mae Gilead yn dref o bobl ddrwg,
ac mae olion traed gwaedlyd yn staen ar ei strydoedd.
9 Mae'r urdd o offeiriaid fel gang o ladron,
yn cuddio i ymosod ar bobl –
yn llofruddio ar y ffordd i Sichem.
Maen nhw'n gwneud cymaint o ddrwg!

10 Dw i wedi gweld pobl Israel
yn gwneud pethau cwbl ffiaidd!
Mae Effraim yn puteinio –
mae Israel wedi'i llygru'n llwyr!

Petai Israel yn troi cefn ar ei phechod

11 Mae cynhaeaf barn yn dod i tithau, Jwda!
Dw i eisiau i'm pobl lwyddo eto;
dw i eisiau iacháu Israel.
7 Ond mae pechod Effraim yn y golwg,
a drygioni Samaria[ph] mor amlwg.

Maen nhw mor dwyllodrus!
Mae lladron yn torri i mewn i'r tai,
a gangiau'n dwyn ar y strydoedd.
2 Dŷn nhw ddim yn sylweddoli
fy mod i'n gweld y drwg i gyd.
Mae eu drygioni fel baw drostyn nhw –
dw i'n ei weld o flaen fy llygaid!

3 Mae'r brenin yn mwynhau gweld drwg
a'r tywysogion yn twyllo.
4 Maen nhw i gyd yn godinebu!
Maen nhw fel popty crasboeth –
does dim rhaid i'r pobydd brocio'r tân
tra mae'n tylino'r toes,
na pan mae'n cael ei bobi!

---

p 6:4 *Effraim* Effraim oedd prif lwyth teyrnas Israel, ac mae'n aml yn cynrychioli'r wlad yn gyfan.
ph 7:1 *Samaria* Prifddinas Israel.
6:6 Mathew 9:13; 12:7

5 Mae'r brenin yn cynnal parti,
ac mae'r tywysogion yn meddwi;
Mae e'n cynllwynio gyda phaganiaid
6 ac yn troi ata i gan fwriadu brad.
Bwriadau sydd fel popty poeth,
yn mudlosgi drwy'r nos
ac yn cynnau'n fflamau tân yn y bore.
7 Maen nhw i gyd fel popty crasboeth,
yn lladd eu llywodraethwyr.
Mae eu brenhinoedd i gyd wedi syrthio,
a does dim un yn galw arna i!

Israel a'r Cenhedloedd

8 Mae Effraim[r] wedi cymysgu gyda'r cenhedloedd.
Mae fel bara tenau wedi'i losgi ar un ochr!
9 Mae estroniaid yn sugno'i nerth,
a dydy e ddim wedi sylwi!
Mae fel hen ddyn a'i wallt yn britho
heb iddo sylwi!

10 Mae balchder Israel yn tystio yn ei herbyn.
Wnân nhw ddim troi'n ôl at yr ARGLWYDD eu Duw!
Er gwaetha'r cwbl maen nhw'n gwrthod troi ato.
11 Mae Effraim fel colomen ddisynnwyr, hawdd i'w thwyllo –
mae'n galw ar yr Aifft am help,
ac wedyn yn troi at Asyria.
12 Bydda i'n taflu fy rhwyd i'w rhwystro rhag hedfan;
bydda i'n eu dal nhw fel dal adar,
ac yn eu cosbi nhw pan glywa i nhw'n heidio at ei gilydd.

13 Gwae nhw am geisio dianc oddi wrtho i!
Dinistr gân nhw am wrthryfela yn fy erbyn i!
Sut alla i eu gollwng nhw'n rhydd
pan maen nhw'n dweud celwydd amdana i?

14 Dŷn nhw ddim yn galw arna i o ddifrif.
Maen nhw'n gorweddian ar eu gwlâu yn gweiddi,
a thorri eu hunain â chyllyll[rh] wrth ofyn am ŷd a grawnwin.
Maen nhw wedi troi cefn arna i,
15 er mai fi wnaeth eu dysgu nhw.
Fi wnaeth eu gwneud nhw'n gryf,
ond maen nhw'n cynllwynio i wneud drwg i mi.
16 Maen nhw'n troi at Baal!

Maen nhw fel bwa llac, yn dda i ddim.
Byddan nhw'n cael eu lladd gan y gelyn
am siarad mor hy yn fy erbyn.
Byddan nhw'n destun sbort i bobl yr Aifft.

---

r 7:8 *Effraim* Enw arall ar Israel, teyrnas y gogledd. rh 7:14 *thorri eu hunain â chyllyll* Un arfer wrth addoli Baal (gw. 1 Brenhinoedd 18:28).
7:16 Salm 78:57

Barn Duw ar Israel

8 Canwch y corn hwrdd![s] Rhybuddiwch y bobl!
Mae eryr yn hofran uwch teml yr ARGLWYDD.
Maen nhw wedi torri amodau'r ymrwymiad gyda mi,
ac wedi gwrthryfela yn erbyn fy nghyfraith.
2 Mae Israel yn galw arna i,
"O Dduw, dŷn ni'n dy gydnabod di!"
3 Ond mae'n rhy hwyr! Mae Israel wedi gwrthod y da,[t]
a bydd y gelyn yn ei erlyn.

4 Maen nhw wedi dewis brenhinoedd
heb ofyn i mi.
Maen nhw wedi urddo arweinwyr
heb i mi gytuno.
Maen nhw wedi gwneud eilunod
gyda'r arian a'r aur oedd ganddyn nhw –
ffordd dda i ddinistrio'i hunain!

5 Dw i wedi gwrthod tarw Samaria.
Dw i wedi digio'n lân gyda nhw!
Fydd hi ddim yn hir nes i mi eu cosbi nhw,
6 er mai pobl Israel ydyn nhw!
Cafodd y peth hwnnw ei greu gan grefftwr –
nid Duw ydy e!
Felly, bydd tarw Samaria
yn cael ei falu'n ddarnau mân!

7 Maen nhw wedi hau gwynt,
ond byddan nhw'n medi corwynt!
'Dydy ŷd heb ben ddim yn rhoi blawd.'
Hyd yn oed petai'n rhoi cnwd,
pobl estron fydd yn ei fwyta.
8 Bydd Israel wedi'i llyncu gan y cenhedloedd;
bydd fel darn o sbwriel wedi'i daflu i ffwrdd.

9 Maen nhw wedi mynd i fyny i Asyria –
fel asyn gwyllt yn crwydro'n unig.
Mae Effraim[th] wedi bod yn talu am ei chariadon.
10 Am ei bod nhw wedi talu am gariad y cenhedloedd,
dw i'n mynd i'w casglu nhw i gael eu barnu,
a byddan nhw'n gwywo dan orthrwm y brenin mawr.

11 Er fod Effraim wedi adeiladu allorau i aberthu dros bechod,
maen nhw wedi'u troi yn allorau i bechu!
12 Er fy mod wedi rhoi cyfreithiau manwl iddyn nhw,
maen nhw'n trin y cwbl fel rhywbeth hollol ddieithr!
13 Maen nhw'n dod i offrymu aberthau
er mwyn cael bwyta'r cig!
Dydy'r ARGLWYDD ddim yn eu derbyn nhw!

---

s 8:1 *corn hwrdd* Hebraeg, *shoffar.* t 8:3 *y da* neu *yr Un da* (sef Duw). th 8:9 *Effraim* Effraim oedd prif lwyth teyrnas Israel, ac mae'n aml yn cynrychioli'r wlad yn gyfan.
8:5 1 Brenhinoedd 12:26-30

Yn fuan iawn, bydd yn delio gyda'i pechodau nhw,
ac yn eu cosbi nhw;
byddan nhw'n mynd yn ôl i'r Aifft![u]

14 Mae Israel wedi anghofio'i Chrëwr.
Mae Jwda wedi adeiladu palasau,
a chryfhau ei chaerau amddiffynnol.[w]
Ond bydda i'n anfon tân i'w threfi,
ac yn llosgi ei phalasau.

Addoliad paganaidd Israel

9 O Israel, stopia ddathlu
a gweiddi'n llawen fel y paganiaid;
ti wedi bod yn anffyddlon i dy Dduw.
Ti'n hoffi derbyn cyflog putain
wrth 'addoli' ar bob llawr dyrnu!
2 Fydd dy gynhaeaf ŷd ddim digon i fwydo dy bobl,
a bydd y grawnwin o'r gwinllannoedd yn dy siomi.

Y gaethglud yn gwrthdroi'r exodus

3 Fyddan nhw ddim yn aros ar dir yr Arglwydd.
Bydd Effraim[y] yn mynd yn ôl i'r Aifft,
ac yn bwyta bwyd aflan[a] yn Asyria.
4 Fyddan nhw ddim yn gallu tywallt gwin i'r Arglwydd,
nac offrymu aberthau iddo.
Bydd yr aberthau'n aflan,
fel bwyd pobl sy'n galaru;
bydd pawb sy'n ei fwyta'n cael eu llygru.
Bydd eu bwyd i'w boliau'n unig;
fydd e ddim yn mynd yn agos i deml yr Arglwydd.

5 Felly, beth wnewch chi ar Ddydd Gŵyl –
sut fyddwch chi'n dathlu Gwyliau'r Arglwydd?[b]
6 Hyd yn oed os byddan nhw'n dianc o'r dinistr,
bydd yr Aifft yn cael gafael ynddyn nhw,
a Memffis[c] yn eu claddu nhw.
Bydd chwyn yn chwennych eu trysorau
a mieri'n meddiannu eu tai.
7 Mae cyfnod y cosbi wedi cyrraedd!
Mae dydd y farn wedi dod!
Mae'n bryd i Israel wybod!

Israel yn gwrthod neges y proffwyd

"Mae'r proffwyd yn hurt!
Mae'r dyn ysbrydol yn wallgof!"

---

u 8:13 *yn ôl i'r Aifft* Darlun o fod yn gaeth unwaith eto. w 8:14 *caerau amddiffynnol* Roedd eu polisi amddiffyn wedi cymryd lle trystio'r Arglwydd. y 9:3 *Effraim* Effraim oedd prif lwyth teyrnas Israel, ac mae'n aml yn cynrychioli'r wlad yn gyfan. a 9:3 *bwyd aflan* roedd Cyfraith Moses yn gwahardd bwyta rhai pethau am eu bod yn 'aflan' (gw. Lefiticus 11). b 9:5 *Dydd Gŵyl yr Arglwydd* Gŵyl y Pebyll mae'n debyg. c 9:6 *Memffis* Dinas yn yr Aifft.
9:7 Luc 21:22

Ti wedi pechu gymaint,
ac mor llawn casineb!
8 Mae'r proffwyd yn wyliwr
dros Effraim ar ran Duw.
Ond mae trapiau'n cael eu gosod ar ei lwybrau;
a dim byd ond casineb ato yn nheml ei Dduw.
9 Mae'r llygredd yn mynd o ddrwg i waeth,
fel digwyddodd yn Gibea gynt.[ch]
Bydd Duw yn delio gyda'u drygioni
ac yn eu cosbi am eu pechodau.

10 Roedd darganfod Israel
fel dod o hyd i rawnwin yn yr anialwch.
I mi, roedd dy hynafiaid
fel y ffrwyth cyntaf i dyfu ar goeden ffigys.
Ond dyma nhw'n cyrraedd Baal-peor,
a rhoi eu hunain i eilun cywilyddus –
cyn pen dim aethon nhw mor ffiaidd
â'r eilun roedden nhw'n ei addoli.

Y gosb i ddod

11 "Bydd ysblander Effraim yn hedfan i ffwrdd fel aderyn! Bydd heb blant – byth yn beichiogi.
Bydd yn ddiffrwyth! 12 Hyd yn oed petaen nhw'n magu plant, bydda i'n eu cipio nhw i ffwrdd
– fydd dim un ar ôl. Gwae nhw! Dw i'n mynd i droi cefn arnyn nhw! 13 Rôn i'n gweld Effraim
fel coeden balmwydd wedi'i phlannu mewn cae hyfryd, ond byddan nhw'n dod â'i plant
allan i'w lladd."

14 Rho iddyn nhw, ARGLWYDD –
Ond beth roi di iddyn nhw? –
Rho grothau sy'n erthylu, a bronnau wedi sychu!

15 "Am wneud yr holl ddrwg yn Gilgal,[d]
dw i'n eu casáu nhw.
Dw i'n mynd i'w gyrru nhw allan o'm tir
o achos eu holl ddrygioni.
Dw i ddim yn eu caru nhw bellach;
mae eu swyddogion i gyd mor ystyfnig.
16 Bydd pobl Effraim yn cael eu taro'n galed –
mae'r gwreiddyn wedi sychu;
a does dim ffrwyth yn tyfu.
A hyd yn oed petaen nhw'n cael plant,
byddwn i'n lladd eu babis bach del!"

17 Bydd fy Nuw yn eu gwrthod nhw
am beidio gwrando arno;
ac yn gwneud iddyn nhw grwydro
ar goll ymhlith y cenhedloedd!

ch 9:9 *Gibea gynt* gw. Barnwyr 19. d 9:15 *Gilgal* gw. 4:15.
9:10 Numeri 25:1-5; 31:16

Gwrthod Addoliad Israel

10 Roedd Israel fel gwinwydden iach
a'i ffrwyth yn drwm ar ei changhennau.
Ond po fwya o ffrwyth gafwyd,
mwya o allorau a godwyd.
Wrth i gnydau'r tir lwyddo
byddai'r colofnau cysegredig yn cael eu haddurno.
2 Maen nhw'n rhagrithio,
felly byddan nhw'n cael eu cosbi.
Bydd yr ARGLWYDD ei hun
yn chwalu'r allorau
ac yn malu'r colofnau.

3 Yn fuan iawn byddan nhw'n cyfaddef,
"Does dim brenin am ein bod heb barchu'r ARGLWYDD.
Ond beth wnaeth brenin i ni beth bynnag?"
4 Maen nhw'n llawn geiriau gwag,
addewidion wedi'u torri,
a chytundebau diwerth.
Mae achosion llys yn lledu
fel chwyn gwenwynig mewn cae wedi'i aredig.
5 Bydd pobl Samaria yn ofni
beth ddigwydd i lo Beth-afen.[dd]
Bydd y bobl yn galaru
gyda'r offeiriaid ffals a fu'n dathlu,
am fod ei ysblander wedi'i gipio,
6 a'i gario i Asyria
yn anrheg i'r brenin mawr.

Anufudd-dod a chosb Israel

Bydd Effraim[e] yn destun sbort,
ac Israel yn cywilyddio o achos yr eilun o bren.
7 Bydd Samaria'n cael ei dinistrio,
a'i brenin yn cael ei gipio
fel brigyn yn cael ei gario ar lif afon.
8 Bydd yr allorau paganaidd yn cael eu dinistrio –
sef y lleoedd lle bu Israel yn pechu.
Bydd drain ac ysgall yn tyfu dros yr allorau.
Byddan nhw'n dweud wrth y mynyddoedd, "Cuddiwch ni!"
ac wrth y bryniau, "Syrthiwch arnon ni!"

Yr ARGLWYDD yn cyhoeddi barn ar Israel

9"Israel, ti wedi pechu ers y digwyddiad erchyll yn Gibea.[f] A does dim byd wedi newid!
Onid rhyfel oedd canlyniad yr holl ddrwg yn Gibea? 10A dw i'n barod i gosbi eto. Dw i'n mynd
i gasglu'r cenhedloedd i ymosod arnat ti a dy gymryd yn gaeth am y ddau bechod.

---

dd 10:5 *Beth-afen* gw. y nodyn ar 4:15. e 10:6 *Effraim* Effraim oedd prif lwyth teyrnas Israel, ac mae'n aml yn cynrychioli'r wlad yn gyfan. f 10:9 *Gibea* gw. y nodyn ar 9:9.
10:8 Luc 23:30; Datguddiad 6:16

11 Roedd Effraim fel heffer wedi'i hyfforddi,
ac wrth ei bodd yn sathru'r grawn.
Ond dw i'n mynd i roi iau trwm ar ei gwddf,
a gêr i wneud i Effraim aredig.
Bydd rhaid i Jwda aredig
a Jacob lyfnu'r tir ei hun!

12 Heuwch hadau cyfiawnder,
a chewch gynhaeaf o gariad gen i.
Trin tir eich calon galed –
ceisio'r ARGLWYDD nes iddo ddod
gyda chawodydd achubiaeth.

13 Ond rwyt wedi plannu drygioni,
a medi anghyfiawnder,
ac yna bwyta ffrwyth y twyll.
Ti wedi dibynnu ar gerbydau rhyfel,
a phwyso ar faint dy fyddin.
14 Felly daw sŵn brwydro ar dy bobl,
a bydd dy gaerau i gyd yn syrthio.

Bydd fel y frwydr honno pan ddinistriodd y Brenin Shalman[ff] Beth-arbel, a'r mamau'n
cael eu curo i farwolaeth gyda'u plant. 15 Dyna fydd yn digwydd i ti, Bethel, am wneud
cymaint o ddrwg! Pan fydd y diwrnod hwnnw'n gwawrio, bydd brenin Israel wedi mynd
am byth."[g]

Cariad Duw at ei bobl

11 Pan oedd Israel yn blentyn rôn i'n ei garu,
a galwais fy mab allan o'r Aifft.
2 Ond po fwya roeddwn i'n galw,
pellaf roedden nhw'n mynd.
Roedden nhw'n aberthu i ddelwau o Baal,
a llosgi arogldarth i eilunod.

3 Fi ddysgodd Effraim[ng] i gerdded;
a'i arwain gerfydd ei law.
Ond wnaeth ei bobl ddim cydnabod
mai fi ofalodd amdanynt.
4 Fi wnaeth eu harwain gyda thennyn lledr –
tennyn cariad.
Fi gododd yr iau oddi ar eu gwddf,
a fi wnaeth blygu i'w bwydo.

Cosb am fod yn anufudd

5 Byddan nhw'n mynd yn ôl i'r Aifft!
Bydd Asyria'n eu rheoli,
am iddyn nhw wrthod troi'n ôl ata i.

---

ff 10:14 *Shalman* un o frenhinoedd Moab. g 10:15 *bydd brenin ... am byth* Cafodd y Brenin Hoshea ei ddal a'i garcharu gan fyddin Asyria cyn iddyn nhw ddechrau ymosod ar ddinas Samaria (2 Brenhinoedd 17:4).
ng 11:3 *Effraim* Effraim oedd prif lwyth teyrnas Israel, ac mae'n aml yn cynrychioli'r wlad yn gyfan.
10:12 Jeremeia 4:3 11:1 Exodus 4:22; Mathew 2:15

6 Bydd cleddyf yn fflachio'n eu trefi.
Bydd y gelyn yn malu'r giatiau,
a'u lladd er gwaetha'u cynlluniau.
7 Mae fy mhobl yn mynnu troi cefn arna i.
Maen nhw'n galw ar Baal,
ond fydd e byth yn eu helpu nhw!

Cariad rhyfeddol Duw

8 Sut alla i dy roi heibio, Effraim?
Ydw i'n mynd i adael i ti fynd, Israel?
Sut alla i dy roi heibio fel Adma?
Ydw i'n mynd i dy drin fel Seboïm?[h]
Na, dw i wedi newid fy meddwl!
Mae tosturi wedi cynnau'n fy nghalon.
9 Alla i ddim gadael llonydd i'm llid losgi.
Alla i ddim dinistrio Effraim yn llwyr!
Duw ydw i, nid dyn fel chi,
yr Un Sanctaidd – dw i ddim am ddod i ddinistrio.

Bydd Duw yn dod â'i bobl yn ôl i Israel

10 Bydd yr ARGLWYDD yn rhuo fel llew,
a byddan nhw'n ei ddilyn eto.
Pan fydd e'n rhuo, bydd ei blant yn dod
o'r gorllewin yn llawn cyffro.
11 Dod ar frys fel adar o'r Aifft,
neu golomennod yn hedfan o Asyria.
"Bydda i'n eu casglu nhw'n ôl i'w cartrefi."
—yr ARGLWYDD sy'n dweud hyn.

Achos Duw yn erbyn Israel

12 Ac eto celwydd Effraim sydd o'm cwmpas;
dydy pobl Israel yn gwneud dim byd ond twyllo.
Ac mae Jwda'n crwydro yn ôl ac ymlaen oddi wrth Dduw –
yr Un Sanctaidd, sydd mor ffyddlon.

12 Mae Effraim[i] yn rhedeg ar ôl cysgodion –
mae fel ffŵl sy'n dyheu am wynt poeth y dwyrain!
Dim ond twyllo diddiwedd, a dinistr yn ei ddilyn.
Mae'n gwneud cytundeb gydag Asyria,
ac wedyn yn anfon olew olewydd yn dâl i'r Aifft!

2 Mae'r ARGLWYDD am ddwyn achos yn erbyn Jwda:
bydd yn cosbi pobl Jacob am y ffordd maen nhw wedi ymddwyn;
talu'n ôl iddyn nhw am beth maen nhw wedi'i wneud.

3 Daliodd ei frawd yn ôl yn y groth,
a hyd yn oed ymladd gyda Duw fel oedolyn!
4 Reslo gydag angel heb golli –
crio a pledio arno i'w fendithio.

h 11:8 *Adma ... Seboïm* Cafodd y trefi yma eu dinistrio gyda Sodom a Gomorra (gw. Deuteronomium 29:23).
i 12:1 *Effraim* Effraim oedd prif lwyth teyrnas Israel, ac mae'n aml yn cynrychioli'r wlad yn gyfan.
12:3 Genesis 25:26 12:3,4 Genesis 32:24-26

Dyma Duw yn ei gyfarfod yn Bethel
a siarad ag e yno –
5 Ie, yr ARGLWYDD! Y Duw hollbwerus!
Yr ARGLWYDD ydy ei enw am byth!

6 Rhaid i ti droi'n ôl at Dduw! –
byw bywyd o gariad a chyfiawnder,
a disgwyl yn ffyddiog am dy Dduw.

7 Fel masnachwyr gyda chlorian sy'n twyllo,
maen nhw wrth eu boddau'n manteisio.
8 Ac mae Effraim yn brolio: "Dw i'n gyfoethog!
Dw i wedi gwneud arian mawr!
A does neb yn gallu gweld y twyll;
neb yn gweld fy mod yn euog o unrhyw bechod."

9 "Fi ydy'r ARGLWYDD dy Dduw
ddaeth â ti allan o wlad yr Aifft.
Dw i'n mynd i wneud i ti fyw mewn pebyll eto,
fel pan wnes i dy gyfarfod yn yr anialwch.
10 Dw i wedi siarad drwy'r proffwydi –
mewn gweledigaethau a negeseuon."

11 Ydy Gilead yn addoli eilunod?
Ydy, a does dim dyfodol i'w phobl!
Ydyn nhw'n aberthu teirw yn Gilgal?
Ydyn, ond bydd eu hallorau fel pentwr o gerrig
mewn cae wedi'i aredig!

12 Roedd rhaid i Jacob[I] ddianc i wlad Aram[II] –
gweithiodd Israel fel gwas i gael gwraig,
a chadw defaid i dalu amdani.
13 Yna defnyddiodd yr ARGLWYDD broffwyd
i arwain Israel allan o'r Aifft,
ac i'w cadw nhw'n fyw yn yr anialwch.

14 Ond mae Effraim wedi'i bryfocio i ddigio.
Bydd ei Feistr yn ei ddal yn gyfrifol am y tywallt gwaed,
ac yn gwneud iddo dalu am fod mor ddirmygus.

Mae hi ar ben ar Israel!

13 Pan oedd llwyth Effraim yn siarad
roedd pawb yn crynu –
roedd pawb yn ei barchu yn Israel.
Ond buont ar fai yn addoli Baal,
a dyna oedd eu diwedd.

2 Ac maen nhw'n dal i bechu!
Maen nhw wedi gwneud delwau o fetel tawdd;
eilunod cywrain wedi'u gwneud o arian –
ond dim ond gwaith llaw crefftwyr ydy'r cwbl!

I 12:12 *Jacob* Cafodd ei enw ei newid i Israel (gw. Genesis 32:28). II 12:12 *Aram* Gogledd Syria.
12:4 Genesis 28:10-22 12:9 Lefiticus 23:42,43 12:12 Genesis 29:1-20 12:13 Exodus 12:50,51

Mae yna ddywediad amdanyn nhw:
"Mae'r bobl sy'n aberthu
yn cusanu teirw!"
3 Byddan nhw wedi mynd fel tarth y bore,
neu'r gwlith sy'n diflannu'n gynnar;
fel us yn cael ei chwythu o'r llawr dyrnu,
neu fwg sy'n dianc drwy ffenest.

4 "Ond fi ydy'r ARGLWYDD eich Duw,
ers i chi ddod allan o wlad yr Aifft.
Peidiwch arddel unrhyw dduw ond fi –
Fi ydy'r unig un sy'n achub!
5 Fi wnaeth fwydo'ch pobl yn yr anialwch,
mewn tir sych, diffaith.[m]
6 Ond wedi'u bwydo, roedden nhw'n fodlon –
mor fodlon nes iddyn nhw droi'n falch,
ac yna fy anghofio i!

7 Felly bydda i'n rhuthro arnyn nhw fel llew,
ac yn llechian fel llewpard ar ochr y ffordd.
8 Bydda i'n ymosod arnyn nhw
fel arth wedi colli ei chenawon;
a'u llarpio nhw fel llew,
neu anifail gwyllt yn rhwygo'i ysglyfaeth.

9 Dw i'n mynd i dy ddinistrio di, O Israel!
Pwy sydd yna i dy helpu di?
10 Ble mae dy frenin,
iddo fe dy achub di?
Ble mae'r arweinwyr yn dy drefi?
Ti ofynnodd, 'Rho frenin a swyddogion i mi'.
11 Wel, rhois frenin i ti am fy mod yn ddig,
a dw i wedi'i gipio i ffwrdd am fy mod yn fwy dig fyth!

12 Mae'r dyfarniad ar Effraim[n] wedi'i gofnodi,
a'i gosb wedi'i gadw'n saff iddo.
13 Bydd yn dod yn sydyn, fel poenau ar wraig sy'n cael babi;
mae'r amser wedi dod, ac mae'r plentyn dwl
yn gwrthod dod allan o'r groth, a byw.
14 Ydw i'n mynd i'w hachub nhw o fyd y meirw?
Ydw i'n mynd i'w rhyddhau o afael marwolaeth?
O farwolaeth! Ble mae dy blâu di?
O fedd! Ble mae dy ddinistr di?
Fydda i'n dangos dim trugaredd!"

Bydd Samaria'n cael ei dinistrio

15 Falle ei fod yn llwyddo fel brwyn mewn cors,
ond bydd yr ARGLWYDD yn dod â gwynt poeth y dwyrain
i fyny o gyfeiriad yr anialwch.

---

m 13:5 *tir sych, diffaith* Buodd Israel yn crwydro yn yr anialwch am 40 mlynedd ar ôl dianc o'r Aifft.
n 13:12 *Effraim* Effraim oedd prif lwyth teyrnas Israel, ac mae'n aml yn cynrychioli'r wlad yn gyfan.
13:5,6 Deuteronomium 8:11-17 13:10 1 Samuel 8:5,6 13:11 a 1 Samuel 10:17-24; b 1 Samuel 15:26
13:14 1 Corinthiaid 15:55

Bydd y dŵr yn sychu, a'r ffynhonnau'n diflannu,
a'r bwydydd yn y stordai yn cael eu difetha.
16 Bydd Samaria[o] yn cael ei galw i gyfri
am wrthryfela yn erbyn ei Duw.
Bydd y bobl yn cael eu lladd yn y rhyfel,
plant bach yn cael eu curo i farwolaeth,
a'r gwragedd beichiog yn cael eu rhwygo'n agored.

Troi yn ôl ar yr Arglwydd

14 O Israel, tro yn ôl at yr Arglwydd dy Dduw. Dy ddrygioni wnaeth i ti syrthio. 2 Siarad
gydag e. Tro yn ôl ato, a dweud, "Maddau'n llwyr i ni am ein drygioni. Derbyn ein
gweddi o gyffes. Derbyn ein mawl fel offrwm i ti. 3 Dydy Asyria ddim yn gallu'n hachub. Wnawn
ni ddim marchogaeth i ryfel. Wnawn ni ddim galw 'ein duwiau' ar y delwau wnaethon ni byth
eto. Arglwydd, dim ond ti sy'n garedig at yr amddifad!"

Yr Arglwydd yn addo maddau

4 "Dw i'n mynd i'w gwella o'u gwrthgilio,
a'u caru nhw'n ddiamod.
Dw i'n mynd i droi cefn ar fy llid.

5 Bydda i fel gwlith i Israel –
bydd hi'n blodeuo fel saffrwn,
a bydd ganddi wreiddiau dwfn fel coed Libanus.[p]

6 Bydd ei blagur yn tyfu;
bydd yn hardd fel coeden olewydd,
a bydd ei harogl yn hyfryd fel fforestydd Libanus.

7 Bydd pobl yn byw eto dan ei chysgod.
Bydd fel ŷd yn tyfu neu winwydden yn lledu;
bydd yn enwog fel gwin Libanus.

8 Fydd gan Effraim[ph] ddim i'w wneud ag eilunod byth eto!
Bydda i'n ateb ei weddi ac yn gofalu amdano.
Dw i fel coeden binwydd fytholwyrdd,
bydda i'n rhoi ffrwyth i chi drwy'r flwyddyn."

Her i'r un sy'n darllen y broffwydoliaeth

9 Pwy sy'n ddoeth? Bydd e'n deall.
Pwy sy'n gall? Bydd e'n gwybod.
Mae ffyrdd yr Arglwydd yn iawn –
bydd pobl gyfiawn yn eu dilyn,
ond y rhai sy'n gwrthryfela yn baglu.

---

o 13:16 *Samaria* Prifddinas Israel. p 14:5 *fel coed Libanus* Hebraeg, "fel Libanus", sy'n cyfeirio, mae'n debyg, at goed cedrwydd enwog Libanus. ph 14:8 *Effraim* Effraim oedd prif lwyth teyrnas Israel, ac mae'n aml yn cynrychioli'r wlad yn gyfan.

13:16 2 Brenhinoedd 8:12 14:1 gw. Deuteronomium 30

Joel

Y pla locustiaid

1 Y neges roddodd yr ARGLWYDD i Joel fab Pethwel.

2 Gwrandwch ar hyn chi arweinwyr;
a phawb arall sy'n byw yn y wlad, daliwch sylw!
Ydych chi wedi gweld y fath beth?
Oes rhywbeth fel yma wedi digwydd erioed o'r blaen?
3 Dwedwch wrth eich plant am y peth.
Gwnewch yn siŵr y bydd eich plant yn dweud wrth eu plant nhw,
a'r rheiny wedyn wrth y genhedlaeth nesaf.
4 Mae un haid o locustiaid ar ôl y llall[a]
wedi dinistrio'r cnydau i gyd!
Beth bynnag oedd wedi'i adael ar ôl gan un haid
roedd yr haid nesaf yn ei fwyta!

5 Sobrwch, chi griw meddw, a dechrau crio!
Chi yfwyr gwin, dechreuwch udo!
Does dim ar ôl! Mae'r gwin melys
wedi'i gymryd oddi arnoch.
6 Mae byddin fawr bwerus yn ymosod ar y wlad –
gormod ohonyn nhw i'w cyfrif!
Mae ganddyn nhw ddannedd fel llew
neu lewes yn rhwygo'r ysglyfaeth.
7 Maen nhw wedi dinistrio'r coed gwinwydd,
a does dim ar ôl o'r coed ffigys.
Maen nhw wedi rhwygo'r rhisgl i ffwrdd,
a gadael y canghennau'n wynion.

8 Wylwch! Udo'n uchel
fel merch ifanc yn galaru mewn sachliain
am fod y dyn roedd hi ar fin ei briodi wedi marw.
9 Does neb yn gallu mynd ag offrwm o rawn i'r deml
nac offrwm o ddiod i'w gyflwyno i'r ARGLWYDD.
Mae'r offeiriaid sydd i fod i wasanaethu'r ARGLWYDD yn galaru.

10 Mae'r caeau'n wag.
Does dim byd yn tyfu ar y tir.
Does dim cnydau ŷd na haidd,
dim grawnwin i roi ei sudd,
a dim olew o'r olewydd.

11 Mae'r ffermwyr wedi anobeithio,
a'r rhai sy'n gofalu am y gwinllannoedd yn udo crio.
Does dim ŷd na haidd yn tyfu;
mae'r cnydau i gyd wedi methu.
12 Mae'r gwinwydd wedi crino,
ac mae'r coed olewydd wedi gwywo.

a 1:4 *un haid o locustiaid ar ôl y llall* Mae'r Hebraeg yn rhestru pedwar math o locust ar adegau gwahanol o'u datblygiad.

Does dim pomgranadau,
dim datys, a dim afalau.
Mae'r coed ffrwythau i gyd wedi crino;
Ac mae llawenydd y bobl wedi gwywo hefyd!

Galw'r bobl i droi yn ôl at Dduw

13 Chi'r offeiriaid, gwisgwch sachliain a dechrau galaru.
Crïwch yn uchel, chi sy'n gwasanaethu wrth yr allor.
Weision Duw, treuliwch y nos yn galaru mewn sachliain,
am fod neb yn dod ag offrwm i'r deml.
Does neb bellach yn dod ag offrwm o rawn
nac offrwm o ddiod i'w gyflwyno i'r ARGLWYDD.

14 Trefnwch ddiwrnod pan fydd pawb yn ymprydio;
yn stopio gweithio, ac yn dod at ei gilydd i addoli Duw.
Dewch â'r arweinwyr a phawb arall at ei gilydd
i deml yr ARGLWYDD eich Duw;
dewch yno i weddïo ar yr ARGLWYDD.

15 O na! Mae dydd barn yr ARGLWYDD yn agos![b]
Mae'r Duw sy'n rheoli popeth yn dod i'n dinistrio ni!
Bydd yn ddiwrnod ofnadwy!
16 Does gynnon ni ddim bwyd o'n blaenau,
a dim byd i ddathlu'n llawen yn nheml Dduw!

17 Mae'r hadau wedi sychu yn y ddaear.[c]
Mae'r stordai'n wag a'r ysguboriau'n syrthio.
Does dim cnydau i'w rhoi ynddyn nhw!
18 Mae'r anifeiliaid yn brefu'n daer.
Mae'r gwartheg yn crwydro mewn dryswch,
am fod dim porfa iddyn nhw.
Mae hyd yn oed y defaid a'r geifr yn dioddef.

19 ARGLWYDD, dw i'n galw arnat ti am help.
Mae'r tir pori fel petai tân wedi'i losgi;
a fflamau wedi difetha'r coed i gyd.
20 Mae'r anifeiliaid gwyllt yn brefu arnat ti
am fod pob ffynnon a nant wedi sychu,
a thir pori'r anialwch wedi'i losgi gan dân.

Yr ymosodiad

2 Chwythwch y corn hwrdd[ch] yn Seion;
Rhybuddiwch bobl o ben y mynydd cysegredig!
Dylai pawb sy'n byw yn y wlad grynu mewn ofn,
am fod dydd barn yr ARGLWYDD ar fin dod.
Ydy, mae'n agos!
2 Bydd yn ddiwrnod tywyll ofnadwy;
diwrnod o gymylau duon bygythiol.

---

b 1:15 *Mae dydd ... agos* gw. Eseia 13:6 ac Eseciel 30:2 lle mae cenhedloedd eraill yn cael eu bygwth. Ond yma mae'r geiriau'n cael eu cymhwyso i bobl Israel. c 1:17 *hadau ... ddaear* Un ystyr posibl i destun Hebraeg anodd iawn. ch 2:1 *corn hwrdd* Hebraeg, *shoffar.*
1:20 Salm 42:1 2:2 Seffaneia 1:15

Mae byddin enfawr yn dod dros y bryniau.
Does dim byd tebyg wedi digwydd erioed o'r blaen,
a welwn ni ddim byd tebyg byth eto.

3 Mae fflamau tân o'u cwmpas,
yn dinistrio popeth sydd yn eu ffordd.
Mae'r wlad o'u blaenau yn ffrwythlon fel Gardd Eden,
ond tu ôl iddyn nhw mae fel anialwch diffaith.
Does dim posib dianc!
4 Maen nhw'n edrych fel ceffylau,
ac yn carlamu fel meirch rhyfel.
5 Maen nhw'n swnio fel cerbydau rhyfel
yn rhuthro dros y bryniau;
fel sŵn clecian fflamau'n llosgi bonion gwellt,
neu sŵn byddin enfawr yn paratoi i ymosod.

6 Mae pobl yn gwingo mewn panig o'u blaenau;
mae wynebau pawb yn troi'n welw gan ofn.
7 Fel tyrfa o filwyr, maen nhw'n martsio
ac yn dringo i fyny'r waliau.
Maen nhw'n dod yn rhesi disgybledig
does dim un yn gadael y rhengoedd.
8 Dŷn nhw ddim yn baglu ar draws ei gilydd;
mae pob un yn martsio'n syth yn ei flaen.
Dydy saethau a gwaywffyn
ddim yn gallu eu stopio.
9 Maen nhw'n rhuthro i mewn i'r ddinas,
yn dringo dros y waliau,
ac i mewn i'r tai.
Maen nhw'n dringo i mewn
fel lladron drwy'r ffenestri.

10 Mae fel petai'r ddaear yn crynu o'u blaenau,
a'r awyr yn chwyrlïo.
Mae'r haul a'r lleuad yn tywyllu,
a'r sêr yn diflannu.
11 Mae llais yr ARGLWYDD yn taranu
wrth iddo arwain ei fyddin.
Mae eu niferoedd yn enfawr!
Maen nhw'n gwneud beth mae'n ei orchymyn.

Ydy, mae dydd yr ARGLWYDD yn ddiwrnod mawr;
mae'n ddychrynllyd! – Pa obaith sydd i unrhyw un?

Duw yn gofyn i bobl newid eu ffyrdd

12 Ond dyma neges yr ARGLWYDD:

"Dydy hi ddim yn rhy hwyr.
Trowch yn ôl ata i o ddifri.
Ewch heb fwyd. Trowch ata i yn eich dagrau,
a galaru am eich ymddygiad.

2:11 Malachi 3:2 2:13 Salm 51:17

13 Rhwygwch eich calonnau,
yn lle dim ond rhwygo'ch dillad."
Trowch yn ôl at yr ARGLWYDD eich Duw!
Mae e mor garedig a thrugarog;
mor amyneddgar ac yn anhygoel o hael,
a ddim yn hoffi cosbi.

14 Pwy ŵyr? Falle y bydd e'n drugarog ac yn troi yn ôl.
Falle y bydd e'n dewis bendithio o hyn ymlaen!
Wedyn cewch gyflwyno offrwm o rawn
ac offrwm o ddiod i'r ARGLWYDD eich Duw!

15 Chwythwch y corn hwrdd[d] yn Seion!
Trefnwch ddiwrnod pan fydd pawb yn peidio bwyta;
yn stopio gweithio, ac yn dod at ei gilydd i addoli Duw.
16 Casglwch y bobl i gyd,
a pharatoi pawb i ddod at ei gilydd i addoli.
Dewch â'r arweinwyr at ei gilydd.
Dewch â'r plant yno, a'r babis bach.
Dylai hyd yn oed y rhai sydd newydd briodi ddod –
does neb i gadw draw!

17 Dylai'r offeiriaid, y rhai sy'n gwasanaethu'r ARGLWYDD,
wylo o'r cyntedd i'r allor,
a gweddïo fel hyn:
"ARGLWYDD, wnei di faddau i dy bobl?
Paid gadael i'r wlad yma droi'n destun sbort.
Paid gadael i baganiaid ein llywodraethu ni!
Pam ddylai pobl y gwledydd gael dweud,
'Felly, ble mae eu Duw nhw?' "

Bydd yr ARGLWYDD yn bendithio'r wlad

18 Wedyn dyma'r ARGLWYDD yn dangos ei sêl dros y wlad. Buodd yn drugarog at ei bobl.
19 Dyma fe'n dweud wrth ei bobl:

"Edrychwch! Dw i'n mynd i'ch bendithio chi unwaith eto!
Dw i'n mynd i roi cnydau da i chi,
a digonedd o sudd grawnwin ac olew olewydd.
Bydd gynnoch chi fwy na digon!
Fyddwch chi ddim yn destun sbort
i'r gwledydd o'ch cwmpas chi.
20 Bydda i'n gyrru'r un ddaeth o'r gogledd i ffwrdd,
ac yn ei wthio i dir sych a diffaith.
Bydd yr hanner blaen yn cael eu gyrru i'r Môr Marw yn y dwyrain,
a'r hanner ôl yn cael eu gyrru i Fôr y Canoldir yn y gorllewin.
Yno y byddan nhw'n pydru,
a bydd eu drewdod yn codi."

---

d 2:15 *corn hwrdd* Hebraeg, *shoffar.*
2:13 Salm 51:17 2:13 Exodus 34:6 (cf. Numeri 14:18; Salm 86:15; 103:8; 145:8) 2:16 Deuteronomium 24:5
2:17 Salm 79:4,8,10

Ydy, mae e'n gwneud pethau mor wych!
21 Ti ddaear, paid bod ag ofn!
Gelli ddathlu a bod yn llawen,
am fod yr ARGLWYDD yn gwneud pethau mor wych!
22 Anifeiliaid gwyllt, peidiwch bod ag ofn!
Mae glaswellt yn tyfu eto ar y tir pori,
ac mae ffrwythau'n tyfu ar y coed.
Mae'r coed ffigys a'r gwinwydd yn llawn ffrwyth.

23 Dathlwch chithau, bobl Seion![dd]
Mwynhewch beth mae Duw wedi'i wneud!
Mae wedi rhoi'r glaw cynnar i chi ar yr adeg iawn –
rhoi'r glaw cynnar yn yr hydref,
a'r glaw diweddar yn y gwanwyn, fel o'r blaen.[e]

24 "Bydd y llawr dyrnu yn orlawn o ŷd,
a'r cafnau yn gorlifo o sudd grawnwin ac olew olewydd.
25 Bydda i'n rhoi popeth wnaethoch chi ei golli
yn ôl i chi – popeth wnaeth y locustiaid[f] ei fwyta;
y fyddin fawr wnes i ei hanfon yn eich erbyn chi.
26 Bydd gynnoch chi fwy na digon i'w fwyta.
Byddwch chi'n moli'r ARGLWYDD eich Duw,
sydd wedi gwneud pethau mor wych ar eich rhan chi.
Fydd fy mhobl byth eto'n cael eu cywilyddio.
27 Israel, byddi'n gwybod fy mod i gyda ti,
ac mai fi ydy'r ARGLWYDD dy Dduw
– yr unig Dduw sy'n bod.
Fydd fy mhobl byth eto'n cael eu cywilyddio."[ff]

Yr ARGLWYDD yn tywallt ei Ysbryd

28 "Ar ôl hynny, bydda i'n tywallt fy Ysbryd
ar y bobl i gyd.
Bydd eich meibion a'ch merched
yn proffwydo;
bydd dynion hŷn yn cael breuddwydion,
a dynion ifanc yn cael gweledigaethau.
29 Bydda i hyd yn oed yn tywallt fy Ysbryd
ar y gweision a'r morynion.[g]

30 Bydd pethau rhyfeddol yn digwydd
yn yr awyr ac ar y ddaear –
gwaed a thân a cholofnau o fwg.
31 Bydd yr haul yn troi'n dywyll,
a'r lleuad yn mynd yn goch fel gwaed
cyn i'r diwrnod mawr a dychrynllyd yna ddod,
sef dydd barn yr ARGLWYDD."

dd 2:23 *Seion* Jerwsalem. e 2:23 *glaw cynnar ... glaw diweddar* Roedd y glaw cynnar yn dod yn Hydref/Tachwedd, a'r glaw diweddar yn Mawrth/Ebrill. f 2:25 *locustiaid* gw. y nodyn ar 1:4. ff 2:27 Mae llawer o'r addewidion yn 2:19-27 yn cadarnhau addewidion Duw yn Deuteronomium 11:13-15 a Lefiticus 26:3,4. g 2:29 gw. dyhead Moses yn Numeri 11:29.

32 Bydd pwy bynnag sy'n galw ar enw'r ARGLWYDD
yn cael ei achub.
Fel mae'r ARGLWYDD wedi addo:
"ar Fynydd Seion, sef Jerwsalem, bydd rhai yn dianc."
Bydd rhai o'r bobl yn goroesi –
pobl wedi'u galw gan yr ARGLWYDD.

Yr ARGLWYDD yn barnu'r cenhedloedd

3 Bryd hynny, bydda i'n gwneud i Jwda a Jerwsalem lwyddo eto.
2 Yna bydda i'n casglu'r cenhedloedd i gyd
i "Ddyffryn Barn yr ARGLWYDD"[ng]
Yno bydda i'n eu barnu nhw
am y ffordd maen nhw wedi trin
fy mhobl arbennig i, Israel.
Am eu gyrru nhw ar chwâl i bobman,
rhannu y tir rois i iddyn nhw
3 a gamblo i weld pwy fyddai'n eu cael nhw'n gaethion.
Gwerthu bachgen bach am wasanaeth putain,
a merch fach am win i'w yfed.

4 Pam wnaethoch chi'r pethau yma Tyrus a Sidon[h] ac ardal Philistia? Oeddech chi'n ceisio
talu'n ôl i mi? Byddwch chi'n talu yn fuan iawn am beth wnaethoch chi! 5 Dwyn fy arian a'm
aur, a rhoi'r trysorau gwerthfawr oedd gen i yn eich temlau paganaidd chi. 6 Gwerthu pobl
Jwda a Jerwsalem i'r Groegiaid, er mwyn eu symud nhw yn bell o'u gwlad eu hunain. 7 Wel, dw
i'n mynd i ddod â nhw'n ôl. A bydda i'n gwneud i chi dalu am beth wnaethoch chi! 8 Bydda
i'n rhoi'ch meibion a'ch merched chi i bobl Jwda i'w gwerthu. Byddan nhw'n eu gwerthu
nhw i'r Sabeaid[i] sy'n byw yn bell i ffwrdd. Dw i, yr ARGLWYDD, wedi dweud!

Dyffryn Barn yr ARGLWYDD

9 Cyhoedda wrth y cenhedloedd:

Paratowch eich hunain i fynd i ryfel.
Galwch eich milwyr gorau!
Dewch yn eich blaen i ymosod!
10 Curwch eich sychau aradr yn gleddyfau,
a'ch crymanau tocio yn waywffyn.[l]
Bydd rhaid i'r ofnus ddweud, "Dw i'n filwr dewr!"

11 Brysiwch! Dewch, chi'r gwledydd paganaidd i gyd.
Dewch at eich gilydd yno!
("ARGLWYDD, anfon dy filwyr di i lawr yno!")[ll]
12 Dewch yn eich blaen, chi'r cenhedloedd,
i Ddyffryn Barn yr ARGLWYDD.[m]

---

ng 3:2 *Dyffryn Barn yr ARGLWYDD* Hebraeg, "Dyffryn Jehosaffat", sy'n golygu "Y dyffryn lle mae'r ARGLWYDD yn barnu". h 3:4 *Tyrus a Sidon* Dwy dref ar arfordir Phoenicia. i 3:8 *Sabeaid* Pobl Seba, ardal yn ne-orllewin Arabia. l 3:10 *Curwch ... waywffyn* Yn wahanol i Eseia 2:4 a Micha 4:3, yma mae offer ffermio yn cael eu troi yn arfau rhyfel. Mae Eseia a Micha yn cyfeirio at yr heddwch sydd i ddod, ond mae Joel yn sôn am gyfnod o farn. ll 3:11 *ARGLWYDD ... yno!* Mae'r weddi yma (gan y proffwyd?) yn torri ar draws yr alwad i'r cenhedloedd paganaidd. Mae'n weddi ar Dduw i anfon ei fyddin nefol i ddelio gyda nhw. m 3:12 *Dyffryn Barn yr ARGLWYDD* gw. nodyn ar 3:2.

2:32 Obadeia 1:17 3:2 Eseciel 12:5; 22:15; 36:19

Yno bydda i'n eistedd i lawr
i farnu'r cenhedloedd i gyd.

13 Mae'r cynhaeaf yn barod
i'w fedi gyda'r cryman!
Mae'r winwasg yn llawn grawnwin
sy'n barod i'w sathru![n]
Bydd y cafnau yn gorlifo!
Maen nhw wedi gwneud cymaint o ddrwg.
14 Mae tyrfaoedd enfawr yn Nyffryn y dyfarniad!
Mae dydd barn yr ARGLWYDD yn agos yn Nyffryn y dyfarniad!

15 Mae'r haul a'r lleuad wedi tywyllu,
a'r sêr wedi diflannu.
16 Mae'r ARGLWYDD yn rhuo o Seion;
a'i lais yn taranu o Jerwsalem,
nes bod yr awyr a'r ddaear yn crynu.
Ond mae'r ARGLWYDD yn lle saff i'w bobl guddio ynddo,
mae e'n gaer ddiogel i bobl Israel.
17 Byddwch chi'n deall mai fi ydy'r ARGLWYDD eich Duw
a'm bod i'n byw ar Seion, fy mynydd cysegredig.
Bydd dinas Jerwsalem yn lle cysegredig,
a fydd byddinoedd estron ddim yn mynd yno byth eto.

Adfer Jwda a Jerwsalem

18 Bryd hynny bydd gwin melys yn diferu o'r mynyddoedd,
a llaeth yn llifo o'r bryniau;
fydd nentydd Jwda byth yn sychu.
Bydd ffynnon yn tarddu a dŵr yn llifo
allan o deml yr ARGLWYDD,
i ddyfrio Dyffryn y Coed Acasia.[o]

19 Am iddyn nhw fod mor greulon at bobl Jwda,
a lladd pobl ddiniwed yno,
bydd yr Aifft yn dir diffaith gwag
ac Edom yn anialwch llwm.
20 Ond bydd pobl Jwda yn saff bob amser,
ac yn byw yn Jerwsalem o un genhedlaeth i'r llall.
21 Wna i ddial ar y rhai wnaeth dywallt eu gwaed nhw?
Gwnaf! Bydda i'n eu cosbi nhw.

Bydda i, yr ARGLWYDD, yn byw yn Seion am byth!

---

n 3:13 *sathru* Roedd pobl yn sathru grawnwin gyda'i traed, i wasgu'r sudd allan. o 3:18 *Dyffryn y Coed Acasia* Hebraeg, "Dyffryn Sittim". Mae coed Acasia yn gallu tyfu ar dir sych iawn. Falle ei fod yn cyfeirio at wadi sych iawn rhywle yn ardal Jerwsalem.

3:16 Amos 1:2 3:16 adlais o Salm 46:1 3:17 Obadeia 1:17 3:18 Amos 9:13 3:18 Eseciel 47:1-12

Amos

1 Neges Amos, oedd yn un o ffermwyr defaid Tecoa.[a]
Ddwy flynedd cyn y daeargryn[b] cafodd Amos weledigaethau gan Dduw am Israel. Ar
y pryd, roedd Wseia yn frenin ar Jwda, a Jeroboam fab Jehoas yn frenin ar Israel.[c]
2 Dyma ddwedodd Amos:

"Mae'r ARGLWYDD yn rhuo o Seion,
a'i lais yn taranu o Jerwsalem,
nes bod porfa'r anifeiliaid yn gwywo,
a glaswellt mynydd Carmel yn sychu."

Barn Duw ar y gwledydd o gwmpas Israel[ch]

Syria

3 Dyma mae'r ARGLWYDD yn ei ddweud:

"Mae Damascus[d] wedi pechu dro ar ôl tro,
felly dw i'n mynd i'w cosbi nhw.
Maen nhw wedi bod yn greulon at bobl Gilead,
a'u rhwygo gyda sled a dannedd haearn iddi.
4 Felly bydda i'n llosgi'r palas gododd y Brenin Hasael,[dd]
a bydd y tân yn dinistrio caerau amddiffynnol Ben-hadad.[e]
5 Bydda i'n dryllio barrau giatiau Damascus,
yn cael gwared â'r un sy'n llywodraethu ar Ddyffryn Afen,
a'r un sy'n teyrnasu yn Beth-eden.
Bydd pobl Syria yn cael eu cymryd yn gaeth i ardal Cir."
— yr ARGLWYDD sy'n dweud hyn.

Philistia

6 Dyma mae'r ARGLWYDD yn ei ddweud:

"Mae Gasa[f] wedi pechu dro ar ôl tro,
felly dw i'n mynd i'w cosbi nhw.
Maen nhw wedi cymryd pentrefi cyfan yn gaeth,
a'u gwerthu nhw i wlad Edom,
7 Felly bydda i'n llosgi waliau Gasa,
a bydd y tân yn dinistrio'i chaerau amddiffynnol.

---

a 1:1 *Tecoa* Pentref ym mryniau Jwda, tua chwe milltir i'r de o Bethlehem. b 1:1 *Ddwy flynedd cyn y daeargryn* Daeargryn ddigwyddodd yn 760 CC mae'n debyg. Byddai'r daeargryn yn cael ei ystyried yn arwydd fod barn Duw ar ei ffordd. c 1:1 *Wseia ... Jeroboam* Wseia, brenin Jwda 781–740 CC Jeroboam II, brenin Israel 783–743 CC. ch 1:2 Mae proffwydi eraill yn rhoi negeseuon tebyg am y gwledydd o gwmpas Israel – gw. Jeremeia 46-51; Eseia 13-23; Eseciel 25-32. Mae'n ein hatgoffa mai Duw ydy'r unig wir Dduw, a'i fod yn teyrnasu dros y gwledydd i gyd. d 1:3 *Damascus* Prifddinas Syria. dd 1:4 *Hasael* brenin Syria o 842 i 805 CC gw. 1 Brenhinoedd 19:15. e 1:4 *Ben-hadad* Enw neu deitl ar nifer o frenhinoedd Damascus (1 Brenhinoedd 15:18, 20; 2 Brenhinoedd 13:24). Gall fod yn cyfeirio at fab Hasael, wnaeth ei olynu fel brenin (2 Brenhinoedd 13:3,24) neu at frenin wnaeth ei ragflaenu (gw. 1 Brenhinoedd 20). Ystyr yr enw ydy "mab Hadad". Hadad oedd Duw'r storm. f 1:6 *Gasa* Un o brif drefi y Philistiaid.

1:1 2 Brenhinoedd 15:1-7; 2 Cronicl 26:1-23; 2 Brenhinoedd 14:23-29 1:2 Joel 3:16
1:3-5 Eseia 17:1-3; Jeremeia 49:23-27; Sechareia 9:1 1:5 2 Brenhinoedd 16:9
1:6-8 Eseia 14:29-31; Jeremeia 47:1-7; Eseciel 25:15-17; Joel 3:4-8; Seffaneia 2:4-7; Sechareia 9:5-7

8 Bydda i'n cael gwared â'r un sy'n llywodraethu yn ninas Ashdod
a'r un sy'n teyrnasu yn Ashcelon.
Bydda i'n ymosod ar ddinas Ecron,[ff]
nes bydd neb o'r Philistiaid ar ôl yn fyw!"
—fy Meistr, yr ARGLWYDD, sy'n dweud hyn.

Tyrus

9 Dyma mae'r ARGLWYDD yn ei ddweud:

"Mae Tyrus wedi pechu dro ar ôl tro,
felly dw i'n mynd i'w cosbi nhw.
Maen nhw wedi torri'r cytundeb gyda'u brodyr
drwy gymryd pentrefi cyfan yn gaeth,
a'u gwerthu nhw i wlad Edom,
10 Felly bydda i'n llosgi waliau Tyrus,
a bydd y tân yn dinistrio'i chaerau amddiffynnol."

Edom

11 Dyma mae'r ARGLWYDD yn ei ddweud:

"Mae Edom wedi pechu dro ar ôl tro,
felly dw i'n mynd i'w cosbi nhw.
Maen nhw wedi ymosod ar eu brodyr[g] gyda'r cleddyf
a dangos dim trugaredd atyn nhw.
Am iddyn nhw ddal ati i ymosod yn wyllt
heb stopio'r trais o gwbl,
12 dw i'n mynd i anfon tân i losgi Teman,
a dinistrio caerau amddiffynnol Bosra."[ng]

Ammon

13 Dyma mae'r ARGLWYDD yn ei ddweud:

"Mae pobl Ammon wedi pechu dro ar ôl tro,
felly dw i'n mynd i'w cosbi nhw.
Maen nhw wedi rhwygo a lladd gwragedd beichiog Gilead
er mwyn ennill mwy o dir iddyn nhw'u hunain.
14 Felly bydda i'n llosgi waliau Rabba,[h]
a bydd y tân yn dinistrio'i chaerau amddiffynnol.
Yng nghanol y bloeddio ar ddydd y frwydr,
pan fydd yr ymladd yn ffyrnig fel storm,
15 bydd eu brenin a'i holl swyddogion
yn cael eu cymryd yn gaeth gyda'i gilydd."
—yr ARGLWYDD sy'n dweud hyn.

---

ff 1:8 *Ashdod ... Ashcelon ... Ecron* Trefi y Philistiaid. g 1:11 *eu brodyr* Roedd pobl Israel yn ddisgynyddion i Jacob, a phobl Edom yn ddisgynyddion i Esau, brawd Jacob. ng 1:12 *Teman a Bosra* sef Edom; roedd Teman yn dref bwysig yng ngogledd Edom (wedi'i henwi ar ôl ŵyr i Esau – gw. Genesis 36:10-11). Bosra oedd prifddinas gogledd Edom, tua 30 milltir i'r de-ddwyrain o'r Môr Marw. h 1:14 *Rabba* Prifddinas Ammon.

1:9-10 Eseia 23:1-18; Eseciel 26:1 – 28:19; Joel 3:4-8; Sechareia 9:1-4
1:11-12 Eseia 34:5-17; 63:1-6; Jeremeia 49:7-22; Eseciel 25:12-14; 35:1-15; Obadeia 1-14; Malachi 1:2-5
1:13-15 Jeremeia 49:1-6; Eseciel 21:28-32; 25:1-7; Seffaneia 2:8-11

Moab

2 Dyma mae'r ARGLWYDD yn ei ddweud:

"Mae Moab wedi pechu dro ar ôl tro,
felly dw i'n mynd i'w cosbi nhw.
Maen nhw wedi cymryd esgyrn brenin Edom
a'u llosgi nhw'n galch.
2 Felly bydda i'n anfon tân i losgi Moab,
a dinistrio caerau amddiffynnol Cerioth.[i]
Bydd pobl Moab yn marw yn sŵn y brwydro,
yng nghanol y bloeddio a sŵn y corn hwrdd[l] yn seinio.
3 Bydda i'n cael gwared â'i brenin hi
ac yn lladd ei holl swyddogion gydag e."
—yr ARGLWYDD sy'n dweud hyn.

Jwda

4 Dyma mae'r ARGLWYDD yn ei ddweud:

"Mae Jwda wedi pechu dro ar ôl tro,
felly dw i'n mynd i'w cosbi nhw.
Maen nhw wedi troi'u cefnau ar gyfraith yr ARGLWYDD,
a heb gadw'i orchmynion e.
Maen nhw'n cael eu harwain ar gyfeiliorn
gan y duwiau ffals oedd eu hynafiaid yn eu dilyn.
5 Felly bydda i'n anfon tân i losgi Jwda,
a dinistrio caerau amddiffynnol Jerwsalem."

Barn Duw ar Israel

6 Dyma mae'r ARGLWYDD yn ei ddweud:

"Mae Israel wedi pechu dro ar ôl tro,
felly dw i'n mynd i'w cosbi nhw.
Maen nhw'n gwerthu'r dieuog am arian,
a'r rhai mewn dyled am bâr o sandalau! –
7 sathru'r tlawd fel baw ar lawr,
a gwthio'r gwan o'r ffordd!
Ac mae dyn a'i dad yn cael rhyw gyda'r un gaethferch,
ac yn amharchu fy enw glân i wrth wneud y fath beth.
8 Maen nhw'n gorwedd wrth ymyl yr allorau
ar ddillad sydd wedi'u cadw'n warant am ddyled.
Maen nhw'n yfed gwin yn nheml Duw –
gwin wedi'i brynu gyda'r dirwyon roeson nhw i bobl!

9 Ac eto, fi wnaeth ddinistrio'r Amoriaid o flaen eich hynafiaid chi! –
yr Amoriaid oedd yn dal fel cedrwydd ac yn gryf fel coed derw.
Ond dyma fi'n eu torri nhw i lawr yn llwyr,
o'u brigau uchaf i'w gwreiddiau!
10 Fi wnaeth eich achub chi o wlad yr Aifft
a'ch arwain chi drwy'r anialwch am bedwar deg o flynyddoedd,
ac yna rhoi tir yr Amoriaid i chi!

---

i 2:2 *Cerioth* Un o brif drefi Moab a chanolfan addoli'r duw Chemosh. l 2:2 *corn hwrdd* Hebraeg, *shoffar.*
2:1-3 Eseia 15:1 – 16:14; 25:10-12; Jeremeia 48:1-47; Eseciel 25:8-11; Seffaneia 2:8-11
2:9 Deuteronomium 3:8-11

11 Dewisais rai o'ch plant i fod yn broffwydi
a rhai o'ch bechgyn ifanc i fod yn Nasareaid.ll
Onid dyna ydy'r gwir, bobl Israel?"
—yr ARGLWYDD sy'n dweud hyn.
12 "Ond bellach, dych chi'n gwneud i'r Nasareaid yfed gwin,
ac yn dweud wrth y proffwydi am gau eu cegau!
13 Felly gwyliwch chi! Bydda i'n eich dal chi'n ôl,
fel trol sydd ond yn gallu symud yn araf bach
am fod llwyth trwm o ŷd arni.
14 Bydd y cyflymaf ohonoch chi'n methu dianc,
a'r cryfaf yn teimlo'n hollol wan.
Bydd y milwr yn methu amddiffyn ei hun,
15 a'r bwasaethwr yn methu dal ei dir.
Bydd y rhedwr cyflyma'n methu dianc,
a'r un sydd ar gefn ceffyl yn methu achub ei fywyd.
16 Bydd y milwyr mwyaf dewr yn gollwng eu harfau
ac yn rhedeg i ffwrdd yn noeth ar y diwrnod hwnnw."
—yr ARGLWYDD sy'n dweud hyn.

3 Bobl Israel, gwrandwch ar neges yr ARGLWYDD yn eich erbyn chi. Chi, y bobl ddois i â nhw
allan o wlad yr Aifft.

2 "O blith holl bobloedd y ddaear,
chi ydy'r rhai wnes i ddewis –
a dyna pam mae'n rhaid i mi eich galw chi i gyfrif
am yr holl ddrwg dych chi wedi'i wneud."

Gwaith y Proffwyd

3 Ydy dau berson yn gallu teithio gyda'i gilydd
heb fod wedi trefnu i gyfarfod?
4 Ydy llew yn rhuo yn y goedwig
pan does ganddo ddim ysglyfaeth?
Ydy llew ifanc yn grwnian yn fodlon yn ei ffau
oni bai ei fod wedi dal rhywbeth?
5 Ydy aderyn yn cael ei ddal mewn rhwyd
os nad oes abwyd yn y trap?
Ydy trap ar lawr yn cau yn sydyn
heb fod rhywbeth wedi'i ddal ynddo?
6 Ydy pobl ddim yn dychryn yn y dre
wrth glywed y corn hwrdd
yn seinio fod ymosodiad?
Ydy dinistr yn gallu dod ar ddinas
heb i'r ARGLWYDD adael i'r peth ddigwydd?
7 Dydy fy Meistr, yr ARGLWYDD, yn gwneud dim byd
heb ddangos ei gynllun i'w weision y proffwydi.
8 Pan mae'r llew yn rhuo,
pwy sydd ddim yn ofni?

ll 2:11 *Nasareaid* Grŵp o bobl yn Israel oedd wedi ymrwymo i beidio yfed gwin, na torri eu gwalltiau, na cyffwrdd corff marw (gw. Numeri 6:1-8).

Mae fy Meistr, yr ARGLWYDD, wedi siarad,
felly pwy sy'n mynd i wrthod proffwydo?

9 Cyhoedda hyn i'r rhai sy'n byw yn y plastai yn Ashdod[m]
ac yn y plastai yng ngwlad yr Aifft!
Dywed: "Dewch at eich gilydd i ben bryniau Samaria
i weld yr anhrefn llwyr sydd yn y ddinas,
a'r gormes sy'n digwydd yno.
10 Allan nhw ddim gwneud beth sy'n iawn!"
—yr ARGLWYDD sy'n dweud hyn.

"Yn eu plastai maen nhw'n storio trysorau
sydd wedi'u dwyn drwy drais."

11 Felly dyma mae fy Meistr, yr ARGLWYDD, yn ei ddweud:

"Bydd gelyn yn amgylchynu'r wlad!
Bydd yn rhwygo popeth oddi arni
ac yn ei gadael yn noeth.
Bydd ei chaerau amddiffynnol yn cael eu hysbeilio'n llwyr!"

12 Dyma mae'r ARGLWYDD yn ei ddweud:

"Fel bugail yn 'achub' unrhyw beth o safn y llew
– dwy goes, neu ddarn o'r glust –
dyna'r math o 'achub' fydd ar bobl Israel sy'n byw yn Samaria.
Dim ond coes y gwely neu gornel y fatras fydd ar ôl!"

13 "Gwranda ar hyn, a rhybuddia bobl Jacob"
—fy Meistr, yr ARGLWYDD sy'n dweud hyn, y Duw hollbwerus.
14 "Pan fydda i'n cosbi Israel am wrthryfela,
bydda i'n dinistrio'r allor sydd yn Bethel.
Bydd y cyrn ar gorneli'r allor
yn cael eu torri ac yn disgyn ar lawr.
15 Bydda i'n dymchwel eu tai, a'u tai haf nhw hefyd.
Bydd y tai oedd wedi'u haddurno ag ifori yn adfeilion.
Bydd y plastai yn cael eu chwalu'n llwyr!"
—yr ARGLWYDD sy'n dweud hyn.

Gwragedd Samaria

4 Gwrandwch ar hyn, chi wartheg Bashan!
Ie, chi wragedd Samaria dw i'n ei olygu!
Chi sy'n twyllo pobl dlawd,
ac yn gwneud i'r gwan ddioddef.
Chi sy'n dweud wrth eich gwŷr,
"Tyrd â diod i ni gael parti!"

2 Mae fy Meistr, yr ARGLWYDD, yn addo ar lw,
mor sicr â'i fod yn sanctaidd:
"Gwyliwch chi! Mae'r amser yn dod pan fyddan nhw'n
eich arwain chi i ffwrdd â bachau –
pob copa walltog gyda bachau pysgota.

m 3:9 *Ashdod* Un o brif drefi y Philistiaid.
3:14 2 Brenhinoedd 23:15

3 Byddwch chi'n cael eich llusgo allan o'r ddinas
drwy'r tyllau yn y wal gyferbyn a'ch tai –
Byddwch chi'n cael eich taflu ar y domen sbwriel!"
—yr ARGLWYDD sy'n dweud hyn.

Israel yn gwrthod gwrando

4 "Dewch i'r cysegr yn Bethel i bechu yn fy erbyn i!
Dewch i'r cysegr yn Gilgal,[n] a phechu mwy fyth!
Dewch i gyflwyno eich aberth yn y bore
a thalu'r degwm y diwrnod wedyn.
5 Dewch i losgi eich offrwm diolch gyda bara sydd â burum ynddo!
Dewch i wneud sioe wrth gyflwyno eich offrwm gwirfoddol!
Dych chi wrth eich bodd yn gwneud pethau felly, bobl Israel."
—fy Meistr, yr ARGLWYDD sy'n dweud hyn.

6 "Fi oedd yr un ddaeth â newyn arnoch chi yn eich holl drefi;
doedd gynnoch chi ddim i'w fwyta yn unman.
Ac eto wnaethoch chi ddim troi yn ôl ata i."
—yr ARGLWYDD sy'n dweud hyn.

7 "Fi rwystrodd hi rhag glawio
pan oedd y cnydau angen glaw i dyfu.
Rôn i'n rhoi glaw i un dre
a dim glaw i dre arall.
Roedd hi'n glawio ar un cae,
ond doedd cae arall yn cael dim glaw o gwbl
ac roedd y cnwd yn gwywo.
8 Roedd pobl dwy neu dair o drefi
yn llusgo'u ffordd i dre arall,
yn y gobaith o gael dŵr i'w yfed,
ond doedd dim digon yno i dorri syched pobl.
Ac eto wnaethoch chi ddim troi yn ôl ata i."
—yr ARGLWYDD sy'n dweud hyn.

9 "Dyma fi'n eich cosbi chi drwy anfon haint a llwydni ar eich cnydau.
Dro ar ôl tro cafodd eich gerddi a'ch gwinllannoedd,
eich coed ffigys a'ch coed olewydd,
eu dinistrio'n llwyr gan blâu o locustiaid.
Ac eto wnaethoch chi ddim troi yn ôl ata i."
—yr ARGLWYDD sy'n dweud hyn.

10 "Dyma fi'n anfon afiechydon i'ch poenydio,
fel y plâu yn yr Aifft.
Dyma fi'n lladd eich milwyr ifanc yn y rhyfel,
a chymryd eich meirch rhyfel oddi arnoch.
Roedd yr holl gyrff marw yn drewi yn eich gwersyll.
Ac eto wnaethoch chi ddim troi yn ôl ata i."
—yr ARGLWYDD sy'n dweud hyn.

11 "Dyma fi'n dinistrio rhai ohonoch chi
fel gwnes i ddinistrio Sodom a Gomorra.

---

n 4:4 *Bethel ... Gilgal* Dwy ganolfan addoli bwysig yn Israel.
4:11 Genesis 19:23,24

Roeddech chi fel darn o bren yn mudlosgi
ar ôl cael ei gipio o'r tân.
Ac eto wnaethoch chi ddim troi yn ôl ata i."
—yr ARGLWYDD sy'n dweud hyn.

12 "Felly, dw i'n mynd i dy gosbi di, Israel.
Dyna dw i'n mynd i'w wneud,
felly, bydd barod i wynebu dy Dduw!"

13 Edrych! Duw wnaeth y mynyddoedd, a chreu y gwynt.
– y Duw sydd wedi dweud wrth bobl beth sydd ganddo eisiau –
Fe sy'n troi'r wawr yn dywyllwch,
ac yn rheoli popeth ar y ddaear
—yr ARGLWYDD ydy ei enw e, y Duw hollbwerus!

Galw pobl i newid eu ffyrdd

5 Gwrandwch arna i'n galaru! Dw i'n canu cân angladdol er cof amdanat ti, wlad Israel:

2 "Mae Israel fel merch ifanc
wedi'i tharo i lawr,
mae hi'n gorwedd ar bridd ei gwlad
a does neb i'w chodi ar ei thraed."

3 Achos dyma mae fy Meistr, yr ARGLWYDD, yn ei ddweud am wlad Israel:

"Dim ond cant fydd ar ôl yn y dre
anfonodd fil allan i'r fyddin,
a dim ond deg fydd ar ôl yn y dre
anfonodd gant i'r fyddin."

4 Dyma mae'r ARGLWYDD yn ei ddweud wrthot ti, wlad Israel:

"Tro yn ôl ata i, a chei fyw!
5 Paid troi i gyfeiriad y cysegr yn Bethel,
mynd i ymweld â chysegr Gilgal
na chroesi'r ffin a mynd i lawr i Beersheba.
Bydd pobl Gilgal yn cael eu caethgludo,
a fydd Bethel ddim mwy na rhith!"

6 Tro yn ôl at yr ARGLWYDD, a chei fyw!
Os na wnei di bydd e'n rhuthro drwy wlad Joseff fel tân
ac yn llosgi Bethel yn ulw;
a fydd neb yn gallu diffodd y tân.

7 Druan ohonoch chi, sy'n troi cyfiawnder yn beth chwerw,
ac yn gwrthod gwneud beth sy'n iawn yn y tir!

8 Duw ydy'r un wnaeth y sêr –
Pleiades ac Orïon.
Fe sy'n troi'r tywyllwch yn fore,
ac yn troi'r dydd yn nos dywyll.
Mae e'n cymryd dŵr o'r môr
ac yn ei arllwys yn gawodydd ar y tir
—yr ARGLWYDD ydy ei enw e!

5:8 Job 9:9; 38:31

9 Mae'n bwrw dinistr ar y mannau mwyaf diogel,
nes bod caerau amddiffynnol yn troi'n adfeilion!

10 Dych chi'n casáu'r un sy'n herio anghyfiawnder yn y llys;
ac yn ffieiddio unrhyw un sy'n dweud y gwir.
11 Felly, am i chi drethu pobl dlawd yn drwm
a dwyn yr ŷd oddi arnyn nhw:
Er eich bod chi wedi adeiladu'ch tai crand o gerrig nadd,
gewch chi ddim byw ynddyn nhw.
Er eich bod chi wedi plannu gwinllannoedd hyfryd,
gewch chi byth yfed y gwin ohonyn nhw.
12 Dych chi wedi troseddu yn fy erbyn i mor aml,
ac wedi pechu'n ddiddiwedd
drwy gam-drin pobl onest,
a derbyn breib i wrthod cyfiawnder
i bobl dlawd pan maen nhw yn y llys!

13 Byddai unrhyw un call yn cadw'n dawel,
achos mae'n amser drwg.

14 Ewch ati i wneud da eto yn lle gwneud drwg,
a chewch fyw!
Wedyn bydd yr Arglwydd, y Duw hollbwerus,
gyda chi go iawn
(fel dych chi'n meddwl ei fod e nawr!)

15 Casewch ddrwg a charu'r da, a gwneud yn siŵr fod tegwch yn y llysoedd. Wedyn, falle
y bydd yr Arglwydd, y Duw hollbwerus, yn garedig at y llond dwrn o bobl sydd ar ôl yng ngwlad
Joseff. 16 Ond o achos yr holl bethau drwg dych chi'n eu gwneud, dyma mae'r Arglwydd yn ei
ddweud – fy Meistr i, y Duw hollbwerus:

"Bydd wylo uchel ym mhob sgwâr,
a sŵn pobl yn gweiddi ar bob stryd 'O, na! na!'
Bydd y rhai tlawd sy'n gweithio ar y tir yn cael eu galw i alaru,
a bydd galarwyr proffesiynol yno'n udo llafarganu.
17 Bydd pobl yn wylo'n uchel,
hyd yn oed yn y gwinllannoedd,
achos dw i'n dod i'ch cosbi chi."
—yr Arglwydd sy'n dweud hyn.

18 Druan ohonoch chi! Chi sy'n edrych ymlaen
at y diwrnod pan fydd yr Arglwydd yn dod!
Sut allwch chi edrych ymlaen at y diwrnod hwnnw?
Diwrnod tywyll fydd e, heb ddim golau o gwbl!
19 Bydd fel petai rhywun yn dianc oddi wrth lew
ac yn sydyn mae arth yn dod i'w gyfarfod.
Mae'n llwyddo i gyrraedd y tŷ'n ddiogel,
ond yna'n pwyso yn erbyn y wal ac yn cael ei frathu gan neidr!
20 Felly bydd hi ar y diwrnod pan fydd yr Arglwydd yn dod –
diwrnod tywyll fydd e, dim un golau!
Ie, tywyllwch dudew heb lygedyn o olau!

21 "Dw i'n casáu eich gwyliau crefyddol chi,
ac yn eu diystyru nhw.

Dydy'ch addoliad chi'n rhoi dim pleser i mi.
22 Er i chi ddod i gyflwyno aberthau i'w llosgi i mi,
ac offrymau bwyd, wna i ddim eu derbyn nhw.
Gallwch offrymu eich anifeiliaid gorau i mi,
ond fydda i'n cymryd dim sylw o gwbl!
23 Stopiwch ddod yma i forio canu'ch emynau;
does gen i ddim eisiau clywed sŵn eich nablau.
24 Beth dw i eisiau ydy gweld cyfiawnder fel dŵr yn gorlifo,
a thegwch fel ffrwd nant sydd byth yn sychu.

25 "Wnaethoch chi gyflwyno aberthau ac offrymau i mi yn ystod y pedwar deg mlynedd yn
yr anialwch, bobl Israel? 26 A nawr mae'n well gynnoch chi gario eich 'brenin' Saccwth, a'ch
delw o Caiwan – sef duwiau'r sêr dych chi wedi'u llunio i chi'ch hunain! 27 Felly, bydda i'n
eich gyrru chi'n gaethion i wlad sydd tu draw i Damascus."
—yr Arglwydd sy'n dweud hyn, sef yr un sy'n cael ei alw y Duw hollbwerus.

Dinistrio Israel

6 Gwae chi sydd mor gyfforddus yn Seion,
ac yn teimlo mor saff ar fryniau Samaria!
Chi bobl bwysig y genedl sbesial ma –
ie, chi mae pobl Israel yn troi atyn nhw am arweiniad.
2 Dych chi'n dweud wrthyn nhw,
"Ewch draw i ddinas Calne, i weld sut mae pethau yno!
Ewch yn eich blaen wedyn i Chamath fawr,
ac i lawr i Gath[o] y Philistiaid.
Ydy pethau'n well arnyn nhw nag ar y ddwy wlad yma?
Oes ganddyn nhw fwy o dir na chi?"
3 Dych chi'n gwrthod derbyn fod dydd drwg yn dod.
Dych chi'n gofyn am gyfnod o drais!

4 Druan ohonoch chi, sy'n diogi ar eich soffas ifori moethus.
Yn gorweddian ar glustogau cyfforddus,
ac yn mwynhau gwledda ar gig oen
a'r cig eidion gorau.
5 Yn mwmian canu i gyfeiliant y nabl –
a meddwl eich bod chi'n gerddorion gwych fel y Brenin Dafydd!
6 Dych chi'n yfed gwin wrth y galwyni
ac yn pampro eich cyrff gyda'r olew gorau!
Ond dych chi'n poeni dim fod dinistr
yn dod ar bobl Joseff!
7 Felly, chi fydd y rhai cyntaf i gael eich caethgludo,
a hynny'n fuan iawn!
Bydd y gwledda a'r gorweddian yn dod i ben!

8 Mae fy Meistr, yr Arglwydd, yn tyngu iddo'i hun:

"Dw i'n casáu balchder gwlad Jacob,
ac yn ffieiddio ei phlastai.

o 6:2 *Calne ... Chamath ... Gath* Dinasoedd wedi'u concro gan yr Asyriaid: Calne yn 738 CC, Chamath yn 720, a Gath yn 711.
5:21-22 Eseia 1:11-14

Bydda i'n cyhoeddi y bydd dinas Samaria a'i phobl
yn cael eu rhoi yn llaw'r gelyn."
—yr ARGLWYDD sy'n dweud hyn, y Duw hollbwerus.

9Os bydd deg o bobl yn dal yn fyw mewn tŷ, byddan nhw'n marw. 10Yna bydd perthynas
yn dod i gasglu'r cyrff o'r tŷ – gyda'r bwriad o'u llosgi. A bydd yn galw ar rywun sy'n cuddio
yng nghefn y tŷ, "Oes unrhyw un arall yn fyw ond ti?" ac yn cael yr ateb, "Na, neb." Yna bydd
yn dweud, "Ust! paid hyd yn oed â dweud enw'r ARGLWYDD".

11 Felly, mae'r ARGLWYDD yn rhoi'r gorchymyn:
"Mae'r tai mawr crand i gael eu chwalu'n ulw,
a'r tai cyffredin hefyd, yn ddarnau mân."
12 Ydy ceffylau'n gallu carlamu dros greigiau mawr?
Ydy'n bosib ei aredig hefo ychen?
Ac eto dych chi wedi troi cyfiawnder yn wenwyn marwol
ac wedi gwneud yr hyn sy'n iawn yn beth chwerw.
13 Dych chi mor falch eich bod chi wedi concro tref Lo-defâr,[p]
a meddech chi wedyn, "Dŷn ni wedi dal Carnaïm![ph]
Roedden ni'n rhy gryf iddyn nhw!"
14 Ond gwylia di, wlad Israel,
—yr ARGLWYDD sy'n dweud hyn, y Duw hollbwerus.
Dw i'n codi cenedl i ymladd yn dy erbyn di.
Bydd yn dy ormesu di o Fwlch Chamath yn y gogledd
i Wadi'r Araba[r] lawr yn y de!

Gweledigaethau am gosbi Israel

Haid o Locustiaid

7 Dyma fy Meistr, yr ARGLWYDD, yn dangos hyn i mi:
Roedd yn creu haid o locustiaid pan oedd y cnwd diweddar yn dechrau tyfu (y cnwd
sy'n cael ei blannu ar ôl i'r brenin fedi'r cnwd cyntaf). 2Roedden nhw'n mynd i ddinistrio'r
planhigion i gyd, a dyma fi'n dweud, "O Feistr, ARGLWYDD, plîs maddau! Sut all pobl Jacob
oroesi? Maen nhw'n rhy wan."
3A dyma'r ARGLWYDD yn newid ei feddwl. "Fydd hyn ddim yn digwydd," meddai'r ARGLWYDD.

Tân

4Dyma fy Meistr, yr ARGLWYDD, yn dangos hyn i mi:
Roedd fy Meistr, yr ARGLWYDD, yn mynd i ddefnyddio tân i gosbi ei bobl. Roedd yn mynd i sychu'r
dŵr sydd yn ddwfn dan y ddaear, a llosgi'r caeau i gyd. 5Dyma fi'n dweud, "O Feistr, ARGLWYDD,
paid! Sut all pobl Jacob oroesi? Maen nhw'n rhy wan."
6Dyma'r ARGLWYDD yn newid ei feddwl. "Fydd hyn ddim yn digwydd chwaith," meddai'r
ARGLWYDD.

Llinyn Plwm

7Wedyn dyma fe'n dangos hyn i mi:
Roedd yn sefyll ar ben wal wedi'i hadeiladu gyda llinyn plwm, ac yn dal llinyn plwm yn ei
law. 8Gofynnodd yr ARGLWYDD i mi, "Beth wyt ti'n weld, Amos?" Dyma finnau'n ateb, "Llinyn
plwm". A dyma fy Meistr yn dweud, "Dw i'n mynd i ddefnyddio llinyn plwm i fesur fy mhobl

---

p 6:13 *Lo-defâr* Tref yn Gilead, yr ochr draw i afon Iorddonen. Ond mae yma eironi, gan fod yr enw'n swnio'n debyg i'r gair Hebraeg am "ddim byd". ph 6:13 *Carnaïm* Tref fach arall oedd yr ochr draw i afon Iorddonen. Ystyr yr enw ydy "cyrn". sef arwydd o gryfder. r 6:14 *o Fwlch Chamath … i Wadi'r Araba* Ffiniau Israel yn y gogledd a'r de.

Israel. Dw i ddim yn mynd i faddau iddyn nhw eto. 9 Bydd allorau paganaidd pobl Isaac yn
cael eu chwalu, a chanolfannau addoli pobl Israel yn cael eu dinistrio'n llwyr. Dw i'n mynd
i ymosod ar deulu brenhinol Jeroboam[rh] hefo cleddyf."

Amaseia, prif-offeiriad Bethel, yn ymosod ar Amos

10 Roedd Amaseia, prif-offeiriad Bethel, wedi anfon y neges yma at Jeroboam, brenin Israel:
"Mae Amos yn cynllwynio yn dy erbyn di, a hynny ar dir Israel. All y wlad ddim dioddef
dim mwy o'r pethau mae e'n ei ddweud. 11 Achos mae e'n dweud pethau fel yma: 'Bydd
Jeroboam yn cael ei ladd mewn rhyfel, a bydd pobl Israel yn cael eu cymryd i ffwrdd o'u
gwlad yn gaethion.' "
12 Roedd Amaseia hefyd wedi dweud wrth Amos, "Gwell i ti fynd o ma, ti a dy weledigaethau!
Dianc yn ôl i wlad Jwda! Dos i ennill dy fywoliaeth yno, a phroffwyda yno! 13 Paid byth
proffwydo yn Bethel eto, achos dyma lle mae'r brenin yn addoli, yn y cysegr brenhinol."
14 A dyma Amos yn ateb Amaseia: "Dw i ddim yn broffwyd proffesiynol, nac yn perthyn
i urdd o broffwydi. Bridio anifeiliaid a thyfu coed ffigys oeddwn i'n ei wneud. 15 Ond dyma'r
ARGLWYDD yn fy nghymryd i ffwrdd o ffermio defaid, ac yn dweud wrtho i, 'Dos i broffwydo
i'm pobl Israel.' 16 Felly, gwrando, dyma neges yr ARGLWYDD. Ti'n dweud wrtho i am stopio
proffwydo i bobl Israel a phregethu i bobl Isaac. 17 Ond dyma mae'r ARGLWYDD yn ei ddweud:

'Bydd dy wraig di yn gwerthu ei chorff fel putain yn y strydoedd,
a bydd dy feibion a dy ferched yn cael eu lladd yn y rhyfel.
Bydd dy dir di'n cael ei rannu i eraill,
a byddi di'n marw mewn gwlad estron.
Achos bydd Israel yn cael ei chymryd i ffwrdd yn gaeth o'i thir.' "

Basged o Ffigys Aeddfed

8 Dyma fy Meistr, yr ARGLWYDD, yn dangos hyn i mi:
Basged yn llawn ffigys aeddfed. 2 A gofynnodd i mi, "Beth wyt ti'n weld, Amos?" Dyma
finnau'n ateb, "Basged yn llawn ffigys aeddfed". A dyma'r ARGLWYDD yn dweud wrtho i: "Mae'r
diwedd wedi dod ar fy mhobl Israel. Dw i ddim yn mynd i faddau iddyn nhw eto. 3 Bydd
y merched sy'n canu yn y palas yn udo crio ar y diwrnod hwnnw," — fy Meistr, yr ARGLWYDD sy'n
dweud hyn — "Bydd cymaint o gyrff marw yn gorwedd ym mhobman! Distawrwydd llethol!"

Mae ar ben ar Israel

4 Gwrandwch ar hyn, chi sy'n sathru'r gwan,
ac eisiau cael gwared â phobl dlawd yn y wlad.
5 Chi sy'n mwmblan i'ch hunain,
"Pryd fydd gŵyl y lleuad newydd drosodd? –
i ni gael gwerthu'n cnydau eto.
Pryd fydd y dydd Saboth drosodd? –
i ni gael gwerthu'r ŷd eto.
Gallwn godi pris uchel am fesur prin,
a defnyddio clorian sy'n twyllo.
6 Gallwn brynu am arian bobl dlawd sydd mewn dyled,
a'r rhai sydd heb ddigon i dalu am bâr o sandalau.
Gallwn gymysgu'r gwastraff gyda'r grawn!"

7 Mae'r ARGLWYDD yn tyngu i'w enw ei hun, Balchder Jacob:
"Wna i byth anghofio beth maen nhw wedi'i wneud."

rh 7:9 *Jeroboam* Jeroboam II, brenin Israel o 783 i 743 CC.

8 Felly bydd y ddaear yn ysgwyd o achos hyn
a phawb sy'n byw arni yn galaru.
Bydd y ddaear gyfan yn codi fel afon Nîl;
yn chwyddo ac yna'n suddo fel yr afon yn yr Aifft.
9 "A'r diwrnod hwnnw,"
— fy Meistr, yr ARGLWYDD sy'n dweud hyn,
"bydda i'n gwneud i'r haul fachlud ganol dydd,
a bydd y wlad yn troi'n dywyll yng ngolau dydd.
10 Bydda i'n troi eich partïon yn angladdau
a'ch holl ganeuon yn gerddi galar.
Bydda i'n rhoi sachliain amdanoch chi,
a bydd pob pen yn cael ei siafio.
Bydd fel y galaru pan mae rhywun wedi colli unig fab;
fydd y cwbl yn ddim byd ond un profiad chwerw."

11 "Gwyliwch chi! mae'r amser yn dod"
— fy Meistr, yr ARGLWYDD sy'n dweud hyn,
"pan fydda i'n anfon newyn drwy'r wlad."
Dim newyn am fara neu syched am ddŵr,
ond awydd gwirioneddol i glywed neges yr ARGLWYDD.
12 Bydd pobl yn crwydro o Fôr y Canoldir yn y gorllewin
i'r Môr Marw yn y de
ac o'r gogledd i'r dwyrain,
er mwyn cael clywed neges yr ARGLWYDD,
ond byddan nhw'n methu.
13 Bryd hynny, bydd merched ifanc hardd a dynion ifanc cryf
yn llewygu am fod syched arnyn nhw –
14 Y rhai sy'n tyngu llw i eilun cywilyddus Samaria,
ac yn dweud, "Fel mae dy dduw di yn fyw, Dan!"
neu "Fel mae'r un cryf sydd ynot ti yn fyw Beersheba!" –
byddan nhw'n syrthio, a byth yn codi eto.

Duw yn barnu

9 Gwelais fy Meistr yn sefyll wrth yr allor, ac meddai fel hyn:

"Taro ben y colofnau nes bydd y sylfeini'n ysgwyd!
Bydd y cwbl yn syrthio ar ben yr addolwyr,
A bydda i'n lladd pawb sydd ar ôl mewn rhyfel.
Fydd neb o gwbl yn llwyddo i ddianc!

2 Hyd yn oed tasen nhw'n cloddio i lawr i Fyd y Meirw,
byddwn i'n dal i gael gafael ynddyn nhw!
A thasen nhw'n dringo i fyny i'r nefoedd,
byddwn i'n eu tynnu nhw i lawr oddi yno.
3 Petaen nhw'n mynd i guddio ar ben Mynydd Carmel,
byddwn i'n dod o hyd iddyn nhw, ac yn eu dal nhw.
A thasen nhw'n cuddio o ngolwg i ar waelod y môr,
byddwn i'n cael y Sarff[s] sydd yno i'w brathu nhw.
4 Petai eu gelynion nhw yn eu gyrru nhw i'r gaethglud,
byddwn i'n gorchymyn i'r cleddyf eu lladd nhw yno.

s 9:3 *Sarff* Roedd yr anghenfil mytholegol yma yn cynrychioli grymoedd anhrefn.

Dw i'n hollol benderfynol o wneud drwg iddyn nhw
ac nid da."

5 Fy Meistr, yr ARGLWYDD, y Duw hollbwerus,
ydy'r un sy'n cyffwrdd y ddaear ac mae'n toddi;
a bydd pawb sy'n byw arni yn galaru.
Bydd y ddaear gyfan yn codi fel afon Nîl;
yn chwyddo ac yna'n suddo fel yr afon yn yr Aifft.

6 Mae e'n adeiladu cartref iddo'i hun yn y nefoedd
ac yn gosod sylfeini ei stordy ar y ddaear.
Mae'n galw'r dŵr o'r môr
ac yn ei arllwys yn gawodydd ar y tir
—yr ARGLWYDD ydy ei enw e!

7 "I mi, bobl Israel, dych chi
ddim gwahanol i bobl dwyrain Affrica."[t]
—yr ARGLWYDD sy'n dweud hyn.
"Mae'n wir fy mod i wedi arwain Israel o wlad yr Aifft,
ond fi hefyd ddaeth â'r Philistiaid o ynys Creta
a'r Syriaid o Cir."
8 Gwyliwch chi! Mae'r Meistr, yr ARGLWYDD,
yn cadw golwg ar y wlad bechadurus.
"Dw i'n mynd i'w dinistrio hi oddi ar wyneb y ddaear!
Ond wna i ddim dinistrio pobl Jacob yn llwyr,"
—yr ARGLWYDD sy'n dweud hyn.

9 "Gwyliwch chi! Bydda i'n rhoi'r gorchymyn
ac yn ysgwyd pobl Israel, sydd yng nghanol y cenhedloedd,
fel mae rhywun yn ysgwyd ŷd mewn gogr,
a fydd dim cerrig mân yn disgyn trwodd.
10 Bydd fy mhobl sydd wedi pechu yn cael eu lladd yn y rhyfel,
sef y rhai hynny sy'n dweud mor siŵr,
'Fydd dim byd drwg yn digwydd i ni,
na hyd yn oed yn dod yn agos aton ni.'

Adfer Teyrnas Dafydd

11 Y diwrnod hwnnw, bydda i'n ailsefydlu
teyrnas Dafydd sydd wedi syrthio.
Bydda i'n trwsio'r bylchau ynddo ac yn adeiladu ei adfeilion.
Bydda i'n ei adfer i fod fel roedd yn yr hen ddyddiau.
12 Byddan nhw'n cymryd meddiant eto
o'r hyn sydd ar ôl o wlad Edom,
a'r holl wledydd eraill oedd yn perthyn i mi,"
—meddai'r ARGLWYDD, sy'n mynd i wneud hyn i gyd.

13 "Gwyliwch chi!" meddai'r ARGLWYDD, "Mae'r amser yn dod,
pan fydd cymaint o gnwd, bydd hi'n amser aredig eto
cyn i'r cynhaeaf i gyd gael ei gasglu!
A bydd cymaint o rawnwin, byddan nhw'n dal i'w sathru
pan fydd yr amser wedi dod i hau'r had eto.

t 9:7 *dwyrain Affrica* Hebraeg, *Cwsh*, sef ardal i'r de o'r Aifft, yn cynnwys rhannau o Ethiopia a'r Swdan heddiw.

Bydd gwin melys yn diferu o'r mynyddoedd
a bydd yn llifo i lawr y bryniau.
14 Bydda i'n dod â'm pobl Israel yn ôl i'w gwlad.
Byddan nhw'n ailadeiladu'r trefi sy'n adfeilion,
ac yn cael byw ynddyn nhw unwaith eto.
Byddan nhw'n plannu gwinllannoedd ac yn yfed y gwin.
Byddan nhw'n trin eu gerddi ac yn bwyta'r ffrwythau.
15 Bydda i'n plannu fy mhobl yn eu tir eu hunain,
a fydd neb yn eu diwreiddio nhw
o'r wlad dw i wedi'i rhoi iddyn nhw."
—yr ARGLWYDD, eich Duw chi, sy'n dweud hyn.

9:13 Joel 3:18

Obadeia

1 Gweledigaeth Obadeia.
Dyma beth mae'r Meistr, yr ARGLWYDD, wedi'i ddweud am Edom.[a] Cawson ni neges gan
yr ARGLWYDD, pan gafodd negesydd ei anfon i'r gwledydd, yn dweud, "Codwch! Gadewch i ni
fynd i ryfel yn ei herbyn!"

Bydd Duw yn cosbi Edom

2 Mae'r ARGLWYDD yn dweud wrth Edom:[b]
"Dw i'n mynd i dy wneud di'n wlad fach wan;
byddan nhw'n cael cymaint o hwyl ar dy ben.
3 Mae dy falchder wedi dy dwyllo di!
Ti'n byw yn saff yng nghysgod y graig,
ac mae dy gartref mor uchel nes dy fod yn meddwl,
'Fydd neb yn gallu fy nhynnu i lawr o'r fan yma!'[c]
4 Ond hyd yn oed petaet ti'n gallu codi mor uchel â'r eryr,
a gosod dy nyth yng nghanol y sêr,
bydda i'n dy dynnu di i lawr!"
—yr ARGLWYDD sy'n dweud hyn.

5 "Petai lladron yn dod atat ti,
neu ysbeilwyr yn y nos,
fydden nhw ond yn dwyn beth roedden nhw eisiau!
Petai casglwyr grawnwin yn dod atat ti,
oni fydden nhw'n gadael rhywbeth i'w loffa?
Ond byddi di'n cael dy ddinistrio'n llwyr!
6 Bydd pobl Esau[ch] yn colli popeth;
bydd y trysorau gasglon nhw wedi'u dwyn!

7 Mae dy gynghrheiriaid wedi dy dwyllo;
cei dy yrru at dy ffiniau.
Mae dy 'helpwyr' wedi cael y llaw uchaf arnat ti,
a'r 'ffrindiau' oedd yn gwledda gyda ti
wedi gosod trap heb i ti wybod."

8 "Bryd hynny" meddai'r ARGLWYDD,
"bydda i'n difa rhai doeth Edom,
a bydd y deallus yn diflannu o fynydd Esau.
9 Bydd dy filwyr dewr wedi dychryn, Teman;[d]
fydd neb yn goroesi ar fynydd Esau.

---

a 1:1 *Edom* Roedd pobl Edom yn ddisgynyddion i Esau, brawd Jacob. b 1:2 *Mae'r ... Edom* Ddim yn yr Hebraeg, ond wedi'u hychwanegu i wneud y sefyllfa'n glir (gw. diwedd adn. 4). c 1:3 *Ti'n byw yn saff ... o'r fan yma!* Roedd Sela, prifddinas Edom wedi'i hadeiladu ar lwyfandir uchel Wm el-Biara, gyda clogwyni serth ar dair ochr iddi. ch 1:6 *pobl Esau* Disgynyddion Esau (brawd Jacob) oedd pobl Edom – gw. Genesis 36:1,8,19. d 1:9 *Teman* Tref bwysig yng ngogledd Edom, wedi'i henwi ar ôl ŵyr i Esau – gw. Genesis 36:10-11.

1:1 Eseia 34:5-17; 63:1-6; Jeremeia 49:7-22; Eseciel 25:12-14; 35:1-15; Amos 1:11-12; Malachi 1:2-4
1:1-4 Jeremeia 49:14-16 1:5 Jeremeia 49:9; Deuteronomium 24:19-22

Y drwg wnaeth Edom

O achos y lladdfa, 10 a'th drais yn erbyn Jacob dy frawd,[dd]
bydd cywilydd yn dy orchuddio,
a byddi'n cael dy ddinistrio am byth.

11 Pan oeddet ti'n sefyll o'r neilltu
tra oedd dieithriaid yn dwyn ei heiddo;
pan oedd byddin estron yn mynd drwy ei giatiau
a gamblo am gyfoeth Jerwsalem,
doeddet ti ddim gwell nag un ohonyn nhw![e]

12 Sut allet ti syllu a mwynhau'r
drychineb ddaeth i ran dy frawd?
Sut allet ti ddathlu wrth weld pobl Jwda
ar ddiwrnod eu difa?
Sut allet ti chwerthin
ar ddiwrnod y dioddef?

13 Sut allet ti fynd at giatiau fy mhobl
ar ddiwrnod eu trychineb?
Syllu a mwynhau eu trallod
ar ddiwrnod eu trychineb.
Sut allet ti ddwyn eu heiddo
ar ddiwrnod eu trychineb?
14 Sut allet ti sefyll ar y groesffordd
ac ymosod ar y ffoaduriaid!
Sut allet ti eu rhoi yn llaw'r gelyn
ar ddiwrnod y dioddef?

Barn Duw a buddugoliaeth Israel

15 Ydy, mae diwrnod yr Arglwydd yn agos,
a bydda i'n barnu'r cenhedloedd i gyd.
Byddi'n diodde beth wnest ti i eraill;
cei dy dalu'n ôl am beth gafodd ei wneud.
16 Fel y gwnaethoch chi yfed
ar y mynydd sydd wedi'i gysegru i mi,
bydd y gwledydd i gyd yn yfed ac yfed –
yfed nes byddan nhw'n chwil.
Bydd fel petaen nhw erioed wedi bodoli.

17 Ond ar Fynydd Seion bydd rhai yn dianc
– bydd yn lle cysegredig eto.
Bydd teulu Jacob yn ennill y tir yn ôl
oddi ar y rhai wnaeth ei gymryd oddi arnyn nhw.
18 Teulu Jacob[f] fydd y tân,
a theulu Joseff[ff] fydd y fflamau,
a theulu Esau fydd y bonion gwellt!

---

dd 1:10 *Jacob* Cyfeiriad at bobl Israel – gw. Genesis 25-29; 32-33; Deuteronomium 23:7. e 1:11 *un ohonyn nhw* sef byddin Babilon pan wnaethon nhw goncro Jerwsalem yn 587 CC. f 1:18 *teulu Jacob* sef, pobl Jwda. ff 1:18 *teulu Joseff* sef, pobl Israel.
1:12 Salm 137:7 1:15 Lefiticus 24:20; Deuteronomium 19:21 1:16 Salm 75:8; Eseia 51:22-23; Galarnad 4:21

Byddan nhw'n eu llosgi a'u difa,
a fydd neb o deulu Esau ar ôl."
—mae'r ARGLWYDD wedi dweud.

19 Byddan nhw'n cipio'r Negef oddi ar bobl mynydd Esau,
a Seffela[g] oddi ar y Philistiaid.
Byddan nhw'n ennill yn ôl dir Effraim
a'r ardal o gwmpas Samaria,
a bydd pobl Benjamin yn meddiannu Gilead.[ng]
20 Bydd byddin o bobl Israel o'r gaethglud
yn adennill tir Canaan i fyny at Sareffath;[h]
a phobl Jerwsalem sydd yn Seffarad bell
yn meddiannu pentrefi'r Negef.

21 Bydd y rhai gafodd eu hachub
yn mynd i Fynydd Seion
ac yn rheoli Edom –
a'r ARGLWYDD fydd yn teyrnasu.

g 1:19 *Saffela* Yr iseldir wrth droed y bryniau ar ffin orllewinol Jwda. ng 1:19 *Gilead* Yr ardal i'r dwyrain o afon Iorddonen. Felly mae adn. 19 yn sôn am bobl Dduw yn Jerwsalem yn ennill yn ôl diriogaeth i'r de (Edom), gorllewin (Philistia), gogledd (Effraim) a dwyrain (Gilead). h 1:20 *Sareffath* Tref ar arfordir Môr y Canoldir, tua 10 milltir i'r de o Sidon.

Jona

Jona yn dianc oddi wrth yr ARGLWYDD

1 Dyma'r ARGLWYDD yn dweud wrth Jona, fab Amittai, 2“Dos i ddinas fawr Ninefe,[a] ar
unwaith! Dw i eisiau i ti gyhoeddi barn ar y bobl yno, achos dw i wedi gweld yr holl
bethau drwg maen nhw'n wneud.” 3Ond dyma Jona'n ffoi i'r cyfeiriad arall, i Sbaen. Roedd
eisiau dianc oddi wrth yr ARGLWYDD. Aeth i lawr i borthladd Jopa, a dod o hyd i long oedd ar fin
hwylio i Tarshish yn Sbaen. Ar ôl talu am ei docyn aeth gyda nhw ar y cwch a hwylio i ffwrdd,
er mwyn dianc oddi wrth yr ARGLWYDD.
4Ond dyma'r ARGLWYDD yn gwneud i wynt cryf chwythu ar y môr. Roedd y storm mor wyllt nes
bod y llong mewn perygl o gael ei dryllio. 5Roedd criw y llong wedi dychryn am eu bywydau.
Dyma pob un yn gweiddi ar ei dduw am help. A dyma nhw'n dechrau taflu'r cargo i'r môr,
er mwyn gwneud y llong yn ysgafnach. Ond roedd Jona'n cysgu'n drwm drwy'r cwbl! Roedd
e wedi mynd i lawr i'r howld i orwedd i lawr, ac wedi syrthio i gysgu. 6Dyma'r capten yn dod
ar ei draws, a'i ddeffro. “Beth wyt ti'n meddwl wyt ti'n wneud yn cysgu yma!” meddai. “Cod,
a galw ar dy dduw! Falle y bydd e'n ein helpu ni, a'n cadw ni rhag boddi.”
7Dyma griw'r llong yn dod at ei gilydd, a dweud, “Gadewch i ni ofyn i'r duwiau ddangos
i ni[b] pwy sydd ar fai am y storm ofnadwy yma.” Felly dyma nhw'n taflu coelbren, a darganfod
mai Jona oedd e. 8A dyma nhw'n gofyn i Jona, “Dywed, pam mae'r drychineb yma wedi
digwydd? Beth ydy dy waith di? O ble wyt ti'n dod? O ba wlad? Pa genedl wyt ti'n perthyn
iddi?” 9A dyma Jona'n ateb, “Hebrëwr ydw i. Dw i'n addoli'r ARGLWYDD, Duw'r nefoedd. Fe
ydy'r Duw sydd wedi creu y môr a'r tir.”
10Pan glywon nhw hyn roedd y dynion wedi dychryn fwy fyth. “Beth wyt ti wedi'i wneud
o'i le?” medden nhw. (Roedden nhw'n gwybod ei fod e'n ceisio dianc oddi wrth yr ARGLWYDD,
am ei fod e wedi dweud hynny wrthyn nhw'n gynharach.)
11Roedd y storm yn mynd o ddrwg i waeth. A dyma'r morwyr yn gofyn i Jona, “Beth wnawn
ni hefo ti? Oes rhywbeth allwn ni wneud i dawelu'r storm yma?” 12Dyma fe'n ateb, “Taflwch
fi i'r môr a bydd y storm yn tawelu. Arna i mae'r bai eich bod chi yn y storm ofnadwy yma.”
13Yn lle gwneud hynny dyma'r morwyr yn ceisio rhwyfo'n galed i gyrraedd y tir. Ond methu
wnaethon nhw; roedd y storm yn dal i fynd o ddrwg i waeth. 14Felly dyma nhw'n gweddïo ar yr
ARGLWYDD, “O, plîs ARGLWYDD, paid gadael i ni foddi o achos y dyn yma. Paid cosbi ni am wneud
hyn iddo os ydy e'n ddieuog. Ti sydd wedi achosi hyn i gyd i ddigwydd.” 15Yna dyma nhw'n
gafael yn Jona a'i daflu i'r môr, a dyma'r storm yn tawelu. 16Roedd hyn wedi gwneud i'r morwyr
ofni'r ARGLWYDD go iawn, a dyma nhw'n addo ar lw y bydden nhw'n offrymu aberthau iddo.
17A dyma'r ARGLWYDD yn anfon pysgodyn mawr i lyncu Jona. Roedd Jona ym mol y pysgodyn
am dri diwrnod a thair noson.

Jona yn gweddïo ar Dduw

2 Dyma Jona yn gweddïo ar yr ARGLWYDD ei Dduw o fol y pysgodyn.

2 Rôn i mewn trafferthion;
dyma fi'n galw ar yr ARGLWYDD,
    a dyma fe'n fy ateb i.
Gwaeddais am dy help di,
    o ganol byd y meirw,
    a dyma ti'n gwrando arna i!

---

a 1:2 *Ninefe* Prifddinas Asyria, gelynion creulon Israel. b 1:7 *ofyn ... ddangos i ni* Hebraeg, “taflu coelbren”, sef taflu darnau o bren neu garreg i ddarganfod beth oedd y duwiau'n ddweud.
1:1 2 Brenhinoedd 14:25

3 Teflaist fi i'r dyfnder;
i waelod y môr.
Roedd y cerrynt o'm cwmpas,
a'r tonnau mawr yn torri uwch fy mhen.
4 Rôn i'n meddwl fy mod i wedi cael
fy ysgubo i ffwrdd gen ti am byth,
ac y byddwn i byth yn cael gweld
dy deml sanctaidd di eto!
5 Rôn i bron boddi –
roedd y môr dwfn o'm cwmpas,
a gwymon wedi lapio am fy mhen.
6 Rôn i wedi suddo
at waelod isa'r mynyddoedd.
Roedd giatiau'r ddaear ddofn
wedi cloi tu ôl i mi am byth.

Ond dyma ti, ARGLWYDD Dduw,
yn fy achub i o'r Pwll dwfn.
7 Pan oedd fy mywyd yn llithro i ffwrdd,
dyma fi'n galw arnat ti, ARGLWYDD;
a dyma ti'n gwrando ar fy ngweddi
o dy deml sanctaidd.
8 Mae'r rhai sy'n addoli eilunod diwerth
yn troi cefn ar dy drugaredd di.
9 Ond dw i am offrymu aberth i ti,
a chanu mawl i ti'n gyhoeddus.
Bydda i'n gwneud beth dw i wedi'i addo!
Yr ARGLWYDD ydy'r un sy'n achub!

10 Yna dyma'r ARGLWYDD yn dweud wrth y pysgodyn am chwydu Jona ar dir sych.

Jona'n mynd i Ninefe

3 Dyma'r ARGLWYDD yn dweud wrth Jona unwaith eto. 2 "Dos i ddinas fawr Ninefe ar
unwaith! Dw i eisiau i ti gyhoeddi'r neges dw i'n ei rhoi i ti." 3 A'r tro yma dyma Jona'n
gwneud hynny, fel roedd yr ARGLWYDD eisiau. Aeth yn syth i Ninefe. (Roedd Ninefe yn ddinas
anferth. Roedd hi'n cymryd tri diwrnod i gerdded drwyddi!) 4 Ar ôl cerdded drwyddi am
ddiwrnod, dyma Jona'n cyhoeddi, "Mewn pedwar deg diwrnod bydd dinas Ninefe yn cael
ei dinistrio!"

5 Credodd pobl Ninefe neges Duw. A dyma nhw'n galw ar bawb i ymprydio (sef peidio
bwyta) ac i wisgo sachliain – y bobl gyfoethog a'r tlawd. 6 Pan glywodd brenin Ninefe am
y peth, dyma fe hyd yn oed yn codi o'i orsedd, tynnu ei wisg frenhinol i ffwrdd, rhoi sachliain
amdano, ac eistedd mewn lludw.[c] 7-8 A dyma fe'n gwneud datganiad cyhoeddus: "Dyma mae'r
brenin a'i swyddogion yn ei orchymyn:

Does neb o bobl Ninefe i fwyta nac yfed (na'r anifeiliaid chwaith – gwartheg na defaid).
Rhaid i bawb wisgo sachliain. A dylid hyd yn oed roi sachliain ar yr anifeiliaid.
Mae pawb i weddïo'n daer ar Dduw, a stopio gwneud drwg a bod mor greulon.

9 Pwy a ŵyr? Falle y bydd Duw yn newid ei feddwl ac yn stopio bod mor ddig gyda ni, a fydd
dim rhaid i ni farw."

---

c 3:6 *rhoi sachliain amdano ac eistedd mewn lludw* roedd pobl yn gwneud hyn i ddangos eu bod nhw'n sori am wneud pethau drwg.

[10]Pan welodd Duw eu bod nhw wedi stopio gwneud y pethau drwg roedden nhw'n arfer
eu gwneud, wnaeth e ddim eu cosbi nhw fel roedd e wedi bygwth gwneud cyn hynny.

Jona'n wyllt am fod Duw wedi maddau

4 Doedd Jona ddim yn hapus. Roedd e wedi gwylltio'n lân. [2]Dyma fe'n gweddïo:
O ARGLWYDD, plîs na! Rôn i'n gwybod mai dyma fyddai'n digwydd! Dyna feddyliais
i pan oeddwn i adre yn fy ngwlad fy hun, a dyna pam wnes i geisio dianc i Tarshish!

> Ti'n Dduw mor garedig a thrugarog,
> mor amyneddgar ac anhygoel o hael,
> a ddim yn hoffi cosbi!

[3]Felly, plîs ARGLWYDD, lladd fi! Mae'n well gen i farw na byw i weld hyn! [4]Gofynnodd yr
ARGLWYDD iddo, "Ydy'n iawn i ti wylltio fel yma?"
[5]Aeth Jona allan o'r ddinas i gyfeiriad y dwyrain, ac eistedd i lawr. Gwnaeth loches
iddo'i hun, ac eistedd yn ei gysgod, yn disgwyl i weld beth fyddai'n digwydd i Ninefe.
[6]A dyma'r ARGLWYDD Dduw yn gwneud i blanhigyn bach dyfu uwchben Jona. Roedd i gysgodi
drosto, i'w gadw rhag bod yn rhy anghyfforddus. Roedd Jona wrth ei fodd gyda'r planhigyn.
[7]Ond yn gynnar iawn y bore wedyn anfonodd Duw bryfyn i ymosod ar y planhigyn, a dyma
fe'n gwywo. [8]Yna yn ystod y dydd dyma Duw yn anfon gwynt poeth o'r dwyrain. Roedd yr
haul mor danbaid nes bod Jona bron llewygu. Roedd e eisiau marw, a dyma fe'n gweiddi,
"Byddai'n well gen i farw na byw!"
[9]Dyma'r ARGLWYDD yn gofyn iddo, "Ydy'n iawn i ti fod wedi gwylltio fel yma o achos
planhigyn bach?" Ac meddai Jona, "Ydy, mae yn iawn. Dw i'n hollol wyllt!" [10]A dyma'r
ARGLWYDD yn dweud wrtho: "Ti'n poeni am blanhigyn bach wnest ti ddim gofalu amdano na
gwneud iddo dyfu. Roedd e wedi tyfu dros nos a gwywo'r diwrnod wedyn! [11]Ydy hi ddim yn
iawn i mi fod â chonsýrn am y ddinas fawr yma, Ninefe? Mae yna dros gant dau ddeg o filoedd
o bobl ddiniwed[ch] yn byw ynddi – a lot fawr o anifeiliaid hefyd!"

---

ch 4:11 *ddiniwed* Hebraeg, "sy'n methu gwahaniaethu rhwng y llaw chwith a'r llaw dde".
4:2 Salm 103:8; 145:8; Joel 2:13

Micha

1 Dyma'r neges roddodd yr ARGLWYDD i Micha o Moresheth.[a] Roedd yn proffwydo pan oedd Jotham, Ahas, a Heseceia yn frenhinoedd ar Jwda. Dyma ddangosodd Duw iddo am Samaria a Jerwsalem.[b]

Dinistrio Samaria yn rhybudd i Jerwsalem

2 Gwrandwch, chi bobl i gyd!
Cymrwch sylw, bawb sy'n byw drwy'r byd!
Mae'r ARGLWYDD, y Meistr, yn dyst yn eich erbyn;
mae'n eich cyhuddo chi o'i deml sanctaidd.
3 Edrychwch! Mae'r ARGLWYDD yn dod!
Mae'n dod i lawr ac yn sathru'r mynyddoedd!
4 Bydd y mynyddoedd yn dryllio dan ei draed,
a'r dyffrynnoedd yn hollti.
Bydd y creigiau'n toddi fel cwyr mewn tân,
ac yn llifo fel dŵr ar y llethrau.

5 Pam? Am fod Jacob wedi gwrthryfela,
a phobl Israel wedi pechu.
Sut mae Jacob wedi gwrthryfela?
Samaria ydy'r drwg!
Ble mae allorau paganaidd Jwda?
Yn Jerwsalem!
6 "Dw i'n mynd i droi Samaria
yn bentwr o gerrig mewn cae agored –
bydd yn lle i blannu gwinllannoedd!
Dw i'n mynd i hyrddio ei waliau i'r dyffryn
a gadael dim ond sylfeini'n y golwg.
7 Bydd ei delwau'n cael eu dryllio,
ei thâl am buteinio yn llosgi'n y tân,
a'r eilunod metel yn bentwr o sgrap!
Casglodd nhw gyda'i thâl am buteinio,[c]
a byddan nhw'n troi'n dâl i buteiniaid eto."

8 Dyna pam dw i'n galaru a nadu,
a cherdded heb sandalau ac mewn carpiau;
yn udo'n uchel fel siacaliaid,
a sgrechian cwyno fel cywion estrys.
9 Fydd salwch Samaria ddim yn gwella!
Mae wedi lledu i Jwda –
mae hyd yn oed arweinwyr fy mhobl
yn Jerwsalem wedi dal y clefyd!

---

a 1:1 *Moresheth* Pentref neu dref fach yn ne-orllewin Jwda, wrth ymyl Gath – gw. adn. 14. b 1:1 *Samaria a Jerwsalem* Samaria oedd prifddinas teyrnas y gogledd (Israel), a Jerwsalem oedd prifddinas teyrnas y de (Jwda). c 1:7 *tâl am buteinio* Yn y temlau paganaidd, roedd dynion yn cael rhyw gyda phuteiniaid fel rhan o'r addoliad.

1:1 a 2 Brenhinoedd 15:32-38;
2 Cronicl 27:1-7; b 2 Brenhinoedd 16:1-20; 2 Cronicl 28:1-27; c 2 Brenhinoedd 18:1 – 20:21; 2 Cronicl 29:1 – 32:33

Mae'r gelyn ar ei ffordd

10 'Peidiwch dweud am y peth yn Gath!'[ch]
Peidiwch crio rhag iddyn nhw'ch clywed chi!
Bydd pobl Beth-leaffra[d] yn rholio yn y llwch.
11 Bydd pobl Shaffir yn pasio heibio
yn noeth ac mewn cywilydd.
Bydd pobl Saänan yn methu symud,
a Beth-haetsel yn gwneud dim ond galaru –
fydd hi ddim yn dy helpu eto.
12 Bydd pobl Maroth[dd] yn aflonydd
wrth ddisgwyl am rywbeth gwell i ddigwydd
na'r difrod mae'r ARGLWYDD wedi'i anfon,
ac sy'n gwasgu ar giatiau Jerwsalem.

13 Clymwch eich cerbydau wrth y ceffylau,
bobl Lachish![e]
Chi wnaeth wrthryfela fel Israel
ac arwain pobl Seion i bechu![f]
14 Bydd rhaid i chi ddweud ffarwél
wrth Moresheth-gath,
a bydd tai Achsib[ff] yn siomi –
bydd fel ffynnon wedi sychu i frenhinoedd Israel.
15 Bobl Maresha,[g] bydd gelyn yn dod i goncro a dal eich tref,
a bydd arweinwyr Israel yn ffoi i ogof Adwlam[ng] eto.

16 Felly, Jerwsalem, siafia dy ben i alaru
am y plant rwyt ti'n dotio atyn nhw.
Gwna dy dalcen yn foel fel y fwltur,
am fod y gelyn yn mynd i'w cymryd nhw'n gaeth.

Bydd Duw yn cosbi'r rhai sy'n sathru'r tlawd

2 Gwae nhw, y rhai sy'n dyfeisio drygioni
a gorweddian ar eu gwlâu yn cynllwynio.
Wedyn codi gyda'r wawr i wneud y drwg –
maen nhw'n gwneud beth maen nhw eisiau.
2 Maen nhw'n cymryd y tir maen nhw'i eisiau,
ac yn dwyn eu tai oddi ar bobl.
Maen nhw'n cipio cartrefi drwy dwyll a thrais
ac yn dwyn etifeddiaeth pobl eraill.

---

ch 1:10 *Gath* Un o drefi'r Philistiaid. Mae'r llinell yma yn dyfynnu llinell o gân Dafydd er cof am Saul a Jonathan ar ôl iddyn nhw gael eu lladd gan y Philistiaid mewn brwydr ar Fynydd Gilboa – 2 Samuel 1:20.
d 1:10 *Beth-leaffra* Mae Beth-leaffra yn swnio fel yr Hebraeg am "Tŷ'r Llwch". dd 1:12 *Maroth* Mae Maroth yn swnio fel yr Hebraeg am "pethau chwerw". e 1:13 *Lachish* Y dref fwyaf yn ne Jwda, tua 30 milltir i'r de-orllewin o Jerwsalem. f 1:13 *chi ... bechu* Yn Hebraeg mae "Lachish" yn swnio fel "tîm o geffylau (sy'n tynnu cerbyd rhyfel)" Falle fod Lachish yn symbol o'r ffaith fod pobl yn trystio grym milwrol yn lle trystio'r ARGLWYDD. Neu falle fod addoli eilunod a syniadau paganaidd wedi dod i'r wlad o'r Aifft drwy Lachish. ff 1:14 *Achsib* Ystyr Achsib ydy 'twyllodrus' neu 'siomedig'. Heb fod yn bell o Ogof Adwlam (adn. 15), ble cuddiodd Dafydd oddi wrth y Brenin Saul (gw. 1 Samuel 22:1,2). Bydd pobl Israel yn ceisio dianc am eu bywydau, ond gobaith gwag fydd hynny (gw. adn. 15). g 1:15 *Maresha* Mae'n swnio'n debyg i'r gair Hebraeg am 'concwerwr'. Roedd Maresha ychydig filltiroedd i'r gogledd-ddwyrain o Lachish. Roedd y ddwy yn gaerau amddiffynnol ers cyfnod Rehoboam (gw. 2 Cronicl 11:5-10). ng 1:15 *ogof Adwlam* gw. y nodyn ar 1:14.
2:1 Salm 36:4

3 Felly, dyma mae'r ARGLWYDD yn ei ddweud:

"Dw i'n cynllunio i ddod â dinistr ar y criw pobl yma.
Fydd dim modd i chi ddianc!
Dim mwy o swancio i chi! –
mae pethau'n mynd i fod yn ddrwg!
4 Bryd hynny, bydd pobl yn gwneud hwyl am eich pen chi
drwy ganu galarnad i chi'n sbeitlyd –
'Mae ar ben arnon ni!
Mae ein tir yn cael ei werthu!
Mae Duw wedi cymryd y cwbl,
a rhoi'n tir i fradwyr!' "
5 Felly fydd neb yn mesur y tir eto
i chi gael siâr ohono
gyda phobl yr ARGLWYDD.

6 "Stopia falu awyr!" medden nhw'n lloerig.
"Ddylai neb siarad fel yna!
Fyddwn ni ddim yn cael ein cywilyddio."
7 Ai fel hyn mae pobl Jacob yn meddwl? –
"Dydy'r ARGLWYDD ddim yn colli ei dymer.
Fyddai e byth yn gwneud y fath beth!"

"Mae'r pethau da dw i'n eu haddo yn digwydd
i'r rhai sy'n byw yn iawn.
8 Ond yn ddiweddar mae fy mhobl
wedi codi yn fy erbyn fel gelyn.
Dych chi'n dwyn y gôt a'r crys
oddi ar bobl ddiniwed sy'n pasio heibio
fel milwyr yn dod adre o ryfel.
9 Dych chi'n gyrru gweddwon o'u cartrefi clyd,
a dwyn eu heiddo[h] oddi ar eu plant am byth.

10 Felly symudwch! I ffwrdd â chi!
Does dim lle i chi orffwys yma!
Dych chi wedi llygru'r lle,
ac wedi'i ddifetha'n llwyr!
11 Petai rhywun yn dod heibio
yn malu awyr a thwyllo,
'Dw i'n addo y cewch chi joio
digonedd o win a chwrw!' –
byddech wrth eich bodd yn gwrando ar hwnnw!

Nodyn o obaith

12 Bydda i'n eich casglu chi i gyd, bobl Jacob.
Bydda i'n galw pawb sydd ar ôl yn Israel[i]
at ei gilydd fel defaid mewn corlan.
Byddwch fel praidd yng nghanol eu porfa
yn brefu, yn dyrfa enfawr o bobl.

---

h 2:9 *eu heiddo* Hebraeg, "fy ngogoniant". Mae'n cyfeirio at yr etifeddiaeth roedd yr ARGLWYDD wedi'i rhoi i'w bobl. i 2:12 *Israel* Yma mae 'Jacob' ac 'Israel' yn cyfeirio at Jwda, teyrnas y de.

13 Bydd yr un sy'n torri trwodd
yn eu harwain nhw allan i ryddid.
Byddan nhw'n mynd allan drwy'r giatiau
a gadael gyda'u brenin ar y blaen.
Yr ARGLWYDD ei hun fydd yn eu harwain!"

Arweinwyr Jwda ar fai

3 Yna dwedais,
"Gwrandwch, arweinwyr Jacob,
chi sy'n arwain pobl Israel.[l]
Dylech wybod beth ydy cyfiawnder!
2 Ond dych chi'n casáu'r da
ac yn caru'r drwg!
Dych chi'n blingo fy mhobl yn fyw,
ac yn ymddwyn fel canibaliaid!
3 Dych chi'n bwyta cnawd fy mhobl,
yn eu blingo nhw'n fyw
a malu eu hesgyrn.
Torri eu cyrff yn ddarnau
fel cig i'w daflu i'r crochan."

4 Ryw ddydd byddan nhw'n galw ar yr ARGLWYDD am help,
ond fydd e ddim yn ateb.
Bydd e'n troi ei gefn arnyn nhw bryd hynny
am eu bod wedi gwneud cymaint o ddrwg.

Yn erbyn y proffwydi

5 Dyma mae'r ARGLWYDD yn ei ddweud wrth y proffwydi:

"Dych chi'n camarwain fy mhobl!
Dych chi'n addo heddwch am bryd o fwyd,
ond os na gewch chi'ch talu
dych chi'n bygwth rhyfel!
6 Felly bydd hi'n nos arnoch chi, heb weledigaeth –
byddwch yn y tywyllwch, yn gallu dehongli dim.
Bydd yr haul wedi machlud arnoch chi,
a'ch dydd wedi dod i ben!
7 Bydd cywilydd ar y proffwydi,
a bydd y dewiniaid wedi drysu.
Fyddan nhw'n dweud dim,
am fod Duw ddim yn ateb."

8 Ond dw i, ar y llaw arall, yn llawn
o nerth Ysbryd yr ARGLWYDD
ac yn credu'n gryf mewn cyfiawnder.
Dw i'n herio Jacob am ei wrthryfel,
ac yn gwneud i Israel wynebu ei phechod.

Yn erbyn y sefydliad

9 Gwrandwch, arweinwyr Jacob,
chi sy'n arwain pobl Israel –

l 3:1,8 *Israel* Yma mae 'Jacob' ac 'Israel' yn cyfeirio at Jwda, teyrnas y de.

chi sy'n casáu cyfiawnder
ac yn gwyrdroi'r gwir.
10 Dych chi'n adeiladu Seion drwy drais,
a Jerwsalem drwy lygredd a thwyll.
11 Mae'r barnwyr yn derbyn breib,
yr offeiriaid yn dysgu am elw,
a'r proffwydi'n dehongli am dâl –
tra'n honni pwyso ar yr ARGLWYDD!
"Mae'r ARGLWYDD gyda ni!" medden nhw.
"Does wir ddim dinistr i ddod!"

12 Felly chi sydd ar fai!
Bydd Seion yn cael ei haredig fel cae,
a bydd Jerwsalem yn bentwr o gerrig.
Bydd y bryn ble mae'r deml yn sefyll
yn goedwig wedi tyfu'n wyllt.

Mae dyddiau gwell i ddod

(Eseia 2:2-4)

4 Yn y dyfodol, bydd mynydd teml yr ARGLWYDD
wedi'i osod yn ben ar y mynyddoedd eraill
a'i godi'n uwch na'r bryniau.
2 Bydd y gwledydd i gyd yn llifo yno
a llawer o bobl yn mynd yno a dweud:
"Dewch! Gadewch i ni ddringo Mynydd yr ARGLWYDD,"
a mynd i deml Duw Jacob,
iddo ddysgu ei ffyrdd i ni,
ac i ninnau fyw fel mae e am i ni fyw."

Achos o Seion y bydd yr arweiniad yn dod,
a neges yr ARGLWYDD o Jerwsalem.
3 Bydd e'n barnu achosion rhwng y cenhedloedd
ac yn setlo dadleuon rhwng y gwledydd mawr pell.
Byddan nhw'n curo'u cleddyfau yn sychau aradr
a'u gwaywffyn yn grymanau tocio.
Fydd gwledydd ddim yn ymladd ei gilydd,
nac yn hyfforddi milwyr i fynd i ryfel.

4 Bydd pawb yn eistedd dan ei winwydden
a'i goeden ffigys ei hun, heb angen bod ofn.
Mae'r ARGLWYDD hollbwerus wedi addo'r peth!
5 Tra mae'r gwledydd o'n cwmpas
yn dilyn eu duwiau eu hunain,
byddwn ni yn dilyn yr ARGLWYDD ein Duw
am byth bythoedd!

Pobl Dduw yn mynd adre o'r gaethglud

6 "Bryd hynny," meddai'r ARGLWYDD,
"bydda i'n galw'r rhai cloff,

---

ll 4:2 *Mynydd yr ARGLWYDD* Mynydd Seion, y bryn yn Jerwsalem lle roedd y deml wedi'i hadeiladu.
3:11 Deuteronomium 16:19; Diarhebion 17:23 3:12 Salm 79:1 3:12 Jeremeia 26:18
4:3 Eseia 2:4; Joel 3:10 4:3 Salm 46:9 4:4 Sechareia 3:10

ac yn casglu'r rhai sydd ar chwâl,
a'r rhai wnes i eu hanafu.
7 Y rhai cloff fydd y cnewyllyn sydd ar ôl;
a bydd y rhai fu ar chwâl yn troi'n genedl gref.
Bydd yr ARGLWYDD yn frenin arnyn nhw
ar Fynydd Seion, o hyn allan ac am byth!"

8 A byddi di – y tŵr i wylio'r praidd,
sef dinas gaerog pobl Seion –
yn cael dy safle anrhydeddus yn ôl.
Bydd y deyrnas yn perthyn i Jerwsalem.

9 Ond nawr, pam wyt ti'n gweiddi a sgrechian?
Oes gen ti ddim brenin i dy helpu?
Ydy dy arweinydd doeth di wedi marw?
Ai dyna pam ti'n gwingo mewn poen
fel gwraig ar fin cael babi?
10 Gwingwch a gwaeddwch, bobl Seion,
fel gwraig mewn poen wrth gael babi!
Bydd rhaid i chi adael y ddinas
a gwersylla yng nghefn gwlad,
ar eich ffordd i Babilon.
Ond yno bydd yr ARGLWYDD yn eich achub,
a'ch gollwng yn rhydd o afael y gelyn.

11 Ar hyn o bryd mae gwledydd lawer
wedi casglu i ymladd yn dy erbyn.
"Rhaid dinistrio Jerwsalem," medden nhw.
"Cawn ddathlu wrth weld Seion yn syrthio!"
12 Ond dŷn nhw ddim yn gwybod beth ydy bwriad yr ARGLWYDD!
Dŷn nhw ddim yn deall ei gynllun e –
i'w casglu nhw fel gwenith i'r llawr dyrnu!
13 Tyrd i ddyrnu, ferch Seion!
Dw i'n mynd i roi cyrn o haearn
a charnau o bres i ti;
a byddi'n sathru llawer o wledydd.
Byddi'n rhoi'r ysbail i gyd i'r ARGLWYDD,
ac yn cyflwyno eu cyfoeth i Feistr y ddaear gyfan.

5 Ar hyn o bryd rwyt ti'n torri dy hun â chyllyll
ti ddinas dan ymosodiad!
Mae'r gelyn yn gwarchae[m] arnon ni!
Maen nhw'n taro arweinydd Israel
ar y foch gyda theyrnwialen.

Y brenin sydd i ddod

2 Ond wedyn ti, Bethlehem Effrata,
rwyt ti'n un o'r pentrefi
lleiaf pwysig yn Jwda.

---

m 5:1 *gwarchae* Pan oedd byddin yn ymosod ar ddinas roedd yn amgylchynu'r ddinas a'i thorri i ffwrdd fel bod neb yn gallu mynd i mewn nac allan.
5:1 Deuteronomium 14:1 5:2 Mathew 2:6; Ioan 7:42

Ond ohonot ti y daw un
fydd yn teyrnasu yn Israel –
Un sydd â'i wreiddiau yn mynd yn ôl
i'r dechrau yn y gorffennol pell.

3 Felly bydd yr ARGLWYDD
yn rhoi pobl Israel i'r gelyn,
hyd nes bydd yr un sy'n cael y babi
wedi geni'r plentyn.
Wedyn bydd gweddill ei deulu yn dod adre
at blant Israel.
4 Bydd yn codi i arwain ei bobl
fel bugail yn gofalu am ei braidd.
Bydd yn gwneud hyn yn nerth yr ARGLWYDD
a gydag awdurdod yr ARGLWYDD ei Dduw.
Byddan nhw yno i aros,
achos bydd e'n cael ei anrhydeddu
gan bawb i ben draw'r byd.
5 Bydd e'n dod â heddwch i ni.

Hyder ffals y bobl

"Os bydd Asyria'n ymosod ar ein tir
ac yn ceisio mynd i mewn i'n plastai,
bydd digon o arweinwyr i'w rhwystro!
6 Byddan nhw'n rheoli Asyria gyda'r cleddyf;
gwlad Nimrod[n] gyda llafnau parod!
Bydd ein brenin yn ein hachub
pan fydd Asyria'n ymosod ar ein gwlad,
ac yn ceisio croesi ein ffiniau."

Yr ARGLWYDD yn cosbi ei bobl

7 Bydd pobl Jacob[o] sydd ar ôl
ar wasgar yng nghanol y bobloedd,
fel y gwlith mae'r ARGLWYDD yn ei anfon,
neu gawodydd o law ar laswellt –
sydd ddim yn dibynnu ar bobl
na disgwyl am eu caniatâd cyn dod.

8 Bydd pobl Jacob sydd ar ôl
yn byw yn y gwledydd,
ar wasgar yng nghanol y bobloedd.
Byddan nhw fel llew yng nghanol yr anifeiliaid gwyllt,
neu lew ifanc yng nghanol praidd o ddefaid –
yn rhydd i ladd a rhwygo
heb neb i'w stopio.
9 Byddi'n codi dy law i daro'r rhai sy'n dy erbyn,
a dinistrio dy elynion i gyd!

n 5:6 *gwlad Nimrod* enw arall ar Asyria. o 5:7,8 *Jacob* Ymae mae 'Jacob' yn cyfeirio at Jwda, teyrnas y de.

Yr ARGLWYDD yn puro'i bobl

10 "Bryd hynny," meddai'r ARGLWYDD,
"bydda i'n cael gwared â'ch arfau i gyd –
y ceffylau a'r cerbydau rhyfel.
11 Bydda i'n dinistrio trefi'r wlad
ac yn bwrw i lawr y caerau amddiffynnol.
12 Bydda i'n stopio eich dewino a'ch swynion,
a fydd neb ar ôl i ddweud ffortiwn.
13 Bydda i'n dinistrio'ch delwau cerfiedig
a'ch colofnau cysegredig.
Fyddwch chi byth eto yn plygu
i addoli gwaith eich dwylo eich hunain.
14 Bydda i'n diwreiddio polion y dduwies Ashera,[p]
ac yn dinistrio'ch eilun-dduwiau.

15 Bydda i'n dial yn wyllt
ar y gwledydd sy'n gwrthod gwrando arna i."

Yr ARGLWYDD yn cyhuddo'i bobl

6 Gwrandwch beth mae'r ARGLWYDD yn ei ddweud:
"Codwch i amddiffyn eich hunain
o flaen y bryniau a'r mynyddoedd!
2 Chi fynyddoedd a sylfeini'r ddaear
gwrandwch ar gyhuddiad yr ARGLWYDD."
(Mae'n dwyn achos yn erbyn ei bobl.
Mae ganddo ddadl i'w setlo gydag Israel.)

3 "Fy mhobl, beth wnes i o'i le?
Beth wnes i i'ch diflasu chi? Atebwch!
4 Fi wnaeth eich achub chi o wlad yr Aifft,
a'ch rhyddhau o fod yn gaethweision.
Anfonais Moses i'ch arwain,
ac Aaron a Miriam gydag e.
5 Fy mhobl, cofiwch beth roedd Balac, brenin Moab, am ei wneud,
a sut wnaeth Balaam fab Beor ei ateb.
Cofiwch beth ddigwyddodd rhwng Sittim a Gilgal[ph] –
i chi weld fod yr ARGLWYDD wedi'ch trin yn deg."

Beth ddylai ymateb y bobl fod?

6 Sut alla i dalu i'r ARGLWYDD?
Beth sydd gen i i'w gynnig wrth blygu
i addoli y Duw mawr?
Ydy aberthau i'w llosgi yn ddigon?
Y lloi gorau[r] i'w llosgi'n llwyr?

---

p 5:14 *Ashera* duwies ffrwythlondeb. ph 6:5 *Sittim a Gilgal* Sittim oedd gwersyll Israel ar ôl y profiad gyda Balaam, i'r dwyrain o afon Iorddonen (gw. Numeri 25:1; Josua 2:1; 3:1); Gilgal oedd gwersyll Israel pan oedden nhw'n paratoi i ymosod ar Jericho, i'r gorllewin o afon Iorddonen (gw. Josua 4:19 – 5:12). r 6:6 *lloi gorau* Hebraeg, "lloi blwydd oed", gw. Lefiticus 9:3.

5:10 Eseia 31:1; Salm 20:7 5:13 Eseia 2:8; 17:7-8 6:4 a Exodus 12:50,51; b Exodus 4:10-16; c Exodus 15:20
6:5 a Numeri 22:2 – 24:25; b Josua 3:1 – 4:19

Fyddai mil o hyrddod yn ei blesio,
neu afonydd diddiwedd o olew olewydd?
7 Ddylwn i aberthu fy mab hynaf
yn dâl am wrthryfela? –
rhoi bywyd fy mhlentyn am fy mhechod?
8 Na, mae'r ARGLWYDD wedi dweud beth sy'n dda,
a beth mae e eisiau gen ti:
Hybu cyfiawnder, bod yn hael bob amser,
a byw'n wylaidd ac ufudd i dy Dduw.

Bydd yr ARGLWYDD yn cosbi'r arweinwyr

9 "Gwrandwch!" Mae'r ARGLWYDD yn galw pobl Jerwsalem –
(Mae'n beth doeth i barchu dy enw, o Dduw.)
"Gwrandwch lwyth Jwda a'r rhai sy'n casglu yn y ddinas!
10 Ydw i'n mynd i anwybyddu'r trysorau a gawsoch drwy dwyll,
a'r mesur prin, sy'n felltith?
11 Fyddai'n iawn i mi oddef y clorian sy'n dweud celwydd,
a'r bag o bwysau ysgafn?[rh]
12 Mae'r cyfoethog yn treisio'r tlawd,
a'r bobl i gyd yn dweud celwydd –
twyll ydy eu hiaith gyntaf nhw!

13 Dw i'n mynd i'ch taro a'ch anafu'n ddifrifol,
cewch eich dinistrio am bechu.
14 Byddwch yn bwyta,
ond byth yn cael digon.
Bydd eich plentyn yn marw'n y groth,
cyn cael ei eni;
a bydda i'n gadael i'r cleddyf ladd
y rhai sy'n cael eu geni!
15 Byddwch yn plannu cnydau
ond byth yn medi'r cynhaeaf.
Byddwch yn gwasgu'r olewydd
ond gewch chi ddim defnyddio'r olew.
Byddwch yn sathru'r grawnwin,
ond gewch chi ddim yfed y gwin.

16 Dych chi'n cadw deddfau drwg y Brenin Omri,
ac efelychu arferion drwg y Brenin Ahab![s] –
a dilyn eu polisïau pwdr.
Felly bydd rhaid i mi eich dinistrio chi,
a bydd pobl yn eich gwawdio
ac yn gwneud sbort am eich pen."

---

rh 6:10,11 *mesur prin ... bwysau ysgafn* Roedd y Gyfraith roddodd Duw yn galw am gyfiawnder a thegwch – gw. Lefiticus 19:35,36; Deuteronomium 25:13-16. s 6:16 *Omri ... Ahab* Brenhinoedd teyrnas Israel yn y gogledd ganrif a hanner ynghynt. Roedd y Brenin Ahab yn fab i'r brenin Omri ac wedi priodi Jesebel. Bron ddwy ganrif cyn amser Micha, roedd y proffwyd Elias wedi bod yn herio'r addoliad paganaidd oedd yn digwydd yn amser Ahab (gw. 1 Brenhinoedd 16:21-34; 18:1-18; 21:1-26).
6:14 Lefiticus 26:26 6:15 Deuteronomium 28:39,40
6:16 a 1 Brenhinoedd 16:23-28; b 1 Brenhinoedd 16:29-34; 21:25,26

Galaru am ddrygioni'r bobl

7 Dw i mor ddigalon!
Dw i fel rhywun yn chwilio'n daer am ffrwyth
ar ôl i'r ffrwythau haf a'r grawnwin gael eu casglu.
Does dim un swp o rawnwin ar ôl,
na'r ffigys cynnar dw i mor hoff ohonyn nhw.
2 Does neb caredig a hael ar ôl yn y wlad!
Mae'r bobl onest i gyd wedi mynd.
Mae pawb yn edrych am gyfle i ymosod ar rywun arall;
maen nhw fel helwyr yn gosod trapiau i'w gilydd.
3 Maen nhw'n rai da am wneud drwg! –
mae arweinwyr a barnwyr yn derbyn breib;
does ond rhaid i'r pwysigion ddweud beth maen nhw eisiau
a byddan nhw'n dyfeisio rhyw sgam i'w bodloni.
4 Mae'r gorau ohonyn nhw fel drain,
a'r mwya gonest fel llwyn o fieri.

Mae'r gwylwyr wedi'ch rhybuddio;
mae dydd y farn yn dod ar frys –
mae anhrefn llwyr ar ei ffordd!

5 Peidiwch trystio neb!
Allwch chi ddim dibynnu ar eich ffrindiau,
na hyd yn oed eich gwraig –
peidiwch dweud gair wrthi hi!
6 Fydd mab ddim yn parchu ei dad,
a bydd merch yn herio'i mam;
merch-yng-nghyfraith yn erbyn mam-yng-nghyfraith –
eich gelynion pennaf fydd eich teulu agosaf!

7 Dw i am droi at yr Arglwydd am help.
Dw i'n disgwyl yn hyderus am y Duw sy'n achub.
Dw i'n gwybod y bydd e'n gwrando arna i.

Bydd yr Arglwydd yn achub ei bobl

8 "Peidiwch dathlu'n rhy fuan, elynion!
Er fy mod wedi syrthio, bydda i'n codi eto.
Er bod pethau'n dywyll ar hyn o bryd,
bydd yr Arglwydd yn olau i mi.
9 Rhaid i mi oddef cosb yr Arglwydd
am fy mod wedi pechu yn ei erbyn.
Ond yna bydd e'n ochri gyda mi
ac yn ennill yr achos ar fy rhan.
Bydd yn fy arwain i allan i'r golau;
bydda i'n cael fy achub ganddo.
10 Bydd fy ngelynion yn gweld hyn,
a byddan nhw'n profi siom ac embaras.
Fi fydd yn dathlu, wrth eu gweld nhw,
y rhai oedd yn dweud, 'Ble mae dy Dduw di?',
yn cael eu sathru fel baw ar y strydoedd."

11 Y fath ddiwrnod fydd hwnnw! –
diwrnod i ailadeiladu dy waliau;
diwrnod i ehangu dy ffiniau!
12 Diwrnod pan fydd pobl yn dod atat
yr holl ffordd o Asyria i drefi'r Aifft,
o'r Aifft i afon Ewffrates,
o un arfordir i'r llall, ac o'r mynyddoedd pellaf.
13 Ond bydd gweddill y ddaear yn ddiffaith,
o achos y ffordd mae pobl wedi byw.

Y bobl yn canmol Duw am ei gariad

14 ARGLWYDD, tyrd i fugeilio dy bobl,
dy braidd arbennig dy hun;
y rhai sy'n byw'n unig mewn tir llawn drysni
tra mae porfa fras o'u cwmpas.
Gad iddyn nhw bori ar gaeau Bashan a Gilead,[t]
fel roedden nhw'n gwneud ers talwm.
15 Gad iddyn nhw weld dy wyrthiau,
fel yr adeg pan aethon nhw allan o wlad yr Aifft!

16 Bydd y gwledydd yn gweld hyn,
a bydd eu grym yn troi'n gywilydd.
Byddan nhw'n sefyll yn syn,
ac fel petaen nhw'n clywed dim!
17 Byddan nhw'n llyfu'r llwch fel nadroedd
neu bryfed yn llusgo ar y llawr.
Byddan nhw'n ofni am eu bywydau,
ac yn crynu wrth ddod allan o'u cuddfannau
i dy wynebu di, yr ARGLWYDD ein Duw.

18 Oes duw tebyg i ti? – Na!
Ti'n maddau pechod
ac yn anghofio gwrthryfel
y rhai sydd ar ôl o dy bobl.
Ti ddim yn digio am byth;
ti wrth dy fodd yn bod yn garedig a hael.
19 Byddi'n tosturio wrthon ni eto.
Byddi'n delio gyda'n drygioni,
ac yn taflu'n pechodau i waelod y môr.
20 Byddi'n ffyddlon i bobl Jacob
ac yn dangos dy drugaredd i blant Abraham –
fel gwnest ti addo i'n hynafiaid
amser maith yn ôl.

t 7:14 *Bashan a Gilead* ardaloedd i'r dwyrain o afon Iorddonen, yn enwog am fod yn dir pori da.
7:17 Salm 18:45; 2 Samuel 22:46 7:18 Exodus 34:6-7

Nahum

Yr Arglwydd yn dial ar Ninefe (Prifddinas Asyria)

1 Neges am ddinas Ninefe:[a] Cofnod o weledigaeth Nahum[b] o Elcosh.

2 Mae'r Arglwydd yn Dduw eiddigeddus sy'n dial;
Mae'r Arglwydd yn dial, ac mae ei ddicter yn ffyrnig.
Mae'r Arglwydd yn dial ar ei elynion,
ac yn wyllt gyda'i wrthwynebwyr.
3 Mae'r Arglwydd yn amyneddgar
ac yn gryf –
ond dydy e ddim yn gadael i'r euog osgoi'r gosb.

Mae'n martsio yn y corwynt a'r storm,
ac mae'r cymylau fel llwch dan ei draed.
4 Mae'n gweiddi ar y môr a'i sychu,
ac yn sychu'r afonydd i gyd.
Mae porfa Bashan a Carmel yn gwywo,
ac mae blodau Libanus[c] yn gwywo.
5 Mae'r mynyddoedd yn crynu
a'r bryniau'n toddi o'i flaen.
Mae'r tir yn troi'n ddiffeithwch o'i flaen,
y byd, a phopeth sy'n byw ynddo.

6 Pwy all oroesi o flaen ei ddicter?
Pwy all wrthsefyll ei ffyrnigrwydd?
Mae'n tywallt ei lid fel tân,
ac mae'r creigiau'n cael eu dryllio ganddo.

7 Mae'r Arglwydd yn dda,
ac yn gaer ddiogel mewn argyfwng;
Mae'n gofalu am y rhai sy'n troi ato am help.
8 Ond mae'n gyrru ei elynion i'r tywyllwch;
fel llifogydd sy'n ysgubo popeth ymaith,
bydd yn rhoi diwedd ar Ninefe'n llwyr.

9 Unrhyw gynlluniau sydd gen ti yn ei erbyn,
bydd yr Arglwydd yn eu dinistrio'n llwyr:
fydd ei elyn ddim yn codi yn ei erbyn yr ail waith!
10 Byddan nhw fel dynion wedi meddwi'n gaib;
Byddan nhw'n cael eu llosgi fel drysni o ddrain,
neu fonion gwellt wedi sychu'n llwyr.

11 Ohonot ti, Ninefe, y daeth un
oedd yn cynllwynio drwg yn erbyn yr Arglwydd
– strategydd drygioni![ch]

---

a 1:1 *dinas Ninefe* roedd safle Ninefe heb fod yn bell o Mosul, gogledd Irac heddiw. b 1:1 *Nahum* Ystyr yr enw ydy "llawn cysur". c 1:4 *Bashan ... Carmel ... Libanus* Ardaloedd yn enwog am eu tir ffrwythlon – gw. Micha 7:14. ch 1:11 Mae'r adnod yma, mae'n debyg, yn cyfeirio at Senacherib (brenin Asyria o 705 i 681 CC) Ymosododd ei fyddin ar Jerwsalem yn 701 CC, pan oedd Heseceia yn frenin ar Jwda – (gw. 2 Brenhinoedd 18:13 – 19:27).
1:3 Exodus 34:6,7

12 Ond dyma mae'r ARGLWYDD yn ei ddweud:

"Er eu bod nhw'n gryf ac yn niferus,
byddan nhw'n cael eu torri i lawr, ac yn diflannu.
Er fy mod i wedi dy gosbi di, Jwda,
fydda i ddim yn dy gosbi di eto;
13 dw i'n mynd i dorri'r iau roddodd e ar dy war
a dryllio'r rhaffau sy'n dy rwymo."

14 Mae'r ARGLWYDD wedi datgan am Ninefe,
"Fydd gen ti ddim disgynyddion bellach.
Dw i'n mynd i gael gwared â'r eilunod
a'r delwau metel o demlau dy dduwiau.
Bydda i'n paratoi bedd i ti
fydd yn dangos mor ddibwys oeddet ti."

15 Edrychwch! Mae negesydd yn dod dros y mynyddoedd
yn cyhoeddi heddwch!
"Dathla dy wyliau crefyddol, O Jwda,
a chadw dy addewidion!
Fydd y rhai drwg byth yn dy orchfygu eto;
byddan nhw'n cael eu dinistrio'n llwyr."

Cwymp Ninefe

2 Ninefe, mae'r 'chwalwr' yn dod i ymosod!
"Gosod filwyr i amddiffyn dy waliau!"
"Gwylia'r ffordd! Gwna dy hun yn barod!
Casgla dy rym milwrol!"
2 (Mae'r ARGLWYDD yn adfer anrhydedd ei bobl –
gwinwydden Jacob, ac Israel hefyd.
Roedd fandaliaid wedi dod a'i dinistrio,
a difetha ei changhennau.)

3 Mae tarianau ei filwyr yn goch,
arwyr sy'n gwisgo ysgarlad;
Mae'r cerbydau dur fel fflamau o dân
yn barod i ymosod,
a'r gwaywffyn yn cael eu chwifio.

4 Mae'r cerbydau'n rhuthro'n wyllt drwy'r strydoedd,
ac yn rasio yn ôl ac ymlaen drwy'r sgwâr.
Maen nhw'n fflachio fel ffaglau tân,
ac yn gwibio fel mellt.

5 Mae'n galw'i swyddogion i ymosod;
maen nhw'n baglu wrth wthio yn eu blaenau,
yn rhuthro, hyrddio at y wal,
a chodi sgrîn amddiffyn i gysgodi dani.

6 Mae'r llifddorau'n agor
a'r palas ar fin syrthio.
7 Y frenhines yn cael ei stripio a'i chymryd i'r gaethglud,
a'i morynion yn cŵan fel colomennod,
a galaru gan guro eu bronnau.

8 Mae Ninefe fel argae wedi torri –
mae pawb yn dianc ohoni!
"Stopiwch! Stopiwch!" –
ond does neb yn troi yn ôl.
9 "Cymerwch yr arian! Cymerwch yr aur!"
Mae trysorau Ninefe'n ddiddiwedd;
mae pob math o bethau gwerthfawr ynddi!
10 Distryw, difrod, a dinistr!
Calonnau'n toddi, gliniau'n crynu,
lwynau gwan, wynebau gwelw!

11 Beth sydd wedi digwydd i ffau'r llewod?
Ble mae'r llewod ifanc i gael eu bwydo?
Byddai'r llew a'r llewes yn cerdded yno,
a'u cenawon yn saff, a neb yn eu tarfu.
12 Ble mae'r llew oedd yn rhwygo'i ysglyfaeth –
ei ladd i'w lewesau a'i roi i'w rai bach?
Roedd ei ogof yn llawn ysglyfaeth
a'i ffau'n llawn cnawd wedi'i ddryllio.

13 "Dw i'n mynd i ddelio gyda ti,"
— meddai'r Arglwydd hollbwerus.
"Bydda i'n llosgi dy gerbydau'n llwyr;
bydd dy 'lewod ifanc' yn marw'n y frwydr.
Dw i'n mynd i gael gwared â'th ysglyfaeth o'r tir,
a fydd neb eto'n clywed llais dy negeswyr."

3

Gwae ddinas y tywallt gwaed,
sy'n llawn celwyddau, yn llawn trais
a'r lladd byth yn stopio!
2 Daeth sŵn clec y chwip a thwrw'r olwynion,
meirch yn carlamu a cherbydau'n crynu!
3 Marchogion yn ymosod,
cleddyfau'n fflachio,
gwaywffyn yn disgleirio!
Pobl wedi'u lladd ym mhobman;
tomenni diddiwedd o gyrff –
maen nhw'n baglu dros y meirwon!

4 A'r cwbl o achos drygioni'r butain
ddeniadol oedd yn feistres swynion,
yn gwerthu ei hun i'r cenhedloedd
a swyno a thwyllo pobloedd.
5 "Dw i'n mynd i ddelio gyda ti,"
— meddai'r Arglwydd hollbwerus.
"Bydda i'n gwneud i ti gywilyddio –
yn codi dy sgert dros dy wyneb;
bydd y cenhedloedd yn dy weld yn noeth
a theyrnasoedd yn gweld dy rannau preifat!
6 Bydda i'n taflu budreddi ar dy ben,
a'th wneud yn destun sbort ac yn sioe.

3:5 Jeremeia 13:26

7 Fydd neb yn gallu edrych yn hir –
Bydd pawb yn troi i ffwrdd a dweud,
'Mae Ninefe'n adfeilion,
a does neb yn cydymdeimlo!'
Ble wna i ddod o hyd i rywun i dy gysuro di, Ninefe?"

8 Wyt ti'n saffach na Thebes[d] ar lan afon Nîl?
Roedd y dŵr fel môr[dd] yn glawdd o'i chwmpas,
a'r afon fel rhagfur iddi.
9 Roedd yn rheoli'r Aifft a dwyrain Affrica;[e]
roedd ei grym yn ddi-ben-draw!
– mewn cynghrair â Pwt a Libia.
10 Ond cafodd ei phobl eu caethgludo,
a'i phlant bach eu curo i farwolaeth
ar gornel pob stryd.
Roedden nhw'n gamblo am ei phobl bwysig,
ac yn rhwymo ei harweinwyr â chadwyni.

11 Byddi dithau hefyd yn feddw
ac wedi dy faeddu.
Byddi dithau'n ceisio cuddio rhag y gelyn.
12 Bydd dy gaerau i gyd fel coed ffigys
gyda'i ffrwythau cynta'n aeddfed.
O'u hysgwyd bydd y ffrwyth yn syrthio
i gegau'r rhai sydd am eu bwyta!
13 Bydd dy filwyr fel merched gwan yn dy ganol;
a giatiau dy wlad ar agor i'r gelyn;
bydd tân yn llosgi'r barrau sy'n eu cloi.

14 Dos i dynnu dŵr i'w gadw ar gyfer y gwarchae![f]
Cryfha dy gaerau!
Cymer fwd a sathra'r clai,
a gwneud brics yn y mowld!
15 Bydd tân yn dy losgi di yno,
a'r cleddyf yn dy dorri i lawr –
cei dy ddifa fel cnwd gan lindys.

Gwna dy hun mor niferus â'r lindys;
gwna dy hun mor niferus â'r locust ifanc.
16 Roedd gen ti fwy o fasnachwyr
nag sydd o sêr yn yr awyr,
ond maen nhw fel lindys yn bwrw'i groen a hedfan i ffwrdd.
17 Roedd dy warchodwyr a'th weision sifil
fel haid o locustiaid yn eistedd ar waliau ar ddiwrnod oer;
ond pan mae'r haul yn codi maen nhw'n hedfan i ffwrdd,
a does neb yn gwybod i ble.

18 Mae dy fugeiliaid yn cysgu, frenin Asyria!
Mae dy arweinwyr yn pendwmpian!

---

d 3:8 *Thebes* Dinas bwysicaf yr Aifft, gafodd ei choncro gan Ashwrbanipal, brenin Asyria yn 663 CC (Mae safle Thebes tua 400 milltir i'r de o Cairo). dd 3:8 *dŵr fel môr* Hebraeg, "môr o'r môr". Roedd afon Nîl dros hanner milltir ar ei thraws wrth Thebes. e 3:9 *dwyrain Affrica* Hebraeg, *Cwsh*, sef teyrnas gref i'r de o'r Aifft, yn cynnwys rhannau o Ethiopia a'r Swdan heddiw. f 3:14 *gwarchae* Pan oedd byddin yn ymosod ar ddinas roedd yn amgylchynu'r ddinas a'i thorri i ffwrdd fel bod neb yn gallu mynd i mewn nac allan.

Mae dy bobl fel defaid ar wasgar dros y bryniau,
a does neb i'w casglu.
19 Does dim gwella ar dy glwyf –
mae dy anaf yn farwol.
Bydd pawb fydd yn clywed y newyddion amdanat
yn dathlu a churo dwylo.
Oes rhywun wnaeth ddianc
rhag dy greulondeb diddiwedd?

Habacuc

1 Y neges gafodd y proffwyd Habacuc gan yr ARGLWYDD:

Habacuc yn cwyno am anghyfiawnder

2 "ARGLWYDD, am faint mwy rhaid i mi alw
cyn i ti fy ateb i?
Dw i'n gweiddi, 'Trais!'
ond ti ddim yn achub.
3 Pam wyt ti'n caniatáu y fath anghyfiawnder?
Pam wyt ti'n gadael i'r fath ddrygioni fynd yn ei flaen?
Does dim i'w weld ond dinistr a thrais!
Dim byd ond ffraeo a mwy o wrthdaro!
4 Mae'r gyfraith wedi colli ei grym,
a does dim cyfiawnder byth.
Mae pobl ddrwg yn bygwth pobl ddiniwed,
a chyfiawnder wedi'i dwistio'n gam."

Yr ARGLWYDD yn ateb Habacuc

5 "Edrychwch ar y cenhedloedd,
a cewch sioc go iawn.
Mae rhywbeth ar fin digwydd
fyddwch chi ddim yn ei gredu,
petai rhywun yn dweud wrthoch chi!
6 Dw i'n codi'r Babiloniaid –
y genedl greulon a gwyllt
sy'n ysgubo ar draws y byd
yn concro a dwyn cartrefi pobl eraill.

7 Maen nhw'n codi braw ac arswyd ar bawb.
Maen nhw'n falch ac yn gwneud fel y mynnant.
8 Mae eu ceffylau yn gyflymach na'r llewpard,
ac yn fwy siarp na bleiddiaid yn y nos.
Maen nhw'n carlamu am bellter enfawr,
ac yn disgyn fel fwlturiaid ar ysglyfaeth.

9 Trais ydy eu hunig fwriad.
Maen nhw'n hollol benderfynol,
ac yn casglu carcharorion rif y tywod.
10 Maen nhw'n gwneud sbort o frenhinoedd,
ac yn chwerthin ar lywodraethwyr.
Dydy caer amddiffynnol yn ddim byd ond jôc iddyn nhw;
maen nhw'n codi rampiau, yn gwarchae a gorchfygu.
11 Yna i ffwrdd â nhw fel y gwynt!
Dynion sy'n addoli eu grym milwrol;
a byddan nhw'n cael eu galw i gyfri."

Habacuc yn cwyno eto

12 "Ond ARGLWYDD,
ti ydy'r Duw oedd ar waith yn yr hen ddyddiau!
Ti ydy'r Duw Sanctaidd,
fyddi di byth yn marw!
ARGLWYDD, ti'n eu defnyddio nhw i farnu!
Ein Craig, rwyt ti wedi'u penodi nhw i gosbi!
13 Mae dy lygaid yn rhy lân i edrych ar ddrygioni!
Sut alli di esgusodi annhegwch?
Sut wyt ti'n gallu dioddef pobl mor dwyllodrus?
Sut alli di eistedd yn dawel tra mae pobl ddrwg
yn llyncu pobl sy'n well na nhw?

14 Rwyt ti'n gwneud pobl fel pysgod,
neu greaduriaid y môr heb neb i'w harwain.
15 Mae'r gelyn yn eu dal nhw gyda bachyn;
mae'n eu llusgo nhw yn y rhwyd a daflodd.
Wrth eu casglu gyda'i rwyd bysgota
mae'n dathlu'n llawen ar ôl gwneud mor dda.
16 Wedyn mae'n cyflwyno aberthau
ac yn llosgi arogldarth i'w rwydau.
Nhw sy'n rhoi bywyd bras iddo,
a digonedd i'w fwyta.
17 Ydy e'n mynd i gael dal ati i wagio ei rwydi,
a dinistrio gwledydd yn ddidrugaredd?

2 Dw i'n mynd i sefyll ar y tŵr gwylio,
ac edrych allan o wal y ddinas.
Disgwyl i weld beth fydd Duw yn ei ddweud,
a sut fydd e'n ateb y gŵyn sydd gen i."

Yr ARGLWYDD yn ateb Habacuc

2 A dyma'r ARGLWYDD yn ateb:

"Ysgrifenna'r neges yma yn glir ar lechi,
i'r negeswr sy'n rhedeg allu ei ddarllen yn hawdd.
3 Mae'n weledigaeth o beth sy'n mynd i ddigwydd;
mae'n dangos sut fydd pethau yn y diwedd.
Os nad ydy e'n digwydd yn syth, bydd yn amyneddgar –
mae'n siŵr o ddod ar yr amser iawn.

Trafferthion i bobl ddrwg

4 A dyma'r neges:

Mae'r gelyn mor falch a'i gymhellion yn ddrwg,
ond bydd yr un cyfiawn yn byw drwy ei ffyddlondeb.
5 Bydd gwin ei lwyddiant yn achos cwymp
i'r gelyn balch, anfodlon.
Mae ganddo chwant bwyd fel y bedd;
fel marwolaeth, dydy e byth yn fodlon.

Dyna pam mae'r gelyn yn casglu
ac yn concro un wlad ar ôl y llall.

6 Bydd y gwledydd hynny yn ei wawdio ryw ddydd!
Byddan nhw'n gwneud hwyl am ei ben ar gân! –
'Gwae'r un sy'n cymryd eiddo oddi ar bobl!
(Am faint mae hyn i ddigwydd?)
Gwneud ei hun yn gyfoethog
drwy elwa ar draul eraill!'
7 Bydd y bobl wyt ti mewn dyled iddyn nhw
yn codi heb unrhyw rybudd.
Byddan nhw'n deffro'n sydyn,
yn dy ddychryn ac yn cymryd dy eiddo di.
8 Am dy fod ti wedi dwyn oddi ar lawer o wledydd,
bydd y rhai sydd ar ôl yn dwyn oddi arnat ti.
Bydd hyn yn digwydd am dy fod wedi lladd cymaint o bobl,
a dinistrio gwledydd a dinasoedd.

9 Gwae chi sydd wedi ennill cyfoeth i'ch teulu
drwy fanteisio'n annheg ar bobl eraill.
Chi sydd wedi gwneud yn siŵr
fod eich nyth eich hunain yn saff –
yn uchel, allan o gyrraedd unrhyw berygl.
10 Mae eich sgam wedi dwyn cywilydd ar eich teulu.
Drwy ddinistrio cymaint o wledydd
dych chi wedi dwyn dinistr arnoch eich hunain.
11 Bydd y cerrig yn waliau dy dŷ yn gweiddi allan,
a'r trawstiau pren yn tystio yn dy erbyn.

12 Gwae'r un sy'n tywallt gwaed i adeiladu dinas,
ac yn gosod ei sylfeini ar anghyfiawnder.
13 Gwylia di! Mae'r ARGLWYDD hollbwerus wedi datgan:
Bydd ymdrechion y bobloedd yn cael eu llosgi.
Bydd holl lafur y gwledydd i ddim byd.

14 Fel mae'r môr yn llawn dop o ddŵr,
bydd pawb drwy'r byd yn gwybod mor wych ydy'r ARGLWYDD.

15 Gwae'r un sy'n gorfodi pobl eraill
i yfed y gwin sy'n cael ei dywallt o gwpan dy ddigofaint.
Eu meddwi nhw er mwyn edrych arnyn nhw'n noeth.
16 Byddi di'n feddw o gywilydd, nid mawredd!
Dy dro di i oryfed a dangos dy rannau preifat.
Mae cwpan digofaint yr ARGLWYDD yn dod i ti!
Byddi'n chwydu cywilydd yn lle brolio dy ysblander mawreddog!
17 Byddi'n talu am ddinistrio coedwigoedd Libanus!
Byddi'n dychryn am dy fywyd am i ti ladd yr holl fywyd gwyllt yno;
am dy fod ti wedi lladd cymaint o bobl,
a dinistrio gwledydd a dinasoedd.

18 Ydy delw wedi'i gerfio o unrhyw werth?
Neu eilun o fetel sy'n camarwain pobl?

2:13 Jeremeia 51:58b

Pam fyddai'r crefftwr wnaeth ei lunio yn ei drystio?
Rhyw 'dduw' diwerth sydd ddim yn gallu siarad!
19 Gwae'r un sy'n dweud wrth ddarn o bren, 'Deffra!'
neu wrth garreg fud, 'Gwna rywbeth!'
Ydy peth felly'n gallu rhoi arweiniad?
Mae wedi'i orchuddio'n grand gydag aur neu arian,
ond does dim bywyd ynddo!

20 Ond mae'r ARGLWYDD yn ei balas sanctaidd.
Ust! Mae'r byd i gyd yn fud o'i flaen!"

Habacuc yn addoli'r ARGLWYDD

3 *Gweddi'r proffwyd Habacuc. Ar "Shigionoth"*

2 ARGLWYDD, dw i wedi clywed beth rwyt ti'n gallu ei wneud.
Mae'n syfrdanol!
Gwna'r un peth eto yn ein dyddiau ni.
Dangos dy nerth yn ein dyddiau.
Er dy fod yn ddig, dangos drugaredd aton ni!

3 Dw i'n gweld Duw yn dod eto o Teman;
a'r Un Sanctaidd o Fynydd Paran.[a] *Saib*
Mae ei ysblander yn llenwi'r awyr,
ac mae'r ddaear i gyd yn ei foli.
4 Mae e'n disgleirio fel golau llachar.
Daw mellten sy'n fforchio o'i law,
lle mae'n cuddio ei nerth.
5 Mae'r pla yn mynd allan o'i flaen,
a haint yn ei ddilyn.
6 Pan mae'n sefyll mae'r ddaear yn crynu;
pan mae'n edrych mae'r gwledydd yn dychryn.
Mae'r mynyddoedd hynafol yn dryllio,
a'r bryniau oesol yn suddo,
wrth iddo deithio'r hen ffyrdd.
7 Dw i'n gweld pebyll llwyth Cwshan mewn panig,
a llenni pebyll Midian[b] yn crynu.

8 Ydy'r afonydd wedi dy gynhyrfu di, ARGLWYDD?
Wyt ti wedi gwylltio gyda'r afonydd?
Wyt ti wedi digio gyda'r môr?
Ai dyna pam wyt ti wedi dringo i dy gerbyd?
– cerbyd dy fuddugoliaeth.
9 Mae dy fwa wedi'i dynnu allan,
a dy saethau yn barod i ufuddhau i ti. *Saib*
Mae afonydd yn llifo ac yn hollti'r ddaear.
10 Mae'r mynyddoedd yn gwingo wrth dy weld yn dod.
Mae'n arllwys y glaw,
a'r storm ar y môr yn rhuo
a'r tonnau'n cael eu taflu'n uchel.

---

a 3:3 *Teman ... Paran* Teman: Tref bwysig yng ngogledd Edom, wedi'i henwi ar ôl ŵyr i Esau (gw. Genesis 36:10-11); Paran: ardal fynyddig ar ffin orllewinol Gwlff Acaba. Yn Barnwyr 5:4, mae'r ARGLWYDD yn martsio o Edom i helpu ei bobl; yn Deuteronomium 33:2 mae cyfeiriad at Paran mewn cysylltiad â Duw yn ymddangos ar Sinai. b 3:7 *llwyth Cwshan ... Midian* Llwythau o Anialwch Arabia oedd yn elynion i Israel.

11 Mae'r haul a'r lleuad yn aros yn llonydd;
mae fflachiadau dy saethau,
a golau llachar dy waywffon yn eu cuddio.

12 Rwyt ti'n stompio drwy'r ddaear yn wyllt,
a sathru'r gwledydd dan draed.
13 Ti'n mynd allan i achub dy bobl;
i achub y gwas rwyt wedi'i eneinio.
Ti'n taro arweinydd y wlad ddrwg,
a'i gadael yn noeth o'i phen i'w chynffon. *Saib*
14 Ti'n trywanu ei milwyr gyda'u picellau eu hunain,
wrth iddyn nhw ruthro ymlaen i'n chwalu ni.
Roedden nhw'n chwerthin a dathlu
wrth gam-drin y tlawd yn y dirgel.
15 Roedd dy geffylau yn sathru'r môr,
ac yn gwneud i'r dŵr ewynnu.

16 Pan glywais y sŵn, roedd fy mol yn corddi,
a'm gwefusau'n crynu.
Roedd fy nghorff yn teimlo'n wan,
a'm coesau'n gwegian.

Dw i'n mynd i ddisgwyl yn dawel i ddydd trybini
ddod ar y bobl sy'n ymosod arnon ni.
17 Pan mae'r goeden ffigys heb flodeuo,
a'r grawnwin heb dyfu yn y winllan;
Pan mae'r coed olewydd wedi methu,
a dim cnydau ar y caeau teras;
Pan does dim defaid yn y gorlan,
nac ychen yn y beudy;
18 Drwy'r cwbl, bydda i'n addoli'r Arglwydd
ac yn dathlu'r Duw sydd yn fy achub i!
19 Mae'r Arglwydd, fy meistr, yn rhoi nerth i mi,
ac yn gwneud fy nhraed mor saff â'r carw
sy'n crwydro'r ucheldir garw.

I'r arweinydd cerdd: ar offerynnau llinynnol.

Seffaneia

1 Dyma'r neges roddodd yr ARGLWYDD i Seffaneia. Roedd Seffaneia yn fab i Cwshi, mab Gedaleia, mab Amareia, mab Heseceia.[a] Cafodd y neges pan oedd Joseia fab Amon yn frenin ar Jwda.[b]

Duw yn barnu

2 "Dw i am glirio popeth yn llwyr oddi ar y ddaear,"
—yr ARGLWYDD sy'n dweud hyn.
3 "Dw i am glirio pobl ac anifeiliaid.
Dw i am glirio adar a physgod
(yr holl ddelwau a'r bobl ddrwg).
Dw i'n mynd i gael gwared â'r ddynoliaeth
oddi ar wyneb y ddaear,"
—yr ARGLWYDD sy'n dweud hyn.
4 "Dw i'n mynd i daro Jerwsalem
a phawb sy'n byw yn Jwda.
Dw i am gael gwared ag addoli Baal[c] yn llwyr,
a fydd neb yn cofio'r offeiriaid ffals ac anffyddlon.
5 Dw i am gael gwared â'r rhai
sy'n addoli'r haul a'r lleuad a'r sêr o ben y toeau,
a'r rhai sy'n honni eu bod yn ffyddlon i'r ARGLWYDD
tra'n tyngu llw yn enw Milcom.[ch]
6 A dw i am gael gwared â'r rhai
sydd wedi troi cefn arna i, yr ARGLWYDD,
a byth yn troi ata i am help nac arweiniad."

7 Ust! o flaen y Meistr, yr ARGLWYDD!
Mae dydd barn yr ARGLWYDD yn agos.
Mae'r ARGLWYDD wedi paratoi'r aberth,
ac wedi cysegru'r rhai mae'n eu gwahodd.

8 "Ar ddiwrnod yr aberth mawr," meddai'r ARGLWYDD,
"dw i'n mynd i gosbi swyddogion a theulu'r brenin,
a phawb sy'n gwisgo fel paganiaid.[d]
9 Y diwrnod hwnnw bydda i'n cosbi pawb
sy'n neidio dros y stepen drws,[dd]
ac yn llenwi palas eu meistr
gyda chyfoeth wedi'i ddwyn drwy drais a gormes."

10 "Ar y diwrnod hwnnw hefyd," meddai'r ARGLWYDD,
"bydd sŵn gweiddi wrth Giât y Pysgod,
a sgrechian o ran newydd y ddinas;
bydd twrw mawr yn dod o'r bryniau.

---

a 1:1 *Heseceia* Brenin Jwda o 716 i 687 CC. b 1:1 *Joseia ... frenin ar Jwda* o 640 i 609 CC. c 1:4 *Baal* Un o dduwiau Canaan. ch 1:5 *Milcom* Un o dduwiau Ammon – 1 Brenhinoedd 11:5. Enw arall arno oedd Molech – 2 Brenhinoedd 23:10; Jeremeia 32:35. d 1:8 *gwisgo fel paganiaid* Falle fod cyfeiriad yma at wisgoedd arbennig i addoli duwiau paganaidd – gw. 2 Brenhinoedd 10:22. dd 1:9 *neidio ... drws* Un o ofergoelion crefyddol y Philistiaid (gw. 1 Samuel 5:5).

1:1 2 Brenhinoedd 22:1 — 23:30; 2 Cronicl 34:1 — 35:27 1:10 2 Brenhinoedd 22:14

11 Udwch, chi sy'n oedi yn y farchnad,
achos bydd y masnachwyr wedi mynd,
a'r rhai sy'n trin arian wedi'u taflu allan.

12 Bryd hynny, bydda i'n chwilio drwy Jerwsalem gyda lampau,
ac yn cosbi'r rhai sy'n hunanfodlon a di-hid,
sy'n meddwl, 'Fydd yr ARGLWYDD yn gwneud dim byd – na da na drwg.'
13 Bydd eu heiddo'n cael ei ddwyn,
a'u tai yn cael eu chwalu.
Maen nhw'n adeiladu tai newydd,
ond gân nhw ddim byw ynddyn nhw.
Maen nhw'n plannu gwinllannoedd
ond gân nhw ddim yfed y gwin."

14 Mae dydd barn yr ARGLWYDD yn agos;
y dydd mawr – bydd yma'n fuan!
Bydd sŵn chwerw i'w glywed y diwrnod hwnnw;
sŵn milwyr cryf yn gweiddi crio.
15 Bydd yn ddydd i Dduw fod yn ddig.
Bydd yn ddiwrnod o helynt a gofid;
yn ddiwrnod o ddifrod a dinistr.
Bydd yn ddiwrnod tywyll ofnadwy;
diwrnod o gymylau duon bygythiol.
16 Bydd sŵn y corn hwrdd,[e] y bloeddio a'r brwydro
yn bygwth y trefi caerog a'r tyrau amddiffynnol.

17 "Am bod y bobl wedi digio'r ARGLWYDD
bydda i'n achosi helbul iddyn nhw!
– byddan nhw ar goll fel pobl ddall.
Bydd eu gwaed yn cael ei dywallt fel llwch,
a'u perfeddion ar wasgar fel tail.
18 Fydd arian ac aur ddim yn eu harbed nhw
ar y diwrnod pan fydd yr ARGLWYDD yn barnu.
Bydd ei ddicter fel tân yn difa'r ddaear.
Bydd dinistr llwyr a sydyn yn dod
ar bawb drwy'r byd i gyd."

Galwad i droi at Dduw

2 Dewch, casglwch at eich gilydd,
y genedl sydd heb gywilydd.
2 Dewch cyn i'r cwbl ddod yn wir,
ac i'ch cyfle olaf ddiflannu fel us –
Cyn i'r ARGLWYDD wylltio'n lân gyda chi;
cyn i'w ddydd barn eich dal chi!
3 Gofynnwch i'r ARGLWYDD eich helpu,
chi sy'n cael eu cam-drin yn y wlad
ac sy'n ufudd i'w orchmynion.
Gwnewch beth sy'n iawn. Byddwch yn ostyngedig.
Falle y cewch eich cuddio mewn lle saff
ar y diwrnod pan fydd yr ARGLWYDD yn barnu.

e 1:16 *corn hwrdd* Hebraeg, *shoffar*.
1:13 Deuteronomium 28:30; Amos 5:11 1:15 Joel 2:2

Barnu Philistia

4 Bydd tref Gasa'n wag ac Ashcelon yn adfeilion.
Bydd pobl Ashdod wedi'u gyrru i ffwrdd cyn canol dydd,
a tref Ecron[f] wedi'i bwrw i lawr.
5 Gwae chi sy'n byw ar lan y môr –
bobl Philistia ddaeth o Creta.
Amdanat ti Canaan, wlad y Philistiaid,
mae'r Arglwydd wedi dweud yn dy erbyn:
"Bydda i'n dy ddinistrio, a fydd neb ar ôl!"
6 Bydd yr arfordir yn dir pori –
dolydd i fugeiliaid a chorlannau defaid.
7 Bydd tir y glannau yn eiddo
i'r bobl sydd ar ôl o Jwda;
Nhw fydd yn pori yno
ac yn cysgu'r nos yn nhai Ashcelon.
Bydd yr Arglwydd eu Duw yn dod atyn nhw,
a rhoi llwyddiant iddyn nhw eto.

Barnu Moab ac Ammon

8 "Dw i wedi clywed Moab yn gwawdio
a phobl Ammon yn enllibio[ff] –
gwawdio fy mhobl, a bygwth eu ffiniau.
9 Felly, mor sicr â'r ffaith mai fi ydy'r Duw byw,"
— meddai'r Arglwydd hollbwerus, Duw Israel.
"Bydd Moab fel Sodom ac Ammon fel Gomorra! –
yn llawn chwyn a phyllau halen,
ac yn dir diffaith am byth.
Bydd y rhai sydd ar ôl o'm pobl yn dwyn eu heiddo,
a'r gweddill o'm gwlad yn cymryd eu tir."
10 Dyna fydd eu tâl am eu balchder,
am wawdio a bygwth pobl yr Arglwydd hollbwerus.
11 Bydd yr Arglwydd yn eu dychryn,
a bydd holl dduwiau'r ddaear yn ddim.
Yna bydd pobl pob cenedl yn addoli'r Arglwydd
yn eu gwledydd eu hunain.

Barnu gogledd-ddwyrain Affrica

12 A chi, bobl dwyrain Affrica,[g]
bydd fy nghleddyf yn eich lladd chi.

Barnu Asyria

13 Bydd yr Arglwydd yn taro'r gogledd
ac yn dinistrio Asyria.

---

f 2:4 *Gasa ... Ecron* Gasa, Ashcelon, Ashdod, Ecron – pedair o brif drefi'r Philistiaid. Roedd y pumed, sef Gath, eisoes wedi'i dinistrio gan Sargon II, brenin Asyria yn 711 CC. ff 2:8 *Moab ... Ammon* Y bobloedd i'r dwyrain o Jwda, yr ochr draw i afon Iorddonen. Disgynyddion Lot, nai Abraham, yn ôl Genesis 19:30-38. g 2:12 *dwyrain Affrica* Hebraeg, *Cwsh*, sef yr ardal i'r de o'r Aifft, yn cynnwys rhannau o Swdan ac Ethiopia heddiw.

2:9 Genesis 19:23-29 2:12 Eseia 18:1-7 2:13-15 Eseia 10:5-34; 14:24-27; Nahum 1:1 – 3:19

Bydd dinas Ninefe yn adfeilion;[ng]
yn sych fel anialwch diffaith.
14 Bydd pob math o anifeiliaid gwyllt
yn gorwedd yn ei chanol.
Bydd tylluanod yn clwydo yn ei hadfeilion,
ac yn hwtian yn y ffenestri.
Bydd rwbel ar bob rhiniog
a'r waliau'n noeth
am fod yr holl waith coed wedi'i rwygo allan.

15 Dyna ddaw o'r ddinas llawn miri
oedd yn ofni neb na dim!
Roedd yn meddwl, "Fi ydy'r un! –
Does neb tebyg i mi!"
Ond fydd dim ond adfeilion ar ôl –
lle i anifeiliaid gwyllt gael byw!
Bydd pawb sy'n mynd heibio yn ei gwawdio
a gwneud ystumiau arni.

Barnu Jerwsalem

3 Mae ar ben ar y ddinas ystyfnig, lygredig,
sy'n gormesu ei phobl!
2 Mae'n gwrthod gwrando ar neb,
na derbyn cyngor.
Dydy hi ddim yn trystio'r ARGLWYDD
nac yn gofyn am arweiniad ei Duw.
3 Mae ei harweinwyr fel llewod
yn rhuo yn ei chanol.
Mae ei swyddogion fel bleiddiaid yn y nos
yn lladd eu prae a gadael dim ar ôl erbyn y bore.
4 Mae ei phroffwydi'n brolio ac yn twyllo.
Mae ei hoffeiriaid yn llygru beth sy'n sanctaidd,
ac yn torri Cyfraith Duw.

5 Ac eto mae'r ARGLWYDD cyfiawn yn ei chanol.
Dydy e'n gwneud dim sy'n annheg.
Mae ei gyfiawnder i'w weld bob bore,
mae mor amlwg a golau dydd.
Ond does gan y rhai drwg ddim cywilydd.

6 "Dw i wedi dinistrio gwledydd eraill
a chwalu eu tyrau amddiffyn.
Mae eu strydoedd yn wag
heb neb yn cerdded arnyn nhw.
Mae eu dinasoedd wedi'u difa.
Does neb ar ôl, yr un enaid byw.
7 Meddyliais, 'Byddi'n fy mharchu i nawr,
a derbyn y cyngor dw i'n ei roi i ti!

ng 2:13 *Ninefe yn adfeilion* Prif ddinas Asyria – gw. Jona 1:2; 3:2; 4:11. Cafodd ei choncro gan y Mediaid a'r Babiloniaid yn 612 CC, felly mae'n bosib fod Sechareia wedi byw i weld ei broffwydoliaeth yn dod yn wir. Mae Llyfr Nahum yn dathlu cwymp Ninefe.
2:15 Eseia 47:8,10

A fydd dim rhaid i dy dai gael eu dinistrio
gan y gosb rôn i wedi'i fwriadu.'
Ond na, roedden nhw'n dal ar frys
i wneud popeth sydd o'i le."

8 Felly mae'r ARGLWYDD yn datgan,
"Arhoswch chi amdana i!
Mae'r diwrnod yn dod pan fydda i'n codi ac yn ymosod.
Dw i'n bwriadu casglu'r cenhedloedd at ei gilydd
a thywallt fy nigofaint ffyrnig arnyn nhw.
Bydd fy nicter fel tân yn difa'r ddaear!"

Yr ARGLWYDD yn bendithio'i bobl

9 "Yna bydda i'n rhoi geiriau glân i'r holl bobloedd,
iddyn nhw i gyd addoli'r ARGLWYDD.
A byddan nhw i gyd yn ufudd gyda'i gilydd.
10 O'r tu draw i afonydd pell dwyrain Affrica[h]
bydd y rhai sy'n gweddïo arna i
yn dod ag anrhegion i mi.

11 Bryd hynny, Jerwsalem, fydd neb yn codi cywilydd arnat ti
am yr holl bethau ti wedi'i gwneud yn fy erbyn i.
Bydda i'n cael gwared â'r rhai balch sy'n brolio.
Fydd neb yn ymffrostio ar fy mynydd cysegredig i.
12 Bydda i'n gadael y rhai tlawd gafodd eu cam-drin yn dy ganol,
a byddan nhw'n trystio'r ARGLWYDD.
13 Fydd y rhai sydd ar ôl o Israel yn gwneud dim byd drwg,
yn dweud dim celwydd nac yn twyllo.
Byddan nhw fel defaid yn pori'n ddiogel
ac yn gorwedd heb neb i'w dychryn."

14 Canwch yn llawen, bobl Seion!
Gwaeddwch yn uchel bobl Israel!
Byddwch lawen a gorfoleddwch â'ch holl galon,
bobl Jerwsalem!
15 Mae'r ARGLWYDD wedi cymryd y gosb i ffwrdd,
ac yn cael gwared â dy elynion di.
Bydd Brenin Israel yn dy ganol
a fydd dim rhaid i ti fod ag ofn.
16 Yr adeg hynny byddan nhw'n dweud wrth Jerwsalem,
"Paid bod ag ofn, Seion! Paid anobeithio.
17 Mae'r ARGLWYDD dy Dduw gyda ti,
fel arwr i dy achub di.
Bydd e wrth ei fodd gyda ti.
Bydd yn dy fwytho gyda'i gariad,
ac yn dathlu a chanu'n llawen am dy fod yn ôl."

18 "Bydda i'n casglu'r rhai sy'n galaru am y gwyliau,
y rhai hynny mae'r cywilydd wedi bod yn faich arnyn nhw.

h 3:10 *dwyrain Affrica* Hebraeg, *Cwsh* Yr ardal i'r de o wlad yr Aifft, sef gogledd Swdan heddiw.

19 Bryd hynny bydda i'n delio gyda'r rhai wnaeth dy gam-drin.
Bydda i'n achub y defaid cloff
ac yn casglu'r rhai gafodd eu gyrru ar chwâl.
Bydd pobl drwy'r byd yn gwybod, ac yn eu canmol
yn lle codi cywilydd arnyn nhw.
20 Bryd hynny bydda i'n dod â chi'n ôl;
bydda i'n eich casglu chi at eich gilydd.
Byddwch chi'n enwog drwy'r byd i gyd,
pan fydda i'n gwneud i chi lwyddo eto,"
—meddai'r ARGLWYDD.

3:19 Micha 4:6-7

Haggai

Cyflwyniad

1 Ar ddiwrnod cynta'r chweched mis o ail flwyddyn teyrnasiad y Brenin Dareius,[a] dyma'r proffwyd Haggai yn rhoi'r neges yma gan yr ARGLWYDD i Serwbabel fab Shealtiel,[b] llywodraethwr Jwda, a hefyd i Jehoshwa fab Iehotsadac, yr archoffeiriad:

Duw yn gorchymyn ailadeiladu'r Deml

2"Dyma mae'r ARGLWYDD hollbwerus yn ei ddweud: Mae'r bobl yma'n dweud, 'Mae'n rhy
fuan i ni ailadeiladu teml yr ARGLWYDD.' "
3Ond yna dyma'r proffwyd Haggai yn rhoi'r neges yma gan yr ARGLWYDD: 4"Ydy hi'n iawn
eich bod chi'n byw yn eich tai crand, tra mae'r deml yma yn adfail? 5Felly dyma mae yr
ARGLWYDD hollbwerus yn ei ddweud: 'Meddyliwch am funud beth dych chi'n wneud!

6 Dych chi wedi hau digon, ond bach iawn ydy'r cynhaeaf;
dych chi'n bwyta, ond byth yn cael eich llenwi;
dych chi'n yfed, ond heb gael eich bodloni;
dych chi'n gwisgo dillad, ond yn methu cadw'n gynnes;
mae fel petai'r cyflog mae pobl yn ei ennill
yn mynd i bwrs sydd â thwll ynddo!

7Ie, meddyliwch am funud beth dych chi'n wneud!'
— meddai'r ARGLWYDD hollbwerus.

8 'Ewch i'r bryniau a dod â coed yn ôl i adeiladu'r deml;
bydd hynny'n fy mhlesio, a bydd pobl yn fy mharchu,'
— meddai'r ARGLWYDD.
9 'Roeddech chi'n disgwyl cnydau da,
ond yn cael cnydau gwael.
Roeddech chi'n ei gasglu,
ond yna byddwn i'n ei chwythu i ffwrdd!'
— meddai'r ARGLWYDD hollbwerus.

'Pam? – Am fod fy nhŷ i yn adfeilion, a chithau'n rhy brysur yn poeni amdanoch chi'ch hunain!

10 Dyna pam mae'r awyr heb roi gwlith,
a'r tir wedi peidio tyfu cnydau.
11 Fi sydd wedi anfon sychder drwy'r wlad –
ar y bryniau,
ar yr ŷd a'r grawnwin a'r olewydd
a phopeth arall sy'n tyfu o'r ddaear,
ar bobl ac anifeiliaid,
ac ar ffrwyth eich holl waith caled.' "

a 1:1 *chweched mis ... Dareius* Roedd mis Elwl yn calendr Babilon yn cyfateb i chweched mis y calendr Hebreig, o tua canol Awst i ganol Medi. Mae'r dyddiad yma'n cyfateb i Awst 29, 520 CC yn ein calendr ni. Dareius Hystaspes, oedd yn teyrnasu ar Ymerodraeth Persia o 522 i 486 CC. b 1:1 *Serwbabel fab Shealtiel* Roedd Serwbabel yn ŵyr i Jehoiachin, brenin Jwda, gafodd ei gymryd yn gaeth i Babilon yn 597 CC (gw. 2 Brenhinoedd 24:15).

Y bobl yn ufuddhau

12 Dyma Serwbabel fab Shealtiel, Jehoshwa fab Iehotsadac yr archoffeiriad, a phawb arall, yn
gwneud beth roedd yr ARGLWYDD eu Duw yn ei ddweud, a gwrando ar neges Haggai, y proffwyd
roedd e wedi'i anfon. Roedd y bobl yn parchu'r ARGLWYDD eto.
13 Yna dyma Haggai, negesydd yr ARGLWYDD, yn rhoi neges arall gan Dduw i'r bobl, " 'Dw
i gyda chi,' meddai'r ARGLWYDD."
14 Dyma'r ARGLWYDD yn annog Serwbabel fab Shealtiel (llywodraethwr Jwda), Jehoshwa
fab Iehotsadac (yr archoffeiriad), a phawb arall hefyd i weithredu: a dyma nhw'n bwrw
iddi â'r gwaith o adeiladu teml eu Duw, yr ARGLWYDD hollbwerus. 15 Dechreuodd y gwaith ar
y pedwerydd ar hugain o'r chweched mis.[c]

Ysblander y deml

2 Yna ar yr unfed ar hugain o'r seithfed mis[ch] yn yr ail flwyddyn i'r Brenin Dareius deyrnasu,
dyma'r proffwyd Haggai yn cael y neges yma gan yr ARGLWYDD:
2 "Dos i siarad â Serwbabel fab Shealtiel, llywodraethwr Jwda, a'r archoffeiriad Jehoshwa
fab Iehotsadac. Dwed wrthyn nhw, a phawb arall hefyd:
3 'Pwy ohonoch chi yma welodd y deml fel roedd hi ers talwm, yn ei holl ysblander? A sut
mae'n edrych i chi nawr? Dim byd o'i chymharu mae'n siŵr! 4 Ond dal ati, Serwbabel. Dal
ati, Jehoshwa fab Iehotsadac. A daliwch chithau ati, bawb,' —meddai'r ARGLWYDD. 'Daliwch
ati i weithio, oherwydd dw i gyda chi' —meddai'r ARGLWYDD hollbwerus. 5 'Fel gwnes i addo
i chi pan ddaethoch chi allan o wlad yr Aifft, mae fy Ysbryd yn dal gyda chi. Peidiwch
bod ag ofn!' "
6 "Dyma mae'r ARGLWYDD hollbwerus yn ei ddweud: 'Unwaith eto, cyn bo hir, dw i'n
mynd i ysgwyd y nefoedd a'r ddaear, y môr a'r tir. 7 Bydda i'n ysgwyd y gwledydd i gyd.
Byddan nhw'n dod ac yn cyflwyno'u trysorau, a bydda i'n llenwi'r deml yma â chyfoeth ac
ysblander,' —meddai'r ARGLWYDD hollbwerus. 8 'Fi piau'r arian, a fi piau'r aur,' —meddai'r
ARGLWYDD hollbwerus. 9 'Bydd y deml yma yn llawer harddach yn y dyfodol nag oedd hi o'r
blaen,' —meddai'r ARGLWYDD hollbwerus; 'a bydda i'n dod â llwyddiant a heddwch i'r lle
yma.' Ydy, mae'r ARGLWYDD hollbwerus wedi dweud."

Holi'r offeiriaid am aflendid

10 Ar y pedwerydd ar hugain o'r nawfed mis[d] yn yr ail flwyddyn i'r Brenin Dareius deyrnasu,
cafodd y proffwyd Haggai y neges yma gan yr ARGLWYDD:
11 Dyma mae'r ARGLWYDD hollbwerus yn ei ddweud: "Gofynnwch i'r offeiriaid am arweiniad
o'r Gyfraith: 12 'Os ydy rhywun yn cario cig anifail wedi'i aberthu wedi'i lapio yn ei fantell,
a'r dilledyn hwnnw wedyn yn cyffwrdd â bara neu stiw, gwin, olew, neu ryw fwyd arall, fydd
e'n gwneud y bwydydd hynny'n gysegredig?' " Ateb yr offeiriaid oedd, "Na fydd." 13 A dyma
Haggai yn gofyn wedyn, "Os ydy rhywun sy'n aflan am ei fod wedi cyffwrdd corff marw yn
dod i gysylltiad â'r bwydydd hynny, fydd hynny'n gwneud y bwydydd yn aflan?" A dyma'r
offeiriaid yn ateb, "Bydd."
14 Yna dyma Haggai yn dweud: " 'Mae'r un peth yn wir am y bobl yma a'r genedl yma,'
meddai'r ARGLWYDD, 'a'u cynnyrch nhw i gyd. Mae popeth maen nhw'n ei offrymu yn aflan!

---

c 1:15 *pedwerydd ar hugain ... mis* sef 23 diwrnod ar ôl i Haggai gyflwyno ei neges gyntaf – gw. Haggai 1:1. Mae'r dyddiad yma'n cyfateb i Medi 21, 520 CC yn ein calendr ni. ch 2:1 *unfed ar hugain o'r seithfed mis* y mis oedd Tishri (neu Ethanim), sef seithfed mis y calendr Hebreig, o tua canol Medi i ganol Hydref. Hwn oedd diwrnod olaf Gŵyl y Pebyll (gw. Lefiticus 23:34). Mae'r dyddiad yma'n cyfateb i Hydref 17, 520 CC yn ein calendr ni. d 2:10 *pedwerydd ar hugain o'r nawfed mis* y mis oedd Cislef, sef nawfed mis y calendr Hebreig, o tua canol Tachwedd i ganol Rhagfyr. (Tri mis ar ôl i'r gwaith o ailadeiladu'r deml ddechrau.) Mae'r dyddiad yma'n cyfateb i Rhagfyr 18, 520 CC yn ein calendr ni.

2:3 Esra 3:12 2:13 Numeri 19:13,22

15 " 'Meddyliwch sut roedd pethau cyn i'r gwaith o ailadeiladu teml yr ARGLWYDD ddechrau.
16 Pan oedd rhywun yn disgwyl dau ddeg mesur o ŷd, doedd ond deg yno; ac os oedd rhywun
eisiau codi hanner can mesur o win o'r cafn, doedd ond dau ddeg yno. 17 Rôn i'n eich cosbi
chi drwy anfon gormod o wres, gormod o law neu genllysg ar eich cnydau, ond wnaethoch
chi ddim troi ata i,' meddai'r ARGLWYDD.

18 " 'Meddyliwch sut mae pethau wedi bod ers y diwrnod pan gafodd y sylfeini eu gosod
i ailadeiladu teml yr ARGLWYDD, ie, hyd heddiw (y pedwerydd ar hugain o'r nawfed mis): 19 Falle
nad oes grawn yn yr ysgubor, ac nad ydy'r gwinwydd, y coed ffigys, y pomgranadau a'r coed
olewydd wedi rhoi eu ffrwyth eto, ond o heddiw ymlaen dw i'n mynd i'ch bendithio chi.' "

Yr ARGLWYDD yn annog Serwbabel

20 A dyma Haggai yn cael ail neges gan yr ARGLWYDD ar y pedwerydd ar hugain o'r mis:
21 "Dwed hyn wrth Serwbabel, llywodraethwr Jwda: 'Dw i'n mynd i ysgwyd y nefoedd a'r ddaear.
22 Dw i'n mynd i chwalu gorseddau brenhinol a dinistrio grym llywodraethau'r gwledydd.
Bydda i'n troi'r cerbydau rhyfel drosodd, gyda'i gyrrwyr. Bydd ceffylau rhyfel yn syrthio, a'u
marchogion yn lladd ei gilydd.

23 " 'Y diwrnod hwnnw,' — meddai'r ARGLWYDD hollbwerus — 'bydda i'n dy gymryd di,
Serwbabel fy ngwas, ac yn dy wneud di fel sêl-fodrwy.[dd] Dw i wedi dy ddewis di.' Dyna mae'r
ARGLWYDD hollbwerus yn ei ddweud."

---

dd 2:23 *sêl-fodrwy* Cafodd yr un darlun i ddefnyddio i ddisgrifio'r Brenin Jehoiachin (taid Serwbabel; gw. Jeremeia 22:24-30 lle roedd Duw yn cymryd yr arwydd yma o awdurdod oddi ar Jehoiachin).

Sechareia

Galwad i droi'n ôl at yr ARGLWYDD

1 Yn yr wythfed mis o ail flwyddyn teyrnasiad y Brenin Dareius,[a] dyma'r proffwyd Sechareia
(mab Berecheia ac ŵyr i Ido) yn cael y neges yma gan yr ARGLWYDD:
2"Roedd yr ARGLWYDD wedi digio gyda'ch hynafiaid chi. 3Felly dywed wrth y bobl: 'Dyma
mae'r ARGLWYDD hollbwerus yn ei ddweud: Trowch yn ôl ata i, a bydda i'n troi atoch chi. Ie,
dyna mae e'n ddweud. 4Peidiwch bod yr un fath â'ch hynafiaid, oedd yn cymryd dim sylw
o gwbl pan oedd y proffwydi'n dweud wrthyn nhw fy mod i eisiau iddyn nhw stopio gwneud
pethau drwg, meddai'r ARGLWYDD. 5A ble mae'ch hynafiaid chi bellach? Maen nhw a'r proffwydi
wedi hen fynd! 6Ond daeth y cwbl ddwedais i fyddai'n digwydd iddyn nhw yn wir! Roedden
nhw'n edifar wedyn, ac roedd rhaid iddyn nhw gyfaddef, "Mae'r ARGLWYDD hollbwerus wedi
gwneud beth ddwedodd e, a dyna roedden ni'n ei haeddu." ' "

Gweledigaeth 1 – Ceffylau

7Ar y pedwerydd ar hugain o fis un ar ddeg (sef mis Shebat[b]) yn ail flwyddyn teyrnasiad
Dareius, dyma'r proffwyd Sechareia yn cael neges arall gan yr ARGLWYDD. Dwedodd Sechareia:
8Ces i weledigaeth yng nghanol y nos. Gwelais ddyn ar gefn ceffyl fflamgoch. Roedd e'n
sefyll rhwng y llwyni myrtwydd yn y ceunant. Roedd ceffylau eraill tu ôl iddo – rhai fflamgoch,
rhai llwyd a rhai gwyn. 9Roedd angel yna wrth ymyl, a dyma fi'n gofyn iddo, "Beth ydy ystyr
hyn, syr?" A dyma fe'n ateb, "Gwna i ddangos i ti."
10Yna dyma'r dyn oedd yn sefyll rhwng y llwyni myrtwydd yn siarad, a dweud, "Yr ARGLWYDD
sydd wedi anfon y rhain i chwilio a gweld beth sy'n digwydd ar y ddaear." 11A dyma'r
marchogion eraill yn rhoi adroddiad i angel yr ARGLWYDD oedd yn sefyll rhwng y llwyni
myrtwydd: "Dŷn ni wedi bod i edrych dros y ddaear gyfan, ac mae pobman dan reolaeth
ac yn dawel."
12Yna dyma angel yr ARGLWYDD yn gofyn, "ARGLWYDD hollbwerus, rwyt ti wedi bod yn flin
gyda Jerwsalem a threfi eraill Jwda ers saith deg o flynyddoedd bellach. Am faint mwy, cyn
i ti i ddangos trugaredd atyn nhw?"
13A dyma'r ARGLWYDD yn ateb a dweud pethau caredig i gysuro'r angel oedd yn siarad
â mi. 14A dyma'r angel yn troi ata i, a dweud wrtho i, "Cyhoedda fod yr ARGLWYDD hollbwerus
yn dweud,

'Dw i'n teimlo i'r byw dros Jerwsalem a dros Seion. 15Ond dw i wedi digio go iawn
gyda'r gwledydd hynny sydd mor gyfforddus a hunanfodlon! Oeddwn, roeddwn i yn ddig
gyda'm pobl, ond aeth y rhain yn rhy bell gyda'i creulondeb! 16Felly, dw i'n mynd i droi'n
ôl at Jerwsalem, a dangos trugaredd ati. Dw i'n mynd i adeiladu fy nheml yno eto. Bydd
syrfëwr yn dod i fesur Jerwsalem unwaith eto.' Ie, dyna mae'r ARGLWYDD hollbwerus yn ei
ddweud. 17Cyhoedda'n uchel eto beth ydy neges yr ARGLWYDD hollbwerus: 'Bydd y trefi'n
fwrlwm o fywyd ac yn llwyddo. Bydd yr ARGLWYDD yn cysuro Seion, ac yn dangos eto ei fod
wedi dewis Jerwsalem iddo'i hun,' "

---

a 1:1 Roedd wythfed mis calendr Babilon yn cyfateb i wythfed mis y calendr Hebreig, o tua canol Hydref i ganol Tachwedd. Dareius Hystaspes, oedd yn teyrnasu ar Ymerodraeth Persia o 522 i 486 CC Ail flwyddyn teyrnasiad Dareius oedd 520 CC. b 1:7 *Shebat* unfed mis ar ddeg calendr Babilon, o tua canol Ionawr i ganol Chwefror. Mae'r dyddiad yma'n cyfateb i Chwefror 15, 519 CC yn ein calendr ni.

1:1 Esra 4:24–5:1; 6:14 1:4 Jeremeia 7:24; 17:23; 29:19 1:4 Jeremeia 18:11; 25:5; 35:15
1:12 Jeremeia 25:11; 29:10 1:16 Eseciel 43:1-5

Gweledigaeth 2 – Pedwar corn anifail

18 Pan edrychais eto, gwelais bedwar corn anifail.[c] 19 Dyma fi'n gofyn i'r angel oedd yn
siarad â mi, "Beth ydy'r cyrn yma?" A dyma fe'n ateb, "Y cyrn yma ydy'r gwledydd pwerus
wnaeth yrru Jwda, Israel a Jerwsalem ar chwâl."
20 Yna dyma'r ARGLWYDD yn dangos pedwar gof i mi. 21 A dyma fi'n gofyn, "Beth mae'r rhain
yn mynd i'w wneud?" A dyma fe'n ateb, "Y cyrn ydy'r gwledydd pwerus wnaeth yrru pobl Jwda
ar chwâl, nes bod neb ar ôl. Ond mae'r gofaint wedi dod i ddychryn gelynion Jwda, a malu
cyrn y gwledydd wnaeth ymosod arni a chwalu ei phobl i bob cyfeiriad."

Gweledigaeth 3 – Llinyn Mesur

2 Edrychais eto, a gweld dyn gyda llinyn mesur yn ei law. 2 Gofynnais iddo, "Ble ti'n mynd?"
A dyma fe'n ateb, "I fapio Jerwsalem, a mesur ei hyd a'i lled."
3 Yna dyma'r angel oedd wedi bod yn siarad â mi yn cerdded i ffwrdd, a daeth angel arall
i'w gyfarfod. 4 Dwedodd hwnnw wrtho, "Brysia! Dos i ddweud wrth y dyn ifanc yna y bydd dim
waliau i Jerwsalem. Bydd cymaint o bobl ac anifeiliaid yn byw ynddi! 5 Mae'r ARGLWYDD yn dweud,
'Bydda i fy hun fel wal o dân o'i chwmpas, a bydd fy ysblander yn disgleirio o'i mewn hi.' "

Galw pobl yn ôl adre o'r gaethglud

6 "Hei, dewch! Gallwch ddianc o dir y gogledd!" meddai'r ARGLWYDD. "Rôn i wedi'ch chwalu
chi i bob cyfeiriad, i'r pedwar gwynt. 7 Ond gallwch ddianc o Babilon a dod adre, bobl Seion!"
8 Dyma mae'r ARGLWYDD hollbwerus yn ei ddweud: Ar ôl i'w ysblander ddod, bydd yn fy anfon
i at y gwledydd wnaeth ymosod arnoch chi, i ddweud fod unrhyw un sy'n eich cyffwrdd chi
yn cyffwrdd cannwyll ei lygad! 9 "Dw i'n mynd i'w cosbi nhw mor galed, bydd eu caethion
yn cymryd popeth oddi arnyn nhw!" meddai. Byddwch chi'n gwybod wedyn mai'r ARGLWYDD
hollbwerus sydd wedi fy anfon i.
10 "Canwch a dathlwch, bobl Seion! Dw i'n dod i fyw yn eich canol chi," meddai'r ARGLWYDD.
11 "Bydd llawer o wledydd yn uniaethu â'r ARGLWYDD bryd hynny, a byddan nhw hefyd yn bobl
i mi. Yn wir, bydda i'n byw yn eich canol chi i gyd." Byddwch chi'n gwybod wedyn mai'r
ARGLWYDD hollbwerus sydd wedi fy anfon i atoch chi. 12 Bydd yr ARGLWYDD yn cymryd Jwda fel
ei ran arbennig e o'r wlad gysegredig, a bydd yn dewis Jerwsalem iddo'i hun unwaith eto.
13 Ust! Pawb drwy'r byd, byddwch dawel o flaen yr ARGLWYDD! Mae e ar fin gweithredu eto o'r
lle sanctaidd ble mae'n byw.

Gweledigaeth 4 – Yr Archoffeiriad

3 Yna dangosodd i mi Jehoshwa yr archoffeiriad yn sefyll o flaen angel yr ARGLWYDD, ac
roedd Satan ar yr ochr dde iddo yn ei gyhuddo. 2 Ond dyma'r ARGLWYDD yn dweud, "Dw
i'n dy geryddu di Satan! Dw i, yr ARGLWYDD, sydd wedi dewis Jerwsalem, yn dy geryddu di!
Mae'r dyn yma fel darn o bren sydd wedi'i gipio allan o'r tân."
3 Roedd Jehoshwa'n sefyll o flaen yr angel, yn gwisgo dillad oedd yn hollol fochaidd.
4 A dyma'r angel yn dweud wrth y rhai oedd o'i gwmpas, "Tynnwch y dillad ffiaidd yna oddi
arno." Yna dyma fe'n dweud wrth Jehoshwa, "Dw i wedi maddau dy bechodau di, a dw i'n
mynd i dy arwisgo di mewn dillad hardd."
5 A dyma fi'n dweud, "Gad iddyn nhw roi twrban glân ar ei ben hefyd." Felly dyma nhw'n
rhoi twrban glân ar ei ben, a rhoi'r wisg amdano, tra oedd yr angel yn sefyll yno.
6 Yna dyma angel yr ARGLWYDD yn siarsio Jehoshwa, a dweud wrtho, 7 "Dyma mae'r ARGLWYDD
hollbwerus yn ei ddweud: 'Os gwnei di fyw fel dw i eisiau a gwneud dy ddyletswyddau, ti

---

c 1:18 *corn anifail* Roedd corn yn symbol o nerth a grym. Yma maen nhw'n cynrychioli'r gwledydd pwerus o gwmpas Jwda. Mae 'pedwar' yn awgrym eu bod i bob cyfeiriad.
2:8 Deuteronomium 32:10 2:11 Eseia 2:2-4; Micha 4:1-3

fydd yn gofalu am y deml a'r iard o'i chwmpas. Byddi'n cael rhyddid i fynd a dod o mlaen
i fel yr angylion sy'n sefyll yma. 8Felly gwrando Jehoshwa, a'r offeiriaid sy'n gweithio gyda
ti – dych chi i gyd yn arwydd fy mod i am anfon fy ngwas, y Blaguryn. 9Am y garreg yma dw
i'n ei gosod o flaen Jehoshwa (un garreg gyda saith wyneb iddi) – dw i'n mynd i grafu arni
eiriau'r ARGLWYDD hollbwerus, sy'n dweud y bydda i'n symud pechod o'r tir mewn un diwrnod.'
10Ac meddai'r ARGLWYDD hollbwerus – 'Bryd hynny bydd pawb yn gwahodd ei gilydd i eistedd
ac ymlacio dan ei winwydden a'i goeden ffigys.' "

Gweledigaeth 5 – Y Menora

4 Wedyn dyma'r angel oedd wedi bod yn siarad â mi yn dod yn ôl a'm hysgwyd, fel
petai'n deffro rhywun oedd wedi bod yn cysgu. 2Gofynnodd i mi, "Beth wyt ti'n weld?"
A dyma fi'n ateb, "Menora[ch] o aur pur, gyda phowlen ar y top a saith lamp arni, a saith sianel
yn rhedeg iddyn nhw. 3Ac roedd dwy goeden olewydd wrth ei hymyl – un bob ochr i'r powlen."
4A dyma fi'n gofyn i'r angel oedd yn siarad â mi, "Beth ydy'r rhain, syr?"[d] 5"Wyt ti wir ddim
yn gwybod?" meddai'r angel. "Nac ydw, syr," meddwn innau.
6Yna dwedodd wrtho i, "Dyma neges yr ARGLWYDD i Serwbabel:[dd] 'Nid grym na chryfder sy'n
llwyddo, ond fy Ysbryd i.' Ie, dyna mae'r ARGLWYDD hollbwerus yn ei ddweud. 7Fyddi di fynydd
mawr yn ddim rhwystr i Serwbabel! Byddi fel tir gwastad! Bydd e'n dod â'r garreg olaf i'w
gosod yn ei lle, i sŵn gweiddi, 'Mae'n hyfryd! Mae'n hyfryd!' "
8Yna dyma'r ARGLWYDD yn rhoi'r neges yma i mi: 9"Serwbabel wnaeth osod sylfeini y deml
yma, a bydd e'n gorffen y gwaith." Byddwch chi'n gwybod wedyn mai'r ARGLWYDD hollbwerus
sydd wedi fy anfon i atoch chi. 10"Pwy wnaeth ddirmygu'r dechreuadau bach? Byddwch yn
dathlu wrth weld y garreg â'r plât tin arni yn llaw Serwbabel! Felly mae'r saith lamp yn
cynrychioli llygaid yr ARGLWYDD, sy'n gwylio popeth sy'n digwydd ar wyneb y ddaear."
11A dyma fi'n gofyn i'r angel, "Beth ydy ystyr y ddwy goeden olewydd, un bob ochr i'r
menora?" 12A gofynnais hefyd, "Beth ydy ystyr y ddau estyniad i'r coed olewydd sy'n tywallt
olew euraid i'r sianeli?" 13"Wyt ti wir ddim yn gwybod beth ydyn nhw?" meddai. "Nac ydw,
syr," meddwn innau. 14A dyma fe'n dweud, "Maen nhw'n cynrychioli'r ddau ddyn sydd wedi'u
heneinio i wasanaethu Duw, Meistr y ddaear gyfan."

Gweledigaeth 6 – Sgrôl yn hedfan

5 Yna dyma fi'n edrych eto, a gweld sgrôl yn hedfan! 2Dyma'r angel yn gofyn i mi, "Beth
wyt ti'n weld?" A dyma fi'n ateb, "Dw i'n gweld sgrôl yn hedfan. Mae'n anferth – tua
naw metr o hyd, a phedwar metr a hanner o led!"
3A dyma fe'n dweud wrtho i, "Geiriau melltith sydd arni, ac mae'n mynd allan drwy'r wlad
i gyd. Mae un ochr yn dweud y bydd unrhyw un sy'n dwyn yn cael ei daflu allan o'r gymuned.
Mae'r ochr arall yn dweud y bydd yr un peth yn digwydd i'r rhai sy'n dweud celwydd."
4Dyma mae'r ARGLWYDD hollbwerus yn ei ddweud: "Dw i wedi anfon y felltith yma allan
i gartref pob lleidr, a phawb sy'n defnyddio fy enw i wrth ddweud celwydd ar lw. Bydd y felltith
yn dinistrio'r tŷ hwnnw'n llwyr – y coed a'r cerrig."

Gweledigaeth 7 – Y wraig yn y gasgen

5Yna dyma'r angel oedd yn siarad â mi yn camu ymlaen a dweud, "Edrych! Beth wyt ti'n ei
weld yn mynd i ffwrdd?" 6"Beth ydy e?" meddwn i. "Casgen ydy hi," meddai'r angel. "Mae'n
cynrychioli drygioni pawb drwy'r wlad i gyd." 7Yna dyma'r caead plwm oedd ar y gasgen
yn cael ei godi, a dyna lle roedd gwraig yn eistedd yn y gasgen! 8A dyma'r angel yn dweud,

---

ch 4:2 *Menora* Stand i ddal lampau, neu ganhwyllbren saith cangen fel yr un oedd yn y Tabernacl a'r Deml (gw. Exodus 25:30-36). d 4:4 "Beth ydy'r rhain, syr?" Mae'r ateb yn cael ei roi yn adn. 10b-14. dd 4:6 *Serwbabel* Llywodraethwr Jwda (gw. Haggai 1:1).

3:10 Micha 4:4 4:6 Esra 5:2 5:3 Exodus 20:15-16

"Mae'r wraig yma'n cynrychioli drygioni." A dyma fe'n ei gwthio hi yn ôl i'r gasgen a slamio'r
caead o blwm yn ôl i'w le.
9 Yna dyma fi'n edrych eto, a gweld dwy wraig yn hedfan drwy'r awyr. Roedd ganddyn
nhw adenydd mawr fel crëyr. Dyma nhw'n codi'r gasgen a hedfan i ffwrdd yn uchel i'r awyr.
10 A dyma fi'n gofyn i'r angel, "I ble maen nhw'n mynd â'r gasgen?" 11 A dyma fe'n ateb,
"I wlad Babilonia,[e] i adeiladu teml iddi. Pan fydd y deml yn barod, bydd y gasgen yn cael ei
gosod ar bedestal yno."

Gweledigaeth 8 – Pedwar cerbyd rhyfel

6 Edrychais eto, a'r tro yma roedd pedwar cerbyd rhyfel yn dod i'r golwg rhwng dau
fynydd – mynyddoedd o bres. 2 Ceffylau fflamgoch oedd yn tynnu'r cerbyd cyntaf, ceffylau
duon yr ail, 3 ceffylau gwynion y trydydd, a cheffylau llwyd yr olaf. Roedden nhw i gyd yn
geffylau rhyfel cryfion. 4 Dyma fi'n gofyn i'r angel oedd yn siarad â mi, "Beth ydy'r rhain,
syr?" 5 A dyma'r angel yn ateb, "Dyma bedwar gwynt[f] y nefoedd wedi'u hanfon allan gan
Feistr y ddaear gyfan. 6 Mae'r cerbyd gyda'r ceffylau duon yn mynd i gyfeiriad y gogledd,[ff] a'r
rhai gwynion i'r gorllewin. Ac mae'r cerbyd gyda'r ceffylau llwyd yn mynd i'r de."[g] 7 Roedd
y ceffylau cryfion i'w gweld yn ysu i fynd allan ar batrôl drwy'r ddaear. A dyma'r Meistr yn
dweud wrthyn nhw, "Ewch! Ewch allan ar batrôl drwy'r ddaear gyfan." Felly i ffwrdd â nhw.
8 Yna dyma fe'n galw arna i, "Edrych! Mae'r rhai sydd wedi mynd i dir y gogledd wedi
tawelu fy ysbryd i yno."

Coroni Jehoshwa

9 Dyma'r ARGLWYDD yn rhoi'r neges yma i mi: 10 "Mae Cheldai, Tobeia a Idaïa newydd ddod
yn ôl o Babilon. Dos ar unwaith i dŷ Joseia fab Seffaneia, a derbyn y rhoddion mae'r bobl sy'n
y gaethglud wedi'i anfon gyda nhw. 11 Cymer arian ac aur i wneud coron frenhinol a'i gosod ar
ben Jehoshwa fab Iehotsadac, yr archoffeiriad. 12 Yna dywed wrtho, 'Mae'r ARGLWYDD hollbwerus
yn dweud,

Edrych! Mae'r dyn sy'n cael ei alw y Blaguryn yn blaguro!
Mae'n mynd i adeiladu teml yr ARGLWYDD.

13 Ie, fe sy'n mynd i adeiladu teml yr ARGLWYDD! Bydd yn cael ei arwisgo, ac yn eistedd mewn
ysblander fel brenin ar ei orsedd. A bydd offeiriad yn rhannu ei awdurdod, a'r ddau ohonyn
nhw yn cytuno'n llwyr gyda'i gilydd. 14 Yna bydd y goron yn cael ei chadw yn nheml yr ARGLWYDD
i atgoffa Cheldai, Tobeia, Idaïa a Joseia[ng] fab Seffaneia.
15 " 'Bydd pobl yn dod o bell i adeiladu teml yr ARGLWYDD. Byddwch chi'n gwybod wedyn
mai'r ARGLWYDD hollbwerus sydd wedi fy anfon i atoch chi. Bydd hyn i gyd yn digwydd os
byddwch chi wir yn ufudd i'r ARGLWYDD eich Duw.' "

Cwestiwn am Ymprydio

7 Yn y bedwaredd flwyddyn o deyrnasiad y Brenin Dareius, ar y pedwerydd o fis Cislef
(sef y nawfed mis),[h] dyma'r ARGLWYDD yn rhoi neges i Sechareia. 2 Roedd pobl Bethel
wedi anfon Saretser a Regem-melech a'i ddynion i ofyn am fendith yr ARGLWYDD. 3 Roedden

---

e 5:11 *Babilon* Hebraeg, *Shinar* sy'n hen enw am wlad Babilon. Fel gyda hanes Tŵr Babilon yn Genesis 11, mae'r hen enw Shinar (Genesis 11:2) yn arwyddo gwrthryfel yn erbyn Duw. f 6:5 *gwynt* neu *ysbryd*. Mae'r gair Hebraeg yn golygu'r naill neu'r llall. ff 6:6 *gyfeiriad y gogledd* Mae'r gogledd yn cael ei gysylltu â Babilon, gan mai o'r cyfeiriad hwnnw y daeth Babilon i ymosod ar Jwda – gw. 2:6-7. g 6:6 *de* Byddai'r de yn cynrychioli'r Aifft. ng 6:14 *Joseia* Felly'r Syrieg; Hebraeg, *Chen*, sef "yr un hael" – llysenw ar Joseia falle (gw. adn. 10). h 7:1 *Yn y bedwaredd ... nawfed mis* Cislef oedd nawfed mis calendr Babilon, o tua canol Tachwedd i ganol Rhagfyr; pedwaredd blwyddyn teyrnasiad Dareius oedd 518 CC Mae'r dyddiad yma'n cyfateb i Rhagfyr 7, 518 CC yn ein calendr ni.

6:15 Deuteronomium 28:1

nhw hefyd i fynd i deml yr ARGLWYDD hollbwerus, a gofyn i'r offeiriaid a'r proffwydi, "Ddylen
ni ddal i alaru ac ymprydio yn y pumed mis,[i] fel dŷn ni wedi gwneud ar hyd y blynyddoedd?"[l]
4 Dyma fi'n cael neges gan yr ARGLWYDD hollbwerus. 5 "Dwed wrth bobl y wlad, a'r offeiriaid
i gyd: 'Dych chi wedi bod yn ymprydio ac yn galaru yn y pumed a'r seithfed mis[ll] ers saith deg
mlynedd. Ond ydych chi wir wedi bod yn gwneud hynny i mi? 6 Na, fel pan dych chi'n yfed
a gwledda, dych chi'n ei wneud i blesio'ch hunain!' 7 Dyna'n union beth roedd yr ARGLWYDD
yn ei ddweud drwy ei broffwydi bryd hynny, pan oedd Jerwsalem a'r pentrefi o'i chwmpas
yn ffynnu, a phobl yn byw yn y Negef i'r de a'r iseldir yn y gorllewin."

Y rheswm am y Gaethglud

8 A dyma Sechareia'n cael neges arall gan yr ARGLWYDD. 9 "Dyma mae'r ARGLWYDD hollbwerus
wedi bod yn ei ddweud,

'Byddwch yn deg bob amser,
yn garedig a thrugarog at eich gilydd.
10 Peidiwch cam-drin gwragedd gweddwon,
plant amddifad, mewnfudwyr a phobl dlawd.
A pheidiwch bwriadu drwg i unrhyw un arall.'

11 "Ond doedden nhw'n cymryd dim sylw. Roedden nhw'n hollol benstiff, ac yn gwrthod
yn lân a gwrando. 12 Roedd eu calonnau'n galed fel diemwnt, nes eu bod yn gwrthod
gwrando ar fy nysgeidiaeth, nac ar y negeseuon eraill roedd fy Ysbryd wedi'u rhoi i'r proffwydi
cynnar yna eu cyhoeddi. A dyna pam wnaeth yr ARGLWYDD hollbwerus dywallt ei lid arnyn
nhw.

"Dwedodd yr ARGLWYDD hollbwerus.

13 'Pan oeddwn i'n galw arnyn nhw,
doedden nhw ddim yn gwrando.
Felly pan fyddan nhw'n galw arna i,
fydda i ddim yn gwrando chwaith.
14 Yn lle hynny bydda i'n eu hysgubo nhw i ffwrdd
mewn storm i wledydd dieithr.'

"A dyna pam mae'r wlad yma'n anial, heb neb yn mynd a dod ynddi. Nhw sydd wedi gwneud
y tir hyfryd yma yn anialwch diffaith!"

Addo Adfer Jerwsalem

8 Dyma fi'n cael neges gan yr ARGLWYDD hollbwerus: 2 "Mae'r ARGLWYDD hollbwerus yn
dweud, 'Dw i'n teimlo i'r byw dros Seion. Dw i wedi gwylltio'n lân am beth maen nhw
wedi'i wneud iddi.'
3 "Mae'r ARGLWYDD yn dweud, 'Dw i'n dod yn ôl i Fynydd Seion, a bydda i'n byw yn Jerwsalem.
Bydd Jerwsalem yn cael ei galw 'Y Ddinas Ffyddlon', 'Mynydd yr ARGLWYDD hollbwerus',
'Y Mynydd Cysegredig'.'
4 "Mae'r ARGLWYDD hollbwerus yn dweud hefyd, 'Bydd dynion a gwragedd mewn oed yn
eistedd ar sgwariau Jerwsalem unwaith eto – pob un yn pwyso ar ei ffon am eu bod nhw
mor hen. 5 A bydd sgwariau'r ddinas yn llawn plant – bechgyn a merched yn chwarae'n braf.

---

i 7:3 *pumed mis* Roedden nhw'n gwneud hyn i gofio teml Solomon yn cael ei dinistrio gan y Babiloniaid ar Awst 14, 586 CC, bron saith deg mlynedd cyn hynny – gw. 2 Brenhinoedd 25:8-9. l 7:3 Mae'r ateb i'r cwestiwn yn cael ei roi yn 8:19. ll 7:5 *seithfed mis* Ympryd i gofio llofruddiaeth Gedaleia (sef y dyn gafodd ei benodi gan y Babiloniaid i reoli Jwda ar ôl iddyn nhw goncro'r wlad) – gw. 2 Brenhinoedd 25:22,25 a Jeremeia 41:1-3.

7:7 Eseia 1:10-15; 58:1-7; Amos 5:21-24
7:10 Eseia 1:17,23; Jeremeia 5:28; 7:5-7; 21:12; 22:3; Amos 5:14-15,24; Micha 6:8 7:12 Eseciel 3:7-9
7:13 Jeremeia 11:11; 35:17; Eseciel 8:18; Micha 3:4 8:3 Eseciel 43:1-5

6“Falle fod y peth yn swnio'n amhosibl i'r criw bach ohonoch chi sydd yma nawr,’ – meddai'r
ARGLWYDD hollbwerus – ‘ond ydych chi'n meddwl ei fod yn amhosibl i mi?’
7“Dyma mae'r ARGLWYDD hollbwerus yn ei ddweud: Dw i'n mynd i achub fy mhobl o wledydd
y dwyrain a'r gorllewin, 8a dod â nhw'n ôl i Jerwsalem i fyw. Fy mhobl i fyddan nhw, a bydda
i'n Dduw iddyn nhw. Bydda i'n ffyddlon ac yn deg â nhw.
9“Dyma mae'r ARGLWYDD hollbwerus yn ei ddweud: Dych chi'n clywed heddiw yr un peth
gafodd ei ddweud gan y proffwydi pan gafodd sylfeini teml yr ARGLWYDD hollbwerus eu gosod
i'w hadeiladu eto, sef, ‘Daliwch ati! 10Cyn hynny doedd pobl nac anifeiliaid yn ennill dim am
eu gwaith! Doedd hi ddim yn saff i bobl fynd a dod. Rôn i'n gwneud i bawb dynnu'n groes i'w
gilydd. 11Ond nawr mae pethau'n mynd i fod yn wahanol i'r bobl yma sydd ar ôl,’ – meddai'r
ARGLWYDD hollbwerus. 12‘Bydd llonydd i bobl hau cnydau. Bydd ffrwyth yn tyfu ar y winwydden,
a'r tir yn rhoi cnwd da. Bydd yr awyr yn rhoi glaw a gwlith i'r ddaear. Dyna sut fydd hi bob amser
i'r bobl yma sydd ar ôl! 13O'r blaen, roeddech chi'n cael eich ystyried yn wlad wedi'i melltithio,
Israel a Jwda. Ond dw i'n mynd i'ch achub chi, a byddwch chi'n amlwg yn bobl wedi'u
bendithio. Peidiwch bod ag ofn! Daliwch ati!’ 14Mae'r ARGLWYDD hollbwerus yn dweud, ‘Fel
roeddwn i am eich cosbi chi pan oedd eich hynafiaid yn fy ngwylltio i (a dyna'n union beth wnes
i), 15dw i bellach am wneud pethau da i bobl Jerwsalem a Jwda – felly peidiwch bod ag ofn!
16“ ‘Dyma beth dw i eisiau i chi ei wneud: Dwedwch y gwir wrth eich gilydd. Hybu cyfiawnder
a thegwch yn y llysoedd barn. 17Peidio bwriadu drwg i'ch gilydd. Peidio dweud celwydd ar lw.
Dw i'n casáu pethau fel yna,’ meddai'r ARGLWYDD.”

Yr ateb i'r cwestiwn am Ymprydio

18Dyma fi'n cael neges gan yr ARGLWYDD hollbwerus: 19“Mae'r ARGLWYDD hollbwerus yn
dweud, ‘Bydd y dyddiau o ympryd yn y pedwerydd, pumed, seithfed a degfed mis[m] yn troi'n
ddigwyddiadau hapus – yn bartïon i bobl Jwda ddathlu! Ond rhaid caru'r gwir a byw yn
heddychlon!’
20“Mae'r ARGLWYDD hollbwerus yn dweud, ‘Ryw ddydd, bydd pobl o bobman yn dod yma.
21Bydd pobl o un dref yn mynd i ddweud wrth dref arall, “Gadewch i ni droi at yr ARGLWYDD
hollbwerus, a gofyn iddo'n bendithio ni. Dewch gyda ni! Dŷn ni'n mynd!” ’ 22Bydd lot o bobl
wahanol, a gwledydd cryfion yn dod i Jerwsalem, ac yn gofyn i'r ARGLWYDD hollbwerus eu
bendithio nhw.
23“Dyma mae'r ARGLWYDD hollbwerus yn ei ddweud: Bryd hynny bydd deg o bobl o bob
gwlad ac iaith yn gafael yn ymyl clogyn Iddew, a dweud, ‘Gad i ni fynd gyda chi. Dŷn ni wedi
clywed fod Duw gyda chi!’ ”

Duw yn barnu a bendithio cymdogion Israel

9 Y neges roddodd yr ARGLWYDD
am ardal Chadrach,
yn arbennig tref Damascus.
(Mae llygad yr ARGLWYDD ar y ddynoliaeth
fel mae ar lwythau Israel i gyd.)
2 Ac am Chamath, sy'n ffinio gyda Damascus,
a Tyrus a Sidon[n] hefyd,
sy'n meddwl ei bod mor glyfar.

---

m 8:19 *ympryd ... degfed mis* 1. *pedwerydd (mis)* – ympryd i gofio'r diwrnod pan wnaeth byddin Babilon lwyddo i dorri drwy waliau Jerwsalem (gw. 2 Brenhinoedd 25:2-4; Jeremeia 39:2) 2. *pumed (mis)* – (gw. Sechareia 7:3) 3. *seithfed (mis)* – (gw. Sechareia 7:5) 4. *degfed (mis)* – ympryd i gofio'r diwrnod y gwnaeth byddin Babilon ymosod ar Jerwsalem a dechrau gwarchae arni (gw. 2 Brenhinoedd 25:2-4; Jeremeia 39:2).

n 9:2 *Tyrus a Sidon* trefi ar arfordir Phenicia.

8:8 Lefiticus 26:12; Jeremeia 7:23; 11:4; 24:7; Eseciel 11:20; 36:28; 37:23,27 8:8 Hosea 2:19-20
8:10 Haggai 1:6,10-11 8:22 Eseia 2:2-4; Micha 4:1-3 8:23 Eseia 7:14; 45:14; Haggai 1:13

3 Mae Tyrus wedi gwneud ei hun mor gryf
ac mor gyfoethog – mae wedi pentyrru
arian fel pridd, ac aur fel baw ar y strydoedd!
4 Ond bydd y Meistr yn cymryd y cwbl,
ac yn suddo ei llongau yn y môr.
Bydd tref Tyrus yn cael ei llosgi'n ulw!

5 Bydd Ashcelon yn gweld hyn ac yn dychryn.
Bydd Gasa yn gwingo mewn ofn;
ac Ecron hefyd wedi anobeithio'n llwyr.
Bydd brenin Gasa yn cael ei ladd,
a fydd neb ar ôl yn Ashcelon.
6 A bydd pobl o dras gymysg yn setlo yn Ashdod.[o]
Dw i'n mynd i dorri crib y Philistiaid!
7 Yna wnân nhw byth eto
fwyta dim gyda gwaed ynddo,
na chig wedi'i aberthu i eilun-dduwiau.
Bydd y rhai sydd ar ôl yn Philistia
yn dod i gredu yn ein Duw –
byddan nhw fel un o deuluoedd Jwda.
A bydd pobl Ecron fel y Jebwsiaid.[p]
8 Bydda i'n gwersylla o gwmpas y deml,
i'w hamddiffyn rhag y byddinoedd sy'n mynd a dod.
Fydd neb yn ymosod ar fy mhobl
i'w gormesu nhw byth eto.
Dw i fy hun yn gofalu amdanyn nhw.

Y brenin sydd i ddod

9 Dathlwch bobl Seion!
Gwaeddwch yn llawen, bobl Jerwsalem!
Edrych! Mae dy frenin yn dod.
Mae e'n gyfiawn ac yn achub;
Mae'n addfwyn ac yn marchogaeth ar asyn,
ie, ar ebol asen.

10 Bydda i'n symud y cerbydau rhyfel o Israel,[ph]
a mynd â'r ceffylau rhyfel i ffwrdd o Jerwsalem.
Bydd arfau rhyfel yn cael eu dinistrio!
Yna bydd y brenin yn cyhoeddi heddwch i'r gwledydd.
Bydd yn teyrnasu o fôr i fôr,
ac o afon Ewffrates i ben draw'r byd!

11 Yna chi, fy mhobl – oherwydd yr ymrwymiad
rhyngon ni, wedi'i selio â gwaed[r] –

---

o 9:5,6 *Ashcelon* ... *Gasa* ... *Ecron* ... *Ashdod* trefi'r Philistiaid, oedd mewn cynghrair gyda Tyrus.
p 9:7 *Jebwsiaid* Pobl Jerwsalem cyn i Dafydd goncro'r ddinas (gw. 2 Samuel 5:6-10). Cawson nhw aros a dod yn rhan o Israel (Josua 15:63; Barnwyr 1:21; 1 Brenhinoedd 9:20-21). ph 9:10 *Israel* Hebraeg, "Effraim", sef prif lwyth teyrnas Israel, yn aml yn cynrychioli'r wlad yn gyfan. r 9:11 *ymrwymiad* ... *gwaed* Yr ymrwymiad ar Fynydd Sinai (gw. Exodus 24:7,8).
9:3 Eseciel 28:4-5 9:7 Genesis 9:4; Lefiticus 3:17; Deuteronomium 12:16 9:8 Deuteronomium 11:12
9:10 Eseia 2:4; Micha 4:3; 5:10 9:10 Salm 72:8

dw i'n mynd i ryddhau eich carcharorion
o'r pydew oedd heb ddŵr ynddo.

12 Dewch adre i'r gaer ddiogel,
chi garcharorion – mae gobaith!
Dw i'n cyhoeddi heddiw eich bod i gael
popeth gollwyd yn ôl – dwywaith cymaint!
13 Jwda ydy'r bwa dw i'n ei blygu,
ac Israel[rh] ydy'r saeth.
Bydda i'n codi dy bobl di, Seion,
yn erbyn gwlad Groeg.
Bydd Seion fel cleddyf rhyfelwr
yn fy llaw.

14 Yna bydd yr ARGLWYDD i'w weld
uwchben ei bobl,
a'i saeth yn tanio fel mellten.
Bydd y Meistr, yr ARGLWYDD, yn chwythu'r corn hwrdd,[s]
ac yn ymosod fel gwynt stormus o'r de.
15 Bydd yr ARGLWYDD hollbwerus
yn amddiffyn ei bobl.
Byddan nhw'n concro'r gelyn gyda ffyn tafl,
ac yn gwledda a dathlu fel meddwon.
Bydd fel y gwaed o bowlen yr aberth
yn cael ei sblasio ar gyrn yr allor.

16 Bryd hynny, bydd yr ARGLWYDD eu Duw
yn eu hachub, am mai nhw ydy praidd ei bobl.
Byddan nhw'n disgleirio ar ei dir
fel cerrig gwerthfawr mewn coron –
17 Mor werthfawr! Mor hardd!
Bydd ŷd a sudd grawnwin yn gwneud
y dynion a'r merched ifanc yn gryf.

Yr ARGLWYDD yn addo achub

10 Gofynnwch i'r ARGLWYDD am law
adeg tymor cawodydd y gwanwyn –
yr ARGLWYDD sy'n anfon y stormydd.
Bydd yn anfon cawodydd trwm o law
a bydd digon o gnydau yn tyfu i bawb.
2 Mae eilun-ddelwau teuluol yn camarwain pobl,
a'r rhai sy'n dweud ffortiwn yn twyllo
– mae eu breuddwydion yn ffals,
a'u cysur yn ddiwerth.
Felly mae'r bobl yn crwydro fel defaid,
heb fugail i'w hamddiffyn.

3 "Dw i wedi gwylltio'n lân gyda 'bugeiliaid' y gwledydd,
ac yn mynd i'w cosbi nhw – y 'bychod' sydd ar y blaen!"

rh 9:13 gw. adn. 10. s 9:14 *corn hwrdd* Hebraeg, *shoffar.*

Mae'r ARGLWYDD hollbwerus
yn mynd i ofalu am ei braidd, sef pobl Jwda,
a'u gwneud nhw fel ceffylau rhyfel cryfion.
4 Ohonyn nhw y daw y garreg sylfaen,
Ohonyn nhw daw'r peg i ddal y babell,
Ohonyn nhw daw'r bwa rhyfel,
Ohonyn nhw daw pob arweinydd cryf.
5 Byddan nhw fel milwyr dewr mewn brwydr
yn martsio drwy'r mwd ar faes y gâd.
Am fod yr ARGLWYDD gyda nhw,
byddan nhw'n ymladd
ac yn curo cafalri'r gelyn.

6 "Dw i'n mynd i wneud teyrnas Jwda'n gryf,
ac achub pobl Israel.[t]
Dw i'n mynd i ddod â nhw'n ôl
a dangos trugaredd atyn nhw –
bydd fel petawn i erioed wedi'u gwrthod nhw.
Fi ydy'r ARGLWYDD eu Duw nhw,
a dw i'n mynd i'w hateb nhw.
7 Bydd pobl Israel[th] fel milwyr dewr
yn dathlu fel petaen nhw wedi meddwi.
Bydd eu plant mor hapus wrth weld hynny,
ac yn gorfoleddu yn yr ARGLWYDD.

8 Dw i'n mynd i chwibanu
i'w casglu nhw at ei gilydd –
dw i'n eu gollwng nhw'n rhydd!
Bydd cymaint ohonyn nhw ag o'r blaen.
9 Er i mi eu gwasgaru drwy'r gwledydd,
byddan nhw'n meddwl amdana i mewn mannau pell –
a byddan nhw a'u plant yn dod yn ôl
10 Bydda i'n dod â nhw yn ôl o'r Aifft,
ac yn eu casglu nhw o Asyria;
mynd â nhw i dir Gilead a Libanus,
a fydd hyd yn oed hynny ddim digon o le.
11 Byddan nhw'n croesi'r môr stormus,
a bydd e'n tawelu'r tonnau.
Bydd dŵr dwfn afon Nîl yn sychu,
balchder Asyria'n cael ei dorri,
a'r Aifft yn rheoli ddim mwy.
12 Bydda i'n gwneud fy mhobl yn gryf,
a byddan nhw'n byw fel dw i'n dweud,"
—yr ARGLWYDD sy'n dweud hyn.

11 Agor dy giatiau, Libanus,
a bydd tân yn llosgi dy goed cedrwydd.
2 Bydd y coed pinwydd yn udo,
am fod y coed cedrwydd wedi syrthio –
mae'r coed mawreddog wedi'u difrodi.

---

t 10:6 *Israel* Hebraeg, "teulu Joseff", sef tad Effraim a Manasse, dau brif lwyth Israel (teyrnas y gogledd).
th 10:7 *Israel* Hebraeg, "Effraim", sef prif lwyth teyrnas Israel, yn aml yn cynrychioli'r wlad yn gyfan.

Bydd coed derw Bashan yn udo,
am fod y goedwig drwchus wedi'i thorri i lawr.
3 Gwrandwch ar y bugeiliaid yn udo –
am fod y borfa odidog wedi'i difetha!
Gwrandwch ar y llewod ifanc yn rhuo –
am fod coedwig yr Iorddonen wedi'i difa!

Y ddau fugail

4Dyma mae'r ARGLWYDD fy Nuw yn ei ddweud: "Bugeilia'r praidd sydd i fynd i'r lladd-dy.
5Mae'r rhai sy'n eu prynu yn eu lladd heb deimlo unrhyw gywilydd. Mae'r rhai sy'n eu
gwerthu yn diolch i'r ARGLWYDD am eu gwneud nhw'n gyfoethog. A dydy'r bugeiliaid yn poeni
dim amdanyn nhw. 6Ac o hyn ymlaen, fydda i'n poeni dim am bobl y wlad yma," meddai'r
ARGLWYDD. "Bydda i'n eu troi nhw yn erbyn ei gilydd, a rhoi pob un yng ngafael ei frenin. Bydd
y rheiny'n dod â dinistr i'r wlad, a fydda i'n achub neb o'u gafael."
7Felly dyma fi'n bugeilio'r praidd oedd i fynd i'r lladd-dy ar ran y masnachwyr. Cymerais
ddwy ffon, a galw un yn 'Haelioni' a'r llall yn 'Undod'. Yna es i fugeilio'r praidd 8a diswyddo'r
tri bugail mewn un mis. Rôn i wedi colli pob amynedd gyda'r masnachwyr, a doedd ganddyn
nhw ddim parch ata i chwaith. 9Yna dyma fi'n dweud wrthyn nhw, "Dw i ddim am ofalu am
y praidd i chi! Y rhai sydd i farw, cân nhw farw. Y rhai sydd i fynd ar goll, cân nhw fynd ar
goll. A'r rhai fydd yn dal yn fyw, cân nhw fwyta cnawd ei gilydd!"
10Yna dyma fi'n cymryd fy ffon 'Haelioni', a'i thorri, i ddangos fod yr ymrwymiad wnes
i gyda phobl Israel i gyd wedi'i ganslo. 11Cafodd ei ganslo y diwrnod hwnnw, ac roedd
y masnachwyr oedd yn fy ngwylio i yn gwybod fod hyn yn neges gan yr ARGLWYDD.
12Yna dyma fi'n dweud wrthyn nhw, "Os ydych chi'n fodlon, rhowch fy nghyflog i mi. Os na,
anghofiwch am y peth." Felly dyma nhw'n talu tri deg darn arian yn gyflog i mi.
13A dyma'r ARGLWYDD yn dweud wrtho i, "Tafla eu harian 'hael' nhw i'r trysordy!" Dyna'r
cwbl roedden nhw'n meddwl oeddwn i'n werth! Felly dyma fi'n rhoi'r arian i drysordy teml
yr ARGLWYDD. 14Yna dyma fi'n cymryd y ffon arall, 'Undod', a thorri honno, i ddangos fod
y berthynas rhwng Jwda ac Israel wedi dod i ben.
15A dyma'r ARGLWYDD yn dweud wrtho i, "Cymer offer bugail eto – bugail da i ddim.
16Dw i'n rhoi arweinydd i'r wlad yma – bugail fydd yn poeni dim am y defaid sy'n marw,
nac yn mynd i chwilio am y rhai sydd wedi crwydro. Fydd e ddim yn iacháu'r rhai sydd
wedi'u hanafu, nac yn bwydo'r rhai iach. Ond bydd yn bwyta cig yr ŵyn gorau, a thorri
eu carnau i ffwrdd.

17 Mae ar ben ar fy mugail diwerth
sy'n troi cefn ar y praidd!
Bydd cleddyf yn taro ei fraich
ac yn anafu ei lygad dde.
Bydd yn colli defnydd o'i fraich,
ac yn cael ei ddallu yn ei lygad dde!"u

Achub Jerwsalem rhag ei gelynion

12 Y neges roddodd yr ARGLWYDD am Israel – ie, neges gan yr ARGLWYDD,

Yr Un wnaeth ledu'r awyr
a gosod sylfeini'r ddaear,
a rhoi anadl bywyd i bobl.

---

u 11:17 *Bydd cleddyf ... ei lygad dde!* Roedd y fraich dde yn symbol o gryfder a grym (gw. Eseia 51:9; Eseciel 30:21). Byddai milwr yn edrych heibio ei darian gyda'i lygad dde. Felly doedd dyn oedd yn ddall yn ei lygad dde yn dda i ddim fel milwr.

2“Dw i'n mynd i wneud Jerwsalem yn gwpan feddwol. Bydd yn gwneud i'r gwledydd
o'i chwmpas feddwi'n gaib pan fyddan nhw'n ymosod arni hi a Jwda. 3Bryd hynny bydda
i'n gwneud Jerwsalem yn garreg enfawr rhy drwm i'r gwledydd ei chario. Bydd pawb sy'n
ceisio'i symud yn gwneud niwed difrifol iddyn nhw'u hunain! Bydd y gwledydd i gyd yn dod
yn ei herbyn.”
4“Bryd hynny,” meddai'r ARGLWYDD, “bydda i'n gwneud i'r ceffylau rhyfel ddrysu'n llwyr,
ac yn gyrru'r marchogion i banig. Bydda i'n gwylio Jwda'n ofalus. Bydd fel petai ceffylau'r
gelynion i gyd yn ddall! 5Yna bydd arweinwyr Jwda yn sylweddoli mai cryfder pobl Jerwsalem
ydy eu Duw, yr ARGLWYDD hollbwerus.
6“Bryd hynny bydda i'n gwneud arweinwyr Jwda fel padell dân mewn pentwr o goed, neu
ffagl yn llosgi mewn tas wair. Byddan nhw'n llosgi'r gwledydd sydd o'u cwmpas. A bydd
pobl Jerwsalem yn setlo i lawr unwaith eto yn eu cartref, dinas Jerwsalem. 7Bydd yr ARGLWYDD
yn rhoi buddugoliaeth i fyddin Jwda gyntaf, fel bod arweinwyr Jerwsalem a llinach frenhinol
Dafydd ddim yn cael mwy o anrhydedd na phobl gyffredin Jwda.
8“Bryd hynny bydd yr ARGLWYDD ei hun yn amddiffyn pobl Jerwsalem. Bydd y person gwannaf
yn eu plith fel y Brenin Dafydd ei hun, a bydd y teulu brenhinol fel Duw, neu angel yr ARGLWYDD
yn mynd o'u blaenau.

Galaru drwy'r wlad

9“Bryd hynny bydda i'n mynd ati i ddinistrio'r gwledydd sy'n ymosod ar Jerwsalem!
10Bydda i'n tywallt ar deulu brenhinol Dafydd a phobl Jerwsalem awydd i brofi haelioni Duw
a'i faddeuant. Wrth edrych arna i, yr un maen nhw wedi'i drywanu, byddan nhw'n galaru
fel mae pobl yn galaru am eu hunig fab. Byddan nhw'n wylo'n chwerw, fel rhieni'n wylo ar
ôl colli eu hunig blentyn neu eu mab hynaf.
11“Bryd hynny, bydd sŵn y galaru yn Jerwsalem fel y galaru yn Hadad-rimmon ar wastatir
Megido.[w] 12Bydd y wlad i gyd yn galaru, pob clan ar wahân, a'r dynion a'r gwragedd yn galaru
ar wahân – teulu brenhinol Dafydd, a'u gwragedd ar wahân; teulu Nathan,[y] a'u gwragedd ar
wahân; 13teulu Lefi, a'u gwragedd ar wahân; teulu Shimei,[a] a'u gwragedd ar wahân; 14a phob
clan arall oedd ar ôl – pob teulu'n galaru ar eu pennau'u hunain, a'u gwragedd yn galaru
ar eu pennau'u hunain.”

13 “Bryd hynny bydd ffynnon wedi'i hagor bob amser i deulu brenhinol Dafydd a phobl
Jerwsalem, i'w glanhau o bechod ac aflendid.”

Cael gwared ag eilun-dduwiau a phroffwydi ffals

2“Bryd hynny hefyd,” – meddai'r ARGLWYDD hollbwerus – “dw i'n mynd i gael gwared â'r
eilunod o'r tir. Fydd neb yn cofio eu henwau nhw hyd yn oed. A bydda i hefyd yn cael gwared
â'r proffwydi ffals a'r ysbrydion aflan o'r tir. 3Wedyn os bydd rhywun yn proffwydo, bydd ei
dad a'i fam yn dweud wrtho, ‘Rhaid i ti farw! Ti'n honni siarad ar ran yr ARGLWYDD, ond yn
proffwydo celwydd!’ A bydd ei dad a'i fam yn ei drywanu i farwolaeth.
4“Bryd hynny bydd gan broffwyd gywilydd o'i weledigaethau, a bydd yn ceisio cuddio'r
gwir drwy stopio gwisgo clogyn blewog proffwydi. 5Bydd yn gwadu popeth a dweud, ‘Fi? Dw
i ddim yn broffwyd. Dw i wedi bod yn gweithio fel gwas ar y tir es pan oeddwn i'n ifanc.’
6Yna bydd rhywun yn gofyn iddo, ‘Felly, beth ydy'r creithiau[b] yna ar dy frest di?’ A bydd yn
ateb, ‘Ces fy anafu yn nhŷ ffrindiau.’ ”

---

w 12:11 *galaru ... Megido* Falle mai cyfeiriad sydd yma at farwolaeth y Brenin Joseia mewn brwydr yn Megido yn 609 CC Joseia oedd y brenin olaf yn Jwda i gael ei ddisgrifio fel brenin da (2 Brenhinoedd 22:1-2; 23:25,28-30; 2 Cronicl 35:20-27). y 12:12 *Nathan* Un o feibion Dafydd – (2 Samuel 5:14; 1 Cronicl 3:5; 4:4; Luc 3:31). a 12:13 *Shimei* Un o feibion Gershon mab Lefi (gw. Numeri 3:18). b 13:6 *creithiau* Roedd pobl yn torri eu hunain gyda cyllyll, fel rhan o'r ddefod, wrth addoli'r duwiau ffals (gw. 1 Brenhinoedd 18:28).
13:2 Hosea 2:17 13:3 Deuteronomium 18:20 13:3 Deuteronomium 13:6-10

Y Bugail a'r defaid

[7]Dyma mae'r ARGLWYDD hollbwerus yn ei ddweud:

"Deffra gleddyf! Ymosod ar fy mugail,
y dyn sy'n agos ata i.
Taro'r bugail,
a bydd y praidd yn mynd ar chwâl.
Bydda i'n taro'r rhai bach hefyd.
8 Dyna fydd yn digwydd drwy'r wlad i gyd,"
—yr ARGLWYDD sy'n dweud hyn.

"Bydd dwy ran o dair yn cael eu lladd,
gan adael un rhan o dair ar ôl.
9 A bydda i'n arwain y rheiny drwy dân,
i'w puro fel mae arian yn cael ei buro,
a'u profi fel mae aur yn cael ei brofi.
Byddan nhw'n galw ar fy enw i,
a bydda i'n ateb.
Bydda i'n dweud, 'Fy mhobl i ydy'r rhain,'
a byddan nhw'n dweud, 'Yr ARGLWYDD ydy ein Duw ni.' "

Y Frwydr Olaf a'r ARGLWYDD yn dod

14 Mae dydd yr ARGLWYDD yn dod, pan fydd eich eiddo i gyd yn cael ei gymryd a'i rannu
o'ch blaen chi. [2]Dw i'n mynd i gasglu'r gwledydd at ei gilydd i ryfel yn erbyn
Jerwsalem. Bydd y ddinas yn cael ei choncro, eich cartrefi'n cael eu gwagio, a'ch gwragedd
yn cael eu treisio. Bydd hanner y boblogaeth yn cael eu cymryd i ffwrdd yn gaethion, ond yr
hanner arall yn aros yn y ddinas.
[3]Ond yna bydd yr ARGLWYDD yn mynd allan i ymladd yn erbyn y gwledydd hynny, fel gwnaeth
e ymladd yn y gorffennol. [4]Bryd hynny bydd e'n sefyll ar Fynydd yr Olewydd i'r dwyrain
o Jerwsalem. A bydd Mynydd yr Olewydd yn hollti o'r dwyrain i'r gorllewin, gan adael dyffryn
llydan. Bydd hanner y mynydd yn symud tua'r gogledd, a hanner tua'r de. [5]A byddwch chi'n
dianc ar hyd y dyffryn yma yr holl ffordd i Atsel, fel gwnaethoch chi ddianc adeg y daeargryn
pan oedd Wseia'n frenin ar Jwda.[c] Yna bydd fy ARGLWYDD Dduw yn dod, a'i angylion sanctaidd
gydag e.
[6]Bryd hynny fydd dim golau – bydd y sêr disglair yn rhewi. [7]Bydd yn ddiwrnod unigryw. Yr
ARGLWYDD sy'n gwybod pryd. Fydd dim dydd na nos; ac eto bydd hi'n dal yn olau gyda'r nos.
[8]Bryd hynny hefyd bydd dŵr glân croyw yn llifo allan o Jerwsalem – ei hanner yn llifo i'r
dwyrain, i'r Môr Marw, a'r hanner arall i'r gorllewin, i Fôr y Canoldir. Bydd yn llifo rownd
y flwyddyn, haf a gaeaf. [9]A bydd yr ARGLWYDD yn frenin dros y byd i gyd. Yr ARGLWYDD fydd yr
unig un, a'i enw e fydd yn cael ei addoli. [10]Bydd y tir i gyd (o Geba i Rimmon,[ch] sydd i'r de
o Jerwsalem) yn cael ei droi yn dir gwastad. Ond bydd Jerwsalem gyfan yn sefyll yn uchel
yn ei lle – o Giât Benjamin i safle'r Giât gyntaf ac yna ymlaen at Giât y Gornel, ac o Dŵr
Chanan-el i'r cafnau gwin brenhinol. [11]Bydd pobl yn byw yno, a fydd y ddinas byth eto'n cael
ei melltithio a'i dinistrio. Bydd Jerwsalem yn hollol saff.
[12]Ond bydd yr ARGLWYDD yn anfon pla i daro'r gwledydd hynny wnaeth ymosod ar Jerwsalem:
Bydd eu cyrff yn pydru tra byddan nhw'n dal ar eu traed. Bydd eu llygaid yn pydru'n eu
pennau. Bydd eu tafodau'n pydru'n eu cegau.

---

c 14:5 *daeargryn ... ar Jwda* Daeargryn ddigwyddodd yn 760 CC mae'n debyg – gw. Amos 1:1.
ch 14:10,11 *o Geba i Rimmon* Ffiniau Jwda, fwy neu lai, cyn y gaethglud (gw. 2 Brenhinoedd 23:8); mae Geba tua 10 milltir i'r gogledd o Jerwsalem, a Rimmon tua 10 milltir i'r gogledd o Beersheba.
14:2 Eseciel 38

[13]Bryd hynny bydd yr ARGLWYDD yn achosi panig llwyr yn eu plith. Byddan nhw'n ymladd
ei gilydd! [14]Bydd hyd yn oed Jwda yn ymuno yn y ffrwgwd! A bydd cyfoeth y gwledydd yn
cael ei gasglu i Jerwsalem – aur, arian a llwythi o ddillad. [15]Bydd pla yn taro'r anifeiliaid
yng ngwersylloedd y gelyn – bydd eu ceffylau, mulod, camelod, asynnod, a'r anifeiliaid eraill
i gyd yn cael eu taro gan bla.

[16]Yna bydd pawb fydd yn dal yn fyw (o'r gwledydd hynny wnaeth ymosod ar Jerwsalem) yn
mynd i Jerwsalem bob blwyddyn i addoli'r Brenin, yr ARGLWYDD hollbwerus, ac i ddathlu Gŵyl
y Pebyll. [17]Ac os bydd unrhyw grŵp o bobl drwy'r byd i gyd yn gwrthod mynd i Jerwsalem
i addoli'r Brenin, yr ARGLWYDD hollbwerus, fyddan nhw'n cael dim glaw. [18]Os bydd yr Eifftiaid
yn gwrthod mynd, fyddan nhw'n cael dim glaw. Bydd yr ARGLWYDD yn eu taro nhw gyda'r plâu
mae'n eu hanfon ar y gwledydd hynny sy'n gwrthod mynd i ddathlu Gŵyl y Pebyll. [19]Dyna
sut bydd yr Aifft ac unrhyw wlad arall sy'n gwrthod mynd i ddathlu'r Ŵyl, yn cael eu cosbi.

[20]Bryd hynny bydd y geiriau "Wedi ei gysegru i'r ARGLWYDD" i'w gweld ar glychau harnais
ceffylau. Bydd y crochanau i ferwi cig yn y Deml yr un mor gysegredig â'r powlenni taenellu
o flaen yr allor. [21]Bydd pob crochan yn Jerwsalem a Jwda wedi'i gysegru i'r ARGLWYDD
hollbwerus. Bydd y bobl sy'n dod i aberthu yn gallu eu defnyddio i ferwi cig yr aberthau
ynddyn nhw. A bryd hynny fydd dim marchnatwyr yn nheml yr ARGLWYDD hollbwerus.

14:20 Exodus 28:36; 39:30

Malachi

1 Y neges roddodd yr ARGLWYDD i Israel drwy Malachi.

Dadl am gariad Duw at Israel

2 "Dw i wedi'ch caru chi," meddai'r ARGLWYDD.
Ond dych chi'n gofyn, "Sut wyt ti wedi dangos dy gariad aton ni?"
Ac mae'r ARGLWYDD yn ateb,
"Onid oedd Esau'n frawd i Jacob?
Dw i wedi caru Jacob 3 ond gwrthod Esau.[a]
Dw i wedi gwneud ei fryniau yn ddiffeithwch;
a'i dir yn gartref i siacaliaid yr anialwch."

4 Mae Edom yn dweud, "Mae'n trefi wedi'u chwalu,
ond gallwn ailadeiladu'r adfeilion."
Ond dyma mae'r ARGLWYDD hollbwerus yn ei ddweud:
"Gallan nhw adeiladu, ond bydda i'n bwrw i lawr!
Byddan nhw'n cael eu galw yn wlad ddrwg,
ac yn bobl mae'r ARGLWYDD wedi digio gyda nhw am byth."
5 Cewch weld y peth drosoch eich hunain, a byddwch yn dweud,
"Yr ARGLWYDD sy'n rheoli, hyd yn oed y tu allan i ffiniau Israel!"

Yr offeiriaid ddim yn parchu Duw

6 "Mae mab yn parchu ei dad
a chaethwas yn parchu ei feistr.
Os dw i'n dad, ble mae'r parch dw i'n ei haeddu?
Ac os ydw i'n feistr, pam nad ydw i'n cael fy mharchu?"
—meddai'r ARGLWYDD hollbwerus.
"Dych chi offeiriaid yn dangos dim ond dirmyg tuag ata i!"

"Sut ydyn ni wedi dy ddirmygu di?" meddech chi.
7 "Drwy offrymu bwyd sy'n halogi fy allor i."
"Sut ydyn ni wedi'i halogi?" meddech chi wedyn.
"Drwy feddwl, 'Sdim ots mai bwrdd yr ARGLWYDD ydy e.' "
8 Pan dych chi'n cyflwyno anifail dall i'w aberthu,
ydy hynny ddim yn ddrwg?
Pan dych chi'n cyflwyno anifail cloff neu sâl,
ydy hynny ddim yn ddrwg?
Rhowch e i lywodraethwr y wlad!
Fyddai e'n cael ei blesio?
Fyddai e'n garedig atoch chi?
—meddai'r ARGLWYDD hollbwerus.
9 Nawr, ceisiwch ofyn am fendith Duw!
Fydd e'n garedig atoch chi?
Os mai offrymau fel yma dych chi'n eu rhoi iddo,
fydd e'n garedig atoch chi?

a 1:3 *Esau* Disgynyddion Esau oedd pobl Edom.

Mae'r ARGLWYDD hollbwerus yn dweud:
10 "O na fyddai un ohonoch chi'n cloi giatiau'r deml,
fel ei bod hi'n amhosib i roi tân ar fy allor –
y cwbl i ddim pwrpas!"

"Dw i ddim yn hapus hefo chi o gwbl,"
—meddai'r ARGLWYDD hollbwerus,

"a dw i ddim yn mynd i dderbyn eich offrwm chi!
11 O un pen o'r byd i'r llall,
bydd fy enw'n cael ei barchu
drwy'r gwledydd i gyd!
Bydd arogldarth ac offrwm pur
yn cael ei gyflwyno i mi ym mhobman.
Bydd fy enw'n cael ei barchu
drwy'r gwledydd i gyd!"
—meddai'r ARGLWYDD hollbwerus.

12 "Ond dych chi'n dangos dirmyg tuag ata i wrth feddwl,
'Does dim byd sbesial am fwrdd y Meistr;
pa wahaniaeth beth sy'n cael ei roi arno?'
13 'Pam boddran?' meddech chi,
ac wfftio'r cwbl;"
—meddai'r ARGLWYDD hollbwerus,

"ac yna dod ag anifeiliaid wedi'u dwyn,
rhai cloff, a rhai sâl,
a chyflwyno'r rheiny'n offrwm i mi!
Ydw i wir i fod i'w derbyn nhw gynnoch chi?"
—yr ARGLWYDD sy'n gofyn.

14 "Melltith ar y twyllwr sy'n addo hwrdd perffaith o'i braidd,
ac yna'n rhoi un gwael yn aberth i mi!
Dw i yn Frenin mawr"
—meddai'r ARGLWYDD hollbwerus,

"ac mae parch ata i drwy'r gwledydd i gyd."

Y proffwyd yn rhybuddio'r offeiriaid

2 Nawr, chi offeiriaid, dyma orchymyn i chi:
2 "Os wnewch chi ddim gwrando
a phenderfynu dangos parch tuag ata i,"
—meddai'r ARGLWYDD hollbwerus,

"bydda i'n dod â'r felltith arnoch chi,
ac yn troi eich bendithion chi yn felltith.
(Yn wir, dw i wedi gwneud hynny,
am eich bod chi ddim o ddifrif.)
3 Bydda i'n ceryddu eich disgynyddion,
a rhwbio eich wyneb yn y perfeddion
– perfeddion aberthau eich gwyliau crefyddol,
a byddwch yn cael eich taflu allan gyda nhw!

4 Byddwch yn gwybod wedyn mai fi
roddodd y gorchymyn hwn i chi,
fod fy ymrwymiad gyda Lefi i'w gadw,"
—meddai'r ARGLWYDD hollbwerus.

5 "Rôn i wedi ymrwymo i roi bywyd a heddwch iddo.
Dyna rois i iddo, ac roedd e i fod i'm parchu
ac ymostwng o'm blaen i.
6 Roedd i ddysgu'r gwir,
a doedd e ddim i dwyllo;
Roedd i fyw yn gwbl ufudd i mi,
ac i droi llawer o bobl oddi wrth ddrwg.
7 Roedd geiriau offeiriad i amddiffyn y gwir,
a'r hyn mae'n ei ddysgu i roi arweiniad i bobl;
gan ei fod yn negesydd i'r ARGLWYDD hollbwerus.

8 Ond dych chi wedi troi cefn ar y ffordd iawn;
dych chi wedi dysgu pethau
sydd wedi gwneud i lawer o bobl faglu.
Dych chi wedi llygru'r ymrwymiad gyda Lefi,"
— meddai'r ARGLWYDD hollbwerus.
9 "Felly dw i'n mynd i'ch gwneud chi'n rai
sy'n cael eu diystyru a'u bychanu gan bawb,
am nad ydych chi wedi bod yn ffyddlon i mi,
a dydy'ch dysgeidiaeth chi ddim wedi bendithio pobl."

Priodasau cymysg ac ysgariad

10 Onid un tad sydd gynnon ni i gyd?
Onid yr un Duw wnaeth ein creu ni?
Felly pam ydyn ni'n anffyddlon i'n gilydd
ac yn torri ymrwymiad ein tadau?
11 Mae pobl Jwda wedi bod yn anffyddlon,
ac wedi gwneud pethau ffiaidd
yn Israel a Jerwsalem.
Maen nhw wedi halogi'r lle sanctaidd
mae'r ARGLWYDD yn ei garu,
drwy briodi merched sy'n addoli duwiau eraill.
12 Boed i'r ARGLWYDD daflu allan o bebyll Jacob
bob un sy'n gwneud y fath beth,
ac yna'n cyflwyno offrwm i'r ARGLWYDD hollbwerus.

13 A dyma beth arall dych chi'n ei wneud:

Dych chi'n gorchuddio allor yr ARGLWYDD
gyda'ch dagrau, wrth wylo a chwyno
am nad ydy e'n cymryd sylw o'ch offrwm chi ddim mwy,
ac yn gwrthod derbyn eich rhodd.
14 "Ond pam?" meddech chi.
Am fod yr ARGLWYDD yn dyst
i'r addewidion wnest ti i dy wraig pan briodaist.
Ti wedi bod yn anffyddlon iddi
er mai hi ydy dy gymar di,
a'r un wnest ti ymrwymo iddi drwy briodas.
15 Oni wnaeth Duw chi'n un?
Gwnaeth chi'n un cnawd ac ysbryd.

A beth sydd gan Dduw eisiau o'r undod?
Onid plant duwiol?[b]
Felly gwyliwch eich hunain!
Ddylai neb fod yn anffyddlon
i'r wraig briododd pan yn ifanc.
16 "Dw i'n casáu ysgariad,"
—meddai'r ARGLWYDD, Duw Israel,
"a'r rhai sy'n euog o drais,"
—meddai'r ARGLWYDD hollbwerus.
Felly gwyliwch eich hunain!
Ddylai neb fod yn anffyddlon.

Bydd Duw yn barnu

17 Dych chi wedi blino'r ARGLWYDD â'ch holl siarad.
"Sut ydyn ni wedi'i flino fe?" meddech chi,
Drwy ddweud, "Mae pawb sy'n gwneud drwg
yn dda yng ngolwg yr ARGLWYDD
– mae wrth ei fodd gyda nhw!"
neu drwy ofyn, "Ble mae'r Duw cyfiawn yma?"
3 "Edrychwch, dw i'n anfon fy negesydd,
a bydd e'n paratoi'r ffordd ar fy nghyfer i.
Ac yn sydyn, bydd y Meistr dych chi'n ei geisio
yn dod i'w deml.
Ydy, mae angel yr ymrwymiad,
dych chi'n honni ei hoffi, ar ei ffordd!"
— meddai'r ARGLWYDD hollbwerus.
2 Ond pa obaith sydd ar y diwrnod pan ddaw?
Pwy all oroesi pan ddaw i'r golwg?
Achos mae e fel tân sy'n toddi metel
neu sebon y golchwr.
3 Bydd yn eistedd fel un sy'n coethi arian;
ac yn puro disgynyddion Lefi –
bydd yn eu gloywi fel aur ac arian,
er mwyn iddyn nhw gyflwyno offrymau iawn i'r ARGLWYDD.
4 Bryd hynny bydd offrymau Jwda a Jerwsalem
yn plesio'r ARGLWYDD
fel roedden nhw ers talwm,
yn yr hen ddyddiau.

5 "Dw i'n mynd i ddod atoch chi i farnu;
dw i'n barod i dystio yn erbyn
pawb sydd ddim yn fy mharchu –
y rhai sy'n dewino ac yn godinebu,
sy'n dweud celwydd ar lw,
sy'n gormesu gweithwyr (drwy atal eu cyflog),
yn cam-drin gweddwon a phlant amddifad,
ac yn gwrthod eu hawliau i fewnfudwyr,"
— meddai'r ARGLWYDD hollbwerus.

b 2:15 *Oni wnaeth ... duwiol* Un cyfieithiad posib. Hebraeg yn anodd iawn.

6 "Ie, fi ydy'r ARGLWYDD, a dw i ddim wedi newid,
a dych chi ddim wedi stopio bod yn blant i'ch tad Jacob!"

Rhaid troi yn ôl at Dduw

7 "Ers canrifoedd[c] dych chi wedi bod yn troi cefn ar fy neddfau,
a ddim yn eu cadw.
Trowch yn ôl ata i, a bydda i'n troi atoch chi"
— meddai'r ARGLWYDD hollbwerus.
"Pam bod angen i ni droi'n ôl?" meddech chi.
8 "Ydy'n iawn i ddwyn oddi ar Dduw?
Ac eto dych chi'n dwyn oddi arna i."
"Sut ydyn ni'n dwyn oddi arnat ti?" meddech chi.
"Drwy gadw'r degymau a'r offrymau.
9 Dych chi'n diodde melltith,
am eich bod chi'n dwyn oddi arna i
– ie, y cwbl lot ohonoch chi!
10 Dewch â'r degwm llawn i'r stordy,
fel bod yna fwyd yn fy nheml.
Ie, rhowch fi ar brawf,"
— meddai'r ARGLWYDD hollbwerus,
"a chewch weld y bydda i'n agor llifddorau'r nefoedd
ac yn tywallt bendith arnoch chi;
fyddwch chi'n brin o ddim byd!
11 Bydda i'n cael gwared â'r locustiaid,
rhag iddyn nhw ddinistrio cnydau'r tir;
fydd y gwinwydd yn y winllan ddim yn methu,"
— meddai'r ARGLWYDD hollbwerus.
12 "Bydd y gwledydd eraill i gyd yn dweud
eich bod wedi'ch bendithio,
am eich bod yn byw mewn gwlad mor hyfryd,"
— meddai'r ARGLWYDD hollbwerus.

Bydd Duw yn bendithio'r rhai ffyddlon

13 "Dych chi wedi dweud pethau ofnadwy yn fy erbyn i,"
— meddai'r ARGLWYDD hollbwerus.
"Beth ydyn ni wedi'i ddweud yn dy erbyn di?" meddech chi.
14 "Chi'n dweud, 'Does dim pwynt gwasanaethu Duw.
Beth ydyn ni wedi'i ennill o wrando arno
a mynd o gwmpas yn edrych yn drist
o flaen yr ARGLWYDD hollbwerus?
15 Mae'r bobl sy'n haerllug yn hapus! –
maen nhw'n gwneud drwg ac yn llwyddo;
maen nhw'n herio Duw ac yn dianc!' "

16 Ond yna, dyma'r rhai oedd wir yn parchu'r ARGLWYDD yn trafod gyda'i gilydd. Clywodd yr ARGLWYDD nhw, a chymryd sylw o'r peth, a gorchymyn i gofnod gael ei ysgrifennu yn y sgrôl sy'n rhestru'r rhai sy'n parchu'r ARGLWYDD ac yn meddwl yn uchel ohono.

c 3:7 *canrifoedd* Hebraeg, "dyddiau eich hynafiaid".

17 "Nhw fydd fy mhobl i,"
—meddai'r ARGLWYDD hollbwerus,
"fy nhrysor sbesial ar y diwrnod sy'n dod.
Bydda i'n gofalu amdanyn nhw
fel mae tad yn gofalu am fab sy'n gweithio iddo.
18 Byddwch chi'n gweld y gwahaniaeth
rhwng yr un sydd wedi byw'n iawn a'r rhai drwg,
rhwng y sawl sy'n gwasanaethu Duw
a'r rhai sydd ddim.

4 Ydy, mae'r diwrnod yn dod;
mae fel ffwrnais yn llosgi.
Bydd yr holl rai haerllug sy'n gwneud drwg
yn cael eu llosgi fel bonion gwellt,
ar y diwrnod sy'n dod,"
—meddai'r ARGLWYDD hollbwerus.
"Byddan nhw'n llosgi'n ulw
nes bydd dim gwreiddyn na changen ar ôl.

2 Ond bydd haul cyfiawnder yn gwawrio
arnoch chi sy'n fy mharchu i,
a iachâd yn ei belydrau.
Byddwch yn mynd allan,
yn neidio fel llo wedi'i ollwng yn rhydd.
3 Byddwch yn sathru'r rhai drwg,
a byddan nhw fel lludw dan eich traed
ar y diwrnod y bydda i'n gweithredu,"
—meddai'r ARGLWYDD hollbwerus.

Rhybudd ac Addewid

4 Cofiwch ddysgeidiaeth Moses, fy ngwas;
y rheolau a'r canllawiau rois iddo ar Fynydd Sinai[ch]
ar gyfer Israel gyfan.

5 Edrychwch, dw i'n anfon y proffwyd Elias atoch chi
cyn i ddiwrnod mawr a dychrynllyd yr ARGLWYDD ddod.
6 Bydd yn annog rhieni a phlant i droi'n ôl ata i,
rhag i mi ddod a tharo'r wlad, a'i dinistrio'n llwyr.

ch 4:4 *Sinai* Hebraeg, "Horeb", sef enw arall ar Fynydd Sinai.

Yr Testament Newydd

Mathew

Achau Iesu y Meseia

(Luc 3:23-38)

1 Rhestr achau Iesu y Meseia, oedd yn un o ddisgynyddion y Brenin Dafydd, ac Abraham hefyd:

2 Abraham oedd tad Isaac,
Isaac oedd tad Jacob,
Jacob oedd tad Jwda a'i frodyr,
3 Jwda oedd tad Peres a Sera (a Tamar oedd eu mam),
Peres oedd tad Hesron,
Hesron oedd tad Ram,
4 Ram oedd tad Aminadab,
Aminadab oedd tad Nahson,
Nahson oedd tad Salmon,
5 Salmon oedd tad Boas (a Rahab oedd ei fam),
Boas oedd tad Obed (a Ruth oedd ei fam),
Obed oedd tad Jesse,
6 a Jesse oedd tad y Brenin Dafydd.

Dafydd oedd tad Solomon (ac roedd ei fam wedi bod yn wraig i Wreia),
7 Solomon oedd tad Rehoboam,
Rehoboam oedd tad Abeia,
Abeia oedd tad Asa,
8 Asa oedd tad Jehosaffat,
Jehosaffat oedd tad Jehoram,
Jehoram oedd tad Wseia,
9 Wseia oedd tad Jotham,
Jotham oedd tad Ahas,
Ahas oedd tad Heseceia,
10 Heseceia oedd tad Manasse,
Manasse oedd tad Amon,
Amon oedd tad Joseia,
11 a Joseia oedd tad Jechoneia a'i frodyr (a hynny ar yr adeg y cafodd yr Iddewon eu caethgludo i Babilon).

12 Ar ôl y gaethglud i Babilon:
Jechoneia oedd tad Shealtiel,
Shealtiel oedd tad Sorobabel,
13 Sorobabel oedd tad Abiwd,
Abiwd oedd tad Eliacim,
Eliacim oedd tad Asor,
14 Asor oedd tad Sadoc,
Sadoc oedd tad Achim,
Achim oedd tad Eliwd,
15 Eliwd oedd tad Eleasar,
Eleasar oedd tad Mathan,
Mathan oedd tad Jacob,
16 a Jacob oedd tad Joseff (gŵr Mair – y ferch gafodd Iesu, y Meseia, ei eni iddi).

17 Felly roedd un deg pedair cenhedlaeth o Abraham i'r Brenin Dafydd, un deg pedair
cenhedlaeth o Dafydd hyd nes i'r Iddewon gael eu caethgludo i Babilon, ac un deg pedair
cenhedlaeth o'r gaethglud i'r Meseia.

Geni Iesu y Meseia

(Luc 2:1-7)

18 Dyma ddigwyddodd pan gafodd Iesu y Meseia ei eni: Roedd ei fam, Mair, wedi cael ei
haddo i fod yn wraig i Joseff. Ond cyn iddyn nhw briodi a chael rhyw, dyma nhw'n darganfod
fod yr Ysbryd Glân wedi'i gwneud hi'n feichiog.
19 Roedd Joseff, oedd yn mynd i'w phriodi, yn
ddyn da a charedig. Doedd e ddim eisiau gwneud esiampl ohoni a'i chyhuddo hi'n gyhoeddus,
felly roedd yn ystyried yn dawel fach i ganslo'r briodas.
20 Roedd wedi bod yn meddwl am hyn pan gafodd freuddwyd: gwelodd angel Duw yn dod
ato a dweud wrtho, "Joseff fab Dafydd, paid petruso mynd â Mair adre i fod yn wraig i ti, am
mai'r Ysbryd Glân sydd wedi gwneud iddi feichiogi.
21 Bachgen fydd hi'n ei gael. Rwyt i roi'r
enw Iesu[a] iddo, am mai fe fydd yn achub ei bobl o'u pechodau."

---

a 1:21 *Iesu:* Ystyr yr enw "Iesu" yn Hebraeg ydy 'Mae'r Arglwydd yn achub'.
1:18 Luc 1:27   1:21 Luc 1:31

22 Digwyddodd hyn er mwyn i beth ddwedodd Duw drwy ei broffwyd ddod yn wir:
23 "*Edrychwch! Bydd merch ifanc sy'n wyryf yn feichiog ac yn cael mab. Bydd y plentyn yn
cael ei alw yn Emaniwel*" (Ystyr Emaniwel ydy "Mae Duw gyda ni.")
24 Pan ddeffrodd Joseff, gwnaeth beth roedd angel Duw wedi'i ddweud wrtho. Priododd
Mair, 25 ond chafodd e ddim rhyw hefo hi nes i'w mab gael ei eni. A rhoddodd yr enw Iesu iddo.

Ymweliad y gwŷr doeth

2 Cafodd Iesu ei eni yn Bethlehem yn Jwdea, yn y cyfnod pan oedd Herod yn frenin. Ar ôl
hynny, daeth gwŷr doeth[b] o wledydd y dwyrain i Jerwsalem 2 i ofyn, "Ble mae'r un sydd
newydd gael ei eni yn frenin yr Iddewon? Gwelon ni ei seren yn codi yn y dwyrain, a dŷn ni
yma i dalu teyrnged iddo."
3 Pan glywodd y Brenin Herod hyn roedd wedi cynhyrfu'n lân. Roedd cynnwrf yn Jerwsalem
hefyd. 4 Felly galwodd Herod y prif offeiriaid a'r arbenigwyr yn y Gyfraith Iddewig i'w gyfarfod.
Gofynnodd iddyn nhw, "Ble mae'r Meseia i fod i gael ei eni?" 5 "Yn Bethlehem Jwdea," medden
nhw. "Dyna ysgrifennodd y proffwyd:

6 '*Bethlehem, yn nhir Jwda –*
Nid rhyw bentref dibwys yn Jwda wyt ti;
achos ohonot ti daw un i deyrnasu,
un fydd yn fugail i arwain fy mhobl Israel.' "

7 Ar ôl cael gwybod hyn, dyma Herod yn galw'r gwŷr doeth i gyfarfod preifat. Cafodd
wybod ganddyn nhw pryd yn union oedd y seren wedi ymddangos. 8 Yna dwedodd, "Ewch
i Bethlehem i chwilio am y plentyn. A gadewch i mi wybod pan ddewch o hyd iddo, er mwyn
i mi gael mynd i dalu teyrnged iddo hefyd."
9 Ar ôl gwrando beth oedd gan y brenin i'w ddweud, i ffwrdd â nhw. Dyma'r seren yn mynd
o'u blaen, nes iddi aros uwchben yr union fan lle roedd y plentyn. 10 Roedden nhw wrth eu bodd!
11 Pan aethon nhw i mewn i'r tŷ, dyna lle roedd y plentyn gyda'i fam, Mair, a dyma nhw'n disgyn
ar eu gliniau o'i flaen a'i addoli. Yna dyma nhw'n agor eu paciau a rhoi anrhegion gwerthfawr
iddo – aur a thus a myrr[c] 12 Rhybuddiodd Duw nhw mewn breuddwyd i beidio mynd yn ôl at
Herod, felly dyma'r gwŷr doeth yn teithio yn ôl i'w gwlad eu hunain ar hyd ffordd wahanol.

Dianc i'r Aifft

13 Ar ôl iddyn nhw fynd, cafodd Joseff freuddwyd arall. Gwelodd angel Duw yn dweud wrtho,
"Rhaid i chi ddianc ar unwaith! Dos â'r plentyn a'i fam i'r Aifft, ac aros yno nes i mi ddweud
ei bod yn saff i chi ddod yn ôl. Mae Herod yn ceisio dod o hyd i'r plentyn er mwyn ei ladd."
14 Felly cododd Joseff ganol nos a gadael am yr Aifft gyda'r plentyn a'i fam. 15 Buon nhw yn
yr Aifft nes oedd Herod wedi marw. Felly daeth beth ddwedodd yr Arglwydd drwy'r proffwyd
yn wir: "*Galwais fy mab allan o'r Aifft.*"
16 Aeth Herod yn wyllt gynddeiriog pan sylweddolodd fod y gwŷr doeth wedi'i dwyllo.
Anfonodd filwyr i Bethlehem a'r cylch i ladd pob bachgen bach dan ddwyflwydd oed – hynny
ar sail beth oedd y gwŷr doeth wedi'i ddweud wrtho am y dyddiad y daeth y seren i'r golwg.
17 A dyna sut daeth geiriau y proffwyd Jeremeia yn wir:

18 "*Mae cri i'w chlywed yn Rama,*
sŵn wylo chwerw a galaru mawr –
Rachel yn crio am ei phlant.
Mae'n gwrthod cael ei chysuro,
am eu bod nhw wedi mynd."

---

b 2:1 *gwŷr doeth:* Dynion oedd yn astudio'r sêr. c 2:11 *thus a myrr:* Powdr costus oedd yn arogli'n hyfryd wrth gael ei losgi oedd thus. Powdr costus arall oedd yn cael ei ddefnyddio i wneud persawr oedd myrr.

1:23 Eseia 7:14 (LXX) 1:23 cyfeiriad at Eseia 8:8,10 (LXX) 1:25 Luc 2:21 2:6 Micha 5:2 2:15 Hosea 11:1
2:18 Jeremeia 31:15

Mynd i fyw i Nasareth

[19]Pan fuodd Herod farw, cafodd Joseff freuddwyd arall yn yr Aifft. Gwelodd angel yr
Arglwydd [20]yn dweud wrtho, "Dos â'r plentyn a'i fam yn ôl i wlad Israel. Mae'r bobl oedd am ei ladd wedi marw."
[21]Felly dyma nhw'n mynd yn ôl i wlad Israel. [22]Ond pan glywodd Joseff mai Archelaus,
mab Herod, oedd llywodraethwr newydd Jwdea, roedd ganddo ofn mynd yno. Cafodd ei
rybuddio mewn breuddwyd eto, a throdd i gyfeiriad Galilea, [23]a mynd i fyw i dref Nasareth.
Felly daeth yr hyn ddwedodd y proffwydi am y Meseia yn wir unwaith eto: "Bydd yn cael ei alw yn Nasaread."[ch]

Ioan Fedyddiwr yn paratoi'r ffordd

(Marc 1:1-8; Luc 3:1-18; Ioan 1:19-28)

3 Yr adeg yna dechreuodd Ioan Fedyddiwr bregethu yn anialwch Jwdea. [2]Dyma'r neges
oedd ganddo, "Trowch gefn ar bechod, achos mae'r Un nefol yn dod i deyrnasu." [3]Dyma
pwy oedd y proffwyd Eseia wedi sôn amdano:

> *"Llais yn gweiddi'n uchel yn yr anialwch,*
> *'Paratowch y ffordd i'r Arglwydd ddod!*
> *Gwnewch y llwybrau'n syth iddo!'"*

[4]Roedd dillad Ioan wedi'u gwneud o flew camel gyda belt lledr am ei ganol, a'i fwyd oedd locustiaid a mêl gwyllt.
[5]Roedd pobl o Jerwsalem a phobman arall yn Jwdea a dyffryn Iorddonen yn heidio
allan ato. [6]Pan oedden nhw'n cyfaddef eu pechodau roedd yn eu bedyddio nhw yn afon Iorddonen.
[7]Dyma rai o'r Phariseaid a'r Sadwceaid yn dod i gael eu bedyddio ganddo. Pan welodd Ioan nhw, dwedodd yn blaen wrthyn nhw: "Dych chi fel nythaid o nadroedd! Pwy sydd wedi'ch
rhybuddio chi i ddianc rhag y gosb sy'n mynd i ddod? [8]Rhaid i chi ddangos yn y ffordd dych
chi'n byw eich bod chi wedi newid go iawn. [9]A pheidiwch meddwl eich bod chi'n saff drwy ddweud 'Abraham ydy'n tad ni.' Gallai Duw droi'r cerrig yma sydd ar lawr yn blant i Abraham!
[10]Mae bwyell barn Duw yn barod i dorri'r gwreiddiau i ffwrdd! Bydd pob coeden sydd heb ffrwyth da yn tyfu arni yn cael ei thorri i lawr a'i thaflu i'r tân!
[11]"Dŵr dw i'n ei ddefnyddio i'ch bedyddio chi, fel arwydd eich bod chi'n troi at Dduw. Ond ar fy ôl i mae un llawer mwy grymus na fi yn dod – fyddwn i ddim digon da i fod yn gaethwas iddo hyd yn oed, i gario ei sandalau. Bydd hwnnw yn eich bedyddio chi gyda'r
Ysbryd Glân a gyda thân. [12]Mae ganddo fforch nithio yn ei law i wahanu'r grawn a'r us. Bydd yn clirio'r llawr dyrnu, yn casglu ei wenith i'r ysgubor ac yn llosgi'r us mewn tân sydd byth yn diffodd."

Iesu'n cael ei fedyddio

(Marc 1:9-11; Luc 3:21,22)

[13]Bryd hynny daeth Iesu o Galilea at afon Iorddonen i gael ei fedyddio gan Ioan. [14]Ond
ceisiodd Ioan ei rwystro. Meddai wrtho, "Fi ddylai gael fy medyddio gen ti! Pam wyt ti'n dod ata i?"
[15]Atebodd Iesu, "Gwna beth dw i'n ei ofyn; dyma sy'n iawn i'w wneud." Felly cytunodd Ioan i'w fedyddio.
[16]Ar ôl cael ei fedyddio, yr eiliad y daeth allan o'r dŵr, dyma'r awyr yn rhwygo'n agored,
a gwelodd Ysbryd Duw yn dod i lawr fel colomen ac yn glanio arno. [17]A dyma lais o'r nefoedd
yn dweud: "Hwn ydy fy Mab annwyl i; mae wedi fy mhlesio i'n llwyr."

---

ch 2:23 *Bydd yn cael ei alw yn Nasaread:* Does neb yn gwybod pwy oedd y proffwyd ddwedodd hyn.
2:23 Marc 1:24; Luc 2:39; Ioan 1:45   3:3 Eseia 40:3 (LXX)   3:4 2 Brenhinoedd 1:8   3:9 Ioan 8:33
3:10 Mathew 7:19

Iesu'n cael ei demtio

(Marc 1:12,13; Luc 4:1-13)

4 Yn syth wedyn dyma'r Ysbryd yn arwain Iesu allan i'r anialwch i gael ei demtio gan
y diafol. 2 Ar ôl bwyta dim byd[d] am bedwar deg diwrnod, roedd yn llwgu. 3 Dyna pryd
y daeth y diafol i'w demtio. "Os mai Mab Duw wyt ti, gwna i'r cerrig yma droi'n fara," meddai.
4 "Na!", atebodd Iesu, "Mae'r ysgrifau sanctaidd yn dweud mai *'Nid bwyd ydy'r unig beth mae pobl ei angen i fyw, ond popeth mae Duw yn ei ddweud.'* "
5 Wedyn dyma'r diafol yn mynd â Iesu i'r ddinas sanctaidd (hynny ydy Jerwsalem) a gwneud
iddo sefyll ar y tŵr uchaf un yn y deml. 6 "Os mai Mab Duw wyt ti," meddai, "neidia i lawr o'r
fan yma. Mae'r ysgrifau sanctaidd yn dweud:

'Bydd Duw yn gorchymyn i'w angylion
dy ddal yn eu breichiau,
fel na fyddi'n taro dy droed ar garreg.' "

7 Atebodd Iesu, "Mae'r ysgrifau sanctaidd yn dweud hefyd: *'Paid rhoi'r Arglwydd dy Dduw ar brawf.'* "
8 Yna dyma'r diafol yn mynd ag e i ben mynydd uchel iawn, a dangos holl wledydd y byd
a'u cyfoeth iddo. 9 A dwedodd y diafol wrtho, "Cei di'r cwbl gen i os gwnei di blygu i lawr
i fy addoli i."
10 Ond dyma Iesu'n dweud, "Dos i ffwrdd Satan! Mae'r ysgrifau sanctaidd yn dweud:
'Addola'r Arglwydd dy Dduw, a'i wasanaethu e'n unig.' "
11 Yna dyma'r diafol yn ei adael, a daeth yr angylion ato a gofalu amdano.

Iesu'n dechrau pregethu yn Galilea

(Marc 1:14,15; Luc 4:14,15)

12 Pan glywodd Iesu fod Ioan wedi cael ei garcharu, gadawodd Jwdea a mynd yn ôl i Galilea.
13 Ond yn lle mynd i Nasareth, aeth i fyw i Capernaum sydd ar lan y llyn yn ardal Sabulon
a Nafftali. 14 Felly roedd beth ddwedodd Duw drwy'r proffwyd Eseia yn dod yn wir:

15 *"Tir Sabulon a thir Nafftali, sydd ar Ffordd y Môr,*
a'r ardal yr ochr draw i afon Iorddonen,
hynny ydy Galilea, lle mae pobl o genhedloedd eraill yn byw –
16 *Mae'r bobl oedd yn byw mewn tywyllwch*
wedi gweld golau llachar;
ac mae golau wedi gwawrio
ar y rhai sy'n byw dan gysgod marwolaeth."

17 Dyna pryd y dechreuodd Iesu gyhoeddi ei neges, "Trowch gefn ar bechod, achos mae'r
Un nefol yn dod i deyrnasu."

Galw'r disgyblion cyntaf

(Marc 1:16-20; Luc 5:1-11)

18 Un tro roedd Iesu'n cerdded ar lan Llyn Galilea, a gwelodd ddau frawd – Simon, oedd
pawb yn ei alw'n Pedr, a'i frawd Andreas. Pysgotwyr oedden nhw, ac roedden nhw wrthi'n taflu
rhwyd i'r llyn. 19 Dyma Iesu'n galw arnyn nhw, "Dewch, dilynwch fi, a gwna i chi'n bysgotwyr
sy'n dal pobl yn lle pysgod." 20 Heb oedi, dyma'r ddau yn gollwng eu rhwydi a mynd ar ei ôl.
21 Wrth gerdded yn ei flaen, gwelodd Iesu ddau frawd arall – Iago ac Ioan, dau fab Sebedeus.
Roedden nhw mewn cwch hefo Sebedeus eu tad yn trwsio eu rhwydi. Dyma Iesu'n eu galw
nhw hefyd, 22 a dyma nhw'n gadael y cwch a'u tad a dechrau dilyn Iesu.

---

d 4:2 *bwyta dim byd:* Weithiau roedd yr Iddewon yn peidio bwyta (sef 'ymprydio') am gyfnod, i ddangos eu bod yn caru Duw a bod yn ddrwg ganddyn nhw am eu pechodau.

4:1 Hebreaid 2:18; 4:15 4:4 Deuteronomium 8:3 4:6 Salm 91:11,12 4:7 Deuteronomium 6:16
4:10 Deuteronomium 6:13 4:15,16 Eseia 9:1,2

Iesu'n iacháu cleifion

(Luc 6:17-19)

23 Roedd Iesu'n teithio ar hyd a lled Galilea, yn dysgu'r bobl yn y synagogau, yn cyhoeddi'r newyddion da am deyrnasiad Duw ac yn iacháu pob afiechyd a salwch oedd ar bobl. 24 Daeth Iesu'n enwog y tu allan i Galilea, ac roedd pobl o bob rhan o Syria yn dod â phawb oedd yn sâl ato – pobl oedd yn dioddef o afiechydon gwahanol, neu mewn poen, eraill yng ngafael cythreuliaid, yn dioddef o ffitiau epileptig, neu wedi'u parlysu. Iachaodd Iesu nhw i gyd.
25 Roedd tyrfaoedd o bobl yn ei ddilyn i bobman – pobl o Galilea, y Decapolis,[dd] Jerwsalem a Jwdea, ac o'r ochr draw i afon Iorddonen.

Y Bregeth ar y Mynydd

(5:1 – 7:29)

Y Bendithion

(Luc 6:20-23)

5 Pan welodd Iesu yr holl dyrfaoedd, aeth i fyny i ben y mynydd. Pan eisteddodd i lawr,[e] daeth ei ddilynwyr ato, 2 a dechreuodd eu dysgu, a dweud:

3 "Mae'r rhai sy'n teimlo'n dlawd ac annigonol wedi'u bendithio'n fawr,
oherwydd mae'r Un nefol yn teyrnasu yn eu bywydau.
4 Mae'r rhai sy'n galaru wedi'u bendithio'n fawr,
oherwydd byddan nhw'n cael eu cysuro.
5 Mae'r rhai addfwyn sy'n cael eu gorthrymu wedi'u bendithio'n fawr,
oherwydd byddan nhw'n etifeddu'r ddaear.
6 Mae'r rhai sy'n llwgu a sychedu am gyfiawnder wedi'u bendithio'n fawr,
oherwydd byddan nhw'n cael eu bodloni'n llwyr.
7 Mae'r rhai sy'n dangos trugaredd wedi'u bendithio'n fawr,
oherwydd byddan nhw'n cael profi trugaredd eu hunain.
8 Mae'r rhai sydd â chalon bur wedi'u bendithio'n fawr,
oherwydd byddan nhw'n cael gweld Duw.
9 Mae'r rhai sy'n hyrwyddo heddwch wedi'u bendithio'n fawr,
oherwydd byddan nhw'n cael eu galw'n blant Duw.
10 Mae'r rhai sy'n dioddef erledigaeth am eu bod yn byw'n gyfiawn wedi'u bendithio'n fawr,
oherwydd mae'r Un nefol yn teyrnasu yn eu bywydau.

11 "Pan fydd pobl yn eich sarhau chi, a'ch erlid, ac yn dweud pethau drwg amdanoch chi am eich bod yn perthyn i mi, dych chi wedi'ch bendithio'n fawr! 12 Byddwch yn llawen! Mwynhewch er gwaetha'r cwbl, achos mae gan Dduw yn y nefoedd wobr fawr i chi. Cofiwch fod y proffwydi oedd yn byw ers talwm wedi cael eu herlid yn union yr un fath!

Halen a golau

(Marc 9:50; Luc 14:34,35)

13 "Chi ydy halen y ddaear. Ond pan mae'r halen wedi colli ei flas pa obaith sydd i'w wneud yn hallt eto? Dydy e'n dda i ddim ond i'w daflu i ffwrdd a'i sathru dan draed.
14 "Chi ydy'r golau sydd yn y byd. Mae'n amhosib cuddio dinas sydd wedi'i hadeiladu ar ben bryn. 15 A does neb yn goleuo lamp i'w gosod o dan fowlen! Na, dych chi'n gosod lamp

---

dd 4:25 *y Decapolis:* Deg o drefi i'r dwyrain o Samaria a Galilea. e 5:1 *eisteddodd i lawr:* Roedd athrawon Iddewig yn eistedd pan oedden nhw'n dysgu.
4:23 Mathew 9:35; Marc 1:39 5:12 2 Cronicl 36:16; Actau 7:52

ar fwrdd er mwyn iddi roi golau i bawb yn y tŷ. 16Dyna sut dylai'ch golau chi ddisgleirio, er
mwyn i bobl foli'ch Tad yn y nefoedd wrth weld y pethau da dych chi'n eu gwneud.

Ystyr y Gyfraith

17"Peidiwch meddwl fy mod i wedi dod i gael gwared â Chyfraith Moses ac ysgrifau'r
Proffwydi.[f] Dim o gwbl! Dw i wedi dod i ddangos beth maen nhw'n ei olygu. 18Credwch chi
fi, fydd dim un llythyren na manylyn lleia o'r Gyfraith yn cael ei ddileu nes bydd y nefoedd a'r
ddaear yn diflannu. Rhaid i'r cwbl ddigwydd gyntaf. 19Bydd pwy bynnag sy'n torri'r gorchymyn
lleia, ac yn dysgu pobl eraill i wneud yr un peth, yn cael ei ystyried y lleia yn y deyrnas nefol.
Ond bydd pwy bynnag sy'n byw yn ufudd i'r gorchmynion ac yn dysgu eraill i wneud hynny,
yn cael ei ystyried y mwya yn y deyrnas nefol. 20Dw i'n dweud hyn – os fyddwch chi ddim yn
byw'n fwy cyfiawn na'r Phariseaid a'r arbenigwyr yn y Gyfraith, fyddwch chi byth yn un o'r
rhai mae'r Un nefol yn teyrnasu yn eu bywydau.

Llofruddiaeth

(Luc 12:57-59)

21"Dych chi wedi clywed beth oedd yn cael ei ddweud wrth bobl ers talwm: '*Paid llofruddio*'
(ac y bydd pawb sy'n llofruddio rhywun yn euog ac yn cael eu barnu). 22Ond dw i'n dweud
wrthoch chi fod y sawl sy'n gwylltio gyda rhywun arall yn euog ac yn cael ei farnu. Os ydy
rhywun yn sarhau ei gyfaill drwy ei alw'n idiot, mae'n atebol i'r Sanhedrin. Ac os bydd rhywun
yn dweud 'y diawl dwl' wrth rywun arall, mae mewn perygl o losgi yn nhân uffern.
23"Felly, os wyt ti wrth yr allor yn y deml yn addoli Duw, ac yn cofio yno fod gan rhywun
gŵyn yn dy erbyn, 24gad dy offrwm yno. Dos i wneud pethau'n iawn gyda nhw'n gyntaf; cei
di gyflwyno dy offrwm i Dduw wedyn.
25"Os bydd rhywun yn dy gyhuddo o rywbeth ac yn mynd â ti i'r llys, setla'r mater ar unwaith
cyn cyrraedd y llys. Ydy'n well gen ti iddo fynd â ti o flaen y barnwr, ac i'r barnwr orchymyn
i swyddog dy roi yn y carchar? 26Cred di fi, chei di ddim dy ryddhau nes byddi wedi talu pob ceiniog.

Godineb

27"Dych chi wedi clywed beth oedd yn cael ei ddweud, '*Paid godinebu*' 28Ond dw i'n dweud
wrthoch chi fod unrhyw ddyn sy'n llygadu gwraig a'i feddwl ar ryw eisoes wedi cyflawni
godineb gyda hi. 29Os ydy dy lygad orau yn gwneud i ti bechu, tynna hi allan a'i thaflu
i ffwrdd. Mae'n well i ti golli rhan fach o dy gorff nag i dy gorff cyfan gael ei daflu i uffern.
30Ac os ydy dy law gryfaf yn gwneud i ti bechu, torra hi i ffwrdd a'i thaflu ymaith. Mae'n well
i ti golli rhan o dy gorff nag i dy gorff cyfan gael ei daflu i uffern.

Ysgariad

(Mathew 19:9; Marc 10:11,12; Luc 16:18)

31"Mae wedi cael ei ddweud, '*Rhaid i bwy bynnag sy'n ysgaru ei wraig roi tystysgrif ysgariad
iddi.*' 32Ond dw i'n dweud wrthoch chi fod dyn sy'n ysgaru ei wraig am unrhyw reswm ond ei
bod hi wedi bod yn anffyddlon iddo, yn gwneud iddi hi odinebu. Hefyd mae dyn sy'n priodi
gwraig sydd wedi cael ysgariad yn godinebu.

Llwon

33"Dych chi hefyd wedi clywed i hyn gael ei ddweud wrth bobl ers talwm: '*Paid gwneud
llw, ac wedyn ei dorri. Rhaid cadw pob llw wyt ti wedi'i wneud i'r Arglwydd.*' 34Ond dw i'n

---

f 5:17 *Cyfraith Moses ac ysgrifau'r Proffwydi:* Yr ysgrifau sanctaidd Iddewig. Yr Hen Destament yn y Beibl.
5:21 Exodus 20:13; Deuteronomium 5:17 5:27 Exodus 20:14; Deuteronomium 5:18
5:31 Deuteronomium 24:1-4 5:33 a Lefiticus 19:12; b Numeri 30:2; Deuteronomium 23:21

dweud wrthoch chi, Peidiwch tyngu llw o gwbl: ddim i'r nefoedd, am mai dyna orsedd Duw;
35nac i'r ddaear, y stôl iddo orffwys ei draed arni; nac i Jerwsalem, am mai hi ydy dinas Duw,
y Brenin Mawr. 36Peidiwch tyngu llw hyd yn oed i'ch pen eich hun, oherwydd allwch chi ddim
troi un blewyn yn ddu neu'n wyn. 37Yn lle hynny, dwedwch y gwir bob amser – dylai dweud 'Ie'
olygu 'Ie', a dweud 'Na' olygu 'Na'. Y diafol sy'n gwneud i chi fod eisiau dweud mwy na hynny.

Llygad am lygad

(Luc 6:29,30)

38"Dych chi wedi clywed fod hyn yn cael ei ddweud, '*Llygad am lygad, a dant am ddant.*'
39Ond dw i'n dweud wrthoch chi: Peidiwch ceisio talu'n ôl. Os ydy rhywun yn rhoi clatsien
i ti ar dy foch dde, cynnig y foch arall iddo. 40Ac os ydy rhywun am dy siwio a chymryd dy
grys, rho dy gôt iddo hefyd. 41Os ydy milwr Rhufeinig yn dy orfodi i gario ei bac am un filltir,
dos di ddwy. 42Rho i bwy bynnag sy'n gofyn i ti am rywbeth, a phaid gwrthod y sawl sydd
eisiau benthyg rhywbeth gen ti.

Cariad at elynion

(Luc 6:27,28,32-36)

43"Dych chi wedi clywed i hyn gael ei ddweud: '*Rwyt i garu dy gymydog*' (ac 'i gasáu dy
elyn'). 44Ond dw i'n dweud wrthoch chi: Carwch eich gelynion a gweddïwch dros y rhai sy'n
eich erlid chi! 45Wedyn byddwch yn dangos eich bod yn blant i'ch Tad yn y nefoedd, am mai
dyna'r math o beth mae e'n ei wneud – mae'n gwneud i'r haul dywynnu ar y drwg a'r da,
ac yn rhoi glaw i'r rhai sy'n gwneud beth sy'n iawn a'r rhai sydd ddim. 46Pam dylech chi
gael gwobr am garu'r bobl hynny sy'n eich caru chi? Onid ydy hyd yn oed y rhai sy'n casglu
trethi i Rufain[ff] yn gwneud cymaint â hynny? 47Ac os mai dim ond eich teip chi o bobl dych
chi'n eu cyfarch, beth dych chi'n ei wneud sy'n wahanol? Mae hyd yn oed y paganiaid yn
gwneud hynny! 48Ond rhaid i chi fod yn berffaith, yn union fel mae'ch Tad nefol yn berffaith.

Rhoi i'r tlodion

6 "Byddwch yn ofalus i beidio gwneud sioe o'ch crefydd, er mwyn i bobl eraill eich gweld
chi. Os gwnewch chi hynny, chewch chi ddim gwobr gan eich Tad yn y nefoedd.
2"Felly, pan fyddi'n rhoi arian i'r tlodion, paid trefnu ffanffer er mwyn gwneud yn siŵr fod
pawb yn gwybod am y peth. Dyna mae'r rhai sy'n gwneud sioe o'u crefydd yn ei wneud yn
y synagogau ac ar y strydoedd. Maen nhw eisiau i bobl eraill eu canmol nhw. Credwch chi fi,
dyna'r unig wobr gân nhw! 3Pan fyddi di'n rhoi arian i'r tlodion, paid gadael i'r llaw chwith
wybod beth mae'r llaw dde yn ei wneud. 4Dylai pob rhodd fod yn gyfrinach. Bydd dy Dad,
sy'n gweld pob cyfrinach, yn rhoi dy wobr i ti.

Gweddi

(Luc 11:2-4)

5"A pheidiwch gweddïo fel y rhai sy'n gwneud sioe o'u crefydd. Maen nhw wrth eu boddau
pan mae pobl yn edrych arnyn nhw yn codi i weddïo yn y synagogau neu ar strydoedd prysur.
Credwch chi fi, dyna'r unig wobr gân nhw! 6Pan fyddi di'n gweddïo, dos i ystafell o'r golwg,
cau y drws, a gweddïo ar dy Dad sydd yno gyda ti er dy fod ddim yn ei weld. Wedyn bydd dy
Dad, sy'n gweld pob cyfrinach, yn rhoi dy wobr i ti. 7A phan fyddwch chi'n gweddïo, peidiwch
mwydro ymlaen yn ddiddiwedd fel mae'r paganiaid yn gwneud. Maen nhw'n meddwl y bydd
Duw yn gwrando am eu bod yn gweddïo mor hir. 8Peidiwch chi â bod fel yna. Mae'ch Tad
chi'n gwybod yn union beth sydd ei angen arnoch chi cyn i chi ddweud gair.

---

ff 5:46 *rhai sy'n casglu trethi i Rufain:* Roedd y bobl yma'n cael eu hystyried yn fradwyr i'w gwlad.
5:38 Exodus 21:24; Lefiticus 24:20; Deuteronomium 19:21 5:43 Lefiticus 19:18

[9]"Dyma sut dylech chi weddïo:

'Ein Tad sydd yn y nefoedd,
dŷn ni eisiau i dy enw di gael ei anrhydeddu.
10 Dŷn ni eisiau i ti ddod i deyrnasu,
ac i'r cwbl sy'n dda yn dy olwg di
ddigwydd yma ar y ddaear fel mae'n digwydd yn y nefoedd.
11 Rho i ni ddigon o fwyd i'n cadw ni'n fyw am heddiw.
12 Maddau i ni am bob dyled i ti
yn union fel dŷn ni'n maddau
i'r rhai sydd mewn dyled i ni.
13 Cadw ni rhag syrthio pan fyddwn ni'n cael ein profi,
ac achub ni o afael y drwg.'[g]

[14]"Os gwnewch chi faddau i bobl pan maen nhw wedi gwneud cam â chi, bydd eich Tad
nefol yn maddau i chi hefyd. [15]Ond os na wnewch chi faddau i'r bobl sydd wedi gwneud cam
â chi, fydd eich Tad ddim yn maddau'ch pechodau chi.

Ymprydio

[16]"Pan fyddwch chi'n ymprydio, peidiwch gwneud i'ch hunain edrych yn drist er mwyn
gwneud sioe; mae'r bobl sy'n gwneud hynny yn cuddio'u hwynebau er mwyn i bobl sylwi eu
bod yn ymprydio. Credwch chi fi, dyna'r unig wobr gân nhw! [17]Pan fyddi di'n ymprydio, rho
olew ar dy ben, criba dy wallt a golcha dy wyneb. [18]Wedyn fydd neb yn gallu gweld dy fod
ti'n ymprydio. Dim ond dy Dad, sy'n anweledig, fydd yn gweld; a bydd dy Dad, sy'n gweld
pob cyfrinach, yn rhoi dy wobr i ti.

Trysor yn y Nefoedd

(Luc 12:33,34)

[19]"Peidiwch casglu trysorau i chi'ch hunain yn y byd yma. Mae gwyfyn a rhwd yn gallu
eu difetha, ac mae lladron yn gallu dod â'u dwyn. [20]Casglwch drysorau i chi'ch hunain yn
y nefoedd – all gwyfyn a rhwd ddifetha dim byd yno, a does dim lladron yno i ddwyn dim
byd. [21]Lle bynnag mae dy drysor di y bydd dy galon di.

Arian a meddiannau

(Luc 11:34-36; 16:13)

[22]"Y llygad ydy lamp y corff. Felly, mae llygad iach (sef bod yn hael) yn gwneud dy gorff
yn olau drwyddo. [23]Ond mae llygad sâl (sef bod yn hunanol) yn gwneud dy gorff yn dywyll
drwyddo. Felly os ydy dy oleuni di yn dywyllwch, mae'n dywyll go iawn arnat ti!

[24]"Does neb yn gallu gweithio i ddau feistr gwahanol ar yr un pryd. Mae un yn siŵr o gael
y flaenoriaeth ar draul y llall. Allwch chi ddim bod yn was i Dduw ac i arian ar yr un pryd.

Peidiwch poeni

(Luc 12:22-31)

[25]"Felly, dyma dw i'n ddweud – peidiwch poeni beth i'w fwyta a beth i'w yfed a beth i'w
wisgo. Onid oes mwy i fywyd na bwyd a dillad? [26]Meddyliwch am adar er enghraifft: Dŷn
nhw ddim yn hau nac yn medi nac yn storio mewn ysguboriau – ac eto mae eich Tad nefol
yn eu bwydo nhw. Dych chi'n llawer mwy gwerthfawr na nhw. [27]Allwch chi ddim hyd yn oed
gwneud eich bywyd eiliad yn hirach[ng] drwy boeni!

---

g 6:13 *y drwg:* Neu *yr un drwg* sef y diafol. Mae rhai llawysgrifau yn ychwanegu, "*Achos ti sy'n teyrnasu, ti sydd â'r grym a'r gogoniant am byth, Amen.*" (gw. 1 Cronicl 29:11). ng 6:27 *eich bywyd eiliad yn hirach:* Neu "eich hun yn dalach".

28“A pham poeni am ddillad? Meddyliwch sut mae blodau gwyllt yn tyfu. Dydy blodau ddim
yn gweithio nac yn nyddu. 29Ac eto, doedd hyd yn oed y Brenin Solomon yn ei ddillad crand
ddim yn edrych mor hardd ag un ohonyn nhw. 30Os ydy Duw yn gofalu fel yna am flodau
gwyllt (sy'n tyfu heddiw, ond yn cael eu llosgi fel tanwydd fory), mae'n siŵr o ofalu amdanoch
chi! Ble mae'ch ffydd chi? 31 Peidiwch poeni felly, a dweud, ‘Beth wnawn ni fwyta?’ neu ‘Beth
wnawn ni yfed?’ neu ‘Beth wisgwn ni?’ 32Y paganiaid sy'n poeni am bethau felly. Mae'ch
Tad nefol yn gwybod am bopeth sydd ei angen arnoch chi. 33Y flaenoriaeth i chi ydy gadael
i Dduw deyrnasu yn eich bywydau a gwneud beth sy'n iawn yn ei olwg; wedyn byddwch yn
cael y pethau eraill yma i gyd. 34Felly, peidiwch poeni am fory, cewch groesi'r bont honno
pan ddaw. Mae'n well wynebu problemau un dydd ar y tro.

Beirniadu pobl eraill

(Luc 6:37,38,41,42)

7 “Peidiwch bod yn feirniadol o bobl eraill, ac wedyn wnaiff Duw mo'ch barnu chi.
2Oherwydd cewch chi'ch barnu yn yr un ffordd â dych chi'n barnu pobl eraill. Y pren
mesur dych chi'n ei ddefnyddio ar bobl eraill fydd yn cael ei ddefnyddio arnoch chi.
3“Pam wyt ti'n poeni am y sbecyn o flawd llif sydd yn llygad rhywun arall, pan mae trawst
o bren yn sticio allan o dy lygad dy hun!? 4Sut alli di ddweud, ‘Gad i mi dynnu'r sbecyn
yna allan o dy lygad di,’ pan mae trawst yn sticio allan o dy lygad dy hun? 5Rwyt ti mor
ddauwynebog! Tynna'r trawst allan o dy lygad dy hun yn gyntaf, ac wedyn byddi'n gweld
yn ddigon clir i dynnu'r sbecyn allan o lygad y person arall.
6“Peidiwch rhoi beth sy'n sanctaidd i gŵn, rhag iddyn nhw ymosod arnoch chi a'ch rhwygo
chi'n ddarnau. Peidiwch taflu perlau gwerthfawr i foch, fydd yn gwneud dim ond eu sathru
nhw dan draed.

Gofyn, Chwilio a Churo

(Luc 11:9-13)

7“Daliwch ati i ofyn a byddwch yn ei gael; chwiliwch a byddwch yn dod o hyd iddo; curwch
ar y drws a bydd yn cael ei agor. 8Mae pawb sy'n gofyn yn derbyn; pawb sy'n chwilio yn cael;
ac mae'r drws yn cael ei agor i bawb sy'n curo.
9“Pwy ohonoch chi fyddai'n rhoi carreg i'ch plentyn pan mae'n gofyn am fara? 10Neu neidr
pan mae'n gofyn am bysgodyn? 11 Felly os dych chi sy'n ddrwg yn gwybod sut i roi anrhegion
da i'ch plant, mae'ch Tad yn y nefoedd yn siŵr o roi rhoddion da i'r rhai sy'n gofyn iddo!
12Dylech chi bob amser drin pobl eraill fel byddech chi'n hoffi iddyn nhw'ch trin chi. Mae'n
egwyddor sy'n crynhoi popeth mae Cyfraith Moses ac ysgrifau'r proffwydi'n ei ddweud.

Y fynedfa gul a'r fynedfa lydan

(Luc 13:24)

13“Ewch i mewn drwy'r fynedfa gul. Oherwydd mae'r fynedfa i'r ffordd sy'n arwain i ddinistr
yn llydan. Mae'n ddigon hawdd dilyn y ffordd honno, ac mae llawer o bobl yn mynd arni.
14Ond mae'r fynedfa sy'n arwain i fywyd yn gul, a'r llwybr yn galed. Does ond ychydig o bobl
yn dod o hyd iddi.

Coeden a'i ffrwyth

(Luc 6:43-45; 13:25-27)

15“Gwyliwch allan am broffwydi ffug. Bleiddiaid rheibus ydyn nhw go iawn, ond yn rhoi'r
argraff i chi eu bod mor ddiniwed â defaid. 16Y ffordd i'w nabod nhw ydy drwy edrych ar
y ffrwyth yn eu bywydau nhw. Dydy grawnwin ddim yn tyfu ar ddrain, na ffigys ar ysgall.

6:29 1 Brenhinoedd 10:4-7; 2 Cronicl 9:3-6

17Felly lle mae ffrwyth da mae coeden iach, ond os ydy'r ffrwyth yn ddrwg mae'r goeden yn
wael. 18Dydy ffrwyth drwg ddim yn tyfu ar goeden iach, na ffrwyth da ar goeden wael! 19Bydd
pob coeden sydd heb ffrwyth da yn tyfu arni yn cael ei thorri i lawr a'i llosgi. 20Felly y ffordd
i nabod y proffwydi ffug ydy drwy edrych ar y ffrwyth yn eu bywydau nhw.

21"Fydd pawb sy'n fy ngalw i'n 'Arglwydd'.ddim yn cael dod dan deyrnasiad yr Un nefol,
dim ond y bobl hynny sy'n gwneud beth mae fy Nhad yn y nefoedd yn ei ofyn. 22Ar y diwrnod
hwnnw pan fydd Duw yn dod i farnu, bydd llawer o bobl yn dweud wrtho i 'Arglwydd, Arglwydd,
oni fuon ni'n proffwydo ar dy ran di, ac yn bwrw allan gythreuliaid a gwneud llawer iawn
o wyrthiau eraill?' 23Ond bydda i'n dweud wrthyn nhw'n blaen, 'Dw i erioed wedi'ch nabod
chi. Ewch o ma! Pobl ddrwg ydych chi!'

Yr adeiladwr call a'r adeiladwr twp

(Luc 6:47-49)

24"Felly dyma sut bobl ydy'r rhai sy'n gwrando arna i ac yna'n gwneud beth dw i'n ddweud.
Maen nhw fel dyn call sy'n adeiladu ei dŷ ar graig solet. 25Daeth glaw trwm a llifogydd
a gwyntoedd cryf i daro yn erbyn y tŷ hwnnw, ond wnaeth y tŷ ddim syrthio am fod ei sylfeini
ar graig solet. 26Ond mae pawb sy'n gwrando arna i heb wneud beth dw i'n ddweud yn debyg
i ddyn dwl sy'n adeiladu ei dŷ ar dywod! 27Daeth glaw trwm a llifogydd a gwyntoedd cryf
i daro yn erbyn y tŷ hwnnw, a syrthiodd y tŷ a chwalu'n llwyr."

28Pan oedd Iesu wedi gorffen dweud y pethau yma, roedd y tyrfaoedd yn rhyfeddu at
beth roedd yn ei ddysgu. 29Roedd yn wahanol i'r arbenigwyr yn y Gyfraith – roedd ganddo
awdurdod oedd yn gwneud i bobl wrando arno.

Dyn yn dioddef o'r gwahanglwyf

(Marc 1:40-45; Luc 5:12-16)

8 Roedd tyrfaoedd o bobl yn ei ddilyn pan ddaeth i lawr o ben y mynydd. 2Yna dyma ddyn
oedd yn dioddef o'r gwahanglwyf yn dod ato a mynd ar ei liniau o'i flaen. "Arglwydd,"
meddai, "gelli di fy ngwneud i'n iach os wyt ti eisiau."

3Dyma Iesu'n estyn ei law a chyffwrdd y dyn. "Dyna dw i eisiau," meddai, "bydd lân." A'r
eiliad honno cafodd y dyn ei wneud yn holliach!

4A dyma Iesu'n dweud wrtho, "Gwna'n siŵr dy fod ti'n dweud wrth neb beth sydd wedi
digwydd. Dos i ddangos dy hun i'r offeiriad, a chyflwyno'r offrwm ddwedodd Moses y dylet
ti ei gyflwyno, yn dystiolaeth i'r bobl dy fod ti wedi cael dy iacháu."[h]

Ffydd y Swyddog Milwrol Rhufeinig

(Luc 7:1-10; Ioan 4:43-54)

5Wrth i Iesu fynd i mewn i Capernaum, daeth swyddog milwrol Rhufeinig ato yn pledio arno
i'w helpu. 6"Arglwydd," meddai, "mae ngwas i gartref, yn gorwedd yn ei wely wedi'i barlysu.
Mae'n dioddef yn ofnadwy."

7Atebodd Iesu, "Dof i'w iacháu."

8Ond meddai'r swyddog wrtho, "Arglwydd, dw i ddim yn deilwng i ti ddod i mewn i nhŷ i. Does
ond rhaid i ti ddweud a bydd fy ngwas yn cael ei iacháu. 9Mae swyddogion uwch fy mhen i yn rhoi
gorchmynion i mi, ac mae gen innau filwyr odanaf fi. Dw i'n dweud 'Dos' wrth un, ac mae'n mynd;
'Tyrd yma' wrth un arall ac mae'n dod. Dw i'n dweud 'Gwna hyn' wrth fy ngwas, ac mae'n ei wneud."

10Roedd Iesu wedi'i syfrdanu pan glywodd beth ddwedodd y dyn. Meddai wrth y rhai oedd
yn ei ddilyn, "Wir i chi, dw i ddim wedi gweld neb o bobl Israel sydd â ffydd fel yna! 11Dw i'n

---

h 8:4 *Dos i ddangos ... iacháu:* Os oedd rhywun yn cael ei iacháu o glefyd heintus ar y croen roedd rhaid i offeiriad ei archwilio, a chyhoeddi fod y person yn iach. Wedyn roedd rhaid cyflwyno offrwm o ddau oen gwryw ac un oen benyw a blawd wedi'i gymysgu gydag olew olewydd.

8:4 Lefiticus 14:1-32

dweud wrthoch chi, bydd llawer o bobl yn dod o bob rhan o'r byd ac yn eistedd i lawr i wledda
gydag Abraham, Isaac a Jacob pan ddaw'r Un nefol i deyrnasu. 12 Ond bydd 'dinasyddion
y deyrnas'.yn cael eu taflu allan i'r tywyllwch lle bydd pobl yn wylo'n chwerw ac mewn artaith."
13 Yna dwedodd Iesu wrth y swyddog milwrol, "Dos! Cei di beth wnest ti gredu allai
ddigwydd." A dyna'n union pryd cafodd y gwas ei iacháu.

Iesu'n iacháu llawer

(Marc 1:29-34; Luc 4:38-41)

14 Dyma Iesu'n mynd i gartref Pedr. Yno gwelodd fam-yng-nghyfraith Pedr yn ei gwely gyda
gwres uchel. 15 Cyffyrddodd Iesu ei llaw a diflannodd y tymheredd oedd ganddi, a dyma hi'n
codi o'i gwely a gwneud pryd o fwyd iddo.
16 Pan oedd hi'n dechrau nosi dyma bobl yn dod â llawer iawn o rai oedd yng ngafael
cythreuliaid at Iesu. Doedd ond rhaid iddo ddweud gair i fwrw allan yr ysbrydion drwg a iacháu
pawb oedd yn sâl. 17 Felly roedd beth ddwedodd Duw drwy'r proffwyd Eseia yn dod yn wir:

"*Cymerodd ein gwendidau arno'i hun,*
a chario ein hafiechydon i ffwrdd."

Y gost o ddilyn Iesu

(Luc 9:57-62)

18 Pan welodd Iesu'r dyrfa o'i gwmpas, penderfynodd fod rhaid croesi i ochr draw'r llyn.
19 Yna dyma un o'r arbenigwyr yn y Gyfraith yn dod ato a dweud, "Athro, dw i'n fodlon dy
ddilyn di lle bynnag fyddi di'n mynd."
20 Atebodd Iesu, "Mae gan lwynogod ffeuau ac adar nythod, ond does gen i, Mab y Dyn,
ddim lle i orffwys."
21 Dyma un arall o'i ddilynwyr yn dweud wrtho, "Arglwydd, gad i mi fynd adre i gladdu
fy nhad gyntaf."
22 Ond ateb Iesu oedd, "Dilyn di fi. Gad i'r rhai sy'n farw eu hunain gladdu eu meirw."

Iesu'n tawelu storm

(Marc 4:35-41; Luc 8:22-25)

23 Felly i ffwrdd â Iesu i'r cwch, a'i ddisgyblion ar ei ôl. 24 Yn gwbl ddirybudd, cododd storm
ofnadwy ar y llyn, nes bod y cwch yn cael ei gladdu gan y tonnau. Ond cysgodd Iesu'n drwm
drwy'r cwbl! 25 Dyma'r disgyblion yn mynd ato mewn panig a'i ddeffro, "Achub ni Arglwydd!"
medden nhw, "Dŷn ni'n mynd i foddi!"
26 "Pam dych chi mor ofnus?" meddai Iesu, "Ble mae'ch ffydd chi?" Yna cododd ar ei draed
a cheryddu'r gwynt a'r tonnau, ac yn sydyn roedd pobman yn hollol dawel.
27 Roedd y disgyblion yn gwbl syfrdan. "Beth wnawn ni o'r dyn yma?" medden nhw, "Mae
hyd yn oed y gwyntoedd a'r tonnau yn ufuddhau iddo!"

Iacháu dau ddyn oedd yng ngafael cythreuliaid

(Marc 5:1-20; Luc 8:26-39)

28 Ar ôl iddo groesi'r llyn i ardal y Gadareniaid,[i] dyma ddau ddyn oedd yng ngafael
cythreuliaid yn dod i'w gyfarfod o gyfeiriad y fynwent. Roedd y dynion yma mor beryglus, doedd
hi ddim yn saff i bobl fynd heibio'r ffordd honno. 29 Dyma nhw'n gweiddi'n uchel, "Gad di
lonydd i ni Fab Duw! Wyt ti wedi dod yma i'n poenydio ni cyn i'r amser i hynny digwydd ddod?"
30 Roedd cenfaint fawr o foch yn pori draw oddi wrthyn nhw, 31 a dyma'r cythreuliaid yn
pledio arno, "Gad i ni fynd i mewn i'r genfaint o foch acw os wyt ti'n mynd i'n bwrw ni allan."

---

i 8:28 *Gadareniaid:* Neu, *Gergeseniaid* yn rhai llawysgrifau. *Geraseniaid* yn eraill.
8:17 Eseia 53:4

32"Ewch!" meddai Iesu. Felly allan â nhw ac i mewn i'r moch. A'r peth nesa, dyma'r moch
i gyd yn rhuthro i lawr y llechwedd serth a boddi yn y llyn. 33Dyma'r rhai oedd yn gofalu am
y moch yn rhedeg i ffwrdd i'r dre i adrodd y stori, a dweud am bopeth oedd wedi digwydd
i'r dynion oedd wedi bod yng ngafael cythreuliaid. 34Yna dyma pawb yn dod allan o'r dre
i gyfarfod Iesu. Ar ôl dod o hyd iddo, dyma nhw'n pwyso arno i adael eu hardal.

Iesu'n iacháu dyn wedi'i barlysu

(Marc 2:1-12; Luc 5:17-26)

9 Dyma Iesu'n mynd i mewn i gwch a chroesi'r llyn yn ôl i'w dref ei hun.ǀ 2A dyma rhyw
bobl yn dod â dyn wedi'i barlysu ato, yn gorwedd ar fatras. Pan welodd Iesu eu ffydd
nhw, dwedodd wrth y dyn oedd wedi'i barlysu, "Cod dy galon, ffrind; mae dy bechodau
wedi'u maddau."

3Roedd rhai o'r arbenigwyr yn y Gyfraith yn dweud wrth ei gilydd, "Mae'r dyn yma'n cablu!"

4Ond roedd Iesu'n gwybod yn iawn beth oedd yn mynd drwy eu meddyliau, ac meddai,
"Pam dych chi'n meddwl yn ddrwg amdana i? 5Ydy'n haws dweud 'Mae dy bechodau
wedi'u maddau,' neu 'Cod ar dy draed a cherdda'? 6Cewch weld fod gen i, Fab y Dyn,
hawl i faddau pechodau ar y ddaear ..." Yna dyma Iesu'n troi at y dyn oedd wedi'i barlysu,
a dweud, "Saf ar dy draed, cymer dy fatras a dos adre." 7Yna cododd y dyn ar ei draed ac
aeth adre. 8Roedd y dyrfa wedi dychryn,ǁ ac yn moli Duw, am iddo roi'r fath awdurdod
i ddyn.

Galw Mathew

(Marc 2:13-17; Luc 5:27-32)

9Wrth i Iesu fynd yn ei flaen, gwelodd ddyn o'r enw Mathew yn eistedd yn y swyddfa dollau
lle roedd yn gweithio. "Tyrd, dilyn fi," meddai Iesu wrtho; a chododd Mathew ar unwaith
a mynd ar ei ôl.

10Yn nes ymlaen aeth Iesu a'i ddisgyblion i dŷ Mathew am bryd o fwyd. Daeth criw mawr
o'r rhai oedd yn casglu trethi i Rufain i'r parti, a phobl eraill roedd y Phariseaid yn eu hystyried
yn 'bechaduriaid'. 11Wrth weld hyn, dyma'r Phariseaid yn gofyn i'w ddisgyblion, "Pam mae
eich athro yn bwyta gyda'r bradwyr sy'n casglu trethi i Rufain a phobl eraill sy'n ddim byd
ond 'pechaduriaid'."

12Clywodd Iesu nhw, ac meddai, "Dim pobl iach sydd angen meddyg, ond pobl sy'n sâl.
13Mae'n bryd i chi ddysgu beth ydy ystyr y dywediad: 'Trugaredd dw i eisiau, nid aberthau.'
Dw i wedi dod i alw pechaduriaid, dim rhai sy'n meddwl eu bod nhw heb fai."

Holi Iesu ynglŷn ag ymprydio

(Marc 2:18-22; Luc 5:33-39)

14Dyma ddisgyblion Ioan yn dod at Iesu a gofyn iddo, "Dŷn ni a'r Phariseaid yn ymprydio,
ond dydy dy ddisgyblion di ddim. Pam?"

15Atebodd Iesu nhw, "Dydy pobl ddim yn mynd i wledd briodas i fod yn drist ac i alaru!
Maen nhw yno i ddathlu gyda'r priodfab! Ond bydd y priodfab yn cael ei gymryd i ffwrdd
oddi wrthyn nhw, a byddan nhw'n ymprydio bryd hynny.

16"Does neb yn trwsio hen ddilledyn gyda chlwt o frethyn newydd sydd heb shrincio. Byddai'r
clwt o frethyn yn tynnu ar y dilledyn ac yn achosi rhwyg gwaeth. 17A dydy gwin sydd heb
aeddfedu ddim yn cael ei dywallt i hen boteli crwyn. Wrth i'r gwin aeddfedu byddai'r crwyn yn
byrstio ac yn difetha, a'r gwin yn cael ei golli. Na, rhaid tywallt y gwin i boteli crwyn newydd,
a bydd y poteli a'r gwin yn cael ei gadw."

ǀ 9:1 *i'w dref ei hun:* Capernaum (gw. 4:13). ǁ 9:8 *wedi dychryn:* Yn ôl rhai llawysgrifau *wedi'u syfrdanu.*
9:13 Hosea 6:6 (gw. hefyd Mathew 12:7)

Merch fach wedi marw a gwraig oedd â gwaedlif

(Marc 5:21-43; Luc 8:40-56)

18 Tra oedd yn dweud hyn, dyma un o'r arweinwyr Iddewig yn dod ato ac yn plygu ar ei
liniau o'i flaen. "Mae fy merch fach newydd farw," meddai, "ond tyrd i roi dy law arni, a daw
yn ôl yn fyw." 19 Cododd Iesu a mynd gyda'r dyn, ac aeth y disgyblion hefyd.
20 Dyna pryd y daeth rhyw wraig oedd wedi bod yn dioddef o waedlif ers deuddeng mlynedd
a sleifio i fyny y tu ôl iddo a chyffwrdd y taselau ar ei glogyn. 21 Roedd yn meddwl, "Petawn
i ond yn llwyddo i gyffwrdd ei glogyn ca i fy iacháu."
22 Trodd Iesu a'i gweld, ac meddai wrthi, "Cod dy galon, wraig annwyl. Am i ti gredu rwyt
wedi dy iacháu." A'r eiliad honno cafodd y wraig ei hiacháu.
23 Pan gyrhaeddodd Iesu dŷ'r dyn, roedd tyrfa swnllyd o bobl yn galaru, a rhai yn canu
pibau. 24 "Ewch i ffwrdd!" meddai wrthyn nhw, "Dydy'r ferch fach ddim wedi marw – cysgu
mae hi!" Dechreuodd pobl chwerthin am ei ben, 25 ond dyma Iesu'n anfon y dyrfa allan o'r
tŷ. Yna aeth at y ferch fach a gafael yn ei llaw, a chododd ar ei thraed. 26 Aeth yr hanes am
hyn ar led drwy'r ardal i gyd.

Iesu'n iacháu dau ddyn dall a dyn mud

27 Pan aeth Iesu yn ei flaen oddi yno dyma ddau ddyn dall yn ei ddilyn, gan weiddi'n uchel,
"Helpa ni, Fab Dafydd!"[m]
28 Ar ôl mynd i mewn i'r tŷ, dyma'r dynion yn dod ato, a gofynnodd iddyn nhw, "Ydych
chi'n credu go iawn y galla i wneud hyn?"
"Ydyn, Arglwydd," medden nhw. 29 Yna cyffyrddodd eu llygaid nhw a dweud, "Cewch
beth dych wedi'i gredu sy'n bosib," 30 ac roedden nhw'n gallu gweld eto. Dyma Iesu'n eu
rhybuddio'n llym, "Gwnewch yn siŵr fod neb yn gwybod am hyn." 31 Ond pan aethon nhw
allan, dyma nhw'n dweud wrth bawb drwy'r ardal i gyd amdano.
32 Wrth iddyn nhw adael, dyma rhyw bobl yn dod â dyn at Iesu oedd yn methu siarad am
ei fod yng ngafael cythraul. 33 Pan gafodd y cythraul ei fwrw allan ohono, dyma'r dyn yn
dechrau siarad. Roedd y dyrfa wedi'i syfrdanu, a phobl yn dweud, "Does dim byd tebyg i hyn
wedi digwydd yn Israel erioed o'r blaen."
34 Ond roedd y Phariseaid yn dweud, "Tywysog y cythreuliaid sy'n rhoi'r gallu iddo wneud
hyn."

Gweithwyr yn brin

35 Roedd Iesu'n teithio o gwmpas yr holl drefi a'r pentrefi yn dysgu'r bobl yn eu synagogau,
yn cyhoeddi'r newyddion da am deyrnasiad Duw ac yn iacháu pob afiechyd a salwch. 36 Roedd
gweld tyrfaoedd o bobl yn ei gyffwrdd i'r byw, am eu bod fel defaid heb fugail, ar goll ac yn
gwbl ddiymadferth. 37 Ac meddai wrth ei ddisgyblion, "Mae'r cynhaeaf mor fawr, a'r gweithwyr
mor brin! 38 Felly, gofynnwch i Arglwydd y cynhaeaf anfon mwy o weithwyr i'w feysydd."

Iesu'n anfon y deuddeg allan

(Marc 3:13-19; 6:7-13; Luc 6:12-16; 9:1-6)

10 Galwodd y deuddeg disgybl at ei gilydd, a rhoi awdurdod iddyn nhw i fwrw ysbrydion
drwg allan o bobl a iacháu pob afiechyd a salwch.
2 Dyma enwau'r deuddeg oedd i'w gynrychioli: Simon (oedd yn cael ei alw yn Pedr), Andreas
(brawd Pedr), Iago fab Sebedeus, Ioan (brawd Iago), 3 Philip, Bartholomeus, Tomos, a Mathew
(oedd yn casglu trethi i Rufain), Iago fab Alffeus, Thadeus, 4 Simon y Selot a Jwdas Iscariot
(wnaeth ei fradychu).

---

m 9:27 *Fab Dafydd:* Un o deitlau y Meseia. Roedd yr Iddewon yn credu y byddai'r Meseia yn un o ddisgynyddion y Brenin Dafydd.

5 Nhw oedd y deuddeg anfonodd Iesu allan. A dyma fe'n rhoi'r cyfarwyddiadau yma iddyn
nhw: "Peidiwch mynd at y cenhedloedd eraill nac i mewn i un o bentrefi'r Samariaid. 6 Ewch
yn lle hynny at bobl Israel, sydd fel defaid ar goll. 7 Dyma'r neges i chi ei chyhoeddi wrth fynd:
'Mae'r Un nefol yn dod i deyrnasu.' 8 Ewch i iacháu pobl sy'n glaf, dod â phobl sydd wedi
marw yn ôl yn fyw, iacháu'r rhai sy'n dioddef o'r gwahanglwyf, a bwrw allan gythreuliaid
o fywydau pobl. Gan eich bod wedi derbyn y cwbl am ddim, rhowch yn rhad ac am ddim.
9 Peidiwch cymryd arian, na hyd yn oed newid mân, gyda chi; 10 dim bag teithio, na dillad
a sandalau sbâr, na ffon. Mae'r gweithiwr yn haeddu ei fara menyn.
11 "Ble bynnag ewch chi, i dref neu bentref, edrychwch am rywun sy'n barod i'ch croesawu,
ac aros yng nghartre'r person hwnnw nes byddwch yn gadael yr ardal. 12 Wrth fynd i mewn
i'r cartref, cyfarchwch y rhai sy'n byw yno. 13 Os oes croeso yno, bydd yn cael ei fendithio; os
does dim croeso yno, cymerwch y fendith yn ôl. 14 Os bydd rhywun yn gwrthod rhoi croeso i chi
ac yn gwrthod gwrando ar eich neges chi, ysgydwch y llwch oddi ar eich traed[n] pan fyddwch
yn gadael y tŷ neu'r dref honno. 15 Credwch chi fi, bydd hi'n well ar dir Sodom a Gomorra[o]
ar ddydd y farn nag ar y dref honno! 16 Dw i'n eich anfon chi allan fel defaid i ganol pac
o fleiddiaid. Felly byddwch yn graff fel nadroedd ond yn ddiniwed fel colomennod.

Rhybudd am drafferthion

(Marc 13:9-13; Luc 21:12-17)

17 "Gwyliwch eich hunain! Bydd pobl yn eich dwyn o flaen yr awdurdodau ac yn eich chwipio
yn eu synagogau. 18 Cewch eich llusgo o flaen llywodraethwyr a brenhinoedd a'ch cyhuddo
o fod yn ddilynwyr i mi. Byddwch yn tystiolaethu iddyn nhw ac i bobl o wledydd eraill amdana
i. 19 Pan gewch eich arestio, peidiwch poeni beth i'w ddweud o flaen y llys na sut i'w ddweud.
Bydd y peth iawn i'w ddweud yn dod i chi ar y pryd. 20 Dim chi fydd yn siarad, ond Ysbryd
eich Tad fydd yn siarad trwoch chi.
21 "Bydd dyn yn bradychu ei frawd i gael ei ladd, a thad yn bradychu ei blentyn. Bydd plant
yn troi yn erbyn eu rhieni, ac yn eu rhoi i'r awdurdodau i'w dienyddio. 22 Bydd pawb yn eich
casáu chi am eich bod yn ddilynwyr i mi, ond bydd y rhai sy'n sefyll yn gadarn i'r diwedd un
yn cael eu hachub. 23 Pan fyddwch yn cael eich erlid yn un lle, ffowch i rywle arall. Credwch
chi fi, fyddwch chi ddim wedi gorffen mynd drwy drefi Israel cyn i mi, Mab y Dyn, ddod.
24 "Dydy disgybl ddim yn dysgu ei athro, a dydy caethwas ddim uwchlaw ei feistr. 25 Mae'n
ddigon i ddisgybl fod yn debyg i'w athro, ac i gaethwas fod fel ei feistr. Os ydy pennaeth
y tŷ yn cael ei alw'n Beelsebwl (hynny ydy y diafol), ydy pawb arall yn y teulu'n disgwyl cael
pethau'n haws?

Pwy i'w ofni

(Luc 12:2-7)

26 "Felly peidiwch â'u hofni nhw. Bydd popeth sydd wedi'i guddio yn dod i'r golwg, a phob
cyfrinach yn cael ei datgelu. 27 Yr hyn dw i'n ei ddweud o'r golwg, dwedwch chi'n agored
yng ngolau dydd; beth sy'n cael ei sibrwd yn eich clust, cyhoeddwch yn uchel o bennau'r tai.
28 Peidiwch bod ofn pobl. Maen nhw'n gallu lladd y corff ond fedran nhw ddim lladd y person
go iawn. Duw ydy'r un i'w ofni – mae'r gallu ganddo e i ddinistrio'r person a'i gorff yn uffern.
29 Beth ydy gwerth aderyn y to? Dych chi'n gallu prynu dau ohonyn nhw am newid mân! Ond
does dim un aderyn bach yn syrthio'n farw heb i'ch Tad wybod am y peth. 30 Mae Duw hyd
yn oed wedi cyfri gwallt eich pen chi! 31 Felly peidiwch bod ofn dim byd; dych chi'n llawer
mwy gwerthfawr na haid fawr o adar y to!

---

n 10:14 *ysgydwch y llwch oddi ar eich traed:* Ffordd o ddangos fod y trefi hynny'n cael eu gwrthod.
o 10:15 *Sodom a Gomorra:* Pan oedd Abraham yn fyw dyma Duw yn dinistrio'r trefi yma am fod y bobl mor ddrwg.
10:14 Actau 13:51 10:15 Genesis 19:24-28 (gw. hefyd Mathew 11:24)

Arddel neu wadu Iesu

(Luc 12:8-9)

32"Pwy bynnag sy'n dweud yn agored o flaen pobl eraill ei fod yn credu ynof fi, bydda
innau'n dweud yn agored o flaen fy Nhad yn y nefoedd fod y person hwnnw'n perthyn i mi.
33Ond pwy bynnag sy'n gwadu ei fod yn credu ynof fi o flaen pobl eraill, bydda innau'n gwadu
o flaen fy Nhad yn y nefoedd fod y person hwnnw'n perthyn i mi.

Cost dilyn Iesu

(Luc 12:51-53; 14:26-27)

34"Peidiwch meddwl fy mod i wedi dod â heddwch i'r byd! Dw i ddim yn dod â heddwch,
ond cleddyf. 35Dw i wedi dod i droi

'*mab yn erbyn ei dad,*
a merch yn erbyn ei mam;
merch-yng-nghyfraith yn erbyn mam-yng-nghyfraith –
36 *bydd eich teulu agosaf yn troi'n elynion i chi.*'

37"Dydy'r sawl sy'n caru ei dad a'i fam yn fwy na fi ddim yn haeddu perthyn i mi; a dydy'r
sawl sy'n caru mab neu ferch yn fwy na fi ddim yn haeddu perthyn i mi; 38Dydy'r sawl sydd
ddim yn codi ei groes, a cherdded yr un llwybr o hunanaberth â mi, ddim yn haeddu perthyn
i mi. 39Bydd y sawl sy'n ceisio amddiffyn ei fywyd yn colli'r bywyd go iawn, ond y sawl sy'n
barod i ollwng gafael ar ei fywyd er fy mwyn i yn diogelu bywyd go iawn iddo'i hun.

Gwobrau

(Marc 9:41)

40"Mae pwy bynnag sy'n rhoi croeso i chi yn rhoi croeso i mi, a phwy bynnag sy'n rhoi
croeso i mi yn rhoi croeso i Dduw, yr un sydd wedi f'anfon i. 41Bydd pwy bynnag sy'n rhoi
croeso i broffwyd am ei fod yn cyhoeddi neges Duw yn derbyn yr un wobr â'r proffwyd,
a phwy bynnag sy'n rhoi croeso i un cyfiawn am ei fod yn gwneud beth sy'n iawn yng
ngolwg Duw yn derbyn yr un wobr â'r un cyfiawn. 42Does ond rhaid i rywun roi diod
o ddŵr oer i un o'r rhai bach yma sy'n ddilynwyr i mi, a chredwch chi fi, bydd y person
yna'n siŵr o gael ei wobr."

Iesu a Ioan Fedyddiwr

(Luc 7:18-35)

11 Pan oedd Iesu wedi gorffen dysgu ei ddeuddeg disgybl, aeth yn ei flaen ar ei daith
o gwmpas trefi Galilea yn dysgu ac yn pregethu.
2Pan glywodd Ioan Fedyddiwr, oedd yn y carchar, beth oedd Crist yn ei wneud, anfonodd ei
ddisgyblion 3i ofyn iddo, "Ai ti ydy'r Meseia sydd i ddod, neu ddylen ni ddisgwyl rhywun arall?"
4Ateb Iesu oedd, "Ewch yn ôl a dweud wrth Ioan beth dych chi wedi'i glywed a'i weld:
5Mae pobl ddall yn cael gweld, pobl gloff yn cerdded, pobl sy'n dioddef o'r gwahanglwyf
yn cael eu hiacháu, pobl fyddar yn clywed, a phobl sydd wedi marw yn dod yn ôl yn fyw. Ac
mae'r newyddion da yn cael ei gyhoeddi i bobl dlawd! 6Ac un peth arall: Mae bendith fawr
i bwy bynnag sydd ddim yn colli hyder ynddo i."
7Wrth i ddisgyblion Ioan adael, dechreuodd Iesu siarad â'r dyrfa am Ioan: "Sut ddyn aethoch
chi allan i'r anialwch i'w weld? Brwynen wan yn cael ei chwythu i bob cyfeiriad gan y gwynt?
8Na? Pam aethoch chi allan felly? I weld dyn mewn dillad crand? Wrth gwrs ddim! Mewn
palasau mae pobl grand yn byw! 9Felly, pam aethoch chi allan? I weld proffwyd? Ie, a dw
i'n dweud wrthoch chi ei fod e'n fwy na phroffwyd. 10Dyma'r un mae'r ysgrifau sanctaidd
yn sôn amdano:

10:35,36 Micha 7:6 11:5 a Eseia 35:5,6; b Eseia 61:1

'Edrych! – dw i'n anfon fy negesydd o dy flaen di,
i baratoi'r ffordd i ti.'

[11]Wir i chi, mae Ioan Fedyddiwr yn fwy na neb arall sydd wedi byw erioed. Ac eto mae'r
person lleia pwysig yn nheyrnas yr Un nefol yn fwy nag e. [12]Ers i Ioan ddechrau pregethu,
mae teyrnas yr Un nefol wedi bod yn torri allan yn rymus, a'r rhai sy'n rhuthro trwodd yn cael
gafael ynddi. [13]Achos roedd yr holl broffwydi a Chyfraith Moses yn sôn am y peth fel rhywbeth
oedd i ddigwydd yn y dyfodol, nes i Ioan ddod i'r golwg. [14]Felly, os dych chi'n fodlon derbyn
y peth, fe ydy'r Elias oedd i ddod. [15]Gwrandwch yn ofalus os dych chi'n awyddus i ddysgu.
[16]"Sut mae disgrifio'r genhedlaeth yma? Mae hi fel plant yn eistedd yn sgwâr y farchnad
yn cwyno am ei gilydd fel hyn:

[17] 'Roedden ni'n chwarae priodas,
ond wnaethoch chi ddim dawnsio;
Roedden ni'n chwarae angladd,
ond wnaethoch chi ddim galaru.'

[18]Am fod Ioan ddim yn bwyta nac yn yfed fel pawb arall, roedden nhw'n dweud, 'Mae yna
gythraul ynddo.' [19]Ond wedyn dyma fi, Mab y Dyn yn dod, yn bwyta ac yn yfed, a maen
nhw'n dweud, 'Y bolgi! Meddwyn sy'n diota a stwffio'i hun ydy e! Ffrind i'r twyllwyr sy'n
casglu trethi i Rufain ac i bechaduriaid eraill!' Gallwch nabod doethineb go iawn yn ôl pa
mor gyson ydy'r dadleuon!"

Gwae'r trefi sy'n gwrthod troi at Dduw

(Luc 10:13-15)

[20]Dechreuodd Iesu feirniadu pobl y trefi hynny lle gwnaeth y rhan fwyaf o'i wyrthiau, am
eu bod heb droi at Dduw. [21]"Gwae ti, Chorasin! Gwae ti, Bethsaida! Petai'r gwyrthiau wnes
i ynoch chi wedi digwydd yn Tyrus a Sidon, byddai'r bobl yno wedi hen ddangos eu bod yn
edifar drwy wisgo sachliain a thaflu lludw ar eu pennau. [22]Wir i chi, bydd hi'n well ar Tyrus
a Sidon ar ddydd y farn nag arnoch chi! [23]A beth amdanat ti, Capernaum? Wyt ti'n meddwl
y byddi di'n cael dy anrhydeddu? Na, byddi di'n cael dy fwrw i lawr i'r dyfnder tywyll! Petai'r
gwyrthiau wnes i ynot ti wedi digwydd yn Sodom, byddai Sodom yn dal yma heddiw! [24]Wir
i chi, bydd hi'n well ar Sodom ar ddydd y farn nag arnat ti!"

Gorffwys i'r blinedig

(Luc 10:21,22)

[25]Bryd hynny dyma Iesu'n dweud, "Fy Nhad, Arglwydd y nefoedd a'r ddaear. Diolch i ti am
guddio'r pethau yma oddi wrth y bobl sy'n meddwl eu bod nhw mor ddoeth a chlyfar, a'u
dangos i rai sy'n agored fel plant bach. [26]Ie, fy Nhad, dyna sy'n dy blesio di.
[27]"Mae fy Nhad wedi rhoi popeth yn fy ngofal i. Does neb yn nabod y Mab go iawn ond
y Tad, a does neb yn nabod y Tad go iawn ond y Mab, a'r rhai hynny mae'r Mab wedi dewis
ei ddangos iddyn nhw.
[28]"Dewch ata i, bawb sy'n cael eich llethu gan feichiau trwm, a rhof i orffwys i chi. [29]Dewch
gyda mi o dan fy iau,[p] er mwyn i chi ddysgu gen i. Dw i'n addfwyn ac yn ostyngedig, a chewch
chi orffwys. [30]Mae fy iau i yn gyfforddus a dw i ddim yn gosod beichiau trwm ar bobl."

Arglwydd y Saboth

(Marc 2:23-28; Luc 6:1-5)

12 Bryd hynny aeth Iesu drwy ganol caeau ŷd ar y dydd Saboth. Roedd ei ddisgyblion
eisiau bwyd, a dyma nhw'n dechrau tynnu rhai o'r tywysennau ŷd a'u bwyta.[ph]

---

p 11:29 *iau:* Roedd iau yn cael ei osod ar ysgwyddau anifeiliaid oedd yn tynnu aradr neu drol. ph 12:1 *tynnu rhai o'r tywysennau ŷd:* Roedd gan deithwyr hawl i wneud hyn.
11:10 Malachi 3:1 11:23 a Eseia 14:13-15; b Genesis 19:24-28 12:1 Deuteronomium 23:25

2 Wrth weld hyn dyma'r Phariseaid yn dweud wrtho, "Edrych! Mae dy ddisgyblion yn torri
rheolau'r Gyfraith ar y Saboth!"
3 Atebodd Iesu nhw, "Ydych chi ddim wedi darllen beth wnaeth Dafydd pan oedd e a'i griw
o ddilynwyr yn llwgu? 4 Aeth i mewn i dŷ Dduw, a bwyta'r bara oedd wedi'i gysegru a'i osod
yn offrwm i Dduw. Mae'r Gyfraith yn dweud fod ganddo fe a'i ddilynwyr ddim hawl i'w fwyta;
dim ond yr offeiriaid oedd â hawl. 5 Neu ydych chi ddim wedi darllen beth mae'r Gyfraith yn
ei ddweud am y Saboth? Mae'r offeiriaid yn torri rheolau'r Saboth drwy weithio yn y deml!
Ac eto maen nhw'n cael eu cyfri'n ddieuog. 6 Gwrandwch – mae rhywbeth mwy na'r deml
yma! 7 Petaech chi wedi deall ystyr y gosodiad, '*Trugaredd dw i eisiau, nid aberthau,*' fyddech
chi ddim yn condemnio'r dieuog. 8 Mae gen i, Fab y Dyn, hawl i ddweud beth sy'n iawn ar
y Saboth."

Dyn gyda llaw ddiffrwyth

(Marc 3:1-6; Luc 6:6-11)

9 Aeth oddi yno a mynd i'w synagog nhw, 10 ac roedd dyn yno oedd â'i law yn ddiffrwyth.
Roedden nhw'n edrych am unrhyw esgus i gyhuddo Iesu, felly dyma nhw'n gofyn iddo, "Ydy'r
Gyfraith yn dweud ei bod hi'n iawn i iacháu pobl ar y Saboth?"
11 Atebodd nhw, "Petai dafad un ohonoch chi'n syrthio i ffos ar y Saboth, fyddech chi ddim
yn mynd i'w chodi hi allan? 12 Mae person yn llawer mwy gwerthfawr na dafad! Felly, ydy,
mae'n iawn yn ôl y Gyfraith i wneud daioni ar y Saboth."
13 Yna dwedodd wrth y dyn, "Estyn dy law allan." Ac wrth i'r dyn wneud hynny cafodd y llaw
ei gwella'n llwyr, nes ei bod mor gryf â'r llaw arall. 14 Ond dyma'r Phariseaid yn mynd allan
i drafod sut allen nhw ladd Iesu.

Y gwas a ddewisodd Duw

15 Roedd Iesu'n gwybod yn iawn beth oedd yn digwydd, ac aeth i ffwrdd oddi yno. Roedd
llawer o bobl yn ei ddilyn, ac iachaodd bob un ohonyn nhw oedd yn glaf, 16 ond roedd yn
eu rhybuddio i beidio dweud pwy oedd e. 17 Dyma sut daeth yr hyn ddwedodd Duw drwy'r
proffwyd Eseia yn wir:

18 *"Dyma'r un dw i wedi'i ddewis yn was i mi,*
yr un dw i'n ei garu, ac mor falch ohono;
Rhof fy Ysbryd Glân iddo,
a bydd yn cyhoeddi cyfiawnder i'r cenhedloedd.
19 *Fydd e ddim yn cweryla nac yn gweiddi i dynnu sylw ato'i hun,*
a fydd neb yn clywed ei lais ar y strydoedd;
20 *Fydd e ddim yn torri brwynen wan,*
nac yn diffodd cannwyll sy'n mygu.
Bydd e'n arwain cyfiawnder i fod yn fuddugol.
21 *Bydd pobl o'r holl genhedloedd yn rhoi eu gobaith ynddo."*

Iesu a Beelsebwl

(Marc 3:20-30; Luc 11:14-23; 12:10)

22 Dyma nhw'n dod â dyn at Iesu oedd yn ddall ac yn methu siarad am ei fod yng ngafael
cythraul. Dyma Iesu'n ei iacháu, ac roedd yn gallu siarad a gweld wedyn. 23 Roedd y bobl
i gyd yn rhyfeddu, ac yn dweud, "Tybed ai hwn ydy Mab Dafydd?"
24 Ond pan glywodd y Phariseaid am y peth, dyma nhw'n dweud, "Beelsebwl (y diafol ei
hun), tywysog y cythreuliaid, sy'n rhoi'r gallu iddo wneud hyn."

12:3,4 cyfeiriad at 1 Samuel 21:1-6 12:4 Lefiticus 24:9 12:7 Hosea 6:6 (gw. hefyd Mathew 9:13)
12:18-21 Eseia 42:1-4 (LXX)

25 Roedd Iesu'n gwybod yn iawn beth oedd yn mynd drwy'u meddyliau, ac meddai
wrthyn nhw, "Bydd teyrnas lle mae yna ryfel cartref yn syrthio, a bydd dinas neu deulu
sy'n ymladd â'i gilydd o hyd yn syrthio hefyd. 26 Os ydy Satan yn ymladd yn erbyn ei hun,
a'i deyrnas wedi'i rhannu, sut mae'n bosib i'w deyrnas sefyll? 27 Os mai Beelsebwl sy'n
rhoi'r gallu i mi, pwy sy'n rhoi'r gallu i'ch dilynwyr chi? Byddan nhw'n eich barnu chi.
28 Ond os mai Ysbryd Duw sy'n rhoi'r gallu i mi fwrw allan gythreuliaid, yna mae Duw
wedi dod i deyrnasu.

29 "Neu sut all rhywun fynd i mewn i gartre'r dyn cryf a dwyn ei eiddo heb rwymo'r dyn
cryf yn gyntaf? Bydd yn gallu dwyn popeth o'i dŷ wedyn.

30 "Os ydy rhywun ddim ar fy ochr i, mae yn fy erbyn i. Ac os ydy rhywun ddim yn gweithio
gyda mi, mae'n gweithio yn fy erbyn i. 31 Felly gwrandwch – mae maddeuant i'w gael am bob
pechod a chabledd, ond does dim maddeuant i'r rhai sy'n cablu yn erbyn yr Ysbryd. 32 Bydd
rhywun sydd wedi dweud rhywbeth yn fy erbyn i, Mab y Dyn, yn cael maddeuant, ond does
dim maddeuant i bwy bynnag sy'n dweud rhywbeth yn erbyn yr Ysbryd Glân, yn yr oes yma
nac yn yr oes i ddod.

Coeden a'i ffrwyth

(Luc 6:43-45)

33 "Dewiswch y naill neu'r llall – fod y goeden yn iach a'i ffrwyth yn dda, neu fod y goeden
yn ddrwg a'i ffrwyth yn ddrwg. Y ffrwyth sy'n dangos sut goeden ydy hi. 34 Dych chi fel nythaid
o nadroedd! Sut allwch chi sy'n ddrwg ddweud unrhyw beth da? Mae'r hyn mae pobl yn
ei ddweud yn dangos beth sy'n eu calonnau nhw. 35 Mae pobl dda yn rhannu'r daioni sydd
wedi'i storio o'u mewn, a phobl ddrwg yn rhannu'r drygioni sydd wedi'i storio ynddyn nhw.
36 Ar ddydd y farn, bydd rhaid i bobl roi cyfri am bob peth byrbwyll ddwedon nhw. 37 Cei dy
ddyfarnu'n euog neu'n ddieuog ar sail beth ddwedaist ti."

Arwydd Jona

(Marc 8:11,12; Luc 11:29-32)

38 Dyma rai o'r arbenigwyr yn y Gyfraith a'r Phariseaid yn dod ato, a dweud wrtho, "Athro,
gad i ni dy weld di'n gwneud rhyw arwydd gwyrthiol."

39 Atebodd nhw, "Cenhedlaeth ddrwg ac anffyddlon sy'n gofyn am gael gweld gwyrth
fyddai'n arwydd iddyn nhw o pwy ydw i! Yr unig arwydd gân nhw ydy arwydd y proffwyd Jona.
40 Fel y daeth Jona allan yn fyw o fol y pysgodyn mawr ar ôl tri diwrnod, felly y bydda i, Mab
y Dyn, yn dod yn ôl yn fyw o berfedd y ddaear. 41 Bydd pobl Ninefe[r] hefyd yn condemnio pobl
y genhedlaeth yma, am eu bod nhw wedi newid eu ffyrdd ar ôl clywed pregethu Jona. Mae
un mwy na Jona yma nawr! 42 A bydd Brenhines Seba[rh] yn condemnio'r genhedlaeth yma ar
ddydd y farn. Roedd hi'n fodlon teithio o ben draw'r byd i wrando ar ddoethineb Solomon.
Mae un mwy na Solomon yma nawr!

Ysbryd drwg yn dod yn ôl

(Luc 11:24-26)

43 "Pan mae ysbryd drwg yn dod allan o rywun, mae'n mynd i grwydro lleoedd anial yn
chwilio am le i orffwys. Ond pan mae'n methu dod o hyd i rywle, 44 mae'n meddwl, 'Af i yn
ôl i lle roeddwn i'n byw.' Mae'n cyrraedd ac yn darganfod y tŷ yn wag ac wedi'i lanhau
a'i dacluso drwyddo. 45 Wedyn mae'n mynd â saith ysbryd gwaeth na'i hun i fyw gydag
e. Mae'r person mewn gwaeth cyflwr ar y diwedd nag oedd ar y dechrau! Fel yna fydd hi ar
y genhedlaeth ddrwg yma."

---

r 12:41 *Ninefe:* Prifddinas Ymerodraeth Asyria, gelyn Israel yn amser Jona. rh 12:42 *Seba:* De Arabia mae'n debyg.

12:40 Jona 1:17 12:41 cyfeiriad at Jona 3:5 12:42 1 Brenhinoedd 10:1-10; 2 Cronicl 9:1-12

Mam a brodyr Iesu

(Marc 3:31-35; Luc 8:19-21)

[46]Tra oedd Iesu'n dal i siarad â'r bobl, cyrhaeddodd ei fam a'i frodyr yno. Dyma nhw'n
sefyll y tu allan a gofyn am gael gair gydag e. [47]Dwedodd rhywun wrtho, "Mae dy fam a'th
frodyr yn sefyll y tu allan, eisiau siarad gyda ti."[s]
[48]Dyma fe'n ateb, "Pwy ydy fy mam? Pwy ydy fy mrodyr i?" [49]A chan bwyntio at ei
ddisgyblion, meddai, "Dyma fy mam a'm brodyr i. [50]Mae pwy bynnag sy'n gwneud beth
mae fy Nhad nefol eisiau yn frawd a chwaer a mam i mi."

Stori'r ffermwr yn hau

(Marc 4:1-12; Luc 8:4-10)

13 Y diwrnod hwnnw aeth Iesu allan ac eistedd ar lan Llyn Galilea. [2]Roedd cymaint
o dyrfa wedi casglu o'i gwmpas nes bod rhaid iddo fynd i eistedd mewn cwch tra
oedd y bobl i gyd yn sefyll ar y lan. [3]Roedd yn defnyddio llawer o straeon i rannu ei neges gyda
nhw: "Aeth ffermwr allan i hau had. [4]Wrth iddo wasgaru'r had, dyma beth ohono yn syrthio
ar y llwybr, a dyma'r adar yn dod a'i fwyta. [5]Dyma beth o'r had yn syrthio ar dir creigiog lle
doedd ond haen denau o bridd. Tyfodd yn ddigon sydyn, [6]ond yn yr haul poeth dyma'r tyfiant
yn gwywo. Doedd ganddo ddim gwreiddiau. [7]Yna dyma beth o'r had yn syrthio i ganol drain,
ond tyfodd y drain a thagu'r planhigion. [8]Ond syrthiodd peth o'r had ar bridd da. Tyfodd cnwd
da yno – beth ohono gan gwaith, chwe deg gwaith neu dri deg gwaith mwy na chafodd ei hau."
[9]"Gwrandwch yn ofalus os dych chi'n awyddus i ddysgu!"
[10]Daeth y disgyblion ato a gofyn, "Pam wyt ti'n dweud y straeon yma wrthyn nhw?"
[11]Dyma oedd ei ateb: "Dych chi'n cael gwybod beth ydy'r gyfrinach am deyrnasiad yr Un
nefol, ond dydyn nhw ddim. [12]Bydd y rhai sydd wedi deall rhywfaint eisoes yn derbyn mwy,
a byddan nhw ar ben eu digon! Ond am y rhai hynny sydd heb ddeall dim – bydd hyd yn
oed yr hyn maen nhw yn ei ddeall yn cael ei gymryd oddi arnyn nhw. [13]Dyna pam dw i'n
defnyddio straeon i siarad â nhw. Er eu bod yn edrych, dŷn nhw ddim yn gweld; er eu bod
yn gwrando, dŷn nhw ddim yn clywed nac yn deall. [14]Ynddyn nhw mae'r hyn wnaeth Eseia
ei broffwydo yn dod yn wir:

'Byddwch chi'n gwrando'n astud, ond byth yn deall;
Byddwch chi'n edrych yn ofalus, ond byth yn dirnad.
15 *Maen nhw'n rhy ystyfnig i ddysgu unrhyw beth –*
maen nhw'n fyddar,
ac wedi cau eu llygaid.
Fel arall, bydden nhw'n gweld â'u llygaid,
yn clywed â'u clustiau,
yn deall go iawn, ac yn troi,
a byddwn i'n eu hiacháu nhw'.

[16]Ond dych chi'n cael y fath fraint o weld a chlywed y cwbl! [17]Wir i chi, mae llawer o broffwydi
a phobl dduwiol wedi hiraethu am gael gweld beth dych chi'n ei weld a chlywed beth dych
chi'n ei glywed, ond chawson nhw ddim.

Iesu'n esbonio stori'r ffermwr yn hau

(Marc 4:13-20; Luc 8:11-15)

[18]"Felly dyma beth ydy ystyr stori'r ffermwr yn hau: [19]Pan mae rhywun yn clywed y neges am
y deyrnas a ddim yn deall, mae'r Un drwg yn dod ac yn cipio beth gafodd ei hau yn y galon.
Dyna'r had ddisgynnodd ar y llwybr. [20]Yr had sy'n syrthio ar dir creigiog ydy'r sawl sy'n derbyn

---

s 12:47 *gyda ti:* Dydy adn. 47 ddim yn rhai llawysgrifau.
13:14,15 Eseia 6:9,10 (LXX)

y neges yn frwd i ddechrau. 21 Ond dydy'r neges ddim yn gafael yn y person go iawn, ac felly
dydy e ddim yn para'n hir iawn. Pan mae argyfwng yn codi, neu wrthwynebiad am ei fod
wedi credu, mae'n troi cefn yn ddigon sydyn! 22 Wedyn yr had syrthiodd i ganol drain ydy'r
sawl sy'n clywed y neges, ond mae'n rhy brysur yn poeni am hyn a'r llall ac yn ceisio gwneud
arian. Felly mae'r neges yn cael ei thagu a does dim ffrwyth i'w weld yn ei fywyd. 23 Ond
yr had sy'n syrthio ar dir da ydy'r sawl sy'n clywed y neges ac yn ei deall. Mae'r effaith fel
cnwd anferth – can gwaith neu chwe deg gwaith neu dri deg gwaith mwy na gafodd ei hau."

Stori'r chwyn

24 Dwedodd Iesu stori arall wrthyn nhw: "Mae teyrnasiad yr Un nefol fel dyn yn hau had
da yn ei gae. 25 Tra oedd pawb yn cysgu, dyma rywun oedd yn ei gasáu yn hau chwyn yng
nghanol y gwenith. 26 Pan ddechreuodd y gwenith egino a thyfu, daeth y chwyn i'r golwg hefyd.
27 "Aeth gweision y ffermwr ato a dweud, 'Feistr, onid yr had gorau gafodd ei hau yn dy
gae di? O ble mae'r holl chwyn yma wedi dod?'
28 " 'Rhywun sy'n fy nghasáu i sy'n gyfrifol am hyn' meddai.
" 'Felly, wyt ti am i ni fynd i godi'r chwyn?' meddai ei weision.
29 " 'Na,' meddai'r dyn, 'Rhag ofn i chi godi peth o'r gwenith wrth dynnu'r chwyn.
30 Gadewch i'r gwenith a'r chwyn dyfu gyda'i gilydd. Wedyn pan ddaw'r cynhaeaf bydda
i'n dweud wrth y rhai fydd yn casglu'r cynhaeaf: Casglwch y chwyn gyntaf, a'u rhwymo'n
fwndeli i'w llosgi; wedyn cewch gasglu'r gwenith a'i roi yn fy ysgubor.' "

Stori'r hedyn mwstard a stori'r burum

(Marc 4:30-34; Luc 13:18-21)

31 Dwedodd stori arall wrthyn nhw: "Mae teyrnasiad yr Un nefol fel hedyn mwstard yn cael
ei blannu gan rywun yn ei gae. 32 Er mai dyma'r hedyn lleia un, mae'n tyfu i fod y planhigyn
mwya yn yr ardd. Mae'n tyfu'n goeden y gall yr adar ddod i nythu yn ei changhennau!"
33 Dwedodd stori arall eto: "Mae teyrnasiad yr Un nefol fel burum. Mae gwraig yn ei gymryd
a'i gymysgu gyda digonedd o flawd nes iddo ledu drwy'r toes i gyd."

Iesu'n adrodd straeon

(Marc 4:33-34)

34 Roedd Iesu'n dweud popeth wrth y dyrfa drwy adrodd straeon; doedd e'n dweud dim heb
ddefnyddio stori fel darlun. 35 Felly roedd beth ddwedodd Duw drwy'r proffwyd[t] yn dod yn wir:

"*Siaradaf drwy adrodd straeon,*
Dwedaf bethau sy'n ddirgelwch ers i'r byd gael ei greu."

Esbonio stori'r chwyn

36 Gadawodd Iesu y dyrfa a mynd i mewn i'r tŷ. Aeth ei ddisgyblion i mewn ato a gofyn
iddo, "Wnei di esbonio'r stori am y chwyn i ni?"
37 Atebodd Iesu, "Fi, Mab y Dyn, ydy'r un sy'n hau yr had da. 38 Y byd ydy'r cae, ac mae'r
hadau da yn cynrychioli'r bobl sy'n perthyn i'r deyrnas. Y bobl sy'n perthyn i'r un drwg ydy'r
chwyn, 39 a'r gelyn sy'n eu hau nhw ydy'r diafol. Diwedd y byd ydy'r cynhaeaf, a'r angylion
ydy'r rhai fydd yn casglu'r cynhaeaf.
40 "Dyma fydd yn digwydd pan ddaw diwedd y byd: Fel y chwyn sy'n cael eu casglu i'w
llosgi, 41 bydd Mab y Dyn yn anfon yr angylion allan. Byddan nhw'n chwynnu o blith y rhai
sy'n perthyn i'w deyrnas bawb sy'n gwneud i bobl bechu, a phawb sy'n gwneud drwg. 42 Bydd
yr angylion yn eu taflu nhw i'r ffwrnais, lle bydd pobl yn wylo'n chwerw ac mewn artaith.

---

t 13:35 *proffwyd: proffwyd Eseia* yn rhai llawysgrifau.
13:35 Salm 78:2

43Wedyn, pan ddaw eu Tad nefol i deyrnasu, bydd y bobl wnaeth beth sy'n iawn yn disgleirio
fel yr haul. Gwrandwch yn ofalus os dych chi'n awyddus i ddysgu.

Stori'r trysor cudd a stori'r perl gwerthfawr

44"Mae teyrnasiad yr Un nefol fel trysor wedi'i guddio mewn cae. Dyma rywun yn ei
ffeindio ac yna'n ei guddio eto, wedyn mynd yn llawen a gwerthu popeth oedd ganddo er
mwyn gallu prynu'r cae hwnnw.
45"Mae teyrnasiad yr Un nefol hefyd yn debyg i fasnachwr yn casglu perlau gwerthfawr.
46Ar ôl dod o hyd i un perl arbennig o werthfawr, mae'n mynd i ffwrdd ac yn gwerthu'r cwbl
sydd ganddo er mwyn gallu prynu'r un perl hwnnw.

Stori'r rhwyd

47"Unwaith eto, mae teyrnasiad yr Un nefol yn debyg i rwyd sy'n cael ei gollwng i'r llyn
a phob math o bysgod yn cael eu dal ynddi. 48Mae'r pysgotwyr yn llusgo'r rhwyd lawn i'r lan.
Wedyn mae'r pysgod da yn cael eu cadw a'u storio, ond y pysgod diwerth yn cael eu taflu
i ffwrdd. 49Dyna fydd yn digwydd pan ddaw diwedd y byd. Bydd yr angylion yn dod i gasglu'r
bobl ddrwg o blith y bobl wnaeth beth sy'n iawn, 50ac yn eu taflu nhw i'r ffwrnais dân, lle
bydd pobl yn wylo'n chwerw ac mewn artaith.
51"Ydych chi wedi deall hyn i gyd?" gofynnodd Iesu.
"Ydyn," medden nhw.
52Yna meddai wrthyn nhw, "Felly mae pob arbenigwr yn yr ysgrifau sanctaidd sydd wedi
ymostwng i deyrnasiad yr Un nefol fel perchennog tir sy'n dod â thrysorau newydd a hen
allan o'i ystordy."

Pobl Nasareth yn troi yn ei erbyn

(Marc 6:1-6; Luc 4:16-30)

53Pan oedd Iesu wedi gorffen dweud y straeon yma, aeth yn ôl 54i Nasareth lle cafodd ei
fagu. Dechreuodd ddysgu'r bobl yn eu synagog, ac roedden nhw'n rhyfeddu ato. "Ble gafodd
hwn y fath ddoethineb, a'r gallu yma i wneud gwyrthiau?" medden nhw. 55"Mab y saer ydy
e! Onid Mair ydy ei fam? Onid Iago, Joseff, Simon a Jwdas ydy ei frodyr? 56Mae ei chwiorydd
i gyd yn byw yma! Felly, ble cafodd e hyn i gyd?" 57Roedden nhw wedi cymryd yn ei erbyn.
Ond dyma Iesu'n dweud wrthyn nhw: "Mae proffwyd yn cael ei barchu ym mhobman ond yn
yr ardal lle cafodd ei fagu, a chan ei deulu ei hun!"
58Wnaeth Iesu ddim llawer o wyrthiau yno am eu bod nhw ddim yn credu.

Dienyddio Ioan Fedyddiwr

(Marc 6:14-29; Luc 9:7-9)

14 Tua'r adeg yna clywodd y llywodraethwr Herod[th] y straeon am Iesu. 2Dwedodd wrth
ei swyddogion, "Ioan Fedyddiwr sydd wedi dod yn ôl yn fyw! Dyna pam mae'n gallu
gwneud gwyrthiau."
3Herod oedd wedi arestio Ioan Fedyddiwr a'i roi yn y carchar. Roedd wedi gwneud hynny
o achos ei berthynas â Herodias, gwraig ei frawd, Philip. 4Roedd Ioan wedi dweud wrtho dro
ar ôl tro: "Dydy'r Gyfraith ddim yn caniatáu i ti ei chymryd hi." 5Er bod Herod eisiau lladd Ioan,
roedd ganddo ofn gwneud hynny am fod y bobl yn ystyried Ioan yn broffwyd.
6Ond yna, ar ddiwrnod pen-blwydd Herod dyma ferch Herodias yn perfformio dawns yn
y parti. Roedd hi wedi plesio Herod gymaint 7nes iddo dyngu ar lw y byddai'n rhoi iddi beth
bynnag oedd hi'n gofyn amdano. 8Gyda'i mam yn ei hannog, dwedodd wrtho, "Dw i eisiau
i ti dorri pen Ioan Fedyddiwr, a'i roi i mi ar hambwrdd." 9Doedd y brenin ddim yn hapus

---

th 14:1 *Herod:* Herod Antipas, mab Herod Fawr (gw. 2:1).

o gwbl, ond am ei fod wedi addo ar lw o flaen ei westeion, rhoddodd orchymyn i'w roi iddi.
10 Anfonodd filwyr i'r carchar i dorri pen Ioan i ffwrdd. 11 Wedyn, dyma nhw'n dod â'r pen ar
hambwrdd a'i roi i'r ferch fach, a rhoddodd hithau e i'w mam. 12 Dyma ddisgyblion Ioan yn
cymryd y corff a'i gladdu, ac wedyn yn mynd i ddweud wrth Iesu beth oedd wedi digwydd.

Iesu'n bwydo'r pum mil

(Marc 6:30-44; Luc 9:10-17; Ioan 6:1-14)

13 Pan glywodd Iesu beth oedd wedi digwydd, aeth i ffwrdd mewn cwch i le tawel i fod ar ei
ben ei hun. Ond clywodd y tyrfaoedd am hyn, a'i ddilyn ar droed o'r trefi. 14 Pan gyrhaeddodd
Iesu'r lan, roedd gweld y dyrfa fawr yno yn ei gyffwrdd i'r byw, ac iachaodd y rhai oedd yn sâl.
15 Pan oedd hi'n dechrau nosi, dyma'r disgyblion yn dod ato a dweud, "Mae'r lle yma'n
anial ac mae'n mynd yn hwyr. Anfon y bobl i ffwrdd, iddyn nhw gael mynd i'r pentrefi
i brynu bwyd."
16 Atebodd Iesu, "Does dim rhaid iddyn nhw fynd i ffwrdd. Rhowch chi rywbeth i'w fwyta
iddyn nhw."
17 Medden nhw wrtho, "Dim ond pum torth fach[u] a dau bysgodyn sydd gynnon ni."
18 "Dewch â nhw i mi," meddai. 19 A dwedodd wrth y bobl am eistedd i lawr ar y glaswellt.
Wedyn cymerodd y pum torth a'r ddau bysgodyn ac offrymu gweddi o ddiolch i Dduw. Torrodd
y bara a rhoi'r torthau i'w ddisgyblion, a dyma'r disgyblion yn eu rhannu i'r bobl. 20 Cafodd
pawb ddigon i'w fwyta, a dyma nhw'n codi deuddeg llond basged o dameidiau oedd wedi'u
gadael dros ben. 21 Roedd tua pum mil o ddynion wedi cael eu bwydo, heb sôn am wragedd
a phlant!

Iesu'n cerdded ar y dŵr

(Marc 6:45-52; Ioan 6:15-21)

22 Dyma Iesu'n gwneud i'w ddisgyblion fynd yn ôl i'r cwch a chroesi drosodd o'i flaen. 23 Ar
ôl iddo anfon y dyrfa adre, aeth i ben mynydd er mwyn cael lle tawel i weddïo. Roedd yno ar
ei ben ei hun ac roedd hi'n nosi. 24 Erbyn hynny roedd y cwch yn bell o'r tir, ac yn cael ei daro
gan y tonnau am fod y gwynt yn ei erbyn.
25 Yna, rywbryd ar ôl tri o'r gloch y bore aeth Iesu allan atyn nhw gan gerdded ar y dŵr.
26 Pan welodd y disgyblion e'n cerdded ar y llyn, roedden nhw wedi dychryn am eu bywydau.
"Ysbryd ydy e!" medden nhw, gan weiddi mewn ofn.
27 Ond dyma Iesu'n dweud wrthyn nhw, "Mae'n iawn! Fi ydy e. Peidiwch bod ag ofn."
28 "Arglwydd, os mai ti sydd yna" meddai Pedr, "gad i mi ddod atat ti ar y dŵr."
29 "Iawn, tyrd," meddai Iesu. Yna camodd Pedr allan o'r cwch a dechrau cerdded ar y dŵr
tuag at Iesu. 30 Ond pan welodd mor gryf oedd y gwynt, roedd arno ofn. Dechreuodd suddo,
a gwaeddodd allan, "Achub fi, Arglwydd!"
31 Dyma Iesu'n estyn ei law a gafael ynddo. "Ble mae dy ffydd di?" meddai wrtho, "Pam
wnest ti amau?"
32 Wrth iddyn nhw ddringo i mewn i'r cwch dyma'r gwynt yn tawelu. 33 Dyma'r rhai oedd
yn y cwch yn ei addoli, a dweud, "Ti ydy Mab Duw, go iawn."

Iesu yn iacháu pobl yn Genesaret

(Marc 6:53-56)

34 Ar ôl croesi'r llyn, dyma nhw'n glanio yn Genesaret. 35 Dyma'r dynion yno yn nabod Iesu,
ac yn anfon i ddweud wrth bawb drwy'r ardal i gyd. Roedd pobl yn dod â phawb oedd yn sâl
ato 36 ac yn pledio arno i adael iddyn nhw gyffwrdd y taselau ar ei glogyn. Roedd pawb oedd
yn ei gyffwrdd yn cael eu hiacháu.

---

u 14:17 *torth fach:* Torth fach gron fflat, mae'n debyg.

Glân ac aflan

(Marc 7:1-23)

15 Dyma Phariseaid ac arbenigwyr yn y Gyfraith o Jerwsalem yn dod at Iesu, a gofyn
iddo, 2"Pam mae dy ddisgyblion di yn gwneud beth sy'n groes i'r traddodiad? Maen
nhw'n bwyta heb fynd drwy'r ddefod o olchi eu dwylo!"
3Atebodd Iesu, "A pham dych chi'n mynd yn groes i orchymyn Duw er mwyn cadw'ch
traddodiadau? 4Er enghraifft, gorchmynnodd Duw, 'Gofala am dy dad a dy fam' a 'Rhaid i bwy
bynnag sy'n sarhau ei dad neu ei fam gael ei ladd.' 5Ond dych chi'n dweud ei bod yn iawn
dweud wrth rieni mewn oed, 'Alla i ddim gofalu amdanoch chi. Mae beth o'n i'n mynd i'w
roi i chi wedi'i gyflwyno'n rhodd i Dduw,' 6Does dim rhaid 'gofalu am dad'.wedyn. Er mwyn
cadw'ch traddodiad dych chi'n osgoi gwneud beth mae Duw'n ei ddweud. 7Dych chi mor
ddauwynebog! Roedd Eseia yn llygad ei le pan broffwydodd amdanoch chi:

8 *'Mae'r bobl yma'n dweud pethau gwych amdana i,*
ond mae eu calonnau yn bell oddi wrtho i.
9 *Mae eu haddoliad yn ddiystyr;*
mân-reolau dynol ydy'r cwbl maen nhw'n ei ddysgu.'"

10Yna dyma Iesu'n galw'r dyrfa ato a dweud wrthyn nhw, "Gwrandwch er mwyn i chi ddeall.
11Dim beth dych chi'n ei fwyta sy'n eich gwneud chi'n 'aflan'. y pethau dych chi'n eu dweud
sy'n eich gwneud chi'n 'aflan'."
12A dyma'r disgyblion yn mynd ato a dweud wrtho, "Mae beth ddwedaist ti wedi cythruddo'r
Phariseaid go iawn!"
13Atebodd yntau, "Bydd pob planhigyn wnaeth fy Nhad nefol ddim ei blannu yn cael ei
dynnu i fyny. 14Gadewch iddyn nhw – arweinwyr dall ydyn nhw! Os ydy dyn dall yn arwain
dyn dall arall, bydd y ddau yn disgyn i ffos gyda'i gilydd."
15Yna meddai Pedr, "Esbonia i ni ystyr y dywediad."
16"Ydych chi'n dal mor ddwl?" meddai Iesu. 17"Ydych chi ddim yn gweld fod bwyd ddim
ond yn mynd drwy'r stumog ac yna'n dod allan yn y tŷ bach? 18Ond mae'r pethau dych chi'n
eu dweud yn dod o'r galon, a dyna sy'n eich gwneud chi'n 'aflan'. 19O'ch calon chi mae
meddyliau drwg yn dod, a phethau fel llofruddio, godinebu, anfoesoldeb rhywiol, dwyn, rhoi
tystiolaeth ffug, a hel straeon cas. 20Dyma'r pethau sy'n gwneud rhywun yn 'aflan'. Dydy
bwyta heb gadw'r ddefod o olchi'r dwylo ddim yn eich gwneud chi'n 'aflan'."

Ffydd y wraig Gananeaidd

(Marc 7:24-30)

21Gadawodd Iesu Galilea ac aeth i ffwrdd i gylch Tyrus a Sidon. 22Daeth gwraig ato (gwraig
o'r ardal o dras Canaaneaidd), a gweiddi, "Arglwydd, Fab Dafydd, helpa fi! Mae fy merch yn
dioddef yn ofnadwy am ei bod yng ngafael cythraul."
23Wnaeth Iesu ddim ymateb o gwbl. A dyma'i ddisgyblion yn dod ato a phwyso arno,
"Anfon hi i ffwrdd, mae hi'n boen yn dal ati i weiddi ar ein holau ni!"
24Felly atebodd Iesu hi, "Dim ond at bobl Israel, sydd fel defaid ar goll, ces i fy anfon."
25Ond dyma'r wraig yn dod a phenlinio o'i flaen. "Helpa fi, Arglwydd!" meddai.
26Atebodd Iesu, "Dydy hi ddim yn iawn i bobl daflu bwyd y plant i'r cŵn."[w]
27"Digon gwir, Arglwydd," meddai'r wraig, "ond mae hyd yn oed y cŵn yn bwyta'r briwsion
sy'n disgyn oddi ar fwrdd eu meistr."
28Atebodd Iesu, "Wraig annwyl, mae gen ti lot o ffydd! Cei beth ofynnaist amdano."
A dyna'r union adeg y cafodd ei merch ei hiachàu.

---

w 15:26 *cŵn:* Roedd yr Iddewon weithiau'n galw pobl o wledydd eraill yn gŵn.
15:4 Exodus 20:12; Deuteronomium 5:16 15:4 Exodus 21:17; Lefiticus 20:9 15:8,9 Eseia 29:13 (LXX)

Iesu'n bwydo'r pedair mil

(Marc 8:1-10)

29 Pan adawodd Iesu'r ardal honno, teithiodd ar hyd glan Llyn Galilea. Yna aeth i ben
mynydd ac eistedd i lawr. 30 Daeth tyrfaoedd mawr o bobl ato, gyda phobl oedd yn gloff, yn
ddall, yn anabl neu'n fud. Cawson nhw eu gosod o'i flaen, ac iachaodd nhw. 31 Roedd y bobl
wedi'u syfrdanu wrth weld y mud yn siarad, pobl anabl wedi cael eu hiacháu, y cloff yn
cerdded a'r dall yn gweld. A dyma nhw'n dechrau moli Duw Israel.
32 Dyma Iesu'n galw'i ddisgyblion ato a dweud, "Dw i'n teimlo dros y bobl yma i gyd; maen
nhw wedi bod yma ers tri diwrnod heb gael dim i'w fwyta. Dw i ddim am iddyn nhw fynd
i ffwrdd yn llwgu, rhag iddyn nhw lewygu ar y ffordd." 33 Meddai'r disgyblion, "Ble gawn ni
ddigon o fara i fwydo'r fath dyrfa mewn lle mor anial!"
34 "Sawl torth o fara[y] sydd gynnoch chi?" meddai Iesu.
"Saith," medden nhw, "a rhyw ychydig o bysgod bach."
35 Yna dwedodd Iesu wrth y dyrfa am eistedd i lawr. 36 Cymerodd y saith torth a'r pysgod,
ac offrymu gweddi o ddiolch i Dduw, yna eu torri a'u rhoi i'r disgyblion, a dyma'r disgyblion
yn eu rhannu i'r bobl. 37 Cafodd pawb ddigon i'w fwyta, ac roedd saith llond cawell
o dameidiau bwyd dros ben. 38 Roedd pedair mil o ddynion wedi cael eu bwydo, heb sôn
am wragedd a phlant! 39 Ar ôl i Iesu anfon y dyrfa adre aeth i mewn i'r cwch a chroesi
i ardal Magadan.[a]

Hawlio arwydd

(Marc 8:11-13; Luc 12:54-56)

16 Daeth Phariseaid a Sadwceaid at Iesu a gofyn iddo brofi pwy oedd drwy wneud
rhyw arwydd gwyrthiol.
2 Atebodd nhw, "Pan mae'r haul yn machlud dych chi'n dweud, 'Bydd hi'n braf fory – mae'r
awyr yn goch,' 3 ac yn y bore, 'Bydd hi'n stormus heddiw – mae'r awyr yn goch a'r cymylau'n
ddu.' Dych chi'n gwybod sut mae'r tywydd yn argoeli, ond does gynnoch chi ddim syniad
sut i ddeall yr arwyddion o beth sy'n digwydd nawr. 4 Cenhedlaeth ddrwg ac anffyddlon sy'n
gofyn am gael gweld gwyrth fyddai'n arwydd iddyn nhw o pwy ydw i! Yr unig arwydd gân
nhw ydy arwydd y proffwyd Jona." Yna gadawodd nhw a mynd i ffwrdd.

Burum y Phariseaid a'r Sadwceaid

(Marc 8:14-21)

5 Pan groesodd y disgyblion i ochr arall y llyn, roedden nhw wedi anghofio mynd â bara
gyda nhw.
6 Meddai Iesu wrthyn nhw, "Byddwch yn ofalus! Cadwch draw oddi wrth furum y Phariseaid
a'r Sadwceaid."
7 Wrth drafod y peth dyma'r disgyblion yn dod i'r casgliad ei fod yn tynnu sylw at y ffaith
eu bod heb fynd â bara gyda nhw.
8 Roedd Iesu'n gwybod beth oedden nhw'n ei drafod, ac meddai, "Ble mae'ch ffydd
chi? Pam dych chi'n poeni eich bod heb fara? 9 Ydych chi'n dal ddim yn deall? Ydych
chi ddim yn cofio'r pum torth i fwydo'r pum mil, a sawl basgedaid wnaethoch chi eu
casglu? 10 Neu'r saith torth i fwydo'r pedair mil, a sawl llond cawell wnaethoch chi eu
casglu? 11 Ydych chi ddim yn gweld mod i ddim yn siarad am fara go iawn? Dw i am i chi
gadw draw oddi wrth furum y Phariseaid a'r Sadwceaid." 12 Roedden nhw'n deall wedyn
mai nid sôn am fara go iawn oedd e; eisiau iddyn nhw osgoi dysgeidiaeth y Phariseaid
a'r Sadwceaid oedd e.

---

y 15:34 *torth o fara:* gw. y nodyn ar 14:17. a 15:39 *Magadan:* Does neb yn gwybod ble roedd Magadan.
16:9 Mathew 14:17-21 16:10 Mathew 15:34-38

Datganiad Pedr

(Marc 8:27-30; Luc 9:18-21)

13 Pan gyrhaeddodd Iesu ardal Cesarea Philipi, gofynnodd i'w ddisgyblion, "Pwy mae pobl
yn ei ddweud ydw i, Mab y Dyn?"
14 "Mae rhai yn dweud Ioan Fedyddiwr," medden nhw, "eraill yn dweud Elias, ac eraill eto'n
dweud Jeremeia neu un o'r proffwydi."
15 "Ond beth amdanoch chi?" meddai. "Pwy dych chi'n ddweud ydw i?"
16 Atebodd Simon Pedr, "Ti ydy'r Meseia, Mab y Duw byw."
17 "Rwyt ti wedi dy fendithio'n fawr, Simon fab Jona," meddai Iesu, "am mai dim person
dynol ddangosodd hyn i ti, ond fy Nhad yn y nefoedd. 18 A dw i'n dweud wrthyt ti mai ti ydy
Pedr (sef 'y garreg'). A dyma'r graig dw i'n mynd i adeiladu fy eglwys arni hi, a fydd grym
marwolaeth ddim yn ei gorchfygu hi. 19 Dw i'n mynd i roi allweddi teyrnas yr Un nefol i ti;
bydd beth bynnag rwyt ti'n ei rwystro ar y ddaear wedi'i rwystro yn y nefoedd, a bydd beth
bynnag rwyt ti'n ei ganiatáu ar y ddaear wedi'i ganiatáu yn y nefoedd." 20 Yna dyma Iesu'n
rhybuddio'i ddisgyblion i beidio dweud wrth neb mai fe oedd y Meseia.

Iesu'n dweud ei fod yn mynd i farw

(Marc 8:31 – 9:1; Luc 9:22-27)

21 O hynny ymlaen dechreuodd Iesu esbonio i'w ddisgyblion fod rhaid iddo fynd i Jerwsalem.
Byddai'r arweinwyr Iddewig, y prif offeiriaid a'r arbenigwyr yn y Gyfraith yn gwneud iddo
ddiodde'n ofnadwy. Byddai'n cael ei ladd, ond yna'n dod yn ôl yn fyw ddeuddydd wedyn.
22 Dyma Pedr yn mynd ag e i'r naill ochr, a dweud y drefn wrtho am ddweud y fath bethau.
"Duw a'n gwaredo!" meddai, "Wnaiff hynny byth ddigwydd i ti, Arglwydd!"
23 Ond trodd Iesu, a dweud wrth Pedr, "Dos o'm golwg i Satan! Rwyt ti'n rhwystr i mi; rwyt
ti'n meddwl fel mae pobl yn meddwl yn lle gweld pethau fel mae Duw'n eu gweld nhw."
24 Yna dyma Iesu'n dweud wrth ei ddisgyblion, "Os ydy rhywun am fy nilyn i, rhaid iddyn
nhw stopio rhoi nhw eu hunain gyntaf. Rhaid iddyn nhw aberthu eu hunain dros eraill
a cherdded yr un llwybr â mi. 25 Bydd y rhai sy'n ceisio achub eu hunain yn colli'r bywyd go
iawn, ond bydd y rhai hynny sy'n barod i ollwng gafael yn eu bywydau er fy mwyn i, yn dod
o hyd i fywyd go iawn. 26 Beth ydy'r pwynt o gael popeth sydd gan y byd i'w gynnig, a cholli'r
enaid? Oes unrhyw beth sy'n fwy gwerthfawr na'r enaid? 27 Bydda i, Mab y Dyn, yn dod yn ôl
yn holl ysblander y Tad, a'r angylion gyda mi. Bydda i'n rhoi gwobr i bawb ar sail beth maen
nhw wedi'i wneud. 28 Credwch chi fi, wnaiff rhai ohonoch chi sy'n sefyll yma ddim marw cyn
cael gweld Mab y Dyn yn dod i deyrnasu."

Y Gweddnewidiad

(Marc 9:2-13; Luc 9:28-36)

17 Chwe diwrnod wedyn aeth Iesu i ben mynydd uchel, a mynd â Pedr, Iago ac Ioan
(brawd Iago) gydag e. 2 Dyma olwg Iesu'n cael ei drawsnewid o flaen eu llygaid –
roedd ei wyneb yn disgleirio fel yr haul, a throdd ei ddillad yn wyn llachar fel golau. 3 Wedyn
dyma Moses ac Elias yn ymddangos, yn sgwrsio gyda Iesu.
4 Dyma Pedr yn dweud wrth Iesu, "Arglwydd, mae'n dda cael bod yma. Os wyt ti eisiau,
gwna i godi tair lloches yma – un i ti, un i Moses, ac un i Elias." 5 Roedd yn dal i siarad pan
ddaeth cwmwl disglair i lawr o'u cwmpas, a dyma lais o'r cwmwl yn dweud, "Fy Mab annwyl
i ydy hwn; mae wedi fy mhlesio i'n llwyr. Gwrandwch arno!" 6 Pan glywodd y disgyblion y llais
roedden nhw wedi dychryn am eu bywydau, a dyma nhw'n syrthio ar eu hwynebau ar lawr.
7 Ond dyma Iesu'n mynd atyn nhw a'u cyffwrdd, a dweud wrthyn nhw, "Codwch, peidiwch
bod ag ofn." 8 Pan edrychon nhw i fyny doedd neb i'w weld yno ond Iesu.
9 Wrth ddod i lawr o'r mynydd, dyma Iesu'n dweud yn glir wrthyn nhw, "Peidiwch sôn wrth
neb am beth dych chi wedi'i weld nes bydda i, Mab y Dyn, wedi dod yn ôl yn fyw ar ôl marw."

10 Dyma'r disgyblion yn gofyn iddo, "Felly pam mae'r arbenigwyr yn y Gyfraith yn dweud fod
rhaid i Elias ddod yn ôl cyn i'r Meseia gyrraedd?" 11 Atebodd Iesu, "Mae Elias yn dod, reit siŵr,
i roi trefn ar bopeth. 12 Dw i'n dweud wrthoch chi fod Elias wedi dod eisoes, ond wnaethon
nhw mo'i nabod, ac maen nhw wedi'i gam-drin. A bydda i, Mab y Dyn, yn dioddef yr un
fath ganddyn nhw." 13 Dyna pryd deallodd y disgyblion ei fod yn siarad am Ioan Fedyddiwr.

Iacháu'r bachgen yng ngafael cythraul

(Marc 9:14-29; Luc 9:37-43a)

14 Pan ddaethon nhw at y dyrfa, dyma ddyn yn dod at Iesu a phenlinio o'i flaen. 15 "Arglwydd,
helpa fy mab i," meddai. "Mae'n cael ffitiau ac yn dioddef yn ofnadwy. Mae'n syrthio yn
aml i ganol y tân, neu i ddŵr. 16 Des i ag e at dy ddisgyblion di, ond doedden nhw ddim yn
gallu ei iacháu."

17 "Pam dych chi mor ystyfnig ac amharod i gredu?" meddai Iesu, "Am faint dw i'n mynd
i aros gyda chi? Am faint alla i'ch dioddef chi? Tyrd â'r bachgen yma ata i." 18 Dyma Iesu'n
ceryddu'r cythraul, a daeth allan o'r bachgen. Cafodd ei iacháu y foment honno.

19 Dyma'r disgyblion yn gofyn yn breifat i Iesu, "Pam oedden ni'n methu ei fwrw allan?"
20 "Am eich bod chi'n credu cyn lleied," meddai. "Credwch chi fi, petai'ch ffydd chi mor fach
â hedyn mwstard, gallech chi ddweud wrth y mynydd yma, 'Symud i'r fan acw' a byddai'n
symud. Fyddai dim byd yn amhosib i chi.[b]"

Iesu'n dweud eto ei fod yn mynd i farw a dod yn ôl yn fyw

(Marc 9:30-32; Luc 9:43b-45)

22 Pan ddaethon nhw at ei gilydd yn Galilea, dyma Iesu'n dweud wrthyn nhw, "Dw i, Mab
y Dyn, yn mynd i gael fy mradychu i afael 23 pobl fydd yn fy lladd, ond ddeuddydd wedyn
bydda i'n dod yn ôl yn fyw." Roedd y disgyblion yn ofnadwy o drist.

Treth y Deml

24 Pan gyrhaeddodd Iesu a'i ddisgyblion Capernaum, daeth y rhai oedd yn casglu'r dreth
i gynnal y deml at Pedr (hynny ydy y dreth o ddwy ddrachma). Dyma nhw'n gofyn iddo, "Ydy
dy athro di'n talu treth y deml?"

25 "Ydy, mae e" atebodd Pedr.

Pan aeth Pedr adre, cyn iddo gael cyfle i ddweud gair, dyma Iesu'n gofyn iddo, "Simon,
beth wyt ti'n feddwl? Gan bwy mae brenhinoedd yn casglu tollau a threthi – gan eu plant
eu hunain neu gan bobl eraill?"

26 "Gan bobl eraill," meddai Pedr.

"Felly does dim rhaid i'r plant dalu," meddai Iesu wrtho. 27 "Ond rhag i ni beri tramgwydd iddyn
nhw, dos at y llyn a thaflu lein i'r dŵr. Cymer y pysgodyn cyntaf wnei di ei ddal, ac yn ei geg cei
ddarn arian fydd yn ddigon i'w dalu.[c] Defnyddia hwnnw i dalu'r dreth drosto i a thithau."

Y pwysica yn Nheyrnas yr Un nefol

(Marc 9:33-37,42-48; Luc 9:46-48; 17:1-2)

18 Bryd hynny daeth y disgyblion at Iesu a gofyn iddo, "Pwy ydy'r pwysica yn nheyrnas
yr Un nefol?"

2 Galwodd blentyn bach ato, a'i osod yn y canol o'u blaenau, 3 ac yna dwedodd: "Credwch
chi fi, os na newidiwch chi i fod fel plant bach, fyddwch chi byth yn un o'r rhai mae'r Un

---

b 17:20 *i chi:* Mae rhai llawysgrifau yn ychwanegu adn. 21 *Ond dim ond drwy weddi ac ympryd mae ysbrydion drwg fel yna'n dod allan.* c 17:27 *ddarn arian fydd yn ddigon i'w dalu:* Groeg, *stater.* Roedd *stater* yn werth pedair drachma neu un sicl.

17:10 cyfeiriad at Malachi 4:5 17:24 cyfeiriad at Exodus 30:13-15; 38:26

nefol yn teyrnasu yn eu bywydau. [4]Felly, pwy bynnag sy'n gweld ei hun yn fach, fel y plentyn
yma, ydy'r pwysica yn nheyrnas yr Un nefol. [5]Ac mae pwy bynnag sy'n rhoi croeso i blentyn
bach fel yma am ei fod yn perthyn i mi, yn rhoi croeso i mi. [6]Ond pwy bynnag sy'n gwneud
i un o'r rhai bach yma sy'n credu ynof fi bechu, byddai'n well i'r person hwnnw gael maen
melin wedi'i rwymo am ei wddf, ac iddo foddi yn eigion y môr.
[7]"Gwae'r sawl sy'n achosi i bobl eraill bechu! Mae temtasiynau yn siŵr o ddod, ond gwae'r
sawl fydd yn gwneud y temtio! [8]Os ydy dy law neu dy droed yn gwneud i ti bechu, torra hi
i ffwrdd a'i thaflu ymaith. Mae'n well i ti fynd i mewn i'r bywyd newydd wedi dy anafu neu'n
gloff, na bod â dwy law a dwy droed a chael dy daflu i'r tân tragwyddol! [9]Ac os ydy dy lygad
yn gwneud i ti bechu, tynna hi allan a'i thaflu i ffwrdd. Mae'n well i ti fynd i mewn i'r bywyd
newydd gyda dim ond un llygad na bod dwy gen ti a chael dy daflu i dân uffern.

Stori am ddafad aeth ar goll

(Luc 15:3-7)

[10]"Gwnewch yn siŵr eich bod chi ddim yn edrych i lawr ar un o'r rhai bach yma. Wir i chi,
mae'r angylion sy'n eu gwarchod nhw yn gallu mynd i bresenoldeb fy Nhad yn y nefoedd
unrhyw bryd.[ch]
[12]"Beth ydych chi'n feddwl? Meddyliwch am ddyn a chant o ddefaid ganddo, a bod un
ohonyn nhw'n crwydro i ffwrdd. Oni fyddai'n gadael y naw deg naw ar y bryniau ac yn mynd
i chwilio am yr un sydd ar goll? [13]Credwch chi fi, os daw o hyd iddi, mae'r un ddafad yna yn
rhoi mwy o lawenydd iddo na'r naw deg naw wnaeth ddim mynd ar goll! [14]Yr un fath, dydy'ch
Tad yn y nefoedd ddim am i unrhyw un o'r rhai bach yma gael eu colli.

Delio gyda phechod yn yr eglwys

(Luc 17:3)

[15]"Os ydy crediniwr arall yn pechu yn dy erbyn, dos i siarad ag e am y peth wyneb yn
wyneb – paid dweud wrth neb arall. Os bydd yn gwrando arnat byddi wedi adfer y berthynas
rhyngoch. [16]Ond os fydd e ddim yn gwrando arnat, dos ag un neu ddau o bobl gyda ti, am
fod '*rhaid cael dau neu dri tyst i gadarnhau fod rhywbeth yn wir.*' [17]Os bydd yn dal i wrthod
gwrando, dos â'r mater o flaen yr eglwys. Ac os bydd hyd yn oed yn gwrthod gwrando ar yr
eglwys, yna dylid ei drin fel pagan neu'r rhai sy'n casglu trethi i Rufain!
[18]"Credwch chi fi, bydd pa bethau bynnag dych chi'n eu rhwystro ar y ddaear wedi'u
rhwystro yn y nefoedd, a bydd pa bethau bynnag dych chi'n eu caniatáu ar y ddaear wedi'u
caniatáu yn y nefoedd.
[19]"A pheth arall hefyd: Pan mae dau ohonoch chi ar y ddaear yn cytuno i ofyn am arweiniad
wrth ddelio ag unrhyw fater, bydd fy Nhad yn y nefoedd yn ei roi i chi. [20]Pan mae dau neu
dri sy'n perthyn i mi wedi dod at ei gilydd, dw i yna gyda nhw."

Stori y gwas cas

[21]Gofynnodd Pedr i Iesu, "Arglwydd, sawl gwaith ddylwn i faddau i frawd neu chwaer sy'n
dal ati i bechu yn fy erbyn? Gymaint â saith gwaith?" [22]Atebodd Iesu, "Na, wir i ti, dim saith
gwaith, ond o leia saith deg saith gwaith!
[23]"Dyna sut mae'r Un nefol yn teyrnasu – mae fel brenin oedd wedi benthyg arian i'w
swyddogion, ac am archwilio'r cyfrifon. [24]Roedd newydd ddechrau ar y gwaith pan ddaethon
nhw â dyn o'i flaen oedd mewn dyled o filiynau lawer iddo. [25]Doedd y swyddog ddim yn
gallu talu'r ddyled, felly gorchmynnodd y meistr i'r dyn a'i wraig a'i blant gael eu gwerthu
yn gaethweision, a bod y cwbl o'i eiddo i gael ei werthu hefyd, i dalu'r ddyled.

---

ch 18:10 Mae rhai llawysgrifau yn ychwanegu adn. 11, *Dw i, Mab y dyn, wedi dod i achub y rhai sydd ar goll.*
18:16 Deuteronomium 19:15

26 "Syrthiodd y dyn ar ei liniau o'i flaen, a phledio, 'Rho amser i mi, ac fe dalaf i'r cwbl yn ôl
i ti.' 27 Felly am ei fod yn teimlo trueni drosto, dyma'r meistr yn canslo'r ddyled gyfan a gadael
iddo fynd yn rhydd. 28 Ond pan aeth y dyn allan, daeth ar draws un o'i gydweithwyr oedd mewn
dyled fechan iddo. Gafaelodd ynddo a dechrau ei dagu, gan ddweud 'Pryd wyt ti'n mynd
i dalu dy ddyled i mi?' 29 Dyma'r cydweithiwr yn syrthio ar ei liniau a chrefu, 'Rho amser i mi,
ac fe dalaf i'r cwbl yn ôl i ti.' 30 Ond gwrthododd y dyn wrando arno. Yn lle hynny, aeth â'r
mater at yr awdurdodau, a chafodd ei gydweithiwr ei daflu i'r carchar nes gallai dalu'r ddyled.
31 "Roedd y gweision eraill wedi ypsetio'n fawr pan welon nhw beth ddigwyddodd, a dyma
nhw'n mynd ac yn dweud y cwbl wrth y brenin. 32 Felly dyma'r brenin yn galw'r dyn yn ôl.
'Y cnaf drwg!' meddai wrtho, 'wnes i ganslo dy ddyled di yn llwyr am i ti grefu mor daer o mlaen
i. 33 Ddylet ti ddim maddau i dy gydweithiwr fel gwnes i faddau i ti?' 34 Roedd y brenin yn
gandryll, felly gorchmynnodd daflu'r swyddog i'r carchar i gael ei arteithio nes iddo dalu'r
cwbl o'r ddyled yn ôl.
35 "Dyna sut fydd fy Nhad nefol yn delio gyda chi os na wnewch chi faddau'n llwyr i'ch gilydd."

Ysgariad

(Mathew 5:31-32; Marc 10:1-12; Luc 16:18)

19 Pan oedd Iesu wedi gorffen dweud y pethau yma i gyd, gadawodd Galilea a mynd
i Jwdea a'r ardal yr ochr draw i'r Iorddonen. 2 Cafodd ei ddilyn gan dyrfaoedd mawr,
ac iachaodd eu cleifion.
3 Dyma Phariseaid yn dod ato i geisio'i faglu drwy ofyn, "Ydy'r Gyfraith yn dweud ei bod yn
iawn i ddyn ysgaru ei wraig am unrhyw reswm?" 4 Atebodd Iesu nhw, "Ydych chi ddim wedi darllen
beth wnaeth Duw ar y dechrau? – '*Gwnaeth bobl yn wryw ac yn fenyw*' 5 a dweud, '*felly bydd
dyn yn gadael ei dad a'i fam ac yn cael ei uno â'i wraig, a bydd y ddau yn dod yn un.*' 6 Dim dau
berson ar wahân ydyn nhw wedyn, ond uned. Felly ddylai neb wahanu beth mae Duw wedi'i uno."
7 Ond dyma nhw'n gofyn iddo, "Ond pam felly wnaeth Moses ddweud fod rhaid i ddyn
roi tystysgrif ysgariad i'w wraig cyn ei hanfon i ffwrdd?" 8 "Wyddoch chi pam wnaeth Moses
ganiatáu i chi ysgaru eich gwragedd?" meddai Iesu. "Am fod pobl fel chi mor ystyfnig! Ond
dim felly oedd hi ar y dechrau. 9 Wir i chi, mae unrhyw un sy'n ysgaru ei wraig er mwyn priodi
gwraig arall yn godinebu, oni bai fod ei wraig wedi bod yn anffyddlon iddo."
10 Meddai'r disgyblion wrtho, "Mae'n well i ddyn beidio priodi o gwbl os mai fel yna mae
hi!" 11 Atebodd Iesu, "All pawb ddim derbyn y peth, ond mae Duw wedi rhoi'r gallu i rai. 12 Mae
rhai pobl wedi'u geni'n eunuchiaid, eraill wedi cael eu sbaddu a'u gwneud yn eunuchiaid, ac
mae rhai'n dewis peidio priodi er mwyn gwasanaethu teyrnas yr Un nefol. Dylai'r rhai sydd
â'r gallu i dderbyn hyn ei dderbyn."

Iesu a'r plant bach

(Marc 10:13-16; Luc 18:15-17)

13 Dyma bobl yn dod â'u plant bach at Iesu er mwyn iddo osod ei ddwylo arnyn nhw
a gweddïo drostyn nhw. Ond roedd y disgyblion yn dweud y drefn wrthyn nhw.
14 Ond meddai Iesu, "Gadewch i'r plant bach ddod ata i. Peidiwch â'u rhwystro, am mai
rhai fel nhw sy'n derbyn teyrnasiad yr Un nefol." 15 Ar ôl iddo osod ei ddwylo arnyn nhw, aeth
yn ei flaen oddi yno.

Y dyn ifanc cyfoethog

(Marc 10:17-31; Luc 18:18-30)

16 Daeth dyn at Iesu a gofyn iddo, "Athro, pa weithred dda sy'n rhaid i mi ei gwneud i gael
bywyd tragwyddol?"

19:4 Genesis 1:27; 5:2 19:5 Genesis 2:24 19:7 cyfeiriad at Deuteronomium 24:1

[17]"Pam wyt ti'n gofyn cwestiynau i mi am beth sy'n dda?" atebodd Iesu. "Does dim ond
Un sy'n dda, a Duw ydy hwnnw. Os wyt ti eisiau mynd i'r bywyd, ufuddha i'r gorchmynion."
[18]"Pa rai?" meddai.
Atebodd Iesu, " '*Peidio llofruddio, peidio godinebu, peidio dwyn, peidio rhoi tystiolaeth ffals,*
[19]*gofalu am dy dad a dy fam,*' a '*caru dy gymydog fel rwyt ti'n dy garu dy hun*'."
[20]"Dw i wedi cadw'r rheolau yma i gyd," meddai'r dyn ifanc, "ond mae rhywbeth ar goll."
[21]Atebodd Iesu, "Os wyt ti wir am gyrraedd y nod, dos, a gwertha dy eiddo i gyd a rho'r
arian i bobl dlawd. Wedyn cei drysor yn y nefoedd. Yna tyrd, dilyn fi."
[22]Pan glywodd y dyn ifanc hyn, cerddodd i ffwrdd yn siomedig, am ei fod yn ddyn cyfoethog
iawn.
[23]Dyma Iesu'n dweud wrth ei ddisgyblion, "Credwch chi fi, mae'n anodd i rywun cyfoethog
adael i'r Un nefol deyrnasu yn ei fywyd. [24]Gadewch i mi ddweud eto – mae'n haws i gamel
wthio drwy grau nodwydd nag i bobl gyfoethog adael i Dduw deyrnasu yn eu bywydau."
[25]Roedd y disgyblion yn rhyfeddu wrth ei glywed yn dweud hyn. "Oes gobaith i unrhyw un
gael ei achub felly?" medden nhw. [26]Ond dyma Iesu'n edrych arnyn nhw, a dweud, "Mae'r
peth yn amhosib i bobl ei wneud, ond mae Duw yn gallu! Mae Duw'n gallu gwneud popeth!"
[27]Yna dyma Pedr yn ymateb, "Edrych, dŷn ni wedi gadael y cwbl i dy ddilyn di! Felly beth
fyddwn ni'n ei gael?"
[28]Meddai Iesu wrthyn nhw, "Credwch chi fi – pan fydd popeth yn cael ei wneud
yn newydd, a Mab y Dyn yn eistedd ar ei orsedd hardd, cewch chi sydd wedi fy nilyn
i eistedd ar ddeuddeg gorsedd i farnu deuddeg llwyth gwlad Israel. [29]Bydd pwy bynnag
sydd wedi mynd oddi cartref, a gadael brodyr a chwiorydd, tad neu fam neu blant neu
diroedd er fy mwyn i yn derbyn can gwaith cymaint, ac yn cael bywyd tragwyddol. [30]Ond
bydd llawer o'r rhai sydd ar y blaen yn cael eu hunain yn y cefn, a'r rhai sydd yn y cefn
yn cael bod ar y blaen."

Stori'r gweithwyr yn y winllan

20 "Dyma sut mae'r Un nefol yn teyrnasu – mae fel meistr tir yn mynd allan gyda'r
wawr i gyflogi pobl i weithio yn ei winllan. [2]Cyn eu hanfon i'w winllan mae'n cytuno
i dalu'r cyflog arferol iddyn nhw o un darn arian am ddiwrnod o waith.
[3]"Yna, tua naw o'r gloch y bore, aeth allan eto a gweld rhai eraill yn sefyllian o gwmpas
sgwâr y farchnad yn gwneud dim byd. [4]'Os ewch chi i weithio yn y winllan i mi, tala i gyflog
teg i chi,' meddai. [5]Felly i ffwrdd â nhw.
"Gwnaeth yn union yr un peth pan aeth allan tua chanol dydd, ac eto am dri o'r gloch
y p'nawn. [6]Hyd yn oed am bump o'r gloch y p'nawn gofynnodd i ryw bobl, 'Pam dych chi'n
sefyllian yma yn gwneud dim byd drwy'r dydd?'
[7]" 'Does neb wedi'n cyflogi ni,' medden nhw.
"Felly meddai wrthyn nhw, 'Ewch i weithio yn y winllan i mi.'
[8]"Pan oedd hi wedi mynd yn hwyr galwodd perchennog y winllan ei fforman, ac meddai
wrtho, 'Galw'r gweithwyr draw a thalu eu cyflog iddyn nhw. Dechreua gyda'r rhai olaf i gael
eu cyflogi a gorffen gyda'r rhai cyntaf.'
[9]"Dyma'r gweithwyr oedd wedi dechrau tua pump o'r gloch y p'nawn yn dod ac yn cael un
darn arian bob un. [10]Felly pan ddaeth y rhai gafodd eu cyflogi yn gynnar yn y bore, roedden
nhw'n disgwyl derbyn mwy. Ond un darn arian gafodd pob un ohonyn nhw hefyd. [11]Wrth
dderbyn eu tâl dyma nhw'n dechrau cwyno. [12]'Dim ond am awr weithiodd y rhai olaf yna,'
medden nhw, 'A dych chi wedi rhoi'r un faint iddyn nhw ag i ni sydd wedi gweithio'n galed
drwy'r dydd.'

19:18 Exodus 20:13-16; Deuteronomium 5:17-20
19:19 a Exodus 20:12; Deuteronomium 5:16; b Lefiticus 19:18

13"Ond meddai'r perchennog wrth un ohonyn nhw, 'Gwranda gyfaill, dw i ddim yn annheg.
Gwnest ti gytuno i weithio am y cyflog arferol, hynny ydy un darn arian am ddiwrnod o waith.
14Felly cymer dy gyflog a dos adre. Fy newis i ydy rhoi'r un faint i'r person olaf un i gael ei
gyflogi. 15Mae gen i hawl i wneud beth fynna i gyda f'arian fy hun! Ai bod yn hunanol wyt
ti am fy mod i'n dewis bod yn hael?'
16"Felly bydd y rhai sydd yn y cefn yn cael bod ar y blaen a'r rhai sydd ar y blaen yn cael
eu hunain yn y cefn."

Iesu'n dweud eto ei fod yn mynd i farw

(Marc 10:32-34; Luc 18:31-34)

17Pan oedd Iesu ar ei ffordd i Jerwsalem, aeth â'r deuddeg disgybl i'r naill ochr i gael gair
gyda nhw. 18"Pan gyrhaeddwn ni Jerwsalem, bydda i, Mab y Dyn, yn cael fy mradychu i'r prif
offeiriaid a'r arbenigwyr yn y Gyfraith. Byddan nhw'n rhoi dedfryd marwolaeth arna i, 19ac
yna'n fy rhoi yn nwylo'r Rhufeiniaid.[d] Bydd y rheiny yn gwneud sbort am fy mhen, fy chwipio
a'm croeshoelio. Ond yna ddeuddydd wedyn bydda i'n dod yn ôl yn fyw!"

Dymuniad mam

(Marc 10:35-45)

20Dyma fam Iago ac Ioan, sef gwraig Sebedeus, yn mynd at Iesu gyda'i meibion. Aeth ar
ei gliniau o'i flaen i ofyn ffafr ganddo.
21"Beth ga i wneud i chi?" gofynnodd Iesu iddi.

Dyma'r fam yn ateb, "Baswn i'n hoffi i'm meibion i gael eistedd bob ochr i ti pan fyddi'n teyrnasu."

22"Dych chi ddim yn gwybod am beth dych chi'n siarad!" meddai Iesu. "Allwch chi yfed o'r
gwpan chwerw[dd] dw i'n mynd i yfed ohoni?" "Gallwn," medden nhw wrtho.
23Dwedodd Iesu, "Byddwch chi'n yfed o'm cwpan i, ond dim fi sydd i ddweud pwy sy'n
cael eistedd bob ochr i mi. Mae'r lleoedd hynny wedi'u cadw i bwy bynnag mae fy Nhad
wedi'u dewis."
24Pan glywodd y deg disgybl arall am y peth, roedden nhw'n wyllt gyda'r ddau frawd.
25Ond dyma Iesu'n eu galw nhw i gyd at ei gilydd a dweud, "Dych chi'n gwybod sut mae'r
rhai sy'n llywodraethu'r cenhedloedd yn ymddwyn – maen nhw wrth eu bodd yn dangos
eu hawdurdod ac yn ei lordio hi dros bobl. 26Ond rhaid i chi fod yn wahanol. Rhaid i'r sawl
sydd am arwain ddysgu gwasanaethu, 27a phwy bynnag sydd am fod yn geffyl blaen fod yn
was i eraill. 28Wnes i, hyd yn oed, ddim disgwyl i bobl eraill fy ngwasanaethu i, er mai fi ydy
Mab y Dyn; des i fel gwas i aberthu fy mywyd er mwyn talu'r pris i ryddhau llawer o bobl."

Dau ddyn dall yn derbyn eu golwg

(Marc 10:46-52; Luc 18:35-43)

29Wrth iddo fynd allan o Jericho gyda'i ddisgyblion, roedd tyrfa fawr yn dilyn Iesu. 30Roedd
dau ddyn dall yn cardota ar ochr y ffordd, a phan ddeallodd y ddau ohonyn nhw mai Iesu
oedd yn mynd heibio, dyma nhw'n gweiddi, "Helpa ni Fab Dafydd!"[e]
31"Caewch eich cegau!" meddai'r dyrfa wrthyn nhw. Ond yn lle hynny dyma nhw'n
gweiddi'n uwch, "Arglwydd! Helpa ni Fab Dafydd!"
32Dyma Iesu'n stopio, a'u galw nhw draw a gofyn, "Beth ga i wneud i chi?"
33Dyma nhw'n ateb, "Arglwydd, dŷn ni eisiau gweld."
34Roedd Iesu'n teimlo drostyn nhw, a dyma fe'n cyffwrdd eu llygaid. Yn sydyn roedden
nhw'n gallu gweld! A dyma nhw'n ei ddilyn e.

---

d 20:19 *Rhufeiniaid:* Groeg, "estroniaid". dd 20:22 *yfed o'r gwpan chwerw:* Symbol o ddioddef. e 20:30 *Fab Dafydd:* gw. y nodyn ar 9:27.

Marchogaeth i Jerwsalem

(Marc 11:1-11; Luc 19:28-38; Ioan 12:12-19)

21 Dyma nhw'n cyrraedd Bethffage wrth Fynydd yr Olewydd yn ymyl Jerwsalem, a dyma
Iesu'n dweud wrth ddau ddisgybl, [2]"Ewch i'r pentref acw sydd o'ch blaen chi, ac
wrth fynd i mewn iddo dewch o hyd i asen wedi'i rhwymo a'i hebol gyda hi. Dewch â nhw
yma i mi, [3]ac os bydd rhywun yn ceisio'ch rhwystro, dwedwch, 'Mae'r meistr eu hangen nhw;
bydd yn eu hanfon yn ôl wedyn.' "
[4]Digwyddodd hyn er mwyn i beth ddwedodd Duw drwy ei broffwyd ddod yn wir:
[5] "*Dwed wrth bobl Seion,*
'*Edrych! Mae dy frenin yn dod!*
Mae'n addfwyn ac yn marchogaeth ar asen;
ie, ar ebol asyn.' "
[6]I ffwrdd â'r disgyblion, a gwneud yn union beth ddwedodd Iesu wrthyn nhw. [7]Pan
ddaethon nhw â'r asen a'i hebol yn ôl, dyma nhw'n taflu'u cotiau drostyn nhw, a dyma Iesu'n
eistedd arnyn nhw. [8]Roedd tyrfa fawr yn gosod eu cotiau fel carped ar y ffordd o'i flaen, neu
dorri dail o'r coed a'u lledu ar y ffordd. [9]Roedd y dyrfa y tu blaen a'r tu ôl iddo yn gweiddi,
"Hosanna! Clod i Fab Dafydd!"
"*Mae'r un sy'n dod i gynrychioli'r Arglwydd*
wedi'i fendithio'n fawr!"
"Clod i Dduw yn y nefoedd uchaf!"
[10]Roedd y ddinas gyfan mewn cynnwrf pan aeth Iesu i mewn i Jerwsalem. "Pwy ydy hwn?"
meddai rhai. [11]Ac roedd y dyrfa o'i gwmpas yn ateb, "Iesu, y proffwyd o Nasareth yn Galilea."

Iesu'n clirio'r deml

(Marc 11:15-19; Luc 19:45-48; Ioan 2:13-22)

[12]Aeth Iesu i mewn i gwrt y deml a gyrru allan bawb oedd yn prynu a gwerthu yn y farchnad
yno. Gafaelodd ym myrddau'r rhai oedd yn cyfnewid arian a'u troi drosodd, a hefyd meinciau
y rhai oedd yn gwerthu colomennod. [13]Yna dwedodd, "Mae'r ysgrifau sanctaidd yn dweud:
" '*Bydd fy nhŷ i yn cael ei alw yn dŷ gweddi.*' Ond dych chi'n ei droi yn '*guddfan i ladron*'!"
[14]Roedd pobl ddall a rhai cloff yn dod ato i'r deml, ac roedd yn eu hiacháu nhw. [15]Ond
roedd y prif offeiriaid a'r arbenigwyr yn y Gyfraith wedi gwylltio'n lân wrth weld y gwyrthiau
rhyfeddol roedd yn eu gwneud, a'r plant yn gweiddi yn y deml, "Hosanna! Clod i Fab Dafydd!"[f]
[16]"Wyt ti ddim yn clywed beth mae'r plant yma'n ei ddweud?" medden nhw wrtho.
"Ydw," atebodd Iesu. "Ydych chi wedi darllen yn yr ysgrifau sanctaidd erioed, '*Rwyt wedi
dysgu plant a babanod i dy foli di*'?"
[17]Dyma fe'n eu gadael nhw, a mynd allan i Bethania, lle arhosodd dros nos.

Y goeden ffigys yn gwywo

(Marc 11:12-14,20-24)

[18]Yn gynnar y bore wedyn roedd ar ei ffordd yn ôl i'r ddinas, ac roedd e eisiau bwyd.
[19]Gwelodd goeden ffigys ar ochr y ffordd, ac aeth draw ati ond doedd dim byd ond dail
yn tyfu arni. Yna dwedodd, "Fydd dim ffrwyth yn tyfu arnat ti byth eto!", a dyma'r goeden
yn gwywo.
[20]Pan welodd y disgyblion hyn roedden nhw wedi'u syfrdanu. "Sut wnaeth y goeden wywo
mor sydyn?" medden nhw.
[21]"Credwch chi fi," meddai Iesu, "dim ond i chi gredu a pheidio amau, gallech chi wneud
mwy na beth gafodd ei wneud i'r goeden ffigys. Gallech chi ddweud wrth y mynydd yma,

---

f 21:15 *Fab Dafydd:* gw. y nodyn ar 9:27.
21:5 Sechareia 9:9 21:9 Salm 118:25,26 21:13 a Eseia 56:7; b cyfeiriad at Jeremeia 7:11
21:16 Salm 8:2 (LXX)

'Dos, a thaflu dy hun i'r môr,' a byddai'n digwydd. 22Cewch beth bynnag dych chi'n gofyn
amdano wrth weddïo, dim ond i chi gredu."

Amau awdurdod Iesu

(Marc 11:27-33; Luc 20:1-8)

23Dyma Iesu'n mynd i gwrt y deml a dechrau dysgu'r bobl yno. A dyma'r prif offeiriaid a'r
arweinwyr Iddewig eraill yn dod ato, a gofyn iddo, "Pa hawl sydd gen ti i wneud beth wnest
ti? Pwy roddodd yr awdurdod i ti?"
24Atebodd Iesu nhw, "Gadewch i mi ofyn cwestiwn i chi. Os rhowch chi'r ateb i mi, ateba
i'ch cwestiwn chi. 25Roedd Ioan yn bedyddio. Ai Duw anfonodd e neu ddim?"

Wrth drafod y peth gyda'i gilydd, dyma nhw'n dweud, "Os atebwn ni 'Ie', bydd yn gofyn
i ni, 'Pam doeddech chi ddim yn ei gredu felly?' 26Ond allwn ni ddim dweud 'Na', rhag i'r
dyrfa ymosod arnon ni. Maen nhw i gyd yn meddwl fod Ioan yn broffwyd."
27Felly dyma nhw'n gwrthod ateb, "Dŷn ni ddim yn gwybod," medden nhw.

"Felly dw i ddim yn mynd i ateb eich cwestiwn chi chwaith," meddai Iesu.

Stori y ddau fab

28"Beth ydych chi'n feddwl? Roedd rhyw ddyn a dau o blant ganddo. Meddai wrth yr
hynaf, 'Dos i weithio yn y winllan heddiw.' 29'Na wna i' meddai hwnnw, ond yn nes ymlaen
newidiodd ei feddwl a mynd.
30"Dyma'r tad yn mynd at y mab arall a dweud yr un peth. Atebodd hwnnw, 'Siŵr iawn,
dad,' ond aeth e ddim. 31Pa un o'r ddau fab wnaeth beth oedd y tad eisiau?" "Y cyntaf,"
medden nhw.

Meddai Iesu wrthyn nhw, "Credwch chi fi, bydd y rhai sy'n casglu trethi i Rufain a'r
puteiniaid yn dod dan deyrnasiad Duw o'ch blaen chi! 32Achos roedd Ioan wedi dod i ddangos
y ffordd iawn i chi, a dyma chi'n gwrthod ei gredu. Ond dyma'r bobl sy'n casglu trethi i Rufain
a'r puteiniaid yn credu! A hyd yn oed ar ôl gweld hynny'n digwydd, wnaethoch chi ddim
newid eich meddwl a'i gredu e!

Stori'r tenantiaid

(Marc 12:1-12; Luc 20:9-19)

33"Gwrandwch ar stori arall: Roedd rhyw ddyn a thir ganddo wedi plannu gwinllan. Cododd
ffens o'i chwmpas, cloddio lle i wasgu'r sudd o'r grawnwin ac adeiladu tŵr i'w gwylio. Yna
gosododd y winllan ar rent i rhyw ffermwyr cyn mynd i ffwrdd ar daith bell.
34"Pan oedd hi'n amser casglu'r grawnwin, anfonodd weision at y tenantiaid i nôl ei siâr o'r
ffrwyth. 35Ond dyma'r tenantiaid yn gafael yn y gweision, ac yn ymosod ar un, lladd un arall,
a llabyddio un arall gyda cherrig. 36Felly dyma'r dyn yn anfon gweision eraill, mwy ohonyn
nhw y tro yma, ond dyma'r tenantiaid yn gwneud yr un peth i'r rheiny.
37"Yn y diwedd dyma'r dyn yn anfon ei fab atyn nhw. 'Byddan nhw'n parchu fy mab i,'
meddai. 38Ond pan welodd y tenantiaid y mab, dyma nhw'n dweud wrth ei gilydd: 'Hwn sy'n
mynd i etifeddu'r winllan. Os lladdwn ni hwn cawn ni'r winllan.' 39Felly dyma nhw'n gafael
ynddo, a'i daflu allan o'r winllan a'i ladd.
40"Felly, beth fydd y dyn biau'r winllan yn ei wneud i'r tenantiaid pan ddaw yn ôl?"
41Dyma nhw'n ateb, "Bydd yn lladd y cnafon drwg! Wedyn bydd yn gosod y winllan ar rent
i denantiaid newydd, fydd yn barod i roi ei siâr o'r ffrwythau iddo bob tymor."
42Dwedodd Iesu wrthyn nhw, "Ydych chi wedi darllen yn yr ysgrifau sanctaidd erioed:

'Mae'r garreg wrthododd yr adeiladwyr
wedi cael ei gwneud yn garreg sylfaen;

yr Arglwydd wnaeth hyn,
ac mae'r peth yn rhyfeddol yn ein golwg.'?

43“Hyn dw i'n ei ddweud: fod y breintiau o fod dan deyrnasiad Duw yn cael eu cymryd
oddi arnoch chi a'u rhoi i bobl fydd yn dangos ei ffrwyth yn eu bywydau. 44Bydd pwy bynnag
sy'n baglu ar y garreg yma yn dryllio'n ddarnau, a bydd pwy bynnag mae'r garreg yn syrthio
arno yn cael ei fathru.”[ff]

45Pan glywodd y prif offeiriaid a'r Phariseaid straeon Iesu, roedden nhw'n gwybod yn iawn
ei fod yn sôn amdanyn nhw. 46Roedden nhw eisiau ei arestio, ond roedd ofn y dyrfa arnyn
nhw, am fod y bobl yn credu ei fod yn broffwyd.

Stori y wledd briodas

(Luc 14:15-24)

22 Dyma Iesu'n dweud stori arall wrthyn nhw: 2“Mae teyrnasiad yr Un nefol yn debyg
i frenin yn trefnu gwledd briodas i'w fab. 3Anfonodd ei weision i ddweud wrth
y rhai oedd wedi cael gwahoddiad fod popeth yn barod, ond roedden nhw'n gwrthod dod.

4“Anfonodd weision eraill i ddweud wrthyn nhw: ‘Mae'r wledd yn barod. Dw i wedi lladd
teirw a bustych, felly dewch i'r wledd!’

5“Ond wnaethon nhw ddim cymryd unrhyw sylw, dim ond cerdded i ffwrdd – un i'w faes,
ac un arall i'w fusnes. 6Yna dyma'r gweddill yn gafael yn y gweision a'u cam-drin nhw
a'u lladd. 7Roedd y brenin yn wyllt gynddeiriog. Anfonodd ei fyddin i ladd y llofruddion
a llosgi eu tref.

8“Yna meddai wrth ei weision, ‘Mae'r wledd briodas yn barod, ond doedd y rhai gafodd
wahoddiad ddim yn haeddu cael dod. 9Felly ewch i sefyll ar y priffyrdd sy'n mynd allan o'r
ddinas, a gwahodd pwy bynnag ddaw heibio i ddod i'r wledd.’ 10Felly dyma'r gweision yn
mynd allan i'r strydoedd a chasglu pawb allen nhw ddod o hyd iddyn nhw – y drwg a'r da.
A llanwyd y neuadd briodas â gwesteion.

11“Ond pan ddaeth y brenin i mewn i edrych ar y gwesteion, sylwodd fod yno un oedd ddim
yn gwisgo dillad addas i briodas. 12‘Gyfaill,’ meddai wrtho, ‘sut wnest ti lwyddo i ddod i mewn
yma heb fod yn gwisgo dillad ar gyfer priodas?’ Allai'r dyn ddim ateb.

13“Yna dyma'r brenin yn dweud wrth ei weision, ‘Rhwymwch ei ddwylo a'i draed, a'i daflu
allan i'r tywyllwch, lle bydd pobl yn wylo'n chwerw ac mewn artaith.’

14“Mae llawer wedi cael gwahoddiad, ond ychydig sy'n cael eu dewis.”

Talu trethi i Cesar

(Marc 12:13-17; Luc 20:20-26)

15Dyma'r Phariseaid yn mynd allan a chynllwynio sut i'w gornelu a'i gael i ddweud
rhywbeth fyddai'n ei gael i drwbwl. 16Dyma nhw'n anfon rhai o'u disgyblion ato gyda rhai
o gefnogwyr Herod.[g] “Athro,” medden nhw, “dŷn ni'n gwybod dy fod ti'n onest a wir yn dysgu
ffordd Duw. Ti ddim yn un i gael dy ddylanwadu gan bobl eraill, dim ots pwy ydyn nhw. 17Felly,
beth ydy dy farn di? Ydy'n iawn i ni dalu trethi i lywodraeth Rhufain?”

18Ond roedd Iesu'n gwybod mai drwg oedden nhw'n ei fwriadu, ac meddai wrthyn nhw,
“Dych chi mor ddauwynebog! Pam dych chi'n ceisio nal i? 19Dangoswch i mi ddarn arian sy'n
cael ei ddefnyddio i dalu'r dreth.” Dyma nhw'n dod â darn arian iddo, 20a dyma fe'n gofyn
iddyn nhw, “Llun pwy ydy hwn? Am bwy mae'r arysgrif yma'n sôn?”

21“Cesar,” medden nhw. Felly meddai Iesu, “Rhowch beth sydd biau Cesar i Cesar, a'r hyn
biau Duw i Dduw.”

22Roedden nhw wedi'u syfrdanu pan glywon nhw ei ateb, a dyma nhw'n mynd i ffwrdd.

---

ff 21:44 Dydy adn. 44 ddim yn rhai llawysgrifau. g 22:16 *o gefnogwyr Herod:* Y rhai oedd eisiau i Herod Antipas (gw. 14:1), mab Herod Fawr (gw. 2:1) fod yn frenin yn Jerwsalem.
21:42 Salm 118:22-23

Priodas a'r Atgyfodiad

(Marc 12:18-27; Luc 20:27-40)

23 Yr un diwrnod dyma rhai o'r Sadwceaid yn dod i ofyn cwestiwn iddo. Nhw oedd yn dadlau
fod pobl ddim yn mynd i ddod yn ôl yn fyw ar ôl marw. 24 "Athro," medden nhw, "Dwedodd
Moses, '*os ydy dyn yn marw heb gael plant, rhaid i'w frawd briodi'r weddw a chael plant
yn ei le.*' "

25 "Nawr, roedd saith brawd yn ein plith ni. Priododd y cyntaf, ond buodd farw cyn cael
plant. 26 A digwyddodd yr un peth i'r ail a'r trydydd, reit i lawr i'r seithfed. 27 Y wraig ei hun
oedd yr olaf i farw. 28 Dyma'n cwestiwn ni: Pan fydd yr atgyfodiad yn digwydd, gwraig pa un
o'r saith fydd hi? Roedd hi wedi bod yn wraig iddyn nhw i gyd!"

29 Atebodd Iesu, "Dych chi'n deall dim! Dych chi ddim wedi deall yr ysgrifau sanctaidd
a dych chi'n gwybod dim byd am allu Duw. 30 Fydd pobl ddim yn priodi pan ddaw'r atgyfodiad;
byddan nhw yr un fath â'r angylion yn y nefoedd. 31 A bydd yna atgyfodiad! Ydych chi ddim
wedi darllen beth ddwedodd Duw? – 32 '*Fi ydy Duw Abraham, Duw Isaac, a Duw Jacob.*' Dim
Duw pobl wedi marw ydy Duw, ond Duw'r rhai sy'n fyw!"

33 Roedd y dyrfa yn rhyfeddu wrth glywed yr hyn oedd Iesu'n ei ddysgu.

Y Gorchymyn Pwysica

(Marc 12:28-34; Luc 10:25-28)

34 Ar ôl clywed fod Iesu wedi rhoi taw ar y Sadwceaid, daeth y Phariseaid at ei gilydd. 35 Dyma
un ohonyn nhw, oedd yn arbenigwr yn y Gyfraith, yn gofyn cwestiwn i geisio ei faglu: 36 "Athro,
Pa un o'r gorchmynion yn y Gyfraith ydy'r pwysica?"

37 Atebodd Iesu: " '*Rwyt i garu'r Arglwydd dy Dduw â'th holl galon, ac â'th holl enaid a'th
holl feddwl.*' 38 Dyma'r gorchymyn cyntaf a'r pwysica. 39 Ond mae yna ail un sydd yr un fath:
'*Rwyt i garu dy gymydog fel rwyt ti'n dy garu dy hun.*' 40 Mae'r cwbl sydd yn y Gyfraith a'r
Proffwydi yn dibynnu ar y ddau orchymyn yma."

Mab pwy ydy'r Meseia?

(Marc 12:35-37; Luc 20:41-44)

41 Tra oedd y Phariseaid yno gyda'i gilydd, gofynnodd Iesu gwestiwn iddyn nhw, 42 "Beth
ydy'ch barn chi am y Meseia? Mab pwy ydy e?"

"Mab Dafydd,"[ng] medden nhw.

43 A dyma Iesu'n dweud, "Os felly, sut mae Dafydd, dan ddylanwad yr Ysbryd, yn ei alw'n
'Arglwydd'. Achos mae'n dweud,

44 '*Dwedodd yr Arglwydd wrth fy arglwydd:*
"*Eistedd yma yn y sedd anrhydedd,*[h]
nes i mi osod dy elynion dan dy draed." '

45 Os ydy Dafydd yn ei alw'n 'Arglwydd'. sut mae'n gallu bod yn fab iddo?"

46 Doedd gan yr un ohonyn nhw ateb, felly o hynny ymlaen wnaeth neb feiddio gofyn mwy
o gwestiynau iddo.

Condemnio'r Phariseaid a'r arbenigwyr yn y Gyfraith

(Marc 12:38-40; Luc 11:37-52; 20:45-47)

23 Yna dyma Iesu'n annerch y dyrfa a'i ddisgyblion: 2 "Yr arbenigwyr yn y Gyfraith
a'r Phariseaid sy'n dehongli Cyfraith Moses,[i] 3 ac wrth gwrs 'Dylech chi wrando

---

ng 22:42 *Mab Dafydd:* gw. y nodyn ar 9:27. h 22:44 *yn y sedd anrhydedd:* Groeg, "ar yr ochr dde i mi".
i 23:2 *Moses:* Groeg, "yn eistedd ar gadair Moses".
22:24 Deuteronomium 25:5 22:32 Exodus 3:6 22:37 Deuteronomium 6:5 22:39 Lefiticus 19:18
22:44 Salm 110:1

arnyn nhw a gwneud popeth maen nhw'n ei ddweud.' Ond peidiwch dilyn eu hesiampl
nhw – dŷn nhw ddim yn byw beth maen nhw'n ei bregethu. 4Maen nhw'n gosod beichiau
trwm eu rheolau crefyddol ar ysgwyddau pobl, ond wnân nhw ddim codi bys bach i helpu
pobl i gario'r baich.

5"Maen nhw'n gwneud popeth er mwyn dangos eu hunain. Maen nhw'n gwneud yn siŵr
fod y blychau gweddi ar eu breichiau a'u talcennau yn amlwg, a'r taselau hir ar eu clogyn
yn dangos mor dduwiol ydyn nhw. 6Maen nhw wrth eu bodd yn cael y seddi gorau mewn
gwleddoedd a'r seddi pwysica yn y synagogau, 7a chael pobl yn symud o'u ffordd a'u cyfarch
yn barchus yn sgwâr y farchnad, a'u galw yn 'Rabbi'.

8"Peidiwch chi â gadael i neb eich galw'n 'Rabbi'. Dim ond un athro sydd gynnoch chi,
a dych chi i gyd yn gydradd, fel brodyr a chwiorydd i'ch gilydd. 9A pheidiwch rhoi'r teitl
anrhydedd 'Y tad'.i neb. Duw yn y nefoedd ydy'ch Tad chi. 10A pheidiwch gadael i neb eich
galw'n 'meistr'.chwaith. Un meistr sydd gynnoch chi, a'r Meseia ydy hwnnw. 11Rhaid i'r
arweinydd fod yn was. 12Bydd pwy bynnag sy'n gwthio ei hun i'r top yn cael ei dynnu i lawr,
a phwy bynnag sy'n gwasanaethu eraill yn cael dyrchafiad.

13"Gwae chi'r arbenigwyr yn y Gyfraith a Phariseaid! Dych chi mor ddauwynebog! Dych chi'n
cau drws yn wyneb pobl, a'u rhwystro rhag dod dan deyrnasiad yr Un nefol. Dych chi'ch hunain
ddim yn mynd i mewn, nac yn fodlon gadael i unrhyw un sydd am fynd i mewn gael mynediad.[l]

15"Gwae chi'r arbenigwyr yn y Gyfraith a Phariseaid! Dych chi mor ddauwynebog! Dych
chi'n barod i deithio dros fôr a thir i gael un person i gredu yr un fath â chi. Wrth wneud hynny
dych chi'n ei droi'n blentyn uffern – ddwywaith gwaeth na chi'ch hunain!

16"Gwae chi! Arweinwyr dall ydych chi! Er enghraifft, dych chi'n dweud: 'Os ydy rhywun
yn enwi'r deml wrth dyngu llw, dydy'r llw ddim yn ddilys; ond os ydy rhywun yn enwi trysor
y deml, mae wedi'i rwymo gan ei lw.' 17Y ffyliaid dall! Pa un ydy'r pwysica – y trysor, neu'r
deml sy'n gwneud y trysor yn gysegredig?

18"Dyma enghraifft arall: 'Os ydy rhywun yn enwi'r allor wrth dyngu llw, dydy'r llw ddim
yn ddilys; ond os ydy rhywun yn enwi'r offrwm ar yr allor, mae wedi'i rwymo gan ei lw.'
19Dych chi mor ddall! Pa un ydy'r pwysica – yr offrwm, neu'r allor sy'n gwneud yr offrwm yn
gysegredig? 20Os ydy rhywun yn enwi'r allor wrth dyngu llw, mae hynny'n cynnwys popeth
sydd arni hefyd! 21Ac os ydy rhywun yn enwi'r deml wrth dyngu llw, mae hefyd yn cyfeirio
at Dduw, sy'n bresennol yn y deml. 22Ac os ydy rhywun yn enwi'r nefoedd wrth dyngu llw,
mae'n cyfeirio at orsedd Duw, ac at Dduw ei hun, sy'n eistedd arni.

23"Gwae chi'r arbenigwyr yn y Gyfraith a Phariseaid! Dych chi mor ddauwynebog! Dych
chi'n ofalus iawn gyda rhyw fanion fel rhoi un rhan o ddeg o beth sydd gynnoch chi i Dduw
– hyd yn oed perlysiau fel mintys, anis a chwmin! Ond dych chi'n talu dim sylw i faterion
pwysica'r Gyfraith – byw'n gyfiawn, bod yn drugarog ac yn ffyddlon i Dduw. Dylech chi wneud
y pethau pwysica yma heb ddiystyru'r pethau eraill. 24Arweinwyr dall ydych chi! Dych chi'n
hidlo dŵr rhag i chi lyncu gwybedyn, ond yna'n llyncu camel!

25"Gwae chi'r arbenigwyr yn y Gyfraith a Phariseaid! Dych chi mor ddauwynebog! Dych
chi'n glanhau'r tu allan i'r gwpan neu'r ddysgl, ond cawsoch chi'r bwyd a'r diod oedd ynddyn
nhw drwy drais a hunanoldeb. 26Y Pharisead dall! Glanha'r tu mewn i'r gwpan neu'r ddysgl
gyntaf; wedyn bydd y tu allan yn lân hefyd.

27"Gwae chi'r arbenigwyr yn y Gyfraith a Phariseaid! Dych chi mor ddauwynebog! Dych
chi fel beddau wedi'u gwyngalchu. Mae'r cwbl yn edrych yn ddel iawn ar y tu allan, ond y tu
mewn maen nhw'n llawn o esgyrn pobl wedi marw a phethau afiach eraill. 28Dych chi'r un
fath! Ar y tu allan dych chi'n edrych yn bobl dda a duwiol, ond y tu mewn dych chi'n llawn
rhagrith a drygioni!

---

l 23:13 *mynediad:* Mae rhai llawysgrifau yn ychwanegu adn. 14, *Gwae chi'r arbenigwyr yn y Gyfraith a Phariseaid! Dych chi'n dwyn popeth oddi ar wragedd gweddwon ac wedyn yn ceisio rhoi'r argraff eich bod chi'n dduwiol gyda'ch gweddïau hir. Byddwch chi'n cael eich cosbi'n llym.*

23:5 gw. Deuteronomium 6:8 23:5 gw. Numeri 15:38 23:22 gw. Eseia 66:1

29“Gwae chi'r arbenigwyr yn y Gyfraith a Phariseaid! Dych chi mor ddauwynebog! Dych
chi'n codi cofgolofnau i anrhydeddu'r proffwydi ac yn gofalu am feddau pobl dduwiol
y gorffennol. 30Dych chi'n dweud, ‘Petaen ni'n byw bryd hynny, fydden ni ddim wedi
lladd y proffwydi, fel gwnaeth ein cyndeidiau.’ 31Felly, dych chi'n cydnabod eich bod yn
ddisgynyddion i'r rhai lofruddiodd y proffwydi. 32Iawn! Cariwch ymlaen! Waeth i chi orffen
beth ddechreuodd eich cyndeidiau!

33“Dych chi fel nythaid o nadroedd gwenwynig! Sut allwch chi osgoi cael eich dedfrydu
i uffern? 34Bydda i'n anfon proffwydi atoch chi, a phobl ddoeth ac athrawon. Byddwch yn
lladd rhai ohonyn nhw a'u croeshoelio; byddwch yn gwneud i eraill ddioddef drwy eu chwipio
yn eich synagogau. Byddwch yn eu herlid o un lle i'r llall. 35Felly, chi fydd yn gyfrifol am yr
holl bobl ddiniwed sydd wedi'u lladd ar y ddaear, o Abel (wnaeth ddim o'i le), hyd Sechareia
fab Beracheia,[ll] gafodd ei lofruddio gynnoch chi rhwng y cysegr a'r allor yn y deml. 36Credwch
chi fi, bydd y genhedlaeth bresennol yn cael ei chosbi am hyn i gyd.

Cariad Iesu at Jerwsalem

(Luc 13:34-35)

37“O! Jerwsalem, Jerwsalem! Y ddinas sy'n lladd y proffwydi a llabyddio'r negeswyr mae
Duw'n eu hanfon ati. Mor aml dw i wedi hiraethu am gael casglu dy blant at ei gilydd, fel mae
iâr yn casglu ei chywion dan ei hadenydd – ond doedd gen ti ddim diddordeb! 38Edrych! Mae
Duw wedi gadael dy deml – mae'n wag! 39Dw i'n dweud hyn – fyddi di ddim yn fy ngweld
i eto nes byddi'n dweud, *‘Mae'r un sy'n dod i gynrychioli'r Arglwydd wedi'i fendithio'n fawr!’* ”

Arwyddion o ddiwedd y byd

(Marc 13:1-31; Luc 21:5-33)

24 Wrth i Iesu adael y deml dyma'i ddisgyblion yn dod ato ac yn tynnu ei sylw at yr
adeiladau. 2“Ydych chi'n gweld y rhain i gyd?” meddai. “Credwch chi fi, bydd y cwbl
yn cael ei chwalu, a fydd dim un garreg wedi'i gadael yn ei lle.”
3Yn nes ymlaen, pan oedd Iesu'n eistedd ar ochr Mynydd yr Olewydd, daeth ei ddisgyblion
ato yn breifat a gofyn, “Pryd mae beth oeddet ti'n sôn amdano yn mynd i ddigwydd? Fydd
unrhyw rybudd i ddangos i ni dy fod di'n dod, a bod diwedd y byd wedi cyrraedd?”

4Atebodd Iesu: “Gwyliwch fod neb yn eich twyllo chi. 5Bydd llawer yn dod yn hawlio fy
awdurdod i, ac yn dweud, ‘Fi ydy'r Meseia,’ a byddan nhw'n llwyddo i dwyllo llawer o bobl.
6Bydd rhyfeloedd a sôn am ryfeloedd yn agos ac ymhell. Ond peidiwch cynhyrfu – mae pethau
felly'n siŵr o ddigwydd, ond fydd y diwedd yn dal heb ddod. 7Bydd gwledydd a llywodraethau
yn rhyfela yn erbyn ei gilydd. Bydd newyn mewn gwahanol leoedd, a daeargrynfeydd. 8Dim
ond y dechrau ydy hyn i gyd!

9“Cewch eich arestio a'ch cam-drin a'ch lladd. Bydd pobl ym mhob gwlad yn eich casáu chi
am eich bod yn ddilynwyr i mi. 10Bydd llawer yn troi cefn arna i bryd hynny, ac yn bradychu
a chasáu ei gilydd. 11Bydd proffwydi ffug yn codi ac yn twyllo llawer iawn o bobl. 12Bydd mwy
a mwy o ddrygioni a bydd cariad y rhan fwyaf yn oeri, 13ond bydd yr un sy'n sefyll yn gadarn i'r
diwedd un yn cael ei achub. 14A bydd y newyddion da am deyrnasiad Duw yn cael ei gyhoeddi
drwy'r byd i gyd. Bydd pob gwlad yn ei glywed, a dim ond wedyn fydd y diwedd yn dod.

15“Pan fydd beth soniodd y proffwyd Daniel amdano yn digwydd, hynny ydy pan fydd ‘Yr
eilun ffiaidd sy'n dinistrio’ yn sefyll yn y cysegr sanctaidd 16(rhaid i'r un sy'n darllen ddeall
hyn!), dylai pawb sydd yn Jwdea ddianc i'r mynyddoedd. 17Fydd dim cyfle i neb sydd y tu
allan i'w dŷ fynd i mewn i nôl unrhyw beth. 18A ddylai neb sydd allan yn y maes fynd adre

---

ll 23:35 *Sechareia fab Beracheia:* Abel oedd y cyntaf i gael ei lofruddio, ac mae'r hanes yn Genesis, llyfr cyntaf yr ysgrythurau Iddewig. Ail lyfr Cronicl ydy llyfr olaf yr ysgrythurau Iddewig, a'r llofruddiaeth olaf mae'n cyfeirio ato ydy llofruddiaeth Sechareia (gw. Genesis 4:8 a 2 Cronicl 24:20,21).

23:39 Salm 118:26   24:15 cyfeiriad at Daniel 9:27; 11:31; 12:11

i nôl ei gôt hyd yn oed. [19]Mor ofnadwy fydd hi ar wragedd beichiog a mamau sy'n magu
plant bach bryd hynny! [20]Gweddïwch bydd dim rhaid i chi ffoi yn ystod y gaeaf neu ar ddydd
Saboth. [21]Achos bryd hynny bydd argyfwng gwaeth nag unrhyw beth welwyd erioed o'r
blaen – a fydd dim byd tebyg yn y dyfodol chwaith! [22]Oni bai iddo gael ei wneud yn gyfnod
byr, fyddai neb yn dianc! Ond bydd yn cael ei wneud yn gyfnod byr er mwyn y bobl mae Duw
wedi'u dewis. [23]Felly, os bydd rhywun yn dweud, 'Edrych! Hwn ydy'r Meseia!' neu 'Dacw fe!'
peidiwch credu'r peth. [24]Bydd llawer i '.eseia'.ffug a phroffwydi ffug yn dod ac yn gwneud
gwyrthiau syfrdanol. Bydden nhw'n twyllo'r bobl hynny mae Duw wedi'u dewis petai'r fath
beth yn bosib! [25]Cofiwch mod i wedi dweud hyn ymlaen llaw.
[26]"Felly os bydd rhywun yn dweud wrthoch chi, 'Mae'r Meseia acw, allan yn yr anialwch,'
peidiwch mynd yno i edrych; neu 'mae e'n cuddio yma,' peidiwch credu'r peth. [27]Fydd dim
amheuaeth o gwbl pan ddaw Mab y Dyn yn ôl – bydd mor amlwg â mellten yn goleuo'r
awyr o'r dwyrain i'r gorllewin. [28]Bydd mor amlwg â'r ffaith fod yna gorff marw ble bynnag
mae fwlturiaid wedi casglu.
[29]"Ond yn union ar ôl yr argyfwng hwnnw,

'Bydd yr haul yn tywyllu,
a'r lleuad yn peidio rhoi golau;
bydd y sêr yn syrthio o'r awyr,
a'r planedau yn ansefydlog.'

[30]"Yna bydd arwydd i'w weld yn yr awyr yn rhybuddio fod Mab y Dyn ar fin dod, a bydd
pob llwyth o bobl ar y ddaear yn galaru. Bydd pawb yn fy ngweld i, Mab y Dyn, yn dod ar
gymylau'r awyr gyda grym ac ysblander mawr. [31]Bydd utgorn yn canu a bydd Duw yn anfon
ei angylion i gasglu'r rhai mae wedi'u dewis o bob rhan o'r byd.
[32]"Dysgwch wers gan y goeden ffigys: Pan mae'r brigau'n dechrau blaguro a dail yn dechrau
tyfu arni, gwyddoch fod yr haf yn agos. [33]Felly'r un fath, pan fyddwch yn gweld hyn i gyd,
byddwch yn gwybod ei fod ar fin dod yn ôl – reit y tu allan i'r drws! [34]Credwch chi fi, bydd
y genhedlaeth bresennol yn dal yma pan fydd hyn yn digwydd. [35]Bydd yr awyr a'r ddaear yn
diflannu, ond mae beth dw i'n ddweud yn aros am byth.

Neb yn gwybod pa bryd

(Marc 13:32-37; Luc 17:26-30,34-36)

[36]"Does neb ond y Tad yn gwybod y dyddiad a pha amser o'r dydd y bydd hyn yn digwydd
– dydy'r angylion ddim yn gwybod, na hyd yn oed y Mab ei hun! [37]Bydd hi yr un fath ag oedd
hi yn amser Noa pan fydda i, Mab y Dyn, yn dod yn ôl. [38]Yn union cyn y llifogydd, roedd pobl
yn bwyta ac yn yfed ac yn priodi ac yn y blaen, hyd y diwrnod pan aeth Noa i mewn i'r arch.
[39]Doedd ganddyn nhw ddim syniad beth oedd yn mynd i ddigwydd nes i'r llifogydd ddod a'u
hysgubo nhw i gyd i ffwrdd! Fel yna'n union y bydd hi pan fydda i, Mab y Dyn, yn dod yn ôl.
[40]Bydd dau allan yn y maes; bydd un yn cael ei gymryd i ffwrdd a'r llall yn cael ei adael. [41]Bydd
dwy wraig yn malu ŷd gyda melin law; bydd un yn cael ei chymryd a'r llall yn cael ei gadael.
[42]"Gwyliwch felly, achos dych chi ddim yn gwybod y dyddiad pan fydd eich Arglwydd yn dod yn
ôl. [43]Meddyliwch! Petai perchennog y tŷ yn gwybod ymlaen llaw pryd yn ystod y nos roedd y lleidr
yn dod, byddai wedi aros i wylio a'i rwystro rhag torri i mewn i'w dŷ. [44]Felly rhaid i chi hefyd fod
yn barod drwy'r adeg. Bydda i, Mab y Dyn, yn cyrraedd pan fyddwch chi ddim yn disgwyl!

Y gwas ffyddlon neu anffyddlon

(Luc 12:41-48)

[45]"Felly pwy ydy'r gwas doeth mae'r meistr yn gallu dibynnu arno? Mae wedi'i benodi
i fod yn gyfrifol am weddill y staff, i'w bwydo nhw'n rheolaidd. [46]Os bydd yn gwneud ei

24:29 Eseia 13:10; 34:4 (LXX); Joel 2:10 (cf. Amos 8:9; Eseciel 32:7-8) 24:30 cyfeiriad at Daniel 7:13
24:38-39 cyfeiriad at yr hanes yn Genesis 7:6-24

waith yn iawn pan ddaw'r meistr yn ôl, bydd yn cael ei wobrwyo. 47 Wir i chi, bydd yn cael
y cyfrifoldeb o ofalu am eiddo'r meistr i gyd! 48 Ond beth petai'r gwas yna'n un drwg, ac yn
meddwl iddo'i hun, 'Mae'r meistr wedi bod i ffwrdd yn hir iawn,' 49 ac yn mynd ati i gam-drin
ei gydweithwyr, a bwyta ac yfed gyda'r meddwon. 50 Byddai'r meistr yn dod yn ôl yn gwbl
ddirybudd, 51 a'i gosbi'n llym a'i daflu allan gyda'r rhai hynny sy'n gwneud sioe o'u crefydd.
Yno bydd pobl yn wylo'n chwerw ac mewn artaith."

Stori y deg morwyn briodas

25 "Bryd hynny, pan fydd yr Un nefol yn dod i deyrnasu, bydd yr un fath â deg morwyn
briodas yn mynd allan gyda lampau yn y nos i gyfarfod â'r priodfab. 2 Roedd pump
ohonyn nhw'n ddwl, a phump yn gall. 3 Aeth y rhai dwl allan heb olew sbâr. 4 Ond roedd
y lleill yn ddigon call i fynd ag olew sbâr gyda nhw. 5 Roedd y priodfab yn hir iawn yn cyrraedd,
a dyma nhw i gyd yn dechrau pendwmpian a disgyn i gysgu.

6 "Am hanner nos dyma rywun yn gweiddi'n uchel: 'Mae'r priodfab wedi cyrraedd! Dewch
allan i'w gyfarfod!' 7 Dyma'r merched yn deffro ac yn goleuo eu lampau eto. 8 Ond meddai'r
morynion dwl wrth y rhai call, 'Rhowch beth o'ch olew chi i ni! Mae'n lampau ni'n diffodd!'
9 'Na wir,' meddai'r lleill, 'fydd gan neb ddigon wedyn. Rhaid i chi fynd i brynu peth yn rhywle.'

10 "Ond tra oedden nhw allan yn prynu mwy o olew, dyma'r priodfab yn cyrraedd. Aeth
y morynion oedd yn barod i mewn i'r wledd briodas gydag e, a dyma'r drws yn cael ei gau.

11 "Yn nes ymlaen cyrhaeddodd y lleill yn ôl, a dyma nhw'n galw, 'Syr! Syr! Agor y drws i ni!'
12 Ond dyma'r priodfab yn ateb, 'Wir, dw i ddim yn eich nabod chi!'

13 "Gwyliwch eich hunain felly! Dych chi ddim yn gwybod y dyddiad na'r amser o'r dydd
pan fydda i'n dod yn ôl.

Stori y talentau

(Luc 19:11-27)

14 "Pan ddaw'r Un nefol i deyrnasu, bydd yr un fath â dyn yn mynd oddi cartref: Galwodd
ei weision at ei gilydd a rhoi ei eiddo i gyd yn eu gofal nhw. 15 Rhoddodd swm arbennig yng
ngofal pob un yn ôl ei allu – pum talent (hynny ydy tri deg mil o ddarnau arian) i un, dwy
dalent (hynny ydy deuddeg mil) i un arall, ac un dalent (hynny ydy chwe mil) i'r llall. Wedyn
aeth i ffwrdd ar ei daith. 16 Dyma'r gwas oedd wedi cael pum talent yn bwrw iddi ar unwaith
i farchnata gyda'i arian, a llwyddodd i ddyblu'r swm oedd ganddo. 17 Llwyddodd yr un gyda
dwy dalent i wneud yr un peth. 18 Ond y cwbl wnaeth yr un gafodd un dalent oedd gwneud
twll yn y ddaear a chadw arian ei feistr yn saff ynddo.

19 "Aeth amser hir heibio, yna o'r diwedd daeth y meistr yn ôl adre a galw'i weision i roi
cyfri am yr arian oedd wedi'i roi yn eu gofal nhw. 20 Dyma'r un oedd wedi derbyn y pum talent
yn dod a dweud wrtho, 'Feistr, rhoist ti dri deg mil o ddarnau arian yn fy ngofal i. Dw i wedi
llwyddo i wneud tri deg mil arall.'

21 " 'Da iawn ti!' meddai'r meistr, 'Rwyt ti'n weithiwr da, a galla i ddibynnu arnat ti! Rwyt
ti wedi bod yn ffyddlon wrth drin yr ychydig rois i yn dy ofal di, felly dw i'n mynd i roi llawer
iawn mwy o gyfrifoldeb i ti. Tyrd gyda mi i ddathlu!'

22 "Wedyn dyma'r un oedd wedi derbyn dwy dalent yn dod ac yn dweud, 'Feistr, rhoist ti
ddeuddeg mil o ddarnau arian yn fy ngofal i. Dw i wedi llwyddo i wneud deuddeg mil arall.'

23 " 'Da iawn ti!' meddai'r meistr, 'Rwyt ti'n weithiwr da, a galla i ddibynnu arnat ti! Rwyt
ti wedi bod yn ffyddlon wrth drin yr ychydig rois i yn dy ofal di, felly dw i'n mynd i roi llawer
iawn mwy o gyfrifoldeb i ti. Tyrd gyda mi i ddathlu!'

24 "Wedyn dyma'r un oedd wedi derbyn un dalent yn dod. 'Feistr,' meddai, 'Mae pawb yn
gwybod dy fod ti'n ddyn caled. Rwyt ti'n ecsbloetio pobl ac yn gwneud elw ar draul eu gwaith
caled nhw. 25 Roedd gen i ofn gwneud colled, felly dw i wedi cadw dy arian di'n saff mewn
twll yn y ddaear. Felly dyma dy arian yn ôl – mae'r cwbl yna.'

26"Dyma'r meistr yn ei ateb, 'Y cnaf diog, da i ddim! Dw i'n ddyn caled ydw i – yn ecsbloetio
pobl ac yn gwneud elw ar draul eu gwaith caled nhw? 27Dylet ti o leia fod wedi rhoi'r arian
mewn cyfri cadw yn y banc, i mi ei gael yn ôl gyda rhyw fymryn o log!'

28"Cymerwch yr arian oddi arno, a'i roi i'r un cyntaf sydd â deg talent ganddo. 29Bydd y rhai
sydd wedi gwneud defnydd da o beth sydd ganddyn nhw yn derbyn mwy, a bydd ganddyn nhw
ddigonedd. Ond am y rhai sy'n gwneud dim byd, bydd hyd yn oed yr ychydig sydd ganddyn
nhw yn cael ei gymryd oddi arnyn nhw! 30Taflwch y gwas diwerth i'r tywyllwch, lle bydd pobl
yn wylo'n chwerw ac mewn artaith!

Y defaid a'r geifr

31"Pan fydd Mab y Dyn yn dod yn ôl, bydd yn dod fel brenin i deyrnasu. Bydd yn dod mewn
ysblander, a'r holl angylion gydag e, ac yn eistedd ar yr orsedd hardd sydd yno ar ei gyfer yn
y nefoedd. 32Bydd yr holl genhedloedd yn cael eu casglu o'i flaen, a bydd yn eu rhannu'n
ddau grŵp fel mae bugail yn gwahanu'r defaid a'r geifr. 33Bydd yn rhoi'r defaid ar ei ochr
dde a'r geifr ar ei ochr chwith.

34"Dyma fydd y Brenin yn ei ddweud wrth y rhai sydd ar ei ochr dde, 'Chi ydy'r rhai mae
fy Nhad wedi'u bendithio, felly dewch i dderbyn eich etifeddiaeth. Mae'r cwbl wedi'i baratoi
ar eich cyfer ers i'r byd gael ei greu. 35Dewch, oherwydd chi roddodd fwyd i mi pan oeddwn
i'n llwgu; chi roddodd ddiod i mi pan oedd syched arna i; chi roddodd groeso i mi pan
doeddwn i ddim yn nabod neb; 36chi roddodd ddillad i mi pan oeddwn i'n noeth; chi
ofalodd amdana i pan oeddwn i'n sâl; chi ddaeth i ymweld â mi pan oeddwn i yn y
carchar.'

37"Ond bydd y rhai cyfiawn yma yn gofyn iddo, 'Arglwydd, pryd welon ni ti'n llwgu a rhoi
rhywbeth i ti i'w fwyta, neu'n sychedig a rhoi diod i ti? 38Pryd wnaethon ni dy groesawu
di pan oeddet ti'n nabod neb, neu roi dillad i ti pan oeddet ti'n noeth? 39Pryd welon ni
ti'n sâl neu yn y carchar a mynd i ymweld â ti?' 40A bydd y Brenin yn ateb, 'Credwch chi
fi, pan wnaethoch chi helpu'r person lleiaf pwysig sy'n perthyn i mi, gwnaethoch chi fy
helpu i.'

41"Yna bydd yn dweud wrth y rhai sydd ar ei ochr chwith, 'Dych chi wedi'ch melltithio!
Ewch i ffwrdd oddi wrtho i, i'r tân tragwyddol sydd wedi'i baratoi i'r diafol a'i gythreuliaid.
42Roesoch chi ddim byd i mi pan oeddwn i'n llwgu; roesoch chi ddim diod i mi pan oedd
syched arna i; 43ches i ddim croeso gynnoch chi pan oeddwn i'n ddieithr; roesoch chi ddim
dillad i mi eu gwisgo pan oeddwn i'n noeth; a wnaethoch chi ddim gofalu amdana i pan
oeddwn i'n sâl ac yn y carchar.'

44"A byddan nhw'n gofyn iddo, 'Arglwydd, pryd welon ni ti'n llwgu neu'n sychedig, neu'n
nabod neb neu'n noeth neu'n sâl neu yn y carchar, a gwrthod dy helpu di?' 45Bydd yn ateb,
'Credwch chi fi, beth bynnag wrthodoch chi ei wneud i helpu'r un lleiaf pwysig o'r rhain,
gwrthodoch chi ei wneud i mi.'

46"Wedyn byddan nhw'n mynd i ffwrdd i gael eu cosbi'n dragwyddol, ond bydd y rhai
wnaeth y peth iawn yn cael bywyd tragwyddol."

Y cynllwyn yn erbyn Iesu

(Marc 14:1,2; Luc 22:1,2; Ioan 11:45-53)

26 Pan oedd Iesu wedi gorffen dweud y pethau yma i gyd, meddai wrth ei ddisgyblion,
2"Fel dych chi'n gwybod, mae'n Ŵyl y Pasg nos fory. Bydda i, Mab y Dyn, yn cael
fy mradychu i'm croeshoelio."

3Yr un pryd, roedd y prif offeiriaid ac arweinwyr Iddewig eraill yn cyfarfod ym mhalas
Caiaffas yr archoffeiriad, 4i drafod sut allen nhw arestio Iesu a'i ladd. 5"Ond dim yn ystod yr
Ŵyl," medden nhw, "neu bydd reiat."

25:46 gw. Daniel 12:2

Eneinio Iesu yn Bethania

(Marc 14:3-9; Ioan 12:1-8)

6 Pan oedd Iesu yn Bethania, aeth am bryd o fwyd i gartref dyn roedd pawb yn ei alw yn
'Simon y gwahanglwyf'. 7 Roedd yno'n bwyta pan ddaeth gwraig ato gyda jar alabaster hardd
yn llawn o bersawr drud, a thywallt y persawr ar ei ben.
8 Roedd y disgyblion yn wyllt pan welon nhw hi'n gwneud hyn. "Am wastraff!" medden nhw,
9 "Gallai rhywun fod wedi gwerthu'r persawr yna am arian mawr, a rhoi'r cwbl i bobl dlawd."
10 Roedd Iesu'n gwybod beth oedden nhw'n ei ddweud, ac meddai wrthyn nhw, "Gadewch
lonydd i'r wraig! Mae hi wedi gwneud peth hyfryd. 11 Bydd pobl dlawd o gwmpas bob amser,
ond fydda i ddim yma bob amser. 12 Wrth dywallt y persawr yma arna i mae hi wedi paratoi
fy nghorff ar gyfer ei gladdu. 13 Credwch chi fi, ble bynnag fydd y newyddion da yn cael ei
gyhoeddi drwy'r byd i gyd, bydd pobl yn cofio beth wnaeth y wraig yma hefyd."

Jwdas yn cytuno i fradychu Iesu

(Marc 14:10,11; Luc 22:3-6)

14 Ar ôl i hyn ddigwydd aeth Jwdas Iscariot, un o'r deuddeg disgybl, at y prif offeiriaid
15 a gofyn iddyn nhw, "Faint wnewch chi dalu i mi os gwna i ei fradychu e?" A dyma nhw'n
cytuno i roi tri deg darn arian iddo. 16 O hynny ymlaen roedd Jwdas yn edrych am ei gyfle
i fradychu Iesu iddyn nhw.

Y Swper Olaf

(Marc 14:12-26; Luc 22:7-23; Ioan 13:21-30; 1 Corinthiaid 11:23-25)

17 Ar ddiwrnod cyntaf Gŵyl y Bara Croyw, gofynnodd y disgyblion i Iesu, "Ble rwyt ti am
fwyta swper y Pasg? – i ni fynd i'w baratoi."
18 "Ewch i'r ddinas at hwn a hwn," meddai. "Dwedwch wrtho: 'Mae'r athro'n dweud fod
yr amser wedi dod. Mae am ddathlu'r Pasg gyda'i ddisgyblion yn dy dŷ di.'" 19 Felly dyma'r
disgyblion yn gwneud yn union fel roedd Iesu wedi dweud wrthyn nhw, a pharatoi swper
y Pasg yno.
20 Yn gynnar y noson honno eisteddodd Iesu wrth y bwrdd gyda'r deuddeg disgybl. 21 Tra
oedden nhw'n bwyta, meddai wrthyn nhw, "Wir i chi, mae un ohonoch chi'n mynd i'm
bradychu i."
22 Roedden nhw'n drist iawn, ac yn dweud wrtho, un ar ôl y llall, "Meistr, dim fi ydy'r un,
nage?"
23 Atebodd Iesu, "Bydd un ohonoch chi'n fy mradychu i – un sydd yma, ac wedi trochi ei
fwyd yn y ddysgl saws gyda mi. 24 Rhaid i mi, Mab y Dyn, farw yn union fel mae'r ysgrifau
sanctaidd yn dweud. Ond gwae'r un sy'n mynd i'm bradychu i! Byddai'n well arno petai
erioed wedi cael ei eni!"
25 Wedyn dyma Jwdas, yr un oedd yn mynd i'w fradychu, yn dweud, "Rabbi, dim fi ydy'r
un, nage?"
"Ti sy'n dweud," atebodd Iesu.
26 Tra oedden nhw'n bwyta, dyma Iesu'n cymryd torth, ac yna, ar ôl adrodd y weddi
o ddiolch, ei thorri a'i rhannu i'w ddisgyblion. "Cymerwch y bara yma, a'i fwyta," meddai.
"Dyma fy nghorff i."
27 Yna cododd y cwpan, adrodd y weddi o ddiolch eto, a'i basio iddyn nhw, a dweud, "Yfwch
o hwn, bob un ohonoch chi. 28 Dyma fy ngwaed, sy'n selio ymrwymiad Duw i'w bobl. Mae'n cael
ei dywallt ar ran llawer o bobl, i faddau eu pechodau nhw. 29 Wir i chi, fydda i ddim yn yfed y gwin
yma eto nes daw'r dydd y bydda i'n ei yfed o'r newydd gyda chi pan fydd fy Nhad yn teyrnasu."
30 Wedyn, ar ôl canu emyn, dyma nhw'n mynd allan i Fynydd yr Olewydd.

26:11 gw. Deuteronomium 15:11

Iesu'n dweud fod Pedr yn mynd i'w wadu

(Marc 14:27-31; Luc 22:31-34; Ioan 13:36-38)

31 "Dych chi i gyd yn mynd i droi cefn arna i heno" meddai Iesu wrthyn nhw. "Mae'r ysgrifau
sanctaidd yn dweud:

> *'Bydda i'n taro'r bugail,*
> *a bydd y praidd yn mynd ar chwâl.'*

32 Ond ar ôl i mi ddod yn ôl yn fyw, af i o'ch blaen chi i Galilea."
33 Dyma Pedr yn dweud yn bendant, "Wna i byth droi cefn arnat ti, hyd yn oed os bydd
pawb arall yn gwneud hynny!"
34 "Wir i ti," meddai Iesu wrtho, "heno, cyn i'r ceiliog ganu, byddi di wedi gwadu dair gwaith
dy fod di'n fy nabod i."
35 Ond meddai Pedr, "Na! Wna i byth wadu mod i'n dy nabod di! Hyd yn oed os bydd rhaid
i mi farw gyda ti!" Ac roedd y disgyblion eraill i gyd yn dweud yr un peth.

Gethsemane

(Marc 14:32-42; Luc 22:39-46)

36 Dyma Iesu'n mynd gyda'i ddisgyblion i le o'r enw Gethsemane. "Eisteddwch chi yma,"
meddai wrthyn nhw, "dw i'n mynd draw acw i weddïo." 37 Aeth â Pedr a dau fab Sebedeus
gydag e, a dechreuodd deimlo tristwch ofnadwy a gwewyr meddwl oedd yn ei lethu. 38 "Mae'r
tristwch dw i'n ei deimlo yn ddigon i'm lladd i," meddai wrthyn nhw, "Arhoswch yma i wylio
gyda mi."
39 Aeth yn ei flaen ychydig, a syrthio ar ei wyneb ar lawr a gweddïo, "Fy Nhad, gad i'r
cwpan chwerw yma fynd i ffwrdd os ydy hynny'n bosib. Ond paid gwneud beth dw i eisiau,
gwna beth rwyt ti eisiau."
40 Pan aeth yn ôl at ei ddisgyblion roedden nhw'n cysgu. A meddai wrth Pedr, "Felly, allech
chi ddim cadw golwg gyda mi am un awr fechan? 41 Cadwch yn effro, a gweddïwch y byddwch
chi ddim yn syrthio pan gewch chi'ch profi. Mae'r ysbryd yn frwd, ond y corff yn wan."
42 Yna aeth i ffwrdd a gweddïo eto, "Fy Nhad, os ydy hi ddim yn bosib cymryd y cwpan
chwerw yma i ffwrdd heb i mi yfed ohono, gwna i beth rwyt ti eisiau."
43 Ond pan ddaeth yn ôl, roedden nhw wedi syrthio i gysgu eto – roedden nhw'n methu'n
lân â chadw eu llygaid ar agor. 44 Felly gadawodd nhw a mynd i ffwrdd i weddïo yr un peth
eto y drydedd waith.
45 Yna daeth yn ôl at ei ddisgyblion a dweud wrthyn nhw, "Dych chi'n cysgu eto? Yn dal
i orffwys? Edrychwch! Mae'r foment wedi dod. Dw i, Mab y Dyn, ar fin cael fy mradychu i afael
pechaduriaid. 46 Codwch, gadewch i ni fynd! Mae'r bradwr wedi cyrraedd!"

Arestio Iesu

(Marc 14:43-50; Luc 22:47-53; Ioan 18:3-12)

47 Wrth iddo ddweud y peth, dyma Jwdas, un o'r deuddeg disgybl, yn ymddangos gyda
thyrfa yn cario cleddyfau a phastynau. Roedd y prif offeiriaid a'r arweinwyr Iddewig eraill
wedi'u hanfon nhw i ddal Iesu. 48 Roedd Jwdas y bradwr wedi trefnu y byddai'n rhoi arwydd
iddyn nhw: "Yr un fydda i'n ei gyfarch â chusan ydy'r dyn i'w arestio." 49 Aeth Jwdas yn syth
at Iesu. "Helo Rabbi!", meddai, ac yna ei gyfarch â chusan.
50 "Gwna be ti wedi dod yma i'w wneud, gyfaill," meddai Iesu wrtho. Yna gafaelodd y lleill
yn Iesu a'i arestio. 51 Ond yn sydyn, dyma un o ffrindiau Iesu yn tynnu cleddyf allan a tharo
gwas yr archoffeiriad. Torrodd ei glust i ffwrdd.
52 "Cadw dy gleddyf!" meddai Iesu wrtho, "Bydd pawb sy'n trin y cleddyf yn cael eu lladd
â'r cleddyf. 53 Wyt ti ddim yn sylweddoli y gallwn i alw ar fy Nhad am help, ac y byddai'n

---

26:31 Sechareia 13:7

anfon miloedd ar filoedd o angylion ar unwaith? 54Ond sut wedyn fyddai'r ysgrifau sanctaidd
sy'n dweud fod rhaid i hyn i gyd ddigwydd yn dod yn wir?"
55"Ydw i'n arwain gwrthryfel neu rywbeth?" meddai Iesu wrth y dyrfa oedd yno. "Ai dyna
pam mae angen y cleddyfau a'r pastynau yma? Pam wnaethoch chi ddim fy arestio i yn
y deml? Rôn i'n eistedd yno bob dydd, yn dysgu'r bobl. 56Ond mae hyn i gyd wedi digwydd er
mwyn i beth mae'r proffwydi'n ei ddweud yn yr ysgrifau sanctaidd ddod yn wir." Yna dyma'r
disgyblion i gyd yn ei adael ac yn dianc.

O flaen y Sanhedrin

(Marc 14:53-65; Luc 22:54,55,63-71; Ioan 18:13,14,19-24)

57Dyma'r rhai oedd wedi arestio Iesu yn mynd ag e i dŷ Caiaffas yr archoffeiriad, lle roedd
yr arbenigwyr yn y Gyfraith a'r arweinwyr eraill wedi dod at ei gilydd. 58Dyma Pedr yn dilyn
o bell nes cyrraedd iard tŷ'r archoffeiriad. Aeth i mewn, ac eistedd i lawr gyda'r swyddogion
diogelwch, a disgwyl i weld beth fyddai'n digwydd.
59Roedd y prif offeiriaid a'r Sanhedrin (hynny ydy yr uchel-lys Iddewig) yn edrych am dystion
oedd yn barod i ddweud celwydd am Iesu, er mwyn iddyn nhw ei ddedfrydu i farwolaeth. 60Ond
er i lawer o bobl ddod ymlaen a dweud celwydd amdano, chawson nhw ddim tystiolaeth allen
nhw ei ddefnyddio yn ei erbyn. Yn y diwedd dyma ddau yn dod ymlaen 61a dweud, "Dwedodd
y dyn yma, 'Galla i ddinistrio teml Dduw a'i hadeiladu eto o fewn tri diwrnod.' "
62Felly dyma'r archoffeiriad yn codi ar ei draed a dweud wrth Iesu, "Wel, oes gen ti ateb?
Beth am y dystiolaeth yma yn dy erbyn di?" 63Ond ddwedodd Iesu ddim.
Yna dyma'r archoffeiriad yn dweud wrtho, "Dw i'n dy orchymyn di yn enw'r Duw byw i'n
hateb ni! Ai ti ydy'r Meseia, mab Duw?"
64"Ie," meddai Iesu, "fel rwyt ti'n dweud. Ond dw i'n dweud wrthoch chi i gyd: Rhyw ddydd
byddwch chi'n fy ngweld i, Mab y Dyn, yn llywodraethu gyda'r[m] Un Grymus ac yn dod yn
ôl ar gymylau'r awyr."
65Wrth glywed beth ddwedodd Iesu, dyma'r archoffeiriad yn rhwygo'i ddillad. "Cabledd!"
meddai, "Pam mae angen tystion arnon ni?! Dych chi i gyd newydd ei glywed yn cablu. 66Beth
ydy'ch dyfarniad chi?"
Dyma nhw'n ateb, "Rhaid iddo farw!"
67Yna dyma nhw'n poeri yn ei wyneb a'i ddyrnu. Roedd rhai yn ei daro ar draws ei wyneb
68ac yna'n dweud, "Tyrd! Proffwyda i ni, Feseia! Pwy wnaeth dy daro di y tro yna?"

Pedr yn gwadu ei fod yn nabod Iesu

(Marc 14:66-72; Luc 22:56-62; Ioan 18:15-18,25-27)

69Yn y cyfamser, roedd Pedr yn eistedd allan yn yr iard, a dyma un o'r morynion yn dod
ato a dweud, "Roeddet ti'n un o'r rhai oedd gyda'r Galilead yna, Iesu!"
70Ond gwadu'r peth wnaeth Pedr o flaen pawb. "Does gen i ddim syniad am beth wyt
ti'n sôn," meddai.
71Aeth allan at y fynedfa i'r iard, a dyma forwyn arall yn ei weld yno, a dweud wrth y bobl
o'i chwmpas, "Roedd hwn gyda Iesu o Nasareth."
72Ond gwadu'r peth wnaeth Pedr eto gan daeru: "Dw i ddim yn nabod y dyn!"
73Ychydig wedyn, dyma rai eraill oedd yn sefyll yno yn mynd at Pedr a dweud, "Ti'n un
ohonyn nhw'n bendant! Mae'n amlwg oddi wrth dy acen di."
74Dyma Pedr yn dechrau rhegi a melltithio, "Dw i ddim yn nabod y dyn!" meddai.
A'r foment honno dyma'r ceiliog yn canu. 75Yna cofiodd Pedr beth ddwedodd Iesu: "Byddi di
wedi gwadu dy fod di'n fy nabod i dair gwaith cyn i'r ceiliog ganu." Aeth allan yn beichio crio.

---

m 26:64 *llywodraethu gyda'r:* Groeg, "yn eistedd ar ochr dde'r".
26:61 gw. Ioan 2:19 26:64 cyfeiriad at Salm 110:1 a Daniel 7:13 (gw. hefyd Mathew 24:30)
26:67 gw. Eseia 50:6

Mynd â Iesu o flaen Peilat

(Marc 15:1; Luc 23:1,2; Ioan 18:28-32)

27 Yn gynnar iawn yn y bore, dyma'r holl brif offeiriaid a'r arweinwyr Iddewig eraill yn
penderfynu fod rhaid i Iesu gael ei ddedfrydu i farwolaeth. 2 Felly, dyma nhw'n ei
rwymo a'i drosglwyddo i Peilat, y llywodraethwr.

Marwolaeth Jwdas

(Actau 1:18-19)

3 Pan sylweddolodd Jwdas, y bradwr, fod Iesu'n mynd i gael ei ddienyddio, roedd yn edifar
am beth wnaeth e. Aeth â'r tri deg darn arian yn ôl i'r prif offeiriaid a'r arweinwyr. 4 "Dw
i wedi pechu;" meddai, "dw i wedi bradychu dyn cwbl ddieuog."
"Sdim ots gynnon ni," medden nhw, "Dy gyfrifoldeb di ydy hynny."
5 Felly dyma Jwdas yn taflu'r arian ar lawr y deml a mynd allan a chrogi ei hun.
6 Dyma'r prif offeiriaid yn codi'r darnau arian. "Allwn ni ddim rhoi'r arian yma yn nhrysorfa'r
deml. Mae yn erbyn y Gyfraith i dderbyn arian gafodd ei dalu am ladd rhywun." 7 Felly dyma
nhw'n cytuno i ddefnyddio'r arian i brynu Maes y Crochenydd fel mynwent i gladdu pobl oedd
ddim yn Iddewon. 8 A dyna pam mai 'Maes y Gwaed'.ydy'r enw arno hyd heddiw. 9 A dyna sut
daeth geiriau'r proffwyd Jeremeia yn wir:

"*Dyma nhw'n cymryd y tri deg darn arian*
(dyna oedd ei werth yng ngolwg pobl Israel),
10 *a phrynu maes y crochenydd,*
fel roedd yr Arglwydd wedi dweud."

Iesu o flaen Peilat

(Marc 15:2-15; Luc 23:3-5,13-26; Ioan 18:33 – 9:16)

11 Yn y cyfamser, roedd Iesu'n sefyll ei brawf o flaen y llywodraethwr Rhufeinig. Dyma Peilat
yn dweud wrtho, "Felly, ti ydy Brenin yr Iddewon, ie?"
"Ti sy'n dweud," atebodd Iesu.
12 Ond pan oedd y prif offeiriaid a'r arweinwyr yn cyflwyno eu hachos yn ei erbyn, roedd
Iesu'n gwrthod ateb. 13 A dyma Peilat yn gofyn iddo, "Wyt ti ddim yn clywed y cyhuddiadau
yma sydd ganddyn nhw yn dy erbyn di?" 14 Ond wnaeth Iesu ddim ateb hyd yn oed un
cyhuddiad. Doedd y peth yn gwneud dim sens i'r llywodraethwr.
15 Adeg y Pasg roedd hi'n arferiad gan y llywodraethwr i ryddhau un carcharor – un roedd
y dyrfa'n ei ddewis. 16 Ar y pryd, roedd un carcharor roedd pawb yn gwybod amdano – dyn
o'r enw Barabbas. 17 Felly pan oedd y dyrfa wedi ymgasglu, dyma Peilat yn gofyn iddyn
nhw, "Pa un o'r ddau dych chi am i mi ei ollwng yn rhydd? Barabbas? neu Iesu, yr un sy'n
cael ei alw 'Y Meseia'." 18 (Roedd yn gwybod yn iawn eu bod wedi arestio Iesu am eu bod yn
genfigennus ohono.)
19 Roedd Peilat yno'n eistedd yn sedd y barnwr pan ddaeth neges iddo oddi wrth ei wraig:
"Mae'r dyn yna'n ddieuog – paid gwneud dim byd iddo. Ces i hunllef ofnadwy amdano
neithiwr."
20 Ond roedd y prif offeiriaid a'r arweinwyr Iddewig wedi bod yn perswadio'r dyrfa i ofyn
am ryddhau Barabbas, er mwyn gwneud yn siŵr fod Iesu'n cael ei ddienyddio.
21 Gofynnodd y llywodraethwr eto, "Pa un o'r ddau yma dych chi eisiau i mi ei ryddhau?"
Dyma nhw'n ateb, "Barabbas!"
22 "Felly, beth dw i i'w wneud gyda'r Iesu yma, sy'n cael ei alw 'Y Meseia'."
Dyma nhw i gyd yn gweiddi, "Ei groeshoelio!"
23 "Pam?" meddai Peilat, "Beth mae e wedi'i wneud o'i le?"

27:9-10 Sechareia 11:12-13

Ond dyma nhw'n dechrau gweiddi'n uwch, "Croeshoelia fe!"
24 Dyma Peilat yn gweld fod dim pwynt cario ymlaen am fod y dyrfa'n dechrau cynhyrfu.
Felly galwodd am ddŵr, a golchi ei ddwylo o flaen pawb. "Dim fi sy'n gyfrifol am ladd y dyn
yma," meddai. "Chi sy'n gyfrifol!"
25 Dyma'r bobl yn ateb gyda'i gilydd, "Iawn, ni fydd yn gyfrifol am y peth – ni a'n plant!"
26 Felly dyma Peilat yn rhyddhau Barabbas iddyn nhw. Wedyn gorchmynnodd fod Iesu i gael
ei chwipio, ac yna ei ddedfrydu i gael ei groeshoelio.

Y milwyr yn gwatwar Iesu

(Marc 15:16-21; Ioan 19:2,3)

27 Dyma filwyr Rhufeinig yn mynd â Iesu i'r palas (Pencadlys y llywodraethwr), a galw'r holl
fintai i gasglu o'i gwmpas. 28 Dyma nhw'n tynnu ei ddillad a rhoi clogyn ysgarlad amdano,
29 plethu drain i wneud coron i'w rhoi ar ei ben, rhoi gwialen yn ei law dde a phenlinio o'i flaen
a gwneud hwyl am ei ben. "Eich mawrhydi! Brenin yr Iddewon!" medden nhw. 30 Roedden
nhw'n poeri arno, ac yn ei daro ar ei ben dro ar ôl tro gyda'r wialen. 31 Pan oedden nhw wedi
blino cael sbort, dyma nhw'n tynnu'r clogyn oddi arno a'i wisgo yn ei ddillad ei hun unwaith
eto. Wedyn dyma nhw'n ei arwain allan i gael ei groeshoelio.

Y Croeshoelio

(Marc 15:22-32; Luc 23:26-43; Ioan 19:17-27)

32 Ar eu ffordd allan, daeth dyn o Cyrene o'r enw Simon i'w cyfarfod, a dyma'r milwyr yn ei
orfodi i gario croes Iesu. 33 Ar ôl cyrraedd y lle sy'n cael ei alw yn Golgotha (sef 'Lle y Benglog'),
34 dyma nhw'n cynnig diod o win wedi'i gymysgu gyda chyffur chwerw i Iesu, ond ar ôl ei
flasu gwrthododd Iesu ei yfed. 35 Ar ôl ei hoelio ar y groes, dyma nhw'n gamblo i weld pwy
fyddai'n cael ei ddillad. 36 Wedyn dyma nhw'n eistedd i lawr i gadw golwg arno. 37 Roedd
arwydd uwch ei ben yn dweud beth oedd y cyhuddiad yn ei erbyn: DYMA IESU – BRENIN YR
IDDEWON. 38 Cafodd dau leidr eu croeshoelio yr un pryd, un bob ochr iddo. 39 Roedd y bobl
oedd yn pasio heibio yn gwneud sbort am ei ben, ac yn hyrddio enllibion ato, 40 "Felly! Ti
sy'n mynd i ddinistrio'r deml a'i hadeiladu eto o fewn tri diwrnod? Tyrd yn dy flaen! Achub
dy hun! Tyrd i lawr o'r groes yna, os mai ti ydy Mab Duw go iawn!"
41 Roedd y prif offeiriaid a'r arbenigwyr yn y Gyfraith a'r arweinwyr Iddewig eraill yno hefyd
yn cael sbort ymhlith ei gilydd. 42 "Roedd e'n achub pobl eraill," medden nhw, "ond dydy
e ddim yn gallu achub ei hun! Beth am iddo ddod i lawr oddi ar y groes yna, os mai Brenin
Israel ydy e! Gwnawn ni gredu wedyn! 43 Mae'n dweud ei fod e'n trystio Duw, gadewch i ni
weld Duw yn ei achub e! Onid oedd e'n dweud ei fod yn Fab Duw?" 44 Roedd hyd yn oed
y lladron gafodd eu croeshoelio gydag e yn ei sarhau a'i enllibio.

Iesu'n marw

(Marc 15:33-41; Luc 23:44-49; Ioan 19:28-30)

45 O ganol dydd hyd dri o'r gloch y p'nawn aeth yn hollol dywyll drwy'r wlad i gyd. 46 Yna
am dri o'r gloch gwaeddodd Iesu'n uchel, "*Eli! Eli! L'ma shfachtâni?*" – sy'n golygu, "*Fy
Nuw! fy Nuw! Pam wyt ti wedi troi dy gefn arna i?*"
47 Pan glywodd rhai o'r bobl oedd yn sefyll yno hyn, medden nhw, "Mae'n galw ar y proffwyd
Elias am help."
48 Dyma un ohonyn nhw'n rhedeg ar unwaith i nôl ysbwng, a'i drochi mewn gwin sur rhad.
Yna fe'i cododd ar flaen ffon i'w gynnig i Iesu ei yfed.
49 Ond dyma'r lleill yn dweud, "Gad lonydd iddo, i ni gael gweld os daw Elias i'w achub."

27:34 gw. Salm 69:21 27:35 gw. Salm 22:18 27:39 Salm 22:7; 109:25 27:46 Salm 22:1
27:48 gw. Salm 69:21

50Yna ar ôl gweiddi'n uchel eto, dyma Iesu'n marw.
51Dyna'n union pryd wnaeth y llen oedd yn hongian yn y deml rwygo yn ei hanner o'r top
i'r gwaelod. Roedd y ddaear yn crynu a'r creigiau yn hollti, 52a chafodd beddau eu hagor.
(Ar ôl i Iesu ddod yn ôl yn fyw cododd cyrff llawer iawn o bobl dduwiol 53allan o'u beddau,
a mynd i mewn i Jerwsalem, y ddinas sanctaidd, a gwelodd lot fawr o bobl nhw.)
54Dyma'r daeargryn a phopeth arall ddigwyddodd yn dychryn y capten Rhufeinig a'r
milwyr oedd wedi bod yn cadw golwg ar Iesu, ac medden nhw, “Mab Duw oedd e, reit siŵr!”
55Roedd nifer o wragedd wedi bod yn gwylio beth oedd yn digwydd o bell. Roedden nhw
wedi dilyn Iesu yr holl ffordd o Galilea i ofalu fod ganddo bopeth oedd arno'i angen. 56Roedd
Mair Magdalen yn un ohonyn nhw, Mair mam Iago a Joseff, a mam Iago ac Ioan (sef gwraig
Sebedeus) hefyd.

Claddu Iesu

(Marc 15:42-47; Luc 23:50-56; Ioan 19:38-42)

57Ychydig cyn iddi nosi, dyma ddyn o'r enw Joseff (dyn cyfoethog o Arimathea oedd yn
un o ddilynwyr Iesu) yn mynd at Peilat. 58Aeth i ofyn i Peilat am ganiatâd i gymryd corff Iesu,
a dyma Peilat yn gorchymyn rhoi'r corff iddo. 59Dyma Joseff yn cymryd y corff a'i lapio mewn
lliain glân. 60Yna fe'i rhoddodd i orwedd yn ei fedd newydd ei hun, un wedi'i naddu yn y graig.
Wedyn, ar ôl rholio carreg drom dros geg y bedd, aeth i ffwrdd. 61Roedd Mair Magdalen a'r
Fair arall wedi bod yno'n eistedd gyferbyn â'r bedd yn gwylio'r cwbl.

Milwyr yn gwarchod y bedd

62Y diwrnod wedyn, hynny ydy y dydd Saboth, dyma'r prif offeiriaid a'r Phariseaid yn mynd
i weld Peilat. 63“Syr,” medden nhw wrtho, “un peth ddwedodd y twyllwr yna pan oedd e'n
dal yn fyw oedd, ‘Bydda i'n dod yn ôl yn fyw ymhen deuddydd.’ 64Felly wnei di orchymyn i'r
bedd gael ei wneud yn ddiogel hyd drennydd. Bydd hynny'n rhwystro'i ddisgyblion rhag dod
a dwyn y corff, a mynd o gwmpas wedyn yn dweud wrth bobl ei fod wedi dod yn ôl yn fyw.
Byddai'r twyll yna'n waeth na'r twyll cyntaf!”
65“Cymerwch filwyr,” meddai Peilat, “ac ewch i wneud y bedd mor ddiogel ag y gallwch
chi.” 66Felly dyma nhw'n mynd a gosod sêl ar y garreg oedd dros geg y bedd, a rhoi milwyr
ar ddyletswydd i'w gwarchod.

Yr Atgyfodiad

(Marc 16:1-8; Luc 24:1-12; Ioan 20:1-10)

28 Yna'n gynnar fore Sul, pan oedd y Saboth Iddewig drosodd, a hithau'n dechrau
gwawrio, dyma Mair Magdalen a'r Fair arall yn mynd i edrych ar y bedd.
2Yn sydyn roedd daeargryn mawr. Dyma angel yr Arglwydd yn dod i lawr o'r nefoedd
a rholio'r garreg oddi ar geg y bedd ac eistedd arni. 3Roedd wyneb yr angel yn disgleirio'n
llachar fel mellten, a'i ddillad yn wyn fel eira. 4Roedd y milwyr yn crynu gan ofn a dyma
nhw'n llewygu.
5Yna dyma'r angel yn dweud wrth y gwragedd, “Peidiwch bod ag ofn. Dw i'n gwybod eich
bod chi'n edrych am Iesu, yr un gafodd ei groeshoelio. 6Dydy e ddim yma; mae wedi dod yn ôl
yn fyw! Dyna'n union beth ddwedodd fyddai'n digwydd. Dewch yma i weld lle bu'n gorwedd.
7Yna ewch ar frys a dweud wrth ei ddisgyblion: ‘Mae Iesu wedi dod yn ôl yn fyw, ac mae'n
mynd i Galilea o'ch blaen chi. Cewch ei weld yno.’ Edrychwch, fi sydd wedi dweud wrthoch chi.”
8Felly dyma'r gwragedd yn rhedeg ar frys o'r bedd i ddweud wrth y disgyblion. Roedden
nhw wedi dychryn, ac eto'n teimlo rhyw wefr. 9Yna'n sydyn dyma Iesu'n eu cyfarfod nhw.
“Helo,” meddai. Dyma nhw'n rhedeg ato ac yn gafael yn ei draed a'i addoli. 10“Peidiwch bod

---

27:63 Mathew 16:21; 17:23; 20:19; Marc 8:31; 9:31; 10:33,34; Luc 9:22; 18:31-33

ag ofn," meddai Iesu wrthyn nhw, "Ewch i ddweud wrth fy mrodyr am fynd i Galilea; byddan
nhw'n cael fy ngweld i yno."

Adroddiad y milwyr

[11]Tra oedd y gwragedd ar eu ffordd, dyma rhai o'r milwyr yn mynd i'r ddinas i ddweud wrth
y prif offeiriaid am bopeth oedd wedi digwydd. [12]Yna aeth y prif offeiriaid i gyfarfod gyda'r
arweinwyr eraill i drafod beth i'w wneud. Dyma nhw'n penderfynu talu swm mawr o arian
i'r milwyr [13]i ddweud celwydd. "Dyma beth dych chi i'w ddweud: medden nhw, 'Daeth ei
ddisgyblion yn ystod y nos a dwyn y corff tra oedden ni'n cysgu.' [14]Peidiwch poeni os bydd
y llywodraethwr[n] yn clywed y stori, deliwn ni gyda hynny a gwneud yn siŵr na chewch chi'ch
cosbi." [15]Felly dyma'r milwyr yn cymryd yr arian ac yn gwneud beth ddwedwyd wrthyn nhw.
Dyma'r stori mae'r Iddewon i gyd yn dal i'w defnyddio heddiw!

Y Comisiwn Mawr

(Marc 16:14-18; Luc 24:36-49; Ioan 20:19-23; Actau 1:6-8)

[16]Dyma'r un deg un disgybl yn mynd i Galilea, i'r mynydd lle roedd Iesu wedi dweud wrthyn
nhw am fynd. [17]Pan welon nhw Iesu, dyma nhw'n ei addoli – ond roedd gan rai amheuon.
[18]Wedyn dyma Iesu'n mynd atyn nhw ac yn dweud, "Dw i wedi cael awdurdod llwyr i reoli
popeth yn y nefoedd ac ar y ddaear. [19]Felly ewch i wneud pobl o bob gwlad yn ddisgyblion
i mi, a'u bedyddio nhw fel arwydd eu bod nhw wedi dod i berthynas â'r Tad, a'r Mab a'r
Ysbryd Glân. [20]A dysgwch nhw i wneud popeth dw i wedi'i ddweud wrthoch chi. Gallwch chi
fod yn siŵr y bydda i gyda chi bob amser, nes bydd diwedd y byd wedi dod."

n 28:14 *llywodraethwr:* Pontius Peilat.

Marc

Ioan Fedyddiwr yn paratoi'r ffordd

(Mathew 3:1-12; Luc 3:1-18; Ioan 1:19-28)

1 Mae'r newyddion da am Iesu y Meseia, Mab Duw yn dechrau fel hyn:
2 Mae'n dweud yn llyfr y proffwyd Eseia:

"Edrych – dw i'n anfon fy negesydd o dy flaen di,
i baratoi'r ffordd i ti" –

3 *"Llais yn gweiddi'n uchel yn yr anialwch,*
'Paratowch y ffordd i'r Arglwydd ddod!
Gwnewch y llwybrau'n syth iddo!' "

4 Dyna beth wnaeth Ioan – roedd yn bedyddio pobl yn yr anialwch ac yn cyhoeddi fod hyn
yn arwydd eu bod yn troi cefn ar eu pechodau ac yn derbyn maddeuant gan Dduw. 5 Roedd
pobl cefn gwlad Jwdea a dinas Jerwsalem yn heidio allan ato. Pan oedden nhw'n cyfaddef
eu pechodau roedd yn eu bedyddio nhw yn afon Iorddonen.
6 Roedd Ioan yn gwisgo dillad o flew camel gyda belt lledr am ei ganol, ac roedd yn
bwyta locustiaid a mêl gwyllt. 7 Dyma oedd ei neges: "Mae un llawer mwy grymus na fi yn
dod ar fy ôl i – fyddwn i ddim digon da i fod yn gaethwas yn plygu i lawr i ddatod carrai
ei sandalau. 8 Dw i'n defnyddio dŵr i'ch bedyddio chi, ond bydd hwn yn eich bedyddio
chi â'r Ysbryd Glân."

Bedydd Iesu a'i demtiad

(Mathew 3:13 – 4:11; Luc 3:21,22; 4:1-13)

9 Tua'r adeg yna daeth Iesu o Nasareth, Galilea i gael ei fedyddio gan Ioan yn yr Iorddonen.
10 Yr eiliad y daeth Iesu allan o'r dŵr, gwelodd yr awyr yn rhwygo'n agored a'r Ysbryd Glân yn
disgyn arno fel colomen. 11 A dyma lais o'r nefoedd yn dweud: "Ti ydy fy Mab annwyl i; rwyt
ti wedi fy mhlesio i'n llwyr."
12 Yn syth wedyn dyma'r Ysbryd yn gyrru Iesu allan i'r anialwch. 13 Arhosodd yno am bedwar
deg diwrnod, yn cael ei demtio gan Satan. Roedd anifeiliaid gwyllt o'i gwmpas, ond roedd
yno angylion yn gofalu amdano.

Galw'r disgyblion cyntaf

(Mathew 4:12-22; Luc 4:14,15; 5:1-11)

14 Ar ôl i Ioan gael ei roi yn y carchar aeth Iesu i Galilea a chyhoeddi newyddion da Duw.
15 "Mae'n amser!" meddai. "Mae'r foment wedi dod! Mae Duw yn dod i deyrnasu! Trowch
gefn ar bechod a chredu'r newyddion da!"
16 Pan oedd Iesu'n cerdded wrth Lyn Galilea, gwelodd ddau frawd, Simon ac Andreas.
Pysgotwyr oedden nhw, ac roedden nhw wrthi'n taflu rhwyd i'r llyn. 17 "Dewch," meddai Iesu,
"dilynwch fi, a gwna i chi'n bysgotwyr sy'n dal pobl yn lle pysgod." 18 Heb oedi dyma'r ddau
yn gollwng eu rhwydi a mynd ar ei ôl.
19 Ychydig yn nes ymlaen gwelodd Iago ac Ioan, dau fab Sebedeus. Roedden nhw wrthi'n
trwsio eu rhwydi yn eu cwch. 20 Dyma Iesu'n eu galw nhw hefyd, a dyma nhw'n gadael eu
tad Sebedeus gyda'r gweision yn y cwch a dechrau dilyn Iesu.

1:2 Malachi 3:1 1:3 Eseia 40:3 (LXX)

Iesu'n bwrw allan ysbryd drwg

(Luc 4:31-37)

21 Wedyn dyma nhw'n mynd i Capernaum. Ar y dydd Saboth (pan oedd yr Iddewon yn addoli
Duw), aeth Iesu i'r synagog a dechrau dysgu'r bobl. 22 Roedd pawb yn rhyfeddu at beth roedd
yn ei ddysgu. Roedd yn wahanol i'r arbenigwyr yn y Gyfraith – roedd ganddo awdurdod oedd
yn gwneud i bobl wrando arno. 23 Yna'n sydyn dyma ryw ddyn oedd yn y synagog yn rhoi
sgrech uchel. (Roedd y dyn wedi'i feddiannu gan ysbryd drwg.) 24 "Gad di lonydd i ni, Iesu
o Nasareth. Rwyt ti yma i'n dinistrio ni. Dw i'n gwybod pwy wyt ti – Un Sanctaidd Duw!"
25 "Bydd ddistaw!" meddai Iesu'n ddig. "Tyrd allan ohono!" 26 Dyma'r ysbryd drwg yn
gwneud i'r dyn ysgwyd yn ffyrnig, yna daeth allan ohono gyda sgrech uchel.
27 Roedd pawb wedi cael sioc, ac yn gofyn i'w gilydd, "Beth sy'n mynd ymlaen? Mae'r hyn
mae'n ei ddysgu yn newydd – mae ganddo'r fath awdurdod! Mae hyd yn oed ysbrydion drwg
yn gorfod ufuddhau iddo." 28 Roedd y sôn amdano yn lledu fel tân gwyllt drwy holl ardal Galilea.

Iesu'n iacháu llawer o bobl

(Mathew 8:14-17; Luc 4:38-41)

29 Yn syth ar ôl gadael y synagog, dyma nhw'n mynd i gartref Simon ac Andreas, gyda Iago
ac Ioan. 30 Yno roedd mam-yng-nghyfraith Simon yn ei gwely yn dioddef o wres uchel. Dyma
nhw'n dweud wrth Iesu, 31 ac aeth e ati a gafael yn ei llaw, a'i chodi ar ei thraed. Diflannodd
y tymheredd oedd ganddi, a dyma hi'n codi a gwneud pryd o fwyd iddyn nhw.
32 Wrth i'r haul fachlud[a] y noson honno dechreuodd pobl ddod at Iesu gyda rhai oedd yn
sâl neu wedi'u meddiannu gan gythreuliaid. 33 Roedd fel petai'r dref i gyd yno wrth y drws!
34 Dyma Iesu'n iacháu nifer fawr o bobl oedd yn dioddef o wahanol afiechydon. Bwriodd
gythreuliaid allan o lawer o bobl hefyd. Roedd y cythreuliaid yn gwybod yn iawn pwy oedd
Iesu, ond roedd yn gwrthod gadael iddyn nhw ddweud gair.

Iesu'n gweddïo a pregethu

(Luc 4:42-44)

35 Y bore wedyn cododd Iesu'n gynnar iawn. Roedd hi'n dal yn dywyll pan adawodd y tŷ,
ac aeth i le unig i weddïo. 36 Dyma Simon a'r lleill yn mynd i edrych amdano, 37 ac ar ôl dod
o hyd iddo dyma nhw'n dweud yn frwd: "Mae pawb yn edrych amdanat ti!"
38 Atebodd Iesu, "Gadewch i ni fynd yn ein blaenau i'r pentrefi nesa, i mi gael cyhoeddi'r
newyddion da yno hefyd. Dyna pam dw i yma." 39 Felly teithiodd o gwmpas Galilea, yn pregethu
yn y synagogau a bwrw cythreuliaid allan o bobl.

Dyn yn dioddef o'r gwahanglwyf

(Mathew 8:1-4; Luc 5:12-16)

40 Dyma ddyn oedd yn dioddef o'r gwahanglwyf yn dod ato ac yn pledio ar ei liniau o'i flaen,
"Gelli di fy ngwneud i'n iach os wyt ti eisiau."
41 Yn llawn teimlad,[b] dyma Iesu yn estyn ei law a chyffwrdd y dyn. "Dyna dw i eisiau," meddai,
"bydd lân!" 42 Dyma'r gwahanglwyf yn diflannu y foment honno. Cafodd y dyn ei iacháu.
43 Dyma Iesu'n rhybuddio'r dyn yn llym cyn gadael iddo fynd: 44 "Gwna'n siŵr dy fod ti ddim yn
dweud wrth unrhyw un beth sydd wedi digwydd. Dos i ddangos dy hun i'r offeiriad a chyflwyno
beth ddwedodd Moses y dylet ei gyflwyno, yn dystiolaeth i'r bobl dy fod ti wedi cael dy iacháu."[c]

---

a 1:32 *fachlud:* Roedd y Saboth yn dod i ben pan oedd yr haul yn machlud, a diwrnod newydd yn dechrau.
b 1:41 *llawn teimlad:* Mae rhai llawysgrifau yn dweud *yn ddig.* c 1:44 *Dos i ddangos ... iacháu:* Os oedd rhywun yn cael ei iacháu o glefyd heintus ar y croen roedd rhaid i offeiriad ei archwilio, a chyhoeddi fod y person yn iach. Wedyn roedd rhaid cyflwyno offrwm o ddau oen gwryw ac un oen benyw a blawd wedi'i gymysgu gydag olew olewydd.
1:44 Lefiticus 14:1-32

45Ond dyma'r dyn yn dechrau mynd o gwmpas yn dweud wrth bawb beth oedd wedi digwydd.
O ganlyniad, doedd Iesu ddim yn gallu mynd a dod yn agored mewn unrhyw dref. Roedd yn aros
allan mewn lleoedd unig. Ond roedd pobl yn dal i ddod ato o bob cyfeiriad!

Iesu'n iacháu dyn wedi'i barlysu

(Mathew 9:1-8; Luc 5:17-26)

2 Ychydig ddyddiau wedyn, aeth Iesu yn ôl i Capernaum. Aeth y si o gwmpas ei fod wedi
dod adre, 2a daeth tyrfa mor fawr i'w weld nes bod dim lle hyd yn oed i sefyll y tu allan
i'r drws. Dyma Iesu'n cyhoeddi neges Duw iddyn nhw. 3Yna daeth rhyw bobl â dyn oedd
wedi'i barlysu ato. Roedd pedwar yn ei gario, 4ond yn methu mynd yn agos at Iesu am fod
yno gymaint o dyrfa. Felly dyma nhw'n torri twll yn y to uwch ei ben, a gollwng y dyn i lawr
ar y fatras oedd yn gorwedd arni. 5Pan welodd Iesu'r ffydd oedd ganddyn nhw, dwedodd
wrth y dyn oedd wedi'i barlysu, "Ffrind, mae dy bechodau wedi'u maddau."
6Roedd rhai o'r arbenigwyr yn y Gyfraith yno. Yr hyn oedd yn mynd drwy'u meddyliau nhw
oedd, 7"Sut mae'n gallu dweud y fath beth? Cabledd ydy dweud peth felly! Duw ydy'r unig
un sy'n gallu maddau pechodau!"
8Roedd Iesu'n gwybod yn iawn mai dyna oedden nhw'n ei feddwl, ac meddai wrthyn nhw,
"Pam dych chi'n meddwl mod i'n cablu? 9Ydy'n haws dweud wrth y dyn 'Mae dy bechodau
wedi'u maddau,' neu 'Cod ar dy draed, cymer dy fatras a cherdda'? 10Cewch weld fod gen i, Fab
y Dyn, hawl i faddau pechodau ar y ddaear!" A dyma Iesu'n troi at y dyn oedd wedi'i barlysu,
a dweud wrtho, 11"Cod ar dy draed, cymer dy fatras, a dos adre." 12A dyna'n union wnaeth
y dyn! Cododd ar ei draed yn y fan a'r lle, cymryd ei fatras, a cherdded allan o flaen pawb.
Roedd pawb wedi'u syfrdanu'n llwyr, ac yn moli Duw. "Dŷn ni erioed wedi gweld dim byd
tebyg i hyn!" medden nhw.

Galw Lefi

(Mathew 9:9-13; Luc 5:27-32)

13Aeth Iesu allan at y llyn unwaith eto. Daeth tyrfa fawr o bobl ato, ac roedd yn eu dysgu.
14Yna wrth fynd yn ei flaen, gwelodd Lefi fab Alffeus yn eistedd yn y swyddfa dollau lle roedd
yn gweithio. "Tyrd, dilyn fi," meddai Iesu wrtho; a chododd Lefi ar unwaith a mynd ar ei ôl.
15Yn nes ymlaen aeth Iesu a'i ddisgyblion am bryd o fwyd i dŷ Lefi. Roedd criw mawr o'r
rhai oedd yn casglu trethi i Rufain yn y parti hefyd, a phobl eraill roedd y Phariseaid yn eu
hystyried yn 'bechaduriaid'. (Pobl felly oedd llawer o'r rhai oedd yn dilyn Iesu.) 16Wrth iddyn
nhw ei weld e'n bwyta gyda 'pechaduriaid' a chasglwyr trethi, dyma rai o'r Phariseaid oedd
yn arbenigwyr yn y Gyfraith yn gofyn i'w ddisgyblion: "Pam mae e'n bwyta gyda'r bradwyr
sy'n casglu trethi i Rufain, a phobl eraill sy'n ddim byd ond 'pechaduriaid'?"
17Clywodd Iesu hyn, a dwedodd wrthyn nhw, "Dim pobl iach sydd angen meddyg, ond
pobl sy'n sâl. Dw i wedi dod i alw pechaduriaid, dim y rhai sy'n meddwl eu bod nhw heb fai."

Holi Iesu am ymprydio

(Mathew 9:14-17; Luc 5:33-39)

18Roedd disgyblion Ioan a'r Phariseaid yn ymprydio (hynny ydy, peidio bwyta am gyfnod
er mwyn ceisio canolbwyntio'n llwyr ar Dduw). Felly dyma rhyw bobl yn gofyn i Iesu, "Mae
disgyblion Ioan a disgyblion y Phariseaid yn ymprydio, ond dydy dy ddisgyblion di ddim. Pam?"
19Atebodd Iesu nhw, "Dydy pobl ddim yn mynd i wledd briodas i ymprydio! Maen nhw yno
i ddathlu gyda'r priodfab. Maen nhw yno i fwynhau eu hunain! 20Ond bydd y priodfab yn
cael ei gymryd i ffwrdd oddi wrthyn nhw, a byddan nhw'n ymprydio bryd hynny.
21"Does neb yn trwsio hen ddilledyn gyda chlwt o frethyn newydd sydd heb shrincio.
Byddai'r brethyn newydd yn tynnu ar yr hen ac yn achosi rhwyg gwaeth. 22A does neb yn
tywallt gwin sydd heb aeddfedu i hen boteli crwyn. Byddai'r crwyn yn byrstio wrth i'r gwin

aeddfedu, a'r poteli a'r gwin yn cael eu difetha. Na, rhaid defnyddio poteli crwyn newydd i'w
ddal."

Arglwydd y Saboth

(Mathew 12:1-8; Luc 6:1-5)

23 Roedd Iesu'n croesi drwy ganol caeau ŷd ryw ddydd Saboth, a dyma'i ddisgyblion yn
dechrau tynnu rhai o'r tywysennau ŷd.[ch] 24 "Edrych!" meddai'r Phariseaid, "Pam mae dy
ddisgyblion yn torri rheolau'r Gyfraith ar y Saboth?"
25 Atebodd Iesu nhw, "Ydych chi erioed wedi darllen beth wnaeth Dafydd pan oedd e a'i griw
o ddilynwyr yn llwgu? 26 Pan oedd Abiathar yn archoffeiriad aeth i mewn i dŷ Dduw a bwyta'r
bara oedd wedi'i gysegru a'i osod yn offrwm i Dduw. Mae'r Gyfraith yn dweud mai dim
ond yr offeiriaid sy'n cael ei fwyta, ond cymerodd Dafydd beth, a'i roi i'w ddilynwyr hefyd."
27 Yna dwedodd wrthyn nhw, "Cafodd y dydd Saboth ei roi er lles pobl, dim i gaethiwo
pobl. 28 Felly mae gen i, Fab y Dyn, hawl i ddweud beth sy'n iawn hyd yn oed ar y Saboth."

Iacháu ar y Saboth

(Mathew 12:9-14; Luc 6:6-11)

3 Dro arall eto pan aeth Iesu i'r synagog, roedd yno ddyn oedd â'i law yn ddiffrwyth.
2 Roedd yna rai yn gwylio Iesu'n ofalus i weld a fyddai'n iacháu'r dyn ar y Saboth.
Roedden nhw'n edrych am unrhyw esgus i'w gyhuddo! 3 Dyma Iesu'n galw'r dyn ato, "Tyrd
i sefyll yma'n y canol."
4 Wedyn dyma Iesu'n gofyn i'r rhai oedd eisiau ei gyhuddo, "Beth mae'r Gyfraith yn ei
ddweud sy'n iawn i'w wneud ar y dydd Saboth: pethau da neu bethau drwg? Achub bywyd
neu ladd?" Ond wnaeth neb ateb.
5 Edrychodd Iesu arnyn nhw bob yn un – roedd yn ddig ac wedi cynhyrfu drwyddo am eu
bod mor ystyfnig. Yna dwedodd wrth y dyn, "Estyn dy law allan." Ac wrth i'r dyn wneud hynny
cafodd y llaw ei gwella'n llwyr.
6 Dyma'r Phariseaid yn mynd allan ar unwaith i drafod gyda chefnogwyr Herod sut allen
nhw ladd Iesu.

Tyrfa fawr o bobl yn dilyn Iesu

7 Aeth Iesu at y llyn gyda'i ddisgyblion iddyn nhw gael ychydig o lonydd, ond dyma dyrfa
fawr yn ei ddilyn – pobl o Galilea, ac o Jwdea, 8 Jerwsalem, ac Idwmea yn y de, a hyd yn oed
o'r ardaloedd yr ochr draw i'r Iorddonen ac o ardal Tyrus a Sidon yn y gogledd. Roedd pawb
eisiau ei weld ar ôl clywed am y pethau roedd yn eu gwneud. 9 Gan fod tyrfa mor fawr yno
gofynnodd Iesu i'r disgyblion gael cwch bach yn barod, rhag ofn i'r dyrfa ei wasgu. 10 Y broblem
oedd fod cymaint o bobl oedd yn sâl yn gwthio ymlaen i'w gyffwrdd. Roedd pawb yn gwybod
ei fod wedi iacháu cymaint o bobl. 11 A phan oedd pobl wedi'u meddiannu gan ysbrydion
drwg yn ei weld, roedden nhw'n syrthio ar lawr o'i flaen a gweiddi, "Mab Duw wyt ti!" 12 Ond
roedd Iesu'n eu rhybuddio nhw i beidio dweud pwy oedd e.

Iesu'n dewis deuddeg i'w gynrychioli

(Mathew 10:1-4; Luc 6:12-16)

13 Aeth Iesu i fyny i ben mynydd a galw ato y rhai roedd wedi'u dewis, a dyma nhw'n mynd
ato. 14 Dewisodd ddeuddeg ohonyn nhw fel ei gynrychiolwyr personol.[d] Nhw fyddai gydag
e drwy'r amser, ac roedd am eu hanfon allan i gyhoeddi'r newyddion da, 15 a rhoi awdurdod

---

ch 2:23 *tynnu rhai o'r tywysennau ŷd*: Roedd gan deithwyr hawl i wneud hyn. d 3:14 *gynrychiolwyr personol*: Groeg, "apostolion". Gellid ei gyfieithu fel *negeswyr* neu *llysgenhadon*.

2:23 Deuteronomium 23:25 2:25-26 gw. 1 Samuel 21:1-6 2:26 gw. Lefiticus 24:9

iddyn nhw i fwrw cythreuliaid allan o bobl. [16]Y deuddeg a ddewisodd oedd: Simon (yr un roedd
Iesu'n ei alw'n Pedr); [17]Iago fab Sebedeus a'i frawd Ioan ("Meibion y Daran" oedd Iesu'n
eu galw nhw); [18]Andreas, Philip, Bartholomeus, Mathew, Tomos, Iago fab Alffeus, Thadeus,
Simon y Selot [19]a Jwdas Iscariot (wnaeth ei fradychu).

Iesu a Beelsebwl

(Mathew 12:22-32; Luc 11:14-23; 12:10)

[20]Pan aeth Iesu yn ôl i'r tŷ lle roedd yn aros, roedd cymaint o dyrfa wedi casglu yno nes
bod dim cyfle i'w ddisgyblion ac yntau gael bwyta hyd yn oed. [21]Pan glywodd ei deulu am
hyn, dyma nhw'n penderfynu fod rhaid rhoi stop ar y peth. "Mae'n wallgof", medden nhw.
[22]Roedd yr arbenigwyr yn y Gyfraith, oedd wedi teithio o Jerwsalem, yn dweud amdano,
"Mae wedi'i feddiannu gan Beelsebwl, tywysog y cythreuliaid! Dyna sut mae'n gallu bwrw
allan gythreuliaid!"
[23]Felly dyma Iesu'n eu galw draw ac yn eu hateb drwy ddefnyddio darlun: "Sut mae Satan
yn gallu bwrw ei hun allan? [24]Dydy teyrnas lle mae rhyfel cartref byth yn mynd i sefyll! [25]Neu
os ydy teulu'n ymladd â'i gilydd o hyd, bydd y teulu hwnnw'n chwalu. [26]A'r un fath, os ydy
Satan yn ymladd yn erbyn ei hun a'i deyrnas wedi'i rhannu, fydd e ddim yn sefyll; mae hi ar
ben arno! [27]Y gwir ydy, all neb fynd i mewn i gartre'r dyn cryf a dwyn ei eiddo heb rwymo'r dyn
cryf yn gyntaf. Bydd yn gallu dwyn popeth o'i dŷ wedyn. [28]Credwch chi fi – mae maddeuant
i'w gael am bob pechod, hyd yn oed am gabledd, [29]ond does dim maddeuant i'r sawl sy'n
cablu yn erbyn yr Ysbryd Glân; mae'r person hwnnw'n euog o bechod sy'n aros am byth."
[30](Dwedodd hyn am eu bod wedi dweud fod ysbryd drwg ynddo.)

Mam a brodyr Iesu

(Mathew 12:46-50; Luc 8:19-21)

[31]Dyna pryd y cyrhaeddodd mam Iesu a'i frodyr yno. Dyma nhw'n sefyll y tu allan, ac yn
anfon rhywun i'w alw. [32]Roedd tyrfa yn eistedd o'i gwmpas, a dyma nhw'n dweud wrtho,
"Mae dy fam a dy frodyr y tu allan yn edrych amdanat ti."
[33]Atebodd, "Pwy ydy fy mam a'm brodyr i?"
[34]"Dyma fy mam a'm brodyr i!" meddai, gan edrych ar y rhai oedd yn eistedd mewn cylch
o'i gwmpas. [35]"Mae pwy bynnag sy'n gwneud beth mae Duw eisiau yn frawd a chwaer
a mam i mi."

Stori'r ffermwr yn hau

(Mathew 13:1-17; Luc 8:4-10)

4 Dechreuodd Iesu ddysgu'r bobl ar lan Llyn Galilea unwaith eto. Roedd tyrfa enfawr wedi
casglu o'i gwmpas nes bod rhaid iddo eistedd mewn cwch ar y llyn, tra oedd y bobl i gyd yn
sefyll ar y lan. [2]Roedd yn defnyddio llawer o straeon i ddarlunio beth roedd yn ei ddysgu iddyn nhw.
[3]"Gwrandwch!" meddai: "Aeth ffermwr allan i hau hadau. [4]Wrth iddo wasgaru'r had, dyma
beth ohono yn syrthio ar y llwybr, a dyma'r adar yn dod a'i fwyta. [5]Dyma beth o'r had yn
syrthio ar dir creigiog lle doedd ond haen denau o bridd. Tyfodd yn ddigon sydyn, [6]ond yn
yr haul poeth dyma'r tyfiant yn gwywo. Doedd ganddo ddim gwreiddiau. [7]Yna dyma beth
o'r had yn syrthio i ganol drain. Tyfodd y drain a thagu'r planhigion, felly doedd dim grawn
yn y dywysen. [8]Ond syrthiodd peth o'r had ar bridd da. Tyfodd cnwd da yno – cymaint â thri
deg, chwe deg neu hyd yn oed gan gwaith mwy na gafodd ei hau."
[9]"Gwrandwch yn ofalus os dych chi'n awyddus i ddysgu!"
[10]Yn nes ymlaen, pan oedd ar ei ben ei hun, dyma'r deuddeg disgybl a rhai eraill oedd
o'i gwmpas yn gofyn iddo beth oedd ystyr y stori. [11]Dyma ddwedodd wrthyn nhw: "Dych
chi'n cael gwybod y gyfrinach am deyrnasiad Duw. Ond i'r rhai sydd y tu allan dydy'r cwbl
ddim ond straeon. [12]Felly,

'maen nhw'n edrych yn ofalus ond yn gweld dim,
maen nhw'n clywed yn iawn ond byth yn deall;
rhag iddyn nhw droi cefn ar bechod
a chael maddeuant!'"

Iesu'n esbonio stori'r ffermwr yn hau

(Mathew 13:18-23; Luc 8:11-15)

13“Os dych chi ddim yn deall y stori yma, sut dych chi'n mynd i ddechrau deall unrhyw stori
gen i! 14Mae'r ffermwr yn cynrychioli rhywun sy'n rhannu neges Duw gyda phobl. 15Yr had ar
y llwybr ydy'r bobl hynny sy'n clywed y neges, ond mae Satan yn dod yr eiliad honno ac yn
cipio'r neges oddi arnyn nhw. 16Wedyn yr had gafodd ei hau ar dir creigiog ydy'r bobl hynny
sy'n derbyn y neges yn frwd i ddechrau. 17Ond dydy'r neges ddim yn gafael ynddyn nhw go
iawn, a dŷn nhw ddim yn para'n hir iawn. Pan mae argyfwng yn codi, neu wrthwynebiad
am eu bod wedi credu, maen nhw'n troi cefn yn ddigon sydyn. 18Wedyn mae pobl eraill yn
gallu bod fel yr had syrthiodd i ganol drain. Maen nhw'n clywed y neges, 19ond maen nhw'n
rhy brysur yn poeni am hyn a'r llall, yn ceisio gwneud arian a chasglu mwy a mwy o bethau.
Felly mae'r neges yn cael ei thagu a does dim ffrwyth i'w weld yn eu bywydau. 20Ond yr had
sy'n syrthio ar dir da ydy'r bobl hynny sy'n clywed y neges ac yn ei chredu. Mae'r effaith
ar eu bywydau nhw fel cnwd anferth – tri deg, chwe deg, neu hyd yn oed gan gwaith mwy
na gafodd ei hau."

Lamp ar fwrdd

(Luc 8:16-18)

21Dwedodd wrthyn nhw wedyn, “Ydych chi'n mynd â lamp i mewn i ystafell ac yna'n
rhoi powlen drosti neu'n ei chuddio dan y gwely? Na, dych chi'n gosod y lamp ar fwrdd iddi
oleuo'r ystafell. 22Bydd popeth sydd wedi'i guddio yn cael ei weld yn glir maes o law. Bydd
pob cyfrinach yn dod i'r golwg. 23Gwrandwch yn ofalus os dych chi'n awyddus i ddysgu!"
24Yna aeth yn ei flaen i ddweud, “Gwyliwch beth dych chi'n gwrando arno. Y mesur dych
chi'n ei ddefnyddio fydd yn cael ei ddefnyddio arnoch chi – a mwy! 25Bydd y rhai sydd
wedi deall rhywfaint eisoes yn derbyn mwy; ond am y rhai hynny sydd heb ddeall dim,
bydd hyd yn oed beth maen nhw'n meddwl eu bod yn ei ddeall yn cael ei gymryd oddi
arnyn nhw."

Stori'r had yn tyfu

26Dwedodd Iesu wedyn, “Dyma i chi ddarlun arall o deyrnasiad Duw. Mae fel ffermwr yn
hau had ar y tir. 27Mae'r wythnosau'n mynd heibio, a'r dyn yn cysgu'r nos ac yn codi'r bore.
Mae'r had gafodd ei hau yn egino ac yn dechrau tyfu heb i'r dyn wneud dim mwy. 28Mae'r
cnwd yn tyfu o'r pridd ohono'i hun – gwelltyn yn gyntaf, wedyn y dywysen, a'r hadau yn
y dywysen ar ôl hynny. 29Pan mae'r cnwd o wenith wedi aeddfedu, mae'r ffermwr yn ei dorri
gyda'i gryman am fod y cynhaeaf yn barod."

Stori'r hedyn mwstard

(Mathew 13:31,32; Luc 13:18,19)

30Gofynnodd wedyn: “Sut mae disgrifio teyrnasiad Duw? Pa ddarlun arall allwn ni
ddefnyddio? 31Mae fel hedyn mwstard yn cael ei blannu yn y pridd. Er mai dyma'r hedyn
lleia un 32mae'n tyfu i fod y planhigyn mwya yn yr ardd. Mae adar yn gallu nythu a chysgodi
yn ei ganghennau!"

4:12 Eseia 6:9,10 (LXX)

Iesu'n defnyddio straeon

(Mathew 13:34-35)

33 Roedd Iesu'n defnyddio llawer o straeon fel hyn i rannu ei neges, cymaint ag y gallen
nhw ei ddeall. 34 Doedd e'n dweud dim heb ddefnyddio stori fel darlun. Ond yna roedd yn
esbonio'r cwbl i'w ddisgyblion pan oedd ar ei ben ei hun gyda nhw.

Iesu'n tawelu storm

(Mathew 8:23-27; Luc 8:22-25)

35 Yn hwyr y p'nawn hwnnw, a hithau'n dechrau nosi, dwedodd Iesu wrth ei ddisgyblion,
"Gadewch i ni groesi i ochr draw'r llyn." 36 Felly dyma nhw'n gadael y dyrfa, a mynd gyda Iesu
yn y cwch roedd wedi bod yn eistedd ynddo. Aeth cychod eraill gyda nhw hefyd. 37 Yn sydyn
cododd storm ofnadwy. Roedd y tonnau mor wyllt nes bod dŵr yn dod i mewn i'r cwch ac
roedd mewn peryg o suddo. 38 Ond roedd Iesu'n cysgu'n drwm drwy'r cwbl ar glustog yn
starn y cwch. Dyma'r disgyblion mewn panig yn ei ddeffro, "Athro, wyt ti ddim yn poeni ein
bod ni'n mynd i foddi?"

39 Cododd Iesu a cheryddu'r gwynt, a dweud wrth y tonnau, "Distaw! Byddwch lonydd!"
Ac yn sydyn stopiodd y gwynt chwythu ac roedd pobman yn hollol dawel.

40 Yna meddai wrth ei ddisgyblion, "Pam dych chi mor ofnus? Ydych chi'n dal ddim yn
credu?" 41 Roedden nhw wedi'u syfrdanu'n llwyr. "Pwy ydy hwn?" medden nhw, "Mae hyd yn
oed y gwynt a'r tonnau yn ufuddhau iddo!"

Iacháu y dyn yng ngafael cythraul

(Mathew 8:28-34; Luc 8:26-39)

5 Dyma nhw'n croesi'r llyn i ardal Gerasa.[dd] 2 Wrth i Iesu gamu allan o'r cwch, dyma ddyn
oedd ag ysbryd drwg ynddo yn dod ato o gyfeiriad y fynwent 3 – yno roedd yn byw, yng
nghanol y beddau. Allai neb gadw rheolaeth arno, hyd yn oed drwy roi cadwyni arno. 4 Roedd
yn aml yn cael ei rwymo gyda chadwyni am ei ddwylo a'i draed, ond lawer gwaith roedd wedi
llwyddo i dorri'r cadwyni a dianc. Doedd neb yn gallu ei gadw dan reolaeth. 5 A dyna lle roedd,
ddydd a nos, yn y fynwent ac ar y bryniau cyfagos yn sgrechian ac anafu ei hun â cherrig.
6 Pan welodd Iesu'n dod o bell, rhedodd i'w gyfeiriad a phlygu ar lawr o'i flaen. 7 Rhoddodd
sgrech a gwaeddodd nerth ei ben, "Gad di lonydd i mi, Iesu, mab y Duw Goruchaf! Paid
poenydio fi er mwyn Duw!" 8 (Roedd Iesu newydd orchymyn i'r ysbryd drwg ddod allan o'r dyn.)
9 Gofynnodd Iesu iddo wedyn, "Beth ydy dy enw di?" "Lleng ydw i," atebodd, "achos mae
llawer iawn ohonon ni yma." 10 Roedden nhw'n crefu ar i Iesu i beidio'u hanfon nhw i ffwrdd
o'r ardal honno.

11 Roedd cenfaint fawr o foch yn pori ar ochr bryn cyfagos, 12 a dyma'r ysbrydion drwg yn
pledio arno, "Anfon ni i'r moch acw; gad i ni fyw ynddyn nhw." 13 Dyma Iesu'n rhoi caniatâd
iddyn nhw fynd, ac allan a'r ysbrydion drwg o'r dyn ac i mewn i'r moch. Dyma'r moch i gyd,
tua dwy fil ohonyn nhw, yn rhuthro i lawr y llechwedd serth i mewn i'r llyn, a boddi.

14 Dyma'r rhai oedd yn gofalu am y moch yn rhedeg i ffwrdd a dweud wrth bawb ym
mhobman beth oedd wedi digwydd. Pan ddaeth y bobl allan at Iesu i weld drostyn nhw
eu hunain, 15 roedden nhw wedi dychryn. Dyna lle roedd y dyn oedd wedi bod yng ngafael
y cythreuliaid, yn eistedd yn dawel gyda dillad amdano ac yn ei iawn bwyll. 16 Pan ddwedodd
y llygad-dystion eto beth oedd wedi digwydd i'r dyn a'r moch, 17 dyma'r bobl yn mynnu fod
Iesu'n gadael eu hardal.

18 Pan oedd Iesu ar fin mynd i mewn i'r cwch, dyma'r dyn oedd wedi bod yng ngafael
y cythreuliaid yn dod ato ac erfyn am gael aros gydag e. 19 "Na," meddai Iesu, "Dos adre at
dy deulu a dywed wrthyn nhw am y cwbl mae Duw wedi'i wneud i ti, a sut mae wedi bod

---

dd 5:1 *Gerasa:* Neu *Gadara* yn rhai llawysgrifau. *Gergesa* yn eraill.

mor drugarog." 20 Felly i ffwrdd â'r dyn a dechrau dweud wrth bawb yn ardal Decapolis am
bopeth oedd Iesu wedi'i wneud iddo. Roedd pawb wedi'u syfrdanu.

Merch fach wedi marw a gwraig oedd â gwaedlif.

(Mathew 9:18-26; Luc 8:40-56)

21 Ar ôl i Iesu groesi mewn cwch yn ôl i ochr arall[e] Llyn Galilea, dyma dyrfa fawr yn casglu
o'i gwmpas ar lan y dŵr. 22 Daeth un o arweinwyr y synagog ato, dyn o'r enw Jairus. Aeth
ar ei liniau o flaen Iesu 23 a phledio'n daer, "Mae fy merch fach i'n marw. Plîs tyrd i'w
hiacháu drwy roi dy ddwylo arni, iddi gael byw." 24 Felly aeth Iesu gyda'r dyn. Roedd tyrfa
fawr o bobl o'i gwmpas yn gwthio o bob cyfeiriad. 25 Yn eu canol roedd gwraig oedd wedi
bod â gwaedlif arni ers deuddeng mlynedd. 26 Roedd hi wedi dioddef yn ofnadwy dan ofal
llawer o feddygon, ac wedi gwario ei harian i gyd ar gael ei thrin, ond yn lle gwella roedd
hi wedi mynd o ddrwg i waeth. 27 Roedd wedi clywed am Iesu, a sleifiodd y tu ôl iddo yng
nghanol y dyrfa, 28 gan feddwl, "Dim ond i mi lwyddo i gyffwrdd ei ddillad, ca i fy iacháu."
Pan lwyddodd i gyffwrdd ymyl ei glogyn 29 dyma'r gwaedu yn stopio'n syth. Roedd hi'n gallu
teimlo ei bod wedi'i hiacháu.

30 Sylweddolodd Iesu fod nerth wedi llifo allan ohono, a throdd yng nghanol y dyrfa a gofyn,
"Pwy gyffyrddodd fy nillad i?"

31 Atebodd ei ddisgyblion, "Sut alli di ofyn y fath gwestiwn a'r dyrfa yma'n gwthio o dy
gwmpas di?"

32 Ond roedd Iesu'n dal i edrych o gwmpas i weld pwy oedd wedi'i gyffwrdd. 33 Roedd
y wraig yn gwybod yn iawn beth oedd wedi digwydd iddi, ac felly dyma hi'n dod ac yn syrthio
o'i flaen yn dal i grynu. Dwedodd yr hanes i gyd wrtho. 34 Yna meddai e wrthi, "Wraig annwyl,
am i ti gredu rwyt wedi dy iacháu. Dos adre! Bendith Duw arnat ti! Mae'r dioddef ar ben."

35 Tra oedd Iesu'n siarad, roedd rhyw bobl o dŷ Jairus wedi cyrraedd, a dweud wrtho, "Mae
dy ferch wedi marw, felly does dim pwynt poeni'r athro ddim mwy."

36 Ond chymerodd Iesu ddim sylw o beth gafodd ei ddweud, dim ond dweud wrth Jairus,
"Paid bod ofn; dalia i gredu."

37 Dim ond Pedr, Iago a'i frawd Ioan gafodd fynd yn eu blaenau gyda Iesu. 38 Dyma nhw'n
cyrraedd cartref Jairus, ac roedd y lle mewn cynnwrf, a phobl yn crio ac yn udo mewn galar.
39 Pan aeth Iesu i mewn dwedodd wrthyn nhw, "Beth ydy'r holl sŵn yma? Pam dych chi'n
crio? Dydy'r ferch fach ddim wedi marw – cysgu mae hi!" 40 Dechreuodd pobl chwerthin am
ei ben, ond dyma Iesu'n eu hanfon nhw i gyd allan o'r tŷ. Yna aeth a'r tad a'r fam a'r tri
disgybl i mewn i'r ystafell lle roedd y ferch fach. 41 Gafaelodd yn ei llaw, a dweud wrthi, "*Talitha*
cŵm"[f] (sef "Cod ar dy draed, ferch fach!") 42 A dyma'r ferch, oedd yn ddeuddeg oed, yn codi
ar ei thraed a dechrau cerdded o gwmpas. Roedd y rhieni a'r disgyblion wedi'u syfrdanu'n
llwyr. 43 Rhybuddiodd nhw i beidio dweud wrth neb beth oedd wedi digwydd; yna dwedodd,
"Rhowch rywbeth i'w fwyta iddi."

Dim parch i broffwyd

(Mathew 13:53-58; Luc 4:16-30)

6 Gadawodd Iesu'r ardal honno a mynd yn ôl gyda'i ddisgyblion i Nasareth, lle cafodd
ei fagu. 2 Ar y dydd Saboth dechreuodd ddysgu yn y synagog. Roedd y bobl oedd yn
gwrando arno yn rhyfeddu. "Ble wnaeth hwn ddysgu'r pethau yma i gyd?" medden nhw.
"Ble gafodd e'r holl ddoethineb, a'r gallu i wneud gwyrthiau? 3 Saer ydy e! Mab Mair! Brawd
Iago, Joseff,[ff] Jwdas a Simon! Mae ei chwiorydd yn dal i fyw yn y pentref ma!" Roedden nhw
wedi cymryd yn ei erbyn.

---

e 5:21 *ochr arall:* yr ochr orllewinol. f 5:41,42 *Talitha cŵm:* Mae'r geiriau yma yn yr iaith Aramaeg – un o'r ieithoedd oedd yn cael ei siarad yn Israel ar y pryd. ff 6:3 *Joseff:* Groeg, "Joses", ffurf arall ar yr enw (gw. Mathew 13:55).

4 Dyma Iesu'n dweud wrthyn nhw, “Mae proffwyd yn cael ei barchu ym mhobman ond yn
y dre lle cafodd ei fagu – gan ei bobl ei hun a'i deulu ei hun!” 5 Felly allai Iesu ddim gwneud
rhyw lawer o wyrthiau yno, dim ond gosod ei ddwylo ar ychydig bobl oedd yn sâl iawn i'w
hiacháu nhw. 6 Roedd yn rhyfeddu eu bod nhw mor amharod i gredu.

Iesu'n anfon allan y deuddeg

(Mathew 10:5-15; Luc 9:1-6)

Aeth Iesu ar daith o gwmpas y pentrefi yn dysgu'r bobl. 7 Galwodd y deuddeg disgybl at ei
gilydd, a'u hanfon allan bob yn ddau a rhoi awdurdod iddyn nhw i fwrw allan ysbrydion drwg.
8 Dyma ddwedodd wrthyn nhw: “Peidiwch mynd â dim byd ond ffon gyda chi – dim bwyd,
dim bag teithio na hyd yn oed newid mân. 9 Gwisgwch sandalau, ond peidiwch mynd â dillad
sbâr. 10 Ble bynnag ewch chi, arhoswch yn yr un tŷ nes byddwch yn gadael y dref honno. 11 Os
bydd dim croeso i chi yn rhywle, neu os bydd pobl yn gwrthod gwrando arnoch, ysgydwch
y llwch oddi ar eich traed wrth adael. Bydd hynny'n arwydd o farn Duw arnyn nhw!”
12 Felly i ffwrdd â nhw i bregethu fod rhaid i bobl droi at Dduw a newid eu ffyrdd. 13 Roedden
nhw'n bwrw allan llawer o gythreuliaid ac yn eneinio llawer o bobl ag olew a'u hiacháu nhw.

Dienyddio Ioan Fedyddiwr

(Mathew 14:1-12; Luc 9:7-9)

14 Roedd y Brenin Herod[g] wedi clywed am beth oedd yn digwydd, am fod pawb yn gwybod
am Iesu. Roedd rhai yn dweud, “Ioan Fedyddiwr sydd wedi dod yn ôl yn fyw. Dyna pam mae'n
gallu gwneud gwyrthiau.” 15 Roedd rhai yn dweud, “Elias ydy e”, ac eraill yn meddwl ei fod yn
broffwyd, fel un o broffwydi mawr y gorffennol.
16 Pan glywodd Herod beth oedd Iesu'n ei wneud, dwedodd ar unwaith, “Ioan ydy e! Torrais
ei ben i ffwrdd ac mae wedi dod yn ôl yn fyw!”
17 Herod oedd wedi gorchymyn i Ioan Fedyddiwr gael ei arestio a'i roi yn y carchar. Roedd
wedi gwneud hynny o achos ei berthynas â Herodias. Er ei bod yn wraig i'w frawd Philip,
roedd Herod wedi'i phriodi. 18 Roedd Ioan wedi dweud wrtho dro ar ôl tro, “Dydy'r Gyfraith
ddim yn caniatáu i ti gymryd gwraig dy frawd.” 19 Felly roedd Herodias yn dal dig yn erbyn
Ioan, ac eisiau ei ladd. Ond doedd hi ddim yn gallu 20 am fod gan Herod barch mawr at
Ioan. Roedd yn ei amddiffyn am ei fod yn gwybod fod Ioan yn ddyn duwiol a chyfiawn. Er
bod Herod yn anesmwyth wrth glywed beth oedd Ioan yn ei ddweud, roedd yn mwynhau
gwrando arno.
21 Ond gwelodd Herodias ei chyfle pan oedd Herod yn dathlu ei ben-blwydd. Roedd ei brif
swyddogion, penaethiaid y fyddin a phobl bwysig Galilea i gyd wedi'u gwahodd i'r parti.
22 Yn ystod y dathlu dyma ferch Herodias yn perfformio dawns. Roedd hi wedi plesio Herod
a'i westeion yn fawr. Dwedodd Herod wrthi, “Gofyn am unrhyw beth gen i, a bydda i'n ei
roi i ti.” 23 Rhoddodd ei air iddi ar lw, “Cei di beth bynnag rwyt ti eisiau, hyd yn oed hanner
y deyrnas!”
24 Aeth y ferch allan at ei mam, “Am beth wna i ofyn?”, meddai wrthi.
“Gofyn iddo dorri pen Ioan Fedyddiwr,” meddai ei mam.
25 Felly dyma hi yn brysio'n ôl i mewn at y brenin, gyda'i chais: “Dw i eisiau i ti dorri pen
Ioan Fedyddiwr nawr, a'i roi i mi ar hambwrdd.”
26 Doedd y brenin ddim yn hapus o gwbl – roedd yn hollol ddigalon. Ond am ei fod wedi
addo ar lw o flaen ei westeion, doedd ganddo mo'r wyneb i'w gwrthod hi. 27 Felly dyma fe'n
anfon un o'i filwyr ar unwaith i ddienyddio Ioan. “Tyrd â'i ben yn ôl yma,” meddai. Felly
aeth y milwr i'r carchar a thorri pen Ioan i ffwrdd. 28 Daeth yn ei ôl gyda'r pen ar hambwrdd
a'i roi i'r ferch, ac aeth hithau ag e i'w mam. 29 Pan glywodd disgyblion Ioan beth oedd wedi
digwydd dyma nhw'n cymryd y corff a'i roi mewn bedd.

---

g 6:14 *Herod:* Herod Antipas, mab Herod Fawr.

Iesu'n bwydo'r pum mil

(Mathew 14:13-21; Luc 9:10-17; Ioan 6:1-14)

30 Pan gyrhaeddodd yr apostolion yn ôl, dyma nhw'n dechrau dweud yn frwd wrth Iesu am
y cwbl roedden nhw wedi'i wneud a'i ddysgu. 31 Ond roedd cymaint o bobl yn mynd a dod
nes bod dim cyfle iddyn nhw fwyta hyd yn oed. Felly dyma Iesu'n dweud, "Gadewch i ni fynd
i ffwrdd i rywle tawel i chi gael gorffwys."

32 I ffwrdd â nhw mewn cwch i le tawel i fod ar eu pennau'u hunain. 33 Ond roedd llawer
o bobl wedi'u gweld yn gadael, ac wedi cerdded ar frys o'r holl drefi a chyrraedd yno o'u
blaenau. 34 Pan gyrhaeddodd Iesu'r lan a gweld y dyrfa fawr yno, roedd yn teimlo i'r byw
drostyn nhw, am eu bod fel defaid heb fugail i ofalu amdanyn nhw. Felly treuliodd amser yn
dysgu llawer o bethau iddyn nhw.

35 Roedd hi'n mynd yn hwyr, felly dyma'i ddisgyblion yn dod ato a dweud, "Mae'r lle yma'n
anial, ac mae'n mynd yn hwyr. 36 Anfon y bobl i ffwrdd i'r pentrefi sydd o gwmpas, iddyn nhw
gael mynd i brynu rhywbeth i'w fwyta."

37 Ond atebodd Iesu, "Rhowch chi rywbeth i'w fwyta iddyn nhw." "Beth? Ni?" medden nhw,
"Byddai'n costio ffortiwn i gael bwyd iddyn nhw i gyd!"

38 "Ewch i weld faint o fwyd sydd ar gael," meddai. Dyma nhw'n gwneud hynny, a dod yn
ôl a dweud, "Pum torth fach[ng] a dau bysgodyn!"

39 Dyma Iesu'n dweud wrthyn nhw am wneud i'r bobl eistedd mewn grwpiau ar y glaswellt.
40 Felly dyma pawb yn eistedd mewn grwpiau o hanner cant i gant. 41 Wedyn dyma Iesu'n
cymryd y pum torth a'r ddau bysgodyn, ac offrymu gweddi o ddiolch i Dduw. Torrodd y bara
a'i roi i'w ddisgyblion i'w rannu i'r bobl, a gwneud yr un peth gyda'r ddau bysgodyn. 42 Cafodd
pawb ddigon i'w fwyta, 43 a dyma nhw'n codi deuddeg llond basged o dameidiau o fara
a physgod oedd dros ben. 44 Roedd tua pum mil o ddynion wedi cael eu bwydo yno!

Iesu'n cerdded ar ddŵr

(Mathew 14:22-33; Ioan 6:15-21)

45 Yn syth wedyn dyma Iesu'n gwneud i'w ddisgyblion fynd yn ôl i'r cwch a chroesi drosodd
o'i flaen i Bethsaida, tra oedd e'n anfon y dyrfa adre. 46 Ar ôl ffarwelio gyda nhw, aeth i ben
mynydd er mwyn cael lle tawel i weddïo.

47 Roedd hi'n nosi, a'r cwch ar ganol y llyn, ac yntau ar ei ben ei hun ar y tir. 48 Gwelodd
fod y disgyblion yn cael trafferthion wrth geisio rhwyfo yn erbyn y gwynt. Yna rywbryd ar ôl
tri o'r gloch y bore aeth Iesu allan atyn nhw, gan gerdded ar y dŵr. Roedd fel petai'n mynd
heibio iddyn nhw, 49 a dyma nhw'n ei weld yn cerdded ar y llyn. Roedden nhw'n meddwl eu
bod yn gweld ysbryd, a dyma nhw'n gweiddi mewn ofn. 50 Roedden nhw wedi dychryn am
eu bywydau. Ond dyma Iesu'n dweud wrthyn nhw, "Mae'n iawn! Fi ydy e. Peidiwch bod ag
ofn." 51 Yna, wrth iddo ddringo i mewn i'r cwch, dyma'r gwynt yn tawelu. Roedden nhw wedi
dychryn go iawn, ac mewn sioc. 52 Doedden nhw ddim wedi deall arwyddocâd y torthau o fara;
roedden nhw mor ystyfnig.

Iesu'n iacháu pobl yn Genesaret

(Mathew 14:34-36)

53 Ar ôl croesi'r llyn dyma nhw'n glanio yn Genesaret a chlymu'r cwch. 54 Dyma bobl yn
nabod Iesu yr eiliad ddaethon nhw o'r cwch. 55 Dim ots lle roedd yn mynd, roedd pobl yn
rhuthro drwy'r ardal i gyd yn cario pobl oedd yn sâl ar fatresi a dod â nhw ato. 56 Dyna oedd
yn digwydd yn y pentrefi, yn y trefi ac yng nghefn gwlad. Roedden nhw'n gosod y cleifion ar
sgwâr y farchnad ac yn pledio arno i adael iddyn nhw gyffwrdd y taselau ar ei glogyn. Roedd
pawb oedd yn ei gyffwrdd yn cael eu hiacháu.

---

ng 6:38 *torth fach:* Torth fach gron fflat, mae'n debyg.

Glân ac aflan

(Mathew 15:1-20)

7 Dyma'r Phariseaid a rhai o'r arbenigwyr yn y Gyfraith oedd wedi dod o Jerwsalem yn
casglu o gwmpas Iesu. 2 Roedden nhw wedi sylwi fod rhai o ddisgyblion Iesu ddim yn
golchi eu dwylo yn y ffordd iawn cyn bwyta. 3 (Dydy'r Phariseaid a phobl Jwda byth yn bwyta
heb fynd drwy ddefod golchi dwylo fel mae'r traddodiad crefyddol yn gofyn. 4 Wnân nhw ddim
bwyta dim wedi'i brynu yn y farchnad chwaith heb fynd drwy ddefod golchi. Ac mae ganddyn
nhw lawer o reolau eraill tebyg, fel defod golchi cwpanau, jygiau a llestri copr o bob math.)

5 Gofynnodd y Phariseaid a'r arbenigwyr yn y Gyfraith i Iesu, "Pam dydy dy ddisgyblion di
ddim yn cadw'r traddodiad. Maen nhw'n bwyta heb olchi eu dwylo!"

6 Atebodd Iesu, "Roedd Eseia yn llygad ei le pan broffwydodd amdanoch chi. Dych chi
mor ddauwynebog!

"Dyma ddwedodd e:

> '*Mae'r bobl yma'n dweud pethau gwych amdana i,*
> *ond mae eu calonnau yn bell oddi wrtho i.*
> 7 *Mae eu haddoliad yn ddiystyr;*
> *mân-reolau dynol ydy'r cwbl maen nhw'n ei ddysgu.*'

8 "Dych chi'n diystyru beth mae Duw wedi'i orchymyn, ac yn lle hynny yn glynu wrth eich
traddodiad crefyddol."

9 "Ie, gwrthod beth mae Duw yn ei ddweud er mwyn cadw'ch traddodiadau eich hunain!"
meddai wrthyn nhw. 10 "Er enghraifft, dwedodd Moses, '*Gofala am dy dad a dy fam,*' a, '*Rhaid
i bwy bynnag sy'n sarhau ei dad neu ei fam gael ei ladd.*' 11 Ond dych chi'n dweud ei bod
yn iawn dweud wrth rieni mewn oed: 'Alla i ddim gofalu amdanoch chi. Mae beth o'n i'n
mynd i'w roi i chi wedi'i gyflwyno'n rhodd i Dduw.' 12 Wedyn wrth gwrs, does dim rhaid i chi
wneud dim i helpu'ch rhieni. 13 Dych chi'n defnyddio'ch traddodiad i osgoi gwneud beth
mae Duw'n ei ddweud. Ac mae digon o enghreifftiau eraill o'r un math o beth y gallwn
i sôn amdanyn nhw."

14 Dyma Iesu'n galw'r dyrfa ato eto, a dweud wrthyn nhw, "Gwrandwch arna i, dw i am
i chi i gyd ddeall hyn. 15 Dydy beth dych chi'n ei fwyta ddim yn eich gwneud chi'n 'aflan'.
Beth sy'n dod allan ohonoch chi sy'n eich gwneud chi'n 'aflan' – pethau dych chi'n eu
dweud a'u gwneud."[h]

17 Pan aeth i mewn i'r tŷ ar ôl gadael y dyrfa, gofynnodd ei ddisgyblion iddo esbonio'r peth
iddyn nhw. 18 "Ydych chi wir mor ddwl?" meddai. "Ydych chi ddim yn gweld mai dim beth dych
chi'n ei fwyta sy'n eich gwneud chi'n 'aflan'? 19 Dydy bwyd ddim yn mynd yn agos at y galon,
dim ond pasio drwy'r stumog ac yna dod allan yn y tŷ bach." (Wrth ddweud hyn roedd Iesu'n
dweud fod pob bwyd yn iawn i'w fwyta.)

20 "Yr hyn sy'n dod allan o'r galon sy'n eich gwneud chi'n 'aflan'," meddai. 21 "O'r tu
mewn i chi mae meddyliau drwg yn dod, a phethau fel anfoesoldeb rhywiol, dwyn, llofruddio,
22 godinebu, bod yn farus, bod yn faleisus, twyllo, penrhyddid, bod yn hunanol, hel straeon
cas, bod yn haerllug ac ymddwyn yn ffôl. 23 Y pethau drwg yma sy'n dod allan ohonoch chi
sy'n eich gwneud chi'n 'aflan'."

Ffydd gwraig o Syro-Phoenicia

(Mathew 15:21-28)

24 Gadawodd Iesu Galilea ac aeth i fyny i ardal Tyrus. Ceisiodd gadw'r ffaith ei fod yn aros
yno'n gyfrinach, ond methodd. 25 Yn wir, yn syth ar ôl clywed ei fod yno, daeth rhyw wraig
ato a syrthio i lawr o'i flaen – roedd ganddi ferch fach oedd wedi'i meddiannu gan ysbryd

---

h 7:15 *gwneud:* Mae rhai llawysgrifau yn ychwanegu adn. 16, *Gwrandwch yn ofalus os dych chi'n awyddus i ddysgu.*

7:6,7 Eseia 29:13 (LXX) 7:10 a Exodus 20:12; Deuteronomium 5:16; b Exodus 21:17; Lefiticus 20:9

drwg. 26 Gwraig wedi'i geni yn Syro-Phoenicia oedd hi, dim Iddewes, ac roedd hi'n pledio ar
i Iesu fwrw'r cythraul allan o'i merch.
27 Dwedodd Iesu wrthi, "Rhaid i'r plant gael bwyta beth maen nhw eisiau gyntaf. Dydy hi
ddim yn iawn i bobl daflu bwyd y plant i'r cŵn."[i]
28 "Digon gwir, Arglwydd," meddai'r wraig, "ond mae hyd yn oed y cŵn dan y bwrdd yn
cael bwyta briwsion y plant."
29 "Am i ti roi ateb mor dda," meddai Iesu wrthi, "cei fynd adre; mae'r cythraul wedi gadael
dy ferch."
30 Felly aeth adre, a dyna lle roedd ei merch yn gorwedd ar ei gwely, a'r cythraul
wedi'i gadael.

Iacháu dyn mud a byddar

31 Aeth Iesu yn ei flaen o ardal Tyrus a mynd drwy Sidon ac yna yn ôl i lawr at Lyn Galilea
i ardal Decapolis. 32 Yno daeth rhyw bobl a dyn ato oedd yn fyddar ac yn methu siarad yn glir,
a gofyn iddo osod ei ddwylo ar y dyn a'i iacháu.
33 Aeth Iesu a'r dyn i ffwrdd o olwg y dyrfa. Rhoddodd ei fysedd yng nghlustiau'r dyn ac
wedyn poeri ar ei fysedd cyn cyffwrdd tafod y dyn. 34 Edrychodd i fyny i'r nefoedd, ac meddai
gydag ochenaid ddofn, "*Eph-phatha!*"[l] (sy'n golygu, "Agor!") 35 Ar unwaith roedd y dyn yn
gallu clywed a siarad yn glir.
36 Dwedodd Iesu wrthyn nhw am beidio dweud wrth neb beth oedd wedi digwydd. Ond
po fwya oedd Iesu'n dweud wrth bobl i beidio, mwya oedden nhw'n dweud wrth bawb am
y pethau roedd yn eu gwneud. 37 Roedd pobl wedi'u syfrdanu'n llwyr ganddo. "Mae popeth
mae'n ei wneud mor ffantastig," medden nhw. "Mae hyd yn oed yn gwneud i bobl fyddar
glywed ac i bobl fud siarad!"

Iesu'n bwydo'r pedair mil

(Mathew 15:32-39)

8 Roedd tyrfa fawr arall wedi casglu o'i gwmpas tua'r un adeg. Am bod dim bwyd gan
y bobl, dyma Iesu'n galw'i ddisgyblion ato a dweud, 2 "Dw i'n teimlo dros y bobl yma
i gyd; maen nhw wedi bod yma ers tri diwrnod heb gael dim i'w fwyta. 3 Os anfona i nhw
adre'n llwgu byddan nhw'n llewygu ar y ffordd. Mae rhai ohonyn nhw wedi dod o bell."
4 Atebodd y disgyblion, "Pa obaith sydd i unrhyw un ddod o hyd i ddigon o fwyd iddyn
nhw yn y lle anial yma?!"
5 Gofynnodd Iesu, "Sawl torth o fara[ll] sydd gynnoch chi?" "Saith," medden nhw.
6 Yna dwedodd Iesu wrth y dyrfa am eistedd i lawr. Cymerodd y saith torth ac offrymu
gweddi o ddiolch i Dduw, yna eu torri a'u rhoi i'w ddisgyblion i'w rhannu i'r bobl. A dyna
wnaeth y disgyblion. 7 Roedd ychydig o bysgod bach ganddyn nhw hefyd; a gwnaeth Iesu yr un
peth gyda'r rheiny. 8 Cafodd pawb ddigon i'w fwyta, ac roedd saith llond cawell o dameidiau
bwyd dros ben. 9 Roedd tua pedair mil o bobl yno! Ar ôl eu hanfon i ffwrdd, 10 aeth i mewn
i'r cwch gyda'i ddisgyblion a chroesi i ardal Dalmanwtha.

Hawlio arwydd

(Mathew 12:38-42; 16:1-4)

11 Daeth Phariseaid ato, a dechrau ffraeo. "Profa pwy wyt ti drwy wneud rhyw arwydd
gwyrthiol," medden nhw. 12 Ochneidiodd Iesu'n ddwfn, a dweud: "Pam mae'r bobl yma o hyd
yn gofyn am wyrth fyddai'n arwydd iddyn nhw o pwy ydw i? Wir i chi, chân nhw ddim un gen i!"
13 Yna gadawodd nhw, a mynd yn ôl i mewn i'r cwch a chroesi drosodd i ochr arall Llyn Galilea.

---

i 7:27 *cŵn:* Roedd yr Iddewon weithiau'n galw pobl o wledydd eraill yn gŵn. l 7:34 *Eph-phatha:* Gair Aramaeg – un o'r ieithoedd oedd yn cael ei siarad yn Israel yn y cyfnod. ll 8:5 *torth o fara:* gw. y nodyn ar 6:38.

Burum y Phariseaid a Herod

(Mathew 16:5-12)

14 Roedd y disgyblion wedi anghofio mynd â bwyd gyda nhw. Dim ond un dorth fach oedd
ganddyn nhw yn y cwch. 15 Dyma Iesu'n eu rhybuddio nhw: "Byddwch yn ofalus! Cadwch
draw oddi wrth furum y Phariseaid, a burum Herod[m] hefyd." 16 Wrth drafod y peth dyma'r
disgyblion yn dod i'r casgliad mai tynnu sylw at y ffaith fod ganddyn nhw ddim bara oedd e.
17 Roedd Iesu'n gwybod beth roedden nhw'n ddweud, a gofynnodd iddyn nhw: "Pam dych
chi'n poeni eich bod heb fara? Ydych chi'n dal ddim yn deall? Pryd dych chi'n mynd i ddysgu?
Ydych chi wedi troi'n ystyfnig? 18 Ydych chithau hefyd yn ddall er bod llygaid gynnoch chi, ac
yn fyddar er bod clustiau gynnoch chi? Ydych chi'n cofio dim byd? 19 Pan o'n i'n rhannu'r
pum torth rhwng y pum mil, sawl basgedaid o dameidiau oedd dros ben wnaethoch chi eu
casglu?" "Deuddeg," medden nhw.
20 "A phan o'n i'n rhannu'r saith torth i'r pedair mil, sawl llond cawell o dameidiau
wnaethoch chi eu casglu?" "Saith," medden nhw.
21 "Ydych chi'n dal ddim yn deall?" meddai Iesu wrthyn nhw.

Iacháu dyn dall yn Bethsaida

22 Dyma nhw'n cyrraedd Bethsaida, a dyma rhyw bobl yn dod â dyn dall at Iesu a gofyn
iddo ei gyffwrdd. 23 Gafaelodd Iesu yn llaw y dyn dall a'i arwain allan o'r pentref. Ar ôl poeri
ar lygaid y dyn a gosod dwylo arno, gofynnodd Iesu iddo, "Wyt ti'n gweld o gwbl?"
24 Edrychodd i fyny, ac meddai, "Ydw, dw i'n gweld pobl; ond maen nhw'n edrych fel coed
yn symud o gwmpas."
25 Yna rhoddodd Iesu ei ddwylo ar lygaid y dyn eto. Pan agorodd y dyn ei lygaid, roedd wedi
cael ei olwg yn ôl! Roedd yn gweld popeth yn glir. 26 Dyma Iesu'n ei anfon adre, a dweud
wrtho, "Paid mynd i mewn i'r pentref."

Datganiad Pedr

(Mathew 16:13-20; Luc 9:18-21)

27 Aeth Iesu a'i ddisgyblion yn eu blaenau i'r pentrefi o gwmpas Cesarea Philipi. Ar y ffordd
yno gofynnodd iddyn nhw, "Pwy mae pobl yn ddweud ydw i?"
28 Dyma nhw'n ateb, "Mae rhai yn dweud mai Ioan Fedyddiwr wyt ti; eraill yn dweud Elias;
a phobl eraill eto'n dweud mai un o'r proffwydi wyt ti."
29 "Ond beth amdanoch chi?" gofynnodd, "Pwy dych chi'n ddweud ydw i?" Atebodd Pedr,
"Ti ydy'r Meseia."
30 Yna dyma Iesu'n eu rhybuddio nhw i beidio dweud hynny wrth neb.

Iesu'n dweud ei fod yn mynd i farw

(Mathew 16:21-28; Luc 9:22-27)

31 Dechreuodd esbonio iddyn nhw fod rhaid iddo fe, Mab y Dyn, ddioddef yn ofnadwy. Byddai'r
arweinwyr Iddewig, y prif offeiriaid a'r arbenigwyr yn y Gyfraith yn ei wrthod. Byddai'n cael ei
ladd, ond yna'n dod yn ôl yn fyw ddeuddydd wedyn. 32 Roedd yn siarad yn hollol blaen gyda nhw.
Felly dyma Pedr yn mynd ag e i'r naill ochr a dweud y drefn wrtho am ddweud y fath bethau.
33 Ond trodd Iesu i edrych ar ei ddisgyblion, ac yna dweud y drefn wrth Pedr o'u blaenau
nhw. "Dos o'm golwg i Satan!" meddai. "Rwyt ti'n meddwl fel mae pobl yn meddwl yn lle
gweld pethau fel mae Duw'n eu gweld nhw."
34 Wedyn galwodd y dyrfa ato gyda'i ddisgyblion, a dwedodd wrthyn nhw: "Rhaid i bwy bynnag
sydd am fy nilyn i stopio rhoi nhw eu hunain gyntaf. Rhaid iddyn nhw aberthu eu hunain dros eraill
a cherdded yr un llwybr â mi. 35 Bydd y rhai sy'n ceisio cadw eu bywyd eu hunain yn colli'r bywyd go

m 8:15 *Herod:* Herod Antipas, mab Herod Fawr.

iawn, ond y rhai sy'n barod i ollwng gafael ar eu bywyd er fy mwyn i a'r newyddion da, yn diogelu
bywyd go iawn. 36 Beth ydy'r pwynt o gael popeth sydd gan y byd i'w gynnig, a cholli'r enaid?
37 Oes gynnoch chi unrhyw beth sy'n fwy gwerthfawr na'r enaid? 38 Pawb sydd â chywilydd ohono
i a beth dw i'n ddweud yn yr oes ddi-gred a phechadurus yma, bydd gen i, Fab y Dyn, gywilydd
ohonyn nhw pan fydda i'n dod yn ôl yn holl ysblander y Tad, a'r angylion sanctaidd gyda mi."

9 Yna meddai wrthyn nhw, "Credwch chi fi, wnaiff rhai ohonoch chi sy'n sefyll yma ddim
marw cyn cael gweld Duw'n dod mewn grym i deyrnasu."

Y Gweddnewidiad

(Mathew 17:1-13; Luc 9:28-36)

2 Chwe diwrnod wedyn aeth Iesu i ben mynydd uchel, a mynd â Pedr, Iago ac Ioan gydag
e. Roedden nhw yno ar eu pennau'u hunain. Dyma olwg Iesu'n cael ei drawsnewid o flaen eu
llygaid. 3 Trodd ei ddillad yn wyn llachar; yn wynnach nag y gallai unrhyw bowdr golchi fyth
eu glanhau. 4 Wedyn dyma Elias a Moses yn ymddangos o'u blaenau, yn sgwrsio gyda Iesu.
5 Dyma Pedr yn dweud wrth Iesu, "Rabbi, mae'n dda cael bod yma. Gad i ni godi tair lloches
– un i ti, un i Moses ac un i Elias." 6 (Doedd ganddo ddim syniad beth roedd yn ei ddweud go
iawn – roedd y tri ohonyn nhw wedi dychryn gymaint!)
7 Wedyn dyma gwmwl yn dod i lawr a chau o'u cwmpas, a dyma lais o'r cwmwl yn dweud:
"Fy Mab annwyl i ydy hwn. Gwrandwch arno!"
8 Yn sydyn dyma nhw'n edrych o'u cwmpas, a doedd neb i'w weld yno ond Iesu.
9 Wrth ddod i lawr o'r mynydd dyma Iesu'n dweud wrthyn nhw i beidio sôn wrth neb
am beth welon nhw nes y byddai e, Mab y Dyn, wedi codi yn ôl yn fyw. 10 (Felly cafodd
y digwyddiad ei gadw'n gyfrinach, ond roedden nhw'n aml yn trafod gyda'i gilydd beth
oedd ystyr "codi yn ôl yn fyw.")
11 Dyma nhw'n gofyn iddo, "Pam mae'r arbenigwyr yn y Gyfraith yn dweud fod rhaid i Elias
ddod yn ôl cyn i'r Meseia gyrraedd?"
12 Atebodd Iesu, "Mae Elias yn dod gyntaf reit siŵr, i roi trefn ar bopeth. Ond pam mae'r
ysgrifau sanctaidd yn dweud fod Mab y Dyn yn mynd i ddioddef llawer a chael ei wrthod?
13 Dw i'n dweud wrthoch chi fod Elias wedi dod, ac maen nhw wedi'i gam-drin yn union fel
mae'r ysgrifau sanctaidd yn dweud."

Iacháu bachgen oedd yng ngafael cythraul

(Mathew 17:14-20; Luc 9:37-43a)

14 Pan ddaethon nhw at y disgyblion eraill roedd tyrfa fawr o'u cwmpas, a'r arbenigwyr yn
y Gyfraith yno'n dadlau gyda nhw. 15 Cafodd y bobl sioc o weld Iesu, a dyma nhw'n rhedeg
i'w gyfarch.
16 "Am beth dych chi'n ffraeo gyda nhw?" gofynnodd.
17 Dyma rhyw ddyn yn ei ateb, "Athro, des i â'm mab atat ti; mae'n methu siarad am ei fod
wedi'i feddiannu gan ysbryd drwg sy'n ei wneud yn fud. 18 Pan mae'r ysbryd drwg yn gafael
ynddo mae'n ei daflu ar lawr, ac yna mae'n glafoerio a rhincian ei ddannedd ac yn mynd yn
stiff i gyd. Gofynnais i dy ddisgyblion di fwrw'r ysbryd allan, ond doedden nhw ddim yn gallu."
19 "Pam dych chi mor amharod i gredu?" meddai Iesu, "Am faint dw i'n mynd i aros gyda
chi? Am faint alla i'ch dioddef chi? Dewch â'r bachgen yma."
20 Wrth iddyn nhw ddod â'r bachgen at Iesu dyma'r ysbryd drwg yn ei weld ac yn gwneud
i'r bachgen gael ffit epileptig. Syrthiodd ar lawr a rholio o gwmpas yn glafoerio o'i geg.
21 Dyma Iesu'n gofyn i'r tad, "Ers faint mae e fel hyn?" "Ers pan yn blentyn bach," atebodd
y dyn. 22 "Mae'r ysbryd drwg wedi'i daflu i ganol tân neu geisio'i foddi mewn dŵr lawer
gwaith. Os wyt ti'n gallu gwneud unrhyw beth i'n helpu ni, plîs gwna."
23 "Beth wyt ti'n feddwl 'Os wyt ti'n gallu'?" meddai Iesu. "Mae popeth yn bosib i'r sawl
sy'n credu!"

[24]Gwaeddodd tad y bachgen ar unwaith, "Dw i yn credu! Helpa di fi i beidio amau!"
[25]Pan welodd Iesu fod tyrfa o bobl yn rhedeg i weld beth oedd yn digwydd, dyma fe'n
ceryddu'r ysbryd drwg a dweud wrtho, "Ysbryd mud a byddar, tyrd allan o'r plentyn yma,
a phaid byth mynd yn ôl eto."
[26]Dyma'r ysbryd yn rhoi sgrech ac yn gwneud i'r bachgen ysgwyd yn ffyrnig, ond yna daeth
allan. Roedd y bachgen yn gorwedd mor llonydd nes bod llawer yn meddwl ei fod wedi marw.
[27]Ond gafaelodd Iesu yn ei law a'i godi, a safodd ar ei draed.
[28]Ar ôl i Iesu fynd i mewn i dŷ, gofynnodd ei ddisgyblion iddo'n breifat, "Pam oedden ni'n
methu ei fwrw allan?"
[29]Atebodd Iesu, "Dim ond drwy weddi mae ysbrydion drwg fel yna'n dod allan."

Iesu'n dweud eto ei fod yn mynd i farw

(Mathew 17:22-23; Luc 9:43b-45)

[30]Dyma nhw'n gadael yr ardal honno ac yn teithio drwy Galilea. Doedd gan Iesu ddim
eisiau i unrhyw un wybod ble roedden nhw, [31] am ei fod wrthi'n dysgu ei ddisgyblion. "Dw
i, Mab y Dyn," meddai wrthyn nhw, "yn mynd i gael fy mradychu i afael pobl fydd yn fy lladd,
ond ddeuddydd ar ôl cael fy lladd bydda i'n dod yn ôl yn fyw." [32]Doedd gan y disgyblion
ddim syniad am beth roedd e'n sôn, ond roedd arnyn nhw ofn gofyn iddo.

Pwy ydy'r pwysica

(Mathew 18:1-5; Luc 9:46-48)

[33]Dyma nhw'n cyrraedd Capernaum. Pan oedd yn y tŷ lle roedden nhw'n aros gofynnodd
Iesu i'r disgyblion, "Am beth oeddech chi'n dadlau ar y ffordd?" [34]Ond wnaeth neb ateb.
Roedden nhw wedi bod yn dadlau pwy oedd y pwysica.
[35]Eisteddodd Iesu i lawr, a galw'r deuddeg disgybl ato, ac meddai wrthyn nhw, "Rhaid i'r
sawl sydd am fod yn geffyl blaen ddysgu mynd i'r cefn a gwasanaethu pawb arall."
[36]Gosododd blentyn bach yn y canol o'u blaenau. Yna cododd y plentyn yn ei freichiau,
a dweud wrthyn nhw, [37]"Mae pwy bynnag sy'n rhoi croeso i blentyn bach fel yma am eu bod
yn perthyn i mi, yn rhoi croeso i mi; ac mae pwy bynnag sy'n rhoi croeso i mi, yn croesawu'r
Un sydd wedi fy anfon i."

Mae pwy bynnag sydd ddim yn ein herbyn ni o'n plaid.

(Luc 9:49,50)

[38]Dyma Ioan yn dweud wrtho, "Athro, gwelon ni rhywun yn bwrw allan gythreuliaid yn dy
enw di, a dyma ni'n dweud wrtho am stopio, am ei fod e ddim yn un o'n criw ni."
[39]"Peidiwch gwneud hynny," meddai Iesu. "Does neb yn gwneud gwyrth yn fy enw i yn
mynd i ddweud pethau drwg amdana i y funud nesa. [40]Os ydy rhywun ddim yn ein herbyn ni,
mae o'n plaid ni. [41]Credwch chi fi, mae unrhyw un sy'n rhoi diod o ddŵr i chi am eich bod
yn bobl y Meseia yn siŵr o gael ei wobr.

Gwneud i rywun bechu

(Mathew 18:6-9; Luc 17:1,2)

[42]"Pwy bynnag sy'n gwneud i un o'r rhai bach yma sy'n credu ynof fi bechu, byddai'n
well iddo gael ei daflu i'r môr gyda maen melin wedi'i rwymo am ei wddf. [43]Os ydy dy law
yn gwneud i ti bechu, torra hi i ffwrdd. Mae'n well i ti fynd i mewn i'r bywyd newydd wedi
dy anafu, na bod gen ti ddwy law a mynd i uffern, lle dydy'r tân byth yn diffodd.[n] [45]Ac os
ydy dy droed yn gwneud i ti bechu, torra hi i ffwrdd. Mae'n well i ti fynd i'r bywyd newydd

---

n 9:43 *byth yn diffodd:* Mae rhai llawysgrifau yn ychwanegu adn. 44, *lle dydy'r cynrhon ddim yn marw, a'r tân byth yn diffodd* (gw. adn. 48).

yn gloff, na bod gen ti ddwy droed a chael dy daflu i uffern.[o] 47 Ac os ydy dy lygad yn gwneud
i ti bechu, tynna hi allan. Mae'n well i ti fynd i mewn i deyrnas Dduw gyda dim ond un llygad
na bod gen ti ddwy a chael dy daflu i uffern, 48 lle

'dydy'r cynrhon ddim yn marw,
a'r tân byth yn diffodd.'

49 "Bydd pawb yn cael eu puro â thân.
50 "Mae halen yn beth defnyddiol, ond pan mae'n colli ei flas, pa obaith sydd i'w wneud
yn hallt eto? Byddwch â halen ynoch, a byw'n heddychlon gyda'ch gilydd."

Ysgariad

(Mathew 19:1-12; Luc 16:18)

10 Yna gadawodd Iesu'r fan honno, a mynd i Jwdea a'r ardal yr ochr draw i'r Iorddonen.
Unwaith eto daeth tyrfa o bobl ato, ac fel arfer buodd wrthi'n eu dysgu.
2 Dyma Phariseaid yn dod ato i geisio'i faglu drwy ofyn: "Ydy'r Gyfraith yn dweud ei bod
yn iawn i ddyn ysgaru ei wraig?"
3 Atebodd Iesu, "Beth oedd y gorchymyn roddodd Moses i chi?"
4 "Dwedodd Moses ei fod yn iawn," medden nhw, "Dim ond i ddyn roi tystysgrif ysgariad
iddi cyn ei hanfon i ffwrdd."
5 "Wyddoch chi pam ysgrifennodd Moses y ddeddf yna?" meddai Iesu. "Am fod pobl fel
chi mor ystyfnig! 6 Pan greodd Duw bopeth ar y dechrau cyntaf, gwnaeth bobl *'yn wryw ac
yn fenyw'*. 7 *'Felly bydd dyn yn gadael ei dad a'i fam, ac yn cael ei uno â'i wraig,* 8 a bydd
y ddau yn dod yn un.' Dim dau berson ar wahân ydyn nhw wedyn, ond uned. 9 Felly ddylai
neb wahanu beth mae Duw wedi'i uno!"
10 Pan oedden nhw yn ôl yn y tŷ, dyma'r disgyblion yn holi Iesu am hyn 11 Dwedodd wrthyn
nhw: "Mae unrhyw un sy'n ysgaru ei wraig er mwyn priodi gwraig arall yn godinebu." 12 (Ac
os ydy gwraig yn ysgaru ei gŵr er mwyn priodi dyn arall, mae hithau'n godinebu.)

Iesu a'r plant bach

(Mathew 19:13-15; Luc 18:15-17)

13 Roedd pobl yn dod â'u plant bach at Iesu er mwyn iddo eu cyffwrdd a'u bendithio. Ond
roedd y disgyblion yn dweud y drefn wrthyn nhw. 14 Roedd Iesu'n ddig pan welodd nhw'n
gwneud hynny. "Gadewch i'r plant bach ddod ata i," meddai wrthyn nhw, "Peidiwch eu
rhwystro, am mai rhai fel nhw sy'n derbyn teyrnasiad Duw. 15 Credwch chi fi, heb ymddiried
fel plentyn bach, wnewch chi byth ddod yn un o'r rhai mae Duw'n teyrnasu yn eu bywydau."
16 Yna cododd y plant yn ei freichiau, rhoi ei ddwylo arnyn nhw a'u bendithio.

Y dyn ifanc cyfoethog

(Mathew 19:16-30; Luc 18:18-30)

17 Pan oedd Iesu ar fin gadael, dyma ddyn yn rhedeg ato a syrthio ar ei liniau o'i flaen.
"Athro da," meddai, "Beth sydd rhaid i mi ei wneud i gael bywyd tragwyddol?"
18 "Pam wyt ti'n fy ngalw i'n dda?" meddai Iesu, "Onid Duw ydy'r unig un sy'n dda? 19 Ti'n
gwybod beth wnaeth Duw ei orchymyn: *'Paid llofruddio, paid godinebu, paid dwyn, paid rhoi
tystiolaeth ffals, paid twyllo, gofala am dy dad a dy fam.'"*
20 Atebodd y dyn, "Athro, dw i wedi cadw'r rheolau yma i gyd ers pan o'n i'n fachgen
ifanc."

---

o 9:45 *uffern:* Mae rhai llawysgrifau yn ychwanegu adn. 46, *lle dydy'r cynrhon ddim yn marw, a'r tân byth yn diffodd* (gw. adn. 48).
9:48 cyfeiriad at Eseia 66:24 10:4 Deuteronomium 24:1-4 10:6 Genesis 1:27; 5:2 10:7-8 Genesis 2:24
10:19 Exodus 20:12-16; Deuteronomium 5:16-20

21 Roedd Iesu wedi hoffi'r dyn yn fawr. Edrychodd arno, a dweud, "Mae yna un peth arall ar
ôl. Dos, a gwertha dy eiddo i gyd a rho'r arian i bobl dlawd. Wedyn cei di drysor yn y nefoedd.
Yna tyrd, dilyn fi."
22 Roedd wyneb y dyn yn dweud y cwbl. Cerddodd i ffwrdd yn siomedig, am ei fod yn ddyn
cyfoethog iawn.
23 Dyma Iesu'n troi at ei ddisgyblion a dweud, "Mae hi mor anodd i bobl gyfoethog adael
i Dduw deyrnasu yn eu bywydau!"
24 Roedd y disgyblion wedi'u syfrdanu gan yr hyn roedd yn ei ddweud. Ond dwedodd Iesu
eto, "Wyddoch chi beth? Mae pobl yn ei chael hi mor anodd i adael i Dduw deyrnasu yn
eu bywydau! 25 Mae'n haws i gamel wthio drwy grau nodwydd nag i bobl gyfoethog adael
i Dduw deyrnasu yn eu bywydau."
26 Roedd y disgyblion yn rhyfeddu fwy fyth, ac yn gofyn i'w gilydd, "Oes gobaith i unrhyw
un gael ei achub felly?"
27 Dyma Iesu'n edrych arnyn nhw, a dweud, "Mae'r peth yn amhosib i bobl ei wneud, ond
mae Duw yn gallu! Mae Duw'n gallu gwneud popeth!"
28 Yna dyma Pedr yn dechrau dweud, "Edrych, dŷn ni wedi gadael y cwbl i dy ddilyn di!"
29 "Credwch chi fi," meddai Iesu, "Bydd pwy bynnag sydd wedi mynd oddi cartref a gadael
brodyr a chwiorydd, mam neu dad, neu blant neu diroedd er fy mwyn i a'r newyddion da
30 yn derbyn can gwaith cymaint yn y bywyd yma! Bydd yn derbyn cartrefi, brodyr, chwiorydd,
mamau, plant, a thiroedd – ac erledigaeth ar ben y cwbl. Ond yn yr oes sydd i ddod byddan
nhw'n derbyn bywyd tragwyddol! 31 Ond bydd llawer o'r rhai sydd ar y blaen yn cael eu hunain
yn y cefn, a'r rhai sydd yn y cefn yn cael bod ar y blaen."

Iesu'n dweud eto ei fod yn mynd i farw

(Mathew 20:17-19; Luc 18:31-34)

32 Roedden nhw ar eu ffordd i Jerwsalem. Roedd Iesu'n cerdded ar y blaen, a'r disgyblion
yn ei ddilyn, ond wedi'u syfrdanu ei fod yn mynd yno. Roedd pawb arall oedd yn ei ddilyn
yn ofni'n fawr. Aeth Iesu â'r deuddeg disgybl i'r naill ochr eto i ddweud wrthyn nhw beth
oedd yn mynd i ddigwydd iddo. 33 "Pan gyrhaeddwn ni Jerwsalem," meddai, "Bydda i, Mab
y Dyn, yn cael fy mradychu i'r prif offeiriaid a'r arbenigwyr yn y Gyfraith. Byddan nhw'n
rhoi dedfryd marwolaeth arna i, ac yna'n fy rhoi yn nwylo'r Rhufeiniaid.[p] 34 Bydd y rheiny yn
gwneud sbort am fy mhen, yn poeri arna i, yn fy chwipio a'm lladd. Ond yna, dau ddiwrnod
wedyn, bydda i'n dod yn ôl yn fyw."

Cais Iago ac Ioan

(Mathew 20:20-28)

35 Aeth Iago ac Ioan, meibion Sebedeus, i siarad â Iesu. "Athro, dŷn ni eisiau gofyn ffafr,"
medden nhw.
36 "Beth ga i wneud i chi?" gofynnodd.
37 Dyma nhw'n ateb, "Dŷn ni eisiau cael eistedd bob ochr i ti pan fyddi'n teyrnasu."
38 "Dych chi ddim yn gwybod am beth dych chi'n siarad!" meddai Iesu. "Allwch chi yfed o'r
un gwpan chwerw[ph] â mi, neu gael eich bedyddio â'r un bedydd â mi?"
39 "Gallwn," medden nhw. Yna dwedodd Iesu wrthyn nhw, "Byddwch chi'n yfed o'r un gwpan
â mi, a chewch eich bedyddio â'r un bedydd a mi, 40 ond dim fi sydd i ddweud pwy sy'n cael
eistedd bob ochr i mi. Mae'r lleoedd hynny wedi'u cadw i bwy bynnag mae Duw wedi'u dewis."
41 Pan glywodd y deg disgybl arall am y peth, roedden nhw'n wyllt gyda Iago ac Ioan.
42 Felly dyma Iesu'n eu galw nhw i gyd at ei gilydd, a dweud wrthyn nhw, "Dych chi'n
gwybod sut mae'r pwysigion sy'n llywodraethu'r cenhedloedd yn ymddwyn – maen nhw
wrth eu bodd yn dangos eu hawdurdod ac yn ei lordio hi dros bobl. 43 Ond rhaid i chi

p 10:33 *Rhufeiniaid:* Groeg, "estroniaid". ph 10:38 *yfed o'r un gwpan chwerw:* Symbol o ddioddef.

fod yn wahanol. Rhaid i'r sawl sydd am arwain ddysgu gwasanaethu, [44]a phwy bynnag
sydd am fod yn geffyl blaen fod yn was i bawb arall. [45]Wnes i ddim disgwyl i bobl eraill
fy ngwasanaethu i, er mai fi ydy Mab y Dyn; des i fel gwas i aberthu fy mywyd er mwyn
talu'r pris i ryddhau llawer o bobl."

Bartimeus yn cael ei olwg

(Mathew 20:29-34; Luc 18:35-43)

[46]Dyma nhw'n cyrraedd Jericho. Roedd tyrfa fawr yn dilyn Iesu a'i ddisgyblion allan o'r dref,
a dyma nhw'n pasio heibio dyn dall oedd yn cardota ar ochr y ffordd – Bartimeus oedd enw'r
dyn (hynny ydy, 'mab Timeus'). [47]Pan ddeallodd mai Iesu o Nasareth oedd yno, dechreuodd
weiddi, "Iesu! Fab Dafydd! Helpa fi!"
[48]"Cau dy geg!" meddai rhai o'r bobl wrtho. Ond yn lle hynny dechreuodd weiddi'n uwch
fyth, "Iesu! Fab Dafydd! Helpa fi!"
[49]Dyma Iesu'n stopio, "Dwedwch wrtho am ddod yma," meddai. Felly dyma nhw'n galw'r
dyn dall, "Hei! Cod dy galon! Mae'n galw amdanat ti. Tyrd!" [50]Felly taflodd y dyn dall ei
glogyn i ffwrdd, neidio ar ei draed a mynd at Iesu.
[51]Dyma Iesu'n gofyn iddo, "Beth ga i wneud i ti?"
"Rabbwni," atebodd y dyn dall, "Dw i eisiau gallu gweld."
[52]Yna dwedodd Iesu, "Dos, am i ti gredu rwyt wedi dy iacháu." Yn sydyn roedd y dyn yn
gweld, a dilynodd Iesu ar hyd y ffordd.

Marchogaeth i Jerwsalem

(Mathew 21:1-11; Luc 19:28-40; Ioan 12:12-19)

11 Dyma nhw'n cyrraedd Bethffage a Bethania wrth Fynydd yr Olewydd yn ymyl
Jerwsalem. Dyma Iesu'n dweud wrth ddau o'i ddisgyblion, [2]"Ewch i'r pentref acw
sydd o'ch blaen chi, ac wrth fynd i mewn iddo dewch o hyd i ebol wedi'i rwymo – un does
neb wedi bod ar ei gefn o'r blaen. Dewch â'r ebol i mi, ac [3]os bydd rhywun yn gofyn, 'Beth
dych chi'n ei wneud?' dwedwch, 'Mae'r meistr ei angen; bydd yn ei anfon yn ôl wedyn.'^s"
[4]Felly i ffwrdd â nhw, a dyna lle roedd yr ebol, allan yn y stryd wedi'i rwymo wrth ddrws.
Wrth iddyn nhw ei ollwng yn rhydd [5]dyma rhyw bobl oedd yn sefyll yno yn dweud, "Hei!
Beth dych chi'n ei wneud?" [6]Dyma nhw'n dweud yn union beth ddwedodd Iesu wrthyn nhw,
a dyma'r bobl yn gadael iddyn nhw fynd. [7]Pan ddaethon nhw â'r ebol at Iesu dyma nhw'n
taflu'u cotiau drosto, a dyma Iesu'n eistedd ar ei gefn. [8]Roedd llawer o bobl yn gosod eu
cotiau fel carped ar y ffordd o'i flaen, neu ganghennau deiliog oedden nhw wedi'u torri o'r
caeau. [9]Roedd pobl y tu blaen a'r tu ôl iddo yn gweiddi,

"Hosanna! Clod i ti!"
"*Mae'r un sy'n dod i gynrychioli'r Arglwydd wedi'i fendithio'n fawr!*"
10 "Mae teyrnas ein cyndad Dafydd wedi'i bendithio!"
"Hosanna! Clod i Dduw yn y nefoedd uchaf!"

[11]Dyma Iesu'n mynd i mewn i Jerwsalem ac i'r deml. Edrychodd o gwmpas ar bopeth oedd
yno cyn gadael. Gan ei bod yn mynd yn hwyr, aeth yn ôl i Bethania gyda'r deuddeg disgybl.

Melltithio'r goeden ffigys

(Mathew 21:18-19)

[12]Y diwrnod wedyn, wrth adael Bethania, roedd Iesu eisiau bwyd. [13]Gwelodd goeden ffigys
ddeiliog yn y pellter, ac aeth i edrych rhag ofn bod ffrwyth arni. Ond doedd dim byd ond dail,
am ei bod hi ddim yr adeg iawn o'r flwyddyn i'r ffigys fod yn barod. [14]"Fydd neb yn bwyta dy
ffrwyth di byth eto!" meddai Iesu. Clywodd y disgyblion beth ddwedodd e.

11:9 Salm 118:25-26

Iesu'n clirio'r deml

(Mathew 21:12-17; Luc 19:45-48; Ioan 2:13-22)

15 Pan gyrhaeddodd Iesu Jerwsalem, aeth i gwrt y deml a dechrau gyrru allan bawb oedd
yn prynu a gwerthu yn y farchnad yno. Gafaelodd ym myrddau'r rhai oedd yn cyfnewid arian
a'u troi drosodd, a hefyd meinciau y rhai oedd yn gwerthu colomennod. 16 Yna gwrthododd
adael i unrhyw un gario pethau i'w gwerthu i mewn i'r deml. 17 Yna dechreuodd eu dysgu,
"Onid ydy'r ysgrifau sanctaidd yn dweud:

> *'Bydd fy nhŷ i yn cael ei alw*
> *yn dŷ gweddi i'r holl genhedloedd.'*?

Ond dych chi wedi troi'r lle yn '*guddfan i ladron*'!"
18 Clywodd y prif offeiriaid a'r arbenigwyr yn y Gyfraith beth ddwedodd e, a mynd ati i geisio
dod o hyd i ffordd i'w ladd. Roedden nhw'n ei weld yn fygythiad i'w hawdurdod, am fod
y bobl wedi'u syfrdanu gan ei eiriau.
19 Pan ddechreuodd hi nosi, dyma Iesu a'i ddisgyblion yn gadael y ddinas.

Y goeden ffigys wedi gwywo

(Mathew 21:20-22)

20 Y bore wedyn roedden nhw'n pasio'r goeden ffigys eto. Roedd hi wedi gwywo'n llwyr!
21 Cofiodd Pedr eiriau Iesu'r diwrnod cynt, ac meddai, "Rabbi, edrych! Mae'r goeden wnest
ti ei melltithio wedi gwywo!"
22 "Rhaid i chi gredu yn Nuw," meddai Iesu. 23 "Credwch chi fi, does ond rhaid i chi ddweud
wrth y mynydd yma, 'Dos, a thaflu dy hun i'r môr' – heb amau o gwbl, dim ond credu y gwnaiff
ddigwydd – a bydd yn digwydd! 24 Felly dw i'n dweud wrthoch chi, cewch beth bynnag dych
chi'n gofyn amdano wrth weddïo, dim ond i chi gredu y byddwch yn ei dderbyn. 25 Ond cyn
gweddïo'n gyhoeddus, rhaid i chi faddau i unrhyw un sydd wedi gwneud rhywbeth yn eich
erbyn. Wedyn bydd eich Tad yn y nefoedd yn maddau'ch pechodau chi."[r]

Amau awdurdod Iesu

(Mathew 21:23-27; Luc 20:1-8)

27 Dyma nhw'n cyrraedd yn ôl i Jerwsalem. Pan oedd Iesu'n cerdded o gwmpas y deml,
dyma'r prif offeiriaid, yr arbenigwyr yn y Gyfraith a'r arweinwyr Iddewig eraill yn dod ato,
28 a gofyn iddo, "Pa hawl sydd gen ti i wneud beth wnest ti? Pwy roddodd yr awdurdod i ti?"
29 Atebodd Iesu, "Gadewch i mi ofyn cwestiwn i chi. Atebwch chi hwn, ac ateba i'ch cwestiwn
chi. 30 Dwedwch wrtho i – Ai Duw anfonodd Ioan i fedyddio neu ddim?"
31 Wrth drafod y peth gyda'i gilydd, dyma nhw'n dweud, "Os atebwn ni 'Ie', bydd yn gofyn,
'Pam doeddech chi ddim yn ei gredu felly?' 32 Ond allwn ni byth ddweud 'Na' ..." (Roedd
ganddyn nhw ofn y bobl, am fod pawb yn meddwl fod Ioan yn broffwyd.)
33 Felly dyma nhw'n gwrthod ateb, "Dŷn ni ddim yn gwybod," medden nhw.
"Felly dw i ddim yn mynd i ateb eich cwestiwn chi chwaith," meddai Iesu.

Stori'r tenantiaid

(Mathew 21:33-46; Luc 20:9-19)

12 Roedd Iesu'n defnyddio straeon i ddarlunio beth roedd e eisiau'i ddweud, ac meddai
wrthyn nhw: "Roedd rhyw ddyn wedi plannu gwinllan. Cododd ffens o'i chwmpas,
cloddio lle i wasgu'r sudd o'r grawnwin ac adeiladu tŵr i'w gwylio. Yna gosododd y winllan ar
rent i rhyw ffermwyr cyn mynd i ffwrdd ar daith bell. 2 Pan oedd hi'n amser casglu'r grawnwin

---

r 11:25 *pechodau chi:* Mae rhai llawysgrifau yn ychwanegu adn. 26, *Ond os na wnewch chi faddau, fydd eich Tad ddim yn maddau i chi am bechu yn ei erbyn e.*
11:17 a Eseia 56:7; b cyfeiriad at Jeremeia 7:11

anfonodd un o'i weision i nôl ei siâr o'r ffrwyth gan y tenantiaid. [3]Ond dyma'r tenantiaid yn
gafael yn y gwas, ei guro a'i anfon i ffwrdd heb ddim. [4]Felly dyma'r dyn yn anfon gwas arall;
dyma nhw'n cam-drin hwnnw a'i anafu ar ei ben. [5]Pan anfonodd was arall eto, cafodd hwnnw
ei ladd. Digwyddodd yr un peth i lawer o weision eraill – cafodd rhai eu curo ac eraill eu lladd.
[6]"Dim ond un oedd ar ôl y gallai ei anfon, a'i fab oedd hwnnw, ac roedd yn ei garu'n fawr.
Yn y diwedd dyma fe'n ei anfon, gan feddwl, 'Byddan nhw'n parchu fy mab i.'
[7]"Ond dyma'r tenantiaid yn dweud wrth ei gilydd, 'Hwn sy'n mynd i etifeddu'r winllan. Os
lladdwn ni hwn cawn ni'r winllan i ni'n hunain.' [8]Felly dyma nhw'n gafael ynddo a'i ladd
a thaflu ei gorff allan o'r winllan.
[9]"Beth fydd y dyn biau'r winllan yn ei wneud? Dweda i wrthoch chi beth! – bydd yn dod
ac yn lladd y tenantiaid a rhoi'r winllan i rai eraill. [10]Ydych chi ddim wedi darllen hyn yn yr
ysgrifau sanctaidd:

'Mae'r garreg wrthododd yr adeiladwyr
wedi cael ei gwneud yn garreg sylfaen;
11 *yr Arglwydd wnaeth hyn,*
ac mae'r peth yn rhyfeddol yn ein golwg'?"

[12]Roedden nhw eisiau ei arestio, am eu bod yn gwybod yn iawn ei fod e'n sôn amdanyn
nhw yn y stori. Ond roedd ofn y dyrfa arnyn nhw; felly roedd rhaid iddyn nhw adael llonydd
iddo a mynd i ffwrdd.

Talu trethi i Cesar

(Mathew 22:15-22; Luc 20:20-26)

[13]Wedyn dyma'r arweinwyr Iddewig yn anfon rhai o'r Phariseaid a rhai o gefnogwyr Herod
gyda'i gilydd at Iesu. Roedden nhw eisiau ei gael i ddweud rhywbeth fyddai'n ei gael i drwbwl.
[14]Dyma nhw'n mynd ato a dweud, "Athro, dŷn ni'n gwybod dy fod di'n onest. Ti ddim yn un
i gael dy ddylanwadu gan bobl eraill, dim ots pwy ydyn nhw. Rwyt ti'n dysgu ffordd Duw, ac
yn glynu wrth yr hyn sy'n wir. Felly dywed wrthon ni – Ydy'n iawn i ni dalu trethi i lywodraeth
Rhufain? [15]Ddylen ni eu talu nhw neu ddim?" Ond roedd Iesu'n gweld eu twyll yn iawn. "Pam
dych chi'n ceisio nal i?" meddai wrthyn nhw. "Dewch â darn arian i mi." [16]Dyma nhw'n rhoi un
iddo, a dyma Iesu'n gofyn iddyn nhw, "Llun pwy ydy hwn? Am bwy mae'r arysgrif yma'n sôn?"
"Cesar," medden nhw.
[17]Felly meddai Iesu, "Rhowch beth sydd biau Cesar i Cesar, a'r hyn biau Duw i Dduw."
Roedden nhw wedi'u syfrdanu'n llwyr ganddo.

Priodas a'r Atgyfodiad

(Mathew 22:23-33; Luc 20:27-40)

[18]Wedyn dyma rai o'r Sadwceaid yn dod i ofyn cwestiwn iddo. (Dyma'r arweinwyr Iddewig
sy'n dweud fod pobl ddim yn mynd i ddod yn ôl yn fyw ar ôl marw.) [19]"Athro," medden
nhw, "rhoddodd Moses y rheol yma i ni: *'Os ydy dyn yn marw a gadael ei wraig heb blentyn,*
rhaid i frawd y dyn hwnnw briodi'r weddw a chael plant yn ei le.' [20]Nawr, roedd saith brawd.
Priododd yr hynaf, a buodd farw heb adael plant. [21]Dyma'r ail frawd yn priodi'r weddw, ond
buodd yntau farw heb gael plentyn. Digwyddodd yr un peth gyda'r trydydd. [22]A dweud y gwir,
er iddyn nhw i gyd briodi'r wraig wnaeth yr un o'r saith adael plentyn ar ei ôl. Yn y diwedd
dyma'r wraig yn marw hefyd. [23]Dyma'n cwestiwn ni: Pan fydd yr atgyfodiad yn digwydd,
gwraig pwy fydd hi? Roedd hi wedi bod yn wraig i'r saith ohonyn nhw!"
[24]Atebodd Iesu, "Dych chi'n deall dim! Dych chi ddim wedi deall yr ysgrifau sanctaidd
a dych chi'n gwybod dim byd am allu Duw. [25]Fydd pobl ddim yn priodi pan fydd y meirw'n
dod yn ôl yn fyw; byddan nhw yr un fath â'r angylion yn y nefoedd. [26]A bydd y meirw yn
dod yn ôl yn fyw! – ydych chi ddim wedi darllen beth ysgrifennodd Moses? Yn yr hanes am

12:10,11 Salm 118:22-23   12:19 Deuteronomium 25:5

y berth yn llosgi, dwedodd Duw wrtho, *'Fi ydy Duw Abraham, Duw Isaac, a Duw Jacob'.* 27 Dim
Duw pobl wedi marw ydy Duw, ond Duw'r rhai sy'n fyw! Dych chi wedi camddeall yn llwyr!"

Y Gorchymyn mawr

(Mathew 22:34-40; Luc 10:25-28)

28 Roedd un o'r arbenigwyr yn y Gyfraith yno'n gwrando arnyn nhw'n dadlau. Pan welodd
fod Iesu wedi rhoi ateb da iddyn nhw, gofynnodd yntau gwestiwn iddo. "O'r holl orchmynion
i gyd, pa un ydy'r pwysica?" gofynnodd.

29 Atebodd Iesu, "Y gorchymyn pwysica ydy hwn: *'Gwrando Israel! Yr Arglwydd ein Duw
ydy'r unig Arglwydd.* 30 *Rwyt i garu'r Arglwydd dy Dduw â'th holl galon, ac â'th holl enaid,
â'th holl feddwl ac â'th holl nerth.'* 31 A'r ail ydy: *'Rwyt i garu dy gymydog fel rwyt ti'n dy
garu dy hun.'* Does dim un gorchymyn sy'n bwysicach na'r rhain."

32 "Rwyt ti'n iawn, athro," meddai'r dyn, "Mae'n wir – un Duw sydd, a does dim un arall
yn bod. 33 Ei garu fe â'r holl galon, ac â'r holl feddwl ac â'r holl nerth sydd ynon ni sy'n
bwysig, a charu cymydog fel dŷn ni'n caru'n hunain. Mae hyn yn bwysicach na'r aberthau
llosg a'r offrymau i gyd."

34 Roedd Iesu'n gweld oddi wrth ei ymateb ei fod wedi deall, a dwedodd wrtho, "Ti ddim
yn bell iawn o deyrnas Dduw."

O hynny ymlaen doedd neb yn meiddio gofyn mwy o gwestiynau iddo.

Mab pwy ydy'r Meseia?

(Mathew 22:41 – 23:36; Luc 20:41-47)

35 Pan oedd Iesu wrthi'n dysgu yng nghwrt y deml, gofynnodd, "Pam mae'r arbenigwyr
yn y Gyfraith yn dweud fod y Meseia yn fab i Dafydd? 36 Dafydd ei hun ddwedodd, dan
ddylanwad yr Ysbryd Glân:

'Dwedodd yr Arglwydd wrth fy arglwydd:
"Eistedd yma yn y sedd anrhydedd[rh]
nes i mi osod dy elynion dan dy draed."'

37 Mae Dafydd yn ei alw'n 'Arglwydd'! Felly, sut mae'n gallu bod yn fab iddo?"

Roedd yno dyrfa fawr wrth eu boddau yn gwrando arno.

38 Dyma rai pethau eraill ddysgodd Iesu iddyn nhw, "Gwyliwch yr arbenigwyr yn y Gyfraith.
Maen nhw wrth eu bodd yn cerdded o gwmpas yn swancio yn eu gwisgoedd swyddogol,
a chael pawb yn eu cyfarch ac yn talu sylw iddyn nhw yn y farchnad. 39 Mae'n rhaid iddyn nhw
gael y seddi gorau yn y synagogau, ac eistedd ar y bwrdd uchaf mewn gwleddoedd. 40 Maen
nhw'n dwyn popeth oddi ar wragedd gweddwon ac wedyn yn ceisio rhoi'r argraff eu bod
nhw'n dduwiol gyda'u gweddïau hir! Bydd pobl fel nhw yn cael eu cosbi'n llym."

Rhodd y weddw

(Luc 21:1-4)

41 Eisteddodd Iesu gyferbyn â'r blychau casglu lle roedd pobl yn cyfrannu arian i drysorfa'r
deml, a gwylio'r dyrfa yn rhoi eu harian yn y blychau. Roedd llawer o bobl gyfoethog yn rhoi
arian mawr. 42 Ond yna daeth gwraig weddw dlawd a rhoi dwy geiniog i mewn (oedd yn
werth dim byd bron).

43 Dyma Iesu'n galw'i ddisgyblion ato a dweud, "Credwch chi fi, mae'r wraig weddw dlawd
yna wedi rhoi mwy nag unrhyw un arall. 44 Newid mân oedd pawb arall yn ei roi, gan fod
ganddyn nhw hen ddigon dros ben. Ond rhoddodd hon y cwbl oedd ganddi i fyw arno."

---

rh 12:36 *yn y sedd anrhydedd:* Groeg, "ar yr ochr dde i mi".
12:26 Exodus 3:6 12:29,30 Deuteronomium 6:4-5 12:31 Lefiticus 19:18
12:32 cyfeiriad at Deuteronomium 4:35 12:36 Salm 110:1

Arwyddion o ddiwedd yr oes

(Mathew 24:1-35; Luc 21:5-33)

13 Wrth iddyn nhw adael y deml, dyma un o'r disgyblion yn dweud, "Edrych ar y cerrig
anferth yma, athro! Mae'r adeiladau yma'n fendigedig!"
2 Atebodd Iesu, "Ydych chi'n gweld yr adeiladau mawr yma i gyd? Bydd y cwbl yn cael ei
chwalu, a fydd dim un garreg wedi'i gadael yn ei lle."
3 Yn nes ymlaen, pan oedd Iesu'n eistedd ar ochr Mynydd yr Olewydd, gyferbyn â'r deml,
dyma Pedr, Iago, Ioan ac Andreas yn dod ato ac yn gofyn iddo'n breifat, 4 "Pryd mae beth
roeddet ti'n sôn amdano yn mynd i ddigwydd? Fydd unrhyw rybudd cyn i'r pethau yma
i gyd ddigwydd?"
5 Atebodd Iesu: "Gwyliwch fod neb yn eich twyllo chi. 6 Bydd llawer yn dod yn hawlio fy
awdurdod i, a dweud 'Fi ydy'r Meseia,' a byddan nhw'n llwyddo i dwyllo llawer o bobl. 7 Bydd
rhyfeloedd a sôn am ryfeloedd yn agos ac ymhell. Ond peidiwch cynhyrfu – mae pethau felly'n
siŵr o ddigwydd, ond fydd y diwedd yn dal heb ddod. 8 Bydd gwledydd a llywodraethau yn
rhyfela yn erbyn ei gilydd. Bydd daeargrynfeydd mewn gwahanol leoedd, a newyn. Dim ond
y dechrau ydy hyn!
9 "Gwyliwch eich hunain. Cewch eich dwyn o flaen yr awdurdodau, a'ch curo yn y synagogau.
Cewch eich cyhuddo o fod yn ddilynwyr i mi o flaen llywodraethwyr a brenhinoedd, a byddwch
yn tystiolaethu iddyn nhw amdana i. 10 Rhaid i'r newyddion da gael ei gyhoeddi ym mhob gwlad
gyntaf. 11 Peidiwch poeni ymlaen llaw beth i'w ddweud pan gewch eich arestio a'ch rhoi ar brawf.
Dwedwch beth fydd yn dod i chi ar y pryd, achos dim chi fydd yn siarad, ond yr Ysbryd Glân.
12 "Bydd dyn yn bradychu ei frawd i gael ei ladd, a thad yn bradychu ei blentyn. Bydd plant
yn troi yn erbyn eu rhieni ac yn eu rhoi i'r awdurdodau i'w dienyddio. 13 Bydd pawb yn eich
casáu chi am eich bod yn ddilynwyr i mi, ond bydd y rhai sy'n sefyll yn gadarn i'r diwedd
un yn cael eu hachub.
14 "Pan welwch 'yr eilun ffiaidd sy'n dinistrio' wedi'i osod lle na ddylai fod (rhaid i'r un
sy'n darllen ddeall hyn!), yna dylai pawb sydd yn Jwdea ddianc i'r mynyddoedd. 15 Fydd dim
cyfle i rywun sydd y tu allan i'w dŷ fynd i mewn i nôl unrhyw beth. 16 A ddylai neb sydd allan
yn y maes fynd adre i nôl ei gôt hyd yn oed. 17 Mor ofnadwy fydd hi ar wragedd beichiog
a mamau sy'n magu plant bach bryd hynny! 18 Gweddïwch y bydd ddim yn digwydd yn y gaeaf,
19 achos bryd hynny bydd argyfwng gwaeth nag unrhyw beth welwyd erioed o'r blaen – ers
i Dduw greu'r byd! A fydd dim byd tebyg yn y dyfodol chwaith! 20 Oni bai i'r Arglwydd ei
wneud yn gyfnod byr, fyddai neb yn dianc! Ond mae'n gwneud hynny er mwyn y bobl mae
wedi'u dewis iddo'i hun. 21 Felly, os bydd rhywun yn dweud, 'Edrych! Hwn ydy'r Meseia!' neu,
'Edrych! Dacw fe!' peidiwch credu'r peth. 22 Bydd llawer i 'Feseia' ffug a phroffwydi ffug yn
dod ac yn gwneud gwyrthiau syfrdanol. Bydden nhw'n twyllo'r bobl hynny mae Duw wedi'u
dewis petai'r fath beth yn bosib! 23 Felly gwyliwch! Dw i wedi dweud hyn i gyd ymlaen llaw.
24 "Ond bryd hynny, ar ôl yr argyfwng,

'*Bydd yr haul yn tywyllu,*
a'r lleuad yn peidio rhoi golau;
25 *bydd y sêr yn syrthio o'r awyr,*
a'r planedau yn ansefydlog.'

26 "Bryd hynny bydd pawb yn fy ngweld i, Mab y Dyn, yn dod mewn cymylau gyda grym
ac ysblander mawr. 27 Yna bydd yn anfon yr angylion i gasglu'r rhai mae wedi'u dewis o bob
rhan o'r byd.
28 "Dysgwch wers gan y goeden ffigys: Pan mae'r brigau'n dechrau blaguro a dail yn dechrau
tyfu arni, gwyddoch fod yr haf yn agos. 29 Felly'r un fath, pan fyddwch yn gweld y pethau yma'n
digwydd, byddwch yn gwybod ei fod ar fin dod yn ôl – reit tu allan i'r drws! 30 Credwch chi

---

13:14 cyfeiriad at Daniel 9:27; 11:31; 12:11
13:24,25 Eseia 13:10; 34:4 (LXX); Joel 2:10; (cf. Amos 8:9; Eseciel 32:7-8) 13:26 cyfeiriad at Daniel 7:13

fi, bydd pobl y genhedlaeth bresennol yn dal yma pan fydd hyn yn digwydd. [31]Bydd yr awyr
a'r ddaear yn diflannu, ond mae beth dw i'n ddweud yn aros am byth.

Y dydd a'r awr yn gyfrinach

(Mathew 24:36-44)

[32]"Does neb ond y Tad ei hun yn gwybod y dyddiad a pha amser o'r dydd y bydd hyn yn
digwydd – dydy'r angylion ddim yn gwybod, na hyd yn oed y Mab ei hun! [33]Gwyliwch eich
hunain! Cadwch yn effro! Dych chi ddim yn gwybod pryd fydd e'n digwydd. [34]Mae fel dyn
sy'n mynd i ffwrdd oddi cartref: Mae'n gadael ei dŷ yng ngofal ei weision ac yn rhoi gwaith
penodol i bob un, ac mae'n dweud wrth yr un sy'n gofalu am y drws i edrych allan amdano.
[35]"Gwyliwch felly, am eich bod chi ddim yn gwybod pryd fydd perchennog y tŷ yn dod yn
ôl – gall ddod gyda'r nos, neu ganol nos, neu'n gynnar iawn yn y bore, neu ar ôl iddi wawrio.
[36]Bydd yn dod heb rybudd, felly peidiwch gadael iddo'ch dal chi'n cysgu. [37]Dw i'n dweud
yr un peth wrth bawb: 'Gwyliwch!' "

Y cynllwyn yn erbyn Iesu

(Mathew 26:1-5; Luc 22:1,2; Ioan 11:45-53)

14 Ychydig dros ddiwrnod oedd cyn y Pasg a Gŵyl y Bara Croyw. Roedd y prif offeiriaid
a'r arbenigwyr yn y Gyfraith yn dal i edrych am esgus i arestio Iesu a'i ladd. [2]Ond
medden nhw, "Dim yn ystod yr Ŵyl, neu bydd reiat."

Eneinio Iesu yn Bethania

(Mathew 26:6-13; Ioan 12:1-8)

[3]Pan oedd Iesu yn Bethania, aeth am bryd o fwyd i gartref dyn roedd pawb yn ei alw yn
'Simon y gwahanglwyf'. Tra oedd Iesu'n bwyta daeth gwraig ato gyda jar alabaster hardd
yn llawn o bersawr costus, olew nard pur. Torrodd y sêl ar y jar a thywallt y persawr ar ei ben.
[4]Roedd rhai o'r bobl oedd yno wedi digio go iawn – "Am wastraff!" medden nhw, [5]"Gallai
rhywun fod wedi gwerthu'r persawr yna am ffortiwn a rhoi'r arian i bobl dlawd." Roedden
nhw'n gas iawn ati hi.
[6]"Gadewch lonydd iddi," meddai Iesu. "Pam dych chi'n ei phoeni hi? Mae hi wedi gwneud
peth hyfryd. [7]Bydd pobl dlawd o gwmpas bob amser, a gallwch eu helpu nhw unrhyw bryd.
Ond fydda i ddim yma bob amser. [8]Gwnaeth hi beth allai ei wneud. Tywalltodd bersawr arna
i, i baratoi fy nghorff i'w gladdu. [9]Credwch chi fi, ble bynnag fydd y newyddion da yn cael ei
gyhoeddi drwy'r byd i gyd, bydd pobl yn cofio beth wnaeth y wraig yma hefyd."

Jwdas yn cytuno i fradychu Iesu

(Mathew 26:14-16; Luc 22:3-6)

[10]Ar ôl i hyn ddigwydd aeth Jwdas Iscariot, oedd yn un o'r deuddeg disgybl, at y prif
offeiriaid i fradychu Iesu iddyn nhw. [11]Roedden nhw wrth eu bodd pan glywon nhw beth
oedd ganddo i'w ddweud, a dyma nhw'n addo rhoi arian iddo. Felly roedd yn edrych am
gyfle i fradychu Iesu iddyn nhw.

Y Swper Olaf

(Mathew 26:17-30; Luc 22:7-23; Ioan 13:21-30; 1 Corinthiaid 11:23-25)

[12]Ar ddiwrnod cyntaf Gŵyl y Bara Croyw (hynny ydy, y diwrnod pan oedd hi'n draddodiad
i ladd oen y Pasg), gofynnodd disgyblion Iesu iddo, "Ble rwyt ti am fwyta swper y Pasg? – i ni
fynd yno i'w baratoi."

14:7 gw. Deuteronomium 15:11

[13]Felly anfonodd ddau o'i ddisgyblion i Jerwsalem, a dweud wrthyn nhw, "Wrth fynd
i mewn i'r ddinas, bydd dyn yn dod i'ch cyfarfod yn cario llestr dŵr. Ewch ar ei ôl, [14]a gofyn
i berchennog y tŷ y bydd yn mynd iddo, 'Mae'r athro eisiau gwybod ble mae'r ystafell westai
iddo ddathlu'r Pasg gyda'i ddisgyblion?' [15]Bydd yn mynd â chi i ystafell fawr i fyny'r grisiau
wedi'i pharatoi'n barod. Gwnewch swper i ni yno."

[16]Felly, i ffwrdd â'r disgyblion i'r ddinas, a digwyddodd popeth yn union fel roedd Iesu
wedi dweud. Felly dyma nhw'n paratoi swper y Pasg yno.

[17]Yn gynnar y noson honno aeth Iesu yno gyda'r deuddeg disgybl. [18]Tra oedden nhw'n
bwyta, dyma Iesu'n dweud, "Wir i chi, mae un ohonoch chi'n mynd i'm bradychu i. Un ohonoch
chi sy'n bwyta gyda mi yma."

[19]Dyma nhw'n mynd yn drist iawn, a dweud un ar ôl y llall, "Dim fi ydy'r un, nage?"

[20]"Un ohonoch chi'r deuddeg," meddai Iesu, "Un ohonoch chi sy'n bwyta yma, ac yn trochi
ei fara yn y ddysgl saws gyda mi. [21]Rhaid i mi, Mab y Dyn, farw yn union fel mae'r ysgrifau
sanctaidd yn dweud. Ond gwae'r un sy'n mynd i'm bradychu i! Byddai'n well arno petai
erioed wedi cael ei eni!"

[22]Tra oedden nhw'n bwyta dyma Iesu'n cymryd torth, ac yna, ar ôl adrodd y weddi o ddiolch,
ei thorri a'i rhannu i'w ddisgyblion. "Cymerwch y bara yma" meddai, "Dyma fy nghorff i."

[23]Yna cododd y cwpan, adrodd y weddi o ddiolch eto a'i basio iddyn nhw, a dyma nhw
i gyd yn yfed ohono.

[24]"Dyma fy ngwaed," meddai, "sy'n selio ymrwymiad Duw i'w bobl. Mae'n cael ei dywallt ar
ran llawer o bobl. [25]Credwch chi fi, fydda i ddim yn yfed gwin eto, nes daw'r diwrnod hwnnw
pan fydda i'n yfed o'r newydd pan fydd Duw yn teyrnasu."

[26]Wedyn ar ôl canu emyn, dyma nhw'n mynd allan i Fynydd yr Olewydd.

Iesu'n dweud fod Pedr yn mynd i'w wadu

(Mathew 26:31-35; Luc 22:31-34; Ioan 13:36-38)

[27]"Dych chi i gyd yn mynd i droi cefn arna i," meddai Iesu wrthyn nhw. "Mae'r ysgrifau
sanctaidd yn dweud:

'*Bydda i'n taro'r bugail,*
a bydd y defaid yn mynd ar chwâl.'

[28]Ond ar ôl i mi ddod yn ôl yn fyw af i o'ch blaen chi i Galilea."

[29]"Wna i byth droi cefn arnat ti!" meddai Pedr wrtho. "Hyd yn oed os bydd pawb arall yn
gwneud hynny!"

[30]"Wir i ti," meddai Iesu wrtho, "heno, cyn i'r ceiliog ganu ddwywaith, byddi di wedi gwadu
dair gwaith dy fod yn fy nabod i!"

[31]Ond roedd Pedr yn mynnu, "Na! wna i byth wadu mod i'n dy nabod di! Hyd yn oed os
bydd rhaid i mi farw gyda ti!" Ac roedd y lleill yn dweud yr un peth.

Gethsemane

(Mathew 26:36-46; Luc 22:39-46)

[32]Dyma Iesu'n mynd gyda'i ddisgyblion i le o'r enw Gethsemane. "Eisteddwch chi
yma," meddai wrthyn nhw, "dw i'n mynd i weddïo." [33]Aeth a Pedr, Iago ac Ioan gydag
e, a dechreuodd brofi dychryn a gwewyr meddwl oedd yn ei lethu. [34]"Mae'r tristwch dw i'n
ei deimlo yn ddigon i'm lladd i," meddai wrthyn nhw. "Arhoswch yma a gwylio."

[35]Aeth yn ei flaen ychydig, a syrthio ar lawr a gweddïo i'r profiad ofnadwy oedd o'i flaen
fynd i ffwrdd petai hynny'n bosib. [36]"*Abba*! Dad!" meddai, "Mae popeth yn bosib i ti.
Cymer y cwpan chwerw[s] yma oddi arna i. Ond paid gwneud beth dw i eisiau, gwna beth
rwyt ti eisiau."

---

s 14:36 *cwpan chwerw:* gw. nodyn ar 10:38.
14:27 Sechareia 13:7

37 Pan aeth yn ôl at ei ddisgyblion roedden nhw'n cysgu. A meddai wrth Pedr, "Simon, wyt
ti'n cysgu? Allet ti ddim cadw golwg am un awr fechan? 38 Cadwch yn effro, a gweddïwch
y byddwch chi ddim yn syrthio pan gewch chi'ch profi. Mae'r ysbryd yn frwd, ond y corff
yn wan."
39 Yna aeth Iesu i ffwrdd a gweddïo'r un peth eto. 40 Ond pan ddaeth yn ôl roedden nhw
wedi syrthio i gysgu eto – roedden nhw'n methu'n lân â chadw eu llygaid ar agor. Doedden
nhw ddim yn gwybod beth i'w ddweud.
41 Pan ddaeth yn ôl y drydedd waith, meddai wrthyn nhw, "Dych chi'n cysgu eto? Dal
i orffwys? Dyna ni, mae'r foment wedi dod. Dw i, Mab y Dyn, ar fin cael fy mradychu i afael
pechaduriaid. 42 Codwch, gadewch i ni fynd! Mae'r bradwr wedi cyrraedd!"

Arestio Iesu

(Mathew 26:47-56; Luc 22:47-53; Ioan 18:3-12)

43 Ac ar unwaith, wrth iddo ddweud y peth, dyma Jwdas yn cyrraedd, un o'r deuddeg
disgybl, gyda thyrfa yn cario cleddyfau a phastynau. Roedd y prif offeiriaid, yr arbenigwyr yn
y Gyfraith a'r arweinwyr Iddewig eraill wedi'u hanfon nhw i ddal Iesu.
44 Roedd Jwdas y bradwr wedi trefnu y byddai'n rhoi arwydd iddyn nhw: "Yr un fydda i'n
ei gyfarch â chusan ydy'r dyn; arestiwch e, a'i gadw yn y ddalfa." 45 Pan gyrhaeddodd, aeth
Jwdas yn syth at Iesu. "Rabbi!" meddai, ac yna ei gyfarch â chusan. 46 Yna gafaelodd y lleill
yn Iesu a'i arestio. 47 Ond dyma un o'r rhai oedd yno yn tynnu cleddyf allan a tharo gwas yr
archoffeiriad. Torrodd ei glust i ffwrdd.
48 "Ydw i'n arwain gwrthryfel neu rywbeth?" meddai Iesu. "Ai dyna pam mae angen
y cleddyfau a'r pastynau yma? 49 Pam wnaethoch chi ddim fy arestio i yn y deml? Rôn i yno
gyda chi bob dydd, yn dysgu'r bobl. Ond rhaid i bethau ddigwydd fel mae'r ysgrifau sanctaidd
yn dweud." 50 Dyma'r disgyblion i gyd yn ei adael, a dianc.
51 Ond roedd un dyn ifanc yn dilyn Iesu, yn gwisgo dim amdano ond crys nos o liain. Dyma
nhw'n ceisio ei ddal e, 52 ond gadawodd ei grys a rhedodd y bachgen i ffwrdd yn noeth.

O flaen y Sanhedrin

(Mathew 26:57-68; Luc 22:54,55,63-71; Ioan 18:13,14,19-24)

53 Dyma nhw'n mynd â Iesu at yr archoffeiriad. Roedd y prif offeiriaid a'r arweinwyr eraill,
a'r arbenigwyr yn y Gyfraith wedi dod at ei gilydd. 54 Roedd Pedr wedi bod yn dilyn o bell.
Aeth i mewn i iard tŷ'r archoffeiriad. Eisteddodd yno gyda'r swyddogion diogelwch yn cadw'n
gynnes wrth y tân.
55 Roedd y prif offeiriaid a'r Sanhedrin (hynny ydy yr uchel-lys Iddewig) yn edrych am
dystiolaeth yn erbyn Iesu er mwyn ei ddedfrydu i farwolaeth. 56 Ond chawson nhw ddim
tystiolaeth, er fod digon o bobl yn barod i ddweud celwydd ar lw. Y broblem oedd fod eu
straeon yn gwrth-ddweud ei gilydd.
57 Yn y diwedd, dyma rhywrai'n tystio fel hyn (dweud celwydd oedden nhw): 58 "Clywon ni
e'n dweud, 'Dw i'n mynd i ddinistrio'r deml yma sydd wedi'i hadeiladu gan ddynion a chodi
un arall o fewn tri diwrnod heb help dynion.' "
59 Hyd yn oed wedyn doedd eu tystiolaeth ddim yn gyson!
60 Felly dyma'r archoffeiriad yn codi ar ei draed ac yn gofyn i Iesu, "Wel, oes gen ti ateb?
Beth am y dystiolaeth yma yn dy erbyn di?" 61 Ond ddwedodd Iesu ddim gair.
Yna gofynnodd yr archoffeiriad eto, "Ai ti ydy'r Meseia, Mab yr Un Bendigedig?"
62 "Ie, fi ydy e," meddai Iesu. "A byddwch chi'n fy ngweld i, Mab y Dyn, yn llywodraethu
gyda'r[t] Un Grymus ac yn dod yn ôl ar gymylau'r awyr."

---

t 14:62 *yn llywodraethu gyda'r:* Groeg, "yn eistedd ar ochr dde'r".
14:62 cyfeiriad at Salm 110:1 a Daniel 7:13

63 Wrth glywed yr hyn ddwedodd Iesu dyma'r archoffeiriad yn rhwygo'i ddillad. "Pam
mae angen tystion arnon ni?!" meddai. 64 "Dych chi i gyd wedi'i glywed yn cablu. Beth
ydy'ch dyfarniad chi?" A dyma nhw i gyd yn dweud ei fod yn haeddu ei gondemnio
i farwolaeth.
65 Yna dyma rai ohonyn nhw'n dechrau poeri ato, a rhoi mwgwd dros ei lygaid, a'i ddyrnu
yn ei wyneb. "Tyrd, Proffwyda!", medden nhw. Wedyn dyma'r swyddogion diogelwch yn ei
gymryd i ffwrdd a'i guro.

Pedr yn gwadu ei fod yn nabod Iesu

(Mathew 26:69-75; Luc 22:56-62; Ioan 18:15-18,25-27)

66 Yn y cyfamser, roedd Pedr yn yr iard i lawr y grisiau, a daeth un o forynion yr archoffeiriad
heibio. 67 Digwyddodd sylwi ar Pedr yn cadw'n gynnes yno, a stopiodd i edrych arno. "Roeddet
ti'n un o'r rhai oedd gyda'r Nasaread Iesu yna!" meddai.
68 Ond gwadu wnaeth Pedr. "Does gen i ddim syniad am beth rwyt ti'n sôn," meddai, ac
aeth allan at y fynedfa.[th]
69 Ond dyma'r forwyn yn ei weld eto, ac meddai wrth y rhai oedd yn sefyll o gwmpas yno,
"Mae hwn yn un ohonyn nhw." 70 Ond gwadu wnaeth Pedr eto.
Ychydig wedyn, dyma rai eraill oedd yn sefyll yno yn dweud wrth Pedr, "Ti'n un ohonyn
nhw yn bendant! Mae'n amlwg dy fod ti'n dod o Galilea."
71 Dyma Pedr yn dechrau rhegi a melltithio, "Dw i ddim yn nabod y dyn yma dych chi'n sôn
amdano!" 72 A'r foment honno dyma'r ceiliog yn canu am yr ail waith. Yna cofiodd Pedr eiriau
Iesu: "Byddi di wedi gwadu dy fod yn fy nabod i dair gwaith cyn i'r ceiliog ganu ddwywaith."
Torrodd i lawr a beichio crio.

Iesu o flaen Peilat

(Mathew 27:1-2,11-26; Luc 23:1-5,13-25; Ioan 18:28 – 19:16)

15 Yn gynnar iawn yn y bore, dyma'r prif offeiriaid a'r arweinwyr eraill, gyda'r arbenigwyr
yn y Gyfraith a'r Sanhedrin cyfan, yn penderfynu beth i'w wneud. Dyma nhw'n
rhwymo Iesu a'i drosglwyddo i Peilat.
2 Dyma Peilat yn dweud wrtho, "Felly, ti ydy Brenin yr Iddewon, ie?"
"Ti sy'n dweud," atebodd Iesu.
3 Roedd y prif offeiriaid yn ei gyhuddo o bob math o bethau, 4 felly gofynnodd Peilat iddo
eto, "Oes gen ti ddim i'w ddweud? Edrych cymaint o bethau maen nhw'n dy gyhuddo di
o'u gwneud."
5 Ond wnaeth Iesu ddim ateb o gwbl. Doedd y peth yn gwneud dim sens i Peilat.
6 Adeg y Pasg roedd hi'n draddodiad i ryddhau un carcharor – un oedd y bobl yn ei ddewis.
7 Roedd dyn o'r enw Barabbas yn y carchar – un o'r terfysgwyr oedd yn euog o lofruddiaeth
adeg y gwrthryfel. 8 Felly dyma'r dyrfa'n mynd at Peilat a gofyn iddo wneud yn ôl ei arfer.
9 "Beth am i mi ryddhau hwn i chi, 'Brenin yr Iddewon'?" meddai Peilat. 10 (Roedd yn gwybod
fod y prif offeiriaid wedi arestio Iesu am eu bod yn genfigennus ohono.) 11 Ond dyma'r prif
offeiriaid yn cyffroi'r dyrfa a'u cael i ofyn i Peilat ryddhau Barabbas yn ei le.
12 "Felly beth dw i i'w wneud gyda'r un dych chi'n ei alw'n 'Frenin yr Iddewon'?" gofynnodd
Peilat.
13 A dyma nhw'n dechrau gweiddi, "Croeshoelia fe!"
14 "Pam?" meddai Peilat, "Beth mae wedi'i wneud o'i le?"
Ond dyma nhw'n dechrau gweiddi'n uwch, "Croeshoelia fe!"
15 Gan ei fod am blesio'r dyrfa dyma Peilat yn rhyddhau Barabbas iddyn nhw. Wedyn
gorchmynnodd fod Iesu i gael ei chwipio, ac yna ei ddedfrydu i gael ei groeshoelio.

---

th 14:68 *fynedfa:* Mae rhai llawysgrifau yn ychwanegu, *a dyma'r ceiliog yn canu.*

Y milwyr yn gwatwar Iesu

(Mathew 27:27-30; Ioan 19:2,3)

16 Dyma'r milwyr Rhufeinig yn mynd â Iesu i'r iard yn y palas (hynny ydy, Pencadlys
y llywodraethwr) a galw'r holl fintai at ei gilydd. 17 Dyma nhw'n rhoi clogyn porffor amdano,
ac yn plethu drain i wneud coron i'w rhoi ar ei ben. 18 Wedyn dyma nhw'n dechrau ei saliwtio,
"Eich mawrhydi! Brenin yr Iddewon!" 19 Roedden nhw'n ei daro ar ei ben gyda gwialen drosodd
a throsodd, ac yn poeri arno. Wedyn roedden nhw'n mynd ar eu gliniau o'i flaen ac yn esgus
talu teyrnged iddo. 20 Pan oedden nhw wedi blino cael sbort, dyma nhw'n tynnu'r clogyn
porffor oddi arno a'i wisgo yn ei ddillad ei hun unwaith eto. Wedyn dyma nhw'n ei arwain
allan i gael ei groeshoelio.

Y Croeshoelio

(Mathew 27:32-44; Luc 23:26-43; Ioan 19:17-27)

21 Roedd dyn o Cyrene o'r enw Simon yn digwydd mynd heibio (tad Alecsander a Rwffus) –
roedd ar ei ffordd i mewn i'r ddinas. A dyma'r milwyr yn ei orfodi i gario croes Iesu. 22 Dyma
nhw'n dod â Iesu i Golgotha (sy'n golygu 'Lle y Benglog'), 23 a dyma nhw'n cynnig gwin
wedi'i gymysgu â chyffur iddo, ond gwrthododd ei gymryd. 24 Ar ôl ei hoelio ar y groes dyma
nhw'n gamblo i weld pwy fyddai'n cael ei ddillad.

25 Naw o'r gloch y bore oedd hi pan wnaethon nhw ei groeshoelio. 26 Roedd arwydd ysgrifenedig
yn dweud beth oedd y cyhuddiad yn ei erbyn. Y geiriau ar yr arwydd oedd: BRENIN YR IDDEWON.
27 Cafodd dau leidr eu croeshoelio yr un pryd, un bob ochr iddo.[u] 29 Roedd y bobl oedd yn pasio
heibio yn gwneud sbort am ei ben, ac yn hyrddio enllibion ato, "Felly! Ti sy'n mynd i ddinistrio'r
deml a'i hadeiladu eto o fewn tri diwrnod? 30 Tyrd yn dy flaen! Achub dy hun oddi ar y groes yna!"
31 Roedd y prif offeiriaid a'r arbenigwyr yn y Gyfraith yno hefyd yn cael sbort ymhlith ei
gilydd. "Roedd e'n achub pobl eraill," medden nhw, "ond dydy e ddim yn gallu achub ei hun!
32 Beth am i ni gael gweld y Meseia yma, Brenin Israel, yn dod i lawr oddi ar y groes. Gwnawn
ni gredu wedyn!" Roedd hyd yn oed y rhai oedd wedi'u croeshoelio gydag e'n ei sarhau.

Iesu'n marw

(Mathew 27:45-56; Luc 23:44-49; Ioan 19:28-30)

33 O ganol dydd hyd dri o'r gloch y p'nawn aeth yn hollol dywyll drwy'r wlad i gyd. 34 Yna
am dri o'r gloch gwaeddodd Iesu'n uchel, "*Eloi! Eloi! L'ma shfachtâni?*"[w] sy'n golygu, "*Fy
Nuw, fy Nuw, pam wyt ti wedi troi dy gefn arna i?*"

35 Pan glywodd rhai o'r bobl oedd yn sefyll yno hyn, "Ust!" medden nhw, "Mae'n galw ar
y proffwyd Elias am help."

36 Dyma un ohonyn nhw'n rhedeg ac yn trochi ysbwng mewn gwin sur rhad, a'i godi ar
flaen ffon i'w gynnig i Iesu ei yfed. "Gadewch lonydd iddo," meddai, "i ni gael gweld os daw
Elias i'w dynnu i lawr."

37 Ond yna dyma Iesu'n gweiddi'n uchel, yna stopio anadlu a marw. 38 A dyma'r llen oedd
yn hongian yn y deml yn rhwygo yn ei hanner o'r top i'r gwaelod. 39 Roedd capten milwrol
Rhufeinig yn sefyll yno wrth y groes. Pan welodd sut buodd Iesu farw, ei eiriau oedd, "Mab
Duw oedd y dyn yma, reit siŵr!"

40 Roedd nifer o wragedd hefyd yn sefyll yn gwylio beth oedd yn digwydd o bell, gan gynnwys
Mair Magdalen, Mair mam Iago bach a Joses, a hefyd Salome. 41 Roedden nhw wedi bod yn
dilyn Iesu o gwmpas Galilea gan wneud yn siŵr fod ganddo bopeth roedd ei angen. Roedden
nhw, a llawer o wragedd eraill wedi dod i Jerwsalem gydag e.

---

u 15:27 *bob ochr iddo:* Mae rhai llawysgrifau yn ychwanegu adn. 28, *Daeth yr ysgrifau sanctaidd sy'n dweud, 'Roedd yn cael ei ystyried yn un o'r gwrthryfelwyr' yn wir.* w 15:34 *Eloi ... shfachtâni:* Mae'r geiriau yma yn Aramaeg, un o'r ieithoedd oedd yn cael ei siarad yn Israel bryd hynny.

15:28 Eseia 53:12 15:34 Salm 22:1

Claddu Iesu

(Mathew 27:57-61; Luc 23:50-56; Ioan 19:38-42)

42 Roedd hi'n nos Wener (sef y diwrnod cyn y Saboth). Wrth iddi ddechrau nosi 43 aeth un
o aelodau blaenllaw y Sanhedrin i weld Peilat – dyn o'r enw Joseff oedd yn dod o Arimathea.
Roedd Joseff yn ddyn duwiol oedd yn disgwyl am deyrnasiad Duw, a gofynnodd i Peilat am
ganiatâd i gymryd corff Iesu. 44 Roedd Peilat yn methu credu bod Iesu eisoes wedi marw,
a galwodd am y capten a gofyn iddo a oedd wedi marw ers peth amser. 45 Pan ddwedodd
hwnnw ei fod, rhoddodd Peilat ganiatâd i Joseff gymryd y corff. 46 Ar ôl prynu lliain dyma
Joseff yn tynnu'r corff i lawr a'i lapio yn y lliain. Yna fe'i rhoddodd i orwedd mewn bedd oedd
wedi'i naddu yn y graig. Wedyn rholiodd garreg dros geg y bedd. 47 Roedd Mair Magdalen
a Mair mam Joses yno'n edrych lle cafodd ei osod.

Yr Atgyfodiad

(Mathew 28:1-8; Luc 24:1-12; Ioan 20:1-10)

16 Yn hwyr ar y nos Sadwrn, pan oedd y Saboth drosodd, aeth Mair Magdalen, Salome
a Mair mam Iago i brynu perlysiau ar gyfer eneinio corff Iesu. 2 Yna'n gynnar iawn
ar y bore Sul, pan oedd hi yn gwawrio, dyma nhw'n mynd at y bedd.
3 Roedden nhw wedi bod yn trafod ar eu ffordd yno pwy oedd yn mynd i rolio'r garreg oddi
ar geg y bedd iddyn nhw. 4 Ond pan gyrhaeddon nhw'r bedd dyma nhw'n gweld fod y garreg,
oedd yn un drom iawn, eisoes wedi'i rholio i ffwrdd. 5 Wrth gamu i mewn i'r bedd, dyma
nhw'n dychryn, achos roedd dyn ifanc yn gwisgo mantell wen yn eistedd yno ar yr ochr dde.
6 "Peidiwch dychryn," meddai wrthyn nhw. "Dych chi'n edrych am Iesu o Nasareth gafodd
ei groeshoelio. Mae wedi dod yn ôl yn fyw! Dydy e ddim yma. Edrychwch, dyma lle cafodd ei
gorff ei roi i orwedd. 7 Ewch, a dweud wrth ei ddisgyblion a Pedr, 'Mae Iesu'n mynd i Galilea
o'ch blaen chi. Cewch ei weld yno, yn union fel roedd wedi dweud.' "
8 Dyma'r gwragedd yn mynd allan ac yn rhedeg oddi wrth y bedd, yn crynu drwyddynt ac
mewn dryswch. Roedd ganddyn nhw ofn dweud wrth unrhyw un am y peth.

Dydy Marc 16:9-20 ddim yn y llawysgrifau cynharaf

Iesu a Mair Magdalen

(Mathew 28:9-10; Ioan 20:11-18)

9 Pan ddaeth Iesu yn ôl yn fyw yn gynnar ar y bore Sul, dangosodd ei hun gyntaf i Mair
Magdalen, y wraig y bwriodd saith o gythreuliaid allan ohoni. 10 Aeth hithau i ddweud wrth
y rhai oedd wedi bod gydag e. Roedden nhw'n galaru ac yn crio. 11 Pan ddwedodd hi fod
Iesu'n fyw a'i bod hi wedi'i weld, doedden nhw ddim yn ei chredu.

Iesu a'r ddau ddisgybl

(Luc 24:13-35)

12 Dangosodd ei hun wedyn, mewn ffurf wahanol, i ddau o'i ddilynwyr oedd ar eu ffordd
o Jerwsalem i'r wlad. 13 Dyma nhw hefyd yn brysio'n ôl i Jerwsalem i ddweud wrth y lleill;
ond doedden nhw ddim yn eu credu nhw chwaith.

Y Comisiwn Mawr

(Mathew 28:16-20; Luc 24:36-49; Ioan 20:19-23; Actau 1:6-8)

14 Yn nes ymlaen dangosodd Iesu ei hun i'r unarddeg disgybl pan oedden nhw'n cael
pryd o fwyd. Ar ôl dweud y drefn wrthyn nhw am fod mor ystyfnig yn gwrthod credu y rhai
oedd wedi'i weld ar ôl iddo ddod yn ôl yn fyw, 15 dwedodd wrthyn nhw, "Ewch i gyhoeddi'r
newyddion da i bawb drwy'r byd i gyd. 16 Bydd pob un sy'n credu ac yn cael ei fedyddio yn

cael ei achub, ond pob un sy'n gwrthod credu yn cael ei gondemnio. 17A bydd yr arwyddion
gwyrthiol yma'n digwydd i'r rhai sy'n credu: Byddan nhw'n bwrw cythreuliaid allan o bobl yn
fy enw i; ac yn siarad ieithoedd gwahanol. 18Byddan nhw'n gallu gafael mewn nadroedd; ac
os byddan nhw'n yfed gwenwyn, fyddan nhw ddim yn dioddef o gwbl; byddan nhw'n gosod
eu dwylo ar bobl sy'n glaf, a'u hiacháu nhw."

Iesu'n mynd yn ôl i'r nefoedd

(Luc 24:50-53; Actau 1:9-11)

19Ar ôl i'r Arglwydd Iesu orffen siarad â nhw, cafodd ei gymryd i fyny i'r nefoedd
i lywodraethu yno gyda[y] Duw. 20O hynny ymlaen aeth y disgyblion allan i bregethu ym
mhobman. Roedd yr Arglwydd yn gweithio gyda nhw, ac yn cadarnhau fod y neges yn wir
drwy'r arwyddion gwyrthiol oedd yn digwydd yr un pryd.

y 16:19 *i lywodraethu yno gyda:* Groeg, "i eistedd ar ochr dde".

Luc

Cyflwyniad

1 Theoffilws, syr – Fel dych chi'n gwybod, mae yna lawer o bobl wedi mynd ati i gasglu'r
hanesion am yr hyn sydd wedi digwydd yn ein plith ni. 2 Cafodd yr hanesion yma eu
rhannu â ni gan y rhai fu'n llygad-dystion i'r cwbl o'r dechrau cyntaf, ac sydd ers hynny wedi
bod yn cyhoeddi neges Duw. 3 Felly, gan fy mod innau wedi astudio'r pethau yma'n fanwl,
penderfynais fynd ati i ysgrifennu'r cwbl yn drefnus i chi, syr. 4 Byddwch yn gwybod yn sicr
wedyn fod y pethau gafodd eu dysgu i chi yn wir.

Dweud ymlaen llaw am eni Ioan Fedyddiwr

5 Pan oedd Herod yn frenin ar Jwdea, roedd dyn o'r enw Sachareias yn offeiriad. Roedd yn
perthyn i deulu offeiriadol Abeia, ac roedd ei wraig Elisabeth hefyd yn un o ddisgynyddion
Aaron, brawd Moses. 6 Roedd y ddau ohonyn nhw yn bobl dda yng ngolwg Duw, ac yn gwneud
yn union fel roedd e'n dweud. 7 Ond doedd Elisabeth ddim yn gallu cael plant, ac roedd y ddau
ohonyn nhw'n eithaf hen.
8 Un tro, pan oedd y teulu offeiriadol oedd Sachareias yn perthyn iddo yn gwasanaethu yn
y deml, roedd Sachareias yno gyda nhw yn gwneud ei waith fel offeiriad. 9 A fe oedd yr un
gafodd ei ddewis, drwy daflu coelbren, i losgi arogldarth wrth fynd i mewn i'r cysegr. (Taflu
coelbren oedd y ffordd draddodiadol roedd yr offeiriaid yn ei defnyddio i wneud y dewis.)
10 Pan oedd yn amser i'r arogldarth gael ei losgi, roedd yr holl bobl oedd wedi dod yno i addoli
yn gweddïo y tu allan.
11 Roedd Sachareias wrthi'n llosgi'r arogldarth, ac yn sydyn gwelodd un o angylion yr
Arglwydd o'i flaen yn sefyll ar yr ochr dde i'r allor. 12 Roedd Sachareias wedi dychryn am ei
fywyd. 13 Ond dyma'r angel yn dweud wrtho: "Paid bod ofn, Sachareias; mae Duw wedi clywed
dy weddi. Mae Elisabeth dy wraig yn mynd i gael plentyn – dy fab di! Ioan ydy'r enw rwyt i'w
roi iddo, 14 a bydd yn dy wneud di'n hapus iawn. A bydd llawer iawn o bobl eraill yn llawen
hefyd am ei fod wedi'i eni. 15 Bydd e'n was pwysig iawn i'r Arglwydd Dduw. Fydd e ddim yn
yfed gwin nac unrhyw ddiod feddwol, ond bydd wedi cael ei lenwi â'r Ysbryd Glân hyd yn
oed cyn iddo gael ei eni. 16 Bydd yn troi llawer iawn o bobl Israel yn ôl at yr Arglwydd eu Duw.
17 Gyda'r un ysbryd a nerth a oedd gan y proffwyd Elias bydd yn mynd allan i gyhoeddi fod yr
Arglwydd yn dod, ac yn paratoi'r bobl ar ei gyfer. Bydd yn gwella perthynas rhieni â'u plant,
ac yn peri i'r rhai sydd wedi bod yn anufudd weld mai byw yn iawn sy'n gwneud synnwyr."
18 "Sut alla i gredu'r fath beth?" meddai Sachareias wrth yr angel, "Wedi'r cwbl, dw i'n hen
ddyn ac mae ngwraig i mewn oed hefyd."
19 Dyma'r angel yn ateb, "Gabriel ydw i. Fi ydy'r angel sy'n sefyll o flaen Duw i'w
wasanaethu. Fe sydd wedi fy anfon i siarad â ti a dweud y newyddion da yma wrthot ti. 20 Gan
dy fod ti wedi gwrthod credu beth dw i'n ddweud, byddi'n methu siarad nes bydd y plentyn
wedi'i eni. Ond daw'r cwbl dw i'n ei ddweud yn wir yn amser Duw."
21 Tra oedd hyn i gyd yn digwydd, roedd y bobl yn disgwyl i Sachareias ddod allan o'r deml.
Roedden nhw'n methu deall pam roedd e mor hir. 22 Yna pan ddaeth allan, roedd yn methu
siarad â nhw. A dyma nhw'n sylweddoli ei fod wedi gweld rhywbeth rhyfeddol yn y deml –
roedd yn ceisio esbonio iddyn nhw drwy wneud arwyddion, ond yn methu siarad.
23 Ar ôl i'r cyfnod pan oedd Sachareias yn gwasanaethu yn y deml ddod i ben, aeth adre. 24 Yn
fuan wedyn dyma'i wraig Elisabeth yn darganfod ei bod hi'n disgwyl babi, a dyma hi'n cadw
o'r golwg am bum mis. 25 "Yr Arglwydd Dduw sydd wedi gwneud hyn i mi!" meddai. "Mae wedi
bod mor garedig, ac wedi symud y cywilydd roeddwn i'n ei deimlo am fod gen i ddim plant."

1:17 cyfeiriad at Malachi 4:6

Dweud ymlaen llaw am eni Iesu

26Pan oedd Elisabeth chwe mis yn feichiog, anfonodd Duw yr angel Gabriel i Nasareth,
un o drefi Galilea, 27at ferch ifanc o'r enw Mair. Roedd Mair yn wyryf (heb erioed gael rhyw),
ac wedi'i haddo'n wraig i ddyn o'r enw Joseff. Roedd e'n perthyn i deulu y Brenin Dafydd.
28Dyma'r angel yn mynd ati a'i chyfarch, "Mair, mae Duw wedi dangos ffafr atat ti! Mae'r
Arglwydd gyda ti!"

29Ond gwnaeth yr angel i Mair deimlo'n ddryslyd iawn. Doedd hi ddim yn deall o gwbl
beth roedd yn ei feddwl. 30Felly dyma'r angel yn dweud wrthi, "Paid bod ofn, Mair. Mae
Duw wedi dewis dy fendithio di'n fawr. 31Rwyt ti'n mynd i fod yn feichiog, a byddi di'n
cael mab. Iesu ydy'r enw rwyt i'w roi iddo. 32Bydd yn ddyn pwysig iawn, a bydd yn cael
ei alw'n Fab y Duw Goruchaf. Bydd yr Arglwydd Dduw yn ei osod i eistedd ar orsedd
y Brenin Dafydd, 33a bydd yn teyrnasu dros bobl Jacob am byth. Fydd ei deyrnasiad byth
yn dod i ben!"

34Ond meddai Mair, "Sut mae'r fath beth yn bosib? Dw i erioed wedi cael rhyw gyda neb."

35Dyma'r angel yn esbonio iddi, "Bydd yr Ysbryd Glân yn dod arnat ti, a nerth y Duw
Goruchaf yn gofalu amdanat ti. Felly bydd y plentyn fydd yn cael ei eni yn berson sanctaidd
– bydd yn cael ei alw yn Fab Duw. 36Meddylia! Mae hyd yn oed Elisabeth, sy'n perthyn i ti,
yn mynd i gael babi er ei bod hi mor hen. Roedd pawb yn gwybod ei bod hi'n methu cael
plant, ond mae hi chwe mis yn feichiog! 37Rwyt ti'n gweld, does dim byd sy'n amhosib
i Dduw ei wneud."

38A dyma Mair yn dweud, "Dw i eisiau gwasanaethu'r Arglwydd Dduw. Felly gad i beth
rwyt wedi'i ddweud ddod yn wir." Wedyn dyma'r angel yn ei gadael hi.

Mair yn ymweld ag Elisabeth

39Cyn gynted ag y gallai dyma Mair yn mynd i'r dref yng nghanol bryniau Jwda 40lle
roedd Sachareias ac Elisabeth yn byw. Pan gyrhaeddodd y tŷ dyma hi'n cyfarch Elisabeth,
41a dyma fabi Elisabeth yn neidio yn ei chroth hi. Cafodd Elisabeth ei hun ei llenwi â'r Ysbryd
Glân pan glywodd lais Mair, 42a gwaeddodd yn uchel: "Mair, rwyt ti wedi dy fendithio fwy
nag unrhyw wraig arall, a bydd y babi rwyt ti'n ei gario wedi'i fendithio hefyd! 43Pam mae
Duw wedi rhoi'r fath fraint i mi? – cael mam fy Arglwydd yn dod i ngweld i! 44Wir i ti, wrth
i ti nghyfarch i, dyma'r babi sydd yn fy nghroth i yn neidio o lawenydd pan glywais dy lais
di. 45Rwyt ti wedi dy fendithio'n fawr, am dy fod wedi credu y bydd yr Arglwydd yn gwneud
beth mae wedi'i ddweud wrthot ti."

Cân Mair

46A dyma Mair yn ymateb:
"O, dw i'n moli'r Arglwydd!
47 Mae Duw, fy Achubwr, wedi fy ngwneud i mor hapus!
48 Roedd yn gwybod bod ei forwyn yn ferch gyffredin iawn,
ond o hyn ymlaen bydd pobl o bob oes
yn dweud fy mod wedi fy mendithio,
49 Mae Duw, yr Un Cryf, wedi gwneud pethau mawr i mi –
Mae ei enw mor sanctaidd!
50 Mae bob amser yn trugarhau wrth y rhai sy'n ymostwng iddo.
51 Mae wedi defnyddio'i rym i wneud pethau rhyfeddol! –
Mae wedi gyrru y rhai balch ar chwâl.
52 Mae wedi cymryd eu hawdurdod oddi ar lywodraethwyr,
ac anrhydeddu'r bobl hynny sy'n 'neb'.
53 Mae wedi rhoi digonedd o fwyd da i'r newynog,
ac anfon y bobl gyfoethog i ffwrdd heb ddim!

54 Mae wedi helpu ei was Israel,
a dangos trugaredd at ei bobl. [55]Dyma addawodd ei wneud i'n cyndeidiau ni –
dangos trugaredd at Abraham a'i ddisgynyddion am byth."
[56]Arhosodd Mair gydag Elisabeth am tua tri mis cyn mynd yn ôl adre.

Hanes geni Ioan Fedyddiwr

[57]Pan ddaeth yr amser i fabi Elisabeth gael ei eni, bachgen bach gafodd hi. [58]Clywodd
ei chymdogion a'i pherthnasau y newyddion, ac roedden nhw i gyd yn hapus hefyd fod yr
Arglwydd wedi bod mor garedig wrthi hi.
[59]Wythnos ar ôl i'r babi gael ei eni roedd pawb wedi dod i seremoni enwaedu y bachgen,
ac yn cymryd yn ganiataol mai Sachareias fyddai'n cael ei alw, yr un fath â'i dad. [60]Ond
dyma Elisabeth yn dweud yn glir, "Na! Ioan fydd ei enw."
[61]"Beth?" medden nhw, "Does neb yn y teulu gyda'r enw yna." [62]Felly dyma nhw'n
gwneud arwyddion i ofyn i Sachareias beth oedd e eisiau galw'i fab. [63]Gofynnodd am lechen
i ysgrifennu arni, ac er syndod i bawb, ysgrifennodd y geiriau, "Ioan ydy ei enw." [64]Yr eiliad
honno cafodd ei allu i siarad yn ôl, a dechreuodd foli Duw. [65]Roedd ei gymdogion i gyd
wedi'u syfrdanu, ac roedd pawb drwy ardal bryniau Jwdea yn siarad am beth oedd wedi
digwydd. [66]Roedd pawb yn gofyn, "Beth fydd hanes y plentyn yma?" Roedd hi'n amlwg
i bawb fod llaw Duw arno.

Cân Sachareias

[67]Dyma Sachareias, tad y plentyn, yn cael ei lenwi â'r Ysbryd Glân, ac yn proffwydo fel hyn:
68 "Molwch yr Arglwydd – Duw Israel!
Mae wedi dod i ollwng ei bobl yn rhydd.
69 Mae wedi anfon un cryf i'n hachub ni –
un yn perthyn i deulu ei was,
y Brenin Dafydd.

70 Dyma'n union addawodd ymhell yn ôl, drwy ei broffwydi sanctaidd:
71 Bydd yn ein hachub ni rhag ein gelynion
ac o afael pawb sy'n ein casáu ni.
72 Mae wedi trugarhau, fel yr addawodd i'n cyndeidiau,
ac wedi cofio'r ymrwymiad cysegredig a wnaeth
73 pan aeth ar ei lw i Abraham:
74 i'n hachub ni o afael ein gelynion,
i ni allu ei wasanaethu heb ofni neb na dim,
75 a byw yn bobl sanctaidd a chyfiawn
tra byddwn fyw.

76 A thithau, fy mab bach, byddi di'n cael dy alw
yn broffwyd i'r Duw Goruchaf;
oherwydd byddi'n mynd o flaen yr Arglwydd
i baratoi'r ffordd ar ei gyfer.
77 Byddi'n dangos i'w bobl sut mae cael eu hachub
drwy i'w pechodau gael eu maddau.

78 Oherwydd mae Duw yn dirion ac yn drugarog,
ac mae ei oleuni ar fin gwawrio arnon ni o'r nefoedd.
79 Bydd yn disgleirio ar y rhai sy'n byw yn y tywyllwch
gyda chysgod marwolaeth drostyn nhw,
ac yn ein harwain ar hyd llwybr heddwch."

80 Tyfodd y plentyn Ioan yn fachgen cryf yn ysbrydol. Yna aeth i fyw i'r anialwch nes iddo
gael ei anfon i gyhoeddi ei neges i bobl Israel.

Hanes geni Iesu y Meseia

(Mathew 1:18-25)

2 Tua'r un adeg dyma Cesar Awgwstws yn gorchymyn cynnal cyfrifiad drwy'r Ymerodraeth
Rufeinig i gyd. 2 (Hwn oedd y cyfrifiad cyntaf, gafodd ei gynnal cyn bod Cwiriniws yn
llywodraethwr Syria.) 3 Roedd pawb yn mynd adre i'r trefi lle cawson nhw eu geni, i gofrestru
ar gyfer y cyfrifiad.
4 Felly gan fod Joseff yn perthyn i deulu'r Brenin Dafydd, gadawodd Nasareth yn Galilea,
a mynd i gofrestru yn Jwdea – yn Bethlehem, hynny ydy tref Dafydd. 5 Aeth yno gyda Mair
oedd yn mynd i fod yn wraig iddo, ac a oedd erbyn hynny'n disgwyl babi. 6 Tra oedden nhw
yno daeth yn amser i'r babi gael ei eni, 7 a dyna lle cafodd ei phlentyn cyntaf ei eni – bachgen
bach. Dyma hi'n lapio cadachau geni yn ofalus amdano, a'i osod i orwedd mewn cafn ar
gyfer bwydo anifeiliaid. Doedd dim llety iddyn nhw aros ynddo.

Y Bugeiliaid a'r Angylion

8 Yn ardal Bethlehem roedd bugeiliaid allan drwy'r nos yn yr awyr agored yn gofalu am
eu defaid. 9 Yn sydyn dyma nhw'n gweld un o angylion yr Arglwydd, ac roedd ysblander yr
Arglwydd fel golau llachar o'u cwmpas nhw. Roedden nhw wedi dychryn am eu bywydau.
10 Ond dyma'r angel yn dweud wrthyn nhw, "Peidiwch bod ofn. Mae gen i newyddion da i chi!
Newyddion fydd yn gwneud pobl ym mhobman yn llawen iawn. 11 Mae eich Achubwr wedi
cael ei eni heddiw, yn Bethlehem (tref y Brenin Dafydd). Ie, y Meseia! Yr Arglwydd! 12 Dyma
sut byddwch chi'n ei nabod e: Dewch o hyd iddo yn fabi bach wedi'i lapio mewn cadachau
ac yn gorwedd mewn cafn bwydo anifeiliaid."
13 Yn sydyn dyma filoedd o angylion eraill yn dod i'r golwg, roedd fel petai holl angylion
y nefoedd yno yn addoli Duw!

14 "Gogoniant i Dduw yn y nefoedd uchaf,
heddwch ar y ddaear islaw,
a bendith Duw ar bobl."

15 Pan aeth yr angylion i ffwrdd yn ôl i'r nefoedd, dyma'r bugeiliaid yn dweud wrth ei
gilydd, "Dewch! Gadewch i ni fynd i Bethlehem, i weld beth mae'r Arglwydd wedi'i ddweud
wrthon ni sydd wedi digwydd."
16 Felly i ffwrdd â nhw, a dyma nhw'n dod o hyd i Mair a Joseff a'r babi bach yn gorwedd
mewn cafn bwydo anifeiliaid. 17 Ar ôl ei weld, dyma'r bugeiliaid yn mynd ati i ddweud wrth
bawb beth oedd wedi digwydd, a beth ddwedodd yr angel wrthyn nhw am y plentyn yma.
18 Roedd pawb glywodd am y peth yn rhyfeddu at yr hyn roedd y bugeiliaid yn ei ddweud. 19 Ond
roedd Mair yn cofio pob manylyn ac yn meddwl yn aml am y cwbl oedd wedi cael ei ddweud
am ei phlentyn. 20 Aeth y bugeiliaid yn ôl i'w gwaith gan ganmol a moli Duw am bopeth
roedden nhw wedi'i weld a'i glywed. Roedd y cwbl yn union fel roedd yr angel wedi dweud.

Cyflwyno Iesu yn y Deml

21 Pan oedd y plentyn yn wythnos oed cafodd ei enwaedu, a'i alw yn Iesu. Dyna oedd yr
enw roddodd yr angel iddo hyd yn oed cyn iddo gael ei genhedlu yng nghroth Mair.
22 Pan oedd pedwar deg diwrnod wedi mynd heibio ers i'r bachgen gael ei eni, roedd
y cyfnod o buro mae Cyfraith Moses yn sôn amdano wedi dod i ben.[a] Felly aeth Joseff a Mair

---

a 2:22 *dod i ben:* Pan oedd gwraig Iddewig yn cael plentyn roedd hi'n cael ei hystyried yn 'aflan'. Roedd rhaid iddi aros adre nes i'r plentyn gael ei enwaedu yn wythnos oed, ac wedyn am 33 diwrnod arall, cyn mynd i gyflwyno offrwm i Dduw.

2:22 gw. Lefiticus 12:6-8

i Jerwsalem i gyflwyno eu mab cyntaf i'r Arglwydd 23(Mae Cyfraith Duw yn dweud: "*Os*
bachgen ydy'r plentyn cyntaf i gael ei eni, rhaid iddo gael ei gysegru i'r Arglwydd" 24a hefyd
fod rhaid offrymu aberth i'r Arglwydd – "*pâr o durturod neu ddwy golomen*".)
25Roedd dyn o'r enw Simeon yn byw yn Jerwsalem – dyn da a duwiol. Roedd dylanwad yr
Ysbryd Glân yn drwm ar ei fywyd, ac roedd yn disgwyl yn frwd i'r Meseia ddod i helpu Israel.
26Roedd yr Ysbryd Glân wedi dweud wrtho y byddai'n gweld y Meseia cyn iddo fe farw. 27A'r
diwrnod hwnnw dyma'r Ysbryd yn dweud wrtho i fynd i'r deml. Felly pan ddaeth rhieni Iesu
yno gyda'u plentyn i wneud yr hyn roedd y Gyfraith yn ei ofyn, 28dyma Simeon yn cymryd
y plentyn yn ei freichiau a dechrau moli Duw fel hyn:

29 "O Feistr Sofran! Gad i mi, dy was,
bellach farw mewn heddwch!
Dyma wnest ti ei addo i mi –
30 dw i wedi gweld yr Achubwr gyda fy llygaid fy hun.
31 Rwyt wedi'i roi i'r bobl i gyd;
32 yn olau er mwyn i genhedloedd eraill allu gweld,
ac yn rheswm i bobl Israel dy foli di."

33Roedd Mair a Joseff yn rhyfeddu at y pethau oedd yn cael eu dweud am Iesu. 34Yna
dyma Simeon yn eu bendithio nhw, a dweud wrth Mair, y fam: "Bydd y plentyn yma yn achos
cwymp i lawer yn Israel ac yn fendith i eraill. Bydd yn rhybudd sy'n cael ei wrthod, 35a bydd
yr hyn mae pobl yn ei feddwl go iawn yn dod i'r golwg. A byddi di'n dioddef hefyd, fel petai
cleddyf yn trywanu dy enaid di."
36Roedd gwraig o'r enw Anna, oedd yn broffwydes, yn y deml yr un pryd. Roedd yn ferch
i Phanuel o lwyth Aser, ac yn hen iawn. Roedd hi wedi bod yn weddw ers i'w gŵr farw
dim ond saith mlynedd ar ôl iddyn nhw briodi. 37Erbyn hyn roedd hi'n wyth deg pedair
mlwydd oed. Fyddai hi byth yn gadael y deml – roedd hi yno ddydd a nos yn addoli Duw,
ac yn ymprydio a gweddïo. 38Daeth at Mair a Joseff pan oedd Simeon gyda nhw a dechrau
moli Duw a diolch iddo. Roedd yn siarad am Iesu gyda phawb oedd yn edrych ymlaen at
ryddid i Jerwsalem.
39Pan oedd Joseff a Mair wedi gwneud popeth roedd Cyfraith yr Arglwydd yn ei ofyn, dyma
nhw'n mynd yn ôl adre i Nasareth yn Galilea. 40Tyfodd y plentyn yn fachgen cryf a doeth iawn,
ac roedd hi'n amlwg bod ffafr Duw arno.

Iesu'n mynd i'r deml pan oedd yn fachgen

41Byddai rhieni Iesu yn arfer mynd i Jerwsalem i ddathlu Gŵyl y Pasg bob blwyddyn,
42a phan oedd Iesu yn ddeuddeg oed aethon nhw yno i'r Ŵyl fel arfer. 43Pan oedd yr Ŵyl
drosodd dyma'i rieni yn troi am adre, heb sylweddoli fod Iesu wedi aros yn Jerwsalem.
44Roedden nhw wedi teithio drwy'r dydd gan gymryd yn ganiataol ei fod gyda'i ffrindiau
yn rhywle. Dyma nhw'n mynd ati i edrych amdano ymhlith eu ffrindiau a'u perthnasau,
45ond methu dod o hyd iddo. Felly dyma nhw'n mynd yn ôl i Jerwsalem i edrych amdano.
46Roedd hi'r trydydd diwrnod cyn iddyn nhw ddod o hyd iddo! Roedd wedi bod yn
y deml, yn eistedd gyda'r athrawon ac yn gwrando arnyn nhw ac yn gofyn cwestiynau.
47Roedd pawb welodd e yn rhyfeddu gymaint roedd yn ei ddeall. 48Cafodd ei rieni y fath
sioc pan ddaethon nhw o hyd iddo, a dyma'i fam yn gofyn iddo, "Machgen i, pam wyt ti
wedi gwneud hyn i ni? Mae dy dad a fi wedi bod yn poeni'n ofnadwy ac yn chwilio ym
mhobman amdanat ti."
49Gofynnodd Iesu iddyn nhw, "Pam roedd rhaid i chi chwilio? Wnaethoch chi ddim meddwl
y byddwn i'n siŵr o fod yn nhŷ fy Nhad?" 50Ond doedd ei rieni ddim wir yn deall beth roedd
yn ei olygu.

2:23 Exodus 13:2,12,15 2:24 Lefiticus 12:8 2:41 gw. Exodus 12:1-27; Deuteronomium 16:1-8

51 Felly aeth Iesu yn ôl i Nasareth gyda nhw a bu'n ufudd iddyn nhw. Roedd Mair yn cofio
pob manylyn o beth ddigwyddodd, a beth gafodd ei ddweud. 52 Tyfodd Iesu'n fachgen doeth
a chryf. Roedd ffafr Duw arno, ac roedd pobl hefyd yn hoff iawn ohono.

Ioan Fedyddiwr yn paratoi'r ffordd

(Mathew 3:1-12; Marc 1:1-8; Ioan 1:19-28)

3 1-2 Flynyddoedd yn ddiweddarach, tra oedd yn byw yn yr anialwch, cafodd Ioan, mab
Sachareias, neges gan Dduw. Erbyn hynny roedd Tiberiws Cesar wedi bod yn teyrnasu
ers pymtheng mlynedd; Pontius Peilat oedd llywodraethwr Jwdea, Herod[b] yn is-lywodraethwr
ar Galilea, ei frawd Philip ar Itwrea a Trachonitis, a Lysanias ar Abilene; ac roedd Annas
a Caiaffas yn archoffeiriaid. 3 Teithiodd Ioan drwy'r ardal o gwmpas afon Iorddonen, yn
cyhoeddi bod rhaid i bobl gael eu bedyddio, fel arwydd eu bod nhw'n troi cefn ar eu
pechodau ac yn derbyn maddeuant gan Dduw. 4 Roedd yn union fel mae'n dweud yn llyfr
y proffwyd Eseia:

> *"Llais yn gweiddi'n uchel yn yr anialwch,*
> *'Paratowch y ffordd i'r Arglwydd ddod!*
> *Gwnewch y llwybrau'n syth iddo!*
> 5 *Bydd pob dyffryn yn cael ei lenwi,*
> *pob mynydd a bryn yn cael ei lefelu.*
> *Bydd y ffyrdd troellog yn cael eu gwneud yn syth,*
> *a'r lonydd anwastad yn cael eu gwneud yn llyfn.*
> 6 *Bydd y ddynoliaeth gyfan yn gweld Duw yn achub.'"*

7 Roedd Ioan yn dweud yn blaen wrth y tyrfaoedd oedd yn mynd allan ato i gael eu bedyddio
ganddo: "Dych chi fel nythaid o nadroedd! Pwy sydd wedi'ch rhybuddio chi i ddianc rhag
y gosb sy'n mynd i ddod? 8 Rhaid i chi ddangos yn y ffordd dych chi'n byw eich bod wedi
newid go iawn. A pheidiwch meddwl eich bod chi'n saff drwy ddweud, 'Abraham ydy'n tad
ni.' Gallai Duw droi'r cerrig yma sydd ar lawr yn blant i Abraham! 9 Mae bwyell barn Duw
yn barod i dorri'r gwreiddiau i ffwrdd! Bydd pob coeden sydd heb ffrwyth da yn tyfu arni yn
cael ei thorri i lawr a'i thaflu i'r tân!"

10 "Felly, beth ddylen ni ei wneud?" gofynnodd y dyrfa.

11 Atebodd Ioan, "Os oes gynnoch chi ddwy gôt, rhowch un ohonyn nhw i berson tlawd sydd
heb un o gwbl. A gwnewch yr un fath gyda bwyd."

12 Roedd rhai oedd yn casglu trethi i'r Rhufeiniaid yn dod i gael eu bedyddio hefyd, a dyma
nhw'n gofyn iddo, "Beth ddylen ni ei wneud, athro?"

13 "Peidio casglu mwy o arian nag y dylech chi," meddai wrthyn nhw.

14 "A beth ddylen ni ei wneud?" meddai rhyw filwyr ddaeth ato.

"Peidiwch dwyn arian oddi ar bobl", oedd ateb Ioan iddyn nhw, "a pheidiwch cyhuddo pobl
ar gam er mwyn gwneud arian. Byddwch yn fodlon ar eich cyflog."

15 Roedd pobl yn teimlo fod rhywbeth mawr ar fin digwydd, a phawb yn dechrau meddwl
tybed ai Ioan oedd y Meseia. 16 Ond ateb Ioan iddyn nhw i gyd oedd, "Dŵr dw i'n ei ddefnyddio
i'ch bedyddio chi. Ond mae un llawer mwy grymus na fi yn dod yn fuan – rhywun sydd mor
bwysig, fyddwn i ddim yn deilwng o fod yn gaethwas sy'n datod carrai ei sandalau hyd yn
oed! Bydd hwnnw yn eich bedyddio chi gyda'r Ysbryd Glân a gyda thân. 17 Mae ganddo fforch
nithio yn ei law i wahanu'r grawn a'r us. Bydd yn clirio'r llawr dyrnu, yn casglu'r gwenith i'w
ysgubor ac yn llosgi'r us mewn tân sydd byth yn diffodd."

18 Roedd Ioan yn dweud llawer o bethau eraill tebyg wrth annog y bobl a chyhoeddi'r
newyddion da iddyn nhw. 19 Ond yna dyma Ioan yn ceryddu Herod, y llywodraethwr, yn
gyhoeddus. Ei geryddu am ei berthynas gyda Herodias, gwraig ei frawd, ac am lawer o bethau

---

b 3:1 *Herod:* Herod Antipas, mab Herod Fawr.
3:4-6 Eseia 40:3-5 (LXX)

drwg eraill roedd wedi'u gwneud. 20 A'r canlyniad oedd i Herod ychwanegu at weddill
y drygioni a wnaeth drwy roi Ioan yn y carchar.

Hanes bedydd Iesu

(Mathew 3:13-17; Marc 1:9-11)

21 Pan oedd Ioan wrthi'n bedyddio'r bobl i gyd, dyma Iesu'n dod i gael ei fedyddio hefyd.
Wrth iddo weddïo, dyma'r awyr yn rhwygo'n agored 22 a'r Ysbryd Glân yn disgyn arno – ar
ffurf colomen. A dyma lais o'r nefoedd yn dweud: "Ti ydy fy Mab annwyl i; rwyt ti wedi fy
mhlesio i'n llwyr."

Llinach Iesu

(Mathew 1:1-17)

23 Roedd Iesu tua tri deg oed pan ddechreuodd deithio o gwmpas yn dysgu'r bobl a iacháu.
Roedd pawb yn cymryd ei fod yn fab i Joseff, oedd yn fab i Eli, 24 mab Mathat, mab Lefi, mab
Melci, mab Janai, mab Joseff, 25 mab Matathïas, mab Amos, mab Nahum, mab Esli, mab Nagai,
26 mab Maath, mab Matathïas, mab Semein, mab Josech, mab Joda, 27 mab Joanan, mab Rhesa,
mab Sorobabel, mab Shealtiel, mab Neri, 28 mab Melci, mab Adi, mab Cosam, mab Elmadam,
mab Er, 29 mab Josua, mab Elieser, mab Jorim, mab Mathat, mab Lefi, 30 mab Simeon, mab Jwda,
mab Joseff, mab Jonam, mab Eliacim, 31 mab Melea, mab Menna, mab Matatha, mab Nathan,
mab Dafydd, 32 mab Jesse, mab Obed, mab Boas, mab Salmon, mab Nahson, 33 mab Aminadab,
mab Admin, mab Ram,[c] mab Hesron, mab Peres, mab Jwda, 34 mab Jacob, mab Isaac, mab
Abraham, mab Tera, mab Nachor, 35 mab Serwg, mab Reu, mab Peleg, mab Eber, mab Sela,
36 mab Cenan, mab Arffacsad, mab Shem, mab Noa, mab Lamech, 37 mab Methwsela, mab
Enoch, mab Jared, mab Mahalal-el, mab Cenan, 38 mab Enosh, mab Seth, mab Adda, mab Duw.

Iesu yn cael ei demtio

(Mathew 4:1-11; Marc 1:12,13)

4 Roedd Iesu'n llawn o'r Ysbryd Glân pan aeth yn ôl o ardal yr Iorddonen. Gadawodd i'r
Ysbryd ei arwain i'r anialwch, 2 lle cafodd ei demtio gan y diafol am bedwar deg diwrnod.
Wnaeth Iesu ddim bwyta o gwbl yn ystod y dyddiau yna, ac erbyn y diwedd roedd yn llwgu.
3 Dyma'r diafol yn dweud wrtho, "Os mai Mab Duw wyt ti, gwna i'r garreg yma droi'n
dorth o fara."
4 Atebodd Iesu, "Na! Mae'r ysgrifau sanctaidd yn dweud: '*Dim bwyd ydy'r unig beth mae
pobl ei angen i fyw.*' "
5 Dyma'r diafol yn ei arwain i le uchel ac yn dangos holl wledydd y byd iddo mewn eiliad.
6 Ac meddai'r diafol wrtho, "Gwna i adael i ti reoli'r rhain i gyd, a chael eu cyfoeth nhw hefyd.
Mae'r cwbl wedi'u rhoi i mi, ac mae gen i hawl i'w rhoi nhw i bwy bynnag dw i'n ei ddewis.
7 Felly, os gwnei di fy addoli i, cei di'r cwbl."
8 Atebodd Iesu, "Mae'r ysgrifau sanctaidd yn dweud: '*Addola'r Arglwydd dy Dduw,
a'i wasanaethu e'n unig.*' "
9 Dyma'r diafol yn mynd â Iesu i Jerwsalem a gwneud iddo sefyll ar y tŵr uchaf un yn
y deml. "Os mai Mab Duw wyt ti," meddai, "neidia i lawr o'r fan yma. 10 Mae'r ysgrifau
sanctaidd yn dweud:

'*Bydd Duw yn gorchymyn i'w angylion*
dy gadw'n saff;
11 *byddan nhw'n dy ddal yn eu breichiau,*
fel na fyddi'n taro dy droed ar garreg.' "

---

c 3:33 *Aminadab* ... *Ram* Groeg, "mab Aminadab, mab Admin, mab Arni." Llawysgrifau yn amrywio'n fawr yma.
4:4 Deuteronomium 8:3 4:8 Deuteronomium 6:13; 10:20 4:10,11 Salm 91:11-12

[12]Atebodd Iesu, "Mae'r ysgrifau sanctaidd yn dweud hefyd: *'Paid rhoi'r Arglwydd dy Dduw ar brawf.'* "

[13]Pan oedd y diafol wedi ceisio temtio Iesu bob ffordd bosib, gadawodd iddo nes i gyfle arall godi.

Iesu yn dechrau'i weinidogaeth yn Galilea

(Mathew 4:12-17; Marc 1:14-15)

[14]Aeth Iesu yn ôl i Galilea yn llawn o nerth yr Ysbryd, ac aeth y sôn amdano ar led drwy'r
ardal gyfan. [15]Roedd yn dysgu yn y synagogau, ac yn cael ei ganmol gan bawb.

Iesu yn cael ei wrthod yn Nasareth

(Mathew 13:53-58; Marc 6:1-6)

[16]A daeth i Nasareth, lle cafodd ei fagu, a mynd i'r synagog ar y Saboth fel roedd yn arfer
ei wneud. Safodd ar ei draed i ddarllen o'r ysgrifau sanctaidd. [17]Sgrôl proffwydoliaeth Eseia
gafodd ei rhoi iddo, a dyma fe'n ei hagor, a dod o hyd i'r darn sy'n dweud:

18 *"Mae Ysbryd yr Arglwydd arna i,*
oherwydd mae wedi fy eneinio i
i gyhoeddi newyddion da i bobl dlawd.
Mae wedi fy anfon i gyhoeddi fod y rhai sy'n gaeth i gael rhyddid,
a phobl sy'n ddall i gael eu golwg yn ôl,
a'r rhai sy'n cael eu cam-drin i ddianc o afael y gormeswr,
19 *a dweud hefyd fod y flwyddyn i'r Arglwydd ddangos ei ffafr wedi dod."*

[20]Caeodd y sgrôl a'i rhoi yn ôl i'r dyn oedd yn arwain yr oedfa yn y synagog, ac yna
eisteddodd. Roedd pawb yn y synagog yn syllu arno. [21]Yna dwedodd, "Mae'r geiriau yma o'r
ysgrifau sanctaidd wedi dod yn wir heddiw."

[22]Roedd pawb yn dweud pethau da amdano, ac yn rhyfeddu at y pethau gwych roedd yn eu dweud. "Onid mab Joseff ydy hwn?" medden nhw.

[23]Yna dwedodd Iesu wrthyn nhw, "Mae'n siŵr y byddwch chi'n cyfeirio at yr hen ddywediad: 'Iachâ dy hun, feddyg!' hynny ydy, 'y math o beth dŷn ni wedi'i glywed i ti eu gwneud yn Capernaum, gwna yma yn dy dref dy hun.' "

[24]"Ond y gwir plaen ydy, does dim parch at broffwyd yn y dre lle cafodd ei fagu! [25]Gallwch
fod yn reit siŵr fod llawer iawn o wragedd gweddwon yn Israel yn amser y proffwyd Elias.
Wnaeth hi ddim glawio am dair blynedd a hanner ac roedd newyn trwm drwy'r wlad i gyd.
[26]Ond chafodd Elias mo'i anfon at yr un ohonyn nhw. Cafodd ei anfon at wraig o wlad arall
– gwraig weddw yn Sareffat yn ardal Sidon! [27]Ac roedd llawer o bobl yn Israel yn dioddef o'r
gwahanglwyf pan oedd y proffwyd Eliseus yn fyw. Ond Naaman o wlad Syria oedd yr unig
un gafodd ei iacháu!"

[28]Roedd pawb yn y synagog wedi gwylltio wrth ei glywed yn dweud hyn. [29]Dyma nhw'n
codi ar eu traed a gyrru Iesu allan o'r dref i ben y bryn roedd y dre wedi'i hadeiladu arno.
Roedden nhw'n bwriadu ei daflu dros y clogwyn, [30]ond llwyddodd i fynd drwy ganol y dyrfa
ac aeth ymlaen ar ei daith.

Iesu'n bwrw allan ysbryd drwg

(Marc 1:21-28)

[31]Aeth i Capernaum, un o drefi Galilea, a dechrau dysgu'r bobl yno ar y Saboth. [32]Roedd
pawb yn rhyfeddu at beth roedd yn ei ddysgu, am fod ei neges yn gwneud i bobl wrando
arno.

4:12 Deuteronomium 6:16 4:18,19 Eseia 61:1,2; 58:6 (LXX) 4:25 gw. 1 Brenhinoedd 17:1
4:26 gw. 1 Brenhinoedd 17:8-16 4:27 2 Brenhinoedd 5:1-14

33 Un tro dyma rhyw ddyn oedd yn y synagog yn rhoi sgrech uchel. (Roedd y dyn
wedi'i feddiannu gan gythraul, hynny ydy ysbryd drwg.) 34 "Aaaaar! Gad di lonydd i ni, Iesu
o Nasareth. Rwyt ti yma i'n dinistrio ni. Dw i'n gwybod pwy wyt ti – Un Sanctaidd Duw!"
35 "Bydd ddistaw!" meddai Iesu'n ddig. "Tyrd allan ohono!" A dyma'r cythraul yn taflu'r
dyn ar lawr o flaen pawb, yna daeth allan ohono heb wneud dim mwy o niwed iddo.
36 Roedd pawb wedi cael sioc, ac yn gofyn, "Beth sy'n mynd ymlaen? Mae ganddo'r fath
awdurdod! Mae hyd yn oed yn gallu gorfodi ysbrydion drwg i ufuddhau iddo a dod allan
o bobl!" 37 Aeth y newyddion amdano ar led fel tân gwyllt drwy'r ardal i gyd.

Iesu'n iacháu llawer o bobl

(Mathew 8:14-17; Marc 1:29-34)

38 Dyma Iesu'n gadael y synagog ac yn mynd i gartref Simon. Yno roedd mam-yng-nghyfraith
Simon yn sâl iawn gyda gwres uchel. Dyma nhw'n gofyn i Iesu ei helpu hi. 39 Plygodd Iesu
drosti a gorchymyn i'r gwres i fynd, a diflannodd y tymheredd oedd ganddi yn y fan a'r lle!
Yna dyma hi'n codi o'i gwely a gwneud pryd o fwyd iddyn nhw.
40 Ar ôl i'r haul fachlud roedd y Saboth drosodd, a daeth pobl at Iesu gyda'u perthnasau
oedd yn dioddef o bob math o salwch. Roedd yn eu hiacháu drwy roi ei ddwylo ar bob un
ohonyn nhw. 41 A daeth cythreuliaid allan o lawer o bobl hefyd. Roedden nhw'n gweiddi, "Mab
Duw wyt ti!" am eu bod yn gwybod yn iawn mai Iesu oedd y Meseia, ond roedd yn gwrthod
gadael iddyn nhw ddweud dim byd mwy.

Pregethu yn y synagogau

(Marc 1:35-39)

42 Wrth iddi wawrio y bore wedyn aeth Iesu i ffwrdd i le unig. Roedd tyrfaoedd o bobl
yn edrych amdano, ac ar ôl ei gael dyma nhw'n ceisio ei stopio rhag mynd. 43 Ond meddai
Iesu, "Rhaid i mi gyhoeddi'r newyddion da am Dduw yn teyrnasu yn y trefi eraill hefyd.
Dyna pam dw i wedi cael fy anfon yma." 44 Felly aeth ati i bregethu yn y synagogau drwy
wlad Jwdea.[ch]

Galw'r disgyblion cyntaf

(Mathew 4:18-22; Marc 1:16-20)

5 Un diwrnod roedd Iesu'n sefyll ar lan Llyn Galilea,[d] ac roedd tyrfa o bobl o'i gwmpas
yn gwthio ymlaen i wrando ar neges Duw. 2 Gwelodd fod dau gwch wedi'u gadael ar
y lan tra oedd y pysgotwyr wrthi'n golchi eu rhwydi. 3 Aeth i mewn i un o'r cychod, a gofyn
i Simon, y perchennog, ei wthio allan ychydig oddi wrth y lan. Yna eisteddodd a dechrau
dysgu'r bobl o'r cwch.
4 Pan oedd wedi gorffen siarad dwedodd wrth Simon, "Dos â'r cwch allan lle mae'r dŵr yn
ddwfn, a gollwng y rhwydi i ti gael dalfa o bysgod."
5 "Meistr," meddai Simon wrtho, "buon ni'n gweithio'n galed drwy'r nos neithiwr heb ddal
dim byd! Ond am mai ti sy'n gofyn, gollynga i y rhwydi."
6 Dyna wnaethon nhw a dyma nhw'n dal cymaint o bysgod nes i'r rhwydi ddechrau rhwygo.
7 Dyma nhw'n galw ar eu partneriaid yn y cwch arall i ddod i'w helpu. Pan ddaeth y rheiny,
cafodd y ddau gwch eu llenwi â chymaint o bysgod nes eu bod bron â suddo!
8 Pan welodd Simon Pedr beth oedd wedi digwydd, syrthiodd ar ei liniau o flaen Iesu
a dweud, "Dos i ffwrdd oddi wrtho i, Arglwydd; dw i'n ormod o bechadur!" 9 Roedd Simon
a'i gydweithwyr wedi dychryn wrth weld faint o bysgod gafodd eu dal; 10 ac felly hefyd
partneriaid Simon – Iago ac Ioan, meibion Sebedeus. Dyma Iesu'n dweud wrth Simon, "Paid

---

ch 4:44 *Jwdea:* Mae rhai llawysgrifau yn dweud *Galilea.* d 5:1 *Llyn Galilea:* Groeg, "Llyn Genesaret." Enw arall ar Lyn Galilea.

bod ofn; o hyn ymlaen byddi di'n dal pobl yn lle pysgod." [11]Felly ar ôl llusgo eu cychod i'r
lan, dyma nhw'n gadael popeth i fynd ar ei ôl.

Dyn yn dioddef o'r gwahanglwyf

(Mathew 8:1-4; Marc 1:40-45)

[12]Yn un o'r trefi dyma Iesu'n cyfarfod dyn oedd â gwahanglwyf dros ei gorff i gyd. Pan
welodd hwnnw Iesu, syrthiodd ar ei wyneb ar lawr a chrefu am gael ei iacháu, "Arglwydd,
gelli di fy ngwneud i'n iach os wyt ti eisiau."

[13]Dyma Iesu yn estyn ei law a chyffwrdd y dyn. "Dyna dw i eisiau," meddai, "bydd lân!" A'r
eiliad honno dyma'r gwahanglwyf yn diflannu.

[14]Ar ôl ei rybuddio i beidio dweud wrth neb beth oedd wedi digwydd, dyma Iesu'n dweud
wrtho, "Dos i ddangos dy hun i'r offeiriad. Ac fel y dwedodd Moses, dos ag offrwm gyda ti,
yn dystiolaeth i'r bobl dy fod ti wedi cael dy iacháu."[dd]

[15]Ond roedd y newyddion amdano yn mynd ar led fwy a mwy. Roedd tyrfaoedd mawr
o bobl yn dod i wrando arno ac i gael eu hiacháu. [16]Ond byddai Iesu'n aml yn mynd o'r
golwg i leoedd unig yn yr anialwch i weddïo.

Iesu'n iacháu dyn wedi'i barlysu

(Mathew 9:1-8; Marc 2:1-12)

[17]Un diwrnod, pan oedd Iesu wrthi'n dysgu'r bobl, roedd Phariseaid ac arbenigwyr yn
y Gyfraith yn eistedd, heb fod yn bell, yn gwrando arno. (Roedden nhw wedi dod yno o bob
rhan o Galilea, a hefyd o Jwdea a Jerwsalem.) Ac roedd nerth yr Arglwydd yn galluogi Iesu
i iacháu pobl. [18]A dyma ryw bobl yn dod â dyn oedd wedi'i barlysu ato, yn gorwedd ar fatras.
Roedden nhw'n ceisio mynd i mewn i'w osod i orwedd o flaen Iesu. [19]Pan wnaethon nhw
fethu gwneud hynny am fod yno gymaint o dyrfa, dyma nhw'n mynd i fyny ar y to a thynnu
teils o'r to i'w ollwng i lawr ar ei fatras i ganol y dyrfa, reit o flaen Iesu.

[20]Pan welodd Iesu'r ffydd oedd ganddyn nhw, dwedodd wrth y dyn, "Mae dy bechodau
wedi'u maddau."

[21]Dyma'r Phariseaid a'r arbenigwyr yn y Gyfraith yn dechrau meddwl, "Pwy ydy hwn, ei
fod yn cablu fel hyn? Duw ydy'r unig un sy'n gallu maddau pechodau!"

[22]Roedd Iesu'n gwybod beth oedd yn mynd drwy'u meddyliau, a gofynnodd iddyn nhw,
"Pam dych chi'n meddwl mod i'n cablu? [23]Ydy'n haws dweud 'Mae dy bechodau wedi'u
maddau,' neu 'Cod ar dy draed a cherdda'? [24]Cewch weld fod gen i, Fab y Dyn, hawl i faddau
pechodau ar y ddaear." A dyma Iesu'n troi at y dyn oedd wedi'i barlysu a dweud wrtho, "Cod
ar dy draed, cymer dy fatras, a dos adre." [25]A dyna'n union wnaeth y dyn! Cododd ar ei draed
o flaen pawb yn y fan a'r lle, cymryd y fatras roedd wedi bod yn gorwedd arni, ac aeth adre
gan foli Duw. [26]Roedd pawb wedi'u syfrdanu'n llwyr ac roedden nhw hefyd yn moli Duw.
"Dŷn ni wedi gweld pethau anhygoel heddiw," medden nhw.

Galw Lefi

(Mathew 9:9-13; Marc 2:13-17)

[27]Ar ôl hyn aeth Iesu allan a gwelodd un oedd yn casglu trethi i Rufain, dyn o'r enw Lefi,
yn eistedd yn y swyddfa dollau lle roedd yn gweithio. "Tyrd, dilyn fi," meddai Iesu wrtho;
[28]a dyma Lefi'n codi ar unwaith, gadael popeth, a mynd ar ei ôl.

[29]Dyma Lefi yn trefnu parti mawr i Iesu yn ei dŷ, ac roedd criw mawr o ddynion oedd yn
casglu trethi i Rufain a phobl eraill yno'n bwyta gyda nhw. [30]Ond dyma'r Phariseaid a'u

---

dd 5:14 *Dos i ddangos ... iacháu:* Os oedd rhywun yn cael ei iacháu o glefyd heintus ar y croen roedd rhaid i offeiriad ei archwilio, a chyhoeddi fod y person yn iach. Wedyn roedd rhaid cyflwyno offrwm o ddau oen gwryw ac un oen benyw a blawd wedi'i gymysgu gydag olew olewydd.

5:14 Lefiticus 14:1-32

harbenigwyr nhw yn y Gyfraith yn cwyno i'w ddisgyblion, "Pam dych chi'n bwyta ac yfed
gyda'r bradwyr sy'n casglu trethi i Rufain, a phobl eraill sy'n ddim byd ond 'pechaduriaid'?"
31 Dyma Iesu'n eu hateb nhw, "Dim pobl iach sydd angen meddyg, ond pobl sy'n
sâl. 32 Dw i wedi dod i alw pechaduriaid i droi at Dduw, dim y rhai sy'n meddwl eu bod
nhw heb fai."

Holi Iesu am ymprydio

(Mathew 9:14-17; Marc 2:18-22)

33 Dyma nhw'n dweud wrth Iesu, "Mae disgyblion Ioan yn ymprydio ac yn gweddïo'n
aml, a disgyblion y Phariseaid yr un fath. Pam mae dy rai di yn dal ati i fwyta ac yfed
drwy'r adeg?"
34 Atebodd Iesu nhw, "Ydych chi'n gorfodi pobl sy'n mynd i wledd briodas i ymprydio?
Maen nhw yno i ddathlu gyda'r priodfab! 35 Ond bydd y priodfab yn cael ei gymryd i ffwrdd
oddi wrthyn nhw, a byddan nhw'n ymprydio bryd hynny."
36 Yna dyma Iesu'n dweud fel hyn wrthyn nhw: "Does neb yn rhwygo darn o frethyn
oddi ar ddilledyn newydd a'i ddefnyddio i drwsio hen ddilledyn. Byddai'r dilledyn newydd
wedi'i rwygo, a'r darn newydd o frethyn ddim yn gweddu i'r hen. 37 A does neb yn tywallt
gwin sydd heb aeddfedu i hen boteli crwyn. Byddai'r crwyn yn byrstio, y gwin yn cael ei golli
a'r poteli yn cael eu difetha. 38 Na, rhaid defnyddio poteli crwyn newydd i'w ddal. 39 Ond
y peth ydy, does neb eisiau'r gwin newydd ar ôl bod yn yfed yr hen win! 'Mae'n well gynnon
ni'r hen win,' medden nhw!"

Arglwydd y Saboth

(Mathew 12:1-8; Marc 2:23-28)

6 Roedd Iesu'n croesi drwy ganol caeau ŷd ryw ddydd Saboth, a dyma'i ddisgyblion yn
dechrau tynnu rhai o'r tywysennau ŷd, eu rhwbio yn eu dwylo a'u bwyta.[e] 2 Gofynnodd
rhai o'r Phariseaid, "Pam dych chi'n torri rheolau'r Gyfraith ar y Saboth?"
3 Atebodd Iesu, "Ydych chi ddim wedi darllen beth wnaeth Dafydd pan oedd e a'i ddilynwyr
yn llwgu? 4 Aeth i mewn i dŷ Dduw a chymryd y bara oedd wedi'i gysegru a'i osod yn offrwm
i Dduw. Mae'r Gyfraith yn dweud mai dim ond yr offeiriaid sy'n cael ei fwyta, ond cymerodd
Dafydd beth, a'i roi i'w ddilynwyr hefyd." 5 Wedyn dyma Iesu'n dweud wrthyn nhw, "Mae gen
i, Fab y Dyn, hawl i ddweud beth sy'n iawn ar y Saboth."

Y dyn â'r llaw ddiffrwyth

(Mathew 12:9-14; Marc 3:1-6)

6 Ar ryw Saboth arall, roedd Iesu'n dysgu yn y synagog, ac roedd yno ddyn oedd â'i law dde
yn ddiffrwyth. 7 Roedd y Phariseaid a'r arbenigwyr yn y Gyfraith yn ei wylio'n ofalus – oedd
e'n mynd i iacháu'r dyn yma ar y Saboth? Roedden nhw'n edrych am unrhyw esgus i ddwyn
cyhuddiad yn ei erbyn. 8 Ond roedd Iesu'n gwybod beth oedd yn mynd drwy'u meddyliau
nhw, a galwodd y dyn ato, "Tyrd yma i sefyll o flaen pawb." Felly cododd ar ei draed a sefyll
lle gallai pawb ei weld.
9 "Gadewch i mi ofyn i chi," meddai Iesu wrth y rhai oedd eisiau ei gyhuddo, "beth mae'r
Gyfraith yn ei ddweud sy'n iawn i'w wneud ar y dydd Saboth: pethau da neu bethau drwg?
Achub bywyd neu ddinistrio bywyd?"
10 Edrychodd Iesu arnyn nhw bob yn un, ac yna dwedodd wrth y dyn, "Estyn dy law allan."
Gwnaeth hynny a chafodd y llaw ei gwella'n llwyr. 11 Roedden nhw'n wyllt gynddeiriog, a dyma
nhw'n dechrau trafod gyda'i gilydd pa ddrwg y gallen nhw ei wneud i Iesu.

---

e 6:1 *a'u bwyta:* Roedd gan deithwyr hawl i wneud hyn.
6:1 Deuteronomium 23:25 6:3,4 gw. 1 Samuel 21:1-6 6:4 gw. Lefiticus 24:9

Y Deuddeg Cynrychiolydd

(Mathew 10:1-4; Marc 3:13-19)

12 Rhyw ddiwrnod aeth Iesu i ben mynydd i weddïo, a buodd wrthi drwy'r nos yn gweddïo ar
Dduw. 13 Pan ddaeth hi'n fore, galwodd ei ddisgyblion ato a dewis deuddeg ohonyn nhw fel
ei gynrychiolwyr personol: 14 Simon (yr un roedd Iesu'n ei alw'n Pedr), Andreas (brawd Pedr)
Iago, Ioan, Philip, Bartholomeus, 15 Mathew, Tomos, Iago fab Alffeus, Simon (oedd yn cael ei
alw 'y Selot'), 16 Jwdas fab Iago, a Jwdas Iscariot a drodd yn fradwr.

Iesu'n dysgu a iacháu

(Mathew 4:23-25)

17 Yna aeth i lawr i le gwastad. Roedd tyrfa fawr o'i ddilynwyr gydag e, a nifer fawr o bobl
eraill o bob rhan o Jwdea, ac o Jerwsalem a hefyd o arfordir Tyrus a Sidon yn y gogledd.
18 Roedden nhw wedi dod i wrando arno ac i gael eu hiacháu. Cafodd y rhai oedd yn cael eu
poeni gan ysbrydion drwg eu gwella, 19 ac roedd pawb yn ceisio'i gyffwrdd am fod nerth yn
llifo ohono ac yn eu gwella nhw i gyd.

Bendithion a Melltithion

(Mathew 5:1-12)

20 Yna trodd Iesu at ei ddisgyblion, a dweud:

"Dych chi sy'n dlawd wedi'ch bendithio'n fawr,
oherwydd mae Duw yn teyrnasu yn eich bywydau.
21 Dych chi sy'n llwgu ar hyn o bryd wedi'ch bendithio'n fawr,
oherwydd cewch chi wledd fydd yn eich bodloni'n llwyr ryw ddydd.
Dych chi sy'n crio ar hyn o bryd wedi'ch bendithio'n fawr,
oherwydd cewch chwerthin yn llawen ryw ddydd.
22 Dych chi wedi'ch bendithio'n fawr pan fydd pobl yn eich casáu
a'ch cau allan a'ch sarhau, a'ch enwau'n cael eu pardduo
am eich bod yn perthyn i mi, Mab y Dyn.

23 "Felly byddwch yn llawen pan mae'r pethau yma'n digwydd! Neidiwch o lawenydd!
Achos mae gwobr fawr i chi yn y nefoedd. Cofiwch mai dyna'n union sut roedd hynafiaid
y bobl yma'n trin y proffwydi.

24 Ond gwae chi sy'n gyfoethog,
oherwydd dych chi eisoes wedi cael eich bywyd braf.
25 Gwae chi sydd â hen ddigon i'w fwyta,
oherwydd daw'r dydd pan fyddwch chi'n llwgu.
Gwae chi sy'n chwerthin yn ddi-hid ar hyn o bryd,
oherwydd byddwch yn galaru ac yn crio.
26 Gwae chi sy'n cael eich canmol gan bawb,
oherwydd dyna roedd hynafiaid y bobl yma'n ei wneud i'r proffwydi ffug.

Caru Gelynion

(Mathew 5:38-48; 7:12a)

27 "Dw i'n dweud wrthoch chi sy'n gwrando: Carwch eich gelynion, gwnewch ddaioni i'r
bobl sy'n eich casáu chi, 28 bendithiwch y rhai sy'n eich melltithio chi, a gweddïwch dros y rhai
sy'n eich cam-drin chi. 29 Os ydy rhywun yn rhoi clatsien i ti ar un foch, tro'r foch arall ato. Os
ydy rhywun yn dwyn dy gôt, paid â'i rwystro rhag cymryd dy grys hefyd. 30 Rho i bawb sy'n
gofyn am rywbeth gen ti, ac os bydd rhywun yn cymryd rhywbeth piau ti, paid â'i hawlio yn
ôl. 31 Dylech chi drin pobl eraill fel byddech chi'n hoffi iddyn nhw'ch trin chi.

32“Pam dylech chi gael eich canmol am garu'r bobl hynny sy'n eich caru chi? Mae hyd yn
oed ‘pechaduriaid’ yn gwneud hynny! 33Neu am wneud ffafr i'r rhai sy'n gwneud ffafr i chi?
Mae ‘pechaduriaid’ yn gwneud hynny hefyd! 34Neu os dych chi'n benthyg i'r bobl hynny sy'n
gallu'ch talu chi'n ôl, beth wedyn? Mae hyd yn oed ‘pechaduriaid’ yn fodlon benthyg i'w pobl
eu hunain – ac yn disgwyl cael eu talu yn ôl yn llawn! 35Carwch chi eich gelynion. Gwnewch
ddaioni iddyn nhw. Rhowch fenthyg iddyn nhw heb ddisgwyl cael dim byd yn ôl. Cewch chi
wobr fawr am wneud hynny. Bydd hi'n amlwg eich bod yn blant i'r Duw Goruchaf, am mai
dyna'r math o beth mae e'n ei wneud – mae'n garedig i bobl anniolchgar a drwg. 36Rhaid
i chi fod yn garedig, fel mae Duw eich tad yn garedig.

Beirniadu pobl eraill

(Mathew 7:1-5)

37“Peidiwch bod yn feirniadol o bobl eraill, ac wedyn wnaiff Duw mo'ch barnu chi. Peidiwch
eu condemnio nhw, a chewch chi mo'ch condemnio. Os gwnewch faddau i bobl eraill cewch chi
faddeuant. 38Os gwnewch roi, byddwch yn derbyn. Cewch lawer iawn mwy yn ôl – wedi'i wasgu
i lawr, a'i ysgwyd i wneud lle i fwy! Bydd yn gorlifo! Y mesur dych chi'n ei ddefnyddio i roi
fydd yn cael ei ddefnyddio i roi'n ôl i chi.”

39Yna dyma Iesu'n dyfynnu'r hen ddywediad: “ ‘Ydy dyn dall yn gallu arwain dyn dall arall?’
Nac ydy wrth gwrs! Bydd y ddau yn disgyn i ffos gyda'i gilydd! 40Dydy disgybl ddim yn dysgu
ei athro – ond ar ôl cael ei hyfforddi'n llawn mae'n dod yn debyg i'w athro.

41“Pam wyt ti'n poeni am y sbecyn o flawd llif sydd yn llygad rhywun arall, pan mae trawst
o bren yn sticio allan o dy lygad di dy hun!? 42Sut alli di ddweud, ‘Gyfaill, gad i mi dynnu'r
sbecyn yna sydd yn dy lygad di,’ pan wyt ti'n methu'n lân â gweld dim am fod trawst yn sticio
allan o dy lygad dy hun? Rwyt ti mor ddauwynebog! Tynna'r trawst allan o dy lygad dy hun yn
gyntaf, ac wedyn byddi'n gweld yn ddigon clir i dynnu'r sbecyn allan o lygad y person arall.

Coeden a'i ffrwyth

(Mathew 7:17-20; 12:34b-35)

43“Dydy ffrwyth drwg ddim yn tyfu ar goeden iach, na ffrwyth da ar goeden wael. 44Y ffrwyth
sy'n dangos sut goeden ydy hi. Dydy ffigys ddim yn tyfu ar ddrain, na grawnwin ar fieri. 45Mae
pobl dda yn gwneud y daioni sydd wedi'i storio yn eu calonnau, a phobl ddrwg yn gwneud
y drygioni sydd wedi'i storio yn eu calonnau nhw. Mae beth mae pobl yn ei ddweud yn dangos
beth sydd yn eu calonnau nhw.

Yr adeiladwr call a'r adeiladwr twp

(Mathew 7:24-27)

46“Pam dych chi'n fy ngalw i'n ‘Arglwydd’ ac eto ddim yn gwneud beth dw i'n ddweud?
47Gwna i ddangos i chi sut bobl ydy'r rhai sy'n gwrando arna i ac yna'n gwneud beth dw i'n
ddweud. 48Maen nhw fel dyn sy'n mynd ati i adeiladu tŷ ac yn tyllu'n ddwfn i wneud yn siŵr
fod y sylfeini ar graig solet. Pan ddaw llifogydd, a llif y dŵr yn taro yn erbyn y tŷ hwnnw, bydd
yn sefyll am ei fod wedi'i adeiladu'n dda. 49Ond mae'r rhai sy'n gwrando arna i heb wneud
beth dw i'n ddweud yn debyg i ddyn sy'n adeiladu tŷ heb osod sylfaen gadarn iddo. Pan fydd
llif y dŵr yn taro yn erbyn y tŷ hwnnw, bydd yn syrthio'n syth ac yn cael ei ddinistrio'n llwyr.”

Ffydd y Swyddog Milwrol Rhufeinig

(Mathew 8:5-13; Ioan 4:43-54)

7 Ar ôl i Iesu orffen dweud hyn i gyd wrth y bobl, aeth i mewn i Capernaum. 2Roedd gwas
i swyddog milwrol Rhufeinig yn sâl ac ar fin marw. Roedd gan ei feistr feddwl uchel
iawn ohono. 3Pan glywodd y swyddog Rhufeinig am Iesu, anfonodd rai o'r arweinwyr Iddewig

ato i ofyn iddo ddod i iacháu'r gwas. [4]Dyma nhw'n dod at Iesu ac yn pledio arno i helpu'r
dyn. "Mae'r dyn yma yn haeddu cael dy help di. [5]Mae e'n caru ein pobl ni ac wedi adeiladu
synagog i ni," medden nhw. [6]Felly dyma Iesu'n mynd gyda nhw. Roedd Iesu bron â chyrraedd
y tŷ pan anfonodd y swyddog Rhufeinig rai o'i ffrindiau i ddweud wrtho: "Arglwydd, paid
trafferthu dod yma, dw i ddim yn deilwng i ti ddod i mewn i nhŷ i. [7]Dyna pam wnes i ddim
dod i dy gyfarfod di fy hun. Does ond rhaid i ti ddweud, a bydd fy ngwas yn cael ei iacháu.
[8]Mae swyddogion uwch fy mhen i yn rhoi gorchmynion i mi, ac mae gen innau filwyr odanaf
fi. Dw i'n dweud 'Dos' wrth un, ac mae'n mynd; 'Tyrd yma' wrth un arall ac mae'n dod. Dw
i'n dweud 'Gwna hyn' wrth fy ngwas, ac mae'n ei wneud."
[9]Roedd Iesu wedi'i syfrdanu pan glywodd hyn. Trodd at y dyrfa oedd yn ei ddilyn, ac
meddai, "Dw i'n dweud wrthoch chi, dw i ddim wedi gweld neb o bobl Israel sydd â ffydd
fel yna!" [10]Dyma'r dynion oedd wedi'u hanfon ato yn mynd yn ôl i'r tŷ, a dyna lle roedd
y gwas yn holliach!

Iesu'n dod â mab gwraig weddw yn ôl yn fyw

[11]Yn fuan wedyn, dyma Iesu'n mynd i dref o'r enw Nain. Roedd ei ddisgyblion a thyrfa
fawr o bobl gydag e. [12]Pan oedd ar fin cyrraedd giât y dref roedd pobl mewn angladd ar
y ffordd allan. Bachgen ifanc oedd wedi marw – unig fab rhyw wraig weddw. Roedd tyrfa
fawr o bobl y dre yn yr angladd. [13]Pan welodd Iesu'r wraig weddw roedd yn teimlo drosti, ac
meddai wrthi, "Paid crio."
[14]Yna gwnaeth rywbeth cwbl annisgwyl – cyffwrdd yr arch! Dyma'r rhai oedd yn ei chario
yn sefyll yn stond. "Fachgen ifanc," meddai Iesu, "dw i'n dweud wrthot ti am godi!" [15]A dyma'r
bachgen oedd wedi marw yn codi ar ei eistedd a dechrau siarad. A dyma Iesu'n ei roi yn ôl
i'w fam.
[16]Roedd pawb wedi'u syfrdanu'n llwyr, a dyma nhw'n dechrau moli Duw. "Mae proffwyd
mawr wedi codi yn ein plith ni!" medden nhw. "Mae Duw wedi dod aton ni i helpu ei bobl."
[17]Aeth yr hanes yma am Iesu ar led fel tân gwyllt, drwy Jwdea gyfan ac ymhellach na hynny.

Iesu a Ioan Fedyddiwr

(Mathew 11:1-19)

[18]Roedd disgyblion Ioan Fedyddiwr wedi mynd i ddweud wrtho am bopeth roedd Iesu'n
ei wneud. [19]Felly dyma Ioan yn anfon dau ohonyn nhw at yr Arglwydd Iesu i ofyn iddo, "Ai ti
ydy'r Meseia sydd i ddod, neu ddylen ni ddisgwyl rhywun arall?"
[20]Dyma nhw'n dod o hyd i Iesu a dweud wrtho, "Mae Ioan Fedyddiwr eisiau gwybod, 'Ai
ti ydy'r Meseia sydd i ddod, neu ddylen ni ddisgwyl rhywun arall?' "
[21]Yr adeg yna roedd Iesu wedi bod wrthi'n iacháu llawer o bobl oedd yn dioddef
o afiechydon a phoenau, a dylanwad ysbrydion drwg. Roedd wedi rhoi eu golwg yn ôl
i lawer o bobl ddall hefyd. [22]Felly ei ateb iddyn nhw oedd, "Ewch yn ôl a dweud wrth
Ioan beth dych chi wedi'i weld a'i glywed: Mae pobl ddall yn cael gweld, pobl gloff
yn cerdded, pobl sy'n dioddef o'r gwahanglwyf yn cael eu hiacháu, pobl fyddar yn
clywed, a phobl sydd wedi marw yn dod yn ôl yn fyw. Ac mae'r newyddion da yn cael ei
gyhoeddi i bobl dlawd! [23]Ac un peth arall: Mae bendith fawr i bwy bynnag sydd ddim
yn colli hyder ynddo i."
[24]Ar ôl i negeswyr Ioan fynd, dechreuodd Iesu siarad â'r dyrfa am Ioan: "Sut ddyn aethoch
chi allan i'r anialwch i'w weld? Brwynen wan yn cael ei chwythu i bob cyfeiriad gan y gwynt?
[25]Na? Beth roeddech chi'n ei ddisgwyl? Dyn yn gwisgo dillad crand? Wrth gwrs ddim! Mewn
palasau mae pobl grand yn byw! [26]Felly ai proffwyd aethoch chi allan i'w weld? Ie! A dw
i'n dweud wrthoch chi ei fod e'n fwy na phroffwyd. [27]Dyma'r un mae'r ysgrifau sanctaidd
yn sôn amdano:

7:16 cyfeiriad at Deuteronomium 18:15 7:22 cyfeiriad at Eseia 35:5-6; 26:14; 61:1

'Edrych! – dw i'n anfon fy negesydd o dy flaen di,
i baratoi'r ffordd i ti.'

28 Dw i'n dweud wrthoch chi, mae Ioan yn fwy na neb arall sydd wedi byw erioed. Ond mae'r
person lleia pwysig yn nheyrnas Dduw yn fwy nag e."

29 (Roedd y bobl gyffredin glywodd neges Ioan, hyd yn oed y dynion sy'n casglu trethi
i Rufain, yn cydnabod mai ffordd Duw oedd yn iawn – dyna pam gawson nhw eu bedyddio
gan Ioan. 30 Ond roedd y Phariseaid a'r arbenigwyr yn y Gyfraith wedi gwrthod gwneud beth
oedd Duw eisiau, a doedden nhw ddim wedi cael eu bedyddio gan Ioan.)

31 "Sut mae disgrifio'r dynion yma?" meddai Iesu, "I beth maen nhw'n debyg? 32 Maen nhw
fel plant yn eistedd yn sgwâr y farchnad yn cwyno am ei gilydd fel hyn:

'Roedden ni'n chwarae priodas,
ond wnaethoch chi ddim dawnsio;
Roedden ni'n chwarae angladd,
Ond wnaethoch chi ddim wylo.'

33 Am fod Ioan Fedyddiwr ddim yn bwyta bara ac yfed gwin, roeddech chi'n dweud, 'Mae
cythraul ynddo.' 34 Ond wedyn dyma fi, Mab y Dyn yn dod, yn bwyta ac yn yfed fel pawb arall,
a dyma chi'n dweud, 'Y bolgi! Meddwyn sy'n diota a stwffio'i hun ydy e! Ffrind i'r twyllwyr
sy'n casglu trethi i Rufain ac i bechaduriaid!' 35 Gallwch nabod doethineb go iawn yn ôl pa
mor gyson fydd pobl!"

Gwraig bechadurus yn eneinio Iesu

36 Roedd un o'r Phariseaid wedi gwahodd Iesu i swper, felly aeth Iesu i'w dŷ ac eistedd
wrth y bwrdd. 37 Dyma wraig o'r dref oedd yn adnabyddus am ei bywyd anfoesol yn clywed
fod Iesu yn cael pryd o fwyd yng nghartre'r Pharisead, ac aeth yno gyda blwch hardd yn llawn
o bersawr. 38 Plygodd y tu ôl iddo wrth ei draed, yn crio. Roedd ei dagrau yn gwlychu ei draed,
felly sychodd nhw â'i gwallt a'u cusanu, ac yna tywallt y persawr arnyn nhw.

39 Pan welodd y dyn oedd wedi gwahodd Iesu beth oedd yn digwydd, meddyliodd, "Petai'r
dyn yma yn broffwyd byddai'n gwybod pa fath o wraig sy'n ei gyffwrdd – dydy hi'n ddim
byd ond pechadures!"

40 Ond dyma Iesu'n dweud wrtho, "Simon, dw i eisiau dweud rhywbeth wrthot ti." "Beth
athro?" meddai.

41 "Roedd dau o bobl mewn dyled i fenthyciwr arian. Pum can denariws oedd dyled un, a hanner
can denariws oedd dyled y llall. 42 Ond pan oedd y naill a'r llall yn methu ei dalu'n ôl, dyma'r
benthyciwr yn canslo dyled y ddau! Felly, pa un o'r ddau wyt ti'n meddwl fydd yn ei garu fwyaf?"

43 "Mae'n debyg mai'r un gafodd y ddyled fwyaf wedi'i chanslo," meddai Simon.

"Rwyt ti'n iawn," meddai Iesu.

44 Yna dyma Iesu'n troi at y wraig, ac yn dweud wrth Simon, "Edrych ar y wraig yma. Pan
ddes i mewn i dy dŷ di, ches i ddim dŵr i olchi fy nhraed. Ond mae hon wedi gwlychu fy nhraed
â'i dagrau a'u sychu â'i gwallt. 45 Wnest ti ddim fy nghyfarch i â chusan, ond dydy hon ddim
wedi stopio cusanu fy nhraed ers i mi gyrraedd. 46 Wnest ti ddim rhoi croeso i mi drwy roi olew
ar fy mhen, ond mae hon wedi tywallt persawr ar fy nhraed. 47 Felly dw i'n dweud wrthot ti,
mae pob un o'i phechodau hi wedi'u maddau – ac mae hi wedi dangos cariad mawr ata
i. Ond bach iawn ydy cariad y sawl sydd wedi cael maddeuant am bethau bach."

48 Wedyn dyma Iesu'n dweud wrth y wraig ei hun, "Mae dy bechodau wedi'u maddau."

49 A dyma'r gwesteion eraill yn dechrau siarad ymhlith ei gilydd, "Pwy ydy hwn, yn meddwl
y gall faddau pechodau?"

50 Dyma Iesu'n dweud wrth y wraig, "Am i ti gredu rwyt wedi dy achub;[f] dos adre!
Bendith Duw arnat ti!"

---

f 7:50 *achub:* Neu "iacháu".
7:27 Malachi 3:1 7:37,38 gw. Mathew 26:7; Marc 14:3; Ioan 12:3

Y gwragedd oedd yn helpu Iesu

8 Am beth amser wedyn roedd Iesu'n teithio o gwmpas y trefi a'r pentrefi yn cyhoeddi'r
newyddion da am Dduw yn teyrnasu. Roedd y deuddeg disgybl gydag e, 2a hefyd rhyw
wragedd oedd wedi cael eu hiacháu o effeithiau ysbrydion drwg ac afiechydon: Mair, oedd
yn cael ei galw'n Magdalen – roedd saith o gythreuliaid wedi dod allan ohoni hi; 3Joanna,
gwraig Chwsa (prif reolwr palas Herod);[ff] Swsana, a nifer o rai eraill oedd yn defnyddio'u
harian i helpu i gynnal Iesu a'i ddisgyblion.

Stori'r ffermwr yn hau

(Mathew 13:1-17; Marc 4:1-12)

4Dwedodd y stori yma pan oedd tyrfa fawr o bobl o wahanol drefi wedi casglu at ei gilydd:
5"Aeth ffermwr allan i hau hadau. Wrth iddo wasgaru'r had, dyma beth ohono yn syrthio
ar y llwybr. Cafodd ei sathru dan draed, a dyma'r adar yn ei fwyta. 6Dyma beth ohono yn
syrthio ar dir creigiog, ond wrth ddechrau tyfu dyma fe'n gwywo am fod dim dŵr ganddo.
7A dyma beth yn syrthio i ganol drain. Tyfodd y drain yr un pryd a thagu'r planhigion. 8Ond
syrthiodd peth ohono ar bridd da. Tyfodd hwnnw, a rhoddodd gnwd oedd gan gwaith mwy
na beth gafodd ei hau."

Ar ôl dweud hyn, galwodd allan yn uchel, "Gwrandwch yn ofalus os dych chi'n awyddus
i ddysgu!"

9Yn nes ymlaen dyma'i ddisgyblion yn gofyn iddo beth oedd ystyr y stori. 10Atebodd Iesu,
"Dych chi'n cael gwybod beth ydy'r gyfrinach am deyrnasiad Duw, ond i eraill dw i ddim ond
yn adrodd straeon, felly,

'Er eu bod yn edrych, chân nhw ddim gweld;
er eu bod yn gwrando, chân nhw ddim deall.'

Iesu'n esbonio'r stori am y ffermwr yn hau

(Mathew 13:18-23; Marc 4:13-20)

11"Dyma beth ydy ystyr y stori: Neges Duw ydy'r hadau. 12Y rhai ar y llwybr ydy'r bobl
sy'n clywed y neges, ond mae'r diafol yn dod ac yn cipio'r neges oddi arnyn nhw, i'w
rhwystro nhw rhag credu a chael eu hachub. 13Y rhai ar y tir creigiog ydy'r bobl hynny
sy'n derbyn y neges yn frwd i ddechrau, ond dydy'r neges ddim yn gafael ynddyn nhw.
Maen nhw'n credu am sbel, ond pan ddaw'r amser iddyn nhw gael eu profi maen nhw'n
rhoi'r gorau iddi. 14Yna'r rhai syrthiodd i ganol drain ydy'r bobl sy'n clywed y neges, ond
mae poeni drwy'r adeg am bethau fel cyfoeth a phleserau yn eu tagu, a dŷn nhw ddim
yn aeddfedu. 15Ond yr hadau syrthiodd i bridd da ydy'r bobl hynny sy'n clywed y neges
ac yn dal gafael i'r diwedd – pobl sydd â chalon agored ddidwyll. Mae'r effaith ar eu
bywydau nhw fel cnwd anferth.

Lamp ar fwrdd

(Marc 4:21-25)

16"Dydy pobl ddim yn goleuo lamp ac yna'n rhoi rhywbeth drosti neu'n ei chuddio dan
y gwely. Na, mae'n cael ei gosod ar fwrdd, er mwyn i bawb sy'n dod i mewn allu gweld.
17Bydd popeth sydd wedi'i guddio yn cael ei weld yn glir maes o law. Bydd pob cyfrinach yn
cael ei rhannu ac yn dod i'r golwg. 18Felly gwrandwch yn ofalus. Bydd y rhai sydd wedi deall
yn derbyn mwy; ond am y rhai hynny sydd heb ddeall, bydd hyd yn oed yr hyn maen nhw'n
meddwl maen nhw'n ei ddeall yn cael ei gymryd oddi arnyn nhw."

---

ff 8:3 *Herod:* Herod Antipas, mab Herod Fawr.
8:10 Eseia 6:9 (LXX)

Mam a brodyr Iesu

(Mathew 12:46-50; Marc 3:31-35)

19 Yna cyrhaeddodd mam Iesu a'i frodyr yno, ond roedden nhw'n methu mynd yn agos
ato o achos y dyrfa. 20 Dwedodd rhywun wrtho, "Mae dy fam a dy frodyr yn sefyll y tu allan,
eisiau dy weld di."
21 Ond atebodd Iesu, "Fy mam a'm brodyr i ydy'r bobl sy'n clywed neges Duw ac yn gwneud
beth mae'n ei ddweud."

Iesu'n tawelu storm

(Mathew 8:23-27; Marc 4:35-41)

22 Un diwrnod dwedodd Iesu wrth ei ddisgyblion, "Beth am i ni groesi i ochr draw'r llyn?"[g]
Felly i ffwrdd â nhw mewn cwch. 23 Wrth groesi'r llyn syrthiodd Iesu i gysgu. Daeth storm
ofnadwy ar y llyn ac roedd y cwch yn llenwi â dŵr nes eu bod nhw mewn peryg o suddo.
24 Dyma'r disgyblion yn mynd at Iesu a'i ddeffro, ac yn dweud wrtho, "Feistr! dŷn ni'n suddo
feistr!" Cododd Iesu ar ei draed a cheryddu'r gwynt a'r tonnau gwyllt; a dyma'r storm yn
stopio, ac roedd pobman yn hollol dawel. 25 "Ble mae'ch ffydd chi?" gofynnodd i'w ddisgyblion.
Roedden nhw wedi dychryn ac yn rhyfeddu at beth ddigwyddodd. "Pwy ydy hwn?" medden
nhw, "Mae hyd yn oed yn rhoi gorchymyn i'r gwynt a'r dŵr, ac maen nhw'n ufuddhau iddo."

Iacháu y dyn yng ngafael cythraul

(Mathew 8:28-34; Marc 5:1-20)

26 Dyma nhw'n cyrraedd ardal Gerasa[ng] sydd yr ochr draw i'r llyn o Galilea. 27 Wrth i Iesu
gamu allan o'r cwch i'r lan dyma ddyn o'r dref oedd yng ngafael cythreuliaid yn dod i'w
gyfarfod. Doedd y dyn yma ddim wedi gwisgo dillad na byw mewn tŷ ers amser maith – roedd
wedi bod yn byw yng nghanol y beddau. 28 Pan welodd Iesu, rhoddodd y dyn sgrech a syrthio
i lawr o'i flaen gan weiddi nerth ei ben, "Gad di lonydd i mi, Iesu, mab y Duw Goruchaf! Dw
i'n crefu arnat ti, paid poenydio fi!" 29 (Roedd Iesu newydd orchymyn i'r ysbryd drwg ddod
allan o'r dyn. Ers amser hir roedd yr ysbryd wedi meistroli'r dyn yn llwyr. Roedd rhaid iddo
gael ei warchod, gyda'i ddwylo a'i draed mewn cadwyni. Ond roedd yn llwyddo i ddianc o hyd,
ac roedd y cythraul yn ei yrru allan i'r anialwch.)
30 A dyma Iesu'n gofyn iddo, "Beth ydy dy enw di?"
"Lleng," atebodd, achos roedd llawer o gythreuliaid wedi mynd iddo. 31 Roedden nhw'n
pledio'n daer ar i Iesu beidio gorchymyn iddyn nhw fynd i'r dyfnder tywyll.[h]
32 Roedd cenfaint fawr o foch yn pori ar ochr bryn cyfagos, a dyma'r cythreuliaid yn pledio
ar Iesu i adael iddyn nhw fynd i fyw yn y moch. Felly dyma Iesu'n rhoi caniatâd iddyn nhw.
33 Pan aeth y cythreuliaid allan o'r dyn a mynd i mewn i'r moch, dyma'r moch i gyd yn rhuthro
i lawr y llechwedd serth i mewn i'r llyn, a boddi.
34 Pan welodd y rhai oedd yn gofalu am y moch beth ddigwyddodd, dyma nhw'n rhedeg
i ffwrdd a dweud wrth bawb. 35 Aeth pobl allan i weld drostyn nhw'u hunain. Dyma nhw'n
dychryn pan ddaethon nhw at Iesu, achos dyna lle roedd y dyn roedd y cythreuliaid wedi mynd
allan ohono yn eistedd yn dawel o flaen Iesu yn gwisgo dillad ac yn ei iawn bwyll. 36 Dwedodd
y llygad-dystion eto sut roedd y dyn yng ngafael cythreuliaid wedi cael ei iacháu. 37 Felly, ar ôl
hynny dyma bobl ardal Gerasa[i] i gyd yn gofyn i Iesu adael, achos roedden nhw wedi dychryn
am eu bywydau. Felly aeth Iesu yn ôl i'r cwch.
38 Dyma'r dyn roedd y cythreuliaid wedi mynd allan ohono yn erfyn am gael aros gydag
e, ond dyma Iesu yn ei anfon i ffwrdd a dweud wrtho, 39 "Dos yn ôl adre i ddweud am y cwbl

---

g 8:22 *ochr draw'r llyn:* ochr ddwyreiniol Llyn Galilea. Doedd rhan fwya'r bobl oedd yn byw yno ddim yn Iddewon. ng 8:26 *Gerasa:* Neu, *Gergesa* yn ôl rhai llawysgrifau. h 8:31 *dyfnder tywyll:* Lle roedd ysbrydion drwg yn cael eu cadw a'u cosbi. i 8:37 *Gerasa:* gw. nodyn ar 8:26.

mae Duw wedi'i wneud i ti." Felly i ffwrdd â'r dyn, a dweud wrth bawb yn y dref am bopeth roedd Iesu wedi'i wneud iddo.

Merch fach wedi marw a gwraig oedd â gwaedlif

(Mathew 9:18-26; Marc 5:21-43)

40Pan aeth Iesu yn ôl i ochr draw'r llyn, roedd tyrfa yno i'w groesawu – roedden nhw wedi
bod yn disgwyl amdano. 41Dyma ddyn o'r enw Jairus, un o arweinwyr y synagog, yn dod ato.
Syrthiodd ar ei liniau o flaen Iesu a chrefu'n daer arno i fynd i'w dŷ. 42Roedd ei ferch fach
ddeuddeg oed, oedd yn unig blentyn, yn marw. Wrth iddo fynd, roedd y dyrfa yn gwasgu
o'i gwmpas. 43Yn eu canol roedd gwraig oedd wedi bod â gwaedlif arni ers deuddeng mlynedd,
a doedd neb yn gallu ei gwella. 44Sleifiodd at Iesu o'r tu ôl iddo a chyffwrdd y taselau ar ei
glogyn, a dyma'r gwaedu yn stopio'n syth. 45"Pwy gyffyrddodd fi?" gofynnodd Iesu.
Wrth i bawb wadu'r peth, dyma Pedr yn dweud, "Ond Feistr, mae'r bobl yma i gyd yn gwthio ac yn gwasgu o dy gwmpas di!"

46Ond dyma Iesu'n dweud, "Mae rhywun wedi nghyffwrdd i; dw i'n gwybod fod nerth wedi llifo allan ohono i."

47Pan sylweddolodd y wraig ei bod hi ddim yn mynd i osgoi sylw, dyma hi'n dod a syrthio
o'i flaen yn dal i grynu. Esboniodd o flaen pawb pam roedd hi wedi cyffwrdd Iesu, a'i bod
wedi cael ei hiacháu y funud honno. 48A dyma Iesu'n dweud wrthi, "Wraig annwyl, am i ti
gredu rwyt wedi dy iacháu. Dos adre! Bendith Duw arnat ti!"

49Tra oedd Iesu'n siarad, roedd dyn o dŷ Jairus wedi cyrraedd, a dweud wrtho, "Mae dy ferch wedi marw, felly paid poeni'r athro ddim mwy."

50Pan glywodd Iesu hyn, meddai wrth Jairus, "Paid bod ofn; dalia i gredu, a bydd hi'n cael ei hiacháu."

51Pan gyrhaeddodd dŷ Jairus, dim ond Pedr, Ioan a Iago, a rhieni'r ferch fach gafodd fynd
i mewn gydag e. 52Roedd y lle'n llawn o bobl yn galaru ac udo crio ar ei hôl. "Stopiwch y sŵn
yma," meddai Iesu, "dydy hi ddim wedi marw – cysgu mae hi!" 53Dechreuodd pobl chwerthin
am ei ben, gan eu bod nhw'n gwybod ei bod hi wedi marw. 54Dyma Iesu'n gafael yn llaw'r
ferch fach a dweud, "Cod ar dy draed mhlentyn i!" 55Daeth bywyd yn ôl i'w chorff a chododd
ar ei thraed yn y fan a'r lle. Wedyn dyma Iesu'n dweud wrthyn nhw am roi rhywbeth iddi i'w
fwyta. 56Roedd ei rhieni wedi'u syfrdanu, ond rhybuddiodd Iesu nhw i beidio dweud wrth
neb beth oedd wedi digwydd.

Iesu'n anfon allan y deuddeg

(Mathew 10:5-15; Marc 6:7-13)

9 Galwodd Iesu y deuddeg disgybl at ei gilydd, a rhoi nerth ac awdurdod iddyn nhw fwrw
allan gythreuliaid a iacháu pobl. 2Yna anfonodd nhw allan i gyhoeddi bod Duw yn
teyrnasu, ac i iacháu pobl. 3Dwedodd wrthyn nhw: "Peidiwch mynd â dim byd gyda chi – dim
ffon, dim bag teithio, dim bwyd, dim arian, dim hyd yn oed dillad sbâr. 4Pan gewch groeso yng
nghartre rhywun, arhoswch yno nes byddwch chi'n gadael y dre. 5Os na chewch chi groeso yn
rhywle, ysgydwch y llwch oddi ar eich traed wrth adael y dref honno. Bydd hynny'n arwydd
o farn Duw arnyn nhw!" 6Felly i ffwrdd â nhw i deithio o un pentref i'r llall gan gyhoeddi'r
newyddion da a iacháu pobl ym mhobman.

Herod yn poeni

(Mathew 14:1-12; Marc 6:14-29)

7Clywodd y llywodraethwr Herod[l] am y cwbl oedd yn digwydd. Roedd mewn penbleth, am
fod rhai yn dweud mai Ioan Fedyddiwr oedd wedi dod yn ôl yn fyw. 8Roedd eraill yn dweud

l 9:7 *Herod:* Herod Antipas, mab Herod Fawr.

mai'r proffwyd Elias[ll] oedd wedi dod, ac eraill eto'n meddwl mai un o broffwydi'r gorffennol
oedd wedi dod yn ôl yn fyw. 9“Torrais ben Ioan i ffwrdd,” meddai Herod, “felly, pwy ydy hwn
dw i'n clywed y pethau yma amdano?” Roedd ganddo eisiau gweld Iesu.

Iesu'n bwydo'r pum mil

(Mathew 14:13-21; Marc 6:30-44; Ioan 6:1-14)

10Pan ddaeth yr apostolion yn ôl, dyma nhw'n dweud wrth Iesu beth roedden nhw
wedi'i wneud. Yna aeth Iesu â nhw i ffwrdd ar eu pennau'u hunain, i dref o'r enw Bethsaida.
11Ond clywodd y tyrfaoedd ble roedd wedi mynd, a'i ddilyn yno. Dyma Iesu'n eu croesawu ac
yn siarad â nhw am Dduw yn teyrnasu, a iacháu y rhai ohonyn nhw oedd yn sâl.
12Yn hwyr yn y p'nawn dyma'r deuddeg disgybl yn dod ato a dweud wrtho, “Anfon y dyrfa
i ffwrdd, iddyn nhw fynd i'r pentrefi sydd o gwmpas i gael llety a bwyd. Mae'r lle yma yn anial.”
13Ond dwedodd Iesu, “Rhowch chi rywbeth i'w fwyta iddyn nhw.” “Dim ond pum torth
fach[m] a dau bysgodyn sydd gynnon ni,” medden nhw. “Wyt ti'n disgwyl i ni fynd i brynu
bwyd i'r bobl yma i gyd?” 14(Roedd tua pum mil o ddynion yno!) Dyma Iesu'n dweud wrth
ei ddisgyblion, “Gwnewch iddyn nhw eistedd mewn grwpiau o tua hanner cant.” 15Dyma'r
disgyblion yn gwneud hynny, ac eisteddodd pawb. 16Wedyn dyma Iesu'n cymryd y pum torth
a'r ddau bysgodyn, ac offrymu gweddi o ddiolch i Dduw. Torrodd y bara a'i roi i'w ddisgyblion
i'w rannu i'r bobl. 17Cafodd pawb ddigon i'w fwyta, a dyma nhw'n casglu deuddeg llond
basged o dameidiau oedd dros ben.

Datganiad Pedr

(Mathew 16:13-28; Marc 8:27—9:1)

18Un tro pan oedd Iesu wedi bod yn gweddïo ar ei ben ei hun, aeth at ei ddisgyblion a gofyn
iddyn nhw, “Pwy mae'r bobl yn ei ddweud ydw i?”
19Dyma nhw'n ateb, “Mae rhai yn dweud mai Ioan Fedyddiwr wyt ti; eraill yn dweud Elias;
a phobl eraill eto'n dweud fod un o'r proffwydi ers talwm wedi dod yn ôl yn fyw.”
20“Ond beth amdanoch chi?” meddai. “Pwy dych chi'n ddweud ydw i?”
Atebodd Pedr, “Meseia Duw.”
21Ond dyma Iesu'n pwyso'n drwm arnyn nhw i beidio dweud wrth neb. 22Dwedodd wrthyn
nhw, “Mae'n rhaid i mi, Mab y Dyn, ddioddef yn ofnadwy. Bydd yr arweinwyr, y prif offeiriaid
a'r arbenigwyr yn y Gyfraith yn fy ngwrthod i. Bydda i'n cael fy lladd, ond yna'n dod yn ôl
yn fyw ddeuddydd wedyn.”
23Yna dwedodd wrth bawb oedd yno: “Rhaid i bwy bynnag sydd am fy nilyn i stopio rhoi
nhw eu hunain gyntaf. Rhaid iddyn nhw aberthu eu hunain dros eraill bob dydd, a cherdded
yr un llwybr â mi. 24Bydd y rhai sy'n ceisio cadw eu bywyd eu hunain yn colli'r bywyd go iawn,
ond y rhai sy'n barod i ollwng gafael ar eu bywyd er fy mwyn i yn diogelu bywyd go iawn.
25Beth ydy'r pwynt o gael popeth sydd gan y byd i'w gynnig, a cholli eich hunan? 26Pawb sydd
â chywilydd ohono i a beth dw i'n ddweud, bydd gen i, Fab y Dyn, gywilydd ohonyn nhw pan
fydda i'n dod yn ôl yn fy holl ysblander, sef ysblander y Tad a'i angylion sanctaidd. 27Credwch
chi fi, wnaiff rhai ohonoch chi sy'n sefyll yma ddim marw cyn cael gweld Duw'n teyrnasu.”

Y Gweddnewidiad

(Mathew 17:1-8; Marc 9:2-8)

28Tuag wythnos ar ôl iddo ddweud hyn, aeth Iesu i weddïo i ben mynydd, a mynd
â Pedr, Iago ac Ioan gydag e. 29Wrth iddo weddïo newidiodd ei olwg, a throdd ei ddillad
yn wyn llachar. 30A dyma nhw'n gweld dau ddyn, Moses ac Elias, yn sgwrsio gyda Iesu.

---

ll 9:8 *Elias:* Roedd yr Iddewon yn disgwyl i'r proffwyd Elias ddod i baratoi'r ffordd ar gyfer y Meseia.
m 9:13 *torth fach:* Torth fach gron fflat, mae'n debyg.

[31]Roedd hi'n olygfa anhygoel,[n] ac roedden nhw'n siarad am y ffordd roedd Iesu'n mynd i adael y byd,[o] hynny ydy beth oedd ar fin digwydd iddo yn Jerwsalem. [32]Roedd Pedr a'r lleill wedi bod yn teimlo'n gysglyd iawn, ond dyma nhw'n deffro go iawn pan welon nhw ysblander Iesu a'r ddau ddyn yn sefyll gydag e. [33]Pan oedd Moses ac Elias ar fin gadael, dyma Pedr yn dweud wrth Iesu, "Feistr, mae'n dda cael bod yma. Gad i ni godi tair lloches – un i ti, un i Moses ac un i Elias." (Doedd ganddo ddim syniad wir beth roedd yn ei ddweud!)

[34]Tra oedd yn dweud hyn, dyma gwmwl yn dod i lawr a chau o'u cwmpas. Roedden nhw wedi dychryn wrth iddyn nhw fynd i mewn i'r cwmwl. [35]A dyma lais yn dod o'r cwmwl a dweud, "Fy Mab i ydy hwn – yr un dw i wedi'i ddewis. Gwrandwch arno!" [36]Ar ôl i'r llais ddweud hyn, roedd Iesu ar ei ben ei hun unwaith eto. Dyma'r lleill yn cadw'n dawel am y peth – ddwedon nhw ddim wrth neb bryd hynny am beth roedden nhw wedi'i weld.

Iacháu bachgen oedd ag ysbryd drwg ynddo

(Mathew 17:14-18; Marc 9:14-27)

[37]Y diwrnod wedyn, pan ddaethon nhw i lawr o'r mynydd, daeth tyrfa fawr i'w gyfarfod. [38]Dyma ryw ddyn yn y dyrfa yn gweiddi ar Iesu, "Athro, dw i'n crefu arnat ti i edrych ar fy mab i – dyma fy unig blentyn i! [39]Mae yna ysbryd yn gafael ynddo'n aml, ac yn sydyn mae'n sgrechian; wedyn mae'r ysbryd yn gwneud iddo gael ffit nes ei fod yn glafoerio. Dydy'r ysbryd prin yn gadael llonydd iddo! Mae'n ei ddinistrio! [40]Rôn i'n crefu ar dy ddisgyblion i'w fwrw allan, ond doedden nhw ddim yn gallu."

[41]"Pam dych chi mor ystyfnig ac amharod i gredu?" meddai Iesu, "Am faint dw i'n mynd i aros gyda chi a'ch dioddef chi? Tyrd â dy fab yma."

[42]Wrth i'r bachgen ddod ato dyma'r cythraul yn ei fwrw ar lawr mewn ffit epileptig. Ond dyma Iesu'n ceryddu'r ysbryd drwg, iacháu'r bachgen a'i roi yn ôl i'w dad. [43]Roedd pawb wedi'u syfrdanu wrth weld nerth Duw ar waith.

Iesu'n siarad am ei farwolaeth eto

(Mathew 17:22,23; Marc 9:30-32)

Tra oedd pawb wrthi'n rhyfeddu at yr holl bethau roedd Iesu'n eu gwneud, dwedodd wrth ei ddisgyblion, [44]"Gwnewch yn siŵr eich bod yn cofio fy mod i wedi dweud hyn: Dw i, Mab y Dyn, yn mynd i gael fy mradychu." [45]Doedd gan y disgyblion ddim syniad am beth roedd e'n sôn. Roedd yn ddirgelwch iddyn nhw, ac roedden nhw'n methu'n lân a deall beth roedd yn ei olygu, ond roedd arnyn nhw ofn gofyn iddo am y peth.

Pwy fydd y pwysica?

(Mathew 18:1-5; Marc 9:33-37,38-40)

[46]Dyma'r disgyblion yn dechrau dadlau pwy ohonyn nhw oedd y pwysica. [47]Roedd Iesu'n gwybod beth oedd yn mynd drwy eu meddyliau, a gosododd blentyn bach i sefyll wrth ei ymyl. [48]Yna meddai wrthyn nhw, "Mae pwy bynnag sy'n rhoi croeso i'r plentyn bach yma am ei fod yn perthyn i mi, yn rhoi croeso i mi; ac mae pwy bynnag sy'n rhoi croeso i mi yn croesawu'r Un sydd wedi fy anfon i. Mae'r un lleia pwysig ohonoch chi yn bwysig dros ben."

[49]"Feistr," meddai Ioan, "gwelon ni rywun yn bwrw allan gythreuliaid yn dy enw di, a dyma ni'n dweud wrtho am stopio, am ei fod e ddim yn un o'n criw ni."

[50]"Peidiwch gwneud hynny," meddai Iesu. "Os ydy rhywun ddim yn eich erbyn chi, mae o'ch plaid chi."

---

n 9:31 *Roedd hi'n olygfa anhygoel:* Groeg, "wedi dod i'r golwg mewn ysblander". o 9:31 *y ffordd roedd Iesu'n mynd i adael y byd:* Groeg, "ei exodus", sef yma, y ffordd roedd e'n mynd i achub pobl drwy ei farwolaeth.

Pobl Samaria yn ei wrthwynebu

51 Dyma Iesu'n cychwyn ar y daith i Jerwsalem, gan fod yr amser yn agosáu iddo fynd yn
ôl i'r nefoedd. 52 Anfonodd negeswyr o'i flaen, a dyma nhw'n mynd i un o bentrefi Samaria
i baratoi ar ei gyfer; 53 ond dyma'r bobl yno yn gwrthod rhoi croeso iddo am ei fod ar ei ffordd
i Jerwsalem. 54 Pan glywodd Iago ac Ioan am hyn, dyma nhw'n dweud wrth Iesu, "Arglwydd,
wyt ti am i ni alw tân i lawr o'r nefoedd i'w dinistrio nhw?" 55 A dyma Iesu'n troi atyn nhw
a'u ceryddu nhw am ddweud y fath beth. 56 A dyma nhw'n mynd yn eu blaenau i bentref arall.

Y gost o ddilyn Iesu

(Mathew 8:19-22)

57 Wrth iddyn nhw gerdded ar hyd y ffordd, dyma rywun yn dweud wrtho, "Dw i'n fodlon
dy ddilyn di lle bynnag fyddi di'n mynd!"
58 Atebodd Iesu, "Mae gan lwynogod ffeuau ac adar nythod, ond does gen i, Mab y Dyn,
ddim lle i orffwys."
59 Dwedodd Iesu wrth rywun arall, "Tyrd, dilyn fi."
Ond dyma'r dyn yn dweud, "Arglwydd, gad i mi fynd adre i gladdu fy nhad gyntaf."
60 Ond ateb Iesu oedd, "Gad i'r rhai sy'n farw eu hunain gladdu eu meirw; dy waith di ydy
cyhoeddi fod Duw yn dod i deyrnasu."
61 Dwedodd rhywun arall wedyn, "Gwna i dy ddilyn di, Arglwydd; ond gad i mi fynd
i ffarwelio â'm teulu gyntaf."
62 Atebodd Iesu, "Dydy'r sawl sy'n gafael yn yr aradr ac yn edrych yn ôl ddim ffit
i wasanaethu'r Duw sy'n teyrnasu."

Iesu'n anfon y saith deg dau allan

10 Ar ôl hyn dyma Iesu'n penodi saith deg dau[p] o rai eraill a'u hanfon o'i flaen bob yn
ddau i'r lleoedd roedd ar fin mynd iddyn nhw. 2 Meddai wrthyn nhw, "Mae'r cynhaeaf
mor fawr, a'r gweithwyr mor brin! Felly, gofynnwch i Arglwydd y cynhaeaf anfon mwy o weithwyr
i'w feysydd. 3 Ewch! Dw i'n eich anfon chi allan fel ŵyn i ganol pac o fleiddiaid. 4 Peidiwch mynd
â phwrs na bag teithio na sandalau gyda chi; a pheidiwch stopio i gyfarch neb ar y ffordd.
5 "Pan ewch i mewn i gartref rhywun, gofynnwch i Dduw fendithio'r cartref hwnnw cyn
gwneud unrhyw beth arall. 6 Os oes rhywun yna sy'n agored i dderbyn y fendith, bydd yn
cael ei fendithio; ond os oes neb, bydd y fendith yn dod yn ôl arnoch chi. 7 Peidiwch symud
o gwmpas o un tŷ i'r llall; arhoswch yn yr un lle, gan fwyta ac yfed beth bynnag sy'n cael ei
roi o'ch blaen chi. Mae gweithiwr yn haeddu ei gyflog.
8 "Os byddwch yn cael croeso mewn rhyw dref, bwytwch beth bynnag sy'n cael ei roi o'ch
blaen chi. 9 Ewch ati i iacháu y rhai sy'n glaf yno, a dweud wrthyn nhw, 'Mae Duw ar fin dod[ph]
i deyrnasu.' 10 Ond os ewch i mewn i ryw dref heb gael dim croeso yno, ewch allan i'w strydoedd
a dweud, 11 'Dŷn ni'n sychu llwch eich tref chi i ffwrdd oddi ar ein traed ni, fel arwydd yn eich
erbyn chi! Ond gallwch fod yn reit siŵr o hyn – bod Duw ar fin dod i deyrnasu!' 12 Wir i chi,
bydd hi'n well ar Sodom ar ddydd y farn nag ar y dref honno!

Gwae'r trefi sy'n gwrthod troi at Dduw

(Mathew 11:20-24)

13 "Gwae ti, Chorasin! Gwae ti, Bethsaida! Petai'r gwyrthiau wnes i ynoch chi wedi digwydd
yn Tyrus a Sidon, byddai'r bobl yno wedi hen ddangos eu bod yn edifar, drwy eistedd ar lawr

---

p 10:1 *saith deg dau:* Mae rhai llawysgrifau yn dweud *saith deg.* Roedd traddodiad Iddewig yn dysgu fod saith deg o wledydd yn y byd. Ond mae'r LXX, sef y cyfieithiad Groeg o'r ysgrifau sanctaidd Iddewig yn rhoi "saith deg dau" yn lle "saith deg". Drwy anfon y nifer yma o bobl allan roedd Iesu yn awgrymu fod ei neges ar gyfer pawb yn y byd i gyd. ph 10:9 *ar fin dod:* Neu "wedi dod".
9:54 cyfeiriad at 2 Brenhinoedd 1:9-16

yn gwisgo sachliain a thaflu lludw ar eu pennau. [14]Bydd hi'n well ar Tyrus a Sidon ar ddydd
y farn nag arnoch chi! [15]A beth amdanat ti, Capernaum? Wyt ti'n meddwl y byddi di'n cael
dy anrhydeddu? Na, byddi di'n cael dy fwrw i lawr i'r dyfnder tywyll!
[16]"Mae pwy bynnag sy'n gwrando ar eich neges chi yn fy nerbyn i, a phwy bynnag sy'n
eich gwrthod chi yn fy ngwrthod i hefyd. Ac mae pwy bynnag sy'n fy ngwrthod i yn gwrthod
Duw, yr un sydd wedi fy anfon i."
[17]Pan ddaeth y saith deg dau yn ôl, dyma nhw'n dweud yn frwd, "Arglwydd, mae hyd yn
oed y cythreuliaid yn ufuddhau i ni wrth i ni dy enwi di."
[18]Atebodd Iesu, "Gwelais Satan yn syrthio fel mellten o'r awyr! [19]Dw i wedi rhoi'r awdurdod
i chi dros holl nerth y gelyn! Gallwch sathru ar nadroedd a sgorpionau a fydd dim byd yn
gwneud niwed i chi! [20]Ond peidiwch bod yn llawen am fod ysbrydion drwg yn ufuddhau
i chi; y rheswm dros fod yn llawen ydy bod eich enwau wedi'u hysgrifennu yn y nefoedd."

Iesu yn diolch i Dduw, ei dad

(Mathew 11:25-27; 13:16,17)

[21]Bryd hynny roedd Iesu'n fwrlwm o lawenydd yr Ysbryd Glân, ac meddai, "Fy Nhad.
Arglwydd y nefoedd a'r ddaear. Diolch i ti am guddio'r pethau yma oddi wrth y bobl sy'n
meddwl eu bod nhw mor ddoeth a chlyfar, a'u dangos i'r rhai sy'n agored fel plant bach. Ie,
fy Nhad, dyna sy'n dy blesio di.
[22]"Mae fy Nhad wedi rhoi popeth yn fy ngofal i. Does neb yn nabod y Mab go iawn ond
y Tad, a does neb yn nabod y Tad go iawn ond y Mab, a'r rhai hynny mae'r Mab wedi dewis
ei ddangos iddyn nhw."
[23]Pan oedden nhw ar eu pennau'u hunain trodd at ei ddisgyblion a dweud, "Dych chi'n cael
y fath fraint o weld beth sy'n digwydd! [24]Dw i'n dweud wrthoch chi fod llawer o broffwydi
a brenhinoedd wedi bod yn ysu am gael gweld beth dych chi'n ei weld a chlywed beth dych
chi'n ei glywed, ond chawson nhw ddim."

Stori y Samariad caredig

[25]Un tro safodd un o'r arbenigwyr yn y Gyfraith ar ei draed i roi prawf ar Iesu. Gofynnodd
iddo, "Athro, beth sydd raid i mi ei wneud i gael bywyd tragwyddol?"
[26]Atebodd Iesu, "Beth mae Cyfraith Moses yn ei ddweud? Sut wyt ti'n ei deall?"
[27]Meddai'r dyn: " '*Rwyt i garu'r Arglwydd dy Dduw â'th holl galon, ac â'th holl enaid,
â'th holl nerth ac â'th holl feddwl*,' a '*Rwyt i garu dy gymydog fel rwyt ti'n dy garu dy hun*.' "
[28]"Rwyt ti'n iawn!" meddai Iesu. "Gwna hynny a chei di fywyd."
[29]Ond roedd y dyn eisiau cyfiawnhau ei hun, felly gofynnodd i Iesu, "Ond pwy ydy fy
nghymydog i?"
[30]Dyma sut atebodd Iesu: "Roedd dyn yn teithio i lawr o Jerwsalem i Jericho, a dyma ladron
yn ymosod arno. Dyma nhw'n dwyn popeth oddi arno, ac yna ei guro cyn dianc. Cafodd ei
adael bron yn farw ar ochr y ffordd. [31]Dyma offeiriad Iddewig yn digwydd dod heibio, ond pan
welodd y dyn yn gorwedd yno croesodd i ochr arall y ffordd a mynd yn ei flaen. [32]A dyma un
o Lefiaid y deml yn gwneud yr un peth; aeth i edrych arno, ond yna croesi'r ffordd a mynd yn
ei flaen. [33]Ond wedyn dyma Samariad yn dod i'r fan lle roedd y dyn yn gorwedd. Pan welodd
e'r dyn, roedd yn teimlo trueni drosto. [34]Aeth ato a rhwymo cadachau am ei glwyfau, a'u
trin gydag olew a gwin. Yna cododd y dyn a'i roi ar gefn ei asyn ei hun, a dod o hyd i lety
a gofalu amdano yno. [35]Y diwrnod wedyn rhoddodd ddau ddenariws i berchennog y llety.
'Gofala amdano,' meddai wrtho, 'Ac os bydd costau ychwanegol, gwna i dalu i ti y tro nesa
bydda i'n mynd heibio.'
[36]"Felly" meddai Iesu, "yn dy farn di, pa un o'r tri fu'n gymydog i'r dyn wnaeth y lladron
ymosod arno?"

10:15 gw. Eseia 14:13-15 10:27 a Deuteronomium 6:5; b Lefiticus 19:18 10:28 gw. Lefiticus 18:5

37 Dyma'r arbenigwr yn y Gyfraith yn ateb, "Yr un wnaeth ei helpu."
A dwedodd Iesu, "Dos dithau a gwna'r un fath."

Yng nghartref Martha a Mair

38 Wrth i Iesu deithio yn ei flaen i Jerwsalem gyda'i ddisgyblion, daeth i bentref lle roedd
gwraig o'r enw Martha yn byw. A dyma hi'n rhoi croeso iddo i'w chartref. 39 Roedd gan Martha
chwaer o'r enw Mair, ac eisteddodd hi o flaen yr Arglwydd yn gwrando ar yr hyn roedd e'n
ei ddweud. 40 Ond roedd yr holl baratoadau roedd angen eu gwneud yn cymryd sylw Martha
i gyd, a daeth at Iesu a gofyn iddo, "Arglwydd, wyt ti ddim yn poeni bod fy chwaer wedi gadael
i mi wneud y gwaith i gyd? Dwed wrthi am ddod i helpu!"

41 "Martha annwyl," meddai'r Arglwydd wrthi, "rwyt ti'n poeni ac yn cynhyrfu am y pethau
yna i gyd, 42 ond dim ond un peth sydd wir yn bwysig. Mae Mair wedi dewis y peth hwnnw,
a fydd neb yn gallu ei gymryd oddi arni hi."

Iesu'n dysgu am weddi

(Mathew 6:9-13; 7:7-11)

11 Un diwrnod roedd Iesu'n gweddïo mewn lle arbennig. Pan oedd wedi gorffen, dyma un
o'i ddisgyblion yn gofyn iddo, "Arglwydd, dysgodd Ioan ei ddisgyblion i weddïo, felly
dysga di ni."

2 Dwedodd wrthyn nhw, "Wrth weddïo dwedwch fel hyn:

'Dad,
dŷn ni eisiau i dy enw di gael ei anrhydeddu.
Dŷn ni eisiau i ti ddod i deyrnasu.
3 Rho i ni ddigon o fwyd i'n cadw ni'n fyw bob dydd.
4 Maddau ein pechodau i ni –
achos dŷn ni'n maddau i'r rhai sy'n pechu yn ein herbyn ni.
Cadw ni rhag syrthio pan fyddwn ni'n cael ein profi.' "

5 Yna dwedodd hyn: "Cymerwch fod gynnoch chi ffrind, a'ch bod yn mynd ato am hanner
nos ac yn dweud, 'Wnei di fenthyg tair torth o fara i mi? 6 Mae yna ffrind arall i mi wedi galw
heibio i ngweld i, a does gen i ddim byd i'w roi iddo i'w fwyta.'

7 "Mae'r ffrind sydd yn y tŷ yn ateb, 'Gad lonydd i mi. Dw i wedi cloi'r drws ac mae'r plant
yn y gwely gyda mi. Alla i ddim dy helpu di.' 8 Ond wir i chi, er ei fod yn gwrthod codi i roi
bara iddo am eu bod yn ffrindiau; rhag achosi cywilydd bydd yn codi yn y diwedd, ac yn rhoi
popeth mae e eisiau iddo.

9 "Daliwch ati i ofyn a byddwch yn ei gael; chwiliwch a byddwch yn dod o hyd iddo; curwch
y drws a bydd yn cael ei agor. 10 Mae pawb sy'n gofyn yn derbyn; pawb sy'n chwilio yn cael;
ac mae'r drws yn cael ei agor i bawb sy'n curo.

11 "Pwy ohonoch chi fyddai'n rhoi neidr i'ch plentyn pan mae'n gofyn am bysgodyn? 12 Neu
sgorpion pan mae'n gofyn am ŵy? Wrth gwrs ddim! 13 Felly os ydych chi sy'n ddrwg yn
gwybod sut i roi anrhegion da i'ch plant, mae'r Tad nefol yn siŵr o roi'r Ysbryd Glân i'r rhai
sy'n gofyn iddo!"

Iesu a Beelsebwl

(Mathew 12:22-30; Marc 3:20-27)

14 Roedd Iesu'n bwrw cythraul allan o ddyn oedd yn fud. Pan aeth y cythraul allan ohono
dyma'r dyn yn dechrau siarad, ac roedd y bobl yno wedi'u syfrdanu. 15 Ond roedd rhai yn
dweud, "Beelsebwl (y diafol ei hun), tywysog y cythreuliaid, sy'n rhoi'r gallu iddo wneud
hyn." 16 Ac roedd eraill yn ceisio cael Iesu i brofi ei hun drwy wneud rhyw arwydd gwyrthiol.

10:38,39 gw. Ioan 11:1

17 Ond roedd Iesu'n gwybod beth oedd yn mynd drwy eu meddyliau, ac meddai wrthyn nhw:
"Bydd teyrnas lle mae yna ryfel cartref yn syrthio, a bydd teulu sy'n ymladd â'i gilydd o hyd
yn chwalu. 18 Os ydy Satan yn ymladd ei hun, a'i deyrnas wedi'i rhannu, sut mae'n bosib i'w
deyrnas sefyll? Dw i'n gofyn y cwestiwn am eich bod chi'n honni mai Beelsebwl sy'n rhoi'r
gallu i mi fwrw allan gythreuliaid. 19 Felly os mai Beelsebwl sy'n rhoi'r gallu i mi, pwy sy'n
rhoi'r gallu i'ch dilynwyr chi? Byddan nhw'n eich barnu chi! 20 Ond os Duw sy'n rhoi'r gallu
i mi fwrw allan gythreuliaid, yna mae Duw wedi dod i deyrnasu.
21 "Pan mae dyn cryf arfog yn amddiffyn ei gartref, mae ei eiddo yn ddiogel. 22 Ond pan
mae rhywun cryfach yn ymosod arno a'i drechu, mae'n cymryd ei arfau oddi ar y dyn, ac yn
dwyn ei eiddo.
23 "Os ydy rhywun ddim ar fy ochr i, mae yn fy erbyn i. Ac os ydy rhywun ddim yn gweithio
gyda mi, mae'n gweithio yn fy erbyn i.

Ysbryd drwg yn dod yn ôl

(Mathew 12:43-45)

24 "Pan mae ysbryd drwg yn dod allan o rywun, mae'n mynd i grwydro lleoedd anial yn
edrych am le i orffwys. Ond yna pan mae'n methu dod o hyd i rywle, mae'n meddwl, 'Dw
i am fynd yn ôl i lle roeddwn i'n byw.' 25 Mae'n cyrraedd ac yn darganfod y tŷ wedi'i lanhau
a'i dacluso drwyddo. 26 Wedyn mae'n mynd â saith ysbryd gwaeth na'i hun i fyw gydag
e! Mae'r person mewn gwaeth cyflwr ar y diwedd nag oedd ar y dechrau!"

Gwir fendith

27 Pan oedd Iesu wrthi'n dweud y pethau yma, dyma ryw wraig yn y dyrfa yn gweiddi, "Mae
dy fam, wnaeth dy gario di'n ei chroth a'th fagu ar ei bronnau, wedi'i bendithio'n fawr!"
28 Atebodd Iesu, "Mae'r rhai sy'n gwrando ar neges Duw ac yn ufuddhau iddo wedi'u
bendithio'n fwy!"

Arwydd Jona

(Mathew 12:38-42; Marc 8:12)

29 Wrth i'r dyrfa fynd yn fwy, meddai Iesu, "Mae'r genhedlaeth yma yn ddrwg. Mae
pobl yn gofyn am gael gweld gwyrth fyddai'n arwydd iddyn nhw o pwy ydw i. Ond yr
unig arwydd gân nhw ydy arwydd y proffwyd Jona. 30 Fel roedd beth ddigwyddodd i Jona
yn arwydd i bobl Ninefe, bydd yr hyn fydd yn digwydd i mi, Mab y Dyn, yn arwydd i bobl
y genhedlaeth yma. 31 Bydd Brenhines Seba[r] yn condemnio pobl y genhedlaeth yma ar
ddydd y farn, achos roedd hi'n fodlon teithio o ben draw'r byd i wrando ar ddoethineb
Solomon. Mae un mwy na Solomon yma nawr! 32 Bydd pobl Ninefe hefyd yn condemnio
pobl y genhedlaeth yma, am eu bod nhw wedi newid eu ffyrdd ar ôl clywed pregethu Jona.
Mae un mwy na Jona yma nawr!

Lamp y corff

(Mathew 5:15; 6:22,23)

33 "Does neb yn goleuo lamp ac wedyn yn ei gosod yn rhywle o'r golwg neu o dan
fowlen. Mae lamp yn cael ei gosod mewn lle amlwg, fel bod pawb sy'n dod i mewn yn
cael golau. 34 Dy lygad di ydy lamp y corff. Mae llygad iach, sef bod yn hael, yn gwneud
dy gorff yn olau drwyddo. Ond llygad sâl ydy bod yn hunanol, a bydd dy gorff yn dywyll
drwyddo. 35 Felly gwylia, rhag ofn bod y golau sydd gen ti yn dywyllwch! 36 Felly os ydy dy
gorff yn olau drwyddo, heb dywyllwch yn unman, bydd dy fywyd i gyd yn olau fel petai
lamp yn disgleirio arnat ti."

r 11:31 *Seba:* De Arabia mae'n debyg.

Chwe gwae

(Mathew 23:1-36; Marc 12:38-40; Luc 20:45-47)

37 Ar ôl i Iesu orffen siarad, dyma un o'r Phariseaid yn ei wahodd i'w gartref am bryd
o fwyd. Felly aeth Iesu yno ac eistedd wrth y bwrdd. 38 Roedd y dyn oedd wedi'i wahodd yn
synnu gweld Iesu yn eistedd wrth y bwrdd heb fynd drwy'r ddefod Iddewig o olchi ei ddwylo
cyn bwyta.
39 Dyma'r Arglwydd Iesu yn dweud wrtho, "Dych chi'r Phariseaid yn glanhau tu allan
y cwpan neu'r ddysgl, ond y tu mewn dych chi'n gwbl hunanol a drwg! 40 Y ffyliaid dall!
Oes gan Dduw ddim diddordeb yn y tu mewn yn ogystal â'r tu allan? 41 Rhowch beth
sydd tu mewn i'r ddysgl i'r tlodion (yn lle ei gadw i chi'ch hunain) – wedyn byddwch
yn lân i gyd.
42 "Gwae chi'r Phariseaid! Dych chi'n ofalus iawn gyda rhyw fanion fel rhoi un rhan o ddeg
o beth sydd gynnoch chi i Dduw – hyd yn oed o'ch mintys, arianllys a'ch perlysiau eraill!
Ond dych chi'n esgeuluso byw'n gyfiawn a charu Duw. Dylech wneud y pethau pwysicach
yma heb ddiystyru'r pethau eraill.
43 "Gwae chi'r Phariseaid! Dych chi wrth eich bodd yn cael y seddi pwysica yn y synagogau
a chael pobl yn symud o'ch ffordd chi a'ch cyfarch yn barchus yn sgwâr y farchnad.
44 "Gwae chi! Dych chi fel beddau mewn cae heb ddim arwydd i ddweud fod bedd yna,
a phobl yn llygru eu hunain wrth gerdded drostyn nhw heb wybod beth maen nhw'n ei wneud!"
45 Dyma un o'r arbenigwyr yn y Gyfraith yn ymateb, "Athro, rwyt ti'n ein sarhau ni hefyd
wrth ddweud y fath bethau!"
46 "Ie, a gwae chi'r arbenigwyr yn y Gyfraith!" meddai Iesu. "Dych chi'n llethu pobl gyda'ch
rheolau crefyddol, a wnewch chi ddim codi bys bach i'w helpu nhw a gwneud pethau'n
haws iddyn nhw.
47 "Gwae chi! Dych chi'n codi cofgolofnau i anrhydeddu'r proffwydi, a'ch cyndeidiau chi
laddodd nhw! 48 Dych chi'n gwybod yn iawn beth wnaeth eich cyndeidiau, ac yn cytuno
â nhw; nhw laddodd y proffwydi dych chi'n codi'r cofgolofnau iddyn nhw! 49 Dyma ddwedodd
Duw yn ei ddoethineb, 'Bydda i'n anfon proffwydi a negeswyr atyn nhw. Byddan nhw'n
lladd rhai ac yn erlid y lleill.' 50 Bydd y genhedlaeth yma'n cael ei galw i gyfrif am ladd pob
un o'r proffwydi ers i'r byd gael ei greu – 51 o lofruddiaeth Abel hyd Sechareia,[rh] gafodd ei
lofruddio rhwng yr allor a'r cysegr. Dw i'n dweud wrthoch chi, bydd y genhedlaeth yma yn
cael ei galw i gyfrif am y cwbl!
52 "Gwae chi'r arbenigwyr yn y Gyfraith! Dych chi wedi cuddio allwedd y drws sy'n arwain at
ddeall yr ysgrifau sanctaidd oddi wrth y bobl. Felly dych chi'ch hunain ddim yn mynd i mewn,
a dych chi'n rhwystro pobl eraill rhag mynd i mewn hefyd."
53 Ar ôl iddo adael y tŷ, dyma'r Phariseaid a'r arbenigwyr yn y Gyfraith yn dechrau
gwrthwynebu Iesu'n ffyrnig. Roedden nhw'n ymosod arno gyda chwestiynau di-baid, 54 yn
y gobaith o'i gael i ddweud rhywbeth bydden nhw'n gallu ei ddefnyddio yn ei erbyn.

Rhybuddion ac anogaeth

12 Yn y cyfamser, roedd tyrfa yn ymgasglu – miloedd o bobl yn ymwthio a sathru ar
draed ei gilydd. Dyma Iesu'n siarad â'i ddisgyblion yn gyntaf, ac meddai wrthyn
nhw: "Cadwch draw oddi wrth furum y Phariseaid, sef y ffaith eu bod nhw mor ddauwynebog.
2 Bydd popeth sydd wedi'i guddio yn dod i'r golwg, a phob cyfrinach yn cael ei datgelu. 3 Bydd
popeth ddwedoch chi o'r golwg yn cael ei glywed yng ngolau dydd, a beth gafodd ei sibrwd
tu ôl i ddrysau caeëdig yn cael ei gyhoeddi'n uchel o bennau'r tai.

---

rh 11:51 *Abel hyd Sechareia:* Abel oedd y cyntaf i gael ei lofruddio, ac mae'r hanes yn Genesis, llyfr cyntaf yr ysgrythurau Iddewig. Ail lyfr Cronicl ydy llyfr olaf yr ysgrythurau Iddewig, a'r llofruddiaeth olaf mae'n cyfeirio ato ydy llofruddiaeth Sechareia.

Pwy i'w ofni

(Mathew 10:28-31)

4“Ffrindiau, peidiwch bod ofn pobl. Maen nhw'n gallu lladd eich corff chi, ond ddim mwy
na hynny. 5Gwrandwch, Duw ydy'r un i'w ofni – mae'r hawl ganddo fe i'ch taflu chi i uffern
ar ôl lladd y corff! Ie, ofnwch Dduw! 6Beth ydy gwerth aderyn y to? Dych chi'n gallu prynu
pump ohonyn nhw am newid mân! Ond mae Duw'n gofalu am bob un aderyn bach. 7Dych
chi'n llawer mwy gwerthfawr na haid fawr o adar y to! Mae Duw hyd yn oed wedi cyfri gwallt
eich pen chi! Felly peidiwch bod ofn dim byd.

Arddel neu wadu Iesu

(Mathew 10:32-33; 12:32; 10:19-20)

8“Dych chi'n gallu bod yn siŵr o hyn: pwy bynnag sy'n dweud yn agored o flaen pobl eraill
ei fod yn credu ynof fi, bydda i, Mab y Dyn, yn dweud yn agored o flaen angylion Duw fod
y person hwnnw'n perthyn i mi. 9Ond pwy bynnag sy'n gwadu ei fod yn credu ynof fi, bydda
i'n gwadu o flaen angylion Duw fod y person hwnnw'n perthyn i mi. 10A bydd pawb sydd
wedi dweud rhywbeth yn fy erbyn i, Mab y Dyn, yn cael maddeuant, ond does dim maddeuant
i'r sawl sy'n cablu'r Ysbryd Glân.
11“Pan fyddwch ar brawf yn y synagogau, neu o flaen y llywodraethwyr a'r awdurdodau,
peidiwch poeni am eich amddiffyniad, beth i'w ddweud. 12Bydd yr Ysbryd Glân yn dangos
i chi beth i'w ddweud yn y fan a'r lle.”

Stori am ffŵl cyfoethog

13Yna dyma rywun o ganol y dyrfa yn galw arno, “Athro, mae fy mrawd yn gwrthod rhannu'r
eiddo mae dad wedi'i adael i ni. Dwed wrtho am ei rannu.”
14Atebodd Iesu, “Ffrind, pwy wnaeth fi yn farnwr neu'n ganolwr i sortio rhyw broblem
felly rhyngoch chi'ch dau?” 15Yna dwedodd, “Gwyliwch eich hunain! Mae'r awydd i gael
mwy a mwy o bethau yn beryglus. Dim faint o bethau sydd gynnoch chi sy'n rhoi bywyd
go iawn i chi.”
16A dwedodd stori wrthyn nhw: “Roedd rhyw ddyn cyfoethog yn berchen tir, a chafodd
gnwd arbennig o dda un cynhaeaf. 17‘Does gen i ddim digon o le i storio'r cwbl,’ meddai.
‘Beth wna i?’
18“ ‘Dw i'n gwybod! Tynnu'r hen ysguboriau i lawr, ac adeiladau rhai mwy yn eu lle! Bydd
gen i ddigon o le i storio popeth wedyn. 19Yna bydda i'n gallu eistedd yn ôl a dweud wrtho
i'n hun, “Mae gen i ddigon i bara am flynyddoedd lawer. Dw i'n mynd i ymlacio a mwynhau
fy hun yn bwyta ac yn yfed.” ’
20“Ond dyma Duw yn dweud wrtho, ‘Y ffŵl dwl! Heno ydy'r noson rwyt ti'n mynd i farw.
Pwy fydd yn cael y cwbl rwyt ti wedi'i gasglu i ti dy hun?’
21“Ie, fel yna bydd hi ar bobl sy'n casglu cyfoeth iddyn nhw'u hunain ond sy'n dlawd mewn
gwirionedd, am eu bod heb Dduw.”

Peidiwch poeni

(Mathew 6:25-34)

22Yna dyma Iesu'n dweud wrth ei ddisgyblion: “Felly, dyma dw i'n ddweud – peidiwch
poeni beth i'w fwyta a beth i'w wisgo. 23Mae mwy i fywyd na bwyd a dillad. 24Meddyliwch
am gigfrain: Dŷn nhw ddim yn hau nac yn medi, a does ganddyn nhw ddim ystordy nac
ysgubor – ac eto mae Duw'n eu bwydo nhw. Dych chi'n llawer mwy gwerthfawr yn ei olwg
nag adar! 25Allwch chi ddim hyd yn oed gwneud eich bywyd eiliad yn hirach[s] drwy boeni!
26Os allwch chi ddim gwneud peth bach fel yna, beth ydy'r pwynt o boeni am bopeth arall?

s 12:25 *eich bywyd eiliad yn hirach:* Neu “eich hun yn dalach”.

[27]"Meddyliwch sut mae blodau'n tyfu. Dydyn nhw ddim yn gweithio nac yn nyddu. Ac eto,
doedd hyd yn oed y Brenin Solomon yn ei ddillad crand ddim yn edrych mor hardd ag un
ohonyn nhw. [28]Os ydy Duw yn gofalu fel yna am flodau gwyllt (sy'n tyfu heddiw, ond yn cael
eu llosgi fel tanwydd fory), mae'n siŵr o ofalu amdanoch chi! Ble mae'ch ffydd chi? [29]Felly
peidiwch treulio'ch bywyd yn poeni am fwyd a diod! [30]Pobl sydd ddim yn credu sy'n poeni am
bethau felly. Mae'ch Tad yn gwybod beth sydd ei angen arnoch chi. [31]Gwnewch yn siŵr mai'r
flaenoriaeth i chi ydy ymostwng i deyrnasiad Duw, ac wedyn cewch y pethau eraill yma i gyd.

Trysor nefol

(Mathew 6:19-21)

[32]"Fy mhraidd bach i, peidiwch bod ofn. Mae Duw yn benderfynol o rannu ei deyrnas â chi.
[33]Gwerthwch eich eiddo a rhoi'r arian i'r tlodion. Gofalwch fod gynnoch chi bwrs sy'n mynd
i bara am byth, trysor sydd ddim yn colli ei werth. Dydy lleidr ddim yn gallu dwyn y trysor
nefol, na gwyfyn yn gallu ei ddifetha. [34]Ble bynnag mae dy drysor di y bydd dy galon di.

Bod yn barod bob amser

(Mathew 24:45-51)

[35]"Byddwch yn barod bob amser; a chadwch eich lampau yn olau, [36]fel petaech yn disgwyl
i'r meistr gyrraedd adre o wledd briodas. Pan fydd yn cyrraedd ac yn curo'r drws, byddwch yn
gallu agor y drws yn syth. [37]Bydd y gweision hynny sy'n effro ac yn disgwyl am y meistr yn
cael eu gwobrwyo – wir i chi, bydd y meistr yn mynd ati i weini arnyn nhw, a byddan nhw'n
eistedd wrth y bwrdd i fwyta! [38]Falle y bydd hi'n oriau mân y bore pan fydd yn cyrraedd, ond
bydd y gweision sy'n effro yn cael eu gwobrwyo.

[39]"Meddyliwch! Petai perchennog y tŷ yn gwybod ymlaen llaw pryd roedd y lleidr yn dod,
byddai wedi'i rwystro rhag torri i mewn i'w dŷ! [40]Rhaid i chi fod yn barod drwy'r adeg, achos
bydda i, Mab y Dyn, yn cyrraedd pan fyddwch chi ddim yn disgwyl!"

[41]Gofynnodd Pedr, "Ydy'r stori yma i ni yn unig neu i bawb?"

[42]Atebodd yr Arglwydd, "Pwy ydy'r rheolwr doeth mae'r meistr yn gallu dibynnu arno? Mae
wedi'i benodi i fod yn gyfrifol am weddill y staff, i'w bwydo'n rheolaidd. [43]Ac os bydd yn
gwneud ei waith yn iawn pan ddaw'r meistr yn ôl, bydd yn cael ei wobrwyo. [44]Wir i chi, bydd
yn cael y cyfrifoldeb o ofalu am eiddo'r meistr i gyd! [45]Ond beth petai'r gwas yn meddwl
iddo'i hun, 'Mae'r meistr yn hir iawn yn cyrraedd,' ac yn mynd ati i gam-drin y gweision
a'r morynion eraill, ac i bartïo ac yfed a meddwi? [46]Byddai'r meistr yn dod yn ôl yn gwbl
ddirybudd, a'i gosbi'n llym a'i daflu allan gyda'r rhai sydd ddim yn credu.

[47]"Bydd y gwas sy'n gwybod yn iawn beth mae'r meistr eisiau, ond ddim yn mynd ati
i wneud hynny, yn cael ei gosbi'n llym. [48]Ond os dydy'r gwas ddim yn gwybod ei fod wedi
gwneud rhywbeth o'i le, bydd y gosb yn ysgafn. Mae disgwyl llawer gan y sawl oedd wedi
derbyn llawer; ac mae gofyn llawer mwy yn ôl gan y sawl oedd yn gyfrifol am lawer.

Dim heddwch ond rhwygiadau

(Mathew 10:34-36)

[49]"Dw i wedi dod i gynnau tân ar y ddaear, a byddwn i'n hoffi petai'r gwaith eisoes
wedi'i wneud! [50]Ond mae gen i brofiad dychrynllyd i fynd drwyddo, a dw i'n teimlo pwysau
dychrynllyd nes bydd y cwbl drosodd! [51]Ydych chi'n meddwl mod i wedi dod i roi heddwch i'r
byd? Na, wir i chi! Dim heddwch ond rhwygiadau. [52]Bydd teuluoedd yn cael eu rhwygo, tri yn
erbyn a dau o blaid, neu fel arall. [53]Bydd tad yn erbyn ei fab a mab yn erbyn ei dad; mam yn
erbyn ei merch a merch yn erbyn ei mam; mam-yng-nghyfraith yn erbyn merch-yng-nghyfraith
a merch-yng-nghyfraith yn erbyn mam-yng-nghyfraith!"

12:27 1 Brenhinoedd 10:4-7; 2 Cronicl 9:3-6

Deall yr amserau

(Mathew 16:2-3; 5:25-26)

54Yna dyma Iesu'n troi at y dyrfa a dweud: "Os gwelwch chi gwmwl yn codi yn y gorllewin,
'Mae'n mynd i lawio,' meddech chi ar unwaith, ac mae hi yn glawio. 55Neu pan fydd gwynt
y de yn chwythu, dych chi'n dweud, 'Mae'n mynd i fod yn boeth,' a dych chi'n iawn. 56Am
ragrithwyr! Dych chi'n gwybod sut i ddehongli arwyddion y tywydd. Pam allwch chi ddim
dehongli beth sy'n digwydd nawr?

57"Pam allwch chi ddim penderfynu beth sy'n iawn? 58Os ydy rhywun yn mynd â ti i'r llys,
gwna dy orau i gymodi cyn cyrraedd yno. Ydy'n well gen ti gael dy lusgo o flaen y barnwr, a'r
barnwr yn gorchymyn i swyddog dy daflu di yn y carchar? 59Wir i ti, chei di ddim dy ryddhau
nes byddi wedi talu pob ceiniog."

Troi at Dduw neu gael eich dinistrio

13 Dyma bobl yn dod a dweud wrth Iesu fod Peilat wedi lladd rhyw bobl o Galilea pan
oedden nhw wrthi'n aberthu i Dduw. 2"Ydych chi'n meddwl fod y Galileaid yna yn
bechaduriaid gwaeth na phobl eraill Galilea? Ai dyna pam wnaethon nhw ddioddef?" 3"Nage!
dim o gwbl! Cewch chithau hefyd eich dinistrio os fyddwch chi ddim yn newid eich ffyrdd
a throi at Dduw!" 4"Neu beth am y bobl yna gafodd eu lladd pan syrthiodd tŵr Siloam ar eu
pennau? – un deg wyth ohonyn nhw! Ydych chi'n meddwl eu bod nhw'n waeth na phawb
arall oedd yn byw yn Jerwsalem?" 5"Nac oedden! Dim o gwbl! Ond byddwch chithau hefyd
yn cael eich dinistrio os fyddwch chi ddim yn troi at Dduw!"

Stori y goeden ffigys ddiffrwyth

6Yna dwedodd y stori yma: "Roedd rhyw ddyn wedi plannu coeden ffigys yn ei winllan.
Bu'n disgwyl a disgwyl i rywbeth dyfu arni, ond chafodd e ddim byd. 7Felly dyma'r dyn yn
dweud wrth y gwas oedd yn gweithio fel garddwr iddo, 'Dw i wedi bod yn disgwyl i ffrwyth
dyfu ar y goeden ffigys yma ers tair blynedd, ac wedi cael dim. Torra hi i lawr, mae hi'n
wastraff o dir da.'

8" 'Ond syr,' meddai'r garddwr, 'gad hi am flwyddyn arall, i mi balu o'i chwmpas hi a rhoi
digon o wrtaith iddi. 9Wedyn os bydd ffrwyth yn tyfu arni, gwych! Ond os bydd dim ffrwyth
eto, yna torrwn hi i lawr.' "

Gwraig anabl yn cael ei hiacháu ar y Saboth

10Roedd Iesu'n dysgu yn un o'r synagogau ryw Saboth, 11ac roedd gwraig yno oedd
ag ysbryd drwg wedi'i gwneud hi'n anabl ers un deg wyth mlynedd. Roedd ei chefn
wedi crymu nes ei bod yn methu sefyll yn syth o gwbl. 12Dyma Iesu'n ei gweld hi ac
yn ei galw draw ato. "Wraig annwyl," meddai wrthi, "rwyt ti'n mynd i gael dy iacháu
o dy wendid." 13Yna rhoddodd ei ddwylo arni, a dyma'i chefn yn sythu yn y fan a'r lle.
A dechreuodd hi foli Duw.

14Ond roedd arweinydd y synagog wedi gwylltio am fod Iesu wedi iacháu ar y Saboth.
Cododd a dweud wrth y bobl oedd yno, "Mae yna chwe diwrnod i weithio. Dewch i gael eich
iacháu y dyddiau hynny, dim ar y Saboth!"

15Ond meddai'r Arglwydd wrtho, "Ti mor ddauwynebog! Dych chi i gyd yn gollwng ych
ac asyn yn rhydd ar y Saboth, ac yn eu harwain at ddŵr. 16Dyma i chi un o blant Abraham
– gwraig wedi'i rhwymo gan Satan ers un deg wyth mlynedd. Onid ydy'n iawn iddi hi hefyd
gael ei gollwng yn rhydd ar y Saboth?"

17Roedd ei eiriau'n codi cywilydd ar ei wrthwynebwyr i gyd. Ond roedd y bobl gyffredin
wrth eu bodd gyda'r holl bethau gwych roedd yn eu gwneud.

13:14 gw. Exodus 20:9,10; Deuteronomium 5:13,14

Stori'r hedyn mwstard a stori'r burum

(Mathew 13:31-33; Marc 4:30-32)

18 Gofynnodd Iesu, "Sut beth ydy teyrnasiad Duw? Sut alla i ei ddisgrifio? 19 Mae fel hedyn
mwstard yn cael ei blannu gan rywun yn ei ardd. Tyfodd yn goeden, a daeth yr adar i nythu
yn ei changhennau!"
20 A gofynnodd eto, "Sut beth ydy teyrnasiad Duw? 21 Mae fel burum. Mae gwraig yn ei
gymryd ac yn ei gymysgu gyda digonedd o flawd nes iddo ledu drwy'r toes i gyd."

Y drws cul

(Mathew 7:13-14,21-23)

22 Ar ei ffordd i Jerwsalem roedd Iesu'n galw yn y trefi a'r pentrefi i gyd ac yn dysgu'r
bobl. 23 Dyma rywun yn gofyn iddo, "Arglwydd, ai dim ond ychydig bach o bobl sy'n mynd
i gael eu hachub?" Dyma'i ateb: 24 "Gwnewch eich gorau glas i gael mynd drwy'r drws cul.
Wir i chi, bydd llawer yn ceisio mynd i mewn ond yn methu. 25 Pan fydd perchennog y tŷ wedi
codi i gau'r drws, bydd hi'n rhy hwyr. Byddwch chi'n sefyll y tu allan yn curo ac yn pledio,
'Syr, agor y drws i ni.' Ond bydd yn ateb, 'Dw i ddim yn gwybod pwy ydych chi.' 26 Byddwch
chithau'n dweud, 'Buon ni'n bwyta ac yn yfed gyda ti. Roeddet ti'n dysgu ar ein strydoedd ni.'
27 A bydd e'n ateb eto, 'Dw i ddim yn eich nabod chi. Ewch o ma! Pobl ddrwg ydych chi i gyd!'
28 "Byddwch chi'n wylo'n chwerw ac mewn artaith, wrth weld Abraham, Isaac a Jacob a'r
holl broffwydi yn nheyrnas Dduw, a chi'ch hunain wedi'ch taflu allan. 29 Bydd pobl yn dod
o bob rhan o'r byd i wledda pan ddaw Duw i deyrnasu. 30 Yn wir bydd y rhai sydd yn y cefn
yn cael bod ar y blaen, a'r rhai sydd ar y blaen yn cael eu hunain yn y cefn."

Cariad Iesu at Jerwsalem

(Mathew 23:37-39)

31 Yna daeth rhyw Phariseaid at Iesu a dweud wrtho, "Rhaid i ti ddianc o ma. Mae Herod[t]
Antipas eisiau dy ladd di."
32 Atebodd Iesu, "Ewch i ddweud wrth y llwynog, 'Bydda i'n bwrw cythreuliaid allan ac
yn iacháu pobl heddiw a fory, a'r diwrnod wedyn bydda i wedi cyrraedd lle dw i'n mynd.'
33 Mae'n rhaid i mi ddal i fynd am dri diwrnod arall – does dim un proffwyd yn marw y tu
allan i Jerwsalem!
34 "O! Jerwsalem, Jerwsalem! Y ddinas sy'n lladd y proffwydi ac yn llabyddio'r negeswyr mae
Duw'n eu hanfon ati. Mor aml dw i wedi hiraethu am gael casglu dy blant at ei gilydd, fel mae
iâr yn casglu ei chywion dan ei hadenydd – ond doedd gen ti ddim diddordeb! 35 Edrych! Mae
Duw wedi gadael dy deml. Dw i'n dweud hyn – fyddi di ddim yn fy ngweld i eto nes byddi'n
dweud, *'Mae'r un sy'n dod i gynrychioli'r Arglwydd wedi'i fendithio'n fawr!'* "

Iesu yng nghartref un o'r Phariseaid

14 Un Saboth, roedd Iesu wedi mynd am bryd o fwyd i gartref un o arweinwyr y Phariseaid.
Roedd pawb yno'n ei wylio'n ofalus, 2 am fod dyn o'i flaen oedd a'i freichiau
a'i goesau wedi chwyddo'n fawr am fod y dropsi arno.
3 Gofynnodd Iesu i'r Phariseaid a'r arbenigwyr yn y Gyfraith, "Ydy'n iawn yn ôl y Gyfraith
i iacháu ar y Saboth neu ddim?" 4 Ond wnaethon nhw ddim ateb. Felly dyma Iesu'n rhoi ei
ddwylo ar y dyn, a'i iacháu ac yna ei anfon i ffwrdd.
5 Wedyn gofynnodd iddyn nhw, "Petai plentyn neu ych un ohonoch chi yn syrthio i bydew ar
y Saboth, fyddech chi ddim yn mynd i'w dynnu allan ar unwaith?" 6 Doedd ganddyn nhw ddim ateb.
7 Yna sylwodd Iesu hefyd fod y gwesteion i gyd yn ceisio cael y lleoedd gorau wrth y bwrdd.
A dwedodd fel hyn wrthyn nhw: 8 "Pan wyt ti'n cael gwahoddiad i wledd briodas, paid bachu'r

t 13:31 *Herod:* Herod Antipas, mab Herod Fawr.

sedd orau wrth y bwrdd. Falle fod rhywun pwysicach na ti wedi cael gwahoddiad. 9Wedyn
byddai'n rhaid i'r sawl wnaeth dy wahodd di ofyn i ti symud – 'Wnei di symud, i'r person yma
gael eistedd.' Am embaras! Gorfod symud i eistedd yn y sedd leia pwysig! 10Mae'n llawer
gwell i ti fynd ac eistedd yn y sedd honno, wedyn pan fydd y sawl roddodd wahoddiad i ti'n
cyrraedd, bydd yn dweud, 'Ffrind annwyl, tyrd yn nes, mae hon yn sedd well.' Byddi di'n cael
dy anrhydeddu yn lle cael dy gywilyddio o flaen y gwesteion eraill. 11 Bydd Duw yn torri crib
pobl falch, ac yn anrhydeddu'r rhai gostyngedig."

12Wedyn dyma Iesu'n dweud hyn wrth y dyn oedd wedi'i wahodd i'r pryd bwyd, "Pan
fyddi'n gwahodd pobl am bryd o fwyd, paid gwahodd dy ffrindiau, dy frodyr a dy chwiorydd,
dy berthnasau, neu dy gymdogion cyfoethog. Mae'n bosib i bobl felly roi gwahoddiad yn ôl
i ti, ac wedyn byddi di wedi derbyn dy dâl. 13Dyma beth ddylet ti ei wneud: Pan fyddi di'n
trefnu gwledd, rho wahoddiad i bobl dlawd, methedig, cloff a dall, 14a byddi di'n cael dy
fendithio. Dydyn nhw ddim yn gallu talu'n ôl i ti, ond byddi'n cael dy dâl pan fydd y rhai
sydd â pherthynas iawn gyda Duw yn codi yn ôl yn fyw."

Stori'r wledd fawr

(Mathew 22:1-10)

15Clywodd un o'r bobl oedd yn eistedd wrth y bwrdd hyn, a dwedodd wrth Iesu, "Mae'r
rhai fydd yn cael bwyta yn y wledd pan ddaw Duw i deyrnasu wedi'u bendithio'n fawr!"

16Atebodd Iesu: "Roedd rhyw ddyn wedi trefnu gwledd fawr a gwahodd llawer o bobl
iddi. 17Pan oedd popeth yn barod, anfonodd ei was i ddweud wrth y rhai oedd wedi cael
gwahoddiad, 'Dewch, mae'r wledd yn barod.'

18"Ond dyma bob un ohonyn nhw yn dechrau hel esgusion. Dyma un yn dweud, 'Dw
i newydd brynu ychydig o dir, ac mae'n rhaid i mi fynd i'w weld. Wnei di f'esgusodi fi os
gweli di'n dda?'

19"Dyma un arall yn dweud, 'Dw i newydd brynu pum pâr o ychen, a dw i'n mynd i roi
prawf arnyn nhw. Wnei di f'esgusodi fi os gweli di'n dda?'

20"A dyma un arall eto yn dweud, 'Dw i newydd briodi, felly alla i ddim dod.'

21"Felly dyma'r gwas yn mynd yn ôl a dweud wrth ei feistr beth oedd wedi digwydd. Roedd
y meistr wedi gwylltio, ac meddai wrth y gwas, 'Dos i'r dre ar unwaith, a thyrd â'r bobl sy'n
cardota ar y strydoedd i mewn yma – y tlawd, y methedig, pobl sy'n gloff ac yn ddall.'

22"Pan ddaeth y gwas yn ôl dwedodd wrth ei feistr, 'Syr, dw i wedi gwneud beth ddwedaist
ti, ond mae yna le ar ôl o hyd.'

23"Felly dyma'r meistr yn dweud, 'Dos allan o'r ddinas, i'r ffyrdd a'r lonydd yng nghefn
gwlad. Perswadia'r bobl sydd yno i ddod. Dw i eisiau i'r tŷ fod yn llawn. 24Fydd yna ddim
lle i neb o'r bobl hynny gafodd eu gwahodd! Fyddan nhw ddim yn cael tamaid o'r wledd
dw i wedi'i threfnu.' "

Cost bod yn ddisgybl

(Mathew 10:37,38)

25Roedd tyrfa fawr o bobl yn teithio gyda Iesu, a dyma fe'n troi atyn nhw a dweud: 26"Os
ydy rhywun am fy nilyn i, rhaid i mi ddod o flaen popeth arall yn ei fywyd. Rhaid i'w gariad
ata i wneud i bob perthynas arall edrych fel casineb! – ei dad a'i fam, ei wraig a'i blant, ei
frodyr a'i chwiorydd – ie, hyd yn oed bywyd ei hun! Neu all e ddim bod yn ddisgybl i mi.
27A does neb yn gallu bod yn ddisgybl i mi chwaith heb gario ei groes a cherdded yr un
llwybr o hunanaberth.

28"Does neb yn mynd ati i adeiladu adeilad mawr heb eistedd i lawr yn gyntaf i amcangyfri'r
gost a gwneud yn siŵr fod ganddo ddigon o arian i orffen y gwaith. 29Does dim pwynt iddo
fynd ati i osod y sylfeini ac wedyn darganfod ei fod yn methu ei orffen. Byddai pawb yn

14:8-10 gw. Diarhebion 25:6,7

gwneud hwyl ar ei ben, [30]ac yn dweud 'Edrychwch, dyna'r dyn ddechreuodd y gwaith ar yr
adeilad acw a methu ei orffen!'
[31]"A dydy brenin ddim yn mynd i ryfel heb eistedd gyda'i gynghorwyr yn gyntaf, ac ystyried
ydy hi'n bosib i'w fyddin o ddeg mil o filwyr drechu'r fyddin o ugain mil sy'n ymosod arno.
[32]Os ydy'r peth yn amhosib bydd yn anfon swyddogion i geisio cytuno ar delerau heddwch –
a hynny pan fydd byddin y gelyn yn dal yn bell i ffwrdd! [33]Dych chi yn yr un sefyllfa. All neb
fod yn ddisgybl i mi heb roi heibio popeth arall er mwyn fy nilyn i.

Halen

(Mathew 5:13; Marc 9:50)

[34]"Mae halen yn ddefnyddiol, ond pan mae'n colli ei flas pa obaith sydd i'w wneud yn
hallt eto? [35]Dydy e'n gwneud dim lles i'r pridd nac i'r domen dail; rhaid ei daflu i ffwrdd.
"Gwrandwch yn ofalus os dych chi'n awyddus i ddysgu!"

Stori am ddafad aeth ar goll

(Mathew 18:12-14)

15 Roedd y dynion oedd yn casglu trethi i Rufain a phobl eraill oedd yn cael eu hystyried
yn 'bechaduriaid' yn casglu o gwmpas Iesu i wrando arno. [2]Ond roedd y Phariseaid
a'r arbenigwyr yn y Gyfraith yn cwyno a mwmblan, "Mae'r dyn yma'n rhoi croeso i bobl sy'n
'bechaduriaid'! Mae hyd yn oed yn bwyta gyda nhw!"
[3]Felly dyma Iesu'n dweud y stori yma wrthyn nhw: [4]"Dychmygwch fod gan un ohonoch
chi gant o ddefaid, a bod un ohonyn nhw wedi mynd ar goll. Oni fyddai'n gadael y naw
deg naw ar y tir agored ac yn mynd i chwilio am y ddafad aeth ar goll nes dod o hyd iddi?
[5]A phan mae'n dod o hyd iddi mae mor llawen! Mae'n ei chodi ar ei ysgwyddau [6]ac yn mynd
adre. Wedyn mae'n galw'i ffrindiau a'i gymdogion draw, ac yn dweud wrthyn nhw, 'Dewch
i ddathlu; dw i wedi dod o hyd i'r ddafad oedd wedi mynd ar goll.' [7]Wir i chi, dyna sut mae
hi yn y nefoedd – mae mwy o ddathlu am fod un pechadur wedi troi at Dduw nag am naw
deg naw o bobl sy'n meddwl eu bod nhw'n iawn a dim angen newid!

Stori'r darn arian oedd ar goll

[8]"Neu petai gan ryw wraig ddeg darn arian, ac yn colli un ohonyn nhw. Byddai hi'n cynnau
lamp ac yn mynd ati i lanhau'r tŷ i gyd, a chwilio ym mhob twll a chornel am y darn arian nes
iddi ddod o hyd iddo. [9]Pan mae'n dod o hyd iddo, mae'n galw'i ffrindiau a'i chymdogion
draw, ac yn dweud wrthyn nhw, 'Dewch i ddathlu; dw i wedi dod o hyd i'r darn arian oedd
wedi mynd ar goll.' [10]Wir i chi, dyna sut mae Duw yn dathlu o flaen ei angylion pan mae un
pechadur yn troi ato!"

Stori'r mab wnaeth wrthryfela

[11]Aeth Iesu yn ei flaen i ddweud stori arall: "Roedd rhyw ddyn a dau fab ganddo. [12]Dyma'r
mab ifancaf yn mynd at ei dad a dweud, 'Dad, dw i eisiau i ti roi fy siâr i o'r ystâd i mi nawr.'
Felly dyma'r tad yn cytuno i rannu popeth oedd ganddo rhwng y ddau fab.
[13]"Yn fuan wedyn, dyma'r mab ifancaf yn gwerthu'r cwbl lot, gadael cartref a theithio i wlad
bell. Yno gwastraffodd ei arian i gyd ar fywyd gwyllt. [14]Ar ôl iddo golli'r cwbl bu newyn difrifol
drwy'r wlad, ac roedd yn dechrau llwgu. [15]Llwyddodd i berswadio rhywun i roi gwaith iddo,
a chafodd ei anfon allan i'r caeau i ofalu am foch. [16]Aeth pethau mor ddrwg nes ei fod yn
cael ei demtio i fwyta peth o'r bwyd moch! Doedd neb yn rhoi dim arall iddo.
[17]"Yna o'r diwedd, calliodd, ac meddai 'Beth dw i'n ei wneud yn y fan yma yn llwgu
i farwolaeth? Mae dad yn cyflogi gweithwyr, ac mae ganddyn nhw ddigonedd o fwyd. [18]Af
i adre at dad, a dweud wrtho: Dad, dw i wedi pechu yn erbyn Duw ac yn dy erbyn di. [19]Dw

i ddim yn haeddu cael fy ngalw'n fab i ti ddim mwy. Gad i mi fod yn un o'r gweithwyr sy'n
cael eu cyflogi gen ti.' 20Felly i ffwrdd ag e yn ôl adre.
"Gwelodd ei dad e'n dod pan oedd yn dal yn bell i ffwrdd. Roedd ei dad wedi cynhyrfu,
a rhedodd at ei fab, a'i gofleidio a'i gusanu.
21"A dyma'r mab yn dweud wrtho, 'Dad, dw i wedi pechu yn erbyn Duw ac yn dy erbyn
di. Dw i ddim yn haeddu cael fy ngalw'n fab i ti ddim mwy.' 22Meddai'r tad wrth y gweision,
'Brysiwch! Ewch i nôl mantell iddo ei gwisgo – yr un orau! Rhowch fodrwy ar ei fys a sandalau
ar ei draed. 23Yna ewch i ladd y llo sydd wedi cael ei besgi, i ni gael parti! 24Roedd fy mab
i wedi marw, ond mae wedi dod yn ôl yn fyw; roedd e ar goll, ond dŷn ni wedi'i gael yn ôl.'
Felly dyma'r parti'n dechrau.
25"Tra oedd hyn i gyd yn digwydd roedd y mab hynaf allan yn gweithio yn y caeau. Wrth
ddod yn ôl at y tŷ roedd yn clywed sŵn cerddoriaeth a dawnsio. 26Galwodd fachgen ifanc ato,
a gofyn iddo beth oedd yn digwydd. 27'Mae dy frawd yma!' meddai hwnnw, 'Mae dy dad wedi
lladd y llo oedd wedi'i besgi i ddathlu ei fod wedi'i gael yn ôl yn saff.'
28"Ond dyma'r mab hynaf yn digio, a gwrthod mynd i mewn. Felly dyma'i dad yn dod
allan a chrefu arno i fynd i mewn. 29Ond meddai wrth ei dad, 'Edrych! Dw i wedi slafio ar
hyd y blynyddoedd yma, heb erioed wrthod gwneud unrhyw beth i ti. Ches i erioed fyn gafr
gen ti i gael parti gyda fy ffrindiau! 30Ond dyma hwn yn dod adre – y mab yma sydd gen
ti – yr un sydd wedi gwastraffu dy arian di i gyd ar buteiniaid. O! mae'n rhaid i ti ladd y llo
sydd wedi'i besgi i hwn!'
31" 'Machgen i,' meddai'r tad wrtho, 'rwyt ti yma bob amser, a ti sydd biau popeth sydd
gen i ar ôl. 32Ond roedd rhaid i ni ddathlu – roedd dy frawd wedi marw, ond mae wedi dod
yn ôl yn fyw; roedd e ar goll, ond dŷn ni wedi'i gael yn ôl!' "

Stori y fforman craff

16 Dyma Iesu'n dweud y stori yma wrth ei ddisgyblion: "Roedd rhyw ddyn cyfoethog yn
cyflogi fforman, ac wedi clywed sibrydion ei fod yn gwastraffu ei eiddo. 2Felly dyma'r
dyn yn galw'r fforman i'w weld, a gofyn iddo, 'Beth ydy hyn dw i'n ei glywed amdanat ti?
Dw i eisiau gweld y llyfrau cyfrifon. Os ydy'r stori'n wir, cei di'r sac.'
3" 'Beth wna i?' meddyliodd y fforman. 'Dw i'n mynd i golli fy job. Dw i ddim yn ddigon
cryf i fod yn labrwr, a fyddwn i byth yn gallu cardota. 4Dw i'n gwybod! Dw i'n mynd i wneud
rhywbeth fydd yn rhoi digon o ffrindiau i mi, wedyn pan fydda i allan o waith bydd digon
o bobl yn rhoi croeso i mi yn eu cartrefi.'
5"A dyma beth wnaeth – cysylltodd â phob un o'r bobl oedd mewn dyled i'w feistr.
Gofynnodd i'r cyntaf, 'Faint o ddyled sydd arnat ti i'm meistr i?'
6" 'Wyth can galwyn o olew olewydd,' meddai.
"Yna meddai'r fforman, 'Tafla'r bil i ffwrdd. Gad i ni ddweud mai pedwar cant oedd e.'
7"Yna gofynnodd i un arall, 'Faint ydy dy ddyled di?'
" 'Can erw o wenith,' atebodd.
" 'Tafla'r bil i ffwrdd,' meddai'r fforman. 'Dwedwn ni wyth deg.'
8"Roedd rhaid i'r meistr edmygu'r fforman am fod mor graff, er ei fod yn anonest. Ac
mae'n wir fod pobl y byd yn fwy craff wrth drin pobl eraill na phobl y golau. 9Dw i'n dweud
wrthoch chi, gwnewch ffrindiau drwy ddefnyddio'ch arian er lles pobl eraill. Pan fydd gynnoch
chi ddim ar ôl, bydd croeso i chi yn y nefoedd.
10"Os gellir eich trystio chi gyda phethau bach, gellir eich trystio chi gyda phethau mawr.
Ond os ydych chi'n twyllo gyda phethau bach, sut mae eich trystio chi gyda phethau mawr?
11Felly os dych chi ddim yn onest wrth drin arian, pwy sy'n mynd i'ch trystio chi gyda'r gwir
gyfoeth? 12Os dych chi ddim yn onest wrth drin eiddo pobl eraill, pwy sy'n mynd i roi eiddo
i chi ei gadw i chi'ch hun?
13"Does neb yn gallu gweithio i ddau feistr gwahanol ar yr un pryd. Mae un yn siŵr o gael
y flaenoriaeth ar draul y llall. Allwch chi ddim bod yn was i Dduw ac arian ar yr un pryd."

14 Pan glywodd y Phariseaid hyn roedden nhw'n gwneud hwyl am ben Iesu, gan eu bod
nhw'n hoff iawn o'u harian. 15 Ond dyma Iesu'n dweud wrthyn nhw, "Dych chi'n hoffi rhoi'r
argraff eich bod chi mor dduwiol, ond mae Duw yn gwybod beth sydd yn eich calonnau chi!
Mae beth mae pobl yn ei gyfri'n bwysig yn ddiwerth yng ngolwg Duw."

Pethau eraill ddysgodd Iesu

(Mathew 11:12-13; 5:31-32; Marc 10:11-12)

16 "Cyfraith Moses ac ysgrifau'r Proffwydi oedd gynnoch chi nes i Ioan Fedyddiwr ddechrau
pregethu. Ond ers hynny mae'r newyddion da fod Duw'n teyrnasu yn cael ei gyhoeddi, ac
mae pawb yn cael eu hannog yn frwd i ymateb. 17 Ond dydy hynny ddim yn golygu fod
y Gyfraith bellach yn ddiwerth. Bydd y nefoedd a'r ddaear yn diflannu cyn i'r manylyn lleia
o'r Gyfraith golli ei rym.
18 "Os ydy dyn yn ysgaru ei wraig er mwyn priodi rhywun arall mae'n godinebu. Hefyd,
mae'r dyn sy'n priodi'r wraig sydd wedi'i hysgaru yn godinebu."

Y dyn cyfoethog a Lasarus

19 "Roedd rhyw ddyn cyfoethog oedd bob amser yn gwisgo'r dillad mwya crand ac yn byw
yn foethus. 20 Y tu allan i'w dŷ roedd dyn tlawd o'r enw Lasarus yn cael ei adael i gardota;
dyn oedd â briwiau dros ei gorff i gyd. 21 Dyna lle roedd, yn disgwyl am unrhyw sbarion bwyd
oedd yn cael eu taflu gan y dyn cyfoethog! Byddai cŵn yn dod ato ac yn llyfu'r briwiau
agored ar ei gorff.
22 "Un diwrnod dyma'r cardotyn yn marw, a daeth yr angylion i'w gario i'r nefoedd at
Abraham. Ond pan fuodd y dyn cyfoethog farw, a chael ei gladdu, 23 aeth i uffern. Yno roedd
yn dioddef yn ofnadwy, ac yn y pellter roedd yn gweld Abraham gyda Lasarus. 24 Gwaeddodd
arno, 'Fy nhad Abraham, plîs helpa fi! Anfon Lasarus yma i roi blaen ei fys mewn dŵr a'i roi
ar fy nhafod i'w hoeri. Dw i mewn poen ofnadwy yn y tân yma!'
25 "Ond dyma Abraham yn ei ateb, 'Fy mab, roedd gen ti bopeth roeddet ti eisiau ar y ddaear,
ond doedd gan Lasarus ddim byd. Bellach mae e yma'n cael ei gysuro, a tithau'n cael dy
arteithio. 26 A beth bynnag, mae'r hyn rwyt yn ei ofyn yn amhosib achos mae yna agendor
enfawr yn ein gwahanu ni. Does neb yn gallu croesi o'r fan yma atat ti, a does neb yn gallu
dod drosodd o lle rwyt ti aton ni chwaith.'
27 "Felly dyma'r dyn cyfoethog yn dweud, 'Os felly, dw i'n ymbil arnat ti, plîs wnei di anfon
Lasarus i rybuddio fy nheulu i. 28 Mae gen i bum brawd, a fyddwn i ddim am iddyn nhw ddod
i'r lle ofnadwy yma pan fyddan nhw farw.'
29 "Ond atebodd Abraham, 'Mae Cyfraith Moses ac ysgrifau'r proffwydi[th] yn eu rhybuddio
nhw. Does ond rhaid iddyn nhw wrando ar y rheiny.'
30 " 'Na, fy nhad,' meddai'r dyn cyfoethog. 'Petai rhywun sydd wedi marw yn cael ei anfon
atyn nhw, bydden nhw'n troi cefn ar eu pechod.'
31 "Ond meddai Abraham, 'Os ydyn nhw ddim yn gwrando ar Moses a'r Proffwydi, fyddan
nhw ddim yn gwrando chwaith os bydd rhywun yn dod yn ôl yn fyw ar ôl marw.' "

Pechod, maddeuant a ffydd

(Mathew 18:6-7,21-22; Marc 9:42)

17 Dwedodd Iesu wrth ei ddisgyblion: "Bydd bob amser bethau'n digwydd sy'n temtio
pobl i bechu, ond gwae'r sawl sy'n gwneud y temtio! 2 Byddai'n well i'r person
hwnnw gael ei daflu i'r môr gyda maen melin wedi'i rwymo am ei wddf, na gorfod wynebu
canlyniadau gwneud i un o'r rhai bach yma bechu. 3 Felly gwyliwch eich hunain! Os ydy rhywun
arall sy'n credu ynof fi yn pechu, rhaid i ti ei geryddu; ond pan mae'n edifar ac yn troi cefn ar

---

th 16:29 *Cyfraith Moses ac ysgrifau'r proffwydi:* Ysgrifau sanctaidd yr Iddewon, sef yr Hen Destament.

ei bechod, rhaid i ti faddau iddo. 4Hyd yn oed petai'n pechu yn dy erbyn saith gwaith y dydd,
ond yn dod yn ôl bob tro ac yn gofyn am faddeuant, rhaid i ti faddau."
5Dyma'r apostolion yn gofyn i'r Arglwydd, "Sut allwn ni gael mwy o ffydd?"
6Atebodd Iesu, "Petai'ch ffydd chi mor fach â hedyn mwstard, gallech chi ddweud wrth
y goeden forwydden yma am gael ei chodi o'r ddaear wrth ei gwreiddiau a'i thaflu i'r môr,
a byddai'n gwneud hynny!
7"Pan mae eich gwas yn dod i'r tŷ ar ôl bod wrthi'n aredig y tir neu'n gofalu am y defaid
drwy'r dydd, ydych chi'n dweud wrtho, 'Tyrd i eistedd i lawr yma, a bwyta'? 8Na, dych chi'n
dweud, 'Gwna swper i mi gyntaf. Cei di fwyta wedyn.' 9A dych chi ddim yn diolch iddo, am
fod y gwas ddim ond yn gwneud beth mae gwas i fod i'w wneud. 10Felly chithau – ar ôl
gwneud popeth dw i'n ei ofyn, dylech chi ddweud, 'Dŷn ni'n haeddu dim. Gweision ydyn ni,
sydd ddim ond yn gwneud beth mae disgwyl i ni ei wneud.' "

Deg dyn yn cael eu hiacháu o'r gwahanglwyf

11Aeth Iesu ymlaen ar ei ffordd i Jerwsalem, a daeth at y ffin rhwng Galilea a Samaria.
12Wrth iddo fynd i mewn i ryw bentref, dyma ddeg dyn oedd yn dioddef o'r gwahanglwyf
yn dod i'w gyfarfod. Dyma nhw'n sefyll draw 13ac yn gweiddi'n uchel arno o bell, "Feistr!
Iesu! – wnei di'n helpu ni?"
14Pan welodd Iesu nhw, dwedodd wrthyn nhw, "Ewch i ddangos eich hunain i'r offeiriaid."[u]
Ac roedden nhw ar eu ffordd i wneud hynny pan wnaeth y gwahanglwyf oedd ar eu cyrff
ddiflannu!
15Dyma un ohonyn nhw'n troi'n ôl pan welodd ei fod wedi cael ei iacháu. Roedd yn
gweiddi'n uchel, "Clod i Dduw!" 16Taflodd ei hun ar lawr o flaen Iesu, a diolch iddo am yr
hyn roedd wedi'i wneud. (Gyda llaw, Samariad oedd y dyn.)
17Meddai Iesu, "Rôn i'n meddwl mod i wedi iacháu deg o ddynion. Ble mae'r naw arall?
18Ai dim ond y Samariad yma sy'n fodlon rhoi'r clod i Dduw?" 19Yna dwedodd wrth y dyn,
"Cod ar dy draed, a dos adre. Am i ti gredu rwyt wedi dy iacháu."

Duw yn teyrnasu

(Mathew 24:23-28,37-41)

20Un diwrnod, dyma'r Phariseaid yn gofyn i Iesu, "Pryd mae teyrnasiad Duw yn mynd
i ddechrau?" Atebodd Iesu, "Does yna ddim arwyddion gweledig yn dangos fod teyrnasiad
Duw wedi cyrraedd! 21Fydd pobl ddim yn gallu dweud, 'Mae yma!' neu 'Mae draw acw!' achos
mae Duw yma'n teyrnasu yn eich plith chi."
22Roedd yn siarad am hyn gyda'i ddisgyblion wedyn, ac meddai, "Mae'r amser yn dod pan
fyddwch chi'n dyheu am gael rhyw gipolwg bach o'r dyddiau pan fydda i, Mab y Dyn gyda
chi eto, ond byddwch yn methu. 23Bydd pobl yn honni fod Mab y Dyn wedi dod yn ôl; 'Mae
yma!' neu 'Mae draw acw!' byddan nhw'n ei ddweud. Ond peidiwch gwrando arnyn nhw
a mynd allan i edrych amdano. 24Fydd dim amheuaeth o gwbl pan ddaw Mab y Dyn yn ôl –
bydd mor amlwg â mellten yn goleuo'r awyr o un pen i'r llall! 25Ond cyn i hynny ddigwydd
mae'n rhaid i mi ddioddef yn ofnadwy a chael fy ngwrthod gan bobl y genhedlaeth bresennol.
26"Bydd hi yn union yr un fath â roedd hi yn amser Noa pan fydda i, Mab y Dyn, yn dod
yn ôl. 27Roedd pobl yn bwyta ac yn yfed ac yn priodi ac yn y blaen, hyd y diwrnod pan aeth
Noa i mewn i'r arch. Wedyn daeth y llifogydd a'u dinistrio nhw i gyd!
28"A'r un fath yn amser Lot. Roedd pobl yn bwyta ac yn yfed, yn prynu a gwerthu, yn
ffermio ac yn adeiladu. 29Ond wedyn pan adawodd Lot Sodom daeth tân a brwmstan i lawr
o'r awyr a'u dinistrio nhw i gyd.

u 17:14 *i'r offeiriaid:* gw. nodyn ar 5:14.
17:14 gw. Lefiticus 14:1-32 17:26 gw. Genesis 6:5-8 17:27 gw. Genesis 7:6-24
17:28,29 gw. Genesis 18:20 – 19:25

[30]"Fel yna'n union fydd hi pan fydda i, Mab y Dyn, yn dod i'r golwg. [31]Y diwrnod hwnnw
fydd yna ddim cyfle i neb sydd y tu allan i'w dŷ fynd i mewn i bacio ei bethau. A ddylai neb
sydd allan yn y maes feddwl mynd adre. [32]Cofiwch beth ddigwyddodd i wraig Lot! [33]Bydd
y rhai sy'n ceisio achub eu hunain yn colli'r bywyd go iawn, ond y rhai sy'n barod i ollwng
gafael ar eu bywyd yn diogelu bywyd go iawn. [34]Y noson honno bydd dau yn rhannu gwely;
bydd un yn cael ei gymryd i ffwrdd a'r llall yn cael ei adael. [35]Bydd dwy wraig yn malu ŷd
gyda'i gilydd; bydd un yn cael ei chymryd i ffwrdd a'r llall yn cael ei gadael."[w]
[37]"Arglwydd, ble bydd hyn yn digwydd?" gofynnodd y disgyblion.
Atebodd Iesu, "Bydd mor amlwg â'r ffaith fod yna gorff marw lle mae fwlturiaid wedi casglu."

Stori am wraig weddw oedd yn gwrthod rhoi'r gorau iddi

18 Dwedodd Iesu stori wrth ei ddisgyblion i ddangos y dylen nhw ddal ati
i weddïo, a pheidio byth ag anobeithio: [2]"Roedd barnwr yn byw mewn rhyw dref,"
meddai, "dyn oedd ddim yn parchu Duw na neb arall. [3]Ac yn yr un dref roedd gwraig weddw
oedd yn mynd ato o hyd ac o hyd i ofyn iddo farnu rhywun oedd wedi gwneud niwed iddi.
[4]"Chymerodd y barnwr ddim sylw ohoni i ddechrau. Ond yn y diwedd roedd wedi cael hen
ddigon – 'Dw i ddim yn ddyn duwiol a dw i ddim yn poeni beth mae pobl eraill yn ei feddwl
ohono i. [5]Ond bydd y wraig yma wedi ngyrru i'n wallgof os na wna i beth mae hi eisiau!' "
[6]Yna meddai'r Arglwydd, "Gwrandwch, mae gwers i'w dysgu yma. [7]Dych chi'n gwybod
beth ddwedodd y barnwr drwg. Felly beth am Dduw? Dych chi ddim yn meddwl y bydd e'n
amddiffyn y bobl mae wedi'u dewis iddo'i hun? Fydd e ddim yn oedi! Bydd yn ymateb ar
unwaith i'r rhai sy'n galw arno ddydd a nos! [8]Dw i'n dweud wrthoch chi, bydd yn rhoi dedfryd
gyfiawn iddyn nhw, a hynny ar frys! Ond, pan fydda i, Mab y Dyn, yn dod yn ôl, faint o bobl
fydd yn dal i gredu bryd hynny?"

Stori am y Pharisead a'r casglwr trethi

[9]Dwedodd Iesu y stori yma wrth rai pobl oedd yn meddwl eu bod nhw eu hunain mor
dduwiol, ac yn edrych i lawr eu trwynau ar bawb arall: [10]"Aeth dau ddyn i weddïo yn y deml.
Pharisead oedd un ohonyn nhw, a'r llall yn ddyn oedd yn casglu trethi i Rufain. [11]Dyma'r
Pharisead yn sefyll ar ei draed yn hyderus, a dyma oedd ei weddi: 'O Dduw, dw i yn diolch i ti
mod i ddim yr un fath â phobl eraill. Dw i ddim yn twyllo na gwneud dim byd drwg arall, a dw
i ddim yn gwneud pethau anfoesol. Dw i ddim yr un fath â'r bradwr yma! [12]Dw i'n ymprydio
ddwywaith yr wythnos ac yn rhoi un rhan o ddeg o bopeth sydd gen i i'r deml.'
[13]"Ond roedd y casglwr trethi wedi mynd i sefyll mewn rhyw gornel ar ei ben ei hun. Doedd
e ddim yn meiddio edrych i fyny hyd yn oed. Yn lle hynny roedd yn curo'i frest mewn cywilydd.
Dyma oedd ei weddi e: 'O Dduw, wnei di faddau i mi. Dw i'n bechadur ofnadwy.'
[14]"Dw i'n dweud wrthoch chi mai'r casglwr trethi, dim y Pharisead, oedd yr un aeth adre
a'i berthynas gyda Duw yn iawn. Bydd Duw yn torri crib pobl falch ac yn anrhydeddu'r rhai
gostyngedig."

Iesu a'r plant bach

(Mathew 19:13-15; Marc 10:13-16)

[15]Roedd pobl yn dod â'u babis bach at Iesu er mwyn iddo eu cyffwrdd a'u bendithio. Ond
pan welodd y disgyblion nhw, dyma nhw'n dweud y drefn wrthyn nhw. [16]Ond dyma Iesu'n eu
galw nhw ato. "Gadewch i'r plant bach ddod ata i," meddai, "Peidiwch eu rhwystro, am mai
rhai fel nhw sy'n derbyn teyrnasiad Duw. [17]Credwch chi fi, heb ymddiried fel plentyn bach,
wnewch chi byth ddod yn un o'r rhai mae Duw'n teyrnasu yn eu bywydau."

---

w 17:35 *cael ei gadael:* Mae rhai llawysgrifau yn ychwanegu adn. 36, *Bydd dau ddyn yn yr un cae; bydd un yn cael ei gymryd i ffwrdd a'r llall yn cael ei adael.*
17:32 cyfeiriad at Genesis 19:26

Y dyn cyfoethog

(Mathew 19:16-30; Marc 10:17-31)

[18]Un tro gofynnodd rhyw arweinydd crefyddol y cwestiwn yma i Iesu: "Athro da, beth alla
i ei wneud i gael bywyd tragwyddol?"
[19]"Pam wyt ti'n fy ngalw i'n dda?" meddai Iesu. "Onid Duw ydy'r unig un sy'n dda? [20]Ti'n
gwybod beth wnaeth Duw ei orchymyn: '*Paid godinebu, paid llofruddio, paid dwyn, paid rhoi
tystiolaeth ffals, gofala am dy dad a dy fam.*'"
[21]Atebodd y dyn, "Dw i wedi cadw'r rheolau yma i gyd ers pan o'n i'n fachgen ifanc."
[22]Pan glywodd Iesu hynny, dwedodd wrth y dyn, "Mae un peth arall ar ôl. Gwertha bopeth,
dy eiddo i gyd, a rhannu'r arian gyda phobl dlawd. Wedyn cei di drysor yn y nefoedd. Yna
tyrd, dilyn fi."
[23]Doedd y dyn ddim yn hapus o gwbl pan glywodd beth ddwedodd Iesu, am ei fod yn
ddyn cyfoethog dros ben. [24]Edrychodd Iesu ar y dyn yn cerdded i ffwrdd, ac meddai wrth ei
ddisgyblion, "Mae hi mor anodd i bobl gyfoethog adael i Dduw deyrnasu yn eu bywydau!
[25]Mae'n haws i gamel wthio drwy grau nodwydd nag i bobl gyfoethog adael i Dduw deyrnasu
yn eu bywydau!"
[26]Dyma'r rhai glywodd hyn yn dweud, "Oes gobaith i unrhyw un gael ei achub felly?"
[27]Atebodd Iesu, "Mae Duw yn gallu gwneud beth sy'n amhosib i bobl ei wneud."
[28]Dyma Pedr yn ymateb, "Edrych, dŷn ni wedi gadael popeth sydd gynnon ni i dy ddilyn di!"
[29]"Credwch chi fi," meddai Iesu wrthyn nhw, "bydd pwy bynnag sydd wedi mynd oddi cartref
a gadael gwraig neu frodyr neu rieni neu blant er mwyn teyrnas Duw [30]yn derbyn llawer iawn
mwy yn y bywyd yma. Ac yn yr oes sydd i ddod byddan nhw'n derbyn bywyd tragwyddol!"

Iesu'n dweud eto ei fod yn mynd i farw

(Mathew 20:17-19; Marc 10:32-34)

[31]Aeth Iesu â'r deuddeg disgybl i'r naill ochr, a dweud wrthyn nhw, "Pan gyrhaeddwn
ni Jerwsalem, daw'r cwbl mae'r proffwydi wedi'i ysgrifennu amdana i, Mab y Dyn, yn wir.
[32]Bydda i'n cael fy rhoi yn nwylo'r Rhufeiniaid.[y] Byddan nhw'n gwneud sbort am fy mhen,
yn fy ngham-drin, ac yn poeri arna i. [33]Yna bydda i'n cael fy chwipio a'm lladd. Ond yna,
ddeuddydd wedyn bydda i'n dod yn ôl yn fyw."
[34]Doedd y disgyblion ddim yn deall hyn o gwbl. Roedd y cwbl yn ddirgelwch pur iddyn nhw,
a doedd ganddyn nhw ddim syniad am beth roedd e'n siarad.

Cardotyn dall yn cael gweld

(Mathew 20:29-34; Marc 10:46-52)

[35]Pan oedd Iesu'n agosáu at Jericho dyma ddyn dall oedd yn cardota ar ochr y ffordd [36]yn
clywed sŵn tyrfa o bobl yn pasio heibio, a dyma fe'n gofyn, "Beth sy'n digwydd?" [37]"Iesu
o Nasareth sy'n pasio heibio," meddai rhywun wrtho. [38]Felly dyma'r dyn dall yn gweiddi'n
uchel, "Iesu! Fab Dafydd! Helpa fi!"
[39]"Cau dy geg!" meddai'r bobl oedd ar flaen y dyrfa. Ond yn lle hynny dechreuodd weiddi'n
uwch fyth, "Iesu! Fab Dafydd! Helpa fi!"
[40]Dyma Iesu'n stopio, ac yn dweud wrthyn nhw am ddod â'r dyn ato. Pan ddaeth ato,
gofynnodd i'r dyn, [41]"Beth ga i wneud i ti?"
"Arglwydd," meddai, "dw i eisiau gallu gweld."
[42]Yna dwedodd Iesu wrtho, "Iawn, cei di weld; am i ti gredu rwyt wedi dy iacháu." [43]Yn
sydyn roedd y dyn yn gweld, a dilynodd Iesu gan foli Duw. Ac roedd pawb welodd beth
ddigwyddodd yn moli Duw hefyd!

---

y 18:32 *Rhufeiniaid:* Groeg, "estroniaid".
18:20 Exodus 20:12-16; Deuteronomium 5:16-20

Iesu a Sacheus

19 Aeth Iesu yn ei flaen i mewn i Jericho, ac roedd yn mynd drwy'r dref. 2 Roedd dyn o'r
enw Sacheus yn byw yno – Iddew oedd yn arolygwr yn adran casglu trethi Rhufain.
Roedd yn ddyn hynod o gyfoethog. 3 Roedd arno eisiau gweld Iesu, ond roedd yn ddyn byr
ac yn methu ei weld am fod gormod o dyrfa o'i gwmpas. 4 Rhedodd ymlaen a dringo coeden
sycamorwydden oedd i lawr y ffordd lle roedd Iesu'n mynd, er mwyn gallu gweld.
5 Pan ddaeth Iesu at y goeden, edrychodd i fyny a dweud wrtho, "Sacheus, tyrd i lawr. Mae'n
rhaid i mi ddod i dy dŷ di heddiw." 6 Dringodd Sacheus i lawr ar unwaith a rhoi croeso brwd
i Iesu i'w dŷ.
7 Doedd y bobl welodd hyn ddim yn hapus o gwbl! Roedden nhw'n cwyno a mwmblan,
"Mae wedi mynd i aros i dŷ 'pechadur' – dyn ofnadwy!"
8 Ond dyma Sacheus yn dweud wrth Iesu, "Arglwydd, dw i'n mynd i roi hanner popeth sydd
gen i i'r rhai sy'n dlawd. Ac os ydw i wedi twyllo pobl a chymryd mwy o drethi nag y dylwn
i, tala i bedair gwaith cymaint yn ôl iddyn nhw."[a]
9 Meddai Iesu, "Mae'r bobl sy'n byw yma wedi gweld beth ydy achubiaeth heddiw. Mae'r
dyn yma wedi dangos ei fod yn fab i Abraham. 10 Dw i, Mab y Dyn, wedi dod i chwilio am
y rhai sydd ar goll, i'w hachub nhw."

Stori am ddeg gwas

(Mathew 25:14-30)

11 Roedd y dyrfa'n gwrando ar bopeth roedd Iesu'n ei ddweud. Gan ei fod yn dod yn agos
at Jerwsalem, dwedodd stori wrthyn nhw i gywiro'r syniad oedd gan bobl fod teyrnasiad
Duw yn mynd i ddod unrhyw funud. 12 Dyma'r stori: "Roedd rhyw ddyn pwysig aeth i ffwrdd
i wlad bell i gael ei wneud yn frenin ar ei bobl. 13 Ond cyn mynd, galwodd ddeg o'i weision
ato a rhannu swm o arian[b] rhyngddyn nhw. 'Defnyddiwch yr arian yma i farchnata ar fy rhan,
nes dof i yn ôl adre,' meddai.
14 "Ond roedd ei bobl yn ei gasáu, a dyma nhw'n anfon cynrychiolwyr ar ei ôl i ddweud eu
bod nhw ddim eisiau iddo fod yn frenin arnyn nhw.
15 "Ond cafodd ei wneud yn frenin, a phan ddaeth adre galwodd ato y gweision hynny oedd wedi
rhoi'r arian iddyn nhw. Roedd eisiau gwybod oedden nhw wedi llwyddo i wneud elw. 16 Dyma'r
cyntaf yn dod, ac yn dweud ei fod wedi llwyddo i wneud elw mawr – deg gwaith cymaint â'r swm
gwreiddiol! 17 'Da iawn ti!' meddai'r meistr, 'Rwyt ti'n weithiwr da. Gan dy fod di wedi bod yn
ffyddlon wrth drin yr ychydig rois i yn dy ofal di, dw i am dy wneud di'n rheolwr ar ddeg dinas.'
18 "Wedyn dyma'r ail yn dod ac yn dweud ei fod yntau wedi gwneud elw – pum gwaith cymaint
â'r swm gwreiddiol. 19 'Da iawn ti!' meddai'r meistr, 'Dw i am dy osod di yn rheolwr ar bum dinas.'
20 "Wedyn dyma was arall yn dod ac yn rhoi'r arian oedd wedi'i gael yn ôl i'w feistr, a dweud,
'Dw i wedi cadw'r arian yn saff i ti. 21 Roedd gen i ofn gwneud colled gan dy fod di'n ddyn
caled. Rwyt ti'n ecsbloetio pobl, ac yn dwyn eu cnydau nhw.'
22 "Atebodd y meistr, 'Dw i'n ddyn caled ydw i – yn ecsbloetio pobl ac yn dwyn eu cnydau
nhw? Iawn! Dyna sut cei di dy drin gan dy fod ti'n was da i ddim! 23 Pam wnest ti ddim rhoi'r
arian mewn cyfri banc? Byddwn i o leia wedi'i gael yn ôl gyda rhyw fymryn o log!'
24 "Felly dyma'r brenin yn rhoi gorchymyn i'r rhai eraill oedd yn sefyll yno, 'Cymerwch yr
arian oddi arno, a'i roi i'r un oedd wedi gwneud y mwya o elw!'
25 " 'Ond feistr,' medden nhw, 'Mae gan hwnnw hen ddigon yn barod!'
26 "Atebodd y meistr nhw, 'Bydd y rhai sydd wedi gwneud defnydd da o beth sydd ganddyn
nhw yn derbyn mwy; ond am y rhai sy'n gwneud dim byd, bydd hyd yn oed yr ychydig sydd

---

a 19:8 *pedair gwaith cymaint yn ôl iddyn nhw:* Roedd y gyfraith Iddewig a chyfraith Rhufain yn dweud fod rhaid i rywun dalu'n ôl bedair gwaith y swm oedden nhw wedi'i gymryd. b 19:13 *swm o arian:* Groeg, "10 *mina*". Roedd un *mina* yn werth 100 denariws, sef cyflog tua tri mis.
19:10 cyfeiriad at Eseciel 34:11,12

ganddyn nhw'n cael ei gymryd oddi arnyn nhw! 27 Dw i'n mynd i ddelio gyda'r gelynion hynny
oedd ddim eisiau i mi fod yn frenin arnyn nhw hefyd – dewch â nhw yma, a lladdwch nhw i gyd
o mlaen i!' "

Marchogaeth i Jerwsalem

(Mathew 21:1-11; Marc 11:1-11; Ioan 12:12-19)

28 Ar ôl dweud y stori, aeth Iesu yn ei flaen i gyfeiriad Jerwsalem. 29 Pan oedd ar fin cyrraedd
Bethffage a Bethania wrth Fynydd yr Olewydd yn ymyl Jerwsalem, dwedodd wrth ddau
o'i ddisgyblion, 30 "Ewch i'r pentref acw sydd o'ch blaen. Wrth fynd i mewn iddo, dewch
o hyd i ebol wedi'i rwymo – un does neb wedi bod ar ei gefn o'r blaen. Dewch â'r ebol i mi.
31 Os bydd rhywun yn gofyn, 'Pam dych chi'n ei ollwng yn rhydd?' dwedwch wrthyn nhw,
'Mae'r meistr ei angen.' "

32 Felly i ffwrdd â'r ddau ddisgybl; a dyna lle roedd yr ebol yn union fel roedd Iesu wedi
dweud. 33 Wrth iddyn nhw ei ollwng yn rhydd, dyma'r rhai oedd biau'r ebol yn dweud, "Hei!
Beth ydych chi'n ei wneud?"

34 "Mae'r meistr ei angen," medden nhw. 35 Pan ddaethon nhw â'r ebol at Iesu dyma nhw'n
taflu'u cotiau drosto, a dyma Iesu'n eistedd ar ei gefn. 36 Wrth iddo fynd yn ei flaen, dyma
bobl yn rhoi eu cotiau fel carped ar y ffordd. 37 Pan gyrhaeddon nhw'r fan lle mae'r ffordd
yn mynd i lawr o Fynydd yr Olewydd, dyma'r dyrfa oedd yn dilyn Iesu yn dechrau gweiddi'n
uchel a chanu mawl i Dduw o achos yr holl wyrthiau rhyfeddol roedden nhw wedi'u gweld:

38 "*Mae'r Brenin sy'n dod i gynrychioli'r Arglwydd wedi'i fendithio'n fawr!*"
"Heddwch yn y nefoedd a chlod i Dduw yn y goruchaf!"

39 Ond dyma ryw Phariseaid oedd yn y dyrfa yn troi at Iesu a dweud, "Athro, cerydda dy
ddisgyblion am ddweud y fath bethau!"

40 Atebodd Iesu, "Petaen nhw'n tewi, byddai'r cerrig yn dechrau gweiddi."

Iesu'n crio dros Jerwsalem

41 Wrth iddyn nhw ddod yn agos at Jerwsalem dyma Iesu yn dechrau crio wrth weld y ddinas
o'i flaen. 42 "Petaet ti, hyd yn oed heddiw, ond wedi deall beth fyddai'n dod â heddwch parhaol
i ti! Ond mae'n rhy hwyr, a dydy heddwch ddim o fewn dy gyrraedd o gwbl. 43 Mae dydd yn dod
pan fydd dy elynion yn codi gwrthglawdd yn dy erbyn ac yn dy gau i mewn ac ymosod arnat o bob
cyfeiriad. 44 Cei dy sathru dan draed, ti a'r bobl sy'n byw ynot. Bydd waliau'r ddinas yn cael eu
chwalu'n llwyr, am dy fod wedi gwrthod dy Dduw ar y foment honno pan ddaeth i dy helpu di."

Iesu'n clirio'r deml

(Mathew 21:12-17; Marc 11:15-19; Ioan 2:13-22)

45 Aeth i mewn i gwrt y deml a dechrau gyrru allan bawb oedd yn gwerthu yno. 46 Meddai
wrthyn nhw, "Mae'r ysgrifau sanctaidd yn dweud, '*Bydd fy nhŷ i yn cael ei alw yn dŷ gweddi*';
ond dych chi wedi troi'r lle yn '*guddfan i ladron*'!"

47 Wedi hynny, roedd yn mynd i'r deml bob dydd ac yn dysgu'r bobl. Roedd y prif offeiriaid, yr
arbenigwyr yn y Gyfraith, a'r arweinwyr crefyddol eraill yn cynllwynio i'w ladd. 48 Ond doedden
nhw ddim yn gwybod beth i'w wneud, gan fod y bobl gyffredin yn dal ar bob gair roedd yn ei
ddweud.

Amau awdurdod Iesu

(Mathew 21:23-27; Marc 11:27-33)

20 Un diwrnod roedd Iesu'n dysgu'r bobl ac yn cyhoeddi'r newyddion da yn y deml.
Dyma'r prif offeiriaid, yr arbenigwyr yn y Gyfraith a'r arweinwyr Iddewig eraill yn

19:38 Salm 118:26 19:40 adlais o Habacuc 2:11 19:46 a Eseia 56:7; b cyfeiriad at Jeremeia 7:11

dod ato, [2]a gofyn iddo, "Pa hawl sydd gen ti i wneud beth wnest ti? Pwy yn union roddodd
yr awdurdod i ti?"
[3]Atebodd Iesu, "Gadewch i mi ofyn un cwestiwn i chi'n gyntaf. Dwedwch wrtho i – [4]Ai
Duw anfonodd Ioan i fedyddio neu ddim?"
[5]Wrth drafod y peth gyda'i gilydd, dyma nhw'n dweud, "Os atebwn ni 'Ie', bydd yn gofyn,
'Pam doeddech chi ddim yn ei gredu?' [6]Ond allwn ni ddim dweud 'Na' ... Bydd y bobl yn ein
llabyddio ni â cherrig. Maen nhw'n credu'n gwbl bendant fod Ioan yn broffwyd."
[7]Felly dyma nhw'n dweud eu bod nhw ddim yn gwybod yr ateb.
[8]"Felly dw i ddim yn mynd i ateb eich cwestiwn chi chwaith," meddai Iesu.

Stori y tenantiaid

(Mathew 21:33-46; Marc 12:1-12)

[9]Aeth yn ei flaen i ddweud y stori yma wrth y bobl: "Roedd dyn wedi plannu gwinllan.
Gosododd y winllan ar rent i rhyw ffermwyr cyn mynd i ffwrdd am amser hir. [10]Pan oedd hi'n
amser casglu'r grawnwin anfonodd un o'i weision i nôl y siâr roedd y tenantiaid i fod i'w
rhoi iddo. Ond dyma'r tenantiaid yn curo'r gwas a'i anfon i ffwrdd heb ddim. [11]Felly dyma'r
dyn yn anfon gwas arall; dyma nhw'n curo hwnnw hefyd a'i gam-drin a'i anfon i ffwrdd heb
ddim. [12]Pan anfonodd was arall eto, dyma nhw'n anafu hwnnw'n ddifrifol a'i daflu allan.
[13]" 'Beth wna i?' meddai'r dyn oedd biau'r winllan. 'Dw i'n gwybod! Anfona i fy mab
annwyl atyn nhw. Byddan nhw'n ei barchu e.'
[14]"Ond pan welodd y tenantiaid y mab, dyma nhw'n dweud wrth ei gilydd: 'Hwn sy'n
mynd i etifeddu'r winllan. Os lladdwn ni hwn cawn ni'r winllan i ni'n hunain!' [15]Felly dyma
nhw'n ei daflu allan o'r winllan a'i ladd. Felly beth fydd y dyn biau'r winllan yn ei wneud
iddyn nhw? [16]Bydd yn dod ac yn lladd y tenantiaid hynny ac yn rhoi'r winllan i bobl eraill."
Pan glywodd y bobl y stori yma, eu hymateb oedd, "Na! Byth!"
[17]Edrychodd Iesu i fyw eu llygaid, ac meddai, "Felly beth ydy ystyr y geiriau yma o'r ysgrifau
sanctaidd:

> *'Mae'r garreg wrthododd yr adeiladwyr*
> *wedi cael ei gwneud yn garreg sylfaen'*?

[18]Bydd pawb sy'n baglu dros y garreg honno yn dryllio'n ddarnau, a bydd pwy bynnag mae'r
garreg yn syrthio arno yn cael ei fathru."
[19]Roedd yr arbenigwyr yn y Gyfraith a'r prif offeiriaid yn gwybod yn iawn ei fod yn sôn
amdanyn nhw yn y stori. Roedden nhw eisiau gafael ynddo yn y fan a'r lle, ond roedd arnyn
nhw ofn y bobl.

Talu trethi i Cesar

(Mathew 22:15-22; Marc 12:13-17)

[20]Roedden nhw'n ei wylio'n ofalus, a dyma nhw'n anfon dynion ato oedd yn cymryd arnynt
eu bod yn ddidwyll. Roedden nhw'n gobeithio dal Iesu yn dweud rhywbeth o'i le, ac wedyn
bydden nhw'n gallu dod â chyhuddiad yn ei erbyn o flaen y llywodraethwr Rhufeinig. [21]Felly
dyma'r rhai gafodd eu hanfon i geisio ei dwyllo yn gofyn iddo, "Athro, dŷn ni'n gwybod fod
yr hyn rwyt ti'n ei ddweud ac yn ei ddysgu yn wir. Ti ddim yn dangos ffafriaeth, a ti'n dysgu
ffordd Duw ac yn glynu wrth yr hyn sy'n wir. [22]Ydy'n iawn i ni dalu trethi i lywodraeth Rhufain?"
[23]Ond roedd Iesu'n gweld eu bod yn ceisio'i dwyllo. [24]"Dewch â darn arian yma," meddai
wrthyn nhw. "Llun pwy sydd arno? Am bwy mae'r arysgrif yma'n sôn?"
"Cesar," medden nhw.
[25]"Felly," meddai Iesu, "Rhowch beth sydd biau Cesar i Cesar, a'r hyn biau Duw i Dduw."
[26]Felly roedden nhw wedi methu ei gael i ddweud unrhyw beth o'i le o flaen y bobl. Roedd
ei ateb wedi'u syfrdanu'n llwyr – doedden nhw ddim yn gallu dweud dim.

20:17 Salm 118:22

Priodas a bywyd ar ôl marwolaeth

(Mathew 22:23-33; Marc 12:18-27)

27 Dyma rai o'r Sadwceaid yn dod i ofyn cwestiwn i Iesu. (Nhw ydy'r arweinwyr Iddewig
sy'n dweud fod pobl ddim yn mynd i ddod yn ôl yn fyw ar ôl marw.) 28 "Athro," medden
nhw, "rhoddodd Moses y rheol yma i ni: *os ydy dyn yn marw heb gael plant, rhaid i frawd
y dyn hwnnw briodi'r weddw a chael plant yn ei le* 29 Nawr, roedd saith brawd. Priododd yr
hynaf, a buodd farw heb gael plant. 30-31 Dyma'r ail, ac yna'r trydydd yn priodi'r weddw. Yn
wir, digwyddodd yr un peth gyda'r saith – wnaeth yr un ohonyn nhw adael plentyn ar ei ôl.
32 Dyma'r wraig yn marw wedyn hefyd. 33 Felly dyma'n cwestiwn ni: 'Pan fydd yr atgyfodiad
yn digwydd, gwraig pwy fydd hi?' Roedd hi wedi bod yn wraig i'r saith ohonyn nhw!"
34 Atebodd Iesu, "Yn y bywyd yma mae pobl yn priodi. 35 Ond yn yr oes sydd i ddod, fydd pobl
ddim yn priodi – sef y bobl hynny sy'n cael eu cyfri'n deilwng i fod yn rhan ohoni ac wedi codi
yn ôl yn fyw. 36 A fyddan nhw ddim yn marw eto. Byddan nhw yr un fath â'r angylion yn hynny
o beth. Maen nhw'n blant Duw wedi'u codi yn ôl i fywyd newydd. 37 A bydd y meirw'n dod
yn ôl yn fyw! Mae hyd yn oed Moses yn dangos fod hynny'n wir! Yn yr hanes am y berth yn
llosgi mae'n dweud mai'r Arglwydd Dduw ydy '*Duw Abraham, Duw Isaac a Duw Jacob*'. 38 Dim
Duw pobl wedi marw ydy Duw, ond Duw'r rhai sy'n fyw! Maen nhw i gyd yn fyw iddo fe!"
39 Dyma rai o'r arbenigwyr yn y Gyfraith yn ymateb, "Go dda, athro! Clywch, clywch!"
40 O hynny ymlaen doedd neb yn meiddio gofyn mwy o gwestiynau iddo.

Mab pwy ydy'r Meseia?

(Mathew 22:41-46; Marc 12:35-37)

41 Yna dyma Iesu'n dweud wrthyn nhw, "Pam maen nhw'n dweud fod y Meseia yn fab
i Dafydd? 42 Mae Dafydd ei hun yn dweud yn Llyfr y Salmau:
'*Dwedodd yr Arglwydd wrth fy arglwydd:*
"Eistedd yma yn y sedd anrhydedd[c]
43 *nes i mi wneud i dy elynion blygu*
fel stôl i ti orffwys dy draed arni." '
44 Mae Dafydd yn ei alw'n 'Arglwydd'! Felly sut mae'n gallu bod yn fab iddo?"

Iesu a'r arbenigwyr yn y Gyfraith

(Mathew 23:1-36; Marc 12:38-40; Luc 11:37-54)

45 Tra oedd y bobl i gyd yn gwrando, dwedodd Iesu wrth ei ddisgyblion, 46 "Gwyliwch yr
arbenigwyr yn y Gyfraith. Maen nhw wrth eu bodd yn cerdded o gwmpas yn swancio yn eu
gwisgoedd swyddogol, ac yn hoffi cael pawb yn eu cyfarch ac yn talu sylw iddyn nhw yn
sgwâr y farchnad. Mae'n rhaid iddyn nhw gael y seddi gorau yn y synagogau, ac eistedd ar
y bwrdd uchaf mewn gwleddoedd. 47 Maen nhw'n dwyn popeth oddi ar wragedd gweddwon
ac wedyn yn ceisio rhoi'r argraff eu bod nhw'n dduwiol gyda'u gweddïau hir! Bydd pobl fel
nhw yn cael eu cosbi'n llym."

Rhodd y weddw

(Marc 12:41-44)

21 Pan oedd yn y deml, sylwodd Iesu ar y bobl gyfoethog yn rhoi arian yn y blychau
casglu at drysorfa'r deml. 2 Yna daeth gwraig weddw dlawd a rhoi dwy geiniog
i mewn. 3 "Credwch chi fi," meddai Iesu, "mae'r wraig weddw dlawd yna wedi rhoi mwy yn
y blwch na neb arall. 4 Newid mân oedd pawb arall yn ei roi, gan fod ganddyn nhw hen ddigon
dros ben; ond yn ei thlodi rhoddodd y wraig yna y cwbl oedd ganddi i fyw arno."

---

c 20:42 *yn y sedd anrhydedd* Groeg, "ar yr ochr dde i mi".
20:28 cyfeiriad at Deuteronomium 25:5 20:37 Exodus 3:6 20:42,43 Salm 110:1

Arwyddion o ddiwedd yr oes

(Mathew 24:1-21,29-35; Marc 13:1-19,24-31)

5 Roedd rhai o'i ddisgyblion yn tynnu sylw at waith cerrig hardd y deml a'r meini coffa oedd
yn ei haddurno. Ond dyma Iesu'n dweud, 6 "Mae'r amser yn dod pan fydd y cwbl welwch chi
yma yn cael ei chwalu, a fydd dim un garreg wedi'i gadael yn ei lle."
7 A dyma nhw'n gofyn iddo, "Pryd mae hyn i gyd yn mynd i ddigwydd, Athro? Fydd unrhyw
rybudd cyn i'r pethau yma ddigwydd?"
8 Atebodd Iesu: "Gwyliwch fod neb yn eich twyllo chi. Bydd llawer yn dod yn hawlio fy
awdurdod i, a dweud, 'Fi ydy'r Meseia' a 'Mae'r diwedd wedi dod'. Peidiwch eu dilyn nhw.
9 Pan fyddwch yn clywed am ryfeloedd a chwyldroadau, peidiwch dychryn. Mae'r pethau
yma'n siŵr o ddigwydd gyntaf, ond fydd diwedd y byd ddim yn digwydd yn syth wedyn."
10 Dwedodd wrthyn nhw, "Bydd gwledydd a llywodraethau yn rhyfela yn erbyn ei gilydd.
11 Bydd daeargrynfeydd mawr, a newyn a heintiau mewn gwahanol leoedd, a digwyddiadau
dychrynllyd eraill ac arwyddion o'r nefoedd yn rhybuddio pobl.
12 "Ond cyn i hyn i gyd ddigwydd, byddwch chi'n cael eich erlid a'ch cam-drin. Cewch eich
llusgo o flaen y synagogau a'ch rhoi yn y carchar. Cewch eich cyhuddo o fod yn ddilynwyr
i mi o flaen brenhinoedd a llywodraethwyr. 13 Ond bydd y cwbl yn gyfle i chi dystio amdana i.
14 Felly peidiwch poeni ymlaen llaw beth i'w ddweud wrth amddiffyn eich hunain. 15 Bydda i'n
rhoi'r geiriau iawn i chi. Fydd gan y rhai sy'n eich gwrthwynebu chi ddim ateb! 16 Byddwch
yn cael eich bradychu gan eich rhieni, eich brodyr a'ch chwiorydd, eich perthnasau eraill a'ch
ffrindiau. Bydd rhai ohonoch chi'n cael eich lladd. 17 Bydd pawb yn eich casáu chi am eich bod
yn ddilynwyr i mi. 18 Ond byddwch chi'n hollol saff;[ch] 19 wrth sefyll yn gadarn y cewch chi fywyd.
20 "Byddwch chi'n gwybod fod Jerwsalem ar fin cael ei dinistrio pan welwch chi fyddinoedd
yn ei hamgylchynu. 21 Bryd hynny dylai pawb sydd yn Jwdea ddianc i'r mynyddoedd. Dylai
pawb ddianc o'r ddinas, a ddylai neb yng nghefn gwlad fynd yno i chwilio am loches. 22 Dyna
pryd y bydd Duw yn ei chosbi, a bydd y cwbl mae'r ysgrifau sanctaidd yn ei ddweud am y peth
yn dod yn wir. 23 Mor ofnadwy fydd hi ar wragedd beichiog a mamau sy'n magu plant bach
bryd hynny! Bydd trybini mawr yn y tir, a bydd digofaint Duw ar y genedl. 24 Byddan nhw'n
cael eu lladd â'r cleddyf neu'n cael eu symud i wledydd eraill yn garcharorion. Bydd pobl
o genhedloedd eraill yn concro Jerwsalem a'i sathru dan draed hyd nes i amser y cenhedloedd
hynny ddod i ben.
25 "Bydd pethau rhyfedd yn digwydd yn yr awyr – arwyddion yn yr haul, y lleuad a'r sêr. Ar
y ddaear bydd gwledydd mewn cynnwrf a ddim yn gwybod beth i'w wneud am fod y môr yn
corddi a thonnau anferth yn codi. 26 Bydd pobl yn llewygu mewn dychryn wrth boeni am yr
hyn sy'n mynd i ddigwydd i'r byd, achos bydd hyd yn oed y sêr a'r planedau yn ansefydlog.
27 Bryd hynny bydd pawb yn fy ngweld i, Mab y Dyn, yn dod mewn cymylau gyda grym ac
ysblander mawr. 28 Pan fydd hyn i gyd yn dechrau digwydd, safwch ar eich traed a daliwch
eich pennau'n uchel. Mae rhyddid ar ei ffordd!"
29 Dyma fe'n darlunio'r peth fel yma: "Meddyliwch am y goeden ffigys a'r coed eraill i gyd.
30 Pan maen nhw'n dechrau deilio dych chi'n gwybod fod yr haf yn agos. 31 Felly'r un fath, pan
fyddwch yn gweld y pethau yma'n digwydd, byddwch yn gwybod fod Duw ar fin dod i deyrnasu.
32 "Credwch chi fi, bydd y genhedlaeth bresennol yn dal yma pan fydd hyn yn digwydd.
33 Bydd yr awyr a'r ddaear yn diflannu, ond mae beth dw i'n ddweud yn aros am byth.
34 "Gwyliwch eich hunain! Peidiwch gwastraffu'ch bywydau yn gwneud dim byd ond joio,
meddwi a phoeni am bethau materol, neu bydd y diwrnod hwnnw yn eich dal chi'n annisgwyl
– 35 bydd fel cael eich dal mewn trap. A bydd yn digwydd i bawb drwy'r byd i gyd. 36 Cadwch
eich llygaid yn agored! Gweddïwch y byddwch chi'n gallu osgoi'r pethau ofnadwy sy'n mynd
i ddigwydd, ac y cewch chi sefyll o flaen Mab y Dyn."

---

ch 21:18 *hollol saff*: Groeg, "Fydd dim un blewyn ar eich pen chi yn cael ei golli."
21:26 cyfeiriad at Eseia 34:4 21:27 cyfeiriad at Daniel 7:13-14

[37]Roedd Iesu yn dysgu pobl yn y deml bob dydd, ac yna gyda'r hwyr yn mynd yn ôl
i dreulio'r nos ar ochr Mynydd yr Olewydd. [38]Yn gynnar bob bore roedd tyrfa o bobl yn casglu
at ei gilydd i wrando arno yn y deml.

Jwdas yn cytuno i fradychu Iesu

(Mathew 26:1-5,14,16; Marc 14:1-2,10-11; Ioan 11:45-53)

22 Roedd hi'n agos at Ŵyl y Bara Croyw, sy'n dechrau gyda dathlu'r Pasg. [2]Roedd
y prif offeiriaid a'r arbenigwyr yn y Gyfraith yn dal i edrych am ffordd i gael gwared
â Iesu. Ond roedd arnyn nhw ofn beth fyddai'r bobl yn ei wneud. [3]Ond yna aeth Satan i mewn
i Jwdas Iscariot, oedd yn un o'r deuddeg disgybl. [4]Aeth Jwdas at y prif offeiriaid a swyddogion
diogelwch y deml, i drafod sut y gallai fradychu Iesu iddyn nhw. [5]Roedden nhw wrth eu bodd,
a dyma nhw'n addo rhoi arian iddo. [6]Cytunodd yntau a dechrau edrych am gyfle i fradychu
Iesu iddyn nhw pan oedd y dyrfa ddim o gwmpas.

Y Swper Olaf

(Mathew 26:17-30; Marc 14:12-26; Ioan 13:21-30; 1 Corinthiaid 11:23-25)

[7]Daeth diwrnod cyntaf Gŵyl y Bara Croyw (hynny ydy, y diwrnod pan oedd rhaid aberthu
oen y Pasg). [8]Dyma Iesu'n anfon Pedr ac Ioan yn eu blaenau i wneud y trefniadau. "Ewch
i baratoi swper y Pasg i ni, er mwyn i ni i gyd gael bwyta gyda'n gilydd," meddai wrthyn nhw.
[9]"Ble rwyt ti am i ni fynd i'w baratoi?" medden nhw wrtho.
[10]Atebodd e, "Wrth i chi fynd i mewn i'r ddinas bydd dyn yn dod i'ch cyfarfod yn cario
llestr dŵr. Ewch ar ei ôl [11]i mewn i'r tŷ y bydd yn mynd iddo, a gofyn i'r perchennog, 'Mae'r
athro eisiau gwybod ble mae'r ystafell westai, iddo ddathlu'r Pasg gyda'i ddisgyblion.'
[12]Bydd yn mynd â chi i fyny'r grisiau i ystafell fawr wedi'i pharatoi'n barod. Gwnewch
swper i ni yno."
[13]I ffwrdd â nhw, a digwyddodd popeth yn union fel roedd Iesu wedi dweud. Felly dyma
nhw'n paratoi swper y Pasg yno.
[14]Yn gynnar y noson honno eisteddodd Iesu wrth y bwrdd, a'i apostolion gydag e. [15]Meddai
wrthyn nhw, "Dw i wedi edrych ymlaen yn fawr at gael bwyta'r swper Pasg yma gyda chi cyn
i mi ddioddef. [16]Dw i'n dweud wrthoch chi y bydda i ddim yn ei fwyta eto nes i'r cwbl gael
ei gyflawni pan ddaw Duw i deyrnasu."
[17]Yna cymerodd gwpan o win, adrodd gweddi o ddiolch, ac yna dweud wrth ei ddisgyblion,
"Cymerwch hwn a'i rannu rhyngoch. [18]Dw i'n dweud wrthoch chi, fydda i ddim yn yfed gwin
eto nes i Dduw ddod i deyrnasu."
[19]Yna cymerodd dorth o fara, ac yna, ar ôl adrodd y weddi o ddiolch, ei thorri a'i rhannu i'w
ddisgyblion. "Dyma fy nghorff i, sy'n cael ei roi drosoch chi. Gwnewch hyn i gofio amdana i."
[20]Wedyn ar ôl bwyta swper gafaelodd yn y cwpan eto, a dweud, "Mae'r cwpan yma'n
cynrychioli'r ymrwymiad newydd drwy fy ngwaed i, sy'n cael ei dywallt ar eich rhan chi.
[21]Ond mae'r un sy'n mynd i mradychu i yn eistedd wrth y bwrdd yma gyda mi. [22]Rhaid i mi,
Mab y Dyn, farw fel mae wedi'i drefnu, ond gwae'r un sy'n mynd i'm bradychu i!" [23]Yna
dechreuodd y disgyblion drafod pwy ohonyn nhw fyddai'n gwneud y fath beth.

Y ddadl am bwy oedd y pwysica

[24]Ond yna dyma ddadl yn codi yn eu plith nhw ynglŷn â pha un ohonyn nhw oedd y pwysica.
[25]Felly dwedodd Iesu wrthyn nhw, "Mae brenhinoedd y cenhedloedd yn ei lordio hi dros bobl;
ac mae pobl fawr eraill sy'n hoffi dangos eu hawdurdod yn cael teitlau fel 'Cyfaill y bobl'!
[26]Ond dim fel yna dylech chi fod. Dylai'r pwysica ohonoch chi ymddwyn fel y person lleia
pwysig, a dylai'r un sy'n arwain fod fel un sy'n gwasanaethu. [27]Pwy ydy'r pwysica fel arfer?

22:1 gw. Exodus 12:1-27 22:20 gw. Jeremeia 31:31-34 22:21 gw. Salm 41:9

Ai'r sawl sy'n eistedd wrth y bwrdd neu'r sawl sy'n gwasanaethu? Y sawl sy'n eistedd wrth
y bwrdd wrth gwrs! Ond dw i yma fel un sy'n gwasanaethu.
28"Dych chi wedi sefyll gyda mi drwy'r treialon, 29a dw i'n mynd i roi hawl i chi deyrnasu
yn union fel gwnaeth y Tad ei roi i mi. 30Cewch chi fwyta ac yfed wrth fy mwrdd i pan fydda
i'n teyrnasu, a byddwch yn eistedd ar orseddau i farnu deuddeg llwyth gwlad Israel.

Disgyblion Iesu'n cael eu profi

(Mathew 26:31-35; Marc 14:27-31; Ioan 13:36-38)

31"Simon, Simon – mae Satan wedi bod eisiau'ch cymryd chi i gyd i'ch ysgwyd a'ch profi
chi fel mae us yn cael ei wahanu oddi wrth y gwenith. 32Ond dw i wedi gweddïo drosot ti,
Simon, y byddi di ddim yn colli dy ffydd. Felly pan fyddi di wedi troi'n ôl dw i eisiau i ti annog
a chryfhau'r lleill."
33"Ond Arglwydd," meddai Pedr, "dw i'n fodlon mynd i'r carchar neu hyd yn oed farw drosot ti!"
34"Pedr," meddai'r Arglwydd wrtho, "gwranda'n ofalus ar beth dw i'n ddweud. Cyn i'r
ceiliog ganu bore fory byddi di wedi gwadu dair gwaith dy fod di hyd yn oed yn fy nabod i."

Pwrs, bag a chleddyf

35Wedyn dyma Iesu'n gofyn i'w ddisgyblion, "Pan wnes i'ch anfon chi allan heb bwrs na
bag teithio na sandalau sbâr, fuoch chi'n brin o gwbl?"

"Naddo," medden nhw.

36Yna dwedodd wrthyn nhw, "Ond nawr, ewch â'ch pwrs a'ch bag gyda chi; ac os oes
gynnoch chi ddim cleddyf, gwerthwch eich côt i brynu un. 37Mae'r broffwydoliaeth sy'n dweud,
'*Roedd yn cael ei ystyried yn un o'r gwrthryfelwyr*', yn mynd i ddod yn wir. Ydy, mae'r cwbl sydd
wedi'i ysgrifennu amdana i yn yr ysgrifau sanctaidd yn mynd i ddod yn wir."
38"Edrych, Arglwydd," meddai'r disgyblion, "mae gynnon ni ddau gleddyf yn barod!"

"Dyna ddigon!" meddai.

Iesu'n gweddïo ar Fynydd yr Olewydd

(Mathew 26:36-46; Marc 14:32-42)

39Dyma Iesu'n mynd allan i Fynydd yr Olewydd eto, fel roedd wedi gwneud bob nos. Ac aeth
ei ddisgyblion ar ei ôl. 40Pan gyrhaeddodd lle roedd yn mynd, dwedodd wrthyn nhw, "Gweddïwch
y byddwch chi ddim yn syrthio pan gewch chi'ch profi." 41Yna aeth yn ei flaen dafliad carreg,
a mynd ar ei liniau a dechrau gweddïo, 42"Dad, os wyt ti'n fodlon, cymer y cwpan chwerw yma
oddi arna i. Ond paid gwneud beth dw i eisiau, gwna beth rwyt ti eisiau." 43Yna gwelodd angel o'r
nefoedd, ac roedd yr angel yn ei annog ac yn cryfhau ei benderfyniad. 44Gweddïodd yn fwy taer,
ond gan ei fod mewn cymaint o boen meddwl, roedd ei chwys yn disgyn ar lawr fel dafnau o waed.
45Pan gododd ar ei draed a mynd yn ôl at ei ddisgyblion roedden nhw'n cysgu. Roedd
tristwch yn eu llethu nhw. 46Gofynnodd iddyn nhw, "Pam dych chi'n cysgu? Codwch ar eich
traed, a gweddïwch y byddwch chi ddim yn syrthio pan gewch chi'ch profi."

Arestio Iesu

(Mathew 26:47-56; Marc 14:43-50; Ioan 18:3-11)

47Wrth iddo ddweud hyn, dyma dyrfa yn dod ato. Jwdas, un o'r deuddeg disgybl oedd yn
eu harwain, ac aeth at Iesu i'w gyfarch â chusan. 48Ond dyma Iesu'n gofyn iddo, "Wyt ti'n
bradychu Mab y Dyn â chusan?"
49Pan sylweddolodd dilynwyr Iesu beth oedd ar fin digwydd, dyma nhw'n gweiddi,
"Arglwydd, wyt ti eisiau i ni ymladd gyda'r cleddyfau yma?" 50A dyma un ohonyn nhw yn
taro gwas yr archoffeiriad, a thorri ei glust dde i ffwrdd.

22:37 Eseia 53:12

[51]"Stopiwch! Dyna ddigon!" meddai Iesu. Yna cyffyrddodd glust y dyn a'i iacháu.
[52]Yna trodd at y prif offeiriaid, swyddogion diogelwch y deml a'r arweinwyr eraill oedd wedi
dod i'w ddal, "Ydw i'n arwain gwrthryfel neu rywbeth? Ai dyna pam mae angen y cleddyfau
a'r pastynau yma? [53]Pam na ddalioch chi fi yn y deml? Rôn i yno gyda chi bob dydd! Ond
dyma'ch cyfle chi – yr amser pan mae pwerau'r tywyllwch yn rheoli."

Pedr yn gwadu ei fod yn nabod Iesu

(Mathew 26:57-58,69-75; Marc 14:53-54,66-72; Ioan 18:12-18,25-27)

[54]Dyma nhw'n gafael ynddo, a mynd ag e i dŷ'r archoffeiriad. Roedd Pedr yn eu dilyn
o bell. [55]Ond yna ar ôl iddyn nhw gynnau tân yng nghanol yr iard dyma Pedr yn mynd yno
ac yn eistedd gyda nhw. [56]Dyma un o'r morynion yn sylwi ei fod yn eistedd yno. Edrychodd
hi'n ofalus arno yng ngolau'r tân, ac yna dweud, "Roedd y dyn yma gyda Iesu!"
[57]Ond gwadu wnaeth Pedr. "Dw i ddim yn nabod y dyn, ferch!" meddai.
[58]Yna ychydig yn ddiweddarach dyma rywun arall yn sylwi arno ac yn dweud, "Rwyt ti'n
un ohonyn nhw!"
"Na dw i ddim!" atebodd Pedr.
[59]Yna ryw awr yn ddiweddarach dyma rywun arall eto yn dweud, "Does dim amheuaeth
fod hwn gyda Iesu; mae'n amlwg ei fod yn dod o Galilea."
[60]Atebodd Pedr, "Does gen i ddim syniad am beth rwyt ti'n sôn, ddyn!" A dyma'r ceiliog
yn canu wrth iddo ddweud y peth. [61]Dyma'r Arglwydd Iesu yn troi ac yn edrych yn syth ar
Pedr. Yna cofiodd Pedr beth roedd yr Arglwydd wedi'i ddweud: "Byddi di wedi gwadu dy fod
yn fy nabod i dair gwaith cyn i'r ceiliog ganu." [62]Aeth allan yn beichio crio.

Y milwyr yn gwatwar Iesu

(Mathew 26:67-68; Marc 14:65)

[63]Dyma'r milwyr oedd yn cadw Iesu yn y ddalfa yn dechrau gwneud hwyl ar ei ben a'i guro.
[64]Dyma nhw'n rhoi mwgwd arno ac yna ei daro a dweud wrtho, "Tyrd, Proffwyda! Pwy wnaeth
dy daro di y tro yna?" [65]Roedden nhw'n ei regi ac yn hyrddio pob math o enllibion ato.

Iesu o flaen y Sanhedrin

(Mathew 26:59-66; Marc 14:55-64; Ioan 18:19-24)

[66]Pan oedd hi'n gwawrio dyma'r Sanhedrin yn cyfarfod, hynny ydy, yr arweinwyr oedd yn
brif-offeiriaid neu'n arbenigwyr yn y Gyfraith. A dyma Iesu'n cael ei osod o'u blaenau nhw.
[67]"Dwed wrthon ni ai ti ydy'r Meseia," medden nhw. Atebodd Iesu, "Fyddech chi ddim yn
credu taswn i yn dweud. [68]A taswn i'n gofyn y cwestiwn i chi, wnaech chi ddim ateb. [69]Ond
o hyn ymlaen, bydd Mab y Dyn yn llywodraethu gyda'r[d] Duw grymus."
[70]"Felly wyt ti'n dweud mai ti ydy Mab Duw?" medden nhw gyda'i gilydd.
"Chi sydd wedi dweud y peth," meddai.
[71]A dyma nhw'n dweud, "Pam mae angen tystiolaeth bellach? Dŷn ni wedi'i glywed yn
dweud y peth ei hun."

Peilat yn croesholi Iesu

(Mathew 27:1,2,11-14; Marc 15:1-5; Ioan 18:28-38)

23 Yna dyma nhw i gyd yn codi a mynd ag e at Peilat. [2]Dyma nhw'n dechrau dadlau
eu hachos yn ei erbyn, "Mae'r dyn yma wedi bod yn camarwain ein pobl. Mae'n
gwrthwynebu talu trethi i lywodraeth Rhufain, ac mae'n honni mai fe ydy'r brenin, y Meseia."
[3]Felly dyma Peilat yn dweud wrth Iesu, "Felly, ti ydy Brenin yr Iddewon, ie?"
"Ti sy'n dweud," atebodd Iesu.

---

d 22:69 *yn llywodraethu gyda'r* Groeg, "eistedd ar ochr dde".

4Yna dyma Peilat yn troi at y prif offeiriaid a'r dyrfa ac yn cyhoeddi, "Dw i ddim yn credu
fod unrhyw sail i ddwyn cyhuddiad yn erbyn y dyn yma."
5Ond roedden nhw'n benderfynol, "Mae'n creu helynt drwy Jwdea i gyd wrth ddysgu'r
bobl. Dechreuodd yn Galilea, a nawr mae wedi dod yma."
6"Felly un o Galilea ydy e?" meddai Peilat. 7Pan sylweddolodd hynny, anfonodd Iesu at
Herod Antipas, gan ei fod yn dod o'r ardal oedd dan awdurdod Herod. (Roedd Herod yn
digwydd bod yn Jerwsalem ar y pryd.)

Iesu o flaen Herod

8Roedd Herod wrth ei fodd ei fod yn cael cyfle i weld Iesu. Roedd wedi clywed amdano
ers amser maith, ac wedi bod yn gobeithio cael ei weld yn gwneud rhywbeth gwyrthiol.
9Gofynnodd un cwestiwn ar ôl y llall i Iesu, ond roedd Iesu'n gwrthod ateb. 10A dyna lle roedd
y prif offeiriaid a'r arbenigwyr yn y Gyfraith yn ei gyhuddo'n ffyrnig.
11Yna dyma Herod a'i filwyr yn dechrau gwneud hwyl am ei ben a'i sarhau. Dyma nhw'n ei
wisgo mewn clogyn crand, a'i anfon yn ôl at Peilat. 12Cyn i hyn i gyd ddigwydd roedd Herod
a Peilat wedi bod yn elynion, ond dyma nhw'n dod yn ffrindiau y diwrnod hwnnw.

Dedfrydu Iesu i farwolaeth

(Mathew 27:15-26; Marc 15:6-15; Ioan 18:39 — 19:16)

13Dyma Peilat yn galw'r prif offeiriaid a'r arweinwyr eraill, a'r bobl at ei gilydd,
14a chyhoeddi ei ddedfryd: "Daethoch â'r dyn yma i sefyll ei brawf ar y cyhuddiad o fod yn
arwain gwrthryfel. Dw i wedi'i groesholi o'ch blaen chi i gyd, a dw i'n ei gael yn ddieuog
o'r holl gyhuddiadau. 15Ac mae'n amlwg fod Herod wedi dod i'r un casgliad gan ei fod
wedi'i anfon yn ôl yma. Dydy e ddim wedi gwneud unrhyw beth i haeddu marw. 16Felly dysga
i wers iddo â'r chwip ac yna ei ollwng yn rhydd."[dd]
18Dyma nhw i gyd yn gweiddi gyda'i gilydd, "Lladda fe! Gollwng Barabbas yn rhydd!"
19(Roedd Barabbas yn y carchar am godi terfysg yn Jerwsalem ac am lofruddiaeth.)
20Dyma Peilat yn eu hannerch nhw eto. Roedd e eisiau gollwng Iesu yn rhydd. 21Ond
roedden nhw wedi dechrau gweiddi drosodd a throsodd, "Croeshoelia fe! Croeshoelia fe!"
22Gofynnodd iddyn nhw'r drydedd waith, "Pam? Beth mae wedi'i wneud o'i le? Dydy'r
dyn ddim yn euog o unrhyw drosedd sy'n haeddu dedfryd marwolaeth! Felly dysga i wers
iddo â'r chwip ac yna ei ollwng yn rhydd."
23Ond roedd y dyrfa'n gweiddi'n uwch ac yn uwch, ac yn mynnu fod rhaid i Iesu gael ei
groeshoelio, ac yn y diwedd cawson nhw eu ffordd. 24Dyma Peilat yn penderfynu rhoi beth
roedden nhw eisiau iddyn nhw. 25Rhyddhaodd Barabbas, y dyn oedd yn y carchar am derfysg
a llofruddiaeth, a dedfrydu Iesu i farwolaeth fel roedden nhw eisiau iddo wneud.

Y Croeshoelio

(Mathew 27:32-44; Marc 15:21-32; Ioan 19:17-27)

26Wrth iddyn nhw arwain Iesu i ffwrdd roedd Simon o Cyrene ar ei ffordd i mewn i'r
ddinas, a dyma nhw'n ei orfodi i gario croes Iesu. 27Roedd tyrfa fawr o bobl yn ei ddilyn,
gan gynnwys nifer o wragedd yn galaru ac wylofain. 28Ond dyma Iesu'n troi ac yn dweud
wrthyn nhw, "Ferched Jerwsalem, peidiwch crio drosto i; crïwch drosoch eich hunain a'ch
plant. 29Mae'r amser yn dod pan fyddwch yn dweud, 'Mae'r gwragedd hynny sydd heb blant
wedi'u bendithio'n fawr! – y rhai sydd erioed wedi cario plentyn yn y groth na bwydo plentyn
ar y fron!' 30A '*byddan nhw'n dweud wrth y mynyddoedd,*

---

dd 23:16 *ei ollwng yn rhydd:* Mae rhai llawysgrifau yn ychwanegu adn. 17, *Roedd e'n arfer gollwng un carcharor yn rhydd adeg Gŵyl y Pasg.*

"Syrthiwch arnon ni!"
ac wrth y bryniau,
"Cuddiwch ni!" '
31Os ydy hyn yn cael ei wneud i'r goeden sy'n llawn dail, beth fydd yn digwydd i'r un sydd
wedi marw?"
32Roedd dau ddyn arall oedd yn droseddwyr yn cael eu harwain allan i gael eu dienyddio
gyda Iesu. 33Felly ar ôl iddyn nhw gyrraedd y lle sy'n cael ei alw 'Y Benglog', dyma nhw'n
hoelio Iesu ar groes, a'r ddau droseddwr arall un bob ochr iddo. 34Ond yr hyn ddwedodd
Iesu oedd, "Dad, maddau iddyn nhw. Dŷn nhw ddim yn gwybod beth maen nhw'n ei wneud."
A dyma'r milwyr yn gamblo i weld pwy fyddai'n cael ei ddillad.
35Roedd y bobl yno'n gwylio'r cwbl, a'r arweinwyr yn chwerthin ar ei ben a'i wawdio.
"Roedd e'n achub pobl eraill," medden nhw, "felly gadewch iddo'i achub ei hun, os mai fe
ydy'r Meseia mae Duw wedi'i ddewis!"
36Roedd y milwyr hefyd yn gwneud sbort am ei ben. Roedden nhw'n cynnig gwin sur rhad
iddo 37ac yn dweud, "Achub dy hun os mai ti ydy Brenin yr Iddewon!" 38Achos roedd arwydd
uwch ei ben yn dweud: DYMA FRENIN YR IDDEWON.
39Yna dyma un o'r troseddwyr oedd yn hongian yno yn dechrau'i regi: "Onid ti ydy'r Meseia?
Achub dy hun, a ninnau hefyd!"
40Ond dyma'r troseddwr arall yn ei geryddu. "Does arnat ti ddim ofn Duw a thithau ar
fin marw hefyd? 41Dŷn ni'n haeddu cael ein cosbi am yr hyn wnaethon ni. Ond wnaeth hwn
ddim byd o'i le."
42Yna meddai, "Iesu, cofia amdana i pan fyddi di'n teyrnasu."
43Dyma Iesu'n ateb, "Wir i ti – cei di ddod gyda mi i baradwys heddiw."

Iesu'n marw

(Mathew 27:45-56; Marc 15:33-41; Ioan 19:28-30)

44Roedd hi tua chanol dydd erbyn hyn, ac aeth yn hollol dywyll drwy'r wlad i gyd hyd dri
o'r gloch y p'nawn. 45Roedd fel petai golau'r haul wedi diffodd! Dyna pryd wnaeth y llen hir
oedd yn hongian yn y deml rwygo yn ei hanner. 46A dyma Iesu'n gweiddi'n uchel, "Dad, *dw
i'n rhoi fy ysbryd yn dy ddwylo di,"* ac ar ôl dweud hynny stopiodd anadlu a marw.
47Pan welodd y capten milwrol oedd yno beth ddigwyddodd, dechreuodd foli Duw
a dweud, "Roedd y dyn yma'n siŵr o fod yn ddieuog!" 48A phan welodd y dyrfa oedd yno
beth ddigwyddodd, dyma nhw'n troi am adre'n galaru. 49Ond arhosodd ei ffrindiau agos
i wylio o bell beth oedd yn digwydd – gan gynnwys y gwragedd oedd wedi'i ddilyn o Galilea.

Claddu Iesu

(Mathew 27:57-61; Marc 15:42-47; Ioan 19:38-42)

50Roedd yna ddyn o'r enw Joseff oedd yn dod o dref Arimathea yn Jwdea. Roedd yn
ddyn da a gonest, ac yn aelod o'r Sanhedrin Iddewig, 51ond doedd e ddim wedi cytuno â'r
penderfyniad wnaeth yr arweinwyr eraill. Roedd Joseff yn ddyn oedd yn disgwyl i Dduw
ddod i deyrnasu. 52Aeth i ofyn i Peilat am ganiatâd i gymryd corff Iesu. 53Tynnodd y corff
i lawr a'i lapio gyda lliain ac yna ei roi i orwedd mewn bedd newydd oedd wedi'i naddu yn
y graig – doedd neb erioed wedi'i gladdu yno o'r blaen. 54Roedd hi'n hwyr bnawn dydd
Gwener a'r Saboth ar fin dechrau.
55Roedd y gwragedd o Galilea oedd gyda Iesu wedi dilyn Joseff, ac wedi gweld y bedd
lle cafodd y corff ei osod. 56Ar ôl mynd adre i baratoi cymysgedd o berlysiau a pheraroglau
i eneinio'r corff, dyma nhw'n gorffwys dros y Saboth, fel mae Cyfraith Moses yn ei
ddweud.

23:30 cyfeiriad at Hosea 10:8 23:31 cyfeiriad at Eseciel 20:46-47 23:34 cyfeiriad at Salm 22:18
23:36 gw. Salm 69:21 23:46 Salm 31:5 23:56 Exodus 20:10; Deuteronomium 5:14

Yr Atgyfodiad

(Mathew 28:1-10; Marc 16:1-8; Ioan 20:1-10)

24 Yn gynnar iawn y bore Sul aeth y gwragedd at y bedd gyda'r perlysiau roedden
nhw wedi'u paratoi. 2 Dyma nhw'n darganfod fod y garreg fawr oedd ar geg y bedd
wedi'i rholio i ffwrdd, 3 a phan aethon nhw i mewn i'r bedd doedd y corff ddim yno! 4 Roedden
nhw wedi drysu'n lân, ond yna'n sydyn dyma ddau ddyn mewn dillad llachar yn sefyll wrth
eu hymyl. 5 Roedd y gwragedd wedi dychryn am eu bywydau, a dyma nhw'n plygu gyda'u
hwynebau ar lawr o'u blaenau. Yna dyma'r dynion yn gofyn iddyn nhw, "Pam dych chi'n
edrych mewn bedd am rywun sy'n fyw? 6 Dydy Iesu ddim yma; mae yn ôl yn fyw! Dych chi ddim
yn cofio beth ddwedodd e pan oedd gyda chi yn Galilea? 7 Dwedodd y byddai e, Mab y Dyn,
yn cael ei drosglwyddo i afael dynion pechadurus fyddai'n ei groeshoelio; ond yna ddeuddydd
wedyn byddai e'n dod yn ôl yn fyw." 8 A dyma nhw'n cofio beth roedd wedi'i ddweud. 9 Felly
dyma nhw'n gadael y bedd a mynd yn ôl i ddweud beth oedd wedi digwydd wrth yr unarddeg
disgybl a phawb arall.
10 Aeth Mair Magdalen, Joanna, Mair mam Iago, a nifer o wragedd eraill i ddweud yr hanes
wrth yr apostolion. 11 Ond doedd yr apostolion ddim yn eu credu nhw – roedden nhw'n
meddwl fod y stori yn nonsens llwyr. 12 Ond dyma Pedr yn rhedeg at y bedd i edrych. Plygodd
i edrych i mewn i'r bedd a gweld y stribedi o liain yn gorwedd yno'n wag. Gadawodd y bedd
yn methu'n lân a deall beth oedd wedi digwydd.[e]

Ar y ffordd i Emaus

(Marc 16:12-13)

13 Yr un diwrnod, roedd dau o ddilynwyr Iesu ar eu ffordd i bentref Emaus, sydd ryw saith
milltir o Jerwsalem. 14 Roedden nhw'n sgwrsio am bopeth oedd wedi digwydd. 15 Wrth i'r
drafodaeth fynd yn ei blaen dyma Iesu'n dod atyn nhw a dechrau cerdded gyda nhw. 16 Ond
doedden nhw ddim yn sylweddoli pwy oedd e, am fod Duw wedi'u rhwystro rhag ei nabod e.
17 Gofynnodd iddyn nhw, "Am beth dych chi'n dadlau gyda'ch gilydd?" Dyma nhw'n sefyll
yn stond. (Roedd eu tristwch i'w weld ar eu hwynebau.) 18 A dyma Cleopas, un ohonyn nhw, yn
dweud, "Mae'n rhaid mai ti ydy'r unig berson yn Jerwsalem sydd ddim yn gwybod beth sydd
wedi digwydd y dyddiau dwetha yma!" 19 "Gwybod beth?" gofynnodd. "Beth sydd wedi digwydd
i Iesu o Nasareth," medden nhw. "Roedd yn broffwyd i Dduw ac yn siaradwr gwych, ac roedd
pawb wedi'i weld yn gwneud gwyrthiau rhyfeddol. 20 Ond dyma'r prif offeiriaid a'r arweinwyr
crefyddol eraill yn ei arestio a'i drosglwyddo i'r Rhufeiniaid i gael ei ddedfrydu i farwolaeth,
a'i groeshoelio. 21 Roedden ni wedi gobeithio mai fe oedd y Meseia oedd yn mynd i ennill rhyddid
i Israel. Digwyddodd hynny echdoe – Ond mae yna fwy ... 22 Yn gynnar y bore ma dyma rai o'r
merched oedd gyda ni yn mynd at y bedd lle roedd ei gorff wedi cael ei osod, 23 ond doedd y corff
ddim yno! Roedden nhw'n dweud eu bod nhw wedi gweld angylion, a bod y rheiny wedi dweud
wrthyn nhw fod Iesu'n fyw. 24 Felly dyma rai o'r dynion oedd gyda ni yn mynd at y bedd i edrych,
ac roedd popeth yn union fel roedd y gwragedd wedi dweud. Ond welon nhw ddim Iesu o gwbl."
25 "Dych chi mor ddwl!" meddai Iesu wrth y ddau roedd e'n cerdded gyda nhw, "Pam dych
chi'n ei chael hi mor anodd i gredu'r cwbl ddwedodd y proffwydi? 26 Maen nhw'n dweud
fod rhaid i'r Meseia ddioddef fel hyn cyn iddo gael ei anrhydeddu!" 27 A dyma Iesu'n mynd
dros bopeth ac yn esbonio iddyn nhw beth roedd Moses a'r proffwydi eraill wedi'i ddweud
amdano yn yr ysgrifau sanctaidd.
28 Pan oedden nhw bron â chyrraedd pen y daith, dyma Iesu'n dweud ei fod e'n mynd yn
ei flaen. 29 Ond dyma nhw'n erfyn yn daer arno: "Tyrd i aros gyda ni dros nos; mae'n mynd
yn hwyr." Felly aeth i aros gyda nhw.
30 Pan oedden nhw'n eistedd wrth y bwrdd i fwyta, cymerodd dorth o fara, ac adrodd
gweddi o ddiolch cyn ei thorri a'i rhannu iddyn nhw. 31 Yn sydyn dyma nhw'n sylweddoli mai

---

e 24:12 *wedi digwydd:* Dydy adn. 12 ddim yn rhai llawysgrifau.

Iesu oedd gyda nhw, a'r foment honno diflannodd o'u golwg. 32 Dyma nhw'n dweud wrth ei
gilydd, "Roedden ni'n teimlo rhyw wefr, fel petai'n calonnau ni ar dân, wrth iddo siarad â ni
ar y ffordd ac esbonio beth mae'r ysgrifau sanctaidd yn ei ddweud!"
33 Ymhen dim o amser roedden nhw ar eu ffordd yn ôl i Jerwsalem. Dyma nhw'n dod o hyd
i'r unarddeg disgybl a phawb arall gyda nhw, 34 a'r peth cyntaf gafodd ei ddweud wrthyn
nhw oedd, "Mae'n wir! Mae'r Arglwydd wedi dod yn ôl yn fyw. Mae Simon Pedr wedi'i weld!"
35 Yna dyma'r ddau yn dweud beth oedd wedi digwydd iddyn nhw ar eu taith, a sut wnaethon
nhw sylweddoli pwy oedd Iesu wrth iddo dorri'r bara.

Iesu'n ymddangos i'r disgyblion

(Mathew 28:16-20; Marc 16:14-18; Ioan 20:19-23; Actau 1:6-8)

36 Roedden nhw'n dal i siarad am y peth pan ddaeth Iesu a sefyll yn y canol. "Shalôm!"[f]
meddai wrthyn nhw.
37 Roedden nhw wedi cael braw. Roedden nhw'n meddwl eu bod nhw'n gweld ysbryd. 38 Ond
dyma Iesu'n gofyn iddyn nhw, "Beth sy'n bod? Pam dych chi'n amau pwy ydw i? 39 Edrychwch
ar fy nwylo a'm traed i. Fi sydd yma go iawn! Cyffyrddwch fi. Byddwch chi'n gweld wedyn
mai dim ysbryd ydw i. Does gan ysbryd ddim corff ag esgyrn fel hyn!" 40 Roedd yn dangos ei
ddwylo a'i draed iddyn nhw wrth ddweud y peth.
41 Roedden nhw'n teimlo rhyw gymysgedd o lawenydd a syfrdandod, ac yn dal i fethu
credu'r peth. Felly gofynnodd Iesu iddyn nhw, "Oes gynnoch chi rywbeth i'w fwyta yma?"
42 Dyma nhw'n rhoi darn o bysgodyn wedi'i goginio iddo, 43 a dyma Iesu'n ei gymryd a'i fwyta
o flaen eu llygaid.
44 Yna dwedodd wrthyn nhw, "Pan o'n i gyda chi, dwedais fod rhaid i'r cwbl ysgrifennodd
Moses amdana i yn y Gyfraith, a beth sydd yn llyfrau'r Proffwydi a'r Salmau, ddod yn wir."
45 Wedyn esboniodd iddyn nhw beth mae'r ysgrifau sanctaidd yn ei ddweud, er mwyn iddyn
nhw ddeall. 46 "Mae'r ysgrifau yn dweud fod y Meseia yn mynd i ddioddef a marw, ac yna
dod yn ôl yn fyw ddeuddydd wedyn. 47 Rhaid cyhoeddi'r neges yma yn Jerwsalem a thrwy'r
gwledydd i gyd: fod pobl i droi cefn ar eu pechod a bod Duw'n barod i faddau iddyn nhw.
48 Chi ydy'r llygad-dystion sydd wedi gweld y cwbl! 49 Felly dw i'n mynd i anfon beth wnaeth
fy Nhad ei addo i chi – arhoswch yma yn y ddinas nes i'r Ysbryd Glân ddod i lawr a'ch
gwisgo chi gyda nerth."

Iesu'n mynd yn ôl i'r nefoedd

(Marc 16:19,20; Actau 1:9-11)

50 Yna dyma Iesu'n mynd â nhw allan i ymyl Bethania. Wrth iddo godi ei ddwylo i'w
bendithio nhw 51 cafodd ei gymryd i ffwrdd i'r nefoedd, 52 ac roedden nhw'n ei addoli. Wedyn
dyma nhw'n mynd yn ôl i Jerwsalem yn llawen, 53 a threulio eu hamser i gyd yn y deml yn
moli Duw.

f 24:36 *Shalôm:* Cyfarchiad Iddewig sy'n golygu, "Heddwch i chi!".

Ioan

Daeth y Gair yn berson o gig a gwaed

1 Y Gair oedd yn bod ar y dechrau cyntaf.
Roedd y Gair gyda Duw,
a Duw oedd y Gair.
2 Roedd gyda Duw o'r dechrau cyntaf un.
3 Drwyddo y crëwyd popeth sy'n bod.
Does dim yn bodoli ond beth greodd e.
4 Ynddo fe roedd bywyd,
a'r bywyd hwnnw'n rhoi golau i bobl.
5 Mae'r golau'n dal i ddisgleirio yn y tywyllwch,
a'r tywyllwch wedi methu ei ddiffodd.

6 Daeth dyn o'r enw Ioan i'r golwg. Duw oedd wedi anfon Ioan i roi tystiolaeth – 7 i ddweud
wrth bawb am y golau, er mwyn i bawb ddod i gredu drwy'r hyn oedd yn ei ddweud. 8 Dim
Ioan ei hun oedd y golau; dweud wrth bobl am y golau roedd e'n ei wneud. 9 Roedd y golau
go iawn, sy'n rhoi golau i bawb, ar fin dod i'r byd.

10 Roedd y Gair yn y byd,
ac er mai fe greodd y byd,
wnaeth pobl y byd mo'i nabod.
11 Daeth i'w wlad ei hun,
a chael ei wrthod
gan ei bobl ei hun.
12 Ond cafodd pawb wnaeth ei dderbyn,
(sef y rhai sy'n credu ynddo)
hawl i ddod yn blant Duw.
13 Dim am fod ganddyn nhw waed Iddewig
(Dim canlyniad perthynas rywiol a chwant gŵr sydd yma);
Duw sydd wedi'u gwneud nhw'n blant iddo'i hun!
14 Daeth y Gair yn berson o gig a gwaed;
daeth i fyw yn ein plith ni.
Gwelon ni ei ysblander dwyfol –
ei ysblander fel Mab unigryw
wedi dod oddi wrth y Tad
yn llawn haelioni a gwirionedd.

15 Dyma'r un roedd Ioan yn sôn amdano. Cyhoeddodd yn uchel, "Dyma'r un ddwedais
i amdano, 'Mae'r un sy'n dod ar fy ôl i yn bwysicach na fi. Roedd e'n bodoli o'm blaen i.' "
16 Ynddo fe mae un fendith hael wedi cael ei rhoi yn lle'r llall – a hynny i bob un ohonon ni!
17 Rhoddodd Moses Gyfraith Duw i ni; wedyn dyma rodd hael Duw a'i wirionedd yn dod i ni yn
Iesu y Meseia. 18 Does neb erioed wedi gweld Duw, ond mae'r Mab unigryw hwn (sy'n Dduw
ei hun, gyda'r berthynas agosaf posib â'r Tad), wedi dweud yn glir amdano.

Ioan Fedyddiwr yn gwadu mai fe ydy'r Meseia

(Mathew 3:1-12; Marc 1:1-8; Luc 3:15-17)

19 Dyma'r arweinwyr Iddewig[a] yn Jerwsalem yn anfon offeiriaid a Lefiaid at Ioan Fedyddiwr
i ofyn iddo pwy oedd. 20 Dwedodd Ioan yn blaen wrthyn nhw, "Dim fi ydy'r Meseia."

---

a 1:19 *arweinwyr Iddewig:* Groeg, "Yr Iddewon". Mae'n debyg fod y term yma, sy'n ymddangos sawl gwaith yn efengyl Ioan, yn cyfeirio at yr awdurdodau yn Jerwsalem.

21 "Felly pwy wyt ti?" medden nhw. "Ai Elias y proffwyd wyt ti?"
"Nage" meddai Ioan.
"Ai y Proffwyd soniodd Moses amdano wyt ti?"
Atebodd eto, "Na."
22 "Felly, pwy ti'n ddweud wyt ti?" medden nhw yn y diwedd, "i ni gael rhoi rhyw ateb i'r
rhai sydd wedi'n hanfon ni. Beth fyddet ti'n ei ddweud amdanat ti dy hun?"
23 Atebodd Ioan drwy ddyfynnu geiriau'r proffwyd Eseia: "*Llais yn gweiddi'n uchel yn yr
anialwch, 'Cliriwch y ffordd i'r Arglwydd!'* Dyna ydw i."
24 Yna dyma'r rhai ohonyn nhw oedd yn Phariseaid 25 yn gofyn iddo, "Ond pa hawl sydd
gen ti i fedyddio os mai dim ti ydy'r Meseia, nac Elias, na'r Proffwyd?"
26 Atebodd Ioan nhw, "Dŵr dw i'n ei ddefnyddio i fedyddio pobl. Ond mae yna un dych chi
ddim yn ei nabod yn sefyll yn eich plith chi – 27 sef yr un sy'n dod ar fy ôl i. Fyddwn i ddim
digon da i fod yn gaethwas i ddatod carrai ei sandalau hyd yn oed!"
28 Digwyddodd hyn i gyd yn Bethania[b] yr ochr draw i afon Iorddonen, lle roedd Ioan yn
bedyddio.

Iesu, Oen Duw

29 Y diwrnod wedyn gwelodd Ioan Iesu yn dod i'w gyfeiriad. "Edrychwch!" meddai, "Dacw
Oen Duw, yr un sy'n cymryd pechod y byd i ffwrdd. 30 Dyma'r dyn ddwedais i amdano, 'Mae
un sy'n dod ar fy ôl i yn bwysicach na fi. Roedd e'n bodoli o mlaen i.' 31 Doeddwn i ddim
yn gwybod mai fe oedd yr un. Ond dw i wedi bod yn bedyddio â dŵr er mwyn i Israel ei
weld e."
32 Yna dyma Ioan yn dweud hyn: "Gwelais yr Ysbryd Glân yn disgyn o'r nefoedd fel colomen
ac yn aros arno. 33 Cyn hynny doeddwn i ddim yn gwybod mai fe oedd yr un, ond roedd yr un
anfonodd fi i fedyddio â dŵr wedi dweud wrtho i, 'Os gweli di'r Ysbryd yn dod i lawr ac yn
aros ar rywun, dyna'r un fydd yn bedyddio â'r Ysbryd Glân.' 34 A dyna welais i'n digwydd!
Dw i'n dweud wrthoch chi mai Iesu ydy Mab Duw."

Disgyblion cyntaf Iesu

35 Roedd Ioan yno eto'r diwrnod wedyn gyda dau o'i ddisgyblion. 36 Wrth i Iesu fynd heibio,
roedd Ioan yn syllu arno, ac meddai, "Edrychwch! Oen Duw!"
37 Dyma'r ddau ddisgybl glywodd beth ddwedodd Ioan yn mynd i ddilyn Iesu. 38 Trodd Iesu
a'u gweld nhw'n ei ddilyn, a gofynnodd iddyn nhw, "Beth dych chi eisiau?"
"Rabbi" medden nhw, "ble wyt ti'n aros?" (Ystyr y gair Hebraeg 'Rabbi' ydy 'Athro'.)
39 Atebodd Iesu nhw, "Dewch i weld."
Felly dyma nhw'n mynd i weld lle roedd yn aros, a threulio gweddill y diwrnod gydag
e. Roedd hi tua pedwar o'r gloch y p'nawn erbyn hynny.
40 Andreas (brawd Simon Pedr) oedd un o'r ddau, 41 a'r peth cyntaf wnaeth e wedyn oedd
mynd i chwilio am ei frawd Simon, a dweud wrtho, "Dŷn ni wedi dod o hyd i'r Meseia" (gair
Hebraeg sy'n golygu 'Yr un wedi'i eneinio'n frenin').
42 Aeth Andreas ag e i gyfarfod Iesu. Edrychodd Iesu arno, ac yna dweud, "Simon fab Ioan
wyt ti. Ond Ceffas fyddi di'n cael dy alw," (enw sy'n golygu'r un peth â Pedr, sef 'craig').

Iesu'n gwahodd Philip a Nathanael i fod yn ddilynwyr

43 Y diwrnod wedyn penderfynodd Iesu fynd i Galilea. Daeth o hyd i Philip, a dweud wrtho,
"Tyrd, dilyn fi." 44 Roedd Philip hefyd (fel Andreas a Pedr), yn dod o dref Bethsaida. 45 Yna aeth
Philip i edrych am Nathanael a dweud wrtho, "Dŷn ni wedi dod o hyd i'r dyn yr ysgrifennodd

b 1:28 *Bethania:* Does neb yn gwybod yn union ble roedd y pentref yma.
1:21 a Malachi 4:5; b Deuteronomium 18:15,18 1:23 Eseia 40:3 (LXX)

Moses amdano yn y Gyfraith, a'r un soniodd y proffwydi[c] amdano hefyd – Iesu, mab Joseff
o Nasareth."
46"Nasareth?" meddai Nathanael, "Ddaeth unrhyw beth da o'r lle yna erioed?"
"Tyrd i weld," meddai Philip.
47Pan welodd Iesu Nathanael yn dod ato, meddai amdano, "Dyma ddyn fyddai'n twyllo
neb – Israeliad go iawn!"
48"Sut wyt ti'n gwybod sut un ydw i?" meddai Nathanael.
Atebodd Iesu, "Gwelais di'n myfyrio dan y goeden ffigys, cyn i Philip dy alw di."
49Dyma Nathanael yn ateb, "Rabbi, ti ydy mab Duw; ti ydy Brenin Israel."
50Meddai Iesu wrtho, "Wyt ti'n credu dim ond am fy mod i wedi dweud i mi dy weld di
dan y goeden ffigys?" Yna dwedodd wrthyn nhw i gyd, "Cewch weld pethau mwy na hyn!
51Credwch chi fi, byddwch chi'n gweld y nefoedd yn agor, ac angylion Duw yn mynd i fyny
ac yn dod i lawr arna i, Mab y Dyn."

Iesu'n troi Dŵr yn Win

2 Dau ddiwrnod wedyn roedd priodas yn Cana, pentref yn Galilea. Roedd mam Iesu yno
2ac roedd Iesu a'i ddisgyblion wedi derbyn y gwahoddiad i'r briodas hefyd. 3Pan oedd
dim gwin ar ôl, dyma fam Iesu'n dweud wrtho, "Does ganddyn nhw ddim mwy o win."
4Atebodd Iesu, "Mam annwyl, gad lonydd i mi. Beth ydy hynny i ni? Dydy fy amser i ddim
wedi dod eto."
5Ond dwedodd ei fam wrth y gweision, "Gwnewch beth bynnag fydd yn ei ddweud wrthoch
chi."
6Roedd chwech ystên garreg wrth ymyl (y math sy'n cael eu defnyddio gan yr Iddewon
i ddal dŵr ar gyfer y ddefod o ymolchi seremonïol). Roedd pob un ohonyn nhw'n dal rhwng
wyth deg a chant dau ddeg litr.
7Dwedodd Iesu wrth y gweision, "Llanwch yr ystenau yma â dŵr." Felly dyma nhw'n eu
llenwi i'r top.
8Yna dwedodd wrthyn nhw, "Cymerwch beth ohono a mynd ag e i lywydd y wledd." Dyma
nhw'n gwneud hynny, 9a dyma llywydd y wledd yn blasu'r dŵr oedd wedi'i droi'n win. (Doedd
ganddo fe ddim syniad o ble roedd wedi dod, ond roedd y gweision oedd wedi codi'r dŵr yn
gwybod.) Yna galwodd y priodfab ato 10a dweud wrtho, "Mae pobl fel arfer yn dod â'r gwin
gorau allan gyntaf a'r gwin rhad yn nes ymlaen, ar ôl i'r gwesteion gael gormod i'w yfed.
Pam wyt ti wedi cadw'r gorau i'r diwedd?"
11Y wyrth[ch] hon yn Cana Galilea oedd y gyntaf wnaeth Iesu, fel arwydd o pwy oedd e. Roedd
yn dangos ei ysblander, a dyma'i ddisgyblion yn credu ynddo.
12Ar ôl y briodas aeth Iesu i lawr i Capernaum gyda'i fam a'i frodyr a'i ddisgyblion, ac
aros yno am ychydig ddyddiau.

Iesu'n clirio'r Deml

(Mathew 21:12-13; Marc 11:15-17; Luc 19:45-46)

13Roedd yn amser Gŵyl y Pasg (un o wyliau'r Iddewon), a dyma Iesu'n mynd i Jerwsalem.
14Yng nghwrt y deml gwelodd bobl yn gwerthu ychen, defaid a cholomennod, ac eraill yn
eistedd wrth fyrddau yn cyfnewid arian. 15Felly gwnaeth chwip o reffynnau, a'u gyrru nhw
i gyd allan o'r deml gyda'r defaid a'r ychen. Chwalodd holl arian y rhai oedd yn cyfnewid
arian, a throi eu byrddau drosodd. 16Yna meddai wrth y rhai oedd yn gwerthu colomennod,
"Ewch â'r rhain allan o ma! Stopiwch droi tŷ fy Nhad i yn farchnad!"

---

c 1:45 *y Gyfraith ... y proffwydi:* Yr ysgrifau sanctaidd Iddewig, sef yr Hen Destament. ch 2:11 *Y wyrth:* Groeg, "arwydd". Ffordd Ioan o ddweud fod y gwyrthiau yn pwyntio at y ffaith mai Mab Duw oedd Iesu o Nasareth.
1:51 cyfeiriad at Genesis 28:12 2:12 gw. Mathew 4:13 2:13 gw. Exodus 12:1-27

17 Yna cofiodd ei ddisgyblion fod yr ysgrifau sanctaidd yn dweud: "*Bydd fy sêl dros dy dŷ
di yn fy meddiannu i.*"
18 Ond dyma'r arweinwyr Iddewig yn ei herio, "Pa arwydd gwyrthiol wnei di i brofi i ni fod
gen ti hawl i wneud hyn i gyd?"
19 Atebodd Iesu nhw, "Dinistriwch y deml hon, a gwna i ei hadeiladu hi eto o fewn tri
diwrnod."
20 Atebodd yr arweinwyr Iddewig, "Mae'r deml wedi bod yn cael ei hadeiladu ers pedwar
deg chwech mlynedd! Wyt ti'n mynd i'w hadeiladu mewn tri diwrnod?" 21 (Ond y deml oedd
Iesu'n sôn amdani oedd ei gorff. 22 Ar ôl i Iesu ddod yn ôl yn fyw, cofiodd ei ddisgyblion ei fod
wedi dweud hyn, a dyma nhw'n credu'r ysgrifau sanctaidd a beth ddwedodd Iesu.)

Iesu'n nabod y natur ddynol

23 Tra oedd Iesu yn Jerwsalem yn dathlu Gŵyl y Pasg, daeth llawer o bobl i gredu ynddo
am eu bod nhw wedi'i weld e'n gwneud arwyddion gwyrthiol. 24 Ond doedd Iesu ddim yn eu
trystio nhw – roedd e'n deall pobl i'r dim. 25 Doedd dim angen i neb esbonio iddo, am ei fod
e'n gwybod yn iawn sut mae'r meddwl dynol yn gweithio.

Iesu'n dysgu Nicodemus

3 Un noson ar ôl iddi dywyllu daeth un o'r arweinwyr Iddewig at Iesu. Pharisead o'r
enw Nicodemus oedd y dyn. 2 Meddai wrth Iesu, "Rabbi, dŷn ni'n gwybod dy fod di'n
athro wedi'i anfon gan Dduw i'n dysgu ni. Mae'r gwyrthiau rwyt ti'n eu gwneud yn profi
fod Duw gyda ti."
3 Dyma Iesu'n ymateb drwy ddweud hyn wrtho: "Cred di fi – all neb weld Duw'n teyrnasu
heb fod wedi cael ei eni oddi uchod."[d]
4 "Sut gall unrhyw un gael ei eni pan mae'n oedolyn?" gofynnodd Nicodemus. "Allan nhw'n
sicr ddim mynd i mewn i'r groth am yr ail waith i gael eu geni felly!"
5 Atebodd Iesu, "Cred di fi, all neb brofi Duw'n teyrnasu heb fod wedi cael ei eni drwy ddŵr
a drwy'r Ysbryd. 6 Mae'r corff dynol yn rhoi genedigaeth i berson dynol, ond yr Ysbryd sy'n
rhoi genedigaeth ysbrydol. 7 Ddylet ti ddim synnu wrth i mi ddweud, 'Rhaid i chi gael eich
geni oddi uchod.' 8 Mae'r gwynt yn chwythu i bob cyfeiriad. Ti'n clywed ei sŵn, ond ti ddim
yn gallu dweud o ble mae'n dod nac i ble mae'n mynd. Felly mae hi hefyd gyda phawb sydd
wedi'u geni drwy'r Ysbryd."
9 "Sut mae hynny'n gallu digwydd?" gofynnodd Nicodemus.
10 "Dyma ti," meddai Iesu, "yr athro parchus yng ngolwg pobl Israel, a ti ddim yn deall! 11 Cred
di fi, dŷn ni'n siarad am beth dŷn ni'n ei wybod, ac yn dweud am beth dŷn ni wedi'i weld,
ond dych chi ddim yn ein credu ni. 12 Os dw i wedi siarad â chi am bethau sy'n digwydd ar
y ddaear a dych chi ddim yn credu, sut byddwch chi'n credu os gwna i siarad am bethau'r
byd nefol? 13 Does neb wedi bod i'r nefoedd, a fi, Mab y Dyn ydy'r unig un sydd wedi dod o'r
nefoedd. 14 Cododd Moses neidr bres ar bolyn yn yr anialwch. Bydda i, Mab y Dyn, yn cael fy
nghodi yr un fath. 15 Bydd pawb sy'n credu ynof fi yn cael bywyd tragwyddol.
16 "Ydy, mae Duw wedi caru'r byd cymaint nes iddo roi ei unig Fab, er mwyn i bwy bynnag
sy'n credu ynddo beidio mynd i ddistryw ond cael bywyd tragwyddol. 17 Oherwydd anfonodd
Duw ei Fab i achub y byd, dim i gondemnio'r byd. 18 Dydy'r rhai sy'n credu ynddo ddim yn
cael eu condemnio. Ond mae'r rhai sydd ddim yn credu wedi'u condemnio eisoes, am eu
bod nhw wedi gwrthod credu ym Mab unigryw Duw. 19 Dyma'r dyfarniad: Mae golau wedi
dod i'r byd, ond mae pobl wedi caru'r tywyllwch yn fwy na'r golau. Pam? Am eu bod nhw'n
gwneud pethau drwg o hyd. 20 Mae pawb sy'n gwneud pethau drwg yn casáu'r golau. Maen
nhw'n gwrthod dod allan i'r golau rhag ofn i'w gweithredoedd gael eu gweld. 21 Ond mae'r

---

d 3:3 *oddi uchod:* Neu *o'r newydd*. Mae'r un gair Groeg yn adn. 7 a 31.
2:17 Salm 69:9 3:14 cyfeiriad at Numeri 21:9

rhai sy'n ufudd i'r gwir yn dod allan i'r golau, ac mae'n amlwg mai Duw sy'n rhoi'r nerth
iddyn nhw wneud beth sy'n iawn."

Tystiolaeth Ioan Fedyddiwr am Iesu

22 Ar ôl hyn gadawodd Iesu a'i ddisgyblion Jerwsalem, a mynd i gefn gwlad Jwdea. Yno bu'n
treulio amser gyda nhw, ac yn bedyddio pobl. 23 Bryd hynny roedd Ioan hefyd yn bedyddio
yn Ainon ger Salim. Roedd digon o ddŵr yno, ac roedd pobl yn mynd ato yn gyson i gael eu
bedyddio. 24 (Roedd hyn cyn i Ioan gael ei garcharu.) 25 Dechreuodd rhyw arweinydd Iddewig
ddadlau gyda disgyblion Ioan Fedyddiwr am y ddefod o ymolchi seremonïol.[dd] 26 Dyma
ddisgyblion Ioan yn dod ato a dweud wrtho, "Rabbi, wyt ti'n gwybod y dyn rwyt ti wedi bod
yn sôn amdano – yr un oedd gyda ti yr ochr draw i afon Iorddonen? Wel, mae e'n bedyddio
hefyd, ac mae pawb yn mynd ato fe."

27 Atebodd Ioan, "Dim ond gwneud y gwaith mae Duw wedi'i roi iddo mae rhywun yn gallu
wneud. 28 Dych chi'n gallu tystio fy mod i wedi dweud, 'Dim fi ydy'r Meseia. Dw i wedi cael fy
anfon o'i flaen e.' 29 Mae'r briodferch yn mynd at y priodfab. Mae'r gwas priodas yn edrych
ymlaen at hynny, ac mae wrth ei fodd pan mae'n digwydd. A dyna pam dw i'n wirioneddol
hapus. 30 Rhaid iddo fe ddod i'r amlwg; rhaid i mi fynd o'r golwg."

Yr un ddaeth o'r nefoedd

31 Daeth Iesu o'r nefoedd, ac mae uwchlaw pawb arall. Mae unrhyw berson daearol yn
siarad fel un sydd o'r ddaear. Ond mae Iesu uwchlaw popeth. 32 Mae'n dweud am beth mae
wedi'i weld a'i glywed yn y nefoedd, a does neb yn ei gredu! 33 Ond mae'r rhai sydd yn credu
yn hollol sicr fod Duw yn dweud y gwir. 34 Oherwydd mae Iesu yn dweud yn union beth mae
Duw'n ei ddweud. Mae Duw'n rhoi'r Ysbryd iddo heb ddal dim yn ôl. 35 Mae Duw y Tad yn
caru'r Mab ac wedi rhoi popeth yn ei ofal e. 36 Mae bywyd tragwyddol gan bawb sy'n credu
yn y Mab, ond fydd y rhai sy'n gwrthod y Mab ddim hyd yn oed yn cael cipolwg o'r bywyd
hwnnw. Bydd digofaint Duw yn aros arnyn nhw.

Iesu'n siarad â gwraig o Samaria

4 Roedd y Phariseaid wedi dod i wybod fod Iesu yn ennill ac yn bedyddio mwy o ddilynwyr
na Ioan Fedyddiwr 2 (er mai'r disgyblion oedd yn gwneud y bedyddio mewn gwirionedd,
dim Iesu). 3 Pan glywodd Iesu am hyn, gadawodd Jwdea a mynd yn ôl i Galilea.

4 Ar y ffordd roedd rhaid iddo basio drwy Samaria. 5 Daeth i bentref o'r enw Sychar, yn
ymyl y darn tir enwog roedd Jacob wedi'i roi i'w fab Joseff ers talwm. 6 A dyna lle roedd
ffynnon Jacob. Roedd Iesu wedi blino'n lân, ac eisteddodd i orffwys wrth y ffynnon. Roedd
hi tua chanol dydd.

7 Daeth gwraig yno i godi dŵr. Samariad oedd y wraig, a gofynnodd Iesu iddi, "Ga i ddiod
gen ti?" 8 (Roedd ei ddisgyblion wedi mynd i'r dre i brynu bwyd.)

9 "Iddew wyt ti," meddai'r wraig, "Sut alli di ofyn i mi am ddiod? Dw i'n wraig o Samaria."
(Y rheswm pam wnaeth hi ymateb fel yna oedd fod Iddewon fel arfer yn gwrthod defnyddio'r
un llestri â'r Samariaid.)

10 Atebodd Iesu, "Taset ti ond yn gwybod beth sydd gan Dduw i'w roi i ti, a phwy ydw i sy'n
gofyn i ti am ddiod! Ti fyddai'n gofyn wedyn, a byddwn i'n rhoi dŵr bywiol i ti."

11 "Syr," meddai'r wraig, "Ble mae'r 'dŵr bywiol' yma sydd gen ti? Does gen ti ddim
bwced i godi dŵr ac mae'r pydew yn ddwfn. 12 Wyt ti'n meddwl dy fod di'n fwy na'n
tad ni, Jacob? Jacob roddodd y pydew i ni. Buodd e'n yfed y dŵr yma, a'i feibion hefyd
a'i anifeiliaid."

---

dd 3:25 *ymolchi seremonïol:* Roedd yr Iddewon yn cadw'r defodau yma i baratoi eu hunain ar gyfer addoli Duw.
4:5 gw. Genesis 33:19; Josua 24:32

13 Atebodd Iesu, "Bydd syched eto ar bawb sy'n yfed y dŵr yma, 14 ond fydd byth dim syched
ar y rhai sy'n yfed y dŵr dw i'n ei roi. Yn wir, bydd y dŵr dw i'n ei roi yn troi'n ffynnon o ddŵr
y tu mewn iddyn nhw, fel ffrwd yn llifo i fywyd tragwyddol."
15 Meddai'r wraig wrtho, "Syr, rho beth o'r dŵr hwnnw i mi! Fydd dim syched arna i wedyn,
a fydd dim rhaid i mi ddal ati i ddod yma i nôl dŵr."
16 Yna dwedodd Iesu wrthi, "Dos i nôl dy ŵr, a thyrd yn ôl yma wedyn."
17 "Does gen i ddim gŵr," meddai'r wraig.
"Ti'n iawn!" meddai Iesu wrthi, "Does gen ti ddim gŵr. 18 Y gwir ydy dy fod wedi cael pump
o wŷr, a ti ddim yn briod i'r dyn sy'n byw gyda ti bellach. Ti wedi dweud y gwir."
19 "Dw i'n gweld dy fod ti'n broffwyd syr," meddai'r wraig. 20 "Dwed wrtho i, roedd ein
hynafiaid ni'r Samariaid yn addoli ar y mynydd hwn,[e] ond dych chi'r Iddewon yn mynnu mai
Jerwsalem ydy'r lle iawn i addoli."
21 Atebodd Iesu, "Cred di fi, mae'r amser yn dod pan fydd pobl ddim yn addoli'r Tad yma
ar y mynydd hwn nac yn Jerwsalem chwaith. 22 Dych chi'r Samariaid ddim yn gwybod beth
dych chi'n ei addoli go iawn; dŷn ni'r Iddewon yn nabod y Duw dŷn ni'n ei addoli, am mai
drwy'r Iddewon mae achubiaeth Duw yn dod. 23 Ond mae'r amser yn dod, ac mae yma'n
barod, pan fydd Ysbryd Duw yn galluogi pobl i addoli Duw fel y mae mewn gwirionedd. Pobl
sy'n ei addoli fel hyn sydd gan Dduw eisiau. 24 Ysbryd ydy Duw, ac Ysbryd Duw sy'n galluogi
pobl i addoli Duw fel y mae mewn gwirionedd."
25 Meddai'r wraig, "Dw i'n gwybod fod y Meseia (sy'n golygu 'Yr un wedi'i eneinio'n frenin')
yn dod. Pan ddaw e, bydd yn esbonio popeth i ni."
26 "Fi ydy e," meddai Iesu wrthi, "yr un sy'n siarad â ti."
27 Dyna pryd daeth ei ddisgyblion yn ôl. Roedden nhw'n rhyfeddu ei weld yn siarad â gwraig,
ond wnaethon nhw ddim gofyn iddi hi, "Beth wyt ti eisiau?", nac i Iesu, "Pam wyt ti'n siarad
gyda hi?"
28 Dyma'r wraig yn gadael ei hystên ddŵr, a mynd yn ôl i'r pentref. Dwedodd wrth y bobl
yno, 29 "Dewch i weld dyn oedd yn gwybod popeth amdana i. Allai e fod y Meseia tybed?"
30 Felly dyma'r bobl yn mynd allan o'r pentref i gyfarfod Iesu.
31 Yn y cyfamser, roedd ei ddisgyblion wedi bod yn ceisio'i gael i fwyta rhywbeth. "Rabbi,"
medden nhw, "bwyta."
32 Ond dyma ddwedodd Iesu: "Mae gen i fwyd i'w fwyta dych chi'n gwybod dim amdano."
33 "Ddaeth rhywun arall â bwyd iddo'i fwyta?" meddai'r disgyblion wrth ei gilydd.
34 "Gwneud beth mae Duw'n ddweud ydy fy mwyd i," meddai Iesu, "a gorffen y gwaith
mae wedi'i roi i mi. 35 Mae pobl yn dweud 'Mae pedwar mis rhwng hau a medi.' Dw i'n
dweud, 'Agorwch eich llygaid! Edrychwch ar y caeau! Mae'r cynhaeaf yn barod!' 36 Mae'r
gweithwyr sy'n medi'r cynhaeaf yn cael eu cyflog, maen nhw'n casglu'r cnwd, sef y bobl
sy'n cael bywyd tragwyddol. Mae'r rhai sy'n hau a'r rhai sy'n medi yn dathlu gyda'i gilydd!
37 Mae'r hen ddywediad yn wir: 'Mae un yn hau ac arall yn medi.' 38 Dw i wedi'ch anfon chi
i fedi cynhaeaf wnaethoch chi ddim gweithio amdano. Mae pobl eraill wedi gwneud y gwaith
caled, a chithau'n casglu'r ffrwyth."

Llawer o Samariaid yn Credu

39 Roedd nifer o Samariaid y pentref wedi credu yn Iesu am fod y wraig wedi dweud, "Roedd
yn gwybod popeth amdana i." 40 Felly pan ddaethon nhw ato, dyma nhw'n ei annog i aros
gyda nhw, ac arhosodd yno am ddau ddiwrnod. 41 Daeth llawer iawn mwy o bobl i gredu ynddo
ar ôl clywed beth oedd ganddo i'w ddweud. 42 A dyma nhw'n dweud wrth y wraig, "Dŷn ni
ddim yn credu o achos beth ddwedaist ti bellach; dŷn ni wedi'i glywed ein hunain, ac yn reit
siŵr mai'r dyn yma ydy Achubwr y byd."

---

e 4:20 *y mynydd hwn:* Mynydd Gerisim. Roedd y Samariaid yn dadlau mai dyma'r lle cyntaf i'r Iddewon aberthu ar ôl iddyn nhw fynd drosodd i wlad oedd Duw wedi'i addo iddyn nhw.

43 Ar ôl aros yno am ddau ddiwrnod dyma Iesu'n mynd yn ei flaen i Galilea.

Iesu'n iacháu mab y swyddog

(Mathew 8:5-13; Luc 7:1-10)

44 Roedd Iesu wedi bod yn dweud fod dim parch at broffwyd yn yr ardal lle cafodd ei fagu.
45 Ond pan gyrhaeddodd Galilea cafodd groeso brwd gan y bobl oedd wedi bod yn Jerwsalem
dros Ŵyl y Pasg a gweld y cwbl roedd e wedi'i wneud yno.
46 Aeth yn ôl i bentref Cana, lle roedd wedi troi'r dŵr yn win. Clywodd un o swyddogion
llywodraeth Herod yn Capernaum 47 fod Iesu wedi dod yn ôl o Jwdea i Galilea. Roedd mab
y dyn mor sâl roedd ar fin marw, felly aeth i Cana i chwilio am Iesu ac ymbil arno i fynd
i lawr i iacháu ei fab.
48 Dwedodd Iesu, "Heb gael gweld arwyddion a gwyrthiau rhyfeddol wnewch chi bobl
byth gredu!"
49 "Ond syr," meddai'r swyddog wrtho, "tyrd gyda mi cyn i'm plentyn bach i farw."
50 "Dos di," meddai Iesu wrtho, "mae dy fab yn mynd i fyw." Dyma'r dyn yn credu beth
ddwedodd Iesu, a mynd. 51 Tra oedd ar ei ffordd adre, daeth ei weision i'w gyfarfod gyda'r
newyddion fod y bachgen yn mynd i fyw. 52 Gofynnodd iddyn nhw pryd yn union wnaeth
e ddechrau gwella, a dyma nhw'n ateb, "Diflannodd y gwres tua un o'r gloch p'nawn ddoe."
53 Sylweddolodd y tad mai dyna'n union pryd ddwedodd Iesu wrtho, "mae dy fab yn mynd
i fyw." Felly daeth y dyn a phawb yn ei dŷ i gredu yn Iesu.
54 Hon oedd yr ail wyrth wnaeth Iesu yn Galilea fel arwydd o pwy oedd. Gwnaeth y wyrth
ar ôl dod yn ôl o Jwdea i Galilea.

Iacháu wrth y pwll

5 Beth amser wedyn, aeth Iesu i Jerwsalem eto i un o wyliau'r Iddewon.[f] 2 Yn Jerwsalem
wrth ymyl Giât y Defaid mae pwll o'r enw Bethsatha[ff] (enw Hebraeg). O gwmpas y pwll
mae pum cyntedd colofnog gyda tho uwchben pob un. 3 Roedd nifer fawr o bobl anabl yn
gorwedd yno – rhai yn ddall, eraill yn gloff neu wedi'u parlysu.[g]
5 Roedd un dyn yno oedd wedi bod yn anabl ers tri deg wyth o flynyddoedd. 6 Gwelodd Iesu
e'n gorwedd yno, ac roedd yn gwybod ers faint roedd y dyn wedi bod yn y cyflwr hwnnw, felly
gofynnodd iddo, "Wyt ti eisiau gwella?"
7 "Syr," meddai'r dyn, "does gen i neb i'm helpu i fynd i mewn i'r pwll pan mae'r dŵr yn
cyffroi. Tra dw i'n ceisio mynd i mewn, mae rhywun arall yn llwyddo i gyrraedd o mlaen i."
8 Yna dwedodd Iesu wrtho, "Saf ar dy draed! Cod dy fatras a cherdda." 9 A dyma'r dyn
yn cael ei wella ar unwaith; cododd ei fatras a dechrau cerdded. Digwyddodd hyn ar ddydd
Saboth yr Iddewon, 10 felly dyma'r arweinwyr Iddewig yn dweud wrth y dyn oedd wedi cael
ei iacháu, "Mae hi'n ddydd Saboth heddiw; rwyt ti'n torri'r Gyfraith wrth gario dy fatras!"[ng]
11 Ond atebodd, "Ond y dyn wnaeth fy iacháu i ddwedodd wrtho i, 'Cod dy fatras a cherdda.'"
12 Felly dyma nhw'n gofyn iddo, "Pwy ydy'r dyn ddwedodd hynny wrthot ti?"
13 Ond doedd gan y dyn gafodd ei iacháu ddim syniad, ac roedd Iesu wedi llithro i ffwrdd
am fod tyrfa fawr wedi casglu yno.
14 Yna'n nes ymlaen daeth Iesu o hyd i'r dyn yn y deml, a dweud wrtho, "Edrych, rwyt ti'n
iach bellach. Stopia bechu neu gallai rhywbeth gwaeth ddigwydd i ti." 15 Aeth y dyn i ffwrdd
a dweud wrth yr arweinwyr mai Iesu oedd wedi'i wella.

---

f 5:1 *un o wyliau'r Iddewon:* Does dim sicrwydd pa Ŵyl oedd hon. ff 5:2 *Bethsatha:* Mae rhai llawysgrifau yn dweud *Bethesda* ac eraill *Bethsaida.* g 5:3 *parlysu:* Mae rhai llawysgrifau yn ychwanegu adn. 3b-4, *Roedden nhw'n disgwyl i'r dŵr gael ei gynhyrfu.* [4] *Byddai angel yr Arglwydd yn dod i lawr weithiau ac yn cynhyrfu'r dŵr yn y pwll. Wedyn byddai'r person cyntaf i fynd i mewn i'r dŵr yn cael ei iacháu, beth bynnag oedd ei salwch.* ng 5:10 *gario dy fatras:* Roedd traddodiad y rabïaid yn y *Mishna* yn dweud fod 39 math o waith yn cael ei wahardd ar y Saboth. Roedd cario pethau o un lle i'r llall ar y rhestr, a chario matras neu wely yn cael ei enwi'n benodol.

Bywyd drwy'r Mab

[16]Dyna pam dechreuodd yr arweinwyr Iddewig erlid Iesu – am ei fod yn gwneud pethau
fel hyn ar y dydd Saboth. [17]Ond yr ateb roddodd Iesu iddyn nhw oedd: "Mae fy Nhad yn dal
i weithio drwy'r amser, felly dw innau'n gweithio hefyd." [18]Am iddo ddweud hyn roedd yr
arweinwyr crefyddol yn ceisio'n galetach fyth i'w ladd; doedd e ddim yn unig yn torri rheolau'r
Saboth, roedd hefyd yn galw Duw yn Dad iddo'i hun, a gwneud ei hun yn gyfartal â Duw.
[19]Dyma ddwedodd Iesu wrthyn nhw: "Credwch chi fi, dydy'r Mab ddim yn gallu gwneud
unrhyw beth ohono'i hun; dim ond beth mae'n gweld ei Dad yn ei wneud. Dw i, y Mab, yn
gwneud yn union beth mae'r Tad yn ei wneud. [20]Mae'r Tad yn caru'r Mab ac yn dangos iddo
bopeth mae'n ei wneud. Bydda i'n gwneud pethau mwy na iacháu'r dyn yma – pethau fydd
yn eich syfrdanu chi hyd yn oed! [21]Bydd y Mab yn dod â pwy bynnag mae'n ei ddewis yn
ôl yn fyw, yn union fel y mae'r Tad yn codi'r meirw a rhoi bywyd iddyn nhw. [22]A dydy'r Tad
ddim yn barnu neb – mae wedi rhoi'r awdurdod i farnu yng ngofal y Mab, [23]er mwyn i bawb
anrhydeddu'r Mab yn union fel y maen nhw'n anrhydeddu'r Tad. Pwy bynnag sy'n gwrthod
anrhydeddu'r Mab, mae hefyd yn gwrthod anrhydeddu Duw'r Tad anfonodd y Mab i'r byd.
[24]"Credwch chi fi, mae bywyd tragwyddol gan y rhai sy'n gwrando ar beth dw i'n ddweud ac
yn credu'r un wnaeth fy anfon i. Dŷn nhw ddim yn cael eu condemnio; maen nhw wedi croesi
o fod yn farw i fod yn fyw. [25]Credwch chi fi, mae'r amser yn dod, ac mae yma'n barod, pan
fydd y rhai sy'n farw yn clywed llais Mab Duw a bydd pob un sy'n gwrando ar beth mae'n ei
ddweud yn byw. [26]Fel mae gan y Tad fywyd ynddo'i hun i'w roi i eraill, mae wedi caniatáu
i'r Mab fod â bywyd ynddo'i hun i'w roi i eraill. [27]Ac mae hefyd wedi rhoi'r awdurdod iddo
i farnu, am mai fe ydy Mab y Dyn.
[28]"Peidiwch rhyfeddu at hyn! Mae'r amser yn dod pan fydd pawb sy'n eu beddau yn clywed
llais Mab Duw [29]ac yn dod allan – bydd y rhai sydd wedi gwneud da yn codi i gael bywyd
tragwyddol, a bydd y rhai sydd wedi gwneud drwg yn codi i gael eu barnu. [30]Ond dw i'n
gwneud dim ar fy liwt fy hun; dw i'n barnu yn union fel dw i'n clywed. A dw i'n dyfarnu'n iawn,
achos dw i ddim yn gwneud beth dw i eisiau, dim ond beth mae Duw, wnaeth fy anfon i, eisiau.

Tystiolaeth pobl am Iesu

[31]"Os mai dim ond fi sy'n tystio ar fy rhan fy hun, dydy'r dystiolaeth ddim yn ddilys.
[32]Ond mae yna un arall sy'n rhoi tystiolaeth o'm plaid i, a dw i'n gwybod fod ei dystiolaeth
e amdana i yn ddilys.
[33]"Dych chi wedi anfon negeswyr at Ioan Fedyddiwr ac mae e wedi tystio am y gwir. [34]Does
dim angen tystiolaeth ddynol arna i; ond dw i'n cyfeirio ato er mwyn i chi gael eich achub.
[35]Roedd Ioan fel lamp ddisglair, a buoch chi'n mwynhau sefyll yn ei olau am gyfnod.
[36]"Ond mae gen i dystiolaeth bwysicach na beth ddwedodd Ioan. Mae beth dw i'n ei
wneud (y gwaith mae'r Tad wedi'i roi i mi ei gyflawni), yn dystiolaeth fod y Tad wedi fy
anfon i. [37]Ac mae'r Tad ei hun, yr un anfonodd fi, wedi tystiolaethu amdana i. Ond dych
chi ddim wedi clywed ei lais heb sôn am ei weld! [38]Dych chi ddim yn gwrando ar beth mae
e'n ddweud, achos dych chi'n gwrthod credu ynof fi, yr un mae wedi'i anfon. [39]Dych chi'n
astudio'r ysgrifau sanctaidd yn ddiwyd am eich bod yn meddwl y cewch fywyd tragwyddol
wrth wneud hynny. Tystiolaethu amdana i mae'r ysgrifau hynny, [40]ond dych chi'n gwrthod
troi ata i er mwyn cael y bywyd yna!
[41]"Dw i ddim yn edrych am ganmoliaeth pobl. [42]Dw i'n eich nabod chi'n iawn. Dw i'n
gwybod eich bod chi ddim yn caru Duw go iawn. [43]Dw i wedi dod i gynrychioli fy Nhad,
a dych chi'n fy ngwrthod i. Os daw rhywun arall ar ei liwt ei hun, byddwch yn ei dderbyn e!
[44]Sut allwch chi gredu? Dych chi'n mwynhau canmol eich gilydd, tra'n gwneud dim ymdrech
i dderbyn y ganmoliaeth sy'n dod oddi wrth yr unig Dduw.
[45]"Ond peidiwch tybio mai fi fydd yn eich cyhuddo chi o flaen y Tad. Moses ydy'r un sy'n
eich cyhuddo chi. Ie, Moses, yr un dych chi wedi bod yn pwyso arno. [46]Tasech chi wir yn credu

Moses, byddech chi'n fy nghredu i, achos amdana i ysgrifennodd e! 47 Ond gan eich bod chi
ddim yn credu beth ysgrifennodd e, sut ydych chi'n gallu credu beth dw i'n ddweud?"

Bwydo'r pum mil

(Mathew 14:13-21; Marc 6:30-44; Luc 9:10-17)

6 Beth amser ar ôl hyn croesodd Iesu i ochr draw Llyn Galilea (hynny ydy, Llyn Tiberias).
2 Aeth tyrfa fawr o bobl ar ei ôl am eu bod wedi gweld ei arwyddion gwyrthiol yn iacháu
pobl oedd yn sâl. 3 Dringodd Iesu i ben y bryn, ac eistedd yno gyda'i ddisgyblion. 4 Roedd Gŵyl
y Pasg (un o wyliau'r Iddewon) yn agos.
5 Pan welodd Iesu dyrfa fawr yn dod ato, gofynnodd i Philip, "Ble dŷn ni'n mynd i brynu
bwyd i'r bobl yma i gyd?" 6 (Roedd eisiau gweld beth fyddai ymateb Philip, achos roedd Iesu'n
gwybod beth roedd e'n mynd i'w wneud.)
7 Atebodd Philip, "Byddai angen ffortiwn[h] i brynu digon o fwyd i bob un ohonyn nhw gael
tamaid bach!"
8 Yna dyma un o'r disgyblion eraill, Andreas (brawd Simon Pedr), yn dweud, 9 "Mae bachgen
yma sydd â phum torth haidd[i] a dau bysgodyn bach ganddo. Ond dydy hynny fawr o werth
hefo cymaint o bobl!"
10 Dwedodd Iesu, "Gwnewch i'r bobl eistedd." Roedd digon o laswellt lle roedden nhw,
a dyma'r dyrfa (oedd yn cynnwys tua pum mil o ddynion) yn eistedd. 11 Yna cymerodd Iesu
y torthau, ac ar ôl adrodd gweddi o ddiolch, eu rhannu i'r bobl oedd yn eistedd. Yna gwnaeth
yr un peth gyda'r pysgod, a chafodd pawb gymaint ag oedden nhw eisiau.
12 Ar ôl i bawb gael llond eu boliau, dwedodd Iesu wrth ei ddisgyblion, "Casglwch
y tameidiau sydd dros ben. Peidiwch gwastraffu dim." 13 Felly dyma nhw'n eu casglu a llenwi
deuddeg basged gyda'r tameidiau o'r pum torth haidd oedd heb eu bwyta.
14 Ar ôl i'r bobl weld yr arwydd gwyrthiol yma, roedden nhw'n dweud, "Mae'n rhaid mai hwn
ydy'r Proffwyd[l] ddwedodd Moses ei fod yn dod i'r byd." 15 Gan fod Iesu'n gwybod eu bod nhw'n
bwriadu ei orfodi i fod yn frenin, aeth i ffwrdd i fyny'r mynydd unwaith eto ar ei ben ei hun.

Iesu'n cerdded ar y dŵr

(Mathew 14:22-27; Marc 6:45-52)

16 Pan oedd hi'n dechrau nosi, aeth ei ddisgyblion i lawr at y llyn, 17 a mynd i gwch i groesi'r
llyn yn ôl i Capernaum. Roedd hi'n dechrau tywyllu, a doedd Iesu ddim wedi dod yn ôl
atyn nhw eto. 18 Roedd y tonnau'n dechrau mynd yn arw am fod gwynt cryf yn chwythu.
19 Pan oedden nhw wedi rhwyfo rhyw dair neu bedair milltir, gwelon nhw Iesu yn cerdded ar
y dŵr i gyfeiriad y cwch. Roedden nhw wedi dychryn, 20 ond meddai Iesu wrthyn nhw, "Fi ydy
e. Peidiwch bod ag ofn." 21 Yna roedden nhw'n fodlon ei dderbyn i'r cwch, ond yn sydyn roedd
y cwch wedi cyrraedd y lan roedden nhw'n anelu ati.
22 Y diwrnod wedyn roedd tyrfa o bobl yn dal i ddisgwyl yr ochr draw i'r llyn. Roedden
nhw'n gwybod mai dim ond un cwch bach oedd wedi bod yno, a bod y disgyblion wedi mynd
i ffwrdd yn hwnnw eu hunain. Doedd Iesu ddim wedi mynd gyda nhw. 23 Roedd cychod eraill
o Tiberias wedi glanio heb fod ymhell o'r lle roedden nhw wedi bwyta ar ôl i'r Arglwydd roi
diolch. 24 Felly, pan sylweddolodd y dyrfa fod Iesu ddim yno, na'i ddisgyblion chwaith, dyma
nhw'n mynd i mewn i'r cychod hynny a chroesi i Capernaum i chwilio amdano.

Iesu, Bara'r Bywyd

25 Pan ddaethon nhw o hyd iddo ar ôl croesi'r llyn, dyma nhw'n gofyn iddo, "Rabbi, pryd
ddest ti yma?"

---

h 6:7 *ffortiwn:* Mae'r Groeg yn dweud "200 darn arian", sef bron cyflog blwyddyn. i 6:9 *torth haidd* Torthau bach crwn fflat. l 6:14 *y Proffwyd:* gw. y nodyn ar 1:21.

[26]Atebodd Iesu, "Credwch chi fi, dych chi'n edrych amdana i am eich bod wedi bwyta'r
torthau a llenwi'ch boliau, dim am eich bod wedi deall arwyddocâd y wyrth. [27]Peidiwch
ymdrechu i gael y bwyd sy'n difetha, ond i gael y bwyd sy'n para i fywyd tragwyddol – fi, Mab
y Dyn sy'n rhoi'r bwyd hwnnw i chi. Mae Duw y Tad wedi dangos fod sêl ei fendith arna i."

[28]Felly dyma nhw'n gofyn iddo, "Beth ddylen ni ei wneud? Beth mae Duw yn ei ofyn
gynnon ni?"

[29]Atebodd Iesu, "Dyma beth mae Duw am i chi ei wneud: credu ynof fi, yr un mae
wedi'i anfon."

[30]Felly dyma nhw'n gofyn iddo, "Felly gwna wyrth fydd yn arwydd clir i ni o pwy wyt ti.
Byddwn ni'n credu ynot ti wedyn. Beth wnei di? [31]Cafodd ein hynafiaid y manna i'w fwyta
yn yr anialwch. Mae'n dweud yn yr ysgrifau sanctaidd: '*Rhoddodd fara o'r nefoedd iddyn
nhw i'w fwyta.*' "

[32]Atebodd Iesu, "Credwch chi fi, wnaeth Moses ddim rhoi bara o'r nefoedd i chi. Ond mae
fy Nhad yn rhoi bara o'r nefoedd i chi nawr – y bara go iawn. [33]Bara Duw ydy'r un sy'n dod
i lawr o'r nefoedd ac yn rhoi bywyd i'r byd."

[34]"Syr," medden nhw, "rho'r bara hwnnw i ni o hyn ymlaen."

[35]Yna dyma Iesu'n datgan, "Fi ydy'r bara sy'n rhoi bywyd. Fydd pwy bynnag ddaw ata
i ddim yn llwgu, a fydd pwy bynnag sy'n credu ynof fi ddim yn sychedu. [36]Ond fel dw i wedi
dweud, er eich bod chi wedi gweld dych chi ddim yn credu. [37]Bydd pawb mae'r Tad yn ei
roi i mi yn dod ata i, a fydda i byth yn gyrru i ffwrdd unrhyw un sy'n dod ata i. [38]Dw i ddim
wedi dod i lawr o'r nefoedd i wneud beth dw i fy hun eisiau, ond i wneud beth mae'r hwn
anfonodd fi eisiau. [39]A dyma beth mae'r hwn anfonodd fi yn ei ofyn – na fydda i'n colli neb
o'r rhai mae wedi'u rhoi i mi, ond yn dod â nhw yn ôl yn fyw ar y dydd olaf.// [40]Beth mae fy
Nhad eisiau ydy bod pawb sy'n edrych at y Mab ac yn credu ynddo yn cael bywyd tragwyddol.
Bydda i'n dod â nhw yn ôl yn fyw ar y dydd olaf."

[41]Yna dechreuodd yr arweinwyr Iddewig gwyno amdano, am ei fod yn dweud, "Fi ydy'r bara
ddaeth i lawr o'r nefoedd." [42]"Onid Iesu, mab Joseff, ydy e?" medden nhw, "dŷn ni'n nabod
ei dad a'i fam. Sut mae'n gallu dweud, 'Dw i wedi dod i lawr o'r nefoedd'?"

[43]"Stopiwch gwyno amdana i ymhlith eich gilydd," meddai Iesu. [44]"Dydy pobl ddim yn gallu
dod ata i heb fod y Tad anfonodd fi yn eu tynnu nhw, a bydda i yn dod â nhw yn ôl yn fyw
ar y dydd olaf. [45]Mae'n dweud yn ysgrifau'r Proffwydi: '*Byddan nhw i gyd yn cael eu dysgu
gan Dduw.*' Mae pawb sy'n gwrando ar y Tad, ac yn dysgu ganddo, yn dod ata i. [46]Ond does
neb wedi gweld y Tad ond yr un sydd wedi dod oddi wrth Dduw – neb arall. [47]Credwch chi
fi, mae bywyd tragwyddol gan bwy bynnag sy'n credu. [48]Fi ydy'r bara sy'n rhoi bywyd. [49]Er
bod eich hynafiaid wedi bwyta'r manna yn yr anialwch, buon nhw farw. [50]Ond mae'r bara
yma'n dod i lawr o'r nefoedd i'w fwyta gan bobl, a fyddan nhw ddim yn marw. [51]A fi ydy'r
bara sy'n rhoi bywyd, wedi dod i lawr o'r nefoedd. Bydd pwy bynnag sy'n bwyta'r bara yma
yn byw am byth. Y bara fydda i'n ei roi ydy fy nghnawd i, er mwyn i'r byd gael byw."

[52]Dyma'r arweinwyr Iddewig yn dechrau ffraeo'n filain gyda'i gilydd. "Sut all y dyn roi
ei gnawd i ni i'w fwyta?" medden nhw. [53]Dwedodd Iesu wrthyn nhw, "Credwch chi fi, os
wnewch chi ddim bwyta cnawd Mab y Dyn ac yfed ei waed, fyddwch chi ddim yn cael bywyd.
[54]Mae bywyd tragwyddol gan y rhai hynny sy'n bwydo ar fy nghnawd i ac yn yfed fy ngwaed
i, a bydda i yn dod â nhw yn ôl yn fyw ar y dydd olaf. [55]Ydy, mae fy nghnawd i yn fwyd go iawn
a'm gwaed i yn ddiod go iawn. [56]Mae'r rhai sy'n bwyta fy nghnawd i ac yn yfed fy ngwaed
i yn aros mewn perthynas agos gyda mi, a dw i'n aros mewn perthynas agos gyda nhw. [57]Yn
union fel mae'r Tad byw wedi fy anfon i, a dw i'n byw o achos y Tad, bydd yr un sy'n bwydo
arna i yn byw o'm hachos i. [58]Mae'n wahanol i'r bara fwytaodd eich hynafiaid. Buon nhw farw.
Ond dyma fara ddaeth i lawr o'r nefoedd, a bydd pwy bynnag sy'n ei fwyta yn byw am byth."

// 6:39 *y dydd olaf:* Pan fydd Duw yn barnu pawb.
6:31 Salm 78:24 (sy'n cyfeirio at yr hanes yn Exodus 16:4-36; neu Nehemeia 9:15) (gw. hefyd Salm 105:40)
6:45 Eseia 54:13

Llawer o ddisgyblion yn troi cefn ar Iesu

59Roedd yn dysgu yn y synagog yn Capernaum pan ddwedodd hyn i gyd. 60Ond ymateb
llawer o'i ddilynwyr wrth glywed y cwbl oedd, "Mae'n dweud pethau rhy galed. Pwy sy'n
mynd i wrando arno?"
61Roedd Iesu'n gwybod fod ei ddisgyblion yn cwyno am hyn, ac meddai wrthyn nhw, "Ydych
chi'n mynd i droi cefn arna i? 62Sut fydd hi pan welwch chi fi, Mab y Dyn, yn mynd i fyny i lle
roeddwn i o'r blaen? 63Ysbryd Duw sy'n rhoi bywyd; dydy pobl o gig a gwaed ddim yn gallu.
Mae beth dw i wedi'i ddweud wrthoch chi yn dod o'r Ysbryd ac yn rhoi bywyd. 64Ac eto mae
rhai ohonoch chi'n gwrthod credu." (Roedd Iesu'n gwybod o'r dechrau cyntaf pwy oedd
ddim wir yn credu, a hefyd pwy oedd yn mynd i'w fradychu e.) 65Aeth yn ei flaen i ddweud,
"Dyma pam ddwedais i wrthoch chi fod neb yn gallu dod ata i oni bai fod y Tad wedi rhoi'r
gallu iddyn nhw ddod."
66Ar ôl hyn dyma nifer o'i ddilynwyr yn troi cefn arno ac yn stopio'i ddilyn.
67"Dych chi ddim am adael hefyd, ydych chi?" meddai Iesu wrth y deuddeg disgybl.
68"Arglwydd, at bwy awn ni?" meddai Simon Pedr, "Mae beth rwyt ti'n ei ddweud yn
arwain i fywyd tragwyddol. 69Dŷn ni wedi dod i gredu, a dŷn ni'n gwybod mai ti ydy Un
Sanctaidd Duw."
70Ond yna dyma Iesu'n dweud, "Onid fi ddewisodd chi'r deuddeg? Ac eto mae un ohonoch
chi'n ddiafol!" 71(Jwdas, mab Simon Iscariot oedd e'n ei olygu, yr un oedd yn mynd i'w
fradychu yn nes ymlaen – er ei fod yn un o'r deuddeg disgybl.)

Iesu'n mynd i Ŵyl y Pebyll

7 Wedi hyn aeth Iesu o gwmpas Galilea. Roedd yn cadw draw o Jwdea yn fwriadol am fod
yr arweinwyr Iddewig yno am ei ladd. 2Ond pan oedd Gŵyl y Pebyll (un arall o wyliau'r
Iddewon) yn agos, 3dyma frodyr Iesu'n dweud wrtho, "Dylet ti adael yr ardal hon a mynd
i Jwdea, i'r dilynwyr sydd gen ti yno gael gweld y gwyrthiau rwyt ti'n eu gwneud! 4Does
neb sydd am fod yn ffigwr cyhoeddus amlwg yn gweithredu o'r golwg. Gan dy fod yn gallu
gwneud y pethau yma, dangos dy hun i bawb!" 5(Doedd hyd yn oed ei frodyr ei hun ddim
yn credu ynddo.)
6"Dydy hi ddim yn amser i mi fynd eto" meddai Iesu wrthyn nhw, "ond gallwch chi fynd
unrhyw bryd. 7Dydy'r byd ddim yn gallu'ch casáu chi, ond mae'n fy nghasáu i am fy mod yn
tystio fod yr hyn mae'n ei wneud yn ddrwg. 8Ewch chi i'r Ŵyl. Dw i ddim yn barod i fynd i'r
Ŵyl eto, am ei bod hi ddim yr amser iawn i mi fynd." 9Ar ôl dweud hyn arhosodd yn Galilea.
10Ond ar ôl i'w frodyr fynd i'r Ŵyl, daeth yr amser i Iesu fynd hefyd. Ond aeth yno'n ddistaw
bach, allan o olwg y cyhoedd. 11Yn yr Ŵyl roedd yr arweinwyr Iddewig yn edrych allan amdano.
"Ble mae e?" medden nhw. 12Roedd llawer o siarad amdano'n ddistaw bach ymhlith y tyrfaoedd.
Rhai yn dweud ei fod yn ddyn da. Eraill yn dweud ei fod yn twyllo pobl. 13Ond doedd neb yn
mentro dweud dim yn gyhoeddus amdano am fod ganddyn nhw ofn yr arweinwyr Iddewig.

Iesu'n dysgu yn yr Ŵyl

14Roedd hi dros hanner ffordd drwy'r Ŵyl cyn i Iesu fynd i gwrt allanol y deml a dechrau
dysgu yno. 15Roedd yr arweinwyr crefyddol yn rhyfeddu ac yn gofyn, "Sut mae'r dyn yma'n
gwybod cymaint heb fod wedi cael ei hyfforddi?"
16Atebodd Iesu, "Dw i ddim yn dysgu ohono i'n hun. Mae'n dod oddi wrth Dduw, yr un
anfonodd fi. 17Bydd pwy bynnag sy'n dewis gwneud beth mae Duw eisiau yn darganfod fod
beth dw i'n ei ddysgu yn dod oddi wrth Dduw, a mod i ddim yn siarad ar fy liwt fy hun. 18Mae'r
rhai sy'n siarad ohonyn nhw eu hunain yn ceisio ennill anrhydedd iddyn nhw'u hunain, ond
mae'r un sy'n gweithio i anrhydeddu'r un wnaeth ei anfon e yn ddyn gonest; does dim byd

7:2 gw. Lefiticus 23:33-43; Deuteronomium 16:13-17

ffals amdano. 19 Oni wnaeth Moses roi'r Gyfraith i chi? Ac eto does neb ohonoch chi'n ufudd
i'r Gyfraith. Pam dych chi'n ceisio fy lladd i?"
20 "Mae cythraul yn dy wneud di'n wallgof," atebodd y dyrfa. "Pwy sy'n ceisio dy ladd di?"
21 Meddai Iesu wrthyn nhw, "Gwnes i un wyrth[m] ar y dydd Saboth, a dych chi i gyd mewn
sioc! 22 Ac eto, roedd Moses wedi dweud fod rhaid i chi gadw defod enwaedu (er mai
dim gan Moses ddaeth hi mewn gwirionedd, ond gan dadau'r genedl), a dych chi'n
enwaedu bachgen ar y Saboth. 23 Nawr, os ydy'n iawn i fachgen gael ei enwaedu ar ddydd
Saboth er mwyn peidio torri Cyfraith Moses, pam dych chi wedi gwylltio am fy mod i wedi
iacháu rhywun yn llwyr ar y Saboth? 24 Stopiwch fod mor arwynebol wrth farnu; barnwch yn
gywir bob amser."

Ai Iesu ydy'r Meseia?

25 Roedd rhai o bobl Jerwsalem yn gofyn, "Onid hwn ydy'r dyn maen nhw'n ceisio'i ladd?
26 Mae e yma yn siarad yn gwbl agored, a dŷn nhw'n dweud dim! Tybed ydy'r awdurdodau
wedi dod i'r casgliad mai fe ydy'r Meseia? 27 Ond wedyn, dŷn ni'n gwybod o ble mae'r dyn
yma'n dod; pan ddaw'r Meseia, fydd neb yn gwybod o ble mae'n dod." 28 A dyma Iesu, oedd
yn dysgu yng nghwrt y deml ar y pryd, yn cyhoeddi'n uchel, "Ydych chi'n fy nabod i? Ydych
chi'n gwybod o ble dw i'n dod? Dw i ddim wedi dod ar fy liwt fy hun. Duw go iawn sydd
wedi fy anfon i, ond dych chi ddim yn ei nabod e. 29 Dw i'n ei nabod e, achos dw i wedi dod
oddi wrtho fe. Fe ydy'r un anfonodd fi."
30 Pan ddigwyddodd hyn dyma nhw'n ceisio'i ddal, ond lwyddodd neb i'w gyffwrdd, am fod
ei amser iawn ddim wedi dod eto. 31 Ac eto, daeth llawer o bobl yn y dyrfa i gredu ynddo. Eu
dadl oedd, "Pan ddaw'r Meseia, fydd e'n gallu gwneud mwy o arwyddion gwyrthiol na hwn?"
32 Daeth y Phariseaid i wybod fod sibrydion fel hyn yn mynd o gwmpas. Felly dyma'r prif
offeiriaid a'r Phariseaid yn anfon swyddogion diogelwch o'r deml i'w arestio.
33 Dwedodd Iesu, "Dw i yma gyda chi am amser byr eto, ac wedyn dw i'n mynd yn ôl at
Dduw, yr un anfonodd fi. 34 Byddwch chi'n edrych amdana i, ond yn methu dod o hyd i mi.
Fyddwch chi ddim yn gallu dod i ble bydda i."
35 Meddai'r arweinwyr Iddewig, "I ble mae'r dyn yma ar fin mynd os fyddwn ni ddim yn
gallu dod o hyd iddo? Ydy e'n mynd at ein pobl ni sy'n byw ar wasgar mewn gwledydd eraill,
a dysgu pobl y gwledydd hynny? 36 Beth mae'n e'n ei olygu wrth ddweud, 'Byddwch chi'n
edrych amdana i, ond yn methu dod o hyd i mi,' a 'Fyddwch chi'n methu dod i ble bydda i'?"

Ffrydiau o ddŵr sy'n rhoi bywyd

37 Ar uchafbwynt yr Ŵyl, sef y diwrnod olaf, dyma Iesu'n sefyll ac yn cyhoeddi'n uchel, "Os
oes syched ar rywun, dylai ddod i yfed ata i. 38 Mae'r ysgrifau sanctaidd yn dweud: '*Bydd
ffrydiau o ddŵr sy'n rhoi bywyd yn llifo o'r rhai hynny!*' "[n] 39 (Sôn oedd am yr Ysbryd Glân.
Roedd y rhai oedd wedi credu ynddo yn mynd i dderbyn yr Ysbryd yn nes ymlaen. Ond doedd
yr Ysbryd ddim wedi dod eto, am fod Iesu ddim wedi'i anrhydeddu.)
40 Ar ôl clywed beth ddwedodd Iesu, dyma rhai o'r bobl yn dweud, "Y Proffwyd[o] soniodd
Moses amdano ydy'r dyn yma, siŵr o fod!" 41 Roedd eraill yn dweud, "Y Meseia ydy e!" Ond
eraill wedyn yn dadlau, "Sut all y Meseia ddod o Galilea? 42 Onid ydy'r ysgrifau sanctaidd yn
dweud fod y Meseia i ddod o deulu'r Brenin Dafydd ac o Bethlehem, lle roedd Dafydd yn
byw?" 43 Felly roedd y dyrfa wedi'i rhannu – rhai o'i blaid ac eraill yn ei erbyn. 44 Roedd rhai
eisiau ei arestio, ond lwyddodd neb i'w gyffwrdd.

m 7:21 *un wyrth:* Iacháu y dyn wedi'i barlysu – gw. 5:1-18. n 7:38 *Bydd ffrydiau ... hynny:* cyfeiriad at Nehemeia 9:15,19-20 (neu Eseia 55:1, 58:11 neu Sechareia 14:8) Mae'r adnodau yma yn edrych yn ôl at hanesion y dŵr yn dod o'r graig yn Exodus 17:1-7; Numeri 20:1-13. o 7:40 *Proffwyd:* gw. y nodyn ar 1:21.
7:22 a Lefiticus 12:3; b Genesis 17:10 7:42 cyfeiriad at 2 Samuel 7:12; Salm 89:3-4 a Micha 5:2

Yr arweinwyr Iddewig yn gwrthod Iesu

45 Aeth swyddogion diogelwch y deml yn ôl at y prif offeiriaid a'r Phariseaid, a gofynnodd
y rheiny iddyn nhw, "Pam wnaethoch chi ddim dod ag e yma?"
46 "Does neb erioed wedi siarad fel y dyn yma," medden nhw.
47 "Beth!" atebodd y Phariseaid, "Ydy e wedi'ch twyllo chi hefyd? 48 "Oes unrhyw un o'r
arweinwyr neu o'r Phariseaid wedi credu ynddo? 49 Nac oes! Dim ond y werin ddwl yma sy'n
gwybod dim byd am y Gyfraith – ac maen nhw dan felltith beth bynnag!"
50 Roedd Nicodemus yno ar y pryd (y dyn oedd wedi mynd at Iesu'n gynharach), a gofynnodd,
51 "Ydy'n Cyfraith ni yn condemnio pobl heb roi gwrandawiad teg iddyn nhw gyntaf, er mwyn
darganfod y ffeithiau?"
52 Medden nhw wrtho, "Wyt ti'n dod o Galilea hefyd? Edrych di i mewn i'r peth, dydy
proffwydi ddim yn dod o Galilea!"

Dydy Ioan 7:53 – 8:11 ddim yn y llawysgrifau cynharaf

53 Yna dyma nhw i gyd yn mynd adre.

8 Ond aeth Iesu i Fynydd yr Olewydd.

Y wraig wedi'i dal yn godinebu

2 Pan wawriodd hi y bore wedyn, roedd Iesu yn ôl yng nghwrt y deml. Dyma dyrfa yn
casglu o'i gwmpas, ac eisteddodd Iesu i'w dysgu nhw. 3 Tra oedd yn dysgu'r bobl dyma rai
o'r arbenigwyr yn y Gyfraith a'r Phariseaid yn dod ato gyda gwraig oedd wedi cael ei dal yn
godinebu. Dyma nhw'n ei rhoi hi i sefyll yn y canol o flaen pawb, 4 ac yna medden nhw wrth
Iesu, "Athro, mae'r wraig hon wedi cael ei dal yn cael rhyw gyda dyn oedd ddim yn ŵr iddi.
5 Yn y Gyfraith mae Moses yn dweud fod gwragedd o'r fath i gael eu llabyddio i farwolaeth
gyda cherrig. Beth wyt ti'n ei ddweud am y mater?" 6 (Roedden nhw'n defnyddio'r cwestiwn
fel trap, er mwyn cael sail i ddwyn cyhuddiad yn ei erbyn.) Ond dyma Iesu'n plygu i lawr
a dechrau ysgrifennu gyda'i fys yn y llwch ar lawr. 7 Wrth iddyn nhw ddal ati i bwyso arno
i ateb, edrychodd i fyny a dweud wrthyn nhw, "Os oes un ohonoch chi ddynion erioed wedi
pechu, taflwch chi'r garreg gyntaf ati hi." 8 Yna plygodd eto ac ysgrifennu ar lawr.
9 Ar ôl clywed beth ddwedodd e, dyma'r dynion yn gadael. Y rhai hynaf aeth gyntaf, a'r
lleill yn dilyn, nes oedd neb ar ôl ond Iesu, a'r wraig yn dal i sefyll o'i flaen. 10 Edrychodd
i fyny eto, a gofyn iddi, "Wel, wraig annwyl, ble maen nhw? Oes neb wedi dy gondemnio di?"
11 "Nac oes syr, neb" meddai.
"Dw innau ddim yn dy gondemnio di chwaith," meddai Iesu. "Felly dos, a pheidio pechu
fel yna eto."[p]

Iesu, golau'r byd

12 Pan oedd Iesu'n annerch y bobl dro arall, dwedodd, "Fi ydy golau'r byd. Bydd gan y rhai
sy'n fy nilyn i olau i'w harwain nhw i fywyd, a fyddan nhw byth yn cerdded mewn tywyllwch."
13 Ond dyma'r Phariseaid yn ymateb, "Rhoi tystiolaeth ar dy ran dy hun rwyt ti. Dydy
tystiolaeth felly ddim yn ddilys."
14 Atebodd Iesu, "Hyd yn oed os ydw i'n tystio ar fy rhan fy hun, mae'r dystiolaeth yna'n
ddilys. Dw i'n gwybod o ble dw i wedi dod ac i ble dw i'n mynd. Ond does gynnoch chi ddim
syniad o ble dw i wedi dod nac i ble dw i'n mynd. 15 Dych chi'n barnu yn ôl safonau dynol; dw
i'n barnu neb felly. 16 Os dw i'n barnu, dw i'n dyfarnu'n gywir, am fy mod i ddim yn barnu ar
fy mhen fy hun. Mae'r Tad sydd wedi fy anfon i yn barnu gyda mi. 17 Mae eich Cyfraith chi'n

---

p 8:11 Dydy adn. 1-11 ddim yn rhai llawysgrifau. Mewn llawysgrifau eraill maen nhw'n ymddangos ar ôl 7:36 neu 21:25 neu Luc 21:38, gyda gwahaniaethau bach yn y geiriad.
8:5 cyfeiriad at Lefiticus 20:10 a Deuteronomium 22:22-24

dweud yn glir fod tystiolaeth dau ddyn yn ddilys. 18 Dw i fy hun yn rhoi tystiolaeth, a'r Tad
ydy'r tyst arall, yr un sydd wedi fy anfon i."
19 "Ble mae dy dad di?" medden nhw.
"Dych chi ddim wir yn gwybod pwy ydw i," atebodd Iesu, "nac yn nabod fy Nhad chwaith.
Tasech chi'n gwybod pwy ydw i, byddech chi'n nabod fy Nhad i hefyd." 20 Dwedodd hyn pan
oedd yn dysgu yn y deml wrth ymyl y blychau lle roedd pobl yn rhoi eu harian i'r drysorfa.
Ond wnaeth neb ei ddal, am fod ei amser iawn ddim wedi dod.
21 Dwedodd Iesu wrthyn nhw dro arall, "Dw i'n mynd i ffwrdd. Byddwch chi'n edrych amdana
i, ond yn marw yn eich pechod. Dych chi ddim yn gallu dod ble dw i'n mynd."
22 Gwnaeth hyn i'r arweinwyr a phobl Jwdea ofyn, "Ydy e'n mynd i ladd ei hun neu rywbeth?
Ai dyna pam mae'n dweud, 'Dych chi ddim yn gallu dod i ble dw i'n mynd'?"
23 Ond aeth yn ei flaen i ddweud, "Dych chi'n dod o'r ddaear; dw i'n dod oddi uchod.
O'r byd hwn dych chi'n dod; ond dw i ddim yn dod o'r byd hwn. 24 Dyna pam ddwedais
i y byddwch chi'n marw yn eich pechod – os wnewch chi ddim credu mai fi ydy e, byddwch
chi'n marw yn eich pechod."
25 "Mai ti ydy pwy?" medden nhw. "Yn union beth dw i wedi'i ddweud o'r dechrau," atebodd
Iesu. 26 "Mae gen i lawer i'w ddweud amdanoch chi, a digon i'w gondemnio. Mae'r un sydd
wedi fy anfon i yn dweud y gwir, a beth dw i wedi'i glywed ganddo fe dw i'n ei gyhoeddi i'r byd."
27 Doedden nhw ddim yn deall ei fod yn siarad am Dduw y Tad. 28 Felly dwedodd Iesu,
"Pan fyddwch wedi fy nghodi i, Mab y Dyn, i fyny,[ph] dyna pryd byddwch chi'n gwybod mai
fi ydy e, ac nad ydw i yn gwneud dim ar fy mhen fy hun, dim ond dweud beth mae'r Tad
wedi'i ddysgu i mi. 29 Mae'r un sydd wedi fy anfon i gyda mi; dydy e ddim wedi fy ngadael ar
fy mhen fy hun, achos dw i bob amser yn gwneud beth sy'n ei blesio."

Y gwirionedd sy'n rhoi rhyddid

30 Daeth llawer o bobl i gredu ynddo tra oedd yn siarad. 31 Yna dwedodd Iesu wrth yr
Iddewon hynny oedd wedi credu ynddo, "Os daliwch afael yn yr hyn dw i wedi'i ddangos
i chi, dych chi'n ddilynwyr go iawn i mi. 32 Byddwch yn dod i wybod beth sy'n wir, a bydd
y gwirionedd hwnnw'n rhoi rhyddid i chi."
33 "Dŷn ni'n ddisgynyddion i Abraham," medden nhw, "fuon ni erioed yn gaethweision! Felly
beth wyt ti'n ei feddwl wrth ddweud, 'Byddwch chi'n cael bod yn rhydd'?"
34 Atebodd Iesu, "Credwch chi fi, mae pawb sy'n pechu wedi'i gaethiwo gan bechod. 35 Dydy
caethwas ddim yn perthyn i'r teulu mae'n ei wasanaethu, ond mae mab yn perthyn am byth.
36 Felly os ydy'r Mab yn eich rhyddhau chi byddwch yn rhydd go iawn. 37 Dw i'n gwybod eich
bod chi'n ddisgynyddion i Abraham, ond dych chi'n ceisio fy lladd i am eich bod chi ddim
yn deall beth dw i'n ddweud go iawn. 38 Dw i'n cyhoeddi beth dw i wedi'i weld gyda'r Tad.
Dych chi'n gwneud beth mae'ch tad chi'n ei ddweud wrthoch chi."
39 "Abraham ydy'n tad ni," medden nhw.
"Petaech chi wir yn blant i Abraham," meddai Iesu, "byddech chi'n gwneud beth wnaeth
Abraham. 40 Yn lle hynny dych chi'n benderfynol o'm lladd i, a minnau ond wedi cyhoeddi'r
gwirionedd glywais i gan Dduw. Doedd Abraham ddim yn gwneud peth felly! 41 Na, gwneud
y pethau mae'ch tad chi'n eu gwneud dych chi."
"Dim plant siawns ydyn ni!" medden nhw, "Duw ei hun ydy'r unig Dad sydd gynnon ni."

Plant y diafol

42 "Ond petai Duw yn Dad i chi," meddai Iesu, "byddech chi'n fy ngharu i, am fy mod i wedi
dod yma oddi wrth Dduw. Dw i ddim wedi dod ar fy liwt fy hun; Duw sydd wedi fy anfon
i. 43 Pam nad ydy be dw i'n ddweud yn gwneud sens i chi? Am eich bod yn methu clywed

---

ph 8:28 *fy nghodi i ... i fyny:* gw. nodyn ar 7:39.
8:17 cyfeiriad at Deuteronomium 17:6; 19:15

y neges sydd gen i. 44Y diafol ydy eich tad chi, a dych chi am wneud beth mae'ch tad eisiau.
Llofrudd oedd e o'r dechrau, heb lynu wrth y gwir, am fod dim lle i'r gwir ynddo. Pan mae'n
dweud celwydd, mae'n siarad ei famiaith! Celwyddgi ydy e! Tad pob celwydd! 45Ond dw i'n
dweud y gwir, felly dych chi ddim yn fy nghredu i! 46Oes unrhyw un ohonoch chi'n gallu profi
mod i'n euog o bechu? Felly os dw i'n dweud y gwir pam dych chi'n gwrthod credu? 47Mae
pwy bynnag sy'n perthyn i Dduw yn gwrando ar beth mae Duw yn ei ddweud. Y rheswm pam
dych chi ddim yn gwrando ydy am eich bod chi ddim yn perthyn i Dduw."

Iesu ac Abraham

48"Y Samariad ddiawl!" medden nhw, "Dŷn ni'n iawn. Mae cythraul ynot ti!"
49"Fi? Does gen i ddim cythraul," meddai Iesu, "Beth dw i'n ei wneud ydy anrhydeddu fy
Nhad, a dych chi'n fy sarhau i. 50Dw i ddim yn edrych am glod i mi fy hun; ond mae un sy'n
ei geisio, a fe ydy'r un sy'n barnu. 51Credwch chi fi – fydd pwy bynnag sy'n dal gafael yn yr
hyn dw i wedi'i ddysgu iddyn nhw byth yn gweld marwolaeth."
52Pan ddwedodd hyn dyma'r arweinwyr Iddewig yn gweiddi, "Mae'n gwbl amlwg fod
cythraul ynot ti! Buodd Abraham farw, a'r proffwydi hefyd, a dyma ti'n honni y bydd y rhai
sy'n dal gafael yn yr hyn rwyt ti'n ei ddysgu ddim yn marw. 53Wyt ti'n fwy o ddyn nag
Abraham, tad y genedl? Buodd e farw, a'r proffwydi hefyd! Pwy wyt ti'n feddwl wyt ti?"
54Atebodd Iesu, "Os dw i'n canmol fy hun, dydy'r clod yna'n golygu dim byd. Fy Nhad
sy'n fy nghanmol i, yr un dych chi'n hawlio ei fod yn Dduw i chi. 55Ond dych chi ddim wedi
dechrau dod i'w nabod; dw i yn ei nabod e'n iawn. Petawn i'n dweud mod i ddim yn ei
nabod e, byddwn innau'n gelwyddog fel chi. Dw i yn ei nabod e ac yn gwneud beth mae'n
ei ddangos i mi. 56Roedd Abraham, eich tad, yn gorfoleddu wrth feddwl y câi weld yr amser
pan fyddwn i'n dod; fe'i gwelodd, ac roedd wrth ei fodd."
57"Ti ddim yn hanner cant eto!" meddai'r arweinwyr Iddewig wrtho, "Wyt ti'n honni dy
fod di wedi gweld Abraham?"
58Atebodd Iesu, "Credwch chi fi – dw i'n bodoli ers cyn i Abraham gael ei eni." 59Pan
ddwedodd hyn, dyma nhw'n codi cerrig i'w taflu ato, ond cuddiodd Iesu ei hun, a llithro
allan o'r deml.

Iesu'n iacháu dyn wedi'i eni'n ddall

9 Un diwrnod roedd Iesu'n pasio heibio, a gwelodd ddyn oedd wedi bod yn ddall ers iddo
gael ei eni. 2Gofynnodd y disgyblion iddo, "Rabbi, pwy wnaeth bechu i achosi i'r dyn
yma gael ei eni'n ddall – fe ei hun, neu ei rieni?"
3"Dim ei bechod e na phechod ei rieni sy'n gyfrifol," meddai Iesu. "Digwyddodd er mwyn
i allu Duw gael ei arddangos yn ei fywyd. 4Tra mae hi'n dal yn olau dydd, rhaid i ni wneud
gwaith yr un sydd wedi fy anfon i. Mae'r nos yn dod, pan fydd neb yn gallu gweithio. 5Tra
dw i yn y byd, fi ydy golau'r byd."
6Ar ôl dweud hyn, poerodd ar lawr a gwneud mwd allan o'r poeryn, ac wedyn ei rwbio
ar lygaid y dyn dall. 7Yna meddai wrtho, "Dos i ymolchi i Bwll Siloam" (enw sy'n golygu
'Anfonwyd'). Felly aeth y dyn i ymolchi, a phan ddaeth yn ôl roedd yn gallu gweld!
8Dyma'i gymdogion a phawb oedd wedi'i weld o'r blaen yn cardota yn gofyn, "Onid hwn
ydy'r dyn oedd yn arfer cardota?" 9Roedd rhai yn dweud "Ie", ac eraill yn dweud, "Nage – er,
mae'n debyg iawn iddo."
Ond dyma'r dyn ei hun yn dweud, "Ie, fi ydy e."
10"Ond, sut wyt ti'n gallu gweld?" medden nhw.
11"Y dyn maen nhw'n ei alw'n Iesu wnaeth fwd a'i rwbio ar fy llygaid," meddai. "Yna dwedodd
wrtho i am fynd i Siloam i ymolchi. A dyna wnes i. Ar ôl i mi ymolchi roeddwn i'n gallu gweld!"
12"Ble mae e?" medden nhw.
"Wn i ddim," meddai.

Y Phariseaid yn archwilio'r iachâd

13 Dyma nhw'n mynd â'r dyn oedd wedi bod yn ddall at y Phariseaid. 14 Roedd hi'n ddydd
Saboth Iddewig pan oedd Iesu wedi gwneud y mwd i iacháu'r dyn. 15 Felly dyma'r Phariseaid
hefyd yn dechrau holi'r dyn sut roedd e'n gallu gweld.

Atebodd y dyn, "Rhoddodd fwd ar fy llygaid, es i ymolchi, a dw i'n gweld."

16 Meddai rhai o'r Phariseaid, "All e ddim bod yn negesydd Duw; dydy e ddim yn cadw
rheolau'r Saboth."

Ond roedd eraill yn dweud, "Sut mae rhywun sy'n bechadur cyffredin yn gallu gwneud
y fath arwyddion gwyrthiol?" Felly roedden nhw'n anghytuno â'i gilydd.

17 Yn y diwedd dyma nhw'n troi at y dyn dall eto, "Beth sydd gen ti i'w ddweud amdano?
Dy lygaid di agorodd e."

Atebodd y dyn, "Mae'n rhaid ei fod yn broffwyd."

18 Ond roedd yr arweinwyr Iddewig yn gwrthod credu ei fod wedi bod yn ddall nes i'w rieni
ddod yno. 19 "Ai eich mab chi ydy hwn?" medden nhw. "Gafodd e ei eni'n ddall? Ac os felly,
sut mae e'n gallu gweld nawr?"

20 "Ein mab ni ydy e", atebodd y rhieni, "a dŷn ni'n gwybod ei fod wedi cael ei eni'n ddall.
21 Ond does gynnon ni ddim syniad sut mae'n gallu gweld bellach, na phwy wnaeth iddo allu
gweld. Gofynnwch iddo fe. Mae'n ddigon hen! Gall siarad drosto'i hun." 22 (Y rheswm pam
roedd ei rieni'n ymateb fel hyn oedd am fod arnyn nhw ofn yr arweinwyr Iddewig. Roedd
yr awdurdodau Iddewig wedi cytuno y byddai unrhyw un fyddai'n cyffesu mai Iesu oedd
y Meseia yn cael ei ddiarddel o'r synagog. 23 Felly dyna pam ddwedodd y rhieni, "Mae'n
ddigon hen. Gofynnwch iddo fe.")

24 Dyma nhw'n galw'r dyn oedd wedi bod yn ddall o'u blaenau am yr ail waith, ac medden nhw
wrtho, "Dywed y gwir o flaen Duw. Dŷn ni'n gwybod fod y dyn wnaeth dy iacháu di yn bechadur."
25 Atebodd e, "Wn i ddim os ydy e'n bechadur a'i peidio, ond dw i'n hollol sicr o un peth
– roeddwn i'n ddall, a bellach dw i'n gallu gweld!"

26 Dyma nhw'n gofyn iddo eto, "Beth yn union wnaeth e? Sut agorodd e dy lygaid di?"

27 Atebodd y dyn, "Dw i wedi dweud unwaith, a dych chi ddim wedi gwrando. Pam dych chi
eisiau mynd drwy'r peth eto? Ydych chi hefyd eisiau bod yn ddilynwyr iddo?"

28 Dyma nhw'n rhoi pryd o dafod iddo, "Ti sy'n ddilynwr i'r boi! Disgyblion Moses ydyn ni!
29 Dŷn ni'n gwybod fod Duw wedi siarad â Moses, ond wyddon ni ddim byd am hwn – dim
hyd yn oed o ble mae'n dod!"

30 "Wel, mae hynny'n anhygoel!" meddai'r dyn, "Rhoddodd y dyn fy ngolwg i mi, a dych
chi ddim yn gwybod o ble mae'n dod. 31 Dŷn ni'n gwybod bod Duw ddim yn gwrando ar
bechaduriaid, ond ar bobl dduwiol sy'n gwneud beth mae e eisiau. 32 Does neb erioed wedi
clywed am rywun yn agor llygaid person gafodd ei eni'n ddall! 33 Oni bai fod y dyn wedi dod
oddi wrth Dduw, allai e wneud dim byd."

34 "Wyt ti'n ceisio rhoi darlith i ni?" medden nhw, "Cest ti dy eni mewn pechod a dim byd
arall!" A dyma nhw'n ei ddiarddel.

Dallineb Ysbrydol

35 Clywodd Iesu eu bod nhw wedi diarddel y dyn, ac ar ôl dod o hyd iddo, gofynnodd iddo,
"Wyt ti'n credu ym Mab y Dyn?"

36 "Pwy ydy hwnnw, syr?" meddai'r dyn. "Dwed wrtho i, er mwyn i mi gredu ynddo."

37 Dwedodd Iesu, "Rwyt ti wedi'i weld; fi sy'n siarad â ti ydy e."

38 Yna dwedodd y dyn, "Arglwydd, dw i'n credu," a phlygu o'i flaen i'w addoli.

39 Dwedodd Iesu, "Mae'r ffaith fy mod i wedi dod i'r byd yn arwain i farn. Mae'r rhai sy'n
ddall yn cael gweld a'r rhai sy'n gweld yn cael eu dallu."

40 Roedd rhai o'r Phariseaid yno pan ddwedodd hyn, ac medden nhw, "Beth? Dŷn ni ddim
yn ddall, ydyn ni?"

41 Atebodd Iesu, "Petaech chi'n ddall, fyddech chi ddim yn euog o bechu; ond am eich bod yn honni eich bod yn gweld, dych chi'n euog, ac yn aros felly.

Y bugail a'i ddefaid

10 "Credwch chi fi, lleidr ydy'r un sy'n dringo i mewn i gorlan y defaid heb fynd drwy'r giât. 2 Mae'r bugail sy'n gofalu am y defaid yn mynd i mewn drwy'r giât. 3 Mae'r un sy'n gwylio'r gorlan dros nos yn agor y giât iddo, ac mae ei ddefaid ei hun yn nabod ei lais. Mae'n galw pob un o'i ddefaid wrth eu henwau, ac yn eu harwain nhw allan. 4 Ar ôl iddo fynd â nhw i gyd allan, mae'n cerdded o'u blaenau nhw, ac mae ei ddefaid yn ei ddilyn am eu bod yn nabod ei lais. 5 Fyddan nhw byth yn dilyn rhywun dieithr. Dŷn nhw ddim yn nabod lleisiau pobl ddieithr, a byddan nhw'n rhedeg i ffwrdd oddi wrthyn nhw." 6 Defnyddiodd Iesu'r stori yna fel darlun, ond doedden nhw ddim yn deall yr ystyr.

Iesu, y giât i'r defaid

7 Felly dwedodd Iesu eto, "Credwch chi fi – fi ydy'r giât i'r defaid fynd drwyddi. 8 Lladron yn dwyn oedd pob un ddaeth o mlaen i. Wnaeth y defaid ddim gwrando arnyn nhw. 9 Fi ydy'r giât. Bydd y rhai sy'n mynd i mewn trwof fi yn saff. Byddan nhw'n mynd i mewn ac allan, ac yn dod o hyd i borfa. 10 Mae'r lleidr yn dod gyda'r bwriad o ddwyn a lladd a dinistrio. Dw i wedi dod i roi bywyd i bobl, a hwnnw'n fywyd ar ei orau.

Iesu, y bugail da

11 "Fi ydy'r bugail da. Mae'r bugail da yn fodlon marw dros y defaid. 12 Mae'r gwas sy'n cael ei dalu i ofalu am y defaid yn rhedeg i ffwrdd pan mae'n gweld y blaidd yn dod. (Dim fe ydy'r bugail, a does ganddo ddim defaid ei hun.) Mae'n gadael y defaid, ac mae'r blaidd yn ymosod ar y praidd ac yn eu gwasgaru nhw. 13 Dim ond am ei fod yn cael ei dalu mae'n edrych ar ôl y defaid, a dydy e'n poeni dim amdanyn nhw go iawn.

14 "Fi ydy'r bugail da. Dw i'n nabod fy nefaid fy hun ac maen nhw'n fy nabod i – 15 yn union fel mae'r Tad yn fy nabod i a dw i'n nabod y Tad. Dw i'n fodlon marw dros y defaid. 16 Mae gen i ddefaid eraill sydd ddim yn y gorlan yma. Rhaid i mi eu casglu nhw hefyd, a byddan nhw'n gwrando ar fy llais. Yna byddan nhw'n dod yn un praidd, a bydd un bugail. 17 Mae fy Nhad yn fy ngharu i am fy mod yn mynd i farw'n wirfoddol, er mwyn dod yn ôl yn fyw wedyn. 18 Does neb yn cymryd fy mywyd oddi arna i; fi fy hun sy'n dewis rhoi fy mywyd yn wirfoddol. Mae gen i'r gallu i'w roi a'r gallu i'w gymryd yn ôl eto. Mae fy Nhad wedi dweud wrtho i beth i'w wneud."

19 Roedd beth roedd yn ei ddweud yn achosi rhaniadau ymhlith yr Iddewon eto. 20 Roedd llawer ohonyn nhw'n dweud, "Mae cythraul ynddo! Mae'n hurt bost! Pam ddylen ni wrando arno?" 21 Ond roedd pobl eraill yn dweud, "Dydy e ddim yn siarad fel rhywun wedi'i feddiannu gan gythraul. Ydy cythraul yn gallu rhoi golwg i bobl ddall?"

Yr arweinwyr Iddewig yn gwrthod Iesu

22 Roedd y gaeaf wedi dod, ac roedd hi'n amser dathlu Gŵyl y Cysegru yn Jerwsalem. 23 Roedd Iesu yno yng nghwrt y deml, yn cerdded o gwmpas Cyntedd Colofnog Solomon.[r] 24 Dyma'r arweinwyr Iddewig yn casglu o'i gwmpas, a gofyn iddo, "Am faint wyt ti'n mynd i'n cadw ni'n disgwyl? Dwed wrthon ni'n blaen os mai ti ydy'r Meseia."

25 "Dw i wedi dweud," meddai Iesu, "ond dych chi'n gwrthod credu. Mae'r gwyrthiau dw i yn eu gwneud ar ran fy Nhad yn dweud y cwbl. 26 Ond dych chi ddim yn credu am eich bod chi ddim yn ddefaid i mi. 27 Mae fy nefaid i yn fy nilyn am eu bod yn nabod fy llais i, a dw i'n eu nabod nhw. 28 Dw i'n rhoi bywyd tragwyddol iddyn nhw, a fyddan nhw byth yn mynd

r 10:23 *Cyntedd Colofnog Solomon:* Cyntedd gyda cholofnau uchel. Roedd ar ochr ddwyreiniol y deml.

i ddistryw. Does neb yn gallu eu cipio nhw oddi arna i. 29Fy Nhad sydd wedi'u rhoi nhw i mi,
ac mae e'n fwy na phawb a phopeth. Does neb yn gallu eu cipio nhw o afael fy Nhad. 30Dw
i a'r Tad yn un."

31Unwaith eto dyma'r arweinwyr Iddewig yn codi cerrig i'w labyddio'n farw, 32ond meddai
Iesu wrthyn nhw, "Dych chi wedi fy ngweld i'n gwneud lot fawr o bethau da – gwyrthiau'r
Tad. Am ba un o'r rhain dych chi'n fy llabyddio i?"

33"Dŷn ni ddim yn dy labyddio am wneud unrhyw beth da," atebodd yr arweinwyr Iddewig,
"ond am gablu! Am dy fod ti sydd ond yn ddynol, yn honni mai Duw wyt ti."

34Ond atebodd Iesu nhw, "Mae'n dweud yn eich ysgrifau sanctaidd chi, '*Dwedais, "Duwiau
ydych chi."*' 35Dych chi ddim yn gallu diystyru'r ysgrifau sanctaidd! Felly os oedd yr arweinwyr
ddwedodd Duw hynny wrthyn nhw yn 'dduwiau' 36sut dych chi'n gallu dweud mod i'n cablu
dim ond am fy mod i wedi dweud 'Fi ydy mab Duw'? Y Tad ddewisodd fi a'm hanfon i i'r
byd. 37Os dw i ddim yn gwneud gwaith fy Nhad peidiwch credu ynof fi. 38Ond os dw i yn
gwneud yr un fath â'm Tad, credwch yn yr hyn dw i'n ei wneud er eich bod chi ddim yn credu
ynof fi. Wedyn dewch i wybod a deall fod y Tad ynof fi, a minnau yn y Tad." 39Dyma nhw'n
ceisio'i ddal unwaith eto, ond llwyddodd i ddianc o'u gafael nhw.

40Aeth Iesu yn ôl ar draws afon Iorddonen eto i'r lle roedd Ioan Fedyddiwr wedi bod yn
bedyddio yn y dyddiau cynnar. Arhosodd yno 41a daeth llawer o bobl allan ato. Roedden nhw'n
dweud, "Wnaeth Ioan ddim gwneud unrhyw wyrth, ond roedd popeth ddwedodd e am y dyn
yma yn wir." 42A daeth llawer o bobl yno i gredu yn Iesu.

Marwolaeth Lasarus

11 Roedd dyn o'r enw Lasarus yn sâl. Roedd yn dod o Bethania, pentref Mair a'i chwaer
Martha. 2(Mair oedd wedi tywallt persawr ar yr Arglwydd Iesu a sychu ei draed
gyda'i gwallt, a'i brawd hi oedd Lasarus oedd yn sâl yn ei wely.) 3Dyma'r chwiorydd yn
anfon neges at Iesu, "Arglwydd, mae dy ffrind annwyl di'n sâl."

4Pan gafodd y neges, meddai Iesu, "Fydd marwolaeth ddim yn cael y gair olaf. Na, pwrpas
hyn ydy dangos mor wych ydy Duw. A bydd Mab Duw yn cael ei anrhydeddu drwyddo hefyd."

5Roedd Iesu'n hoff iawn o Martha a'i chwaer a Lasarus. 6Ac eto, ar ôl clywed fod Lasarus yn
sâl, arhosodd lle roedd am ddau ddiwrnod arall. 7Yna dwedodd wrth ei ddisgyblion, "Gadewch
inni fynd yn ôl i Jwdea."

8"Ond Rabbi," medden nhw, "roedd yr arweinwyr Iddewig yn Jwdea yn ceisio dy ladd di
gynnau! Wyt ti wir am fynd yn ôl yno?"

9Atebodd Iesu, "Onid oes deuddeg awr o olau dydd? Dydy rhywun sy'n cerdded yn ystod
y dydd ddim yn baglu, am fod ganddo olau'r haul. 10Ond mae rhywun yn baglu wrth gerdded
yn y nos, am fod dim golau ganddo."

11Yna dwedodd wrthyn nhw, "Mae ein ffrind Lasarus wedi syrthio i gysgu. Dw i i'n mynd
yno i'w ddeffro."

12"Arglwydd," meddai'r disgyblion, "os ydy e'n cysgu, bydd yn gwella." 13Ond marwolaeth
oedd Iesu'n ei olygu wrth 'gwsg'. Roedd ei ddisgyblion wedi cael y syniad ei fod yn sôn am
orffwys naturiol. 14Felly dyma Iesu'n dweud wrthyn nhw'n blaen, "Mae Lasarus wedi marw,
15ac er eich mwyn chi dw i'n falch fy mod i ddim yno. Dw i eisiau i chi gredu. Gadewch inni
fynd ato."

16Yna dyma Tomos (oedd yn cael ei alw 'Yr Efaill') yn dweud wrth y disgyblion eraill, "Dewch,
gadewch i ni fynd hefyd, i farw gydag e!"

Iesu'n cysuro'r chwiorydd

17Pan gyrhaeddodd Iesu, cafodd fod Lasarus wedi cael ei gladdu ers pedwar diwrnod.
18Roedd Bethania llai na dwy filltir o Jerwsalem, 19ac roedd llawer o bobl o Jwdea wedi dod

10:34 Salm 82:6

at Mair a Martha i gydymdeimlo â nhw ar golli eu brawd. 20Pan glywodd Martha fod Iesu'n
dod, aeth allan i'w gyfarfod, ond arhosodd Mair yn y tŷ.
21"Arglwydd," meddai Martha wrth Iesu, "taset ti wedi bod yma, fyddai fy mrawd ddim
wedi marw. 22Ond er hynny, dw i'n dal i gredu y bydd Duw yn rhoi i ti beth bynnag rwyt ti'n
ei ofyn ganddo."
23Dwedodd Iesu wrthi, "Bydd dy frawd yn dod yn ôl yn fyw."
24Atebodd Martha, "Dw i'n gwybod y bydd yn dod yn ôl yn fyw adeg yr atgyfodiad ar
y dydd olaf."[rh]
25Dwedodd Iesu wrthi, "Fi ydy'r atgyfodiad a'r bywyd. Bydd pawb sy'n credu ynof fi yn
dod yn fyw, er iddyn nhw farw; 26a bydd y rhai sy'n fyw ac yn credu ynof fi ddim yn marw
go iawn. Wyt ti'n credu hyn?"
27"Ydw, Arglwydd," meddai Martha wrtho, "dw i'n credu mai ti ydy'r Meseia, Mab Duw,
yr un oedd i ddod i'r byd."
28Ar ôl iddi ddweud hyn, aeth yn ei hôl a dweud yn dawel fach wrth Mair, "Mae'r
Athro yma, ac mae'n gofyn amdanat ti." 29Pan glywodd Mair hyn, dyma hi'n codi ar frys
i fynd ato. 30(Doedd Iesu ddim wedi cyrraedd y pentref eto, roedd yn dal lle roedd Martha
wedi'i gyfarfod.) 31Roedd pobl o Jwdea wedi bod gyda Mair yn y tŷ yn cydymdeimlo gyda hi.
Pan welon nhw hi'n codi mor sydyn i fynd allan, dyma nhw'n mynd ar ei hôl gan feddwl ei
bod hi'n mynd at y bedd i alaru.
32Pan gyrhaeddodd Mair lle roedd Iesu, a'i weld, syrthiodd wrth ei draed a dweud,
"Arglwydd, taset ti wedi bod yma, fyddai fy mrawd ddim wedi marw."
33Wrth ei gweld hi'n wylofain yn uchel, a'r bobl o Jwdea oedd yno yn wylofain gyda hi,
cynhyrfodd Iesu drwyddo ac roedd yn ddig. 34Gofynnodd, "Ble dych chi wedi'i gladdu?"
"Tyrd i weld, Arglwydd," medden nhw.
35Roedd Iesu yn ei ddagrau.
36"Edrychwch gymaint roedd yn ei garu e!" meddai'r bobl oedd yno.
37Ond roedd rhai yn dweud, "Oni allai hwn, roddodd ei olwg i'r dyn dall yna, gadw Lasarus
yn fyw?"

Iesu'n codi Lasarus

38Roedd Iesu'n dal wedi cynhyrfu pan ddaeth at y bedd. (Ogof oedd y bedd, a charreg
wedi'i gosod dros geg yr ogof.) 39"Symudwch y garreg," meddai. Ond dyma Martha, chwaer
y dyn oedd wedi marw, yn dweud, "Arglwydd, bydd yn drewi bellach; mae wedi'i gladdu ers
pedwar diwrnod."
40Meddai Iesu wrthi, "Wnes i ddim dweud wrthot ti y cei di weld mor wych ydy Duw, dim
ond i ti gredu?"
41Felly dyma nhw'n symud y garreg. Yna edrychodd Iesu i fyny, a dweud, "Dad, diolch i ti
am wrando arna i. 42Dw i fy hun yn gwybod dy fod ti'n gwrando arna i bob amser, ond dw i'n
dweud hyn er mwyn y bobl sy'n sefyll o gwmpas, iddyn nhw gredu mai ti sydd wedi fy anfon i."
43Ar ôl dweud hyn, dyma Iesu'n gweiddi'n uchel, "Lasarus, tyrd allan!" 44A dyma'r dyn
oedd wedi marw'n dod allan. Roedd ei freichiau a'i goesau wedi'u rhwymo gyda stribedi
o liain, ac roedd cadach am ei wyneb.
"Tynnwch nhw i ffwrdd a'i ollwng yn rhydd," meddai Iesu.

Y cynllwyn i ladd Iesu

(Mathew 26:1-5; Marc 14:1-2; Luc 22:1,2)

45Felly daeth llawer o bobl Jwdea i gredu ynddo – y bobl oedd yn ymweld â Mair, ac
wedi gweld beth wnaeth Iesu. 46Ond aeth rhai at y Phariseaid a dweud beth oedd Iesu
wedi'i wneud. 47A dyma'r prif offeiriaid a'r Phariseaid hynny yn galw cyfarfod o'r Sanhedrin

rh 11:24 *y dydd olaf:* Pan fydd Duw yn barnu pawb.

Iddewig. "Pam ydyn ni ddim yn gwneud rhywbeth?" medden nhw. "Mae'r dyn yma'n gwneud
llawer o arwyddion gwyrthiol. 48 Os wnawn ni adael iddo fynd yn ei flaen, bydd pawb yn credu
ynddo! Bydd y Rhufeiniaid yn dod ac yn dinistrio'ch teml a'n gwlad ni."
49 Ond dyma un ohonyn nhw, Caiaffas, oedd yn archoffeiriad y flwyddyn honno, yn dweud
fel hyn: "Dych chi mor ddwl! 50 Onid ydy'n well i un person farw dros y bobl nag i'r genedl
gyfan gael ei dinistrio?" 51 (Wnaeth e ddim dweud hyn ohono'i hun. Beth ddigwyddodd oedd
ei fod e, oedd yn archoffeiriad y flwyddyn honno, wedi proffwydo y byddai Iesu'n marw dros
y genedl. 52 A dim dros y genedl Iddewig yn unig, ond hefyd dros holl blant Duw ym mhobman,
er mwyn eu casglu nhw at ei gilydd a'u gwneud nhw'n un.)
53 O'r diwrnod hwnnw ymlaen roedden nhw'n cynllwynio i ladd Iesu. 54 Felly wnaeth
Iesu ddim mynd o gwmpas yn gyhoeddus ymhlith pobl Jwdea ar ôl hynny. Gadawodd yr
ardal a mynd i bentref o'r enw Effraim oedd wrth ymyl yr anialwch. Buodd yn aros yno
gyda'i ddisgyblion.
55 Pan oedd y Pasg Iddewig yn agosáu, roedd llawer o bobl yn mynd i Jerwsalem i fynd
drwy'r ddefod o ymolchi eu hunain yn seremonïol i baratoi ar gyfer y Pasg ei hun. 56 Roedden
nhw'n edrych am Iesu drwy'r adeg, ac yn sefyllian yng nghwrt y deml a holi ei gilydd, "Beth
dych chi'n feddwl? Ddaw e ddim i'r Ŵyl, siawns!" 57 (Roedd y prif offeiriaid a'r Phariseaid
wedi gorchymyn fod unrhyw un oedd yn gwybod lle roedd Iesu i ddweud wrthyn nhw, er
mwyn iddo gael ei arestio.)

Eneinio Iesu yn Bethania

(Mathew 26:6-13; Marc 14:3-9)

12 Chwe diwrnod cyn Gŵyl y Pasg cyrhaeddodd Iesu Bethania, lle roedd Lasarus yn byw
(y dyn wnaeth Iesu ddod ag e'n ôl yn fyw). 2 Roedd swper wedi'i drefnu i anrhydeddu
Iesu. Roedd Martha yn gweini, a Lasarus yn un o'r rhai oedd yn eistedd gydag Iesu wrth
y bwrdd. 3 Daeth Mair i mewn gyda jar hanner litr o nard pur, oedd yn bersawr drud iawn.
Tywalltodd y persawr ar draed Iesu ac wedyn sychu ei draed â'i gwallt. Roedd arogl y persawr
i'w glywed drwy'r tŷ i gyd.
4 Ond yna dyma Jwdas Iscariot (y disgybl oedd yn mynd i fradychu Iesu yn nes ymlaen) yn
protestio, 5 "Roedd y persawr yna'n werth ffortiwn! Dylid bod wedi'i werthu, a rhoi'r arian
i bobl dlawd!" 6 (Doedd e ddim wir yn poeni am y tlodion. Beth oedd tu ôl i'w eiriau oedd
y ffaith ei fod yn lleidr. Roedd Iesu a'i ddisgyblion yn rhannu un pwrs, a Jwdas oedd yn gyfrifol
amdano, ond byddai'n arfer helpu ei hun i'r arian.)
7 "Gad lonydd iddi," meddai Iesu. "Mae hi wedi cadw hwn ar gyfer y diwrnod pan fydda
i'n cael fy nghladdu. 8 Bydd pobl dlawd o gwmpas i chi eu helpu nhw bob amser, ond fydda
i ddim yma bob amser."
9 Roedd tyrfa fawr o bobl Jwdea wedi darganfod fod Iesu yn Bethania. Dyma nhw'n mynd
yno, ddim jest i weld Iesu, ond hefyd i weld Lasarus yr un ddaeth Iesu ag e'n ôl yn fyw. 10 Ond
roedd y prif offeiriaid wedi penderfynu fod rhaid cael gwared â Lasarus hefyd, 11 am fod llawer
o bobl Jwdea wedi'u gadael nhw a dod i gredu yn Iesu o'i achos e.

Marchogaeth i Jerwsalem

(Mathew 21:1-11; Marc 11:1-11; Luc 19:28-40)

12 Y diwrnod wedyn clywodd y dyrfa fawr oedd wedi dod i'r Ŵyl fod Iesu ar ei ffordd
i Jerwsalem. 13 Dyma nhw'n torri canghennau o'r coed palmwydd a mynd allan i'w gyfarfod
gan weiddi,

"Hosanna! Clod iddo!"
"Mae'r un sy'n dod i gynrychioli'r Arglwydd
wedi'i fendithio'n fawr!"

12:8 Deuteronomium 15:11 12:13 Salm 118:25-26

"Ie, dyma Frenin Israel!" [14]Eisteddodd Iesu ar gefn asyn, fel mae'n dweud yn yr ysgrifau
sanctaidd,

[15] *"Paid ag ofni, ddinas Jerwsalem.*
Edrych! dy frenin sy'n dod,
ar gefn ebol asen."

[16](Doedd y disgyblion ddim wedi deall arwyddocâd hyn i gyd ar y pryd. Dim ond ar ôl i Iesu
gael ei anrhydeddu wnaethon nhw sylweddoli fod y pethau yma wedi'u hysgrifennu amdano,
a'u bod nhw wedi digwydd iddo.)

[17]Roedd llawer iawn o'r bobl yn y dyrfa wedi gweld Iesu'n galw Lasarus allan o'r bedd a dod
ag e'n ôl yn fyw, ac roedden nhw wedi bod yn dweud wrth bawb arall beth ddigwyddodd.
[18]Dyna pam roedd cymaint o bobl wedi mynd allan i'w gyfarfod – roedden nhw wedi clywed
am yr arwydd gwyrthiol roedd wedi'i wneud. [19]Dyma'r Phariseaid yn dweud wrth ei gilydd,
"Does dim pwynt! Edrychwch! Mae fel petai'r byd i gyd yn mynd ar ei ôl e!"

Iesu'n dweud ei fod yn mynd i farw

[20]Roedd rhai pobl oedd ddim yn Iddewon wedi mynd i addoli yn Jerwsalem adeg Gŵyl
y Pasg. [21]Dyma nhw'n mynd at Philip (oedd yn dod o Bethsaida, Galilea), a gofyn iddo, "Syr,
dŷn ni eisiau gweld Iesu." [22]Aeth Philip i ddweud wrth Andreas, ac wedyn aeth y ddau ohonyn
nhw i ddweud wrth Iesu.

[23]Ymateb Iesu oedd dweud fel yma: "Mae'r amser wedi dod i mi, Mab y Dyn, gael fy
anrhydeddu. [24]Credwch chi fi, os nad ydy hedyn o wenith yn disgyn ar y ddaear a marw,
bydd yn aros fel y mae, yn ddim ond un hedyn bach. Ond os bydd yn marw, bydd yn troi yn
gnwd o hadau. [25]Bydd y sawl sy'n meddwl am neb ond fe ei hun yn colli ei fywyd, tra bydd
y sawl sy'n rhoi ei hun yn olaf yn y byd yma yn cael bywyd tragwyddol. [26]Os dych chi am fy
ngwasanaethu i rhaid i chi ddilyn yr un llwybr â mi. Byddwch chi'n cael eich hun yn yr un
sefyllfa a fi. Y rhai sy'n fy ngwasanaethu i fydd Duw, fy Nhad, yn eu hanrhydeddu.

[27]"Dw i wedi cynhyrfu ar hyn o bryd. Beth alla i ddweud? O Dad, achub fi rhag y profiad
ofnadwy sydd i ddod? Na! dyma pam dw i wedi dod. [28]Dad, dangos di mor wych wyt ti!"
A dyma lais o'r nefoedd yn dweud, "Dw i wedi gwneud hynny, a bydda i'n gwneud eto."
[29]Roedd rhai o'r bobl oedd yno yn meddwl mai sŵn taran oedd, ac eraill yn dweud, "Na,
angel oedd yn siarad ag e!"

[30]Ond meddai Iesu, "Er eich mwyn chi daeth y llais, dim er fy mwyn i. [31]Mae'r amser wedi
dod i'r byd gael ei farnu. Bydd Satan, tywysog y byd hwn, yn cael ei daflu allan. [32]A phan ga
i fy nghodi i fyny ar y groes, bydda i'n tynnu pobl o bobman ata i fy hun." [33](Dwedodd hyn
er mwyn dangos sut oedd yn mynd i farw.)

[34]"Mae'r ysgrifau sanctaidd yn dweud fod y Meseia yn mynd i aros am byth," meddai'r
dyrfa wrtho, "felly am beth wyt ti'n sôn pan wyt ti'n dweud fod rhaid i Fab y Dyn farw? Pwy
ydy'r 'Mab y Dyn' yma rwyt ti'n sôn amdano?"

[35]Yna dwedodd Iesu wrthyn nhw, "Bydd y golau gyda chi am ychydig mwy. Cerddwch yn
y golau tra mae gyda chi, rhag i'r tywyllwch gael y llaw uchaf arnoch chi. Dydy'r rhai sy'n
cerdded yn y tywyllwch ddim yn gwybod ble maen nhw'n mynd. [36]Credwch yn y golau tra
mae gyda chi, er mwyn i chi ddod yn bobl sy'n olau." Ar ôl iddo ddweud hyn, dyma Iesu'n
mynd i ffwrdd ac yn cadw o'u golwg nhw.

Y bobl yn dal ddim yn credu

[37]Er bod Iesu wedi gwneud cymaint o arwyddion gwyrthiol o'u blaenau nhw, roedden nhw'n
dal i wrthod credu ynddo. [38]Dyma'n union ddwedodd y proffwyd Eseia fyddai'n digwydd:

"Arglwydd, oes rhywun wedi credu ein neges?
Oes rhywun wedi gweld mor rymus ydy'r Arglwydd?"

12:15 Sechareia 9:9 12:34 gw. Salm 110:4; Eseia 9:7; Eseciel 37:25; Daniel 7:14 12:38 Eseia 53:1 (LXX)

39 Ac mae Eseia'n dweud mewn man arall pam oedd hi'n amhosib iddyn nhw gredu:

40 *"Mae'r Arglwydd wedi dallu eu llygaid*
a chaledu eu calonnau;
Fel arall, bydden nhw'n gweld a'u llygaid,
yn deall go iawn, ac yn troi,
a byddwn i'n eu hiacháu nhw."

41 (Dwedodd Eseia y pethau yma am ei fod wedi gweld ysblander dwyfol Iesu. Am Iesu roedd
e'n siarad.)

42 Ac eto roedd nifer o arweinwyr crefyddol, hyd yn oed, wedi dod i gredu ynddo. Ond
doedden nhw ddim yn barod i gyfaddef hynny'n agored am eu bod yn ofni'r Phariseaid,
a ddim am gael eu diarddel o'r synagog. 43 Roedd yn well ganddyn nhw gael eu canmol gan
bobl na chan Dduw.

44 Yna dyma Iesu'n cyhoeddi'n uchel, "Mae'r rhai sy'n credu ynof fi yn credu yn Nuw hefyd,
yn yr un sydd wedi fy anfon i. 45 Pan maen nhw yn fy ngweld i maen nhw'n gweld yr un sydd
wedi fy anfon i. 46 Dw i wedi dod fel golau i'r byd, fel bod dim rhaid i'r bobl sy'n credu ynof
fi aros yn y tywyllwch.

47 "Dim fi sy'n condemnio rhywun sydd wedi clywed beth dw i'n ddweud a gwrthod
ufuddhau. Dod i achub y byd wnes i, dim dod i gondemnio'r byd. 48 Ond bydd pawb sy'n fy
ngwrthod i ac yn gwrthod derbyn beth dw i'n ddweud yn cael eu barnu – bydd beth ddwedais
i yn eu condemnio nhw ar y dydd olaf. 49 Dw i ddim wedi siarad ar fy liwt fy hun. Y Tad sydd
wedi fy anfon i sydd wedi dweud wrtho i beth i'w ddweud, a sut i'w ddweud. 50 A dw i'n
gwybod fod beth mae e'n ei ddweud yn arwain i fywyd tragwyddol. Felly dw i'n dweud yn
union beth mae'r Tad yn ei ddweud wrtho i."

Iesu'n golchi traed ei ddisgyblion

13 Erbyn hyn roedd hi bron yn Ŵyl y Pasg. Roedd Iesu'n gwybod fod yr amser wedi dod
iddo adael y byd a mynd at y Tad. Roedd wedi caru y rhai oedd yn perthyn iddo, ac
yn awr dangosodd iddyn nhw mor fawr oedd ei gariad.

2 Roedden nhw wrthi'n bwyta swper. Roedd y diafol eisoes wedi rhoi'r syniad i Jwdas,
mab Simon Iscariot, i fradychu Iesu. 3 Gwyddai Iesu fod y Tad wedi rhoi popeth yn ei ddwylo
e. Roedd wedi dod oddi wrth Dduw, ac roedd yn mynd yn ôl at Dduw. 4 Cododd oddi wrth
y bwrdd, tynnu ei fantell allanol, a rhwymo tywel am ei ganol. 5 Yna tywalltodd ddŵr i fowlen
a dechrau golchi traed ei ddisgyblion, a'u sychu gyda'r tywel oedd am ei ganol.

6 Pan ddaeth tro Simon Pedr, dyma Simon yn dweud, "Arglwydd, ti'n golchi fy nhraed i?"

7 Atebodd Iesu, "Ti ddim yn deall beth dw i'n wneud ar hyn o bryd, ond byddi'n dod
i ddeall yn nes ymlaen."

8 Ond meddai Pedr, "Na, byth! chei di ddim golchi fy nhraed i!"

"Os ga i ddim dy olchi di," meddai Iesu, "ti ddim yn perthyn i mi."

9 "Os felly, Arglwydd," meddai Simon Pedr, "golcha fy nwylo a'm pen i hefyd, dim jest fy
nhraed i!"

10 Atebodd Iesu, "Does dim rhaid i rywun sydd wedi cael bath ymolchi eto, dim ond golchi
ei draed, am fod gweddill ei gorff yn lân. A dych chi'n lân – pawb ond un ohonoch chi."
11 (Roedd yn gwybod pwy oedd yn mynd i'w fradychu; a dyna pam y dwedodd e fod un
ohonyn nhw ddim yn lân.)

12 Ar ôl iddo orffen golchi eu traed nhw, gwisgodd ei fantell eto a mynd yn ôl i'w le. "Ydych
chi'n deall beth dw i wedi'i wneud i chi?" meddai. 13 "Dych chi'n fy ngalw i yn 'Athro' neu'n
'Arglwydd', ac mae hynny'n iawn, am mai dyna ydw i. 14 Felly, am fy mod i, eich Arglwydd a'ch
Athro wedi golchi'ch traed chi, dylech chi olchi traed eich gilydd. 15 Dw i wedi rhoi esiampl i chi
er mwyn i chi wneud yr un peth i'ch gilydd. 16 Credwch chi fi, dydy caethwas ddim uwchlaw ei

12:40 Eseia 6:10 (LXX)

feistr, a dydy negesydd ddim yn bwysicach na'r un wnaeth ei anfon e. 17 Dych chi'n gwybod
y pethau yma, ond eu gwneud sy'n dod â bendith.

Iesu'n dweud y byddai'n cael ei fradychu

(Mathew 26:20-25; Marc 14:17-21; Luc 22:21-23)

18 "Dw i ddim yn siarad amdanoch chi i gyd. Dw i'n nabod y rhai dw i wedi'u dewis yn
dda. Ond mae'n rhaid i beth mae'r ysgrifau sanctaidd yn ddweud ddod yn wir: *'Mae'r un
fu'n bwyta gyda mi wedi troi yn fy erbyn i.'* 19 Dw i'n dweud nawr, cyn i'r peth ddigwydd, ac
wedyn pan fydd yn digwydd byddwch yn credu mai fi ydy e. 20 Credwch chi fi, mae rhywun
sy'n croesawu negesydd sydd wedi'i anfon gen i, yn rhoi croeso i mi. Ac mae pwy bynnag
sy'n rhoi croeso i mi yn croesawu'r Tad sydd wedi fy anfon i."

21 Ar ôl dweud hyn, roedd Iesu'n amlwg wedi cynhyrfu drwyddo. A dwedodd yn gwbl glir,
"Credwch chi fi, mae un ohonoch chi'n mynd i'm bradychu i." 22 Syllodd y disgyblion ar ei gilydd,
heb syniad yn y byd am bwy roedd e'n sôn. 23 Roedd y disgybl oedd Iesu'n ei garu yn eistedd
agosaf ato. 24 Dyma Simon Pedr yn gwneud arwydd i hwnnw ofyn i Iesu pwy oedd yn ei olygu.

25 Felly pwysodd yn ôl at Iesu, a gofyn iddo, "Arglwydd, am bwy wyt ti'n sôn?"

26 Atebodd Iesu, "Yr un wna i roi darn o fara iddo wedi'i drochi'n y ddysgl saws." Yna
rhoddodd ddarn o fara yn y saws, a'i basio i Jwdas, mab Simon Iscariot. 27 Yr eiliad y cymerodd
Jwdas y bara, dyma Satan yn mynd i mewn iddo. "Dos ar unwaith," meddai Iesu wrtho, "Gwna
beth rwyt ti'n mynd i'w wneud." 28 Ond doedd neb arall wrth y bwrdd yn deall beth oedd
Iesu'n ei olygu. 29 Gan mai Jwdas oedd yn gofalu am y pwrs arian, roedd rhai yn tybio fod
Iesu'n dweud wrtho am fynd i brynu beth oedd ei angen ar gyfer dathlu'r Ŵyl, neu i fynd
i roi rhodd i bobl dlawd. 30 Aeth Jwdas allan yn syth ar ôl cymryd y bara. Roedd hi'n nos.

Iesu'n dweud y byddai Pedr yn ei wadu

(Mathew 26:31-35; Marc 14:27-31; Luc 22:31-34)

31 Ar ôl i Jwdas adael dwedodd Iesu,

"Mae'n amser i mi, Mab y Dyn, gael fy anrhydeddu,
ac i Dduw gael ei anrhydeddu drwy beth fydd yn digwydd i mi.
32 Os ydy Duw wedi'i anrhydeddu ynof fi,
bydd Duw yn fy anrhydeddu i ynddo'i hun,
ac yn gwneud hynny ar unwaith.

33 "Fy mhlant annwyl i, fydda i ddim ond gyda chi am ychydig mwy. Byddwch yn edrych amdana
i, ond yn union fel dwedais i wrth yr arweinwyr Iddewig, allwch chi ddim dod i ble dw i'n mynd.

34 "Dw i'n rhoi gorchymyn newydd i chi: Carwch eich gilydd. Rhaid i chi garu'ch gilydd yn
union fel dw i wedi'ch caru chi. 35 Dyma sut bydd pawb yn gwybod eich bod chi'n ddilynwyr
i mi, am eich bod chi'n caru'ch gilydd."

36 "Ble rwyt ti'n mynd, Arglwydd?" gofynnodd Simon Pedr iddo.

Atebodd Iesu, "Ar hyn o bryd allwch chi ddim dod i ble dw i'n mynd. Ond byddwch yn
dod yno yn nes ymlaen."

37 "Pam alla i ddim dod rwan?" meddai Pedr, "dw i'n fodlon marw drosot ti!"

38 Atebodd Iesu, "Wnei di wir farw drosof fi? Cred di fi, cyn i'r ceiliog ganu, byddi di wedi
gwadu dair gwaith dy fod di'n fy nabod i!"

Iesu, y ffordd at y Tad

14 "Peidiwch cynhyrfu," meddai Iesu wrth y disgyblion, "Credwch yn Nuw, a chredwch
ynof fi hefyd.[s] 2 Mae digon o le i fyw yn nhŷ fy Nhad; byddwn i wedi dweud wrthoch

s 14:1 *Credwch yn Nuw ... hefyd:* Neu, *Dych chi'n credu yn Nuw, felly credwch ynof fi hefyd.*

13:18 Salm 41:9 13:33 Ioan 7:34

chi os oedd hi fel arall. Dw i'n mynd yno i baratoi lle ar eich cyfer chi. [3]Wedyn dw i'n mynd
i ddod yn ôl, a bydda i'n mynd â chi yno gyda mi, a chewch aros yno gyda mi. [4]Dych chi'n
gwybod y ffordd i ble dw i'n mynd."
[5]"Ond Arglwydd," meddai Tomos, "dŷn ni ddim yn gwybod lle rwyt ti'n mynd, felly sut
allwn ni wybod y ffordd yno?"
[6]"Fi ydy'r ffordd," atebodd Iesu, "yr un gwir a'r bywyd. Does neb yn gallu dod i berthynas
gyda Duw y Tad ond trwof fi. [7]Os dych chi wedi dod i fy nabod i, byddwch yn nabod fy Nhad
hefyd. Yn wir, dych chi yn ei nabod e bellach, ac wedi'i weld."
[8]"Arglwydd," meddai Philip, "dangos y Tad i ni, a fydd angen dim mwy arnon ni!"
[9]Atebodd Iesu: "Dw i wedi bod gyda chi i gyd ers cymaint o amser! Wyt ti'n dal ddim yn
fy nabod i, Philip? Mae pwy bynnag sydd wedi fy ngweld i wedi gweld y Tad. Felly sut alli di
ddweud, 'Dangos y Tad i ni'? [10]Wyt ti ddim yn credu fy mod i yn y Tad, a bod y Tad ynof fi?
Dw i ddim yn dweud pethau ar fy liwt fy hun. Y Tad, sy'n byw ynof fi, sydd ar waith. [11]Credwch
beth dw i'n ddweud – dw i yn y Tad ac mae'r Tad ynof fi. Os ydy fy ngeiriau i ddim yn ddigon,
dylech chi o leia gredu o achos y pethau dw i'n eu gwneud. [12]Credwch chi fi, bydd pwy bynnag
sy'n credu ynof fi yn gwneud yr un pethau ag ydw i wedi bod yn eu gwneud. Yn wir, byddan
nhw'n gwneud llawer iawn mwy, am fy mod i yn mynd at y Tad. [13]Bydda i'n gwneud beth
bynnag ofynnwch chi am awdurdod i'w wneud, fel bod y Mab yn anrhydeddu'r Tad. [14]Cewch
ofyn i mi am awdurdod i wneud unrhyw beth, ac fe'i gwnaf.

Iesu'n addo'r Ysbryd Glân

[15]"Os dych chi'n fy ngharu i, byddwch yn gwneud beth dw i'n ddweud. [16]Bydda i'n gofyn
i'r Tad, a bydd e'n rhoi un arall fydd yn sefyll gyda[t] chi ac yn aros gyda chi am byth – [17]sef yr
Ysbryd sy'n dangos y gwir i chi. Dydy'r byd ddim yn gallu ei dderbyn am fod y byd ddim yn ei
weld nac yn ei nabod. Ond dych chi yn ei nabod am ei fod yn sefyll gyda chi ac am ei fod yn
mynd i fod ynoch chi. [18]Wna i ddim eich gadael chi ar eich pennau eich hunain – dw i'n mynd
i ddod yn ôl atoch chi. [19]Cyn hir, fydd y byd ddim yn fy ngweld i eto, ond byddwch chi'n fy
ngweld i. Am fy mod i'n mynd i fyw eto, bydd gynnoch chithau fywyd. [20]Byddwch yn sylweddoli
y diwrnod hwnnw fy mod i yn y Tad. A byddwch chi ynof fi a minnau ynoch chi. [21]Y rhai sy'n
derbyn beth dw i'n ddweud ac yn gwneud hynny ydy'r rhai sy'n fy ngharu i. Bydd y Tad yn
caru y rhai sy'n fy ngharu i, a bydda i yn eu caru nhw hefyd, ac yn egluro fy hun iddyn nhw."
[22]"Ond, Arglwydd," meddai Jwdas (dim Jwdas Iscariot), "Sut dy fod di am ddangos dy hun
i ni ond ddim i'r byd?"
[23]Atebodd Iesu, "Bydd y rhai sy'n fy ngharu i yn gwneud beth dw i'n ddweud wrthyn nhw.
Bydd fy Nhad yn eu caru nhw, a byddwn ni'n dod atyn nhw i fyw gyda nhw. [24]Fydd pwy
bynnag sydd ddim yn fy ngharu ddim yn gwneud beth dw i'n ddweud. A dim fy neges i fy
hun dw i'n ei rhannu, ond neges gan y Tad sydd wedi fy anfon i.
[25]"Dw i wedi dweud y pethau yma tra dw i'n dal gyda chi. [26]Ond mae un fydd yn sefyll
gyda chi, sef yr Ysbryd Glân mae'r Tad yn mynd i'w anfon ar fy rhan. Bydd e'n dysgu popeth
i chi ac yn eich atgoffa o bopeth dw i wedi'i ddweud. [27]Heddwch – dyna dw i'n ei roi yn
rhodd i chi; yr heddwch go iawn sydd gen i, a neb arall, i'w roi. Dw i ddim yn rhoi heddwch
yn yr un ffordd a'r byd. Peidiwch cynhyrfu, a pheidiwch bod yn llwfr.
[28]"Dych chi wedi nghlywed i'n dweud, 'Dw i'n mynd i ffwrdd, a dw i'n mynd i ddod yn ôl
atoch chi.' Petaech chi wir yn fy ngharu i, byddech yn falch fy mod i'n mynd at y Tad, achos
mae'r Tad yn fwy na fi. [29]Dw i wedi dweud nawr, cyn i'r peth ddigwydd, er mwyn i chi gredu
pan fydd yn digwydd. [30]Does gen i ddim llawer mwy o amser i siarad â chi, am fod Satan,
tywysog y byd hwn, ar ei ffordd. Ond does ganddo ddim awdurdod drosof fi. [31]Rhaid i'r byd
weld fy mod i'n caru'r Tad ac yn gwneud yn union beth mae'r Tad yn ei ddweud.
"Dewch, gadewch i ni fynd."

---

t 14:16 *sefyll gyda:* Mae'r gair Groeg yn gallu golygu 'cysuro', 'annog', neu 'amddiffyn'.

Y winwydden a'r canghennau

15 "Fi ydy'r winwydden go iawn, a Duw, fy Nhad i, ydy'r garddwr. 2Mae'n llifio i ffwrdd
unrhyw gangen sydd heb ffrwyth yn tyfu arni. Ond os oes ffrwyth yn tyfu ar gangen,
mae'n trin ac yn tocio'r gangen honno'n ofalus er mwyn i fwy o ffrwyth dyfu arni. 3Dych chi
wedi cael eich trin gan yr hyn dw i wedi'i ddweud wrthoch chi. 4Arhoswch ynof fi, ac arhosa
i ynoch chi. Fydd ffrwyth ddim yn tyfu ar gangen oni bai ei bod hi'n dal ar y winwydden. All
eich bywydau chi ddim bod yn ffrwythlon oni bai eich bod chi wedi'ch cysylltu â mi.
5"Fi ydy'r winwydden; chi ydy'r canghennau. Os gwnewch chi aros ynof fi, a minnau ynoch
chi, bydd digonedd o ffrwyth yn eich bywydau. Ond allwch chi wneud dim ar wahân i mi.
6Os gwnewch chi ddim aros ynof fi, byddwch fel y gangen sy'n cael ei thaflu i ffwrdd ac sy'n
gwywo. Mae'r canghennau hynny'n cael eu casglu a'u taflu i'r tân i'w llosgi. 7Os arhoswch
ynof fi, a dal gafael yn beth ddwedais i, gofynnwch i Dduw am unrhyw beth, a byddwch yn
ei gael. 8Bydd eich bywydau yn llawn ffrwyth. Bydd hi'n amlwg eich bod yn ddisgyblion i mi,
a bydd fy Nhad yn cael ei anrhydeddu.
9"Dw i wedi'ch caru chi yn union fel mae'r Tad wedi fy ngharu i. Arhoswch yn fy nghariad
i. 10Byddwch yn aros yn fy nghariad i drwy wneud beth dw i'n ddweud, fel dw i wedi bod yn
ufudd i'm Tad ac wedi aros yn ei gariad e. 11Dw i wedi dweud y pethau yma er mwyn i chi
rannu fy llawenydd i. Byddwch chi'n wirioneddol hapus! 12Dyma dw i'n ei orchymyn: Carwch
eich gilydd fel dw i wedi'ch caru chi. 13Y cariad mwya all unrhyw un ei ddangos ydy bod yn
fodlon marw dros ei ffrindiau. 14Dych chi'n amlwg yn ffrindiau i mi os gwnewch chi beth
dw i'n ddweud. 15Dw i ddim yn eich galw chi'n weision bellach. Dydy meistr ddim yn trafod
ei fwriadau gyda'r gweision. Na, ffrindiau i mi ydych chi, achos dw i wedi rhannu gyda chi
bopeth mae'r Tad wedi'i ddweud. 16Dim chi ddewisodd fi; fi ddewisodd chi, i chi fynd allan
a byw bywydau ffrwythlon – hynny ydy, yn llawn o'r ffrwyth sy'n aros. Ac i chi gael beth
bynnag ofynnwch chi i'r Tad amdano gyda fy awdurdod i.

Y byd yn casáu'r disgyblion

17"Dyma dw i'n ei orchymyn: Carwch eich gilydd. 18Os ydy'r byd yn eich casáu chi, cofiwch
bob amser ei fod wedi fy nghasáu i gyntaf. 19Tasech chi'n perthyn i'r byd, byddai'r byd yn
eich caru chi. Ond dych chi ddim yn perthyn i'r byd, achos dw i wedi'ch dewis chi allan o'r
byd, felly mae'r byd yn eich casáu chi. 20Cofiwch beth ddwedais i wrthoch chi: 'Dydy caethwas
ddim uwchlaw ei feistr.' Os ydyn nhw wedi fy erlid i, byddan nhw'n eich erlid chithau hefyd.
Os ydyn nhw wedi gwneud beth dw i'n ddweud wrthyn nhw, byddan nhw'n gwneud beth
dych chi'n ei ddweud. 21Byddan nhw'n eich trin chi felly am eich bod chi'n gweithio i mi.
Y gwir ydy, dŷn nhw ddim yn nabod Duw, yr Un sydd wedi fy anfon i. 22Petawn i heb ddod
a siarad â nhw, fydden nhw ddim yn euog o bechod. Ond bellach, does ganddyn nhw ddim
esgus am eu pechod. 23Mae pob un sy'n fy nghasáu i yn casáu Duw y Tad hefyd. 24Petaen
nhw heb fy ngweld i'n gwneud pethau wnaeth neb arall erioed, fydden nhw ddim yn euog
o bechod. Ond maen nhw wedi gweld, ac maen nhw wedi fy nghasáu i a'r Tad. 25Ond dyna
oedd i fod – dyna'n union sydd wedi'i ysgrifennu yn yr ysgrifau sanctaidd: '*Maen nhw wedi
fy nghasáu i am ddim rheswm.*'
26"Mae'r un fydd yn sefyll gyda chi yn dod. Bydda i'n ei anfon atoch chi. Mae'n dod oddi
wrth y Tad – yr Ysbryd sy'n dangos i chi beth sy'n wir. Bydd e'n dweud wrth bawb amdana i.
27A byddwch chi'n dweud amdana i hefyd, am eich bod wedi bod gyda mi o'r dechrau.
16 "Dw i wedi dweud hyn i gyd wrthoch chi er mwyn i chi beidio troi cefn arna i.
2Byddwch chi'n cael eich diarddel o'r synagog. Ac mae'r amser yn dod pan bydd
pobl yn meddwl eu bod nhw'n gwneud ffafr i Dduw os gwnân nhw'ch lladd chi. 3Byddan
nhw'n eich trin chi felly am eu bod nhw ddim wedi nabod y Tad na fi. 4Ond dw i wedi dweud
hyn i gyd wrthoch chi, felly pan ddaw'r amser hwnnw byddwch chi'n cofio fy mod i wedi'ch

---

15:20 Ioan 13:16 15:25 Salm 35:19; 69:4

rhybuddio chi. Dw i ddim wedi dweud hyn wrthoch chi o'r dechrau am fy mod i wedi bod
gyda chi.

Gwaith yr Ysbryd Glân

5"Bellach dw i'n mynd yn ôl at Dduw, yr un anfonodd fi, a does neb ohonoch chi'n gofyn,
'Ble rwyt ti'n mynd?' 6Ond am fy mod wedi dweud hyn, dych chi'n drist i gyd. 7Ond credwch
chi fi: Mae o fantais i chi mod i'n mynd i ffwrdd. Os gwna i ddim mynd, fydd yr un sy'n sefyll
gyda[th] chi ddim yn dod; ond pan af fi, bydda i'n ei anfon atoch chi. 8Pan ddaw, bydd yn dangos
fod syniadau'r byd o bechod, cyfiawnder a barn yn anghywir: 9o bechod am eu bod nhw ddim
yn credu ynof fi; 10o gyfiawnder am fy mod i'n mynd at y Tad, a fyddwch chi ddim yn fy ngweld
i o hyn ymlaen; 11ac o farn am fod Duw eisoes wedi condemnio Satan, tywysog y byd hwn.
12"Mae gen i lawer mwy i'w ddweud wrthoch chi, ond mae'n ormod i chi ei gymryd ar hyn
o bryd. 13Ond pan ddaw e, sef yr Ysbryd sy'n dangos y gwir i chi, bydd yn eich arwain chi i weld
y gwir i gyd. Fydd e ddim yn siarad ar ei liwt ei hun – bydd ond yn dweud beth mae'n ei glywed,
a bydd yn dweud wrthoch chi beth fydd yn digwydd. 14Bydd yn fy anrhydeddu i drwy gymryd
beth dw i'n ddweud a'i rannu gyda chi. 15Mae popeth sydd gan y Tad yn eiddo i mi hefyd,
a dyna pam dw i'n dweud y bydd yr Ysbryd yn cymryd beth dw i'n ddweud a'i rannu gyda chi.

Bydd tristwch y disgyblion yn troi'n llawenydd

16"Yn fuan iawn bydda i wedi mynd, a fyddwch chi ddim yn fy ngweld i ddim mwy. Yna'n
fuan iawn wedyn byddwch yn fy ngweld i eto."
17Dyma'i ddisgyblion yn gofyn i'w gilydd, "Beth mae'n ei olygu wrth ddweud, 'Yn fuan
iawn bydda i wedi mynd, a fyddwch chi ddim yn fy ngweld i ddim mwy. Yna'n fuan iawn
wedyn byddwch yn fy ngweld i eto'? A beth mae 'Am fy mod i'n mynd at y Tad' yn ei olygu?
18Beth ydy ystyr 'Yn fuan iawn'? Dŷn ni ddim yn deall."
19Roedd Iesu'n gwybod eu bod nhw eisiau gofyn iddo am hyn, felly meddai wrthyn nhw,
"Ydych chi'n trafod beth dw i'n ei olygu wrth ddweud, 'Yn fuan iawn bydda i wedi mynd,
a fyddwch chi ddim yn fy ngweld i ddim mwy. Yna'n fuan iawn wedyn byddwch yn fy ngweld
i eto.'? 20Credwch chi fi, Byddwch chi'n galaru ac yn crio tra bydd y byd yn dathlu. Byddwch
yn drist go iawn, ond bydd y tristwch yn troi'n llawenydd. 21Mae gwraig mewn poen pan
mae'n cael babi, ond mae hi mor llawen pan mae ei babi wedi cael ei eni – mae hi'n
anghofio'r poen! 22Yr un fath gyda chi: Dych chi'n teimlo'n drist ar hyn o bryd. Ond bydda
i'n eich gweld chi eto a byddwch yn dathlu, a fydd neb yn gallu dwyn eich llawenydd oddi
arnoch chi. 23Fydd dim cwestiynau gynnoch chi i'w gofyn y diwrnod hwnnw. Credwch chi fi,
bydd fy Nhad yn rhoi i chi beth bynnag ofynnwch i mi am awdurdod i'w wneud. 24Dych chi
ddim wedi gofyn am awdurdod i wneud dim hyd yn hyn. Gofynnwch a byddwch yn derbyn.
Byddwch chi'n wirioneddol hapus!
25"Dw i wedi bod yn defnyddio darluniau wrth siarad â chi hyd yn hyn, ond mae'r amser yn
dod pan fydd dim angen gwneud hynny. Bydda i'n gallu siarad yn blaen gyda chi am fy Nhad.
26Y diwrnod hwnnw byddwch yn gofyn i Dduw am fy awdurdod i. Dim fi fydd yn gofyn i'r Tad
ar eich rhan chi. 27Na, mae'r Tad ei hun yn eich caru chi am eich bod chi wedi fy ngharu i, ac
am eich bod chi wedi credu fy mod wedi dod oddi wrth y Tad. 28Dw i wedi dod i'r byd oddi
wrth y Tad, a dw i ar fin gadael y byd a mynd yn ôl at y Tad."
29"Nawr rwyt ti'n siarad yn blaen!" meddai'r disgyblion. "Dim darluniau i'w dehongli. 30Dŷn
ni'n gweld bellach dy fod di'n gwybod pob peth. Does dim rhaid i ti ofyn beth sydd ar feddwl
rhywun hyd yn oed. Mae hynny'n ddigon i wneud i ni gredu dy fod di wedi dod oddi wrth Dduw."
31"Dych chi'n credu ydych chi?" meddai Iesu. 32"Mae'r amser yn dod, yn wir mae yma,
pan fyddwch chi'n mynd ar chwâl. Bydd pob un ohonoch chi'n mynd adre, a byddwch yn fy
ngadael i ar fy mhen fy hun. Ond dw i ddim wir ar fy mhen fy hun, am fod fy Nhad gyda fi.

---

th 16:7 *sefyll gyda:* gw. nodyn ar 14:16.

33“Dw i wedi dweud y pethau hyn wrthoch chi, er mwyn i chi gael profi'r heddwch go iawn
sydd ynof fi. Dim ond trafferthion gewch chi yn y byd hwn. Ond codwch eich calonnau, dw
i wedi concro'r byd.”

Iesu'n gweddïo drosto'i hun

17 Ar ôl dweud hyn, edrychodd Iesu i fyny i'r nefoedd a dechrau gweddïo: “Dad, mae'r
amser iawn wedi dod. Anrhydedda dy Fab, er mwyn i mi, y Mab hwnnw, ddangos
dy ysblander di. 2Rwyt wedi rhoi awdurdod i mi dros y ddynoliaeth gyfan, i mi roi bywyd
tragwyddol i'r rhai roist ti i berthyn i mi. 3Dyma beth ydy bywyd tragwyddol: iddyn nhw dy
nabod di, yr unig Dduw sy'n bodoli go iawn, a Iesu y Meseia wyt ti wedi'i anfon. 4Dw i wedi
dy anrhydeddu di ar y ddaear drwy orffen y gwaith roist ti i mi. 5Yn awr, Dad, rho i mi eto yr
anrhydedd a'r ysblander oedd gen i pan oeddwn gyda ti hyd yn oed cyn i'r byd ddechrau.

Iesu'n gweddïo dros ei ddisgyblion

6“Dw i wedi dangos sut un wyt ti i'r rhai roist ti i mi allan o'r byd. Dy bobl di oedden nhw,
a dyma ti'n eu rhoi nhw i mi, ac maen nhw wedi derbyn dy neges di. 7Bellach maen nhw'n
gwybod mai oddi wrthot ti mae popeth wyt wedi'i roi i mi wedi dod. 8Dw i wedi dweud wrthyn
nhw beth ddwedaist ti wrtho i, ac maen nhw wedi derbyn y cwbl. Maen nhw'n gwybod go
iawn fy mod wedi dod oddi wrthot ti, ac yn credu mai ti sydd wedi fy anfon i.
9“Dw i'n gweddïo drostyn nhw. Dw i ddim yn gweddïo dros y byd, ond dros y rhai rwyt ti
wedi'u rhoi i berthyn i mi. Dw i'n gweddïo drostyn nhw am mai dy bobl di ydyn nhw. 10Dy
bobl di ydy pawb sydd gen i, a'm pobl i ydy dy bobl di, a dw i'n cael fy anrhydeddu drwyddyn
nhw. 11Dw i ddim yn aros yn y byd ddim mwy, ond maen nhw'n dal yn y byd. Dw i'n dod
atat ti. Dad Sanctaidd, cadw'r rhai wyt ti wedi'u rhoi i mi yn saff ac yn ffyddlon i ti dy hun,
er mwyn iddyn nhw ddod yn un fel dŷn ni'n un. 12Tra dw i wedi bod gyda nhw, dw i wedi'u
cadw nhw'n saff ac yn ffyddlon i ti. A chafodd dim un ohonyn nhw ei golli ar wahân i'r un
oedd ar ei ffordd i ddinistr, er mwyn i'r ysgrifau sanctaidd ddod yn wir.
13“Dw i'n dod atat ti nawr, ond dw i'n dweud y pethau yma tra dw i'n dal yn y byd er
mwyn iddyn nhw gael bod yn wirioneddol hapus fel fi. 14Dw i wedi rhoi dy neges di iddyn
nhw ac mae'r byd wedi'u casáu nhw, am eu bod nhw ddim yn perthyn i'r byd fwy na dw i'n
perthyn i'r byd. 15Dw i ddim yn gweddïo ar i ti eu cymryd nhw allan o'r byd, ond ar i ti eu
hamddiffyn nhw rhag yr un drwg. 16Dŷn nhw ddim yn perthyn i'r byd fwy na dw i'n perthyn
i'r byd. 17Cysegra nhw i ti dy hun drwy'r gwirionedd; dy neges di ydy'r gwir. 18Dw i yn eu
hanfon nhw allan i'r byd yn union fel wnest ti fy anfon i. 19Dw i'n cysegru fy hun er eu mwyn
nhw, er mwyn iddyn nhw fod wedi'u cysegru drwy'r gwirionedd.

Iesu'n gweddïo dros bawb fydd yn credu

20“Nid dim ond drostyn nhw dw i'n gweddïo. Dw i'n gweddïo hefyd dros bawb fydd yn
credu ynof fi drwy eu neges nhw; 21dw i'n gweddïo y byddan nhw i gyd yn un, Dad, yn union
fel rwyt ti a fi yn un. Dw i am iddyn nhw hefyd fod wedi'u huno â ni er mwyn i'r byd gredu
mai ti sydd wedi fy anfon i. 22Dw i wedi rhoi iddyn nhw yr ysblander roist ti i mi, er mwyn
iddyn nhw fod yn un fel dŷn ni yn un: 23Fi ynddyn nhw a ti ynof fi. Dw i am iddyn nhw gael
eu dwyn i undod llawn, i'r byd gael gwybod mai ti sydd wedi fy anfon i, a dy fod ti wedi'u
caru nhw yn union fel rwyt wedi fy ngharu i.
24“Dad, dw i am i'r rhai rwyt ti wedi'u rhoi i mi fod gyda mi ble rydw i, iddyn nhw weld fy
ysblander i – yr ysblander roist ti i mi am dy fod di wedi fy ngharu i ers cyn i'r byd gael ei greu.
25“Dad Cyfiawn, dydy'r byd ddim yn dy nabod di, ond dw i yn dy nabod, ac mae'r rhain
wedi dod i wybod mai ti sydd wedi fy anfon i. 26Dw i wedi dangos pwy wyt ti iddyn nhw,

---

17:12 gw. Salm 41:9; Ioan 13:18

a bydda i'n dal ati i wneud hynny, er mwyn iddyn nhw garu eraill fel rwyt ti wedi fy ngharu
i, ac i mi fy hun fod ynddyn nhw."

Arestio Iesu

(Mathew 26:47-56; Marc 14:43-50; Luc 22:47-53)

18 Ar ôl gorffen gweddïo, dyma Iesu'n croesi Dyffryn Cidron gyda'i ddisgyblion. Dyma
nhw'n dod at ardd olewydd oedd yno ac yn mynd i mewn iddi.
2 Roedd Jwdas, y bradwr, yn gwybod am y lle, am fod Iesu a'i ddisgyblion wedi cyfarfod yno
lawer gwaith. 3 Felly aeth Jwdas i'r ardd, gyda mintai o filwyr a swyddogion diogelwch wedi'u
hanfon gan y prif offeiriaid a'r Phariseaid. Roedden nhw'n cario ffaglau a lanternau ac arfau.
4 Roedd Iesu'n gwybod yn union beth oedd yn mynd i ddigwydd iddo, felly aeth atyn nhw
a gofyn, "Am bwy dych chi'n edrych?"
5 "Iesu o Nasareth," medden nhw. "Fi ydy e," meddai Iesu. (A dyna lle roedd Jwdas, y bradwr,
yn sefyll yno gyda nhw!) 6 Pan ddwedodd Iesu, "Fi ydy e," dyma nhw'n symud at yn ôl ac yn
syrthio ar lawr. 7 Gofynnodd iddyn nhw eto, "Pwy dych chi eisiau?"
A dyma nhw'n dweud, "Iesu o Nasareth."
8 "Dw i wedi dweud wrthoch chi mai fi ydy e," meddai Iesu. "Felly os mai fi ydy'r un dych
chi'n edrych amdano, gadewch i'r dynion yma fynd yn rhydd." 9 (Er mwyn i beth ddwedodd
e'n gynharach ddod yn wir: "Dw i ddim wedi colli neb o'r rhai roist ti i mi.")
10 Yna dyma Simon Pedr yn tynnu cleddyf allan ac yn taro gwas yr archoffeiriad, a thorri ei
glust dde i ffwrdd. (Malchus oedd enw'r gwas.)
11 "Cadw dy gleddyf!" meddai Iesu wrtho, "Wyt ti'n meddwl mod i ddim yn barod i ddioddef,
ac yfed o'r cwpan[u] chwerw mae'r Tad wedi'i roi i mi?"

Mynd â Iesu at Annas

(Mathew 26:57,58; Marc 14:53,54; Luc 22:54)

12 Dyma'r fintai o filwyr a'i chapten a swyddogion yr arweinwyr Iddewig yn arestio Iesu
a'i rwymo. 13 Aethon nhw ag e at Annas gyntaf, sef tad-yng-nghyfraith Caiaffas oedd yn
archoffeiriad y flwyddyn honno. 14 (Caiaffas oedd yr un oedd wedi awgrymu i'r arweinwyr
Iddewig y byddai'n well i un person farw dros y bobl.)

Pedr yn gwadu y tro cyntaf

(Mathew 26:69,70; Marc 14:66-68; Luc 22:55-57)

15 Dyma Simon Pedr ac un arall o'r disgyblion yn mynd ar ôl Iesu. Roedd yr archoffeiriad yn
nabod y disgybl arall hwnnw yn dda, felly cafodd fynd i mewn gyda Iesu i iard tŷ'r archoffeiriad.
16 Ond roedd rhaid i Pedr aros wrth y drws y tu allan. Yna dyma'r disgybl oedd yr archoffeiriad
yn ei nabod, yn mynd yn ôl ac yn perswadio'r ferch oedd yn cadw'r drws i adael Pedr i mewn.
17 Ond meddai hi wrth Pedr, "Onid wyt ti'n un o ddisgyblion y dyn yna?" Ond dyma Pedr yn
ateb, "Nac ydw."
18 Roedd hi'n oer, ac roedd y gweithwyr a'r swyddogion diogelwch yn sefyll o gwmpas tân
golosg roedden nhw wedi'i gynnau i gadw'n gynnes. Felly dyma Pedr hefyd yn mynd i sefyll
gyda nhw i gadw'n gynnes.

Yr archoffeiriad yn holi Iesu

(Mathew 26:59-66; Marc 14:55-64; Luc 22:66-71)

19 Yn y cyfamser, roedd Iesu'n cael ei groesholi gan yr archoffeiriad am beth roedd yn ei
ddysgu, ac am ei ddisgyblion.

---

u 18:11 *yfed o'r cwpan:* Symbol o ddioddef.
18:14 Ioan 11:49,50

20“Dw i wedi bod yn siarad yn gwbl agored,” meddai Iesu. “Rôn i bob amser yn dysgu yn
y synagogau neu yn y deml, lle roedd y bobl yn cwrdd. Doedd gen i ddim cyfrinachau, 21felly pam
wyt ti'n fy holi i? Hola'r bobl oedd yn gwrando arna i. Maen nhw'n gwybod beth ddwedais i.”
22Pan atebodd Iesu felly dyma un o'r swyddogion oedd yno yn ei daro ar draws ei wyneb.
“Ai dyna sut wyt ti'n ateb yr archoffeiriad!” meddai.
23“Os dwedais i rywbeth o'i le,” meddai Iesu, “dywed wrth bawb beth. Ond os oedd beth
ddwedais i yn iawn, pam wnest ti fy nharo i?” 24Yna, yn dal wedi'i rwymo, anfonodd Annas
e at Caiaffas yr archoffeiriad.

Pedr yn gwadu yr ail a'r drydedd waith

(Mathew 26:71-75; Marc 14:69-72; Luc 22:58-62)

25Tra oedd Simon Pedr yn sefyll wrth y tân yn cadw'n gynnes, gofynnwyd iddo eto, “Wyt
ti ddim yn un o'i ddisgyblion e?”
Ond gwadu wnaeth Pedr, “Nac ydw,” meddai.
26Wedyn dyma un o weithwyr yr archoffeiriad yn ei herio (perthynas i'r dyn oedd Pedr wedi
torri ei glust i ffwrdd), “Wnes i ddim dy weld di gydag e yn yr ardd?” 27Ond gwadu wnaeth
Pedr eto, a'r foment honno dyma'r ceiliog yn canu.

Iesu o flaen Peilat

(Mathew 27:1,2,11-31; Marc 15:1-20; Luc 23:1-5,13-25)

28Aeth yr arweinwyr Iddewig â Iesu oddi wrth Caiaffas i'r pencadlys Rhufeinig. Erbyn hyn
roedd hi'n dechrau gwawrio. Aethon nhw ddim i mewn i'r pencadlys, am eu bod nhw eisiau
osgoi torri'r rheolau ynglŷn â glendid seremonïol; roedden nhw eisiau gallu bwyta swper y Pasg.
29Felly daeth Peilat allan atyn nhw a gofyn, “Beth ydy'r cyhuddiadau yn erbyn y dyn yma?”
30“Fydden ni ddim wedi'i drosglwyddo i ti oni bai ei fod wedi troseddu,” medden nhw.
31“Felly cymerwch chi e,” meddai Peilat. “Defnyddiwch eich cyfraith eich hunain i'w farnu.”
“Ond does gynnon ni mo'r awdurdod i'w ddedfrydu i farwolaeth,” medden nhw.
32(Digwyddodd hyn fel bod yr hyn ddwedodd Iesu am y ffordd roedd yn mynd i farw yn
dod yn wir.)
33Aeth Peilat yn ôl i mewn i'r palas, a galwodd Iesu i ymddangos o'i flaen a dweud wrtho,
“Felly, ti ydy Brenin yr Iddewon, ie?”
34“Wyt ti'n gofyn ohonot ti dy hun,” meddai Iesu, “neu ai eraill sydd wedi dweud hyn
amdana i?”
35“Dw i ddim yn Iddew!” atebodd Peilat. “Dy bobl di a'u prif offeiriaid sydd wedi dy
drosglwyddo di i mi. Beth yn union wyt ti wedi'i wneud?”
36Atebodd Iesu, “Dydy nheyrnas i ddim yn dod o'r byd yma. Petai hi, byddai fy ngweision
wedi ymladd yn galed i'm cadw i rhag cael fy arestio gan yr awdurdodau Iddewig. Mae fy
nheyrnas i yn dod o rywle arall.”
37“Felly rwyt ti yn frenin!” meddai Peilat.
Atebodd Iesu, “Ti sy'n defnyddio'r gair ‘brenin’. Y rheswm pam ges i fy ngeni, a pham dw i wedi
dod i'r byd ydy i dystio i beth sy'n wir go iawn. Mae pawb sydd ar ochr y gwir yn gwrando arna i.”
38“Beth ydy gwirionedd?” meddai Peilat.

Dedfrydu Iesu i Farwolaeth

(Mathew 27:15-31; Marc 15:6-20; Luc 23:13-25)

Yna aeth allan at yr arweinwyr Iddewig eto a dweud, “Dw i ddim yn ei gael yn euog
o unrhyw drosedd. 39Mae'n arferiad i mi ryddhau un carcharor i chi adeg y Pasg. Ydych chi
eisiau i mi ryddhau hwn, ‘Brenin yr Iddewon’?”
40“Na!” medden nhw, gan weiddi eto, “Dim hwn. Barabbas dŷn ni eisiau!” (Terfysgwr
oedd Barabbas.)

19 Felly dyma Peilat yn gorchymyn i Iesu gael ei chwipio. 2Dyma'r milwyr yn plethu drain
i wneud coron i'w rhoi am ei ben, a gwisgo clogyn porffor amdano. 3Yna roedden
nhw'n mynd ato drosodd a throsodd, a'i gyfarch gyda'r geiriau, "Eich mawrhydi, Brenin yr
Iddewon!", ac wedyn ei daro ar ei wyneb.
4Yna aeth Peilat allan eto a dweud wrth y dyrfa, "Dw i'n dod ag e allan eto, i chi wybod
mod i ddim yn ei gael e'n euog o unrhyw drosedd." 5Daeth Iesu allan yn gwisgo'r goron ddrain
a'r clogyn porffor, ac meddai Peilat wrthyn nhw, "Edrychwch, dyma'r dyn!"
6Y foment y gwelodd y prif offeiriaid a'u swyddogion e, dyma nhw'n dechrau gweiddi,
"Croeshoelia fe! Croeshoelia fe!"
Ond meddai Peilat, "Cymerwch chi e a'i groeshoelio eich hunain! Lle dw i'n y cwestiwn,
mae e'n ddieuog."
7"Mae gynnon ni Gyfraith," meddai'r arweinwyr Iddewig, "ac yn ôl y Gyfraith honno mae'n
rhaid iddo farw, am ei fod wedi galw'i hun yn Fab Duw."
8Pan glywodd Peilat hynny, roedd yn ofni fwy fyth. 9Aeth yn ôl i mewn i'r palas a gofyn
i Iesu, "O ble wyt ti wedi dod?" Ond roddodd Iesu ddim ateb iddo. 10"Wyt ti'n gwrthod siarad
â fi?" meddai Peilat. "Wyt ti ddim yn sylweddoli mai fi sydd â'r awdurdod i dy ryddhau di
neu dy groeshoelio di?"
11Atebodd Iesu, "Fyddai gen ti ddim awdurdod o gwbl drosto i oni bai ei fod wedi'i roi i ti gan
Dduw, sydd uwchlaw pawb. Felly mae'r un drosglwyddodd fi i ti'n euog o bechod llawer gwaeth."
12O hynny ymlaen gwnaeth Peilat ei orau i ollwng Iesu yn rhydd. Ond dyma'r arweinwyr
Iddewig yn gweiddi eto, "Os gollyngi di'r dyn yna'n rhydd, ti ddim yn gyfaill i Cesar! Mae
unrhyw un sy'n hawlio ei fod yn frenin yn gwrthryfela yn erbyn yr ymerawdwr Cesar!"
13Pan glywodd Peilat hyn, daeth â Iesu allan eto, ac eisteddodd yn sedd y barnwr yn y lle
oedd yn cael ei alw 'Y Palmant' ('Gabbatha' yn Hebraeg). 14Roedd hi'r diwrnod paratoi ar
gyfer wythnos y Pasg, tua canol dydd.
"Dyma fe, eich brenin chi," meddai Peilat wrth y dyrfa.
15Ond dyma nhw'n gweiddi, "I ffwrdd ag e! I ffwrdd ag e! Croeshoelia fe!"
"Dych chi am i mi groeshoelio eich brenin chi?" meddai Peilat.
"Cesar ydy'n hunig frenin ni!" oedd ateb y prif offeiriaid.
16Yn y diwedd dyma Peilat yn gadael iddyn nhw gael eu ffordd, ac yn rhoi Iesu i'w
groeshoelio.

Y Croeshoelio

(Mathew 27:32-44; Marc 15:21-32; Luc 23:26-43)

Felly aeth y milwyr ag Iesu i ffwrdd. 17Aeth allan, yn cario'i groes, i'r lle sy'n cael ei alw
Lle y Benglog ('Golgotha' yn Hebraeg). 18Yno, dyma nhw'n hoelio Iesu ar groes, a dau arall
hefyd – un bob ochr iddo, a Iesu yn y canol.
19Trefnodd Peilat fod arwydd yn cael ei rwymo ar ei groes, yn dweud: IESU O NASARETH,
BRENIN YR IDDEWON. 20Gwelodd llawer o Iddewon yr arwydd yma, am fod y lle y cafodd Iesu
ei groeshoelio yn agos i'r ddinas. Roedd yr arwydd mewn tair iaith – Hebraeg, Lladin a Groeg.
21Aeth y prif offeiriaid at Peilat i gwyno, "Ddylet ti ddim ysgrifennu, 'Brenin yr Iddewon', ond
yn hytrach fod y dyn yna'n hawlio mai fe oedd Brenin yr Iddewon."
22Atebodd Peilat, "Dw i wedi'i ysgrifennu, a dyna ddiwedd ar y mater."
23Pan wnaeth y milwyr groeshoelio Iesu, dyma nhw'n cymryd ei ddillad a'u rhannu rhwng
y pedwar ohonyn nhw. Ond roedd ei grys yn un darn o frethyn o'r top i'r gwaelod. 24Felly
dyma nhw'n dweud, "Ddylen ni ddim rhwygo hwn. Gadewch i ni gamblo amdano."
Digwyddodd hyn er mwyn i'r ysgrifau sanctaidd ddod yn wir,

> *"Maen nhw wedi rhannu fy nillad rhyngddyn nhw,*
> *a gamblo am fy nghrys."*

19:24 Salm 22:18

Dyna'n union wnaeth y milwyr!
25 Roedd mam Iesu yn sefyll wrth ymyl ei groes, a'i fodryb hefyd, a Mair gwraig Clopas a Mair
Magdalen. 26 Pan welodd Iesu ei fam yn sefyll yno, a'r disgybl oedd Iesu'n ei garu yn sefyll
gyda hi, meddai wrth ei fam, "Mam annwyl, cymer e fel mab i ti," 27 ac wrth y disgybl, "Gofala
amdani hi fel petai'n fam i ti." Felly o hynny ymlaen aeth mam Iesu i fyw gyda'r disgybl hwnnw.

Marwolaeth Iesu

(Mathew 27:45-56; Marc 15:33-41; Luc 23:44-49)

28 Roedd Iesu'n gwybod ei fod wedi gwneud popeth roedd gofyn iddo'i wneud. "Dw i'n
sychedig," meddai, gan gyflawni beth oedd yr ysgrifau sanctaidd yn ei ddweud. 29 Roedd jwg
o win sur rhad wrth ymyl, felly dyma nhw'n trochi ysbwng yn y gwin a'i rwymo ar goesyn
isop i'w godi i fyny at wefusau Iesu. 30 Ar ôl cael diod, dyma Iesu'n dweud, "Mae'r cwbl
wedi'i wneud." Yna plygodd ei ben a marw.
31 Gan ei bod yn ddiwrnod paratoi ar gyfer wythnos y Pasg, a'r Saboth hwnnw'n ddiwrnod
arbennig iawn, dyma'r arweinwyr Iddewig yn mynd i weld Peilat. Doedd ganddyn nhw ddim
eisiau i'r cyrff gael eu gadael yn hongian ar y croesau dros y Saboth. Dyma nhw'n gofyn
i Peilat ellid torri coesau Iesu a'r ddau leidr iddyn nhw farw'n gynt, ac wedyn gallai'r cyrff
gael eu cymryd i lawr. 32 Felly dyma'r milwyr yn dod ac yn torri coesau'r ddau ddyn oedd
wedi'u croeshoelio gyda Iesu. 33 Ond pan ddaethon nhw at Iesu gwelon nhw ei fod wedi
marw'n barod. Yn lle torri ei goesau, 34 dyma un o'r milwyr yn trywanu Iesu yn ei ochr gyda
gwaywffon, a dyma ddŵr a gwaed yn llifo allan. 35 Dw i'n dweud beth welais i â'm llygaid fy
hun, ac mae beth dw i'n ddweud yn wir. Mae'r cwbl yn wir, a dw i'n rhannu beth welais i er
mwyn i chi gredu. 36 Digwyddodd y pethau hynny er mwyn i beth sydd yn yr ysgrifau sanctaidd
ddod yn wir: "*Fydd dim un o'i esgyrn yn cael ei dorri,*" 37 ac fel mae'n dweud yn rhywle arall,
"Byddan nhw'n edrych ar yr un maen nhw wedi'i drywanu."

Claddu Iesu

(Mathew 27:57-61; Marc 15:42-47; Luc 23:50-56)

38 Wedyn, dyma Joseff o Arimathea yn mynd at Peilat i ofyn am ganiatâd i gymryd corff Iesu.
(Roedd Joseff yn un o ddilynwyr Iesu, ond yn cadw'n ddistaw am y peth am fod ganddo ofn yr
arweinwyr Iddewig.) Cafodd ganiatâd Peilat, a daeth a chymryd y corff. 39 Roedd Nicodemus
gydag e hefyd, sef y dyn oedd wedi mynd i weld Iesu ganol nos. Daeth Nicodemus a tua
34 cilogram o fyrr ac aloes, 40 i'w ddefnyddio wrth rwymo corff Iesu gyda stribedi o liain. Dyma
sut roedd yr Iddewon yn arfer claddu pobl. 41 Roedd gardd wrth ymyl y man lle cafodd Iesu ei
groeshoelio, ac roedd bedd newydd yn yr ardd – doedd neb erioed wedi'i gladdu ynddo o'r
blaen. 42 Am ei bod hi'n bnawn Gwener (y diwrnod cyn y dydd Saboth Iddewig), ac am fod
y bedd mor agos, dyma nhw'n rhoi Iesu i orwedd yno.

Y bedd gwag

(Mathew 28:1-10; Marc 16:1-8; Luc 24:1-12)

20 Yn gynnar iawn ar y bore Sul, a hithau'n dal yn dywyll, dyma Mair Magdalen yn mynd at
y bedd a darganfod fod y garreg fawr oedd ar geg y bedd wedi'i symud. 2 Felly dyma hi'n
rhedeg at Simon Pedr a'r disgybl arall (yr un oedd Iesu'n ei garu), a dweud wrthyn nhw, "Maen
nhw wedi cymryd yr Arglwydd allan o'r bedd, a dŷn ni ddim yn gwybod ble maen nhw wedi'i roi e!"
3 Felly dyma Pedr a'r disgybl arall yn mynd allan i fynd at y bedd. 4 Rhedodd y ddau
gyda'i gilydd, ond dyma'r disgybl arall yn rhedeg yn gynt na Pedr a chyrraedd yno o'i flaen.
5 Plygodd i edrych i mewn i'r bedd, a gweld y stribedi o liain yn gorwedd yno, ond aeth e ddim

---

19:28 gw. Salm 69:21; 22:15 19:36 Exodus 12:46; Numeri 9:12; Salm 34:20; gw. hefyd Exodus 12:10 (LXX)
19:37 Sechareia 12:10 19:39 gw. Ioan 3:1,2

i mewn. [6]Yna dyma Simon Pedr yn cyrraedd ar ei ôl ac yn mynd yn syth i mewn i'r bedd.
Gwelodd yntau'r stribedi o liain yn gorwedd yno. [7]Gwelodd hefyd y cadach oedd wedi bod
am wyneb Iesu, ond roedd hwnnw wedi'i blygu a'i osod o'r neilltu ar wahân i'r stribedi lliain.
[8]Yna, yn y diwedd, dyma'r disgybl arall (oedd wedi cyrraedd y bedd gyntaf) yn mynd i mewn
hefyd. Pan welodd e'r cwbl, credodd. [9](Doedden nhw ddim eto wedi deall fod yr ysgrifau
sanctaidd yn dweud fod rhaid i Iesu ddod yn ôl yn fyw.)

Iesu'n ymddangos i Mair Magdalen

(Mathew 28:9-11; Marc 16:9-11)

[10]Aeth y disgyblion yn ôl adre, [11]ond safodd Mair wrth ymyl y bedd yn crio. Plygodd i lawr
i edrych i mewn i'r bedd [12]a gweld dau angel mewn dillad gwyn yn eistedd lle roedd corff
Iesu wedi cael ei roi i orwedd – un wrth y pen a'r llall wrth y traed.
[13]Dyma nhw'n gofyn i Mair, "Wraig annwyl, pam wyt ti'n crio?"
"Maen nhw wedi cymryd fy Arglwydd i ffwrdd," atebodd, "a dw i ddim yn gwybod ble maen
nhw wedi mynd ag e" [14]Dyna pryd y trodd hi rownd a gweld rhywun yn sefyll yno. Iesu oedd
yno, ond doedd hi ddim yn sylweddoli mai Iesu oedd e. [15]"Wraig annwyl," meddai Iesu wrthi,
"pam wyt ti'n crio? Am bwy rwyt ti'n chwilio?"

Roedd hi'n meddwl mai'r garddwr oedd e, a dwedodd, "Syr, os mai ti sydd wedi'i symud,
dywed lle rwyt ti wedi'i roi e, a bydda i'n mynd i'w nôl e."
[16]Yna dyma Iesu'n dweud, "Mair."

Trodd ato, ac meddai yn Hebraeg, "Rabbwni!" (sy'n golygu 'Athro').
[17]Dyma Iesu'n dweud wrthi, "Paid dal gafael ynof fi. Dw i ddim yn mynd i fyny at y Tad
eto. Dos at fy mrodyr i a dweud wrthyn nhw, 'Dw i'n mynd at fy Nhad a'm Duw, eich Tad
a'ch Duw chi hefyd.' "
[18]Yna aeth Mair Magdalen at y disgyblion a dweud: "Dw i wedi gweld yr Arglwydd!"
A dwedodd wrthyn nhw beth oedd e wedi'i ddweud wrthi.

Iesu'n ymddangos i'w ddisgyblion

(Mathew 28:16-20; Marc 16:14-18; Luc 24:36-49)

[19]Y noson honno, sef nos Sul, roedd y disgyblion gyda'i gilydd. Er bod y drysau wedi'u
cloi am fod ganddyn nhw ofn yr arweinwyr Iddewig, dyma Iesu'n dod i mewn a sefyll yn
y canol. "Shalôm!"[w] meddai wrthyn nhw. [20]Yna dangosodd ei ddwylo a'i ochr iddyn nhw.
Roedd y disgyblion mor hapus pan welon nhw'r Arglwydd.
[21]Yna dwedodd Iesu eto, "Shalôm! Yn union fel anfonodd y Tad fi, dw i hefyd yn eich anfon
chi." [22]Wedyn chwythodd arnyn nhw, a dweud, "Derbyniwch yr Ysbryd Glân. [23]Os gwnewch
chi faddau pechodau rhywun, bydd y pechodau hynny yn cael eu maddau; ond os fyddwch
chi ddim yn maddau iddyn nhw, fyddan nhw ddim yn cael maddeuant."

Iesu'n ymddangos i Tomos

[24]Doedd Tomos ddim yno pan wnaeth Iesu ymddangos, (Tomos oedd yn cael ei alw 'Yr Efaill'
– un o'r deuddeg disgybl). [25]Dyma'r lleill yn dweud wrtho, "Dŷn ni wedi gweld yr Arglwydd!"
Ond ei ymateb oedd, "Nes i mi gael gweld ôl yr hoelion yn ei arddyrnau, a rhoi fy mys yn y briwiau hynny a rhoi fy llaw i mewn yn ei ochr, wna i byth gredu'r peth!"
[26]Wythnos yn ddiweddarach roedd y disgyblion yn y tŷ eto, a'r tro hwn roedd Tomos
yno gyda nhw. Er bod y drysau wedi'u cloi, daeth Iesu i mewn a sefyll yn y canol a dweud,
"Shalôm!" [27]Trodd at Tomos a dweud, "Edrych ar fy arddyrnau; rho dy fys i mewn ynddyn nhw.
Estyn dy law i'w rhoi yn fy ochr i. Stopia amau! Creda!"
[28]A dyma Tomos yn dweud, "Fy Arglwydd a'm Duw!"

w 20:19 *Shalôm:* Cyfarchiad Iddewig sy'n golygu, "Heddwch i chi!".

29“Ti wedi dod i gredu am dy fod wedi fy ngweld i,” meddai Iesu wrtho. “Mae'r rhai fydd
yn credu heb weld yn mynd i gael eu bendithio'n fawr.”
30Gwelodd y disgyblion Iesu yn gwneud llawer o arwyddion gwyrthiol eraill, ond dw i ddim
wedi ysgrifennu amdanyn nhw yma. 31Ond mae'r cwbl sydd yma wedi'i ysgrifennu er mwyn
i chi gredu mai Iesu ydy'r Meseia, mab Duw. Pan fyddwch chi'n credu byddwch chi'n cael
bywyd drwy ei awdurdod e.

Iesu a'r ddalfa wyrthiol o bysgod

21 Dyma Iesu'n ymddangos eto i'w ddisgyblion wrth Lyn Tiberias. 2Dyma beth
ddigwyddodd: Roedd criw ohonyn nhw gyda'i gilydd – Simon Pedr, Tomos (oedd
yn cael ei alw ‘Yr Efaill’), Nathanael o Cana Galilea, meibion Sebedeus, a dau ddisgybl
arall. 3“Dw i'n mynd i bysgota,” meddai Simon Pedr wrth y lleill. A dyma nhw'n ateb, “Dŷn
ni am ddod hefyd.” Felly aethon nhw allan mewn cwch, ond wnaethon nhw ddal dim
drwy'r nos.
4Pan oedd hi yn dechrau gwawrio dyma Iesu'n sefyll ar lan y llyn, ond doedd y disgyblion
ddim yn gwybod mai Iesu oedd yno.
5Galwodd arnyn nhw, “Oes gynnoch chi bysgod ffrindiau?”
“Nac oes,” medden nhw.
6Yna dwedodd Iesu, “Taflwch y rhwyd ar ochr dde'r cwch, a byddwch yn dal rhai.” Dyma
nhw'n gwneud hynny, a chafodd cymaint o bysgod eu dal nes eu bod nhw'n methu tynnu'r
rhwyd yn ôl i'r cwch.
7Dyma'r disgybl roedd Iesu'n ei garu yn dweud wrth Pedr, “Yr Arglwydd ydy e!” A dyma
Simon Pedr yn rhwymo dilledyn am ei ganol (doedd ganddo ddim byd amdano), yna neidio i'r
dŵr. 8Daeth y disgyblion eraill ar ei ôl yn y cwch, gan lusgo'r rhwyd oedd yn llawn o bysgod
ar eu holau. (Doedden nhw ond ryw 90 metr o'r lan.) 9Ar y lan roedd tân golosg a physgod
yn coginio arno, ac ychydig fara.
10“Dewch â rhai o'r pysgod dych chi newydd eu dal,” meddai Iesu wrthyn nhw.
11Felly dyma Simon Pedr yn mynd i mewn i'r cwch a llusgo'r rhwyd i'r lan. Roedd hi'n llawn
o bysgod mawr, 153 ohonyn nhw, ond er hynny wnaeth y rhwyd ddim rhwygo.
12“Dewch i gael brecwast,” meddai Iesu. Doedd dim un o'r disgyblion yn meiddio gofyn
iddo, “Pwy wyt ti?” – roedden nhw'n gwybod yn iawn mai'r Meistr oedd e. 13Yna dyma Iesu'n
cymryd y bara a'i roi iddyn nhw, a gwneud yr un peth gyda'r pysgod. 14Dyma'r trydydd tro
i Iesu adael i'w ddisgyblion ei weld ar ôl iddo ddod yn ôl yn fyw.

Iesu'n comisiynu Pedr

15Pan oedden nhw wedi gorffen bwyta, dyma Iesu'n troi at Simon Pedr a dweud, “Simon
fab Ioan, wyt ti wir yn fy ngharu i fwy na'r rhain?”
“Ydw, Arglwydd,” atebodd, “rwyt ti'n gwybod mod i'n dy garu di.”
Dwedodd Iesu wrtho, “Gofala am fy ŵyn.”
16Yna gofynnodd Iesu eto, “Simon fab Ioan, wyt ti wir yn fy ngharu i?”
Dwedodd eto, “Ydw, Arglwydd, rwyt ti'n gwybod mod i'n dy garu di.”
Meddai Iesu, “Arwain fy nefaid.”
17Yna gofynnodd Iesu iddo'r drydedd waith, “Simon fab Ioan, wyt ti'n fy ngharu i?” Roedd
Pedr yn ddigalon fod Iesu wedi gofyn eto'r drydedd waith, “Wyt ti'n fy ngharu i?” “Arglwydd,”
meddai, “rwyt ti'n gwybod pob peth; rwyt ti'n gwybod mod i'n dy garu di.” Yna dwedodd
Iesu, “Gofala am fy nefaid. 18Cred di fi, pan oeddet ti'n ifanc roeddet yn gwisgo ac yn mynd
i ble bynnag oeddet ti eisiau; ond pan fyddi'n hen byddi'n estyn allan dy freichiau, a bydd
rhywun arall yn dy rwymo di ac yn dy arwain i rywle ti ddim eisiau mynd.” 19(Dwedodd Iesu
hyn i ddangos sut fyddai Pedr yn marw i anrhydeddu Duw.) Yna dyma Iesu'n dweud wrtho,
“Dilyn fi.”

20Dyma Pedr yn troi a gweld y disgybl roedd Iesu yn ei garu yn eu dilyn nhw. (Yr un oedd
wedi pwyso'n ôl at Iesu yn y swper a gofyn, "Arglwydd, pwy sy'n mynd i dy fradychu di?")
21Pan welodd Pedr e, gofynnodd i Iesu, "Arglwydd, beth fydd yn digwydd iddo fe?"

22Atebodd Iesu, "Petawn i am iddo aros yn fyw nes i mi ddod yn ôl, beth ydy hynny i ti?
Dilyn di fi." 23A dyna pam aeth y stori ar led ymhlith y credinwyr fod y disgybl hwnnw ddim
yn mynd i farw. Ond dim dweud nad oedd e'n mynd i farw wnaeth Iesu; dim ond dweud,
"Petawn i am iddo aros yn fyw nes i mi ddod yn ôl, beth ydy hynny i ti?"

24Fi ydy'r disgybl hwnnw – yr un welodd hyn i gyd ac sydd wedi ysgrifennu am y cwbl. Ac
mae popeth dw i'n ei ddweud yn wir.

25Gwnaeth Iesu lawer o bethau eraill hefyd. Petaen nhw i gyd yn cael eu cofnodi, dw i ddim
yn meddwl y byddai'r byd i gyd yn gallu dal yr holl lyfrau fyddai'n cael eu hysgrifennu!

21:20 gw. Ioan 13:25

Actau

1 Annwyl Theoffilws:
Ysgrifennais yn fy llyfr cyntaf[a] am y pethau aeth Iesu ati i'w gwneud a'u dysgu 2 cyn
iddo gael ei gymryd yn ôl i fyny i'r nefoedd. Cyn mynd dwedodd wrth yr apostolion beth oedd
am iddyn nhw ei wneud yn nerth yr Ysbryd Glân. 3 Am bron chwe wythnos ar ôl iddo gael ei
groeshoelio dangosodd ei hun iddyn nhw dro ar ôl tro, a phrofi y tu hwnt i bob amheuaeth
ei fod yn fyw. Roedd yn siarad â nhw am beth mae teyrnasiad Duw yn ei olygu.
4 Un o'r troeon hynny pan oedd yn cael pryd o fwyd gyda nhw, dwedodd fel hyn: "Peidiwch
gadael Jerwsalem nes byddwch wedi derbyn y rhodd mae fy Nhad wedi'i addo. Dych chi'n
cofio fy mod wedi siarad am hyn o'r blaen. 5 Roedd Ioan yn bedyddio â dŵr, ond mewn ychydig
ddyddiau cewch chi'ch bedyddio â'r Ysbryd Glân."

Iesu'n mynd yn ôl i'r nefoedd

(Marc 16:19-20; Luc 24:50-53)

6 Pan oedd y disgyblion yn cyfarfod gyda Iesu roedden nhw'n gofyn iddo o hyd, "Arglwydd,
ai dyma pryd rwyt ti'n mynd i ryddhau Israel a'i gwneud yn wlad annibynnol unwaith eto?"
7 Ateb Iesu oedd: "Duw sy'n penderfynu pethau felly. Does dim rhaid i chi wybod beth
ydy'r amserlen mae Duw wedi'i threfnu. 8 Ond bydd yr Ysbryd Glân yn disgyn arnoch chi,
ac yn rhoi nerth i chi ddweud amdana i wrth bawb – yn Jerwsalem a Jwdea, yn Samaria,
a drwy'r byd i gyd."
9 Yna ar ôl iddo ddweud hynny cafodd ei godi i fyny i'r awyr o flaen eu llygaid. Dyma gwmwl
yn dod o'i gwmpas a diflannodd o'u golwg.
10 Tra oedden nhw'n syllu i'r awyr yn edrych arno'n mynd, yn sydyn dyma ddau ddyn mewn
dillad gwyn yn ymddangos wrth eu hymyl nhw, 11 a dweud, "Chi Galileaid, beth dych chi'n
ei wneud yma yn syllu i'r awyr? Mae Iesu wedi cael ei gymryd i'r nefoedd oddi wrthoch chi.
Ond yn union yr un fath ag y gweloch e'n mynd bydd yn dod yn ôl eto."

Mathïas yn cael ei ddewis yn lle Jwdas

12 Digwyddodd hyn i gyd ar Fynydd yr Olewydd oedd rhyw dri chwarter milltir[b] i ffwrdd o'r
ddinas. Dyma nhw'n cerdded yn ôl i Jerwsalem 13 a mynd yn syth i'r ystafell honno i fyny'r
grisiau yn y tŷ lle roedden nhw'n aros. Roedd Pedr yno, Ioan, Iago ac Andreas, Philip a Tomos,
Bartholomeus a Mathew, Iago fab Alffeus, Simon y Selot a Jwdas fab Iago. 14 Roedden nhw'n
cyfarfod yno'n gyson i weddïo gyda'i gilydd, gyda Mair mam Iesu, a'i frodyr, a nifer o wragedd.
15 Un tro roedd tua cant ac ugain yno yn y cyfarfod, a safodd Pedr yn y canol, 16 a dweud:
"Frodyr a chwiorydd, roedd rhaid i beth mae'r ysgrifau sanctaidd yn ei ddweud ddigwydd.
Yn bell yn ôl roedd y Brenin Dafydd, dan ddylanwad yr Ysbryd Glân, wedi sôn am Jwdas yr
un wnaeth arwain y bobl at Iesu i'w arestio. 17 Roedd wedi bod yn un ohonon ni ac wedi
gwasanaethu gyda ni!"
18 (Prynodd Jwdas faes gyda'r tâl gafodd am y brad. Yno syrthiodd i'w farwolaeth,
a byrstiodd ei gorff yn agored nes bod ei berfedd yn y golwg. 19 Daeth pawb yn Jerwsalem
i wybod am beth ddigwyddodd, a dechreuodd pobl alw y lle yn eu hiaith nhw yn Aceldama,
sef 'Maes y Gwaed'.)
20 "Dyma mae llyfr y Salmau yn cyfeirio ato," meddai Pedr,

"'*Bydded ei le yn anial,*
heb neb yn byw yno.'

---

a 1:1 *fy llyfr cyntaf*: Efengyl Luc. b 1:12 Groeg *taith diwrnod Saboth*.
1:20 Salm 69:25

“Ac mae'n dweud hefyd,
'Gad i rywun arall gymryd ei waith.'

21 “Felly mae'n rhaid i ni ddewis rhywun i gymryd ei le – un ohonoch chi oedd gyda ni
pan oedd yr Arglwydd Iesu yma. 22 Rhywun fuodd yno drwy'r adeg, o'r dechrau cyntaf pan
gafodd ei fedyddio gan Ioan i'r diwedd pan gafodd Iesu ei gymryd i fyny i'r nefoedd. Rhaid
i'r person, fel ni, fod yn dyst i'r ffaith fod Iesu wedi dod yn ôl yn fyw.”

23 Dyma ddau enw yn cael eu cynnig: Joseff oedd un, sef Barsabas (sy'n cael ei alw'n Jwstus
weithiau hefyd), a Mathïas oedd y llall. 24 Felly dyma nhw'n gweddïo, “Arglwydd, rwyt ti'n
nabod calon pawb. Dangos i ni pa un o'r ddau yma rwyt ti wedi'i ddewis 25 i wasanaethu fel
cynrychiolydd personol i Iesu yn lle Jwdas; mae hwnnw wedi'n gadael ni, ac wedi mynd lle
mae'n haeddu.” 26 Yna dyma nhw'n taflu coelbren, a syrthiodd o blaid Mathïas; felly cafodd
e ei ddewis i fod yn gynrychiolydd personol i Iesu gyda'r unarddeg.

Yr Ysbryd Glân yn dod ar y Pentecost

2 Ar ddiwrnod dathlu Gŵyl y Pentecost roedd pawb gyda'i gilydd eto. 2 Ac yn sydyn
dyma nhw'n clywed sŵn o'r awyr, fel gwynt cryf yn chwythu drwy'r ystafell lle
roedden nhw'n cyfarfod. 3 Ac wedyn roedd fel petai rhywbeth tebyg i fflamau tân yn dod
i lawr ac yn gorffwys ar ben pob un ohonyn nhw. 4 Dyma pawb oedd yno yn cael eu llenwi
â'r Ysbryd Glân ac yn dechrau siarad mewn ieithoedd eraill. Yr Ysbryd oedd yn eu galluogi
nhw i wneud hynny.

5 Bryd hynny roedd Iddewon crefyddol o wahanol wledydd wedi dod i aros yn Jerwsalem.
6 Clywon nhw'r sŵn hefyd, ac roedd tyrfa fawr wedi casglu at ei gilydd i weld beth oedd yn
digwydd. Roedden nhw wedi drysu, am fod pob un ohonyn nhw yn clywed ei iaith ei hun yn
cael ei siarad. 7 Roedd y peth yn syfrdanol! “Onid o Galilea mae'r bobl yma'n dod?” medden
nhw. 8 “Sut maen nhw'n gallu siarad ein hieithoedd ni?” 9 (Roedd Parthiaid yno, a Mediaid,
Elamitiaid, pobl o Mesopotamia, Jwdea a Capadocia, Pontus ac Asia, 10 Phrygia, Pamffilia, yr
Aifft, a'r rhan o Libia sydd wrth ymyl Cyrene; pobl oedd ar ymweliad o Rufain 11 – rhai yn
Iddewon ac eraill yn bobl oedd wedi troi at y grefydd Iddewig – a hefyd Cretiaid ac Arabiaid)
“Maen nhw'n siarad ein hieithoedd ni, ac yn dweud am y pethau rhyfeddol mae Duw wedi'u
gwneud!” 12 Dyna lle roedden nhw'n sefyll yn syn, heb ddim clem beth oedd yn digwydd.
“Beth sy'n mynd ymlaen?” medden nhw.

13 Ond roedd rhai yno'n gwatwar a dweud, “Maen nhw wedi meddwi!”

Pedr yn annerch y dyrfa

14 Dyma Pedr yn codi ar ei draed i annerch y dyrfa, a'r unarddeg arall wrth ei ymyl:
“Arweinwyr, bobl Jwdea, a phawb arall sy'n aros yma yn Jerwsalem, gwrandwch yn ofalus –
gwna i esbonio i chi beth sy'n digwydd. 15 Dydy'r bobl yma ddim wedi meddwi fel mae rhai
ohonoch chi'n dweud. Mae'n rhy gynnar i hynny! Naw o'r gloch y bore ydy hi!

16 “Na, beth sy'n digwydd ydy beth soniodd y proffwyd Joel amdano:

17 *'Mae Duw yn dweud: Yn y cyfnod olaf*
Bydda i'n tywallt fy ysbryd ar y bobl i gyd.
Bydd eich meibion a'ch merched yn proffwydo,
bydd dynion ifanc yn cael gweledigaethau,
a dynion hŷn yn cael breuddwydion.

18 *Bryd hynny bydda i'n*
tywallt fy Ysbryd ar fy ngweision i gyd,
yn ddynion a merched,
a byddan nhw'n proffwydo.

1:20 Salm 109:8

19 *Bydd pethau rhyfeddol yn digwydd yn yr awyr*
ac arwyddion gwyrthiol yn digwydd ar y ddaear –
gwaed a thân a mwg yn lledu ym mhobman.
20 *Bydd yr haul yn troi'n dywyll*
a'r lleuad yn mynd yn goch fel gwaed
cyn i'r diwrnod mawr, rhyfeddol yna ddod,
sef, Dydd yr Arglwydd.
21 *Bydd pawb sy'n galw ar enw'r Arglwydd*
yn cael eu hachub.'

22“Bobl Israel, gwrandwch beth dw i'n ddweud: Dangosodd Duw i chi ei fod gyda Iesu
o Nasareth – dych chi'n gwybod hynny'n iawn, am fod Duw wedi gwneud gwyrthiau rhyfeddol
drwyddo, a phethau eraill oedd yn dangos pwy oedd e. 23Roedd Duw'n gwybod ac wedi
trefnu ymlaen llaw beth fyddai'n digwydd iddo. Gyda help y Rhufeiniaid annuwiol dyma
chi'n ei ladd, drwy ei hoelio a'i hongian ar groes. 24Ond dyma Duw yn ei godi yn ôl yn fyw
a'i ollwng yn rhydd o grafangau marwolaeth. Roedd yn amhosib i farwolaeth ddal gafael
ynddo! 25Dyna'n union ddwedodd y Brenin Dafydd:

‘*Gwelais fod yr Arglwydd gyda mi bob amser.*
Am ei fod yn sefyll wrth fy ochr i
fydd dim yn fy ysgwyd i.
26 *Felly mae nghalon i'n llawen*
a'm tafod yn gorfoleddu;
mae fy nghorff yn byw mewn gobaith,
27 *am na fyddi di'n fy ngadael i gyda'r meirw,*[c]
gadael i'r un sydd wedi cysegru ei hun i ti bydru yn y bedd.
28 *Rwyt wedi dangos y ffordd i fywyd i mi;*
bydd bod gyda ti yn fy llenwi â llawenydd.'

29“Frodyr a chwiorydd, mae'n amlwg bod y Brenin Dafydd ddim yn sôn amdano'i hun.
Buodd farw a chafodd ei gladdu ganrifoedd yn ôl, ac mae ei fedd yn dal gyda ni heddiw. 30Ond
roedd Dafydd yn broffwyd, ac yn gwybod fod Duw wedi addo y *byddai un o'i ddisgynyddion yn*
eistedd ar ei orsedd, sef y Meseia. 31Roedd yn sôn am rywbeth fyddai'n digwydd yn y dyfodol.
Sôn am y Meseia'n dod yn ôl yn fyw oedd Dafydd pan ddwedodd *na chafodd ei adael gyda'r*
meirw ac na fyddai ei gorff y pydru'n y bedd! 32A dyna sydd wedi digwydd! – mae Duw wedi
codi Iesu yn ôl yn fyw, a dŷn ni'n lygad-dystion i'r ffaith! 33Bellach mae'n eistedd yn y sedd
anrhydedd ar ochr dde Duw. Rhoddodd y Tad yr Ysbryd Glân oedd wedi'i addo, iddo ei dywallt
arnon ni. Dyna dych chi wedi'i weld a'i glywed yn digwydd yma heddiw.

34“Meddyliwch am y peth! – chafodd y Brenin Dafydd mo'i godi i fyny i'r nefoedd, ac eto
dwedodd hyn:

‘*Dwedodd yr Arglwydd wrth fy Arglwydd:*
“*Eistedd yma yn y sedd anrhydedd*[ch]
35 *nes i mi wneud i dy elynion blygu*
fel stôl i ti orffwys dy draed arni.”'

36“Felly dw i am i Israel gyfan ddeall hyn: Mae Duw wedi gwneud yr Iesu wnaethoch chi
ei groeshoelio yn Arglwydd, a Meseia.”

37Roedd pobl wedi'u hysgwyd i'r byw gan beth ddwedodd Pedr, a dyma nhw'n gofyn iddo
ac i'r apostolion eraill, “Frodyr, beth ddylen ni wneud?”

38Dyma Pedr yn ateb, “Rhaid i chi droi cefn ar eich pechod, a chael eich bedyddio fel
arwydd eich bod yn perthyn i Iesu y Meseia a bod Duw yn maddau eich pechodau chi. Wedyn
byddwch chi'n derbyn yr Ysbryd Glân yn rhodd gan Dduw. 39Mae Duw wedi addo hyn i chi

---

c 2:27 Groeg *yn Hades;* felly hefyd Actau 2:31. ch 2:34 *yn y sedd anrhydedd:* Groeg, “ar yr ochr dde i mi”.
2:17-21 Joel 2:28-32 (LXX) 2:25-28 Salm 16:8-11 (LXX) 2:30 cyfeiriad at Salm 132:11 ac 2 Samuel 7:12-13
2:31 cyfeiriad at Salm 16:10 2:34-35 Salm 110:1

ac i'ch disgynyddion, ac i bobl sy'n byw yn bell i ffwrdd – pawb fydd yr Arglwydd ein Duw
yn eu galw ato'i hun."
40 Aeth Pedr yn ei flaen i ddweud llawer iawn mwy wrthyn nhw. Roedd yn eu rhybuddio nhw
ac yn apelio'n daer, "Achubwch eich hunain o afael y gymdeithas droëdig yma!"
41 Dyma'r rhai wnaeth gredu beth oedd Pedr yn ei ddweud yn cael eu bedyddio – tua tair
mil ohonyn nhw y diwrnod hwnnw!

Y berthynas glòs oedd rhwng y rhai oedd yn credu

42 Roedden nhw'n dal ati o ddifri – yn dilyn beth oedd yr apostolion yn ei ddysgu, yn
rhannu popeth, yn bwyta a dathlu Swper yr Arglwydd ac yn gweddïo gyda'i gilydd. 43 Roedd
rhyw ymdeimlad o ryfeddod dwfn yn eu plith nhw. Roedd yr apostolion yn gwneud gwyrthiau
rhyfeddol oedd yn dangos fod Duw gyda nhw. 44 Roedd pawb oedd yn credu yn teimlo'u bod
nhw'n un teulu, ac yn rhannu popeth gyda'i gilydd. 45 Roedden nhw'n gwerthu eu heiddo er
mwyn gallu helpu pwy bynnag oedd mewn angen. 46 Roedden nhw'n dal ati i gyfarfod bob
dydd yng nghwrt y deml, ac yn bwyta a dathlu Swper yr Arglwydd yn nhai ei gilydd. 47 Roedden
nhw'n moli Duw, ac roedd agwedd pobl tuag atyn nhw yn bositif iawn. Roedd mwy a mwy
o bobl yn ymuno â nhw, ac yn cael eu hachub gan Dduw, bob dydd.

Pedr yn iacháu'r cardotyn oedd yn methu cerdded

3 Un diwrnod, am dri o'r gloch y p'nawn, roedd Pedr ac Ioan ar eu ffordd i'r deml i'r
cyfarfod gweddi. 2 Wrth y fynedfa sy'n cael ei galw 'Y Fynedfa Hardd' roedd dyn oedd
ddim wedi gallu cerdded erioed. Roedd yn cael ei gario yno bob dydd, i gardota gan y bobl
oedd yn mynd a dod i'r deml. 3 Pan oedd Pedr ac Ioan yn pasio heibio gofynnodd iddyn nhw
am arian. 4 Dyma'r ddau yn edrych arno, a dyma Pedr yn dweud, "Edrych arnon ni." 5 Edrychodd
y dyn arnyn nhw, gan feddwl ei fod yn mynd i gael rhywbeth ganddyn nhw.
6 "Does gen i ddim arian i'w roi i ti," meddai Pedr, "ond cei di beth sydd gen i i'w roi. Dw
i'n dweud hyn gydag awdurdod Iesu y Meseia o Nasareth – cod ar dy draed a cherdda." 7 Yna
gafaelodd yn llaw dde y dyn a'i helpu i godi ar ei draed. Cryfhaodd traed a choesau'r dyn yr
eiliad honno, 8 a dyma fe'n neidio ar ei draed a dechrau cerdded! Aeth i mewn i'r deml gyda
nhw, yn neidio ac yn moli Duw. 9 Roedd pawb yn ei weld yn cerdded ac yn moli Duw, 10 ac yn
sylweddoli mai hwn oedd y dyn oedd yn arfer eistedd i gardota wrth 'Fynedfa Hardd' y deml.
Roedden nhw wedi'u syfrdanu'n llwyr o achos beth oedd wedi digwydd iddo.

Pedr yn annerch y dyrfa yn y deml.

11 Dyna lle roedd y cardotyn a'i freichiau am Pedr ac Ioan, a dyma'r bobl yn tyrru i mewn
i Gyntedd Colofnog Solomon lle roedden nhw. 12 Pan welodd Pedr y bobl o'u cwmpas, dwedodd
wrthyn nhw: "Pam dych chi'n rhyfeddu at hyn, bobl Israel? Pam syllu arnon ni fel petai
gynnon ni'r gallu ynon ni'n hunain i wneud i'r dyn yma gerdded, neu fel tasen ni'n rhyw bobl
arbennig o dduwiol? 13 Duw sydd wedi gwneud y peth – Duw Abraham, Isaac a Jacob; Duw ein
cyndeidiau ni. Gwnaeth hyn i anrhydeddu ei was Iesu. Yr Iesu wnaethoch chi ei drosglwyddo
i'r awdurdodau Rhufeinig i gael ei ladd. Yr un wnaethoch chi ei wrthod pan oedd Peilat yn
fodlon ei ryddhau. 14 Gwrthod yr un glân a chyfiawn, a gofyn iddo ryddhau llofrudd yn ei le.
15 Ie, chi laddodd awdur bywyd, ond dyma Duw yn dod ag e'n ôl yn fyw! Dŷn ni'n dystion i'r
ffaith! 16 Iesu roddodd y nerth i'r dyn yma o'ch blaen chi gael ei iacháu. Enw Iesu, a'r ffaith
ein bod ni'n credu ynddo sydd wedi'i wneud yn iach o flaen eich llygaid chi.
17 "Frodyr a chwiorydd, dw i'n gwybod eich bod chi ddim yn sylweddoli beth oeddech yn
ei wneud; ac mae'r un peth yn wir am eich arweinwyr chi. 18 Ond dyma sut wnaeth Duw
gyflawni beth oedd y proffwydi wedi dweud fyddai'n digwydd i'r Meseia, sef fod rhaid iddo
ddioddef. 19 Felly trowch gefn ar eich pechod, a throi at Dduw, a bydd eich pechodau chi'n
cael eu maddau. 20 Yna bydd yr Arglwydd yn anfon ei fendith, cyn iddo anfon y Meseia atoch

unwaith eto, sef Iesu. 21 Mae'n rhaid iddo aros yn y nefoedd nes daw'r amser pan fydd Duw
yn gwneud popeth yn iawn am byth. Roedd wedi dweud hyn ymhell yn ôl drwy ei broffwydi.
22 Dwedodd Moses, '*Bydd yr Arglwydd eich Duw yn codi Proffwyd arall fel fi o'ch plith chi.
Rhaid i chi wrando'n ofalus ar bopeth fydd yn ei ddweud wrthoch chi.* 23 *Bydd pwy bynnag
sy'n gwrthod gwrando ar y Proffwyd hwnnw yn cael ei dorri allan yn llwyr o blith pobl Dduw.*'
24 "Yn wir, roedd pob un o'r proffwydi, o Samuel ymlaen, yn dweud ymlaen llaw am y cwbl
fyddai'n digwydd yn ein dyddiau ni. 25 Chi ydy'r plant sydd i etifeddu beth wnaeth y proffwydi
ei addo a'r ymrwymiad wnaeth Duw i'ch cyndeidiau chi. Dyma ddwedodd wrth Abraham:
'*Drwy dy ddisgynyddion di bydd holl bobloedd y byd yn cael eu bendithio.*' 26 Pan ddaeth Duw
â'i was Iesu i'r golwg, cafodd ei anfon atoch chi'n gyntaf, i'ch bendithio chi drwy droi pob
un ohonoch chi o'ch ffyrdd drwg."

Pedr ac Ioan o flaen y Sanhedrin

4 Tra oedd Pedr ac Ioan wrthi'n siarad â'r bobl dyma'r offeiriaid yn dod draw atyn nhw
gyda phennaeth gwarchodlu'r deml a rhai o'r Sadwceaid. 2 Doedden nhw ddim yn hapus
o gwbl fod Pedr ac Ioan yn dysgu'r bobl am Iesu ac yn dweud y byddai pobl sydd wedi marw
yn dod yn ôl yn fyw. 3 Felly dyma nhw'n arestio'r ddau a'u cadw yn y ddalfa dros nos am ei
bod hi wedi mynd yn hwyr yn y dydd. 4 Ond roedd llawer o'r bobl a glywodd beth roedden
nhw'n ei ddweud wedi dod i gredu. Erbyn hyn roedd tua pum mil o ddynion yn credu yn Iesu,
heb sôn am y gwragedd a'r plant![d]
5 Y diwrnod wedyn dyma'r cyngor, sef yr arweinwyr a'r henuriaid a'r arbenigwyr yn
y Gyfraith, yn cyfarfod yn Jerwsalem. 6 Roedd Annas, yr archoffeiriad, yno, hefyd Caiaffas,
Ioan, Alecsander ac aelodau eraill o deulu'r archoffeiriad. 7 Dyma nhw'n galw Pedr ac Ioan
i ymddangos o'u blaenau a dechrau eu holi: "Pa bŵer ysbrydol, neu pa enw wnaethoch chi
ei ddefnyddio i wneud hyn?"
8 Dyma Pedr, wedi'i lenwi â'r Ysbryd Glân, yn eu hateb: "Arweinwyr a henuriaid y genedl.
9 Ydyn ni'n cael ein galw i gyfrif yma heddiw am wneud tro da i ddyn oedd yn methu cerdded?
Os dych chi eisiau gwybod sut cafodd y dyn ei iacháu, 10 dweda i wrthoch chi. Dw i am i bobl
Israel i gyd wybod! Enw Iesu y Meseia o Nasareth sydd wedi iacháu'r dyn yma sy'n sefyll
o'ch blaen chi. Yr Iesu wnaethoch chi ei groeshoelio, ond daeth Duw ag e'n ôl yn fyw. 11 Iesu
ydy'r un mae'r ysgrifau sanctaidd yn dweud fel hyn amdano:

'*Mae'r garreg wrthodwyd gynnoch chi'r adeiladwyr,*
wedi cael ei gwneud yn garreg sylfaen.'

12 Fe ydy'r unig un sy'n achub! Does neb arall yn unman sy'n gallu achub pobl."
13 Roedd aelodau'r cyngor yn rhyfeddu fod Pedr ac Ioan mor hyderus. Roedden nhw'n
gweld mai dynion cyffredin di-addysg oedden nhw, ond yn ymwybodol hefyd fod y dynion
yma wedi bod gyda Iesu. 14 Gan fod y dyn oedd wedi cael ei iacháu yn sefyll yno o'u blaenau,
doedd dim byd arall i'w ddweud. 15 Felly dyma nhw'n eu hanfon allan o'r Sanhedrin er mwyn
trafod y mater gyda'i gilydd. 16 "Beth wnawn ni â'r dynion yma?" medden nhw. "Mae pawb yn
Jerwsalem yn gwybod eu bod wedi cyflawni gwyrth anhygoel, a dŷn ni ddim yn gallu gwadu
hynny. 17 Ond mae'n rhaid stopio hyn rhag mynd ymhellach. Rhaid i ni eu rhybuddio nhw
i beidio dysgu am yr Iesu yma byth eto."
18 Dyma nhw yn eu galw i ymddangos o'u blaenau unwaith eto, a dweud wrthyn nhw am
beidio siarad am Iesu na dysgu amdano byth eto. 19 Ond dyma Pedr ac Ioan yn ateb, "Beth
fyddai Duw am i ni ei wneud? Penderfynwch chi – gwrando arnoch chi, neu ufuddhau iddo
fe? 20 Allwn ni ddim stopio sôn am y pethau dŷn ni wedi'u gweld a'u clywed."
21 Dyma nhw'n eu bygwth eto, ond yna'n eu gollwng yn rhydd. Doedd dim modd eu
cosbi nhw, am fod y bobl o'u plaid nhw. Roedd pawb yn moli Duw am yr hyn oedd wedi

---

d 4:4 Groeg *5,000 o ddynion.*
3:22 Deuteronomium 18:15-16 3:23 Deuteronomium 18:19; Lefiticus 23:29 3:25 Genesis 22:18; 26:4
4:11 Salm 118:22

digwydd. 22 Roedd hi'n wyrth anhygoel! Roedd y dyn dros bedwar deg oed a doedd e ddim
wedi cerdded erioed o'r blaen!

Gweddi'r Credinwyr

23 Ar ôl iddyn nhw gael eu rhyddhau, dyma Pedr ac Ioan yn mynd yn ôl at eu ffrindiau
a dweud yr hanes i gyd, a beth oedd y prif offeiriaid a'r henuriaid wedi'i fygwth. 24 Ar ôl clywed
yr hanes, dyma nhw'n gweddïo gyda'i gilydd: "O Feistr Sofran," medden nhw, "Ti sy'n rheoli'r
cwbl, a thi ydy'r Un sydd wedi creu yr awyr a'r ddaear a'r môr a'r cwbl sydd ynddyn nhw. 25 Ti
ddwedodd drwy'r Ysbryd Glân yng ngeiriau dy was, y Brenin Dafydd:

'*Pam mae'r cenhedloedd mor gynddeiriog,*
a'r bobloedd yn gwastraffu eu hamser yn cynllwynio?
26 *Mae brenhinoedd daearol yn gwneud safiad*
a'r llywodraethwyr yn dod at ei gilydd
i wrthwynebu'r Arglwydd,
ac i wrthwynebu ei Eneiniog.'

27 "Dyna ddigwyddodd yn y ddinas yma! Daeth Herod Antipas a Pontius Peilat, pobl o Israel
ac o genhedloedd eraill at ei gilydd yn erbyn Iesu, dy was sanctaidd wnest ti ei eneinio. 28 Ond
dim ond gwneud beth roeddet ti wedi'i drefnu i ddigwydd oedden nhw! 29 Felly, Arglwydd,
edrych arnyn nhw yn ein bygwth ni nawr. Rho'r gallu i dy weision i gyhoeddi dy neges di yn
gwbl ddi-ofn. 30 Dangos dy fod ti gyda ni drwy ddal ati i iacháu pobl, a rhoi awdurdod dy was
sanctaidd Iesu i ni, i wneud gwyrthiau rhyfeddol."

31 Ar ôl iddyn nhw weddïo, dyma'r adeilad lle roedden nhw'n cyfarfod yn cael ei ysgwyd. Dyma
nhw'n cael eu llenwi eto â'r Ysbryd Glân, ac roedden nhw'n cyhoeddi neges Duw yn gwbl ddi-ofn.

Y credinwyr yn rhannu eu heiddo gyda'i gilydd

32 Roedd undod go iawn ymhlith y credinwyr i gyd. Doedd neb yn dweud, "Fi biau hwnna!"
Roedden nhw'n rhannu popeth gyda'i gilydd. 33 Roedd cynrychiolwyr Iesu yn cael rhyw nerth
rhyfedd i dystio'n glir fod yr Arglwydd Iesu wedi dod yn ôl yn fyw, ac roedden nhw i gyd yn
teimlo fod Duw mor dda tuag atyn nhw. 34 Doedd neb ohonyn nhw mewn angen, am fod
pobl oedd yn berchen tir neu dai yn eu gwerthu, 35 ac yn rhoi'r arian i'r apostolion i'w rannu
i bwy bynnag oedd mewn angen.

36 Er enghraifft, Joseff, y dyn roedd yr apostolion yn ei alw'n Barnabas (sy'n golygu 'yr
anogwr'). Iddew o dras llwyth Lefi yn byw yn Cyprus. 37 Gwerthodd hwnnw dir oedd ganddo
a rhoi'r arian i'r apostolion.

Ananias a Saffeira

5 Roedd dyn arall o'r enw Ananias, a'i wraig Saffeira, wedi gwerthu peth o'u heiddo. 2 Ond
dyma Ananias yn cadw peth o'r arian iddo'i hun a mynd â'r gweddill i'r apostolion gan
honni mai dyna'r cwbl oedd wedi'i gael. Roedd e a'i wraig wedi cytuno mai dyna fydden
nhw'n ei wneud.

3 Pan ddaeth at yr apostolion dyma Pedr yn dweud wrtho, "Ananias, pam wyt ti wedi gadael
i Satan gael gafael ynot ti? Rwyt ti wedi dweud celwydd wrth yr Ysbryd Glân drwy gadw peth
o'r arian gest ti am y tir i ti dy hun! 4 Ti oedd biau'r tir, ac roedd gen ti hawl i wneud beth
fynnet ti â'r arian. Beth wnaeth i ti feddwl gwneud y fath beth? Dim wrthon ni rwyt ti wedi
dweud celwydd, ond wrth Dduw!"

5 Pan glywodd Ananias yr hyn ddwedodd Pedr, syrthiodd yn farw yn y fan a'r lle. Roedd
pawb glywodd beth ddigwyddodd wedi dychryn am eu bywydau. 6 Yna daeth dynion ifanc
a lapio'r corff cyn ei gario allan i'w gladdu.

4:25-26 Salm 2:1-2 (LXX)

[7] Rhyw dair awr yn ddiweddarach dyma'i wraig yn dod i'r golwg. Doedd hi'n gwybod dim
byd am yr hyn roedd wedi digwydd. [8] Felly, dyma Pedr yn gofyn iddi, "Dwed wrtho i, ai dyma
faint o arian gest ti ac Ananias am y tir wnaethoch chi ei werthu?"
"Ie," meddai hi, "dyna'n union faint gawson ni."
[9] Ac meddai Pedr, "Beth wnaeth i'r ddau ohonoch chi gytuno i roi Ysbryd yr Arglwydd ar
brawf? Gwranda! Mae'r dynion ifanc wnaeth gladdu dy ŵr di tu allan i'r drws, a byddan
nhw'n dy gario di allan yr un fath."
[10] A dyma hithau yn disgyn ar lawr yn farw yn y fan a'r lle. Daeth y dynion ifanc i mewn,
gweld ei bod hi'n farw, a'i chario hithau allan i'w chladdu wrth ymyl ei gŵr. [11] Roedd yr eglwys
i gyd, a phawb arall glywodd am y peth, wedi dychryn am eu bywydau.

Yr apostolion yn iacháu llawer o bobl

[12] Roedd yr apostolion yn gwneud llawer o wyrthiau rhyfeddol ymhlith y bobl – gwyrthiau
oedd yn dangos fod Duw gyda nhw. Byddai'r credinwyr i gyd yn cyfarfod gyda'i gilydd yng
Nghyntedd Colofnog Solomon yn y deml. [13] Fyddai neb arall yn meiddio ymuno gyda nhw, er
bod gan bobl barch mawr tuag atyn nhw. [14] Ac eto roedd mwy a mwy o bobl yn dod i gredu
yn yr Arglwydd – yn ddynion a merched. [15] Roedd pobl yn dod â'r cleifion allan i'r stryd ar
welyau a matresi yn y gobaith y byddai o leia cysgod Pedr yn disgyn ar rai ohonyn nhw wrth
iddo gerdded heibio. [16] Roedd tyrfaoedd hefyd yn dod o'r trefi o gwmpas Jerwsalem gyda
phobl oedd yn sâl neu'n cael eu poenydio gan ysbrydion drwg, ac roedd pob un ohonyn nhw
yn cael eu hiacháu.

Yr apostolion yn cael eu herlid

[17] Roedd yr Archoffeiriad a'i gyd-Sadwceaid yn genfigennus. [18] Felly dyma nhw'n arestio'r
apostolion a'u rhoi yn y carchar. [19] Ond yn ystod y nos dyma angel yr Arglwydd yn dod ac yn
agor drysau'r carchar a'u gollwng yn rhydd. Dwedodd wrthyn nhw, [20] "Ewch i'r deml, sefyll
yno a dweud wrth bobl am y bywyd newydd yma."
[21] Felly ar doriad gwawr dyma nhw'n mynd i'r deml a gwneud beth ddwedodd yr angel
wrthyn nhw, a dechrau dysgu'r bobl. Pan gyrhaeddodd yr archoffeiriad a'i swyddogion ar
gyfer y cyfarfod o'r Sanhedrin – sef cyfarfod llawn o arweinwyr Israel – dyma nhw'n anfon
dynion i nôl yr apostolion o'r carchar. [22] Ond pan gyrhaeddodd rheiny'r celloedd, doedd yr
apostolion ddim yno! Felly dyma nhw'n mynd yn ôl at y Sanhedrin a dweud, [23] "Pan aethon
ni i'r carchar roedd wedi'i gloi yn ddiogel, ac roedd swyddogion yno yn gwarchod y drysau;
ond pan agoron nhw'r gell i ni, doedd neb i mewn yno!"
[24] Pan glywodd y prif offeiriaid a phennaeth gwarchodlu'r deml hyn, roedden nhw wedi drysu'n
lân, ac yn meddwl, "Beth nesa!" [25] Dyna pryd daeth rhywun i mewn a dweud, "Dych chi'n gwybod
beth! – mae'r dynion wnaethoch chi eu rhoi yn y carchar yn sefyll yn y deml yn dysgu'r bobl!"
[26] Felly dyma'r capten a'i swyddogion yn mynd i arestio'r apostolion eto, ond heb ddefnyddio
trais. Roedd ganddyn nhw ofn i'r bobl gynhyrfu a dechrau taflu cerrig atyn nhw a'u lladd.
[27] Dyma nhw'n dod â'r apostolion o flaen y Sanhedrin i gael eu croesholi gan yr archoffeiriad.
[28] "Cawsoch chi orchymyn clir i beidio sôn am y dyn yna," meddai, "ond dych chi wedi bod yn
dweud wrth bawb yn Jerwsalem amdano, ac yn rhoi'r bai arnon ni am ei ladd!"
[29] Atebodd Pedr a'r apostolion eraill: "Mae'n rhaid i ni ufuddhau i Dduw, dim i ddynion
meidrol fel chi! [30] Duw ein cyndeidiau ni ddaeth â Iesu yn ôl yn fyw ar ôl i chi ei ladd drwy ei
hoelio ar bren! [31] Ac mae Duw wedi'i osod i eistedd yn y sedd anrhydedd yn y nefoedd. Iesu
ydy'r Tywysog a'r Achubwr sy'n rhoi cyfle i Israel droi'n ôl at Dduw a chael eu pechodau
wedi'u maddau. [32] Dŷn ni'n gwybod fod hyn i gyd yn wir, ac mae'r Ysbryd Glân hefyd yn tystio
i'r ffaith gyda ni. Dyma'r Ysbryd mae Duw yn ei roi i bawb sy'n ufuddhau iddo."
[33] Pan glywon nhw beth ddwedodd yr apostolion roedden nhw'n gynddeiriog. Roedden nhw
eisiau eu lladd nhw! [34] Ond dyma Pharisead o'r enw Gamaliel yn sefyll ar ei draed. (Roedd

Gamaliel yn arbenigwr yn y Gyfraith, ac yn ddyn oedd gan bawb barch mawr ato.) Rhoddodd
orchymyn i'r apostolion gael eu cymryd allan o'r cyfarfod am ychydig, 35 ac yna dwedodd
hyn: "Ddynion. Arweinwyr Israel. Rhaid meddwl yn ofalus cyn penderfynu beth i'w wneud
â'r dynion yma. 36 Ydych chi'n cofio Theudas? Cododd hwnnw beth amser yn ôl, yn honni ei
fod yn arweinydd mawr. Roedd tua pedwar cant o ddynion yn ei ddilyn, ond cafodd ei ladd
a chafodd ei ddilynwyr eu gwasgaru. Wnaeth dim byd ddod o'r peth. 37 Wedyn, cawsoch chi
Jwdas y Galilead yn arwain gwrthryfel adeg y cyfrifiad. Cafodd yntau ei ladd, a chafodd ei
ddilynwyr e eu gyrru ar chwâl. 38 Felly, dyma fyddwn i yn ei gynghori yn yr achos sydd o'n
blaenau ni: Peidiwch gwneud dim gyda nhw. Gadewch lonydd iddyn nhw. Chwalu wnân nhw
os mai dim ond syniadau pobl sydd y tu ôl i'r cwbl. 39 Ond os oes gan Dduw rywbeth i'w wneud
â'r peth, wnewch chi byth eu stopio nhw; a chewch eich hunain yn brwydro yn erbyn Duw."
40 Llwyddodd Gamaliel i'w perswadio nhw. Felly dyma nhw'n galw'r apostolion yn ôl i mewn
ac yn gorchymyn iddyn nhw gael eu curo. Ar ôl eu rhybuddio nhw eto i beidio sôn am Iesu,
dyma nhw'n eu gollwng yn rhydd.
41 Roedd yr apostolion yn llawen wrth adael y Sanhedrin. Roedden nhw'n ei chyfri hi'n fraint
eu bod wedi cael eu cam-drin am ddilyn Iesu. 42 Bob dydd, yn y deml ac yn eu tai, roedden
nhw'n dal ati i ddysgu'r bobl a chyhoeddi'r newyddion da mai Iesu ydy'r Meseia.

Dewis y saith

6 Ond wrth i nifer y bobl oedd yn credu dyfu, cododd problemau. Roedd y rhai oedd
o gefndir Groegaidd yn cwyno am y rhai oedd yn dod o gefndir Hebreig. Roedden nhw'n
teimlo fod eu gweddwon nhw yn cael eu hesgeuluso gan y rhai oedd yn gyfrifol am ddosbarthu
bwyd bob dydd. 2 Felly dyma'r Deuddeg yn galw'r credinwyr i gyd at ei gilydd. "Cyhoeddi
a dysgu pobl beth ydy neges Duw ydy'n gwaith ni, dim trefnu'r ffordd mae bwyd yn cael ei
ddosbarthu" medden nhw. 3 "Felly frodyr a chwiorydd, dewiswch saith dyn o'ch plith – dynion
mae pawb yn eu parchu ac yn gwybod eu bod yn llawn o'r Ysbryd Glân – dynion sy'n gallu
gwneud y gwaith. Dŷn ni'n mynd i roi'r cyfrifoldeb yma iddyn nhw. 4 Wedyn byddwn ni'n
gallu rhoi'n sylw i gyd i weddi a dysgu pobl beth ydy neges Duw."
5 Roedd y syniad yma'n plesio pawb, a dyma nhw'n dewis y rhain: Steffan (dyn oedd yn
credu'n gryf ac yn llawn o'r Ysbryd Glân), a Philip, Procorws, Nicanor, Timon, Parmenas,
a Nicolas o Antiochia (oedd ddim yn Iddew, ond wedi troi at y grefydd Iddewig, a bellach yn
dilyn y Meseia). 6 Dyma nhw'n eu cyflwyno i'r apostolion, ac ar ôl gweddïo dyma'r apostolion
yn eu comisiynu nhw ar gyfer y gwaith drwy roi eu dwylo arnyn nhw.
7 Roedd neges Duw yn mynd ar led, a nifer y disgyblion yn Jerwsalem yn tyfu'n gyflym.
Roedd nifer fawr o'r offeiriaid Iddewig yn dilyn y Meseia hefyd.

Steffan yn cael ei arestio

8 Roedd Steffan yn ddyn oedd â ffafr Duw arno a nerth Duw ar waith yn ei fywyd. Roedd yn
gwneud gwyrthiau rhyfeddol ymhlith y bobl, oedd yn dangos fod Duw gydag e. 9 Ond dyma
rhai o aelodau'r synagog oedd yn cael ei galw'n 'Synagog y Dynion Rhydd' yn codi yn ei
erbyn. Iddewon o Cyrene ac Alecsandria oedden nhw, yn ogystal â rhai o Cilicia ac o dalaith
Asia. Dyma nhw'n dechrau dadlau gyda Steffan, 10 ond doedden nhw ddim yn gallu ateb
ei ddadleuon. Roedd e mor ddoeth, ac roedd yr Ysbryd Glân yn amlwg yn siarad drwyddo.
11 Felly dyma nhw'n defnyddio tacteg wahanol, ac yn perswadio rhyw ddynion i ddweud
celwydd amdano: "Dŷn ni wedi clywed Steffan yn dweud pethau cableddus am Moses ac am
Dduw." 12 Wrth gwrs achosodd hyn stŵr ymhlith y bobl a'r henuriaid a'r arbenigwyr yn y Gyfraith.
Dyma nhw'n arestio Steffan ac roedd rhaid iddo ymddangos o flaen y Sanhedrin. 13 Dyma rai
yn dweud celwydd wrth roi tystiolaeth ar lw: "Mae'r dyn yma o hyd ac o hyd yn dweud pethau
yn erbyn y deml ac yn erbyn Cyfraith Moses. 14 Dŷn ni wedi'i glywed yn dweud y bydd yr Iesu
yna o Nasareth yn dinistrio'r deml yma ac yn newid y traddodiadau wnaeth Moses eu rhoi i ni."

15Dyma pob un o aelodau'r Sanhedrin yn troi i syllu ar Steffan. Roedd ei wyneb yn disgleirio
fel wyneb angel.

Steffan yn annerch y Sanhedrin

7 Gofynnodd yr archoffeiriad iddo, "Ydy'r cyhuddiadau yma'n wir?"
2A dyma oedd ateb Steffan: "Frodyr, ac arweinwyr parchus, gwrandwch arna i. Roedd
y Duw gogoneddus wedi ymddangos i Abraham pan oedd e'n dal i fyw yn Mesopotamia – cyn
iddo symud i Haran hyd yn oed. 3*'Dw i am i ti adael dy wlad a'th bobl,'* meddai Duw wrtho,
'a mynd i ble bydda i'n ei ddangos i ti.'
4"Felly gadawodd wlad y Caldeaid, a setlo i lawr yn Haran. Wedyn, ar ôl i'w dad farw, dyma
Duw yn ei arwain ymlaen i'r wlad yma dych chi'n byw ynddi nawr. 5Chafodd Abraham ei
hun ddim tir yma – dim o gwbl! Ond roedd Duw wedi addo iddo y byddai'r wlad i gyd yn
perthyn iddo fe a'i ddisgynyddion ryw ddydd – a hynny pan oedd gan Abraham ddim plentyn
hyd yn oed! 6Dyma ddwedodd Duw: *'Bydd rhaid i dy ddisgynyddion di fyw fel ffoaduriaid
mewn gwlad arall. Byddan nhw'n gaethweision yno, ac yn cael eu cam-drin am bedwar can
mlynedd. 7Ond bydda i'n cosbi'r genedl fydd wedi'u cam-drin nhw'* meddai Duw, *'a chân nhw
adael y wlad honno a dod i'm haddoli i yn y fan yma.'* 8Dyna pryd wnaeth Duw ddweud wrth
Abraham mai defod enwaediad oedd i fod yn arwydd o'r ymrwymiad yma. Felly pan gafodd
Abraham fab, sef Isaac, dyma fe'n enwaedu y plentyn yn wyth diwrnod oed. Yna Isaac oedd
tad Jacob, a Jacob oedd tad y deuddeg patriarch roddodd eu henwau i ddeuddeg llwyth Israel.
9"Roedd y dynion hynny (meibion Jacob) yn genfigennus o'u brawd Joseff, dyma nhw'n
ei werthu fel caethwas i'r Aifft. Ond roedd Duw gyda Joseff 10ac yn ei achub o bob creisis.
Roedd Duw wedi gwneud Joseff yn ddyn doeth iawn. Daeth i ennill parch y Pharo, brenin yr
Aifft, a dyma'r Pharo yn ei benodi yn llywodraethwr ar y wlad gyfan, a'i wneud yn gyfrifol
am redeg y palas brenhinol.
11"Ond bryd hynny dyma newyn yn taro'r Aifft i gyd a gwlad Canaan. Roedd ein pobl ni'n
dioddef yn ofnadwy am fod dim bwyd yn unman. 12Clywodd Jacob fod gwenith ar werth yn yr
Aifft, ac anfonodd ei feibion (sef ein cyndeidiau ni) yno i brynu bwyd. 13Pan aethon nhw yno yr
ail waith, dwedodd Joseff pwy oedd wrth ei frodyr. Dyna pryd ddaeth y Pharo i wybod am deulu
Joseff. 14Felly dyma Joseff yn cael Jacob a'r teulu cyfan (saith deg pump o bobl i gyd) 15i fynd
i lawr i'r Aifft. Yn yr Aifft y buodd Jacob farw – a'i feibion, ein cyndeidiau ni. 16Ond cafodd eu
cyrff eu cario yn ôl i Sechem a'u claddu yn y tir oedd Abraham wedi'i brynu gan feibion Hamor.
17"Wrth i'r amser agosáu i Dduw wneud yr hyn oedd wedi'i addo i Abraham, roedd nifer
ein pobl ni yn yr Aifft wedi tyfu'n fawr. 18Erbyn hynny, *roedd brenin newydd yn yr Aifft – un
oedd yn gwybod dim byd am Joseff.* 19Buodd hwnnw'n gas iawn i'n pobl ni, a'u gorfodi nhw
i adael i'w babis newydd eu geni farw.
20"Dyna pryd cafodd Moses ei eni. Doedd hwn ddim yn blentyn cyffredin! Roedd ei rieni
wedi'i fagu o'r golwg yn eu cartref am dri mis. 21Ond pan gafodd ei adael allan, dyma ferch
y Pharo yn dod o hyd iddo, ac yn ei gymryd a'i fagu fel petai'n blentyn iddi hi ei hun. 22Felly
cafodd Moses yr addysg orau yn yr Aifft; roedd yn arweinydd galluog iawn, ac yn llwyddo
beth bynnag roedd e'n wneud.
23"Pan oedd yn bedwar deg mlwydd oed, penderfynodd fynd i ymweld â'i bobl ei hun,
sef pobl Israel. 24Dyna pryd y gwelodd un ohonyn nhw yn cael ei gam-drin gan ryw Eifftiwr.
Ymyrrodd Moses i'w amddiffyn a lladd yr Eifftiwr. 25Roedd yn rhyw obeithio y byddai ei bobl
yn dod i weld fod Duw wedi'i anfon i'w hachub nhw, ond wnaethon nhw ddim. 26Y diwrnod
wedyn gwelodd ddau o bobl Israel yn ymladd â'i gilydd. Ymyrrodd eto, a cheisio eu cael
i gymodi. 'Dych chi'n frodyr i'ch gilydd ffrindiau! Pam dych chi'n gwneud hyn?'
27"Ond dyma'r dyn oedd ar fai yn gwthio Moses o'r ffordd ac yn dweud wrtho, *'Pwy sydd
wedi rhoi'r hawl i ti ein rheoli ni a'n barnu ni?* 28*Wyt ti am fy lladd i fel gwnest ti ladd yr*

7:3 Genesis 12:1 7:6,7 Genesis 15:13,14 7:7 Exodus 3:12 7:18 Exodus 1:8

Eifftiwr yna ddoe?' 29 Clywed hynny wnaeth i Moses ddianc o'r wlad. Aeth i Midian. Er ei fod
yn ddieithryn yno, setlodd i lawr a chafodd dau fab eu geni iddo.

30 "Bedwar deg o flynyddoedd yn ddiweddarach, yn yr anialwch wrth ymyl Mynydd Sinai,
dyma angel yn ymddangos i Moses yng nghanol fflamau perth oedd ar dân. 31 Doedd ganddo
ddim syniad beth oedd yn ei weld. Wrth gamu ymlaen i weld yn agosach, clywodd lais yr
Arglwydd yn dweud, 32 '*Duw dy gyndeidiau di ydw i, Duw Abraham, Isaac a Jacob.' Erbyn hyn
roedd Moses yn crynu drwyddo gan ofn, a ddim yn meiddio edrych ar yr hyn oedd o'i flaen.*
33 *Ond dyma'r Arglwydd yn dweud wrtho, 'Tynna dy sandalau; rwyt ti'n sefyll ar dir cysegredig.*
34 *Dw i wedi gweld y ffordd mae fy mhobl i'n cael eu cam-drin yn yr Aifft. Dw i wedi'u clywed
nhw'n griddfan a dw i'n mynd i'w rhyddhau nhw. Tyrd, felly; dw i'n mynd i dy anfon di yn
ôl i'r Aifft.'*

35 "Moses oedd yr union ddyn oedden nhw wedi'i wrthod pan wnaethon nhw ddweud, '*Pwy
sydd wedi rhoi'r hawl i ti ein rheoli ni a'n barnu ni?*' Drwy gyfrwng yr angel a welodd yn
y berth cafodd ei anfon gan Dduw ei hun i'w harwain nhw a'u hachub nhw! 36 Drwy wneud
gwyrthiau rhyfeddol oedd yn dangos fod Duw gydag e, arweiniodd y bobl allan o'r Aifft,
drwy'r Môr Coch ac yn yr anialwch am bedwar deg o flynyddoedd.

37 "Moses ddwedodd wrth bobl Israel, '*Bydd Duw yn codi proffwyd arall fel fi o'ch plith
chi.*' 38 Roedd yn arwain y bobl pan oedden nhw gyda'i gilydd yn yr anialwch. Gyda Moses
y siaradodd yr angel ar Fynydd Sinai. Derbyniodd neges fywiol i'w phasio ymlaen i ni. 39 Ac
eto gwrthododd ein hynafiaid wrando arno! Roedden nhw eisiau mynd yn ôl i'r Aifft! 40 Dyma
nhw'n dweud wrth Aaron, 'Gwna dduwiau i ni i'n harwain ni. Pwy ŵyr beth sydd wedi digwydd
i'r Moses hwnnw wnaeth ein harwain ni allan o'r Aifft.' 41 Felly dyma nhw'n gwneud eilun
ar ffurf llo, aberthu iddo a chynnal parti i anrhydeddu rhywbeth roedden nhw wedi'i lunio
â'i dwylo eu hunain! 42 Trodd Duw ei gefn arnyn nhw a gadael iddyn nhw fwrw ymlaen
i addoli'r sêr a'r planedau yn yr awyr. Dyma'n union beth sydd wedi'i ysgrifennu yn llyfr
y proffwydi:

'Wnaethoch chi gyflwyno aberthau ac offrymau i mi
yn ystod y pedwar deg mlynedd yn yr anialwch,
O bobl Israel?

43 *Na! Mae'n well gynnoch chi anrhydeddu allor Molech*
a Reffan, duw'r sêr,
a'r eilunod wnaethoch chi i'w haddoli nhw.
Felly dw i'n mynd i'ch anfon chi'n gaethion
ymhell i ffwrdd i Babilon.'

44 "Roedd 'pabell y dystiolaeth' gyda'n hynafiaid ni yn yr anialwch. Roedd wedi cael ei
gwneud yn union yn ôl y patrwm oedd Duw wedi'i ddangos i Moses. 45 Pan oedd Josua yn
arwain y bobl i gymryd y tir oddi ar y cenhedloedd gafodd eu bwrw allan o'r wlad yma gan
Dduw, dyma nhw'n mynd â'r babell gyda nhw. Ac roedd hi'n dal gyda nhw hyd cyfnod
y Brenin Dafydd.

46 "Roedd Dafydd wedi profi ffafr Duw, a gofynnodd am y fraint o gael codi adeilad parhaol
i Dduw Jacob. 47 Ond Solomon oedd yr un wnaeth adeiladu'r deml. 48 Ond wedyn, dydy'r
Duw Goruchaf ddim yn byw mewn adeiladau wedi'u codi gan ddynion! Yn union fel mae'r
proffwyd yn dweud:

49 *'Y nefoedd ydy fy ngorsedd i,*
a'r ddaear yn stôl i mi orffwys fy nhraed arni.
Allech chi adeiladu teml fel yna i mi?
meddai'r Arglwydd.
Ble dych chi'n mynd i'w roi i mi i orffwys?
50 *Onid fi sydd wedi creu popeth sy'n bodoli?'*

7:27,28 Exodus 2:14 7:30 Exodus 3:2 7:34 Exodus 3:5-10 7:35 Exodus 2:14 7:37 Deuteronomium 18:15
7:42-43 Amos 5:25-27 (LXX) 7:49-50 Eseia 66:1-2

51“Dych chi mor benstiff! Dych chi fel y paganiaid – yn ystyfnig a byddar! Dych chi'n union
yr un fath â'ch hynafiaid – byth yn gwrando ar yr Ysbryd Glân! 52Fuodd yna unrhyw broffwyd
gafodd mo'i erlid gan eich cyndeidiau? Nhw lofruddiodd hyd yn oed y rhai broffwydodd fod
yr Un Cyfiawn yn dod – sef y Meseia. A dych chi nawr wedi'i fradychu a'i ladd e! 53Dych chi
wedi gwrthod ufuddhau i Gyfraith Duw, a chithau wedi'i derbyn hi gan angylion!”

Steffan yn cael ei labyddio i farwolaeth

54Roedd yr hyn ddwedodd Steffan wedi gwneud yr arweinwyr Iddewig yn wyllt gandryll.
Dyma nhw'n troi'n fygythiol, 55ond roedd Steffan yn llawn o'r Ysbryd Glân, ac wrth edrych
i fyny gwelodd ogoniant Duw, a Iesu yn sefyll ar ei ochr dde. 56“Edrychwch!” meddai, “dw i'n
gweld y nefoedd ar agor! *Mae Mab y Dyn wedi'i anrhydeddu – mae'n sefyll ar ochr dde Duw.*”
57Dyma nhw'n gwrthod gwrando ar ddim mwy, a chan weiddi nerth eu pennau dyma nhw'n
rhuthro ymlaen i ymosod arno. 58Ar ôl ei lusgo allan o'r ddinas dyma nhw'n dechrau taflu
cerrig ato i'w labyddio i farwolaeth. Roedd y rhai oedd wedi tystio yn ei erbyn wedi tynnu eu
mentyll, a'u rhoi yng ngofal dyn ifanc o'r enw Saul.[dd]
59Wrth iddyn nhw daflu cerrig ato i'w ladd, roedd Steffan yn gweddïo, “Arglwydd Iesu,
derbyn fy ysbryd i.” 60Yna syrthiodd ar ei liniau a gweiddi'n uchel, “Arglwydd, paid dal nhw'n
gyfrifol am y pechod yma.” Ac ar ôl dweud hynny, buodd farw.

8 Roedd Saul yno, yn cytuno'n llwyr y dylai Steffan farw.

Yr Eglwys yn cael ei herlid a'i gwasgaru

O'r diwrnod hwnnw ymlaen dechreuodd yr eglwys yn Jerwsalem gael ei herlid yn ffyrnig,
a dyma pawb ond yr apostolion yn gwasgaru drwy Jwdea a Samaria. 2Cafodd Steffan ei gladdu
gan ddynion duwiol fu'n galaru'n fawr ar ei ôl. 3Ond dyma Saul yn mynd ati i ddinistrio'r eglwys.
Roedd yn mynd o un tŷ i'r llall ac yn arestio dynion a merched fel ei gilydd a'u rhoi yn y carchar.

Philip yn Samaria

4Roedd y credinwyr oedd wedi'u gwasgaru yn dweud wrth bobl beth oedd y newyddion da
ble bynnag oedden nhw'n mynd. 5Er enghraifft, aeth Philip i dref yn Samaria a chyhoeddi'r
neges am y Meseia yno. 6Roedd tyrfaoedd o bobl yn dod i wrando ar beth roedd Philip yn ei
ddweud, wrth weld yr arwyddion gwyrthiol roedd e'n eu gwneud. 7Roedd ysbrydion drwg yn
dod allan o lawer o bobl gan sgrechian, ac roedd llawer o bobl oedd wedi'u parlysu neu'n
gloff yn cael iachâd. 8Felly roedd llawenydd anhygoel yn y dre.

Simon y dewin

9Yn y dre honno roedd dewin o'r enw Simon wedi bod yn ymarfer ei swynion ers
blynyddoedd, ac yn gwneud pethau oedd yn rhyfeddu pawb yn Samaria. Roedd yn honni ei fod
yn rhywun pwysig dros ben. 10Roedd pawb, o'r ifancaf i'r hynaf, yn sôn amdano ac yn dweud
fod nerth y duw roedden nhw'n ei alw ‘Yr Un Pwerus’ ar waith ynddo. 11Roedd ganddo lawer
o ddilynwyr, a phobl wedi cael eu syfrdanu ers blynyddoedd lawer gan ei ddewiniaeth. 12Ond
nawr, dyma'r bobl yn dod i gredu'r newyddion da oedd Philip yn ei gyhoeddi am Dduw yn
teyrnasu ac am enw Iesu y Meseia. Cafodd nifer fawr o ddynion a merched eu bedyddio. 13Yna
credodd Simon ei hun a chael ei fedyddio. Ac roedd yn dilyn Philip i bobman, wedi'i syfrdanu'n
llwyr gan y gwyrthiau rhyfeddol oedd yn dangos mor glir fod Duw gyda Philip.
14Pan glywodd yr apostolion yn Jerwsalem fod pobl yn Samaria wedi credu'r neges am Dduw,
dyma nhw'n anfon Pedr ac Ioan yno. 15Yn syth ar ôl cyrraedd, dyma nhw'n gweddïo dros

---

dd 7:58 sef Paul; gw. Actau 13:9.
7:56 cyfeiriad at Salm 110:1

y credinwyr newydd yma – ar iddyn nhw dderbyn yr Ysbryd Glân, 16achos doedd yr Ysbryd
Glân ddim wedi disgyn arnyn nhw eto. Y cwbl oedd wedi digwydd oedd eu bod wedi cael eu
bedyddio fel arwydd eu bod nhw'n perthyn i'r Arglwydd Iesu. 17Pan osododd Pedr ac Ioan
eu dwylo arnyn nhw, dyma nhw'n derbyn yr Ysbryd Glân.
18Pan welodd Simon fod yr Ysbryd Glân yn dod pan oedd yr apostolion yn gosod eu dwylo ar
bobl, cynigodd dalu iddyn nhw am y gallu i wneud yr un peth. 19"Rhowch y gallu yma i minnau
hefyd, er mwyn i bawb fydda i yn gosod fy nwylo arnyn nhw dderbyn yr Ysbryd Glân," meddai.
20Ond dyma Pedr yn ei ateb, "Gad i dy arian bydru gyda ti! Rhag dy gywilydd di am feddwl
y gelli di brynu rhodd Duw! 21Does gen ti ddim rhan yn y gwaith – dydy dy berthynas di
gyda Duw ddim yn iawn. 22Tro dy gefn ar y drygioni yma a gweddïa ar yr Arglwydd. Falle
y gwnaiff faddau i ti am feddwl y fath beth. 23Rwyt ti'n ddyn chwerw, ac mae pechod wedi
dy ddal di yn ei grafangau."
24Meddai Simon, "Gweddïa ar yr Arglwydd drosto i, fel na fydd beth rwyt ti'n ei ddweud
yn digwydd i mi."
25Ar ôl tystiolaethu a chyhoeddi neges Duw yn Samaria, dyma Pedr ac Ioan yn mynd yn ôl
i Jerwsalem. Ond ar eu ffordd dyma nhw'n galw yn nifer o bentrefi'r Samariaid i gyhoeddi'r
newyddion da.

Philip a'r Ethiopiad

26Roedd Philip wedi cael neges gan angel yr Arglwydd yn dweud wrtho: "Dos i lawr i'r de
i ffordd yr anialwch, sef y ffordd o Jerwsalem i Gasa." 27Aeth Philip ar unwaith, a phan oedd ar
ei ffordd dyma fe'n dod ar draws eunuch oedd yn swyddog pwysig yn llywodraeth y Candace,[e]
sef Brenhines Ethiopia – fe oedd pennaeth ei thrysorlys. Roedd wedi bod yn Jerwsalem yn
addoli Duw, 28ac roedd yn darllen llyfr proffwydoliaeth Eseia wrth deithio yn ei gerbyd ar ei
ffordd adre. 29Dyma'r Ysbryd Glân yn dweud wrth Philip, "Dos a rheda wrth ymyl y cerbyd acw."
30Felly dyma Philip yn rhedeg at y cerbyd, ac roedd yn clywed y dyn yn darllen o lyfr
proffwydoliaeth Eseia. Felly gofynnodd Philip iddo, "Wyt ti'n deall beth rwyt ti'n ei ddarllen?"
31"Sut alla i ddeall heb i rywun ei esbonio i mi?" meddai'r dyn. Felly gofynnodd i Philip
fynd i eistedd yn y cerbyd gydag e.
32Dyma'r adran o'r ysgrifau sanctaidd roedd yr eunuch yn ei ddarllen:

"*Cafodd ei arwain fel dafad i'r lladd-dy.*
Yn union fel mae oen yn dawel pan mae'n cael ei gneifio,
wnaeth e ddweud dim.
33 *Cafodd ei gam-drin heb achos llys teg.*
Sut mae'n bosib sôn am ddisgynyddion iddo?
Cafodd ei dorri i ffwrdd o dir y byw."

34A dyma'r eunuch yn gofyn i Philip, "Dwed wrtho i, ydy'r proffwyd yn sôn amdano'i hun
neu am rywun arall?" 35Felly dyma Philip yn dechrau gyda'r rhan honno o'r ysgrifau sanctaidd,
ac yn mynd ati i ddweud y newyddion da am Iesu wrtho.
36Wrth fynd yn eu blaenau, dyma nhw'n dod at le lle roedd dŵr. "Edrych," meddai'r eunuch,
"mae dŵr yn y fan yma. Oes yna unrhyw reswm pam ddylwn i ddim cael fy medyddio?"[f]
38Rhoddodd orchymyn i'r cerbyd stopio. Wedyn aeth gyda Philip i lawr i'r dŵr, a dyma Philip
yn ei fedyddio yn y fan a'r lle.
39Wrth iddyn nhw ddod yn ôl allan o'r dŵr, dyma Ysbryd yr Arglwydd yn cipio Philip
i ffwrdd. Wnaeth yr eunuch mo'i weld ar ôl hynny, ond aeth yn ei flaen ar ei daith yn llawen.

---

e 8:27 *y Candace:* Nid enw'r frenhines oedd Candace, ond ei theitl swyddogol (fel y teitl 'y Pharo' yn yr Aifft). Mae *Ethiopia* yn cyfeirio at deyrnas Nwbia yng ngogledd y Swdan, a'i phrifddinas Meroe. Mae'n debyg mai'r Candace y cyfeirir ati yma oedd Amantitere, oedd yn teyrnasu OC 25–41. f 8:36 Mae rhai llawysgrifau yn ychwanegu adn. 37, *Na, dim os wyt ti'n credu â'th holl galon, meddai Philip. A dyma'r eunuch yn ateb, "Dw i'n credu mai Iesu y Meseia ydy mab Duw."*

8:32-33 Eseia 53:7-8 (LXX)

40 Cafodd Philip ei hun yn Asotus! Yna aeth yn ei flaen i Cesarea gan gyhoeddi'r newyddion
da ym mhob un o'r trefi ar y ffordd.

Tröedigaeth Saul

9 Yn y cyfamser, roedd Saul yn dal i fynd o gwmpas yn bygwth lladd dilynwyr yr Arglwydd.
Roedd wedi mynd at yr Archoffeiriad 2 i ofyn am lythyrau i synagogau Damascus yn rhoi'r
hawl iddo arestio unrhyw un oedd yn dilyn y Ffordd. Roedd ganddo awdurdod i gadw dynion
a merched yn y ddalfa a mynd â nhw'n gaeth i Jerwsalem. 3 Roedd yn agos at Damascus pan
fflachiodd golau disglair o'r nefoedd o'i gwmpas. 4 Syrthiodd ar lawr a chlywed llais yn dweud
wrtho: "Saul? Saul? Pam wyt ti'n fy erlid i?"
5 "Pwy wyt ti, syr?" gofynnodd Saul. "Iesu ydw i," atebodd, "yr un rwyt ti'n ei erlid. 6 Nawr
cod ar dy draed a dos i mewn i'r ddinas. Cei di wybod yno beth mae'n rhaid i ti ei wneud."
7 Roedd y rhai oedd yn teithio gydag e'n sefyll yn fud; roedden nhw'n clywed y llais ond
doedden nhw'n gweld neb. 8 Cododd Saul ar ei draed, ond pan agorodd ei lygaid, doedd e ddim
yn gallu gweld. Felly dyma nhw'n gafael yn ei law ac yn ei arwain i mewn i dre Damascus.
9 Arhosodd yno am dri diwrnod. Roedd yn ddall ac yn gwrthod bwyta nac yfed dim.
10 Yn byw yn Damascus roedd disgybl o'r enw Ananias oedd wedi cael gweledigaeth o'r
Arglwydd yn galw arno – "Ananias!"
"Ie, Arglwydd," atebodd.
11 A dyma'r Arglwydd yn dweud wrtho, "Dos i dŷ Jwdas yn Stryd Union a gofyn am ddyn
o Tarsus o'r enw Saul. Mae yno'n gweddïo. 12 Dw i wedi dangos iddo y bydd dyn o'r enw
Ananias yn mynd ato a gosod ei ddwylo arno iddo gael ei olwg yn ôl."
13 "Ond Arglwydd," meddai Ananias, "dw i wedi clywed llawer o hanesion am y dyn yma.
Mae wedi gwneud pethau ofnadwy i dy bobl di yn Jerwsalem. 14 Mae'r prif offeiriaid wedi
rhoi awdurdod iddo ddod yma i arestio pawb sy'n credu ynot ti."
15 Ond meddai'r Arglwydd wrth Ananias, "Dos! Dyma'r dyn dw i wedi'i ddewis i ddweud
amdana i wrth bobl o genhedloedd eraill a'u brenhinoedd yn ogystal ag wrth bobl Israel.
16 Bydda i'n dangos iddo y bydd e'i hun yn dioddef llawer am fy nilyn i."
17 Felly dyma Ananias yn mynd. Aeth i mewn i'r tŷ, gosod ei ddwylo ar Saul a dweud wrtho,
"Saul, frawd. Mae'r Arglwydd Iesu, wnaeth ymddangos i ti ar dy ffordd yma, wedi fy anfon
i atat ti er mwyn i ti gael dy olwg yn ôl, a chei dy lenwi â'r Ysbryd Glân hefyd." 18 Yr eiliad
honno dyma rywbeth tebyg i gen yn syrthio oddi ar lygaid Saul, ac roedd yn gallu gweld eto.
Cododd ar ei draed a chafodd ei fedyddio. 19 Wedyn cymerodd rywbeth i'w fwyta, a chael
ei gryfder yn ôl.

Saul yn Damascus a Jerwsalem

Arhosodd Saul gyda'r disgyblion yn Damascus am beth amser. 20 Aeth ati ar unwaith
i bregethu yn y synagogau mai Iesu ydy Mab Duw.
21 Roedd pawb a'i clywodd wedi'u syfrdanu. "Onid dyma'r dyn wnaeth achosi'r fath
drafferth i'r rhai yn Jerwsalem sy'n dilyn yr Iesu yna? Roedden ni'n meddwl ei fod wedi dod
yma ar ran y prif offeiriaid i arestio'r bobl hynny a'u rhoi yn y carchar."
22 Roedd pregethu Saul yn mynd yn gryfach ac yn gryfach bob dydd, a doedd yr Iddewon yn
Damascus ddim yn gallu dadlau yn ei erbyn wrth iddo brofi mai Iesu ydy'r Meseia. 23 Felly ar ôl
peth amser dyma'r arweinwyr Iddewig yn cynllwynio i'w ladd. 24 Ond clywodd Saul am eu bwriad,
a'r ffaith eu bod yn gwylio giatiau'r ddinas yn ofalus ddydd a nos er mwyn ei ddal a'i lofruddio.
25 Felly dyma rhai o'r credinwyr yn ei ollwng i lawr mewn basged drwy agoriad yn wal y ddinas.
26 Pan gyrhaeddodd Saul Jerwsalem, ceisiodd fynd at y credinwyr yno, ond roedd ganddyn nhw
ei ofn. Doedden nhw ddim yn credu ei fod wedi dod yn Gristion go iawn. 27 Ond dyma Barnabas
yn ei dderbyn, ac yn mynd ag e at yr apostolion. Dwedodd wrthyn nhw sut gwelodd Saul yr
Arglwydd pan oedd yn teithio i Damascus, a beth oedd yr Arglwydd wedi'i ddweud wrtho. Hefyd

dwedodd ei fod wedi pregethu am Iesu yn gwbl ddi-ofn pan oedd yn Damascus. 28 Felly cafodd
ei dderbyn gan yr apostolion, ac roedd yn mynd o gwmpas Jerwsalem yn gwbl agored yn dweud
wrth bawb am yr Arglwydd Iesu. 29 Buodd yn siarad ac yn dadlau gyda rhyw Iddewon Groegaidd,
ond y canlyniad oedd iddyn nhw benderfynu ei ladd. 30 Pan glywodd y credinwyr am y peth, dyma
nhw'n mynd â Saul i Cesarea, ac yna ei anfon yn ei flaen i Tarsus lle roedd ei gartref.
31 Ar ôl hyn cafodd yr eglwys yn Jwdea, Galilea a Samaria gyfnod o dawelwch a llwyddiant
– roedd ffydd y credinwyr yn cryfhau ac roedd eu niferoedd yn tyfu hefyd. Roedden nhw'n
byw mewn ffordd oedd yn dangos eu bod yn ofni'r Arglwydd, a'r Ysbryd Glân yn eu hannog
yn eu blaenau.

Aeneas a Dorcas

32 Roedd Pedr yn teithio o gwmpas y wlad, ac aeth i ymweld â'r Cristnogion oedd yn Lyda.
33 Yno daeth ar draws dyn o'r enw Aeneas, oedd wedi'i barlysu ac wedi bod yn gaeth i'w wely
ers wyth mlynedd. 34 Dyma Pedr yn dweud wrtho, "Aeneas, mae Iesu y Meseia am dy iacháu
di. Cod ar dy draed a phlyga dy fatras." Cafodd Aeneas ei iacháu ar unwaith. 35 Dyma pawb
oedd yn byw yn Lyda a Sharon yn troi at yr Arglwydd pan welon nhw Aeneas yn cerdded.
36 Yna yn Jopa roedd disgybl o'r enw Tabitha (Dorcas fyddai ei henw yn yr iaith Roeg[ff]).
Roedd hi bob amser wedi gwneud daioni a helpu pobl dlawd, 37 ond tua'r adeg yna aeth yn
glaf, a buodd farw. Cafodd ei chorff ei olchi a'i osod i orwedd mewn ystafell i fyny'r grisiau.
38 Pan glywodd y credinwyr fod Pedr yn Lyda (sydd ddim yn bell iawn o Jopa), dyma nhw'n
anfon dau ddyn ato i ofyn iddo, "Plîs, tyrd ar unwaith!"
39 Aeth Pedr gyda nhw, ac wedi iddo gyrraedd dyma fynd ag e i fyny'r grisiau i'r ystafell. Roedd
yr ystafell yn llawn o wragedd gweddwon yn eu dagrau yn dangos iddo'r mentyll a'r dillad eraill
roedd Dorcas wedi'u gwneud iddyn nhw pan oedd hi'n dal yn fyw. 40 Dyma Pedr yn anfon pawb
allan o'r ystafell, ac yna aeth ar ei liniau a gweddïo. Yna trodd at gorff y wraig oedd wedi marw,
a dweud wrthi, "Tabitha, cod ar dy draed." Agorodd ei llygaid! A phan welodd Pedr eisteddodd
i fyny. 41 Gafaelodd Pedr yn ei llaw a'i helpu i sefyll ar ei thraed. Wedyn galwodd Pedr y credinwyr
a'r gwragedd gweddwon yn ôl i mewn a dangos iddyn nhw fod Dorcas yn fyw.
42 Dyma'r newyddion yn mynd ar led drwy dre Jopa fel tân gwyllt, a daeth llawer iawn
o bobl i gredu yn yr Arglwydd. 43 Arhosodd Pedr yno am gryn amser, yn lletya yn nhŷ gweithiwr
lledr o'r enw Simon.

Cornelius yn anfon am Pedr

10 Roedd dyn o'r enw Cornelius yn byw yn Cesarea, oedd yn swyddog milwrol yn
y Gatrawd Eidalaidd. 2 Roedd e a'i deulu yn bobl grefyddol a duwiol; roedd yn rhoi'n
hael i'r Iddewon oedd mewn angen ac yn ddyn oedd yn gweddïo ar Dduw yn rheolaidd. 3 Un
diwrnod, tua tri o'r gloch y p'nawn, cafodd weledigaeth. Gwelodd un o angylion Duw yn dod
ato ac yn galw arno, "Cornelius!"
4 Roedd Cornelius yn syllu arno mewn dychryn. "Beth, Arglwydd?" meddai. Atebodd yr
angel, "Mae dy weddïau a'th roddion i'r tlodion wedi cael eu derbyn fel offrwm gan Dduw.
5 Anfon ddynion i Jopa i nôl dyn o'r enw Simon Pedr. 6 Mae'n aros yn nhŷ Simon y gweithiwr
lledr ar lan y môr."
7 Pan aeth yr angel i ffwrdd, dyma Cornelius yn galw dau o'i weision a milwr duwiol oedd yn
un o'i warchodwyr personol. 8 Dwedodd wrthyn nhw beth oedd wedi digwydd, a'u hanfon i Jopa.

Gweledigaeth Pedr

9 Tua chanol dydd y diwrnod wedyn pan oedd gweision Cornelius bron â chyrraedd Jopa,
roedd Pedr wedi mynd i fyny i ben y to i weddïo. 10 Dechreuodd deimlo ei fod eisiau bwyd. Tra

ff 9:36 Mae *Tabitha* yn yr Aramaeg a *Dorcas* yn y Roeg yn golygu 'gafrewig' ('gasél').

oedd cinio yn cael ei baratoi cafodd weledigaeth. 11 Gwelodd yr awyr yn agor a rhywbeth tebyg
i gynfas fawr yn cael ei gollwng i lawr i'r ddaear wrth ei phedair cornel. 12 Y tu mewn i'r gynfas
roedd pob math o anifeiliaid, ymlusgiaid ac adar. 13 A dyma lais yn dweud wrtho, "Cod Pedr,
lladd beth wyt ti eisiau, a'i fwyta." 14 "Ti ddim o ddifri, Arglwydd!" meddai Pedr. "Dw i erioed
wedi bwyta dim byd sy'n cael ei gyfri'n aflan neu'n anghywir i'w fwyta." 15 Ond meddai'r
llais, "Os ydy Duw wedi dweud fod rhywbeth yn iawn i'w fwyta, paid ti â dweud fel arall!"

16 Digwyddodd yn union yr un peth dair gwaith! Yna'n sydyn aeth y gynfas yn ôl i fyny
i'r awyr.

17 Roedd Pedr yn methu'n lân â deall beth oedd ystyr y weledigaeth. Yna tra oedd yn meddwl
am y peth cyrhaeddodd y dynion roedd Cornelius wedi'u hanfon. Dyma nhw'n sefyll y tu allan
i'r giât, 18 a galw i ofyn a oedd Simon Pedr yn aros yno.

19 Yn y cyfamser, tra oedd Pedr yn pendroni am y weledigaeth gafodd, dwedodd yr Ysbryd
Glân wrtho, "Simon, mae tri dyn yma'n edrych amdanat ti, 20 felly dos i lawr atyn nhw. Dos
gyda nhw, am mai fi sydd wedi'u hanfon nhw. Paid petruso."

21 Felly dyma Pedr yn mynd i lawr y grisiau a dweud wrth y dynion, "Fi dych chi'n edrych
amdano. Pam dych chi yma?"

22 Atebodd y dynion, "Ein meistr ni, Cornelius, sy'n swyddog yn y fyddin sydd wedi'n hanfon
ni yma. Mae e'n ddyn da a duwiol sy'n cael ei barchu'n fawr gan yr Iddewon i gyd. Dwedodd
angel wrtho am dy wahodd i'w dŷ iddo gael clywed beth sydd gen ti i'w ddweud." 23 Felly
dyma Pedr yn croesawu'r dynion i mewn i'r tŷ i aros dros nos.

Pedr yn nhŷ Cornelius

Y diwrnod wedyn dyma Pedr yn mynd gyda nhw, ac aeth rhai o gredinwyr Jopa gydag
e hefyd.

24 Dyma nhw'n cyrraedd Cesarea y diwrnod ar ôl hynny. Roedd Cornelius yn disgwyl
amdanyn nhw, ac wedi galw'i berthnasau a'i ffrindiau draw. 25 Pan ddaeth Pedr i mewn
drwy'r drws, dyma Cornelius yn mynd ato a syrthio i lawr o'i flaen fel petai'n ei addoli. 26 Ond
dyma Pedr yn gwneud iddo godi: "Saf ar dy draed," meddai wrtho, "dyn cyffredin ydw i fel ti."

27 Roedd Pedr wrthi'n sgwrsio gyda Cornelius wrth fynd i mewn, a gwelodd fod criw mawr
o bobl wedi dod i wrando arno. 28 A dyma ddwedodd wrthyn nhw: "Dych chi'n gwybod fod
ein Cyfraith ni'r Iddewon ddim yn caniatáu i ni gymysgu gyda phobl o genhedloedd eraill.
Ond mae Duw wedi dangos i mi fod gen i ddim hawl i ystyried unrhyw un yn aflan. 29 Felly
pan anfonoch chi amdana i, doedd dim dadl am y peth – des i ar unwaith. Ga i ofyn felly,
pam wnaethoch chi anfon amdana i?"

30 Atebodd Cornelius: "Bedwar diwrnod yn ôl tua'r adeg yma, sef tri o'r gloch y p'nawn,
roeddwn i yn y tŷ yn gweddïo. Yn sydyn roedd dyn yn sefyll o mlaen i a'i ddillad yn disgleirio'n
llachar. 31 Dwedodd wrtho i 'Cornelius, mae Duw wedi clywed dy weddi a derbyn dy roddion
i'r tlodion. 32 Anfon rywun i Jopa i nôl dyn o'r enw Simon Pedr. Mae'n aros yng nghartref
Simon, gweithiwr lledr sy'n byw ar lan y môr.' 33 Felly dyma fi'n anfon amdanat ti ar unwaith.
Dw i'n ddiolchgar i ti am ddod. Felly dŷn ni yma i gyd i wrando ar y cwbl mae'r Arglwydd
Dduw am i ti ei ddweud wrthon ni."

34 Felly dyma Pedr yn dechrau eu hannerch: "Dw i'n deall yn iawn, bellach, y dywediad
hwnnw fod Duw ddim yn dangos ffafriaeth! 35 Mae'n derbyn pobl o bob gwlad sy'n ei addoli
ac yn gwneud beth sy'n iawn. 36 Anfonodd Duw ei neges at bobl Israel, a dweud y newyddion
da fod bywyd llawn i'w gael drwy Iesu y Meseia, sy'n Arglwydd ar bopeth. 37 Dych chi'n
gwybod, mae'n siŵr, beth fuodd yn digwydd yn Jwdea. Dechreuodd y cwbl yn Galilea ar ôl
i Ioan ddechrau galw pobl i gael eu bedyddio. 38 Roedd Duw wedi eneinio Iesu o Nasareth
â'r Ysbryd Glân ac â nerth rhyfeddol. Roedd yn mynd o gwmpas yn gwneud daioni ac yn
iacháu pawb oedd yn dioddef am fod y diafol yn eu poeni nhw. Roedd Duw gydag e! 39 Dŷn
ni'n llygad-dystion i'r cwbl! Gwelon ni bopeth wnaeth Iesu yn Jerwsalem a gweddill Israel.
Cafodd ei ladd drwy gael ei hoelio ar bren ganddyn nhw, 40 ond ddeuddydd yn ddiweddarach

dyma Duw yn dod ag e'n ôl yn fyw! Gwelodd pobl e'n fyw! 41 (Wnaeth pawb mo'i weld, dim
ond y rhai ohonon ni oedd Duw wedi'u dewis i fod yn llygad-dystion.) Buon ni'n bwyta ac yn
yfed gydag e ar ôl iddo ddod yn ôl yn fyw! 42 Rhoddodd orchymyn i ni gyhoeddi'r newyddion
da ym mhobman, a dweud mai fe ydy'r un mae Duw wedi'i benodi i farnu pawb – pawb
sy'n fyw a phawb sydd wedi marw. 43 Fe ydy'r un mae'r proffwydi i gyd yn sôn amdano, ac
yn dweud y bydd pechodau pawb sy'n credu ynddo yn cael eu maddau."
44 Tra oedd Pedr ar ganol dweud hyn i gyd, dyma'r Ysbryd Glân yn disgyn ar bawb oedd yn
gwrando. 45 Roedd y credinwyr Iddewig oedd gyda Pedr wedi'u syfrdanu'n llwyr fod yr Ysbryd
Glân wedi cael ei dywallt ar bobl o genhedloedd eraill! 46 Ond dyna oedd wedi digwydd –
roedden nhw'n eu clywed nhw'n siarad mewn ieithoedd dieithr ac yn moli Duw. A dyma Pedr
yn dweud, 47 "Oes unrhyw un yn gallu gwrthwynebu bedyddio'r bobl yma â dŵr? Maen nhw
wedi derbyn yr Ysbryd Glân yn union yr un fath â ni!" 48 Felly dyma Pedr yn dweud eu bod
nhw i gael eu bedyddio fel arwydd o ddod i berthynas â Iesu y Meseia.
Wedyn dyma nhw'n gofyn i Pedr aros gyda nhw am beth amser.

Pedr yn esbonio beth wnaeth

11 Clywodd yr apostolion a'r credinwyr yn Jwdea fod pobl o genhedloedd eraill wedi
credu neges Duw. 2 Ond pan aeth Pedr yn ôl i Jerwsalem, cafodd ei feirniadu'n hallt
gan rai o'r credinwyr Iddewig, 3 "Rwyt ti wedi mynd at bobl o genhedloedd eraill[g] a hyd yn
oed bwyta gyda nhw!" medden nhw.
4 Dyma Pedr yn dweud wrthyn nhw'n union beth oedd wedi digwydd: 5 "Rôn i yn Jopa, ac
wrthi'n gweddïo ryw ddiwrnod pan ges i weledigaeth. Gwelais i rywbeth tebyg i gynfas fawr
yn cael ei gollwng i lawr o'r awyr wrth ei phedair cornel. Daeth i lawr reit o mlaen i. 6 Edrychais
i mewn, ac roedd pob math o anifeiliaid ynddi – rhai gwyllt, ymlusgiaid ac adar. 7 Wedyn dyma
lais yn dweud wrtho i, 'Cod Pedr, lladd beth rwyt ti eisiau, a'i fwyta.'
8 "Ti ddim o ddifri, Arglwydd!" meddwn i. "Dw i erioed wedi bwyta dim byd sy'n cael ei
gyfri'n aflan neu'n anghywir i'w fwyta!"
9 "Ond wedyn dyma'r llais o'r nefoedd yn dweud, 'Os ydy Duw wedi dweud fod rhywbeth
yn iawn i'w fwyta, paid ti â dweud fel arall!' 10 Digwyddodd yr un peth dair gwaith cyn i'r
gynfas gael ei thynnu yn ôl i fyny i'r awyr.
11 "Y funud honno dyma dri dyn oedd wedi cael eu hanfon ata i o Cesarea yn cyrraedd y tu
allan i'r tŷ lle roeddwn i'n aros. 12 Dyma'r Ysbryd Glân yn dweud wrtho i am beidio petruso
mynd gyda nhw. Aeth y chwe brawd yma gyda mi a dyma ni'n mynd i mewn i dŷ'r dyn oedd
wedi anfon amdana i. 13 Dwedodd wrthon ni ei fod wedi gweld angel yn ei dŷ, a bod yr angel
wedi dweud wrtho, 'Anfon i Jopa i nôl dyn o'r enw Simon Pedr. 14 Bydd e'n dweud sut y gelli
di a phawb sy'n dy dŷ gael eu hachub.'
15 "Pan ddechreuais i siarad, dyma'r Ysbryd Glân yn dod arnyn nhw yn union fel y daeth
arnon ni ar y dechrau. 16 A dyma fi'n cofio beth roedd yr Arglwydd Iesu wedi'i ddweud: 'Roedd
Ioan yn bedyddio â dŵr, ond mewn ychydig ddyddiau cewch chi'ch bedyddio â'r Ysbryd Glân.'
17 Felly gan fod Duw wedi rhoi'r un rhodd iddyn nhw ag a roddodd i ni pan wnaethon ni gredu
yn yr Arglwydd Iesu Grist, pwy oeddwn i i geisio rhwystro Duw?"
18 Pan glywon nhw'r hanes, doedden nhw ddim yn gallu dweud dim yn groes, a dyma nhw'n
dechrau moli Duw. "Mae'n rhaid fod Duw felly'n gadael i bobl o genhedloedd eraill droi cefn
ar eu pechod a chael bywyd!" medden nhw.

Yr eglwys yn Antiochia

19 O ganlyniad i'r erlid ddechreuodd yn dilyn beth ddigwyddodd i Steffan, roedd rhai
credinwyr wedi dianc mor bell a Phenicia, Cyprus ac Antiochia yn Syria. Roedden nhw'n
rhannu'r neges, ond dim ond gydag Iddewon. 20 Ond yna dyma'r rhai aeth i Antiochia o Cyprus

g 11:3 Groeg *dynion heb gael eu henwaedu.*

a Cyrene yn dechrau cyhoeddi'r newyddion da am yr Arglwydd Iesu i bobl o genhedloedd
eraill. 21Roedd Duw gyda nhw, a dyma nifer fawr o bobl yn credu ac yn troi at yr Arglwydd.
22Pan glywodd yr eglwys yn Jerwsalem am y peth, dyma nhw'n anfon Barnabas i Antiochia
i weld beth oedd yn digwydd. 23Pan gyrhaeddodd yno gwelodd yn glir fod Duw ar waith. Roedd
wrth ei fodd, ac yn annog y rhai oedd wedi credu i aros yn ffyddlon i'r Arglwydd a rhoi eu
hunain yn llwyr iddo. 24Roedd Barnabas yn ddyn da, yn llawn o'r Ysbryd Glân ac yn credu'n
gryf, a chafodd nifer fawr o bobl eu harwain ganddo at yr Arglwydd.
25Aeth Barnabas yn ei flaen i Tarsus wedyn i edrych am Saul. 26Ar ôl dod o hyd iddo, aeth
ag e'n ôl i Antiochia. Buodd y ddau yno gyda'r eglwys am flwyddyn gyfan yn dysgu tyrfa fawr
o bobl. (Gyda llaw, yn Antiochia y cafodd dilynwyr Iesu eu galw yn Gristnogion am y tro cyntaf.)
27Rywbryd yn ystod y flwyddyn honno daeth rhyw broffwydi o Jerwsalem i Antiochia. 28Yn
un o'r cyfarfodydd, dyma un ohonyn nhw (dyn o'r enw Agabus) yn sefyll ar ei draed, ac yn
proffwydo dan ddylanwad yr Ysbryd Glân fod newyn trwm yn mynd i ledu drwy'r byd Rhufeinig
i gyd. (Digwyddodd y newyn hwnnw yn ystod teyrnasiad Clawdiws.) 29Felly dyma'r credinwyr
yn Antiochia yn penderfynu helpu eu brodyr a'u chwiorydd yn Jwdea, drwy i bawb gyfrannu
cymaint ag y gallai. 30Dyma nhw'n gwneud hynny, a Barnabas a Saul gafodd eu dewis i fynd
â'r rhodd i arweinwyr eglwys Jerwsalem.

Pedr yn dianc yn wyrthiol o'r carchar

12 Tua'r adeg yna dyma'r Brenin Herod Agripa yn cam-drin rhai o'r bobl oedd yn perthyn
i'r eglwys. 2Cafodd Iago (sef brawd Ioan) ei ddienyddio ganddo – drwy ei ladd gyda'r
cleddyf. 3Yna pan welodd fod hyn yn plesio'r arweinwyr Iddewig,[ng] dyma fe'n arestio Pedr
hefyd. (Roedd hyn yn ystod Gŵyl y Bara Croyw.) 4Cafodd Pedr ei roi yn y carchar. Trefnwyd
fod pedwar milwr ar wyliadwriaeth bob sifft. Bwriad Herod oedd dwyn achos cyhoeddus yn
erbyn Pedr ar ôl y Pasg. 5Tra oedd Pedr yn y carchar roedd yr eglwys yn gweddïo'n daer ar
Dduw drosto.
6Y noson cyn yr achos llys, roedd Pedr yn cysgu. Roedd wedi'i gadwyno i ddau filwr – un
bob ochr iddo, a'r lleill yn gwarchod y fynedfa. 7Yn sydyn roedd angel yno, a golau'n disgleirio
drwy'r gell. Rhoddodd bwniad i Pedr yn ei ochr i'w ddeffro. "Brysia!" meddai, "Cod ar dy
draed!", a dyma'r cadwyni'n disgyn oddi ar ei freichiau.
8Wedyn dyma'r angel yn dweud wrtho, "Rho dy ddillad amdanat a gwisga dy sandalau."
Ac ar ôl i Pedr wneud hynny, dyma'r angel yn dweud, "Tafla dy glogyn amdanat a dilyn fi."
9Felly dyma Pedr yn ei ddilyn allan o'r gell – ond heb wybod a oedd y peth yn digwydd go
iawn neu ai dim ond breuddwyd oedd y cwbl! 10Dyma nhw'n mynd heibio'r gwarchodwr
cyntaf a'r ail, a chyrraedd y giât haearn oedd yn mynd allan i'r ddinas. Agorodd honno ohoni
ei hun! Wedi mynd drwyddi a cherdded i lawr y stryd dyma'r angel yn sydyn yn diflannu
a gadael Pedr ar ei ben ei hun.
11Dyna pryd daeth ato'i hun. "Mae wedi digwydd go iawn! – mae'r Arglwydd wedi anfon
ei angel i'm hachub i o afael Herod, fel bod yr hyn roedd yr Iddewon yn ei obeithio ddim
yn digwydd i mi."
12Pan sylweddolodd hyn, aeth i gartref Mair, mam Ioan Marc. Roedd criw o bobl wedi dod
at ei gilydd i weddïo yno. 13Dyma Pedr yn curo'r drws allanol, ac aeth morwyn o'r enw Rhoda
i ateb y drws. 14Pan wnaeth hi nabod llais Pedr roedd hi mor llawen nes iddi redeg yn ôl i mewn
i'r tŷ heb agor y drws! "Mae Pedr wrth y drws!" meddai hi wrth bawb.
15"Ti'n drysu," medden nhw. Ond roedd Rhoda yn dal i fynnu fod y peth yn wir. "Mae'n
rhaid mai ei angel sydd yna," medden nhw wedyn.
16Roedd Pedr yn dal ati i guro'r drws, a chawson nhw'r sioc ryfedda pan agoron nhw'r
drws a'i weld. 17Dyma Pedr yn rhoi arwydd iddyn nhw dawelu, ac esboniodd iddyn nhw sut

---

ng 12:3 *arweinwyr Iddewig:* Groeg, "Yr Iddewon". Mae'n debyg fod y term yma yn cyfeirio at yr awdurdodau yn Jerwsalem.

roedd yr Arglwydd wedi'i ryddhau o'r carchar. "Ewch i ddweud beth sydd wedi digwydd wrth
Iago a'r credinwyr eraill," meddai, ac wedyn aeth i ffwrdd i rywle arall.
[18]Y bore wedyn roedd cynnwrf anhygoel ymhlith y milwyr ynglŷn â beth oedd wedi digwydd
i Pedr. [19]Dyma Herod yn gorchymyn chwilio amdano ym mhobman ond wnaethon nhw ddim
llwyddo i ddod o hyd iddo. Ar ôl croesholi y milwyr oedd wedi bod yn gwarchod Pedr, dyma
fe'n gorchymyn iddyn nhw gael eu dienyddio.

Marwolaeth Herod

Ar ôl hyn gadawodd Herod Jwdea, a mynd i aros yn Cesarea am ychydig. [20]Roedd gwrthdaro
ffyrnig wedi bod rhyngddo ag awdurdodau Tyrus a Sidon. Ond dyma nhw'n dod at ei gilydd
i ofyn am gael cyfarfod gydag e. Roedd rhaid iddyn nhw sicrhau heddwch, am eu bod nhw'n
dibynnu ar wlad Herod i werthu bwyd iddyn nhw. Ac roedden nhw wedi perswadio Blastus
i'w helpu nhw. (Blastus oedd swyddog personol y brenin, ac roedd y brenin yn ymddiried yn
llwyr ynddo.)
[21]Ar y diwrnod mawr, eisteddodd Herod ar ei orsedd yn gwisgo'i holl regalia, ac annerch
y bobl. [22]Dyma'r bobl yn dechrau gweiddi, "Duw ydy hwn, nid dyn sy'n siarad!" [23]A'r eiliad
honno dyma angel Duw yn ei daro'n wael, am iddo adael i'r bobl ei addoli fel petai e'n dduw.
Cafodd ei fwyta gan lyngyr a buodd farw.
[24]Ond roedd neges Duw yn dal i fynd ar led, a mwy a mwy o bobl yn dod i gredu.
[25]Ar ôl i Barnabas a Saul fynd â'r rhodd i Jerwsalem, dyma nhw'n mynd yn ôl i Antiochia,
a mynd â Ioan Marc gyda nhw.

Barnabas a Saul yn cael eu hanfon i ffwrdd

13 Roedd nifer o broffwydi ac athrawon yn yr eglwys yn Antiochia: Barnabas, Simeon
(y dyn du), Lwcius o Cyrene, Manaen (oedd yn ffrind i Herod Antipas pan oedd yn
blentyn), a Saul. [2]Pan oedden nhw'n addoli Duw ac yn ymprydio, dyma'r Ysbryd Glân yn
dweud, "Mae gen i waith arbennig i Barnabas a Saul ei wneud, a dw i am i chi eu rhyddhau
nhw i wneud y gwaith hwnnw." [3]Felly ar ôl ymprydio a gweddïo, dyma nhw'n rhoi eu dwylo
ar y ddau i'w comisiynu nhw, ac yna eu hanfon i ffwrdd.

Taith Genhadol Gyntaf Paul

Ar Ynys Cyprus

[4]Dyma'r Ysbryd Glân yn eu hanfon allan, a dyma'r ddau yn mynd i lawr i borthladd
Antiochia, sef Selwsia, ac yn hwylio drosodd i Ynys Cyprus. [5]Ar ôl cyrraedd Salamis aethon
nhw ati i gyhoeddi neges Duw yn synagogau'r Iddewon. (Roedd Ioan gyda nhw hefyd fel
cynorthwywr.)
[6]Dyma nhw'n teithio drwy'r ynys gyfan, ac yn dod i Paffos. Yno dyma nhw'n dod ar draws
rhyw Iddew oedd yn ddewin ac yn broffwyd ffug. Bar-Iesu oedd yn cael ei alw, [7]ac roedd yn
gwasanaethu fel aelod o staff y rhaglaw Sergiws Pawlus. Roedd y rhaglaw yn ddyn deallus,
ac anfonodd am Barnabas a Saul am ei fod eisiau clywed beth oedd y neges yma gan Dduw.
[8]Ond dyma Elymas ('y dewin' – dyna ystyr ei enw yn yr iaith Roeg) yn dadlau yn eu herbyn
ac yn ceisio troi'r rhaglaw yn erbyn y ffydd. [9]Dyma Saul (oedd hefyd yn cael ei alw'n Paul),
yn llawn o'r Ysbryd Glân, yn edrych i fyw llygad Elymas, ac yn dweud, [10]"Plentyn i'r diafol
wyt ti! Gelyn popeth da! Rwyt ti mor dwyllodrus a llawn castiau! Pryd wyt ti'n mynd i stopio
gwyrdroi ffyrdd yr Arglwydd? [11]Mae Duw yn mynd i dy gosbi di! Rwyt ti'n mynd i fod yn ddall
am gyfnod – fyddi di ddim yn gallu gweld golau dydd!" Yr eiliad honno daeth rhyw niwl
a thywyllwch drosto! Roedd yn ymbalfalu o gwmpas, yn ceisio cael rhywun i afael yn ei law.
[12]Pan welodd y rhaglaw beth ddigwyddodd, daeth i gredu. Roedd wedi'i syfrdanu gan yr hyn
oedd yn cael ei ddysgu iddo am yr Arglwydd.

Yn Antiochia Pisidia

13Yna dyma Paul a'r lleill yn gadael Paffos a hwylio yn eu blaenau i Perga yn Pamffilia.[h]
Dyna lle gadawodd Ioan Marc nhw i fynd yn ôl i Jerwsalem. 14Ond aethon nhw yn eu blaenau
i Antiochia Pisidia. Ar y dydd Saboth dyma nhw'n mynd i'r gwasanaeth yn y synagog. 15Ar ôl
i rannau o Gyfraith Moses ac ysgrifau'r Proffwydi gael eu darllen, dyma arweinwyr y synagog
yn cael rhywun i ofyn iddyn nhw, "Frodyr, teimlwch yn rhydd i siarad os oes gynnoch chi air
o anogaeth i'r bobl."

16Dyma Paul yn sefyll ac yn codi ei law i dawelu'r bobl, ac meddai: "Gwrandwch, bobl
Israel, a chithau o genhedloedd eraill sydd yma'n addoli Duw. 17Ein Duw ni, Duw Israel
ddewisodd ein hynafiaid ni yn bobl iddo'i hun. Gwnaeth i'w niferoedd dyfu pan oedden nhw
yn yr Aifft, ac yna eu harwain allan o'r wlad honno mewn ffordd rymus iawn. 18Goddefodd eu
hymddygiad[i] yn yr anialwch am tua pedwar deg o flynyddoedd. 19Yna dinistrio saith cenedl
yn Canaan a rhoi eu tir i'w bobl Israel ei etifeddu. 20Digwyddodd hyn i gyd dros gyfnod o ryw
450 o flynyddoedd. Yn dilyn hynny rhoddodd Duw farnwyr iddyn nhw i'w harwain hyd gyfnod
y proffwyd Samuel. 21Dyna pryd y gofynnodd y bobl am frenin, a rhoddodd Duw Saul fab
Cis (o lwyth Benjamin) iddyn nhw, a buodd yn frenin am bedwar deg mlynedd. 22Ar ôl cael
gwared â Saul, dyma Duw yn gwneud Dafydd yn frenin arnyn nhw. Dyma ddwedodd Duw
am Dafydd: '*Mae Dafydd fab Jesse yn ddyn sydd wrth fy modd; bydd yn gwneud popeth dw
i am iddo'i wneud.*'

23"Un o ddisgynyddion Dafydd ydy'r un anfonodd Duw yn Achubwr i Israel, sef Iesu. 24Roedd
Ioan Fedyddiwr wedi bod yn pregethu i bobl Israel cyn i Iesu ddod, ac yn galw arnyn nhw i droi
cefn ar bechod a chael eu bedyddio. 25Pan oedd gwaith Ioan bron â dod i ben, dwedodd fel
hyn: 'Dych chi'n meddwl mai fi ydy'r Meseia? Na, dim fi ydy e. Mae'n dod ar fy ôl i, a dw
i ddim yn haeddu bod yn gaethwas i ddatod carrai ei sandalau hyd yn oed!'

26"Frodyr a chwiorydd – chi sy'n blant i Abraham, a chithau o genhedloedd eraill sy'n
addoli Duw hefyd, mae'r neges yma am achubiaeth wedi'i hanfon aton ni. 27Wnaeth pobl
Jerwsalem a'u harweinwyr mo'i nabod e. Wrth ei gondemnio i farwolaeth roedden nhw'n
gwneud yn union beth roedd y proffwydi sy'n cael eu darllen bob Saboth yn ei ddweud! 28Er
bod ganddyn nhw ddim achos digonol yn ei erbyn i gyfiawnhau'r gosb eithaf, dyma nhw'n
gofyn i Peilat ei ddienyddio. 29Ar ôl gwneud iddo bopeth oedd wedi'i broffwydo, dyma nhw
yn ei dynnu i lawr o'r pren a'i roi mewn bedd. 30Ond dyma Duw yn dod ag e'n ôl yn fyw!
31Am gyfnod o rai wythnosau cafodd ei weld gan y bobl oedd wedi teithio gydag e o Galilea
i Jerwsalem. Maen nhw'n lygad-dystion sy'n gallu dweud wrth y bobl beth welon nhw.

32"Dŷn ni yma gyda newyddion da i chi: Mae'r cwbl wnaeth Duw ei addo i'n cyndeidiau
ni 33wedi dod yn wir! Mae wedi codi Iesu yn ôl yn fyw. Dyna mae'r ail Salm yn ei ddweud:

'*Ti ydy fy Mab i;*
heddiw des i'n dad i ti.'

34Mae Duw wedi'i godi yn fyw ar ôl iddo farw, a fydd ei gorff byth yn pydru'n y bedd! Dyna
ystyr y geiriau yma:

'*Rhof i ti y bendithion sanctaidd a sicr*
gafodd eu haddo i Dafydd.'

35Ac mae Salm arall yn dweud:

'*Fyddi di ddim yn gadael i'r un sydd wedi'i gysegru i ti bydru yn y bedd.*'

36"Dydy'r geiriau yma ddim yn sôn am Dafydd. Buodd Dafydd farw ar ôl gwneud popeth
roedd Duw am iddo ei wneud yn ei gyfnod. Cafodd ei gladdu ac mae ei gorff wedi pydru.
37Ond wnaeth corff yr un gododd Duw yn ôl yn fyw ddim pydru!

38"Felly, frodyr a chwiorydd, dw i am i chi ddeall fod maddeuant pechodau ar gael i chi
o achos beth wnaeth Iesu. 39Drwyddo fe mae pawb sy'n credu yn cael perthynas iawn gyda

---

h 13:13-14 Ardaloedd yn y wlad dŷn ni'n ei hadnabod fel Twrci oedd Pamffilia a Pisidia. i 13:18 neu, yn ôl llawysgrifau eraill *gofalodd amdanyn nhw;* gw. Deuteronomium 1:31.
13:22 Salm 89:20 a 1 Samuel 13:14 13:33 Salm 2:7 13:34 Eseia 55:3 (LXX) 13:35 Salm 16:10 (LXX)

Duw. Dydy Cyfraith Moses ddim yn gallu rhoi'r berthynas iawn yna i chi. 40 Felly, gwyliwch
fod yr hyn soniodd y proffwydi amdano ddim yn digwydd i chi:

41 *'Edrychwch, chi sy'n gwawdio,*
rhyfeddwch at hyn, a gwywo!
Oherwydd bydda i'n gwneud yn eich dyddiau chi
rywbeth fyddwch chi ddim yn ei gredu,
hyd yn oed petai rhywun yn dweud wrthoch chi!'"

42 Wrth i Paul a Barnabas adael y synagog, dyma'r bobl yn gofyn iddyn nhw ddod yn ôl
i ddweud mwy y Saboth wedyn. 43 Pan oedd y cyfarfod drosodd, dyma nifer dda o Iddewon
a phobl oedd wedi troi at y grefydd Iddewig yn mynd ar ôl Paul a Barnabas. Dyma'r ddau yn
pwyso arnyn nhw i ddal gafael yn y ffaith fod Duw mor hael.

44 Y Saboth wedyn roedd fel petai'r ddinas i gyd wedi dod i glywed neges yr Arglwydd. 45 Ond
pan welodd yr arweinwyr Iddewig cymaint o dyrfa oedd yno, roedden nhw'n genfigennus;
a dyma nhw'n dechrau hyrddio enllibion at Paul, a dadlau yn erbyn popeth roedd yn ei
ddweud.

46 Ond roedd ateb Paul a Barnabas yn ddi-flewyn-ar-dafod: "Roedd rhaid i ni gyhoeddi neges
Duw i chi gyntaf. Ond gan eich bod chi'n gwrthod gwrando, ac felly'n barnu eich hunain
yn anaddas i gael bywyd tragwyddol, awn ni at bobl y cenhedloedd eraill. 47 Achos dyma
wnaeth Duw ei orchymyn i ni:

'Dw i wedi dy wneud di yn olau i'r cenhedloedd,
er mwyn i bobl o ben draw'r byd gael eu hachub.'"

48 Roedd pobl y cenhedloedd wrth eu boddau pan glywon nhw hyn, a dyma nhw'n canmol
neges yr Arglwydd. Dyma pob un oedd i fod i gael bywyd tragwyddol yn dod i gredu. 49 Felly
aeth neges yr Arglwydd ar led drwy'r ardal i gyd.

50 Ond yna dyma'r arweinwyr Iddewig yn creu cynnwrf ymhlith y gwragedd o'r dosbarth
uwch oedd yn ofni Duw, a dynion pwysig y ddinas. A dyma nhw'n codi twrw a pheri i Paul
a Barnabas gael eu taflu allan o'r ardal. 51 Ar ôl ysgwyd y llwch oddi ar eu traed fel arwydd
o brotest, dyma'r ddau yn mynd yn eu blaen i Iconium. 52 Ond roedd y disgyblion yno yn
fwrlwm o lawenydd ac yn llawn o'r Ysbryd Glân.

Yn Iconium

14 Digwyddodd yr un peth yn Iconium.[l] Aeth Paul a Barnabas i'r synagog Iddewig,
a siarad mor dda nes bod nifer fawr o Iddewon a phobl o genhedloedd eraill wedi
credu. 2 Ond dyma'r Iddewon oedd yn gwrthod credu yn codi twrw ymhlith pobl y cenhedloedd
a'u troi nhw'n hollol yn erbyn y brodyr. 3 Arhosodd Paul a Barnabas yno am amser hir, yn
dal ati i siarad yn gwbl ddi-ofn am yr Arglwydd. Ac roedd yr Arglwydd yn profi fod y neges
am ei ddaioni yn wir drwy roi'r gallu iddyn nhw wneud gwyrthiau rhyfeddol oedd yn dangos
ei fod e gyda nhw. 4 Roedd pobl y ddinas wedi'u rhannu; rhai yn ochri gyda'r Iddewon, a'r
lleill o blaid yr apostolion.

5 Dyma rai o bobl y cenhedloedd, gyda'r Iddewon a'u harweinwyr, yn cynllwynio i ymosod
ar Paul a Barnabas a'u lladd drwy daflu cerrig atyn nhw. 6 Ond clywon nhw beth oedd ar
y gweill, a dianc i'r ardal o gwmpas Lystra a Derbe yn Lycaonia. 7 A dyma nhw'n mynd ati
i gyhoeddi'r newyddion da yno.

Yn Lystra a Derbe

8 Yn Lystra dyma nhw'n dod ar draws rhyw ddyn oedd ag anabledd yn ei draed; roedd
wedi'i eni felly ac erioed wedi gallu cerdded. 9 Roedd yn gwrando ar Paul yn siarad. Roedd
Paul yn edrych arno, a gwelodd fod gan y dyn ffydd y gallai gael ei iacháu. 10 Meddai wrtho

---

l 14:1 *Roedd Iconium, Lystra a Derbe* (Actau 14:6) yn drefi yn y wlad dŷn ni'n ei hadnabod fel Twrci.
13:41 Habacuc 1:5 (LXX) 13:47 cyfeiriad at Eseia 42:6; 49:6

yng nghlyw pawb, "Saf ar dy draed!", a dyma'r dyn yn neidio ar ei draed yn y fan a'r lle ac
yn dechrau cerdded.
11 Pan welodd y dyrfa beth wnaeth Paul, dyma nhw'n dechrau gweiddi yn iaith Lycaonia,
"Mae'r duwiau wedi dod i lawr aton ni fel dynion!" 12 Dyma nhw'n penderfynu mai y duw Zews
oedd Barnabas, ac mai Hermes oedd Paul (gan mai fe oedd yn gwneud y siarad). 13 Dyma
offeiriad o deml Zews, oedd ychydig y tu allan i'r ddinas, yn dod â theirw a thorchau o flodau
at giatiau'r ddinas, gyda'r bwriad o gyflwyno aberthau iddyn nhw.
14 Ond pan ddeallodd y ddau beth oedd yn digwydd, dyma nhw'n rhwygo'u dillad ac yn
rhuthro allan i ganol y dyrfa, yn gweiddi: 15 "Na! Na! Ffrindiau! Pam dych chi'n gwneud hyn?
Pobl gyffredin fel chi ydyn ni! Dŷn ni wedi dod â newyddion da i chi! Rhaid i chi droi cefn ar
y pethau diwerth yma, a chredu yn y Duw byw. Dyma'r Duw wnaeth greu popeth – yr awyr a'r
ddaear a'r môr a'r cwbl sydd ynddyn nhw! 16 Yn y gorffennol gadawodd i'r cenhedloedd fynd
eu ffordd eu hunain, 17 ond mae digonedd o dystiolaeth o'i ddaioni o'ch cwmpas chi: mae'n
rhoi glaw ac yn gwneud i gnydau dyfu yn eu tymor – i chi gael digon o fwyd, ac i'ch bywydau
fod yn llawn o lawenydd." 18 Ond cafodd Paul a Barnabas drafferth ofnadwy i rwystro'r dyrfa
rhag aberthu iddyn nhw hyd yn oed ar ôl dweud hyn i gyd.
19 Ond wedyn dyma Iddewon o Antiochia ac Iconium yn cyrraedd yno a llwyddo i droi'r
dyrfa yn eu herbyn. A dyma nhw'n dechrau taflu cerrig at Paul a'i lusgo allan o'r dref, gan
dybio ei fod wedi marw. 20 Ond ar ôl i'r credinwyr yno gasglu o'i gwmpas, cododd ar ei draed
a mynd yn ôl i mewn i'r dref. Y diwrnod wedyn aeth yn ei flaen gyda Barnabas i Derbe. 21 Buon
nhw'n cyhoeddi'r newyddion da yno, a daeth nifer fawr o bobl yn ddisgyblion i Iesu y Meseia.

Y daith yn ôl i Antiochia yn Syria

Ar ôl hynny dyma nhw'n mynd yn ôl i Lystra, Iconium ac Antiochia Pisidia. 22 Dyma nhw'n
cryfhau ffydd y disgyblion a'u hannog i aros yn ffyddlon. "Rhaid gadael i Dduw deyrnasu yn
ein bywydau i ni allu wynebu'r holl drafferthion," medden nhw.
23 Peth arall wnaeth Paul a Barnabas oedd penodi grŵp o arweinwyr ym mhob eglwys.
Ar ôl ymprydio a gweddïo dyma nhw'n eu gadael yng ngofal yr Arglwydd roedden nhw
wedi credu ynddo. 24 Wedyn dyma nhw'n mynd yn eu blaenau i Pisidia ac yna i Pamffilia,
25 ac ar ôl pregethu'r newyddion da yn Perga mynd yn eu blaenau i Atalia. 26 Wedyn hwylio
o Atalia yn ôl i Antiochia Syria. (Dyna lle gwnaethon nhw gael eu cyflwyno i ofal Duw i wneud
y gwaith roedden nhw bellach wedi'i orffen.) 27 Yno dyma nhw'n galw'r eglwys at ei gilydd
a dweud am y cwbl roedd Duw wedi'i wneud drwyddyn nhw, a sut oedd wedi rhoi'r cyfle
i bobl o genhedloedd eraill ddod i gredu.
28 Wedyn dyma nhw'n aros gyda'r Cristnogion yn Antiochia am amser hir.

Y Cyngor yn Jerwsalem

15 Yn ystod y cyfnod hwnnw daeth rhyw ddynion o Jwdea a dechrau dysgu hyn i'r
credinwyr yn Antiochia: "Allwch chi ddim cael eich achub heb gadw'r ddefod Iddewig
o enwaedu dynion fel gwnaeth Moses ddysgu." 2 Achosodd hyn ddadlau a thaeru ffyrnig
rhyngddyn nhw a Paul a Barnabas. Felly dyma'r eglwys yn dewis Paul a Barnabas gydag
eraill i fynd i Jerwsalem i drafod y mater gyda'r apostolion a'r arweinwyr yno. 3 Ar eu ffordd
yno dyma nhw'n galw heibio'r credinwyr yn Phenicia a Samaria, a dweud wrthyn nhw am
y bobl o genhedloedd eraill oedd wedi cael tröedigaeth. Roedd y credinwyr wrth eu boddau
o glywed yr hanes.
4 Pan gyrhaeddon nhw Jerwsalem cawson nhw groeso mawr gan yr eglwys a gan yr
apostolion a'r arweinwyr eraill yno. A dyma nhw'n adrodd hanes y cwbl roedd Duw
wedi'i wneud drwyddyn nhw. 5 Ond dyma rai o'r Phariseaid oedd wedi dod i gredu yn sefyll
ar eu traed a dadlau fod rhaid i bobl o genhedloedd eraill sy'n dod i gredu ufuddhau i Gyfraith
Moses a chadw'r ddefod o enwaedu.

[6]Dyma'r apostolion ac arweinwyr eraill yr eglwys yn cyfarfod i ystyried y cwestiwn. [7]Ar ôl
lot o ddadlau brwd dyma Pedr yn codi ar ei draed, a dweud: "Frodyr. Beth amser yn ôl dych
chi'n cofio fod Duw wedi fy newis i rannu'r newyddion da gyda phobl o genhedloedd eraill,
a'u cael nhw i gredu. [8]Mae Duw yn gwybod beth sydd yng nghalon pobl, a dangosodd yn
glir ei fod yn eu derbyn nhw drwy roi'r Ysbryd Glân iddyn nhw yn union fel y cafodd ei roi
i ni. [9]Doedd Duw ddim yn gwahaniaethu rhyngon ni a nhw, am ei fod wedi puro eu calonnau
nhw hefyd wrth iddyn nhw gredu. [10]Felly pam dych chi'n amau beth mae Duw wedi'i wneud,
drwy fynnu fod y disgyblion yma'n cario beichiau roedden ni a'n hynafiaid yn methu'u
cario? [11]Dŷn ni'n credu'n hollol groes! – mai dim ond ffafr a haelioni'r Arglwydd Iesu sy'n
ein hachub ni fel hwythau!"

[12]Doedd gan neb ddim byd arall i'w ddweud, a dyma nhw'n gwrando ar Barnabas a Paul
yn dweud am yr arwyddion gwyrthiol a'r pethau rhyfeddol eraill roedd Duw wedi'u gwneud
drwyddyn nhw pan oedden nhw gyda phobl o genhedloedd eraill. [13]Ar ôl iddyn nhw orffen
siarad dyma Iago'n dweud: "Gwrandwch, frodyr. [14]Mae Simon wedi disgrifio sut dewisodd Duw
bobl iddo'i hun o genhedloedd eraill am y tro cyntaf. [15]Ac mae beth ddwedodd y proffwydi
yn cadarnhau hynny, er enghraifft:

16 *'Bydda i'n dod nôl wedi hyn*
i ailsefydlu teyrnas Dafydd sydd wedi syrthio.
Bydda i'n adeiladu ei adfeilion, a'i adfer,
17 *er mwyn i weddill y ddynoliaeth geisio'r Arglwydd,*
a'r holl wledydd eraill sy'n perthyn i mi.'
Mae'r Arglwydd wedi gwneud y pethau yma [18]*yn hysbys ers oesoedd maith.*

[19]"Felly, yn fy marn i, ddylen ni ddim gwneud pethau'n anodd i'r bobl o genhedloedd eraill
sy'n troi at Dduw. [20]Yn lle hynny, gadewch i ni ysgrifennu atyn nhw, a gofyn iddyn nhw beidio
bwyta bwyd sydd wedi'i lygru gan eilun-dduwiau, cadw draw oddi wrth anfoesoldeb rhywiol,
a pheidio bwyta cig anifeiliaid sydd wedi'u tagu nac unrhyw beth â gwaed ynddo. [21]Mae
yna rai ym mhob dinas sydd wedi bod yn pregethu beth ddysgodd Moses ers amser maith, ac
mae Cyfraith Moses yn cael ei darllen yn y synagogau bob Saboth."

Llythyr y Cyngor at Gredinwyr o Genhedloedd eraill

[22]Dyma'r apostolion, gyda'r eglwys gyfan a'i harweinwyr, yn penderfynu dewis dynion
i fynd i Antiochia yn Syria gyda Paul a Barnabas. Dau o'r arweinwyr gafodd eu dewis, sef
Jwdas (sy'n cael ei alw'n Barsabas) a Silas. [23]Ac roedden nhw i fynd â'r llythyr yma gyda nhw:

Llythyr oddi wrth y brodyr yn Jerwsalem, sef apostolion ac arweinwyr yr eglwys.
At ein brodyr a'n chwiorydd o genhedloedd eraill yn Antiochia, Syria a Cilicia:
Cyfarchion!

[24]Dŷn ni wedi clywed fod rhywrai oddi yma wedi bod yn creu helynt acw, ac yn eich drysu
a'ch ypsetio chi gyda beth maen nhw'n ei ddysgu. Dim ni wnaeth eu hanfon nhw. [25]Felly
dŷn ni wedi cytuno'n unfrydol i anfon dynion atoch chi gyda'n ffrindiau annwyl Barnabas
a Paul [26]sydd wedi mentro'u bywydau dros ein Harglwydd Iesu Grist. [27]Bydd Jwdas a Silas
yn cadarnhau ar lafar beth dŷn ni wedi'i roi yn y llythyr yma.

[28]Mae'r Ysbryd Glân wedi dangos i ni, a ninnau wedi penderfynu na ddylen ni ofyn
mwy na hyn gynnoch chi: [29]Eich bod i beidio bwyta unrhyw beth sydd wedi'i aberthu
i eilun-dduwiau, na dim sydd â gwaed ynddo, na chig unrhyw anifail sydd wedi'i dagu.
Hefyd, eich bod i gadw draw oddi wrth unrhyw anfoesoldeb rhywiol. Byddai'n beth da
i chi osgoi y pethau yma.

Pob hwyl i chi!

[30]Felly dyma Paul a Barnabas, Jwdas a Silas yn cael eu hanfon ar eu ffordd, ac yn cyrraedd
Antiochia yn Syria. Yno dyma nhw'n casglu pawb at ei gilydd ac yn cyflwyno'r llythyr iddyn

---

15:16-17 Amos 9:11-12 15:17-18 cyfeiriad at Eseia 45:21

nhw. 31 Cafodd y llythyr ei ddarllen, ac roedd y bobl yn hapus iawn ac wedi'u calonogi'n fawr
gan yr hyn roedd yn ei ddweud. 32 A dyma Jwdas a Silas, oedd yn broffwydi, yn siarad yn hir
gyda'r Cristnogion yno, a dweud llawer o bethau i'w hannog a chryfhau eu ffydd. 33 Ar ôl aros
yn Antiochia am beth amser, dyma'r ddau yn mynd yn ôl i Jerwsalem at y bobl oedd wedi'u
hanfon, a hynny gyda bendith Cristnogion Antiochia.[ll] 35 Ond arhosodd Paul a Barnabas i helpu
pawb arall oedd yn dysgu ac yn cyhoeddi neges yr Arglwydd yno.

Ail Daith Genhadol Paul

Paul a Barnabas yn cael ffrae

36 Ar ôl i dipyn o amser fynd heibio dyma Paul yn dweud wrth Barnabas, "Gad i ni fynd
yn ôl i ymweld â'r credinwyr yn y lleoedd hynny lle buon ni'n cyhoeddi neges yr Arglwydd,
i weld sut maen nhw'n dod yn eu blaenau." 37 Roedd Barnabas am fynd, ond roedd eisiau
mynd â Ioan Marc gyda nhw hefyd. 38 Ond roedd Paul yn gwbl benderfynol na ddylai gael
mynd, am fod Marc wedi troi ei gefn arnyn nhw yn Pamffilia a heb gario ymlaen gyda nhw
yn y gwaith. 39 Aeth hi'n gymaint o ffrae rhyngddyn nhw nes iddyn nhw wahanu. Dyma
Barnabas yn hwylio i Cyprus gyda Marc, 40 a Paul yn dewis Silas i fynd gydag e. Ar ôl cael eu
cyflwyno i ofal yr Arglwydd gan y credinwyr eraill, 41 dyma nhw'n teithio drwy Syria a Cilicia
yn cryfhau'r eglwysi.

Timotheus yn ymuno â Paul a Silas

16 Aeth Paul ymlaen i Derbe ac yna i Lystra, lle roedd disgybl o'r enw Timotheus yn
byw. Roedd ei fam yn Iddewes ac yn credu, ond ei dad yn Roegwr. 2 Dim ond pethau
da oedd gan Gristnogion Lystra ac Iconium i'w dweud am Timotheus, 3 felly roedd Paul am
iddo fynd gyda nhw ar y daith. Trefnodd i Timotheus gael ei enwaedu rhag i'r Iddewon yn
yr ardal gael eu tramgwyddo. Roedden nhw'n gwybod fod tad Timotheus yn Roegwr. 4 Wrth
deithio o un dref i'r llall roedden nhw'n dweud beth oedd yr apostolion a'r arweinwyr eraill
yn Jerwsalem wedi penderfynu ei ofyn gan gredinwyr o genhedloedd eraill. 5 Felly roedd ffydd
yr eglwysi yn cryfhau a nifer y bobl ynddyn nhw'n tyfu bob dydd.

Paul yn cael gweledigaeth o ddyn o Macedonia

6 Teithiodd Paul a'i ffrindiau ymlaen ar hyd cyrion Phrygia a Galatia, gan fod yr Ysbryd
Glân wedi'u stopio nhw rhag mynd i dalaith Asia i rannu eu neges. 7 Dyma nhw'n cyrraedd
ffin Mysia gyda'r bwriad o fynd ymlaen i Bithynia,[m] ond dyma Ysbryd Glân Iesu yn eu stopio
nhw rhag mynd yno hefyd. 8 Felly dyma nhw'n mynd drwy Mysia i lawr i ddinas Troas. 9 Y noson
honno cafodd Paul weledigaeth – roedd dyn o Macedonia yn sefyll o'i flaen, yn crefu arno,
"Tyrd draw i Macedonia i'n helpu ni!" 10 Felly, o ganlyniad i'r weledigaeth yma, dyma ni'n[n]
paratoi i fynd i Macedonia ar unwaith. Roedden ni wedi dod i'r casgliad mai yno roedd Duw
am i ni fynd i gyhoeddi'r newyddion da.

Lydia yn cael tröedigaeth yn Philipi

11 Dyma ni'n hwylio o borthladd Troas a chroesi'n syth ar draws i ynys Samothrace, cyn
glanio yn Neapolis y diwrnod wedyn. 12 O'r fan honno aethon ni ymlaen i Philipi sy'n dref
Rufeinig – y ddinas fwyaf yn y rhan honno o Macedonia. Buon ni yno am rai dyddiau.
13 Ar y dydd Saboth dyma ni'n mynd allan o'r ddinas at lan yr afon, lle roedden ni'n deall
fod pobl yn cyfarfod i weddïo. Dyma ni'n eistedd i lawr a dechrau siarad â'r gwragedd oedd

ll 15:33 Mae rhai llawysgrifau yn ychwanegu adn. 34, *Ond dyma Silas yn penderfynu aros.* m 16:6-7 *Roedd Phrygia, Galatia, Asia, Mysia,* a *Bithynia* yn ardaloedd gwahanol yn y wlad dŷn ni'n ei hadnabod fel Twrci.
n 16:10 Roedd Luc, awdur llyfr yr Actau, gyda Paul ar y daith yma.

wedi dod at ei gilydd yno. [14]Roedd un wraig yno o'r enw Lydia – gwraig o ddinas Thyatira
oedd â busnes gwerthu brethyn porffor drud. Roedd hi'n un oedd yn addoli Duw. Wrth wrando,
agorodd yr Arglwydd ddrws ei chalon hi, a dyma hi'n ymateb i neges Paul. [15]Cafodd hi a rhai
eraill o'i thŷ eu bedyddio, a rhoddodd wahoddiad i ni i aros yn ei thŷ. "Os dych chi'n derbyn
mod i wedi dod i gredu yn yr Arglwydd," meddai, "dewch i aros yn fy nghartref i." A llwyddodd
i'n perswadio ni i wneud hynny.

Paul a Silas yn y carchar

[16]Rhyw ddiwrnod arall pan oedden ni ar ein ffordd i'r lle gweddi, dyma ni'n cyfarfod
caethferch oedd ag ysbryd ynddi yn ei galluogi i ragweld y dyfodol. Roedd hi'n ennill arian
mawr i'w pherchnogion drwy ddweud ffortiwn. [17]Dechreuodd ein dilyn ni, gan weiddi, "Mae'r
dynion yma yn weision i'r Duw Goruchaf! Maen nhw'n dweud wrthoch chi sut i gael eich
achub!"

[18]Aeth hyn ymlaen am ddyddiau lawer. Yn y diwedd, roedd hi wedi mynd ar nerfau Paul
cymaint nes iddo droi rownd a dweud wrth yr ysbryd drwg oedd ynddi, "Yn enw Iesu y Meseia,
tyrd allan ohoni!" A dyma'r ysbryd yn ei gadael hi yr eiliad honno.

[19]Pan welodd ei meistri fod pob gobaith o wneud elw drwyddi wedi mynd, dyma nhw'n
gafael yn Paul a Silas a'u llusgo o flaen yr awdurdodau yn sgwâr y farchnad. [20]"Mae'r Iddewon
yma yn codi twrw yn y dre," medden nhw wrth yr ynadon [21]"ac maen nhw'n annog pobl
i wneud pethau sy'n groes i'n harferion ni Rufeiniaid."

[22]Ymunodd y dyrfa yn yr ymosod ar Paul a Silas, a dyma'r ynadon yn gorchymyn tynnu
dillad y ddau a'u curo â ffyn. [23]Wedyn ar ôl eu curo'n ddidrugaredd, dyma nhw'n eu taflu
nhw i'r carchar. Cafodd swyddog y carchar orchymyn i'w gwylio nhw'n ofalus, [24]felly rhoddodd
y ddau ohonyn nhw yn y gell fwyaf diogel a rhoi eu traed mewn cyffion.

[25]Tua hanner nos roedd Paul a Silas wrthi'n gweddïo ac yn canu emynau o fawl, ac roedd
y carcharorion eraill i gyd yn gwrando. [26]Yna'n sydyn dyma ddaeargryn mawr yn ysgwyd
y carchar i'w sylfeini. Dyma'r drysau i gyd yn agor, a'r cadwyni yn disgyn i ffwrdd oddi ar
bawb! [27]Pan ddeffrodd swyddog y carchar a gweld y drysau ar agor, roedd yn meddwl fod
y carcharorion wedi dianc. Gafaelodd yn ei gleddyf gan fwriadu lladd ei hun. [28]Ond dyma
Paul yn gweiddi, "Paid! Dŷn ni i gyd yma!"

[29]Galwodd y swyddog am oleuadau, a rhuthro i mewn i gell Paul a Silas, a syrthio i lawr
o'u blaenau yn crynu mewn ofn. [30]Yna aeth a nhw allan a gofyn iddyn nhw, "Beth sydd raid
i mi ei wneud i gael fy achub?"

[31]Dyma nhw'n ateb, "Credu yn yr Arglwydd Iesu, dyna sut mae cael dy achub – ti a phawb
arall yn dy dŷ." [32]A dyma nhw'n rhannu'r newyddion da am yr Arglwydd Iesu gyda'r swyddog
a phawb arall yn ei dŷ. [33]Aeth y swyddog â nhw yng nghanol y nos i lanhau eu briwiau. Wedyn
cafodd e a phawb arall yn ei dŷ eu bedyddio. [34]Yna aeth â nhw i'w gartref a rhoi pryd o fwyd
iddyn nhw. Roedd pawb yn ei dŷ mor hapus eu bod nhw wedi credu yn Nuw.

[35]Yn gynnar y bore wedyn dyma'r ynadon yn anfon plismyn i'r carchar i ddweud wrth
y swyddog am ollwng Paul a Silas yn rhydd. [36]Dyma'r swyddog yn dweud wrth Paul, "Mae'r
ynadon wedi dweud eich bod chi'ch dau yn rhydd i fynd." [37]Ond meddai Paul wrth y plismyn:
"Maen nhw wedi'n curo ni'n gyhoeddus a'n taflu ni i'r carchar heb achos llys, a ninnau'n
ddinasyddion Rhufeinig! Ydyn nhw'n meddwl nawr eu bod nhw'n gallu cael gwared
â ni'n ddistaw bach? Dim gobaith! Bydd rhaid iddyn nhw ddod yma eu hunain i'n hebrwng
ni allan!"

[38]Dyma'r plismyn yn mynd i ddweud wrth yr ynadon beth oedd wedi digwydd. Pan glywon
nhw fod Paul a Silas yn ddinasyddion Rhufeinig roedden nhw wedi dychryn. [39]Felly dyma
nhw'n dod i'r carchar i ymddiheuro. Ar ôl mynd â nhw allan o'r carchar, dyma nhw'n pwyso
ar y ddau dro ar ôl tro i adael y ddinas. [40]Felly dyma Paul a Silas yn mynd i dŷ Lydia i gyfarfod
y credinwyr a'u hannog nhw i ddal ati, ac wedyn dyma nhw'n gadael Philipi.

Yn Thesalonica

17 Dyma nhw'n teithio drwy drefi Amffipolis ac Apolonia a chyrraedd Thesalonica, lle
roedd synagog Iddewig. 2Aeth Paul i'r cyfarfodydd yn y synagog yn ôl ei arfer, ac am
dri Saboth yn olynol buodd yn trafod yr ysgrifau sanctaidd gyda'r bobl yno. 3Dangosodd iddyn
nhw'n glir a phrofi fod rhaid i'r Meseia ddioddef, a dod yn ôl yn fyw ar ôl marw. "Yr Iesu dw
i'n sôn amdano ydy'r Meseia," meddai wrthyn nhw. 4Cafodd rhai o'r Iddewon oedd yno'n
gwrando eu perswadio, a dyma nhw'n ymuno â Paul a Silas. Daeth nifer fawr o'r Groegiaid
oedd yn addoli Duw i gredu hefyd, a sawl un o wragedd pwysig y dre.
5Ond roedd arweinwyr yr Iddewon yn genfigennus; felly dyma nhw'n casglu criw o ddynion
oedd yn loetran yn sgwâr y farchnad a'u cael i ddechrau codi twrw yn y ddinas. Aethon nhw
i dŷ Jason i chwilio am Paul a Silas er mwyn dod â nhw allan at y dyrfa. 6Ond ar ôl methu dod
o hyd iddyn nhw, dyma nhw'n llusgo Jason a rhai o'r Cristnogion eraill o flaen swyddogion
y ddinas. Roedden nhw'n gweiddi: "Mae'r dynion sydd wedi bod yn codi twrw ar hyd a lled
y byd wedi dod i'n dinas ni, 7ac mae Jason wedi'u croesawu nhw i'w dŷ! Maen nhw'n herio
Cesar, drwy ddweud fod brenin arall o'r enw Iesu!" 8Roedd y dyrfa a'r swyddogion wedi
cyffroi wrth glywed y cyhuddiadau yma. 9Ond dyma'r swyddogion yn penderfynu rhyddhau
Jason a'r lleill ar fechnïaeth.

Yn Berea

10Yn syth ar ôl iddi nosi, dyma'r credinwyr yn anfon Paul a Silas i ffwrdd i Berea. Ar ôl
cyrraedd yno dyma nhw'n mynd i'r synagog Iddewig. 11Roedd pobl Berea yn fwy agored na'r
Thesaloniaid. Roedden nhw'n gwrando'n astud ar neges Paul, ac wedyn yn mynd ati i chwilio'r
ysgrifau sanctaidd yn ofalus i weld a oedd y pethau roedd e'n ddweud yn wir. 12Daeth llawer
o'r Iddewon i gredu, a nifer o wragedd pwysig o blith y Groegiaid, a dynion hefyd.
13Ond pan glywodd Iddewon Thesalonica fod Paul yn cyhoeddi neges Duw yn Berea, dyma
nhw'n mynd yno i greu helynt a chynhyrfu'r dyrfa. 14Dyma'r Cristnogion yno yn penderfynu
anfon Paul i'r arfordir ar unwaith, ond arhosodd Silas a Timotheus yn Berea. 15Aeth rhai gyda
Paul cyn belled ag Athen, ac yna ei adael a mynd yn ôl i Berea gyda chais ar i Silas a Timotheus
fynd ato cyn gynted â roedden nhw'n gallu.

Yn Athen

16Tra oedd Paul yn disgwyl amdanyn nhw yn Athen, roedd wedi cynhyrfu'n lân wrth weld
cymaint o eilunod oedd yn y ddinas. 17Aeth i'r synagog i geisio rhesymu gyda'r Iddewon
a'r Groegiaid oedd yn addoli Duw, ond hefyd i sgwâr y farchnad i geisio rhesymu gyda pwy
bynnag oedd yn digwydd bod yno. 18Dechreuodd dadl rhyngddo a grŵp o athronwyr, rhai
yn Epicwreaid ac eraill yn Stoiciaid. "Beth mae'r mwydryn yma'n sôn amdano?" meddai rhai
ohonyn nhw. "Sôn am ryw dduwiau tramor mae e," meddai eraill. (Roedden nhw'n dweud
hyn am fod Paul yn cyhoeddi'r newyddion da am Iesu a'r atgyfodiad.) 19Felly dyma nhw'n
mynd â Paul i gyfarfod o gyngor yr Areopagus. "Dwed beth ydy'r grefydd newydd yma rwyt
ti'n sôn amdani," medden nhw. 20"Mae gen ti ryw syniadau sy'n swnio'n od iawn i ni, a dŷn
ni eisiau gwybod beth ydy ystyr y cwbl." 21(Roedd yr Atheniaid a'r ymwelwyr oedd yn byw yno
yn treulio'u hamser hamdden i gyd yn trafod ac yn gwrando pob syniad newydd!)
22Dyma Paul yn sefyll ar ei draed o flaen cyngor yr Areopagus, a'u hannerch fel hyn: "Bobl
Athen! Dw i'n gweld tystiolaeth ym mhobman eich bod chi'n bobl grefyddol iawn. 23Dw i wedi
bod yn cerdded o gwmpas yn edrych yn ofalus ar yr hyn dych chi'n ei addoli. Yng nghanol
y cwbl des i o hyd i un allor oedd â'r geiriau yma wedi'u cerfio arni: I'R DUW ANHYSBYS.
Dyma'r Duw dw i'n mynd i ddweud wrthoch chi amdano – yr un dych chi'n ei addoli ond
ddim yn ei nabod.
24"Fe ydy'r Duw wnaeth greu'r byd a phopeth sydd ynddo. Mae'n Arglwydd ar y nefoedd
a'r ddaear. Dydy e ddim yn byw mewn temlau sydd wedi'u hadeiladu gan bobl, 25a dydy pobl

ddim yn gallu rhoi unrhyw beth iddo – does dim byd sydd arno'i angen! Y Duw yma sy'n rhoi
bywyd ac anadl a phopeth arall i bawb. 26Fe ydy'r Duw wnaeth greu y dyn cyntaf, a gwneud
ohono yr holl genhedloedd gwahanol sy'n byw drwy'r byd i gyd. Mae'n penderfynu am faint
fydd y cenhedloedd yna'n bodoli, a lle'n union mae eu ffiniau daearyddol. 27Gwnaeth hyn
i gyd er mwyn iddyn nhw geisio dod o hyd iddo, ac estyn allan a'i gael. A dydy e ddim yn
bell oddi wrthon ni mewn gwirionedd. 28Fel dwedodd un o'ch beirdd chi, *'Dŷn ni'n byw, yn
symud ac yn bod ynddo fe.'*[o] Ac mae un arall yn dweud, *'Ni yw ei blant.'*[p]
29"Felly, os ydyn ni'n blant Duw, ddylen ni ddim meddwl amdano fel rhyw ddelw o aur neu
arian neu faen – sef dim byd ond cerflun wedi'i ddylunio a'i greu gan grefftwr! 30Ydy, mae
Duw wedi diystyru'r fath ddwli yn y gorffennol, ond bellach mae'n galw ar bobl ym mhobman
i droi ato. 31Mae e wedi dewis diwrnod pan fydd y byd i gyd yn cael ei farnu. Bydd y farn
yna'n gwbl deg. Mae wedi dewis dyn i wneud y barnu, ac mae wedi dangos yn glir ei fod yn
mynd i wneud hyn drwy ddod â'r dyn hwnnw yn ôl yn fyw ar ôl iddo farw."
32Pan glywon nhw am y syniad o rywun yn dod yn ôl yn fyw ar ôl marw, dyma rhai ohonyn
nhw yn dechrau gwneud sbort, ond meddai rhai eraill, "Fasen ni'n hoffi dy glywed di'n
siarad am y pwnc yma rywbryd eto." 33Felly dyma Paul yn mynd allan o'r cyfarfod. 34Ond
roedd rhai wedi credu beth roedd Paul yn ei ddweud a dechrau ei ddilyn. Roedd hyd yn oed
un oedd yn aelod o gyngor yr Areopagus, sef Dionysiws; a gwraig o'r enw Damaris, a nifer
o bobl eraill hefyd.

Yn Corinth

18 Ar ôl hyn gadawodd Paul Athen a mynd i Corinth.[ph] 2Yno dyma fe'n cyfarfod Iddew
o'r enw Acwila oedd yn dod yn wreiddiol o Pontus. Roedd Acwila a'i wraig Priscila
wedi symud i Corinth o'r Eidal ychydig cyn hyn, am fod yr ymerawdwr Clawdiws Cesar wedi
gorchymyn fod pob Iddew i adael Rhufain. 3Gwneud pebyll oedd eu crefft nhw fel yntau, ac
felly aeth Paul i weithio atyn nhw. 4Yna bob Saboth byddai'n mynd i'r synagog ac yn ceisio
perswadio Iddewon a Groegiaid i gredu'r newyddion da.
5Ar ôl i Silas a Timotheus gyrraedd o Macedonia dyma Paul yn mynd ati i bregethu'n
llawn amser, a dangos yn glir i'r Iddewon mai Iesu oedd y Meseia. 6Ond pan wnaethon
nhw droi yn ei erbyn a dechrau ei sarhau, dyma Paul yn ysgwyd y llwch oddi ar ei ddillad
fel arwydd iddyn nhw. "Arnoch chi mae'r bai am beth bynnag fydd yn digwydd i chi!"
meddai, "Dw i wedi gwneud beth dw i'n gallu. O hyn ymlaen dw i'n mynd at bobl
y cenhedloedd eraill."
7Aeth Paul i aros yn nhŷ Titius Jwstus, oedd ddim yn Iddew ond oedd yn addoli Duw ac yn
byw y drws nesa i'r synagog. 8Roedd Crispus, arweinydd y synagog, a phawb yn ei dŷ, wedi
dod i gredu yn yr Arglwydd; ac roedd llawer o bobl eraill Corinth wedi clywed Paul a dod
i gredu hefyd, a chael eu bedyddio.
9Un noson cafodd Paul weledigaeth, pan ddwedodd yr Arglwydd wrtho: "Paid bod ofn! Dal
ati i ddweud wrth bobl amdana i. Paid bod yn ddistaw. 10Dw i gyda ti, a fydd neb yn ymosod
arnat ti na gwneud niwed i ti. Dw i'n mynd i achub llawer o bobl yn y ddinas yma." 11Felly
arhosodd Paul yn Corinth am flwyddyn a hanner, yn dysgu neges Duw i'r bobl.
12Tra oedd Galio yn rhaglaw ar Achaia, dyma'r arweinwyr Iddewig yn dod at ei gilydd
i ddal Paul a mynd ag e i'r llys. 13Y cyhuddiad yn ei erbyn oedd, "Perswadio pobl i addoli
Duw mewn ffyrdd anghyfreithlon."
14Ond cyn i Paul gael cyfle i gyflwyno ei amddiffyniad, dyma Galio yn dweud wrth yr
Iddewon: "Petaech chi Iddewon yn dod â'r dyn yma o flaen y llys am gamymddwyn neu
gyflawni rhyw drosedd difrifol, byddwn i'n caniatáu i'r achos fynd yn ei flaen. 15Ond y cwbl
sydd yma ydy dadl am sut i ddehongli manion eich Cyfraith chi. Felly ewch i ddelio gyda'r

---

o 17:28a dyfyniad o waith Epimenides (bardd o Cnosos ar Ynys Creta – 6ed ganrif CC) (gw. hefyd Titus 1:12, lle mae Paul yn dyfynnu llinell arall o'i waith). p 17:28b dyfyniad o Phaenomena 5 gan Aratus (awdur Stoicaidd o Cilicia – 310–245 CC). ph 18:1 Roedd *Athen* a *Corinth* yn ddinasoedd pwysig yn Achaia, De Gwlad Groeg.

mater eich hunain. Dw i'n gwrthod barnu'r achos." 16 Felly taflodd nhw allan o'r llys. 17 Y tu
allan i'r llys dyma griw o bobl yn gafael yn Sosthenes, arweinydd y synagog, a'i guro. Ond
doedd Galio ddim fel petai'n poeni dim.

Priscila, Acwila ac Apolos

18 Arhosodd Paul yn Corinth am amser hir wedyn. Pan ffarweliodd â'r Cristnogion yno
hwyliodd i Syria, ac aeth Priscila ac Acwila gydag e. (Cyn mynd ar y llong yn Cenchrea roedd
Paul wedi cadw'r ddefod Iddewig o eillio ei ben fel arwydd o gysegru ei hun yn llwyr i Dduw.)
19 Ar ôl glanio yn Effesus, gadawodd Paul Priscila ac Acwila yno. Ond tra oedd yno aeth i drafod
gyda'r Iddewon yn y synagog. 20 Dyma nhw'n gofyn iddo aros yn hirach yno, ond gwrthododd.
21 Ond wrth adael addawodd iddyn nhw, "Bydda i'n dod nôl atoch chi os Duw a'i myn." Felly
hwyliodd Paul yn ei flaen o Effesus, 22 a chyrraedd Cesarea. Yna aeth i ymweld â'r eglwys yn
Jerwsalem cyn mynd yn ei flaen i'w eglwys gartref yn Antiochia Syria.

Trydedd Daith Genhadol Paul

Apolos yn Effesus a Corinth

23 Ar ôl aros yn Antiochia am dipyn, aeth i ymweld â'r eglwysi yn ardal Galatia a Phrygia
unwaith eto, a chryfhau ffydd y Cristnogion yno.
24 Yn y cyfamser, roedd rhyw Iddew o'r enw Apolos wedi mynd i Effesus. Roedd yn dod
yn wreiddiol o Alecsandria – dyn galluog, hyddysg iawn yn yr ysgrifau sanctaidd. 25 Roedd
wedi dysgu am yr Arglwydd Iesu, ac yn siarad yn frwd iawn amdano. Roedd beth roedd e'n
ei ddysgu am Iesu yn ddigon cywir, ond dim ond bedydd Ioan roedd e'n gwybod amdano.
26 Roedd yn siarad yn gwbl agored am y pethau yma yn y synagog. Pan glywodd Priscila ac
Acwila beth oedd yn ei ddweud, dyma nhw yn ei wahodd i'w cartref ac yn esbonio ffordd
Duw iddo yn fwy manwl.
27 Cododd awydd yn Apolos i fynd i Achaia, ac roedd y credinwyr eraill yn ei gefnogi. Felly
dyma nhw'n ysgrifennu llythyr at Gristnogion Achaia yn dweud wrthyn nhw am roi croeso iddo.
Pan gyrhaeddodd yno roedd yn help mawr i'r rhai oedd, drwy garedigrwydd Duw, wedi dod
i gredu. 28 Roedd e'n gwrthbrofi dadleuon yr Iddewon mewn cyfarfodydd cyhoeddus. Roedd
yn defnyddio'r ysgrifau sanctaidd i ddangos yn glir mai Iesu oedd y Meseia.

Paul yn Effesus

19 Tra oedd Apolos yn Corinth teithiodd Paul ar draws gwlad a chyrraedd Effesus. Yno
daeth o hyd i grŵp o gredinwyr, 2 a gofynnodd iddyn nhw, "Wnaethoch chi dderbyn
yr Ysbryd Glân pan ddaethoch chi i gredu?"
"Na," medden nhw, "dŷn ni ddim hyd yn oed wedi clywed fod yna'r fath beth ag Ysbryd Glân!"
3 "Felly pa fedydd gawsoch chi?" meddai Paul.
"Bedydd Ioan," medden nhw.
4 Atebodd Paul, "Bedydd i ddangos eich bod am droi cefn ar bechod oedd bedydd Ioan.
Dwedodd Ioan wrth y bobl hefyd am gredu yn yr un oedd i ddod ar ei ôl, sef yn Iesu." 5 Felly ar
ôl clywed hyn dyma nhw'n cael eu bedyddio i ddangos eu bod nhw'n perthyn i'r Arglwydd Iesu.
6 Wedyn dyma Paul yn rhoi ei ddwylo arnyn nhw, a daeth yr Ysbryd Glân arnyn nhw, a dyma
nhw'n dechrau siarad ieithoedd eraill a phroffwydo. 7 (Roedd yno ryw ddwsin o ddynion i gyd.)
8 Am dri mis aeth Paul i'r synagog, a siarad yn gwbl agored yno, a cheisio perswadio'r bobl
am deyrnasiad Duw. 9 Ond dyma rhai ohonyn nhw'n troi'n ystyfnig – yn lle credu roedden
nhw'n dechrau siarad yn erbyn Ffordd yr Arglwydd Iesu o flaen pawb. Felly dyma Paul yn eu
gadael nhw, a mynd â'r credinwyr eraill gydag e. Roedden nhw'n cyfarfod yn narlithfa Tyranus
i wrando ar Paul yn dysgu. 10 Aeth hyn ymlaen am ddwy flynedd, nes bod pawb yn nhalaith
Asia wedi clywed neges yr Arglwydd, yn Iddewon a phobl o genhedloedd eraill.

11 Roedd Duw yn gwneud gwyrthiau anhygoel drwy Paul. 12 Roedd cleifion yn cael eu
hiacháu ac ysbrydion drwg yn mynd allan ohonyn nhw pan oedd cadachau a ffedogau oedd
wedi'i gyffwrdd yn cael eu cymryd atyn nhw.
13 Roedd grŵp o Iddewon hefyd yn mynd o gwmpas yn bwrw ysbrydion drwg allan o bobl,
a dyma nhw'n ceisio defnyddio enw'r Arglwydd Iesu i ddelio gyda phobl oedd yng ngafael
cythreuliaid. "Yn enw'r Iesu mae Paul yn pregethu amdano, dw i'n gorchymyn i ti ddod allan!"
medden nhw. 14 (Meibion Scefa, archoffeiriad Iddewig, oedden nhw – ac roedd saith ohonyn
nhw.) 15 Dyma'r ysbryd drwg yn ateb, "Dw i'n nabod Iesu, ac yn gwybod am Paul, ond pwy
dych chi?" 16 A dyma'r dyn oedd a'r ysbryd drwg ynddo yn ymosod arnyn nhw a rhoi'r fath
gweir iddyn nhw i gyd nes iddyn nhw redeg allan o'r tŷ yn noeth ac yn gwaedu.
17 Clywodd pawb yn Effesus beth oedd wedi digwydd – yr Iddewon a phawb arall. Daeth
ofn drostyn nhw i gyd, ac roedd enw'r Arglwydd Iesu yn cael ei barchu fwy fyth. 18 Dyma lawer
o'r bobl wnaeth gredu yn cyfaddef yn agored y pethau drwg roedden nhw wedi'u gwneud.
19 Roedd nifer ohonyn nhw wedi bod yn medlan gyda dewiniaeth, a dyma nhw'n dod â'r
llyfrau oedd ganddyn nhw ar y pwnc ac yn eu llosgi'n gyhoeddus. Roedd y llyfrau gafodd eu
llosgi yn werth ffortiwn – dros 50,000 drachma[r] yn ôl un amcangyfrif. 20 Fel hyn roedd neges
yr Arglwydd Iesu yn mynd ar led ac yn mynd yn fwy a mwy dylanwadol.
21 Ar ôl hyn i gyd, dyma Paul yn penderfynu fod rhaid iddo fynd i Jerwsalem, a galw heibio
Macedonia ac Achaia ar ei ffordd. "Wedyn ar ôl bod yn Jerwsalem," meddai, "mae'n rhaid
i mi ymweld â Rhufain." 22 Ond arhosodd yn Asia am ychydig mwy, ac anfon Timotheus ac
Erastus o'i flaen i Macedonia.

Y reiat yn Effesus

23 Tua'r adeg yna buodd yna dwrw mawr yn Effesus ynglŷn â Ffordd yr Arglwydd. 24 Roedd
gof arian o'r enw Demetrius yn rhedeg busnes gwneud modelau bach o deml y dduwies
Artemis, ac yn cyflogi nifer o weithwyr. 25 Daeth â'r gweithwyr i gyd at ei gilydd, a gwahodd
pobl eraill oedd â busnesau tebyg. Dwedodd wrthyn nhw, "Ffrindiau, y busnes yma ydy'n
bywoliaeth ni – mae'n gwneud arian da i ni. 26 Ond, fel dych chi'n gwybod, mae'r dyn Paul
yma wedi llwyddo i berswadio lot fawr o bobl bod y delwau dŷn ni'n eu gwneud ddim yn
dduwiau o gwbl mewn gwirionedd. Mae wedi gwneud hyn, dim yn unig yma yn Effesus, ond
bron drwy dalaith Asia i gyd. 27 Mae peryg nid yn unig i'n busnes ni fynd i'r wal, ond hefyd
i deml Artemis golli ei dylanwad, ac i'r dduwies fawr ei hun, sy'n cael ei haddoli ar hyd a lled
Asia, golli ei statws!"
28 Wrth glywed beth oedd gan Demetrius i'w ddweud, dyma'r dyrfa'n cynhyrfu'n lân
a dechrau gweiddi: "Artemis yr Effesiaid am byth!" 29 Cyn bo hir roedd y ddinas i gyd yn
ferw gwyllt. Dyma nhw'n dal Gaius ac Aristarchus (dau o Macedonia oedd wedi bod yn
teithio gyda Paul), a'u llusgo nhw i'r amffitheatr enfawr oedd yno. 30 Roedd Paul eisiau mynd
i mewn i wynebu'r dyrfa, ond wnaeth y disgyblion ddim gadael iddo. 31 A dyma hyd yn oed
rai o swyddogion y dalaith, roedd Paul yn ffrindiau â nhw, yn anfon neges ato i bwyso arno
i beidio mentro i mewn.
32 Roedd y dyrfa yno mewn anhrefn llwyr. Roedd rhai ohonyn nhw'n gweiddi un peth a rhai
eraill yn gweiddi rhywbeth arall. Doedd gan y rhan fwyaf o'r bobl oedd yno ddim syniad beth
oedd yn mynd ymlaen! 33 Dyma rai o'r arweinwyr Iddewig yn gwthio dyn o'r enw Alecsander
i'r blaen i esbonio fod gan y cwbl ddim byd i'w wneud â'r Iddewon. Cododd yntau ei law
i geisio tawelu'r dyrfa, er mwyn iddo amddiffyn enw da'r Iddewon. 34 Ond pan ddeallodd
y dyrfa ei fod yn Iddew, dyma nhw'n dechrau gweiddi gyda'i gilydd eto, "Artemis yr Effesiaid
am byth!" Aeth y siantio ymlaen yn ddi-stop am tua dwy awr.
35 Clerc y ddinas lwyddodd i dawelu'r dyrfa yn y diwedd, ac meddai: "Bobl Effesus. Mae
pawb drwy'r byd i gyd yn gwybod mai yn ein dinas ni mae teml y dduwies fawr Artemis, ac

---

r 19:19 Groeg *darn arian*. Un drachma oedd cyflog diwrnod gweithiwr cyffredin.

mai ni sy'n gwarchod y ddelw ohoni ddaeth i lawr o'r nefoedd. 36 Does neb yn gallu gwadu
hynny, felly mae'n bryd i chi dawelu, a pheidio gwneud dim byd byrbwyll. 37 Dydy'r dynion
ddaethoch chi â nhw yma ddim yn euog o ddwyn unrhyw beth o'r deml nac o gablu ein
duwies ni. 38 Felly, os oes gan Demetrius a'i ffrindiau gŵyn yn erbyn rhywun, mae llysoedd
i ddelio gyda'r mater, a barnwyr. Dyna'r lle i ddwyn cyhuddiad yn erbyn rhywun. 39 Ac os oes
unrhyw beth pellach, caiff ei setlo mewn cyfarfod cyhoeddus swyddogol. 40 Mae peryg i ni
gael ein cyhuddo o ddechrau reiat o achos beth sydd wedi digwydd yma heddiw. A phetai
hynny'n digwydd, beth fydden ni'n ei ddweud wrth yr awdurdodau? – Does dim esgus am
y peth." 41 Ar ôl dweud hyn anfonodd bawb adre.

Drwy Macedonia a Gwlad Groeg

20 Pan oedd yr helynt drosodd, dyma Paul yn galw'r Cristnogion at ei gilydd i ffarwelio
â nhw a'u hannog nhw i ddal ati. Gadawodd i fynd i Macedonia, 2 ac ar ôl teithio ar
hyd a lled yr ardal honno yn annog y bobl, aeth i lawr i Corinth yn y de, 3 ac aros yno am dri
mis. Pan oedd ar fin hwylio i Syria dyma fe'n darganfod fod yr Iddewon yn cynllwynio i ymosod
arno, felly penderfynodd deithio yn ôl drwy Macedonia. 4 Yn teithio gydag e roedd Sopater
fab Pyrrhus o Berea, Aristarchus a Secwndus o Thesalonica, Gaius o Derbe, hefyd Timotheus,
a Tychicus a Troffimus o dalaith Asia. 5 Ond yna aeth y rhain yn eu blaenau i Troas, a disgwyl
amdanon ni yno. 6 Wnaethon ni ddim gadael Philipi nes oedd Gŵyl y Bara Croyw (sef y Pasg)
drosodd. Yna bum diwrnod wedyn roedden ni wedi ymuno gyda'r lleill eto yn Troas, a dyma
ni'n aros yno am wythnos.

Eutychus yn dod yn ôl yn fyw

7 Ar y nos Sadwrn dyma ni'n cyfarfod i fwyta a dathlu Swper yr Arglwydd.[rh] Paul oedd yn
pregethu, a chan ei fod yn bwriadu gadael y diwrnod wedyn, daliodd ati i siarad nes oedd hi'n
hanner nos. 8 Roedden ni'n cyfarfod mewn ystafell i fyny'r grisiau, ac roedd llawer o lampau
yn llosgi yno. 9 Wrth i Paul fynd ymlaen ac ymlaen, dyma fachgen ifanc o'r enw Eutychus yn
dechrau pendwmpian. Roedd yn eistedd ar silff un o'r ffenestri, a phan oedd yn cysgu go iawn
syrthiodd allan o'r ffenest oedd ar y trydydd llawr. Dyma nhw'n mynd i'w godi, ond roedd
wedi marw. 10 Ond yna aeth Paul i lawr, a thaflu ei freichiau o gwmpas y dyn ifanc. "Peidiwch
cynhyrfu!", meddai, "Mae'n fyw!" 11 Wedyn aeth yn ôl i fyny i fwyta a dathlu Swper yr Arglwydd.
Aeth yn ei flaen i siarad nes oedd hi wedi gwawrio, ac yna gadawodd nhw. 12 Dyma nhw'n
mynd â'r dyn ifanc adre'n fyw, ac roedd pawb wedi'u calonogi'n fawr.

O Troas i Miletus

13 Dyma Paul yn penderfynu croesi ar draws gwlad i Assos. Roedd am i'r gweddill ohonon
ni hwylio yno ar long, a byddai'n ein cyfarfod ni yno. 14 Yn Assos ymunodd â ni ar y llong
a dyma ni'n hwylio ymlaen i Mitylene. 15 Y diwrnod wedyn dyma ni'n cyrraedd gyferbyn ag
ynys Cios. Croesi i Samos y diwrnod canlynol. Ac yna'r diwrnod ar ôl hynny dyma ni'n glanio
yn Miletus. 16 Roedd Paul wedi penderfynu peidio galw yn Effesus y tro yma, rhag iddo golli
gormod o amser yn nhalaith Asia. Roedd ar frys, ac yn awyddus i gyrraedd Jerwsalem erbyn
Gŵyl y Pentecost.

Paul yn ffarwelio ag arweinwyr eglwys Effesus

17 Ond tra oedd yn Miletus, anfonodd neges i Effesus yn galw arweinwyr yr eglwys i ddod
draw i Miletus i'w gyfarfod.

18 Pan gyrhaeddon nhw, dyma oedd ganddo i'w ddweud wrthyn nhw: "Dych chi'n gwybod
yn iawn sut fues i'n gweithio i'r Arglwydd heb dynnu sylw ata i fy hun pan oeddwn i gyda

rh 20:7 Groeg *i dorri bara*.

chi yn nhalaith Asia. [19]Dych chi'n gwybod am y dagrau gollais i, ac mor anodd roedd hi'n
gallu bod am fod yr Iddewon yn cynllwynio yn fy erbyn i. [20]Dych chi'n gwybod mod i wedi
cyhoeddi beth oedd o les i chi, a mynd o gwmpas yn gwbl agored o un tŷ i'r llall yn eich dysgu
chi. [21]Dw i wedi dweud yn glir wrth yr Iddewon a phawb arall fod rhaid iddyn nhw droi o'u
pechod at Dduw, a chredu yn yr Arglwydd Iesu.

[22]"A nawr dw i'n mynd i Jerwsalem. Mae'r Ysbryd wedi dweud fod rhaid i mi fynd, er nad
ydw i'n gwybod beth fydd yn digwydd i mi ar ôl i mi gyrraedd yno. [23]Yr unig beth dw i'n wybod
ydy mod i'n mynd i gael fy arestio a bod pethau'n mynd i fod yn galed – mae'r Ysbryd Glân
wedi gwneud hynny'n ddigon clir dro ar ôl tro mewn gwahanol leoedd. [24]Sdim ots! Cyn belled
â'm bod i'n gorffen y ras! Dydy mywyd i'n dda i ddim oni bai mod i'n gwneud y gwaith mae'r
Arglwydd Iesu wedi'i roi i mi – sef dweud y newyddion da am gariad a haelioni Duw wrth bobl.

[25]"A dyna dw i wedi'i wneud yn eich plith chi – dw i wedi bod yn mynd o le i le yn pregethu
am deyrnasiad Duw, ond bellach dw i'n gwybod na chewch chi ngweld i byth eto. [26]Felly, dw i am
ddweud yma heddiw – dim fi sy'n gyfrifol am beth fydd yn digwydd i unrhyw un.[s] [27]Dw i wedi
dweud popeth sydd ei angen am y ffordd mae Duw'n achub, a beth mae'n ei ddisgwyl gynnon ni.

[28]"Gofalwch amdanoch eich hunain, a'r bobl mae'r Ysbryd Glân wedi'u rhoi yn eich gofal
fel arweinwyr. Bugeilio eglwys Dduw fel mae bugail yn gofalu am ei braidd – dyma'r eglwys
wnaeth Duw ei phrynu'n rhydd â'i waed ei hun! [29]Dw i'n gwybod yn iawn y bydd athrawon
twyllodrus yn dod i'ch plith chi cyn gynted ag y bydda i wedi mynd, fel bleiddiaid gwyllt yn
llarpio'r praidd. [30]Bydd hyd yn oed rhai o'ch pobl chi'ch hunain yn twistio'r gwirionedd i geisio
denu dilynwyr iddyn nhw'u hunain. [31]Felly gwyliwch eich hunain! Cofiwch mod i wedi'ch
rhybuddio chi ddydd a nos, a cholli dagrau lawer am y tair blynedd roeddwn i gyda chi.

[32]"Dw i'n eich gadael chi yng ngofal Duw bellach, a'r neges am ei gariad a'i haelioni.
Y neges yma sy'n eich adeiladu chi a rhoi etifeddiaeth i chi gyda phawb arall mae wedi'u
cysegru iddo'i hun. [33]Dw i ddim wedi ceisio cael arian na dillad gan neb. [34]Dych chi'n gwybod
yn iawn mod i wedi gweithio'n galed i dalu fy ffordd a chynnal fy ffrindiau. [35]Drwy'r cwbl
roeddwn i'n dangos sut bydden ni'n gallu helpu'r tlodion drwy weithio'n galed. Dych chi'n
cofio fod yr Arglwydd Iesu ei hun wedi dweud: 'Mae rhoi yn llawer gwell na derbyn.'"

[36]Ar ôl dweud hyn i gyd, aeth ar ei liniau i weddïo gyda nhw. [37]Dyma pawb yn dechrau
crio wrth gofleidio Paul a'i gusanu. [38]Roedden nhw'n arbennig o drist am ei fod wedi dweud
y bydden nhw ddim yn ei weld byth eto.

Wedyn dyma nhw'n mynd i lawr at y llong gydag e.

Ymlaen i Jerwsalem

21 Ar ôl llwyddo i dynnu'n hunain i ffwrdd oddi wrthyn nhw dyma ni'n dechrau'r
fordaith a hwylio'n syth i ynys Cos. Cyrraedd Rhodos y diwrnod wedyn, ac yna mynd
ymlaen i Patara. [2]Newid llong yno, a hwylio ymlaen ar long oedd yn mynd i dalaith Phenicia
yn Syria. [3]Cael cipolwg ar ynys Cyprus wrth hwylio i'r de o'r ynys, ac yna mynd ymlaen i Syria.
Dyma ni'n glanio yn Tyrus lle roedd y llong yn dadlwytho ei chargo. [4]Daethon ni o hyd i'r
Cristnogion yno, ac aros gyda nhw am wythnos. Roedden nhw'n pwyso ar Paul i beidio mynd
i Jerwsalem o achos beth roedden nhw'n ei broffwydo drwy'r Ysbryd Glân. [5]Ond mynd ymlaen
ar ein taith wnaethon ni pan ddaeth hi'n amser i ni symud. Daethon nhw i gyd i lawr i'r traeth
gyda ni i ffarwelio – hyd yn oed y gwragedd a'r plant. Yno dyma ni i gyd yn mynd ar ein
gliniau i weddïo. [6]Ar ôl ffarwelio â'n gilydd aethon ni ar y llong a dyma nhw'n mynd adre.

[7]Dyma ni'n hwylio ymlaen o Tyrus ac yn glanio wedyn yn Ptolemais. Rhoddodd y Cristnogion
yno groeso i ni, a chawson dreulio'r diwrnod gyda nhw. [8]A'r diwrnod wedyn dyma ni'n mynd
ymlaen i Cesarea, ac aros yng nghartref Philip yr efengylydd (un o'r saith gafodd eu dewis gan
eglwys Jerwsalem i fod yn gyfrifol am ddosbarthu bwyd i'r gweddwon). [9]Roedd gan Philip
bedair o ferched dibriod oedd yn proffwydo.

---

s 20:26 Groeg *dw i'n ddieuog o waed pawb.*

10Roedden ni wedi bod yno am rai dyddiau, a dyma broffwyd o'r enw Agabus yn dod yno
o Jwdea. 11Pan ddaeth, cymerodd felt Paul oddi arno a rhwymo ei ddwylo a'i draed ei hun
gyda hi. Yna meddai, "Dyma mae'r Ysbryd Glân yn ei ddweud, 'Bydd arweinwyr yr Iddewon yn
Jerwsalem yn rhwymo'r sawl sydd biau'r belt yma, ac yna'n ei drosglwyddo i'r Rhufeiniaid.'"
12Ar ôl clywed hyn, dyma ni a'r Cristnogion lleol yn Cesarea yn dechrau pledio ar Paul
i beidio mynd i Jerwsalem. 13Ond ateb Paul oedd, "Pam yr holl grio yma? Dych chi'n torri fy
nghalon i. Dw i'n fodlon nid yn unig cael fy rhwymo, ond marw yn Jerwsalem er mwyn yr
Arglwydd Iesu." 14Doedd dim modd ei berswadio, felly dyma ni'n rhoi'r gorau iddi a dweud,
"Wel, rhaid i beth bynnag mae'r Arglwydd eisiau ddigwydd."
15Yn fuan wedyn dyma ni'n dechrau'r daith ymlaen i Jerwsalem. 16Daeth rhai o Gristnogion
Cesarea gyda ni, a mynd â ni i aros yng nghartref Mnason (dyn o Cyprus oedd yn un o'r rhai
cyntaf i ddod i gredu).

Paul yn cyrraedd Jerwsalem

17Cawson ni groeso cynnes gan y Cristnogion pan gyrhaeddon ni Jerwsalem. 18Yna'r diwrnod
wedyn aeth Paul gyda ni i weld Iago, ac roedd yr arweinwyr i gyd yno. 19Ar ôl eu cyfarch dyma
Paul yn rhoi adroddiad manwl o'r cwbl roedd Duw wedi'i wneud drwy ei waith ymhlith pobl
o genhedloedd eraill. 20Pan glywon nhw'r hanes dyma nhw'n moli Duw. Ond wedyn dyma
nhw'n dweud wrth Paul: "Frawd, rwyt ti'n gwybod fod degau o filoedd o Iddewon wedi dod
i gredu hefyd, ac maen nhw i gyd yn ofalus iawn i gadw Cyfraith Moses. 21Ond maen nhw
wedi clywed dy fod ti'n dysgu'r Iddewon sy'n byw mewn gwledydd eraill i droi cefn ar Moses,
i stopio enwaedu eu bechgyn a chadw'r traddodiadau Iddewig eraill. 22Mae'n rhaid gwneud
rhywbeth. Maen nhw'n siŵr o glywed dy fod ti wedi dod yma. 23Dyma beth dŷn ni'n awgrymu.
Mae pedwar dyn yma sydd wedi cymryd llw. 24Dos gyda nhw, a mynd drwy'r ddefod o lanhau
dy hun, a thalu'r costau iddyn nhw gael eillio eu pennau. Bydd hi'n amlwg i bawb wedyn
bod y sibrydion amdanat ti ddim yn wir, a dy fod ti'n byw yn ufudd i'r Gyfraith. 25Ond lle
mae'r Cristnogion o genhedloedd eraill yn y cwestiwn, dŷn ni wedi dweud mewn llythyr beth
dŷn ni'n ei ddisgwyl ganddyn nhw – sef peidio bwyta cig wedi'i aberthu i eilun-dduwiau, na
dim sydd â gwaed ynddo, na chig anifeiliaid sydd wedi'u tagu, a'u bod i gadw draw oddi
wrth unrhyw anfoesoldeb rhywiol."
26Felly'r diwrnod wedyn dyma Paul yn mynd drwy'r ddefod o lanhau ei hun gyda'r dynion
eraill. Wedyn aeth i'r deml i gyhoeddi'r dyddiad y byddai'r cyfnod o buredigaeth drosodd,
pan fyddai offrwm yn cael ei gyflwyno ar ran pob un ohonyn nhw.

Paul yn cael ei arestio

27Pan oedd saith diwrnod y buredigaeth bron ar ben, dyma ryw Iddewon o dalaith Asia yn
gweld Paul yn y deml. Dyma nhw'n llwyddo i gynhyrfu'r dyrfa a gafael ynddo 28gan weiddi,
"Bobl Israel, helpwch ni! Dyma'r dyn sy'n dysgu pawb ym mhobman i droi yn erbyn ein pobl
ni, a'n Cyfraith, a'r Deml yma! Ac mae wedi halogi'r lle sanctaidd yma drwy ddod â phobl
o genhedloedd eraill i mewn yma!" 29(Roedden nhw wedi gweld Troffimus o Effesus gyda
Paul yn y ddinas yn gynharach, ac yn cymryd yn ganiataol ei fod wedi mynd gyda Paul lle
na ddylai fynd yn y deml.)
30Dyma'r cynnwrf yn lledu drwy'r ddinas i gyd, a phobl yn rhedeg yno o bob cyfeiriad. Dyma
nhw'n gafael yn Paul a'i lusgo allan o'r deml, ac wedyn cau'r giatiau. 31Roedden nhw'n
mynd i'w ladd, ond clywodd capten y fyddin Rhufeinig fod reiat yn datblygu yn Jerwsalem.
32Aeth yno ar unwaith gyda'i filwyr a rhedeg i'r lle roedd y dyrfa. Roedd rhai wrthi'n curo
Paul, ond pan welon nhw'r milwyr dyma nhw'n stopio.
33Dyma'r capten yn arestio Paul ac yn gorchymyn ei rwymo gyda dwy gadwyn. Wedyn
gofynnodd i'r dyrfa pwy oedd, a beth roedd wedi'i wneud. 34Ond roedd rhai yn gweiddi un peth,
ac eraill yn gweiddi rhywbeth hollol wahanol. Roedd hi'n amhosib darganfod beth oedd y gwir yng

nghanol yr holl dwrw, felly dyma'r capten yn gorchymyn i'r milwyr fynd â Paul i'r barics milwrol
yn Antonia. 35Erbyn i Paul gyrraedd y grisiau roedd y dyrfa wedi troi'n dreisgar, ac roedd rhaid i'r
milwyr ei gario. 36Roedd y dyrfa yn ei dilyn nhw yn gweiddi, "Rhaid ei ladd! Rhaid ei ladd!"

Paul yn annerch y dyrfa

37Roedd y milwyr ar fin mynd â Paul i mewn i'r barics pan ofynnodd i'r capten, "Ga
i ddweud rhywbeth?" "Sut dy fod di'n siarad Groeg?" meddai'r capten wrtho, 38"Onid ti
ydy'r Eifftiwr hwnnw ddechreuodd wrthryfel ychydig yn ôl ac arwain pedair mil o aelodau'r
grŵp terfysgol 'y Sicari' i'r anialwch?"
39"Na," meddai Paul, "Iddew ydw i; dw i'n ddinesydd o Tarsus yn Cilicia. Ga i siarad â'r
bobl yma os gweli di'n dda?"
40Rhoddodd y capten ganiatâd iddo, a safodd Paul ar y grisiau a chodi ei law i gael y dyrfa
i dawelu. Pan oedden nhw i gyd yn dawel, dechreuodd eu hannerch yn yr iaith Hebraeg:
22 "Frodyr ac arweinwyr parchus ein cenedl, ga i ddweud gair i amddiffyn fy hun?"
2Pan glywon nhw Paul yn siarad Hebraeg dyma nhw'n mynd yn hollol dawel. Yna
meddai Paul wrthyn nhw, 3"Iddew ydw i, wedi fy ngeni yn Tarsus yn Cilicia, ond ces i fy magu
yma yn Jerwsalem. Bues i'n astudio Cyfraith ein hynafiaid yn fanwl dan yr athro Gamaliel.
Rôn i'n frwd iawn dros bethau Duw, yn union fel dych chi yma heddiw. 4Bues i'n erlid y rhai
oedd yn dilyn y Ffordd Gristnogol, ac yn arestio dynion a merched, a'u taflu nhw i'r carchar.
5Gall yr archoffeiriad ac aelodau Cyngor y Sanhedrin dystio i'r ffaith fod hyn i gyd yn wir, am
mai nhw roddodd lythyrau i mi i'w cyflwyno i arweinwyr ein pobl yn Damascus. Rôn i'n mynd
yno i arestio'r Cristnogion a dod â nhw yn ôl yn gaeth i Jerwsalem i'w cosbi nhw.

Dweud hanes ei dröedigaeth

(Actau 9:1-19; 26:12-18)

6"Roedd hi tua chanol dydd, ac roeddwn i bron â chyrraedd Damascus, ac yn sydyn dyma
rhyw olau llachar o'r nefoedd yn fflachio o'm cwmpas i. 7Syrthiais ar lawr, a chlywed llais yn
dweud wrtho i, 'Saul! Saul! Pam wyt ti'n fy erlid i?'
8"Gofynnais, 'Pwy wyt ti, Arglwydd?'
"'Iesu o Nasareth ydw i,' meddai'r llais, 'sef yr un rwyt ti'n ei erlid.' 9Roedd y rhai oedd gyda
mi yn gweld y golau, ond ddim yn deall y llais oedd yn siarad â mi.
10"Gofynnais iddo, 'Beth wna i, Arglwydd?' A dyma'r Arglwydd yn ateb, 'Cod ar dy draed,
a dos i Damascus. Yno cei di wybod popeth rwyt ti i fod i'w wneud.' 11Rôn i wedi cael fy nallu
gan y golau disglair, ac roedd rhaid i mi gael fy arwain gerfydd fy llaw i Damascus.
12"Daeth dyn o'r enw Ananias i ngweld i. Dyn duwiol iawn, yn cadw Cyfraith Moses yn
ofalus ac yn ddyn roedd yr Iddewon yno yn ei barchu'n fawr. 13Safodd wrth fy ymyl a dweud.
'Saul, frawd. Derbyn dy olwg yn ôl!' Ac o'r eiliad honno rôn i'n gallu gweld eto.
14"Wedyn dwedodd Ananias wrtho i: 'Mae Duw ein cyndeidiau ni wedi dy ddewis di i wybod
beth mae e eisiau, i weld Iesu, yr Un Cyfiawn, a chlywed beth sydd ganddo i'w ddweud. 15Byddi
di'n mynd i ddweud wrth bawb beth rwyt ti wedi'i weld a'i glywed. 16Felly, pam ddylet ti oedi?
Cod ar dy draed i ti gael dy fedyddio a golchi dy bechodau i ffwrdd wrth alw arno i dy achub di.'
17"Pan ddes i yn ôl i Jerwsalem roeddwn i'n gweddïo yn y Deml pan ges i weledigaeth – 18yr
Arglwydd yn siarad â mi, ac yn dweud 'Brysia! Rhaid i ti adael Jerwsalem ar unwaith, achos
wnân nhw ddim credu beth fyddi di'n ei ddweud amdana i.'
19"'Ond Arglwydd,' meddwn innau, 'mae'r bobl yma'n gwybod yn iawn mod i wedi mynd
o un synagog i'r llall yn carcharu'r bobl sy'n credu ynot ti, ac yn eu curo nhw. 20Pan gafodd
Steffan ei ladd am ei fod yn siarad amdanat ti, roeddwn i yno'n cefnogi beth oedd yn digwydd!
Fi oedd yn gofalu am fentyll y rhai oedd yn ei ladd.'
21"Ond dyma'r Arglwydd yn dweud wrtho i, 'Dos; dw i'n mynd i dy anfon di'n bell i ffwrdd,
at bobl o genhedloedd eraill.'"

Paul y dinesydd Rhufeinig

22 Roedd y dyrfa wedi gwrando arno nes iddo ddweud hynny. Ond yna dyma nhw'n dechrau
gweiddi'n uchel, "Rhaid iddo gael ei ladd! Dydy e ddim yn haeddu byw!"
23 Dyma nhw'n dechrau gweiddi eto, tynnu eu mentyll i ffwrdd a thaflu llwch i'r awyr.
24 Felly dyma'r capten yn gorchymyn mynd â Paul i mewn i'r barics i gael ei groesholi gyda'r
chwip, er mwyn ceisio darganfod pam roedd y bobl yn gweiddi arno fel hyn. 25 Wrth iddyn nhw
rwymo ei freichiau ar led i'w chwipio, dyma Paul yn gofyn i'r swyddog milwrol oedd yn gyfrifol,
"Oes gynnoch chi hawl i chwipio dinesydd Rhufeinig heb ei gael yn euog mewn llys barn?"
26 Pan glywodd y swyddog hynny, aeth at y capten. "Syr, beth dych chi'n ei wneud?" meddai
wrtho. "Mae'r dyn yn ddinesydd Rhufeinig."
27 Felly dyma'r capten yn mynd at Paul a gofyn iddo, "Wyt ti'n ddinesydd Rhufeinig?"
"Ydw," meddai Paul.
28 "Roedd rhaid i mi dalu arian mawr i gael bod yn ddinesydd," meddai'r capten.
"Ces i fy ngeni'n ddinesydd," meddai Paul.
29 Dyma'r rhai oedd yn mynd i'w groesholi yn camu nôl yn syth. Ac roedd y capten ei hun
wedi dychryn pan sylweddolodd ei fod wedi rhwymo dinesydd Rhufeinig â chadwyni.

Paul o flaen y Sanhedrin

30 Y diwrnod wedyn roedd y capten eisiau deall yn union beth oedd cyhuddiad yr Iddewon
yn erbyn Paul. Dyma fe'n gollwng Paul yn rhydd o'i gadwyni, a gorchymyn i'r prif offeiriaid
a'r Sanhedrin ddod at ei gilydd. Wedyn daeth â Paul, a'i osod i sefyll o'u blaenau.
23 Dyma Paul yn edrych ar aelodau'r Sanhedrin ac yn dweud, "Frodyr, dw i wedi
gwasanaethu Duw gyda chydwybod glir, a dw i'n dal i wneud hynny heddiw." 2 Ar
unwaith, dyma Ananias yr archoffeiriad yn gorchymyn i'r rhai oedd yn sefyll wrth ymyl Paul ei
daro ar ei geg. 3 Dyma Paul yn ymateb drwy ddweud, "Bydd Duw yn dy daro di, y rhagrithiwr![t]
Sut alli di eistedd yna yn fy marnu i ar sail Cyfraith Moses, tra'n torri'r un Gyfraith drwy
orchymyn fy nharo i!"
4 "Wyt ti'n meiddio sarhau archoffeiriad Duw fel yna?" meddai'r rhai wrth ei ymyl.
5 "Frodyr," meddai Paul, "doeddwn i ddim yn sylweddoli mai'r archoffeiriad oedd e. Mae'r
ysgrifau'n dweud: '*Paid dweud dim byd drwg am arweinydd dy bobl.*'"
6 Roedd Paul yn gwybod yn iawn fod rhai ohonyn nhw'n Sadwceaid ac eraill yn Phariseaid,
felly galwodd allan yng nghanol y Sanhedrin, "Frodyr, Pharisead ydw i, a dyna oedd fy
nghyndadau. Dw i yma ar brawf am fy mod i'n credu fod y meirw'n mynd i ddod yn ôl
yn fyw." 7 Pan ddwedodd hyn dyma'r Phariseaid a'r Sadwceaid yn dechrau dadlau. 8 (Dydy
Sadwceaid ddim yn credu fod atgyfodiad, nac angylion nac ysbrydion, ond mae'r Phariseaid
yn credu ynddyn nhw i gyd.)
9 Roedd yna dwrw ofnadwy, gyda rhai o'r arbenigwyr yn y Gyfraith oedd yn Phariseaid ar
eu traed yn dadlau'n ffyrnig. "Dydy'r dyn yma ddim wedi gwneud unrhyw beth o'i le! Falle
fod ysbryd neu angel wedi siarad â fe!" 10 Aeth pethau mor ddrwg nes bod y capten yn ofni
y byddai Paul yn cael ei anafu yn eu canol nhw! Felly gorchmynnodd i'w filwyr fynd i lawr
i'w achub o'u canol a mynd ag e yn ôl i'r barics.
11 Y noson honno daeth yr Arglwydd at Paul a dweud wrtho, "Bydd yn ddewr! Mae'n rhaid
i ti ddweud amdana i yn Rhufain, yn union fel rwyt ti wedi gwneud yma yn Jerwsalem."

Y cynllwyn i ladd Paul

12 Y bore wedyn dyma grŵp o Iddewon yn mynd ar lw i beidio bwyta nac yfed nes roedden
nhw wedi llwyddo i ladd Paul. 13 Roedd dros bedwar deg o ddynion yn rhan o'r cynllwyn yma.

---

t 23:3 *y rhagrithiwr:* Groeg, "wal wedi'i gwyngalchu".
23:5 Exodus 22:28

[14]A dyma nhw'n mynd at yr archoffeiriad a'r arweinwyr Iddewig a dweud wrthyn nhw, "Dŷn
ni wedi mynd ar lw i beidio bwyta dim byd nes byddwn ni wedi lladd Paul. [15]Ond mae arnon
ni angen eich help chi. Gofynnwch i'r capten ddod ag e o flaen y Sanhedrin eto, gan esgus
eich bod chi eisiau edrych yn fwy manwl ar ei achos. Gwnawn ni ymosod arno a'i ladd ar
y ffordd yma."

[16]Ond clywodd nai i Paul (mab ei chwaer) am y cynllwyn, ac aeth i'r barics i ddweud wrth
Paul.

[17]Dyma Paul yn galw un o'r swyddogion milwrol a dweud wrtho, "Dos â'r bachgen ifanc
yma at y capten; mae ganddo rywbeth pwysig i'w ddweud wrtho." [18]Gwnaeth hynny, ac
esbonio i'r capten, "Paul y carcharor ofynnodd i mi ddod â'r bachgen yma atoch chi am fod
ganddo rywbeth i'w ddweud wrthoch chi."

[19]Dyma'r capten yn gafael yn llaw'r bachgen, a mynd o'r neilltu a gofyn iddo, "Beth rwyt
ti eisiau ei ddweud wrtho i?"

[20]Meddai'r bachgen: "Mae'r Iddewon yn mynd i ofyn i chi fynd â Paul i sefyll o flaen
y Sanhedrin eto fory, gan esgus eu bod eisiau ystyried ei achos yn fwy manwl. [21]Ond rhaid
i chi beidio. Mae yna dros bedwar deg o ddynion yn cuddio ar y ffordd, yn barod i ymosod
arno. Maen nhw wedi cymryd llw i beidio bwyta nac yfed nes byddan nhw wedi lladd Paul.
Maen nhw'n barod, yn disgwyl i chi gytuno i'r cais."

[22]"Paid sôn wrth neb dy fod ti wedi dweud wrtho i am hyn," meddai'r capten wrth iddo
anfon y bachgen i ffwrdd.

Trosglwyddo Paul i Cesarea

[23]Wedyn dyma'r capten yn galw dau o'i swyddogion, a gorchymyn iddyn nhw, "Paratowch
fintai o ddau gant o filwyr erbyn naw o'r gloch heno i fynd i Cesarea. Hefyd saith deg
o farchogion a dau gant o bicellwyr. [24]Paratowch geffyl i Paul hefyd, a mynd ag e'n saff at
y llywodraethwr Ffelics."

[25]Yna ysgrifennodd y llythyr yma at Ffelics:

> [26]Oddi wrth Clawdiws Lysias, at eich Anrhydedd, y Llywodraethwr Ffelics:
> Cyfarchion!
>
> [27]Roedd y dyn yma wedi'i ddal gan yr Iddewon, ac roedden nhw ar fin ei ladd. Ond ar ôl
> deall ei fod yn ddinesydd Rhufeinig dyma fi'n mynd â'm milwyr i'w achub. [28]Gan fy mod
> eisiau deall beth oedd y cyhuddiad yn ei erbyn, dyma fi'n mynd ag e i sefyll o flaen y Sanhedrin
> Iddewig. [29]Daeth yn amlwg fod gan y cwbl rywbeth i'w wneud â'r ffordd iawn o ddehongli
> eu Cyfraith nhw – doedd e'n sicr ddim yn haeddu ei ddienyddio, na hyd yn oed ei garcharu!
> [30]Ond wedyn ces wybodaeth fod cynllwyn ar y gweill i'w ladd, felly dyma fi'n ei anfon atoch
> chi ar unwaith. Dw i wedi dweud wrth y rhai sy'n ei gyhuddo am fynd â'u hachos atoch chi.

[31]Felly yn ystod y nos dyma'r milwyr yn mynd â Paul o Jerwsalem, ac yn cyrraedd cyn belled
ag Antipatris, oedd tua hanner ffordd i Cesarea. [32]Y diwrnod wedyn dyma'r marchogion yn
mynd yn eu blaenau gydag e, a gweddill y milwyr yn mynd yn ôl i'r barics yn Jerwsalem.
[33]Pan gyrhaeddodd y marchogion Cesarea, dyma nhw'n mynd â'r llythyr at y llywodraethwr
ac yn trosglwyddo Paul i'w ofal. [34]Ar ôl darllen y llythyr dyma'r llywodraethwr yn gofyn o ba
dalaith roedd Paul yn dod. Ar ôl deall ei fod yn dod o Cilicia, [35]meddai, "Gwna i wrando ar
dy achos di pan fydd y rhai sy'n dy gyhuddo di wedi cyrraedd." Yna gorchmynnodd fod Paul
i gael ei gadw yn y ddalfa ym mhencadlys Herod.

Paul yn sefyll ei brawf o flaen Ffelics

24 Bum diwrnod wedyn daeth Ananias yr archoffeiriad i Cesarea gyda rhai o'r arweinwyr
Iddewig, a chyfreithiwr o'r enw Tertwlus. Dyma nhw'n cyflwyno'r cyhuddiadau yn
erbyn Paul i'r llywodraethwr. [2]Yna cafodd Paul ei alw i mewn, a dyma Tertwlus yn cyflwyno
achos yr erlyniad i Ffelics:

"Eich Anrhydedd. Dŷn ni'r Iddewon wedi mwynhau cyfnod hir o heddwch dan eich
llywodraeth, ac mae gwelliannau mawr wedi digwydd yn y wlad o ganlyniad i'ch craffter
gwleidyddol chi, syr. 3 Mae pobl ym mhobman yn cydnabod hyn, a dŷn ni'n hynod ddiolchgar
i chi. 4 Ond heb gymryd gormod o'ch amser chi, carwn ofyn i chi fod mor garedig â gwrando
arnon ni'n fyr iawn.
5 "Mae'r dyn yma o'ch blaen chi yn un o arweinwyr sect y Nasareaid. Mae wedi bod yn
achosi trwbwl a chreu cynnwrf ymhlith yr Iddewon ar hyd a lled y byd. 6 Ceisiodd halogi'r
deml yn Jerwsalem hyd yn oed, a dyna pam wnaethon ni ei arestio.[th] 8 Cewch ei groesholi
eich hunan, i weld mai dyna'n union ydy'r sefyllfa." 9 A dyma'r arweinwyr Iddewig eraill yn
dechrau ymuno i mewn, a mynnu mai dyna'r gwir.
10 Dyma'r llywodraethwr yn troi at Paul a rhoi arwydd mai ei dro e oedd hi i siarad. Felly
dyma Paul yn ateb: "Syr, o wybod eich bod chi wedi bod yn farnwr ar y genedl yma ers
blynyddoedd lawer, dw i'n falch iawn mai o'ch blaen chi dw i'n amddiffyn fy hun. 11 Mae'n
ddigon hawdd i chi gadarnhau'r ffaith fod llai na deuddeg diwrnod wedi mynd heibio ers i mi
gyrraedd Jerwsalem a mynd i addoli yn y deml. 12 Doeddwn i ddim hyd yn oed yn dadlau gydag
unrhyw un, heb sôn am achosi cynnwrf yn y deml nac mewn unrhyw synagog, nac yn unman
arall yn y ddinas. 13 A dydyn nhw ddim yn gallu profi'r cyhuddiadau yma yn fy erbyn i chwaith!
14 Ond, dw i yn cyfaddef i chi mod i'n addoli Duw ein cyndeidiau ni fel un o ddilynwyr yr hyn
maen nhw'n ei alw'n sect, sef y Ffordd. Dw i'n credu popeth sydd yn y Gyfraith Iddewig ac yn
ysgrifau'r Proffwydi. 15 Dw i'n credu bod Duw yn mynd i ddod â phobl sy'n gyfiawn yn ei olwg
a phobl ddrwg yn ôl yn fyw. Mae'r dynion eraill yma'n credu'r un peth! 16 Felly dw i'n gwneud
fy ngorau i gadw cydwybod glir mewn perthynas â Duw ac yn y ffordd dw i'n trin pobl eraill.
17 "Ar ôl bod i ffwrdd ers rhai blynyddoedd, des i Jerwsalem gydag arian i helpu'r tlodion
ac i gyflwyno offrwm i Dduw. 18 Dyna roeddwn i'n ei wneud yn y deml – roeddwn i newydd
fod drwy'r ddefod o buredigaeth. Doedd dim tyrfa gyda mi, a doeddwn i ddim yn creu twrw
o fath yn y byd. 19 Ond roedd yno Iddewon o dalaith Asia, a nhw ddylai fod yma i ddwyn
cyhuddiad yn fy erbyn, os oes ganddyn nhw unrhyw reswm i wneud hynny! 20 Neu gadewch
i'r dynion yma ddweud yn glir pa drosedd mae'r Sanhedrin wedi fy nghael i'n euog ohoni.
21 Ai'r gosodiad yma wnes i pan o'n i'n sefyll o'u blaen nhw ydy'r broblem: 'Dw i ar brawf
o'ch blaen chi am gredu fod y meirw'n mynd i ddod yn ôl yn fyw'?"
22 Roedd Ffelics yn deall beth oedd y Ffordd Gristnogol, a dyma fe'n gohirio'r achos. "Gwna
i benderfyniad yn yr achos yma ar ôl i'r capten Lysias ddod yma." 23 Rhoddodd orchymyn fod
Paul i gael ei gadw yn y ddalfa, ond ei fod i gael peth rhyddid, a bod ei ffrindiau'n rhydd
i ymweld a gofalu am ei anghenion.
24 Ychydig ddyddiau wedyn dyma Ffelics yn anfon am Paul. Roedd ei wraig Drwsila (oedd
yn Iddewes) gydag e, a dyma nhw'n rhoi cyfle i Paul ddweud wrthyn nhw am y gred mai Iesu
oedd y Meseia. 25 Wrth iddo sôn am fyw yn gyfiawn yng ngolwg Duw, yr angen i ddisgyblu'r
hunan, a'r ffaith fod Duw yn mynd i farnu, daeth ofn ar Ffelics. "Dyna ddigon am y tro!"
meddai, "Cei di fynd nawr. Anfona i amdanat ti eto pan fydd cyfle."
26 Byddai'n anfon am Paul yn aml iawn i siarad ag e, ond un rheswm am hynny oedd ei
fod yn rhyw obeithio y byddai Paul yn cynnig arian iddo i'w ryddhau.
27 Aeth dros ddwy flynedd heibio, a dyma Porcius Ffestus yn olynu Ffelics fel llywodraethwr.
Ond roedd Ffelics wedi gadael Paul yn y carchar am ei fod eisiau ennill ffafr yr arweinwyr
Iddewig.

Apelio i'r Ymerawdwr pan oedd ar brawf o flaen Ffestus

25 Dridiau ar ôl iddo gyrraedd y dalaith, aeth Ffestus i Jerwsalem. 2 A dyma'r prif offeiriaid
a'r arweinwyr Iddewig yn mynd ato, i ddweud wrtho beth oedd y cyhuddiadau oedd

---

th 24:6 *ei arestio:* Mae rhai llawysgrifau yn ychwanegu adn. 6b-8a: *Roedden ni'n mynd i'w farnu ar sail ein Cyfraith ni,* [7] *ond dyma Lysias, y capten, yn dod ac yn defnyddio grym i'w gymryd oddi arnon ni.* [8] *Yna dwedodd fod rhaid i ni ddod â'n cyhuddiadau o'ch blaen chi.*

ganddyn nhw yn erbyn Paul. 3Dyma nhw'n gofyn iddo anfon Paul yn ôl i Jerwsalem fel ffafr
iddyn nhw. (Eu bwriad oedd ymosod arno a'i ladd pan oedd ar ei ffordd.) 4Ond dyma Ffestus
yn ateb: "Mae Paul yn y ddalfa yn Cesarea, a dw i'n mynd yn ôl yno'n fuan. 5Caiff rhai o'ch
arweinwyr chi fynd gyda mi a'i gyhuddo yno, os ydy e wedi gwneud rhywbeth o'i le."
6Buodd Ffestus yn Jerwsalem am ryw wyth i ddeg diwrnod, yna aeth yn ôl i Cesarea. Yna'r
diwrnod wedyn cafodd Paul ei alw o flaen y llys. 7Yn y llys dyma'r Iddewon o Jerwsalem yn
casglu o'i gwmpas, a dwyn nifer o gyhuddiadau difrifol yn ei erbyn, er bod dim modd profi
dim un ohonyn nhw.
8Wedyn dyma Paul yn cyflwyno ei amddiffyniad: "Dw i ddim wedi torri'r Gyfraith Iddewig
na gwneud dim yn erbyn y Deml yn Jerwsalem na'r llywodraeth Rufeinig chwaith."
9Ond gan fod Ffestus yn awyddus i wneud ffafr i'r Iddewon, gofynnodd i Paul, "Wyt ti'n
barod i fynd i Jerwsalem i sefyll dy brawf o'm blaen i yno?"
10Atebodd Paul: "Dw i'n sefyll yma o flaen llys Cesar, a dyna lle dylid gwrando'r achos. Dych
chi'n gwybod yn iawn fy mod i heb wneud dim yn erbyn yr Iddewon. 11Os ydw i wedi gwneud
rhywbeth sy'n haeddu'r gosb eithaf, dw i'n fodlon marw. Ond, os nad ydy'r cyhuddiadau
yma'n wir, does gan neb hawl i'm rhoi fi yn eu dwylo nhw. Felly dw i'n cyflwyno apêl i Gesar!"
12Ar ôl i Ffestus drafod y mater gyda'i gynghorwyr, dyma fe'n ateb: "Rwyt ti wedi cyflwyno
apêl i Gesar. Cei dy anfon at Cesar!"

Ffestus yn trafod Paul gydag Agripa

13Ychydig ddyddiau wedyn daeth y Brenin Herod Agripa i Cesarea gyda'i chwaer Bernice,
i ddymuno'n dda i Ffestus ar ei apwyntiad yn Llywodraethwr. 14Buon nhw yno am rai dyddiau,
a buodd Ffestus yn trafod achos Paul gyda'r brenin. "Mae yma ddyn sydd wedi'i adael gan
Ffelics yn garcharor," meddai. 15"Y prif offeiriaid a'r arweinwyr Iddewig eraill ddwedodd wrtho
i amdano pan o'n i yn Jerwsalem, a gofyn i mi ei ddedfrydu.
16"Esboniais bod cyfraith Rhufain ddim yn dedfrydu unrhyw un heb achos teg, a chyfle i'r
person sy'n cael ei gyhuddo amddiffyn ei hun. 17Felly pan ddaethon nhw yma dyma fi'n trefnu
i'r llys eistedd y diwrnod wedyn, a gwrando'r achos yn erbyn y dyn. 18Pan gododd yr erlyniad
i gyflwyno'r achos yn ei erbyn, wnaethon nhw mo'i gyhuddo o unrhyw drosedd roeddwn i'n
ei disgwyl. 19Yn lle hynny roedd y ddadl i gyd am ryw fanion yn eu crefydd nhw, ac am ryw
ddyn o'r enw Iesu oedd wedi marw – ond roedd Paul yn mynnu ei fod yn fyw. 20Doedd gen
i ddim syniad sut i farnu ar faterion o'r fath; felly gofynnais iddo a fyddai'n barod i fynd
i Jerwsalem i sefyll ei brawf yno. 21Ond dyma Paul yn gwneud apêl i'r achos gael ei ohirio
a'i drosglwyddo i uchel-lys o flaen ei fawrhydi yr Ymerawdwr. Felly dw i wedi gorchymyn iddo
gael ei gadw yn y ddalfa nes daw cyfle i'w anfon at Cesar."
22Dyma Agripa'n dweud wrth Ffestus, "Baswn i'n hoffi clywed y dyn yma fy hun."
A dyma Ffestus yn ateb, "Iawn! Cei di ei glywed fory!"

Paul yn ymddangos o flaen Agripa

23Felly, y diwrnod wedyn dyma'r Brenin Herod Agripa a Bernice yn cyrraedd y neuadd lle
roedd y gwrandawiad i'w gynnal. Roedd yn achlysur crand iawn, gyda phenaethiaid y fyddin
a phobl bwysig y ddinas i gyd yno. Dyma Ffestus yn gorchymyn dod â Paul i mewn. 24Yna
meddai Ffestus, "Y Brenin Agripa, a phawb arall sydd yma heddiw. Mae'r Iddewon yma ac
yn Jerwsalem wedi gwneud cais am y dyn yma – maen nhw wedi gwneud twrw ofnadwy fod
rhaid iddo farw. 25Dw i ddim yn credu ei fod wedi gwneud dim i haeddu cael ei ddienyddio,
ond gan ei fod wedi gwneud apêl i'r Ymerawdwr dw i'n bwriadu ei anfon i Rufain. 26Ond
does gen i ddim byd pendant i'w ddweud wrth ei fawrhydi amdano. Felly dw i wedi'i alw
o'ch blaen chi i gyd, ac yn arbennig o'ch blaen chi, frenin Agripa. Dw i'n gobeithio y bydd
gen i rywbeth i'w ysgrifennu amdano ar ôl yr ymchwiliad swyddogol yma. 27Mae'n gwbl
afresymol i mi ei anfon ymlaen heb ddweud yn glir beth ydy'r cyhuddiadau yn ei erbyn!"

26 Dyma'r Brenin Agripa'n dweud wrth Paul, “Rwyt ti'n rhydd i siarad.” Felly dyma Paul
yn cyflwyno ei amddiffyniad: 2“Y Brenin Agripa, dw i'n cyfri'n hun yn ffodus iawn
mai o'ch blaen dw i'n sefyll yma heddiw i amddiffyn fy hun. 3Dych chi'n gwbl gyfarwydd ag
arferion yr Iddewon a'r pynciau llosg sy'n codi yn ein plith. Felly ga i ofyn i chi, os gwelwch
yn dda, wrando ar beth sydd gen i i'w ddweud.
4“Mae'r arweinwyr Iddewig yn gwybod amdana i ers pan o'n i'n blentyn – y blynyddoedd
cynnar yn Cilicia, a hefyd y cyfnod fues i yn Jerwsalem. 5Maen nhw'n gwybod ers talwm,
petaen nhw'n fodlon cyfaddef hynny, fy mod i wedi byw fel Pharisead, sef sect fwyaf caeth ein
crefydd ni. 6A dw i ar brawf yma heddiw am fy mod i'n edrych ymlaen at weld yr hyn wnaeth
Duw ei addo i'n cyndeidiau ni yn dod yn wir. 7Mae pobl Israel i gyd yn rhannu'r un gobaith
– dyna pam maen nhw'n addoli Duw mor gydwybodol ddydd a nos. A'r gobaith yma ydy'r
rheswm pam mae'r arweinwyr Iddewig wedi dod â cyhuddiad yn fy erbyn i, eich mawrhydi.
8“Pam dych chi bobl yn ei chael hi mor anodd i gredu fod Duw yn gallu dod â'r meirw yn
ôl yn fyw? 9Wrth gwrs, roeddwn innau ar un adeg yn meddwl fod rhaid i mi wneud popeth
allwn i i wrthwynebu dilynwyr Iesu o Nasareth. 10A dyna wnes i: ces i awdurdod gan y prif
offeiriaid yn Jerwsalem i daflu nifer fawr o Gristnogion i'r carchar. Rôn i'n un o'r rhai oedd
o blaid rhoi'r gosb eithaf iddyn nhw! 11Rôn i'n mynd o un synagog i'r llall i wneud yn siŵr
eu bod yn cael eu cosbi, ac yn ceisio'u gorfodi nhw i gablu. Roedd y peth yn obsesiwn gwyllt
gen i, ac roeddwn i hyd yn oed yn teithio i wledydd tramor i'w herlid nhw.

Dweud hanes ei dröedigaeth

(Actau 9:1-19; 22:6-16)

12“Dyna'n union oeddwn i'n ei wneud ryw ddiwrnod – roedd y prif offeiriaid wedi rhoi'r
awdurdod a'r cyfrifoldeb i mi fynd ar ôl y Cristnogion yn Damascus. 13Roedd hi tua chanol dydd
pan oeddwn i ar fy ffordd yno. Yna'n sydyn, eich mawrhydi, dyma olau o'r awyr yn disgleirio
o'm cwmpas i a phawb oedd gyda mi. Roedd yn olau llawer mwy tanbaid na'r haul. 14Dyma
ni i gyd yn disgyn ar lawr, a chlywais lais yn siarad â mi yn Hebraeg, ‘Saul, Saul, pam wyt ti'n
fy erlid i? Dim ond gwneud drwg i ti dy hun wyt ti wrth dynnu'n groes i mi.’[u]
15“A dyma fi'n gofyn, ‘Pwy wyt ti, Arglwydd?’ A dyma'r Arglwydd yn ateb, ‘Iesu ydw i, sef
yr un rwyt ti'n ei erlid. 16Cod ar dy draed. Dw i wedi dy ddewis di i fod yn was i mi. Dw i am
i ti ddweud wrth bobl am beth sydd wedi digwydd, ac am bopeth arall bydda i'n ei ddangos
i ti. 17Bydda i'n dy achub di o afael dy bobl dy hun a phobl y cenhedloedd eraill. Dw i'n
dy anfon di atyn nhw 18i agor eu llygaid nhw er mwyn iddyn nhw droi o dywyllwch i oleuni,
a dianc o afael Satan at Dduw. Bydda i'n maddau eu pechodau nhw, a byddan nhw'n cael
perthyn i'r bobl hynny sydd wedi'u gwneud yn lân drwy gredu ynof fi.’
19“Felly, eich mawrhydi, dw i wedi ufuddhau i'r weledigaeth ges i o'r nefoedd. 20Dw i wedi
bod yn dweud wrth bobl fod rhaid iddyn nhw droi cefn ar eu pechodau a throi at Dduw – a byw
mewn ffordd sy'n dangos eu bod wedi newid go iawn. Gwnes i hynny gyntaf yn Damascus, ac
wedyn yn Jerwsalem ac ar draws Jwdea, a hefyd i bobl o genhedloedd eraill. 21A dyna pam
wnaeth yr Iddewon fy nal i yn y deml a cheisio fy lladd i. 22Ond mae Duw wedi edrych ar fy
ôl i hyd heddiw, a dyna sut dw i'n dal yma i rannu'r neges gyda phawb, yn fach a mawr. Dw
i'n dweud dim byd mwy na beth ddwedodd y proffwydi a Moses fyddai'n digwydd – 23sef
y byddai'r Meseia yn dioddef, ac mai fe fyddai'r cyntaf i ddod yn ôl yn fyw oddi wrth y meirw,
yn oleuni i Iddewon a phobl o genhedloedd eraill.”
24Yn sydyn dyma Ffestus yn gweiddi ac yn torri ar draws ei amddiffyniad, “Ti ddim yn gall,
Paul! Mae dy holl ddysg yn dy yrru di'n wallgof!”
25“Na, dw i ddim yn wallgof, eich Anrhydedd Ffestus,” meddai Paul. “Mae'r cwbl dw i'n ei
ddweud yn berffaith wir ac yn rhesymol. 26Mae'r Brenin Agripa yn deall y pethau yma, a dw

u 26:14b Groeg, “Mae'n galed dy fod ti'n cicio yn erbyn y symbylau.” Sef, pan mae anifail yn gwrthod cymryd ei arwain.

i'n gallu siarad yn blaen gydag e. Dw i'n reit siŵr ei fod wedi clywed am hyn i gyd, achos
wnaeth y cwbl ddim digwydd mewn rhyw gornel dywyll o'r golwg. 27 Agripa, eich mawrhydi –
ydych chi'n credu beth ddwedodd y proffwydi? Dw i'n gwybod eich bod chi!"
28 "Wyt ti'n meddwl y gelli di berswadio fi i droi'n Gristion mor sydyn â hynny?"
29 Atebodd Paul, "Yn sydyn neu beidio – dw i'n gweddïo ar Dduw y gwnewch chi, a phawb
arall sy'n gwrando arna i yma heddiw, ddod yr un fath â fi – ar wahân i'r cadwyni yma!"
30 Yna dyma'r brenin yn codi ar ei draed, a chododd y llywodraethwr a Bernice gydag
e, a phawb arall oedd yno. 31 Roedden nhw'n sgwrsio wrth fynd allan, "Dydy'r dyn wedi
gwneud dim byd i haeddu marw na hyd yn oed ei garcharu," medden nhw.
32 "Gallet ti ei ollwng yn rhydd oni bai am y ffaith ei fod wedi gwneud apêl i Gesar," meddai
Agripa wrth Ffestus.

Paul yn hwylio i Rufain

27 Dyma nhw'n penderfynu ein bod i hwylio i'r Eidal. Cafodd Paul a nifer o garcharorion
eraill eu rhoi yng ngofal swyddog milwrol o'r enw Jwlius – aelod o'r Gatrawd
Ymerodrol. 2 Dyma ni'n mynd ar fwrdd llong o Adramitiwm oedd ar fin mynd i nifer
o borthladdoedd yn Asia, a hwylio allan i'r môr. Roedd Aristarchus, o ddinas Thesalonica
yn Macedonia, gyda ni.
3 Y diwrnod wedyn, wedi i ni lanio yn Sidon, dyma Jwlius, yn garedig iawn, yn caniatáu i Paul
fynd i weld ei ffrindiau iddyn nhw roi iddo unrhyw beth oedd ei angen. 4 Dyma ni'n gadael
porthladd Sidon, ond roedd y gwynt yn ein herbyn ni, a bu'n rhaid i ni hwylio o gwmpas ochr
gysgodol ynys Cyprus. 5 Ar ôl croesi'r môr mawr gyferbyn ag arfordir Cilicia a Pamffilia, dyma
ni'n glanio yn Myra yn Lycia. 6 Yno daeth Jwlius o hyd i long o Alecsandria oedd ar ei ffordd i'r
Eidal, a'n rhoi ni ar fwrdd honno. 7 Roedd hi'n fordaith araf iawn am ddyddiau lawer a chawson
ni drafferth mawr i gyrraedd Cnidus. Ond roedd y gwynt yn rhy gryf i ni fynd ddim pellach,
a dyma ni'n cael ein gorfodi i droi i'r de tua Creta, a hwylio yng nghysgod yr ynys o gwmpas
pentir Salmone. 8 Cawson ni gryn drafferth eto i ddilyn arfordir deheuol yr ynys, ond llwyddo
o'r diwedd i gyrraedd porthladd yr Hafan Deg sydd wrth ymyl tref o'r enw Lasaia. 9 Roedden
ni wedi colli lot o amser, ac roedd hi'n beryglus i hwylio yr adeg honno o'r flwyddyn. (Roedd
hi'n ddechrau Hydref, a Dydd y Cymod eisoes wedi mynd heibio.)[w] Ceisiodd Paul eu rhybuddio
nhw o'r peryglon, 10 "Gyfeillion, trychineb fydd pen draw'r fordaith yma os byddwn ni'n mynd
yn ein blaenau. Byddwch chi'n colli'r llong â'i chargo, heb sôn am beryglu'n bywydau ni
sy'n hwylio arni hefyd." 11 Ond yn lle gwrando ar Paul, dyma Jwlius yn dilyn cyngor y peilot
a chapten y llong. 12 Roedd yr Hafan Deg yn borthladd agored, a ddim yn addas iawn i aros
yno dros y gaeaf. Felly dyma'r mwyafrif yn penderfynu mai ceisio hwylio yn ein blaenau oedd
orau. Y gobaith oedd cyrraedd lle o'r enw Phenics ar ben gorllewinol yr ynys, ac aros yno dros
y gaeaf. Roedd porthladd Phenics yn wynebu'r de-orllewin a'r gogledd-orllewin.

Y storm

13 Pan ddechreuodd awel ysgafn chwythu o gyfeiriad y de, roedden nhw'n meddwl y byddai
popeth yn iawn; felly dyma godi angor a dechrau hwylio ar hyd arfordir Creta. 14 Ond yn sydyn
dyma gorwynt cryf (sef yr Ewraculon) yn chwythu i lawr dros yr ynys o'r gogledd-ddwyrain.
15 Cafodd y llong ei dal yn y storm. Roedd hi'n amhosib hwylio yn erbyn y gwynt, felly dyma
roi i fyny, a chawson ni ein cario i ffwrdd ganddo. 16 Bu bron i ni golli cwch glanio'r llong
pan oedden ni'n pasio heibio ynys fach Cawda. 17 Ar ôl i'r dynion lwyddo i'w chodi ar fwrdd
y llong, dyma nhw'n rhoi rhaffau o dan gorff y llong rhag iddi ddryllio ar farrau tywod Syrtis.
Wedyn dyma nhw'n gollwng yr angor môr ac yn gadael i'r llong gael ei gyrru gan y gwynt.
18 Roedd y llong wedi'i churo cymaint gan y storm nes iddyn nhw orfod dechrau taflu'r cargo

---

w 27:9 Groeg *roedd yr ympryd eisoes wedi mynd heibio*. Cyfeiriad at Ddydd y Cymod *(Yom Kippur)*, sy'n cael ei ddathlu tua diwedd Medi neu ddechrau Hydref.

i'r môr y diwrnod wedyn. 19 A'r diwrnod ar ôl hynny dyma nhw hyd yn oed yn dechrau taflu
tacl y llong i'r môr! 20 Dyma'r storm yn para'n ffyrnig am ddyddiau lawer, a doedd dim sôn
am haul na'r sêr. Erbyn hynny, roedd pawb yn meddwl ei bod hi ar ben arnon ni.
21 Doedd neb ag awydd bwyta ers dyddiau lawer. Yna dyma Paul yn y diwedd yn sefyll
o flaen pawb, ac meddai: "Dylech chi fod wedi gwrando arna i a pheidio hwylio o ynys Creta;
byddech chi wedi arbed y golled yma i gyd wedyn. 22 Ond codwch eich calonnau – does
neb yn mynd i farw, er ein bod ni'n mynd i golli'r llong. 23 Safodd angel Duw wrth fy ymyl
i neithiwr – sef y Duw biau fi; yr un dw i'n ei wasanaethu. 24 A dyma ddwedodd, 'Paid bod
ag ofn, Paul. Mae'n rhaid i ti sefyll dy brawf o flaen Cesar. Ac mae Duw'n garedig yn mynd
i arbed bywydau pawb arall sydd ar y llong.' 25 Felly codwch eich calonnau! Dw i'n credu fod
popeth yn mynd i ddigwydd yn union fel mae Duw wedi dweud wrtho i. 26 Ond mae'r llong
yn mynd i gael ei dryllio ar greigiau rhyw ynys neu'i gilydd."

Y llongddrylliad

27 Roedd pedair noson ar ddeg wedi mynd heibio ers i'r storm ddechrau, ac roedden ni'n
dal i gael ein gyrru ar draws Môr Adria.[y] Tua hanner nos dyma'r morwyr yn synhwyro ein bod
ni'n agos at dir. 28 Dyma nhw'n plymio ac yn cael dyfnder o dri deg saith metr. Yna dyma
nhw'n plymio eto ychydig yn nes ymlaen a chael dyfnder o ddau ddeg saith metr.[a] 29 Rhag
ofn i ni gael ein hyrddio yn erbyn creigiau dyma nhw'n gollwng pedwar angor o'r starn ac yn
disgwyl am olau dydd. 30 Ond yna ceisiodd y morwyr ddianc o'r llong. Roedden nhw'n esgus
eu bod nhw'n gollwng angorau ar du blaen y llong, ond yn lle gwneud hynny roedden nhw'n
ceisio gollwng y cwch glanio i'r môr. 31 Ond dyma Paul yn dweud wrth y swyddog Rhufeinig
a'i filwyr, "Os fydd y dynion yna ddim yn aros ar y llong fyddwch chi ddim yn cael eich achub."
32 Felly dyma'r milwyr yn torri'r rhaffau oedd yn dal y cwch glanio a gadael iddi ddisgyn i'r dŵr.
33 Dyma Paul yn annog pawb i fwyta cyn iddi wawrio. "Dych chi wedi bod yn poeni a heb
fwyta dim byd ers pythefnos. 34 Dw i'n erfyn arnoch chi i gymryd rhywbeth – bydd ei angen
arnoch i ddod drwy hyn. Ond gaiff neb niwed." 35 Cymerodd Paul dorth o fara, diolch i Dduw
o'u blaenau nhw i gyd, ac yna ei thorri a dechrau bwyta. 36 Roedd wedi codi calon pawb,
a dyma ni i gyd yn cymryd bwyd. 37 (Roedd 276 ohonon ni ar y llong i gyd.) 38 Ar ôl cael digon
i'w fwyta dyma'r criw yn mynd ati i ysgafnhau'r llong drwy daflu'r cargo o wenith i'r môr.
39 Pan ddaeth hi'n olau dydd, doedd neb yn nabod y tir o'n blaenau. Roedd bae gyda
traeth o dywod i'w weld a dyma nhw'n penderfynu ceisio cael y llong i dirio ar y traeth
hwnnw. 40 Felly dyma nhw'n torri'r angorau'n rhydd a'u gadael yn y môr, a'r un pryd yn
datod y rhaffau oedd yn dal y llyw. Wedyn dyma nhw'n agor yr hwyl flaen i ddal y gwynt ac
anelu am y traeth. 41 Ond dyma'r llong yn taro banc tywod, ac roedd tu blaen y llong yn hollol
sownd ac yn gwrthod dod y rhydd. A dyma'r starn yn dechrau dryllio wrth i'r tonnau gwyllt
hyrddio yn erbyn y llong. 42 Roedd y milwyr eisiau lladd y carcharorion rhag iddyn nhw nofio
i ffwrdd a dianc, 43 ond rhwystrodd y pennaeth nhw rhag gwneud hynny am ei fod eisiau i Paul
gael byw. Wedyn rhoddodd orchymyn i'r rhai oedd yn gallu nofio i neidio i'r dŵr a cheisio
cyrraedd y lan. 44 Wedyn roedd pawb arall i geisio dal gafael mewn planciau neu ddarnau
eraill o'r llong. A dyna sut gyrhaeddodd pawb y tir yn saff!

Ar Ynys Malta

28 Ar ôl cyrraedd y lan yn saff dyma ni'n darganfod mai Malta oedd yr ynys. 2 Roedd
pobl yr ynys[b] yn hynod garedig. Dyma nhw'n rhoi croeso i ni ac yn gwneud tân, am
ei bod hi wedi dechrau glawio'n drwm, ac roedd hi'n oer. 3 Roedd Paul wedi casglu llwyth
o frigau mân, ac wrth iddo eu gosod nhw ar y tân, dyma neidr wenwynig oedd yn dianc o'r

---

y 27:27 Mae *Môr Adria* yng nghanol Môr y Canoldir. Nid Môr yr Adriatig ydy hwn. a 27:28 Groeg *20 gwryd ... 15 gwryd.* b 28:2,4 *pobl yr ynys:* Groeg, "y barbariaid" (gw. Rhufeiniaid 1:14; 1 Corinthiaid 14:11; Colosiaid 3:11).

gwres yn glynu wrth ei law. 4Pan welodd pobl yr ynys y neidr yn hongian oddi ar ei law medden
nhw, “Mae'n rhaid fod y dyn yna'n llofrudd! Dydy'r dduwies Cyfiawnder ddim am adael iddo
fyw.” 5Ond dyma Paul yn ysgwyd y neidr i ffwrdd yn ôl i'r tân. Chafodd e ddim niwed o gwbl.
6Roedd y bobl yn disgwyl iddo chwyddo neu ddisgyn yn farw'n sydyn. Ond aeth amser hir
heibio a dim byd yn digwydd iddo, felly dyma nhw'n dod i'r casgliad fod Paul yn dduw.
7Roedd ystâd gyfagos yn perthyn i brif swyddog Rhufain ar yr ynys – dyn o'r enw Pobliws.
Rhoddodd groeso mawr i ni, a dyma ni'n aros yn ei gartref am dridiau. 8Roedd tad Pobliws
yn glaf yn ei wely, yn dioddef pyliau o wres uchel a dysentri. Aeth Paul i'w weld, ac ar ôl
gweddïo rhoddodd ei ddwylo arno a'i iacháu. 9Ar ôl i hyn ddigwydd dyma lawer o bobl eraill oedd
yn glaf ar yr ynys yn dod ato ac yn cael eu gwella. 10Cawson ni bob math o anrhegion ganddyn
nhw, a phan ddaeth hi'n bryd i ni adael yr ynys dyma nhw'n rhoi popeth oedd ei angen i ni.

Cyrraedd Rhufain

11Aeth tri mis heibio cyn i ni hwylio o'r ynys. Aethon ar long oedd wedi gaeafu yno – llong
o Alecsandria gyda delwau o'r ‘Efeilliaid dwyfol’ (Castor a Polwcs) ar ei thu blaen. 12Dyma
ni'n hwylio i Syracwsa,[c] ac yn aros yno am dridiau. 13Wedyn dyma ni'n croesi i Rhegium.[ch] Ar
ôl bod yno am ddiwrnod cododd gwynt o'r de, felly'r diwrnod wedyn llwyddon ni i gyrraedd
Potioli. 14Daethon ni o hyd i grŵp o gredinwyr yno, a chael gwahoddiad i aros gyda nhw am
wythnos. Yna, o'r diwedd, dyma ni'n cyrraedd Rhufain. 15Roedd y Cristnogion yno wedi clywed
ein bod ni'n dod, ac roedd rhai wedi teithio i lawr cyn belled â Marchnad Apius[d] i'n cyfarfod
ni, ac eraill at y Tair Tafarn.[dd] Roedd gweld y bobl yma'n galondid mawr i Paul, a diolchodd
i Dduw am fod mor ffyddlon. 16Yn Rhufain cafodd Paul ganiatâd i fyw yn ei lety ei hun, ond
fod milwr yno i'w warchod.

Paul yn pregethu yn Rhufain

17Dri diwrnod ar ôl cyrraedd Rhufain dyma Paul yn galw'r arweinwyr Iddewig yno at ei
gilydd. “Frodyr,” meddai wrthyn nhw: “er na wnes i ddim byd yn erbyn ein pobl, na dim sy'n
groes i arferion ein hynafiaid, ces fy arestio yn Jerwsalem ac yna fy nhrosglwyddo i ddwylo'r
Rhufeiniaid. 18Dyma'r llys yn fy nghael i'n ddieuog o unrhyw drosedd oedd yn haeddu
marwolaeth, ac roedden nhw am fy rhyddhau i. 19Ond dyma'r arweinwyr Iddewig yn codi
gwrthwynebiad a ches fy ngorfodi i apelio i Gesar – nid fod gen i unrhyw gyhuddiad i'w
ddwyn yn erbyn fy mhobl. 20Gofynnais am gael eich gweld chi er mwyn esbonio hyn i gyd i chi.
Y rheswm pam mae'r gadwyn yma arna i ydy am fy mod i yn credu yn y Meseia, Gobaith Israel!”
21Dyma nhw'n ei ateb, “Dŷn ni ddim wedi derbyn unrhyw lythyrau o Jwdea amdanat ti,
a does neb o'n pobl ni wedi dod yma i sôn am y peth na dweud dim byd drwg amdanat ti.
22Ond dŷn ni eisiau clywed beth rwyt yn ei gredu. Dŷn ni'n gwybod fod pobl ym mhobman
yn siarad yn erbyn y sect yma.”
23Felly dyma nhw'n trefnu diwrnod i gyfarfod â Paul. Daeth llawer iawn mwy ohonyn
nhw yno y diwrnod hwnnw. Buodd Paul wrthi drwy'r dydd, o fore tan nos, yn esbonio beth
oedd yn ei gredu. Roedd yn eu dysgu nhw am deyrnasiad Duw ac yn defnyddio Cyfraith
Moses ac ysgrifau'r Proffwydi i geisio'u cael nhw i weld mai Iesu oedd y Meseia. 24Llwyddodd
i argyhoeddi rhai ohonyn nhw, ond roedd y lleill yn gwrthod credu. 25Buon nhw'n dadlau
gyda'i gilydd, a dyma nhw'n dechrau gadael ar ôl i Paul ddweud hyn i gloi: “Roedd yr Ysbryd
Glân yn dweud y gwir wrth eich hynafiaid chi wrth siarad drwy'r proffwyd Eseia:
26 *‘Dos at y bobl yma a dweud,*
“Gwrandwch yn astud, ond fyddwch chi ddim yn deall;
Edrychwch yn ofalus, ond fyddwch chi ddim yn dirnad.”

---

c 28:12 Roedd *Syracwsa* ar Ynys Sisili. ch 28:13 Roedd *Rhegium* reit ar ben deheuol yr Eidal.
d 28:15b Roedd *Marchnad Apius* tua 43 milltir (70 cilomedr) i'r de o Rufain. dd 28:15c Roedd *y Tair Tafarn* tua 35 milltir (57 cilomedr) i'r de o Rufain.

27 *Maen nhw'n rhy ystyfnig i ddysgu unrhyw beth –*
maen nhw'n gwrthod gwrando,
ac wedi cau eu llygaid.
Fel arall, bydden nhw'n gweld â'u llygaid,
yn clywed â'u clustiau,
yn deall go iawn,
ac yn troi, a byddwn i'n eu hiacháu nhw.'

28 Felly deallwch hyn – mae'r newyddion da am Dduw yn achub ar gael i bobl y cenhedloedd
eraill hefyd, a byddan nhw'n gwrando!"[e]
30 Am ddwy flynedd gyfan, arhosodd Paul yno yn y tŷ oedd yn ei rentu.[f] Roedd yn rhoi croeso
i bawb oedd yn dod i'w weld. 31 Roedd yn cyhoeddi'n gwbl hyderus fod Duw yn teyrnasu ac
yn dysgu pobl am yr Arglwydd Iesu Grist, a doedd neb yn ei rwystro.

---

e 28:28 Mae rhai llawysgrifau yn ychwanegu adn. 29, *Pan ddwedodd e hyn, dyma'r arweinwyr Iddewig yn gadael. Roedd dadlau mawr yn eu plith nhw.* f 28:30 neu *ar ei gost ei hun.*
28:26-27 Eseia 6:9-10

Rhufeiniaid

1 Llythyr gan Paul – gwas y Meseia Iesu. Dw i wedi cael fy newis gan Dduw i fod yn
gynrychiolydd personol iddo, ac wedi cael fy anfon allan i rannu newyddion da Duw.
[2]Dyma'r newyddion da gafodd ei addo ymlaen llaw drwy beth ddwedodd y proffwydi yn yr
ysgrifau sanctaidd. Ie, y newyddion da [3]am ei Fab, Iesu y Meseia, ein Harglwydd ni. Fel dyn,
roedd Iesu yn perthyn i deulu y Brenin Dafydd, [4]ond dangosodd yr Ysbryd Glân mewn ffordd
rymus ei fod e hefyd yn Fab Duw, pan gafodd ei godi yn ôl yn fyw ar ôl iddo farw. [5]Mae Duw
wedi rhoi i ni y fraint a'r cyfrifoldeb o'i gynrychioli, ac o alw pobl o bob gwlad i gredu ynddo
ac i fyw'n ufudd iddo. [6]A dych chi'n rhai o'r bobl hynny – wedi cael eich galw i berthynas
â Iesu y Meseia.

[7]Dw i'n ysgrifennu atoch chi i gyd yn Rhufain. Chi sydd wedi'ch caru gan Dduw a'ch
gwneud yn bobl arbennig iddo.

Dw i'n gweddïo y byddwch chi'n profi'r haelioni rhyfeddol a'r heddwch dwfn mae Duw
ein Tad a'r Arglwydd Iesu Grist yn ei roi i ni.

Paul yn hiraethu am gael mynd i Rufain

[8]Dw i eisiau i chi wybod yn gyntaf fy mod i'n diolch i Dduw drwy Iesu y Meseia amdanoch
chi i gyd, achos mae pobl drwy'r gwledydd i gyd yn sôn am eich ffydd chi. [9]Dw i wrthi'n
gweithio fy ngorau glas dros Dduw drwy gyhoeddi'r newyddion da am ei Fab, ac mae e'n
gwybod mod i'n gweddïo drosoch chi o hyd ac o hyd. [10]Dw i'n gweddïo y bydd e'n ei gwneud
hi'n bosib i mi ddod atoch chi o'r diwedd.

[11]Dw i wir yn hiraethu am gael dod i'ch gweld chi, i mi gael rhannu rhyw fendith ysbrydol
gyda chi fydd yn eich gwneud chi'n gryf. [12]Byddwn i a chithau'n cael ein calonogi wrth i ni
rannu'n profiadau. [13]Dw i am i chi ddeall, frodyr a chwiorydd annwyl, fy mod i wedi bwriadu
dod atoch lawer gwaith, ond mae rhywbeth wedi fy rhwystro bob tro hyd yn hyn. Dw i eisiau
gweld mwy a mwy o bobl Rhufain yn dod i gredu yn Iesu, fel sydd wedi digwydd yn y gwledydd
eraill lle dw i wedi bod.

[14]Mae'n rhaid i mi ddweud am Iesu wrth bawb – mae fel petai gen i ddyled i'w thalu! Dim
ots os ydyn nhw'n bobl ddiwylliedig sydd wedi cael addysg neu'n farbariaid cwbl ddi-addysg.[a]
[15]A dyna pam dw i mor awyddus i ddod atoch chi yn Rhufain hefyd i gyhoeddi'r newyddion da.
[16]Does gen i ddim cywilydd o'r newyddion da o gwbl. Dyma'r ffordd rymus mae Duw'n
gweithio i achub pawb sy'n credu – yr Iddew a phawb arall hefyd. [17]Dyma'r newyddion da
sy'n dangos i ni sut allwn ni gael perthynas iawn â Duw. Yr unig beth sydd ei angen ydy
credu ei fod e'n ffyddlon. Dyna mae'r ysgrifau sanctaidd yn ei ddweud: *"Drwy ffydd mae'r
un sy'n iawn gyda Duw yn byw."*

Mae pawb yn haeddu cael eu cosbi gan Dduw

[18]Ond mae Duw yn y nefoedd yn dangos ei fod yn ddig ac yn cosbi'r holl bethau drwg mae
pobl yn eu gwneud yn ei erbyn. Maen nhw'n mygu'r gwirionedd gyda'u drygioni. [19]Mae beth
sydd i'w wybod am Dduw yn amlwg – mae Duw wedi'i wneud yn ddigon clir i bawb. [20]Er
bod Duw ei hun yn anweledig, mae'r holl bethau mae wedi'u creu yn dangos yn glir mai fe
ydy'r Duw go iawn a bod ei allu yn ddi-ben-draw. Felly does gan neb esgus dros beidio credu!
[21]Ond y drwg ydy, er bod pobl yn gwybod fod Duw'n bodoli, maen nhw wedi gwrthod ei
anrhydeddu a diolch iddo. Yn lle hynny maen nhw wedi hel pob math o syniadau dwl. Maen
nhw wir yn y tywyllwch. [22]Ydyn, maen nhw'n meddwl eu bod nhw mor glyfar, ond ffyliaid

---

a 1:14 *farbariaid cwbl ddi-addysg:* Pobl oedd ddim yn gallu siarad yr iaith Roeg.
1:13 Actau 19:21 1:17 Habacuc 2:4

ydyn nhw go iawn! [23]Yn lle addoli'r Duw bendigedig sy'n byw am byth bythoedd, maen
nhw wedi dewis plygu o flaen delwau wedi'u cerfio i edrych fel pethau fydd yn marw – pobl,
adar, anifeiliaid ac ymlusgiaid.
[24]Felly mae Duw wedi gadael iddyn nhw fynd eu ffordd eu hunain. Maen nhw wedi dewis
gwneud pob math o bethau mochaidd, ac amharchu eu cyrff gyda'i gilydd. [25]Maen nhw wedi
credu celwydd yn lle credu beth sy'n wir am Dduw! Maen nhw'n addoli a gwasanaethu pethau
sydd wedi cael eu creu yn lle addoli'r Crëwr ei hun! – yr Un sy'n haeddu ei foli am byth! Amen!
[26]Ydy, mae Duw wedi gadael i bobl ddilyn eu chwantau gwarthus. Merched yn dewis
gwneud beth sy'n annaturiol yn lle cael perthynas rywiol gyda dyn; [27]a dynion hefyd, yn
dewis troi cefn ar y berthynas naturiol gyda merch ac yn llosgi o chwant rhywiol am ei gilydd!
Maen nhw'n gwneud pethau cwbl anweddus, ac yn wynebu'r gosb maen nhw'n ei haeddu.
[28]Am fod pobl wedi gwrthod credu beth sy'n wir am Dduw, mae e wedi gadael iddyn nhw
ddilyn eu syniadau pwdr. Maen nhw'n gwneud popeth o'i le – [29]ymddwyn yn anghyfiawn,
gwneud pethau drwg, bod yn farus a hunanol, bod yn faleisus, cenfigennu, llofruddio, cecru,
twyllo, bod yn sbeitlyd a hel straeon am bobl eraill. [30]Maen nhw'n enllibio pobl, yn casáu
Duw, yn haerllug, yn snobyddlyd a hunanbwysig, ac yn meddwl o hyd am ryw ffordd newydd
i bechu. Does ganddyn nhw ddim parch at eu rhieni, [31]dydyn nhw'n deall dim, maen nhw'n
torri eu gair, yn ddiserch ac yn dangos dim trugaredd. [32]Maen nhw'n gwybod yn iawn fod
Duw wedi dweud fod pawb sy'n gwneud y pethau yma yn haeddu marw. Ond maen nhw'n
dal ati er hynny, ac yn waeth fyth yn annog pobl eraill i wneud yr un fath â nhw!

Mae barn Duw yn deg

2 Ond wedyn beth amdanat ti? – Ie, ti sydd mor barod i farnu pobl eraill a gosod dy ffon
fesur arnyn nhw! Beth ydy dy esgus di? Y gwir ydy, rwyt ti'n gwneud yr un pethau! Felly
wrth farnu pobl eraill rwyt ti'n dy gondemnio dy hun! [2]Dŷn ni'n gwybod ei bod hi'n berffaith
iawn i Dduw farnu pobl am wneud y fath bethau. [3]Ond wyt ti felly'n meddwl y byddi di'n
osgoi cael dy farnu? Ie, ti sydd mor barod i weld bai ar bobl eraill tra'n gwneud yn union yr un
pethau dy hun! [4]Neu wyt ti'n cymryd Duw yn ganiataol, am ei fod mor garedig a goddefgar
ac amyneddgar? Wyt ti ddim yn gweld fod Duw drwy fod yn garedig atat ti eisiau dy arwain
di i newid dy ffyrdd?
[5]Ond na, rwyt ti'n rhy ystyfnig! Felly rwyt ti'n storio mwy a mwy o gosb i ti dy hun ar
y diwrnod hwnnw pan fydd Duw'n barnu. A bydd Duw'n barnu'n hollol deg. [6]Bydd yn *talu
nôl i bob un beth mae'n ei haeddu.* [7]Bydd y rhai sydd eisiau derbyn ysblander, anrhydedd ac
anfarwoldeb gan Dduw – sef y rhai sy'n dal ati i wneud daioni – yn cael bywyd tragwyddol.
[8]Ond y rhai hynny sydd ddim ond yn meddwl amdanyn nhw eu hunain, ac sy'n gwrthod
y gwir ac yn gwneud pethau drwg – fydd dim byd ond dicter Duw a chosb yn eu disgwyl
nhw. [9]Poen a dioddefaint fydd i'r rhai sy'n gwneud drwg – i'r Iddew ac i bawb arall; [10]ond
ysblander, anrhydedd a heddwch dwfn fydd i'r rhai sy'n gwneud daioni – i'r Iddew ac i bawb
arall. [11]Mae pawb yr un fath – does gan Dduw ddim ffefrynnau!
[12]Bydd pobl sydd ddim yn Iddewon, a ddim yn gwybod am Gyfraith Duw, yn mynd i ddistryw
am eu bod nhw wedi pechu. A bydd Iddewon, sef y bobl mae'r Gyfraith ganddyn nhw, yn cael
eu cosbi am bechu hefyd – am dorri'r Gyfraith honno. [13]Wedi'r cwbl, dydy clywed y Gyfraith
ddim yn gwneud eich perthynas chi hefo Duw yn iawn; gwneud beth mae Cyfraith Duw yn
ei ddweud sy'n cyfri. [14](Yn wir, mae pobl sydd ddim yn Iddewon yn gallu gwneud yn naturiol
beth mae Cyfraith Duw yn ei ofyn – er eu bod nhw ddim yn gwybod am y Gyfraith. Maen
nhw'n dangos eu bod yn gwybod beth sy'n iawn a beth sydd ddim er bod y Gyfraith ddim
ganddyn nhw. [15]Maen nhw'n dangos fod gofynion Cyfraith Duw wedi'u hysgrifennu ar eu
calonnau nhw. Mae eu cydwybod nhw naill ai'n eu cyhuddo nhw neu'n dweud wrthyn nhw

1:23 gw. Salm 106:20; Deuteronomium 4:16-18 2:6 Salm 62:12; Diarhebion 24:12 (gw. hefyd Mathew 16:27)
2:11 gw. Deuteronomium 10:17

eu bod yn gwneud y peth iawn.) [16]Yn ôl y newyddion da dw i'n ei gyhoeddi dyna fydd yn cyfri
ar y diwrnod pan fydd Duw yn cael y Meseia Iesu i farnu cyfrinachau pawb.

Yr Iddew a'i Gyfraith

[17]Felly ble mae hynny'n dy adael di sy'n galw dy hun yn Iddew? Rwyt ti'n brolio fod gen
ti berthynas â Duw am fod gen ti'r Gyfraith. [18]Rwyt ti'n honni dy fod ti'n gwybod beth mae
Duw eisiau. Rwyt ti'n gallu dewis beth sydd orau i'w wneud (am dy fod wedi cael dy ddysgu
yn y Gyfraith). [19]Rwyt ti'n gweld dy hun fel rhywun sy'n gallu dangos y ffordd i bobl eraill,
a rhoi golau i bobl sydd ar goll yn y tywyllwch. [20]Rwyt ti'n meddwl dy fod ti'n gallu dysgu
am Dduw i bobl sydd ddim yn gwybod amdano, ac i dy blant. Mae'r Gyfraith gen ti! Mae
gen ti bopeth sydd angen ei wybod - y gwir i gyd! ...

[21]Rwyt ti'n dysgu pobl eraill, wyt ti? Felly, pam wyt ti ddim wedi dy ddysgu dy hun? Ti'n
dweud wrth rywun arall "*Paid dwyn,*" ond yn dwyn dy hun! [22]Ti'n dweud "*Paid godinebu*", ond
rwyt ti dy hun yn godinebu! Ti'n ffieiddio eilun-dduwiau, ond rwyt ti dy hun yn halogi'r cysegr!
[23]Mae'n ddigon hawdd brolio dy fod yn gwybod beth mae Cyfraith Duw'n ei ddweud, ond
drwy dorri'r Gyfraith honno rwyt ti dy hun yn amharchu Duw. [24]Fel mae'r ysgrifau sanctaidd
yn dweud, "*mae pobl y cenhedloedd yn dweud pethau drwg am Dduw o'ch achos chi.*"

[25]Byddai'r ddefod o enwaediad yn golygu rhywbeth taset ti'n gwneud popeth mae'r
Gyfraith yn ei ofyn. Ond os wyt ti'n torri'r Gyfraith does gen ti ddim mantais – waeth i ti
fod heb dy enwaedu ddim! [26]Ond os oes rhywun sydd ddim yn Iddew, a heb ei enwaedu, yn
gwneud beth mae Cyfraith Duw'n ei ofyn, oni fydd Duw yn ei dderbyn e yn union fel petai
wedi cael ei enwaedu? [27]Bydd y dyn sydd heb fod drwy'r ddefod o gael ei enwaedu (ond
sy'n gwneud beth mae'r Gyfraith yn ei ofyn) yn dy gondemnio di sydd wedi 'cadw at lythyren
y ddeddf' drwy gael dy enwaedu yn gorfforol, ac eto'n dal i dorri'r Gyfraith!

[28]Dydy'r pethau allanol ddim yn dy wneud di'n Iddew go iawn. A dydy'r ddefod gorfforol
ddim yr un peth ag enwaediad go iawn. [29]Na, enwaediad go iawn ydy'r newid ynot ti sy'n dod
drwy'r Ysbryd Glân, dim y weithred lythrennol o dorri'r blaengroen. Iddew go iawn ydy rhywun
sydd wedi newid y tu mewn. Mae rhywun felly'n cael ei ganmol gan Dduw, dim gan bobl.

3 Felly oes unrhyw fantais bod yn Iddew? Oes unrhyw bwynt i'r ddefod o enwaediad? [2]Oes!
Mae llond gwlad o fanteision! Yn gyntaf, yr Iddewon gafodd y cyfrifoldeb o ofalu am neges
Duw. [3]Mae'n wir fod rhai ohonyn nhw wedi bod yn anffyddlon, ond ydy hynny'n golygu wedyn
fod Duw ddim yn gallu bod yn ffyddlon? [4]Wrth gwrs ddim! Mae Duw bob amser yn dweud y gwir
er bod "*y ddynoliaeth yn gelwyddog*" Mae'r ysgrifau sanctaidd yn dweud fel hyn am Dduw:

"*Mae beth rwyt ti'n ddweud yn iawn;*
byddi'n ennill yr achos pan fyddi ar brawf."

[5]Ond ydyn ni'n mynd i ddadlau wedyn, "Mae'r pethau drwg dŷn ni'n eu gwneud yn dangos
yn gliriach fod Duw yn gwneud beth sy'n iawn, felly mae Duw yn annheg yn ein cosbi ni"?
(A dyna sut mae rhai pobl yn dadlau.) [6]Wrth gwrs ddim! Sut fyddai Duw'n gallu barnu'r byd
oni bai ei fod yn gwneud beth sy'n iawn? [7]Neu ydy'n iawn dadlau fel yma?: "Mae'r celwydd dw
i'n ddweud yn dangos yn gliriach fod Duw yn dweud y gwir, ac mae'n ei anrhydeddu e! Felly
pam dw i'n dal i gael fy marnu fel pechadur?" [8]Na! Waeth i ni ddweud wedyn, "Gadewch i ni
wneud drwg er mwyn i ddaioni ddod o'r peth"! Ac oes, mae rhai'n hel straeon sarhaus mai
dyna dŷn ni yn ei ddweud! ... Maen nhw'n haeddu beth sy'n dod iddyn nhw!

Dydy perthynas neb yn iawn gyda Duw

[9]Felly beth ydyn ni'n ei ddweud? Ydyn ni Iddewon yn well yng ngolwg Duw na phawb
arall? Wrth gwrs ddim! Dŷn ni wedi dangos fod pechod yn rheoli'n bywydau ni fel pawb arall!
[10]Mae'r ysgrifau sanctaidd yn dweud y peth yn glir:

2:21 cyfeiriad at Exodus 20:15; Deuteronomium 5:19 2:22 cyfeiriad at Exodus 20:14; Deuteronomium 5:18
2:24 Eseia 52:5 (LXX) (cf. Eseciel 36:20-23) 2:29 gw. Deuteronomium 30:6 3:4 Salm 51:4 (LXX)

"Does gan neb berthynas iawn gyda Duw – neb o gwbl!
11 *Does neb sy'n deall go iawn,*
neb sydd wir yn ceisio Duw.
12 *Mae pawb wedi troi cefn arno,*
ac yn dda i ddim.
Does neb yn gwneud daioni – dim un!"
13 *"Mae eu geiriau'n drewi fel beddau agored;*
dim ond twyll sydd ar eu tafodau."
"Mae gwenwyn neidr dan eu gwefusau."
14 *"Mae eu cegau yn llawn melltith a chwerwedd."*
15 *"Maen nhw'n barod iawn i ladd;*
16 *mae dinistr a dioddefaint yn eu dilyn nhw i bobman,*
17 *Dŷn nhw'n gwybod dim am wir heddwch."*
18 *"Does ganddyn nhw ddim parch at Dduw o gwbl."*
19 Siarad am yr Iddewon mae Duw yma! Mae'r peth yn amlwg – nhw gafodd yr ysgrifau
sanctaidd ganddo! Felly beth mwy sydd i'w ddweud? Mae'r byd i gyd yn wynebu barn Duw.
20 Does neb byw yn gallu bod yn iawn gyda Duw drwy wneud beth mae'r Gyfraith Iddewig yn
ei ofyn. Beth mae'r Gyfraith yn ei wneud go iawn ydy dangos ein pechod i ni.

Sut i gael perthynas iawn gyda Duw

21 Ond mae Duw bellach wedi dangos i ni sut allwn ni gael perthynas iawn gydag e. Dim
cadw'r Gyfraith Iddewig ydy'r ffordd, er bod y Gyfraith a'r Proffwydi[b] yn dangos y ffordd i ni.
22 Y rhai sy'n credu sy'n cael perthynas iawn gyda Duw, am fod Iesu y Meseia wedi bod yn
ffyddlon. Mae'r un fath i bawb 23 am fod pawb wedi pechu. Does neb wedi gallu cyrraedd
safon berffaith Duw ar eu pennau'u hunain. 24 Duw sy'n gwneud y berthynas yn iawn. Dyma
ydy rhodd Duw i ni am fod y Meseia Iesu wedi gwneud popeth oedd ei angen i'n gollwng
ni'n rhydd. 25 Drwy ei ffyddlondeb yn tywallt ei waed, rhoddodd Duw e'n aberth i gymryd
y gosb am ein pechod ni. Cafodd ei gosbi yn ein lle ni! Roedd yn dangos fod Duw yn berffaith
deg, er bod pechodau pobl yn y gorffennol heb eu cosbi cyn hyn. Bod yn amyneddgar oedd
e. 26 Ac mae'n dangos ei fod yn dal yn berffaith deg, wrth iddo dderbyn y rhai sy'n credu yn
Iesu i berthynas iawn ag e'i hun.

27 Felly oes gynnon ni'r Iddewon le i frolio? Nac oes! Pam ddim? – Yn wahanol i gadw'r
Gyfraith Iddewig dydy credu ddim yn rhoi unrhyw le i ni frolio. 28 A dŷn ni'n hollol siŵr mai
credu yn Iesu sy'n gwneud ein perthynas ni gyda Duw yn iawn, dim ein gallu ni i wneud beth
mae'r Gyfraith Iddewig yn ei ofyn. 29 Neu ydyn ni'n ceisio honni mai Duw'r Iddewon yn unig
ydy Duw? Onid ydy e'n Dduw ar y cenhedloedd eraill i gyd hefyd? Wrth gwrs ei fod e – 30 "*Un
Duw sydd*" ac un ffordd sydd o gael ein derbyn i berthynas iawn gydag e hefyd. Mae e'n derbyn
Iddewon (sef 'pobl yr enwaediad') drwy iddyn nhw gredu, ac mae e'n derbyn pawb arall (sef
'pobl sydd heb enwaediad') yn union yn yr un ffordd. 31 Os felly, ydy hyn yn golygu y gallwn
ni anghofio Cyfraith Duw? Wrth gwrs ddim! Dŷn ni'n dangos beth ydy gwir ystyr y Gyfraith.

Perthynas Abraham gyda Duw

4 Ond beth am Abraham felly – tad y genedl Iddewig? Oes ganddo fe rywbeth i'w ddysgu
i ni am hyn i gyd? 2 Os cafodd Abraham ei dderbyn gan Dduw am beth wnaeth e, roedd
ganddo le i frolio. Ond dim felly oedd hi o safbwynt Duw. 3 Dyma mae'r ysgrifau'n ei ddweud
amdano: "*Credodd Abraham, a chafodd ei dderbyn i berthynas iawn gyda Duw.*"

---

b 3:21 *y Gyfraith a'r Proffwydi:* Ysgrifau sanctaidd yr Iddewon, sef yr Hen Destament.
3:10 Pregethwr 7:10 3:10-12 Salm 14:1-3 (LXX); 53:1-3 (LXX) 3:13 a Salm 5:9 (LXX); b Salm 140:3
3:14 Salm 10:7 (LXX) 3:15-17 Eseia 59:7-8 3:18 Salm 36:1 3:20 cyfeiriad at Salm 143:2
3:30 Deuteronomium 6:4 4:3 Genesis 15:6

[4]Pan mae rhywun yn gweithio mae'n ystyried ei gyflog fel rhywbeth mae'n ei haeddu, dim
fel rhodd. [5]Ond wrth gredu bod Duw yn derbyn pobl annuwiol i berthynas iawn ag e'i hun,
dydy rhywun ddim yn dibynnu ar beth mae e'i hun wedi'i wneud. Mae'r "*berthynas iawn
gyda Duw*" yn cael ei roi iddo fel rhodd. [6]Dwedodd y Brenin Dafydd yr un peth! (Mae'n sôn
am y fendith sydd pan mae rhywun sy'n cael ei dderbyn i berthynas iawn gyda Duw, ac yntau
heb wneud dim i haeddu hynny):

7 *"Mae'r rhai sydd wedi cael maddeuant*
am y pethau drwg wnaethon nhw
wedi'u bendithio'n fawr!
y rhai sydd â'u pechodau
wedi'u symud o'r golwg am byth.
8 *Mae'r rhai dydy'r Arglwydd ddim yn dal ati*
i gyfri eu pechod yn eu herbyn
wedi'u bendithio'n fawr!"

[9]Ai dim ond Iddewon (sef 'pobl yr enwaediad') sy'n cael profi'r fendith yma? Neu ydy pobl
eraill hefyd (sef 'pobl sydd heb enwaediad')?
Gadewch i ni droi'n ôl at Abraham i gael yr ateb: Dŷn ni wedi dweud mai drwy gredu
y cafodd Abraham *berthynas iawn gyda Duw*. [10]Pryd ddigwyddodd hynny? Ai ar ôl iddo fynd
drwy'r ddefod o gael ei enwaedu, neu cyn iddo gael ei enwaedu? Yr ateb ydy, cyn iddo gael
ei enwaedu! [11]Ar ôl cael ei dderbyn y cafodd e ei enwaedu – a hynny fel arwydd o'r ffaith
ei fod wedi credu. Roedd Duw eisoes wedi'i dderbyn i berthynas iawn ag e'i hun. Felly mae
Abraham yn dad i bawb sy'n credu ond ddim wedi bod drwy'r ddefod o gael eu henwaedu.
[12]Ond mae hefyd yn dad i'r rhai sy'n credu ac wedi cael eu henwaedu – dim am eu bod nhw
wedi bod drwy'r ddefod ond am eu bod wedi credu, yr un fath ag Abraham.
[13]Roedd Duw wedi addo i Abraham y byddai ei ddisgynyddion yn etifeddu'r ddaear. Cael
perthynas iawn gyda Duw drwy gredu sy'n dod â'r addewid yn wir, dim gwneud beth mae'r
Gyfraith Iddewig yn ei ofyn. [14]Os mai'r etifeddion ydy'r rhai sy'n meddwl eu bod nhw'n iawn
am eu bod nhw'n ufudd i'r Gyfraith Iddewig, dydy credu yn dda i ddim – yn wir does dim
pwynt i Dduw addo dim byd yn y lle cyntaf! [15]Beth mae'r Gyfraith yn ei wneud ydy dangos
ein bod ni'n haeddu cael ein cosbi gan Dduw. Os does dim cyfraith does dim trosedd. [16]Felly
credu ydy'r ffordd i dderbyn beth mae Duw wedi'i addo! Rhodd Duw ydy'r cwbl! Ac mae
disgynyddion Abraham i gyd yn ei dderbyn. Nid dim ond Iddewon sydd â'r Gyfraith ganddyn
nhw, ond pawb sydd wedi credu, yr un fath ag Abraham. Ydy, mae Abraham yn dad i ni i gyd!
[17]Mae'r ysgrifau sanctaidd yn dweud y peth yn hollol glir: "*Dw i wedi dy wneud di'n dad
i lawer o genhedloedd.*" Dyna sut mae'r Duw y credodd Abraham ynddo yn gweld pethau.
Fe ydy'r Duw sy'n gwneud pobl farw yn fyw ac yn galw i fod bethau oedd ddim yn bodoli
o gwbl o'r blaen! [18]Do, credodd Abraham, a daliodd ati i gredu hyd yn oed pan oedd pethau'n
edrych yn gwbl anobeithiol! Credodd y byddai yn "*dad i lawer o genhedloedd.*" Credodd beth
ddwedodd Duw, "*Fel yna fydd dy ddisgynyddion di.*" [19]Daliodd ati i gredu'n hyderus, er ei fod
yn gwybod ei fod yn llawer rhy hen i fod yn dad. Roedd yn gan mlwydd oed! Ac roedd Sara
hefyd yn llawer rhy hen i fod yn fam. [20]Ond wnaeth Abraham ddim amau, na stopio credu
beth oedd Duw wedi'i addo iddo. Yn wir roedd yn credu'n gryfach bob dydd, ac yn clodfori
Duw drwy wneud hynny. [21]Roedd Abraham yn hollol sicr y gallai Duw wneud beth roedd wedi
addo'i wneud. [22]Dyna pam y *cafodd ei dderbyn i berthynas iawn gyda Duw!*
[23]Ond dydy'r geiriau "*cafodd ei dderbyn*" ddim ar gyfer Abraham yn unig – [24]maen nhw ar
ein cyfer ninnau hefyd! Gallwn ni gael perthynas iawn gyda Duw yr un fath – ni sy'n credu
yn y Duw gododd ein Harglwydd Iesu yn ôl yn fyw ar ôl iddo farw. [25]Cafodd Iesu ei ladd
am ein bod ni wedi troseddu, a chafodd ei godi yn ôl yn fyw i ni gael ein derbyn i berthynas
iawn gyda Duw.

4:7,8 Salm 32:1-2 4:13 gw. Genesis 17:4-6; 22:17,18 4:17 Genesis 17:5 4:18 a Genesis 17:5; b Genesis 15:5
4:19 gw. Genesis 17:17 4:22 Genesis 15:6

Heddwch a Llawenydd bod yn iawn gyda Duw

5 Felly, gan ein bod ni wedi'n derbyn i berthynas iawn gyda Duw, drwy gredu, mae gynnon
ni heddwch gyda Duw o achos beth wnaeth ein Harglwydd ni, Iesu y Meseia. 2Wrth
gredu dŷn ni eisoes wedi dod i brofi haelioni Duw, a gallwn edrych ymlaen yn llawen i gael
rhannu yn ei ysblander. 3A dŷn ni'n gallu bod yn llawen hyd yn oed pan dŷn ni'n dioddef,
am ein bod ni'n gwybod fod dioddefaint yn rhoi'r nerth i ni ddal ati. 4Mae'r gallu i ddal
ati yn cryfhau ein cymeriad ni, a dyna sy'n rhoi i ni'r gobaith hyderus sydd gynnon ni. 5Dŷn
ni'n gwybod y byddwn ni ddim yn cael ein siomi yn y gobaith yna, am fod Duw eisoes wedi
tywallt ei gariad yn ein calonnau drwy roi'r Ysbryd Glân i ni!

6Pan oedd pethau'n gwbl anobeithiol arnon ni, dyma'r Meseia yn dod ar yr adeg iawn
i farw droson ni rai drwg! 7Prin bod unrhyw un yn fodlon marw dros berson hunangyfiawn.
Falle y byddai rhywun yn fodlon marw dros berson da. 8Ond dangosodd Duw i ni gymaint
mae'n ein caru ni drwy i'r Meseia farw droson ni pan oedden ni'n dal i bechu yn ei erbyn!

9Dŷn ni bellach wedi cael ein derbyn i berthynas iawn gyda Duw am fod gwaed y Meseia
wedi'i dywallt. Does dim amheuaeth, felly, y byddwn ni'n cael ein harbed ganddo rhag cael
ein cosbi! 10Os mai marwolaeth Mab Duw wnaeth ein perthynas ni â Duw yn iawn (a hynny
pan oedden ni'n dal yn elynion iddo!), does dim amheuaeth o gwbl, gan ein bod ni bellach
yn y berthynas yma, y byddwn ni'n cael ein hachub am ei fod yn fyw!

11Dŷn ni'n brolio am Dduw o achos beth wnaeth ein Harglwydd ni, Iesu y Meseia! Fe sydd
wedi gwneud y berthynas iawn yma'n bosib.

Marwolaeth drwy Adda, bywyd drwy'r Meseia

12Daeth pechod i'r byd drwy un dyn, a marwolaeth o ganlyniad i hynny. Ac mae pawb yn
marw, am fod pawb wedi pechu. 13Oedd, roedd pechod yn y byd cyn i Dduw roi'r Gyfraith
i Moses. Er bod pechod ddim yn cael ei gyfri am fod y Gyfraith ddim yno i'w thorri, roedd
pechod yno, ac roedd yn gadael ei ôl. 14Roedd pobl yn marw o gyfnod Adda hyd amser
Moses. Roedden nhw'n marw er eu bod nhw ddim wedi pechu yn union yn yr un ffordd
ag Adda drwy fod yn anufudd i orchymyn penodol. Mewn rhyw ffordd mae Adda yn fodel
o'r Meseia oedd yn mynd i ddod. 15Ac eto tasen ni'n cymharu'r rhodd o faddeuant gyda
throsedd Adda, maen nhw'n wahanol iawn i'w gilydd! Marwolaeth tyrfa enfawr o bobl
oedd canlyniad trosedd un (sef Adda). Ond tywallt maddeuant ar dyrfa enfawr o bobl oedd
canlyniad beth wnaeth y llall (sef Iesu y Meseia) – ie, maddeuant yn rhodd gan Dduw!
16Ac mae canlyniad y rhodd mor wahanol i ganlyniad y pechod. Barn a chosb sy'n dilyn
yr un trosedd hwnnw, ond mae'r rhodd o faddeuant yn gwneud ein perthynas ni â Duw
yn iawn. Dŷn ni'n cael ein gollwng yn rhydd er gwaetha llu o bechodau. 17Canlyniad
trosedd un dyn (sef Adda) oedd fod pawb yn marw, ond o achos beth wnaeth y dyn arall
(Iesu y Meseia), bydd y rhai sy'n derbyn rhodd Duw o berthynas iawn gydag e yn cael
bywyd tragwyddol.

18Felly, canlyniad Adda'n troseddu oedd condemnio'r ddynoliaeth, ond canlyniad Iesu
yn gwneud y peth iawn oedd bod perthynas iawn gyda Duw, a bywyd, yn cael ei gynnig i'r
ddynoliaeth. 19Cafodd tyrfa enfawr o bobl eu gwneud yn bechaduriaid am fod Adda wedi
bod yn anufudd. A'r un modd daeth tyrfa enfawr o bobl i berthynas iawn gyda Duw am fod
Iesu wedi bod yn ufudd.

20Pwrpas rhoi'r Gyfraith i Moses oedd i helpu pobl i weld gymaint oedden nhw'n
troseddu. Ond tra oedd pobl yn pechu fwy a mwy, dyma Duw yn tywallt ei haelioni y tu
hwnt i bob rheswm. 21Yn union fel roedd pechod wedi cael gafael mewn pobl a hwythau
wedyn yn marw, mae haelioni Duw yn gafael mewn pobl ac yn dod â nhw i berthynas
iawn gydag e. Maen nhw'n cael bywyd tragwyddol – o achos beth wnaeth ein Harglwydd
ni, Iesu y Meseia.

5:12 gw. Genesis 3:1-6

Wedi marw i bechod, ond yn fyw gyda'r Meseia

6 Felly, beth mae hyn i gyd yn ei olygu? Ei bod hi'n iawn i ni ddal ati i bechu er mwyn
i Dduw ddangos mwy a mwy o haelioni? 2Na, wrth gwrs ddim! Dŷn ni wedi marw i'r
hen fywyd o bechod, felly sut allwn ni ddal ati i bechu o hyd? 3Ydych chi ddim wedi deall? Pan
gawson ni'n bedyddio i ddangos ein bod yn perthyn i'r Meseia Iesu, roedden ni'n uniaethu
â'i farwolaeth e. 4Wrth gael ein bedyddio, cawson ni'n claddu gydag e, am fod y person
oedden ni o'r blaen wedi marw. Ac yn union fel y cafodd y Meseia ei godi yn ôl yn fyw drwy
nerth bendigedig y Tad, dŷn ninnau hefyd bellach yn byw bywydau newydd.
5Os ydyn ni wedi'n huno â'i farwolaeth, dŷn ni'n siŵr o gael ein huno hefyd â'i atgyfodiad.
6Mae beth roedden ni'n arfer bod wedi cael ei ladd ar y groes gyda'r Meseia, er mwyn i'r
awydd cryf sydd ynon ni i bechu ollwng gafael ynon ni, ac i ni beidio ei wasanaethu ddim mwy.
7Os ydy rhywun wedi marw, mae'n rhydd o afael pechod. 8Ond os ydyn ni wedi marw gyda'r
Meseia dŷn ni'n credu y cawn ni fyw gydag e hefyd! 9Fydd y Meseia ddim yn marw byth eto,
am ei fod wedi'i godi yn ôl yn fyw – does gan farwolaeth ddim gafael arno bellach. 10Wrth
farw, buodd e farw un waith ac am byth i bechod, ond bellach mae e'n byw i glodfori Duw!
11Felly, dylech chithau hefyd ystyried eich hunain yn farw i bechod, a byw mewn perthynas
â'r Meseia Iesu er mwyn clodfori Duw.
12Peidiwch gadael i bechod reoli'ch bywydau chi ddim mwy. Peidiwch ufuddhau i'w
chwantau. 13Peidiwch gadael iddo reoli unrhyw ran o'ch corff i'w ddefnyddio i wneud beth
sy'n ddrwg. Yn lle hynny gadewch i Dduw eich rheoli chi, a'ch defnyddio chi i wneud beth
sy'n dda. Roeddech yn farw, ond bellach mae gynnoch chi fywyd newydd. 14Ddylai pechod
ddim bod yn feistr arnoch chi ddim mwy. Dim y Gyfraith sy'n eich rheoli chi bellach – mae
Duw yn ei haelioni wedi'ch gollwng chi'n rhydd!

Caethweision i beth sy'n iawn

15Felly, ydyn ni'n mynd i ddal ati i bechu am ein bod wedi profi haelioni Duw ac mai nid
y Gyfraith sy'n ein rheoli ni bellach? Na! Wrth gwrs ddim! 16Ydych chi ddim wedi deall? Mae
rhywun yn gaeth i beth bynnag mae'n dewis ufuddhau iddo. Felly y dewis ydy, naill ai pechod
yn arwain i farwolaeth neu ufudd-dod yn arwain i berthynas iawn gyda Duw. 17Diolch i Dduw,
dych chi wedi troi o fod yn gaeth i bechod i fod yn ufudd i beth mae Duw wedi'i ddysgu i chi.
18Dych chi wedi'ch rhyddhau o afael pechod a dod yn weision i beth sy'n iawn.
19Gadewch i mi ddefnyddio darlun o fywyd bob dydd sy'n hawdd i chi ei ddeall: O'r blaen
roeddech chi'n gadael i bob math o fudreddi a drygioni eich rheoli chi. Ond bellach rhaid
i chi adael i beth sy'n iawn eich rheoli chi, a'ch gwneud chi'n bobl sy'n byw bywydau glân.
20Pan oeddech chi'n gaeth i bechod, doedd dim disgwyl i chi wneud beth sy'n iawn. 21Ond
beth oedd canlyniad hynny yn y pen draw? Marwolaeth! Dyna oedd canlyniad y pethau mae
gynnoch chi gymaint o gywilydd ohonyn nhw bellach. 22Ond nawr dych chi'n rhydd o afael
pechod ac wedi dechrau gwasanaethu Duw. Canlyniad hynny ydy'r bywyd glân sy'n arwain
yn y pen draw i fywyd tragwyddol. 23Marwolaeth ydy'r cyflog mae pechod yn ei dalu, ond
mae Duw yn rhoi bywyd tragwyddol yn rhad ac am ddim i chi, o achos beth wnaeth ein
Harglwydd ni, Iesu y Meseia.

Rhydd o afael y Gyfraith Iddewig

7 Frodyr a chwiorydd, dych chi'n bobl sy'n gyfarwydd â Chyfraith Duw, felly mae'n rhaid
eich bod chi'n deall cymaint â hyn: dydy'r Gyfraith ddim ond yn cyfri pan mae rhywun
yn dal yn fyw. 2Er enghraifft, mae Cyfraith Duw yn dweud fod gwraig briod i aros yn ffyddlon
i'w gŵr tra mae'r gŵr hwnnw'n dal yn fyw. Ond, os ydy'r gŵr yn marw, dydy'r rheol ddim yn
cyfri ddim mwy. 3Mae hyn yn golygu, os ydy gwraig yn gadael ei gŵr a mynd i fyw gyda dyn
arall pan mae ei gŵr hi'n dal yn fyw, mae hi'n godinebu. Ond os ydy ei gŵr hi wedi marw,
mae'r sefyllfa'n wahanol. Mae ganddi hi hawl i briodi dyn arall wedyn.

4 Dyma beth dw i'n ddweud, ffrindiau – drwy farwolaeth y Meseia ar y groes dych chi
hefyd wedi 'marw' yn eich perthynas â'r Gyfraith. Bellach dych chi'n perthyn i un arall, sef
i'r un gafodd ei godi yn ôl yn fyw ar ôl iddo farw. Felly dylai pobl weld ffrwyth hynny yn eich
bywydau chi – ffrwyth fydd yn anrhydeddu Duw. 5 Pan oedd yr hen natur ddrwg yn ein rheoli
ni, roedd Cyfraith Duw yn dangos y nwydau pechadurus hynny oedd ar waith yn ein bywydau
ni, a'r canlyniad oedd marwolaeth. 6 Ond bellach, dydy'r rheol yna ddim yn cyfrif ddim mwy.
Dŷn ni wedi marw i beth oedd yn ein caethiwo ni o'r blaen. Dŷn ni'n rhydd i wasanaethu
Duw yn ffordd newydd yr Ysbryd, ddim yn yr hen ffordd o geisio cadw at lythyren y ddeddf.

Y frwydr yn erbyn pechod

7 Felly beth mae hyn yn ei olygu? Ydw i'n awgrymu fod y Gyfraith roddodd Duw yn beth
drwg? Wrth gwrs ddim! Heb y Gyfraith fyddwn i ddim yn gwybod mod i'n pechu. Sut fyddwn
i'n gwybod fod chwennych yn beth drwg oni bai fod Cyfraith Duw yn dweud "*Paid chwennych*"
8 Ond yna roedd pechod yn gweld ei gyfle ac yn defnyddio'r gorchymyn i wneud i mi chwennych
pob math o bethau drwg. Heb y Gyfraith mae pechod gystal â bod yn farw! 9 Ar un adeg
roeddwn i'n gallu byw yn ddigon hapus heb y Gyfraith. Ond wedyn cafodd y gorchymyn
ei roi a dyma bechod yn codi ei ben hefyd. 10 Rôn i'n gweld mod i'n haeddu marw. Roedd
y gorchymyn oedd i roi bywyd i mi wedi dod â marwolaeth. 11 Gwelodd pechod ei gyfle, a'm
twyllo i. Fy nghondemnio i farwolaeth!
12 Mae Cyfraith Duw yn sanctaidd, a'r gorchmynion yn dweud beth sy'n iawn ac yn dda.
13 Felly ai y peth da yma wnaeth fy lladd i? Nage, wrth gwrs ddim! Y pechod mae'r peth da
yn ei ddangos wnaeth fy lladd i. Felly beth mae'r gorchymyn yn ei wneud ydy dangos mor
ofnadwy o ddrwg ydy pechod.
14 Dŷn ni'n gwybod bod Cyfraith Duw yn dda ac yn ysbrydol. Fi ydy'r drwg! Fi sy'n gnawdol.
Fi sydd wedi fy ngwerthu'n rhwym i bechod. 15 Dw i ddim yn deall fy hun o gwbl. Yn lle gwneud
beth dw i eisiau ei wneud, dw i'n cael fy hun yn gwneud beth dw i'n ei gasáu! 16 Ac os dw
i'n gwybod mod i'n gwneud y peth anghywir, dw i'n cytuno fod Cyfraith Duw yn dda. 17 Mae
fel taswn i fy hun wedi colli rheolaeth, a'r pechod sydd y tu mewn i mi wedi cymryd drosodd.
18 Dw i'n gwybod yn iawn pa mor ddrwg ydw i y tu mewn! Yr hunan ydy popeth! Dw i eisiau
byw yn dda, ond dw i'n methu! 19 Yn lle gwneud y pethau da dw i eisiau eu gwneud, dw i'n
dal ati i wneud y pethau drwg dw i ddim eisiau eu gwneud. 20 Ac os dw i'n gwneud beth
dw i ddim eisiau ei wneud, dim fi sy'n rheoli bellach – y pechod y tu mewn i mi sydd wedi
cymryd drosodd.
21 Felly, er fy mod i eisiau gwneud beth sy'n iawn, mae'r drwg yno yn cynnig ei hun i mi.
22 Yn y bôn dw i'n cytuno gyda Cyfraith Duw. 23 Ond mae rhyw 'gyfraith' arall ar waith yn
fy mywyd i – mae'n brwydro yn erbyn y Gyfraith dw i'n cytuno â hi, ac yn fy ngwneud i'n
garcharor i bechod. Mae wedi cymryd drosodd yn llwyr!
24 Dw i mewn picil go iawn! Oes yna ffordd allan? Pwy sy'n mynd i'm hachub
i o ganlyniadau'r bywyd yma o bechu? 25 Duw, diolch iddo! – o achos beth wnaeth ein
Harglwydd ni, Iesu y Meseia.
Felly dyma sut mae hi arna i: Dw i'n awyddus i wneud beth mae Cyfraith Duw'n ei ddweud,
ond mae'r hunan pechadurus eisiau gwasanaethu'r 'gyfraith' arall, sef pechod.

Byw yn nerth yr Ysbryd

8
Ond dydy'r rhai sy'n perthyn i'r Meseia Iesu ddim yn mynd i gael eu cosbi! 2 O achos
beth wnaeth y Meseia Iesu mae'r Ysbryd Glân, sy'n rhoi bywyd, wedi fy ngollwng i'n
rhydd o afael y pechod sy'n arwain i farwolaeth. 3 Doedd y Gyfraith Iddewig ddim yn gallu
gwneud hynny, am fod y natur ddynol mor wan. Ond dyma Duw yn anfon ei Fab ei hun i fod
yn berson dynol yr un fath â ni bechaduriaid, er mwyn iddo orchfygu'r pechod oedd ar waith

7:7 Exodus 20:17; Deuteronomium 5:21

yn y natur ddynol drwy roi ei fywyd yn aberth dros bechod. 4Gwnaeth hyn er mwyn i ni wneud
beth mae Cyfraith Duw yn ei ofyn. Dŷn ni bellach yn byw fel mae'r Ysbryd Glân eisiau, dim
fel mae ein natur bechadurus eisiau.
5Mae'r rhai sy'n cael eu rheoli gan y natur bechadurus yn byw i'r hunan, ond mae'r rhai sydd
dan reolaeth yr Ysbryd Glân yn byw i wneud beth mae'r Ysbryd eisiau. 6Os mai'r hunan sy'n
eich rheoli chi, byddwch chi'n marw. Ond os ydy'r Ysbryd Glân yn eich rheoli chi, mae gynnoch
chi fywyd a heddwch perffaith gyda Duw. 7Mae'r natur bechadurus yn ymladd yn erbyn Duw.
Does ganddi ddim eisiau gwneud beth mae Cyfraith Duw'n ei ofyn – yn wir, dydy hi ddim yn
gallu! 8A dydy'r rhai sy'n cael eu rheoli gan y natur bechadurus ddim yn gallu plesio Duw.
9Ond dim yr hunan sy'n eich rheoli chi. Mae Ysbryd Duw wedi dod i fyw ynoch chi, felly
yr Ysbryd sy'n eich rheoli chi. Os ydy Ysbryd y Meseia ddim wedi cael gafael ynoch chi, dych
chi ddim yn bobl y Meseia o gwbl. 10Ond os ydy'r Meseia ynoch chi, er bod y corff yn mynd
i farw o achos pechod, mae'r Ysbryd Glân yn rhoi bywyd tragwyddol i chi, am fod gynnoch
chi berthynas iawn gyda Duw. 11Ac os ydy Ysbryd yr Un gododd Iesu yn ôl yn fyw wedi dod
i fyw ynoch chi, bydd e'n rhoi bywyd newydd i'ch cyrff marwol chi hefyd. Dyna mae'r Ysbryd
Glân sydd wedi dod i fyw ynoch chi yn ei wneud.
12Felly, frodyr a chwiorydd, does dim rhaid i ni bellach fyw fel mae'r natur bechadurus eisiau.
13Mae gwneud hynny yn siŵr o arwain i farwolaeth. Ond, gyda nerth yr Ysbryd Glân, os gwnawn
ni wrthod gwneud beth mae'r hunan eisiau, byddwn yn cael bywyd. 14Mae pawb sydd a'u
bywydau'n cael eu rheoli gan Ysbryd Duw yn cael bod yn blant i Dduw. 15Dydy'r Ysbryd Glân
dŷn ni wedi'i dderbyn ddim yn ein gwneud yn gaethweision ofnus unwaith eto! Mae'n ein
mabwysiadu ni yn blant i Dduw, a gallwn weiddi arno'n llawen, "*Abba*! Dad!" 16Ydy, mae'r
Ysbryd yn dangos yn glir i ni ein bod ni'n blant i Dduw. 17Ac os ydyn ni'n blant iddo, byddwn
ninnau hefyd yn derbyn yr holl bethau da mae'n ei roi i'w Fab, y Meseia. Ond cofiwch wedyn, os
ydyn ni'n cael rhannu yn ei ysblander mae'n rhaid i ni fod yn barod i ddioddef gydag e hefyd.

Ysblander y dyfodol

18Dw i'n reit siŵr bod beth dŷn ni'n ei ddioddef ar hyn o bryd yn ddim o'i gymharu â'r
ysblander gwych fyddwn ni'n ei brofi maes o law. 19Ydy, mae'r greadigaeth i gyd yn edrych
ymlaen yn frwd at y dydd pan fydd Duw yn dangos pwy sy'n blant iddo go iawn. 20Roedd
y greadigaeth wedi cael ei chondemnio i wagedd (dim ei dewis hi oedd hynny – cafodd ei
orfodi arni). 21Ond mae gobaith i edrych ymlaen ato: mae'r greadigaeth hefyd yn mynd i gael
ei gollwng yn rhydd! Fydd hi ddim yn gaeth i lygredd ddim mwy. Bydd yn rhannu'r rhyddid
bendigedig fydd Duw'n ei roi i'w blant.
22Dŷn ni'n gwybod fod y greadigaeth gyfan yn griddfan fel gwraig sydd mewn poen wrth
eni plentyn. 23Ac nid dim ond y greadigaeth sy'n griddfan, ond ni hefyd sy'n Gristnogion,
ac wedi derbyn yr Ysbryd Glân fel rhagflas o beth sydd i ddod. Dŷn ni hefyd yn griddfan o'n
mewn wrth ddisgwyl i'r diwrnod ddod pan fydd Duw yn ein mabwysiadu ni ac y bydd ein
corff yn cael ei ollwng yn rhydd! 24Am ein bod wedi'n hachub gallwn edrych ymlaen at hyn
yn hyderus. Does neb yn edrych ymlaen at rywbeth sydd ganddo'n barod! 25Ond wrth edrych
ymlaen at beth sydd ddim yma eto, rhaid disgwyl yn amyneddgar amdano.
26Ac mae'r Ysbryd yn ein helpu ni hefyd yn ein cyflwr gwan presennol. Wyddon ni ddim yn
iawn beth i'w weddïo, ond mae'r Ysbryd ei hun yn gofyn ar ein rhan ni. Mae yntau'n griddfan
– dydy geiriau ddim yn ddigon. 27Ond mae Duw yn gwybod beth sydd yng nghalon pawb, ac
mae'n gwybod beth ydy bwriad yr Ysbryd. Mae'r Ysbryd yn gofyn i Dduw am y pethau mae
Duw yn awyddus i'w rhoi i'w blant.

Ni sy'n mynd i ennill

28Dŷn ni'n gwybod fod Duw'n trefnu popeth er lles y rhai sy'n ei garu – sef y rhai mae
wedi'u galw i gyflawni ei fwriadau. 29Roedd yn gwybod pwy fyddai'n bobl iddo, ac roedd

wedi'u dewis ymlaen llaw i fod yn debyg i'w Fab. (Y Mab, sef y Meseia Iesu, ydy'r plentyn
hynaf, ac mae ganddo lawer iawn o frodyr a chwiorydd.) 30 Ar ôl eu dewis ymlaen llaw, galwodd
nhw ato'i hun. Mae'n eu derbyn nhw i berthynas iawn ag e'i hun, ac wedyn yn rhannu ei
ysblander gyda nhw.
31 Felly, beth mae hyn yn ei olygu? Os ydy Duw ar ein hochr ni, sdim ots pwy sy'n ein
herbyn ni! 32 Wnaeth Duw ddim hyd yn oed arbed ei Fab ei hun! Rhoddodd e'n aberth i farw
yn ein lle ni i gyd. Felly oes yna unrhyw beth dydy e ddim yn fodlon ei roi i ni? 33 Pwy sy'n
mynd i gyhuddo'r bobl mae Duw wedi'u dewis iddo'i hun? Wnaiff Duw ddim! Duw ydy'r
un sy'n eu gwneud nhw'n ddieuog yn ei olwg! 34 Felly pwy sy'n mynd i'n condemnio ni?
Wnaiff y Meseia Iesu ddim! Fe ydy'r un gafodd ei ladd a'i godi yn ôl yn fyw! A bellach mae'n
eistedd yn y sedd anrhydedd ar ochr dde Duw, yn pledio ar ein rhan ni. 35 Oes yna rywbeth
sy'n gallu'n gwahanu ni oddi wrth gariad y Meseia? Nac oes, dim byd! Dydy poen ddim yn
gallu, na dioddefaint, cael ein herlid, newyn na noethni, peryglon na hyd yn oed cael ein
lladd! 36 Mae'r ysgrifau sanctaidd yn dweud:

"O'th achos di dŷn ni'n wynebu marwolaeth drwy'r amser;
Dŷn ni fel defaid ar eu ffordd i'r lladd-dy."

37 Ond dŷn ni'n concro'r cwbl i gyd, a mwy, am fod y Meseia wedi'n caru ni. 38 Dw i'n hollol
sicr fod dim byd yn gallu'n gwahanu ni oddi wrth ei gariad e. Dydy marwolaeth ddim yn gallu,
na'r un profiad gawn ni mewn bywyd chwaith. Dydy angylion ddim yn gallu, na phwerau
ysbrydol drwg. Dim byd yn y presennol nac yn y dyfodol. 39 Dim byd ym mhellteroedd eitha'r
gofod nac yn nyfnderoedd y ddaear! Na, does dim yn y bydysawd yma greodd Duw yn gallu'n
gwahanu ni oddi wrth gariad Duw yn ein Harglwydd ni, y Meseia Iesu!

Duw wedi dewis yr Iddewon

9 Dw i'n dweud y gwir fel Cristion – heb air o gelwydd. Mae nghydwybod i dan ddylanwad
yr Ysbryd Glân yn tystio 2 fy mod i'n ddigalon iawn ac yn poeni drwy'r amser am fy
mhobl, yr Iddewon. 3 Byddwn i'n barod i gael fy melltithio a'm gwahanu oddi wrth y Meseia
petai hynny'n gwneud lles iddyn nhw! Fy mhobl i ydyn nhw – y genedl dw i'n perthyn iddi.
4 Pobl Israel sydd wedi cael eu mabwysiadu gan Dduw yn blant iddo'i hun. Nhw welodd ei
ysblander. Ymrwymodd y byddai'n gofalu amdanyn nhw. Nhw gafodd y Gyfraith ganddo,
a dysgu sut i'w addoli yn iawn. Nhw dderbyniodd yr addewidion i gyd! 5 Eu hanes nhw ydy
hanes Abraham, Isaac, Jacob a'i feibion, a nhw ydy'r genedl roedd y Meseia yn perthyn iddi
fel dyn. Fe sy'n rheoli popeth, yn Dduw i gael ei foli am byth! Amen!
6 Ond dydy Duw ddim wedi torri ei air! Na! Achos dydy pawb sy'n perthyn i wlad Israel
ddim yn bobl Israel go iawn. 7 A dydy profi eich bod chi'n ddisgynyddion i Abraham ddim yn
golygu eich bod wir yn blant iddo. Beth mae'r ysgrifau sanctaidd yn ei ddweud ydy, "*Drwy
Isaac y bydd dy linach yn cael ei chadw.*" 8 Hynny ydy, dydy pawb sy'n perthyn i deulu Abraham
ddim yn blant Duw. Y rhai sy'n blant go iawn i Abraham ydy'r rhai sy'n blant o ganlyniad
i addewid Duw. 9 Dyma'r addewid wnaeth Duw: "*Bydda i'n dod yn ôl yr adeg yma y flwyddyn
nesa, a bydd Sara yn cael mab.*"
10 Ac wedyn rhaid cofio beth ddigwyddodd i'r gefeilliaid gafodd Isaac a Rebecca.
11 A chofiwch fod hyn wedi digwydd cyn iddyn nhw gael eu geni, pan oedden nhw heb wneud
dim byd drwg na da (sy'n dangos fod Duw'n gwneud beth mae'n ei addo yn ei ffordd ei
hun. Fe sy'n dewis, 12 dim beth dŷn ni'n ei wneud sy'n cyfri.) Dwedodd Duw wrth Rebecca,
"*Bydd y mab hynaf yn was i'r ifancaf.*" 13 Fel mae'r ysgrifau sanctaidd yn dweud: "*Dw i wedi
caru Jacob, ond gwrthod Esau.*"
14 Beth mae hyn yn ei olygu? Ydy e'n dangos fod Duw yn annheg? Wrth gwrs ddim!
15 Dwedodd Duw wrth Moses,

8:36 Salm 44:22 9:7 Genesis 21:12 9:9 Genesis 18:10,14 9:12 Genesis 25:23 9:13 Malachi 1:2-3

"Fi sy'n dewis pwy i drugarhau wrthyn nhw,
a phwy dw i'n mynd i dosturio wrthyn nhw."
[16]Hynny ydy, trugaredd Duw sydd tu ôl i'r cwbl, dim beth dŷn ni eisiau neu beth dŷn ni'n ei
gyflawni. [17]Yn ôl yr ysgrifau sanctaidd dwedodd Duw wrth y Pharo: "*Dyma pam wnes i dy
godi di – er mwyn dangos trwot ti mor bwerus ydw i, ac er mwyn i bawb drwy'r byd i gyd ddod
i wybod amdana i.*" [18]Felly mae Duw yn dangos trugaredd at bwy bynnag mae'n ei ddewis,
ac mae hefyd yn gwneud pwy bynnag mae'n ei ddewis yn ystyfnig.
[19]"Ond os felly," meddai un ohonoch chi, "pa hawl sydd gan Dduw i weld bai, gan fod neb yn
gallu mynd yn groes i'w ewyllys?" [20]Ond pwy wyt ti i ddadlau yn erbyn Duw? Dim ond person
dynol wyt ti! "*Oes gan y peth sydd wedi'i siapio hawl i ddweud wrth yr un wnaeth ei greu, 'Pam
wyt ti wedi fy ngwneud i fel hyn?'*" [21]Oes gan y crochenydd ddim hawl i ddefnyddio'r un lwmp
o glai i wneud llestr crand neu i wneud llestr fydd yn dal sbwriel? [22]A'r un fath, mae gan Dduw
berffaith hawl i ddangos ei ddigofaint a'i nerth! Mae wedi bod mor amyneddgar gyda'r rhai
sy'n haeddu dim byd ond cosb, ac sy'n dda i ddim ond i gael eu dinistrio! [23]Ac mae'n barod
i ddangos ei ysblander aruthrol, a'i rannu gyda'r rhai mae wedi dewis trugarhau wrthyn nhw,
sef y rhai mae wedi'u paratoi ar gyfer hynny o'r dechrau cyntaf. [24]Ac ie, ni ydy'r rheiny! – dim
Iddewon yn unig, ond pobl o genhedloedd eraill hefyd! [25]Fel mae'n dweud yn llyfr Hosea:
"Galwaf 'nid fy mhobl' yn bobl i mi;
a 'heb ei charu' yn un a gerir"
[26]a hefyd,
"Yn yr union le lle dwedwyd wrthyn nhw,
'Dych chi ddim yn bobl i mi'
byddan nhw'n cael eu galw yn
blant y Duw byw."
[27]Ac mae Eseia'n dweud fel hyn am Israel:
"Hyd yn oed petai pobl Israel mor niferus â thywod y môr,
dim ond gweddillion – rhyw nifer fechan – fydd yn cael eu hachub,
[28] *Oherwydd yn fuan iawn bydd yr Arglwydd yn gorffen,*
ac yn gwneud beth ddwedodd ar y ddaear."
[29]Mae'n union fel roedd Eseia wedi dweud yn gynharach:
"Oni bai i Arglwydd y Lluoedd adael rhai ohonon ni'n fyw,
bydden ni wedi'n dinistrio fel Sodom,
ac wedi diflannu'n llwyr fel Gomorra."[c]

Israel yn gwrthod credu

[30]Felly beth mae hyn i gyd yn ei olygu? Mae'n golygu fod pobl o genhedloedd eraill – pobl
oedd ddim yn ceisio dilyn Duw – wedi cael eu derbyn i berthynas iawn gyda Duw drwy gredu.
[31]Ond mae pobl Israel, oedd wedi meddwl y byddai'r Gyfraith yn eu gwneud nhw'n iawn
gyda Duw, wedi methu cadw'r Gyfraith honno. [32]Pam? Am eu bod nhw'n dibynnu ar beth
roedden nhw eu hunain yn ei wneud yn lle credu. Maen nhw wedi baglu dros '*y garreg sy'n
baglu pobl*', [33]fel mae'r ysgrifau sanctaidd yn dweud:
Edrychwch – dw i'n gosod yn Jerwsalem
garreg sy'n baglu pobl
a chraig sy'n gwneud iddyn nhw syrthio.
Ond fydd pwy bynnag sy'n credu ynddo ddim yn cael ei siomi.

10 Frodyr a chwiorydd annwyl, dw i'n dyheu o waelod calon ac yn gweddïo ar Dduw
y bydd fy mhobl, yr Iddewon, yn cael eu hachub. [2]Galla i dystio eu bod nhw'n

---

c 9:29 *Sodom ... Gomorra:* Pan oedd Abraham yn fyw, dyma'r Arglwydd yn dinistrio'r ddwy dre yma am fod y bobl yno mor ddrwg.

9:15 Exodus 33:19 9:17 Exodus 9:16 (LXX) 9:20 Eseia 29:16; 45:9 9:25 Hosea 2:23 9:26 Hosea 1:10
9:27,28 Eseia 10:22-23 (LXX) 9:29 Eseia 1:9 (LXX) 9:33 Eseia 8:14; 28:16 (LXX)

frwdfrydig dros Dduw, ond dŷn nhw ddim wedi deall y gwirionedd. 3Yn lle derbyn ffordd
Duw o ddod â phobl i berthynas iawn ag e ei hun, maen nhw wedi mynnu ceisio gwneud eu
hunain yn iawn gyda Duw drwy gadw'r Gyfraith. Felly maen nhw wedi gwrthod plygu i Dduw.
4Ond y Meseia ydy'r nod mae Cyfraith Duw yn anelu ato! Felly y rhai sy'n credu ynddo fe
sy'n cael eu derbyn i berthynas iawn gyda Duw.

5Dyma ddwedodd Moses am y Gyfraith fel ffordd o gael perthynas iawn gyda Duw: "*Y sawl
sy'n gwneud y pethau yma sy'n cael byw go iawn.*"

6Ond mae cael perthynas iawn gyda Duw drwy gredu yn dweud: "*Paid meddwl: Pwy wnaiff
fynd i fyny i'r nefoedd?*" (hynny ydy, i ddod â'r Meseia i lawr) 7neu "*Pwy wnaiff fynd i lawr
i'r dyfnder*" (hynny ydy, i ddod â'r Meseia yn ôl yn fyw). 8Dyma mae'n ei ddweud: "*Mae'r
neges yn agos atat ti; mae ar dy wefusau ac yn dy galon di.*" (Hynny ydy, y neges dŷn ni'n
ei chyhoeddi, sef mai credu ydy'r ffordd): 9Os wnei di gyffesu 'â'th wefusau', "Iesu ydy'r
Arglwydd", a chredu 'yn dy galon' fod Duw wedi'i godi yn ôl yn fyw ar ôl iddo farw, cei dy
achub. 10Credu yn y galon sy'n dy wneud di'n iawn gyda Duw, a chei dy achub wrth gyffesu
hynny'n agored. 11Fel mae'r ysgrifau sanctaidd yn dweud: "*Fydd pwy bynnag sy'n credu
ynddo ddim yn cael ei siomi.*" 12Mae'n union yr un fath i'r Iddew ac i bawb arall. Un Arglwydd
sydd, ac mae'n rhoi yn hael o'i fendithion i bwy bynnag sy'n galw arno. 13Achos, "*Bydd pwy
bynnag sy'n galw ar enw'r Arglwydd yn cael ei achub.*"

14Ond wedyn, sut mae disgwyl i bobl alw arno os ydyn nhw ddim wedi credu ynddo? A sut
maen nhw'n mynd i gredu ynddo heb glywed amdano? Sut maen nhw'n mynd i glywed os
ydy rhywun ddim yn dweud wrthyn nhw? 15A phwy sy'n mynd i ddweud wrthyn nhw heb gael
ei anfon? Dyna mae'r ysgrifau sanctaidd yn ei olygu wrth ddweud: "*Mae mor wych fod y rhai
sy'n cyhoeddi'r newyddion da yn dod!*" 16Ond dydy pawb ddim wedi derbyn y newyddion da.
Fel mae'r proffwyd Eseia'n dweud, "*Arglwydd, pwy sydd wedi credu ein neges ni?*"

17Mae'n rhaid clywed cyn gallu credu – clywed rhywun yn rhannu'r newyddion da am
y Meseia. 18Felly ai dweud ydw i fod yr Iddewon heb glywed? Na, fel arall yn hollol:

"*Mae pawb wedi clywed beth maen nhw'n ddweud,*
a'u neges wedi mynd i ben draw'r byd."

19Felly, ai'r broblem ydy fod Israel heb ddeall y neges? Na! – Moses ydy'r cyntaf i roi ateb,

"*Bydda i'n gwneud i chi fod yn eiddigeddus o rai nad ydyn nhw'n genedl;*
a'ch gwneud yn ddig drwy fendithio pobl sy'n deall dim."

20Ac roedd y proffwyd Eseia ddigon dewr i gyhoeddi fod Duw yn dweud,

"*Daeth pobl oedd ddim yn chwilio amdana i o hyd i fi;*
Dangosais fy hun i rai oedd ddim yn gofyn amdana i."

21Ond mae'n dweud fel yma am Israel:

"*Bues i'n estyn fy llaw atyn nhw drwy'r adeg,*
ond maen nhw'n bobl anufudd ac ystyfnig."

Cnewyllyn Israel

11 Felly dw i'n gofyn eto: Ydy Duw wedi troi cefn ar ei bobl? Nac ydy, wrth gwrs ddim!
Israeliad ydw i fy hun cofiwch – un o blant Abraham, o lwyth Benjamin. 2Felly dydy
Duw ddim wedi troi ei gefn ar y bobl oedd wedi'u dewis o'r dechrau. Ydych chi'n cofio beth
mae'r ysgrifau sanctaidd yn ei ddweud? Roedd Elias yn cwyno am bobl Israel, ac yn dweud
fel hyn: 3"*Arglwydd, maen nhw wedi lladd dy broffwydi di a dinistrio dy allorau. Fi ydy'r unig
un sydd ar ôl, ac maen nhw'n ceisio fy lladd innau hefyd!*" 4Beth oedd ateb Duw iddo? Dyma
ddwedodd Duw: "*Mae gen i saith mil o bobl eraill sydd heb fynd ar eu gliniau i addoli Baal.*"
5Ac mae'r un peth yn wir heddiw – mae Duw yn ei haelioni wedi dewis cnewyllyn o Iddewon

---

10:5 Lefiticus 18:5 10:6 Deuteronomium 30:12 10:7 Deuteronomium 30:13 10:8 Deuteronomium 30:14
10:11 Eseia 28:16 (LXX) 10:13 Joel 2:32 10:15 Eseia 52:7 (cf. Nahum 1:5) 10:16 Eseia 53:1 (LXX)
10:18 Salm 19:4 (LXX) 10:19 Deuteronomium 32:21 10:20 Eseia 65:1 (LXX) 10:21 Eseia 65:2 (LXX)
11:1 gw. Philipiaid 3:5 11:3 1 Brenhinoedd 19:10,14 11:4 1 Brenhinoedd 19:18

i gael eu hachub. 6 Ac os mai dim ond haelioni Duw sy'n eu hachub nhw, dim beth maen nhw
yn ei wneud sy'n cyfri bellach. Petai hynny'n cyfri fyddai Duw ddim yn hael!
7 Dyma beth mae hyn yn ei olygu: Wnaeth pawb yn Israel ddim cael gafael yn beth roedden
nhw'n ei geisio mor daer. Ond mae rhai wedi'i gael, sef y rhai mae Duw wedi'u dewis. Mae'r
lleill wedi troi'n ystyfnig. 8 Fel mae'r ysgrifau sanctaidd yn dweud:

"Gwnaeth Duw nhw'n gysglyd,
a rhoi iddyn nhw lygaid sy'n methu gweld
a chlustiau sydd ddim yn clywed –
ac maen nhw'n dal felly heddiw."

9 A dwedodd y Brenin Dafydd fel hyn:

"Gad i'w bwrdd bwyd droi'n fagl ac yn rhwyd,
yn drap ac yn gosb iddyn nhw;
10 *gad iddyn nhw golli eu golwg a mynd yn ddall,*
a'u cefnau wedi'u crymu am byth dan y pwysau."

Canghennau wedi'u himpio

11 Felly ydw i'n dweud fod yr Iddewon wedi baglu a syrthio, a byth yn mynd i godi eto? Wrth
gwrs ddim! Mae'r ffaith eu bod nhw wedi llithro yn golygu fod pobl o genhedloedd eraill yn
cael eu hachub. Ac mae hynny yn ei dro yn gwneud yr Iddewon yn eiddigeddus. 12 Ac os ydy
eu colled nhw am eu bod wedi llithro yn cyfoethogi'r byd, a'u methiant nhw wedi helpu pobl
o genhedloedd eraill, meddyliwch gymaint mwy fydd y fendith pan fyddan nhw'n dod i gredu!
13 Gadewch i mi ddweud hyn wrthoch chi sydd ddim yn Iddewon. Dw i'n ei chyfri hi'n
fraint fod Duw wedi fy ngalw i fod yn gynrychiolydd personol iddo, i rannu ei neges gyda chi.
14 Ond dw i eisiau gwneud fy mhobl fy hun yn eiddigeddus ohonoch chi, er mwyn i rai ohonyn
nhw hefyd gael eu hachub. 15 Os ydy eu taflu nhw i ffwrdd wedi golygu fod pobl o weddill
y byd yn dod i berthynas iawn â Duw, beth fydd canlyniad eu derbyn nhw yn ôl? Bydd fel
petai'r meirw'n dod yn ôl yn fyw! 16 Os ydy'r offrwm cyntaf o does wedi'i gysegru i Dduw,
mae'r cwbl yn gysegredig. Os ydy gwreiddiau'r goeden yn sanctaidd, bydd y canghennau
felly hefyd. 17 Mae rhai o'r canghennau wedi cael eu llifio i ffwrdd, a thithau'n sbrigyn
o olewydden wyllt wedi cael dy impio yn eu lle. Felly rwyt ti bellach yn cael rhannu'r maeth
sy'n dod o wreiddiau'r olewydden. 18 Ond paid meddwl dy fod ti'n wahanol i'r canghennau
gafodd eu llifio i ffwrdd! Cofia mai dim ti sy'n cynnal y gwreiddiau – y gwreiddiau sy'n
dy gynnal di! 19 "Ond cafodd y canghennau hynny eu llifio i ffwrdd er mwyn i mi gael fy
impio i mewn," meddet ti. 20 Digon gwir: Cawson nhw eu llifio i ffwrdd am beidio credu,
a chest ti dy osod yn eu lle dim ond am dy fod di wedi credu. Ond paid dechrau swancio;
gwylia di! 21 Os wnaeth Duw ddim arbed y canghennau naturiol, wnaiff e ddim dy arbed
dithau chwaith!
22 Sylwa fod Duw yn gallu bod yn garedig ac yn llym. Mae'n llym gyda'r rhai sy'n anufudd,
ond yn garedig atat ti – dim ond i ti ddal ati i drystio yn ei garedigrwydd. Neu, fel arall, cei
dithau hefyd dy lifio i ffwrdd! 23 A'r un fath gyda'r Iddewon – tasen nhw'n stopio gwrthod
credu, byddai Duw yn eu himpio nhw yn ôl i'r goeden. 24 Os gwnaeth dy dorri di i ffwrdd oddi
ar olewydden wyllt a'th impio yn groes i natur ar olewydden gardd, mae'n ddigon hawdd
iddo impio'r canghennau naturiol yn ôl i'w holewydden eu hunain!

Achub Israel gyfan

25 Frodyr a chwiorydd, dw i am i chi ddeall fod dirgelwch yma, rhag i chi fod yn rhy llawn
ohonoch chi'ch hunain. Mae rhai o'r Iddewon wedi troi'n ystyfnig, a byddan nhw'n aros
felly hyd nes y bydd y nifer cyflawn ohonoch chi sy'n perthyn i genhedloedd eraill wedi dod
i mewn. 26 Yna bydd Israel gyfan yn cael ei hachub, fel mae'r ysgrifau sanctaidd yn dweud:

11:8 Deuteronomium 29:4; Eseia 29:10   11:9,10 Salm 69:22-23 (LXX)

"Bydd Achubwr yn dod o Jerwsalem,
ac yn symud annuwioldeb o Jacob.
27 *Dyma fy ymrwymiad i iddyn nhw,*
pan fydda i'n symud eu pechodau i ffwrdd."

28 Ar hyn o bryd mae llawer o'r Iddewon yn elynion y newyddion da, er eich mwyn chi. Ond
cofiwch mai nhw oedd y bobl ddewisodd Duw, ac mae e'n eu caru nhw. Roedd wedi addo i'r
tadau y byddai'n gwneud hynny! – i Abraham, Isaac a Jacob. 29 Dydy Duw ddim yn cymryd
ei roddion yn ôl nac yn canslo ei alwad. 30 Ar un adeg roeddech chi, bobl o genhedloedd eraill,
yn anufudd i Dduw. Ond am fod yr Iddewon wedi bod yn anufudd, dych chi nawr wedi derbyn
trugaredd. 31 Nhw ydy'r rhai sy'n anufudd bellach. Ond os ydy Duw wedi dangos trugaredd
atoch chi, pam allan nhw hefyd ddim derbyn trugaredd? 32 Y gwir ydy, mae Duw wedi dal
pawb yn garcharorion anufudd-dod, er mwyn iddo allu dangos trugaredd atyn nhw i gyd.

Cân o fawl

33 Mae Duw mor ffantastig!
Mae e mor aruthrol ddoeth!
Mae'n deall popeth!
Mae beth mae e'n ei benderfynu y tu hwnt i'n hamgyffred ni,
a beth mae'n ei wneud y tu hwnt i'n deall ni!
34 *Pwy sy'n gallu honni ei fod yn deall meddwl yr Arglwydd?*
Pwy sydd wedi dod i wybod digon i roi cyngor iddo?
35 *Pwy sydd wedi rhoi cymaint i Dduw*
nes bod Duw â dyled i'w thalu iddo?
36 Na, Duw sydd wedi rhoi popeth i ni!
Fe sy'n cynnal y cwbl,
ac mae'r cwbl yn bodoli er ei fwyn e!
Fe ydy'r unig un sy'n haeddu ei foli am byth!
Amen!

Aberthau byw

12 Felly, am fod Duw wedi bod mor drugarog wrthoch chi, frodyr a chwiorydd, dw i'n
apelio ar i chi roi eich hunain yn llwyr i Dduw. Cyflwyno eich hunain iddo yn aberth
byw – un sy'n lân ac yn dderbyniol ganddo. Dyna beth ydy addoliad go iawn! 2 O hyn ymlaen
rhaid i chi stopio ymddwyn yr un fath â phobl sydd ddim yn credu. Gadewch i Dduw newid
eich bywyd chi'n llwyr drwy chwyldroi eich ffordd o feddwl am bethau. Byddwch yn gwybod
wedyn beth mae Duw eisiau, ac yn gweld fod hynny'n dda ac yn ei blesio fe, ac mai dyna'r
peth iawn i'w wneud.

3 Gadewch i mi ddweud hyn wrthoch chi, fel rhywun mae Duw wedi bod mor garedig ato:
Peidiwch meddwl eich bod chi'n well nag ydych chi. Byddwch yn onest gyda chi'ch hun wrth
ystyried faint o ffydd mae Duw wedi'i roi i chi. 4 Mae'r eglwys yr un fath â'r corff dynol – mae
gwahanol rannau i'r corff, a dydy pob rhan o'r corff ddim yn gwneud yr un gwaith. 5 Yn yr
eglwys dŷn ni gyda'n gilydd yn gwneud un corff, sef corff y Meseia. Mae pob un ohonon
ni'n rhan o'r corff ac mae arnon ni angen pawb arall. 6 Mae Duw wedi rhoi doniau gwahanol
i bob un ohonon ni. Os ydy Duw wedi rhoi'r gallu i ti roi neges broffwydol, gwna hynny pan
wyt ti'n gwybod fod Duw am i ti wneud. 7 Os mai helpu pobl eraill ydy dy ddawn di, gwna job
dda ohoni. Os oes gen ti'r ddawn i ddysgu pobl eraill, gwna hynny'n gydwybodol. 8 Os wyt
ti'n rhywun sy'n annog pobl eraill, bwrw iddi! Os wyt yn rhannu dy eiddo gydag eraill, bydd
yn hael. Os oes gen ti'r ddawn i arwain, gwna hynny'n frwd. Os mai dangos caredigrwydd
ydy dy ddawn di, gwna hynny'n llawen.

11:26-27 Eseia 59:20-21; 27:9 (LXX) 11:33 gw. Eseia 55:8 11:34 Eseia 40:13 (LXX) 11:35 Job 41:11

Cariad

[9]Rhaid i'ch cariad chi fod yn gariad go iawn – dim rhyw gariad arwynebol. Yn casáu y drwg
â chasineb perffaith, ac yn dal gafael yn beth sy'n dda. [10]Byddwch o ddifri yn eich gofal
am eich gilydd, a dangos parch at eich gilydd. [11]Peidiwch byth â gadael i'ch brwdfrydedd
oeri, ond bod ar dân yn gweithio i'r Arglwydd yn nerth yr Ysbryd Glân. [12]Byddwch yn llawen
wrth feddwl am y cwbl sydd gan Dduw ar eich cyfer chi. Byddwch yn amyneddgar tra dych
chi'n dioddef, a daliwch ati i weddïo. [13]Rhannwch beth sydd gynnoch chi gyda phobl Dduw
sydd mewn angen. Ewch allan o'ch ffordd i roi croeso i ymwelwyr yn eich cartrefi bob amser.
[14]Peidiwch melltithio'r bobl hynny sy'n eich erlid chi – gofynnwch i Dduw eu bendithio
nhw. [15]Byddwch yn llawen gyda phobl sy'n hapus, a chrio gyda'r rhai sy'n crio. [16]Byddwch
yn ffrindiau da i'ch gilydd. Peidiwch meddwl eich bod yn rhy bwysig i fod yn ffrindiau gyda'r
bobl hynny sy'n 'neb'. Peidiwch rhoi'r argraff eich bod yn gwybod y cwbl.
[17]Peidiwch byth talu'r pwyth yn ôl. Gadewch i bobl weld eich bod yn gwneud y peth
anrhydeddus bob amser. [18]Gwnewch bopeth allwch chi i fyw mewn heddwch gyda phawb.
[19]Peidiwch mynnu dial ar bobl, ffrindiau; gadewch i Dduw ddelio gyda'r peth. Fel mae'r
ysgrifau sanctaidd yn dweud: " *'Fi sy'n dial; gwna i dalu yn ôl' meddai'r Arglwydd.*" [20]Dyma
ddylet ti ei wneud:

"Os ydy dy elyn yn llwgu, rho fwyd iddo;
os ydy e'n sychedig, rho rywbeth i'w yfed iddo;
wrth wneud hynny byddi'n tywallt
marwor tanllyd ar ei ben."

[21]Paid gadael i ddrygioni dy ddal yn ei grafangau – trecha di ddrygioni drwy wneud daioni.

Ymostwng i'r Awdurdodau sifil

13 Dylai pawb fod yn atebol i awdurdod y llywodraeth. Duw sy'n rhoi awdurdod
i lywodraethau, ac mae'r awdurdodau presennol wedi'u rhoi yn eu lle gan Dduw.
[2]Mae rhywun sy'n gwrthwynebu'r awdurdodau yn gwrthwynebu rhywbeth mae Duw
wedi'i ordeinio, a bydd pobl felly yn cael eu cosbi. [3]Does dim rhaid ofni'r awdurdodau os
ydych yn gwneud daioni. Y rhai sy'n gwneud pethau drwg ddylai ofni. Felly gwna beth sy'n
iawn a chei dy ganmol. [4]Wedi'r cwbl mae'r awdurdodau yn gwasanaethu Duw ac yn bodoli
er dy les di. Ond os wyt ti'n gwneud drygioni, mae'n iawn i ti ofni, am fod y cleddyf sydd
ganddo yn symbol fod ganddo hawl i dy gosbi di. Mae'n gwasanaethu Duw drwy gosbi'r rhai
sy'n gwneud drwg. [5]Felly dylid bod yn atebol i'r awdurdodau, dim yn unig i osgoi cosb, ond
hefyd i gadw'r gydwybod yn lân. [6]Dyna pam dych chi'n talu trethi hefyd – gweision Duw
ydyn nhw, ac mae ganddyn nhw waith i'w wneud. [7]Felly talwch beth sy'n ddyledus i bob
un – trethi a thollau. A dangoswch barch atyn nhw.

Cariad, am fod y diwedd yn agos

[8]Ond mae un ddyled allwch chi byth ei thalu'n llawn, sef y ddyled i garu'ch gilydd. Mae
cariad yn gwneud popeth mae Cyfraith Duw yn ei ofyn. [9]Mae'r gorchmynion i gyd – "*Paid
godinebu,*" "*Paid llofruddio,*" "*Paid dwyn,*" "*Paid chwennych,*" ac yn y blaen – yn cael eu crynhoi
yn yr un rheol yma: "*Rwyt i garu dy gymydog fel rwyt ti'n dy garu dy hun.*" [10]Dydy cariad ddim
yn gwneud niwed i neb, felly cariad ydy'r ffordd i wneud popeth mae Cyfraith Duw'n ei ofyn.
[11]Dylech chi fyw fel hyn am eich bod chi'n deall beth sy'n digwydd. Mae'n bryd i chi
ddeffro o'ch difaterwch! Mae diwedd y stori, pan fyddwn ni'n cael ein hachub yn derfynol,
yn agosach nag oedd pan wnaethon ni ddod i gredu gyntaf. [12]Mae'r nos bron mynd heibio,
a'r diwrnod newydd ar fin gwawrio. Felly gadewch i ni stopio ymddwyn fel petaen ni'n

---

12:14 Mathew 5:44; Luc 6:28 12:16 gw. Diarhebion 3:7 12:19 Deuteronomium 32:35
12:20 Diarhebion 25:21,22 (LXX) 13:9 a Exodus 20:14; Deuteronomium 5:18; b Exodus 20:13;
Deuteronomium 5:17; c Exodus 20:15; Deuteronomium 5:19; chExodus 20:17; Deuteronomium 5:21; d Lefiticus 19:18

perthyn i'r tywyllwch, a pharatoi'n hunain i frwydro dros y goleuni. 13 Gadewch i ni ymddwyn
yn weddus fel petai'n olau dydd. Dim partïon gwyllt a meddwi; dim ymddwyn yn anfoesol;
dim penrhyddid i'r chwantau; dim ffraeo a chenfigennu. 14 Gadewch i'r Arglwydd Iesu Grist
fod fel gwisg amdanoch chi, a pheidiwch rhoi sylw i'ch chwantau hunanol drwy'r adeg.

Y Gwan a'r Cryf

14 Derbyniwch y bobl hynny sy'n ansicr ynglŷn â rhai pethau. Peidiwch eu beirniadu
nhw a gwneud rheolau caeth am bethau sy'n fater o farn bersonol. 2 Er enghraifft,
mae un person yn teimlo'n rhydd i fwyta unrhyw beth, ond mae rhywun arall yn ansicr ac
yn dewis bwyta dim ond llysiau rhag ofn iddo fwyta rhywbeth na ddylai. 3 Rhaid i'r rhai sy'n
hapus i fwyta popeth beidio edrych i lawr ar y rhai sydd ddim yn gyfforddus i wneud hynny.
A rhaid i'r bobl sy'n dewis peidio bwyta rhai pethau beidio beirniadu y rhai sy'n teimlo'n
rhydd i fwyta – wedi'r cwbl mae Duw yn eu derbyn nhw! 4 Oes gen ti hawl i ddweud y drefn
wrth was rhywun arall? Meistr y gwas sy'n penderfynu os ydy beth mae'n ei wneud yn iawn
ai peidio. Gad i'r Arglwydd benderfynu os ydy'r rhai rwyt ti'n anghytuno gyda nhw yn
gwneud y peth iawn.

5 Dyma i chi enghraifft arall: Mae rhai pobl yn gweld un diwrnod yn wahanol i bob diwrnod
arall, hynny ydy, yn gysegredig. Ond mae pobl eraill yn ystyried pob diwrnod yr un fath. Dylai
pawb fod yn hollol siŵr o'i safbwynt. 6 Mae'r rhai sy'n meddwl fod rhywbeth arbennig am
un diwrnod, yn ceisio bod yn ffyddlon i'r Arglwydd. Mae'r rhai sy'n dewis bwyta cig eisiau
cydnabod mai'r Arglwydd sy'n ei roi, drwy ddiolch i'r Arglwydd amdano. Ond mae'r rhai sy'n
dewis peidio bwyta, hwythau hefyd, yn ceisio bod yn ffyddlon i'r Arglwydd, ac yn rhoi'r diolch
i Dduw. 7 Dŷn ni ddim yn byw i'r hunan nac yn marw i'r hunan. 8 Wrth fyw ac wrth farw, dŷn
ni eisiau bod yn ffyddlon i'r Arglwydd. Pobl Dduw ydyn ni tra byddwn ni byw a phan fyddwn
ni farw. 9 Dyna pam gwnaeth y Meseia farw a dod yn ôl yn fyw – i fod yn Arglwydd ar y rhai
sydd wedi marw a'r rhai sy'n dal yn fyw.

10 Felly pam wyt ti mor barod i feirniadu dy gyd-Gristnogion ac edrych i lawr arnyn nhw?
Cofia y bydd rhaid i bob un ohonon ni sefyll o flaen llys barn Duw. 11 Fel mae'r ysgrifau
sanctaidd yn dweud:

> "*'Mor sicr â'r ffaith fy mod i'n fyw,' meddai'r Arglwydd,*
> *'Bydd pob glin yn plygu i mi,*
> *a phob tafod yn rhoi clod i Dduw'*."

12 Bydd rhaid i bob un ohonon ni ateb drosto'i hun o flaen Duw.

13 Felly gadewch i ni stopio beirniadu'n gilydd o hyn ymlaen. Yn lle hynny, gadewch i ni
benderfynu peidio gwneud unrhyw beth fydd yn rhwystr i Gristion arall. 14 Dw i fy hun, wrth
ddilyn yr Arglwydd Iesu, yn credu'n gydwybodol fod yna ddim bwyd sy'n 'aflan' ynddo'i hun.
Ond os ydy rhywun yn meddwl fod rhyw fwyd yn 'aflan', mae wir yn aflan i'r person hwnnw.
15 Felly os wyt ti'n bwyta rhywbeth gan wybod ei fod yn broblem i Gristion arall, ti ddim yn
dangos rhyw lawer o gariad. Paid gadael i dy arferion bwyta di wneud niwed i rywun arall
wnaeth y Meseia farw drosto. 16 A phaid gadael i beth sy'n iawn yn dy olwg di wneud i bobl
sydd ddim yn Gristnogion amharchu'r Meseia. 17 Dim beth wyt ti'n ei fwyta na'i yfed sy'n
dangos fod Duw'n teyrnasu yn dy fywyd di. Perthynas iawn gyda Duw sy'n cyfri, a'r heddwch
dwfn a'r llawenydd mae'r Ysbryd Glân yn ei roi. 18 Mae'r un sy'n dilyn y Meseia fel yma yn
plesio Duw ac yn cael ei barchu gan bobl eraill.

19 Felly gadewch i ni wneud beth sy'n arwain at heddwch, ac sy'n cryfhau pobl eraill.
20 Peidiwch dinistrio gwaith da Duw er mwyn cael bwyta beth fynnwch chi. Mae pob bwyd
yn iawn i'w fwyta, ond ddylech chi ddim bwyta rhywbeth os ydy e'n creu problemau i rywun
arall. 21 Mae'n well dewis peidio bwyta cig am unwaith, a pheidio yfed gwin, a pheidio gwneud
unrhyw beth fyddai'n achosi i Gristion arall faglu. 22 Beth bynnag rwyt yn ei gredu am hyn

---

14:11 Eseia 45:23 (LXX)

i gyd, cadwa hynny rhyngot ti a Duw. Mae bendith fawr i'r un sydd ddim yn ei gondemnio
ei hun drwy fynnu gwneud beth mae e'n gredu sy'n iawn o hyd! 23Ond mae'r person sydd
ddim yn siŵr beth sy'n iawn yn ei gondemnio ei hun wrth fwyta – am beidio gwneud beth
mae'n gredu fyddai Duw am iddo'i wneud. Mae peidio gwneud beth dŷn ni'n gredu mae
Duw am i ni ei wneud yn bechod.

15 Dylen ni sy'n credu'n gryf ein bod ni'n gwybod beth sy'n iawn feddwl bob amser
am y rhai sy'n ansicr. Yn lle bwrw ymlaen i blesio'n hunain, 2gadewch i ni ystyried
pobl eraill, a cheisio eu helpu nhw a'u gwneud nhw'n gryf. 3Dim ei blesio ei hun wnaeth
y Meseia – fel mae'r ysgrifau sanctaidd yn dweud: *"Dw i hefyd wedi cael fy sarhau yn y ffordd
gest ti dy sarhau."* 4Cafodd pethau fel yma eu hysgrifennu yn y gorffennol i'n dysgu ni, er
mwyn i'r ysgrifau sanctaidd ein hannog ni i fod yn amyneddgar wrth edrych ymlaen i'r dyfodol.
5Dw i'n gweddïo y bydd Duw, sy'n rhoi'r amynedd a'r anogaeth yma, yn eich galluogi
chi i fyw mewn heddwch gyda'ch gilydd wrth i chi ddilyn y Meseia Iesu. 6Drwy wneud hynny
byddwch gyda'ch gilydd yn rhoi clod i Dduw, sef Tad ein Harglwydd Iesu Grist.
7Rhowch glod i Dduw drwy dderbyn eich gilydd, yn union fel gwnaeth y Meseia eich derbyn
chi. 8Daeth y Meseia at yr Iddewon fel gwas, i ddangos fod Duw wedi cadw'r addewidion
a wnaeth i Abraham, Isaac a Jacob.[ch] 9Felly mae pobl o bob cenedl yn clodfori Duw am ei
drugaredd. Fel mae'r ysgrifau sanctaidd yn dweud:

"Bydda i'n dy foli di ymhlith y cenhedloedd,
ac yn canu mawl i'th enw."

10Maen nhw'n dweud hefyd,

"Llawenhewch, Genhedloedd, gyda'i bobl,"

11a,

"Molwch yr Arglwydd, chi'r cenhedloedd i gyd;
Canwch fawl iddo, holl bobl y byd!"

12Yna mae'r proffwyd Eseia'n dweud hyn:

"Bydd y blaguryn o deulu Jesse yn tyfu,
sef yr un sy'n codi i deyrnasu ar y cenhedloedd.
Bydd yr holl genhedloedd yn gobeithio ynddo."

13Felly dw i'n gweddïo y bydd Duw, ffynhonnell gobaith, yn llenwi'ch bywydau gyda'r
llawenydd a'r heddwch dwfn sy'n dod o gredu ynddo; ac y bydd yr Ysbryd Glân yn gwneud
i obaith orlifo yn eich bywydau chi!

Gwaith Paul fel Cenhadwr

14Does dim amheuaeth gen i, frodyr a chwiorydd, eich bod chi'n gwybod beth sy'n dda ac
yn iawn, a'ch bod chi'n gallu dysgu eich gilydd. 15Ond dw i wedi dweud rhai pethau yn blwmp
ac yn blaen yn y llythyr yma, er mwyn eich atgoffa chi. Dyna'r gwaith mae Duw wedi'i roi
i mi – 16gwasanaethu y Meseia Iesu ymhlith pobl sydd ddim yn Iddewon. Dw i'n cyflwyno
newyddion da Duw i chi, er mwyn i'r Ysbryd Glân eich glanhau chi a'ch gwneud chi sydd
o genhedloedd eraill yn offrwm derbyniol i Dduw.
17Dw i'n falch o beth mae'r Meseia Iesu wedi'i wneud trwof fi wrth i mi wasanaethu Duw.
18Wna i ddim meiddio sôn am ddim arall! Mae'r Meseia wedi gwneud i bobl o'r cenhedloedd
ufuddhau i Dduw. Mae wedi defnyddio beth dw i'n ei ddweud a'i wneud, 19ac wedi cyflawni
gwyrthiau rhyfeddol drwy nerth yr Ysbryd Glân. Dw i wedi cyhoeddi'r newyddion da am
y Meseia yr holl ffordd o Jerwsalem i dalaith Ilyricwm. 20Beth dw i wedi ceisio'i wneud ydy
cyhoeddi'r newyddion da lle doedd neb wedi sôn am y Meseia o'r blaen. Does gen i ddim
eisiau adeiladu ar sylfaen mae rhywun arall wedi'i gosod. 21Fel mae'r ysgrifau sanctaidd yn
dweud eto:

---

ch 15:8 *Abraham, Isaac a Jacob:* Groeg, "y cyndeidiau".
15:3 Salm 69:9 15:9 Salm 18:49; 2 Samuel 22:50 15:10 Deuteronomium 32:43 15:11 Salm 117:1
15:12 Eseia 11:10 (LXX)

"Bydd pobl na ddwedodd neb wrthyn nhw amdano yn gweld,
a rhai oedd heb glywed amdano yn deall."

Bwriad Paul i ymweld â Rhufain

[22]Dyna sydd wedi fy rhwystro i rhag dod atoch chi dro ar ôl tro. [23]Ond bellach does unman
ar ôl i mi weithio yn yr ardaloedd yma, a dw i wedi bod yn dyheu am gyfle i ymweld â chi ers
blynyddoedd. [24]Dw i am fynd i Sbaen, ac yn gobeithio galw heibio chi yn Rhufain ar y ffordd.
Ar ôl i mi gael y pleser o'ch cwmni chi am ychydig, cewch chi fy helpu i fynd ymlaen yno.
[25]Ar hyn o bryd dw i ar fy ffordd i Jerwsalem, gyda rhodd i helpu'r Cristnogion yno. [26]Mae'r
Cristnogion yn Macedonia ac Achaia wedi casglu arian i'w rannu gyda'r Cristnogion tlawd
yn Jerwsalem. [27]Roedden nhw'n falch o gael cyfle i rannu fel hyn, am eu bod yn teimlo fod
ganddyn nhw ddyled i'w thalu. Mae pobl y cenhedloedd wedi cael rhannu bendithion ysbrydol
yr Iddewon, felly mae'n ddigon teg i'r Iddewon gael help materol. [28]Pan fydda i wedi gorffen
hyn, a gwneud yn siŵr eu bod wedi derbyn yr arian, dw i'n mynd i alw heibio i'ch gweld chi ar
fy ffordd i Sbaen. [29]Dw i'n gwybod y bydda i'n dod i rannu bendith fawr gan y Meseia gyda chi.
[30]Frodyr a chwiorydd, sy'n perthyn i'r Arglwydd Iesu Grist ac yn rhannu'r cariad mae'r
Ysbryd yn ei roi, dw i'n apelio arnoch chi i ymuno gyda mi yn y frwydr drwy weddïo drosto
i. [31]Gweddïwch y bydd Duw yn fy amddiffyn i rhag y rhai yn Jwdea sy'n gwrthod ufuddhau
i Dduw. Gweddïwch hefyd y bydd y Cristnogion yn Jerwsalem yn derbyn y rhodd sydd gen
i iddyn nhw. [32]Wedyn, os Duw a'i myn, galla i ddod atoch chi yn llawen a chael seibiant gyda
chi. [33]Dw i'n gweddïo y bydd Duw, sy'n rhoi ei heddwch perffaith i ni, gyda chi i gyd. Amen.

Cyfarchion Personol

16 Dim ond pethau da sydd gen i i'w dweud am Phebe, ein chwaer sy'n gwasanaethu
yn eglwys Cenchrea. [2]Rhowch groeso brwd iddi – y math o groeso mae unrhyw un
sy'n credu yn yr Arglwydd yn ei haeddu. Rhowch iddi pa help bynnag sydd arni ei angen. Mae
hi wedi bod yn gefn i lawer iawn o bobl, gan gynnwys fi.

[3]Cofiwch fi at Priscila ac Acwila, sy'n gweithio gyda mi dros y Meseia Iesu. [4]Dau wnaeth
fentro'u bywydau er fy mwyn i. A dim fi ydy'r unig un sy'n ddiolchgar iddyn nhw, ond holl
eglwysi'r cenhedloedd hefyd!

[5]Cofion hefyd at yr eglwys sy'n cyfarfod yn eu tŷ nhw.

Cofiwch fi at fy ffrind annwyl Epainetws – y person cyntaf yn Asia i ddod yn Gristion.

[6]Cofiwch fi at Mair, sydd wedi bod yn gweithio'n galed ar eich rhan. [7]Hefyd at Andronicus
a Jwnia,[d] cyd-Iddewon fuodd yn y carchar gyda mi. Maen nhw'n adnabyddus fel cynrychiolwyr
i'r Arglwydd – roedden nhw'n credu yn y Meseia o'm blaen i.

[8]Cofion at Ampliatus, sy'n ffrind annwyl i mi yn yr Arglwydd.

[9]Cofion hefyd at Wrbanus, sy'n gweithio gyda ni dros y Meseia, ac at fy ffrind annwyl Stachus.

[10]Cofiwch fi at Apeles, sydd wedi profi ei hun yn ffyddlon i'r Meseia.

Cofion at bawb sy'n gwasanaethu yn nhŷ Aristobwlus.

[11]Cofiwch fi at Herodion sydd yntau'n Iddew, ac at y Cristnogion hynny sy'n gwasanaethu
yn nhŷ Narcisws.

[12]Cofiwch fi at Tryffena a Tryffosa, dwy wraig sy'n gweithio'n galed dros yr Arglwydd.

A chofiwch fi hefyd at Persis annwyl – gwraig arall sydd wedi bod yn gweithio'n arbennig
o galed dros yr Arglwydd.

[13]Cofion at Rwffus, gwas arbennig i'r Arglwydd, ac at ei fam sydd wedi bod fel mam
i minnau hefyd.

[14]A chofiwch fi at Asyncritus, Phlegon, Hermes, Patrobas, Hermes a'r brodyr a'r chwiorydd
eraill gyda nhw.

---

d 16:7 *Jwnia:* Mae rhai llawysgrifau yn dweud *Jwlia.*
15:21 Eseia 52:15 (LXX) 16:3 Actau 18:2

15 Cofion at Philologws a Jwlia, Nerews a'i chwaer, ac Olympas a phob un o'r credinwyr
eraill sydd gyda nhw.
16 Cyfarchwch eich cyd-Gristnogion yn llawn cariad. Mae eglwysi'r Meseia i gyd yn anfon
eu cyfarchion atoch chi.
17 Dw i'n apelio atoch chi frodyr a chwiorydd, i wylio'r bobl hynny sy'n creu rhaniadau ac
yn ceisio'ch cael i wneud yn groes i beth wnaethoch chi ei ddysgu. Cadwch draw oddi wrthyn
nhw. 18 Gwasanaethu eu boliau eu hunain mae pobl felly, dim gwasanaethu'r Meseia, ein
Harglwydd ni. Maen nhw'n twyllo pobl ddiniwed gyda'u seboni a'u gweniaith. 19 Ond mae
pawb yn gwybod eich bod chi'n ufudd i'r Arglwydd, a dw i'n hapus iawn am hyn. Dw i am
i chi fod yn ddoeth wrth wneud daioni ac yn ddieuog o wneud unrhyw ddrwg. 20 A bydd Duw,
sy'n rhoi'r heddwch dwfn, yn eich galluogi i ddryllio Satan dan eich traed yn fuan.
Dw i'n gweddïo y byddwch chi'n profi haelioni rhyfeddol ein Harglwydd Iesu.
21 Mae Timotheus, sy'n gweithio gyda mi yn anfon ei gyfarchion atoch chi; hefyd Lwcius,
Jason a Sosipater, fy nghyd-Iddewon.
22 (A finnau, Tertiws, sydd wedi rhoi'r llythyr yma ar bapur. Dw i'n eich cyfarch chi yn yr
Arglwydd hefyd.) 23 Mae Gaius yn anfon ei gyfarchion (yn ei gartref e dw i'n aros), ac mae'r
eglwys sy'n cyfarfod yma yn anfon eu cyfarchion hefyd.
Cyfarchion hefyd oddi wrth Erastus, trysorydd cyngor y ddinas, a hefyd oddi wrth y brawd
Cwartus.[dd]
25 Clod i Dduw, sy'n gallu'ch gwneud chi'n gryf drwy'r newyddion da sydd gen i – sef
y neges sy'n cael ei chyhoeddi am Iesu y Meseia. Mae'r cynllun dirgel yma wedi bod yn
guddiedig ar hyd yr oesoedd, 26 ond bellach mae wedi'i ddwyn i'r golwg. Fel mae'r ysgrifau
proffwydol yn dweud, y rhai gafodd eu hysgrifennu drwy orchymyn y Duw tragwyddol – mae
pobl o bob cenedl yn cael eu galw i gredu ynddo a byw'n ufudd iddo. 27 O achos beth wnaeth
Iesu y Meseia, mae e, yr unig Dduw doeth, yn haeddu ei foli am byth! Amen![e]

---

dd 16:23 *Cwartus:* Mae rhai llawysgrifau yn ychwanegu adn. 24, *Dw i'n gweddïo y byddwch chi i gyd yn profi haelioni rhyfeddol yr Arglwydd Iesu Grist. Amen.* e 16:27 *Amen!:* Mae rhai llawysgrifau yn gosod adn. 25-27 ar ôl 14:23. Mae eraill yn eu gosod yma ac ar ôl 14:23, ac mae un llawysgrif yn eu gosod ar ôl 15:33.

1 Corinthiaid

1 Llythyr gan Paul, wedi fy newis gan Dduw a'm galw i fod yn gynrychiolydd personol i'r
Meseia Iesu. A gan y brawd Sosthenes hefyd.
2 At eglwys Dduw yn Corinth. Dych chi wedi'ch neilltuo gan Dduw i berthynas â'r Meseia
Iesu. Dych chi wedi'ch galw i fod yn bobl sanctaidd, fel pob Cristion arall – sef pawb ym
mhobman sy'n galw ar enw ein Harglwydd Iesu Grist. Fe sy'n Arglwydd arnyn nhw ac arnon ni.
3 Dw i'n gweddïo y byddwch chi'n profi'r haelioni rhyfeddol a'r heddwch dwfn mae Duw
ein Tad a'r Arglwydd Iesu Grist yn ei roi i ni.

Diolchgarwch

4 Dw i bob amser yn diolch i Dduw amdanoch chi. Mae wedi bod mor hael, ac wedi rhoi
cymaint o ddoniau i chi sydd wedi dod i berthyn i'r Meseia Iesu.
5 Mae wedi'ch gwneud chi'n
gyfoethog yn eich gallu i siarad am bethau ysbrydol, a'ch gwybodaeth ysbrydol.
6 Mae'r
neges am y Meseia wedi gwreiddio'n ddwfn yn eich bywydau chi.
7 Mae gynnoch chi bob
dawn ysbrydol sydd ei angen arnoch tra dych chi'n disgwyl i'r Arglwydd Iesu Grist ddod yn ôl.
8 Bydd e'n eich cadw chi'n ffyddlon i'r diwedd un. Mae e am i chi fod yn ddi-fai ar y diwrnod
mawr pan fydd ein Harglwydd Iesu Grist yn dod yn ôl.
9 Gallwch chi drystio Duw yn llwyr.
Mae'n gwneud beth mae'n ei ddweud. Fe sydd wedi'ch galw chi i rannu bywyd gyda'i Fab,
y Meseia Iesu ein Harglwydd ni.

Rhaniadau yn yr Eglwys

10 Frodyr a chwiorydd, dw i'n apelio atoch chi ar ran ein Harglwydd Iesu Grist – stopiwch
ffraeo. Dw i eisiau i chi ddangos undod go iawn, yn lle bod wedi'ch rhannu'n 'ni' a 'nhw'.
11 Dw i'n gwybod y cwbl amdanoch chi – mae rhai o bobl Chloe wedi dweud wrtho i am yr
holl gecru yn eich plith chi.
12 Mae un ohonoch chi'n dweud, "Paul dw i'n ei ddilyn"; rhywun
arall yn dweud, "Apolos dw i'n ei ddilyn," neu, "Dw i'n dilyn Pedr";[a] ac wedyn un arall yn
dweud, "Y Meseia dw i'n ei ddilyn"!
13 Ydy hi'n bosib rhannu'r Meseia yn ddarnau? Ai fi, Paul, gafodd ei groeshoelio drosoch
chi? Wrth gwrs ddim! Gawsoch chi'ch bedyddio i berthyn i enw Paul? Na!
14 Diolch byth, wnes
i fedyddio neb ond Crispus a Gaius.
15 Felly all neb ohonoch chi ddweud eich bod wedi cael
eich bedyddio i'm henw i!
16 (O ie, fi fedyddiodd y rhai o dŷ Steffanas hefyd; ond dw i'n reit
siŵr mod i ddim wedi bedyddio neb arall.)
17 Cyhoeddi'r newyddion da ydy'r gwaith roddodd
y Meseia i mi, dim bedyddio pobl. A dw i ddim yn trio bod yn glyfar wrth wneud hynny chwaith,
rhag ofn i rym y neges am groes y Meseia fynd ar goll.

Y Meseia – doethineb a grym Duw

18 Mae'r neges am y groes yn nonsens llwyr i'r bobl hynny sydd ar y ffordd i ddistryw. Ond
i ni sy'n cael ein hachub, dyma'n union lle mae grym Duw i'w weld.
19 Fel mae'r ysgrifau
sanctaidd yn dweud:

"Bydda i'n dinistrio doethineb dynol;
ac yn diystyru eu clyfrwch."

20 Ble mae'r bobl glyfar? Ble mae athrawon y Gyfraith? Ble mae'r dadleuwyr i gyd? Mae Duw
wedi gwneud i ddoethineb dynol edrych yn dwp!
21 Mae Duw mor ddoeth! Wnaeth e ddim
gadael i bobl ddefnyddio'u clyfrwch eu hunain i ddod i'w nabod e. Beth wnaeth e oedd

---

a 1:12 *Pedr:* Groeg, "Ceffas", enw Aramaeg sy'n golygu 'craig' – yr un fath â'r enw Pedr.
1:2 gw. Actau 18:1-17 1:19 Eseia 29:14 (LXX)

defnyddio 'twpdra'r' neges dŷn ni'n ei chyhoeddi i achub y rhai sy'n credu. [22]Mae'r Iddewon
yn mynnu gweld gwyrthiau syfrdanol i brofi fod y neges yn wir, a'r cwbl mae'r Groegiaid eisiau
ydy rhywbeth sy'n swnio'n glyfar. [23]Felly pan dŷn ni'n sôn am y Meseia yn cael ei groeshoelio,
mae'r fath syniad yn sarhad i'r Iddewon, ac yn nonsens llwyr i bobl o genhedloedd eraill. [24]Ond
i'r rhai mae Duw wedi'u galw i gael eu hachub (yn Iddewon a phobl o genhedloedd eraill) –
iddyn nhw, y Meseia sy'n dangos mor bwerus ac mor ddoeth ydy Duw. [25]Mae 'twpdra' Duw
yn fwy doeth na chlyfrwch pobl, a 'gwendid' Duw yn fwy pwerus na chryfder pobl.

[26]Ffrindiau annwyl, cofiwch sut oedd hi arnoch chi pan ddaethoch chi i gredu! Doedd dim
llawer ohonoch chi'n bobl arbennig o glyfar, na dylanwadol, na phwysig. [27]Pobl gyffredin
oeddech chi. Ond chi wnaeth Duw eu dewis – y rhai 'twp', i godi cywilydd ar y rhai hynny
sy'n meddwl eu bod nhw'n glyfar! Dewisodd Duw bobl gyffredin yng ngolwg y byd i godi
cywilydd ar y pwysigion hynny sy'n dal grym. [28]Dewisodd y bobl sy'n 'neb', y bobl hynny
mae'r byd yn edrych i lawr arnyn nhw, i roi taw ar y rhai sy'n meddwl eu bod nhw'n 'rhywun'.
[29]Does gan neb le i frolio o flaen Duw! [30]Fe sydd wedi'i gwneud hi'n bosib i chi berthyn i'r
Meseia Iesu. Ac mae doethineb Duw i'w weld yn berffaith yn Iesu. Fe sy'n ein gwneud ni'n
iawn gyda Duw. Mae'n ein gwneud ni'n lân ac yn bur, ac mae wedi talu'r pris i'n rhyddhau
ni o afael pechod. [31]Fel mae'r ysgrifau sanctaidd yn dweud: "*Os ydy rhywun am frolio, dylai
frolio am beth mae'r Arglwydd wedi'i wneud.*"

Y neges am y groes

2 Frodyr a chwiorydd annwyl, nid dawn dweud slic a rhyw areithiau clyfar gawsoch chi
gen i pan oeddwn i'n cyhoeddi beth oedd cynllun Duw i chi. [2]Rôn i'n benderfynol mai
dim ond un peth oedd i gael sylw – marwolaeth Iesu y Meseia ar y groes. [3]Pan oeddwn i gyda
chi roeddwn i'n teimlo'n wan iawn, yn ofnus ac yn nerfus. [4]Dim llwyddo i'ch perswadio chi
gyda geiriau clyfar wnes i. Roedd hi'n gwbl amlwg fod yr Ysbryd Glân ar waith! [5]Rôn i eisiau
i chi ymateb i rym Duw ei hun, dim i ryw syniadau oedd yn swnio'n ddoeth.

Doethineb yr Ysbryd

[6]Ac eto mae'r neges dŷn ni'n ei chyhoeddi yn neges ddoeth, ac mae'r bobl sy'n gwrando
arni yn dangos eu bod nhw'n bobl aeddfed. Ond dim ffordd ein hoes ni o edrych ar bethau
ydy hi. A dim ffordd y rhai sy'n llywodraethu chwaith – mae hi ar ben arnyn nhw beth bynnag!
[7]Na, dirgelwch gan Dduw ydy'r doethineb dŷn ni'n sôn amdano. Roedd wedi'i guddio yn
y gorffennol, er fod Duw wedi'i drefnu cyn i amser ddechrau. Roedd wedi'i gadw i ni gael
rhannu ei ysblander drwyddo. [8]Ond wnaeth y rhai sy'n llywodraethu ddim deall. Petaen
nhw wedi deall fydden nhw ddim wedi croeshoelio ein Harglwydd bendigedig ni. [9]Fel mae'r
ysgrifau sanctaidd yn dweud:

"Welodd yr un llygad,
chlywodd yr un glust;
wnaeth neb ddychmygu
beth mae Duw wedi'i baratoi
i'r rhai sy'n ei garu."

[10]Ond dŷn ni wedi deall, am fod Ysbryd Duw wedi'i esbonio i ni – ac mae'r Ysbryd yn
gwybod cyfrinachau Duw i gyd! [11]Pwy sy'n gwybod beth sydd ar feddwl rhywun arall? Does
neb, dim ond y person ei hun. Felly Ysbryd Duw ydy'r unig un sy'n gwybod beth sydd ar
feddwl Duw. [12]A dŷn ni ddim yn edrych ar bethau o safbwynt y byd – mae Duw wedi rhoi ei
Ysbryd i ni er mwyn i ni allu deall yr holl bethau gwych sydd ganddo ar ein cyfer ni. [13]A dyma'r
union neges dŷn ni'n ei rhannu – dim rhannu ein syniadau doeth ein hunain ond beth mae'r
Ysbryd yn ei ddweud. Dŷn ni'n rhannu gwirioneddau ysbrydol gyda phobl sydd wedi derbyn yr
Ysbryd. [14]Os ydy'r Ysbryd ddim gan bobl, dŷn nhw ddim yn derbyn beth mae Ysbryd Duw yn

1:31 Jeremeia 9:24   2:3 gw. Actau 18:9   2:9 Eseia 64:4

ei ddweud – maen nhw'n gweld y cwbl fel nonsens pur. Dydyn nhw ddim yn gallu deall am
fod angen dirnadaeth ysbrydol i ddeall. 15Os ydy'r Ysbryd gynnon ni, mae'r cwbl yn gwneud
sens! Ond dydy pobl eraill ddim yn ein deall ni:

16*"Pwy sy'n gallu honni ei fod yn deall meddwl yr Arglwydd?*
Pwy sy'n gallu rhoi cyngor iddo?"

Ond mae'r gallu gynnon ni i weld pethau o safbwynt y Meseia.

Ynglŷn â rhaniadau yn yr eglwys

3 Pan oeddwn i acw, frodyr a chwiorydd, roedd hi'n amhosib siarad â chi fel Cristnogion
aeddfed.[b] Roedd rhaid i mi siarad â chi fel petaech chi heb dderbyn yr Ysbryd! – yn fabis
bach yn eich dealltwriaeth o'r bywyd Cristnogol. 2Roedd rhaid i mi eich bwydo chi â llaeth,
am eich bod chi ddim yn barod i gymryd bwyd solet! Ac mae'n amlwg eich bod chi'n dal
ddim yn barod! 3Dych chi'n dal i ymddwyn fel pobl sydd heb dderbyn yr Ysbryd. Mae'r holl
genfigennu a'r ffraeo sy'n mynd ymlaen yn warthus. Dych chi'n ymddwyn fel petaech chi
ddim yn Gristnogion o gwbl. 4Pan mae un yn dweud, "Dw i'n dilyn Paul," ac un arall, "Dw
i'n dilyn Apolos," dych chi'n ymddwyn yn union fel pawb arall!

5Pwy ydy Apolos? Pwy ydy Paul? Dim ond gweision! Trwon ni y daethoch chi i gredu, ond
dim ond gwneud ein gwaith oedden ni – gwneud beth oedd Duw wedi'i ddweud wrthon
ni. 6Fi blannodd yr had, wedyn daeth Apolos i'w ddyfrio. Ond Duw wnaeth iddo dyfu, dim
ni! 7Dydy'r plannwr a'r dyfriwr ddim yn bwysig. Dim ond Duw, sy'n rhoi'r tyfiant. 8Mae'r
plannwr a'r dyfriwr eisiau'r un peth. A bydd y ddau'n cael eu talu am eu gwaith eu hunain.
9Dŷn ni'n gweithio fel tîm i Dduw, a chi ydy'r maes mae Duw wedi'i roi i ni weithio ynddo.
Neu, os mynnwch chi, dych chi fel adeilad – 10fi gafodd y fraint a'r cyfrifoldeb o osod y sylfaen
(fel adeiladwr profiadol), ac mae rhywun arall yn codi'r adeilad ar y sylfaen. Ond rhaid bod
yn ofalus wrth adeiladu, 11am mai dim ond un sylfaen sy'n gwneud y tro i adeiladu arni, sef
Iesu y Meseia. 12Mae'n bosib adeiladu ar y sylfaen gydag aur, arian, a gemau gwerthfawr,
neu gyda choed, gwair a gwellt 13– bydd safon gwaith pawb yn amlwg ar Ddydd y farn. Tân
fydd yn profi ansawdd y gwaith sydd wedi'i wneud. 14Os bydd yr adeilad yn dal i sefyll, bydd
yr adeiladwr yn cael ei wobrwyo. 15Ond os bydd gwaith rhywun yn cael ei ddinistrio, bydd
y person hwnnw'n profi colled fawr. Bydd pobl felly yn cael eu hachub – ond dim ond o drwch
blewyn y byddan nhw'n llwyddo i ddianc o'r fflamau!

16Ydych chi ddim yn sylweddoli mai chi gyda'ch gilydd ydy teml Dduw, a bod Ysbryd Duw
yn aros yn y deml yna? 17Bydd Duw yn dinistrio unrhyw un sy'n dinistrio'i deml e. Mae teml
Dduw yn gysegredig. A chi ydy'r deml honno!

18Mae'n bryd i chi stopio twyllo'ch hunain! Os ydych chi wir yn meddwl eich bod chi'n
ddoeth, rhaid i chi fod yn 'dwp' yng ngolwg y byd i fod yn ddoeth go iawn! 19Mae clyfrwch
y byd yn dwp yng ngolwg Duw. Yr ysgrifau sanctaidd sy'n dweud: "*Mae Duw'n gwneud
i glyfrwch pobl eu baglu nhw*" 20a hefyd, "*Mae'r Arglwydd yn gwybod fod rhesymu clyfar pobl
yn wastraff amser.*" 21Felly, peidiwch brolio am ddynion! Mae'r cwbl yn eiddo i chi – 22Paul,
Apolos, Pedr,[c] y byd, bywyd, marwolaeth, y presennol, y dyfodol – chi biau nhw i gyd! 23A dych
chi'n eiddo i'r Meseia, a'r Meseia i Dduw.

Paul a'r Corinthiaid

4 Dylech chi'n hystyried ni fel gweision i'r Meseia – gweision sydd â'r cyfrifoldeb ganddyn
nhw o esbonio pethau dirgel Duw. 2Wrth gwrs, mae disgwyl i rywun sydd wedi derbyn
cyfrifoldeb brofi ei fod yn ffyddlon. 3Felly dim beth dych chi na neb arall yn ei feddwl sy'n
bwysig gen i; yn wir, dim beth dw i fy hun yn ei feddwl sy'n bwysig hyd yn oed! 4Mae
nghydwybod i'n glir, ond dydy hynny ddim yn profi mod i'n iawn. Beth mae Duw ei hun

---

b 3:1 *Cristnogion aeddfed* Groeg, "pobl yr Ysbryd". c 3:22 *Pedr:* gw. nodyn ar 1:12.
2:16 Eseia 40:13 (LXX) 3:6 Actau 18:24-28 3:19 Job 5:13 3:20 Salm 94:11 (LXX)

yn ei feddwl ohono i sy'n cyfri. 5 Felly peidiwch cyhoeddi'ch dedfryd ar bethau yn rhy fuan;
arhoswch nes i'r Arglwydd ddod yn ôl. Bydd y gwir i gyd yn dod i'r golau bryd hynny. Bydd
cymhellion pawb yn dod i'r amlwg, a bydd pawb yn derbyn beth mae'n ei haeddu gan Dduw.

6 Ffrindiau annwyl, dw i wedi defnyddio fi fy hun ac Apolos fel esiampl, er mwyn i chi
ddysgu beth ydy ystyr "peidio mynd y tu hwnt i beth mae'r ysgrifau sanctaidd yn ei dweud."
Byddwch chi'n stopio honni fod un yn well na'r llall wedyn. 7 Beth sy'n eich gwneud chi'n
well na phobl eraill? Beth sydd gynnoch chi ydych chi ddim yn y pen draw wedi'i dderbyn
gan Dduw? Ac os mai rhodd gan Dduw ydy'r cwbl, beth sydd i frolio amdano? – fel petaech
chi'ch hunain wedi cyflawni rhywbeth!

8 Edrychwch arnoch chi! Dych chi'n meddwl fod popeth gynnoch chi yn barod! Dych chi
mor gyfoethog! Dyma chi wedi cael eich teyrnas – a ninnau'n dal y tu allan! Byddai'n wych
gen i tasech chi yn teyrnasu go iawn, er mwyn i ninnau gael teyrnasu gyda chi. 9 Wyddoch chi,
mae'n edrych fel petai Duw wedi'u gwneud ni, ei gynrychiolwyr personol, fel y carcharorion
rhyfel sydd ar ddiwedd y prosesiwn – y rhai sydd wedi'n condemnio i farw yn yr arena. Dŷn
ni wedi cael ein gwneud yn sioe i ddifyrru'r byd – pobl ac angylion. 10 Ni yn edrych yn ffyliaid
dros achos y Meseia, a chi'n bobl mor ddoeth! Ni yn wan, a chi mor gryf! Chi yn cael eich
canmol a ninnau'n destun sbort! 11 Hyd heddiw dŷn ni'n brin o fwyd a diod, a heb ddigon
o ddillad i'n cadw'n gynnes. Dŷn ni wedi cael ein cam-drin a does gynnon ni ddim cartrefi.
12 Dŷn ni wedi gweithio'n galed i ennill ein bywoliaeth. Dŷn ni'n bendithio'r bobl sy'n ein
bygwth ni. Dŷn ni'n goddef pobl sy'n ein cam-drin ni. 13 Dŷn ni'n ymateb yn garedig pan
mae pobl yn ein henllibio ni. Hyd heddiw dŷn ni wedi cael ein trin gan bobl fel sbwriel, neu'n
ddim byd ond baw!

14 Dim ceisio creu embaras i chi ydw i wrth ddweud hyn i gyd, ond eich rhybuddio chi.
Dych chi fel plant annwyl i mi! 15 Hyd yn oed petai miloedd o bobl eraill yn eich dysgu chi fel
Cristnogion, fyddai'n dal gynnoch chi ond un tad ysbrydol! Fi gafodd y fraint o fod yn dad
i chi pan wnes i gyhoeddi'r newyddion da i chi. 16 Felly plîs, dilynwch fy esiampl i!

17 Dyna pam dw i'n anfon Timotheus atoch chi – mae e'n fab annwyl i mi yn yr Arglwydd,
a dw i'n gallu dibynnu'n llwyr arno. Bydd yn eich atgoffa chi sut dw i'n ymddwyn a beth dw i'n
ei ddysgu am y Meseia Iesu. Dyma dw i'n ei ddysgu yn yr eglwysi i gyd, ble bynnag dw i'n mynd.

18 Ond mae rhai pobl, mor siŵr ohonyn nhw eu hunain, yn meddwl na fydda i'n ymweld
â chi byth eto. 19 Ond dw i yn dod – a hynny'n fuan, os Duw a'i myn. Byddwn ni'n gweld
wedyn os mai dim ond ceg fawr sydd ganddyn nhw, neu oes ganddyn nhw'r gallu i wneud
rhywbeth! 20 Dim beth mae pobl yn ei ddweud, ond beth allan nhw ei wneud sy'n dangos
Duw'n teyrnasu. 21 Dewiswch beth sydd orau gynnoch chi – i mi ddod gyda gwialen i gosbi
a dweud y drefn, neu ddod yn llawn cariad ac yn addfwyn?

Diarddel brawd anfoesol!

5 Dw i wedi clywed am yr anfoesoldeb yn eich plith chi! Mae'n waeth na beth fyddai'r
paganiaid yn ei oddef! Mae un o ddynion yr eglwys yn cysgu gyda'i lysfam, gwraig
ei dad! 2 A dych chi'n dal yn falch ohonoch chi'ch hunain? Dylai'r fath beth godi cywilydd
arnoch chi! Dylech chi fod wedi'ch llethu gan alar! Pam dych chi ddim wedi disgyblu'r dyn,
a'i droi allan o gymdeithas yr eglwys? 3 Er fy mod i ddim gyda chi yn Corinth ar hyn o bryd,
dw i acw yn yr ysbryd. Yn union fel petawn i gyda chi dw i wedi cyhoeddi'r ddedfryd 4 gydag
awdurdod ein Harglwydd Iesu. Pan ddewch chi at eich gilydd (bydda i yno gyda chi yn yr
ysbryd), 5 taflwch y dyn allan o'r eglwys. Rhaid ei roi yn nwylo Satan, er mwyn i'w chwantau
drwg gael eu dinistrio ac iddo gael ei achub pan ddaw'r Arglwydd Iesu yn ôl.

6 Sut allwch chi ymfalchïo fel eglwys pan mae rhywbeth fel hyn yn digwydd? Ydych chi ddim
yn sylweddoli fod "mymryn bach o furum yn lledu drwy'r toes i gyd"? – mae'n effeithio ar
bawb! 7 Rhaid cael gwared ohono – ei daflu allan, a dechrau o'r newydd gyda thoes newydd

5:1 Deuteronomium 22:30

heb unrhyw furum ynddo. Ac felly dylech chi fod, am fod y Meseia wedi'i aberthu droson
ni, fel oen y Pasg. 8Gadewch i ni ddathlu'r Ŵyl, dim gyda'r bara sy'n llawn o furum malais
a drygioni, ond gyda bara croyw purdeb a gwirionedd.
9Dw i wedi dweud wrthoch chi yn y llythyr ysgrifennais i o'r blaen i beidio cael dim i'w
wneud gyda phobl sy'n anfoesol yn rhywiol. 10Dim sôn am bobl sydd ddim yn credu oeddwn
i – sef y bobl yn y gymdeithas seciwlar sy'n anfoesol neu'n hunanol, neu'n twyllo, neu'n
addoli eilun-dduwiau. Byddai'n rhaid i chi fynd allan o'r byd i osgoi pobl felly! 11Na, beth
roeddwn i'n ei olygu oedd na ddylech chi gael dim i'w wneud â rhywun sy'n galw'i hun yn
Gristion ac eto ar yr un pryd yn byw'n anfoesol, neu'n hunanol, yn addoli eilun-dduwiau, yn
sarhaus, yn meddwi neu'n twyllo. Peidiwch hyd yn oed ag eistedd i gael pryd o fwyd gyda
phobl felly! 12Dim fy lle i ydy barnu pobl y tu allan i'r eglwys. Ond dŷn ni yn gyfrifol am y bobl
sy'n perthyn i'r eglwys. 13Duw sydd yn barnu pobl o'r tu allan. Mae'r ysgrifau sanctaidd yn
dweud wrthon ni, "*Rhaid diarddel y dyn drwg o'ch plith.*"

Credinwyr yn mynd i Gyfraith

6 Pan mae gynnoch chi achos yn erbyn Cristion arall, sut allwch chi feiddio mynd i lys barn?
Rhannwch y peth gyda'ch cyd-Gristnogion, iddyn nhw ddelio gyda'r mater. 2Ydych chi
ddim yn sylweddoli fod "pobl Dduw yn mynd i farnu'r byd"? Felly os byddwch chi'n barnu'r
byd, ydych chi ddim yn gallu delio gyda rhyw fân achosion fel hyn? 3Rhaid i chi gofio y byddwn
ni'n barnu angylion bryd hynny! Felly does bosib nad ydyn ni'n gallu setlo problemau pob
dydd ar y ddaear yma! 4Ond na, mae rhyw achos yn codi a dych chi'n gofyn i bobl y tu allan
i'r eglwys ddelio gyda'r mater! 5Cywilydd arnoch chi! Oes neb yn eich plith chi sy'n ddigon
doeth i ddelio gyda'r math yma o beth? 6Ydy'n iawn i Gristion erlyn Cristion arall? – a hynny
o flaen pobl sydd ddim yn credu?
7Mae achosion llys fel yma rhwng Cristnogion â'i gilydd yn dangos methiant llwyr. Byddai'n
well petaech chi'n diodde'r cam, ac yn gadael i'r person arall eich twyllo chi! 8Ond na, mae'n
well gynnoch chi dwyllo a gwneud cam â phobl eraill – hyd yn oed eich cyd-Gristnogion!
9Ydych chi ddim yn sylweddoli bod pobl ddrwg ddim yn cael perthyn i deyrnasiad Duw?
Peidiwch twyllo'ch hunain: Fydd dim lle yn ei deyrnas i bobl sy'n anfoesol yn rhywiol, yn
addoli eilun-dduwiau, neu'n godinebu, i buteinwyr gwrywgydiol, gwrywgydwyr gweithredol,
10lladron, pobl hunanol, meddwon, nag i neb sy'n enllibio pobl eraill ac yn eu twyllo nhw.
11A dyna sut bobl oedd rhai ohonoch chi ar un adeg, ond dych chi wedi cael eich glanhau
a'ch gwneud yn bur. Mae gynnoch berthynas iawn gyda Duw o achos y cwbl mae'r Arglwydd
Iesu Grist a'r Ysbryd Glân wedi'i wneud drosoch chi.

Anfoesoldeb Rhywiol

12Ond, "Mae gen i ryddid i wneud beth dw i eisiau" meddech chi. A dw i'n ateb, "Dydy
popeth ddim yn dda i chi." Er mod i'n rhydd i wneud beth dw i eisiau, fydd dim byd yn
cael bod yn feistr arna i. 13"Mae'n naturiol," meddech chi wedyn, "fel bwyd i'r stumog a'r
stumog i fwyd." Falle wir, ond bydd Duw yn dinistrio'r ddau yn y diwedd. Chafodd y corff
mo'i greu i fod yn anfoesol yn rhywiol – cafodd ei wneud i wasanaethu'r Arglwydd. Ac mae'r
corff yn bwysig i'r Arglwydd! 14Cododd Duw gorff yr Arglwydd Iesu yn ôl yn fyw, a bydd yn
defnyddio'i nerth i godi ein cyrff ninnau yr un fath. 15Ydych chi ddim yn sylweddoli fod eich
cyrff chi yn rhannau o gorff y Meseia ei hun? Ydw i'n mynd i ddefnyddio fy nghorff (sy'n
perthyn i'r Meseia) i gael rhyw gyda phutain? Na, byth! 16Ydych chi ddim yn sylweddoli fod
dyn yn clymu ei hun gyda'r butain wrth gael rhyw gyda hi? "*Bydd y ddau yn dod yn un,*"
meddai'r ysgrifau sanctaidd. 17Ond mae'r sawl sy'n clymu ei hun i'r Arglwydd yn rhannu'r
un Ysbryd â'r Arglwydd.

5:7 gw. Exodus 12:5 5:8 gw. Exodus 13:7; Deuteronomium 16:3
5:13 Deuteronomium 17:7 (LXX); 19:19; 21:21; 24:7 6:16 Genesis 2:24

18 Gwnewch bopeth allwch chi i osgoi anfoesoldeb rhywiol. Does dim un pechod arall sy'n
effeithio ar y corff yr un fath. Mae'r person sy'n pechu'n rhywiol yn pechu yn erbyn ei gorff ei
hun. 19 Ydych chi ddim yn sylweddoli fod eich corff chi'n deml i'r Ysbryd Glân? Mae'r Ysbryd
yn byw ynoch chi – mae wedi'i roi'n rhodd i chi gan Dduw. Dim chi biau eich bywyd; 20 mae
pris wedi'i dalu amdanoch chi. Felly defnyddiwch eich cyrff i anrhydeddu Duw.

Priodas

7 Nawr, gadewch i ni droi at y cwestiynau oedd yn eich llythyr chi: "Mae'n beth da i ddyn
beidio cael rhyw o gwbl," meddech chi. 2 Na, na! Gan fod cymaint o anfoesoldeb rhywiol
o gwmpas, dylai pob dyn gael ei wraig ei hun, a phob gwraig ei gŵr ei hun. 3 Ac mae gan
ddyn gyfrifoldeb i gael perthynas rywiol gyda'i wraig, a'r un modd y wraig gyda'i gŵr. 4 Mae'r
wraig wedi rhoi'r hawl ar ei chorff i'w gŵr, a'r un modd, mae'r gŵr wedi rhoi'r hawl ar ei gorff
yntau i'w wraig. 5 Felly peidiwch gwrthod cael rhyw gyda'ch gilydd. Yr unig adeg i ymwrthod,
falle, ydy os dych chi wedi cytuno i wneud hynny am gyfnod byr er mwyn rhoi mwy o amser
i weddi. Ond dylech ddod yn ôl at eich gilydd yn fuan, rhag i Satan ddefnyddio'ch chwantau
i'ch temtio chi. 6 Ond awgrym ydy hynny, dim gorchymyn. 7 Byddwn i wrth fy modd petai pawb
yn gallu bod fel ydw i, ond dŷn ni i gyd yn wahanol. Mae Duw wedi rhoi perthynas briodasol
yn rhodd i rai, a'r gallu i fyw'n sengl yn rhodd i eraill.

8 Dw i am ddweud hyn wrth y rhai sy'n weddw neu'n ddibriod: Byddai'n beth da iddyn
nhw aros yn ddibriod, fel dw i wedi gwneud. 9 Ond os fedran nhw ddim rheoli eu teimladau,
dylen nhw briodi. Mae priodi yn well na chael ein difa gan ein nwydau.[ch]

10 I'r rhai sy'n briod dyma dw i'n ei orchymyn (yr Arglwydd ddwedodd hyn, dim fi): *Ddylai
gwraig ddim gadael ei gŵr.*[d] 11 Ond os ydy hi eisoes wedi'i adael mae dau ddewis ganddi.
Gall hi aros yn ddibriod neu fynd yn ôl at ei gŵr. A ddylai dyn ddim ysgaru ei wraig chwaith.

12 Ac wrth y gweddill ohonoch chi, dyma dw i'n ddweud (soniodd yr Arglwydd Iesu ddim
am y peth): Os oes gan Gristion wraig sydd ddim yn credu ond sy'n dal yn fodlon byw gydag
e, ddylai'r dyn hwnnw ddim gadael ei wraig. 13 Neu fel arall, os oes gan wraig ŵr sydd ddim
yn credu, ond sy'n dal yn fodlon byw gyda hi, ddylai hithau ddim ei adael e. 14 Mae bywyd
y gŵr sydd ddim yn credu yn cael ei lanhau drwy ei berthynas â'i wraig o Gristion, a bywyd
gwraig sydd ddim yn credu yn cael ei lanhau drwy ei pherthynas hi â'i gŵr sy'n Gristion. Petai
fel arall byddai eich plant chi'n 'aflan', ond fel hyn, maen nhw hefyd yn lân. 15 (Ond wedyn,
os ydy'r gŵr neu'r wraig sydd ddim yn credu yn mynnu gadael y berthynas, gadewch iddyn
nhw fynd. Dydy'r partner sy'n Gristion ddim yn gaeth mewn achos felly. Mae Duw am i ni
fyw mewn heddwch.) 16 Wraig, ti ddim yn gwybod, falle y byddi di'n gyfrwng i achub dy ŵr!
Neu ti'r gŵr, falle y byddi di'n gyfrwng i achub dy wraig!

Bod pwy mae Duw wedi'ch galw chi i fod

17 Dylai pob un ohonoch chi dderbyn y sefyllfa mae'r Arglwydd wedi'ch gosod chi ynddi pan
alwodd Duw chi i gredu. Mae hon yn rheol dw i'n ei rhoi i bob un o'r eglwysi. 18 Er enghraifft,
os oedd dyn wedi bod drwy'r ddefod o gael ei enwaedu cyn dod i gredu, ddylai e ddim
ceisio newid ei gyflwr. A fel arall hefyd; os oedd dyn ddim wedi cael ei enwaedu pan ddaeth
yn Gristion, ddylai e ddim mynd drwy'r ddefod nawr. 19 Sdim ots os dych chi wedi cael eich
enwaedu neu beidio! Beth sy'n bwysig ydy'ch bod chi'n gwneud beth mae Duw'n ei ddweud.
20 Felly dylech chi aros fel roeddech chi pan alwodd Duw chi i gredu. 21 Wyt ti'n gaethwas?
Paid poeni am y peth. Hyd yn oed os ydy'n bosib y byddi di'n rhydd rywbryd, gwna'r defnydd
gorau o'r sefyllfa wyt ti ynddi. 22 Er bod rhywun yn gaethwas pan ddaeth i gredu, mae'n berson
rhydd yng ngolwg yr Arglwydd! A'r un modd, os oedd rhywun yn ddinesydd rhydd pan ddaeth
i gredu, mae bellach yn gaethwas i'r Meseia! 23 Mae pris uchel wedi'i dalu amdanoch chi!

---

ch 7:9 *ein difa gan ein nwydau:* Groeg, "losgi". d 7:10 *Ddylai ... gŵr.* Cyfeiriad at eiriau Iesu y Meseia yn Marc 10:9-12.

Peidiwch gwneud eich hunain yn gaethweision pobl. 24Ffrindiau annwyl, Duw ydy'r un dych
chi'n atebol iddo. Felly arhoswch fel roeddech chi pan daethoch i gredu.
25I droi at fater y rhai sydd ddim eto wedi priodi: Does gen i ddim gorchymyn i'w roi gan yr
Arglwydd, ond dyma ydy fy marn i (fel un y gallwch ymddiried ynddo drwy drugaredd Duw!):
26Am ein bod ni'n wynebu creisis[dd] ar hyn o bryd, dw i'n meddwl mai peth da fyddai i chi
aros fel rydych chi. 27Os wyt ti wedi dyweddïo gyda merch, paid ceisio datod y cwlwm. Os
wyt ti'n rhydd, paid ag edrych am wraig. 28Ond fyddi di ddim yn pechu os byddi di'n priodi;
a dydy'r ferch ifanc ddim yn pechu wrth briodi chwaith. Ond mae'r argyfwng presennol yn
rhoi parau priod dan straen ofnadwy, a dw i eisiau'ch arbed chi rhag hynny.
29Dw i am ddweud hyn ffrindiau: mae'r amser yn brin. O hyn ymlaen dim bod yn briod neu
beidio ydy'r peth pwysica; 30dim y galar na'r llawenydd ddaw i'n rhan; dim prynu pethau,
wedi'r cwbl fyddwch chi ddim yn eu cadw nhw! 31Waeth heb ag ymgolli yn y cwbl sydd gan
y byd i'w gynnig, am fod y byd fel y mae yn dod i ben!
32Ceisio'ch arbed chi rhag poeni'n ddiangen ydw i. Mae dyn dibriod yn gallu canolbwyntio
ar waith yr Arglwydd, a sut i'w blesio. 33Ond rhaid i'r dyn priod feddwl am bethau eraill
bywyd – sut i blesio'i wraig – 34ac mae'n cael ei dynnu'r ddwy ffordd. Mae gwraig sydd
bellach yn ddibriod, neu ferch sydd erioed wedi priodi, yn gallu canolbwyntio ar waith yr
Arglwydd. Ei nod hi ydy cysegru ei hun yn llwyr (gorff ac ysbryd) i'w wasanaethu e. Ond
mae'n rhaid i wraig briod feddwl am bethau'r byd – sut i blesio'i gŵr. 35Dw i'n dweud hyn
er eich lles chi, dim i gyfyngu arnoch chi. Dw i am i ddim byd eich rhwystro chi rhag byw
bywyd o ymroddiad llwyr i'r Arglwydd.
36Os ydy rhywun yn teimlo ei fod yn methu rheoli ei nwydau gyda'r ferch mae
wedi'i dyweddïo, a'r straen yn ormod, dylai wneud beth mae'n meddwl sy'n iawn. Dydy
e ddim yn pechu drwy ei phriodi hi. 37Ond os ydy dyn wedi penderfynu peidio ei phriodi – ac
yn gwybod yn iawn beth mae'n ei wneud, a heb fod dan unrhyw bwysau – mae yntau'n
gwneud y peth iawn. 38Felly mae'r un sy'n priodi ei ddyweddi yn gwneud yn iawn, ond bydd
yr un sy'n dewis peidio priodi yn gwneud peth gwell.
39Mae gwraig ynghlwm i'w gŵr tra mae ei gŵr yn dal yn fyw. Ond os ydy'r gŵr yn marw, mae'r
wraig yn rhydd i briodi dyn arall, cyn belled â'i fod yn Gristion. 40Ond yn fy marn i byddai'n well
iddi aros fel y mae – a dw i'n credu fod Ysbryd Duw wedi rhoi arweiniad i mi yn hyn o beth.

Cig wedi'i aberthu i dduwiau paganaidd

8 I droi at eich cwestiwn am gig wedi'i aberthu i eilun-dduwiau paganaidd: "Mae pawb
yn gwybod y ffeithiau ac yn gallu dewis drostyn nhw eu hunain" meddech chi. Ond
mae dweud ein bod ni'n gwybod yn hybu balchder; mae cariad, ar y llaw arall, yn adeiladu.
2Os ydy rhywun yn meddwl eu bod yn gwybod y cwbl, dŷn nhw'n gwybod dim byd mewn
gwirionedd. 3Ond mae Duw yn gwybod pwy sy'n ei garu, ac mae'n gofalu amdanyn nhw.
4Felly, ydy hi'n iawn i ni fwyta cig sydd wedi'i aberthu i dduwiau paganaidd? Dŷn ni'n
cytuno – "Dydy eilun yn ddim byd mewn gwirionedd. Does dim ond un Duw go iawn." 5Hyd
yn oed os oes rhai sy'n cael eu galw'n 'dduwiau' yn y nefoedd ac ar y ddaear (ac oes, mae gan
bobl lawer o 'dduwiau' ac 'arglwyddi' eraill), 6dŷn ni'n gwybod mai dim ond un Duw go iawn
sydd, sef y Tad. Fe ydy'r un greodd bopeth ac iddo fe dŷn ni'n byw. A does gynnon ni ond un
Arglwydd, sef Iesu y Meseia, yr un y daeth popeth i fod drwyddo, a'r un sy'n rhoi bywyd i ni.
7Ond dydy pawb ddim mor siŵr. Mae eilun-dduwiau wedi bod yn gymaint rhan o fywydau
rhai pobl, pan maen nhw'n bwyta'r cig allan nhw ddim peidio meddwl am y ffaith ei fod
wedi'i aberthu i ryw dduw paganaidd. Mae eu cydwybod nhw'n cael ei niweidio am ei bod
hi'n gydwybod wan. 8"Dydy bwyd ddim yn effeithio ar ein perthynas ni â Duw" meddech
chi; digon gwir – dŷn ni ddim gwaeth o fwyta, na dim gwell chwaith. 9Ond dylech chi fod yn
ofalus nad ydych chi a'ch "hawl i ddewis" yn achosi i'r rhai sy'n ansicr faglu.

---

dd 7:26 *creisis* Cyfeiriad mae'n debyg at y newyn yn OC 41-45 (gw. Actau 11:28).

[10]Dyma allai ddigwydd: Mae rhywun sydd â chydwybod wan yn dy weld di yn bwyta mewn
teml eilunod. Rwyt ti'n gwybod y ffeithiau – does dim i boeni amdano. Ond onid oes peryg
wedyn i'r person welodd di deimlo'n hyderus, a bwyta cig sydd wedi'i aberthu i eilun-dduwiau?
[11]Felly bydd y crediniwr sy'n ansicr yn gweithredu'n groes i'w gydwybod ac yn cael ei ddinistrio
am dy fod di'n "gwybod yn well" – ie, brawd neu chwaer y buodd y Meseia farw trostyn nhw!
[12]Wrth wneud i Gristion arall weithredu'n groes i'w gydwybod fel hyn, rwyt ti'n pechu yn
erbyn y Meseia. [13]Felly, os ydy beth dw i'n ei fwyta yn achosi i Gristion arall faglu, wna i byth
fwyta cig eto – does gen i ddim eisiau achosi iddyn nhw syrthio.

Paul yn dewis peidio manteisio ar ei hawliau

9 Ydw i ddim yn rhydd? Wrth gwrs fy mod i! Ydw i ddim yn gynrychiolydd personol i'r
Meseia? Ydw, a dw i wedi gweld ein Harglwydd Iesu yn fyw! [2]Os ydw i ddim yn ei
gynrychioli yng ngolwg rhai, dw i siŵr o fod yn eich golwg chi! Chi ydy'r dystysgrif sy'n profi
fy mod i'n gynrychiolydd personol i'r Arglwydd.

[3]Dyma fy amddiffyniad i'r rhai sy'n feirniadol ohono i. [4]Mae gynnon ni hawl i fwyta ac
yfed siŵr o fod? [5]Oes gynnon ni ddim hawl i briodi a mynd â'n gwraig sy'n Gristion o gwmpas
gyda ni? – dyna mae ei gynrychiolwyr personol eraill, a brodyr yr Arglwydd a Pedr[e] yn ei wneud.
[6]Neu ai fi a Barnabas ydy'r unig rai sy'n gorfod gweithio am eu bywoliaeth?

[7]Ydy milwr yn y fyddin yn gorfod talu ei gostau ei hun? Ydy rhywun yn plannu gwinllan
a byth yn cael bwyta'r grawnwin? Neu'n gofalu am braidd a byth yn cael yfed y llaeth?
[8]A pheidiwch meddwl mai dim ond dadlau ar sail enghreifftiau o fywyd pob dydd wna
i. Ydy Cyfraith Duw ddim yn dweud yr un peth? [9]Ydy, mae wedi'i ysgrifennu yn y Gyfraith:
"*Peidiwch rhwystro'r ych sy'n sathru'r ŷd rhag bwyta.*" Ai dim ond poeni am ychen mae Duw?
[10]Oedd e ddim yn dweud hyn er ein mwyn ni hefyd? Wrth gwrs ei fod e – dyna pam gafodd
ei ysgrifennu. Pan mae rhywun yn aredig y tir neu'n dyrnu'r cynhaeaf, mae'n disgwyl cael
cyfran o'r cnwd! [11]Felly os wnaethon ni hau hadau ysbrydol yn eich plith chi, ydyn ni'n gofyn
gormod i ddisgwyl cael peth ffrwyth materol gynnoch chi? [12]Os ydy eraill yn cael eu cynnal
gynnoch chi, mae'n siŵr fod gynnon ni hawl i ddisgwyl hynny! Ond wnaethon ni erioed
fanteisio ar yr hawl. Roedden ni'n fodlon dioddef unrhyw beth er mwyn osgoi peri rhwystr
i'r newyddion da am y Meseia.

[13]Ydych chi ddim yn deall fod y rhai sy'n gweithio yn y deml yn cael eu bwyd yn y deml,
a'r rhai sy'n gwasanaethu wrth yr allor yn cael cyfran o beth sy'n cael ei offrymu ar yr allor?
[14]Yn union yr un fath, mae'r Arglwydd wedi gorchymyn fod y rhai sy'n cyhoeddi'r newyddion
da i gael ennill bywoliaeth drwy'r newyddion da.

[15]Ond dw i fy hun ddim wedi manteisio ar fy hawliau o gwbl. A dw i ddim yn ysgrifennu hyn
yn y gobaith o gael rhywbeth chwaith! Byddai'n well gen i farw na bod rhywun yn cymryd
sail fy ymffrost oddi arna i. [16]Dydy hyd yn oed y ffaith fy mod i'n cyhoeddi'r newyddion da
ddim yn rhoi sail i mi frolio – does gen i ddim dewis! Mae'n rhaid i mi gyhoeddi'r neges!
Allwn i ddim dioddef peidio cael cyhoeddi'r newyddion da! [17]Petawn i'n cyhoeddi'r neges
am fy mod i'n dewis gwneud hynny gallwn i dderbyn gwobr. Ond ddim felly mae hi – y cwbl
dw i'n ei wneud ydy cyflawni'r dasg sydd wedi cael ei rhoi i mi. [18]Felly beth ydy'r wobr i mi?
Hyn yn syml: Fy mod yn cyhoeddi'r newyddion da i bobl yn rhad ac am ddim, heb fanteisio
ar fy hawliau fel pregethwr.

[19]Ydw, dw i'n rhydd go iawn. Dw i ddim yn gorfod ufuddhau i unrhyw un am eu bod
nhw'n talu i mi. Ond ar y llaw arall, dw i'n gwneud fy hun yn gaethwas i bawb, er mwyn
ennill cymaint o bobl ag sydd modd. [20]Dw i'n siarad â'r Iddewon fel Iddew, er mwyn ennill
yr Iddewon. Gyda phawb sy'n dilyn Cyfraith Moses dw i'n siarad fel un sy'n dilyn y Gyfraith.
Dw i fy hun ddim yn rhwym i ofynion Cyfraith Moses, ond dw i am ennill y rhai sydd yn dilyn

e 9:5 *Pedr:* gw. nodyn ar 1:12.
9:9 Deuteronomium 25:4

y Gyfraith. 21 Gyda'r rhai sydd ddim yn dilyn Cyfraith Moses dw i'n siarad fel un sydd heb
y Gyfraith, er mwyn ennill y rhai sydd heb y Gyfraith. (Wrth gwrs, dw i ddim yn rhydd o Gyfraith
Dduw go iawn gan fy mod i'n ymostwng i gyfraith y Meseia.) 22 Dw i'n uniaethu gyda'r rhai
sy'n 'wan' er mwyn ennill y gwan. Dw i wedi gwneud fy hun yn bob peth i bawb er mwyn
gwneud popeth sy'n bosib i achub pobl. 23 Dw i'n gwneud hyn i gyd er mwyn y newyddion
da ei hun, ac i minnau gael rhannu o'i fendithion.

24 Mae'r rhai sy'n rhedeg ras mewn gemau athletaidd i gyd yn cystadlu, ond dim ond
un sy'n ennill y wobr. Dyna sut dylech chi redeg – fel rhai sy'n benderfynol o ennill.
25 I gystadlu yn y gemau mae'n rhaid i athletwyr hyfforddi'n galed. Maen nhw'n gwneud
hynny i ennill coron fydd ond yn para dros dro. Ond dŷn ni'n ymdrechu am goron fydd
yn para am byth! 26 Felly dw i ddim yn rhedeg fel rhywun sydd wedi colli golwg ar y nod;
a dw i ddim yn bocsio dim ond i ddyrnu'r awyr. 27 Na, dw i'n gwthio fy hun i'r eithaf ac yn
ennill rheolaeth lwyr – rhag i mi, ar ôl cyhoeddi'r neges i bobl eraill, gael fy ngwahardd
rhag ennill y wobr fy hun!

Rhybuddion o hanes Israel

10 Dw i am i chi gofio, frodyr a chwiorydd, fod ein hynafiaid ni i gyd wedi bod dan
y cwmwl, ac roedd pob un ohonyn nhw wedi mynd drwy'r môr. 2 Cafodd pob
un ohonyn nhw eu 'bedyddio' fel dilynwyr Moses yn y cwmwl a'r môr. 3 Cafodd pob un
ohonyn nhw fwyta yr un bwyd ysbrydol 4 ac yfed yr un dŵr ysbrydol. Roedden nhw'n yfed
o'r graig ysbrydol oedd yn teithio gyda nhw – a'r Meseia oedd y graig honno. 5 Ond er
gwaetha hyn i gyd, wnaeth y rhan fwya ohonyn nhw ddim plesio Duw – *"buon nhw farw
yn yr anialwch."*

6 Digwyddodd y pethau hyn i gyd fel esiamplau i'n rhybuddio ni rhag bod eisiau gwneud
drwg fel y gwnaethon nhw. 7 Maen nhw'n rhybudd i ni beidio addoli eilun-dduwiau fel
y gwnaeth rhai ohonyn nhw. Yr ysgrifau sanctaidd sy'n dweud: *"Eisteddodd y bobl i lawr
i wledda ac yfed, a chodi i ymgolli mewn rhialtwch paganaidd."* 8 Maen nhw'n rhybudd i ni
beidio bod yn anfoesol yn rhywiol fel rhai ohonyn nhw – gyda'r canlyniad fod dau ddeg
tri o filoedd ohonyn nhw wedi marw mewn un diwrnod! 9 Maen nhw'n rhybudd i ni beidio
rhoi'r Arglwydd ar brawf, fel y gwnaeth rhai ohonyn nhw – a chael eu lladd gan nadroedd.
10 Ac maen nhw'n rhybudd i ni beidio cwyno, fel rhai ohonyn nhw – ac angel dinistriol yn
dod ac yn eu lladd nhw.

11 Digwyddodd y cwbl, un ar ôl y llall, fel esiamplau i ni. Cawson nhw eu hysgrifennu i lawr
i'n rhybuddio ni sy'n byw ar ddiwedd yr oesoedd. 12 Felly, os dych chi'n un o'r rhai sy'n meddwl
eich bod yn sefyll yn gadarn, gwyliwch rhag i chi syrthio! 13 Dydy'r temtasiynau dych chi'n
eu hwynebu ddim gwahanol i neb arall. Ond mae Duw yn ffyddlon! Fydd e ddim yn gadael
i'r temtasiwn fod yn ormod i chi. Yn wir, pan gewch chi'ch temtio, bydd yn dangos ffordd
i chi ddianc a pheidio rhoi mewn.

Partïon eilunod a Swper yr Arglwydd

14 Felly, ffrindiau annwyl, ffowch oddi wrth addoli eilun-dduwiau. 15 Defnyddiwch eich
synnwyr cyffredin. Meddyliwch am beth dw i'n ddweud: 16 Onid ydy'r cwpan o win dŷn ni'n
diolch amdano yn y cymun yn arwydd ein bod ni gyda'n gilydd yn rhannu arwyddocâd
gwaed y Meseia? Ac onid ydy'r dorth o fara dŷn ni'n ei thorri yn arwydd ein bod ni gyda'n
gilydd yn rhannu yng nghorff y Meseia? 17 Un dorth sydd, felly dŷn ni sy'n grŵp o unigolion,
yn dod yn un corff wrth rannu o'r dorth. 18 Meddyliwch am bobl Israel: Onid ydy'r rhai sy'n
bwyta o'r aberthau yn cyfrannu o arwyddocâd yr aberth ar yr allor? 19 Felly beth dw i'n

10:1 a Exodus 13:21,22; b Exodus 14:22-29 10:3 Exodus 16:35 10:4 gw. Exodus 17:6; Numeri 20:11
10:5 Numeri 14:16 (LXX) 10:7 Exodus 32:6 10:8 gw. Numeri 25:1-18 10:9 gw. Numeri 21:5,6
10:10 gw. Numeri 16:41-49 10:16 Mathew 26:26-28; Marc 14:22-24; Luc 22:19,20

geisio'i ddweud? – fod bwyta beth sydd wedi'i offrymu i eilun-dduwiau yn golygu rhywbeth,
neu fod yr eilun ei hun yn rhywbeth? 20Na, dweud ydw i mai cael eu hoffrymu i gythreuliaid
mae'r aberthau yn y pen draw, nid i Dduw; a dw i ddim am i chi gael dim i'w wneud
â chythreuliaid. 21 Dydy hi ddim yn iawn i chi yfed o gwpan yr Arglwydd ac o gwpan pwerau
cythreulig ar yr un pryd. Allwch chi ddim bwyta wrth fwrdd yr Arglwydd ac wrth fwrdd
cythreuliaid. 22Ydyn ni wir eisiau *"gwneud yr Arglwydd yn eiddigeddus"* Ydych chi'n meddwl
eich bod chi'n gryfach nag e?

Rhyddid y crediniwr

23"Rhyddid i wneud beth dw i eisiau," meddech chi. A dw i'n ateb, "Dydy popeth ddim
yn dda i chi." Er bod rhyddid i mi wneud beth dw i eisiau, dydy popeth ddim yn adeiladol.
24Ddylen ni ddim ceisio'n lles ein hunain, ond lles pobl eraill.
25Dych chi'n gallu bwyta bopeth sy'n cael ei werthu yn y farchnad gig heb ofyn cwestiynau,
26am mai *"Duw sydd biau'r ddaear, a phopeth sydd ynddi."* 27Ac os ydy rhywun sydd ddim yn
Gristion yn gwahodd rhai ohonoch chi am bryd o fwyd, a chithau eisiau derbyn y gwahoddiad,
gallwch fwyta popeth sy'n cael ei roi o'ch blaen – does dim rhaid gofyn cwestiynau. 28Ond os ydy
rhywun yn dweud, "Mae hwn wedi cael ei offrymu yn aberth," dylech beidio ei fwyta. Gwnewch
hynny er mwyn y person a ddwedodd wrthoch chi, a lles y cydwybod – 29cydwybod y person
hwnnw dw i'n ei olygu, nid eich cydwybod chi. "Ond pam ddylai fy rhyddid i gael ei glymu gan
gydwybod rhywun arall?" meddech chi. 30"Os dw i'n diolch i Dduw am y bwyd o mlaen i, pam
dylwn i gael enw drwg am ei fwyta?" 31 Dyma pam: Wrth fwyta ac yfed, neu wneud unrhyw beth
arall wir, dylech chi anrhydeddu Duw. 32Ac mae hynny'n golygu osgoi gwneud niwed i bobl eraill
– yn Iddewon, yn bobl o genhedloedd eraill, neu'n bobl sy'n perthyn i eglwys Duw. 33Dyna dw
i'n ceisio'i wneud – dw i'n ystyried beth sy'n gwneud lles i bawb arall. Yn lle meddwl beth dw i fy
hun eisiau, dw i'n meddwl am bobl eraill. Dw i eisiau iddyn nhw gael eu hachub!

11 Felly dilynwch fy esiampl i, fel dw i'n dilyn esiampl y Meseia.

Addoliad Gweddus

2Mae'n rhaid i mi eich canmol chi am 'ddal i gofio amdana i, ac am ddal gafael yn
y traddodiadau wnes i eu pasio ymlaen i chi'!
3Ond rhaid i chi ddeall bod bywyd pob dyn yn tarddu o'r Meseia, a bod bywyd gwraig
yn tarddu o'r dyn, ac mai o Dduw mae bywyd y Meseia yn tarddu. 4Mae pob dyn sy'n
gweddïo neu'n proffwydo gyda rhywbeth ar ei ben yn colli ei hunan-barch. 5Ac mae pob
gwraig sy'n gweddïo neu'n proffwydo heb orchuddio'i phen yn dangos diffyg hunan-barch
– mae'n union fel petai hi wedi eillio ei phen. 6Os ydy gwraig ddim am orchuddio'i phen,
dylai gael gwared â'i gwallt. Ac os ydy e'n beth cywilyddus i wraig gael gwared â'i gwallt
neu gael ei heillio, dylai felly orchuddio ei phen. 7Ddylai dyn ddim gorchuddio'i ben am ei
fod yn ddelw Duw ac yn dangos ei ysblander; ond dangos ysblander dyn mae'r wraig. 8Nid
dyn ddaeth o wraig, ond y wraig ddaeth o ddyn. 9A chafodd dyn ddim ei greu o achos y wraig,
ond y wraig o achos y dyn. 10Dyna pam ddylai gwraig gadw rheolaeth ar y ffordd mae pobl
yn edrych arni – ac o achos yr angylion hefyd.
11 Beth bynnag, yn yr Arglwydd dydy gwraig a dyn ddim yn annibynnol ar ei gilydd. 12Mae'n
wir fod y wraig wedi dod o'r dyn, ond mae'n wir hefyd fod pob dyn yn cael ei eni o wraig.
Ac o Dduw mae'r cwbl yn tarddu yn y pen draw. 13Beth ydy'ch barn chi? Ydy hi'n weddus
i wraig weddïo ar Dduw heb orchudd ar ei phen? 14Ydy natur ei hun ddim yn dysgu hyn i chi:
os ydy gwallt hir yn diraddio dyn, 15ei bod yn beth anrhydeddus i wraig gael gwallt hir? Mae
ei gwallt hir wedi'i roi iddi hi fel gorchudd. 16Os ydy rhywun am ddadlau am hyn, does gynnon
ni ddim arfer gwahanol. A does gan eglwysi Duw ddim chwaith.

10:20 gw. Deuteronomium 32:17 (LXX) 10:22 Deuteronomium 32:21 10:26 Salm 24:1; 50:12; 89:12

Swper yr Arglwydd

(Mathew 26:26-29; Marc 14:22-25; Luc 22:14-20)

17 Dw i ddim yn gallu'ch canmol chi wrth ymateb i'r mater nesa chwaith. Mae'n ymddangos
fod eich cyfarfodydd chi'n gwneud mwy o ddrwg nag o dda. 18 Dw i'n clywed yn gyntaf fod
rhaniadau yn eich plith chi pan fyddwch yn cyfarfod fel eglwys, a dw i'n credu'r peth i ryw
raddau. 19 "Mae'n amhosib osgoi gwahaniaethau" meddech chi, ac mae hynny i fod i ddangos
yn glir ar ochr pwy mae Duw, ydy e? 20 Os felly, dim Swper yr Arglwydd dych chi'n ei fwyta
pan ddewch at eich gilydd! 21 Mae rhai pobl yn bwrw iddi i fwyta heb feddwl am neb arall.
A'r canlyniad ydy bod rhai yn llwgu tra mae eraill wedi meddwi! 22 Oes gynnoch chi ddim
cartrefi i bartïo ac i yfed ynddyn nhw? Neu ydych chi wir am fwrw sen ar eglwys Dduw, a chodi
cywilydd ar y bobl hynny sydd heb ddim? Beth alla i ei ddweud? Ydw i'n mynd i'ch canmol
chi? Na, dim o gwbl!

23 Dw i wedi rhannu gyda chi beth wnes i ei dderbyn gan yr Arglwydd: Ar y noson honno
pan gafodd ei fradychu cymerodd yr Arglwydd Iesu dorth. 24 Ar ôl adrodd y weddi o ddiolch,
dyma fe'n ei thorri a dweud, "*Dyma fy nghorff, sy'n cael ei roi drosoch chi. Gwnewch hyn
i gofio amdana i.*" 25 Wedyn gwnaeth yr un peth ar ôl swper pan gymerodd y cwpan a dweud,
"*Mae'r cwpan yma'n cynrychioli'r ymrwymiad newydd mae Duw'n ei wneud, wedi'i selio gyda
fy ngwaed i. Gwnewch hyn i gofio amdana i bob tro y byddwch yn yfed ohono.*" 26 Bob tro
byddwch chi'n bwyta'r bara ac yn yfed o'r cwpan, byddwch yn cyhoeddi ystyr marwolaeth
yr Arglwydd nes iddo ddod yn ôl eto.

27 Felly, bydd pwy bynnag sy'n bwyta'r bara neu'n yfed o gwpan yr Arglwydd mewn ffordd
sy'n anweddus yn cael ei gyfri'n euog o bechu yn erbyn corff a gwaed yr Arglwydd. 28 Dyna
pam mae'n bwysig edrych yn fanwl ar ein bywydau cyn bwyta'r bara ac yfed o'r cwpan.
29 Mae pawb sy'n bwyta ac yfed yn ddifeddwl, heb gydnabod ein bod gyda'n gilydd yn
'gorff yr Arglwydd' yn bwyta ac yfed barn arnyn nhw eu hunain. 30 Dyna pam mae cymaint
ohonoch chi'n dioddef o wendid a salwch, a pham mae rhai hyd yn oed wedi marw. 31 Petaen
ni'n gwylio'n hymddygiad yn ofalus, fyddai dim rhaid i ni gael ein barnu. 32 Ond hyd yn oed
pan fyddwn yn cael ein barnu gan yr Arglwydd, ein disgyblu mae e'n ei wneud, dim ein
condemnio gyda'r byd.

33 Felly pan fyddwch chi'n dod at eich gilydd i fwyta, frodyr a chwiorydd, arhoswch nes
bydd pawb wedi cyrraedd. 34 Os ydy rhywun bron llwgu, dylai fwyta gartref, wedyn fydd eich
cyfarfodydd chi gyda'ch gilydd ddim yn arwain i farn.

Bydda i'n delio gyda'r materion eraill pan fydda i'n dod atoch chi.

Doniau Ysbrydol

12 Nawr, wrth droi at beth sy'n dod o'r Ysbryd, dw i eisiau i chi ddeall ffrindiau. 2 Pan
oeddech chi'n baganiaid, roeddech yn cael eich dylanwadu a'ch camarwain gan
eilun-dduwiau mud. 3 Felly dw i am i chi wybod beth sy'n dod o Dduw a beth sydd ddim. Does
neb sy'n siarad dan ddylanwad Ysbryd Glân Duw yn dweud, "Mae Iesu yn felltith!" A does
neb yn gallu dweud, "Iesu ydy'r Arglwydd," ond drwy'r Ysbryd Glân.

4 Mae gwahanol ddoniau, ond yr un Ysbryd sy'n rhoi pob un. 5 Mae ffyrdd gwahanol
o wasanaethu, ond dim ond un Arglwydd sydd. 6 Mae Duw yn gweithio mewn ffyrdd gwahanol
drwy wahanol bobl, ond yr un Duw sy'n cyflawni'r cwbl ynddyn nhw i gyd. 7 Ac mae'r Ysbryd
i'w weld yn gweithio ym mywyd pob unigolyn er lles pawb arall. 8 Felly mae'r Ysbryd yn rhoi
gair o ddoethineb i un person. Mae person arall yn cael gair o wybodaeth, drwy'r un Ysbryd.
9 Mae un arall yn cael ffydd, drwy'r un Ysbryd, ac un arall ddoniau i iacháu, drwy'r un Ysbryd.
10 Wedyn mae rhywun arall yn cael galluoedd gwyrthiol, neu broffwydoliaeth, neu'r gallu
i ddweud ble mae'r Ysbryd wir ar waith. Mae un arall yn cael y gallu i siarad ieithoedd dieithr,

---

11:24 cyfeiriad at eiriau Iesu yn Luc 22:19; Mathew 26:26 a Marc 14:22
11:25 cyfeiriad at eiriau Iesu yn Luc 22:20; Mathew 26:27-28 a Marc 14:24

a rhywun arall y gallu i esbonio beth sy'n cael ei ddweud yn yr ieithoedd hynny. 11 Yr un Ysbryd
sydd ar waith drwyddyn nhw i gyd, ac yn penderfynu beth i'w roi i bob un.

Un corff gyda rhannau gwahanol

12 Mae'r corff yn uned er bod iddo lawer o rannau gwahanol, ac mae'r holl rannau gwahanol
gyda'i gilydd yn gwneud un corff. Dyna'n union sut mae hi gyda phobl y Meseia. 13 Cawson ni
i gyd ein bedyddio gan yr un Ysbryd i berthyn i un corff – yn Iddewon a phobl o genhedloedd
eraill, caethweision a dinasyddion rhydd. Cafodd pob un ohonon ni yfed yn helaeth o'r un
Ysbryd.
14 Dydy'r corff ddim i gyd yr un fath – mae iddo lawer o wahanol rannau. 15 Petai troed yn
dweud, "Am nad ydw i'n llaw dw i ddim yn rhan o'r corff," fyddai'r droed honno yn peidio
bod yn rhan o'r corff? Wrth gwrs ddim! 16 Neu petai clust yn dweud, "Am nad ydw i'n llygad
dw i ddim yn rhan o'r corff," fyddai hi'n peidio bod yn rhan o'r corff wedyn? Na! 17 Fyddai'r
corff ddim yn gallu clywed petai'n ddim byd ond llygaid! A phetai'n ddim byd ond clustiau,
sut fyddai'n gallu arogli? 18 Duw sydd wedi gwneud y corff, a rhoi pob rhan yn ei le, yn union
fel roedd e'n gweld yn dda. 19 Petai pob rhan o'r corff yr un fath â'i gilydd, fyddai'r corff
ddim yn bod! 20 Mae angen llawer o wahanol rannau i wneud un corff.
21 Dydy'r llygad ddim yn gallu dweud wrth y llaw, "Does arna i ddim dy angen di!" A dydy'r
pen ddim yn gallu dweud wrth y traed, "Does arna i ddim eich angen chi!" 22 Yn hollol fel
arall – mae'r rhannau hynny o'r corff sy'n ymddangos lleia pwysig yn gwbl hanfodol! 23 Mae
angen dangos gofal arbennig am y rhannau hynny sydd ddim yn amlwg. Mae rhannau preifat
y corff yn cael gwisg i'w cuddio o olwg pobl, er mwyn bod yn weddus. 24 Does dim angen
triniaeth sbesial felly ar y rhannau sy'n amlwg! Ac mae Duw wedi rhoi'r eglwys at ei gilydd
fel corff, ac wedi dangos gofal arbennig am y rhannau oedd yn cael dim parch. 25 Ei fwriad
oedd fod dim rhaniadau i fod yn y corff – a bod pob rhan i ddangos yr un gofal am ei gilydd.
26 Felly, os ydy un rhan o'r corff yn dioddef, mae'r corff i gyd yn dioddef; neu os ydy un rhan
yn cael ei anrhydeddu, mae'r corff i gyd yn rhannu'r llawenydd.
27 Chi gyda'ch gilydd ydy corff y Meseia, ac mae pob unigolyn yn rhan o'r corff hwnnw.
28 Yn ei eglwys mae Duw wedi penodi ei gynrychiolwyr yn gyntaf, yn ail proffwydi, ac yn
drydydd athrawon, yna rhai sy'n gwneud gwyrthiau, rhai sy'n cael doniau i iacháu, rhai sy'n
helpu eraill, rhai sy'n rhoi cyngor ac arweiniad, a rhai sy'n siarad ieithoedd dieithr. 29 Ydy
pawb yn gynrychiolwyr personol i'r Meseia? Ydy pawb yn athrawon? Ydy pawb yn gwneud
gwyrthiau? 30 Ydy pawb yn cael doniau i iacháu? Ydy pawb yn siarad ieithoedd dieithr? Ydy
pawb yn gallu esbonio beth sy'n cael ei ddweud? Wrth gwrs ddim! 31 Ond ceisiwch yn frwd
y doniau hynny sy'n gwneud mwya o les.

Cariad

A dw i am ddangos y ffordd orau un i chi.

13 Os dw i'n siarad ieithoedd dieithr neu hyd yn oed iaith angylion, heb gariad dw i'n
ddim byd ond jar metel swnllyd neu sŵn symbal yn cael ei daro. 2 Falle fod gen i'r
ddawn i broffwydo, a'r gallu i blymio'r dirgelion dyfnaf – neu'r wybodaeth i esbonio popeth!
Falle fod gen i ddigon o ffydd i 'symud mynyddoedd' – ond heb gariad dw i'n dda i ddim.
3 Falle mod i'n fodlon rhannu'r cwbl sydd gen i gyda'r tlodion, neu hyd yn oed yn fodlon
marw dros y ffydd[f] – ond heb gariad, dw i'n ennill dim.
4 Mae cariad yn amyneddgar. Mae cariad yn garedig. Dydy cariad ddim yn cenfigennu, ddim
yn brolio'i hun, nac yn llawn ohono'i hun. 5 Dydy cariad ddim yn gwneud pethau anweddus,
nac yn mynnu ei ffordd ei hun drwy'r adeg. Dydy e ddim yn digio a phwdu, ac mae'n
fodlon anghofio pan mae rhywun wedi gwneud cam. 6 Dydy cariad ddim yn mwynhau gweld

---

f 13:3 *fodlon marw dros y ffydd:* Mae rhai llawysgrifau yn ychwanegu *er mwyn i mi gael brolio.*
13:2 Mathew 17:20; 21:21; Marc 11:23

drygioni – beth sy'n ei wneud e'n llawen ydy'r gwir. [7]Mae cariad bob amser yn amddiffyn;
mae bob amser yn credu; bob amser yn gobeithio; bob amser yn dal ati.
[8]Fydd cariad byth yn chwalu. Bydd proffwydoliaethau'n dod i ben; y tafodau sy'n siarad
ieithoedd dieithr yn tewi; a fydd dim angen geiriau o wybodaeth. [9]Wedi'r cwbl, ychydig dŷn
ni'n ei wybod a dydy'n proffwydo ni ddim yn dweud popeth chwaith. [10]Pan fydd beth sy'n
gyflawn ac yn berffaith yn dod yn derfynol, bydd y doniau sydd ond yn rhoi rhyw gipolwg
bach i ni yn cael eu hysgubo o'r neilltu. [11]Pan oeddwn i'n blentyn, roeddwn i'n siarad iaith
plentyn, yn meddwl fel plentyn, a deall plentyn oedd gen i. Ond ers i mi dyfu'n oedolyn dw
i wedi stopio ymddwyn fel plentyn. [12]A dyna sut mae hi – dŷn ni ond yn gweld adlewyrchiad
ar hyn o bryd (fel edrych mewn drych metel); ond byddwn yn dod wyneb yn wyneb maes
o law. Ychydig iawn dŷn ni'n ei wybod ar hyn o bryd; ond bydda i'n cael gwybod y cwbl bryd
hynny, yn union fel y mae Duw yn gwybod y cwbl amdana i.
[13]Ar hyn o bryd mae gynnoch chi dri peth sy'n aros: ffydd, gobaith a chariad. Ond y mwya
ohonyn nhw ydy cariad.

Doniau proffwydo a siarad ieithoedd dieithr

14 Rhowch y flaenoriaeth i gariad, ond ceisiwch yn frwd beth sy'n dod o'r Ysbryd, yn
arbennig y ddawn o broffwydo. [2]Siarad â Duw mae rhywun sy'n siarad ieithoedd
dieithr, nid siarad â phobl. Does neb arall yn deall beth sy'n cael ei ddweud, am mai pethau
dirgel sy'n cael eu dweud yn yr Ysbryd. [3]Ond mae'r person sy'n proffwydo, ar y llaw arall,
yn siarad gyda phobl. Mae'n eu helpu nhw i dyfu'n ysbrydol, yn eu hannog nhw ac yn eu
cysuro nhw. [4]Mae siarad ieithoedd dieithr yn help i'r un sy'n siarad, ond mae proffwydo yn
helpu cymdeithas yr eglwys. [5]Dw i'n falch dros bob un ohonoch chi sy'n gallu siarad mewn
ieithoedd dieithr, ond byddai'n well gen i eich cael chi i broffwydo. Am eu bod nhw'n helpu'r
eglwys, mae'r rhai sy'n proffwydo yn gwneud peth gwell na'r rhai sy'n siarad mewn ieithoedd
dieithr (oni bai fod rhywun yn esbonio beth sy'n cael ei ddweud!)
[6]Ffrindiau annwyl, taswn i wedi dod atoch chi yn siarad mewn ieithoedd dieithr, fyddai
hynny'n dda i ddim. Byddai'n llawer gwell i mi rannu rhywbeth sydd wedi'i ddatguddio i mi,
neu air o wybodaeth neu broffwydoliaeth neu neges fydd yn dysgu rhywbeth i chi. [7]Mae'r un
fath ag offerynnau cerdd: mae ffliwt neu delyn yn gallu gwneud sŵn, ond sut mae disgwyl
i rywun nabod yr alaw oni bai fod nodau gwahanol? [8]Neu meddyliwch am utgorn yn canu – os
ydy'r sain ddim yn glir, pwy sy'n mynd i baratoi i fynd i ryfel? [9]Mae'r un fath gyda chi. Os ydy
beth dych chi'n ei ddweud ddim yn gwneud sens, pa obaith sydd i unrhyw un ddeall? Byddwch
yn siarad â'r gwynt! [10]Mae pob math o ieithoedd yn y byd, ac maen nhw i gyd yn gwneud
sens i rywun. [11]Ond os ydw i ddim yn deall beth mae rhywun yn ei ddweud, dw i a'r un sy'n
siarad yn estroniaid[ff] i'n gilydd! [12]Dyna fel mae hi gyda chi! Os dych chi'n frwd i brofi beth
mae'r Ysbryd yn ei roi, gofynnwch am fwy o'r pethau hynny sy'n adeiladu cymdeithas yr eglwys.
[13]Felly, dylai'r person sy'n siarad mewn iaith ddieithr weddïo am y gallu i esbonio beth
mae'n ei ddweud. [14]Os dw i'n siarad mewn iaith ddieithr, dw i'n gweddïo'n ddwfn yn fy
ysbryd, ond mae fy meddwl yn ddiffrwyth. [15]Felly beth wna i? Gweddïo o ddyfnder fy ysbryd,
a gweddïo gyda'r meddwl hefyd; canu mawl o waelod fy ysbryd, a chanu mawl gyda'r meddwl
hefyd. [16]Os mai dim ond yn dy ysbryd rwyt ti'n moli Duw, sut mae pobl eraill i fod i ddeall
a dweud "Amen" i beth rwyt ti'n diolch amdano? – dŷn nhw ddim yn gwybod beth rwyt ti'n
ddweud! [17]Mae'n siŵr bod dy ddiolch di'n ddigon didwyll, ond dydy e'n gwneud dim lles
i neb arall.
[18]Mae gen i'r ddawn i siarad ieithoedd dieithr fwy na neb ohonoch chi, diolch i Dduw. [19]Ond
lle mae pobl wedi dod at ei gilydd yn yr eglwys byddai'n well gen i siarad pum gair mae pobl yn
eu deall, er mwyn dysgu rhywbeth iddyn nhw, na miloedd ar filoedd o eiriau mewn iaith ddieithr.

---

ff 14:11 *estroniaid:* Groeg, "barbariaid" (gw. Rhufeiniaid 1:14; Colosiaid 3:11).
13:12 adlais o Numeri 12:8

[20]Frodyr a chwiorydd annwyl, stopiwch ymddwyn fel plant bach! Byddwch yn ddiniwed fel
babis bach lle mae drygioni'n y cwestiwn. Ond, fel arall, dw i eisiau i chi feddwl ac ymddwyn
fel oedolion. [21]Mae wedi'i ysgrifennu yn y Gyfraith:

"Bydda i'n siarad â'r bobl yma
mewn ieithoedd dieithr,
drwy'r hyn fydd pobl estron yn ei ddweud –
ond fyddan nhw ddim yn gwrando arna i wedyn," meddai'r Arglwydd.

[22]Rhybudd o farn i bobl sydd ddim yn credu ydy ieithoedd dieithr, nid i'r rhai sy'n credu.
Ond mae proffwydoliaeth yn arwydd i'r rhai sy'n credu, nid i'r rhai sydd ddim yn credu. [23]Felly,
os ydy pawb yn siarad mewn ieithoedd dieithr pan mae'r eglwys yn cyfarfod, a phobl sydd
ddim yn credu nac yn deall beth sy'n mynd ymlaen yn dod i mewn, byddan nhw'n meddwl
eich bod chi'n hollol wallgof! [24]Ond os dych chi i gyd yn proffwydo pan mae rhywun sydd
ddim yn credu nac yn deall yn dod i mewn, byddan nhw'n cael eu hargyhoeddi eu bod yn
wynebu barn. [25]Bydd y gwir amdanyn nhw yn dod i'r wyneb, a byddan nhw'n syrthio i lawr
ac yn addoli Duw, a gweiddi, "Mae'n wir! – mae Duw yn eich plith chi!"

Addoliad trefnus

[26]Beth dw i'n ei ddweud felly, ffrindiau annwyl? Pan fyddwch yn cyfarfod gyda'ch gilydd,
mae gan bawb rywbeth i'w rannu – cân, rhywbeth i'w ddysgu i eraill, rhyw wirionedd sydd
wedi'i ddatguddio, siarad iaith ddieithr neu'r gallu i esbonio beth sy'n cael ei ddweud. Dylai
popeth gael ei wneud mewn ffordd fydd yn cryfhau cymdeithas yr eglwys. [27]Os oes siarad
mewn ieithoedd dieithr i fod, dim ond dau – neu dri ar y mwya – ddylai siarad; pob un yn
ei dro. A rhaid i rywun esbonio beth sy'n cael ei ddweud. [28]Os nad oes neb i esbonio beth
sy'n cael ei ddweud, dylai'r rhai sy'n siarad ieithoedd dieithr aros yn dawel yn y cyfarfod,
a chadw'r peth rhyngddyn nhw a Duw.

[29]Dylid rhoi cyfle i ddau neu dri o broffwydi siarad, a dylai pawb arall bwyso a mesur yn
ofalus y cwbl gafodd ei ddweud. [30]Ac os ydy rhywbeth yn cael ei ddatguddio i rywun arall
sy'n eistedd yno, dylai'r un sy'n siarad ar y pryd dewi. [31]Gall pob un ohonoch chi broffwydo
yn eich tro, er mwyn i bawb gael eu dysgu a'u hannog. [32]Mae ysbryd y proffwydi dan reolaeth
y proffwydi. [33]Duw'r heddwch ydy Duw, dim Duw anhrefn! Dyna sut mae hi i fod ym mhob
un o'r eglwysi.

[34]"Dylai gwragedd gadw'n ddistaw yn y cyfarfodydd. Does ganddyn nhw ddim hawl i siarad.
Eu lle nhw ydy derbyn y drefn, fel mae'r Gyfraith yn dweud. [35]Os ydyn nhw eisiau holi am
rywbeth, maen nhw'n gallu gofyn i'w gwŷr ar ôl mynd adre; mae'n beth gwarthus i weld
gwraig yn siarad yn yr eglwys."

[36]Beth? Ai oddi wrthoch chi ddaeth neges Duw gyntaf? Neu ai chi ydy'r unig bobl mae
neges Duw wedi dod atyn nhw? [37]Os oes rhai ohonoch chi'n meddwl eich bod chi'n broffwydi
neu'n 'bobl yr Ysbryd', dylech chi gydnabod fod beth dw i'n ei ysgrifennu yn orchymyn oddi
wrth Dduw. [38]Bydd y rhai sy'n diystyru hyn yn cael eu diystyru eu hunain!

[39]Felly, ffrindiau annwyl, byddwch yn frwd i broffwydo, ond peidiwch rhwystro pobl rhag
siarad mewn ieithoedd dieithr. [40]Ond dylai popeth gael ei wneud mewn ffordd sy'n weddus
ac yn drefnus.

Atgyfodiad y Meseia

15 Nawr, frodyr a chwiorydd, dw i eisiau'ch atgoffa chi'n llawn o'r newyddion da wnes
i ei gyhoeddi i chi. Dyma'r newyddion da wnaethoch chi ei gredu, ac sy'n sylfaen
i'ch ffydd chi. [2]Dyma'r newyddion da sy'n eich achub chi, os wnewch chi ddal gafael yn beth
gafodd ei gyhoeddi i chi. Dw i'n cymryd eich bod chi wedi credu go iawn, dim 'credu' heb wir
feddwl beth roeddech chi'n ei wneud.

14:21 Eseia 28:11-12

3Y prif beth wnes i ei rannu gyda chi oedd beth dderbyniais i, sef: bod y Meseia wedi marw
dros ein pechodau ni, fel mae'r ysgrifau sanctaidd yn dweud. 4Yna ei fod wedi'i gladdu, a'i fod
wedi'i godi yn ôl yn fyw ddeuddydd wedyn, fel mae'r ysgrifau'n dweud. 5Wedyn bod Pedr
wedi'i weld, a'r deuddeg disgybl. 6Ar ôl hynny, cafodd ei weld ar yr un pryd gan dros bum
cant o'n brodyr a'n chwiorydd ni sy'n credu! Mae'r rhan fwya ohonyn nhw'n dal yn fyw
heddiw, er bod rhai sydd bellach wedi marw. 7Yna gwelodd Iago fe, a'i gynrychiolwyr eraill
i gyd. 8Ac yn olaf, ces i ei weld – ie, fi, yr 'erthyl' o apostol.

9Fi ydy'r un lleia pwysig o'r holl rai ddewisodd y Meseia i'w gynrychioli. Dw i ddim hyd
yn oed yn haeddu'r enw 'apostol', am fy mod i wedi erlid eglwys Dduw. 10Ond Duw sydd
wedi ngwneud i beth ydw i, drwy dywallt ei haelioni arna i. A dydy ei rodd e ddim wedi bod
yn aneffeithiol. Dw i wedi gweithio'n galetach na'r lleill i gyd – nid fy mod i fy hun wedi
gwneud dim go iawn, rhodd Duw oedd ar waith ynof fi. 11Beth bynnag, does dim gwahaniaeth
os mai fi neu nhw sy'n gwneud y cyhoeddi – dyma'r neges sy'n cael ei chyhoeddi a dyma
dych chi wedi'i gredu.

Y rhai sydd wedi marw yn codi

12Os ydyn ni'n cyhoeddi fod y Meseia wedi'i godi yn ôl yn fyw, sut mae rhai pobl yn gallu
dweud fod y rhai sydd wedi marw ddim yn mynd i atgyfodi? 13Os ydyn nhw ddim yn mynd
i ddod yn ôl yn fyw, dydy'r Meseia ddim wedi atgyfodi chwaith. 14Ac os wnaeth y Meseia ddim
codi, dydy'r newyddion da sy'n cael ei gyhoeddi yn ddim byd ond geiriau gwag – mae beth
dych chi'n ei gredu yn gwbl ddiystyr! 15Bydd hi'n dod yn amlwg ein bod ni sy'n ei gynrychioli
wedi bod yn dweud celwydd am Dduw! Roedden ni'n tystio bod Duw wedi codi'r Meseia yn
ôl yn fyw ar ôl iddo farw, ac yntau heb wneud hynny os ydy'n wir fod y rhai sydd wedi marw
ddim yn mynd i atgyfodi. 16Os ydy'r rhai sydd wedi marw ddim yn mynd i gael eu codi yn ôl
yn fyw, wnaeth y Meseia ddim dod yn ôl yn fyw chwaith. 17Ac os na chododd y Meseia, mae
beth dych chi'n ei gredu'n wastraff amser – dych chi'n dal yn gaeth i'ch pechodau. 18Ac os
felly, mae'r Cristnogion hynny sydd wedi marw yn gwbl golledig hefyd. 19Os mai dim ond ar
gyfer y bywyd hwn dŷn ni'n gobeithio yn y Meseia, dŷn ni i'n pitïo'n fwy na neb!

20Ond, y gwir ydy bod y Meseia wedi'i godi yn ôl yn fyw! Mae e fel y ffrwyth cyntaf
i ymddangos adeg y cynhaeaf – fe ydy'r cyntaf o lawer sy'n mynd i gael eu codi. 21Am fod
marwolaeth wedi dod drwy berson dynol, daeth bywyd ar ôl marwolaeth drwy berson dynol
hefyd. 22Mae pawb yn marw am eu bod nhw'n perthyn i Adda, ond mae pawb sy'n perthyn
i'r Meseia yn cael bywyd newydd. 23Dyma'r drefn: y Meseia ydy ffrwyth cynta'r cynhaeaf;
wedyn, pan fydd e'n dod yn ôl, bydd pawb sy'n perthyn iddo yn ei ddilyn. 24Wedyn bydd
y diwedd wedi dod – bydd y Meseia'n trosglwyddo'r deyrnas i Dduw y Tad ar ôl dinistrio
pob gormeswr, awdurdod a grym drygionus. 25Rhaid i'r Meseia deyrnasu nes bydd ei holl
elynion wedi cael eu sathru dan draed. 26A'r gelyn olaf i gael ei ddinistrio fydd marwolaeth.
27Ydy, "*Mae Duw wedi rhoi popeth dan ei awdurdod*" – ond wrth gwrs mae'n amlwg nad
ydy 'popeth' yn cynnwys Duw ei hun, sydd wedi rhoi popeth dan awdurdod y Meseia yn y lle
cyntaf! 28Ar ôl gwneud hyn, bydd y Mab yn ei roi ei hun i'r Un wnaeth osod popeth dan ei
awdurdod, a bydd Duw yn llenwi popeth.

29Os ydy'r rhai sydd wedi marw ddim yn mynd i gael eu codi yn ôl yn fyw, beth ydy'r pwynt
o bobl yn cymryd eu bedyddio er mwyn y rhai sydd wedi marw? Os ydyn nhw ddim yn mynd
i ddod yn ôl yn fyw, mae'n ddiystyr. 30A beth amdanon ni! Pam dŷn ni'n fodlon peryglu'n
bywydau drwy'r adeg? 31Dw i'n wynebu marwolaeth bob dydd. Ydy, mae'n wir ffrindiau – mor
sicr â'r ffaith fy mod i'n falch o beth mae'r Meseia Iesu ein Harglwydd ni wedi'i wneud ynoch
chi. 32Pa fantais oedd i mi ymladd gyda'r anifeiliaid gwyllt yn Effesus, os oeddwn i'n gwneud
hynny o gymhellion dynol yn unig, ac os nad oes bywyd ar ôl marwolaeth?

15:3 gw. Eseia 53:5-12 15:4 gw. Salm 16:8-10; Mathew 12:40; Actau 2:24-32
15:5 gw. Luc 24:34; Mathew 28:16,17; Marc 16:14; Luc 24:36; Ioan 20:19 15:8 gw. Actau 9:3-6
15:9 gw. Actau 8:3 15:25 gw. Salm 110:1 15:27 Salm 8:6

"Gadewch i ni gael parti ac yfed;
falle byddwn ni'n marw fory!"

33Peidiwch cymryd eich camarwain, achos *"mae cwmni drwg yn llygru cymeriad da."*[g]
34Mae'n bryd i chi gallio, a stopio pechu. Dych chi'n gweld, dydy rhai pobl sy'n eich plith
chi'n gwybod dim am Dduw! Dw i'n dweud hyn i godi cywilydd arnoch chi.

Corff yr Atgyfodiad

35Ond wedyn dw i'n clywed rhywun yn gofyn, "Sut mae'r rhai sydd wedi marw yn mynd
i godi? Sut fath o gorff fydd ganddyn nhw?" 36Am gwestiwn dwl! Dydy planhigyn byw ddim
yn tyfu heb i beth sy'n cael ei hau yn y ddaear farw. 37A dim yr hyn sy'n tyfu dych chi'n ei
blannu, ond hedyn bach noeth – gwenith falle, neu rywbeth arall. 38Ond mae Duw yn rhoi
'corff' newydd iddo, fel mae'n dewis. Mae gwahanol blanhigion yn tyfu o wahanol hadau.
39A dydy corff pob creadur byw ddim yr un fath chwaith: mae gan bobl un math o gorff, ac
anifeiliaid fath arall, mae adar yn wahanol eto, a physgod yn wahanol. 40Ac mae yna hefyd
gyrff nefol a chyrff daearol. Mae harddwch y gwahanol gyrff nefol yn amrywio, ac mae
harddwch y gwahanol gyrff daearol yn amrywio. 41Mae gwahaniaeth rhwng disgleirdeb yr
haul a disgleirdeb y lleuad, ac mae'r sêr yn wahanol eto; yn wir mae gwahaniaeth rhwng
un seren a'r llall.
42Dyna sut bydd hi pan fydd y rhai sydd wedi marw'n atgyfodi. Mae'r corff sy'n cael ei roi
yn y ddaear yn darfod, ond bydd yn codi yn gorff fydd byth yn darfod. 43Pan mae'n cael ei
osod yn y ddaear mae'n druenus, ond pan fydd yn codi bydd yn ogoneddus! Mae'n cael ei
'hau' mewn gwendid, ond bydd yn codi mewn grym! 44Corff dynol cyffredin sy'n cael ei 'hau',
ond corff ysbrydol fydd yn codi. Yn union fel mae corff dynol naturiol yn bod, mae yna hefyd
gorff ysbrydol. 45Dyna mae'r ysgrifau sanctaidd yn ei ddweud: *"Daeth y dyn cyntaf, Adda,
yn berson byw"* ond mae'r Adda olaf, sef y Meseia, yn ysbryd sy'n rhoi bywyd i eraill. 46Dim
yr un ysbrydol ddaeth gyntaf, ond yr un naturiol, a'r un ysbrydol yn ei ddilyn. 47Cafodd Adda,
y dyn cyntaf, *ei wneud o bridd y ddaear,* ond daeth y Meseia, yr ail ddyn, o'r nefoedd. 48Mae
gan bob un ohonon ni gorff daearol fel Adda, ond bydd gynnon ni sy'n perthyn i'r nefoedd
gorff nefol fel y Meseia. 49Yn union fel dŷn ni wedi bod yn debyg i'r dyn o'r ddaear, byddwn
ni'n debyg i'r dyn o'r nefoedd.
50Dyma dw i'n ei ddweud, frodyr a chwiorydd annwyl – all cig a gwaed ddim perthyn
i deyrnas Dduw. All y corff sy'n darfod ddim bodoli yn y deyrnas sydd byth yn mynd i ddarfod.
51Gwrandwch – dw i'n rhannu rhywbeth sy'n ddirgelwch gyda chi: Fydd pawb ddim yn marw.
Pan fydd yr utgorn olaf yn cael ei ganu byddwn ni i gyd yn cael ein newid – 52a hynny'n
sydyn, mewn chwinciad. Bydd yr utgorn yn seinio, y rhai sydd wedi marw yn codi mewn
cyrff fydd byth yn darfod, a ninnau sy'n fyw yn cael ein trawsffurfio. 53Rhaid i ni, sydd
â chorff sy'n mynd i bydru, wisgo corff fydd byth yn pydru. Byddwn ni sy'n feidrol yn cael
gwisgo anfarwoldeb! 54Pan fydd hynny'n digwydd, bydd beth mae'r ysgrifau sanctaidd yn
ei ddweud yn dod yn wir:

"Mae marwolaeth wedi'i lyncu yn y fuddugoliaeth."
55 *"O farwolaeth! Ble mae dy fuddugoliaeth di?*
O farwolaeth! Ble mae dy bigiad marwol di?"

56Pechod ydy'r pigiad gwenwynig sy'n arwain i farwolaeth, ac mae grym pechod yn dod
o'r Gyfraith. 57Ond diolch i Dduw, mae ein Harglwydd Iesu Grist wedi rhannu ei fuddugoliaeth
gyda ni!
58Felly safwch yn gadarn, frodyr a chwiorydd. Peidiwch gadael i ddim byd eich ysgwyd
chi. Rhowch eich hunain yn llwyr i waith yr Arglwydd. Dych chi'n gwybod fod unrhyw beth
wnewch chi i'r Arglwydd ddim yn wastraff amser.

---

g 15:33: dyfyniad o *Thais 218* gan y bardd Menander (tua 320 CC).
15:32 cyfeiriad at Eseia 22:13; 56:12 15:45 Genesis 2:7 15:47 Genesis 2:7 15:54 Eseia 25:8
15:55 Hosea 13:14 (LXX)

Y casgliad i bobl Dduw

16 I droi at yr arian sy'n cael ei gasglu i helpu pobl Dduw: Gwnewch beth ddwedais
i wrth eglwysi Galatia i'w wneud. [2]Bob dydd Sul dylai pob un ohonoch chi roi arian
o'r neilltu, faint bynnag mae'ch incwm chi'n ei ganiatáu, fel bydd dim rhaid casglu'r cwbl
gyda'i gilydd pan ddof i acw. [3]Wedyn, pan gyrhaedda i bydda i'n ysgrifennu llythyrau yn
awdurdodi'r rhai fyddwch chi'n eu dewis i fynd â'ch rhodd i Jerwsalem. [4]Ac os dych chi'n
meddwl y byddai'n beth da i mi fynd, gallan nhw fynd gyda mi.

Cais personol

[5]Dw i'n bwriadu mynd i dalaith Macedonia gyntaf, a bydda i'n dod i'ch gweld chi ar ôl
hynny. [6]Falle yr arhosa i gyda chi am dipyn – hyd yn oed dreulio'r gaeaf acw. Wedyn gallwch
fy helpu i fynd ymlaen ar fy nhaith. [7]Petawn i'n dod yn syth fyddwn i ond yn gallu taro heibio,
a does gen i ddim eisiau gwneud hynny. Dw i eisiau aros gyda chi am dipyn, os Duw a'i myn.
[8]Dw i'n mynd i aros yn Effesus tan y Pentecost, [9]am fod cyfle i wneud gwaith mawr wedi
codi yma, er bod digon o wrthwynebiad.
[10]Pan ddaw Timotheus atoch chi, gwnewch yn siŵr fod ganddo ddim i boeni amdano tra
bydd gyda chi. Mae e, fel fi, yn gwneud gwaith Duw. [11]Felly ddylai neb edrych i lawr arno.
A rhowch help ymarferol iddo ar ei daith yn ôl ata i. Dw i'n edrych ymlaen at ei weld e a'r
brodyr eraill.
[12]Ynglŷn â'n brawd Apolos: Gwnes i bwyso arno i ddod atoch chi gyda'r lleill, ond roedd
e'n benderfynol o beidio ar hyn o bryd. Ond bydd yn dod pan ddaw cyfle!
[13]Gwyliwch eich hunain. Daliwch i gredu. Byddwch yn ddewr. Byddwch yn gryf. [14]Gwnewch
bopeth mewn cariad.
[15]Gwyddoch mai'r rhai o dŷ Steffanas oedd y bobl gyntaf yn nhalaith Achaia i ddod i gredu,
ac maen nhw wedi rhoi eu hunain yn llwyr i helpu eu cyd-Gristnogion. Dw i'n eich annog chi,
frodyr a chwiorydd, [16]i barchu pobl fel nhw, a phawb arall tebyg sydd wedi rhoi eu hunain
yn llwyr i'r gwaith. [17]Rôn i mor falch pan gyrhaeddodd Steffanas, Ffortwnatus ac Achaicus
ar eich rhan chi. [18]Maen nhw wedi codi nghalon i, fel maen nhw wedi gwneud i chi hefyd.
Mae'n bwysig cydnabod rhai fel nhw.

Cyfarchion i gloi

[19]Mae'r eglwysi yma yn nhalaith Asia yn anfon eu cyfarchion atoch chi. Mae Acwila
a Priscila yn cofio atoch chi'n frwd yn yr Arglwydd, a'r eglwys sy'n cyfarfod yn eu tŷ nhw.
[20]Yn wir, mae'r brodyr a'r chwiorydd i gyd yn anfon eu cyfarchion.
Cyfarchwch eich cyd-Gristnogion yn llawn cariad.
[21]Dw i'n ysgrifennu'r cyfarchiad yma yn fy llawysgrifen fy hun – PAUL.
[22]Os ydy rhywun ddim yn caru'r Arglwydd, mae dan felltith! O, tyrd Arglwydd!
[23]Dw i'n gweddïo y byddwch chi'n profi haelioni rhyfeddol ein Harglwydd Iesu.
[24]Fy nghariad atoch chi i gyd sy'n perthyn i'r Meseia Iesu. Amen.

16:5 gw. Actau 19:21 16:15 1 Corinthiaid 1:16

2 Corinthiaid

1 Llythyr gan Paul, wedi fy newis gan Dduw i fod yn gynrychiolydd personol i'r Meseia
Iesu. A gan y brawd Timotheus hefyd.
At eglwys Dduw yn Corinth, a'r holl Gristnogion sydd yn nhalaith Achaia:
[2]Dŷn ni'n gweddïo y byddwch chi'n profi'r haelioni rhyfeddol a'r heddwch dwfn mae Duw
ein Tad a'r Arglwydd Iesu Grist yn ei roi i ni.

Y Duw sy'n cysuro

[3]Clod i Dduw a Thad ein Harglwydd Iesu Grist! Fe ydy'r Tad sy'n tosturio a'r Duw sy'n
cysuro. [4]Mae'n ein cysuro ni yng nghanol ein holl drafferthion, felly dŷn ni yn ein tro yn gallu
cysuro pobl eraill. Dŷn ni'n eu cysuro nhw drwy rannu am y ffordd mae Duw'n ein cysuro ni.
[5]Po fwya dŷn ni'n rhannu profiad y Meseia, mwya dŷn ni'n cael ein cysuro ganddo. [6]Dŷn ni'n
gorfod wynebu trafferthion er mwyn i chi gael eich cysuro a'ch cadw'n saff. Pan dŷn ni'n cael
ein cysuro, dylai hynny hefyd fod yn gysur i chi, a'ch helpu chi i ddal ati pan fyddwch chi'n
dioddef yr un fath â ni. [7]A dŷn ni'n sicr y byddwch chi, wrth ddioddef yr un fath â ni, yn cael
eich cysuro gan Dduw yr un fath â ni hefyd.
[8]Dŷn ni eisiau i chi ddeall ffrindiau annwyl, mor galed mae pethau wedi bod arnon ni yn
nhalaith Asia. Roedd y pwysau yn ormod o lawer i ni ei ddal yn ein nerth ein hunain. Roedd
yn ein llethu ni! Roedden ni'n meddwl ei bod hi ar ben arnon ni, [9]a'n bod ni wir yn mynd
i farw. Ond pwrpas y cwbl oedd i ni ddysgu trystio Duw yn lle trystio ni'n hunain. Fe ydy'r Duw
sy'n dod â'r meirw yn ôl yn fyw! [10]Mae wedi'n hachub ni y tro yma, a bydd yn ein hachub ni
eto. A dŷn ni'n gwbl hyderus y bydd yn dal ati i wneud hynny [11]tra byddwch chi'n ein helpu
ni drwy weddïo droson ni. Wedyn bydd lot fawr o bobl yn diolch i Dduw am fod mor garedig
tuag aton ni, yn ateb gweddïau cymaint o'i bobl.

Paul yn newid ei gynlluniau

[12]Dŷn ni'n gallu dweud gyda chydwybod glir ein bod ni wedi bod yn gwbl agored ac yn
ddidwyll bob amser. Mae'n arbennig o wir am y ffordd dŷn ni wedi delio gyda chi. Haelioni
Duw sydd wrth wraidd y peth, nid doethineb bydol. [13]Dw i wedi siarad yn blaen yn fy llythyrau
atoch chi – does dim i'w ddarllen rhwng y llinellau. Dych chi'n gwybod ei fod yn wir. [14]Dych
chi wedi dechrau cydnabod hynny, a dw i'n gobeithio y byddwch yn dod i gydnabod y peth
yn llawn. Wedyn pan ddaw'r Arglwydd Iesu yn ôl byddwch chi'n gallu bod yn falch ohonon
ni a byddwn ni'n gallu bod yn falch ohonoch chi.
[15]Gan fy mod i mor siŵr eich bod chi wedi deall hyn, roeddwn i wedi bwriadu eich bendithio
chi ddwy waith. [16]Rôn i'n mynd i ymweld â chi ar fy ffordd i dalaith Macedonia a galw heibio
eto ar y daith yn ôl. Wedyn byddech chi'n gallu fy helpu i fynd ymlaen i Jwdea.
[17]Ond wnes i ddim hynny, felly ydych chi'n dweud mod i'n chwit-chwat? Ydw i yr un fath
ag mae pobl y byd mor aml, yn dweud 'ie' un funud a 'nage' y funud nesa? [18]Nac ydw – mae
Duw'n gwybod nad person felly ydw i. Dw i ddim yn dweud un peth ac wedyn yn gwneud
rhywbeth arall. [19]A doedd dim byd ansicr am y neges roeddwn i a Silas[a] a Timotheus yn ei
chyhoeddi yn eich plith chi chwaith – sef y neges am Iesu y Meseia, mab Duw. Fe ydy 'ie'
Duw i ni bob amser! [20]Fe ydy'r un sy'n dod â'r cwbl mae Duw wedi'i addo yn wir! Dyna pam
dŷn ni'n dweud "Amen" (sef "ie wir!") wrth addoli Duw – o achos y cwbl wnaeth e! [21]A Duw
ydy'r un sy'n ein galluogi ni (a chithau hefyd!) i sefyll yn gadarn dros y Meseia. Dewisodd ni

---

a 1:19 *Silas:* Groeg, "Silfanws", sef ffurf arall i'r un enw.
1:8,9 gw. 1 Corinthiaid 15:32 1:16 gw. Actau 19:21 1:19 gw. Actau 18:5

i weithio drosto, [22]ac mae wedi'n marcio ni'n bobl iddo'i hun. Mae wedi rhoi ei Ysbryd y tu
mewn i ni, yn flaendal o'r cwbl sydd i ddod.
[23]Dw i'n galw ar Dduw i dystio fy mod i'n dweud y gwir. Y rheswm pam wnes i ddim dod
yn ôl i Corinth i'ch gweld chi wedi'r cwbl oedd fy mod i eisiau'ch arbed chi. [24]Dŷn ni ddim
eisiau'ch fforsio chi i gredu fel dŷn ni'n dweud. Dŷn ni eisiau gweithio gyda chi, i chi gael
profi llawenydd go iawn, a sefyll yn gadarn am eich bod wedi credu drosoch eich hunain.
2 Dyna pam wnes i benderfynu peidio talu ymweliad arall fyddai'n achosi poen i bawb.
[2]Os ydw i'n eich gwneud chi'n drist, pwy sy'n mynd i godi fy nghalon i? Yr un dw i wedi
achosi poen iddo? [3]Yn wir, dyna pam ysgrifennais i fel y gwnes i yn fy llythyr. Doeddwn i ddim
am ddod i'ch gweld chi, a chael fy ngwneud yn drist gan yr union bobl ddylai godi nghalon
i! Rôn i'n siŵr mai beth sy'n fy ngwneud i'n hapus sy'n eich gwneud chi'n hapus yn y pen
draw. [4]Roedd ysgrifennu'r llythyr atoch chi yn brofiad poenus iawn. Rôn i'n ddigalon iawn,
a bues i'n wylo'n hir uwch ei ben. Doedd gen i ddim eisiau'ch gwneud chi'n drist, dim ond
eisiau i chi weld cymaint dw i'n eich caru chi!

Maddeuant i'r pechadur

[5]Mae un dyn arbennig wedi achosi tristwch. Mae wedi gwneud hynny dim yn gymaint i mi,
ond i bron bob un ohonoch chi (er, dw i ddim eisiau gwneud i'r peth swnio'n waeth nag y mae).
[6]Mae beth benderfynodd y mwyafrif ohonoch chi yn yr eglwys ei wneud i'w ddisgyblu wedi
mynd ymlaen yn ddigon hir. [7]Erbyn hyn mae'n bryd i chi faddau iddo a'i helpu i droi yn ôl.
Dych chi ddim eisiau iddo gael ei lethu'n llwyr a suddo i anobaith. [8]Felly dw i am eich annog
chi i ddangos iddo unwaith eto eich bod chi'n dal i'w garu. [9]Rôn i'n anfon y llythyr atoch chi
i weld a fyddech yn pasio'r prawf a bod yn gwbl ufudd. [10]Dw i'n maddau i bwy bynnag dych
chi'n maddau iddo. Dw i eisoes wedi maddau iddo er eich mwyn chi – os oedd rhywbeth i mi
i'w faddau. Mae'r Meseia ei hun yn gwybod mod i wedi gwneud hynny. [11]Dŷn ni ddim am
i Satan fanteisio ar y sefyllfa! Dŷn ni'n gwybod yn iawn am ei gastiau e!

Gweision trefn newydd Duw

[12]Pan gyrhaeddais i Troas i gyhoeddi'r newyddion da am y Meseia yno, ches i ddim llonydd.
Er bod yno gyfle gwych i weithio dros yr Arglwydd, [13]doeddwn i ddim yn dawel fy meddwl am
fod fy ffrind Titus ddim wedi cyrraedd yno fel roeddwn i'n disgwyl. Felly dyma fi'n ffarwelio
â nhw, a mynd ymlaen i dalaith Macedonia i chwilio amdano.
[14]Ond diolch i Dduw, mae'r gwaith yn dal i fynd yn ei flaen. Dŷn ni'n cerdded ym
mhrosesiwn buddugoliaeth y Meseia, ac mae arogl y persawr o gael nabod Duw yn lledu
drwy'r byd i gyd! [15]Ydyn, dŷn ni fel arogl hyfryd yn cael ei offrymu i Dduw gan y Meseia ei
hun. Mae pawb yn ei arogli – y rhai sy'n cael eu hachub a'r rhai sydd ar eu ffordd i ddistryw.
[16]Mae fel mwg gwenwynig i'r ail grŵp, ond i'r lleill yn bersawr hyfryd sy'n arwain i fywyd.
Pwy sy'n ddigon da i wneud gwaith mor bwysig? Neb mewn gwirionedd! [17]Ond o leia dŷn ni
ddim yn pedlera neges Duw i wneud arian, fel mae llawer o rai eraill. Fel arall yn hollol! – dŷn
ni'n gwbl ddidwyll. Gweision y Meseia ydyn ni, yn cyhoeddi'r neges mae Duw wedi'i rhoi i ni,
ac yn siarad yn gwbl agored o flaen Duw.
3 Ydyn ni'n dechrau canmol ein hunain o'ch blaen chi unwaith eto? Yn wahanol i rai, does
arnon ni ddim angen tystlythyr i'w gyflwyno i chi, a dŷn ni ddim yn gofyn i chi ysgrifennu
un i ni chwaith. [2]Chi eich hunain ydy'n tystlythyr ni! Llythyr sydd wedi'i ysgrifennu ar ein
calonnau ni, ac mae pawb ym mhobman yn gwybod amdano ac yn gallu ei ddarllen. [3]Yn wir,
mae'n amlwg mai llythyr gan y Meseia ei hun ydych chi – a'i fod wedi'i roi yn ein gofal ni.
Llythyr sydd ddim wedi'i ysgrifennu ag inc, ond ag Ysbryd y Duw byw. A ddim ar lechi carreg,
ond ar lechi calonnau pobl! [4]Beth mae'r Meseia wedi'i wneud sy'n ein gwneud ni mor hyderus
o flaen Duw. [5]Dŷn ni ddim yn deilwng ynon ni'n hunain i hawlio'r clod am ddim byd – Duw
sy'n ein gwneud ni'n deilwng. [6]Mae wedi'n gwneud ni'n deilwng i wasanaethu'r ymrwymiad

newydd wnaeth e. Nid cyfraith ysgrifenedig ydy hon, ond ymrwymiad Duw gafodd ei roi gan yr
Ysbryd Glân. Mae ceisio cadw at lythyren y ddeddf yn lladd, ond mae'r Ysbryd yn rhoi bywyd.

Gogoniant y drefn newydd

7 Er bod yr hen drefn (gafodd ei naddu ar garreg) yn arwain i farwolaeth, cafodd ei rhoi
gyda'r fath ysblander! Roedd yr Israeliaid yn methu edrych ar wyneb Moses am ei fod yn
disgleirio! (Ond roedd yn pylu wrth i amser fynd yn ei flaen.) 8 Felly beth am drefn newydd yr
Ysbryd? Oni fydd hi'n dod gydag ysblander llawer iawn mwy rhyfeddol? 9 Os oedd y drefn sy'n
arwain i farn yn wych, meddyliwch mor anhygoel o wych fydd y drefn newydd sy'n dod â ni
i berthynas iawn gyda Duw! 10 Yn wir, dydy beth oedd yn ymddangos mor rhyfeddol ddim yn
edrych yn rhyfeddol o gwbl bellach, am fod ysblander y drefn newydd yn disgleirio gymaint
mwy llachar! 11 Ac os oedd y drefn oedd yn pylu yn rhyfeddol, meddyliwch mor ffantastig ydy
ysblander y drefn sydd i aros!
12 Gan mai dyma dŷn ni'n edrych ymlaen ato, dŷn ni'n gallu cyhoeddi'n neges yn gwbl
hyderus. 13 Dŷn ni ddim yr un fath â Moses, yn rhoi gorchudd dros ei wyneb rhag i bobl Israel
syllu arno a gweld fod y disgleirdeb yn diflannu yn y diwedd. 14 Ond doedden nhw ddim yn
gweld hynny! Ac mae'r un gorchudd yn dal yno heddiw pan mae geiriau'r hen drefn yn cael eu
darllen. Dim ond y Meseia sy'n gallu cael gwared â'r gorchudd! 15 Ond hyd heddiw, pan mae
Cyfraith Moses yn cael ei darllen mae'r gorchudd yn dal yna yn eu dallu nhw. 16 Ac eto'r Gyfraith
ei hun sy'n dweud, *"Pan mae'n troi at yr Arglwydd, mae'r gorchudd yn cael ei dynnu i ffwrdd."*
17 Cyfeirio at yr Ysbryd Glân mae'r gair 'Arglwydd'; a ble bynnag mae Ysbryd yr Arglwydd mae
yna ryddid. 18 Felly does dim angen gorchudd ar ein hwynebau ni. Dŷn ni i gyd fel drych yn
adlewyrchu ysblander yr Arglwydd, ac yn cael ein newid i fod yn debycach iddo. Dŷn ni'n troi'n
fwy a mwy disglair o hyd. A'r Ysbryd Glân ydy'r Arglwydd sy'n gwneud hyn i gyd.

Trysor mewn llestri pridd

4 Felly gan fod Duw wedi bod mor garedig â rhoi'r gwaith yma'n ein gofal ni, dŷn ni ddim
yn digalonni. 2 Dŷn ni wedi gwrthod pob dull cudd a dan din o weithredu. Wnawn ni ddim
twyllo neb na gwyrdroi neges Duw. Dŷn ni'n dweud yn blaen beth ydy'r gwir, ac mae pawb
yn gwybod eu bod nhw'n gallu'n trystio ni fel rhai sy'n gwbl agored o flaen Duw. 3 Os oes
rhai pobl sy'n methu deall y newyddion da dŷn ni'n ei gyhoeddi, y bobl sy'n mynd i ddistryw
ydy'r rheiny. 4 Y diafol ('duw' y byd hwn) sydd wedi dallu'r rhai sydd ddim yn credu. Does
ganddo fe ddim eisiau iddyn nhw ddeall y newyddion da, na gweld ysblander y Meseia sy'n
dangos i ni yn union sut un ydy Duw. 5 Dŷn ni ddim yn siarad amdanon ni'n hunain – dim ond
cyhoeddi mai Iesu y Meseia ydy'r Arglwydd. Ein lle ni ydy eich gwasanaethu chi ar ran Iesu.
6 Ac mae'r Duw ddwedodd, *"Dw i eisiau i olau ddisgleirio allan o'r tywyllwch,"* wedi'n goleuo
ni a'n galluogi ni i ddangos fod ysblander Duw ei hun yn disgleirio yn wyneb Iesu y Meseia.
7 Dyma'r trysor mae Duw wedi'i roi i ni. Mae'n cael ei gario gynnon ni sy'n ddim byd ond
llestri pridd – ffaith sy'n dangos mai o Dduw mae'r grym anhygoel yma'n dod, dim ohonon
ni. 8 Er fod trafferthion yn gwasgu o bob cyfeiriad, dŷn ni ddim wedi cael ein llethu'n llwyr.
Dŷn ni'n ansicr weithiau, ond heb anobeithio; 9 yn cael ein herlid, ond dydy Duw ddim wedi'n
gadael ni; yn cael ein taro i lawr, ond yn cael ein codi yn ôl ar ein traed bob tro! 10 Wrth
ddioddef yn gorfforol dŷn ni'n rhannu rhyw wedd ar farwolaeth Iesu, ond mae hynny er mwyn
i fywyd Iesu gael ei weld yn ein cyrff bregus ni. 11 Dŷn ni sy'n fyw bob amser mewn peryg
o gael ein lladd fel Iesu, er mwyn i fywyd Iesu gael ei weld yn ein cyrff marwol ni. 12 Rhaid i ni
wynebu marwolaeth er mwyn i chi gael bywyd tragwyddol.
13 Mae'r ysgrifau sanctaidd yn dweud: *"Credais, felly dwedais."* Yr un ysbryd sy'n ein gyrru
ni'n ein blaenau. Dŷn ni hefyd wedi credu ac felly'n dweud. 14 Am fod Duw wedi codi'r

3:7 gw. Exodus 34:29-35 3:13 gw. Exodus 34:33 3:16 cyfeiriad at Exodus 34:34
4:6 cyfeiriad at Genesis 1:3-4 4:13 Salm 116:10 (LXX)

Arglwydd Iesu yn ôl yn fyw, dŷn ni'n gwybod y bydd yn dod â ninnau yn ôl yn fyw gyda Iesu.
A byddwn ni, a chithau hefyd, yn cael bod gydag e! [15]Yn wir, dŷn ni'n gwneud popeth er eich
mwyn chi. Wrth i rodd Duw o fywyd fynd ar led, yn cofleidio mwy a mwy o bobl, bydd mwy
a mwy o bobl yn diolch i Dduw ac yn ei addoli.
[16]Dyna pam dŷn ni ddim yn digalonni. Hyd yn oed os ydyn ni'n darfod yn gorfforol, dŷn
ni'n cael ein cryfhau'n ysbrydol bob dydd. [17]Dydy'n trafferthion presennol ni'n ddim byd
o bwys, a fyddan nhw ddim yn para'n hir. Ond maen nhw'n arwain i fendithion tragwyddol
yn y pen draw – ysblander sydd y tu hwnt i bob mesur! [18]Felly mae'n sylw ni wedi'i hoelio
ar beth sy'n anweledig, dim ar beth welwn ni'n digwydd o'n cwmpas ni. Dydy beth sydd i'w
weld ond yn para dros dro, ond mae beth sy'n anweledig yn aros am byth!

Ein cartref nefol

5 Mae'r amser yn dod pan fydd y babell ddaearol dŷn ni'n byw ynddi (sef ein corff) yn cael
ei thynnu i lawr. Ond dŷn ni'n gwybod fod gan Dduw adeilad ar ein cyfer ni – cartref
parhaol yn y nefoedd wedi'i adeiladu ganddo fe'i hun. [2]Yn y cyfamser dŷn ni'n hiraethu am
gael ein gwisgo â'n cyrff nefol. [3]A byddwn yn eu gwisgo – fydd dim rhaid i ni aros yn noeth.
[4]Tra'n byw yn y babell ddaearol, dŷn ni'n griddfan ac yn gorfod cario beichiau. Ond dŷn ni
ddim am fod yn noeth a heb gorff – dŷn ni eisiau gwisgo'r corff nefol. Dŷn ni eisiau i'r corff
marwol sydd gynnon ni gael ei lyncu gan y bywyd sy'n para am byth. [5]Mae Duw ei hun
wedi'n paratoi ni ar gyfer hyn, ac wedi rhoi'r Ysbryd Glân i ni yn flaendal o'r cwbl sydd i ddod.
[6]Felly dŷn ni'n gwbl hyderus, ac yn deall ein bod oddi cartref tra'n byw yn ein corff daearol,
ac wedi'n gwahanu oddi wrth yr Arglwydd Iesu. [7]Dŷn ni'n byw yn ôl beth dŷn ni'n ei gredu,
dim yn ôl beth dŷn ni'n ei weld. [8]Dw i'n dweud eto ein bod ni'n gwbl hyderus o beth sydd
i ddod. Er, wrth gwrs byddai'n well gynnon ni adael y corff hwn er mwyn cael bod adre gyda'r
Arglwydd! [9]Ond adre neu beidio, ein huchelgais ni bob amser ydy ei blesio fe. [10]Achos bydd
pob un ohonon ni'n cael ein barnu gan y Meseia ryw ddydd. Bydd pawb yn derbyn beth mae'n
ei haeddu am y ffordd mae wedi ymddwyn, pa un ai da neu ddrwg.

Llysgenhadon Duw

[11]Felly, am ein bod ni'n gwybod fod yr Arglwydd i'w ofni, dŷn ni'n ceisio perswadio
pobl. Mae Duw yn gwybod sut rai ydyn ni, a dw i'n hyderus eich bod chi'n gwybod eich
bod chi'n gallu'n trystio ni hefyd. [12]Dim ceisio canmol ein hunain ydyn ni eto. Na, dim
ond eisiau i chi fod yn falch ohonon ni. Dŷn ni eisiau i chi allu ateb y rhai sydd ddim ond
yn ymfalchïo yn yr allanolion a ddim yn beth sydd yn y galon. [13]Os ydyn ni'n ymddangos
fel ffanatics, mae hynny am ein bod ar dân dros Dduw. Os ydyn ni'n siarad yn gall,
mae hynny er eich lles chi. [14]Cariad y Meseia sy'n ein gyrru ni'n ein blaenau. A dyma'n
argyhoeddiad ni: mae un dyn wedi marw dros bawb, ac felly mae pawb wedi marw. [15]Mae
e wedi marw dros bawb er mwyn i'r rhai sy'n cael bywyd tragwyddol beidio byw i blesio
nhw eu hunain o hyn allan. Maen nhw i fyw i blesio'r un fuodd farw drostyn nhw a chael
ei godi yn ôl yn fyw eto.
[16]Bellach dŷn ni wedi stopio edrych ar bobl fel mae'r byd yn gwneud. Er ein bod ni ar un
adeg wedi edrych ar y Meseia ei hun felly, dŷn ni ddim yn gwneud hynny mwyach. [17]Pan
mae rhywun yn dod yn Gristion mae wedi'i greu yn berson newydd: mae'r hen drefn wedi
mynd! Edrychwch, mae bywyd newydd wedi cymryd ei le! [18]A Duw sy'n gwneud y cwbl –
mae wedi gwneud heddwch rhyngon ni ag e'i hun drwy beth wnaeth y Meseia. Ac mae wedi
rhoi'r gwaith i ni o rannu'r neges gyda phobl eraill. [19]Ydy, mae Duw wedi sicrhau heddwch
rhyngddo fe'i hun â'r byd drwy beth wnaeth y Meseia. Dydy e ddim yn dal methiant pobl
yn eu herbyn nhw! Ac mae wedi rhoi i ni'r gwaith o ddweud am hyn wrth bobl. [20]Dŷn ni'n
llysgenhadon yn cynrychioli'r Meseia, ac mae Duw yn anfon ei apêl allan trwon ni. Ar ran
y Meseia, dŷn ni'n crefu arnoch chi: Dewch i berthynas newydd gyda Duw! [21]Wnaeth Iesu

ddim pechu, ond dyma Duw yn ei wneud e'n offrwm dros bechod[b] ar ein rhan ni. Dŷn ni'n
gallu byw mewn perthynas iawn gyda Duw drwy ein perthynas gydag e.

6 Dŷn ni'n cydweithio gyda Duw ac yn apelio atoch chi i beidio ymateb yn arwynebol i'w
haelioni e. 2 Mae Duw'n dweud yn yr ysgrifau sanctaidd,

"Bydda i'n gwrando arnat ti pan fydd yr amser yn iawn,
Ac yn dy helpu di pan ddaw'r dydd i mi achub."

Edrychwch! Mae'r amser iawn wedi dod! Mae'r dydd i Dduw achub yma!

Amserau anodd Paul

3 Dŷn ni ddim eisiau gwneud unrhyw beth fydd yn rhwystro pobl rhag dod i gredu, fel bod dim
modd beio ein gwaith ni. 4 Na, dŷn ni am ddangos yn glir mai gweision Duw ydyn ni. Dangos
hynny yn y ffordd dŷn ni'n dal ati yng nghanol ein holl drafferthion, pan mae pethau'n galed ac
yn edrych yn anobeithiol. 5 Dŷn ni wedi cael ein curo, ein carcharu, ein bygwth gan y mob, wedi
gweithio nes ein bod wedi ymlâdd yn llwyr, ac wedi colli cwsg a gorfod mynd heb fwyd. 6 Dangos
hynny hefyd drwy'n bywydau glân, ein dealltwriaeth o'r gwirionedd, ein hamynedd gyda phobl,
a'n caredigrwydd at bobl; a thrwy nerth yr Ysbryd Glân ar waith ynon ni, a'n cariad dwfn atoch
chi. 7 A hefyd drwy gyhoeddi'r gwir yn ffyddlon, a gwneud hynny gyda'r nerth mae Duw'n ei roi
– gydag arfau cyfiawnder, i ymosod ac amddiffyn. 8 Dŷn ni weithiau'n cael ein canmol, dro arall
yn cael ein sarhau; mae pobl yn dweud pethau drwg a da amdanon ni. Dŷn ni'n cael ein galw'n
dwyllwyr er ein bod ni'n dweud y gwir. 9 Mae rhai'n dweud ein bod ni'n neb, ac eto mae pawb yn
gwybod amdanon ni! Dŷn ni'n agos at farw, ac eto'n dal yn fyw: wedi'n chwipio, mae'n wir, ond
heb ein lladd. 10 Yn dal i orfoleddu er gwaetha'r holl dristwch. Yn gwybod ein bod ni'n dlawd, ac
eto'n rhannu cyfoeth ysbrydol gyda llawer. Heb ddim, ac eto mae gynnon ni bopeth sydd ei angen!

11 Ffrindiau annwyl Corinth, dŷn ni wedi bod yn gwbl agored gyda chi. Dŷn ni wedi rhoi'n
hunain yn llwyr i chi! 12 Dŷn ni ddim yn dal ein cariad yn ôl, chi sy'n dal yn ôl. 13 Dewch yn
eich blaen – dw i'n siarad â chi fel fy mhlant i – derbyniwch ni.

Dych chi'n wahanol i bobl sydd ddim yn credu

14 Dych chi'n wahanol i bobl sydd ddim yn credu – felly peidiwch ymuno â nhw. Ydy
cyfiawnder a drygioni'n gallu bod yn bartneriaid? Neu olau a thywyllwch? 15 Ydy'r Meseia
a'r diafol[c] yn creu harmoni? Beth sydd gan rywun sy'n credu a rhywun sydd ddim yn credu
yn gyffredin? 16 Ydy'n iawn rhoi eilun-dduwiau yn nheml Duw? Na! A dŷn ni gyda'n gilydd
yn deml i'r Duw byw. Fel mae Duw ei hun wedi dweud:

"Bydda i'n byw gyda nhw ac yn symud yn eu plith nhw;
fi fydd eu Duw nhw a nhw fydd fy mhobl i."

17 Felly mae'r Arglwydd yn dweud,

"Dewch allan o'u canol nhw
a bod yn wahanol."
"Peidiwch cyffwrdd dim byd aflan,
a chewch eich derbyn gen i."

18 *"Bydda i'n Dad i chi,*
a byddwch chi yn feibion a merched i mi,"
meddai'r Arglwydd Hollalluog.

7 Felly ffrindiau annwyl, am fod Duw wedi addo'r pethau yma i ni, gadewch i ni lanhau'n
hunain o unrhyw beth allai'n gwneud ni'n aflan. Am fod Duw i'w ofni, gadewch i ni
gyrraedd at y nod o roi'n hunain iddo yn bobl lân.

---

b 5:21 *yn offrwm dros bechod* Neu, *yn bechod* Cyfeiriad at Eseia 53:10. c 6:15 *diafol:* Groeg, *Beliar* – ffurf arall o'r enw Hebraeg *Belial* sy'n golygu 'drwg' neu 'diwerth'. Roedd llawer o ysgrifau Iddewig yn defnyddio'r enw yma am y diafol.

6:2 Eseia 49:8 6:16 Lefiticus 26:12 (cf. Jeremeia 32:39 ac Eseciel 37:27)
6:17 Eseia 52:11 a chyfeiriad at Eseciel 20:41 6:18 cyfeiriad at 2 Samuel 7:14 ac Eseia 43:6

Llawenydd Paul

2 Derbyniwch ni. Wnaethon ni ddim cam â neb, na gwneud niwed i neb, na chymryd mantais
o neb. 3 Dw i ddim yn ceisio gweld bai arnoch chi drwy ddweud hyn. Fel dwedais i, dych chi'n
sbesial iawn yn ein golwg ni. Fydd ein cariad ni ddim llai, doed a ddelo – byw neu farw 4 Mae
gen i hyder ynoch chi. Dw i wir yn falch ohonoch chi. Dw i wedi fy nghalonogi'n fawr. Dw i'n
wirioneddol hapus er gwaetha'r holl drafferthion.
5 Beth bynnag, pan gyrhaeddon ni dalaith Macedonia chawson ni ddim llonydd wedyn.
Roedd trafferthion bob cam o'r ffordd! Gwrthwynebiad pobl o'r tu allan, ac ofnau o'n mewn
ni. 6 Ond mae Duw'n cysuro'r rhai sy'n ddigalon, a dyma fe'n ein cysuro ni pan ddaeth Titus
aton ni. 7 Roedd yn braf ei weld, ond hefyd i gael deall fel roeddech chi wedi'i gysuro fe. Roedd
yn dweud fod gynnoch chi hiraeth amdanon ni, eich bod chi'n sori am beth ddigwyddodd,
ac yn wirioneddol awyddus i bethau fod yn iawn rhyngon ni. Rôn i'n hapusach fyth wedyn!
8 Dw i ddim yn sori mod i wedi anfon y llythyr,[ch] er ei fod wedi'ch brifo chi. Rôn i yn sori
i ddechrau, wrth weld eich bod chi wedi cael eich brifo. Ond doedd hynny ddim ond dros
dro. 9 Felly dw i'n hapus bellach – dim am i chi gael eich gwneud yn drist, ond am fod hynny
wedi gwneud i chi newid eich ffyrdd. Dyna'r math o dristwch mae Duw eisiau ei weld, felly
wnaethon ni ddim drwg i chi. 10 Mae'r math o dristwch mae Duw am ei weld yn gwneud
i bobl newid eu ffyrdd a chael eu hachub. Dydy hynny byth yn rhywbeth i'w ddifaru! Ond
dydy teimlo'n annifyr am rywbeth, heb droi at Dduw, ddim ond yn arwain i farwolaeth
ysbrydol. 11 Edrychwch beth mae'r tristwch mae Duw'n edrych amdano wedi'i wneud ynoch
chi: mae wedi creu brwdfrydedd ac awydd i sortio'r peth allan, ac wedi'ch gwneud chi mor
ddig fod y fath beth wedi digwydd. Mae wedi creu y fath barch ata i, y fath hiraeth amdana
i, y fath sêl, y fath barodrwydd i gosbi'r troseddwr. Drwy'r cwbl i gyd dych wedi profi fod dim
bai arnoch chi. 12 Felly, roeddwn i'n ysgrifennu atoch chi fel gwnes i, dim i ddelio gyda'r un
wnaeth y drwg, nac i ddangos fy mod i fy hun wedi cael cam. Rôn i'n ysgrifennu er eich mwyn
chi! – i chi weld drosoch eich hunain mor bwysig ydy'n perthynas ni. Mae Duw'n gwybod!
13 Felly dŷn ni wedi cael ein calonogi'n fawr! Ond yn fwy na hynny, roedden ni'n arbennig
o falch o weld mor hapus oedd Titus. Cafodd y fath groeso gynnoch chi i gyd, ac mae wedi
codi ei galon yn fawr. 14 Rôn i wedi bod yn brolio amdanoch chi wrtho, a wnaethoch chi ddim fy
siomi i. Yn union fel mae popeth dŷn ni wedi'i ddweud wrthoch chi'n wir, mae beth ddwedon
ni amdanoch chi wrth Titus wedi troi allan i fod yn wir hefyd. 15 Mae wedi dod mor hoff
ohonoch chi. Mae e'n cofio sut fuoch chi i gyd mor ufudd, a dangos y fath barch a chonsýrn.
16 Dw i'n hapus iawn, am fy mod i'n gallu ymddiried yn llwyr ynoch chi.

Annog haelioni

8 Dw i eisiau dweud wrthoch chi, frodyr a chwiorydd, am y ddawn o haelioni mae Duw
wedi'i rhoi i'r eglwysi yn nhalaith Macedonia.[d] 2 Er eu bod nhw wedi bod drwy amser caled
ofnadwy, roedd eu llawenydd nhw'n gorlifo yng nghanol tlodi eithafol. Buon nhw'n anhygoel
o hael! 3 Dw i'n dweud wrthoch chi eu bod nhw wedi rhoi cymaint ag oedden nhw'n gallu ei
fforddio – do, a mwy! Nhw, ohonyn nhw'u hunain, 4 oedd yn pledio'n daer arnon ni am gael
y fraint o rannu yn y gwaith o helpu Cristnogion Jerwsalem. 5 Dyma nhw'n gwneud llawer mwy
nag oedden ni'n ei ddisgwyl, drwy roi eu hunain yn y lle cyntaf i'r Arglwydd, ac wedyn i ninnau
hefyd. Dyna'n union oedd Duw eisiau iddyn nhw ei wneud! 6 I hyn dw i'n dod: dw i wedi annog
Titus, gan mai fe ddechreuodd y gwaith da yma yn eich plith chi, i'ch helpu chi i orffen eich rhan
chi yn y gwaith. 7 Mae gynnoch chi fwy na digon o ddoniau – ffydd, siaradwyr da, gwybodaeth,
brwdfrydedd, a chariad aton ni. Felly gwnewch yn siŵr eich bod chi ar y blaen wrth roi'n hael hefyd.
8 Dim rhoi gorchymyn i chi ydw i. Ond dw i yn defnyddio brwdfrydedd pobl eraill fel maen
prawf i weld pa mor real ydy'ch cariad chi. 9 A dych chi'n gwybod mor hael oedd yr Arglwydd

---

ch 7:8 *y llythyr:* Does dim copi ar gael o'r llythyr yma ysgrifennodd Paul at eglwys Corinth. d 8:1 *Macedonia:* Yr eglwysi yn Philipi, Thesalonica a Berea mae'n debyg.

Iesu Grist ei hun. Er ei fod e'n gyfoethog yng ngwir ystyr y gair, gwnaeth ei hun yn dlawd er
eich mwyn chi! – a hynny er mwyn i chi ddod yn gyfoethog yn eich perthynas â Duw!
[10]Dim ond eisiau awgrymu'r ffordd orau i ddelio gyda'r mater ydw i. Chi oedd y rhai cyntaf
i benderfynu gwneud rhywbeth y flwyddyn ddiwethaf, a'r cyntaf i ddechrau arni. [11]Mae'n bryd
i chi orffen y gwaith. Dangoswch yr un brwdfrydedd wrth wneud beth gafodd ei benderfynu.
Rhowch gymaint ag y gallwch chi. [12]Os dych chi wir eisiau rhoi, rhowch chi beth allwch chi,
a bydd hynny'n dderbyniol. Does dim disgwyl i chi roi beth sydd ddim gynnoch chi i'w roi!
[13]Dw i ddim eisiau gwneud bywyd yn anodd i chi am eich bod chi'n rhoi i geisio helpu pobl
eraill. Beth dw i eisiau ydy tegwch. [14]Ar hyn o bryd mae gynnoch chi hen ddigon, a gallwch
chi helpu'r rhai sydd mewn angen. Wedyn byddan nhw'n gallu'ch helpu chi pan fyddwch chi
angen help. Mae pawb yn gyfartal felly. [15]Fel mae'n dweud yn yr ysgrifau sanctaidd: "*Doedd
dim byd dros ben gan y rhai gasglodd lawer, a doedd y rhai gasglodd ychydig ddim yn brin.*"

Anfon Titus i Corinth

[16]Dw i'n diolch i Dduw fod gan Titus yr un consýrn amdanoch chi â sydd gen i. [17]Mae e'n
dod atoch chi dim yn unig am ein bod ni wedi gofyn iddo, ond am ei fod e'n frwd i wneud
hynny ei hun – roedd e wir eisiau dod. [18]Dŷn ni'n anfon gydag e frawd sy'n cael ei ganmol
yn yr eglwysi i gyd am ei waith yn cyhoeddi'r newyddion da. [19]Yn wir, mae e hefyd wedi cael
ei ddewis gan yr eglwysi i fynd gyda ni pan fyddwn yn mynd â'r rhodd i Jerwsalem – rhodd
sy'n anrhydeddu'r Arglwydd ei hun a hefyd yn dangos ein bod ni'n frwd i helpu. [20]Dŷn ni
eisiau gwneud yn siŵr fod neb yn gallu'n beirniadu ni am y ffordd dŷn ni wedi delio gyda'r
rhodd hael yma. [21]Dŷn ni am wneud beth sy'n iawn, dim yn unig yng ngolwg yr Arglwydd ei
hun, ond yng ngolwg pawb arall hefyd.
[22]Dŷn ni'n anfon brawd arall gyda nhw hefyd – un sydd wedi dangos lawer gwaith mor
frwdfrydig ydy e. Ac mae'n fwy brwd fyth nawr gan ei fod yn ymddiried yn llwyr ynoch chi.
[23]Os oes cwestiwn yn codi am Titus – fy mhartner i ydy e, yn gweithio gyda mi i'ch helpu
chi. Os oes unrhyw gwestiwn am y brodyr eraill – nhw sy'n cynrychioli'r eglwysi ac maen
nhw'n glod i'r Meseia ei hun. [24]Felly dangoswch chi i'r dynion yma mor fawr ydy'ch cariad
chi, a phrofi i'r eglwysi bod gynnon ni ddigon o le i fod yn falch ohonoch chi.

9 Does dim wir angen i mi ysgrifennu atoch chi am y casgliad yma i helpu Cristnogion
Jerwsalem. [2]Dw i'n gwybod eich bod chi'n awyddus i helpu. Dw i wedi bod yn sôn am
y peth wrth bobl Macedonia, ac yn dweud wrthyn nhw eich bod chi yn nhalaith Achaia wedi
bod yn barod ers y flwyddyn ddiwethaf. Clywed am eich brwdfrydedd chi sydd wedi ysgogi
y rhan fwya ohonyn nhw i wneud rhywbeth! [3]Ond dw i'n anfon y brodyr yma atoch chi er
mwyn gwneud yn siŵr y bydd ein brolio ni amdanoch ddim yn troi allan i fod yn wag, ac
y byddwch yn barod, fel dw i wedi dweud y byddwch chi. [4]Os bydd rhai o dalaith Macedonia
gyda ni pan ddown ni i'ch gweld chi, a darganfod eich bod chi ddim yn barod, byddwn ni, heb
sôn amdanoch chi, yn teimlo cywilydd go iawn. [5]Dyna pam o'n i'n teimlo bod rhaid anfon
y brodyr atoch chi ymlaen llaw. Byddan nhw'n gallu gwneud trefniadau i dderbyn y rhodd
dych chi wedi'i haddo. Bydd yn disgwyl amdanon ni wedyn fel rhodd sy'n dangos mor hael
ydych chi, a dim fel rhywbeth wedi'i wasgu allan ohonoch chi.

Hau yn hael

[6]Cofiwch hyn: Os mai ychydig dych chi'n ei hau, bach fydd y cynhaeaf; ond os dych chi'n
hau yn hael, cewch gynhaeaf mawr. [7]Dylai pob un ohonoch chi roi o'i wirfodd, dim yn anfodlon
neu am fod pwysau arnoch chi. Mae Duw'n mwynhau gweld pobl sydd wrth eu boddau yn
rhoi. [8]Mae Duw'n gallu rhoi mwy na digon o bethau'n hael i chi, er mwyn i chi fod â popeth
sydd arnoch ei angen, a bydd digonedd dros ben i chi allu gwneud gwaith da bob amser. [9]Fel
mae'n dweud yn yr ysgrifau sanctaidd:

8:15 Exodus 16:18   9:7 cyfeiriad at Diarhebion 22:8-9 (LXX)

"Mae'r duwiol yn rhoi yn hael i'r tlodion;
bydd pobl yn cofio ei haelioni bob amser."
10Duw sy'n rhoi'r had i'r heuwr a bwyd i bobl ei fwyta. Bydd yn cynyddu eich stôr chi o 'had'
ac yn gwneud i gynhaeaf eich gweithredoedd da chi lwyddo. 11Bydd yn eich gwneud chi'n
gyfoethog ym mhob ffordd er mwyn i chi allu bod yn hael bob amser. Bydd llawer o bobl
yn diolch i Dduw pan fyddwn ni'n mynd â'ch rhodd chi i Jerwsalem. 12Nid dim ond cwrdd
ag angen pobl Dduw mae beth dych chi'n ei wneud – mae'n llawer mwy na hynny. Bydd
yn gwneud i lawer o bobl ddweud diolch wrth Dduw. 13Bydd pobl yn moli Duw am fod eich
haelioni chi wrth rannu gyda nhw a phawb arall yn profi eich bod chi'n ufudd i'r newyddion
da dych wedi'i gredu am y Meseia. 14Byddan nhw'n gweddïo drosoch chi, ac yn hiraethu
amdanoch chi, am fod Duw wedi'ch galluogi chi i fod mor hael. 15A diolch i Dduw am ei fod
e wedi rhoi rhodd i ni sydd y tu hwnt i eiriau!

Paul yn amddiffyn ei weinidogaeth

10 Felly dyma fi, Paul, yn apelio atoch chi yn addfwyn ac yn garedig fel y Meseia ei hun
– ie fi, yr un maen nhw'n dweud sy'n 'llwfr' pan dw i wyneb yn wyneb â chi, ond mor
'galed' pan dw i'n bell i ffwrdd! 2Pan fydda i'n dod acw, dw i'n erfyn arnoch chi, peidiwch
gwneud i mi fod yn galed gyda chi fel dw i'n disgwyl gorfod bod gyda'r rhai hynny sy'n dweud
ein bod ni'n byw fel pobl y byd, sydd ddim yn credu! 3Dŷn ni'n byw yn y byd yn sicr, ond dŷn
ni ddim yn ymladd ein brwydrau fel mae'r byd yn gwneud. 4Dŷn ni ddim yn defnyddio arfau'r
byd i ymladd. Fel arall yn hollol! – mae'n harfau ni yn rhai grymus, a Duw sy'n rhoi'r nerth
i ni chwalu'r cestyll mae'r gelyn yn eu hamddiffyn. 5Dŷn ni'n chwalu dadleuon a'r syniadau
balch sy'n rhwystro pobl rhag dod i nabod Duw. Dŷn ni'n rhwymo'r syniadau hynny, ac yn
arwain pobl i fod yn ufudd i'r Meseia. 6Pan fyddwch chi'n ufudd eto, byddwn ni'n barod
wedyn i gosbi pawb sy'n aros yn anufudd.
7Dych chi'n edrych ar bethau'n rhy arwynebol! Dylai'r rhai sy'n honni bod ganddyn nhw
berthynas sbesial gyda'r Meseia ystyried hyn: mae'n perthynas ni gyda'r Meseia mor real â'u
perthynas nhw. 8Hyd yn oed petawn i'n brolio braidd gormod am yr awdurdod mae'r Arglwydd
Iesu wedi'i roi i ni does gen i ddim cywilydd o'r peth. Awdurdod i'ch cryfhau chi ydy e, ddim
i chwalu'ch ffydd chi. 9Dw i ddim yn ceisio'ch dychryn chi yn fy llythyrau. 10Dw i'n gwybod yn
iawn beth maen nhw'n ei ddweud: "Mae'n galed ac yn gas yn ei lythyrau, ond rhyw greadur bach
gwan ac eiddil ydy e go iawn, ac mae'n siaradwr anobeithiol!" 11Gwell i bobl felly sylweddoli hyn:
pan ddown ni atoch chi, byddwn ni'n gwneud yn union beth mae'n llythyrau yn ei ddweud.
12Wrth gwrs, fydden ni ddim yn meiddio cymharu'n hunain a rhoi'n hunain yn yr un dosbarth
â'r rhai hynny sy'n canmol eu hunain! Y gwir ydy, wrth fesur yn ôl eu llathen eu hunain
a chymharu eu hunain â'i gilydd, maen nhw'n dangos mor ddwl ydyn nhw go iawn. 13Dŷn ni, ar
y llaw arall, ddim yn mynd i frolio am bethau sydd ddim byd i'w wneud â ni. Dŷn ni ddim ond yn
sôn am y gwaith mae Duw wedi'i roi i ni – ac mae hynny'n cynnwys gweithio gyda chi! 14Dŷn
ni ddim yn tresmasu ar faes rhywun arall. Wedi'r cwbl, ni ddaeth â'r newyddion da am y Meseia
atoch chi! 15Dŷn ni ddim wedi dwyn y clod am waith pobl eraill. Ein gobaith ni ydy, wrth i'ch
ffydd chi dyfu, y bydd ein gwaith ni yn eich plith chi yn tyfu fwy a mwy. 16Wedyn byddwn ni'n
gallu mynd ymlaen i gyhoeddi'r newyddion da mewn lleoedd sy'n bellach i ffwrdd na chi. Ond
dŷn ni ddim yn mynd i frolio am y gwaith mae rhywun arall wedi'i wneud! 17*"Os ydy rhywun am*
frolio, dylai frolio am beth mae'r Arglwydd wedi'i wneud." 18Dim y bobl sy'n canmol eu hunain
sy'n cael eu derbyn ganddo, ond y bobl mae'r Arglwydd ei hun yn eu canmol.

Paul a'r ffug-apostolion

11 Wnewch chi oddef i mi siarad yn ffôl? – maddeuwch i mi am hyn. 2Os dw i'n
genfigennus, Duw sy'n gwneud i mi deimlo felly. Dw i wedi'ch addo chi yn briod

9:9 Salm 112:9 9:10 gw. Eseia 55:10 10:17 Jeremeia 9:24

i un dyn – ie, dim ond un! Dw i am eich cyflwyno chi'n wyryf bur i'r Meseia. 3Ond dw i ofn
i chi gael eich llygru a'ch denu i ffwrdd o'ch ymroddiad llwyr iddo, yn union fel y cafodd
Efa ei thwyllo gan yr hen sarff gyfrwys. 4Mae rhywun yn dod atoch chi ac yn pregethu am
Iesu gwahanol i'r un roedden ni'n ei bregethu. Dych chi'n derbyn ysbryd sy'n wahanol, neu
'newyddion da' gwahanol, a dych chi'n goddef y cwbl yn ddigon hapus! 5Ond dw i ddim
yn meddwl mod i'n israddol o gwbl i'r 'ffansi-apostolion' yna. 6Falle nad ydw i'n siaradwr
cyhoeddus mawr, ond dw i'n gwybod beth ydy'r gwir. Mae'r gwir wedi cael ei wneud yn
ddigon clir i chi bob amser.
7Rôn i wedi cyhoeddi newyddion da Duw i chi yn rhad ac am ddim. Tybed wnes i'r peth
anghywir? Diraddio fy hun er mwyn eich anrhydeddu chi. 8Rôn i'n derbyn tâl gan eglwysi
eraill er mwyn i mi allu gweithio i chi! 9Hyd yn oed pan oeddwn i'n brin, fues i ddim yn faich
ar neb ohonoch chi. Y ffrindiau ddaeth o dalaith Macedonia roddodd i mi bopeth oedd arna
i ei angen. Dw i wedi osgoi bod yn faich arnoch chi o gwbl, a dw i'n mynd i ddal i wneud
hynny. 10Heb unrhyw amheuaeth does neb yn Achaia gyfan yn gallu gwadu hynny. 11Ond
pam dw i'n gwneud hyn? Am fy mod i ddim yn eich caru chi? Mae Duw yn gwybod gymaint
dw i'n eich caru chi!
12Dw i'n mynd i ddal ati i wneud yr un fath â dw i wedi gwneud bob amser. Bydd hynny'n
tynnu'r carped o dan draed y rhai sy'n brolio ac yn ceisio rhoi'r argraff eu bod nhw'n gwneud
yr un gwaith â ni! 13Na, ffug-apostolion ydyn nhw; twyllwyr yn cymryd arnyn nhw eu bod
nhw'n cynrychioli y Meseia! 14A dim syndod, achos mae Satan ei hun yn cymryd arno ei
fod yn angel y goleuni! 15Felly pam ddylen ni ryfeddu os ydy ei weision e'n cymryd arnyn
nhw eu bod nhw'n gweithio dros beth sy'n iawn. Byddan nhw'n cael beth maen nhw'n ei
haeddu yn y diwedd!

Paul yn sôn am beth roedd wedi'i ddioddef

16Dw i'n dweud eto: peidiwch meddwl fy mod i'n ffŵl. Ond hyd yn oed os dych chi'n
meddwl hynny, wnewch chi oddef i mi actio'r ffŵl drwy frolio tipyn bach? 17Wrth frolio fel
yma dw i ddim yn siarad fel y byddai'r Arglwydd am i mi siarad – actio'r ffŵl ydw i. 18Ond
am fod cymaint yn brolio fel mae'r byd yn gwneud, dw i'n mynd i wneud yr un peth. 19Wedi'r
cwbl, er eich bod chi mor ddoeth, dych chi'n barod iawn i oddef ffyliaid! 20Yn wir, dych chi'n
fodlon hyd yn oed os ydyn nhw'n eich caethiwo chi. Dych chi'n gadael iddyn nhw gymryd
eich arian chi a manteisio arnoch chi. Dych chi'n gadael iddyn nhw gymryd drosodd a chodi
cywilydd arnoch chi yn y ffordd maen nhw'n eich trin chi! 21Mae gen i gywilydd ohono i'n
hun, fy mod i'n rhy wan i'ch trin chi felly!
Ond os ydyn nhw am frolio, gadewch i mi fentro gwneud yr un peth. (Cofiwch mai actio'r
ffŵl ydw i!) 22Maen nhw'n Iddewon sy'n siarad Hebraeg ydyn nhw? A fi! Israeliaid crefyddol,
ie? A fi! Disgynyddion Abraham? A fi! 23Gweision i'r Meseia? Dw i'n was gwell! (Dw i wir
ddim yn gall yn siarad fel hyn!) Dw i wedi gweithio'n galetach na nhw, wedi bod yn y carchar
yn amlach, wedi cael fy nghuro dro ar ôl tro, nes mod i bron marw'n aml. 24Dw i wedi cael fy
chwipio bum gwaith gan yr Iddewon (y tri deg naw chwip). 25Dw i wedi cael fy nghuro â ffyn
dair gwaith gan y Rhufeiniaid. Un tro cafodd cerrig eu taflu ata i er mwyn fy lladd i. Dw i wedi
bod mewn llongddrylliad dair gwaith. Un o'r troeon hynny roeddwn i yn y môr am dros bedair
awr ar hugain. 26Yn ystod yr holl deithio di-baid dw i wedi bod mewn peryg gan afonydd, gan
ladron, gan fy mhobl fy hun a phobl o genhedloedd eraill; dw i wedi bod mewn peryg mewn
dinasoedd, wrth deithio drwy dir anial ac ar y môr; a hefyd gan y dynion sy'n cymryd arnyn
eu bod nhw'n Gristnogion. 27Dw i wedi gweithio'n wirioneddol galed ac wedi colli cwsg yn
aml; wedi profi newyn a syched a mynd heb fwyd yn aml; dw i wedi dioddef o oerfel ac wedi
bod heb ddigon o ddillad i gadw'n gynnes. 28A heb sôn am ddim arall, dw i dan bwysau bob

11:3 gw. Genesis 3:1-5,13 11:9 gw. Philipiaid 4:15-18 11:23 gw. Actau 16:23-24
11:24 gw. Deuteronomium 25:3 11:25 a gw. Actau 16:22; b gw. Actau 14:19 11:26 gw. Actau 9:23; 14:5

dydd o achos y consýrn sydd gen i am yr eglwysi i gyd. 29 Os ydy rhywun yn teimlo'n wan, dw
i yno gydag e. Os ydy rhywun yn cael ei arwain i bechu, dw i'n berwi y tu mewn!
30 Os oes rhaid i mi frolio, mae'n well gen i frolio am y pethau hynny sy'n dangos mor wan
ydw i. 31 Mae Duw a Thad yr Arglwydd Iesu – yr un sydd i'w foli am byth – yn gwybod mod
i'n dweud y gwir. 32 Yn Damascus roedd y llywodraethwr dan y Brenin Aretas wedi gorchymyn
i'r ddinas gael ei gwarchod er mwyn fy arestio i. 33 Ond ces fy ngollwng i lawr o ffenest yn wal
y ddinas, mewn basged! Dyna sut llwyddais i ddianc o'i afael!

Gweledigaeth Paul a'i boenau

12 Rhaid i mi ddal ati i frolio. Does dim i'w ennill o wneud hynny, ond dw i am fynd
ymlaen i sôn am weledigaethau a phethau mae'r Arglwydd wedi'u dangos i mi. 2 Dw
i'n gwybod am un o ddilynwyr y Meseia gafodd ei gipio i uchder y nefoedd[dd] bedair blynedd
ar ddeg yn ôl. Wn i ddim a ddigwyddodd hynny'n gorfforol neu beidio – dim ond Duw sy'n
gwybod. 3 Dw i'n gwybod ei fod 4 wedi cael ei gymryd i baradwys, a'i fod wedi clywed pethau
sydd y tu hwnt i eiriau – does gan neb hawl i'w hailadrodd. 5 Dw i'n fodlon brolio am y person
hwnnw, ond wna i ddim brolio amdana i fy hun – dim ond am beth sy'n dangos mod i'n
wan. 6 Gallwn i ddewis brolio, a fyddwn i ddim yn actio'r ffŵl taswn i yn gwneud hynny, achos
byddwn i'n dweud y gwir. Ond dw i ddim am wneud hynny, rhag i rywun feddwl yn rhy uchel
ohono i – mwy na beth ddylen nhw. Dw i eisiau i'w barn nhw amdana i fod yn seiliedig ar
beth maen nhw wedi fy ngweld i'n ei wneud neu'n ei ddweud.
7 Ond dw i wedi gorfod dioddef poenau corfforol (rhag i mi droi'n greadur rhy falch am fod
Duw wedi datguddio pethau rhyfeddol i mi). Mae Satan wedi cael anfon negesydd i'm ffistio
i. 8 Dw i wedi pledio ar i'r Arglwydd ei symud, do, dair gwaith, 9 ond ei ateb oedd, "Mae fy
haelioni i'n hen ddigon i ti. Mae fy nerth i'n gweithio orau mewn gwendid." Felly dw i'n hapus
iawn i frolio am beth sy'n dangos mod i'n wan, er mwyn i nerth y Meseia ddal i weithio trwof
fi. 10 Ydw, dw i'n falch fy mod i'n wan, yn cael fy sarhau, yn cael amser caled, yn cael fy erlid,
ac weithiau'n anobeithio, er mwyn y Meseia. Achos pan dw i'n wan, mae gen i nerth go iawn.

Consýrn Paul am y Corinthiaid

11 Dw i wedi actio'r ffŵl, ond eich bai chi ydy hynny. Chi ddylai fod yn fy nghanmol i, achos
dw i ddim yn israddol o gwbl i'r 'ffansi-apostolion' yna. Er, dw i'n gwybod mod i'n neb.
12 Cafodd pethau sy'n dangos pwy ydy cynrychiolwyr go iawn y Meseia eu gwneud yn eich plith
chi'n gyson, yn ogystal â gwyrthiau syfrdanol a phethau rhyfeddol eraill. 13 Wnes i lai i chi na
wnes i i'r eglwysi eraill? Dim ond peidio bod yn faich ariannol arnoch chi! ... O, maddeuwch
i mi am wneud cam â chi!
14 Bellach dw i'n barod i ymweld â chi am y trydydd tro. A dw i ddim yn mynd i fod yn faich
arnoch chi y tro yma chwaith. Chi sy'n bwysig i mi, nid eich arian chi! Rhieni sydd i gynnal eu
plant; does dim disgwyl i'r plant gynilo er mwyn cynnal eu rhieni. 15 A dw i'n fwy na pharod
i wario'r cwbl sydd gen i arnoch chi – a rhoi fy hun yn llwyr i chi. Ydych chi'n mynd i ngharu
i'n llai am fy mod i'n eich caru chi gymaint?
16 Felly wnes i ddim eich llethu chi'n ariannol. Ond wedyn mae rhai'n dweud fy mod i mor
slei! Maen nhw'n dweud fy mod i wedi llwyddo i'ch twyllo chi! 17 Sut felly? Wnes i ddefnyddio'r
bobl anfonais i atoch chi i gymryd mantais ohonoch chi? 18 Dyma fi'n annog Titus i fynd i'ch
gweld chi ac anfon ein brawd gydag e. Wnaeth Titus fanteisio arnoch chi? Na, mae ganddo
fe yr un agwedd â mi, a dŷn ni'n ymddwyn yr un fath â'n gilydd.
19 Ydych chi'n meddwl ein bod ni wedi bod yn amddiffyn ein hunain o'ch blaen chi? Na,
fel Cristnogion dŷn ni wedi bod yn siarad yn gwbl agored o flaen Duw, a hynny er mwyn eich
cryfhau chi, ffrindiau annwyl. 20 Ond pan fydda i'n dod acw, mae gen i ofn y byddwch chi

dd 12:2 *uchder y nefoedd* Groeg, "y drydedd nefoedd".
11:32-33 gw. Actau 9:23-25

ddim yn ymddwyn fel y baswn i'n hoffi. Wedyn fydda i ddim yn ymateb fel y byddech chi'n
hoffi! Mae gen i ofn y bydd yna ffraeo, cenfigennu, gwylltio ac uchelgais hunanol, pobl yn
enllibio, hel straeon, yn llawn ohonyn nhw eu hunain ac yn creu anhrefn llwyr. [21] Mae gen i ofn
y bydd Duw yn gwneud i mi deimlo cywilydd o'ch blaen chi eto pan fydda i'n dod acw. Bydda
i wedi torri fy nghalon am fod llawer acw yn dal ati i bechu a heb droi cefn ar eu meddyliau
mochaidd, eu hanfoesoldeb rhywiol a'u penrhyddid llwyr.

Rhybuddion olaf

13 Hwn fydd y trydydd tro i mi ymweld â chi.
"*Rhaid cael dau neu dri tyst i gadarnhau fod rhywbeth yn wir.*" [2] Dw i wedi rhoi
un rhybudd i'r rhai oedd wedi bod yn pechu y tro dwetha roeddwn i gyda chi. Dw i ddim
gyda chi ar hyn o bryd, ond dw i'n rhoi ail rybudd (iddyn nhw a phawb sydd wedi ymuno
â nhw). Fydda i'n dangos dim trugaredd y tro nesa! [3] Wedi'r cwbl, dych chi eisiau prawf fod
y Meseia yn siarad trwof fi. Dydy e ddim yn wan yn y ffordd mae e'n delio gyda chi – mae'n
gweithio'n nerthol yn eich plith chi! [4] Mae'n wir ei fod yn wan pan gafodd ei ladd ar y groes,
ond mae bellach yn byw drwy nerth Duw. A'r un modd, dŷn ni sy'n perthyn iddo yn wan, ond
byddwn ni'n rhannu ei fywyd e – a'r bywyd hwnnw sydd drwy nerth Duw yn ein galluogi ni
i'ch gwasanaethu chi.
[5] Chi ddylai edrych arnoch eich hunain i weld a ydych yn byw'n ffyddlon. Dylech chi roi
eich hunain ar brawf! Ydych chi ddim yn sylweddoli fod y Meseia Iesu yn eich plith chi? – os
na, dych chi wedi methu'r prawf. [6] Beth bynnag, dw i'n hyderus eich bod chi'n gweld ein bod
ni ddim wedi methu'r prawf. [7] Ond dim cael pobl i weld ein bod ni wedi pasio'r prawf ydy'r
rheswm pam dŷn ni'n gweddïo ar Dduw na fyddwch chi'n gwneud dim o'i le. Dŷn ni am i chi
wneud beth sy'n iawn hyd yn oed os ydy'n ymddangos ein bod ni wedi methu. [8] Dŷn ni ddim
am wneud unrhyw beth sy'n rhwystr i'r gwirionedd, dim ond beth sy'n hybu'r gwirionedd. [9] Yn
wir, dŷn ni'n ddigon balch o fod yn wan os dych chi'n gryfion. Ein gweddi ni ydy ar i chi gael
eich adfer. [10] Dyna pam dw i'n ysgrifennu atoch chi fel hyn tra dw i'n absennol – dw i ddim
eisiau gorfod bod yn galed arnoch chi a defnyddio'r awdurdod mae'r Arglwydd wedi'i roi
i mi. Dw i eisiau cryfhau, dim chwalu'ch ffydd chi.

Cyfarchion i gloi

[11] Felly i gloi, ffrindiau annwyl, byddwch lawen! Newidiwch eich ffyrdd a gwrando ar beth
dw i'n eich annog chi i'w wneud. Cytunwch â'ch gilydd, a byw mewn perthynas iach â'ch
gilydd. A bydd y Duw sy'n rhoi cariad a heddwch perffaith gyda chi.
[12] Cyfarchwch eich cyd-Gristnogion yn llawn cariad.
Mae pobl Dduw i gyd yn anfon eu cyfarchion atoch chi.
[13] Dw i'n gweddïo y byddwch chi i gyd yn profi haelioni rhyfeddol yr Arglwydd Iesu Grist,
a chariad Duw, a'r rhannu mae'r Ysbryd Glân yn ei ysgogi.

13:1 Deuteronomium 19:15 (cf. Deuteronomium 17:6)

Galatiaid

1 Llythyr gan Paul, cynrychiolydd personol i'r Meseia Iesu.
Dim pobl ddewisodd fi i fod yn gynrychiolydd i'r Meseia, a dim rhyw ddyn cyffredin
anfonodd fi, ond y Meseia Iesu ei hun, a Duw y Tad, yr un gododd e yn ôl yn fyw.
2 Mae'r ffrindiau sydd gyda mi yma yn anfon eu cyfarchion. Atoch chi, yr eglwysi yn nhalaith
Galatia:
3 Dw i'n gweddïo y byddwch chi'n profi'r haelioni rhyfeddol a'r heddwch dwfn mae Duw ein
Tad a'r Arglwydd Iesu Grist yn ei roi i ni. 4 Gwnaeth Iesu yn union beth oedd ein Duw a'n Tad
eisiau! Rhoddodd ei fywyd yn aberth dros ein pechodau ni, er mwyn ein rhyddhau ni o afael
yr oes bresennol a'i drygioni. 5 Dyma'r Duw sy'n haeddu ei foli am byth bythoedd! Amen!

Dim Newyddion Da arall

6 Dw i'n ei chael hi'n anodd credu eich bod chi'n troi cefn ar Dduw mor fuan! Troi cefn
ar yr un sydd wedi'ch galw chi ato'i hun drwy haelioni'r Meseia – a derbyn rhyw syniadau
eraill sy'n honni bod yn 'newyddion da'. 7 Ond does yna ddim newyddion da arall yn bod!
Rhyw bobl sy'n eich drysu chi drwy ystumio'r newyddion da am y Meseia a'i wneud yn
rhywbeth arall. 8 Melltith Duw ar bwy bynnag sy'n cyhoeddi neges wahanol i'r un wnaethon
ni ei rhannu gyda chi! Petaen ni'n hunain yn gwneud y fath beth, neu hyd yn oed angel o'r
nefoedd, melltith Duw arno! 9 Dw i wedi dweud o'r blaen a dw i'n dweud yr un peth eto: Os
oes rhywun yn cyhoeddi neges wahanol i'r un wnaethoch chi ei chredu, melltith Duw arno!
10 Felly, ydw i'n swnio nawr fel rhywun sydd eisiau cael ei ganmol gan bobl? Onid ceisio
plesio Duw ydw i? Ydw i eisiau bod yn boblogaidd? Taswn i'n dal yn ceisio plesio pobl, fyddwn
i ddim yn was i'r Meseia.

Paul wedi'i alw gan Dduw

11 Frodyr a chwiorydd, dw i eisiau i chi ddeall yn iawn mai dim rhywbeth wnaeth pobl ei
ddychmygu ydy'r newyddion da yma dw i'n ei gyhoeddi. 12 Dim clywed y neges gan rywun
arall wnes i, a wnaeth neb arall ei dysgu hi i mi; na, y Meseia Iesu ei hun ddangosodd i mi
beth oedd y gwir.
13 Mae'n siŵr eich bod chi wedi clywed beth roeddwn i'n ei wneud pan o'n i'n dilyn
y grefydd Iddewig: roeddwn i'n erlid Cristnogion fel ffanatig, ac yn ceisio dinistrio eglwys
Dduw. 14 Rôn i'n cymryd crefydd gymaint o ddifri, ac ymhell ar y blaen i eraill oedd yr un
oed â mi. Rôn i ar dân dros ein traddodiadau Iddewig ni. 15 Ond roedd Duw wedi fy newis
i cyn i mi gael fy ngeni, a buodd e'n anhygoel o garedig tuag ata i drwy fy ngalw i'w ddilyn.
Gwelodd yn dda 16 i ddangos ei Fab i mi, er mwyn i mi fynd allan i gyhoeddi'r newyddion da
amdano i bobl o genhedloedd eraill! Wnes i ddim mynd i ofyn cyngor unrhyw un, 17 na mynd
i Jerwsalem i weld y rhai oedd yn gynrychiolwyr i Iesu o mlaen i chwaith. Na, es i'n syth
i Arabia, ac wedyn mynd yn ôl i Damascus.
18 Aeth tair blynedd heibio cyn i mi fynd i Jerwsalem i dreulio amser gyda Pedr,[a] a dim ond
am bythefnos arhosais i yno. 19 Welais i ddim un o'r cynrychiolwyr eraill, dim ond Iago, brawd
yr Arglwydd. 20 Dyna'r gwir – o flaen Duw, heb air o gelwydd! 21 Ar ôl hynny dyma fi'n mynd
i Syria a Cilicia. 22 Doedd Cristnogion eglwysi Jwdea ddim yn fy nabod i'n bersonol, 23 ond
roedden nhw wedi clywed pobl yn dweud: "Mae'r dyn oedd yn ein herlid ni wedi dod i gredu!
Mae'n cyhoeddi'r newyddion da roedd e'n ceisio ei ddinistrio o'r blaen!" 24 Roedden nhw'n
moli Duw am beth oedd wedi digwydd i mi.

---

a 1:18 *Pedr:* Groeg, "Ceffas", enw Aramaeg sy'n golygu 'craig' – yr un fath â'r enw Pedr.
1:13 gw. Actau 8:3 (a hefyd Actau 22:4,5; 26:9-11)

Paul yn cael ei dderbyn gan gynrychiolwyr personol eraill Iesu

2 Aeth un deg pedair blynedd heibio cyn i mi fynd yn ôl i Jerwsalem eto. Es i gyda Barnabas
y tro hwnnw, a dyma ni'n mynd â Titus gyda ni hefyd. 2 Roedd Duw wedi dangos i mi fod
rhaid i mi fynd. Ces gyfarfod preifat gyda'r rhai sy'n cael eu hystyried yn arweinwyr 'pwysig'.
Dyma fi'n dweud wrthyn nhw yn union beth dw i wedi bod yn ei bregethu fel newyddion da
i bobl o genhedloedd eraill. Rôn i am wneud yn siŵr mod i ddim wedi bod yn gweithio mor
galed i ddim byd. 3 Ond wnaethon nhw ddim hyd yn oed orfodi Titus i fynd drwy'r ddefod
o gael ei enwaedu, a dydy e ddim yn Iddew. 4 Roedd dryswch wedi codi am fod rhai pobl oedd
yn smalio eu bod yn credu wedi'u hanfon i'n plith ni, fel ysbiwyr yn ein gwylio ni a'r rhyddid
sydd gynnon ni yn ein perthynas â'r Meseia Iesu. Roedden nhw eisiau ein gwneud ni'n gaeth
unwaith eto, 5 ond wnaethon ni ddim rhoi i mewn iddyn nhw o gwbl. Roedden ni am wneud
yn siŵr eich bod chi'n dal gafael yng ngwirionedd y newyddion da.
6 Felly beth oedd ymateb yr arweinwyr 'pwysig' yma? – (dydy pwy oedden nhw'n gwneud
dim gwahaniaeth i mi – does gan Dduw ddim ffefrynnau!) Doedd ganddyn nhw ddim o gwbl
i'w ychwanegu at fy neges i. 7 Na, yn hollol i'r gwrthwyneb! Roedd hi'n gwbl amlwg iddyn
nhw fod Duw wedi rhoi'r dasg i mi o gyhoeddi'r newyddion da i bobl o genhedloedd eraill, yn
union fel roedd wedi rhoi'r dasg i Pedr o'i gyhoeddi i'r Iddewon. 8 Roedd yr un Duw oedd yn
defnyddio Pedr fel ei gynrychiolydd i'r Iddewon, yn fy nefnyddio i gyda phobl o genhedloedd
eraill. 9 Dyma Iago, Pedr[b] ac Ioan (y rhai sy'n cael eu cyfri fel 'y pileri'. sef yr arweinwyr pwysica)
yn derbyn Barnabas a fi fel partneriaid llawn. Roedden nhw'n gweld mai Duw oedd wedi
rhoi'r gwaith yma i mi. Y cytundeb oedd ein bod ni'n mynd at bobl y cenhedloedd a nhw'n
mynd at yr Iddewon. 10 Yr unig beth oedden nhw'n pwyso arnon ni i'w wneud oedd i beidio
anghofio'r tlodion, ac roedd hynny'n flaenoriaeth gen i beth bynnag!

Paul yn ceryddu Pedr

11 Ond wedyn pan ddaeth Pedr[c] i ymweld ag Antiochia, roedd rhaid i mi dynnu'n groes
iddo, am ei bod hi'n amlwg ei fod e ar fai. 12 Ar y dechrau roedd yn ddigon parod i rannu
pryd o fwyd gyda phobl oedd ddim yn Iddewon. Ond dyma ryw ddynion yn cyrraedd oedd
wedi dod oddi wrth Iago yn Jerwsalem, a dyma Pedr yn dechrau cadw draw a thorri cysylltiad
â'r Cristnogion hynny oedd ddim yn Iddewon. Roedd yn poeni am y rhai oedd yn credu bod
defod enwaediad yn hanfodol bwysig – beth fydden nhw'n ei feddwl ohono. 13 A dyma'r
Cristnogion Iddewig eraill yn dechrau rhagrithio yr un fath â Pedr. Cafodd hyd yn oed Barnabas
ei gamarwain ganddyn nhw!
14 Ond roedd hi'n gwbl amlwg i mi eu bod nhw'n ymddwyn yn groes i wirionedd y newyddion
da. Felly dyma fi'n dweud wrth Pedr o'u blaen nhw i gyd, "Rwyt ti'n Iddew, ac eto rwyt ti'n
byw fel pobl o genhedloedd eraill, felly sut wyt ti'n cyfiawnhau gorfodi pobl o'r gwledydd
hynny i ddilyn traddodiadau Iddewig?"
15 "Rwyt ti a fi wedi'n geni'n Iddewon, dim yn 'bechaduriaid' fel mae pobl o genhedloedd
eraill yn cael eu galw. Ac eto 16 dŷn ni'n gwybod mai dim cadw yn ddeddfol holl fanion
y Gyfraith Iddewig sy'n gwneud ein perthynas ni gyda Duw yn iawn. Credu fod Iesu y Meseia
wedi bod yn ffyddlon sy'n gwneud hynny. Felly roedd rhaid i ni'r Iddewon hefyd gredu yn
y Meseia Iesu – credu mai ei ffyddlondeb e sy'n ein gwneud ni'n iawn gyda Duw dim cadw
manion y Gyfraith Iddewig! *'All neb fod yn iawn gyda Duw drwy* gadw'r Gyfraith!'
17 "Ond os ydy ceisio perthynas iawn gyda Duw drwy beth wnaeth y Meseia yn dangos ein
bod ni'n 'bechaduriaid' fel pawb arall, ydy hynny'n golygu bod y Meseia yn gwasanaethu
pechod? Na! Wrth gwrs ddim! 18 Os dw i'n mynd yn ôl i'r hen ffordd – ailadeiladu beth wnes
i ei chwalu – dw i'n troseddu yn erbyn Duw go iawn wedyn. 19 Wrth i mi geisio cadw'r Gyfraith
Iddewig mae'r Gyfraith honno wedi fy lladd i, er mwyn i mi gael byw i wasanaethu Duw. Dw

---

b 2:9 *Pedr:* gw. nodyn ar 1 Corinthiaid 1:12. c 2:11 *Pedr:* gw. nodyn ar 1 Corinthiaid 1:12.
2:16 cyfeiriad at Salm 143:2

i wedi marw ar y groes gyda'r Meseia, [20]ac felly nid fi sy'n byw bellach, ond y Meseia sy'n
byw ynof fi. Dw i'n byw y math o fywyd dw i'n ei fyw nawr am fod Mab Duw wedi bod yn
ffyddlon, wedi fy ngharu i a rhoi ei hun yn aberth yn fy lle i. [21]Dw i ddim yn mynd i daflu
rhodd hael Duw i ffwrdd! Os oedd perthynas iawn gyda Duw yn bosib drwy gadw'r Gyfraith
yn ddeddfol, doedd dim pwynt i'r Meseia farw!"

Credu neu gadw'r Gyfraith?

3 Chi bobl Galatia, ydych chi wir mor dwp â hynny? Pwy sydd wedi'ch hudo chi? Cafodd
ystyr marwolaeth Iesu y Meseia ar y groes ei esbonio'n glir i chi. [2]Atebwch un cwestiwn:
Ddaeth yr Ysbryd Glân i'ch bywyd chi drwy i chi gadw'r Gyfraith Iddewig yn ddeddfol neu
drwy i chi gredu'r neges am y Meseia? [3]Alla i ddim credu eich bod chi mor ddwl! Ar ôl dechrau
byw dan ddylanwad yr Ysbryd, ydych chi'n mynd i geisio gorffen y daith yn eich nerth eich
hunain? [4]Gawsoch chi'r holl brofiadau yna i ddim byd? – mae'n anodd gen i gredu hynny!
[5]Ydy Duw yn rhoi ei Ysbryd i chi, ac yn gwneud gwyrthiau yn eich plith chi, am eich bod
chi'n cadw holl fanion y Gyfraith Iddewig? Wrth gwrs ddim! Ond am eich bod wedi credu!

[6]Meddyliwch am Abraham: "*Credodd, a chafodd ei dderbyn i berthynas iawn gyda Duw.*"
[7]Felly, y rhai sy'n credu sy'n blant go iawn i Abraham! [8]Ac roedd yr ysgrifau sanctaidd wedi
dweud ymlaen llaw fod Duw'n mynd i ddod â phobl sydd ddim yn Iddewon i berthynas iawn
ag e'i hun, drwy iddyn nhw gredu ynddo. Rhannodd Duw y newyddion da hwnnw gydag
Abraham ymhell bell yn ôl: "*Bydd gwledydd y byd i gyd yn cael eu bendithio trwot ti.*" [9]A dyna
sy'n digwydd! – y rhai sy'n credu sy'n cael y fendith, yn union yr un fath ag Abraham, achos
credu wnaeth e.

[10]Mae'r rhai sy'n meddwl y byddan nhw'n iawn am eu bod nhw'n cadw manion y Gyfraith
Iddewig yn dal i fyw dan gysgod melltith. Mae'r ysgrifau sanctaidd yn dweud: "*Melltith ar
bawb sydd ddim yn dal ati i wneud pob peth mae Llyfr y Gyfraith yn ei ddweud.*" [11]Felly
mae'n gwbl amlwg fod y Gyfraith ddim yn gallu dod â neb i berthynas iawn gyda Duw, am
mai "*Drwy ffydd mae'r un sy'n iawn gyda Duw yn byw.*" [12]Mae'r syniad o gadw rheolau'r
Gyfraith yn hollol wahanol – does dim angen ffydd. Dweud mae'r Gyfraith: "*Y rhai sy'n
gwneud y pethau hyn i gyd sy'n cael byw.*" [13]Roedd y Gyfraith yn ein melltithio ni – roedden
ni i gyd yn gaeth! Ond wedyn daeth y Meseia a thalu'r pris i'n gollwng ni'n rhydd. Cafodd
e ei felltithio yn ein lle ni. Fel mae'r ysgrifau sanctaidd yn dweud: "*Mae pawb sy'n cael eu
crogi ar bren wedi'u melltithio.*" [14]Talodd y Meseia Iesu y pris i'n gollwng ni'n rhydd, er mwyn
i bobl o'r cenhedloedd eraill i gyd gael profi'r un fendith ag Abraham. Ac wrth gredu dŷn ni
hefyd yn derbyn yr Ysbryd gafodd ei addo.

Y Gyfraith a'r Addewid

[15]Frodyr a chwiorydd, gadewch i mi esbonio'r peth drwy ddefnyddio darlun o fywyd bob
dydd. Mae'r un fath ag ewyllys. Os ydy ewyllys wedi'i gwneud yn gyfreithlon does gan neb
hawl i'w dileu hi nac ychwanegu dim ati. [16]Nawr, roedd Duw wedi rhoi addewid i Abraham ac
i un o'i ddisgynyddion – sylwch mai 'hedyn' ydy'r gair sy'n cael ei ddefnyddio yn yr ysgrifau
sanctaidd, dim y gair lluosog 'hadau' fyddai'n cyfeirio at lawer o bobl. Y ffurf unigol sy'n cael
ei ddefnyddio, ac felly mae'n sôn am un person yn unig, sef y Meseia. [17]Dyma beth dw i'n
ei ddweud: Allai'r Gyfraith, oedd wedi'i rhoi ar ôl 430 mlynedd,[ch] ddim dileu yr ymrwymiad
hwnnw oedd Duw wedi'i wneud gynt ac wedi addo ei gadw. [18]Os ydy derbyn y cwbl mae
Duw am ei roi i ni yn dibynnu ar gadw'r Gyfraith Iddewig, dydy e ddim yn ganlyniad i'r
ffaith fod Duw wedi gwneud addewid! Ond beth wnaeth Duw yn ei haelioni oedd gwneud
addewid i Abraham.

---

ch 3:17 *430 mlynedd:* Dyna am faint fuodd yr Hebreaid yn yr Aifft.
3:6 Genesis 15:6   3:8 Genesis 12:3; 18:18   3:10 Deuteronomium 27:26 (LXX)   3:11 Habacuc 2:4
3:12 Lefiticus 18:5   3:13 Deuteronomium 21:23   3:17 gw. Exodus 12:40

19 Felly beth oedd diben rhoi'r Gyfraith? Cafodd ei rhoi i ddangos i bobl beth ydy ystyr pechu,
hyd nes i'r 'hedyn' y soniwyd amdano gyrraedd – sef yr un oedd yr addewid yn cyfeirio ato.[d]
Cofiwch hefyd fod Duw wedi defnyddio angylion i roi'r Gyfraith i ni, a hynny drwy ganolwr,
sef Moses. 20 Does ond angen canolwr pan mae mwy nag un ochr. Ond pan wnaeth Duw
addewid i Abraham roedd yn gweithredu ar ei ben ei hun.
21 Felly, ydy hyn yn golygu bod y Gyfraith yn gwrth-ddweud beth wnaeth Duw ei addo? Na,
dim o gwbl! Petai Duw wedi rhoi cyfraith oedd yn gallu rhoi bywyd i bobl, yna'n sicr byddai
pobl yn gallu cael perthynas iawn gyda Duw drwy gadw rheolau'r gyfraith honno. 22 Ond mae'r
ysgrifau sanctaidd yn dangos yn glir fod pawb drwy'r byd i gyd yn gaeth i bechod. Y rhai sy'n
credu sy'n derbyn beth wnaeth Duw ei addo, a hynny am fod Iesu Grist wedi bod yn ffyddlon.
23 Cyn i'r Meseia ddod roedd y Gyfraith yn ein dal ni'n gaeth – roedden ni dan glo nes i'w
ffyddlondeb e gael ei ddangos i ni. 24 Pwrpas y Gyfraith oedd ein gwarchod ni a'n harwain ni
at y Meseia, er mwyn i ni ddod i berthynas iawn gyda Duw drwy gredu ynddo. 25 Mae e wedi
bod yn ffyddlon, ac felly dim y Gyfraith sy'n ein gwarchod ni bellach.

Plant Duw

26 Dych chi i gyd yn blant Duw drwy gredu yn y Meseia Iesu. 27 Mae pob un ohonoch chi wedi
uniaethu gyda'r Meseia drwy eich bedydd – mae'r un fath â'ch bod wedi gwisgo'r Meseia
amdanoch. 28 Sdim ots os ydych chi'n Iddew neu'n perthyn i genedl arall, yn gaethwas neu'n
ddinesydd rhydd, yn ddyn neu'n wraig – dych chi i gyd fel un teulu sy'n perthyn i'r Meseia
Iesu. 29 Os dych chi'n perthyn i'r Meseia, dych chi'n blant i Abraham, a byddwch yn derbyn
yr holl bethau da mae Duw wedi'u haddo.

4 Dyma dw i'n olygu: Does gan blentyn sy'n mynd i dderbyn eiddo'i dad ddim mwy
o hawliau na chaethwas tra mae'n dal dan oed – er mai'r plentyn hwnnw biau'r cwbl
ar un ystyr! 2 Mae gofalwyr ac ymddiriedolwyr yn gyfrifol am y plentyn nes daw i'r oed roedd
ei dad wedi penderfynu y byddai'n ddigon cyfrifol i edrych ar ei ôl ei hun. 3 Felly gyda ninnau;
pan oedden ni ddim yn deall yn iawn,[dd] roedden ni'n gaeth i'r pwerau a'r dylanwadau drwg
sy'n rheoli'r byd. 4 Ond ar yr union adeg roedd Duw wedi'i ddewis, anfonodd ei Fab, wedi'i eni
o wraig, wedi'i eni dan y Gyfraith, 5 i dalu'r pris i'n rhyddhau ni oedd yn gaeth i'r Gyfraith, er
mwyn i ni gael ein mabwysiadu'n blant i Dduw. 6 A chan eich bod chi sydd ddim yn Iddewon
hefyd yn blant iddo bellach, anfonodd Duw Ysbryd ei Fab i'n calonnau ni i gyd, sef yr Ysbryd
sy'n gweiddi, "*Abba*! Dad!" 7 Felly dim caethweision ydych chi bellach, ond plant Duw; a chan
eich bod yn blant iddo, byddwch chithau'n derbyn gan Dduw y cwbl mae wedi addo ei roi i chi.

Consýrn Paul am y Galatiaid

8 O'r blaen, cyn i chi ddod i wybod am Dduw roeddech chi'n gaeth i bwerau sy'n cael
eu galw'n 'dduwiau' ond sydd ddim wir yn dduwiau. 9 Ond bellach dych chi wedi cyfarfod,
a dod i nabod, y gwir Dduw (er, Duw ddaeth i'ch cyfarfod chi go iawn). Felly pam dych chi
eisiau troi'n ôl at y pethau hynny sydd mor wan a thila? Ydych chi eisiau cael eich caethiwo
ganddyn nhw unwaith eto? 10 Ydych chi'n meddwl mai cadw rhyw fân reolau am ddyddiau
arbennig a misoedd a thymhorau'r gwyliau crefyddol blynyddol sy'n plesio Duw? 11 Mae'n
gwneud i mi deimlo mod i wedi gwastraffu f'amser gyda chi!
12 Frodyr a chwiorydd, dw i'n erfyn arnoch chi i fyw'n rhydd o bethau felly, fel dw i'n
gwneud. Dw i wedi dod fel un ohonoch chi. Dych chi erioed wedi gwneud dim drwg i mi
o'r blaen. 13 Gwyddoch mai salwch roddodd gyfle i mi gyhoeddi'r newyddion da i chi y tro
cyntaf. 14 A wnaethoch chi ddim gwneud hwyl am fy mhen i na ngwrthod i, er bod fy salwch
yn demtasiwn i chi wneud hynny. Yn wir, ces i'r fath groeso gynnoch chi – fel petawn i'n
angel oddi wrth Dduw, neu hyd yn oed y Meseia Iesu ei hun! 15 Roeddech chi mor hapus!
Beth sydd wedi digwydd? Dw i'n reit siŵr y byddech chi bryd hynny wedi tynnu'ch llygaid

---

d 3:19 *yr un ... ato:* Iesu. dd 4:3 *ddim yn deall yn iawn:* Groeg, "yn blant dan oed".

eich hunain allan a'u rhoi nhw i mi petai'n bosib. 16Ydw i bellach yn elyn i chi am fy mod
i wedi dweud y gwir?

17Mae'r athrawon ffals yna mor awyddus i geisio'ch cael chi i'w dilyn nhw, ond dŷn nhw'n
poeni dim am eich lles chi. Y cwbl maen nhw eisiau ydy'ch cael chi i dorri cysylltiad â ni,
a dechrau eu cefnogi nhw. 18"Mae'n beth da ceisio pobl gyda'r bwriad o wneud lles iddyn
nhw" – felly y dylai fod bob amser, nid dim ond pan dw i o gwmpas. 19Fy mhlant annwyl
i – dw i'n teimlo fel mam yn cael poenau wrth eni plentyn, a fydd y poen ddim yn diflannu
nes bydd bywyd y Meseia i'w weld yn eich bywydau chi. 20O! byddwn i'n rhoi unrhyw beth
am gael bod acw gyda chi, er mwyn i chi glywed oddi wrth dôn fy llais sut dw i'n teimlo go
iawn. Dw i wir yn poeni! – dw i ddim yn gwybod beth i'w wneud!

Hagar a Sara

21Dwedwch wrtho i – chi sydd eisiau cael eich rheoli gan fanion y Gyfraith Iddewig. Ydych
chi ddim yn gwrando ar beth mae'r Gyfraith yn ei ddweud? 22Mae'n dweud fod Abraham
wedi cael dau fab, un gan ei gaethferch a'r llall gan ei wraig. 23Cafodd mab y gaethferch ei
eni o ganlyniad i ymdrech dyn i gyflawni addewid Duw, ond cafodd mab ei wraig ei eni am
fod Duw yn gwneud beth mae'n addo'i wneud.

24Mae darlun yn yr hanes, a dyma'i ystyr: Mae'r ddwy wraig yn cynrychioli dau ymrwymiad
wnaeth Duw. Mae Hagar, y gaethferch, yn cynrychioli'r un ar fynydd Sinai – ac mae ei phlant
hi wedi'u geni yn gaethion. 25Ac mae Hagar a Mynydd Sinai yn Arabia yn ddarlun o Jerwsalem
fel y mae heddiw – mae hi a'i phlant yn gaethion. 26Ond mae Sara gwraig Abraham, ar y llaw
arall, yn wraig rydd, ac yn cynrychioli y Jerwsalem ysbrydol. Hi ydy'n mam ni! 27Amdani hi
mae'r ysgrifau sanctaidd yn dweud:

"Bydd lawen, ti wraig ddiffrwyth
sy'n methu cael plant!
Bloeddia ganu'n uchel,
ti sydd heb brofi poenau geni plentyn!
Bydd gan y wraig sydd ar ei phen ei hun
fwy o blant na'r un sydd â gŵr."

28Frodyr a chwiorydd, chi ydy plant yr addewid! – yn union fel Isaac! 29Ac fel y cafodd Isaac
ei erlid gan fab y gaethferch, mae'r plant sydd wedi'u geni o'r Ysbryd Glân yn cael eu herlid
gan y rhai sy'n dweud bod rhaid ymdrechu i gadw popeth mae'r Gyfraith Iddewig yn ei ofyn.
30Ond beth ydy ateb yr ysgrifau sanctaidd i'r broblem? "*Rhaid i ti gael gwared â'r gaethferch
a'i mab. Fydd mab y gaethferch ddim yn cael rhan o etifeddiaeth mab dy wraig, sy'n rhydd.*"
31Dim plant y gaethferch ydyn ni, ffrindiau! Plant y wraig rydd ydyn ni!

Rhyddid wrth berthyn i'r Meseia

5 Dŷn ni'n rhydd! Mae'r Meseia wedi'n gollwng ni'n rhydd! Felly gwnewch yn siŵr eich
bod yn aros felly, a gwrthod cario'r baich o fod yn gaeth byth eto.

2Gwrandwch yn ofalus! Dyma dw i, Paul, yn ei ddweud wrthoch chi – os dych chi'n mynd
drwy'r ddefod o gael eich enwaedu yn y gobaith o blesio Duw, does gan y Meseia ddim i'w
gynnig i chi bellach. 3Dw i'n eich rhybuddio chi eto – os ydy dyn yn cael ei enwaedu, mae
ganddo gyfrifoldeb wedyn i wneud popeth mae'r Gyfraith Iddewig yn ei ofyn. 4Os dych chi'n
ceisio cael perthynas iawn gyda Duw drwy gadw rheolau'r Gyfraith, dych chi wedi'ch torri
i ffwrdd oddi wrth y Meseia! Dych chi wedi colli gafael ar rodd Duw. 5Ond wrth gredu a byw
yn nerth yr Ysbryd dŷn ni'n gallu edrych ymlaen yn frwd at gael perthynas hollol iawn gyda
Duw – dyna'n gobaith sicr ni. 6Os oes gynnoch chi berthynas gyda'r Meseia Iesu does dim
gwahaniaeth os dych chi wedi bod drwy'r ddefod o gael eich enwaedu neu beidio. Credu
sy'n bwysig – ffydd yn mynegi ei hun mewn bywyd o gariad.

4:22 gw. Genesis 16:15 a 21:2 4:27 Eseia 54:1 4:30 Genesis 21:10

7Roeddech chi'n dod ymlaen mor dda. Pwy wnaeth eich rhwystro chi rhag ufuddhau
i'r gwir? 8Does gan y fath syniadau ddim byd i'w wneud â'r Duw wnaeth eich galw chi
ato'i hun! 9Fel mae'r hen ddywediad yn dweud: "Mae mymryn bach o furum yn lledu drwy'r
toes i gyd." Dyna mae drwg yn ei wneud! 10Dw i'n hyderus y bydd yr Arglwydd yn eich cadw
chi rhag credu'n wahanol. Ond bydd Duw yn cosbi'r un sydd wedi bod yn eich drysu chi, pwy
bynnag ydy e. 11Frodyr a chwiorydd, os ydw i'n dal i bregethu bod rhaid mynd drwy ddefod
enwaediad, pam ydw i'n dal i gael fy erlid? Petawn i'n gwneud hynny, fyddai'r groes ddim
problem i neb. 12Byddai'n dda gen i petai'r rhai sy'n creu'r helynt yn eich plith chi yn mynd
yr holl ffordd ac yn sbaddu eu hunain!
13Ydych, ffrindiau annwyl, dych chi wedi'ch galw i fod yn rhydd. Ond dw i ddim yn sôn am
benrhyddid, sy'n esgus i adael i'r chwantau eich rheoli chi. Sôn ydw i am y rhyddid i garu
a gwasanaethu eich gilydd. 14Mae yna un gorchymyn sy'n crynhoi'r cwbl mae'r Gyfraith
Iddewig yn ei ddweud: "*Rwyt i garu dy gymydog fel rwyt ti'n dy garu dy hun.*" 15Ond os dych
chi'n gwneud dim byd ond cega ac ymosod ar eich gilydd, gwyliwch eich hunain! Byddwch
chi'n dinistrio'ch gilydd.

Bywyd yn yr Ysbryd

16Beth dw i'n ei ddweud ydy y dylech adael i'r Ysbryd reoli'ch bywydau chi, wedyn fyddwch
chi ddim yn gwneud beth mae'r chwantau eisiau. 17Mae ein natur bechadurus ni am i ni
wneud drwg – yn hollol groes i beth mae'r Ysbryd eisiau. Ond mae'r Ysbryd yn rhoi'r awydd
i ni wneud fel arall, sef y gwrthwyneb i beth mae'r natur bechadurus eisiau. Mae brwydr
barhaus yn mynd ymlaen – allwch chi ddim dianc rhagddi. 18Ond os ydy'r Ysbryd yn eich
arwain chi, dych chi ddim yn gaeth i'r Gyfraith Iddewig bellach.
19Mae canlyniadau gwrando ar y natur bechadurus yn gwbl amlwg: anfoesoldeb rhywiol,
meddyliau mochaidd a phenrhyddid llwyr; 20hefyd addoli eilun-dduwiau a dewiniaeth;
a phethau fel casineb, ffraeo, cenfigen, gwylltio, uchelgais hunanol, rhaniadau, carfanau
gwahanol, 21eiddigeddu, meddwi, partïon gwyllt, a phechodau tebyg. Dw i'n eich rhybuddio
chi eto, fel dw i wedi gwneud o'r blaen, fydd pobl sy'n byw felly ddim yn cael perthyn
i deyrnas Dduw.
22Ond dyma'r ffrwyth mae'r Ysbryd Glân yn ei dyfu yn ein bywydau ni: cariad, llawenydd,
heddwch dwfn, amynedd, caredigrwydd, daioni, ffyddlondeb, 23addfwynder a hunanreolaeth.
Does dim cyfraith yn erbyn pethau felly. 24Mae pobl y Meseia Iesu wedi lladd y natur
bechadurus gyda'i nwydau a'i chwantau drwy ei hoelio hi ar y groes. 25Felly os ydy'r Ysbryd
wedi rhoi bywyd i ni rhaid i ni adael i'r Ysbryd ein harwain ni. 26Gadewch i ni beidio bod yn
falch, a phryfocio'n gilydd a bod yn eiddigeddus o'n gilydd.

Helpu pobl eraill

6 Frodyr a chwiorydd, os ydy rhywun yn cael ei ddal yn pechu, dylech chi sy'n cael eich
arwain gan yr Ysbryd fod yn garedig ato, a'i helpu i droi'n ôl – ond gwyliwch rhag
i chithau gael eich temtio i wneud yr un peth. 2Helpwch eich gilydd pan mae pethau'n galed
– dyna mae 'cyfraith' y Meseia yn ei ofyn. 3Os dych chi'n meddwl eich bod chi'n rhywun, dych
chi'n twyllo'ch hunain – dych chi'n neb mewn gwirionedd. 4Dylai pawb yn syml wneud beth
allan nhw. Wedyn cewch y boddhad o fod wedi'i wneud heb orfod cymharu'ch hunain â phobl
eraill o hyd. 5Dŷn ni'n gyfrifol am beth dŷn ni'n hunain wedi'i wneud.
6Dylai'r rhai sy'n cael eu dysgu am neges Duw dalu i'w hathro drwy rannu beth sydd
ganddyn nhw gydag e.
7Peidiwch twyllo'ch hunain: Allwch chi ddim chwarae gemau gyda Duw. Mae pobl yn
medi beth maen nhw'n ei hau. 8Bydd y rhai sy'n byw i foddhau eu chwantau pechadurus
yn medi canlyniadau hynny, sef dinistr; ond bydd y rhai sy'n byw i blesio'r Ysbryd yn medi

5:14 Lefiticus 19:18

bywyd tragwyddol o'r Ysbryd. 9Felly dylen ni byth flino gwneud daioni. Os gwnawn ni ddal
ati daw'r amser pan fyddwn ni'n medi cynhaeaf o fendith. 10Felly bob cyfle gawn ni, gadewch
i ni wneud daioni i bawb, ac yn arbennig i'r teulu o gredinwyr.

Dim y ddefod o enwaediad ond creadigaeth newydd

11Edrychwch mor fawr ydy fy llawysgrifen i!
12Mae'r rhai sy'n ceisio eich gorfodi chi i gael eich enwaedu yn gwneud sioe o beth sydd
wedi'i wneud i'r corff. A pham? Am eu bod nhw eisiau osgoi cael eu herlid am ddweud
mai dim ond croes y Meseia sy'n achub. 13Ond dydy'r rhai sydd wedi'u henwaedu ddim yn
gwneud popeth mae'r Gyfraith Iddewig yn ei ddweud beth bynnag! Y rheswm pam maen
nhw eisiau i chi fynd drwy'r ddefod o gael eich enwaedu ydy er mwyn iddyn nhw gael brolio
am y peth! 14"Na!" meddwn innau. Does ond un peth i frolio amdano: croes ein Harglwydd
Iesu Grist ydy hwnnw. Mae'r groes yn golygu fod y byd a'i bethau yn hollol farw i mi, a dw
innau'n farw i'r byd a'i bethau. 15Dim cael eich enwaedu neu beidio sy'n bwysig bellach.
Beth sy'n bwysig ydy bod eich bywyd chi wedi'i newid yn llwyr – eich bod chi'n greadigaeth
newydd! 16Dw i'n gweddïo y bydd pawb sy'n byw fel hyn, a phobl Dduw i gyd, yn profi ei
heddwch dwfn a'i drugaredd!
17Felly o hyn ymlaen, peidied neb â dal ati i greu mwy o helynt i mi. Mae gen i greithiau
ar fy nghorff sy'n dangos mod i'n perthyn i Iesu!
18Frodyr a chwiorydd, dw i'n gweddïo y byddwch chi'n profi haelioni rhyfeddol ein
Harglwydd Iesu Grist! Amen.

Effesiaid

1 Llythyr gan Paul, wedi fy newis gan Dduw yn gynrychiolydd personol i'r Meseia Iesu.
At bobl Dduw yn Effesus, sy'n dilyn y Meseia Iesu, ac yn ffyddlon iddo:
2 Dw i'n gweddïo y byddwch chi'n profi'r haelioni rhyfeddol a'r heddwch dwfn mae Duw
ein Tad a'r Arglwydd Iesu Grist yn ei roi i ni.

Bendithion Ysbrydol perthyn i'r Meseia

3 Clod i Dduw a Thad ein Harglwydd Iesu Grist! Mae wedi tywallt pob bendith ysbrydol
sy'n y byd nefol arnon ni sy'n perthyn i'r Meseia. 4 Hyd yn oed cyn i'r byd gael ei greu,
cawson ni'n dewis ganddo i fod mewn perthynas â'r Meseia, ac i fod yn lân a di-fai yn ei
olwg. Yn ei gariad 5 trefnodd Duw ymlaen llaw i ni gael ein mabwysiadu i'w deulu. Iesu
y Meseia wnaeth hyn yn bosib; roedd wrth ei fodd yn gwneud hynny! 6 Clod i Dduw am yr
haelioni anhygoel mae wedi'i ddangos tuag aton ni! – ei anrheg i ni yn y Mab mae'n ei
garu. 7 Cawson ni'n gollwng yn rhydd am fod marwolaeth ei fab ar y groes wedi gwneud
maddeuant ein pechodau yn bosib. Dyna lle dŷn ni'n gweld mor anhygoel o hael mae Duw
wedi bod tuag aton ni! 8 Mae wedi tywallt ei haelioni arnon ni, ac wedi rhoi doethineb
a synnwyr i ni. 9 Mae wedi rhannu ei gynllun dirgel gyda ni. Roedd wrth ei fodd yn gwneud
hyn! Mae wedi gwneud y cwbl drwy'r Meseia. Trefnu 10 i ddod â phopeth sy'n bodoli yn
y nefoedd ac ar y ddaear at ei gilydd dan un pen, sef y Meseia. Bydd yn gwneud hyn pan
fydd yr amser iawn wedi dod.
11 Mae ganddo le ar ein cyfer ni am fod gynnon ni berthynas â'r Meseia. Dewisodd ni ar
y dechrau cyntaf, a threfnu'r cwbl ymlaen llaw. Mae'n rhaid i bopeth ddigwydd yn union
fel mae e wedi cynllunio. 12 Mae am i ni'r Iddewon, y rhai cyntaf i roi'n gobaith yn y Meseia,
ei foli am ei fod mor wych. 13 Ac wedyn chi sydd ddim yn Iddewon hefyd – cawsoch chithau
eich derbyn i berthynas â'r Meseia ar ôl i chi glywed y gwir, sef y newyddion da sy'n
eich achub chi. Wrth ddod i gredu ynddo cawsoch eich marcio gyda sêl sy'n dangos eich
bod yn perthyn iddo, a'r sêl hwnnw ydy'r Ysbryd Glân oedd wedi'i addo i chi. 14 Yr Ysbryd
ydy'r blaendal sy'n gwarantu'r ffaith bod lle wedi'i gadw ar ein cyfer ni. Yn y diwedd byddwn
yn cael ein gollwng yn rhydd i'w feddiannu'n llawn. Rheswm arall i'w foli am ei fod mor
wych!

Diolchgarwch a Gweddi

15 Ers i mi glywed gyntaf am eich ffyddlondeb i'r Arglwydd Iesu a'ch cariad at Gristnogion
eraill, 16 dw i ddim wedi stopio diolch i Dduw amdanoch chi. Dw i'n cofio amdanoch chi bob
tro dw i'n gweddïo. 17 Dw i'n gofyn i Dduw, Tad bendigedig ein Harglwydd Iesu Grist, roi'r
Ysbryd i chi i'ch goleuo a'ch gwneud yn ddoeth, er mwyn i chi ddod i'w nabod yn well. 18 Dw
i'n gweddïo y daw'r cwbl yn olau i chi. Dw i eisiau i chi ddod i weld yn glir a deall yn union
beth ydy'r gobaith sydd ganddo ar eich cyfer, a gweld mor wych ydy'r lle bendigedig sydd
ganddo i'w bobl. 19 Dw i hefyd am i chi sylweddoli mor anhygoel ydy'r nerth sydd ar gael i ni
sy'n credu. Dyma'r pŵer aruthrol 20 wnaeth godi'r Meseia yn ôl yn fyw a'i osod i eistedd yn
y sedd anrhydedd ar ochr dde Duw yn y byd nefol. 21 Mae'n llawer uwch nag unrhyw un arall
sy'n teyrnasu neu'n llywodraethu, ac unrhyw rym neu awdurdod arall sy'n bod. Does gan neb
na dim deitl tebyg iddo – yn y byd yma na'r byd sydd i ddod! 22 *Mae Duw wedi rhoi popeth
dan ei awdurdod.* Mae wedi'i wneud e yn ben ar y cwbl – er lles yr eglwys. 23 Yr eglwys ydy ei
gorff e – mae'n llawn ohono fe sy'n llenwi'r bydysawd cyfan â'i bresenoldeb.

1:20 gw. Salm 110:1   1:22 cyfeiriad at Salm 8:6 (sy'n cyfeirio yn ôl at Genesis 1:26-28)

Yn fyw drwy berthyn i'r Meseia

2 Ar un adeg roeddech chi'n farw'n ysbrydol – am eich bod chi wedi gwrthryfela a phechu
yn erbyn Duw. [2]Roeddech chi'n byw yr un fath â phawb arall, yn dilyn ffordd y byd.
Roeddech chi'n ufuddhau i Satan, tywysog teyrnas yr awyr – sef y pŵer ysbrydol sydd ar
waith ym mywydau pawb sy'n anufudd i Dduw. [3]Roedden ni i gyd felly ar un adeg. Roedden
ni'n byw i blesio'r hunan pechadurus a gwneud beth bynnag oedd ein ffansi. Dyna oedd ein
natur ni, ac roedden ni fel pawb arall yn haeddu cael ein cosbi gan Dduw. [4]Ond mae Duw
mor anhygoel o drugarog! Mae wedi'n caru ni gymaint! [5]Mae wedi rhoi bywyd i ni gyda'r
Meseia – ie, ni oedd yn farw'n ysbrydol am ein bod wedi gwrthryfela yn ei erbyn. Y ffaith fod
Duw mor hael ydy'r unig reswm pam dŷn ni wedi'n hachub! [6]Cododd Duw ni yn ôl yn fyw
gyda'r Meseia Iesu a'n gosod i deyrnasu gydag e yn y byd nefol – dŷn ni wedi'n huno gydag
e! [7]Felly bydd haelioni Duw i'w weld yn glir yn y byd sydd i ddod. Does dim byd tebyg yn
unman i'r caredigrwydd ddangosodd aton ni drwy beth wnaeth y Meseia Iesu. [8]Haelioni Duw
ydy'r unig beth sy'n eich achub chi wrth i chi gredu. Dych chi wedi gwneud dim i haeddu'r
peth. Anrheg Duw ydy e! [9]Dych chi'n gallu gwneud dim i'w ennill, felly does dim lle i unrhyw
un frolio. [10]Duw sydd wedi'n gwneud ni beth ydyn ni. Mae wedi'n creu mewn perthynas â'r
Meseia Iesu, i ni wneud yr holl bethau da mae e wedi'u trefnu ymlaen llaw i ni eu gwneud.

Un yn ein perthynas â'r Meseia

[11]Mae'n dda i chi gofio eich bod chi sydd o genhedloedd eraill yn arfer bod 'ar y tu allan'.
'Y dienwaediad' oeddech chi'n cael eich galw gan 'bobl yr enwaediad' – sef yr Iddewon sy'n
cadw'r ddefod o dorri'r blaengroen ar fechgyn i ddangos eu bod nhw'n perthyn i Dduw.
[12]Cofiwch eich bod chi bryd hynny yn gwybod dim am y Meseia. Doeddech chi ddim yn perthyn
i bobl Dduw, nac yn gwybod dim am yr addewid a'r ymrwymiad wnaeth Duw. Roeddech chi'n
byw yn y byd heb unrhyw obaith a heb berthynas gyda Duw. [13]Ond bellach, dych chi wedi
cael eich uno gyda'r Meseia Iesu! Dych chi, oedd mor bell i ffwrdd ar un adeg, wedi cael dod
i berthyn, a hynny am fod y Meseia wedi gwaedu a marw ar y groes.
[14]Ac ydy, mae Iesu'n gwneud y berthynas rhyngon ni a'n gilydd yn iawn hefyd – ni'r
Iddewon a chi sydd o genhedloedd eraill. Mae wedi'n huno ni gyda'n gilydd. Mae'r wal
o gasineb oedd yn ein gwahanu ni wedi cael ei chwalu ganddo! [15]Wrth farw ar y groes
mae wedi delio gyda'r ffens oedd yn eich cau chi allan, sef holl ofynion y Gyfraith Iddewig
a'i rheolau. Gwnaeth hyn er mwyn dod â ni i berthynas iawn â'n gilydd, a chreu un ddynoliaeth
newydd allan o'r ddau grŵp o bobl. [16]Mae'r ddau yn dod yn un corff sy'n cael ei gymodi gyda
Duw drwy beth wnaeth e ar y groes. Dyna sut daeth â'r casineb rhyngon ni i ben. [17]Daeth
i gyhoeddi'r newyddion da am heddwch i chi o genhedloedd eraill oedd yn 'bell oddi wrtho',
a heddwch i ni'r Iddewon oedd yn 'agos'. [18]Bellach, o achos beth wnaeth Iesu y Meseia mae'r
ddau grŵp gyda'i gilydd yn gallu closio at Dduw y Tad drwy'r un Ysbryd Glân.
[19]Felly dych chi o'r cenhedloedd eraill ddim yn bobl estron mwyach, nac yn bobl sydd 'y tu
allan'. Dych chi bellach yn perthyn i genedl Dduw! Dych chi'n aelodau o'i deulu! [20]Dych
chi'n rhan o'r un adeilad! Dŷn ni'r cynrychiolwyr personol ddewisodd e, a'r proffwydi, wedi
gosod y sylfeini, a'r Meseia Iesu ei hun ydy'r maen clo. [21]Dŷn ni i gyd yn cael ein hadeiladu
a'n cysylltu â'n gilydd i wneud teml sydd wedi'i chysegru i'r Arglwydd. [22]A dych chi, y bobl
o genhedloedd eraill sy'n perthyn iddo, yn rhan o'r un adeilad hwnnw lle mae Duw yn byw
drwy ei Ysbryd.

Paul, y pregethwr i bobl o genhedloedd eraill

3 Dyma pam dw i, Paul, yn garcharor – am fy mod i'n pregethu i chi o'r cenhedloedd
eraill am y Meseia Iesu.

2:17 cyfeiriad at Eseia 57:19 a 52:7

[2]Dw i'n cymryd eich bod wedi clywed am y gwaith penodol roddodd Duw i mi i'ch helpu
chi. [3]Dangosodd i mi rywbeth oedd wedi'i guddio o'r blaen. Dw i wedi ceisio'i esbonio'n
fyr yma. [4]Wrth i chi ei ddarllen, dewch i weld sut dw i'n deall beth oedd yn ddirgelwch
am y Meseia. [5]Doedd pobl yn y gorffennol ddim wedi cael gwybod y cwbl y mae'r Ysbryd
Glân wedi'i ddangos i ni ei gynrychiolwyr a'i broffwydi. [6]Dyma'r dirgelwch i chi: fod pobl
o genhedloedd eraill yn cael rhannu'r cwbl mae Duw wedi'i baratoi i'r Iddewon. Mae'r
Meseia Iesu wedi'u gwneud nhw'n un corff gyda'r Iddewon, a byddan nhw'n cael rhannu'r
bendithion gafodd eu haddo hefyd!

[7]Dyma'r newyddion da dw i'n ei rannu ers i mi fy hun brofi haelioni anhygoel Duw. Fe
ydy'r un sy'n rhoi'r nerth i mi wneud y cwbl. [8]Dw i'n neb. Dw i wedi syrthio'n is nag unrhyw
un o bobl Dduw. Ac eto fi sydd wedi cael y fraint o bregethu i chi o'r cenhedloedd eraill am
y trysor diderfyn sydd gan y Meseia ar ein cyfer ni. [9]Ces fy newis i esbonio cynllun Duw i chi,
sef yr hyn roedd Crëwr pob peth wedi'i gadw o'r golwg cyn hyn. [10]Pwrpas Duw ydy i'r rhai
sy'n llywodraethu ac i'r awdurdodau yn y byd ysbrydol ddod i weld mor rhyfeddol o gyfoethog
ydy ei ddoethineb e. A'r eglwys sy'n dangos hynny iddyn nhw. [11]Dyma oedd cynllun Duw ers
cyn i amser ddechrau, ac mae'r cwbl yn cael ei gyflawni yn y Meseia Iesu, ein Harglwydd ni.
[12]Dŷn ni'n gwbl rydd a hyderus i glosio at Dduw am ein bod ni'n credu ynddo ac wedi cael
ein huno gydag e. [13]Felly plîs peidiwch digalonni o achos beth dw i'n gorfod ei ddioddef
drosoch chi. Dylech weld ei fod yn rhywbeth i ymfalchïo ynddo!

Gweddi dros yr Effesiaid

[14]Wrth feddwl am hyn i gyd dw i'n syrthio ar fy ngliniau i weddïo ar Dduw y Tad. [15]Fe
sydd wedi rhoi eu hunaniaeth arbennig i bob grŵp o angylion yn y nefoedd ac i bobloedd ar
y ddaear. [16]Dw i'n gweddïo y bydd yn defnyddio'r holl adnoddau bendigedig sydd ganddo
i'ch gwneud chi'n gryf, ac y bydd yn rhoi nerth mewnol i chi drwy roi ei Ysbryd Glân i chi.
[17]Dw i'n gweddïo hefyd y bydd y Meseia ei hun yn gwneud ei gartref yn eich calonnau chi
wrth i chi ymddiried ynddo fe. Dw i am i'w gariad e fod wrth wraidd popeth dych chi'n ei
wneud – dyna'r sylfaen i adeiladu arni! [18]Dw i am i chi, a phobl Dduw i gyd, ddeall mor
aruthrol fawr ydy cariad y Meseia – mae'n lletach, yn hirach, yn uwch ac yn ddyfnach na
dim byd arall! [19]Dw i am i chi brofi y cariad hwnnw sy'n llawer rhy fawr i'w brofi yn llawn,
er mwyn i chi gael eich llenwi â'r cwbl sydd gan Dduw ar eich cyfer. [20]Clod iddo! Mae'n
gwneud llawer iawn mwy na dim y bydden ni'n mentro gofyn amdano na hyd yn oed yn gallu
ei ddychmygu! [21]Dylen ni sydd yn yr eglwys ac wedi'n huno gyda'r Meseia Iesu roi clod iddo
am byth bythoedd! Amen.

Undod corff y Meseia

4 Felly, dyma fi yn garcharor am wasanaethu'r Arglwydd. Dw i'n pwyso arnoch chi i fyw
fel y dylai pobl mae Duw wedi'u galw i berthyn iddo fyw. [2]Byddwch yn ostyngedig
ac addfwyn bob amser; byddwch yn amyneddgar, a goddef beiau eich gilydd mewn cariad.
[3]Gwnewch eich gorau glas i ddangos bod yr Ysbryd Glân wedi'ch gwneud chi'n un, a'i fod
yn eich clymu chi gyda'ch gilydd mewn heddwch. [4]Gan mai'r un Ysbryd Glân sydd gynnon
ni, dŷn ni'n un corff – a dych chi wedi'ch galw gan Dduw i rannu'r un gobaith. [5]Does ond
un Arglwydd, un ffydd, un bedydd, [6]a dim ond un Duw a Thad i bawb. Y Duw sy'n teyrnasu
dros bopeth, ac sy'n gweithio drwy bob un ac ym mhob un!

[7]Ond mae'r Meseia wedi rhannu ei roddion i bob un ohonon ni – a fe sydd wedi dewis
beth i'w roi i bawb. [8]Dyna pam mae'r ysgrifau sanctaidd yn dweud:

"Pan aeth i fyny i'r uchelder
arweiniodd gaethion ar ei ôl
a rhannu rhoddion i bobl."

4:8 Salm 68:18

[9](Beth mae "aeth i fyny" yn ei olygu oni bai ei fod hefyd wedi dod i lawr i'r byd daearol?
[10]A'r un ddaeth i lawr ydy'r union un aeth i fyny i'r man uchaf yn y nefoedd, er mwyn
i'w lywodraeth lenwi'r bydysawd cyfan.) [11]A dyma'i roddion: mae wedi penodi rhai i fod yn
gynrychiolwyr personol iddo, eraill i fod yn broffwydi, eraill yn rhai sy'n rhannu'r newyddion
da, ac eraill yn fugeiliaid ac athrawon. [12]Maen nhw i alluogi pobl Dduw i gyd i'w wasanaethu
mewn gwahanol ffyrdd, er mwyn gweld corff y Meseia, sef yr eglwys, yn tyfu'n gryf. [13]Y nod
ydy ein bod ni'n ymddiried ym Mab Duw gyda'n gilydd ac yn dod i'w nabod yn well. Bryd
hynny bydd yr eglwys fel oedolyn aeddfed yn adlewyrchu beth welwn ni yn y Meseia ei hun.
[14]Dim plantos bach fyddwn ni, yn cael ein taflu yn ôl ac ymlaen gan y tonnau, a'n chwythu
yma ac acw gan bob awel sy'n dod heibio. Fyddwn ni ddim yn newid ein meddyliau bob tro
mae rhywun yn dweud rhywbeth newydd, neu'n cael ein twyllo gan bobl slei sy'n gwneud
i gelwydd swnio fel petai'n wir. [15]Na, wrth gyhoeddi beth sy'n wir mewn cariad, byddwn ni'n
tyfu'n debycach bob dydd i'r Pen, sef y Meseia. [16]Y pen sy'n gwneud i'r corff weithio a thyfu.
Fel mae pob rhan o'r corff wedi'i weu i'w gilydd, a'r gewynnau'n dal y cwbl gyda'i gilydd,
mae'r eglwys yn tyfu ac yn cryfhau mewn cariad wrth i bob rhan wneud ei gwaith.

Y bywyd newydd

[17]Felly gyda'r awdurdod mae'r Arglwydd ei hun wedi'i roi i mi, dw i'n dweud wrthoch
chi, ac yn mynnu hyn: peidiwch byw fel mae'r paganiaid di-gred yn byw. Dŷn nhw'n deall
dim – [18]maen nhw yn y tywyllwch! Maen nhw wedi'u gwahanu oddi wrth y bywyd sydd
gan Dduw i'w gynnig am eu bod nhw'n gwrthod gwrando. Maen nhw'n ystyfnig! [19]Does
dim byd yn codi cywilydd arnyn nhw. Dŷn nhw'n gwneud dim byd ond byw'n anfoesol
a gadael i'w chwantau mochaidd gael penrhyddid llwyr. Ac maen nhw eisiau mwy a mwy
drwy'r adeg.
[20]Dim felly dych chi wedi dysgu byw wrth edrych ar y Meseia – [21]os mai fe ydy'r un dych
chi wedi'ch dysgu i'w ddilyn. Yn Iesu mae dod o hyd i'r gwir. [22]Felly rhaid i chi gael gwared
â'r hen ffordd o wneud pethau – y bywyd sydd wedi'i lygru gan chwantau twyllodrus. [23]Rhaid
i chi feithrin ffordd newydd o feddwl. [24]Mae fel gwisgo natur o fath newydd – natur sydd
wedi'i fodelu ar gymeriad Duw ei hun, yn gyfiawn a glân.
[25]Felly dim mwy o gelwydd! *"Dwedwch y gwir wrth eich gilydd"*, am ein bod ni'n perthyn i'r
un corff. [26]*"Peidiwch pechu pan dych chi wedi digio"* – gwnewch yn siŵr eich bod chi ddim yn
dal yn ddig ar ddiwedd y dydd. [27]Peidiwch rhoi cyfle i'r diafol a'i driciau! [28]Rhaid i'r person
oedd yn arfer bod yn lleidr stopio dwyn. Dylai weithio, ac ennill bywoliaeth, fel bod ganddo
rywbeth i'w rannu gyda phobl mewn angen.
[29]Peidiwch defnyddio iaith aflan. Dylech ddweud pethau sy'n helpu pobl eraill – pethau
sy'n bendithio'r rhai sy'n eich clywed chi. [30]Peidiwch brifo teimladau Ysbryd Glân Duw. Yr
Ysbryd ydy'r sêl sy'n eich marcio chi fel rhai fydd yn cael rhyddid llwyr ar y diwrnod hwnnw
pan fydd y Meseia Iesu yn dod yn ôl. [31]Rhaid i chi beidio bod yn chwerw, peidio colli tymer
a gwylltio, codi twrw, hel straeon cas, a bod yn faleisus. [32]Eich lle chi ydy bod yn garedig,
yn dyner gyda'ch gilydd, a maddau i'ch gilydd fel mae Duw wedi maddau i chi drwy beth
wnaeth y Meseia.

Byw fel mae Duw eisiau

5 Felly dilynwch esiampl Duw, gan eich bod yn blant annwyl iddo. [2]Dylech fyw bywydau
llawn cariad, yn union fel gwnaeth y Meseia ein caru ni a marw yn ein lle ni. Rhoddodd
ei hun fel offrwm ac aberth oedd yn arogli'n hyfryd i Dduw.
[3]Ddylai bod dim awgrym o anfoesoldeb rhywiol yn agos atoch chi, nac unrhyw fochyndra,
na chwant hunanol chwaith! Dydy pethau felly ddim yn iawn i bobl sydd wedi cysegru eu
bywydau i Dduw. [4]Dim iaith anweddus, siarad dwl a jôcs budron chwaith – does dim lle

4:25 Sechareia 8:16 4:26 Salm 4:4 (LXX)

i bethau felly. Yn lle hynny dylech chi ddiolch i Dduw. 5Dych chi'n gallu bod yn hollol siŵr
o hyn: dim Duw a'i Feseia sy'n teyrnasu ym mywydau'r bobl hynny sy'n byw'n anfoesol,
neu'n aflan, neu'n bod yn hunanol – addoli eilun-dduwiau ydy peth felly! 6Peidiwch gadael
i neb eich twyllo gyda'u geiriau gwag. Mae'r bobl yma'n gwneud Duw yn ddig, a bydd yn
dod i gosbi pawb sy'n anufudd iddo. 7Felly peidiwch ymuno gyda nhw.
8Ar un adeg roeddech chi yn y tywyllwch, ond bellach mae golau'r Arglwydd yn disgleirio
ynoch chi. Dylech fyw mewn ffordd sy'n dangos eich bod chi yn y golau. 9Pethau da a chyfiawn
a gwir ydy'r ffrwyth sy'n tyfu yn y golau. 10Gwnewch beth sy'n plesio'r Arglwydd. 11Peidiwch
cael dim i'w wneud â'r math o ymddygiad sy'n perthyn i'r tywyllwch. Na, ewch ati i ddangos
mor ddrwg ydyn nhw. 12Mae'n warthus hyd yn oed sôn am y pethau mae pobl yn eu gwneud
o'r golwg. 13Ond pan mae'r golau'n disgleirio mae'r cwbl yn dod i'r golwg. 14Mae'r golau'n
dangos pethau fel y maen nhw go iawn. Dyna pam mae'n cael ei ddweud:

"*Deffra, ti sydd yn cysgu*
tyrd yn ôl yn fyw!
a bydd golau'r Meseia yn disgleirio arnat ti."

15Felly, gwyliwch sut dych chi'n ymddwyn. Peidiwch bod yn ddwl – byddwch yn ddoeth.
16Manteisiwch ar bob cyfle gewch chi i wneud daioni, achos mae digon o ddrygioni o'n cwmpas
ni ym mhobman. 17Peidiwch gwneud dim yn ddifeddwl; ceisiwch ddeall bob amser beth mae'r
Arglwydd eisiau. 18Peidiwch meddwi ar win – dyna sut mae difetha'ch bywyd. Yn lle hynny,
gadewch i'r Ysbryd Glân eich llenwi a'ch rheoli chi. 19Canwch salmau ac emynau a chaneuon
ysbrydol i'ch gilydd – canwch fawl yn frwd i'r Arglwydd. 20Diolchwch i Dduw y Tad am bopeth
bob amser, o achos y cwbl mae'r Arglwydd Iesu Grist wedi'i wneud.

Perthynas Gwragedd a Gwŷr

21Dylech fod yn atebol i'ch gilydd fel arwydd o'ch parch at y Meseia ei hun. 22Chi'r
gwragedd i'ch gwŷr fel i'r Arglwydd ei hun. 23O'r gŵr mae'r wraig yn tarddu, fel mae'r eglwys
yn tarddu o'r Meseia (rhoddodd ei fywyd i'w hachub hi!) 24Felly, fel mae'r eglwys yn atebol
i'r Meseia, rhaid i chi'r gwragedd fod yn atebol i'ch gwŷr ym mhopeth.
25Chi'r gwŷr, rhaid i chi garu eich gwragedd yn union fel mae'r Meseia wedi caru'r eglwys.
Rhoddodd ei fywyd yn aberth drosti, 26i'w chysegru hi a'i gwneud yn lân. Mae dŵr y bedydd
yn arwydd o'r golchi sy'n digwydd drwy'r neges sy'n cael ei chyhoeddi. 27Mae'r Meseia am
gymryd yr eglwys iddo'i hun fel priodferch hardd – heb smotyn na chrychni na dim arall o'i le
arni – yn berffaith lân a di-fai. 28Dyna sut ddylai gwŷr garu eu gwragedd – fel eu cyrff eu
hunain! Mae'r gŵr sy'n caru ei wraig yn ei garu ei hun! 29Dydy pobl ddim yn casáu eu cyrff
eu hunain – maen nhw'n eu bwydo nhw a gofalu amdanyn nhw. A dyna sut mae'r Meseia
yn gofalu am yr eglwys, 30gan ein bod ni'n wahanol rannau o'i gorff e. 31Mae'r ysgrifau
sanctaidd yn dweud y peth fel hyn: "*bydd dyn yn gadael ei dad a'i fam ac yn cael ei uno*
â'i wraig, a bydd y ddau yn dod yn un." 32Mae rhyw wirionedd mawr yn guddiedig yma – sôn
ydw i am berthynas y Meseia a'i eglwys. 33Beth bynnag, dyna ddylai pob un ohonoch chi
ei wneud – caru ei wraig fel mae'n ei garu ei hun, fel bod y wraig wedyn yn parchu ei gŵr.

Plant a rhieni

6 Dylech chi'r plant sy'n perthyn i'r Arglwydd fod yn ufudd i'ch rhieni, am mai dyna'r
peth iawn i'w wneud. 2Y gorchymyn cyntaf sydd ag addewid ynghlwm wrtho ydy: *Gofala*
am dy dad a dy fam, 3*a bydd pethau'n mynd yn dda i ti, a chei fyw'n hir.*
4Chi'r tadau, peidiwch trin eich plant mewn ffordd sy'n eu gwylltio nhw. Dylech eu magu
a'u dysgu nhw i wneud beth mae'r Arglwydd yn ei ddweud.

5:14 Geiriau sy'n cyfuno Eseia 26:19; 51:17; 52:1; 60:1 5:31 Genesis 2:24
6:2,3 Exodus 20:12; Deuteronomium 5:16

Caethweision a meistri

[5]Chi sy'n gaethweision, byddwch yn gwbl ufudd i'ch meistri daearol, a dangos parch
go iawn atyn nhw. Gweithiwch yn galed, yn union fel petaech chi'n gweithio i'r Meseia ei
hun – [6]nid dim ond er mwyn ennill ffafr y meistr pan mae'n eich gwylio chi. Fel caethweision
y Meseia, ewch ati o ddifri i wneud beth mae Duw am i chi ei wneud. [7]Gweithiwch eich gorau
glas, fel petaech yn gweithio i'r Arglwydd ei hun, dim i bobl. [8]Cofiwch mai'r Arglwydd fydd
yn gwobrwyo pawb am y daioni mae'n ei wneud – caethwas neu beidio.
[9]A chi'r meistri yr un fath, dylech drin eich caethweision yn deg. Peidiwch eu bwlio nhw.
Cofiwch fod Duw, sydd yn y nefoedd, yn feistr ar y naill a'r llall ohonoch chi. Does ganddo
fe ddim ffefrynnau!

Arfwisg gan Dduw

[10]Dyma'r peth olaf sydd i'w ddweud: Byddwch yn gryf, a chael eich nerth gan yr Arglwydd
a'r pŵer aruthrol sydd ganddo fe. [11]Mae Duw wedi paratoi arfwisg i chi ei gwisgo yn y frwydr.
Byddwch chi'n gallu gwneud safiad yn erbyn triciau slei y diafol. [12]Dŷn ni ddim yn ymladd yn
erbyn pobl. Mae'n brwydr ni yn erbyn y bodau ysbrydol sy'n llywodraethu, sef yr awdurdodau
a'r pwerau tywyll sy'n rheoli'r byd yma; y fyddin ysbrydol ddrwg yn y byd nefol. [13]Felly
gwisgwch yr arfwisg mae Duw'n ei rhoi i chi, er mwyn i chi ddal eich tir pan fydd pethau'n
ddrwg, a dal i sefyll ar ddiwedd y frwydr. [14]Safwch gyda gwirionedd wedi'i rwymo fel belt
am eich canol, cyfiawnder Duw yn llurig amdanoch, [15]a'r brwdfrydedd i rannu'r newyddion
da am heddwch gyda Duw yn esgidiau ar eich traed. [16]Daliwch eich gafael yn nharian ffydd
bob amser – byddwch yn gallu diffodd saethau tanllyd yr un drwg gyda hi. [17]Derbyniwch
achubiaeth yn helmed ar eich pen, a newyddion da Duw, sef cleddyf yr Ysbryd, yn arf yn eich
llaw. [18]A beth bynnag ddaw, gweddïwch bob amser fel mae'r Ysbryd yn arwain. Cadwch yn
effro, a dal ati i weddïo'n daer dros bobl Dduw i gyd.
[19]A gweddïwch drosto i hefyd. Gweddïwch y bydd Duw'n rhoi'r geiriau iawn i mi bob tro
bydda i'n agor fy ngheg, er mwyn i mi rannu dirgelwch y newyddion da yn gwbl ddi-ofn.
[20]Llysgennad y Meseia Iesu ydw i, mewn cadwyni am gyhoeddi ei neges. Gweddïwch y bydda
i'n dal ati i wneud hynny'n gwbl ddi-ofn, fel y dylwn i wneud!

Cyfarchion i gloi

[21]Bydd Tychicus, sy'n frawd annwyl iawn ac yn weithiwr ffyddlon i'r Arglwydd, yn dweud
wrthoch chi sut mae pethau'n mynd a beth dw i'n ei wneud. [22]Dyna pam dw i'n ei anfon
e atoch chi yn un swydd, i chi gael gwybod sut ydyn ni, ac er mwyn iddo godi'ch calon chi.
[23]Frodyr a chwiorydd, dw i am i Dduw y Tad a'r Arglwydd Iesu Grist eich galluogi chi i fyw
mewn heddwch, caru'ch gilydd ac ymddiried yn llwyr ynddo fe. [24]Dw i'n gweddïo y bydd pawb
sy'n caru ein Harglwydd Iesu Grist o waelod calon yn profi o'i haelioni rhyfeddol.

6:9 gw. Deuteronomium 10:17 6:14 a adlais o Eseia 11:5; b adlais o Eseia 59:17
6:15 adlais o Eseia 52:7 (LXX) 6:17 cyfeiriad at Eseia 59:17 (LXX)

Philipiaid

1 Llythyr gan Paul a Timotheus – gweision i'r Meseia Iesu.
At bawb yn Philipi sy'n bobl i Dduw ac yn perthyn i'r Meseia Iesu, ac at yr arweinwyr
a'r rhai sy'n gwasanaethu yn yr eglwys:
2 Dw i'n gweddïo y byddwch chi'n profi'r haelioni rhyfeddol a'r heddwch dwfn mae Duw
ein Tad a'r Arglwydd Iesu Grist yn ei roi i ni.

Diolchgarwch a Gweddi

3 Bob tro dw i'n meddwl amdanoch chi dw i'n diolch i Dduw am bob un ohonoch chi. 4 Dw
i'n gweddïo'n daer drosoch chi, ac yn teimlo mor llawen wrth wneud hynny, 5 am eich bod chi
o'r dechrau cyntaf wedi bod yn bartneriaid i mi yn y gwaith o rannu'r newyddion da. 6 Felly
dw i'n hollol sicr y bydd Duw, sydd wedi dechrau gwneud pethau mor wych yn eich plith chi,
yn dal ati nes bydd wedi gorffen ei waith ar y diwrnod y bydd y Meseia Iesu yn dod yn ôl.
7 Dych chi'n sbesial iawn yn fy ngolwg i, felly mae'n naturiol mod i'n teimlo fel hyn
amdanoch chi. Dim ots os ydw i'n y carchar neu â nhraed yn rhydd, dych chi bob amser wedi
fy helpu i wneud y gwaith mae Duw wedi'i roi i mi – sef y gwaith o amddiffyn a rhannu'r
newyddion da am Iesu y Meseia. 8 Dim ond Duw sy'n gwybod gymaint o hiraeth sydd gen
i amdanoch chi – dw i'n eich caru chi fel mae'r Meseia Iesu ei hun yn eich caru chi!
9 Yr hyn dw i'n ei weddïo drosoch chi ydy y bydd eich cariad chi'n mynd o nerth i nerth,
ac y byddwch chi'n tyfu yn eich dealltwriaeth o'r gwirionedd a'ch gallu i benderfynu beth
sy'n iawn. 10 Dw i eisiau i chi ddewis y peth gorau i'w wneud bob amser, a byw yn gwbl
onest a di-fai nes i'r Meseia ddod yn ôl. 11 Bydd hynny'n dangos eich bod chi wedi'ch achub!
Bydd yn dangos canlyniad gwaith Iesu Grist yn eich bywydau, ac wedyn bydd Duw yn cael
ei fawrygu a'i foli.

Dim byd yn rhwystr i'r newyddion da

12 Dw i eisiau i chi wybod, frodyr a chwiorydd, fod beth sydd wedi digwydd i mi wedi troi'n
gyfle newydd i rannu'r newyddion da. 13 Mae holl filwyr y Gwarchodlu a phawb arall yma yn
gwybod mod i yn y carchar am fy mod i'n gweithio i'r Meseia. Does neb yma sydd ddim yn
gwybod hynny! 14 Ac mae'r ffaith fy mod i yn y carchar hefyd wedi helpu'r rhai sy'n credu
i fod yn fwy hyderus – does ganddyn nhw ddim ofn rhannu neges Duw.
15 Mae'n wir mai cenfigen a chystadleuaeth sy'n ysgogi rhai i gyhoeddi'r neges am y Meseia,
ond mae eraill sy'n gwneud hynny am y rhesymau iawn. 16 Cariad sy'n eu hysgogi nhw, ac
maen nhw'n gwybod mod i yn y carchar i amddiffyn y newyddion da. 17 Tynnu sylw atyn nhw
eu hunain mae'r grŵp cyntaf – dŷn nhw ddim o ddifri. Yr unig beth maen nhw eisiau ydy
gwneud pethau'n anodd i mi tra dw i yn y carchar. 18 Ond pa wahaniaeth? Beth bynnag ydy
eu rhesymau nhw, y peth pwysig ydy bod y neges am y Meseia yn cael ei chyhoeddi! Mae
hynny'n fy ngwneud i'n hapus. A hapus fydda i hefyd! 19 Dych chi wrthi'n gweddïo, ac mae
Ysbryd Iesu y Meseia yn fy nghynnal i. Felly dw i'n gwybod y bydda i'n cael fy rhyddhau yn
y diwedd. 20 Dw i'n edrych ymlaen at y dyfodol yn frwd, ac yn gobeithio na wna i ddim byd
i siomi fy Arglwydd. Dw i eisiau bod yn ddewr bob amser, ac yn arbennig felly nawr, fel bod
y Meseia yn cael ei fawrygu drwy bopeth dw i'n ei wneud – hyd yn oed petai rhaid i mi farw
yma! 21 I mi, y Meseia ydy holl ystyr a phwrpas byw, a dw i'n ennill hyd yn oed os bydda i'n
cael fy lladd! 22 Ond wedyn ar y llaw arall, os ca i fyw bydda i'n gallu dal ati i weithio dros
y Meseia Iesu. Beth fyddwn i'n ei ddewis fy hun? Dw i ddim yn gwybod! 23 Dw i'n cael fy
nhynnu'r naill ffordd a'r llall: Dw i'n dyheu am gael gadael y byd yma i fod gyda'r Meseia

---

am byth – dyna'n sicr ydy'r peth gorau allai ddigwydd i mi, o bell ffordd! 24 Ond mae'n well
o lawer i chi os ca i aros yn fyw. 25 O feddwl am y peth, dw i'n reit siŵr y bydda i'n aros, i'ch
helpu chi i dyfu a phrofi'r llawenydd sydd i'w gael o gredu yn y Meseia. 26 Felly pan fydda i'n
dod atoch chi eto, bydd gynnoch chi fwy fyth o reswm i frolio am y Meseia Iesu.
27 Ond beth bynnag fydd yn digwydd i mi, gwnewch yn siŵr eich bod chi'n dal ati i ymddwyn
mewn ffordd sy'n dangos fod y newyddion da am y Meseia yn wir. Wedyn, os bydda i'n dod
i'ch gweld chi neu beidio, byddwch chi'n sefyll yn gadarn ac yn brwydro'n galed gyda'ch
gilydd dros y newyddion da. 28 Peidiwch bod ag ofn y bobl hynny sy'n eich erbyn chi. Bydd
hyn i gyd yn arwydd iddyn nhw y byddan nhw'n cael eu dinistrio, ond y cewch chi eich
achub – a hynny gan Dduw. 29 Eich braint chi ydy dim yn unig credu yn y Meseia, ond hefyd
cael dioddef drosto. 30 Dych chi'n wynebu yn union yr un frwydr weloch chi fi'n ei hymladd!
A dw i'n dal yn ei chanol hi fel dych chi'n gweld.

Bod yn ostyngedig, fel Iesu

2 Os ydy perthyn i'r Meseia yn anogaeth o unrhyw fath i chi; os ydy ei gariad o unrhyw
gysur i chi; os ydy'r Ysbryd yn eich clymu chi'n un, ac yn eich gwneud yn llawn tosturi ac
yn garedig 2 – yna gwnewch fi'n wirioneddol hapus drwy rannu'r un agwedd meddwl, dangos
cariad at eich gilydd, a bod yn un o ran ysbryd a phwrpas. 3 Peidiwch bod am y gorau i fod
yn bwysig, nac yn llawn ohonoch chi'ch hunain. Byddwch yn ostyngedig, a pheidio meddwl
eich bod chi'n well na phobl eraill. 4 Meddyliwch am bobl eraill gyntaf, yn lle dim ond meddwl
amdanoch chi'ch hunain. 5 Dylai eich agwedd chi fod yr un fath ag agwedd y Meseia Iesu:

6 Roedd e'n rhannu'r un natur â Duw,
heb angen ceisio gwneud ei hun yn gydradd â Duw;
7 ond dewisodd roi ei hun yn llwyr i wasanaethu eraill,[a]
a gwneud ei hun yn gaethwas,
a dod aton ni fel person dynol –
roedd yn amlwg i bawb ei fod yn ddyn.

8 Yna diraddio ei hun fwy fyth,
a bod yn ufudd, hyd yn oed i farw –
ie, drwy gael ei ddienyddio ar y groes.

9 Felly dyma Duw yn ei ddyrchafu i'r safle uchaf;
a rhoi'r enw pwysica un iddo!
10 *Bydd pob glin yn plygu* i enw Iesu –
pawb yn y nefoedd,
ar y ddaear,
a than y ddaear;
11 *a bydd pawb yn cydnabod*
mai Iesu Grist ydy'r Arglwydd,
ac yn rhoi clod i Dduw y Tad.

Disgleirio fel sêr

12 Felly, ffrindiau annwyl, fel roeddech chi'n ufudd pan oeddwn i acw gyda chi, mae'n
bwysicach fyth eich bod chi'n ufudd pan dw i'n absennol. Gyda pharch a defosiwn i Dduw
daliwch ati i weithio ar eich iechyd ysbrydol fel cymuned. 13 Mae Duw ar waith yn eich bywydau
chi, yn creu'r awydd ynoch chi ac yn eich galluogi chi i wneud beth sy'n ei blesio fe.
14 Gwnewch bopeth heb gwyno a ffraeo, 15 er mwyn i chi dyfu fel plant i Dduw, yn byw
bywydau glân a di-fai yng nghanol cymdeithas o bobl droëdig ac ystyfnig. Byddwch fel sêr

a 2:7 *roi ei hun ... eraill:* Groeg, "gwagio ei hun".
1:30 gw. Actau 16:19-40 2:10,11 adlais o Eseia 45:23 (LXX) 2:15 adlais o Deuteronomium 32:5

yn disgleirio yn yr awyr [16]wrth i chi rannu'r neges am y bywyd newydd gydag eraill. Wedyn
pan ddaw y Meseia yn ôl, bydda i'n gallu bod yn falch ohonoch chi. Bydda i'n gwybod na
fuodd yr holl redeg a'r gwaith caled yn wastraff amser. [17]Mae'n bosib iawn y bydda i'n marw
fel merthyr, a'm gwaed i'n cael ei dywallt fel diodoffrwm ar aberth y gwasanaeth ffyddlon
dych chi'n ei gyflwyno i Dduw. Os mai dyna sydd i ddigwydd, dw i'n hapus, ac am rannu fy
llawenydd gyda chi. [18]A dylech chithau hefyd fod yn hapus, i mi gael rhannu eich llawenydd chi.

Timotheus ac Epaffroditws

[19]Dw i'n gobeithio anfon Timotheus atoch chi'n fuan, os bydd yr Arglwydd Iesu yn caniatáu
hynny, er mwyn cael newyddion amdanoch chi fydd yn codi nghalon i. [20]Does gen i neb tebyg
i Timotheus. Mae'n teimlo'n union fel dw i'n teimlo – mae ganddo'r fath gonsýrn drosoch
chi. [21]Poeni amdanyn nhw eu hunain mae pawb arall, dim am beth sy'n bwysig i Iesu Grist.
[22]Ond mae Timotheus yn wahanol, mae wedi profi ei hun yn wahanol. Mae wedi gweithio
gyda mi dros y newyddion da, fel mab yn helpu ei dad. [23]Felly dw i'n gobeithio ei anfon atoch
chi cyn gynted ag y ca i wybod beth sy'n mynd i ddigwydd i mi. [24]Ac ydw, dw i wir yn hyderus
y bydd yr Arglwydd yn caniatáu i minnau ddod i'ch gweld chi'n fuan!

[25]Ond yn y cyfamser dw i wedi bod yn teimlo bod rhaid i mi anfon Epaffroditws yn ôl atoch
chi – brawd ffyddlon arall sy'n gydweithiwr ac yn gyd-filwr dros achos Iesu. Chi wnaeth ei
anfon e i'm helpu i pan oeddwn i angen help. [26]Mae wedi bod yn hiraethu amdanoch chi,
ac yn poeni'n fawr eich bod wedi clywed ei fod wedi bod yn sâl. [27]Mae'n wir, roedd e'n
wirioneddol sâl. Bu bron iddo farw. Ond buodd Duw'n garedig ato – ac ata i hefyd. Petai
e wedi marw byddwn i wedyn wedi cael fy llethu gan fwy fyth o dristwch. [28]Dyna pam dw
i mor awyddus i'w anfon yn ôl atoch chi. Dw i'n gwybod y byddwch chi mor llawen o'i weld,
a fydd dim rhaid i mi boeni cymaint. [29]Felly rhowch groeso brwd iddo. Dylid anrhydeddu pobl
debyg iddo, [30]achos bu bron iddo farw wrth wasanaethu'r Meseia. Mentrodd ei fywyd er
mwyn fy helpu i, a gwneud ar eich rhan chi beth roeddech chi'n methu ei wneud eich hunain.

Ymffrostio yn y Meseia

3 Yn olaf, ffrindiau, byddwch yn llawen eich bod chi'n perthyn i'r Arglwydd!
Dw i ddim yn blino dal ati i ysgrifennu'r un peth atoch chi. Dw i'n gwneud hynny
i'ch amddiffyn chi.

[2]Gwyliwch y bobl hynny sydd ond eisiau gwneud drwg – y cŵn annifyr! Y rhai sy'n dweud
fod rhaid torri'r cnawd â chyllell i gael eich achub! [3]Ni, dim nhw, ydy'r rhai sydd wedi cael ein
henwaedu go iawn – ni sy'n addoli Duw dan arweiniad yr Ysbryd Glân.[b] Ni sy'n ymfalchïo yn
beth wnaeth y Meseia Iesu, dim beth sydd wedi'i wneud i'r corff.

[4]Er, byddai gen i ddigon o sail i ymddiried yn hynny taswn i eisiau! Mae gen i fwy o le
i ymddiried yn y math yna o beth na neb!

[5] Ces i fy enwaedu yn wythnos oed;[c]
dw i'n dod o dras Iddewig pur;
dw i'n aelod o lwyth Benjamin;
dw i'n siarad Hebraeg, fel mae fy rhieni;
roeddwn i'n Pharisead oedd yn cadw Cyfraith Moses yn fanwl, fanwl;
[6] roeddwn i mor frwd nes i mi fynd ati i erlid yr eglwys Gristnogol.
Yn ôl y safonau mae'r Gyfraith Iddewig yn ei hawlio, doedd neb yn gallu gweld bai
arna i.

[7]Rôn i'n cyfri'r pethau yna i gyd mor bwysig ar un adeg, ond o achos beth wnaeth y Meseia,
dŷn nhw'n dda i ddim bellach. [8]Does dim byd mwy gwerthfawr bellach na'r fraint aruthrol

---

b 3:3 *dan arweiniad yr Ysbryd Glân:* Mae rhai llawysgrifau yn dweud *o ddifri.* c 3:5 *yn wythnos oed:* Mae
bechgyn Iddewig yn cael eu henwaedu wythnos ar ôl eu geni.
3:6 gw. Actau 8:3; 22:4; 26:9-11

o gael nabod fy Arglwydd, y Meseia Iesu! Dw i'n gallu byw heb y pethau eraill i gyd, cyn belled
â mod i'n cael y Meseia. Sbwriel ydy'r cwbl o'i gymharu â chael 9 perthyn i'r Meseia! Bellach,
dw i ddim yn honni bod mewn perthynas iawn gyda Duw ar sail beth dw i wedi llwyddo i'w
wneud (hynny ydy, ufuddhau i'r Gyfraith Iddewig). Yr unig beth sy'n cyfri bellach ydy fod
Iesu y Meseia wedi bod yn ffyddlon – mae perthynas iawn gyda Duw yn rhodd i ni sy'n credu
ynddo! 10 Bellach yr unig beth dw i eisiau ydy dod i nabod y Meseia Iesu yn well, drwy brofi
y pŵer hwnnw wnaeth ei godi yn ôl yn fyw ar ôl iddo farw, a gallu dioddef fel y gwnaeth
e – hyd yn oed os bydd hynny'n golygu marw drosto! 11 Bydda innau wedyn yn cael rhannu'r
profiad o godi yn ôl yn fyw ar ôl i mi farw.

Bwrw mlaen i ennill y ras

12 Dw i ddim yn honni fy mod i eisoes wedi cyrraedd, nac yn honni bod yn berffaith! Ond dw
i'n dal ati er mwyn ennill y cwbl mae'r Meseia Iesu wedi'i fwriadu ar fy nghyfer i pan alwodd
fi i'w ddilyn. 13 Frodyr a chwiorydd annwyl, dw i ddim am eiliad yn meddwl mod i eisoes wedi
cyrraedd! Y cwbl dw i'n ei ddweud ydy hyn: Dw i'n anghofio beth sydd tu cefn i mi ac yn
canolbwyntio fy holl egni ar beth sydd o mlaen i. 14 Fel taswn i mewn ras, dw i'n rhedeg at
y llinell derfyn gyda'r bwriad o ennill! Dw i am ennill y wobr sydd gan Dduw ar ein cyfer ni.
Ei alwad i'r nefoedd o achos beth wnaeth y Meseia Iesu.

15 Felly gadewch i bob un ohonon ni sy'n 'berffaith' fod â'r un agwedd. Os dych chi'n gweld
pethau'n wahanol, dw i'n credu y bydd Duw yn dangos eich camgymeriad i chi. 16 Beth bynnag,
gadewch i ni fyw yn gyson â beth dŷn ni eisoes yn ei wybod sy'n wir.

17 Dw i am i chi ddilyn fy esiampl i, frodyr a chwiorydd, a dysgu gan y rhai sy'n byw fel yma
– dŷn ni wedi dangos y ffordd i chi. 18 Dw i wedi dweud hyn lawer gwaith, a dw i'n dweud yr un
peth eto gyda dagrau – mae llawer yn byw mewn ffordd sy'n dangos eu bod nhw'n elynion i'r
neges am farwolaeth y Meseia ar y groes. 19 Dinistr fydd eu diwedd nhw! Dynion sy'n addoli
beth maen nhw'n ei fwyta – dyna'r duw sy'n eu rheoli nhw! Dynion sy'n brolio am beth
ddylai godi cywilydd arnyn nhw! Pethau'r byd ydy'r unig bethau sydd ar eu meddyliau nhw.
20 Ond dŷn ni'n wahanol. Dŷn ni'n ddinasyddion y nefoedd, ac yn edrych ymlaen yn frwd i'n
Hachubwr, yr Arglwydd Iesu Grist, ddod yn ôl o'r nefoedd. 21 Bydd yn trawsffurfio ein cyrff
marwol, tila ni, ac yn eu gwneud yr un fath â'i gorff rhyfeddol ei hun, drwy'r grym sy'n ei
alluogi i osod pob peth dan ei reolaeth ei hun.

4 Frodyr a chwiorydd annwyl, dw i'n eich caru chi gymaint ac yn hiraethu amdanoch
chi. Dych chi'n fy ngwneud i mor hapus, a dw i mor falch ohonoch chi. Felly daliwch
ati – arhoswch yn ffyddlon i'r Arglwydd.

Anogaethau

2 Dw i'n apelio ar Euodia a Syntyche i ddod ymlaen â'i gilydd am eu bod yn perthyn i'r
Arglwydd. 3 A dw i'n gofyn i ti, fy mhartner ffyddlon i, eu helpu nhw. Mae'r ddwy yn wragedd
sydd wedi brwydro gyda mi o blaid y newyddion da, gyda Clement a phob un arall o'm
cydweithwyr. Mae eu henwau i gyd yn Llyfr y Bywyd.

4 Byddwch yn llawen bob amser am eich bod yn perthyn i'r Arglwydd. Dw i'n dweud eto:
Byddwch yn llawen! 5 Gadewch i bawb weld eich bod yn bobl garedig. Mae'r Arglwydd yn
dod yn fuan. 6 Peidiwch gadael i ddim byd eich poeni chi. Gweddïwch, a gofyn i Dduw am
bopeth sydd arnoch ei angen, a byddwch yn ddiolchgar bob amser. 7 Byddwch chi'n profi'r
heddwch perffaith mae Duw'n ei roi – y daioni sydd tu hwnt i bob dychymyg – yn gwarchod
eich calonnau a'ch meddyliau wrth i chi ddilyn y Meseia Iesu.

8 Ac un peth arall i gloi, ffrindiau: meddyliwch bob amser am beth sy'n wir ac i'w edmygu
– am beth sy'n iawn i'w wneud, yn bur, yn garedig ac yn anrhydeddus – hynny ydy, popeth
da ac unrhyw beth sy'n haeddu ei ganmol. 9 Gwnewch y pethau hynny dych chi wedi'u dysgu
a'u gweld a'u clywed gen i. A bydd y Duw sy'n rhoi ei heddwch gyda chi.

Diolch am eu rhodd

10 Rôn i mor llawen, ac yn diolch i'r Arglwydd eich bod wedi dangos gofal amdana i unwaith
eto. Dw i'n gwybod mai felly roeddech chi'n teimlo drwy'r adeg, ond doedd dim cyfle i chi
ddangos hynny. 11 Dw i ddim yn dweud hyn am fy mod i mewn angen, achos dw i wedi dysgu
bod yn fodlon beth bynnag sy'n digwydd i mi. 12 Dw i'n gwybod sut mae byw pan dw i'n
brin, a sut beth ydy bod ar ben fy nigon. Dw i wedi dysgu'r gyfrinach o fod yn hapus beth
bynnag ydy'r sefyllfa – pan mae gen i stumog lawn, a phan dw i'n llwgu, os oes gen i hen
ddigon neu os nad oes gen i ddim. 13 Dw i'n gallu wynebu pob sefyllfa am fod y Meseia yn
rhoi'r nerth i mi wneud hynny.

14 Beth bynnag, diolch i chi am fod mor barod i rannu gyda mi pan oedd pethau'n anodd.
15 Yn y dyddiau cynnar pan glywoch chi'r newyddion da gyntaf, pan adewais i Macedonia, chi
yn Philipi oedd yr unig rai wnaeth fy helpu i – dych chi'n gwybod hynny'n iawn. 16 Hyd yn
oed pan oeddwn i yn Thesalonica, dyma chi'n anfon rhodd ata i sawl tro. 17 A dw i ddim yn
pysgota am rodd arall wrth ddweud hyn i gyd. Dim ond eisiau i chi ddal ati i ychwanegu at
eich stôr o weithredoedd da ydw i. 18 Dw i wedi derbyn popeth sydd arna i ei angen, a mwy!
Bellach mae gen i hen ddigon ar ôl derbyn eich rhodd gan Epaffroditws. Mae'r cwbl fel offrwm
i Dduw – yn arogli'n hyfryd, ac yn aberth sy'n dderbyniol gan Dduw ac yn ei blesio. 19 Bydd
Duw yn rhoi popeth sydd arnoch ei angen i chithau – mae ganddo stôr rhyfeddol o gyfoeth
i'w rannu gyda ni sy'n perthyn i'r Meseia Iesu.

20 Felly, bydded i Dduw a'n Tad ni gael ei foli am byth! Amen!

Cyfarchion i gloi

21 Cofiwch fi at bob un o'r Cristnogion acw. Mae'r ffrindiau sydd gyda mi yma yn anfon eu
cyfarchion. 22 Ac mae'r Cristnogion eraill i gyd yn anfon eu cyfarchion atoch chi hefyd – yn
arbennig y rhai hynny sy'n gweithio ym mhalas Cesar.

23 Dw i'n gweddïo y byddwch chi'n profi haelioni rhyfeddol ein Harglwydd Iesu Grist! Amen.

4:18 gw. Genesis 8:21; Exodus 29:18,25,41; Lefiticus 1:9,13,17

Colosiaid

1 Llythyr gan Paul, wedi fy newis gan Dduw yn gynrychiolydd personol i'r Meseia Iesu.
A gan y brawd Timotheus hefyd,
2 At bobl Dduw yn Colosae sy'n ddilynwyr ffyddlon i'r Meseia:
Dw i'n gweddïo y byddwch chi'n profi'r haelioni rhyfeddol a'r heddwch dwfn mae Duw
ein Tad yn ei roi i ni.

Diolch a gweddi

3 Dŷn ni bob amser yn diolch i Dduw, Tad ein Harglwydd Iesu Grist, pan dŷn ni'n
gweddïo drosoch chi. 4 Dŷn ni wedi clywed am eich ffyddlondeb chi i'r Meseia Iesu ac am
y cariad sydd gynnoch chi at bawb arall sy'n credu. 5 Mae'r ffydd a'r cariad hwnnw'n tarddu
o'r gobaith hyderus y byddwch chi'n derbyn y cwbl sydd wedi'i storio yn y nefoedd i chi.
Dych chi wedi clywed am hyn o'r blaen, pan gafodd y gwir (sef y newyddion da) 6 ei rannu
gyda chi am y tro cyntaf. Mae'r newyddion da yn mynd ar led ac yn dwyn ffrwyth drwy'r
byd i gyd, a dyna'n union sydd wedi digwydd yn eich plith chi ers y diwrnod cyntaf i chi
glywed am haelioni rhyfeddol Duw, a dod i'w ddeall yn iawn. 7 Epaffras, ein cydweithiwr
annwyl ni, ddysgodd hyn i gyd i chi, ac mae wedi bod yn gwasanaethu'r Meseia yn
ffyddlon ar ein rhan ni. 8 Mae wedi dweud wrthon ni am y cariad mae'r Ysbryd wedi'i blannu
ynoch chi.
9 Ac felly dŷn ni wedi bod yn dal ati i weddïo drosoch chi ers y diwrnod y clywon ni hynny.
Dŷn ni'n gofyn i Dduw ddangos i chi yn union beth mae eisiau, a'ch gwneud chi'n ddoeth
i allu deall pethau ysbrydol. 10 Pwrpas hynny yn y pen draw ydy i chi fyw fel mae Duw am
i chi fyw, a'i blesio fe ym mhob ffordd: drwy fyw bywydau sy'n llawn o weithredoedd da
o bob math, a dod i nabod Duw yn well. 11 Dŷn ni'n gweddïo y bydd Duw yn defnyddio'r
holl rym anhygoel sydd ganddo i'ch gwneud chi'n gryfach ac yn gryfach. Wedyn byddwch
chi'n gallu dal ati yn amyneddgar, 12 a diolch yn llawen i'r Tad. Fe sydd wedi'ch gwneud
chi'n deilwng i dderbyn eich cyfran o beth mae wedi'i gadw i'w bobl ei hun yn nheyrnas
y goleuni. 13 Mae e wedi'n hachub ni o'r tywyllwch oedd yn ein gormesu ni. Ac mae wedi
dod â ni dan deyrnasiad y Mab mae'n ei garu. 14 Ei Fab sydd wedi'n gollwng ni'n rhydd!
Mae wedi maddau'n pechodau ni!

Y Meseia Iesu yn ben

15 Mae'n dangos yn union sut un ydy'r Duw anweledig –
y 'mab hynaf' wnaeth roi ei hun dros y greadigaeth gyfan.
16 Cafodd popeth ei greu ganddo fe:
popeth yn y nefoedd ac ar y ddaear,
popeth sydd i'w weld,
a phopeth sy'n anweledig –
y grymoedd a'r pwerau sy'n llywodraethu a rheoli.
Cafodd popeth ei greu ganddo fe,
i'w anrhydeddu e.
17 Roedd yn bodoli o flaen popeth arall,
a fe sy'n dal y cwbl gyda'i gilydd.

18 Fe hefyd ydy'r pen ar y corff, sef yr eglwys;
Fe ydy ei ffynhonnell hi,
a'r cyntaf i ddod yn ôl yn fyw.
Felly mae e'n ben ar y cwbl i gyd.

[19] Achos roedd Duw yn gyfan gwbl wedi dewis byw ynddo,
[20] ac yn cymodi popeth ag e'i hun drwyddo
– pethau ar y ddaear ac yn y nefoedd.
Daeth â heddwch drwy farw ar y groes.
[21]Ydy, mae wedi'ch cymodi chi hefyd! Chi oedd mor bell oddi wrth Dduw ar un adeg.
Roeddech yn elynion iddo ac yn gwneud pob math o bethau drwg. Mae wedi'ch gwneud
chi'n ffrindiau iddo'i hun [22]drwy ddod yn ddyn o gig a gwaed, a marw ar y groes. Mae'n
dod â chi at Dduw yn lân, yn ddi-fai, a heb unrhyw gyhuddiad yn eich erbyn. [23]Ond rhaid i chi
ddal i gredu, a bod yn gryf ac yn gadarn, a pheidio gollwng gafael yn y gobaith sicr mae'r
newyddion da yn ei gynnig i chi. Dyma'r newyddion da glywoch chi, ac sydd wedi'i gyhoeddi
drwy'r byd i gyd. A dyna'r gwaith dw i, Paul, wedi'i gael i'w wneud.

Gwaith caled Paul ar ran yr Eglwys

[24]Dw i'n falch o gael dioddef drosoch chi. Dw i'n cyflawni yn fy nghorff i beth o'r dioddef
sydd ar ôl – sef 'gofidiau'r Meseia' – a hynny er mwyn ei gorff, yr eglwys. [25]Dw i wedi dod
yn was iddi am fod Duw wedi rhoi gwaith penodol i mi, i gyhoeddi'r neges yn llawn ac yn
effeithiol i chi sydd ddim yn Iddewon. [26]Dyma'r cynllun dirgel gafodd ei gadw o'r golwg am
oesoedd a chenedlaethau lawer, ond sydd bellach wedi'i ddangos i bobl Dduw. [27]Mae Duw
wedi dewis dangos fod y dirgelwch ffantastig yma ar gyfer pobl o bob cenedl. Y dirgelwch
ydy bod y Meseia yn byw ynoch chi; a dyna'r hyder sydd gynnoch chi y cewch chi ran yn
y pethau gwych sydd i ddod!
[28]Dŷn ni'n cyhoeddi'r neges amdano, ac yn rhybuddio a dysgu pawb mor ddoeth ag
y gallwn ni. Dŷn ni eisiau cyflwyno pawb i Dduw yn ddilynwyr aeddfed i'r Meseia. [29]Dyna
pam dw i'n gweithio mor galed gyda'r holl egni mae e'n ei roi i mi.
2 Dw i eisiau i chi wybod mor galed dw i'n gweithio drosoch chi a'r Cristnogion yn
Laodicea, a dros lawer o bobl eraill sydd ddim wedi nghyfarfod i. [2]Y bwriad ydy rhoi hyder
iddyn nhw a'u helpu i garu ei gilydd yn fwy, a bod yn hollol sicr eu bod wedi deall y cynllun
dirgel roedd Duw wedi'i gadw o'r golwg o'r blaen. Y Meseia ei hun ydy hwnnw! [3]Mae holl
drysorau doethineb a gwybodaeth wedi'u storio ynddo fe. [4]Dw i'n dweud hyn wrthoch chi
rhag i unrhyw un lwyddo i'ch twyllo chi gyda rhyw ddadleuon dwl sy'n swnio'n glyfar ond
sydd ddim yn wir. [5]Er fy mod i ddim gyda chi, dw i'n meddwl amdanoch chi drwy'r amser, ac
yn falch o weld mor ddisgybledig ydych chi'n byw ac mor gadarn ydy'ch ffydd chi yn y Meseia.

Rhybudd rhag credu syniadau eraill

[6]Dych chi wedi derbyn y Meseia Iesu fel eich Arglwydd, felly daliwch ati i fyw yn ufudd
iddo – [7]Cadwch eich gwreiddiau'n ddwfn ynddo, eich bywyd wedi'i adeiladu arno, eich hyder
ynddo yn gadarn fel y cawsoch eich dysgu, a'ch bywydau yn gorlifo o ddiolch.
[8]Peidiwch gadael i unrhyw un eich rhwymo chi gyda rhyw syniadau sy'n ddim byd ond
nonsens gwag – syniadau sy'n dilyn traddodiadau dynol a'r dylanwadau drwg sy'n rheoli'r
byd yma, yn lle dibynnu ar y Meseia. [9]Achos yn y Meseia mae dwyfoldeb yn gyfan gwbl yn byw
mewn person dynol. [10]A dych chi hefyd yn gyflawn am eich bod yn perthyn i'r Meseia, sy'n ben
ar bob grym ac awdurdod! [11]Wrth ddod ato fe, cawsoch eich 'enwaedu' yn yr ystyr o dorri gafael
y natur bechadurus arnoch chi. (Dim y ddefod gorfforol o enwaedu, ond yr 'enwaediad' ysbrydol
mae'r Meseia yn ei gyflawni.) [12]Wrth gael eich bedyddio cawsoch eich claddu gydag e, a'ch codi
i fywyd newydd wrth i chi gredu yng ngallu Duw, wnaeth ei godi e yn ôl yn fyw ar ôl iddo farw.
[13]Pobl baganaidd o'r cenhedloedd oeddech chi, yn farw'n ysbrydol o achos eich pechodau,
ond gwnaeth Duw chi'n fyw gyda'r Meseia. Mae wedi maddau ein holl bechodau ni, [14]ac wedi
canslo'r ddogfen oedd yn dweud faint oedden ni mewn dyled. Cymerodd e'i hun y ddogfen
honno a'i hoelio ar y groes. [15]Wedi iddo ddiarfogi'r pwerau a'r awdurdodau, arweiniodd
nhw mewn prosesiwn gyhoeddus – fel carcharorion rhyfel wedi'u concro ganddo ar y groes.

[16]Felly peidiwch gadael i unrhyw un eich beirniadu chi am beidio cadw mân-reolau am beth
sy'n iawn i'w fwyta a'i yfed, neu am ddathlu gwyliau crefyddol, gŵyl y lleuad newydd neu'r
Saboth. [17]Doedd rheolau felly yn ddim byd ond cysgodion gwan o beth oedd i ddod – dim
ond yn y Meseia y dewch chi o hyd i'r peth go iawn. [18]Peidiwch gadael i unrhyw un sy'n cael
boddhad o ddisgyblu'r hunan eich condemnio chi. Maen nhw'n honni eu bod nhw'n gallu
mynd i bresenoldeb yr angylion sy'n addoli Duw, ac yn mynd i fanylion ynglŷn â beth maen
nhw wedi'i weld. Maen nhw'n meddwl eu bod nhw'n well na phawb arall, ond does dim byd
ysbrydol am eu syniadau gwag nhw. [19]Dŷn nhw ddim wedi dal gafael yn y Meseia. Fe ydy pen
y corff. Mae pob rhan o'r corff yn cael ei ddal gyda'i gilydd gan y cymalau a'r gewynnau ac
yn tyfu fel mae Duw am iddo dyfu.

[20]Buoch farw gyda'r Meseia, a dych chi wedi'ch rhyddhau o afael y dylanwadau drwg
sy'n rheoli'r byd yma. Felly pam dych chi'n dal i ddilyn rhyw fân reolau fel petaech chi'n dal
i ddilyn ffordd y byd? [21]– "Peidiwch gwneud hyn! Peidiwch blasu hwn! Peidiwch cyffwrdd
rhywbeth arall!" [22](Mân-reolau wedi'u dyfeisio gan bobl ydy pethau felly! Mae bwyd wedi
mynd unwaith mae wedi'i fwyta!) [23]Falle fod rheolau o'r fath yn ymddangos yn beth doeth
i rai – defosiwn haearnaidd, disgyblu'r corff a'i drin yn llym – ond dŷn nhw'n dda i ddim
i atal chwantau a meddyliau drwg.

Rheolau ar gyfer byw bywyd glân

3 Felly, am eich bod wedi cael eich codi i fywyd newydd gyda'r Meseia, ceisiwch beth
sy'n y nefoedd, lle mae'r Meseia yn eistedd yn y sedd anrhydedd ar ochr dde Duw.
[2]Edrychwch ar bethau o safbwynt y nefoedd, dim o safbwynt daearol. [3]Buoch farw, ac mae'r
bywyd go iawn sydd gynnoch chi nawr wedi'i guddio'n saff gyda'r Meseia yn Nuw. [4]Y Meseia
ydy'ch bywyd chi. Pan fydd e'n dod i'r golwg, byddwch chi hefyd yn cael rhannu ei ysblander e.

[5]Felly lladdwch y pethau drwg, daearol sydd ynoch chi: anfoesoldeb rhywiol, budreddi,
pob chwant, a phob tuedd i wneud drwg a bod yn hunanol – addoli eilun-dduwiau ydy peth
felly! [6]Pethau felly sy'n gwneud Duw yn ddig, a bydd yn dod i gosbi pawb sy'n anufudd iddo.
[7]Dyna sut roeddech chi'n ymddwyn o'r blaen. [8]Ond bellach rhaid i chi gael gwared â nhw:
gwylltio a cholli tymer, bod yn faleisus, hel straeon cas a dweud pethau anweddus. [9]Rhaid i chi
stopio dweud celwydd wrth eich gilydd, am eich bod wedi rhoi heibio'r hen fywyd a'i ffyrdd
[10]ac wedi gwisgo'r bywyd newydd. Dyma'r ddynoliaeth newydd sy'n cael ei newid i fod yr un
fath â'r Crëwr ei hun, ac sy'n dod i nabod Duw yn llawn. [11]Lle mae hyn yn digwydd does dim
gwahaniaeth rhwng Iddew a rhywun o genedl arall, neu rhwng cael eich enwaedu neu ddim;
does neb yn cael ei ddiystyru am ei fod yn 'farbariad di-addysg'.[a] neu'n 'anwariad gwyllt'.[b]
does dim gwahaniaeth rhwng y caethwas a'r dinesydd rhydd. Yr unig beth sy'n cyfri ydy'r
Meseia, ac mae e ym mhob un ohonon ni sy'n credu.

[12]Mae Duw wedi'ch dewis chi iddo'i hun ac wedi'ch caru chi'n fawr, felly dangoswch
chithau dosturi at bobl eraill, a bod yn garedig, yn ostyngedig, yn addfwyn ac yn amyneddgar.
[13]Byddwch yn oddefgar, a maddau i eraill pan dych chi'n meddwl eu bod nhw ar fai.
Maddeuwch chi i bobl eraill yn union fel mae'r Arglwydd wedi maddau i chi. [14]A gwisgwch
gariad dros y cwbl i gyd – mae cariad yn clymu'r cwbl yn berffaith gyda'i gilydd.

[15]Gadewch i'r heddwch mae'r Meseia'n ei greu rhyngoch chi gadw trefn arnoch chi. Mae
Duw wedi'ch galw chi at eich gilydd i fyw fel un corff ac i brofi realiti'r heddwch hwnnw.
A byddwch yn ddiolchgar. [16]Gadewch i'r neges wych am y Meseia fyw ynoch chi, a'ch gwneud
chi'n ddoeth wrth i chi ddysgu a rhybuddio'ch gilydd. Canwch salmau, emynau a chaneuon
ysbrydol i fynegi eich diolch i Dduw. [17]Gwnewch bopeth gan gofio eich bod yn cynrychioli yr
Arglwydd Iesu Grist – ie, popeth! – popeth dych chi'n ei ddweud a'i wneud. Dyna sut dych
chi'n dangos eich diolch i Dduw.

---

a 3:11 *farbariad di-addysg:* Pobl oedd ddim yn gallu siarad yr iaith Roeg. b 3:11 *anwariad gwyllt:* Groeg, "Scythiad" – llwythau o'r ardal ar lan ogleddol y Môr Du, oedd yn enwog am eu creulondeb.
2:22 adlais o Eseia 29:13 (LXX) 3:1 gw. Salm 110:1

Rheolau i gartrefi Cristnogol

18Rhaid i chi'r gwragedd fod yn atebol i'ch gwŷr – dyna'r peth iawn i bobl yr Arglwydd
ei wneud.
19Rhaid i chi'r gwŷr garu'ch gwragedd a pheidio byth bod yn gas wrthyn nhw.
20Rhaid i chi'r plant fod yn ufudd i'ch rhieni bob amser, am fod hynny'n plesio'r Arglwydd.
21Rhaid i chi'r tadau beidio bod mor galed ar eich plant nes eu bod nhw'n digalonni.
22Rhaid i chi sy'n gaethweision fod yn ufudd i'ch meistri bob amser. Peidiwch gwneud
hynny dim ond pan maen nhw'n eich gwylio chi, er mwyn ceisio ennill eu ffafr nhw. Byddwch
yn ddidwyll wrth ufuddhau iddyn nhw, am eich bod chi'n parchu'r Arglwydd. 23Gwnewch
eich gorau glas bob amser, fel tasech chi'n gweithio i'r Arglwydd ei hun, a dim i feistri dynol.
24Byddwch chi'n derbyn eich gwobr gan yr Arglwydd. Y Meseia ydy'r meistr dych chi'n ei
wasanaethu go iawn. 25Ond bydd y rhai sy'n gwneud beth sydd o'i le yn cael beth maen
nhw'n ei haeddu – does gan Dduw ddim ffefrynnau.

4 Rhaid i chi'r meistri fod yn gyfiawn ac yn deg wrth drin eich caethweision. Cofiwch fod
gynnoch chithau Feistr yn y nefoedd!

Cyngor pellach

2Daliwch ati i weddïo drwy'r adeg, gan gadw'ch meddyliau yn effro a bod yn ddiolchgar.
3A gweddïwch droson ni hefyd, y bydd Duw yn rhoi cyfle i ni rannu'r neges am y Meseia, ac
esbonio'r dirgelwch amdano. Dyma pam dw i yn y carchar. 4Gweddïwch y bydda i'n gwneud
y neges yn gwbl glir, fel y dylwn i. 5Byddwch yn ddoeth yn y ffordd dych chi'n ymddwyn tuag at
bobl sydd ddim yn credu. Manteisiwch ar bob cyfle gewch chi i rannu gyda nhw. 6Byddwch yn
serchog wrth siarad â nhw a pheidio bod yn ddiflas. A gwnewch eich gorau i ateb cwestiynau
pawb yn y ffordd iawn.

Cyfarchion i gloi

7Cewch wybod fy hanes i gan Tychicus. Mae e'n frawd annwyl iawn, ac yn weithiwr ffyddlon
sy'n gwasanaethu'r Arglwydd gyda mi. 8Dw i'n ei anfon e atoch chi yn unswydd i chi gael
gwybod sut ydyn ni, ac er mwyn iddo godi'ch calon chi. 9A dw i wedi anfon Onesimws gydag
e, brawd ffyddlon ac annwyl arall sy'n un ohonoch chi. Byddan nhw'n dweud wrthoch chi
am y cwbl sy'n digwydd yma.
10Mae Aristarchus, sydd yn y carchar gyda mi, yn anfon ei gyfarchion atoch chi. Hefyd Marc,
cefnder Barnabas. (Mae hyn wedi'i ddweud o'r blaen – os daw Marc atoch, rhowch groeso
iddo.) 11Mae Iesu (yr un sy'n cael ei alw'n Jwstus) yn anfon ei gyfarchion hefyd. Nhw ydy'r
unig Gristnogion Iddewig sy'n gweithio gyda mi. Maen nhw'n gweithio gyda mi dros deyrnas
Dduw, ac maen nhw wedi bod yn gysur mawr i mi.
12Mae Epaffras yn anfon ei gyfarchion – un arall o'ch plith chi sy'n was i'r Meseia Iesu.
Mae bob amser yn gweddïo'n daer drosoch chi, ac yn gofyn i Dduw eich gwneud chi'n gryf
ac aeddfed, ac yn gwbl hyderus eich bod yn gwneud beth mae Duw eisiau. 13Dw i'n dyst ei
fod e'n gweithio'n galed drosoch chi a'r Cristnogion sydd yn Laodicea a Hierapolis. 14Mae
ein ffrind annwyl, doctor Luc, a Demas hefyd, yn anfon eu cyfarchion. 15Cofiwch fi at y brodyr
a'r chwiorydd yn Laodicea, a hefyd at Nymffa a'r eglwys sy'n cyfarfod yn ei thŷ hi.
16Ar ôl i'r llythyr yma gael ei ddarllen i chi, anfonwch e ymlaen i Laodicea i'w ddarllen i'r
gynulleidfa yno. A gwnewch yn siŵr eich bod chi'n darllen y llythyr anfonais i yno.
17Dwedwch hyn wrth Archipus: "Gwna'n siŵr dy fod yn gorffen y gwaith mae'r Arglwydd
wedi'i roi i ti." 18Dw i'n ysgrifennu'r cyfarchiad yma yn fy llawysgrifen fy hun: PAUL. Cofiwch
fy mod i yn y carchar. Dw i'n gweddïo y byddwch chi'n profi haelioni rhyfeddol Duw!

3:25 gw. Deuteronomium 10:17

1 Thesaloniaid

1 Llythyr gan Paul, Silas[a] a Timotheus,
At bobl eglwys Dduw yn Thesalonica – y bobl sydd â pherthynas gyda Duw y Tad
a'r Arglwydd Iesu Grist:
Dw i'n gweddïo y byddwch chi'n profi haelioni Duw a'i heddwch dwfn.

Diolch am y Thesaloniaid

2Dŷn ni bob amser yn diolch i Dduw amdanoch chi i gyd, ac yn gweddïo drosoch chi'n
gyson. 3Bob tro dŷn ni'n sôn amdanoch chi wrth ein Duw a'n Tad, dŷn ni'n cofio am y cwbl
dych chi'n ei wneud am eich bod chi'n credu; am y gwaith caled sy'n deillio o'ch cariad chi,
a'ch gallu i ddal ati am fod eich gobaith yn sicr yn yr Arglwydd Iesu Grist.
4Dŷn ni'n gwybod, ffrindiau, fod Duw wedi'ch caru chi a'ch dewis chi yn bobl iddo'i hun.
5Pan ddaethon ni â'n newyddion da atoch chi, nid dim ond siarad wnaethon ni. Roedd nerth
yr Ysbryd Glân i'w weld, ac roedden ni'n hollol sicr fod ein neges ni'n wir. A dych chi'n gwybod
hefyd sut roedden ni'n ymddwyn yn eich plith chi – roedden ni'n gwneud y cwbl er eich lles
chi. 6A dyma chi'n derbyn y neges gyda'r brwdfrydedd mae'r Ysbryd Glân yn ei roi, er eich
bod chi wedi gorfod dioddef am wneud hynny. Roeddech chi'n dilyn ein hesiampl ni, a'r
Arglwydd Iesu ei hun. 7A dyna sut daethoch chi'ch hunain i fod yn esiampl i'r holl gredinwyr
yn Macedonia ac Achaia. 8Yn wir, dych chi wedi peri bod pobl sy'n byw'n llawer pellach na
Macedonia ac Achaia wedi clywed neges yr Arglwydd. Mae pobl ym mhobman wedi dod
i glywed sut daethoch chi i gredu yn Nuw. Does dim rhaid i ni ddweud dim byd am y peth!
9Mae pobl yn siarad am y fath groeso gawson ni gynnoch chi. Maen nhw'n sôn amdanoch
chi'n troi cefn ar eilun-dduwiau a dod i addoli a gwasanaethu'r Duw byw ei hun – y Duw
go iawn! 10Maen nhw hefyd yn sôn am y ffordd dych chi'n edrych ymlaen at y diwrnod pan
fydd Mab Duw yn dod i'r golwg eto o'r nefoedd. Ie, Iesu, yr un gafodd ei godi yn ôl yn fyw,
ac sy'n ein hachub ni rhag cael ein cosbi pan fydd Duw yn barnu'r byd.

Gwaith Paul yn Thesalonica

2 A ffrindiau, dych chi'ch hunain yn gwybod bod ein hymweliad ni ddim wedi bod yn
wastraff amser. 2Er ein bod ni wedi dioddef a chael ein cam-drin yn Philipi, dyma
Duw yn rhoi'r hyder i ni i fynd ymlaen i rannu ei newyddion da gyda chi, er gwaetha'r holl
wrthwynebiad. 3Doedden ni ddim yn dweud celwydd wrth geisio'ch argyhoeddi chi, nac yn
gwneud dim o gymhellion anghywir, nac yn ceisio'ch tricio chi. 4Na, fel arall yn hollol! Dŷn
ni'n cyhoeddi'r neges am fod Duw wedi'n trystio ni gyda'r newyddion da. Dim ceisio plesio
pobl dŷn ni'n ei wneud, ond ceisio plesio Duw. Mae e'n gwybod beth sy'n ein calonnau ni.
5Dych chi'n gwybod ein bod ni ddim wedi ceisio'ch seboni chi. A doedden ni ddim yn ceisio
dwyn eich arian chi chwaith – mae Duw'n dyst i hynny! 6Doedden ni ddim yn chwilio am
ganmoliaeth gan bobl – gynnoch chi na neb arall.
7Gallen ni fod wedi gofyn i chi'n cynnal ni, gan ein bod ni'n gynrychiolwyr personol i'r
Meseia, ond wnaethon ni ddim. Buon ni'n addfwyn gyda chi, fel mam yn magu ei phlant ar
y fron. 8Gan ein bod ni'n eich caru chi gymaint, roedden ni'n barod i roi'n bywydau drosoch
chi yn ogystal â rhannu newyddion da Duw gyda chi. Roeddech chi mor annwyl â hynny yn
ein golwg ni. 9Dych chi'n siŵr o fod yn cofio mor galed y buon ni'n gweithio pan oedden ni
acw. Buon ni wrthi'n gweithio ddydd a nos er mwyn gwneud yn siŵr bod dim rhaid i chi dalu
i'n cynnal ni tra oedden ni'n pregethu newyddion da Duw i chi.

---

a 1:1 *Silas:* Groeg, *Silfanos*, sef ffurf arall ar yr enw Silas.
1:6 gw. Actau 17:5-9 2:2 gw. Actau 16:19-24; 17:1-9

[10]Dych chi'n dystion, ac mae Duw'n dyst hefyd, ein bod ni wedi bod yn ddidwyll, yn deg
a di-fai yn y ffordd wnaethon ni eich trin chi ddaeth i gredu. [11]Roedden ni'n trin pob un
ohonoch chi fel mae tad yn trin ei blant – [12]yn eich calonogi chi a'ch cysuro chi a'ch annog
chi i fyw fel mae Duw am i chi fyw. Mae e wedi'ch galw chi i fyw dan ei deyrnasiad e, ac
i rannu ei ysblander.

[13]Dŷn ni bob amser yn diolch i Dduw eich bod chi wedi derbyn y neges roedden ni'n ei
chyhoeddi am beth oedd hi go iawn – neges gan Dduw, dim syniadau dynol. Ac mae'n amlwg
fod Duw ar waith yn eich bywydau chi sy'n credu. [14]Ffrindiau, mae'r un peth wedi digwydd
i chi ag a ddigwyddodd i eglwysi Duw yn Jwdea sy'n gwasanaethu'r Meseia Iesu. Mae eich
pobl eich hunain wedi gwneud i chi ddioddef yn union fel gwnaeth yr arweinwyr Iddewig
iddyn nhw ddioddef. [15]Nhw ydy'r bobl laddodd yr Arglwydd Iesu a'r proffwydi, a nhw sy'n
ein herlid ni bellach. Maen nhw'n gwneud Duw yn ddig! Maen nhw'n elynion i'r ddynoliaeth
gyfan [16]am eu bod nhw'n ceisio ein rhwystro ni rhag cyhoeddi'r newyddion da er mwyn i bobl
o genhedloedd eraill gael eu hachub. Maen nhw'n pentyrru eu pechodau yn ddiddiwedd wrth
ymddwyn fel yma. Ond mae cosb Duw'n mynd i'w dal nhw yn y diwedd.

Paul yn hiraethu am gael gweld y Thesaloniaid

[17]Ffrindiau, yn fuan iawn ar ôl i ni gael ein gwahanu oddi wrthoch chi (dim ond yn gorfforol –
achos roeddech chi'n dal ar ein meddyliau ni), roedden ni'n hiraethu am gael eich gweld chi eto.
Roedden ni'n benderfynol o ddod yn ôl i'ch gweld chi. [18]Dw i, Paul, wedi bwriadu dod sawl tro,
ond mae Satan wedi'n rhwystro ni. [19]Wedi'r cwbl, chi sy'n rhoi gobaith i ni! Chi sy'n ein gwneud
ni mor hapus! Chi ydy'r goron fyddwn ni mor falch ohoni pan safwn ni o flaen ein Harglwydd
Iesu ar ôl iddo ddod yn ôl! [20]Ie, chi! Chi ydy'n diléit ni! Dŷn ni mor falch ohonoch chi!

3 Doeddwn i ddim yn gallu diodde'r disgwyl dim mwy. Dyma ni'n penderfynu anfon
Timotheus atoch chi, ac aros ein hunain yn Athen. [2]Mae'n brawd Timotheus yn gweithio
gyda ni i rannu'r newyddion da am y Meseia, a byddai e'n gallu cryfhau eich ffydd chi a'ch
calonogi chi, [3]rhag i'r treialon dych chi'n mynd drwyddyn nhw eich gwneud chi'n ansicr. Ac
eto dych chi'n gwybod yn iawn fod rhaid i ni sy'n credu wynebu treialon o'r fath. [4]Pan oedden
ni gyda chi, roedden ni'n dweud dro ar ôl tro y bydden ni'n cael ein herlid. A dyna'n union
sydd wedi digwydd, fel y gwyddoch chi'n rhy dda! [5]Dyna pam allwn i ddim dioddef disgwyl
mwy. Roedd rhaid i mi anfon Timotheus i weld a oeddech chi'n dal i sefyll yn gadarn. Beth
petai'r temtiwr wedi llwyddo i'ch baglu chi rywsut, a bod ein gwaith ni i gyd wedi'i wastraffu?

Adroddiad calonogol Timotheus

[6]Ond mae Timotheus newydd gyrraedd yn ôl, ac wedi rhannu'r newyddion da am eich
ffydd chi a'ch cariad chi! Mae'n dweud bod gynnoch chi atgofion melys amdanon ni, a bod
gynnoch chi gymaint o hiraeth amdanon ni ag sydd gynnon ni amdanoch chi. [7]Felly, ffrindiau
annwyl, yng nghanol ein holl drafferthion a'r holl erlid dŷn ni'n ei wynebu, dŷn ni wedi cael
ein calonogi'n fawr am fod eich ffydd chi'n dal yn gryf. [8]Mae gwybod eich bod chi'n aros
yn ffyddlon i'r Arglwydd wedi'n tanio ni â brwdfrydedd newydd. [9]Sut allwn ni ddiolch digon
i Dduw amdanoch chi? Dych chi wedi'n gwneud ni mor hapus! [10]Ddydd a nos, dŷn ni'n
gweddïo'n wirioneddol daer y cawn ni gyfle i ddod i'ch gweld chi eto, i ddysgu mwy i chi
am sut mae'r rhai sy'n credu i fyw.

[11]Dŷn ni'n gweddïo y bydd Duw ein Tad, a'n Harglwydd Iesu Grist, yn ei gwneud hi'n bosib
i ni ddod atoch chi'n fuan. [12]A bydded i'r Arglwydd wneud i'ch cariad chi at eich gilydd, ac
at bawb arall, dyfu nes ei fod yn gorlifo! – yn union yr un fath â'n cariad ni atoch chi. [13]Dŷn
ni eisiau iddo eich gwneud chi'n gryf. Wedyn byddwch yn ddi-fai ac yn sanctaidd o flaen ein
Duw a'n Tad pan fydd ein Harglwydd Iesu'n dod yn ôl gyda'i angylion, a gyda'r holl bobl
sy'n perthyn iddo.

3:6 gw. Actau 18:5

Byw i blesio Duw

4 Yn olaf, ffrindiau, fel cynrychiolwyr personol yr Arglwydd Iesu, dŷn ni eisiau pwyso arnoch
chi i fyw mewn ffordd sy'n plesio Duw, fel y dysgon ni i chi. Dych chi yn gwneud hynny
eisoes, ond dŷn ni am eich annog chi i ddal ati fwy a mwy. 2 Gwyddoch yn iawn beth ddwedon
ni sydd raid i chi ei wneud. Roedden ni'n siarad ar ran yr Arglwydd Iesu ei hun:
3 Mae Duw am i chi fyw bywydau glân sy'n dangos eich bod chi'n perthyn iddo: Dylech chi
beidio gwneud dim sy'n anfoesol yn rhywiol. 4 Dylech ddysgu cadw rheolaeth ar eich teimladau
rhywiol – parchu eich corff a bod yn gyfrifol – 5 yn lle bod fel y paganiaid sydd ddim yn nabod
Duw ac sy'n gadael i'w chwantau redeg yn wyllt. 6 Ddylai neb groesi'r ffiniau na manteisio
ar Gristion arall yn hyn o beth. Bydd yr Arglwydd yn cosbi'r rhai sy'n pechu'n rhywiol – dŷn
ni wedi'ch rhybuddio chi'n ddigon clir o hynny o'r blaen. 7 Mae Duw wedi'n galw ni i fyw
bywydau glân, dim i fod yn fochaidd. 8 Felly mae unrhyw un sy'n gwrthod gwrando ar hyn yn
gwrthod Duw ei hun, sy'n rhoi ei Ysbryd i chi, ie, yr Ysbryd Glân. Dim ein rheolau ni ydy'r rhain!
9 Ond does dim rhaid i mi ddweud unrhyw beth am y cariad mae Cristnogion i'w ddangos
at ei gilydd. Mae'n amlwg fod Duw ei hun – neb llai – wedi'ch dysgu chi i wneud hynny.
10 Dych chi wedi dangos cariad at Gristnogion talaith Macedonia i gyd, a dŷn ni am bwyso
arnoch chi, ffrindiau, i ddal ati i wneud hynny fwy a mwy.
11 Dylech chi wneud popeth allwch chi i gael perthynas iach â phobl eraill. Dylech gynnal
eich hunain a gweithio'n galed, yn union fel dwedon ni wrthoch chi. 12 Wedyn bydd pobl
sydd ddim yn credu yn parchu'r ffordd dych chi'n byw, a fydd dim rhaid i chi ddibynnu ar
neb arall i'ch cynnal chi.

Pan fydd yr Arglwydd yn dod yn ôl

13 A nawr, ffrindiau, dŷn ni am i chi ddeall beth sy'n digwydd i Gristnogion ar ôl iddyn nhw
farw. Does dim rhaid i chi alaru fel mae pawb arall yn galaru – does ganddyn nhw ddim
gobaith. 14 Dŷn ni'n credu bod Iesu wedi marw ac wedi cael ei godi yn ôl yn fyw eto. Felly dŷn
ni'n credu hefyd y bydd Duw yn dod â'r Cristnogion hynny sydd wedi marw yn ôl gyda Iesu
pan fydd e'n dod yn ôl. 15 Yr Arglwydd ei hun sydd wedi dweud: fyddwn ni sy'n dal yn fyw, pan
ddaw'r Arglwydd Iesu yn ôl, ddim yn ennill y blaen ar y Cristnogion hynny sydd eisoes wedi
marw. 16 Bydd yr Arglwydd ei hun yn dod i lawr o'r nefoedd. Bydd Duw'n rhoi'r gorchymyn,
bydd y prif angel yn cyhoeddi'n uchel a bydd utgorn yn seinio. Bydd y Cristnogion sydd wedi
marw yn dod yn ôl yn fyw gyntaf. 17 Yna byddwn ni sy'n dal yn fyw ar y ddaear yn cael ein
cipio i fyny gyda nhw yn y cymylau i gyfarfod â'r Arglwydd yn yr awyr. Wedyn byddwn ni i gyd
gyda'r Arglwydd am byth. 18 Felly calonogwch eich gilydd gyda'r geiriau hyn.
5 A does dim rhaid i ni ysgrifennu dim i ddweud pryd yn union fydd hyn i gyd yn digwydd.
Dych chi'n gwybod yn iawn. 2 Bydd yr Arglwydd yn dod yn ôl yn gwbl annisgwyl, fel mae
lleidr yn dod yn y nos. 3 Bydd pobl yn dweud, "Mae pethau'n mynd yn dda," a "Dŷn ni'n saff,"
ac yn sydyn bydd dinistr yn dod. Bydd yn dod mor sydyn â'r poenau mae gwraig yn eu cael
pan mae ar fin cael babi. Fydd dim dianc!
4 Ond dych chi ddim yn y tywyllwch, ffrindiau, felly ddylai'r diwrnod hwnnw ddim dod yn
annisgwyl fel lleidr yn eich profiad chi. 5 Plant y goleuni ydych chi i gyd! Plant y dydd! Dŷn
ni ddim yn perthyn i'r nos a'r tywyllwch. 6 Felly rhaid i ni beidio bod yn gysglyd fel pobl
eraill. Gadewch i ni fod yn effro ac yn sobr. 7 Mae pobl yn cysgu yn y nos, ac mae pobl yn
meddwi yn y nos. 8 Ond dŷn ni'n perthyn i'r dydd. Gadewch i ni fyw'n gyfrifol, wedi'n harfogi
gyda ffydd a chariad yn llurig, a'r gobaith sicr y cawn ein hachub yn helmed. 9 Dydy Duw
ddim wedi bwriadu i ni gael ein cosbi, mae wedi dewis ein hachub ni drwy beth wnaeth yr
Arglwydd Iesu Grist. 10 Buodd e farw yn ein lle ni, er mwyn i ni gael byw gydag e am byth – ie,
ni sy'n dal yn fyw a hefyd y rhai sydd wedi marw. 11 Felly calonogwch eich gilydd, a daliwch
ati i helpu'ch gilydd.

5:2 gw. Mathew 24:43; Luc 12:39; 2 Pedr 3:10   5:8 cyfeiriad at Eseia 59:17 (LXX) (gw. hefyd Effesiaid 6:11-18)

Rhai pethau i gloi

12 Ffrindiau annwyl, dŷn ni am i chi werthfawrogi'r bobl hynny sy'n gweithio'n galed yn
eich plith chi. Maen nhw'n gofalu amdanoch chi ac yn eich dysgu chi sut i fyw yn ffyddlon
i'r Arglwydd. 13 Dylech chi wir eu parchu nhw a dangos cariad mawr tuag atyn nhw o achos
y gwaith maen nhw'n ei wneud. Dylech fyw'n heddychlon gyda'ch gilydd.
14 A ffrindiau annwyl, dŷn ni'n apelio ar i chi rybuddio'r bobl hynny sy'n bod yn ddiog,
annog y rhai sy'n ddihyder, helpu'r rhai gwan, a bod yn amyneddgar gyda phawb. 15 Peidiwch
gadael i bobl dalu'r pwyth yn ôl i eraill. Ceisiwch wneud lles i'ch gilydd bob amser, ac i bobl
eraill hefyd.
16 Peidiwch byth â stopio gorfoleddu! 17 Daliwch ati i weddïo. 18 Byddwch yn ddiolchgar
beth bynnag ydy'ch sefyllfa chi. Dyna sut mae Duw am i chi ymddwyn, fel pobl sy'n perthyn
i'r Meseia Iesu.
19 Peidiwch bod yn rhwystr i waith yr Ysbryd Glân. 20 Peidiwch wfftio proffwydoliaethau.
21 Dylech bwyso a mesur pob un, a dal gafael yn beth sy'n dda. 22 Cadwch draw oddi wrth
bob math o ddrygioni.
23 Dw i'n gweddïo y bydd Duw ei hun, y Duw sy'n rhoi heddwch dwfn i ni, yn eich gwneud
chi'n berffaith lân, ac y bydd y person cyfan – yn ysbryd, enaid a chorff – yn cael ei gadw'n
ddi-fai ganddo nes daw ein Harglwydd Iesu Grist yn ôl. 24 Mae'r Duw sy'n eich galw chi yn
ffyddlon, a bydd yn gwneud hyn.
25 Gweddïwch droson ni, ffrindiau.
26 Cyfarchwch eich cyd-Gristnogion yn llawn cariad.
27 Dw i'n eich siarsio chi ar ran yr Arglwydd ei hun i wneud yn siŵr fod y Cristnogion i gyd
yn clywed y llythyr yma yn cael ei ddarllen.
28 Dw i'n gweddïo y byddwch chi'n profi'r haelioni rhyfeddol mae ein Harglwydd Iesu
Grist yn ei roi i ni.

2 Thesaloniaid

1 Llythyr gan Paul, Silas[a] a Timotheus,
At bobl eglwys Dduw yn Thesalonica – y bobl sydd â pherthynas gyda Duw ein Tad
a'r Arglwydd Iesu Grist:
2Dw i'n gweddïo y byddwch chi'n profi'r haelioni rhyfeddol a'r heddwch dwfn mae Duw
ein Tad a'r Arglwydd Iesu Grist yn ei roi i ni.

Diolchgarwch a Gweddi

3Frodyr a chwiorydd, dŷn ni'n diolch i Dduw amdanoch chi bob amser. Dyna ddylen ni
ei wneud, achos mae'ch ffydd chi wedi cryfhau cymaint. Ac mae'r cariad sydd gan bob un
ohonoch chi at eich gilydd yn tyfu bob dydd. 4Dŷn ni'n sôn amdanoch chi wrth bobl eglwysi
Duw ym mhobman. Dŷn ni mor falch eich bod chi'n dal ati yn ffyddlon er gwaetha'r holl
erlid fuoch chi drwyddo a'r treialon dych chi wedi gorfod eu dioddef.
5Mae'r cwbl yn arwydd clir y bydd Duw yn barnu'n gyfiawn. Dych chi'n cael eich cyfri'n
deilwng i'w gael e'n teyrnasu drosoch chi, a dyna pam dych chi'n dioddef. 6Mae Duw bob
amser yn gwneud beth sy'n iawn, a bydd yn talu'n ôl i'r rhai sy'n gwneud i chi ddioddef.
7Bydd y dioddef yn dod i ben i chi, ac i ninnau hefyd, pan fydd yr Arglwydd Iesu yn dod i'r
golwg eto. Bydd yn dod o'r nefoedd gyda'i angylion cryfion. 8*Gyda thân yn llosgi'n wenfflam
bydd yn cosbi'r rhai sydd ddim yn nabod Duw ac sydd wedi gwrthod* y newyddion da am
Iesu, ein Harglwydd. 9Eu cosb nhw fydd dioddef dinistr diddiwedd, *a chael eu cau allan
o bresenoldeb yr Arglwydd a'i ysblander a'i nerth.* 10*Ar y diwrnod olaf hwnnw bydd yn cael
ei anrhydeddu gan ei bobl, ac yn destun rhyfeddod* gan bawb sydd wedi credu. Ac mae
hynny'n eich cynnwys chi, gan eich bod chi wedi credu'r cwbl ddwedon ni wrthoch chi
amdano fe.
11Dyna pam dŷn ni'n gweddïo drosoch chi drwy'r amser – gweddïo y bydd Duw'n eich
gwneud chi'n deilwng o'r bywyd mae wedi'ch galw i'w fyw. Hefyd, y bydd Duw yn rhoi'r
nerth i chi wneud yr holl bethau da dych chi eisiau eu gwneud, a bod yn ffyddlon. 12Bydd
hyn yn golygu bod yr Arglwydd Iesu'n cael ei anrhydeddu yn eich bywydau chi, a byddwch
chi hefyd yn cael eich anrhydeddu gydag e. Bydd hyn yn digwydd am fod ein Duw a Iesu
Grist ein Harglwydd mor hael!

Gelyn mawr Duw yn dod

2 Gadewch i ni sôn am y ffaith fod yr Arglwydd Iesu Grist yn dod yn ôl, a sut fyddwn ni'n
cael ein casglu ato. 2Ffrindiau annwyl, plîs peidiwch cynhyrfu na chael eich drysu gan
bobl sy'n honni bod y diwrnod hwnnw eisoes wedi dod. Peidiwch cymryd sylw o unrhyw un
sy'n mynnu mai dyna mae'r Ysbryd yn ei ddweud. A pheidiwch gwrando ar unrhyw stori neu
lythyr sy'n dweud mai dyna dŷn ni'n ei gredu. 3Peidiwch gadael i neb eich twyllo chi. Cyn
i'r diwrnod hwnnw ddod bydd y gwrthryfel mawr olaf yn erbyn Duw yn digwydd. Bydd yr un
sy'n ymgorfforiad o ddrygioni yn dod i'r golwg, sef yr un sydd wedi'i gondemnio i gael ei
ddinistrio gan Dduw. 4Dyma elyn mawr Duw, yr un sy'n meddwl ei fod yn well na'r bodau
ysbrydol i gyd ac unrhyw 'dduw' arall sy'n cael ei addoli. Yn y diwedd bydd yn gosod ei hun
yn nheml y Duw byw, ac yn cyhoeddi mai fe ydy Duw.
5Ydych chi ddim yn cofio mod i wedi dweud hyn i gyd pan oeddwn i gyda chi? 6Dylech
wybod, felly, am y grym sy'n ei ddal yn ôl rhag iddo ddod i'r golwg cyn i'r amser iawn

---

a 1:1 *Silas:* Groeg, *Silfanos*, sef ffurf arall ar yr enw Silas.
1:8 adlais o Eseia 66:15; Jeremeia 10:25; Salm 79:6 1:9 cyfeiriad at Eseia 2:10,19,21
1:10 cyfeiriad at Eseia 2:11,17 2:4 cyfeiriad at Daniel 11:36; Eseciel 28:2-9 ac Eseia 14:13-14

gyrraedd. 7Wrth gwrs, mae'r dylanwad dirgel sy'n hybu drygioni eisoes ar waith. Ond fydd
y dirgelwch ddim ond yn aros nes bydd yr un sy'n ei ddal yn ôl ar hyn o bryd yn cael ei symud
o'r neilltu. 8Wedyn bydd yr un sy'n ymgorfforiad o ddrygioni yn dod i'r golwg. Ond bydd yr
Arglwydd Iesu yn *ei ladd drwy ddim ond chwythu arno!* Bydd yn ei ddinistrio wrth ddod yn
ôl gyda'r fath ysblander.
9Pan fydd yr un drwg yn dod, bydd yn gwneud gwaith Satan. Bydd ganddo'r nerth i wneud
gwyrthiau syfrdanol, a rhyfeddodau ffug eraill. 10Bydd yn gwneud pob math o bethau drwg
ac yn twyllo'r rhai sy'n mynd i ddistryw am eu bod nhw wedi gwrthod credu'r gwir fyddai'n
eu hachub nhw. 11Mae Duw yn eu barnu nhw drwy anfon rhith twyllodrus fydd yn gwneud
iddyn nhw gredu celwydd. 12Felly bydd pawb sy'n gwrthod credu'r gwir ac sydd wedi bod yn
mwynhau gwneud drygioni yn cael eu cosbi.

Safwch yn gadarn

13Ond mae'n rhaid i ni ddiolch i Dduw amdanoch chi bob amser. Ffrindiau annwyl,
chi sydd wedi'ch caru gan yr Arglwydd. Dych chi ymhlith y rhai cyntaf ddewisodd Duw
i gael eu hachub drwy'r Ysbryd sy'n eich gwneud chi'n lân a thrwy i chi gredu'r gwir.
14Galwodd Duw chi i rannu yn hyn i gyd wrth i ni gyhoeddi'r newyddion da, a byddwch
yn cael rhannu ysblander ein Harglwydd Iesu Grist. 15Felly, ffrindiau annwyl, arhoswch
yn ffyddlon iddo, a daliwch eich gafael yn y cwbl wnaethon ni ei ddysgu i chi, ar lafar
ac yn ein llythyr atoch chi.
16Dw i'n gweddïo y bydd ein Harglwydd Iesu Grist, a Duw ein Tad (sydd wedi'n caru ni, ac
wedi bod mor hael yn rhoi hyder ddaw byth i ben a dyfodol sicr i ni), 17yn eich cysuro ac yn
rhoi nerth i chi wneud a dweud beth sy'n dda.

Cais am weddi

3 Yn olaf, ffrindiau, gweddïwch droson ni. Gweddïwch y bydd neges yr Arglwydd yn mynd
ar led yn gyflym, ac yn cael ei derbyn yn frwd fel y cafodd gynnoch chi. 2A gweddïwch
hefyd y byddwn ni'n cael ein hamddiffyn rhag pobl gas a drwg. Dydy pawb ddim yn dod
i gredu'r neges! 3Ond mae'r Arglwydd yn ffyddlon; bydd e'n rhoi nerth i chi ac yn eich cadw
chi'n ddiogel rhag yr un drwg. 4Ac mae'r Arglwydd yn ein gwneud ni'n hyderus eich bod
chi'n gwneud beth ddwedon ni wrthoch chi, ac y gwnewch chi ddal ati i wneud hynny. 5Dw
i'n gweddïo y bydd yr Arglwydd yn eich arwain chi i garu Duw a dal ati i ymddiried yn llwyr
ynddo fe, y Meseia.

Rhybudd rhag bod yn ddiog

6Nawr, dŷn ni'n rhoi gorchymyn i chi, ffrindiau annwyl (ac mae gynnon ni awdurdod yr
Arglwydd Iesu Grist i wneud hynny): Cadwch draw oddi wrth unrhyw Gristion sy'n gwrthod
gweithio a ddim yn byw fel y dysgon ni i chi fyw. 7Dilynwch ein hesiampl ni. Fuon ni ddim
yn ddiog pan oedden ni gyda chi. 8Doedden ni ddim yn cymryd mantais o bobl eraill drwy
fwyta yn eu cartrefi nhw heb dalu am ein lle. Yn hollol fel arall! Roedden ni'n gweithio ddydd
a nos er mwyn gwneud yn siŵr bod dim rhaid i chi dalu i'n cynnal ni. 9Er bod gynnon ni
hawl i ddisgwyl help gynnoch chi, roedden ni am roi esiampl i chi a bod yn batrwm i chi ei
ddilyn. 10"Os ydy rhywun yn gwrthod gweithio, dydy e ddim i gael bwyta" – dyna ddwedon
ni pan oedden ni gyda chi.
11Ond dŷn ni wedi clywed bod rhai ohonoch chi'n diogi. Pobl yn treulio'u hamser yn busnesa
yn lle gweithio. 12Mae gynnon ni awdurdod yr Arglwydd i ddweud wrth bobl felly, a phwyso
arnyn nhw i fyw fel y dylen nhw a dechrau ennill eu bara menyn. 13Ffrindiau annwyl, peidiwch
byth â blino gwneud daioni.

2:8 Eseia 11:4 2:9 gw. Mathew 24:24

[14]Cadwch lygad ar unrhyw un sy'n gwrthod gwneud beth dŷn ni'n ei ddweud yn y llythyr
yma. Cadwch draw oddi wrtho, er mwyn codi cywilydd arno. [15]Ond peidiwch ei drin fel gelyn
– dim ond ei rybuddio fel brawd a'i helpu i newid.

Cyfarchion i gloi

[16]Dw i'n gweddïo y bydd yr Arglwydd sy'n rhoi heddwch yn gwneud i chi brofi ei heddwch
ym mhob sefyllfa. Bydded yr Arglwydd yn agos at bob un ohonoch chi.
[17]Dw i'n ysgrifennu'r cyfarchiad yma yn fy llawysgrifen fy hun – PAUL. Dyma sy'n dangos
yn fy holl lythyrau mai fi sy'n ysgrifennu. Dyma fy llawysgrifen i.
[18]Dw i'n gweddïo y byddwch chi i gyd yn profi haelioni rhyfeddol ein Harglwydd Iesu Grist.

1 Timotheus

1 Llythyr gan Paul, cynrychiolydd personol y Meseia Iesu – wedi fy anfon gan y Duw sy'n
ein hachub ni, a'r Meseia, yr un mae'n gobaith ni ynddo.
[2]Timotheus, rwyt ti wir fel mab i mi yn y ffydd:
Dw i'n gweddïo y byddi di'n profi'r haelioni rhyfeddol, y trugaredd a'r heddwch dwfn mae
Duw ein Tad a'r Meseia Iesu ein Harglwydd yn ei roi i ni.

Rhybudd rhag ffug athrawon y Gyfraith

[3]Fel y gwnes i pan oeddwn i'n teithio i dalaith Macedonia, dw i'n pwyso arnat ti eto
i aros yn Effesus. Rhaid i ti roi stop ar y rhai hynny sy'n dysgu pethau sydd ddim yn wir, [4]yn
gwastraffu eu hamser yn astudio chwedlau a rhestrau achau diddiwedd. Dydy pethau felly
ddim ond yn arwain i ddyfalu gwag. Dŷn nhw'n gwneud dim i hybu cynllun Duw i achub pobl,
sef cael pobl i gredu. [5]Y rheswm pam dw i'n dweud hyn ydy am fy mod i eisiau i Gristnogion
garu ei gilydd. Dw i am i'w cymhellion nhw fod yn bur, eu cydwybod nhw'n lân, ac eisiau
iddyn nhw drystio Duw go iawn. [6]Mae rhai wedi crwydro oddi wrth y pethau yma. Maen nhw'n
treulio eu hamser yn siarad nonsens! [7]Maen nhw'n honni bod yn arbenigwyr yn y Gyfraith
Iddewig, ond does ganddyn nhw ddim clem! Dŷn nhw ddim yn gwybod beth maen nhw'n
sôn amdano er eu bod nhw'n siarad mor awdurdodol!
[8]Dŷn ni'n gwybod fod Cyfraith Duw yn dda os ydy hi'n cael ei thrin yn iawn. [9]Dŷn ni'n
gwybod hefyd mai dim ar gyfer y rhai sy'n gwneud beth sy'n iawn y cafodd y Gyfraith ei rhoi.
Mae hi ar gyfer y bobl hynny sy'n anufudd ac yn gwrthryfela, pobl annuwiol a phechadurus,
pobl sy'n parchu dim ac yn ystyried dim byd yn gysegredig. Ar gyfer y rhai sy'n lladd eu tadau
a'u mamau, llofruddion, [10]pobl sy'n pechu'n rhywiol, yn wrywgydwyr gweithredol, pobl sy'n
prynu a gwerthu caethweision, yn dweud celwydd, ac sy'n rhoi tystiolaeth gelwyddog, ac yn
gwneud unrhyw beth arall sy'n groes i ddysgeidiaeth gywir. [11]Mae dysgeidiaeth felly yn gyson
â'r newyddion da sy'n dweud wrthon ni mor wych ydy'r Duw bendigedig! Dyma'r newyddion
da mae e wedi rhoi'r cyfrifoldeb i mi ei gyhoeddi.

Haelioni'r Arglwydd at Paul

[12]Dw i mor ddiolchgar fod ein Harglwydd, y Meseia Iesu, yn gweld ei fod yn gallu dibynnu
arna i. Fe sy'n rhoi'r nerth i mi, ac mae wedi fy newis i weithio iddo. [13]Cyn dod yn Gristion
roeddwn i'n arfer cablu ei enw; roeddwn i'n erlid y bobl oedd yn credu ynddo, ac yn greulon
iawn atyn nhw. Ond roedd Duw yn garedig ata i – doeddwn i ddim yn credu nac yn sylweddoli
beth oeddwn i'n ei wneud. [14]Roedd yr Arglwydd mor anhygoel o garedig ata i! Des i gredu,
a chael fy llenwi â'r cariad sy'n dod oddi wrth y Meseia Iesu.
[15]Mae beth sy'n cael ei ddweud mor wir, a dylai pawb ei gredu: Daeth y Meseia Iesu i'r
byd i achub pechaduriaid – a fi ydy'r gwaetha ohonyn nhw. [16]Ond mae Duw wedi maddau
i mi, y pechadur gwaetha, er mwyn i bawb weld amynedd di-ben-draw y Meseia Iesu! Dw i'n
esiampl berffaith o'r math o bobl fyddai'n dod i gredu ynddo ac yn derbyn bywyd tragwyddol.
[17]Mae e'n haeddu ei anrhydeddu a'i foli am byth bythoedd! Fe ydy'r Brenin am byth! Fe
ydy'r Duw anfarwol, anweledig! Fe ydy'r unig Dduw sy'n bod! Amen!
[18]Timotheus, fy mab, dw i'n rhoi siars i ti (yn gyson â beth sydd wedi'i broffwydo amdanat
ti): Mae'n bwysig dy fod ti'n ymladd yn dda yn y frwydr. [19]Dal dy afael yn beth rwyt ti'n ei
gredu, a chadw dy gydwybod yn lân. Mae rhai wedi dewis peidio gwneud hynny, ac o ganlyniad
mae eu ffydd wedi'i dryllio. [20]Mae Hymenaeus ac Alecsander yn enghreifftiau o'r peth. Dw
i wedi'u taflu nhw allan o'r eglwys er mwyn iddyn nhw ddysgu peidio cablu.

1:2 gw. Actau 16:1   1:13 gw. Actau 8:3; 9:4,5

Addoliad Cywir

2 O flaen popeth arall dw i'n pwyso arnoch chi i weddïo dros bawb – pledio a gweddïo'n
daer; gofyn a diolch i Dduw ar eu rhan nhw. [2]Dylech chi wneud hynny dros frenhinoedd
a phawb arall mewn safle o awdurdod, er mwyn i ni gael heddwch a llonydd i fyw bywydau
duwiol a gweddus. [3]Mae gweddïo felly yn beth da i'w wneud, ac yn plesio Duw sydd wedi'n
hachub ni. [4]Achos mae e am i bobl o bob math gael eu hachub a dod i wybod y gwir. [5]Mae am
iddyn nhw ddeall mai un Duw sydd, ac mai dim ond un person sy'n gallu pontio'r gagendor
rhwng Duw a phobl. Iesu y Meseia ydy hwnnw, ac roedd e'n ddyn. [6]Rhoddodd ei fywyd yn
aberth i dalu'r pris am ollwng pobl yn rhydd. Daeth i roi tystiolaeth am fwriad Duw ar yr amser
iawn. [7]A dyma pam ces i fy newis yn negesydd ac yn gynrychiolydd personol iddo, i ddysgu
pobl o genhedloedd eraill am beth sy'n wir, a'r angen i gredu yn Iesu Grist. A'r gwir dw i'n
ei gyhoeddi, heb air o gelwydd!

[8]Felly, ble bynnag mae pobl yn cyfarfod i addoli, dw i am i'r dynion sy'n gweddïo fyw
bywydau sy'n dda yng ngolwg Duw, a pheidio gwylltio a dadlau.

[9]A'r gwragedd yr un fath. Dylen nhw beidio gwisgo dillad i dynnu sylw atyn nhw eu hunain,
dim ond dillad sy'n weddus, yn synhwyrol ac yn bwrpasol. Dim steil gwallt a thlysau aur
a pherlau a dillad costus sy'n bwysig, [10]ond gwneud daioni. Dyna sy'n gwneud gwragedd
sy'n proffesu eu bod yn addoli Duw yn ddeniadol.

[11]Rhaid i wraig, wrth gael ei dysgu, fod yn dawel a dangos ei bod yn barod i ymostwng yn
llwyr. [12]Dw i ddim am ganiatáu i wraig hyfforddi a bod fel teyrn dros ddyn; rhaid iddi ddysgu
yn dawel. [13]Adda gafodd ei greu gyntaf, ac wedyn Efa. [14]A dim Adda gafodd ei dwyllo; y wraig
oedd yr un gafodd ei thwyllo, a throseddu. [15]Ond byddai hi'n cael ei hachub drwy'r plentyn
oedd i'w eni. Dylen nhw ddal ati i gredu, dangos cariad, byw bywydau glân a bod yn ddoeth.

Arweinwyr a gwasanaethwyr

(Titus 1:6-9)

3 Mae beth sy'n cael ei ddweud mor wir: Mae rhywun sydd ag uchelgais i fod yn arweinydd
yn yr eglwys yn awyddus i wneud gwaith da. [2]Felly rhaid i arweinydd fod yn ddi-fai.
Rhaid iddo fod yn ŵr sy'n ffyddlon i'w wraig, yn ymddwyn yn gyfrifol, yn synhwyrol ac yn
gall, yn berson croesawgar, yn gallu dysgu eraill, [3]ddim yn meddwi, ddim yn ymosodol ond
yn deg, ddim yn achosi dadleuon, a ddim yn ariangar. [4]Dylai allu cadw trefn ar ei deulu ei
hun, a'i blant yn atebol iddo ac yn ei barchu. [5](Os ydy rhywun ddim yn gallu cadw trefn ar
ei deulu ei hun, sut mae disgwyl iddo ofalu am eglwys Dduw?) [6]Dylai e ddim bod yn rhywun
sydd ddim ond newydd ddod yn Gristion, rhag iddo ddechrau meddwl ei hun a chael ei farnu
fel cafodd y diafol ei farnu. [7]Rhaid iddo hefyd fod ag enw da gan bobl y tu allan i'r eglwys,
rhag iddo gael ei ddal ym magl y diafol a chael ei gywilyddio.

[8]A'r rhai sy'n gwasanaethu'r tlawd ar ran yr eglwys yr un fath. Rhaid iddyn nhw fod yn bobl
sy'n haeddu eu parchu, ddim yn ddauwynebog, ddim yn yfed yn ormodol, nac yn elwa ar draul
pobl eraill. [9]Rhaid iddyn nhw ddal gafael yn beth mae Duw wedi'i ddangos sy'n wir, a byw gyda
chydwybod lân. [10]Dylai'r dynion hyn dreulio cyfnod ar brawf cyn cael eu penodi i wasanaethu.
Wedyn byddan nhw'n gallu cael eu penodi os does dim rheswm i beidio gwneud hynny.

[11]A'r un fath gyda'r gwragedd hynny sy'n gwasanaethu. Dylen nhw fod yn wragedd sy'n
cael eu parchu; ddim yn rhai sy'n hel clecs maleisus, ond yn wragedd cyfrifol ac yn rai dŷn
ni'n gallu dibynnu'n llwyr arnyn nhw.

[12]Dylai unrhyw ddyn sy'n gwasanaethu'r tlawd ar ran yr eglwys fod yn ffyddlon i'w wraig,
ac yn gallu cadw trefn ar ei blant ac ar ei gartref. [13]Bydd y rhai sydd wedi gwasanaethu'n
dda yn cael enw da ac yn gallu siarad yn hyderus am gredu yn y Meseia Iesu.

[14]Dw i'n gobeithio dod i dy weld di'n fuan. Ond dw i'n ysgrifennu atat ti rhag ofn i mi gael fy
rhwystro, [15]er mwyn i ti wybod sut dylai'r bobl sy'n perthyn i deulu Duw ymddwyn. Dyma eglwys

---

2:13 gw. Genesis 2:7,21-22 2:14 gw. Genesis 3:1-6

y Duw byw, sy'n cynnal y gwirionedd fel mae sylfaen a thrawst yn dal tŷ gyda'i gilydd. 16Heb
unrhyw amheuaeth, mae beth sydd wedi'i ddangos i fod yn wir am ein ffydd ni yn rhyfeddol:

Daeth i'r golwg fel person o gig a gwaed;
　　Cyhoeddodd yr Ysbryd Glân ei fod yn gyfiawn.
Cafodd ei weld yn fyw gan angylion;
　　Cafodd y newyddion da amdano ei gyhoeddi i'r cenhedloedd,
　　a chredodd llawer o bobl y byd ynddo.
Cafodd ei gymryd i fyny i ysblander y nefoedd.

Rhybuddio Timotheus

4 Ond mae'r Ysbryd Glân yn dweud yn gwbl glir y bydd rhai yn y cyfnod olaf hwn yn troi
cefn ar y gwir. Byddan nhw'n gwrando ar ysbrydion sy'n twyllo ac yn credu pethau mae
cythreuliaid yn eu dysgu. 2Pobl ddauwynebog a chelwyddog sy'n dysgu pethau felly. Pobl heb
gydwybod, fel petai wedi'i serio gyda haearn poeth. 3Maen nhw'n rhwystro pobl rhag priodi ac
yn gorchymyn iddyn nhw beidio bwyta rhai bwydydd. Ond Duw greodd y bwydydd hynny i'w
derbyn yn ddiolchgar gan y rhai sy'n credu ac sy'n gwybod beth ydy'r gwir. 4Ac mae popeth
mae Duw wedi'i greu yn dda! Felly dylen ni dderbyn y cwbl yn ddiolchgar. 5Mae Duw wedi
dweud ei fod yn iawn i'w fwyta a dylen ni ddiolch amdano mewn gweddi.
6Os gwnei di ddysgu hyn i bawb arall, a bwydo dy hun ar wirioneddau'r ffydd a'r
ddysgeidiaeth dda rwyt wedi'i derbyn, byddi di'n was da i Iesu y Meseia. 7Paid gwastraffu
dy amser gyda chwedlau sy'n ddim byd ond coelion gwrachod. Yn lle hynny gwna dy orau
glas i fyw fel mae Duw am i ti fyw. 8Mae ymarfer corff yn beth da, ond mae ymdrechu i fyw
fel mae Duw am i ti fyw yn llawer iawn pwysicach – mae'n dda i ti'n y bywyd hwn a'r bywyd
sydd i ddod. 9Ydy, mae beth sy'n cael ei ddweud mor wir, a dylai pawb gredu'r peth.
10Dyma'r rheswm pam dŷn ni'n dal ati i weithio'n galed ac ymdrechu. Dŷn ni wedi
ymddiried yn y Duw byw, sy'n achub pob math o bobl – pawb sy'n credu. 11Gwna'n siŵr fod
pobl yn gwybod y pethau hyn a dysga nhw. 12Paid gadael i neb dy ddibrisio am dy fod di'n
ifanc. Bydd yn esiampl dda i'r credinwyr yn y ffordd rwyt ti'n siarad, a sut rwyt ti'n byw, yn
dy gariad at eraill, dy ffydd a'th fywyd glân. 13Hyd nes bydda i wedi cyrraedd, canolbwyntia
ar ddarllen yr ysgrifau sanctaidd yn gyhoeddus, annog y bobl a'u dysgu nhw. 14Paid ag
esgeuluso'r ddawn roddodd yr Ysbryd Glân i ti gyda neges broffwydol pan oedd yr arweinwyr
yn gosod eu dwylo arnat ti i dy gomisiynu di i'r gwaith.
15Gwna'r pethau yma yn flaenoriaeth. Bwrw iddi i'w gwneud, er mwyn i bawb weld sut
rwyt ti'n dod yn dy flaen. 16Cadw lygad ar sut rwyt ti'n byw a beth rwyt ti'n ei ddysgu. Dal
ati i wneud hynny. Wedyn byddi'n gwneud yn siŵr dy fod ti dy hun a'r rhai sy'n gwrando
arnat ti yn cael eu hachub.

Cyngor am weddwon, arweinwyr yr eglwys, a chaethweision

5 Paid bod yn llawdrwm wrth geryddu dyn sy'n hŷn na ti. Dangos barch ato ac apelio
ato fel petai'n dad i ti. Trin y dynion ifanc fel brodyr, 2y gwragedd hŷn fel mamau, a'r
gwragedd ifanc fel chwiorydd (a gofalu dy fod yn cadw dy feddwl yn lân pan fyddi gyda nhw).
3Dylai'r eglwys ofalu am y gweddwon hynny sydd mewn gwir angen. 4Ond os oes gan
weddw blant neu wyrion, dylai'r rheiny ymarfer eu crefydd drwy ofalu am eu teuluoedd.
Gallan nhw dalu yn ôl am y gofal gawson nhw pan yn blant. Dyna sut mae plesio Duw. 5Os
ydy gweddw mewn gwir angen does ganddi neb i edrych ar ei hôl. Duw ydy ei hunig obaith
hi, ac mae hi'n gweddïo ddydd a nos ac yn gofyn iddo am help. 6Ond mae'r weddw sy'n byw
i fwynhau ei hun a chael amser da yn farw'n ysbrydol. 7Gwna'n siŵr fod pobl yn yr eglwys
yn deall y pethau yma, wedyn fydd dim lle i feio neb. 8Mae unrhyw un sy'n gwrthod gofalu
am ei berthnasau, yn arbennig ei deulu agosaf, wedi troi cefn ar y ffydd Gristnogol. Yn wir
mae person felly yn waeth na'r bobl sydd ddim yn credu.

[9]Ddylai gweddw ddim ond cael ei chynnwys ar restr y rhai mae'r eglwys yn gofalu amdanyn
nhw os ydy hi dros chwe deg oed. Rhaid iddi hefyd fod wedi bod yn ffyddlon i'w gŵr, [10]ac
yn wraig mae enw da iddi am ei bod wedi gwneud cymaint o ddaioni: wedi magu ei phlant,
rhoi croeso i bobl ddieithr, gwasanaethu[a] pobl Dduw, a helpu pobl mewn trafferthion. Dylai
fod yn wraig sydd wedi ymroi i wneud daioni bob amser.

[11]Paid rhoi enwau'r gweddwon iau ar y rhestr. Pan fydd eu teimladau rhywiol yn gryfach
na'u hymroddiad i'r Meseia, byddan nhw eisiau priodi. [12]Byddai hynny yn golygu eu bod
nhw'n euog o fod wedi torri'r addewid blaenorol wnaethon nhw. [13]Yr un pryd, mae peryg
iddyn nhw fynd i'r arfer drwg o wneud dim ond crwydro o un tŷ i'r llall a bod yn ddiog. Ac yn
waeth na hynny, siarad nonsens, defnyddio swynion a dweud pethau ddylen nhw ddim. [14]Dw
i am i'r gweddwon iau i briodi eto a chael plant, a gofalu am y cartref. Wedyn fydd y gelyn
ddim yn gallu bwrw sen arnon ni. [15]Ond mae rhai eisoes wedi troi cefn, a mynd ar ôl Satan.

[16]Os oes gan unrhyw wraig sy'n Gristion berthnasau sy'n weddwon, dylai hi ofalu amdanyn
nhw a pheidio rhoi'r baich ar yr eglwys. Bydd yr eglwys wedyn yn gallu canolbwyntio ar helpu'r
gweddwon hynny sydd mewn gwir angen.

[17]Mae'r arweinwyr hynny yn yr eglwys sy'n gwneud eu gwaith yn dda yn haeddu eu parchu
a derbyn cyflog teg. Mae hyn yn arbennig o wir am y rhai hynny sy'n gweithio'n galed yn
pregethu a dysgu. [18]Mae'r ysgrifau sanctaidd yn dweud, "*Peidiwch rhwystro'r ych sy'n sathru'r
ŷd rhag bwyta,*" a hefyd "*Mae gweithiwr yn haeddu ei gyflog.*"

[19]Paid gwrando ar gyhuddiad yn erbyn arweinydd yn yr eglwys oni bai fod dau neu dri
tyst. [20]Ond dylai'r rhai sydd yn dal ati i bechu gael eu ceryddu o flaen pawb, er mwyn i'r
lleill wylio eu hunain.

[21]O flaen Duw a'r Meseia Iesu a'r angylion mae wedi'u dewis, dw i'n rhoi siars i ti wneud
y pethau yma heb ragfarn na chymryd ochrau. Paid byth â dangos ffafriaeth!

[22]Gwylia rhag bod yn fyrbwyll wrth gomisiynu pobl yn arweinwyr yn yr eglwys. Does gen ti
ddim eisiau bod yn gyfrifol am bechodau pobl eraill. Cadw dy hun yn bur.

[23]O hyn ymlaen stopia yfed dim byd ond dŵr. Cymer ychydig win i wella dy stumog. Rwyt
ti'n dioddef salwch yn rhy aml.

[24]Mae pechodau rhai pobl yn gwbl amlwg, a does dim amheuaeth eu bod nhw'n euog.
Ond dydy pechodau pobl eraill ddim ond yn dod i'r amlwg yn nes ymlaen. [25]A'r un modd,
mae'r pethau da mae rhai pobl yn eu gwneud yn amlwg hefyd. A fydd dim modd cuddio'r
pethau hynny sydd wedi'u gwneud o'r golwg am byth.

6 Dylai Cristnogion sy'n gaethweision barchu eu meistri, fel bod pobl ddim yn dweud pethau
drwg am Dduw a beth dŷn ni'n ei ddysgu. [2]A ddylid dim dangos llai o barch at y meistri
hynny sy'n Gristnogion am eu bod nhw'n frodyr. Fel arall yn hollol – dylid gweithio'n galetach
iddyn nhw, am fod y rhai sy'n elwa o'u gwasanaeth yn gredinwyr, ac yn annwyl yn eu golwg nhw.

Cariad at arian

Dysga bobl ac annog nhw i wneud hyn i gyd.

[3]Mae rhai'n dysgu pethau sydd ddim yn wir, ac sy'n hollol groes i beth ddysgodd ein
Harglwydd Iesu Grist – sut mae byw fel mae Duw am i ni fyw. [4]Mae'n amlwg fod person felly
yn llawn ohono'i hun ond yn deall dim byd mewn gwirionedd. Mae'n amlwg fod ganddo
obsesiwn afiach am godi dadl a hollti blew am ystyr geiriau. Mae'n arwain i genfigen a ffraeo,
enllibio, a phobl yn bod yn amheus o'u gilydd. [5]Mae'n achosi dadleuon diddiwedd. Mae
meddyliau pobl felly wedi'u llygru. Maen nhw wedi colli gafael yn beth sy'n wir. Dydy byw'n
dduwiol yn ddim byd ond ffordd o wneud arian yn eu golwg nhw.

[6]Ond mae byw'n dduwiol yn cyfoethogi bywyd go iawn pan dŷn ni'n fodlon gyda beth
sydd gynnon ni yn faterol. [7]Doedd gynnon ni ddim pan gawson ni ein geni, a fyddwn ni'n

a 5:10 *gwasanaethu:* Groeg, "golchi traed".
5:18 a Deuteronomium 25:4; b geiriau Iesu o Luc 10:7   5:19 gw. Deuteronomium 17:6; 19:15

gallu mynd â dim byd gyda ni pan fyddwn ni farw. 8 Felly os oes gynnon ni fwyd a dillad,
gadewch i ni fod yn fodlon gyda hynny. 9 Mae pobl sydd eisiau bod yn gyfoethog yn syrthio
i demtasiwn ac yn cael eu trapio gan chwantau ffôl a niweidiol sy'n difetha ac yn dinistrio'u
bywydau. 10 Mae ariangarwch wrth wraidd pob math o ddrygioni. Ac mae rhai pobl, yn eu
hawydd i wneud arian, wedi crwydro oddi wrth y ffydd, ac achosi pob math o loes a galar
iddyn nhw'u hunain.

Gorchymyn Paul i Timotheus

11 Ond rwyt ti, Timotheus, yn was i Dduw. Felly dianc di rhag pethau felly. Dylet ti wneud
dy orau i fyw yn iawn, fel mae Duw am i ti fyw – yn ffyddlon, yn llawn cariad, yn dal ati drwy
bopeth ac yn addfwyn. 12 Mae'r bywyd Cristnogol fel gornest yn y mabolgampau, a rhaid i ti
ymdrechu i ennill. Bywyd tragwyddol ydy'r wobr. Mae Duw wedi dy alw di i hyn ac rwyt wedi
dweud yn glir dy fod di'n credu o flaen llawer o dystion. 13 Dw i'n rhoi'r siars yma i ti – a hynny
o flaen Duw sy'n rhoi bywyd i bopeth, ac o flaen Iesu y Meseia, a ddwedodd y gwir yn glir pan
oedd ar brawf o flaen Pontius Peilat. 14 Gwna bopeth rwyt ti wedi dy alw i'w wneud, nes bydd
yr Arglwydd Iesu Grist yn dod yn ôl. 15 Bydd hynny'n digwydd pan mae Duw'n dweud – sef
y Duw bendigedig, yr un sy'n rheoli pob peth, Brenin y brenhinoedd ac Arglwydd yr arglwyddi!
16 Fe ydy'r unig un sy'n anfarwol yn ei hanfod. Mae'n byw mewn golau llachar na ellir mynd
yn agos ato, a does neb wedi'i weld, nac yn mynd i allu ei weld. Pob anrhydedd iddo! Boed
iddo deyrnasu am byth! Amen!

17 Dwed wrth bobl gyfoethog y byd hwn i beidio bod yn falch, a hefyd i beidio meddwl fod
rhywbeth sydd mor ansicr â chyfoeth yn bodloni. Duw ydy'r un i ymddiried ynddo. Mae'n rhoi
popeth sydd ei angen arnon ni, i ni ei fwynhau. 18 Dwed wrthyn nhw am ddefnyddio'u harian
i wneud daioni. Dylen nhw fod yn gyfoethog mewn gweithredoedd da, yn hael, ac yn barod
i rannu bob amser. 19 Wrth wneud hynny byddan nhw'n casglu trysor go iawn iddyn nhw'u
hunain – sylfaen gadarn i'r dyfodol, iddyn nhw gael gafael yn y bywyd sydd yn fywyd go iawn.

20 Timotheus, cadw'n saff bopeth mae Duw wedi'i roi yn dy ofal. Cadw draw oddi wrth
glebran bydol a'r math nonsens dwl sy'n cael ei alw ar gam yn 'wybodaeth'. 21 Dyma beth
mae rhai yn ei broffesu, ac wrth wneud hynny maen nhw wedi crwydro oddi wrth beth sy'n wir.

Dw i'n gweddïo y byddwch chi'n profi haelioni rhyfeddol Duw!

6:13 gw. Ioan 18:37-38

2 Timotheus

1 Llythyr gan Paul, gafodd ei ddewis gan Dduw yn gynrychiolydd personol i'r Meseia
Iesu. Wedi fy anfon i ddweud wrth bobl am y bywyd sydd wedi'i addo i'r rhai sydd
â pherthynas â Iesu y Meseia,
2 At Timotheus, sydd fel mab annwyl i mi:
Dw i'n gweddïo y byddi di'n profi'r haelioni rhyfeddol, y trugaredd a'r heddwch dwfn mae
Duw ein Tad a'r Meseia Iesu, ein Harglwydd, yn ei roi i ni.

Anogaeth i fod yn ffyddlon

3 Dw i mor ddiolchgar i Dduw amdanat ti – y Duw dw i'n ei wasanaethu gyda chydwybod
glir, fel y gwnaeth fy nghyndadau. Dw i bob amser yn cofio amdanat ti wrth weddïo ddydd
a nos. 4 Dw i'n cofio dy ddagrau di pan oeddwn i'n dy adael, a dw i'n hiraethu am dy
weld di eto. Byddai hynny'n fy ngwneud i'n wirioneddol hapus. 5 Dw i'n cofio fel rwyt
ti'n ymddiried yn yr Arglwydd. Roedd Lois, dy nain, ac Eunice, dy fam, yn credu go iawn,
a dw i'n gwybod yn iawn dy fod ti yr un fath. 6 Dyna pam dw i am i ti ailgynnau'r fflam,
a meithrin y ddawn roddodd Duw i ti pan wnes i osod dwylo arnat ti i dy gomisiynu di i'r
gwaith. 7 Dydy Duw ddim wedi rhoi ei Ysbryd i ni fod yn llwfr, ond i'n gwneud ni'n gryf, yn
llawn cariad ac yn gyfrifol.
8 Felly paid bod â chywilydd dweud wrth eraill am ein Harglwydd ni. A phaid bod
â chywilydd ohono i chwaith, am fy mod i yn y carchar am ei wasanaethu. Sefyll gyda mi
yn nerth Duw, a bydd yn fodlon dioddef dros y newyddion da. 9 Mae Duw wedi'n hachub
ni a'n galw ni i fyw bywyd glân. Wnaethon ni ddim i haeddu hyn. Duw ei hun ddewisodd
wneud y peth. Mae e mor hael! Mae e wedi dod â ni i berthynas â'r Meseia Iesu. Trefnodd
hyn i gyd ymhell cyn i amser ddechrau, 10 a bellach mae haelioni Duw i'w weld yn glir, am
fod ein Hachubwr ni, y Meseia Iesu, wedi dod. Mae wedi dinistrio grym marwolaeth a dangos
beth ydy bywyd tragwyddol ac anfarwoldeb drwy'r newyddion da. 11 Dyma'r newyddion da
dw i wedi cael fy newis i'w gyhoeddi a'i ddysgu fel cynrychiolydd personol Iesu. 12 Dyna pam
dw i'n dioddef fel rydw i. Ond does gen i ddim cywilydd, achos dw i'n nabod yr un dw i wedi
credu ynddo. Dw i'n hollol sicr ei fod yn gallu cadw popeth dw i wedi'i roi yn ei ofal yn saff,
nes daw'r diwrnod pan fydd e'n dod yn ôl.
13 Cofia beth wnes i ei ddweud, a'i gadw fel patrwm o ddysgeidiaeth gywir. Dal di ati i gredu
ynddo ac i garu eraill am dy fod yn perthyn i'r Meseia Iesu. 14 Gyda help yr Ysbryd Glân sy'n
byw ynon ni, cadw'r trysor sydd wedi'i roi yn dy ofal yn saff.
15 Fel rwyt ti'n gwybod, mae pawb yn nhalaith Asia wedi troi cefn arna i, gan gynnwys
Phygelus a Hermogenes.
16 Dw i'n gweddïo y bydd yr Arglwydd yn arbennig o garedig at Onesifforws a phawb arall
yn ei dŷ. Mae e wedi codi fy nghalon i lawer gwaith, a doedd ganddo ddim cywilydd fy mod
i yn y carchar. 17 Yn hollol fel arall! – pan ddaeth i Rufain, buodd yn chwilio amdana i ym
mhobman nes llwyddo i ddod o hyd i mi. 18 Boed i'r Arglwydd fod yn arbennig o garedig
ato ar y diwrnod pan fydd Iesu Grist yn dod yn ôl! Rwyt ti'n gwybod cymaint o help fuodd
e i mi yn Effesus.

2 Felly, fy mab, gad i haelioni rhyfeddol y Meseia Iesu dy wneud di'n gryf. 2 Dwed di wrth
eraill beth glywaist ti fi'n ei ddweud o flaen llawer o dystion – rhanna'r cwbl gyda
phobl y gelli di ddibynnu arnyn nhw i ddysgu eraill. 3 A bydd dithau hefyd yn barod i ddioddef,
fel milwr da i Iesu y Meseia. 4 Dydy milwr ddim yn poeni am y mân bethau sy'n poeni
pawb arall – mae e eisiau plesio'i gapten. 5 Neu meddylia am athletwr yn cystadlu mewn

---

1:5 gw. Actau 16:1

mabolgampau – fydd e ddim yn ennill yn ei gamp heb gystadlu yn ôl y rheolau. 6A'r ffermwr
sy'n gweithio mor galed ddylai fod y cyntaf i gael peth o'r cnwd. 7Meddylia am beth dw i'n
ddweud. Bydd yr Arglwydd yn dy helpu di i ddeall hyn i gyd.
8Cofia fod Iesu y Meseia, oedd yn perthyn i deulu y Brenin Dafydd, wedi'i godi yn ôl yn fyw
ar ôl marw. Dyma'r newyddion da dw i'n ei gyhoeddi. 9A dyna'r union reswm pam dw i'n
dioddef – hyd yn oed wedi fy rhwymo gyda chadwyni yn y carchar, fel taswn i'n droseddwr.
Ond dydy cadwyni ddim yn gallu rhwymo neges Duw! 10Felly dw i'n fodlon diodde'r cwbl
er mwyn i'r bobl mae Duw wedi'u dewis gael eu hachub gan y Meseia Iesu a chael eu
anrhydeddu ag ysblander tragwyddol.
11Mae'r hyn sy'n cael ei ddweud mor wir!:

Os buon ni farw gyda'r Meseia,
byddwn ni hefyd yn byw gydag e;
12 os byddwn ni'n dal ati,
byddwn ni hefyd yn cael teyrnasu gydag e.
Os byddwn ni'n gwadu ein bod ni'n ei nabod e,
bydd e hefyd yn gwadu ei fod yn ein nabod ni;
13 Os ydyn ni'n anffyddlon,
bydd e'n siŵr o fod yn ffyddlon;
oherwydd dydy e ddim yn gallu
gwadu pwy ydy e.

Gweithiwr mae Duw'n falch ohono

14Dal ati i atgoffa pobl o'r pethau hyn. Rhybuddia nhw, o flaen Duw, i beidio hollti blew
am ystyr geiriau. Dydy peth felly ddim help i neb. Mae'n drysu'r bobl sy'n gwrando. 15Gwna
dy orau glas i sicrhau fod Duw yn falch ohonot ti – dy fod di'n weithiwr sydd ddim angen
bod â chywilydd o'i waith. Bydd yn un sy'n esbonio'r gwir yn iawn. 16Cadw draw oddi wrth
glebran bydol. Mae peth felly yn arwain pobl yn bellach a phellach oddi wrth Dduw. 17Mae'n
rywbeth sy'n lledu fel cancr.[a] Dyna sydd wedi digwydd i Hymenaeus a Philetus 18– maen
nhw wedi crwydro i ffwrdd oddi wrth y gwir. Maen nhw'n honni fod ein hatgyfodiad ni yn
rhywbeth sydd eisoes wedi digwydd, ac maen nhw wedi chwalu ffydd rhai pobl! 19Ond mae
gwirionedd Duw yn sefyll – mae fel carreg sylfaen gadarn, a'r geiriau hyn wedi'u cerfio arni:
"*Mae'r Arglwydd yn nabod ei bobl ei hun,*" a, "Rhaid i bawb sy'n dweud eu bod nhw'n perthyn
i'r Arglwydd droi cefn ar ddrygioni."
20Mewn tŷ crand mae rhai llestri wedi'u gwneud o aur ac arian, a rhai eraill yn llestri o bren
neu'n llestri pridd. Mae'r llestri aur ac arian yn cael eu defnyddio ar achlysuron arbennig, ond
y lleill at ddefnydd pob dydd. 21Os bydd rhywun yn cadw draw o'r pethau diwerth soniwyd
amdanyn nhw, bydd y person hwnnw'n cael ei ystyried yn werthfawr, ac yn cael ei neilltuo
i'r Meistr ei ddefnyddio i wneud gwaith da.
22Ond rhaid i ti ddianc rhag chwantau gwamal ieuenctid. Dylet ti wneud dy orau i fyw yn
iawn. Bydd yn ffyddlon i Dduw, ac yn llawn o'i gariad a'i heddwch. Dyma sut mae'r rhai sy'n
cyffesu enw'r Arglwydd o gymhellion pur yn ymddwyn. 23Paid gwastraffu dy amser gyda rhyw
ddyfalu dwl. Dydy pethau felly'n gwneud dim ond achosi gwrthdaro. 24Ddylai gwas Duw
ddim ffraeo gyda phobl. Dylai fod yn garedig at bawb. Dylai allu dysgu pobl eraill, a pheidio
byth â dal dig. 25Dylai fod yn sensitif wrth geisio cywiro'r rhai sy'n tynnu'n groes iddo. Wedi'r
cwbl mae bob amser yn bosib y bydd Duw yn caniatáu iddyn nhw newid eu meddyliau a dod
i gredu'r gwir; 26callio, a dianc o drap y diafol. Ond ar hyn o bryd maen nhw'n gaeth ac yn
gwneud beth mae'r diafol eisiau.

---

a 2:17 *cancr:* Groeg, "madredd".
2:19 a Numeri 16:5; b cyfeiriad at Numeri 16:26

Annuwioldeb yn y dyddiau olaf

3 Ond dw i eisiau i ti ddeall hyn: Bydd adegau ofnadwy o anodd yn y cyfnod olaf hwn.
2Bydd pobl yn byw i'w plesio nhw eu hunain, ac yn byw er mwyn gwneud arian.
Byddan nhw'n hunanbwysig ac yn dirmygu pobl eraill, yn sarhaus, yn anufudd i'w rhieni, yn
anniolchgar ac yn annuwiol. 3Yn ddiserch, yn amharod i faddau, yn hel clecs maleisus, yn
gwbl afreolus ac anwaraidd, ac yn casáu daioni. 4Yn bradychu eraill, yn poeni dim am neb,
ac yn llawn ohonyn nhw'u hunain. Pobl yn caru pleser yn lle caru Duw. 5Maen nhw'n gallu
ymddangos yn dduwiol, ond maen nhw'n gwrthod y nerth sy'n gwneud pobl yn dduwiol go
iawn. Paid cael dim i'w wneud â phobl felly.

6Nhw ydy'r math o bobl sy'n twyllo teuluoedd ac yn cymryd mantais o wragedd sy'n
hawdd dylanwadu arnyn nhw. Mae'r gwragedd hynny wedyn yn cael eu llethu gan euogrwydd
am fod eu chwantau nhw'n cael y gorau arnyn nhw. 7Gwragedd sy'n cael eu 'dysgu' drwy'r
adeg, ond yn methu'n lân a chael gafael yn y gwir. 8Sefyll yn erbyn y gwir mae'r dynion yma,
yn union fel Jannes a Jambres[b] yn gwrthwynebu Moses. Dynion gyda meddyliau pwdr ydyn
nhw – dynion sy'n cogio eu bod nhw'n credu. 9Ân nhw ddim yn bell iawn. Bydd pawb yn
gweld mor ffôl ydyn nhw yn y diwedd, yn union fel ddigwyddodd gyda Jannes a Jambres.

Gorchymyn Paul i Timotheus

10Ond rwyt ti'n wahanol Timotheus. Rwyt ti wedi cymryd sylw o'r hyn dw i'n ei ddysgu, o sut
dw i'n byw, beth ydy fy nod i mewn bywyd, sut dw i'n ymddiried yn Iesu Grist, fy amynedd
i, fy nghariad i at bobl, fy ngallu i ddal ati. 11Rwyt ti'n gwybod am yr erledigaeth a'r cwbl
dw i wedi'i ddioddef – beth ddigwyddodd i mi yn Antiochia, yn Iconium a Lystra. Ond mae'r
Arglwydd wedi fy achub i o'r cwbl! 12Y gwir ydy y bydd pawb sydd am ddilyn y Meseia Iesu
a byw fel mae Duw am iddyn nhw fyw yn cael eu herlid. 13Ond bydd pobl ddrwg a thwyllwyr
yn mynd o ddrwg i waeth, yn twyllo pobl eraill ond wedi'u twyllo'u hunain yr un pryd. 14Ond
dal di dy afael yn beth rwyt wedi'i ddysgu. Rwyt ti'n gwybod yn iawn mai dyna ydy'r gwir,
ac yn gwybod sut bobl ddysgodd di. 15Roeddet ti'n gyfarwydd â'r ysgrifau sanctaidd ers yn
blentyn. Drwyddyn nhw y dest ti i ddeall sut i gael dy achub, drwy gredu yn y Meseia Iesu.
16Duw sydd wedi ysbrydoli'r ysgrifau sanctaidd hynny i gyd, ac maen nhw'n dysgu beth sy'n
wir i ni, yn cywiro syniadau anghywir, yn dangos beth dŷn ni'n ei wneud o'i le, a'n dysgu
ni i fyw yn iawn. 17Felly mae gan bobl Dduw bopeth sydd ei angen iddyn nhw wneud pob
math o bethau da.

4 Y Meseia Iesu ydy'r un fydd yn barnu pawb (y rhai sy'n dal yn fyw a'r rhai sydd wedi
marw). Mae e'n mynd i ddod yn ôl i deyrnasu. Felly, gyda Duw a Iesu Grist yn dystion
i mi, dw i'n dy siarsio di 2i gyhoeddi neges Duw. Dal ati i wneud hynny os ydy pobl yn barod
i wrando neu beidio. Rhaid i ti gywiro pobl, ceryddu weithiau, annog dro arall – a gwneud
hynny gydag amynedd mawr ac yn ofalus dy fod yn ffyddlon i'r gwir. 3Mae'r amser yn dod
pan fydd pobl ddim yn gallu goddef dysgeidiaeth dda. Byddan nhw'n dilyn eu chwantau eu
hunain ac yn dewis pentwr o athrawon fydd ond yn dweud beth maen nhw eisiau ei glywed.
4Byddan nhw'n gwrthod beth sy'n wir ac yn dilyn straeon celwyddog. 5Ond, Timotheus, paid
cynhyrfu beth bynnag sy'n digwydd. Paid bod ag ofn dioddef. Dal ati i rannu'r newyddion
da gyda phobl, a gwneud y gwaith mae Duw wedi'i roi i ti.

6Dw i wedi cyrraedd pen y daith. Mae fy mywyd i fel petai wedi'i dywallt ar yr allor fel
diodoffrwm.[c] Mae'r amser i mi adael y byd yma wedi dod. 7Dw i wedi ymladd yn galed, dw
i wedi rhedeg y ras i'r pen, a dw i wedi aros yn ffyddlon. 8Bellach mae'r wobr wedi'i chadw
i mi, sef coron y bywyd cyfiawn. Bydd yr Arglwydd, y Barnwr cyfiawn, yn ei chyflwyno hi i mi

---

b 3:8 *Jannes a Jambres:* Dydy'r enwau yma ddim yn yr Hen Destament. Ond yn ôl ysgrifau Iddewig eraill dyma enwau'r ddau ddewin oedd yn gwrthwynebu Moses pan oedd am arwain pobl Dduw allan o'r Aifft – gw. Exodus 7:11,22. c 4:6 *diodoffrwm:* Weithiau roedd gwin yn cael ei dywallt ar yr allor gyda'r anifail oedd yn cael ei aberthu.

3:11 gw. Actau 13:14 – 14:20 4:6 gw. Exodus 29:40-41; Lefiticus 23:13; Numeri 15:5-10

ar y diwrnod pan ddaw yn ôl – a ddim i mi yn unig, ond i bawb sydd wedi bod yn edrych
ymlaen yn frwd iddo ddod yn ôl.

Sylwadau Personol

9 Gwna dy orau i ddod yma'n fuan. 10 Mae Demas wedi caru pethau'r byd yma – mae e wedi
fy ngadael i a mynd i Thesalonica. Mae Crescens wedi mynd i Galatia, a Titus i Dalmatia. 11 Dim
ond Luc sydd ar ôl. Tyrd â Marc gyda ti pan ddoi di. Mae e wedi bod yn help mawr i mi yn
y gwaith. 12 Dw i'n anfon Tychicus i Effesus. 13 A phan ddoi di, tyrd â'r gôt adewais i yn nhŷ
Carpus yn Troas. A thyrd â'r sgroliau hefyd – hynny ydy, y memrynau.
14 Mae Alecsander y gweithiwr metel wedi gwneud llawer o ddrwg i mi. Ond bydd yr
Arglwydd yn talu nôl iddo beth mae'n ei haeddu. 15 Gwylia dithau e! Mae e wedi gwneud
popeth o fewn ei allu i wrthwynebu ein neges ni.
16 Ddaeth neb i'm cefnogi i yn yr achos llys cyntaf. Roedd pawb wedi troi'u cefnau arna i. Dw
i ddim am i Dduw ddal y peth yn eu herbyn nhw. 17 Ond roedd yr Arglwydd gyda mi yn rhoi
nerth i mi gyhoeddi'r newyddion da yn llawn, er mwyn i'r holl bobl oedd yno o genhedloedd
eraill ei glywed. Ces fy achub o afael y llew am y tro! 18 A dw i'n gwybod y bydd yr Arglwydd
yn fy amddiffyn i o afael pob drwg, ac yn fy arwain yn saff i'r nefoedd ble mae e'n teyrnasu.
Mae'n haeddu ei foli am byth bythoedd! Amen!

Cyfarchion i gloi

19 Cofia fi at Priscila ac Acwila a phawb yn nhŷ Onesifforws. 20 Mae Erastus wedi aros yn
Corinth. Roedd Troffimus yn sâl, ac roedd rhaid i mi ei adael yn Miletus. 21 Plîs, gwna dy orau
glas i ddod yma cyn i'r gaeaf gyrraedd. Mae Ewbwlos yn cofio atat ti, a hefyd Pwdens, Linus,
Clawdia. Mae'r brodyr a'r chwiorydd i gyd yn cofio atat ti.
22 Dw i'n gweddïo y bydd yr Arglwydd yn dy amddiffyn di, ac y byddwch chi i gyd yn profi
haelioni rhyfeddol Duw!

4:14 cyfeiriad at Salm 28:4; 62:12; 2 Samuel 3:39; Diarhebion 24:12 (gw. hefyd Mathew 16:27; Rhufeiniaid 2:6)
4:17 adlais o Salm 22:20-21 (cf. Daniel 6:21,23)
4:18 adlais o eiriau Iesu yng Ngweddi'r Arglwydd – Mathew 6:13

Titus

1 Llythyr gan Paul, gwas i Dduw a chynrychiolydd personol Iesu y Meseia. Dw i'n gweithio
er mwyn gweld y rhai mae Duw wedi'u dewis yn dod i gredu, a'u helpu nhw i ddeall
y gwir yn well, iddyn nhw allu byw fel mae Duw am iddyn nhw fyw. 2 Mae'n rhoi sicrwydd
iddyn nhw fod ganddyn nhw fywyd tragwyddol. Dyma'r bywyd wnaeth Duw ei addo cyn
i amser ddechrau – a dydy Duw ddim yn gallu dweud celwydd! 3 Pan ddaeth yr amser iawn
daeth â'r newyddion da i'r golwg a rhoi'r cyfrifoldeb i mi i'w gyhoeddi. Duw ein Hachubwr
sydd wedi gorchymyn i mi wneud hyn.
4 Titus, rwyt ti wir fel mab i mi, gan dy fod yn credu yn y Meseia fel dw i:
Dw i'n gweddïo y byddi di'n profi'r haelioni rhyfeddol a'r heddwch dwfn mae Duw y Tad a'r Meseia Iesu, ein Hachubwr, yn ei roi i ni.

Gwaith Titus ar Ynys Creta

5 Y rheswm pam adewais di ar Ynys Creta oedd er mwyn i ti orffen rhoi trefn ar bethau
yno. Dwedais fod eisiau penodi arweinwyr yn yr eglwysi ym mhob un o'r trefi. 6 Ddylai pobl
ddim gallu pigo bai ar fywyd arweinydd yn yr eglwys. Rhaid iddo fod yn ffyddlon i'w wraig,
a'i blant yn credu a ddim yn wyllt ac yn afreolus. 7 Rhaid i arweinydd fod yn ddi-fai, am mai
Duw sydd wedi rhoi'r cyfrifoldeb iddo. Dylai beidio bod yn benstiff, nac yn fyr ei dymer. Ddim
yn meddwi, ddim yn ymosodol, a ddim yn gwneud arian ar draul pobl eraill. 8 Dylai fod yn
berson croesawgar. Dylai wneud beth sy'n dda, bod yn berson cyfrifol, yn gwbl deg, yn dduwiol
ac yn gallu rheoli ei chwantau. 9 Dylai fod yn rhywun sy'n credu'n gryf yn y neges glir gafodd
ei dysgu. Wedyn bydd yn gallu annog pobl eraill gyda dysgeidiaeth gywir, ac argyhoeddi'r
rhai sy'n dadlau yn ei erbyn.
10 Mae llawer iawn o bobl allan yna sy'n tynnu'n groes i'r gwir. Dw i'n meddwl yn arbennig
am yr Iddewon hynny sy'n siarad cymaint o nonsens, ac yn twyllo pobl i feddwl fod mynd drwy
ddefod enwaediad yn hanfodol bwysig i gael eich achub. 11 Mae'n rhaid rhoi taw arnyn nhw!
Maen nhw wedi cael teuluoedd cyfan i gredu syniadau hollol anghywir. Dim ond eisiau'ch
arian chi maen nhw! 12 Mae un o'r Cretiaid eu hunain, un sy'n broffwyd yn eu golwg nhw,
wedi dweud,

> "*Mae Cretiaid yn bobl gelwyddog*
> *– bwystfilod drwg ydyn nhw,*
> *pobl farus a diog!*"[a]

13 Ac mae'n hollol wir! Felly rhaid i ti eu rhybuddio nhw'n llym, er mwyn iddyn nhw gredu
beth sy'n wir. 14 Dwed wrthyn nhw am beidio cymryd sylw o chwedlau Iddewig, ac i stopio
gwrando ar bobl sydd wedi troi cefn ar y gwir. 15 Mae popeth yn bur i'r rhai sydd â chalon bur,
ond does dim byd yn bur i'r rhai hynny sydd wedi'u llygru a ddim yn credu. Y ffaith ydy bod
meddwl a chydwybod y bobl yma wedi'u llygru. 16 Maen nhw'n honni eu bod nhw'n nabod
Duw, ond maen nhw'n ei wadu drwy beth maen nhw'n ei wneud. Pobl gwbl atgas ydyn nhw,
ac anufudd i Dduw. Allan nhw wneud dim byd da!

Beth i'w ddysgu

2 Felly, gwna'n siŵr dy fod ti'n dysgu pobl sut i fyw bywydau sy'n gyson â dysgeidiaeth
gywir. 2 Dysga'r dynion mewn oed i ymddwyn yn gyfrifol. Dysga nhw i fyw mewn ffordd
sy'n ennyn parch pobl, ac i fod yn bwyllog. Dylen nhw fod yn hollol ffyddlon, yn llawn cariad
ac yn dal ati drwy bopeth.

---

a 1:12: dywediad a briodolir i Epimenides (bardd o Cnosos ar Ynys Creta – 6ed ganrif CC) (gw. hefyd Actau 17:28, lle mae Paul yn dyfynnu llinell arall o'i waith).

3Dysga'r gwragedd hŷn yr un fath i fyw fel y dylai rhywun sy'n gwasanaethu'r Arglwydd
fyw. Dylen nhw beidio hel clecs maleisus, a pheidio yfed gormod. Yn lle hynny dylen nhw
ddysgu eraill beth sy'n dda, 4a bod yn esiampl i'r gwragedd iau o sut i garu eu gwŷr a'u
plant. 5Dylen nhw fod yn gyfrifol, cadw eu hunain yn bur, gofalu am eu cartrefi, bod yn
garedig, a bod yn atebol i'w gwŷr. Os gwnân nhw hynny, fydd neb yn gallu dweud pethau
drwg am neges Duw.
6Annog y dynion ifanc hefyd i fod yn gyfrifol. 7Bydd di dy hun yn esiampl iddyn nhw drwy
wneud daioni. Dylet ti fod yn gwbl agored gyda nhw wrth eu dysgu. Gad iddyn nhw weld dy
fod ti o ddifri. 8Gwna'n siŵr dy fod yn dysgu beth sy'n gywir, fel bod neb yn gallu pigo bai
arnat ti. Bydd hynny'n codi cywilydd ar y rhai sy'n dadlau yn dy erbyn, am fod ganddyn nhw
ddim byd drwg i'w ddweud amdanon ni.
9Dylai caethweision ymostwng i'w meistri bob amser, a gwneud eu gorau glas i'w plesio
nhw. Peidio ateb yn ôl, 10na dwyn oddi arnyn nhw, ond dangos bod eu meistri'n gallu eu
trystio nhw'n llwyr. Wedyn bydd pobl yn cael eu denu at beth sy'n cael ei ddysgu am y Duw
sy'n ein hachub ni.
11Mae Duw wedi dangos ei haelioni rhyfeddol drwy gynnig achub unrhyw un. 12Mae'n
ein dysgu ni i ddweud "na" wrth ein pechod a'n chwantau bydol. Ein dysgu ni hefyd i fyw'n
gyfrifol, gwneud beth sy'n iawn a rhoi'r lle canolog yn ein bywydau i Dduw. Dyna sut dylen
ni fyw 13wrth ddisgwyl am y digwyddiad bendigedig hwnnw pan fydd Iesu Grist, ein Duw
mawr a'n Hachubwr ni, yn dod yn ôl yn ei holl ysblander. 14Mae e wedi marw droson ni i'n
rhyddhau ni o afael popeth drwg, ac i'n glanhau ni a'n gwneud ni'n bobl iddo fe'i hun –
pobl sy'n frwd i wneud daioni.
15Dyma ddylet ti ei ddysgu. Annog pobl i wneud y pethau yma. Cywira nhw pan mae angen.
Mae'r awdurdod wedi'i roi i ti, felly paid gadael i neb dy ddiystyru di.

Gwneud beth sy'n dda

3 Atgoffa pobl fod rhaid iddyn nhw fod yn atebol i'r llywodraeth a'r awdurdodau. Dylen
nhw fod yn ufudd bob amser ac yn barod i wneud daioni; 2peidio enllibio neb, peidio
achosi dadleuon, ond bod yn ystyriol o bobl eraill, a bod yn addfwyn wrth drin pawb. 3Wedi'r
cwbl, roedden ninnau hefyd yn ffôl ac yn anufudd ar un adeg – wedi'n camarwain, ac yn
gaeth i bob math o chwantau a phleserau. Roedd ein bywydau ni'n llawn malais a chenfigen
a chasineb. Roedd pobl yn ein casáu ni, a ninnau'n eu casáu nhw. 4Ond dyma garedigrwydd
a chariad Duw ein Hachubwr yn dod i'r golwg. 5Wnaeth e ddim ein hachub ni am ein bod
ni'n dda, ond am ei fod e'i hun mor drugarog! Golchodd ni'n lân o'n pechod a rhoi bywyd
newydd i ni drwy'r Ysbryd Glân. 6Tywalltodd yr Ysbryd arnon ni'n hael o achos beth oedd Iesu
Grist wedi'i wneud i'n hachub ni. 7Am ei fod wedi bod mor garedig â gwneud ein perthynas
ni gyda Duw yn iawn, dŷn ni'n gwybod y byddwn ni'n etifeddu bywyd tragwyddol. 8Mae
beth sy'n cael ei ddweud mor wir!
Dyma'r pethau dw i am i ti eu pwysleisio, er mwyn i bawb sy'n credu yn Nuw fod ar y blaen
yn gwneud daioni. Mae hynny'n beth da ynddo'i hun, ac mae'n gwneud lles i bawb.
9Ond paid cael dim i'w wneud â'r dyfalu dwl am achau, a'r holl gecru a dadlau am ryw fân
reolau yn y Gyfraith Iddewig. Does dim pwynt – mae'r cwbl yn wastraff amser llwyr! 10Pwy
bynnag sy'n creu rhaniadau, rhybuddia nhw i stopio. Os ydyn nhw ddim yn gwrando ar ôl i ti
eu rhybuddio nhw'r ail waith paid cael dim i'w wneud â nhw. 11Mae pobl felly wedi gwyro
oddi wrth y gwirionedd, ac wedi pechu. Nhw sy'n condemnio eu hunain!

Sylwadau i gloi

12Dw i'n bwriadu anfon Artemas neu Tychicus atat ti. Cyn gynted ag y bydd y naill neu'r
llall wedi cyrraedd tyrd i'm gweld i yn Nicopolis. Dw i wedi penderfynu aros yno dros y gaeaf.
13Gwna dy orau i helpu Zenas y twrnai ac Apolos ar eu taith. Gwna'n siŵr fod ganddyn nhw

bopeth sydd ei angen. 14 Dylai ein pobl ni ddysgu arwain y ffordd wrth wneud daioni, yn
cwrdd ag anghenion y rhai sydd mewn angen go iawn. Fyddan nhw ddim yn gwastraffu eu
bywydau felly.
15 Mae pawb sydd yma gyda mi yn cofio atat ti. Cofia di ni hefyd at bawb sy'n credu ac
yn ein caru ni.

Dw i'n gweddïo y byddwch chi i gyd yn profi haelioni rhyfeddol Duw.

Philemon

1 Llythyr gan Paul, sydd yn y carchar dros achos y Meseia Iesu. Mae'r brawd Timotheus yn
anfon ei gyfarchion hefyd.
At Philemon, ein ffrind annwyl sy'n gweithio gyda ni. 2 A hefyd at ein chwaer Apffia, ac
at Archipus sy'n gyd-filwr dros achos Iesu gyda ni. Cofia ni hefyd at bawb arall yn yr eglwys
sy'n cyfarfod yn dy gartref di.
3 Dw i'n gweddïo y byddwch chi'n profi'r haelioni rhyfeddol a'r heddwch dwfn mae Duw
ein Tad a'r Arglwydd Iesu Grist yn ei roi i ni.

Diolch a gweddi

4 Fy ffrind annwyl, dw i'n diolch i Dduw amdanat ti bob tro dw i'n gweddïo drosot ti. 5 Dw
i wedi clywed am dy ffyddlondeb di i'r Arglwydd Iesu ac am y ffordd rwyt ti'n gofalu am bawb
arall sy'n credu ynddo. 6 Dw i'n gweddïo y bydd dy haelioni di wrth rannu gydag eraill yn
cynyddu wrth i ti ddod i ddeall yn well gymaint o fendithion sydd gynnon ni yn ein perthynas
â'r Meseia. 7 Mae dy gariad di wedi bod yn galondid ac yn achos llawenydd mawr i mi, ffrind
annwyl, ac rwyt ti wedi bod yn gyfrwng i galonogi'r Cristnogion eraill hefyd.

Apêl Paul ar ran Onesimws

8 Dyna pam dw i am ofyn ffafr i ti. Gallwn i siarad yn blaen a dweud wrthot ti beth i'w
wneud, gan bod yr awdurdod wedi'i roi i mi gan y Meseia. 9 Ond am fy mod i'r math o berson
ydw i – Paul yr hen ddyn bellach, ac yn y carchar dros achos y Meseia Iesu – mae'n well gen
i apelio atat ti ar sail cariad. 10 Dw i'n apelio ar ran Onesimws, sydd fel mab i mi yn y ffydd.
Ydw, dw i wedi'i arwain e i gredu tra dw i wedi bod yma yn y carchar. 11 'Defnyddiol' ydy ystyr
ei enw, ac mae'n haeddu'r enw bellach, er mai 'diwerth' fyddai'r enw gorau iddo o'r blaen.
A bellach mae'n ddefnyddiol i mi yn ogystal ag i ti.
12 Er ein bod ni wedi dod yn ffrindiau mor glòs dw i'n ei anfon yn ôl atat ti. 13 Byddwn i wrth
fy modd yn ei gadw yma, iddo fy helpu i ar dy ran di tra dw i mewn cadwyni dros y newyddion
da. 14 Ond dy ddewis di fyddai hynny a byddai'n rhaid i ti gytuno – dw i ddim am dy orfodi di
i wneud dim byd. 15 Mae'n bosib mai'r rheswm pam gawsoch chi eich gwahanu am ychydig
oedd er mwyn i ti ei gael yn ôl am byth! 16 Dim fel caethwas o hyn ymlaen, ond yn llawer
gwell na hynny – fel ffrind annwyl sy'n credu yn Iesu Grist yr un fath â ti. Mae wedi bod yn
werthfawr iawn i mi, ond bydd yn fwy gwerthfawr fyth i ti, fel gwas ac fel brawd sydd fel ti
yn credu yn yr Arglwydd.
17 Felly os wyt ti'n cyfri dy fod yn bartner i mi, rho'r un croeso i Onesimws ag a fyddet ti'n
ei roi i mi. 18 Os gwnaeth e unrhyw ddrwg i ti neu os oes arno rywbeth i ti, gwnaf i ei dalu'n ôl
i ti. 19 Dw i'n ysgrifennu'r peth ac yn ei lofnodi fy hun: Gwna i ei dalu yn ôl, Paul. (Gobeithio
bod dim rhaid i mi dy atgoffa di fod arnat ti dy fywyd i mi!) 20 Gwna hyn i mi fel ffordd
o wasanaethu'r Arglwydd. Fy ffrind annwyl sy'n dilyn y Meseia, wnei di godi nghalon i? 21 Dw
i'n ysgrifennu atat ti am fy mod i'n hollol siŵr y gwnei di beth dw i'n ei ofyn, a mwy na hynny.
22 Un peth arall: Cadw ystafell yn rhydd i mi. Dw i wir yn gobeithio y bydd Duw wedi ateb
eich gweddïau chi, ac y bydda i'n cael dod i'ch gweld chi.
23 Mae Epaffras, sydd gyda mi yn y carchar dros achos y Meseia Iesu, yn anfon ei gyfarchion.
24 A'r lleill sy'n gweithio gyda mi hefyd, sef Marc, Aristarchus, Demas a Luc.
25 Dw i'n gweddïo y byddwch chi i gyd yn profi haelioni rhyfeddol yr Arglwydd Iesu Grist!

Hebreaid

Y Mab yn bwysicach na'r angylion

1 Yn y gorffennol pell roedd Duw wedi siarad gyda'n hynafiaid ni drwy'r proffwydi.
Gwnaeth hyn bob yn dipyn ac mewn gwahanol ffyrdd. 2 Ond bellach, yn y cyfnod olaf
hwn, mae wedi siarad â ni drwy ei Fab. Mae Duw wedi dewis rhoi popeth sy'n bodoli yn
eiddo iddo fe – yr un oedd gyda Duw yn gwneud y bydysawd. 3 Mae holl ysblander Duw
yn disgleirio ohono. Mae e'n dangos i ni'n berffaith sut un ydy Duw. Ei awdurdod pwerus
e sy'n dal popeth yn y bydysawd gyda'i gilydd! Ar ôl iddo ei gwneud hi'n bosib i bobl gael
eu glanhau o'u pechodau, cafodd eistedd yn y nefoedd, yn y sedd anrhydedd ar ochr dde
y Duw Mawr ei hun. 4 Roedd wedi'i wneud yn bwysicach na'r angylion. Roedd y teitl roddodd
Duw iddo yn dangos ei fod yn bwysicach na nhw.

5 Wnaeth Duw ddweud hyn wrth angel erioed:

"Ti ydy fy Mab i;
heddiw des i'n dad i ti"?

Neu hyn:

"Bydda i'n dad iddo fe,
A bydd e'n fab i mi"?

6 Ac wrth i Dduw ddod â'i fab hynaf yn ôl i'r byd nefol i'w anrhydeddu, mae'n dweud:

"Addolwch e, holl angylion Duw!"

7 Pan mae Duw'n sôn am angylion mae'n eu disgrifio fel:

"negeswyr sydd fel gwyntoedd,
a gweision sydd fel fflamau o dân."

8 Ond am y Mab mae Duw'n dweud hyn:

"Byddi di, O Dduw, yn frenin ar yr orsedd am byth,
a byddi'n teyrnasu mewn ffordd gyfiawn.
9 *Ti'n caru beth sy'n iawn ac yn casáu drygioni;*
felly mae Duw, ie dy Dduw di, wedi dy eneinio di,
a thywallt olew llawenydd arnat ti yn fwy na neb arall."

10 A hefyd,

"O Arglwydd, ti osododd y ddaear yn ei lle ar y dechrau cyntaf,
a gwaith dy ddwylo di ydy popeth yn yr awyr.
11 *Byddan nhw'n darfod, ond rwyt ti'n aros;*
byddan nhw'n mynd yn hen fel dillad wedi'u gwisgo.
12 *Byddi'n eu rholio i fyny fel hen glogyn;*
byddi'n eu newid nhw fel rhywun yn newid dillad.
Ond rwyt ti yn aros am byth –
dwyt ti byth yn mynd yn hen."

13 Wnaeth Duw ddweud hyn wrth angel erioed?:

"Eistedd yma yn y sedd anrhydedd[a]
nes i mi wneud i dy elynion blygu
fel stôl i ti orffwys dy draed arni."

---

a 1:13 *yn y sedd anrhydedd* Groeg, "ar yr ochr dde i mi".
1:3 cyfeiriad at Salm 110:1 1:5 Salm 2:7 1:5 2 Samuel 7:14; 1 Cronicl 17:13
1:6 Deuteronomium 32:43 (LXX); Salm 97:7 1:7 Salm 104:4 (LXX) 1:8,9 Salm 45:6,7
1:10-12 Salm 102:25-27 (LXX) 1:13 Salm 110:1

[14]Dim ond gweision ydy'r angylion. Ysbrydion wedi'u hanfon i wasanaethu'r rhai fydd
yn cael eu hachub!

Rhybudd i gymryd sylw

2 Felly mae'n bwysig ein bod ni'n gwrando'n ofalus ar y neges dŷn ni wedi'i chlywed.
Mae fel angor yn ein cadw ni rhag drifftio i ffwrdd gyda'r llif. [2]Roedd y neges roddodd
Duw i ni drwy angylion yn gwbl ddibynadwy, ac roedd pawb oedd yn torri'r Gyfraith neu'n
anufudd yn cael beth oedden nhw'n ei haeddu. [3]Felly pa obaith sydd i ni ddianc rhag cael
ein cosbi os gwnawn ni ddiystyru'r neges ffantastig yma am Dduw yn achub! Cafodd ei
chyhoeddi gyntaf gan yr Arglwydd Iesu ei hun. Wedyn cafodd ei rhannu gyda ni gan y bobl
hynny oedd wedi clywed Iesu. [4]Ac roedd Duw yn profi fod beth roedden nhw'n ei ddweud yn
wir drwy achosi i arwyddion rhyfeddol ddigwydd a phob math o wyrthiau. Fe oedd yn dewis
rhoi'r Ysbryd Glân i alluogi pobl i wneud pethau fel hyn.

Iesu wedi'i wneud yn debyg i'w frodyr a'i chwiorydd

[5]A pheth arall – nid angylion sydd wedi cael yr awdurdod i reoli'r byd sydd i ddod. [6]Mae
rhywun wedi dweud yn rhywle:

"*Beth ydy pobl i ti boeni amdanyn nhw?*
Pam ddylet ti ofalu am berson dynol?
7 *Rwyt wedi'i wneud am ychydig yn is na'r angylion;*
ond yna ei goroni ag ysblander ac anrhydedd
8 *a gosod popeth dan ei awdurdod.*"

Mae "popeth" yn golygu fod dim byd arall i Dduw ei osod dan ei awdurdod. Ond dŷn
ni ddim yn gweld "popeth dan ei awdurdod" ar hyn o bryd. [9]Ond dŷn ni'n gweld ei fod
yn wir am Iesu! Am ychydig amser cafodd e hefyd ei wneud yn is na'r angylion, a hynny
er mwyn iddo farw dros bawb. Ac mae Iesu wedi "Ei goroni ag ysblander ac anrhydedd"
am ei fod wedi marw! Mae'n dangos mor hael ydy Duw, fod Iesu wedi marw dros bob
un ohonon ni.

[10]Duw wnaeth greu popeth, a fe sy'n cynnal popeth, felly mae'n berffaith iawn iddo adael
i lawer o feibion a merched rannu ei ysblander. Drwy i Iesu ddioddef, roedd Duw yn ei wneud
e'n arweinydd perffaith i'w hachub nhw. [11]Mae'r un sy'n glanhau pobl, a'r rhai sy'n cael eu
glanhau yn perthyn i'r un teulu dynol. Felly does gan Iesu ddim cywilydd galw'r bobl hynny
yn frodyr a chwiorydd. [12]Mae'n dweud:

"*Bydda i'n dweud wrth fy mrodyr a'm chwiorydd pwy wyt ti;*
ac yn canu mawl i ti gyda'r rhai sy'n dy addoli."

[13]Ac wedyn,

"*Dw i'n mynd i drystio Duw hefyd.*"

Ac eto,

"*Dyma fi, a'r plant mae Duw wedi'u rhoi i mi.*"

[14]Gan ein bod ni'r "plant" yn bobl o gig a gwaed, daeth Iesu'n berson o gig a gwaed yn
union yr un fath. Dyna sut roedd yn gallu marw i ddwyn y grym oddi ar yr un sy'n dal grym
marwolaeth – hynny ydy, y diafol. [15]Mae Iesu wedi gollwng pobl yn rhydd fel bod dim rhaid
iddyn nhw ofni marw bellach. [16]Pobl sy'n blant i Abraham mae Iesu'n eu helpu, nid angylion!
[17]Felly roedd rhaid i Iesu gael ei wneud yn union yr un fath â ni, ei "frodyr a'i chwiorydd."
Dim ond wedyn y gallai fod yn archoffeiriad trugarog a ffyddlon yn gwasanaethu Duw, ac
yn cyflwyno aberth fyddai'n delio gyda phechodau pobl a dod â nhw i berthynas iawn gyda
Duw. [18]Am ei fod e'i hun wedi dioddef ac wedi cael ei demtio, mae'n gallu'n helpu ni pan
fyddwn ni'n wynebu temtasiwn.

2:6-8 Salm 8:4-6 2:12 Salm 22:22 2:13 Eseia 8:17 (LXX) 2:13 Eseia 8:18

Iesu'n fwy na Moses

3 Felly, frodyr a chwiorydd – chi sydd wedi'ch glanhau ac ar eich ffordd i'r nefoedd –
meddyliwch am Iesu! Fe ydy'r negesydd oddi wrth Dduw a'r un dŷn ni'n ei dderbyn yn
Archoffeiriad. [2]Gwnaeth Iesu bopeth roedd Duw yn gofyn iddo'i wneud, yn union fel Moses,
oedd "yn ffyddlon yn nheulu Duw." [3]Ond mae Iesu'n haeddu ei anrhydeddu fwy na Moses,
yn union fel mae rhywun sy'n adeiladu tŷ yn haeddu ei ganmol fwy na'r tŷ ei hun! [4]Mae pob
tŷ wedi cael ei adeiladu gan rywun, ond yr un sydd wedi adeiladu popeth sy'n bod ydy Duw!
[5]Gwas "ffyddlon yn nheulu Duw" oedd Moses, ac roedd beth wnaeth e yn pwyntio ymlaen
at beth fyddai Duw'n ei wneud yn y dyfodol. [6]Ond mae'r Meseia yn Fab ffyddlon gydag
awdurdod dros deulu Duw i gyd. A dŷn ni'n bobl sy'n perthyn i'r teulu hwnnw os wnawn ni
ddal gafael yn yr hyder a'r gobaith dŷn ni'n ei frolio.

Rhybudd rhag peidio credu

[7]Felly, fel mae'r Ysbryd Glân yn dweud:
"*Os clywch chi lais Duw heddiw,* [8]*peidiwch bod yn ystyfnig*
fel oeddech chi adeg y gwrthryfel,
yn rhoi Duw ar brawf yn yr anialwch.
9 *Roedd eich hynafiaid wedi profi fy amynedd*
a chawson nhw weld y canlyniadau am bedwar deg mlynedd.
10 *Digiais gyda'r bobl hynny,*
a dweud, 'Maen nhw'n bobl hollol anwadal;
dŷn nhw ddim eisiau fy nilyn i.'
11 *Felly digiais, a dweud ar lw,*
'Chân nhw byth fynd i'r lle sy'n saff i orffwys gyda mi.'"
[12]Felly, frodyr a chwiorydd, gwnewch yn siŵr eich bod chi ddim yn anufudd ac yn troi cefn ar
y Duw byw. [13]Helpwch eich gilydd bob dydd, a gwnewch hynny tra mae hi'n 'heddiw'. Peidiwch
gadael i bechod eich twyllo a'ch gwneud yn ystyfnig. [14]Os daliwn ein gafael i'r diwedd a dal
i gredu fel ar y dechrau, cawn rannu'r cwbl sydd gan y Meseia. [15]Fel dw i newydd ddweud:
"*Os clywch chi lais Duw heddiw,*
peidiwch bod yn ystyfnig
fel oeddech chi adeg y gwrthryfel."
[16]A phwy oedd y rhai wnaeth wrthryfela er eu bod wedi clywed llais Duw? Onid y bobl
wnaeth Moses eu harwain allan o'r Aifft? [17]A gyda pwy roedd Duw'n ddig am 40 mlynedd?
Onid gyda'r rhai oedd wedi pechu? – nhw syrthiodd yn farw yn yr anialwch! [18]Ac am bwy
ddwedodd Duw ar lw na chaen nhw byth fynd i'r lle sy'n saff i orffwys gydag e? – onid y bobl
hynny oedd yn gwrthod ei ddilyn? [19]Felly dŷn ni'n gweld eu bod nhw wedi methu cyrraedd
yno am eu bod nhw ddim yn credu.

Gorffwys y Saboth i bobl Dduw

4 Felly tra mae'r addewid gynnon ni ein bod yn gallu mynd i'r lle sy'n saff i orffwys,
gadewch i ni fod yn ofalus fod neb o'n plith ni'n mynd i fethu cyrraedd yno. [2]Mae'r
newyddion da (fod lle saff i ni gael gorffwys) wedi cael ei gyhoeddi i ni hefyd, fel i'r bobl yn yr
anialwch. Ond wnaeth y neges ddim gwahaniaeth iddyn nhw, am eu bod nhw ddim wedi credu
pan glywon nhw. [3]Dŷn ni sydd wedi credu yn cael mynd yno. Mae Duw wedi dweud am y lleill,
"*Felly digiais, a dweud ar lw,*
'Chân nhw fyth fynd i'r lle sy'n saff i orffwys gyda mi.'"

3:2 Numeri 12:7 3:7-11 Salm 95:7-11 (LXX) 3:15 Salm 95:7-8 (LXX) 3:17 Numeri 14:29,32
4:3 Salm 95:11

Ac eto mae ar gael ers i Dduw orffen ei waith yn creu y byd. 4Mae wedi dweud yn rhywle
am y seithfed dydd:

"*Ar y seithfed dydd dyma Duw yn gorffwys o'i holl waith.*"

5Yn y dyfyniad cyntaf mae Duw'n dweud,

"*Chân nhw fyth fynd i'r lle sy'n saff i orffwys gyda mi.*"

6Felly mae'r lle saff i orffwys yn dal i fodoli, i rai pobl gael mynd yno. Ond wnaeth y rhai
y cafodd y newyddion da ei gyhoeddi iddyn nhw yn yr anialwch ddim cyrraedd am eu bod wedi
bod yn anufudd. 7Felly dyma Duw yn rhoi cyfle arall, a 'heddiw' ydy'r cyfle hwnnw. Dwedodd
hyn ganrifoedd wedyn, drwy Dafydd yn y geiriau y soniwyd amdanyn nhw'n gynharach:

"*Os clywch chi lais Duw heddiw,*
peidiwch bod yn ystyfnig."

8Petai Josua wedi rhoi'r lle saff oedd Duw'n ei addo iddyn nhw orffwys, fyddai dim sôn
wedi bod am ddiwrnod arall. 9Felly, mae yna 'orffwys y seithfed dydd' sy'n dal i ddisgwyl pobl
Duw. 10Mae pawb sy'n cyrraedd y lle sydd gan Dduw iddyn nhw orffwys yn cael gorffwys o'u
gwaith, yn union fel gwnaeth Duw ei hun orffwys ar ôl gorffen ei waith e. 11Felly gadewch i ni
wneud ein gorau glas i fynd i'r lle saff hwn lle cawn ni orffwys. Bydd unrhyw un sy'n gwrthod
dilyn Duw yn syrthio, fel y gwnaeth y bobl yn yr anialwch.

12Mae neges Duw yn fyw ac yn cyflawni beth mae'n ei ddweud. Mae'n fwy miniog na'r un
cleddyf, ac yn treiddio'n ddwfn o'n mewn, i wahanu'r enaid a'r ysbryd, y cymalau a'r mêr.
Mae'n barnu beth dŷn ni'n ei feddwl ac yn ei fwriadu. 13Does dim byd drwy'r greadigaeth
gyfan yn gallu cuddio oddi wrth Dduw. Mae e'n gweld popeth yn glir. A dyma'r Duw dŷn
ni i gyd yn atebol iddo.

Iesu yr Archoffeiriad mawr

14Felly gadewch i ni ddal ein gafael yn beth dŷn ni'n gredu. Mae gynnon ni Archoffeiriad
gwych! – Iesu, Mab Duw, sydd wedi mynd i mewn at Dduw i'r nefoedd. 15Ac mae'n
Archoffeiriad sy'n deall yn iawn mor wan ydyn ni. Mae wedi cael ei demtio yn union yr un
fath â ni, ond heb bechu o gwbl. 16Felly gadewch i ni glosio at orsedd Duw yn hyderus. Mae
Duw mor hael! Bydd yn trugarhau wrthon ni ac yn rhoi popeth sydd ei angen i ni pan mae
angen help arnon ni.

5 Mae pob archoffeiriad yn cael ei ddewis i wasanaethu Duw ar ran pobl eraill. Mae
wedi'i benodi i gyflwyno rhoddion gan bobl i Dduw, ac i aberthu dros eu pechodau
nhw. 2Mae'n gallu bod yn sensitif wrth ddelio gyda phobl sydd ddim yn sylweddoli eu bod
nhw wedi pechu ac wedi cael eu camarwain. Dyn ydy yntau hefyd, felly mae'n ymwybodol
o'i wendidau ei hun. 3Dyna pam mae'n rhaid iddo gyflwyno aberthau dros ei bechodau ei hun
yn ogystal â phechodau'r bobl. 4Does neb yn gallu dewis bod yn Archoffeiriad ohono'i hun;
rhaid iddo fod wedi'i alw gan Dduw, yn union yr un fath ag Aaron.

5Wnaeth y Meseia ei hun ddim ceisio'r anrhydedd o fod yn Archoffeiriad chwaith. Duw
wnaeth ei ddewis e, a dweud wrtho,

"*Ti ydy fy Mab i;*
heddiw des i'n dad i ti."

6Ac yn rhywle arall mae'n dweud,

"*Rwyt ti'n offeiriad am byth,*
yr un fath â Melchisedec."

7Pan oedd yn byw ar y ddaear, buodd Iesu'n gweddïo gan alw'n daer ac wylo wrth bledio ar
Dduw am gael ei achub rhag marw. A dyma Duw'n gwrando arno am ei fod wedi ymostwng
yn llwyr iddo. 8Ond er ei fod yn Fab Duw, roedd rhaid iddo ddysgu bod yn ufudd drwy beth
wnaeth e ddioddef. 9Ac ar ôl iddo wneud popeth roedd ei angen, dyma achubiaeth dragwyddol

---

4:4 Genesis 2:2 4:5 Salm 95:11 4:7 Salm 95:7-8 (LXX) 4:10 Genesis 2:2 5:3 Lefiticus 9:7
5:4 Exodus 28:1 5:5 Salm 2:7 5:6 Salm 110:4

yn tarddu ohono i bawb sy'n ufudd iddo. [10]Cafodd ei benodi gan Dduw yn archoffeiriad "yr
un fath â Melchisedec."

Rhybudd rhag syrthio i ffwrdd

[11]Mae cymaint y gellid ei ddweud am hyn, ond dych chi mor araf i ddysgu, ac felly mae'n
anodd esbonio'r cwbl. [12]Erbyn hyn dylech fod yn gallu dysgu pobl eraill, ond mae angen i rywun
eich dysgu chi eto am y pethau mwya syml yn neges Duw. Dych chi fel babis bach sydd ond yn
gallu cymryd llaeth, a heb ddechrau bwyta bwyd solet! [13]Dydy'r un sy'n byw ar laeth ddim yn
gwybod rhyw lawer am wneud beth sy'n iawn – mae fel plentyn bach. [14]Ond mae'r rhai sydd
wedi tyfu i fyny yn cael bwyd solet, ac wedi dod i arfer gwahaniaethu rhwng y drwg a'r da.
6 Felly mae angen i ni symud ymlaen o beth sy'n cael ei ddysgu am y Meseia yn y grŵp
meithrin. Mae'n hen bryd i ni dyfu i fyny! Does dim rhaid mynd dros y pethau sylfaenol
eto – yr angen i droi cefn ar y math o fywyd sy'n arwain i farwolaeth a dod i gredu yn Nuw;
[2]y ddysgeidiaeth am fedydd; comisiynu pobl drwy osod dwylo arnyn nhw; y ffaith y bydd y rhai
sydd wedi marw yn codi yn ôl yn fyw ac y bydd Duw yn barnu beth fydd yn digwydd i bobl yn
dragwyddol. [3]A gyda help Duw dyna wnawn ni – symud yn ein blaenau!
[4]Mae'n gwbl amhosib arwain y rhai sydd wedi troi cefn ar y Meseia yn ôl ato. Dyma'r bobl
welodd oleuni'r gwirionedd unwaith. Cawson nhw brofi rhodd hael Duw, a derbyn yr Ysbryd
Glân gydag eraill. [5]Cawson nhw flas ar neges Duw a nerthoedd yr oes sydd i ddod. [6]Ac eto
maen nhw wedi troi cefn arno! Maen nhw'n gyfrifol am hoelio Mab Duw ar y groes unwaith
eto drwy ei wrthod, a'i wneud yn destun sbort i bobl.
[7]Mae Duw yn bendithio'r ddaear drwy anfon glaw i'w mwydo'n gyson, ac mae'r tir yn
rhoi cnwd da i'w ddefnyddio gan y ffermwr sy'n trin y tir. [8]Ond dydy tir gyda dim byd ond
drain ac ysgall yn tyfu arno yn dda i ddim. Bydd yn cael ei gondemnio a'i losgi yn y diwedd.
[9]Ond er ein bod ni'n siarad fel hyn, ffrindiau annwyl, dŷn ni'n hyderus fod pethau gwell o'ch
blaen chi – bendithion sy'n dod i'r rhai sy'n cael eu hachub. [10]Dydy Duw ddim yn annheg;
wnaiff e ddim anghofio beth dych chi wedi'i wneud. Dych chi wedi dangos eich cariad ato
drwy helpu Cristnogion eraill. A dych chi'n dal i wneud hynny! [11]Daliwch ati i ddangos yr un
brwdfrydedd, a byddwch chi'n derbyn yn llawn y cwbl dych chi'n edrych ymlaen ato. [12]Dŷn
ni ddim am i chi fod yn ddiog! Dilynwch esiampl y rhai hynny sy'n credu go iawn ac yn dal
ati yn amyneddgar – nhw ydy'r rhai fydd yn derbyn y cwbl mae Duw wedi'i addo.

Mae beth mae Duw wedi'i addo yn sicr

[13]Pan wnaeth Duw addewid i Abraham aeth ar ei lw y byddai'n gwneud beth oedd
wedi'i addo. Rhoddodd ei gymeriad ei hun ar y lein! – doedd neb mwy iddo allu tyngu llw
iddo! [14]A dyma ddwedodd e: *"Dw i'n addo dy fendithio di a rhoi llawer iawn o ddisgynyddion
i ti."* [15]Ac felly, ar ôl disgwyl yn amyneddgar dyma Abraham yn derbyn beth roedd Duw
wedi'i addo iddo.
[16]Pan mae pobl yn tyngu llw maen nhw'n gofyn i rywun mwy na nhw eu hunain wneud yn
siŵr eu bod yn gwneud beth maen nhw'n ei addo. Mae'r llw yn eu rhwymo nhw i wneud beth
maen nhw wedi'i ddweud, ac yn rhoi diwedd ar bob dadl. [17]Am fod Duw am i bobl wybod
ei fod e ddim yn newid ei feddwl ac y byddai'n gwneud beth roedd wedi'i addo iddyn nhw,
rhwymodd ei hun gyda llw.
[18]Felly mae Duw wedi addo, ac mae wedi mynd ar ei lw – dau beth fydd byth yn newid am
ei bod yn amhosib i Dduw ddweud celwydd. Felly, dŷn ni sydd wedi dianc ato yn gallu bod yn
hyderus. Dŷn ni'n gallu dal gafael yn y gobaith mae wedi'i roi i ni. [19]Mae'r gobaith hwn yn
obaith sicr – mae fel angor i'n bywydau ni, yn gwbl ddiogel. Mae Iesu wedi mynd o'n blaenau
ni, tu ôl i'r llen, i mewn i'r nefoedd, sef y cysegr mewnol lle mae Duw. [20]Ydy, mae Iesu wedi
mynd i mewn yno ar ein rhan ni. Fe ydy'r un *"sy'n offeiriad am byth, yr un fath â Melchisedec."*

6:8 Genesis 3:17-18 6:14 Genesis 22:17 6:20 Salm 110:4

Melchisedec yr offeiriad

7 Brenin Salem oedd Melchisedec, ac offeiriad i'r Duw Goruchaf. Pan oedd Abraham ar ei ffordd adre ar ôl gorchfygu nifer o frenhinoedd mewn brwydr, daeth Melchisedec ato. Dyma Melchisedec yn bendithio Abraham, 2 a dyma Abraham wedyn yn rhoi un rhan o ddeg o'r cwbl oedd wedi'i ennill i Melchisedec.

Ystyr Melchisedec ydy 'y brenin cyfiawn'. ac mae'n 'frenin heddwch' hefyd, am mai dyna ydy ystyr 'Brenin Salem'. 3 Dŷn ni ddim yn gwybod pwy oedd ei dad a'i fam, a does dim sôn am ei achau na dyddiad ei eni na'i farw. Felly, mae fel darlun o Fab Duw, sy'n aros yn offeiriad am byth.

4 Meddyliwch mor bwysig oedd Melchisedec! Rhoddodd hyd yn oed Abraham, tad ein cenedl ni, un rhan o ddeg o beth oedd wedi'i ennill yn y frwydr iddo! 5 Dŷn ni'n gwybod fod y Gyfraith Iddewig yn dweud wrth yr offeiriaid, sy'n ddisgynyddion i Lefi, gasglu un rhan o ddeg o beth sydd gan y bobl. Ond cofiwch mai casglu maen nhw gan bobl eu cenedl eu hunain – disgynyddion Abraham. 6 Doedd Melchisedec ddim yn perthyn i Lefi, ac eto rhoddodd Abraham un rhan o ddeg iddo. A Melchisedec fendithiodd Abraham, yr un oedd Duw wedi addo pethau mor fawr iddo. 7 Does dim rhaid dweud fod yr un sy'n bendithio yn fwy na'r person sy'n derbyn y fendith.

8 Yn achos yr offeiriaid Iddewig, mae'r un rhan o ddeg yn cael ei gasglu gan ddynion sy'n siŵr o farw; ond yn achos Melchisedec mae'n cael ei gasglu gan un maen nhw'n dweud sy'n fyw! 9 Gallech chi hyd yn oed ddweud fod disgynyddion Lefi (sy'n casglu'r un rhan o ddeg), wedi talu un rhan o ddeg i Melchisedec drwy Abraham. 10 Er bod Lefi ddim wedi cael ei eni pan aeth Melchisedec allan i gyfarfod Abraham, roedd yr had y cafodd ei eni ohono yno, yng nghorff ei gyndad!

Iesu fel Melchisedec

11 Mae'r Gyfraith Iddewig yn dibynnu ar waith yr offeiriaid sy'n perthyn i urdd Lefi. Os oedd y drefn offeiriadol hon yn cyflawni bwriadau Duw yn berffaith pam roedd angen i offeiriad arall ddod? Pam wnaeth Duw anfon un oedd yr un fath â Melchisedec yn hytrach nag un oedd yn perthyn i urdd Lefi ac Aaron? 12 Ac os ydy'r drefn offeiriadol yn newid, rhaid i'r gyfraith newid hefyd. 13 Mae'r un dŷn ni'n sôn amdano yn perthyn i lwyth gwahanol, a does neb o'r llwyth hwnnw wedi gwasanaethu fel offeiriad wrth yr allor erioed. 14 Mae pawb yn gwybod mai un o ddisgynyddion llwyth Jwda oedd ein Harglwydd ni, a wnaeth Moses ddim dweud fod gan y llwyth hwnnw unrhyw gysylltiad â'r offeiriadaeth! 15 Ac mae beth dŷn ni'n ei ddweud yn gliriach fyth pan ddeallwn ni fod yr offeiriad newydd yn debyg i Melchisedec. 16 Ddaeth hwn ddim yn offeiriad am fod y rheolau'n dweud hynny (am ei fod yn perthyn i lwyth arbennig); na, ond am fod nerth y bywyd na ellir ei ddinistrio ynddo. 17 A dyna mae'r salmydd yn ei ddweud:

> "*Rwyt ti'n offeiriad am byth,*
> *yr un fath â Melchisedec.*"

18 Felly mae'r drefn gyntaf yn cael ei rhoi o'r neilltu am ei bod yn methu gwneud beth oedd ei angen. 19 Wnaeth y Gyfraith Iddewig wneud dim byd yn berffaith. Ond mae gobaith gwell wedi'i roi i ni yn ei lle. A dyna sut dŷn ni'n mynd at Dduw bellach.

20 Ac wrth gwrs, roedd Duw wedi mynd ar lw y byddai'n gwneud hyn! Pan oedd eraill yn cael eu gwneud yn offeiriaid doedd dim sôn am unrhyw lw, 21 ond pan ddaeth Iesu yn offeiriad dyma Duw yn tyngu llw. Dwedodd wrtho:

> "*Mae'r Arglwydd wedi tyngu llw*
> *a fydd e ddim yn newid ei feddwl:*
> *'Rwyt ti yn offeiriad am byth.'* "

22 Mae hyn yn dangos fod yr ymrwymiad newydd mae Iesu'n warant ohono gymaint gwell na'r hen un.

7:1-2 cyfeiriad at Genesis 14:17-20 7:5 gw. Numeri 18:21 7:17 Salm 110:4 7:21 Salm 110:4

[23]Hefyd, dan yr hen drefn roedd llawer iawn o offeiriaid. Roedd pob un ohonyn nhw'n
marw, ac wedyn roedd rhaid i rywun arall gymryd y gwaith drosodd! [24]Ond mae Iesu yn fyw
am byth, ac mae'n aros yn offeiriad am byth. [25]Felly mae Iesu'n gallu achub un waith ac
am byth y bobl hynny mae'n eu cynrychioli o flaen Duw! Ac mae e hefyd yn fyw bob amser
i bledio ar eu rhan nhw.

[26]Dyna'r math o Archoffeiriad sydd ei angen arnon ni – un sydd wedi cysegru ei hun yn
llwyr, heb bechu o gwbl na gwneud dim o'i le, ac sydd bellach wedi'i osod ar wahân i ni
bechaduriaid. Mae e yn y lle mwya anrhydeddus sydd yn y nefoedd. [27]Yn wahanol i bob
archoffeiriad arall, does dim rhaid i hwn gyflwyno'r un aberthau ddydd ar ôl dydd. Roedd
rhaid i'r archoffeiriaid eraill gyflwyno aberth dros eu pechodau eu hunain yn gyntaf ac yna
dros bechodau'r bobl. Ond aberthodd Iesu ei hun dros ein pechodau ni un waith ac am byth.
[28]Dan drefn y Gyfraith Iddewig dynion cyffredin gyda'u holl wendidau sy'n cael eu penodi'n
archoffeiriaid. Ond mae'r cyfeiriad at Dduw yn mynd ar lw wedi'i roi ar ôl y Gyfraith Iddewig,
ac yn sôn am Dduw yn penodi ei Fab yn Archoffeiriad, ac mae hwn wedi gwneud popeth
oedd angen ei wneud un waith ac am byth.

Archoffeiriad y drefn newydd

8 Y pwynt ydy hyn: mae'r Archoffeiriad sydd gynnon ni wedi eistedd yn y sedd anrhydedd
yn y nefoedd, ar yr ochr dde i'r Duw Mawr ei hun. [2]Dyna'r cysegr mae hwn yn gweini
ynddo – y ganolfan addoliad go iawn sydd wedi'i chodi gan yr Arglwydd ei hun, a dim gan
unrhyw berson dynol. [3]A chan fod rhaid i bob archoffeiriad gyflwyno rhoddion ac aberthau
i Dduw, roedd rhaid i Iesu hefyd fod â rhywbeth ganddo i'w gyflwyno.

[4]Petai'r gweini hwn yn digwydd ar y ddaear, fyddai Iesu ddim yn gallu bod yn offeiriad, am
fod offeiriaid eisoes ar gael i gyflwyno'r rhoddion mae'r Gyfraith Iddewig yn eu gorchymyn.
[5]Ond dim ond copi o'r ganolfan addoliad go iawn yn y nefoedd ydy'r cysegr maen nhw'n gweini
ynddo. Dyna pam wnaeth Duw roi'r rhybudd hwn i Moses pan oedd yn bwriadu codi'r babell yn
ganolfan addoliad: "*Gwna'n siŵr dy fod yn gwneud popeth yn union fel mae yn y cynllun welaist
ti ar y mynydd.*" [6]Ond mae'r gwaith offeiriadol gafodd ei roi i Iesu yn llawer iawn pwysicach na'r
gwaith maen nhw'n ei wneud fel offeiriaid. Ac mae'r ymrwymiad mae Iesu'n ganolwr iddo yn
well na'r hen un – mae wedi'i wneud yn 'gyfraith' sy'n addo pethau llawer gwell.

[7]Petai'r drefn gyntaf wedi bod yn ddigonol fyddai dim angen un arall. [8]Ond roedd bai ar
y bobl yng ngolwg Duw, a dyna pam ddwedodd e:

" '*Mae'r amser yn dod,' meddai'r Arglwydd,*
'pan fydda i'n gwneud ymrwymiad newydd
gyda phobl Israel a Jwda.'
9 *'Fydd hwn ddim yr un fath â'r un*
wnes i gyda'u hynafiaid
(pan afaelais yn eu llaw
a'u harwain allan o'r Aifft).
Wnaethon nhw ddim cadw
eu hochr nhw o'r cytundeb,
felly dyma fi'n troi fy nghefn arnyn nhw,'
meddai'r Arglwydd.
10 *'Dyma'r ymrwymiad fydda i'n ei wneud*
gyda phobl Israel bryd hynny,' meddai'r Arglwydd:
'Bydd fy neddfau'n glir yn eu meddyliau
ac wedi'u hysgrifennu ar eu calonnau.
Fi fydd eu Duw nhw,
a nhw fydd fy mhobl i.

8:1 cyfeiriad at Salm 110:1 8:5 Exodus 25:40

[11] *Fyddan nhw ddim yn gorfod dysgu pobl eraill,*
a dweud wrth ei gilydd,
"Rhaid i ti ddod i nabod yr Arglwydd,"
achos bydd pawb yn fy nabod i,
o'r lleia i'r mwya.
[12] *Bydda i'n maddau iddyn nhw am y pethau wnaethon nhw o'i le,*
ac yn anghofio'u pechodau am byth.' "

[13] Drwy ddefnyddio'r gair 'newydd' i ddisgrifio'r ymrwymiad yma, mae Duw'n dweud fod
y llall yn hen. Os ydy rhywbeth yn hen ac yn perthyn i'r oes o'r blaen, yn fuan iawn mae'n
mynd i ddiflannu'n llwyr!

Addoliad yn y Babell ddaearol

9 Roedd gan yr ymrwymiad cyntaf reolau ar gyfer yr addoliad, a chysegr yn ganolfan
i'r addoliad ar y ddaear. [2] Roedd dwy ystafell yn y babell. Yn yr ystafell allanol roedd
y ganhwyllbren a hefyd y bwrdd gyda'r bara wedi'i gysegru arno – dyma oedd yn cael
ei alw 'Y Lle Sanctaidd'. [3] Yna roedd llen, ac ystafell arall y tu ôl iddi, sef 'Y Lle Mwyaf
Sanctaidd'. [4] Yn yr ystafell fewnol roedd allor yr arogldarth ac arch yr ymrwymiad (cist bren
oedd wedi'i gorchuddio ag aur). Yn y gist roedd jar aur yn dal peth o'r manna o'r anialwch,
hefyd ffon Aaron (sef yr un oedd wedi blaguro), a'r ddwy lechen roedd Duw wedi ysgrifennu'r
Deg Gorchymyn arnyn nhw. [5] Yna uwchben y gist roedd dau greadur hardd[b] wedi'u cerfio,
a'u hadenydd yn cysgodi dros y caead – sef y man ble roedd Duw yn maddau pechodau.
Ond does dim pwynt dechrau trafod hyn i gyd yn fanwl yma.

[6] Gyda popeth wedi'i osod yn ei le, roedd yr offeiriaid yn mynd i mewn i'r ystafell allanol yn
rheolaidd i wneud eu gwaith. [7] Ond dim ond yr archoffeiriad oedd yn mynd i mewn i'r ystafell
fewnol, a hynny un waith y flwyddyn yn unig. Ac roedd rhaid iddo fynd â gwaed gydag e, i'w
gyflwyno i Dduw dros ei bechodau ei hun a hefyd y pechodau hynny roedd pobl wedi'u cyflawni
heb sylweddoli eu bod nhw'n pechu. [8] Mae'r Ysbryd Glân yn dangos i ni drwy hyn bod hi ddim
yn bosib mynd i mewn i'r Lle Mwyaf Sanctaidd (sef yr un nefol) tra oedd y babell gyntaf, a'r
drefn mae'n ei chynrychioli, yn dal i sefyll. [9] Mae'n ddarlun sy'n dangos beth sy'n bwysig
heddiw. Doedd y rhoddion a'r aberthau oedd yn cael eu cyflwyno dan yr hen drefn ddim yn
gallu rhoi cydwybod glir i'r addolwr. [10] Dŷn nhw ddim ond yn rheolau ynglŷn â gwahanol fathau
o fwyd a diod a defodau golchi – pethau oedd ond yn berthnasol nes i'r drefn newydd gyrraedd.

Gwaed Iesu y Meseia

[11] Ond yna daeth y Meseia fel Archoffeiriad, a rhoi i ni'r holl bethau da dŷn ni eisoes wedi'u
profi. Mae e wedi mynd drwy'r babell go iawn, sef yr un berffaith na chafodd ei gwneud gan
bobl ac sydd ddim yn perthyn i'r byd hwn. [12] Aeth i mewn un waith ac am byth i'r Lle Mwyaf
Sanctaidd sydd yn y nefoedd. Aeth e ddim gyda gwaed geifr a lloi – aeth â'i waed ei hun, er
mwyn i ni gael ein gollwng yn rhydd am byth. [13] Roedd gwaed geifr a theirw yn cael ei daenellu,
a lludw'r heffer yn cael ei wasgaru, er mwyn gwneud y bobl oedd yn aflan yn lân yn seremonïol.
[14] Ond mae gwaed y Meseia yn cyflawni llawer iawn mwy – mae'n glanhau'r gydwybod o'r
pethau sy'n arwain i farwolaeth. Felly gallwn ni wasanaethu'r Duw byw! Mae'r Meseia wedi
cyflwyno ei hun yn aberth perffaith i Dduw drwy nerth yr Ysbryd tragwyddol. [15] Dyna pam
mai fe ydy'r canolwr sy'n selio'r ymrwymiad newydd. Buodd farw i dalu'r pris i ollwng pobl
yn rhydd o ganlyniadau'r pechodau gafodd eu cyflawni dan y drefn gyntaf – er mwyn i'r
rhai sydd wedi'u galw dderbyn yr holl fendithion tragwyddol mae wedi'u haddo iddyn nhw.

---

b 9:5 *greadur hardd:* Groeg, "cerwbiaid".

8:8-12 Jeremeia 31:31-34 (LXX) 9:2 Exodus 25:23—26:30 9:3 Exodus 26:31-33
9:4 a Exodus 30:1-6; b Exodus 25:10-16; c Exodus 16:33; ch Numeri 17:8-10; d Exodus 25:16; Deuteronomium 10:3-5
9:5 Exodus 25:18-22 9:6 Numeri 18:2-6 9:7 Lefiticus 16:2-34 9:13 Lefiticus 16:15,16; Numeri 19:9,17-19

[16]Os ydy rhywun wedi gwneud ewyllys, mae'n rhaid profi fod y person hwnnw wedi marw
cyn i neb gael dim. [17]Dydy ewyllys ddim yn cael ei gweithredu nes i'r un wnaeth yr ewyllys
farw – dydy'r eiddo ddim yn cael ei rannu pan mae e'n dal yn fyw! [18]Dyna pam roedd angen
gwaed i hyd yn oed y drefn gyntaf gael ei gweithredu. [19]Ar ôl i Moses ddweud wrth y bobl beth
oedd pob un o orchmynion Cyfraith Duw, defnyddiodd frigau isop wedi'u rhwymo gyda gwlân
ysgarlad i daenellu dŵr a gwaed lloi a geifr ar y sgrôl o'r Gyfraith ac ar y bobl. [20]"*Mae'r gwaed
yma yn cadarnhau'r ymrwymiad mae Duw wedi'i wneud i chi ei gadw,*" meddai wrthyn nhw.
[21]Wedyn taenellodd y gwaed yr un fath ar y babell ac ar bopeth oedd yn cael ei ddefnyddio yn
y seremonïau. [22]A dweud y gwir, mae Cyfraith Moses yn dweud fod bron popeth i gael ei buro
drwy gael ei daenellu â gwaed, a bod maddeuant ddim yn bosib heb i waed gael ei dywallt.

[23]Roedd rhaid i'r pethau hynny i gyd gael eu puro gan waed yr aberthau. Ond dim ond
copïau o'r pethau nefol ydyn nhw, ac mae angen aberthau gwell nag anifeiliaid i buro'r rheiny.
[24]Aeth y Meseia i mewn i'r nefoedd ei hun, lle mae'n ymddangos o flaen Duw ar ein rhan
ni. Dim i'r cysegr wedi'i godi gan bobl aeth e – gan fod hwnnw'n ddim byd ond copi o'r un
nefol go iawn. [25]A wnaeth e ddim mynd i mewn i'r nefoedd lawer gwaith i offrymu ei hun (fel
yr archoffeiriaid eraill oedd yn gorfod mynd â gwaed anifail i mewn i'r Lle Mwyaf Sanctaidd
flwyddyn ar ôl blwyddyn). [26]Petai'n rhaid iddo wneud hynny, byddai wedi gorfod marw lawer
gwaith ers i'r byd gael ei greu! Na! daeth y Meseia un waith ac am byth, yn agos at ddiwedd
yr oesoedd, i ddelio gyda phechod drwy ei aberthu ei hun. [27]Yn union fel mae pawb yn mynd
i farw un waith, a wynebu barn ar ôl hynny, [28]buodd y Meseia farw un waith yn aberth,
a chario pechodau llawer iawn o bobl iddyn nhw gael eu maddau. A bydd yn dod yn ôl yr ail
waith, dim i ddelio gyda phechod y tro hwn, ond i achub pawb sy'n disgwyl yn frwd amdano.

Aberth y Meseia un waith ac am byth

10 Rhyw awgrym o'r pethau gwych sydd i ddod sydd yn y Gyfraith Iddewig – dim
y bendithion eu hunain. Dyna pam dydy'r Gyfraith ddim yn gallu glanhau'n berffaith
y rhai sy'n mynd i addoli, a pham mae'r un aberthau yn gorfod cael eu cyflwyno dro ar ôl tro,
flwyddyn ar ôl blwyddyn. [2]Oni fyddai'r bobl wedi stopio aberthu petai'r Gyfraith yn gallu eu
glanhau nhw? Byddai'r addolwyr wedi'u glanhau un waith ac am byth, a ddim yn teimlo'n
euog am eu pechodau ddim mwy! [3]Ond na, beth roedd yr aberthau'n ei wneud oedd atgoffa'r
bobl o'u pechod bob blwyddyn. [4]Mae'n amhosib i waed teirw a geifr gael gwared â phechod.

[5]Felly pan ddaeth y Meseia i'r byd, dwedodd:

"*Nid aberth ac offrwm rwyt ti eisiau,*
ond rwyt wedi rhoi corff i mi.
6 *Doedd offrymau llosg ac offrymau dros bechod*
ddim yn dy blesio di.
7 *Felly dyma fi'n dweud,*
'O Dduw, dw i wedi dod i wneud beth rwyt ti eisiau –
fel mae wedi'i ysgrifennu amdana i yn y sgrôl.' "

[8]Mae'r Meseia yn dweud, "*Nid aberth ac offrwm rwyt ti eisiau*" a "*Doedd offrymau llosg ac
offrymau dros bechod ddim yn dy blesio di.*" (Y Gyfraith Iddewig sy'n dweud fod rhaid gwneud
hyn i gyd.) [9]Wedyn mae'r Meseia'n dweud, "*dw i wedi dod i wneud beth rwyt ti eisiau.*" Felly
mae'n cael gwared â'r drefn gyntaf i wneud lle i'r ail. [10]A beth mae Duw eisiau ydy i ni gael
ein glanhau o'n pechod am fod Iesu y Meseia wedi'i aberthu ei hun un waith ac am byth.

[11]Dan yr hen drefn mae'r offeiriad yn sefyll o flaen yr allor yn gwneud yr un gwaith ddydd
ar ôl dydd. Mae e'n offrymu yr un aberthau drosodd a throsodd, ond allan nhw byth gael
gwared â phechod! [12]Ond dyma'r Meseia, ein hoffeiriad ni, yn offrymu ei hun yn aberth dros
bechod un waith ac am byth, ac yna'n eistedd i lawr yn y sedd anrhydedd ar ochr dde Duw.

9:20 Exodus 24:8 9:21 Lefiticus 8:15 9:22 Lefiticus 17:11 9:28 Eseia 53:12 10:5-7 Salm 40:6-8 (LXX)
10:11 Exodus 29:38

[13]Ers hynny mae wedi bod yn disgwyl i'w elynion gael eu gorfodi i blygu o'i flaen fel stôl
iddo orffwys ei draed arni. [14]Drwy aberthu ei hun un waith mae'r Meseia wedi glanhau'n
berffaith y bobl mae Duw wedi'u cysegru iddo'i hun am byth.
[15]Ac mae'r Ysbryd Glân wedi sôn am hyn hefyd. Mae'n dweud fel hyn:
[16] *"Dyma'r ymrwymiad fydda i'n ei wneud*
gyda fy mhobl bryd hynny," meddai'r Arglwydd:
"Bydd fy neddfau'n glir yn eu meddyliau
ac wedi'u hysgrifennu ar eu calonnau."
[17]Wedyn mae'n ychwanegu hyn:
"Bydda i'n anghofio'u pechodau,
a'r pethau wnaethon nhw o'i le, am byth."
[18]Os ydy'r pechodau hyn wedi'u maddau, does dim angen aberth dros bechod ddim mwy!

Galwad i ddal ati

[19]Felly, ffrindiau annwyl, gallwn bellach fynd i mewn i'r 'Lle Mwyaf Sanctaidd' yn y nefoedd,
am fod gwaed Iesu wedi'i dywallt yn aberth. [20]Dyma'r ffordd newydd sydd wedi'i hagor i ni
drwy'r llen (am fod Iesu wedi aberthu ei gorff ei hun) – y ffordd i fywyd! [21]Mae gynnon ni'r
Meseia, yn archoffeiriad gwych gydag awdurdod dros deulu Duw. [22]Felly gadewch i ni glosio
at Dduw gyda hyder didwyll, a'i drystio fe'n llwyr. Mae'n cydwybod euog ni wedi'i glanhau
drwy i'w waed gael ei daenellu arnon ni, a dŷn ni wedi'n golchi â dŵr glân. [23]Felly gadewch
i ni ddal gafael yn y gobaith dŷn ni'n ddweud sydd gynnon ni. Mae Duw yn siŵr o wneud
beth mae wedi'i addo! [24]A gadewch i ni feddwl am ffyrdd i annog ein gilydd i ddangos cariad
a gwneud daioni. [25]Mae'n bwysig ein bod yn dal ati i gyfarfod â'n gilydd. Mae rhai pobl
wedi stopio gwneud hynny. Dylen ni annog a rhybuddio'n gilydd drwy'r adeg; yn arbennig
am fod Iesu'n dod yn ôl i farnu yn fuan.
[26]Os ydyn ni'n penderfynu dal ati i bechu ar ôl dod i wybod y gwirionedd, does dim aberth
sy'n gallu delio gyda'n pechod ni wedyn. [27]Allwn ni ond disgwyl yn ofnus am farn Duw
a'r tân eirias fydd yn dinistrio gelynion Duw. [28]Meddyliwch! Os oedd rhywun yn gwrthod
ufuddhau i Gyfraith Moses, doedd ond angen tystiolaeth dau neu dri tyst a byddai'n cael
ei roi i farwolaeth. Doedd dim trugaredd! [29]Bydd y gosb yn llawer iawn mwy llym i'r bobl
hynny sydd wedi sathru Mab Duw dan draed fel petai'n sbwriel ac wedi trin ei waed (gwaed
yr ymrwymiad newydd) fel petai'n beth aflan! Maen nhw wedi sarhau Ysbryd hael Duw!
[30]Oherwydd dŷn ni'n gwybod pwy ddwedodd,
"Fi sy'n dial; gwna i dalu yn ôl,"
a hefyd,
"Bydd yr Arglwydd yn barnu ei bobl."
[31]Peth dychrynllyd ydy cael eich dal gan y Duw byw!
[32]Felly cofiwch yr adeg pan gawsoch chi'ch goleuo am y tro cyntaf. Bryd hynny roeddech
chi'n sefyll yn gadarn er eich bod wedi gorfod dioddef yn ofnadwy. [33]Weithiau'n cael
eich sarhau a'ch cam-drin yn gyhoeddus; dro arall yn sefyll gyda'r rhai oedd yn cael eu
trin felly. [34]Roeddech chi'n dioddef gyda'r rhai oedd wedi'u taflu i'r carchar. A phan
oedd eich eiddo yn cael ei gymryd oddi arnoch chi roeddech chi'n derbyn y peth yn
llawen. Wedi'r cwbl roeddech chi'n gwybod fod gan Dduw bethau gwell i chi – pethau
sydd i bara am byth!
[35]Felly peidiwch taflu'r hyder sydd gynnoch chi i ffwrdd – mae gwobr fawr yn ei ddilyn!
[36]Rhaid i chi ddal ati, a gwneud beth mae Duw eisiau. Wedyn cewch dderbyn beth mae
wedi'i addo i chi! [37]Oherwydd,

10:12-13 cyfeiriad at Salm 110:1 10:16 Jeremeia 31:33 10:17 Jeremeia 31:34
10:22 Lefiticus 8:30; Eseciel 36:25 10:27 cyfeiriad at Eseia 26:11 (LXX)
10:28 cyfeiriad at Deuteronomium 17:6; 19:15 10:29 Exodus 24:8 10:30 Deuteronomium 32:35
10:30 Deuteronomium 32:36

"yn fuan iawn,
bydd yr Un sy'n dod yn cyrraedd
– fydd e ddim yn hwyr.
38 *Bydd fy un cyfiawn yn byw drwy ei ffyddlondeb.*
Ond bydd y rhai sy'n troi cefn ddim yn fy mhlesio i."

39Ond dŷn ni ddim gyda'r bobl hynny sy'n troi cefn ac yn cael eu dinistrio. Dŷn ni gyda'r rhai
ffyddlon, y rhai sy'n credu ac yn cael eu hachub.

Drwy ffydd

11 Ffydd ydy'r sicrwydd fod beth dŷn ni'n gobeithio amdano yn mynd i ddigwydd. Mae'n
dystiolaeth sicr o realiti beth dŷn ni ddim eto'n ei weld. 2Dyma pam gafodd pobl ers
talwm eu canmol gan Dduw.
3Ffydd sy'n ein galluogi ni i ddeall mai'r ffordd y cafodd y bydysawd ei osod mewn trefn
oedd drwy i Dduw roi gorchymyn i'r peth ddigwydd. A chafodd y pethau o'n cwmpas ni ddim
eu gwneud allan o bethau oedd yno i'w gweld o'r blaen.
4Ei ffydd wnaeth i Abel offrymu aberth i Dduw oedd yn well nag un Cain. Dyna sut y cafodd
ei ganmol fel un oedd yn gwneud y peth iawn, gyda Duw ei hun yn dweud pethau da am ei
offrwm. Ac er ei fod wedi marw ers talwm, mae ei ffydd yn dal i siarad â ni.
5Ffydd Enoch wnaeth beri iddo gael ei gymryd i ffwrdd o'r bywyd hwn heb orfod mynd
drwy'r profiad o farw. *"Roedd wedi diflannu am fod Duw wedi'i gymryd i ffwrdd."* Cyn iddo
gael ei gymryd i ffwrdd cafodd ei ganmol am ei fod wedi plesio Duw. 6Mae'n amhosib plesio
Duw heb ffydd. Mae'n rhaid i'r rhai sydd am fynd ato gredu ei fod yn bodoli, a'i fod yn
gwobrwyo pawb sy'n ei geisio o ddifri.
7Ffydd Noa wnaeth iddo wrando'n ofalus ar Dduw ac adeiladu llong fawr i achub ei deulu.
Roedd Duw wedi'i rybuddio am bethau oedd erioed wedi digwydd o'r blaen. Wrth gredu
roedd e'n condemnio gweddill y ddynoliaeth, ond roedd Noa ei hun yn cael ei dderbyn yn
gyfiawn yng ngolwg Duw.
8Ffydd Abraham wnaeth iddo wrando ar Dduw. Roedd Duw yn ei alw i adael ei gartref
a mynd i wlad y byddai'n ei derbyn yn etifeddiaeth yn nes ymlaen. Ond pan aeth oddi cartref
doedd e ddim yn gwybod ble roedd yn mynd! 9A phan gyrhaeddodd y wlad roedd Duw
wedi'i haddo iddo, ei ffydd wnaeth iddo aros yno. Roedd fel ymwelydd mewn gwlad dramor, yn
byw mewn pebyll. (Ac Isaac a Jacob yr un fath, gan fod Duw wedi rhoi'r un addewid iddyn nhw
hefyd.) 10Roedd Abraham yn edrych ymlaen at fyw yn y ddinas roedd Duw wedi'i chynllunio
a'i hadeiladu, sef y ddinas sy'n aros am byth.
11Ffydd wnaeth alluogi Sara i fod yn fam hefyd. Roedd yn llawer rhy hen i gael plentyn mewn
gwirionedd, ond roedd yn credu y byddai Duw yn gwneud beth roedd wedi'i addo. 12Felly, o'r
un oedd yn rhy hen i gael plant, cafodd Abraham gymaint o ddisgynyddion mae'n amhosib
eu cyfri i gyd – maen nhw *fel y sêr yn yr awyr neu'r tywod ar lan y môr!*
13Buodd y bobl hyn farw, wedi credu yn Nuw ond heb dderbyn yn llawn beth roedd Duw
wedi'i addo iddyn nhw. Ond roedden nhw'n gweld y cwbl o bell, ac yn edrych ymlaen yn
frwd. Roedden nhw'n dweud yn agored mai *pobl ddieithr yn crwydro'r tir oedden nhw,* 14ac
mae'n amlwg fod pobl sy'n siarad felly yn edrych am eu mamwlad. 15A dim y wlad roedden
nhw wedi'i gadael oedd ganddyn nhw mewn golwg, achos gallen nhw fod wedi mynd yn ôl
yno. 16Na, roedden nhw'n dyheu am rywle gwell – am wlad nefol. Dyna pam fod gan Dduw
ddim cywilydd cael ei alw'n Dduw iddyn nhw, am fod ganddo ddinas yn barod ar eu cyfer nhw.
17Ffydd wnaeth i Abraham offrymu Isaac yn aberth, pan oedd Duw yn ei brofi. Dyma'r un
oedd wedi derbyn addewidion Duw, yn ceisio aberthu ei unig fab! 18A hynny er bod Duw

10:37,38 Habacuc 2:3,4 (LXX) 11:3 Genesis 1:1; Salm 33:6,9 11:4 Genesis 4:3-10 11:5 Genesis 5:24 (LXX)
11:7 Genesis 6:13-22 11:8 Genesis 12:1-5 11:9 Genesis 35:27 11:11 Genesis 18:11-14; 21:2
11:12 Genesis 22:17 (sy'n cyfeirio yn ôl at Genesis 15:5) (gw. hefyd Genesis 32:12;
Exodus 32:13; Deuteronomium 1:10; 10:22) 11:13 1 Cronicl 29:15 11:17 Genesis 22:1-14

wedi dweud wrtho, *"Drwy Isaac y bydd dy linach yn cael ei chadw."* [19]Roedd Abraham yn
derbyn fod Duw yn gallu dod â'r meirw yn ôl yn fyw. Ac mewn ffordd mae'n iawn i ddweud
ei fod wedi derbyn Isaac yn ôl felly.

[20]Ffydd Isaac wnaeth iddo fendithio Jacob ac Esau. Roedd ganddo ffydd yn beth roedd
Duw'n mynd i'w wneud yn y dyfodol.

[21]Ffydd wnaeth i Jacob fendithio plant Joseff pan oedd ar fin marw.

"Addolodd Dduw wrth bwyso ar ei ffon."

[22]A phan roedd Joseff ar fin marw, ei ffydd wnaeth iddo yntau sôn am bobl Israel yn gadael
yr Aifft. Dwedodd wrthyn nhw hefyd ble i gladdu ei esgyrn.

[23]Eu ffydd wnaeth i rieni Moses ei guddio am dri mis ar ôl iddo gael ei eni. Roedden nhw'n
gweld fod rhywbeth sbesial am y plentyn, a doedd ganddyn nhw ddim ofn beth fyddai'r
brenin yn ei wneud.

[24]Ffydd wnaeth i Moses, ar ôl iddo dyfu, wrthod cael ei drin fel mab i ferch y Pharo. [25]Yn lle
mwynhau pleserau pechod dros dro, dewisodd gael ei gam-drin fel un o bobl Dduw. [26]Roedd
cael ei amharchu dros y Meseia yn fwy gwerthfawr yn ei olwg na holl drysor yr Aifft, am ei
fod yn edrych ymlaen at y wobr oedd gan Dduw iddo. [27]Ei ffydd wnaeth i Moses adael yr
Aifft. Doedd ganddo ddim ofn y brenin. Daliodd ati i'r diwedd am ei fod yn cadw ei olwg
ar y Duw anweledig. [28]Ei ffydd wnaeth i Moses gadw'r Pasg hefyd, a gorchymyn i'r bobl
roi gwaed ar byst drysau eu tai. Wedyn fyddai'r angel oedd yn lladd y mab hynaf ddim yn
cyffwrdd teuluoedd Israel.

[29]Ffydd wnaeth i bobl Israel gerdded drwy ganol y Môr Coch ar dir sych. Pan geisiodd yr
Eifftiaid wneud yr un peth, dyma nhw'n cael eu boddi.

[30]Ffydd wnaeth i bobl Israel gerdded mewn cylch o gwmpas Jericho am saith diwrnod,
a dyma'r waliau'n syrthio.

[31]Am fod ganddi ffydd, rhoddodd Rahab y butain groeso i'r ysbiwyr. Wnaeth hi ddim cael
ei lladd fel pawb arall, oedd yn anufudd i Dduw.

[32]Beth arall sydd raid i mi ei ddweud? Does gen i ddim amser i sôn am Gideon, Barac,
Samson, Jefftha, Dafydd, Samuel a'r holl broffwydi. [33]Eu ffydd wnaeth alluogi'r bobl
hyn i wneud pob math o bethau – concro teyrnasoedd, llywodraethu'n gyfiawn, a derbyn
y bendithion roedd Duw wedi'u haddo. Cafodd llewod eu rhwystro rhag lladd pobl, [34]tanau
gwyllt eu rhwystro rhag llosgi pobl, a llwyddodd eraill i ddianc rhag cael eu lladd â'r cleddyf.
Cafodd y rhai oedd yn wan eu gwneud yn gryf, a throi'n filwyr nerthol yn gwneud i fyddinoedd
gwledydd eraill ffoi. [35]Cafodd rhai gwragedd eu hanwyliaid yn ôl yn fyw ar ôl iddyn nhw farw.
Ond cafodd eraill eu poenydio a gwrthod cyfaddawdu i osgoi marw. Roedden nhw'n edrych
ymlaen at gael eu codi yn ôl i fywyd gwell! [36]Cafodd rhai eu sarhau a'u fflangellu, eraill eu
rhoi mewn cadwyni a'u carcharu. [37]Cafodd rhai eu llabyddio gyda cherrig, ac eraill eu llifio
yn eu hanner;[c] a chafodd eraill eu lladd â chleddyf. Buodd rhai yn crwydro fel ffoaduriaid heb
ddim ond crwyn defaid a geifr yn ddillad; wedi colli'r cwbl, ac yn cael eu herlid a'u cam-drin.
[38]Pobl oedd y byd ddim yn eu haeddu nhw. Roedden nhw'n crwydro dros dir anial a mynydd-
dir, ac yn cuddio mewn ogofâu a thyllau yn y ddaear.

[39]Cafodd y bobl yma i gyd eu canmol am eu ffydd, ac eto wnaeth dim un ohonyn nhw
dderbyn y cwbl roedd Duw wedi'i addo. [40]Roedd Duw wedi cynllunio rhywbeth gwell iddyn
nhw – rhywbeth dŷn ni'n rhan ohono. Felly dŷn nhw ddim ond yn gallu cael y wobr lawn
gyda ni.

---

c 11:37 *llifio yn eu hanner:* Mae rhai llawysgrifau yn dweud *profi.*

11:18 Genesis 21:12 11:20 Genesis 27:27-29,39,40 11:21 Genesis 48:1-20 11:21 Genesis 47:31 (LXX)
11:22 Genesis 50:24,25; Exodus 13:19 11:23 cyfeiriad at Exodus 2:2; 1:22 11:28 Exodus 12:21-30
11:29 Exodus 14:21-31 11:30 Barnwyr 6:12-21 11:31 Barnwyr 6:22-25; 2:1-21
11:32 a Barnwyr 6:11 – 8:32; b Barnwyr 4:6 – 5:31; c Barnwyr 13:2 – 16:31; ch Barnwyr 11:1 – 12:7;
d 1 Samuel 16:1 – 1 Brenhinoedd 2:11; dd 1 Samuel 1:1 – 25:1 11:33 Daniel 6:1-27
11:35 1 Brenhinoedd 17:17-24; 2 Brenhinoedd 4:25-37
11:36 1 Brenhinoedd 22:26,27; 2 Cronicl 18:25,26; Jeremeia 20:2; 37:15; 38:6 11:37 2 Cronicl 24:21

Duw yn disgyblu ei blant

12 Oes! Mae tyrfa enfawr o'n cwmpas ni yn dweud mai trystio Duw ydy'r ffordd orau
i fyw. Felly gadewch i ni gael gwared â phopeth sy'n ein dal ni'n ôl, yn arbennig
y pechod sy'n denu'n sylw ni mor hawdd. Gadewch i ni fod yn benderfynol o ddal ati, a rhedeg
y ras sydd o'n blaenau i'w diwedd. 2Rhaid i ni hoelio'n sylw ar Iesu – fe ydy'r pencampwr
a'r hyfforddwr sy'n perffeithio ein ffydd ni. Er mwyn profi'r llawenydd oedd o'i flaen, dyma
fe'n dal ei dir ar y groes gan wrthod ystyried y cywilydd o wneud hynny, a bellach mae'n
eistedd yn y sedd anrhydedd ar yr ochr dde i orsedd Duw yn y nefoedd! 3Meddyliwch sut
wnaeth e ddiodde'r holl wrthwynebiad gan bechaduriaid – wnewch chi wedyn ddim colli
plwc a digalonni. 4Wedi'r cwbl dych chi ddim eto wedi gorfod colli gwaed wrth wneud safiad
yn erbyn pechod!

5Ydych chi wedi anghofio anogaeth Duw i chi fel ei blant?:

"Fy mhlentyn, paid diystyru disgyblaeth yr Arglwydd,
na thorri dy galon pan fydd yn dy gywiro di,
6 *achos mae'r Arglwydd yn disgyblu'r rhai mae'n eu caru,*
ac yn cosbi pob un o'i blant."

7Cymerwch y dioddef fel disgyblaeth. Mae Duw'n eich trin chi fel ei blant. Pwy glywodd am
blentyn sydd ddim yn cael ei ddisgyblu gan ei rieni? 8Os dych chi ddim yn cael eich disgyblu
allwch chi ddim bod yn blant go iawn iddo – mae pob plentyn wedi cael ei ddisgyblu rywbryd!
9Pan oedd ein rhieni'n ein disgyblu ni, roedden ni'n eu parchu nhw. Felly oni ddylen ni
wrando fwy fyth ar ein Tad ysbrydol, i ni gael byw? 10Roedd ein rhieni'n ein disgyblu ni dros
dro fel roedden nhw'n gweld orau, ond mae disgyblaeth Duw yn siŵr o wneud lles i ni bob
amser, i'n gwneud ni'n debycach iddo fe'i hun. 11Dydy disgyblaeth byth yn bleserus ar y pryd
(mae'n boenus!) – ond yn nes ymlaen dŷn ni'n gweld ei fod yn beth da. Ac mae'r rhai sydd
wedi dysgu drwyddo yn dod yn bobl sy'n gwneud beth sy'n iawn ac yn profi heddwch dwfn.

12Felly *peidiwch gollwng gafael! Safwch ar eich traed yn gadarn!* 13*Cerddwch yn syth yn eich
blaenau.* Wedyn bydd y rhai sy'n gloff yn cryfhau ac yn eich dilyn yn lle syrthio ar fin y ffordd.

Rhybudd rhag gwrthod Duw

14Gwnewch eich gorau glas i fyw mewn perthynas dda gyda phawb, ac i fyw bywydau glân
a sanctaidd. Dim ond y rhai sy'n sanctaidd fydd yn cael gweld yr Arglwydd. 15Gwyliwch bod
neb ohonoch chi'n colli gafael ar haelioni rhyfeddol Duw. Os dych chi'n gadael i wreiddyn
chwerw dyfu yn eich plith chi, gallai hynny greu problemau ag amharu ar lawer o bobl yn yr
eglwys. 16Gwyliwch rhag i rywun wrthgilio[ch] a throi'n annuwiol – fel Esau yn gwerthu popeth
am bryd o fwyd! 17Collodd y cwbl oedd ganddo hawl i'w dderbyn fel y mab hynaf. Wedyn,
pan oedd eisiau i'w dad ei fendithio, cafodd ei wrthod. Roedd hi'n rhy hwyr iddo newid ei
feddwl, er iddo grefu a chrefu yn ei ddagrau.

18Yn wahanol i bobl Israel, dych chi ddim wedi dod at bethau y gallwch eu teimlo – mynydd
gyda thân yn llosgi arno, tywyllwch, caddug a storm wyllt. 19Does dim sŵn utgorn, na llais
i'ch dychryn chi, fel llais Duw pan oedd yn siarad yn Sinai. Roedd y bobl yn crefu ar i Dduw
stopio siarad yn uniongyrchol â nhw. 20Roedd y gorchymyn yn ormod iddyn nhw ei oddef:
*"Os bydd hyd yn oed anifail yn cyffwrdd y mynydd rhaid ei ladd drwy daflu cerrig ato nes iddo
farw."* 21Roedd y cwbl mor ofnadwy o ddychrynllyd nes i Moses ei hun ddweud, *"Dw i'n crynu
drwyddo i mewn ofn."*

22Na! At Fynydd Seion dych chi wedi dod – sef at ddinas y Duw byw! Dyma'r Jerwsalem
nefol! Yma mae miloedd ar filoedd o angylion wedi dod at ei gilydd i addoli a dathlu. 23Yma

---

ch 12:16 *wrthgilio:* Groeg, "anfoesol". Gall gyfeirio at 'anfoesoldeb rhywiol' neu 'anffyddlondeb i Dduw'.
12:2 cyfeiriad at Salm 110:1 12:5,6 Diarhebion 3:11-12 (LXX) 12:12 Eseia 35:3
12:13 Diarhebion 4:26 (LXX) 12:15 Deuteronomium 29:18 (LXX) 12:16-17 Genesis 27:34-41
12:18-19 Exodus 19:16-22; 20:18-21; Deuteronomium 4:11,12; 5:22-27 12:20 Exodus 19:12-13
12:21 Deuteronomium 9:19

mae'r bobl hynny sydd â'u henwau wedi'u cofrestru yn y nefoedd – sef y rhai sydd i dderbyn
y bendithion, fel y 'mab hynaf'. Yma hefyd mae Duw, Barnwr pawb. Yma mae'r bobl gyfiawn
hynny fuodd farw, a sydd bellach wedi'u perffeithio. 24Yma hefyd mae Iesu, y canolwr wnaeth
selio'r ymrwymiad newydd. Yma mae ei waed wedi'i daenellu – y gwaed sy'n dweud rhywbeth
llawer mwy grymus na gwaed Abel.[d]
25Gwnewch yn siŵr eich bod yn gwrando'n ofalus ar Dduw, yr un sy'n siarad â chi. Os
wnaeth pobl Israel ddim dianc pan wrthodon nhw wrando ar Moses, yr un o'r ddaear oedd
yn eu rhybuddio nhw, pa obaith sydd i ni os ydyn ni'n troi'n cefnau ar Iesu, yr Un o'r nefoedd
sydd wedi'n rhybuddio ni! 26Wrth fynydd Sinai roedd llais Duw yn ysgwyd y ddaear, ond nawr
mae wedi dweud: "*Unwaith eto dw i'n mynd i ysgwyd nid yn unig y ddaear, ond y nefoedd*
hefyd." 27Mae'r geiriau "unwaith eto" yn dangos fod y pethau fydd yn cael eu hysgwyd –
sy'n bethau wedi'u creu – i gael eu symud. Dim ond y pethau sydd ddim yn gallu cael eu
hysgwyd fydd yn aros.
28A dyna sut deyrnas dŷn ni'n ei derbyn! – un sydd ddim yn gallu cael ei hysgwyd. Felly
gadewch i ni fod yn ddiolchgar, ac addoli ein Duw yn y ffordd ddylen ni – gyda pharch
a rhyfeddod, am mai 29"Tân sy'n difa ydy Duw."

Anogaeth i gloi

13 Daliwch ati i garu'ch gilydd fel credinwyr. 2Peidiwch stopio'r arfer o roi croeso i bobl
ddieithr yn eich cartrefi – mae rhai pobl wedi croesawu angylion i'w cartrefi heb yn
wybod! 3Daliwch ati i gofio'r rheiny sy'n y carchar, gan feddwl sut brofiad fyddai hi i fod
yn y carchar eich hunain! Cofiwch hefyd am y rhai sy'n cael eu cam-drin, fel tasech chi'ch
hunain yn dioddef yr un fath.
4Dylai priodas gael ei barchu gan bawb, a ddylai person priod ddim cysgu gyda neb arall.
Bydd Duw yn barnu pawb sy'n anfoesol ac yn cael rhyw y tu allan i briodas. 5Peidiwch gadael
i gariad at arian eich meddiannu chi! – byddwch yn fodlon gyda'r hyn sydd gynnoch chi.
Wedi'r cwbl mae Duw ei hun wedi dweud,

"*Wna i byth eich siomi chi,*
na throi fy nghefn arnoch chi."

6Felly gallwn ni ddweud yn hyderus,

"*Yr Arglwydd ydy'r un sy'n fy helpu i;*
fydd gen i ddim ofn.
Beth all pobl ei wneud i mi?"

7Cofiwch eich arweinwyr, sef y rhai wnaeth rannu neges Duw gyda chi. Meddyliwch sut
mae eu bywydau nhw wedi gwneud cymaint o ddaioni. Credwch yn yr Arglwydd yr un fath
â nhw. 8Mae Iesu y Meseia yr un fath bob amser – ddoe, heddiw ac am byth!
9Peidiwch gadael i bob math o syniadau rhyfedd eich camarwain chi. Haelioni rhyfeddol Duw
sy'n ein cynnal ni, dim y rheolau am beth sy'n iawn i'w fwyta. Dydy canolbwyntio ar bethau
felly'n gwneud lles i neb! 10Mae gynnon ni aberth does gan yr offeiriaid sy'n gweini dan yr
hen drefn ddim hawl i fwyta ohoni. 11Dan yr hen drefn mae'r archoffeiriad yn mynd â gwaed
anifeiliaid i mewn i'r Lle Mwyaf Sanctaidd fel offrwm dros bechod, ond mae cyrff yr anifeiliaid yn
cael eu llosgi y tu allan i'r gwersyll. 12A'r un fath, roedd rhaid i Iesu ddioddef y tu allan i waliau'r
ddinas er mwyn glanhau'r bobl drwy dywallt ei waed ei hun. 13Felly gadewch i ninnau fynd ato,
y tu allan i'r gwersyll, a bod yn barod i ddioddef amarch fel gwnaeth Iesu ei hun. 14Dim y byd
hwn ydy'n dinas ni! Dŷn ni'n edrych ymlaen at y ddinas yn y nefoedd, sef yr un sydd i ddod.
15Felly, gadewch i ni foli Duw drwy'r adeg, o achos beth wnaeth Iesu. Y ffrwythau dŷn ni'n
eu cyflwyno iddo ydy'r mawl mae e'n ei haeddu. 16A pheidiwch anghofio gwneud daioni

---

d 12:24 *gwaed Abel:* Meibion Adda ac Efa oedd Cain ac Abel. Dyma Cain yn lladd Abel (gw. Genesis 4:1-16).
12:24 Genesis 4:10 12:26 Haggai 2:6 (LXX) 12:29 Deuteronomium 4:24; 9:3 (cf. Eseia 33:14)
13:2 Genesis 18:1-8; 19:1-3 13:5 Deuteronomium 31:6,8 13:6 Salm 118:6 (LXX)
13:11 cyfeiriad at Lefiticus 16:27

a rhannu'ch cyfoeth gyda phawb sydd mewn angen. Mae'r math yna o aberth yn plesio
Duw go iawn.
[17]Byddwch yn ufudd i'ch arweinwyr ysbrydol, a gwneud beth maen nhw'n ei ddweud. Mae'n
rhaid iddyn nhw roi cyfri i Dduw am y ffordd maen nhw'n gofalu amdanoch chi. Rhowch le
iddyn nhw fwynhau eu gwaith, yn lle ei fod yn faich. Fyddai hynny'n sicr o ddim lles i chi.
[18]Peidiwch stopio gweddïo droson ni. Mae'n cydwybod ni'n glir, a dŷn ni'n ceisio gwneud
beth sy'n iawn bob amser. [19]Dw i'n arbennig eisiau i chi weddïo y ca i ddod yn ôl i'ch gweld
chi'n fuan.
[20-21]Dw i'n gweddïo y bydd Duw, sy'n rhoi heddwch perffaith i ni, yn eich galluogi chi
i wneud beth mae e eisiau. Fe ydy'r Duw gododd ein Harglwydd Iesu yn ôl yn fyw, sef Bugail
mawr y defaid. Drwy farw'n aberth, seliodd yr ymrwymiad tragwyddol a wnaeth Duw. Dw
i'n gweddïo y bydd Duw, drwy'r Meseia Iesu, yn eich galluogi chi i wneud beth sy'n ei blesio
fe. Mae'n haeddu ei foli am byth! Amen!
[22]Ffrindiau annwyl, dw i'n pwyso arnoch chi i dderbyn beth dw i wedi'i ddweud. Dw i wedi
bod mor gryno ag y galla i.
[23]Dw i am i chi wybod fod ein brawd Timotheus wedi cael ei ryddhau o garchar. Os daw
yma'n fuan bydda i'n dod ag e gyda mi i'ch gweld chi.
[24]Cofion at eich arweinwyr chi i gyd! – ac at bob un o'r credinwyr sydd acw. Mae Cristnogion
yr Eidal yn anfon eu cyfarchion atoch chi.
[25]Dw i'n gweddïo y byddwch chi i gyd yn profi haelioni rhyfeddol Duw.

Iago

1 Llythyr gan Iago, gwas i Dduw a'r Arglwydd Iesu Grist. At Gristnogion Iddewig sydd
wedi'u gwasgaru drwy'r holl wledydd. Cyfarchion!

Treialon

[2]Frodyr a chwiorydd, pan fyddwch chi'n wynebu pob math o dreialon, ystyriwch hynny'n
rheswm i fod yn llawen. [3]Achos pan mae'ch ffydd chi'n cael ei brofi mae hynny'n meithrin
y gallu i ddal ati a pheidio rhoi'r gorau iddi. [4]Ac mae dal ati drwy'r cwbl yn eich gwneud
chi'n gryf ac aeddfed – yn barod ar gyfer unrhyw beth! [5]Os oes angen doethineb ar rywun,
dylai ofyn i Dduw. Mae Duw yn rhoi yn hael i bawb sy'n gofyn, ac yn gwneud hynny heb
oedi na phwyntio bys at eu beiau nhw. [6]Ond rhaid gofyn gan gredu y bydd Duw yn ateb –
peidio amau, am fod y rhai sy'n amau yn debyg i donnau'r môr yn cael eu taflu a'u chwipio
i bobman gan y gwynt. [7]Ddylai pobl felly ddim disgwyl cael unrhyw beth gan yr Arglwydd!
[8]Dŷn nhw ddim yn gwybod beth sydd arnyn nhw eisiau. Maen nhw'n byw mewn ansicrwydd.
[9]Dylai'r Cristion sy'n dod o gefndir tlawd frolio fod Duw wedi'i anrhydeddu, [10]ond dylai'r
cyfoethog fod yn falch pan mae Duw yn ei ddarostwng. Bydd e'n diflannu fel blodyn gwyllt.
[11]Wrth i'r haul tanbaid grino'r glaswellt mae'r blodyn yn syrthio a'i harddwch yn diflannu.
Dyna'n union fydd yn digwydd i bobl gyfoethog – marw yng nghanol eu busnes!
[12]Mae'r rhai sy'n dal ati yn wyneb treialon yn cael eu bendithio gan Dduw. Ar ôl mynd
drwy'r prawf byddan nhw'n cael eu coroni â'r bywyd mae Duw wedi'i addo i'r rhai sy'n ei
garu. [13]A ddylai neb ddweud pan mae'n cael ei brofi, "Duw sy'n fy nhemtio i." Dydy Duw ddim
yn cael ei demtio gan ddrygioni, a dydy e ddim yn temtio neb arall chwaith. [14]Eu chwantau
drwg eu hunain sy'n temtio pobl, ac yn eu llusgo nhw ar ôl iddyn nhw gymryd yr abwyd.
[15]Mae chwantau drwg yn arwain i weithredoedd drwg, a'r gweithredoedd drwg hynny yn
arwain i farwolaeth ysbrydol.
[16]Peidiwch cymryd eich camarwain, frodyr a chwiorydd annwyl. [17]Mae pob rhoi, a phob
haelioni yn dod oddi wrth Dduw yn y nefoedd uchod. Fe ydy'r Tad a greodd y sêr a'r planedau,
ond dydy ei oleuni e ddim yn amrywio, a dydy e byth yn taflu cysgodion tywyll. [18]Mae
Duw wedi dewis rhoi bywyd newydd i ni, drwy wirionedd ei neges. Mae wedi'n dewis ni'n
arbennig iddo'i hun o blith y cwbl mae wedi'i greu. [19]Gallwch fod yn hollol siŵr o'r peth,
frodyr a chwiorydd.

Gwrando a gwneud

Dylai pob un ohonoch fod yn awyddus i wrando a pheidio siarad yn fyrbwyll, a gwybod sut
i reoli ei dymer. [20]Dydy gwylltio ddim yn eich helpu chi i wneud beth sy'n iawn yng ngolwg
Duw. [21]Felly rhaid cael gwared â phob budreddi a'r holl ddrygioni sy'n rhemp, a derbyn yn
wylaidd y neges mae Duw wedi'i phlannu yn eich calonnau chi – dyna'r neges sy'n eich
achub chi. [22]Gwnewch beth mae Duw'n ei ddweud, yn lle dim ond clywed y neges a gwneud
dim wedyn. Twyllo'ch hunain ydy peth felly! [23]Mae rhywun sy'n clywed ond ddim yn gwneud
yn debyg i ddyn yn edrych mewn drych. [24]Mae'n edrych arno'i hun, ac wedyn yn mynd
i ffwrdd, ac yn anghofio sut olwg oedd arno! [25]Ond mae'r un sy'n dal ati i edrych yn fanwl
ar ddysgeidiaeth berffaith y Duw sy'n ein gollwng ni'n rhydd yn wahanol. Dydy'r sawl sy'n
gwneud hynny ddim yn anghofio beth mae wedi'i glywed; mae'n gwneud beth sydd ei angen.
A bydd Duw yn bendithio popeth mae'n ei wneud!
[26]Os ydy rhywun yn meddwl ei fod yn dduwiol ond ddim yn gallu rheoli ei dafod, mae'n
twyllo'i hun – dydy crefydd rhywun felly yn dda i ddim. [27]Y math o grefydd mae Duw y Tad

---

1:10,11 adlais o Eseia 40:6,7 (LXX)

yn ei ystyried yn bur ac yn ddilys ydy'r grefydd sy'n gofalu am blant amddifad a gwragedd
gweddwon sy'n dioddef, ac sy'n gwrthod dylanwad y byd.

Peidio dangos ffafriaeth

2 Frodyr a chwiorydd, dydy dangos ffafriaeth ddim yn beth iawn i bobl sy'n dweud eu bod
nhw'n credu yn ein Harglwydd bendigedig ni, Iesu Grist. [2]Er enghraifft, meddyliwch
petai rhywun cyfoethog, yn gwisgo dillad crand a modrwyau aur a gemau, yn dod i mewn
i un o'ch cyfarfodydd,[a] ac yna cardotyn tlawd mewn dillad budron yn dod i mewn hefyd.
[3]Petaech chi'n rhoi'r sylw i gyd i'r person yn y dillad crand, ac yn dweud wrtho, "Eisteddwch
yma, dyma'r sedd orau", ond wedyn yn dweud wrth y cardotyn, "Dos di i sefyll yn y cefn, fan
acw" neu, "Eistedd di ar lawr yn y gornel yma", [4]fyddech chi ddim yn awgrymu fod un person
yn well na'r llall ac yn dangos fod eich cymhellion chi'n anghywir?
[5]Gwrandwch arna i, frodyr a chwiorydd annwyl. Onid y bobl sy'n dlawd yng ngolwg
y byd mae Duw wedi'u dewis i fod yn gyfoethog yn ysbrydol? Byddan nhw'n cael rhannu
yn y deyrnas mae wedi'i haddo i'r rhai sy'n ei garu. [6]Ond dych chi'n amharchu'r tlawd!
Y cyfoethog ydy'r bobl sy'n eich cam-drin chi! Onid nhw sy'n eich llusgo chi o flaen y llysoedd?
[7]Onid nhw sy'n cablu enw da yr un dych chi'n perthyn iddo?
[8]Os ydych chi'n ufudd i orchymyn pwysica'r[b] ysgrifau sanctaidd: "*Rwyt i garu dy gymydog
fel rwyt ti'n dy garu dy hun,*" da iawn chi. [9]Ond os ydych chi'n dangos ffafriaeth dych chi'n
pechu, ac mae Cyfraith Duw yn dweud eich bod chi'n droseddwr. [10]Mae torri un o orchmynion
Duw yr un fath â thorri'r Gyfraith i gyd. [11]Dwedodd Duw "*Paid godinebu*" (sef cael rhyw tu
allan i dy briodas), a dwedodd hefyd "*Paid llofruddio*". Felly os wyt ti'n lladd rhywun, rwyt ti
wedi torri'r Gyfraith, hyd yn oed os wyt ti ddim wedi godinebu.
[12]Dylech chi siarad a byw fel pobl sy'n mynd i gael eu barnu gan gyfraith cariad, sef
'y gyfraith sy'n eich rhyddhau chi'. [13]Fydd dim trugaredd i chi os ydych chi heb ddangos
trugaredd at eraill, ond mae dangos trugaredd yn trechu barn.

Credu a Gweithredu

[14]Frodyr a chwiorydd, beth ydy'r pwynt i rywun honni ei fod yn credu, ac wedyn gwneud
dim byd o ganlyniad i hynny? Ai dyna'r math o 'gredu' sy'n achub rhywun? [15]Er enghraifft,
os ydych chi'n gweld brawd neu chwaer yn brin o ddillad neu heb fwyd, [16]ac yna'n dweud,
"Pob bendith i ti! Cadw'n gynnes, a gobeithio cei di rywbeth i'w fwyta." Beth ydy'r pwynt os
ydych chi'n ei adael yno heb roi dim byd iddo? [17]Mae 'credu' ar ei ben ei hun yn union yr un
fath. Os ydy'r 'credu' ddim yn arwain at wneud rhywbeth, mae'n farw gelain.
[18]Ond wedyn mae rhywun yn dadlau, "Mae gan rai pobl ffydd ac mae eraill yn gwneud
daioni." A dw i'n ateb, "Wyt ti'n gallu dangos dy ffydd i mi heb wneud dim? Dw i'n dangos
fy mod i'n credu drwy beth dw i'n ei wneud!" [19]Rwyt ti'n credu mai un Duw sy'n bod, wyt
ti? Wel da iawn ti! Ond cofia fod y cythreuliaid yn credu hynny hefyd, ac yn crynu mewn ofn!
[20]Y twpsyn! Oes rhaid i mi brofi i ti fod 'credu' sydd ddim yn arwain at wneud rhywbeth yn
dda i ddim? [21]Meddylia am ein cyndad Abraham. Onid y ffaith ei fod wedi gweithredu, a mynd
ati i offrymu ei fab Isaac ar yr allor wnaeth ei berthynas e gyda Duw yn iawn? [22]Roedd ei
ffydd i'w weld drwy beth wnaeth e. Roedd y gweithredu yn dangos ei fod yn credu go iawn,
dim rhyw hanner credu. [23]Daeth beth mae'r ysgrifau sanctaidd yn ei ddweud yn wir: "*Credodd
Abraham, a chafodd ei dderbyn i berthynas iawn gyda Duw.*" Cafodd ei alw'n *ffrind Duw!*
[24]Felly dylet ti weld mai beth mae rhywun yn ei wneud sy'n dangos ei fod yn iawn gyda Duw,
nid dim ond bod rhywun yn dweud ei fod yn credu.

---

a 2:2 *i un o'ch cyfarfodydd* Groeg, "i'ch synagog". b 2:8 *orchymyn pwysica'r:* Mae'r Groeg yn dweud "gorchymyn brenhinol", sef un wedi'i roi gan y Brenin mawr – Duw.
2:8 Lefiticus 19:18 2:11 Exodus 20:14; Deuteronomium 5:18 2:11 Exodus 20:13; Deuteronomium 5:17
2:21 cyfeiriad at Genesis 22:1-14 2:23 Genesis 15:6 2:23 Eseia 41:8 (cf. 2 Cronicl 20:7)

[25]I roi enghraifft hollol wahanol, meddylia am Rahab y butain; onid beth wnaeth hi ddaeth
â hi i berthynas iawn gyda Duw? Rhoddodd groeso i'r ysbiwyr a'u cuddio nhw, ac wedyn eu
hanfon i ffwrdd ar hyd ffordd wahanol. [26]Yn union fel mae corff yn farw os does dim anadl
ynddo, mae credu heb weithredu yn farw!

Dofi'r tafod

3 Frodyr a chwiorydd, nid lle pawb ydy ceisio bod yn athrawon sy'n dysgu pobl eraill yn
yr eglwys. Dylech sylweddoli y byddwn ni sy'n dysgu eraill yn cael ein barnu'n fwy llym.
[2]Dŷn ni i gyd yn gwneud pob math o gamgymeriadau. Os oes rhywun yn gallu rheoli ei dafod,
a dweud dim byd o'i le byth, dyna i chi berson perffaith! Rhywun sy'n gallu rheoli ei hun yn
llwyr. [3]Dŷn ni'n rhoi ffrwyn ar geffyl i'w wneud yn ufudd i ni, a'i droi i'r cyfeiriad dŷn ni am
iddo fynd. [4]A gyda llongau mawr sy'n cael eu gyrru gan wyntoedd cryfion, llyw bach iawn
sydd ei angen i'r peilot eu troi nhw i ble bynnag mae'n dewis mynd. [5]Dyna i chi'r tafod!
Mae'n rhan bach iawn o'r corff, ond mae'n gallu honni pethau mawr iawn! Fflam fach iawn
sydd ei angen i roi coedwig enfawr ar dân. [6]A fflam felly ydy'r tafod! Mae'r tafod yn llawn
drygioni, ac o blith holl rannau'r corff, hwn ydy'r un sy'n gallu llygru'r bersonoliaeth gyfan.
Mae'n gallu dinistrio holl gwrs ein bywyd ni! Mae'n fflam sydd wedi'i thanio gan uffern!
[7]Mae pobl yn gallu dofi pob math o anifeiliaid ac adar, ymlusgiaid a physgod, [8]ond does
neb byw sy'n gallu dofi'r tafod. Mae'n ddrwg cwbl afreolus; mae'n llawn gwenwyn marwol!
[9]Gallwn addoli ein Harglwydd a'n Tad nefol un funud, ac yna'r funud nesa dŷn ni'n melltithio
pobl sydd wedi'u creu ar ddelw Duw! [10]Mae bendith a melltith yn llifo o'r un geg! Ddylai
hi ddim bod felly, frodyr a chwiorydd! [11]Ydy dŵr glân a dŵr hallt yn tarddu o'r un ffynnon?
[12]Ydy olewydd yn tyfu ar goeden ffigys, neu ffigys ar winwydden? Wrth gwrs ddim! A dydy
pwll o ddŵr hallt ddim yn rhoi dŵr glân i ni chwaith!

Dau fath o ddoethineb

[13]Pwy ohonoch chi sy'n meddwl ei fod yn ddoeth ac yn gall? Dylai ddangos hynny yn
y ffordd mae'n ymddwyn. Mae doethineb go iawn yn gwneud daioni heb frolio am y peth.
[14]Ond os ydych chi'n llawn cenfigen chwerw ac uchelgais hunanol does gynnoch chi ddim
lle i frolio, am fod peth felly yn gwbl groes i'r gwirionedd. [15]Dim dyna'r math o 'ddoethineb'
mae Duw'n ei roi i bobl! Yn hollol i'r gwrthwyneb! – mae 'doethineb' felly yn beth bydol,
anysbrydol, ac yn dod o'r diafol ei hun! [16]Ble bynnag mae cenfigen ac uchelgais hunanol,
byddwch chi'n dod o hyd i anhrefn a phob math o ddrygioni.
[17]Ond mae'r doethineb sy'n dod oddi wrth Dduw yn y lle cyntaf yn bur. Mae hefyd yn
meithrin heddwch, addfwynder, cydweithrediad, caredigrwydd a gweithredoedd da. Mae'n
gwbl ddiduedd a diragrith. [18]Bydd y rhai sy'n hybu heddwch drwy hau hadau heddwch yn
medi cynhaeaf o gyfiawnder.

Ymostwng i Dduw

4 Beth sy'n gyfrifol am yr holl frwydro a'r gwrthdaro sy'n eich plith chi? Onid yr ymdrech
barhaus i fodloni'r hunan ydy'r drwg? [2]Dych chi eisiau rhywbeth ond yn methu ei gael.
Mae'r ysfa yn gwneud i chi fod yn barod i ladd. Dych chi eisiau pethau ac yn methu cael gafael
ynddyn nhw, felly dych chi'n ffraeo ac yn ymladd. Dych chi ddim yn cael am eich bod chi ddim
yn gofyn i Dduw. [3]A dych chi ddim yn derbyn hyd yn oed pan dych chi yn gofyn, am eich bod
chi'n gofyn am y rheswm anghywir! Dych chi ddim ond eisiau bodloni eich awydd am bleser.
[4]Dych chi fel gwragedd sy'n anffyddlon i'w gŵyr! Ydy hi ddim yn amlwg i chi fod bod yn
gyfaill i bethau'r byd yn golygu casineb at Dduw? Mae unrhyw un sy'n dewis bod yn gyfaill i'r
byd yn gwneud ei hun yn elyn i Dduw. [5]Ydych chi'n meddwl fod beth mae'r ysgrifau sanctaidd

2:25 gw. Barnwyr 2:1-21 3:9 cyfeiriad at Genesis 1:26-27

yn ei ddweud yn ddiystyr: sef fod yr Ysbryd a roddodd i ni yn gwrthwynebu cenfigen? [6]Ond
mae haelioni Duw yn fwy na hynny eto! Mae'r ysgrifau sanctaidd yn dweud:

"Mae Duw yn gwrthwynebu pobl falch
ond mae'n hael at y rhai gostyngedig."

[7]Felly gwnewch beth mae Duw eisiau. Gwrthwynebwch y diafol, a bydd yn ffoi oddi wrthoch
chi. [8]Closiwch at Dduw a bydd e'n closio atoch chi. Golchwch eich dwylo, chi bechaduriaid,
a phuro eich calonnau, chi ragrithwyr. [9]Dangoswch eich bod yn gofidio am y pethau drwg
wnaethoch chi, dangoswch alar, ac wylwch. Trowch eich chwerthin yn alar a'ch miri yn
dristwch. [10]Os wnewch chi blygu o flaen yr Arglwydd a chydnabod eich angen, bydd e'n
eich anrhydeddu chi.

[11]Peidiwch siarad yn ddirmygus am eich gilydd frodyr a chwiorydd. Mae'r un sy'n dirmygu
neu'n beirniadu brawd neu chwaer, yn dirmygu ac yn beirniadu Cyfraith Duw. Barnu'r Gyfraith
dych chi'n ei wneud wrth feirniadu pobl eraill, dim cadw'r Gyfraith. [12]A'r Un sydd wedi rhoi'r
Gyfraith i ni, Duw ei hun, ydy'r unig Farnwr go iawn. Fe sydd â'r gallu i achub a dinistrio, dim
ti! Pwy wyt ti'n feddwl wyt ti yn barnu dy gymydog?

Brolio am fory

[13]Gwrandwch, chi sy'n dweud, "Awn i'r lle a'r lle heddiw neu fory, aros yno am flwyddyn,
dechrau busnes a gwneud llwyth o arian." [14]Wyddoch chi ddim beth fydd yn digwydd fory!
Dydy'ch bywyd chi yn ddim byd ond tarth – mae'n ymddangos am ryw ychydig, ac yna'n
diflannu! [15]Dyma beth dylech chi ddweud: "Os Duw a'i myn, cawn ni wneud hyn a'r llall."
[16]Ond yn lle hynny dych chi'n brolio eich bod yn mynd i wneud rhyw bethau mawr. Peth drwg
ydy brolio fel hyn. [17]Felly cofiwch, os dych chi'n gwybod beth ydy'r peth iawn i'w wneud, ac
eto ddim yn ei wneud, dych chi'n pechu.

Rhybudd i'r cyfoethog

5 A chi bobl gyfoethog, gwrandwch! – dylech chi fod yn crio ac yn griddfan o achos
y dioddefaint sydd o'ch blaenau. [2]Mae'ch cyfoeth chi'n pydru a'ch dillad yn cael eu
difa gan wyfynod. [3]Mae'ch aur a'ch arian chi'n rhydu, a bydd yn dystiolaeth yn eich erbyn
chi. Cewch eich difa gan dân am gasglu cyfoeth i chi'ch hunain mewn byd sy'n dod i ben.
[4]Gwrandwch! Mae'r cyflogau dych chi heb eu talu i'r gweithwyr yn gweiddi'n uchel. Mae
Arglwydd y Lluoedd wedi clywed cri y rhai hynny fu'n casglu'r cynhaeaf yn eich caeau chi.
[5]Dych chi wedi byw'n foethus ac wedi bod yn gwbl hunanol. Ydych! Dych chi wedi bod yn
pesgi'ch hunain ar gyfer y diwrnod y byddwch chi'n mynd i'r lladd-dy! [6]Mae pobl ddiniwed
sydd ddim yn gallu'ch gwrthwynebu chi wedi'u hecsbloetio a'u condemnio i farwolaeth
gynnoch chi.

Amynedd a dioddefaint

[7]Felly, frodyr a chwiorydd annwyl, byddwch yn amyneddgar wrth ddisgwyl i'r Arglwydd
ddod yn ôl. Meddyliwch am y ffermwr sy'n disgwyl yn amyneddgar *am law yn yr hydref a'r
gwanwyn* i wneud i'r cnwd dyfu. [8]Dylech chi fod yr un mor amyneddgar, a sefyll yn gadarn,
gan fod yr Arglwydd yn dod yn fuan. [9]Peidiwch grwgnach am eich gilydd, frodyr a chwiorydd,
neu cewch chi'ch cosbi. Mae'r Barnwr yn dod! Mae'n sefyll y tu allan i'r drws!

[10]Ystyriwch y proffwydi hynny oedd yn cyhoeddi neges Duw – dyna i chi beth ydy amynedd
yn wyneb dioddefaint! [11]Fel dych chi'n gwybod, y rhai wnaeth ddal ati gafodd eu bendithio.
Mae Job yn enghraifft dda o ddyn wnaeth ddal ati drwy'r cwbl, a chofiwch beth wnaeth yr
Arglwydd iddo yn y diwedd. *Mae tosturi a thrugaredd yr Arglwydd mor fawr!*

4:6 Diarhebion 3:34 (LXX) 5:4 cyfeiriad at Lefiticus 19:13 5:7 adlais o Deuteronomium 11:4; Jeremeia 5:24
5:11 cyfeiriad at Exodus 34:6; Nehemeia 9:17; Salm 86:15; 103:8; 111:4; Joel 2:13; Jona 4:2

12 Ac yn olaf, frodyr a chwiorydd: peidiwch byth tyngu llw – ddim i'r nefoedd nac i'r ddaear
na dim arall. Dylai dweud "ie" olygu "ie", a dweud "na" olygu "na", wedyn chewch chi mo'ch
cosbi.

Gweddïo mewn ffydd

13 Oes rhywun yn eich plith chi mewn trafferthion? Dylai weddïo. Oes rhywun yn hapus?
Dylai ganu cân o fawl i Dduw. 14 Oes rhywun yn sâl? Dylai ofyn i arweinwyr yr eglwys leol ddod
i weddïo drosto a'i eneinio ag olew ar ran yr Arglwydd. 15 Os gwnân nhw weddïo a chredu
yn nerth Duw bydd y claf yn cael ei iacháu. Bydd yr Arglwydd yn ei godi ar ei draed, ac os
ydy e wedi pechu, bydd yn cael maddeuant. 16 Felly cyffeswch eich pechodau i'ch gilydd
a gweddïwch dros eich gilydd, er mwyn i chi gael eich iacháu. Mae gweddi daer rhywun
sydd â pherthynas iawn gyda Duw yn beth grymus ac effeithiol. 17 Dyn cyffredin fel ni oedd
Elias, a gweddïodd yn gyson iddi beidio glawio, a wnaeth hi ddim glawio am dair blynedd
a hanner! 18 Wedyn gweddïodd eto, a dyma hi'n tywallt y glaw, ac roedd cnydau yn dechrau
tyfu ar y ddaear eto.
19 Frodyr a chwiorydd, os bydd un o'ch plith chi'n troi i ffwrdd oddi wrth y gwirionedd,
a rhywun arall yn ei arwain yn ôl, 20 gallwch fod yn siŵr o hyn: bydd y person sy'n ei droi yn
ôl o'i ffyrdd ffôl yn achub y pechadur rhag marwolaeth dragwyddol ac yn *maddau lot fawr
o bechodau*.

5:12 Mathew 5:34-37 5:17 1 Brenhinoedd 17:1; 18:1 5:18 1 Brenhinoedd 18:42-45
5:20 Diarhebion 10:12

1 Pedr

1 Llythyr gan Pedr, cynrychiolydd personol Iesu Grist.
Atoch chi sydd wedi'ch dewis gan Dduw i fod yn bobl iddo'i hun. Chi sy'n byw ar
wasgar drwy daleithiau Rhufeinig Pontus, Galatia, Capadocia, Asia a Bithynia, er mai dim
dyna'ch cartref go iawn chi. 2 Cawsoch eich dewis ymlaen llaw gan Dduw y Tad, a'ch cysegru
gan yr Ysbryd Glân i fod yn bobl ufudd i Iesu Grist, wedi'ch glanhau drwy[a] ei waed.
Dw i'n gweddïo y bydd Duw yn tywallt ei haelioni rhyfeddol a'i heddwch dwfn arnoch chi.

Clod i Dduw am obaith byw

3 Clod i Dduw a Thad ein Harglwydd Iesu Grist! Mae wedi bod mor drugarog aton ni.
Mae'n ddechrau cwbl newydd! Dŷn ni wedi cael ein geni unwaith eto! Ac am ei fod wedi
codi Iesu Grist yn ôl yn fyw dŷn ni'n edrych ymlaen yn hyderus i'r dyfodol. 4 Mae gan Dduw
etifeddiaeth i'w rhannu gyda'i blant – un fydd byth yn darfod, nac yn difetha nac yn diflannu.
Mae'n ei chadw ar eich cyfer chi yn y nefoedd! 5 Bydd y Duw nerthol yn eich amddiffyn chi
nes byddwch chi'n cael eich achub yn derfynol, am eich bod chi'n credu ynddo. Bydd pawb
yn gweld hynny'n digwydd pan fydd y foment olaf yn cyrraedd a'r byd yn dod i ben. 6 Felly
gallwch fod yn llawen, er bod pethau'n anodd ar hyn o bryd, a'ch bod chi'n gorfod dioddef
pob math o dreialon. 7 Mae'r pethau yma'n digwydd er mwyn dangos eich bod chi'n credu go
iawn. Mae'r un fath â'r broses o buro aur mewn ffwrnais, ond bod ffydd yn rhywbeth llawer
mwy gwerthfawr nag aur. Byddwch yn derbyn canmoliaeth, ysblander ac anrhydedd pan fydd
Iesu Grist yn dod i'r golwg eto. 8 Dych chi erioed wedi gweld Iesu, ac eto dych chi'n ei garu
e. Dych chi'n credu ynddo er eich bod chi ddim yn ei weld ar hyn o bryd. A dych chi wedi'ch
llenwi â rhyw lawenydd cwbl wefreiddiol sy'n amhosib i'w ddisgrifio. 9 Canlyniad credu ynddo
yn y pen draw ydy y byddwch chi'n cael eich achub yn derfynol!
10 Roedd y proffwydi'n sôn am yr achubiaeth oedd i'w rhoi yn rhodd i chi. Buon nhw'n
edrych yn fanwl i'r cwbl, ond heb ddeall popeth. 11 Roedd yr Ysbryd oedd gyda nhw wedi
dweud wrthyn nhw ymlaen llaw am beth fyddai'r Meseia yn ei ddioddef ac am yr holl bethau
ffantastig fyddai'n digwydd wedyn. Ond beth yn union oedd Ysbryd y Meseia'n cyfeirio
ato? Pryd fyddai'r cwbl yn digwydd? 12 Esboniwyd iddyn nhw fod y pethau hynny ddim yn
mynd i ddigwydd yn eu cyfnod nhw, ond yn y dyfodol, yn ein cyfnod ni. A bellach mae'r
cwbl wedi'i rannu gyda chi gan y rhai sydd wedi dod â'r newyddion da i chi, gyda nerth yr
Ysbryd Glân gafodd ei anfon o'r nefoedd. Mae'r angylion hyd yn oed yn ysu am gael deall
y pethau hyn yn well.

Byddwch yn sanctaidd

13 Felly, byddwch yn barod a gwyliwch sut ydych chi'n ymddwyn. Rhowch eich gobaith
yn llwyr yn y rhodd sy'n dod i chi ar y diwrnod pan fydd Iesu Grist yn dod i'r golwg eto.
14 Byddwch yn ufudd i Dduw am eich bod yn blant iddo. Stopiwch ddilyn y chwantau oedd i'w
gweld ynoch chi cyn i chi ddod i wybod y gwir. 15 Na, rhaid i chi fod yn wahanol. Rhaid i'ch
ymddygiad chi fod yn berffaith lân, yn union fel mae Duw sydd wedi'ch galw chi ato'i hun
yn berffaith lân. 16 Dyna mae'r ysgrifau sanctaidd yn ei dweud: "*Rhaid i chi fod yn sanctaidd
am fy mod i yn sanctaidd.*"
17 Mae Duw yn barnu pawb yn hollol deg ar sail beth maen nhw wedi'i wneud, Felly os dych
chi'n galw Duw yn dad i chi, dylech roi iddo'r parch mae'n ei haeddu a byw fel pobl sydd oddi

---

a 1:2 *glanhau drwy:* Mae'r Groeg yn dweud "taenellu â'i". Mae'n cyfeirio at y ddefod yn yr Hen Destament pan oedd gwaed yr aberth yn cael ei daenellu ar y bobl i'w glanhau nhw o'u pechod – gw. Hebreaid 9:18-21.
1:16 Lefiticus 11:44; 19:2

cartref yn y byd yma. 18Talodd Duw bris uchel i'ch gollwng chi'n rhydd o wagedd y ffordd
o fyw gafodd ei phasio i lawr i chi gan eich hynafiaid. A dim pethau sy'n darfod fel arian ac
aur gafodd eu defnyddio i dalu'r pris hwnnw, 19ond rhywbeth llawer mwy gwerthfawr – gwaed
y Meseia, oen perffaith Duw oedd heb unrhyw nam arno. 20Roedd Duw wedi'i apwyntio cyn
i'r byd gael ei greu, ond nawr yn y cyfnod olaf hwn daeth i'r byd a chael ei weld gan bobl.
Gwnaeth hyn er eich mwyn chi. 21Drwy beth wnaeth e, dych chi wedi dod i gredu yn Nuw.
Am fod Duw wedi'i godi yn ôl yn fyw a'i anrhydeddu, dych chi'n gallu trystio Duw yn llwyr,
a rhoi'ch gobaith ynddo.

22Am eich bod chi bellach yn dilyn y gwir,[b] dych chi wedi cael eich gwneud yn lân ac yn
dangos gofal go iawn am eich gilydd. Felly daliwch ati i garu eich gilydd, a hynny o waelod
calon. 23Wedi'r cwbl, dych chi wedi cael eich geni o'r newydd! Mae'r bywyd dych chi
wedi'i dderbyn gan eich rhieni yn rhywbeth sy'n darfod, ond mae'r bywyd newydd yn para
am byth. Mae neges Duw wedi'i phlannu ynoch chi, ac mae hi'n neges sy'n rhoi bywyd ac
sy'n aros am byth. 24Achos,

"Mae pobl feidrol fel glaswellt,
a'u holl harddwch fel blodyn gwyllt –
mae'r glaswellt yn gwywo a'r blodyn yn syrthio,
25 *ond mae neges yr Arglwydd yn aros am byth."*

A'r neges yna ydy'r newyddion da gafodd ei bregethu i chi.

2 Felly, rhaid i chi gael gwared â phopeth drwg o'ch bywydau – pob twyll, balchder
dauwynebog, cenfigennu wrth eraill ac enllibio pobl. 2Yn lle gadael i bethau felly eich
rheoli chi dylech chi fod yn crefu am y llaeth ysbrydol pur fydd yn gwneud i chi dyfu yn eich
ffydd. 3*Gan eich bod chi eisoes wedi cael blas ar mor dda ydy'r Arglwydd,* dylech fod yr un
fath â babi bach newydd ei eni sydd eisiau dim byd arall ond llaeth ei fam.

Y garreg sylfaen fyw a'r bobl sydd wedi'u dewis

4Mae'r Arglwydd fel carreg sylfaen, ond un sy'n fyw. Dyma'r garreg gafodd ei gwrthod
gan bobl, ond roedd wedi'i dewis gan Dduw ac yn werthfawr iawn yn ei olwg. Felly wrth
i chi glosio at yr Arglwydd 5dych chi fel cerrig sy'n fyw ac yn anadlu, ac mae Duw yn eich
defnyddio chi i adeiladu ei 'deml' ysbrydol. A chi hefyd ydy'r offeiriaid sydd wedi cael eich
dewis i gyflwyno aberthau ysbrydol i Dduw. Aberthau sy'n dderbyniol o achos beth wnaeth
Iesu Grist. 6Dyma pam mae'r ysgrifau sanctaidd yn dweud fel hyn:

"Edrychwch! Dw i'n gosod yn Jerwsalem
garreg sylfaen werthfawr sydd wedi'i dewis gen i.
Fydd y sawl sy'n credu ynddo byth yn cael ei siomi."

7Ydy, mae'r garreg yma'n werthfawr yn eich golwg chi sy'n credu. Ond i'r rhai sy'n gwrthod
credu:

"Mae'r garreg wrthododd yr adeiladwyr
wedi cael ei gwneud yn garreg sylfaen,"

8Hon hefyd ydy'r

"garreg sy'n baglu pobl
a chraig sy'n gwneud iddyn nhw syrthio."

Y rhai sy'n gwrthod gwneud beth mae Duw'n ei ddweud sy'n baglu. Dyna'n union oedd
wedi'i drefnu ar eu cyfer nhw.

9Ond dych chi'n bobl sydd wedi'ch dewis yn offeiriaid i wasanaethu'r Brenin, yn genedl
sanctaidd, yn bobl sy'n perthyn i Dduw. Eich lle chi ydy dangos i eraill mor wych ydy Duw, yr
Un alwodd chi allan o'r tywyllwch i mewn i'w olau bendigedig.

---

b 1:22 *dilyn y gwir:* Mae rhai llawysgrifau yn ychwanegu *yn nerth yr Ysbryd.*
1:24,25 Eseia 40:6,8 (LXX) 2:3 Salm 34:8 2:6 Eseia 28:16 (LXX) 2:7 Salm 118:22 2:8 Eseia 8:14
2:9 adlais o Exodus 19:5-6 ac Eseia 43:20-21 (LXX) (cf. Deuteronomium 7:6; 10:15; Eseia 61:6; Malachi 3:17)

10 *Ar un adeg doeddech chi'n neb o bwys,*
ond bellach chi ydy pobl Dduw.
Ar un adeg doeddech chi ddim wedi profi trugaredd Duw,
ond bellach dych wedi profi ei drugaredd.

11 Ffrindiau annwyl, *dim y byd yma ydy'ch cartref chi. Dych chi fel pobl ddieithr yma.* Felly
dw i'n apelio arnoch chi i wrthod gwneud beth mae'r chwantau naturiol am i chi ei wneud.
Maen nhw'n brwydro yn erbyn beth sydd orau i ni. 12 Dylech chi fyw bywydau da. Wedyn fydd
pobl sydd ddim yn credu ddim yn gallu'ch cyhuddo chi o wneud drwg. Yn lle gwneud hynny
byddan nhw'n gweld y pethau da dych chi'n eu gwneud ac yn dod i gredu. Byddan nhw'n
canmol Duw ar y diwrnod hwnnw pan fydd yn dod atyn nhw.

Ymostwng i lywodraethwyr a meistri

13 Dylech chi ddangos parch at bobl eraill, yn union fel y gwnaeth yr Arglwydd ei hun.
Mae hyn yn cynnwys yr ymerawdwr sy'n teyrnasu dros y cwbl, 14 a'r llywodraethwyr sydd
wedi'u penodi ganddo i gosbi pobl sy'n gwneud drwg ac i ganmol y rhai sy'n gwneud da.
15 (Mae Duw eisiau i chi wneud daioni i gau cegau'r bobl ffôl sy'n deall dim.) 16 Dych chi'n
rhydd, ond peidiwch defnyddio'ch rhyddid fel esgus i wneud drygioni. Dylech chi, sydd ddim
ond yn gwasanaethu Duw, 17 ddangos parch at bawb, caru eich cyd-Gristnogion, ofni Duw
a pharchu'r ymerawdwr.

18 Dylech chi sy'n gaethweision barchu eich meistri – nid dim ond os ydyn nhw'n feistri
da a charedig, ond hyd yn oed os ydyn nhw'n greulon. 19 Mae'n plesio Duw pan dych chi'n
penderfynu bod yn barod i ddioddef hyd yn oed pan dych chi'n cael eich cam-drin. 20 Does
dim rheswm i ganmol rhywun am fodloni cael ei gosbi os ydy e wedi gwneud drwg. Ond os
ydych chi'n fodlon dioddef er eich bod chi wedi gwneud y peth iawn, mae hynny'n plesio
Duw. 21 Dyna mae Duw wedi'ch galw chi i'w wneud. A'r esiampl i chi ei dilyn ydy'r Meseia
yn dioddef yn eich lle chi:

22 *"Wnaeth e ddim pechu,*
a wnaeth e ddim twyllo neb."

23 Wnaeth e ddim ateb yn ôl pan oedd pobl yn ei regi a'i sarhau e; wnaeth e ddim bygwth
unrhyw un pan oedd e'n dioddef. Yn lle hynny, gadawodd y mater yn nwylo Duw sydd bob
amser yn barnu'n deg. 24 *Cariodd ein pechodau* ni yn ei gorff ar y pren, er mwyn i ni, a'n
pechodau wedi mynd, allu byw i wneud beth sy'n iawn. *Dych chi wedi cael eich iacháu am*
ei fod e wedi'i glwyfo! 25 Roeddech chi'n arfer bod *fel defaid wedi mynd ar goll,* ond dych chi
bellach wedi dod yn ôl at y Bugail sy'n gofalu amdanoch chi.

Gwragedd a Gwŷr

3 Dyna'n union sut dylech chi'r gwragedd priod ymostwng i'ch gwŷr. Wedyn bydd
y dynion hynny sy'n gwrthod credu neges Duw yn cael eu hennill gan y ffordd dych
chi'n ymddwyn, heb i chi orfod dweud gair. 2 Byddan nhw'n dod i gredu wrth weld eich
bywydau duwiol a glân chi. 3 Dim y colur ar y tu allan sy'n eich gwneud chi'n ddeniadol, na
phethau fel steil gwallt, tlysau aur a dillad ffasiynol. 4 Beth sy'n bwysig ydy'r hyn ydych chi'r
tu mewn – y math o harddwch fydd byth yn diflannu, sef ysbryd addfwyn a thawel. Dyna beth
sy'n werthfawr yng ngolwg Duw. 5 Dyna sut roedd gwragedd duwiol y gorffennol yn gwneud
eu hunain yn hardd. Roedd eu gobaith nhw yn Nuw ac roedden nhw'n ymostwng i'w gwŷr.
6 Roedd Sara, er enghraifft, yn ufudd i Abraham (ac yn ei alw'n 'meistr'). Dych chi i fod yr un
fath â hi, felly gwnewch ddaioni a pheidiwch bod ofn dim byd.

7 Agwedd felly ddylai fod gynnoch chi wŷr hefyd. Dylech feddwl bob amser am les eich
gwragedd, a'u parchu nhw a gofalu amdanyn nhw. Y wraig ydy'r partner gwannaf yn gorfforol,

---

2:10 Hosea 2:23 2:11 cyfeiriad at Salm 39:12 (cf. Genesis 23:4; 47:9; 1 Cronicl 29:15) 2:22 Eseia 53:9
2:24 Eseia 53:4,12 2:24 Eseia 53:5 2:25 Eseia 53:6 3:6 cyfeiriad at Genesis 18:12 (LXX)

ond mae'n rhaid cofio eich bod chi'ch dau yn rhannu'r bywyd mae Duw wedi'i roi mor hael.
Os na wnewch chi hyn fydd Duw ddim yn gwrando ar eich gweddïau chi.

Dioddef am wneud daioni

8 Ac yn olaf, dylai pob un ohonoch chi ddysgu dod ymlaen gyda'ch gilydd. Dylech
gydymdeimlo â'ch gilydd, dangos gofal go iawn am eich gilydd, a bod yn dyner ac yn
ostyngedig yn eich perthynas â'ch gilydd. 9 Peidiwch talu'r pwyth yn ôl drwy enllibio rhywun
am eu bod nhw wedi'ch enllibio chi. Yn lle hynny, bendithiwch nhw! Dyna mae Duw am i chi
ei wneud, a bydd e wedyn yn eich bendithio chi. 10 Dyna mae'r ysgrifau sanctaidd yn ei dweud:

"Os dych chi am fwynhau bywyd a gweld dyddiau da,
rhaid i chi reoli'ch tafod.
Dweud dim byd cas am neb,
a stopio twyllo.
11 *Trowch gefn ar ddrygioni a gwneud daioni;*
gwnewch eich gorau i gael perthynas dda gyda phawb.
12 *Mae'r Arglwydd yn gofalu am y rhai sy'n gwneud beth sy'n iawn*
ac yn gwrando'n astud ar eu gweddïau nhw;
ond mae e yn erbyn y rhai sy'n gwneud drygioni."

13 Does neb yn gallu gwneud niwed go iawn i chi os dych chi'n frwd i wneud daioni. 14 Hyd
yn oed os bydd rhaid i chi ddioddef am wneud beth sy'n iawn, cewch eich bendithio'n fawr
gan Dduw.

"Peidiwch eu hofni nhw a pheidiwch poeni."

15 Addolwch y Meseia â'ch holl galon, a'i gydnabod e'n Arglwydd ar eich bywydau. Byddwch
barod bob amser i roi ateb i bwy bynnag sy'n gofyn i chi esbonio beth ydy'r gobaith sydd
gynnoch chi. 16 Ond byddwch yn garedig wrth wneud hynny, a dangos y parch fyddai Duw am
i chi ei ddangos atyn nhw. Peidiwch gwneud dim fydd gynnoch chi gywilydd ohono. Wedyn
bydd y rhai hynny sy'n siarad yn eich erbyn chi yn cael eu cywilyddio am eich bod chi'n byw
bywydau mor dda fel Cristnogion. 17 Os oes rhaid dioddef o gwbl, mae'n well dioddef am
wneud pethau da na chael eich cosbi gan Dduw am wneud pethau drwg. 18 Roedd y Meseia
wedi dioddef drwy farw dros bechodau un waith ac am byth, er mwyn dod â chi at Dduw. Ie,
yr un wnaeth bopeth yn iawn yn marw dros y rhai wnaeth bopeth o'i le! Cafodd ei ladd yn
gorfforol, ond daeth yr Ysbryd ag e yn ôl yn fyw. 19 Ac yn nerth yr un Ysbryd aeth i gyhoeddi ei
fuddugoliaeth i'r ysbrydion yn eu cyrchfan. 20 Roedd rhai yn anufudd ers talwm, pan oedd Duw
yn disgwyl yn amyneddgar, a Noa yn adeiladu'r llong fawr, sef yr arch. A chriw bach o bobl
gafodd eu hachub rhag boddi yn y dŵr (wyth i fod yn fanwl gywir). 21 Ac mae bedydd, sy'n
cyfateb i hynny, yn eich achub chi. Dim bod y ddefod ei hun yn gwneud rhywun yn lân, ond bod
rhywun yn onest ac yn ddidwyll yn ymrwymo i ddilyn Duw. Mae dŵr y bedydd yn achub am fod
Iesu, y Meseia, wedi'i godi yn ôl yn fyw. 22 Ac mae e bellach *yn y sedd anrhydedd ar ochr dde
Duw yn y nefoedd*, gyda'r angylion a'r awdurdodau a'r pwerau ysbrydol i gyd yn plygu iddo.

Byw i Dduw

4 Felly, am fod y Meseia wedi dioddef yn gorfforol, byddwch chithau'n barod i wneud yr
un peth. Mae'r rhai hynny sy'n barod i ddioddef yn gorfforol wedi troi cefn ar bechod.
2 Yn lle byw gweddill eich bywydau yn ceisio bodloni eich chwantau dynol, gwnewch beth
mae Duw eisiau. 3 Dych chi wedi treulio digon o amser yn y gorffennol yn gwneud beth mae'r
paganiaid yn mwynhau ei wneud – byw'n anfoesol yn rhywiol a gadael i'r chwantau gael
penrhyddid, meddwi a slotian yfed mewn partïon gwyllt, a phopeth ffiaidd arall sy'n digwydd
wrth addoli eilun-dduwiau. 4 Maen nhw bellach yn meddwl ei bod yn rhyfedd iawn eich bod

3:10-12 Salm 34:12-16 (LXX) 3:14 cyfeiriad at Eseia 8:12-13 3:20 cyfeiriad at Genesis 6:1 – 7:24
3:22 cyfeiriad at Salm 110:1

chi ddim yn dal i ymuno gyda nhw nac yn cael eich cario gyda'r llif i'r math yna o fywyd ofer.
Felly maen nhw'n eich rhegi a'ch enllibio chi. 5Ond bydd rhaid iddyn nhw wynebu Duw, yr un
sy'n mynd i farnu pawb sy'n fyw a phawb sydd wedi marw. 6(Dyna pam y cafodd y newyddion
da ei gyhoeddi i'r rhai sydd wedi marw. Er eu bod nhw wedi'u cosbi yn y bywyd hwn ac wedi
marw fel pawb arall, byddan nhw'n cael byw gyda Duw drwy'r Ysbryd!)
7Bydd popeth yn dod i ben yn fuan. Felly cadwch eich meddwl yn glir ac yn effro wrth
weddïo. 8Yn bwysicach na dim, daliwch ati i ddangos cariad dwfn at eich gilydd, am fod *cariad
yn maddau lot fawr o bechodau.* 9Agorwch eich cartrefi i'ch gilydd – bod yn groesawgar,
a pheidio cwyno. 10Mae Duw yn ei haelioni wedi rhannu rhyw ddawn neu'i gilydd i bob un
ohonoch, a dylech wneud defnydd da ohoni drwy wasanaethu pobl eraill. 11Dylai pwy bynnag
sy'n siarad yn yr eglwys ddweud beth mae Duw am iddo'i ddweud. Dylai pwy bynnag sy'n
gwasanaethu pobl eraill wneud hynny gyda'r nerth mae Duw yn ei roi. Wedyn bydd Duw
yn cael ei ganmol a'i addoli drwy'r cwbl, o achos beth wnaeth Iesu Grist. Ie, fe sydd biau'r
anrhydedd i gyd, a'r grym hefyd, a hynny am byth! Amen!

Dioddef am eich bod yn Gristion

12Ffrindiau annwyl, peidiwch synnu eich bod chi'n mynd drwy'r ffwrn dân ar hyn o bryd,
fel petai rhywbeth annisgwyl yn digwydd i chi. 13Dylech chi fod yn hapus am eich bod yn
cael dioddef fel y gwnaeth y Meseia. Pan fydd e'n dod i'r golwg eto yn ei holl ysblander
cewch brofi llawenydd cwbl wefreiddiol. 14Mae'n fendith fawr i chi gael eich sarhau am
eich bod yn dilyn y Meseia, am ei fod yn dangos fod Ysbryd yr Un gogoneddus, sef *Ysbryd
Duw, yn gorffwys* arnoch chi. 15Ddylai neb ohonoch chi ddioddef am fod yn llofrudd neu'n
lleidr neu am gyflawni rhyw drosedd arall – na hyd yn oed am fusnesa. 16Ond peidiwch bod
â chywilydd os ydych chi'n dioddef am fod yn Gristion – dylech ganmol Duw am i chi gael
y fraint o'i gynrychioli. 17Mae'n bryd i'r farn ddechrau, a phobl Dduw ydy'r rhai cyntaf i gael
eu barnu. Ac os ydyn ni'n cael ein barnu gyntaf, beth fydd yn digwydd i'r rhai hynny sydd
ddim yn ufudd i newyddion da Duw? 18Fel mae'r ysgrifau sanctaidd yn dweud:

> *"Os mai o drwch blewyn mae'r rhai sy'n gwneud beth sy'n iawn yn dianc*
> *beth ddaw o bobl annuwiol sy'n anufudd i Dduw?"*

19Felly, os dych chi'n dioddef am mai dyna ewyllys Duw, dylech ymddiried eich hunain
i ofal y Duw ffyddlon wnaeth eich creu chi, a dal ati i wneud daioni.

At arweinwyr yr eglwys a'r rhai ifanc

5 Gair i chi sy'n arweinwyr yn yr eglwys. (Dw i am eich annog chi fel un sy'n arweinydd fy
hun, ac a welodd y Meseia'n dioddef. Bydda i hefyd yn rhannu ei ysblander pan ddaw
i'r golwg!): 2Gofalwch am bobl Dduw fel mae bugeiliaid yn gofalu am eu praidd. Gwnewch
hynny'n frwd, dim am eich bod chi'n cael eich gorfodi i wneud, ond am mai dyna mae Duw
eisiau. Ddim er mwyn gwneud arian, ond am eich bod yn awyddus i wasanaethu. 3Peidiwch
ei lordio hi dros y bobl sy'n eich gofal chi, ond eu harwain drwy fod yn esiampl dda iddyn
nhw. 4Wedyn pan fydd y Meseia, y Pen Bugail, yn dod yn ôl, cewch wobr fydd byth yn dod
i ben: coron hardd sydd byth yn gwywo.
5Ac wedyn chi'r rhai ifanc. Dylech chi fod yn atebol i'r arweinwyr hŷn. Dylai pob un ohonoch
chi edrych ar ôl eich gilydd yn wylaidd. Fel mae'r ysgrifau sanctaidd yn dweud:

> *"Mae Duw yn gwrthwynebu pobl falch*
> *ond mae'n hael at y rhai gostyngedig."*

6Os wnewch chi blygu i awdurdod Duw a chydnabod eich angen, pan ddaw'r amser bydd
e'n eich anrhydeddu chi. 7Rhowch y pethau dych chi'n poeni amdanyn nhw iddo fe, achos
mae e'n gofalu amdanoch chi.

4:8 Dywediad yn seiliedig ar Diarhebion 10:12 4:14 adlais o Eseia 11:2 4:18 Diarhebion 11:31 (LXX)
5:5 Diarhebion 3:34 (LXX)

[8]Gwyliwch eich hunain! Byddwch yn effro! Mae'ch gelyn chi, y diafol, yn prowla o gwmpas
fel llew yn rhuo ac yn edrych am rywun i'w lyncu. [9]Safwch yn ei erbyn, a dal gafael yn beth
dych chi'n ei gredu. Cofiwch fod eich cyd-Gristnogion drwy'r byd i gyd yn dioddef yr un fath.
[10]Ond does ond rhaid i chi ddioddef am ychydig. Mae Duw, sydd mor anhygoel o hael, yn
eich galw chi sy'n perthyn i'r Meseia i rannu ei ysblander tragwyddol. Bydd yn eich adfer
chi, a'ch cryfhau chi, a'ch gwneud chi'n gadarn a sefydlog. [11]Fe sydd biau'r grym i gyd, am
byth! Amen!

Cyfarchion i gloi

[12]Dw i'n anfon y llythyr byr yma atoch chi drwy law Silas[c] (un dw i'n ei ystyried yn frawd
ffyddlon). Dw i wedi ceisio'ch annog chi, a thystio fod beth dw i wedi ysgrifennu amdano yn
dangos haelioni gwirioneddol Duw. Felly safwch yn gadarn.
[13]Mae'r gynulleidfa o bobl mae Duw wedi'u dewis yma yn Rhufain[ch] yn anfon eu cyfarchion
atoch chi. Ac mae Marc, sydd fel mab i mi, yn cofio atoch chi hefyd. [14]Cyfarchwch eich gilydd
mewn ffordd sy'n dangos cariad go iawn. Dw i'n gweddïo y bydd pob un ohonoch chi sy'n
perthyn i'r Meseia yn profi ei heddwch dwfn.

c 5:12 *Silas:* Groeg, *Silfanos*, sef ffurf arall i'r un enw. ch 5:13 *Rhufain:* Groeg, "Babilon" (oedd yn llysenw am ddinas Rhufain).

2 Pedr

1 Llythyr gan Simon Pedr, gwas a chynrychiolydd personol Iesu Grist,
At y rhai sydd â ffydd yr un mor werthfawr â ni. Dydy Iesu Grist, ein Duw a'n Hachubwr
ni, ddim yn rhoi ffafriaeth i neb:
2 Dw i'n gweddïo y bydd Duw yn tywallt ei haelioni rhyfeddol a'i heddwch dwfn arnoch
chi wrth i chi ddod i nabod Duw a Iesu ein Harglwydd yn well.

Gwneud yn siŵr eich bod wedi'ch galw a'ch dewis

3 Wrth ddod i nabod Iesu Grist yn well, mae ei nerth dwyfol yn rhoi i ni bopeth sydd ei
angen i fyw fel mae Duw eisiau i ni fyw. Mae wedi'n galw ni i berthynas gydag e'i hun, i ni
rannu ei ysblander a phrofi ei ddaioni. 4 A thrwy hyn i gyd mae wedi addo cymaint o bethau
mawr a gwerthfawr i ni. Y pethau yma sy'n eich galluogi chi i rannu ym mywyd anfarwol
y natur ddwyfol. Dych chi'n osgoi'r dirywiad moesol sydd wedi lledu drwy'r byd o ganlyniad
i chwantau pechadurus.
5 Dyma'n union pam ddylech chi wneud popeth posib i sicrhau fod daioni yn nodweddu
eich cred. Wedyn dylai'r pethau yma ddilyn yn eu tro: doethineb ymarferol, 6 hunanreolaeth,
dycnwch, byw fel mae Duw am i chi fyw, 7 dangos gofal go iawn am eich gilydd, a chariad
cwbl ddiamod. 8 Os ydy'r pethau yma i'w gweld yn eich bywyd chi fwyfwy bob dydd, byddwch
chi'n tyfu ac yn aeddfedu fel pobl sy'n nabod ein Harglwydd Iesu Grist. 9 Mae'r rhai sydd heb
y pethau yma yn eu bywydau mor fyr eu golwg maen nhw'n ddall! Maen nhw wedi anghofio'r
newid ddigwyddodd pan gawson nhw eu glanhau o bechodau'r gorffennol.
10 Felly, frodyr a chwiorydd, gwnewch eich gorau glas i wneud yn hollol siŵr fod Duw wir
wedi'ch galw chi a'ch dewis chi. Dych chi'n siŵr o gyrraedd y nod os gwnewch chi'r pethau
hyn, 11 a chewch groeso mawr i mewn i ble mae ein Harglwydd a'n Hachubwr Iesu Grist yn
teyrnasu am byth.

Proffwydoliaeth yn yr ysgrifau sanctaidd

12 Felly dw i'n mynd i ddal ati drwy'r adeg i'ch atgoffa chi o'r pethau yma. Dych chi'n
eu gwybod eisoes, ac mae gynnoch chi afael cadarn yn y gwirionedd. 13 Ond dw i'n teimlo
cyfrifoldeb i ddal ati i'ch atgoffa chi tra dw i'n dal yn fyw. 14 Dw i'n gwybod fod fy amser i yn
y corff yma ar fin dod i ben. Mae'r Arglwydd Iesu Grist wedi dangos hynny'n ddigon clir i mi.
15 Felly dw i eisiau gwneud yn siŵr y byddwch chi'n dal i gofio'r pethau yma ar ôl i mi farw.
16 Dim dilyn rhyw straeon dychmygol clyfar oedden ni pan ddwedon ni wrthoch chi fod
yr Arglwydd Iesu Grist yn mynd i ddod yn ôl eto gyda grym. Dim o gwbl! Roedden ni'n
llygad-dystion i'w fawrhydi! 17 Gwelon ni e'n cael ei anrhydeddu a'i ganmol gan Dduw y Tad.
Daeth llais oddi wrth y Gogoniant Mawr yn dweud, *"Fy mab annwyl i ydy hwn; mae e wedi
fy mhlesio i'n llwyr"*. 18 Clywon ni'r llais hwn yn dod o'r nefoedd pan oedden ni gydag e ar
ben y mynydd sanctaidd.
19 A dŷn ni'n rhoi pwys mawr ar neges y proffwydi hefyd. Byddai'n beth da i chithau dalu
sylw i'r neges honno. Mae fel lamp sy'n goleuo rhywle tywyll nes i'r dydd wawrio ac i 'seren
y bore' godi i oleuo eich meddyliau chi. 20 Mae'n hynod o bwysig i chi ddeall hyn – mai dim
syniadau'r proffwyd ei hun ydy'r negeseuon sydd yn yr ysgrifau sanctaidd. 21 Dim y proffwyd
ei hun oedd yn penderfynu ei fod am ddweud rhywbeth. Er mai pobl oedd yn gwneud y siarad,
yr Ysbryd Glân oedd yn eu cymell nhw i siarad. Roedden nhw'n dweud beth oedd Duw am
iddyn nhw ei ddweud.

1:17,18 Mathew 17:5 (cf. Salm 2:7; Eseia 2:41)

Dinistr athrawon ffals

2 Ond roedd proffwydi ffals hefyd yn Israel bryd hynny, a bydd athrawon ffals yn codi yn
eich plith chithau. Byddan nhw'n sleifio i mewn gyda heresïau sy'n arwain i ddinistr.
A hyd yn oed yn mynd mor bell a gwadu awdurdod y Meistr brynodd ryddid iddyn nhw oddi
wrth bechod! Byddan nhw'n dwyn dinistr arnyn nhw eu hunain yn fuan iawn. [2]Bydd llawer
o bobl yn eu dilyn ac yn rhoi penrhyddid llwyr i'w chwantau rhywiol. Bydd y wir ffordd at
Dduw yn cael enw drwg ganddyn nhw. [3]Byddan nhw'n ceisio manteisio arnoch chi a chael
eich arian chi drwy adrodd straeon celwyddog. Maen nhw wedi cael eu dedfrydu i gael eu
cosbi ers amser maith, a dydy'r ddedfryd ddim wedi'i hanghofio. Mae'r dinistr sy'n dod
arnyn nhw ar ei ffordd!

[4]Wnaeth Duw ddim hyd yn oed arbed yr angylion oedd yn euog o bechu yn ei erbyn.
Anfonodd nhw i uffern, a'u rhwymo yn nhywyllwch dudew y byd tanddaearol i ddisgwyl
cael eu cosbi. [5]Wnaeth e ddim arbed yr hen fyd chwaith. Anfonodd lifogydd y dilyw i foddi'r
byd oedd yn llawn o bobl oedd yn tynnu'n groes iddo. Dim ond Noa a saith aelod o'i deulu
gafodd eu harbed. Noa oedd yr unig un oedd yn galw ar bobl i fyw yn ufudd i Dduw. [6]Wedyn
cafodd trefi Sodom a Gomorra eu llosgi'n ulw,[a] a'u gwneud yn esiampl o beth sy'n mynd
i ddigwydd i bobl annuwiol. [7]Ond cafodd Lot ei achub o Gomorra am ei fod e'n ddyn oedd
yn gwneud beth oedd yn iawn. Roedd yn torri ei galon wrth weld ymddygiad diegwyddor
a phenrhyddid llwyr pobl o'i gwmpas. [8]Roedd Lot yn ceisio gwneud beth oedd yn iawn yng
ngolwg Duw. Roedd yn cael ei boeni'n enbyd gan y pethau ofnadwy roedd yn ei weld ac yn
ei glywed o'i gwmpas. [9]Felly mae'r Arglwydd yn gwybod yn iawn sut i achub pobl dduwiol
o ganol eu treialon. Ond mae'n cadw pobl ddrwg i'w cosbi pan ddaw dydd y farn.

[10]Mae Duw yn arbennig o llym wrth gosbi'r rhai hynny sy'n gwneud dim ond dilyn eu
chwantau. Pobl sy'n gadael i'w natur bechadurus lygredig reoli eu bywydau, ac sy'n wfftio
awdurdod yr Arglwydd. Maen nhw mor haerllug ac mor siŵr ohonyn nhw eu hunain does
ganddyn nhw ddim ofn enllibio'r diafol a'i angylion. [11]Dydy hyd yn oed angylion Duw, sy'n
llawer cryfach a mwy pwerus na nhw, ddim yn eu henllibio nhw wrth eu cyhuddo o flaen Duw.

[12]Ond mae'r bobl yma fel anifeiliaid direswm yn dilyn eu greddfau. Maen nhw'n enllibio
pethau dŷn nhw ddim yn eu deall. A byddan nhw hefyd yn cael eu dal a'u dinistrio yn
y diwedd. [13]Byddan nhw'n cael eu talu yn ôl am y drwg maen nhw wedi'i wneud! Eu syniad
nhw o hwyl ydy rhialtwch gwyllt yng ngolau dydd. Maen nhw fel staen ar eich cymdeithas
chi, yn ymgolli yn eu pleserau gwag wrth eistedd i wledda gyda chi. [14]Rhyw ydy'r unig beth
sydd ar eu meddyliau nhw wrth edrych ar wragedd, ac maen nhw o hyd ac o hyd yn edrych
am gyfle i bechu. Maen nhw'n taflu abwyd i ddal y rhai sy'n hawdd i'w camarwain. Maen
nhw'n arbenigwyr ar gymryd mantais o bobl. Byddan nhw'n cael eu melltithio! [15]Maen nhw
wedi crwydro oddi ar y ffordd iawn a dilyn esiampl Balaam fab Beor[b] oedd wrth ei fodd yn
cael ei dalu am wneud drwg. [16]Ond wedyn cafodd ei geryddu am hynny gan asyn! – anifail
mud yn siarad gyda llais dynol ac yn achub y proffwyd rhag gwneud peth hollol wallgof!

[17]Mae'r bobl yma fel ffynhonnau heb ddŵr ynddyn nhw! Cymylau sy'n cael eu chwythu
i ffwrdd gan gorwynt! Mae'r tywyllwch dudew yn barod i'w llyncu nhw! [18]Mae eu geiriau
gwag nhw a'u brolio di-baid, a'r penrhyddid rhywiol fel abwyd yn denu pobl – a'r bobl hynny
ddim ond newydd lwyddo i ddianc o'r math o fywyd mae'r paganiaid yn ei fyw. [19]Maen nhw'n
addo rhyddid i bobl, ond maen nhw eu hunain yn gaeth i bethau sy'n arwain i ddinistr! –
achos "mae rhywun yn gaeth i beth bynnag sydd wedi'i drechu." [20]Os ydy pobl wedi dianc
o'r bywyd aflan sydd yn y byd drwy ddod i nabod ein Harglwydd a'n Hachubwr Iesu Grist,
ac wedyn yn cael eu dal a'u rheoli gan yr un pethau eto, "maen nhw mewn gwaeth cyflwr

---

a 2:6 *Sodom a Gomorra:* Pan oedd Abraham yn fyw, dyma Duw yn dinistrio'r trefi yma am fod y bobl mor ddrwg – gw. Genesis 19:24. b 2:15 *Balaam fab Beor:* Mae'r hanes beiblaidd yn dweud fod Balaam wedi gwrthod melltithio pobl Israel am arian (gw. Numeri 22:18; 24:13), ond roedd athrawon Iddewig yn dysgu fod Balaam wedi derbyn arian.

2:5 cyfeiriad at Genesis 6:1 – 7:24

yn y diwedd nag oedden nhw ar y dechrau!" [21] Byddai'n well iddyn nhw beidio gwybod
o gwbl am y ffordd iawn, na bod wedi dod o hyd i'r ffordd honno ac wedyn troi'u cefnau ar
y ddysgeidiaeth dda gafodd ei basio ymlaen iddyn nhw. [22] Mae'r hen ddihareb yn wir!: "*Mae
ci'n mynd yn ôl at ei chwŷd.*"
Ydy, "*Mae hwch, ar ôl ymolchi, yn mynd yn ôl i orweddian yn y mwd.*"[c]

Dydd yr Arglwydd

3 Ffrindiau annwyl, hwn ydy'r ail lythyr i mi ei ysgrifennu atoch chi. Yn hwn fel yn y llall
dw i wedi ceisio'ch annog chi i gadw'ch meddyliau yn lân. [2] Dw i eisiau i chi gofio beth
ddwedodd y proffwydi sanctaidd yn y gorffennol. A hefyd beth ddysgodd ein Harglwydd a'n
Hachubwr drwy ei gynrychiolwyr personol, y rhai rannodd y newyddion da gyda chi gyntaf.
[3] Y peth pwysig i'w gofio ydy hyn: Yn y dyddiau olaf bydd rhai yn dod fydd yn 'chwarae
crefydd'. yn dweud beth bynnag maen nhw eisiau ac yn gwneud sbort o'r gwirionedd. [4] Byddan
nhw'n dweud, "Wnaeth e ddim addo dod yn ôl? Ble mae e felly? Er bod y genhedlaeth gyntaf
wedi marw, does dim wir wedi newid – mae bywyd yn mynd yn ei flaen yr un fath ers dechrau'r
byd!" [5] Ond wrth siarad felly maen nhw'n diystyru rhai ffeithiau. Roedd nefoedd a daear yn
bod ymhell bell yn ôl am fod Duw wedi gorchymyn iddyn nhw ffurfio. Daeth y ddaear allan
o ddŵr, a chafodd tir sych ei amgylchynu gan ddŵr. [6] Wedyn defnyddiodd Duw yr un dŵr
i ddod â dinistr i'r byd drwy foddi'r cwbl adeg y dilyw. [7] Ac mae Duw wedi gorchymyn fod
y nefoedd a'r ddaear bresennol wedi'u cadw i fynd drwy dân. Ie, wedi'u cadw ar gyfer dydd
y farn, pan fydd pobl annuwiol yn cael eu dinistrio.
[8] Peidiwch anghofio hyn, ffrindiau annwyl: I'r Arglwydd mae un diwrnod fel mil
o flynyddoedd, a *mil o flynyddoedd fel un diwrnod*. [9] Dydy Duw ddim yn hwyr yn gwneud
beth mae wedi'i addo, fel mae rhai'n meddwl am fod yn hwyr. Bod yn amyneddgar gyda
chi mae e. Does ganddo ddim eisiau i unrhyw un fynd i ddistryw. Mae e am roi cyfle i bawb
newid eu ffyrdd.
[10] Mae dydd yr Arglwydd yn dod. Ond bydd yn dod yn gwbl ddirybudd, fel lleidr. Bydd popeth
yn yr awyr yn diflannu gyda sŵn rhuthr mawr. Bydd yr elfennau yn cael eu dinistrio gan dân,
a phopeth ddigwyddodd ar y ddaear yn dod i'r golwg i gael ei farnu.
[11] Am fod popeth yn mynd i gael ei ddinistrio fel hyn, mae'n amlwg sut bobl ddylen ni fod!
Dylen ni fyw bywydau glân sy'n rhoi Duw yn y canol, [12] ac edrych ymlaen yn frwd i ddiwrnod
Duw ddod. Dyna pryd fydd popeth yn yr awyr yn cael ei ddinistrio gan dân, a'r elfennau yn
toddi yn y gwres. [13] *Ond dŷn ni'n edrych ymlaen at y nefoedd newydd a'r ddaear newydd mae
Duw wedi'i haddo, lle bydd popeth mewn perthynas iawn gydag e.*
[14] Felly, ffrindiau annwyl, gan mai dyna dych chi'n edrych ymlaen ato, gwnewch eich gorau
glas i fyw bywydau sy'n lân a di-fai, ac mewn perthynas iawn gyda Duw. [15] Dylech chi weld
fod amynedd yr Arglwydd yn rhoi cyfle i chi gael eich achub. Dyna'n union ddwedodd ein
brawd annwyl Paul pan ysgrifennodd atoch chi, ac mae Duw wedi rhoi dealltwriaeth arbennig
iddo fe. [16] Mae'n sôn am y pethau hyn i gyd yn ei lythyrau eraill hefyd. Mae rhai pethau yn ei
lythyrau sy'n anodd eu deall. A dyna'r pethau mae pobl sydd heb eu dysgu ac sy'n hawdd
eu camarwain yn eu gwyrdroi, yn union fel gyda'r ysgrifau sanctaidd eraill. Y canlyniad ydy
eu bod nhw'n mynd i ddinistr!
[17] Ond dych chi wedi cael eich rhybuddio, ffrindiau annwyl. Felly gwyliwch rhag cael eich
ysgubo i ffwrdd gan syniadau ffals pobl ddiegwyddor. Dw i ddim am i'ch ffydd gadarn chi
simsanu. [18] Yn lle hynny, dw i am i chi brofi mwy a mwy o ffafr a haelioni ein Harglwydd a'n
Hachubwr Iesu Grist a dod i'w nabod e'n well. Mae e'n haeddu cael ei foli! – yn awr ac ar
y diwrnod pan fydd tragwyddoldeb yn gwawrio! Amen.

---

c 2:22: Dihareb ddwyreiniol wedi'i chadw yn Stori Ahicar.
2:22 Diarhebion 26:11 3:5 gw. Genesis 1:6-9 3:6 gw. Genesis 7:11 3:8 Salm 90:4
3:13 Eseia 65:17; 66:22

1 Ioan

Gair y bywyd

1 Yr un sydd wedi bodoli o'r dechrau cyntaf – dŷn ni wedi'i glywed e a'i weld e. Do, dŷn ni
wedi edrych arno â'n llygaid ein hunain, a'i gyffwrdd â'n dwylo! Gair y bywyd! [2]Daeth
y bywyd ei hun i'r golwg, a dŷn ni wedi'i weld e. Gallwn dystio iddo, a dyma dŷn ni'n ei
gyhoeddi i chi – y bywyd tragwyddol oedd gyda'r Tad ac sydd wedi dangos ei hun i ni. [3]Ydyn,
dŷn ni'n sôn am rywbeth dŷn ni wedi'i weld a'i glywed. Dŷn ni eisiau i chithau brofi'r wefr
gyda ni o rannu yn y berthynas yma gyda Duw y Tad, a gyda'i Fab, Iesu y Meseia. [4]Dŷn ni'n
ysgrifennu hyn er mwyn i ni i gyd fod yn wirioneddol hapus.

Byw yn y golau

[5]Dyma'r neges mae e wedi'i rhoi i ni, a dyma ni nawr yn ei rhannu gyda chi: Golau ydy
Duw; does dim tywyllwch o gwbl ynddo. [6]Felly, os ydyn ni'n honni fod gynnon ni berthynas
gyda Duw ac eto'n dal i fyw fel petaen ni yn y tywyllwch, mae'n amlwg ein bod ni'n dweud
celwydd. Dŷn ni ddim yn byw yn ffyddlon i'r gwir. [7]Ond os ydyn ni'n byw yn y golau, fel
mae Duw yn y golau, dŷn ni'n perthyn i'n gilydd, ac mae gwaed Iesu ei Fab yn ein glanhau
ni o bob pechod.
[8]Os ydyn ni'n honni ein bod ni heb bechod, dŷn ni'n twyllo'n hunain a dydy'r gwir ddim
ynon ni. [9]Ond os gwnawn ni gyffesu ein pechodau, bydd e'n maddau i ni am ein pechodau
ac yn ein glanhau ni oddi wrth bopeth drwg, am ei fod e'n cadw ei air ac yn gwneud beth
sy'n iawn. [10]Os ydyn ni'n honni ein bod ni erioed wedi pechu, dŷn ni'n gwneud Duw yn
gelwyddog, ac mae'n amlwg bod ei neges e'n cael dim lle yn ein bywydau ni.
2 Fy mhlant annwyl, dw i'n ysgrifennu hyn atoch chi er mwyn eich helpu chi i beidio pechu.
Ond os bydd rhywun yn pechu, mae gynnon ni un gyda'r Tad sy'n pledio ar ein rhan ni,
sef Iesu Grist, sy'n berffaith gyfiawn a da. [2]Fe ydy'r aberth wnaeth iawn am ein pechodau
ni, ac nid dim ond ein pechodau ni, ond pechodau'r byd i gyd.
[3]Dyma sut mae bod yn siŵr ein bod ni'n ei nabod e ac yn perthyn iddo – drwy fod yn
ufudd iddo. [4]Mae'r bobl hynny sy'n dweud, "Dw i'n ei nabod e," ond ddim yn gwneud beth
mae e'n ei ddweud yn dweud celwydd, a dŷn nhw ddim yn ffyddlon i'r gwir. [5]Ond os ydy
rhywun yn ufudd i beth mae Duw'n ddweud, mae'n amlwg fod cariad Duw yn llenwi bywyd
y person hwnnw. Dyma sut mae bod yn siŵr ein bod ni'n perthyn iddo: [6]rhaid i bwy bynnag
sy'n honni perthyn iddo fyw fel oedd Iesu'n byw.
[7]Ffrindiau annwyl, dw i ddim yn sôn am ryw orchymyn newydd. Mae'n hen un! Dyma
gafodd ei ddweud o'r dechrau cyntaf. Dyma'r hen orchymyn glywoch chi o'r dechrau. [8]Ac
eto mewn ffordd mae beth dw i'n ysgrifennu amdano yn newydd. Mae i'w weld ym mywyd
Iesu Grist ac ynoch chithau hefyd. Achos mae'r tywyllwch yn diflannu ac mae'r golau go
iawn wedi dechrau disgleirio.
[9]Mae'r rhai sy'n dweud eu bod nhw'n credu'r gwir ond sy'n bod yn gas at frawd neu
chwaer yn dal yn y tywyllwch go iawn. [10]Y rhai sy'n caru eu cyd-Gristnogion sy'n aros yn
y golau, a does dim byd fydd yn gwneud iddyn nhw faglu. [11]Ond mae'r rheiny sy'n gas
at Gristion arall yn y tywyllwch. Ydyn, maen nhw ar goll yn llwyr yn y tywyllwch. Does
ganddyn nhw ddim syniad ble maen nhw'n mynd, am fod y tywyllwch yn eu gwneud nhw'n
gwbl ddall.
[12] Dw i'n ysgrifennu atoch chi, fy mhlant annwyl
am fod eich pechodau chi wedi cael eu maddau
o achos beth wnaeth Iesu.

2:7 Ioan 13:34

13 Dw i'n ysgrifennu atoch chi'r rhai hŷn,
am eich bod chi wedi dod i nabod yr Un
sy'n bodoli o'r dechrau cyntaf.
Dw i'n ysgrifennu atoch chi sy'n ifanc
am eich bod chi wedi ennill y frwydr
yn erbyn yr Un drwg.
Dw i wedi ysgrifennu atoch chi blant,
am eich bod chi wedi dod i nabod y Tad.
14 Dw i wedi ysgrifennu atoch chi rai hŷn,
am eich bod chi wedi dod i nabod yr un
sy'n bodoli o'r dechrau cyntaf.
Dw i wedi ysgrifennu atoch chi'r rhai ifanc
am eich bod chi'n gryf,
am fod neges Duw wedi dod i fyw o'ch mewn chi,
ac am eich bod chi wedi ennill y frwydr
yn erbyn yr un drwg.

Peidiwch caru'r byd a'i bethau

15 Peidiwch caru'r byd a'i bethau. Os dych chi'n caru'r byd, allwch chi ddim bod yn caru'r
Tad hefyd. 16 Y cwbl mae'r byd yn ei gynnig ydy blys am bleserau corfforol, chwant am bethau
materol, a brolio am beth sydd gynnon ni a beth dŷn ni wedi'i gyflawni. O'r byd mae pethau
felly'n dod, ddim oddi wrth y Tad. 17 Mae'r byd hwn a'i chwantau yn dod i ben, ond mae'r
sawl sy'n gwneud beth mae Duw eisiau yn byw am byth.

Rhybudd yn erbyn gelyn y Meseia

18 Blant annwyl, mae'r awr olaf wedi dod. Dych chi wedi clywed fod gelyn y Meseia i ddod,
ac mae llawer sy'n elynion i'r Meseia eisoes wedi dod. Dyna sut dŷn ni'n gwybod fod yr awr
olaf wedi dod. 19 Mae'r bobl yma wedi mynd i ffwrdd oddi wrthon ni; doedden nhw ddim wir
gyda ni yn y lle cyntaf! Petaen nhw gyda ni, bydden nhw wedi aros gyda ni. Mae'r ffaith eu
bod nhw wedi'n gadael ni yn dangos yn glir eu bod nhw ddim gyda ni o gwbl.
20 Ond dych chi'n wahanol – mae'r Un Sanctaidd wedi'ch eneinio chi, a dych chi'n gwybod
beth sy'n wir. 21 Dw i ddim yn ysgrifennu atoch chi am eich bod chi ddim yn gwybod beth
sy'n wir, ond am eich bod chi yn gwybod, ac yn deall fod gan gelwydd ddim byd i'w wneud
â'r gwir. 22 A phwy sy'n dweud celwydd? Dweda i wrthoch chi! – unrhyw un sy'n gwrthod
y ffaith mai Iesu ydy'r Meseia. Gelynion y Meseia ydy pobl felly – pobl sy'n gwrthod y Tad
yn ogystal â'r Mab! 23 Os ydy rhywun yn gwrthod y Mab, dydy'r Tad ddim ganddo chwaith.
Ond pwy bynnag sy'n derbyn y Mab, mae'r Tad ganddo hefyd.
24 Gwnewch yn siŵr eich bod chi'n dal i lynu wrth beth dych chi wedi'i glywed o'r dechrau
cyntaf. Wedyn, bydd eich perthynas chi gyda'r Mab a'r Tad yn sicr. 25 A dyna'n union mae
e wedi'i addo i ni! – bywyd tragwyddol!
26 Dw i'n ysgrifennu hyn atoch chi er mwyn i chi fod yn ymwybodol o'r bobl hynny sydd am
eich camarwain chi. 27 Ond gan eich bod chi wedi cael eich eneinio – ac mae'r Ysbryd a'ch
eneiniodd chi yn aros ynoch chi – does dim angen i neb eich dysgu chi. Mae'r Ysbryd yn dysgu
popeth i chi. Mae ei eneiniad yn real. Does dim byd ffug ynglŷn â'r peth! Felly gwnewch beth
mae'n ei ddweud – glynwch wrth Iesu.

Plant Duw

28 Felly, blant annwyl, glynwch wrth Iesu. Wedyn, pan ddaw yn ôl i'r golwg gallwn fod yn
gwbl hyderus, a heb ddim cywilydd.

29 Dych chi'n gwybod ei fod e'n hollol gyfiawn, felly dylech wybod hefyd fod pawb sy'n
gwneud beth sy'n iawn yn blant iddo.
3 Meddyliwch mor aruthrol fawr ydy'r cariad mae'r Tad wedi'i ddangos aton ni! Dŷn ni'n
cael ein galw'n blant Duw! Ac mae'n berffaith wir! Y rheswm pam dydy'r byd ddim yn
derbyn hynny ydy eu bod nhw ddim wedi nabod y Meseia chwaith. 2 Ffrindiau annwyl, dŷn
ni'n blant Duw nawr! Dŷn ni ddim yn gallu dechrau dychmygu sut fyddwn ni yn y byd sydd
i ddod! Ond dŷn ni'n gwybod gymaint â hyn: pan fydd Iesu'n dod yn ôl i'r golwg byddwn ni'n
debyg iddo. Cawn ei weld e yn ei holl ysblander! 3 Mae pawb sydd â'r gobaith hwn ganddyn
nhw yn eu cadw eu hunain yn lân, fel mae'r Meseia ei hun yn berffaith lân.
4 Mae pawb sy'n pechu yn torri'r Gyfraith; yn wir, gwneud beth sy'n groes i Gyfraith Duw
ydy pechod. 5 Ond dych chi'n gwybod fod Iesu wedi dod er mwyn cymryd ein pechodau ni
i ffwrdd. Does dim pechod o gwbl ynddo fe, 6 felly does neb sy'n byw mewn perthynas ag e yn
dal ati i bechu. Dydy'r rhai sy'n dal ati i bechu ddim wedi'i ddeall na'i nabod e.
7 Blant annwyl, peidiwch gadael i unrhyw un eich camarwain chi. Mae rhywun sy'n gwneud
beth sy'n iawn yn dangos ei fod yn gyfiawn, yn union fel y mae'r Meseia yn gyfiawn. 8 Mae'r
rhai sy'n mynnu pechu yn dod o'r diafol. Dyna mae'r diafol wedi'i wneud o'r dechrau – pechu!
Ond y rheswm pam ddaeth Mab Duw i'r byd oedd i ddinistrio gwaith y diafol. 9 Dydy'r rhai
sydd wedi'u geni'n blant i Dduw ddim yn dal ati i bechu, am fod rhywbeth o natur Duw
wedi'i blannu ynddyn nhw fel hedyn. Dŷn nhw ddim yn gallu dal ati i bechu am eu bod nhw
wedi cael eu geni'n blant i Dduw. 10 Felly mae'n gwbl amlwg pwy sy'n blant i Dduw a phwy
sy'n blant i'r diafol: Dydy'r bobl hynny sydd ddim yn gwneud beth sy'n iawn ddim yn blant
i Dduw – na chwaith y bobl hynny sydd ddim yn caru'r brodyr a'r chwiorydd.

Carwch eich gilydd

11 Dyma'r neges dych chi wedi'i chlywed o'r dechrau cyntaf: Fod yn rhaid i ni garu'n gilydd.
12 Rhaid i ni beidio bod fel Cain, oedd yn perthyn i'r un drwg ac a laddodd ei frawd. A pham
wnaeth e ladd ei frawd? Am fod Cain wedi gwneud drwg, a'i frawd wedi gwneud y peth iawn.
13 Felly, frodyr a chwiorydd, peidiwch synnu os ydy'r byd yn eich casáu chi!
14 Dŷn ni'n caru'n gilydd, ac felly'n gwybod ein bod ni wedi symud o fod yn farw'n ysbrydol
i fod yn fyw'n ysbrydol. Mae unrhyw un sydd ddim yn dangos cariad felly yn dal yn farw'n
ysbrydol. 15 Mae unrhyw un sy'n casáu brawd neu chwaer yn llofrudd, a does gan lofrudd
ddim bywyd tragwyddol.
16 Dyma sut dŷn ni'n gwybod beth ydy cariad go iawn: Rhoddodd Iesu, y Meseia, ei fywyd
yn aberth droson ni. Felly dylen ni aberthu'n hunain dros ein cyd-Gristnogion. 17 Os oes gan
rywun ddigon o arian ac eiddo, ac yn gweld fod brawd neu chwaer mewn angen, ac eto'n
dewis gwneud dim byd i'w helpu nhw, sut allwch chi ddweud fod cariad Duw yn rhywun
felly? 18 Blant annwyl, peidiwch dim ond siarad am gariad, gwnewch rywbeth i ddangos eich
cariad! 19 Dim ond felly mae bod yn siŵr ein bod ni'n perthyn i'r gwir. Dyna'r unig ffordd i gael
tawelwch meddwl pan fyddwn ni'n sefyll o flaen Duw, 20 hyd yn oed os ydyn ni'n teimlo'n
euog a'r gydwybod yn ein condemnio ni. Cofiwch, mae Duw uwchlaw ein cydwybod ni, ac
mae e'n gwybod am bob dim.
21 Ffrindiau annwyl, os ydy'r gydwybod yn glir gallwn sefyll yn hyderus o flaen Duw. 22 Gan
ein bod yn ufudd iddo ac yn gwneud beth sy'n ei blesio, bydd yn rhoi i ni beth bynnag
ofynnwn ni amdano. 23 A dyma'i orchymyn e: ein bod ni i gredu yn enw ei Fab, Iesu y Meseia,
a charu'n gilydd yn union fel y dwedodd wrthon ni. 24 Mae'r rhai sy'n ufudd iddo yn byw
ynddo, ac mae ei fywyd e ynddyn nhw. A dŷn ni'n gwybod fod ei fywyd e ynon ni am ei fod
e wedi rhoi'r Ysbryd i ni.

3:1 Ioan 1:12 3:5 Ioan 1:29 3:11 Ioan 13:34 3:12 cyfeiriad at Genesis 4:8
3:23 Ioan 6:29; 13:34; 15:12,17

Profi'r ysbrydion

4 Ffrindiau annwyl, peidiwch credu pawb sy'n dweud eu bod nhw'n siarad drwy'r Ysbryd.
Rhaid i chi eu profi nhw i weld os ydy beth maen nhw'n ddweud wir yn dod oddi wrth
Dduw. Mae digon o broffwydi ffals o gwmpas. 2 Dyma sut mae nabod y rhai sydd ag Ysbryd
Duw ganddyn nhw: Mae pob un sy'n cyffesu fod y Meseia Iesu wedi dod yn berson real o gig
a gwaed yn dod oddi wrth Dduw. 3 Ond os ydy rhywun yn gwrthod cydnabod hyn am Iesu,
dydy hwnnw ddim yn dod oddi wrth Dduw. Mae'r ysbryd sydd gan y person hwnnw yn dod
oddi wrth elyn y Meseia. Dych chi wedi clywed ei fod yn mynd i ddod. Wel, y gwir ydy, mae
e eisoes ar waith.
4 Ond blant annwyl, dych chi'n perthyn i Dduw. Dych chi eisoes wedi ennill y frwydr yn
erbyn y proffwydi ffals yma, am fod yr Ysbryd sydd ynoch chi yn gryfach o lawer na'r un sydd
yn y byd. 5 I'r byd annuwiol maen nhw'n perthyn, ac maen nhw'n siarad iaith y byd hwnnw,
ac mae pobl y byd yn gwrando arnyn nhw. 6 Ond dŷn ni'n perthyn i Dduw, felly'r rhai sy'n
nabod Duw sy'n gwrando arnon ni. Dydy'r rhai sydd ddim yn perthyn i Dduw ddim yn gwrando
arnon ni. Dyma sut mae gwybod os mai Ysbryd y gwirionedd neu ysbryd twyll sydd gan rywun.

Cariad Duw a'n cariad ni

7 Ffrindiau annwyl, gadewch i ni garu'n gilydd, am fod cariad yn dod oddi wrth Dduw. Mae
pawb sy'n caru fel hyn wedi'i eni'n blentyn i Dduw ac yn nabod Duw. 8 Os ydy'r cariad hwn
ddim gan rywun, dydy'r person hwnnw ddim yn nabod Duw chwaith – am mai cariad ydy
Duw. 9 Dyma sut wnaeth Duw ddangos ei gariad aton ni: anfonodd ei unig Fab i'r byd, er
mwyn i ni gael bywyd drwyddo. 10 Dyma beth ydy cariad: dim y ffaith ein bod ni'n caru Duw,
ond y ffaith ei fod e wedi'n caru ni ac anfon ei Fab yn aberth oedd yn gwneud iawn am ein
pechodau ni. 11 Ffrindiau annwyl, os ydy Duw wedi'n caru ni gymaint â hyn, dylen ninnau
hefyd garu'n gilydd. 12 Does neb erioed wedi gweld Duw; ond os ydyn ni'n caru'n gilydd, mae
Duw yn byw ynon ni ac mae ei gariad yn dod yn real yn ein bywydau ni.
13 Dŷn ni'n gwybod ein bod ni'n byw ynddo fe, a bod ei fywyd e ynon ni, am ei fod yn rhoi
ei Ysbryd i ni. 14 A dŷn ni wedi gweld ac yn gallu tystio fod y Tad wedi anfon ei Fab i achub
y byd. 15 Os ydy rhywun yn cydnabod mai Iesu ydy Mab Duw, mae Duw yn byw ynddyn nhw
a hwythau yn Nuw. 16 Dŷn ni'n gwybod faint mae Duw yn ein caru ni, a dŷn ni'n dibynnu'n
llwyr ar y cariad hwnnw. Cariad ydy Duw. Mae'r rhai sy'n byw yn y cariad yma yn byw yn Nuw,
ac mae Duw yn byw ynddyn nhw. 17 Am fod cariad yn beth real yn ein plith ni, dŷn ni'n gallu
bod yn gwbl hyderus ar y diwrnod pan fydd Duw yn barnu. Dŷn ni'n byw yn y byd yma fel
gwnaeth Iesu Grist fyw. 18 Does dim ofn yn agos at y cariad yma, achos mae cariad perffaith
yn cael gwared ag ofn yn llwyr. Os ydyn ni'n ofnus mae'n dangos ein bod ni'n disgwyl cael
ein cosbi, a'n bod ni ddim wedi cael ein meddiannu'n llwyr gan gariad Duw.
19 Dŷn ni'n caru'n gilydd am ei fod e wedi'n caru ni gyntaf. 20 Pwy bynnag sy'n dweud ei
fod yn caru Duw ac eto ar yr un pryd yn casáu brawd neu chwaer, mae'n dweud celwydd. Os
ydy rhywun ddim yn gallu caru Cristion arall mae'n ei weld, sut mae e'n gallu caru'r Duw
dydy e erioed wedi'i weld? 21 Dyma'r gorchymyn mae Duw wedi'i roi i ni: Rhaid i'r sawl sy'n
ei garu e, garu ei gyd-Gristnogion hefyd.

Credu ym Mab Duw

5 Mae pawb sy'n credu mai Iesu ydy'r Meseia wedi cael eu geni'n blant i Dduw, ac mae
pawb sy'n caru'r Tad yn caru ei blentyn hefyd. 2 Dŷn ni'n gwybod ein bod yn caru plant
Duw os ydyn ni'n caru Duw ac yn gwneud beth mae'n ei ddweud. 3 Mae caru Duw yn golygu
bod yn ufudd iddo, a dydy hynny ddim yn anodd, 4 am fod plant Duw yn ennill y frwydr yn

5:3 Ioan 14:15

erbyn y byd. Credu sy'n rhoi'r fuddugoliaeth yna i ni! 5Pwy sy'n llwyddo i ennill y frwydr yn
erbyn y byd? Dim ond y rhai sy'n credu mai Iesu ydy Mab Duw.
6Iesu Grist – daeth yn amlwg pwy oedd pan gafodd ei fedyddio â dŵr, a phan gollodd ei
waed ar y groes. Nid dim ond y dŵr, ond y dŵr a'r gwaed. Ac mae'r Ysbryd hefyd yn tystio i ni
fod hyn yn wir, am mai'r Ysbryd ydy'r gwir. 7Felly dyna dri sy'n rhoi tystiolaeth: 8yr Ysbryd, dŵr
y bedydd a'r gwaed ar y groes; ac mae'r tri yn cytuno â'i gilydd. 9Dŷn ni'n derbyn tystiolaeth
pobl, ond mae tystiolaeth Duw cymaint gwell! Dyma'r dystiolaeth mae Duw wedi'i roi am
ei Fab! 10Mae pawb sy'n credu ym Mab Duw yn gwybod fod y dystiolaeth yn wir. Ond mae'r
rhai sy'n gwrthod credu Duw yn gwneud Duw ei hun yn gelwyddog, am eu bod wedi gwrthod
credu beth mae Duw wedi'i dystio am ei Fab. 11A dyma'r dystiolaeth: mae Duw wedi rhoi
bywyd tragwyddol i ni, ac mae'r bywyd hwn i'w gael yn ei Fab. 12Felly os ydy'r Mab gan
rywun, mae'r bywyd ganddo; ond does dim bywyd gan y rhai dydy'r Mab ddim ganddyn nhw.

I gloi

13Dw i wedi ysgrifennu hyn i gyd atoch chi sy'n credu ym Mab Duw er mwyn i chi wybod fod
gynnoch chi fywyd tragwyddol. 14Dyma pa mor hyderus gallwn ni fod wrth agosáu at Dduw:
mae e'n gwrando arnon ni os byddwn ni'n gofyn am unrhyw beth sy'n gyson â'i fwriad e.
15Ac os ydyn ni'n gwybod ei fod e'n gwrando arnon ni, dŷn ni'n gallu bod yn siŵr y byddwn
yn derbyn beth bynnag byddwn ni'n gofyn amdano.
16Os gwelwch chi Gristion arall yn gwneud rhywbeth sy'n amlwg yn bechod ond sydd
ddim yn bechod marwol, dylech chi weddïo drostyn nhw, a bydd Duw yn rhoi bywyd iddyn
nhw. Sôn ydw i am y rhai hynny sy'n pechu, ond dydy eu pechod nhw ddim yn bechod
marwol. Mae'r fath beth yn bod a phechod marwol. Dw i ddim yn dweud wrthoch chi am
weddïo ynglŷn â hwnnw. 17Mae gwneud unrhyw beth o'i le yn bechod, ond dydy pob pechod
ddim yn bechod marwol.
18Dŷn ni'n gwybod bod y rhai sydd wedi'u geni'n blant i Dduw ddim yn dal ati i bechu.
Mae Mab Duw yn eu cadw nhw'n saff, a dydy'r Un drwg ddim yn gallu gwneud niwed iddyn
nhw. 19Dŷn ni'n gwybod ein bod ni'n blant i Dduw, ond mae'r byd o'n cwmpas ni yn cael ei
reoli gan yr un drwg. 20Ond dŷn ni hefyd yn gwybod fod Mab Duw wedi dod, ac mae wedi'n
galluogi ni i ddeall a dod i nabod yr un gwir Dduw. A dŷn ni wedi'n huno â'r gwir Dduw
am ein bod ni wedi'n huno â'i Fab e, Iesu Grist. Fe ydy'r unig wir Dduw, a fe ydy'r bywyd
tragwyddol.
21Blant annwyl, cadwch draw oddi wrth unrhyw beth sy'n cymryd lle Duw yn eich
bywydau chi.[a]

a 5:21 *unrhyw beth ... bywydau chi:* Groeg, "eilun-dduwiau".
5:11 Ioan 3:36

2 Ioan

1 Llythyr gan Ioan yr arweinydd,
At yr eglwys – gwraig fonheddig sydd wedi'i dewis gan Dduw. Ac at ei phlant, sef chi sy'n
credu, y rhai dw i'n eu caru go iawn. A dim fi ydy'r unig un. Mae pawb sy'n gwybod y gwir
yn eich caru chi, 2 am fod y gwir yn aros ynon ni, a bydd gyda ni am byth.
3 Bydd haelioni rhyfeddol, a thrugaredd a heddwch dwfn Duw y Tad, a Iesu Grist ei Fab, yn
aros gyda ni sy'n byw bywyd o gariad ac sy'n ffyddlon i'r gwir. 4 Rôn i wrth fy modd o glywed
fod rhai ohonoch chi'n byw felly – yn ffyddlon i'r gwir, fel mae'r Tad wedi gorchymyn i ni.

Caru ein gilydd

5 Nawr, dw i ddim yn rhoi rhyw orchymyn newydd i chi fel eglwys. Dw i'n apelio atoch chi
i gofio'r egwyddor sylfaenol sydd wedi bod gyda ni o'r dechrau, sef ein bod i garu'n gilydd.
6 Ystyr cariad ydy ein bod ni'n byw fel mae Duw'n dweud wrthon ni. Dyna glywoch chi o'r
dechrau cyntaf. Dyna sut dŷn ni i fod i fyw.
7 Mae llawer o rai sy'n twyllo wedi'n gadael ni a mynd allan i'r byd. Pobl ydyn nhw sy'n
gwrthod credu fod gan Iesu Grist gorff dynol a'i fod yn ddyn go iawn. Twyllwyr ydyn nhw!
Gelynion y Meseia! 8 Gwyliwch, rhag i chi gael eich dylanwadu ganddyn nhw, a cholli'r wobr
dych chi wedi gweithio mor galed amdani! Daliwch ati, er mwyn gwneud yn siŵr y byddwch
yn cael eich gwobr yn llawn. 9 Mae'r rhai sy'n mynd y tu hwnt i beth wnaeth Iesu Grist ei
ddysgu wedi torri pob cysylltiad â Duw. Ond mae gan y rhai sy'n glynu wrth ddysgeidiaeth
y Meseia berthynas gyda'r Tad a'r Mab. 10 Os ydy rhywun yn dod atoch sydd ddim yn dysgu'r
gwir, peidiwch eu gwahodd nhw i mewn i'ch tŷ. Peidiwch hyd yn oed eu cyfarch nhw. 11 Mae
unrhyw un sy'n rhoi croeso iddyn nhw yn eu helpu nhw i wneud drwg.
12 Mae gen i lawer mwy i'w ddweud wrthoch chi, ond dw i ddim am ei roi ar bapur. Dw i'n
gobeithio dod i'ch gweld chi, a siarad wyneb yn wyneb. Byddai hynny'n ein gwneud ni'n[a]
hapus go iawn!
13 Mae plant eich chwaer eglwys yma – hithau wedi'i dewis gan Dduw – yn anfon eu
cyfarchion.

---

a 1:12 *ein gwneud ni'n:* Mae rhai llawysgrifau yn dweud *eich gwneud chi'n.*
1:5 Ioan 13:34; 15:12,17

3 Ioan

1 Llythyr gan Ioan yr arweinydd, at fy ffrind annwyl Gaius, yr un dw i'n ei garu go iawn.
2 Ffrind annwyl, dw i'n gweddïo fod pethau'n mynd yn dda gyda ti, a'th fod yr un mor iach
yn gorfforol ac rwyt ti'n ysbrydol. 3 Dw i wrth fy modd pan mae brodyr neu chwiorydd yn dod
yma a dweud wrtho i mor ffyddlon rwyt ti i'r gwirionedd. 4 Does dim byd yn fy ngwneud i'n
fwy llawen na chael clywed fod fy mhlant[a] yn byw'n ffyddlon i'r gwir.

Haelioni Gaius

5 Ffrind annwyl, mae dy ffyddlondeb di'n amlwg. Rwyt ti'n helpu'r brodyr sy'n pregethu'r
newyddion da, er dy fod ti ddim yn eu nabod nhw. 6 Maen nhw wedi dweud wrth yr eglwys
sydd yma mor garedig a hael wyt ti. Dal ati gyda'r gwaith da o'u helpu nhw ar eu ffordd
fel hyn. Mae'r hyn rwyt yn ei wneud yn plesio Duw. 7 Maen nhw wedi mynd allan i weithio
dros Iesu, a dŷn nhw'n derbyn dim byd gan bobl sydd ddim yn credu. 8 Felly dylen ni sydd yn
credu roi croeso iddyn nhw yn ein cartrefi ni. Dŷn ni'n eu helpu nhw i rannu'r gwirionedd
wrth wneud hynny.

Diotreffes

9 Dw i wedi ysgrifennu at yr eglwys, ond dydy Diotreffes ddim am wrando ar beth dw i'n
ddweud. Mae e eisiau bod yn geffyl blaen. 10 Pan fydda i'n dod acw bydda i'n tynnu sylw at
beth mae'n ei wneud. Mae e'n lledu nonsens maleisus amdanon ni. A dydy hynny ddim yn
ddigon ganddo! Mae e hefyd yn gwrthod rhoi croeso i'r brodyr sy'n pregethu'r newyddion
da, ac mae'n rhwystro'r bobl sydd eisiau rhoi croeso iddyn nhw rhag gwneud hynny. Mae
hyd yn oed yn taflu'r bobl hynny allan o'r eglwys!
11 Ffrind annwyl, paid dilyn ei esiampl ddrwg e. Gwna di ddaioni. Y rhai sy'n gwneud daioni
sy'n blant i Dduw. Dydy'r rhai sy'n gwneud drygioni ddim yn nabod Duw.

Demetrius

12 Mae pawb yn siarad yn dda am Demetrius, ac mae e wir yn haeddu ei ganmol! Dŷn ni'n
ei ganmol e hefyd, ac rwyt yn gwybod y gelli di ddibynnu ar beth dŷn ni'n ddweud.
13 Mae gen i lawer mwy i'w ddweud wrthyt ti, ond dw i ddim am ei roi ar bapur. 14 Dw i'n
gobeithio dod i dy weld di'n fuan iawn, i ni gael siarad wyneb yn wyneb.
15 Dw i'n gweddïo y byddi di'n profi heddwch dwfn Duw!
Mae dy ffrindiau di yma i gyd yn anfon eu cyfarchion. Cofia ni'n bersonol at bob un o'n
ffrindiau acw hefyd.

a 1:4 *fy mhlant:* Pobl oedd Ioan wedi'u harwain i gredu yn Iesu.

Jwdas

1 Llythyr gan Jwdas, gwas i Iesu Grist a brawd Iago,
Atoch chi sydd wedi'ch galw i berthynas gyda Duw y Tad, sy'n eich cofleidio chi â'i gariad,
a gyda Iesu Grist sy'n gofalu amdanoch chi:
2 Dw i'n gweddïo y bydd Duw yn tywallt ei drugaredd, ei heddwch dwfn a'i gariad di-ben-
draw arnoch chi!

Pechod a thynged pobl annuwiol

3 Ffrindiau annwyl, roeddwn i'n awyddus iawn i ysgrifennu atoch chi am y bywyd newydd
dŷn ni'n ei rannu gyda'n gilydd. Ond nawr mae'n rhaid i mi ysgrifennu i'ch annog chi
i wneud safiad dros y ffydd, sef y gwirionedd mae Duw wedi'i roi i'w bobl un waith ac
am byth. 4 Y broblem ydy bod pobl sydd ddim yn gwrando ar Dduw wedi sleifio i mewn
i'ch plith chi. Mae'r bobl yma'n dweud ein bod ni'n rhydd i fyw'n anfoesol, am fod Duw
mor barod i faddau! Mae'r ysgrifau sanctaidd wedi dweud ers talwm fod pobl felly'n
mynd i gael eu cosbi. Pobl ydyn nhw sy'n gwadu awdurdod Iesu Grist, ein hunig Feistr
a'n Harglwydd ni.
5 Dych chi'n gwybod hyn eisoes, ond dw i am eich atgoffa chi: roedd Duw wedi achub ei
bobl a'u helpu i ddianc o'r Aifft. Ond yn nes ymlaen roedd rhaid iddo ddinistrio rhai ohonyn
nhw am eu bod nhw'n anffyddlon. 6 Wedyn beth am yr angylion[a] hynny wrthododd gadw
o fewn y ffiniau roedd Duw wedi'u gosod iddyn nhw? Roedden nhw eisiau mwy o awdurdod
a dyma nhw'n gadael lle roedden nhw i fod i fyw. Does dim dianc iddyn nhw! Mae Duw
wedi'u rhwymo nhw gyda chadwyni yn nhywyllwch dudew y byd tanddaearol. Maen eu
cadw nhw yno yn disgwyl y diwrnod mawr pan fyddan nhw'n cael eu cosbi. 7 A chofiwch beth
ddigwyddodd i Sodom a Gomorra a'r pentrefi o'u cwmpas! Roedd anfoesoldeb rhywiol yn
rhemp, ac roedden nhw eisiau cyfathrach annaturiol gyda'r angylion![b] Maen nhw'n dioddef
yn y tân sydd byth yn diffodd, ac mae eu cosb nhw yn rhybudd i bawb.
8 Ac mae'r bobl hyn sydd wedi dod i'ch plith chi yr un fath! Breuddwydion ydy sail beth
maen nhw'n ei ddysgu. Maen nhw'n llygru eu cyrff drwy wneud pethau anfoesol, yn herio
awdurdod yr Arglwydd, ac yn dweud pethau sarhaus am yr angylion gogoneddus. 9 Wnaeth
Michael y prif angel ddim meiddio hyd yn oed cyhuddo'r diafol o gablu pan oedd y ddau
yn ymladd am gorff Moses. *"Bydd Duw yn delio gyda ti!"* ddwedodd e. 10 Ond mae'r bobl
yma'n sarhau pethau dŷn nhw ddim yn eu deall! Maen nhw fel anifeiliaid direswm, yn dilyn
eu greddfau rhywiol, ac yn gwneud beth bynnag maen nhw eisiau! A dyna'n union fydd yn
eu dinistrio nhw yn y diwedd!
11 Gwae nhw! Maen nhw wedi dilyn esiampl Cain.[c] Maen nhw fel Balaam, yn rhuthro
i wneud unrhyw beth am arian.[ch] Maen nhw wedi gwrthryfela fel Cora,[d] a byddan nhw'n
cael eu dinistrio!
12 Mae'r bobl yma fel creigiau peryglus yn y môr. Maen nhw'n bwyta yn eich cariad-
wleddoedd chi, ond yn poeni dim am arwyddocâd y pryd bwyd dych chi'n ei rannu! Dŷn
nhw'n meddwl am neb ond nhw eu hunain. Twyllwyr ydyn nhw! Maen nhw,

Fel cymylau sy'n rhoi dim glaw,
a'r gwynt yn eu chwythu nhw i ffwrdd.

---

a 1:6 *angylion:* Falle yn cyfeirio at Genesis 6:2. b 1:7 *eisiau cyfathrach annaturiol gyda'r angylion* Y geiriad yn y Roeg ydy, "mynd ar ôl cnawd gwahanol". Mae'n cyfeirio at beth ddigwyddodd yn Genesis 19:4,5.
c 1:11 *esiampl Cain:* Dyma Cain yn lladd ei frawd Abel. ch 1:11 *Balaam:* Mae'r hanes beiblaidd yn dweud fod Balaam wedi gwrthod melltithio pobl Israel am arian (gw. Numeri 22:18; 24:13), ond roedd athrawon Iddewig yn dysgu fod Balaam wedi derbyn arian. d 1:11 *fel Cora:* Roedd Cora wedi arwain gwrthryfel yn erbyn Moses ac Aaron (gw. Numeri 16:1-35; 26:9,10).
1:5 cyfeiriad at Numeri 14:29,30 1:7 cyfeiriad at Genesis 19:23-29 1:9 Sechareia 3:2

Fel coed heb ffrwyth i'w gasglu oddi arnyn nhw –
yn hollol farw, wedi cael eu diwreiddio!
13 Fel tonnau gwyllt y môr,
yn corddi ewyn eu gweithredoedd ffiaidd.
Fel sêr gwib yn y gofod,
a'r tywyllwch dudew yn barod i'w llyncu am byth!
14 Proffwydodd Enoch amdanyn nhw ymhell bell yn ôl (saith cenhedlaeth ar ôl Adda):
"*Edrychwch! Mae'r Arglwydd yn dod gyda miloedd ar filoedd o'i angylion sanctaidd.* 15 *Bydd yn*
barnu pawb, ac yn cosbi pechaduriaid annuwiol am bopeth drwg maen nhw wedi'u gwneud,
ac am yr holl bethau sarhaus maen nhw wedi'u dweud amdano." 16 Dydy'r bobl yma'n gwneud
dim ond grwgnach a gweld bai ar eraill! Maen nhw'n gwneud pa ddrwg bynnag maen nhw
eisiau! Maen nhw'n brolio'u hunain, a seboni pobl eraill os ydy hynny o ryw fantais iddyn nhw!

Galwad i ddal ati

17 Ond cofiwch, ffrindiau annwyl, fod cynrychiolwyr personol ein Harglwydd Iesu Grist wedi
dweud ymlaen llaw am hyn. 18 "Yn y dyddiau i ddod bydd pobl yn chwarae crefydd" medden
nhw, "ac yn gwneud dim byd ond dilyn eu chwantau drwg." 19 Ydyn, maen nhw yma! Nhw
sy'n creu rhaniadau yn eich plith chi. Eu greddfau naturiol sy'n eu rheoli nhw. A dydy'r Ysbryd
Glân ddim ganddyn nhw reit siŵr!
20 Ond rhaid i chi fod yn wahanol, ffrindiau annwyl. Daliwch ati i adeiladu eich bywydau ar
sylfaen y ffydd sy'n dod oddi wrth Dduw. Gweddïo fel mae'r Ysbryd Glân yn eich arwain chi.
21 Byw mewn ffordd sy'n dangos cariad Duw, wrth ddisgwyl yn frwd am y bywyd tragwyddol
mae'r Arglwydd Iesu Grist yn mynd i'w roi i chi.
22 Byddwch yn amyneddgar gyda'r[dd] rhai sy'n ansicr. 23 Cipiwch allan o'r tân y rhai hynny
sydd mewn peryg o losgi. Byddwch yn garedig wrth y rhai sy'n ffraeo ond yn ofalus yr un
pryd. Mae eu pechodau nhw'n ffiaidd, fel dillad isaf budron!

Cân o fawl

24 Clod i Dduw! Fe ydy'r un sy'n gallu'ch cadw chi rhag llithro. Fe fydd yn eich galw i mewn
i'w gwmni bendigedig, yn gwbl ddi-fai, i gael profi llawenydd anhygoel! 25 Fe ydy'r unig Dduw,
sy'n ein hachub ni drwy Iesu Grist ein Harglwydd. Mae e'n haeddu ei foli a'i fawrygu, ac mae
ganddo nerth ac awdurdod absoliwt. Mae hynny o'r dechrau cyntaf, yn awr yn y presennol,
ac am byth! Amen.

dd 1:22 *Byddwch yn amyneddgar gyda'r:* Mae rhai llawysgrifau yn dweud *Cywirwch y.*
1:14-15 cyfeiriad at 1 Enoch 1:9

Datguddiad

Rhagair

1 Dyma ddangosodd y Meseia Iesu am beth sy'n mynd i ddigwydd yn fuan. Duw
ddangosodd hyn iddo, i'w rannu gyda'r rhai sy'n ei ddilyn a'i wasanaethu. Anfonodd
ei angel ata i ei was Ioan, 2 a dw i'n gallu tystio fy mod i wedi gweld y cwbl sydd yma. Mae'n
neges oddi wrth Dduw – yn dystiolaeth sydd wedi'i roi gan y Meseia Iesu ei hun. 3 Bydd
y person sy'n darllen y neges broffwydol hon i'r eglwys yn cael ei fendithio'n fawr. A hefyd
pawb sy'n gwrando ar y neges yn cael ei darllen, ac yna'n gwneud beth mae'n ei ddweud.
Mae'r amser pan fydd y cwbl yn digwydd yn agos.

Cyfarchion

4 Ioan sy'n ysgrifennu,

At y saith eglwys yn nhalaith Asia:[a]

Dw i'n gweddïo y byddwch yn profi haelioni rhyfeddol a heddwch dwfn gan Dduw, yr Un
sydd, ac oedd ac sy'n mynd i ddod; gan yr Ysbryd cyflawn perffaith sydd o flaen yr orsedd;
5 a hefyd gan y Meseia Iesu, y tyst ffyddlon, y cyntaf i gael ei eni i fywyd newydd ar ôl marw,
a'r un sydd ag awdurdod dros holl frenhinoedd y ddaear. Mae'n ein caru ni, ac mae wedi
marw droson ni i'n gollwng ni'n rhydd fel bod pechod ddim yn ein rheoli ni ddim mwy. 6 Mae'n
teyrnasu droson ni ac wedi'n gwneud ni i gyd yn offeiriaid sy'n gwasanaethu Duw, ei Dad!
Fe sy'n haeddu pob anrhydedd a nerth, am byth! Amen!

7 *Edrychwch! Mae'n dod yn y cymylau!*
Bydd pawb yn ei weld –
hyd yn oed y rhai a'i trywanodd!
Bydd pob llwyth o bobl ar y ddaear
yn galaru o'i achos e.

Dyna fydd yn digwydd! Amen!

8 Mae'r Arglwydd Dduw yn dweud, "Fi ydy'r Alffa a'r Omega[b] – Fi ydy'r Un sydd, oedd, ac
sy'n mynd i ddod eto, yr Un Hollalluog."

Gweledigaeth o un fel person dynol

9 Ioan ydw i, eich cyd-Gristion. Fel chi dw innau hefyd yn dioddef, ond am fod Duw yn
teyrnasu, dw i'n dal ati fel gwnaeth Iesu ei hun. Rôn i wedi cael fy alltudio i Ynys Patmos[c]
am gyhoeddi neges Duw a thystiolaethu am Iesu. 10 Roedd hi'n ddydd Sul, ac roeddwn i dan
ddylanwad yr Ysbryd Glân. Yn sydyn clywais lais y tu ôl i mi, fel sŵn utgorn. 11 Dyma ddwedodd:
"Ysgrifenna beth weli di mewn sgrôl, a'i anfon at y saith eglwys, sef Effesus, Smyrna, Pergamus,
Thyatira, Sardis, Philadelffia, a Laodicea."

12 Dyma fi'n troi i edrych pwy oedd yn siarad â mi, a dyma beth welais i: saith canhwyllbren
aur. 13 Yn eu plith roedd "un oedd yn edrych fel person dynol."[ch] Roedd yn gwisgo mantell
hir oedd yn cyrraedd at ei draed a sash aur wedi'i rwymo am ei frest. 14 Roedd ganddo lond
pen o wallt oedd yn wyn fel gwlân neu eira, ac roedd sbarc yn ei lygaid fel fflamau o dân.
15 Roedd ei draed yn gloywi fel efydd mewn ffwrnais, a'i lais fel sŵn rhaeadrau o ddŵr. 16 Yn

---

a 1:4 *Asia:* Mae'r adran o 1:4 — 3:22 ar ffurf llythyr. Asia oedd rhan ddwyreiniol yr Ymerodraeth Rufeinig, sef Twrci heddiw. b 1:8 *Alffa ac Omega:* Y llythyren gyntaf a'r olaf yn yr wyddor Roeg (Mae'n golygu 'cyntaf' ac 'olaf'). c 1:9 *Ynys Patmos:* Ynys fechan lle roedd y Rhufeiniaid yn cadw carcharorion. ch 1:13 *person dynol:* Iesu.

1:5 adlais o Salm 89:27,37 1:7 a cyfeiriad at Daniel 7:13; b cyfeiriad at Sechareia 12:10
1:13-14 adlais o Daniel 3:25; 7:13; 10:5-6,18 1:15 adlais o Eseciel 1:24; 43:2

ei law dde roedd yn dal saith seren, ac roedd cleddyf miniog yn dod allan o'i geg. Roedd ei
wyneb yn disgleirio'n llachar fel yr haul ganol dydd.
17 Pan welais e, dyma fi'n llewygu wrth ei draed. Yna cyffyrddodd fi â'i law dde, a dweud
wrtho i: "Paid bod ag ofn. Fi ydy'r Cyntaf a'r Olaf, 18 yr Un Byw. Rôn i wedi marw, ond
edrych! – dw i'n fyw am byth bythoedd! Gen i mae allweddi Marwolaeth a Byd y Meirw.
19 Felly, ysgrifenna beth rwyt ti'n ei weld, sef beth sy'n digwydd nawr, a beth sy'n mynd
i ddigwydd yn fuan.
20 "Ystyr cudd y saith seren welaist ti yn fy llaw dde i a'r saith canhwyllbren aur ydy
hyn: Mae'r saith seren yn cynrychioli arweinwyr[d] y saith eglwys, a'r saith canhwyllbren yn
cynrychioli'r saith eglwys."

At eglwys Effesus

2 "Ysgrifenna hyn at arweinydd yr eglwys yn Effesus:
'Dyma beth mae'r un sy'n dal y saith seren yn ei law dde ac yn cerdded rhwng y saith
canhwyllbren aur yn ei ddweud: 2 Dw i'n gwybod am bopeth rwyt ti'n ei wneud. Rwyt ti'n
gweithio'n galed ac wedi dal ati. Dw i'n gwybod dy fod ti ddim yn gallu diodde'r bobl
ddrwg hynny sy'n honni eu bod nhw yn gynrychiolwyr personol i'r Meseia Iesu, ond sydd
ddim go iawn. Rwyt ti wedi profi eu bod nhw'n dweud celwydd. 3 Rwyt ti wedi dal ati ac
wedi dioddef caledi er fy mwyn i, a heb flino.
4 Ond mae gen i rywbeth yn dy erbyn di: Ti ddim yn fy ngharu i fel roeddet ti ar y cychwyn.
5 Edrych mor bell rwyt ti wedi syrthio! Tro yn ôl ata i eto, a gwna beth roeddet ti'n ei wneud
ar y cychwyn. Os ddoi di ddim yn ôl ata i, dof fi atat ti a chymryd dy ganhwyllbren di
i ffwrdd. 6 Ond mae hyn o dy blaid di: Rwyt ti, fel finnau, yn casáu beth mae'r Nicolaiaid[dd]
yn ei wneud.
7 Gwrandwch yn ofalus ar beth mae'r Ysbryd yn ei ddweud wrth yr eglwysi. Bydd y rhai
sy'n ennill y frwydr yn cael bwyta o goeden y bywyd sydd ym Mharadwys Duw.'

At eglwys Smyrna

8 "Ysgrifenna hyn at arweinydd yr eglwys yn Smyrna:
'Dyma beth mae'r Cyntaf a'r Olaf yn ei ddweud, yr un fuodd farw a dod yn ôl yn fyw:
9 Dw i'n gwybod dy fod ti'n dioddef, a dy fod yn dlawd (er, rwyt ti'n gyfoethog go iawn!)
Dw i'n gwybod hefyd dy fod ti'n cael dy sarhau gan y rhai sy'n honni bod yn bobl Dduw
ond sydd ddim go iawn. Synagog Satan ydyn nhw! 10 Peidiwch bod ofn beth dych chi ar
fin ei ddioddef. Galla i ddweud wrthoch chi fod y diafol yn mynd i brofi ffydd rhai ohonoch
chi drwy eich taflu i'r carchar. Bydd pethau'n galed arnoch chi am gyfnod byr. Arhoswch
yn ffyddlon i Dduw, hyd yn oed os bydd rhaid i chi farw. Wedyn cewch chi goron y bywyd
yn wobr gen i.
11 Gwrandwch yn ofalus ar beth mae'r Ysbryd yn ei ddweud wrth yr eglwysi. Fydd y rhai
sy'n ennill y frwydr ddim yn cael unrhyw niwed gan beth sy'n cael ei alw yn 'ail farwolaeth'.'

At eglwys Pergamus

12 "Ysgrifenna hyn at arweinydd yr eglwys yn Pergamus:
'Dyma beth mae'r un sydd â'r cleddyf miniog ganddo yn ei ddweud: 13 Dw i'n gwybod
dy fod ti'n byw yn y ddinas lle mae gorsedd Satan.[e] Ond rwyt ti wedi aros yn ffyddlon i mi.
Wnest ti ddim gwadu dy fod yn credu ynof fi, hyd yn oed pan gafodd Antipas ei ladd lle
mae Satan yn byw. Roedd e'n ffyddlon, ac yn dweud wrth bawb amdana i.

---

d 1:20 *arweinwyr:* Groeg, "angylion" neu "negeswyr". dd 2:6 *Nicolaiaid* Sect hereticaidd oedd yn cyfaddawdu gyda'r gymdeithas baganaidd o'u cwmpas, ac yn cymryd rhan yn y defodau paganaidd a'r addoli eilunod.
e 2:13 *gorsedd Satan:* Pergamus oedd prif ganolfan addoli'r Ymerawdwr yn Asia.
1:17 adlais o Eseia 41:4; 44:6; 48:12

[14]Er hynny, mae gen i bethau yn dy erbyn: Mae rhai pobl acw yn gwneud beth oedd
Balaam yn ei ddysgu. Balaam ddysgodd Balac i ddenu pobl Israel i bechu. Gwnaeth iddyn
nhw fwyta bwyd wedi'i aberthu i eilun-dduwiau a phechu'n rhywiol. [15]A'r un fath, mae
yna rai ohonoch chi hefyd sy'n dilyn beth mae'r Nicolaiaid[f] yn ei ddysgu. [16]Tro dy gefn
ar y pechodau hyn! Os wnei di ddim, bydda i'n dod yn sydyn ac yn ymladd yn eu herbyn
nhw gyda'r cleddyf sydd yn fy ngheg.
[17]Gwrandwch yn ofalus ar beth mae'r Ysbryd yn ei ddweud wrth yr eglwysi. Bydd y rhai
sy'n ennill y frwydr yn cael bwyta'r manna sydd wedi'i gadw o'r golwg. Bydda i hefyd yn
rhoi carreg wen i bob un ohonyn nhw. Bydd enw newydd wedi'i ysgrifennu ar y garreg,
a neb yn gwybod yr enw ond y sawl sy'n derbyn y garreg.'

At eglwys Thyatira

[18]"Ysgrifenna hyn at arweinydd yr eglwys yn Thyatira:
'Dyma beth mae Mab Duw yn ei ddweud, sef yr Un sydd â sbarc fel fflamau o dân yn ei
lygaid, a'i draed yn gloywi fel efydd: [19]Dw i'n gwybod am bopeth wyt ti'n ei wneud – am
dy gariad, dy ffyddlondeb, dy wasanaeth a'th allu i ddal ati; a dw i'n gweld dy fod yn
gwneud mwy o dda nawr nag oeddet ti ar y cychwyn.
[20]Er hynny, mae gen i rywbeth yn dy erbyn di: Rwyt ti'n goddef y wraig yna, y 'Jesebel'.
[ff] sy'n galw'i hun yn broffwydes. Mae hi'n dysgu pethau sy'n camarwain y rhai sy'n
fy ngwasanaethu i. Mae hi'n eu hannog nhw i bechu'n rhywiol a bwyta bwyd sydd
wedi'i aberthu i eilun-dduwiau. [21]Dw i wedi rhoi cyfle iddi hi droi cefn ar y drwg, ond mae
hi'n gwrthod. [22]Felly dw i'n mynd i wneud iddi ddioddef o afiechyd poenus, a bydd y rhai
sy'n godinebu gyda hi yn dioddef hefyd os fyddan nhw ddim yn stopio gwneud beth mae
hi'n ei ddweud. [23]Bydda i'n lladd ei dilynwyr hi, ac wedyn bydd yr eglwysi yn gwybod mai
fi ydy'r Un sy'n gweld beth sydd yng nghalonnau a meddyliau pobl. Bydd pob un ohonoch
chi yn cael beth mae'n ei haeddu.
[24]Am y gweddill ohonoch chi yn Thyatira, sef y rhai sydd heb dderbyn beth mae hi'n
ei ddysgu (sef 'cyfrinachau dirgel Satan'), wna i ddim rhoi dim mwy o bwysau arnoch chi.
[25]Ond daliwch afael yn beth sydd gynnoch chi nes i mi ddod yn ôl.
[26]Bydd y rhai sy'n ennill y frwydr, ac yn dilyn fy esiampl i i'r diwedd un, yn cael awdurdod
dros y cenhedloedd –
[27] "*Bydd yn teyrnasu arnyn nhw gyda theyrnwialen haearn;*
ac yn eu malu'n ddarnau fel malu llestri pridd."
Bydd ganddyn nhw yr un awdurdod ag a ges i gan fy Nhad. [28]A bydda i'n rhoi Seren y Bore
iddyn nhw hefyd. [29]Gwrandwch yn ofalus ar beth mae'r Ysbryd yn ei ddweud wrth yr eglwysi.'

At eglwys Sardis

3 "Ysgrifenna hyn at arweinydd yr eglwys yn Sardis:
'Dyma beth mae'r un y mae Ysbryd cyflawn perffaith Duw ganddo ac sy'n dal y saith
seren yn ei ddweud: Dw i'n gwybod am bopeth rwyt ti'n ei wneud. Mae gen ti enw dy
fod yn eglwys fyw, ond corff marw wyt ti go iawn. [2]Deffra! Cryfha beth sy'n dal ar ôl cyn
i hwnnw farw hefyd. Dydy beth rwyt ti'n ei wneud ddim yn dderbyniol gan Dduw. [3]Felly
cofia beth wnest ti ei glywed a'i gredu gyntaf; gwna hynny, a throi yn ôl ata i. Os na fyddi
di'n effro, bydda i'n dod fel lleidr. Fydd gen ti ddim syniad pryd fydda i'n dod.
[4]Ac eto mae rhai pobl yn Sardis sydd heb faeddu eu dillad. Byddan nhw'n cerdded
gyda mi wedi'u gwisgo mewn dillad gwyn. Dyna maen nhw'n ei haeddu. [5]Bydd pawb sy'n

---

f 2:15 *Nicolaiaid:* gw. y nodyn ar 2:6. ff 2:20 *Jesebel:* Pwy bynnag oedd y wraig yma, roedd yn cael yr enw Jesebel am ei bod mor ddrwg (gw. 1 Brenhinoedd 19:1,2; 21:1-26).
2:14 cyfeiriad at Numeri 22:5 – 25:3; 31:8,16 2:17 gw. Exodus 16:14-15; 16:33-34; Ioan 6:48-50
2:23 adlais o Jeremeia 17:10 2:27 Salm 2:8-9 (LXX) 3:3 gw. Mathew 24:43,44; Luc 12:39,40

ennill y frwydr yn cael gwisgo dillad gwyn. Fydda i byth yn dileu eu henwau nhw o Lyfr
y Bywyd. Bydda i'n dweud yn agored o flaen fy Nhad a'i angylion eu bod nhw'n perthyn
i mi. 6Gwrandwch yn ofalus ar beth mae'r Ysbryd yn ei ddweud wrth yr eglwysi.'

At eglwys Philadelffia

7"Ysgrifenna hyn at arweinydd yr eglwys yn Philadelffia:
'*Dyma mae'r Un sanctaidd, yr Un gwir, yn ei ddweud. Mae allwedd teyrnas Dafydd ganddo,
a does neb yn gallu cloi beth mae wedi'i agor, nac agor beth mae wedi'i gloi:* 8Dw i'n gwybod
am bopeth rwyt ti'n ei wneud. Edrych, dw i wedi agor drws i ti – drws fydd neb yn gallu ei gau.
Dw i'n gwybod mai ychydig nerth sydd gen ti, ond rwyt ti wedi gwneud beth dw i'n ddweud
a heb wadu dy fod ti'n credu ynof fi. 9Bydda i'n gwneud i'r rhai sy'n perthyn i synagog Satan
ddod â syrthio wrth dy draed di a chydnabod mai chi ydy'r bobl dw i wedi'u caru. Maen nhw'n
honni bod yn bobl Dduw, ond dydyn nhw ddim go iawn; maen nhw'n dweud celwydd. 10Am
dy fod di wedi bod yn ufudd i'r gorchymyn i ddal ati, bydda i'n dy amddiffyn di rhag yr amser
caled fydd y byd i gyd yn mynd drwyddo, pan fydd y rhai sy'n perthyn i'r ddaear ar brawf.
11Edrych! Dw i'n dod yn fuan. Dal dy afael yn beth sydd gen ti, fel bod neb yn dwyn dy
goron di. 12Bydda i'n gwneud pawb sy'n ennill y frwydr yn biler yn nheml fy Nuw. Fyddan
nhw byth yn ei gadael. Bydda i'n ysgrifennu enw fy Nuw arnyn nhw, ac enw dinas fy Nuw,
sef y Jerwsalem newydd sy'n dod i lawr oddi wrth Dduw yn y nefoedd; bydda i hefyd yn
ysgrifennu fy enw newydd i arnyn nhw. 13Gwrandwch yn ofalus ar beth mae'r Ysbryd yn
ei ddweud wrth yr eglwysi.'

At eglwys Laodicea

14"Ysgrifenna hyn at arweinydd yr eglwys yn Laodicea:
'Dyma beth mae'r Amen yn ei ddweud, y tyst ffyddlon, ffynhonnell cread Duw. 15Dw i'n
gwybod am bopeth rwyt ti'n ei wneud. Ti ddim yn oer nac yn boeth! Byddwn i'n hoffi i ti
fod y naill neu'r llall! 16Ond gan dy fod yn llugoer, bydda i'n dy chwydu di allan. 17Rwyt
ti'n dweud, "*Dw i'n gyfoethog; dw i wedi ennill cymaint o gyfoeth* does gen i angen dim
byd." Ti ddim yn gweld mor druenus rwyt ti go iawn. Druan ohonot ti! Rwyt ti'n dlawd yn
ddall ac yn noeth! 18Dw i'n dy gynghori di i brynu aur gen i, aur wedi'i goethi drwy dân.
Byddi di'n gyfoethog wedyn! A phryna ddillad gwyn i'w gwisgo, wedyn fydd dim rhaid i ti
gywilyddio am dy fod yn noeth. A gelli brynu eli i'r llygaid hefyd, er mwyn i ti allu gweld eto!
19Dw i'n ceryddu a disgyblu pawb dw i'n eu caru. Felly bwrw iddi o ddifri, a thro dy gefn
ar bechod. 20Edrych! Dw i yma! Dw i'n sefyll wrth y drws ac yn curo. Os bydd rhywun yn
fy nghlywed i'n galw ac yn dod i agor y drws, dof i mewn i rannu pryd o fwyd gyda nhw.
21Bydd pawb sy'n ennill y frwydr yn cael hawl i deyrnasu gyda mi ar fy ngorsedd, yn
union fel wnes i ennill y frwydr, a theyrnasu gyda fy Nhad ar ei orsedd e. 22Gwrandwch yn
ofalus ar beth mae'r Ysbryd yn ei ddweud wrth yr eglwysi.'"

Yr orsedd yn y nefoedd

4 Yna ces i weledigaeth. Roedd drws agored yn y nefoedd o mlaen i. A dyma'r llais rôn
i wedi'i glywed yn siarad â mi ar y cychwyn (y llais hwnnw oedd fel sŵn utgorn), yn
dweud: "Tyrd i fyny yma, a bydda i'n dangos i ti beth sy'n mynd i ddigwydd ar ôl hyn." 2Yn
sydyn roeddwn i dan ddylanwad yr Ysbryd Glân, ac o mlaen i roeddwn i'n gweld gorsedd yn
y nefoedd gyda rhywun yn eistedd arni. 3Roedd yr Un oedd yn eistedd arni yn disgleirio fel
gemau iasbis a sardion, ac roedd enfys hardd fel emrallt o gwmpas yr orsedd. 4Roedd dau
ddeg pedair gorsedd arall o'i chwmpas hefyd, gydag arweinydd ysbrydol yn eistedd ar bob

3:7 Eseia 22:22 3:9 adlais o Eseia 45:14; 49:23; 60:14; Salm 86:9 3:17 adlais o Hosea 12:8
3:19 adlais o Diarhebion 3:12 4:2 cyfeiriad at Eseia 6:1; 1 Brenhinoedd 22:19

un. Roedden nhw'n gwisgo dillad gwyn ac roedd coronau aur ar eu pennau. [5]Roedd mellt
a sŵn taranau yn dod o'r orsedd, ac o'i blaen roedd saith lamp yn llosgi, sef Ysbryd cyflawn
perffaith Duw. [6]Hefyd o flaen yr orsedd roedd rhywbeth tebyg i fôr o wydr, yn glir fel grisial.
Yn y canol o gwmpas yr orsedd, roedd pedwar creadur byw gyda llygaid yn eu gorchuddio,
o'r tu blaen a'r tu ôl. [7]Roedd y creadur cyntaf yn debyg i lew, yr ail yn debyg i lo, roedd gan
y trydydd wyneb dynol, ac roedd y pedwerydd fel eryr yn hedfan. [8]Roedd gan bob un o'r
creaduriaid chwe adain wedi'u gorchuddio'n llwyr gyda llygaid, hyd yn oed o dan yr adenydd.
Roedden nhw'n siantio drosodd a throsodd, heb orffwys nos na dydd:

"*Sanctaidd, sanctaidd, sanctaidd*
ydy'r Arglwydd Dduw Hollalluog,
yr Un oedd, ac sydd,
ac sy'n mynd i ddod."

[9]Yna wrth i'r creaduriaid byw roi clod ac anrhydedd a diolch i'r Un sy'n eistedd ar yr orsedd,
sef yr Un sy'n byw am byth bythoedd, [10]roedd y dau ddeg pedwar arweinydd ysbrydol yn
syrthio i lawr ar eu hwynebau ac yn ei addoli hefyd. Wrth osod eu coronau ar lawr o flaen yr
orsedd roedden nhw'n dweud:

[11] "Ein Harglwydd a'n Duw!
Rwyt ti'n deilwng
o'r clod a'r anrhydedd a'r nerth.
Ti greodd bob peth,
ac mae popeth wedi'u creu yn bodoli
am mai dyna oeddet ti eisiau."

Y sgrôl a'r Oen

5 Yna gwelais fod sgrôl yn llaw dde yr Un oedd yn eistedd ar yr orsedd. Roedd ysgrifen
ar ddwy ochr y sgrôl ac roedd wedi'i selio â saith sêl. [2]Wedyn gwelais angel pwerus yn
cyhoeddi'n uchel, "Pwy sy'n deilwng i dorri'r seliau ar y sgrôl a'i hagor?" [3]Ond doedd neb yn
y nefoedd na'r ddaear na than y ddaear yn gallu agor y sgrôl i'w darllen. [4]Dyma fi'n dechrau
beichio crio am fod neb yn deilwng i agor y sgrôl a'i darllen. [5]Ond dyma un o'r arweinyddion
ysbrydol yn dweud wrtho i, "Stopia grio! Edrych! Mae'r Llew o lwyth Jwda,[g] disgynnydd
y Brenin Dafydd,[ng] wedi ennill y frwydr. Mae e'n gallu torri'r saith sêl ac agor y sgrôl."
[6]Yna gwelais Oen oedd yn edrych fel petai wedi'i ladd. Roedd yn sefyll rhwng yr orsedd a'r
pedwar creadur byw a'r arweinwyr ysbrydol oedd o'i chwmpas hi. Roedd ganddo saith corn
a saith llygad (yn cynrychioli Ysbryd cyflawn perffaith Duw sydd wedi'i anfon allan drwy'r
byd i gyd). [7]Aeth i gymryd y sgrôl o law dde yr Un oedd yn eistedd ar yr orsedd. [8]Ac wrth
iddo gymryd y sgrôl, dyma'r pedwar creadur byw a'r dau ddeg pedwar arweinydd ysbrydol
yn syrthio i lawr ar eu hwynebau o flaen yr Oen. Roedd telyn gan bob un ohonyn nhw, ac
roedden nhw'n dal powlenni aur yn llawn o arogldarth (sy'n cynrychioli gweddïau pobl Dduw).
[9]Roedden nhw'n canu cân newydd:

"Rwyt ti'n deilwng i gymryd y sgrôl
ac i dorri y seliau,
am dy fod ti wedi cael dy ladd yn aberth,
ac wedi prynu pobl i Dduw â'th waed –
pobl o bob llwyth ac iaith,
hil a chenedl.

---

g 5:5 *'Llew o lwyth Jwda'*. Yn Genesis 49:9 mae Jwda yn cael ei alw yn llew ifanc. Roedd y Brenin Dafydd yn dod o lwyth Jwda. ng 5:5 *disgynnydd y Brenin Dafydd:* Mae'r Groeg yn dweud "gwreiddyn Dafydd" sydd yn un o deitlau y Meseia – gw. Eseia 11:1,10.

4:5 adlais o Exodus 19:16-19 4:6-7 adlais o Eseciel 1:5-10
4:8 Eseia 6:3 (cf. Amos 3:13; 4:13; 5:14-16; 9:5-6,15; Hosea 12:5; Nahum 3:5; Sechareia 10:3; Malachi 2:16)

10 Rwyt wedi teyrnasu drostyn nhw
a'u gwneud yn offeiriaid i wasanaethu ein Duw.
Byddan nhw'n teyrnasu ar y ddaear."

11 Yna yn y weledigaeth, clywais sŵn tyrfa enfawr o angylion – miloedd ar filoedd ohonyn
nhw! ... miliynau! Roedden nhw'n sefyll yn gylch o gwmpas yr orsedd a'r creaduriaid byw
a'r arweinwyr ysbrydol, 12 ac yn canu'n uchel:

"Mae'r Oen gafodd ei ladd yn deilwng
i dderbyn grym a chyfoeth,
doethineb a nerth,
anrhydedd, ysblander a mawl!"

13 Yna clywais bopeth byw yn y nefoedd ac ar y ddaear, tan y ddaear ac ar y môr – y cwbl
i gyd – yn canu:

"Clod ac anrhydedd, gogoniant a nerth
am byth bythoedd,
i'r Un sy'n eistedd ar yr orsedd,
ac i'r Oen!"

14 "Amen!" meddai'r pedwar creadur byw, a dyma'r arweinwyr ysbrydol yn syrthio i lawr ar
eu hwynebau i addoli.

Y saith sêl

6 Rôn i'n gwylio'r Oen yn agor y gyntaf o'r saith sêl. A chlywais un o'r pedwar creadur
byw yn galw'n uchel mewn llais oedd yn swnio fel taran, "Tyrd allan!" 2 Yn sydyn roedd
ceffyl gwyn o mlaen i, a marchog ar ei gefn yn cario bwa a saeth. Cafodd ei goroni, ac yna aeth
i ffwrdd ar gefn y ceffyl fel un oedd yn mynd i goncro'r gelyn, yn benderfynol o ennill y frwydr.
3 Pan agorodd yr Oen yr ail sêl, clywais yr ail greadur byw yn galw'n uchel, "Tyrd allan!"
4 Yna daeth ceffyl arall allan – un fflamgoch. Cafodd y marchog ar ei gefn awdurdod i gymryd
heddwch o'r byd fel bod pobl yn lladd ei gilydd. Dyma gleddyf mawr yn cael ei roi iddo.
5 Pan agorodd yr Oen y drydedd sêl, clywais y trydydd creadur byw yn cyhoeddi'n uchel,
"Tyrd allan!" Edrychais, ac yn sydyn roedd ceffyl du o mlaen i, a'r marchog ar ei gefn yn dal
clorian yn ei law. 6 Yna clywais lais yn dod o ble roedd y pedwar creadur byw, yn cyhoeddi'n
uchel: "Cyflog diwrnod llawn am lond dwrn o wenith, neu am ryw ychydig o haidd! Ond paid
gwneud niwed i'r coed olewydd a'r gwinwydd!"
7 Pan agorodd yr Oen y bedwaredd sêl, clywais lais y pedwerydd creadur byw yn galw'n
uchel, "Tyrd allan!" 8 Edrychais, ac yn sydyn roedd ceffyl llwyd o mlaen i! Marwolaeth oedd
enw'r marchog oedd ar ei gefn, ac roedd Byd y Meirw yn dilyn yn glòs y tu ôl iddo. Dyma
nhw'n cael awdurdod dros chwarter y ddaear – awdurdod i ladd gyda'r cleddyf, newyn a haint,
ac anifeiliaid gwyllt.
9 Pan agorodd y bumed sêl, gwelais o dan yr allor y rhai oedd wedi cael eu lladd am
gyhoeddi neges Duw yn ffyddlon. 10 Roedden nhw'n gweiddi'n uchel, "O Feistr Sofran,
sanctaidd a gwir! Faint mwy sydd raid i ni aros cyn i ti farnu'r bobl sy'n perthyn i'r ddaear,
a dial arnyn nhw am ein lladd ni?" 11 Yna dyma fantell wen yn cael ei rhoi i bob un ohonyn nhw.
A gofynnwyd iddyn nhw aros ychydig yn hirach, nes i nifer cyflawn y rhai oedd yn gwasanaethu
gyda nhw gyrraedd, sef y brodyr a'r chwiorydd fyddai'n cael eu lladd fel cawson nhw eu lladd.
12 Wrth i mi wylio'r Oen yn agor y chweched sêl buodd daeargryn mawr. Trodd yr haul yn
ddu fel dillad galar, a'r lleuad yn goch i gyd fel gwaed. 13 Dyma'r sêr yn dechrau syrthio fel
ffigys gwyrdd yn disgyn oddi ar goeden pan mae gwynt cryf yn chwythu. 14 Diflannodd yr awyr
fel sgrôl yn cael ei rholio. A chafodd pob mynydd ac ynys eu symud o'u lle.

6:8 cyfeiriad at Eseciel 14:21   6:13,14 cyfeiriad at Eseia 34:4

15 Aeth pawb i guddio mewn ogofâu a thu ôl i greigiau yn y mynyddoedd – brenhinoedd a'u
prif swyddogion, arweinwyr milwrol, pobl gyfoethog, pobl bwerus, caethweision, dinasyddion
rhydd – pawb! 16 *Roedden nhw'n gweiddi ar y mynyddoedd a'r creigiau, "Syrthiwch arnon ni
a'n cuddio ni* o olwg yr Un sy'n eistedd ar yr orsedd, ac oddi wrth ddigofaint yr Oen! 17 Mae'r
diwrnod mawr iddo ddangos mor ddig ydy e wedi dod! Pa obaith sydd i unrhyw un?"

Y 144,000 o bobl Israel

7 Wedyn ces i weledigaeth arall. Roedd pedwar angel yn sefyll ar gyrion eithaf y ddaear – gogledd, de, dwyrain a gorllewin. Roedden nhw'n dal y pedwar gwynt yn ôl. Doedd dim
gwynt yn chwythu ar dir na môr, nac ar unrhyw goeden. 2 Wedyn dyma fi'n gweld angel arall yn
codi o gyfeiriad y dwyrain. Roedd sêl y Duw byw ganddo, a gwaeddodd yn uchel ar y pedwar angel
oedd wedi cael y gallu i wneud niwed i'r tir a'r môr: 3 "Peidiwch gwneud niwed i'r tir na'r môr na'r
coed nes i ni roi marc gyda sêl Duw ar dalcen y rhai sy'n ei wasanaethu." 4 Yna clywais faint o bobl
oedd i gael eu marcio gyda'r sêl: cant pedwar deg pedwar o filoedd o bobl llwythau Israel:

5 Cafodd deuddeg mil eu marcio o lwyth Jwda,
deuddeg mil o lwyth Reuben,
deuddeg mil o lwyth Gad,
6 deuddeg mil o lwyth Aser,
deuddeg mil o lwyth Nafftali,
deuddeg mil o lwyth Manasse,
7 deuddeg mil o lwyth Simeon,
deuddeg mil o lwyth Lefi,
deuddeg mil o lwyth Issachar,
8 deuddeg mil o lwyth Sabulon,
deuddeg mil o lwyth Joseff,
a deuddeg mil o lwyth Benjamin.

Y dyrfa enfawr yn gwisgo mentyll gwynion

9 Edrychais eto ac roedd tyrfa enfawr o bobl o mlaen i – tyrfa mor aruthrol fawr, doedd
dim gobaith i neb hyd yn oed ddechrau eu cyfri! Roedden nhw'n dod o bob cenedl, llwyth,
hil ac iaith, ac yn sefyll o flaen yr orsedd ac o flaen yr Oen. Roedden nhw'n gwisgo mentyll
gwynion, ac roedd canghennau palmwydd yn eu dwylo. 10 Roedden nhw'n gweiddi'n uchel:

"Ein Duw sydd wedi'n hachub ni! –
yr Un sy'n eistedd ar yr orsedd,
a'r Oen!"

11 Roedd yr holl angylion yn sefyll o gwmpas yr orsedd ac o gwmpas yr arweinwyr ysbrydol
a'r pedwar creadur byw. A dyma nhw'n syrthio i lawr ar eu hwynebau o flaen yr orsedd ac
yn addoli Duw, 12 gan ddweud:

"Amen!
Y mawl a'r ysblander,
y doethineb a'r diolch,
yr anrhydedd a'r gallu a'r nerth –
Duw biau'r cwbl oll, am byth bythoedd!
Amen!"

13 Yna dyma un o'r arweinyddion ysbrydol yn gofyn i mi, "Wyt ti'n gwybod pwy ydy'r bobl
hyn sy'n gwisgo mentyll gwynion, ac o ble maen nhw wedi dod?" 14 "Na, ti sy'n gwybod, syr",
meddwn innau. Yna meddai, "Dyma'r bobl sydd wedi dioddef yn y creisis mawr olaf. Maen

---

6:15 adlais o Eseia 34:12 a 2:10,18-21   6:16 Hosea 10:8   7:3 cyfeiriad at Eseciel 9:4

nhw wedi golchi eu dillad yn lân yng ngwaed yr Oen. 15Dyna pam maen nhw yma'n sefyll
o flaen gorsedd Duw, ac yn ei wasanaethu yn ei deml ddydd a nos. Bydd yr Un sy'n eistedd
ar yr orsedd yn eu cadw nhw'n saff. 16*Fyddan nhw byth eto'n dioddef o newyn na syched.*
Fyddan nhw byth eto yn cael eu llethu gan yr haul na gwynt poeth yr anialwch. 17Oherwydd
bydd yr Oen sydd wrth yr orsedd *yn gofalu amdanyn nhw fel bugail, ac yn eu harwain nhw*
at ffynhonnau o ddŵr ffres y bywyd. A bydd Duw yn sychu pob deigryn o'u llygaid nhw."

Y seithfed sêl a'r llestr aur

8 Pan agorodd yr Oen y seithfed sêl, aeth pobman yn y nefoedd yn hollol dawel am tua
hanner awr.
2Wedyn gwelais utgyrn yn cael eu rhoi i'r saith angel sy'n sefyll o flaen Duw. 3Yna dyma
angel arall yn dod, ac yn mynd i sefyll wrth yr allor. Roedd ganddo lestr aur yn ei ddwylo i losgi
arogldarth. Dyma bentwr o arogldarth yn cael ei roi iddo, i'w losgi ar yr allor aur o flaen yr
orsedd, ac i'w gyflwyno i Dduw gyda gweddïau ei bobl. 4Roedd mwg yr arogldarth a gweddïau
pobl Dduw yn codi o law yr angel at Dduw. 5Yna dyma'r angel yn llenwi'r llestr gyda marwor
o'r allor ac yna'n ei daflu i lawr i'r ddaear; ac roedd sŵn taranau a mellt a daeargryn.

Yr Utgyrn

6Dyma'r saith angel oedd â'r saith utgorn yn paratoi i'w canu.
7Dyma'r angel cyntaf yn canu ei utgorn, a dyma genllysg a thân wedi'i gymysgu â gwaed
yn cael ei hyrddio ar y ddaear. Cafodd un rhan o dair o'r ddaear ei llosgi, a'r coed a'r holl
blanhigion yn y rhan yna o'r byd.
8Dyma'r ail angel yn canu ei utgorn, a dyma rywbeth oedd yn edrych yn debyg i losgfynydd
enfawr yn ffrwydro ac yn cael ei daflu i'r môr. Trodd un rhan o dair o'r môr yn waed, 9lladdwyd
un rhan o dair o'r creaduriaid byw yn y môr, a dinistriwyd un rhan o dair o'r llongau.
10Dyma'r trydydd angel yn canu ei utgorn, a syrthiodd seren enfawr o'r awyr. Roedd yn
llosgi'n fflamau wrth ddisgyn. Syrthiodd ar un rhan o dair o'r afonydd a'r ffynhonnau dŵr.
11'Wermod' oedd enw'r seren, a trodd un rhan o dair o'r dŵr yn chwerw. Y canlyniad oedd
fod llawer o bobl wedi marw am fod y dŵr wedi troi'n chwerw.
12Dyma'r pedwerydd angel yn canu ei utgorn, a dyma un rhan o dair o'r haul a'r lleuad
a'r sêr yn cael eu taro. Dyma un rhan o dair ohonyn nhw'n troi'n dywyll. Doedd dim golau
am un rhan o dair o'r dydd, na'r nos chwaith.
13Wedyn gwelais eryr yn hedfan yn uchel yn yr awyr, a'i glywed yn gweiddi'n uchel: "Gwae!
Gwae! Gwae pawb sy'n perthyn i'r ddaear, o achos beth sy'n mynd i ddigwydd pan fydd y tri
angel arall yn canu eu hutgyrn!"
9 Yna dyma'r pumed angel yn canu ei utgorn, a gwelais seren oedd wedi syrthio o'r awyr
i'r ddaear. Dyma allwedd y pwll sy'n arwain i'r pydew diwaelod yn cael ei roi iddi. 2Pan
agorodd y seren y pwll i'r pydew diwaelod daeth mwg allan ohono fel mwg yn dod o ffwrnais
enfawr. Dyma'r mwg ddaeth allan o'r pwll yn achosi i'r haul a'r awyr fynd yn dywyll. 3Yna
dyma locustiaid yn dod allan o'r mwg i lawr ar y ddaear, ac roedd y gallu i ladd fel sgorpionau
wedi'i roi iddyn nhw. 4Dyma nhw'n cael gorchymyn i beidio gwneud niwed i'r glaswellt a'r
planhigion a'r coed. Dim ond y bobl hynny oedd heb eu marcio ar eu talcennau gyda sêl Duw
oedd i gael niwed. 5Ond doedden nhw ddim i fod i ladd y bobl hynny, dim ond eu poenydio
nhw am bum mis. (Roedd y poen yn debyg i'r poen mae rhywun sydd wedi cael pigiad gan
sgorpion yn ei ddioddef.)

6 Bydd pobl eisiau marw,
ond yn methu marw;

7:16 cyfeiriad at Eseia 49:10 7:17 adlais o Eseia 49:9-10; Salm 23:1-2 8:5 adlais o Exodus 19:16-19
8:7 adlais o Exodus 9:20-25 8:8-9 adlais o Exodus 7:17-18 8:12 adlais o Exodus 10:21-23
9:3 adlais o Exodus 10:12-15

byddan nhw'n dyheu am gael marw,
ond bydd marwolaeth yn dianc o'u gafael nhw.

7Roedd y locustiaid yn edrych yn debyg i geffylau yn barod i fynd i frwydr, ac roedden nhw'n
gwisgo rhywbeth tebyg i goron aur ar eu pennau. Roedd ganddyn nhw wynebau tebyg i wyneb
dynol, 8a gwallt hir fel gwallt gwragedd. Roedd ganddyn nhw ddannedd fel dannedd llew.
9Roedd eu dwyfron fel arfwisg, fel llurig haearn, ac roedd sŵn eu hadenydd fel sŵn llawer
o geffylau a cherbydau rhyfel yn rhuthro i frwydr. 10Roedd ganddyn nhw gynffonnau fel cynffon
sgorpion, a'u pigiad yn gallu poenydio pobl am bum mis. 11Angel y pydew diwaelod ydy eu
brenin nhw – Abadon ydy'r enw Hebraeg arno, neu Apolyon (sef 'Y Dinistrydd') yn yr iaith Roeg.
12Mae'r trychineb cyntaf wedi digwydd; ond edrychwch, mae dau arall yn dod!
13Dyma'r chweched angel yn canu ei utgorn. Yna clywais lais yn dod o'r lle roedd y cyrn ar
bedair cornel yr allor aur sydd o flaen Duw. 14Dwedodd y llais wrth y chweched angel oedd
ag utgorn, "Gollwng yn rhydd y pedwar angel sydd wedi'u rhwymo wrth afon fawr Ewffrates."
15Yna dyma'r pedwar angel yn cael eu gollwng yn rhydd. Roedden nhw wedi'u cadw ar gyfer yr
union awr hon ar yr union ddyddiad hwn, i ladd un rhan o dair o'r ddynoliaeth. 16Dyma nhw'n
arwain byddin o ddau gan miliwn o filwyr ar gefn ceffylau. Clywais y rhif! – dyna faint oedd yna.
17Dyma sut olwg oedd ar y ceffylau a'r marchogion a welais i: Roedd llurig eu harfwisg yn
goch fel tân, yn las tywyll ac yn felyn fel sylffwr. Roedd pennau'r ceffylau fel pennau llewod, ac
roedd tân a mwg a brwmstan yn dod allan o'u cegau. 18Cafodd un rhan o dair o'r ddynoliaeth
eu lladd gan y plâu, sef y tân, y mwg a'r brwmstan oedd yn dod allan o'u cegau. 19Ond roedd
gan y ceffylau rym yn eu cynffonnau hefyd. Roedd eu cynffonnau yn debyg i nadroedd gyda
phennau oedd yn gallu brathu ac anafu pobl.
20Ond wnaeth gweddill y ddynoliaeth ddim troi cefn ar eu drygioni (sef y bobl hynny wnaeth
y plâu ddim eu lladd). Roedden nhw'n dal i addoli cythreuliaid ac *eilunod o aur, arian, efydd,
carreg a phren – eilunod sy'n methu gweld na chlywed na cherdded!* 21Wnaethon nhw ddim
troi cefn ar yr holl lofruddio, na'r ddewiniaeth, na'r anfoesoldeb rhywiol, na'r dwyn chwaith.

Yr angel a'r sgrôl fechan

10 Yna gwelais angel pwerus arall yn dod i lawr o'r nefoedd. Roedd cwmwl fel petai
wedi'i lapio amdano, ac roedd enfys uwch ei ben. Roedd ei wyneb yn disgleirio fel
yr haul, a'i goesau yn edrych fel colofnau o dân. 2Roedd ganddo sgrôl fechan agored yn ei
law. Gosododd ei droed dde ar y môr a'i droed chwith ar y tir sych. 3Galwodd allan yn uchel
fel llew yn rhuo. Wrth iddo weiddi, clywyd sŵn saith taran. 4Pan glywyd sŵn y saith taran,
roeddwn ar fin ysgrifennu'r cwbl i lawr, ond clywais lais o'r nefoedd yn dweud, "Cadw beth
mae'r saith taran wedi'i ddweud yn gyfrinach; paid meiddio'i ysgrifennu i lawr!"
5Yna dyma'r angel rôn i wedi'i weld yn sefyll ar y môr a'r tir yn codi ei law dde. 6Aeth ar lw
yn enw yr Un sy'n byw byth bythoedd, yr un a greodd yr awyr a'r ddaear a'r môr a phopeth sydd
ynddyn nhw. Dwedodd: "Fydd dim mwy o oedi! 7Pan fydd y seithfed angel yn canu ei utgorn, bydd
cynllun dirgel Duw wedi'i gyflawni, yn union fel roedd wedi dweud wrth ei weision y proffwydi."
8Yna dyma'r llais o'r nefoedd yn siarad â mi unwaith eto: "Dos at yr angel sy'n sefyll ar
y môr a'r tir, a chymer y sgrôl fach agored sydd ganddo yn ei law."
9Felly dyma fi'n mynd at yr angel ac yn gofyn iddo roi y sgrôl fechan i mi. Dyma'r angel
yn dweud: "Cymer hi, a bwyta hi. Bydd yn troi'n chwerw yn dy stumog, ond bydd yn felys fel
mêl yn dy geg." 10Dyma fi'n cymryd y sgrôl fechan o law yr angel ac yn ei bwyta. Roedd yn
blasu'n felys fel mêl yn fy ngheg, ond ar ôl ei llyncu trodd yn chwerw yn fy stumog. 11Yna dyma
nhw'n dweud wrtho i: "Rwyt ti i broffwydo eto yn erbyn llawer iawn o bobloedd, cenhedloedd,
ieithoedd a brenhinoedd."

9:20 adlais o Daniel 5:4,23 (cf. Salm 115:4-7; 135:15-17; Deuteronomium 4:28)
10:5 cyfeiriad at Daniel 12:7 (cf. Deuteronomium 32:40)
10:6 adlais o Exodus 20:11 (cf. Nehemeia 8:6; Salm 146:6) 10:9 adlais o Eseciel 2:8 – 3:3

Y ddau dyst

11 Dyma wialen hir fel ffon fesur yn cael ei rhoi i mi, a dwedwyd wrtho i, "Dos i fesur
teml Dduw a'r allor, a hefyd cyfri faint o bobl sy'n addoli yno. 2Ond paid cynnwys
y cwrt allanol, am fod hwnnw wedi'i roi i bobl o genhedloedd eraill. Byddan nhw'n cael
rheoli'r ddinas sanctaidd am bedwar deg dau mis. 3Yna bydda i'n rhoi awdurdod i'r ddau
dyst sydd gen i, a byddan nhw'n gwisgo sachliain ac yn proffwydo am fil dau gant a chwe
deg diwrnod." 4Nhw ydy'r ddwy goeden olewydd a'r ddwy ganhwyllbren sy'n sefyll o flaen
Arglwydd y ddaear. 5Os oes rhywun yn ceisio gwneud niwed iddyn nhw, mae tân yn dod
allan o'u cegau ac yn dinistrio'u gelynion. Dyna sut mae unrhyw un sydd am wneud niwed
iddyn nhw yn marw. 6Maen nhw wedi cael yr awdurdod i wneud iddi beidio glawio yn ystod
y cyfnod pan maen nhw'n proffwydo; ac mae ganddyn nhw'r gallu i droi dyfroedd yn waed
ac i daro'r ddaear â phlâu mor aml â maen nhw eisiau.
7Ond pan fydd yr amser iddyn nhw dystio ar ben, bydd yr anghenfil sy'n dod allan o'r
pwll diwaelod yn ymosod arnyn nhw, ac yn eu trechu a'u lladd. 8Bydd eu cyrff yn gorwedd
ar brif stryd y ddinas fawr (sy'n cael ei galw yn broffwydol yn 'Sodom' ac 'Aifft') – y ddinas
lle cafodd eu Harglwydd nhw ei groeshoelio. 9Am dri diwrnod a hanner bydd pobl o bob hil,
llwyth, iaith a chenedl yn edrych ar eu cyrff ac yn gwrthod eu claddu. 10Bydd y bobl sy'n
perthyn i'r ddaear wrth eu bodd ac yn dathlu a rhoi anrhegion i'w gilydd, am fod y ddau
broffwyd yma wedi bod yn gymaint o boen iddyn nhw.
11Ond, ar ôl tri diwrnod a hanner daeth anadl oddi wrth Dduw i roi bywyd ynddyn nhw,
a dyma nhw'n sefyll ar eu traed. Roedd pawb welodd nhw wedi dychryn am eu bywydau.
12Wedyn dyma nhw'n clywed llais pwerus o'r nefoedd yn dweud wrthyn nhw, "Dewch i fyny
yma." A dyma gwmwl yn eu codi nhw i fyny i'r nefoedd, tra oedd eu gelynion yn sefyll yn
edrych ar y peth yn digwydd.
13Y funud honno buodd daeargryn mawr a chafodd un rhan o ddeg o'r ddinas ei dinistrio.
Cafodd saith mil o bobl eu lladd gan y daeargryn. Roedd pawb oedd yn dal yn fyw wedi
dychryn am eu bywydau, a dyma nhw'n dechrau clodfori Duw'r nefoedd mewn panig.
14Mae'r ail drychineb wedi digwydd; ond edrychwch mae trydydd ar fin dod.

Y seithfed utgorn

15Dyma'r seithfed angel yn canu utgorn, ac roedd lleisiau uchel yn y nefoedd yn dweud:

"Mae teyrnas y byd
wedi dod yn deyrnas ein Harglwydd a'i Feseia,
a bydd yn teyrnasu am byth bythoedd."

16A dyma'r dau ddeg pedwar arweinydd ysbrydol, oedd yn eistedd ar eu gorseddau o flaen
Duw, yn syrthio i lawr ar eu hwynebau ac yn addoli Duw, 17gan ddweud:

"Diolch i ti, Arglwydd Dduw Hollalluog,
yr Un sydd ac oedd,
am gymryd yr awdurdod sydd gen ti
a dechrau teyrnasu.
18 *Roedd y cenhedloedd wedi gwylltio;*
ond nawr mae'n amser i ti fod yn ddig.
Mae'r amser wedi dod i farnu y rhai sydd wedi marw,
ac i wobrwyo dy weision y proffwydi
a'th bobl dy hun, a'r rhai sy'n parchu dy enw di,
yn fawr a bach –

11:2 gw. Luc 21:24 11:4 adlais o Sechareia 4:11-14 11:6 a 1 Brenhinoedd 17:1; b Exodus 7:17-19
11:18 Salm 2:1

a hefyd i ddinistrio'n llwyr
y rhai hynny sy'n dinistrio'r ddaear."

19 Yna dyma ddrysau teml Dduw yn y nefoedd yn agor, ac roedd modd gweld arch yr
ymrwymiad[h] y tu mewn iddi. Ac roedd mellt a sŵn taranau a daeargryn a storm fawr o genllysg.

Y Wraig a'r Ddraig

12 Dyma arwydd rhyfeddol yn ymddangos yn y nefoedd: gwraig wedi'i gwisgo â'r haul.
Roedd y lleuad dan ei thraed ac roedd coron o saith seren ar ei phen. 2 Roedd y wraig
yn feichiog ac yn gweiddi mewn poen am fod y plentyn wedi dechrau cael ei eni. 3 A dyma
arwydd arall yn ymddangos yn y nefoedd: draig goch enfawr oedd â saith pen ganddi, a deg
corn, a saith coron ar ei phennau. 4 Dyma gynffon y ddraig yn ysgubo un rhan o dair o'r sêr
o'r awyr ac yn eu taflu i'r ddaear. Safodd y ddraig o flaen y wraig oedd ar fin geni plentyn,
yn barod i lyncu ei phlentyn yr eiliad y byddai yn cael ei eni. 5 Cafodd y wraig fab – bachgen
fydd yn teyrnasu dros yr holl genhedloedd gyda theyrnwialen haearn. Dyma'r plentyn yn cael
ei gipio i fyny at Dduw ac at ei orsedd. 6 Dyma'r wraig yn dianc i'r anialwch i le oedd Duw
wedi'i baratoi iddi, lle byddai hi'n ddiogel am fil dau gant chwe deg diwrnod.

7 Yna dyma ryfel yn cychwyn yn y nefoedd. Roedd Michael a'i angylion yn ymladd yn erbyn
y ddraig. Roedd y ddraig a'i hangylion yn ymladd yn ôl, 8 ond doedd hi ddim digon cryf,
a dyma nhw'n colli eu lle yn y nefoedd. 9 Dyma'r ddraig fawr yn cael ei hyrddio i lawr (sef yr
hen sarff sy'n cael ei galw 'y diafol' a 'Satan' ac sy'n twyllo'r byd i gyd). Cafodd ei hyrddio
i lawr i'r ddaear, a'i hangylion gyda hi.

10 Yna clywais lais uchel yn y nefoedd yn dweud:

"Mae Duw wedi achub, cymryd y grym, a dod i deyrnasu,
ac mae'r awdurdod gan ei Feseia.
Oherwydd mae cyhuddwr y brodyr a'r chwiorydd
(yr un oedd yn eu cyhuddo nhw o flaen Duw ddydd a nos),
wedi cael ei hyrddio i lawr.
11 Maen nhw wedi ennill y frwydr
am fod yr Oen wedi marw'n aberth,
ac am iddyn nhw dystio i'r neges.
Dim ceisio amddiffyn eu hunain wnaeth y rhain –
doedd ganddyn nhw ddim ofn marw.
12 Felly bydd lawen nefoedd!
Llawenhewch bawb sy'n byw yno!
Ond gwae chi'r ddaear a'r môr,
oherwydd mae'r diafol wedi dod i lawr atat,
ac wedi gwylltio'n gandryll,
am ei fod yn gwybod mai ychydig amser sydd ganddo ar ôl."

13 Pan sylweddolodd y ddraig ei bod wedi cael ei hyrddio i'r ddaear dyma hi'n erlid ar ôl
y wraig oedd wedi rhoi genedigaeth i'r bachgen. 14 Ond cafodd adenydd eryr mawr eu rhoi
i'r wraig, iddi allu hedfan i'r lle oedd wedi'i baratoi iddi yn yr anialwch. Yno byddai hi'n saff
allan o gyrraedd y ddraig am dair blynedd a hanner. 15 Yna dyma'r sarff yn chwydu dŵr fel
afon i geisio dal y wraig a'u hysgubo i ffwrdd gyda'r llif. 16 Ond dyma'r ddaear yn helpu'r
wraig drwy agor a llyncu yr afon oedd y ddraig wedi'i chwydu o'i cheg. 17 Roedd y ddraig yn
wyllt gynddeiriog gyda'r wraig, ac aeth allan i ryfela yn erbyn gweddill ei phlant – yn erbyn
y rhai sy'n ufudd i orchmynion Duw ac yn dal ati i dystio i Iesu.

---

h 11:19 *arch yr ymrwymiad:* Yn yr Hen Destament roedd yr arch yn symbol o'r ffaith fod Duw gyda'i bobl.
12:5 cyfeiriad at Salm 2:9

Yr anghenfil o'r môr

18 Safodd y ddraig ar lan y môr,
13 a gwelais anghenfil yn dod allan o'r môr. Roedd ganddo ddeg corn a saith pen. Roedd
coron ar bob un o'i gyrn, ac enw cableddus ar bob un o'i bennau. 2 Roedd yr anghenfil
yn debyg i lewpard, ond roedd ei draed fel pawennau arth a'i geg fel ceg llew. Dyma'r ddraig
yn rhoi iddo ei grym a'i gorsedd a'i hawdurdod mawr. 3 Roedd un o bennau'r anghenfil yn
edrych fel petai wedi derbyn anaf marwol, ond roedd yr anaf wedi cael ei iacháu. Roedd
pobl y byd i gyd wedi'u syfrdanu gan hyn ac yn dilyn yr anghenfil. 4 Roedden nhw'n addoli
y ddraig am mai hi oedd wedi rhoi awdurdod i'r anghenfil, ac roedden nhw hefyd yn addoli yr
anghenfil. Roedden nhw'n siantio, "Pwy sydd fel yr anghenfil? Does neb yn gallu ei ymladd e!"
5 Cafodd yr anghenfil siarad, ac roedd yn brolio ac yn cablu. Cafodd hawl
i ddefnyddio'i awdurdod am bedwar deg dau o fisoedd. 6 Bob tro roedd yn agor ei geg roedd
yn cablu Duw ac yn enllibio ei enw a'i gysegr a phawb sydd â'u cartref yn y nefoedd. 7 Cafodd
ganiatâd i ryfela yn erbyn pobl Dduw ac i'w concro nhw, a chafodd awdurdod dros bob llwyth,
hil, iaith a chenedl. 8 Yn wir, bydd pawb sy'n perthyn i'r ddaear yn addoli'r anghenfil – pawb
dydy eu henwau nhw ddim wedi'u cofnodi yn Llyfr y Bywyd ers i'r byd gael ei greu (sef llyfr
yr Oen gafodd ei ladd yn aberth).
9 Dylai pawb wrando'n ofalus ar hyn!

10 *Y rhai sydd i gael eu caethiwo,*
byddan nhw'n cael eu caethiwo.
Y rhai sydd i gael eu lladd â'r cleddyf,
byddan nhw'n cael eu lladd â'r cleddyf.

Mae hyn yn dangos bod rhaid i bobl Dduw ddangos dycnwch a bod yn ffyddlon.

Yr anghenfil o'r ddaear

11 Gwelais anghenfil arall wedyn, yn codi o'r ddaear. Roedd ganddo ddau gorn yr un fath ag
oen, ond roedd yn swnio fel draig. 12 Roedd yn gweinyddu holl awdurdod yr anghenfil cyntaf
ar ei ran. Roedd yn gwneud i bawb oedd yn byw ar y ddaear addoli yr anghenfil cyntaf, sef
yr un â'r anaf marwol oedd wedi cael ei iacháu. 13 Roedd yn gwneud gwyrthiau anhygoel –
hyd yn oed yn gwneud i dân ddisgyn o'r nefoedd i'r ddaear o flaen llygaid pawb. 14 Am ei
fod yn gallu gwneud gwyrthiau ar ran yr anghenfil cyntaf, llwyddodd i dwyllo pawb oedd
yn perthyn i'r ddaear. Rhoddodd orchymyn iddyn nhw godi delw er anrhydedd i'r anghenfil
cyntaf oedd wedi'i anafu â'r cleddyf ac eto'n dal yn fyw. 15 Ond hefyd cafodd y gallu i roi
anadl i'r ddelw o'r anghenfil cyntaf, fel bod hwnnw'n gallu siarad a gwneud i bawb oedd
yn gwrthod addoli'r ddelw gael eu lladd. 16 Roedd hefyd yn gorfodi pawb i gael marc ar eu
llaw dde ac ar eu talcen – ie, pawb, yn fach a mawr, cyfoethog a thlawd, dinasyddion rhydd
a chaethweision. 17 Doedd neb yn gallu prynu a gwerthu oni bai fod ganddyn nhw'r marc, sef
enw'r anghenfil neu'r rhif sy'n cyfateb i'w enw.
18 Mae angen doethineb i ddeall hyn. Bydd y rhai sydd â dirnadaeth yn deall beth ydy
ystyr rhif yr anghenfil – mae'n cynrychioli person arbennig. Y rhif ydy chwe chant chwe deg
chwech.

Yr Oen a'r 144,000

14 Edrychais wedyn, a dyma welais: yr Oen yn sefyll ar Fynydd Seion.[i] Roedd cant pedwar
deg pedair mil o bobl gydag e, ac roedd ei enw e ac enw ei Dad ar eu talcennau. 2 Yna
clywais sŵn o'r nefoedd oedd yn debyg i raeadrau o ddŵr neu daran uchel. Sŵn telynorion
yn canu eu telynau oedd e. 3 Dyna ble roedden nhw, yn canu cân newydd o flaen yr orsedd

i 14:1 *Mynydd Seion:* Enw arall ar Jerwsalem.
13:2 adlais o Daniel 7:3-8 13:5,6 gw. Daniel 7:8,25; 11:36 13:10 adlais o Jeremeia 15:2 a 43:11

a'r pedwar creadur byw a'r arweinwyr ysbrydol. Dim ond y cant pedwar deg pedair mil
o bobl oedd wedi'u rhyddhau o'r ddaear oedd yn gallu dysgu'r gân hon. 4 Dyma'r rhai sydd
wedi cadw eu hunain yn bur, a heb halogi eu hunain gyda gwragedd. Maen nhw'n dilyn yr
Oen ble bynnag mae e'n mynd. Maen nhw wedi cael eu prynu i ryddid o blith y ddynoliaeth
a'u cyflwyno i Dduw a'r Oen fel ffrwythau cyntaf y cynhaeaf. 5 Wnaethon nhw ddim dweud
celwydd. Maen nhw'n gwbl ddi-fai.

Y tri angel

6 Wedyn gwelais angel arall yn hedfan yn uchel yn yr awyr, ac roedd ganddo neges
dragwyddol i'w chyhoeddi i bawb sy'n byw ar y ddaear; i bobl o bob cenedl, llwyth, iaith,
a hil. 7 Roedd yn cyhoeddi'n uchel, "Ofnwch Dduw, a rhoi'r clod iddo! Mae'r amser iddo farnu
wedi dod. Addolwch yr Un greodd y nefoedd, y ddaear, y môr a'r ffynhonnau dŵr!"
8 Dyma ail angel yn ei ddilyn gan gyhoeddi hyn: "*Mae wedi syrthio! Mae Babilon fawr
wedi syrthio!* – yr un wnaeth i'r holl genhedloedd yfed gwin ei chwant anfoesol nwydwyllt."
9 Yna daeth trydydd angel ar eu hôl yn cyhoeddi'n uchel: "Pwy bynnag sy'n addoli'r
anghenfil a'i ddelw, ac sydd â'i farc ar eu talcen neu ar eu llaw, 10 bydd rhaid iddyn nhw yfed
gwin digofaint Duw. Mae'n win cryf ac wedi'i dywallt i gwpan ei lid. Byddan nhw'n cael eu
poenydio gyda thân a brwmstan yng ngwydd yr angylion sanctaidd a'r Oen. 11 A bydd y mwg
o'r tân sy'n eu poenydio yn codi am byth bythoedd. Fydd dim gorffwys o gwbl i'r rhai sy'n
addoli'r anghenfil a'i ddelw, nac i unrhyw un sydd wedi'i farcio â'i enw." 12 Mae hyn yn dangos
fod dycnwch pobl Dduw yn golygu bod yn ufudd i orchmynion Duw ac aros yn ffyddlon i Iesu.
13 Wedyn clywais lais o'r nefoedd yn dweud: "Ysgrifenna hyn: Mae'r bobl sydd wedi marw
ar ôl dod i berthyn i'r Arglwydd wedi'u bendithio'n fawr!"

"Ydyn wir!" meddai'r Ysbryd, "Byddan nhw'n gorffwys o'u gwaith caled. A bydd cofnod
o beth wnaethon nhw yn mynd ar eu holau."

Cynhaeaf y ddaear

14 Edrychais eto, ac roedd cwmwl gwyn o mlaen i. Roedd un "oedd yn edrych fel person
dynol"[l] yn eistedd ar y cwmwl; roedd ganddo goron o aur am ei ben a chryman miniog yn ei
law. 15 Yna daeth angel arall allan o'r deml a galw'n uchel ar yr un oedd yn eistedd ar y cwmwl,
"Defnyddia dy gryman i ddechrau medi'r cynhaeaf! Mae cynhaeaf y ddaear yn aeddfed ac
mae'n amser medi." 16 Felly dyma'r un oedd yn eistedd ar y cwmwl yn defnyddio'i gryman ar
y ddaear ac yn casglu'r cynhaeaf.
17 Daeth angel arall allan o'r deml yn y nefoedd, ac roedd ganddo yntau gryman miniog.
18 Yna daeth angel arall eto allan o'r cysegr (yr un oedd yn gofalu am y tân ar yr allor).
Galwodd yn uchel ar yr angel oedd â'r cryman miniog ganddo, "Defnyddia dy gryman i gasglu
y sypiau grawnwin o winwydden y ddaear. Mae ei ffrwyth yn aeddfed." 19 Felly dyma'r angel yn
defnyddio'i gryman ar y ddaear, ac yn casglu'r cynhaeaf grawnwin a'i daflu i mewn i winwryf
mawr digofaint Duw. 20 Cafodd y gwinwryf ei sathru y tu allan i waliau'r ddinas, a llifodd
gwaed allan ohono. Roedd cymaint o waed nes ei fod mor uchel â ffrwynau ceffylau am
bellter o tua 300 cilomedr.

Saith angel gyda saith pla

15 Gwelais arwydd arall yn y nefoedd, un anhygoel a rhyfeddol: Saith angel gyda'r saith
pla olaf. Y plâu yma fyddai'r mynegiant olaf o ddigofaint Duw. 2 A gwelais rywbeth
oedd yn edrych yn debyg i fôr o wydr a thân fel petai'n ymledu drwyddo. Ar lan y môr o wydr
safai'r bobl oedd wedi ennill y frwydr yn erbyn yr anghenfil a'i ddelw, a hefyd y rhif oedd yn

---

l 14:14 *oedd yn edrych fel person dynol:* gw. y nodyn ar 1:13.
14:8 adlais o Eseia 21:9 14:15 adlais o Joel 3:13 14:18 adlais o Joel 3:13

cyfateb i'w enw. Roedd ganddyn nhw delynau roedd Duw wedi'u rhoi iddyn nhw, [3]ac roedden nhw'n canu cân Moses, gwas Duw, a chân yr Oen:

"Mae popeth rwyt yn ei wneud
mor anhygoel a rhyfeddol
Arglwydd Dduw Hollalluog.
Mae beth rwyt yn ei wneud
yn gyfiawn a theg,
Frenin pob oes.
4 Pwy fyddai ddim yn dy barchu di,
a chanmol dy enw di, Arglwydd?
Oherwydd dim ond ti sy'n sanctaidd.
Bydd pobl y gwledydd i gyd yn dod
i addoli o dy flaen di,
oherwydd mae'n amlwg
fod beth wnaethost ti yn gyfiawn."

[5]Yna ces i weledigaeth arall. Roedd y deml, sef 'pabell y dystiolaeth'. ar agor yn y nefoedd.
[6]Allan ohoni daeth y saith angel gyda'r saith pla. Roedden nhw wedi'u gwisgo mewn lliain
glân disglair, gyda sash aur am eu canol. [7]Wedyn dyma un o'r pedwar creadur byw yn rhoi
powlen aur i bob un o'r saith angel. Roedd y powlenni yn llawn o ddigofaint y Duw sy'n byw
am byth bythoedd. [8]Yna dyma fwg ysblander a nerth Duw yn llenwi'r deml. Doedd neb yn
gallu mynd i mewn i'r deml nes i saith pla y saith angel ddigwydd.

Saith powlen digofaint Duw

16 Wedyn clywais lais o'r deml yn dweud yn glir wrth y saith angel, "Ewch! Tywalltwch
saith powlen digofaint Duw ar y ddaear!"
[2]Dyma'r angel cyntaf yn mynd ac yn tywallt beth oedd yn ei fowlen ar y tir. Dyma friwiau
cas yn dod i'r golwg ar gyrff y bobl hynny oedd â marc yr anghenfil arnyn nhw ac oedd yn
addoli ei ddelw.
[3]Yna dyma'r ail angel yn tywallt beth oedd yn ei fowlen e ar y môr, a throdd fel gwaed
rhywun oedd wedi marw. Dyma bopeth yn y môr yn marw.
[4]Yna dyma'r trydydd angel yn tywallt beth oedd yn ei fowlen ar yr afonydd a'r ffynhonnau dŵr,
a dyma nhw'n troi'n waed. [5]A dyma fi'n clywed yr angel oedd yn gyfrifol am y dyfroedd yn dweud:

"Rwyt ti'n gyfiawn wrth gosbi fel hyn –
yr Un sydd, ac oedd – yr Un Sanctaidd!
6 Maen nhw wedi tywallt gwaed
dy bobl di a'th broffwydi,
ac rwyt ti wedi rhoi gwaed iddyn nhw ei yfed.
Dyna maen nhw yn ei haeddu!"

[7]A dyma fi'n clywed rhywun o'r allor yn ateb:

"Ie wir, Arglwydd Dduw Hollalluog,
mae dy ddyfarniad di bob amser
yn deg ac yn gyfiawn."

[8]Dyma'r pedwerydd angel yn tywallt beth oedd yn ei fowlen e ar yr haul, a dyma'r haul yn
cael y gallu i losgi pobl gyda'i wres. [9]Ond y cwbl wnaeth y bobl gafodd eu llosgi'n y gwres
tanbaid oedd melltithio enw Duw, yr Un oedd yn rheoli'r plâu. Roedden nhw'n gwrthod
newid eu ffyrdd a rhoi'r clod iddo.

15:5 gw. Numeri 9:15 16:4 gw. Exodus 7:17-21; Salm 78:44

[10]Yna dyma'r pumed angel yn tywallt beth oedd yn ei fowlen e ar orsedd yr anghenfil, a dyma'i deyrnas yn cael ei bwrw i dywyllwch dudew. Roedd pobl yn brathu eu tafodau mewn poen [11]ac yn melltithio Duw'r nefoedd o achos y poen a'r briwiau ar eu cyrff. Ond roedden nhw'n gwrthod newid eu ffyrdd a throi cefn ar beth roedden nhw'n ei wneud.

[12]Yna dyma'r chweched angel yn tywallt beth oedd yn ei fowlen e ar afon fawr Ewffrates. Sychodd yr afon fel bod brenhinoedd o'r dwyrain yn gallu ei chroesi.

[13]Wedyn gwelais dri ysbryd drwg oedd yn edrych rywbeth tebyg i lyffantod. Daethon nhw allan o geg y ddraig, a cheg yr anghenfil a cheg y proffwyd ffug. [14]Ysbrydion cythreulig ydyn nhw, a'r gallu ganddyn nhw i wneud gwyrthiau rhyfeddol. Dyma nhw'n mynd allan at frenhinoedd y ddaear i'w casglu at ei gilydd i ymladd yn y frwydr olaf ar ddiwrnod mawr y Duw Hollalluog.

[15]"Edrychwch! Dw i'n dod fel lleidr!" meddai Iesu. "Bydd y rhai sy'n cadw'n effro yn cael eu bendithio'n fawr! Bydd dillad ganddyn nhw, a fyddan nhw ddim yn cerdded o gwmpas yn noeth ac yn teimlo cywilydd pan fydd pobl yn edrych arnyn nhw."

[16]Felly dyma'r ysbrydion drwg yn casglu'r brenhinoedd at ei gilydd i'r lle sy'n cael ei alw yn Hebraeg yn Armagedon.[II]

[17]Dyma'r seithfed angel yn tywallt beth oedd yn ei fowlen e i'r awyr, a dyma lais uchel o'r orsedd yn y deml yn dweud, "Dyna'r diwedd!" [18]Ac roedd mellt a sŵn taranau a daeargryn mawr. Fuodd yna erioed ddaeargryn mor ofnadwy yn holl hanes y byd – roedd yn aruthrol! [19]Dyma'r ddinas fawr yn hollti'n dair, a dyma ddinasoedd y cenhedloedd i gyd yn cael eu chwalu. Cofiodd Duw beth oedd Babilon fawr wedi'i wneud a rhoddodd iddi y gwpan oedd yn llawn o win ei ddigofaint ffyrnig. [20]Diflannodd pob ynys a doedd dim mynyddoedd i'w gweld yn unman. [21]Yna dyma genllysg anferthol yn disgyn ar bobl o'r awyr – yn pwyso tua 40 cilogram yr un! Roedd y bobl yn melltithio Duw o achos y pla o genllysg, am fod y pla mor ofnadwy.

Y wraig ar gefn yr anghenfil

17 Dyma un o'r saith angel gyda'r powlenni yn dod ata i, a dweud, "Tyrd, a gwna i ddangos i ti y gosb mae'r butain fawr sy'n eistedd ar ddyfroedd lawer yn ei ddioddef. [2]Mae brenhinoedd y ddaear wedi cael rhyw gyda hi, a phobl y byd i gyd wedi meddwi ar win ei hanfoesoldeb."

[3]Dyma'r angel yn fy nghodi fi dan ddylanwad yr Ysbryd a mynd â fi i anialwch. Yno gwelais wraig yn eistedd ar gefn anghenfil ysgarlad. Roedd gan yr anghenfil saith pen a deg corn, ac roedd wedi'i orchuddio gydag enwau cableddus. [4]Roedd y wraig yn gwisgo gwisg o borffor ac ysgarlad, ac wedi addurno ei hun gyda thlysau o aur a gemau gwerthfawr a pherlau. Roedd ganddi gwpan aur yn ei llaw, yn llawn o bethau ffiaidd a budreddi ei hanfoesoldeb. [5]Ar ei thalcen roedd teitl cryptig wedi'i ysgrifennu:

BABILON FAWR,
MAM PUTEINIAID A PHETHAU FFIAIDD Y DDAEAR

[6]Gwelais fod y wraig wedi meddwi ar waed pobl Dduw, sef gwaed y bobl hynny oedd wedi bod yn dystion i Iesu. Pan welais hi roeddwn i'n gwbl ddryslyd. [7]A dyma'r angel yn gofyn i mi, "Pam wyt ti'n teimlo'n ddryslyd? Gad i mi esbonio i ti ystyr cudd y wraig a'r anghenfil mae hi'n eistedd ar ei gefn, yr un gyda'r saith pen a'r deg corn. [8]Roedd yr anghenfil welaist ti yn fyw ar un adeg, ond ddim bellach. Ond mae ar fin dod allan o'r pydew diwaelod i gael ei ddinistrio. Bydd pawb sy'n perthyn i'r ddaear (y rhai dydy eu henwau nhw ddim wedi'u cofnodi yn Llyfr y Bywyd ers i'r byd gael ei greu), yn syfrdan pan fyddan nhw'n gweld yr anghenfil oedd yn fyw ar un adeg, ond ddim mwyach, ac sy'n mynd i ddod yn ôl eto. [9]Mae angen meddwl craff a dirnadaeth i ddeall hyn. Saith bryn ydy'r saith pen mae'r wraig yn eistedd arnyn nhw. Maen

---

II 16:16 *Armagedon:* Ystyr *Har Megido* ydy 'Bryn Megido'. lle bu brwydrau mawr yn y gorffennol (gw. Barnwyr 5:19; 2 Brenhinoedd 23:29-30).

16:10 gw. Exodus 10:21 16:18-21 adlais o Exodus 19:16-19 17:1 adlais o Jeremeia 51:13
17:2 adlais o Eseia 23:17

nhw hefyd yn cynrychioli saith brenin. [10]Mae pump ohonyn nhw eisoes wedi syrthio, mae un
yn frenin ar hyn o bryd, ac mae'r llall heb ddod eto. Pan fydd hwnnw'n dod, fydd e ond yn
aros am amser byr. [11]Yr anghenfil oedd yn fyw ar un adeg, ond ddim bellach, ydy'r wythfed
brenin (y mae yntau yr un fath â'r saith, ac yn mynd i gael ei ddinistrio).
[12]"Mae'r deg corn welaist ti yn cynrychioli deg brenin sydd heb deyrnasu eto, ond byddan
nhw'n cael awdurdod i deyrnasu gyda'r anghenfil am amser byr. [13]Maen nhw i gyd yn rhannu'r
un bwriad, a byddan nhw'n rhoi eu hawdurdod i'r anghenfil. [14]Byddan nhw'n rhyfela yn erbyn
yr Oen, ond bydd yr Oen yn ennill y frwydr am ei fod yn Arglwydd ar arglwyddi ac yn Frenin ar
frenhinoedd. A bydd ei ddilynwyr ffyddlon – y rhai sydd wedi'u galw a'u dewis ganddo – yn
rhannu'r fuddugoliaeth gydag e."
[15]Wedyn dyma'r angel yn mynd ymlaen i ddweud hyn wrtho i: "Mae'r dyfroedd welaist ti,
lle mae'r butain yn eistedd, yn cynrychioli'r gwahanol bobloedd, tyrfaoedd, cenhedloedd ac
ieithoedd. [16]Bydd y deg corn welaist ti, a'r anghenfil hefyd, yn dod i gasáu y butain. Byddan
nhw yn ei dinistrio hi'n llwyr ac yn ei gadael yn gwbl noeth; byddan nhw'n llarpio ei chnawd
ac yn ei llosgi â thân. [17]Mae Duw wedi plannu'r syniad yn eu meddyliau nhw er mwyn cyflawni
ei bwrpas, a hefyd wedi'u cael nhw i rannu'r un bwriad ac i roi eu hawdurdod brenhinol i'r
anghenfil, nes bydd beth ddwedodd Duw yn dod yn wir. [18]Y wraig welaist ti ydy'r ddinas fawr
sy'n llywodraethu dros frenhinoedd y ddaear."

Cwymp Babilon

18 Yna gwelais angel arall yn dod i lawr o'r nefoedd. Roedd ganddo awdurdod mawr,
ac roedd ei ysblander yn goleuo'r ddaear. [2]Cyhoeddodd yn uchel:

"*Mae wedi syrthio! Mae Babilon fawr wedi syrthio!*
Mae wedi troi'n gartref i gythreuliaid
ac yn gyrchfan i'r holl ysbrydion drwg
ac i bob aderyn aflan,
ac i bob anifail aflan a ffiaidd.
[3] *Mae'r holl genhedloedd wedi yfed*
gwin ei chwant anfoesol nwydwyllt.
Mae brenhinoedd y ddaear wedi cael rhyw gyda'r butain,
ac mae pobl fusnes y ddaear wedi ennill cyfoeth mawr
o'i moethusrwydd eithafol."

[4]Wedyn clywais lais arall o'r nefoedd yn dweud:
"*Fy mhobl, dewch allan o'r ddinas,*
er mwyn i chi beidio pechu gyda hi.
Wedyn bydd y plâu fydd yn dod i'w chosbi hi
ddim yn eich cyffwrdd chi.
[5] Mae ei phechodau hi yn bentwr anferth i'r nefoedd,
ac mae Duw wedi cofio ei holl droseddau hi.
[6] *Gwna iddi hi beth mae hi wedi'i wneud i eraill;*
tala nôl iddi ddwywaith cymaint ag mae wedi'i wneud.
Rho iddi siâr ddwbl o'i ffisig ei hun!
[7] Yn lle'r ysblander a'r moethusrwydd gymerodd iddi'i hun,
rho'r un mesur o boen a gofid iddi hi.
Mae hi mor siŵr ohoni hi ei hun!
'Brenhines ydw i, yn eistedd ar orsedd;
fydda i ddim yn weddw,
a fydd dim rhaid i mi alaru byth!' meddai.

18:2 adlais o Eseia 21:9 18:3 adlais o Eseia 23:17 18:4 adlais o Jeremeia 51:45 (cf. Eseia 48:20; 52:11)
18:6 adlais o Jeremeia 50:29

8 Dyna'n union pam bydd y plâu yn ei tharo'n sydyn:
marwolaeth, galar a newyn.
Bydd yn cael ei dinistrio gan dân,
oherwydd mae'r Arglwydd Dduw sy'n ei barnu hi yn Dduw grymus!

9"*Bydd brenhinoedd y ddaear gafodd ryw gyda'r butain a rhannu ei moethusrwydd, yn crio'n chwerw wrth weld y mwg yn codi pan gaiff ei llosgi.* 10Byddan nhw'n sefyll yn bell i ffwrdd, mewn dychryn wrth weld beth mae'n ei ddioddef, ac yn gweiddi:

'Och! Och! Ti ddinas fawr!
Babilon, y ddinas oedd â'r fath rym! –
Daeth dy ddiwedd mor sydyn!'

11"Bydd pobl fusnes y ddaear yn crio ac yn galaru drosti hi am fod neb yn prynu ei chargo ddim mwy – 12cargo o aur, arian, gemau gwerthfawr a pherlau, lliain main, defnydd porffor, sidan ac ysgarlad; nwyddau o goed Sitron, pethau wedi'u gwneud o ifori, a phob math o bethau eraill wedi'u gwneud o goed gwerthfawr, o efydd, haearn ac o farmor; 13sinamon a pherlysiau, arogldarth fel myrr a thus, hefyd gwin ac olew olewydd, blawd mân a gwenith; gwartheg, defaid, ceffylau a cherbydau; a chaethweision hefyd – ie, pobl yn cael eu gwerthu fel anifeiliaid.

14"Mae'r holl bethau roeddet ti'n dyheu amdanyn nhw wedi mynd! Dy holl gyfoeth a dy grandrwydd wedi diflannu! Fyddan nhw fyth yn dod nôl! 15Bydd y bobl fusnes gafodd arian mawr wrth werthu'r pethau hyn iddi, yn sefyll yn bell i ffwrdd, mewn dychryn wrth weld beth mae'n ei ddioddef. Byddan nhw'n crio ac yn galaru 16ac yn gweiddi:

'Och! Och! Ti ddinas fawr!
wedi dy wisgo mewn defnydd hardd
a gwisg o borffor ac ysgarlad,
a'th addurno dy hun â thlysau o aur
a gemau gwerthfawr a pherlau!
17 Mae'r fath gyfoeth wedi'i ddinistrio mor sydyn!'

"*Bydd capteiniaid llongau a phawb sy'n teithio ar y môr, yn forwyr a phawb arall sy'n ennill eu bywoliaeth o'r môr, yn sefyll yn bell i ffwrdd.* 18Wrth weld y mwg yn codi am ei bod hi'n llosgi, byddan nhw'n gweiddi, 'Oes dinas arall debyg i'r ddinas fawr hon?' 19Byddan nhw'n taflu pridd ar eu pennau, ac yn crio a galaru a gweiddi'n uchel:

'Och! Och! Ddinas fawr!
cafodd pawb oedd ganddyn nhw longau ar y môr
gyfoeth am ei bod hi mor gyfoethog!
Mae hi wedi'i dinistrio mor sydyn!'
20 Bydd lawen, nefoedd, am beth sydd wedi digwydd iddi,
Byddwch lawen, chi bobl Dduw, a'i gynrychiolwyr a'i broffwydi –
Mae Duw wedi'i barnu hi am y ffordd wnaeth hi eich trin chi!"

21Wedyn dyma angel pwerus yn codi anferth o garreg fawr, tebyg i faen melin mawr, a'i thaflu i'r môr; ac meddai:

"Dyna sut fydd Babilon, y ddinas fawr,
yn cael ei bwrw i lawr yn ffyrnig –
fydd neb yn ei gweld byth mwy!
22 Fydd dim sŵn telynau na cherddorion,
ffliwtiau nac utgyrn, i'w clywed ynot eto.
Neb sy'n dilyn unrhyw grefft i'w weld ynot eto.
Dim sŵn maen melin yn troi;

18:9,10 adlais o Eseia 23:17 18:17 adlais o Eseciel 27:29-30

23 Dim golau lamp i'w weld;
Dim sŵn gwledd briodas i'w glywed.
Ti oedd y ganolfan fusnes fwyaf dylanwadol yn y byd i gyd,
hudaist y cenhedloedd a'u harwain ar gyfeiliorn.

24Yn wir, Babilon wnaeth dywallt gwaed y proffwydi a phobl Dduw; a phawb yn y byd gafodd eu lladd ar gam."

Haleliwia!

19 Wedyn clywais rywbeth oedd yn swnio'n debyg i dyrfa enfawr o bobl yn y nefoedd yn gweiddi:

"Haleliwia!
Duw sy'n achub;
a fe biau'r anrhydedd a'r nerth!
2 Mae ei ddyfarniad e bob amser
yn deg ac yn gyfiawn.
Mae wedi condemnio'r butain fawr
a lygrodd y ddaear gyda'i hanfoesoldeb rhywiol.
Mae wedi dial arni hi
am ladd y bobl oedd yn ei wasanaethu."

3A dyma nhw'n gweiddi eto:
"Haleliwia!
Mae'r mwg sy'n codi ohoni
yn para byth bythoedd."

4Dyma'r dau ddeg pedwar arweinydd ysbrydol a'r pedwar creadur byw yn syrthio i lawr ar eu hwynebau ac yn addoli Duw, oedd yn eistedd ar yr orsedd, a chanu:

"Amen! Haleliwia!"

5Wedyn dyma lais yn dod o'r orsedd yn dweud:
"Molwch ein Duw!
Pawb sy'n ei wasanaethu,
a chi sy'n ei ofni,
yn fawr a bach!"

6Wedyn clywais rywbeth oedd yn swnio'n debyg i dyrfa enfawr o bobl, neu sŵn rhaeadrau o ddŵr neu daran uchel:

"Haleliwia!
Mae'r Arglwydd Dduw Hollalluog
wedi dechrau teyrnasu.
7 Gadewch i ni ddathlu a gorfoleddu
a rhoi clod iddo!
Mae diwrnod priodas yr Oen wedi cyrraedd,
ac mae'r ferch sydd i'w briodi wedi gwneud ei hun yn barod.
8 Mae hi wedi cael gwisg briodas
o ddefnydd hardd, disglair a glân."

(Mae'r defnydd hardd yn cynrychioli gweithredoedd da pobl Dduw.)

9Wedyn dyma'r angel yn dweud wrtho i, "Ysgrifenna hyn i lawr: 'Mae'r rhai sy'n cael gwahoddiad i wledd briodas yr Oen wedi'u bendithio'n fawr!'" Wedyn dyma fe'n dweud, "Neges gan Dduw ydy hon, ac mae'n wir."

10Yna syrthiais i lawr wrth ei draed a'i addoli. Ond meddai, "Paid! Duw ydy'r unig un
rwyt i'w addoli! Un sy'n gwasanaethu Duw ydw i, yn union yr un fath â ti a'th frodyr a'th
chwiorydd sy'n glynu wrth y dystiolaeth sydd wedi'i rhoi gan Iesu. Mae'r dystiolaeth sydd
wedi'i rhoi gan Iesu a phroffwydoliaeth yr Ysbryd yr un fath."

Y marchog ar gefn ceffyl gwyn

11Roedd y nefoedd yn llydan ar agor, ac o mlaen i roedd ceffyl gwyn â marchog ar ei gefn.
'Yr Un ffyddlon' ydy'r enw arno, a'r 'Un gwir'. Mae'n gyfiawn yn y ffordd mae'n barnu ac
yn ymladd yn erbyn ei elynion. 12Roedd ei lygaid fel fflam dân, ac roedd llawer o goronau
ar ei ben. Roedd ganddo enw wedi'i ysgrifennu arno, a neb yn gwybod yr enw ond fe'i hun.
13Roedd yn gwisgo dillad oedd wedi'u trochi mewn[m] gwaed, a'i enw oedd 'Gair Duw'. 14Roedd
byddinoedd y nefoedd yn ei ddilyn, yn marchogaeth ar geffylau gwynion ac yn gwisgo dillad
o liain main gwyn glân. 15Roedd cleddyf miniog yn dod allan o'i geg, a bydd yn ei ddefnyddio
i daro'r cenhedloedd i lawr. "*Bydd yn teyrnasu drostyn nhw gyda theyrnwialen haearn.*" Bydd
yn sathru'r gwinwryf (sy'n cynrychioli digofaint ffyrnig y Duw Hollalluog). 16Ar ei glogyn wrth
ei glun mae'r teitl hwn wedi'i ysgrifennu:

BRENIN AR FRENHINOEDD AC ARGLWYDD AR ARGLWYDDI.

17Yna gwelais angel yn sefyll ar yr haul, ac yn galw'n uchel ar yr holl adar oedd yn hedfan
yn yr awyr, "Dewch at eich gilydd i fwynhau'r wledd sydd gan Dduw ar eich cyfer chi! 18Cewch
fwyta cyrff marw brenhinoedd, arweinwyr milwrol, milwyr, ceffylau a'u marchogion, a chyrff
marw pob math o bobl – dinasyddion rhydd a chaethweision, pobl gyffredin a phobl fawr."
19Wedyn gwelais yr anghenfil a brenhinoedd y ddaear a'u byddinoedd wedi casglu at ei
gilydd i ymladd yn erbyn yr un oedd yn marchogaeth y ceffyl, ac yn erbyn ei fyddin. 20Ond
daliwyd yr anghenfil, a hefyd y proffwyd ffug oedd wedi gwneud gwyrthiau rhyfeddol ar ei
ran. Gyda'i wyrthiau roedd wedi llwyddo i dwyllo y bobl hynny oedd wedi'u marcio gyda
marc yr anghenfil ac wedi addoli ei ddelw. Cafodd yr anghenfil a'r proffwyd ffug eu taflu yn
fyw i'r llyn tân sy'n llosgi brwmstan. 21Cafodd y gweddill ohonyn nhw eu lladd â'r cleddyf
oedd yn dod allan o geg yr un oedd yn marchogaeth ar gefn y ceffyl. Daeth yr holl adar
a gwledda ar y cyrff marw.

Mil o flynyddoedd

20 Yna gwelais angel yn dod i lawr o'r nefoedd, gyda'r allwedd i'r pydew diwaelod,
ac roedd cadwyn drom yn ei law. 2Gafaelodd yn y ddraig (yr hen sarff, sef 'y diafol',
'Satan'), a'i rhwymo'n gaeth am fil o flynyddoedd. 3Dyma'r angel yn ei thaflu hi i lawr i'r
pydew diwaelod, ai gloi a'i selio er mwyn rhwystro'r ddraig rhag twyllo'r cenhedloedd ddim
mwy, nes bydd y mil o flynyddoedd drosodd. Ar ôl hynny mae'n rhaid iddi gael ei gollwng
yn rhydd am gyfnod byr.
4Wedyn gwelais orseddau, a'r rhai oedd wedi cael yr awdurdod i farnu yn eistedd arnyn
nhw. A gwelais y rhai oedd wedi cael eu dienyddio am dystio i Iesu ac am gyhoeddi neges
Duw yn ffyddlon. Doedd y rhain ddim wedi addoli'r anghenfil na'i ddelw, a doedd ei farc
ddim wedi cael ei roi ar eu talcennau a'u dwylo. Dyma nhw'n dod yn fyw ac yn teyrnasu
gyda'r Meseia am fil o flynyddoedd. 5(Wnaeth pawb arall oedd wedi marw ddim dod yn ôl
yn fyw nes oedd y mil o flynyddoedd drosodd.) Dyma'r atgyfodiad cyntaf. 6Mae'r rhai sydd
wedi'u neilltuo ac sy'n cael bod yn rhan o'r atgyfodiad cyntaf yma wedi'u bendithio'n
fawr! Does gan beth sy'n cael ei alw'n 'ail farwolaeth' ddim gafael ynddyn nhw. Byddan
nhw'n offeiriaid yn gwasanaethu Duw a'r Meseia, a byddan nhw'n teyrnasu gydag e am
fil o flynyddoedd.

m 19:13 *throchi mewn:* Mae rhai llawysgrifau yn dweud *thaenellu â.*
19:15 cyfeiriad at Salm 2:9 20:2 Genesis 3:1

Dinistr Satan

[7]Pan fydd y mil o flynyddoedd drosodd bydd Satan yn cael ei ryddhau o'i garchar. [8]*Bydd yn
mynd allan i bedwar ban byd i dwyllo'r cenhedloedd – Gog a Magog – ac yn eu casglu at ei
gilydd i ymladd yn y frwydr.* Nifer enfawr ohonyn nhw, fel y tywod ar lan y môr! [9]Dyma nhw'n
martsio o un pen i'r ddaear i'r llall ac yn amgylchynu gwersyll pobl Dduw, sef y ddinas mae
Duw yn ei charu. Ond daeth tân i lawr o'r nefoedd a'u dinistrio nhw. [10]A dyma'r diafol oedd
wedi'u twyllo nhw yn cael ei daflu i'r llyn tân sy'n llosgi brwmstan, ble roedd yr anghenfil
a'r proffwyd ffug wedi cael eu taflu. Byddan nhw'n cael eu poenydio ddydd a nos am byth
bythoedd.

Y meirw yn cael eu barnu

[11]Yna gwelais orsedd wen fawr a Duw yn eistedd arni. Dyma'r ddaear a'r awyr yn dianc
oddi wrtho ac yn diflannu am byth. [12]A dyma fi'n gweld pawb oedd wedi marw, pobl fawr
a phobl gyffredin, yn sefyll o flaen yr orsedd. Dyma'r llyfrau amdanyn nhw yn cael eu hagor.
Yna agorwyd llyfr arall, sef Llyfr y Bywyd. Cafodd pob un ei farnu am beth roedd wedi'i wneud
– roedd popeth amdanyn nhw wedi cael ei gofnodi yn y llyfrau. [13]Dyma'r môr yn rhoi yn
ôl y bobl oedd wedi marw ynddo, a dyma Marwolaeth a Byd y Meirw yn rhoi'r bobl oedd
ynddyn nhw yn ôl. Yna cafodd pob un ei farnu am beth roedd wedi'i wneud. [14]Wedyn cafodd
Marwolaeth a Byd y Meirw eu taflu i'r llyn tân. Y llyn tân ydy'r 'ail farwolaeth'. [15]Cafodd
pob un doedd eu henwau nhw ddim wedi'u hysgrifennu yn Llyfr y Bywyd eu taflu i'r llyn tân.

Y Jerwsalem newydd

21 Yna gwelais nefoedd newydd a daear newydd. Roedd y ddaear a'r awyr gyntaf
wedi diflannu. Doedd y môr ddim yn bodoli ddim mwy. [2]Dyma fi'n gweld y ddinas
sanctaidd, y Jerwsalem newydd, yn dod i lawr oddi wrth Dduw yn y nefoedd. Roedd yn edrych
fel merch ifanc wedi'i gwisgo'n hardd ar gyfer ei phriodas. [3]Wedyn clywais lais o'r orsedd yn
cyhoeddi'n glir, "Bellach mae pabell Duw yng nghanol y bobloedd. *Bydd yn byw yn eu canol
nhw, a byddan nhw'n bobl iddo. Bydd Duw ei hun gyda nhw, a fe fydd eu Duw nhw.* [4]Bydd
yn sychu pob deigryn o'u llygaid nhw. Fydd dim marwolaeth o hyn ymlaen, dim galaru, dim
wylo, dim poen. Mae pethau fel roedden nhw wedi mynd."

[5]Dyma'r Un oedd yn eistedd ar yr orsedd yn dweud,

"Edrychwch! Dw i'n gwneud popeth yn newydd!"

Meddai wedyn, "Ysgrifenna hynny i lawr. Mae beth dw i'n ei ddweud yn gwbl ddibynadwy
ac yn wir."

[6]Meddai wrtho i: "Dyna ddiwedd y cwbl! Fi ydy'r Alffa a'r Omega,[n] y Dechrau a'r Diwedd.
Bydda i'n rhoi diod o ffynnon dŵr y bywyd i'r rhai hynny sy'n sychedig – yn rhad ac am ddim!
[7]Bydd y rhai sy'n ennill y frwydr yn etifeddu'r pethau yma i gyd. Fi fydd eu Duw nhw, a byddan
nhw'n blant i mi. [8]Ond am y rhai llwfr hynny sydd ddim yn credu, a phobl ffiaidd, llofruddion,
pobl sy'n anfoesol yn rhywiol, y rhai sy'n ymarfer dewiniaeth ac yn addoli eilun-dduwiau, ac
sy'n dweud celwydd – y llyn tân sy'n llosgi brwmstan ydy eu lle nhw! Dyna'r 'ail farwolaeth'."

[9]Yna dyma un o'r saith angel oedd yn dal y powlenni llawn o'r saith pla olaf yn dod ata
i a dweud, "Tyrd, a gwna i ddangos y briodferch i ti, sef gwraig yr Oen." [10]Dyma'r angel yn
fy nghodi dan ddylanwad yr Ysbryd a mynd â fi i fynydd mawr uchel. Dangosodd y ddinas
sanctaidd i mi, Jerwsalem, yn dod i lawr oddi wrth Dduw yn y nefoedd. [11]Roedd ysblander Duw
ei hun yn tywynnu ohoni; roedd hi'n disgleirio fel gem anhygoel o werthfawr – fel iasbis, yn
glir fel grisial! [12]Roedd anferth o wal uchel o'i chwmpas gyda deuddeg giât ynddi, a deuddeg
angel yn gwarchod y giatiau. Roedd enwau deuddeg llwyth Israel wedi'u hysgrifennu ar

---

n 21:6 *Alffa a'r Omega:* gw. nodyn ar 1:8.
20:8 cyfeiriad at Eseciel 38:2-8; 39:2 21:1 cyfeiriad at Eseia 65:17; 66:22
21:3 adlais o Eseciel 37:27; Lefiticus 26:11-12

y giatiau. 13 Roedd tair giât ar yr ochr ddwyreiniol, tair i'r gogledd, tair i'r de a thair i'r
gorllewin. 14 Roedd gan wal y ddinas ddeuddeg carreg sylfaen, ac roedd enwau deuddeg
cynrychiolydd yr Oen wedi'u hysgrifennu ar y rheiny.
15 Roedd ffon fesur aur gan yr angel oedd yn siarad â mi, er mwyn iddo fesur y ddinas, ei
giatiau a'i waliau. 16 Roedd y ddinas yn berffaith sgwâr. Pan fesurodd yr angel y ddinas gyda'r
ffon fesur cafodd ei bod hi'n 2,250 cilomedr o hyd, ac mai dyna hefyd oedd ei lled a'i huchder.
17 Pan fesurodd yr angel y wal, cafodd ei bod yn chwe deg pum metr o drwch – yn ôl y mesur
cyffredin. 18 Roedd y wal wedi'i hadeiladu o faen iasbis, a'r ddinas wedi'i gwneud o aur pur,
mor bur â gwydr. 19 Roedd sylfeini waliau'r ddinas wedi'u haddurno gyda phob math o emau
gwerthfawr. Maen iasbis oedd y sylfaen cyntaf, saffir oedd yr ail, y trydydd yn galcedon, a'r
pedwerydd yn emrallt; 20 onics oedd y pumed, carnelian y chweched, saffir melyn y seithfed,
beryl yr wythfed, topas y nawfed, a crysopras y degfed; maen iasinth oedd yr unfed ar ddeg ac
amethyst oedd y deuddegfed. 21 Roedd giatiau'r ddinas wedi'u gwneud o berlau, pob giât unigol
wedi'i gwneud o un perl mawr. Ac roedd heol fawr y ddinas yn aur oedd mor bur â gwydr clir!
22 Doedd dim teml i'w gweld yn y ddinas, am fod yr Arglwydd Dduw Hollalluog a'r Oen
yno, fel teml. 23 Does dim angen golau haul na lleuad yn y ddinas chwaith, am fod ysblander
Duw ei hun yn ei goleuo hi, a'r Oen fel lamp yn ei goleuo hi. 24 Bydd y cenhedloedd yn byw
yn ei golau, a bydd brenhinoedd y ddaear yn dod â'u holl gyfoeth i mewn iddi hi. 25 Fydd
ddim rhaid i'w giatiau gael eu cau o gwbl, achos fydd dim nos yno. 26 Bydd holl ysblander
a chyfoeth y cenhedloedd yn cael eu dwyn i mewn iddi. 27 Ond fydd dim byd aflan yn cael
mynd i mewn iddi, nac unrhyw un sy'n gwneud pethau ffiaidd neu'n twyllo chwaith; dim ond
y bobl hynny sydd â'u henwau wedi'u hysgrifennu yn Llyfr Bywyd yr Oen.

Afon y Bywyd

22 Wedyn dangosodd yr angel afon o ddŵr bywiol i mi. Roedd y dŵr yn lân fel grisial
ac yn llifo o orsedd Duw a'r Oen 2 i lawr heol fawr y ddinas. Roedd coed y bywyd
bob ochr i'r afon yn rhoi deuddeg cnwd o ffrwythau – cnwd newydd bob mis. Mae dail y coed
yn iacháu'r cenhedloedd. 3 Fydd melltith rhyfel ddim yn bod mwyach. Bydd gorsedd Duw a'r
Oen yn y ddinas, a bydd y rhai sy'n ei wasanaethu yn cael gwneud hynny. 4 Cân nhw weld ei
wyneb, a bydd ei enw wedi'i ysgrifennu ar eu talcennau. 5 Fydd dim y fath beth â nos, felly
fydd ganddyn nhw ddim angen golau lamp, na hyd yn oed golau'r haul. Bydd yr Arglwydd
Dduw yn rhoi golau iddyn nhw. Byddan nhw'n teyrnasu am byth bythoedd.
6 Dyma'r angel yn dweud wrtho i, "Mae beth dw i'n ei ddweud yn gwbl ddibynadwy ac
yn wir. Mae'r Arglwydd, y Duw sy'n ysbrydoli'r proffwydi, wedi anfon ei angel i ddangos i'r
rhai sy'n ei wasanaethu beth sy'n mynd i ddigwydd yn fuan."

Mae Iesu'n dod yn ôl!

7 "Edrychwch! Dw i'n dod yn fuan! Mae'r rhai sy'n gwneud beth mae proffwydoliaeth
y llyfr hwn yn ei ddweud wedi'u bendithio'n fawr."
8 Fi, Ioan, glywodd ac a welodd y pethau yma i gyd. Ar ôl i mi eu clywed a'u gweld syrthiais
i lawr wrth draed yr angel oedd wedi bod yn dangos y cwbl i mi a'i addoli. 9 Ond dyma'r angel
yn dweud, "Paid! Duw ydy'r unig Un rwyt i'w addoli! Un yn gwasanaethu Duw ydw i, yr un
fath â ti a'r proffwydi eraill a phawb arall sy'n gwneud beth mae'r llyfr hwn yn ei ddweud."
10 Yna dwedodd wrtho i, "Paid cau'r llyfr yma, a rhoi sêl arno i rwystro pobl rhag darllen
y neges broffwydol sydd ynddo, achos mae'r amser pan fydd y cwbl yn digwydd yn agos!

11 Gadewch i'r rhai sy'n gwneud drwg ddal ati i wneud drwg;
gadewch i'r rhai anfoesol ddal ati i fod yn anfoesol;

21:23 cyfeiriad at Eseia 60:19-20   21:24-25 aralleiriad o Eseia 60:3-5,11   21:25 cyfeiriad at Sechareia 14:7
22:5 cyfeiriad at Eseia 60:19

gadewch i'r rhai sy'n gwneud beth sy'n iawn ddal ati i wneud beth sy'n iawn;
a gadewch i'r rhai sy'n sanctaidd ddal ati i fod yn sanctaidd."

12 "Edrychwch! Dw i'n dod yn fuan! Bydd gen i wobr i'w rhoi i bawb, yn dibynnu ar beth
maen nhw wedi'i wneud. 13 Fi ydy'r Alffa a'r Omega,[o] y Cyntaf a'r Olaf, y Dechrau a'r Diwedd.
14 "Mae'r rhai sy'n glanhau eu mentyll wedi'u bendithio'n fawr, ac yn cael mynd at goeden
y bywyd, ac yn cael mynediad drwy'r giatiau i mewn i'r ddinas. 15 Y tu allan mae'r cŵn, a'r
rhai sy'n ymarfer dewiniaeth, pobl sy'n anfoesol yn rhywiol, llofruddion, y rhai sy'n addoli
eilun-dduwiau a phawb sy'n caru twyllo.
16 "Dw i, Iesu, wedi anfon fy angel i rannu'r dystiolaeth hon gyda chi er lles yr eglwysi. Fi
ydy disgynnydd y Brenin Dafydd, a'r Seren sy'n disgleirio yn y bore."
17 Mae'r Ysbryd a'r briodferch yn dweud, "Tyrd!" Gadewch i bawb sy'n clywed ateb, "Tyrd!"
Gadewch i'r rhai sydd â syched arnyn nhw ddod. Pwy bynnag sydd eisiau, gadewch iddyn
nhw dderbyn dŵr y bywyd yn rhodd.
18 Dw i'n rhybuddio pawb sy'n clywed geiriau proffwydol y llyfr hwn: Os bydd unrhyw un
yn ychwanegu rhywbeth atyn nhw, bydd Duw yn dod â'r plâu sy'n cael eu disgrifio yn y llyfr
hwn arnyn nhw. 19 Ac os bydd unrhyw un yn dileu rhan o neges broffwydol y llyfr hwn, bydd
Duw yn cymryd oddi arnyn nhw eu siâr o goeden y bywyd a'u lle yn y ddinas sanctaidd sy'n
cael ei disgrifio yn y llyfr hwn.
20 Mae'r un sy'n rhoi'r dystiolaeth am y pethau hyn yn dweud, "Ydw, dw i'n dod yn fuan."
Amen! Tyrd, Arglwydd Iesu!
21 Dw i'n gweddïo y bydd pobl Dduw i gyd yn profi haelioni rhyfeddol yr Arglwydd Iesu!
Amen.

o 22:13 *Alffa a'r Omega:* gw. nodyn ar 1:8.

Geirfa

Abba

Y gair am dad / dadi / tada yn yr iaith Aramaeg. Mae'n air sy'n mynegi perthynas glos, gariadus.

Aberth

Yn yr Hen Destament roedd Duw yn gorchymyn i'r bobl aberthu anifail neu aderyn i dalu am eu pechodau. Roedd yr anifail neu aderyn yn cael ei ladd a'i waed yn cael ei sblasio ar yr allor, wedyn roedd y corff yn cael ei losgi. Roedd yr aberthau yma yn ddarlun o Iesu yn dod fel 'oen Duw' i aberthu ei hun un waith ac am byth dros bechaduriaid (Hebreaid 10:11-12).

Adda

Y dyn cyntaf wnaeth Duw ei greu. Ystyr yr enw Adda ydy dyn neu dynoliaeth.

Addoli

Y weithred o glodfori, moli, anrhydeddu a pharchu Duw. Plygu o'i flaen, rhyfeddu ato, a mynegi awydd i fod yn ufudd iddo.

Adduned

Addo gwneud rhywbeth.

Ailddyfodiad

Roedd Iesu yn dweud y byddai yn dod yn ôl i'r ddaear am yr ail waith ar ddiwedd amser. Bydd yn dod mewn ysblander a gogoniant i farnu ac i sefydlu ei deyrnas yn dragwyddol.

Alffa ac Omega

Y llythyren gyntaf a'r olaf yn wyddor yr iaith Roeg – yn cynrychioli'r dechrau a'r diwedd.

Allor

Roedd pobl yn codi allorau i offrymu aberthau arnyn nhw. Mae sôn yn y Beibl am allorau i Dduw (e.e. yn y Tabernacl a'r Deml), ac am allorau i Baal a 'duwiau' paganaidd eraill.

Amen

Yn wir neu yn sicr. Roedd pobl yn dweud Amen pan oedden nhw'n cytuno'n gryf gyda rhywbeth oedd wedi cael ei ddweud.

Angylion

Creaduriaid ysbrydol sy'n gwasanaethu Duw yn y nefoedd. Mae Duw yn aml yn anfon angylion i rannu neges gyda phobl.

Apostol

= 'cynrychiolydd personol' (**beibl.net**) Un sy'n cael ei anfon allan i gynrychioli ei frenin neu ei wlad. Llysgennad. Dyma'r teitl gafodd i roi i ddisgyblion agosaf Iesu, ac mae Paul ac unigolion eraill (fel Barnabas, Epaffroditws a Jwnia) yn cael eu galw yn apostolion hefyd.

Aramaeg

Iaith oedd yn perthyn yn agos i'r Hebraeg. Roedd yr Aramaeg yn cael ei siarad ar hyd a lled y Dwyrain Canol ers tua 750 CC. Hi oedd iaith swyddogol Ymerodraeth Persia (550-330 CC). Erbyn cyfnod y Testament Newydd yr iaith Roeg oedd y brif iaith ryngwladol, Aramaeg yn dal yn gyffredin, a'r Hebraeg yn iaith addysg a chrefydd a'r iaith y byddai Iesu wedi dysgu drwyddi. Cred llawer o ysgolheigion fod Iesu yn deirieithog.

Arch yr Ymrwymiad

= 'Arch y Cyfamod' (BCN). Bocs neu gist hardd wedi ei gorchuddio ag aur. Y tu mewn iddi cedwid y Deg Gorchymyn (ar y llechi roddodd Duw i Moses), jar o'r manna, a ffon Aaron. Roedd dau gerwb hardd ar y caead. Roedd yr Arch yn cynrychioli presenoldeb Duw gyda'i bobl. Cafodd ei chadw yn y Lle Mwyaf Sanctaidd yn y Tabernacl, ac yn nes ymlaen yn y Deml.

Archoffeiriad

Prif arweinydd crefyddol yr Iddewon. Yn yr Hen Destament, fe oedd yn cyflwyno'r aberthau pwysicaf i Dduw ar ran y bobl. Yn y Testament Newydd, fe oedd pennaeth y Sanhedrin (yr Uchel Lys Iddewig) ac yn arweinydd gwleidyddol dylanwadol.

Arglwydd

Pan mae'r gair Arglwydd wedi ei ysgrifennu mewn priflythrennau yn y Beibl, mae'n cyfieithu enw sanctaidd Duw Israel, sef Iahwe. Dyma'r enw rannodd Duw gyda Moses (Exodus 3:14). Mae'r Iddewon yn ei ystyried yn air rhy sanctaidd i'w ynganu, ac felly bob tro mae'r gair yn ymddangos yn yr Ysgrifau Sanctaidd Hebraeg (sef ein Hen

Destament ni), mae'r Iddewon yn dweud gair arall – Adonai – sef y gair Hebraeg am 'Arglwydd'.

Arogldarth

Resin (neu berlysiau persawrus) oedd yn cael ei losgi ar yr allor gan yr offeiriaid (Exodus 30:7-8). Mae hefyd yn cael ei ddefnyddio fel darlun symbolaidd o weddi (Salm 141:2; Datguddiad 8:3-4).

Ashera

Duwies y Canaaneaid. Cymar y duw El (y prif dduw). Roedd yn cael ei hystyried yn dduwies ffrwythlondeb, ac roedd polion wedi eu cerfio yn cael eu codi iddi.

Asyria

Pobl bwerus o ogledd Mesopotamia (gogledd Irac heddiw). Daethant yn ymerodraeth bwerus o'r 9fed ganrif hyd y 7fed ganrif CC. Gorchfygodd byddin Assyria wlad Israel yn 722 a bu'n bygwth Jwda hefyd. Cafodd Ninefe, prifddinas Asyria, ei choncro gan y Babiloniaid yn 612 CC.

Atgyfodiad

Dod yn ôl o farwolaeth i fywyd. Mae atgyfodiad corfforol y Meseia Iesu yn un o wirioneddau canolog y ffydd Gristnogol.

Baal

Roedd Baal yn enw ar nifer o dduwiau Canaan. Roedd gan lawer ardal ei Baal ei hun. Baal ('meistr') oedd duw ffrwythlondeb a'r tywydd. Roedd delwau ohono yn dal mellten yn ei law dde. Mae cyfeiriadau at Baal a'r dduwies Ashera yn gyffredin yn hanes yr Hen Destament, ac addoliad y Canaaneaid yn cynnwys defodau rhywiol cwltaidd (e.e. gw. Numeri 25:1-3). Roedd y defodau yma i fod i hyrwyddo ffrwythlondeb y tir.

Babilon

Dinas ac Ymerodraeth bwerus. Roedd dinas Babilon ger yr afon Ewffrates (yn Irac ein dyddiau ni). Gorchfygodd byddin Babilon brifddinas Asyria, sef Ninefe, yn 612 CC; a choncrodd wlad Jwda a dinas Jerwsalem yn y cyfnod rhwng 605 a 582 CC. Yn y Beibl daeth Babilon yn symbol o falchder, drygioni a gelyniaeth yn erbyn Duw (Eseia 13-14,47; Jeremeia 50-51; Datguddiad 17-18).

Barbariaid

'pobl estron' – h.y. pobl oedd ddim yn siarad yr iaith Roeg nac yn Rhufeinwyr. Roedd y Groegiaid eu hunain yn rhannu'r ddynoliaeth yn ddwy – Groegiaid a Barbariaid.

Barn

Bydd Duw, sy'n gwbl gyfiawn a theg, yn galw pawb i gyfrif am eu hymddygiad a'u hymateb i Iesu.

Bedydd

Seremoni grefyddol sy'n symbol o lanhau rhywun o bechod ac o ddechrau bywyd newydd. Gall fod trwy drochi person mewn dŵr, tywallt dŵr drosto neu daenellu dŵr ar ei ben.

Burum

= Lefain / Surdoes (BCN). Roedd yn cael ei ychwanegu i'r toes er mwyn i'r bara godi.

Cabledd

Camddefnyddio enw Duw neu wneud rhywbeth oedd yn ei sarhau. Y gosb yn yr Hen Destament oedd marwolaeth (Lefiticus 24:10-23).

Caethgludo

Gorfodi pobl i symud o'u gwlad eu hunain, a mynd â nhw'n gaeth i rywle arall. Pan oedd gwlad yn cael ei gorchfygu gan fyddin ymerodraeth arall, roedd cyfran uchel o'r boblogaeth yn cael eu symud o'u gwlad eu hunain i ran arall o ymerodraeth y concwerwr. Cafodd mwyafrif pobl Israel eu caethgludo gan Asyria (gw. 2 Brenhinoedd 15:29; 17) yn y blynyddoedd yn arwain at gwymp Samaria yn 722 CC. Yna cafodd llawer o bobl Jwda eu caethgludo i Babilon rhwng 605 a 582 CC.

Canaan

Y tir roedd Duw wedi ei addo i Abraham a'i ddisgynyddion (sef 'Gwlad yr Addewid') – rhwng Môr y Canoldir yn y gorllewin a'r afon Iorddonen yn y dwyrain. Cafodd llawer o'r bobloedd oedd yn byw yno eu concro gan yr Israeliaid dan arweiniad Josua.

Canwriad

Swyddog milwrol Rhufeinig, yn gyfrifol am 100 o filwyr.

Casglwr trethi

Iddewon (yn nyddiau'r Testament Newydd) oedd yn gweithio i lywodraeth Rhufain, ac yn casglu trethi gan eu cyd-Iddewon. Roedden nhw'n amhoblogaidd iawn, gan eu bod yn cymryd mantais o'u safle i elwa'n ariannol ar draul pobl eraill (gw. hanes Sacheus yn Luc 19:1-10).

Cenhedloedd

Yr enw oedd yn cael ei ddefnyddio am bobl oedd ddim yn Iddewon.

Cerwbiaid

Rhyw fath o greadur angylaidd mae'n debyg. Mae Eseciel 1 yn disgrifio pedwar cerwb fel creaduriaid gydag wyneb dynol, pedair aden, a rhannau o gyrff anifeiliaid eraill. Mae creaduriaid tebyg i'w gweld yn nhraddodiadau diwylliannau eraill o'r cyfnod. Roedden nhw'n gwarchod lleoedd sanctaidd ac yn cludo gorsedd Duw.

Cnawd

Gair sy'n cyfeirio weithiau at y corff ffisegol, ond dro arall at y duedd sydd mewn pobl i bechu yn erbyn Duw.

Coelbren

Un o'r ffyrdd roedd pobl yn ei defnyddio i ofyn am arweiniad Duw. Does neb yn siŵr sut yn union roedd yn gweithio. Tynnu carreg neu ddarn o bren o bwrs neu focs efallai.

Crist

Y gair Groeg sy'n golygu'r un peth â'r gair Hebraeg 'Meseia'. Ei ystyr ydy 'Un wedi ei eneinio' (trwy dywallt olew dros ei ben). Roedd brenhinoedd ac offeiriaid yn cael eu heneinio.

Croeshoelio

Ffordd greulon o ddienyddio pobl. Roedd y troseddwr yn cael ei hoelio ar groes bren drwy'r arddyrnau a'r traed neu'r pigwrn.

Cyfamod

= 'Ymrwymiad' (**beibl.net**). Cytundeb lle mae'r naill ochr â'r llall yn ymrwymo i'w gilydd. Mae Duw yn addo bod yn Dduw ffyddlon i'w bobl, eu bendithio a gofalu amdanyn nhw; yna ymateb ei bobl ydy addo bod yn ufudd iddo.

Cyfiawnder

Gwneud beth sy'n iawn ac yn deg. Mae Duw yn gyfiawn yn ei hanfod. Roedd Iesu Grist ei hun yn berffaith gyfiawn hefyd. Ond mae'r term 'cyfiawn' yn cael ei ddefnyddio'n aml i ddisgrifio pobl Dduw. Ond sut all pechadur fod yn gyfiawn? Mae'r Beibl yn dweud fod neb yn gyfiawn ohonyn nhw eu hunain. Rhodd gan Dduw ydy perthynas iawn gydag e. Mae pawb sy'n credu yn Iesu yn cael maddeuant pechodau, a'u derbyn fel rhai sy'n 'gyfiawn' gan Dduw.

Cymod

Y berthynas rhwng Duw a phobl, neu rhwng dau berson, yn cael ei hadfer. Mae marwolaeth Iesu ar y groes yn cynnig cymodi pechaduriaid â Duw.

Cynrychiolydd personol

= 'apostol' (BCN) Un sy'n cael ei anfon allan i gynrychioli ei frenin neu ei wlad. Llysgennad. Dyma'r teitl gafodd i roi i ddisgyblion agosaf Iesu, ac mae Paul ac unigolion eraill (fel Barnabas, Epaffroditws a Jwnia) yn cael eu galw yn apostolion hefyd.

Cysegru

Pan mae rhywun (neu rywbeth) yn cael ei ddewis yn arbennig i wasanaethu Duw.

Cythraul

Ysbryd drwg. Mae person sydd wedi ei feddiannu gan gythraul yn cael ei reoli gan ysbrydion drwg. Dydy hyn ddim yr un peth â salwch meddwl neu epilepsi, er bod y symptomau'n debyg weithiau.

Dameg

= 'stori' (**beibl.net**). Ond mae'n stori gydag ystyr iddi.

Degwm

Rhoi un rhan o ddeg o gnwd y tir neu incwm yn ôl i Dduw, i ddiolch am ei ddaioni (Lefiticus 27:30-33; Deuteronomium 14:22-29).

Dilyw

Yr enw ar y llifogydd enfawr wnaeth Duw eu hachosi i foddi'r byd oherwydd drygioni ofnadwy a gwrthryfel y ddynoliaeth yn ei erbyn (Genesis 6:1-7).

Dinasoedd Noddfa

= 'Trefi Lloches' (**beibl.net**). Chwech o drefi lle gallai person oedd wedi lladd rhywun arall yn anfwriadol ddianc, cyn sefyll ei brawf. Roedd un o'r trefi hyn o fewn cyrraedd pawb yn Israel (Numeri 35:6-34).

Dydd y cymod

= 'Y dydd i wneud pethau'n iawn' (**beibl.net**). Y diwrnod pwysicaf yn y calendr Iddewig. Byddai pobl Israel i gyd yn edifarhau am eu pechod, a'r archoffeiriad yn mynd i'r Lle Mwyaf Sanctaidd i wneud pethau'n iawn rhwng Duw a'i bobl (Lefiticus 16).

Edifeirwch

Ystyr sylfaenol y gair 'edifarhau' ydy 'troi rownd'. Troi cefn ar bechod a dechrau bod yn ufudd i Dduw.

Efengyl

= 'Newyddion da' (**beibl.net**). a) Y newyddion da am Iesu yn dod i'n hachub. b) Y teitl sy'n cael ei roi i bedwar llyfr cyntaf y Testament Newydd (Mathew, Marc, Luc ac Ioan) sy'n adrodd hanes bywyd Iesu.

Effod

Rhan o wisg yr offeiriaid. Brat neu ffedog o liain oedd yr offeiriad yn ei wisgo dros ei fantell. Roedd wedi ei frodio'n hardd gydag edau aur, glas, porffor a coch.

Eglwys

Nid adeilad ydy'r eglwys, ond grŵp o bobl sy'n credu yn Iesu. Ystyr y gair Groeg ydy 'cynulleidfa'. Gall gyfeirio at Gristnogion mewn tref neu ardal arbennig, neu at bobl Dduw drwy'r byd i gyd.

Enaid

Ystyr y gair enaid ydy 'un sy'n fyw', felly mae cyfeirio gan amlaf at 'y person cyfan'. Nid rhannau gwahanol o berson ydy corff, enaid, meddwl ac ysbryd. Syniad Groegaidd sy'n ystyried yr enaid fel rhyw endid 'bur' sydd wedi ei gaethiwo yn y corff.

Eneinio

Tywallt olew ar ben rhywun i'w neilltuo i waith arbennig. 'Un wedi ei eneinio' ydy ystyr y teitl 'Meseia' yn Hebraeg (sef Crist yn y Roeg). Daeth eneinio gydag olew i fod yn symbol o'r Ysbryd Glân yn cael ei dywallt ar bobl.

Enwaediad

Torri'r blaengroen ar bidyn bachgen neu ddyn. Roedd yr Iddewon yn ei ystyried yn arwydd pwysig o'r berthynas rhyngddyn nhw â Duw. Yn y Testament Newydd mae Paul yn dweud nad oedd rhaid i Gristnogion oedd ddim yn Iddewon gael eu henwaedu, ond mae yn sôn am 'enwaedu'r galon', sef y newid mewnol sy'n digwydd drwy waith yr Ysbryd Glân (Rhufeiniaid 2:28-29).

Eunuch

Swyddog yn y llys brenhinol. Dyn wedi ei ysbaddu (sef torri a thynnu ceilliau'r dyn).

Ffydd

Trystio Duw; credu beth mae'n ei ddweud.

Gras

= 'haelioni' (**beibl.net**). Caredigrwydd a daioni rhyfeddol Duw at bobl, a hwythau'n haeddu dim ohono.

Gwahanglwyf

Gair sy'n cael ei ddefnyddio yn y Beibl am nifer o wahanol afiechydon a heintiau ar y croen. Roedd Iesu wedi iacháu llawer iawn o bobl oedd yn dioddef o'r heintiau yma.

Haleliwia

Gair Hebraeg sy'n golygu 'Molwch yr Arglwydd'.

Iachawdwriaeth

= 'achubiaeth' (**beibl.net**). Am fod Iesu wedi marw a chodi yn ôl yn fyw ddeuddydd wedyn, mae Duw yn cynnig maddeuant pechodau a bywyd tragwyddol i bawb sy'n credu.
Iau Ffrâm bren wedi ei siapio i ffitio ar ysgwyddau dau ych i aredig neu dynnu cert.

Iawn

Aberth oedd yn symud digofaint Duw yn erbyn pechod ac yn gwneud pethau'n iawn rhyngddo â'r addolwr. Ystyr wreiddiol y gair Hebraeg ydy 'gorchuddio'.

Lefiaid

Llwyth Lefi. Roedd y llwyth wedi ei neilltuo i wasanaethu Duw yn lle mab cyntaf pobl y llwythau eraill (Numeri 1:50-51). Eu cyfrifoldebau oedd gofalu am y Tabernacl, a'r Deml yn ddiweddarach, a helpu'r offeiriaid.

Locustiaid

Pryfed tebyg i geiliog rhedyn mawr, sydd yn heidio, ac roedd pla o locustiaid yn gallu difetha cnydau yn llwyr. Yn ôl y Gyfraith roedden nhw'n un o'r pryfed y gellid eu bwyta (Lefiticus 11:20-23).

Lle Mwyaf Sanctaidd

= 'Cysegr sancteiddiaf' – BCN. Yr ystafell fewnol yn y tabernacl (a'r deml ar ôl hynny), lle roedd Arch yr Ymrwymiad yn cael ei chadw. Dim ond yr Archoffeiriad oedd yn cael mynd i mewn i'r ystafell drwy'r llen, a hynny unwaith y flwyddyn yn unig, ar Ddydd y Cymod.

Lloffa

Roedd gan bobl dlawd hawl i gasglu peth o'r cynhaeaf oedd naill ai wedi ei ollwng ar lawr, neu wedi ei adael yn fwriadol iddyn nhw ar ymylon y caeau (Deuteronomium 24:19-22).

Llurig

Arfwisg fetel gan filwr. Roedd yn cael ei wisgo ar ran uchaf y corff.

Mab y Dyn

Roedd Iesu yn aml iawn yn cyfeirio ato'i hun fel Mab y Dyn. Mae'n derm sy'n golygu 'person dynol' (Salm 8:3-4; Eseciel 2:1), ond mae hefyd yn arwydd mai Iesu oedd y Meseia wnaeth Daniel broffwydo amdano (Daniel 7:13).

Manna

Y bwyd sbesial wnaeth Duw ei roi i'r Israeliaid pan oedden nhw yn yr anialwch, cyn cyrraedd Canaan (Exodus 16:15). Ystyr 'manna' ydy 'Beth ydy e?' Defnyddiodd Iesu y manna fel darlun ohono'i hun pan ddisgrifiodd ei hun fel 'y bara sy'n rhoi bywyd' (Ioan 6:31-41).

Menora

= 'canhwyllbren' (BCN). Stand â saith cangen iddi wedi ei gwneud o aur pur, i ddal y lampau oedd yn llosgi'n barhaol yn y Lle Sanctaidd yn y Tabernacl / Deml.

Meseia

Gair Hebraeg sy'n golygu 'Un wedi ei eneinio' (trwy dywallt olew dros ei ben). Crist ydy'r cyfieithiad Groeg o'r gair. Roedd yr Iddewon yn disgwyl iddo ddod fel brenin i ennill rhyddid iddyn nhw oddi wrth Rufain. Roedd Iesu ei hun yn gyndyn o ddefnyddio'r teitl am fod pobl yn meddwl amdano mewn termau gwleidyddol.

Myrr

Gwm ac arogl persawrus iddo, o lwyni pigog yn Arabia a gogledd-ddwyrain Affrica. Roedd yn cael ei ddefnyddio i wneud olew sbesial (Exodus 30:22-33), i wneud cyffur oedd yn boenleddfwr drwy ei gymysgu â gwin (Marc 5:22-23), a hefyd i baratoi corff marw ar gyfer ei gladdu.

Nabl

Offeryn llinynnol tebyg i delyn fach.

Nard

Olew persawrus yn dod o blanhigyn oedd yn tyfu yn India. Roedd yn gostus iawn ac yn cael ei gadw mewn llestri alabaster.

Nefoedd

Y dimensiwn ysbrydol perffaith lle mae Duw yn bodoli (Mathew 6:9). Mae'r gair hefyd yn gallu golygu dim mwy na'r awyr uwch ein pennau. Mae'r Beibl yn dweud fod y rhai sy'n credu yn Iesu yn mynd at Dduw ar ôl marw. Ond pan ddaw Iesu yn ôl i'r ddaear bydd y bydysawd yn cael ei buro a'i drawsffurfio yn 'nefoedd newydd a daear newydd' (2 Pedr 3:7; Datguddiad 21:1).

Negef

Yr ardal sych ac anial yn ymestyn o dde Jwda i anialwch Sinai.

Offeiriaid

Disgynyddion Aaron (Numeri 3:1-10), wedi eu hapwyntio i offrymu aberthau i Dduw ar ran y bobl, a dysgu ei Gyfraith i'w bobl. Nhw oedd yn sefyll rhwng Duw a'r bobl.

Pechod

Gwneud beth sy'n groes i'r hyn mae Duw eisiau. Mae yna nifer o eiriau gwahanol yn y Beibl yn disgrifio'r syniad o bechod – gwrthryfel, bai, gelyniaeth, anghyfiawnder, gwyrdroi, crwydro, troseddu, methu'r targed etc.

Phariseaid

Grŵp crefyddol oedd yn pwysleisio pwysigrwydd cadw Cyfraith Moses yn fanwl, ond roedden nhw hefyd yn derbyn awdurdod y 'Gyfraith Lafar' ac yn ychwanegu lot fawr o'u rheolau eu hunain ar sail eu dehongliad nhw o'r Gyfraith. Yn wahanol i'r Sadwceaid, roedd y Phariseaid yn derbyn awdurdod llyfrau'r proffwydi hefyd. Roedd llawer ohonyn nhw yn cael eu hystyried yn athrawon neu 'arbenigwyr yn y Gyfraith' ('ysgrifenyddion' BCN). Yng nghyfnod Iesu roedd dwy blaid Phariseaidd – dilynwyr 'Hillel' oedd yn fwy rhyddfrydol yn eu dehongliad o'r Gyfraith, a dilynwyr 'Shammai' oedd yn llawer mwy caeth a cheidwadol yn eu dehongliad. Mae'r hyn roedd Iesu yn ei ddysgu yn debyg iawn i ddysgeidiaeth Hillel. Roedd Gamaliel (Actau 5:33-34) yn un o ddilynwyr Hillel, ac roedd Paul yn un o ddisgyblion Gamaliel (Actau 22:3).

Sachliain

Brethyn wedi ei wneud o flew gafr. Roedd yn anghyfforddus iawn i'w wisgo agosaf at y croen. Roedd pobl yn ei wisgo fel arwydd o alaru ar ôl rhywun oedd wedi marw, neu fel arwydd o edifeirwch am bechodau.

Sadwceaid

Dim ond Cyfraith Moses (Pum Llyfr cyntaf ein Hen Destament ni) oedd y Sadwceaid yn ei dderbyn. Offeiriaid o deuluoedd cyfoethog oedden nhw, yn cadw ar wahân i'r werin gyffredin. Roedd addoliad y deml, ei thraddodiadau a'i defodau yn bwysig iawn yn eu golwg. Doedden nhw ddim yn credu mewn angylion nac atgyfodiad.

Samariaid

Pobl o dras cymysg. Pan gafodd teyrnas Israel ei choncro gan fyddin Assyria yn 721 cc, cafodd pobl o wledydd eraill eu symud i dir Israel a dinas Samaria. Erbyn dyddiau'r Testament Newydd roedden nhw'n addoli Duw, ond yn wahanol i'r Iddewon. Roedd yr Iddewon yn casáu'r Samariaid, a hyd yn oed yn osgoi teithio drwy'r rhan yna o'r wlad.

Sanctaidd

Pur, glân, wedi ei gysegru. 1. Mae'n air sy'n cael ei ddefnyddio i ddisgrifio Duw ei hun. 2. Mae hefyd yn disgrifio pobl (neu bethau) sydd wedi eu gosod ar wahân i wasanaeth Dduw. Mae'r gair 'saint'(sef 'rhai sanctaidd') yn cael ei ddefnyddio am Gristnogion yn y Testament Newydd.

Sanhedrin

Cyngor neu uchel-lys yr Iddewon yn nyddiau Iesu. Saith deg o ddynion dan arweiniad yr archoffeiriad. Er bod Ymerodraeth Rhufain wedi gorchfygu'r wlad ac mai'r llywodraethwr Rhufeinig oedd yn rheoli'r wlad, roedd y Sanhedrin yn cael barnu ar faterion yn ymwneud â'r Gyfraith Iddewig.

Satan

Y diafol. Gelyn Duw. Ystyr y gair 'satan' yn Hebraeg ydy 'y gwrthwynebydd' neu 'y cyhuddwr'. Angel oedd wedi gwrthryfela (Eseia 14:12-15; Eseciel 28:12-19).

Selotiaid

Grŵp o wrthryfelwyr oedd yn brwydro dros ryddid i Israel yn erbyn y Rhufeiniaid.

Seraffiaid

Bodau nefol, math o angylion, oedd yn addoli Duw o gwmpas ei orsedd (Eseia 6:1-4).

Sgrôl

Rholyn o bapyrws neu ledr gydag ysgrifen arno. Roedd ysgrifau sanctaidd yr Iddewon (ein 'Hen Destament' ni) wedi ei ysgrifennu ar sgroliau.

Shoffar

Corn hwrdd (**beibl.net**) corn / utgorn (BCN). Offeryn chwyth wedi ei wneud o gorn anifail (hwrdd fel arfer). Roedd yn cael ei ganu i gyhoeddi gwyliau crefyddol, i alw pobl i addoli, ac i alw byddin at ei gilydd i frwydr.

Synagog

Ystyr y gair Groeg ydy 'cynulliad'. Man lle roedd Iddewon yn dod at ei gilydd i addoli Duw, i gymdeithasu, i ddarllen yr ysgrifau sanctaidd a gwrando ar rabiniaid yn eu hesbonio, a hefyd i weddïo. Cafodd Synagogau eu sefydlu yn y cyfnod pan oedd pobl Dduw yn y Gaethglud (6ed ganrif cc.).

Tabernacl

Mae'n cael ei galw yn aml yn 'babell'. Canolfan addoli Israel cyn adeiladu teml Solomon yn Jerwsalem tua 960 cc. Dyma'r man lle roedd yr offeiriad yn aberthu a chyflwyno offrymau i Dduw. Roedd yn symbol o bresenoldeb Duw gyda'i bobl. Roedd fel buarth neu iard, a wal o grwyn o'i gwmpas, yna un pen iddo roedd rhyw fath o babell oedd wedi ei rhannu'n ddwy – y Lle Sanctaidd, ac yna tu ôl i len, y Lle Mwyaf Sanctaidd (lle roedd Arch yr Ymrwymiad yn cael ei gosod.).

Tafodau

= 'ieithoedd eraill', 'ieithoedd dieithr' (**beibl.net**). Un o'r doniau mae'r Ysbryd Glân yn ei roi i rai pobl yn yr eglwys. Siarad, proffwydo neu weddïo mewn iaith sydd ddim yn gyfarwydd i'r siaradwr.

Teml

1. Teml Solomon, sef canolfan addoli Israel o tua 960 cc ymlaen (1 Brenhinoedd 5-8; 2 Cronicl 2-7); cafodd ei dinistrio gan fyddin Babilon yn 587 cc (2 Brenhinoedd 25).
2. Y deml gafodd ei hadeiladu yn 516 cc pan oedd yr Iddewon wedi cael mynd yn ôl i Jerwsalem ar ôl bod yn gaeth yn Babilon am hyd at 70 mlynedd (Esra 3-6).

3. Teml Herod yn nyddiau'r Testament Newydd. Cafodd hon ei dinistrio gan y Rhufeiniaid pan oedd gwrthryfel yn OC 70.

Teyrnasiad Duw

= 'Teyrnas Dduw' (BCN). Roedd y ffaith fod Duw yn teyrnasu yn ganolog i neges Iesu. Yn Efengyl Mathew, y term sy'n cael ei ddefnyddio ydy 'Teyrnas yr Un nefol' ('Teyrnas nefoedd' – BCN) Roedd yn arfer cyffredin yn y cyfnod i osgoi dweud enw Duw, ac i ddefnyddio gair fel 'nefoedd' yn ei le.

Trefi Lloches

= 'Dinasoedd Noddfa' (BCN). Chwech o drefi lle gallai person oedd wedi lladd rhywun arall yn anfwriadol ddianc, cyn sefyll ei brawf. Roedd un o'r trefi hyn o fewn cyrraedd pawb yn Israel (Numeri 35:6-34).

Trydydd Dydd

= 'deuddydd wedyn' (**beibl.net**). Term sy'n cyfeirio at y diwrnod wnaeth Iesu atgyfodi. Mae 'trydydd dydd' yn adlewyrchu ffordd Iddewig o gyfrif dyddiau (Heddiw ydy'r diwrnod cyntaf, yfory ydy'r ail ddiwrnod, a'r trennydd – sef dau ddiwrnod ar ôl heddiw – ydy'r trydydd dydd.).

Thus

Resin persawrus oedd yn cael ei ddefnyddio i wneud arogldarth.

Uchelfeydd

= 'Allorau lleol' (**beibl.net**). Canolfannau addoli paganaidd y Canaaneaid. Roedd llawer o'r allorau hyn wedi eu codi ar ben y bryniau, ond gall 'uchel' hefyd olygu'n syml fod yr allor wedi ei hadeiladu gyda grisiau i fynd i fyny ati.

Uffern

Tynged y diafol a'r drygionus. Roedd y gair Groeg 'gehenna' yn cyfeirio at Ddyffryn Hinnom lle roedd plant yn cael eu haberthu i dduwiau paganaidd. Erbyn cyfnod y Testament Newydd dyma domen sbwriel Jerwsalem. Mewn dogfennau Iddewig datblygodd i fod yn symbol o le i gosbi a phoenydio pechaduriaid. Mae sawl darlun o uffern yn y Testament Newydd – llyn o dân sydd byth yn diffodd (Datguddiad 20:15; Mathew 18:8; Marc 9:43), tywyllwch (Mathew 5:30), ail farwolaeth (Datguddiad 2:11), dinistr diddiwedd a chael eich cau allan o bresenoldeb Duw (2 Thesaloniaid 1:9).

Us

Y plisg sydd o gwmpas hadau o rawn fel gwenith neu haidd. Roedd yn cael ei wahanu oddi wrth yr hadau drwy ei ddyrnu gyda ffon neu ei sathru gan ychen.

Wrim a Thwmim

Dwy garreg oedd yn cael eu cario mewn poced ar wisg yr archoffeiriad (Exodus 20:30). Roedden nhw'n cael eu defnyddio rywsut i geisio arweiniad Duw.

Ymprydio

Mynd heb fwyd dros dro, er mwyn canolbwyntio ar Dduw a gweddïo.

Ymrwymiad

= 'Cyfamod' (BCN). Cytundeb lle mae'r naill ochr â'r llall yn ymrwymo i'w gilydd. Mae Duw yn addo bod yn Dduw ffyddlon i'w bobl, eu bendithio a gofalu amdanyn nhw; yna ymateb ei bobl ydy addo bod yn ufudd iddo.

Ysgrifenyddion

= 'Arbenigwyr yn y Gyfraith' (**beibl.net**). Copïwyr ac Athrawon y Gyfraith Iddewig. Erbyn cyfnod y Testament Newydd roedd eu dehongliad nhw o'r Gyfraith wedi mynd mor bwysig â'r Gyfraith ei hun. Dyma pam roedd Iesu yn gwrthdaro gyda nhw mor aml.

Ysgrythur

= 'ysgrifau sanctaidd' (**beibl.net**). Yn y Testament Newydd mae'n derm sy'n cyfeirio yn benodol at yr ysgrifau hynny roedd yr Iddewon yn eu hystyried yn sanctaidd (sef ein 'Hen Destament' ni). Mae Cristnogion yn defnyddio'r gair i sôn am y Beibl cyfan. Ystyr y gair ydy 'yr hyn sydd wedi ei ysgrifennu'.

Amserlin y Beibl

Y Creu a'r Cwymp

Cynhanes	Creu'r byd a'r bydysawd. Pobl yn gwrthryfela yn erbyn Duw: Adda ac Efa, Cain ac Abel, Noa a'r dilyw, Tŵr Babel.	**Genesis 1-11**

Pobl Israel

c. 2100 cc	Duw yn galw Abraham. Symud i fyw i dir Canaan	**Genesis 12-50**
c. 1875 cc	Teulu Jacob (Israel) yn symud i fyw i'r Aifft, a'u disgynyddion yn cael eu gwneud yn gaethweision yno.	
c.1446 cc	Moses yn arwain pobl Israel allan o'r Aifft? (Mae'n bosib fod yr Exodus wedi digwydd bron ddwy ganrif yn ddiweddarach, sef c.1260 cc). Duw yn galw'r Hebreaid yn bobl iddo'i hun. Derbyn cyfarwyddiadau Duw (y Gyfraith). Crwydro yn yr anialwch am 40 mlynedd.	**Exodus; Lefiticus; Numeri; Deuteronomium**
c. 1406-1375 cc	Concro gwlad Canaan a setlo yno (*neu* c. 1220-1210 cc)	**Josua**
c. 1375- 1050 cc	Cyfnod y Barnwyr (*neu* c. 1210-1030 cc)	**Barnwyr; Ruth; 1 Samuel 1-9**

Teyrnas Israel

Llwythau Israel yn raddol yn dod at ei gilydd i ffurfio un genedl.

c. 1050–1010 cc	Y Brenin Saul	**1 Samuel 10-31**
c. 1010–970 cc	Y Brenin Dafydd	**2 Samuel; 1 Cronicl**
c. 970–931 cc	Y Brenin Solomon	**1 Brenhinoedd 1-11; 2 Cronicl 1-9**
931 cc	Teyrnas Israel yn rhannu'n ddwy wlad (Israel a Jwda)	**1 Brenhinoedd 12 – 2 Brenhinoedd 25**
931-721 cc	Llwythau'r gogledd (Israel) gyda Samaria yn brifddinas	**Elias; Eliseus; Amos; Hosea**
721 cc	Israel (teyrnas y gogledd) yn cael ei choncro gan fyddin Asyria, a'i phobl yn cael eu caethgludo.	
931-586 cc	Llwythau'r de (Jwda) gyda Jerwsalem yn brifddinas a disgynyddion Dafydd yn teyrnasu.	**2 Cronicl 10-36; Eseia; Micha; Jeremeia; Seffaneia; Nahum; Habacuc**
605 cc	Jwda (teyrnas y de) yn cael ei choncro gan fyddin Babilon, a llawer o'i phobl yn cael eu caethgludo (gan gynnwys Eseciel a Daniel). Cafodd mwy o bobl eu caethgludo yn 597 cc.	**Eseciel**
586 cc	Dinas Jerwsalem a theml Duw yn cael eu dinistrio a mwy eto o bobl yn cael eu caethgludo.	**Galarnad**

538-445 CC	Cyrus, brenin Persia yn gadael i'r Iddewon fynd yn ôl i Jerwsalem o'r gaethglud. Cafodd y sylfaeni eu gosod i adeiladu teml newydd, a dros y blynyddoedd aeth mwy a mwy o Iddewon yn ôl a chafodd Jerwsalem ei hail-adeiladu.	**Esra, Nehemeia, Esther, Daniel, Obadeia, Joel Sechareia, Haggai, Malachi**

Y cyfnod rhwng yr Hen Destament a'r Newydd

333 CC	Alecsander Fawr yn concro Israel.	
168-128 CC	Gwrthryfel y Macabeaid yn arwain at annibyniaeth i'r Iddewon unwaith eto.	
63 CC	Byddin Rhufain yn concro Jerwsalem.	
37-4 CC	Herod Fawr yn teyrnasu ar Jwdea ar ran Rhufain.	

Gweinidogaeth Iesu, a'r eglwys yn tyfu

c. 5 CC	Geni Iesu (Pan gafodd y calendr Cristnogol ei greu yn y 6ed ganrif, gwnaethpwyd camgymeriad wrth ddyfalu dyddiad geni Iesu).	
OC 14–37	Tiberius Cesar (Ymerawdwr Rhufain).	
OC 26–36	Peilat yn llywodraethwr Jwdea.	
	Pan oedd Iesu tua 30 oed dechreuodd bregethu, dysgu pobl am deyrnasiad Duw a chyflawni gwyrthiau rhyfeddol. Roedd yn honni pethau mawr am ei berthynas unigryw â Duw, a bod ganddo hawl i faddau pechodau. Ar y cyfan, roedd y sefydliad crefyddol yn Israel yn ei wrthwynebu.	**Mathew, Marc, Luc, Ioan**
c. OC 30	Cafodd Iesu ei groeshoelio adeg Gŵyl y Pasg, ond ddeuddydd yn ddiweddarach daeth yn ôl yn fyw.	
c. OC 30–90	Hanes cynnar yr eglwys Gristnogol. Dilynwyr Iesu yn cael eu llenwi â'r Ysbryd Glân, ac yn cael profiad newydd o bresenoldeb Duw a'i nerth ar waith yn eu bywydau.	
c. OC 35–68	Tröedigaeth Paul, a'i deithiau i rannu'r newyddion da am gariad Duw yn Iesu Grist. Yr eglwys yn troi o fod yn sect Iddewig i fod yn fudiad rhyngwladol.	**Actau, Llythyrau'r TN**
OC 70	Y Rhufeiniaid yn dinistrio Jerwsalem.	
c. OC 90–95	Gweledigaeth Ioan ar Ynys Patmos.	**Datguddiad**

Iesu yn cael ei gydnabod yn frenin dros bopeth

Yn y dyfodol bydd Iesu yn dod yn ôl ac yn teyrnasu ar nef newydd a daear newydd

Gwyliau Israel

Roedd gan bobl Israel nifer o wyliau crefyddol pwysig.

Roedd Duw wedi gorchymyn iddyn nhw gadw tair prif ŵyl flynyddol (gw. Exodus 23:14-17 a Deuteronomium 16:1-17): Gŵyl Bara Croyw (a'r Pasg), Gŵyl y Cynhaeaf (neu Ŵyl yr Wythnosau), a Gŵyl Casglu'r Cynhaeaf (neu Ŵyl y Pebyll).

Y Pasg a'r Bara Croyw

Ystyr y gair Hebraeg am Pasg ydy 'pasio heibio'. Roedd yr ŵyl yn cael ei chynnal ar y 14eg o Abib (mis cyntaf y flwyddyn Iddewig – sef canol Mawrth i ganol Ebrill. Roedd pob teulu yn lladd oen ac, wrth ei fwyta, yn cofio Duw yn eu hachub o'r Aifft a'u hamddiffyn rhag y plâu anfonodd Duw ar yr Eifftiaid (Exodus 12).

Cafodd Iesu ei groeshoelio adeg y Pasg, fel oen Duw yn cael ei aberthu i'w rhyddhau nhw o gaethiwed eu pechod (1 Corinthiaid 5:7).

Roedd Gŵyl y Bara Croyw yn cael ei chynnal am saith diwrnod ar ôl y Pasg (Exodus 12:14-20; 13:3-10; Lefiticus 23:4-8; Deuteronomium 16:1-8). Roedd pobl yn bwyta bara heb furum ynddo, i gofio'r ffaith eu bod nhw wedi gadael yr Aifft ar frys.

Ar ddiwrnod olaf gŵyl y Bara Croyw roedd ffrwyth cyntaf y cynhaeaf haidd yn cael ei gyflwyno i Dduw i ddiolch iddo am ei ddaioni, ac edrych ymlaen mewn ffydd i'r cynhaeaf llawn (Lefiticus 23:9-15).

Gŵyl y Cynhaeaf (Gŵyl yr Wythnosau; y Pentecost)

Roedd gŵyl y Cynhaeaf yn cael ei chynnal bum deg diwrnod ar ôl y Pasg. Gŵyl i ddathlu daioni Duw – i ddiolch iddo am y cynhaeaf haidd ac i ddathlu blaenffrwyth y cynhaeaf cyffredinol (Exodus 23:16; Lefiticus 23:15-22; Deuteronomium 16:9-12).

Dyma'r ŵyl sy'n cael ei galw yn Pentecost yn y Testament Newydd, pan wnaeth Duw dywallt yr Ysbryd Glân ar yr eglwys (Actau 2:1-4).

Gŵyl y Pebyll (Gŵyl Casglu'r Cynhaeaf)

Roedd yr ŵyl yma'n cael ei chynnal ar ôl casglu'r cnydau i gyd, i ddathlu daioni a gofal Duw, a hefyd i gofio'r daith o'r Aifft i wlad Canaan. Roedd pobl Israel yn gwersylla am wyth diwrnod mewn llochesau wedi eu gwneud o ganghennau. (Exodus 23:16; Lefiticus 23:33-43; Numeri 29:12-38; Deuteronomium 16:13-15).

Y Saboth

Roedd Duw wedi gorchymyn i bobl orffwys o'u gwaith ar y Saboth (sef machlud haul nos Wener hyd fachlud haul nos Sadwrn). Roedd y Saboth i fod yn ddiwrnod gwahanol i bob diwrnod arall – cyfle i addoli Duw – y Crëwr (Exodus 20:8-11) a'r Achubwr (Deuteronomium 5:15). Mae Cristnogion yn addoli ar y Sul (yn hytrach na'r Saboth Iddewig) am eu bod am ddathlu atgyfodiad Iesu (Actau 20:7; 1 Corinthiaid 16:2).

Gŵyl y Lleuad newydd (Diwrnod cyntaf pob mis)

Roedd pobl Israel yn dathlu diwrnod cyntaf pob mis drwy addoli Duw, offrymu aberthau iddo a chanu utgyrn (Numeri 10:10; 28:11-15; Salm 81:3; Eseciel 46:3).

Gŵyl yr Utgyrn

Roedd diwrnod cyntaf y seithfed mis (sef hanner ffordd trwy'r flwyddyn) i fod yn ddiwrnod sbesial i orffwys ac addoli Duw. Roedd yn cael ei gyhoeddi drwy ganu utgyrn (Lefiticus 23:23-25; Numeri 29:1-6).

Dydd y Cymod (*Yom Kippur* – Y Dydd i wneud pethau'n iawn)

Roedd Dydd y Cymod yn ddiwrnod unigryw yn y flwyddyn. Ar y degfed dydd o'r seithfed mis (tua diwedd Medi) roedd yr archoffeiriad yn mynd drwy'r llen i'r Lle Mwyaf Sanctaidd yn y deml. Cyn gwneud hynny roedd yn aberthu tarw dros ei bechod ei hun a bwch gafr dros bechod y bobl. Roedd bwch gafr arall yn cael ei ryddhau yn yr anialwch (fel arwydd o gario beiau pobl Israel i ffwrdd). Mae Hebreaid 7:26-27; 9:6-14,24-26, yn dangos sut mae hyn i gyd yn ddarlun o arwyddocâd aberth y Meseia troson ni.

Pwrim

Roedd pobl Israel yn cael gwyliau ar y 14eg a'r 15fed o fis Adar, sef mis olaf y flwyddyn (tua diwedd Chwefror). Roedd pobl yn rhoi anrhegion i'w gilydd i ddathlu'r ffordd wnaeth Duw achub ei bobl rhag hil-laddiad yn ystod cyfnod y gaethglud yn Babilon (Esther 9:20-32).

Gŵyl y Cysegru (*Hanukkah* – Gŵyl y Goleuni)

Does dim sôn am yr ŵyl yma yn yr ysgrifau sanctaidd Hebreig, ond mae cyfeiriad ati yn Ioan 10:22. Roedd yn cael ei chynnal am wyth diwrnod ar ddiwedd y nawfed mis – sef tua canol Rhagfyr (gw. 1 Macabeaid 4:36-59; 2 Macabeaid 1:8,18; 10:1-8). Roedd yn dathlu ailgysegru'r deml gan Jwdas Macabeus tua 164 CC (ar ôl iddi gael ei llygru gan Antiochus IV Epiffanes – gw. Daniel 11:31). Roedd lampau a chanhwyllau yn cael eu cynnau yng nghartrefi'r Iddewon i ddathlu'r achlysur.

Y Calendr Hebreig

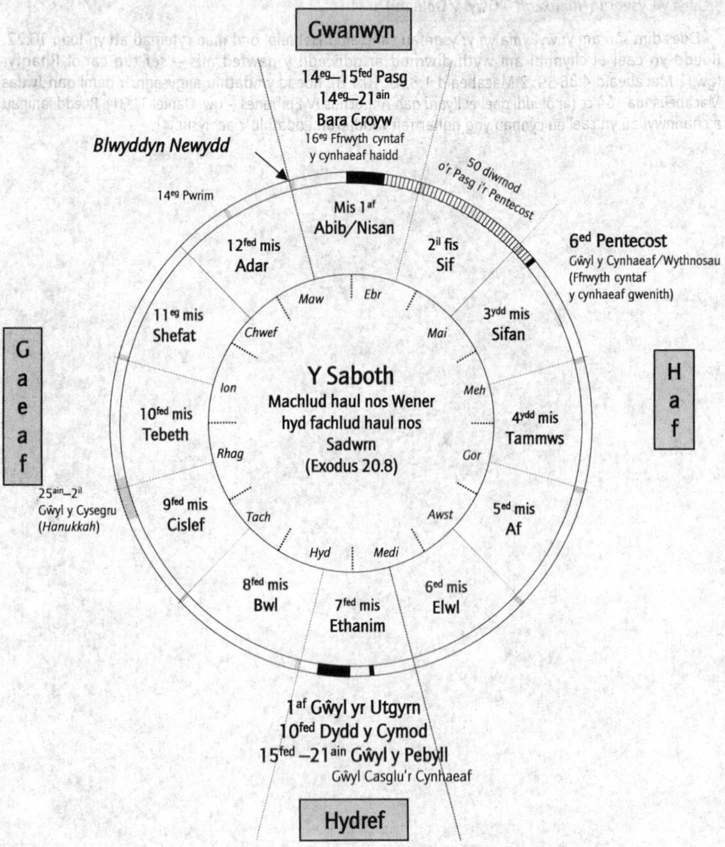
Gwanwyn
14eg–15fed Pasg
14eg–21ain
Bara Croyw
16eg Ffrwyth cyntaf
y cynhaeaf haidd
Blwyddyn Newydd
50 diwrnod
o'r Pasg i'r Pentecost
14eg Pwrim
Mis 1af
Abib/Nisan
12fed mis
Adar
2il fis
Sif
6ed Pentecost
Gŵyl y Cynhaeaf/Wythnosau
(Ffrwyth cyntaf
y cynhaeaf gwenith)
Maw
Ebr
Chwef
Mai
11eg mis
Shefat
3ydd mis
Sifan
Gaeaf
Haf
Y Saboth
Machlud haul nos Wener
hyd fachlud haul nos
Sadwrn
(Exodus 20.8)
Ion
Meh
10fed mis
Tebeth
4ydd mis
Tammws
Rhag
Gor
25ain–2il
Gŵyl y Cysegru
(Hanukkah)
9fed mis
Cislef
Tach
Awst
5ed mis
Af
Hyd
Medi
8fed mis
Bwl
7fed mis
Ethanim
6ed mis
Elwl
1af Gŵyl yr Utgyrn
10fed Dydd y Cymod
15fed –21ain Gŵyl y Pebyll
Gŵyl Casglu'r Cynhaeaf
Hydref

Y Calendr Amaethyddol

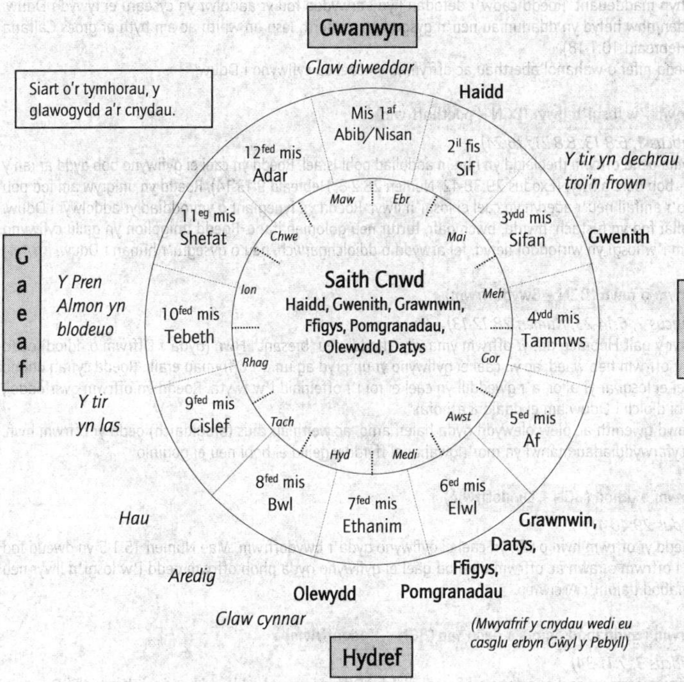
Siart o'r tymhorau, y glawogydd a'r cnydau.
Gwanwyn
Glaw diweddar
Haidd
Mis 1af
Abib/Nisan
2il fis
Sif
Y tir yn dechrau troi'n frown
12fed mis
Adar
Maw
Ebr
11eg mis
Shefat
Chwe
Mai
3ydd mis
Sifan
Gwenith
G
a
e
a
f
Y Pren Almon yn blodeuo
Ion
Saith Cnwd
Haidd, Gwenith, Grawnwin, Ffigys, Pomgranadau, Olewydd, Datys
Meh
H
a
f
10fed mis
Tebeth
4ydd mis
Tammws
Rhag
Gor
Y tir yn las
9fed mis
Cislef
Tach
Awst
5ed mis
Af
Hyd
Medi
8fed mis
Bwl
6ed mis
Elwl
7fed mis
Ethanim
Hau
Grawnwin,
Datys,
Ffigys,
Pomgranadau
Aredig
Olewydd
Glaw cynnar
(Mwyafrif y cnydau wedi eu casglu erbyn Gŵyl y Pebyll)
Hydref

Aberthau ac Offrymau

Mae'r disgrifiadau o'r aberthau a'r offrymau yn yr Hen Destament yn gallu ymddangos yn fanwl a chymhleth. Ond eu diben, yn syml, oedd galluogi'r addolwyr (pobl sy'n bechaduriaid) i glosio at Dduw a derbyn maddeuant. Roedd cadw'r defodau hyn i arwyddo fod yr addolwr yn cysegru ei fywyd i Dduw. Roedden nhw hefyd yn ddarluniau neu'n gysgodion o aberth Iesu un waith ac am byth ar groes Calfaria (gw. Hebreaid 10:1-18).

Roedd nifer o wahanol aberthau ac offrymau yn cael eu cyflwyno i Dduw:

Offrwm i'w losgi'n llwyr (BCN – poethoffrwm)

(Lefiticus 1; 6:8-13; 8:8-21; 16:24)

Dyma oedd offrwm rheolaidd yn nhrefn addoliad pobl Israel. Roedd yn cael ei gyflwyno bob dydd ar ran y bobl – bob bore a hwyr (Exodus 29:38-42; Numeri 28:2-8; Hebreaid 9:13-14). Roedd yn unigryw am fod pob rhan o'r anifail neu'r aderyn yn cael ei losgi'n llwyr. Roedd yn fynegiant o ymroddiad yr addolwyr i Dduw.

Gallai fod yn fustach, hwrdd, bwch gafr, turtur neu golomen ifanc. Roedd unigolion yn gallu cyflwyno offrwm i'w losgi yn wirfoddol hefyd, fel arwydd o ddiolchgarwch, neu o gysegru'r hunan i Dduw.

Offrwm o rawn (BCN – Bwydoffrwm)

(Lefiticus 2; 6:14-23; Numeri 28:12-13)

Ystyr y gair Hebraeg am yr offrwm yma ydy 'rhodd' neu 'bresant'. Hwn (gyda'r Offrwm o ddiod) oedd yr unig offrwm heb waed, ac yn cael ei gyflwyno yr un pryd ag un o'r offrymau eraill. Roedd cyfran ohono yn cael ei losgi ar yr allor, a'r gweddill yn cael ei roi i'r offeiriaid i'w fwyta. Roedd yn offrwm gwirfoddol, i fynegi diolch i Dduw am ei ddaioni a'i ofal.

Blawd gwenith ac olew olewydd gyda halen arno, ac weithiau thus (arogldarth) oedd yr offrwm hwn. Mae cyfarwyddiadau manwl yn rhoi'r gwahanol ffyrdd y gellid ei bobi neu ei goginio.

Offrwm o ddiod (BCN – Diodoffrwm)

(Exodus 29:40-41)

Roedd yr offrwm hwn o win yn cael ei gyflwyno gyda'r bwydoffrwm. Mae Numeri 15:1-5 yn dweud fod rhaid i offrwm o rawn ac offrwm o ddiod gael ei gyflwyno gyda phob offrwm oedd i'w losgi'n llwyr neu i gydnabod daioni'r ARGLWYDD.

Offrwm i gydnabod daioni'r ARGLWYDD (BCN – Heddoffrwm)

(Lefiticus 3; 7:11-34)

Offrwm oedd yn cael ei gyflwyno i fynegi diolch i Dduw, i wneud addewid neu i roi rhywbeth i Dduw yn wirfoddol. Roedd yr offrwm yma i gael ei fwyta gan yr addolwyr a'r offeiriaid mewn pryd o fwyd cymunedol, ac felly roedd hefyd yn gyfrwng i ddathlu perthynas pobl Dduw â'i gilydd.

Roedd yn offrwm o unrhyw anifail o'r gyr o wartheg, neu o'r praidd o ddefaid a geifr.

Offrwm i lanhau o bechod (BCN – Offrwm dros bechod)

(Lefiticus 4:1 – 5:13; 6:24-30; 8:14-17; 16:3-22; Numeri 15:22-29)

Hwn oedd y prif offrwm i ofyn am faddeuant am bechod. Os oedd rhywun yn euog o fod wedi pechu (yn ddamweiniol, yn ddifeddwl neu'n anfwriadol), roedd rhaid aberthu'r offrwm yma i dderbyn maddeuant. Nid oedd offrwm i lanhau rhywun pan oedd wedi pechu'n fwriadol (gw. Numeri 15:30-31). Roedd yr hyn oedd yn digwydd i waed yr anifail yn ganolog yn y defodau oedd yn gysylltiedig â'r offrwm yma.

Tarw ifanc (Archoffeiriad neu bobl Israel yn gyffredinol); bwch gafr (arweinydd); gafr neu ddafad (pobl gyffredin); turtur neu golomen ifanc, neu hyd yn oed lond dwrn o flawd (pobl dlawd).

Offrwm i gyfaddef bai (BCN - Offrwm dros gamwedd)

(Lefiticus 5:14 – 6:7; 7:1-6)

Roedd hwn yn debyg iawn i'r Offrwm i lanhau o bechod, ond yn cael ei gyflwyno os oedd rhywun wedi gwneud cam â rhywun arall neu'n euog o dwyllo rhywun arall. Roedd rhaid talu am y cam, gan ychwanegu 20%.

Mynegair

Mae'r Mynegair byr yma wedi ei lunio i helpu'r darllenydd i ddod o hyd i adnodau penodol, neu i'w helpu i fyfyrio ar bwnc neu thema arbennig yn y Beibl. Mae'r adnodau sydd wedi eu cynnwys ynddo wedi cael eu dewis yn ofalus. Ceisiwyd cynnwys y geiriau a'r adnodau hynny fyddai pobl fwyaf tebygol o chwilio amdanyn nhw. Doedd dim bwriad cynnwys pob adnod lle mae'r gair dan sylw yn ymddangos.

Yn hytrach, dewiswyd amrywiaeth o gyfeiriadau fyddai'n taflu peth goleuni ar y defnydd o'r gair ei hun neu bwnc sy'n gysylltiedig â'r gair.

Mae gwahanol ffurfiau o air penodol (e.e. unigol a lluosog, gwrywaidd a benywaidd; enw neu ferf) wedi eu rhestru gyda'i gilydd, a ffurf fwyaf amlwg y gair yn cael ei ddefnyddio fel pennawd. Mae yna hefyd groesgyfeiriadau i eiriau ac ymadroddion cysylltiedig.

Wrth edrych ar unrhyw adnod mae'n bwysig edrych ar y cyd-destun i'w deall yn iawn. Dylid cofio nad oedd rhifau adnodau a phenodau wedi eu hychwanegu at lyfrau'r Beibl tan y 13eg ganrif. Maen nhw'n ddefnyddiol i'n helpu i ffeindio'n ffordd o gwmpas y Beibl, ond ni ddylid eu hynysu wrth eu dehongli.

Mae'n hawdd iawn cam-ddeall a cham-ddehongli adnod pan mae'n cael ei darllen allan o'i chyd-destun.

A

aberth

See Also allor, gwaed, offrwm

Gen	22:8	fod oen gynnon ni i'w **aberthu**
Ex	12:27	dwedwch wrthyn nhw, '**Aberth** y
1 Sam	15:22	**Aberth** ac offrwm i'w losgi
Salm	40:6	**aberth** ac offrwm rwyt ti eisiau
Es	1:11	ydy pwynt eich holl **aberthau**
Dan	11:31	Bydd yn stopio'r **aberthu**
Hos	6:6	nid **aberthau**! Nabod Duw
Mc	12:33	hyn yn bwysicach na'r **aberthau**
In	1:5	**Mae'r** golau'n dal i ddisgleirio
Act	15:29	**aberthu** i eilun-dduwiau
Rhuf	12:1	eich hunain iddo yn **aberth**
Eff	5:2	**aberth** oedd yn arogli'n hyfryd i
Heb	9:26	drwy ei **aberthu** ei hun.
	10:1	mae'r un **aberthau** yn gorfod
1 Ped	2:5	**aberthau** ysbrydol i Dduw.

achub

See Also mabwysiadu, maddau, rhyddid

Ex	14:13	ARGLWYDD yn eich **achub** chi.
Salm	37:39	**achub** y rhai sy'n byw'n gywir
	55:16	yr ARGLWYDD yn fy **achub** i.
Es	43:11	does neb ond fi yn gallu **achub**.
	45:20	sydd ddim yn gallu **achub**!
	59:1	ddim yn rhy wan i **achub**
Jer	17:14	dim ond ti sy'n gallu fy **achub**.
Hos	13:4	Fi ydy'r unig un sy'n **achub**!
Jl	2:32	ARGLWYDD yn cael ei **achub**.
Mth	10:22	diwedd un yn cael eu **hachub**.
	27:40	**Achub** dy hun! Tyrd i lawr o'r
Lc	19:10	i'w **hachub** nhw."
Act	4:12	Fe ydy'r unig un sy'n **achub**!
	16:31	dyna sut mae cael dy **achub** – ti
Rhuf	1:16	gweithio i **achub** pawb sy'n
	10:10	a chei dy **achub** wrth gyffesu
1 Cor	15:2	da sy'n eich **achub** chi
Eff	1:13	da sy'n eich **achub** chi.

» achub

Eff	2:8	eich **achub** chi wrth i chi gredu.
1 Tim	1:15	**achub** pechaduriaid – a fi ydy'r
	2:4	**hachub** a dod i wybod y gwir.
2 Tim	3:15	ti i ddeall sut i gael dy **achub**
Tit	3:5	**hachub** ni am ein bod ni'n dda
Heb	2:3	yma am Dduw yn **achub**!

adeiladu

Gen	11:4	i ni **adeiladu** dinas fawr i ni'n
2 Cron	2:1	yn gorchymyn **adeiladu** teml i
Esra	1:2	e wedi gorchymyn i mi **adeiladu**
Salm	127:1	ddim yn **adeiladu'r** tŷ
Es	58:12	ac yn **adeiladu** ar yr hen sylfeini
Jer	1:10	yn **adeiladu** ac yn plannu."
Mth	7:24	**adeiladu** ei dŷ ar graig solet.
	16:18	i **adeiladu** fy eglwys arni hi
1 Cor	8:1	ar y llaw arall, yn **adeiladu**.
Col	2:7	bywyd wedi'i **adeiladu** arno
Heb	3:4	cael ei **adeiladu** gan rywun
1 Ped	2:5	chi i **adeiladu** ei 'deml' ysbrydol.
Jwd	1:20	Daliwch ati i **adeiladu** eich

addfwyn

See Also gostyngedig

Sech	9:9	Mae'n **addfwyn** ac yn
Mth	5:5	Mae'r rhai **addfwyn** sy'n cael
	11:29	i'n **addfwyn** ac yn ostyngedig
	21:5	Mae'n **addfwyn** ac yn
Eff	4:2	ac **addfwyn** bob amser
1 Tim	6:11	ati drwy bopeth ac yn **addfwyn**.
1 Ped	3:4	sef ysbryd **addfwyn** a thawel.

addo

See Also ymrwymiad

Deut	6:18	y wlad dda wnaeth Duw **addo**
Salm	24:4	ddim yn twyllo neu'n **addo**
Act	2:39	Mae Duw wedi **addo**
Rhuf	4:16	**addo**! Rhodd Duw ydy'r cwbl!
2 Cor	1:20	mae Duw wedi'i **addo** yn wir!

» addo

Heb 10:23 wneud beth mae wedi'i **addo**!
2 Ped 1:4 hyn i gyd mae wedi **addo**
3:4 Wnaeth e ddim **addo** dod yn ôl?

addoli

See Also canu, dathlu, diolch, gweddi

Ex 3:12 fy **addoli** i ar y mynydd yma."
Barn 2:11 **addoli** delwau o Baal.
Salm 95:6 i ni ei **addoli** ac ymgrymu iddo
100:2 **Addolwch** yr ARGLWYDD yn
Dan 3:17 dŷn ni'n ei **addoli** yn bodoli
Mth 2:11 eu gliniau o'i flaen a'i **addoli**.
4:10 **'Addola'r** Arglwydd dy Dduw
In 4:23 galluogi pobl i **addoli** Duw fel y
Act 17:23 ar yr hyn dych chi'n ei **addoli**.
Rhuf 12:1 Dyna beth ydy **addoliad**
Heb 12:28 ac **addoli** ein Duw yn y ffordd
Dat 15:4 yn dod i **addoli** o dy flaen di
19:20 ac wedi **addoli** ei ddelw.

aflan

Lef 5:2 rhywbeth sy'n **aflan** drwy
10:10 beth sy'n **aflan** a beth sy'n lân.
18:30 **aflan** yn fy ngolwg i.
Num 19:22 person sy'n **aflan** yn ei gyffwrdd
35:34 y tir ble dych chi'n byw yn **aflan**
Job 14:4 Pwy all wneud yr **aflan** yn lân?
Es 6:5 Dyn gyda gwefusau **aflan** ydw i
35:8 Fydd neb sy'n **aflan** yn cael
64:6 dŷn ni i gyd fel rhywbeth **aflan**
Dan 1:8 hun yn **aflan** drwy fwyta'r bwyd
Mth 15:20 sy'n gwneud rhywun yn **'aflan'**.
Act 10:14 ei gyfri'n **aflan** neu'n anghywir
Rhuf 14:14 bwyd sy'n **'aflan'** ynddo'i hun.
2 Cor 7:1 allai'n gwneud ni'n **aflan**.
Heb 10:29 newydd) fel petai'n beth **aflan**!
Dat 21:27 Ond fydd dim byd **aflan** yn cael

angel

Gen 28:12 ac **angylion** Duw yn mynd i fyny
Ex 3:2 Yno, dyma **angel** yr ARGLWYDD
Salm 34:7 Mae **angel** yr ARGLWYDD fel
Dan 6:22 ei **angel** i gau cegau'r llewod
Mth 25:31 a'r holl **angylion** gydag e
28:2 Dyma **angel** yr Arglwydd yn dod
Rhuf 8:38 Dydy **angylion** ddim yn gallu
2 Cor 11:14 arno ei fod yn **angel** y goleuni!
Gal 1:8 hyd yn oed **angel** o'r nefoedd
Heb 1:4 yn bwysicach na'r **angylion**.
2 Ped 2:4 arbed yr **angylion** oedd yn euog
Jwd 1:6 Wedyn beth am yr **angylion**
Dat 12:7 Roedd Michael a'i **angylion** yn

anghofio

Deut 6:12 peidiwch **anghofio'r**
Salm 103:2 Paid **anghofio'r** holl bethau
Diar 3:1 Fy mab, paid **anghofio**
Es 43:25 **anghofio** am dy bechodau di.
51:13 Wyt ti wedi **anghofio'r**

» anghofio

Jer 31:34 **anghofio'u** pechodau am byth."
Hos 8:14 Mae Israel wedi **anghofio'i**
Gal 2:10 oedd i beidio **anghofio'r** tlodion
Phil 3:13 Dw i'n **anghofio** beth sydd tu
Heb 13:16 A pheidiwch **anghofio** gwneud

allor

See Also aberth, arogldarth, offrwm

Gen 8:20 **allor** i'r ARGLWYDD ac aberthu
22:9 Abraham yn adeiladu **allor** yno
Ex 20:24 Codwch **allor** o bridd i mi
27:1 "Mae'r **allor** i gael ei gwneud o
40:5 Rho'r **allor** aur (allor yr
Lef 26:30 Bydda i'n dinistrio'ch **allorau**
1 Sam 14:35 godi **allor** i'r ARGLWYDD am y
1 Bren 18:30 dyma Elias yn trwsio **allor** yr
Salm 84:3 ei chywion wrth ymyl dy **allor** di
Mth 5:23 **allor** yn y deml yn addoli Duw
Act 17:23 des i o hyd i un **allor** oedd â'r
2 Tim 4:6 ar yr **allor** fel diodoffrwm.

amddifad

See Also gweddwon, mewnfudwr, tlodi / tlodion

Ex 22:22 weddw neu blentyn **amddifad**.
Deut 10:18 plant **amddifad** a gweddwon yn
Salm 68:5 Tad plant **amddifad**
146:9 plant **amddifad** a'r gweddwon.
Es 1:17 hawliau plant **amddifad**
Jer 22:3 plant **amddifad** a gweddwon.
Iag 1:27 am blant **amddifad** a gwragedd

amser

Preg 3:1 Mae **amser** wedi'i
Mth 28:20 y bydda i gyda chi bob **amser**
Mc 1:15 "Mae'n **amser**!" meddai.
In 4:23 Ond mae'r **amser** yn dod
2 Cor 6:2 ti pan fydd yr **amser** yn iawn
Eff 1:10 fydd yr **amser** iawn wedi dod.
1 Ped 3:15 Byddwch barod bob **amser** i roi

amynedd

See Also disgwyl

Salm 37:7 Bydd yn **amyneddgar** wrth
Preg 7:8 **amynedd** yn well na balchder."
Nah 1:3 ARGLWYDD yn **amyneddgar** ac
Rhuf 2:4 a goddefgar ac **amyneddgar**?
9:22 Mae wedi bod mor **amyneddgar**
Col 3:12 yn addfwyn ac yn **amyneddgar**.
2 Tim 4:2 hynny gydag **amynedd** mawr ac
Iag 5:7 byddwch yn **amyneddgar** wrth

anfarwoldeb

See Also bywyd tragwyddol

1 Cor 15:53 yn cael gwisgo **anfarwoldeb**!
1 Tim 6:16 un sy'n **anfarwol** yn ei hanfod.
2 Tim 1:10 **anfarwoldeb** drwy'r newyddion

anfoesoldeb rhywiol

See Also chwant, godineb, rhyw

Act	15:29	unrhyw **anfoesoldeb rhywiol**.
1 Cor	6:18	chi i osgoi **anfoesoldeb rhywiol**.
	10:8	yn **anfoesol yn rhywiol** fel rhai
Gal	5:19	**anfoesoldeb rhywiol**
Eff	5:3	o **anfoesoldeb rhywiol** yn agos
Jwd	1:7	**anfoesoldeb rhywiol** yn rhemp
Dat	19:2	**hanfoesoldeb rhywiol**.
	21:8	pobl sy'n **anfoesol yn rhywiol**

anffyddlon

See Also pechod

2 Cron	36:14	a'r bobl hefyd yn **anffyddlon**
Rhuf	3:3	nhw wedi bod yn **anffyddlon**
2 Tim	2:13	Os ydyn ni'n **anffyddlon**
Iag	4:4	sy'n **anffyddlon** i'w gŵyr!

annuwiol

See Also diafol, drwg / drygioni

Job	20:5	Fydd yr **annuwiol** ddim ond yn
Es	33:14	**annuwiol** yn crynu mewn ofn.
Rhuf	4:5	**annuwiol** i berthynas iawn ag
1 Tim	1:9	pobl **annuwiol** a phechadurus
1 Ped	4:18	beth ddaw o bobl **annuwiol**
2 Ped	3:7	**annuwiol** yn cael eu dinistrio.
Jwd	1:15	yn cosbi pechaduriaid **annuwiol**

anrhydedd

See Also ysblander

Salm	86:12	yn **anrhydeddu** dy enw am byth.
Diar	3:9	i **anrhydeddu'r** ARGLWYDD
	29:23	yn cael ei **anrhydeddu**.
Es	32:8	person **anrhydeddus** yn dda
Dan	2:6	ac **anrhydeddau** arnoch chi.
In	7:18	**anrhydedd** iddyn nhw'u hunain
	12:23	Mab y Dyn, gael fy **anrhydeddu**.
	17:1	**Anrhydedda** dy Fab
Rhuf	2:7	**anrhydedd** ac anfarwoldeb
1 Tim	1:17	Mae e'n haeddu ei **anrhydeddu**
	6:16	Pob **anrhydedd** iddo!
1 Ped	4:11	fe sydd biau'r **anrhydedd** i gyd
Dat	5:12	**anrhydedd**, ysblander a mawl!"

anweledig

Dan	2:34	mynydd gan law **anweledig**.
Rhuf	1:20	bod Duw ei hun yn **anweledig**
Col	1:15	sut un ydy'r Duw **anweledig** – y
1 Tim	1:17	ydy'r Duw anfarwol, **anweledig**!
Heb	11:27	ei olwg ar y Duw **anweledig**.

Arch yr ymrwymiad

BCN - Arch y cyfamod

See Also teml

Ex	25:10	"Maen nhw i wneud **Arch**
1 Sam	4:11	**Arch** Duw ei chipio hefyd
2 Cron	5:8	ble roedd yr **Arch** yn eistedd.
Salm	132:8	i dy deml gyda dy **Arch** bwerus!
Heb	9:4	ac **arch** yr ymrwymiad (cist
Dat	11:19	ac roedd modd gweld **arch** yr

archoffeiriad

See Also offeiriad

Mth	26:65	**archoffeiriad** yn rhwygo'i
Heb	2:17	y gallai fod yn **archoffeiriad**
	4:15	Ac mae'n **Archoffeiriad** sy'n

arfau

See Also brwydr, rhyfel, ymladd

Preg	9:18	nag **arfau** rhyfel ond mae un
Sech	9:10	**arfau** rhyfel yn cael eu dinistrio!
2 Cor	6:7	gydag **arfau** cyfiawnder
	10:4	defnyddio **arfau'r** byd i ymladd.
Eff	6:11	Mae Duw wedi paratoi **arfwisg** i

arian

See Also cyfoeth, trysor

Salm	12:6	Maen nhw fel **arian** wedi'i
Diar	17:3	Tawddlestr i **arian**
Preg	5:10	obsesiwn am **arian** byth yn
Es	55:1	Os nad oes gynnoch chi **arian**
Hag	2:8	'Fi piau'r **arian**, a fi piau'r aur
Mth	26:15	tri deg darn **arian** iddo.
Lc	3:14	dwyn **arian** oddi ar bobl"
In	2:15	Chwalodd holl **arian** y rhai oedd
Act	3:6	"Does gen i ddim **arian** i'w
1 Tim	6:10	yn eu hawydd i wneud **arian**
Iag	4:13	a gwneud llwyth o **arian**."
	5:3	Mae'ch aur a'ch **arian** chi'n
1 Ped	1:18	sy'n darfod fel **arian** ac aur

arogldarth

See Also allor

Ex	40:5	allor yr **arogldarth**) o flaen Arch
Salm	141:2	fel offrwm o **arogldarth**
Es	1:13	Mae'r **arogldarth** yn troi arna i!
Hos	11:2	a llosgi **arogldarth** i eilunod.
Dat	5:8	o **arogldarth** (sy'n cynrychioli

awdurdod

See Also teyrnasu

Salm	8:6	popeth dan ei **awdurdod** –
Mth	7:29	**awdurdod** oedd yn gwneud i
	28:18	"Dw i wedi cael **awdurdod** llwyr
Lc	9:1	a rhoi nerth ac **awdurdod** iddyn
	20:2	roddodd yr **awdurdod** i ti?"
Act	9:14	offeiriaid wedi rhoi **awdurdod**
Rhuf	13:1	i **awdurdod** y llywodraeth.
1 Tim	2:2	arall mewn safle o **awdurdod**

B

balchder

See Also brolio

Salm	73:3	i'n genfigennus o'r rhai **balch**
	138:6	gwybod o bell am y **balch**.
Diar	6:17	llygaid **balch**, tafod celwyddog
	16:18	Mae **balchder** yn dod o flaen
Preg	7:8	amynedd yn well na **balchder**."
Gal	5:26	i ni beidio bod yn **falch**

» balchder

1 Tim	6:17	y byd hwn i beidio bod yn **falch**
Iag	4:6	**falch** ond mae'n hael at y rhai

bara

See Also burum, bwyd, torth

Ex	16:4	"Dw i'n mynd i wneud i **fara**
1 Bren	17:6	Roedd cigfrain yn dod â **bara** a
Salm	78:25	y bobl fwyta **bara**'r angylion!
Mth	26:26	"Cymerwch y **bara** yma
In	6:35	"Fi ydy'r **bara** sy'n rhoi bywyd.
1 Cor	10:16	Ac onid ydy'r dorth o **fara** dŷn

barn

See Also condemnio, dinistr / dinistrio, uffern

Gen	18:25	Onid ydy **Barnwr** y byd yn
Deut	1:17	Duw sy'n gwneud y **barnu**.
Salm	7:11	Mae Duw yn **farnwr** cyfiawn
2 Tim	4:8	y **Barnwr** cyfiawn
Heb	6:2	y bydd Duw yn **barnu** beth fydd
	9:27	a wynebu **barn** ar ôl hynny,
	12:23	hefyd mae Duw, **Barnwr** pawb.
2 Ped	2:9	i'w cosbi pan ddaw dydd y **farn**.
1 In	4:17	pan fydd Duw yn **barnu**.

bedyddio

Mth	28:19	a'u **bedyddio** nhw fel arwydd
Mc	1:4	Ioan – roedd yn **bedyddio** pobl
	10:39	**bedyddio** â'r un bedydd a mi,
Lc	3:21	wrthi'n **bedyddio'r** bobl i gyd
Act	2:38	a chael eich **bedyddio** fel
	18:25	**bedydd** Ioan roedd e'n gwybod
Rhuf	6:3	Pan gawson ni'n **bedyddio** i
1 Cor	1:17	dim **bedyddio** pobl.
	12:13	Cawson ni i gyd ein **bedyddio**
Eff	4:5	un ffydd, un **bedydd**,
Col	2:12	**bedyddio** cawsoch eich claddu
1 Ped	3:21	**bedydd**, sy'n cyfateb i hynny

bedd

See Also marw, marwolaeth

Salm	5:9	Mae eu geiriau'n drewi fel **bedd**
	103:4	dy gadw di rhag mynd i'r **bedd**
Can	8:6	mor ddi-ildio â'r **bedd**.
Es	53:9	ond cafodd **fedd** un cyfoethog.
Mth	27:52	a chafodd **beddau** eu hagor.
	27:64	Felly wnei di orchymyn i'r **bedd**
Mc	16:8	ac yn rhedeg oddi wrth y **bedd**
In	19:41	roedd **bedd** newydd yn yr ardd
Act	2:29	ei **fedd** yn dal gyda ni heddiw.

beichiog

Salm	51:5	wnaeth mam **feichiogi** arna i.
Es	7:14	bydd y ferch ifanc yn **feichiog**
Mth	1:18	wedi'i gwneud hi'n **feichiog**.

bendithio

Gen	1:22	dyma Duw yn eu **bendithio** nhw
	12:2	ac yn dy **fendithio** di
Deut	11:26	rhwng **bendith** a melltith.

» bendithio

Salm	67:1	aton ni a'n **bendithio** ni.
	103:1	**bendithia'r** ARGLWYDD!
Mal	3:10	ac yn tywallt **bendith** arnoch chi
Mth	21:9	**fendithio'n** fawr!" "Clod i Dduw
	25:34	mae fy Nhad wedi'u **bendithio**
Lc	1:42	"Mair, rwyt ti wedi dy **fendithio**
	6:28	**bendithiwch** y rhai sy'n eich
Eff	1:3	Mae wedi tywallt pob **bendith**

breib

Ex	23:8	Paid derbyn **breib**.
Deut	10:17	a byth yn derbyn **breib**.
2 Cron	19:7	ffafriaeth na derbyn **breib**."
Diar	17:23	Person drwg sy'n derbyn **breib**

brenin

See Also coron, gorsedd, teyrnasu

Salm	24:7	**Brenin** gwych gael dod i mewn!
Es	6:5	ac eto dw i wedi gweld y **Brenin**
Jer	23:5	Bydd e'n **frenin** fydd yn
Sech	9:9	Edrych! Mae dy **frenin** yn dod.
Mth	27:29	**Brenin** yr Iddewon!" medden
In	12:15	Edrych! dy **frenin** sy'n dod
	19:19	**BRENIN** YR IDDEWON.
1 Tim	6:15	**Brenin** y brenhinoedd ac

breuddwyd / breuddwydion

Gen	28:12	Cafodd **freuddwyd**.
	37:5	wedyn cafodd Joseff **freuddwyd**.
	41:5	i gysgu cafodd **freuddwyd** arall.
Jer	23:28	gafodd **freuddwyd** ei rhannu fel
Dan	5:12	**breuddwydion**, egluro posau
Mth	2:13	cafodd Joseff **freuddwyd** arall.
Act	2:17	hŷn yn cael **breuddwydion**.
Jwd	1:8	**Breuddwydion** ydy sail

brolio

See Also balchder

Diar	27:1	**brolio** am beth wnei di yfory
Jer	9:23	glyfar ddim **brolio'u** clyfrwch
1 Cor	1:31	"Os ydy rhywun am **frolio**
2 Cor	12:9	**frolio** am beth sy'n dangos mod
Gal	6:14	ond un peth i **frolio** amdano
Iag	4:16	**brolio** eich bod yn mynd i
1 In	2:16	a **brolio** am beth sydd gynnon

brwydr

See Also arfau, cleddyf, rhyfel, ymladd

Deut	20:7	iddo gael ei ladd yn y **frwydr**
1 Sam	17:47	**Brwydr** yr ARGLWYDD ydy hon.
2 Cron	20:15	**Brwydr** Duw ydy hon nid eich
Salm	140:7	yn gysgod i mi yn y **frwydr**.
Preg	9:11	na'r cryfaf yn ennill y **frwydr**
1 Tim	1:18	ti'n ymladd yn dda yn y **frwydr**.

bugail

See Also dafad / defaid, oen

Es	40:11	yn bwydo'i braidd fel **bugail**
Esec	34:23	un **bugail** i ofalu amdanyn nhw

» bugail

In	10:11	“Fi ydy'r **bugail** da.
Heb	13:20	sef **Bugail** mawr y defaid.
1 Ped	5:4	y Pen **Bugail**, yn dod yn ôl

burum

BCN - surdoes

See Also bara, torth

Ex	12:15	bara sydd heb **furum** ynddo.
Lef	2:11	“Does dim **burum** i gael ei
Mth	13:33	yr Un nefol fel **burum**.
	16:11	oddi wrth **furum** y Phariseaid
1 Cor	5:7	heb unrhyw **furum** ynddo.
Gal	5:9	“Mae mymryn bach o **furum** yn

bwyd

See Also bara, bwyta, diod, gwledd, swper

Deut	8:3	ddeall mai nid **bwyd** ydy'r unig
Salm	146:7	a **bwyd** i'r rhai newynog.
Diar	25:21	dy elyn yn llwgu, rho **fwyd** iddo
Es	58:7	Rhannu dy **fwyd**
Mth	3:4	a'i **fwyd** oedd locustiaid a mêl
	4:4	mai 'Nid **bwyd** ydy'r unig
	6:11	Rho i ni ddigon o **fwyd** i'n cadw
	25:35	**fwyd** i mi pan oeddwn i'n llwgu
Mc	7:19	Dydy **bwyd** ddim yn mynd yn
Lc	12:24	eto mae Duw'n eu **bwydo** nhw.
In	6:55	Ydy, mae fy nghnawd i yn **fwyd**
1 Tim	6:8	gynnon ni **fwyd** a dillad
Iag	2:15	yn brin o ddillad neu heb **fwyd**,

bwyta

See Also bwyd, gwledd, swper

Gen	2:16	“Cei **fwyta** ffrwyth unrhyw
Lef	17:14	**fwyta** cig unrhyw anifail gyda'r
Es	55:1	Prynwch a **bwytwch**. Dewch!
	65:25	y llew yn **bwyta** gwellt fel ych
Esec	3:1	dweud wrtho i, “Ddyn, **bwyta'r**
Dan	10:3	Rôn i'n **bwyta** bwyd plaen
Mth	6:25	beth i'w **fwyta** a beth i'w
	14:20	Cafodd pawb ddigon i'w **fwyta**
Rhuf	14:15	Felly os wyt ti'n **bwyta**
1 Cor	11:26	Bob tro byddwch chi'n **bwyta'r**
Col	2:16	sy'n iawn i'w **fwyta** a'i yfed
Dat	2:7	**bwyta** o goeden y bywyd sydd

byddar

See Also cloff, dall, iacháu

Lef	19:14	enllibio rhywun sy'n **fyddar**
Es	35:5	a chlustiau pobl **fyddar** hefyd.
Mth	11:5	pobl **fyddar** yn clywed

bywyd

See Also bywyd tragwyddol, geni

Gen	2:9	roedd y goeden sy'n rhoi **bywyd**
Lef	17:11	**bywyd** yr anifail yn y gwaed.
Salm	16:11	dangos y ffordd i **fywyd** i mi
Diar	19:23	ARGLWYDD yn arwain i **fywyd**
Preg	11:5	anadl **bywyd** yn mynd i gorff
Lc	12:15	sy'n rhoi **bywyd** go iawn i chi.”

» bywyd

In	6:35	“Fi ydy'r bara sy'n rhoi **bywyd**.
	14:6	“yr un gwir a'r **bywyd**.
Rhuf	8:6	mae gynnoch chi **fywyd** a
1 Cor	15:19	ar gyfer y **bywyd** hwn dŷn ni'n
2 Cor	3:6	mae'r Ysbryd yn rhoi **bywyd**.
	5:4	gan y **bywyd** sy'n para am byth.
Gal	5:25	os ydy'r Ysbryd wedi rhoi **bywyd**
Col	3:3	Buoch farw, ac mae'r **bywyd** go
1 Tim	6:19	y **bywyd** sydd yn fywyd go iawn.
2 Tim	1:10	beth ydy **bywyd** tragwyddol ac

bywyd tragwyddol

See Also anfarwoldeb, bywyd

Mc	10:17	i gael **bywyd tragwyddol**?”
In	3:36	Mae **bywyd tragwyddol** gan
	6:47	mae **bywyd tragwyddol** gan
	17:3	beth ydy **bywyd tragwyddol**
Rhuf	6:23	Duw yn rhoi **bywyd tragwyddol**
1 Tim	1:16	yn derbyn **bywyd tragwyddol**.
Tit	3:7	etifeddu **bywyd tragwyddol**.
1 In	1:2	chi – y **bywyd tragwyddol** oedd
	5:20	a fe ydy'r **bywyd tragwyddol**.

C

caeth

See Also caethweision

Es	61:1	y rhai sy'n **gaeth** i gael rhyddid
Mic	1:16	i'w cymryd nhw'n **gaeth**.
Rhuf	6:16	Mae rhywun yn **gaeth** i beth
	8:21	yn **gaeth** i lygredd ddim mwy.
Gal	3:22	byd i gyd yn **gaeth** i bechod.
	4:3	roedden ni'n **gaeth** i'r pwerau
2 Tim	2:26	**gaeth** ac yn gwneud beth mae'r
Tit	3:3	ac yn **gaeth** i bob
2 Ped	2:19	maen nhw eu hunain yn **gaeth** i

caethweision

See Also caeth

Deut	6:12	roeddech chi'n **gaethweision**.
Gal	4:7	Felly dim **caethweision**
Eff	6:5	Chi sy'n **gaethweision**
Phil	2:7	a gwneud ei hun yn **gaethwas**
Col	4:1	wrth drin eich **caethweision**.
Tit	2:9	Dylai **caethweision** ymostwng

calon / calonnau

Salm	62:4	yn ei felltithio yn eu **calonnau**.
Es	29:13	eu **calonnau'n** bell oddi wrtho i.
Jer	31:33	nghyfraith yn eu **calonnau** nhw
Esec	11:19	Bydda i'n rhoi **calon**
Mth	15:19	O'ch **calon** chi mae meddyliau
Eff	3:17	yn eich **calonnau** chi wrth i chi
1 Thes	2:4	beth sy'n ein **calonnau** ni.
Iag	4:8	a phuro eich **calonnau**

cam-drin

See Also erledigaeth, gormes

Ex	1:11	Eifftiaid yn **cam-drin** pobl Israel
	22:21	Paid **cam-drin** mewnfudwyr.
Deut	26:6	ein **cam-drin** ni a'n gormesu ni
Es	53:7	ei **gam-drin** a'i boenydio
Sech	7:10	**cam-drin** gwragedd gweddwon
Lc	6:28	y rhai sy'n eich **cam-drin** chi.

canu

See Also addoli, dawns / dawnsio

2 Sam	22:50	ac yn **canu** mawl i dy enw:
2 Cron	5:13	a'r trwmpedwyr fel un, yn **canu**
Salm	33:3	**Canwch** gân newydd iddo i
	47:6	**Canwch** fawl i Dduw, canwch!
	95:1	**ganu'n** llawen i'r Arglwydd
Es	35:10	yn ôl i Seion yn bloeddio **canu**!
	49:13	Torrwch allan i **ganu'n** llawen
	55:12	bloeddio **canu** o'ch blaen
Mth	26:30	Wedyn, ar ôl **canu** emyn
Act	16:25	ac yn **canu** emynau o fawl
Eff	5:19	**Canwch** salmau ac emynau a
Col	3:16	gilydd. **Canwch** salmau
Iag	5:13	Dylai **ganu** cân o fawl i Dduw.
Dat	5:9	Roedden nhw'n **canu** cân

caredig

See Also trugaredd

Num	6:25	wenu'n **garedig** arnoch chi
2 Cron	30:9	Duw mor **garedig** a thrugarog.
Diar	14:31	ond mae bod yn **garedig** at
	22:11	ddidwyll a'i eiriau'n **garedig**
Es	30:18	eisiau bod yn **garedig** atoch chi
Lc	6:36	Rhaid i chi fod yn **garedig**
1 Cor	4:13	Dŷn ni'n ymateb yn **garedig**

cariad

See Also cusan, priodas

Ex	34:7	Mae'n dangos **cariad**
Lef	19:18	Rwyt i **garu** dy gymydog fel rwyt
Diar	10:12	mae **cariad** yn cuddio pob bai.
Can	8:6	**cariad** yn gryf fel marwolaeth
Jer	31:3	ti yn **gariad** sy'n para am byth
Hos	11:4	thennyn lledr – tennyn **cariad**.
Mth	5:44	**Carwch** eich gelynion a
	10:37	"Dydy'r sawl sy'n **caru** ei dad
In	3:16	"Ydy, mae Duw wedi **caru'r** byd
	13:35	eich bod chi'n **caru'ch** gilydd."
	15:13	Y **cariad** mwya all unrhyw un ei
	21:15	**garu** di." Dwedodd Iesu wrtho
Rhuf	5:5	eisoes wedi tywallt ei **gariad** yn
	8:35	ni oddi wrth **gariad** y Meseia?
	12:9	Rhaid i'ch **cariad** chi fod yn
1 Cor	13:1	**gariad** dw i'n ddim byd ond jar
	13:13	y mwya ohonyn nhw ydy **cariad**.
Gal	5:22	**cariad**, llawenydd
Eff	3:18	**cariad** y Meseia – mae'n lletach
	5:25	Meseia wedi **caru'r** eglwys.
Phil	1:9	chi ydy y bydd eich **cariad** chi'n
Col	3:12	hun ac wedi'ch **caru** chi'n fawr

» **cariad**

Heb	10:24	**cariad** a gwneud daioni.
	12:6	disgyblu'r rhai mae'n eu **caru**
1 Ped	1:8	ac eto dych chi'n ei **garu** e.
	1:22	daliwch ati i **garu** eich gilydd
1 In	3:16	beth ydy **cariad** go iawn
	4:19	Dŷn ni'n **caru'n** gilydd am ei

carreg / cerrig

See Also craig

Ex	31:18	lechen **garreg** gydag
Preg	3:5	**cerrig** i ffwrdd ac amser i gasglu
Esec	36:26	Byddai'n cymryd y galon **garreg**
Dan	2:34	chi'n edrych arno dyma **garreg**
Mth	21:42	sanctaidd erioed: 'Mae'r **garreg**
Lc	4:11	taro dy droed ar **garreg**.' "
	19:40	**cerrig** yn dechrau gweiddi."
	24:2	**garreg** fawr oedd ar geg y bedd
1 Ped	2:4	ond un sy'n fyw. Dyma'r **garreg**
Dat	2:17	Bydda i hefyd yn rhoi **carreg**

celwydd

See Also twyllo

Lef	19:11	Peidiwch dweud **celwydd**.
Diar	12:22	gan yr Arglwydd **gelwydd**
	13:5	cyfiawn yn casáu **celwydd**
	19:5	tyst **celwyddog** yn cael ei gosbi
	21:6	hennill drwy ddweud **celwydd**
Mth	26:59	i ddweud **celwydd** am Iesu
Eff	4:25	Felly dim mwy o **gelwydd**!
Col	3:9	dweud **celwydd** wrth eich gilydd
1 In	5:10	Duw ei hun yn **gelwyddog**
Dat	21:8	ac sy'n dweud **celwydd** – y llyn

cenfigen

Salm	73:3	Rôn i'n **genfigennus** o'r
Diar	23:17	Paid **cenfigennu** wrth y rhai
Rhuf	1:29	**cenfigennu**, llofruddio, cecru
1 Cor	13:4	cariad ddim yn **cenfigennu**
2 Cor	12:20	y bydd yna ffraeo, **cenfigennu**
Phil	1:15	Mae'n wir mai **cenfigen** a
Iag	3:16	**cenfigen** ac uchelgais hunanol
1 Ped	2:1	**cenfigennu** wrth eraill ac

cenhedloedd

Salm	117:1	chi **genhedloedd** i gyd!
Es	40:15	Dydy'r **cenhedloedd** ond
1 Cor	1:23	i bobl o **genhedloedd** eraill.
Gal	2:7	da i bobl o **genhedloedd** eraill
Eff	3:6	fod pobl o **genhedloedd** eraill
Dat	21:24	Bydd y **cenhedloedd** yn byw yn

cerbyd

Ex	14:28	**gerbydau** rhyfel a'r marchogion
2 Bren	2:11	sgwrsio dyma **gerbyd** o fflamau
Salm	104:3	a gwneud dy **gerbyd**
Es	2:7	diwedd ar eu **cerbydau** rhyfel.
Sech	9:10	symud y **cerbydau** rhyfel o Israel
Act	8:29	rheda wrth ymyl y **cerbyd** acw."

cleddyf

See Also brwydr, gwaywffon, rhyfel, ymladd

Jos	5:13	flaen yn dal **cleddyf** yn ei law.
Salm	45:3	Gwisga dy **gleddyf** ar dy glun
Es	2:4	**cleddyfau** yn sychau aradr a'u
Jl	3:10	eich sychau aradr yn **gleddyfau**
Mic	4:3	**cleddyfau** yn sychau aradr a'u
Mth	10:34	yn dod â heddwch, ond **cleddyf**.
	26:52	trin y **cleddyf** yn cael eu lladd
Rhuf	13:4	am fod y **cleddyf** sydd ganddo
Heb	4:12	fwy miniog na'r un **cleddyf**
Dat	1:16	ac roedd **cleddyf**

cloff

See Also byddar, dall, iacháu

Es	35:6	Bydd y **cloff** yn neidio fel hydd
Mth	11:5	pobl **gloff** yn cerdded
Mc	9:45	fynd i'r bywyd newydd yn **gloff**
Lc	14:13	methedig, **cloff** a dall,
Heb	12:13	Wedyn bydd y rhai sy'n **gloff** yn

codi yn ôl yn fyw

BCN - atgyfodi

Mc	9:9	wedi **codi yn ôl yn fyw**.
Lc	14:14	gyda Duw yn **codi yn ôl yn fyw**."
	20:35	ohoni ac wedi **codi yn ôl yn fyw**.
1 Cor	15:16	i gael eu **codi yn ôl yn fyw**
	15:29	i gael eu **codi yn ôl yn fyw**
Heb	6:2	wedi marw yn **codi yn ôl yn fyw**
	13:20	ein Harglwydd Iesu **yn ôl yn fyw**
1 Ped	1:3	Iesu Grist **yn ôl yn fyw** dŷn ni'n

cofio

Ex	20:8	**Cofia** gadw'r dydd Saboth yn
Salm	77:11	dw i'n **cofio'r** pethau rhyfeddol
	103:14	mae'n **cofio** mai dim ond pridd
Preg	12:1	**Cofia** dy Grëwr tra rwyt yn ifanc
In	15:20	**Cofiwch** beth ddwedais i
1 Cor	1:26	Ffrindiau annwyl, **cofiwch** sut
Eff	1:16	Dw i'n **cofio** amdanoch chi bob
2 Tim	2:8	**Cofia** fod Iesu y Meseia
Heb	13:3	**Cofiwch** hefyd am y rhai sy'n
	13:7	**Cofiwch** eich arweinwyr

condemnio

See Also barn

Job	10:2	'Paid **condemnio** fi heb achos!
Mth	12:42	Brenhines Seba yn **condemnio'r**
Lc	6:37	Peidiwch eu **condemnio** nhw
In	3:17	dim i **gondemnio'r** byd.
Rhuf	2:1	rwyt ti'n dy **gondemnio** dy hun!
	5:18	oedd **condemnio'r** ddynoliaeth
	8:34	sy'n mynd i'n **condemnio** ni?
1 Cor	4:9	**condemnio** i farw yn yr arena.
	11:32	dim ein **condemnio** gyda'r byd.
Heb	11:7	gredu roedd e'n **condemnio**
1 In	3:20	gydwybod yn ein **condemnio** ni.

corff

Mth	6:22	"Y llygad ydy lamp y **corff**.
	10:28	Maen nhw'n gallu lladd y **corff**
Lc	24:39	Does gan ysbryd ddim **corff** ag
1 Cor	12:12	Mae'r **corff** yn uned er bod iddo
	15:53	wisgo **corff** fydd byth yn pydru.
Eff	4:4	dŷn ni'n un **corff** – a dych chi
Col	1:18	Fe hefyd ydy'r pen ar y **corff**
1 Thes	4:4	eich **corff** a bod yn gyfrifol –
1 Tim	4:8	Mae ymarfer **corff** yn beth da
Heb	10:5	ond rwyt wedi rhoi **corff** i mi.
Iag	2:26	Yn union fel mae **corff** yn farw

coron

See Also brenin, gorsedd, teyrnasu

Salm	8:5	ac wedi'i **goroni**
	103:4	ac wedi dy **goroni** gyda'i
In	19:2	wneud **coron** i'w rhoi am ei ben
1 Cor	9:25	i ennill **coron** fydd ond yn para
1 Thes	2:19	Chi ydy'r **goron** fyddwn ni mor
2 Tim	4:8	sef **coron** y bywyd cyfiawn.
Heb	2:7	ond yna ei **goroni**
Iag	1:12	byddan nhw'n cael eu **coroni**
1 Ped	5:4	**coron** hardd sydd byth yn
Dat	2:10	**goron** y bywyd yn wobr gen i.

craig

See Also carreg / cerrig

2 Sam	22:3	Mae fy Nuw yn **graig** i mi lechu
Es	2:10	Ewch i guddio yn y **graig**
Mth	7:24	adeiladu ei dŷ ar **graig** solet.
	16:18	A dyma'r **graig** dw i'n mynd i

credu

See Also ffydd, ffyddlondeb, troi cefn ar bechod, trystio

Gen	15:6	**Credodd** Abram yr ARGLWYDD
Mc	9:24	ar unwaith, "Dw i yn **credu**!
Lc	7:50	i ti **gredu** rwyt wedi dy achub
In	3:16	bynnag sy'n **credu** ynddo beidio
	6:29	**credu** ynof fi, yr un mae wedi'i
	11:25	sy'n **credu** ynof fi yn dod yn fyw
Act	5:14	dod i **gredu** yn yr Arglwydd – yn
	16:31	"**Credu** yn yr Arglwydd Iesu
Rhuf	3:22	Y rhai sy'n **credu** sy'n cael
	10:14	nhw ddim wedi **credu** ynddo?
Eff	2:8	eich achub chi wrth i chi **gredu**.
1 Thes	4:14	Dŷn ni'n **credu** bod Iesu wedi
1 Tim	1:15	a dylai pawb ei **gredu**
	4:10	math o bobl – pawb sy'n **credu**.
Heb	6:1	a dod i **gredu** yn Nuw;
Iag	2:14	o '**gredu**' sy'n achub rhywun?
	2:19	ti'n **credu** mai un Duw sy'n bod
1 In	3:23	bod ni i **gredu** yn enw ei Fab
	4:1	peidiwch **credu** pawb sy'n
	5:1	Mae pawb sy'n **credu** mai Iesu

crefydd

Mth	6:1	gwneud sioe o'ch **crefydd**
Iag	1:26	**crefydd** rhywun felly yn dda i
Jwd	1:18	chwarae **crefydd**" medden nhw

creu

Gen	1:1	yn **creu** y bydysawd a'r ddaear.
	1:27	yn **creu** pobl ar ei ddelw ei hun.
Salm	51:10	**Crea** galon lân yno i, O Dduw
	94:9	**greu** y llygad ddim yn gweld?
Es	40:26	Pwy wnaeth eu **creu** nhw?
	51:13	sydd wedi dy **greu** di?
	65:17	i **greu** nefoedd newydd a daear
Rhuf	1:25	wedi cael eu **creu** yn lle addoli'r
	8:19	Ydy, mae'r **greadigaeth** i gyd yn
2 Cor	5:17	**greu** yn berson newydd
Eff	2:10	wedi'n **creu** mewn perthynas
Col	1:15	hun dros y **greadigaeth** gyfan.
Iag	1:18	o blith y cwbl mae wedi'i **greu**.
1 Ped	4:19	ffyddlon wnaeth eich **creu** chi
Dat	3:14	ffynhonnell **cread** Duw.
	4:11	Ti **greodd** bob peth

crochenydd

Es	45:9	yn dweud wrth y **crochenydd**
	64:8	clai a thi ydy'r **crochenydd**.
Jer	18:2	i lawr i weithdy'r **crochenydd**
Mth	27:7	Maes y **Crochenydd** fel
Rhuf	9:21	Oes gan y **crochenydd** ddim

croes

See Also croeshoelio

Mth	27:42	ddod i lawr oddi ar y **groes** yna
In	19:25	Iesu yn sefyll wrth ymyl ei **groes**
1 Cor	1:17	am **groes** y Meseia fynd ar goll.
	2:2	Iesu y Meseia ar y **groes**.
2 Cor	13:4	pan gafodd ei ladd ar y **groes**
Gal	5:11	**groes** ddim problem i neb.
	6:14	Mae'r **groes** yn golygu fod y
Eff	2:16	drwy beth wnaeth e ar y **groes**.
Phil	2:8	gael ei ddienyddio ar y **groes**.
	3:18	farwolaeth y Meseia ar y **groes**.
Col	1:20	heddwch drwy farw ar y **groes**.
	2:14	honno a'i hoelio ar y **groes**.
Heb	12:2	dyma fe'n dal ei dir ar y **groes**

croeshoelio

See Also croes

Mth	27:31	allan i gael ei **groeshoelio**.
Mc	16:6	Nasareth gafodd ei **groeshoelio**.
Lc	23:21	"**Croeshoelia** fe!
Act	2:36	chi ei **groeshoelio** yn Arglwydd
1 Cor	1:23	y Meseia yn cael ei **groeshoelio**

cuddio

Gen	3:8	dyn a'i wraig yn mynd i **guddio**
Es	2:10	Ewch i **guddio** yn y graig
Lc	8:17	**guddio** yn cael ei weld yn glir

cusan

See Also cariad, priodas

1 Bren	19:18	a **chusanu** ei ddelw."
Salm	85:10	a heddwch yn **cusanu**.
Diar	24:26	gonest fel **cusan** ar y gwefusau.
	27:6	ffrind na chael eich **cusanu'n**
Can	1:2	**cusana** fi drosodd a throsodd!
Mth	26:48	â **chusan** ydy'r dyn i'w arestio."
Lc	15:20	a'i gofleidio a'i **gusanu**.
	22:48	Mab y Dyn â **chusan**?"

cwch

Mth	8:24	bod y **cwch** yn cael ei gladdu
	14:29	Pedr allan o'r **cwch** a dechrau
Mc	4:1	eistedd mewn **cwch** ar y llyn
	4:38	cwbl ar glustog yn starn y **cwch**.
	6:32	I ffwrdd â nhw mewn **cwch** i le

cwmwl / cymylau

Ex	24:16	Roedd y **cwmwl** wedi'i
	40:34	**cwmwl** yn dod i lawr dros babell
2 Cron	5:13	daeth **cwmwl** a llenwi'r deml.
Salm	36:5	di y tu hwnt i'r **cymylau**!
Mc	9:7	dyma lais o'r **cwmwl** yn dweud
1 Thes	4:17	nhw yn y **cymylau** i gyfarfod
Dat	1:7	Mae'n dod yn y **cymylau**!

cyfaddef

See Also cyffesu

Salm	32:5	dyma fi'n **cyfaddef** fy mhechod.
	38:18	Dw i'n **cyfaddef** mod i wedi
	68:34	**Cyfaddefwch** mor
Jer	3:13	Dim ond i ti **gyfaddef** dy fai

cyfiawnder

Deut	10:18	a gweddwon yn cael **cyfiawnder**
	27:19	**cyfiawnder** i fewnfudwyr
Salm	103:6	ac yn rhoi **cyfiawnder** i'r rhai
Diar	14:34	Mae **cyfiawnder** yn gwneud
	17:23	bach i wyrdroi **cyfiawnder**.
Es	59:17	**gyfiawnder** fel arfwisg
	61:8	dw i'n caru **cyfiawnder**
Am	5:24	**cyfiawnder** fel dŵr yn gorlifo
Mal	4:2	Ond bydd haul **cyfiawnder** yn
Mth	5:6	llwgu a sychedu am **gyfiawnder**

cyflog

Diar	10:16	bechod ydy **cyflog** pobl ddrwg.
Lc	3:14	yn fodlon ar eich **cyflog**."
Rhuf	6:23	**cyflog** mae pechod yn ei dalu
1 Tim	5:17	eu parchu a derbyn **cyflog** teg.
Iag	5:4	Mae'r **cyflogau** dych chi heb eu
Dat	6:6	"**Cyflog** diwrnod llawn am lond

cyfoeth

See Also arian, trysor

Deut	8:17	wedi ennill y **cyfoeth** yma i gyd.'
Salm	62:10	trystio trais i ennill **cyfoeth**.
Diar	3:9	Defnyddia dy **gyfoeth** i
Diar	11:28	dibynnu ar ei **gyfoeth** yn syrthio

» cyfoeth

Diar	22:1	da yn well na **chyfoeth** mawr
Preg	5:12	y **cyfoethog** fwy na digon yn ei
Can	8:7	cynnig ei **gyfoeth** i gyd amdano
Jer	9:23	pobl **gyfoethog** ddim brolio'u
Lc	8:14	**cyfoeth** a phleserau yn eu tagu
	18:25	nodwydd nag i bobl **gyfoethog**
2 Cor	8:9	**gyfoethog** yng ngwir ystyr y gair
	9:11	gwneud chi'n **gyfoethog** ym
1 Tim	6:9	sydd eisiau bod yn **gyfoethog**
Iag	2:5	i fod yn **gyfoethog** yn ysbrydol?
	5:1	A chi bobl **gyfoethog**

cyffesu

See Also cyfaddef

Rhuf	10:9	Os wnei di **gyffesu** 'â'th
Iag	5:16	Felly **cyffeswch** eich pechodau
1 In	1:9	ni **gyffesu** ein pechodau
	4:2	Mae pob un sy'n **cyffesu** fod y

cysegredig

See Also sanctaidd

Ex	3:5	ti'n sefyll ar dir **cysegredig**!"
	20:8	Mae'n ddiwrnod **cysegredig**
	28:4	Mae'r dillad **cysegredig** yma i
Lef	19:30	a pharchu fy **lle cysegredig** i.
Jos	5:15	ti'n sefyll ar dir **cysegredig**

cysuro

Es	40:1	"**Cysurwch** nhw; cysurwch fy
	49:13	ARGLWYDD wedi **cysuro'i** bobl
	66:13	**cysuro** chi fel mam yn cysuro'i
Jer	31:13	Bydda i'n eu **cysuro** nhw
Mth	5:4	byddan nhw'n cael eu **cysuro**.
1 Cor	14:3	nhw ac yn eu **cysuro** nhw.
2 Cor	1:3	tosturio a'r Duw sy'n **cysuro**.
	7:6	Ond mae Duw'n **cysuro'r**

cythraul / cythreuliaid

See Also diafol

Mth	4:24	eraill yng ngafael **cythreuliaid**
	7:22	ac yn bwrw allan **gythreuliaid** a
Mc	5:15	bod yng ngafael y **cythreuliaid**
	6:13	allan llawer o **gythreuliaid** ac yn
In	8:49	i ddim **cythraul**," meddai Iesu
	10:20	"Mae **cythraul** ynddo!
1 Cor	10:20	**gythreuliaid** mae'r aberthau yn
1 Tim	4:1	mae **cythreuliaid** yn eu dysgu.
Iag	2:19	Ond cofia fod y **cythreuliaid** yn

cywilydd

Gen	2:25	ganddyn nhw ddim **cywilydd**.
Salm	119:6	teimlo **cywilydd** wrth feddwl am
Diar	13:5	**cywilydd** a gwarth arno'i hun.
Es	45:17	Fydd hi ddim yn profi **cywilydd**
	61:7	Yn lle'r **cywilydd** byddwch chi'n
Esec	16:63	ac yn teimlo **cywilydd** mawr.
Jl	2:26	byth eto'n cael eu **cywilyddio**.
Rhuf	1:16	Does gen i ddim **cywilydd** o'r
2 Tim	1:8	Felly paid bod â **chywilydd**

» cywilydd

Heb	11:16	gan Dduw ddim **cywilydd** cael
1 Ped	4:16	**chywilydd** os ydych chi'n
1 In	2:28	a heb ddim **cywilydd**.

CH

chwant

See Also anfoesoldeb rhywiol

In	1:13	rywiol a **chwant** gŵr sydd yma)
Rhuf	1:26	ddilyn eu **chwantau** gwarthus.
	13:14	**chwantau** hunanol drwy'r adeg.
Gal	5:13	i'r **chwantau** eich rheoli chi.
Col	3:5	budreddi, pob **chwant**
1 Thes	4:5	i'w **chwantau** redeg yn wyllt.
2 Tim	2:22	**chwantau** gwamal ieuenctid.
1 Ped	2:11	gwneud beth mae'r **chwantau**
2 Ped	1:4	i **chwantau** pechadurus.
1 In	2:16	**chwant** am bethau materol

D

da

See Also daioni

Gen	50:20	Duw yn troi y drwg yn beth **da**.
Ex	33:19	cipolwg bach o mor **dda** ydw i.
Salm	68:10	**dda**, a rhoi yn hael i'r anghenus
Es	1:17	dysgwch wneud **da**.
Jer	13:23	dim gobaith i chi wneud **da**
Am	5:15	Casewch ddrwg a charu'r **da**
Lc	6:45	Mae pobl **dda** yn gwneud y
Rhuf	7:18	Dw i eisiau byw yn **dda**
1 Tim	2:8	sy'n **dda** yng ngolwg Duw
Tit	3:5	hachub ni am ein bod ni'n **dda**

daear

See Also nefoedd

Gen	1:1	yn creu y bydysawd a'r **ddaear**.
	3:17	mae'r **ddaear** wedi'i melltithio
1 Bren	8:27	wir yn gallu byw ar y **ddaear**!
Salm	115:16	ond mae wedi rhoi'r **ddaear**
Es	6:3	yn llenwi'r **ddaear** gyfan!"
Dan	12:2	claddu ym mhridd y **ddaear**
Mth	5:5	nhw'n etifeddu'r **ddaear**.
	5:13	"Chi ydy halen y **ddaear**.
	6:10	**ddaear** fel mae'n digwydd yn y
Lc	21:33	yr awyr a'r **ddaear** yn diflannu
Dat	21:1	Roedd y **ddaear** a'r awyr gyntaf

dafad / defaid

See Also bugail, oen

Salm	44:22	**defaid** ar eu ffordd i'r lladd-dy.
Es	40:11	arwain y **defaid** sy'n eu magu.
	53:6	ni i gyd wedi crwydro fel **defaid**
Jer	23:3	**defaid** sydd ar ôl at ei gilydd.
Hab	3:17	does dim **defaid** yn y gorlan
Mth	7:15	eu bod mor ddiniwed â **defaid**.
Mc	6:34	bod fel **defaid** heb fugail i ofalu

» dafad / defaid

In	10:16	Mae gen i **ddefaid** eraill sydd
1 Ped	2:25	fel **defaid** wedi mynd ar goll

daioni

See Also da

Salm	23:6	Bydd dy **ddaioni** a dy ofal
	27:13	i'n profi **daioni'r** Arglwydd ar
Lc	6:27	gwnewch **ddaioni** i'r bobl sy'n
Act	10:38	o gwmpas yn gwneud **daioni** ac
Rhuf	12:21	di ddrygioni drwy wneud **daioni**.
Heb	13:16	gwneud **daioni** a rhannu'ch

dall

See Also byddar, cloff, iacháu

Deut	27:18	rywun **dall** am fynd y ffordd
Salm	146:8	yn rhoi eu golwg i bobl **ddall**.
Es	35:5	pobl **ddall** yn cael eu hagor
	42:7	i agor llygaid y **dall**
Mth	11:5	Mae pobl **ddall** yn cael gweld
	15:14	arweinwyr **dall** ydyn nhw!
Mc	10:46	heibio dyn **dall** oedd yn cardota
In	9:25	o un peth – roeddwn i'n **ddall**
	12:40	"Mae'r Arglwydd wedi **dallu** eu
2 Cor	4:4	**dallu'r** rhai sydd ddim yn credu.
2 Ped	1:9	eu golwg maen nhw'n **ddall**!

darllen

See Also myfyrio, sgrôl, ysgrifau sanctaidd

Ex	24:7	a'i **darllen** i'r bobl.
Deut	17:19	ac yn ei **darllen** yn rheolaidd ar
Jos	8:34	Yna dyma Josua yn **darllen** yn
Neh	8:8	Roedden nhw'n **darllen** o sgrôl
Mth	21:16	"Ydych chi wedi **darllen** yn yr
	21:42	"Ydych chi wedi **darllen** yn yr
Lc	4:16	Safodd ar ei draed i **ddarllen** o'r
Act	8:30	yn clywed y dyn yn **darllen** o lyfr
2 Cor	3:14	hen drefn yn cael eu **darllen**.
Eff	3:4	Wrth i chi ei **ddarllen**
1 Thes	5:27	llythyr yma yn cael ei **ddarllen**.
Dat	1:3	Bydd y person sy'n **darllen** y

dathlu

See Also addoli, llawen

1 Bren	1:40	wrth **ddathlu** nes bod y ddaear
Salm	97:1	Gall y ddaear **ddathlu**
Es	9:3	maen nhw'n **dathlu** o dy flaen
Lc	15:7	mae mwy o **ddathlu** am fod un
	15:32	Ond roedd rhaid i ni **ddathlu**
Act	2:46	ac yn bwyta a **dathlu**
Dat	19:7	Gadewch i ni **ddathlu** a

dawns / dawnsio

See Also canu

Ex	15:20	a mynd ar ei hôl, gan **ddawnsio**.
2 Sam	6:14	o liain main, ac yn **dawnsio**
Salm	30:11	ti'n troi fy nhristwch yn **ddawns**
	149:3	nhw ei addoli gyda **dawns**
Preg	3:4	i alaru ac amser i **ddawnsio**;
Jer	31:13	ifanc yn **dawnsio'n** llawen

» dawns / dawnsio

Mth	11:17	wnaethoch chi ddim **dawnsio**
Mc	6:22	Herodias yn perfformio **dawns**.
Lc	7:32	wnaethoch chi ddim **dawnsio**

dechrau

Gen	1:1	Ar y **dechrau** cyntaf
Es	46:10	Dw i'n dweud o'r **dechrau** beth
In	1:1	yn bod ar y **dechrau** cyntaf.
2 Ped	3:4	yr un fath ers **dechrau'r** byd!"
1 In	1:1	**dechrau** cyntaf – dŷn ni wedi'i
2 In	1:6	glywoch chi o'r **dechrau** cyntaf.

delw

See Also duwiau eraill, eilun / eilun-dduwiau

Gen	1:26	yn **ddelw** ohonon ni'n hunain
Deut	4:25	drwy gerfio **delw** o unrhyw fath.
Salm	78:58	a'u **delwau** metel yn ei wneud
Es	42:8	dw i'n ei haeddu i **ddelwau**.
Rhuf	1:23	plygu o flaen **delwau** wedi'u
Dat	19:20	ac wedi addoli ei **ddelw**.

dewiniaeth

See Also drwg / drygioni

1 Sam	15:23	fel dablo mewn **dewiniaeth**
Es	44:25	Fi sy'n torri swynion **dewiniaid**
Act	8:9	Yn y dre honno roedd **dewin** o'r
	19:19	yn medlan gyda **dewiniaeth**
Gal	5:20	eilun-dduwiau a **dewiniaeth**
Dat	21:8	y rhai sy'n ymarfer **dewiniaeth**

dewis

cf. BCN - etholedig

Mth	24:22	y bobl mae Duw wedi'u **dewis**.
	24:31	**dewis** o bob rhan o'r byd.
Mc	13:20	mae wedi'u **dewis** iddo'i hun.
Lc	18:7	mae wedi'u **dewis** iddo'i hun?
Rhuf	8:33	Duw wedi'u **dewis** iddo'i hun?
	9:11	ei ffordd ei hun. Fe sy'n **dewis**,
Col	3:12	**dewis** chi iddo'i hun ac wedi'ch
1 Tim	5:21	a'r angylion mae wedi'u **dewis**
2 Tim	2:10	i'r bobl mae Duw wedi'u **dewis**
Tit	1:1	wedi'u **dewis** yn dod i gredu
1 Ped	1:2	Cawsoch eich **dewis** ymlaen
	2:4	ond roedd wedi'i **dewis**
2 Ped	1:10	galw chi a'ch **dewis** chi.
2 In	1:1	sydd wedi'i **dewis** gan Dduw.

diafol

See Also annuwiol, cythraul / cythreuliaid, temtio, uffern

Mth	4:1	i gael ei demtio gan y **diafol**.
	25:41	i'r **diafol** a'i gythreuliaid.
In	8:44	Y **diafol** ydy eich tad chi
	13:2	Roedd y **diafol** eisoes wedi
Act	10:38	fod y **diafol** yn eu poeni nhw.
Eff	4:27	rhoi cyfle i'r **diafol** a'i driciau!
1 Tim	3:6	fel cafodd y **diafol** ei farnu.
2 Tim	2:26	callio, a dianc o drap y **diafol**.
Iag	4:7	Gwrthwynebwch y **diafol**

» diafol

1 Ped	5:8	Mae'ch gelyn chi, y **diafol**
1 In	3:10	a phwy sy'n blant i'r **diafol**
Dat	2:10	**diafol** yn mynd i brofi ffydd rhai
	12:9	sarff sy'n cael ei galw 'y **diafol**
	20:10	A dyma'r **diafol** oedd wedi'u

dial

Salm	8:2	ar y gelyn sy'n hoffi **dial**.
Es	34:8	i **ddial** – mae'n bryd i dalu'r
	61:2	diwrnod pan fydd Duw yn **dial**
Jl	3:21	Wna i **ddial** ar y rhai wnaeth
Mic	5:15	Bydda i'n **dial** yn wyllt ar y
Rhuf	12:19	Peidiwch mynnu **dial** ar bobl
Heb	10:30	pwy ddwedodd, "Fi sy'n **dial**
Dat	6:10	sy'n perthyn i'r ddaear, a **dial**

di-fai

See Also diniwed, perffaith, sanctaidd

Salm	18:26	Mae'r rhai **di-fai** yn dy brofi'n
Eff	1:4	a **di-fai** yn ei olwg. Yn ei gariad
Phil	2:15	glân a **di-fai** yng nghanol
1 Thes	3:13	Wedyn byddwch yn **ddi-fai** ac
2 Ped	3:14	i fyw bywydau sy'n lân a **di-fai**
Jwd	1:24	bendigedig, yn gwbl **ddi-fai**

dig / digio

Deut	9:7	sut wnaethoch chi **ddigio'r**
Salm	2:12	fydd yn dangos mor **ddig** ydy e.
	30:5	ond am foment mae e'n **ddig**.
Galar	4:11	Tywalltodd ei **ddig** ffyrnig a
Mic	7:18	Ti ddim yn **digio** am byth
Hab	3:2	Er dy fod yn **ddig**
Mc	3:5	roedd yn **ddig** ac wedi cynhyrfu
	10:14	Roedd Iesu'n **ddig** pan welodd
Rhuf	1:18	ei fod yn **ddig** ac yn cosbi'r holl
Eff	4:26	wedi **digio**" – gwnewch yn siŵr
Col	3:6	felly sy'n gwneud Duw yn **ddig**
Dat	15:7	powlenni yn llawn o **ddigofaint**

digalonni

2 Cor	4:1	dŷn ni ddim yn **digalonni**.
Eff	3:13	Felly plîs peidiwch **digalonni** o
Col	3:21	nes eu bod nhw'n **digalonni**.
Heb	12:3	ddim colli plwc a **digalonni**.

dilyn

Deut	13:4	**ddilyn** yr ARGLWYDD eich Duw
1 Bren	18:21	**dilynwch** e, ond os Baal ydy e
Mth	9:9	**dilyn** fi," meddai Iesu wrtho
	19:21	Yna tyrd, **dilyn** fi."
Lc	18:28	sydd gynnon ni i dy **ddilyn** di!"
	21:8	Peidiwch eu **dilyn** nhw.
In	10:4	ac mae ei ddefaid yn ei **ddilyn**
	13:35	eich bod chi'n **ddilynwyr** i mi
2 Ped	1:16	Dim **dilyn** rhyw straeon
Dat	14:4	Maen nhw'n **dilyn** yr Oen ble

dinistr / dinistrio

See Also barn, uffern

Gen	9:15	**ddinistrio** popeth byw byth eto.
Salm	91:6	na'r **dinistr** sy'n taro'n sydyn
	145:20	yn **dinistrio'r** rhai drwg i gyd.
Diar	18:7	ffŵl yn arwain i **ddinistr**
Es	10:3	pan fydd **dinistr** yn dod o bell?
Mth	7:13	sy'n arwain i **ddinistr** yn llydan.
	10:28	gallu ganddo e i **ddinistrio'r**
In	2:19	"**Dinistriwch** y deml hon
	10:10	o ddwyn a lladd a **dinistrio**.
Rhuf	3:16	mae **dinistr** a dioddefaint yn eu
	9:22	i ddim ond i gael eu **dinistrio**!
Phil	3:19	**Dinistr** fydd eu diwedd nhw!
1 Thes	5:3	ac yn sydyn bydd **dinistr** yn dod.
2 Thes	1:9	fydd dioddef **dinistr** diddiwedd
2 Ped	3:16	eu bod nhw'n mynd i **ddinistr!**
Jwd	1:5	roedd rhaid iddo **ddinistrio** rhai

diniwed

See Also di-fai

Deut	21:8	gwaed rhywun **diniwed**.' A bydd
Salm	94:21	pobl **ddiniwed** i farwolaeth.
Diar	1:11	**diniwed** am ddim rheswm!
	6:17	tywallt gwaed pobl **ddiniwed**,
Es	59:7	iawn i ladd pobl **ddiniwed**.
Jer	22:3	pheidiwch lladd pobl **ddiniwed**.
Mth	10:16	yn **ddiniwed** fel colomennod.
Rhuf	16:18	pobl **ddiniwed** gyda'u seboni

diod

See Also bwyd, dŵr, gwin, swper

Lef	23:13	ac offrwm o **ddiod** hefyd
Barn	13:4	nac unrhyw **ddiod** feddwol arall
Es	32:6	gwrthod rhoi **diod** i'r sychedig.
Mth	25:35	**ddiod** i mi pan oedd syched
Lc	1:15	gwin nac unrhyw **ddiod** feddwol
In	6:55	gwaed i yn **ddiod** go iawn.
Dat	21:6	Bydda i'n rhoi **diod** o ffynnon

dioddef

Es	53:10	ac achosi iddo **ddiodde**.
Mc	8:31	**ddioddef** yn ofnadwy.
Rhuf	8:18	**ddioddef** ar hyn o bryd yn ddim
1 Cor	12:26	ydy un rhan o'r corff yn **dioddef**
Phil	1:29	ond hefyd cael **dioddef** drosto.
	3:10	a gallu **dioddef** fel y gwnaeth e
Col	1:24	Dw i'n falch o gael **dioddef**
2 Tim	2:3	hefyd yn barod i **ddioddef**
Heb	2:18	**dioddef** ac wedi cael ei demtio
1 Ped	4:1	wedi **dioddef** yn gorfforol
	5:9	byd i gyd yn **dioddef** yr un fath.

diolch

See Also addoli

1 Cron	16:8	**Diolchwch** i'r ARGLWYDD
Salm	100:4	drwy'r giatiau gan **ddiolch** iddo
	118:1	**Diolchwch** i'r ARGLWYDD!
Lc	10:21	**Diolch** i ti am guddio'r
Lc	22:19	ar ôl adrodd y weddi o **ddiolch**

» diolch

1 Cor	15:57	Ond **diolch** i Dduw
2 Cor	9:15	A **diolch** i Dduw am ei fod e
Eff	5:4	dylech chi **ddiolch** i Dduw.
Phil	4:6	a byddwch yn **ddiolchgar**
Col	2:7	bywydau yn gorlifo o **ddiolch**.
1 Thes	5:18	Byddwch yn **ddiolchgar**
2 Thes	1:3	dŷn ni'n **diolch** i Dduw

disgwyl

See Also amynedd

Salm	37:7	**ddisgwyl** am yr Arglwydd.
Lc	2:25	ac roedd yn **disgwyl** yn frwd i'r
1 Cor	1:7	**disgwyl** i'r Arglwydd Iesu Grist
Heb	9:28	sy'n **disgwyl** yn frwd amdano.
	10:27	Allwn ni ond **disgwyl** yn ofnus
Jwd	1:21	wrth **ddisgwyl** yn frwd am y

disgybl

Lc	6:40	Dydy **disgybl** ddim yn dysgu ei
	14:33	All neb fod yn **ddisgybl** i mi heb
In	13:5	golchi traed ei **ddisgyblion**
	19:26	a'r **disgybl** oedd Iesu'n ei garu
Act	6:7	a nifer y **disgyblion** yn
	13:52	Ond roedd y **disgyblion**

disgyblu

See Also dysgu

Deut	8:5	eich Duw yn eich **disgyblu** chi
Diar	3:11	**disgyblaeth** yr Arglwydd
	23:13	bod ag ofn **disgyblu** dy blentyn
1 Cor	11:32	ein **disgyblu** mae e'n ei wneud
Heb	12:6	**disgyblu'r** rhai mae'n eu caru
Dat	3:19	a **disgyblu** pawb dw i'n eu caru.

diwedd

Mth	10:22	**diwedd** un yn cael eu hachub.
	28:20	bydd **diwedd** y byd wedi dod."
1 Cor	15:24	Wedyn bydd y **diwedd** wedi dod
Phil	3:19	Dinistr fydd eu **diwedd** nhw!
Dat	22:13	y Dechrau a'r **Diwedd**.

doethineb

Gen	3:6	gwneud yn **ddoeth** yn apelio ati
1 Bren	4:29	wedi rhoi **doethineb** a deall
Salm	19:7	mwyaf cyffredin yn **ddoeth**.
	111:10	cam cyntaf i fod yn **ddoeth**.
Diar	13:1	Mae plentyn **doeth** yn gwrando
	13:20	Mae cwmni pobl **ddoeth** yn eich
Preg	9:18	Mae **doethineb** yn well nag
Lc	2:40	yn fachgen cryf a **doeth** iawn
Rhuf	11:33	Mae e mor aruthrol **ddoeth**!
1 Cor	1:25	yn fwy **doeth** na chlyfrwch pobl
Eff	5:15	yn ddwl – byddwch yn **ddoeth**.
Col	2:3	**doethineb** a gwybodaeth
	4:5	Byddwch yn **ddoeth** yn y ffordd
Iag	1:5	angen **doethineb** ar rywun
	3:13	Mae **doethineb** go iawn yn

drwg / drygioni

See Also annuwiol, dewiniaeth, pechod

Gen	2:9	am bopeth – da a **drwg**.
	6:5	gwneud **drwg** drwy'r amser.
Salm	45:7	**drygioni**; felly mae Duw, ie
Diar	4:14	Paid dilyn llwybrau pobl **ddrwg**
Es	1:16	Ewch â'r pethau **drwg** dych
	5:20	**drwg** yn dda a da yn ddrwg
	11:9	Fydd neb yn gwneud **drwg** nac
	55:7	droi cefn ar eu ffyrdd **drwg**
Jer	2:13	wedi gwneud dau beth **drwg**
Am	5:15	Casewch **ddrwg** a charu'r da
Mth	6:13	ac achub ni o afael y **drwg**.'
Lc	11:13	Felly os ydych chi sy'n **ddrwg** yn
Rhuf	7:19	y pethau **drwg** dw i ddim eisiau
	12:21	Paid gadael i **ddrygioni** dy ddal
1 Thes	5:22	wrth bob math o **ddrygioni**.
2 Tim	2:19	cefn ar **ddrygioni**."
Iag	1:13	yn cael ei demtio gan **ddrygioni**

drws

Gen	4:7	fel anifail yn llechu wrth y **drws**.
Mth	6:6	i ystafell o'r golwg, cau y **drws**
	7:8	ac mae'r **drws** yn cael ei agor i
Lc	13:24	mynd drwy'r **drws** cul. Wir i chi
Dat	3:20	i'n sefyll wrth y **drws** ac yn curo.

duwiau eraill

See Also delw, eilun / eilun-dduwiau

Gen	35:2	**duwiau eraill** sydd gynnoch chi.
Ex	20:3	dim **duwiau eraill** i fod gen ti
Deut	11:16	a dechrau addoli **duwiau eraill**!
1 Sam	8:8	i ac addoli **duwiau eraill**.
1 Bren	9:9	**duwiau eraill** i'w dilyn a'u
Jer	19:13	i **dduwiau eraill** ar doeau'r
Mal	2:11	sy'n addoli **duwiau eraill**.

dŵr

See Also diod, ffynnon / ffynhonau

Gen	2:6	Ond roedd **dŵr** yn codi o'r
Ex	15:23	**dŵr** yno am ei fod mor chwerw.
	17:6	a bydd **dŵr** yn llifo allan ohoni
Salm	23:2	at **ddŵr** glân sy'n llifo'n dawel.
	42:1	hydd yn brefu am ddiod o **ddŵr**
Es	55:1	arnoch chi, dewch at y **dŵr**!
Jer	2:13	cracio sydd ddim yn dal **dŵr**!"
Am	5:24	cyfiawnder fel **dŵr** yn gorlifo
Mc	1:8	**dŵr** i'ch bedyddio chi
In	2:6	**dŵr** ar gyfer y ddefod o ymolchi
	19:34	**ddŵr** a gwaed yn llifo allan.
Dat	19:6	o **ddŵr** neu daran uchel

dyled

Deut	15:1	fod **dyledion** yn cael eu canslo.
Mth	6:12	**dyled** i ti yn union fel dŷn ni'n
	18:27	meistr yn canslo'r **ddyled**
Rhuf	11:35	Duw â **dyled** i'w thalu iddo?
	13:8	Ond mae un **ddyled**
Col	2:14	faint oedden ni mewn **dyled**.

dysgu

See Also disgyblu

Deut	4:9	**Dysgwch** nhw i'ch plant a'ch
Salm	86:11	**Dysga** fi sut i fyw
	143:10	**Dysga** fi i wneud beth
Jer	31:34	yn gorfod **dysgu** pobl eraill
Mth	11:29	er mwyn i chi **ddysgu** gen i.
	28:20	A **dysgwch** nhw i wneud popeth
Mc	1:22	at beth roedd yn ei **ddysgu**.
2 Tim	4:3	gallu goddef **dysgeidiaeth** dda.
Heb	5:12	fod yn gallu **dysgu** pobl eraill
1 In	2:27	dim angen i neb eich **dysgu** chi.

E

eglwys

Mth	16:18	i adeiladu fy **eglwys** arni hi
Act	20:28	Bugeilio **eglwys** Dduw fel mae
1 Cor	15:9	mod i wedi erlid **eglwys** Dduw.
Col	1:18	**eglwys**; Fe ydy ei ffynhonnell hi
Dat	2:7	yn ei ddweud wrth yr **eglwysi**.

eilun / eilun-dduwiau

See Also delw, duwiau eraill

Ex	20:4	Paid cerfio **eilun** i'w
	32:4	metel i wneud **eilun** ar siâp
Lef	19:4	arna i ac addoli **eilunod** diwerth
Deut	27:15	neu i wneud **eilun** o fetel tawdd
Es	44:9	gwneud **eilunod** yn gwastraffu
Act	15:29	aberthu i **eilun-dduwiau**
1 Cor	8:1	i **eilun-dduwiau** paganaidd
2 Cor	6:16	**eilun-dduwiau** yn nheml Duw?
Col	3:5	**eilun-dduwiau** ydy peth felly!
1 Thes	1:9	chi'n troi cefn ar **eilun-dduwiau**
1 Ped	4:3	wrth addoli **eilun-dduwiau**.
Dat	21:8	ac yn addoli **eilun-dduwiau**

eistedd

1 Sam	4:4	**eistedd** uwchben y cerwbiaid.
Salm	1:1	nac yn **eistedd** gyda'r
	110:1	"**Eistedd** yma yn y sedd
	139:2	pryd dw i'n **eistedd** ac yn codi
Mth	5:1	Pan **eisteddodd** i lawr
	25:31	ac yn **eistedd** ar yr orsedd hardd
	28:2	ar geg y bedd ac **eistedd** arni.
Dat	7:10	**eistedd** ar yr orsedd, a'r Oen!"

enaid

Deut	6:5	holl **enaid** ac â'th holl nerth.
Salm	103:1	**enaid**, bendithia'r ARGLWYDD!
1 Thes	5:23	**enaid** a chorff – yn cael ei
Heb	4:12	i wahanu'r **enaid** a'r ysbryd

eneinio

See Also olew

Ex	40:9	"Wedyn cymer yr olew **eneinio**
Lef	16:32	gysegru a'i **eneinio** i gymryd
1 Sam	26:23	wedi'i **eneinio'n** frenin.
Salm	45:7	ie, dy Dduw di, wedi dy **eneinio**

» eneinio

Es	61:1	fy **eneinio** i'w wasanaethu.
Dan	9:25	un wedi'i **eneinio** yn arweinydd
Mc	16:1	ar gyfer **eneinio** corff Iesu.
Lc	4:18	oherwydd mae wedi fy **eneinio** i
Act	10:38	Roedd Duw wedi **eneinio** Iesu o
Heb	1:9	wedi dy **eneinio** di
Iag	5:14	i weddïo drosto a'i **eneinio** ag
1 In	2:20	Sanctaidd wedi'ch **eneinio** chi

enwaediad

Gen	17:10	fynd drwy ddefod **enwaediad**.
Rhuf	2:29	**enwaediad** go iawn ydy'r newid
	3:30	pobl yr **enwaediad**') drwy iddyn
1 Cor	7:19	cael eich **enwaedu** neu beidio!
Gal	5:11	mynd drwy ddefod **enwaediad**
Phil	3:3	sydd wedi cael ein **henwaedu**
Col	2:11	**enwaedu**' yn yr ystyr o dorri

erledigaeth

See Also cam-drin, gormes

Mth	5:11	yn eich sarhau chi, a'ch **erlid**
	5:44	dros y rhai sy'n eich **erlid** chi!
In	15:20	Os ydyn nhw wedi fy **erlid** i
Act	7:52	mo'i **erlid** gan eich cyndeidiau?
Rhuf	12:14	sy'n eich **erlid** chi – gofynnwch
1 Cor	15:9	mod i wedi **erlid** eglwys Dduw.
2 Thes	1:4	ffyddlon er gwaetha'r holl **erlid**
2 Tim	3:11	**erledigaeth** a'r cwbl dw i wedi'i

etifeddu

See Also plant Duw

Gen	15:4	fydd yn **etifeddu** dy eiddo di."
Salm	16:6	mae gen i **etifeddiaeth** hyfryd.
Mth	5:5	nhw'n **etifeddu'r** ddaear.
	25:34	i dderbyn eich **etifeddiaeth**.
Tit	3:7	**etifeddu** bywyd tragwyddol.
1 Ped	1:4	Mae gan Dduw **etifeddiaeth** i'w

euog

Ex	34:7	i'r **euog** fynd heb ei gosbi.
Num	5:6	mae'n **euog** o droseddu yn
	14:18	i'r **euog** fynd heb ei gosbi.
Salm	32:5	**euog** dyma ti'n maddau'r cwbl.
	85:2	wedi symud **euogrwydd** dy bobl
Mc	3:29	mae'r person hwnnw'n **euog** o
1 Cor	11:27	**euog** o bechu yn erbyn corff a

FF

ffafriaeth

Deut	1:17	**ffafriaeth** wrth farnu achos
2 Cron	19:7	**ffafriaeth** na derbyn breib."
1 Tim	5:21	Paid byth â dangos **ffafriaeth**!
Iag	2:9	**ffafriaeth** dych chi'n pechu

ffiaidd

Lef	18:22	Mae hynny'n beth **ffiaidd**
	18:30	**ffiaidd** sy'n cael eu gwneud

» **ffiaidd**

Deut	20:18	**ffiaidd** maen nhw'n eu dilyn
2 Bren	16:3	arferiad cwbl **ffiaidd** y bobloedd
Salm	14:1	pob math o bethau **ffiaidd**
Esec	7:4	y pethau **ffiaidd** wnaethoch chi.
1 Ped	4:3	a phopeth **ffiaidd** arall sy'n

fflam

See Also tân

Ex	3:2	**fflamau** perth oedd ar dân.
Can	8:6	Mae ei **fflamau'n**
Es	10:17	a'r Un Sanctaidd yn **fflam**.
Dan	7:9	Roedd ei orsedd yn **fflamau** tân
Act	2:3	rhywbeth tebyg i **fflamau** tân yn
1 Cor	3:15	llwyddo i ddianc o'r **fflamau**!
Iag	3:6	A **fflam** felly ydy'r tafod!
Dat	1:14	yn ei lygaid fel **fflamau** o dân.

ffordd

Diar	14:12	Mae yna **ffordd** o fyw sy'n
Es	30:21	**ffordd**; ewch y ffordd yma!"
	35:8	'Y **Ffordd** Sanctaidd'.
	53:6	un wedi mynd ei **ffordd** ei hun
Mth	3:3	y **ffordd** i'r Arglwydd ddod!
	7:13	**ffordd** sy'n arwain i ddinistr yn
Lc	24:32	â ni ar y **ffordd** ac esbonio
In	14:6	"Fi ydy'r **ffordd**," atebodd Iesu
2 Ped	2:21	o gwbl am y **ffordd** iawn

ffrwyth

Salm	1:3	yn dwyn **ffrwyth** yn ei thymor
Mth	7:16	y **ffrwyth** yn eu bywydau nhw.
Lc	6:43	"Dydy **ffrwyth** drwg ddim yn
In	15:2	sydd heb **ffrwyth** yn tyfu arni.
Gal	5:22	Ond dyma'r **ffrwyth** mae'r
Eff	5:9	**ffrwyth** sy'n tyfu yn y golau.

ffŵl / ffyliaid

Salm	14:1	Dim ond **ffŵl** sy'n meddwl
	74:22	Cofia fod **ffyliaid** yn dy wawdio
Diar	19:1	yn **ffŵl** sy'n dweud celwydd.
	20:3	gall unrhyw **ffŵl** godi helynt.
	26:4	ateb **ffŵl** fel mae e'n siarad
Lc	12:20	yn dweud wrtho, 'Y **ffŵl** dwl!
Rhuf	1:22	ond **ffyliaid** ydyn nhw go iawn!
1 Cor	4:10	yn **ffyliaid** dros achos y Meseia

ffydd

See Also credu, ffyddlondeb, trystio

Lc	7:9	Israel sydd â **ffydd** fel yna!"
Rhuf	1:17	"Drwy **ffydd** mae'r un sy'n iawn
1 Cor	13:2	Falle fod gen i ddigon o **ffydd** i
Eff	6:16	**ffydd** bob amser – byddwch yn
Heb	11:1	**Ffydd** ydy'r sicrwydd fod beth
	12:2	sy'n perffeithio ein **ffydd** ni.
Iag	1:3	Achos pan mae'ch **ffydd** chi'n
Jwd	1:3	chi i wneud safiad dros y **ffydd**

ffyddlondeb

See Also credu, ffydd

Ex	34:6	a'i **ffyddlondeb** yn anhygoel!
1 Sam	2:9	am y rhai sy'n **ffyddlon** iddo
Salm	32:6	di'n **ffyddlon** yn darganfod ei
	63:3	Profi dy **ffyddlondeb** di ydy'r
	100:5	ac mae'n aros yn **ffyddlon** o un
	116:15	bywyd pob un o'i bobl **ffyddlon**
Dan	9:4	Ti'n Dduw **ffyddlon** sy'n cadw
Hos	6:6	**Ffyddlondeb** sy'n fy mhlesio
Mth	25:21	yn **ffyddlon** wrth drin yr ychydig
Rhuf	3:3	ddim yn gallu bod yn **ffyddlon**?
1 Thes	5:24	sy'n eich galw chi yn **ffyddlon**
Heb	3:6	**ffyddlon** gydag awdurdod dros

ffynnon / ffynhonau

See Also dŵr

Gen	16:7	ymyl **ffynnon** yn yr anialwch
Salm	107:33	**ffynhonnau** dŵr yn grasdir sych,
Diar	5:15	Yfed ddŵr o dy **ffynnon** dy hun
Es	12:3	o **ffynhonnau** achubiaeth.
	49:10	â nhw at **ffynhonnau** o ddŵr.
	58:11	neu **ffynnon** ddŵr sydd byth yn
Jer	2:13	y **ffynnon** o ddŵr glân gloyw
In	4:14	roi yn troi'n **ffynnon** o ddŵr y tu
Dat	7:17	nhw at **ffynhonnau** o ddŵr ffres
	21:6	Bydda i'n rhoi diod o **ffynnon**

G

gardd

Gen	2:8	yn plannu **gardd** tua'r dwyrain
Es	58:11	Byddi fel **gardd** wedi'i dyfrio
Esec	28:13	ti'n byw yn Eden, **gardd** Duw.
In	18:1	Dyma nhw'n dod at **ardd**
	19:41	**ardd** – doedd neb erioed wedi'i

gelyn

Gen	3:15	Byddi di a'r wraig yn **elynion**.
Ex	23:22	i'n ymladd yn erbyn y **gelynion**
Diar	25:21	Os ydy dy **elyn** yn llwgu
Mth	22:44	osod dy **elynion** dan dy draed." '
Lc	6:27	Carwch eich **gelynion**
Rhuf	5:10	ni'n dal yn **elynion** iddo!)
1 Cor	15:25	**elynion** wedi cael eu sathru dan
Iag	4:4	gwneud ei hun yn **elyn** i Dduw.

geni

See Also bywyd

Es	9:6	plentyn wedi cael ei **eni** i ni
Mth	2:1	ei **eni** yn Bethlehem yn Jwdea
In	3:3	wedi cael ei **eni** oddi uchod."
1 Ped	1:3	wedi cael ein **geni** unwaith eto!
1 In	5:1	cael eu **geni'n** blant i Dduw

glanhau

See Also golchi

Mth	23:25	Dych chi'n **glanhau'r**
1 Cor	6:11	**glanhau** a'ch gwneud yn bur.

» glanhau

Tit 2:14 ac i'n **glanhau** ni a'n gwneud
Heb 1:3 gael eu **glanhau** o'u pechodau
9:14 mae'n **glanhau'r** gydwybod o'r
1 In 1:7 ein **glanhau** ni o bob pechod.
Dat 22:14 sy'n **glanhau** eu mentyll wedi'u

gobaith

Salm 119:114 eiriau di sy'n rhoi **gobaith** i mi!
147:11 **gobaith** yn ei gariad ffyddlon.
Rhuf 8:21 Ond mae **gobaith** i edrych
1 Cor 13:13 ffydd, **gobaith** a chariad.
15:19 dŷn ni'n **gobeithio** yn y Meseia
Eff 1:18 union beth ydy'r **gobaith** sydd
Col 1:23 gafael yn y **gobaith** sicr mae'r
1 Thes 5:8 a'r **gobaith** sicr y cawn ein
Heb 11:1 fod beth dŷn ni'n **gobeithio**
1 In 3:3 Mae pawb sydd â'r **gobaith**

godineb

Perthynas rywiol gyda gŵr neu wraig rhywun arall.
See Also anfoesoldeb rhywiol, rhyw, ysgariad

Ex 20:14 Paid **godinebu**.
Diar 6:32 **godinebu** ddim sens o gwbl
Mth 5:28 wedi cyflawni **godineb** gyda hi.
19:9 gwraig arall yn **godinebu**
In 8:3 wedi cael ei dal yn **godinebu**.
1 Cor 6:9 neu'n **godinebu**
Iag 2:11 Dwedodd Duw "Paid **godinebu**
Dat 2:22 a bydd y rhai sy'n **godinebu**

golau

See Also tywyllwch

Gen 1:3 **golau**!" a daeth golau i fod.
Salm 27:1 rhoi **golau** i mi, ac yn fy achub i
Es 9:2 wedi gweld **golau** llachar.
Mth 5:14 "Chi ydy'r **golau** sydd yn y byd.
In 8:12 dwedodd, "Fi ydy **golau'r** byd.
1 Tim 6:16 Mae'n byw mewn **golau**
1 In 1:5 gyda chi: **Golau** ydy Duw
Dat 22:5 nhw ddim angen **golau** lamp

golchi

See Also glanhau, pur

Salm 51:2 **Golcha'r** drygioni
Jer 4:14 O, Jerwsalem, **golcha'r** drwg o
Mth 6:17 dy wallt a **golcha** dy wyneb.
In 13:5 **golchi** traed ei ddisgyblion
Act 22:16 fedyddio a **golchi** dy bechodau i
Eff 5:26 o'r **golchi** sy'n digwydd drwy'r
Tit 3:5 **Golchodd** ni'n lân o'n
Heb 10:22 ni wedi'n **golchi** â dŵr glân.
Dat 7:14 Maen nhw wedi **golchi** eu dillad

gorffwys

Gen 2:2 diwrnod dyma Duw yn **gorffwys**
Ex 23:12 a **gorffwys** ar y seithfed.
Salm 121:4 ddim yn **gorffwys** na chysgu!
Heb 4:10 yn cael **gorffwys** o'u gwaith
Dat 14:11 Fydd dim **gorffwys** o gwbl i'r

gormes

See Also cam-drin, erledigaeth

Salm 72:14 nhw o afael **gormes** a thrais
Diar 14:31 Mae'r un sy'n **gormesu'r**
Es 58:6 sy'n cael eu **gormesu** yn rhydd
Jer 22:3 rhai sy'n eu **gormesu** nhw.
Esec 45:9 yr holl drais a'r **gormes** yma!
Lc 4:18 i ddianc o afael y **gormeswr**,

gorsedd

See Also brenin, coron, teyrnasu

Salm 22:3 Rwyt ti'n eistedd ar dy **orsedd**
45:6 yn frenin ar yr **orsedd** am byth
Es 37:16 dy **orsedd** uwchben y cerwbiaid.
Mth 5:34 am mai dyna **orsedd** Duw;
25:31 ac yn eistedd ar yr **orsedd** hardd
Lc 1:32 ar **orsedd** y Brenin Dafydd,
Heb 4:16 at **orsedd** Duw yn hyderus.
Dat 5:13 i'r Un sy'n eistedd ar yr **orsedd**
20:11 Yna gwelais **orsedd** wen fawr a

gostyngedig

See Also addfwyn

Diar 3:34 yn hael at y rhai **gostyngedig**.
29:23 ond bydd person **gostyngedig**
Es 57:15 rhai **gostyngedig** sydd wedi'u
1 Ped 5:5 hael at y rhai **gostyngedig**."

gwadu

Job 40:8 Wyt ti'n **gwadu** fy mod i'n
Es 59:13 **gwadu'r** Arglwydd a throi
Mth 10:33 Ond pwy bynnag sy'n **gwadu** ei
26:75 "Byddi di wedi **gwadu** dy fod
2 Tim 2:12 **gwadu** ein bod ni'n ei nabod e
2 Ped 2:1 oed yn mynd mor bell a **gwadu**
Jwd 1:4 Pobl ydyn nhw sy'n **gwadu**
Dat 2:13 **gwadu** dy fod yn credu ynof fi

gwaed

See Also aberth, lladd

Ex 12:23 **gwaed** ar ffrâm drws unrhyw dŷ
Lef 17:11 bywyd yr anifail yn y **gwaed**.
Es 1:11 anifeiliaid a **gwaed** teirw.
Jl 2:30 yr awyr ac ar y ddaear – **gwaed**
In 19:34 ddŵr a **gwaed** yn llifo allan.
Act 20:28 rhydd â'i **waed** ei hun!
Heb 10:19 am fod **gwaed** Iesu wedi'i
1 Ped 1:19 gwerthfawr – **gwaed** y Meseia
1 In 1:7 ac mae **gwaed** Iesu ei Fab yn
Dat 5:9 i Dduw â'th **waed** – pobl o bob

gwasanaethu

Rhuf 13:4 **gwasanaethu** Duw ac yn bodoli
1 Thes 1:9 **gwasanaethu'r** Duw byw ei hun
1 Tim 3:8 A'r rhai sy'n **gwasanaethu'r**
1 Ped 4:11 bynnag sy'n **gwasanaethu** pobl

gwaywffon

See Also cleddyf

1 Sam 13:19 gwneud cleddyfau a **gwaywffyn**.

» gwaywffon

1 Sam	17:47	nid gyda chleddyf a **gwaywffon**
Salm	46:9	bwa ac yn torri'r **waywffon**
Es	2:4	**gwaywffyn** yn grymanau tocio.
Jl	3:10	crymanau tocio yn **waywffyn**.
Hab	3:11	dy **waywffon** yn eu cuddio.

gweddi

See Also addoli, ympryd

2 Cron	6:40	**gweddïau** sy'n cael eu hoffrymu
Mth	21:13	**gweddi**.' Ond dych chi'n ei droi
Act	1:14	gyson i **weddïo** gyda'i gilydd
Eff	6:18	a dal ati i **weddïo'n** daer
Phil	4:6	byd eich poeni chi. **Gweddïwch**
Iag	5:16	Mae **gweddi** daer rhywun sydd

gweddwon

See Also amddifad, tlodi / tlodion

Deut	10:18	a **gweddwon** yn cael cyfiawnder
Salm	68:5	un sy'n amddiffyn **gweddwon**
Es	1:17	a dadlau dros achos y **weddw**.
Sech	7:10	cam-drin gwragedd **gweddwon**
Mc	12:40	**gweddwon** ac wedyn yn ceisio
Lc	21:2	Yna daeth gwraig **weddw** dlawd
Act	6:1	nhw'n teimlo fod eu **gweddwon**
1 Tim	5:3	eglwys ofalu am y **gweddwon**
Iag	1:27	**gweddwon** sy'n dioddef

gweiddi

Ex	3:7	clywed nhw'n **gweiddi** wrth i'w
Esra	3:11	dyrfa i gyd yn **gweiddi'n** uchel
Salm	18:6	a **gweiddi** ar fy Nuw.
Hab	2:11	waliau dy dŷ yn **gweiddi** allan
Mth	3:3	**gweiddi'n** uchel yn yr anialwch
	21:9	blaen a'r tu ôl iddo yn **gweiddi**
Lc	19:40	cerrig yn dechrau **gweiddi**."
In	19:15	Ond dyma nhw'n **gweiddi**

gwin

See Also diod, gwinwydden, meddwi

Barn	13:4	Bydd yn ofalus! Paid yfed **gwin**
Diar	20:1	Mae **gwin** yn gwawdio
Preg	9:7	fwyd ac yfa dy **win** yn llawen!
Can	1:2	cariadus yn well na **gwin**,
Es	55:1	Prynwch **win** a llaeth heb arian
Jer	25:15	Mae hi'n llawn dop o **win** fy llid
Mth	9:17	A dydy **gwin** sydd heb aeddfedu
Mc	15:23	dyma nhw'n cynnig **gwin** wedi'i
Rhuf	14:21	a pheidio yfed **gwin**
Eff	5:18	Peidiwch meddwi ar **win** – dyna
1 Tim	5:23	ychydig **win** i wella dy stumog.

gwinwydden

See Also gwin

Gen	40:9	i'n gweld **gwinwydden**.
Salm	80:8	Cymeraist **winwydden** o'r Aifft
	128:3	Bydd dy wraig fel **gwinwydden**
Jer	2:21	tir fel **gwinwydden** arbennig o'r
In	15:1	"Fi ydy'r **winwydden** go iawn

gwir / gwirionedd

Salm	15:2	ac yn dweud y **gwir** bob amser.
Diar	12:17	gonest yn dweud y **gwir**
Sech	8:16	y **gwir** wrth eich gilydd.
In	14:6	"yr un **gwir** a'r bywyd.
	17:17	i ti dy hun drwy'r **gwirionedd**
1 Cor	13:6	ei wneud e'n llawen ydy'r **gwir**.
	15:20	y **gwir** ydy bod y Meseia wedi'i
Eff	1:13	Meseia ar ôl i chi glywed y **gwir**
	4:25	y **gwir** wrth eich gilydd"
	6:14	Safwch gyda **gwirionedd** wedi'i
Phil	4:8	amser am beth sy'n **wir** ac i'w
1 Tim	3:15	sy'n cynnal y **gwirionedd** fel
Heb	10:26	ar ôl dod i wybod y **gwirionedd**
1 In	5:20	Fe ydy'r unig **wir** Dduw
Dat	22:6	yn gwbl ddibynadwy ac yn **wir**.

gwisg / gwisgo

Gen	3:21	i Adda a'i wraig eu **gwisgo**.
1 Sam	17:38	**gwisgo** – helmed bres ar ei ben
Salm	45:3	**Gwisga** dy gleddyf ar dy glun
	149:4	gyda'i bobl! Mae'n **gwisgo'r**
Lc	24:49	**gwisgo** chi gyda nerth."
1 Cor	15:53	yn cael **gwisgo** anfarwoldeb!
Gal	3:27	**gwisgo'r** Meseia amdanoch.
Eff	4:24	Mae fel **gwisgo** natur o fath
1 Tim	2:9	Dylen nhw beidio **gwisgo**
Dat	7:9	Roedden nhw'n **gwisgo** mentyll
	19:8	Mae hi wedi cael **gwisg**

gwledd

See Also bwyd, bwyta, swper

Salm	23:5	Rwyt ti'n paratoi **gwledd** i mi
Diar	15:15	fel **gwledd** ddiddiwedd.
Lc	14:13	Pan fyddi di'n trefnu **gwledd**
In	2:9	a dyma llywydd y **wledd** yn
Dat	19:9	i **wledd** briodas yr Oen wedi'u

gwrthryfel

See Also pechod

Ex	34:7	**gwrthryfel** a phechod.
Deut	9:7	stopio **gwrthryfela** yn ei erbyn
Salm	65:3	ti'n maddau'r **gwrthryfel** i gyd.
Es	53:5	am ein bod ni wedi **gwrthryfela**
	58:1	eu bod nhw wedi **gwrthryfela**
Dan	9:5	Dŷn ni wedi **gwrthryfela**
Mc	15:7	lofruddiaeth adeg y **gwrthryfel**.
1 Tim	1:9	sy'n anufudd ac yn **gwrthryfela**
Heb	3:8	oeddech chi adeg y **gwrthryfel**
Jwd	1:11	nhw wedi **gwrthryfela** fel Cora

gwyrth

Mth	11:21	Bethsaida! Petai'r **gwyrthiau**
	16:4	am gael gweld **gwyrth** fyddai'n
	24:24	yn gwneud **gwyrthiau** syfrdanol.
1 Cor	12:10	**gwyrthiol**, neu broffwydoliaeth
2 Cor	12:12	yn ogystal â **gwyrthiau**
Gal	3:5	**gwyrthiau** yn eich plith chi

H

haelioni
gw. BCN - gras
See Also rhannu, trugaredd
Salm 86:15 **haelioni** a dy ffyddlondeb di'n
100:5 Mae ei **haelioni** yn ddiddiwedd
Sech 12:10 **haelioni** Duw a'i faddeuant.
In 1:14 yn llawn **haelioni** a gwirionedd.
Act 15:11 – mai dim ond ffafr a **haelioni'r**
1 Cor 15:10 drwy dywallt ei **haelioni** arna i.
2 Tim 2:1 Felly, fy mab, gad i **haelioni**

halen
Gen 19:26 ei throi'n golofn o **halen**.
Lef 2:13 "Mae **halen** yn cael ei
2 Bren 2:21 **halen** i mewn iddi; yna dweud
Mth 5:13 "Chi ydy **halen** y ddaear.
Lc 14:34 "Mae **halen** yn ddefnyddiol

heddwch
See Also heddwch dwfn / perffaith
Num 6:26 a rhoi **heddwch** i chi.'
Salm 85:10 a **heddwch** yn cusanu.
122:6 am **heddwch** i Jerwsalem
Es 9:6 Tywysog **heddwch**.
Mth 5:9 sy'n hyrwyddo **heddwch** wedi'u
Lc 2:14 **heddwch** ar y ddaear islaw
In 14:27 **Heddwch** – dyna dw i'n ei roi
Rhuf 5:1 mae gynnon ni **heddwch** gyda
12:18 mewn **heddwch** gyda phawb.
1 Cor 14:33 Duw'r **heddwch** ydy Duw
Eff 4:3 gyda'ch gilydd mewn **heddwch**.
Col 1:20 **heddwch** drwy farw ar y groes.
3:15 Gadewch i'r **heddwch** mae'r
1 Tim 2:2 er mwyn i ni gael **heddwch** a

heddwch dwfn / perffaith
BCN - tangnefedd
See Also heddwch
Gal 5:22 llawenydd, **heddwch dwfn**
1 Thes 5:23 sy'n rhoi **heddwch dwfn** i ni
Heb 13:20 sy'n rhoi **heddwch perffaith** i ni
Dat 1:4 a **heddwch dwfn** gan Dduw

help
Salm 5:2 sylw ohono i'n gweiddi am **help**
31:22 pan oeddwn i'n crefu am **help**
46:1 i'n **helpu** pan mae trafferthion.
79:9 **Helpa** ni, O Dduw ein hachubwr
121:1 O ble daw **help** i mi?
Mth 9:27 "**Helpa** ni, Fab Dafydd!"
Act 20:35 bydden ni'n gallu **helpu'r**
Rhuf 8:26 Ac mae'r Ysbryd yn ein **helpu** ni
2 Cor 1:11 **helpu** ni drwy weddïo droson ni.
1 Tim 5:10 a **helpu** pobl mewn trafferthion.
Heb 2:18 gallu'n **helpu** ni pan fyddwn

I

iacháu
See Also byddar, cloff, dall
Ex 15:26 sy'n eich **iacháu** chi."
Num 12:13 plîs wnei di ei **hiacháu** hi?"
2 Cron 7:14 pechod ac yn **iacháu** eu gwlad.
Mth 9:21 ei glogyn ca i fy **iacháu**."
10:8 Ewch i **iacháu** pobl sy'n glaf
Mc 3:2 **iacháu'r** dyn ar y Saboth.
Lc 7:21 wedi bod wrthi'n **iacháu** llawer
Act 4:10 o Nasareth sydd wedi **iacháu'r**
19:12 yn cael eu **hiacháu** ac ysbrydion
1 Cor 12:9 ac un arall ddoniau i **iacháu**
Iag 5:15 bydd y claf yn cael ei **iacháu**.

iaith
See Also tafod
Gen 11:1 un **iaith** oedd drwy'r byd i gyd.
Esth 1:22 yn **iaith** y dalaith honno.
Es 66:18 a phobl o bob **iaith**
Sech 8:23 **iaith** yn gafael yn ymyl clogyn
Act 2:6 ei **iaith** ei hun yn cael ei siarad.
1 Cor 13:1 Os dw i'n siarad **ieithoedd**
Dat 5:9 llwyth ac **iaith**, hil a chenedl.

LL

lladd
See Also gwaed, llofruddio, trais
Mth 10:28 Maen nhw'n gallu **lladd** y corff
Lc 13:34 Y ddinas sy'n **lladd** y proffwydi
2 Cor 3:6 at lythyren y ddeddf yn **lladd**

llawen
See Also dathlu
1 Cron 16:33 **llawen** o flaen yr ARGLWYDD
Job 38:7 Duw yn gweiddi'n **llawen**?
Salm 95:1 ganu'n **llawen** i'r ARGLWYDD
118:24 i ni ddathlu a bod yn **llawen**!
126:5 **llawen** wrth fedi'r cynhaeaf.
Es 55:12 mynd allan yn **llawen** ac yn cael
Jer 31:13 ifanc yn dawnsio'n **llawen**
Sech 9:9 Gwaeddwch yn **llawen**
Mth 5:12 Byddwch yn **llawen**!
Rhuf 12:12 Byddwch yn **llawen** wrth feddwl
15:13 gyda'r **llawenydd** a'r heddwch
1 Cor 13:6 ei wneud e'n **llawen** ydy'r gwir.
2 Cor 8:2 roedd eu **llawenydd** nhw'n
Phil 4:4 Byddwch yn **llawen** bob amser
Iag 1:2 rheswm i fod yn **llawen**.
Jwd 1:24 i gael profi **llawenydd** anhygoel

lleidr / lladron
Mth 6:19 **lladron** yn gallu dod â'u dwyn.
Lc 12:33 Dydy **lleidr** ddim yn gallu dwyn
In 10:8 **Lladron** yn dwyn oedd pob un
1 Cor 6:10 **lladron**, pobl hunanol
Eff 4:28 arfer bod yn **lleidr** stopio dwyn.

» lleidr / lladron

1 Thes	5:2	fel mae **lleidr** yn dod yn y nos.
1 Ped	4:15	neu'n **lleidr** neu am gyflawni
Dat	16:15	i'n dod fel **lleidr**!" meddai Iesu.

llen

See Also pabell, teml

Mth	27:51	**llen** oedd yn hongian yn y deml
Heb	6:19	tu ôl i'r **llen**, i mewn i'r nefoedd
	10:20	ni drwy'r **llen** (am fod Iesu wedi

llofruddio

See Also lladd, trais

Ex	20:13	Paid **llofruddio**.
Deut	27:24	**llofruddio** rhywun arall.' A bydd
Hos	4:2	**llofruddio**, dwyn a godinebu!
Mc	7:21	dwyn, **llofruddio**,
Dat	21:8	a phobl ffiaidd, **llofruddion**

M

mabwysiadu

See Also achub

Rhuf	8:15	**mabwysiadu** ni yn blant i Dduw
	8:23	fydd Duw yn ein **mabwysiadu** ni
Gal	4:5	**mabwysiadu'n** blant i Dduw.
Eff	1:5	gael ein **mabwysiadu** i'w deulu.

maddau

See Also achub, maddeuant, pechod

Ex	34:7	ac yn **maddau** beiau
Salm	65:3	ti'n **maddau'r** gwrthryfel i gyd.
	130:4	Ond rwyt ti'n barod i **faddau**
Es	55:7	mae e mor barod i **faddau**.
Jer	31:34	am fy mod i'n **maddau** iddyn
Mic	7:18	– Na! Ti'n **maddau**
Mth	6:12	**Maddau** i ni am bob
	18:21	sawl gwaith ddylwn i **faddau** i
Mc	2:7	sy'n gallu **maddau** pechodau!"
Lc	6:37	Os gwnewch **faddau** i bobl
	23:34	"Dad, **maddau** iddyn nhw.
Act	2:38	yn **maddau** eich pechodau chi.
Eff	4:32	gyda'ch gilydd, a **maddau** i'ch
Col	1:14	wedi **maddau'n** pechodau ni!
	3:13	**maddau** i eraill pan dych chi'n
1 In	2:12	**maddau** o achos beth wnaeth

maddeuant

See Also maddau, pechod

Mc	3:29	ond does dim **maddeuant** i'r
Lc	3:3	derbyn **maddeuant** gan Dduw.
Act	13:38	i am i chi ddeall fod **maddeuant**
Eff	1:7	groes wedi gwneud **maddeuant**
Heb	9:22	a bod **maddeuant** ddim yn
Iag	5:15	bydd yn cael **maddeuant**.

marw

See Also bedd, marwolaeth

Gen	2:17	di hynny byddi'n siŵr o **farw**."

» marw

Deut	24:16	y troseddwr ei hun ddylai **farw**.
Preg	3:2	i gael eich geni ac amser i **farw**
Es	26:19	Bydd cyrff **marw** yn codi eto!
	53:12	ei fod wedi rhoi ei hun i **farw**
Esec	33:11	yn **marw** yn rhoi dim pleser i mi.
Lc	23:46	hynny stopiodd anadlu a **marw**.
In	5:24	o fod yn **farw** i fod yn fyw.
	11:50	ydy'n well i un person **farw**
Rhuf	5:6	iawn i **farw** droson ni rai drwg!
	6:2	Dŷn ni wedi **marw** i'r hen
1 Cor	15:3	sef: bod y Meseia wedi **marw**
	15:22	Mae pawb yn **marw** am eu bod
2 Cor	5:14	mae un dyn wedi **marw** dros
Col	3:3	Buoch **farw**, ac mae'r bywyd go
2 Tim	2:11	Os buon ni **farw** gyda'r Meseia
Heb	9:27	pawb yn mynd i **farw** un waith

marwolaeth

See Also bedd, marw

Deut	30:19	**farwolaeth**, bendith neu felltith.
Diar	14:12	ond arwain i **farwolaeth** mae hi
Es	25:8	Bydd **marwolaeth** wedi'i
Rhuf	5:10	Os mai **marwolaeth** Mab Duw
	6:23	**Marwolaeth** ydy'r cyflog mae
1 Cor	11:26	ystyr **marwolaeth** yr Arglwydd
	15:26	ei ddinistrio fydd **marwolaeth**.
Dat	6:8	**Marwolaeth** oedd enw'r
	21:4	Fydd dim **marwolaeth** o hyn

meddwi

See Also gwin

Gen	9:21	Noa beth o'r gwin, a **meddwi**.
Mth	11:19	**Meddwyn** sy'n diota a stwffio'i
Lc	21:34	**meddwi** a phoeni am bethau
Act	2:15	ddim wedi **meddwi** fel mae rhai
Rhuf	13:13	Dim partïon gwyllt a **meddwi**
1 Cor	11:21	tra mae eraill wedi **meddwi**!
Eff	5:18	Peidiwch **meddwi** ar win – dyna
1 Tim	3:3	ddim yn **meddwi**
1 Ped	4:3	**meddwi** a slotian

melltith

Gen	3:17	wedi'i **melltithio** o dy achos di.
	8:21	"Dw i byth yn mynd i **felltithio'r**
Deut	11:26	rhwng bendith a **melltith**.
	21:23	grogi ar bren dan **felltith** Duw.
Diar	28:27	yn cael ei **felltithio** go iawn.
Mth	25:41	'Dych chi wedi'ch **melltithio**!
	26:74	yn dechrau rhegi a **melltithio**
Mc	11:21	ti ei **melltithio** wedi gwywo!"
Lc	6:28	y rhai sy'n eich **melltithio** chi
Rhuf	9:3	gael fy **melltithio** a'm gwahanu
1 Cor	12:3	"Mae Iesu yn **felltith**!" A does
Gal	1:8	**Melltith** Duw ar bwy bynnag
Dat	22:3	Fydd **melltith** rhyfel ddim yn

mewnfudwr

See Also amddifad, tlodi / tlodion

Ex	22:21	Paid cam-drin **mewnfudwyr**.

» mewnfudwr

Ex	23:12	geni yn dy dŷ a'r **mewnfudwr**
Deut	5:14	**fewnfudwr** sy'n aros gyda ti.
	24:19	hi i'r bobl dlawd – **mewnfudwyr**
	27:19	cyfiawnder i **fewnfudwyr**
Salm	146:9	am y **mewnfudwyr** ac yn cynnal
Sech	7:10	**mewnfudwyr** a phobl dlawd.

myfyrio

See Also darllen

Jos	1:8	**Myfyria** arni ddydd a nos
Salm	1:2	ac yn **myfyrio** ar y pethau
	27:4	a **myfyrio** yn ei deml.
	119:97	i'n **myfyrio** ynddi drwy'r dydd.
	143:5	ac yn **myfyrio** ar y cwbl
In	1:48	**myfyrio** dan y goeden ffigys

N

nefoedd

See Also daear

Gen	28:12	o'r ddaear i'r **nefoedd**
1 Bren	8:27	Dydy'r awyr i gyd a'r **nefoedd**
2 Bren	2:1	i'r **nefoedd** mewn chwyrlwynt.
Salm	19:1	Mae'r **nefoedd** yn dangos
	139:8	i fyny i'r **nefoedd**, rwyt ti yno
Es	55:9	Fel mae'r **nefoedd** gymaint
	65:17	i greu **nefoedd** newydd a daear
Mal	3:10	i'n agor llifddorau'r **nefoedd** ac
Mth	6:9	'Ein Tad sydd yn y **nefoedd**
	6:20	y **nefoedd** – all gwyfyn a rhwd
Lc	2:13	y **nefoedd** yno yn addoli Duw!
2 Cor	12:2	gipio i uchder y **nefoedd** bedair
Phil	3:20	ddinasyddion y **nefoedd**
1 Ped	1:4	ar eich cyfer chi yn y **nefoedd**!
Dat	21:1	Yna gwelais **nefoedd** newydd a

neges

gw. BCN - gair

Salm	104:4	y gwyntoedd yn **negeswyr** i ti
Es	40:8	ond mae **neges** yr ARGLWYDD
	52:7	Mae mor wych gweld **negesydd**
	55:11	**neges** dw i'n ei chyhoeddi
Mal	3:1	dw i'n anfon fy **negesydd**
In	17:17	dy **neges** di ydy'r gwir.
1 Cor	1:17	rhag ofn i rym y **neges** am groes
2 Cor	12:7	anfon **negesydd** i'm ffistio i.
Eff	5:26	**neges** sy'n cael ei chyhoeddi.
Col	3:16	Gadewch i'r **neges** wych am y
1 Tim	2:7	**negesydd** ac yn gynrychiolydd
2 Tim	4:2	i gyhoeddi **neges** Duw.
Heb	4:12	Mae **neges** Duw yn fyw ac yn
1 In	3:11	Dyma'r **neges** dych chi wedi'i

newyn

Gen	41:30	mlynedd o **newyn** yn dilyn
2 Cron	6:28	gan **newyn** neu bla – am fod y
Es	58:7	dy fwyd gyda'r **newynog**
Esec	18:16	**newynog**, a rhoi dillad i'r noeth.

» newyn

Mth	24:7	**newyn** mewn gwahanol leoedd
Lc	1:53	o fwyd da i'r **newynog**
Act	11:28	Glân fod **newyn** trwm yn mynd i
Rhuf	8:35	**newyn** na noethni
Dat	7:16	dioddef o **newyn** na syched.

O

oen

See Also bugail, dafad / defaid, Pasg

Gen	22:8	fod **oen** gynnon ni i'w aberthu
Ex	12:21	"Ewch i ddewis **oen** neu fyn gafr
Es	11:6	y blaidd yn cyd-fyw gyda'r **oen**
	53:7	wnaeth e ddweud dim, fel **oen**
In	1:29	"Dacw **Oen** Duw
Act	8:32	Yn union fel mae **oen** yn dawel
1 Ped	1:19	**oen** perffaith Duw oedd heb
Dat	13:8	**Oen** gafodd ei ladd yn aberth).
	19:7	priodas yr **Oen** wedi cyrraedd

ofn

Gen	3:10	arna i **ofn** am fy mod i'n noeth.
Ex	3:6	ganddo **ofn** edrych ar Dduw.
Deut	31:6	Peidiwch bod ag **ofn**
Salm	27:1	does gen i **ofn** neb.
	91:5	Paid bod ag **ofn** dim sy'n dy
Mth	8:26	chi mor **ofnus**?" meddai Iesu
	28:5	"Peidiwch bod ag **ofn**.
Lc	1:30	"Paid bod **ofn**, Mair.
	12:5	ydy'r un i'w **ofni** – mae'r hawl
Act	18:9	Arglwydd wrtho: "Paid bod **ofn**!
Phil	1:28	Peidiwch bod ag **ofn** y bobl
1 In	4:18	dim **ofn** yn agos at y cariad yma
Dat	1:17	"Paid bod ag **ofn**.

offeiriad

See Also archoffeiriad

Ex	19:6	a byddwch chi'n **offeiriaid** yn
	28:41	i wasanaethu fel **offeiriaid** i mi.
1 Sam	2:35	**offeiriad** sy'n ffyddlon i mi.
Salm	110:4	"Rwyt ti'n **offeiriad** am byth
Mc	8:31	y prif **offeiriaid** a'r arbenigwyr
Act	6:7	Roedd nifer fawr o'r **offeiriaid**
1 Ped	2:5	A chi hefyd ydy'r **offeiriaid** sydd
	2:9	**offeiriaid** i wasanaethu'r Brenin
Dat	20:6	Byddan nhw'n **offeiriaid** yn

offrwm

See Also aberth, allor

Gen	22:2	**offrwm** ar un o'r mynyddoedd.
Ex	20:24	gwartheg arni – yr **offrymau** i'w
Lef	21:6	Nhw sy'n cyflwyno **offrymau**
1 Sam	15:22	Aberth ac **offrwm** i'w losgi
2 Sam	24:25	llosgi ac **offrymau** i gydnabod
Salm	40:6	aberth ac **offrwm** rwyt ti eisiau
	141:2	fel **offrwm** o arogldarth
Diar	15:8	**offrymau** pobl ddrwg
Es	1:11	hyrddod yn **offrymau** i'w llosgi

» offrwm

Es 53:10 ei hun yn **offrwm** dros bechod
Jer 33:18 i gyflwyno **offrymau** i'w llosgi
Mc 12:33 llosg a'r **offrymau** i gyd."
Rhuf 15:16 yn **offrwm** derbyniol i Dduw.
Eff 5:2 Rhoddodd ei hun fel **offrwm** ac
Heb 10:8 **offrymau** llosg ac offrymau

olew

See Also eneinio

Ex 29:36 drwy ei heneinio ag **olew**.
1 Sam 16:13 yr **olew** ar ben Dafydd o flaen ei
1 Bren 17:16 yr **olew** yn y jar ddim darfod
Salm 23:5 ti'n tywallt **olew** ar fy mhen.
104:15 gwin i godi calon, **olew** i roi
133:2 Mae fel **olew** persawrus yn llifo i
Es 61:3 ac **olew** llawenydd yn lle galar
Mth 6:17 rho **olew** ar dy ben
Mc 6:13 bobl ag **olew** a'u hiacháu nhw.
Lc 10:34 a'u trin gydag **olew** a gwin.
Heb 1:9 a thywallt **olew** llawenydd arnat
Iag 5:14 ag **olew** ar ran yr Arglwydd.

P

pabell

See Also llen, teml

Salm 15:1 sy'n cael aros yn dy **babell** di?
2 Cor 5:1 amser yn dod pan fydd y **babell**
Heb 8:5 **babell** yn ganolfan addoliad
9:11 Mae e wedi mynd drwy'r **babell**

Pasg

See Also oen

Ex 12:27 y **Pasg** i'r ARGLWYDD ydy e
Num 28:16 "'Mae **Pasg** yr ARGLWYDD i
2 Bren 23:22 Doedd y **Pasg** ddim wedi cael ei
Mc 14:14 **Pasg** gyda'i ddisgyblion?'
Lc 22:15 swper **Pasg** yma gyda chi cyn i
In 2:13 y **Pasg** (un o wyliau'r Iddewon)
18:39 un carcharor i chi adeg y **Pasg**.
1 Cor 5:7 droson ni, fel oen y **Pasg**.

pechod

See Also anffyddlon, drwg / drygioni, gwrthryfel, maddau, maddeuant

Gen 4:7 mae **pechod** fel anifail yn llechu
2 Sam 12:13 "Dw i wedi **pechu** yn erbyn yr
Salm 51:5 bechadur; roedd y **pechod**
103:10 gyda'n **pechodau** ni fel roedden
Preg 7:20 a byth yn **pechu**."
Es 1:18 "Os ydy'ch **pechodau** chi'n
53:6 rhoi ein **pechod** ni i gyd arno fe.
Jer 31:34 anghofio'u **pechodau** am byth."
Mth 12:31 am bob **pechod** a chabledd
26:28 i faddau eu **pechodau** nhw.
Lc 5:21 sy'n gallu maddau **pechodau**!"
5:32 **pechaduriaid** i droi at Dduw
11:4 sy'n **pechu** yn ein herbyn ni.

» pechod

Act 2:38 i chi droi cefn ar eich **pechod**
Rhuf 5:8 ni'n dal i **bechu** yn ei erbyn!
5:12 **pechod** i'r byd drwy un dyn
6:23 cyflog mae **pechod** yn ei dalu
1 Cor 15:56 **Pechod** ydy'r pigiad
2 Cor 5:21 Wnaeth Iesu ddim **pechu**
Eff 1:7 ein **pechodau** yn bosib.
1 Tim 1:15 achub **pechaduriaid** – a fi ydy'r
Heb 9:26 i ddelio gyda **phechod** drwy ei
Iag 5:16 Felly cyffeswch eich **pechodau**
1 Ped 4:8 maddau lot fawr o **bechodau**.
2 Ped 2:4 yn euog o **bechu** yn ei erbyn.
1 In 2:2 iawn am ein **pechodau** ni
Dat 1:5 ni'n rhydd fel bod **pechod** ddim

perffaith

See Also di-fai, sanctaidd

Deut 32:4 a'i waith yn **berffaith**
Salm 19:7 **berffaith** – mae'n rhoi bywyd
Mth 5:48 Ond rhaid i chi fod yn **berffaith**
Phil 3:12 nac yn honni bod yn **berffaith**!
Heb 9:11 sef yr un **berffaith** na chafodd ei
Iag 1:25 fanwl ar ddysgeidiaeth **berffaith**
3:2 dyna i chi berson **perffaith**!
1 In 4:18 cariad **perffaith** yn cael gwared

plant Duw

See Also etifeddu

In 1:12 hawl i ddod yn **blant Duw**.
Rhuf 8:16 i ni ein bod ni'n **blant i Dduw**.
Gal 4:7 chi bellach, ond **plant Duw**
Eff 5:1 eich bod yn **blant annwyl iddo**.
1 In 3:1 cael ein galw'n **blant Duw**!
5:2 yn caru **plant Duw** os ydyn ni'n

priodas

See Also cariad, cusan, rhyw, ysgariad

Diar 5:18 wraig **briodaist** ti pan oeddet
Mal 2:14 ti ymrwymo iddi drwy **briodas**.
Mth 22:30 **priodi** pan ddaw'r atgyfodiad
In 2:1 wedyn roedd **priodas** yn Cana
1 Cor 7:9 Mae **priodi** yn well na chael ein
1 Tim 4:3 **priodi** ac yn gorchymyn iddyn
5:14 iau i **briodi** eto a chael plant
Heb 13:4 Dylai **priodas** gael ei barchu
Dat 19:7 **priodas** yr Oen wedi cyrraedd

proffwyd / proffwydo

Deut 18:18 i'n codi **proffwyd** arall fel ti o'u
Jer 1:5 dy benodi di'n **broffwyd** i siarad
Esec 34:2 "Ddyn, **proffwyda** yn erbyn
37:4 i mi **broffwydo** dros yr esgyrn
Mth 5:12 fod y **proffwydi** oedd yn byw ers
7:22 fuon ni'n **proffwydo** ar dy ran di
Lc 13:34 Y ddinas sy'n lladd y **proffwydi**
Act 2:17 a'ch merched yn **proffwydo**
Rhuf 1:2 ddwedodd y **proffwydi** yn yr
12:6 gallu i ti roi neges **broffwydol**
1 Cor 14:32 Mae ysbryd y **proffwydi** dan

» **proffwyd / proffwydo**

1 Cor 14:39 byddwch yn frwd i **broffwydo**
Eff 2:20 ddewisodd e, a'r **proffwydi**
Heb 1:1 hynafiaid ni drwy'r **proffwydi**.
1 Ped 1:10 Roedd y **proffwydi'n**
2 Ped 3:2 beth ddwedodd y **proffwydi**

pur

See Also golchi, sanctaidd

Salm 12:6 **buro** mewn ffwrnais bridd
24:4 sy'n iawn a'i gymhellion yn **bur**
Es 48:10 Edrych, dw i wedi dy **buro** di
Mth 5:8 **bur** wedi'u bendithio'n fawr
1 Tim 5:22 Cadw dy hun yn **bur**.
Tit 1:15 yn **bur** i'r rhai sydd â chalon bur
Heb 9:22 ei **buro** drwy gael ei daenellu â
Iag 1:27 y Tad yn ei ystyried yn **bur** ac yn

RH

rhannu

See Also haelioni

Salm 22:18 Maen nhw'n **rhannu** fy nillad
Diar 21:9 na **rhannu** cartref gyda gwraig
Es 58:7 **Rhannu** dy fwyd
In 19:23 a'u **rhannu** rhwng y pedwar
Rhuf 12:8 Os wyt yn **rhannu** dy eiddo

rhieni

Diar 19:14 tŷ ac eiddo gan eu **rhieni**
Lc 2:41 Byddai **rhieni** Iesu yn arfer
Rhuf 1:30 nhw ddim parch at eu **rhieni**,
2 Cor 12:14 **Rhieni** sydd i gynnal eu plant
Eff 6:1 fod yn ufudd i'ch **rhieni**
2 Tim 3:2 yn anufudd i'w **rhieni**

rhyddid

See Also achub

Ex 6:6 fy nerth i'ch **rhyddhau** chi
Es 42:7 **rhyddhau** carcharorion o'u
Lc 4:18 y rhai sy'n gaeth i gael **rhyddid**
In 8:32 hwnnw'n rhoi **rhyddid** i chi."
1 Cor 10:29 ddylai fy **rhyddid** i gael ei glymu
Gal 4:5 i dalu'r pris i'n **rhyddhau** ni
Phil 1:19 cael fy **rhyddhau** yn y diwedd.
Tit 2:14 droson ni i'n **rhyddhau** ni o
Iag 2:12 gyfraith sy'n eich **rhyddhau** chi'.
2 Ped 2:19 nhw'n addo **rhyddid** i bobl

rhyfeddu

Mth 12:23 Roedd y bobl i gyd yn **rhyfeddu**
Lc 2:18 am y peth yn **rhyfeddu** at yr hyn
4:22 ac yn **rhyfeddu** at y pethau
Act 4:13 yn **rhyfeddu** fod Pedr ac Ioan

rhyfel

See Also arfau, brwydr, cleddyf, ymladd

2 Sam 5:2 i **ryfel** a dod â nhw yn ôl adre.
Salm 46:9 Mae'n dod â **rhyfeloedd** i ben

» **rhyfel**

Salm 68:30 sy'n mwynhau **rhyfel** ar chwâl!
120:7 ac maen nhw eisiau **rhyfela**!
Diar 21:31 paratoi meirch ar gyfer y **rhyfel**
Preg 3:8 i **ryfel** ac amser i heddwch.
Es 2:4 yn hyfforddi milwyr i fynd i **ryfel**.
Jer 5:12 Welwn ni ddim **rhyfel** na newyn.
18:21 Gad iddyn nhw farw yn y **rhyfel**!
Dan 9:26 Bydd **rhyfela'n** para i'r diwedd.
Mic 4:3 yn hyfforddi milwyr i fynd i **ryfel**.
Sech 9:10 symud y cerbydau **rhyfel** o Israel
Mth 24:6 am **ryfeloedd** yn agos ac ymhell.
Lc 21:10 yn **rhyfela** yn erbyn ei gilydd.
1 Cor 14:8 mynd i baratoi i fynd i **ryfel**?
Dat 12:7 **ryfel** yn cychwyn yn y nefoedd.
22:3 **rhyfel** ddim yn bod mwyach.

rhyw

See Also anfoesoldeb rhywiol, godineb, priodas

Gen 6:4 gael **rhyw** gyda merched dynol.
Lef 18:20 **rhyw** gyda gwraig rhywun arall.
Lc 1:34 wedi cael **rhyw** gyda neb."
1 Cor 6:15 **rhyw** gyda phutain? Na, byth!
7:5 cael **rhyw** gyda'ch gilydd.

S

sanctaidd

See Also cysegredig, di-fai, perffaith, pur

Lef 11:44 a bod yn **sanctaidd** am fy mod
Salm 24:3 cael sefyll yn ei deml **sanctaidd**?
111:9 **sanctaidd** ac i gael ei barchu.
Es 35:8 'Y Ffordd **Sanctaidd**'.
Mth 7:6 rhoi beth sy'n **sanctaidd** i gŵn
1 Ped 2:9 yn genedl **sanctaidd**

seren / sêr

Gen 15:5 Cyfra faint o **sêr** sydd yna
Num 24:17 **seren** yn dod allan o Jacob
Neh 9:23 nhw ag sydd o **sêr** yn yr awyr.
Job 9:9 Pleiades a chlystyrau **sêr** y de.
Salm 8:3 a'r **sêr** a osodaist yn eu lle,
Mth 2:2 ni ei **seren** yn codi yn y dwyrain
Act 27:20 dim sôn am haul na'r **sêr**.
1 Cor 15:41 rhwng un **seren** a'r llall.
2 Ped 1:19 dydd wawrio ac i '**seren** y bore
Dat 1:16 dde roedd yn dal saith **seren**
22:16 **Seren** sy'n disgleirio yn y bore."

sgrôl

See Also darllen, ysgrifau sanctaidd

Ex 24:7 cymerodd **Sgrôl** yr Ymrwymiad
Jos 1:8 Darllen **sgrôl** y Gyfraith yma yn
Neh 8:8 o **sgrôl** y Gyfraith bob yn adran
Lc 4:17 **Sgrôl** proffwydoliaeth Eseia
Heb 10:7 amdana i yn y **sgrôl**.' "
Dat 5:9 gymryd y **sgrôl** ac i dorri y seliau

swper

See Also bwyd, bwyta, diod, gwledd

Lc	22:20	Wedyn ar ôl bwyta **swper**
In	13:2	nhw wrthi'n bwyta **swper**.
1 Cor	11:20	Os felly, dim **Swper** yr Arglwydd
	11:25	**swper** pan gymerodd y cwpan a

T

tad

Duw fel Tad

Salm	68:5	**Tad** plant amddifad
Es	9:6	y Duw arwrol, **Tad** yr oesoedd
Mth	5:45	yn blant i'ch **Tad** yn y nefoedd
	23:9	yn y nefoedd ydy'ch **Tad** chi.
	28:19	**Tad**, a'r Mab a'r Ysbryd Glân.
In	14:10	i yn y **Tad**, a bod y Tad ynof fi?
	20:21	Yn union fel anfonodd y **Tad** fi
2 Cor	1:3	Fe ydy'r **Tad** sy'n tosturio a'r
Eff	2:18	y **Tad** drwy'r un Ysbryd Glân.
Iag	1:17	**Tad** a greodd y sêr a'r planedau
1 In	2:23	**Tad** ddim ganddo chwaith.
	3:1	**Tad** wedi'i ddangos aton ni!

tafod

See Also iaith

Salm	12:3	taw ar bob **tafod** sy'n brolio!
	64:3	hogi eu **tafodau** fel cleddyfau
Es	45:23	a phob **tafod** yn tyngu i mi!
Rhuf	3:13	ar eu **tafodau**." "Mae gwenwyn
	14:11	**tafod** yn rhoi clod i Dduw' "
Iag	3:5	Dyna i chi'r **tafod**!
Dat	16:10	brathu eu **tafodau** mewn poen

tân

See Also fflam

Ex	3:2	fod y berth yn fflamau **tân**
	24:17	yn edrych fel **tân** yn llosgi.
Lef	6:13	Rhaid cadw'r **tân** ar yr allor yn
2 Bren	2:11	o fflamau **tân** yn cael ei dynnu
2 Cron	7:1	daeth **tân** i lawr o'r awyr a
Salm	83:14	fel mae **tân** yn llosgi coedwig
Can	8:6	fel **tân** sy'n llosgi'n wenfflam.
Es	66:24	na'r **tân** sy'n eu llosgi nhw yn
Esec	1:13	ac roedd y **tân** fel ffaglau yn
Dan	3:25	yn rhydd yng nghanol y **tân**.
Mc	9:43	lle dydy'r **tân** byth yn diffodd.
Lc	9:54	alw **tân** i lawr o'r nefoedd i'w
1 Cor	3:13	**Tân** fydd yn profi ansawdd y

teml

See Also Arch yr ymrwymiad, llen, pabell

Salm	27:4	a myfyrio yn ei **deml**.
Es	6:1	ymylon ei wisg yn llenwi'r **deml**.
Esec	37:26	**deml** yn eu canol nhw am byth.
Mth	27:51	y **deml** rwygo yn ei hanner o'r
Mc	14:58	'Dw i'n mynd i ddinistrio'r **deml**
In	2:15	**deml** gyda'r defaid a'r ychen.
Act	2:46	bob dydd yng nghwrt y **deml**

» teml

1 Cor	3:16	gyda'ch gilydd ydy **teml** Duw
	6:19	chi'n **deml** i'r Ysbryd Glân?
Eff	2:21	gilydd i wneud **teml** sydd wedi'i
Dat	11:19	Yna dyma ddrysau **teml** Duw
	21:22	dim **teml** i'w gweld yn y ddinas

temtio

See Also diafol

Mth	4:1	i gael ei **demtio** gan y diafol.
1 Cor	7:5	chwantau i'ch **temtio** chi.
	10:13	Yn wir, pan gewch chi'ch **temtio**
Gal	6:1	eich **temtio** i wneud yr un peth.
Iag	1:13	yn cael ei **demtio** gan ddrygioni

teyrnasu

See Also awdurdod, brenin, coron, gorsedd

Ex	15:18	**teyrnasu** am byth bythoedd!
Salm	103:19	**teyrnasu** yn frenin dros bopeth!
Es	16:5	Bydd yn **teyrnasu'n** ffyddlon
Jer	23:5	fydd yn **teyrnasu'n** ddoeth.
Dan	4:3	ydy'r un sy'n **teyrnasu** am byth
Mic	5:2	**teyrnasu** yn Israel – Un sydd â'i
Sech	9:10	Bydd yn **teyrnasu** o fôr i fôr
Mth	4:17	Un nefol yn dod i **deyrnasu**."
	6:10	ni eisiau i ti ddod i **deyrnasu**
Mc	1:15	Mae Duw yn dod i **deyrnasu**!
In	3:3	neb weld Duw'n **teyrnasu** heb
1 Cor	15:25	Rhaid i'r Meseia **deyrnasu** nes
2 Tim	2:12	hefyd yn cael **teyrnasu** gydag e.
2 Ped	1:11	Iesu Grist yn **teyrnasu** am byth.
Dat	2:27	"Bydd yn **teyrnasu** arnyn nhw
	22:5	**teyrnasu** am byth bythoedd.

tlawd

See Also tlodi / tlodion

Diar	14:31	**tlawd** yn amharchu ei Grëwr
	19:17	Mae rhoi yn hael i'r **tlawd** fel
Es	58:7	rhoi lle i fyw i'r rhai **tlawd** sy'n
Mth	5:3	teimlo'n **dlawd** ac annigonol
	19:21	i gyd a rho'r arian i bobl **dlawd**.
Mc	14:7	Bydd pobl **dlawd** o gwmpas
Lc	4:18	newyddion da i bobl **dlawd**.
2 Cor	8:9	hun yn **dlawd** er eich mwyn chi!
Iag	2:5	Onid y bobl sy'n **dlawd** yng

tlodi / tlodion

See Also amddifad, gweddwon, mewnfudwr, tlawd

Salm	112:9	ac yn rhoi yn hael i'r **tlodion**
Mth	6:2	fyddi'n rhoi arian i'r **tlodion**
Lc	12:33	eiddo a rhoi'r arian i'r **tlodion**.
2 Cor	8:2	yng nghanol **tlodi** eithafol.
Gal	2:10	oedd i beidio anghofio'r **tlodion**

torth

See Also bara, burum

Barn	7:13	"Ces i freuddwyd am **dorth**
Lc	11:5	di fenthyg tair **torth** o fara i mi?
In	6:9	**torth** haidd a dau bysgodyn
1 Cor	11:23	yr Arglwydd Iesu **dorth**.

trais
See Also lladd, llofruddio
Gen 6:11 Roedd **trais** a chreulondeb ym
2 Sam 22:3 Mae'n fy achub i rhag **trais**.
Salm 11:5 drwg a'r rhai sy'n hoffi **trais**.
Es 60:18 **Trais**!' yn y wlad byth eto
Esec 45:9 yr holl **drais** a'r gormes yma!

troi cefn ar bechod
BCN - edifeirwch
See Also credu
Lc 24:47 pobl i **droi cefn ar eu pechod** a
Act 2:38 i chi **droi cefn ar eich pechod**
11:18 **droi cefn ar eu pechod** a chael
Heb 6:1 **droi cefn ar y math o fywyd**

trugaredd
See Also caredig, haelioni
Ex 34:6 Dduw caredig a **thrugarog**
Salm 51:1 dangos **drugaredd** ata i
116:5 mae ein Duw ni mor **drugarog**.
Es 55:7 iddo ddangos **trugaredd**
Jer 31:20 i ddim peidio dangos **trugaredd**
Jon 4:2 Dduw mor garedig a **thrugarog**
Hab 3:2 dangos **drugaredd** aton ni!
Mth 5:7 sy'n dangos **trugaredd** wedi'u
9:13 '**Trugaredd** dw i eisiau
23:23 bod yn **drugarog** ac yn ffyddlon
Rhuf 9:16 Hynny ydy, **trugaredd** Duw sydd
12:1 bod mor **drugarog** wrthoch chi
Tit 3:5 ei fod e'i hun mor **drugarog**!
Iag 2:13 Fydd dim **trugaredd** i chi os
1 Ped 2:10 ddim wedi profi **trugaredd** Duw

trysor
See Also arian, cyfoeth
Salm 119:11 Dw i'n **trysori** dy neges di yn fy
Mth 6:19 "Peidiwch casglu **trysorau** i
13:44 **trysor** wedi'i guddio mewn cae.
Lc 12:33 **trysor** sydd ddim yn colli ei
18:22 cei di **drysor** yn y nefoedd.
2 Cor 4:7 Dyma'r **trysor** mae Duw wedi'i
Col 2:3 Mae holl **drysorau**
2 Tim 1:14 cadw'r **trysor** sydd wedi'i

trystio
BCN - ymddiried
See Also credu, ffydd
Deut 1:32 **trystio'r** ARGLWYDD eich Duw,
Salm 28:7 Dw i'n ei **drystio** fe'n llwyr.
37:5 ARGLWYDD **a'i drystio** fe
84:12 sydd i rywun sy'n dy **drystio** di!
Diar 3:5 **Trystia'r** ARGLWYDD yn llwyr
Es 26:3 Mae'r rhai sy'n dy **drystio** di yn
2 Cor 1:9 **trystio** Duw yn lle trystio ni'n

twyllo
See Also celwydd
Lef 19:11 Peidiwch **twyllo** pobl eraill.
Salm 34:13 reoli'ch tafod a stopio **twyllo**,

» twyllo
Diar 20:23 Mae **twyllo** wrth bwyso
31:30 prydferthwch yn gallu **twyllo**
Jer 17:9 Mae'n fwy **twyllodrus** na dim
Mth 24:11 ac yn **twyllo** llawer iawn o bobl.
27:63 "un peth ddwedodd y **twyllwr**
Lc 21:8 fod neb yn eich **twyllo** chi.
Rhuf 7:11 pechod ei gyfle, a'm **twyllo** i.
2 Cor 11:13 **twyllwyr** yn cymryd
1 Tim 4:1 **twyllo** ac yn credu pethau mae
Heb 3:13 **twyllo** a'ch gwneud yn ystyfnig.
Iag 1:22 **Twyllo'ch** hunain ydy peth felly
1 Ped 2:22 a wnaeth e ddim **twyllo** neb."
Dat 20:10 oedd wedi'u **twyllo** nhw yn cael

tywyllwch
See Also golau
Gen 1:2 hollol **dywyll** dros y dŵr dwfn.
Ex 10:22 ac roedd hi'n **dywyll** fel y
Salm 23:4 ceunant **tywyll** dychrynllyd
Es 9:2 y **tywyllwch** wedi gweld golau
Dan 2:22 gweld beth sy'n y **tywyllwch**
Mth 24:29 'Bydd yr haul yn **tywyllu**
Lc 11:34 dy gorff yn **dywyll** drwyddo.
In 1:5 dal i ddisgleirio yn y **tywyllwch**
3:19 **tywyllwch** yn fwy na'r golau.
Act 26:18 nhw droi o **dywyllwch** i oleuni
Rhuf 13:12 ni'n perthyn i'r **tywyllwch**
Eff 5:8 roeddech chi yn y **tywyllwch**
6:12 **tywyll** sy'n rheoli'r byd yma
2 Ped 1:19 lamp sy'n goleuo rhywle **tywyll**
1 In 1:5 dim **tywyllwch** o gwbl ynddo.

U

ufudd / ufuddhau
Salm 51:12 awyddus i fod yn **ufudd** i ti.
103:20 sy'n gwrando ac yn **ufudd** iddo.
Esec 37:24 Byddan nhw'n **ufudd** i mi
Lc 2:51 nhw a bu'n **ufudd** iddyn nhw.
Act 5:29 rhaid i ni **ufuddhau** i Dduw
Rhuf 6:16 mae'n dewis **ufuddhau** iddo.
2 Cor 10:5 pobl i fod yn **ufudd** i'r Meseia.
Eff 6:1 fod yn **ufudd** i'ch rhieni
Phil 2:8 yn **ufudd**, hyd yn oed i farw – ie
Heb 13:17 Byddwch yn **ufudd**
1 Ped 1:2 i fod yn bobl **ufudd** i Iesu Grist
1:14 Byddwch yn **ufudd** i Dduw am

uffern
See Also barn, diafol, dinistr / dinistrio
Mth 5:29 cyfan gael ei daflu i **uffern**.
18:9 ti a chael dy daflu i dân **uffern**.
Mc 9:43 gen ti ddwy law a mynd i **uffern**
Lc 12:5 chi i **uffern** ar ôl lladd y corff!
16:23 aeth i **uffern**. Yno roedd yn
Iag 3:6 sydd wedi'i thanio gan **uffern**!

Y

ymladd

See Also arfau, brwydr, cleddyf, rhyfel

Ex	14:14	yn mynd i **ymladd** drosoch chi.
Deut	1:30	Bydd e'n **ymladd** drosoch chi
2 Cron	20:17	yn gorfod **ymladd** y frwydr yma.
Salm	18:39	Ti roddodd y nerth i mi **ymladd**
In	18:36	wedi **ymladd** yn galed i'm
1 Cor	15:32	fantais oedd i mi **ymladd** gyda'r
Iag	4:2	dych chi'n ffraeo ac yn **ymladd**.
Dat	19:11	yn **ymladd** yn erbyn ei elynion.

ympryd

mynd heb fwyd

See Also gweddi

Salm	69:10	**ymprydio** roeddwn i'n destun
Jon	3:5	ar bawb i **ymprydio** (sef peidio
Mth	6:16	"Pan fyddwch chi'n **ymprydio**
Act	13:3	Felly ar ôl **ymprydio** a gweddïo

ymrwymiad

BCN - cyfamod

See Also addo

Gen	9:9	"Dw i am wneud **ymrwymiad** i
	17:4	**ymrwymiad** dw i'n ei wneud i ti
Neh	1:5	ac yn cadw dy **ymrwymiad** i'r
Salm	89:28	mae fy **ymrwymiad** iddo'n
	105:8	cofio'i **ymrwymiad** bob amser
Es	55:3	Bydda i'n gwneud **ymrwymiad**
Jer	31:31	i'n gwneud **ymrwymiad** newydd
Lc	22:20	yma'n cynrychioli'r **ymrwymiad**
Rhuf	11:27	fy **ymrwymiad** i iddyn nhw
1 Cor	11:25	yma'n cynrychioli'r **ymrwymiad**
Gal	4:24	dau **ymrwymiad** wnaeth Duw.
Heb	8:6	mae'r **ymrwymiad** mae Iesu'n

ysblander

BCN - gogoniant

See Also anrhydedd

Ex	24:16	Roedd **ysblander** yr Arglwydd
	33:18	**ysblander** i mi," meddai Moses.
	40:34	ac roedd **ysblander** yr
Salm	8:5	ag **ysblander** a mawredd!
	19:1	yn dangos **ysblander** Duw
	104:1	ag **ysblander** ac urddas.
Es	6:3	Mae ei **ysblander** yn llenwi'r
	42:8	fy **ysblander** gyda neb arall
In	1:14	Gwelon ni ei **ysblander** dwyfol
In	17:5	eto yr anrhydedd a'r **ysblander**
2 Cor	3:18	**ysblander** yr Arglwydd
2 Thes	2:14	**ysblander** ein Harglwydd Iesu
Heb	1:3	holl **ysblander** Duw yn disgleirio
Dat	21:23	am fod **ysblander** Duw ei hun

Ysbryd Glân

Gen	1:2	roedd **Ysbryd** Duw yn hofran
1 Sam	16:13	Daeth **Ysbryd** yr Arglwydd yn
Salm	139:7	alla i fynd oddi wrth dy **Ysbryd**?
Es	61:1	Mae **Ysbryd** fy Meistr
Jl	2:28	tywallt fy **Ysbryd** ar y bobl i gyd.
Mth	1:18	yr **Ysbryd Glân** wedi'i gwneud
	28:19	a'r Mab a'r **Ysbryd Glân**.
Mc	1:8	bedyddio chi â'r **Ysbryd Glân**."
Lc	3:22	a'r **Ysbryd Glân** yn disgyn
	10:21	o lawenydd yr **Ysbryd Glân**
In	4:24	**Ysbryd** ydy Duw, ac Ysbryd Duw
	16:13	**Ysbryd** sy'n dangos y gwir i chi
	20:22	"Derbyniwch yr **Ysbryd Glân**.
Act	2:38	derbyn yr **Ysbryd Glân** yn rhodd
	19:2	**Ysbryd Glân** pan ddaethoch chi
Rhuf	14:17	mae'r **Ysbryd Glân** yn ei roi.
1 Cor	2:13	mae'r **Ysbryd** yn ei ddweud.
	6:19	chi'n deml i'r **Ysbryd Glân**?
	12:4	yr un **Ysbryd** sy'n rhoi pob un.
Eff	1:14	Yr **Ysbryd** ydy'r blaendal sy'n
	4:3	yr **Ysbryd Glân** wedi'ch gwneud
	5:18	i'r **Ysbryd Glân** eich llenwi a'ch
1 Thes	5:19	rhwystr i waith yr **Ysbryd Glân**.
Tit	3:5	newydd i ni drwy'r **Ysbryd Glân**.
1 Ped	1:2	cysegru gan yr **Ysbryd Glân** i
1 In	4:2	ag **Ysbryd** Duw ganddyn nhw
	5:6	Ac mae'r **Ysbryd** hefyd yn tystio
Jwd	1:20	**Ysbryd Glân** yn eich arwain chi.
Dat	2:7	yn ofalus ar beth mae'r **Ysbryd**

ysgariad

See Also godineb, priodas

Deut	24:1	rhaid iddo roi tystysgrif **ysgariad**
Mal	2:16	"Dw i'n casáu **ysgariad**
Mth	19:3	**ysgaru** ei wraig am unrhyw
Lc	16:18	"Os ydy dyn yn **ysgaru** ei wraig
1 Cor	7:11	ddim **ysgaru** ei wraig chwaith.

ysgrifau sanctaidd

BCN - ysgrythur

See Also darllen, sgrôl

Mth	22:29	**ysgrifau sanctaidd** a dych chi'n
Lc	24:27	yn yr **ysgrifau sanctaidd**.
In	5:39	astudio'r **ysgrifau sanctaidd** yn
Act	17:11	**ysgrifau sanctaidd** yn ofalus i
	18:24	iawn yn yr **ysgrifau sanctaidd**.
Rhuf	15:4	er mwyn i'r **ysgrifau sanctaidd**
1 Cor	4:6	i beth mae'r **ysgrifau sanctaidd**
	15:3	**ysgrifau sanctaidd** yn dweud.
2 Tim	3:16	**ysgrifau sanctaidd** hynny i gyd
2 Ped	1:20	sydd yn yr **ysgrifau sanctaidd**.
2 Ped	3:16	**ysgrifau sanctaidd** eraill.

Y Dwyrain Canol Heddiw

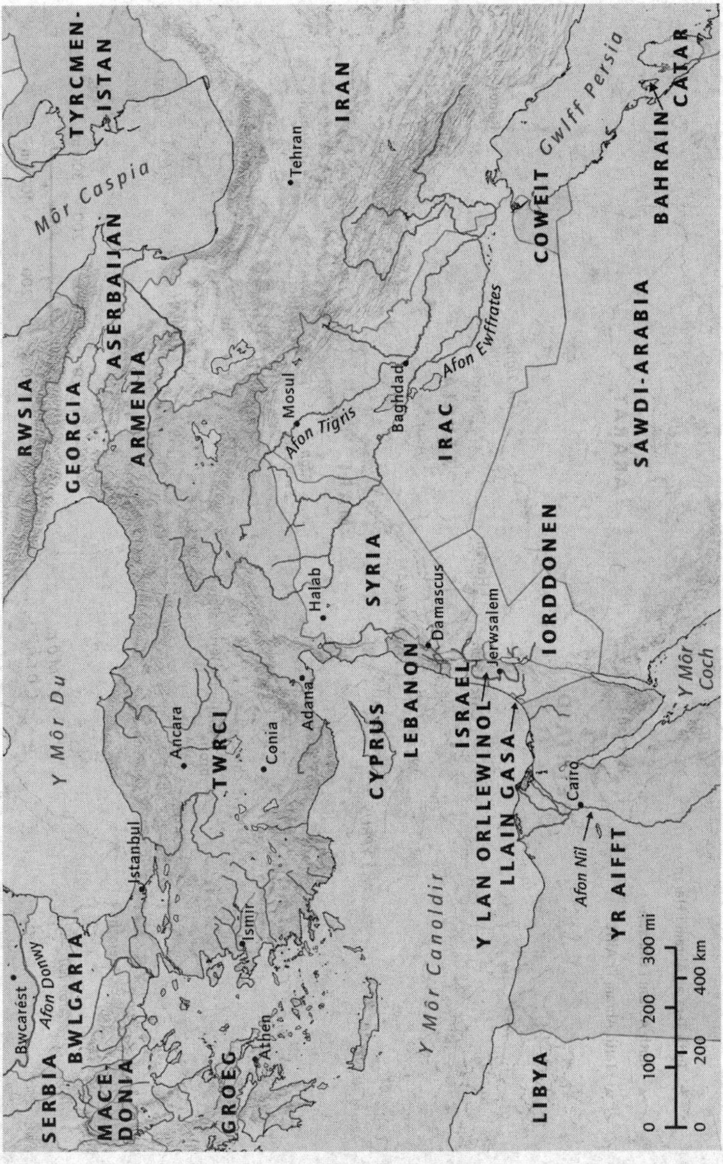

Byd Y Patriarchiaid

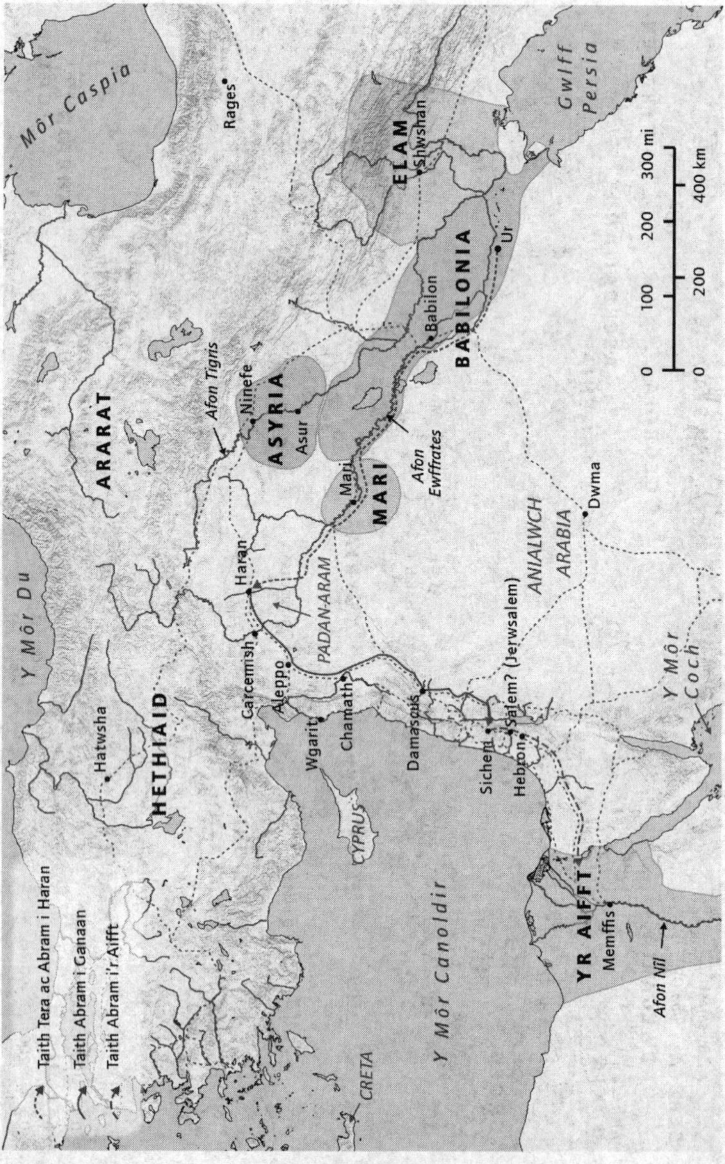

Yr Exodus o'r Aifft

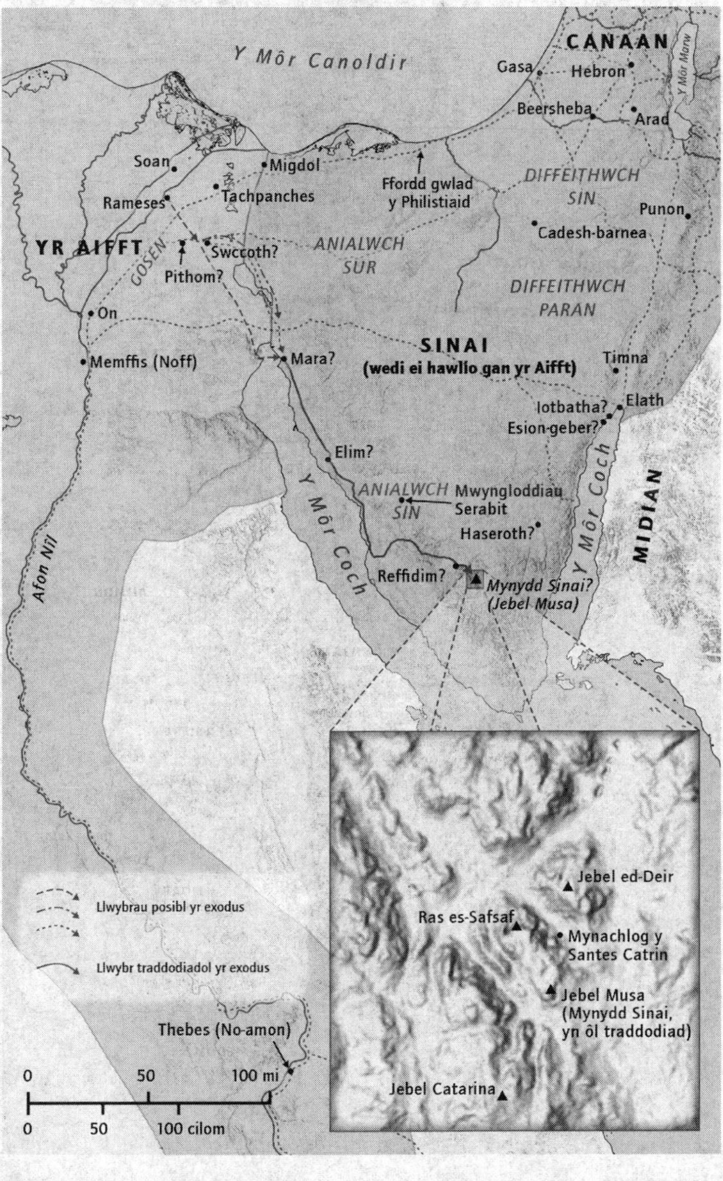
Y Môr Canoldir
CANAAN
Gasa
Hebron
Y Môr Marw
Beersheba
Arad
Soan
Migdol
Tachpanches
Rameses
Ffordd gwlad
y Philistiaid
DIFFEITHWCH
SIN
Punon
Cadesh-barnea
YR AIFFT
GOSEN
Swccoth?
Pithom?
ANIALWCH
SUR
DIFFEITHWCH
PARAN
On
SINAI
(wedi ei hawlio gan yr Aifft)
Memffis (Noff)
Mara?
Timna
Elath
Iotbatha?
Esion-geber?
Elim?
Y Môr Coch
ANIALWCH
SIN
Mwyngloddiau
Serabit
Haseroth?
Y Môr Coch
MIDIAN
Reffidim?
Mynydd Sinai?
(Jebel Musa)
Afon Nil
Jebel ed-Deir
Ras es-Safsaf
Mynachlog y
Santes Catrin
Jebel Musa
(Mynydd Sinai,
yn ôl traddodiad)
Jebel Catarina
Llwybrau posibl yr exodus
Llwybr traddodiadol yr exodus
Thebes (No-amon)
0
50
100 mi
0
50
100 cilom

Llwythau Israel yn Canaan

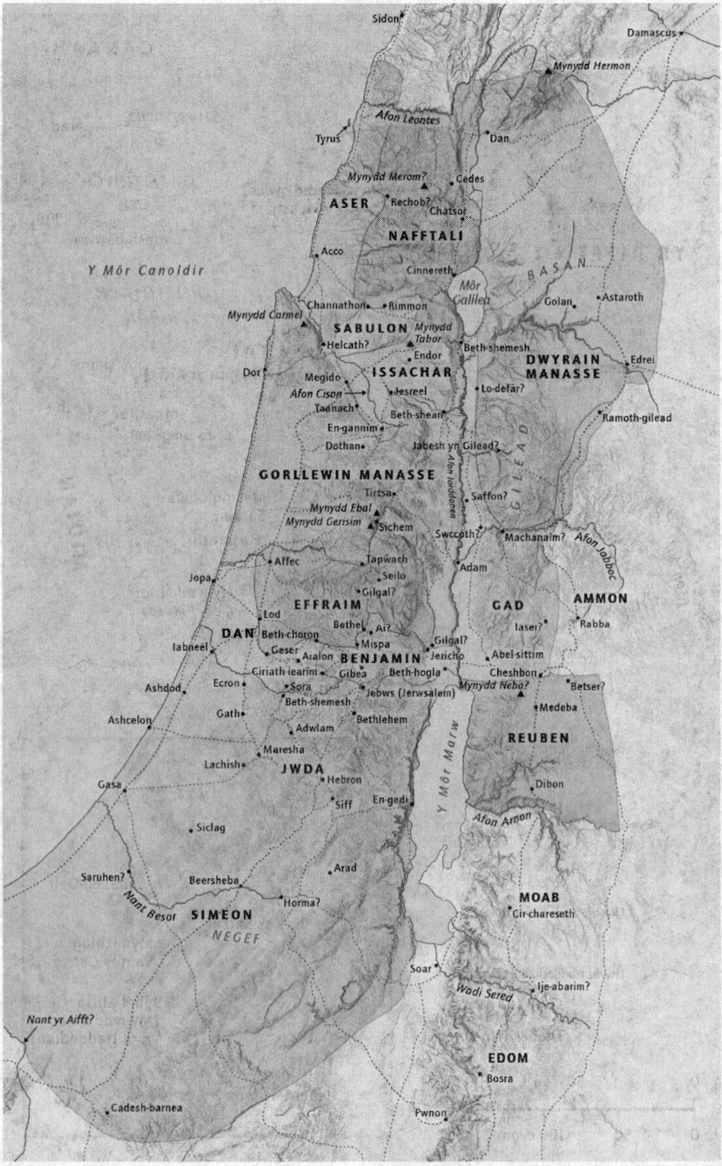

Teyrnasoedd Israel a Jwda

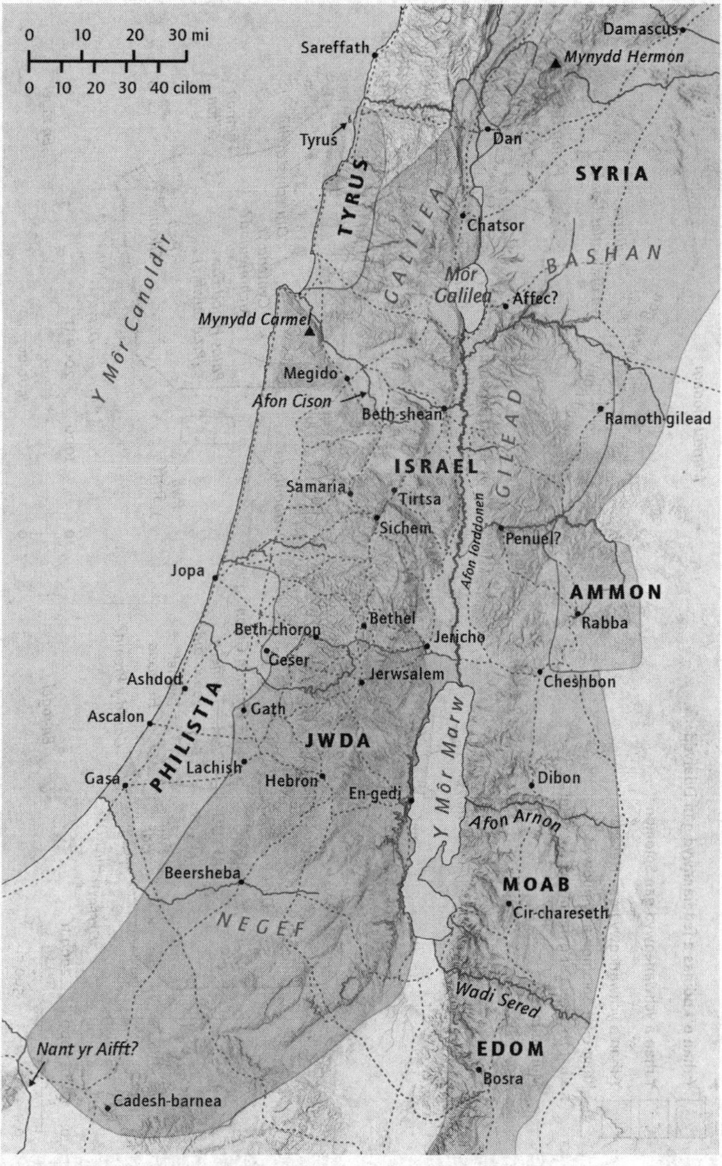

Jerwsalem

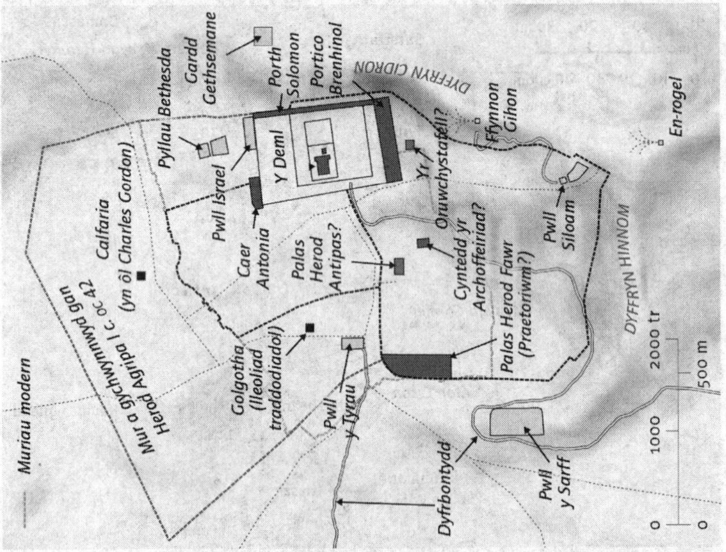

Muriau modern
Mur a gychwynnwyd gan Herod Agripa I c. OC 42
Calfaria (yn ôl Charles Gordon)
Gardd Gethsemane
Pyllau Bethesda
Porth Solomon
Portico Brenhinol
DYFFRYN CIDRON
Pwll Israel
Y Deml
Caer Antonia
Palas Herod Antipas?
Yr Oruwchystafell?
Ffynnon Gihon
En-rogel
Cyntedd yr Archoffeiriad?
Pwll Siloam
Golgotha (lleoliad traddodiadol)
Pwll y Tyrau
Palas Herod Fawr (Praetoriwm?)
DYFFRYN HINNOM
Dyfrbontydd
Pwll y Sarff
0 1000 2000 tr
0 500 m

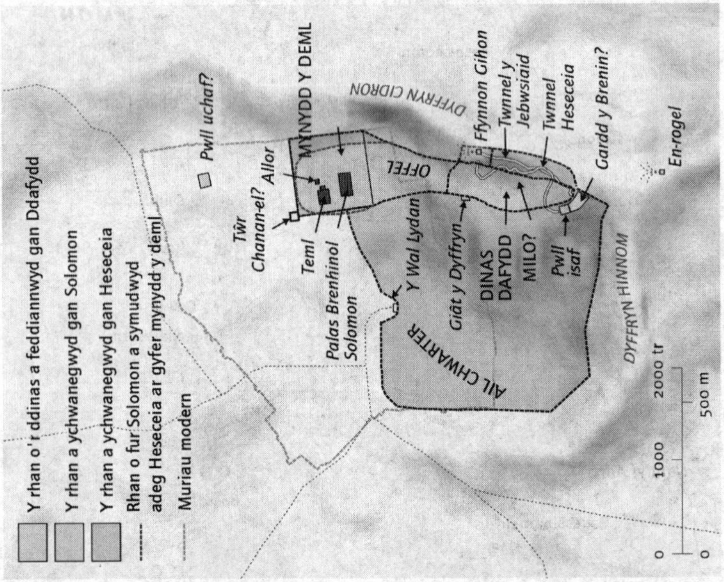

Y rhan o'r ddinas a feddiannwyd gan Ddafydd
Y rhan a ychwanegwyd gan Solomon
Y rhan a ychwanegwyd gan Heseceia
Rhan o fur Solomon a symudwyd adeg Heseceia ar gyfer mynydd y deml
Muriau modern
Pwll uchaf?
MYNYDD Y DEML
Allor
Tŵr Chanan-el?
Teml
Palas Brenhinol Solomon
Y Wal Lydan
OFFEL
DYFFRYN CIDRON
Ffynnon Gihon
Twnnel y Jebwsiaid
Twnnel Heseceia
Giât y Dyffryn
DINAS DAFYDD
MILO?
Pwll isaf
Gardd y Brenin?
En-rogel
AIL CHWARTER
DYFFRYN HINNOM
0 1000 2000 tr
0 500 m

Ymerodraethau Asyria a Babilon

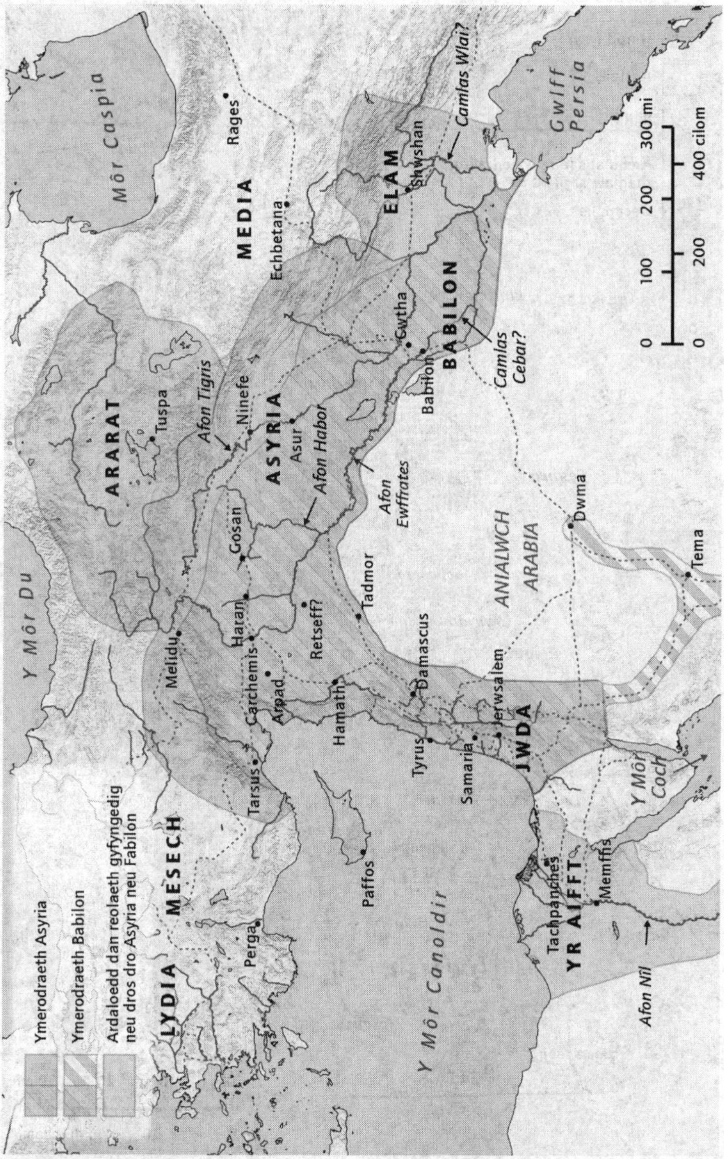

Israel dan y Rhufeiniaid (c. 37 CC – OC 66)

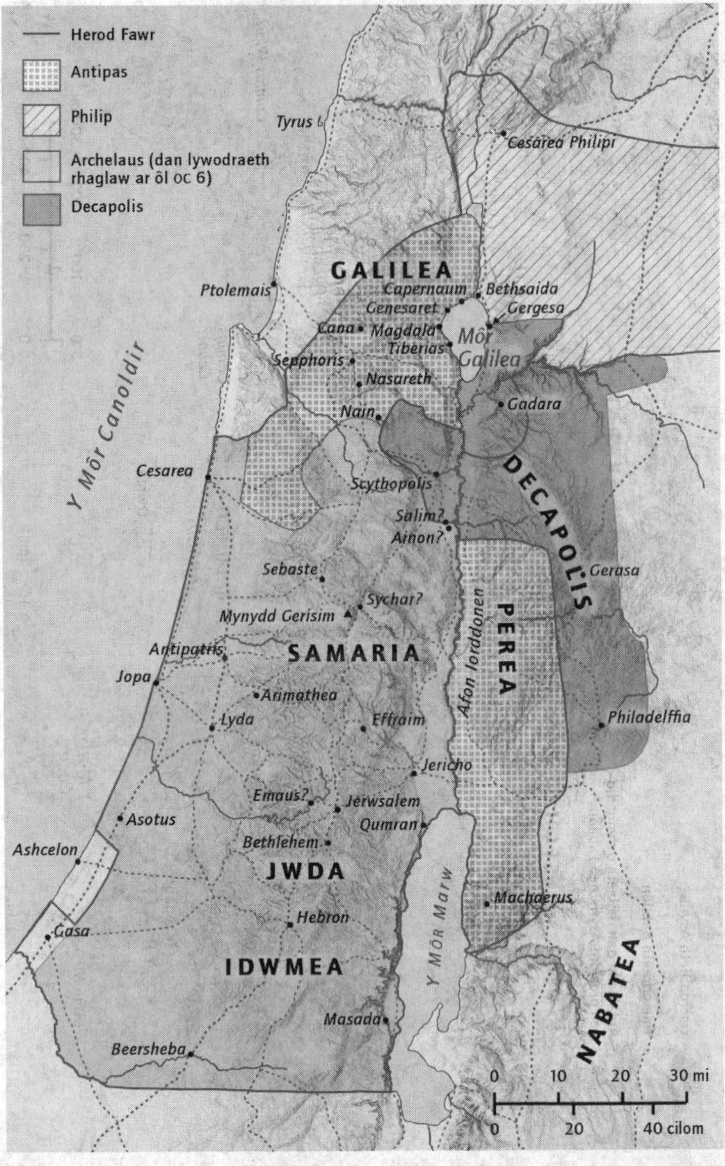

Gweinidogaeth Gynnar Yr Apostolion

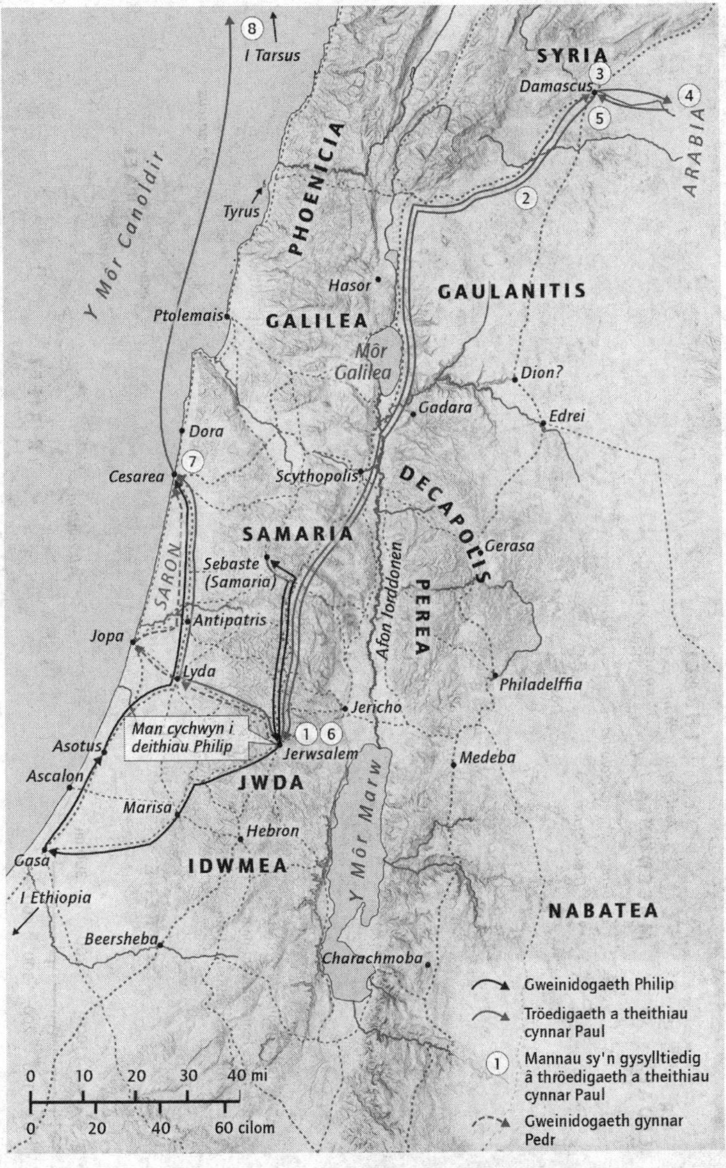

8
I Tarsus
SYRIA
3
Damascus
4
5
ARABIA
2
Y Môr Canoldir
Tyrus
PHOENICIA
Hasor
GAULANITIS
Ptolemais
GALILEA
Môr Galilea
Dion?
Gadara
Edrei
Dora
7
Cesarea
Scythopolis
DECAPOLIS
SAMARIA
Gerasa
SARON
Sebaste (Samaria)
Afon Iorddonen
PEREA
Antipatris
Jopa
Lyda
Philadelffia
Jericho
Man cychwyn i deithiau Philip
1
6
Asotus
Jerwsalem
Medeba
Ascalon
JWDA
Marisa
Hebron
Y Môr Marw
Gasa
IDWMEA
I Ethiopia
NABATEA
Beersheba
Charachmoba
0 10 20 30 40 mi
0 20 40 60 cilom
Gweinidogaeth Philip
Tröedigaeth a theithiau cynnar Paul
Mannau sy'n gysylltiedig â thröedigaeth a theithiau cynnar Paul
Gweinidogaeth gynnar Pedr

Taith Genhadol Gyntaf ac Ail Daith Genhadol Paul

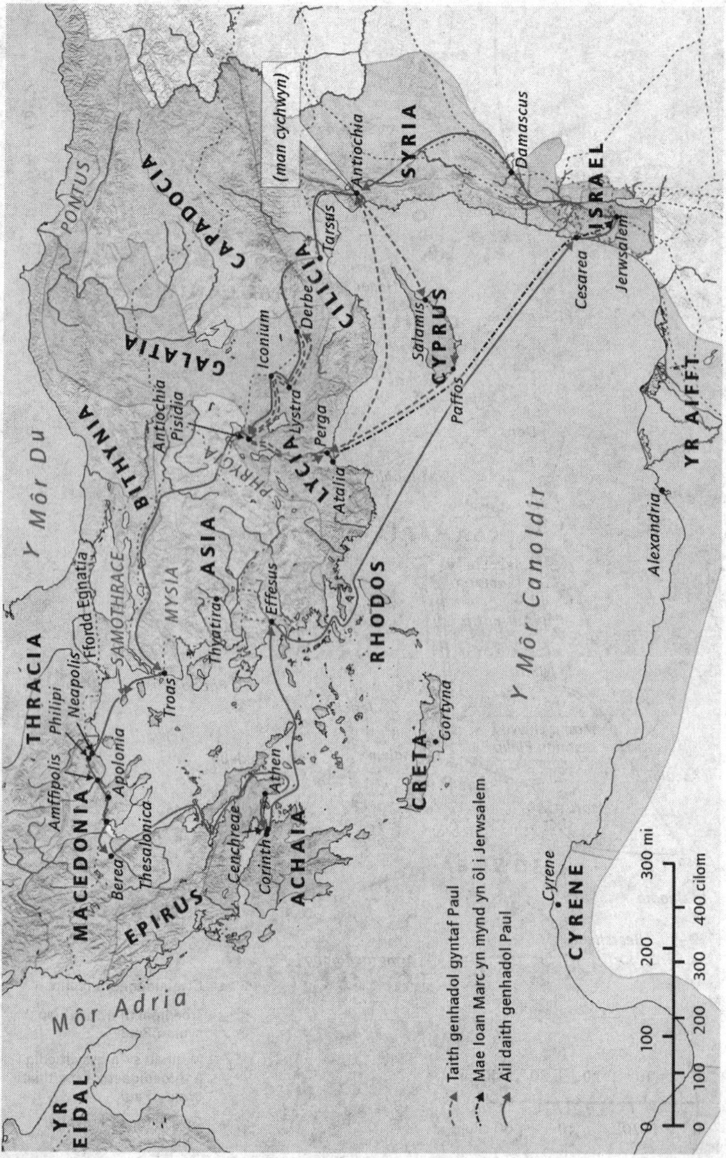

Trydedd Daith Genhadol Paul a'i Fordaith i Rufain

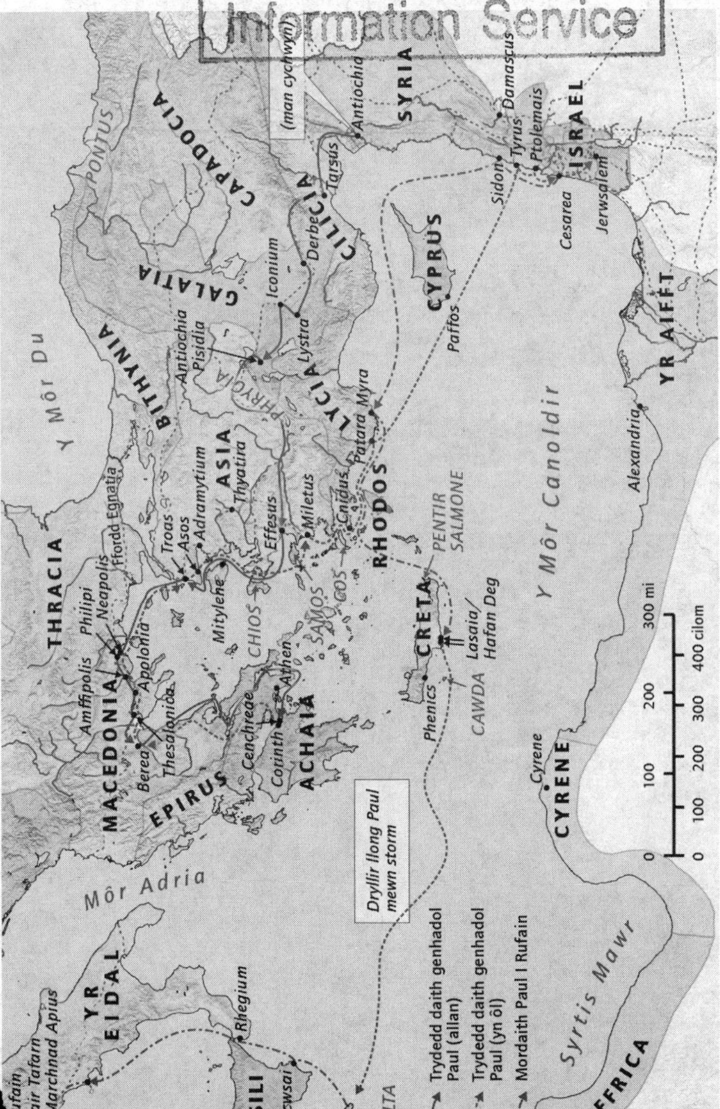